| SEITE 52 | **REISEZIELE IN IRLAND** | ALLE ZIELE AUF EINEN BLICK Fundierte Einblicke, detaillierte Adressen, Insidertipps und mehr |

Donegal S.496
Derry & Antrim S.681
Fermanagh & Tyrone S.718
Belfast S.606
Down & Armagh S.652
Mayo & Sligo S.452
Meath, Louth, Cavan & Monaghan S.568
Die Midlands S.536
Galway S.410
Dublin S.54
Wicklow & Kildare S.145
Clare S.371
Limerick & Tipperary S.337
Wexford, Waterford, Carlow & Kilkenny S.173
Kerry S.290
Cork S.231

| SEITE 737 | **PRAKTISCHE INFORMATIONEN** | NACHSCHLAGEN Tipps für Unterkünfte, sicheres Reisen, Small Talk und mehr |

Allgemeine Informationen 774
Verkehrsmittel & -wege .. 782
Sprache 789
Register 806
Kartenlegende 822

Sprache

Fionn Davenport,
Catherine Le Nevez, Etain O'Carroll,
Ryan Ver Berkmoes, Neil Wilson

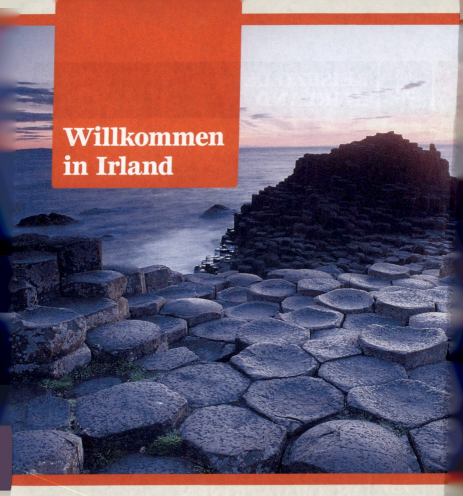

Willkommen in Irland

Postkartenmotive

Ja, es gibt sie wirklich, die wunderschönen Postkartenmotive, z. B. entlang der Halbinseln im Südwesten, im einsam vor sich hinbrütenden Connemara oder in der herrlich urtümlichen Wildnis des Countys Donegal. Fündig wird man auch in den Seegebieten der Countys Leitrim und Roscommon sowie in den sanft geschwungenen Hügeln des sonnigen Südostens (wobei „sonnig" natürlich ein ziemlich dehnbarer Begriff ist). Irland wurde stark modernisiert, doch manche Dinge ändern sich nie. Wahrscheinlich ist genau das einer der großen Anziehungspunkte dieses Landes. Wenn man zur Skellig Michael übersetzt, tost der Atlantik mit altbekannter Urgewalt, und in den Höfen reetgedeckter Pubs hat man schon vor Generationen gemütlich beieinandergesessen.

Reiche Geschichte

Die Geschichte folgt einem auf Schritt und Tritt, egal welche Gegend man besucht. Zu den beeindruckendsten historischen Sehenswürdigkeiten gehören die atemberaubenden Kultstätten von Brú na Bóinne aus prähistorischer Zeit und die Klosterruinen in Glendalough und Clonmacnoise. Der neueren Geschichte widmet man sich in Cobh's Hungersnotmuseum und auf dem Vinegar Hill im County Wexford. Gegenwartsgeschichte zum Anfassen kann man an Bord eines *black taxi* in West Belfast oder beim Betrachten der knallbunten politischen Wandmalereien in Derry erleben.

Kleines Land ganz groß: Dank seiner zeitlos schönen Landschaft und der charmanten, gastfreundlichen Einheimischen genießt Irland einen erstklassigen Ruf.

(links) Abendstimmung am Giant's Causeway (S. 704)
(unten) Eine Runde craic (Spaß) in der Market Bar (S. 125), Dublin

Kulturelles Potpourri

Irland ist ein absolutes kulturelles Highlight und erschlägt einen fast mit dem gewaltigen Angebot: Theaterstücke mit berühmten Darstellern in Dublin, traditionelle Pub-Musik im Westen des Landes oder Rocksessions in Limerick – alles ist möglich. Im Sommer finden zudem jede Menge Festivals statt, bei denen alles Mögliche von Blumen bis zur Weltliteratur gefeiert wird.

Tá Fáilte Romhat

(To fol-tschä ro-ät) – „Du bist willkommen" oder, noch beliebter, *céad míle fáilte*, „hunderttausendmal willkommen". Aber warum gleich so oft? Anderswo reicht doch auch ein einziges Mal? Die Freundlichkeit der Iren ist ein ausgelutschtes Klischee, das die komplexe irische Seele auf einen viel zu einfachen Nenner bringt, dabei sind die meisten Einwohner nach anfänglicher Reserviertheit zweifellos sehr warmherzig und gastfreundlich. Überall stehen die Chancen gut, in ein Gespräch verwickelt zu werden, und wenn man fremd in der Stadt ist, bietet einem unter Garantie irgendjemand Hilfe an. Trotzdem ist dieses Verhalten keine Art uneingeschränkter Altruismus. Tatsächlich geht's den Iren darum, sich wohlzufühlen, was sie jedoch nur dann können, wenn ihr Umfeld ebenfalls glücklich ist – deshalb also die besagten Hunderttausendmal. Moderate Übertreibung, Freundlichkeit, die nicht ins Schleimige überschwappt: Genau dafür steht Irland.

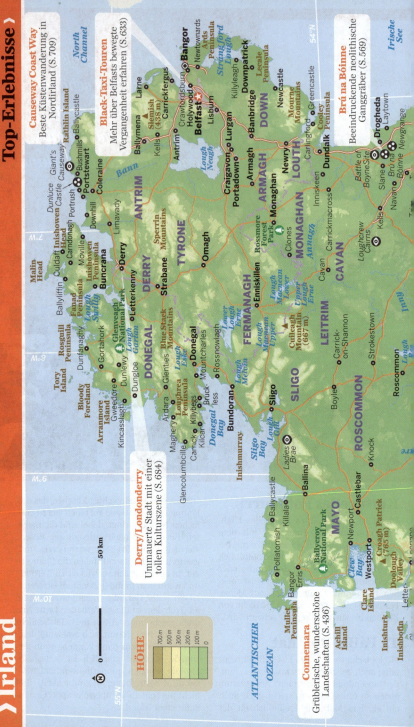

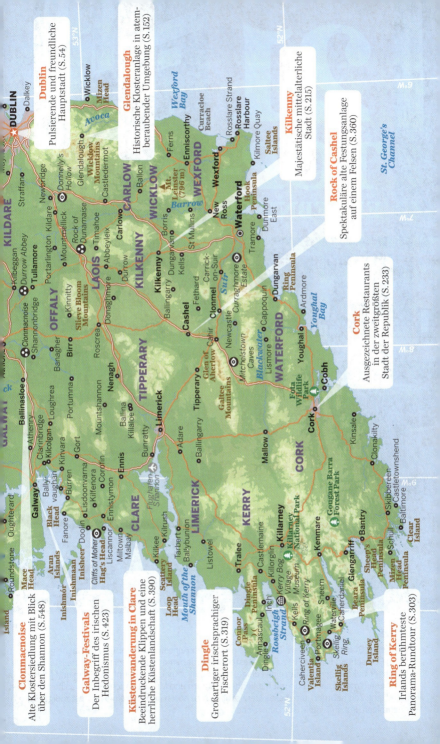

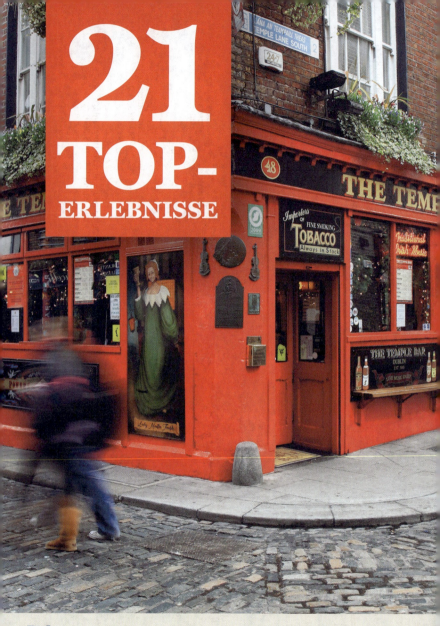

21 TOP-ERLEBNISSE

Pubs

1 In jeder Stadt und in jedem Dorf gibt's mindestens eins und alle haben eine Sache gemeinsam: Im Pub schlägt Irlands Herz am lautesten, außerdem merkt man dort am schnellsten, wie die Einwohner ticken. Egal ob man eine ruhige, traditionelle Kneipe mit Buntglastüren und großem Kamin oder ein moderneres Pub mit blinkenden Lichtern und Musik besucht – man sollte sich einen Abend lang Zeit nehmen, um dieses Herz schlagen zu hören und sich ein paar anständige Biere zu genehmigen. Pub in Temple Bar, Dublin, oben

Dublin

2 Irlands Hauptstadt (S. 54) wartet mit zahlreichen Attraktionen auf. Da trifft es sich gut, dass sowieso fast alle Touristen über Dublin ins Land reisen. Hier locken erstklassige Museen, ein tolles Unterhaltungsprogramm, großartige Restaurants und hervorragende Hotels, das Beste sind jedoch die Dubliner, die in Sachen Freundlichkeit, Gelassenheit und Herzlichkeit die Bewohner vieler anderer europäischer Metropolen hinter sich lassen. Außerdem ist in dieser Stadt das Guinness zu Hause. O'Connell Bridge und O'Connell Street, unten

Connemara, County Galway

3 Die filigrane Küste dieser Halbinsel (S. 436) bildet mit ihren winzigen Buchten und Stränden eine herrliche Kulisse zum wilden Atlantik. Malerische Straßen führen durch Dörfer mit traditionellen Pubs und Restaurants, die nach Familienrezepten zubereitete Fischsuppen servieren. Das Landesinnere mit einsamen Tälern, grünen Hügeln, gelben Wildblumen und reißenden Flüssen, in denen sich der blaue Himmel spiegelt, ist sogar noch faszinierender. Wanderungen versprechen Momente wunderbar einsamer Ursprünglichkeit. Clifden und Berge in Connemara, rechts

Traditionelle Musik

4 Irlands traditionelle Musik (S. 759) ist die wohl mitreißendste Westeuropas. Weltruhm hat sie mit Riverdance erlangt, am authentischsten ist sie jedoch in gediegenerem Ambiente wie in Pubs der alten Schule. Die westlichen Grafschaften tun sich dabei besonders hervor: Von Donegal bis hinunter nach Kerry gibt's großartige Musikzentren, wobei Doolin (S. 397) im County Clare als inoffizielle Hauptstadt irischer Musik gilt. Zum Mitmachen wird man wohl nicht aufgefordert, aber Hände und Füße bewegen sich ganz von allein im Takt. Keltische Musik auf einem céilidh, links

Glendalough, County Wicklow

5 Der hl. Kevin hatte ein Händchen für magische Orte. Als er eine abgelegene Höhle an einem Gletschersee mitten in einem bewaldeten Tal als Standort für seine Einsiedelei wählte, gründete er unbeabsichtigt eine Siedlung (S. 152), die sich später zu einer der dynamischsten Universitäten Irlands entwickeln sollte und heute zu einer der schönsten Ruinenstätten des Landes gehört. Gepaart mit der atemberaubenden Landschaft sind die Überreste der Anlage, darunter ein intakter Rundturm, höchst eindrucksvoll. St. Kevin's Kitchen, Glendalough, rechts

Galway (Stadt)

7 Galway (S. 412) steht für irische Geselligkeit par excellence, denn Irlands lebendigste Stadt verspricht unterhaltsame Abende. In den Pubs treten z. B. geigenspielende Altherrenbands oder angesagte junge Musikgruppen auf. Am besten macht man es den Einwohnern nach und zieht von Kneipe zu Kneipe – dabei wird man nämlich jede Menge Überraschungen erleben und viel Spaß haben. Für den hohen Unterhaltungsfaktor sind auch die berühmten Austern sowie die Abenteuer versprechende Connemara Peninsula und die Aran Islands in der Nähe verantwortlich. Hafen von Galway, unten

Dingle, County Kerry

6 Dingle ist sowohl der Name der malerischen, mit alten Ruinen übersäten Halbinsel (S. 315), die in den Atlantik ragt, als auch von ihrem hübschen und quirligen Hauptort (S. 319). Fischerboote entladen hier ihren Fang, der kaum frischer sein könnte, Künstler verkaufen ihre Werke (darunter wunderschöner Schmuck mit irischen Motiven) in charmanten Boutiquen, und in den Pubs, von denen sich viele seit ihrer früheren Funktion als kleine Läden kaum verändert haben, wird rund um den Kamin traditionelle Musik gespielt. Slea Head, Dingle Peninsula, oben

Spaziergänge & Wanderungen

8 Natürlich lässt sich das Land problemlos mit dem Auto erkunden, am besten lernt man es aber zu Fuß kennen, sei es bei einem entspannten Nachmittagsspaziergang auf Treidelpfaden oder bei einer der 31 anspruchsvollen ausgeschilderten Fernwanderungen. Über die Küstenwege und Bergrouten gelangt man in Städte und Dörfer oder in einsames Heideland und karge Sümpfe, wo man sich eine Auszeit vom Alltag nehmen kann. Alles was man braucht, sind ein paar anständige Schuhe und – natürlich! – eine Regenjacke. Diamond Hill, Connemara National Park, unten

Brú na Bóinne, County Meath

9 Mit seinen riesigen runden weißen Steinmauern und der Graskuppel wirkt Newgrange zugleich uralt und merkwürdig futuristisch und hinterlässt so einen unvergesslichen Eindruck. Die Stätte gehört zur riesigen neolithischen Nekropole Brú na Bóinne (Palast des Boyne; S. 569) und beherbergt Irlands schönstes jungsteinzeitliches Ganggrab, das rund 600 Jahre mehr auf dem Buckel hat als Ägyptens Pyramiden. Am eindrucksvollsten ist die genaue Ausrichtung des Grabs zur Sonne während der Wintersonnenwende – ein echtes architektonisches Meisterwerk der Frühzeit. Hügelgrab, Newgrange, unten

Rock of Cashel, County Tipperary

10 Die alte, über den grünen Wiesen Tipperarys thronende Festung (S. 360) bietet einen atemberaubenden Anblick. Als Sitz von Königen und Geistlichen, die mehr als 1000 Jahre über die Region herrschten, machte es Tara 400 Jahre lang Konkurrenz. Durch die Halle des Vicars Choral aus dem 15. Jh. gelangt man in die beeindruckende, von undurchdringlichen Mauern umgebene Anlage mit einem intakten Rundturm, einer gotischen Kathedrale aus dem 13. Jh. und der schönsten romanischen Kapelle des 12. Jhs. im ganzen Land. Kathedrale, Rock of Cashel, links

Golf

11 Wenn Schottland die Heimat des Golfsports ist, dann verbringt dieser in Irland seinen Urlaub. Die schönsten Plätze befinden sich am Meer, wo sie in die hügelige, von Dünengräsern bedeckte Landschaft eingebettet sind. Neben weltberühmten Adressen beeindrucken auch weniger bekannte Plätze mit einer spektakulären Kulisse und bieten Golfern die Möglichkeit, ihre Fähigkeiten Mutter Natur gegenüber unter Beweis zu stellen.

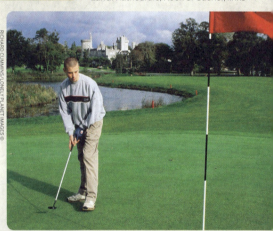

Cork (Stadt)

12 In Sachen Größe muss sich diese Stadt (S. 233) mit dem zweiten Platz zufrieden geben, ansonsten lässt sie die Konkurrenz hinter sich. In ihrem kompakten Zentrum gibt's großartige Kunstgalerien, Museen und vor allem leckeres Essen. Cork überzeugt sowohl mit günstigen Cafés als auch mit edlen Gourmetrestaurants, was bei dem exzellenten kulinarischen Ruf der Grafschaft nicht überrascht. Besonders bemerkenswert und eine Attraktion für sich ist dabei der überdachte English Market, auf dem Obst und Gemüse verkauft werden. St. Fin Barre's Cathedral und der Fluss Lee, Cork, links

Ring of Kerry

13 Eine Fahrt über die 179 km lange Ringstraße (S. 303) um die Iveragh Peninsula ist ein unvergessliches Erlebnis, wobei auch abseits der Hauptroute Highlights warten. In der Nähe von Killorglin führt ein kurzer Abstecher zu der wunderschönen, wenig bekannten Cromane Peninsula, zwischen Portmagee und Waterville kann man den Skellig Ring erkunden, und das Innere der Halbinsel wartet mit einer atemberaubenden Bergkulisse auf. Das ist jedoch erst der Anfang! Seine Kamera (mit aufgeladenen Akkus) sollte man also besser nicht vergessen!

Black-Taxi-Tour, Belfast

14 Ein Muss jedes Nordirlandurlaubs ist ein Besuch der politischen Wandmalereien (S. 620) rund um die Falls Road und die Shankhill Road. Ohne einen einheimischen Führer mit dem nötigen Hintergrundwissen wirken die Malereien allerdings lediglich wie bunte Bilder. Aus diesem Grund sollte man eine der zu Recht berühmten Belfaster *black-taxi*-Touren buchen. Die kenntnisreichen Fahrer verfügen über eine gute Portion schwarzen Humors, aber verharmlosen nicht die ernste, teils tragische Situation. Republikanische Wandgemälde in der Falls Road, links

Kilkenny (Stadt)

15 Mit seiner majestätischen Burg und der mittelalterlichen Kathedrale strahlt Kilkenny (S. 215) eine solche kulturelle Erhabenheit aus, dass ein Zwischenstopp auf Reisen gen Süden oder Westen unverzichtbar ist. Die Werke der vielen Künstler und Handwerker aus dem gleichnamigen County werden in den Läden und Boutiquen der Stadt verkauft. Wegen der großartigen landwirtschaftlichen Erzeugnisse der Region geben Küchenchefs Kilkenny gegenüber Dublin den Vorzug und in den wunderbaren Pubs gibt's Bier aus der ortsansässigen Brauerei. Häuser am Nore, Kilkenny, links

Causeway Coastal Walk

16 Irlands malerischster Küstenwanderweg verläuft 16 km zwischen der schwingenden Hängebrücke von Carrick-a-Rede (S. 709) und dem eindrucksvollen Giant's Causeway (S. 704). Wer ihm folgt, wird mit facettenreichen Ausblicken auf Klippen, Inseln, Sandstränden und Burgruinen belohnt. Am einen Ende erstreckt sich die herrliche, von Meeresvögeln bevölkerte Insel Rathlin, am anderen lockt die Aussicht auf ein Schlückchen in der Old Bushmills Distillery. Carrick-a-Rede Rope Bridge, County Antrim, rechts

Burgen & Herrenhäuser

17 Die Anglonormannen hinterließen in Irland ein unübersehbares Erbe Dieses spiegelt sich am besten in den verschiedenen hübschen Anwesen und eindrucksvollen Burgen wider, die Macht, Ruhm und Reichtum ihrer jeweiligen Besitzer zeigen sollten. Von manchen sind nur Ruinen geblieben, viele wurden jedoch sorgfältig gepflegt, darunter die im georgianischen Stil errichteten Landsitze rund um Dublin. Wieder andere dienen inzwischen als Luxushotels und sind für eine unvergessliche Übernachtung gut. Powerscourt Estate, County Wicklow, links

Clonmacnoise, County Offaly

18 Clonmacnoise (S. 548), eine der bedeutendsten Klostersiedlungen des Landes, wurde im 6. Jh. vom hl. Ciarán gegründet und entwickelte sich bald zum konkurrenzlosen Zentrum für Religion, Literatur und Kunst. Es zog Mönche und Laien aus ganz Europa an und trug wesentlich dazu bei, dass Irland zum „Land der Heiligen und Gelehrten" wurde. Ein Großteil der Überreste dieser Anlage geht auf das 10. bis 12. Jh. zurück und besteht aus gut erhaltenen frühzeitlichen Kirchen, Kreuzen, Rundtürmen sowie Gräbern mit Blick auf den Shannon. Klosterruine, Clomacnoise, unten

Derry/Londonderry

19 Die konfliktbeladene Vergangenheit des Landes spiegelt sich in Nordirlands zweitgrößter Stadt (S. 684) sowohl in der Stadtmauer, die im 17. Jh. zum Schutz der protestantischen Siedler errichtet wurde, als auch im umstrittenen Namen – Derry für die Republikaner, Londonderry für die Unionisten – wider. Dagegen ist die neue Brücke über den Foyle Symbol für eine friedvolle Zukunft als Ort voll kreativer Energie, die sich in den Wandmalereien, einer dynamischen Musikszene und zahlreichen Kunstmuseen ausdrückt. 2013 wird Derry sogar UK City of Culture. Maurice Harrons Hands Across the Divide Peace Monument, Derry/Londonderry, unten

Gaelic Football & Hurling

20 Der Besuch eines Hurling- oder Gaelic-Football-Spiels (S. 770) – je nachdem, in welchem County man sich befindet – ist nicht nur ein einzigartiges Erlebnis, sondern gibt außerdem Einblicke in große Emotionen und in eine der kulturellen Säulen Irlands. Ob nun bei einem Football-Match im County Galway oder beim Hurling zwischen alten Rivalen wie den Grafschaften Kilkenny und Tipperary, die große Leidenschaft der Mannschaften und Fans zieht einen schnell in ihren Bann. *Gaelic-Football-Spiel zwischen Galway und Tipperary, links*

Clare Coast

21 Die berühmten Cliffs of Moher (S. 394), die im Licht der späten Nachmittagssonne golden leuchten, sind nur eine von vielen Attraktionen im County Clare. Vom Boot aus sehen die gewaltigen Klippenwände besonders schön aus. Unten im Süden erheben sich die Felsklippen des Loop Head mit ihren verlassenen Steinbauten, deren Ursprünge bis heute ungeklärt sind. Überall an der Küste stößt man auf niedliche kleine Dörfer wie das von Klängen traditioneller Musik erfüllte Ennistymon und das Surfmekka Lahinch. *Cliffs of Moher, Burren, oben*

Gut zu wissen

Währung
» Euro (€) – Republik Irland
» Pfund Sterling (£) – Nordirland

Sprache
» Englisch und Irisch

Reisezeit

warme bis heiße Sommer milde Winter

Belfast Reisezeit Mai–Sept.

Galway Reisezeit Mai–Sept.

Dublin Reisezeit ganzjährig, da man viel drinnen unternehmen kann

Kerry Reisezeit Mai–Sept.

Cork Reisezeit Mai–Sept.

Hauptsaison
(Juni–Aug.)
» Jetzt zeigt sich das Wetter von seiner besten Seite.
» Teure Übernachtungspreise (besonders im August).
» In Dublin, Kerry sowie an der Süd- und der Westküste tummeln sich zahlreiche Touristen.

Zwischensaison
(Ostern–Ende Mai, Mitte Sept.–Ende Okt.)
» Oft gutes Wetter. Im Mai Sonne und Regen, im September Altweibersommer und warme Temperaturen.
» Weniger Touristen und günstigere Übernachtungspreise.

Nachsaison
(Nov.–Feb.)
» Kürzere Öffnungszeiten von Oktober bis Ostern; einige Orte machen komplett dicht.
» Kaltes und nasses Wetter, manchmal Nebel.
» In den großen Städten geht alles den normalen Gang.

Tagesbudget

Günstig – unter
60 €
» Schlafsaalbett 12–20 €
» Mahlzeiten in Cafés und Pubs 6–12 €
» Überlandbusse 12–25 € für etwa 200 km
» Pint 4,50 €

Mittelteuer
60–120 €
» Mittelklasseunterkunft 40–100 € (in Dublin teurer) pro Doppelzimmer
» Hauptgericht in einem ordentlichen Restaurant 10–18 €
» Mietwagen ab 40 € pro Tag
» Dreistündige Zugfahrt 65 €

Teuer – mehr als
120 €
» Übernachtung im Vier-Sterne-Hotel ab 150 €
» Drei-Gänge-Menü im gehobenen Restaurant etwa 50 € pro Person
» Golfen ab 80 € zur Mitte der Woche

Geld

» Wechselbüros und Geldautomaten sind weithin verfügbar. Kreditkarten werden in allen Hotels, vielen B&Bs und den meisten Restaurants akzeptiert.

Visa

» Deutsche, Österreicher und Schweizer benötigen lediglich einen gültigen Personalausweis oder einen Reisepass.

Handys

» In Irland funktionieren viele ausländische Mobiltelefone, allerdings ist die Nutzung teuer. Lokale SIM-Karten gibt's ab 10 €, ein einfaches Handy mit SIM-Karte für 40 €.

Straßenverkehr

» Linksverkehr, Steuerrad auf der rechten Seite. Mietwagen sind meistens mit einem manuellen Getriebe (Schalthebel) ausgestattet.

Websites

» **Entertainment Ireland** (www.entertainment.ie) Listet Clubs, Theater, Festivals, Kinos und Museen auf

» **Failte Ireland** (www.discoverireland.ie) Offizielles Tourismusportal mit praktischen Infos und einer riesigen Datenbank für Unterkünfte

» **Lonely Planet** (www.lonelyplanet.de) Jede Menge Infos über Irland

» **Northern Ireland Tourist Board** (www.nitb.com) Offizielle Touristenseite

Wechselkurse

Deutschland	1 €	0,87 £
Schweiz	1 SFr	0,81 €
	1 SFr	0,71 £

Aktuelle Wechselkurse siehe unter www.xe.com.

Wichtige Telefonnummern

Die Vorwahl muss man nur dann wählen, wenn man sich außerhalb des Gebiets befindet oder vom Handy aus anruft. Aus dem Ausland die „0" vorwählen.

Ländercode	+353 Republik
	+44 Nordirland
Internationaler Zugangscode	00
Notruf (Polizei, Feuerwehr, Krankenwagen)	999

Ankunft in Irland

» **Dublin Airport**
Privatwagen: alle 15 Minuten zum Stadtzentrum (7 €)
Taxi: 30–45 Minuten zum Stadtzentrum (20–25 €)

» **Dun Laoghaire Ferry Port**
Öffentlicher Bus: etwa 45 Minuten zum Stadtzentrum
DART (S-Bahn): ca. 25 Minuten zum Stadtzentrum

» **Dublin Port Terminal**
Bus: auf die Ankunft und Abfahrt der Fähren abgestimmt (2,50 €)

Maße

Die irischen Maße unterscheiden sich sehr von denen der übrigen europäischen Länder:

ARTIKEL	EUROPÄISCHE MASSE	IRISCHE/UK-MASSE
Anzug (Männer)	50	40
Kleidung (Frauen)	34	8
Pint	473 ml	568 ml
Schuhe (Frauen)	38	4
Schuhe (Männer)	41	8
Spirituosen	50 ml	35,5 ml
T-Shirt (Männer)	36	14

Irland für Anfänger

Beim ersten Besuch in einem anderen Land braucht jeder etwas Hilfe, um Redewendungen zu lernen, mit Gepflogenheiten vertraut zu werden und Umgangsformen zu verstehen. Die folgenden Hinweise sorgen dafür, dass die erste Irlandreise ebenso problemlos wie die fünfte verläuft.

Top-Tips für die Reise

» Qualität statt Quantität: Anstatt durch die Gegend zu hetzen, um möglichst alles zu sehen, sollte man lieber ein paar Orte auswählen und sich dafür Zeit nehmen. Besucher erleben oft die unvergesslichsten Momente, wenn sie am wenigsten tun.

» Beim Autofahren möglichst häufig die Hauptstraßen verlassen: Die atemberaubende Landschaft kann man am besten auf Nebenstraßen genießen, die immer wieder tolle Fotogelegenheiten bieten.

» Einheimische grüßen: Eines der schönsten Erlebnisse ist die Liebenswürdigkeit der Iren, da sie tatsächlich so hilfsbereit, freundlich und humorvoll wie ihr Ruf sind.

Im Voraus buchen

Wer zur Hauptsaison anreist, muss seine Unterkünfte so früh wie möglich reservieren – für einen Besuch im Juli bis zu zwei Monate vorher. Aktivitäten wie Kochkurse und organisierte Touren sollte man ebenfalls schon jetzt buchen.

Einen Monat vor der Reise wird der Mietwagen vorbestellt, außerdem ist dies der richtige Zeitpunkt, um sich einen Tisch fürs Abendessen in einem Spitzenrestaurant zu sichern und Theaterkarten zu besorgen, insbesondere für neue Stücke.

Zwei Wochen vor der Ankunft sollte man die Öffnungszeiten und Preise von Sehenswürdigkeiten checken und eine Woche vorher einen Blick auf den Wetterbericht werfen.

Kleidung

Irland ist ein recht lockeres Land, wo eigentlich jeder anziehen kann, was ihm gefällt. Für ein gehobenes Abendessen sollte es etwas schicker sein, doch weder in guten Restaurants noch im Theater oder beim Konzert werden Jackett und Schlips verlangt.

Irische Jugendliche fühlen sich mit ihrem Körper sehr viel wohler als frühere Generationen und so werden an warmen Tagen die Röcke kürzer und die Ausschnitte tiefer. Die Sommer sind angenehm, aber selten heiß, darum brauchen nackte Beine und Schultern etwas Wärmendes, wenn die unvermeidliche Kühle kommt.

Wegen des unberechenbaren Wetters sollte man stets eine leichte, wasserdichte Jacke dabeihaben, am besten eine, die gefaltet in die Umhängetasche passt.

Reisegepäck

» Gute Wanderschuhe, denn Irland lässt sich am besten zu Fuß erkunden

» Regenmantel – der wird garantiert gebraucht

» Stromadapter für Großbritannien/Irland

» Einen subtilen Sinn für Humor

» Viel Platz im Magen für das ganze Bier

» MP3-Player mit irischer Musik

Checkliste

» Gültigkeit des Personalausweises oder Reisepasses prüfen

» Unterkünfte, Veranstaltungen und Verkehrsmittel reservieren

» Über die Gepäckbeschränkungen der Fluggesellschaft informieren

» Die Kreditkartenbank über die Reise informieren

» Reiseversicherung abschließen (S. 780)

» Prüfen, ob das Handy in Irland benutzt werden kann (S. 778)

Umgangsformen

Im täglichen Leben sind die Iren zwar ziemlich zwanglos, einige (unausgesprochene) Umgangsformen halten sie aber ein.

» Begrüßung
Bei der ersten Begegnung und beim Abschied gibt man Männern, Frauen und Kindern die Hand. Dabei erwarten die Iren einen festen Händedruck mit Augenkontakt. Befreundete Frauen begrüßen sich mit einem angedeuteten Kuss.

» Konversation
Die Iren sind freundlich, aber oft reserviert. Zudem vermeiden sie Gespräche, die peinlich werden könnten. Leuten, die ungefragt zu viel erzählen, misstrauen sie.

» Sprache
Weil die Iren ein schnelles Englisch mit starkem Akzent sprechen, können Ausländer sie häufig nicht verstehen. Zudem streuen sie zur Betonung gern Schimpfworte in ihre Rede ein.

» Pubrunden
Meistens schmeißen die Iren abwechselnd Runden für die ganze Gruppe; es ist üblich, dass sich alle beteiligen. Die nächsten Getränke müssen besorgt werden, ehe das letzte Glas geleert ist.

Trinkgeld

» Hotels
1 € pro Gepäckstück. Das Trinkgeld für Zimmermädchen ist den Gästen überlassen.

» Pubs
Nur nötig, wenn am Tisch serviert wird, dann ist pro Runde 1 €/1 £ angebracht.

» Restaurants
Bei ordentlichem Service 10 %, in teureren Restaurants bis zu 15 %.

» Taxis
10 % vom Fahrpreis oder bis zum vollen Euro/Pfund aufrunden.

» Toilettenwärter
Nur kleine Münzen, höchstens 0,50 €/0,50 £.

Geld

Es gibt überall Geldautomaten – selbst in kleinen Dorfläden –, die internationalen Systemen angeschlossen sind. Bei der Benutzung von ausländischen Karten dürfte es keine Probleme geben, trotzdem sollte man vor der Reise vorsichtshalber bei der heimischen Bank nachfragen.

Kreditkarten kann man an nahezu jedem Ort benutzen, lediglich einige B&Bs auf dem Land verlangen Bargeld. In Bars und Restaurants sollte man vor dem Bestellen fragen, ob die eigene Karte akzeptiert wird. Am weitesten verbreitet sind Visa und MasterCard. American Express wird nur von großen Ketten akzeptiert, während Diners und JCB fast nie angenommen werden. Üblicherweise wird die Karte eingelesen, dann muss man die PIN eingeben; nur selten genügt eine Unterschrift.

Wer sich nicht auf Karten verlassen will, kann bei Banken, Postämtern und einigen größeren Hotels Bargeld und Reiseschecks tauschen.

Was gibt's Neues?

Für diesen Band haben sich unsere Autoren auf die Suche nach allem begeben, was neu, spannend und angesagt ist. Hier nun ihre persönlichen Highlights. Noch aktuellere Infos gibt's unter www.lonelyplanet.com/ireland.

National Museum of Ireland – Natural History

1 Nachdem die Haupttreppe eingestürzt war, musste der 150 Jahre alte „Tote Zoo" wegen größerer Umbauarbeiten schließen. Inzwischen hat das Museum wieder geöffnet und präsentiert in einem prächtigen Gebäude, das sich seit seiner Einweihung durch Dr. Livingstone im Jahr 1857 (S. 89) scheinbar wenig verändert hat, rund zwei Millionen Ausstellungsstücke aus aller Welt.

Titanic Quarter
2 Der längst fällige Bau der „touristischen Landmarke" an der Stelle, wo einst die *Titanic* gebaut wurde, soll im April 2012 fertiggestellt werden (S. 617).

Waterford Museum of Treasures
3 Das interaktive Museum zur tausendjährigen Geschichte von Waterford ist in den frisch renovierten Bishop's Palace umgezogen, ein beeindruckendes Gebäude aus dem 18. Jh. an der Mall (S. 193).

Peace Bridge
4 Als deutlichstes Zeichen der Stadtverschönerung gilt die elegante neue Fußgängerbrücke der Stadt Derry, der „UK City of Culture 2013" (S. 684).

Little Museum of Dublin
5 Hervorragendes neues Museum, das sich selbst zum Ziel gesetzt hat, als soziale, kulturelle und politische „Biografie der Stadt" zu fungieren. Die unzähligen Ausstellungsstücke wurden von Dublinern (S. 92) gespendet.

Foxford Woollen Mill
6 Ein strahlendes neues Besucherzentrum in einer alten Wollweberei, die errichtet worden war, um nach der Hungersnot dringend benötigte Arbeitsplätze für die leidende Bevölkerung zu schaffen (S. 474).

Carlow County Museum
7 Mittlerweile zählt dieses einst so verstaubte kleine Museum in einem alten Kloster zu den Highlights der Stadt Carlow (S. 209).

Model
8 Seit ihrer Vergrößerung wartet die ausgezeichnete Kunstgalerie in Sligo mit neuen Galerien und Raum für eine Dauerausstellung auf (S. 476). Hier kann man die Niland Collection bewundern.

Temple House Festival
9 Das westliche Pendant zum Electric Picnic (S. 477) ist ein dreitägiges Festival mit einem vielseitigen Programm aus Musik, Kunst, Workshops und Holzhandwerk.

Rowan Tree Hostel
10 Der ehemalige Gentlemen's Club aus dem 18. Jh. wurde in ein wunderbares neues Hostel mit einem tollen Blick auf den Fergus verwandelt. Er verfügt über erstklassige Gemeinschaftsbereiche, zudem haben alle Zimmer Balkone (S. 374).

Wie wär's mit...

Literarische Streifzüge

Vier Nobelpreisträger für Literatur sprechen für sich. Irland ist eines der bemerkenswertesten Schwergewichte in der englischsprachigen Welt, und diese Tradition lebt in zeitgenössischen Schriftstellern sowie Literaturfestivals fort.

Cape Clear Island International Storytelling Festival Hier wird der Brauch des Geschichtenerzählens gefeiert (S. 274)

Cúirt International Festival of Literature Galways literarisches Vorzeigefestival im April zieht Schriftsteller aus der ganzen Welt an (S. 423)

Dublin Literary Tours Keine andere Stadt dieser Größenordnung brachte so viele große Autoren hervor und taucht selbst so oft in Büchern auf; bei einer der vielen literarischen Touren erfährt man mehr (S. 109)

Listowel Writers Week Das irische Literaturfest findet im Juni in der Heimatstadt von John B. Keane statt (S. 334)

Traditionelle Pubs

Es gibt in Irland so viele tolle Pubs, dass jeder seinen eigenen Liebling hat. Die im Folgenden genannten werden besonders die Fans traditioneller Kneipen erfreuen.

Blake's of the Hollow, Enniskillen Nordirlands bestes Guinness in einem viktorianischen Klassiker (S. 723)

John Benny's, Dingle Steinboden, Erinnerungsstücke an den Wänden und fast jeden Abend traditionelle Rock-Sessions (S. 323)

McCarthy's, Fethard Kneipe, Restaurant und Bestattungsinstitut (S. 368)

Morrissey's, Abbeyleix Halb Pub, halb Laden und einer der besten Treffpunkte für ein Bier auf der ganzen Insel (S. 539)

Séhan Ua Neáchtain, Galway Eines der bekanntesten traditionellen Pubs (S. 422)

Stag's Head, Dublin Der viktorianische Klassiker mit schönen Buntglasfenstern wird gleichermaßen von Studenten, Schriftstellern und Zechern geliebt (S. 128)

Vaughan's Pub, Kilfenora Großartige Kneipe mit einem herausragenden Ruf für traditionelle Musik (S. 403)

Herrliche Aussichten

Irland wartet mit atemberaubenden Landschaften und überwältigende Aussichten auf. Wer die Augen offenhält, wird neben den berühmten Attraktionen auch vielen andere schöne Flecken entdecken.

Binevenagh Lake Von den Klippen oben an der Bishop's Road (S. 698) eröffnen sich spektakuläre Ausblicke auf Lough Foyle, Donegal und die Sperrin Mountains

Clew Bay Der schönste Blick auf die 365 Inseln in dieser Bucht im County Mayo bietet sich vom Gipfel des Croagh Patrick (S. 460)

Klippen von Kilkee Großartige Aussichten auf hoch aufragende Klippen – und nein, das sind *nicht* die Cliffs of Moher (S. 389)

Scarriff Inn Von diesem Restaurant in Kerry genießt man einen einzigartigen Blick auf die Buchten von Kenmare und Bantry (S. 312)

Poisoned Glen Die Aussicht in dieses Tal in Donegal ist einmalig und die Kirchenruine am Fuß der Schlucht das i-Tüpfelchen (S. 516)

» Clew Bay unterhalb des Croagh Patrick (S. 460), County Mayo

Irische Kochschulen

Die Renaissance der irischen Küche wurde von einem Trupp einheimischer Köche und Hersteller angeführt. Viele von ihnen haben Kochschulen gegründet, in denen sie ihre Geheimnisse weitergeben.

Ballymaloe Darina Allen, die berühmteste irische Köchin, leitet die bedeutendste Kochschule der Insel (S. 247)

Belle Isle School of Cookery Renommierte Schule am Nordende des Upper Lough Erne (S. 725)

Ghan House Die auf klassische Küche spezialisierte Kochschule ist in einem wunderbaren georgianischen Haus aus dem 18. Jh. untergebracht (S. 595)

Source Kleine Kochschule über einem Restaurant; deckt die ganze Bandbreite traditioneller irischer Küche ab (S. 486)

Tannery Cookery School Hinter seinem exzellenten Restaurant betreibt der bekannte Koch Paul Flynn eine Kochschule (S. 202)

Schöne Wanderwege

In Irland kann man sich auf unzählige Arten die Beine vertreten, ob man nun einen Nachmittagsspaziergang oder eine einwöchige Tour unternimmt. Wer am liebsten auf markierten Wegen bleiben möchte, hat die Qual der Wahl zwischen 31 Routen.

Klippenwanderung bei Ardmore Herrliche 5 km lange Wanderung von einem alten christlichen Brunnen über Klippen am Meer nach Ardmore (S. 205)

Burren Way Jeder Teil dieser 123 km langen markierten Route lohnt sich (S. 396)

Causeway Coast Way Der beste Abschnitt sind die 16,5 km zwischen Carrick-a-Rede und dem Giant's Causeway (S. 709)

Doolough Valley Geschichte und Landschaft prägen diesen Weg zwischen Leenane und Westport (S. 457)

Barrow Towpath Malerischer Pfad am Fluss Barrow zwischen Graiguenamanagh im County Kilkenny und St. Mullins im County Carlow (S. 213)

Ross Castle 3 km langer Spaziergang durch den Killarney National Park (S. 299)

Traditionelle Musik

Musiker, die ihr Können in Pubs und an anderen Orten im ganzen Land zeigen, spielen den lebendigsten Folk in Westeuropa (und nehmen dabei gern einen kräftigen Schluck). Selbst die „Touristenkonzerte" sind hervorragend.

An Droichead Großartige Auftritte in einem Kunstzentrum, das sich der irischen Kultur widmet (S. 645)

Leo's Tavern Enyas Eltern führen das Pub, das an Sommerabenden mit lebhafter Musik lockt (S. 515)

Matt Molloy's In dieser Kneipe, die dem Flötisten der Chieftains gehört, beginnt allabendlich um 21 Uhr eine *céilidh* (Session für traditionelle Musik und Tanz; S. 464)

Miltown Malbay Jeder Pub in dieser Stadt im County Clare wartet mit herausragenden traditionellen Sessions auf (S. 391)

Tig Cóilí Die besten traditionellen Gigs in Galway finden in einer Kneipe statt, dessen Name „Haus der Musik" bedeutet (S. 422)

Marine Bar An Sommerabenden genießt man in dem 200 Jahre alten Pub wunderbare Musik (S. 204)

Wie wär's mit ... einem Drachen- oder Gleitschirmflug? Zu den besten Gegenden für diese Sportart gehören Mount Leinster (S. 191) in Carlow, Great Sugarloaf Mountain (S. 160) in Wicklow sowie die Strände Benone and Magilligan (S. 698) in Derry.

Alte Ruinen

Dank der frühesten Bewohner sowie der Kelten und der frühen Christen sind antike Stätten und alte Klöster ein Teil der irischen Landschaft. Dank der Wikinger und Heinrich VIII. sind viele dieser Gebäude Ruinen – aber äußerst imposante.

Askeaton Stimmungsvolle Überreste einer Burg, eines Klosters und einer Kirche aus dem 14. Jh. (S. 346)

Brú na Bóinne Europas beeindruckendste jungsteinzeitliche Begräbnisstätte (S. 569)

Carrowkeel Megalithischer Friedhof und grandiose Aussichten (S. 490)

Clonmacnoise Irlands schönste Klosterstätte (S. 548)

Devenish Island Auf der größten Insel des Lough Erne befinden sich die Ruine eines Augustinerklosters und ein fast vollkommener Rundturm (S. 726)

Dún Aengus Beeindruckende Festung aus der Steinzeit, die gefährlich nah am Rand der Klippen von Inishmór steht (S. 428)

Glendalough Überreste einer einst mächtigen Klostersiedlung in atemberaubender Umgebung (S. 152)

Buchläden

Irlands lange Beziehung zum geschriebenen Wort zeigt sich auch in einigen wunderbar stimmungsvollen Buchläden. Dort kann man ein oder zwei Stündchen verweilen und entdeckt vielleicht sogar eine lange gesuchte seltene Ausgabe seines Lieblingsbuches.

An Café Liteártha Spezialbuchladen für irische Themen; hinten gibt's ein idyllisches kleines Café, wo man es sich mit einem Buch und einem *scone* (Gebäck) gemütlich machen kann (S. 322).

An Cló Ceart Bücher in irischer Sprache, traditionelle Musik und andere schöne Beispiele irischer Kultur, z. B. Holzarbeiten und anderes Kunsthandwerk (S. 695)

Cathach Books Dublins bester Secondhand-Buchladen hat sich auf irische Werke und einige herausragende Erstausgaben spezialisiert, darunter auch welche von Irlands literarischen Giganten (S. 137)

Charlie Byrne's Die weitläufigen Räume sind eine Fundgrube für neue, gebrauchte und seltene Bücher (S. 424)

Monat für Monat

Top-Events

1. **St. Patrick's Day,** März
2. **Galway Arts Festival,** Juli
3. **Willie Clancy Summer School,** Juli
4. **Féile An Phobail,** August
5. **All-Ireland Finals,** September

Februar

Das schlechte Wetter macht den Februar zum perfekten Monat für Innenaktivitäten. Etliche Museen eröffnen neue Ausstellungen, außerdem lohnt sich der Besuch von Großstädten.

☆ Dublin International Film Festival

Das von Jameson finanzierte Festival in den letzten beiden Februarwochen ist das größte Filmfest (www.jdiff.com) der Insel. Zu diesem Anlass werden lokale, internationale und künstlerische Werke sowie Mainstreamstreifen vor dem offiziellen Start präsentiert.

März

Wenn sich der Frühling ankündigt, bereitet sich das ganze Land auf die wohl berühmteste Parade der Welt vor. Der größte Umzug findet in Dublin statt.

St. Patrick's Day

Am 17. März (www.stpatricksday.ie) steht ganz Irland Kopf. Dublin schmeißt eine fünftägige Party rund um die Parade (an der 600 000 Personen teilnehmen) mit unzähligen Konzerten und Veranstaltungen, nach denen man mit einem gewaltigen Kater rechnen muss.

April

Nun wird das Wetter besser, die Bäume beginnen zu blühen, und die Festivalsaison beginnt von Neuem. Ab Mitte April oder an Ostern locken zahlreiche saisonale Attraktionen.

☆ Circuit of Ireland International Rally

Nordirlands renommiertestes Rallyewagen-Rennen ist in der Region als „Circuit" (www.circuitofireland.net) bekannt. Es dauert zwei Tage und findet zu Ostern statt. Mit Vollgas fahren die über 130 Wettkämpfer rund 550 km durch Nordirland und andere Teile der Republik.

Irish Grand National

Die Iren lieben Pferderennen, das gilt vor allem für dieses (www.fairyhouse.ie). Das Schaurennen der Jagdsaison kann man am Ostermontag in Fairyhouse, County Meath, verfolgen.

☆ World Irish Dancing Championships

Jedes Jahr im April reisen 4500 Tänzer aus aller Welt an, um sich miteinander zu messen, denn die irische Tanzkultur hat viel mehr zu bieten als Riverdance. Die Veranstaltung wird jedes Jahr an einem anderen Ort abgehalten; mehr darüber erfährt man auf www.worldirishdancing.com.

Mai

Am ersten Montag des Monats (May Bank Holiday) wird der Sommer eingeläutet. Jetzt strömen die Iren scharenweise auf die Straßen, um das schöne Wetter zu genießen.

Cork International Choral Festival

Eines der besten Chorfestivals in Europa (www.corkchoral.ie). Es dauert vier Tage und beginnt am ersten Montag im Mai. Die Gewinner nehmen an der

oben) Ein irischer Musiker spielt in einem Pub in Doolin
unten) St. Patrick's Day

Fleischmann International Trophy Competition teil.

⭐ North West 200
Irlands berühmtestes Straßenrennen (www.northwest200.org) Mitte Mai ist das größte Outdoor-Sportevent des Landes. Mehr als 150 000 Zuschauer jubeln den Motorradfahrern entlang der Dreiecksroute zu.

⭐ Fleadh Nua
In Ennis (County Clare) versammelt sich eine Woche lang die Crème de la Crème der traditionellen Musikszene Irlands. Das Festival in der dritten Maiwoche (www.comhaltas.ie) gilt als eines der wichtigsten des Landes.

Juni

Der Feiertag zu Beginn des Monats stellt die Iren vor die Qual der Wahl, da sie sich zwischen zahlreichen Veranstaltungen entscheiden müssen. Zudem wird der Wochenendverkehr belebter und das Wetter besser.

⭐ Cat Laughs
Anfang Juni zieht das landesbeste Comedy-Festival (www.thecatlaughs.com) in Kilkenny viele lokale sowie internationale Berühmtheiten und Newcomer an.

⭐ Irish Derby
Eine großartige Veranstaltung für Rennsportbegeisterte und Leute mit ausgefallenen Hüten: In der ersten Juniwoche findet das beste Flachrennen des Landes (www.curragh.ie) statt.

Bloomsday

Kleider wie zu Zeiten Edwards VII., außerdem gibt's zum Frühstück Eier mit Speck und Bier – das sind nur zwei Bestandteile der Feierlichkeiten in Dublin am 16. Juni, dem Tag, an dem James Joyces *Ulysses* spielt. Zu diesem Anlass werden die Spuren Leopold Blooms verfolgt (S. 113).

Juli

Im Juli steigt jedes Wochenende ein tolles Fest. Besucher von Galway können einen ganzen Monat lang zahlreiche wunderbare Veranstaltungen erleben.

Willie Clancy Summer School

Das außergewöhnliche Festival wurde zu Ehren eines berühmten lokalen Dudelsackpfeifers ins Leben gerufen. Zehn Tage lang versammeln sich in Miltown Malbay (County Clare) die besten Musiker der Welt, um Konzerte, Pub-Sessions und Workshops abzuhalten (S. 391).

Galway Arts Festival

Irlands wichtigstes Kunstfestival beschert den Einwohnern und Besuchern der Stadt in den letzten beiden Juliwochen jede Menge Konzerte, Theateraufführungen und Künstlerprojekte (S. 423).

Galway Film Fleadh

Bei diesem wichtigen Filmfest Anfang Juli werden irische und internationale Produktionen gezeigt (S. 423).

Oxegen

Irlands Antwort auf Glastonbury (www.oxegen.ie) steigt Mitte Juli am Punchestown Racecourse im County Kildare. Bei dem dreitägigen Festival treten einige der besten internationalen Rock- und Popbands auf (S. 112).

Killarney Summerfest

Tolle Veranstaltungen von Kajakfahren über Straßentheater bis zu Auftritten internationaler Künstler bietet dieses einwöchige Spektakel (www.killarneysummerfest.com) in der zweiten Junihälfte.

August

Die Schulen sind geschlossen, die Sonne scheint (oder auch nicht!) und das Land ist in Urlaubsstimmung. In den Küstenstädten und Touristenzentren herrscht nun reger Andrang und die Iren genießen ihre Ferien.

Féile An Phobail

Féile An Phobail heißt übersetzt „Volksfest" – und genau das ist es auch: Europas größtes Festival dieser Art findet zwei Wochen lang auf der Falls Road in West Belfast statt (S. 635).

Fleadh Cheoil nah Éireann

Die Mutter aller irischen Musikfestivals (www.comhaltas.ie) lockt mit großartigen Konzerten und Trinkgelagen über 250 000 Besucher an. Ende August wird Fleadh Cheoil nah Éireann jedes Jahr in einer anderen Stadt gefeiert.

Galway Race Week

In der ersten Monatswoche wird das größte Pferderennen westlich des Shannon abgehalten. Die Gäste strömen nicht nur wegen der Pferde herbei, sondern auch, um die irische Kultur zu zelebrieren, Sportwetten abzuschließen und extravagante Hüte zu präsentieren (S. 423).

Mary from Dungloe

Irlands zweitwichtigster Schönheitswettbewerb findet zum Monatsanfang in Dungloe im County Donegal statt. Einige nutzen ihn nur als Anlass für eine Riesenparty, wobei sich die jungen Teilnehmerinnen tatsächlich sehnlichst wünschen zur „Mary des Jahres" gekrönt zu werden.

Puck Fair

Irlands schrägstes Festival steigt Mitte August: In Killorglin, County Kerry, feiert man drei Tage die Krönung eines Ziegenkönigs (S. 304).

Rose of Tralee

Zu diesem irischen Schönheitswettbewerb (www.roseoftralee.ie) reisen aus aller Welt Frauen mit irischen Wurzeln an, um sich den Sieg zu sichern. Für alle anderen Besucher ist das Ganze eine riesige Party (S. 330).

September

Obwohl der Sommer vorbei ist, kann das Wetter erstaunlich gut sein – die ideale Zeit, um in Ruhe die letzten Sonnenstrahlen zu genießen.

Galway International Oyster Festival

Galway beginnt die Austernsaison seit 1953 mit einer großen Feier (www.galwayoysterfest.com). Viel Musik und Bier!

Dublin Fringe Festival

Kurz vor dem großen Dublin Theatre Festival steigt das wesentlich innovativere Fringe Festival (www.fringefest.com), bei dem in der ganzen Stadt über 100 Konzerte locken.

All-Ireland Finals

Am zweiten und vierten Sonntag des Monats finden die Endrundenwettkämpfe um die Hurling- und die Gaelic-Football-Meisterschaft statt. Mit mehr als 80 000 Besuchern, die in das Croke-Park-Stadion in Dublin strömen, ist es eines der größten Sportereignisse des Jahres.

Oktober

Aufgrund der kühleren Temperaturen ist es an der Zeit, wieder drinnen Spaß zu haben. Auf dem Programm stehen zahlreiche Aktivitäten und Zerstreuungen, vor allem am letzten Wochenende des Monats.

Dublin Theatre Festival

Beim renommiertesten Theaterfestival des Landes (www.dublintheatrefestival.com) werden in der Hauptstadt aktuelle Stücke und neue Versionen alter Werke aufgeführt.

Wexford Festival Opera

Im Oktober treffen sich jede Menge Musikliebhaber im stimmungsvollen Johnstown Castle, um das größte Opernfestival Irlands (www.wexfordopera.com) zu genießen, das sich statt auf große Hits eher auf unbekannte Werke konzentriert (S. 178).

Cork Jazz Festival

Irlands bekanntestes Jazzfestival (www.corkjazzfestival.com) findet am letzten Oktoberwochenende in Cork statt. Mehr als 1000 Musiker und ihre unzähligen Fans haben die Stadt dann fest im Griff.

Belfast Festival at Queen's

Das nordirische Kunstfestival (www.belfastfestival.com) wird in der zweiten Oktoberhälfte veranstaltet und zieht Künstler aus aller Welt an. Zum Angebot gehört alles Mögliche von Bildender Kunst bis zu Tanzvorführungen.

Dezember

Das Land bereitet sich auf Weihnachten vor, beispielsweise mit ausgiebigen Shoppingtouren. Nach der Arbeit treffen sich die Iren mit Freunden und Familienangehörigen, die aus dem Ausland angereist sind. Am ersten Weihnachtsfeiertag ist alles geschlossen.

Weihnachten

Auf dem Land gilt das Fest als recht stille Angelegenheit, wobei am 26. Dezember (St. Stephen's Day) wieder der Brauch der Wren Boys auflebt, besonders in Dingle, County Kerry. Nun ziehen verkleidete Kindergruppen durch die Gegend und singen Weihnachtslieder.

Reise-routen

Die folgenden Routen dienen als Orientierungshilfen für eine unvergessliche Reise, egal ob man sechs oder 60 Tage zur Verfügung hat. Mehr Inspirationen gefällig? Auf www.lonelyplanet.de/forum kann man sich mit anderen Travellern austauschen.

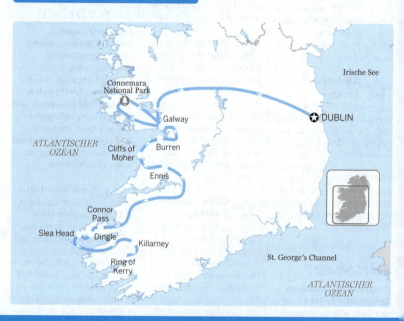

Eine Woche
Irland-Highlights

> Die 300 km lange Touristenstraße führt durch Irlands spektakulärste Landschaften und an den größten Sehenswürdigkeiten vorbei. Sie ist in drei Tagen zu schaffen, aber wozu die Eile? Los geht's in **Dublin**. In der Heimat des Guinness locken das Trinity College, das Book of Kells und ein Bierchen. Am nächsten Tag fährt man nach **Galway** und unternimmt einen Abstecher ins beeindruckende, grüblerische **Connemara** (bietet sich für eine nette Rundtour an). Anschließend führt die Reise weiter nach Süden durch die mondähnliche Landschaft des **Burren**. Hier lohnt sich ein Ausflug zu den **Cliffs of Moher** und nach **Ennis**, wo man traditionelle Musik genießen kann. Dann geht's nach Süden durch den **Connor Pass** ins County Kerry. Nach einem Besuch in **Dingle** locken die prähistorischen Monumente und Ausblicke von **Slea Head**. Nun führt die Route nach **Killarney**, dem perfekten Ausgangspunkt zur Erkundung des **Ring of Kerry**, einer verkehrsreichen Schleife rund um die Iveragh Peninsula. Auf dem Rückweg bleibt übrigens noch genug Zeit für weitere Highlights.

Drei Wochen
Inseltour

Auf der entlegenen **Tory Island** in Donegal, einem tollen Ort zur Vogelbeobachtung, beginnt die Reise. **Achill Island** im County Mayo ist für den Wassersport, ihre Klippen sowie das verlassene Dorf Famine bekannt. Die meistbesuchten Inseln des Landes sind die drei Aran Islands vor der Küste Galways. Auf der größten, **Inishmór**, stößt man auf gut erhaltene Ruinen, darunter das Dún Aengus Fort. **Inishmaan** eignet sich mit ihren Steinmauern und Feldern wunderbar zum Spazieren. Das kleinste und am wenigsten frequentierte Eiland **Inisheer** wartet mit herrlichen Wanderwegen auf. Man erreicht es am besten von Doolin aus. Interessant sind auch die Inseln am westlichsten Zipfel Europas. Auf den vor Kerry liegenden und seit 1953 unbewohnten **Blasket Islands** kann man Papageientaucher, Robben und Tümmler beobachten. **Skellig Michael** vor Caherciveen im County Kerry gehört u. a. wegen eines Klosters aus dem 7. Jh. zum Unesco-Welterbe und gilt wegen der spirituellen Atmosphäre als Höhepunkt jeder Irlandreise. **Clear Island** vor der Westküste von Cork lockt mit Sturmtauchern sowie einem Geschichtenerzähler-Festival im September Besucher an.

Drei Wochen
Küstentour

Von **Dublin** aus geht's gen Norden zur neolithischen Nekropole **Brú Na Bóinne** und zur **Mellifont Abbey**, bevor man Nordirland und **Belfast** erreicht. Entlang der Küste fährt man danach Richtung Nordwesten zum **Giant's Causeway**. Den **Glenveagh National Park** und das südlich davon in **Sligo** gelegene steinzeitliche Ganggrab **Carrowkeel** sollte man sich ebenfalls nicht entgehen lassen. Als Nächstes geht's via **Connemara** nach Südwesten. Dann kommt man durch den **Burren** und genießt traditionelle Musik in **Doolin**. Anschließend stehen das County Kerry und die **Dingle Peninsula** auf dem Plan. Während man dem **Ring of Kerry** folgt, lohnt ein Zwischenstopp in **Killarney**. Hinterher wird in **Kenmare** gezeltet. Von hier aus besucht man **Beara Peninsula** und **Cork**. Von **Ardmore** aus kann man das County Waterford erkunden, z. B. **Dungarvan** mit seiner Burg und das Waterford Museum of Treasures in **Waterford**. Später reist man durch Thomastown gen Norden ins malerische **Kilkenny**. Im County Kildare lockt das **Castletown House**, weiter östlich das im **Wicklow Mountains National Park** gelegene **Glendalough**. Danach geht's zurück nach Dublin.

Eine Woche
Der Westen

Auf dem Programm vieler Traveller steht der Westen ganz oben! Zuerst sieht man sich in Mayo die Ausgrabungsstätten **Céide Fields** an. Von dort schlängelt sich die Küstenstraße an wildromantischen Stränden vorbei bis zum Dorf **Pollatomish**. Danach geht's zum historischen **Westport**, durch **Croagh Patrick** und das an Irlands einzigem Fjord gelegene **Leenane** zum **Connemara National Park**. Dort folgt man der Küstenstraße, fährt an der **Kylemore Abbey** vorbei und bewundert die Aussichten von Clifdens Panoramastrecke, der **Sky Road**, bis man das hübsche **Roundstone** erreicht. Oder man entscheidet sich für die atemberaubende Route durch das Landesinnere über Maam Cross nach **Galway**. Anschließend gelangt man zu den Fischerorten **Kinvara** und **Ballyvaughan** im Herzen des **Burren**. In der Nähe erstreckt sich die uralte **Aillwee Cave**. Für **Dingle Peninsula** sollte man mehr Zeit einplanen, bevor man über den **Ring of Kerry** zum **Killarney National Park** fährt. Weiter südlich locken **Beara Peninsula** und **Garinish Island** mit ihrem mediterranen Flair. Danach geht's die Küste entlang durch Castletownshend und das kleine Dorf **Union Hall** nach **Cork**.

Zwei Wochen
Von oben nach unten

Die Tour beginnt in **Derry** mit einem Rundgang um die Stadtmauern und durch die Bogside. Am zweiten Tag geht's ins County Donegal zur **Inishowen Peninsula**; die Nacht verbringt man in **Dunfanaghy**. Zudem lohnt ein Besuch der Klosterruinen von **Glencolumbcille** und der Klippen von **Slieve League**. Anschließend führt die Reise ins County Sligo und zum **Carrowmore Megalithic Cemetery**; übernachtet wird in der Stadt **Sligo**. Am nächsten Tag kann man sich eine Runde Golf im County Sligo Golf Club in **Rosses Point** oder ein Algenbad in **Enniscrone** gönnen. Richtung Süden geht's nun vorbei am Ostrand von **Connemara** nach **Galway**. Von hier aus sollte man **Clonmacnoise** erkunden. Dann steht eine Tour ins Herz der Midlands und ein Besuch des Klosters **Cashel** im County Tipperary an. Nur eine Stunde entfernt liegt das mittelalterliche **Kilkenny**. Nach der Besichtigung der Stadtfestung locken das nahe gelegene **Thomastown** und die Jerpoint Abbey. Von **Wexford** aus geht's zum **Curracloe Beach** sowie nach **Enniscorthy**, um das National 1798 Rebellion Centre zu besuchen. Natürlich kann man auch einfach relaxen und die Fischer in **Kilmore Quay** beobachten.

» (oben) Steintreppe zur Klostersiedlung auf Skellig Michael (S. 309)
» (links) Giant's Causeway (S. 704), County Antrim

Zehn Tage
Der Norden

> Bei der Präsentation ihrer außergewöhnlichen Touristenattraktionen und Landschaften bewies die Provinz Geschick und leistete so einen wichtigen Beitrag zum Frieden in Nordirland. In **Belfast** kann man eine *black-taxi*-Tour und/oder eine Bootsfahrt zu den Docks unternehmen, bevor die Küste von Antrim und **Carrick-a-Rede** auf dem Programm stehen: Der Gang über die Seilbrücke ist kurz und erfordert Mut, aber dafür genießt man einen herrlichen Ausblick. Ganz in der Nähe liegen die einzigartige Unesco-Welterbestätte **Giant's Causeway** und das Dorf **Bushmills** mit seiner berühmten Brennerei. Es folgt ein Tag in **Derry**, wo man die Stadtmauern umrunden oder in Bogside der jüngeren Vergangenheit nachspüren kann. Bei einem Abstecher zur **Inishowen Peninsula** in Donegal überquert man die unsichtbare Grenze zur Republik. Wieder im Norden geht's südöstlich zum **Lough Erne**. Hier sollte man sich **White Island** und die Grabsteine von **Devenish Island** ansehen. Danach wandert man auf den antiken Schmugglerpfade der **Mourne Mountains** im Osten oder bewundert einfach nur die Landschaft. Anschließend geht's zurück nach Belfast.

Eine Woche
Antike Ruinen

> Die neolithischen Gräber von **Newgrange** und **Knowth**, County Meath, liegen mitten im Herzen von **Brú na Bóinne**. Nicht weit davon entfernt befindet sich der **Hill of Tara**, ein bedeutender Ort für die Einheimischen: Hier hatten die irischen Könige bis zum 11. Jh. ihren Sitz. Auf der anderen Seite der Ebene sieht man den **Hill of Slane**, auf dem der hl. Patrick im Jahr 433 ein Feuer entzündete, um im ganzen Land das Christentum zu verkünden. Westwärts lockt das antike **Loughcrew**, eine etwas ruhigere Alternative zu Brú na Bóinne. Im County Roscommon stößt man kurz vor Tulsk auf Europas berühmteste Keltenstätte **Cruachan Aí** mit 60 Megalith- sowie zahlreichen weiteren Gräbern. Im County Offaly bietet sich ein Besuch der **Clonmacnoise Abbey** aus dem 6 Jh. an. Weiter südlich erhebt sich in Tipperary der beeindruckende **Rock of Cashel**. An diesem Felsbrocken biegt man nach Osten ab und durchquert das County Kilkenny. Unterwegs steht die Besichtigung des Zisterzienserklosters **Jerpoint Abbey** bei Thomastown an. Von hier geht's nordöstlich nach Wicklow und **Glendalough** mit dem herrlichen Tal der zwei Seen und Überresten einer Klostersiedlung.

Outdoor-Aktivitäten

Die besten Fernwanderwege

Wicklow Way, County Wicklow Irlands beliebtester markierter Wanderweg (S. 154)
Beara Way, County Cork Leichte 196 km lange Rundtour auf historischen Wegen (S. 283)
Dingle Way, County Derry 168 km lange Route über eine wunderschöne Halbinsel (S. 320)
Kerry Way, County Kerry 214 km langer Weg am Ring of Kerry (S. 297)

Die besten Kurzwanderungen

Glendalough, County Wicklow Verschiedene kurze Routen rund um die Klostersiedlung (S. 155)
Connemara, County Galway Die malerische Sky Road bei Clifden (S. 442)
Lough Key, County Roscommon Waldwege rund um den See in Roscommon (S. 554)
Antrim Coast, County Antrim Felsige Pfade oberhalb der Küste (S. 709)

Die besten Surfspots

Bundoran, County Donegal Austragungsort zweier europäischer Surfwettbewerbe (S. 504)
Easkey, County Sligo Zwei erstklassige Wellen mittleren Schwierigkeitsgrads (S. 492)
Mullaghmore, County Sligo Hohe Brandung für Fortgeschrittene (S. 495)
Rossnowlagh, Co Donegal Der beste Strand für Anfänger (S. 502)

Von seiner schönsten Seite erlebt man Irland draußen in der Natur, auch wenn das Wetter nicht immer mitspielt. Aber ob man nun wandern, radeln, surfen oder angeln will – man braucht nur die richtige Ausrüstung und schon geht's los. Es kann eine außerordentlich belebende und wohltuende Erfahrung sein, durch den Sommerwind zu laufen oder mit dem Rad mitten in einen Sturm zu fahren. Oft brechen dann auf einmal die Wolken auf und die Sonne scheint plötzlich wieder. Den Abend verbringt man dann entweder mit seiner Angelrute am Fluss oder tobt sich beim Surfen aus.

Wandern

Es gibt nichts Besseres, als dieses wilde, wunderschöne Land zu Fuß oder mit dem Fahrrad zu erkunden: Irland wartet nämlich mit sanften grünen Hügeln, üppigen Wäldern, zerklüfteten Kalksteinfelswänden, weiten Sandstränden, überwältigenden Klippen und Mooren auf.

Trotz bester Voraussetzungen trüben einige Faktoren das Wandervergnügen. Manche Wege führen kilometerlang an endlos erscheinenden Waldabschnitten und asphaltierten Straßen entlang. Außerdem sollten die Routen mit dem üblichen Wanderwegschild (gelber Pfeil und ein Wanderer) gekennzeichnet sein, allerdings kann man sich darauf nicht immer verlassen; manchmal fehlen die Schilder sogar komplett. In Irland gilt die Natur traditionell als frei zugänglich, doch aufgrund der wachsenden Zahl an Wanderern und der Rücksichtslosig-

NOCH MEHR WANDERWEGE

» Great Sugarloaf, County Wicklow (S.160)

» Mt. Seefin, County Cork (S.282)

» Reeks Ridge, County Kerry (S.301)

» Tipperary Heritage Trail, County Tipperary (S.364)

» Killary Harbour, County Galway (S.447)

» Inisheer, County Galway (S.435)

» Slieve Donard, County Down (S.667)

» Fair Head, County Antrim (S.711)

» The Cliffs of Magho, County Fermanagh (S.729)

» Cuilcagh Mountain über den Legnabrocky Trail, County Fermanagh (S.731)

---

keit einiger weniger sind manche Landwirte mittlerweile wenig entgegenkommend. Leider werden Toreinfahrten gelegentlich durch inoffizielle Schilder gesperrt oder Wege durch Hindernisse blockiert. Wer auf solche Probleme trifft, sollte sich an die jeweilige Touristeninformation wenden.

Um die Pflege und Neuerschließung von Wanderwegen kümmert sich in der Republik das **National Trails Office** (☎01-860 8800; www.walkireland.ie) und in Nordirland das **Countryside Access & Activities Network** (CAAN; ☎9030 3930; www.countrysiderecreation.com).

Wenn man beim Wandern nach Gesellschaft sucht, kann man sich einer organisierten Tour anschließen:

Go Ireland (☎066-976 2094; www.goactivities.com; Old Orchard House, Killorglin, Co Kerry) Wanderungen im Westen.

South West Walks Ireland (☎066-712 8733; www.southwestwalksireland.com; 6 Church St, Tralee, Co Kerry) Verschiedene Wandertouren mit und ohne Führer im Südwesten, Nordwesten und in Wicklow.

Wanderrouten

Für seine Größe bietet Irland eine große Auswahl an Routen, die von Küstenspaziergängen bis zu mehrtägigen Bergwanderungen reicht. Unsere Favoriten:

Tageswanderungen

Tageswanderungen kann man in fast jeder Gegend unternehmen.

» **Barrow Towpath** Am Barrow in den Countys Kilkenny und Carlow entlang geht's über alte Treidelpfade von Borris (S.213) nach Graiguenamanagh (S.228).

» **Glendalough** Die Waldwege rund um die alte Klostersiedlung im County Wicklow sind ideal, um Dublin für ein paar Stunden zu entfliehen (S.155).

» **Lough Key** Durch die Wälder rund um den See im County Roscommon führt ein großartiger Baumwipfelpfad (S.554).

» **Sky Road** Im County Galway lockt die Clifden's Sky Road mit tollen Blicken auf Connemaras Küste; die Strecke ist zum Wandern und Radfahren geeignet (S.442).

» **South Leinster Way** Als malerischster Abschnitt der beschilderten Route gelten die 13 km zwischen Graiguenamanagh und Inistioge im County Kilkenny (S.229).

Küstenwanderungen

Die irischen Küsten drängen sich für lange Wanderungen geradezu auf, das gilt besonders für Connemara im County Galway und die ursprünglichen Strände der Grafschaften Mayo und Sligo. Manche Touren stellen einen jedoch vor Herausforderungen:

» **Causeway Coast Way** Im County Antrim geht's oft über die Klippen knapp oberhalb der Brandung. Besonders spektakulär ist der letzte 16,5 km lange Abschnitt des ausgeschilderten Wegs ab Carrick-a-Rede (S.709).

» **Wexford Coastal Walk** Auf der 221 km langen Route sieht man Überreste von Schiffswracks (S.191).

» Bergwanderungen

Auch wenn sich die irischen Berge nicht mit den Alpen vergleichen lassen, locken sie mit tollen Wandermöglichkeiten. Viele Touren sind an einem Tag zu schaffen.

» **Blue Stack Mountains** Die Gebirgskette im County Donegal wartet mit einer abwechslungsreichen Landschaft und dramatischen Gipfeln (S.503) auf.

» **Brandon Way** Führt durch Wälder und Moore am Barrow (S.229) entlang zum Gipfel des Brandon Hill (516 m; nicht mit dem höheren Mt. Brandon im County Kerry verwechseln) im County Kilkenny.

» **Killarney National Park** Großartige, anspruchsvolle Routen. Die eindrucksvollste führt

» (oben) Killarney National Park (S. 298)
» (links) Wanderer auf dem Beara Way (S. 283)

auf den Mt. Carrantuohil (1039 m; S. 300), Irlands höchsten Gipfel.

» **Mourne Mountains** Nordirlands schönster Bergwanderweg verläuft durch das County Down. In diesem Gebiet erhebt sich auch Nordirlands höchster Gipfel, der Slieve Donard (853 m), eine Tageswanderung von Newcastle (S. 669) entfernt.

» **Mt. Leinster** Von seinem 796 m hohen Gipfel (S. 191) bietet der Berg im County Wexford einen Ausblick auf fünf Grafschaften.

» **Mt. Brandon** Der höchste Berg (951 m) der Dingle Peninsula wartet mit spektakulären Trails auf (S. 327).

Markierte Wanderwege

Das Land ist von 31 markierten Fernwanderwegen durchzogen, für die man mindestens eine Woche einplanen sollte. Einige sind mehrere Hundert Kilometer lang, doch es finden sich auch einzelne Abschnitte für Ausflüge mit individueller Länge.

» **Beara Way** Eine leichte 196 km lange Rundtour auf einer wunderschönen Halbinsel im Westen Corks (S. 283).

» **Burren Way** 35 km durch die einzigartige Felsenlandschaft im County Clare, entlang der Cliffs of Moher und durch die Musikerstadt Doolin (S. 396).

» **Cavan Way** Eine 26 km kurze Route, die mit einer beeindruckenden topografischen Vielfalt (Moore, steinzeitliche Monumente, die Quelle des Shannon-Flusses) aufwartet (S. 597).

» **Dingle Way** Der beliebte 168 km lange Rundweg im County Kerry führt durch eine der schönsten Halbinseln Irlands (S. 320).

» **East Munster Way** Beginnt im County Tipperary, endet im County Waterford und zieht sich 70 km durch Wälder und Moore sowie ein Stück über den Treidelpfad am Fluss Suir (S. 368).

» **Kerry Way** 214 km durch die spektakulären Macgillycuddy's Reeks und zu dem Küstenabschnitt am Ring of Kerry (S. 297).

» **Ulster Way** Der 900 km lange Wanderweg verläuft im Kreis um die sechs nordirischen Grafschaften und Donegal und lässt sich in kürzere Abschnitte aufteilen (S. 726).

» **Wicklow Way** Irlands beliebteste, 132 km lange Wanderroute beginnt im Süden von Dublin und endet in Clonegal, County Carlow (S. 154).

Radfahren

Radfahrer müssen sich die Straße zwar mit Geländefahrzeugen teilen, finden aber Trost in den reizvollen Strecken, die sich durch die kaum besiedelte Landschaft winden und an den wilden Küsten entlangschlängeln. Eine Liste mit Veranstaltern von geführten Touren bekommt man in den Touristeninformationen. Praktische Tipps zu Radtouren in Irland siehe S. 786.

Anbieter organisierter Ausflüge:

Go Ireland (066-976 2094; www.goactivities.com; Old Orchard House, Killorglin, Co Kerry)

Irish Cycling Safaris (01-260 0749; www.cyclingsafaris.com; Belfield Bike Shop, UCD, Dublin)

Radwege

Wer möchte, kann durch das ganze Land radeln, allerdings trüben der Verkehr und eine asphaltlastige Aussicht das Vergnügen. Trotzdem gibt's wunderschöne Strecken.

» **West Clare Cycleway** Der 70 km lange, beschilderte Radweg führt von Killimer an der Shannon-Mündung (wo die Shannon-Fähre nach Tarbert, County Kerry, ablegt; s. S. 336) nach Lahinch im County Clare (S. 391). Siehe auch unter www.shannonregiontourism.ie/west_clare_cycleway.

WANDERFÜHRER

Umfangreiche Beschreibungen verschiedener längerer und kürzerer Routen sowie Infos zu Unterkünften und Verpflegung kann man im Lonely Planet Band *Walking in Ireland* nachlesen. Darüber hinaus gibt's noch viele andere gute Bücher, darunter *Wandern in Irland* von Andreas Stieglitz.

EastWest Mapping (053-937 7835; www.eastwestmapping.ie) bietet gute Karten für mehrtägige Wanderungen im gesamten Land. Wunderbar detailreich sind die Karten von Tim Robinson über den Burren, die Aran Islands und Connemara, erschienen bei **Folding Landscapes** (095-35886; www.foldinglandscapes.com). Gemeinsam mit Joss Lynam hat Robinson außerdem *Mountains of Connemara: A Hill Walker's Guide* mit einer nützlichen ausführlichen Karte verfasst.

» **Killarney National Park** Durch den Park verläuft eine abenteuerliche 55 km lange Route durch malerische Landschaften und vorbei an den Seen hinter Kate Kearney's Cottage bis zur Lord Brandon's Cottage (S. 298).

» **Kingfisher Trail** Ein markierter Fernradweg, der 370 km auf kleinen Nebenstraßen durch die Countys Fermanagh, Leitrim, Cavan und Monaghan (S. 720) führt.

Reiten

Egal ob man einen idyllischen Ausflug hoch zu Ross oder einen wilden Ritt am Strand bevorzugt – Reiten gehört zu den beliebtesten Freizeitaktivitäten des Landes. Und so gibt's Hunderte von Reitzentren, die z. B. einstündige Ausflüge (ab 25 /15 €) oder komplette Ferien für jedes Niveau anbieten.

Erstaunlicherweise sind die Einrichtung und die Führung von Pferdehöfen nicht per Gesetz geregelt, doch eine Mitgliedschaft in der **Association of Irish Riding Establishments** (AIRE; 045-850800; www.aire.ie; Beech House, Millennium Park, Naas, Co Kildare), zu der über 200 Reitschulen und -zentren gehören, stellt sicher, dass sich vor Ort qualifizierte Ausbilder, Sanitäter für Erste Hilfe und Sicherungseinrichtungen für Kinder befinden. Am wichtigsten ist aber die Haltung der Pferde nach einem angemessenen Standard. Aus diesen Gründen sollte man nur von AIRE anerkannte Zentren besuchen.

Wassersport

Irland wartet mit einer Küste von 3100 km Länge sowie zahllosen Flüssen und Seen auf. Von keinem Ort im Land hat man es weit zum Surfen, Tauchen, Paddeln, Kanufahren, Schwimmen oder Lachse-Angeln. Außerdem gibt's Sportausrüster und Kurse im Überfluss.

Surfen & Windsurfen

An der Küste, insbesondere im Westen, ist Surfen das Nonplusultra. Zu den beliebtesten Spots gehören:

» **County Donegal** In Bundoran (S. 504) finden im April die irischen Meisterschaften statt. Entlang der Küste können Anfänger und Fortgeschrittene an mindestens sechs erstklassigen Spots ihre Fähigkeiten testen. Port-na-Blagh (S. 520) lockt Wind- und Kitesurfer an.

ABENTEUERZENTREN

Sport- und Abenteuertreffpunkte gibt's in ganz Irland, speziell in den Küstenregionen. Hier bekommt man, was man z. B. fürs Kanu- und Kajakfahren, Surfen, Wandern, Klettern und Orientierungslaufen benötigt. Manche Veranstalter bieten auch Unterkunftsmöglichkeiten an. Eine Auswahl:

» **Killary Adventure Centre**, County Galway (S. 447)

» **Delphi Mountain Resort**, County Mayo (S. 458)

» **Dunmore East Adventure Centre**, County Waterford (S. 199)

» **Donegal Adventure Centre**, County Donegal (S. 504)

» **Carlingford Adventure Centre** (S. 594)

» **County Sligo** Easkey (S. 492) und Strandhill (S. 489) sind berühmt für ihre ganzjährig gute Brandung. Hier kann man problemlos Zimmer und Boards mieten.

» **County Clare** Tolle Wellen bei Kilkee (S. 387), Lahinch (S. 391) und Fanore (S. 405).

» **County Waterford** In Tramore (S. 199) befindet sich Irlands größte Surfschule.

» **County Wexford** Das flache Meer bei Rosslare Strand (S. 181) bietet gute Surf- und Windsurfbedingungen.

» **County Antrim** Als hervorragende Surf- und Bodysurfreviere gelten auch die Strände bei Portrush (S. 701). Im September und Oktober ist der Wellengang am höchsten und das Wasser am wärmsten.

Segeln

Das Segeln hat in Irland Tradition und so gibt's über 120 Jacht- und Segelclubs. Zu den beliebtesten Segelrevieren gehören die Südwestküste, vor allem der Abschnitte zwischen Cork Harbour und der Dingle Peninsula, die Küste von Antrim, die geschützten Küstenabschnitte nördlich und südlich von Dublin sowie einige der größeren Seen wie Loughs Derg, Erne und Gill.

Die **Irish Association for Sail Training** (01-605 1621; www.irishmarinefederation.com) überprüft professionelle Schulen, die **Irish Sailing Association** (01-280 0239; www.

» (oben) Wanderer, Mourne Mountains (S. 669), County Down
» (links) Surfer vor Bundoran (S. 504), County Donegal

sailing.ie) ist der irische Segeldachverband. In vielen Buchhandlungen erhält man die empfehlenswerten *Irish Cruising Club Sailing Directions* mit Hafenplänen sowie detaillierten Infos zu Hafenanlagen, der Küste und den Gezeiten.

Tauchen

Weil die irischen Küstengewässer kaum mit städtischen Abwässern verschmutzt sind, gehören sie zu Europas besten Tauchspots. Die vor der Küste gelegenen Inselchen und Felsen bieten vielen Tier- und Pflanzenarten eine Heimat. Zum Tauchen kommt man am besten zwischen März bis Oktober hierher. Die Sicht reicht weiter als 12 m und an guten Tagen sogar bis 30 m.

Mehr zum Sporttauchen erfährt man beim Comhairle Fó-Thuinn (CFT); Irlands offizieller Tauchverband ist auch als **Irish Underwater Council** (01-284 4601; www.cft.ie) bekannt und veröffentlicht das Tauchmagazin *SubSea* (auch online verfügbar).

Angeln

Der Angelsport erfreut sich in Irland größter Beliebtheit. Die traditionsreiche Freizeitbeschäftigung wird entweder in tiefen Gewässern auf einem Boot oder an einer ruhigen Stelle am Flussufer ausgeübt. Besonders berühmt ist das Land für *coarse fishing* (Angeln von Nicht-Salmoniden; meistens kostenlos), bei dem u. a. auf Brassen, Hechte, Barsche, Rotaugen, Rotfedern, Schleien, Karpfen und Aale Jagd gemacht wird. Pro Tag darf nur ein Hecht behalten werden, über 3 kg schwere Tiere dürfen nicht getötet werden. Das Töten von Nicht-Salmoniden wird nicht gerne gesehen und Angler sind dazu angehalten, diese wieder lebendig ins Wasser zu werfen. Beim *game fishing* (Salmonidenfang) macht man Jagd auf Lachs sowie Meeres- und Bachforellen. Einige Zuchtstationen ziehen auch Regenbogenforellen groß.

Die ausgedehnten Flusssysteme des Shannon und Erne, die sich südlich von Leitrim und Fermanagh erstrecken, gelten als hervorragende Angelreviere. Cavan (S.596), das „Seenland", zählt zu den Lieblingsregionen passionierter Angler. Im Westen findet man entlang der großen Seen Corrib (S.438) und Conn (S.472) jede Menge B&Bs, gute und solide Boote sowie sachkundige Führer.

Irland bietet Anglern tolle Möglichkeiten, allerdings leidet die Wasserqualität in vielen Gebieten aufgrund intensiver Landwirtschaft und wachsender Städte teils beträchtlich. Fáilte Ireland und das NITB geben verschiedene Infobroschüren zu den Themen Angeln, Unterkünfte, Veranstaltungen und Genehmigungen heraus.

Felsklettern

Irlands Gebirge sind zwar nicht hoch – der Mt. Carrantuohil der Macgillycuddy's Reeks im County Kerry ist mit nur 1039 m der höchste Berg des Landes – aber meist wunderschön und bestens zum Klettern geeignet (s. S.301). Im Südwesten locken die höchsten Berge.

Zentren für Abenteuersport bieten im ganzen Land Kurse an und organisieren Klettertouren. Mehr darüber erfährt man beim **Mountaineering Council of Ireland** (01-625 1115; www.mountaineering.ie), der außerdem Kletterführer und das vierteljährlich erscheinende Magazin *Irish Mountain*

ANGELLIZENZ

In der Republik benötigt man keine Genehmigung, um Forellen, Hechte und Nicht-Salmoniden zu angeln, in Nordirland hingegen schon. Lachse und Bachforellen dürfen im ganzen Land nur mit Genehmigung gejagt werden.

Lizenzen bekommt man in der Republik in Angelgeschäften vor Ort oder direkt beim **Central Fisheries Board** (01-884 2600; www.fishinginireland.info). In Nordirland muss man sich für *coarse-fishing*- und *game-fishing*-Genehmigungen in den Regionen Foyle und Carlingford an die **Foyle, Carlingford & Irish Lights Commission** (7134 2100; www.loughs-agency.org) wenden und für die restlichen Gebiete beim **Fisheries Conservancy Board** (3833 4666; www.fcbni.com) melden. Außerdem kann der jeweilige Besitzer, also meist das **Department of Culture, Arts & Leisure, Inland Waterways & Inland Fisheries Branch** (9025 8825; www.dcalni.gov.uk) Genehmigungen erteilen.

INFOS FÜR VOGELBEOBACHTER

Interessantes zum Thema Vogelbeobachtung kann man in Dominic Couzens' *Collins Birds of Britain and Ireland* nachlesen. Ein weiterer empfehlenswerter Leitfaden ist *Vögel: 430 Arten Europas* von Peter Hayman und Rob Hume.

Als gute Anlaufstellen gelten auch die Touristeninformationen und folgende Organisationen:

» **Birds of Ireland News Service** (01-830 7364; www.birdsireland.com)
» **BirdWatch Ireland** (01-281 9878; www.birdwatchireland.ie) Veranstaltet Vogelbeobachtungskurse auf Cape Clear Island im County Cork.
» **National Parks & Wildlife Service** (01-888 2000; www.npws.ie)
» **Royal Society for the Protection of Birds** (RSPB; 9049 1547; www.rspb.org.uk; Belvoir Park Forest, Belfast)

Log herausgibt, oder in den Foren von **Irish Climbing Online** (www.climbing.ie).

Tiere beobachten

Der Höhepunkt einer Wanderung durch die herrlichen Landschaften sind die Tiere. Alle Wälder, Seen, Moore, Feuchtgebiete und Inseln sind reich an Vögeln, scheuen kleinen Pelztieren und Meeressäugern, deshalb bestehen in vielen Regionen gute Chancen, einige von ihnen zu erspähen.

An Land

Dank seines Pflanzen- und Tierartenreichtums wurde der Killarney National Park im County Kerry von der Unesco als Biosphärenreservat ausgezeichnet. In dem Schutzgebiet lebt Irlands einzige wilde Rothirschherde. Freche Hasen kann man überall auf dem Land entdecken.

Im Meer

Finnwale, Buckelwale und Minkwale sieht man im Sommer auf der Suche nach Nahrung besonders häufig vor der Küste West Corks. Delfine und Tümmler halten sich dagegen das ganze Jahr in irischen Küstengewässern auf, z. B. in den natürlichen Häfen der Grafschaften Kerry und Cork.

Robben tummeln sich an der gesamten Küste, vor allem vor Inishbofin (S. 444) in Galway, Portaferry (S. 659) im County Down, Rathlin Island (S. 709) vor Antrim und die Gegend rund um Greencastle (S. 534) bei der Halbinsel Inishowen in Donegal. Außerdem ist in Irland der Flussotter beheimatet. Wer Geduld und gute Augen hat, erspäht die scheuen Tiere vielleicht an den Flüssen von Connemara (S. 436) im County Galway. Manche Otter verlassen die Flüsse, um in den Moorgebieten im Westen Irlands auf Futtersuche zu gehen. Meist muss man sich dennoch mit Kratzspuren auf Torfhügeln oder mit winzigen Pfotenabdrücken zufriedengeben.

Vögel

Irland ist ein Zwischenstopp für Zugvögel, von denen viele aus der Arktis, Afrika und Nordamerika stammen. Außerdem gelangen regelmäßig exotische, in Westeuropa seltene Arten über unberechenbare Winde ins Land. An den Küsten und auf den Inseln tummeln sich brütende Seevögel wie Tölpel, Dreizehenmöwen, Kormorane und Reiher. Der seltene Wachtelkönig wird häufig an der Westküste gesichtet. Große Kolonien von Alkenvögeln nisten in Felsvorsprüngen an der Küste, besonders auf den Inseln vor Donegal und Nordirland. Der Wanderfalke, der schon vor langer Zeit in Irland als ausgestorben galt, wurde 2001 im Glenveagh National Park (S. 523), County Donegal, neu angesiedelt. Heute schätzt man die Chancen, dass sich die Art wieder eigenständig in Irland etabliert, als gut ein.

Beobachtungsmöglichkeiten gibt's fast überall im Land, auch dank der über 70 Naturschutzgebiete, die größtenteils öffentlich zugänglich sind. Empfehlenswerte Orte:

» **Inishowen Peninsula** im County Donegal (S. 528)
» **Skellig Islands** vor der Küste des Countys Kerry (S. 308)
» **Cooley Birdwatching Trail** im County Louth (S. 594)
» **Castle Espie** im County Down (S. 662)

Die irische Küche

Die besten irischen Speisen & Getränke

www.bestofbridgestone.com Eine umfangreiche Liste der Lebensmittelhersteller und der besten Restaurants, die ihre Produkte anbieten.
www.bordbia.ie Auf der Website des irischen Nahrungsmittelverbands findet man Listen mit lokalen Produzenten und allen Bauernmärkten.
Good Food in Cork Myrtle Allens ausgezeichnete jährlich erscheinende Broschüre mit Corks Nahrungsmittelproduzenten erhält man im Farmgate Café (S. 240) oder online auf www.corkfreechoice.com.
www.irishcheese.ie Die Vereinigung der irischen Käsebauern listet jede noch so kleine Käserei auf.
www.slowfoodireland.com Unterstützt kleine Hersteller und organisiert in ganz Irland tolle Events.

Irland hat sich in den letzten Jahren einen Ruf als echtes Feinschmeckerziel erkämpft. Viele Köche und Lebensmittelerzeuger führen eine kulinarische Revolution an und feiern genau die Art von Küche, die auf gut geführten irischen Bauernhöfen schon seit Langem auf dem Speiseplan steht.

Ihnen ist es ebenso wie dem steigenden Anspruch des irischen Gaumens zu verdanken, dass man mittlerweile in allen Preiskategorien lecker essen kann. Und natürlich freut sich auch die Tourismusindustrie darüber – muss sie doch nicht länger Beschwerden über die vielen merkwürdigen irischen Gerichte entgegennehmen!

Saisonale Gaumenfreuden

Januar–März

Die kälteste Zeit des Jahres eignet sich wunderbar für ein warmes irisches Frühstück und für Irish Stew (Eintopfgericht). Auf dem **Só Sligo Festival** (www.sosligo.com) Mitte März messen sich Küchenchefs aus der ganzen Welt bei der **World Irish Stew Championship** (für alle anderen gibt's darüber hinaus einen Amateurwettbewerb).

April–Juni

Im Frühling stehen frisches Obst und Gemüse wie Spargel und Rhabarber auf dem Speiseplan.

Kulinarische Frühlingsfeste:

» **Waterford Festival of Food** (www.waterfordfestivaloffood.com) An drei Tagen Mitte April werden in Dungarvan lokale Erzeugnisse und eine edle Küche gefeiert. Dazu gehören auch ein Grillfest am Meer und ein Biergarten mit hausgebrauten Gerstensäften.

» **Taste of Dublin** (www.tastefestivals.ie) Die Spitzenrestaurants der Hauptstadt Irlands servieren Probierteller ihrer besten Gerichte, außerdem gibt's ein Musik- und Unterhaltungsprogramm.

Juli–September

Im Juli locken die ersten neuen Kartoffeln, Marmeladen und Beerenkuchen aus Stachelbeeren, Brombeeren oder Loganbeeren. Darüber hinaus werden im ganzen Land kulinarische Feste gefeiert:

» **Belfast Taste & Music Festival** (www.belfasttasteandmusicfest.com) Nordirlands bedeutendstes Feinschmeckerevent findet in der ersten Augustwoche auf dem Great Lawn im Botanischen Garten statt.

» **Carlingford Oyster Festival** (www.carlingford.ie) In Carlingford, County Louth, beginnt die Austernsaison früh und wird mit einem kleinen Fest Mitte August gefeiert.

» **Clarenbridge Oyster Festival** (www.clarenbridge.com) Die traditionsreiche Veranstaltung wird in der ersten Septemberwoche in Clarenbridge, County Galway, ausgerichtet.

» **Hillsborough Oyster Festival** (www.hillsboroughoysterfestival.com) Rund 12 000 Menschen aus der ganzen Welt versammeln sich am ersten Septemberwochenende, um die leckersten Austern der Region zu probieren und an der Weltmeisterschaft im Austernessen teilzunehmen.

» **Taste of West Cork Food Festival** (www.atasteofwestcork.com) Mitte September kommen in Skibbereen eine Woche lang die besten Erzeuger der Region zusammen.

» **Waterford Harvest Food Festival** (www.waterfordharvestfestival.ie) Bei dem zehntägigen Festival Mitte September gehören Lebensmittelmärkte, Workshops, Kochvorführungen von Starköchen und Picknicks zum Programm.

» **Midleton Food & Drink Festival** (www.midletonfoodfestival.ie) Mitte September gibt's in der Stadt im County Cork Kochvorführungen, Weinverkostungen und über 50 Essensstände mit den besten Erzeugnissen der Region.

» **Galway International Oyster Festival** (www.galwayoysterfest.com) Am letzten Septemberwochenende spülen Einwohner und Besucher in Galway Austern mit jeder Menge Guinness herunter.

Oktober–Dezember

Im Oktober werden Äpfel und ein Großteil der Kartoffeln geerntet. Die Saison für Gourmetfeste endet mit einem echten Highlight: Anfang Oktober präsentiert Irlands inoffizielle Feinschmeckerhauptstadt auf dem **Kinsale Gourmet Festival** (www.kinsalerestaurants.com) drei Tage lang kulinarische Leckereien.

Spezialitäten
Essen

» **Kartoffeln** Es ist schon ein Wunder, dass die Iren bei den vielen Kartoffeln ihren Humor nicht verloren haben. Aber Vorurteile hin oder her: Diese dicken Knollen sind und bleiben Irlands Nahrungsmittel Nummer eins. Die Kartoffelgerichte *colcannon* und *champ* (eines mit Kohl, eines mit Lauchzwiebeln) zählen sogar zu den leckersten Speisen im ganzen Land.

» **Fleisch & Fisch** Zu einer irischen Mahlzeit gehört entweder Rind-, Lamm- oder Schweinefleisch. Fisch wurde lange Zeit vernachlässigt, findet jedoch immer öfter seinen Weg in die irische Küche. In Restaurants steht er häufig auf der Speisekarte und wird vor allem im Westen hervorragend zubereitet. Austern, Forelle und Lachs schmecken besonders gut, wenn sie

---

VEGETARIER & VEGANER

Die Zeiten, als Vegetarier in Irland merkwürdige Sonderlinge waren, sind lange vorbei. Heute rümpft man selbst in den ländlichen Gegenden nicht mehr die Nase über sie. Allerdings heißt das nicht, dass Vegetarier außerhalb der größeren Städte – oder auch in den zahlreichen modernen Restaurants, die in den letzten Jahren eröffnet wurden – auf ein reiches Angebot hoffen können. Doch immerhin ist das selbst angebaute Gemüse von erstklassiger Qualität und in vielen Lokalen steht zumindest ein fleischloses Gericht auf der Karte.

» (oben) Typisch irisches Frühstück
» (links) Echter irischer Klassiker: Tee mit Gebäck

im Meer gefangen und nicht auf Fischfarmen gezüchtet wurden. Die berühmte Dublin-Bay-Garnele ist in Wirklichkeit ein Hummer – und sehr teuer. Damit die köstlichen Schalentiere ihren Geschmack nicht verlieren, dürfen sie erst kurz vor der Zubereitung getötet werden.

» **Soda Bread** Weil das Mehl, mit dem Irlands berühmteste und meistgegessene Brotsorte hergestellt wird, sehr weich ist und sich nicht mit Hefe verträgt, verwenden die irischen Bäcker seit dem 19. Jh. Backsoda. Buttermilch ist ein weiterer Bestandteil. In B&Bs wird das Brot oft zum Frühstück gereicht.

» **Fry** Als wohl meistgefürchtete irische Spezialität gilt das irische Frühstück namens *fry*. Der Herzinfarkt unter den Mahlzeiten wird z. B. in B&Bs aufgetischt und besteht aus einer Platte mit gebratenem Speck, Würstchen, Blutwurst, Eiern und Tomaten. Zum berühmten im Norden üblichen *Ulster fry* wird außerdem noch *fadge* (Kartoffelbrot) gereicht.

» Getränke

» **Stout** Guinness ist das weltweit bekannteste Stout (Dunkelbier). Daneben buhlen noch zwei weitere Großbrauereien um die Gunst der Kunden: Murphy's und Beamish & Crawford, beide mit Sitz in der Stadt Cork.

» **Tee** Pro Kopf trinken die Iren mehr Tee als jede andere Nation auf der Welt. Man braucht nur ein Haus zu betreten, schon wird einem eine Tasse angeboten. Beliebt sind starke Mischungen mit Milch (bei Bedarf auch mit Zucker, selten mit Zitrone).

» **Whiskey** Bei der letzten Zählung gab es fast 100 verschiedene Sorten von irischen Whiskeys, die aus den drei Brennereien Jameson's, Bushmills und Cooley's stammen. Wer Irland einen Besuch abstattet, sollte ein paar dieser exzellenten Marken probieren, denn was die Iren *uisce beatha* („Wasser des Lebens") nennen, versetzt selbst Kenner in Erstaunen.

Esskultur

Die Essgewohnheiten der Iren haben sich in den letzten Jahrzehnten verändert, wobei es Unterschiede zwischen Stadt- und Landbewohnern gibt.

» **Frühstück** Eine wichtige Mahlzeit, da mittags eher wenig gegessen wird. In der Regel wird sie vor 9 Uhr eingenommen. Hotels und B&Bs servieren montags bis freitags bis 11 Uhr Frühstück und an Wochenenden sogar bis 12 Uhr (jedenfalls in urbanen Gegenden). Samstags und sonntags sind in größeren Städten auch Brunchs angesagt, die im Grunde auf die ländliche Tradition zurückgehen, am späten Morgen ein ausgiebiges, herzhaftes Frühstück einzunehmen.

» **Mittagessen** Die ehemals größte Mahlzeit des Tages zeigt heute die größten Unterschiede zwischen Land und Stadt. Wer in der Stadt arbeitet, folgt dem Trend zum schnellen Happen zwischendurch. So gibt's zwischen 12.30 und 14 Uhr ein Sandwich oder ein leichtes Gericht. Viele Restaurants servieren frühestens ab 12 Uhr Mittagessen. Am Wochenende, insbesondere sonntags, werden die Snacks durch eine reichhaltige Mahlzeit ersetzt, die meist zwischen 14 und 16 Uhr eingenommen und als *dinner* bezeichnet wird.

» **Tea** Meint nicht das Getränk, sondern eine abendliche Mahlzeit, die man auch *dinner* nennt. Sie wird gegen 18.30 Uhr eingenommen und ist für Städter die wichtigste Mahlzeit des Tages.

NOCH MEHR IRISCHE BIERSORTEN

» **Beamish Red Ale** Das traditionelle *red ale* ist süß und schmackhaft und wird von Beamish & Crawford in der Stadt Cork gebraut.

» **Caffrey's Irish Ale** Einer der besten Neuzugänge (seit 1994) unter den irischen Bieren. Das vollmundige Getränk ist eine würzige Mischung aus Stout und Ale und wird im County Antrim gebraut.

» **Kinsale Irish Lager** Dieses goldfarbene Bier wird in der Stadt Cork hergestellt und hat einen leicht bitteren Geschmack, der aber schon nach wenigen Schlucken verschwindet.

» **McCardles Traditional Ale** Es lohnt sich, nach dem seltenen dunklen, vollmundig-nussigen Ale zu suchen.

» **Smithwick's** Ein herrlich erfrischendes Gebräu, das in der ältesten noch betriebenen Brauerei Irlands hergestellt wird: in der Francis Abbey (14. Jh.; S. 219) in Kilkenny.

IRISCHER KÄSE

» **Ardrahan** Würzige Sorte mit reichem Nussgeschmack.

» **Corleggy** Feiner, pasteurisierter Ziegenkäse aus dem County Cavan.

» **Durrus** Feinschmecker werden diesen cremig-fruchtigen Käse lieben (S. 279).

» **Cashel Blue** Cremiger Blauschimmelkäse aus Tipperary.

» **Cooleeney** Preisgekrönter, Camembert-ähnlicher Käse.

Auf dem Land isst man zur selben Zeit (meistens Brot, Aufschnitt und Tee). Restaurants richten sich nach internationalen Standards und servieren ab etwa 19.30 Uhr Abendessen.

» **Supper** Der aus Tee und Toast oder Sandwiches bestehende Snack vorm Schlafengehen ist weit verbreitet, auch wenn Städter aus gesundheitlichen Gründen zunehmend darauf verzichten. In Restaurants nicht üblich.

Wohin zum Essen

Restaurants Irland hat etwas für jeden Gaumen und Geldbeutel zu bieten, von günstig und gesellig bis zur Sterneküche.

Cafés Es gibt unzählige Cafés jeder Couleur, zu deren Angebot oftmals leckere schnelle Snacks gehören.

Hotels In vielen Hotelrestaurants sind auch Nichtgäste willkommen. In Top-Hotels kommt gehobene Küche zu entsprechenden Preisen auf den Tisch.

Pubs Kneipenkost ist allgegenwärtig, meist in der Form von Sandwichtoasts. Vielerorts wird jedoch auch eine umfangreiche Auswahl an Speisen geboten, die es teilweise sogar mit Spitzenrestaurants aufnehmen können.

Etikette

Freundliche Ungezwungenheit wird spießiger Überkorrektheit vorgezogen. Trotzdem sollte man ein paar Dinge beachten:

Kinder Bis 19 Uhr sind Kinder in allen Restaurants willkommen, in Pubs und einige gehobene Lokale darf man sie abends nicht mitnehmen. In Familienrestaurants gibt's Kindermenüs, andere servieren kleinere Portionen regulärer Gerichte.

Ein Gericht zurückgehen lassen Wer mit dem Essen nicht zufrieden ist, sollte das dem Kellner höflich und möglichst schnell mitteilen. Jedes respektable Restaurant wird rasch für Ersatz sorgen.

Die Rechnung bezahlen Wer die Rechnung für andere übernehmen möchte, sollte sich darauf einstellen, dass dies ein-, zwei- oder sogar dreimal abgelehnt wird. Davon sollte man sich nicht täuschen lassen, denn die Iren zieren sich gern, bevor sie etwas annehmen. Einfach sanft insistieren und man bekommt seinen Willen!

Kulinarische Highlights

Unvergessliche Gerichte

Restaurant Patrick Guilbaud Zwei Michelin-Sterne machen das elegante französische Restaurant in Dublin zur besten Adresse Irlands (S.121).

Fishy Fishy Café, Kinsale, Country Cork (S. 253)

Castle Murray, Dunkineely, County Donegal (S. 506)

Jacks Coastguard Restaurant, Cromane Peninsula, Country Kerry (S. 305)

Für Experimentierfreudige

Der irische Gaumen ist mutiger geworden, doch die wahren kulinarischen Herausforderungen finden sich ironischerweise in der traditionellen Küche. Hier eine Auswahl:

Black Pudding Die Wurst aus Schweineblut, Rindernierenfett und anderen Zutaten ist klassischer Bestandteil eines warmen irischen Frühstücks.

Boxty Nordirischer Pfannkuchen, der zu gleichen Teilen aus Kartoffelbrei und geriebenen rohen Kartoffeln zubereitet wird.

Carrageen Die in Irland typischen Meeresalgen werden in verschiedensten Gerichten wie Salat oder Eis verarbeitet.

Corned Beef Tongue Gepökelte Rinderzunge, die oft mit Kohl serviert wird und auf traditionellen irischen Speisekarten zu finden ist.

Lough Neagh Eel Eine nordirische Spezialität. Das Aalgericht wird zu Halloween gegessen und mit weißer Zwiebelsoße gereicht.

Poitín Nur selten bekommt man einen Schluck des auf Basis von Gerste oder Kartoffeln hergestellten *cratur* (illegal gebrannter Schnaps) angeboten. In Donegal, Connemara und West Cork verstecken sich ein paar dieser Brennereien.

Irland im Überblick

Dublin

Museen ✓✓✓
Unterhaltung ✓✓✓
Geschichte ✓✓✓

Museen
Dublin hat nicht viele, dafür aber umso beeindruckendere Museen, darunter auch einige von internationalem Rang. Das beeindruckende National Museum beherbergt eine der besten Sammlungen keltischer und vorkeltischer Kunst und die städtischen Galerien präsentieren mit einer wunderbar eleganten Ungezwungenheit Werke von der Renaissance bis zur heutigen Zeit. Darüber hinaus wartet die Chester Beatty Library mit einer einzigartigen Sammlung islamischer Bücher, alter Texte und Schriftrollen auf.

S.54

Unterhaltung
Hunderte Pubs stellen Besucher vor die Qual der Wahl, wenn es um die Entscheidung geht, wo man denn nun ein Pint des berühmten Dubliner Biers trinken soll. Neben Guinness und Kneipengesprächen wartet die Stadt mit einem alten und einem neuen Theater, ausgelassenen Konzerten und zahlreichen sportlichen Freizeitmöglichkeiten auf.

Geschichte
Fast an jeder Straße zeugen historische Gebäude von einer bewegten Vergangenheit, egal ob man das kopfsteingepflasterte Gelände des Trinity College oder die blutbefleckten Wänden des Kilmainham Gaol betrachtet. Die schönsten Bauten und Straßen stammen aus dem goldenen georgianischen Zeitalter, als Dublin die zweite Stadt des Britischen Empires war. Selbst die unscheinbarste Gasse und das bescheidenste Haus haben eine spannende Geschichte – und die Dubliner erzählen sie gern, allerdings wird man nicht immer dieselbe Version einer Begebenheit zu hören bekommen.

Counties Wicklow & Kildare

Landschaft ✓✓✓
Klosterruinen ✓✓
Aktivitäten ✓✓

Landschaft
Einen herrlichen Ausblick bieten die Wicklow Mountains fast überall, besonders vom Gipfel der Pässe. An klaren Tagen sieht man von einigen Stellen ganze fünf Grafschaften. Der fruchtbare Bog of Allen in Kildare ist eine weitere klassisch irische Landschaft.

Klosterruinen
Die Ruinen von Glendalough faszinieren ungemein, außerdem ist ihre Lage am Ende eines Gletschertals mit zwei Seen absolut bezaubernd. Allein deshalb lohnt es sich schon, hierherzukommen.

Aktivitäten
Irlands beliebtester Wanderweg, der Wicklow Way, führt von Norden nach Süden durch die Grafschaft. Kildare ist das Land der Pferdezüchter. Die Wanderwege sind hier etwas sanfter, aber nicht weniger attraktiv.

S.145

Counties Wexford, Waterford, Carlow & Kilkenny

Landschaft ✓✓
Geschichte ✓✓✓
Essen ✓✓

Landschaft
Ikonenhafte smaragdgrüne Felder über zerklüfteten tiefschwarzen Klippen, die im himmelblauen Meer enden: Daran sieht man sich nie satt. Wer eine Pause braucht, kann sich in sandigen Buchten oder an einem der schier endlosen Strände in Wexford entspannen. Im ländlichen Hinterland stößt man auf wilde Flüsse und pittoreske Bauernhöfe.

Geschichte
In den Straßen von Waterford und Wexford ist man von Spuren des Mittelalters umgeben: Man betrachte nur die hoch aufragende Kathedrale oder die großartige Burg.

Essen
In Dungarvan kommt man in den Genuss hervorragend zubereiteter irischer Gerichte. Außerdem locken in sämtlichen Ortschaften und Städten fantastische regionale Erzeugnisse.

S.173

County Cork

Essen ✓✓✓
Landschaft ✓✓✓
Geschichte ✓✓

Essen
Feinschmecker fühlen sich im County Cork besonders wohl. Die gleichnamige Hauptstadt der Grafschaft wartet mit hervorragenden Restaurants auf, während man in West Cork die vielfältigen lokalen Produkte direkt an der Quelle kaufen und wie ein Lord speisen kann.

Landschaft
Mizen Head, Sheep's Head und Beara, die drei westlichen Halbinseln des Landes, haben alles, was das Herz begehrt: Bergpässe, einsame windgepeitschte Berge, schöne Strände und unvergessliche Aussichten.

Geschichte
Die rebellische Grafschaft blickt stolz auf ihre Geschichte zurück, selbst auf die leidvollen Zeiten: mit Gedenkstätten, die an Hungersnöte erinnern, Schlachtszenen aus dem 17. Jh. oder Beiträgen über die in jüngerer Zeit gefallenen Helden.

S.231

County Kerry

Landschaft ✓✓✓
Fisch ✓✓✓
Traditionelle Musik ✓✓✓

Landschaft
Dieses County ist der Inbegriff des landschaftlich schönen Irland: Connor Pass, Dingle Peninsula und besonders der Ring of Kerry geben die Maßstäbe vor, an denen sich andere Gegenden messen lassen müssen. Davon kann man sich auch auf Postkarten überzeugen.

Fisch
Kerry hat eine sehr enge Beziehung zum Meer: Auf der gesamten Dingle Peninsula kommt man in den Genuss von frischem Fisch, der gerade erst das in den Hafen eingelaufene Boot verlassen hat.

Traditionelle Musik
In jeder Stadt und jedem Dorf der Grafschaft befindet sich mindestens ein Pub, in dem traditionelle Musik gespielt wird. Dabei gibt's im Stil regionale Unterschiede, was dem Besuch in Kerry zusätzliches Flair verleiht.

S.290

Counties Limerick & Tipperary

Wandern ✓✓✓
Geschichte ✓✓
Landschaft ✓✓

Wandern
Tipperary zieht Wanderfans mit dem abwechslungsreichen Glen of Aherlow und dem anspruchsvolleren Tipperary Heritage Trail, einer 55 km langen Route durch schöne Flusstäler voller alter Ruinen, an.

Geschichte
Zu den zahlreichen historischen Schätzen der Region gehören die mächtige Klosterstadt Cashel im County Tipperary und das imposante King John's Castle in der Stadt Limerick.

Landschaft
An seiner breitesten Stelle wartet der gewaltige Shannon mit schönen Ausblicken auf. Die sanften Hügel und Felder von Tipperary mit den vielen alten Ruinen haben Irland in der ganzen Welt berühmt gemacht.

S. 337

County Clare

Landschaft ✓✓✓
Musik ✓✓✓
Pubs ✓✓

Landschaft
Ein fesselnder Anblick, den man sich nicht entgehen lassen sollte, bieten die dramatisch aus dem stürmischen Atlantik emporsteigenden Cliffs of Moher. Beeindruckend ist auch die restliche Küste von Clare, besonders im Süden, wo mysteriöse Steinsäulen hoch über dem Wasser aufragen. Die Landschaft der Burren wirkt geheimnisvoll und fremd.

Musik
Irlands traditionellste Musik mit einigen modernen Einflüssen stammt aus Clare. Bei Festivals, in Pubs und an nahezu jeder Straßenecke kann man hervorragende Auftritte von Musikern dieses Countys erleben.

Pubs
Es gibt in der ganzen Grafschaft nicht einen einzigen Ort, der nicht mindestens ein herrliches altes Pub hat, in dem Guinness bereitsteht, das Torffeuer brennt und die Geselligkeit scheinbar nie endet.

S. 371

County Galway

Landschaft ✓✓✓
Essen ✓✓
Kultur ✓✓✓

Landschaft
Hunderten Jahren mühevoller Arbeit verdanken die ansonsten kargen Berge der Aran Islands ihre bezaubernden grünen Tupfer. Eine Wanderung über die windgepeitschten und faszinierenden Inseln zählt zu den Highlights des Landes. Im Frühjahr, wenn der Ginster leuchtend gelb blüht, verblüfft die Connemara Peninsula mit ihrer Schönheit.

Essen
In den Tidengewässern der Galway Bay wachsen Millionen saftiger Austern zu ihrer Idealgröße heran. Aus ihnen kreieren die lokalen Küchenchefs köstliche Speisen.

Kultur
An jedem Abend punkten die Pubs und Clubs von Galway mit traditionellen Sessions, hervorragender Rockmusik oder der nächsten angesagten Big Band. Ein echtes Fest für die Ohren!

S. 410

Counties Mayo & Sligo

Inseln ✓✓
Megalithische Stätten ✓✓✓
Yeats ✓✓

County Donegal

Landschaft ✓✓✓
Naturstrände ✓✓✓
Surfen ✓✓✓

Die Midlands

Traditionelle Pubs ✓✓✓
Kreuzfahrt ✓✓
Kirchliche Überreste ✓✓

Inseln
In der Clew Bay soll es 365 Inseln geben, darunter auch eine, die John Lennon gehörte. Außerdem wäre da noch Craggy Island, die Heimat der berühmten Piratenkönigin Granuaile.

Megalithische Stätten
Zu einer Reise in prähistorische Zeiten lädt die Umgebung von Ballycastle u. a. mit dem weltgrößten steinzeitlichen Monument, den Céide Fields, sowie den megalithischen Friedhöfen in Carrowmore und Carrowkeel ein.

Yeats
Sligo ist die Heimat von Yeats, der in der Kirche von Drumcliff im Schatten des Ben Bulben bestattet wurde. Im gesamten County erinnern Museen und Heritage Centres an den Dichter, während die Landschaft seine Poesie widerspiegelt.

S. 452

Landschaft
Das ungezähmte Donegal ist von wellen- und windgepeitschten Klippen, Stränden und einem gebirgigen Landesinneren von tiefsinniger Schönheit geprägt.

Naturstrände
In diesem County erstrecken sich die zweitlängsten und schönsten Strände des Landes, darunter der für Surfer ideale Rossnowlagh, der unberührte Tramore und der rotstichige Sandstrand von Malinbeg. Darüber hinaus locken hier viele abgeschiedene sandige Buchten.

Surfen
Dank seiner großartigen Mischung aus Stränden und zahlreichen Surfschulen zählt Donegal zu Irlands besten Surfspots. Aus diesen Gründen kann man hier wunderbar einen Surfkurs machen und auf einer der anspruchsvollsten Wellen der Welt reiten.

S. 496

Traditionelle Pubs
Einige der atmosphärischsten und authentischsten Pubs des Landes von Morrissey's of Abbeyleix im County Laois bis zu MJ Henry's in Cootehall, County Roscommon, liegen unauffällig in den Midlands verstreut.

Kreuzfahrt
Was könnte besser sein, um den Bauch des Landes in seiner Länge und Breite zu erkunden, als eine Bootsfahrt auf Irlands längstem Fluss, dem Shannon? Unterwegs kann man Sehenswürdigkeiten ansteuern und in Restaurants am Flussufer essen.

Kirchliche Überreste
Clonmacnoise, Irlands sehenswertestes Kloster, thront im County Offaly am Ufer des Shannon. Innerhalb der Klostermauern sind frühe Kirchen, Keltenkreuze, Rundtürme und Gräber erstaunlich gut erhalten.

S. 536

Counties Meath, Louth, Cavan & Monaghan

Geschichte ✓✓✓
Angeln ✓✓✓
Landschaft ✓✓

Geschichte
Am Hill of Tara, in den neolithischen Monumenten von Brú na Bóinne und Loughcrew, den prunkvollen Abteien Mellifont und Monasterboice und Städten wie Drogheda wurde irische Geschichte gelebt und geschrieben.

Angeln
Die zahlreichen Seen Cavans sind bekannte Anglerparadiese. Monaghan steht dem in kaum etwas nach. Wer gern im Meer fischt, ist in Städten wie Clogherhead und Carlingford in Louth richtig.

Landschaft
Die vier Grafschaften bieten eine große landschaftliche Vielfalt, die von den Seengebieten Cavans und Monaghans bis zu den fruchtbaren Hügeln von Meath reicht. Schön ist auch das Küstenpanorama: Der Blick schweift von Louths Küste bis zum hübschen Carlingford.

S. 568

Belfast

Geschichte ✓✓✓
Pubs ✓✓✓
Musik ✓✓

Geschichte
Nirgends in Europa ist man so nah an jüngsten historischen Ereignissen wie in West Belfast, das die Traumata seiner Konflikte in eine der spannendsten Touristenattraktionen Irlands verwandelt hat.

Pubs
Zu den viktorianischen Klassikern im Stadtzentrum gehört das berühmte The Crown, wobei John Hewitt und The Garrick genauso schön sind und ältere Tavernen wie White's und Kelly's sogar noch mehr Atmosphäre haben.

Musik
Die hervorragende Belfaster Musikszene reicht von DJs des Eglintonbis bis zu ausverkauften Konzerten im Odyssey. Eines der Highlights ist das Belfast Empire, in dem jede Nacht neue und etablierte Bands auftreten.

S. 606

Counties Down & Armagh

Aktivitäten ✓✓
Tiere ✓✓✓
Essen ✓✓

Aktivitäten
Zu den zahlreichen Möglichkeiten zählen Vogelbeobachtungsausflüge, Wanderfeste und anstrengendere Aktivitäten wie Klettern und Canoeing. Das Angebot ist so groß, dass man an jedem Tag des Jahres etwas unternehmen kann.

Tiere
Das Wildfowl and Wetlands Centre in dem von Vögeln bewohnten Schlickwatt des Castle Espie im County Down spricht selbst Leute an, die sich für Vögel nur mäßig begeistern. Besucher der Strangford Lough im County Armagh werden von großen Kegelrobbenkolonien begrüßt.

Essen
Erstklassig zubereitete Gerichte bieten die Restaurants und Pubs von Hillsborough, Bangor und Warrenpoint, alle im County Down. Tolle Lokale entdeckt man aber auch an eher merkwürdigen Stellen, darunter das Bistro hinter Irlands ältestem Pub in Donaghadee, Ards Peninsula.

S. 652

Counties Derry & Antrim

Geschichte ✓✓
Landschaft ✓✓✓
Wandern ✓✓✓

Counties Fermanagh & Tyrone

Aktivitäten ✓✓✓
Landschaft ✓✓✓
Geschichte ✓✓

Geschichte
Die Stadt Derry blickt auf eine reiche Vergangenheit zurück.. Davon zeugen die Mauer rund um den Ort, die von 1688 bis 1689 einer Belagerung standhielt, wunderbare Museen und die politischen Wandmalereien der Bogside, auf deren Straßen Geschichte geschrieben wurde.

Landschaft
Pittoreskes Gold prägt einen Großteil der Küste von Antrim, doch das Highlight ist der südliche Abschnitt um Carnlough Bay und die spektakulärste touristische Sehenswürdigkeit des Nordens: die surrealen geologischen Formationen des Giant's Causeway.

Wandern
Der Causeway Coast Way erstreckt sich über 53 km von Portstewart bis Ballycastle. Den landschaftlich schönsten Abschnitt – die 16,5 km zwischen Carrick-a-Rede und dem Giant's Causeway – kann man an einem Tag ablaufen.

S. 681

Aktivitäten
Wie wär's mit einem Angelausflug auf den Gewässern Fermanaghs, dem Besuch des Appalachian and Bluegrass Music Festival im Ulster American Folk Park oder der Besteigung des Mullaghcarn mit zahlreichen Pilgern?

Landschaft
Ob man mit dem Boot auf dem Lough Erne umherschippert, auf dem Devenish Island aus dem Fenster eines der Rundtürme schaut oder über die breite Gebirgskette der Sperrin Mountains wandert – die Landschaft ist einfach überall bezaubernd, besonders wenn das Wetter einigermaßen mitspielt.

Geschichte
In den Städten Omagh und Enniskillen sind grausame Gewalttaten geschehen, aber Nordirlands Vergangenheit ist nicht nur von Konflikten geprägt: Der Ulster American Folk Park dokumentiert die Geschichte der engen Verbindung dieser Provinz zu den USA.

S. 718

Empfehlungen von Lonely Planet:

 Das empfiehlt unser Autor 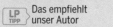 Nachhaltig und umweltverträglich 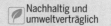 Hier bezahlt man nichts

DUBLIN 54
RUND UM DUBLIN 141

COUNTIES WICKLOW & KILDARE 145
COUNTY WICKLOW..... 148
Wicklow Mountains 148
Die Küste.............. 159
COUNTY KILDARE...... 165
Kildare (Stadt) 169

COUNTIES WEXFORD, WATERFORD, CARLOW & KILKENNY 173
COUNTY WEXFORD 176
Wexford (Stadt) 176
New Ross.............. 187
Enniscorthy 188
COUNTY WATERFORD .. 191
Waterford (Stadt)....... 191
Dungarvan............. 201
Ring Peninsula 204
COUNTY CARLOW...... 209
Carlow (Stadt) 209
COUNTY KILKENNY 214
Kilkenny (Stadt)........ 215

COUNTY CORK 231
CORK (STADT) 233
Blarney Castle 244
WESTLICHES CORK 250
Kinsale 250
Clonakilty.............. 266
MIZEN HEAD PENINSULA 275
SHEEP'S HEAD PENINSULA 281
BEARA PENINSULA (RING OF BEARA) 282
NÖRDLICHES CORK.... 288
Mallow 288

COUNTY KERRY 290
KILLARNEY............ 292
Killarney National Park.. 298
RING OF KERRY 303
Killorglin............... 304
Skellig Ring 310
Kenmare 312
DINGLE PENINSULA.... 315
Dingle................. 319
NÖRDLICHES KERRY ... 329
Tralee 329
Listowel 333

COUNTIES LIMERICK & TIPPERARY 337
COUNTY LIMERICK..... 340
Limerick (Stadt)........ 340
Adare & Umgebung 347
COUNTY TIPPERARY ... 350
Tipperary (Stadt)....... 350
Glen of Aherlow & Galtee Mountains....... 351
Cashel 360

COUNTY CLARE 371
ENNIS & UMGEBUNG... 373
ÖSTLICHES & SÜDÖSTLICHES CLARE 379
SÜDWESTLICHES & WESTLICHES CLARE ... 385
Kilkee 387
Ennistymon............ 393
Cliffs of Moher 394
DER BURREN 395
Doolin................. 397

COUNTY GALWAY...410
GALWAY (STADT) 412
ARAN ISLANDS 426
CONNEMARA.......... 436
Lough Corrib........... 438
Clifden & Umgebung 442
SÜDLICH VON GALWAY (STADT) 448
ÖSTLICHES GALWAY ... 449
Athenry 449

COUNTIES MAYO & SLIGO 452
COUNTY MAYO 453
Cong.................. 453
Croagh Patrick 460
Westport 461
Achill Island............ 465
COUNTY SLIGO 476
SLIGO (STADT) 476

COUNTY DONEGAL..........496
DONEGAL (STADT) 497
RUND UM DONEGAL (STADT) 502
Bundoran.............. 504

Im Register findet man eine Übersicht aller Reiseziele in diesem Buch.

Reiseziele

SÜDWESTLICHES DONEGAL	**506**
Glencolumbcille & Umgebung	509
Ardara	510
Loughrea Peninsula	512
NORDWESTLICHES DONEGAL	**512**
Dungloe	513
Arranmore Island	514
Bloody Foreland	516
Tory Island	516
Dunfanaghy & Umgebung	519
ÖSTLICHES DONEGAL	**521**
Letterkenny	521
Glenveagh National Park	523
NORDÖSTLICHES DONEGAL	**525**
Fanad Peninsula	526
Inishowen Peninsula	528
Buncrana	528
Malin Head	532

DIE MIDLANDS 536

COUNTY LAOIS	**538**
Abbeyleix	538
Slieve Bloom Mountains	540
COUNTY OFFALY	**542**
Birr	542
Clonmacnoise	548
Tullamore	550
COUNTY ROSCOMMON	**552**
Roscommon (Stadt)	556
COUNTY LEITRIM	**557**
Carrick-on-Shannon	557
COUNTY LONGFORD	**561**
COUNTY WESTMEATH	**561**
Athlone	561
Mullingar & Umgebung	564

COUNTIES MEATH, LOUTH, CAVAN & MONAGHAN 568

COUNTY MEATH	**569**
Brú na Bóinne	569
Stätte der Schlacht am Boyne	574
Slane	575
Tara	577
Trim	580
Kells	583
Loughcrew Cairns	584
COUNTY LOUTH	**585**
Drogheda	586
Dundalk	592
Cooley Peninsula	593
COUNTY CAVAN	**596**
Cavan (Stadt)	597
COUNTY MONAGHAN	**601**
Monaghan (Stadt)	601
Carrickmacross & Umgebung	604

BELFAST 606
RUND UM BELFAST 651

COUNTIES DOWN & ARMAGH 652

COUNTY DOWN	**654**
Bangor	655
Ards Peninsula	658
Strangford Lough	662
Downpatrick	664
Mourne Mountains	669
Mournes Coast Road	671
Newry	672
COUNTY ARMAGH	**674**
South Armagh	674
Armagh (Stadt)	675

COUNTIES DERRY & ANTRIM 681

COUNTY DERRY	**684**
Derry/Londonderry	684
Die Küste von Derry	698
Coleraine	699
Portstewart	699
COUNTY ANTRIM	**701**
Portrush	701
Bushmills	703
Giant's Causeway	704
Ballycastle	707
Rathlin Island	709
Glens of Antrim	710
Carrickfergus	715

COUNTIES FERMANAGH & TYRONE 718

COUNTY FERMANAGH	**720**
Enniskillen	720
Upper Lough Erne	725
Lower Lough Erne	726
COUNTY TYRONE	**732**
Omagh	732
Sperrin Mountains	734

Dublin

EINWOHNER: 1,3 MIO. / FLÄCHE: 921 KM²

Inhalt »
Rund um Dublin 141
Dalkey 141
Howth 142
Malahide 144

Gut essen
- » Chapter One (S. 125)
- » Coppinger Row (S. 120)
- » Green Nineteen (S. 120)
- » Honest to Goodness (S. 120)
- » Juniors (S. 127)

Schön übernachten
- » Gibson Hotel (S. 128)
- » Isaacs Hostel (S. 116)
- » Merrion Hotel (S. 115)
- » Number 31 (S. 112)
- » Pembroke Townhouse (S. 119)

Auf nach Dublin

Aussehen ist vergänglich, Klasse dauerhaft. Die fetten Jahre mögen vorbei sein, doch in Dublin weiß man trotzdem noch, wie man sich amüsiert. Ob Musik, Kunst, Literatur oder das berühmte Nachtleben, das Musiker, Künstler und Schriftsteller inspirierte – die irische Hauptstadt wusste schon immer, wie man Spaß hat, und verfolgt dies nach wie vor mit aller Ernsthaftigkeit.

Es gibt Museen von Weltrang, großartige Restaurants und das beste Unterhaltungsangebot im ganzen Land: Von Rock über klassische Musik ist stets etwas los, und falls nicht, kehrt man in eines der wohl tausend Pubs ein. Wer dagegen genug vom Trubel hat, findet vor den Toren der Stadt ein paar hübsche Orte am Meer, die sich für eine schöne Tagestour anbieten.

Reisezeit

Im März sehen sich rund 600 000 Menschen die Parade am herrlich chaotischen St. Patrick's Festival an und im Juni findet der weltweit beliebteste Minimarathon für Frauen statt, bei dem mehr als 40 000 Läuferinnen starten. Darüber hinaus lockt im August das Dun Laoghaire Festival of World Cultures Musiker und Künstler aus aller Welt nach Dublin.

Geschichte

Dublin ließ erstmals um 500 v. Chr. von sich hören, als ein Trupp furchtloser Kelten seine Zelte an einer Furt im Fluss Liffey aufschlug. Von ihnen stammt der schwer auszusprechende gälische Name der Stadt, Baile Átha Cliath (Ort an der befestigten Furt). Etwa 1000 Jahre lebten die Kelten friedlich vor sich hin. Erst mit den Wikingern nahm Dublin urbane Züge an. Im 9. Jh. gehörten die Raubzüge aus dem Norden zum irischen Alltag. Manche der Nordmänner entschlossen sich sogar zu bleiben, statt nur zu plündern und sich wieder davonzumachen. Sie heirateten irische Frauen und errichteten einen florierenden Handelshafen an der Stelle, wo der Fluss Poddle am *dubh linn* (schwarzen Teich) in die Liffey strömt. Heute ist vom Poddle nicht mehr viel übrig. Er wurde unterirdisch verlegt, fließt unter der St. Patrick's Cathedral hindurch und tröpfelt schließlich an der Capel Street (Grattan) Bridge in die Liffey.

Weitere 1000 Jahre später, nach Ankunft der Normannen im 12. Jh., war Dublin nicht ganz unbeteiligt an dem langsamen Prozess, Irland unter anglonormannische (und später englische) Herrschaft zu bringen. Anfang des 18. Jhs. lebten in der verdreckten Stadt vor allem arme Katholiken, was den imperialen Ansprüchen der anglophilen Bürger so gar nicht entsprach. Die protestantische Ascendancy verlangte maßgebliche Verbesserungen und fing an, eine im Wesentlichen noch mittelalterlich geprägte Stadt in eine moderne angloirische Metropole umzukrempeln. Straßen wurden erweitert, Plätze angelegt und neue Häuser errichtet, alles in einer Art Proto-Palladianismus, der schon bald als georgianische Architektur (benannt nach den Königen, die damals nacheinander in England regierten) bekannt wurde. Eine Zeit lang war Dublin die zweitgrößte Stadt des Britischen Königreiches. Die Dinge standen also allgemein zum Besten – es sei denn, man gehörte der armen und überwiegend katholischen Masse an, die in den zunehmend ausufernden Slums hauste.

Der georgianische Boom nahm ein jähes und dramatisches Ende, als Irland 1801 durch den Act of Union mit England ver-

DUBLIN IN...

... zwei Tagen

Wenn man nur zwei Tage in der Stadt ist (hoffentlich aus gutem Grund), beginnt man mit dem **Trinity College** und dem **Book of Kells**. Dann geht's in Dublins georgianisches Herz zum **St. Stephen's Green** und zum **Merrion Square** sowie ins **National Museum** und in die **National Gallery**. Den Abend verbringt man in einem authentischen Pub, dem **Kehoe's** unweit der Grafton Street. Am nächsten Tag stehen die **Chester Beatty Library** und das **Guinness Storehouse** auf dem Plan. Wer jetzt noch Lust hat, besucht das **Irish Museum of Modern Art** und das **Kilmainham Gaol**. Anschließend lockt das **Cobblestone** mit irischer Musik.

... vier Tagen

An vier Tagen bleibt genügend Zeit, das oben beschriebene Programm auszudehnen und in den besseren Pubs der Stadt Pausen einzulegen. Außerdem kann man die **Glasnevin Cemeterys** und die **Dublin City Gallery – The Hugh Lane** besichtigen. In der **Old Jameson Distillery** erfahren Besucher alles zum Thema Whiskey und werden bei einem **Dublin Literary Pub Crawl** zu Fachleuten für Literatur (oder Bier). Mit dem DART geht's raus ins Städtchen **Howth**, das sich für einen Spaziergang anbietet und mit großartigen Fischrestaurants aufwartet. Die Tour endet mit der Erkundung des wunderbaren Viertels **Temple Bar**.

... einer Woche

Zusätzlich zum Viertagesprogramm kann man an jeweils einem Extratag die Vororte **Dalkey** und **Sandycove** im Süden besuchen, durch den **Phoenix Park** schlendern und die Entwicklung der Docklands bestaunen. Der eine oder andere ist bestimmt auch von einer Vorstellung im **Grand Canal Theatre** begeistert. Alternativ sieht man sich ein Stück im **Abbey** oder im **Gate** an.

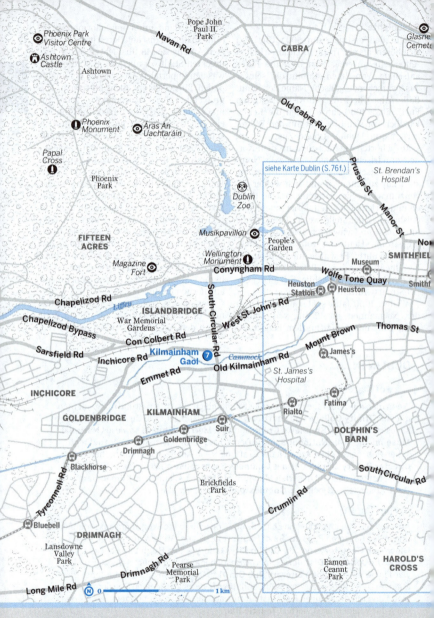

Highlights

1 Den kopfsteingepflasterten Campus des **Trinity College** (S. 59) erkunden

2 Alte Bücher aus der ganzen Welt in der **Chester Beatty Library** (S. 83) bewundern

3 Ein Stück in einem Dubliner **Theater** (S. 134) erleben

4 Bei einem Besuch im **National Museum** (S. 87) Irlands historische Schätze entdecken

5 Im „Toten Zoo", dem **Museum of Natural History** (S. 89), zum viktorianischen Botaniker werden und sich über die begeisterten Kinder freuen

6 Rund um den begrünten **Merrion Square** (S. 93) und **St. Stephen's Green** (S. 91) die zahlreichen prächtigen georgianische Gebäude bestaunen

7 Im **Kilmainham Gaol** (S. 97) nach den Spuren der Vergangenheit suchen

8 Sich ein Pint in einem der vielen Dubliner **Pubs** (S. 128) gönnen

eint und sein Parlament aufgelöst wurde. Plötzlich war Dublin nicht mehr die schöne Prinzessin beim königlichen Ball, sondern nur noch die nervige Cousine, die den Wink einfach nicht verstehen wollte. Bald schon folgten wirtschaftliche und soziale Unruhen. Während der Großen Hungersnot (1845–51) wurde die Stadt von Flüchtlingen aus dem Westen überschwemmt, die sich zu der unterdrückten Arbeiterklasse dazugesellten. Anfang des 20. Jhs. drohte sie schließlich an Armut, Krankheit und zahlreichen sozialen Problemen zu ersticken. Verständlicherweise hatten das viele

County Dublin

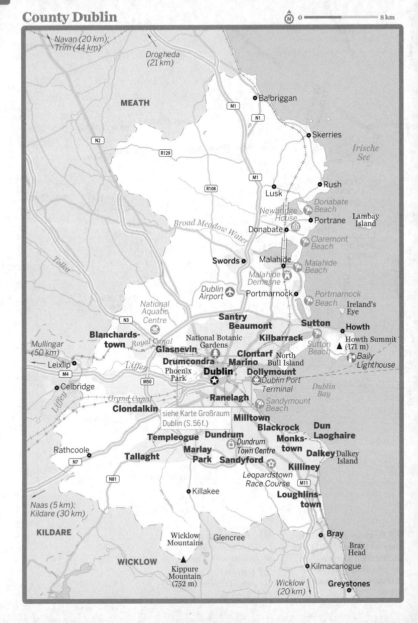

Einwohner satt und drängten immer stärker auf Veränderung.

Die erste Gelegenheit bot der Osteraufstand von 1916, bei dem der Stadtkern erhebliche Schäden erlitt. Zuerst waren die Dubliner von den Rebellen nicht gerade begeistert, da sie jede Menge Chaos und Unordnung anrichteten. Doch als die Anführer hingerichtet wurden, änderte sich ihre Meinung – die Einwohner schlagen sich eben immer auf die Seite der Unterlegenen.

Als das ganze Land immer weiter auf einen Krieg mit England zusteuerte, wurde die irische Hauptstadt überraschenderweise nicht zum Schauplatz des Geschehens. Obwohl überall Soldaten zu sehen waren und es zu einigen Schießereien und Sprengungen bekannter Gebäude (etwa das Custom House 1921) kam, ging das Leben über lange Strecken des Unabhängigkeitskrieges seinen gewohnten Gang.

Ein Jahr später war das Land bis auf den nördlichen Teil frei. Doch schon bald schlidderte es in einen Bürgerkrieg, bei dem weitere bedeutende Bauwerke in Flammen aufgingen, darunter das Gerichtsgebäude Four Courts (1922). Ironischerweise waren die Auseinandersetzungen untereinander weit brutaler als der vorherige gemeinsame Kampf um Unabhängigkeit, vor allem in der O'Connell Street. Die Gewalt von damals hinterließ tiefe Narben, die fast das gesamte Jahrhundert brauchten, um zu verheilen.

Als der neu gegründete Staat endlich seine Arbeit aufnehmen konnte, war Dublin müde und ausgelaugt. Steigende Arbeitslosigkeit, hohe Auswanderungsraten und allgemeine Stagnation waren die Plagen dieser Zeit. Dennoch versuchte die Bevölkerung, das Beste aus ihrer Situation zu machen.

In den 1960er-Jahren kam dann endlich ein Hoffnungsschimmer in Form des Wirtschaftsbooms: Irlands Hauptstadt wuchs und wuchs – und das hat sich bis heute nicht geändert.

Leider bewirkt ein Aufschwung aber noch lange keine Wunder, deshalb dümpelte Dublin einige weitere Jahrzehnte vor sich hin. Alte Probleme blieben und ein paar neue (Drogensucht und Bandenkriminalität) kamen hinzu. Dann jedoch wurde 1994 der schrecklich schöne „Keltische Tiger" geboren und alles veränderte sich.

Etwa zwei Jahrzehnte später sieht sich Dublin zwar erneut mit schweren Zeiten konfrontiert, aber inzwischen ist die Stadt nicht wiederzuerkennen und gilt nun als eine der lebendigsten Metropolen Europas.

◉ Sehenswertes
GRAFTON STREET & UMGEBUNG

Das Trinity College liegt am Nordende von Dublins berühmtester Einkaufsstraße, einer eleganten Fußgängerzone in der südlichen Innenstadt. Der parkähnliche Campus der ältesten und schönsten Universität des Landes erstreckt sich über einen beträchtlichen Teil des südlichen Stadtteils. Ein paar Schritte weiter nördlich stößt man auf Temple Bar, wo nach Sonnenuntergang wild getrunken und gefeiert wird. Das südliche Ende der Grafton Street führt zum Haupteingang von St. Stephens Green, Dublins ganzjährig grüner Lunge. Rund um den beliebten Park reihen sich wunderschöne private und öffentliche Gebäude im georgianischen Stil aneinander, in denen Galerien und Museen untergebracht sind.

Trinity College   HISTORISCHES GEBÄUDE
(Karte S. 80; ☎ Führungen 01-896 1827; www.tcd.ie; Führung 10 €; ⊙ Führungen alle 30 Min. Mo–Sa 10.15–15.40 Uhr, Mitte Mai–Sept. auch So 10.15–15 Uhr) An Sommerabenden, wenn es auf den Straßen still wird, gibt's in Dublin kaum einen schöneren Ort als Irlands renommierteste **Universität**, ein Glanzstück georgianischer Architektur und Landschaftsgärtnerei. Das schönste historische Gebäude der Stadt beherbergt zudem eines der berühmtesten Bücher der Welt: das prächtig gestaltete *Book of Kells*. Der Park hat zwischen 8 und 22 Uhr geöffnet.

Offiziell wird die Hochschule University of Dublin genannt, allerdings besteht sie anders als ihre Vorbilder Cambridge und Oxford nur aus einem statt aus vielen Colleges. Sie wurde 1592 von Elisabeth I. auf dem Gelände des enteigneten und 1537 aufgelösten Augustinerklosters gegründet. Damit wollte die Königin junge Dubliner davon abhalten, auf dem Kontinent zu studieren und dort „vom Papismus angesteckt" zu werden. Während das 16 ha große Campusgelände heute mitten in der Stadt liegt, befand es sich zu Zeiten der Gründung noch in der Nähe von Dublin und grenzte an zwei Seiten der Liffey-Mündung. Mittlerweile ist vom ursprünglichen Komplex nichts mehr übrig, weil es aufgrund der georgianischen Bauwut im 18. Jh. durch ein neues Gebäude ersetzt wurde. Die einschneidenste Veränderung brachte jedoch die Zahl der Studierenden. Bis 1793 durften sich nur Protestanten einschreiben, aber inzwischen sind fast alle 17 000 Studenten

(Fortsetzung auf S. 76)

Trinity College, Dublin

EIN SCHRITT IN DIE VERGANGENHEIT

Irlands renommierteste Universität (S. 59) wurde 1592 von Queen Elisabeth I. gegründet. Sie ist ein architektonisches Meisterstück und eine freundliche Oase inmitten des hektischen, modernen Stadtlebens. Der Schritt durch den Haupteingang ist auch ein Schritt in die Vergangenheit, denn die gepflasterten Straßen führen in eine Zeit, als die Elite philosophische Ideen diskutierte und leidenschaftlich für das British Empire eintrat. Wenn man den Front Square betritt, erblickt man vor sich den 30 m hohen **Campanile** 1 und links davon die **Dining Hall** 2. Auf der anderen Seite liegt die Old Library mit dem prächtigen **Long Room** 3. Letzterer lieferte die Inspiration für die Computeranimation des Jedi-Archivs in Star Wars Episode II: Angriff der Klonkrieger. Hier wird der größte Schatz der Universität aufbewahrt, das **Book of Kells** 4. Wer es sehen will, muss einige Wartezeit einplanen, doch das Anstehen lohnt sich selbst für einen kurzen Besuch. Gleich hinter der Old Library befindet sich die **Berkeley Library** 5, die trotz ihres hochmodernen Äußeren perfekt in die Ästhetik des Campus passt. Vor ihrem Eingang steht die elegante **Sphere-Within-Sphere-Skulptur** 6.

NICHT VERSÄUMEN

» Die Douglas Hyde Gallery (S. 80), ein modernes Kunstmuseum auf dem Campus
» Ein Kricketspiel, der stilvollste Zeitvertreib überhaupt
» Ein Pint in der Pavilion Bar, am besten während eines Kricketspiels
» Die Science Gallery (S. 80) mit ihrer wunderbaren, gut verständlichen Ausstellung

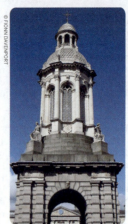

Campanile
Das visuelle Aushängeschild (S. 77) des Trinity College wurde Mitte des 19. Jhs. nach Plänen von Sir Charles Lanyon errichtet. Thomas Kirk entwarf die dazugehörigen Skulpturen.

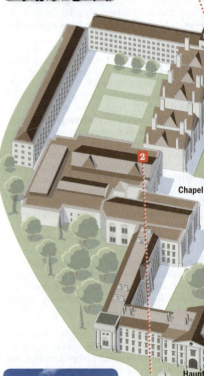

Dining Hall
Das von Richard Cassels entworfene Gebäude (S. 78) sollte das Gegenstück zur direkt gegenüberliegenden Examination Hall am Front Square bilden, allerdings stürzte es zweimal ein und wurde 1761 komplett neu errichtet.

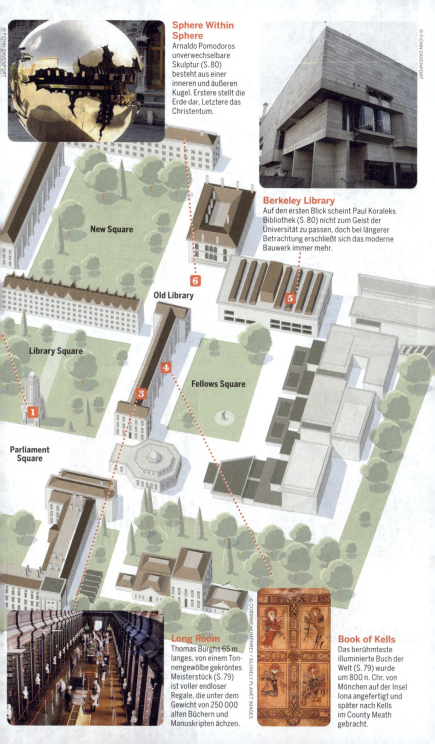

1. St. Stephen's Green (S. 91)
In Dublins grünem Herzen einen Spaziergang unternehmen und Enten füttern.

2. Temple Bar (S. 81)
Durch die gepflasterten Gassen von Temple Bar schlendern.

3. Spire (S. 98)
Der 120 m hohe Spire steht in der O'Connell Street.

4. Ha'penny Bridge (S. 82)
Früher musste man einen halben Penny bezahlen, wenn man diese Brücke überqueren wollte.

5. Temple Bar (S. 81)
Straßenmusiker in Temple Bar.

National Museum of Ireland

NATIONALE SCHÄTZE

Irlands bedeutendste kulturelle Institution ist das National Museum. Seine wichtigste Abteilung (S. 87) liegt in dem schönen neoklassischen (oder viktorianisch-palladianischen) Gebäude, das 1890 nach dem Entwurf von Sir Thomas Newenham Deane errichtet wurde und sich zwischen dem Hintereingang des Leinster House sowie einem nichtssagenden Bauwerk aus den 1960er-Jahren quetscht. Das Museum wird leicht übersehen, doch in seinem relativ beengten Inneren befinden sich die größte europäische Sammlung von Goldexponaten aus der Bronze- und Eisenzeit und die einzigartige Schatzkammer (Treasury). Zu den schönsten Exponaten gehören der **Ardagh Chalice** 1 und die kunstvoll gearbeitete **Tara Brooch** 2 sowie zwei hervorragende Beispiele der keltischen Kunst: der **Broighter Gold Collar** 3 und die eindrucksvolle **Loughnashade War Trumpet** 4. Keinesfalls verpassen sollte man auch das erlesene **Cross of Cong** 5.

All diese Schätze entstanden nach der Ankunft des Christentums im 5. Jh. – kaum zu glauben, dass sie mit einfachsten Werkzeugen geschaffen wurden.

DAS DUBLIN DER WIKINGER

Archäologische Ausgrabungen in Dublin förderten zwischen 1961 und 1981 Hinweise auf eine Wikingerstadt und -friedhöfe am Ufer der Liffey zutage. Die Gräber enthielten Waffen, z. B. Schwerter und Speere, sowie Schmuck und persönliche Gegenstände. Werkzeuge, Gewichte, Waagen, Silberbarren und Münzen zeigen, dass die Wikinger nicht nur geplündert und marodiert haben, sondern auch Handel betrieben. Die Artefakte sind im National Museum zu sehen.

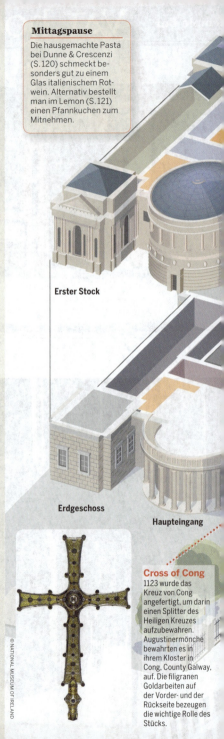

Mittagspause

Die hausgemachte Pasta bei Dunne & Crescenzi (S. 120) schmeckt besonders gut zu einem Glas italienischem Rotwein. Alternativ bestellt man im Lemon (S. 121) einen Pfannkuchen zum Mitnehmen.

Erster Stock

Erdgeschoss

Haupteingang

Cross of Cong

1123 wurde das Kreuz von Cong angefertigt, um darin einen Splitter des Heiligen Kreuzes aufzubewahren. Augustinermönche bewahrten es in ihrem Kloster in Cong, County Galway, auf. Die filigranen Goldarbeiten auf der Vorder- und der Rückseite bezeugen die wichtige Rolle des Stücks.

Broighter Gold Collar
Dieser schöne Halsschmuck (*torc* genannt), ist das kunstvollste Stück der Broighter-Sammlung (S. 88) und mit komplizierten kurvenförmigen Mustern im Latènestil, der Blütezeit der keltischen Kultur, verziert.

Tara Brooch
Zweites Highlight der Sammlung ist die um 700 als Mantelschließe entworfene Tara-Brosche (S. 87), ein Symbol für die hohe Qualität irischer Kunst.

Loughnashade War Trumpet
In einem ausgetrockneten See im County Armagh wurde vier Bronzetrompeten gefunden, zu denen auch dieses prächtige Stück gehört. Das Meisterwerk besitzt einen Schalltrichter mit einem wunderschönen Lotusknospenmotiv und versetzte mit seinem Klang früher jeden in Angst und Schrecken.

Ardagh Chalice
Der Kelch von Ardagh (S. 87) aus dem 12. Jh. besteht aus Gold, Silber, Bronze, Messing, Kupfer und Blei und ist das schönste keltische Kunstwerk, das je gefunden wurde.

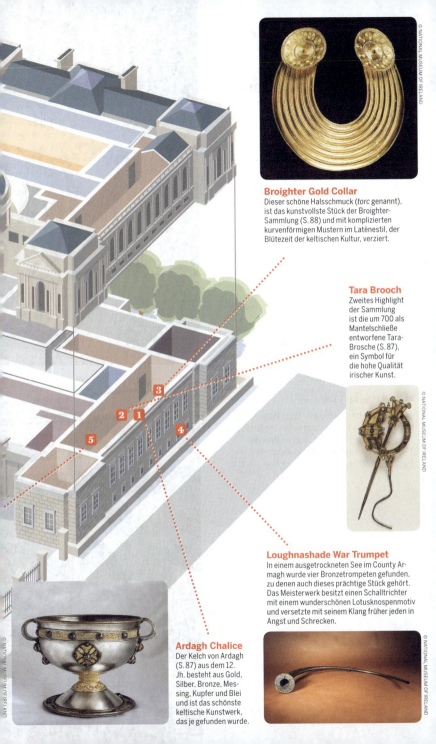

Literarisches Dublin

Gibt's überhaupt noch eine Stadt dieser Größe, die ein ähnliches literarisches Schwergewicht ist wie Dublin? Und dabei sprechen wir nicht nur von den Nobelpreisträgern, sondern auch von all den anderen Autoren, die jedes erdenkliche Genre abdecken.

Marsh's Library

1 Dublins älteste noch geöffnete Bibliothek (S. 95) ist eine Schatzkiste voller uralter Bücher und seltener Manuskripte. Das Gebäude stammt aus dem frühen 18. Jh.

Samuel Beckett

2 Wie sein großer Mentor James Joyce ging auch Samuel Beckett (S. 762) nach Paris. Hier entstanden seine größten Werke, darunter der moderne Klassiker *Warten auf Godot*. 2009 weihte man zu Ehren des Schriftstellers eine Brücke in Dublin ein, die von Santiago Calatrava entworfen wurde.

James Joyce

3 Irlands berühmtester Schriftsteller (S. 103) widmete sich in seinen Büchern vor allem einem Thema: Dublin. Wer die Hauptstadt besucht, sollte unbedingt seine Kurzgeschichtensammlung *Dubliners* lesen.

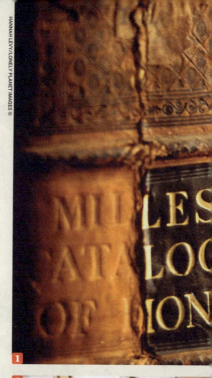

Abbildungen
1. Marsh's Library **2.** Samuel Beckett Bridge über den Fluss Liffey **3.** Marjorie-Fitzgibbon-Statue von James Joyce, North Earl Street

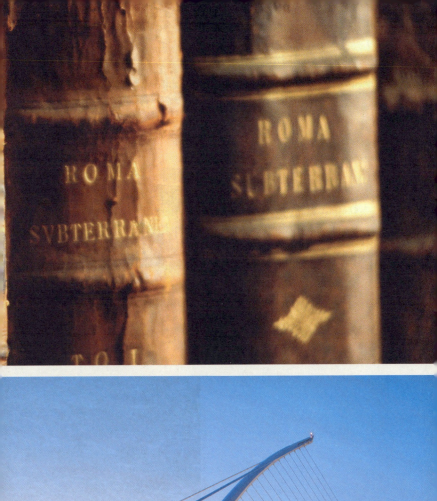

Dublin Writers Museum

4 Die Sammlung des Dublin Writers Museum beleuchtet Dublins reiche literarische Vergangenheit. Zu den Exponaten zählen persönliche Gegenstände vieler Schriftsteller, z. B. von Brendan Behan und Samuel Beckett (S. 101).

Trinity College Library

5 Zu den absoluten Highlights gehören der Long Room (65 m; S. 79), die schönste Bibliothek des Landes, und das kunstvoll illustrierte *Book of Kells*.

Oscar Wilde

6 Herausragender Dramatiker, Dichter, Kinderbuchautor und brillanter Geist: Oscar Wilde (S. 93) ist einer der am meisten geliebten Literaten Dublins.

Abbildungen
1. Dublin Writers Museum, North Parnell Square **2.** Ausgestellte Bücher im Long Room, Trinity College **3.** Der Long Room von oben, Trinity College **4.** Oscar-Wilde-Statue von Danny Osborne, Merrion Square

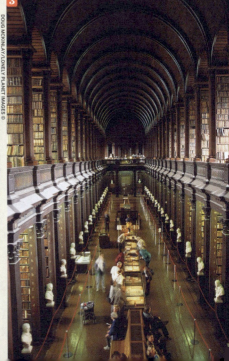

Glendalough

SPAZIERGANG

Glendalough (S. 152) verspricht gleichzeitig eine Reise in die Vergangenheit und eine erfrischende Wanderung durch die Hügel. Die alte Mönchssiedlung wurde im 5. Jh. vom hl. Kevin gegründet, erreichte im 9. Jh. recht viel Macht und verfiel schließlich ab 1398. Trotzdem ist die Stätte auch heute noch absolut beeindruckend.

Der Spaziergang beginnt am **Haupttor** 1. Hier befinden sich zahlreiche wichtige Ruinen, darunter der **Rundturm** 2 aus dem 10. Jh., die **Cathedral of St. Peter and St. Paul** 3 und **St. Kevin's Kitchen** 4, eine Kirche. Als Nächstes überquert man den Fluss, passiert den berühmten **Deer Stone** 5, an dem Kevin angeblich eine Hirschkuh gemolken hat, und folgt dem Weg gen Westen. Nach 1,5 km kommt man zum **Upper Lake** 6. An der Südseite des Sees liegen weitere Stätten dicht nebeneinander. In der **Reefert Church** 7, einer schlichten romanischen Kirche aus dem 11. Jh., beerdigte z. B. die mächtige O'Toole-Familie ihre Verwandtschaft, und in **St. Kevin's Cell** 8, einer Bienenkorbhütte, soll Kevin gelebt haben.

DER HL. KEVIN

498 n. Chr. kam der hl. Kevin als junger Mönch auf der Suche nach Abgelegenheit und Ruhe in das Tal. Angeblich führte ihn ein Engel zu einem Grab aus der Bronzezeit, heute bekannt als St. Kevin's Bed. Sieben Jahre lang schlief Kevin auf Steinen, kleidete sich in Tierfelle, ernährte sich von Nesseln und Kräutern und freundete sich der Legende nach mit Vögeln und anderen Tieren an. Als er Milch für zwei Waisenkinder brauchte, erschien ihm der Legende nach am Deer Stone eine Hirschkuh und ließ sich von ihm melken.

Er scharte schnell eine Gruppe von Anhängern um sich und so wuchs die Siedlung, bis Glendalough im 9. Jh. sogar Clomacnoise Konkurrenz machte. Angeblich wurde Kevin 120 Jahre alt. 1903 sprach man ihn heilig.

St. Kevin's Cell
In dieser Bienenkorbhütte (S. 153) soll Kevin gebetet und meditiert haben. Sie ist nicht zu verwechseln mit St. Kevin's Bed, der Höhle, in der er schlief.

Deer Stone
Bei dem Stein (S. 154), an dem Kevin angeblich eine Hirschkuh gemolken hat, handelt es sich um einen großen *bullaun* (Mörser), in dem Lebensmittel und Medizin zubereitet wurden.

St. Kevin's Kitchen
Aus dem Dach der kleinen Kirche (Priests' House genannt; S. 154) ragt ein runder Glockenturm heraus, der wie ein Kamin aussieht und dem Gebäude wahrscheinlich seinen Spitznamen einbrachte.

Reefert Church
Der Name dieser Kirche (S. 153) stammt vom irischen *righ fearta* (Königliche Gruft) ab. Sieben Oberhäupter der mächtigen O'Toole-Familie sind in dem einfachen Gotteshaus bestattet.

Upper Lake
Ursprünglich lag Kevins Siedlung am Ufer des Upper Lake (S. 153), einem der beiden Seen, durch die Glendalough seinen Beinamen „Valley of the Lakes" erhielt.

Rundturm
Glendaloughs berühmtestes Wahrzeichen, der 33 m hohe Rundturm (S. 154), sieht noch genauso aus wie am Tag seiner Errichtung vor tausend Jahren. Einzig das Dach wurde nach einem Blitzeinschlag 1876 ersetzt.

Praktische Informationen
Auf halbem Weg zwischen den beiden Seen liegt das Büro des Nationalparks, das Karten und Informationen zur gesamten Gegend bietet, aber keine Toiletten hat! Im Sommer wird die Grünfläche vor dem Gebäude gern zum Picknicken genutzt.

Cathedral of St. Peter and St. Paul
Glendaloughs größte der sieben Kirchen (S. 154) wurde zwischen dem 10. und dem 13. Jh. gebaut. Im ältesten Teil, dem Schiff, kann man noch heute Anten (leicht herausragende Säulen am Ende der Mauer) bewundern.

Haupttor
Der einzige noch existierende Eingang zur Mönchssiedlung ist ein doppelter Bogen. Auffällig ist, dass der innere höher emporragt als der äußere, um das Gefälle des Durchgangs auszugleichen.

1. Kilkenny Castle (S. 215)
Kilkenny Castle, zu dem ein 20 ha großer Park gehört, ist eine der meistbesuchten Sehenswürdigkeiten in Irland.

2. Long Gallery, Kilkenny Castle (S. 216)
In der Long Gallery hängen Porträts der mächtigen Butler-Familie, die von 1391 bis 1935 im Schloss lebte.

3. Medieval Room, Kilkenny Castle (S. 215)
Gesichter aus Stein im Medieval Room.

4. Great Hall, Kilkenny Castle (S. 215)
Außenansicht der Great Hall.

5. Butler Gallery, Kilkenny Castle (S. 216)
Statue außerhalb der Butler Gallery, eine der bedeutendsten Galerien neben den Kunstmuseen in Dublin.

Kilkenny (Stadt)

Diese Stadt macht einfach Spaß, ob man nun durch die mittelalterlichen Straßen schlendert, am Ufer des Nore faulenzt oder von Pub zu Pub zieht, um traditionelle Musik zu hören.

Traditionelle Pubs

1 In irgendeiner Kneipe (S. 222) wird immer Musik gespielt, häufig auch ganz spontan, auf völlig durchgetretenen Dielenböden. Das Angebot ist aber nicht auf traditionelle Melodien beschränkt: Am Wochenende geben sich moderne Livebands die Klinke in die Hand.

Shoppen

2 Shoppingtouren (S. 223) in diesem Städtchen machen nicht nur die Ladenbesitzer glücklich. Im County Kilkenny wird massenweise Kunsthandwerk produziert, das man in den Straßen rund um die Burg ansehen und kaufen kann.

Nore

3 Der Nore (S. 215) fließt mitten durch das Stadtzentrum. Herrliche Steinbauten spiegeln sich in seinem tintenschwarzen Wasser. Wenn man die Straßen ringsum erkundet hat, laden die Bänke am Flussufer zu einem Päuschen ein.

St. Canice's Cathedral

4 Seit dem 13. Jh. ragt der Turm dieser Kathedrale (S. 217) über Kilkenny auf. Weder Cromwell noch der Zahn der Zeit haben dem Gebäude etwas anhaben können.

Kilkennys Küche

5 Dank der reichen Ernten im County Kilkenny können die einheimischen Köche mit vollen Händen zugreifen. Die Restaurants und Cafés (S. 221) überzeugen mit modernen Kreationen und klassischen Fischgerichten.

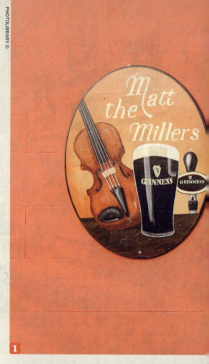

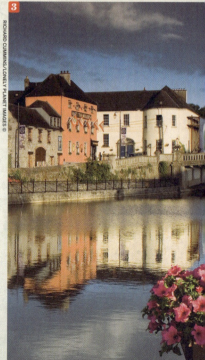

Abbildungen
1. Fassade vom Matt-the-Millers-Pub 2. Altmodischer Lebensmittelladen 3. John's Quay am Nore

Dublin

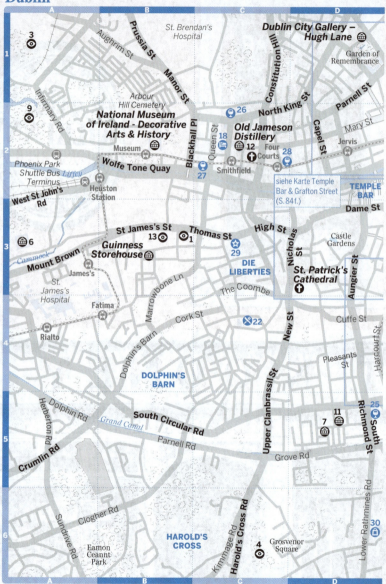

katholisch. Noch bis 1970 wurde mit Exkommunizierung gedroht, wenn sich ein Katholik anmelden wollte. Erzbischof Ussher, der das Trinity College ab seinem 13. Lebensjahr besuchte, wäre entsetzt gewesen. Seine größte wissenschaftliche Errungenschaft war übrigens die genaue Datierung des Schöpfungszeitpunkts auf 4004 v. Chr.

Das Eingangstor (beim Regent-House-Eingang) zum Campus befindet sich auf der anderen Seite vom College Green und wur-

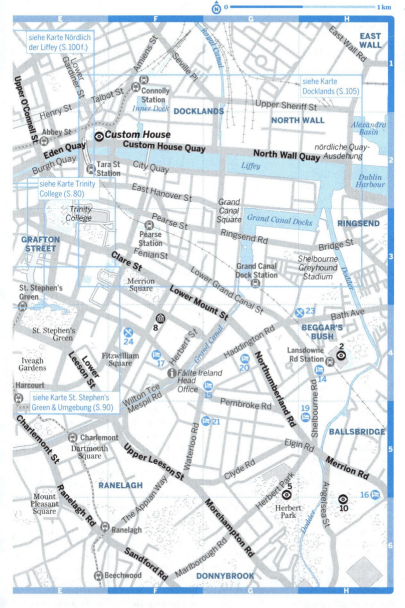

de zwischen 1752 und 1759 errichtet. Es wird von **Statuen** des Dichters Oliver Goldsmith (1730–74) und des Politikers bzw. Rhetorikers Edmund Burke (1729–97) bewacht. Im Sommer beginnen hier die Führungen durch das College.

Der offene Platz vor dem Regent House ist in Front Square, Parliament Square und Library Square unterteilt. In der Mitte steht der von Charles Lanyon entworfene 30 m hohe **Campanile** aus den Jahren 1852/53, der das Zentrum des Augustiner-

Dublin

◉ Highlights
- Custom House E2
- Dublin City Gallery – The Hugh Lane D1
- Guinness Storehouse B3
- National Museum of Ireland – Decorative Arts & History B2
- Old Jameson Distillery C2
- St. Patrick's Cathedral D3

◉ Sehenswertes
1. 1 Thomas St B3
2. Aviva Stadium H4
3. Garda Síochána Headquarters A1
4. Harold's Cross Park C6
5. Herbert Park G5
6. Irish Museum of Modern Art A3
7. Irish-Jewish Museum D5
8. No 29 Lower Fitzwilliam St F4
9. People's Garden A2
10. Royal Dublin Society Showground H6
11. Shaw Birthplace D5
12. St. Michan's Church C2
13. St. Patrick's Tower B3

◉ Schlafen
14. Ariel House H4
15. Dylan G4
16. Four Seasons H5
17. Latchfords F4
18. Maldron Hotel Smithfield C2
19. Pembroke Townhouse H5
20. Schoolhouse Hotel G4
21. Waterloo House G5

◉ Essen
22. Dublin Food Co-op C4
    Expresso Bar .... (siehe 15)
23. Juniors H4
24. L'Ecrivain F4
    Paulie's Pizza ....(siehe 23)

◉ Ausgehen
25. Bernard Shaw D5
26. Cobblestone C2
27. Dice Bar C2
28. Hughes' Bar C2

◉ Unterhaltung
Royal Dublin Society Showground Concert Hall ....(siehe 10)
29. Vicar Street C3

◉ Shoppen
30. Blackberry Fair D6

---

klosters markieren soll. Nördlich davon erblickt man die **Statue** von George Salmon. Der Vorsteher des Trinity College von 1888 bis 1904 kämpfte erbittert gegen die Aufnahme von Frauen an der Hochschule. „Nur über meine Leiche", soll er gesagt haben – was sich prompt bewahrheitete.

Vom Haupttor aus im Uhrzeigersinn gesehen ist das erste Gebäude auf dem Front Square die **Chapel** (Front Square; Eintritt frei), 1798 nach den 1777 angefertigten Plänen von Sir William Chambers (1723–96) errichtet. Seit 1972 darf sie von Menschen aller Glaubensrichtungen besucht werden. Die Kapelle wartet mit feinen Stuckarbeiten von Michael Stapleton, ionischen Säulen und herrlich bemalten Fenstern (statt Buntglasfenstern) auf. Das Hauptfenster ist Erzbischof Ussher gewidmet.

Neben der Kapelle liegt die **Dining Hall** (Parliament Sq; ⊘nicht öffentlich zugänglich). Sie wurde 1743 von Richard Cassels (alias Richard Castle) erbaut, musste jedoch nach 15 Jahren wieder abgetragen werden, weil das Fundament Probleme bereitete. 1761 war die neue Halle schließlich fertig. Nach einem Brand im Jahr 1984 wurde sie komplett renoviert.

Das 1892 errichtete **Graduates' Memorial Building** (Botany Bay; ⊘nicht öffentlich zugänglich) umfasst die gesamte Nordseite des Library Square. Nördlich davon befinden sich Tennisplätze in der sogenannten Botany Bay. Hinter dem Namen steckt die Legende, man hätte aufmüpfige Studenten, die rund um den Platz wohnten, früher in die britische Strafkolonie im australischen Botany Bay geschickt.

Auf der Ostseite des Library Square erhebt sich das **Rubrics Building** mit seiner roten Backsteinfassade. Das älteste Gebäude auf dem Campus stammt aus dem Jahr 1690. 1894 wurde es restauriert und in den 1970er-Jahren vollständig umgebaut.

Am Südende des Platzes stößt man auf die **Old Library** (Library Sq), von Thomas Burgh zwischen 1712 und 1732 in strengem Stil errichtet. Nach den Bestimmungen des Library Act von 1801 erhält die Bibliothek des Trinity College noch heute ein Freiexemplar für jedes Buch, das in Großbritannien veröffentlicht wird – und das, obwohl

Irland längst unabhängig ist. Für die ständige Flut an neuen Werken werden jährlich fast 1 km zusätzliche Regale angefertigt. Momentan umfasst die Sammlung rund 4,5 Mio. Publikationen, deshalb gibt's überall in Dublin zusätzliche Lagerräume, um die Bücher überhaupt noch unterbringen zu können.

Die größten Schätze des Trinity College befinden sich im 65 m langen Long Room (📞896 2320; East Pavilion, Library Colonnades; Erw./Stud./Kind 9/8 €/frei; ۞ganzjährig Mo-Sa 9.30-17 Uhr, Okt.-April So 12-16.30 Uhr, Mai-Sept. So 9.30-16.30 Uhr). Hier sind rund 250 000 der ältesten Bände ausgestellt, darunter das einzigartige Book of Kells (s. Kasten S. 81). Die Eintrittskarte gilt auch für Wechselausstellungen im East Pavilion. Einst waren die Kolonnaden im Erdgeschoss offene Arkaden, sie wurden jedoch 1892 zugemauert, um mehr Lagerraum zu schaffen. Schon 1853 hatte man versucht, Platz zu gewinnen; damals war die Decke des Long Room nach oben hin versetzt worden. Besucher können auch eine seltene Kopie der Proklamation der Republik Irland bestaunen, die Pádraig Pearse zu Beginn des Osteraufstands 1916 öffentlich verlesen hatte. Die ebenfalls ausgestellte Harfe von BrianBorú wurde mit Sicherheit noch nicht gespielt, als die Armee des irischen Helden 1014 in der Schlacht von Clontarf die Dänen besiegte. Sie ist zwar eine der ältesten Harfen Irlands, stammt aber trotzdem erst aus dem Jahr 1400.

Wenn man im Uhrzeigersinn um den Glockenturm herumgeht, gelangt man zum Reading Room von 1937 und zur Exam Hall (ein öffentliches Theater), die zwischen 1779 und 1791 erbaut wurde. Letztere ist ebenso wie die Kapelle nach Entwürfen von William Chambers entstanden und darüber hinaus mit Stuckarbeiten von Michael Stapleton verziert. Der Eichenholz-Kronleuchter in der Exam Hall wurde aus dem Parlamentsgebäude gegenüber dem College Green (heute Sitz der Bank of Ireland) gerettet. Eine Orgel aus dem Jahr 1702 soll von einem spanischen Schiff ge-

DAS BOOK OF KELLS

Mehr als 500 000 Menschen sehen sich jedes Jahr die Hauptattraktion des Trinity College an: das weltberühmte **Book of Kells**. Die wunderbar illuminierte Handschrift stammt vermutlich aus dem Jahr 800 n. Chr. und gehört somit zu den ältesten Büchern der Welt. Angeblich wurde sie von Mönchen des St. Colmcille's Monastery auf der entlegenen Insel Iona vor der Westküste Schottlands verfasst. Wegen wiederholter Überfälle plündernder Wikinger flohen die Äbte 806 nach Kells im County Meath und nahmen ihr Meisterwerk mit. 850 Jahre später wurde das Buch zur sicheren Aufbewahrung ins Trinity College gebracht, wo man das Prachtstück auch heute noch bestaunen kann.

Das *Book of Kells* enthält die vier Evangelien des Neuen Testaments; die Texte basieren auf der lateinischen Bibelübersetzung des Hieronymus aus dem 4. Jh. Zahlreiche vielschichtige und kunstvolle Illustrationen, darunter fantastisch ausgeschmückte Initialen und kleine Malereien zwischen den Zeilen, machen das Werk zu etwas ganz Besonderem.

Doch genau darin liegt das Problem. Obwohl täglich umgeblättert wird, können sich die meisten Besucher von den 680 Seiten gerade mal zwei ansehen – es sei denn, sie kommen häufiger. Natürlich kann man die vielen Bewunderer kaum eigenhändig ein derart wertvolles Dokument durchstöbern lassen. Darüber hinaus wird ein Besuch aufgrund der immensen Beliebtheit des Werks zu einem eher zweifelhaften Vergnügen, weil einen die Aufseher im Schnelldurchlauf durch den Raum scheuchen. Man darf also leider nur einen kurzen Blick auf das Buch werfen.

Wer sich den Wälzer in Ruhe zu Gemüte führen möchte, kann sich selbstverständlich auch ein Faksimile für schlappe 22 000 € kaufen. Für weniger gut Betuchte ist der Buchladen der Bibliothek eine gute Anlaufstelle. Zu den zahlreichen Souvenirs gehört beispielsweise Otto Simms hervorragendes Hintergrundwerk *Exploring the Book of Kells* (12,95 €) mit schönen Farbtafeln. Ebenfalls empfehlenswert ist die DVD-ROM mit allen 800 Seiten für 31,95 €. Kinder könnte das animierte *Secret of Kells* (2009) interessieren: Es zeigt anschaulich und einfach, wie das Evangelium zusammengesetzt wurde.

Trinity College

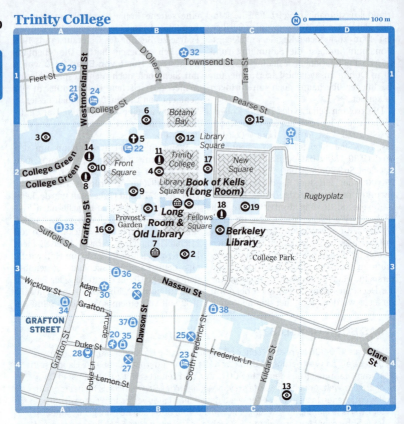

borgen worden sein (allerdings spricht vieles gegen diese These).

Hinter der Exam Hall liegt das 1760 errichtete **Provost's House**, ein herrliches georgianisches Gebäude, in dem der Vorsteher des Trinity College wohnt. Das Haus und der angrenzende Garten sind nicht öffentlich zugänglich.

An eine Seite der Old Library grenzt die von Paul Koralek 1967 erbaute **Berkeley Library** (Fellows' Square; ⊘nicht öffentlich zugänglich). Der Steinklotz im Brutalismus-Stil wird stets als Paradebeispiel moderner irischer Architektur gepriesen, wobei die Konkurrenz nicht gerade groß ist. Vor dem Gebäude steht Arnaldo Pomodoros **Sphere-Within-Sphere-Skulptur** von 1982. George Berkeley wurde 1685 in Kilkenny geboren und studierte schon im zarten Alter von 15 Jahren am Trinity. Er machte sich in vielen unterschiedlichen Bereichen einen Namen, insbesondere als Philosoph. Sein Einfluss reichte bis in die Kolonien Nordamerikas, wo er u.a. an der Gründung der University of Pennsylvania beteiligt war. Nach ihm wurden sowohl die Stadt Berkeley in Kalifornien als auch die gleichnamige Universität benannt.

Südlich der Old Library erstreckt sich das **Arts & Social Science Building** (1978), dessen Rückseite an der Nassau Street liegt. Hier befindet sich der zweite Eingang zum Trinity College. Wie die Berkeley Library wurde das Gebäude von Paul Koralek entworfen und beherbergt die **Douglas Hyde Gallery of Modern Art** (www.douglashydegallery.ie; Eintritt frei; ⊘Mo–Mi & Fr 11–18, Do 11–19, Sa 11–16.45 Uhr).

Die neueste Sehenswürdigkeit des College ist die faszinierende **Science Gallery** (Karte S. 105; www.sciencegallery.ie; Pearse St; Eintritt frei; ⊘Ausstellungen normalerweise Di–Fr 12–20, Sa & So 12–18 Uhr, Café Di–Fr 8–20, Sa & So 12–18 Uhr), in der sich Besucher über die

Trinity College

⊙ Highlights
- Berkeley Library C3
- Book of Kells (Long Room) B2
- Long Room & Old Library B2

⊙ Sehenswertes
- 1 1937 Reading Room B2
- 2 Arts & Social Science Building B3
- 3 Bank of Ireland A2
- 4 Campanile B2
- 5 Chapel B2
- 6 Dining Hall B1
- 7 Douglas Hyde Gallery of Modern Art .. B3
- 8 Edmund-Burke-Statue A2
- 9 Exam Hall B2
- 10 Front Gate A2
- Genealogical Office .... (siehe 13)
- 11 George-Salmon-Statue B2
- 12 Graduates' Memorial Building B2
- 13 National Library C4
- 14 Oliver-Goldsmith-Statue A2
- 15 Printing House C1
- 16 Provost's House A3
- 17 Rubrics Building C2
- 18 Sphere within Sphere C2
- 19 Victorian Museum Building C2

⊙ Aktivitäten, Kurse & Touren
- 20 Dublin Literary Pub Crawl B4
- 21 Dublin Rock'n'Roll Writers Bus Tour Stop A1

⊙ Schlafen
- 22 Accommodations Office B2
- 23 Trinity Lodge B4
- 24 Westin Dublin A1

⊙ Essen
- Avoca .... (siehe 33)
- 25 Dunne & Crescenzi B4
- 26 Lemon B3
- 27 Marco Pierre White Steakhouse & Grill B4

⊙ Ausgehen
- 28 Davy Byrne's A4
- 29 Palace Bar A1

⊙ Unterhaltung
- 30 Lillie's Bordello A3
- 31 Players' Theatre C2
- 32 Screen B1

⊙ Shoppen
- 33 Avoca Handwearers A3
- 34 Brown Thomas A3
- 35 Cathach Books B4
- 36 DesignYard B3
- 37 Hodges Figgis B4
- 38 Kilkenny Shop C3

Verbindung zwischen Naturwissenschaft, Kunst und unserer heutigen Welt informieren können. Frühere Ausstellungen beschäftigten sich beispielsweise mit der Frage, wie Erinnerung funktioniert und wie sich die menschliche Spezies in der Zukunft entwickeln könnte. Das Flux Café im Erdgeschoss ist dank seines bodentiefen Fensters sehr hell und zudem ein toller Ort für eine Pause.

Am östlichen Rand des Library Square liegt gleich hinter dem Rubrics Building der New Square mit dem reich verzierten, zwischen 1853 und 1857 erbauten **Victorian Museum Building** (896 1477; New Square; Eintritt frei; ⊙nach Vereinbarung). Im Eingang sieht man die Skelette zweier riesiger Hirsche und im ersten Stock lädt das **Geologische Museum** zu einem Besuch ein.

Das **Printing House** an der Nordostseite des New Square wurde 1734 von Richard Cassels als dorischer Tempel errichtet. Heute sind hier die Institute für Mikroelektronik und Elektroingenieurwesen untergebracht.

Am östlichen Ende des Campusgeländes befinden sich ein Rugbyplatz, der College Park, in dem Kricket gespielt wird, und weitere wissenschaftliche Institute. Das häufig geöffnete **Lincoln Place Gate** (Karte S.105) ist ein guter Ein- bzw. Ausgang, vor allem für Radfahrer.

Temple Bar STADTVIERTEL

Auf den Kopfsteinstraßen von Temple Bar (Karte S.84f.), Dublins meistbesuchtem Stadtteil, wurde schon so manche wilde Party gefeiert. Das Labyrinth aus Straßen und Gassen erstreckt sich vom Trinity College bis zur Christ Church Cathedral und von der Dame Street bis zur Liffey. Hier kann man gut nach Vintage-Klamotten stöbern, neue Kunstinstallationen bewundern, sich piercen lassen und gegrilltes mongolisches Fleisch verspeisen. Bei gutem

HÄNDEL IN DUBLIN

1742 lud der fast völlig verarmte Georg Friedrich Händel zur Uraufführung seines monumentalen Werks *Messias* in die inzwischen abgerissene Neal's Music Hall ein. Das Gebäude lag in der Fishamble Street, der ältesten Straße Dublins. Jonathan Swift, Autor von *Gullivers Reisen* und Dekan der St. Patrick's Cathedral, hatte zunächst vorgeschlagen, dass der St-Patrick's-Chor gemeinsam mit dem Chor der Christ Church Cathedral vorsingen sollte. Als er jedoch erfuhr, dass der Auftritt in einem gewöhnlichen Saal und nicht in einer Kirche stattfinden sollte, zog er das Angebot wieder zurück und drohte den Vikaren, die sich seinem Machtwort nicht beugten, sie „für ihren Widerstand, Ungehorsam und ihre Niedertracht" zu bestrafen. Trotzdem wurde das Konzert mit den Chören beider Kirchen abgehalten. Mittlerweile kann man das gefeierte Werk jährlich am Ort der Uraufführung erleben. Heute steht dort ein Hotel, das nach dem Komponisten benannt wurde.

Wetter finden abends Open-Air-Kinovorstellungen auf einem der Plätze statt, während woanders eine Gruppe Bongo-Trommler auftritt. Und das alles sind wirklich nur einige der Highlights in Dublins beliebtestem Viertel.

Tagsüber sowie an den Abenden unter der Woche ist noch ein Hauch von Bohème zu spüren, wenn man die billigen Touristenläden und fürchterlich teuren Restaurants mal außer Acht lässt. Am Wochenende wird dann nur noch gefeiert und gezecht. Riesige anonyme Bars drehen bei offenen Türen die Musik bis zum Anschlag auf, und das Partyvolk lässt sich volllaufen, als stünde der Weltuntergang bevor. Wenn man sich schließlich um 3 Uhr morgens den Weg durch Kotz- und Urinlachen bahnt, könnte man meinen, man hätte sich in der Kanalisation verirrt.

Das **Temple Bar Information Centre** (Karte S. 84f.; ✆ 01-677 2255; www.templebar.ie, www.visit-templebar.ie; 12 East Essex St; ⊙ Mo–Fr 9–17.30 Uhr) gibt den TASCQ-Führer mit Informationen über die Kultur- und Gastronomieszene in dem Viertel heraus. Man bekommt ihn entweder hier oder in den umliegenden Läden. Auf der Internetseite findet man Einzelheiten zu Veranstaltungen.

Als echtes Highlight in Temple Bar gilt der **Meeting House Square** (Karte S. 84f.). Auf der einen Seite befindet sich die **Gallery of Photography** (Karte S. 84f.; Eintritt frei; ⊙ Mo–Sa 11–18 Uhr), die mit hervorragenden wechselnden Ausstellungen zeitgenössischer Fotografen aus dem In- und Ausland aufwartet, und auch auf der anderen Seite des Platzes geht's um Fotografie: Das **National Photographic Archive** (Karte S. 84f.; Eintritt frei; ⊙ Mo–Sa 11–18, So 14–18 Uhr) ist eine großartige Quelle für alle, die sich für die Geschichte Irlands und historische Fotografien interessieren. Samstags wird hier ein beliebter **Lebensmittelmarkt** (s. Kasten S. 123) abgehalten.

In der Nähe der Christ Church Cathedral am westlichen Ende von Temple Bar erstreckt sich Dublins älteste Straße, die **Fishamble Street** (Karte S. 84f.). Sie geht auf die Zeit der Wikinger zurück, wovon man heutzutage allerdings nichts mehr entdecken kann.

In der Parliament Street, die vom Fluss aus Richtung Süden zum Rathaus und Dublin Castle verläuft, sollte man sich das im 19. Jh. errichtete **Sunlight-Chambers-Gebäude** (Karte S. 84f.; nach der Seifenmarke Sunlight von Lever) ansehen, das mit einem schönen Fries aufwartet. Es zeigt Männer, die mit dreckigen Klamotten nach Hause kommen, und ihre Frauen, die diese Kleidung waschen.

Wer einen Abstecher Richtung Osten in die interessante **Eustace Street** (Karte S. 84f.) unternimmt, kommt am Presbyterian Meeting House (1715) vorbei, in dem inzwischen das hervorragende Kinderkulturzentrum **Ark** (www.ark.ie; 11A Eustace St) untergebracht ist. Die Dubliner Zentrale der Society of United Irishmen, die für Parlamentsreformen und gleiche Rechte für Katholiken kämpfte, tagte erstmals 1791 in der Eagle Tavern, dem heutigen **Friends Meeting House** (Karte S. 84f.; Eustace St) – übrigens nicht zu verwechseln mit der Eagle Tavern in der Cork Street.

Die Merchant's Arch führt zur **Ha'penny Bridge** (Karte S. 100f.). Sie wird so genannt, weil die Überquerung der Brücke früher einen halben Penny kostete. Die **Börse** (Karte S. 80) in der Anglesea Street befindet sich in einem 1878 errichteten Gebäude.

Chester Beatty Library · MUSEUM

(Karte S. 84 f.; www.cbl.ie; Dublin Castle, Cork Hill; Eintritt frei; ⊖ganzjährig Mo–Fr 10–17, Sa 11–17, So 13–17 Uhr, Okt.–April Mo geschl.) Die weltberühmte Bibliothek auf dem Gelände des Dublin Castle beherbergt die atemberaubende Sammlung von Sir Alfred Chester Beatty (1875–1968). Nach dem Tod des Bergbauingenieurs ging sie komplett an den irischen Staat über, der für dieses Geschenk wohl ewig dankbar sein wird. Über zwei Stockwerke verteilen sich 20 000 Manuskripte, seltene Buchausgaben, Miniaturgemälde, Tontafeln, Kostüme und andere Objekte von künstlerischer, historischer sowie ästhetischer Bedeutung. Führungen finden mittwochs um 13 sowie sonntags um 15 bzw. 16 Uhr statt.

Im ersten Stock präsentiert die **Artistic Traditions Gallery** Erinnerungsstücke aus Beattys Leben sowie wertvolle Kunst aus Persien, Japan und China, aus dem Osmanischen und dem Mogulreich. Zu den Höhepunkten zählen prachtvolle Pillendöschen und die vielleicht schönste Sammlung chinesischer Jadebücher weltweit. Auch die illuminierten Handschriften aus Europa sollte man sich nicht entgehen lassen.

Die **Sacred Traditions Gallery** im zweiten Obergeschoss vermittelt einen faszinierenden Einblick in die Rituale und Übergangsriten der fünf Weltreligionen: Christentum, Judentum, Islam, Buddhismus und Hinduismus. Über audiovisuelle Präsentationen erfahren Besucher mehr über das Leben Christi und Buddhas und die muslimische Wallfahrt nach Mekka.

Besonders interessant ist die Koransammlung aus dem 9. bis 19. Jh. Sie gilt als eine der bestilluminierten Handschriften des Islam. Außerdem kann man alte ägyptische Papyri (mit ägyptischen Liebesgedichten aus der Zeit um 1100 v. Chr.), Schriftrollen und edelste Kunstwerke aus Birma, Indonesien und Tibet sowie das zweitälteste Bibelfragment, das je gefunden wurde (die ältesten sind die Schriftrollen vom Toten Meer), bestaunen.

Eine exzellente und umfassende Archivquelle für Künstler und Studenten ist die **Reference Library** (⊖nach vorheriger Anmeldung). Sie hat eine wunderschön lackierte Decke, die sich Beatty in seinem Londoner Haus anfertigen ließ.

Die Bibliothek veranstaltet regelmäßig kostenlose Fachworkshops, Ausstellungen und Diskussionsrunden zu allen möglichen Themen von Origami bis Kalligrafie. Auf der Dachterrasse sorgt der friedliche **japanische Garten** für Entspannung und im Erdgeschoss wartet das Silk Road Café mit arabischen Leckereien auf.

Dublin Castle · HISTORISCHES GEBÄUDE

(Karte S. 84 f.; www.heritageireland.ie; Cork Hill; Erw./erm. 4,50/3,50 €; ⊖Mo–Fr 10–16.45, Sa & So 14–16.45 Uhr; 🚌50, 54, 56a, 77 oder 77a) Wer eine mittelalterliche Burg wie aus dem Bilderbuch erwartet, dürfte enttäuscht sein: Dieses Bauwerk, das für 700 Jahre ein Bollwerk der britischen Macht in Irland war, stammt inzwischen größtenteils aus dem 18. Jh. und sieht eher wie ein palastartiges Sammelsurium aus. Von der ursprünglichen anglo-normannischen Festung, die König John 1204 errichten ließ, ist nur der 1258 fertig gewordene Record Tower übrig geblieben.

1922 wurde die Burg im Namen des irischen Freistaats offiziell an Michael Collins übergeben. Es heißt, dass der britische Vizekönig Collins damals zurechtwies, weil dieser sich sieben Minuten verspätete, woraufhin Collins erwiderte: „Wir haben 700 Jahre gewartet, da können Sie sieben Minuten warten." Heute wird das Gebäude von der irischen Regierung für Sitzungen und Empfänge genutzt. Besucher können im Rahmen einer Führung die State Apartments und die Reste des früheren Pulverturms besichtigen.

Beim Betreten der Anlagen vom Haupteingang in der Dame Street entdeckt man ein gutes Beispiel für die Entwicklung der irischen Architektur. Links befindet sich die viktorianische **Chapel Royal** (manchmal Teil von Führungen). Sie ist mit mehr als 90 Köpfen irischer Persönlichkeiten und

DUBLIN PASS

Wer viele Sehenswürdigkeiten abklappern will, sollte sich unbedingt den **Dublin Pass** (Erw./Kind 1 Tag 35/19 €, 2 Tage 55/31 €, 3 Tage 65/39 €, 6 Tage 95/49 €) zulegen. Damit erspart man sich nicht nur langes Anstehen an den Kassen, sondern kann auch noch kostenlos 32 Attraktionen besichtigen und mit dem Aircoach (S. 140) zwischen dem Flughafen und der Stadt pendeln. Man erhält den Pass in allen Dubliner Touristeninformationen (S. 139).

Temple Bar & Grafton Street

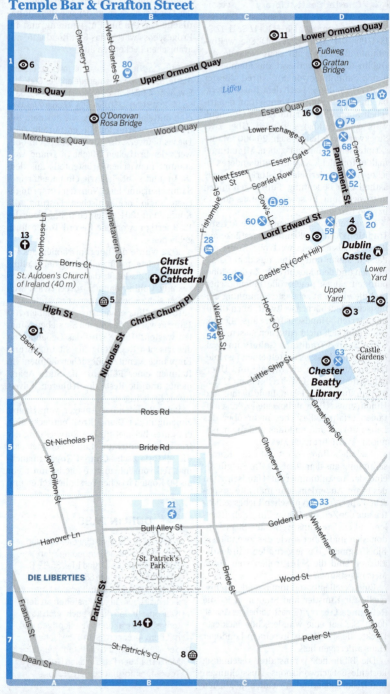

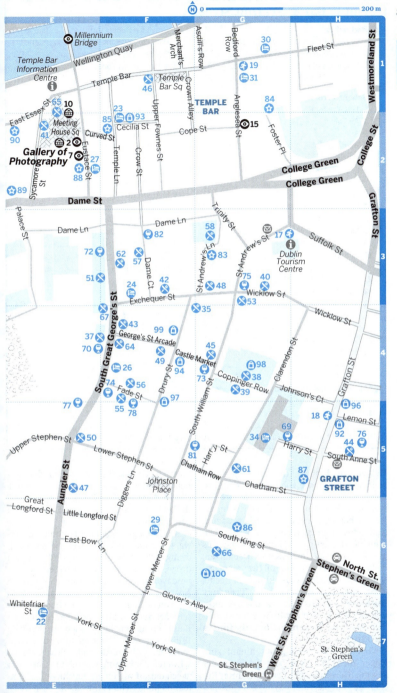

Temple Bar & Grafton Street

◎ Highlights
- Chester Beatty Library ... D4
- Christ Church Cathedral ... B3
- Dublin Castle ... D3
- Gallery of Photography ... E2

◎ Sehenswertes
- 1916 Easter Rising Walk ... (siehe 75)
- **1** An Taisce ... A4
- **2** Ark ... E2
- **3** Bedford Tower ... D4
- **4** City Hall ... D3
- **5** Dvblinia & The Viking World ... B3
- **6** Four Courts ... A1
- **7** Friends' Meeting House ... E2
- Garda Musuem ... (siehe 12)
- **8** Marsh's Library ... B7
- **9** Municipal Buildings ... D3
- **10** National Photographic Archive ... E2
- **11** Ormond Quay Hotel ... C1
- **12** Record Tower ... D3
- **13** St. Audoen's Catholic Church ... A3
- St. Michael's Tower ... (siehe 12)
- **14** St. Patrick's Cathedral ... B7
- **15** Börse ... G2
- **16** Sunlight Chambers ... D2

◎ Aktivitäten, Kurse & Touren
- **17** Dublin Bus Tours ... G3
- **18** Dublin Footsteps Walking Tour ... H5
- **19** Dublin Musical Pub Crawl ... G1
- Gray Line Dublin Tour ... (siehe 17)
- Pat Liddy Walking Tours ... (siehe 17)
- **20** Sandeman's New Dublin Tour ... D3
- **21** Viking Splash Tours ... B6
- Wild Wicklow Tour ... (siehe 17)

◎ Schlafen
- **22** Avalon House ... E7
- **23** Barnacles Temple Bar House ... F2
- **24** Central Hotel ... F3
- **25** Clarence Hotel ... D1
- **26** Grafton House ... F4
- **27** Irish Landmark Trust ... E2
- **28** Kinlay House ... C3
- **29** Mercer Court ... F6
- **30** Morgan Hotel ... G1
- **31** Oliver St. John Gogarty's Penthouse Apartments ... G1
- **32** Paramount Hotel ... D2
- **33** Radisson Blu Royal Hotel ... D6
- **34** Westbury Hotel ... G5

◎ Essen
- **35** Blazing Salads ... G4
- **36** Bottega Toffoli ... C3
- **37** Brasserie Sixty6 ... E4
- **38** Coppinger Row Market ... G4
- **39** Coppinger Row Market ... G4
- **40** Cornucopia ... G3
- **41** Eden ... E2
- **42** Fallon & Byrne ... F3
- Fresh ... (siehe 98)
- **43** Good World ... F4
- **44** Gourmet Burger Kitchen ... H5
- **45** Gourmet Burger Kitchen ... G4

Heiliger geschmückt, die aus dem Sandstein von Tullamore gehauen wurden. Daneben steht der normannische **Record Tower** (Karte S. 84f.) mit 5 m dicken Wänden. Inzwischen ist darin das **Garda Museum** (Eintritt frei) untergebracht, das sich der Geschichte der irischen Polizei widmet. Es gibt kaum etwas Kostbares zu beschützen, doch die Aussichten sind toll (wer eingelassen werden möchte, muss klingeln). Rechts sieht man das georgianische **Treasury Building**, Dublins ältestes Bürogebäude, und wenn man sich umdreht, erblickt man das hässliche **Revenue Commissioners Building** von 1960.

Vom Haupteingang geht's hinauf zum Upper Yard. Rechts wendet die Figur der Justitia (Gerechtigkeit) der Stadt ihren Rücken zu – ein passendes Symbol für die britische Justiz, wie die Dubliner fanden. Daneben erhebt sich der im 18. Jh. errichtete **Bedford Tower** (Karte S. 84f.), aus dem 1907 die bis heute verschwundenen Kronjuwelen gestohlen wurden.

Am Eingang gegenüber beginnen die etwa 45-minütigen Führungen (je nach Andrang alle 20–30 Min.). Sie sind ziemlich dröge, aber im Eintritt inbegriffen. Wer eine davon mitmacht, wird durch die State Apartments gelotst, von denen nicht wenige von einem eher zweifelhaften Geschmack zeugen, außerdem kann man den Raum erkunden, in dem James Connolly 1916 nach dem Osteraufstand an einen Stuhl gefesselt wurde und sich von seinen schweren Verletzungen erholte – nur um gleich darauf von einem Erschießungskommando hingerichtet zu werden.

46 Gourmet Burger Kitchen	F1
47 Govinda's	E5
48 Green Hen	G3
49 Honest to Goodness	F4
50 Jaipur	E5
51 Juice	E3
52 Larder	D2
53 Lemon	G3
54 Leo Burdock's	C4
55 L'Gueuleton	F4
56 Market Bar	F4
57 Odessa	F3
Pepperpot	(siehe 98)
58 Pichet	G3
59 Queen of Tarts	D3
60 Queen of Tarts	C3
61 Saba	G5
62 Shebeen Chic	F3
63 Silk Road Café	D4
64 Simon's Place	F4
65 Temple Bar Farmers Market	E1
66 Wagamama	G6
67 Yamamori	F4
68 Zaytoon	D2

Ausgehen

69 Bruxelles	G5
70 Dragon	E4
71 Front Lounge	D2
72 George	E3
73 Grogan's Castle Lounge	G4
74 Hogan's	F4
75 International Bar	G3
76 Kehoe's	H5
77 Long Hall	E5

Market Bar	(siehe 56)
78 No Name Bar	F5
Oliver St. John Gogarty's	(siehe 31)
79 Porterhouse	D2
80 Sin É	B1
81 South William	F5
82 Stag's Head	F3

Unterhaltung

83 Andrew's Lane Theatre	G3
Ark	(siehe 2)
84 Bank of Ireland Arts Centre	G1
85 Button Factory	F2
86 Gaiety Theatre	G6
87 HMV	H5
International Bar	(siehe 75)
88 Irish Film Institute (IFI)	E2
89 Olympia Theatre	E2
90 Project Arts Centre	E2
91 Workman's Club	D1

Shoppen

Bow Boutique	(siehe 98)
92 BT2	H5
93 Claddagh Records	F2
94 Costume	F4
95 Cow's Lane Designer Mart	C2
96 Dubray Books	H5
George's Street Arcade	(siehe 49)
97 Jenny Vander	F4
98 Powerscourt Townhouse Shopping Centre	G4
99 Smock	F4
100 St. Stephen's Green Shopping Centre	G6

Höhepunkt der Führung ist die unterirdische alte Burganlage, die 1986 durch einen Zufall entdeckt wurde. Dazu gehören ein Fundament aus der Wikingerzeit (deren widerstandsfähiger Mörtel aus Ochsenblut, Eierschalen und Pferdehaar bestand), handpolierte Außenwände, die potenzielle Angreifer davon abhalten sollten an ihnen hochzuklettern, und Stufen, die in die Wassergräben (sie wurden einst vom in die Liffey mündenden Strom Poddle gespeist) hinunterführen.

GRATIS **National Museum of Ireland – Archaeology & History** MUSEUM
(Karte S. 90; www.museum.ie; Kildare St; Eintritt frei; Di–Sa 10–17, So 14–17 Uhr) Das 1890 fertiggestellte **National Museum of Ireland** wurde von Sir Thomas Newenham Deane entworfen. Seine Hauptattraktionen sind die Schatzkammer mit einer der weltweit besten Sammlungen goldener Exponaten aus der Bronze- und Eisenzeit sowie der umfassendsten Sammlung keltischer Metallarbeiten aus dem Mittelalter.

Zu den beeindruckendsten Stücken gehören der **Ardagh Chalice** und die **Tara Brooch**. Der Kelch von Ardagh stammt aus dem 12. Jh., ist aus Gold, Silber, Bronze, Messing, Kupfer und Blei, 17,8 cm hoch und 24,2 cm breit. Es handelt sich um das schönste keltische Kunstwerk, das je gefunden wurde. Die ebenso berühmte Tara-Brosche diente einst als Mantelschließe und wurde 700 n. Chr. angefertigt. Sie besteht aus weißer Bronze und weist Verzierungen aus Gold, Silber, Glas, Kupfer, Email sowie Perlen auf.

Viele weitere Exponate in der Schatzkammer wurden so angeordnet, wie sie von Bauern beim Umgraben von Feldern oder Mooren entdeckt wurden. Als besonders bemerkenswert gelten die Broighter- und die Mooghaun-Fundstücke.

Im Obergeschoss erfährt man, wie Dublin zu Wikingerzeiten aussah. Veranschaulicht wird das Ganze z. B. durch Ausgrabungsstücke von Wood Quay, der Gegend zwischen der Christ Church Cathedral und dem Fluss, wo das Dublin City Council heute seinen Sitz hat. Außerdem gibt's häufig Sonderausstellungen.

GRATIS **National Gallery** KUNSTMUSEUM
(Karte S.105; www.nationalgallery.ie; West Merrion Sq; Eintritt frei; ⊙Mo–Mi, Fr & Sa 9.30–17.30, Do 9.30–20.30, So 12–17.30 Uhr) Ein Besuch der Nationalgalerie lohnt sich allein schon wegen des grandiosen Caravaggio und der atemberaubenden Werksammlung von Jack B. Yeats, William Butlers jüngerem Bruder. Der Schwerpunkt der herausragenden Sammlung liegt auf irischer Kunst, aber es sind auch viele große europäische Maler mit exzellenten Werken vertreten. An kostenlosen Führungen kann man samstags um 15 und sonntags um 14, 15 sowie 16 Uhr teilnehmen.

Das Museum besteht aus vier Flügeln: dem original erhaltenen **Dargan Wing**, den Milltown Rooms, dem North Wing und dem spektakulären neuen Millennium Wing. Im Erdgeschoss des **Dargan Wing** (benannt nach dem Eisenbahnmagnaten und Kunstliebhaber William Dargan, dessen Statue den Rasen vor dem Gebäude ziert) befindet sich der imposante **Shaw Room**. Er wurde nach George Bernard Shaw benannt, einem großen Gönner des Museums, dessen Bronzestatue draußen gleich neben der von Dargan steht. Die Ganzkörperporträts in diesem Raum werden von einer Reihe spektakulärer Waterford-Kristallkronleuchter angestrahlt. Im Obergeschoss sind mehrere Räume der italienischen Früh- und Hochrenaissance sowie der norditalienischen Kunst aus dem 16. Jh. und der italienischen Kunst aus dem 17. und 18. Jh. gewidmet. Zu den ausgestellten Malern gehören Fra Angelico, Tizian und Tintoretto. Als absolutes Highlight gilt Caravaggios *Gefangennahme Christi* von 1602, das über 60 Jahre in einem Jesuitenhaus in der Leeson Street lag und nur zufällig vom Chefkurator Sergio Benedetti entdeckt wurde.

Die zentral gelegenen **Milltown Rooms** wurden zwischen 1899 und 1903 errichtet, um Platz für die geerbte Kunstsammlung des Russborough House zu schaffen. Im Erdgeschoss werden eine tolle irische sowie eine kleinere britische Sammlung mit Werken von Reynolds, Hogarth, Gainsborough, Landseer und Turner präsentiert. Nicht verpassen sollte man die **Yeats Collection** im hinteren Museumsteil mit Werken von Jack B. Yeats (1871–1957), Irlands bedeutendstem Maler des 20. Jhs.

Im Obergeschoss können Besucher Werke von deutschen, niederländischen und spanischen Künstlern besichtigen. Einige Räume sind ausschließlich den Bildern von Rembrandt und seinem Zirkel gewidmet, während in anderen Arbeiten spanischer Maler aus Sevilla gezeigt werden. Die spanische Sammlung umfasst auch Werke von El Greco, Goya und Picasso.

Der **North Wing** wurde zwischen 1964 und 1968 angebaut und seither einmal gründlich renoviert. Hier sind Werke von britischen und verschiedenen anderen europäischen Künstlern zu sehen.

Der moderne, lichtdurchflutete und 2001 neu eröffnete **Millennium Wing** hat einen Extraeingang in der Clare Street. Er beherbergt eine kleine Sammlung irischer Kunst aus dem 20. Jh., Sonderausstellungen namhafter Künstler (kosten Eintritt), eine Kunstbibliothek, einen Hörsaal, einen Buchladen und das Fitzer's Café.

GRATIS **Leinster House**
BEMERKENSWERTES GEBÄUDE
(Karte S.90; ✆Info zu Führungen 01-618 3271; www.oireachtas.ie; Kildare St; ⊙Zuschauerplattform Nov.– Mai Di 14.30–20.30, Mi 10.30–20.30, Do 10.30–17.30 Uhr, Führungen Mo–Fr 10.30, 11.30, 14.3 & 15.30 Uhr, wenn das Parlament nicht tagt) Dublins prächtigstes georgianisches Gebäude, das Richard Cassels zwischen 1745 und 1748 für James Fitzgerald, den Earl of Kildare, errichtete, dient inzwischen als Sitz beider Häuser des irischen Parlaments (Oireachtas na Éireann): des Dáil (Unterhaus) und des Seanad (Oberhaus). Ursprünglich trug es den Namen Kildare House, wurde aber später in Leinster House umbenannt, als der Earl 1766 den Titel Duke of Leinster erhielt.

Die Fassade zur Kildare Street sieht wie eine normale Stadthausfront aus, während die Seite zum Merrion Square im Landhausstil gestaltet ist. Heute kann man sich allerdings kaum mehr vorstellen, dass die-

GEHEIMTIPP

CATHY KELLY: MEIN DUBLIN

Die in Belfast geborene, aber in Dublin aufgewachsene Bestsellerautorin Cathy Kelly hat 13 „Frauenromane" geschrieben; der erste erschien 1997 und heißt *Wär ich doch im Bett geblieben*, der jüngste, *Zum Glück gibt's uns*, wurde 2010 herausgegeben.

Die schönste Art, Dublin zu erleben?

Zu Fuß. Das Schöne an Dublin ist seine Kompaktheit. Wenn das Wetter mitspielt, kann man fast überallhin laufen.

Empfohlene Tour?

Die Viking Splash Tour (S. 111). Das ist, als wäre man wieder auf einem Schulausflug. Bei der Tour überkommt einen kindliche Freude und man kann sich die Seele aus dem Leib schreien, während man durch die Stadt fährt und sich vom rumpelnden Bus aus die Hauptsehenswürdigkeiten ansieht. Im Winter sollte man sich aber warm anziehen, weil man sonst fürchterlich friert.

Lieblingsmuseum?

Die National Gallery (S. 88). Es reicht schon, für eine Stunde hinzugehen, ein paar Gemälde zu betrachten und sich zu erden. Ich kann nicht einmal sagen, was mir am besten gefällt. Manchmal ist es die pure Energie der Werke von Jack B. Yeats, manchmal das Feuer in Caravaggios *Die Gefangennahme Christi*.

---

ses Haus mitten im Niemandsland südlich der Liffey und fernab der nördlichen Viertel stand, in denen Dublins Aristokraten residierten. Dem Earl mangelte es jedoch nie an Selbstbewusstsein, deshalb tat er jegliche Kritik mit einem „wo ich auch hingehe, die Gesellschaft wird mir folgen" ab. Eines steht jedenfalls fest: Jimmy Fitz hatte ein gutes Näschen fürs Immobiliengeschäft.

1814 kaufte die Dublin Society (später Royal Dublin Society) das Gebäude, zog dann aber zwischen 1922 und 1925 etappenweise wieder aus, als die erste unabhängige irische Regierung beschloss, es als Parlamentssitz zu nutzen. Der Obelisk vor dem Haus ist Arthur Griffith, Michael Collins und Kevin O'Higgins, den Schöpfern des freien Irlands gewidmet.

Während sich das Unterhaus im Saal des Nordflügels trifft, kommt das Oberhaus in einem weniger interessanten ehemaligen Hörsaal zusammen, der 1897 angebaut wurde. Wenn das Parlament tagt, dürfen Besucher die Sitzungen von einer Zuschauerplattform aus beobachten. Am Eingang in der Kildare Street bekommt man gegen Vorlage des Personalausweises eine Eintrittskarte. Taschen dürfen nicht mit hineingenommen werden, Mitschriften und Fotos sind ebenfalls untersagt. Vorher angemeldete (kostenlose) Führungen sind an Wochentagen ohne Sitzungen möglich.

GRATIS **National Museum of Ireland – Natural History** MUSEUM

(Karte S. 90; www.museum.ie; Merrion St; ☉ Di–Sa 10–17, So 14–17 Uhr) 1857 wurde dieses staubige, sonderbare und unglaublich fesselnde Museum von dem schottischen Forscher Dr. David Livingstone eröffnet, kurz bevor sich dieser zu einem Treffen mit Henry Stanley im afrikanischen Dschungel aufmachte. Seither hat sich das Relikt aus der viktorianischen Zeit kaum verändert. Das war auch völlig okay, bis im Juli 2007 ein großer Teil der ursprünglichen Steintreppe einstürzte und dabei zehn Menschen verletzte. Daraufhin wurde das beliebte Museum für umfangreiche Renovierungsarbeiten geschlossen. Seit 2010 ist es wieder geöffnet, sodass Besucher nun endlich wieder das (etwas weniger) knarzende Innere erforschen können, das mit geschätzt zwei Millionen ausgestopften Tieren, Skeletten und anderen Arten aus der ganzen Welt von westafrikanischen Affen bis zu in Gläsern eingelegten Insekten vollgestopft ist. Einige stehen frei in den Räumen herum, andere sind hinter Glas eingeschlossen, doch überall starrt einen irgendein Bewohner dieses „Toten Zoos" an.

Verglichen mit all dem Multimedia- und interaktiven Zeugs der modernen Museen ist dies ein wunderbar erhaltenes Beispiel

St. Stephen's Green & Umgebung

viktorianischen Charmes. Meistens wimmelt es hier von faszinierten Kindern, doch den größten Lärm machen die mindestens ebenso begeisterten Erwachsenen. Der **Irish Room** im Erdgeschoss ist mit Säugetieren, Meeresbewohnern, Vögeln und Schmetterlingen gefüllt, darunter die Skelette von drei 10 000 Jahre alten irischen Elchen gleich am Eingang. Die **World Animals Collection** erstreckt sich über drei Etagen und wartet mit dem Skelett eines 20 m langen Finnwals auf, der im County Sligo gestrandet war. Anhänger der Evolutionstheorie werden von den Skeletten der Orang-Utans, Schimpansen, Gorillas und Menschen im ersten Stock beeindruckt sein. Neu ist die **Discovery Zone**: Hier kann man selbst zum Forscher werden, sich mit Taxidermie beschäftigen und alle möglichen Schubladen öffnen. Zu den weiteren bemerkenswerten Exponaten gehören der ausgestorbene australische Tasmanische Tiger (ein Beuteltier, das irrtümlich auch als Tasmanischer Wolf bezeichnet wird), ein Riesenpanda aus China und mehrere afrikanische sowie asiatische Nashörner. Die wunderbare **Blaschka Collection** umfasst wunderbar detaillierte Glasmodelle von Meereslebewesen, deren zoologische Akkuratesse einzigartig ist.

GRATIS **National Library** HISTORISCHES GEBÄUDE (Karte S. 84; www.nli.ie; Kildare St; Mo-Mi 9.30-21, Do & Fr 10-17, Sa 10-13 Uhr) Diese Bibliothek liegt gleich neben dem Eingang zum Leinster House in der Kildare Street. Sie wurde zwischen 1884 und 1890 von Sir Thomas Newenham Deane und seinem Sohn Sir Thomas Manly Deane errichtet und weist einen ähnlichen Baustil wie das National Museum auf. Ebenso wie das Leinster House und das Museum gehörte sie zu den Besitztümern der Royal Dublin Society, ein Unternehmen, das 1731 zur Förderung der Wissenschaft

St. Stephen's Green & Umgebung

◉ Highlights
- National Museum of Ireland – Archaeology & History D1
- National Museum of Ireland – Natural History D1
- St. Stephen's Green C2

◉ Sehenswertes
1. Fusiliers' Arch..................................B1
2. Government Buildings D1
3. Hugenottenfriedhof..............................D2
4. Leinster House..................................D1
5. Little Museum of Dublin..........................C1
6. Newman House...................................B3
7. Royal College of Surgeons B1
8. Unitarian Church................................B2

◉ Aktivitäten, Kurse & Touren
9. Carriage Tours B1
10. Viking Splash Tours C1

◉ Schlafen
11. La Stampa......................................C1
12. Merrion..D2
13. Number 31 ....D4
14. Shelbourne.....................................C1
15. The Cliff Townhouse.............................C1

◉ Essen
- Bentley's Oyster Bar & Grill........(siehe 15)
16. Cake Café......................................A4
17. Govinda's......................................D2
18. Green Nineteen..................................A3
19. Harcourt Street Market B4
20. Listons..A4
- Restaurant Patrick Guilbaud .... (siehe 12)
21. Shanahan's on the Green........................B2
- The Cliff Townhouse ....(siehe 15)
22. Thornton's.....................................B1
23. Town Bar & Grill...............................C1
24. Zaytoon..A4

◉ Ausgehen
25. Anseo..A3
26. Dawson Lounge..................................C1
27. Hartigan's.....................................C3
28. James Toner's D2
29. O'Donoghue's D2
- Village..(siehe 36)
30. Whelan's.......................................A3

◉ Unterhaltung
31. Copper Face Jack's A3
- Crawdaddy ....(siehe 35)
32. Gaiety Theatre B1
33. National Concert Hall..........................C3
34. Sugar Club.....................................C3
35. Tripod...B4
36. Village..A2

---

und Künste sowie zur Verbesserung der Lebensbedingungen mitteloser Stadtbewohner gegründet wurde. Die riesige Büchersammlung umfasst zahlreiche wertvolle alte Handschriften, Erstausgaben, Karten und vieles mehr. James Joyce wählte den Lesesaal als einen der Schauplätze für *Ulysses*. Der Eingangsbereich wird oft für wechselnde Ausstellungen genutzt.

Im zweiten Stock befindet sich das **Genealogical Office** (☏603 0200; 2. OG, National Library, Kildare St; ◉Mo–Fr 9.30–17, Sa 9.30–13 Uhr), wo man Nachforschungen über mögliche irische Vorfahren anstellen kann.

St. Stephen's Green & Umgebung PARK (Karte S. 90; Eintritt frei; ◉Sonnenaufgang–Sonnenuntergang) Wer sich in dem 9 ha großen und wunderschönen Lieblingspark der Dubliner in der Sonne rekelt und sich des Lebens freut, kann sich kaum vorstellen, dass dies früher ein Platz für öffentliche Auspeitschungen, Prügel und Hinrichtungen war. Heute geht's zum Glück beschaulicher zu. Oft treffen sich die Stadtbewohner zum mittäglichen Picknick und anschließendem Spaziergang. An Sommertagen tummeln sich hier Bürohengste, Pärchen und Touristen zum Frischlufttanken, Entenfüttern oder für ein Schäferstündchen.

Im 17. Jh. wurde eine Mauer um die Anlage errichtet, nachdem die Dublin Corporation das umliegende Land an Bauunternehmer verkauft hatte. 1814 kamen Absperrungen und abschließbare Tore hinzu, als eine jährliche Parknutzungsgebühr eingeführt wurde, damit die Armen auch schön draußen blieben. 1877 führte Arthur Edward Guinness ein Gesetz ein, wonach der Park wieder für die gesamte Bevölkerung geöffnet war, und ließ 1880 mehrere Seen und Teiche anlegen.

Die prächtigen Gebäude rund um den Platz stammen vorwiegend aus Dublins Blütezeit Mitte bis Ende des 18. Jhs., als sich der georgianische Baustil großer Beliebtheit erfreute. Damals wurde das Nordende, das auch heute noch eine vornehme Wohngegend ist, Beaux Walk genannt. Wer Lust auf Luxus verspürt, kann sich eine Tasse Tee im imposanten **Shelbourne Hotel** von 1867 gönnen. Direkt dahinter erstreckt sich ein kleiner Hugenottenfriedhof (Karte S. 90) aus dem Jahr 1693. Zu damaliger Zeit waren zahlreiche französische Hugenotten vor der Verfolgung unter Ludwig XIV. hierher geflüchtet.

Als Haupteingang dient der Fusiliers' Arch (Karte S. 90) in der nordwestlichen Ecke des Parks. Er wurde dem Titusbogen in Rom nachempfunden und erinnert an die 212 Soldaten der Royal Dublin Fusiliers, die im Zweiten Burenkrieg (1899-1902) gefallen sind.

Auf der gegenüberliegenden Straßenseite westlich des Parks sieht man die Unitarian Church (1863) (Karte S. 90; 7-17 Uhr) und das Royal College of Surgeons (Karte S. 90) mit seiner herrlichen Fassade. Während des Osteraufstands 1916 wurde das Gebäude der schillernden irischen Freiheitskämpferin Gräfin Markievicz (1868-1927) besetzt, die angeblich mit einem polnischen Grafen verheiratet war. An den Säulen sind immer noch Einschusslöcher zu sehen.

An der Südseite des Parks befinden sich die zwei Gebäude des Newman House (Karte S. 90; 85–86 St. Stephen's Green; Erw./Kind 6/5 €; Führungen Juni-Aug. Di-Fr 12, 14, 15 & 16 Uhr), das mittlerweile zum University College Dublin gehört. Die Stuckarbeiten im Inneren sind eine echte Augenweide. 1865 erstand die Catholic University of Ireland, Vorläufer des University College Dublin, das Haus Nummer 85 und verkaufte es anschließend an die Jesuiten. Da den neuen Besitzern einige Figuren zu schamlos waren, ordneten sie eine Verhüllungsaktion an. Die ehemals nackten Frauengestalten an der Decke des oberen Saals wurden mit einer Art Badeanzug aus Fell bedeckt. Wenigstens hat eine die Restaurierung überlebt.

An die Newman University Church grenzt die zwischen 1854 und 1856 erbaute Newman Chapel. Ihre bunte neobyzantinische Innenausstattung wurde damals zur Zielscheibe heftiger Kritik, ist mittlerweile aber eine der angesagtesten Traukirchen der Stadt.

Zu Dublins schönsten Gärten gehören die hinter hohen Mauern versteckten Iveagh Gardens (Karte S. 90; Eintritt frei; ganzjährig Sonnenaufgang-Sonnenuntergang). Der Eingang liegt gleich hinter dem Newman House in der Clonmel Street, einer Nebenstraße der Harcourt Street. Im Sommer oder vor einem Konzert in der National Concert Hall kann man hier wunderbar relaxen.

Little Museum of Dublin MUSEUM
(Karte S. 90; 661 1000; www.littlemuseum.ie; 15 St. Stephen's Green N; Eintritt 6,95 €; Mo-Fr 10-17 Uhr) Das im Sommer 2011 eröffnete Museum in einem eleganten georgianischen Gebäude besteht aus zwei Räumen und widmet sich der Geschichte Dublins im 20. Jh. Alle Exponate sind persönliche Dinge der Bevölkerung. Zwischen nostalgischen Postern, vom Zahn der Zeit gezeichnetem Krimskrams sowie großartigen Fotos von Menschen und Stadtlandschaften aus der Vergangenheit entdeckt man auch einige außergewöhnliche Stücke wie ein Originalexemplar des verhängnisvollen Briefes, den die irischen Vertreter zu den Friedensverhandlungen von 1921 erhalten hatten und dessen widersprüchliche Ins-

SCHAUPLÄTZE DER LITERATUR

Lange Zeit galt der Merrion Square als bevorzugte Adresse für Dublins wohlhabende Intellektuellen-Szene. Einen Großteil seiner Jugend verbrachte der Dramatiker Oscar Wilde (1854–1900) im Haus Nr. 1 Merrion Square North. Der Dichter W. B. Yeats (1865–1939) wohnte im Haus Merrion Square East Nr. 52 und später, zwischen 1922 und 1928, im Merrion Square South Nr. 82. George („AE") Russell (1867–1935), seines Zeichens Poet, Mystiker, Maler und Herausgeber, arbeitete in der Nr. 84. Der Politiker Daniel O'Connell (1775–1847) genoss seinen Lebensabend in der Nr. 58. Zwischen 1940 und 1956 bewohnte der Österreicher Erwin Schrödinger (1887–1961), der 1993 den Nobelpreis für Physik erhielt, die Nr. 65. Auch Autoren von Gruselgeschichten fühlten sich von Dublin angezogen: Joseph Sheridan Le Fanu (1814–73), der den Vampirklassiker *Carmilla* schrieb, logierte in der Nr. 70.

MUSEEN IN PORTOBELLO

In Straßengewirr des hübschen Viertels Portobello gleich nördlich des Grand Canal befinden sich zwei lohnenswerte Museen, die oft übersehen werden.

Shaw Birthplace (Karte S. 76 f.; 33 Synge St; Erw./Stud./Kind 6/5/4 €; ⊙ganzjährig Mo–Sa 10–13 & 14–17 Uhr, Mai–Sept. auch So 11–13 & 14–17 Uhr) Bernard Shaws Geburtshaus wurde in seiner ganzen verhaltenen viktorianischen Eleganz erhalten.

Irish-Jewish Museum (Karte S. 76 f.; 4 Walworth Rd; ⊙Mai–Sept. Di, Do & So 11–15.30 Uhr, Okt.–April nur So 10.30–14.30 Uhr) Gleich um die Ecke stößt man auf diese einstige Synagoge. Heute ist in dem Gebäude ein Museum untergebracht, das sich der kleinen, aber kulturell wichtigen jüdischen Bevölkerung Dublins widmet.

---

truktionen den Kern der Spaltungen bildeten, die zum Bürgerkrieg führten. Der Besuch ist mit einer Führung verknüpft, außerdem bekommt jeder Besucher eine hübsche Broschüre zur Stadtgeschichte.

Merrion Square   PARK
(Karte S. 76 f.: Eintritt frei; ⊙Sonnenaufgang–Sonnenuntergang) St. Stephen's Green mag zwar der beliebteste Stadtpark sein, unser Favorit ist allerdings dieser ruhige Platz, um dessen gepflegte Rasenfläche und prachtvolle Blumenbeete einige schöne georgianische Gebäude mit hübschen Türen, Fächerfenstern, kunstvoll verzierten Türklopfern und Schuhabstreifern zu sehen sind.

So vornehm und beschaulich ging es aber nicht immer zu. Während der Großen Hungersnot kampierten hier Massen von Landflüchtlingen, die sich mit Suppenspenden am Leben hielten. Darüber hinaus hatte die Britische Botschaft ihren ursprünglichen Sitz am 39 Merrion Square East. 1972 fiel das Gebäude allerdings einem Brandanschlag zum Opfer, eine Protestaktion für die 13 Zivilistenopfer, die am Blutsonntag in Derry ums Leben kamen.

Früher ging der Merrion Square in die Lower Fitzwilliam Street mit der längsten ununterbrochenen Reihe georgianischer Häuser in Europa über, dann jedoch ließ das irische Stromversorgungsunternehmen ESB (Electrical Supply Board) 1961 ganze 26 Bauten abreißen, um dort ein hässliches Bürogebäude hinzusetzen.

Fans von Oscar Wilde sollten sich die **Statue** (Karte S. 105) am Nordwestende des Platzes nicht entgehen lassen, die mit zahlreichen berühmten Einzeilern des Schriftstellers verziert ist.

Nur um zu beweisen, dass das ESB durchaus Verständnis für Dublins kostbares architektonisches Vermächtnis zeigt, hatte man tatsächlich die Güte, eines der schönsten georgianischen Häuser, die **Lower Fitzwilliam Street 29** (Karte S. 76 f.; 29 Lower Fitzwilliam St; Erw./Stud./Kind 6/3,50 €/frei; ⊙Di–Sa 10–17, So 13–17 Uhr, Ende Dez. geschl.) an der südöstlichen Ecke des Merrion Square, zu restaurieren. Das Haus vermittelt einen guten Eindruck vom vornehmen Leben in Dublin zwischen 1790 und 1820. Dem kurzen Film über die Geschichte des Hauses folgt eine 30-minütige Führung (max. 9 Pers.).

Bank of Ireland   BEMERKENSWERTES GEBÄUDE
(Karte S. 80; College Green; Eintritt frei; ⊙1 Mo–Mi & Fr 10–16, Do 10–17 Uhr) Sir Edward Lovett Pearce war der Erbauer dieser 1729 errichteten imposanten Bank direkt gegenüber dem Trinity College, die zunächst als irischer Parlamentssitz diente. Als sich das Parlament mit dem Act of Union von 1801 auflöste, hatte das Gebäude plötzlich keine Funktion mehr. 1803 verkaufte man es unter der Bedingung, den Innenraum so umzugestalten, dass man ihn nie wieder für politische Debatten nutzen könnte. Das Unterhaus im Zentrum wurde also komplett verändert, während der kleinere Originalsaal des Oberhauses erhalten blieb. Nach der Unabhängigkeit entschied sich die irische Regierung gegen erneute Baumaßnahmen und zog das Leinster House als neues Parlamentsgebäude vor.

City Hall   MUSEUM
(Karte S. 84 f.; www.dublincity.ie; Cork Hill; Erw./Stud./Kind 4/2/1,50 €; ⊙Mo–Sa 10–17.15, So 11–17 Uhr) Die City Hall liegt vor dem Dublin Castle in der Lord Edward Street und wurde von Thomas Cooley zwischen 1769 und 1779 als Sitz der Royal Exchange (Börse) errichtet. Später waren hier zunächst die Büros der Dublin Corporation untergebracht, bis

> ### STADTFÜHRER-PODCASTS
>
> Wer auf eigene Faust eine Stadttour unternehmen möchte, kann einen von Pat Liddys hervorragenden **iWalks** (www.visitdublin.com/iwalks) herunterladen, die man auf dem iPod oder einem entsprechenden MP3-Player abspielen kann. Einige der zwölf Ausflüge führen durch verschiedene Viertel, bei anderen stehen Dublins Geschichte, Architektur oder Aktivitäten im Vordergrund.

schließlich das Dublin City Council einzog. An gleicher Stelle befanden sich einst das Lucas Coffee House und die Eagle Tavern, in der Richard Parsons, der Earl of Rosse, 1735 den berüchtigten Hell Fire Club gründete. In dem Herrenclub ging es ziemlich heiß her. Angeblich wurden dort Orgien gefeiert und Schwarze Messen gehalten ...

The Story of the Capital ist eine Multimedia-Ausstellung im Untergeschoss über die Geschichte Dublins von seinen frühesten Anfängen bis heute.

Die **Municipal Buildings** von 1781 westlich der City Hall wurden von Thomas Ivory (1720–86) entworfen, der auch den Bedford Tower im Dublin Castle erbaute.

Government Buildings
BEMERKENSWERTE GEBÄUDE

(Karte S.90; www.taoiseach.gov.ie; Upper Merrion St; Eintritt frei; ⊙ Führungen Sa 10.30–13.30 Uhr) Aus architektonischer Sicht handelt es sich bei dem 1911 eröffneten Kuppelbau der Government Buildings um eine etwas missglückte edwardianische Version des georgianischen Stils. Weil die 40-minütige Führung erst dann beginnt, wenn sich 15 Personen eingefunden haben, muss man sich auf Wartezeit einstellen. Leider können die Rundgänge nicht im Voraus gebucht werden. Wer aber an einem Samstagmorgen herkommt, hat die Möglichkeit, sich für einen späteren Termin eintragen zu lassen. Während der Führung sieht man das Büro des Taoiseach (Premierministers), den Kabinettssaal, die feierliche Freitreppe mit einem herrlichen Buntglasfenster, das Evie Hone (1894–1955) für die New Yorker Messe 1939 entworfen hat, und zahlreiche schöne Beispiele für modernes irisches Kunsthandwerk. Karten für die Rundgänge bekommt man im Ticket Office der **National Gallery** (Karte S.105; ⌀ 01-661 5133; www.nationalgallery.ie; West Merrion Sq; ⊙ Mo–Mi, Fr & Sa 9.30–17.30, Do 9.30–20.30, So 12–17.30 Uhr).

DIE LIBERTIES & KILMAINHAM

Auf einer kleinen Anhöhe westlich des Dublin Castle thront ein eindrucksvolles Monument aus dem Mittelalter: die Christ Church Cathedral. Im Gegensatz zu der anderen großen Kathedrale, St. Patrick's, stand sie stets felsenfest innerhalb der Stadtgrenzen. Heute liegen zwischen den beiden Gotteshäusern nur ein paar Gebäude und ein Garten. Westlich davon erstreckt sich Dublins ältestes noch bestehendes Viertel, die Liberties. Rund um sein westliches Ende wabert stets ein merkwürdiger Geruch durch die Luft: In dieser Gegend wird nämlich Hopfen geröstet und zu Dublins schwarzem Gold, Guinness, verarbeitet – für viele Besucher der Inbegriff des Irischen. Geht man die St. James's Street entlang, stößt man irgendwann auf Kilmainham mit dem alten, sehr sehenswerten Gefängnis, das im Kampf um die irische Unabhängigkeit eine zentrale Rolle spielte. Im Militärkrankenhaus ist heute das wichtigste Museum für moderne Kunst untergebracht.

Guinness Storehouse
BRAUEREI/MUSEUM

(Karte S.76f.; www.guinness-storehouse.com; St. James's Gate Brewery; Eintritt 15/11 €, Kind unter 6 J. frei, Ermäßigungen gelten bei Online-Buchung; ⊙ Sept.–Juni 9.30–17 Uhr, Juli–Aug. 9.30–19 Uhr; 🚌 21a, 51b, 78, 78a oder 123 ab Fleet St); 🚊 St. James's) Diese Spielwiese für Bierliebhaber ist Dublins größte Touristenattraktion und eine Hommage an den berühmtesten Exportartikel des Landes. Der alte Kornspeicher ist als einziger Bereich der riesigen, 26 ha großen St. James's Gate Brewery öffentlich zugänglich. Einen passenderen Tempel zur Huldigung des schwarzen Goldes könnte es wohl nicht geben. Geformt wie ein riesiges Pintglas ragt der siebenstöckige Rundbau um ein fantastisches Atrium in die Höhe. Ganz oben in der Schaumkrone bietet die **Gravity Bar** einen Panoramablick über die ganze Stadt.

Arthur Guinness (1725–1803) hatte die St. James's Gate Brewery 1759 gegründet. Seither wurde sie bis zur Liffey und entlang beider Straßenseiten ausgeweitet. Eine Zeit lang gab es sogar eine eigene Werksbahn, außerdem erstreckte sich auf ein gigantisches Tor über die St. James's Street – daher auch der eigentliche Name der Brauerei. In den

1930er-Jahren war sie mit über 5000 Beschäftigten Hauptarbeitgeber der Stadt. Mit zunehmender Automatisierung der Abläufe schrumpfte die Belegschaft auf 600 Mitarbeiter. Trotzdem werden weiterhin *täglich* 1,25 Mio. Liter Stout produziert.

Am Ende bekommt natürlich jeder Teilnehmer der Führung ein Pint, vorher sollte man allerdings fit sein für den elend langen Touristenmarathon durch die Guinness-Floorshow, ein 1,6 ha großes Gelände mit einer Unmenge audiovisueller und interaktiver Vorführungen, die keine Fragen über die Geschichte der Brauerei und zum Brauvorgang offen lassen. Zwar ist die Show aufwendig und professionell gemacht, dennoch vergisst man zu keinem Zeitpunkt, wer hinter den Kulissen an den Strängen zieht. Das ganze Geschwafel über die ach so erfolgreiche Werbegeschichte des Unternehmens macht doch immer wieder deutlich, dass dabei statt der viel zitierten Magie und Mystik in Wahrheit vor allem Marketing und Manipulation eine Rolle spielen.

Doch das alles ist einem herzlich egal, wenn man endlich mit einem leckeren Guinness in der Hand den Blick aus den schwindelerregenden Höhen der Gravity Bar genießt. Kenner der Materie behaupten ja, hier bekäme man das beste Guinness-Pint der Welt, allerdings meinen wir, dass einem das Bier auch in einer Spelunke toll schmeckt, wenn man mit den richtigen Leuten unterwegs ist.

Arthur Guinness wohnte übrigens gleich um die Ecke in der **Thomas Street 1** (Karte S.76f.; ⊘nicht öffentlich zugänglich). Man erkennt sein Haus an der Gedenktafel. Gegenüber steht der um 1757 errichtete **St. Patrick's Tower** (Karte S.76f.; ⊘nicht öffentlich zugänglich), Europas höchste Windmühle.

St. Patrick's Cathedral   KATHEDRALE
(Karte S.84f.; www.stpatrickscathedral.ie; St. Patrick's Close; Erw./Senior & Stud./Kind 5,50/ 4,50 €/frei; ⊘März–Okt. Mo-Sa 9–18, So 9–11, 12.45–15 & 16.15–18 Uhr, Nov.–Feb. Mo–Fr 9–18, Sa 9–17, So 10–11 & 12.45–15 Uhr; 🚌50, 50A, 56A ab Aston Quay oder 54, 54A ab Burgh Quay) Angeblich hat der gute Patrick höchstpersönlich an dieser Kathedrale irische Heiden in einen Brunnen getaucht. Damit wurde die nach dem Heiligen benannte Kirche auf einem der ältesten christlichen Flecken der Stadt errichtet, der unter Gläubigen als gesegnet gilt. Obwohl hier schon seit dem 5. Jh. eine Kirche stand, geht das heutige Gebäude auf 1190 oder 1225 zurück (man ist sich da nicht so einig). Mehrere Umbauten folgten; die auffälligste Veränderung stammt von 1864, als mit der allgemeinen Begeisterung für den neogotischen Stil Strebebogen angebracht wurden. Der **St. Patrick's Park** neben der Kirche war lange Zeit ein überfüllter Slum, bis Anfang des 20. Jhs. alle Anwohner vertrieben wurden.

Wie die Christ Church Cathedral blickt auch St. Patrick's auf eine dramatische Geschichte voller Stürme und Brandschäden zurück. Als Oliver Cromwell 1649 nach Irland kam, nutzte er das Gebäude als Stall für seine Armeepferde; eine Schmach, der sich zahlreiche weitere irische Gotteshäuser unterziehen mussten. Jonathan Swift, Autor von *Gullivers Reisen*, war von 1713 bis 1745 Dekan der Kirche. Erst eine Restaurierung rettete den vernachlässigten Bau vor dem Verfall.

Betritt man ihn durch das Südwestportal, gelangt man rechts zu den Gräbern von Swift und seiner langjährigen Lebensgefährtin Esther Johnson alias Stella. An der Wand hängen Swifts selbst verfasste Grabinschriften auf Lateinisch sowie eine Büste des Schriftstellers.

Das riesig wirkende und ziemlich staubige **Boyle Monument** ließ Richard Boyle, der Earl of Cork, 1632 aufstellen und mit zahlreichen Abbildungen seiner Familie verzieren. Die Figur unten in der Mitte stellt den fünfjährigen Sohn des Earls dar, Robert Boyle (1627–91), aus dem ein berühmter Wissenschaftler wurde. Zu seinen Verdiensten gehört u. a. die Entdeckung des Boyleschen Gesetzes, das die Beziehung zwischen Druck und dem Volumen von Gasmassen angibt.

Marsh's Library   HISTORISCHES GEBÄUDE
(Karte S.84f.; www.marshlibrary.ie; St. Patrick's Close; Erw./Stud./Kind 2,50/1,50 €/frei; ⊘Mo & Mi–Fr 10–13 & 14–17, Sa 10.30–13 Uhr; 🚌50, 50A, 56A ab Aston Quay oder 54, 54A ab Burgh Quay) Einer der schönsten Geheimtipps dieser Stadt. Die fast unbeachtete antike Bibliothek hat sich in puncto Einrichtung und Atmosphäre kaum verändert, seit sie 1707 ihre Pforten für Gelehrte öffnete. Sie befindet sich gleich um die Ecke der St. Patrick's Cathedral.

In kunstvoll geschnitzten Eichenregalen drängen sich mehr als 25 000 Bücher vom 16. bis ins frühe 18. Jh. sowie Karten, zahlreiche Handschriften und eine tolle Sammlung Inkunabeln (Bücher, die vor 1500 gedruckt wurden). Einer der ältesten und

ABENDANDACHT IN DEN KATHEDRALEN

Bei einem seltenen Zusammentreffen nahmen die Chöre der St. Patrick's Cathedral und der Christ Church Cathedral 1742 an der Uraufführung von Händels *Messias* in der nahe gelegenen Fishamble Street teil. Auch heute noch setzen die Kathedralen ihre stolze Chortradition fort. Um in den Genuss der stimmungsvollen musikalischen Darbietungen zu kommen, bietet sich Besuche der Abendandachten an. Der Chor der St. Patrick's Cathedral singt montags bis freitags um 17.45 Uhr (außer mittwochs im Juli und August), während der Chor der Christ Church Cathedral sonntags um 17.30 Uhr, mittwochs und donnerstags um 18 Uhr und samstags um 17 Uhr zu hören ist. Besonders reizvoll sind die Weihnachtsliederkonzerte in der St. Patrick's Cathedral. Die begehrten Tickets gibt's unter ☎01-453 9472.

schönsten Wälzer der Sammlung ist Ciceros *Briefe an Freunde*, der 1472 in Mailand gedruckt wurde.

Das Gebäude wurde von Erzbischof Narcissus March (1638–1713) in Auftrag gegeben und von Sir William Robinson entworfen, der auch für das Royal Hospital Kilmainham (heute Sitz des Irish Museum of Modern Art) verantwortlich zeichnete. Mittlerweile gehört die Bibliothek zu den wenigen Gebäuden des 18. Jhs., die immer noch ihrem ursprünglichen Zweck dienen. Wer diesen fantastischen Ort nicht besucht, verpasst etwas!

Christ Church Cathedral   KATHEDRALE
(Church of the Holy Trinity; Karte S.84f.; www.cccdub.ie; Christ Church Pl; Erw./Senior/Stud. 6/4/3 €; ⊙Sept.–Mai Mo–Sa 9.45–16.15, So 12.30–14.30 Uhr, Juni–Mitte Juli Mo, Di & Fr 9.45–18.15, Mi, Do & Sa bis 16.15, So 12.30–14.30 & 16.30–18.15 Uhr, Mitte Juli–Aug. Mo–Fr 9.45–18.15, Sa bis 16.15, So 12.30–14.30 & 16.30–18.15 Uhr; ☐50, 50A, 56A ab Aston Quay oder 54, 54A ab Burgh Quay) Dank ihrer Lage auf einem Hügel und der auffälligen Strebepfeiler ist dies die bei Weitem fotogenste der drei Dubliner Kathedralen und zudem eines der unverwechselbarsten Symbole der Stadt. Sie wurde 1030 an der Südgrenze einer Dubliner Wikingersiedlung errichtet und war im Mittelalter das Herzstück der Stadt. In ihrer unmittelbaren Nähe befanden sich die damals wichtigsten Gebäude der Stadt: Dublin Castle, Tholsel (Rathaus; 1809 abgerissen) und die ursprünglichen Four Courts (Gerichtshof; 1796 abgerissen). Nicht weit entfernt stößt man in der Back Lane auf das einzig erhaltene Zunfthaus Dublins, die Tailors Hall von 1706. In den 1960er-Jahren sollte es ebenfalls abgerissen werden, doch dann zog hier die irische Umweltschutzorganisation **An Taisce** (National Trust for Ireland) ein.

Einst stand an dieser Stelle eine Holzkirche, die von den Normannen zerstört und 1172 aus Stein wieder aufgebaut wurde. Größter Befürworter des Gebäudes war Richard de Clare, der Earl of Pembroke. Der anglonormannische Adlige ging als Strongbow in die Geschichte ein, als er 1170 Irland eroberte.

Von Anfang an wetteiferte Christ Church mit der nahe gelegenen St. Patrick's Cathedral um die Gunst der Gemeinde. Im 18. und 19. Jh. machten jedoch beide schwere Zeiten durch. Das Hauptschiff der Christ Church Cathedral wurde als Markthalle genutzt, während man sich in der Krypta zum Biertrinken traf. Als die Kirche restauriert werden sollte, stand sie bereits kurz vor dem Verfall. Heute fristen beide Häuser der Church of Ireland angesichts der überwiegend katholischen Gemeinden in Dublin nur noch ein Schattendasein.

Geht man vom südöstlichen Eingang zum Friedhof, kommt man an den Ruinen des 1230 errichteten Kapitelsaals vorbei. Der Eingang zur Kathedrale befindet sich an der südwestlichen Ecke, folglich blickt man beim Hineingehen zuerst auf die Nordwand. Diese hat den Zusammensturz der gegenüberliegenden Seite gut überstanden, obwohl sich auch bei ihr die Fundamente senken.

Im südlichen Seitenschiff steht ein Denkmal des legendären Strongbow. Bei der Rittergestalt auf dem Grab handelt es sich jedoch vermutlich nicht um den normannischen Eroberer, sondern um den Earl of Drogheda. Immerhin sollen Strongbows Organe hier bestattet sein. Einer Legende nach stellt die halbe Figur neben dem Grab Strongbows Sohn dar, der von seinem Vater in zwei Stücke geschlagen wurde, als seine Tapferkeit im Kampf angezweifelt wurde.

Im südlichen Querschiff entdeckt man das barocke Grab des 19. Earl of Kildare (verstorben 1734). Sein Enkel, Lord Edward Fitzgerald, gehörte zu den United Irishmen und fiel bei dem gescheiterten Aufstand von 1798.

Vom südlichen Querschiff aus gelangt man durch den Eingang hinunter in die ungewöhnlich große Gewölbekrypta, die auf die originale Wikingerkirche zurückgeht. Zu den eher sonderbaren Highlights der Krypta gehört ein Schaukasten mit einem mumifizierten Katz-und-Maus-Spiel: Während einer wilden Verfolgungsjagd in den 1860er-Jahren waren beide Tiere in einer Orgelpfeife stecken geblieben und dort verendet. Vom Haupteingang führt eine Brücke zur Dvblinia; sie wurde während der Restaurierungsarbeiten zwischen 1871 und 1878 angebaut.

Dvblinia & Viking World   MUSEUM
(Karte S.84f.; www.dublinia.ie; Erw./Stud./Kind 6,95/5,95/4,95 €; April–Sept. 10–17 Uhr, Okt.–März 10–16.30 Uhr) Viele Kinder begeistern sich für die alte Synod Hall neben der Christ Church Cathedral. Hier erweckt die Dauerausstellung Dvblinia das mittelalterliche Treiben der Stadt auf anschauliche, wenn auch leicht kitschige Weise zum Leben. Es gibt Nachbildungen, begehbare Straßenzüge und etwas überholte interaktive Schaukästen zu sehen. Die Modelle eines mittelalterlichen Kais und einer Schusterwerkstatt sind ebenso gelungen wie das maßstabsgetreue Modell des damaligen Stadtbilds. In der neu hinzugekommenen **Viking World** wird die Geschichte der skandinavischen Eindringlinge im 9. und 10. Jh. und des von ihnen gegründeten Ortes nacherzählt. Am interessantesten sind jedoch die Hinweise darüber, wie es an Bord der kriegerischen Männer zuging und warum die Wikinger so viele Klöster plünderten. Anschließend kann man noch die Treppen des benachbarten **St. Michael's Tower** hochsteigen und oben den herrlichen Blick über die Stadt und die Dublin Hills genießen.

Das Ticket gilt auch für die Christ Church Cathedral, die man über eine Verbindungsbrücke erreicht.

Kilmainham Gaol   MUSEUM
(Karte S.56f.; www.heritageireland.com; Inchicore Rd; Erw./Stud./Kind 6/2/2 €; April–Okt. tgl. 9.30–17 Uhr, Nov.–März Mo–Sa 9.30–16, So 10–16 Uhr; 23, 51, 51A, 78 oder 79 ab Aston Quay) Wer die irische Geschichte wirklich verstehen will - vor allem den Teil über den dramatischen Widerstand gegen England –, sollte dieses ehemalige Gefängnis besuchen. Das graue, bedrohlich wirkende Gebäude wurde zwischen 1792 und 1795 errichtet und spielte bei so ziemlich jeder Etappe auf Irlands steinigem Weg in die Unabhängigkeit eine Rolle.

Die Revolten von 1798, 1803, 1848, 1867 und 1916 endeten alle in diesem Haus mit der Hinrichtung der jeweiligen Anführer. U. a. saßen im Kilmainham Jail Robert Emmet, Thomas Francis Meagher, Charles Stewart Parnell, die Köpfe des Osteraufstands von 1916, ihre Zeit ab. Doch es waren die 14 zwischen dem 3. und 12. Mai 1916 vollstreckten Hinrichtungen, die dem Gefängnis seinen berüchtigten Ruf einbrachten. Bevor das Zuchthaus 1924 seine Pforten schloss, sperrte man hier noch die 1922 gemachten Gefangenen des Bürgerkrieges ein.

Auf einen hervorragenden Einführungsfilm folgt eine nachdenklich stimmende Führung durch das unheimliche Gebäude, das größte leer stehende Bauwerk seiner Art in ganz Europa. Unpassenderweise liegt draußen im Hof die *Asgard*, jenes Schiff, das 1914 die britische Blockade durchbrach, um die nationalistischen Truppen mit Waffen zu versorgen. Die Führung endet schließlich auf dem düsteren Hof, wo 1916 die Exekutionen stattfanden.

GRATIS Irish Museum of Modern Art
KUNSTMUSEUM
(IMMA; Karte S.76f.; www.imma.ie; Military Rd; Di–Sa 10–17.30, So 12–17.30 Uhr; Heuston) Irlands bedeutendste Sammlung moderner irischer Kunst ist in den eleganten und großzügigen Räumlichkeiten des Royal Hospital Kilmainham untergebracht, das 1991 in ein großartiges Museum verwandelt wurde.

William Robinson, der auch für die Marsh's Library verantwortlich zeichnete, entwarf das Gebäude zwischen 1680 und 1687 als Heim für Kriegsveteranen. Als solches wurde es bis 1928 genutzt und stand danach fast 50 Jahre leer, bis man es in den 1980er-Jahren komplett renovierte. Früher war es eines der schönsten Gebäude Irlands, deshalb wurden immer wieder Stimmen laut, es wäre eigentlich viel zu schade für seine Bewohner.

Die alten und neuen Werke ergänzen sich großartig. Zu den zeitgenössischen irischen Malern, die hier vertreten sind, gehören Louis Le Brocquy, Sean Scully, Barry Flanagan, Kathy Prendergrass und Dorothy Cross. Darüber hinaus ist eine Filminstallation von Neil Jordan zu sehen. In der Dauerausstellung werden Werke von den Schwergewichten Pablo Picasso und Joan Miró gezeigt, zudem gibt's regelmäßig Wechselausstellungen. Im Erdgeschoss befinden sich ein gutes Café und ein Buchladen.

Kostenlose Museumsführungen werden das ganze Jahr über angeboten (Mi, Fr & So 14.30 Uhr), darunter die empfehlenswerten **historischen Rundgänge** in den Sommermonaten (50 Min.; ⊙ stündlich Juni–Sept. Di–Sa 11–16, So 13–16 Uhr).

St. Audoen's Churches KIRCHEN

Im 7. Jh. war der hl. Audoen Bischof von Rouen und Schutzpatron der Normandie. Die interessantere der beiden benachbarten Kirchen, die nach ihm benannt wurden, ist die kleinere **Church of Ireland** (Karte S. 84f.; Cornmarket, High St; Eintritt frei; ⊙ Juni–Sept. 9.30–16.45 Uhr). Dublins einzige erhaltene mittelalterliche Pfarrkirche wurde zwischen 1181 und 1212 errichtet. Bei neueren Ausgrabungen kam eine Grabplatte aus dem 9. Jh. zutage, die darauf hindeutet, dass an gleicher Stelle einst eine viel ältere Kirche gestanden haben muss. Turm und Tür gehen auf das 12., das Seitenschiff auf das 15. Jh. zurück. Das heutige Gebäude ist hauptsächlich das Ergebnis von Restaurierungsarbeiten im 19. Jh.

Bei der Führung sieht man die Ruinen, die Kirche und das Besucherzentrum der **St. Anne's Chapel**, in der Grabmale einiger hochrangiger Mitglieder der Dubliner Gesellschaft aus dem 16. bis 18. Jh. liegen. Ganz oben im Turm der Kapelle befinden sich die drei ältesten Glocken Irlands von 1423. Obwohl die Ausstellungsstücke wenig spektakulär sind, ist das Gebäude selbst sehr schön und verkörpert ein echtes Stück mittelalterliches Dublin.

Von Norden kommend geht man von der High Street aus durch den Bogen, einem Teil der alten Stadtmauer aus dem Jahr 1240. Von den alten Stadttoren ist nur er erhalten.

Gleich neben der älteren protestantischen St.-Audoen's-Kirche erhebt sich die neuere und größere **St. Audoen's Catholic Church** (Karte S. 84f.; Cornmarket, High St; Eintritt frei; ⊙ Juni–Sept. 9.30–17.30 Uhr, Okt.–Mai 10–16.30 Uhr), Sitz des polnischen Kaplanamts in Irland.

War Memorial Gardens PARK

(Karte S. 56f.; www.heritageireland.ie; South Circular Rd, Islandbridge; Eintritt frei; ⊙ Mo–Fr 8 Uhr–Sonnenuntergang, Sa & So ab 10 Uhr; 🚌 25, 25A, 26, 68 oder 69 ab dem Stadtzentrum) Zu den schönsten Grünanlagen in Dublin gehört ganz klar dieser Park, schon allein deshalb, weil es nirgendwo sonst in der Stadt so friedlich zugeht wie hier. Er ist den 49 400 im Ersten Weltkrieg gefallenen irischen Soldaten gewidmet, deren Namen auf zwei riesigen, von Sir Edwin Lutyens entworfenen „Bücherräumen" aus Granit stehen. Ein herrlicher Ort und eine eindrucksvolle Lektion in Sachen Geschichte.

NÖRDLICH DER LIFFEY

Wo sucht ein Northsider Schutz? In einem Bushäuschen. Wie schützt sich jemand von der Southside? Mit Persönlichkeit. Haha! Witze über Leute von der Nord- bzw. Südseite sind ein fester Bestandteil des Dubliner Humors, vor allem weil sie die empfundene Spaltung der Stadt hervorheben. Der Norden gilt als sozialer Verlierer, aber auch – wie die dortigen Bewohner unermüdlich betonen – als Hort des wahren Dubliner Charakters.

So sehr der Süden sein Glitzerimage pflegt, so sehr präsentiert sich der Norden als authentisch und multikulturell. Inmitten der vielen eindrucksvollen Relikte der Stadtgeschichte liegt ein wahres Babel exotischer Aktivitäten. Afrikanische, asiatische und osteuropäische Händler verkaufen hier so ziemlich alles von Haarverlängerungen bis zu Büchsenkaviar.

Mitten durch das Herz der Nordseite verläuft die O'Connell Street, Dublins grandioseste Durchfahrtsstraße. In den letzten Jahren hat sie viel von ihrer Pracht des 18. Jhs. zurückerobert. Das dominanteste Gebäude ist der **Spire** (Karte S. 100f.), eine 2001 errichtete schmale Metallsäule, die

DUBLIN ALS APP

Der **Official Mobile Guide** (www.visitdublin.com; kostenlos) von Visit Dublin ist eine App für das iPhone und Android-Smartphones, die Besuchern der Stadt über GPS- und Kompasstechnologie den Weg zum gewünschten Ziel weist. Für das vierteljährliche Update aus der Datenbank der Touristeninformation mit umfangreichen Verzeichnissen von Sehenswürdigkeiten, Attraktionen, Hotels und Restaurants fallen bei Nutzung der Basisfunktionen keine Roaming-Gebühren an. Die App ist auch im App Store erhältlich.

120 m in den Himmel ragt. Westlich davon erstreckt sich das Quartier Bloom, ein kleines, aber lebhaftes italienisches Viertel. Dahinter liegt Smithfield (Karte S.100f.) mit einem gepflasterten Platz als Zentrum, auf dem ab dem 17. Jh. ein Pferdemarkt abgehalten wurde. Mittlerweile leben in der Gegend überwiegend Besserverdienende, trotzdem locken hier nach wie vor einige Highlights der Stadt von tollen Pubs bis zu erstklassigen Museen.

LP TIPP Dublin City Gallery – The Hugh Lane KUNSTMUSEUM

(Karte S.100f.; www.hughlane.ie; 22 North Parnell Sq; Eintritt frei; Di-Do 10–18, Fr & Sa 10–17, So 11–17 Uhr) Zu Dublins Ruf als Stadt mit zahlreichen Kunstwerken von Weltrang trägt die großartige Sammlung dieses hervorragenden Museums maßgeblich bei. Neben den Werken von einigen wunderbaren inländischen und ausländischen modernen und zeitgenössischen Künstlern ist hier auch das Atelier von Francis Bacon, einem der ikonischsten Künstler des 20. Jhs., zu sehen.

Die Exponate sind im prächtigen **Charlemont House** aus dem 18. Jh. untergebracht. Dank eines neuen modernistischen Anbaus, der auf dem einstigen Standort des **National Ballroom** errichtet wurde, gibt's nun mehr als doppelt so viele Ausstellungsräume wie zuvor. Auf drei Stockwerken werden in 13 lichtdurchfluteten Galerien Werke ab 1950 gezeigt. Im Erdgeschoss befinden sich außerdem ein Kunstbuchladen und ein schickes Restaurant. Die Galerie füllt genau die Lücke zwischen den alten Meistern der National Gallery und den zeitgenössischen Stücken im Irish Museum of Modern Art.

Sämtliche große Namen des französischen Impressionismus und der irischen Kunstszene aus dem frühen 20. Jh. sind hier unter einem Dach vereint: Besucher können beispielsweise Skulpturen von Rodin und Degas, Gemälde von Corot, Courbet, Manet und Monet sowie die Werke der irischen Meister Jack B. Yeats, William Leech und Nathaniel Hone bewundern.

Das **Francis Bacon Studio** ist eine originalgetreue Nachbildung des chaotischen Ateliers in der 7 Reece Mews in London. Dort arbeitete und lebte der in Dublin geborene Maler 31 Jahre lang. Sicher wäre Bacon, der sein heilloses Durcheinander als Kunst bezeichnete und Irland leidenschaftlich verabscheute, nicht gerade begeistert, wenn er wüsste, dass seine Zeitungsausschnitte, Pferdepeitschen, alten Socken, schmutzige Wäsche, Gurkengläser und Mäuseköttel in jahrelanger Kleinarbeit katalogisiert wurden, um sie in Dublin peinlich genau wieder zusammenzufügen.

Die Galerie wurde 1908 von dem reichen Kunsthändler Sir Hugh Lane eröffnet, der 1915 auf der *Lusitania* starb, als das Schiff von einem deutschen U-Boot torpediert und versenkt wurde. Nach seinem Tod entbrannte ein bitterer Erbstreit zwischen der National Gallery in London und der Hugh Lane Gallery um die Meisterwerke seiner Sammlung. Nach jahrelangem Tauziehen wird nun im ständigen Wechsel die eine Hälfte in Dublin ausgestellt, die andere in London. Momentan ist The Hugh Lane im Besitz des wertvollsten Schatzes: Renoirs *Les Parapluies*.

Old Jameson Distillery MUSEUM

(Karte S.76f.; www.jamesonwhiskey.com; Bow St; Erw./Stud./Kind 13,50/11/8 €; 9–17.30 Uhr, Führungen alle 35 Min) Smithfields größte Attraktion – eine Whiskey-Brennerei, die in ein riesiges Museum umgewandelt wurde – widmet sich ganz dem *uisce beatha* (Wasser des Lebens). Nach einem kurzen Film wird Besuchern der gesamte Destillierungsvorgang erklärt. Dabei erfährt man viele interessante Details, z. B. was eigentlich einen Single Malt ausmacht, woher der Whiskey seine Farbe und sein Aroma bekommt, und was der Unterschied zwischen irischem und schottischem Whiskey ist. Ein Schotte witzelte einmal über die Iren, dass sie, um jede Verwechslung auszuschließen, sogar an ein zusätzliches „e" im Namen gedacht hätten.

Hinterher geht's natürlich auch noch in die hauseigene Bar. Besonders große Whiskey-Fans können zudem an einer Verkostung teilnehmen, bei der Sorten aus aller Welt getestet und Eigenheiten fachmännisch erläutert werden. Ganz zum Schluss landet man unvermeidlicherweise im Shop. Wer Whiskey kauft, sollte Marken wie den hervorragenden Red Breast oder den superedlen Midleton Very Rare wählen, die es in anderen Ländern meist nicht an jeder Ecke gibt.

GRATIS National Museum of Ireland – Decorative Arts & History MUSEUM

(Karte S.76f.; www.museum.ie; Benburb St; Di–Sa 10–17, So 14–17 Uhr) Die Abteilung Decorative Arts & History des National Museums of Ireland, umgangssprachlich auch

Nördlich der Liffey

Collins Barracks genannt, befindet sich in einem der schönsten Gebäude der Stadt. Dieses wurde 1704 auf Geheiß von Queen Anne errichtet und war einst die größte Kaserne der Welt. Im Zentrum erstreckt sich ein riesiger Platz mit Kolonnaden, der ganze sechs Regimenter aufnehmen konnte. Fußgängerbrücken verbinden die einzelnen Gebäudeteile miteinander. Der Prachtbau stammt von Thomas Burgh (1670–1730), der auch die Old Library im Trinity College und die St. Michan's Church entworfen hat.

Titel „Curator's Choice" gezeigt. Die Auswahl wird jeweils kurz begründet.

Das Museum vermittelt einen Eindruck von Irlands sozialer, wirtschaftlicher und militärischer Geschichte im letzten Jahrtausend. Vielleicht hat es sich damit leicht übernommen, wie manche Kritiker behaupten, dennoch locken hier toll gestaltete Schaukästen, interaktive Multimedia-Spielereien und eine schwindelerregende Masse verschiedenster Exponate. Während im ersten Stock die **irische Silbersammlung**, eine der größten der Welt, untergebracht ist, sind im zweiten **irische Antikmöbel** und **wissenschaftliche Instrumente** zu sehen. Die dritte Etage wartet mit einfachrobusten **irischen Landhausmöbeln** auf.

General Post Office HISTORISCHES GEBÄUDE
(Karte S.100 f.; www.anpost.ie; O'Connell St; ◎Mo–Sa 8–20 Uhr) Das bedeutendste Postamt des Landes wird wohl für alle Zeit mit den tragischen und dramatischen Ereignissen des Osteraufstands im Jahr 1916 verbunden sein, als Pádraig Pearse, James Connolly und die anderen Anführer von der Eingangstreppe aus ihre Proklamation verlasen und das Haus zu ihrem Hauptquartier machten. Bei der anschließenden Belagerung brannte das Gebäude – ein neoklassizistisches Meisterwerk von Francis Johnston (1818) – komplett aus. Das war aber noch nicht alles: Im Bürgerkrieg von 1922 wurde drinnen wie draußen erbittert gekämpft. Noch heute sieht man Einschusslöcher in den dorischen Säulen. Seit der Wiedereröffnung 1929 hat das General Post Office sehr viel ruhigere Zeiten erlebt. Aufgrund seiner zentralen Rolle in der Geschichte des unabhängigen Irlands ist es noch immer ein prädestinierter Ort für offizielle Paraden oder Protestmärsche.

Dublin Writers Museum MUSEUM
(Karte S.100 f.; www.writersmuseum.com; 18 North Parnell Sq; Erw./Kind/Stud. 7,50/4,70/6,30 €; ◎Sept.–Mai Mo–Sa 10–17 Uhr, Juni–Aug. bis 18 Uhr, So ganzjährig 11–17 Uhr) Bei Dublins großartiger literarischer Tradition müsste dieses Museum eigentlich ein echter Leckerbissen sein. Stattdessen ist es leider irgendwie ein Reinfall. Die Sammlung besteht aus Erinnerungsstücken bekannter Schriftsteller (Samuel Becketts Telefon, Brenda Behans Gewerkschaftskarte), allerdings finden lebende Autoren keinerlei Berücksichtigung.

Im Inneren verbirgt sich ein wahrer Schatz an Artefakten von Silber, Keramik und Glaswaren über Waffen, Möbel und Alltagsgegenstände. 25 von verschiedenen Kuratoren ausgewählte Glanzstücke werden in einer Sonderausstellung mit dem

Wer vorhat, auch das **James Joyce Museum** (s. Kasten S.142) und den **Shaw**

Nördlich der Liffey

◎ Highlights
Dublin City Gallery – Hugh Lane Shop................................B1
General Post Office................................D4

◎ Sehenswertes
1 Charles-Stewart-Parnell-Statue................................D3
2 Daniel-O'Connell-Statue................................D5
3 Dublin Writers Museum................................B1
4 Father-Theobald-Mathew-Statue................................D3
5 Harrisons................................E6
6 James Joyce Cultural Centre................................D1
7 James-Joyce-Statue................................D4
8 Jim-Larkin-Statue................................D5
9 National Leprechaun Museum................................B5
10 Spire................................D4
11 St. Mary's Pro-Cathedral................................D3

✪ Aktivitäten, Kurse & Touren
12 City Sightseeing................................D3
13 Dublin Bus Tours................................D3
Gray Line Tours................................(siehe 19)
James Joyce Walking Tour................................(siehe 6)
14 River Liffey Cruises................................D6

🛏 Schlafen
15 Abbey Court Hostel................................D5
16 Abigail's Hostel................................D6
17 Anchor Guesthouse................................F3
18 Castle Hotel................................C1
Globetrotter Tourist Hostel................................(siehe 21)
19 Gresham Hotel................................D3
20 Morrison Hotel................................B6
21 Townhouse................................F4

✪ Essen
22 Bar Italia................................B6
Chapter One................................(siehe 3)
23 Cobalt Café & Gallery................................D1
24 Enoteca Langhe................................B6
25 Govinda's................................D5
26 Kim Chi/Hop House................................D2
27 Melody................................A5
28 Soup Dragon................................A6
29 Taste of Emilia................................C6
30 Winding Stair................................C6
31 Yamamori Sushi................................C6

✪ Ausgehen
32 Flowing Tide................................E5
33 John Mulligan's................................F6
34 Pantibar................................A6
35 Sackville Lounge................................D5
36 The Grand Social................................C6

✪ Unterhaltung
37 Abbey Theatre................................E5
38 Academy................................C5
39 Ambassador Theatre................................C2
40 Cineworld................................A4
41 Dublin City Gallery – The Hugh Lane................................B1
42 Gate Theatre................................C2
Peacock Theatre................................(siehe 37)
43 Savoy................................D3
44 Twisted Pepper................................C5

✪ Shoppen
45 Arnott's................................C5
46 Clery's & Co................................D4
47 Debenham's................................C4
48 Eason................................D5
49 Jervis Street Centre................................B5

Birthplace (s. Kasten S. 118) zu besuchen, sollte sich ein günstigeres **Kombiticket** (Erw./Std./Kind 11,50/9,50/7,50 €) besorgen.

GRATIS **Four Courts** HISTORISCHE GEBÄUDE
(Karte S. 84f.; Inns Quay; ☉Mo–Fr 9–17 Uhr) Berufungskläger beben vor Ehrfurcht, Angeklagte vor Angst und Besucher vor Erstaunen, wenn sie vor James Gandons imposanten Four Courts, Irlands Oberstem Gerichtshof, stehen. Gandons georgianisches Meisterwerk ist ein Mammutgebäude mit einer 130 m langen Fassade und einer Vielzahl an Statuen. Der von korinthischen Säulen gesäumte Mittelbau, dessen Errichtung von 1786 bis 1802 andauerte, wird von Seitenflügeln mit jeweils abgeschlossenen Innenhöfen flankiert. Die original erhaltenen Höfe (für Finanzen, Zivilrecht, Strafrecht und der Gerichtshof des Lordkanzlers) sind um eine Rotunde in der Mitte angeordnet.

Im Osteraufstand von 1916 spielte das Gebäude eine kurze Rolle, die es unbeschadet überstand. Trotzdem waren die Ereignisse von 1922 ziemlich unschön. Als Truppen, die gegen das Abkommen kämpften, die Four Courts einnahmen und nicht mehr abziehen wollten, wurde das Bauwerk vom anderen Flussufer aus beschossen. Nachdem sich die Besetzer zurückgezogen hatten, setzte man es in Brand und zerstörte dabei viele frühe Aufzeichnungen. Dieses Ereignis war der Auslöser für den Bürgerkrieg. Erst 1932 wurden die Four Courts restauriert.

Besucher dürfen zwar durch das Gebäude wandeln, die Höfe oder andere abgegrenzte Bereiche sind allerdings nicht zugänglich. In der Halle der Rotunde kann man Anwälte mit Perücken beim Diskutieren beobachten sowie Polizisten und Angeklagte sehen, die mit Handschellen aneinandergekettet sind.

St. Mary's Pro-Cathedral   KATHEDRALE
(Karte S.100f.; Marlborough St; Eintritt frei; ☺8–18.30 Uhr) Dublins wichtigste katholische Kirche ist nicht gerade ein Vorzeigeobjekt. Das liegt u. a. an ihrem Standort, denn ursprünglich sollte das riesige Gebäude an der O'Connell Street errichtet werden – und zwar genau dort, wo sich inzwischen das GPO befindet. Angesichts des prominenten Platzes gerieten jedoch die Protestanten der Stadt außer sich und so wurde die Kathedrale in eine abgelegene Seitenstraße mitten im Rotlichtbezirk Monto verbannt, wie die Marlborough Street früher genannt wurde. Diese Gegend zog vor allem hier stationierte britische Soldaten an. Seit der Unabhängigkeit und dem Abzug der Engländer erinnert heute nur noch eine Stelle in James Joyces Aufzeichnungen an die anrüchige Vergangenheit der Straße, der in einem seiner Texte den Bezirk, in dem er seine Unschuld verlor, als „Nighttown" bezeichnet.

Heute ist die Gegend nicht mehr das, was sie mal war, aber so wird man wenigstens nicht abgelenkt, wenn man die Kathedrale mit den sechs dorischen Säulen besichtigen will. Sie wurde zwischen 1816 und 1825 errichtet und dabei dem Theseustempel in Athen nachempfunden. Am besten besucht man sie sonntags um 11 Uhr, wenn der Palestrina Choir zu hören ist. Hier begann 1904 Irlands bekanntester Sänger John McCormack (sorry, Bono) seine Karriere.

Das Wort „Pro" im Namen von St. Marys weist übrigens darauf hin, dass es sich nur um eine „inoffizielle" Kathedrale handelt. Sie war als Provisorium gedacht, bis sich die Kirche ein größeres Gebäude leisten konnte. Weil es dazu aber nicht gekommen ist, besitzt die Hauptstadt des wahrscheinlich katholischsten aller Länder zwei sagenhaft schöne, mit nicht ausgelastete protestantische Kathedralen und eine ziemlich gewöhnliche katholische. Welche Ironie der Geschichte.

National Leprechaun Museum   MUSEUM
(Karte S.100f.; www.leprechaunmuseum.ie; Twilfit House, Jervis St; Erw./Stud. & Kind 10/8,50 €; ☺Mo–Sa 9.30–18.30, So ab 10.30 Uhr; 🅁Jervis) Das National Leprechaun Museum möchte gern ein witziges Folkloremuseum sein, scheitert aber leider kläglich. Besucher erhalten eine kleine Einführung in die Ge-

---

HELDENDENKMÄLER IN DER O'CONNELL STREET

Die gesamte O'Connell Street ist gesäumt von Denkmälern großer Männer der irischen Geschichte. Über allen thront die Bronzestatue des Superhelden und „Befreiers" **Daniel O'Connell** (Karte S.100f.) am Ende der Brücke. Die vier geflügelten Figuren zu seinen Füßen sollen seine Tugenden darstellen: Mut, Treue, Eloquenz, Patriotismus.

Südlich des Eingangs zur Hauptpost stößt man auf das Denkmal des Gewerkschaftsführers **Jim Larkin** (1876–1947; Karte S.100f.) mit weit ausgebreiteten Armen. Fast meint man zu hören, wie er lauthals eine seiner Reden schwingt.

Schmunzelnd blickt die kleine Statue von **James Joyce** (Karte S.100f.) an der Ecke der Fußgängerzone North Earl Street auf seine Bewunderer. Scherzkekse nennen sie gerne „Prick with the Stick" („Schwanz mit Stock"). Joyce hätte dieses derbe Wortspiel sicher gefallen.

Weiter nördlich befindet sich die Statue von **Father Theobald Mathew** (1790–1856; Karte S.100f.), dem „Abstinenzapostel". Wie man sich denken kann, hatte sich Mathew mit seinem Kampf gegen den Alkohol einiges aufgebürdet. Immerhin führte diese schier unlösbare Aufgabe dazu, dass heute eine Brücke über die Liffey seinen Namen trägt. Am Nordende der Straße entdeckt man schließlich noch das imposante Denkmal von **Charles Stewart Parnell** (1846–91; Karte S.100f.), Verfechter der Home-Rule-Gesetze und Opfer der irischen Moral.

schichte des Naturgeists, bei der es allerdings mehr um den (eher amerikanischen) Goldgräber- und Glücksbringertypen geht als um das sehr viel ominösere Wesen, das auf die mythischen Tuatha dé Danann, die Vorgänger der Kelten, zurückgeht. Die nur ansatzweise interaktiven Elemente sind für die Kleinen interessant, allen anderen bleibt nur, sich besser anderswo über die irische Mythologie zu informieren.

St. Michan's Church KIRCHE
(Karte S. 76f.; Lower Church St; Erw./Kind/Stud. 4/3/3,50 €; ☉ Mai-Okt. Mo-Fr 10-12.45 & 14-16.45, Sa 10-12.45 Uhr, Nov.-April Mo-Fr 12.30-15.30 Uhr; 🚇 Smithfield) Diese alte Kirche unweit der Four Courts wurde 1095 von Dänen errichtet und nach einem ihrer Heiligen benannt. Kaum zu glauben, dass es das einzige Gotteshaus ist, das bis 1686 nördlich der Liffey erbaut worden war. Inzwischen ist das ursprüngliche Gebäude bis auf den im 15. Jh. errichteten Schlachtenturm größtenteils unter Anbauten verschwunden, die hauptsächlich aus dem 17. Jh. stammen. Anfang des 19. Jhs. und nach dem Bürgerkrieg wurde die Kirche von Grund auf saniert.

Der Innenraum erinnert an einen Gerichtssaal. Darin steht eine Orgel von 1724, auf der Händel vielleicht die Uraufführung seines *Messias* gespielt hat. Der Totenschädel neben dem Altar soll Oliver Cromwells Schädel sein. Auf der anderen Seite befindet sich ein Büßerstuhl für Gemeindemitglieder mit unmoralischem Lebenswandel.

Als größtes Highlight gilt die Krypta im Untergeschoss mit 400 bis 800 Jahre alten Leichnamen, die nicht etwa mumifiziert, sondern durch die stets trockene Atmosphäre konserviert wurden. Führungen werden spontan angeboten, je nachdem, wie viele Leute zusammenkommen.

James Joyce Cultural Centre KULTURZENTRUM
(Karte S. 100f.; www.jamesjoyce.ie; 35 North Great George's St; Erw./Kind/Student 5 €/frei/4 €; ☉ Di-Sa 10-17 Uhr) Denis Maginni, der ebenso extravagante wie exzentrische Tanzlehrer, den Joyce mit *Ulysses* unsterblich gemacht hat, unterrichtete seine Schüler in diesem *Haus*. 1982 kaufte Senator David Norris, ein berühmter Joyce-Experte und bekannter Aktivist für Schwulenrechte, das heruntergekommene Gebäude, ließ es restaurieren und eröffnete schließlich ein Kulturzentrum für Joyce-Studien sowie ein kleines dem Autor und der damaligen Zeit gewidmetes Museum.

Es gibt zwar nicht viele Ausstellungsstücke aus der damaligen Zeit, doch das machen die hervorragenden interaktiven Darstellungen mehr als wett, darunter drei Dokumentarfilme über verschiedene Aspekte von Joyces Leben und Arbeit. Das Highlight des Zentrums sind Computer, mit denen man abschnittweise den Inhalt von *Ulysses* sowie Joyces Leben erforschen kann. Hier wird der Mythos entzaubert, die Werke des Schriftstellers seien ein undurchdringliches Mysterium. Außerdem sieht man ihn so, wie er wirklich ist: ein enorm talentierter zeitgenössischer Autor, der seine Leser mit intelligentem Witz und Sprachgebrauch herausfordert und unterhält.

Einige der wunderbaren Stuckdecken sind restaurierte Originale, andere sorgfältige Nachbildungen von Michael Stapletons Arbeiten. Mehr über Joyce-Spaziergänge, die im Kulturzentrum beginnen, erfährt man auf S. 111.

DOCKLANDS
Die goldene Regel eines jeden Städteplaners lautet: Liegt eine Stadt am Meer, ist eine Modernisierung nur dann vollständig, wenn sie das Hafenviertel mit einschließt. So geschehen auch in Dublin. Die östlichen Ufer an der Nord- und Südseite der Liffey – Canaray Dwarf genannt – wurden umfangreich umgestaltet und warten jetzt mit einer eindrucksvollen Ansammlung moderner Bürogebäude, nobler Apartments sowie großartiger öffentlicher Bauten auf, darunter Kevon Roches schräges, röhrenförmiges **National Convention Centre** (Karte S. 105) und Daniel Liebeskinds prächtiges **Grand Canal Theatre** (S. 132).

Custom House MUSEUM
(Karte S. 105) James Gandon (1743-1823) errichtete das imposante, strahlend weiße Custom House zwischen 1781 und 1791 trotz des Widerstands vieler örtlicher Händler und Hafenarbeiter, die das ursprüngliche Zollhaus flussaufwärts in Temple Bar bevorzugten.

1921 wurde das prächtige Gebäude, eines der schönsten georgianischen Häuser der Stadt, während des Unabhängigkeitskampfes in Brand gesteckt und stand fünf Tage lang in Flammen. Später wurden die Innenräume komplett neu gestaltet und zwischen 1986 und 1988 umfassend renoviert.

Den besten Blick auf das 114 m lange Gebäude an der Liffey hat man vom anderen Ufer aus, wobei sich auch die genauere Be-

Docklands

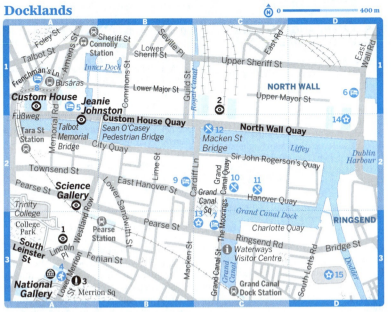

Docklands

⊙ Highlights
- Custom House A1
- Jeanie Johnston A2
- National Gallery A3
- Science Gallery A2

⊙ Sehenswertes
- **1** Lincoln Place Gate A3
- **2** National Convention Centre C1
- **3** Oscar-Wilde-Statue A3

✪ Aktivitäten, Kurse & Touren
- **4** Dublin By Bike Tour A3

🛏 Schlafen
- **5** Clarion Hotel IFSC A1
- **6** Gibson Hotel D1

- **7** Home from Home Apartments C3
- **8** Isaacs Hostel A1
- **9** Maldron Hotel Cardiff Lane B2

✖ Essen
- **10** Ely HQ C2
- **11** Herbstreet C2
- **12** Quay 16 .... C2

✪ Unterhaltung
- **13** Grand Canal Theatre C3
- **14** O2 .... D2
- **15** Shelbourne Park Greyhound Stadium D3

---

trachtung der vielen Details lohnt. Gekrönt wird das Zollhaus von einer Kupferkuppel mit vier Uhren und einer 5 m hohen Statue der Hoffnung.

Unterhalb der Kuppel befindet sich das **Custom House Visitor Centre** (Custom House Quay; Eintritt 1 €; ⊙Mitte März–Okt. Mo–Fr 10–12.30, Sa & So 14–17 Uhr, Nov.–Mitte März Mo, Di & Sa geschl.) mit einem kleinen Museum über James Gandon und die Geschichte des Gebäudes.

Jeanie Johnston MUSEUM/SCHIFF
(Karte S.105; www.jeaniejohnston.ie; Custom House Quay; Erw./Kind 8,50/4,50 €; ⊙Führungen stündlich 11–12 & 14–16 Uhr) Eine der originellsten Sehenswürdigkeiten der Stadt ist der detailgetreue Nachbau eines *coffin ship* (schwimmender Sarg) aus dem 19. Jh. So wurden die Segelboote genannt, die während der Hungersnot irische Emigranten nach Übersee brachten. Der Dreimaster, 1847 in Quebec gebaut, überquerte den At-

ABSTECHER

SPAZIERGANG ENTLANG DER SOUTH WALL

Einer der schönsten Spazierwege der Stadt führt an der South Wall entlang bis zum Poolbeg Lighthouse, dem roten Turm in der Dublin Bay. Um ihn zu erreichen, muss man über Ringsend (erreicht man mit den Buslinien 1, 2 oder 3 ab dem Stadtzentrum) am Kraftwerk vorbei bis zum Beginn der Mauer gehen (1 km). Der Pfad selbst ist nur an die 800 m lang, bietet aber einen fantastischen Blick auf die Bucht und die Stadt im Rücken. Am besten kommt man zum Sonnenuntergang hierher.

---

lantik jedoch ganze 16-mal und transportierte über 2500 Menschen, ohne dass ein Passagier gestorben wäre. Im kleinen Bordmuseum bekommt man einen guten Eindruck davon, wie strapaziös die 47-tägige Reise war.

PHOENIX PARK
Europas größter **Stadtpark** (Karte S.56 f.; Eintritt frei) stellt mit seinen 709 ha sogar den New Yorker Central Park (337 ha) in den Schatten. Hier gibt's Gärten und Seen, Plätze für alle möglichen britischen Sportarten von Fußball über Kricket bis hin zu Polo (natürlich die langweilige Pferdvariante), den zweitältesten Zoo des Kontinents, ein Schloss, ein Besucherzentrum, die Hauptwache der Garda Síochána (Polizei), die Büros des Ordnance Survey (Vermessungsamt) sowie die Luxusvillen des irischen Präsidenten und des US-Botschafters, die sich fast gegenüberliegen. Darüber hinaus treibt sich in der Anlage eine Herde mit 500 Damhirschen herum.

Lord Ormond siedelte die Tiere 1662 an, als die Ländereien des Hospitaliterordens königliches Jagdrevier wurden. 1745 gab Vizekönig Lord Chesterfield den Park für die Öffentlichkeit frei. Der Name „Phoenix" ist übrigens keine Anspielung auf den mythologischen Vogel, sondern eine Verfälschung des irischen Ausdrucks *fionn uisce* (klares Wasser).

1882 war der Park Schauplatz eines berühmten Verbrechens. Dort, wo heute der irische Präsident wohnt, wurden der britische Minister für irische Angelegenheiten, Lord Cavendish, und sein Assistent von einer Gruppe Nationalisten namens „The Invincibles" (Die Unbesiegbaren) ermordet. Heute wird das Haus von Lord Cavendish „Deerfield" genannt und ist die offizielle Residenz des US-Botschafters.

Am Eingang in der Parkgate Street befindet sich das 63 m hohe **Wellington Monument**. 1817 begann man mit seinem Bau, der sich bis 1861 hinzog, weil der Duke of Wellington bei der Bevölkerung in Ungnade fiel. Gleich daneben liegen der **People's Garden** von 1864 und ein **Konzertpavillon** im Hollow.

Das große viktorianische Gebäude hinter dem Zoo und am Rande des Parks ist die **Hauptwache der Garda Síochána** aus dem 19. Jh. Es wurde nach den Plänen von Benjamin Woodward errichtet, der auch die Old Library des Trinity College entworfen hat.

Im Zentrum der Grünanlage markiert ein Kreuz, das **Papal Cross**, die Stelle, wo Johannes Paul II. 1979 vor 1,25 Mio. Menschen predigte. Nicht weit davon entfernt stößt man auf das 1747 im Auftrag von Lord Chesterfield aufgestellte **Phoenix Monument**. Weil die Vogelfigur an der Spitze des Denkmals allerdings eher wie ein Adler aussieht, nennen sie viele Dubliner Eagle Monument. Der 81 ha große Abschnitt (entspricht 200 Acres) im Süden wird merkwürdigerweise als **Fifteen Acres** bezeichnet und von zahlreichen Fußballfeldern in Beschlag genommen. Zum Zuschauen kommt man am besten an einem winterlichen Sonntagvormittag. Im Westen erstreckt sich die besonders schöne, ländlich wirkende Gegend rund um **Glen Pond**.

Zurück am Toreingang des Parks erblickt man das **Magazine Fort** auf dem Thomas' Hill. Es wurde zwischen 1734 und 1801 im Schneckentempo gebaut und diente gelegentlich als Waffendepot für die britische und später die irische Armee. Unter Beschuss geriet es 1916 während des Osteraufstands und 1940, als sich die IRA mit den gesamten Munitionsvorräten der irischen Armee vom Acker machte (nach wenigen Wochen tauchten sie aber wieder auf).

Zu Dublins geliebter Spielwiese fahren die Buslinie 10 von der O'Connell Street sowie die Linien 25 und 26 von der Middle Abbey Street. Am besten erkundet man die Anlage mit dem **Phoenix Park Shuttle Bus** (Karte S. 76 f.; Erw./Kind 2/1 €; ☺Mo–Fr stdl. 7–17, Sa & So 10–17 Uhr), der vor dem Haupttor auf der Parkway Street startet und das Besucherzentrum zum Ziel hat.

Dublin Zoo ZOO
(Karte S. 56f.; www.dublinzoo.ie; Phoenix Park Erw./Kind/Fam. 14/9,50/40 €; ⊙März–Sept. 9.30–18 Uhr, Okt.–Feb. 9.30 Uhr–Sonnenuntergang; 🚌10 ab O'Connell St oder 25, 26 ab Middle Abbey St) Der 1830 eröffnete, 12 ha große Zoo gleich nördlich einer Senke namens „the Hollow" ist einer der ältesten Tierparks Europas und genauso aufregend oder deprimierend wie jeder andere traditionsreiche Zoo auf dem Weg ins 21. Jh. Große Bekanntheit erlangte er für sein 1857 eingerichtetes Löwenzuchtprogramm, zu dessen Sprösslingen auch jene berühmte Raubkatze zählt, die vor dem Beginn sämtlicher MGM-Filme die Zuschauer anbrüllt. Die majestätischen Tiere sind in den „African Plains" zu bewundern. Diese Steppenlandschaft hat nicht nur die Fläche der Anlage verdoppelt, sondern auch deren Attraktivität für Ausflügler erhöht.

Áras an Uachtaráin HISTORISCHES GEBÄUDE
(Karte S. 56f.; Phoenix Park; Eintritt frei; ⊙Führungen stündlich Sa 10.30–16.30 Uhr) Der Wohnsitz des irischen Präsidenten ist ein palladianisches Bauwerk, das 1751 entstand und seitdem mehrmals erweitert wurde, zuletzt 1816. Von 1782 bis 1922 beherbergte es die britischen Vizekönige und danach die Lord Lieutenants, also die Vertreter der britischen Krone. Nach der Unabhängigkeit löste Irland die Verbindungen zur britischen Krone und richtete 1937 sein eigenes Präsidentschaftsamt ein. Königin Viktoria logierte hier bei ihrem Besuch im Jahr 1849 und schien dabei die Not der Bevölkerung nicht einmal wahrzunehmen. Die im Fenster brennende Kerze ist eine alte Tradition, damit die in aller Welt verstreuten Iren den Weg nach Hause finden.

Tickets für die kostenlosen einstündigen **Führungen** (Sa stündlich 10–16 Uhr) bekommt man im **Phoenix Park Visitor Centre** (Eintritt frei; ⊙März–Sept. 10–17.45 Uhr, Okt.–Feb. Mi–So 9.30–17 Uhr) in den umgebauten früheren Ställen der päpstlichen Nuntiatur. Zur Einführung wird den Teilnehmern ein etwa zehnminütiges Video gezeigt, dann geht's per Shuttle zum Áras selbst, wo man die fünf Staatsgemächer und das Arbeitszimmer des Präsidenten zu sehen bekommt.

Wer einen Besuch am Samstag nicht einrichten kann, hat nur noch die Möglichkeit Präsident, Nobelpreisträger oder so etwas in der Art zu werden: Das dürfte für eine persönliche Einladung reichen.

Das benachbarte vierstöckige **Ashtown Castle** aus dem 17. Jh. wurde zufällig im Inneren der Nuntius-Villa (18. Jh.) entdeckt, als diese 1986 wegen Hausschwamms abgerissen werden musste. Interessierte können die restaurierte Burg im Rahmen einer offiziellen Führung besichtigen.

JENSEITS DES ROYAL CANAL
Jenseits des Royal Canal beginnen die Vororte und ein authentisches Stückchen Nordstadtleben. Hier befinden sich ein paar herrliche Gärten, das größte Stadion des Landes, ein historischer Friedhof und eines der interessantesten Gebäude Dublins.

Glasnevin Cemetery FRIEDHOF, MUSEUM
(Karte S. 56f.; www.glasnevin-cemetery.ie; Finglas Rd; Eintritt frei; ⊙rund um die Uhr, Führungen Mi & Fr 14.30 Uhr; 🚌40, 40A, 40B ab Parnell St) Irlands größter und historisch bedeutendster Friedhof (auch Prospect Cemetery genannt) wurde 1832 von Daniel O'Connell als Begräbnisstätte für Menschen aller Glaubensrichtungen geschaffen – eine hochmoralische Antwort auf die Weigerung protestantischer Friedhöfe, Katholiken zu beerdigen.

Die Aufschriften der Grabsteine lesen sich wie ein „Who's who" der irischen Geschichte. Ein moderner Rundturmnachbau dient als praktischer Wegweiser zum Grab von Daniel O'Connell, der 1847 starb und 1869 hierher verlegt wurde, als der Turm fertiggestellt war. Charles Stewart Parnells Grab erkennt man an dem großen Granitfelsen. Auch andere berühmte Persönlichkeiten fanden auf dem Friedhof ihre letzte Ruhe, darunter Sir Roger Casement, 1916 wegen Hochverrats von den Briten hingerichtet (seine Überreste wurden erst 1964 nach Irland überführt), der republikanische Anführer Michael Collins, der im Bürgerkrieg ums Leben kam, Hafenarbeiter und Gewerkschafter Jim Larkin, der im Generalstreik von 1913 als treibende Kraft auftrat, sowie Dichter Gerard Manley Hopkins.

Das 2010 eröffnete preisgekrönte **Museum** (Eintritt 6 €; ⊙Mo–Fr 10–17, Sa & So 11–18 Uhr) erzählt anhand der Schicksale von hier begrabenen Menschen Irlands soziale und politische Geschichte. In der „City of the Dead" werden die Begräbnispraktiken und der religiöse Hintergrund der etwa 1,5 Mio. Verstorbenen erläutert, die auf dem Friedhof bestattet wurden, während die „Milestone Gallery" mit einer 10 m langen digitalen und interaktiven Zeitschiene aufwartet, auf der die berühmtesten „Bewohner" des Glasnevin Cemetery sowie deren Verbindungen vermerkt sind.

Am besten erkundet man den Friedhof bei einer der täglichen **Führungen** (5 €; ⊙11.30, 12.30 & 14.30 Uhr).

Croke Park STADION
(Karte S. 56 f.; Cloniffe Rd; 🚌 3, 11, 11A, 16, 16A oder 123 ab O'Connell St) Mit Platz für über 82 000 Fans ist Croke Park das größte Stadion des Landes und das viertgrößte Europas. „Croker", wie die Dubliner es liebevoll nennen, wirkt wie eine grandiose Festung, die den Geist gälischer Spiele und natürlich auch den des Hauptorganisators, der Gaelic Athletic Association (GAA), bewahrt: Die GAA sieht sich nämlich nicht nur als Hauptorganisator einiger irischer Sportarten, sondern auch als Verfechter einer kulturellen Identität, die im Selbstbild der Iren fest verwurzelt ist. Wer wissen will, welchen Einfluss das Unternehmen wirklich hat, und sich zudem für Sport begeistert, sollte sich die **Croke Park Experience** (www.gaa.ie; New Stand, Croke Park, Cloniffe Rd; Erw./Kind/Stud. Museum 6/4/4,50 €, Museum & Führung 11/7,50/8,50 €; ⊙April–Okt. Mo–Sa 9.30–17, So 12–17 Uhr, Nov.–März Di–Sa 10–17, So 12–16 Uhr) nicht entgehen lassen. Die Führung (2-mal tgl., außer an Spieltagen) durch das imposante Stadion ist absolut empfehlenswert.

GRATIS **National Botanic Gardens**
BOTANISCHER GARTEN
(Karte S. 58; Botanic Rd, Glasnevin; ⊙April–Okt. Mo–Sa 9–18, So 11–18 Uhr, Nov.–März Mo–Sa 10–16.30, So 11–16.30 Uhr; 🚌13, 13A, 19 ab O'Connell St oder Bus 34, 34A ab Middle Abbey St) In dieser 1795 gegründeten und 19,5 ha großen Grünanlage stehen mehrere geschwungene Gewächshäuser aus den Jahren 1843 bis 1869. Sie wurden von Richard Turner errichtet, der auch das Gewächshaus im botanischen Garten von Belfast und das Palmenhaus in Londons Kew Gardens entworfen hat. Im Inneren der viktorianischen Prachtbauten verbergen sich neueste Techniken, z. B. computergesteuerte Biotope mit unterschiedlichen Weltklimazonen. Darüber hinaus wurde hier gärtnerische Pionierarbeit geleistet. So versuchte man 1844 erstmals, Orchideen aus Samen zu ziehen, und züchtete Pampasgras sowie Riesenlilien.

Casino at Marino MUSEUM
(Karte S. 56 f.; www.heritageireland.ie; Malahide Rd; Erw./Kind/Senior 3/1/2 €; ⊙Mai–Sept. 10–17 Uhr; 🚌20A, 20B, 27, 27B, 42, 42C oder 123 ab dem Stadtzentrum) Hier sucht man vergeblich nach Roulette- und Blackjack-Tischen, denn dies ist ein original italienisches *casino*, also ein Sommerhaus (wörtlich „kleines Haus"). Eine Besichtigung wird nur im Rahmen einer Führung angeboten; die letzte beginnt 45 Minute vor Schließung des Gebäudes.

Der Bau des bezaubernden Hauses wurde Mitte des 18. Jhs. vom Earl of Charlemont in Auftrag gegeben, der bei seiner Rückkehr von einer großen Europarundreise mit mehr Kunstwerken zurückkam, als sein damaliges Heim verkraften konnte. Sein Landschloss, das Marino House, befand sich auf demselben Grundstück, wurde jedoch in den 1920er-Jahren abgerissen. Auf der Reise hatte sich der Graf außerdem in den palladianischen Stil verliebt, wie an der Architektur dieses wunderbar nutzlosen Prachtbaus unschwer zu erkennen ist.

Durch die riesige Eingangstür und die zwölf toskanischen Säulen, die eine tempelähnliche Fassade bilden, vermittelt das Gebäude von außen den Eindruck, als gäbe es nur einen zentralen Innenraum. Doch weit gefehlt: Stattdessen erwartet den Besucher ein extravagant geschnittenes Labyrinth mit fantasievoll gestalteten Räumen. Die Kamine für die Zentralheizung sind als Dachurnen getarnt, in den Säulen verstecken sich Fallrohre, es gibt aus Holz geschnitzte Stofffalten, reich verzierte offene Kamine, herrliche Parkettböden aus seltenen Hölzern und einen geräumigen Weinkeller. Verschiedene Statuen zieren den Außenbereich, amüsanter sind aber die Täuschungen. Das massive Eingangsportal ist reine Maskerade, denn als eigentlicher Zugang zum geheimnisvollen Innenraum dient eine stinknormale Tür. Die Fenster sind schwarz hinterlegt, damit man von draußen nicht erkennen kann, dass sich im Inneren nicht nur ein großer Raum befindet, sondern ein ganzes Gewirr aus Zimmern.

👉 Geführte Touren

Die Stadt wartet mit unzähligen Möglichkeiten auf, ob man nun spazieren gehen oder durch die Pubs ziehen, mit einem Bus fahren oder in ein Amphibienfahrzeug steigen möchte. Darüber hinaus gibt's jede Menge thematische Führungen und Stadtbesichtigungen in Kombination mit Ausflügen in die Umgebung. Wer im Internet bucht, zahlt ein paar Euro weniger.

DUBLIN MIT KINDERN

In Dublin gibt's einige schöne Aktivitäten, an denen sowohl die Eltern als auch die Kinder ihre Freude haben, darunter Dvblinia (S. 97), das Natural History Museum (S. 89) und das National Leprechaun Museum (S. 103). Das National Museum (S. 87 und S. 99) und das Irish Museum of Modern Art (S. 97) bieten an den Wochenenden Bildungsprogramme für Kinder an, die auch Spaß machen.

Das wunderbare Kinderkulturzentrum **Ark** (Karte S. 84 f.; ☎ 01-670 7788; www.ark.ie; 11A Eustace St) organisiert Spiele, Ausstellungen und Workshops für Vier- bis 14-Jährige, die vorab gebucht werden müssen.

Etwas ganz Besonderes ist ein Besuch im **Lambert Puppet Theatre** (☎ 01-280 0974; www.lambertpuppettheatre.com; Clifton Lane, Monkstown; 🚌 7, 7A, 8, 46A, 46X oder 746 ab dem Stadtzentrum) in Monkstown, 10 km südlich vom Zentrum, für Kinder ab drei Jahren. Im **National Aquatic Centre** (Karte S. 58; www.nationalaquaticcentre.ie; Snugborough Rd, Blanchardstown; Erw./Kind & Stud. 14/12 €; ⊙ Mo–Fr 6–22, Sa & So 9–20 Uhr; 🚌 38A ab Hawkins St) 8 km nordwestlich von Dublin können sich die Kiddies richtig austoben und nassspritzen. Rund um das **Newbridge House** (Karte S. 58; www.newbridgehouseandfarm.com; Donabate; Erw./Kind 4/3 €; ⊙ April–Sept. Di–Sa 10–17, So 14–18 Uhr, Okt.–März Sa & So 14–17 Uhr; 🚆 ab Connolly oder Pearse St) gibt's nette Picknickplätze. Auf der traditionellen Farm nordöstlich von Swords bei Donabate, 19 km von der Stadt entfernt, leben Kühe, Schweine und Hühner. Darüber hinaus locken hier ein großer Park und ein Abenteuerspielplatz.

Fast alle Hotels stellen Kinderbetten zur Verfügung, zudem bieten die Luxusunterkünfte einen Babysitterservice (8–15 € pro Stunde). Bis 18 Uhr werden Familien in den meisten Restaurants herzlich willkommen geheißen, danach kann es allerdings schwierig werden, vor allem mit Kleinkindern. Am besten fragt man deshalb schon bei der Reservierung nach.

City Sightseeing
BUSTOUREN

(Karte S. 100 f.; www.city-sightseeing.com; Dublin Tourism, 14 Upper O'Connell St; Erw./Kind/Fam. 16/7/38 €; ⊙ tgl. 9–18 Uhr, alle 8–15 Min.) Die altbewährte Hop-on-Hop-off-Tour mit offenem Verdeck dauert 90 Minuten. Man kann an allen markierten Haltestellen beliebig ein- und aussteigen.

Dublin Bus Tours
BUSTOUREN

(www.dublinbus.ie; Touren 16–26 €; ⊙ tgl. Touren) O'Connell St (Karte S. 100 f.; ☎ 01-872 0000; 59 Upper O'Connell St); Suffolk Street (Karte S. 84 f.; Dublin Tourism Centre, St Andrew's Church, 2 Suffolk St) Organisiert Rundfahrten und Thementouren, darunter die Ghost Bus Tour, die Coast & Castles Tour, die South Coast & Gardens Tour.

Dublin Rock'n'Roll Writers Bus Tour
BUSTOUREN

(Karte S. 80; ☎ 01-620 3929; www.dublinrocktour.ie; 3 Westmoreland St; Touren 15 €; ⊙ 12, 14, 16 & 18 Uhr) Dublins reiches Rockerbe kann man an Bord eines komfortabel ausgestatteten Tourbusses erforschen. Vor O'Briens Sandwichladen an der Westmoreland Street geht's los. Der Ausflug dauert etwa 90 Minuten.

Gray Line Dublin Tour
BUSTOUREN

(☎ 01-872 9010; www.irishcitytours.com; Erw./Stud./Senior/Familie/Kind 16/14/38 €/frei; ⊙ 9.30–17.30 Uhr alle 15 Min., Juli & Aug. bis 18.30 Uhr) Bachelor's Walk (Karte S. 100 f.; 33 Bachelor's Walk); Suffolk Street (Karte S. 84 f.; Dublin Tourism Centre, St. Andrew's Church, 2 Suffolk St) Eine Hop-on-hop-off-Tour (90 Min.) zu den wichtigsten Sehenswürdigkeiten.

Dublin by Bike
RADTOUREN

(Karte S. 105; ☎ 01-280 1899; www.dublinbybike.ie; Merrion Sq West; 28 €, Abendtour 15 €; ⊙ 10.30 Uhr, Abendtour 17.30 Uhr) Die dreistündigen Ausflüge sind eine tolle Art, die Stadt zu erkunden. Sie beginnen an der National Gallery und führen zu allen Sehenswürdigkeiten. Teilnehmer bekommen Räder mit eher kleinen Reifen und Helme, außerdem sind die Guides gut drauf und können einem jede Menge über Dublin erzählen. Es gibt auch eine 90-minütige Tour in der Abenddämmerung.

Wild Wicklow Tour
BUSTOUREN

(Karte S. 84 f.; ☎ 01-280 1899; www.discoverdublin.ie; Dublin Tourism Centre, St Andrew's Church, 2 Suffolk St; Erw./Kind 28/25 €; ⊙ 9.10 Uhr) Eine prämierte 8½-stündige Tour, die vor dem

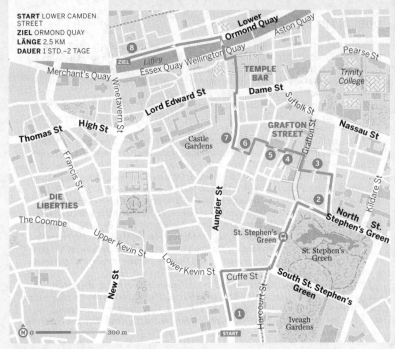

Stadtspaziergang
Kneipentour

START LOWER CAMDEN STREET
ZIEL ORMOND QUAY
LÄNGE 2,5 KM
DAUER 1 STD.–2 TAGE

› Wenn es darum geht, sich vor dem Spaziergehen zu drücken, um stattdessen ins nächste Pub zu ziehen, lassen sich die Einheimischen bisweilen originelle Ausreden einfallen. Bei dieser Tour durch Dublins beste Kneipen ist das gar nicht nötig – und man kann sich nebenher noch ein bisschen gesellschaftlich und kulturell bilden.

Den Anfang macht das fantastische ❶ **Anseo** in der Camden Street, wo sich die trendbewusste Partymeute mit dem gemeinen Volk mischt und jeder zum Rhythmus der DJ-Klänge wippt. In der Stadtmitte geht's dann für eine Stippvisite ins kleinste Pub der Metropole, die vornehme ❷ **Dawson Lounge**. Das nächste Pint wird im wunderbaren ❸ **Kehoe's** in der South Anne Street geleert, das mit einer grandiosen Stimmung aufwartet. Danach steuert man das ❹ **Bruxelles** an, zu erkennen an der Phil-Lynott-Bronzestatue von Thin Lizzy. Dies ist ein toller Treff für Rockfans, auch wenn die Musik nur aus der Anlage kommt. Glücklicherweise hat sich die traditionelle ❺ **Grogan's Castle Lounge** am Castle Market gegen alle Modernisierungsversuche gewehrt, deshalb kann man hier auch weiterhin mit frustrierten Autoren und Künstlern über die Vorzüge unveröffentlichter Werke diskutieren. Ein paar Straßen weiter lockt der heißeste Anwärter auf den Ehrentitel „coolste Bar der Stadt", die ❻ **No Name Bar**. Die schildlose Kneipe befindet sich im Obergeschoss des Gebäudes neben dem Restaurant L'Gueuleton. Über die Unbeständigkeit des Lebens lässt es sich hervorragend in der düsteren viktorianischen ❼ **Long Hall** sinnieren.

Der letzte Absacker wird auf der anderen Seite der Liffey getrunken: Das ❽ **Sin É** am Ormond Quay ist eine nette Kneipe mit toller Musik. Wer alle Stationen ordnungsgemäß abgehakt hat, wird nun vermutlich etwas wackelig auf den Beinen sein …

Dublin Tourism Centre mit einer Stadtrundfahrt beginnt. Danach geht's die Küste entlang südlich nach Avoca Handwearers, Glendalough und zum Sally-Gap-Pass.

1916 Easter Rising Walk   STADTSPAZIERGÄNGE
(Karte S. 84 f.; ☎ 01-676 2493; www.1916rising. com; International Bar, 23 Wicklow St; Erw./Kind 12 €/frei; ⊙ März–Okt. Mo–Sa 11.30, So 13 Uhr) Der empfehlenswerte zweistündige Rundgang von Absolventen des Trinity College startet vor der International Bar und führt zu den Schauplätzen des Osteraufstands.

Dublin Footsteps Walking Tours
STADTSPAZIERGÄNGE
(Karte S. 84 f.; ☎ 01-496 0641; Bewley's Bldg, Grafton St; Erw. 11 €; ⊙ Juni–Sept. Mo, Mi, Fr & Sa 10.30 Uhr) Die zweistündige Tour zeigt einem die georgianische, literarische sowie architektonische Seite Dublins. Sie beginnt vor dem Bewley's in der Grafton Street.

Dublin Literary Pub Crawl
STADTSPAZIERGÄNGE
(Karte S. 80; ☎ 01-670 5602; www.dublinpubcrawl.com; the Duke, 9 Duke St; Erw./Stud. 12/10 €; ⊙ April–Nov. Mo–Sa 19.30, So 12 & 19.30 Uhr, Dez.–März Do–So 19.30 Uhr) Preisgekrönter 2½-stündiger Rundgang mit zwei Schauspielern. Während man durch Kneipen mit literarischem Bezug zieht, wird jede Menge getrunken. Wer sich dieses spaßige Erlebnis nicht entgehen lassen möchte, sollte spätestens um 19 Uhr im Duke Pub sein und sich einen Platz sichern!

Dublin Musical Pub Crawl
STADTSPAZIERGÄNGE
(Karte S. 84 f.; ☎ 01-478 0193; www.discoverdublin.ie; Oliver St. John Gogarty's, 58–59 Fleet St; Erw./Stud. 12/10 €; ⊙ April–Okt. 19.30 Uhr, Nov.–März Do–Sa 19.30 Uhr) In verschiedenen Pubs in Temple Bar wird einem die Geschichte traditioneller irischer Musik und ihr Einfluss auf zeitgenössische Genres nahegebracht. Die Gruppe trifft sich oben bei Oliver St. John Gogartys; Dauer: 2½ Stunden.

James Joyce Walking Tour
STADTSPAZIERGÄNGE
(Karte S. 100 f.; ☎ 01-878 8547; James Joyce Cultural Centre, 35 North Great George's St; Erw./Stud. 10/8 €; ⊙ Di, Do & Sa 14 Uhr) Eine hervorragende 75-minütige Führung zu den James-Joyce-Stätten der Northside, die vor dem James Joyce Cultural Centre beginnt.

Pat Liddy Walking Tours   STADTSPAZIERGÄNGE
(Karte S. 84 f.; ☎ 01-831 1109; www.walkingtours. ie; Dublin Tourism Centre, St. Andrew's Church, 2 Suffolk St; Erw. 6–22 €, Kind 5–20 €) Die prämierten Stadtführungen mit dem bekannten Dubliner Historiker Pat Liddy reichen von der 75-minütigen Dublin Experience bis zum zweistündigen Great Guinness Walk und starten alle vor dem Dublin Tourism Centre. Im Preis ist eine Führung durch das Guinness Storehouse enthalten, für die man nicht anstehen muss. Details zu den Touren findet man auf der Website.

GRATIS Sandeman's New Dublin Tour
STADTSPAZIERGÄNGE
(Karte S. 84 f.; ☎ 01-878 8547; www.newdublintours.com; City Hall; ⊙ 11 Uhr) Tolle dreistündige Stadtspaziergänge zu den größten Attraktionen der Stadt. Wem die kostenlose Tour gefallen hat, sollte ein Trinkgeld geben.

River Liffey Cruises   BOOTSTOUREN
(Karte S. 100 f.; ☎ 01-473 4082; www.liffeyvoyage. ie; Bachelor's Walk; Erw./Stud./Kind 14/12/8 €; ⊙ März–Okt. 9–17.30 Uhr) Wasserratten können die Stadt auch von dem wetterfesten Schiff *Spirit of the Docklands* aus kennenlernen. Hier erfährt man u. a. etwas über die Wikinger und die aktuellen Entwicklungen in den Docklands.

Viking Splash Tours
AMPHIBIENFAHRZEUGTOUREN
(☎ 01-707 6000; www.vikingsplash.ie; Erw./Kind/Fam. ab 20/10/60 €; ⊙ März–Okt. 9–17.30 Uhr, Nov. Di–So 10–16 Uhr, Feb. Mi–So 10–16 Uhr) Patrick St (Karte S. 84 f.; 64–65 Patrick St); St. Stephen's Green (Karte S. 90; North St. Stephen's Green) Wahrscheinlich kommt man sich mit dem Wikinger-Plastikhelm ein bisschen albern vor, aber vielleicht macht die 1¼-stündige Tour mit Ende am Grand Canal Dock ja gerade deshalb so viel Spaß.

Feste & Events

Temple Bar Trad Festival   MUSIKFESTIVAL
(www.templebartrad.com) Das Festival für traditionelle Musik in den Bars und Kneipen von Temple Bar findet am letzten Wochenende im Januar statt.

Jameson Dublin International Film Festival   FILMFEST
(www.dubliniff.com) Auf dem zweiwöchigen Filmfest Mitte Februar werden Filme aus Irland, internationale Arthouse-Streifen und Blockbuster-Previews gezeigt.

St. Patrick's Festival   PARADE
(www.stpatricksfestival.ie) Die Mutter aller Festivals zieht rund um den 17. März etwa 600 000 Besucher an.

Dublin Writers Festival — LITERATURFEST
(www.dublinwritersfestival.com) Anfang Juni wartet das viertägige Literaturfest mit irischen und internationalen Schriftstellern, Lesungen und Gesprächen auf.

Diversions — KULTURFEST
(www.templebar.ie) Kostenlose Straßenkonzerte, Kinovorstellungen und Veranstaltungen für Kinder an allen Wochenenden zwischen Juni und September auf dem Meeting House Square in Temple Bar.

Oxegen — MUSIKFESTIVAL
(www.oxegen.ie) Das gigantische dreitägige Festival mit bekannten Pop-, Rock- und Danceacts findet Mitte Juli am Punchestown Racecourse statt.

Dun Laoghaire Festival of World Cultures — KULTURFEST
(www.festivalofworldcultures.com) Buntes Multikulti-Fest am letzten Wochenende im August mit Konzerten und Theaterstücken.

Dublin Theatre Festival — THEATERFEST
(www.dublintheatrefestival.com) Internationales zweiwöchiges Festival Ende September.

Dublin Fringe Festival — THEATERFESTIVAL
(www.fringefest.com) Comedy und alternatives Theater Ende September bis Anfang Oktober.

Women's Mini-Marathon — MARATHONLAUF
(www.womensminimarathon.ie) Am zweiten Sonntag im Juni nehmen jedes Jahr rund 40 000 Frauen an dem 10-km-Wohltätigkeitsmarathon teil. Damit ist der Lauf der weltweit größte seiner Art.

Taste of Dublin — KULINARISCHES FEST
(www.tastefestivals.ie) Restaurants aus der ganzen Stadt versammeln sich an einem Wochenende Mitte Juni in den Iveagh Gardens, um Kostproben ihrer besten Gerichte anzubieten. Dazu gibt's jede Menge Musik und Unterhaltung.

Liffey Swim — SCHWIMMWETTBEWERB
(833 2434) Ende Juli schwimmen 500 Verrückte 2,5 km von der Rory O'More Bridge bis zum Custom House. Ihr eiserner Wille ist zu bewundern.

Schlafen

Im Sommer ist viel los in Dublin, deshalb kann es zwischen Mai und September schwierig werden, einen Schlafplatz im Zentrum zu ergattern. Mehr für sein Geld bekommt man nördlich der Liffey. In den dortigen Vororten kostet ein gemütliches B&B mit großen Zimmern teilweise nur 50 € pro Person. Eigentümer kleiner mittelmäßiger Gästehäuser in der Nähe von St. Stephen's Green verlangen hingegen unverschämte 100 € für einen schuhkartongroßen Raum. Einige der charakteristischsten Unterkünfte liegen in den grünen Stadtteilen direkt südlich des Zentrums und sind gut mit dem Taxi und öffentlichen Verkehrsmitteln, aber auch zu Fuß erreichbar (wenn man nichts gegen etwas längere Spaziergänge hat).

Für ein gutes Gästehaus oder ein Mittelklassehotel muss man zwischen 80 und 200 € einplanen und für eine Luxusbleibe mindestens 200 €. Ein Bett in einem Hostel kostet zwischen 10 und 34 € (ohne Frühstück, wenn nicht anders angegeben).

Wer übers Internet reserviert (s. Kasten S. 115) oder vor Ort nach einer Ermäßigung fragt, kommt oft günstiger weg, denn inzwischen gibt's mehr Rabatte als je zuvor.

GRAFTON STREET & UMGEBUNG
Zentraler geht's nicht. Auf dem relativ schmalen Streifen südlich der Liffey wimmelt es von Unterkünften jeglicher Couleur. Eines darf man dabei aber nicht vergessen: Je besser die Lage, desto teurer das Hotel.

LP TIPP Number 31 — PENSION €€
(Karte S. 90; 01-676 5011; www.number31.ie; 31 Leeson Close; EZ/DZ/3BZ ab 100/140/240 €; 🛜) Diese elegante Spitzenunterkunft wurde zur eigenen Verwendung vom modernistischen Architekten Sam Stephenson entworfen, der durch den Bau der Central Bank bekannt wurde. Zweifellos handelt es sich um Dublins markantestes Hotel. Die 21 Zimmer liegen auf der anderen Seite des schönen Gartens in extravaganten Stallungen und in dem etwas anmutigeren georgianischen Haus, wo alle Räumlichkeiten individuell mit französischen Antikmöbeln und großen Betten eingerichtet wurden. Im Wintergarten nimmt man das Gourmet-Frühstück zu sich. Kinder unter zehn Jahren sind nicht erwünscht.

Radisson Blu Royal Hotel — HOTEL €€
(Karte S. 84f.; 01-898 2900; www.radissonblu.ie/royalhotel-dublin; Golden Lane; Zi. 160–220 €; P ❋ 🛜) Das beeindruckende Dubliner Vorzeigehotel der renommierten skandinavischen Gruppe dient als hervorragendes Beispiel dafür, wie schön man klare Linien und verhaltene Farben mit Luxus kombinieren kann. Dank der umwerfenden Gemeinschaftsbereiche (z. B. die herausragende

BLOOMSDAY

Es ist der 16. Juni. Ein Haufen Spinner läuft in edwardinischen Anzügen durch die Stadt und gibt in dramatischem Tonfall merkwürdiges Zeug von sich. Doch diese Menschen sind nicht wirklich verrückt. Es handelt sich um Bloomsdayers, die an James Joyces *Ulysses* erinnern. Wer das Buch kennt (was nicht heißt, dass man es auch gelesen haben muss), weiß, dass die Handlung an einem einzigen Tag spielt. Was aber nicht jeder weiß, ist, dass Leopold Blooms Odyssee am 16. Juni 1904 stattfindet. Das war der Tag, an dem Joyce zum ersten Mal mit Nora Barnacle ausging, der Frau, die er sechs Tage zuvor kennengelernt hatte und mit der er den Rest seines Lebens verbringen würde.

Zu Lebzeiten behandelte die irische Gesellschaft Joyce wie einen literarischen Pornografen. Heute dagegen kann das ganze Land, insbesondere Dublin, gar nicht genug von ihm bekommen. Mittlerweile ist der Bloomsday eine überzogene Attraktion für Touristen, die extra wegen des Schriftstellers nach Irland reisen. Trotzdem macht er großen Spaß und ist außerdem eine tolle Grundlage für die Lektüre des zweitschwersten Buchs des 20. Jhs. (das schwerste ist Joyces Meisterwerk nach *Ulysses*, *Finnegan's Wake*).

Normalerweise geht man an diesem Tag Blooms Weg durch die Stadt nach. In den vergangenen Jahren weiteten sich die Festivitäten allerdings auf vier Tage rund um den 16. Juni aus. Am eigentlichen Bloomsday frühstückt man am besten im **James Joyce Cultural Centre** (S. 104), wo „die inneren Organe von Vieh und Geflügel" von feierlichen Lesungen begleitet werden.

Die morgendlichen Führungen zu Joyce-Schauplätzen beginnen meist an der Hauptpost und beim besagten Kulturzentrum. Mittags steht das **Davy Byrne's** (Karte S. 80; Duke St) im Mittelpunkt. In Joyces „moralischem Pub" gönnte sich Bloom bei einem Glas Burgunder und einer Scheibe Gorgonzola ein Päuschen. Nachmittags kann man an Führungen teilnehmen und sich von Straßenkünstlern unterhalten lassen. Lesungen finden z. B. um 16.00 Uhr im **Ormond Quay Hotel** (Karte S. 84 f.; Ormond Quay) und am späten Nachmittag im **Harrisons** (Karte S. 100 f.; Westmoreland St) statt.

Auch vor und nach dem eigentlichen Bloomsday gibt's einen vollen Veranstaltungskalender. Was wann und wo geboten wird, erfährt man im James Joyce Cultural Centre oder kurz vorher im kostenlosen *Dublin Event Guide*.

Bar) und der anspruchsvollen Zimmer mit Flachbildfernsehern ist diese Bleibe die Top-Adresse für Geschäftsreisende und all jene, die eine elegante zeitgenössische Übernachtungsmöglichkeit suchen.

Irish Landmark Trust SELBSTVERSORGER €€
(Karte S. 84 f.; ☏ 01-670 4733; www.irishlandmark.com; 25 Eustace St; Nacht/Woche 300/1800 €) Wer mit einer Gruppe unterwegs ist, sollte sich lieber in diesem fantastischen denkmalgeschützten Haus aus dem 18. Jh. einquartieren statt mehrere Doppelzimmer in einem gewöhnlichen Hotel zu buchen. Das einzigartige, vom Irish Landmark Trust restaurierte Gebäude haben Besucher ganz für sich allein. Doppel- und Dreibettzimmer bieten für maximal sieben Personen Platz. Zur Ausstattung gehören geschmackvolle Antiquitäten, originale Möbel und Extras wie ein Flügel im Salon. Im Preis sind die 7 € pro Tag für Energiekosten enthalten.

Cliff Townhouse PENSION €€
(Karte S. 90; ☏ 01-638 3939; www.theclifftownhouse.com; 22 North St. Stephen's Green; EZ/DZ ab 145/155 €; @ 🛜) Die Schwestereinrichtung des bekannten Cliff House in Ardmore, County Waterford, ist einfach erste Sahne! Das wunderbare georgianische Haus verfügt über zehn toll ausgestattete Zimmer, von denen einige einen Ausblick auf St. Stephens Green bieten. Unten befindet sich Sean Smiths großartiges Restaurant.

Trinity Lodge PENSION €€
(Karte S. 80; ☏ 01-617 0900; www.trinitylodge.com; 12 South Frederick St; EZ/DZ ab 130/170 €; 🛜 🍴) Sobald man die gemütliche prämierte Pension betritt, wird man von einem grinsenden Martin Sheen in Empfang genommen. Natürlich hat der Schauspieler seine Filmkarriere nicht fürs Hotelwesen an den Nagel gehängt, aber der Aufenthalt in dem klassischen georgianischen Haus gefiel ihm so sehr, dass er sich bereitwillig fotografieren

DUBLIN FÜR SCHWULE UND LESBEN

Für Schwule und Lesben ist Dublin kein schlechtes Pflaster. Viele Städter nehmen den Anblick eines Transvestiten oder öffentlich knutschenden, gleichgeschlechtlichen Paares gelassen, allerdings sollte man in den Vororten etwas zurückhaltender sein.

FESTE & EVENTS

International Dublin Gay Theatre Festival (www.gaytheatre.ie) Bei diesem einzigartigen Festival im Mai werden zwei Wochen lang mehr als 30 Produktionen gezeigt.

Mardi Gras (www.dublinpride.org) Eine Woche lang Theater, Performance, Musik, Lesungen und natürlich eine pulsierende farbenfrohe Parade. Normalerweise findet das Spektakel in der letzten Juniwoche statt.

Gaze International Lesbian & Gay Film Festival (www.gaze.ie) Im August zieht dieses internationale Festival im Irish Film Institute jede Menge Leute an.

AUSGEHEN

Dragon (Karte S. 84 f.; 64–65 South Great George's St) Hier feiert vor allem ein junges männliches Publikum mit ziemlich auffälligen Klamotten, das ausgelassen tanzt und ohne Scheu Zärtlichkeiten austauscht.

George (Karte S. 84 f.; 89 South Great George's St) Lange Zeit war die Mutter der Dubliner Schwulenbars der einzige Laden weit und breit für Homosexuelle. Inzwischen gibt's Alternativen, doch das George ist und bleibt die beste Location – und sei es nur um der Tradition willen. Shirleys legendäre Bingo-Nacht am Sonntag erfreut sich nach wie vor größter Beliebtheit.

Front Lounge (Karte S. 84 f.; 33 Parliament St) Das „Flounge" ist eine inoffizielle Schwulenbar, die freundlich und kultiviert daherkommt. Durch ihre eher zurückhaltende Art hebt sie sich von anderen Treffpunkten für Schwule ab und lockt ein sehr gemischtes Publikum an. Hier geht's in erster Linie um einen guten Drink und einen Schwatz mit Freunden, nicht um die sexuelle Orientierung. In der „Back Lounge" im hinteren Teil der Bar tummeln sich vor allem schwule Gäste.

Pantibar (Karte S. 100 f.; www.pantibar.com; 7–8 Capel St) Panti, die Besitzerin dieser Bar, ist eine hervorragende Entertainerin und macht die Nächte in ihrer Kneipe zu einem unvergesslichen Erlebnis. Die Shows auf und vor der Bühne sind einfach fantastisch. Freitags und samstags kann man hier bis spätnachts feiern.

PRAKTISCHE INFORMATIONEN

Gay & Lesbian Garda Liaison Officer (☎01-666 9000) Wer auf der Straße belästigt wird oder in Schwierigkeiten gerät, kann sich hier melden (Opfer sexueller Gewalt wenden sich an die Sexual Assault Unit).

Gay Community News (www.gcn.ie) Ein brauchbares landesweites Magazin mit Nachrichten und Sonderthemen, das monatlich erscheint. Die beiden Hochglanzbeilagen *Q-Life* und *Free!* enthalten Veranstaltungstipps und liegen rund um Temple Bar sowie im Irish Film Institute (S. 133) aus.

Gay Switchboard Dublin (☎01-872 1055; www.gayswitchboard.ie) Ein freundlicher, nützlicher Service auf ehrenamtlicher Basis. Hier bekommt man Infos aller Art von Unterkünften bis zu Rechtsfragen.

Outhouse (☎01-873 4932; www.outhouse.ie; 105 Capel St) In diesem großartigen Infozentrum für Schwule, Lesben und Bisexuelle kann man einfach vorbeischauen und erfahren, was wo los ist, die schwarzen Bretter studieren und neue Leute kennenlernen. Das Outhouse bringt die kostenlosen *Ireland's Pink Pages* heraus, ein Verzeichnis schwuler Dienste, das auch im Internet zu finden ist.

Sexual Assault Unit (☎01-666 6000) Bei der Garda-Station in der Pearse Street (Karte S. 76 f.) kann man anrufen oder selbst vorbeigehen, wenn man Opfer sexueller Gewalt geworden ist.

ließ. Zimmer 2 besitzt ein wunderschönes Erkerfenster.

Grafton House PENSION €€
(Karte S.84f.; 01-679 2041; www.graftonguesthouse.com; 26–27 South Great George's St; EZ/DZ ab 60/100 €; 🛜) Ein etwas abgelegenes Gästehaus im gotischen Stil, das mit Lage, Preis und Einrichtung punktet. Gleich neben der George's Street Arcade bietet die traditionelle freundliche Bleibe B&B-Standards (inklusive einem hervorragenden Frühstück) und ein abgefahrenes Design (man achte auf die psychedelische Tapete). Der Preis ist nahezu unschlagbar, vor allem an Wochentagen in der Nebensaison.

Merrion HOTEL €€€
(Karte S.90; 01-603 0600; www.merrionhotel.com; Upper Merrion St; Zi. ab 455 €; 🅿@🏊) Das prachtvolle Fünf-Sterne-Hotel reiht sich zwischen wunderschön restaurierten georgianischen Gebäuden ein. Am elegantesten ist das alte Haus, das mit der größten privaten Kunstsammlung der Stadt aufwartet. Aufgrund der Lage bei den Regierungsgebäuden trifft man auf den Marmorfluren oft Würdenträger und Prominente. Selbst wer nicht hier übernachtet, sollte zumindest zum Nachmittagstee vorbeischauen (34 €), der in Silbertassen neben einem lodernden Kaminfeuer gereicht und beliebig oft nachgeschenkt wird.

Avalon House HOSTEL €
(Karte S.84f.; 01-475 0001; www.avalon-house.ie; 55 Aungier St; B/EZ/DZ 10/34/54 €; 🛜) Bevor der Massentourismus Einzug hielt, nächtigten die wenigen Abenteurer, die es nach Dublin verschlug, in diesem großen, denkmalgeschützten viktorianischen Bau. Heute ist das Avalon House eines der beliebtesten Hostels der Stadt: Vom Rucksacktouristen bis zur Familie fühlen sich alle in den urgemütlichen Räumlichkeiten pudelwohl. Außerdem bekommt man im Bald Barista einen hervorragenden Cappuccino und kann sich auch noch über das kostenlose WLAN freuen.Der Ansturm ist riesig, also unbedingt rechtzeitig buchen!

Paramount Hotel HOTEL €€
(Karte S.84f.; 01-417 9900; www.paramounthotel.ie; Ecke Parliament St & Essex Gate; EZ/DZ 85/170 €; 🛜) Mit ihren dunklen Holzdielen, tiefroten Chesterfield-Ledersofas und den schweren Samtvorhängen ist die Eingangshalle hinter der viktorianischen Fassade dem Hotelstil der 1930er-Jahre nachempfunden und erinnert an *Die Spur des Fal-*

RESERVIERUNGEN 115

Unterkünfte reserviert man am besten über das Computerbuchungssystem von Dublin Tourism (S.139). Wer es auf eigene Faust versuchen will, kann alternativ die folgenden Internetplattformen mit fairen Preisen nutzen:

All Dublin Hotels (www.irelandhotels.com/hotels/dublin)

Dublin City Centre Hotels (http://dublin.city-centre-hotels.com)

Dublin Hotels (www.dublinhotels.com)

Go Ireland (www.goireland.com)

Hostel Dublin (www.hosteldublin.com)

Weitere Adressen findet man auf S.779 und im Internet unter www.lonelyplanet.com/hotels.

ken. Film-Noir-Feeling kommt in den 70 Zimmern zwar nicht auf, aber dafür sind sie hübsch eingerichtet und sehr komfortabel.

Central Hotel HOTEL €€
(Karte S.84f.; 01-679 7302; www.centralhoteldublin.com; 1–5 Exchequer St; EZ/DZ ab 65/100 €; 🛜) Für die protzige edwardianische Einrichtung sind die Zimmer fast schon zu gemütlich. Darüber hinaus gilt die wunderbare Library Bar im ersten Stock mit ihren Ledersesseln und -sofas als einer der besten Orte der Stadt für einen Nachmittagsdrink. Was die Lage angeht, ist der Name Programm.

Westbury Hotel HOTEL €€€
(Karte S.84f.; 01-679 1122; www.doylecollection.com; Grafton St; EZ/DZ ab 218/245 €; 🅿@🛜) Das Westbury liegt gemütlich in einer kleinen Nebenstraße der Grafton Street. Es richtet sich an reiche Geschäftsleute und Promis, die sich in den eleganten Suiten ein bisschen Ruhe gönnen möchten. Hier kann man vom Jacuzzi aus fernsehen, ehe man es sich im Himmelbett gemütlich macht. Normalsterbliche nehmen mit den Standardzimmern vorlieb, die zwar perfekt eingerichtet sind, aber die mondäne Eleganz der luxuriösen öffentlichen Bereiche vermissen lassen.

Morgan Hotel HOTEL €€
(Karte S.80; 01-679 3939; www.themorgan.com; 10 Fleet St; Zi. ab 90 €; @🛜) Coole Designerzimmer entsprechen zwar nicht gerade dem Temple-Bar-Stil, aber der cremefarbe-

ne Leder-Look sieht überraschend gut dafür aus, dass Bräunungscreme hässliche Flecken in den Polstern hinterlassen kann. Man trifft leider auf viele Tussis mit gegelten Begleitern, doch die Annehmlichkeiten sind erstklassig. Aromatherapie-Behandlungen und Massagen müssen ebenso wie das Frühstück (17 €) extra gezahlt werden.

Westin Dublin — HOTEL €€€
(Karte S. 80; 01-645 1000; www.westin.com; Westmoreland St; EZ/DZ 210/260 €, P@📶) Bevor dieses alte Gebäude zu einem stylishvornehmen Hotel umgestaltet wurde, war hier eine prächtige Filiale der Allied Irish Bank untergebracht. Sämtliche Zimmer trumpfen mit bequemen patentierten Heavenly Beds als eigener Kreation, elegantem Mahagoniholz und weichen Farben auf, darüber hinaus genießt man von vielen Räumen einen Blick auf das Atrium. Der ehemalige Banksaal mit Stuck aus Blattgold an der Decke, in der heute Banketts stattfinden, ist besonders elegant. Das Frühstück schlägt mit 27 € zu Buche.

La Stampa — HOTEL €€
(Karte S. 90; 01-677 4444; www.lastampa.ie; 35 Dawson St; Zi. werktags/Wochenende 120/140 €; @) Ein kleines atmosphärisches Hotel in der angesagten Dawson Street. Die 29 asiatisch anmutenden, weiß gehaltenen Zimmer sind mit Rattanmöbeln und exotischen Samtüberwürfen ausgestattet, außerdem gibt's ein ayurvedisches Spa. Wer sich nach der Behandlung ungestört weiter entspannen will, sollte sich allerdings ein Zimmer unterm Dach fernab der lärmigen SamSara Bar unten geben lassen.

Shelbourne — HOTEL €€€
(Karte S. 90; 01-676 6471; www.theshelbourne.ie; 27 North St. Stephen's Green; Zi. ab 200 €; P@📶) Lange Zeit galt Dublins Kulthotel als beste Adresse der Stadt (hier schliefen sogar die Gestalter der Irischen Verfassung), doch seit es generalüberholt und von der Marriott-Gruppe aufgekauft wurde, gibt's laufend Beschwerden, die Unterkunft entspräche nicht mehr ihren fünf Sternen. Trotzdem wirkt sie noch ziemlich nobel, das gilt insbesondere für die herrliche Lord Mayor's Lounge, in der man nachmittags Tee trinken kann.

Clarence Hotel — HOTEL €€€
(Karte S. 84f.; 01-407 0800; www.theclarence.ie; 6–8 Wellington Quay; Zi. 390–440 €, Suite 780–2800 €; @📶) Dublins coolstes Hotel hat prominente Besitzer: Bono und The Edge von U2. Aus diesem Grund ist es kaum verwunderlich, dass sich hier viele Promis die Klinke in die Hand geben. Doch obwohl die 50 Zimmer stilvoll eingerichtet sind, fehlt ihnen das gewisse Etwas, das man von einem Luxushotel durchaus erwarten darf. Vor der Wirtschaftskrise war von einer kostspieligen Renovierung die Rede, doch nun wurden diese Pläne fürs Erste auf Eis gelegt.

Abigail's Hostel — HOSTEL €
(Karte S. 100f.; 01-677 9300; www.abigailshostel.com; 7–9 Aston Quay; B/DZ ab 9/24 €; 📶) Die Schlafsäle in dem Hostel sind nicht besonders groß, aber modern, sonnig und mit schönen Massivholzmöbeln aus Kiefer ausgestattet. Zudem haben alle ein eigenes Bad.

Barnacles Temple Bar House — HOSTEL €
(Karte S. 84f.; 01-671 6277; www.barnacles.ie; 19 Lower Temple Lane; B/DZ ab 10/30 €; 📶) Mitten in Temple Bar liegt dieses helle, geräumige und blitzsaubere Hostel. Es verfügt über einen gemütlichen Aufenthaltsraum, gut ausgestattete Schlafsäle mit eigenen Bädern sowie Doppelzimmer mit Bädern und Stauraum fürs Gepäck. Die Zimmer zur Rückseite sind ruhiger. Bettzeug und Handtücher werden gestellt und auch das Frühstück ist inklusive.

Kinlay House — HOSTEL €
(Karte S. 84f.; 01-679 6644; www.kinlaydublin.ie; 2–12 Lord Edward St; B/DZ ab 15/30 €; @📶) Heute beherbergt das frühere Jungeninternat ein lebhaftes Hostel mit 24-Betten-Schlafsälen und kleineren Zimmern. Wer wilde Partys mag, wird hier eine Menge Spaß haben. Es gibt einen netten Fernsehraum und kostenloses WLAN im gesamten Gebäude, zudem ist das Frühstück im Preis inbegriffen.

NÖRDLICH DER LIFFEY
Rund um die O'Connell Street locken zwar ein paar ziemlich edle Hotels, interessant ist diese Gegend aber vor allem wegen der vielen B&Bs in der östlich gelegenen Gardiner Street. Doch Vorsicht: Je weiter man in den Norden vordringt, desto zwielichtiger werden die Unterkünfte und die Umgebung. Aus diesem Grund beschränkt sich die Auswahl auf das Südende der Straße unterhalb des Mountjoy Square.

🅻🅿 TIPP Isaacs Hostel — HOSTEL €
(Karte S. 105; 01-855 6215; www.isaacs.ie; 2–5 Frenchman's Lane; B/DZ ab 10/55 €; 📶) Das at-

UNIVERSITÄTSUNTERKÜNFTE

Von Mitte Juni bis Ende September bieten auch die städtischen Universitäten Übernachtungsmöglichkeiten an, die man unbedingt frühzeitig buchen muss.

Trinity College (Karte S. 80; ☎01-896 1177; www.tcd.ie; Accommodations Office, Trinity College; EZ/DZ ab 60/81 €; P @ 🕾) Komfortable Zimmer von ganz schlicht bis zu welchen mit eigenem Bad an einem der schönsten und atmosphärischsten Orte Dublins.

Mercer Court (Karte S. 84 f.; ☎01-478 2179; www.mercercourt.ie; Lower Mercer St; Zi. ab 70 €; @ 🕾) Inhaber des Mercer Court ist das Royal College of Surgeons. Alle Zimmer sind modern und entsprechen den Hotelstandards.

---

mosphärische Hostel liegt in einem 200 Jahre alten Weinkeller und überzeugt mit seinen supergünstigen, sauberen Zimmern. Im Aufenthaltsbereich ist immer was los, außerdem gibt's Grillfeste und Konzerte. Das lockere Personal steht einem rund um die Uhr mit Rat und Tat zur Seite. Hier kann man sich ganz wie zu Hause fühlen.

Morrison Hotel   HOTEL €€€
(Karte S. 100 f.; ☎01-887 2400; www.morrisonhotel.ie; Lower Ormond Quay; Zi. ab 195 €, Suite ab 255 €; @) Ein cooles und anspruchsvolles Hotel, das aber mal eine Generalüberholung braucht. Der leicht orientalische Stil des Modedesigners John Rocha zeigt sich in den modernen Zen-Möbeln und den durchgängigen gedämpften Erdfarben, allerdings können auch die Anschlüsse für iMacs und iPods über erste Abnutzungserscheinungen nicht hinwegtäuschen. Bei Weitem am schönsten sind die Zimmer im neueren Flügel: Die sieben geräumigen Studios haben sogar einen Balkon.

Maldron Hotel Smithfield   HOTEL €€
(Karte S. 76 f.; ☎01-485 0900; www.maldronhotels.com; Smithfield Village; Zi. 140 €; @ 🕾 ♿) Als beste Wahl in diesem Stadtviertel gilt dieses moderne Hotel mit großen Schlafzimmern und vielen Erdtönen, die Wärme ins nüchtern-kühle Design bringen. Dank der bodentiefen Fenster kann man prima das Treiben auf dem Platz beobachten.

Gresham Hotel   HOTEL €€€
(Karte S. 100 f.; ☎01-874 6881; www.gresham-hotels.com; Upper O'Connell St; Zi. ab 200 €, Suite 450–2500 €; @ 🕾) Vor einigen Jahren wurde das Gresham, eines der Wahrzeichen der Stadt und eines der ältesten Hotels Dublins, komplett saniert. Dabei hat es sich von seinem traditionellen Ambiente à la Omas Wohnzimmer verabschiedet. Trotz des helleren, modernen Erscheinens und des offenen Foyers sind betuchte Amerikaner und Seniorengruppen auf Shopping-Tour dem Haus treu geblieben. Die sauberen Zimmer bieten viel Platz, allerdings lässt die Einrichtung etwas zu wünschen übrig.

Anchor Guesthouse   GÄSTEHAUS €
(Karte S. 100 f.; ☎01-878 6913; www.anchorguesthouse.com; 49 Lower Gardiner St; EZ/DZ ab 55/75 €) Die B&Bs in dieser Gegend sind ähnlich ausgestattet: mit Fernseher und Wasserkocher, einer halbwegs funktionierenden Dusche und sauberer Bettwäsche. Beim Anchor kommt aber noch eine Eleganz dazu, die man in den meisten anderen Bleiben in dieser Straße nicht findet. Diese hübsche georgianische Pension mit ihrem köstlichen Frühstück wird von vielen Lesern wärmstens empfohlen – zu Recht.

Globetrotter Tourist Hostel   HOSTEL €
(Karte S. 100 f.; ☎01-878 8088; www.globetrottersdublin.com; 46–48 Lower Gardiner St; B/DZ 20/60 €; 🕾) Das freundliche Hostel hat Schlafsäle mit insgesamt 94 Betten, eigenen Bädern und Platz fürs Gepäck. An der funkigen Einrichtung ist zu erkennen, dass hier der gleiche künstlerische Geist herrscht wie im Townhouse nebenan; auch die Speiseräume ähneln sich. An den seltenen Sonnentagen kann man sich hinten im kleinen Hofgarten aufhalten.

Abbey Court Hostel   HOSTEL €
(Karte S. 100 f.; ☎01-878 0700; www.abbey-court.com; 29 Bachelor's Walk; B/DZ ab 18/79 €; @) In den zwei Gebäuden des Hostels an den Kais der Liffey sind 33 saubere Schlafsäle mit viel Stauraum untergebracht. Die Doppelzimmer mit eigenen Bädern befinden sich im neueren Bau. Dort gibt's auch ein Café, in dem ein kleines Frühstück serviert wird.

Castle Hotel   HOTEL €€
(Karte S. 100 f.; ☎01-874 6949; www.castle-hotel.ie; 3–4 Great Denmark St; Zi. ab 99 €) Das 1809 eröffnete Hotel gehört zu den schönsten

WEIT WEG VON ZUHAUSE UND DOCH DAHEIM

Ferienwohnungen bieten sich vor allem für Freunde oder Familien an, die mehrere Tage bleiben wollen. Das Angebot reicht von Einzimmerapartments bis zu Unterkünften mit zwei Schlafzimmern, Wohnbereich, Küchennische und Bad. Ein empfehlenswertes Zweizimmerapartment in guter Lage kostet 100 bis 150 € pro Nacht. Eine Auswahl:

Premier Suites (Karte S. 76 f.; 01-638 1111; www.premierapartments.com; 14–17 Lower Leeson St) Luxusstudios und -suiten, mit Zimmersafe, Faxgerät, moderner Einrichtung und CD-Player.

Home from Home Apartments (Karte S. 105; 01-678 1100; www.yourhomefromhome.com; The Moorings, Fitzwilliam Quay) Hochwertige Wohnungen mit ein bis drei Schlafzimmern im südlichen Teil der Innenstadt.

Latchfords (Karte S. 76 f.; 01-676 0784; www.latchfords.ie; 99–100 Lower Baggot St) Studio-Apartments und Zweizimmerwohnungen in einem georgianischen Stadthaus.

Oliver St. John Gogarty's Penthouse Apartments (Karte S. 80; 01-671 1822; www.gogartys.ie; 18–21 Anglesea St) Apartments über dem gleichnamigen Pub mit ein bis drei Schlafzimmern und einem tollen Blick auf Temple Bar.

Unterkünften auf dieser Seite der Liffey. Eine prächtige palazzoartige Freitreppe führt zu den rund 50 Zimmern, die ordentlich, aber nicht sehr aufregend sind. Gäste sollten auf die original erhaltenen georgianischen Deckenleisten achten.

Townhouse GÄSTEHAUS €€
(Karte S. 100 f.; 01-878 8808; www.townhouseofdublin.com; 47–48 Lower Gardiner St; EZ/DZ/3BZ ab 60/80/120 €;) Einst wohnte hier der irisch-japanische Schriftsteller Lafcadio Hearn, und vielleicht waren es ja seine Geistergeschichten, die den gotischen Einrichtungsstil beeinflusst haben. Ein klingelnder Kronleuchter und die dunklen, goldumrandeten Wände des Foyers führen zu 82 individuell gestalteten, gemütlichen Zimmern. Ein paar der Räume im neuen Flügel sind größer und verfügen zudem über Balkone mit Blick auf den kleinen japanischen Garten.

DOCKLANDS

Dieses Viertel ist nicht ganz so trubelig wie von den Planern erhofft, was im Klartext bedeutet, dass man der Liffey ein Stück Richtung Westen folgen muss, um etwas zu erleben. Für ihre jeweilige Kategorie sind die Hotels aber alle gut.

Gibson Hotel HOTEL €€
(Karte S. 105; 01-618 5000; www.gibsonhotel.ie; Point Village; Zi. ab 99 €; Grand Canal Dock, 151 ab dem Stadtzentrum;) Alle 250 Zimmer in diesem nagelneuen, gepflegten Hotel sind mit schicken Luxusbetten, Flachbildfernsehern und Internetzugang ausgestattet – ideal für Geschäftsreisende, die in den Docklands zu tun haben, und für Künstler, die nebenan in der O2-Arena auftreten. Das Hotel gehört den Besitzern der Arena, deshalb gibt's tolle Kombiangebote für Veranstaltungen plus Übernachtung.

Maldron Hotel Cardiff Lane HOTEL €€
(Karte S. 105; 01-643 9500; www.maldronhotels.com; Cardiff Lane; Zi./Suite ab 99/179 €;) An der Südseite der Liffey und einen kurzen Fußweg vom Grand Canal Dock liegt eines der besten Mittelklassehotels Dublins. Es hat große, überaus gemütlich Zimmer sowie zwei Restaurants, ein erstklassiges Fitnesscenter mit einer Sauna und den größten (22 m) Hotelpool der Stadt.

Clarion Hotel IFSC HOTEL €€€
(Karte S. 105; 01-433 8800; www.clarionhotelifsc.com; Custom House Quay; Zi. ab 160 €, Suite 395–1000 €;) Dieses schicke Geschäftshotel im Herzen des Irish Financial Services Centre ist in Blau und Braungrau gehalten und besitzt schöne Zimmer mit hellen, zeitgemäßen Eichenmöbeln. Nach einem langen Tag kann man sich hier wunderbar entspannen, z. B. beim Schwimmen im Sanovitae-Wellnesscenter.

JENSEITS DES GRAND CANAL

Mehr für sein Geld bekommt man in den stylishen Unterkünften 3 km südlich vom Zentrum im Stadtteil Ballsbridge. Auch der

Jetset und Botschaftsangehörige steigen gerne in der Gegend ab.

 Pembroke Townhouse
GÄSTEHAUS €€

(Karte S.76f.; 01-660 0277; www.pembroke town house.ie; 90 Pembroke Rd; EZ 90–195 €, DZ 115–290 €; 5, 7, 7A, 8, 18 oder 45 ab dem Stadtzentrum; P) Was passiert, wenn Tradition und Moderne perfekt zu einem Ganzen verschmelzen, demonstriert dieses superluxuriöse Stadthaus. Hier wurde ein klassischer georgianischer Bau in ein erstklassiges Boutique-Hotel verwandelt, bei dem einfach alles stimmt: Das gilt ebenso für die sorgfältig gestalteten Zimmer in einem grandiosen Mix aus traditionellem Stil und zeitgemäßem Design wie für die moderne Kunst an den Wänden und den Fahrstuhl. Ob man sich den Innenarchitekt wohl mal ausleihen kann?

Schoolhouse Hotel
BOUTIQUE-HOTEL €€

(Karte S.76f.; 01-667 5014; www.school househotel.com; 2–8 Northumberland Rd; EZ/DZ ab 99/199 €; 5, 7, 7A, 8, 18, 27X oder 44 ab dem Stadtzentrum; P) Das edle Boutique-Hotel, eine ehemalige viktorianische Schule aus dem Jahr 1861, ist anderen Unterkünften dieser Kategorie deutlich voraus. Die 31 gemütlichen Zimmer wurden nach berühmten Iren benannt und haben Kingsize-Betten, große weiße Bettdecken sowie knallig gemusterte Kopfteile. In der Restaurant-Bar und im Garten wimmelt es im Sommer von Geschäftsleuten aus der Gegend.

Ariel House
GÄSTEHAUS €€

(Karte S.76f.; 01-668 5512; www.ariel-house. net; 52 Lansdowne Rd; EZ/DZ 70/140 €; 5, 7, 7A, 8, 18 oder 45 ab dem Stadzentrum; P) Von der Atmosphäre kann das Ariel House fast jede Bleibe schlagen. Es ist in einem viktorianischen Gebäude untergebracht und irgendwo zwischen Boutique-Hotel und Luxus-B&B anzusiedeln. Die 28 individuell gestalteten Zimmer warten mit antiken Möbeln und eigenen Bädern auf.

Four Seasons
HOTEL €€€

(Karte S.76f.; 01-665 4000; www.foursea sons.com; Simmonscourt Rd; Zi. ab 225 €; 5, 7, 7A, 8, 18 und 45 vom Stadtzentrum; P) Wer die prächtige Lobby dieses riesigen Hotels auf dem Gelände der Royal Dublin Showgrounds betritt, stellt sich wohl unweigerlich vor, wie Alexis Carrington aus dem *Denver-Clan* gerade die Treppe hinabschreitet. Manch einem ist das zu mondän, ein wenig wie Joan Collins selbst, andere lieben jedoch die Kombination aus Marmor, Kronleuchtern und hinreißenden Zimmern. Der Service ist jedenfalls hervorragend und kann es mit allen anderen Hotels in Irland aufnehmen.

Dylan
HOTEL €€€

(Karte S.76f.; 01-660 3001; www.dylan.ie; Eastmoreland Pl; Zi. ab 200 €; 5, 7, 7A, 8, 18, 27X und 44 vom Stadtzentrum;) Im Dylan legen viele Promis einen Zwischenstopp ein. Der überzogene Prunklook des Hauses – Barock trifft schlichte skandinavische Eleganz und im Neojugendstil aufgedonnerten 1940er-Jahre-Art-déco-Schick – war schon immer ein Hit. Vielleicht spiegelt er eine Zeit mit dem Motto „Mehr als genug ist immer noch zu wenig" wider. Hier kann man sich wunderbar vorstellen, wie die bessere Gesellschaft bei einem Cocktail Verträge unterzeichnete, bevor sie sich in die frischen Leinenbetttücher der schick eingerichteten Zimmer im Obergeschoss kuschelte.

Waterloo House
GÄSTEHAUS €€

(Karte S.76f.; 01-660 1888; www.waterloo house.ie; 8–10 Waterloo Rd; EZ/DZ 89/139 €; 5, 7, 7A, 8, 18 oder 45 ab dem Stadtzentrum; P) In einer Nebenstraße der Baggot Street und nur einen Katzensprung von St Stephen's Green entfernt stößt man auf diese vornehme, in zwei mit Efeu überwucherten georgianischen Häusern untergebrachte Bleibe. Die Zimmer sind geschmackvoll im klassisch-georgianischen Stil gestaltet und mit hochwertigen Möbeln, Kabelfernsehen sowie Wasserkochern ausgestattet. Das Frühstück wird im Wintergarten und an sonnigen Tagen auch im Garten serviert.

Essen

Von allen Veränderungen, die der Wohlstand mit sich gebracht hat, war keine so dramatisch, ja geradezu revolutionär, wie die Beziehung der Dubliner zum Essen. Die Tage, als die Nahrungsaufnahme eine unvermeidliche physische Notwendigkeit war, sind vorbei, und so wimmelt es in der Stadt inzwischen von selbsternannten Gourmets.

Selbst in guten Zeiten ist es alles andere als einfach, im Restaurantgewerbe erfolgreich zu sein, doch seit dem Crash ist das Risiko noch größer. Etliche der bekanntesten Lokale haben geschlossen und viele andere stehen vor einer unsicheren Zukunft. Ein paar der in diesem Kapitel aufgeführten Läden gibt's deshalb vielleicht schon gar nicht mehr, wenn man dieses Buch in den Händen hält, obwohl wir uns Mühe gegeben haben, die Restaurants mit den besten Überlebenschancen auszuwählen.

Traveller können sich dagegen über gute Nachrichten freuen, denn die Gastronomen haben die Ärmel hochgekrempelt und neue Speisekarten entwickelt, die zur knapperen Kasse ihrer Gäste passen. Darüber hinaus bieten sie eine Menge verlockende Specials zu bezahlbaren Preisen an, um immer wieder mit etwas Neuem aufwarten zu können.

In Temple Bar gibt's die meisten Restaurants, wobei den paar guten zahlreiche einfallslose Touristenlokale gegenüberstehen. In der Grafton Street sind das Essen und der Service oft bedeutend besser. Richtig teure Läden findet man auf dem Merrion Square und dem Fitzwilliam Square. Die Northside wird von Fast-Food-Ketten beherrscht, obwohl sich selbst dort endlich ein paar sehr nette Cafés und Lokale angesiedelt haben. Mit neuen exotischen Restaurants, die den wachsenden Multikulti-Faktor des Viertels widerspiegeln, punktet besonders die Gegend rund um die Parnell Street.

An Freitag- und Samstagabenden ist vor allem in den zentral gelegenen Gaststätten viel los, deshalb sollte man unbedingt vorher reservieren.

GRAFTON STREET & UMGEBUNG

Im südlichen Stadtzentrum reihen sich Dublins beste Restaurants aneinander. Hier kann man jeden Tag woanders und immer gut essen gehen.

Green Nineteen   IRISCH €€
(Karte S. 90; 01-478 9626; 19 Lower Camden St; Hauptgerichte 10–12 €; Mo-Sa 10–23, So 12–18 Uhr) Wie dieses schicke Restaurant beweist, muss gutes Essen nicht teuer sein. Das Green Nineteen hat sich auf Biogerichte spezialisiert; alle Zutaten stammen aus der Gegend. Es gibt Lammkoteletts, Corned Beef, Hähnchenschmorbraten und die allgegenwärtigen Burger, aber auch Salate und vegetarische Speisen. Wir lieben diesen Laden! Weil es vielen anderen genauso geht, sollte man im Voraus buchen!

Coppinger Row   MEDITERRAN
(Karte S. 84f.; www.coppingerrown.com; Coppinger Row; Hauptgerichte 12–17 €; 12–22 Uhr;) Die Jungs vom South William gleich um die Ecke haben eine genaue Vorstellung davon, was cool ist, und sie auf ihr neues Lokal übertragen. Auf der Karte stehen leckere mediterrane Köstlichkeiten, die als Hauptgericht oder Barhappen serviert werden. Wir empfehlen den Perlhuhnbraten und besonders die Fleischklöße mit Linguine.

Silk Road Café   ORIENTALISCH €€
(Karte S. 84 f.; Chester Beatty Library, Dublin Castle; Hauptgerichte ca. 11 €; Mo–Fr 11–16 Uhr) In Museumscafés läuft einem nur selten das Wasser im Munde zusammen, aber der Laden im Erdgeschoss der fantastischen Chester Beatty Library ist die rühmliche Ausnahme. Auf der zu rund zwei Dritteln vegetarischen Karte findet man exotische Köstlichkeiten aus der orientalischen, nordafrikanischen und mediterranen Küche. Zu den Spezialitäten des Hauses, darunter Moussaka und Spinatlasagne, gesellen sich Tagesgerichte wie *djaj mehshi* (gefülltes Hühnchen mit Gewürzen, Reis, getrockneten Früchten, Mandeln und Pinienkernen, serviert mit Okraschoten und griechischem Joghurt). Zum Nachtisch gibt's libanesische Baklava und Kokosnuss-Kataifi oder die saftigsten Datteln diesseits von Tyros. Alle Gerichte sind halal, also nach islamischem Glauben erlaubt, und koscher.

Town Bar & Grill   FRANZÖSISCH €€€
(Karte S. 90; 01-662 4724; 21 Kildare St; Hauptgerichte 22–29 €; Mo-Sa 12–23, So bis 22 Uhr) 2010 wäre eines unserer Lieblingsrestaurants in Dublin um ein Haar wegen Kreditsorgen geschlossen worden, wurde jedoch von einem der gutbetuchten und einflussreichen Stammkunden gerettet. Ein Glück – sonst könnte nämlich niemand mehr die leckeren Gerichte von Lammleber bis zu Kaninchenschmorbraten und mit süßer Paprika gefülltes Lamm genießen.

Dunne & Crescenzi   ITALIENISCH €€
(Karte S. 90; 14–16 South Frederick St; Hauptgerichte 9–20 €; Mo & Di 9–19, Mi–Sa bis 22 Uhr) Der hervorragende Italiener erfreut seine Stammgäste mit einfachen, rustikalen Genüssen wie dem Tagesmenü aus Panini, Pasta und köstlichen Antipasti. Die Weinregale sind voll, der Kaffee einfach perfekt und die Desserts sündhaft gut.

Bottega Toffoli   ITALIENISCH €€
(Karte S. 84 f.; 34 Castle St; Sandwichs & Salate 9–12 €; Di & Mi 8–16, Do & Fr 8–21, Sa 11–20, So 13–20 Uhr) Nach dem grandiosen italienischen Café muss man schon gezielt suchen, sonst übersieht man es. Hat man es dann endlich gefunden, sollte man sich eines der köstlichen Sandwiches gönnen. Die hausgemachten *piadina*-Brote sind mit Schinken, Kirschtomaten und Rucola belegt und werden mit importiertem Olivenöl besprenkelt.

Green Hen FRANZÖSISCH €€
(Karte S. 84 f.; 33 Exchequer St; Hauptgerichte 11–15 €; Mo-Fr Mittag- & Abendessen, Sa & So Brunch & Abendessen) Hier hat man sich offenbar ein paar New Yorker Varianten französischer Brasserien genauer angeschaut, denn das Green Hen sieht aus wie eines der gut besuchten Lokale im angesagten Soho. Eleganz und gute Preise führen eine friedliche Koexistenz, wer also kein Geld für teure Köstlichkeiten wie Austern oder ein göttliches Hereford-Rindersteak hat, kann auch das Tagesgericht (plat du jour) oder ein anderes Angebot bestellen. Auch die Cocktails sind spitze.

Honest to Goodness CAFÉ €
(Karte S. 84 f.; George's St Arcade; Hauptgerichte 6,95 €; Mo-Sa 9–18, So 12–16 Uhr) Gesunde Sandwiches (mit frisch gebackenem Brot), leckere Suppen und ein legendärer Sloppy Joe – alle Zutaten stammen aus der Umgebung – haben diesem schönen Lokal in der George's Street Arcade eine loyale Anhängerschaft beschert, die am liebsten alles für sich behielte. Einen so guten Laden kann man jedoch nicht lange geheim halten.

Restaurant Patrick Guilbaud FRANZÖSISCH €€€
(Karte S. 90; 01-676 4192; www.restaurantpatrickguilbaud.ie; 21 Upper Merrion St; feste 2-/3-Gänge-Mittagsmenüs 38/50 €, Hauptgerichte abends 38–56 €; Di-Sa 12.30-14.30 & 19.30-22.30 Uhr) Kaum jemand würde bestreiten, dass dieses Restaurant zu den besten in ganz Irland zählt, auch die gestrengen Damen und Herren von Michelin nicht, die Guilbaud für seine Kochkünste zwei Sterne verliehen haben. Die Gründe dafür sind offenkundig: Der Service ist etwas steif, aber nett, und das Ambiente elegant, ohne ungemütlich zu sein. Darüber hinaus überzeugen die fabelhafte Weinkarte und die französischen Gerichte von Chefkoch Guillaume Lebrun, die kreativ und gleichzeitig schnörkellos sowie hervorragend zubereitet sind. Das Mittagsmenü ist in dieser Preisklasse ein absolutes Schnäppchen.

L'Ecrivain FRANZÖSISCH €€€
(Karte S. 76 f.; 01-661 1919; www.lecrivain.com; 109A Lower Baggot St; 3-Gänge-Mittagsmenüs 25/35/45 €, Abendmenü 65 €, Hauptgerichte 40–47 €; So & Sa mittags geschl.) Zwar muss das L'Ecrivain mit nur einem lumpigen Michelin-Stern auskommen, dennoch ist es der erklärte Favorit vieler Feinschmecker in Dublin. Chefkoch Derry Clarke wird für die erlesene Schlichtheit seiner Kreationen verehrt, für die er mit französischer Raffinesse feinste lokale Zutaten zu wahrhaft göttlichen Gaumenfreuden verarbeitet. Das Essen erhält stets eine französische Note und verwandelt sich in etwas wahrhaft Paradiesisches.

L'Gueuleton FRANZÖSISCH €€
(Karte S. 84 f.; 1 Fade St; Hauptgerichte 12–25 €; Mo-Sa 12–15 & 18-23.30 Uhr) Die Einheimischen brechen sich regelmäßig die Zunge beim Versuch, den Namen dieses Restaurants (bedeutet grob übersetzt „das große Fressen") auszusprechen. Noch schwieriger ist es, einen Tisch zu ergattern, da keine Reservierungen angenommen werden. Trotzdem bekommen die Leute nicht genug von der französischen Landküche, für die sich alle Unannehmlichkeiten lohnen. Das Steak schmeckt sensationell und die Toulouser Würstchen mit Sauerkraut und Lyoner Kartoffeln beweisen einmal mehr, dass sich die Franzosen in der Küche wirklich auskennen.

Pichet FRANZÖSISCH €€
(Karte S. 84 f.; 01-677 1060; www.pichet-restaurant.com; 14–15 Trinity St; Hauptgerichte 16–26 €; Mittag- & Abendessen) Hier würde man nicht unbedingt ein schickes, neues Restaurant vermuten, aber das war kein Hinderungsgrund für Nick Munier, der in der englischen TV-Serie *Hell's Kitchen* bekannt geworden ist, und Stephen Gibson, der früher im L'Ecrivain gearbeitet hat. Sie brachten ihre eigene Version moderner französischer Küche in diesen lang gezogenen Speiseraum mit blauen Ledersesseln und vielen Fenstern. Und das Ergebnis kann sich sehen lassen: Das Essen ist vorzüglich und der Service tadellos. Im hinteren Bereich befinden sich die besten Plätze.

Lemon FAST FOOD €
(Pfannkuchen ab 4,25 €; Mo-Sa 9–19, So 10–18 Uhr) South William St (Karte S. 80; 66 South William St); Dawson St (Karte S. 80; 61 Dawson St) In Dublins erstem und bestem Pfannkuchenhaus arbeiten nette Leute, die laute Musik und leckere Crêpes mögen: hauchdünn, süß oder pikant und variantenreich belegt, gefüllt oder bestreut. Nicht weit weg, in der Dawson Street, gibt's eine zweite Filiale.

Jaipur INDISCH €€
(Karte S. 84 f.; www.jaipur.ie; 41 South Great George's St; Hauptgerichte 19–23 €; 12–22 Uhr) Restaurantkritiker schwärmen von den viel-

fältigen und raffinierten Gerichten, die in der Küche dieses stilvollen, modern eingerichteten Lokals entstehen. Der umsichtige Einsatz der Gewürze garantiert ein Geschmackserlebnis, das man ansonsten wahrscheinlich nur in Indien selbst genießen kann.

Pepperpot CAFÉ €
(Karte S.84f.; www.thepepperpot.ie; Powerscourt Townhouse; Hauptgerichte 5–8 €; ⏱Mo–Mi & Fr 10–18, Do 10–20, Sa 9–18, So 12–18 Uhr) In dem hübschen Café auf dem Balkon in der ersten Etage des Powerscourt Townhouse wird täglich frisch gebacken. Wir empfehlen vor allem die Salate mit hauseigenem Schwarzbrot und die unschlagbar leckere Tagessuppe (4,50 €).

Simon's Place CAFÉ €
(Karte S.84f.; George's St Arcade, South Great George's St; Hauptgerichte ab 4 €; ⏱Mo–Sa 9–17.30 Uhr) Simon hat sein Angebot an Sandwiches und gesunden vegetarischen Suppen nie wirklich geändert, seit er sein Café vor 20 Jahren öffnete. Warum auch? Er selbst ist ebenso eine Legende wie seine Gerichte. Hier kann man wunderbar Kaffee trinken und das Treiben in der altmodischen Arkade beobachten.

Yamamori JAPANISCH €€
(Karte S.84f.; ☎01-475 5001; 71 South Great George's St; Hauptgerichte 16–25 €, Mittagsbentō 9,95 €; ⏱12.30–23 Uhr) Ein hippes und günstiges Lokal für Fisch- und Fleischfans, aber auch für Vegetarier, das zudem mit seinem quirligen Service und der temperamentvollen Küche überzeugt. Von Sushi und Sashimi bis zu Nudelgerichten bekommt man alles, was die japanische Küche so hergibt. Gruppen werden sich hier sehr wohlfühlen, allerdings muss man für einen Tisch am Wochenende rechtzeitig reservieren. Das Mittags-*bentō* ist ein absolutes Schnäppchen. Nördlich der Liffey gibt's eine weitere Filiale (S.126).

Listons SANDWICHSHOP €
(Karte S.90; www.listonsfoodstore.ie; 25 Camden St; Mittagessen 5–12 €; ⏱Mo–Do 8.30–19.30, Fr 8.30–18.30, Sa 10–18 Uhr) Die lange Warteschlange zur Mittagszeit beweist, dass sich das Listons Dublins bester Imbiss nennen kann. Hat man die lecker belegten Sandwiches, gegrillte vegetarische Quiche, Rosmarin-Kartoffel-Küchlein oder die sagenhaften Salate einmal probiert, kommt man immer wieder hierher. Das einzige Problem an dem Laden ist die riesige Auswahl. Bei schönem Wetter verspeist man das leckere Essen am besten in den ruhigen Iveagh Gardens um die Ecke.

Shanahan's on the Green STEAKHAUS €€€
(Karte S.90; ☎01-407 0939; www.shanahans.ie; 119 West St. Stephen's Green; Hauptgerichte 36–52 €; ⏱Mo–Do & Sa & So ab 18, Fr ab 12 Uhr) Dieses elegante Restaurant, in dem J. R. Ewing und seine Kumpane sicher gerne Geschäfte gemacht hätten, ist nicht gerade ein typisch amerikanisches Steakhaus. Über drei Etagen erstrecken sich vier elegante Speisebereiche mit schön gedeckten Tischen, die Menschen aller Couleur anziehen. Auf der Karte stehen zwar auch Meeresfrüchte, doch in erster Linie dreht sich alles ums Fleisch: Hier gibt's die besten Stücke des unglaublich saftigen und zarten irischen Angusrinds und Berge von Zwiebelringen. Zudem gehören die Sommeliers zu den besten ihres Fachs und der Service ist tadellos.

Gourmet Burger Kitchen BURGER €€
(www.gbkinfo.com; Burger 9–13 €) South William St (Karte S.84f.; 14 South William St; ⏱So–Mi 12–22, Do–Sa 12–23 Uhr); South Anne St (Karte S.84f.; 5 South Anne St; ⏱So–Mi 12–22, Do–Sa 12–23 Uhr); Temple Bar (Karte S.84f.; Unit 1, Temple Bar Sq; ⏱Mo–Sa 12–23, So 12–22 Uhr) Burger feiern ihr Comeback und schmecken nirgendwo besser als in den drei Dubliner Filialen dieses Restaurants. Neben der einfachen Variante (Rindfleischburger mit Käse) locken abenteuerlichere Kreationen wie der Kiwiburger mit Rindfleisch, roter Beete, Ei, Ananas, Käse, Salat und Gewürzen und vegetarische Optionen.

Odessa MEDITERRAN €€
(Karte S.84f.; ☎01-670 7634; 13 Dame Ct; Hauptgerichte 13–26 €; Mi-So Mittag- & Abendessen; 🍴) Das wunderbare Odessa zieht mit seiner Lounge-Atmosphäre, gemütlichen Sofas und Stehlampen im Retro-Look schon lange ein hippes Publikum an. Auf der Karte des Lokals stehen Burger, Steaks und täglich wechselnde Fischgerichte. Nach ein paar Runden Backgammon und zwei oder drei der berühmten Cocktails hat es bereits so manch einer nicht mehr aus dem Sofa geschafft. Achtung: Der Wochenend-Brunch erfreut sich größter Beliebtheit, deshalb sollte man vorab reservieren.

Shebeen Chic IRISCH €€
(Karte S.84f.; 5 South Great George's St; Hauptgerichte 10–15 €; ⏱So–Mi 12–22, Do–Sa bis 23 Uhr) Verrückte Kronleuchter, schiefe Bilder und nicht zusammenpassende Stühle und Ti-

BAUERN- & BIOMÄRKTE

Dublin Food Co-op (Karte S. 76 f.; www.dublinfoodcoop.com; 12 Newmarket; ⊙ Do 14–20, Sa 9.30–16.30 Uhr) Auf dem lebendigen Markt bekommt man u. a. Gemüse, Käse und Weine aus biologischem Anbau. Außerdem gibt's eine Bäckerei und sogar eine Wickelstation.

Coppinger Row Market (Karte S. 84 f.; Coppinger Row; ⊙ Do 9–19 Uhr) Die wenigen Stände dieses wunderbaren Markts sind mit biologischen Lebensmitteln gefüllt, und der Duft von frisch gebackenem Brot, leckerem Hummus sowie anderen Köstlichkeiten lockt jede Menge Kunden an.

Harcourt Street Food Market (Karte S. 90; www.irishfarmersmarkets.ie; Park Pl, Station Bldgs., Upper Hatch St; ⊙ Do 10–16 Uhr) Hier gibt's Gerichte aus aller Welt mit Biogemüse, -käse, -oliven und -fleisch.

Temple Bar Farmers Market (Karte S. 84 f.; Meeting House Sq; ⊙ Sa 9–16.30 Uhr) Dieser tolle kleine Markt lädt zu einem herrlichen Samstagvormittag ein. Er punktet mit Gourmethäppchen aus biologischem Anbau, die von regionalen Herstellern stammen. Von Sülze bis hin zu Wildblumen könnte man eine komplette Speisekammer mit den dargebotenen Köstlichkeiten füllen.

Mehr Infos zu Bauern- und Biomärkten findet man unter www.irishfarmersmarkets.ie, www.irishvillagemarkets.com und den Websites von Kreisverwaltungen wie www.dlrcoco.ie/markets.

---

sche geben in diesem gewollt heruntergekommenen Restaurant den Ton an. Shebeen Chic bedeutet auf Irisch „illegale Kneipe". Die Speisekarte sieht aus, als hätte Tom Waits sie geschrieben: „Kartoffelkugel mit Brokkoli, Pilzen und altem Cheddar" und „Lauch, Knolle und vielleicht auch Matsch" stehen stellvertretend für die „irische Küche mit Pfiff". Im Untergeschoss befindet sich eine Bar, die auch aus der Prohibitionszeit stammen könnte.

Larder FUSIONSKÜCHE €€
(Karte S. 84 f.; 8 Parliament St; Hauptgerichte 6–10 €; ⊙ 8–18 Uhr) In diesem einladenden Café-Restaurant kommen Biofreunde auf ihre Kosten. Ob reichhaltiges Porridge-Frühstück, Gourmet-Sandwiches mit Serrano-Schinken, Gruyère-Käse oder Rucola sowie Suki-Teespezialitäten (unbedingt die Sorte Gunpowder Green Tea probieren): Die Betreiber stehen hinter den Zutaten und nennen sogar die einzelnen Hersteller.

Avoca CAFÉ €€
(Karte S. 80; www.avoca.ie; 11–13 Suffolk St; Hauptgerichte 11–14 €) In dem Café über einem der besten Läden für Designer-Kunsthandwerk (S. 136) arbeiten viele hübsch anzusehende Kellner – aus gutem Grund: Das Avoca ist nämlich schon lange der bevorzugte Mittagstreff reicher Hausfrauen, denen ihre teuren Taschen anscheinend zu schwer geworden sind. Und in dem Fall gibt's nichts Besseres als die rustikalen Leckerbissen wie Shepherd's Pie aus Biozutaten, Lammbraten mit Couscous oder einen üppigen Salat. Im Untergeschoss befinden sich eine Salatbar für Gerichte zum Mitnehmen und eine Theke mit warmen Speisen.

Thornton's FRANZÖSISCH €€€
(Karte S. 90; ☏ 01-478 7000; www.thorntonsrestaurant.com; 128 St. Stephen's Green; unter der Woche 2-/3-gängige Mittagsmenüs 25/49 €, Abendessen Degustationsmenü 79–125 €; ⊙ Di–Sa 12.30–14 & 19–22 Uhr) Als Kevin Thornton einen von seinen zwei Michelin-Sternen abgeben musste, zuckte er nur mit den Schultern und ließ sein megahippes Restaurant im ersten Stock des Fitzwilliam Hotel neu einrichten. Sein Essen – eine köstliche irische Interpretation der neuen französischen Küche – ist so gut wie immer und reicht von saftigen Meeresfrüchten bis zu Wildgerichten wie gebratener Waldschnepfe. Der Meisterkoch kommt übrigens gern mal an den Tisch, beantwortet Fragen und erklärt seine Kreationen. Außerdem bietet er ganztägige Meisterkurse (200 €) für seine Kochkunst an.

Marco Pierre White Steakhouse & Grill
STEAKHAUS €€€
(Karte S. 80; www.marcopierrewhite.ie; 51 Dawson St; Hauptgerichte 26–35 €; ⊙ 12–23 Uhr) Marco Pierre White, ein echter Bad Boy (er

brachte einst Gordon Ramsay zum Weinen) und Starkoch, lieh dem lässigen und zugleich gehobenen Steakhaus seinen Namen und entwarf die Speisekarte. Die Gerichte (Steaks, Fisch) sind schlicht aufgemacht, aber sehr lecker.

Cake Café   CAFÉ €
(Karte S. 90; Pleasant Pl; Hauptgerichte 2–8 €; 10–18 Uhr;) Dublins bestgehüteter Geheimtipp für Kuchen und Törtchen befindet sich in einer unauffälligen Seitenstraße der Lower Camden Street. Man muss den Daintree-Schreibwarenladen durchqueren und durch den Hinterausgang (61 Camden Street) den in sich geschlossenen Hof betreten. Bei schönem Wetter ist dies der beste Ort für Kaffee und Kuchen.

Queen of Tarts   CAFÉ €
(Karte S. 84f.; Snacks ab 4 €) Cork Hill (4 Cork Hill; Mo-Fr 7.30–18 Uhr); Cow's Lane (Karte S. 84f.; 3–4 Cow's Lane; 7.30–18 Uhr) Die Königin der Konditoreien überzeugt mit köstlichen Törtchen, gefüllten Focaccias, Obst-Streuselkuchen und ausgezeichnetem Gebäck. Sie ist so beliebt, dass um die Ecke an der Cow's Lane eine noch größere Filiale eröffnet wurde, und eine tolle Anlaufstelle fürs Frühstück oder Mittagessen.

Wagamama   JAPANISCH €€
(Karte S. 84f.; South King St; Hauptgerichte 11–18 €; 11–23 Uhr) Besonders anheimelnd wirkt diese beliebte Filiale der japanischen Kette eigentlich nicht: Die Kunden werden im Eiltempo abgefertigt und essen ihr Reis- oder Nudelgericht an Tischen, die auch in einer Kantine stehen könnten. Doch das Essen schmeckt einfach großartig, und dafür, dass in diesen Keller keinerlei Tageslicht dringt, ist er erstaunlich hell und luftig.

Saba   ASIATISCHE FUSIONSKÜCHE €€
(Karte S. 84f.; 01-679 2000; www.sabadublin.com; 26–28 Clarendon St; Hauptgerichte 12–23 €; Mittag- & Abendessen) Bisher hat das thailändisch-vietnamesische Restaurant seinem Namen („Fröhlicher Treffpunkt") alle Ehre gemacht. Der beliebte Laden ist jeden Abend gerappelt voll mit Leuten, die in coolem Designerambiente südostasiatische Spezialitäten futtern. Wir fanden die Karte und das Dekor zwar nicht außergewöhnlich, haben uns aber wohlgefühlt.

Cliff Townhouse   IRISCH €€€
(Karte S. 90; 01-638 3939; www.bentleysdublin.com; 22 North St. Stephen's Green; Hauptgerichte 19–35 €; Mo-Sa 12–14.30 & 18–23 Uhr, So 12–16 & 18–22 Uhr) Auf Sean Smiths Karte, die durch den Michelin-Stern des Schwesterrestaurants in Ardmore (S. 206) ermutigt wurde, stehen irische Köstlichkeiten wie Pastete mit Fisch aus Warrenpoint, Schweinefilet aus Biozucht, Wildlende und Fish 'n' Chips.

Brasserie Sixty6   FUSIONSKÜCHE €€
(Karte S. 84f.; www.brasseriesixty6.com; 66 South Great George's St; Hauptgerichte 12–20 €; Mo-Sa 8–23.30, So ab 11 Uhr) Die Spezialität dieser Brasserie im New Yorker Stil sind Grillhähnchen in vier Varianten. Außerdem gibt's Leckereien wie Lammhüfte und ausgezeichnete Leber. Zu besonderen Anlässen wird sogar ein ganzes Spanferkel kredenzt, allerdings nur ab acht Personen und bei Bestellung eine Woche vorher.

Eden   FUSIONSKÜCHE €€€
(Karte S. 84f.; 01-670 5372; www.edenrestaurant.ie; Meeting House Sq; Hauptgerichte 15–28 €; Mo-Fr 12–14.30 & 18–22.30, Sa 12–15 & 18–23 Uhr;) Sein minimalistisches Design und die hervorragende moderne europäische Küche haben dem Eden in den letzten Jahren eine Menge Beifall eingebracht. Zur Auswahl steht eine breite Palette verschiedenster Gerichte wie geschmorte Lammhüfte mit marokkanischen Gewürzen, Biorindfleisch oder Guinness Stew. Am besten sichert man sich einen der begehrten Plätze auf der Terrasse im Erdgeschoss und bruncht ausgiebig. Der Speisesaal ist dagegen weniger empfehlenswert, weil es dort bisweilen ganz schön warm werden kann.

Zaytoon   ORIENTALISCH €
(Kebab-Mahlzeit 11 €; 12–4 Uhr) Temple Bar (Karte S. 84f.; 14–15 Parliament St); Camden St (Karte S. 90; 44–55 Upper Camden St) Wer nachts noch etwas Herzhaftes braucht, um den Alkohol aufzusaugen, ist in diesem Lokal richtig. Viel mehr als Kebab darf man allerdings nicht erwarten.

Fallon & Byrne   FEINKOSTLADEN & BRASSERIE €€
(Karte S. 84f.; Exchequer St; Feinkostladen Hauptgerichte 6–9 €, Brasserie Hauptgerichte 18–27 €; Feinkostladen Mo-Sa 9–20, So 11–18 Uhr, Brasserie Mo-Mi 12–16.30 & 18.30–22.30, Do-Sa bis 23.30, So 11–16 Uhr) Diese Markthalle mit Weinkeller und Restaurant ist Dublins Antwort auf den beliebten exklusiven New Yorker Lebensmittelladen Dean & Deluca. An den vorzüglichen Delikatessenständen bilden sich meist lange Warteschlangen, allerdings bietet die schicke Brasserie oben nicht ganz so ein kulinarisches Erlebnis,

wie man es nach dem ersten Eindruck erwarten würde. Weine und Knabbereien bekommt man in der gut bestückten Höhle im Untergeschoss, wo man einen gemütlichen Abend verbringen kann.

Good World   CHINESISCH €€
(Karte S. 84 f.; 18 South Great George's St; Dim Sum 4 €, Hauptgerichte 11–18 €; ◷12.30–2.30 Uhr) Sieger im Wettrennen um das beste Chinarestaurant der Stadt ist eindeutig das Good World. Die einfallslose westliche Speisekarte lässt man am besten gleich links liegen und konzentriert sich stattdessen auf die zweisprachige chinesische Karte. Sie listet eine Köstlichkeit nach der anderen auf und lockt die Leute immer wieder aufs Neue in den Laden.

Market Bar   TAPAS €€
(Karte S. 84 f.; Fade St; Hauptgerichte 8,50–14 €; ◷12–23 Uhr) Heute ist die ehemalige Wurstfabrik eine angesagte Bar, die mit Tapas und anderen spanischen Leckereien aufwartet. Es gibt große und kleine Portionen, sodass man mehrere Gerichte probieren kann, ohne danach zu platzen.

Juice   VEGETARISCH €€
(Karte S. 84 f.; 73 South Great George's St; Hauptgerichte 11–16 €; ◷Mo–Do 12–22, Fr & Sa 12–23, So 10–22 Uhr) Macht euch mal locker, Leute, es geht doch nur ums Essen! Würde das Personal dieses trendigen, selbstbewussten vegetarischen Restaurants von seinem hohen Ross herunterkommen und zwischendurch auch mal lächeln, könnten man die sagenhaften Pfannengerichte, Suppen, Wraps, Sojadesserts, Bioweine sowie die köstlichen frischen Fruchtsäfte und Smoothies viel besser genießen. Heißt es nicht, Yoga sei *entspannend*?

DIE LIBERTIES & KILMAINHAM
Dieser Stadtteil wird noch immer von Fast-Food-Ketten und öltriefenden Imbissen beherrscht. Ein Restaurant sticht jedoch aus diesem fettigen Desaster heraus und ist praktisch schon jetzt eine Legende.

Leo Burdock's   FISH & CHIPS €
(Karte S. 84 f.; 2 Werburgh St; Fish & Chips 8,50 €; ◷Mo–Sa 12–24, So 16–24 Uhr) Wer nicht wenigstens einmal bei klirrender Kälte vor dem berühmtesten Imbiss der Stadt auf seine in Zeitungspapier eingewickelte Portion Fish 'n' Chips warten musste, kann nicht behaupten, in Dublin gegessen zu haben, so heißt es jedenfalls. Natürlich ist das Blödsinn, aber irgendwie hat es tatsächlich was, mit der Tüte auf dem Bürgersteig zu sitzen und zu versuchen, die Pommes frites zu vertilgen, solange sie noch heiß sind. Dabei werden Erinnerungen an das alte Dublin wach – und weil man dort nicht bleiben muss, ist die Reise in die Vergangenheit sogar ganz reizvoll.

NÖRDLICH DER LIFFEY
Abgesehen von einigen feinen Restaurants, darunter auch ein ganz besonderes, besticht die Nordseite der Stadt durch ihre gute ethnische Küche. Vor allem in der Parnell und der Capel Street gibt's unglaublich viele chinesische, koreanische und afrikanische Lokale. Die guten Läden erkennt man an ihrer Beliebtheit bei den jeweiligen Einwanderern.

LP TIPP Chapter One   MODERNE IRISCHE KÜCHE €€€
(Karte S. 100 f.; ☎01-873 2266; www.chapteronerestaurant.com; 18 North Parnell Sq; Hauptgerichte 32–72 €; ◷Di–Fr 12.30–14, Di–Sa 18–23 Uhr) Dieses ehrwürdige alte Restaurant zählt zu den besten Lokalen in ganz Dublin. Es hat sich der modernen irischen Küche verschrieben und für die hervorragende Umsetzung einen der begehrten Michelin-Sterne ergattert. Die Gerichte auf der regelmäßig wechselnden Karte sind vom Feinsten, der Service ist erstklassig und das Ambiente angenehm zurückhaltend. Wer hier speisen möchte, muss lange vorher reservieren. Zwischen 18 und 19.40 Uhr gibt's das dreigängige Pre-Theatre-Special (37,50 €).

Winding Stair   MODERNE IRISCHE KÜCHE €€€
(Karte S. 100 f.; ☎01-873 7320; 40 Lower Ormond Quay; Hauptgerichte 21–27 €; ◷Di–Sa 12–16 & 18–22, So 13–22 Uhr) Früher war in diesem wunderschönen georgianischen Haus die beliebteste Buchhandlung der Stadt untergebracht. Das Erdgeschoss wird noch immer als solche genutzt, aber die obere Etage beherbergt nun ein gediegenes Restaurant, das mit einer tollen Kombination aus irischen Spezialitäten (sahnige Fischpasteten, Schinken und Biokohl, gedünstete Muscheln und irischer Bauernkäse) und hervorragenden Weinen Gäste anlockt.

Taste of Emilia   ITALIENISCH €
(Karte S. 100 f.; 28 Lower Liffey St; Hauptgerichte 4–10 €; ◷Mo–Mi & Fr & Sa 7.30–19, Do bis 21.30 Uhr) Halb Bar, halb Feinkostladen mit einer warmen, lebendigen Atmosphäre. Zum Angebot gehören geräuchertes Fleisch und Käse aus ganz Italien, wobei ein Großteil der Produkte aus der Emilia-Romagna,

dem „Herz" der italienischen Küche, stammt. Die Sandwiches bestehen aus hausgemachtem *piadina*- oder *tigelle*-Brot und können mit einem leichten Schaumwein aus dem Norden hinuntergespült werden. Waschechte Italiener lieben das Lokal – kein Wunder!

Yamamori Sushi JAPANISCH €€
(Karte S.100f.; www.yamamorinoodles.ie; 38–39 Lower Ormond Quay; Sushi 3–3,50 €, Hauptgerichte 16–35 €; So-Mittag- & Abendessen, Do-Sa Abendessen) Im Norden war Yamamori Sushi auf Anhieb ein Hit, was kein Wunder ist, da die Filiale südlich der Liffey bereits seit Jahren ihre Gäste begeistert. Die Speisekarten der beiden Läden sind nahezu identisch, allerdings liegt dieses neuere Restaurant direkt am Fluss und ist ein bisschen luftiger sowie geräumiger. Besonders großer Beliebtheit erfreuen sich die *bentō*-Boxen (vor allem mittags), aber für uns macht Nami Moriawase (25 €) das Rennen.

Enoteca delle Langhe ITALIENISCH €
(Karte S.100f.; Bloom's Lane; Hauptgerichte 8–10 €; Mittag- & Abendessen) Im sogenannten Italian Quarter, wie die Gegend zwischen Ormond Quay und Grand Strand Street genannt wird, besitzt der Bauunternehmer, Italienliebhaber und kürzlich gewählte Parlamentsabgeordnete Mick Wallace drei Lokale, die einfache Pastas, Antipasti und Käse servieren und eine ausgezeichnete Auswahl an Weinen aus Piemont auf Lager haben.

Bar Italia ITALIENISCH €€
(Karte S.100f.; 28 Lower Ormond Quay; Hauptgerichte 9–15 €; Mo-Sa 10.30–23, So 13–21 Uhr) Zu den Spezialitäten dieses etablierten und authentischen italienischen Restaurants gehören ständig wechselnde Pastagerichte, hausgemachte Risottos und exzellenter Palombini-Kaffee.

Kim Chi/Hop House ASIATISCH €€
(Karte S.100f.; www.hophouse.ie; 160 Parnell St; Büffet 8–13 €; So mittags geschl.) Das gut besuchte Restaurant an einer der kulturell buntesten Straßen der Stadt besteht aus einem koreanischen und einem irischen Teil. Das Essen ist überwiegend koreanisch und wird in *kimchi* (eingelegtes Gemüse, eine wichtige Zutat in der koreanischen Küche) serviert. Außerdem gibt's das japanische *bentō*. Im gegenüberliegenden Hop House, der koreanischen Version einer irischen Bar, kann man nach dem Essen ein lokales oder importiertes Bier bestellen.

Soup Dragon SUPPENBAR €
(Karte S.100f.; 168 Capel St; Suppen 5–10 €; Mo-Fr 8–17.30, So 11–17 Uhr) Gäste des Soup Dragon kommen in den Genuss von zwölf leckeren hausgemachten Suppen in drei Portionsgrößen sowie von Shepherd's Pie und pikanten Gemüse-Gumbos. Frisches Brot und ein Stück Obst sind im Preis inbegriffen und man kann das Ganze auf Wunsch auch zum Mitnehmen bestellen. Frühstück bekommt man hier zu jeder Tageszeit. Dazu gehören z. B. frische Smoothies, pochiertes Ei im Bagel und eine große Schüssel Joghurt mit Obst und Müsli.

Melody CHINESISCH €€
(Karte S.100f.; 01-878 8988; 122 Capel St; Büfett 10–18 €, Karaoke-Zimmer 25–60 €; 17.30–24 Uhr) Viel roter Lack, schwarzer Marmor, ein paar Aquarien und der größte Fernseher, den wir je gesehen haben, sind ein klarer Beweis dafür, dass sich dieses Restaurant den Bedürfnissen der beachtlichen chinesischen Gemeinde der Stadt angepasst hat. Doch auch den Iren gefällt es: Sie kommen vornehmlich mit zahlreichen Freunden und laben sich an dem recht gewöhnlichen chinesischen Essen. Treppab führen verschiedene „Tunnel" zu den Karaokezimmern, dem wahren Grund für die immense Beliebtheit des Melody.

Cobalt Café & Gallery CAFÉ €
(Karte S.100f.; 01-873 0313; 16 North Great George's St; Hauptgerichte 6–10 €; Mo-Fr 10–16.30 Uhr) Dieses wunderbar elegante Café mit einem hellen georgianischen Salon gegenüber dem James Joyce Cultural Centre wartet mit einfachen, aber leckeren Gerichten auf. Im Winter werden herzhafte Suppen am lodernden Kaminfeuer serviert und an wärmeren Tagen kann man im Garten frische Sandwiches verspeisen.

DOCKLANDS
Die Wirtschaftskrise hat der Eröffnung einiger Restaurants in den Docklands einen Strich durch die Rechnung gemacht, trotzdem gibt's ein paar ausgezeichnete Lokale.

Ely CHQ Bar & Brasserie FUSIONSKÜCHE €€
(Karte S.105; www.elywinebar.ie; Custom House Quay; Hauptgerichte 15–24 €; Mo-Fr 12–15 & 18–22, Sa 13–16 & 18–22 Uhr) Umwerfend leckere, hausgemachte Burger, *bangers and mash* (Bratwurst und Kartoffelbrei) und Salat mit geräuchertem Wildlachs sind nur ein paar Leckereien, auf die man sich in diesem umgebauten Tabaklagerhaus im Herzen des International Financial Services

VEGETARISCHE KÖSTLICHKEITEN

Blazing Salads (Karte S. 84 f.; 42 Drury St; Hauptgerichte 4-9 €; Mo-Sa 10-18, Do bis 20 Uhr) Dieser leckere vegetarische Feinkostladen hat Biobrote (oft für besondere Diäten geeignet), Salate, Smoothies und Pizzastücke im Angebot – alles auch zum Mitnehmen.

Fresh (Karte S. 84 f.; oberstes Stockwerk, Powerscourt Townhouse Shopping Centre, 59 South William St; kleine Gerichte 6-12 €; Mo-Sa 9.30-18, So 10-17 Uhr) Auf der Karte dieses alteingesessenen vegetarischen Restaurants stehen Salate und sättigende Tagesgerichte. Viele sind milch- und glutenfrei, ohne dabei an Geschmack zu verlieren. Zu der Ofenkartoffel mit Biokäse (5,50 €) werden zwei Salate gereicht (sehr sättigend).

Cornucopia (Karte S. 80; 19 Wicklow St; Hauptgerichte ab 6 €; Mo-Mi & Fr-Sa 9-19, Do bis 21 Uhr) Mit seiner gesunden Küche ist das Cornucopia ein beliebter Zufluchtsort für alle, die den irischen Cholesterinbomben entgehen wollen. Es gibt sogar ein warmes vegetarisches Frühstück, falls man mal keine Lust auf Müsli haben sollte.

Govinda's (www.govindas.ie; Hauptgerichte 7-11 €) Aungier St (Karte S. 84 f.; 4 Aungier St; Mo-Sa 12-21 Uhr); Merrion Row (Karte S. 90; 18 Merrion Row; Mo-Sa 9-21 Uhr); Middle Abbey St (Karte S. 100 f.; 83 Middle Abbey St; Mo-Sa 12-21, So bis 19 Uhr) Ein authentisches Bohnen-und-Hülsenfrüchte-Lokal, geführt von Hare Krishna. Die günstigen, gesunden Salatvariationen und indisch angehauchten pikanten Tagesgerichte machen satt und schmecken lecker. Auf der anderen Seite des Flusses befindet sich eine weitere Filiale.

Centre (IFSC) freuen darf. Das Essen besteht ausschließlich aus Bioprodukten vom familieneigenen Bauernbetrieb im County Clare und ist von erstklassiger Qualität. Darüber hinaus stehen auf der Getränkekarte mehr als 70 verschiedene Weine. Auf der anderen Seite des Flusses am Grand Canal Square gibt's eine weitere Filiale, das **Ely HQ** (Karte S. 105; Hanover Quay; Mo-So Mittag- & Abendessen).

Herbstreet FUSIONSKÜCHE €€
(Karte S. 105; www.herbstreet.ie; Hanover Quay; Hauptgerichte 13-19 €; Mo-Fr Mittag- & Abendessen, Sa nur Abendessen) Sämtliche Handtrockner laufen mit Schwachstrom, 1-Watt-LED-Birnen sorgen für schummeriges Licht, die Stühle stammen aus den 1950er-Jahren und die Weine sind ausschließlich aus Europa: In diesem Restaurant nimmt man die Verantwortung gegenüber der Umwelt sehr ernst und sorgt dafür, dass die CO_2-Bilanz so gering wie möglich ausfällt. Der Fisch wird in der Gegend gefangen und die Zutaten aller anderen Gerichte – köstliche Sandwiches, Burger und Salate – kommen ebenfalls weitestgehend aus der Nähe.

Quay 16 FUSIONSKÜCHE €€€
(Karte S. 105; 01-817 8760; www.mvcillairne.com; MV Cill Airne, North Wall Quay; Bargerichte 12-16 €; Hauptgerichte 19,50-32 €; Mo-Fr 12-15, Mo-Sa 18-22 Uhr) 1961 wurde die MV *Cill Airne* als Passagierlinienschiff in Betrieb genommen, liegt aber mittlerweile dauerhaft an den Nordkais und dient dort als Bar, Bistro sowie edles Restaurant. Die Gerichte wie Seeteufel auf Safranrisotto und Rinderfilet sind überraschend gut, zudem können sich auch die Weine sehen lassen.

JENSEITS DES GRAND CANAL

Selbstverständlich gibt's auch in den arroganten südlichen Stadtteilen gute Restaurants: Hier können die Reichen ihre Kragen nach oben klappen und nach einem harten Arbeitstag entspannen. Wer in Ranelagh oder Ballsbridge unterwegs ist, findet mit Sicherheit ein passendes Lokal.

Juniors ITALIENISCH €€
(Karte S. 76 f.; 01-664 3648; www.juniors.ie; 2 Bath Ave, Sandymount; Hauptgerichte 15-24 €; Mittag- & Abendessen) Oft wird das beengte Juniors vorschnell als altes Café abgetan, dabei ist dieser von zwei Brüdern geführte Laden alles andere als gewöhnlich. Sein Design imitiert bewusst ein New Yorker Deli, das italienisch beeinflusste Essen mit ausschließlich lokal hergestellten Zutaten schmeckt einfach köstlich, die Atmosphäre ist stets lebhaft und das Ethos vorbildlich. Wegen der großen Beliebtheit des Ladens bekommt man allerdings nur schwer einen Tisch.

Paulie's Pizza
ITALIENISCH €€

(Karte S. 76 f.; www.juniors.ie; 58 Upper Grand Canal St; Pizzas 12–16 €; ⊙Mo abends & Sa & So mittags geschl.) Im Juli 2010 haben sich die beiden Brüder, denen auch das Juniors gleich um die Ecke gehört, einen traditionellen neapolitanischen Pizzaofen angeschafft, um die Dubliner mit der dünnkrustigen Leckerei aus ihrer Geburtsstadt bekannt zu machen. Die neapolitanischen Spezialitäten sind ein wahrer Genuss, es gibt aber auch ein paar lokale Kreationen.

Expresso Bar
KONTINENTALEUROPÄISCH €€

(Karte S. 76 f.; ☎01-660 0585; 1 St Mary's Rd, Ballsbridge; Hauptgerichte 9–17 €; ⊙Mo-Fr 7.30-21.15, Sa 9–21.15 & So 10–17 Uhr) Die Bar gegenüber dem Dylan Hotel macht mit ihrem Sonntagsbrunch ein Bombengeschäft. Hier stehen die Chancen gut, die eine oder andere irische Berühmtheit zu treffen. Wir empfehlen die Eier Benedikt.

🍷 Ausgehen

Egal was passiert, Dubliner sagen nie „Nein" zu einem Drink. Schließt man sich ihnen nicht an, riskiert man, als Langweiler und Spaßverderber abgestempelt zu werden, sollte sich davon aber keinesfalls unter Druck setzen lassen.

Für viele Traveller steht die Erkundung der legendären Kneipen und Bars ganz oben auf der Liste. Wer zum ersten Mal in der Metropole ist, wird sich wahrscheinlich wegen der tragenden Rolle wundern, die Pubs im Sozialleben eines jeden Dubliners spielen. Sie dienen als Treffpunkt für Freunde und Fremde, in denen man ein wenig verweilt, sich die Zeit vertreibt, diskutiert oder einfach nur nachdenkt. Hier zeigen sich die Dubliner von ihrer freundlichen und ausgelassenen Seite – aber leider auch von ihrer betrunkenen und aggressiven.

Dublin wartet mit Lokalitäten für jeden Geschmack und jedes Gemüt auf, wobei die urtypischen Pubs mit schirmbemützten und kluge Reden schwingenden Rentnern leider eine Seltenheit geworden sind. Mittlerweile ist die Stadt überschwemmt von Designerbars und Themenlokalen, die es in gleicher Form auch in jeder anderen Stadt gibt. Doch nicht verzweifeln: Es kommt bei einem guten Pub nicht auf sein altes Gebälk an (wobei natürlich auch das seinen Charme hat), sondern auf die Gäste an.

Die berühmten *last orders* werden montags bis donnerstags um 23.30 Uhr, freitags und samstags um 0.30 Uhr und sonntags um 23 Uhr entgegengenommen – nun bleiben Besuchern noch genau 30 Minuten zum Austrinken. Viele Pubs im Zentrum haben jedoch eine Sonderlizenz, die es ihnen erlaubt, bis 1.30 bzw. 2.30 Uhr auszuschenken.

Informationen zu Bars für Schwule und Lesben siehe Kasten S. 114.

GRAFTON STREET & UMGEBUNG

LP TIPP Stag's Head
PUB

(Karte S. 84 f.; 1 Dame Ct) 1770 errichtet, 1895 umgebaut und seitdem zum Glück nicht ein bisschen verändert: Das prächtige Stag's Head ist so malerisch, dass es oft als Filmkulisse genutzt wird und es sogar bis zum Briefmarkenmotiv geschafft hat. Einige der Handwerker, die an dem Pub arbeiteten, waren wahrscheinlich auch bei den Kirchen in der Gegend beschäftig, die Ähnlichkeiten beim gebeizten Holz und dem polierten Messing sind also kein Zufall.

Anseo
BAR

(Karte S. 90; 28 Lower Camden St) Unprätentiös, ungekünstelt und überaus beliebt – so präsentiert sich diese alternative Bar. Sie zieht vor allem Leute an, die nach dem Motto „Sich zu sehr zu bemühen ist viel schlimmer als überhaupt nicht" leben. Hier wird Coolness wie ein leichtes Kleidungsstück getragen. Super Musik und nette Gespräche.

Kehoe's
PUB

(Karte S. 90 f.; 9 South Anne St) In diesem zentral gelegenen Pub herrscht meistens eine grandios gute Stimmung, deshalb ist es bei einem breiten Publikum beliebt. Es gibt eine bezaubernde viktorianische Bar, ein wunderschönes Nebenzimmer sowie zahlreiche andere kleine Ecken und Winkel. Die Getränke werden oben im ehemaligen Wohnzimmer des Gastwirts serviert, das immer noch so aussieht, als würde es als solches genutzt.

Whelan's
BAR

(Karte S. 90; www.whelanslive.com; 25 Wexford St) Eine der beliebtesten Musikbars, in der Rock, Folk und moderne Klänge zu hören sind. Das Whelan's sieht aus wie ein traditionelles Pub und lockt vor allem junge Gäste an, die hier einen feucht-fröhlichen Abend erleben möchten.

Long Hall
PUB

(Karte S. 84 f.; 51 South Great George's St) Dank ihrer absolut verführerischen viktorianischen Pracht zählt die Long Hall zu den schönsten und beliebtesten Kneipen der Stadt. Die verzierten Schnitzereien hinter der Bar und die eleganten Kronleuchter sind besonders beeindruckend. Außerdem verstehen die Barkeeper ihr Handwerk, was in der Stadt inzwischen leider keine Selbstverständlichkeit mehr ist.

Dawson Lounge — PUB
(Karte S. 90; 25 Dawson St) Wer Dublins kleinste Bar sehen möchte, muss sich erst durch einen kleinen Durchgang quetschen und dann über eine ziemlich schmale Treppe nach unten kraxeln. In den beiden winzigen Räumen scheinen immer ein paar Betrunkene zu sitzen, die aussehen, als würden sie sich vor irgendetwas verstecken. Psst: Von Zeit zu Zeit kreuzt hier der sonnenbebrillte Sänger einer gewissen berühmten irischen Band auf.

No Name Bar — BAR
(Karte S. 84f.; 3 Fade St) Durch einen unscheinbaren Eingang neben dem L'Gueuleton gelangt man in eine der schönsten Bars Dublins. Sie besteht aus drei riesigen Zimmern in einem restaurierten viktorianischen Stadthaus sowie einer großen beheizten Terrasse für Raucher. Der Name kommt daher, dass sie keinen Namen hat.

John Mulligan's — PUB
(Karte S. 100f.; 8 Poolbeg St) Über die Jahre hat sich das John Mulligan's östlich von Temple Bar kaum verändert. Es glänzte als Stammkneipe in dem Film *Mein linker Fuß* und wird mit Vorliebe von Journalisten benachbarter Zeitungsverlage besucht. 1782 gegründet, genoss das Mulligan's lange den Ruf, das beste Guinness Dublins sowie die bunteste Mischung an Gästen zu haben.

South William — DJ BAR
(Karte S. 84f.; South William St) Zwar ist das South William mit seiner Glasfassade und dem angeschlossenen Club nicht mehr ganz so beliebt wie bei der Eröffnung vor ein paar Jahren, trotzdem gilt es nicht zuletzt wegen der erstklassigen Musik und der tollen DJs nach wie vor als eine der hippsten Bars in Dublin.

Grogan's Castle Lounge — PUB
(Karte S. 84f.; 15 South William St) Seit Langem ist das Grogan's die Lieblingskneipe der Dubliner Maler und Schriftsteller sowie anderer Künstler aus der alternativen Szene. Merkwürdig nur, dass die Getränke in der Bar mit Steinboden etwas billiger sind als in der Lounge, die mit Teppichboden ausgelegt wurde – und das, obwohl beide Räume von der gleichen Theke aus bedient werden!

Hogan's — BAR
(Karte S. 84f.; 35 South Great George's St) Das Hogan's erstreckt sich über zwei Etagen und erfreut sich vor allem bei jungen Berufstätigen großer Beliebtheit. Am Wochenende platzt der Laden wegen der besonders langen Öffnungszeiten meistens aus allen Nähten.

Bernard Shaw — BAR
(Karte S. 76f.; www.bodytonicmusic.com; 11–12 South Richmond St) Vor ein paar Jahren wurde die altmodische Bar von der Produktionsfirma Bodytonic übernommen und in eine der hippsten Locations der Stadt umgestylt. Jeden Abend legen DJs querbeet alles von Dub Raggae bis Ambient Electronica auf.

Market Bar — BAR
(Karte S. 84f.; Fade St) Dieser angesagte Laden gehört den gleichen Jungs wie das Globe um die Ecke. Schon komisch, dass die wunderschöne viktorianische Halle früher einmal tatsächlich eine Wurstfabrik war.

James Toner's — PUB
(Karte S. 90; 139 Lower Baggot St) Mit seinem Steinboden wirkt das Toner's wie ein Dorfpub mitten im Zentrum. Die Regale und Schubladen erinnern daran, dass in dem Raum einstmals ein Lebensmittelgeschäft untergebracht war. Nicht, dass die anzugtragenden Gäste hier jemals eingekauft hätten ...

Hartigan's — PUB
(Karte S. 90; 100 Lower Leeson St) Tagsüber zieht das wohl spartanischste Pub der Stadt zahlreiche Stammkunden an, die das ruhige, schnörkellose Ambiente schätzen und sich langsam volllaufen lassen. Abends trifft man in dem Laden vor allem Medizinstudenten des University College Dublin.

O'Donoghue's — PUB
(Karte S. 90; 15 Merrion Row) In Dublins berühmtester traditioneller Musikbar begann in den 1960er-Jahren die Karriere der populären Folkband The Dubliners. An Sommerabenden bevölkert ein junges, internationales Publikum den Hof neben der Kneipe.

Porterhouse — BAR
(Karte S. 84f.; 16–18 Parliament St) Dublins erste Privatbrauerei ist unser Favorit in Temple Bar sowie der Renner bei Einwanderern und Travellern. Das Porterhouse verkauft

ausschließlich sein eigenes Gebräu. Ob hell oder dunkel, wirklich alle Sorten schmecken hervorragend.

Bruxelles PUB
(Karte S. 84 f.; 7-8 Harry St) Die Rockkonzerte, die hier einmal pro Woche stattfinden, sind wohl der einzige Hinweis darauf, dass dieser trendige Laden mal ein Heavy-Metal-Schuppen war.

International Bar PUB
(Karte S. 84 f.; 23 Wicklow St) Fast jeden Abend kommen Gäste in den Genuss von Jazz- und Bluekonzerten.

Oliver St. John Gogarty's PUB
(Karte S. 80; 58-59 Fleet St) In dem geschäftigen Pub in Temple Bar wird jeden Abend traditionelle Livemusik geboten. Das Publikum besteht hauptsächlich aus Touristen.

NÖRDLICH DER LIFFEY

Sin É BAR
(Karte S. 84 f.; 14-15 Upper Ormond Quay) Diese exzellente Bar am Kaiufer beweist, dass es in einem Pub vor allem auf die Stimmung ankommt, was u. a. an den sensationellen DJs liegt. Der Laden ist fast immer voll mit einer netten Mischung aus Studenten, Berufstätigen, Szeneleuten und Normalos.

Cobblestone PUB
(Karte S. 76 f.; North King St) Ein Pub am Hauptplatz in Smithfield, auf dem früher ein Markt abgehalten wurde. Die gemütliche Kneipe im ersten Stock verströmt eine tolle Atmosphäre. Abends locken Konzerte mit traditionellen bzw. neuen Folkbands und Singer-Songwritern.

The Grand Social BAR
(Karte S. 100 f.; www.thegrandsocial.ie; 35 Lower Liffey St) In dieser neuen Mehrzweck-Location kann man Clubnächte, Comedians und Livemusik erleben. Unten befindet sich das Parlour (eine gemütliche kleine Bar), in der Mitte der Ballroom (wo getanzt wird) und oben das Loft (für unterschiedliche Events).

Dice Bar BAR
(Karte S. 76 f.; 79 Queen St) Mit Huey von der Band Fun Lovin' Criminals hat die Bar einen prominenten Mitbesitzer. Sie sieht aus, als wäre sie direkt von New Yorks Lower East Side hierherversetzt worden und verfügt über eine gewagte Mischung aus schwarz-rot gestrichener Einrichtung, tröpfelnden Kerzen sowie dicht gedrängten Sitzen. Meistens legen die DJs Rockmusik auf.

Hughes' Bar PUB
(Karte S. 76 f.; 19 Chancery St) Mittags treffen sich zahlreiche Anwälte in der Kneipe direkt hinter den Four Courts. Hier finden sich oft Gäste zu spontanen Konzerten zusammen, die sogar noch andauern, wenn die Türen des Pubs bereits längst geschlossen sind.

Flowing Tide PUB
(Karte S. 100 f.; 9 Lower Abbey St) Das atmosphärische alte Pub liegt direkt gegenüber dem Abbey Theatre. Neben den Einheimischen, die für eine lebendige Stimmung sorgen, kommen viele Theaterbesucher: Fällt um etwa 23 Uhr der letzte Vorhang, platzt der Laden meist aus allen Nähten. Ein hervorragender Ort für einen Drink und einen netten Plausch.

Palace Bar PUB
(Karte S. 80; 21 Fleet St) Die beliebte Palace Bar mit ihren vielen Spiegeln und Holznischen wird häufig als perfektes Beispiel für eine alte Dubliner Kneipe genannt. Sie befindet sich in Temple Bar und dient als Treffpunkt für Journalisten der *Irish Times*.

Sackville Lounge PUB
(Karte S. 100 f.; Sackville Pl) Die holzvertäfelte Ein-Raum-Bar aus dem 19. Jh. versteckt sich in einer kleinen Seitenstraße der O'Connell Street, was vielleicht auch erklärt, warum sie von so vielen Schauspielern und Theaterbesuchern besucht wird. Aber eigentlich kommen auch alle anderen gerne her, die ein Pint in einem herrlich altmodischen Pub trinken möchten.

☆ Unterhaltung

Von historischen Filmen bis zu Hunderennen – bei Dublins reichhaltigem Unterhaltungsangebot dürfte für fast jeden Geschmack was dabei sein. Infos zu Veranstaltungen stehen im *Dublin Event Guide* (www.dublineventguide.com), einem zweimonatlich erscheinenden Gratisheft, das in vielen Bars, Cafés und Hostels ausliegt, oder in der vierzehntägigen Musikzeitschrift *Hot Press* (www.hotpress.com). *Ticket* ist eine Beilage in der Freitagsausgabe der *Irish Times* mit umfassendem Veranstaltungskalender und Adressen. Die Version des *Irish Independent* heißt *Day & Night* und erscheint ebenfalls freitags.

Rock & Pop

Dublins ist mittlerweile ein beliebter Tourstopp von Musikern aller Art, die anscheinend auf die hemmungslose Art stehen, mit der irische Fans ihre Lieblingskünstler feiern. Es gibt Veranstaltungsorte aller Größen; Karten bekommt man entweder direkt dort oder bei HMV (Karte S.84f.; 01-679 5334; 65 Grafton St) und Ticketmaster (0818 719 300, 01-456 9569; www.ticketmaster.ie). Letztere verlangen bei Kreditkartenzahlungen allerdings zwischen 9 und 12,5 % Bearbeitungsgebühr pro *Karte* (nicht pro Buchung).

Workman's Club LIVEMUSIK
(Karte S.84f.; 01-670 6692; www.theworkmansclub.com; 10 Wellington Quay) Heute dient der ehemalige Dublin Workingmen's Club als Konzertsaal für 300 Personen sowie als Bar. Die Betreiber legen großen Wert darauf, sich vom Mainstream abzusetzen, und locken deshalb mit einer beeindruckenden Vielfalt an Veranstaltungen, die von Singer-Songwriter-Auftritten bis zu elektronischem Kabarett reicht.

Button Factory NACHTCLUB
(Karte S.84f.; 01-670 9202; www.buttonfactory.ie; Curved St) Ein großartiger Laden mit hervorragendem Sound-System, einer Bar und einer großen Hauptbühne, auf der interessante Künstler auftreten.

Vicar Street LIVEMUSIK
(Karte S.76f.; 01-454 5533; www.vicarstreet.com; 58–59 Thomas St) Unweit der Christ Church Cathedral befindet sich eine Location für kleinere Auftritte. Zwischen den Sitzgruppen mit Tischservice und einem ans Theater erinnernden Balkon, haben etwa 1000 Besucher Platz. Das Programm wird hauptsächlich von Folk- und Jazzkünstlern bestritten.

O2 LIVEMUSIK
(Karte S.105; 01-819 8888; www.theo2.ie; East Link Bridge, North Wall Quay) In Dublins führende Veranstaltungshalle passen etwa 10 000 Leute. Wer in dieser Arena auf der Bühne steht, gehört zur ersten Liga. U. a. haben hier schon Rihanna, Bryan Adams und die Schauspieler von *Glee* das Publikum verzaubert.

Whelan's LIVEMUSIK
(Karte S.90; 01-478 0766; www.whelanslive.com; 25 Wexford St) Der fast legendäre Status dieses Schuppens als Heimat sensibler Sän-

DUBLIN IM SONG

Dublin ist eine der musikalischsten Städte Europas, da überrascht es nicht, dass es einige gute Lieder über ihre guten und schlechten Seiten gibt. Aus diesem Grund haben wir eine Playlist mit den besten Songs zusammengestellt:

» **Running to Stand Still** (U2) Ein bewegendes Porträt der Heroinepidemie. Die „seven towers" in dem Song beziehen sich auf einen berüchtigten, inzwischen abgerissenen Wohnungskomplex im nördlichen Vorort Ballymun.

» **Old Town** (Philip Lynott) Wer wissen will, wie Dublin gegen Ende der 1980er-Jahre aussah, sollte sich auf YouTube das Video zu diesem tollen Stück ansehen.

» **Summer in Dublin** (Bagatelle) Der nostalgische, zum Mitsingen einladende Popsong war der größte Hit der Band und ist das Lieblingslied der Stadt über sich selbst.

» **City of Screams** (Paranoid Visions) Ein Song voller Wut. Die führende Dubliner Punkband der 1980er-Jahre besingt das Dublin zu dieser Zeit.

» **Phil Lynott** (Jape) Fängt das Wesen der heutigen Stadt ein, ohne auch nur einen Ort direkt zu benennen.

Die berühmteste Folkband der Stadt, The Dubliners, haben etliche Lieder über die Hauptstadt gesungen. Hier unsere Favoriten:

» **Auld Triangle** In dem bewegenden Song, dessen Titel aus Brendan Behans Stück *The Quare Fellow* stammt, geht's um das Mountjoy Prison.

» **Raglan Road** Luke Kelly verlieh Patrick Kavanaghs Gedicht Töne, Leben und eine tiefe Bedeutung.

» **Rocky Road to Dublin** Traditioneller Song aus dem 19. Jh. über eine schwierige Reise nach Dublin.

» **Take Her up to Monto** Das charmante traditionelle Liedchen handelt von einem Mädchen, das in das einst berüchtigte Rotlichtviertel mitgenommen wird.

ger und als ein Ort, wo Konzerte für die hingebungsvollen Fans geradezu mystische Erfahrungen sind, sorgt in einigen Stadtteilen für Spott. Dennoch kann man nicht leugnen, dass der Laden einen besonderen Platz in der Dubliner Musikszene einnimmt. Es ist ziemlich gemütlich und toll, wenn man seine Lieblingskünstler aus nächster Nähe erleben will. Nicht selten schnorren diese dann nach der Vorführung ihre Fans um Drinks an der Bar an.

Crawdaddy LIVEMUSIK
(Karte S.90; 01-478 0225; www.pod.ie; 35A Harcourt St) Das Crawdaddy ist nach dem Londoner Club benannt, in dem die Rolling Stones 1963 ihre Karriere begannen. Die kleine Venue-Bar gehört zum Tripod und hat sich auf Ethnokünstler spezialisiert, darunter afrikanische Percussion-Bands, Avantgarde-Jazz-Musiker und Flamenco-Gitarristen.

Village LIVEMUSIK
(Karte S.90; 01-475 8555; www.thevillagevenue.com; 26 Wexford St) Schöner, mittelgroßer Laden, der sich großer Beliebtheit bei aufstrebenden Acts erfreut. Fast jeden Abend kann man im Village Rockbands und Solokünstler bewundern. Außerdem gibt's eine gute Showcase-Bühne für lokale Singer-Songwriter.

Ambassador Theatre THEATER
(Karte S.100f.; 1890 925 100; O'Connell St) Früher wurde das Ambassador erst als Theater, dann als Kino genutzt. Seither hat es sich nicht groß verändert und überzeugt mit seinem coolem Retro-Look. Heute treten hier einheimische und internationale Rockbands auf.

Gaiety Theatre THEATER
(Karte S.90; 01-677 1717; www.gaietytheatre.com; South King St; bis 4 Uhr) In dem tollen alten viktorianischen Theater wird an Wochenenden bis spät in die Nacht Jazz, Rock oder Blues gespielt.

Olympia Theatre THEATER
(Karte S.84f.; 01-677 7744; Dame St) Ein weiteres wunderbares viktorianisches Theater, in dem an Wochenenden bis tief in die Nacht Jazz, Rock oder Blues geboten wird.

Sugar Club LIVEMUSIK
(Karte S.90; 01-678 7188; 8 Lower Leeson St) An Wochenenden kann man in diesem gemütlichen, theaterähnlichen Club an der Ecke von St. Stephen's Green Livejazz, Kabarett und Soul erleben.

Klassik
In der Innenstadt finden zahlreiche klassische Konzerte und Opernaufführungen statt. Zu den vielen unterschiedlichen Veranstaltungsorten gehören auch Kirchen; Einzelheiten stehen in der Tagespresse.

Grand Canal Theatre THEATER
(Karte S.105; 01-677 7999; www.grandcanaltheatre.ie; Grand Canal Sq) Das nach dem grandiosen Design von Daniel Liebeskind gebaute Auditorium fasst 2000 Personen und besteht aus drei Ebenen. Dieser wunderbare Veranstaltungsort wurde für klassische Konzerte entworfen, doch das Programm reicht vom Bolschoi-Teater über Staatsopern auf Tournee bis zu Disney on Ice und Barbara Streisand.

National Concert Hall KONZERTE
(Karte S.90; 01-417 0000; www.nch.ie; Earlsfort Tce) Irlands bedeutendste Konzerthalle wartet das ganze Jahr über mit tollen Events auf, darunter erstklassige Mittagskonzerte (Juni-Aug. Di 13.05-14 Uhr).

Gaiety Theatre THEATER
(Karte S.90; 01-677 1717; www.gaietytheatre.com; South King St) Das beliebte Dubliner Theater veranstaltet auch klassische Konzerte und Opern.

Bank of Ireland Arts Centre KONZERTE
(Karte S.80; 01-671 1488; Foster Pl) Das Kunstzentrum bietet regelmäßig ab 13.15 Uhr kostenlose Mittags- sowie gelegentlich Abendkonzerte an. Mehr darüber erfährt man telefonisch.

Dublin City Gallery – The Hugh Lane KONZERTE
(Karte S.100f.; 01-874 1903; www.hughlane.ie; Charlemont House, Parnell Sq) Von September bis Juni finden in dem Kunstmuseum bis zu 30 Konzerte mit zeitgenössischer klassischer Musik statt (immer um 12 Uhr).

Nachtclubs
Dublins Clubs lassen sich mit denen anderer europäischer Hauptstädte nicht vergleichen. Aufgrund der beschränkten Öffnungszeiten, der raschen Zunahme lange geöffneter Locations und der Mainstream-Musik bietet die Partyszene in der Hauptstadt kaum Überraschungen. Das wird allerdings oft durch die feierwütigen Iren selbst wieder wettgemacht, die es lieben, zu tanzen. Sie lassen sich weder von der kompletten Abwesenheit von Rhythmus noch vom Mangel an Stil beirren, wobei ihre Hemmungslosigkeit von

den im Laufe einer langen Nacht konsumierten Drinks herrührt.

Hier ist eigentlich immer irgendetwas los, deshalb informiert man sich am besten in einem der beiden (keinesfalls vollständigen) Veranstaltungskalender *Event Guide* und *In Dublin*. Viele Clubs öffnen kurz nachdem die Pubs zumachen (23.30 oder 24 Uhr) und schließen ihre Pforten gegen 2.30 oder 3 Uhr. Die Eintrittspreise sind sehr unterschiedlich, meistens muss man aber vor 23.30 Uhr weniger zahlen.

Twisted Pepper — NACHTCLUB
(Karte S.100f.; 01-873 4800; www.bodytonicmusic.com; 54 Middle Abbey St; Mo–Mi 8–24, Do–Sa 10–2.30 Uhr) Dublins lässigste neue Location wartet mit vier Bereichen auf: Im Untergeschoss legen einige der besten DJs der Stadt auf, es gibt eine Bühne für Liveacts, über der das Zwischengeschoss als abgeschlossener Barbereich liegt, und im Café bekommt man den ganzen Tag über irisches Frühstück. Das Twisted Pepper wird geführt von der Bodytonic-Gruppe, einer der angesagtesten Musik- und Produktionsfirmen der Stadt. Was will man mehr?

Academy — NACHTCLUB
(Karte S.100f.; 01-877 9999; 57 Middle Abbey St; Eintritt 6–10 €; Fr & Sa 22.30–3 Uhr) In dem fantastischen mittelgroßen Club läuft die ganze musikalische Bandbreite von Disco Music über R'n'B bis zu Alternative Rock und Hard Dance – was auch immer die Tanzfläche füllt, solange es kein kommerzieller Mainstream ist.

Tripod — NACHTCLUB
(Karte S.90; 01-478 0025; www.pod.ie; 35 Harcourt St; Eintritt 5–20 €; Mo–Sa) Ende 2006 wurde das Tripod Nachfolger des PoD-Clubs in der wunderbar atmosphärischen alten Harcourt Street Station. Zu den drei Ebenen des Ladens gehören ein technisch supermoderner Veranstaltungsraum für Rock- und Popkonzerte mit Platz für 1300 Besucher, ein Tanz-Clubraum und der kleine, aber feine Crawdaddy-Konzertraum.

Village — NACHTCLUB
(Karte S.90; 01-475 8555; www.thevillagevenue.com; 26 Wexford St; Eintritt 5–11 €; Do–Sa) Wenn die Konzerte zu Ende sind, wird hier einfach weitergefeiert. Die rund 600 partywütigen Gäste bringen die Hütte zu einer Mischung aus neuen und alten Klängen und Dancefloor-Klassikern zum Wackeln. Ein toller Club mit einer grandiosen Atmosphäre!

Andrew's Lane Theatre — NACHTCLUB
(Karte S.84f.; 01-478 0766; St. Andrew's Lane; Eintritt 6–12 €; Do–So 22.30–3 Uhr) Kürzlich wurde das ALT von einem beliebten Theater in einen puristischen Club verwandelt, der alle Zutaten für einen prima Abend hat: eine riesige Tanzfläche, ein beeindruckendes Soundsystem und eine Bar. Außerdem wartet der Laden mit ein paar regelmäßigen Veranstaltungen wie der „Italien Factory" am Sonntag, bei der europäischer Hard House aus den Boxen dröhnt, sowie regelmäßigen Gast-DJs und Livebands auf.

Copper Face Jacks — NACHTCLUB
(Karte S.90; 01-475 8777; Jackson Court Hotel, 29-30 Harcourt St; Eintritt 6–12 €; 22.30–3 Uhr) Charthits und bewährte Favoriten sorgen bei der beliebtesten „Fleischbeschau" in Dublin für den musikalischen Hintergrund. Der Club zieht junge Besucher vom Land, Krankenschwestern, gelegentlich auch mal einen Star der Gaelic Athletic Association und einige Polizisten außer Dienst an (Letztere treiben es übrigens oft am wildesten).

Lillie's Bordello — NACHTCLUB
(Karte S.80; 01-679 9204; www.lilliesbordello.ie; Adam Ct; Eintritt 10–20 €; 23–3 Uhr) Im Lillie's feiern vor allem Stars, Sternchen und Rockstars auf Tour. Allerdings heißt das nicht, dass man sich mit den Promis die Tanzfläche teilt, denn die werden schnellstens in einen separaten VIP-Raum gebracht. Die Musik ist erwartungsgemäß kommerziell.

Kinos

Die Jugendlichen in Irland gehören zu Europas leidenschaftlichsten Kinogängern. Am besten bucht man seine Tickets also vorab, ansonsten steht man für die Abendvorstellung bis zu einer halben Stunde in der Schlange. Viele Kinos befinden sich nördlich der Liffey. Frühnachmittagsvorstellungen kosten in der Regel 6 €, zu allen anderen Tageszeiten zahlt man rund 9 €.

Irish Film Institute — KINO
(Karte S.84f.; 01-679 5744; 6 Eustace St) Das Multiplex-Kino zeigt Klassiker und Arthouse-Filme. Außerdem befinden sich hier eine Bar, ein Café und ein Buchladen.

Savoy — KINO
(Karte S.100f.; 01-874 6000; Upper O'Connell St; ab 14 Uhr) Ein traditionelles Kino mit vier Sälen, in denen Neuerscheinungen laufen. An Wochenenden gibt's auch Spätvorstellungen

Screen
KINO

(Karte S. 80; 01-671 4988; 2 Townsend St; ab 14 Uhr) Zum Programm dieses Kinos mit drei Sälen zwischen dem Trinity College und der O'Connell Bridge gehören neue Independentfilme und kleinere kommerzielle Streifen.

Cineworld
KINO

(Karte S. 100f.; 01-872 8400; Parnell Centre, Parnell St; ab 10 Uhr) In dem Multiplex-Kino laufen sämtliche neuen Filme.

Sport

Aviva Stadium
SPORT

(Karte S. 56f.; 01-647 3800; www.avivastadium.ie; 11–12 Lansdowne Rd) Das nagelneue glänzende Stadion im noblen Stadtteil Donnybrook wartet mit tollen kurvigen Tribünen auf und bietet 50 000 Besuchern Platz. Hier finden irische Rugbyspiele und internationale Fußballbegegnungen statt.

Croke Park
SPORT

(Karte S. 56f.; 01-836 3222; www.crokepark.ie; Clonliffe Rd; 19 oder 19A ab dem Stadtzentrum) Von Februar bis November wird in Europas viertgrößtem Stadion (mit Platz für 82 000 Menschen) nördlich des Royal Canal in Drumcondra Hurling und Gaelic Football gespielt. Die genauen Termine erfährt man unter www.gaa.ie.

Harold's Cross Park
SPORT

(Karte S. 56f.; 01-497 1081; www.igb.ie; 151 Harold's Cross Rd; Erw./Kind 10/6 €; Mo, Di & Fr 18.30–22.30 Uhr; 16 oder 16A ab dem Stadtzentrum) Die Windhundrennbahn befindet sich in der Nähe des Zentrums und garantiert einen tollen Abend für einen Bruchteil des Geldes, der beim Pferderennen draufgehen würde.

Leopardstown Race Course
SPORT

(Karte S. 58; 01-289 3607; www.leopardstown.com; Foxrock; Sonderbusse ab Eden Quay) Irlands Begeisterung für Pferderennen lässt sich 10 km südlich vom Zentrum in Foxrock beobachten. An Renntagen fahren Sonderbusse; mehr darüber erfährt man unter der angegebenen Telefonnummer.

Shelbourne Park Greyhound Stadium
SPORT

(Karte S. 105; 01-668 3502, on race nights 01-202 6601; www.igb.ie; Bridge Town Rd, Ringsend; Erw./Kind 10/6 €; Mi, Do & Sa 18.30–22.30 Uhr; 3, 7, 7A, 8, 45 oder 84 ab dem Stadtzentrum) Von dem verglasten Restaurant genießt man einen tollen Blick auf die Hunderennbahn: Essen, wetten und die Rennen verfolgen, ohne aufstehen zu müssen: einfach herrlich!

Theater

Dublins Theaterszene ist klein, aber aktiv. Karten kann man in der Regel telefonisch oder per Kreditkarte bestellen und kurz vor Vorstellungsbeginn abholen.

Gate Theatre
THEATER

(Karte S. 100f.; 01-874 4045; www.gatetheatre.ie; 1 Cavendish Row) Nördlich der Liffey hat sich das Gate Theatre auf internationale Klassiker und Stücke mit einem komischen Touch von Oscar Wilde, George Bernard Shaw sowie Oliver Goldsmith spezialisiert. Hin und wieder werden auch moderne Stücke gezeigt. Die Preise variieren, liegen aber meist bei einem Betrag um 20 €.

Abbey Theatre
THEATER

(Karte S. 100f.; 01-878 7222; www.abbeytheatre.ie; Lower Abbey St) Irlands Nationaltheater residiert in einem großen Betonklotz am Fluss. Hier werden moderne irische Stücke, aber auch Neuinszenierungen irischer Klassiker von W. B. Yeats, J. M. Synge, Sean O'Casey, Brendan Behan und Samuel Beckett aufgeführt. Karten für Abendvorstellungen kosten bis zu 25 €, montags zahlt man weniger. Das **Peacock Theatre** (Karte S. 100f.; 01-878 7222) gehört zum gleichen Komplex und zeigt kleinere Produktionen.

Gaiety Theatre
THEATER

(Karte S. 90; 01-677 1717; www.gaietytheatre.com; South King St) In dem 1871 eröffneten Theater kommen moderne Stücke, TV-Shows, Musicals und Revuen auf die Bühne.

Helix
THEATER

(01-700 7000; www.thehelix.ie; Collins Ave, Glasnevin) Das neue Theater der Dublin City University in Glasnevin (Karte S. 58) hat sich mit seinem gemischten Programm aus leicht zugänglichen und anspruchsvollen Stücken zu einer ernstzunehmenden Spielstätte gemausert. Von der O'Connell Street aus fahren die Linien 11, 13, 13A und 19A hierher.

International Bar
THEATER

(Karte S. 80; 01-677 9250; 23 Wicklow St) Eines von mehreren Pubs mit Theaterbühne. Comedy-Abende finden immer mittwochs um 21.30 Uhr statt (Eintritt 9 €).

Olympia Theatre
THEATER

(Karte S. 84f.; 01-677 7744; 72 Dame St) Der Schwerpunkt liegt auf leichter Kost und Pantomime (zur Weihnachtszeit).

THEATER IN DUBLIN

Natürlich haben alle großen Städte eine ganz eigene Theaterszene, doch keine kann Dublins langer Bühnentradition das Wasser reichen. Das erste Theater der Stadt wurde 1637 in der Werburgh Street gegründet, allerdings schon wie Jahre später von den Puritanern geschlossen. Ein anderes Theater, Smock Alley Playhouse oder Theatre Royal genannt, eröffnete 1661 und wurde mehr als ein Jahrhundert lang genutzt. Die literarische Renaissance des späten 19. Jhs. führte zur Gründung des Dubliner Abbey Theatre, das heutige Nationaltheater. Zu seinen Aufgaben gehört es, die Arbeiten historischer Größen wie W. B. Yeats (1865–1939), George Bernard Shaw (1856–1950), J. M. Synge (1871–1909) und Sean O'Casey (1880–1964) auf die Bühne zu bringen und moderne irische Dramatiker zu fördern. Das Gate Theatre produziert Klassiker und Komödien, während das Gaiety Theatre und das Olympia Theatre ein breites Spektrum an Aufführungen zeigen. Das Dubliner Project Arts Centre bietet ein experimentelleres Programm.

Unter dem Druck, seine Berechtigung in der Gegenwart und Zukunft zu beweisen, hat sich das irische Theater immer stärker spritzigen, rasanten und effekthascherischen Spektakeln zugewandt, leider oft auf Kosten der Qualität. Einige der erfolgreichsten Stücke der letzten Jahre scheinen davon besessen zu sein, die rasend schnelle neurotische Energie eines Actionthrillers auf der Bühne nachzuleben, als wenn das Publikum nicht geduldig genug wäre, um sich von der langsamen dramatischen Entwicklung vereinnahmen zu lassen, die mit dem klassischen Theater verbunden ist. Mehr Krach, mehr Schießeisen und markige Dialoge wie aus einem amerikanischen Schundroman bringen das Publikum vielleicht zum Lachen, doch ein Beitrag zu zeitlosem gutem Theater sind sie nicht.

Nach wie vor wird die ramponierte Fahne dieser Zunft jedoch von einigen hervorragenden Schriftstellern und Ensembles hochgehalten. Brian Friel (geb. 1929) und Tom Murphy (geb. 1935) sind die führenden etablierten Dramatiker des Landes. Außerdem beleben etliche neue Autoren wie Michael Collins, John Comiskey, Oonagh Kearney, Gina Moxley und Arthur Riordan die Szene. Innovative Produktionsgesellschaften wie Rough Magic haben ihnen geholfen, ihre Stücke auf die Bühne zu bringen.

Auch für Schriftsteller wie Enda Walsh sieht die Zukunft gut aus: Aus seiner Feder stammen das Werk *Disco Pigs* (1996), 2001 mit Cillian Murphy verfilmt, sowie elf weitere Stücke, zuletzt 2009 *The Man in the Moon*. Einer der angesagtesten Namen in der zeitgenössischen Theaterszene ist Mark O'Rowe, der in seinem preisgekrönten Drama *Howie the Rookie* (1999) ein aufrüttelndes Bild der Dubliner Jugendbanden zeichnet. Auch er ging den Schritt zum Film und war Drehbuchautor von *Intermission* (2003); sein jüngstes Werk *Terminus* (2007) kam bei der Kritik sehr gut an. Conor McPherson, der sich mit dem hervorragenden Film *I Went Dow* einen Namen machte, festigte seinen Ruf als Dramatiker mit einer Reihe von Stücken, die sich mit dysfunktionalen Beziehungen und der Bedeutung traditioneller Folklore beschäftigen, z. B. *The Weir* (1997) und *The Seafarer* (2006).

Players' Theatre THEATER
(Karte S. 80; ☎01-677 2941 oder 1239; Regent House, Trinity College) Während des Semesters werden am Unitheater des Trinity College Stücke von Studenten aufgeführt. Im Oktober sieht man hier die besten Werke des Dublin Theatre Festival.

Project Arts Centre THEATER
(Karte S. 84 f.; ☎1850 260 027; www.project.ie; 39 East Essex St) In dem Kunstzentrum werden hervorragende Produktionen experimenteller Stücke von aufstrebenden irischen und internationalen Autoren gezeigt.

 Shoppen

Ob mit einem vollen Portemonnaie oder auf Kredit (was immer schwieriger wird) – die Dubliner lieben es, zu shoppen.

Die Haupteinkaufsstraßen und größeren Einkaufszentren werden von britischen und amerikanischen Ketten beherrscht. Es gibt allerdings auch viele kleine, unabhängige Läden, die qualitativ hochwertige, lokal hergestellte Produkte verkaufen: irische Designerkleidung und Streetwear, handgefertigten Schmuck, ungewöhnliche Haushaltswaren und Dekogegenstände sowie unglaublich guten Käse. Man muss nur wissen, wo man diese Dinge findet.

Souvenirjäger können immer noch Spielzeugschafe, Guinness-Magneten und Geschirrtücher mit Kleeblattmotiv kaufen, aber auch Unikate oder limitierte Auflagen erstehen. Traditionelle irische Produkte wie Kristall- und Strickwaren sind weiterhin beliebte Mitbringsel, inzwischen stößt man jedoch auch auf originellere Versionen der Klassiker.

Die Henry Street, eine Seitenstraße der O'Connell Street, und die Grafton Street sind Dublins Haupteinkaufsstraßen, in denen sich hauptsächlich typisch britische Geschäfte niedergelassen haben. Im Gassengewirr zwischen der Grafton Street und der South Great George's Street verteilen sich irische Modeläden, Schmuckgeschäfte und Secondhandshops. Wer Kunst und Antiquitäten sucht, dem sei die Francis Street im Stadtteil Liberties empfohlen.

Nicht-EU-Bürger können die Umsatzsteuer für gekaufte Artikel zurückverlangen, die mit einem Cash-Back-Aufkleber versehen sind. Näheres erfragt man am besten vor Ort.

Fast alle Kaufhäuser und Einkaufszentren haben Montag bis Samstag von 9.30 bis 18 Uhr (Do bis 20 Uhr) und Sonntag von 12 bis 18 Uhr geöffnet.

GRAFTON STREET & UMGEBUNG

Avoca Handweavers

IRISCHES KUNSTHANDWERK

(Karte S. 80; ☎01-677 4215; 11–13 Suffolk St) Dieser Laden für zeitgenössisches Kunsthandwerk entpuppt sich als richtige Schatztruhe mit interessanten Objekten aus dem In- und Ausland und steckt bis zur Decke voller Strickwaren, Keramik, handgefertigten Geräten und Spielzeug.

Powerscourt Townhouse Shopping Centre EINKAUFSZENTRUM

(Karte S. 84 f.; ☎01-679 4144; 59 South William St) Dieses umwerfende und stylishe Einkaufszentrum ist in einem sorgsam restaurierten georgianischen Stadthaus untergebracht, das zwischen 1741 und 1744 erbaut wurde. Inzwischen ist es vor allem für seine Cafés und Restaurants bekannt, doch man bekommt hier auch erstklassige Haute Couture, Kunstgegenstände, exquisite Handarbeiten und andere Schickimicki-Ware.

George's St Arcade ARKADE

(Karte S. 84 f.; www.georgesstreetarcade.ie; zw. South Great George's St & Drury St; ☺Mo–Sa 9–18.30, Do bis 20, So 12–18 Uhr) Dublins bester Non-Food-Markt (es gibt kaum Konkurrenz) befindet sich in einer überdachten viktorianisch-gotischen Arkade. Außer zahlreichen Läden und Ständen, die neue und gebrauchte Kleidung, Secondhandbücher, Mützen, Poster, Schmuck und Platten verkaufen, locken ein Wahrsager, Gourmethäppchen und eine Fish-'n'-Chips-Bude, die reißenden Umsatz macht.

DesignYard IRISCHES KUNSTHANDWERK

(Karte S. 80; ☎01-474 1011; 48–49 Nassau St) Ein hochwertiger Laden für Kunsthandwerk. Alle Stücke, egal ob Glas, Batik, Skulpturen oder Gemälde, sind Unikate von irischen Künstlern. Junge internationale Designer dürfen im Ausstellungsbereich ihre Schmuckobjekte ausstellen.

Kilkenny Shop IRISCHES KUNSTHANDWERK

(Karte S. 80; ☎01-677 7066; 6 Nassau St) Bietet eine wunderbare Auswahl an hochwertigem Kunsthandwerk, darunter Kleidung, Glas- und Tonwaren, Schmuck, Kristall und Silber von einigen tollen irischen Designern.

Brown Thomas KAUFHAUS

(Karte S. 80; ☎01-605 6666; 92 Grafton St) Dieses exklusive Kaufhaus richtet sich vornehmlich an gut betuchte Kunden. Unter seinem Dach sind sämtliche Nobelmarken vereint. Im Bottom Drawer (3. OG) bekommt man die feinsten irischen Laken im ganze Land.

Costume KLEIDUNG

(Karte S. 84 f.; ☎01-679 5200; 10 Castle Market) Von lässig-lockeren bis zu glitzernden, bodenlangen Kleidern – das Costume hat sich auf Damenmode europäischer Designer spezialisiert. Zur Auswahl stehen das hauseigene gleichnamige Label sowie Isabel Marant, Roland Mouret und Proenza Schouler.

Bow Boutique KLEIDUNG

(Karte S. 84 f.; ☎01-707 1763; Powerscourt Townhouse) Das Gemeinschaftsprojekt von vier führenden irischen Modedesignern, Eilis Boyle, Wendy Crawford, Matt Doody und Margaret O'Rourke, ist ein großartiger unabhängiger Laden, in dem nicht nur die Entwürfe seiner Besitzer, sondern auch die einer Reihe anderer Fashionistas verkauft werden.

Hodges Figgis BUCHLADEN

(Karte S. 80; ☎01-677 4754; 56-58 Dawson St) Dublins größter Buchladen verfügt über drei geräumige Etagen.

St. Stephen's Green Shopping Centre
EINKAUFSZENTRUM
(Karte S.84f.; ☎01-478 0888; St. Stephen's Green) Ein Luxus-Einkaufszentrum mit einer Mischung aus Ladenketten und kleineren Geschäften.

Smock
KLEIDUNG
(Karte S.84f.; ☎01-613 9000; 31 Drury St) In dem eleganten Designerladen bekommt man neueste Damenmode von eleganten internationalen Designern wie Easton Pearson, Veronique Branquinho und A. F. Vandevorft sowie eine kleine Auswahl an interessantem Schmuck und Lingerie.

BT2
KLEIDUNG
(Karte S.84f.; ☎01-679 5666; 88 Grafton St) Brown Thomas' hipper Ableger mit exklusiver Freizeitmode für beide Geschlechter. Im Obergeschoss gibt's eine Saftbar mit Blick über die Grafton Street. Der Laden führt u. a. DKNY, Custom, Diesel, Ted Baker und Tommy Hilfiger.

Jenny Vander
KLEIDUNG
(Karte S.84f.; ☎01-677 0406; 50 Drury St) Bei Jenny Vander kommt man sich vor wie in einem exotischen Boudoir der 1940er-Jahre. Die Auswahl an historischen Kleidern, Hüten und Schmuck ist einmalig, Schnäppchen macht man aber eher selten.

Claddagh Records
MUSIKLADEN
(Karte S.84f.; ☎01-677 0262; 2 Cecilia St) Traditionelle irische und Folkmusik.

Dubray Books
BUCHLADEN
(Karte S.84f.; ☎01-677 5568; 36 Grafton St) Einer der besseren Buchläden der Stadt mit drei geräumigen Etagen, in denen Bestseller, Neuerscheinungen, Luxusbildbände und jede Menge Reiseführer zu finden sind.

Cathach Books
BUCHLADEN
(Karte S.80; ☎01-671 8676; www.rarebooks.ie; 10 Duke St) Bietet eine große Auswahl an seltenen und gebrauchten Büchern über Irland, darunter auch Erstausgaben.

NÖRDLICH DER LIFFEY

Arnott's
KAUFHAUS
(Karte S.100f.; ☎01-805 0400; 12 Henry St) Seit seiner Komplettsanierung darf sich das einst eher mittelmäßige Kaufhaus in einem riesigen Gebäudekomplex mit Eingängen in der Henry, der Liffey und der Abbey Street als Dublins bestes Warenhaus bezeichnen. Hier gibt's einfach alles von Gartenmöbeln bis zu Designerklamotten, außerdem ist das Ganze sogar einigermaßen bezahlbar.

Eason
BUCHLADEN
(Karte S.100f.; ☎01-873 3811; www.easons.ie; 40 Lower O'Connell St) Das Zeitschriftenangebot in der Filiale dieser großen irischen Kette ist einfach gigantisch.

Clery's & Co
KAUFHAUS
(Karte S.100f.; ☎01-878 6000; O'Connell St) Dieser elegante Klassiker zieht eine eher konservative Klientel an. Er wurde erst vor Kurzem renoviert.

Jervis Street Centre
EINKAUFSZENTRUM
(Karte S.100f.; ☎01-878 1323; Jervis St) Ein ultramodernes Einkaufszentrum nördlich der Capel Street Bridge mit Dutzenden Läden.

Debenham's
KAUFHAUS
(Karte S.100f.; ☎01-873 0044; Henry St) 2006 eröffnete das englische Riesenkaufhaus eine Filiale in Dublin. Hinter der großen Glasfront finden jüngere Käufer Streetfashion-Marken wie Zara, Warehouse und G-Star. Die obligatorische Elektro- und Haushaltswarenabteilung gibt's natürlich auch.

MÄRKTE IN DUBLIN

Blackberry Fair (Karte S.76f.; Lower Rathmines Rd; ⊙Sa & So 10–17 Uhr) Man muss sich schon durch Unmengen von Plunder wühlen, bevor man auf dem charmant abgewetzten Wochenendmarkt etwas Passendes findet. Hier werden z. B. Möbel, Schallplatten und Klamotten angeboten.

Blackrock Market (Main St, Blackrock; ⊙Sa & So 11–17.30 Uhr; Blackrock) Diesen Markt in einem alten Kaufmannshaus und seinem Hof im Küstenstädtchen Blackrock (Karte S.58), südlich von Dublin, gibt's schon sehr lange. An den verschiedenen Ständen wird alles von New-Age-Kristallen bis zu Futons verkauft.

Cow's Lane Designer Mart (Karte S.84f.; Cow's Lane; ⊙Sa 10–17 Uhr) Das Beste an neuem irischen Design, an Kunstwerken und Kleidung findet man hier, darunter Garn, das direkt vor Ort hergestellt wird. Außerdem arbeitet auf dem Markt Dublins einziger Künstler, der Schmuck aus Knochen herstellt.

JENSEITS DES GRAND CANAL

Dundrum Town Centre EINKAUFSZENTRUM
(Karte S. 58; ☎01-299 1700; Sandyford Rd, Dundrum; Mo-Fr 9-21, Sa 8.30-19, So 10-19 Uhr) Das riesige Einkaufs- und Entertainment-Center im südlichen Stadtteil Dundrum wartet mit mehr als 100 Geschäften auf. Entweder man nimmt die Luas-Bahn bis Ballaly oder fährt vom Zentrum aus mit den Buslinien 17, 44C, 48A oder 75 hierher.

❶ Praktische Informationen

Gefahren & Ärgernisse

Wenn man mal von Delikten wie Handtaschenklau und Autoeinbrüchen absieht, ist Dublin alles in allem sicher. Besucher sollten wachsam sein, ihr Hab und Gut im Blick behalten und nichts Wichtiges im Wagen liegen lassen. Nachts lohnt es sich, das Fahrzeug in einem bewachten Parkhaus abzustellen, Versicherungen kommen nämlich nur selten für gestohlene Wertsachen auf.

Das einzige Dauerproblem sind Betrunkene: Nach Kneipenschluss machen sie häufig Randale, während sie torkelnd rund um die Pubs und Clubs nach einer Mitfahrgelegenheit und/oder schnellem Sex suchen. Lassen sich diese Vorhaben nicht in die Tat umsetzen, führt das mitunter zu Schlägereien oder sogar einer Einlieferung in die Unfallaufnahme, die sich das ganze Wochenende über mit alkoholbedingten Fällen befassen muss.

Wer Geldautomaten benutzt, sollte vorsichtig mit seiner PIN sein. Um Automaten, bei denen etwas nicht zu stimmen scheint, macht man besser einen weiten Bogen: Leider sind Manipulationen mittlerweile ein wachsendes Problem.

Die Gegend nördlich von der Gardiner Street, der O'Connell Street und dem Mountjoy Square sollte man möglichst meiden, da hier Gangs für Ärger sorgen.

Geld

Im Stadtzentrum gibt's zahlreiche Banken und Geldautomaten.

Internet

Global Internet Café (8 Lower O'Connell St; 5 € pro Std.; ⊙Mo-Fr 8-23, Sa ab 9, So ab 10 Uhr)

Internet Exchange (3 Cecilia St, Temple Bar; 5 € pro Std.; ⊙Mo-Fr 8-2, Sa & So 10-24 Uhr) Gute Infos gibt's u. a. hier:

Dublin City Council (www.dublincity.ie)

Dublin Tourism (www.visitdublin.com)

Entertainment.ie (www.entertainment.ie)

Nialler9 (www.nialler9.com) Tolle Musik und Konzertblog.

Overheard in Dublin (www.overheardindublin.com)

Totally Dublin (www.totallydublin.ie)

Medien

Der *Evening Herald* (1 €) ist eine Boulevardzeitung mit allen aktuellen News – je schlüpfriger, desto besser.

Alle nationalen Tageszeitungen widmen Dublin jede Menge Raum.

Medizinische Versorgung

In akuten Fällen kann man sich jederzeit an die Notaufnahme der nächstgelegenen Klinik wenden. Die Notrufnummer für einen Krankenwagen ist die ☎01-999. In Dublin gibt's keine Notdienstapotheken; die letzten Geschäfte machen um 22 Uhr zu.

Baggot St Hospital (☎01-668 1577; 18 Upper Baggot St; ⊙Mo-Fr 7.30-16.30 Uhr) Stadtzentrum, Southside.

Caredoc (☎1850 334 999; www.caredoc.ie; ⊙rund um die Uhr) Ärztlicher Bereitschaftsdienst, nur außerhalb der regulären Sprechstundenzeiten.

City Pharmacy (☎01-670 4523; 14 Dame St; ⊙9-22 Uhr)

Dental Hospital (☎01-612 7200; 20 Lincoln Pl; ⊙Mo-Fr 9-17 Uhr, mit Termin ab 8 Uhr)

Grafton Medical Centre (☎01-671 2122; www.graftonmedical.ie; 34 Grafton St; ⊙ Mo-Do 8.30-18.30, Fr bis 18 Uhr) Ärztehaus mit Medizinern und Physiotherapeuten.

Health Service Executive (☎01-679 0700, 1800 520 520; www.hse.ie; Dr. Steevens' Hospital, Steeven's Lane; ⊙Mo-Fr 9.30-17.30 Uhr) Zentrale Gesundheitsbehörde, die passende Allgemeinärzte empfiehlt. Infoservice für körperlich und geistig Behinderte.

Mater Misericordiae Hospital (☎01-830 1122; Eccles St) Stadtzentrum, Northside, Querstraße der Lower Dorset Street.

O'Connell's Pharmacy Grafton St (☎01-679 0467; 21 Grafton St; ⊙9-22 Uhr); O'Connell St (☎01-873 0427; 55-56 Upper O'Connell St; ⊙9-22 Uhr)

St. James's Hospital (Karte S. 76 f.; ☎01-453 7941; James's St) Southside.

Well Woman Centre Lower Liffey St (☎01-872 8051; www.wellwomancentre.ie; 35 Lower Liffey St; ⊙Mo, Do & Fr 9.30-19.30, Di & Mi 8-19.30, Sa 10-16, So 13-16 Uhr); Pembroke Rd (☎01-660 9860; 67 Pembroke Rd, Ballsbridge; ⊙ Mo-Mi 10-19.30, Do & Fr 8-19.30, Sa 10-16 Uhr) Für Frauenprobleme. Hier gibt's Verhütungsmittel und auch „die Pille danach" (65 €).

Notfall

Drugs Advisory & Treatment Centre (☎01-677 1122; Trinity Ct, 30-31 Pearse St)

Polizei/Feuerwehr/Krankenwagen (☎01-999)

Rape Crisis Centre (☎1800 778 888, 01-661 4911; 70 Lower Leeson St)

Post

Die besten Postämter im Zentrum sind das **General Post Office** (Karte S.100f.; ☎01-705 7000; O'Connell St; ⊙Mo-Sa 8–20 Uhr) in der Northside und das **Andrew's Street Post Office** (Karte S.80; ☎01-705 8206; www.anpost.ie; St. Andrew's St) in der Southside.

Touristeninformation

Die Angestellten der Dubliner Touristeninformationen beraten nicht am Telefon, sondern ausschließlich am Schalter.

Unterkünfte kann man unter www.visit dublin. ie und www.gulliver.ie oder telefonisch buchen: aus Irland unter ☎1800 668 668 und aus dem Ausland unter ☎66-979 2030.

Dublin Tourism (Karte S.84f.; ☎01-605 7700; www.visitdublin.com; St. Andrew's Church, 2 Suffolk St; ⊙ Juli & Aug. Mo-Sa 9–19, So 10.30–15 Uhr, Sept.–Juni Mo-Sa 9–17.30 Uhr) Bei Unterkunftsbuchungen in der zentralen Touristeninformation muss man eine Extragebühr von 5 € (7 € für Selbstversorgerunterkünfte) zahlen. Der Aufschlag von 10 % ist später Bestandteil der Hotelrechnung. Weitere Filialen befinden sich am **Flughafen Dublin** (Ankunftshalle; ⊙8–22 Uhr), in **Dun Laoghaire** (Fährhafen Dun Laoghaire; ⊙Mo-Sa 10–13 & 14–18 Uhr), der **O'Connell Street** (Karte S.100f.; 14 Upper O'Connell St; ⊙Mo-Sa 9–17 Uhr) und der **Wilton Terrace** (Karte S.76f.; Wilton Tce; ⊙Mo-Fr 9.30–12 & 12.30–17.15 Uhr).

Fáilte Ireland Head Office (Karte S.76f.; ☎1850 230 330; www.ireland.ie; Wilton Tce; ⊙Mo-Fr 9–17.15 Uhr)

🛈 An- & Weiterreise

Auto & Motorrad

Zu den wichtigsten Autovermietungen, die auch Büros am Flughafen haben, gehören:

Avis Rent-a-Car (☎01-605 7500; www.avis.ie; 35–29 Old Kilmainham Rd, Dublin 8)

Budget Rent-a-Car (☎01-837 9611, Flughafen 01-844 5150; www.budget.ie; 151 Lower Drumcondra Rd, Dublin 7)

Europcar (☎01-648 5900, Flughafen 01-844 41 79; www.europcar.com; 29 Parkgate St, Dublin 7)

Hertz Rent-a-Car (☎01-709 3060, Flughafen 844 5466; www.hertz.com; 151 South Circular Rd, Dublin 8)

Thrifty (☎01-844 1944, Flughafen 840 0800; www.thrifty.ie; 26 Lombard St East, Dublin 2)

Bus

Der Busbahnhof **Busáras** (Karte S.105; ☎01-836 6111; www.buseire ann.ie; Store St) befindet sich nördlich des Flusses hinter dem Custom House und ist die Haupthaltestelle von **Bus Éireann** (www.buseireann.ie).

Mehr Informationen über Preise, Fahrzeiten und -dauer zu verschiedenen Zielen in Irland und Nordirland siehe S.785.

Flugzeug

Dublin Airport (Karte S.58; ☎01-814 1111; www.dublinairport.com), Irlands größter Flughafen, liegt 13 km nördlich vom Zentrum. Von hier aus starten Direktflüge nach Europa, in die USA und Asien. Informationen zu den Airlines siehe S.786.

Schiff/Fähre

Dublin hat zwei Fährhäfen. Der **Dun Laoghaire Ferry Terminal** (☎01-280 1905; Dun Laoghaire) 13 km südöstlich des Zentrums bedient Holyhead in Wales und ist mit der DART-Bahn oder den Buslinien 7, 7A und 8 von Burgh Quay bzw. Bus 46A vom Trinity College aus erreichbar. Fähren nach Holyhead und Liverpool legen im 3 km nordöstlich gelegenen **Dublin Port Terminal** (Karte S.58; ☎01-855 2222; Alexandra Rd) ab.

Die Verbindungen vom Busbahnhof (S.140) sind auf die Ankunft- und Abfahrtzeiten der Fähren abgestimmt: Für die Verbindung um 9.45 Uhr vom Dublin Port muss man um 8.30 Uhr am Busáras starten, für die 1-Uhr-Nachtfähre nach Liverpool geht's um 23.45 Uhr los. Ein Ticket kostet 2,50 bzw. 1,25 € pro Erwachsenem bzw. Kind.

Weitere Infos zu den Fähren siehe S.786.

Zug

Allgemeine Auskünfte gibt's im **Iarnród Éireann Travel Centre** (☎01-836 6222; www.irishrail.ie; 35 Lower Abbey St; ⊙Mo-Fr 9–17, Sa 9–13 Uhr). Von der **Connolly Station** (Karte S.105; ☎01-836 3333) gleich nördlich der Liffey und des Stadtzentrums bestehen Verbindungen in den Norden und Nordwesten, z. B. nach Belfast, Derry und Sligo. Ab **Heuston Station** (Karte S.76f.; ☎01-836 5421) gleich südlich der Liffey und westlich der Zentrum fahren alle Züge nach Süden und Westen, etwa nach Cork, Galway, Killarney, Limerick, Wexford und Waterford. Mehr Infos siehe S.787.

🛈 Unterwegs vor Ort

Auto & Motorrad

Der Verkehr in Dublin ist ein wahrer Albtraum und Parken ein teures Ärgernis. Während der Bürozeiten (Mo-Sa 7–19 Uhr) kann man sein Auto nirgendwo umsonst abstellen, aber es gibt jede Menge Plätze mit Parkuhren (2,70–5,20 € pro Std.) und mehr als ein Dutzend bewachte Parkhäuser (5 € pro Std.).

Fürs Falschparken fängt man sich schnell eine Kralle ein, die erst gegen eine Zahlung von stolzen 80 € wieder abgenommen wird. Von Montag bis Samstag ist das Parken nach 19 Uhr an Parkuhren und einfachen gelben Streifen kostenlos; sonntags gilt diese Regelung den ganzen Tag über.

Autodiebstahl und -einbrüche sind an der Tagesordnung. Die Polizei rät Besuchern deshalb, ihre Wagen nach Möglichkeit im überwachten Parkhaus abzustellen. Vor allem auf Autos mit ausländischem Kennzeichen haben es die Langfinger abgesehen, deshalb sollte man niemals Wertgegenstände liegen lassen! Am besten erkundigt man sich gleich bei der Hotelbuchung nach Parkmöglichkeiten.

Fahrrad

Dublin ist recht flach und der Verkehr schrecklich, deshalb trifft man mit dem Fahrrad als Fortbewegungsmittel prinzipiell eine gute Wahl. Doch obwohl es immer mehr rostrote Radspuren gibt, muss man sich die Wege mit Autofahrern teilen, denen die Markierungen relativ egal sind. Aus diesem Grund gestaltet sich das Ganze etwas mühsamer, als es eigentlich sein sollte.

Mittlerweile sieht man im Stadtzentrum immer mehr blaue Räder von **Dublinbikes** (www.dublinbikes.ie), damit ist das Programm eine der erfolgreichsten Verkehrsinitiativen der letzten Jahre. Das System ist ziemlich einfach: Radfahrer erwerben für 10 € eine Smartcard (und zahlen mit der Kreditkarte eine Kaution von 150 €), und zwar entweder online oder an einer der 40 Stationen in der Innenstadt. Mit der besagten Karte kann man die Räder dann „freischalten". Die ersten 30 Minuten sind kostenlos, danach kostet jede halbe Stunde 0,50 €.

Vom/zum Flughafen

Weil es keine Zugverbindungen vom bzw. zum Flughafen gibt, muss man einen Bus nehmen oder mit dem Taxi fahren.

BUS

Aircoach (☎01-844 7118; www.aircoach.ie; einfach/hin & zurück 7/12 €) Das private Busunternehmen bedient zwei Strecken und steuert 18 Stationen in der Stadt an, darunter auch die Hauptstraßen im Zentrum. Zwischen 6 und 24 Uhr verkehren die Busse alle 10 bis 15 Minuten, von Mitternacht bis 6 Uhr einmal pro Stunde.

Airlink Express Coach (☎01-872 0000, 01-873 4222; www.dublinbus.ie; Erw./Kind 6/3 €) Bus 747 pendelt alle zehn bis 20 Minuten von 5.45 bis 23.30 Uhr zwischen Flughafen, Busbahnhof (Busáras) und dem Dublin Bus Office in der Upper O'Connell Street. Bus 748 fährt von 6.50 bis 22.05 Uhr alle 15 bis 30 Minuten zwischen Flughafen, Heuston Station sowie Connolly Station.

Dublin Bus (Karte S. 76 f.; ☎01-872 0000; www.dublinbus.ie; 59 Upper O'Connell St; Erw./Kind 2,20/1 €) Einige Busse starten von verschiedenen Punkten in Dublin zum Flughafen, darunter die 16A (Rathfarnham), 746 (Dun Laoghaire) und 230 (Portmarnock), und steuern auch das Stadtzentrum an.

TAXI

Gleich vor der Ankunftshalle befindet sich ein Taxistand. Eine Fahrt vom Flughafen ins Zentrum kostet etwa 20 € einschließlich der Grundgebühr von 2,50 € (fällt bei der Fahrt *zum* Flughafen weg). Man sollte unbedingt darauf achten, dass stets das Taxameter läuft.

Öffentliche Verkehrsmittel
BUS

Im Büro von **Dublin Bus** (Karte S. 76 f.; ☎01-872 0000; ☎872 0000; www.dublinbus.ie; 59 Upper O'Connell St; ◷Mo–Fr 9–17.30, Sa 9–14 Uhr) erhält man kostenlose Fahrpläne für alle Linien.

Die Busse fahren zwischen 6 (manche ab 5.30 Uhr) und 23.30 Uhr. Innerhalb des Stadtzentrums (etwa zwischen Parnell Square im Norden und St. Stephen's Green im Süden) zahlt man 0,50 € für ein Ticket, ansonsten ist der Preis nach Stationen gestaffelt: 1–3 (1,20 €), 4–7 (1,65 €), 8–13 (1,85 €) und 14–23 (2,30 €).

Beim Einsteigen sollte man unbedingt passendes Kleingeld dabeihaben, denn statt Wechselgeld gibt's einen Rückerstattungsbeleg, den man nur im Hauptbüro des Unternehmens einlösen kann. Nutzer einer Smart Card, die in den meisten Spar- und Centra-Läden verkauft werden, umgehen dieses Problem.

GÜNSTIGE NAHVERKEHRSPÄSSE

Es gibt mehrere günstige Tickets für das immer besser vernetzte öffentliche Verkehrssystem, die bei Dublin Bus und in den Touristeninformationen verkauft werden:

Freedom Pass (Erw./Kind 26/10 €) Drei Tage unbegrenzte Fahrt in allen Linien von Dublin Bus, einschließlich Airlink, Xpresso und der Hop-on-Hop-off-Touristenrundfahrt.

Rambler 1 Day Family (10,50 €) Unbegrenztes Tagesticket für zwei Erwachsene und zwei Kinder für alle Linien von Dublin Bus, einschließlich Airlink und Xpresso.

Family 1 Day Short Hop (15,75 €) Unbegrenztes Tagesticket für zwei Erwachsene und zwei Kinder für alle Linien von Dublin Bus, einschließlich Xpresso, DART und Vorortzüge.

LUAS

Die **Stadtbahn** (www.luas.ie; ⊘Mo–Fr 5.30–0.30, Sa ab 6.30, So 7–23.30 Uhr) bedient zwei Strecken. Die Green Line (alle 5–15 Min.) verbindet St. Stephen's Green mit dem südlichen Sandyford und fährt über Ranelagh und Dundrum, während die Red Line (alle 20 Min.) vom Point Village in den Docklands über die nördlichen Kais und Heuston Station bis Tallaght verkehrt. Tickets bekommt man an Fahrkartenautomaten bei den Haltestellen oder den Kiosken in der Stadtmitte. Ein Kurzstreckenticket kostet 1,80 €, Smart Cards sind ebenfalls gültig.

NITELINK

Nachtbusse starten vom Dreieck College Street, Westmoreland Street und D'Olier Street an der Nordwestecke des Trinity Colllege und steuern viele Dubliner Vororte an. Nachtfahrten werden von Montag bis Mittwoch zwischen 0.30 und 2 Uhr sowie von Donnerstag bis Samstag alle 20 Minuten zwischen 0.30 und 3.30 Uhr angeboten. Ein Ticket kostet mindestens 4 €.

TAXI

Der Basistarif für Taxis liegt zwischen 8 und 22 Uhr bei 4,10 €, danach wird pro Kilometer rund 1 € berechnet. Von 22 bis 8 Uhr liegt der Basistarif bei 4,45 € und jeder Kilometer schlägt mit 1,35 € zu Buche. Dazu kommen Extragebühren: 1 € pro Fahrgast und 2 € für telefonische Bestellungen; Gepäck kostet nichts.

Man kann die Taxis entweder direkt an der Straße anhalten oder steuert einen der Taxistände an, z. B. in der O'Connell Street, dem College Green vor dem Trinity College oder bei St. Stephen's Green am Ende der Grafton Street. Es gibt verschiedene Unternehmen, die ihre Wagen per Funk benachrichtigen, darunter auch folgende Anbieter:

City Cabs (✆01-872 2688)
National Radio Cabs (✆01-677 2222)

Wer sich beschweren will oder etwas im Taxi liegen gelassen hat, sollte das **Garda Carriage Office** (✆01-475 5888) kontaktieren.

ZUG

Mit dem **Dublin Area Rapid Transport** (DART; ✆01-836 6222; www.irishrail.ie) gelangt man schnell und bequem an die Küste. Richtung Norden fahren die Züge bis Howth (30 Min.), Richtung Süden bis Greystones im County Wicklow. Die Pearse Station (Karte S. 105) ist praktischer für den Dubliner Nahbereich südlich der Liffey, die Connolly Station (Karte S. 105) für den Teil nördlich der Liffey. Normalerweise starten die Züge montags bis samstags von 6.30 bis 24 Uhr alle zehn bis 20 Minuten, manchmal auch häufiger. Sonntags ist der Fahrplan eingeschränkt. Von Dublin aus ist man in 15 bis 20 Minuten in Dun Laoghaire. Ein einfaches Ticket nach Dun Laoghaire oder Howth kostet 2,30 € und nach Bray 2,75 €.

Weitere Vorortzüge verkehren gen Norden bis Dundalk, ins Landesinnere bis Mullingar und gen Süden über Bray bis Arklow.

RUND UM DUBLIN

An ihrer Stadt schätzen viele Dubliner besonders, dass man so einfach wieder aus ihr herauskommt – und das ist keineswegs ironisch gemeint. Sobald sich die Gelegenheit ergibt, kehren sie ihrem Wohnort den Rücken, kommen allerdings nicht wirklich weit, da sie meistens in eines der nahe gelegenen Küstendörfer fahren. Zu ihrem Leidwesen gehören die malerischen Orte Howth und Malahide im Norden inzwischen aber schon fast zum Dubliner Einzugsgebiet. Dalkey im Süden musste diesen Kampf längst aufgeben, konnte sich aber trotzdem seinen dörflichen Charakter bewahren.

Dalkey

Dublins wichtigster mittelalterlicher Hafen hat sich schon lange in seiner Rolle als elegantes, ruhiges Dorf eingerichtet. Dennoch gibt's einige aufschlussreiche Überbleibsel seiner illustren Vergangenheit wie die Ruinen von drei der acht Burgen, die einst über der Gegend aufragten. Das Archibold's Castle und das Goat Castle (beide 15. Jh.) liegen einander auf der Castle Street gegenüber. Letzteres (auch Towerhouse genannt) wurde zusammen mit der angrenzenden St. Begnet's Church ins **Dalkey Castle & Heritage Centre** (✆01-285 8366; www.dalkey castle.com; Castle St; Erw./Kind/Stud./Familie 6/4/5/16 €; ⊘Mai–Aug. Mo & Mi–So 10–18 Uhr, Sept.–April Mo & Mi–Fr 9.30–17, Sa & So 11–17 Uhr) umgewandelt. Modelle und Ausstellungen bilden den Rahmen für die „Medieval Experience", eine Liveshow mit Schauspielern des Deilg Inis Living History Theatre, die alle 30 Minuten gezeigt wird.

Über dem Bullock Harbour erheben sich zudem die Überreste des Bulloch Castle, das Mönche der Dubliner St. Mary's Abbey um 1150 errichteten.

Ein paar Hundert Meter vor der Küste erstreckt sich Dalkey Island, auf der man die wichtigste der sogenannten heiligen Quellen von Dalkey, **St. Begnet's Holy Well** (Eintritt frei; Boot von Coliemore Harbour 25 €/Std.), findet. Sie heilt angeblich Rheuma, deshalb ist die Insel ein beliebtes Ziel von Touristen und Pilgern. Man erreicht sie ganz einfach mit einem Boot vom Colie-

SANDYCOVE & JAMES JOYCE MUSEUM

1 km nördlich von Dalkey erstreckt sich Sandycove mit einem netten kleinen Strand und dem **Martello Tower**. Dieser Turm wurde der Turm von den Engländern errichtet, die von dort aus nach Napoleons Truppen Ausschau hielten. Heute ist darin das James Joyce Museum (280 9265; www.visitdublin.com; Joyce Tower, Sandycove; Erw./Kind/Stud. 6/4/5 €; April–Aug. Di–Sa 10–13 & 14–17, So 14–18 Uhr, Sept.–März nur auf Vereinbarung) untergebracht, außerdem nimmt hier die Handlung von Joyces epischem Roman *Ulysses* ihren Anfang. 1962 wurde das Museum von Sylvia Beach eröffnet; die in Paris lebende Verlegerin wagte es als Erste, Joyces komplizierten Roman zu veröffentlichen. Zu den sehenswerten Exponaten gehören Fotos, Briefe, Dokumente, verschiedene Versionen von Joyces Werk und zwei Totenmasken des Schriftstellers.

Unterhalb des Martello Tower liegt der **Forty Foot Pool**, ein Meerbecken, dessen Name auf das bis 1904 am Turm stationierte Fortieth Foot Regiment zurückgeht. Am Ende des ersten Kapitels von *Ulysses* fährt Buck Mulligan dorthin, um zu schwimmen. Noch immer hat das morgendliche Bad Tradition, und zwar unabhängig von den Jahreszeiten. Im Winter erfordert ein Sprung in den Pool übrigens gar nicht so viel mehr Mut als im Sommer, da die Temperatur nur um etwa 5 °C schwankt. Ziemlich kalt ist das Wasser aber auf jeden Fall.

Auf Druck der weiblichen Badegäste hin wurde der Abschnitt, den früher nur Nacktbader und Männer betreten durften, für beide Geschlechter geöffnet – trotz großen Protests von Seiten der „Forty Foot Gentlemen". Schließlich einigte man sich darauf, dass der Textilzwang erst nach 9 Uhr gilt. Vor dieser Uhrzeit kommen hauptsächlich (nackte) Männer.

more Harbour aus (eine Reservierung ist leider nicht möglich).

Auch bei Tauchern erfreut sich Dalkey Island großer Beliebtheit. Wer eine Lizenz hat, kann die Ausrüstung in Dun Laoghaire weiter nördlich bei **Ocean Divers** (01-280 1083; www.oceandivers.ie; West Pier; halbtägiger Tauchgang inkl. aller Ausrüstung & Boot 59 €) leihen.

Richtung Süden locken einige tolle Aussichtspunkte, darunter ein kleiner Park am Sorrento Point und Killiney Hill, außerdem gibt's an der Küste von Dalkey einige felsige Schwimmbecken.

1 km südlich von Dalkey liegt der wohlhabende Vorort **Killiney**, wo ein paar Superreiche und Stars wie Bono, Enya und der Filmemacher Neil Jordan leben. Was diese Gegend besonders reizvoll macht, sind der lange, weich geschwungene Sandstrand der Killiney Bay (im 19. Jh. fanden die Bewohner, er ähnele der Sorrentobucht von Neapel, daher bekamen alle Straßen italienische Namen) und die ginsterbedeckten Hügel, die zu Spaziergängen einladen. Leider werden die meisten Traveller Killiney nur als Besucher kennenlernen. Wenn nämlich überhaupt mal ein Haus auf den freien Markt kommt, muss der Käufer dafür mindestens 5 Mio. € hinblättern.

Essen

Guinea Pig FISCH & MEERESFRÜCHTE €€€
(01-285 9055; 17 Railway Rd; Hauptgerichte 19–35 €; nur Abendessen) Trotz des Namens ist dies nach Meinung vieler Kritiker Dublins bestes Fischrestaurant.

Caviston's Seafood Restaurant
FISCH & MEERESFRÜCHTE €€€
(01-280 9245; Glasthule Rd, Sandycove; Hauptgerichte 18–27 €; Di–Do 12–17, Fr & Sa 12–24 Uhr) Fans von Krustentieren sollten den Marsch von einem läppischen Kilometer zum Caviston auf sich nehmen, um hier eine unvergessliche Mahlzeit zu genießen.

❶ An- & Weiterreise

Dalkey liegt 8 km südlich vom Zentrum Dublins an der Küste. Am besten erreicht man es mit dem DART von den Bahnhöfen Connolly oder Pearse. Wer allerdings mehr von der Landschaft sehen will, kann auch die Buslinie 8 ab Burgh Quay in Dublin nehmen. Tickets kosten jeweils 2,20 €.

Howth

Das hübsche Dorf Howth (wird wie das englische *„both"* ausgesprochen, nur mit einem „h" am Anfang) erstreckt sich am Fuß einer bauchigen Halbinsel. Es hat einen Fischer- und einen Jachthafen und gilt als eine der besten Adressen Dublins. Die nobelsten Anwesen liegen diskret auf dem höchsten mit Ginster bewachsenen Hügel, der tolle Aussichten auf die Dublin Bay bietet. Dubliner, die sich hier kein Eigenheim leisten können, kommen gerne am Wochenende her. Rund um Howth Head kann man nämlich wunderbar wandern, außerdem findet am Ufer ein beliebter Bauernmarkt statt.

⊙ Sehenswertes

Howth Castle BURG

Der Ort grenzt größtenteils an das weitläufige Gelände des 1564 errichteten Howth Castle. Seither hat sich jedoch viel an dem Gebäude geändert; zuletzt verpasste ihm Sir Edwin Lutyens 1910 einen modernen Anstrich. Heute ist die Burg in vier exklusive Wohneinheiten aufgeteilt. 1177 wurde das Originalanwesen von dem normannischen Adeligen Sir Almeric Tristram erworben, der seinen Nachnamen in St. Lawrence umänderte, nachdem er auf Geheiß seines Lieblingsheiligen (zumindest glaubte er das) eine Schlacht gewonnen hatte. Die Familie ist nach wie vor im Besitz des Landes, obwohl die bis dahin ungebrochene Linie männlicher Nachfahren bereits 1909 endete.

Auf dem Gelände befinden sich zudem die Ruinen von **Corr Castle** aus dem 16. Jh. und ein uralter Dolmen (neolithisches Grabmal aus aufrecht stehenden Steinen mit einem Deckstein darüber), der auch Aideen's Grave genannt wird. Der Legende nach starb Aideen an gebrochenem Herzen, nachdem ihr Mann bei der Schlacht von Gavra bei Tara 184 n. Chr. gefallen war. Weil der Dolmen nach Einschätzung von Fachleuten mindestens 300 Jahre mehr auf dem Buckel hat, kann am Wahrheitsgehalt der Legende allerdings nicht viel dran sein.

Die **Castle Gardens** (Eintritt frei; ⊘rund um die Uhr) sind besonders für ihre im Mai und Juni blühenden Rhododendren, Azaleen sowie eine lange, 10 m hohe und 1710 gepflanzte Buchenhecke bekannt und lohnen einen Besuch.

Darüber hinaus kann man die Ruine der **St. Mary's Abbey** (Abbey St, Howth Castle; Eintritt frei) besichtigen. Das Kloster wurde 1042 vom Wikingerkönig Sitric gegründet, der auch die Vorgängerkirche der Christ Church Cathedral errichten ließ. 1235 wurde es mit dem Kloster auf Ireland's Eye (s. Kasten S. 144) zusammengelegt. Einige Teile des Gebäudes stammen noch aus dieser Zeit, ein Großteil datiert aber ins 15. und 16. Jh. Das Grab von Christopher St. Lawrence (Lord Howth) in der südöstlichen Ecke wurde um 1470 angelegt. Die Öffnungszeiten stehen am Tor angeschrieben oder können beim Verwalter erfragt werden.

Howth Summit AUSSICHTSPUNKT

Im Grunde ist Howth ein sehr großer, von Klippen gesäumter Hügel. Sein höchster Punkt, Howth Summit (171 m), bietet eine tolle Sicht über Dublin Bay bis zum County Wicklow. Von der Spitze aus kann man nach Ben of Howth wandern, einer Landzunge in der Nähe des Dorfes, unter der sich ein 2000 Jahre altes keltisches **Königsgrab** verbergen soll. Das **Baily Lighthouse** von 1814 am südöstlichen Ende steht an der Stelle, wo sich früher eine alte Steinfestung befand. Dorthin gelangt man über einen dramatischen Klippenpfad. Schon 1670 wies ein Leuchtfeuer Schiffen den Weg.

✘ Essen

LP TIPP **House** IRISCH €€

(☏01-839 6388; www.thehouse.ie; 4 Main St; Hauptgerichte 16-22 €; ⊘ Mo-Fr 9-15, Sa & So 11.30-15 & 18-23 Uhr) Ein erstklassiges Restaurant an der Hauptstraße, die vom Hafen wegführt. Hier kann man Köstlichkeiten wie knusprige Polenta mit Bellingham-Blaukäse, Wildhirschragout und leckere Fischgerichte genießen.

Howth Fishermen's & Farmer's Market BAUERNMARKT €

(☏01-611 5016; www.irishfarmersmarkets.ie; West Pier, Howth Harbour; ⊘So & Feiertage 10-17 Uhr) Auf diesem wunderbaren Markt gibt's neben frischem Fisch auch Biofleisch, Gemüse und allerlei Hausgemachtes wie Marmelade, Kuchen und Brot. Eine tolle Option fürs sonntägliche Mittagessen.

Oar House MEERESFRÜCHTE €€

(☏01-839 4562; www.oarhouse.ie; 8 West Pier; Tapas 5-12 €, Hauptgerichte 12-24 €; ⊘12.30-22 Uhr) In dem neuen Restaurant steht vor allem köstlicher Fisch auf der Karte, wobei die lokalen Spezialitäten am besten schmecken. Natürlich sollte das in einem Fischerdorf ja auch so sein, trotzdem sticht das Oar House in zweierlei Beziehungen heraus: Erstens ist der Fisch einmalig zubereitet und zweitens bekommt man jedes Gericht auf der Speisekarte entweder als Hauptgang oder als kleinere, tapasähnliche Portion.

ABSTECHER

IRELAND'S EYE

Nicht weit vor der Küste von Howth erstreckt sich Ireland's Eye (Karte S. 58), ein felsiges Vogelschutzgebiet mit den Ruinen eines Klosters aus dem 6. Jh. Am nordwestlichen Ende der Insel ragt ein Martello-Turm auf, wo die von Howth kommenden Boote anlegen, und am östlichen Ende stürzt eine spektakuläre nackte Felswand steil ins Meer hinab. Während der Brutzeit sieht man hier nicht nur zahlreiche Meeresvögel in der Luft kreisen, sondern auch jede Menge Jungvögel am Boden. Außerdem werden in der Umgebung immer wieder Robben gesichtet.

Doyle & Sons (01-831 4200; hin & zurück 14 €) fährt im Sommer mit Booten vom Ostpier des Howth Harbour zur Insel, meist an Samstag- und Sonntagnachmittagen. Da die ganze Klosterruine dicht mit Brennnesseln bewachsen ist, sollte man bei einem Besuch lange Hosen anziehen und darüber hinaus bitte nicht vergessen den Müll wieder mitzunehmen – viele Inselbesucher tun das nämlich leider nicht.

Nördlich von Ireland's Eye liegt **Lambay Island**, ein wichtiges Meeresvogelschutzgebiet, das nicht öffentlich zugänglich ist.

An- & Weiterreise

Nach Howth gelangt man am einfachsten und schnellsten mit der DART-Bahn (20 Min., 2,20 €). Zum gleichen Preis fahren die Busse 31 und 31A von der Lower Abbey Street im Zentrum aus bis zum Gipfel 5 km südöstlich von Howth.

Malahide

Malahide (Mullach Íde) war früher ein verschlafenes Nest mit eigenem Hafen und weit weg vom Großstadtdschungel, doch heute ist das Einzige, was den Ort noch von Dublins Außenbezirken im Norden trennt, Malahide Demesne, ein 101 ha großer gepflegter Park mit einer Burg, die einst der mächtigen Talbot-Familie gehörte. Das hübsche Dorf ist noch relativ intakt, allerdings wurde der ehemals so ruhige Jachthafen mächtig umgekrempelt und hat sich nun in ein reges Zentrum mit Promenaden, Restaurants und Geschäften verwandelt.

Sehenswertes

Malahide Castle BURG
(01-846 2184; www.malahidecastle.com; Erw./Kind/Stud./Fam. 7,50/4,70/6,30/18 €; April–Okt. Mo–Sa 10–17, So 11–18 Uhr, Nov.–März Sa & So 11–17 Uhr) Trotz der Unbeständigkeit der irischen Geschichte schaffte es die Talbot-Familie, das Schloss von 1185 bis 1976 in ihrem Besitz zu halten. Die einzige Ausnahme bildete die kurze Zeitspanne, in der Cromwell das Sagen hatte (1649-1660). Inzwischen befindet sich die Burg im Besitz des Dublin County Council. Sie weist den üblichen Mischmasch aus einer Vielzahl baulicher Aktivitäten und Sanierungsmaßnahmen auf. Ihr ältester Teil ist das dreistöckiges Turmhaus aus dem 12. Jh. 1765 wurden noch die Rundtürme an den Seiten der Fassade hinzugefügt.

Zu den Highlights der zahlreichen im Gebäude aufbewahrten Möbel und Gemälde zählen ein kunstvoll geschnitztes Eichenzimmer aus dem 16. Jh. sowie die mittelalterliche Große Halle mit Familienporträts, einer Spielmannsgalerie und einem Gemälde von der Schlacht am Boyne. Puck, der Familiengeist der Talbots, soll übrigens zuletzt 1975 erschienen sein.

Im **Schlosspark** (Eintritt frei; April–Okt. 10–21 Uhr, Nov.–März 10–17 Uhr) kann man gut picknicken. An einem schönen Tag ist er sogar der beste Teil des Besuchs.

Essen

Chez Sara FRANZÖSISCH €€
(01-845 1882; 3 Old St; Hauptgerichte 18–26 €; Mo–Fr nur Abendessen, Sa & So Mittag- & Abendessen) Irisches Lamm, Roter Schnapper und ausgezeichnete Steaks sind nur ein paar der Highlights in diesem gemütlichen französischen Restaurant mitten im Dorf.

Sale e Pepe INTERNATIONAL €€
(01-845 4600; www.saleepepe.ie; The Diamond, Main St; Hauptgerichte 17–29 €; nur Abendessen) Auf der Karte stehen gut zubereitete Steaks, Fish 'n' Chips und hausgemachte Bio-Burger sowie einige wenige italienische Gerichte.

An- & Weiterreise

Malahide liegt 13 km nördlich von Dublin. Mit der Buslinie 42 (2,30 €) ist man von der Talbot Street aus innerhalb von 45 Minuten dort. Die DART-Bahn hält zwar in Malahide (2,50 €), man muss allerdings etwas aufpassen, dass man nicht in den falschen Zug steigt (die Richtung steht immer vorne am Waggon), da sich die Strecke an der Howth Junction teilt.

Counties Wicklow & Kildare

EINWOHNER: 345 000 / FLÄCHE: 3718 KM²

Inhalt »

County Wicklow.............148
Wicklow Mountains.......148
Die Küste 159
County Kildare 165
Maynooth 165
Straffan.........................167
Am Grand Canal
entlang 167
Newbridge &
der Curragh 168
Kildare (Stadt) 169
Von Donnelly's Hollow
nach Castledermot 172

Gut essen

» Ballyknocken House (S. 163)
» Emilia's Restaurant (S. 151)
» Tinakilly Country House & Restaurant (S. 161)
» Grangecon Café (S. 159)
» Poppies Country Cooking (S. 151)

Schön übernachten

» Brook Lodge & Wells Spa (S. 164)
» Rathsallagh House & Country Club (S. 159)
» Hunter's Hotel (S. 161)
» Sheepwalk House & Cottages (S. 164)

Auf nach Wicklow & Kildare

Diese zwei Grafschaften mögen zwar Nachbarn sein und beide an Dublin grenzen, doch damit enden ihre Gemeinsamkeiten auch schon.

Das malerische, wilde Wicklow mit seinem beeindruckenden, dicht von Ginster und Farn bewachsenen Bergkamm liegt südlich der Hauptstadt in einer herrlichen Gegend voll tiefer Gletschertäler, steiler Bergpässe und bedeutender archäologischer Schätze, angefangen bei den Kultstätten der Urchristen bis zu den Herrenhäusern des irischen Hochadels aus dem 18. Jh.

Im Westen erstreckt sich das deutlich beschaulichere Kildare, ein wohlhabendes, von Landwirtschaft geprägtes County mit einigen der lukrativsten Vollblutgestüten der Welt. Die Zucht ist in ganz Irland ein erfolgreiches Geschäft, in Kildare aber gilt sie als wahres Lebenselixier, da mit ihr viele Millionen steuerfreie Euros erwirtschaftet werden.

Reisezeit

Die Sommermonate von Juni bis September sind die beste Reisezeit für Wicklow, vor allem wenn man eine Wanderung auf dem Wicklow Way unternehmen möchte. Pflanzenfans kommen auf dem Wicklow Gardens Festival auf ihre Kosten, das von Ostern bis Ende August veranstaltet wird. Darüber hinaus lockt im Mai das Wicklow Arts Festival. Irlands renommiertestes Flachrennen, das Irish Derby, findet Ende Juni im Curragh, County Kildare, statt, aber man kann auch noch bis Oktober andere Rennen besuchen.

Highlights

❶ Die beeindruckenden Ruinen sowie malerischen Hügel und Wälder von **Glendalough** (S. 152) entdecken

❷ Kildares fruchtbares **Bog of Allen** (S. 168) erkunden

❸ Eine Wanderung auf dem beliebtesten Trekkingweg des Landes, dem **Wicklow Way** (S. 154 f.), unternehmen

❹ Im **Russborough House** (S. 158) die fantastischen Kunstwerke und die tolle Atmosphäre auf sich wirken lassen

❺ Die herrlichen italienischen Gärten und den imposanten Wasserfall des **Powerscourt Estate** (S. 149) bewundern

❻ An einer Führung durch **Castletown House** (S. 166), Irlands prächtigste palladianische Villa, teilnehmen

❼ Bei einer Übernachtung in einer der **Glendalough Hermitages** (S. 156) die Seele baumeln lassen

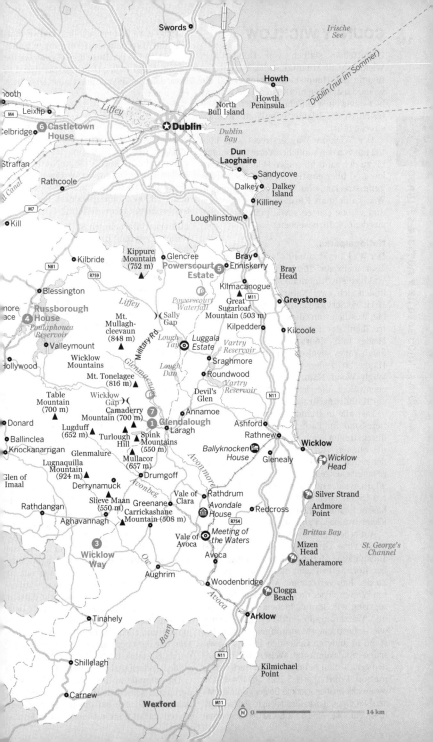

COUNTY WICKLOW

Unmittelbar südlich von Dublin liegt Wicklow (Cill Mhantáin), das Lieblingsrefugium der Hauptstadtbewohner und ein wilder Lustgarten mit Küsten- und Waldgebiet sowie einer einschüchternden Bergkette, durch die Irlands populärste Wanderstrecke führt.

Der Wicklow Way erstreckt sich über 132 km von den südlichen Vororten Dublins bis zu den sanft hügeligen Feldern von Carlow und über einstige militärische Versorgungsstrecken und Naturpfade. Auf dem Weg kann man Klosterruinen erforschen und schöne Gärten sowie prächtige Villen aus dem 18. Jh. besuchen.

Nationalparks
Der Wicklow Mountains National Park umfasst mehr als 200 km² Hochmoor- und Waldgebiete. Innerhalb der Schutzzone befinden sich zwei Naturreservate, die dem Heritage Service gehören. Das größere Gebiet westlich vom Glendalough Visitor Centre dient der Erhaltung der weitläufigen Heide- und Moorlandschaft des Glendalough Valley sowie des Upper Lake und der Hänge zu beiden Seeseiten. Das Glendalough Wood Nature Reserve schützt Eichenwälder, die sich vom Upper Lake bis zur Rathdrum-Straße im Osten erstrecken.

Fast alle in Irland beheimateten Säugetiere sind im Park vertreten. Inzwischen durchstreifen auch wieder Rotwildherden die offenen Hügellandschaften. Während der ersten Hälfte des 18. Jhs. waren die Tiere bereits ausgestorben und wurden erst im 20. Jh. wieder neu angesiedelt. In den höheren Lagen leben Füchse, Dachse und Wildhasen. Eichhörnchen tummeln sich in den Kiefernwäldern rund um den Upper Lake.

Außerdem gibt's jede Menge Vögel, darunter viele Greifvögel wie Wander- und Turmfalken, Merline, Habichte und Sperber. Kornweihen sieht man weniger häufig. Zu den hier vertretenen Moorvögeln gehören Wiesenpieper und Feldlerchen. Seltenere Arten wie Braunkehlchen, Ringdrosseln und Wasseramseln entdeckt man ebenso wie schottische Moorhühner, deren Bestand in anderen Gegenden Irlands inzwischen rapide abnimmt. Weitere Informationen erhält man beim **National Park Information Point** (Karte S.152; 0404-45425; www.wicklownationalpark.ie; Bolger's Cottage, Miners' Rd, Upper Lake, Glendalough; Mai–Sept. 10–18 Uhr, Okt.–April Sa & So 10 Uhr–Sonnenuntergang) etwa 2 km sein sollte, sind vermutlich alle Mitarbeiter auf Führungen unterwegs. Mithilfe der Broschüre *Exploring the Glendalough Valley* (Heritage Service; 2 €) lässt sich das Gelände auch auf eigene Faust erkunden.

🛈 **An- & Weiterreise**
In Wicklow kann man relativ problemlos umherreisen.

AUTO Zu den Hauptstraßen des Countys gehören die N11 (M11), die in Nord-Süd-Richtung von Dublin bis Wexford durch die Grafschaft führt, und die N81, die von den Wicklow Mountains durch Blessington bis nach Carlow verläuft.

BUS Das Unternehmen St. Kevin's Bus verkehrt zweimal täglich von Dublin und Bray nach Roundwood und Glendalough. Der Westen einschließlich Blessington ist von Dublin aus mit Bus 65 zu erreichen.

ZUG Der Dublin Area Rapid Transport (DART) fährt von Dublin aus in Richtung Süden bis nach Bray, außerdem bestehen zwischen der Hauptstadt und Wicklow bzw. Arklow regelmäßige Zug- und Busverbindungen.

Genauere Informationen zu den einzelnen Städten findet man jeweils in den Abschnitten „An- & Weiterreise".

Wicklow Mountains

Sobald man Dublin hinter sich lässt und Wicklow erreicht, ändert sich die Landschaft. Von Killakee aus führt die Military Road 30 km Richtung Süden über weite, mit Ginster, Farn und Heidekraut bedeckte Hügel sowie durch Moorgebiete und idyllische Berg- bzw. Seenlandschaften.

Mit seinen 924 m ist der höchste Berg des Countys, der Lugnaquilla, eher ein großer Hügel. Er besteht aus Granit und ist vor 400 Mio. Jahren aus heißem Magma entstanden. Während der Eiszeit hat er sich zu dem heutigen zerklüfteten Gebirge aufgefaltet. Seine Gipfel sind wunderbar einsam und rau. Zwischen ihnen liegen einige tiefe Gletschertäler wie Glenmacnass, Glenmalure und Glendalough, während Kraterseen wie der obere und untere Lough Bray, durch Eis einst in den Fels gegraben, das wilde Landschaftsbild ergänzen.

Die schmale Military Road windet sich durch abgeschiedene Höhenlagen mit herrlichen Ausblicken auf die Umgebung. Am besten startet man in Glencree (von Enniskerry aus). Von dort verläuft die Straße weiter südwärts über den Sally Gap und die Täler Glenmacnass und Laragh sowie nach Glenmalure und Aghavannagh.

Wer die Seen Lough Tay und Lough Dan besuchen möchte, sollte einen Abstecher zum Sally Gap unternehmen. Weiter südlich führt die Strecke am großen Wasserfall von Glenmacnass vorbei nach Laragh, in dessen Nähe die herrlichen Ruinen des Klosters von Glendalough liegen. Danach geht's durch das Tal von Glenmalure. Wanderer mit guter Kondition können hier den Lugnaquilla erklimmen.

ENNISKERRY & POWERSCOURT ESTATE
2672 EW.

An der Spitze der „21 Bends" (21 Kehren), wie die kurvenreiche R117 von Dublin auch genannt wird, erstreckt sich das schöne Örtchen Enniskerry mit seinen Kunstmuseen und Biocafés. Wer hier gesteht, dass er Eier aus Käfighaltung isst, wird wie ein Krimineller behandelt. Die stolze Selbstsicherheit der Einwohner ist weit entfernt von den Ursprüngen des Dorfes, das auf Richard Wingfield zurückgeht. 1760 ließ der Earl des nahe gelegenen Powerscourt Estate für seine Arbeiter mehrere Cottages mit Terrassen bauen. Heute muss man schon eine Weile erfolgreich gearbeitet haben, um sich ein solches Häuschen leisten zu können.

Zwar ist Enniskerry schon an sich reizvoll, doch seine Beliebtheit verdankt er vor allem dem herrlichen, 64 km² großen **Powerscourt Estate** (✆01-204 6000; www.powerscourt.ie; Erw./Kind/Stud. 8/5/7 €; ☼ Feb.–Okt. 9.30–17.30 Uhr, Nov.–Jan. 9.30–16.30 Uhr), durch das man einen guten Eindruck davon bekommt, wie die Reichen im 18. Jh. lebten. Der Haupteingang befindet sich 500 m südlich des Dorfplatzes.

1300 ließ die Familie LePoer (später ins Englische als „Power" übertragen) an diesem Standort eine Burg errichten. Das Bauwerk wechselte einige Male die Besitzer und wurde 1603 von dem frisch gekürten Marshall of Ireland Richard Wingfield übernommen, dessen Nachfahren hier in den nächsten 350 Jahren wohnten. 1731 erhielt das georgianische Wunderkind Richard Cassels (bzw. Castle) den Auftrag, die Festung zu einem imposanten Herrenhaus umgestalten. Eigentlich waren die Arbeiten 1743 beendet, trotzdem kam 1787 ein Stockwerk hinzu. Im 19. Jh. wurden weitere Umbauten vorgenommen.

Nach dem Weggang der Wingfields in den 1950er-Jahren sanierte man das Herrenhaus von Grund auf. Am Vorabend der Wiedereröffnung 1974 fiel allerdings das ganze Gebäude einem Brand zum Opfer. Schließlich wurde es von den Slazengers, einem renommierten Familienunternehmen der Sportindustrie, aufgekauft, und ein zweites Mal restauriert. Diesmal erweiterte man es durch zwei Golfplätze, ein Café, ein großes Gartencenter, eine Handvoll netter Läden und eine kleine Ausstellung über die Geschichte des Bauwerks.

All diese Einrichtungen sollen Besucher anziehen und ihnen möglichst viel Geld aus der Tasche locken, um das riesige Restaurierungsprojekt zu Ende zu bringen und aus dem Anwesen ein lukratives Wunderland zu machen. Weil hier insbesondere an Sommerwochenenden jede Menge Andrang herrscht, sollte man möglichst unter der Woche herkommen.

Eines der größten Highlights ist der 20 ha große Garten mit seinen sagenhaften Ausblicken. Er wurde in den 1740er-Jahren angelegt und im 19. Jh. von Daniel Robinson umgestaltet, der leider dem Alkohol verfallen war. Ab einer bestimmten Tageszeit wollte (oder musste?) der Landschaftsarchitekt deshalb in einer Schubkarre durch den Garten geschoben werden. Vielleicht trug aber gerade diese Tatsache zu seinem zwanglosen Stil bei, der sich in einer herrlichen Symbiose aus Landschaftsgärten, großzügigen Terrassen, Skulpturen, Zierseen, verborgenen Grotten, hübschen

> ### ℹ️ WICKLOW GARDENS FESTIVAL
>
> Wer die etwa 40 berühmtesten öffentlichen und privaten Gärten der Grafschaft sehen möchte, sollte zwischen Ostern und Ende August herkommen, wenn das wunderbare **Wicklow Gardens Festival** (✆20070; www.visitwicklow.ie) stattfindet. Einige der größeren Gärten öffnen während des Festivals durchgehend, kleinere manchmal nur zu bestimmten Zeiten. Wer Infos über die betreffenden Parks, Öffnungszeiten, Sonderveranstaltungen und Gartenbaukurse sucht, ruft einfach die oben genannte Telefonnummer an oder besucht die Website.

ABSTECHER

SALLY GAP

Der Sally Gap ist einer der beiden Hauptpässe von Ost nach West über die Wicklow Mountains und von einer spektakulären Landschaft umgeben. Von der Abzweigung der unteren Straße (R755) zwischen Roundwood und Kilmacanogue bei Bray verläuft die enge R759 oberhalb des dunklen, geheimnisvollen Lough Tay. Die felsigen Ufer des Sees gehen direkt in die Geröllhänge des **Luggala** (Fancy Mountain) über. Einst war diese geradezu märchenhafte Gegend im Besitz von Garech de Brún, Familienmitglied der Guinness' und Gründer von Claddagh Records, Irlands tonangebender Produzent traditioneller irischer Folkmusik. Der kleine Fluss Cloghoge verbindet den Lough Tay mit dem Lough Dan und führt dann weiter in nordwestlicher Richtung nach Kilbride zur N81. Die Schnellstraße folgt der Liffey, die hier kaum mehr als ein Bach ist.

Spazierwegen und Einfriedungen niederschlug. Über 200 Baum- und Straucharten gedeihen hier vor der großartigen Naturkulisse des Great Sugarloaf Mountain im Südosten. Mit den Eintrittstickets erhält man eine Karte, auf der 40-minütige und einstündige Touren durch den Garten eingezeichnet sind. Besucher sollten zudem keinesfalls den herrlichen Japanischen Garten und den Pepperpot Tower nach dem Modell einer Pfeffermühle von Lady Wingfield verpassen. Unser absoluter Favorit ist jedoch der Tierfriedhof, auf dem Haustiere und sogar einige Milchkühe der Wingfields ihre letzte Ruhestätte fanden. Erstaunlich, wie persönlich manche Grabinschrift ist.

Zu dem beeindruckenden **Powerscourt Waterfall** (Erw./Kind/Stud. 5/3,50/4,50 €; ☉ Mai-Aug. 9.30-19 Uhr, März-April & Sept.-Okt. 10.30-17.30 Uhr, Nov.-Jan. bis 16.30 Uhr), der mit seinen 130 m der höchste Wasserfall Großbritanniens und Irlands ist, führt eine 7 km lange Wanderstrecke, man erreicht ihn aber auch über die Straße (dem Wegweiser in Richtung Park folgen). Nach starken Regenfällen sieht er besonders imposant aus. Rund um den Naturpfad am Wasserfall stehen Mammutbäume, Eichen, Buchen, Birken und Ebereschen, in denen man zahlreiche Vogelarten wie Buchfinken, Kuckucke, Zilpzalpe, Raben und Fitislaubsänger entdecken kann.

☞ Geführte Touren

Alle Ausflüge zum Powerscourt Estate starten in Dublin.

Bus Éireann BUSTOUR

(☎01-836 6111; www.buseireann.ie; Busáras; Erw./Kind/Stud. 28/22/25 €; ☉Mitte März-Okt. 10 Uhr). Tagestour zum Powerscourt Estate und nach Glendalough (inklusive aller Eintrittskosten) vom Dubliner Busbahnhof Busáras (Karte S. 76 f.).

Dublin Bus Tours BUSTOUR

(Karte S. 76 f.; ☎01-872 0000; www.dublinbus.ie; 59 Upper O'Connell St; Erw./Kind 28/14 €; ☉11 Uhr) Die vierstündige South-&-Coast-&-Gardens-Tour umfasst einen Besuch des Powerscourt Estate sowie einen Ausflug an den Küstenabschnitt zwischen Dun Laoghaire und Killiney und Abstecher ins Landesinnere nach Wicklow bzw. Enniskerry. Der Eintritt für den Park ist im Preis inbegriffen.

Irish Sightseeing Tours BUSTOUR

(Karte S. 76 f.; ☎01-872 9010; www.irishcitytours.com; Gresham Hotel, O'Connell St; Erw./Stud./Kind 32/30/25 €; ☉Fr-So 10 Uhr) Diese Tour führt zu den Topattraktionen in Wicklow: Powerscourt Estate, Glendalough, Avoca, Dun Laoghaire und Dalkey (der Eintritt zum Glendalough Visitor Centre und Powerscourt Estate ist enthalten, aber der Kaffee kostet extra).

🛏 Schlafen & Essen

Summerhill House Hotel HOTEL €€

(☎01-286 7928; www.summerhillhousehotel.com; Zi. ab 90 €; P🛜🐾) Ein spektakuläres Herrenhaus 700 m südlich der Stadt direkt an der N11. Besser kann man sich weit und breit nicht betten, denn man nächtigt inmitten von Antiquitäten und Gemälden auf weichen Kissen. In dieser Unterkunft ist alles unvergesslich, darunter das erstklassige Frühstück. Die nächstgelegene Jugendherberge befindet sich in Glencree 10 km weiter westlich.

Coolakay House B&B €€

(☎01-286 2423; www.coolakayhouse.com; Waterfall Rd, Coolakay; Zi. 75 €; P🛜) Der moderne Gutshof 3 km südlich von Enniskerry (an der Straße ausgeschildert) eignet sich ideal für Wanderer auf dem Wicklow Way. Alle vier Zimmer bieten einen herrlichen Ausblick und sind behaglich, doch der absolute Hit ist das Restaurant. Ob Snacks oder Hauptspeisen (etwa 11 €): Hier brummt das Geschäft!

Emilia's Ristorante — ITALIENISCH €€
(01-276 1834; Clock Tower, The Square; Hauptgerichte 12–16 €; Mo-Sa 17–22.45, So 12–21.30 Uhr) Das hübsche Restaurant im ersten Stock stellt mit seinen hauchdünnen, knusprigen Pizzas selbst Anspruchsvolle zufrieden und kann auch mit allen anderen Gerichten von Biosuppe über Steaks bis zu Baiser-Desserts überzeugen.

Poppies Country Cooking — CAFÉ €
(01-282 8869; The Square; Hauptgerichte ca. 9 €; 8.30–18 Uhr) Wäre der Service nicht so lahm und alles ein bisschen besser organisiert, könnte dieses kleine Café am Hauptplatz eine der besten Adressen im ganzen County sein. Wird das Essen nämlich endlich mal serviert, kommt man in den Genuss köstlicher Salate, deftiger Sandwiches und preisgekrönter Eiscreme.

Johnnie Fox — FISCH & MEERESFRÜCHTE €€
(01-295 5647; www.jfp.ie; Glencullen; Meeresfrüchteplatte 29,95 €; 12–22 Uhr) Im Sommer fallen abends ganze Touristenscharen ein, die mit dem Bus anreisen und vor allem feiern möchten. Über die Speisen kann man jedoch nicht meckern: Sie sind so lecker, dass man gerne für einen weiteren Refrain von *Danny Boy* sitzenbleibt und am Ende sogar mitsingt. Das Johnnie Fox befindet sich 3 km nordwestlich von Enniskerry in Glencullen.

❶ An- & Weiterreise
Enniskerry liegt 18 km südlich von Dublin und 3 km westlich der M11 an der R117. Traveller kommen problemlos auf eigene Faust zum Powerscourt-Anwesen (500 m außerhalb des Dorfes), allerdings hat der Weg zum Wasserfall seine Tücken.

Dublin Bus (01-872 0000, 01-873 4222) fährt in 1¼ Stunden von der Hawkins Street in Dublin nach Enniskerry (Linie 44, 2,40 €, alle 20 Min.). Alternativ nimmt man die S-Bahn (DART) nach Bray (2,90 €) und steigt am Bahnhof in die Buslinie 185 (1,60 €, stdl., dauert 40 Min. länger) um.

Alpine Coaches (01-286 2547; www.alpinecoaches.ie) betreibt einen Shuttleservice zwischen der DART-Haltestelle in Bray, dem Powerscourt Waterfall (hin & zurück 6 €) und dem Anwesen (4,50 €). Abfahrt in Bray ist von Montag bis Samstag um 11.05 (Juli & Aug. 11.30 Uhr), 12.30, 13.30 (sowie Sept.–Juni 15.30 Uhr) und So um 11, 12 und 13 Uhr. Die letzte Rückfahrt vom Powerscourt Estate erfolgt um 17.30 Uhr.

ROUNDWOOD
589 EW.

Für Wanderer auf dem Wicklow Way (3 km westlich der Ortschaft) ist das unspektakuläre Roundwood, Irlands angeblich höchstgelegenes Dorf auf gerade einmal 238 m über dem Meeresspiegel, ein praktischer Zwischenstopp.

🏃 Aktivitäten
Footfalls Walking Holidays (0404-45152; www.walkinghikingireland.com; Troopers-Stadt, Roundwood) Zum Angebot dieses Unternehmens gehören sowohl geführte Touren (bis zu acht Tagen) als auch Exkursionen auf eigene Faust. Ein sechstägiger Ausflug durch die Wicklow Mountains inklusive Übernachtung und Vollverpflegung kostet 730 €.

🛏 Schlafen & Essen
Roundwood Caravan & Camping Park — CAMPING €
(01-281 8163; www.dublinwicklowcamping.com; Campingplatz 8/4 € pro Erw./Kind; April–Sept.; 📶) Dieser wunderbare Campingplatz 500 m südlich des Dorfes verfügt über eine Küche, einen Speisebereich und eine TV-Lounge und ist eine der besten Anlagen überhaupt in ganz Wicklow. Das Unternehmen St. Kevin's Bus verkehrt täglich zwi-

---

ABSTECHER

GLENMACNASS

Obwohl sich Besucher des entlegenen Glenmacnass-Tals sehr einsam fühlen werden, zählt das Moorgebiet zwischen Sally Gap und Laragh zu den schönsten Gegenden des Countys.

Der Mt. Mullaghcleevaun (848 m) ist der höchste Berg im Westen. Hier ergießt sich der Richtung Süden verlaufende Fluss Glenmacnass über die Kante des Hochplateaus und wird so zum **Glenmacnass Waterfall**. Ganz in der Nähe gibt's einen Parkplatz. Beim Klettern auf den Felsen rund um den Wasserfall ist Vorsicht angebracht, denn dort sind schon einige Wagemutige in den Tod gestürzt! Schöne Wanderpfade führen auf den Mullaghcleevaun oder in die Hügellandschaft östlich des Parkplatzes.

Glendalough

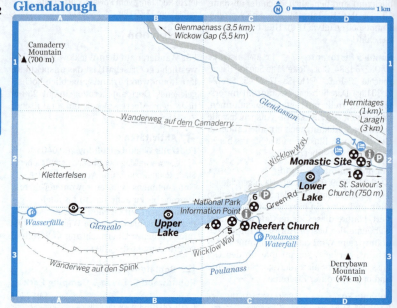

schen Dublin und Glendalough und legt hier einen Zwischenhalt ein.

Roundwood Inn INTERNATIONAL €€
(☎ 01-281 8107; Main St; Bargerichte 10–16 €, Hauptgerichte 16–32 €; ☺ Bar Mo–Fr 12–21 Uhr, Restaurant 19.30–21.30, So 13–15 Uhr) In der gemütlichen Bar des Hauses aus dem 17. Jh. kann man am offenen Kaminfeuer z. B. ungarisches Gulasch oder irischen Eintopf mit deutscher Note genießen. Das etwas gediegenere von Deutschen geführte Lokal mit preisgekrönter Küche gehört zu den besten Adressen der Stadt. Auf der Karte stehen hauptsächlich Fleischgerichte wie irisches Lamm oder saftiges Schweinefleisch mit Knusperkruste. Vorher reservieren.

ⓘ An- und Weiterreise

St. Kevin's Bus (☎ 01-281 8119; www.glendaloughbus.com) bietet zwei Verbindungen pro Tag nach Roundwood auf der Strecke zwischen Dublin und Glendalough (einfach/hin & zurück 8/14 €, 1¼ Std.).

WICKLOW GAP

Zwischen dem Mt. Tonelagee (816 m) im Norden und dem Table Mountain (700 m) im Südwesten erstreckt sich der zweite Hauptpass des Gebirges, der Wicklow Gap. Das östliche Ende der Straße über die Berge beginnt direkt am Nordrand von Glendalough und verläuft in Richtung Nordwesten am Glendassan-Tal entlang den Pass hinauf.

Die Strecke führt durch eine wunderschöne Landschaft und an ehemaligen Blei-Zink-Bergwerken vorbei, bevor sie in eine Nebenstraße mündet, die gen Süden hinauf zum Turlough Hill zieht. Dort befindet sich Irlands einziges Pumpspeicherwerk. Vom Hügel aus genießt man einen tollen Blick über den Upper Lake.

GLENDALOUGH
280 EW.

Viele Traveller kommen nur nach Wicklow, um Glendalough (Gleann dá Loch, „Tal der zwei Seen") zu besuchen, einen der schönsten Plätze in ganz Irland sowie ein Inbegriff von Romantik und wilder Natur.

Natürlich sind die Ruinen der ehemals so bedeutenden Klostersiedlung beeindruckend, doch die Umgebung hat einen noch größeren Reiz. Das gilt besonders für die beiden dunklen, geheimnisvollen Seen in dem tiefen bewaldeten Tal.

Trotz seiner großen Beliebtheit ist Glendalough nach wie vor ein Ort der Stille und Einkehr und deshalb kann man leicht nachvollziehen, warum so viele Mönche auf der Suche nach Einsamkeit ausgerechnet hierherkamen.

Glendalough

◉ Highlights
- Lower Lake D2
- Klosterstätte D2
- Reefert Church...............................C3
- Upper Lake B3

◉ Sehenswertes
- Cathedral of St.Peter & St.Paul (siehe 3)
- **1** Deer Stone D2
- **2** Mienen.......................................A3
- Priest's House ....(siehe 3)
- **3** Rundturm...................................D2
- **4** St. Kevin's Bed C3
- **5** St. Kevin's Cell..........................C3
- St. Kieran's Church..................(siehe 3)
- St. Mary's Church ....(siehe 3)
- **6** Steinfestung..............................C2
- Teampall na Skellig...................(siehe 4)

◉ Schlafen
- **7** Glendalough Hotel D2
- **8** Glendalough International Hostel.......D2

◉ Essen
- Glendalough Hotel ....(siehe 7)

Geschichte

498 n. Chr. zog sich ein junger Mönch namens Kevin in das Tal zurück, um in der Stille zu meditieren und eins mit der Natur zu werden. Am Südufer des Upper Lake schlug er auf Überresten eines bronzezeitlichen Grabs sein Lager auf. In den nächsten sieben Jahren schlief er auf Steinen, kleidete sich in Tierfelle, litt ständig Hunger und freundete sich der Legende zufolge mit Vögeln und Tieren an. Bald zog seine naturnahe Lebensweise jede Menge Anhänger an. Ironischerweise schienen diese gar nicht zu merken, dass sich um einen Eremiten scharten, der so weit weg von anderen Menschen wie möglich leben wollte. In den nächsten Jahrhunderten entwickelte sich aus dem Lager eine richtige Siedlung und bereits im 9. Jh. konkurrierte Glendalough mit Clonmacnoise (S. 548) um den Rang der führenden Klosterstätte Irlands. Tausende von Studenten studierten hier und bevölkerten das ganze Tal.

Zwischen 775 und 1071 fiel die Enklave allerdings mindestens viermal Wikinger-Raubzügen zum Opfer, außerdem marschierten 1398 englische Truppen von Dublin aus ein und zerstörten die Anlage fast vollständig. Einige Menschen lebten trotzdem weiterhin hier und versuchten das Kloster wiederaufzubauen, das im 17. Jh. schließlich endgültig aufgelöst wurde.

◉ Sehenswertes

UPPER LAKE

Teampall na Skellig, die ehemalige Siedlung des hl. Kevin, befindet sich am Fuß der Steilklippen, die über dem Südufer des Upper Lake aufragen. Heute kann man diese Stelle nur noch mit dem Boot erreichen, doch leider gibt's bislang keinen Fährdienst. So bleibt Besuchern lediglich der Blick vom Ufer. Auf einem Felsplateau sieht man die Überreste einer Kirche und eines frühzeitlichen Friedhofs. Auf der nahe gelegenen Anhöhe standen früher einfache Hütten. Ringsum entdeckt man zudem einige Grabplatten und Steinkreuze.

Östlich von hier, 10 m über dem Wasser, erstreckt sich eine künstliche, 2 m tiefe Höhle namens **St. Kevin's Bed**. Dort soll der Heilige gelebt haben. Die Höhle wurde jedoch bereits lange vor Kevins Ankunft genutzt, denn das Tal war schon Jahrtausende bewohnt, bevor sich hier schließlich die Mönche niederließen. Auf einer Grünfläche direkt südlich vom Parkplatz erhebt sich eine große, runde Mauer, angeblich die Reste einer *caher* (frühchristliche Steinfestung).

Der Uferweg südwestlich des Parkplatzes führt zu den bemerkenswerten Ruinen der **Reefert Church** oberhalb des winzigen Poulanass, eher ein Bach als ein Fluss. Die kleine romanische Kirche verfügt über ein Hauptschiff und einen Altarraum aus dem 11. Jh. sowie einige wiederzusammengesetzte Bogen und Mauern. Ursprünglich war Reefert *(righ fearta,* wörtlich „Royal Burial Place" – „Königliche Gruft") der Platz, an dem alle Oberhäupter der Familie O'Toole bestattet wurden. Auf dem zugehörigen Friedhof befindet sich eine Reihe von groben Steinkreuzen und Platten, meist aus glänzendem Schieferstein.

Steigt man die Stufen hinter dem Friedhof hinauf und folgt dann dem Pfad Richtung Westen, stößt man auf einer Anhöhe mit Blick über den See auf die Überreste der **St. Kevin's Cell**, eine sogenannte „Bienenkorbhütte".

LOWER LAKE

Während der Upper Lake in eine besonders reizvolle Landschaft eingebettet ist, wartet der untere Teil des Tals östlich des Lower Lake mit einigen faszinierenden Bauwerken inmitten einer alten Klosteranlage auf.

Beim Glendalough Hotel geht's durch den steinernen Torbogen des **Monastery**

AUF DEM WICKLOW WAY VON GLENDALOUGH NACH AUGHRIM

Der malerische Wicklow Way gehört zu den beliebtesten Wanderrouten Irlands. Weil er von verschiedenen Stellen aus erreichbar ist und die Start- bzw. Endpunkte somit variabel sind, kann man die Länge seiner Tour selbst bestimmen.

Der 40 km lange Abschnitt durch Wicklow führt durch die entlegenen Winkel der Wicklow Mountains bis hinunter ins südöstliche Vorgebirge. Dabei geht's größtenteils durch Föhrenschonungen, man bewegt sich also nur selten auf der Straße. Für die Tour sollte man 7½ bis acht Stunden einplanen (Steigung: 1035 m).

Beim **National Park Information Point** am südlichen Ufer des Upper Lake biegt man links ab, wandert bachaufwärts am Lugduff Brook und am **Poulanass Waterfall** vorbei und biegt beim Waldpfad erneut links ab. An einer Kreuzung hält man sich wieder links und überquert zwei Brücken. Nun geht's 600 m in Richtung Nordosten und nach einem scharfen Rechtsknick Richtung Süden (über verschiedene gut markierte Kreuzungen) durch Kiefernplantagen und über den Lugduff Brook an einem Nebenfluss vorbei, bis der Weg auf dem Bergsattel zwischen **Mullacor** (657 m) und **Lugduff** (652 m; 1¾ Std. ab Glendalough) auf offenes Terrain führt.

An einem guten Tag hat man vom Bergmassiv des Lugnaquilla einen tollen Blick nach Südwesten. In entgegengesetzter Richtung geht's zum langen Camaderry-Kamm hoch über Glendalough mit dem riesigen Tonelagee als Kulisse.

Anschließend wandert man auf dem Bohlenweg bergab, um die Föhrenschonung herum und mitten ins Gestrüpp hinein. Hier führt ein steiler, schlammiger und felsiger Pfad hinab zur Waldstraße, an der man links abbiegt.

Wer lieber im Glenmalure Hostel (s. S. 157) übernachten möchte, anstatt den ganzen Weg bis zur Kreuzung in den Ort zu laufen, folgt der Route ab der linken Abzweigung 1 km südwärts. An einer abgeschrägten Kreuzung, wo der Weg nach Südosten abbiegt, hält man sich links Richtung Westen; dort windet sich ein steiler Pfad durch Glenmalure zu einer Straße, die zu der 2 km entfernten Unterkunft führt.

Gatehouse, des einzigen erhaltenen Kloster-Torhauses in Irland. Im Eingangsbereich ist eine große Steinplatte mit eingraviertem Kreuz zu sehen.

Dahinter liegt ein **Friedhof**, der nach wie vor genutzt wird. Der **Rundturm** aus dem 10. Jh. ist 33 m hoch und hat unten einen Umfang von 16 m. Die oberen Stockwerke und das kegelförmige Dach wurden 1876 wieder aufgebaut. Im Südosten findet sich nahe dem Turm die **Cathedral of St. Peter and St. Paul** mit einem Langhaus aus dem 10. Jh. Der Altarraum und die Sakristei stammen aus dem 12. Jh.

In der Mitte des Friedhofs südlich vom Rundturm steht das **Priest's House**. Das Gebäude wurde 1170 errichtet, später aber stark verändert. Möglicherweise hat man darin Schreine aus dem St.-Kevin-Kloster aufbewahrt. Während der „Penal Times" (18. Jh.), wurden dort Priester aus der Gegend bestattet – daher auch der Name. Die Überreste der **St. Mary's Church** 140 m südwestlich des Rundturms datieren ins 10. Jh. Einst stand das Gebäude mit dem reizvollen Westportal wohl außerhalb der Klostermauern. Etwas weiter östlich stößt man auf die Ruinen der kleinsten Kirche von Glendalough, der **St. Kieran's Church**.

St. Kevin's Kitchen am Südrand der Einfriedung gilt als Glendaloughs Wahrzeichen. Die Kirche mit einem kleinen, runden Glockenturm, einer vorspringenden Sakristei und einem steilen Steindach ist ein echtes Meisterwerk. Warum sie aber unter der Bezeichnung „Kitchen", also Küche, bekannt wurde, wird wohl ein Rätsel bleiben, zumal sie stets als Kirche genutzt worden zu sein scheint. Ihre ältesten Gebäudeteile stammen aus dem 11. Jh. und trotz einiger Umgestaltungen ist sie noch immer ein gutes Beispiel für ein frühes klassisch irisches Gotteshaus.

Überquert man den Fluss südlich dieser beiden Kirchen, entdeckt man an der Kreuzung mit der Green Road die Felsgruppe **Deer Stone**. Als der hl. Kevin Milch für zwei Waisenkinder brauchte, erschien ihm der Legende nach eine Hirschkuh und ließ sich von ihm melken. Bei den Steinen, denen man übernatürliche Kräfte zuschrieb, handelte es sich um *bullaun* (Steine mit tiefer Aushöhlung, die als Mörser dienten, um Medizin oder Essen zuzubereiten). Wahr-

Alle anderen folgen den Waldwegen 1,6 km gen Süden bzw. Südosten bis zu einem breiten Zickzackweg auf freiem Gelände. Als Nächstes umrundet man einen steilen Hang und wandert weiter nach Nordosten, wo der Pfad bergab an zwei Brücken vorbei in eine kleinere Straße mündet. Hier geht's weiter bergab bis zu einer Wegkreuzung und nach Glenmalure. Vom Bergsattel aus benötigt man für diese Strecke ca. 1¼ Stunden.

Der Wicklow Way verläuft nun 500 m Richtung Süden über die Kreuzung hinaus, quer über den Avonbeg River, an der stillgelegten Kaserne **Drumgoff Barracks** aus dem Jahr 1803 vorbei und einen Waldpfad entlang. Hinter einem zerfallenen Cottage hält man sich links, steigt auf zwei längeren Abschnitten immer höher hinauf, biegt dann zweimal links ab, wandert bergab und überquert einen Fluss. 800 m weiter biegt man rechts ab und klettert den **Slieve Maan** (550 m) hinauf. Dabei passiert man vier Wegkreuzungen (immer in südlicher bzw. südwestlicher Richtung). Zurück im Wald führt der Weg nahe am unbewaldeten Terrain links nach Westen. Über einige weitere Schleifen stößt man an einer Lichtung auf den Pfad zwischen der Föhrenschonung und der Straße (auf Karten wird sie als Military Road bezeichnet). Neben einem kleinen Nebenfluss des Aghavannagh vereint sich die Straße mit dem Wanderweg (etwa 2 Std. ab Glenmalure). Sie führt 250 m bergab, danach geht's links auf einem Waldpfad weiter. Man hält sich kurz rechts, um wieder an Höhe zu gewinnen, und überquert auf einem breiten Weg den **Carrickashane Mountain** (508 m). Anschließend geht's steil hinab zu einer breiten Waldstraße und 1 km weiter bergab. Nun hält man sich rechts, um eine kleinere Straße zu erreichen, und nimmt den rechten Abzweig. Nach weiteren 500 m verlässt man die Strecke und kommt zu einer weiteren Straße. Die Iron Bridge befindet sich dort gleich rechter Hand (1 Std. ab der Military Road).

Als Nächstes geht man 150 m weiter bergauf zu einem Weg, biegt links ab und folgt der Strecke etwa 7,5 km bergab durch das Ow-Tal bis zu einer Kreuzung. Aughrim liegt von hier aus links, ungefähr 500 m entfernt. In dem Ort halten Busse auf ihrer Fahrt von Dublin nach Wexford.

scheinlich stammen sie noch aus vorgeschichtlicher Zeit. Angeblich sollten Frauen, die sich das Gesicht mit dem Wasser in der Vertiefung wuschen, ihr Aussehen für immer bewahren. Kirchenmänner brachten die Steine in die Klöster, wohl in der Hoffnung, die darin verborgenen Kräfte nutzen zu können.

Die Straße Richtung Osten führt zur **St. Saviour's Church** mit feinen Schnitzereien aus romanischer Zeit. Im Westen geht's auf einem Waldweg am Lower Lake vorbei bis zum Upper Lake.

✈ Aktivitäten

Im Glendalough Valley kann man prima wandern und klettern. Neun ausgeschilderte Wege führen durch das Tal; für den längsten mit 10 km braucht man etwa vier Stunden. Vor dem Aufbruch sollte man beim **National Park Information Point** (☏0404-45425; Mai–Sept. tgl. 10–18 Uhr, Okt.–April Sa & So 10 Uhr–Sonnenuntergang) vorbeischauen und ein Faltblatt mit Wanderkarte (0,50 €) mitnehmen. Alleinreisende finden hier eventuell Mitwanderer. Außerdem kann man sich einige sehr gute Wanderführer kaufen, z. B. Joss Lynams *Easy Walks Near Dublin* (7,99 €). Achtung: Die sanft anmutende Landschaft täuscht. Auch wenn die Wicklow Mountains nichts weiter als große Hügel sind, ist das Wetter manchmal gnadenlos. Man braucht auf jeden Fall eine geeignete Ausrüstung und sollte immer jemandem Bescheid geben, wohin man geht und wann man zurück sein müsste. Die Bergwacht hat die Nummer ☏999.

Zu den einfachsten und beliebtesten Strecken zählt der gemütliche Spaziergang am Nordufer des Upper Lake entlang zu den **Blei-Zink-Bergwerken** aus dem Jahr 1800. Die Uferroute ist besser als die Straßentour, die etwa 30 m vom Wasser verläuft. Vom Glendalogh Visitor Centre beträgt die einfache Strecke 2,5 km. Wer möchte, kann zum höchsten Punkt des Tals weiterlaufen.

Ein anderer Weg führt auf den **Spink** (auf Irisch „spitzer Hügel"; 380 m), einen steilen Bergkamm mit senkrechten Klippen an den südlichen Uferhängen des Upper Lake. Entweder legt man einen Teil der Strecke zurück und kehrt dann um oder umrundet auf dem Pfad hoch oben zwischen den Felsen den Upper Lake. In dem Fall kommt man unten bei den Minen heraus und wandert am Nordufer entlang zurück. Für die 6 km lange Rundtour benötigt man etwa drei Stunden. Wer nun noch eine etwas längere Wanderung unternehmen will, liest am besten den Kastentext auf S. 154 f. durch.

Die dritte Möglichkeit besteht in einer Gipfelwanderung zum **Camaderry Mountain** (700 m), der sich zwischen den Hügeln auf der Nordseite des Tals versteckt. Die Route beginnt 50 m hinter Glendalough vom Parkplatz des Upper Lake aus. Vom steilen Hügel im Norden genießt man einen sagenhaften Panoramablick. Dann geht's entweder hoch auf den Camaderry im Nordwesten oder der Hügelkette folgend nach Westen mit Aussicht auf den Upper Lake. Für die 7,5 km lange Strecke bis zur Spitze des Camaderry und zurück sollte man etwa vier Stunden einplanen.

👉 Geführte Touren

Wer Glendalough nicht unbedingt auf eigene Faust erkunden will, kann stattdessen auch an einer der Bustouren ab Dublin teilnehmen.

Bus Éireann BUSTOUR
(Karte S. 76 f.; ☎01-836 6111; www.buseireann.ie; Busáras; Erw./Kind/Student 29/23/25 €; ⏰Mitte März–Okt. Abfahrt 10 Uhr) Im Preis für die Tagestour sind der Eintritt in das Besucherzentrum und die Besichtigung von Powerscourt Estate inbegriffen. Gegen 17.45 Uhr ist man wieder zurück in Dublin. Die Guides sind ganz okay, allerdings eher unpersönlich.

Wild Wicklow Tour BUSTOUR
(☎01-280 1899; www.discoverdublin.ie; Erw./Stud. & Kind 28/25 €; ⏰Abfahrt 9 Uhr) Dank der Partystimmung bekommen diese Ausflüge nach Glendalough, Avoca und zum Sally Gap immer die besten Noten, dafür mangelt es allerdings an tiefergehenden Informationen. Die Fahrt beginnt an der Touristeninformation in Dublin, doch es gibt in der Stadt viele weitere Zusteigemöglichkeiten (beim Buchen kann man nach der nächstgelegenen Haltestelle fragen). Gegen 17.30 Uhr ist man wieder zurück.

🛏 Schlafen

Viele B&B-Unterkünfte liegen in sowie rund um Laragh, einem Dorf 3 km östlich von Glendalough bzw. auf dem Weg von Glendalough dorthin.

**Glendalough Hermitages**
EINSIEDELEIEN €
(☎0404-45140, Buchungen unter 45777; www.hermitage.dublindiocese.ie; St. Kevin's Parish Church, Glendalough; EZ/DZ 50/75 €) Der Versuch, den meditativen Geist aus Kevins frühen Jahren wiederaufleben zu lassen, ist der St. Kevin Parish Church durch die Vermietung von fünf *cillíns* (Einsiedeleien) wahrlich gelungen. Hier finden all jene Zuflucht, die sich eine Auszeit fernab von der Hektik des Alltags nehmen möchten. Entsprechend den heutigen Bedürfnissen werden allerdings mehr Annehmlichkeiten geboten als zu den Höhlenzeiten des Heiligen. Jede Klause besteht aus einem Schlafzimmer, einem Bad, einer Küchennische und einem offenem Kamin. Bei aller gebotenen Spiritualität muss man aber nicht unbedingt katholisch sein. Hier sind Gäste aller Konfessionen willkommen, solange sie Stille und Einkehr suchen – das gilt jedoch nicht für Rucksacktouristen, die nur eine günstige Bleibe brauchen. Die Häuschen stehen in einem Feld neben der Pfarrkirche ca. 1 km östlich von Glendalough an der R756 nach Laragh.

Glendalough Hotel HOTEL €€
(☎0404-45135; www.glendaloughhotel.com; EZ/DZ 110/150 €; P@🛜♿) Glendaloughs bestes Hotel wartet mit einer günstigen Lage gleich neben dem Besucherzentrum auf. Den Gästen, die in 44 luxuriösen Zimmern logieren, mangelt es hier wirklich an nichts.

Glendale B&B €€
(☎0404-45410; www.glendale-glendalough.com; Laragh East; Zi. 72 €, Cottage 355–755 € pro Woche; P🛜) Eine moderne, tadellos gepflegte B&B-Pension mit großen Zimmern sowie fünf modernen Sechs-Personen-Cottages für Selbstverpfleger. Letztere haben Annehmlichkeiten wie TV- und Videogeräte sowie voll ausgestattete Küchen inklusive Mikrowelle, Geschirrspüler, Waschmaschine und Trockner. Wer nicht zu Fuß hergehen möchte, den holen die Besitzer aus Glendalougha ab.

Glendalough International Hostel HOSTEL €
(☎0404-45342; www.anoige.ie; The Lodge; B/DZ 24/50 €; @🛜) Die moderne Jugendherberge liegt gleich hinter dem Rundturm mitten im tiefen bewaldeten Gletschertal von Glendalough. Alle Schlafsäle haben eigene Bäder, darüber hinaus gibt's hier eine gute Cafeteria.

✖ Essen

Vor Ort bekommt man nur im Glendalough Hotel etwas zu essen, kann seinen Hunger aber alternativ in einem der Restaurants in Laragh stillen.

Wicklow Heather Restaurant
INTERNATIONAL €€

(📞0404-45157; www.thewicklowheather.com; Main St, Laragh; Hauptgerichte 16–26 €; ⊙12–20.30 Uhr) Auf der Karte dieses Lokals stehen Wicklow-Lamm, Wild, irisches Rind und frischer Fisch (wir empfehlen die Forelle). Fast alle Produkte stammen aus der näheren Umgebung.

❶ Praktische Informationen

Am Eingang des Tals, noch vor dem Glendalough Hotel, befindet sich das **Glendalough Visitor Centre** (📞0404-45325; www.heritageireland.ie; Erw./Kind & Student 3/2 €; ⊙ Mitte März–Okt. 9.30–18 Uhr, Nov.–März bis 17 Uhr). Dort läuft der hochwertige Kurzfilm (17 Min.) *Ireland of the Monasteries,* der das ehemalige Klosterleben anschaulich darstellt.

❶ An- und Weiterreise

St. Kevin's Bus (📞01-281 8119; www.glendaloughbus.com) fährt in Dublin von Montag bis Samstag um 11.30 und 18 Uhr sowie sonntags um 11.30 und 19 Uhr vor dem Mansion House in der Dawson Street ab (einfach/hin & zurück 13/20 €, 1½ Std.). Die Busse des Unternehmens halten auch am Rathaus von Bray. Abfahrtszeiten ab Glendalough: Montag bis Samstag 7.15 und 16.30 Uhr. Im Juli und August verkehrt der spätere Bus wochentags um 17.30 Uhr, außerdem gibt's eine zusätzliche Fahrt um 9.45 Uhr.

GLENMALURE

Folgt man der Military Road bis fast an ihr südliches Ende und dringt tiefer in die Berge südwestlich von Glendalough ein, wird die Gegend wilder und abgeschiedener. Auf der Westseite des Lugnaquilla, Wicklows höchstem Gipfel, erstreckt sich Glenmalure, ein dunkles Tal umrahmt von typischen Geröllhängen. Hat man es erreicht, biegt man hinter der Drumgoff-Brücke in Richtung Nordwesten ab. Von dort führt die Straße 6 km am Fluss Avonbeg entlang bis zu einem Parkplatz, von wo aus Wanderwege in verschiedene Richtungen abzweigen.

Glenmalure spielte eine wichtige Rolle beim Widerstand gegen die Briten. Das Tal war eine Hochburg der Rebellen. 1580 gelang es dem gefürchteten Anführer Fiach Mac Hugh O'Byrne (1544–97) und seiner Bande, etwa tausend englische Soldaten zu besiegen, woraufhin Queen Elisabeth vor Wut fast einen Schlaganfall erlitt. 1597 aber rächten sich die Engländer: Sie fassten O'Byrne, spießten seinen Kopf auf einen Pfahl und stellten diesen vor die Tore des Dublin Castle.

◉ Sehenswertes & Aktivitäten

In der Nähe von Drumgoff stößt man auf Dwyer's oder **Cullen's Rock**, der sowohl an die Schlacht bei Glenmalure erinnern soll als auch an Michael Dwyer, ein Mitglied der Vereinten Iren, der am erfolglosen Aufstand von 1789 gegen die Engländer beteiligt war (s. S.745) und sich hier verbarg. Während der Kämpfe wurden an dem Felsen Männer erhängt.

Wer nicht auf den Lugnaquilla klettern möchte, kann weiter zum Fraughan Rock Glen östlich des Parkplatzes gehen oder durch das Glenmalure Valley an der kleinen Herberge An Óige Glenmalure vorbeiwandern. Danach teilt sich der Weg: Richtung Nordosten gelangt man über die Hügel nach Glendalough, Richtung Nordwesten geht's ins Tal Glen of Imaal (S.159).

Die Talspitze des Glenmalure und Teile des benachbarten Glen of Imaal sind unzugängliches Militärgebiet, das mit zahlreichen Warnschildern gekennzeichnet ist.

🛏 Schlafen

Glenmalure Hostel HOSTEL €

(📞01-830 4555; www.anoige.ie; Greenane; B 15 €; ⊙ Juni–Aug. tgl., Sept.–Mai nur Sa) In dem rustikalen zweistöckigen Cottage gibt's 19 Betten und fließendes Wasser, aber statt Telefon und Strom nur Gaslampen. Dafür blickt das Gebäude auf ein reiches literarisches Erbe zurück: Einst gehörte das Haus nämlich W. B. Yeats' Geliebter Maud Gonne und diente als Kulisse für J. M. Synges Theaterstück *Shadow of a Gunman.* Wer die Einsamkeit sucht, ist hier am Fuß des Lugnaquilla genau richtig.

Glenmalure Log Cabin SELBSTVERSORGER €€

(📞01-269 6979; www.glenmalure.com; 11 Glenmalure Pines, Greenane; 2 Nächte 200–290 €, 3 Nächte 350–550 €); 📶🐾) Die moderne Lodge im skandinavischen Stil liegt im Herzen des Glenmalure-Tals und verfügt über zwei Zimmer inklusive Privatbad, einer voll ausgestatteten Küche und einem Wohnzimmer mit allerlei Unterhaltungselektronik und zahlreichen DVDs. Trotz der zahlreichen Ablenkungen sollte man möglichst viel Zeit auf der herrlichen Sonnenterrasse verbringen. Es gibt eine Mindestaufenthaltsdauer von zwei Nächten; im Juli bzw. August sind es sogar sieben Nächte.

Westliches Wicklow

Weiter westlich verändert sich die Region und ist nun nicht mehr so felsig, sondern ländlicher, insbesondere an den Grenzen zu Kildare und Carlow. Das wilde, ursprüngliche Terrain weicht saftigem Weideland. Östlich von Blessington prägen viele private Gestüte die Landschaft, in denen einige der weltweit teuersten Pferde unter strenger Geheimhaltung dressiert werden.

Hauptattraktion in diesem Teil Wicklows ist das Russborough House, ein palladianisches Bauwerk gleich hinter Blessington. Wer eine wildere Kulisse bevorzugt, wird rund um Kilbride, am Oberlauf der Liffey und weiter südlich im Glen of Imaal fündig.

BLESSINGTON
4018 EW.

Blessington, der größte Ort in der Gegend, besteht aus einer langen Reihe von Pubs, Läden sowie Häusern aus dem 17. und 18. Jh. und eignet sich gut als Ausgangspunkt für Touren in die Umgebung. Direkt außerhalb der Stadt liegt der Poulaphouca-Stausee, der 1940 als Antrieb des örtlichen Kraftwerks und für die Wasserversorgung in Dublin angelegt wurde.

Die **Touristeninformation** (✆045-865 850; Blessington Craft Centre, Main St; ⊙ Mo-Fr 9.30-16 Uhr) befindet sich gegenüber dem Downshire House Hotel.

⊙ Sehenswertes

Russborough House   HISTORISCHE GEBÄUDE
(✆045-865 239; www.russborough.ie; Blessington; Erw./Kind/Student 10/5/8 €; ⊙ Mai-Sept. 10-18 Uhr, April & Okt. nur So & feiertags geöffnet) Das prächtige Russborough House ist eines der edelsten Anwesen in Irland. Es wurde im Auftrag von Joseph Leeson (1705-83), dem künftigen ersten Earl von Milltown und späteren Lord Russborough errichtet. Sein Bau dauerte von 1741 bis 1751 und erfolgte nach einem Entwurf von Richard Cassels. Leider lebte der Architekt nicht mehr lange genug, um das Projekt zu vollenden, fand aber in Francis Bindon einen würdigen Nachfolger.

Das Haus zog immer wieder ungewollt Aufmerksamkeit auf sich, angefangen mit dem Aufstand von 1798, als irische Truppen das Anwesen besetzten. Sie wurden zwar schon bald darauf von der britischen Armee verdrängt, allerdings gewöhnten sich die Soldaten so sehr an die Annehmlichkeiten des Anwesens, dass sie es erst 1801 verließen – und das auch nur deshalb, weil ihr Kommandant Lord Tyrawley vom wütenden Lord Russborough zu einem Duell herausgefordert worden war.

Bis 1931 blieb das Gebäude im Besitz der Familie Leeson. 1952 wurde es an Alfred Beit verkauft, Neffe des Mitbegründers eines bekannten Diamantproduzenten und -händlers namens de Beers. Beit war ein besessener Kunstsammler und vermachte seine beeindruckenden Werke – darunter kostbare Gemälde von Velázquez, Vermeer, Goya and Rubens – an seinen Neffen, der sie im Russborough House unterbrachte.

Leider zogen die Bilder nicht nur das Interesse von Kunstliebhabern auf sich. 1974 beschloss die IRA nämlich ins „Kunstgeschäft" einzusteigen und stahl 16 Gemälde, die zum Glück alle wiedergefunden wurden. Zehn Jahre später beging der berühmt-berüchtigte Dubliner Martin Cahill (alias „the General") einen weiteren Raub, nun im Auftrag paramilitärischer Loyalisten. Dieses Mal konnten nicht alle Kunstwerke sichergestellt werden, zudem waren einige beschädigt und nicht mehr zu retten – ein guter Dieb ist eben noch lange kein Kurator. 1988 erhielt Beit eines der entwendeten Bilder zurück und beschloss, die wertvollsten Teile seiner Sammlung der National Gallery zu überlassen; im Gegenzug stellt das Kunstmuseum dem Russborough House für Wechselausstellungen Gemälde aus der eigenen Sammlung zur Verfügung. Doch das ist noch nicht das Ende der Geschichte: 2001 rammten zwei Diebe mit einem Geländewagen die Eingangstür und machten sich mit zwei Bildern im Wert von vier Millionen Euro aus dem Staub, darunter ein bereits zweimal geraubter und wiedergefundener Gainsborough. Um dem Ganzen die Krone aufzusetzen, folgte 2002 ein erneuter Einbruch, bei dem Kunsträuber fünf weitere Werke entwendeten, darunter zwei von Rubens. Letztere wurden dankenswerterweise erstaunlich schnell wiedergefunden.

Im Eintrittspreis ist eine 45-minütige Tour durch das Anwesen mit Erklärungen zu allen wichtigen Gemälden enthalten. Ruckartige Bewegungen sollte man angesichts der wilden Vergangenheit des Hauses übrigens auf keinen Fall machen.

⭑ Aktivitäten

Rathsallagh Golf Club   GOLF
(✆045-403 316; www.rathsallaghhousehotel.com; Greenfee für Hotelgäste/Besucher ab 60/65 €) Dieser Golfclub wird nach dem be-

rühmten Augusta Golfclub etwas übertrieben auch „Augusta ohne Azaleen" bezeichnet, dennoch ist er aufgrund der herrlichen Parkanlage immer noch einer der besten Golfplätze in Irland. Er erstreckt sich über 6,5 km inmitten uralter Bäume, kleiner Seen und seichter Bäche.

Schlafen & Essen

Rathsallagh House & Country Club
LP TIPP
HOTEL €€€

(045-403 112; www.rathsallaghhousehotel.com; Dunlavin; Hauptgerichte 33–42 €, EZ/DZ ab 135/260 €) 20 km südlich von Blessington steht mitten in der Natur das einstige Gestüt von Queen Anne aus dem Jahr 1798, das mittlerweile als Hotel genutzt wird. In dem traumhaft schönen Anwesen erwartet einen überall purer Luxus, der von prächtig ausgestatteten Räumen bis zu einem Speisesaal (hier werden hervorragend zubereitete irische Köstlichkeiten kredenzt) im exquisiten Landhausstil reicht. Zudem erstreckt sich rund um die Unterkunft der wunderbare Golfplatz. Selbst das Frühstück, das schon dreimal mit dem National Breakfast Award ausgezeichnet wurde, übertrifft alle Erwartungen. (Gibt's eigentlich irgendetwas, wofür man im irischen Tourismus keinen Preis erhält?)

Haylands House
B&B €€

(045-865 183; haylands@eircom.net; Dublin Rd; EZ/DZ ab 40/70 €; P) Eine empfehlenswerte moderne Bleibe mit schönen Zimmern samt En-suite-Bädern. Der Service ist gastfreundlich und das Frühstück ausgezeichnet. Die Pension liegt nur 500 m außerhalb der Ortschaft an der Dublin Road. Möglichst früh vorab buchen!

Grangecon Café
INTERNATIONAL €€

(045-857 892; Tullow Rd; Hauptgerichte 11–18 €; Di–Sa 10–17 Uhr) Das kleine Café in einer umgebauten alten Schule punktet mit Salaten, Backspezialitäten und jeder Menge irischen Käsesorten. Alles, was hier auf den Tisch kommt – von der Pasta bis zum köstlichen Apfelsaft – wird selbst hergestellt, oft aus Biozutaten. Auf der kurzen Speisekarte steht das Beste der irischen Küche.

Am Russborough House wird einmal im Monat ein **Bauernmarkt** (087-611 5016; 1. So im Monat 10–16 Uhr) veranstaltet, der in den Wintermonaten drinnen stattfindet.

An- und Weiterreise

Blessington liegt 35 km südwestlich von Dublin an der N81. **Dublin Bus** (01-872 0000, 01-873 4222) bietet regelmäßige Verbindungen mit der Linie 65 ab Eden Quay an (4,70 €, 1½ Std., alle 1½ Std.). Der Expressbus 005 von **Bus Éireann** (01-836 6111; www.buseireann.ie) verkehrt zwei- bis dreimal täglich zwischen Dublin und Waterford und hält in Blessington. Auf der Strecke ab Dublin kann man nur zusteigen, auf der Strecke ab Waterford nur aussteigen.

GLEN OF IMAAL

7 km südöstlich von Donard erstreckt sich das wunderschöne Glen of Imaal, das einzige bedeutsame Tal an den Westhängen der Wicklow Mountains. Es ist nach Mal benannt, einem Bruder von Cathal Mór, der im 2. Jh. irischer König war. Leider sind die nordöstlichen Bereiche des Tals für Manöver und Schießübungen der Armee gesperrt (auf die roten Gefahrenschilder achten!).

Aus dieser Gegend stammte der berühmte Michael Dwyer, der während des Aufstands 1798 die Rebellen anführte. Fünf Jahre lang dienten ihm die Hügel und Schluchten ringsum als Versteck. Im Südosten des Tals steht bei Derrynamuck ein weiß getünchtes kleines Cottage mit Reetdach, wo Dwyer und drei seiner Freunde von hundert englischen Soldaten umzingelt wurden. Einer seiner Kumpanen, Samuel McAllister, rannte schießend nach vorne hinaus in den Tod, damit Dwyer im Dunkel der Nacht fliehen konnte. 1803 ergriff man ihn schließlich und brachte ihn ins Gefängnis auf Norfolk Island vor der Ostküste Australiens. Bevor er 1825 verstarb, wurde er Oberwachtmeister von Liverpool in der Nähe von Sydney. Das Cottage an der Straße von Knockanarrigan nach Rathdangan beherbergt inzwischen ein **Heimatmuseum** (0404-45325; Derrynamuck; Eintritt frei; Mitte Juni–Sept. tgl. 14–18 Uhr).

Die Küste

Wicklows Küste ist nicht annähernd so reizvoll oder beeindruckend wie die Berge und die Landschaft im Innern der Grafschaft. Die bescheidenen Orte und kleinen Küstenresorts verströmen einen subtilen Charme, der sich Besuchern erst nach einer Weile erschließt und an Regentagen kaum zu erahnen ist. Ein echter Anziehungspunkt sind die Strände von Brittas Bay unmittelbar südlich der Stadt Wicklow. Hier verläuft die viel befahrene N11 (M11) von Dublin nach Wexford, die durch das **Glen of the Downs** führt, ein Tal, das in der Eiszeit durch Schmelzwasser ausgewaschen

WANDERUNG ZUM GREAT SUGARLOAF

Bevor man zu der 7 km langen mittelschweren Gipfeltour aufbricht, sollte man sich bei der Touristeninformation in Bray die Broschüre *Wicklow Trail Sheet No 4* für 1,50 € besorgen.

Die Wanderung beginnt an der schmalen Straße gegenüber der **St. Mochonog's Church** (benannt nach dem Missionar, der dem hl. Kevin die letzten Sakramente verabreichte). Man lässt die linke Abzweigung außer Acht und geht weiter rund um die Kehre bis zu einer kleinen Brücke (rechts). Zur Rechten blickt man hinab in das weitläufige **Rocky Valley**, ein Tal, das die Wassermassen aus einem Gletschersee der Eiszeit vor ca. 10 000 Jahren gegraben haben. Danach geht's auf dem Pfad weiter bis zu einer Weggabelung: Die untere Straße nach rechts führt um den Berg herum, die linke zum Gipfel hinauf. Kurz bevor man diesen erreicht, geht's auf einem schmalen Pfad zunächst bergab, dann nach links, und von dort klettert man auf allen vieren durch eine Felsenschlucht hinauf. Auf dem gleichen Weg geht's wieder zurück, dann weiter Richtung Süden bis zu einer großen Almwiese. Querfeldein hält man sich immer links, bis man ein Tor erreicht. Entlang eines Zauns (rechts) geht's weiter bergab bis zu einem Weg rund um die Südseite des Berges, wo man schließlich rechter Hand an einem kleinen Gehölz vorbeikommt. Unmittelbar danach stößt man auf „the Quill", ein kleines Spielfeld. Jenseits davon erstreckt sich Kilmacanogue.

wurde. An der Ostflanke windet sich ein Waldpfad hinauf zu einer halb verfallenen Teestube. Wer es ein bisschen ruhiger und malerischer mag, nimmt die Küstenroute durch Greystones, Kilcoole und fährt weiter über kleine Straßen bis nach Rathnew.

KILMACANOGUE & GREAT SUGARLOAF
839 EW.

Mit 503 m ist der Great Sugarloaf zwar nicht Wicklows höchster Gipfel, doch dank seiner kegelförmigen Kuppe erkennt man ihn selbst aus großer Entfernung. Er thront über dem Dörfchen Kilmacanogue an der N11 etwa 4 km südlich von Bray. Dieser Ort würde kaum ein Zuwinken im Vorbeifahren verdienen, wäre es nicht die Wiege des irischen Kunsthandwerks mit einem Laden der ersten Stunde am Ortseingang.

Avoca Handweavers (✆01-286 7466; www.avoca.ie; Main St) ist eine der ältesten Handwebereien mit landesweit sieben Filialen und einem internationalen Renommee für Stil und Eleganz des traditionellen Kunsthandwerks. Der Firmensitz befindet sich in einer Baumschule aus dem 19. Jh. und verfügt über einen Verkaufsraum, in dem sich jeder von dem unglaublichen Erfolg des Unternehmens überzeugen kann.

Weil Einkaufen meistens ganz schön hungrig macht, haben die geschäftstüchtigen Betreiber des Unternehmens vor Ort ein hervorragendes großes **Restaurant** (Hauptgerichte 12–18 €; ⊙9.30–17.30 Uhr) eröffnet. Die Guinness-Rindfleischpfanne ist sehr beliebt, aber auch für Vegetarier wird gut gesorgt. Viele Rezepte sind in den drei Bänden des *Avoca Cookbook* enthalten, die hier als Sammelausgabe für 45 € angeboten werden.

❶ An- und Weiterreise
Die Linie 133 von **Bus Éireann** (✆01-836 6111; www.buseireann.ie) bedient die Strecken von Dublin nach Wicklow (Stadt) und Arklow und hält auch in Kilmacanogue (einfach/hin & zurück 3,80/6,30 €, 30 Min., 10-mal tgl.).

VON GREYSTONES NACH WICKLOW
Früher war der Badeort Greystones etwa 8 km südlich von Bray ein malerisches Fischerdorf und auch heute noch ist der Ort rund um den kleinen Hafen sehr idyllisch. Im Sommer wimmelt es in der Bucht von Schlauchbooten und Windsurfern. Leider wird die Landschaft ringsum zusehends zum Bauland.

⊙ Sehenswertes
Gärtner aus aller Herren Länder streifen schwelgend und schwärmend durch die rund 8 ha große Anlage der **Mt. Usher Gardens** (✆0404-40116; www.mountushergardens.ie; Erw./Kind/Stud. 7,50/3/6 €; Mitte April–Okt. 10.30–18 Uhr). Der Park liegt außerhalb der unscheinbaren Stadt Ashford ungefähr 10 km südlich von Greystones an der N11. Mit seinen Bäumen, Sträuchern und Stauden aus aller Welt ist er wirklich etwas ganz Besonderes. Im Gegensatz zu der bis dahin formalistischen Gartenkunst wurde er im

natürlichen Stil des berühmten irischen Landschaftsarchitekten William Robinson (1838–1935) angelegt.

🛏 Schlafen & Essen

LP TIPP **Hunter's Hotel** HOTEL €€

(☎0404-40106; www.hunters.ie; Newrath Bridge, Rathnew; EZ/DZ 80/130 €; ⓟ⏰) Dieses noble Anwesen außerhalb von Rathnew an der R761 wartet mit 16 herrlichen, stilvoll eingerichteten Zimmern auf. Das Hunter's ist eine von Irlands ältesten Herbergen und liegt mitten in einem preisgekrönten Garten, der auch am Wicklow Gardens Festival teilnimmt (s. Kasten S. 149).

Three Q's INTERNATIONAL €€

(☎01-287 5477; Church Rd; Hauptgerichte 14–20 €; ⓘDi-Fr 9–22, Sa & So 9–15 Uhr) In dem eleganten Restaurant gibt's Gerichte wie Ringeltaube, Ente und nordafrikanische Delikatessen, darunter gebackener marokkanischer Fisch mit Kichererbsen, Tomaten und Koriander.

Hungry Monk IRISCH €€€

(☎01-287 5759; Church Rd; Hauptgerichte 19–28 €; ⓘMi-Sa 19–23, So 12.30–21 Uhr; 🔊) Ein ausgezeichnetes Lokal an der Hauptstraße von Greystones, das zu den besseren Adressen der gesamten Küstenlinie gehört. Auf einer schwarzen Schiefertafel stehen die täglichen Angebote, beispielsweise saftiges Schweinefleisch mit Pflaumen- und Aprikosenfüllung, frische Meeresfrüchte, Wicklow-Lammrücken oder Würstchen mit Kartoffelbrei.

ⓘ An- und Weiterreise

Die Linie 133 von **Bus Éireann** (☎01-836 6111; www.buseireann.ie) fährt von Dublin nach Wicklow (Stadt) und Arklow und hält unterwegs vor dem Ashford House (einfach/hin & zurück 5,70/8,10 €, 1 Std., 10-mal tgl.).

WICKLOW (STADT)
6930 EW.

Die geschäftige Stadt wartet mit einem schönen Hafen auf und liegt im Halbrund einer weiten Bucht, die sich 12 km nach Norden erstreckt. Ihre langen Abschnitte mit Kieselstrand bieten sich für ausgiebige Spaziergänge an. Abgesehen von einem einzigen Highlight ist Wicklow kein touristischer Ort. Für Besucher ohne Auto eignet er sich weniger gut als Ausgangspunkt, um das Inland zu erkunden. Die **Touristeninformation** (☎0404-69117; www.wicklow.ie; Fitzwilliam Sq; ⓘ Juni–Sept. 9.30–18 Uhr, Okt.–Mai 9–13 & 14–17 Uhr, So geschl.) befindet sich im Stadtzentrum.

⊙ Sehenswertes

Wicklow's Historic Gaol

HISTORISCHES GEBÄUDE

(☎0404-61599; www.wicklowhistoricgaol.com; Kilmantin Hill; Erw./Kind/Stud. inkl. Führung 7,30/4,50/6 €; ⓘMo–So 10.30–16.30 Uhr) Wicklows berüchtigtes **Gefängnis** wurde 1702 errichtet, um die vielen Gefangenen unterzubringen, die zu Zeiten der Penal Laws verurteilt wurden. Es war im ganzen Land wegen der Brutalität seiner Wärter und der harten Haftbedingungen berüchtigt. Der üble Geruch, Folterungen, der Höllenfraß und die virenverseuchte Luft sind natürlich seit Langem passé. Kinder wie auch Erwachsene können hier bei der unterhaltsamen Führung dem Gefängnisalltag von einst nachspüren. Inzwischen ist der Kerker die Touristenattraktion schlechthin. Schauspieler schlüpfen in die Rollen von Wärtern und Häftlingen, um die dramatische Stimmung noch weiter zu steigern. Zu den hier ausgestellten Exponaten gehört z. B. eine Tretmühle, die Gefangene zur Bestrafung stundenlang in Gang halten mussten, außerdem bekommt man das grauenhafte Verlies zu sehen.

ABSTECHER

TINAKILLY COUNTRY HOUSE & RESTAURANT

Wicklow mangelt es nicht an edlen Landhäusern, die zu Luxusherbergen umgebaut wurden. Das **Tinakilly Country House & Restaurant** (☎0404-69274; www.tinakilly.ie; Rathnew; Zi. 115–200 €, Abendessen 22–29 €), ein herrliches viktorianisches Anwesen mit italienischem Flair gleich außerhalb von Rathnew (5 km westlich von Wicklow-Stadt), ist jedoch der Inbegriff von Eleganz. Im Westflügel befinden sich *period rooms* mit Antiquitäten und Baldachinbetten, im Ostflügel prächtige Suiten mit wunderschönen Ausblicken auf die farbenfrohen Gärten oder das Meer, auch wenn dieses etwas weit weg liegt. Und dann ist da noch das Restaurant, das den Begriff „Landhausküche" auf ein ganz neues, mondänes Niveau hebt.

Im zweiten Stock befindet sich ein Modell der HMS *Hercules,* ein Sträflingsschiff, das Verurteilte nach New South Wales deportierte. Kapitän war der Psychopath Luckyn Betts: Nach sechs Monaten unter seiner eisernen Faust erschien vielen der Tod als Gnade. Der oberste Stock widmet sich den Lebensläufen der Gefangenen nach ihrer Ankunft in Australien. Führungen starten alle zehn Minuten, außer zwischen 13 und 14 Uhr. Am letzten Freitag im Monat finden **Rundgänge für Erwachsene** (alle 30 Min., 19–21 Uhr; 15 €) statt. Dazu gibt's Häppchen, ein Glas Wein und sogar ein bisschen Spuk.

An der Küste am südlichen Stadtrand liegen die spärlichen Überreste des **Black Castle**, das herrliche Ausblicke auf die Küste bietet. Die Festung wurde 1169 von den Fitzgeralds aus Wales erbaut, nachdem ihnen der anglonormannische Eroberer Strongbow Land überlassen hatte. Einst war die Burg durch eine Zugbrücke mit dem Festland verbunden. Gerüchten zufolge soll es einen Fluchttunnel gegeben haben, der eine Meeresgrotte mit der Stadt verband. Bei Ebbe kann man diese Höhle schwimmend oder schnorchelnd erkunden.

Der Klippenwanderweg südlich der Stadt, der zur Landspitze von **Wicklow Head** führt, lockt mit einer grandiosen Aussicht auf die Wicklow Mountains. Eine Reihe von **Stränden** (Silver Strand, Brittas Bay und Maheramore) beginnt 16 km südlich von Wicklow. Mit ihren hohen Dünen, dem feinen Sand und guten Bademöglichkeiten ziehen sie bei schönem Wetter scharenweise Einwohner aus Dublin an.

Feste & Events

Wicklow Arts Festival (086-033 3906; www.wicklowartsfestival.ie) Dieses fünftägige Spektakel mit Musik, literarischen Vorträgen, Comedy und Workshops findet jedes Jahr Mitte bis Ende Mai statt.

Wicklow Regatta Festival (0404-68354; www.wicklowregatta.com) Zu dem umfangreichen Veranstaltungsprogramm dieses zehntägigen Events von Ende Juli bis Anfang August gehören u. a. Schwimm- und Raftingwettbewerbe, Ruder- und Segelregatten, Liederwettbewerbe, Konzerte und das Queen-Ball-Festival.

Schlafen & Essen

Die Unterkünfte in Wicklow sind nicht besonders toll. Wer hier trotzdem übernachten will, sollte sich für eines der hübschen Landhäuser ein paar Kilometer außerhalb der Stadt entscheiden.

Grand Hotel HOTEL €€
(0404-67337; www.grandhotel.ie; Abbey St; EZ/DZ ab 80/130 €; P) Dieses Hotel im Möchtegern-Tudorstil gilt als Wicklows beste Unterkunft. Für die Bezeichnung „Grand Hotel" reicht's eigentlich nicht ganz, aber hübsch und behaglich ist es allemal. Die Zimmer sind tadellos und die Angestellten freundlich.

Halpin's Bridge Cafe CAFÉ €
(0404-32677; www.halpinscafe.com; Bridge St; Hauptgerichte 6–9 €; Mo-Sa 8.30–18.30, So bis 16 Uhr) In dem preisgekrönten Café bekommt man köstliche Salate, hausgemachte Wraps, Suppen und abwechslungsreiche Tagesessen (alles auch zum Mitnehmen).

Donelli's INTERNATIONAL €€
(0404-61333; www.donellis.ie; Market Sq; Hauptgerichte 17–24 €; Mo-Mi 9–15, Do–Sa 9–24 Uhr) Hier gibt's großartigen Kaffee und Kuchen sowie eine hervorragende Speisekarte mit leckeren Gerichten wie Penang-Hähnchen, vegetarisches Curry und asiatisch marinierten Lachs. Ein wundervoller Ort zum Essen oder Abhängen.

Auf dem Platz in der Nähe der Main Street findet wöchentlich ein **Bauernmarkt** (Sa 10–15 Uhr) statt.

An- & Weiterreise

Bus Éireann (01-836 6111; www.buseireann.ie) bietet regelmäßige Verbindungen zwischen Wicklow und Dublin (Linie 133, 8 €, 1½ Std., 10-mal tgl.). Außerdem hält hier die Schnellbuslinie 2, die zwischen Dublin (1 Std., 12-mal tgl.) und Rosslare Harbour verkehrt (16 €, 1½ Std.).

Iarnród Éireann (Irish Rail; 01-836 6222), die staatliche Bahngesellschaft, pendelt ebenfalls zwischen Dublin und Rosslare Harbour (einfach/hin & zurück 13/16 €, 1 Std., 5-mal tgl.) und legt in Wicklow einen Zwischenstopp ein. Der Bahnhof liegt zehn Gehminuten nördlich der Stadtmitte.

Wicklow Cabs (0404-66888; Main St) schickt gewöhnlich einige Taxis zum Bahnhof, wenn die Abendzüge aus Dublin eintrudeln. Die Fahrt zu einem Ziel in der Stadt sollte nicht mehr als 6 € kosten.

Südliches Wicklow

Südlich von Wicklow geht die Landschaft in sanft geschwungene Hügel über, die von rauschenden Flüssen durchschnitten werden und mit zahlreichen hübschen Weilern

ABSTECHER

BALLYKNOCKEN HOUSE

Das **Ballyknocken House & Cookery School** (0404-69274; www.ballyknocken.com; Glenealy, Ashford; EZ/DZ 90/110 €, Abendessen mit 3-/4-Gänge-Menü 35/45 €; 🛜🍴) übertrifft wohl alle Vorstellungen, die man von einem edlen Landhaus hat. Dieses wunderschöne efeubewachsene Gebäude im viktorianischen Stil liegt 5 km südlich von Ashford an der R752 nach Glenealy. Alle Schlafzimmer sind mit Originalmöbeln und einem eigenen Bad ausgestattet und manche haben sogar viktorianische Badewannen mit Krallenfüßen. All dies verleiht der Unterkunft eine Atmosphäre zeitloser Eleganz, die man heute nur noch selten findet. Die alte Melkanlage auf dem Bauernhof wurde in ein sauberes Loft mit zwei Schlafzimmern umgewandelt, in dem bis zu sechs Personen übernachten können. Das größtes Highlight neben dem Haus selbst sind die ganzjährig angebotenen **Kochkurse** (www.thecookeryschool.ie; 110 €) von Catherine Fulvio, die es auch für Mini-Chefköche gibt.

übersät sind. Hier erstreckt sich auch das malerische Vale of Avoca, das täglich Scharen von Touristen anlockt.

RATHDRUM
2123 EW.

Der ruhige Ort am Fuß des Vale of Clara hat nicht viel mehr als einige alte Häuser und ein paar Läden zu bieten. Ende des 19. Jhs. blühte hier zwar die Flanellindustrie und es gab bereits ein Armenhaus, trotzdem ist Rathdrum für heutige Besucher weniger interessant als die unmittelbare Umgebung.

In der relativ kleinen **Touristeninformation** (0404-46262; 29 Main St; Mo-Fr 9-17.30 Uhr) bekommt man Broschüren und erfährt mehr über die Stadt sowie ihre Umgebung, z. B. über den Wicklow Way.

👁 Sehenswertes

„Wehe dem, durch den das Ärgernis kommt ... Für ihn wäre es besser, wenn ihm ein Mühlstein um den Hals gelegt hätte und er im Meer versunken wäre, als dass er einen dieser Kleinen verführte."

James Joyce, Ein Porträt des Künstlers als junger Mann

Mit dem Bibelzitat bezieht sich James Joyce keinesfalls auf einen Mörder oder Schwerverbrecher, sondern auf Charles Stewart Parnell (1846–91), den „ungekrönten König von Irland", der eine Schlüsselrolle innerhalb der irischen Unabhängigkeitsbewegung spielte. Das **Avondale House** (0404-46111; Erw./Stud. & Kind 7/6,50 €; Mai–Aug. 11–18 Uhr, April nur Sa & So, restl. Jahr nach Vereinbarung), ein prächtiges palladianisches Gebäude inmitten eines 209 ha großen Anwesens, war Parnells Geburts- und Wohnort. Das 1779 von James Wyatt entworfene Haus wartet mit zahlreichen Highlights wie einer prächtigen, zinnoberroten Bibliothek (Parnells Lieblingszimmer) und einem wunderschönen Speisesaal auf.

Von 1880 bis 1890 war Avondale der Inbegriff des Kampfes um Irlands Selbstverwaltung, den Parnell anführte, bis 1890 ein Mitglied seiner eigenen Partei, Captain William O'Shea, seine Frau Kitty des Ehebruchs beschuldigte und Parnell als ihren Geliebten entlarvte. Im katholischen Irland galt die Affäre als großer Skandal. So erklärte der erzkonservative Klerus, Parnell sei für eine Führungsrolle nicht mehr geeignet, obwohl er Kitty O'Shea direkt nach ihrer Scheidung heiratete. Daraufhin gab Parnell seine politischen Ämter auf und zog sich verbittert nach Avondale zurück, wo er im darauffolgenden Jahr starb.

Das Anwesen ist von einer großen Wald- und Parklandschaft umgeben. Nach dem Übergang in den Staatsbesitz 2004 setzte der Irish Forestry Service (Coillte) dort erste forstwirtschaftliche Experimente um. Die 1,5 ha großen Versuchsparzellen verteilen sich entlang eines der schönsten Parkwege, dem Great Ride. Parkbesichtigungen sind ganzjährig möglich.

🛏 Schlafen

Old Presbytery Hostel HOSTEL €
(0404-46930; www.hostels-ireland.com; The Fairgreen, Rathdrum; B/DZ 16/45 €; 🅿) Eine moderne IHH-Jugendherberge in zentraler Lage, die eher wie ein Studentenwohnheim wirkt und über große gemütliche Schlafsäle, gut ausgestattete Zweibettzimmer mit Privatbädern, Familienzimmer, eine Waschküche, ein Fernsehzimmer und einige Zeltplätze verfügt.

ABSTECHER

LUXUS PUR

Das **Brook Lodge & Wells Spa** (0402-36444; www.brooklodge.com; Macreddin; Zi./Suite ab 260/330 €; P) ist einer der schicksten Wellnesstempel des Landes. Es liegt ca. 3 km westlich von Rathdrum in Macreddin. Die 39 Standardzimmer mit Baldachinbetten und edler Bettwäsche setzen einen hohen Maßstab, der von den Suiten getoppt wird: Jede für sich ist ein minimalistisches Juwel, das genauso gut in New York seinen Platz in einem Boutique-Hotel haben könnte – mit massiven Betten, Plasma-TV, tollem Sound-System und was sonst noch alles Stil hat. Schon die Unterkunft allein ist also purer Luxus, noch mehr Gäste lockt aber das herausragende Spa an. Es bietet Schlammpackungen, Flotation-Kammern, Finnische Saunas, Aromabäder, Hamam-Massagen und Wellnessbehandlungen mit Kosmetik von Decléor und Carita. Kreditkarten landen nirgendwo in sanfteren Händen.

In den Sommermonaten findet in Macreddin an jedem ersten Sonntag im Monat ein **Biomarkt** (April–Okt. 10–17 Uhr) statt.

ⓘ An- und Weiterreise

Die Linie 133 von **Bus Éireann** (01-836 6111; www.buseireann.ie) startet in Dublin und fährt auf ihrem Weg nach Arklow auch Rathdrum an (einfach/hin & zurück 7/9,70 €, 1¾ Std., 10-mal tgl).

Züge von **Iarnród Éireann** (01-836 6222) halten in Rathdrum auf der Hauptstrecke zwischen Dublin und Rosslare Harbour (einfach/hin & zurück 16,20/20,40 €, 1½ Std., 5-mal tgl.).

VALE OF AVOCA

Im Sommer verstopfen zahlreiche Reisebusse und Autos das malerische Tal von Avoca. Sie alle sind auf dem Weg zu den berühmten Webmühlen im gleichnamigen Dorf. Unterwegs kriegen sich viele Touristen beim Anblick der üppigen Waldlandschaft vor lauter Staunen kaum mehr ein. Das herrliche Schauspiel beginnt am Zusammenfluss von Avonbeg und Avonmore, die sich zum Fluss Avoca vereinen – ein herrlicher Fleck, der sinnigerweise **Meeting of the Waters** heißt. Berühmt wurde diese Stelle durch ein 1808 verfasstes gleichnamiges Gedicht von Thomas Moore.

Inzwischen befindet sich dort auch ein Restaurant, das **Meetings** (0402-35226; www.themeetingsavoca.com; Hauptgerichte 10–19 €; 12–21 Uhr). An den Wochenenden werden hier das ganze Jahr über musikalische Events geboten. Von April bis Oktober finden sonntags zwischen 16 und 18 Uhr *céilidh* (traditionelle Tanz- und Musikvorführungen) statt. An das Lokal ist eine Pension namens Robin's Nest mit ordentlichen, sauberen Zimmern (EZ/DZ 45/75 €) angeschlossen. Busse von Dublin nach Avoca halten direkt am Meetings; man kann aber auch vom etwa 3 km entfernten Dorf zu Fuß herlaufen.

AVOCA
570 EW.

Avoca (Abhóca) wirbt immer noch damit, dass es einmal Schauplatz der BBC-Fernsehserie *Ballykissangel* war, aber als wichtigster Grund, das Dorf zu besuchen, gilt ein Einkauf bei **Avoca Handweavers** (0402-35105; www.avoca.ie; Old Mill, Main St; Mai–Sept. 9–18 Uhr, Okt.–April 9.30–15.30 Uhr), einer Handweberei, die in Irlands ältester Webmühle untergebracht ist.

Seit 1723 werden dort Leinenstoffe, Wolle und andere Gewebe der viel gepriesenen Avoca-Kollektion hergestellt. In den Webwerkstätten kann man ganz nach Lust und Laune umherstreifen.

Nur für den Fall, dass sich jemand auch noch für andere Dinge interessiert: Die **Touristeninformation** (0402-35022; Old Courthouse; Mo–Sa 10–17 Uhr) befindet sich in der Bücherei.

🛏 Schlafen

LP TIPP **Sheepwalk House & Cottages**
B&B €€

(0402-35189; www.sheepwalk.com; Arklow Rd; EZ/DZ 60/90 €, Cottages 250–420 € pro Woche;) Heute gehört der 1727 für den Earl of Wicklow errichtete Gutshof zu den beliebtesten Unterkünften in Avoca, obwohl er 2 km außerhalb des Dorfes liegt. Das Haupthaus hat wunderschön eingerichtete Zimmer und die umgewandelten Nebengebäude – mit ausgebautem Dach, Kaminen und Kachelfußböden – eignen sich ideal für Gruppen von fünf bis sechs Personen.

River Valley Park CAMPING €
(📞 0402-41647; www.rivervalleypark.com; Zeltplatz 12 €, Wohnwagen 475–620 € pro Woche; 🅿) Dieser gut ausgestattete Campingplatz liegt 1 km südlich des Dorfes Redcross und 7 km nordöstlich von Avoca an der R754. Hier kann man Wohnwagen für bis zu sechs Personen mieten. Auf dem Gelände gibt's auch einen Secret Garden für Erwachsene.

Koliba B&B €€
(📞/Fax 0402-32737; www.koliba.com; Beech Rd; EZ/DZ 40/65 €; ⊙ April–Okt.; 🛜🅿) 3 km von Avoca steht an der Arklow Road ein moderner Flachbau mit ordentlichen Zimmern (alle mit Bad/WC).

ⓘ An- und Weiterreise
Die Linie 133 von **Bus Éireann** (📞 01-836 6111; www.buseireann.ie) verkehrt zwischen Dublin und Arklow und hält unterwegs in Bray, Wicklow, Rathdrum sowie Avoca (einfach/hin & zurück 10,80/14,50 €, 2 Std., 10-mal tgl.).

COUNTY KILDARE

Früher war das County Kildare (Cill Dara) tiefste Provinz, doch heute sind seine saftiggrünen Wiesen ein begehrtes Einzugsgebiet in der Nähe von Dublin. Charmante Orte wie Maynooth und Kildare werden zunehmend von Pendlern bevölkert und es scheint, als würden die ständigen Straßenarbeiten immer einen Schritt hinter den neuesten Verkehrsverstopfungen herhinken.

Die Grafschaft besitzt jede Menge fruchtbares Ackerland und einige überaus angesehene Pferdegestüte, die oftmals rund um das weitläufige Weideland des Curragh zu finden sind. Im Nordwesten erstreckt sich ein riesiges Moor. Auch wenn Kildare nicht allzu viele sehenswerte Attraktionen bietet, ist es durchaus einen Tagesausflug von Dublin oder einen Zwischenstopp auf dem Weg in den Westen Irlands wert.

Maynooth
10 715 EW.

In Maynooth (Maigh Nuad) ist jede Menge los, denn die Universität (National University of Ireland Maynooth; NUIM) verleiht der grünen Stadt mit ihren Steinhäusern und Geschäften eine Dynamik, die über ihren Provinzcharakter hinwegtäuscht. Von Dublin kommt man problemlos mit öffentlichen Verkehrsmitteln hierher – abermals dank der Universität, der vielen Anwälte und anderen hohen Tiere, die sich hier niedergelassen haben. Die Main Street und die Leinster Street verlaufen in ostwestlicher Richtung. Zum Kanal und zum Bahnhof (den man über ein paar Fußgängerbrücken erreicht) im Süden gelangt man über die Parson Street. Die Straffan Road führt ebenfalls gen Süden zur M4.

⊙ Sehenswertes
St. Patrick's College UNIVERSITÄT
(📞 01-628 5222; www.maynoothcollege.ie; Main St) Seit 1795 werden im **St. Patrick's College & Seminary** Priester ausgebildet. Die Hochschule wurde gegründet, um angehende Pastoren vom Seminar in Frankreich sowie den gefährlichen Idealen der Revolution und des Republikanismus fernzuhalten. 1898 wurde St. Patrick's eine päpstliche Universität (die theologischen Kurse im Priesterseminar fielen damit unter die Kontrolle des Vatikans). 1910 trat sie der neu gegründeten National University of Ireland (NUI) bei, die am College die weltlichen Studien leitete. Die Studentenschaft bestand jedoch weiterhin ausschließlich aus Klerikern, bis man die Hochschule 1966 schließlich auch für anderen Studenten öffnete. Nach einer Umstrukturierung der NUI 1997 wurde das St. Patrick's College von der größeren Universität unabhängig, die heute mehr als 6500 Studenten hat. Inzwischen streben nur noch ein paar Dutzend das Priesteramt an.

Die Collegegebäude, die u. a. von dem gotischen Architekten Augustus Pugin entworfen wurden, sind beeindruckend und lohnen eine Besichtigung. Man betritt sie über das Georgian Stoyte House. Im Büro der **Zimmervermittlung** (📞 01-708 3576; ⊙ Mo–Fr 8.30–17.30 & 20–23, Sa & So 8.30–12.30 & 13.30–23 Uhr) werden Broschüren verkauft (5 €), die Besuchern bei der Orientierung auf dem Gelände helfen. Im Sommer gibt's auch ein **Besucherzentrum** (⊙ Mai–Sept. Mo–Fr 11–17, Sa & So 14–18 Uhr) und ein kleines **Wissenschaftsmuseum** (Eintritt gegen Spende; ⊙ Mai–Sept. Di & Do 14–16, So 14–18 Uhr). Auf dem Gelände entdeckt man vornehme, georgianische und neogotische Gebäude, Gärten und Plätze, aber das absolute Highlight ist die größte **Chorkapelle** der Welt mit prachtvoller Ornamentik und Stühlen für mehr als 450 Sänger.

GRATIS **Maynooth Castle** BURG
(📞 01-628 6744; ⊙ Juni–Sept. Mo–Fr 10–18, Sa & So 13–18 Uhr, Okt. So 13–17 Uhr) Nicht weit vom Eingang zum St. Patrick's College liegen die

ABSTECHER

CASTLETOWN HOUSE

Das prächtige **Castletown House** (☏ 01-628 8252; www.castletownhouse.ie; Celbridge; Erw./Kind 4,50/3,50 €; ⊙ Ostern–Okt. Di–So 10–16.45 Uhr) ist Irlands größtes und beeindruckendstes georgianisches Anwesen und ein Zeugnis des großen Reichtums angloirischen Adels im 18. Jh.

Es wurde zwischen 1722 und 1732 für William Conolly (1662–1729) erbaut, Sprecher des Irish House of Commons und zu jener Zeit der wohlhabendste Mann des Landes. Aufgewachsen in relativ ärmlichen Verhältnissen in Ballyshannon im County Donegal, hatte er in den unsicheren Zeiten nach der Schlacht am Boyne (1690; S. 745) mit dem Grundstückshandel sein Glück gemacht.

Die ursprünglichen Entwürfe von 1718 stammten von dem italienischen Architekten Alessandro Galilei (1691–1737), für die Realisierung des Projekts ab 1724 wurde aber Sir Edward Lovett Pearce (1699–1733) engagiert.

Inspiriert von den Arbeiten Andrea Palladios, die er auf seiner Italienreise studiert hatte, vergrößerte Pearce den Entwurf des Hauses und fügte die Kolonnaden sowie die abschließenden Pavillons hinzu. Ein Highlight der opulenten Inneneinrichtung ist die Long Gallery mit Familienporträts und exquisiten Stuckarbeiten der Gebrüder Francini. (Auch Thomas Jefferson, der US-amerikanische Präsident, war ein Anhänger Palladios; viele Regierungsgebäude Washingtons wurden in diesem Stil erbaut.)

Wie so oft bei großen Projekten erlebte Conolly die Fertigstellung seines Wunderpalastes nicht mehr. Nach seinem Tod 1729 lebte seine Witwe Katherine weiterhin in dem Haus und veranlasste zahlreiche Umbauten. Ihr wichtigster architektonischer Beitrag ist der sonderbare 42,6 m hohe **Obelisk**, im Ort als Conolly Folly bekannt. Außerdem veranlasste Katherine den Bau des **Wonderful Barn** im Stil von Heath Robinson (oder Rube Goldberg), um dessen sechs Stockwerke sich eine äußere Wendeltreppe windet. Das windschiefe Gebäude steht auf einem Privatgrundstück in der Nähe von Leixlip.

Castletown House blieb bis 1965 im Besitz der Familie Conolly. Danach erwarb es Desmond Guinness und steckte viel Geld hinein, um dem Anwesen wieder zu altem Glanz zu verhelfen. Ab 1979 investierte auch die Castletown Foundation in das Gebäude. 1994 ging es in Staatsbesitz über und wird heute vom Heritage Service verwaltet.

Von Dublin fahren die Busse 120 und 123 nach Celbridge (3,50 €; 30 Min.; Mo–Fr alle 30 Min., Sa stdl., So 6-mal tgl.).

Ruinen des Torhauses, des Bergfrieds und der Halle dieser Burg aus dem 13. Jh., dem ehemaligen Sitz der Familie Fitzgerald. Die Festung wurde zur Zeit Cromwells abgerissen, als die Fitzgeralds in die Burg Kilkea (heute geschlossen) umgezogen waren. Besucher können sie nur im Rahmen einer 45-minütigen Führung besichtigen. Im Bergfried ist eine kleine Ausstellung zur Burggeschichte untergebracht.

🏃 Aktivitäten
Kanufahren
An der Liffey zwischen Maynooth und Dublin liegt das **Kanuzentrum** Leixlip, Startpunkt des jährlichen 28 km langen **International Liffey Descent Race** (www.liffeydescent.com). Mehr als 1000 Teilnehmer kämpfen meist Anfang September um den Sieg. Mehr zum Kanusport in Irland erfährt man bei **Canoeing Ireland** (www.canoe.ie).

Golfen
Am Stadtrand besitzt das **Carton House** (☏ 01-651 7720; www.cartonhousegolf.com; Greenfee Mo–Do 75 €, Fr–So 85 €) zwei herausragende 18-Loch-Golfplätze, die nach Entwürfen von Colin Montgomery und Mark O'Meara gestaltet wurde. Eine Beschreibung des dazugehörigen Hotels findet man unten.

🛌 Schlafen
Carton House HOTEL €€€
(☏ 01-505 2000; www.cartonhouse.com; Zi. ab 145 €; 🅿 @ 🌊 📶) Es geht wohl kaum größer als bei diesem riesigen Anwesen aus dem frühen 19. Jh., das auf einem über 1000 ha großen Grundstück liegt. Einen starken Kontrast zur palladianischen Außenanlage setzt die stilsichere, minimalistische Inneneinrichtung. Die wunderschönen Zimmer sind mit der neuesten Technik ausgestattet.

Um zum Hotel zu gelangen, nimmt man die R148 nach Osten in Richtung Leixlip entlang des Royal Canal.

NUI Maynooth UNIVERSITÄT €
(☏01-708 6200; www.maynoothcampus.com; EZ 25–100 €, DZ 40–126 €; P🔒) Auf dem Campus können tausend Gäste in ganz unterschiedlichen Bleiben übernachten, die vom traditionellen Collegezimmer bis zum Apartment-Doppelzimmer im speziell errichteten Universitätsdorf reichen. Viele Unterkünfte befinden sich auf dem Nordcampus, der aus den 1970er-Jahren stammt. Der Südcampus (dort ist auch die Zimmervermittlung) bietet bessere Räumlichkeiten, da sich diese rund um die Höfe und Gärten des stimmungsvollen St. Patrick's College (S.165) verteilen. In den Sommermonaten hat man die besten Chancen, ein Zimmer zu ergattern.

Glenroyal Hotel & Leisure Club HOTEL €€
(☏01-629 0909; www.glenroyal.ie; Straffan Rd; Zi. ab 75 €; P@🏊🛜🐾) Mit seinen 113 Zimmern richtet sich das moderne Hotel vor allem an Geschäftsreisende und Hochzeitsgesellschaften. Das Design ist nur durchschnittlich, aber dafür sind die Zimmer geräumig und makellos, außerdem gibt's Highspeed-Internet und zwei Swimmingpools.

✖ Essen

Mohana INDISCH €€
(☏01-505 4868; Main St; Hauptgerichte 13–17 €; ⊕12–14.30 & 17–23 Uhr) Dieses Lokal ist um einiges besser als die üblichen Curry-Restaurants und serviert darüber hinaus eine große Auswahl ausgezeichneter südasiatischer Gerichte. Der Speiseraum im ersten Stock wirkt freundlich. Wer richtig gutes Masala essen möchte, sollte die Chilihühnchen-Variante probieren.

Avenue INTERNATIONAL €
(☏01-628 5003; www.avenuecafe.ie; Main St; Gerichte 6–10 €; ⊕Mo-Sa 8–16 Uhr; 🐾) Auf der Speisekarte des Avenue stehen Steaks, Würstchen mit Kartoffelbrei, leckere Fish 'n' Chips sowie zahlreiche Salate und Burger.

ℹ An- und Weiterreise

Dublin Bus (☏01-873 4222; www.dublinbus.ie) verkehrt mehrmals stündlich von der Pearse Street in Dublin nach Maynooth (3,50 €, 1 Std.).

Maynooth liegt an der Hauptstrecke Dublin-Sligo und bietet deshalb regelmäßige Zugverbindungen in beide Richtungen (Dublin: 2,70 €, 35 Min., 1–4-mal stdl.; Sligo: 35 €, 2 Std 40 Min., 4-mal tgl.).

Straffan

439 EW.

Das winzige Straffan bietet ein paar kleine Attraktionen für junge Leute (und für Junggebliebene) und eine riesige für Golffans.

⊙ Sehenswertes & Aktivitäten

Technikfreaks sollten das in einer alten Kirche untergebrachte **Steam Museum & Lodge Park Walled Garden** (☏01-627 3155; www.steam-museum.com; Erw./ermäßigt 7,50/5 €; ⊕Juni-Aug. Mi-So 14–18 Uhr) besuchen. Es dokumentiert die Geschichte der Dampfkraft und der industriellen Revolution. Zur Sammlung gehören funktionstüchtige Maschinen aus Brauereien, Destillerien, Fabriken und Schiffen. Nebenan gedeihen in einem ummauerten Garten aus dem 18. Jh. traditionelle Obstbäume, Blumen und kunstvolle Anpflanzungen.

Weiter unten an der Straße stößt man auf die **Straffan Butterfly Farm** (☏01-627 1109; www.straffanbutterflyfarm.com; Ovidstown; Erw./Kind 8/5 €; ⊕Juni-Aug. 12–17.30 Uhr). Hier kann man ein tropisches Gewächshaus voller riesiger exotischer Schmetterlinge besuchen oder Larry, den Leopardengecko, und andere Kriechtiere beobachten.

Der **K Club** (Kildare Hotel & Country Club; ☏01-601 7200; www.kclub.ie; Straffan; Zi. ab 200 €; P@🏊🛜) ist ein georgianisches Anwesen und ein echtes Golferparadies. Im Hotel gibt's 92 gut eingerichtete Zimmer und viele öffentliche Räume, in denen man etwas trinken und ein paar Lügen über seine sportlichen Heldentaten auf einem der beiden erstklassigen Golfplätze verbreiten kann: Der erste wurde von Arnold Palmer entworfen und gehört zu den besten in ganz Irland; 2003 wurde der zweite eröffnet. Je nach Platz und Jahreszeit beträgt die Greenfee zwischen 85 und 295 €.

Bus Éireann (☏01-836 6111; www.buseireann.ie) fährt von Dublin hierher (einfach/hin & zurück 4/5,90 €, 30 Min., alle 30 Min., So 6-mal tgl.).

Am Grand Canal entlang

Am Ufer des Grand Canal westlich von Straffan befinden sich einige interessante Sehenswürdigkeiten. Der Kanal fließt gemächlich von Dublin in das winzige, stille **Robertstown** hinter Clane, das durchaus einen Abstecher lohnt. Das malerische Dorf ist weitgehend unberührt und wird von dem verfallenen, 1801 errichteten Grand

Canal Hotel dominiert. Hier kann man wunderbar am Wasser entlangspazieren (s. Kasten S. 169).

Südwestlich von Robertstown, mitten im Flachland von Kildare, erhebt sich der **Hill of Allen** (206 m). Wegen seiner Panoramasicht war der Hügel jahrhundertelang ein strategischer Aussichtspunkt. Heute thronen auf seiner Spitze ein Zierbau aus dem 19. Jh. sowie die Ruinen einer eisenzeitlichen Festung, in der Fionn McCumhaill gelebt haben soll.

Weiter westlich stößt man auf das informative **Bog of Allen Nature Centre** (✆045-860 133; www.ipcc.ie; R414, Lullymore; Erw./Kind 6 €/frei; ◷Mo–Fr 9.30–17 Uhr), eine faszinierende Institution unter der Leitung des gemeinnützigen Irish Peatland Conservation Council. In dem Zentrum wird Besuchern die Geschichte der Moore und Torfgewinnung erzählt, außerdem besitzt es die größte Sammlung fleischfressender Pflanzen in Irland, darunter Sonnentau, Fettkraut und andere Moorpflanzen. Es wird zum großen Teil von den Niederlanden finanziert, in denen es heute keine historischen Sumpfgebiete mehr gibt. Blauäugige holländische Volontäre helfen bei der Renovierung mit. Um irischen Studenten die Wissenschaft des Moores näherzubringen, wurden 2008 ein Teich für wirbellose Tiere und Einrichtungen zur Beobachtung des Moorwachstums eröffnet. In der Nähe beginnt ein Bohlenweg, der sich bis ins Bog of Allen erstreckt.

Im fröhlichen **Lullymore Heritage & Discovery Park** (✆045-870 238; www.lullymoreheritagepark.com; Lullymore; Eintritt 9 €; ◷Ostern–Okt. Mo–Sa 10–18 Uhr, Nov.–Ostern Sa & So 11–18 Uhr) begrüßt ein leicht schäbiges Hasen-Maskottchen die kleinen Gäste. Der Freizeitpark liegt 1 km nördlich des Bog of Allen Nature Centre. Auf einem Waldwanderweg kommt man an verschiedenen Behausungen wie jungsteinzeitlichen Hütten, einem einfachen Haus aus der Zeit der Großen Hungersnot und einem bezaubernden Märchendorf vorbei. Darüber hinaus gibt's einen Minigolfplatz und eine Bimmelbahn. Sollte es unglaublicherweise regnen, kann man den Funky Forest, einen überdachten Spielplatz, besuchen (s. Kasten S. 543).

Newbridge & der Curragh
17 042 EW.

Das unscheinbare Newbridge (Droichead Nua) liegt in der Nähe der Kreuzung der M7 und M9. In dieser Stadt befindet sich das **Newbridge Silverware Visitor Centre** (✆045-431 301; www.newbridgecutlery.com), in dem man traditionelle Metallarbeiten aus der Gegend (z. B. jede Menge versilberte Löffel und Gabeln) kaufen kann. Im hinteren Teil des Besucherzentrums ist das absolut deplatzierte **Museum of Style Icons** (Eintritt frei; ◷Mo–Sa 9–18, So 11–18 Uhr) untergebracht. Es präsentiert wechselnde Stücke, die einst Stars gehörten, darunter Kleidung von Prinzessin Diana, Audrey Hepburn, Marilyn Monroe und Grace Kelly. Besonders großer Beliebtheit erfreute sich die 2011 ausgerichtete Ausstellung mit persönlichen Gegenständen von Michael Jackson wie der diamantenbesetzte Anzug, den er im Video zu *Thriller* trug, und sein berühmter schwarzer Filzhut.

Abgesehen davon ist Newbridge vor allem als Tor zum Curragh bekannt, einer der größten fruchtbaren Landstriche Irlands und gleichzeitig das Zentrum der irischen Pferdezucht. Hier befindet sich die älteste und prestigeträchtigste **Pferderennbahn** (✆045-441 205; www.curragh.ie; Eintritt 15–60 €; ◷Mitte April–Okt.) der Insel. Dank der Großzügigkeit eines ihrer bekanntesten Förderer, Aga Khan, wurde sie 2010 aufwendig restauriert. Auch wenn man kein Pferdenarr ist, sollte man die At-

---

BOG OF ALLEN

Wie eine braune, feuchte Wüste erstreckt sich das Bog of Allen über neun Counties, darunter Kildare, Laois und Offaly. Einst bedeckte Irlands bekanntestes Hochmoor sogar den Großteil der Midlands. Leider wird Torf inzwischen regelmäßig und schnell zu Kompost und Treibstoff verarbeitet. Früher waren 17 % der Insel von Moorland bedeckt, heute sind es weniger als 2 %. In den Sümpfen gibt's eine Vielzahl von Pflanzen und Tieren, z. B. Moosbeeren, Sonnentau und alle möglichen Arten von Fröschen und Schmetterlingen. Die Gegend kann auf verschiedene Arten erkundet werden. Nähere Informationen dazu bekommt man im Bog of Allen Nature Centre (siehe oben), das direkt am Grand Canal liegt.

mosphäre, Leidenschaft und allgemeine Begeisterung bei den Rennen – die fast schon in Massenhysterie ausartet – zumindest einmal auf sich wirken lassen. Wer es nicht zu einem Wettkampf schafft, kann die Vollblüter früh am Morgen oder spätabends beim Training auf den weiten Flächen rund um die Rennbahn beobachten.

Von Dublin führt die M7 durch den Curragh (Ausfahrt 12) und nach Newbridge. Bus Éireann pendelt regelmäßig zwischen dem Busáras-Busbahnhof in Dublin und Newbridge (7,90 €, 90 Min.). Von Newbridge geht's dann weiter zur Pferderennbahn (1,60 €, 10 Min.) und in die Stadt Kildare. An Renntagen verkehren zusätzliche Busse.

❶ An- und Weiterreise

Der **Zug** (☎ 01-836 6222) zwischen Dublin und Kildare startet am Bahnhof Heuston und legt in Newbridge (13 €, 30 Min., stdl.) einen Zwischenstopp ein. Einige Züge halten auch an der Pferderennbahn.

Busse von **South Kildare Community Transport** (☎ 045-871 916; www.skct.ie) fahren u. a. nach Athy, Ballitore, Castledermot, Kildare (Stadt), Moone und Newbridge (5-mal tgl.).

Kildare (Stadt)

7538 EW.

Rund um einen dreieckigen Platz mit der beeindruckenden Kathedrale entstand Kildare, eine quirlige Stadt, die nur wenige Sehenswürdigkeiten zu bieten hat. Sie ist eng mit Brigid, der zweitwichtigsten Heiligen Irlands, verbunden.

⊙ Sehenswertes

St. Brigid's Cathedral　　　　　　KATHEDRALE
(☎ 045-521 229; Market Sq; Eintritt gegen Spende; ⊙ Mai–Sept. Mo–Sa 10–13 & 14–17, So 14–17 Uhr) Der Kildare Square wird von der **St. Brigid's Cathedral** aus dem 13. Jh. beherrscht. Ein schönes Buntglasfenster im Innern zeigt die drei Schutzpatrone Irlands: Patrick, Brigid und Colmcille. In der Kirche befindet sich auch das restaurierte Grabmal von Walter Wellesley, dem Bischof von Kildare, das kurz nach seinem Tod 1539 verschwand und erst 1971 wiederentdeckt wurde. Eine der Relieffiguren wird als Turnerin oder *sheila-na-gig* interpretiert (gemeißelte Figur einer Frau mit übergroßen Genitalien).

Der aus dem 10. Jh. stammende **Rundturm** (Eintritt 5 €) auf dem Kirchengelände ist mit 32,9 m der zweithöchste Turm Irlands und eines der wenigen Bauwerke dieser Art, die man besteigen darf – vorausgesetzt, der Wächter ist in der Nähe. Das ursprünglich kegelförmige Dach wurde durch ungewöhnliche normannische Zinnen ersetzt. In der Nähe des Turms befindet sich ein **Wunschstein**: Wenn man einen Arm durch das Loch steckt und die eigene Schulter berührt, wird ein Wunsch erfüllt. An der Nordseite der Kathedrale kann man die restaurierten Grundmauern eines antiken **Feuertempels** besichtigen (s. Kasten S. 170).

Irish National Stud & Gärten
GESTÜT, GÄRTEN
Mit Highlights wie dem „Teasing Shed" ist das (☎ 045-521 617; www.irish-national-stud.ie; Tully; Erw./Kind 10,50/5,50 €; ⊙ Mitte Feb.–Dez. 9.30–18 Uhr, letzter Einlass 17 Uhr) Irish National Stud 3 km südlich der Stadt die größte Attraktion in der Region. Auf ihrem historischen Besuch 2011 kam hier sogar die pferdevernarrte Queen Elizabeth II. vorbei. Das Gestüt wurde von Colonel Hall Walker, der mit dem Whiskey Johnnie Walker Berühmtheit erlangte, gegründet. Walker war ein äußerst erfolgreicher Pferdezüchter, doch bei seinen exzentrischen Zuchtmethoden verließ er sich größtenteils auf die Sterne: Das Leben eines Fohlens wurde nach seinem Horoskop entschieden, und wenn

---

❶ WANDERN AUF DEM TREIDELPFAD

Der Treidelpfad des Grand Canal bietet sich für eine gemütliche Wanderung an. Von den vielen Zugangspunkten ist Robertstown der beste, wenn man einen längeren Ausflug unternehmen will. Das Dorf bildet den Mittelpunkt des Kildare Way und des Treidelpfads am Barrow-Fluss. Letzterer erstreckt sich bis ins 95 km südlich gelegene St. Mullin's, County Carlow. Dort hat man Zugang zum South Leinster Way (S. 229) bei Graiguenamanagh sowie zum südlichen Ende des Wicklow Way (S. 148) in Clonegal (nördlich des Mt. Leinster).

In vielen regionalen Touristeninformationen bekommt man Broschüren mit genauen Beschreibungen der Wanderwege. Alternativ informiert man sich bei **Waterways Ireland** (www.waterwaysireland.org).

DIE HEILIGE BRIGID

Neben dem hl. Patrick gehört auch die hl. Brigid zu Irlands bekanntesten Heiligen. Sie wird als eine der ersten Feministinnen gefeiert und ist berühmt für ihr Mitgefühl, ihre Großzügigkeit sowie ihre besondere Art, mit Haustieren umzugehen. Um sie ranken sich viele Mythen und Geschichten, die Brigid vor allem eine Charaktereigenschaft zusprechen: extreme Eigenwilligkeit. Als ihr Vater beispielsweise einen Ehemann für sie ausgesucht hatte, soll sie sich ein Auge ausgerissen haben, um dadurch klarzustellen, dass sie niemals heiraten würde. Nachdem Brigid jedoch ihr Gelübde abgelegt hatte und versehentlich als Bischof statt als Nonne geweiht worden war, stellte sich ihre Schönheit wieder her. Einer anderen Legende zufolge soll sie in ein Kloster geschickt worden sein, nachdem sie das gesamte Familienvermögen an die Armen verschenkt hatte. Außerdem erzählt man, dass Piraten sie von Portugal nach Irland gebracht haben.

Im 5. Jh. gründete Brigid in Kildare ein Kloster für Nonnen und Mönche, ein für diese Zeit recht ungewöhnlicher Schritt. 20 Jungfrauen bewachten in dem Gebäude ein „ewiges" Feuer, das allerdings lediglich bis zum Jahr 1220 brannte, als der Bischof von Dublin diese Tradition für unchristlich erklärte. Die Brandstelle kann auf dem Gelände der St. Brigid's Cathedral besichtigt werden, wo jeden 1. Februar, dem Namenstag der Heiligen, ein Feuer entfacht wird. Auch Nicht-Jungfrauen sind willkommen.

Brigid war unermüdlich auf Reisen. Als sich der Ruf ihrer vielen Wundertaten verbreitete, dehnte sich ihr Einfluss auf ganz Europa aus. So soll sie sogar von der mittelalterlichen Ritterschaft als Schutzpatronin gewählt worden sein. Die Ritter sind angeblich auch die Ersten, die ihre Ehefrauen als *brides* (Bräute) bezeichneten.

Mit einem einfachen Kreuz aus Schilfrohr, das Brigid benutzte, um einem sterbenden Häuptling das Konzept der Erlösung zu verdeutlichen, wird der Heiligen gedacht. Das Kreuz soll einem Heim, Schutz und Segen bringen und ist noch immer in vielen Häusern auf dem Land zu finden. Brigid ist darüber hinaus auch die Schutzheilige der Reisenden, Geflügelfarmen und Seeleute.

die Sterne günstig standen, öffnete man die Dächer der Pferdeboxen zum Himmel hin, um das Schicksal der Tiere zu beeinflussen. Heute ist das tadellos gepflegte Gestüt im Besitz der irischen Regierung. Stuten aus aller Welt werden hier von hochkarätigen Zuchthengsten gedeckt.

Pünktlich zu jeder vollen Stunde gibt's **geführte Touren** durch das Gestüt, bei der man oft spannende Geschichten zu hören bekommt und auch die Intensivpflegestation für neugeborene Fohlen besucht. Wer zwischen Februar und Juni herkommt, kann vielleicht sogar die Geburt eines Fohlens miterleben. Alternativ wird in der Fohlenstation ein zehnminütiges Video davon gezeigt. Man kann durch die Ställe schlendern und den berühmten Zuchthengsten direkt in die Augen sehen. Da die meisten inzwischen kastriert sind, haben sie wahrscheinlich nur noch dunkle Erinnerungen an ihre Zeit im oben erwähnten Teasing Shed, wo sie unter den Augen Dutzender Beobachter auf die Paarung vorbereitet werden. Kostenpunkt: zigtausende Euros für ein Spitzenpferd.

Nachdem man die wertvollen Zuchthengste von Nahem gesehen hat, ist das umgebaute **Irish Horse Museum** eine Enttäuschung. Hier werden Siegerpferde gefeiert, aber die dokumentierte Geschichte der Pferderennen weist kaum eine bessere Qualität als ein gutes Schulprojekt auf.

Wenig erquickend sind auch die **Japanischen Gärten** (ein Teil der Anlage), die als die schönsten ihrer Art in Europa gelten – das spricht übrigens nicht besonders für die anderen Anwärter. Zwischen 1906 und 1910 angelegt, zeichnen sie den Lebensweg von der Geburt bis zum Tod durch 20 Sinnbilder nach, darunter auch der „Tunnel of Ignorance", der „Hill of Ambition" und der „Chair of Old Age". Die Blumen sind wunderschön, aber die Anlage selbst ist zu klein, um wirklich zu beeindrucken.

St. Fiachra's Garden ist ein ländlicher Mix aus Mooreichen, sprudelnden Gewässern, nachgebauten Klosterzellen und einem unterirdischen Kristallgarten mit zweifelhaftem Ruf.

In beiden Grünanlagen kann man entspannte Spaziergänge unternehmen.

Im **Besucherzentrum** gibt's ein Café, einen Shop und einen Spielbereich für Kinder. Eine Führung durch das Gestüt und die Gärten dauert zwei Stunden.

Außerhalb des Geländes, hinter dem Museum, sind die Ruinen der **Black Abbey** aus dem 12. Jh. zu sehen. Abseits der Straße nach Kildare stößt man auf **St. Brigid's Well**, wo die verschiedenen Lebensstationen der hl. Brigid durch fünf Steine dargestellt werden.

Schlafen & Essen

Martinstown House HOTEL €€
(045-441 269; www.martinstownhouse.com; Curragh; EZ/DZ ab 95/150 €; Mitte Jan.–Mitte Dez.; P) Dieses schöne Herrenhaus aus dem 18. Jh. im gotischen „Strawberry Hill"-Stil steht umgeben von Bäumen auf einem 170 ha großen Grundstück. Die vier Zimmer des Anwesens wurden mit vielen Antiquitäten gefüllt. Kinder sind hier nicht erwünscht. Wer im Voraus bucht, kommt in den Genuss eines unvergesslichen Abendessens (55 €); fast alle Zutaten stammen aus dem eigenen Gemüsegarten.

Derby House Hotel HOTEL €€
(045-522 144; www.derbyhousehotel.ie; EZ/DZ 35/70 €; P) Ein altes Hotel mit 20 hübschen Zimmern direkt im Stadtzentrum. Von hier aus sind es nur wenige Gehminuten bis zu den Bars, Restaurants und Sehenswürdigkeiten der hl. Brigid.

Agape CAFÉ €
(045-533 711; Station Rd; Gerichte 5–10 €; Mo–Sa 9–18 Uhr) In der Nähe des Market Square bietet dieses hippe kleine Café eine exzellente Auswahl an hausgemachten Speisen, darunter Salate, Suppen, Sandwiches und leckere Tagesgerichte. Außerdem gibt's alle möglichen Kaffeespezialitäten.

❶ Praktische Informationen

Das **Tourist Office & Heritage Centre** (045-521 240; www.kildare.ie; Market House, Market

---

CHRISTY MOORE: EIN NEUES LEBEN FÜR TRADITIONELLE IRISCHE MUSIK

Christy Moore, einer von Irlands bekanntesten und zweifellos meistgeschätzten traditionellen Sängern, stammt aus Newbridge in der Grafschaft Kildare. Mit einem koboldhaften Charme und einer bewundernswerten Schlagfertigkeit gesegnet, produzierte er bisher 23 Soloalben, die sich durch eingängige Lieder auszeichnen.

Die Themen, für die sich Moore engagiert – Wandersleute, Atomkraftgegner, Südafrika, Nordirland – könnten einen falschen Eindruck erwecken, denn er kennt sich mit romantischen Liebesliedern (*Nancy Spain*) genauso gut aus wie mit schwermütigen Balladen (*Ride On*), lustigen Songs (*Lisdoovarna*) und bizarren Höhenflügen lyrischer Fantasie (*Reel in the Flickering Light*). Zudem war er ein einflussreiches Mitglied der Bands Planxty und Moving Hearts, als man auf der Insel in den 1970er- und 1980er-Jahren mit traditionellen Musikformen experimentierte und eine dynamische Kombination aus Folk, Rock und Jazz suchte.

Moore kam 1945 als Sohn eines Gemüsehändlers zur Welt. Seine musikalische Laufbahn wurde früh von dem Reisenden John Riley beeinflusst. Als ihm die erhofften musikalischen Chancen in Irland verwehrt blieben, zog es Moore 1966 nach England, wo er in der britischen Folk-Szene in Manchester und West Yorkshire schnell bekannt wurde.

Seinen ersten großen Durchbruch feierte Moore mit dem Lied *Prosperous* (gemeint ist die Stadt Kildare), das er zusammen mit den musikalischen Legenden Donal Lunny, Andy Irvine und Liam O'Flynn schrieb. Unter dem Bandnamen Planxty produzierten die vier Künstler drei bahnbrechende Alben.

Moore bringt neuen Schwung in die traditionelle irische Musik. Seine Lieder sind immer unterhaltsam, aber wie jede gute Pub-Ballade zeugen seine Texte von mehr Tiefgründigkeit, als man zunächst vermutet. Er ist leidenschaftlich, provokant und unverwechselbar wie seine Vorbilder, darunter Jackson Browne und Van Morrison.

Für Fans und Kollegen ist Moore eine Ikone, obwohl er seine Konzerte zugunsten des Schreibens immer wieder beschränken muss. Moore machte sich als Autor und Interpret einer lebendigen Tradition auch international einen Namen und gilt in der traditionellen irischen Musik als einer der ganz Großen.

Hörtipp: *The Christy Moore Collection, 1981–1991*.

Sq; ⊙ Mai–Okt. Mo–Fr 10–17, Sa & So 14–16 Uhr, Nov.–April Mo–Fr 10–17 Uhr) dokumentiert in seiner **Ausstellung** (Eintritt frei) die Geschichte von Kildare. Außerdem wird hier Kunst aus der Region verkauft.

ⓘ An- und Weiterreise

Bus Éireann bietet regelmäßige Verbindungen von Dublins Busbahnhof Busáras nach Kildare (10,70 €, 1¾ Std.) an. Von dort aus geht's weiter nach Limerick (10,20 €, 2½ Std., 4-mal tgl.). Einige Linien nach Dublin halten auch am Gestüt.

Züge (☎ 01-836 6222) starten am Heuston-Bahnhof in Dublin und halten in Kildare (14,50 €, 35 Min., 1–4-mal stdl.). Von dort verkehren sie in unterschiedliche Richtungen, z. B. nach Ballina, Galway, Limerick und Waterford.

Mehr über den regionalen Busservice von South Kildare Community Transport erfährt man auf S. 169.

Von Donnelly's Hollow nach Castledermot

Auf der 25 km langen Strecke Richtung Carlow locken ein paar interessante Abstecher zu winzigen Ortschaften, die alle an der wenig reizvollen N9 liegen.

Nähere Informationen zum regionalen Busservice von South Kildare Community Transport siehe S. 169.

DONNELLY'S HOLLOW

Dan Donnelly (1788–1820) wird als Irlands größter Boxer des 19. Jhs. verehrt. Er lieferte den Stoff, aus dem Legenden sind. Angeblich waren seine Arme so lang, dass er seine Schnürsenkel zubinden konnte, ohne sich zu bücken. An diesem Ort 4 km westlich von Kilcullen an der R413 kämpfte er besonders gern. Auf dem Obelisk sind die Eckdaten seiner Laufbahn festgehalten worden.

BALLITORE
338 EW.

Das kleine Ballitore ist die einzige geplante und dauerhafte Quäkersiedlung Irlands. Sie wurde im frühen 18. Jh. von Einwanderern aus Yorkshire gegründet. In einem winzigen restaurierten Häuschen dokumentiert ein kleines **Quäker-Museum** (☎ 059-862 3344; Mary Leadbeater House, Main St; Eintritt gegen Spende; ⊙ ganzjährig Di–Sa 12–17 Uhr, Juni–Sept. So 14–18 Uhr) das Leben der Gemeindemitglieder (inklusive der Namenspatin und einstigen Besitzerin Mary Leadbeater, die als Kriegsgegnerin bekannt war). Neben einem Quäker-Friedhof und einem Gemeindehaus gibt's einen modernen **Shaker Store** (☎ 059-862 3372; www.shakerstore.ie; Main St; ⊙ Mo–Fr 10–18, Sa & So ab 14 Uhr), in dem herrlich einfaches Holzspielzeug und Möbel verkauft werden und der darüber hinaus über ein nettes Teezimmer verfügt. 2 km westlich liegt die **Rath of Mullaghmast**, eine eisenzeitliche Bergfestung mit einem Hinkelstein, an dem Daniel O'Connell, Verfechter der Katholikenemanzipation, 1843 eine seiner „Massenkundgebungen" abhielt.

MOONE
380 EW.

Südlich von Ballitore stößt man auf das unscheinbare Dorf Moone, in dem ein wahrhaft prächtiges Hochkreuz zu sehen ist. Das ungewöhnlich hohe und schlanke **Moone High Cross** ist ein Meisterwerk aus dem 8. oder 9. Jh. Seine Reliefs mit biblischen Szenen wirken so lebendig wie Comics. Das Kreuz steht 1 km westlich von Moone und der N9 auf einem stimmungsvollen frühchristlichen Friedhof mit alten Steinruinen.

Das in einem massiven Steingebäude aus dem 18. Jh. untergebrachte **Moone High Cross Inn** (☎ 059-862 4112; www.moonehighcrossinnonline.com; Bolton Hill; EZ/DZ 50/80 €; Ⓟ) befindet sich 2 km südlich von Moone. Es verfügt über fünf Zimmer in einem hübschen ländlichen Stil. In der wunderbaren Bar im Untergeschoss wird mittags gute Kneipenkost serviert. Zum Hotel gehört auch ein **Restaurant** (Hauptgerichte 12–19 €; ⊙ 18–20.30 Uhr), in dem es Gerichte aus regionalen Bioprodukten gibt. Hier dreht sich alles ums Keltentum: Dazu gehören heidnische Feste und das Sammeln von Glücksbringern draußen im Hof.

CASTLEDERMOT
1160 EW.

In Castledermot gab es früher eine riesige Klostersiedlung. Vom **Kloster** des hl. Diarmuid aus dem 9. Jh. ist heute nur noch ein 20 m hoher Rundturm mit mittelalterlichen Zinnen erhalten. Ganz in der Nähe entdeckt man zwei mit Reliefs verzierte Granithochkreuze aus dem 10. Jh., ein romanisches Eingangstor aus dem 12. Jh. und einen mittelalterlichen sogenannten „Hogback"-Grabstein, der einzige seiner Art in ganz Irland. Zu den Ruinen gelangt man durch ein rostiges Tor an der stark befahrenen Main Street (N9); dann geht's eine Allee entlang bis zur St. James Church. Am südlichen Ortsende stößt man schließlich auf die Überreste des **Franziskanerklosters** aus dem frühen 14. Jh.

Counties Wexford, Waterford, Carlow & Kilkenny

EINWOHNER: 507 000 / FLÄCHE: 7193 KM²

Inhalt »

County Wexford	176
Wexford (Stadt)	176
Rosslare Strand	181
Kilmore Quay	183
Hook Peninsula	184
Enniscorthy	188
Mt. Leinster	191
County Waterford	191
Waterford (Stadt)	191
Tramore	199
Dungarvan	201
Ring Peninsula	204
County Carlow	209
Carlow (Stadt)	209
County Kilkenny	214
Kilkenny (Stadt)	215

Gut essen

» Tannery (S. 203)
» Lennons (S. 210)
» Campagne (S. 221)
» Cafe Nutshell (S. 188)

Schön übernachten

» Waterford Castle (S. 195)
» Butler House (S. 220)
» Richmond House (S. 207)
» Powersfield House (S. 202)

Auf nach Wexford, Waterford, Carlow und Kilkenny

Dank des Golfstroms bilden die Grafschaften Wexford, Waterford, Carlow und Kilkenny zusammen mit dem südlichen Teil von Tipperary den „sonnigen Südosten", die wärmste und trockenste Region der Insel. Da wir uns in Irland befinden, ist der Begriff „warm" natürlich relativ.

In den Küsten-Counties Wexford und Waterford können sich Besucher über breite weiße Sandstrände, reetgedeckte Fischerdörfer und vornehme Orte am Meer freuen. Dazu kommen entlegene windgepeitschte Halbinseln mit zahlreichen Schiffswracks und eine abenteuerliche Geschichte, in der es von plündernden Wikingern, Leuchtturmwärtern in Mönchskutten sowie obskuren Ritterbanden nur so wimmelt.

Landeinwärts trennt der Fluss Barrow die grünen Grafschaften Carlow und Kilkenny. Erstere ist eine ländliche Gegend, geprägt von Bauernhöfen, Landhäusern und blühenden Anwesen. Als Kilkennys Highlight und eine der Topsehenswürdigkeiten Irlands gilt die gleichnamige Stadt mit ihrer Festung, der Kathedrale, mittelalterlichen Gassen, atmosphärischen Pubs und angesagten Restaurants.

Reisezeit

Im Sommer tummeln sich an der langen schroffen Küste der Counties Wexford und Waterford jede Menge Urlauber. Sie verbringen ihre Zeit größtenteils an den zahllosen Stränden sowie in den Fischrestaurants und den Musikpubs. Während der Nebensaison ist es hier recht grau und der Wind fegt übers Land. Orte wie Waterford, Dungarvan und Kilkenny bieten das ganze Jahr über Zerstreuung. Die berühmte lokaltypische Küche der vier Grafschaften ist außerhalb der Wintermonate am vielseitigsten. Wandertouren sollte man in den Frühling, den Sommer oder den Herbst legen.

Highlights

① **Kilkenny** (S. 215), einer der lebendigsten Städte des Landes, einen Besuch abstatten

② Auf dem Famine Ship in **New Ross** (S. 187) mehr über Irlands bewegte Geschichte erfahren

③ Schlemmen bis zum Abwinken in der wunderbaren Feinschmeckerhochburg **Dungarvan** (S. 201)

④ Waterfords Küste mit versteckten Buchten und Stränden in und um **Ardmore** (S. 205) kennenlernen

⑤ Durch die düsteren Ruinen der **Jerpoint Abbey**

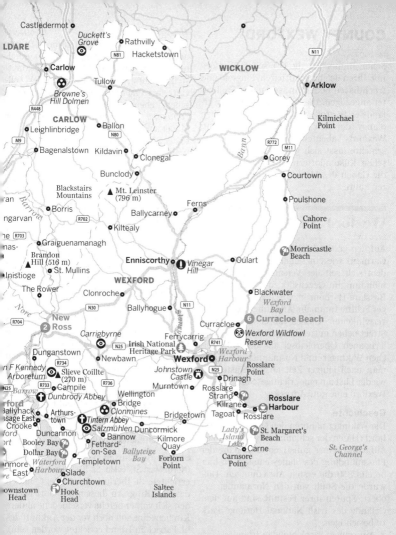

(S. 226) im County Kilkenny wandeln

6 Den **Curracloe Beach** (S. 180) bei Wexford, einen weißen Traum aus pulvrigem Sand, erkunden

7 In den interessanten Museen und den schmalen Gassen von **Waterford** (S. 191) alles über die mittelalterliche Vergangenheit der Stadt herausfinden

COUNTY WEXFORD

145 000 EW.

Schon immer hat die Grafschaft Wexford mit ihren leicht schiffbaren Flüssen und fruchtbaren Böden Invasoren und Freibeuter angezogen. Die Wikinger gründeten Irlands erste große Städte am gemächlichen Slaney, der sich durch das County zieht. Wexfords abenteuerliche maritime Geschichte lässt sich vor allem in den hübschen Küstendörfern entdecken, wo man die Gaben des Meeres auch gleich probieren kann.

Wexford (Stadt)

8700 EW.

Auf den ersten Blick wirkt Wexford (Loch Garman) wie ein schläfriger Hafenort, in dem sich seit der Versandung der Flussmündung im Gegensatz zu Waterford und Rosslare Harbour inzwischen immer weniger Schiffe tummeln. Allerdings bergen die verwinkelten Gassen abseits der Main Street neben mittelalterlichen Baudenkmälern auch Überbleibsel aus der ruhmreichen Wikinger- und Normannenzeit. Wenn man nach einiger Zeit an der Küste mal wieder Lust auf eine „richtige" Stadt hat, ist Wexford eine gute Adresse.

Geschichte

Die Wikinger nannten den Ort einst Waesfjord (Hafen der schlammigen Sandbänke). Aufgrund seiner günstigen Lage nahe der Flussmündung des Slaney entstanden hier bereits 850 die ersten Ansiedlungen. 1169 wurde die Stadt von den Normannen erobert; Spuren ihrer Festung sind auf dem Gelände des Irish National Heritage Park zu besichtigen.

Auf seinem vernichtenden Irlandfeldzug stieß auch Cromwell bis nach Wexford vor (1649/1650). Ungefähr 1500 der 2000 Einwohner fielen ihm und seinen Mannen zum Opfer, darunter sämtliche Franziskanermönche. Der blutige Aufstand 1798 wurde in der Stadt von den Rebellen anfangs sehr entschlossen geführt, schließlich jedoch niedergeschlagen.

◉ Sehenswertes

Die Museen sind nichts Besonderes, doch das heißt nicht, dass Wexford keine reiche Geschichte hätte. Davon kann man sich z. B. bei einem Spaziergang durch das sanierte Hafenviertel überzeugen.

Westgate BAUDENKMAL
Von den ehemals sechs Stadttoren ist nur noch das **West Gate** aus dem 14. Jh. erhalten. Früher wurde das Stadttor als Mautstelle genutzt; die Kassierstellen der Zolleintreiber erkennt man noch als Mauernischen, ebenso die Gefängniszellen der *runagates* (Zollpreller). Einige Teile der Mauer sind noch gut in Schuss, insbesondere der Abschnitt nahe am Cornmarket (Getreidemarkt).

Selskar Abbey HISTORISCHE STÄTTE
Nach dem Meuchelmord an seinem Freund Thomas Becket leistete Heinrich II. Abbitte für seine blutige Tat in der **Selskar Abbey**, die 1190 von Alexander de la Roche errichtet wurde. Basilia, die Schwester von Robert Fitz Gilbert de Clare (alias Strongbow), soll hier einen der Offiziere von Heinrich geheiratet haben. Der heutige desolate Zustand des Hauses lässt sich auf einen „Besuch" Cromwells im Jahr 1649 zurückführen.

Bull Ring HISTORISCHE STÄTTE
Einst nur ein flacher Küstenstreifen, an dem Lebensmittel umverladen bzw. in die Innenstadt verbracht wurden, entwickelte sich der **Bull Ring** im Mittelalter zu einem Schauplatz fürs *bull baiting* (Hetzjagd auf Stiere). Jeder Metzger der Stadt musste seine Gildenmitgliedschaft durch die Bereitstellung eines Stiers pro Jahr verdienen. Die **Lone-Pikeman-Statue** erinnert an die Aufständischen von 1798, die den Platz als Waffenschmiede nutzten.

St. Iberius' Church KIRCHE
(North Main St; ⊙Mo-Sa 10-15 Uhr) Die 1760 errichtete St. Iberius' Church liegt südlich des Bull Ring. An diesem Standort befanden sich vorher bereits verschiedene andere Kirchen (eine soll noch vor der Ankunft des hl. Patrick in Irland errichtet worden sein). Einige von Oscar Wildes Vorfahren arbeiteten hier als Pfarrer. Die Renaissancefassade lohnt zwar einen Blick, aber das Highlight ist der **georgianische Innenbereich** mit seinem fein geschnitzten Chorgeländer und den Skulpturen aus dem 18. Jh.

Franziskanerkloster HISTORISCHES GEBÄUDE
(School St; ⊙10-18 Uhr) 1649 entfachten Cromwells Truppen in diesem Franziskanerkloster aus dem 13. Jh. ein Flammeninferno und zerstörten das Gebäude weitestgehend, deshalb wurde es im 19. Jh. rekonstruiert. Nur zwei der ursprünglichen Wände blieben erhalten. In dem Kloster werden eine Reliquie sowie eine Wachsfigur

Wexford

Wexford

Sehenswertes
- 1 Bull Ring B2
- 2 Franziskanerkloster B3
- 3 Keyser's Lane C3
- Lone-Pikeman-Statue .... (siehe 1)
- 4 Selskar Abbey A2
- 5 St. Iberius' Church B3

Schlafen
- 6 Abbey B&B B2
- 7 Kirwan House B3
- 8 McMenamin's Townhouse A1
- 9 St. George Guest House A2
- 10 Whites of Wexford B2

Essen
- Bauernmarkt .... (siehe 1)
- 11 Greenacres Food Hall B1
- Jacques Bistro .... (siehe 11)
- 12 La Dolce Vita B2
- 13 Le Tire Bouchon C4
- SkyView Cafe .... (siehe 17)
- 14 Yard B2

Ausgehen
- 15 Centenary Stores B2
- 16 Chaz Bar B2
- Sky & the Ground .... (siehe 13)

Unterhaltung
- 17 Wexford Opera House B3

Shoppen
- 18 Wexford Book Centre C3

des hl. Adjutor, ein junger Märtyrer, der im alten Rom von seinem eigenen Vater getötet wurde, aufbewahrt.

Keyser's Lane HISTORISCHE STÄTTE
Kopf einziehen und hinein in die Keyser's Lane-Passage, die von der North Main Street abgeht und aus der Wikingerzeit stammt.

Geführte Touren

LP TIPP Bei den etwa 90-minütigen geführten **Spaziergängen** (www.wexfordwalking tours.com; Führung 4 €; März–Okt. 11 Uhr) durch Wexford erfährt man mehr über die komplexe Stadtgeschichte und die diversen Ruinen. Vor der Touristeninfo geht's los.

Feste & Events

Wexford Festival Opera OPERNFESTIVAL
(www.wexfordopera.com) Jedes Jahr Ende Oktober bzw. Anfang November findet das Wexford Festival Opera, ein 18-tägiges opulentes Klassikfestival, im Wexford Opera House statt. Es gilt inzwischen als *das* Opernereignis des Landes mit erstklassigen Vorstellungen vor ausgebuchten Rängen. Zusätzliche Straßentheateraufführungen, Dichterlesungen und Ausstellungen lassen überall in der Stadt Feststimmung aufkommen; darüber hinaus veranstalten viele Bars und Kneipen eigene Gesangswettbewerbe für Laien. Es ist ratsam, einige Monate im Voraus zu reservieren, man kann aber auch auf Last-Minute-Karten hoffen.

Schlafen

Wexfords Nähe zu Dublin zieht recht viele Wochenendbesucher an, und auch während des Wexford Festival Opera sind die freien Unterkünfte oft knapp. Davon abgesehen findet man aber jede Menge gute, zentral gelegene Schlafgelegenheiten.

LP TIPP McMenamin's Townhouse B&B €€
(053-914 6442; www.wexford-bedandbreakfast.com; 6 Glena Tce, Spawell Rd; EZ/DZ ab 65/90 €; P) Gäste werden in dem spätviktorianischen B&B aus rotem Backstein liebevoll umsorgt. Von IKEA-Möbeln ist hier weit und breit nichts zu sehen: Stattdessen sind die Zimmer mit antiken Möbeln (beispielsweise Himmelbetten) ausgestattet. Zum Frühstück gibt's selbst gebackenes Brot, hausgemachte Marmeladen und *porridge* (Haferbrei) mit einem Quentchen Rum.

LP TIPP Abbey B&B B&B €
(053-912 4408; www.abbeyhouse.ie; 34-36 Abbey St; EZ/DZ ab 35/60 €;) Im Vergleich zum Whites Hotel gegenüber wirkt das niedliche schwarz-weiße B&B geradezu winzig. Während der Sommermonate lugen rote Blüten aus den Blumenkästen. Die sieben Zimmer verfügen über Privatbäder und Blumendekorationen und die Besitzer sind unglaublich charmant.

Whites of Wexford HOTEL €€
(053-912 2311; www.whitesofwexford.ie; Abbey St; Zi. 100–200 €; P) Dieser moderne Koloss beherbergt mehrere Bars, Restaurants, ein edles Spa sowie 157 Zimmer mit Hightech-Elementen und viel Glas. Der Blick bis zum Curracloe Beach ist super, genauso wie der Service.

St. George Guest House B&B €€
(053-914 3474; www.stgeorgeguesthouse.com; Upper George St; EZ/DZ ab 40/70 €; P) In der Nähe des Zentrums stößt man auf dieses gut durchorganisierte, stets ordentliche B&B mit einem kleinen Parkplatz. Die Zimmer bieten den üblichen Standard. Manche Bäder haben Dachfenster. Bodenständig und empfehlenswert.

Kirwan House HOSTEL €
(053-912 1208; www.wexfordhostel.com; 3 Mary St; B/EZ/DZ ab 21/40/55 €;) Das IHH-Hostel ist in einem dreigeschossigen georgianischen Gebäude untergebracht. Manche Zimmer warten mit himmelblauen Wänden und eigenen Bädern auf. Im Fernsehraum verbreitet ein offener Kamin Gemütlichkeit.

Ferrybank Camping & Caravan Park
CAMPINGPLATZ €
(053-916 6926; www.wexfordcorp.ie; Ferrybank; Stellplätze ab 15 €; Ostern–Sept.; P) Vom Stadtzentrum aus gesehen erstreckt sich gleich auf der anderen Flussseite ein Campingplatz. Hier pfeift der Wind, aber der Blick auf Wexford ist genial.

Essen

Wexford brüstet sich mit ein paar exzellenten Restaurants und einem regionalen Highlight, dem **Bauernmarkt** (Cornmarket; Fr 9–14 Uhr).

LP TIPP Greenacres Food Hall DELIKATESSEN
(www.greenacres.ie; 7 Selskar St; Mo–Sa 9.30-18 Uhr) Ideal, wenn man Zutaten für ein Picknick braucht. In dem tollen kleinen Geschäft werden die leckersten irischen Käse-

sorten und andere Lebensmittel wunderbar in Szene gesetzt. Außerdem gibt's südlich von Dublin nirgendwo eine bessere Weinauswahl.

Jacques Bistro FRANZÖSISCH €€€
(Selskar St; ☎053-912 2975; Hauptgerichte abends 20–30 €; ⓗMo-Sa 9.30-22 Uhr) In dem modernen, gut besuchten Bistro werden die besten Produkte aus der Region (darunter Fisch und Meeresfrüchte) mit französischer Note zubereitet. Tagsüber kann man sich mit einem Kaffee oder dem Tagesgericht an einen der Tische draußen setzen. Abends zaubern die Köche Krebsscheren, Cassoulet u. Ä. auf den Teller.

SkyView Cafe CAFÉ €
(Wexford Opera House, High St; Gerichte 5–10 €; ⓗMo-Sa 10-16 Uhr; 🛜) Im dritten Obergeschoss des eleganten Opernhauses von Wexford kann man sich über große Salatschüsseln, erstklassige Sandwiches, tolle Muffins und vieles mehr hermachen. Zum Angebot gehören aber auch Tee und leckerer Kuchen. Darüber hinaus punktet das Café mit einem herrlichen Panoramablick aufs Wasser.

La Dolce Vita ITALIENISCH €€
(6-7 Trimmers Lane; Hauptgerichte 10–22 €; ⓗMo-Do 9-17, Fr & Sa bis 21 Uhr) Am besten setzt man sich mit einem italienischen Kaffee oder einem kleinen Teller Pasta unter die dreifarbige Markise und relaxt einfach. An den Wochenenden dreht der Koch Roberto Pons voll auf und bereitet abends exquisite kleine Speisen zu, die einen geradewegs in die Toskana katapultieren.

Le Tire Bouchon FRANZÖSISCH €€€
(☎053-9124877; www.letirebouchon.ie; 112-113 South Main St; Hauptgerichte 17–30 €; ⓗabends) Der „Korkenzieher" befindet sich gleich über dem Pub Sky & the Ground, doch vom Kneipenlärm bekommt man in dem gediegenen Restaurant nichts mit. Das Ambiente ist Eleganz pur und die Gerichte sind durch und durch französisch. Als Grundzutaten dienen Fleisch, Fisch und Meeresfrüchte aus Irland.

Yard MODERNE IRISCHE KÜCHE €€
(www.theyard.ie; 3 Lower George St; Hauptgerichte mittags 8-12 €, abends 18,50–26,50 €; ⓗCafé 9-18 Uhr, Restaurant mittags & abends) Ein Restaurant mit schummeriger Beleuchtung und intimer Atmosphäre, das auf einen eleganten Hof mit einem Baldachin aus Lichterketten hinausgeht. Die innovative moderne Karte wechselt mit den Jahreszeiten, schließlich sollen nur die frischesten Zutaten aus der Region verwendet werden.

🍷 Ausgehen & Unterhaltung

Wexford ist die regionale „Partyhochburg" und wartet mit vielen Pubs auf, vor allem an der Monck Street und am Cornmarket.

Centenary Stores PUB/NACHTCLUB
(Charlotte St) In der ehemaligen Lagerhalle mit den Friesen an der Decke trifft Altes auf Neues. Das Centenary Stores ist eine der belebteren Adressen in Wexford und zieht mit ihrem Club auch sonntags jede Menge Leute an. Sonntagsmittags wird traditionelle Livemusik gespielt.

Chaz Bar PUB
(Commercial Quay) Diese Kneipe versteckt sich hinter einer unscheinbaren grünen Fassade im sanierten Hafengelände. An den meisten Abenden im Sommer gibt's Livemusik. Der Besitzer kennt die Gegend wie seine Westentasche und beantwortet gerne Fragen dazu.

Sky & the Ground PUB
(112-113 South Main St) Eines der älteren Pubs in Wexford. Das Sky & the Ground verfügt über ein klassisches Dekor inklusive lackierter Schilder und einem lodernden Kamin. An den Wochenenden treten regelmäßig Musiker auf.

Wexford Opera House LIVEMUSIK/THEATER
(www.wexfordoperahouse.ie; High St) Das neue Opernhaus überrascht vor allem mit seiner Innenarchitektur. Neben Opern finden hier Theateraufführungen, Konzerte einheimischer Künstler und Gastspiele statt.

🛍 Shoppen

Wexford Book Centre BUCHLADEN
(5 South Main St; ⓗMo-Sa 9-18, So 13-17 Uhr) Jede Menge lesenswerte irische Titel, Reiseführer und Karten.

ℹ Praktische Informationen

Hauptpostamt (Anne St)

Touristeninformation (Quayfront; ⓗApril-Okt. Mo-Sa 9-18 Uhr, Juli & Aug. auch So 11-13 & 14-17 Uhr, Nov.-März Mo-Sa 9.15-13 & 14-17 Uhr)

ℹ Anreise & Unterwegs vor Ort

Bus

Bus Éireann (www.buseireann.ie) verkehrt vom O'Hanrahan-Bahnhof am Redmond Square nach Rosslare Harbour (5 €, 30 Min., mind. 9-mal tgl.), Waterford (8 €, 1 Std., 6-mal tgl.) und

NICHT VERSÄUMEN

CURRACLOE BEACH

Herrlich pulveriger weißer Sand, eine sanfte Brandung und weit und breit kein Haus – das sind die Kennzeichen des 11 km langen Curracloe Beach, der mit einem Ökosymbol, der Blauen Flagge, ausgezeichnet wurde. An Sonnentagen mit mehr als 20 °C trifft man hier viele Familien, doch weil der Strand so immens lang ist, verteilen sich die Menschenmassen recht gut. Wer mag, kann ausgedehnte Spaziergänge unternehmen. Zu den Einrichtungen vor Ort gehören ein paar Parkplätze und Toiletten. Wenn man sich unauffällig verhält, kann man in den geschützten Dünen sogar zelten.

Das Gemetzel zu Beginn von *Der Soldat James Ryan* (1997) wurde übrigens nicht in der Normandie, sondern hier gedreht. Viele der Vögel im **Wexford Wildfowl Reserve** können auch im **Raven Nature Reserve** von Curracloe beobachtet werden. Das Schutzgebiet liegt 13 km nordöstlich von Wexford an der R741 und ist ausgeschildert.

Dublin (14 €, 3 Std., mind. 9-mal tgl.), normalerweise über Enniscorthy (6 €, 25 Min.). Fahrkarten bekommt man im Mace-Zeitschriftenladen auf der anderen Straßenseite.

Wexford Bus (www.wexfordbus.com) fährt via Enniscorthy, Ferns und Dublin zum/vom Dublin Airport (19 €, 2¾ Std., 7-mal tgl.).

Taxi
Wexford Cabs (053-912 3123; 3 Charlotte St)

Zug
Die **O'Hanrahan Station** (053-912 2522; Redmond Sq) ist ein kleiner Bahnhof ohne Gepäckaufbewahrung. Wexford liegt an der Bahnstrecke zwischen Dublin Connolly (24 €, 2½ Std.) und Rosslare Europort (5 €, 25 Min.). Täglich fahren pro Richtung drei Züge via Enniscorthy und Rosslare Strand.

Rund um Wexford

 Sehenswertes

Irish National Heritage Park MUSEUM/PARK
(www.inhp.com; Ferrycarrig; Erw./Kind 8/4 €; April–Sept. 9.30–18.30 Uhr, Okt.–März 9.30–17.30 Uhr) Dieses Freilichtmuseum deckt mehr als 9000 Jahre irischer Geschichte bis zu den Normannen ab. Kostümierte Guides führen die Besucher vorbei an einem nachgebauten neolithischen Hof, einem Steinkreis, einer Ringfestung, einem Kloster, einer *crannóg* (künstliche Insel), einer Wikingerwerft und einer normannischen Burg. Erfahrungsgemäß sinkt der Enthusiasmus der Gäste mit dem Alter. Der Park liegt 3,5 km nordwestlich von Wexford, abseits der N25. Eine Taxifahrt hierher kostet etwa 8 €.

Johnstown Castle & Gardens BURG, GARTEN
(6 € pro Wagen; 9–16.30 Uhr) Stolzierende Pfauen gebärden sich als Wächter dieses prächtigen Landguts aus dem 19. Jh., in dem einst die mächtigen Fitzgeralds und Esmondes residierten. Das heute leer stehende Anwesen überblickt einen kleinen See und ist von einem 20 ha großen, bewaldeten Garten umgeben.

Im Nebengebäude der Burg befindet sich das **Irische Landwirtschaftsmuseum** (www.irishagrimuseum.ie; Erw./Kind 6/4 €; April–Okt. Mo–Fr 9–17, Sa & So 11–16.30 Uhr, Nov.–März Mo–Fr 9–17 Uhr). Fans von Traktoren werden begeistert sein.

Die Festung liegt 7 km südwestlich von Wexford an der Straße nach Murntown.

GRATIS Wexford Wildfowl Reserve
NATURSCHUTZGEBIET
(North Slob; geführte Touren auf Anfrage; 9–17 Uhr) Dieses riesige Naturschutzgebiet liegt unterhalb des Meeresspiegels und wird von Deichen geschützt (ein bisschen wie Holland). Zu den Einrichtungen des Reservats gehören ein Aussichtsturm, verschiedene Hochsitze und ein Besucherzentrum mit detaillierten Ausstellungen. In den Slobs (der Begriff kommt vom irischen *slab*, was „Schlamm, Morast oder wabbeliger Mensch" bedeutet) leben jede Menge Vögel, deshalb ist die Gegend ein Paradies für (Hobby-)Ornithologen. Im Winter lässt sich hier sogar ein Drittel der weltweiten Population von Blässgänsen nieder (insgesamt einige 10 000 Vögel). Außerdem kann man zu dieser Zeit nordkanadische Ringelgänse sichten.

Von Wexford folgt man der R741 nach Dublin 3 km nordwärts und biegt an dem ausgeschilderten Abzweig rechts ab, 2 km weiter erreicht man das Zentrum. Die Slobs und ihre Vögel waren übrigens für die Entstehung des *Guinness Book of World Records* verantwortlich (s. Kasten S.181).

Rosslare Strand

1300 EW.

Rosslare (Ros Láir) befindet sich etwa 12 km nordwestlich von Rosslare Harbour und ist ein eher gesichtsloser, von kleinen Siedlungen umgebener Ort. Punkten kann er dagegen mit seinem herrlichen Strand, der mit der Blauen Flagge ausgezeichnet wurde. Im Sommer wimmelt es hier von Kindern, die Eiscreme schlecken, während man im Winter lediglich einige vereinzelte Spaziergänger sieht.

Die seichte Bucht eignet sich ideal zum Windsurfen. Im **Rosslare Watersports Centre** (www.rosslareholidayresort.ie) werden in den Sommermonaten Ausrüstungen zum Windsurfen, Kajakfahren, Segeln und zu vielem mehr vermietet.

Schlafen & Essen

B&Bs und Pubs, in denen es Fish 'n' Chips gibt, sind zahlreich vertreten.

LP TIPP

Kelly's Resort Hotel HOTEL €€€

(053-913 2114; www.kellys.ie; Strand Rd; EZ/DZ ab 90/180 €; P@🛜🏊) Das 1895 erbaute Haus am Meer wird von einer Familie schon in der vierten Generation geführt und regelmäßig generalüberholt. Der Service ist hinreißend altmodisch und persönlich, außerdem sind die Zimmer hell und modern. Es gibt zahlreiche Freizeitangebote wie Tennis, Snooker, Badminton, Yoga, Kricket sowie Restaurants, Bars und eine Wellnessoase.

Killiane Castle GÄSTEHAUS €€

(053-915 8885; www.killianecastle.com; Drinagh; EZ/DZ ab 75/100 €; P) Einmal in unmittelbarer Nähe einer echten Burg übernachten! Das Gästehaus aus dem 17. Jh. grenzt direkt an eine Normannenfestung aus dem 13. Jh. Hier kann man auf den Turm steigen und die Aussicht auf Landschaft und Küste genießen oder Wanderungen unternehmen. Die Apartments für Selbstversorger liegen schön im Grünen; außerhalb der Hauptsaison werden sie auch nur für ein Wochenende vermietet. Zu den Einrichtungen vor Ort gehören ein Tennis-, ein Golf- und ein Kricketplatz. Die Unterkunft befindet sich nordöstlich der N25 in Richtung Wexford.

La Marine FRANZÖSISCH €€

(053-32114; Hauptgerichte mittags 11–16 €, abends 18–25 €; 12–22 Uhr) Dieses wunderbar einladende Bistro im Kelly's Resort Hotel wartet mit der feinsten Küche südlich von Wexford auf.

ℹ️ An- & Weiterreise

Wexford Bus (053-914 2742; www.wexfordbus.com) bietet täglich vier Verbindungen nach Wexford (4 €, 40 Min.) an.

Rosslare Strand liegt an der Hauptbahnstrecke Dublin–Wexford–Rosslare Harbour. Jeden Tag halten hier drei Züge pro Richtung (ab Dublin 23 €, 3 Std.; ab Wexford 5 €, 20 Min.; ab Rosslare Europort 5 €, 10 Min.).

Rosslare Harbour

1000 EW.

Von seinem Europort-Terminal aus unterhält das geschäftige Rosslare Harbour Verbindungen nach Wales und Frankreich. Hier befindet sich auch der Europort-Bahnhof. Die Straße, die vom Hafen kommend bergauf führt, geht in die N25 über: Diesen Weg sollte man gleich nach der Ankunft einschlagen, denn das Einzige, was eine Übernachtung rechtfertigt, ist eine frühe Überfahrt mit der Fähre.

Schlafen & Essen

Die St. Martin's Road ist von B&Bs gesäumt, die ihren mit der Fähre weiterrei-

---

WISSENSDURST

Während eines Jagdausflugs in den Slobs nahe Wexford während der 1950er-Jahre schoss der Geschäftsführer der Guinness-Brauerei, Sir Hugh Beaver, auf einen Goldregenpfeifer, verfehlte ihn jedoch. Unter den Teilnehmern der Jagd entbrannte nun eine hitzige Debatte darüber, ob dieses Tier oder aber das Schottische Moorhuhn der schnellste Jagdvogel Europas sei. Sir Hugh bemerkte, dass in Pubs immer wieder ähnliche Diskussionen aufkamen und war sich sicher, dass die Veröffentlichung von eindeutigen Antworten diese Diskussionen beenden könnte (selbstverständlich bei einigen Pints Guinness). Er hatte Recht, und heute hält das *Guinness Book of World Records* sogar selbst einen Weltrekord. Es handelt sich um das meistverkaufte urheberrechtlich geschützte Buch. In einem Punkt lag Beaver allerdings falsch: Europas schnellster Jagdvogel ist die Sporngans.

senden Gästen ein zeitiges Frühstück anbieten. In den zahlreichen Pubs werden typische Kneipengerichte zubereitet.

O'Leary's Farmhouse B&B B&B €€
(053-913 3134; www.olearysfarm.com; Killilane, Kilrane; EZ/DZ ab 40/80 €; P) Seit 1800 züchten die O'Learys auf ihrem Biobauernhof seltene Schaf- und Rinderrassen. Zudem vermieten sie acht luftige, weiß getünchten Zimmer mit Holzböden und duftig-frischer Bettwäsche. Zum Frühstück gibt's auch vegane Kost. Wer hier übernachten möchte, biegt von der N25 auf die Straße ein, die zwischen dem Kilrane Inn und Culleton's Pub hindurchgeht. Von dieser Stelle aus sind es noch etwa 3 km mit guter Ausschilderung.

Harbour View Hotel HOTEL €
(053-916 1450; www.harbourviewhotel.ie; EZ/DZ ab 45/60 €; P 🛜) Ein toller Service und frische, farbenfrohe Zimmer in diesem butterblumengelben Hotel lassen einen die Gegenwart des klotzigen Euroports einfach vergessen.

Churchtown House B&B €€
(053-913 2555; www.churchtownhouse.com; Tagoat; EZ/DZ 75/90 €; ◉März–Nov.; P 🛜) Das Herrenhaus aus dem 17. Jh. liegt ein Stück abseits der R736 auf einem 3 ha großen Stück Ackerland. Die geräumigen Zimmer sind in Herbstfarben dekoriert.

🛈 An- & Weiterreise

Busse und Züge starten am Rosslare-Europort-Bahnhof (beim Fährterminal).

Auto

Budget (www.budget.ie) Unterhält ein Büro am Fährterminal.

Bus

Bus Éireann (053-912 2522) Bedient zahlreiche irische Städte und Ortschaften, z. B. Dublin (18 €, 3 Std., mind. 9-mal tgl.) via Wexford (5 €, 30 Min.) und Cork (22 €, 4 Std., 3–5-mal tgl.) via Waterford (15 €, 1½ Std.).

Schiff/Fähre

Die Rosslare-Fähren verbinden Irland mit Wales und Frankreich (siehe auch S. 782).

Irish Ferries (www.irishferries.com) Setzt nach Pembroke in Wales über (Fußgänger Erw./Kind 28/17 €, Fahrrad 9 €, Motorrad plus Fahrer ab 51 €, Pkw und Fahrer ab 69 €, 4 Std., 2-mal tgl.). Darüber hinaus bestehen Verbindungen nach Cherbourg (Fußgänger 64 €, Fahrrad 10 €, Motorrad und Fahrer ab 80 €, Pkw und Fahrer ab 100 €, 19½ Std., Mitte Feb.–Mitte Dez. bis zu 3-mal wöchentl.) und nach Roscoff in Frankreich (ähnliche Preise; 18 Std., Mitte Mai–Sept. bis zu 3-mal wöchentl.).

Stena Line (www.stenaline.ie) Dieses Unternehmen steuert Fishguard in Wales an (Fußgänger Erw./Kind 30/15 €, Fahrrad 8 €, Motorrad und Fahrer ab 55 €, Pkw und Fahrer ab 85 €, 2–3½ Std., 2–5-mal tgl.).

Zug

Jeden Tag verkehren drei Züge auf der Strecke Rosslare Europort–Wexford–Dublin (nach Wexford 5 €, 25 Min.; bis Dublin Connolly Station 22,50 €, 3 Std.).

Südlich von Rosslare Harbour

Das Dorf **Carne** wartet mit einigen hübschen weiß getünchten, reetgedeckten Cottages und einem schönen Strand auf. Die Nebenstraßen am Strand sind ideal für eine Spritztour.

Im Sommer platzt der **Lobster Pot** (Carne; Hauptgerichte mittags 8–12 €, abends 20–35 €; ◉Restaurant Di–So abends, Bar warme Küche Di–So 12–19.30 Uhr, Jan. geschl.) vor Einheimischen und Touristen förmlich aus den Nähten (in dieser Zeit können keine Reservierungen vorgenommen werden). Angesichts des superfrischen Meeresgetiers muss man das Gedrängel in dem sagenhaften Pub-Restaurant einfach mal aushalten. Außerdem schmeckt die Fischsuppe mit Garnelen, Muscheln, Krebsen, Lachs und Kabeljau wohl nirgendwo auf der Welt so gut wie hier. Die schönsten Plätze befinden sich draußen, doch auch das Holzambiente drinnen ist gemütlich.

Fährt man auf der Straße zurück, kommt man an **Our Lady's Island**, einem alten Augustinerpriorat vorbei. Einst folgten passionierte Pilger ihrem Bußweg rund um die Insel auf Knien, heute gehen sie dagegen aufrecht, aber dafür mit nackten Füßen. Besonders sehenswert ist der normannische Turm mit einem noch größeren Neigungswinkel als der Schiefe Turm von Pisa. Wenn die Zufahrtsstraße nicht überflutet ist, erreicht man die Inselfestung mit dem Auto; am Schrein führt ein 2 km langer Rundweg vorbei.

Der **St. Margaret's Beach Caravan & Camping Park** (053-913 1169; www.campingstmargarets.ie; St Margaret's Beach; Stellplätze 17–25 €, Wohnwagenmiete ab 50 € pro Tag; ◉Mitte März–Sept.; 🛜) ist ein gut ausgestatteter Campingplatz nur 500 m vom Strand. Hier kann man in kleinen Wohnwagen übernachten.

Kilmore Quay
400 EW.

Kilmore Quay, ein hübsches Dorf und einer der geschäftigsten Fischerhäfen im Südosten, besteht aus zahlreichen reetgedeckten Cottages. Der Hafen dient als gute Ausgangsbasis für Irlands größtes Vogelschutzgebiet, die in Sichtweite vor der Küste gelegenen Saltee Islands. Möwengeschrei und die Meeresbrise schaffen die passende Atmosphäre für nette Fish-'n'-Chips-Lokale.

◉ Sehenswertes & Aktivitäten

Ab Forlorn Point (Crossfarnoge) erstrecken sich mehrere Sandstrände in Richtung Nordwesten und -osten. Jenseits der Dünen verlaufen einige ausgeschilderte **Wanderpfade**. Zu den schönsten Sehenswürdigkeiten gehört ein 2006 havarierter holländischer Fischdampfer am **St.-Patrick's-Bridge-Damm**, der zur Insel Little Saltee führt. Auch ein Spaziergang am **Fischerhafen** lohnt sich.

Schiffswracks wie die der SS *Isolde* und der SS *Ardmore* (beide aus den 1940er-Jahren), aber auch die außergewöhnliche Meeresfauna dürften Taucher glücklich machen. Informationen darüber bekommt man im **Wexford Sub Aqua Club** (www.divewexford.org).

Unter www.kilmorequayweb.com findet man Links zu Aktivitäten in der Umgebung, z. B. zu **Charterbooten**.

Ballycross Apple Farm BAUERNHOF
(053-913 5160; www.ballycross.com; Bridgetown; ⊙Mitte Aug.–März Sa & So 14–18 Uhr) Auf dem Hof 9 km nördlich von Kilmore Quay werden Äpfel, Apfelsaft, Chutneys und Marmeladen verkauft.

🎪 Festivals & Events

Seafood Festival KULINARISCHES FESTIVAL
(www.kilmorequayseafoodfestival.com) Das viertägige Meeresfrüchtefest mit Musik und Tanz und leckerem Essen findet Mitte Juli statt.

🛏 Schlafen & Essen

Mill Road Farm B&B €€
(053-912 9633; www.millroadfarm.com; R739; EZ/DZ 45/70 €; ⊙Ende Dez. geschl.; P🐾) 2 km nordöstlich von Kilmore Quay an der R739 bietet diese Farm mit Molkereibetrieb einfache Zimmer an. Zum Frühstück gibt's selbstgebackenes Brot und Eier aus Freilandhaltung.

Hotel Saltees HOTEL €€
(053-912 9601; www.hotelsaltees.ie; Kilmore Quay; EZ/DZ ab 55/90 €; P) Die Zimmer des Hotels sind zwar im typischen Motelstil gehalten, aber dafür sehr geräumig. Außerdem warten sie mit hübschen Bildern und lebhaften Farben auf.

Silver Fox Seafood Restaurant
FISCH & MEERESFRÜCHTE €€€
(www.thesilverfox.ie; Kilmore Quay; Hauptgerichte 18–32 €; ⊙Mai–Sept. 12–22 Uhr, Okt.–April kürzere Öffnungszeiten) In dem Gebäude direkt hinter dem Kai werden Gerichte mit fangfrischen Leckereien wie Krabben, Seeteufel, Lachs und mit Kabeljau gefüllte Fischpastete angeboten.

Crazy Crab FISCH & MEERESFRÜCHTE €€
(Kilmore Quay; Hauptgerichte 10–20 €; ⊙12–20 Uhr) Man schnappe sich einen Tisch auf der Veranda und genieße den Blick auf den Spielplatz und das Meer. Auf der Karte stehen alle erdenklichen Fisch- und Meeresfrüchtevariationen von Fish 'n' Chips bis zu gehobener Bistroküche.

Kehoe's PUB €€
(Kilmore Quay) Das einladende Pub den Hügel hinauf verfügt über einen maritim gestalteten Biergarten, der aus Mast und Baum eines Fischkutters gebaut wurde, und lockt an den Wochenenden mit Livemusik.

❶ An- & Weiterreise

Wexford Bus (www.wexfordbus.com) Bietet täglich bis zu vier Verbindungen nach/von Wexford (6 €, 45 Min.).

Saltee Islands

Einst Schlupfwinkel für Schmuggler und Piraten aller Herren Länder erfreuen sich die **Saltee Islands** (www.salteeislands.info; ⊙Besichtigungen möglich von 11.30–16 Uhr) heute einer friedlichen Existenz als eines der bedeutendsten Vogelschutzgebiete Europas. Über 375 registrierte Arten haben hier, 4 km vor der Küste von Kilmore Quay, ihren Lebensraum, insbesondere Basstölpel, Kormorane, Dreizehenmöwen, Papageientaucher, Alke und Schwarzschnabel-Sturmtaucher. Die Nistzeit im Frühling bzw. Anfang Sommer gilt als beste Saison

DER PRINZ DER SALTEES

Michael Neale kaufte die beiden Inseln 1943 und ernannte sich gleich darauf selbst zum „Prince of the Saltees". Er war wirklich ein seltsamer Typ, errichtete er doch auf Great Saltee seinen eigenen Thron und mehrere Obelisken und führte dort 1956 sogar eine Krönungszeremonie mit allem Pipapo durch. Zwar erkannte das Londoner College of Arms Neales selbst verliehenen Adelstitel nicht an, dafür errang dieser immerhin einen Teilsieg, als der Rat der Grafschaft Wexford Briefe zu Händen von „Prince Michael Neale" verschickte.

Kurz vor Kriegsende tat Neale übers Radio seine Absicht kund, Great Saltee in ein zweites Monte Carlo zu verwandeln. Von diesem Vorhaben wurde er jedoch durch eine andere Schlacht direkt vor seiner Haustür abgelenkt. Auf dem Höhepunkt der Kampfhandlungen ließ er zwei Frettchen, ein Dutzend Füchse und 46 Katzen frei, um durch sie die von ihm so verabscheuten Hasen zu töten. 1998 starb er.

für die Vogelbeobachtung. Sobald die Jungen flügge sind, verlassen die Vögel die Inseln; Anfang August geht's deshalb sehr ruhig zu.

Die beiden Inseln **Great Saltee** (90 ha) und **Little Saltee** (40 ha; Zutritt verboten) sind in Privatbesitz. Sie waren bereits um 3500 bis 2000 v. Chr. bewohnt. Vom 13. Jh. bis zur Auflösung der Kloster 1538 gehörte das gesamte Terrain zum Eigentum der Tintern Abbey, danach wechselten die Besitzer einige Male.

Zwei der Wexforder Rebellenführer, Bagenal Harvey und John Colclough, tauchten nach dem gescheiterten Aufstand von 1798 vor Ort unter. Sie wurden jedoch verraten, nach sechs Tagen Hetzjagd aufgespürt und schließlich in Wexford am Galgen aufgeknüpft. Zur Abschreckung spießte man hinterher auch noch ihre Köpfe auf.

Von Kilmore Quay aus setzen Boote zu den Inseln über, man kann aber nur anlegen, wenn der Wind richtig steht (und das ist oft nicht der Fall!). Wer es versuchen will, muss die Tour im Voraus buchen und **Declan Bates** (☎053-912 9684, 087 252 9736; Tagestour 30 €) kontaktieren.

Hook Peninsula & Umgebung

Die Straße an der langen Hook-Halbinsel ist als **Ring of Hook Coastal Drive** ausgeschildert. Hinter jeder Kurve tauchen idyllische Strände, verfallene Burgen, imposante Klöster oder Fischrestaurants auf, und an der Spitze der Halbinsel steht der älteste noch genutzte Leuchtturm der Welt.

Strongbow (Robert FitzGilbert de Clare, Earl of Pembroke) landete hier 1170 auf dem Weg zur Eroberung von Waterford. Angeblich soll er seine Männer angewiesen haben, „bei Hook oder bei Crooke" (die nahe gelegene Siedlung Crooke im County Waterford auf der gegenüberliegenden Seite der Bucht) zu landen.

VON DUNCORMICK NACH WELLINGTON BRIDGE

Das Kap östlich der Hook-Halbinsel, ausgeschildert als **Bannow Drive**, ist übersät von normannischen Ruinen. Hier gründeten die Normannen einen Ort namens **Bannow**, von dem heute nur noch die Überreste einer Kirche erhalten sind.

Bannow Bay ist ein Schutzgebiet für Jagdvögel, darunter Ringelgänse, Rotschenkel, Pfeifenten und Krickenten. Darüber hinaus hat sich die Bucht als führendes Austernzuchtgebiet einen Namen gemacht. Die Ruinen des mittelalterlichen Dorfes **Clonmines**, das nach der Versandung des Mündungsgebiets seinen Niedergang erlebte, befinden sich südwestlich der Wellington Bridge. Zwar liegen die Ruinen auf Privatgelände, aber wer von Norden her in die Stadt kommt, hat direkt südlich der Brücke einen guten Blick auf das Areal.

TINTERN ABBEY

Die düstere **Tintern Abbey** (Salzmühlen; Erw./Kind 3/1 €; ⊙Mitte Mai–Sept. 10–18 Uhr) ist in einem besseren Zustand als ihr walisisches Gegenstück, von wo aus die ersten Mönche hierherkamen. Sie versteckt sich in einem großen Waldgebiet von 40 ha Fläche. William Marshal, der Earl of Pembroke, gründete das Zisterzienserkloster im frühen 13. Jh., nachdem er auf See fast sein Leben verloren und daraufhin geschworen hatte, eine Kirche zu errichten, falls er das rettende Ufer erreichen würde.

Das Kloster ist von zahlreichen bewaldeten Wanderwegen, Seen und idyllischen Flüsschen umgeben, deshalb lohnt sich schon allein der Weg dorthin.

FETHARD-ON-SEA
325 EW.

Weiter südwärts in Richtung Hook Head liegt Fethard, das größte Dorf in dieser Gegend. Hier befinden sich die kargen Ruinen der **St.-Mogue's-Kirche** aus dem 9. Jh. und die wackeligen Überreste einer **Burg** aus dem 15. Jh., die einst dem Bischof von Ferns gehörte. Der kleine **Hafen** bietet eine tolle Aussicht.

Im Südosten des Landes gibt's ein paar gute **Tauchgründe**, vor allem rund um Hook Head. **Surfen** erfreut sich ebenfalls großer Beliebtheit. **Scuba South East** (087 094 5771; www.scuba southeast.ie; Fethard-on-Sea) ist eine gute Anlaufstelle. **Monkey's Rock Surf Shop** (087 647 2068; Main St, Fethard-on-Sea) und **Freedom Surf School** (086 391 4908; www.freedomsurf school.com) verleihen Surfausrüstungen und gelten als zuverlässige Infoquellen.

Cafés und Pubs säumen die kurze Hauptstraße, zudem haben sich überall B&Bs niedergelassen. In der von der Gemeinde betriebenen **Touristeninformation** (051-397 502; www.hooktourism.com; Wheelhouse Cafe, Main St; Mai–Sept.10–18 Uhr) erfährt man alles Wichtige zur gesamten Region.

HOOK HEAD & UMGEBUNG

Die Fahrt von Fethard raus zum Hook Head ist traumhaft; nur wenige Häuser unterbrechen das flache offene Land der immer schmaler werdenden Halbinsel. Der Blick schweift hinüber nach Waterford Harbour und reicht an klaren Tagen sogar bis zu den Comeragh und Galtee Mountains.

Von Wexford oder Waterford aus kann man problemlos einen Tagesausflug nach Hook Head unternehmen. Dörfer wie **Slade**, in denen sich außer herumflatternden Seemöwen über der Burgruine und dem Hafen nicht viel rührt, sind einfach bezaubernd. Zu den Stränden auf dem Weg nach Duncannon zählen die entlegene **Dollar Bay** und **Booley Bay** gleich hinter Templetown.

Sehenswertes

LP TIPP Hook Head Lighthouse
HISTORISCHE STÄTTE

(www.hookheritage.ie; Erw./Kind 6/3,50 €; Juni–Aug.9.30–18, sonst 9.30–17 Uhr) An der Südspitze von Hook Head steht der älteste noch genutzte Leuchtturm der Welt. Das schwarz-weiße Gebäude wurde Anfang des 13. Jhs. von William Marshal errichtet. Angeblich hielten Mönche hier bereits im 5. Jh. ein Leuchtfeuer in Gang und die einfallenden Wikinger ließen sie aus Dank dafür ungeschoren davonkommen. Bei den halbstündigen Führungen erklimmt man 115 Stufen und kann dann den genialen Blick genießen. Zum Besucherzentrum gehört ein einfaches Café. Die Grasflächen ringsum und die Küste laden zum **Picknicken** und **Wandern** ein.

Loftus Hall HISTORISCHES GEBÄUDE

5 km nordöstlich vom Hook-Head-Leuchtturm stößt man auf ein unheimliches Herrenhaus, das nicht besichtigt werden kann. Es überblickt das Mündungsgebiet bei Dunmore East und wurde im Auftrag des Marquis von Ely Ende der 1870er Jahre erbaut. Das Anwesen war in englischem Besitz und nahm früher fast die gesamte Halbinsel ein.

Mittelalterliche Kirche
HISTORISCHES GEBÄUDE

(Templetown) 1172 schenkte Heinrich II. den Templern Ländereien in der Gegend; die Ritter machten das nahe gelegene Templetown zu ihrem Hauptquartier und errichteten in der Folgezeit viele Kirchen, darunter dieses Gebäude aus dem 13. Jh. Später wurde es von Hospitalrittern des Heiligen Johannes und den Herren von Loftus Hall erweitert. Auf einer Steinplatte links neben der Kirche ist das Templersiegel mit Lamm und Kruzifix eingraviert.

Aktivitäten

Auf beiden Seiten von Hook Head verlaufen fantastische **Wanderwege**. Wenn man sich die Felsenbecken anschaut, nimmt man vielleicht ungewollt eine Dusche: An der Westseite der Halbinsel schießt nämlich manchmal Wasser aus den *blowholes* (Löchern im Stein). Die schwarzen Kalksteinfelsen an der Küste sind reich an **Fossilien**. Wer aufmerksam sucht, entdeckt möglicherweise 350 Millionen Jahre alte Muscheln und Seesterne. Als besonders gutes „Jagdrevier" gilt **Patrick's Bay** im Südosten der Halbinsel.

Bei Ebbe kann man einen schönen Pfad zwischen den Stränden von **Grange** und **Carnivan** entlangspazieren. Er führt an Höhlen, Felsenpools und **Baginbun Head** mit dem **Martello Tower** (19. Jh.) vorbei. 1169 landeten dort erstmals Normannen, um Irland zu erobern. Das Kap dient als hervorragender Aussichtspunkt zur **Vogelbeobachtung**: Vor Ort wurden bereits mehr als 200 Arten gesichtet. Zwischen Dezember und Februar lassen sich zudem Delfine und Wale beobachten.

✖ Essen

Templars Inn PUB €€
(Templetown; Hauptgerichte 10–22 €; ⊙März-Okt. Restaurant 12.30–20.30 Uhr, Pub tgl. 12 Uhr-open end) Das anheimelnde Pub hat eine Terrasse mit Blick auf die Ruinen der mittelalterlichen Kirche, Felder und den Ozean dahinter. Sein Inneres mit viel dunklem Holz erinnert an eine alte Schenke. Ein gemütliches Fleckchen für ein Steak oder ein Fischgericht.

DUNCANNON & UMGEBUNG
280 EW.

Das kleine, etwas angestaubte Urlaubsörtchen Duncannon liegt an einem Sandstrand, der sich während des **Duncannon International Sand Sculpting Festival** (www.visitduncannon.com) im August in ein Art surrealistisches Atelier verwandelt.

Im sternförmigen **Duncannon Fort** (www.duncannonfort.com; Erw./Kind mit Führung 5/3 €; ⊙Führungen Juni-Mitte Sept. tgl. 10–17.30 Uhr, ansonsten Anlage Mo–Fr 10–16.30 Uhr) gleich westlich des Dorfes wurde 2001 der Film *Der Graf von Monte Cristo* mit Richard Harris und Guy Pearce gedreht. Die Festung wurde 1588 zur Abwehr der Spanischen Armada errichtet. Im Ersten Weltkrieg nutzte sie die irische Armee als Ausbildungslager (die meisten Gebäude stammen aus dieser Zeit). Zur Anlage gehören ein kleines **Meeres-** sowie ein **Kunstmuseum**, ein Café und ein Burggraben.

4 km nordwestlich von Duncannon befindet sich das schöne **Ballyhack**, wo eine **Autofähre** nach Passage East im County Waterford startet. **Ballyhack Castle** (www.heritageireland.ie; Eintritt frei; ⊙Mitte Juni–Ende Aug. 10–18 Uhr), ein Turmhaus der Hospitalritter des hl. Johannes aus dem 15. Jh., beherbergt eine Ausstellung über die Kreuzzüge.

9 km nördlich von Duncannon stößt man an der R733 auf die Ruinen der **Dunbrody Abbey** (www.dunbrodyabbey.com; Campile; Erw./Kind 2/1 €; ⊙Mai–Mitte Sept. 11–17 Uhr). Dieses bemerkenswert intakte Zisterzienserkloster wurde 1170 von Strongbow gegründet und 1220 fertiggestellt. Das Kombiticket (Erw./Kind 4/2 €) umfasst den Eintritt zu dem **Museum** mit einem großen Puppenhaus, einem Minigolfkurs und dem witzigen **Labyrinth**, das aus mehr als 1500 Eiben besteht.

⌂ Schlafen & Essen

In der Gegend von Duncannon findet man ein paar hübsche ländliche Anwesen und schlichte Strandpensionen.

[LP TIPP] **Aldridge Lodge Restaurant & Guesthouse** GÄSTEHAUS €€
(☏051-389 116; www.aldridgelodge.com; Duncannon; EZ/DZ ab 55/100 €; ⊙Di–So abends; ℗) Das Gästehaus liegt an einem windigen Fleckchen oberhalb von Duncannon und ist nicht ganz leicht zu finden. Wegen der eleganten modernen Zimmer und der frischen Meeresfrüchte, darunter Hook-Head-Krebsssteron und Kilmore-Dorsch (Abendessen 39 €), lohnt sich die Mühe jedoch. An der Sache gibt's allerdings zwei Haken: Man muss vorab reservieren und Kinder unter sieben Jahren haben keinen Zutritt.

Dunbrody Country House Hotel, Restaurant & Cookery School HOTEL €€€
(☏051-389 600; www.dunbrodyhouse.com; Arthurstown; EZ/DZ 140/225 €; mehrgängige Mahlzeiten ab 60 €; ℗🛜) Küchenchef Kevin Dundon tritt recht häufig im irischen Fernsehen auf und hat die Kochbücher *Full On Irish* sowie *Great Family Food* verfasst. Sein Wellnesshotel ist in einem stilvoll eingerichteten georgianischen Herrenhaus aus den 1830er-Jahren untergebracht und befindet sich auf einem 120 ha großen Grundstück. Mit dem Gourmetrestaurant und der Kochschule gilt es als wahrgewordener Feinschmeckertraum (eintägige Kurse ab 175 €).

Glendine Country House GÄSTEHAUS €€
(☏051-389 500; www.glendinehouse.com; Arthurstown; EZ/DZ ab 65/110 €; ℗🛜) Das 1830 errichtete und mit Wein bedeckte Haus ist herrlich gemütlich. Von den Erkern aus blickt man auf die Bucht sowie auf die Koppeln mit Wild, Kühen und Schafen. Familie Crosbie bereitet ihren Gästen ein opulentes Biofrühstück zu. Die Zimmer sind traditionell (im Originalgebäude) oder stylish (im modernen Flügel) eingerichtet.

Sqigl Restaurant & Roche's Bar MODERNE IRISCHE KÜCHE €€
(☏051-389 188; www.sqiglrestaurant.com; Quay Rd, Duncannon; Restaurant Hauptgerichte 19,50–23,50 €; ⊙Bar tgl. 10.30–22 Uhr, Restaurant Mi–Sa abends) Produkte aus der Region liefern die Basis für die Gerichte – beispielsweise Frühlingslamm oder Fisch und Meeresfrüchte –, die im Sqigl auf den Tisch kommen. Wer hier essen möchte, muss vorab reservieren. Roche's Bar nebenan ist mit Seemannsknoten und alten Plakaten dekoriert und bietet täglich erstklassige Kneipenkost. Abends finden oft traditionelle Sessions statt.

ⓘ An- & Weiterreise

Öffentliche Verkehrsmittel (wenige Verbindungen) fahren bis Fethard, allerdings nicht zum Hook Head.

Bus

Bus Éireann (www.buseireann.ie) Der Bus 370 verkehrt zwischen Waterford, New Ross, Duncannon, Templetown und Fethard und benötigt für die Strecke mehr als zwei Stunden. Pro Richtung startet täglich (außer sonntags) jeweils ein Bus.

Schiff/Fähre

Wer direkt nach Waterford (Stadt) weiterreist, erspart sich mit der Autofähre zwischen Ballyhack und Passage East den Umweg über New Ross (s. Kasten S. 198).

New Ross

4600 EW.

Die große Attraktion in New Ross (Rhos Mhic Triúin), 34 km westlich von der Stadt Wexford, besteht in der Gelegenheit, einmal an Bord eines Auswandererschiffs aus dem 19. Jh. zu gehen. Doch die historischen Wurzeln dieses Ortes reichen viel weiter zurück, da sich New Ross bereits im 12. Jh. als normannischer Hafen am Barrow entwickelte. Während des Aufstands von 1798 versuchten einige Rebellen die Stadt einzunehmen, wurden jedoch von ihren Verteidigern zurückgeschlagen. Am Ende gab es 3000 Tote und viele Trümmer. Noch heute befinden sich am Ostufer des Flusses einige malerische enge, steile Gassen und die imposanten Ruinen eines mittelalterlichen Klosters.

⊙ Sehenswertes & Aktivitäten

LP TIPP Dunbrody Famine Ship MUSEUM
(☏051-425 239; www.dunbrody.com; The Quay; Erw./Kind 7,50/4,50 €; ⊗April–Sept. 10–18, Okt.–März 10–17 Uhr) Wegen der vielen Todesfälle während der Überfahrt nannte man die undichten stinkenden Schiffe, die Generationen von Iren nach Amerika brachten, auch *coffin ships* („schwimmende Särge"). Bei diesem Exemplar am Hafen handelt es sich um einen Nachbau. Die leidvollen, oft inspirierenden Geschichten der Emigranten (sie zahlten im Schnitt 7 £ für die Überfahrt) werden von Museumsführern während einer halbstündigen Tour mit Leben gefüllt. Ein zehnminütiger **Film** informiert über den Original-Dreimaster und die Herstellung des Nachbaus. Im Eintritt ist der Zugang zu einer **Datenbank** mit über zwei Millionen Einträgen über die irischen Auswanderer nach Amerika zwischen 1845 und 1875 inbegriffen.

Ros Tapestry MUSEUM
(www.rostapestry.com; The Quay; Erw./Kind 6/4 €; ⊗Di–So 10–17 Uhr) Im 13. Jh. hatten die Normannen viel Einfluss in Irland, was sich u. a. daran zeigte, das im Hafen von New Ross bis zu 400 Boote mit Handelswaren an Bord vor Anker lagen. An diese Tatsache erinnert dieses Museum in der Nähe des Dunbrody Famine Ship mit seinen 15 Wandteppichen. Besucher können Audioguides leihen und im Museumsladen nach Souvenirs stöbern.

St. Mary's Abbey KIRCHE
(Church Lane) Isabella von Leinster und ihr Gemahl William gründeten im 13. Jh. die St. Mary's Abbey, eine der größten mittelalterlichen Kirchen des Landes. Bei Interesse an einer Besichtigung muss man sich an die Touristeninformation wenden.

🛏 Schlafen & Essen

In New Ross finden einige exzellente **Bauernmärkte** (The Quay; ⊗Sa 9–14 Uhr) statt.

MacMurrough Farm Hostel HOSTEL €
(☏051-421 383; www.macmurrough.com; MacMurrough, New Ross; B 15–22 €, DZ 30–44 €, Cottage für 2 Pers. 60–70 € pro Nacht; ⊗Mitte März–Okt.; P🐾) In Brians und Jennys entlegenem IHH-Hostel auf einem Hügel dient ein Hahn als Wecker. Die fröhlichen Zimmer und ofenbeheizten Gemeinschaftsräume verströmen ebenso wie das Selbstversorger-Cottage für zwei Personen in den alten Ställen rustikalen Charme. Es gibt auch ein Familien-Cottage (Preis vor Ort erfragen). Man erreicht die 3,5 km nordöstlich der Stadt gelegene Unterkunft, indem man den handgemalten Schildern folgt. Ganz in der Nähe befinden sich ein gemütliches altes Pub und ein Markt.

Brandon House Hotel HOTEL €€
(☏051-421 703; www.brandonhousehotel.ie; New Ross; EZ/DZ ab 105/140 €; P@🐾🏊🍴) 2 km südlich von New Ross stößt man am Ende einer steilen Zufahrt auf dieses 1865 errichtete Herrenhaus aus roten Ziegeln. Seinem familienfreundlichen Ruf macht es alle Ehre, denn Kinder können hier ganz unbekümmert herumtollen. Neben dem herrlichen Flussblick locken offene Holzfeuer, eine Bibliothek mit Bar, große Zimmer und Wellness-Anwendungen.

ABSTECHER

WEXFORD & DIE KENNEDYS

1848 entfloh Patrick Kennedy den schlechten Lebensbedingungen im County Wexford an Bord eines *coffin ship* wie jenem, das in New Ross besichtigt werden kann. Sein neues Leben in Amerika bescherte ihm mehr Erfolg, als er sich je zu träumen gewagt hätte! Zu seinen Nachfahren zählten ein US-Präsident, Senatoren und Rumschmuggler. Den irischen Wurzeln der Kennedys kann man an zwei Orten in der Nähe von New Ross auf den Grund gehen:

Kennedy Homestead (051-388 264; www.kennedyhomestead.com; Dunganstown; Erw./Kind 5/2,50 €; Juli & Aug. 10–17 Uhr, Mai, Juni & Sept. Mo–Fr 11.30–16.30 Uhr, ansonsten auf Anfrage) Auf diesem Hof, der sich in den letzten 160 Jahren kaum verändert hat, erblickte Patrick Kennedy, Urgroßvater von John F. Kennedy, das Licht der Welt. Als JFK das Anwesen 1963 besuchte und die Großmutter des Besitzers umarmte, zeigte er nach den Worten seiner Schwester Jean zum ersten Mal Gefühle in der Öffentlichkeit. Die Nebengebäude wurden in ein kürzlich erweitertes Museum umfunktioniert, das die Familiengeschichte des irisch-amerikanischen Clans beleuchtet. Wer die Farm 7 km südlich von New Ross besichtigen möchte, gelangt über eine sehr schmale, hübsch überwucherte Straße hierher.

John F. Kennedy Arboretum (www.heritageireland.ie; Erw./Kind 3/1 €; Mai–Aug. 10–20 Uhr, April & Sept. 10–18.30, Okt.–März 10–17 Uhr) An einem sonnigen Tag ist dieser Park 2 km südöstlich von Kennedy Homestead die ideale Adresse für Familien. Er beherbergt ein kleines Besucherzentrum, Teestuben und ein Picknickgelände und während des Sommers fährt eine kleine Touristenbahn durch die Gegend. In der 250 ha großen Grünanlage wachsen 4500 Baum- und Buscharten. Gegenüber dem Eingang erhebt sich der **Slieve Coillte** (270 m), eine Anhöhe, von der man bei guter Sicht einen Blick auf sechs Grafschaften hat.

LP TIPP **Cafe Nutshell** IRISCH €€
(8 South St; Hauptgerichte 10–16 €; Di–Sa 9–17.30 Uhr) Es ist jammerschade, dass dieses Café abends nicht geöffnet hat, denn im Zentrum von New Ross findet man nicht gerade viele Läden dieses Kalibers. Hier werden Brot, Brötchen und *scones* gebacken, das warme Mittagessen besteht vor allem aus örtlichen Produkten und es gibt eine große Palette an Smoothies, Säften und Bioweinen. Die Hauptgerichte werden mit frischem Salat serviert. Im Laden vorn („In a Nutshell") bekommt man alle Zutaten für ein Picknick.

❶ Praktische Informationen

Touristeninformation (www.newrosstourism.com; The Quay; April–Sept. 9–18 Uhr, Okt.–März 9–17 Uhr) Befindet sich in dem schicken, neuen Gebäude, in dem auch die Eintrittskarten für das Dunbrody Famine Ship verkauft werden.

❶ An- & Weiterreise

Bus Éireann (www.buseireann.ie) Zu den Reisezielen gehören Waterford (6 €, 30 Min., 7–11-mal tgl.), Wexford (7 €, 40 Min., 3–4-mal tgl.) und Dublin (14 €, 3 Std., 4-mal tgl.). Die Abfahrt erfolgt am Dunbrody Inn (am Kai).

Enniscorthy
3200 EW.

Enniscorthy (Inis Coirthaidh), die zweitgrößte Stadt der Grafschaft Wexford, besteht aus einem Gewirr steiler Gassen, die von der Augustus-Pugin-Kathedrale hinunter zur Normannenburg und dem Slaney führen. Für Iren ist Enniscorthy untrennbar mit einigen der erbittertsten Kämpfe während des Aufstands im Jahr 1798 verbunden, als Rebellen den Ort einnahmen und bei Vinegar Hill ihr Lager aufschlugen.

◉ Sehenswertes

GRATIS Enniscorthy Castle HISTORISCHES GEBÄUDE
(Castle Hill; 10–17 Uhr) Während der Rebellion 1798 wurde die Burg von den Aufständischen als Gefängnis genutzt. Jahrhunderte zuvor hatten Normannen den Bergfried mit den vier Türmen errichtet. Elisabeth I. gewährte dem Dichter Edmund Spenser das Pachtrecht als Anerkennung für die

Schmeicheleien, die er ihr im Epos *The Faerie Queene* machte. Spenser zeigt sich jedoch wenig dankbar und verkaufte das Bauwerk an einen ortsansässigen Gutsherrn. Wie alles in der Gegend attackierte Cromwell 1649 auch diese Festung. Heute beherbergt sie ein **Museum** zur Lokalgeschichte mit einer herrlichen Dachterrasse.

National 1798 Rebellion Centre MUSEUM
(www.1798centre.ie; Mill Park Rd; Erw./Kind 6/3,50 €; ◎wie die Touristeninformation) Bevor man auf den Vinegar Hill hinaufsteigt, sollte man dieses Museum besuchen. Die Ausstellungen beleuchten die französische und die amerikanische Revolution, deren Funke auf den Wexforder Aufstand gegen die englische Besatzung übersprang, und zeigen den Ablauf einer der blutigsten Schlachten der Rebellion 1798. Der Aufstand war zugleich ein Wendepunkt im Kampf gegen die Briten: Einen Monat später starteten englische Truppen einen Angriff und zwangen die Rebellen zum Rückzug, in der folge kam es zu einem Massaker an Hunderten Frauen und Kindern. Viele interaktive Medien dokumentieren Umstände und Hintergründe des Widerstands, so gibt's z. B. eine Darstellung der finalen Schlacht auf einem virtuellen Vinegar Hill. Vom Abbey Square gelangt man stadtauswärts entlang der Mill Park Road zum Museum oder folgt dem Flussverlauf nach Süden.

Vinegar Hill HISTORISCHE STÄTTE
Den Schauplatz der Ereignisse von 1798 findet man mithilfe einer Karte aus der Touristeninformation und der Beschilderungen. Von Templeshannon am östlichen Flussufer sind es 2 km mit dem Auto hierher, alternativ geht's zu Fuß (45 Min.). Auf dem Gipfel erinnert eine Gedenkstätte an den Aufstand, außerdem gibt's ein paar Infotafeln und man hat einen netten Blick über die komplette Grafschaft.

St. Aidan's Cathedral KATHEDRALE
(Church St) Die beeindruckende katholische Kathedrale unweit der Burg wurde 1846 von Augustus Pugin, federführender Architekt der Houses of Parliament in London, errichtet. Seit ihrer Restaurierung erstrahlt sie wieder in altem Glanz. Man beachte vor allem das mit Sternen verzierte Dach.

🏃 Aktivitäten

Der Besuch des Rebellion Centre kann mit einer netten 2 km langen **Rundwanderung** verbunden werden, die über die Uferpromenade am Fluss Slaney führt. Wer fit genug ist, wird zudem Spaß daran haben, den Vinegar Hill hinaufzuklettern.

✨ Feste & Events

Strawberry Fest ERDBEERFEST
(www.strawberryfest.ie) Das Erdbeerfest findet an einem Wochenende Ende Juni statt. Zu diesem Anlass bleiben die Pubs länger geöffnet, außerdem treten Musikbands auf und man kann Erdbeeren mit Sahne essen, bis man platzt.

🛏 Schlafen

In den schönen grünen, sanft geschwungenen Hügeln des Countys Wexford verstecken sich hervorragende Pensionen.

Woodbrook House GÄSTEHAUS €€
(☏053-925 5114; www.woodbrookhouse.ie; Killanne; EZ/DZ ab 95/150 €; ✳@☎❄) Bei dem Aufstand 1798 trug das wunderbare Anwesen mit den drei Gästezimmern 13 km westlich von Enniscorthy einige Blessuren davon. Die Wendeltreppe am Eingang widersetzt sich schon seit 200 Jahren allen Regeln der Schwerkraft. In dieser Bleibe wird Umweltbewusstsein groß geschrieben. Wer möchte, kann hier Abendessen bestellen, für das natürlich nur Biozutaten verwendet werden.

Old Bridge House B&B €
(☏053-923 4222; www.oldbridgehouse.com; Slaney Pl; EZ/DZ ab 35/60 €; ☎) Die komfortable Pension der Familie Redmond ist mit Kunstdrucken u. Ä. dekoriert und mit ihrem persönlichen Bohemien-Flair das perfekte Gegenstück zu den typischen großen Hotels bzw. zuckersüßen B&Bs. An den Fenstern des Frühstücksraums schlängelt sich der Fluss Slaney vorbei. Bis zum Vinegar Hill sind es nur 15 Gehminuten.

Salville House B&B €€
(☏053-923 5252; www.salvillehouse.com; EZ/DZ ab 60/100 €; ℗) Der Blick auf die Rasenfläche und die Birken bis zum Slaney sind Grund genug, um in einem der fünf Zimmer auf dem kleinen Landgut 2 km südlich der Stadt zu übernachten. Drei der Gästeräume haben En-suite-Bäder, die anderen zwei befinden sich in einem voll ausgestatteten Apartment. Das abendliche Vier-Gänge-Menü (40 €) besteht aus saisonalen Biozutaten.

Treacy's Hotel HOTEL €€
(☏053-923 7798; www.treacyshotel.com; Templeshannon; EZ/DZ ab 50/70 €; ℗☎) Ein großes

Hotel mit schön hergerichteten Zimmern in Naturtönen, zwei Bars, zwei Restaurants (ein internationales, ein thailändisches) und einem Nachtclub. Das Unterhaltungsangebot reicht von Livemusik bis zu irischem Tanz. Hotelgäste können das Freizeitzentrum gegenüber kostenlos nutzen.

Monart　　　　　　　　　　　　　　HOTEL €€€
(053-923 8999; www.monart.ie; The Still; EZ/DZ ab 135/180 €; P ≋) Das 2 km westlich von Enniscorthy im Wald gelegene Resort wartet mit einem Spa und 68 Zimmern auf, die sich rund um einen Teich gruppieren. Ein gläserner Fußweg am Haupthaus verbreitet einen Hauch von Moderne, ohne dessen Grandezza zu schmälern. Ruhe und Frieden sind garantiert, denn Kinder sind hier nicht erwünscht.

Essen & Ausgehen

Auf dem **Bauernmarkt** (Abbey Sq; Sa 9–14 Uhr) werden (Bio-)Produkte aus der Region verkauft, darunter auch fertige Gerichte. Unser Favorit ist der Carrigbyrne-Käse. Die Slaney Street, eine Fußgängerzone, dient als guter Ausgangspunkt für eine Kneipentour. Sie ist so steil, dass man sich zu vorgerückter Stunde eventuell nur noch auf allen vieren fortbewegen wird.

Galo Chargrill Restaurant
　　　　　　　　　　　　　　　　PORTUGIESISCH €€
(19 Main St; Hauptgerichte 10–20 €; Di-So mittags & abends) Ein kleines portugiesisches Restaurant mit einem fantastischen Ruf. Die würzigen Grillgerichte, darunter doppeltes Hähnchenbrustfilet mit Chili, sorgen für ein echtes Aha-Erlebnis. An milden Tagen wird die Frontseite wie eine Dose Anchovis geöffnet.

Toffee & Thyme　　　　　　　　　　CAFÉ €
(24 Rafter St; Gerichte 6–12 €; Mo-Sa 8–17 Uhr) Alle Zutaten, die in diesem hippen Café verwendet werden, stammen aus der Region. Es gibt viele Tagesgerichte, z. B. Sandwiches, Salate, herzhafte Suppen und andere warme Mahlzeiten.

Bailey　　　　　　　　　　　　　　IRISCH €€
(www.thebailey.ie; Barrack St; Hauptgerichte mittags 9–14, abends 13–26,50 €; 10–22 Uhr) In dem Wahrzeichen der Stadt, einem umgebauten Kornspeicher mit einer kleinen Terrasse direkt am Fluss, treten hin und wieder Musiker und Komiker auf. Hier stehen Ledersessel zwischen Topfpflanzen und man kann die üblichen Kneipengerichte bestellen.

Antique Tavern　　　　　　　　　　PUB
(14 Slaney St) An den meisten Sommerwochenenden wird in dem rustikalen Fachwerkhaus an einem Hügel traditionelle Livemusik gespielt.

Shoppen
Kiltrea Bridge Pottery
　　　　　　　　　　IRISCHES KUNSTHANDWERK
(www.kiltreapottery.com; Mo-Sa 10–13 & 14–17.30 Uhr) Seit dem 17. Jh. ist die Region als Zentrum für Keramik bekannt. Kiltrea setzt diese Tradition fort und stellt handgefertigte Terrakottagefäße in teils riesigen Größen her. Der Betrieb liegt 6,5 km westlich von Enniscorthy in der Nähe der Kiltealy Road (R702).

Praktische Informationen
Touristeninformation (053-923 4699; Mill Park Rd; April-Sept. Mo-Fr 9.30–17, Sa & So 12–17 Uhr, Okt.-März Mo-Fr 9.30–16 Uhr) Im Enniscorthy Castle.

An- & Weiterreise
Bus
Bus Éireann (www.buseireann.ie) hält beim Shannon Quay am östlichen Flussufer vor dem **Bus Stop Shop** (9–22 Uhr), wo Tickets verkauft werden. Nach Dublin (11 €, 2½ Std.) bestehen täglich neun und nach Rosslare Harbour (10 €, 1 Std.) via Wexford (6 €, 25 Min.) acht Verbindungen.

Zug
Der **Bahnhof** (Templeshannon) liegt am östlichen Flussufer. Züge fahren dreimal täglich nach Dublin (Connolly Station; 24 €, 2¼ Std.) und Wexford (7 €, 25 Min.).

Ferns
950 EW.

Es ist kaum zu glauben, doch dieses alltägliche Dorf war einst die Machtzentrale der Könige von Leinster, darunter Dermot MacMurrough (1110–71), der die Normannen nach Irland führte. Letztere errichteten hier eine Kirche und eine wehrhafte Burg, die später von Cromwell zertrümmert wurde. Für die Besichtigung der Sehenswürdigkeiten benötigt man etwa eine Stunde.

Sehenswertes
GRATIS Ferns Castle　　　　　HISTORISCHE STÄTTE
(www.heritageireland.ie; Besucherzentrum Juni-Sept. 10–18 Uhr) Die Burg mitten im Ort wurde um 1220 erbaut. Einige Mauern und

WANDERN IN DEN COUNTIES WEXFORD & WATERFORD

Die Grafschaften Wexford und Waterford locken mit zahlreichen Wanderrouten an der Küste und im Inland. Zu den besten gehören folgende Strecken:
» **Wexford Coastal Walk** Die ausgeschilderte Route führt 221 km an der mit Schiffswracks übersäten Küste von Wexford entlang.
» **Mt. Leinster** (S. 191) Vom 796 m hohen Gipfel dieses Bergs genießt man einen Panoramablick über fünf Counties.
» **St. Declan's Way** (S. 206) Ein 94 km langer Pilgerweg, der sich am Lismore Castle vorbeiwindet.
» **Comeragh Mountains** (S. 208) Der Weg führt durch Moränenlandschaften mit Überresten aus der Steinzeit.

---

ein Teil des Wallgrabens blieben erhalten, außerdem kann man auf den Turm klettern. 1649 zerstörten die Republikaner das Gebäude und töteten einen Großteil der Dorfbewohner. Die Ruine soll sich an der Stelle befinden, wo sich früher die Festung von Dermot MacMurrough erhob. Zur Anlage hat man das ganze Jahr über Zutritt.

St. Edan's Cathedral — KATHEDRALE
Am östlichen Ende der Hauptstraße stößt man auf eine neogotische Kathedrale aus dem Jahr 1817. Im Friedhof weist ein ramponiertes **Hochkreuz** auf die letzte Ruhestätte von MacMurrough hin.

Mittelalterliche Ruinen — HISTORISCHE STÄTTEN
Hinter der Kirche entdeckt man abgeschieden und von Rasenflächen umgeben zwei mittelalterliche Ruinen, die von Normannen erbaute **Ferns Cathedral** und **St. Mary's Abbey** mit einem originellen Rundturm auf einem viereckigen Sockel. MacMurrough gründete das Augustinerkloster 1158. Wikinger zerstörten hier eine frühere christliche Siedlung von 600, die der hl. Aedan (auch als hl. Mogue bekannt) gegründet hatte.

St. Peter's Church — KIRCHE
Dieses Gebäude etwas weiter außerhalb des Ortes wurde aus Steinen der Ferns Cathedral und der St. Mary's Abbey errichtet.

ℹ An- & Weiterreise
Ferns befindet sich 12 km nordöstlich von Enniscorthy und ist leicht über die N11 zu erreichen. Hier halten sämtliche Busse, die zwischen Dublin und Wexford verkehren.

Mt. Leinster

Vom Gipfel des höchsten Bergs (796 m) in den Blackstairs genießt man einen herrlichen Ausblick auf die Grafschaften Waterford, Carlow, Kilkenny und Wicklow. Der Mt. Leinster gilt als irisches Mekka für Gleitschirm- und Drachenflieger; Näheres erfährt man bei der **Irish Hang Gliding & Paragliding Association** (http://ihpa.ie).

Der Parkplatz am Fuß des Berges ist ab Bunclody, 16 km nordwestlich von Ferns, ausgeschildert. Hier beginnt eine steile 1½-stündige Rundwanderung. Wer von der Westseite des Bergs kommt, findet auf S. 212 Infos zur Anreise. Die regionale Wanderkarte 68 von Survey's Discovery deckt das Gebiet der Blackstair Mountains ab.

COUNTY WATERFORD

67 000 EW.

Die wunderbar abwechslungsreiche Grafschaft Waterford wartet mit einer traumhaften Küstenlandschaft, felsigen Stränden, netten Dörfern wie Dungarvan, einem Labyrinth aus Wanderwegen im schönen Nire Valley, das sich hinter den Comeragh und Monavullagh Mountains versteckt, und der lebendigen gleichnamigen Stadt mit ihren verschlungenen mittelalterlichen Gassen und einer gut erhaltenen georgianischen Architektur auf.

Waterford (Stadt)

47 000 EW.

Irlands älteste Stadt ist vor allem ein geschäftiger Handelshafen. Dieser liegt 16 km von der Küste entfernt am Fluss Suir, dessen Wasserstand von den Gezeiten beeinflusst wird. Mit seinen engen, von breiten Straßen abzweigenden Gassen, wirkt Waterford (Port Láirge) teilweise immer noch mittelalterlich. Dank einer groß angelegten Kampagne wird ein Häuserblock nach dem

Waterford

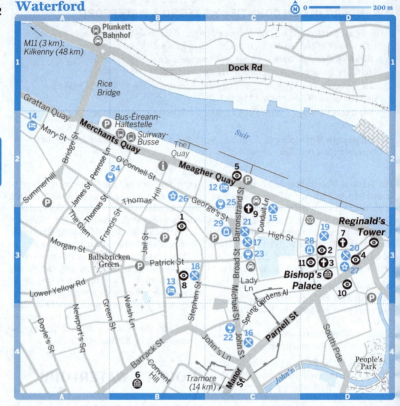

anderen saniert, außerdem findet man nirgendwo in Irland bessere Museen zur mittelalterlichen Geschichte des Landes.

Geschichte

Im 8. Jh. siedelten sich Wikinger am Port Láirge an, den sie in Vadrafjord umbenannten und bald in einen boomenden Handelsplatz verwandelten. Mit ihrer Grausamkeit machten sie Waterford zur mächtigsten und gefürchtetsten Siedlung im Land. Sie erhoben von allen Volksgruppen eine Tributzahlung, die als *Airgead Sróine* (Nasengeld) in die Geschichte einging: Verweigerern wurde zur Strafe nämlich die Nase abgeschnitten!

1170 griffen Anglonormannen die Stadt an und schlugen die verbündeten Heere der Iren und Wikinger. 70 namhafte Bürger wurden bei Baginbun Head über die Steilklippen in den Tod gestoßen. Schließlich gelang Strongbow, dem Earl of Pembroke, mit 200 Soldaten und 1000 Bogenschützen die Eroberung. Gleich darauf ließ er sich mit der Tochter von Dermot MacMurrough vermählen.

1210 verstärkte King John die alten Stadtmauern der Wikinger und machte Waterford dadurch zu Irlands bestbefestigtem Ort. Im 15. Jh. widerstand dieser zweimal der Machtgier von Anwärtern auf die englische Krone, Lambert Simnel und Perkin Warbeck. So wurde das Motto *Urbs Intacta Manet Waterfordia* (Waterford bleibt unbesiegt) geprägt. Zwar hielt der Ort Cromwells Truppen 1649 stand, aber als diese 1650 zurückkehrten, kapitulierte er. Obwohl der Stadt das übliche Gemetzel erspart blieb, schrumpfte die Bevölkerung, denn die Katholiken mussten entweder ins Exil oder wurden als Sklaven in die Karibik verschleppt.

◉ Sehenswertes & Aktivitäten

Die alten Straßen nordwestlich von The Mall werden derzeit mit neuen Museen und

Waterford

Highlights
- Bishop's Palace D3
- Reginald's Tower D3

Sehenswertes
1. Beach Tower B3
2. Chorister's Hall D3
3. Christ Church Cathedral D3
4. City Hall D3
5. Clock Tower C2
6. Edmund Rice International Heritage Centre ... B4
7. French Church B3
8. Half Moon Tower B3
9. Holy Trinity Cathedral C3
10. House of Waterford Crystal D3
11. Raymond Chandler House D3
    Theatre Royal ....(siehe 27)

Schlafen
12. Granville Hotel C2
13. Mayor's Walk House B3
14. Portree Guesthouse A2

Essen
15. Berfranks C3
16. Bodéga! C4
17. Cafe Lucia C3
18. Harlequin B3
19. L'Atmosphere D3
20. Munster Bar D3
21. Samstagsmarkt C3

Ausgehen
22. Geoff's C4
23. Gingerman C3
24. Henry Downes Bar B2
25. T&H Doolan's C2

Unterhaltung
26. Garter Lane Arts Centre B2
27. Theatre Royal D3

Shoppen
28. Kite Design Studios D3
29. Waterford Book Centre C3

Attraktionen aufgewertet, die sich der spannenden Stadtgeschichte annehmen.

Waterford Museum of Treasures MUSEUM
(www.waterfordtreasures.com) Unter diesem Namen sind drei hervorragende Museen zusammengefasst, die 1000 Jahre Lokalgeschichte abdecken.

LP TIPP Reginald's Tower
HISTORISCHES GEBÄUDE
(The Quay; Erw./Kind 3/1 €; ⊙Ostern-Okt. tgl. 10-17 Uhr, Juni-Mitte Sept. bis 18 Uhr, Okt.-Ostern Mi-So 10-17 Uhr) Der Reginald's Tower aus dem 12. Jh. ist das älteste noch vollständig erhaltene Gebäude im ganzen Land und das erste, bei dem Mörtel zum Einsatz kam. Mit seinen 3 bis 4 m dicken Mauern gilt er als Paradebeispiel für mittelalterliche Wehranlagen und war einst die wichtigste Befestigung der Stadt. Die Normannen errichteten ihn an der Stelle, wo sich früher ein hölzerner Vorgängerbau der Wikinger befand. Über die Jahrhunderte hinweg diente das Gebäude als Zeughaus, Gefängnis und Münzpräge; daran erinnern verschiedene Exponate im Innern, z. B. mittelalterliche Silbermünzen, ein hölzerner Kerbstock, der Schuldbeträge ausweist, ein (zertrümmertes) Sparschwein aus dem 12. Jh. und eine Münzwaage zum Abwiegen der Goldbarren. Ein etwas bizarres architektonisches Detail bildet das Plumpsklo mit einem Wasserschacht, der das halbe Gebäude einnimmt.

Hinter dem Turm ist ein Teil der alten Mauer in eine Wand der Bower Bar integriert. Die beiden Bogen waren Sicherheitsschleusen, die ein gefahrloses Einlaufen der Boote in den Hafen garantieren sollten.

LP TIPP Bishop's Palace
MUSEUM
(Bischofspalast, The Mall; Erw./Kind 5/2 €; ⊙Mo-Sa 9-18, Juni & Aug. So ab 11, Sept.-Mai bis 17 Uhr) Das interaktive Museum im frisch renovierten Bishop's Palace (erb. 1741) beschäftigt sich mit Waterfords Geschichte von 1700 bis 1970. Zu den vielen faszinierenden Darstellungen gehören Schätze aus der städtischen Sammlung, darunter goldene Wikingerbroschen, edelsteinbesetzte Normannenkreuze und silberne Kirchenreliquien aus dem 18. Jh.

Chorister's Hall
MUSEUM
(Greyfriar's St) Dieses Museum zur mittelalterlichen Geschichte soll im Laufe des Jahres 2012 eröffnet werden und sich die unangenehmeren Aspekte (z. B. Hygiene und Gestank) des Alltags der Stadtbewohner bis

1700 vornehmen. Es ist in den renovierten Gruften aus dem 12. Jh. untergebracht und wird als Highlight mit der 4 m langen **Magna Charta** von 1372 aufwarten, die Porträts von fünf mittelalterlichen englischen Königen zeigt.

Edmund Rice International Heritage Centre MUSEUM
(www.edmundrice.ie; Barrack St; Erw./Kind 5/2 €; ◉Mo–Fr 9–17, Sa 10–14 Uhr) Edmund Ignatius Rice, Gründer der Christian Brothers, errichtete in der Barrack Street seine erste Schule. Ein quirliges interaktives Museum veranschaulicht das Stadtleben im 18. Jh. und beherbergt zudem eine Kapelle mit dem **Grab** von Rice, der übrigens auf seine Heiligsprechung wartet.

Christ Church Cathedral KATHEDRALEE
(www.waterford-cathedral.com; Cathedral Sq; ◉Mo–Fr 10–18, Sa 10–16 Uhr) Waterfords Christ Church Cathedral ist Europas einzige neoklassisch-georgianische Kathedrale. Vom lokalen Architekten John Roberts entworfen, wurde sie an der Stelle errichtet, wo einst eine Wikingerkirche aus dem 12. Jh. stand. Im gleichen Jahrhundert fand hier die Hochzeit zwischen Strongbow und Aiofe statt. Als eine besondere Attraktion gilt das **Grab von James Rice**, dem damaligen Oberbürgermeister von Waterford: Seine Statue zeigt einen verfallenden Körper, aus dem Würmer und Frösche krabbeln. Geführte Touren (Erw./Kind 6/5 €) finden um 11.30 und 15.30 Uhr statt. Dank ihrer großartigen Akustik wird die Kathedrale auch als **Konzertsaal** genutzt; die musikalische Palette reicht dabei von Chören bis zu Popgruppen.

Holy Trinity Cathedral KATHEDRALE
(Barronstrand St) Zum prächtigen Interieur dieser katholischen Kathedrale gehören eine Barockkanzel aus geschnitztem Eichenholz, bemalte Säulen mit korinthischen Kapitellen und zehn **Kronleuchter aus Waterford-Kristall**. Das Gebäude zwischen 1792 und 1796 von John Roberts errichtet, demselben Architekten, der ungewöhnlicherweise auch die protestantische Christ Church Cathedral entwarf.

French Church KIRCHE
(Greyfriar's Church, Greyfriar's St) Vor der eleganten Ruine der **Französischen Kirche** in der Greyfriars Street befindet sich ein Standbild von Luke Wadding, einem in Waterford geborenen Franziskanermönch, der es schaffte, den Papst zu überreden, mit

---

> ### RAYMOND CHANDLER & WATERFORD
>
> Ob die literarische Figur Philip Marlowe wohl in den alten, mittelalterlichen Straßen von Waterford erfunden wurde? Jedenfalls verbrachte der Autor **Raymond Chandler** einen Teil seiner Kindheit in Waterford, nachdem die Ehe seiner Mutter in den USA 1895 gescheitert war. Blaue Markierungen an einem nüchternen Bauwerk an der Peter Street kennzeichnen das Haus, in dem er mit seiner Mutter und seinem Onkel lebte.
>
> Kurz vor seinem Tod wollte Chandler einen Roman darüber schreiben, wie Marlowe in einen Mordfall in Waterford verwickelt wird, stellte das Werk aber leider nie fertig.

Karl I. zugunsten der irischen Katholiken zu verhandeln. 1240 schenkte Hugh Purcell den Franziskanern die Kirche. Im Gegenzug sollten die Brüder einmal pro Tag für ihn beten. Nach der Auflösung der Klöster funktionierte man das Gebäude zunächst zu einem Krankenhaus um, dann besetzten es die französischen Hugenotten (zwischen 1693 und 1815). John Robert wurde hier bestattet. Wer hinein will, sollte sich an das Personal vom Reginald's Tower wenden.

Historische Gebäude HISTORISCHE GEBÄUDE
The Mall, eine breite Straße aus dem 18. Jh., die auf einem aufgeschütteten Stück Land angelegt wurde, war einst ein Gezeitenarm. Zu ihren beeindruckendsten Gebäuden gehören das **Rathaus** (1788) von John Roberts und das wunderschöne, frisch sanierte **Theatre Royal**, Irlands vielleicht besterhaltenes Theater aus dem 18. Jh.

Der **Beach Tower** am Ende der Jenkin's Lane und der **Half Moon Tower** (beide in der Nähe der Patrick Street) sind Überreste der alten Stadtmauer. Waterfords Wahrzeichen, der **Clock Tower** von 1860, ist nicht zu übersehen.

House of Waterford Crystal
TOURISTENATTRAKTION
(www.waterfordvisitorcentre.com; The Mall; Erw./Kind 12/4 €; ◉9–17 Uhr) 1783 wurde die erste Waterforder Glasfabrik am Westende der Flusskais gegründet, doch schon 68 Jahre später aufgrund hoher Strafsteuern der Briten wieder geschlossen. Erst in den 1940er-

Jahren blühte das Unternehmen so richtig auf. Während der erfolgreichen 1980er- und 1990er-Jahre war das berühmte Kristall aus der Stadt sogar ein Symbol für den irischen Wirtschaftsboom, allerdings häufte die Firma nach mehreren Besitzerwechseln und Fehlentscheidungen des Managements immer mehr Schulden bei gleichzeitiger Expansion an. 2009 wurde die Produktion im gesamten County plötzlich eingestellt – und das, nachdem nur ein paar Jahre zuvor 3000 Arbeiter neu eingestellt worden waren! Ein amerikanischer Investor kaufte die Marke und ein paar Anleihen. Heute wird in dem noblen Gebäude an der Straße The Mall eine Führung zur Kristallherstellung angeboten, man wird aber lange suchen müssen, ehe man in dem großen Laden ein paar Waren findet, die das Siegel „Made in Ireland" tragen.

Geführte Touren

LP TIPP Jack Burtchaell's Guided Walking Tour   STADTSPAZIERGANG
(051-873 711; Führungen 7 €; 11.45 & 13.45 Uhr) Jacks „flottes Mundwerk" erweckt jeden Winkel und jede Ecke in Waterford zum Leben, wobei er die tausendjährige Stadtgeschichte locker in eine Stunde packt. Die Führungen beginnen in der Nähe der Touristeninformation (am besten fragt man dort nach dem genauen Treffpunkt); unterwegs werden noch Teilnehmer am Granville Hotel aufgesammelt.

Feste & Events

Waterford International Festival of Music   MUSIKFESTIVAL
(www.waterfordintlmusicfestival.com; Nov.) Dieses Festival gibt's jetzt schon seit mehr als 50 Jahren. Im Mittelpunkt stehen „leichter" Operngenuss mit einer Prise Gospel und anderen Musikrichtungen.

Schlafen

Im Stadtzentrum ist das Unterkunftsangebot eher überschaubar.

LP TIPP Waterford Castle   HOTEL €€€
(051-878 203; www.waterfordcastle.com; The Island, Ballinakill; EZ 90–150 €, DZ 120–240 €; P @ 🖵) Eine mit Türmen verzierte Burg aus dem 19. Jh., die mehr als nur eine Pause vom Alltag bietet. Sie befindet sich auf einer eigenen 124 ha großen Insel, auf der zahlreiche Rehe und Hirsch umherstreifen. Mit einer privaten kostenlosen Autofähre (ab dem Waterford Regional Hospital ausgeschildert) erreicht man das Hotel rund um die Uhr. Alle 19 Zimmer verfügen über elegante antike Badewannen und in einigen stehen sogar Himmelbetten. Außerdem gibt's 48 moderne Selbstversorger-Cottages. Frühstück kostet 18 bis 22 €. Gäste wie Nichtgäste können im vornehmen, mit Eichenholz ausgestatteten Restaurant die Biogerichte des Küchenchefs Michael Quinn genießen (Menüs ab 65 €) oder auch eine Runde Golf spielen.

Coach House at Butlerstown Castle   B&B €€
(051-384 656; www.butlerstowncastle.com; Butlerstown; Zi. 80–150 €; P) Von außen ist dieses B&B (17 Zimmer) aus dem 19. Jh. ebenso einladend wie im Innern. Mit dem Auto erreicht man es von der Stadt aus innerhalb von zehn Minuten (5 km westlich von Waterford abseits der N25). Gäste werden mit tiefen nietenverzierten Ledersesseln, gemütlichen offenen Kaminen, prächtigen Betten und Eierkuchen zum Frühstück verwöhnt.

Granville Hotel   HOTEL €€
(051-305 555; www.granville-hotel.ie; Meagher Quay; EZ/DZ ab 80/100 €; P 🖵) Das nachts angestrahlte Gebäude am Fluss aus dem 18. Jh. ist eines der ältesten Hotels des Landes. Es verfügt über brokatgeschmückte Zimmer und gemeinschaftlich genutzte Bereiche im vornehmen georgianischen Stil. Darüber hinaus gibt's hier ein gutes Restaurant und eine Bar. Viele Prominente waren bereits in Granville zu Gast; Charles Stuart Parnell hielt vom Fenster im ersten Stock sogar eine Rede.

Belmont House   B&B €€
(051-850 282; www.marytritschler.com; Kings Channel; EZ/DZ 70/100 €; P @ 🖵 🛇) Mary Tritschler, Künstlerin, und ihr Mann Martin, Architekt, demonstrieren ihre Kreativität mit diesem stilvoll-eleganten und dabei doch gemütlichen Haus inklusive Pool. Wenn man die Stadt in westlicher Richtung auf der Dunmore Road verlässt, liegt das B&B in Flussnähe gleich hinter dem Krankenhaus.

Portree Guesthouse   B&B €€
(051-874 574; www.portreeguesthouse.ie; Mary St; EZ/DZ ab 60/90 €; P 🖵) Die große georgianische Pension mit 24 Zimmern befindet sich an einer ruhigen Straße – ein echter Vorteil im tendenziell eher lauten Waterford. Sie ist zwar nicht besonders stylish,

aber gut geführt und hat zudem alles, was man braucht, inklusive eines Wäscheservices. Hierher kommen gerne Reisegruppen, deshalb sollte man vorab reservieren!

Mayor's Walk House B&B €
(051-855 427; www.mayorswalk.com; 12 Mayor's Walk; EZ/DZ ab 30/50 €) Ein solides B&B in einem hohen, schmalen Gebäude mit vier großen, aber veralteten Zimmern, die über Waschbecken verfügen. Die Bäder im Flur werden gemeinschaftlich genutzt.

Essen

Waterford wartet mit einer abwechslungsreichen kulinarischen Szene auf.

L'Atmosphere FRANZÖSISCH €€
(051-858 426; 19 Henrietta St; Hauptgerichte 12–25 €; ⊙Mo–Fr mittags, tgl. abends; 🛜) Dieses stets gut besuchte Bistro trumpft mit einer energiegeladenen Atmosphäre, von der viele Restaurantbetreiber in Paris nur träumen können. Die klassischen französischen Gerichte bestehen aus lokalen Zutaten und haben eine moderne irische Note. Für das Dessert sollte man übrigens unbedingt etwas Platz lassen, denn die Nachspeisen sind einfach göttlich.

Harlequin ITALIENISCH €€
(37 Stephen St; Hauptgerichte mittags 8–12 €, abends 10–14 €; ⊙Mo–Mi 8.30–20.30, Do & Fr 8.30–22.30, Sa 9.30–22.30 Uhr; 🛜) Simone und Alessandro, ein junges charismatisches italienisches Pärchen, führen diese authentische kleine Trattoria. Im Laufe des Tages verwandelt sie sich vom Café zu einem belebten Lokal sowie zu einer von Kerzen erleuchteten Weinstube. Zu den Spezialitäten des Hauses gehören Antipastiteller mit verschiedenen Käsesorten, mariniertem Gemüse und hauchdünnem geräuchertem Fleisch.

Samstagsmarkt MARKT
(John Roberts Sq; ⊙Sa 10–16 Uhr) Auf diesem wunderbaren Markt gibt's zahlreiche Leckereien, darunter die unwiderstehlichen Backwaren von Mary Doherty (Granny Maddock's Pantry).

Ardkeen Food Store FEINKOST- & LEBENSMITTELLADEN
(www.ardkeen.com; Dunmore Rd; ⊙Mo–Sa 8–21, So 9–18 Uhr) Das Beste vom Besten aus der Region bekommt man in diesem Laden etwa 3 km südöstlich des Zentrums. Am zweiten und vierten Sonntag im Monat findet draußen ein fantastischer Bauernmarkt (⊙9.30–14 Uhr) statt.

Bodéga! MEDITERRAN €€
(www.bodegawaterford.com; 54 John St; Hauptgerichte 7–25 €; ⊙Mo–Fr mittags, Mo–Sa abends) Das Ausrufezeichen im Namen verrät schon so einiges über den temperamentvollen Charakter der mediterranen Cantina, in der sich die Speisekarte je nach Jahreszeit ändert. Für die Zubereitung der Gerichte werden vor allem Fisch und Meeresfrüchte sowie Gemüse und Fleisch aus der Region verwendet. In der Bar drängen sich ebenfalls viele Gäste und genießen die herrlichen Weine.

Berfranks CAFÉ €
(86 The Quay; Gerichte 5–10 €; ⊙Mo–Sa 8–17 Uhr) Hier läuft einem das Wasser im Munde zusammen: In den Regalen der Delikatessenecke liegen jede Menge hochwertige irische Lebensmittel aus, außerdem stehen auf der Karte im Café jede Menge Leckereien. Das Berfranks ist der ideale Ort für eine Pause während der Entdeckungsreise durch das mittelalterliche Waterford.

Munster Bar PUB €€
(Bailey's New St; Hauptgerichte 8–16 €; ⊙12–22 Uhr) In diesem wundervollen alten Pub von 1822 kann man sein Bierchen ganz gemütlich am offenen Kamin trinken. Die hochwertige Kneipenkost (Gourmetburger, Steaks, Pasta und mehr) ist ein echtes Highlight und der krönende Abschluss nach einer ausgedehnten Sightseeingtour.

Cafe Lucia CAFÉ €
(2 Arundel Lane; Hauptgerichte 8–11 €; ⊙Mo–Sa 9.30–17 Uhr) Ein flippiges helles Café, in dem es Salate, Sandwiches, frisch zubereitete Suppen und weitere warme Tagesgerichte sowie köstliche Nachspeisen gibt.

Ausgehen

Henry Downes Bar PUB
(Thomas St; ⊙ab 17 Uhr) Bereits seit zwei Jahrhunderten stellt das Downes seinen eigenen irischen Whiskey No. 9 her – eine willkommene Abwechslung zum Stout. Man kann den edlen Tropfen entweder in einem der atmosphärischen Räume genießen oder auch eine Flasche zum Mitnehmen kaufen.

Geoff's PUB
(9 John St) Waterfords alternative Szene fühlt sich in diesem gemütlichen Pub mit den knarrenden Holzdielenböden und der

aus den Lautsprechern dröhnenden Rockmusik ganz wie zu Hause.

T&H Doolan's   PUB
(32 George's St) Das T&H Doolan's hat schon seit mehr als 300 Jahren eine Schanklizenz. Hier finden jeden Abend traditionelle Musiksessions statt.

Gingerman   PUB
(6/7 Arundel Lane) Eine wunderbare Kneipe an einer schmalen Gasse mitten im Stadtzentrum. Der Besitzer ist mit echter Leidenschaft bei der Arbeit und sorgt für eine abwechslungsreiche Bierauswahl.

☆ Unterhaltung

Das Nachtleben wird fast ausschließlich von den Studenten des Waterford Institute of Technology dominiert, die am Wochenende allerdings meistens nach Hause fahren. Sämtliche Clubs konzentrieren sich auf die Gegend rund um den Apple Market. Am besten sind das Ruby's und Kazbar, beide an der John Street.

Garter Lane Arts Centre   MUSIK/KINO/THEATER
(www.garterlane.ie; 22a O'Connell St) Das viel gelobte Theater ist in einem atmosphärischen Gebäude aus dem 18. Jh. untergebracht und zeigt Autorenfilme, Ausstellungen, Musik, Tanz sowie Bühnenstücke.

Theatre Royal   THEATER
(www.theatreroyal.ie; The Mall) Auf dem Programm dieses prachtvollen, renovierten Hauses stehen Theaterstücke, Musicals und Tanzvorführungen.

🛍 Shoppen

Die Barronstrand Street, Waterfords Einkaufsmeile, führt vom Suir aus nach Süden, überquert den John Roberts Square und setzt sich als Broad Street, Michael Street sowie John Street fort. Letztere kreuzt die Parnell Street, die in nordöstlicher Richtung zurück zum Flusskai verläuft und auf dem Weg dorthin zu The Mall wird. Fast alle Geschäfte liegen in diesem Dreieck.

🅛🅟 Kite Design Studios
TIPP   KUNST/KUNSTHANDWERK
(11 Henrietta St) Diese Mischung aus Atelier und Geschäft bietet den besten Künstlern der Stadt Raum zum Entfalten. Ein Highlight sind die Drucke von Anne McDonnell.

Sean Egan Art Glass   GLASWAREN
(seaneganartglass.com) Egan war einer der besten Designer in der „alten" Kristallfabrik von Waterford. Als er 2009 gefeuert wurde, richtete er sich ein eigenes Atelier ein. Seither ist er den ganzen Tag über mit dem Gestalten herrlich feiner Glaswaren beschäftigt.

Waterford Book Centre   BUCHLADEN
(25 John Roberts Sq; ⊙Mo–Do & Sa 9–18, Fr 9–21, So 13–17 Uhr) Drei Stockwerke voller Bücher (darunter viele irische Klassiker) und ein nettes Café.

ℹ Praktische Informationen

Gepäckaufbewahrung (ab 3 € pro Gepäckstück; ⊙8–19 Uhr) Der Süßwarenladen im Busbahnhofsgebäude verfügt über eine Gepäckaufbewahrung.

Post (Parade Quay)

Städtische Touristeninformation (www.discover waterfordcity.ie; Merchants Quay; ⊙Juli & Aug. Mo–Sa 9–18, So 11–17 Uhr, sonst kürzere Öffnungszeiten)

Waterford Regional Hospital (☏051-848 000; Dunmore Rd)

ℹ An- & Weiterreise

Bus

Bus Éireann (www.buseireann.ie; Merchant's Quay) Das Unternehmen bietet häufige Verbindungen nach Tramore (3 €, 30 Min.), nach Dublin (13 €, 3 Std.) über Enniscorthy oder Carlow sowie nach Wexford (8 €, 1 Std.), Cork (18 €, 2¼ Std.) und Dungarvan (11 €, 50 Min.).

Flugzeug

Waterford Airport (www.flywaterford.com) Der Flughafen liegt 9 km südlich der Stadt in Killowen. Zu den Reisezielen gehören in erster Linie London Luton, Manchester und Birmingham.

Zug

Bahnhof Plunkett (☏051-873 401) Vom Bahnhof am nördlichen Flussufer gibt's bis zu

---

ℹ KUNSTHANDWERKERN AUF DER SPUR

Waterford hat noch mehr zu bieten als das berühmte Kristall: Zahlreiche örtliche Künstler und Kunsthandwerker fertigen hier Textilien, Gemälde, Schmuck, Töpferwaren, Papiermaché, Kerzen sowie Möbel aus Recycling-Materialien an. Unter www.waterforddesignermakers.com findet man eine Liste mit Kontakten und kann Termine vereinbaren.

acht Verbindungen von/nach Dublin (Heuston Station; ab 20 €, 2–2½ Std.) und Kilkenny (ab 10 €, 40 Min.).

 Unterwegs vor Ort

Zum Flughafen kommt man nicht mit öffentlichen Verkehrsmitteln. Eine Fahrt mit dem **Taxi** (051-858 585, 051-77710) kostet ca. 15 €. Taxistände findet man am Bahnhof Plunkett, am Coal Quay und an den Dunnes Stores.

Altitude (051-870 356; www.altitude.ie; 22 Ballybricken; Mo-Fr 9.30–18, Sa 9.30–17.30 Uhr) Verleiht Räder für 15 € pro Tag.

Curraghmore Estate

Lord und Lady Waterford residieren auf dem 1000 ha großen **Curraghmore Estate** (www.curraghmorehouse.ie; Portlaw; Eintritt 5 €; Ostern–Mitte Okt. Do 13–17 Uhr), das seit dem 12. Jh. in Familienbesitz ist. In der eindrucksvollen Gartenanlage des Anwesens befindet sich ein skurriles **Muschelhaus**, das 1754 im Auftrag von Catherine, Countess of Tyrone, errichtet wurde. Die Gräfin ließ sich von Überseekapitänen, die am Hafen von Wexford anlegten, Muscheln aus aller Welt mitbringen. Wer das schöne **georgianische Gebäude** (Eintritt 15 €; Feb. & Mai–Juli Mo–Fr 9–13 Uhr, Mai–Juli auch jeden 1. & 3. So im Monat geöffnet) mit den exquisiten Stuckverzierungen besichtigen möchte, muss vorher einen Termin vereinbaren.

Curraghmore liegt 14 km nordwestlich von Waterford und 3,5 km nordwestlich des hübschen Dörfchens Portlaw. Busse von **Suirway** (051-382 209; www.suirway.com) starten in Waterford und setzen Besucher 1 km vor dem Eingang des Anwesens ab.

Im Südosten des Countys Waterford

Diese abgeschiedene Ecke der Grafschaft kann von der Stadt Waterford aus im Rahmen eines Tagesausflugs erkundet werden, alternativ legt man hier auf dem Weg zum nächsten Reiseziel einen Zwischenstopp ein. Weil die Gewässer den Gezeiten unterliegen, ändern sich die Pegelstände mehrfach pro Tag.

An der Flussmündung 14 km östlich von Waterford erstreckt sich das hübsche kleine Fischerdorf **Passage East**. Von dort setzen Autofähren nach Ballyhack, County Wexford, über. Rund um den Hafen sieht man jede Menge reetgedeckte Cottages.

Eine kaum befahrene 11 km lange **Küstenstraße** windet sich zwischen Passage East und Dunmore East Richtung Süden. Streckenweise bietet sie gerade mal einem Wagen Platz und ist sehr steil, aber dafür man hat einen tollen Blick auf Meer und die sanft geschwungenen Felder, der einem auf den Hauptstraßen verborgen bleibt. Eine tolle Strecke auch für Radfahrer.

 An- & Weiterreise

Busse von **Suirway** (www.suirway.com; Erw./Kind 4/2 €) verkehren zwischen Waterford und Passage East (7–8-mal tgl.).

Dunmore East

800 EW.

Dunmore East (Dún Mór) 19 km südöstlich von Waterford erstreckt sich an einem Küstenstreifen mit roten Sandsteinklippen voller versteckter Buchten und kreischender Klippenmöwen. Im 19. Jh. diente der Ort als Anlaufstelle für Schiffe, die Postsendungen zwischen England und dem südlichen Irland transportierten. Aus dieser Ära stammen noch die reetgedeckten Cottages entlang der Hauptstraße und ein ungewöhnlicher dorischer **Leuchtturm** (1825) mit Blick über den Hafen.

Sehenswertes & Aktivitäten

Im Winter geht's hier ruhig zu, doch im Sommer erwacht die Region zum Leben: Dann strömen Badegäste an die winzigen Strände unterhalb der Klippen, z. B. an den **Counsellor's Beach** (in der Nähe gibt's gu-

---

> **DIE FÄHRE ZWISCHEN WATERFORD UND WEXFORD**
>
> Wer zwischen den Grafschaften Waterford und Wexford an der Küste entlangreist, spart sich einen großen Umweg über Waterford Harbour und den Barrow, wenn er die **Autofähre** (051-382 480; (www.passageferry.ie; April–Sept. Mo–Sa 7–22, So 9.30–22 Uhr, Okt.–März Mo–Sa 7–20, So 9.30–20 Uhr) zwischen Passage East und Ballyhack in der Grafschaft Wexford nimmt. Diese benötigt nur fünf Minuten. Einfache Tickets/inklusive Rückfahrt kosten 2/3 € für Fußgänger und Radfahrer sowie 8/12 € für Autos. Rückfahrkarten sind für unbegrenzte Zeit gültig.

te Pubs und Cafés) oder in die **Ladies Cove** (ein hübscher Park ist gleich um die Ecke). Sobald sich die Sonne zeigt und das Quecksilber die 20-Grad-Marke übersteigt, bevölkern Familien die schmalen Sandstreifen.

Im Westen führt eine 17 km lange **reizvolle Autoroute** nach **Tramore** an die Küste. Unterwegs erwartet einen Natur pur mit sanft geschwungenen, grünen Hügeln, Kühen und tollen Panoramablicken aufs Meer. Damit kann das quirlige Tramore kaum mithalten!

Dunmore East Adventure Centre
ABENTEUERSPORT

(www.dunmoreadventure.com; Stoney Cove) Verleiht Ausrüstung (Kajaks, Surfbretter, Schnorchel etc.) und bietet Segelkurse sowie Aktivitäten zu Lande an (z. B. Bogenschießen und Klettern).

Feste & Events

Bluegrass Festival
MUSIKFESTIVAL

Zu diesem Anlass jedes Jahr im August werden die Banjos hervorgeholt.

Schlafen

Haven Hotel
HOTEL €€

(051-383 150; www.thehavenhotel.com; EZ/DZ ab 60/100 €; Restaurant tgl. abends, So Brunch, Hotel März–Okt. geöffnet; P) In den 1860er-Jahren als Sommerresidenz der Malcolmson-Familie erbaut, deren Wappen immer noch über dem Kamin prangt, wird das Haven heute von der Familie Kelly geführt. Das noble Refugium wartet mit holzvertäfelten Bädern auf und zwei der Gästezimmer haben sogar ein Himmelbett. Im locker-lässigen Restaurant (Hauptgerichte 12–20 €) werden vor allem örtliche Produkte zum Kochen verwendet. Die in Rottönen gehaltene Bar ist dezent beleuchtet.

Avon Lodge B&B
B&B €€

(051-385 775; www.avonlodgebandb.com; Zi. ab 60 €; P) Von außen sieht das große Haus im Vorstadtstil ziemlich schlicht aus, doch seine Lage beim Ladies Beach ist großartig. Es wird von dem traditionellen Musiker Richie Roberts geführt und hat große, saubere, gemütliche Zimmer in hellen Strandtönen.

Essen & Ausgehen

LP TIPP Spinnaker Bar
FISCH & MEERESFRÜCHTE €€

(www.thespinnakerbar.com; Hauptgerichte 8–20 €; Küche 12–21 Uhr) An den Tischen auf dem Bürgersteig kann man Strandgänger beobachten, drinnen speist man umgeben von nautischem Schnickschnack oder in dem geschützten Biergarten. Das Essen ist hervorragend: Sämige Meeresfrüchtesuppen, Fish 'n' Chips, Salate und fangfrische Tagesgerichte werden gekonnt zubereitet. An Sommerwochenenden spielen Livebands.

LP TIPP Lemon Tree Cafe
MODERNE IRISCHE KÜCHE €€

(www.lemontreecatering.ie; Hauptgerichte 8–20 €; Di–So 10–18 Uhr, Juni–Aug. Fr & Sa abends) Der Biokaffee und die köstlichen Backwaren zählen zu den absoluten Verkaufsschlagern in diesem Café. Mittags gibt's Sandwiches, Suppen sowie warme Gerichte (große Auswahl, das Angebot wechselt regelmäßig) und im Sommer wird hier zudem ein frisch zubereitetes, kreatives Abendessen angeboten.

Bay Cafe
CAFÉ €

(Dock Rd; Hauptgerichte 7–11 €; 9–18 Uhr) Von dem künstlerisch angehauchten Café genießt man einen herrlichen Ausblick auf den Hafen und entdeckt manchmal sogar Wale (am Fenster hängt ein Plakat mit Wissenswertem über Walbeobachtung). Hier werden schlichte, aber interessante Gerichte serviert, z. B. Sandwiches mit frischem Fisch oder Meeresfrüchten.

Power's Bar
PUB

(Dock Rd) Dienstagabends finden in dem buttergelben Eckpub lebhafte traditionelle Musiksessions statt. Der Spitzname der Kneipe, „The Butcher's", erinnert an ihre Vergangenheit als Fleisch- und Lebensmittelladen.

Praktische Informationen

Infos zur Region gibt's unter www.discoverdunmore.com.

An- & Weiterreise

Suirway (www.suirway.com; Erw./Kind 4/2 €) bietet täglich sieben bis acht Busverbindungen zwischen Waterford und Dunmore East.

Tramore

9200 EW.

Tramores (auf Irisch Trá Mhór, „Großer Strand") Highlights sind neben den schönen Küstenabschnitten in der Nähe Zuckerwatte und Videospiele: Im Sommer ist der Küstenstreifen unterhalb der steil ansteigenden Stadt eine Art trubeliger Jahrmarkt mit Karussells, Spielhallen und allem, was zu einem altmodischen Badeort gehört. Im Winter geht's hier entschieden ruhiger zu.

◉ Sehenswertes

Die Bucht von Tramore ist im Südwesten durch **Great Newtown Head** und im Südosten durch **Brownstown Head** begrenzt. Deren 20 m hohe Betonpfeiler wurden von Lloyds of London 1816 nach der Schiffstragödie der *Seahorse* errichtet, die 363 Menschenleben forderte. Weil der Kapitän die Bucht für Waterfords Hafen hielt, lief er hier auf Grund.

Von der zauberhaften versteckten **Guillamene Cove**, die sich auch zum Schwimmen eignet, genießt man eine wunderbare Aussicht auf den Head. Ein 60 Jahre altes Schild weist darauf hin, dass der Strand Männern vorbehalten ist (was heute natürlich nicht mehr zutrifft).

Auf dem Great Newtown Head ragt der (nicht zugängliche) **Metal Man** in den Himmel, das 1816 errichtete kolossale Standbild eines Seemanns aus Eisen. In Uniform aus weißer Kniehose und blauer Jacke warnt er mit theatralischer Geste herannahende Schiffe. Der Legende nach soll ein Mädchen, das dreimal auf einem Bein um die Statue herumhüpft, innerhalb eines Jahres unter die Haube kommen.

🏃 Aktivitäten

Tramore's bezaubernder 5 km langer **Strand** wird am östlichen Ende von 30 m hohen Dünen gekrönt. Hier stürzen sich **Surfer** aller Niveaus ins Wasser. In der Stadt gibt's mehrere ganzjährig geöffnete Surfschulen, die auch **Ökowanderungen** rund um Back Strand, eine der größten Gezeitenlagunen Europas, sowie verschiedene andere Aktivitäten anbieten.

Surfstunden in der Gruppe kosten 45 €, Privatunterricht 90 €. Für eine Ausrüstung inklusive Neoprenanzug und der im Winter dringend nötigen Stiefel, Handschuhe sowie einer Kappe zahlt man 25 € (2 Std.).

Oceanics SURFEN
(051-390 944; www.oceanics.ie; Red Cottage, Riverstown) Surfunterricht und -partys.

T-Bay Surf & Wildlife Centre SURFEN
(051-391 297; www.tbaysurf.com) Irlands größte Surfschule.

Freedom Surf School SURFEN
(086 391 4908; www.freedomsurfschool.com; The Gap, Riverstown) Hier gibt's auch Unterricht im Blokartfahren (von Segeln angetriebene Strandbuggys).

Lake Tour Stable REITEN
(051-381 958; www.laketourstables.ie; Ausritte ab Erw./Kind 25/20 €) Die richtige Anlaufstelle, wenn man einen Reitausflug unternehmen möchte.

🎉 Feste & Events

Tramore Racecourse Meeting
PFERDERENNEN
(www.tramore-racecourse.com; Graun Hill) Das erste Pferderennen des Jahres auf europäischem Boden findet am 1. Januar auf dem Tramore Racecourse statt, ist aber nur eines von vielen Events der nächsten zwölf Monate.

🛏 Schlafen

Newtown Caravan & Camping Park
CAMPINGPLATZ €
(051-381 979; www.newtowncove.com; Dungarvan Coast Rd; Stellplätze 8–20 €; ⊙Ostern–Sept.; 🛜) 2 km außerhalb der Stadt befindet sich der beste Campingplatz in der Gegend, ein Familienbetrieb.

Beach Haven House B&B & Hostel
B&B/HOSTEL €
(051-390 208; www.beachhavenhouse.com; Waterford Rd; B 18–30 €; EZ/DZ ab 40/60 €, Studio 70–90 €; P🛜) Das B&B des Kaliforniers Avery und seiner irischen Frau Niamh ist eine von ganz wenigen Pensionen in Irland, die ganzjährig Gäste empfangen. Alle acht pastellfarbenen Zimmer punkten mit Atelierfenstern, Muscheldekoration und einem eigenen Bad. Nebenan im gut ausgestatteten Hostel kommt man in blitzsauberen (Mehrbett-)Zimmern unter; der Gemeinschaftsbereich geht auf eine Grillterrasse hinaus. Darüber hinaus gibt's sechs stilvolle Apartments mit Kitchenette.

O'Shea's Hotel HOTEL €€
(051-381 246; www.osheas-hotel.com; Strand St; EZ/DZ ab 50/100 €) Obwohl die Zimmer im O'Shea's nicht ganz so fein sind, wie man angesichts der blumengeschmückten, schwarz-weißen Fassade erwarten würde, ist das familiengeführte Hotel sein Geld wert, zumal es in der Nähe des Strands liegt. Für die Zimmer, die am Wochenende den Barlärm abkriegen, zahlt man weniger.

🍴 Essen & Ausgehen

In Tramore dominieren gebratene und frittierte Gerichte die Speisekarten. An den Wochenenden wimmelt es in den netten Pubs von lärmendem Volk aus der näheren

Umgebung, das gilt besonders für lange Sommernächte.

Seahorse Tavern
MODERNE IRISCHE KÜCHE €€
(3 Strand St; Hauptgerichte 15-25 €; ⊙9-21 Uhr) „Feine Pubküche" – warum eigentlich nicht? Im Seahorse schmeckt das Essen besser als in den meisten anderen Kneipen in der Stadt; davon zeugen auch die vielen Gäste. Morgens und mittags kann man Frühstück und Sandwiches bestellen, abends werden Steaks, Fisch und Meeresfrüchte serviert. Die Bar ist eine der ruhigeren Adressen in Tramore.

Vee Bistro
MODERNE IRISCHE KÜCHE €€
(1 Lower Main St; Hauptgerichte 10-28 €; ⊙tgl. morgens, mittags & abends, außerhalb der Sommermonate kürzere Öffnungszeiten) Die französische Seele des Vee offenbart sich abends, wenn hier typische Bistrogerichte aufgetischt werden. Am Morgen gibt's Frühstück aus der Pfanne, am Mittag Tagesgerichte. In dem roten Haus hängen abstrakte Gemälde und Ethnokunst an den Wänden.

 An- & Weiterreise

Bus Éireann (www.buseireann.ie) fährt regelmäßig von Waterford nach Tramore (3 €, 30 Min.). Die Hauptbushaltestelle befindet sich gegenüber vom Majestic Hotel.

Die Copper Coast

Strahlend blauer Himmel, azurfarbenes Wasser, leuchtend grüne Hügel und ebenholzfarbene Klippen prägen die wunderschöne Copper Coast westlich von Tramore (Richtung Dungarvan). Die R675 schlängelt sich durch die Landschaft und offenbart eine fantastische Aussicht nach der anderen.

In Annestown haben sich ein paar hübsche Cafés angesiedelt. Dies ist ein guter Ort, um nach Tramores Karnevalsatmosphäre „runterzukommen". Am Dunabrattin Head sollte man nach dem kleinen Strand in der Bucht gleich westlich Ausschau halten. Er ist breit und einladend, aber unverbaut und normalerweise menschenleer.

25 km westlich von Tramore erstreckt sich der zerklüftete Küstenstreifen des Copper Coast European Geopark (www.coppercoastgeopark.com; ⊙Parkbüro Mo-Fr 9.30-17 Uhr); seinen Namen verdankt er den Kupferminen des 19. Jhs. in der Nähe von Bunmahon. An den Stränden und Buchten der Gegend sieht man geologische Formationen wie Quarzblöcke, Fossilien und ehemalige Vulkane, die bis zu 460 Mio. Jahre alt sind. Im Sommer werden einstündige geführte **Wanderungen** angeboten (kostenlos). Alternativ kann man eine Wegbeschreibung auf der Website herunterladen. In der umfunktionierten Kirche von Knockmahon entsteht derzeit ein Besucherzentrum.

Wer die Grotten, Buchten und Klippen der Copper Coast mit dem Kajak erforschen will, kann Sea Paddling (⊉051-393 314; www.seapaddling.com; Touren ab 50 €) kontaktieren. Die Touren dauern ein paar Stunden bis zu mehreren Tagen und führen zu verschiedenen Abschnitten der Küste von Waterford.

Bevor man nach Dungarvan gelangt, stößt man an der Nordseite des Hafens bei Ballynacourty auf einen herrlich unberührten Sandstreifen, den Clonea Strand.

Dungarvan
7800 EW.

Mit seinen pastellfarbenen Gebäuden rund um die malerische Bucht, wo der Fluss Colligan ins Meer mündet, erinnert Dungarvan (Dún Garbhán) an ein Miniatur-Galway. Der hl. Garvan gründete im 7. Jh. an dieser Stelle ein Kloster, aber fast alle Gebäude im Ortszentrum stammen aus dem frühen 19. Jh., als der Duke von Devonshire die Straßen rund um Grattan Square neu anlegte. Besonders sehenswert sind die dramatische Burgruine und ein Augustinerkloster mit Blick auf die Bucht, außerdem gibt's natürlich ein paar lebhafte Pubs. Dungarvan ist für gutes Essen bekannt und mit tollen Restaurants sowie einer berühmten Kochschule gesegnet. Jedes Jahr findet hier das Waterford Festival of Food statt.

⊙ Sehenswertes

Vom bunten, idyllischen Davitt's Quay aus dem 18. Jh. kann man bei einem kühlen Bier dabei zusehen, wie Boote in den Hafen einlaufen. Der Grattan Square ist ein guter Ausgangspunkt für eine Entdeckungstour durch die belebten Straßen.

 Dungarvan Castle
HISTORISCHES GEBÄUDE
(www.heritageireland.ie; ⊙Juni-Sept.10-18 Uhr) Dank der aufwendigen Sanierungsarbeiten erstrahlt die Burg inzwischen wieder in normannischer Pracht. Einst residierte hier

King Johns Vertrauter Thomas Fitz Anthony. Der älteste Teil des Komplexes ist der originelle Bergfried aus dem 12. Jh., erbaut zur Verteidigung des Flussdeltas. In der britischen Kaserne aus dem 18. Jh. befindet sich ein Besucherzentrum mit verschiedenen Exponaten (Einlass nur im Rahmen einer Führung möglich).

GRATIS Waterford County Museum MUSEUM
(www.waterfordcountymuseum.org; St. Augustine St; ◎Juni–Sept. Mo–Fr 9–17, Sa 14–17 Uhr) Das kleine, aber feine Museum in einer ehemaligen Weinhandlung präsentiert Ausstellungsstücke von Schiffsunglücken sowie Wissenswertes zur Großen Hungersnot und zu lokalen Berühmtheiten.

St. Augustine's Church KIRCHE
Von der 1832 errichteten **St. Augustine's Church** auf der östlichen Seite der Brücke schweift der Blick über den Hafen. Früher einmal besaß die Kirche ein Strohdach. Verschiedene Bauelemente stammen noch von einem Kloster aus dem 13. Jh., darunter der gut erhaltene Turm des Mittelschiffs. Während der Belagerung durch Cromwell wurde das Kloster zerstört, doch die Kirche wird heute noch genutzt.

Old Market House Arts Centre
KUNSTMUSEUM
(Lower Main St; Eintritt frei; ◎Di–Sa 11–17 Uhr) In dem Gebäude aus dem Jahr 1641 finden regelmäßig Wechselausstellungen statt.

Aktivitäten

LP TIPP Tannery Cookery School KOCHKURSE
(☏058-45420; www.tannery.ie; 10 Quay St; Kurse 50–200 €) Die Kochschule des Starkochs und Bestsellerautors Paul Flynn sieht wie eine futuristische Ausstellungsküche aus und grenzt an einen Obst-, Gemüse- sowie Kräutergarten. Zu einigen Kursen gehört die Suche nach den passenden Zutaten, andere befassen sich mit den Themen Gemüseanbau, Fisch und Meeresfrüchte, Kochen für Fortgeschrittene oder Frankreich.

 Feste & Events

LP TIPP Waterford Festival of Food
KULINARISCHES FEST
(www.waterfordfestivaloffood.com; ◎Mitte April) Mit diesem beliebten Fest wird der Reichtum der Gegend an frischen Erzeugnissen gefeiert. Zum Programm gehören Kochkurse und -vorführungen, Vorträge von Bauern aus der Gegend und eine Lebensmittelmesse. Für Entspannung sorgt der wunderbare neue Biergarten.

Féile na nDéise MUSIKFESTIVAL
(www.feilenandeise.com; ◎langes Wochenende Anfang Mai) In den Pubs und Hotels vor Ort findet ein lebhaftes Festival mit traditioneller Musik und Tanz statt, an dem rund 200 Musiker teilnehmen.

 Schlafen

Im Einklang mit Dungarvans Ruf als Gourmethochburg ist das Frühstück in den B&Bs häufig ein kleines kulinarisches Wunder mit frischen Zutaten aus dem Garten der Besitzer.

LP TIPP Powersfield House B&B €€
(☏058-45594; www.powersfield.com; Ballinamuck West; EZ/DZ ab 60/90 €; P🐾) Die quirlige Köchin Eunice Power (sie gibt übrigens auch Unterricht in der Tannery-Kochschule) bewohnt mit ihrer Familie eine Hälfte dieses georgianischen Wohnhauses, die andere wird von sechs wunderschön gestalteten Gästezimmern eingenommen. Eunices Gebäck, Marmeladen, Chutneys und Köstlichkeiten aus dem Garten machen das Frühstück zu einem wahren Festschmaus. Das Powersfield House liegt fünf Autominuten nördlich der Stadt an der Straße nach Clonmel.

LP TIPP Mountain View House
GÄSTEHAUS €€
(☏058-42588; www.mountainviewhse.com; O'Connell St; EZ/DZ ab 45/70 €; P🐾) Dieses wunderschöne georgianische Haus aus dem Jahr 1815 hat tolle hohe Zimmer mit Ausblick auf die Comeragh Mountains. Ohne Frühstück ist die Übernachtung günstiger, allerdings verzichtet man dann auf Leckereien wie Porridge mit warmem Honig. Man erreicht die Pension innerhalb von fünf Minuten, wenn man vom Grattan Square die O'Connell Street hinunterspaziert.

Tannery Townhouse GÄSTEHAUS €€
(☏058-45420; www.tannery.ie; Church St; EZ/DZ 65/110 €; ◎Feb.–Dez.; P🐾) Gleich um die Ecke vom Tannery Restaurant stößt man auf diese nette Boutique-Pension, die zwei Gebäude im Stadtzentrum einnimmt. Die Kühlschränke in den modernen Zimmern (insgesamt 14) sind gut bestückt mit Säften, Obst und Muffins, sodass man sich nicht an bestimmte Frühstückszeiten halten muss. Für den kleinen Hunger am frühen Abend gibt's Snacks und eine Bar.

Cairbre House
B&B €€

(☏ 058-42338; www.cairbrehouse.com; Abbeyside; EZ/DZ ab 80/75 €; ⊙ Mitte Dez.–Mitte Jan. geschl.; P 🛜) Das oft empfohlene Vier-Zimmer-B&B liegt 1 km vom Ortszentrum am Fluss und inmitten von großen Gärten, aus denen viele Frühstückszutaten wie die würzigen Kräuter stammen.

Lawlor's Hotel
HOTEL €€

(☏ 058-41122; www.lawlorshotel.com; TF Meagher St; EZ 60–80 €, DZ 90–150 €; P 🛜) Dungarvans zitronengelbes Wahrzeichen, von William Thackeray 1843 als „sehr gepflegter und komfortabler Gasthof" gelobt, befindet sich gegenüber der Touristeninformation. Vor einigen Jahren wurden die 94 modernen cremefarbenen Zimmer (viele mit Blick auf den Hafen) und das intime, kunstvoll beleuchtete Restaurant inklusive einer Bar umfangreich renoviert.

Seahorse Suites
GÄSTEHAUS €€

(☏ 058-41153; www.seahorsesuites.com; 4/5 Grattan Sq; Zi. ab 120 €; 🛜) Von den drei Apartments (sie nehmen jeweils ein komplettes Stockwerk ein) des Gästehauses blickt man auf den lebhaften Grattan Square. Zwei haben zwei Doppelbetten und das dritte ein Doppel- sowie ein Einzelbett, außerdem verfügen alle über eine Kitchenette. Man darf sich auf (Ziegel-)Steinwände und Gauben freuen.

🍴 Essen

Dungarvans Bauernmarkt (www.dungarvanfarmersmarket.com; Grattan Sq; ⊙ Do 9–14 Uhr) ist ein kleines Fest für die Geschmacksknospen. Hier gibt's Brote, Käse, Schokolade, Obst und Gemüse sowie warme Gerichte. Darüber hinaus ist der Markt ein echtes soziales Happening.

LP TIPP / Tannery
MODERNE IRISCHE KÜCHE €€€

(☏ 058-45420; www.tannery.ie; 10 Quay St; Hauptgerichte 18–29 €; ⊙ Fr & So 12.30–14.30, Di-Sa 18–21.30 Uhr, Juni & Aug. auch So) In der ehemaligen Ledergerberei ist inzwischen ein innovatives, hochgelobtes Restaurant untergebracht, in dem Küchenchef Paul Flynn je nach Saison wechselnde Kreationen zaubert. Die Anzahl der Gerichte ist begrenzt, doch diese werden auf überraschende Weise zur Geltung gebracht und machen einfach glücklich. Unten herrscht eine intime Atmosphäre, während es in dem loftartigen Raum oben geschäftiger zugeht. Der Service ist hervorragend. Vorab reservieren.

LP TIPP / Nude Food
MODERNE IRISCHE KÜCHE €€

(www.nudefood.ie; 86 O'Connell St; Hauptgerichte 8–16 €; ⊙ Mo-Mi 9–18, Do-Sa 9–21.30 Uhr) Wenn man sich mit einem Marktwagen namens Naked Lunch einen Namen gemacht hat, ist es gar nicht so leicht, einen originellen Namen für das nächste Projekt zu finden. Keine Bange, das Einzige, was hier „nackt" zurückbleibt, sind die Teller nach dem Essen. Dieses Café ist einfach großartig: Neben liebevoll zubereitetem Kaffee können sich die Gäste über eine tolle Auswahl an Gourmet-Lebensmitteln sowie Mittag- und Abendessen mit erstklassigen Zutaten aus Waterford (Sandwiches, Salate, Vorspeisen und warme Gerichte) freuen.

Quealy's
MODERNE IRISCHE KÜCHE €€

(82 O'Connell St; Hauptgerichte 12–22 €; ⊙ Mi-Mo mittags & abends) Kalorienreiches mit moderner Note, das ist das Geheimrezept in diesem coolen Bistro. Zu den Favoriten zählen Meeresfrüchtesuppe, Fischpastete, Schweinebauch und Fish 'n' Chips. Die Auswahl an Wein und Bier kann sich sehen lassen und ist zudem günstig.

Mill Restaurant
FISCH & MEERESFRÜCHTE

(☏ 058-45488; Davitt's Quay; Hauptgerichte 8–20 €; ⊙ Mi-Sa ab 17, So ab 15 Uhr) Hier fühlt man sich gleich pudelwohl: Das Lokal ist kinderfreundlich und die Atmosphäre entspannt. Auf der Karte stehen vor allem Meeresgerichte wie Kabeljau mit Pistazienkruste, es gibt aber auch saftige Steaks und knusprige Pizza.

🍷 Ausgehen

Das Tannery und das Quealy's laden zu ein paar gepflegten Drinks ein, darunter die vor Ort gebrauten Mikrobiere der Dungarvan Brewing Company wie das hopfige Helvick Gold Blonde Ale.

Moorings
PUB

(Davitt's Quay) Wunderschöne Holzbalkenelemente prägen das alte Pub am Wasser. Draußen erstreckt sich ein großer, neuer Biergarten, der teilweise überdacht ist. Hier gibt's Dungarvan-Biere vom Fass.

Kiely's
PUB

(O'Connell St) Ein typischer Einheimischen-Treff im Zentrum. In dem Fachwerkhaus wird häufig traditionelle Musik geboten.

Bridie Dee's
PUB

(Mary St) Das Torffeuer brennt förmlich ohne Pause, an der Bar erzählen komische Käuze skurrile Geschichten, häufig wird traditionelle Musik gespielt und hinten befindet sich ein kleiner Biergarten – insgesamt eine unwiderstehliche Kombination.

ⓘ Praktische Informationen

In Dungarvan gibt's ein paar Geldautomaten, an denen man sonntags allerdings manchmal kein Geld mehr bekommt, wenn durstige Partygänger freitags und samstags richtig auf den Putz gehauen haben.

Touristeninformation (www.dungarvantourism.com; Courthouse Building, TF Meagher St; ganzjährig Mo–Fr 9.30–17 Uhr, Mai–Sept. auch Sa 10–17 Uhr)

ⓘ An- & Weiterreise

Bus Éireann (www.buseireann.ie) hält auf dem Weg nach/von Waterford (12 €, 1 Std., 12-mal tgl.) und Cork (16 €, 1½ Std., 12-mal tgl.) am Davitt's Quay.

Ring Peninsula

390 EW.

Nur 15 Fahrminuten von Dungarvan erreicht man die Ring-Halbinsel (auf Irisch An Rinn, „Landzunge"), eine der berühmtesten Gaeltacht- (irischsprachigen) Regionen Irlands. Unterwegs eröffnen sich weite Ausblicke auf die Comeragh Mountains, die Bucht von Dungarvan und die Copper Coast. An der Spitze der Halbinsel liegt der Hafen Helvick Head mit einem **Denkmal** zu Ehren der Mannschaft von *Erin's Hope*. Diese Männer brachten 1867 Gewehre aus New York ins Land, mit der Absicht, einen Aufstand anzuzetteln, wurden jedoch kurz nach ihrer Ankunft verhaftet. Wer sich die Gegend ansehen möchte, folgt einfach den Schildern nach An Rinn sowie nach Cé Heilbhic. Unterwegs kommt man an Baíle na nGall („Fremdendorf") vorbei, einem kleinen Nest, das von auswärtigen Fischern gegründet wurde.

Man kann problemlos einen Tag damit zubringen, die ruhigen Landstraßen abzufahren, um versteckte Strände oder traditionelle Pubs zu entdecken.

Eamonn Terry, ein ehemaliger Mitarbeiter der Kristallfabrik in Waterford, kehrte auf die Halbinsel zurück und eröffnete sein eigenes Atelier namens **Criostal na Rinne** (058-46174; www.criostal.com; nach Vereinbarung), in dem er kunstvoll geschliffene Kristallprismen sowie hübsche Vasen, Schalen, Schmuck und sogar Kronleuchter aus Bleiglas anfertigt.

ⓘ AUF BAUERNHÖFEN IN WATERFORD ÜBERNACHTEN

Wenn einen die Landschaft dieses Countys in den Bann gezogen hat, möchte man vielleicht etwas länger bleiben. Übernachtungen auf Bauernhöfen in der Nähe von Dungarvan, Ardmore und Ring organisiert die **Waterford Farm Accommodation** (www.waterfordfarms.com). Geschlafen wird allerdings nicht in Heuschobern, sondern in toll aufgemachten Zimmern im B&B-Stil mit eigenen Bädern (40–45 € pro Pers. pro Nacht).

🛏 Schlafen & Essen

Seaview B&B €€
(058-41583; www.seaviewdungarvan.com; Pulla; EZ/DZ ab 45/70 €; P) Die lichtdurchflutete rosafarbene Pension mit acht komfortablen Zimmern und herrlichen Ausblicken auf Dungarvan und die Comeragh Mountains liegt ganz in der Nähe des wunderbaren An Seanachaí und der Marine Bar. Gleich vor der Haustür beginnen ein paar tolle Wanderwege.

Dún Ard B&B €€
(058-46782; www.ringbedandbreakfast.ie; Gaotha, Dungarvan; EZ/DZ ab 50/80 €; P) In dem kultivierten B&B hoch über der Bucht von Dungarvan gibt's vier stilvoll-moderne Zimmer. Die Gastgeber sind außerordentlich hilfsbereit und ganz in der Nähe befindet sich ein nettes altes Pub.

LP TIPP Marine Bar PUB €€
(www.marinebar.com; Pulla; Hauptgerichte 10–20 €; Küche 12–21 Uhr) Zwar schmeckt das traditionelle Essen in diesem 200 Jahre alten Pub köstlich, doch eigentlich kommen die Gäste vor allem aufgrund der geselligen Atmosphäre her. Montag- und samstagabends locken hier traditionelle Sessions und im Sommer gibt's fast jeden Abend Livemusik. Mittwochs treffen sich die Einwohner zum irischen Kartenspielturnier „45", bei dem jeder mitmachen kann. In der Nähe steht ein Denkmal für den Daley-Clan, der wie die Kennedys nach Amerika auswanderte und dort eine eigene politische Dynastie begründete.

An Seanachaí PUB €€
(058-46755; www.seanachai.ie; Pulla; Hauptgerichte 12–20 €; Küche Mo–Sa 11–21, So 12.30–

21 Uhr) Wahrscheinlich hätten die grob behauenen Wände des „Alten Geschichtenerzählers" selbst ein paar Storys auf Lager, denn Teile des reetgedeckten ehemaligen Bauernhauses stammen noch aus dem 14. Jh. Diese Tatsache sorgt für ein stimmungsvolles Flair, egal ob man nur ein Bier trinkt, etwas isst (besonders lecker: die Hausspezialität Fischpastete) oder wegen der Livemusik herkommt. Auf dem Gelände befinden sich zudem zwölf Selbstversorger-Cottages, die mehrere Tage am Stück gemietet werden können.

❶ Anreise & Unterwegs vor Ort

Besucher der Halbinsel benötigen ein Auto oder ein Rad, da Pubs, Unterkünfte und Läden teilweise etwas weiter voneinander entfernt sind.

Bus Éireann (www.buseireann.ie) Die Busse des Unternehmens halten auf ihrem Weg von Ardmore (30 Min.) über Dungarvan nach Waterford (1¼ Std.) auch auf der Halbinsel. Im Sommer fahren sie einmal täglich, ansonsten noch seltener.

Ardmore

410 EW.

In dem bezaubernden ruhigen Dorf am Meer soll zwischen 350 und 420 der hl. Declan gelebt haben. So gelangte das Christentum schon lange bevor der hl. Patrick auf der Bildfläche erschien in den Südosten Irlands. Heute kommen Besucher wegen des schönen Strands, der Wassersportmöglichkeiten, der alten Gebäude sowie der hervorragenden Angebote in puncto Essen, Trinken und Unterkünfte.

◉ Sehenswertes & Aktivitäten

Für Spaziergänge durch den Ort und zu den historischen Stätten sowie entlang der Küste und auf dem Land sollte man einen Tag einplanen.

🗒️ LP TIPP St. Declan's Church
HISTORISCHE STÄTTE

Die Ruinen der St. Declan's Church und ein 29 m hoher **Rundturm** aus dem 12. Jh. mit konischem Dach befinden sich auf einem Hügel über dem Dorf, auf dem einst St. Declans ursprüngliches Kloster thronte.

Verwitterte Schnitzereien aus dem 9. Jh., die in ungewöhnliches Maßwerk auf der äußeren westlichen Giebelwand der Kirche aus dem 13. Jh. eingefügt wurden, zeigen, wie der Erzengel Michael Seelen wiegt. Außerdem sieht man die Anbetung der Heiligen Drei Könige, Adam und Eva und eine Darstellung von Salomons Urteil. Das Kircheninnere birgt zwei Ogham-Steine mit den ältesten irischen Schriftzeichen, darunter eine der längsten Inschriften im ganzen Land.

Der hl. Declan soll in der Betkapelle (Beannachán) aus dem 8. Jh. beigesetzt worden sein, die 1716 ein neues Dach bekam. Drinnen klafft eine leere Grube ohne Steinplatte: Im Laufe der Jahrhunderte entnahmen Gläubige nämlich immer wieder Erde aus der Grabstätte, um Unheil abzuwehren.

Nach der Auflösung der Klöster 1581 wurde das Gelände an Sir Walter Raleigh verpachtet und 1642 besetzten es Royalisten. 117 Menschen fanden hier den Tod am Galgen.

St. Declan's Well
HISTORISCHE STÄTTE

Einst wuschen sich Pilger in dem Wasser dieses Brunnens, der sich vor den Ruinen der Dysert Church bzw. hinter der Hotelanlage oberhalb der Ardmore Pottery befindet.

St. Declan's Stone
WAHRZEICHEN

Am südlichen Ende des Strandes liegt ein Findling, der St. Declan's Stone, um den sich zahlreiche Geschichten ranken und der sich geologisch von anderen Gesteinen der Gegend unterscheidet. Vermutlich wurde er von einem Gletscherstrom hierhertransportiert. Die Legende will es jedoch anders. Danach handelt es sich bei dem Steinbrocken um die ehemalige Glocke des hl. Declan, mit der er auf Abbildungen häufig zu sehen ist. Sie gelangte auf wundersame Weise von Wales über das Meer hierher. Wo immer der Stein angespült werden sollte, so verfügte Declan, solle der Ort seiner Wiederauferstehung sein.

🗒️ LP TIPP Ballyquin Beach
EINSAMER STRAND

Gezeitenpools, Felsen und ein geschützter Sandstreifen machen diesen schönen Strand aus. Er liegt 1 km abseits der R673 und 4 km nordöstlich von Ardmore. Ein kleines Schild weist einem den Weg.

Ardmore Pottery
KERAMIK

(www.ardmorepottery.com; ⊙ Mai–Okt. Mo–Sa 10–18, So 14–18 Uhr) Hier werden traumhafte Tonwaren, vielfach in Blau- und Cremetönen, sowie warme, handgestrickte Socken und ähnliche Waren verkauft. Ganz in der Nähe des kleinen Hauses beginnt der Klippenwanderweg (siehe S. 206). Der Laden ist eine gute Infoquelle für Traveller, die Fragen zu der Gegend haben.

Wanderungen
WANDERN

Am St. Declan's Well beginnt der 5 km lange wildromantische **Klippenwanderweg**. Unterwegs kommt man an einem Schiffswrack vorbei, das 1987 auf seinem Weg von Liverpool nach Malta während eines Sturmes strandete. Der 94 km lange **St. Declan's Way** folgt einer alten Pilgerstraße von Ardmore zum Rock of Cashel (Grafschaft Tipperary) über Lismore. Am St. Declan's Day (24. Juli) sind hier katholische Pilger unterwegs.

Ardmore Adventures
WASSERSPORT

(www.ardmoreadventures.ie; Main St) Bietet jede Menge Action in Form von Kajaktouren entlang der Küste (45 €) sowie Surf- und Kletterausflüge und vieles mehr.

Phil's Walking Tours of Ardmore
SPAZIERGÄNGE

(087 952 6288; mchugh.phil@gmail.com; Führungen ab 10 €; 12 Uhr) Ein Archäologe führt zu den Ruinen in und rund um den Ort.

🛏 Schlafen & Essen

Cliff House Hotel
HOTEL €€€

(024-87800; www.thecliffhousehotel.com; Zi. 225–450 €; P@🛜🏊) Alle Gästezimmer in diesem neuen Gebäude in den Klippen blicken direkt auf die Bucht; fast alle haben einen Balkon oder eine Terrasse. Einige Suiten warten sogar mit von raumhohem Glas eingefassten Zweipersonenduschen auf, aus denen man den Seeblick genießen kann (an strategischen Stellen wurde übrigens Milchglas verwendet). Die Sicht aufs Meer gibt's praktisch überall dazu – auch im Hallenbad, dem Jacuzzi unter freiem Himmel, dem Spa, der Bar und dem hochgelobten modernen irischen Restaurant (Menü ab etwa 60 €). Der Service ist diskret und aufmerksam.

Newtown Farm Guesthouse
B&B €€

(024-94143; www.newtownfarm.com; Grange; EZ/DZ ab 45/72 €; P🛜) In diesem stilvollen B&B auf einer Schaffarm werden Gäste mit frischen Eiern, hausgemachten *scones*, geräuchertem Lachs und lokalen Käsesorten verwöhnt. Von Dungarvan auf der N25 kommend fährt man am Abzweig Ardmore vorbei und biegt 1 km weiter an der nächsten Kreuzung links ab; von dort sind es noch 100 m geradeaus.

🅻🅿 TIPP White Horses
IRISCHE KÜCHE €€

(024-94040; Main St; Hauptgerichte mittags 8–13 €, abends 13–24 €; Mai–Sept. Di-So 11 Uhr–open end, ansonsten Fr–So) In dem wunderbaren, von drei Schwestern geführten Bistro, kommt Gesundes wie frische Fischsuppe oder Meeresfrüchte aus der Gegend auf den Tisch – und das auf handgemachten Tellern aus dem Dorf. Man kann sich mit einem Getränk auf die Bank im vorderen Bereich setzen oder an einem der Tische auf dem Rasen hinten etwas essen.

Ardmore Gallery & Tearoom
CAFÉ

(Main St; Gerichte 5–12 €; April–Sept. tgl. 9.30-18 Uhr, Okt.–März am Wochenende) Die hübschen, opulenten Kuchen locken jede Menge Süßmäuler an. Drinnen ziehen Werke lokaler Künstler die Aufmerksamkeit auf sich, außerdem gibt's Kaffee und Sandwiches. Wer sich kreativ austoben möchte, kann hier Malunterricht nehmen.

ℹ An- & Weiterreise

Bus Éireann (www.buseireann.ie) bietet jeden Tag ein bis drei Busverbindungen nach Cork (15 €, 1¾ Std.) im Westen an. Im Sommer geht's einmal täglich nach Dungarvan im Osten (den Rest des Jahres seltener).

Cappoquin & Umgebung
740 EW.

Cappoquin erstreckt sich über einen steilen Hang am Fuße der Knockmealdown Mountains, einer hügeligen Heidelandschaft. Im Westen liegt das malerische Blackwater Valley mit 9000 Jahre alten Spuren der ältesten irischen Volksstämme.

Der **Dromana Drive** nach Cappoquin ab Villierstown (An Baile Nua) 6 km weiter südlich verläuft am Blackwater entlang durch den Dromana Forest. An der Brücke über den Finisk steht ein in Irland einzigartiges **hinduistisch-gotisches Tor**.

Die schöne **Mt. Melleray Cistercian Abbey** (www.mountmellerayabbey.org; Eintritt frei; 7–19 Uhr) aus dem 19. Jh. ist ein Kloster mit 24 Trappistenmönchen. Besucher, die sich „für stille Kontemplation Zeit nehmen" möchten, sind willkommen. Das Gebäude beherbergt Teestuben (Mo geschlossen) sowie ein Kulturerbezentrum und befindet sich 6 km nördlich der Stadt an den Ausläufern der Knockmealdown Mountains; der Weg ist ausgeschildert.

Wenn man rechts von der Straße zum Mt. Melleray abbiegt, gelangt man zum **Glenshelane Park** mit seinen hübschen Waldwegen und Picknickbereichen.

Das **Cappoquin House & Gardens** (Haus 5 €, Garten 5 €; April–Juli Mo–Sa 9–13 Uhr, den

Rest des Jahres nach Vereinbarung) ist ein prachtvolles georgianisches Anwesen aus dem Jahr 1779 mit großen Gartenanlagen, die einen Blick über den Blackwater bieten. Hier residiert seit mehr als 200 Jahren die Keane-Familie. Die Zufahrt erfolgt durch ein riesiges schwarzes Eisentor nördlich der Ortsmitte von Cappoquin.

LP TIPP Noch etwas früher, nämlich 1704, wurde das **Richmond House** (058-54278; www.richmondhouse.net; N72; EZ/DZ ab 70/120 €; Restaurant April–Mai tgl. abends, Okt.–März Di–Sa; P) vom Earl of Cork errichtet. Insgesamt 5,5 ha Waldland umgeben das Gebäude. Die zehn Zimmer mit Landhausüberdecken, Mahagonimöbeln und Kunstdrucken wirken eher gemütlich als imposant, außerdem ist der Service wirklich freundlich. Im Restaurant (moderne irische Küche) sind auch Nichtgäste willkommen. Zu den Spezialitäten, die größtenteils aus lokalen Produkten zubereitet werden, gehören Lammbraten aus dem Westen Waterfords und Helvicker Seeteufel. Ein Fünf-Gänge-Menü kostet 55 €).

Seit 1887 werden in der **Barron's Bakery** (The Square; Gerichte 3–8 €, Mo–Sa 8.30–17.30 Uhr) dieselben schottischen Ziegelbacköfen verwendet. In dem pfefferminzgrünen Café der Bäckerei gibt's Sandwiches, Snacks und ein Sortiment an verführerischen Kuchen und Brötchen. Das Brot wird an Geschäfte und Märkte in der ganzen Gegend ausgeliefert.

🛈 An- & Weiterreise

Bus Éireann (www.buseireann.ie) hält auf dem Weg nach Lismore (3 €) und Dungarvan (5 €, 20 Min.) auch in Cappoquin (Mo, Do & Sa). Außerdem fahren die Busse ein- bis zweimal pro Woche nach Waterford und Cork.

Lismore

750 EW.

Lismores gewaltige Burg aus dem 19. Jh. wirkt in diesem ruhigen eleganten Ort am Blackwater absolut fehl am Platz. Einst befanden sich hier mehr als 20 Kirchen, allerdings wurden fast alle bei Wikingerüberfällen im 9. und 10. Jh. zerstört. Über Jahrhunderte gaben sich an der Klosteruniversität St. Cartach aus dem 7. Jh. Staatsmänner und Geistesgrößen die Ehre, darunter auch König Alfred von Wessex. Darüber hinaus besuchte hier Heinrich II. 1171 den päpstlichen Legaten Bischof Christian O'Conairche und sogar Fred Astaire schneite einmal vorbei, als seine Schwester Adele in die Cavendish-Familie (die Besitzer der Festung) einheiratete.

⦿ Sehenswertes

Wer genug von Geschichte und Legenden hat, kann nach dem Besuch der Burg in den **Millennium Gardens** neben dem Schlossparkplatz picknicken oder einen 20-minütigen Uferspaziergang auf dem **Lady Louisa's Walk** zu der Kathedrale mit Buntglasfenstern von Edward Burne-Jones unternehmen.

Lismore Castle HISTORISCHE STÄTTE
(www.lismorecastlearts.ie, www.lismorecastle.com; Gärten Erw./Kind 8/4 €; Mitte März–Sept. 11–16.45 Uhr) Von der Straße nach Cappoquin genießt man herrliche Ausblicke auf die Burg mit den zahllosen Fenstern am Flussufer. Das beeindruckende zinnenbewehrte Hauptgebäude ist nicht öffentlich zugänglich (es sei denn, man hat es für eine Großveranstaltung gemietet), aber man kann durch die 3 ha großen, gepflegten **Gärten** flanieren. Wahrscheinlich handelt es sich hierbei um Irlands ältesten Park; teilweise stammt er noch aus der Zeit Jakobs I. Beschnittene Hecken, Magnolien- und Kameliensträcher, eine **Eibenallee**, die Edmund Spenser zu *The Faerie Queen* inspiriert haben soll, und diverse Skulpturen ergeben ein stimmiges Bild. Im Westflügel der Burg befindet sich ein modernes **Kunstmuseum**.

1185 wurde das ursprüngliche Gebäude im Auftrag von Prince John, Lord of Ireland, errichtet, ein Großteil der erhaltenen Bauten stammt allerdings aus dem frühen 19. Jh. Nachdem es als Bischofsresidenz gedient hatte, wurde es 1589 zusammen mit 200 km² Grund und Boden an Sir Walter Raleigh übertragen.

St. Carthage's Cathedral KATHEDRALE
„Eines der schönsten Bauwerke, die ich je gesehen habe", so äußerte sich Thackeray 1842 über die eindrucksvolle Kathedrale aus dem Jahr 1679. Und das, bevor nachträglich ein wunderschönes präraffaelitisches **Buntglasfenster** von Edward Burne-Jones eingefügt wurde. Vor einem Hintergrund mit Blumenornamenten sind darauf die Gerechtigkeit (ein Mann mit Schwert und Waage) und die Bescheidenheit (eine Frau, die ein Lamm hält) zu sehen. Das Fenster ehrt Francis Currey, der während der Großen Hungersnot den Armen half. Zu

den Besonderheiten der Kirche gehören einige bemerkenswerte **Gräber**, darunter die kunstvoll verzierte Krypta der MacGrath-Familie aus dem Jahr 1557, und die Fossilien in der Kanzel.

Lismore Heritage Centre MUSEUM
(Main St; Erw./Kind 5/3,50 €; ⊙Mo–Fr 9.30–17.30, Mitte März–Weihnachten auch Sa 10–17.30, So 12–17.30 Uhr) Eine 30-minütige audiosuelle Präsentation entführt Besucher auf eine Zeitreise von der Ankunft des hl. Carthages 636 v. Chr. bis heute, einschließlich der Entdeckung des *Book of Lismore* hinter einer Wand im Jahr 1814 und John F. Kennedy's Besuch 1947.

🛏 Schlafen & Essen

Glencairn Inn & Pastis Bistro B&B €€
(058-56232; www.glencairninn.com; Glencairn, Lismore; EZ/DZ ab 60/95 €; ⊙Restaurant Do–Sa abends, So mittags, Inn & Restaurant Mitte Nov.–Mitte Jan. geschl.; P🛜) Dieser hell gestrichene Gasthof im Stil eines südfranzösischen Landhauses verfügt über vier Zimmer mit Messingbetten und ein Pétanque-Feld. Zu essen gibt's klassische, französische Speisen (Hauptgerichte 20–30 €). Aus der Stadt kommend folgt man den Schildern 4 km Richtung Westen.

Lismore House Hotel HOTEL €€
(058-72966; www.lismorehousehotel.com; Main St; Zi. 55–100 €; P🛜) 1791 ließ der Herzog von Devinshire den ältesten Hotelbau des Landes errichten; er befindet sich direkt gegenüber dem Heritage Centre. Von außen würde der Adlige das Hotel sofort wiedererkennen, aber die Zimmer sind inzwischen ganz zeitgenössisch mit dunklen Holzmöbeln sowie Textilien in Gold- und Cremetönen ausgestattet. Das Frühstück ist nicht im Zimmerpreis enthalten. Bei Online-Reservierung erhält man eventuell einen Rabatt.

LP TIPP O'Brien Chophouse
MODERNE IRISCHE KÜCHE €€
(058-53810; www.obrienchophouse.ie; Main St; Hauptgerichte 14–28 €; ⊙Mi–So mittags & abends; 🛜) Hier oben, in den Hügeln von Waterford, scheint das Meer sehr weit entfernt zu sein, was das „erdig-rustikale" Angebot an Steaks und Koteletts sogar noch attraktiver macht. Das heißt aber nicht, dass es dem O'Brien an modernem Flair mangeln würde, denn auf der Tafel steht immer die eine oder andere Überraschung. Das alte Pub mit dem viktorianischen Dekor wurde aufwendig restauriert.

LP TIPP Lismore Farmers Market MARKT €
(Castle Ave; ⊙So 10–16 Uhr) In gediegenem Ambiente kommt eine tolle Truppe von Anbietern zusammen, darunter ein Stand von Naked Lunch aus Dungarvan. Die leckeren Sandwiches und Snacks können im Park oder an den Tischen auf dem Kiesweg verspeist werden.

Foley's IRISCH €€
(Main St; Hauptgerichte 10–24 €; ⊙9–21 Uhr) Ein einladendes traditionelles Pub mit Sitzbänken, Pfauentapeten und einem offenen Kamin. Im Foley's bekommt man hervorragende Steaks, Fischgerichte und Burger. Im Biergarten gibt's weitere Plätze.

🛈 Praktische Informationen

Touristeninformation (www.discoverlismore.com; Main St; ⊙Mitte März–Weihnachten Mo–Fr 9.30–17.30, Sa 10–17.30, So 12–17.30 Uhr) Im Lismore Heritage Centre. Hier wird der informative *Lismore Walking Tour Guide* (3 €) verkauft.

🛈 Anreise & Unterwegs vor Ort

Bus Éireann (www.buseireann.ie) Fährt montags, donnerstags und samstags nach Cappoquin (3 €) und Dungarvan (5 €, 20 Min.). Busse nach Waterford und Cork verkehren ein- oder zweimal pro Woche.

Lismore Cycling Holidays (087 935 6610; www.cyclingholidays.ie; Leihrad pro Tag ab 23 €) Vermietet Räder und transportiert sie auf Wunsch zu verschiedenen Orten in der Region.

Im Norden des Countys Waterford

Einige der landschaftlich herrlichsten Ecken des Countys liegen im Norden rund um Ballymacarbry und im Nire Valley, das sich zwischen den Comeragh und Monavullagh Mountains erstreckt. Zwar ist die Gegend nicht so zerklüftet wie der Westen Irlands, doch dafür überzeugt die Bergwelt mit ihrer herben Schönheit. Touristen trifft man hier nur selten. Diese Gegend lädt zu ausgedehnten Spaziergängen und Übernachtungen in Landgasthöfen ein.

⊙ Sehenswertes & Aktivitäten

Mit seinen sanften Hügeln und Wäldern voller Megalithgräber ist der nördliche Teil der Grafschaft ein ideales Wandergebiet. Die Comeragh Mountains verdanken ihren Namen den vielen *coums* (von Gletschern geformte Täler). Zu den schönsten gehören

Coumshingaun und Coum Iarthair (nahe Crotty's Lough, benannt nach einem Banditen, der sich hier in einer Höhle versteckte).

Im **Melody's Nire View** (Ballymacarbry) kann man sich ein Pint und ein Panino gönnen. Infos über Wanderungen und andere Aktivitäten gibt's gratis dazu!

Ein Besuch der Gegend lohnt sich auch während des **Nire Valley Walking Festival** (www.nirevalley.com), das immer am zweiten Wochenende im Oktober stattfindet und mit geführten Wanderungen sowie traditioneller Musik lockt.

Der 70 km lange **East Munster Way** (s. Kasten S.368) verläuft von Carrick-on-Suir in Tipperary bis zu den nördlichen Hängen der Knockmealdown Mountains. Bei Fourmilewater, 10 km nordwestlich von Ballymacarbry, kann man mit der Tour beginnen.

Schlafen

Hanora's Cottage [LP TIPP] B&B €€
(☎052-36134; www.hanorascottage.com; Nire Valley, Ballymacarbry; EZ/DZ ab 80/150 €; ⊗Restaurant Mo–Sa abends; ℗) Eines der besten B&Bs des Landes. Das im 19. Jh. errichtete Gebäude befindet sich gleich neben der Nire Church und verfügt über zehn schicke Zimmer inklusive Whirlpools, manche mit Blick auf den Nire. Achtung: Kinder sind nicht erwünscht. Für die Gerichte im Gourmetrestaurant werden ausschließlich auf dem Gelände produzierte Zutaten verwendet (Abendessen 40–50 €), außerdem kann man sogar Wanderproviant bestellen. Man erreicht die Pension über die Straße östlich von Ballymacarbry, die gegenüber dem Melody's beginnt; 5 km weiter ist die Unterkunft ausgeschildert.

Powers the Pot CAMPINGPLATZ €
(☎052-23085; www.powersthepot.com; Harney's Cross; Stellplätze 13 €; ⊗Mai–Sept.) Der heimelige Campingplatz wird von einem Archäologie- und Wanderfan betrieben. Zu der Anlage 9 km südöstlich von Clonmel, County Tipperary (ab der Straße nach Rathgormuck ausgeschildert), gehören eine Küche und eine reetgedeckte Bar mit toller Akustik für Musiksessions am Torflagerfeuer.

Glasha Farmhouse B&B B&B €€
(☎052-36108; www.glashafarmhouse.com; Ballymacarbry; EZ/DZ ab 60/100 €; ℗⊛) Olive O'Gorman ist zu Recht stolz auf ihre makellosen, mit schönen Textilien dekorierten Gästezimmer. Rund um ihre Milchfarm erstrecken sich einige großartige Rundwanderwege. Abends kann man dann im Wintergarten bei Kerzenlicht dinieren (vorab reservieren; 35–45 €) und neue Energie tanken. Die Pension ist 2 km nordwestlich von Ballymacarbry ausgeschildert.

🛈 An- & Weiterreise

Diese Region erkundet man am besten im eigenen Wagen, auf dem Rad oder zu Fuß, da es kaum öffentliche Verkehrsmittel gibt.

COUNTY CARLOW

55 000 EW.

Malerische Dörfer ziehen sich wie Perlenketten durch Carlow (Ceatharlach), Irlands zweitkleinste Grafschaft nach Lough. Der Südosten wird von den reizvollen Blackstair Mountains beherrscht. Gleich vor den Toren der ruhigen Stadt Carlow erhebt sich Europas größter Dolmen, das dramatischste Denkmal dieser Region. Zwei prächtige Gärten erstrecken sich vor dem Hintergrund eines verfallenen gotischen Herrenhauses und eines angeblich von Geistern heimgesuchten Schlosses. Mehr Infos zu Carlows Blütenpracht siehe S.211.

Carlow (Stadt)

13 500 EW.

An den schmalen Straßen und Gassen von Carlow reihen sich ein paar historische Bauten sowie ein gutes Museum mit Galerie aneinander. Einen Nachmittag kann man sich hier problemlos die Zeit vertreiben. Immer mehr Pendler, die in Dublin arbeiten, ziehen nach Carlow, da man über die M9 nicht mal eine Stunde bis in die Hauptstadt braucht. Für Touristen ist die Stadt als Basis für Ausflüge ins Umland interessant, denn die Gärten auf dem Lande sind das eigentliche Highlight der Grafschaft.

⊙ Sehenswertes

Die Hauptsehenswürdigkeiten sind nicht weit voneinander entfernt und können in weniger als einer Stunde erkundet werden.

Carlow County Museum [LP TIPP] MUSEUM
(www.carlowcountymuseum.com; Ecke College St & Tullow St) Im Mittelpunkt der fesselnden Ausstellung dieses neuen Heimatmuseums steht der Alltag der County-Bewohner im Wandel der Zeiten. Viele der uralten Gegenstände wurden von Bauern bei der Verrichtung ihrer Arbeit gefunden. Das Museum

befindet sich in einem robusten grauen Steingebäude, einem früheren Kloster, und wurde 2011 generalüberholt. Bei Redaktionsschluss standen Eintrittspreise und Öffnungszeiten noch nicht fest.

Visual Centre for Contemporary Art
KUNSTMUSEUM

(www.visualcarlow.ie; Old Dublin Rd; je nach Ausstellung unterschiedlich) Mit dem 2009 eröffneten „Visual", einem mattweißen kubistischen Gebäude auf dem Gelände des St. Patrick College, meldet Carlow seinen Anspruch auf kulturelle Meriten an. Der britische Architekt Terry Pawson stach mit seinem von Industriebauwerken inspirierten Entwurf eines funktionalen Zweckbaus aus Beton, Stahl und Glas die Konkurrenz aus. Zu den fünf separaten Galerien gehört die „Kathedrale", Irlands größter einzelner Ausstellungsraum. Die Wechselausstellungen konzentrieren sich auf lokale Künstler. In dem Gebäude ist auch das **George Bernard Shaw Theatre** untergebracht.

Carlow Castle
HISTORISCHES GEBÄUDE

(Castle Hill) Im 13. Jh. ließ William de Marshall die hoch aufragende Burg an der Stelle errichten, an der zuvor ein normannisches *motte-and-bailey fort* (Festung mit einem Burghügel und einer Vorburg) stand. Die Anlage „überlebte" eine Attacke Cromwells, fiel dann jedoch den Plänen eines gewissen Dr. Middleton zum Opfer, der sie als Irrenanstalt nutzen wollte und beim Versuch, die Burg umzubauen, 1814 große Teile in die Luft sprengte. Übrig blieb nur ein Teil der Mauer mit zwei Türmen.

Cathedral of the Assumption
KATHEDRALE

(College St) Zwischen dem Carly County Museum und dem College erhebt sich diese elegante Kathedrale im Regency-Stil (erb. 1833). Ihr Bau geht auf Bischof Doyle zurück, einen überzeugten Unterstützer der katholischen Emanzipation. Sein Denkmal zeigt u. a. eine Frau, die Irlands Kampf gegen seine Unterdrücker darstellen soll. Darüber hinaus wartet die Kirche mit einer kunstvollen Kanzel und ein paar schönen farbigen Glasfenstern auf.

St. Patrick's College
BEMERKENSWERTES GEBÄUDE

(www.carlowcollege.ie; College St) Das Hauptgebäude des Carlow College (so der offizielle Name) war 1793 eines der ersten Priesterseminare Irlands. Inzwischen widmen sich hier 800 Studenten den Geistes- und Sozialwissenschaften. Das große Grundstück reicht bis ans Visual und strahlt eine geradezu königliche Eleganz aus. Hier und da stößt man auf moderne Skulpturen.

Feste & Events

Éigse Carlow Arts Festival
KUNSTFESTIVAL

(www.eigsecarlow.ie; Mitte Juni) Zu diesem Anlass strömen Musiker, Schriftsteller, Schauspieler und Straßenkünstler herbei.

Garden Festival
GARTENFESTIVAL

(www.carlowfloralfestival.com; Ende Aug.) Während des Gartenfests halten irische „Gartenstars" Vorträge und machen Führungen.

Schlafen

Die kleine Grafschaft wartet mit charmanten Landgasthäusern in traumhafter Umgebung auf. Für den Kulturgenuss und zum Essen geht's zurück nach Carlow, wo es im Zentrum ebenfalls einige lohnenswerte Übernachtungsmöglichkeiten gibt.

LP TIPP Red Setter Guest House
B&B €€

(059-914 1848; www.redsetterguesthouse.ie; 14 Dublin St; EZ/DZ ab 40/70 €; P 🛜) Dank schöner kleiner Extras wie den frischen Blumenbouquets gilt dieses B&B als die Nummer eins im Stadtzentrum. Das Frühstück ist bombastisch und die Besitzer sind sehr hilfsbereit.

Barrowville Townhouse
GÄSTEHAUS €€

(059-914 3324; www.barrowville.com; Kilkenny Rd; EZ/DZ ab 45/80 €; P 🛜) Dieses strahlendweiße Stadthaus aus dem 18. Jh. keine fünf Gehminuten vom Zentrum entfernt wurde liebevoll in ein solides B&B verwandelt. Die sieben Zimmer sind unterschiedlich groß und herrlich gemütlich. Zum Frühstück im luftigen Wintergarten werden Freilandeier aus der Gegend gereicht.

Essen & Ausgehen

Abends wird die Stadt zum Treffpunkt für die Menschen aus der Umgebung. Am östlichen Ende der Tullow Street befinden sich ein paar große Pubs, zudem sind die tollen Restaurants der Beweis dafür, dass dieses County echte Köstlichkeiten hervorbringt. In vielen Kneipen und Lokalen gibt's übrigens die leckeren, in Borris gebrauten O'Hara-Biere, z. B. das India Pale Ale.

LP TIPP Lennons
MODERNE IRISCHE KÜCHE €€

(www.lennons.ie; Visual, abseits der College St; Hauptgerichte 8–18 €; tgl. mittags, Do–Sa abends) Carlows bestes Restaurant ist im

Visual Centre for Contemporary Art untergebracht. Das stilvolle Lokal hat eine breite Veranda, von der man die Skulpturen auf dem College-Gelände sehen kann. Zum Mittagsangebot gehören kreative Sandwiches, Salate und warme Tagesgerichte. Das Abendessen ist aufwendiger; die Karte ändert sich je nach Jahreszeit und die Zutaten haben zumeist das Prädikat „Bio". Eine tolle Weinauswahl und ein schicker Barbereich runden den Gesamteindruck ab.

LP TIPP Farmers Market MARKT €

(◎Sa 9–14 Uhr) Der Bauernmarkt findet auf dem Potato Market statt. Besucher sollten unbedingt Tom Malones frisch gemachte Marmeladen und Säfte und Hennessy's Backwaren kosten.

Caffe Formenti CAFÉ €€

(20 Dublin St; Hauptgerichte 9–14 €; ◎8–18 Uhr) In dem quirligen Café entfalten sich die kombinierten Talente eines irisch-italienischen Ehepaares. Neben Mittagsspecials und gesunden Suppen punktet das Formenti mit einer verführerischen Auswahl an italienischen Süßigkeiten, hausgemachter Eiscreme und duftenden Kaffees.

Hennessy's Fine Foods FEINKOSTLADEN €€

(☎059-913 2849; 26 Dublin St; Gerichte 10–12 €; ◎Mo–Sa 8–15 Uhr) Hier sollte man unbedingt einmal auf eine Mahlzeit oder einen Gourmet-Lebensmittelkauf für ein Picknick vorbeischauen, denn im Hennessy's bekommt man z. B. lokale Käsesorten, Rote-Zwiebel-Marmelade, Chili-Konfitüre und Pfeffer-Pesto sowie herzhafte Backwaren.

🛈 Praktische Informationen

Post (Ecke Kennedy Ave & Dublin St)

Touristeninformation (www.carlowtourism.com; Ecke Tullow St & College St; ◎Mo–Fr 9.30–13 & 14–17.30 Uhr) Am Eingang zum Carlow County Museum. Hier gibt's gute Infos rund um die Grafschaft.

🛈 An- & Weiterreise

Bus

Die Busse starten an der Haltestelle am östlichen Ende der Kennedy Avenue.

Bus Éireann (www.buseireann.ie) fährt nach Dublin (12 €, 2 Std., 9-mal tgl.), Cork (22 €, 3½ Std., 1-mal tgl.), Kilkenny (9 €, 35 Min., 3-mal tgl.) und Waterford (10 €, 1½ Std., 7-mal tgl.). **JJ Kavanagh & Sons** (www.jjkavanagh.ie) bietet Verbindungen nach Dublin (12 €, 2 Std., 12-mal tgl.) und zum Dublin Airport (12 €, 3 Std.).

Taxi

Carlow Cabs (☎059-914 0000)

Zug

Der **Bahnhof** (www.irishrail.ie; Station Rd) befindet sich im Nordosten der Stadt. Carlow liegt an der Strecke zwischen Dublin Heuston (ab 10 €, 70 Min.) und Waterford (16 €, 80 Min.) über Kilkenny. Pro Richtung gibt's täglich acht bis zehn Verbindungen.

BLÜHENDES CARLOW

Das County Carlow ist für seine Gärten berühmt. 16 davon bilden einen Abschnitt des ersten **Gartenwanderwegs** (www.carlowgardentrail.com) in Irland. In den meisten Touristeninformationen bekommt man den kostenlosen Guide *Carlow Garden Trail*.

Unsere fünf Favoriten:

» **Delta Sensory Gardens** Diese Oase mit den vielen Springbrunnen ist ein Fest für die Sinne.

» **Huntington Castle and Gardens** (S. 214) In der weitläufigen verwilderten Grünanlage im Schatten einer Burg wächst ein Baldachin aus Eiben, die Mönche vor über 700 Jahren gepflanzt haben.

» **Duckett's Grove** Die restaurierten ummauerten Gärten erstrecken sich hinter der Ruine einer gotischen Villa.

» **Kilgraney House Herb Gardens** (S. 213) Eine aromatische Anlage voller duftender Arznei- und Küchenpflanzen.

» **Altamont Gardens** (S. 212) In dem viktorianischen Prachtgarten, der heute zum irischen Kulturerbe zählt, findet jeden Februar das einwöchige Snowdrop Festival statt.

Wer Blumen mag, sollte sich das **Garden Festival** (S. 210) im Sommer nicht entgehen lassen.

Rund um Carlow (Stadt)

Die folgenden Sehenswürdigkeiten befinden sich alle in unmittelbarer Nähe von Carlow. Wer sich das gesamte County ansehen möchte, sollte dafür einen Tag einplanen.

Sehenswertes

Delta Sensory Gardens GARTEN
(www.deltasensorygardens.com; Strawhall Estate, Cannery Rd; Erw./Kind 5 €/frei; Mo-Fr 9-17, Sa & So 11-17 Uhr) Unpassenderweise erstreckt sich die 1 ha große Grünanlage hinter einem Industriegebiet am nördlichen Stadtrand. Sie umfasst 16 miteinander verbundene Themengärten, die alle fünf Sinne ansprechen und vom Skulpturen- bis zum Rosen- sowie Wasser-, Wald-, Weiden- und Musikgarten mit mechanischen Fontänen reichen. Die Eintrittsgelder dienen der Unterstützung des angrenzenden Delta Centre für Erwachsene mit Lernbehinderungen.

Browne's Hill Dolmen WAHRZEICHEN
Dieses 5000 Jahre alte Granitungetüm ist Europas größtes Kammergrab. Allein die Deckplatte wiegt weit über 100 t. Der ausgeschilderte Dolmen liegt 3 km östlich von Carlow an der R726. Ein 300 m langer Pfad führt um ein Feld herum dorthin.

Duckett's Grove HISTORISCHES GEBÄUDE
(Eintritt frei; April-Okt. 10-17.30 Uhr, Nov.-März 10-16 Uhr) Neben der unheilschwangeren Ruine eines gotischen Herrenhauses erheben sich die ursprünglichen hohen Backsteinmauern dieses Anwesens, hinter denen sich zwei weitläufige, miteinander verbundene Gärten erstrecken. Im Frühling und Sommer duften sie nach Obstbaumblüten und Lavendel. An die Grünanlagen grenzt ein schattiges Waldstück (4,5 ha). Über Veranstaltungen auf dem Gelände, das 12,5 km nordöstlich von Carlow (abseits der R726) liegt, kann man sich in Carlows Touristeninformation erkundigen. Öffentliche Verkehrsmittel fahren nicht hierhin.

Killeshin Church HISTORISCHE STÄTTE
Einst befand sich an diesem Standort ein bedeutendes Kloster mit einem der schönsten Rundtürme des Landes, allerdings wurde das mittelalterliche Schmuckstück Anfang des 18. Jh. von einem besorgten Bauern zerstört: Der Kulturbanause fürchtete nämlich einen Einsturz, bei dem seine Kühe erschlagen werden könnten. Geblieben sind die **Ruinen** einer Kirche aus dem 12. Jh. mit einem bemerkenswerten **romanischen Tor**, das aus dem 5. Jh. stammen soll. Ein bärtiges Gesicht ziert den Schlussstein. Killeshin liegt 5 km westlich von Carlow an der R430.

Ballon
600 EW.

Stattliche Anwesen und Gärten umgeben dieses kleine Dorf an der N80 und der N81.

Sehenswertes

Altamont Gardens GARTEN
(www.heritageireland.ie; Eintritt frei; Sommer tgl. 10-19 Uhr, ansonsten bis 17 Uhr, Dez. nur Mo-Fr) Das Design dieses prächtigen umzäunten Gartens (16 ha groß) stammt noch aus viktorianischer Zeit. Alle Pflanzenarrangements wurden mit Bedacht ausgewählt und möglichst natürlich angeordnet. Die Grünanlage befindet sich 5 km östlich von Ballon.

Schlafen & Essen

Sherwood Park House GÄSTEHAUS €€
(059-915 9117; www.sherwoodparkhouse.ie; Kilbride, Ballon; EZ/DZ ab 60/100 €; P) Das 1730 errichtete georgianische Herrenhaus aus grauem Stein beherbergt fünf riesige Zimmer mit satin- und samtgeschmückten Himmelbetten. Abendessen ist nach vorheriger Anmeldung möglich (40 € pro Pers., eigener Wein kann mitgebracht werden). In der Umgebung kann man wunderbare Spaziergänge unternehmen, denn die Altamont Gardens liegen nur 600 m weiter südlich.

Forge Restaurant IRISCHE KÜCHE €€
(Kilbride Cross, Ballon; Gerichte 5-11 €; Mo-Sa 9.30-17.30, So 11-18 Uhr) Mary Jordan bereitet in dem beliebten Gästehaus an der Straße unweit der Altamont Gardens dampfende Suppen und warme Mittagsgerichte zu, außerdem gibt's Backwaren zum Mitnehmen. Die Zutaten stammen aus der Umgebung, genauso wie das Kunsthandwerk, das im zugehörigen Laden verkauft wird. An den Wochenenden muss man oft etwas warten, bis ein Tisch frei wird.

Borris & Umgebung
600 EW.

Dieses scheinbar unberührte geogianische Dorf mit traditioneller Hauptstraße erstreckt sich vor einer dramatischen Bergkulisse. Seit der Stillegung der Bahnlinie in den 1950er-Jahren wird der riesige steinerne Eisenbahnviadukt am Ortsrand nicht mehr genutzt.

Borris hat jede Menge Flair und viele stimmungsvolle Lokale, die im Sommer mit traditionellen Musiksessions aufwarten.

Sehenswertes & Aktivitäten

In Borris kann man wunderbar ausgedehnte Spaziergänge unternehmen, außerdem beginnt hier der 13 km lange **Mt. Leinster Scenic Drive** (kann man auch zu Fuß bewältigen) und der Ort liegt am South Leinster Way (s. Kasten S. 229). Wer den gewaltigen Mt. Leinster (S. 191) von Borris aus erreichen will, folgt einfach den Mt.-Leinster-Scenic-Drive-Schildern 13 km in Richtung Bunclody, County Wexford. Auf den letzten paar Kilometern sind die Straßen eng und von vielen steilen Abhängen gesäumt. Mit dem Auto braucht man 20 Minuten, zu Fuß gute zwei Stunden. In Kildavin, einem Weiler an der Nordseite des Mt. Leinster, hat man einen direkten Zugang zum South Leinster Way.

Alternativ kann man auch auf dem zauberhaften **Barrow-Treidelpfad** 10 km bis ins malerische Dorf Graiguenamanagh, County Kilkenny, und weiter bis nach St. Mullins wandern.

Richtung Norden führt die R705 12 km durch das malerische **River Barrow Valley** bis Bagenalstown.

LP TIPP Dort befinden sich die **Kilgraney House Herb Gardens** (www.kilgraneyhouse.com; Bagenalstown; Eintritt 5 €; ⊙ Mai–Sept. Do–So 14–17 Uhr), in denen jede Menge Arznei- und Küchenpflanzen wachsen. Seltene, exotische Kräuter drängen sich ordentlich in den Beeten, aus denen auch die Zutaten für die Inn- und Restaurantküche stammen. Ein Highlight ist sicher der neu erschaffene mittelalterliche Klostergarten. Die Grünanlage erstreckt sich abseits der R705 auf halber Strecke zwischen Borris und Bagenalstown.

Carlow Brewing Company BRAUEREI
(059-913 4356; www.carlowbrewing.com; Royal Oak Rd, Bagenalstown; Führungen nach vorheriger Anmeldung 11 €) Bei den Führungen durch die beliebte Mikrobrauerei werden die O'Hara-Biere vorgestellt. Das vor Ort gebraute preisgekrönte Irish Stout schmeckt unglaublich intensiv und muss sich vor der Marke Guinness ganz sicher nicht verstecken.

🛏 Schlafen & Essen

LP TIPP **Step House Hotel** HOTEL €€
(059-977 3209; www.stephousehotel.ie; 66 Main St, Borris; EZ/DZ ab 65/130 €; P 🛜) Seit seiner Renovierung verblüfft das georgianische Haus am oberen Ende des Ortes seine Gäste mit einem eleganten Pistaziengrünton sowie 23 opulent eingerichteten Zimmern mit Balkonen und einem Blick auf den Mt. Leinster. Die Tische des atmosphärischen Kellerrestaurants verstecken sich in romantischen Nischen unter Gewölbedecken. Nach einem langen Wandertag kann man sich zudem gut in der Bar entspannen.

Lorum Old Rectory B&B €€
(059-977 5282; www.lorum.com; EZ/DZ ab 95/150 €; ⊙ März–Nov.; P) Das historische Herrenhaus befindet sich auf halber Strecke zwischen Borris und Bagenalstown abseits der R705 auf einem Hügel östlich der Straße. Seine Gärten erstrecken sich in alle Richtungen, sodass man von jedem der fünf Zimmer einen wunderbaren Blick hat. Die überwiegend auf Bioprodukten basierende Küche erfreut sich großer Beliebtheit, deshalb sollte man das Abendessen schon bei der Zimmerbuchung reservieren.

Kilgraney Country House GÄSTEHAUS €€€
(059-977 5283; www.kilgraneyhouse.com; EZ/DZ ab 120/170 €; ⊙ März–Nov.; P) Von den sechs Zimmern dieses geogianischen Herrenhauses hört man den Barrow leise durch das flache Tal rauschen. Die weitgereisten Besitzer haben ihr Anwesen mit fantastischen Dingen aus aller Welt eingerichtet. Egal ob im Spa, im berühmten Kräutergarten oder beim Sechs-Gänge-Menü (ab 50 €) – hier kann man sich prächtig erholen. Das Haus liegt auf halbem Weg zwischen Borris und Bagenalstown abseits der R705.

M O'Shea PUB
(Main St) Das m O'Shea ist ein Mix aus Gemischtwaren- und modernem Lebensmittelladen sowie einem altmodischen Pub. Von der Decke baumeln Ersatz- und Maschinenteile.

🛈 An- & Weiterreise

Borris liegt an der von Osten nach Westen verlaufenden R702. Diese Straße verbindet die M9 mit der N11 im County Wexford.

Zwischen der Stadt Carlow und Bagenalstown verkehren täglich acht bis zehn Züge (7 €, 15 Min.) auf ihrem Weg nach/von Kilkenny (7 €, 20 Min.).

ABSTECHER

CLONEGAL

In Clonegal spannt sich eine Bogenbrücke aus Stein über einen Fluss voller Schwäne und Wasserpflanzen.

Das idyllische Dorf liegt am südlichen Ende von Irlands erstem Fernwanderweg, dem **Wicklow Way**. Wer mit dem Auto herkommt, verlässt die N80 bei Kildavin und erreicht den gut ausgeschilderten Ort nach 5 km über kurvenreiche kleine Straßen.

Das **Huntington Castle** (www.huntingtoncastle.com; Clonegal; Burg- & Gartentour Erw./Kind 8/5 €, nur Garten 5/3 €; ⊙Juni–Aug. Haus 14–18 Uhr, den Rest des Jahres nach vorheriger Anmeldung, Mai–Sept. Gärten 10–18 Uhr) ist ein verwunschener und verstaubter alter Bergfried. Es wurde 1625 von den Durdin-Robertsons errichtet, in deren Besitz es sich auch heute noch befindet. Die Familie veranstaltet einstündige Führungen durch ihr Anwesen, das angeblich von zwei Geistern bewohnt wird: dem von Bischof Leslie (ein früherer Bischof von Limerick) und dem von Ailish O'Flaherty (Enkeltochter der Piratenkönigin Grace O'Malley). Im Untergeschoss ist ein Isis-Tempel untergebracht – seitdem die Familie 1963 die Gemeinde *Fellowship of Isis* gegründet hat, betet sie dort mit den Mitgliedern die ägyptische Göttin an. Die ländliche Gartenanlage erfüllt alle formellen Ansprüche. Man erreicht sie, indem man von Clonegals Hauptstraße aus einem langen Zufahrtsweg folgt.

Das **Sha-Roe Bistro** (☎053-937 5636; Main St; Hauptgerichte 18–25 €; ⊙So mittags, Mi–Sa abends) liegt versteckt in einem Gebäude aus dem 18. Jh. und punktet mit seiner herausragenden modernen irischen Küche. Auf der Karte sind alle lokalen Lieferanten aufgeführt, von deren Bauernhöfen und Gärten die Zutaten stammen. Am besten reserviert man mindestens zwei Wochen vorher.

Osborne's Pub (Main St), ein traditioneller Zwischenstopp für Wanderer auf dem Wicklow Way, besteht makabererweise aus zahlreichen Sargdeckeln.

St. Mullins

Dieses beschauliche Örtchen befindet sich 6 km flussabwärts von Graiguenamanagh im County Kilkenny. Hier wuchs die Mutter von Michael Flatley, einem berühmten Riverdance-Star, auf. Im Schatten des Brandon Hill schlängeln sich der Fluss und der Barrow-Treidelpfad aus Borris dahin. Vom Ufer führt ein Weg hinauf zur Ruine eines klobigen alten **Klosters**, ringsum liegen Gräber der Rebellen von 1798. Neben der Abtei steht ein keltisches Kreuz aus dem 9. Jh., an dem der Zahn der Zeit mächtig genagt hat. Ganz in der Nähe stößt man auf **St. Moling's Well**, einen heiligen Brunnen, der Kleingeld magisch anzuziehen scheint.

Martin und Emer O'Brien haben dem Angestelltendasein einen Korb gegeben, um den **Old Grain Store** (☎051-424 4440; www.oldgrainstorecottages.ie; Cottages 300–480 € pro Woche; ⊙Café Sommer Di–So 11–18 Uhr, sonst unterschiedliche Öffnungszeiten) in ein tolles Café zu verwandeln. Nun servieren sie hier frische Mahlzeiten. Den Flussblick gibt's gratis dazu. In der alten Remise, der einstigen Schmiede und den Ställen entstanden drei gemütliche Selbstversorger-Cottages für zwei bis vier Personen mit Kaminen und Bücherregalen. Auf Anfrage sind eventuell auch kurze Aufenthalte möglich. Darüber hinaus vermieten Martin und Emer Leihfahrräder und -kajaks an ihre Gäste.

Ein Stück vom Fluss den Hügel hinauf stößt man auf das **Mulvarra House** (☎051-424 936; www.mulvarra.com; EZ/DZ ab 40/70 €; ℗), ein modernes und komfortables B&B. Die Zimmer verfügen über Balkone und punkten mit einer herrlichen Aussicht auf die Landschaft. Abendessen (30 €) ist auf Anfrage möglich. Außerdem kann man sich mit Wellnessbehandlungen verwöhnen.

COUNTY KILKENNY

95 000 EW.

Kilkennys Herz ist die gleichnamige Stadt. Sie bezaubert Besucher mit ihren mittelalterlichen Gassen, die an der Burg, der Kathedrale, an Klosterruinen, modernen dynamischen Bars und Kneipen vorbeiführen.

Doch auch das hügelige Umland hat seinen Reiz: Schmale Straßen schlängeln sich durch Täler sowie an rauschenden Flüssen, moosbewachsenen Feldsteinmauern und Relikten der jahrhundertealten irischen Geschichte vorbei. Darüber hinaus gibt's in der Gegend jede Menge stimmungsvolle Pubs und erstklassige Restaurants.

Zu den schönsten Orten der Grafschaft gehören das charmante Inistioge, das bereits in vielen Filmen eine Hauptrolle spielen durfte, sowie Graiguenamanagh, Bennettsbridge und Thomastown, wo talentierte Künstler und Kunsthandwerker in ihren Ateliers an neuen Werken arbeiten.

Kilkenny (Stadt)

8900 EW.

Kilkenny (Cill Chainnigh) ist für viele Besucher das Irland ihrer Träume. Die majestätische Burg am Fluss, das Gewirr von Gassen aus dem 17. Jh., Straßenzüge mit farbenfrohen traditionellen Geschäften und jahrhundertealte Pubs mit traditioneller Livemusik üben eine ebenso zeitlose Anziehung aus wie die grandiose mittelalterliche Kathedrale. Gleichzeitig ist Kilkenny randvoll mit modernen Restaurationen und ein Hort der Künste, des Kunsthandwerks und aller erdenklichen kulturellen Aktivitäten.

Kilkennys Architektur verdankt ihren Charme größtenteils dem Mittelalter, als der Ort ein politisches Machtzentrum war. Manchmal wird er auch „Marmorstadt" genannt, da der schwarze Kalkstein der Gegend an schieferfarbenen Marmor erinnert und hier überall bei der Gestaltung von Fußböden und Verzierungen genutzt wird.

Um dem Gedränge zu entgehen, besucht man Kilkenny am besten an einem Werktag oder außerhalb der Sommermonate, denn dann kann man die Eleganz, die Lebendigkeit und das zeitlose Flair der Stadt besser würdigen. Innerhalb eines halben Tages lässt sich Kilkenny mühelos zu Fuß durchwandern, allerdings sollte man sich für die vielen Attraktionen besser mehr Zeit nehmen.

Geschichte

Bereits im 5. Jh. soll der hl. Kieran hierhergekommen sein und die Clanchefs von Ossory an der Stelle des heutigen Kilkenny Castle dazu aufgefordert haben, sich zum Christentum zu bekennen. Schon bald darauf gründete der hl. Canice eben dort ein Kloster. Im 13. Jh. festigte Kilkenny seine Bedeutung unter der Herrschaft William Marshalls, Earl of Pembroke und Schwiegersohn des anglonormannischen Eroberers Strongbow. Kilkenny Castle entstand als Schutzburg an einer Furt am Fluss Nore.

Im Mittelalter fungierte Kilkenny mit Unterbrechungen als inoffizielle Hauptstadt Irlands und hatte sein eigenes anglonormannisches Parlament, das 1366 die „Statuten von Kilkenny" verabschiedete. Das Gesetz sollte die Integration der Anglonormannen in die irische Gesellschaft verhindern. So war ihnen die Ehe mit Einheimischen, die Teilnahme an irischen Sportveranstaltungen und die Eingliederung in den Alltag bis hin zur irischen Sprache, Kleidung und Musik verboten. Formal blieben die Gesetze mehr als 200 Jahre bestehen, konnten aber nie wirklich durchgesetzt werden. Die Vermischung von anglonormannischer und irischer Kultur ließ sich nicht aufhalten.

Im englischen Bürgerkrieg um 1640 verbündete sich die Stadt mit katholischen Königstreuen. Der Bund von Kilkenny 1641 war eine widerwillige irisch-anglonormannische Zweckallianz, mit deren Hilfe die Katholiken Land und Macht zurückgewinnen wollten. Nach der Hinrichtung Karls I. ließ Cromwell Kilkenny fünf Tage lang belagern. Bis sich die herrschende Ormonde-Familie endlich unterwarf, war die Südflanke der Burg größtenteils zerstört. Mit der Niederlage zeichnete sich bereits das Ende der politischen Macht Kilkennys über Irland ab.

Heutzutage ist der Tourismus der wichtigste Wirtschaftszweig der Stadt, doch gleichzeitig gilt der Ort als regionales Zentrum traditioneller Aktivitäten wie der Landwirtschaft.

◉ Sehenswertes

LP TIPP **Kilkenny Castle** HISTORISCHES GEBÄUDE (www.kilkennycastle.ie; Erw./Kind 6/2,50 €; ⊙März–Sept. 9–17.30 Uhr, Okt.–Feb. 9.30–16.30 Uhr) Hoch oben über dem Nore thront das Kilkenny Castle, eine der meistbesuchten irischen Kulturstätten. Einst befand sich ein Holzturm an diesem strategisch wichtigen Ort, errichtet 1172 von Richard de Clare, dem anglonormannischen Eroberer Irlands und besser bekannt als Strongbow. 1192 ließ Strongbows Schwiegersohn, William Marshall, eine Steinburg mit vier Türmen erbauen, von denen drei noch heute erhalten sind. Die Festung wurde 1391 von der mächtigen Familie Butler gekauft, deren Nachkommen dort bis 1935 wohnten. Als der Erhalt des Bauwerks zu einer gro-

Kilkenny

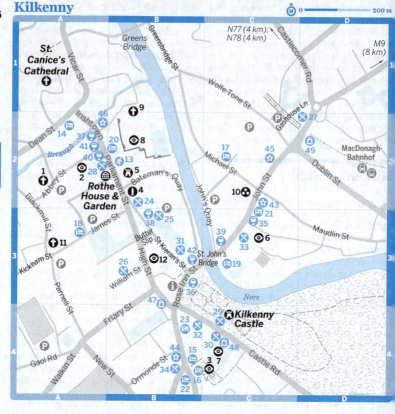

ßen finanziellen Belastung wurde, versteigerten die Besitzer fast das ganze Mobiliar. 1967 ging die Burg schließlich für läppische 50 £ in das Eigentum der Stadt über.

Man sieht auf den ersten Blick, dass die Festung im Laufe der Jahrhunderte erweitert wurde. Zuerst fällt auf, dass sie keine Mauer besitzt – ein entscheidendes Manko in der Verteidigung. Außerdem baute man viele Fenster ein, perfekte Ziele für Wurfmaschinen. Fast alle der heute sichtbaren Veränderungen stammen aus dem 19. Jh., einer Zeit, zu der man sich allenfalls noch vor Bauern schützen musste, die wohl höchstens mit verfaulten Kartoffeln um sich schmeißen konnten.

Im Rahmen der regelmäßigen 40-minütigen Führungen besichtigt man u. a. die **Long Gallery** in dem Gebäudeflügel, der dem Fluss am nächsten liegt. Biedere Porträts der Butler-Familie vergangener Jahrhunderte schmücken die eindrucksvolle Halle. Die hohen Decken werden von farbenfrohen Fresken mit keltischen und präraffaelitischen Motiven geziert.

Im Burgkeller befindet sich die **Butler Gallery** (www.butlergallery.com; Eintritt frei), eines der wichtigsten Kunstmuseen des Landes außerhalb Dublins. Hier werden das ganze Jahr über kleine Ausstellungen mit Werken zeitgenössischer Künstler präsentiert. Ebenfalls im Untergeschoss liegt die Burgküche mit einem beliebten Café (nur im Sommer geöffnet). Die Butler Gallery und das Café sind ohne Eintritt zugänglich.

Im Südosten erstreckt sich ein 20 ha großer, herrlich idyllischer **Landschaftspark** (Eintritt frei; ⊙ tagsüber) mit einem **Rosengarten** in Form eines keltischen Kreuzes, einem Springbrunnen am nördlichen Ende und einem Spielplatz im Süden – der ideale Ort, wenn man der Hektik der Stadt für eine Weile entfliehen möchte. Außerdem locken ein paar nette Aussichten auf den Fluss. Die ehemaligen Stallungen der Burg beheimaten heute das **Kilkenny Design Centre**.

Kilkenny

◉ Highlights
Kilkenny Castle...C4
Rothe House & Garden A2
St. Canice's Cathedral..............................A1

◉ Sehenswertes
1 Black Abbey A2
2 Black Freren Gate A2
3 Butler House Gardens............................C4
4 Confederation Hall Monument B2
5 Grace's Castle B2
6 Kilkenny College......................................C3
7 National Craft Gallery & Kilkenny
  Design Centre..C4
8 Smithwick Brewery B2
9 St. Francis Abbey.................................... B1
10 St. John's Priory.......................................C2
11 St. Mary's Cathedral................................A3
12 Tholsel (Rathaus)....................................B3

◉ Aktivitäten, Kurse & Touren
13 Smithwick's Brewery Tours B2

◉ Schlafen
14 Bregagh House A2
15 Butler Court..B4
16 Butler House...B4
17 Celtic House C2
18 Darcy's Guest House................................A3
  Kilford Arms Hotel .... (siehe 45)
19 Kilkenny River Court................................C3
20 Kilkenny Tourist Hostel...........................B2
21 Langton House Hotel...............................C3
22 O'Malley's B&B...B4
23 Pembroke Hotel..B4

◉ Essen
24 Blueberry Cafe B2
25 Blueberry Deli..B3
26 Cafe Sol..B3
27 Campagne D2
28 Chez Pierre A2
29 Bauernmarkt..C4
30 Kilkenny Design
  Centre Cafe..C4
31 Lautrec's Brasserie B3
32 Rinuccini B4
33 Two Dames C3
34 Zuni...B4

◉ Ausgehen
35 Birdie's General Store C3
36 Grapevine...B3
37 John Cleere..A2
38 Kyteler's Inn...B3
39 Matt the Millers.......................................C3
40 O'Riada...A2
41 Pumphouse...A2
42 Tynan's Bridge House..............................B3

◉ Unterhaltung
43 67 Club..C2
44 Morrison's Bar..B4
45 O'Faolain's & Club 51..............................C2
46 Watergate Theatre...................................A2

◉ Shoppen
47 Kilkenny Book Centre..............................B3
48 Kilkenny Design
  Centre..C4
49 MacDonagh Junction D2

LP TIPP St. Canice's Cathedral KATHEDRALE
(www.stcanicescathedral.ie; St. Canice's Pl; Erw./
Kind 4/3 €; ⊙Juni-Aug. Mo-Sa 9-18, So 14-18 Uhr, April-Mai & Sept. Mo-Sa 10-13 & 14-17, So 14-17 Uhr, ansonsten bis 16 Uhr) Irlands zweitgrößte mittelalterliche Kathedrale (nach St. Patrick's in Dublin) ragt hoch über dem nördlichen Ende des Stadtzentrums auf. Das gotische Bauwerk mit seinem ikonenartigen, runden Turm blickt auf eine faszinierende Vergangenheit zurück. Der Legende nach soll an diesem Standort schon im 16. Jh. der hl. Canice, Schutzpatron von Kilkenny, ein Kloster errichtet haben. Aufzeichnungen zufolge brannte hier 1087 eine Holzkirche ab.

Die St. Canice's Cathedral entstand zwischen 1202 und 1285 und durchlebte wechselhafte Zeiten. 1332 stürzte der Turm ein, was eine Folge der Verurteilung von Alice Kyteler als Hexe war. Kytelers Zofe wurde ebenfalls der schwarzen Magie schuldig gesprochen und auch ihr Neffe William Outlawe soll in diese Machenschaften verwickelt gewesen sein. Das unglückliche Dienstmädchen endete auf dem Scheiterhaufen, ihrer Herrin gelang jedoch die Flucht nach London. William schließlich blieb verschont, weil er anbot, das Dach der St. Canice's Cathedral mit (viel zu schweren) Bleiziegeln neu zu decken, was den Turm zum Einsturz brachte.

1650 schändeten und demolierten Cromwells Truppen die Kirche, indem sie das Gebäude als Pferdestall zweckentfremdeten. Die Reparaturarbeiten begannen 1661 und dauern bis in die heutige Zeit an. 1863 stellte man das schöne Dach des Mittelschiffs fertig. Wer einen Blick auf das Stadtmodell „Kilkenny im Jahr 1646" wirft, wird erstaunt darüber sein, wie wenig sich seit damals verändert hat.

An den Wänden und auf dem Boden der Kathedrale befinden sich blank polierte **Grabplatten**, darunter eine an der Nordwand gegenüber dem Eingang, die mit normannisch-französischer Inschrift an den 1280 verstorbenen Jose de Keteller erinnert. Trotz der unterschiedlichen Schreibweisen war dies vermutlich Alice Kytelers Vater. Ein Steinstuhl des hl. Kieran, eingebettet in die Mauer, stammt aus dem 13. Jh. Das kunstvolle Denkmal der Honorina Grace von 1596 auf der Westseite des südlichen Mittelgangs ist aus wundervollem schwarzem Kalkstein aus der Region gefertigt. Ein prächtiges **schwarzes Grabmal** zeigt im südlichen Querhaus Porträts von Piers Butler (verstorben 1539) und seiner Frau Margaret Fitzgerald. In dieser Ecke der Kirche kann man noch mehr Grab- und Denkmäler des bedeutenden Mannes entdecken; sie sind auf einer Tafel im südlichen Mittelgang aufgelistet.

In der Nähe der Kathedrale erhebt sich ein 30 m hoher **Rundturm** (Erw./Kind 12–18 J. 3/2,50 €; April–Okt.) aus einem bizarren Gewirr alter Grabsteine. Das älteste Gebäude auf dem Gelände wurde zwischen 700 und 1000 n. Chr. an der Stelle eines früheren christlichen Friedhofs errichtet. Abgesehen von der fehlenden Krone ist der Turm noch gut erhalten. Wer älter als zwölf Jahre ist, kann einen herrlichen Rundblick von ganz oben genießen. Allerdings gestaltet sich aber das Erklimmen der Plattform ziemlich mühsam, denn man braucht beide Hände, um die steilen 100 Treppenstufen hochzuklettern. Der Fußweg zur Kathedrale führt von der Parliament Street aus über die Irishtown Bridge und die **St. Canice Steps** von 1614 hinauf; die obere Mauer weist Fragmente mittelalterlicher Reliefs auf. An düsteren Tagen wird man durch die schiefen Grabsteine zumindest dazu verleitet, nach einer schwarzen Katze Ausschau zu halten …

Rothe House & Garden HISTORISCHES GEBÄUDE
(www.rothehouse.com; Parliament St; Erw./Kind 5/4 €; Mo–Sa 10.30–17 Uhr das ganze Jahr über, April–Okt. auch So 14–18 Uhr) Als das am besten erhaltene Beispiel eines irischen Kaufmannshauses des 16. Jhs. gilt das Rothe House aus der Tudorzeit, das gleich mit mehreren Innenhöfen aufwartet. Heute beherbergt es ein **Museum** mit regionalen Fundstücken, darunter ein in der Nähe gefundenes abgenutztes Wikingerschwert und ein grinsender Steinkopf, das Werk eines keltischen Künstlers. Das Fachwerkdach im zweiten Stock ist eine sorgfältige Rekonstruktion. Neu sind die Exponate zur Rothe-Familie. Außerdem wird inzwischen die Gartenanlage restauriert.

Um 1640 spielte die wohlhabende Familie Rothe eine tragende Rolle im Bündnis von Kilkenny. Peter Rothe, Sohn des Erbauers, musste die Enteignung seines gesamten Besitzes erleben. Seiner Schwester gelang es zwar, diesen zurückzufordern, doch kurz vor der Schlacht am Boyne (1690) verlor die Familie das Haus endgültig, da sie Jakob II. unterstützte. 1850 wurde im Gebäude ein Banner gefunden, das dieses Bündnis belegt. Mittlerweile kann man es im Nationalmuseum von Dublin bewundern.

National Craft Gallery & Kilkenny Design Centre KUNSTMUSEUM
(www.ccoi.ie; Castle Yard; Di–Sa 10–17.30 Uhr) Zeitgenössisches irisches Kunsthandwerk zeigt das ideenreiche Museum in den früheren Ställen der Burg, die mittlerweile auch das Kilkenny Design Centre beherbergen. Obwohl der Schwerpunkt auf Keramikarbeiten liegt, werden oft auch Möbel, Schmuck und Webarbeiten gezeigt, gefertigt von Mitgliedern der handwerklichen Berufsgenossenschaft Irlands, dem Crafts Council of Ireland. Zudem finden hier immer wieder Töpfer- und Schmuckherstellungskurse statt.

Hinter dem Gebäude führt ein Spazierweg zu den schönen **Butler-House-Gärten**, deren ungewöhnlichstes Stück ein Wasserspiel ist. Es wurde aus Resten der von den Briten errichteten Nelson-Säule in Dublin erbaut, die irische Nationalisten vor fast einem Jahrhundert in die Luft jagten.

Black Abbey KIRCHE
(Abbey St; tgl. zur Messe) Das **Dominikanerkloster** wurde 1225 von William Marshall gegründet. Es verdankt seinen Namen den düsteren Gewohnheiten der Mönche. 1543, sechs Jahre nach Auflösung der Klöster durch Heinrich VIII., wurde es in ein Gerichtsgebäude umgewandelt. Nach dem Besuch Cromwells 1650 bis zu seiner Restaurierung 1866 war nur noch eine Ruine vorhanden. Viele der Gebäudeteile gehen auf

das 18. und 19. Jh. zurück, Reste älterer Bogengänge sind aber noch im jüngeren Mauerwerk zu sehen. Besucher sollten sich unbedingt die Särge aus dem 13. Jh. in der Nähe des Eingangs anschauen.

Tholsel
HISTORISCHE STÄTTE

Das **Rathaus** in der High Street errichtete man 1761 an der Stelle, wo Alice Kytelers Zofe Petronella im Jahr 1324 auf dem Scheiterhaufen verbrannt wurde.

Butter Slip
HISTORISCHE STÄTTE

Mit seinem Rundbogeneingang und den Steintreppen ist der Butter Slip, eine enge und dunkle Verbindung zwischen der High Street und der St. Kieran's Street (früher Low Lane), die malerischste von Kilkennys vielen mittelalterlichen Gassen. 1616 entstanden, befanden sich hier ursprünglich lauter Butterstände.

Black Freren Gate
HISTORISCHE STÄTTE

(Abbey St) In der Abbey Street steht das einzige noch bestehende Tor des normannischen Ortes – wenn auch nur mithilfe von Metallstreben, die für die Sicherheit der Fußgänger bürgen. Bröckelnde Überreste der alten Stadtmauer findet man noch überall im Stadtzentrum.

Confederation Hall Monument
HISTORISCHE STÄTTE

Dieses Denkmal (oder was davon übrig ist) an der Bank of Ireland erhebt sich an der Ecke der Parliament Street und der Straße, die zum Bateman's Quay führt. Es markiert die Stelle, an der von 1642 bis 1649 das nationale Parlament tagte. Ganz in der Nähe stößt man auf das sorgfältig restaurierte **Grace's Castle** von 1210. 1568 wurde es in ein Gefängnis und 1794 in ein Gerichtsgebäude umgewandelt, als das es bis heute genutzt wird. Hier wurden Rebellen des Aufstands von 1798 hingerichtet.

St. Mary's Cathedral
KATHEDRALE

Die Kathedrale aus dem 19. Jh. ist von fast jedem Punkt in der Stadt zu sehen. Auf einer Gedenktafel am Eingang steht: „Mit dem Bau der Kathedrale wurde 1843 begonnen. Die Arbeiten zogen sich durch jahrelange Hungersnot, Emigration und „Sargschiffe" in die Länge. Es herrscht schiere Verzweiflung, weil so viele Menschen unseres Volkes an Hunger und Krankheiten sterben mussten ...". Danach geht's mit der Aufzählung von weiteren widrigen Umständen weiter.

St. John's Priory
HISTORISCHE STÄTTE

Auf der anderen Flussseite stößt man auf die Ruinen von St. John's Priory, das 1200 gegründet wurde und bis Cromwells Ankunft für seine vielen wundervollen Fenster berühmt war. Das nahe gelegene **Kilkenny College** in der John Street stammt aus dem Jahr 1666; hier büffelten Jonathan Swift und der Philosoph George Berkeley. Heute dient das Gebäude als Rathaus der Grafschaft Kilkenny.

👉 Geführte Touren

Kilkenny Cycling Tours
RADTOUREN

(086 895 4961; www.kilkennycyclingtours.com; Erw./Kind ab 14/10 €) Wer will, kann die Stadt und die Umgebung mit dem Fahrrad

---

ECHTES IRISCHES BIER?

John Smithwick gründete seine **Brauerei** 1710 auf dem Gelände der **St. Francis Abbey**, einem Kloster aus dem 13. Jh., von dem heute nur noch Überreste zu sehen sind. Erst in den 1980er-Jahren begann er, das Bier zu exportieren; es war stärker als das Originalgebräu Smithwick's und wurde auf den Namen „Kilkenny" getauft. Das heutige Kilkenny ähnelt dem Smithwick's, lässt sich aber an seinem bittereren Geschmack und der cremigen, an ein Guinness erinnernden Schaumkrone klar davon unterscheiden (Smithwick's hat eine flachere Krone und ist milder). In Kilkenny bekommt man beide Sorten.

Mittlerweile gehört die älteste noch in Betrieb befindliche Brauerei Irlands dem Getränke-Giganten Diageo (u. a. Besitzer von Guinness und Harp) und produziert in erster Linie Budweiser bzw. Bud Lite, wässerige amerikanische Biere. Gerüchte über eine bevorstehende Schließung der Anlage halten sich beständig, obwohl die Zukunft der Brauerei vorerst gesichert zu sein scheint.

Nach längerer Pause werden die **Smithwick's Brewery Tours** (Parliament St; Eintritt 10 €; Di–Sa 12.30–15.30 Uhr) jedenfalls inzwischen wieder angeboten. Bei den 90-minütigen Führungen lernt man mehr über den Brauvorgang und die Geschichte dieses Handwerks, besucht die Abtei und verkostet ein paar Biere.

erkunden. Die 2½-stündige Tour gibt's auch mit Mittagessen.

Tynan Tours — STADTSPAZIERGANG
(☏087 265 1745; Erw./Stud. 6/5,50 €; ◉Mitte März–Okt. tgl. 2–4 Führungen) Unterhaltsame einstündige Stadtführungen entlang der engen Gassen, Treppen und Passagen. Treffpunkt ist die Touristeninformation.

✱ Feste & Events

In Kilkenny finden mehrere einzigartige Veranstaltungen statt, die Tausende in ihren Bann ziehen.

Kilkenny Rhythm & Roots — MUSIKFESTIVAL
(www.kilkennyroots.com; ◉Anfang Mai) In mehr als 30 Pubs und Veranstaltungsorten kann man sich auf dem größten Musikfestival Irlands vor allem an Country und American Roots Music erfreuen.

Cat Laughs Comedy Festival — COMEDY
(www.thecatlaughs.com; ◉Ende Mai–Anfang Juni) Bei diesem Event treten in den Hotels und Pubs Comedians von Weltklasse auf.

Kilkenny Arts Festival — KUNST & KULTUR
(www.kilkennyarts.ie; ◉Mitte Aug.) Mitte August steht die Stadt zehn Tage lang im Zeichen von Kunst und Kultur mit Theater, Kino, Musik, Literatur, Bildenden Künsten, Straßenfesten und Kinderveranstaltungen.

Kilkenny Celtic Festival — KULTUR
(www.celticfestival.ie; ◉Ende Sept.–Anfang Okt.) Auf dem einwöchigen Fest wird die irische Tradition, vor allem aber die irische Sprache, gefeiert, z. B. mit Ausstellungen, Seminaren, Konzerten und Theaterstücken.

🛏 Schlafen

Wer ohne Zimmerreservierung anreist – was in den Sommermonaten und während der Festivals unklug ist –, wendet sich am besten an die Touristinformation: Das dortige Buchungssystem ist äußerst effizient (€4). Generell findet man in Kilkenny Unterkünfte für jedes Budget.

LP TIPP Butler House — HOTEL €€
(☏056-772 2828; www.butler.ie; 16 Patrick St; EZ 60–120 €, DZ 100–180 €; 🅿@🛜) Man kann zwar nicht direkt in der Burg übernachten, aber das historische Herrenhaus nebenan kommt diesem Erlebnis schon ziemlich nah. Früher diente es als Wohnsitz der Grafen von Ormonde, die auch die Festung errichten ließen. Heute beherbergt das Gebäude ein Boutique-Hotel mit Freitreppen, Marmorkaminen, einer Kunstsammlung und sorgsam gepflegten Gärten. Die 13 großzügigen Zimmer sind individuell gestaltet –und damit man auch ja nicht vergisst, dass man in einem historischen Bauwerk ist, knarzen die Böden.

Pembroke Hotel — HOTEL €€€
(☏056-778 3500; www.pembrokekilkenny.com; Patrick St; Zi. 120–200 €; 🅿🛜) In einigen der 74 Zimmer des modernen Hotels fällt der Blick beim Aufwachen direkt auf die Burg. Die Deluxe-Räume verfügen sogar über Balkone, eine echte Seltenheit in Irland (genau wie die Klimaanlage). In der hauseigenen Bar stehen bequeme Ledersofas, außerdem kann man gleich um die Ecke kostenlos das Schwimmbad und andere Freizeitangebote nutzen.

Celtic House — B&B €€
(☏056-776 2249; www.celtic-house-bandb.com; 18 Michael St; Zi. 70–90 €; 🅿@) Ihren Gästen bereitet die Künstlerin Angela Byrne stets einen warmherzigen Empfang. Die blitzblanken Zimmer bieten teilweise einen Blick auf die Burg, andere haben Bäder mit Oberlichtern, und in vielen zieren Landschaftsbilder der Besitzerin die Wände. Unbedingt reservieren.

Butler Court — GÄSTEHAUS
(☏056-776 1178; www.butlercourt.com; Patrick St; Zi. 80–130 €; @🛜) Ursprünglich war in diesem Gebäude (nicht mit dem prächtigen Butler House ein paar Häuser die Straße hoch zu verwechseln!) die Postkutschenstation für Kilkenny Castle untergebracht. Die modern eingerichteten Räume mit Kingsizebetten und Parkett aus kanadischem Kirschholz gruppieren sich rund um einen blumengeschmückten Hof. Im eigenen Zimmerkühlschrank gibt's alle Zutaten für ein kontinentales Frühstück samt frischen Früchten und Filterkaffee.

Kilkenny River Court — HOTEL €€€
(☏056-772 3388; www.rivercourthotel.com; John St; Zi. 95–200 €; 🅿@🛜🏊) Wenn man nicht gerade in seinem schönen modernen Zimmer alle viere von sich streckt, kann man auch im hoteleigenen Restaurant dinieren, im preisgekrönten Health Club schwimmen oder auf der kopfsteingepflasterten Barterrasse einen Cocktail trinken und dabei die Aussicht auf Brücke sowie Burg genießen. Das Personal ist sehr entgegenkommend.

Bregagh House — B&B €€
(☏056-772 2315; www.bregaghhouse.com; Dean St; EZ/DZ ab 50/70 €; 🅿) Wer die anheimelnde Atmosphäre einer Familienunterkunft

mag, wird sich bei den herzlichen Gastgebern und mit dem reichhaltigen warmen Frühstück wohlfühlen. Auch die Lage gegenüber der Kathedrale ist ausgesprochen günstig. Es gibt genug Parkmöglichkeiten, und in dem hübschen Garten werden Kaninchen als Haustiere gehalten.

Kilkenny Tourist Hostel   HOSTEL €
(056-776 3541; www.kilkennyhostel.ie; 35 Parliament St; B 14-20 €, DZ 36-42 €; @🤝) Ein mit Efeu bewachsenes georgianisches Stadthaus aus den 1770er-Jahren beherbergt das gemütliche IHH-Hostel mit 60 Betten. Es wartet mit einem Aufenthaltsraum inklusive offenem Kamin, einem Esszimmer voller Naturholz und einer Selbstversorgerküche auf. Fast alle Kneipen befinden sich in unmittelbarer Nähe.

O'Malley's B&B   B&B €
(056-777 1003; www.omalleysguesthouse.com; Ormonde Rd; EZ/DZ ab 40/60 €; P) Unweit des Zentrums stößt man auf dieses dreigeschossige Reihenhaus mit schlichten, komfortablen Zimmern. Es lässt die für irische B&Bs typischen Rotbrauntöne vermissen, stattdessen dominiert Senfgelb.

Langton House Hotel   HOTEL €€
(056-776 5133; www.langtons.ie; 67 John St; EZ 65-100 €, DZ 100-150 €; P@🤝) Das Wahrzeichen der Stadt entwickelt sich stets weiter und wird schon seit den 1930er-Jahren von derselben Familie geführt. Die Einrichtung der 34 Zimmer variiert und reicht vom klassischen Lederpolster-Interieur bis zu auffällig dekorierten Räumen in knalligen Farben mit Duschen inklusive Bedienerkonsolen. Weitere Pluspunkte gibt's für das elegante Restaurant (Edward Langton's) und das beliebte Pub.

Kilford Arms Hotel   HOTEL €€
(056-776 1018; www.kilfordarms.ie; John St; EZ/DZ ab 50/90 €; P@🤝) In der Lobby des exzentrischen Hotels sieht man als Erstes einen 150 Jahre alten ausgestopften bengalischen Tiger (etwas schäbig, aber in besserer Verfassung als der Keltische Tiger). Im Haus befinden sich gleich mehrere tolle Bars. Die 60 eher normalen Zimmer bieten teilweise tolle Ausblicke auf die Stadt durch Milchglasfenster, einige bekommen allerdings viel Kneipenlärm ab.

Darcy's Guesthouse   B&B €€
(056-777 0219, 056-777 0087; James St; EZ/DZ ab 50/90 €; P) Flaggen zieren die Fassade dieser praktisch gelegenen, netten Pension. Die Betten in den elf pastellfarbenen Zimmern haben niedliche gepolsterte Kopfenden.

Tree Grove Caravan & Camping Park   CAMPINGPLATZ €
(056-777 0302; www.treegrovecamping.com; New Ross Rd; Stellplätze 15-25 €; ⊙März-Mitte Nov.) Diese Anlage erstreckt sich in einem kleinen Park 1,5 km südlich von Kilkenny nahe der R700. Hier können auch Leihfahrräder organisiert werden.

🍴 Essen

Kilkennys Restaurants zählen zum Besten, was der Südosten zu bieten hat. Zudem kann man auf dem **Bauernmarkt** (Mayors Walk, The Parade; ⊙Do 9-14 Uhr) jede Menge Erzeugnisse aus der Region und leckere Snacks kaufen.

[LP TIPP] Campagne   MODERNE IRISCHE KÜCHE €€€
(056-777 2858; www.campagne.ie; The Arches, 5 Gashouse Lane; Mittagsmenü mit 2/3 Gängen 24/29 €, Hauptgerichte abends 25-30 €; ⊙Fr-So mittags, Di-Sa abends) Michelin-Sterne-Koch Garrett Byrne machte sich in Dublin einen Namen, kommt aber ursprünglich aus Kilkenny. Nun hält er in diesem durchgestylten Restaurant die Fäden in der Hand. Er ist ein leidenschaftlicher Unterstützer einheimischer Erzeuger und zaubert aus lokalen Zutaten immer wieder neue unvergessliche Gerichte mit einer französischen Note.

[LP TIPP] Blueberry   CAFÉ, FEINKOSTLADEN €€
Café (www.blueberrykilkenny.com; Winston's, 8 Parliament St; Gerichte 7-9 €; ⊙Mo-Sa 9-17 Uhr) Feinkostladen (2 Market Yard; ⊙Mo-Sa 8.30-18 Uhr) Im Obergeschoss des noblen Warenhauses Winston's ist ein Café untergebracht, das zu dem alteingesessenen Delikatessenladen gehört. Hier hat man die Wahl zwischen Kaffees, Säften und Tees sowie Sandwiches, warmen Gerichten und Kuchen, die man auf der wunderbaren Dachterrasse genießen kann. Derweil bekommt man im Feinkostgeschäft alles für ein leckeres Picknick.

[LP TIPP] Cafe Sol   MODERNE IRISCHE KÜCHE €€
(056-776 4987; William St; Hauptgerichte mittags 9-15 €, abends 17-25 €; ⊙mittags & abends) In dem herrlich unverkrampften Restaurant servieren die professionellen Servicekräfte bis 17 Uhr Mittagessen. Die saisonal unterschiedlichen Gerichte bestehen aus stets frischen regionalen Biopro-

dukten. Oft sind die Kreationen extravagant und international.

Kilkenny Design Centre Cafe CAFÉ €€
(Castle Yard; Gerichte 8-13 €; ⊙10-19 Uhr) Über den Kunsthandwerkerläden befindet sich eine Cafeteria, in der das Wort „Bio" ganz groß geschrieben wird. Hier gibt's hervorragende Brote und *scones*, eine große Salatauswahl, Sandwiches mit Lachs aus der Region, zahlreiche warme Gerichte und üppige Nachspeisen.

Two Dames CAFÉ €
(80 John St; Gerichte 4-8 €; ⊙Di-Sa 8.30-17 Uhr) Bioporridge, Müsli mit Biojoghurt und Sandwiches zum Selbstzusammenstellen sind nur ein paar Gründe für einen Besuch des wunderbaren winzigen Cafés. Die Besitzer sind echte Unikate und man wird schon beim ersten Besuch wie ein Stammgast behandelt. Frühstück gibt's bis 12 Uhr.

Chez Pierre FRANZÖSISCH €€
(17 Parliament St; Hauptgerichte 6-20 €; ⊙Mo-Sa 10-17 Uhr, Do-Sa auch abends) Zum Angebot des heiteren französischen Cafés gehören leckere *tartines* (belegte Brote), Suppen und Süßes sowie Mittagsangebote. Frühstück wird bis 12 Uhr zubereitet. Die Preise für die Abendmenüs starten bei 22 €.

Rinuccini ITALIENISCH €€
(☎056-776 1575; www.rinuccini.com; 1 The Parade; Hauptgerichte mittags 10-20 €, abends 19-30 €; ⊙mittags & abends) Eine kurze Treppe führt hinunter in einen mit Kerzen erleuchteten Keller, in dem man die exzellenten klassisch-italienischen Gerichte von Antonio Cavaliere genießen kann, darunter seine hervorragenden *Spaghetti al astice*: Hummer mit Pasta, Schalotten, Sahne, Weinbrand, schwarzen Trüffeln und frischem Parmesan. Vorne im Atrium befindet sich ein besonders romantischer Platz. Der Service ist fantastisch.

Zuni CAFÉ, TAPAS €€
(www.zuni.ie; 26 Patrick St; Gerichte 7-15 €; ⊙8-23 Uhr) Mit seinen dunklen Ledermöbeln, die im Kontrast zu den helleren Tischen und Wänden stehen, bietet das einstige Theater einen stilvollen Rahmen für Maria Raffertys kreative Küche. Tagsüber präsentiert sich das Zuni als schickes Café mit großer Frühstücks- und Mittagsauswahl, abends werden Tapas serviert (auch mit Fisch und Meeresfrüchten). Am besten bestellt man ein paar kleine Gerichte und ein Glas Wein.

Café Mocha CAFÉ €
(84 High St; Gerichte 6-10 €; ⊙10-17 Uhr; 🏠) In dem kinderfreundlichen Café gibt's jede Menge Säfte, Kaffeegetränke, Tees und natürlich auch heiße Schokolade. Das Angebot an Sandwiches und Torten ist überschaubar, aber die lange Dessertkarte kann sich sehen lassen. Der schmale Eingang zum Mocha mit ein paar Treppenstufen befindet sich an der Haupteinkaufsstraße.

Lautrec's Brasserie FRANZÖSISCH €€
(9 St Kieran's St; Hauptgerichte 16-26 €; ⊙tgl. abends, Sa & So mittags) Turteltäubchen und romantische Seelen werden dieses verführerische Bistro mit seinen Rosatönen, winzigen Tischchen und der umfangreichen Weinkarte lieben. Hier bekommt man französische Klassiker und wunderbar dünne, krosse Fritten. Die Zwei-Gänge-Menüs gibt's z. T. schon für 20 €.

🍷 Ausgehen

In der John Street ist am meisten los, wahrscheinlich, weil der Langton-Clan dort eine Reihe von Bars und Clubs betreibt. Eine weitere größere Ansammlung von traditionellen Pubs findet man in der Parliament Street.

LP TIPP Tynan's Bridge House PUB
(St. John's Bridge) Das windschiefe georgianische Pub hat bereits 300 Jahre auf dem Buckel und sieht so aus, als ob es jeden Moment zusammenstürzen könnte, ist aber die beste traditionelle Kneipe der Stadt.

John Cleere PUB
(22 Parliament St) Einen schöneren Ort für Livemusik kann man in Kilkenny kaum finden. In dieser Bar wird Blues, Jazz und Rock gespielt, außerdem finden hier traditionelle Sessions statt.

Grapevine WEINLOKAL
(6 Rose Inn St) Wer mal eine Pause von den vielen Pubs braucht, findet in dieser eleganten Weinbar Zuflucht. Die Auswahl an Craft-Bieren und Tapas ist fantastisch.

Bridie's General Store PUB, FEINKOSTLADEN
(John St) Das Langton-Imperium hat bei der Gestaltung des auf traditionell getrimmten Bridie's viel Wert auf das Design gelegt und das Resultat, eine Mischung aus Lebensmittelladen und Pub, kann sich durchaus sehen lassen. Vorne werden köstliches Gebäck und delikate Gourmetlebensmittel verkauft, hinten befinden sich eine Kneipe mit schönen Kacheln sowie ein Biergarten.

Kyteler's Inn
PUB

(27 St Kieran's St) Alice Kytelers Haus wurde bereits 1224 errichtet. Hier kamen unter mysteriösen Umständen alle vier Ehemänner dieser Dame ums Leben, und so wurde Alice 1323 der Hexerei bezichtigt. Heute kann man im Keller oder im Hof traditioneller Musik lauschen.

O'Riada
PUB

(25 Parliament St) Im unauffälligsten Pub der Stadt geht zwar richtig die Post ab, wenn ein Hurling-Spiel übertragen wird, doch ansonsten kann man hier seelenruhig sein Pint trinken und mit jedermann quatschen – auch mit sich selbst.

Pumphouse
BAR

(www.pumphousekilkenny.ie; 26 Parliament St) Billardtische, Großbildfernseher, eine Dachterrasse und regelmäßige Auftritte von Rockbands.

Matt the Millers
BAR

(www.mattthemillers.com; 1 John St) Mittelalterliche rosafarbene Mühle mit vier Bars auf vier Etagen sowie beliebten Bands und DJs.

☆ Unterhaltung

Mehr über örtliche Veranstaltungen erfährt man in der Wochenzeitung *Kilkenny People* (www.kilkennypeople.ie). Eine gute Übersicht bieten auch die Website der Touristeninformation und www.whazon.com.

Theater
Watergate Theatre
THEATER

(www.watergatetheatre.com; Parliament St) Dieses tolle Theater bringt Dramen, Komödien und Musik auf die Bühne. Wer sich wundert, warum die Pausen 18 Minuten dauern: So können die Gäste mal schnell auf ein Pint ins John Cleere einkehren.

Nachtclubs
An den Wochenenden sind die Clubs von 22 bis 2 Uhr geöffnet.

O'Faolain's & Club 51
NACHTCLUB

(Kilford Arms Hotel, John St) Diese Location erstreckt sich über drei Etagen und ist um eine Steinkirche aus dem 16. Jh. errichtet worden, die in Kisten aus Wales hierherkam und sorgfältig wiederaufgebaut wurde. Im O'Faolain's geht's das ganze Jahr über rund, während der Club 51 (Eintritt kostenlos bis 10 €) nur von Ostern bis Oktober geöffnet hat. Wer gern tanzen möchte, kann sich auch hinter dem Gebäude im erleuchteten Außenbereich austoben.

Morrison's Bar
NACHTCLUB

(1 Ormonde St) Im Belle-Epoque-Keller des Hibernian Hotels spielen die DJs einen eklektischen Mix für ein gehobenes Publikum.

67 Club
NACHTCLUB

(67 John St; Eintritt unterschiedl.; ⊗Di, Do & Sa) Dreimal pro Woche wird das Pub im Langton's zu einem Club umfunktioniert, in dem DJs auflegen sowie Musiker und manchmal auch Comedians auftreten.

Sport
Nowlan Park
SPORT

(www.kilkennygaa.ie; O'Loughlin Rd) Zu den Höhepunkten einer Irlandreise gehört der Besuch eines Hurling-Spiels in Nowlan Park, dem Heimatstadion der Kilkenny Cats.

Shoppen

Eine spannende Mischung aus einheimischen Geschäften findet man in der High Street. Die feinsten Boutiquen säumen The Parade und die Patrick Street. Im MacDonagh Junction sind vor allem Filialen großer Ketten vertreten. Es ist das größte Einkaufszentrum der Region und nimmt einen Teil des alten Bahnhofs ein.

[LP TIPP] Kilkenny Design Centre
KUNST & KUNSTHANDWERK

(☏056-772 2118; www.kilkennydesign.com; Castle Yard) Hinter den hochwertigen Waren, die im Design Centre verkauft werden, stehen Kunsthandwerker aus dem County. Uns gefallen vor allem die Wolldecken von John Hanly, Wollartikel von Cushendale, Foxford-Schals und Bunbury-Schneidebretter.

Kilkenny Book Centre
BUCHLADEN

(10 High St) Kilkennys größter Buchladen bietet eine umfangreiche Auswahl an Romanen und Sachbüchern über Irland, Zeitschriften sowie Landkarten. Oben befindet sich ein schönes Café.

❶ Praktische Informationen

Bretts Launderette (Michael St; kl./gr. Ladung 18–24 €; ⊗Mo–Sa 8.30–19 Uhr) Wäscherei.

Polizei (☏056-22222; Dominic St)

Sam McCauley Pharmacy (33 High St) Die größte der vielen Apotheken auf der High Street.

St. Luke's Hospital (☏056-778 5000; Freshford Rd)

Touristeninformation (www.discoverireland.ie; Rose Inn St; ⊗Juli & Aug. Mo–Sa 9–19, So 11–17, Sept.–Juni Mo–Sa 9.15–13 & 14–17 Uhr)

Die einzige Touristeninformation des Countys verfügt über hervorragende Reiseführer und Wanderkarten. Sie befindet sich im Shee Alms House, das der örtliche Wohltäter Sir Richard Shee 1582 zur Unterstützung der Armen errichten ließ.

❶ An- & Weiterreise

Bus

Bus Éireann (www.buseireann.ie) Das Unternehmen hat seinen Hauptsitz neben dem Bahnhof 200 m östlich der John Street, man kann aber auch an der Patrick Street im Stadtzentrum zu- oder aussteigen. Zu den Reisezielen gehören Carlow (9 €, 35 Min., 3-mal tgl.), Cork (18 €, 3 Std., 2-mal tgl.), Dublin (12 €, 2¼ Std., 5-mal tgl.) und Waterford (10 €, 1 Std., 2-mal tgl.).

JJ Kavanagh & Sons (www.jjkavanagh.ie; Haltestelle auf der Ormonde Rd) Bietet Verbindungen zum Flughafen von Dublin (12 €, 3 Std., 6-mal tgl.).

Zug

Züge (www.irishrail.ie) Jeden Tag verkehren acht Züge zwischen der Heuston Station in Dublin (ab 10 €, 1¾ Std.), und Waterford (ab 10 €, 50 Min.). Am MacDonagh-Bahnhof an der Ostseite des Einkaufszentrums gibt's keine Schließfächer.

❶ Unterwegs vor Ort

Auf beiden Seiten der High Street sowie an vielen anderen Stellen in der Stadt befinden sich große Parkplätze.

Kilkenny Cabs (056-775 2000)

Kilkenny Cycling Tours (086 895 4961; www.kilkennycyclingtours.com; 15 € pro Tag) Verleiht Räder und transportiert sie auf Wunsch zur jeweiligen Unterkunft.

Zentral-Kilkenny

Das südliche – vor allem das südöstliche – Umland der Stadt Kilkenny verzaubert mit Landstraßen und reizvollen kleinen Orten, die herrliche Ausblicke über die üppig grünen Flusstäler von Barrow und Nore bieten, und ist ein herrliches Wandergebiet. Außerdem leben hier einige bemerkenswerte Kunsthandwerker, deren Werkstätten für Besucher offenstehen.

Viele Dörfer kann man im Rahmen eines Tagesausflugs besuchen, benötigt aber ein eigenes Fahrzeug, da es nur wenige öffentliche Verkehrsmittel gibt.

KELLS & UMGEBUNG

Kells (nicht zu verwechseln mit Kells in der Grafschaft Meath), 13 km südlich von Kilkenny an der R697 gelegen, ist kaum mehr als ein winziges Dorf an einem Nebenfluss des Nore, den an dieser Stelle eine schöne Steinbrücke überspannt. Mit der **Kells Priory**, eine der eindrucksvollsten und romantischsten Klosterstätten im ganzen Land, kann das Örtchen so richtig protzen.

◉ Sehenswertes

LP TIPP Kells Priory HISTORISCHE STÄTTE

Das Highlight von Kells sind zweifellos die Klosterruinen, die man ganz ohne Führung, Schließzeiten oder Eintrittsgelder erkunden kann. In der Abenddämmerung eines wolkenlosen Tags ist die alte Abtei einfach traumhaft schön, außerdem stehen die Chancen gut, dass man die Stätte (abgesehen von blökenden Schafen) vollkommen für sich allein hat.

Während die ältesten Überbleibsel der Anlage aus dem späten 12. Jh. stammen, datiert der größte Teil der heute vorhandenen Ruinen ins 15. Jh. Auf einer weiten Fläche fruchtbaren Ackerlandes erheben sich sieben Wohntürme, die durch einen sorgfältig restaurierten Schutzwall miteinander verbunden sind. Innerhalb der Mauern befinden sich die Reste eines **Augustinerklosters** sowie die Fundamente einiger Kapellen und Häuser. Für eine Abtei wirkt die Anlage ungewöhnlich gut befestigt, vor allem die massiven Umfassungsmauern weisen auf eine bewegte Vergangenheit hin. Und in der Tat wurde der Komplex in den 100 Jahren nach 1250 von kampfeslustigen Kriegsherren zweimal angegriffen und anschließend niedergebrannt. Seit seiner Unterdrückung 1540, schlitterte das Kloster seinem Verfall unaufhaltsam entgegen.

Die Ruinen liegen 500 m östlich von Kells an der Straße nach Stonyford. Ein malerischer, gut ausgeschilderter 3 km langer **Spazierweg** führt rund um die Stätte sowie am Fluss vorbei und durchs Dorf.

Hochkreuz & Rundturm von Kilree

HISTORISCHE STÄTTE

2 km südlich von Kells (ab dem Parkplatz des Klosters ausgeschildert) stößt man auf einen 29 m hohen Rundturm und ein einfaches Hochkreuz, das angeblich die Grabstätte des irischen Hochkönigs Niall Caille aus dem 9. Jh. kennzeichnet. Dieser soll um 840 im King's River bei Callan ertrunken sein, während er versuchte, einen Diener zu retten. Seine Leiche wurde bei Kells an Land gespült. Da er kein Christ war, setzte man ihn vor den Toren des Friedhofs bei.

Callan Famine Graveyard

HISTORISCHE STÄTTE

Westlich von Kilree und 2 km abseits der R698 befindet sich ein 2 km südlich von Callan ausgeschilderter Friedhof, auf dem Opfer der Großen Hungersnot bestattet wurden. Nachdem man seinen Wagen an dem Schild abgestellt hat, muss man einem Feldweg 300 m lang folgen. Es gibt nicht wirklich viel zu sehen, trotzdem führt einem das Massengrab auf ergreifende Weise die Anonymität des Hungertodes vor Augen.

BENNETTSBRIDGE & UMGEBUNG
680 EW.

Bennettsbridge, ein wunderbarer Ort der Kunst und des Kunsthandwerks, befindet sich 7 km südlich von Kilkenny an der R700.

Sehenswertes & Aktivitäten

Nore View Folk Museum MUSEUM
(056-27749; Danesfort Rd; Erw./Kind 5/2 €; variiert, oft von 10–18 Uhr) Ein Besuch dieses ungewöhnlichen Museums an einer kleinen Straße oberhalb von Nicholas Mosse lohnt sich. Seamus Lawlor ist ein leidenschaftlicher Chronist des irischen Lebens und kann über seine private Sammlung, zu der Farmwerkzeuge, Küchengerät und herrlicher alter Krimskrams gehören, faszinierende Dinge erzählen.

Nore Valley Park BAUERNHOF
(www.norevalleypark.com; Annamult; Tageseintrittskarte 6 €, Stellplätze ab 12 €; Park März–Okt. Mo–Sa 9–18 Uhr, Campingplatz März–Okt.) Auf dem 2 ha großen Gelände kann man campen und Kinder dürfen Ziegen streicheln, mit Häschen knuddeln, im Irrgarten herumstromern sowie von Strohballen hüpfen. Außerdem gibt's ein Teezimmer sowie einen Picknickbereich. Wer von Kilkenny aus auf der R700 herkommt, biegt bei der Einfahrt nach Bennettsbridge kurz vor der Brücke rechts ab.

Shoppen

Nicholas Mosse Irish Country Shop KUNSTHANDWERK
(www.nicholasmosse.com; Mo–Sa 10–18, So 13.30–17 Uhr) Eine große Mühle am Flussufer westlich des Ortes beherbergt dieses Keramikgeschäft, das auf Töpferkunst mittels Schwammtechnik spezialisiert ist – natürlich alles in Handarbeit. Hier bekommt man herrliche cremefarben-braune Waren, Heimtextilien und allerlei handgefertigten Kunstnippes (wobei wohl so manches aus Billiglohnländern fern von Irland stammt). In einem zweiten Laden wird Ware zu Schnäppchenpreisen verkauft. Mittags kann man im zugehörigen Café ein wunderbares Essen genießen, denn dort gibt's eine gute Auswahl an Suppen, Sandwiches und warmen Gerichten sowie hervorragende *scones*.

Keith Mosse Bespoke KUNSTHANDWERK
(056-772 7948; www.keithmosse.com; Mi–Sa 11–18, So 12–18 Uhr) Ein Stück die Straße hinauf stößt man auf das ausgeschilderte Keith Mosse Bespoke, wo der namengebende Kunsthandwerker zu Hause ist. Aus edlen Hölzern von fünf Kontinenten stellt er klassische, elegante Möbel und Dekorationsgegenstände her.

Moth to a Flame KUNSTHANDWERK
(www.mothtoaflamecandles.com; ganzjährig Mo–Sa 9–18 Uhr, Mai–Sept. zusätzl. So 12–18 Uhr) Einige Hundert Meter weiter lockt dieser Laden an der Brücke mit seinen tollen Kerzen Kunden an.

KUNSTHANDWERK IN KILKENNY

In dieser Grafschaft findet man eine der höchsten Konzentrationen von Künstlern in ganz Irland, denn hier sind mehr als 130 Vollzeit-Kunsthandwerker tätig. Zu verdanken ist das vermutlich den hervorragenden Rohstoffen der Gegend und der inspirierenden Landschaft.

Wer die Arbeiten der Künstler sehen möchte, sollte folgende Orte ansteuern:

» **Bennettsbridge** In und rund um Bennettsbridge gibt's ein paar Kunsthandwerkerateliers.

» **Graiguenamanagh** Unweit des Zentrums stößt man auf einige Woll- und Kristallglaswerkstätten.

» **Kilkenny (Stadt)** Im Kilkenny Design Centre werden Arbeiten von mehr als einem Dutzend Künstlern aus der Umgebung verkauft.

» **Stonyford** Hier befinden sich ein berühmtes Glasatelier und ein Laden mit Lebensmitteln aus der Region.

In Kilkennys Touristeninformation und in den Handwerkerläden erhält man einen hervorragenden **Leitfaden zum Kunsthandwerk**.

NICHT VERSÄUMEN

JERPOINT ABBEY

Das wunderschöne Zisterzienserkloster **Jerpoint Abbey** (056-24623; www.heritageireland.ie; Hwy R448, Thomastown; Erw./Kind 3/1 €; ⓘMärz–Okt. 9–17.30 Uhr, Nov.–Feb. vorab nach den genauen Zeiten fragen) befindet sich 2,5 km südwestlich von Thomastown an der N9. Es wurde bereits im 12. Jh. gegründet und seine Ruinen sind teilweise restauriert: Turm und Kreuzgang stammen aus dem späten 14. oder frühen 15. Jh. Witzig sind die Relieffiguren an den Säulen des Klosters, das gilt vor allem für den Ritter. Steinreliefs zieren auch die Kirchenwände und Grabmäler von Familienmitgliedern der Butlers und Walshes. An der nördlichen Kirchenwand sieht man verblasste Spuren einer Malerei aus dem 15. oder 16. Jh. und im Altarraum entdeckt man ein Grabmal, angeblich die letzte Ruhestätte des 1202 verstorbenen eigensinnigen Felix O'Dullany, erster Abt von Jerpoint und Bischof von Ossory. Tagsüber werden sehr gute 45-minütige Führungen angeboten.

Einer Legende nach soll der hl. Nikolaus in der Nähe der Abtei begraben liegen. Kreuzritter von Jerpoint haben seine Leiche angeblich auf dem Rückweg aus dem Heiligen Land in Myra in der heutigen Türkei mitgenommen und sie in der **Church of St. Nicholas** westlich der Abtei bestattet. Man erkennt das Grab an einer zerbrochenen Platte mit dem Relief eines Mönchs.

Chesneau KUNSTHANDWERK
(056-772 7456; www.chesneaudesign.com; Mo-Fr 9–18, Sa 10–18, So 12–18 Uhr) Wer feine Lederwaren sucht, sollte der Werksboutique im Ortszentrum einen Besuch abstatten. Schicke Taschen und Accessoires findet man in allen Farben, aber der Renner sind die smaragdgrünen Produkte. Fast alle Designs stammen aus Irland und werden weltweit verkauft.

THOMASTOWN
1800 EW.

Seit die M9 den Verkehr aus Dublin um den Ort herumführt, ist er so beschaulich und ruhig wie seit Jahrzehnten nicht mehr. In Thomastown, benannt nach dem walisischen Kaufmann Thomas de Cantwell, befinden sich Reste einer mittelalterlichen Mauer und die teils zerstörte **Church of St. Mary** aus dem 13. Jh. Unten an der Brücke liegt das **Mullin's Castle**, die einzige noch existierende von ehemals 14 Burgen.

Wie in der Grafschaft üblich gibt's auch in dieser Gegend eine dynamische Kunsthandwerkszene. **Clay Creations** (Low St; Mi-Sa 10–17 Uhr) präsentiert z. B. skurrile Keramiken und Skulpturen des einheimischen Künstlers Brid Lyons.

4 km südwestlich von Thomastown können Jetsetter mit genug Kleingeld auf dem von Jack Nicklaus geadelten **Mount Juliet** (www.mountjuliet.ie; Greenfees ab 100 €) ihre Golfschläger schwingen. Die Anlage erstreckt sich über 600 ha bewaldetes Land und verfügt über ein eigenes Reitcenter, ein Fitnessstudio und ein Spa sowie zwei Restaurants. Darüber hinaus werden Meisterkurse für Weinliebhaber und Luxusräume angeboten, in denen Gästen jeder Wunsch erfüllt wird (bis hin zum Kopfkissenmenü; Übernachtung ab 120 €).

Essen

LP TIPP Blackberry Cafe CAFÉ €
(Market St; Gerichte 4,50–7,50 €; Mo-Fr 9.30–17.30, Sa 10–17.30 Uhr) Großzügige Sandwiches und wärmende Suppen serviert man hier mit Kürbiskern-Sodabrot. Viele Zutaten stammen aus biologischem Anbau, Torten und Kuchen werden täglich frisch gebacken. Zwischen 12 und 14 Uhr gibt's tolle, mehrgängige Menüs; dann platzt das im Ortszentrum gelegene Blackberry aus allen Nähten.

Sol Bistro MODERNE IRISCHE KÜCHE €€
(Low St; Hauptgerichte 12–25 €; mittags & abends) Diese moderne irische Cafékette hat auch eine Niederlassung im Zentrum von Thomastown. Das kleine Lokal mit der alten Ladenfassade bedient sich nur der besten Zutaten, um typisch irische Gerichte mit dem gewissen Extra auf den Tisch zu zaubern.

An- & Weiterreise

Die Züge auf der Strecke Dublin–Waterford via Kilkenny halten auch in Thomastown (tgl. 8-mal pro Fahrtrichtung). Der Bahnhof befindet sich 1 km westlich der Stadt.

RUND UM THOMASTOWN

STONYFORD

6 km westlich von Thomastown und der Abtei liegt das kleine Örtchen Stonyford. In einem von Steinmauern umgebenen Bauernhaus 1 km weiter südlich befindet sich das national bekannte **Jerpoint Glass Studio** (www.jerpointglass.com; ⊙Laden Mo–Sa 10–18, So 12–17 Uhr). Dort kann man Arbeitern dabei zusehen, wie sie geschmolzenes Glas in exquisite oder praktische Glasgegenstände verwandeln.

LP TIPP **Knockdrinna Farm Shop** (www.knockdrinna.com; Gerichte ab 5 €; ⊙Di–Fr 9–18, Sa 10–18, So 12–18 Uhr), ein Laden mitten im Dorf, bietet eine große Auswahl an regionalen Erzeugnissen. Aus den hausgemachten Käsesorten, dem gepökelten Fleisch und geräucherten Fisch und den Salaten kann man sich das beste Picknick aller Zeiten zusammenstellen oder man setzt sich an einen der Tische und trinkt einen Kaffee.

KILFANE

Dieses Dorf 3 km nördlich von Thomastown an der R448 besitzt eine kleine, zerfallene **Kirche aus dem 13. Jh.** und einen **normannischen Turm** 50 m abseits der beschilderten Straße. In der Kirche entdeckt man ein bemerkenswertes Steinrelief von Thomas de Cantwell, als „Cantwell Fada" oder „Long Cantwell" bekannt. Es zeigt einen großen, schlanken Ritter in detailgetreuem Kettenpanzer, der einen Schild mit dem Cantwell-Wappen schwingt.

GOWRAN

14 km nordöstlich von Thomastown an der N 448 und 14 km östlich von Kilkenny ist dieser Ort vor allem für die **St. Mary's Church** (www.heritageireland.ie; Eintritt frei; ⊙9.30–18 Uhr Jun-Aug) bekannt, eine im 13. Jh. errichtete Kirche für Geistliche, die in freier Gemeinschaft zusammenleben. Sie wird vom Heritage Service verwaltet. Im Laufe der Zeit nahm man viele Veränderungen vor und gleich daneben steht eine Kirche aus dem 19. Jh.

INISTIOGE

260 EW.

Inistioge (*in-isch-tieg*) sieht aus wie ein Bilderbuchdorf. Eine **Steinbrücke** aus dem 18. Jh., die sich in zehn Bogen über den Nore spannt, und erlesene Geschäfte an einem beschaulichen Platz bieten so viel Authentizität, dass der Ort immer wieder gerne als Filmkulisse genommen wird, u. a. für *Die Witwen von Widow's Peak* (1993) und *Circle of Friens – Im Kreis der Freunde* (1994). Sollte für eine zukünftige Produktion mal eine Menschenmasse benötigt werden, muss man eigentlich nur am Wochenende das Set aufbauen, denn dann wird Inistioge von Tagesausflüglern überschwemmt.

Wer es lieber einsam mag, folgt einfach dem **Spazierweg am Fluss**, der im Süden aus dem Dorf hinausführt.

Ein malerisches Stück des South Leinster Way verläuft durch den Ort, was ihn zu einer empfehlenswerten Ausgangsbasis für Erkundungstouren macht. Die R700 (aus Richtung Thomastown kommend) eignet sich für eine wundervolle **Panoramatour** durch das Flusstal. Zu den Highlights zählt die Aussicht auf die Ruinen des **Grennan Castle** (erb. 13. Jh.). Noch schöner ist es, den **Wanderwegen** am Fluss zu folgen, deren Abzweige direkt in die Berge führen.

Etwa 500 m südlich auf dem Mt. Alto erstrecken sich die **Woodstock Gardens** (www.woodstock.ie; Parken 4 € (man kann nur mit Münzen zahlen); ⊙April-Sept.9-19 Uhr, Okt.-März 10–16 Uhr), eine herrliche Parkanlage aus dem 19. Jh. mit Picknickplätzen und Spazierpfaden. Das Panorama ist spektakulär. Von Inistioge aus folgt man den Schildern zum Woodstock Estate, fährt durch das große Tor (dem äußeren Anschein zum Trotze handelt es sich um eine öffentliche Straße) und erreicht nach 1 km den Parkplatz.

🛏 Schlafen & Essen

Im Ortszentrum befinden sich mehrere Cafés für anspruchslose Esser.

LP TIPP **Bassetts at Woodstock**

MODERNE IRISCHE KÜCHE €€€

(☏056-775 8820; www.bassetts.ie; Hauptgerichte 10–28 €; ⊙Mi–So mittags, Mi–Sa abends) John Bassetts hat sein an die Woodstock Gardens grenzendes Haus in ein inspirierendes Restaurant verwandelt. Samstagabends locken Degustationsmenüs (9,50 € pro Gang) mit passenden Weinen (ab 5 € pro Glas), die in regelmäßigen Abständen ab 19.30 Uhr serviert werden. Das Lokal ist eine tolle Anlaufstelle für einen netten Abend mit ein paar Freunden und die Gerichte aus lokalen Produkten sind frisch und fantasievoll. Übrigens grasen gleich vor der Tür die Steaks von morgen.

Woodstock Arms B&B, PUB €€

(☏056-775 8440; www.woodstockarms.com; EZ/DZ ab 45/70 €) Nettes Pub mit Sitzgelegenheiten draußen (man blickt auf den Platz) und sieben einfachen, sauberen Zimmern.

Die Dreibettzimmer sind besonders großzügig. Das Frühstück wird auf weiß-blauem Porzellan in einem hübschen, kleinen Raum mit Holztischen serviert.

GRAIGUENAMANAGH
1300 EW.

Graiguenamanagh (greg-*na*-muh-na; in der Gegend auch einfach Graigue genannt) ist die Art von Dorf, wo man unvermutet länger bleibt als geplant. Über den Barrow führt eine nachts angestrahlte uralte Steinbrücke mit sechs Bogen; sie verbindet Graigue mit dem kleineren Örtchen Tinnahinch im County Carlow. Die Steine auf der Carlower Seite sind dunkler – eine Hinterlassenschaft des Aufstands aus dem Jahr 1798, als die Brücke gesprengt wurde.

Sehenswertes & Aktivitäten

Ein paar malerische Wanderwege führen durch das Dorf und die Umgebung (s. Kasten S. 229).

Duiske Abbey KIRCHE
(8–18 Uhr) Was man heute von Irlands ehemals größter Zisterzienserabtei sieht, ist das Ergebnis vieler Anbauten und Veränderungen der letzten acht Jahrhunderte. Das schlichte Äußere und der weiß getünchte Innenraum weisen nur dezent auf die lange Geschichte hin. Rechts vom Eingang entdeckt man den **Ritter von Duiske**: Das Hochrelief aus dem 14. Jh. zeigt einen Ritter im Kettenpanzer, der nach seinem Schwert greift. Ganz in der Nähe gibt eine Glasfläche auf dem Boden die Sicht auf ein Stück der ursprünglichen Bodenfliesen aus dem 13. Jh. frei, die jetzt 2 m unter der Erde liegen. Auf dem Gelände befinden sich zwei frühe **Hochkreuze** (7. und 9. Jh.), die im letzten Jahrhundert zu ihrem Schutz hierhergebracht wurden. Das kleinere Ballyogan Cross zeigt auf seiner östlichen Seite Tafeln mit Darstellungen von der Kreuzigung, Adam und Eva, Abrahams Opferung des Isaak sowie den harfespielenden David. Auf der westlichen Seite wird der Kindermord zu Betlehem dargestellt.

Um die Ecke liegt das **Abbey Centre** (unterschiedlich) mit einer kleinen Ausstellung über christliche Kunst sowie Bildern des Klosters in unrestauriertem Zustand.

Feste & Events

Town of Books Festival BÜCHERFEST
(www.booktownireland.com) Während des dreitägigen Town of Books Festival Mitte September tummeln sich jede Menge Buchhändler, Autoren und Büchernarren in den engen Dorfgassen. Es gibt Pläne, aus Graiguenamanagh eine ganzjährige „Bücherstadt" zu machen (nach dem Beispiel des walisischen Hay-on-Wye); bis es so weit ist, kann man den guten Antiquariaten und Secondhandbuchläden einen Besuch abstatten.

Schlafen & Essen

Waterside GÄSTEHAUS €€
(059-972 4246; www.watersideguesthouse.com; The Quay; EZ/DZ ab 55/80 €; Restaurant So ganzjährig mittags, April–Sept. Mo–Sa abends, Okt.–März nur Fr & Sa abends) Dieses einladende Gasthaus und Restaurant liegt neben den am Flussufer vertäuten Booten. Alle zehn renovierten Zimmer des umgewandelten steinernen Getreidelagers aus dem 19. Jh. warten mit viel Holz auf. Die Gastgeber Brian und Brigid Roberts können ihren Gästen mehr über versteckte Winkel des Dorfes verraten. Ihr Lokal verdankt seinen guten Ruf der hervorragenden modernen irischen Küche (Hauptgerichte 18–26 €) und regelmäßigen „After Dinner Live"-Konzerten, die von Jazz bis Bluegrass reichen.

Boats Bistro MODERNE IRISCHE KÜCHE €€
(www.boatsbistro.com; The Quay; Hauptgerichte 10–20 €; Fr–So mittags, Mitte März–Okt. Fr & Sa abends) An den Tischen draußen oder in dem wunderbar hellen, luftigen Speisesaal des fröhlichen, unauffälligen Cafés gleich am Wasser laben sich die Gäste an Gerichten aus regionalen Zutaten. Fisch und Meeresfrüchte aus dem Südosten dominieren die Speisekarte, darunter eine köstliche Meeresfrüchtesuppe und eine grandiose Fischpastete.

Ausgehen

In den beiden wunderbaren Pubs **Mick Doyle's** (Abbey St) und **Mick Ryan's** (Abbey St) hat sich seit Generationen nichts verändert. An der ersten Kneipe hängt noch ein uraltes Schild für *sheep-dipping* (eine traditionelle Methode der Ungezieferbekämpfung, bei der Schafe komplett in ein Bad eingetaucht wurden); dort werden zudem Eisenwaren verkauft. In der zweiten gibt's ein authentisches *snug* (Nebenzimmer).

Murray's PUB
Dieses herrlich gemütliche Pub an der Ecke Quay und Abbey Street wird sonntagabends zum Treffpunkt der Dorfbewohner, denn dann finden hier traditionelle Sessi-

WANDERN IN DEN COUNTIES CARLOW & KILKENNY

Der **South Leinster Way** verläuft durch das südliche Hügelland des Countys Kilkenny von Graiguenamanagh über Inistioge bis hinunter nach Mullinavat und westwärts nach Piltown. Sein mit Abstand schönster Abschnitt ist 13 km lang und beginnt am Fluss Barrow. Er verbindet Graiguenamanagh und Inistioge, zwei charmante Orte, die sich auf Touristen eingestellt haben. In beiden gibt's köstliches Essen.

Alternativ kann man auf dieser Route in den **Brandon Way** (4 km südlich von Graiguenamanagh) einbiegen, der zum **Brandon Hill** (516 m) hinaufführt. Das weite Moorland-Hochplateau ist leicht zu erreichen. Hier oben genießt man einen wunderbaren Blick auf die Blackstairs Mountains und den Mt. Leinster im Osten. Von Graigue aus hin und zurück ist der entspannte Spazierweg 12 km lang.

Die Strecke am **Barrow** flussabwärts von Graiguenamanagh nach St. Mullins in der Grafschaft Carlow ist landschaftlich ebenso schön. Ein befestigter Pfad verläuft an Kanälen entlang sowie durch Wälder und über Wiesen, die zum Picknicken einladen.

---

ons statt. Manche Songs handeln von Orten in der Umgebung.

🛍 Shoppen

 Cushendale Woollen Mill

WOLLGESCHÄFT

(www.cushendale.ie; Mo-Fr 8.30-12.30 & 13.30-17.30, Sa 10-13 Uhr) In dem Laden werden Strickgarn, Decken, Tweed und Winterwollsachen hergestellt. Besucher können hier nach der informellen Führung in der jahrhundertealten Mühle fragen, bei der man diese in Aktion erleben kann.

Duiske Glass KRISTALLGLAS

(www.duiskeglass.ie; Mo-Sa 9-17 Uhr) In dem kleinen Atelier im Zentrum des Dorfs werden moderne und traditionelle Kristallwaren angefertigt.

ℹ An- & Weiterreise

Graiguenamanagh befindet sich 23 km südöstlich von der Stadt Kilkenny an der R703. Zwei Busse von **Kilbride Coaches** (www.kilbridecoaches.com) verkehren montags bis samstags von bzw. nach Kilkenny (5 €, 1 Std.).

Nördliches Kilkenny

Die sanften grünen Berge im Norden des Countys laden zu idyllischen Spritztouren mit Picknick ein. In diesem Teil der Grafschaft steppt nicht gerade der Bär, stattdessen genießt man einfach die Landschaft und erkundet die friedlichen Dörfer.

CASTLECOMER & UMGEBUNG
1500 EW.

Castlecomer liegt am sanft dahinfließenden Dinin etwa 18 km nördlich von Kilkenny. Nachdem man hier 1636 Anthrazit-Vorkommen aufgespürt hatte, avancierte der Ort zu einem Bergbauzentrum, bis die Gruben Mitte der 1960er-Jahre geschlossen wurden. Die Kohle gilt als beste Europas, denn sie enthält wenig Schwefel und entwickelt kaum Rauch.

Im üppigen Waldgebiet erstreckt sich der **Castlecomer Discovery Park** (www.discoverypark.ie; Estate Yard; Erw./Kind 8/5 €; Mai-Aug. 9.30-18 Uhr, Sept.-Okt. & März-April 10-17 Uhr, Nov.-Feb. 10.30-16.30 Uhr) mit Exponaten zum Kohlebergbau, darunter einige **Fossilien** von Tieren, die älter sind als die Dinosaurier.

Etwa 10 km südwestlich von Castlecomer stößt man auf **Swifte's Heath**, den Wohnsitz von Jonathan Swift während seiner Schulzeit in Kilkenny. Offenbar wurde das „e" in seinem Namen weggelassen, noch bevor der Satiriker und Schriftsteller mit *Gullivers Reisen* und *Ein bescheidener Vorschlag* berühmt wurde.

Bus Éireann (056-64933) bietet jeden Tag fünf Verbindungen nach Kilkenny (5 €, 20 Min.) an.

DUNMORE CAVE

Mit eindrucksvollen Kalkspatformationen wartet  **Dunmore Cave** (056-776 7726; www.heritageireland.ie; Ballyfoyle; Erw./Kind 3/1 €; Juni-Sept. 9.30-18.30 Uhr, März-Mai & Sept.-Okt. 9.30-17 Uhr, Nov.-März Mi-So 9.30-17 Uhr) rund 6 km nördlich von Kilkenny an der Straße nach Castlecomer (N78) auf. Historischen Quellen zufolge töteten plündernde Wikinger im Jahr 928 insgesamt 1000 Menschen in den nahe gelegenen Ringfestungen. Die Überlebenden flüchteten in die Höhlen, wo ihre Peiniger versuchten, sie auszuräuchern. Man nimmt an, dass die Männer schließlich von ihren Häschern aus dem Feuer gezogen wurden, um sie als Sklaven zu halten. Frauen und Kinder hingegen ließen sie ersticken: Bei Ausgrabungen 1973 kamen die Gebeine von mindestens 44 Menschen zutage. Außerdem fand man Münzen aus dem 10. Jh. Einer These zufolge sollen diese Geldstücke von Wikingern stammen, die sich ihre Münzen oftmals mit Wachs unter die Achseln klebten, um sie im Kampf nicht zu verlieren. Allerdings weisen die Skelette kaum Spuren von Gewalteinwirkungen auf, was wiederum dafür spricht, dass Ersticken die Todesursache war.

Die Höhle kann man nur im Rahmen einer Führung besichtigen, doch die lohnt sich auf jeden Fall. Nach einem steilen Abstieg erreicht man Räume voller Stalaktiten, Stalagmiten und Säulen, darunter das 7 m hohe „Market Cross", Europas größter freistehender Stalagmit. In der hell erleuchteten und geräumigen Höhle ist es ziemlich kühl und feucht, deshalb sollte man sich warm anziehen.

Infos zu Busverbindungen erhält man bei der Verwaltung der Dunmore Cave.

County Cork

EINWOHNER: 518 000 / FLÄCHE: 7508 KM²

Inhalt »

Cork (Stadt) 233
Blarney Castle 244
Westliches Cork 250
Kinsale 250
Clonakilty 266
Mizen Head
Peninsula 275
Schull 275
Bantry 279
Sheep's Head
Peninsula 281
Beara Peninsula
(Ring of Beara) 282
Castletownbere 285
Nördliches Cork 288
Mallow 288

Auf nach Cork

In diesem County gibt's alles, was Irland an guten Dingen zu bieten hat. Cork, die gleichnamige Hauptstadt der Grafschaft, präsentiert sich als blühende Metropole und ist durch ihre Lage und die Liebe zu den guten Dingen des Lebens berühmt geworden. Rund um Irlands zweitgrößte Stadt liegen üppige Landschaften und Dörfer, in deren Idylle man verträumte Tage verbringen kann.

Cork selbst wartet mit unzähligen Märkten, kreativen neuen Restaurants, fröhlichen Pubs sowie vielen Unterhaltungs- und Kulturangeboten auf. Aufgrund der wunderbaren Umgebung lohnt es sich, einfach querfeldein zu stapfen, an den Windungen, Buchten und Meeresarmen der erodierten Küste entlangzuwandern und charmante Fischerdörfer wie Clonakilty und Baltimore zu besuchen.

Im Westen der Grafschaft befinden sich Irlands schönste Orte, darunter auch die herrliche Beara Peninsula, auf der man Bergpässe überqueren und die antike Geschichte des Landes kennenlernen kann.

Gut essen

» Fishy Fishy Café (S. 253)
» Jim Edwards (S. 264)
» Market Lane (S. 239)
» Café Paradiso (S. 239)
» Farmgate Café (S. 240)

Schön übernachten

» Garnish House (S. 238)
» Ballymaloe House (S. 247)
» Bridge House (S. 271)
» Blair's Cove House (S. 279)
» Imperial Hotel (S. 235)

Reisezeit

Obwohl die Sommermonate das beste Wetter versprechen, finden in der Nebensaison die meisten Festivals statt. Im Mai steigt das Fisch- und Jazzfestival in Baltimore, und im März wird im Westen des Countys gefeiert, besonders in der Gourmethauptstadt Kinsale, die im Oktober mit zwei exzellenten Gourmetfesten lockt. Ende Oktober zieht Cork (Stadt) mit seinem beliebten Jazzfestival Einwohner und Besucher an.

Highlights

1 In der quirligen Stadt Cork (S. 233) feiern, die mit einer überwältigenden Auswahl an Restaurants, Pubs, Konzerten und Theatern aufwartet

2 Die beeindruckende Küstenstraße der Beara Peninsula entlangfahren oder -radeln und **Allihies** (S. 287) umrunden

3 **Kinsales** (S. 250) mittelalterliche Straßen, riesige Festungen, Küstenwege und tolle Fisch-Pubs erkunden

4 In **Cobh** (S. 245) das Zeitalter der Ozeandampfer wiederbeleben

5 Unberührte Fischerdörfer wie **Union Hall** und **Glandore** (S. 269), **Castletownshend** (S. 270), **Castletownbere** (S. 285) sowie **Baltimore** (S. 272) besuchen

CORK (STADT)

120 000 EW.

Die zweitgrößte Stadt der Republik steht in jeder Hinsicht an erster Stelle, zumindest wenn es nach den Einheimischen geht, die Cork gerne als „Irlands echte Hauptstadt" bezeichnen. Schöne Wasserwege umgeben das kompakte Zentrum, das mit hervorragenden Restaurants und vielen kulinarischen Höhepunkten lockt. Corks Lage ist ein Segen, denn es liegt sowohl vor den Türen des Touristenmekkas im Südwesten als auch in der Nähe weniger bekannter Idyllen im östlichen Cork und West Waterford.

Die Innenstadt wird vom Fluss Lee umrundet und wirkt wie eine Insel. Enge Gässchen aus dem 17. Jh. und georgianische Prachtstraßen, gesäumt von modernen architektonischen Meisterwerken wie dem Opernhaus, prägen sie. Von der St. Patrick's Bridge im Nordarm des Lee verläuft die St. Patrick's Street durch das Einkaufs- und Handelszentrum der Stadt bis zur georgianischen Grand Parade, die einen zum Südarm des Lee leitet. Nördlich und südlich der Straße erstrecken sich die Vergnügungsviertel, ein Gewirr von Gassen mit unzähligen Pubs, Cafés, Restaurants und Läden.

Der anhaltende Renovierungs- und Bauboom bringt immer neue Bauwerke, Bars und Kunstzentren hervor, dennoch hat sich die Stadt ihren traditionellen Charme bewahrt: dank kleiner Kneipen mit Livemusikprogramm, dank bester regionaler Erzeugnisse in einer wachsenden Zahl an Lokalen und nicht zuletzt dank Corks herzlichen und stolzen Einwohnern.

Geschichte

Corks lange, blutige Geschichte ist untrennbar verbunden mit dem irischen Kampf um Unabhängigkeit.

Sie begann im 7. Jh. mit dem hl. Finbarre (auch als Finbarr und Fin Barre bekannt), der auf einem *corcach* (Sumpfland) ein Kloster gründete. Nachdem die Siedlung Raubzüge und die zeitweilige Besiedlung durch Nordmänner überstanden hatte, wurde sie im 12. Jh. Hauptstadt des Königreichs South Munster. Doch die Herrschaft der Iren währte nicht lange – schon 1185 war Cork in englischer Hand. In dem folgenden unerbittlichen Kampf zwischen Engländern und Iren wurde Cork mehrfach von beiden Seiten bezwungen, wieder verloren und zurückerobert. Die Stadt überstand Cromwells Invasion, nur um dem strengen Protestanten Wilhelm von Oranien in die Hände zu fallen.

Im 18. Jh. erlebte der Ort eine Blütezeit und exportierte Butter, Rindfleisch, Bier sowie Whiskey in die ganze Welt. Nur ein Jahrhundert später wütete die Große Hungersnot; sie beraubte Cork Zehntausender Einwohner. In ganz Irland kamen Millionen Menschen ums Leben oder wanderten aus.

Im Kampf um die irische Unabhängigkeit spielte Cork als Rebellenhochburg eine entscheidende Rolle. 1920 wurde Oberbürgermeister Thomas MacCurtain von Mitgliedern der Royal Irish Constabulary, den sogenannten Black and Tans (britische Hilfstruppen, so genannt wegen ihrer Uniformen, die eine Mischung aus Armee-Khaki und Polizei-Schwarz waren), erschossen. Sein Nachfolger, Terence MacSwiney, starb in London im Gefängnis von Brixton an den Folgen eines Hungerstreiks. Die Briten unterwarfen Cork mit besonders harter Hand und brannten einen Großteil der Innenstadt nieder, darunter die St. Patrick's Street, das Rathaus und die Bibliothek. Während des Bürgerkriegs (1922–23) rückte Cork ins Zentrum des Geschehens.

◉ Sehenswertes

Die schönste Sehenswürdigkeit ist die Stadt selbst, die man am besten beim Umherschlendern erkundet. 2009 wurde die einst sehr beliebte **ehemalige Beamish & Crawford Brewery** vom Besitzer Heineken geschlossen. Das Schicksal des hübschen Fachwerk-Eckhauses ist ungewiss.

GRATIS **Crawford Municipal Art Gallery**
KUNSTMUSEUM

(☏021-490 7855; www.crawfordartgallery.ie; Emmet Pl; ⊙Mo-Sa 10–17, Do 10–20 Uhr) Das Kunstmuseum beherbergt eine kleine, aber hervorragende Dauerausstellung, die Werke von 17. Jh. bis in die Gegenwart enthält. Zu den Highlights gehören die Arbeiten von Sir John Lavery, Jack B. Yeats und Nathaniel Hone. Ein Raum ist irischen Künstlerinnen zwischen 1886 und 1978 gewidmet, darunter auch Mainie Jellet und Evie Hone.

Die schneeweißen Gipsmodelle römischer und griechischer Statuen in den Skulpturengalerien waren ein Geschenk des Papstes an den englischen König Georg IV. im Jahr 1822. Allerdings fand der Monarch daran wenig Gefallen und verbannte die Skulpturen in den Keller, bis schließlich jemand vorschlug, sie der Stadt Cork zu vermachen.

Im Untergeschoss werden oft hervorragende Wechselausstellungen präsentiert.

St. Fin Barre's Cathedral KATHEDRALE
(021-496 3387; www.cathedral.cork.anglican.org; Bishop St; Erw./Kind 4/2 €; Mo-Sa 9.30-17.30 & So 12.30-17 Uhr) Spitze Türme, Wasserspeierfratzen und Skulpturen schmücken die Außenfassade der protestantischen Kathedrale von Cork. Das Gebäude ist eine auffallende Mischung aus französischer Gotik und mittelalterlichem Einfallsreichtum. Einer Legende nach soll der goldene Engel auf der Ostseite in sein Horn stoßen, sobald die Apokalypse bevorsteht.

Der Innenraum ist nicht weniger prächtig gestaltet, mit **Marmormosaiken** auf dem Boden, einer farbenprächtigen Decke über dem Altar, einer riesigen Kanzel und einem Bischofsthron. Zu den ungewöhnlicheren Ausstellungsobjekten gehört eine Kanonenkugel, die bei der Belagerung von Cork 1690 einen mittelalterlichen Turm traf.

Ein Großteil dieser Pracht ist das Ergebnis eines 1863 abgehaltenen Architektenwettbewerbs, aus dem William Burges als klarer Sieger hervorging. Als er zum Gewinner gekürt worden war, warf er prompt alle Entwürfe über den Haufen, fügte ein weiteres Chorgewölbe und höhere Türme hinzu und sprengte rasch sein Budget von umgerechnet 22 000 Euro. Zum Glück hatte der Bischof Verständnis für den Perfektionisten – er verbrachte den Rest seines Lebens damit, Gelder für das Projekt einzutreiben.

Die Kathedrale liegt etwa 500 m südlich der Innenstadt, genau dort, wo Corks Schutzpatron, der hl. Finbarre, im 7. Jh. sein Kloster gegründet hatte.

Lewis Glucksman Gallery KUNSTMUSEUM
(021-490 2760; www.glucksman.org; University College Cork; Spendenvorschlag 5 €; Di-Sa 10-17, So 12-17 Uhr) Die preisgekrönte Galerie befindet sich auf dem Gelände des University College Cork (UCC) und ist in einem aufsehenerregenden Gebäude aus Kalkstein, Stahl und Holz untergebracht. Bei seiner Eröffnung im Jahre 2004 galt das Gebäude als sichtbares Symbol des städtischen Optimismus. Nicht einmal die schweren Flutschäden, die die Lagerräume im Keller im November 2009 nahmen, konnten seinen Daseinszweck schmälern: Hier sollen die besten nationalen und internationalen Werke der zeitgenössischen Kunst präsentiert werden. Alle zwei Wochen wird eine lohnenswerte kostenlose Führung angeboten (mehr Infos dazu stehen auf der Website). Da das Museum auf dem Unigelände liegt, wimmelt es dort eigentlich immer von Leuten, die Vorlesungen besuchen, Kunstwerke besichtigen oder im Café entspannen (s. S. 240).

Cork City Gaol MUSEUM
(021-430 5022; www.corkcitygaol.com; Convent Ave, Sunday's Well; Erw./Kind 7/4 €; 9.30-17 Uhr) Zart Besaiteten wird es hinter den Mauern des früheren Gefängnisses sicher ziemlich mulmig zumute. Trotzdem ist das Museum überaus sehenswert, wenn auch nur, um zu verstehen, was für ein grauenhaftes Leben die Gefangenen vor einigen Jahrhunderten führten. Mit Kopfhörern ausgestattet läuft man durch die restaurierten Zellen und sieht dort lebensgroße Figuren leidender Insassen sowie sadistisch dreinblickender Wärter. Die Härte des Strafsystems im 19. Jh. geht einem unter die Haut. Häufig brachte die Menschen einzig die weit verbreitete bittere Armut ins Gefängnis: Viele Inhaftierte leisteten z. B. nur deshalb Schwerstarbeit, weil sie einen Laib Brot gestohlen hatten.

1923 wurde das Gefängnis geschlossen und 1927 als Radiosender wiedereröffnet. Der neuen Funktion des Gebäudes widmet sich das **Radio Museum Experience** im Obergeschoss, wo eine Sammlung schöner alter Empfangsgeräte zu bewundern ist und man alles über die Geschichte von Guglielmo Marconi, dem Pionier der drahtlosen Telekommunikation, erfährt.

Vom Stadtzentrum unternimmt man entweder einen Spaziergang hierher oder steigt am Busbahnhof in die Linie 8 und fährt bis zum UCC; von da geht's quer durch den Fitzgerald Park über die Mardyke Bridge, am Ufer des River Lee Walkway entlang und den Hügel hinauf. Der Weg ist ausgeschildert.

Shandon STADTVIERTEL
Galerien, **Antiquitätenläden** und **Cafés** entlang der alten Straßen und Plätze dieses Viertels laden zum Bummeln ein. Ein Besuch des auf dem Nordhügel über dem Zentrum gelegenen Stadtteils lohnt sich allein schon wegen der schönen Aussicht. Die kleinen alten Reihenhäuser, in denen Generationen von Arbeitern unter sehr einfachen Bedingungen mit ihren großen Familien lebten, dienen nun als begehrte Zweitwohnungen in der Stadt.

Herzstück von Shandon ist die **St. Anne's Church** (021-450 5906; www.shandonbells.org; John Redmond St; Mo-Sa 10-17 Uhr) von

1722, auch „Four-Faced Liar" (Viergesichtige Lügnerin) genannt. Die Kirche erhielt diesen Namen, weil früher jede der vier Turmuhren eine andere Uhrzeit anzeigte. Hobby-Kampanologen können die **Glocken** (Erw./Kind 6/5 €) im ersten Stock des italienisch anmutenden Kirchturms von 1750 läuten und dann die 132 Stufen bis zur Spitze hochsteigen, um den herrlichen Panoramablick zu genießen.

Die Butterherstellung hat eine lange Tradition in Cork (in den 1860er-Jahren befand sich hier der weltgrößten Buttermarkt, und Cork exportierte das Milchprodukt ins gesamte Britische Reich). Das **Cork Butter Museum** (021-430 0600; www.corkbutter.museum; O'Connell Sq; Erw./Kind 4/3€; März–Juni & Sept.–Okt. 10–17 Uhr, Juli & Aug. 10–18 Uhr) widmet sich der Butterindustrie mit Ausstellungsstücken und Dioramen. Den Platz vor dem passenderweise gelb gestrichenen Museum beherrscht das auffällige runde Gebäude **Firkin Crane**. Einst thronte es inmitten des alten Buttermarkts, heute ist darin eine Tanzschule (S. 242) untergebracht.

🔍 Geführte Touren

Cork City Tour BUSTOUR
(021-430 9090; www.corkcitytour.com; Erw./Student/Kind 14/12/5 €; April–Okt. 10–17.30 Uhr; der letzte Bus startet 16 Uhr) Die offenen Busse fahren zu allen Hauptattraktionen in Cork; an bestimmten Punkten kann man ein- und aussteigen. Die Outer Limits Tour führt in die Außenbezirke der Stadt.

Cork Historic Walking Tours
STADTSPAZIERGANG
(085 100 7300; www.walkcork.ie; Erw./Kind 10/5 €; April–Sept. Mo–Fr 10 & 14 Uhr) Startpunkt der 90-minütigen Touren ist die Touristeninformation.

Cork Literary Tour STADTSPAZIERGANG
Kostenloser Rundgang durch Cork mit einem Audioguide, den man in der **Cork City Library** (021-492 4900; www.corkcitylibraries.ie; 57–61 Grand Pde; Mo–Sa 10–17.30 Uhr) bekommt. Alternativ lädt man die Informationen dort auf seinen MP3-Player.

Cork Walks STADTSPAZIERGANG
Der Stadtrat bietet zwei kostenlose Rundgänge an, die durch South Parish und Shandon führen. Stadtplan und Leitfaden sind in der Touristeninformation (S. 243) erhältlich.

DER SCHNAPSJÄGER

Auf der St. Patrick's Street, gleich südlich vom Nordarm des Lee, stößt man auf die imposante **Statue** von Father Theobald Mathew, dem „Apostel der Enthaltsamkeit". In den 1830er- und 1940er-Jahren unternahm er einen effektiven Feldzug gegen den Alkohol: 250 000 Menschen schwuren dem Trinken ab und die Produktion von Whiskey halbierte sich. Ihm zu Ehren entwarfen die Gebrüder Pain 1834 die **Holy Trinity Church** (Fr Mathew Quay), außerdem ist die Father Mathew Bingo Hall um die Ecke nach dem Geistlichen benannt.

🎭 Feste & Events

Für das Jazz- und Filmfestival im Oktober sollte man sich früh um Karten kümmern.

Cork World Book Festival (www.cometocork.ie) Riesiges Buchfest mit vielen Autoren. Es findet Ende April statt und wird von der Cork City Library gesponsert.

International Choral Festival (www.corkchoral.ie) Das Fest der Chöre von Ende April bis Anfang Mai im Rathaus und an anderen Veranstaltungsorten ist in Cork ein wichtiges Event.

Cork Pride (www.corkpride.com) Events für Schwule im Mai und Juni.

Guinness Jazz Festival (www.corkjazzfestival.com) Hochkarätige Jazzgrößen treten jeden Oktober an verschiedenen Veranstaltungsorten beim größten Festival in Cork auf.

Cork Film Festival (www.corkfilmfest.org) Vielfältiges wochenlanges Programm mit internationalen Filmen im Oktober und November.

🛏 Schlafen

Stadtzentrum

Egal ob man auf der Hauptinsel oder im Norden, auf der anderen Seite der St. Patrick's Bridge in Shandon oder in der MacCurtain Street übernachtet – man ist immer mitten im Trubel.

Imperial Hotel HOTEL €€
(021-427 4040; www.flynnhotels.com; South Mall; Zi. 90–220 €; P @ 🛜) Obwohl das Hotel schon auf seinen 200. Geburtstag zugeht, altert es in Würde. Die Gemeinschaftsräu-

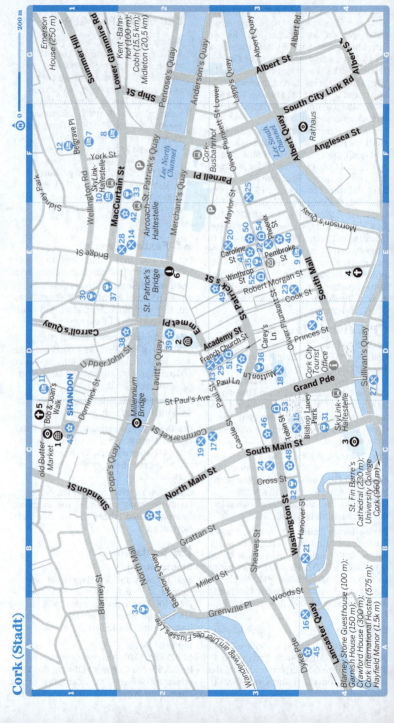

Cork (Stadt)

◎ Sehenswertes
- **1** Cork Butter Museum C1
- **2** Crawford Municipal Art Gallery D2
- Firkin Crane .... (siehe 43)
- **3** Ehemalige Beamish & Crawford Brewery C4
- **4** Holy Trinity Church E4
- **5** St. Anne's Church C1
- **6** Father-Mathew-Statue E2

⊜ Schlafen
- **7** Auburn House F1
- **8** Brú Bar & Hostel F1
- **9** Imperial Hotel E3
- **10** Isaac's Hotel F1
- **11** Kinlay House D1
- **12** Sheila's Hostel F1

⊗ Essen
- **13** Amicus Café & Restaurant D3
- **14** Boqueria E2
- **15** Cafe Antigua C3
- **16** Café Paradiso A4
- **17** Cornstore C3
- **18** English Market D3
- **19** Bauernmarkt C2
- Farmgate Café .... (siehe 18)
- **20** Idaho Café E3
- **21** Indigo B4
- **22** Jacques Restaurant E3
- Joup .... (siehe 18)
- **23** Les Gourmandises E3
- **24** Liberty Grill C3
- **25** Market Lane F3
- **26** Nash 19 .... D4
- On the Pigs Back .... (siehe 18)
- **27** Quay Co-op D4
- Quay Co-op Organic & Wholefood Shop .... (siehe 27)
- Sandwich Stall .... (siehe 18)
- **28** Star Anise E2
- **29** Strasbourg Goose D3

⊙ Ausgehen
- **30** Abbot's Ale House E1
- **31** An Spailpín Fánac C4
- **32** Chambers C3
- Cornstore .... (siehe 17)
- Crane Lane Theatre .... (siehe 40)
- **33** Dan Lowry's F2
- **34** Franciscan Well Brewery A2
- **35** Long Valley E3
- **36** Mutton Lane Inn D3
- **37** Sin É E1

◎ Unterhaltung
- **38** Cork Arts Theatre D2
- **39** Cork Opera House D2
- **40** Crane Lane Theatre E3
- **41** Cyprus Avenue E3
- **42** Everyman Palace Theatre E2
- **43** Firkin Crane C1
- Flux! .... (siehe 8)
- **44** Gate Multiplex B2
- **45** Granary A4
- Half Moon Theatre .... (siehe 39)
- **46** Other Place C3
- **47** Pavilion D3
- **48** Ruby's C3
- **49** Savoy E3
- **50** Scotts E3
- Triskel Arts Centre .... (siehe 15)

⊙ Shoppen
- **51** O'Connaill D3
- **52** P Cashell E3
- **53** Plugd Records C3
- **54** Pro Musica E3

---

me bezaubern mit opulenten historischen Details wie Marmorböden und Blumenbouquets. Alle 130 Zimmer warten mit dem Standards eines Vier-Sterne-Hotels auf: Schreibtische, eine dezente Einrichtung und moderne Elemente wie eine digitale Musikbibliothek. Ein nobles Aveda-Spa gehört zu den neuesten Errungenschaften – so etwas gab es noch nicht, als Charles Dickens hier übernachtete.

Brú Bar & Hostel HOSTEL €
(✆021-455 9667; www.bruhostel.com; 57 MacCurtain St; B 12–24 €, 3BZ ab 50 €; P @ ⊛) Bei Rucksackreisenden und Einheimischen erfreut sich die tolle Bar großer Beliebtheit. Alle Schlafsäle verfügen über ein Bad, sind sauber und stilvoll und haben vier bis sechs Betten. Man sollte sich in einem der oberen unterbringen lassen, denn dort herrscht mehr Ruhe. Es gibt ein Internetcafé mit freiem Zugang für Gäste. Das Frühstück ist im Preis enthalten.

Emerson House B&B €€
(✆021-450 3647; www.emersonhousecork.com; 2 Clarence Tce, North Summer Hill; EZ/DZ ab 60/80 €; P ⊛) Das B&B für Schwule und Lesben liegt versteckt fast ganz oben auf dem lebhaften Summer Hill in einem geor-

gianischen Haus. Es verfügt über eine elegante Einrichtung aus vielen Originalstücken und ist sehr gemütlich. Bei Fragen kann man sich an Besitzer Cyril wenden. Er kennt die Gegend wie seine eigene Westentasche.

Auburn House B&B €€
(021-450 8555; www.auburnguesthouse.com; 3 Garfield Tce, Wellington Rd; EZ/DZ 58/80 €; P) In dem B&B wird man wie ein Familienmitglied aufgenommen. Zwar sind die Zimmer klein, aber dafür sauber und mit hübschen Blumenkästen vor den Fenstern ausgestattet. In den Räumen nach hinten genießt man eine herrliche Aussicht über die Stadt. Zum Frühstück wird auch Vegetariern etwas geboten; ein weiteres Plus ist die Lage unweit der quirligen MacCurtain Street.

Sheila's Hostel HOSTEL €
(021-450 5562; www.sheilashostel.ie; 4 Belgrave Pl, Wellington Rd; B 14–19 €, DZ 46–54 €; P@) Bei Sheila's geben sich Rucksacktouristen die Klinke in die Hand, was bei der zentralen Lage nicht verwundert. Gästen stehen eine Sauna, kostenloser Internetzugang, ein Billardtisch und ein Grillplatz zur Verfügung. Mitarbeiter helfen bei der Miete eines Autos oder Rads. Für das Frühstück zahlt man 3 € extra.

Kinlay House HOSTEL €
(021-450 8966; www.kinlayhousecork.ie; Bob & Joan's Walk; B 15–18 €, DZ 48–70 €; @) Das verschachtelte Hostel liegt in einer ländlichen Ecke nahe der St. Anne's Church in Shandon und punktet mit einer entspannten Atmosphäre. Zum Service gehören eine Waschmaschine und die Gepäckaufbewahrung. Gäste können das Fitnessstudio nebenan zum vergünstigten Preis nutzen.

Isaac's Hotel HOTEL €€
(021-450 0011; www.isaacs.ie; 48 MacCurtain St; Zi. 60–160 €; @) Seine Lage gilt als bestes Argument des alten Grand-Hotels, das in einem ehemaligen Lagerhaus für viktorianische Möbel untergebracht ist. Die 47 Zimmer sind in Lachstönen eingerichtet und der Service lässt schon mal zu wünschen übrig. Man sollte sich einen von der lauten Straße abgewandten Raum geben lassen. In den Zimmern ohne Ventilatoren ist es an sonnigen Tagen heiß und stickig.

Western Road & Umgebung

Die Western Road führt vom Stadtzentrum zum UCC-Campus im Südwesten, wo es die meisten B&Bs gibt. Hin kommt man mit der Buslinie 8 oder zu Fuß entlang der ruhigen Dyke Parade.

LP TIPP Garnish House B&B €€
(021-427 5111; www.garnish.ie; Western Rd; EZ/DZ 75/80 €; P) In dem preisgekrönten B&B wird dem Gast alle Aufmerksamkeit zuteil. Auf der legendären Frühstückskarte (30 Angebote!) stehen frischer Fisch, französische Toasts, Arme Ritter, Omelettes und vieles mehr. Als Spezialität des Hauses gilt frisch gekochter Porridge mit sahnigem Honig und einem Whiskey oder Baileys nach Wahl. Am besten genießt man ihn auf der Gartenterrasse. Die 14 Zimmer sind sehr komfortabel und die Rezeption ist 24 Stunden geöffnet.

Hayfield Manor HOTEL €€€
(021-484 9500; www.hayfieldmanor.ie; Perrott Ave, College Rd; Zi. 180–350 €; P) Der rote Teppich ist ausgerollt, ein Glas Sherry wartet schon – willkommen im Hayfield Manor. Knapp 1½ km vom Zentrum geht's eher zu wie in einem gemütlichen Landhaus. Komfort und Annehmlichkeiten eines Luxushotels treffen hier auf die lockere Gastfreundlichkeit einer privaten Pension. In den 88 schönen Zimmern (man kann zwischen traditioneller und moderner Einrichtung wählen) wird ein 24-Stunden-Service geboten und in der Bibliothek lassen sich viele Stunden vertrödeln.

Blarney Stone Guesthouse B&B €€
(021-427 0083; www.blarneystoneguesthouse.ie; Western Rd; EZ/DZ 59/89 €; P@) Diese Unterkunft ragt aus der Reihe eng zusammenliegender B&Bs heraus – und sei es nur wegen der leuchtend weißen Fassade. Es gibt acht Zimmer mit einer üppigen Einrichtung voller Rüschen und Schnörkel, die an Zeiten erinnert, als noch Autos mit Vinyldächern in Mode waren.

Crawford House B&B €€
(021-427 9000; www.crawfordguesthouse.com; Western Rd; Zi. 60–90 €; P@) Alle zwölf Zimmer dieses luxuriösen B&B trumpfen mit Power-Duschen, geräumigen Spa-Bädern sowie riesigen Doppelbetten auf. Sie sind elegant, aber doch dezent und mit viel Holz eingerichtet. Das Crawford House bietet die Standards eines modernen Hotels (24 Std. geöffnete Rezeption) und eine familiäre Atmosphäre.

Cork International Hostel HOSTEL €
(021-454 3289; www.anoige.ie; 1 & 2 Redclyffe Western Rd; B 15 €, DZ 55 €; P@) Ein soli

des, hübsches Backsteingebäude nahe der Uni beherbergt dieses beliebte An-Óige-Hostel mit 98 Betten. Die Schlafsäle sind hell und das Personal ist immer gut drauf. Einziger Nachteil: der 2 km lange Marsch ins Zentrum entlang einer stark befahrenen Straße (es sei denn, man nimmt Bus 8).

Essen

Ein Besuch in Cork lohnt sich schon allein wegen der wunderbaren Gastronomie. Der English Market (s. S. 240) ist ein lokaler, wenn nicht sogar nationaler Schatz.

LP TIPP Market Lane INTERNATIONAL €€
(021-427 4710; www.market lane.ie; 5 Oliver Plunkett St; Hauptgerichte 10–26 €; Mo-Sa 12 Uhr–open end, So 13–21 Uhr) In dem hellen Eckbistro mit offener Küche und aufmerksamem Service ist immer jede Menge los. Essen kann man auch direkt an der langen Holztheke. Die Speisekarte bietet eine große Auswahl und wird regelmäßig geändert, weil man hier vor allem frische saisonale Produkte verwendet: Wie wär's mit geschmortem Rinderrücken? Steaks werden mit leckerem Aioli serviert. Das 10 € teure Mittagsmenü mit einem Sandwich, Suppe und Tee oder Café ist ein echtes Schnäppchen. Zudem gibt's viele offene Weine.

Café Paradiso VEGETARISCH €€€
(021-427 7939; www.Caféparadiso.ie; 16 Lancaster Quay; Hauptgerichte 23–25 €; Di-Sa 12–15 & 18–22.30 Uhr) Das schlichte vegetarische Restaurant ist ein Anwärter für das beste Lokal der Stadt und serviert eine riesige Auswahl an Gerichten. Umfangreich ist auch die vegetarische Karte, auf der z. B. gebratener Tofu mit Chili-Schoten und asiatischem Gemüse in einer Kokosnuss- und Zitronengras-Brühe mit Soba-Nudeln, Wan-Tan-Suppe mit Ingwer und Aduki-Bohnen, gefüllte Krautblätter mit gebratenem Kürbis sowie karamellisierte Zwiebeln und Haselnüsse mit Kardamom-Joghurt, Harissa-Soße, Saubohnen und Safran-Kartoffelstampf stehen. Unbedingt reservieren.

Nash 19 INTERNATIONAL €€
(021-427 0880; www.nash19.com; Princes St; Hauptgerichte 8–18 €; Mo-Fr 7.30–17 Uhr) Sensationelles Bistro an einem kleinen Markt: Vom Frühstück über das Mittagessen bis zur Teezeit werden lokale Produkte aufgetischt, darunter fantastische warme *scones* und viele frische Angebote wie Suppen, Salate, ein köstlicher Burger und Desserts.

ESSEN IM HUGENOTTENVIERTEL

In den engen dunklen Gassen der Fußgängerzone nördlich der St. Patrick's Street reihen sich Cafés und Restaurants aneinander, außerdem wimmelt es dort Tag und Nacht von Leuten. Auswahl gibt's genug: Alle Lokale haben draußen Sitzgelegenheiten und bei vielen kann man auch noch spätabends essen. Am besten unternimmt man einen kleinen Rundgang und sucht sich ein Haus je nach Laune und Geldbeutel aus. Zu den besten gehören:

» **Amicus Café & Restaurant** (021-427 6455; 23 Paul St Plaza) Bistroküche mit Blick über einen kleinen lebendigen Platz, auf dem sich samstags jugendliche Gruftis versammeln.

» **Strasbourg Goose** (021-427 9534; 17–18 French Church St) Hervorragende Küche, auch wenn der französische Akzent eine Täuschung ist: Erstklassiges irisches *sirloin*-Steak gefällig?

Jacques Restaurant
MODERNE IRISCHE KÜCHE €€€
(021-427 7387; www.jacquesrestaurant.ie; 9 Phoenix St; Hauptgerichte 22–27 €; Mo-Sa 18–22 Uhr) Jacqueline und Eithne Barry sind fast drei Jahrzehnte im Geschäft und haben sich ein hervorragendes Netzwerk an lokalen Erzeugern geschaffen, mit deren Hilfe das Paar seine kulinarische Vision verwirklicht: frisches Essen einfach zubereitet. Die Gerichte werden in einem eleganten Speisesaal serviert und variieren täglich: Uns hat das Fenchelrisotto mit Rinderrippchen besonders gut geschmeckt. Das Klappern des Geschirrs aus der Küche im Obergeschoss hört man bis in die Gasse.

Les Gourmandises FRANZÖSISCH €€€
(021-425 1959; www.les gourmandises.ie; 17 Cook St; Hauptgerichte 20–30 €; Di-Sa 18–21.30 Uhr) Viele der herrlich frischen Fische vom English Market werden in diesem hübschen Restaurant, das an ein Pariser Lokal erinnert, zu leckeren Gerichten verarbeitet. Die talentierte Küche versteht sich aber auch auf Fleisch. Seit mehreren Jahren schon gehört das Lammkarree zu den abso-

NICHT VERSÄUMEN

ENGLISH MARKET

Wegen seiner kunstvoll gewölbten Decken und Säulen könnte er genauso gut Viktorianischer Markt heißen – doch egal, wie man ihn nennt, der **English Market** (Princes St; ⊙Mo-Sa 9-17.30 Uhr) ist auf jeden Fall ein Juwel. Zahlreiche Verkäufer bieten hier hervorragende lokale Erzeugnisse wie Fleisch, Käse oder Snacks an. Bei schönem Wetter kann man seine Einkäufe im nahen Bishop Lucey Park verspeisen, einem beliebten Ort für Picknicks. Empfehlenswert sind folgende Stände:

» **Joup** (☏021-422 6017) Gute Auswahl an Suppen, aromatischen Salaten und Sandwiches aus verschiedenen selbstgebackenen Broten.

» **On the Pig's Back** (☏021-427 0232) Hausgemachte Würste und sagenhaft leckere Käsesorten.

» **Sandwich Stall** Bietet eine beachtliche Auswahl kreativer Sandwiches.

Ein Zwischengeschoss oberhalb des Markts beherbergt das erstklassige **Farmgate Café** (☏021-427 8134; Englischer Markt; Mittagessen 4-13 €, Abendessen 18-30 €; ⊙Mo-Sa 8.30-22 Uhr). Hier zu essen ist eine Erfahrung, die man sich nicht entgehen lassen sollte. Wie sein Schwesterrestaurant in Midleton beherrscht das Café die Kunst, ohne großen Aufwand köstliche Gerichte auf die Teller zu zaubern. Alle Zutaten – von Austern bis zu Lamm für einen irischen Eintopf – stammen direkt vom Markt. Es gibt mehrere Tische, aber die besten Plätze befinden sich an der Balkontheke, wo man die vorbeiziehenden Leute beobachten kann. Wir schwärmen heute noch von der Fischsuppe und dem Himbeerstreuselkuchen.

luten Highlights. Das Personal ist liebenswürdig und umsichtig.

Boqueria TAPAS €€
(☏021-455 9049; www.boqueria.ie; 6 Bridge St; Tapas 6-8 €; ⊙Mo-Sa 12 Uhr-open end, So 17 Uhr-open end) Neben den üblichen Zwiebel-Knoblauch-Tomaten-Kombinationen begeistern die Köche der Tapas-Bar mit neuen irischen Kreationen, etwa aus Sauerteig, Gubbeen-Käse und Lachs. Abends wird das kleine Lokal vor allem von Pärchen besucht; zur Mittagszeit treffen sich Freunde auf ein Glas Wein.

Star Anise MODERNE EUROPÄISCHE KÜCHE €€€
(☏021-455 1635; 4 Bridge St; Hauptgerichte 19-27 €; ⊙Mo-Sa mittags & abends) Seine frische, kreative Küche ist das Markenzeichen dieses kleinen Bistros. Hier werden z. B. Steaks, Riesengarnelen auf Kichererbsen-Salat oder eine tolle vegetarische Lasagne serviert. Die Weine schmecken ausgezeichnet und sind ebenso preiswert wie die dreigängigen Specials für 29 €.

Cornstore MODERNE EUROPÄISCHE KÜCHE €€€
(☏021-427 4777; www.cornstorecork.com; 40A Cornmarket St; Hauptgerichte 23-29 €; ⊙12-23 Uhr) Dieses Restaurant brummt Tag und Nacht. Während man auf einen Platz wartet, kann man an der noblen Bar kreative Cocktails genießen. Wer die wunderbare Hummer-Spezialität des Hauses bestellt, sollte sich an einen der größeren Tische setzen, um genügend Platz für Schalen und Ellbogen zu haben. Ebenfalls lecker: der frische Fisch, Steaks und Pasta.

Indigo BRASSERIE €€
(☏021-427 9556; 16 Washington St; Hauptgerichte 7,50-13 €; ⊙Mo-Sa mittags & abends) Wer auf der gemütlichen Uferterrasse mit Blick über den Lee einen Tisch ergattert, kann sich freuen. Wenn draußen nichts mehr frei ist und man stattdessen drinnen Platz nehmen muss, wird man immerhin durch die Speisekarte entschädigt, auf der leckere Burger, Steak-Sandwiches, Salate und Sandwiches aus lokalen Zutaten stehen. Außerdem gibt's eine gute Weinkarte.

Idaho Café CAFÉ €
(☏021-427 6376; 19 Caroline St; Gerichte 7-12 €; ⊙8.30-17 Uhr) Von außen sieht das enge Café wie ein alter, traditioneller Laden aus, doch auf der Karte findet man kreative Abwandlungen irischer Gerichte sowie Kräutertees und offene Weine. Das Idaho dient als guter Treffpunkt, wenn man in einer Gruppe unterwegs ist und sich beim Bummeln trennt.

Liberty Grill DINER
(☏021-427 1049; www.libertygrillcork.com; 32 Washington St; Hauptgerichte 7-20 €; ⊙8-

22 Uhr) Ein leuchtend weißer Blickfang in einer ansonsten tristen Straße voller Ziegelfassaden. Hier werden vor allem lokale Produkte verarbeitet. Es gibt ein traditionelles Frühstück, Burger, Sandwiches, Salate und etwas anspruchsvollere Abendgerichte, die selbst Feinschmeckern munden.

Fresco INTERNATIONAL €
(☏021-490 1848; www.glucksman.org; Lewis Glucksman Gallery, University College Cork; Gerichte 4–8 €; ◷Mo-Sa 10–16, So 12–16 Uhr) Das überdurchschnittlich gute Museumscafé bietet einen tollen Ausblick auf das Unigelände und serviert eine große Auswahl an Gerichten von Burgern über Burritos bis zu Salaten, Pasta und einem köstlichen Club Sandwich. Die Gerichte werden frisch zubereitet und stilvoll serviert.

Quay Co-op CAFÉ €
(☏021-431 7026; www.quaycoop.com; 24 Sullivan's Quay; Hauptgerichte 10 €; ◷Mo-Sa 9–21 Uhr) Die Gäste dieses netten Cafés bedienen sich selbst an den vegetarischen Gerichten aus biologischem Anbau. Zudem punktet der Laden mit einem üppigen Frühstück, herzhaften Suppen, Eintöpfen und Tagesmenüs. Wer glutenfrei isst oder auf Milch- oder Weizenprodukte verzichtet, kommt hier auf seine Kosten. Es gibt auch ein Schwarzes Brett.

Ausgehen

In Corks Pubs kann man auf eigene Gefahr Guinness trinken, auch wenn Heineken inzwischen die beiden hiesigen Stout-Legenden Murphy's und Beamish aufgekauft und Letzte geschlossen hat. Corks Mikrobrauerei, die Franciscan Well Brewery, stellt Qualitätsbier her, darunter das im Sommer beliebte Friar Weisse.

An Spailpín Fánac PUB
(South Main St) „Der Wanderarbeiter" macht seinem Namen alle Ehre. Er wartet mit wunderbaren Ziegelfassaden, einem gefliesten Steinboden, gemütlichen Ecken und offenen Kaminen auf. An den meisten Abenden erleben die Gäste hier ausgezeichnete Konzerte mit traditioneller irischer Musik.

Sin É PUB
(Coburg St) In diesem alten, geselligen und überaus gemütlichen Pub geht bei toller Stimmung locker ein ganzer Tag vorbei. An vielen Abenden wird Musik gemacht – häufig traditionell, aber mit der einen oder anderen Ausnahme.

Dan Lowry's PUB
(13 MacCurtain St) Genial ist das richtige Wort, um diese zeitlose familiäre Kneipe zu beschreiben, in der man von Stammkunden unterschiedlichen Alters begrüßt wird. Samstagabends bekommt man oft noch einen Platz und kann wunderbar persönliche Gespräche führen.

Mutton Lane Inn PUB
(Mutton Lane) Das einladende und sehr beliebte Pub versteckt sich in der winzigsten Gasse, die von der St. Patrick's Street abgeht. Es wird von Kerzen und bunten Lichtern beleuchtet und ist eine von Corks intimsten Kneipen. Am besten kommt man schon früh, um sich einen Platz zu sichern. Oder man gesellt sich zu den Rauchern, die sich draußen an den Bierbänken drängen.

Long Valley PUB
(Winthrop St) Diese Institution in Cork reicht bis in die Mitte des 19. Jhs. zurück. Einige Möbel stammen von den Kreuzfahrtschiffen der White Star Line, die früher in Cobh anlegten.

Franciscan Well Brewery PUB
(www.franciscanwellbrewery.com; 14 North Mall) Eigentlich sagen einem die Kupfertanks hinter der Bar schon alles: Im Franciscan Well wird eigenes Bier gebraut. Am schönsten ist es im hinten gelegenen großen Biergarten. Gemeinsam mit anderen kleinen (und oft unterschätzten) irischen Brauereien hält das Pub regelmäßig Bierfeste ab; mehr darüber erfährt man auf der Website.

Abbot's Ale House PUB
(Devonshire St) Diese unauffällige Kneipe im ersten Obergeschoss ist klein, verfügt aber über eine umfangreiche Karte mit Fassbieren und weiteren 300 Sorten in Flaschen. Ein guter Treffpunkt vor dem Discobesuch.

Corks Nachtleben wird in erster Linie von den vielen Pubs bestimmt. Wer lieber Cocktails trinkt, kann z. B. folgende Bars besuchen:

Chambers BAR
(Washington St; ◷Do-So open end) Ein Herrenausstatter verschlang einst eine Ausgabe von *Wallpapers:* Heraus kam das Chambers.

Cornstore BISTRO
(s. S.240) Eine noble Adresse für einen Cocktail.

Crane Lane Theatre THEATERBAR
(s. S.243) Der Biergarten im Innenhof ist eine Oase mitten in Cork.

⭐ Unterhaltung

Das Gratisheft *WhazOn?* (www.whazon.com) listet alle Veranstaltungen auf.

Theater

Das kulturelle Leben in Cork steht anderen Orten in Irland in nichts nach und lockt internationale Künstler in die Stadt.

Cork Arts Theatre THEATER
(☎021-450 5624; www.corkartstheatre.com; Camden Court, Carroll's Quay) Dieses hervorragende Theater zeigt tiefsinnige Dramen und neue Stücke.

Cork Opera House OPERNHAUS
(☎021-427 0022; www.corkopera house.ie; Emmet Pl; ⊙Ticketschalter 9–20.30, an veranstaltungsfreien Tagen 9–17.30 Uhr) Ballett, Stand-Up-Shows und Marionettentheater. Das Programm reicht von *Carmen* über Brian Kennedy bis hin zu *Jane Eyre*.

Everyman Palace Theatre THEATER
(☎021-450 1673; www.everymanpalace.com; 15 MacCurtain St; ⊙Ticketschalter Mo-Sa 10–19.30, an veranstaltungsfreien Tagen 10–18 Uhr) Bekannte Musical- und Theaterproduktionen. Manchmal treten auch Rockbands oder Comedians auf.

Firkin Crane THEATER
(☎021-450 7487; www.firkincrane.ie; Shandon) Eines der besten Zentren für zeitgenössischen Tanz in Irland liegt in einem Teil des alten Buttermarkts (s. S.235).

Granary THEATER
(☎021-490 4275; www.granary.ie; Dyke Pde) Im Granary zeigen sich neben der Theatergruppe des University College Cork auch auswärtige Ensembles.

Half Moon Theatre THEATER
(☎021-427 0022; www.halfmoontheatre.ie; Emmet Pl) An der Rückseite des Cork Opera House bietet dieses wunderbare Haus Improvisationstheater, Comedy und Musik.

Triskel Arts Centre KUNSTZENTRUM
(☎021-472 2022; www.triskelart.com; Tobin St; Tickets ca. 15 €) Der Laden ist klein, aber fein und wartet mit einem umfangreichen Programm auf, egal ob man Konzerte, Installationskunst, Fotografie oder Theater bevorzugt. Es gibt auch ein nettes Café.

Kinos

Gate Multiplex KINO
(☎021-427 9595; www.corkcinemas.com; North Main St) Das Multiscreen-Kino zeigt vor allem Hollywoodfilme.

ABSTECHER

AUF DEN HUND GEKOMMEN

Wer von den Pubs, Konzerten und Theatern genug hat, könnte eines der Windhundrennen besuchen, die sich bei irischen Familien großer Beliebtheit erfreuen. Einer der besten Orte dafür ist der **Curraheen Greyhound Park** (☎021-454 3095; www.igb.ie/cork; Curraheen Park; Erw./Kind 10/5 €; ⊙ab 18.45 Uhr an variablen Tagen). Pro Abend finden zehn Rennen statt; ein Restaurant, eine Bar und Livemusik sorgen zwischendurch für Unterhaltung. Das Stadion liegt 5,5 km außerhalb vom Zentrum und ist mit Bus 8 zu erreichen. Zurück geht's zwischen 22.30 und 0.30 Uhr (kostenlos).

Livemusik

Bei Musikevents hat man die Qual der Wahl. Neben zahlreichen Pubs veranstalten die nachfolgend aufgelisteten Läden Konzerte oder Livegigs. Vollständige Veranstaltungsprogramme bieten *WhazOn?*, PLUGD Records (S. 243) und www.corkgigs.com. Karten erhält man an den Abendkassen oder bei PLUGD.

Cyprus Avenue KONZERTHAUS
(☎021-427 6165; www.cyprusavenue.ie; Caroline St; ⊙19.30 Uhr–open end) Hier kann man Konzerte von aufstrebenden und bereits etablierten Sängern sowie von Songwritern und Bands erleben.

Everyman Palace Theatre THEATER
(☎021-450 1673; www.everymanpalace.com; 15 MacCurtain St; ⊙Ticketbüro Mo-Sa 10–19.30, an veranstaltungsfreien Tagen 10–18 Uhr) Auf der Bühne von Everyman treten beliebte Musiker auf. Ein großartiger Laden für Konzerte, die respektvolle Stille erfordern.

Pavilion CAFÉ, LIVEMUSIK
(☎021-427 6230; www.pavilioncork.com; 13 Carey's Lane; ⊙12 Uhr–open end) Tagsüber serviert das moderne Café Gourmetkaffee, den man an einem der langen Tische genießen kann. Abends trifft man auf Corks beste Mischung aus Bands, Musikern und Sängern. Zum Programm gehören Jazz, Blues, Rock, Independent und vieles mehr.

Savoy THEATER
(☎021-422 3910; www.savoytheatre.ie; St Patrick's St) Ein Allround-Theater mit toller Gigs: Im Savoy sieht man vor allem Künst

ler, die noch nicht so populär sind, und die neuesten britischen R'n'B-Stars.

An Cruiscín Lán PUB
(☎021-484 0941; www.cruiscinlive.com; Douglas St) Traditionelle Bands und Musiker geben in dieser bekannten Bar südlich des Lee Welthits, Blues oder Pop zum Besten.

Crane Lane Theatre THEATER
(☎021-427 8487; www.cranelanetheatre.com; Phoenix St) Eine hervorragende Adresse für Livemusik samt einem Biergarten.

Nachtclubs

Dank der vielen Studenten florieren die wenigen Nachtclubs, die freitags und samstags bis 2 Uhr geöffnet haben. Der Eintritt variiert zwischen 0 und 15 €.

Savoy THEATER, NACHTCLUB
(☎021-422 3910; www.savoytheatre.ie; Patrick St; ☉Do–So) Hier sorgen die besten DJs der Stadt (und Gast-DJs) für Stimmung.

Scotts BAR
(☎021-422 2779; www.scotts.ie; Caroline St; ☉Fr & Sa) In dem angesagten Szeneschuppen mit dunklem Holzinterieur und Schummerbeleuchtung ist auch ein exzellentes Restaurant untergebracht (im UG). Oben im Club treffen sich gepflegte Mittzwanziger zu dröhnender Chartmusik.

Shoppen

Die St. Patrick's Street ist das Herz des Einzelhandels, denn hier stößt man auf die größten Kaufhäuser und Einkaufspassagen der Stadt. Eine weitere bedeutende Shoppingmeile befindet sich in der Fußgängerzone (Oliver Plunkett Street). Dort und in den engen Nebengassen entdeckt man viele interessante kleine Läden.

O'Connaill SCHOKOLADE
(☎021-437 3407; 16B French Church St) Kein Besucher sollte Cork verlassen, ohne eine heiße Schokolade (4 €) an der winzigen Theke des O'Connaill-Pralinengeschäfts gekostet zu haben. Schleckermäuler kaufen gleich mehrere Kilo Schokolade auf einmal, es gibt aber auch weniger kalorienreiche Angebote.

P Cashell ANTIQUITÄTEN
(☎021-427 5824; 13 Winthrop St) Der zeitlose und überfüllte Antiquitäten- und Kuriositätenladen wirkt im Glitter des Stadtzentrums völlig deplatziert. Hier fühlt man sich wie auf einer Schatzsuche.

PLUGD Records PLATTENLADEN
(☎021-472 2022; www.triskelart.com; Tobin St) Dank des Triskel Arts Centre wurde PLUGD vor der Schließung gerettet. Der beste Plattenladen der Stadt präsentiert sich jetzt an einem neuen Standort und bietet Musik für jeden Geschmack. Man kann dort auch Konzertkarten kaufen und sich über die ständig wechselnde Clubszene informieren.

Pro Musica MUSIKINSTRUMENTE
(☎021-427 1659; Oliver Plunkett St) Eines der besten Musikgeschäfte Corks. In diesem Laden kann man Noten und Instrumente kaufen und am Schwarzen Brett die Anzeigen für bzw. von Musikern studieren.

Praktische Informationen

Internetzugang

Webworkhouse.com (☎021-427 3090; www.webworkhouse.com; 8A Winthrop St; 1,50–3 € pro Std.; ☉24 Std.) Bietet auch billige internationale Telefonanrufe an.

Notfall

Mercy University Hospital (☎021-427 1971; www.muh.ie; Grenville Pl)

Post

General Post Office (☎021-485 1042; Oliver Plunkett St; ☉Mo–Sa 9–17.30 Uhr)

Touristeninformation

Cork City Tourist Office (☎021-425 5100; www.cometocork.com; Grand Pde; ☉Juli & Aug. Mo–Sa 9–18, So 10–17 Uhr, Sept.–Juni Mo–Fr 9.15–17 & Sa 9.30–16.30 Uhr) Souvenirladen

---

> ### CORK FÜR SCHWULE & LESBEN
>
> » **Cork Pride** (www.corkpride.com) Einwöchiges Festival im Mai/Juni mit Veranstaltungen überall in der Stadt.
>
> » **Emerson House** B&B für Schwule und Lesben (s. S. 237).
>
> » **Gay Cork** (www.gaycork.com) Programm und Veranstaltungsverzeichnis.
>
> » **L.inC** (☎021-480 8600; www.linc.ie; 11A White St) Hervorragendes Archiv für Lesben und bisexuelle Frauen.
>
> » **Other Place** (☎021-427 8470; www.gayprojectcork.com; 8 South Main St) Kooperiert mit dem Southern Gay Health Project (www.gayhealthproject.com); Buchladen und Café-Bar (Di–Sa 12–20 Uhr).

und Infoschalter mit Broschüren und Büchern über die Stadt und das County sowie maßstabsgetreuen Karten. Hier hat auch das Fährunternehmen **Stena Line** (s. S. 783) einen Schalter.

People's Republic of Cork (www.peoplesrepublicofcork.com) Die unabhängige Website trägt den beliebten Spitznamen der liberal gesonnenen Stadt und bietet hervorragende Infos.

❶ An- & Weiterreise

Bus

Aircoach (☏01-844 7118; www.aircoach.ie) fährt zum Flughafen von Dublin und ins Zentrum der Hauptstadt. Abfahrtsort ist St. Patrick's Quay (18 €; 4¼ Std.; alle 2 Std. von 7–19 Uhr).

Bus Éireann (☏021-450 8188; www.buseireann.ie) verkehrt vom Busbahnhof an der Ecke Merchant's Quay und Parnell Place. Von Cork erreicht man die meisten Orte in Irland, z. B. Dublin (11,70 €, 3 Std., 6-mal tgl.), Killarney (15,30 €, 1¾ Std., 14-mal tgl.), Kilkenny (16,65 €, 2 Std., 3-mal tgl.) und Waterford (17,10 €, 2¾ Std., 14-mal tgl.).

Citylink (☏1890 280 808; www.citylink.ie) bietet regelmäßige Verbindungen nach Galway (3¼ Std.) und Limerick (2¼ Std.). Tickets kosten kaum mehr als 10 €.

Flugzeug

Der **Cork Airport** (ORT; ☏021-431 3131; www.cork-airport.com) liegt 8 km südlich der Stadt an der N27. Hier findet man auch Geldautomaten und alle großen Autovermietungen. Zu den Linien, die Cork anfliegen, gehören Air Lingus, BMI, Ryanair und Wizz. Es gibt u. a. Verbindungen nach Dublin und London-Heathrow.

Schiff/Fähre

Brittany Ferries (☏021-427 7801; www.brittanyferries.ie; 42 Grand Pde) setzt zwischen Ende März und Oktober wöchentlich von Ringaskiddy nach Roscoff (Frankreich) über. Die Fahrt dauert 15 Stunden und die Preise variieren.

Zug

Die **Kent Train Station** (☏021-450 4777) liegt nördlich des Lee in der Lower Glanmire Road. Von hier fährt Bus 5 für 1,80 € ins Zentrum, während ein Taxi zwischen 9 und 10 € kostet.

Züge steuern u. a. Mallow an, wo eine Umsteigemöglichkeit nach Tralee besteht. In Limerick Junction startet der Anschluss nach Ennis (auf der neuen Strecke in Richtung Galway), von wo es nach Dublin (38 €, 3 Std., 16-mal tgl.) weitergeht.

❶ Unterwegs vor Ort

Auto
PARKEN

Wer am Straßenrand parken will, braucht dafür eine bestimmte Parkscheibe (2 € pro Std.), die man bei der Touristeninformation und einigen Kiosken bekommt. Vorsicht: Politessen erledigen ihre Arbeit vorbildlich, und um ein abgeschlepptes Auto wieder zurückzubekommen, muss man gesalzene Gebühren zahlen. Rund um das Zentrum gibt's mehrere ausgeschilderte Parkhäuser (2 € pro Stunde bzw. 12 € über Nacht).

Bus

Vom Stadtzentrum erreicht man fast alle Sehenswürdigkeiten leicht zu Fuß. Ein einfaches Busticket kostet 1,60 €, ein Tagesticket 4,40 €.

Vom/zum Fährhafen

Der Fährhafen liegt in Ringaskiddy etwa 15 Autominuten südöstlich vom Stadtzentrum an der N28. Ein Taxi dorthin kostet zwischen 28 und 35 €. Bus Éireann bietet täglich Verbindungen vom Busbahnhof zum Hafen, die an die Abfahrtszeiten der Fähren gekoppelt sind (Bus 223; Erw./Kind 5,30/3,20 €, 50 Min.). Die genauen Zeiten erfährt man vor Ort. Es gibt auch eine Verbindung nach Rosslare Harbour (Bus 40, Erw./Kind 23,70/16,70 €; 4–5 Std.).

Vom/zum Flughafen

Die Busse von **SkyLink** (☏021-432 1020; www.skylinkcork.com; Erw./Kind 5/2,50 €; ☉stdl.) brauchen 30 Minuten bis ins Zentrum von Cork.

Ein Taxi in die Stadt kostet 15 bis 20 €.

Taxi

Empfehlenswert sind **Cork Taxi Co-op** (☏021-427 2222) und **Shandon Cabs** (☏021-450 2255).

RUND UM CORK (STADT)

Blarney Castle

Diese **Burg** (☏021-438 5252; www.blarneycastle.ie; Blarney; Erw./Stud./Kind 10/8/3,50 € ☉Juni–Aug. Mo–Sa 9–19 & So 9–17.30 Uhr, Mai & Sept. Mo–Sa 9–18.30 & So 9.30–17.30 Uhr, Okt.–April 9 Uhr–Sonnenuntergang) aus dem 15. Jh ist eines der beliebtesten Touristenziele Irlands. Wer wissen will, wie viel Macht Seemannsgarn haben kann, sollte sich hier in die Schlange einreihen.

Menschenmassen strömen hierher, um den berühmten **Blarney Stone** zu küssen Das Objekt der Begierde befindet sich ganz oben auf der Burg und kann nur über steile schlüpfrige Wendeltreppen erreicht werden. Um ihn mit den Lippen zu berühren muss man sich auf den Zinnen rückwärts über einen tiefen Abgrund lehnen – ein Sicherheitsgitter und ein Wächter passen auf dass keine Unfälle passieren. Während ei nem das Hemd hochrutscht, starren einem Busladungen von Schaulustigen direkt in die Nasenlöcher. Wer endlich wieder aufrecht steht, sollte vor dem Abstieg die herrliche Aussicht genießen. Am besten denkt man nicht darüber nach, was Einheimische über all die anderen Flüssigkeiten *außer* Speichel erzählen, die den Stein befeuchten. Noch besser: Man küsst ihn nicht.

Auch wenn dieser Brauch (angeblich verleiht einem der Kuss eine unschlagbare Rhetorik) noch relativ jung ist, wird Blarney Castle schon sehr lange mit der Kunst der Wortgewandtheit in Verbindung gebracht. Die Phrase „to talk blarney" soll Queen Elisabeth I. in einem Wutanfall über Lord Blarney erfunden haben. Der redete nämlich ohne Punkt und Komma, ohne je auf ihre Forderungen einzugehen.

Wem der ganze Trubel zu viel wird, zieht sich in den Rock Close zurück, einen Teil der schönen, oft unbeachteten Gärten. Barryscourt Castle (S. 247) östlich von Cork ist allerdings noch beeindruckender und weniger überfüllt.

Blarney liegt 8 km nordwestlich von Cork; Busse fahren regelmäßig vom Busbahnhof in Cork hierher (Erw./Kind 3,30/2 €, 30 Min.).

Fota

Im **Fota Wildlife Park** (☏021-481 2678; www.fotawildlife.ie; Carrigtwohill; Erw./Kind 14/9 €; ☉Mo-Sa 10-18 & So 11-18 Uhr, letzter Einlass 1 Std. vor Schließung) können die Tiere ohne Käfig oder Zaun frei herumlaufen. Hier sieht man vorbeihüpfende Kängurus, schreiende Affen, Gibbons und Geparden.

Während der Hochsaison dreht eine Bimmelbahn alle 15 Minuten eine Runde durch den Park (einfach/hin & zurück 1/2 €); einen viel besseren Eindruck bekommt man allerdings, wenn man den 2 km langen Rundgang zu Fuß zurücklegt.

Anschließend lohnt sich ein Spaziergang zum **Fota House** (☏021-481 5543; www.fotahouse.com; Carrigtwohill; Erw./Kind 6/3 €; ☉April-Okt. Mo-Sa 10-17, So ab 11 Uhr) im Regency-Stil. Das nahezu leere Gebäude besitzt eine schöne Küche und hübsche Stuckdecken; interaktive Schaukästen sorgen in den Räumen für Leben.

Zum Haus gehört auch das 150 Jahre alte Arboretum mit einem viktorianischen Farnhaus, einem Magnolienweg und ein paar uralten Bäumen, darunter riesige Bergmammutbäume und ein Geisterbaum aus China.

Fota liegt 10 km östlich von Cork. Der Zug verkehrt stündlich zwischen Cork und Fota (3,30 €, 13 Min.) und von dort weiter nach Cobh. Besuchern von Park und Haus steht ein Parkplatz (3,50 €) zur Verfügung.

Cobh

6800 EW.

Wer der Großen Hungersnot nachspüren möchte, besucht am besten den Hafen von Cobh *(koof* ausgesprochen). Zur damaligen Zeit verließen an dieser Stelle etwa 2,5 Mio Menschen das Land. Heute ist die hübsche Hügelstadt mit ihren bunten Häusern und der prachtvollen Kathedrale ein beliebter Urlaubsort.

Cobh liegt auf der Südseite von Great Island, einer der drei Inseln an der Küste Corks. Die anderen beiden, Haulbowline Island (einst die Basis des irischen Seedienstes) und die grüne Spike Island (auf der einst ein Gefängnis stand), sind vom Hafen aus zu sehen.

Im Old Yacht Club befinden sich heute die **Touristeninformation** (☏021-481 3301; www.cobhharbourcham ber.ie; ☉Mo-Fr 9.30-17.30, Sa & So 13-17 Uhr) sowie ein interessantes Kunstzentrum.

Geschichte

Viele Jahre lang war Cobh der Hafen von Cork und spielte eine wichtige (oft tragische) Rolle für Überfahrten über den Atlantik. 1838 stach die *Sirius* von hier aus in See, um als erstes Dampfschiff den Atlantik zu überqueren. Zudem legte hier die *Titanic* ein letztes Mal an, bevor sie 1912 ihre schicksalhafte Reise antrat. Als die *Lusitania* 1915 vor der Küste von Kinsale torpediert wurde, brachte man viele der Überlebenden nach Cobh und begrub dort die Toten. Überdies war der Ort für die Menschen, die während der Hungersnot auswanderten, das Letzte, was sie von Irland sahen.

Nachdem Queen Viktoria das Städtchen besucht hatte, wurde Cobh im Jahr 1849 in Queenstown umbenannt. Diesen Namen behielt es bis zur Unabhängigkeit Irlands 1921, dann führte der Stadtrat wieder das irische Original ein.

1720 wurde in Cobh der erste Jachtclub der Welt, der Royal Cork Yacht Club, gegründet. Heute wird er von Crosshaven auf der anderen Seite des Cork Harbour aus betrieben.

Sehenswertes

Cobh, The Queenstown Story
MUSEUM

(021-481 3591; www.cobhheritage.com; Erw./Kind 8/4 €; 10–18 Uhr, letzter Einlass 1 Std. vor Schließung) Der Sturm scheint einem durch die Haare zu blasen, es gibt ein wenig künstliches Erbrochenes und die Leute auf den Bildern sehen alle ziemlich erbärmlich aus: So etwas erlebt man im **Cobh Heritage Centre**, einem einzigartigen, interaktiven Museum, das in einem ehemaligen Bahnhof untergebracht ist. Der eben beschriebene Raum erzählt von der Massenauswanderung während der Hungersnot. Bei diesen Reisen wurden die Menschen sprichwörtlich grün im Gesicht. In der Ausstellung wird deutlich, wie sich die Bedingungen mit der Zeit verbesserten (wenn man mal von der *Titanic* oder der *Lusitania* absieht, die hier ablegten bzw. sanken).

Schockierende Berichte schildern das Schicksal von Häftlingen, die auf Schiffen nach Australien deportiert wurden, auf denen es „so wenig Luft gab, dass keine Kerze brannte". Dagegen wecken die Szenen von eleganten Seereisen in den 1950er-Jahren nostalgische Sehnsüchte. Zum Museum gehören auch ein Ahnenforschungszentrum und ein Café.

St. Colman's Cathedral
KATHEDRALE

(021-481 3222; Cathedral Pl; Eintritt durch Spende) Auf einer Hangterrasse über Cobh thront die wuchtige St. Colman's Cathedral im Stil der französischen Gotik. An diesem eher unauffälligen Ort wirkt das Gebäude völlig überdimensioniert. Ungewöhnlich ist das Glockenspiel mit 47 Glocken. Mit einem Tonumfang von vier Oktaven ist es das größte in Irland. Die größte Glocke wiegt 3,4 t – etwa so viel wie ein ausgewachsener Elefant! Von Mai bis September hört man sonntags um 16.30 Uhr ein Glockenkonzert.

Das Bauwerk wurde von E. W. Pugin entworfen und 1868 begonnen, jedoch erst 1915 vollendet. Ein Großteil der Spendengelder stammt von heimatverbundenen irischen Gemeinden in Australien und den USA.

Cobh Museum
MUSEUM

(021-481 4240; www.cobhmuseum.com; High Rd; Erw./Kind 4/2 €; April–Okt. Mo–Sa 11–13 & 14–17.30, So 14–17.30 Uhr) Das kleine lebendige Museum ist unweit des Bahnhofs in einer schottischen Presbyterianerkirche aus dem 19. Jh. untergebracht. Zu den Exponaten gehören Schiffsmodelle, Gemälde, Fotos und kuriose Ausstellungsstücke, die Besuchern Cobhs Geschichte näherbringen.

Geführte Touren

Marine Transport Services
BOOTSTOUR

(021-481 1485; www.scottcobh.ie; Erw./Kind 8/4 €) Tägliche einstündige Bootsfahrten durch den Hafen.

Titanic Trail
STADTSPAZIERGANG

(021-481 5211; www.titanic-trail.com; Erw./Kind 9,50/4,75 €; ganzjährig 11, Juni–Aug. 14 Uhr) Der geführte Spaziergang von Michael Martin dauert 1¼ Stunden. Er beginnt am Commodore Hotel am Westbourne Place und endet mit einer Gratis-Kostprobe Stout. Darüber hinaus bietet Martin auch einen unheimlichen **Geisterspaziergang** (15 €) an.

Schlafen & Essen

Knockeven House
B&B €€

(021-481 1778; www.knockevenhouse.com; Rushbrooke; EZ/DZ 65/90 €) Ein herrliches viktorianisches Hotel 1,5 km nördlich von Cobh. Die riesigen Zimmer sind mit Antikmöbeln ausgestattet und blicken auf einen traumhaften Garten voller Magnolien und Kamelien. Fantastisch ist auch das Frühstück mit selbstgebackenem Brot und frischem Obst; es wird in einem üppig dekorierten Speisezimmer serviert. Die Einrichtung erinnert an eine historische Kreuzfahrtschiffkabine erster Klasse.

Commodore Hotel
HOTEL €€

(021-481 1277; www.commodorehotel.ie; Westbourne Pl; EZ/DZ 60/100 €; @) Dieses klassische Hotel am Meer hat mit Kronleuchtern geschmückte Flure und 42 moderne, attraktive Zimmer – am besten nimmt man eines der teureren mit Meerblick. Es gibt ein Schwimmbad und einen Dachgarten mit toller Aussicht.

Eleven West
INTERNATIONAL €€

(021-481 6020; www.elevenwest.ie; 11 West Beach St; Hauptgerichte 15–23 €; 9–22 Uhr) Ein belebtes Restaurant an der Uferpromenade, das mit einer großen Auswahl an Gerichten punktet, darunter Steaks, Currys und ein fantastisches Lammkarree.

Kelly's
PUB €

(021-481 1994; Westbourne Pl; Gerichte 7–12 €) In dem fröhlichem Pub tummeln sich Tag und Nacht gesellige Gäste. Die zwei Räume sind mit Kirchenbänken, wuchtigen Holzmöbeln, einem Holzofen und einem Hirschgeweih ausgestattet. Draußen kann man gut ein Bier und ein Sandwich genießen.

ABSTECHER

DAS HERZ DER GOURMETSZENE: BALLYMALOE

Wer vor dem Eingang des glyzinienumrankten **Ballymaloe House** (✆021-465 2531; www.ballymaloe.ie; Shanagarry; EZ/DZ ab 130/260 €; ✷☎) steht, dem wird klar, dass es sich um einen ganz besonderen Ort handeln muss. Seit nunmehr 40 Jahren führen die Allens das herausragende Hotel-Restaurant im alten Familiendomizil. Köchin Myrtle ist eine lebende Legende und genießt internationalen Ruhm für ihre gehobenen irischen Gerichte. Die Zimmer sind unterschiedlich geschnitten und mit exquisiten Antikmöbeln ausgestattet. Zum Hotel gehören die schöne Anlage, ein Tennisplatz, ein Laden, ein Minigolfplatz, mehrere Aufenthaltsräume und das berühmte **Lokal**. Die Karte ändert sich täglich, je nachdem, welche Zutaten von den Bauernhöfen Ballymaloes oder aus anderen lokalen Quellen gerade zu Verfügung stehen. Außerdem bietet das Hotel Wochenendarrangements für Weinproben und Gartenarbeit an (Näheres erfährt man auf der Website).

Einige Kilometer weiter auf der R628 stößt man auf die **Kochschule** des TV-Stars Darina Allen (✆021-464 6785; www.cookingisfun.ie). Hier kann man an halbtägigen (75–115 €) bis zwölfwöchigen Kursen (10 295 €, mit Zertifikat) teilnehmen, die oft schon lange im Voraus ausgebucht sind. Auf dem 40 ha großen Grundstück gibt's Übernachtungsmöglichkeiten in hübschen **Cottages**.

Jeden Freitag findet an der Meerespromenade zwischen 10 und 13 Uhr ein **Bauernmarkt** statt.

🍷 Ausgehen

Jack Doyles PUB

(✆021-420 1932; Midleton St) Dieses sportfanatische Pub ist nach einem berühmten lokalen Boxer und Sänger benannt und ein herrlicher Platz, um mit Cobhs Einwohnern in Kontakt zu kommen. Die Kneipe liegt von der Kathedrale aus einen kurzen Fußweg bergauf.

ℹ️ An- & Weiterreise

Cobh befindet sich 15 km südöstlich von Cork an der N25 Richtung Rosslare. Great Island ist durch eine Dammstraße mit dem Festland verbunden. Züge von Cobh nach Cork fahren im Stundentakt (hin & zurück 3,70 €, 24 Min.).

Barryscourt Castle

Die Barrys immigrierten im 12. Jh. aus Wales und heirateten bald in wichtige irische Familien ein. So erlangten sie schnell Reichtum an Land und Gütern. Um sein Vermögen zu schützen errichtete der Clan im 15. Jh. eine riesige Befestigungsanlage.

 Ein großer Teil des **Barryscourt Castle** (✆021-488 3864; www.heritageireland.ie; Eintritt frei; ⊙Juni–Sept. 10–18 Uhr) ist bis heute erstaunlich gut erhalten. Die authentische Küche aus dem 16. Jh. und dekorative Gärten wurden nachgebaut.

Das Schloss liegt an der N25, etwa 2 km östlich der Abzweigung nach Cobh nahe Carrigtwohill.

Midleton & Umgebung

3900 EW.

Midleton ist besonders den Liebhabern von edlen irischen Whiskeys ein Begriff. Wer die quirlige Marktstadt besucht, sollte sich die Besichtigung der alten Whiskey-Brennerei nicht entgehen lassen. Aber auch die hübschen Dörfer in der Umgebung und die zerklüftete Küstenlinie sind sehenswert. Die Nacht verbringt man am besten in einem der wunderbar ländlichen Hotels außerhalb Middletons.

Am Eingang der Brennerei befindet sich die hilfreiche **Touristeninformation** (✆021 461 3702; www.eastcorktourism.com; ⊙Mai–Sept. Mo–Sa 9.30–13 & 14–17.15 Uhr).

Sehenswertes

Die größte Attraktion der Stadt ist die **Jameson Experience** (✆021-461 3594; www.jamesonwhiskey.com; Rundgang durch die alte Brennerei; geführte Touren Erw./Stud./Kind 13,50/11/8 €; ⊙Laden 9–18.30 Uhr, Touren zu variablen Zeiten). Ganze Busladungen Touristen nehmen an den Führungen durch das restaurierte 200-jährige Gebäude teil und decken sich im Souvenirladen mit Flaschen ein. Exponate und Führungen veranschaulichen die Herstellung von Whiskey aus Gerste (heute wird Jameson in einer modernen Fabrik produziert).

ABSTECHER
GERÄUCHERTES

An der N25, 2 km stadtauswärts von Midleton in Richtung Fota, liegt die älteste und nunmehr einzige Räucherkammer Irlands, **Belvelly** (021-481 1089; www.frankhedermann.com). Neben Meeresfrüchten und Käse wird hier vor allem Fisch, insbesondere Lachs, geräuchert. Bei dem traditionellen Verfahren, das 24 Stunden dauert, filetiert und pökelt man den Fisch, ehe man ihn in der winzigen Kammer über Buchenholzscheiten zum Räuchern aufhängt. Ein Aufenthalt in Cork ist erst dann vollkommen, wenn man den Spezialitätenhersteller besucht hat. Der Besitzer Frank Hedermann macht auch gerne eine Führung (vorher anrufen oder eine Mail schicken). Alternativ schaut man an seinem Stand auf dem Bauernmarkt in Midleton vorbei.

Schlafen & Essen

Im Zentrum von Midleton gibt's viele attraktive Cafés, sodass es sich lohnt, die Umgehungsstraße zu verlassen und durch die Stadt zu bummeln. Der **Bauernmarkt** jeden Samstagmorgen hinter dem Gerichtsgebäude in der Main Street zählt zu Corks besten Märkten. Hier werden jede Menge lokale Produkte angeboten und die Erzeuger halten gerne ein Schwätzchen.

Loughcarrig House B&B €€
(021-463 1952; www.loughcarrig.com; Ballinacurra; EZ/DZ 50/80 €) Ein guter Ort für Erholungssuchende ist dieses elegante georgianische Haus am Hafen von Cork mit vier Gästezimmern. Zu den wichtigsten Aktivitäten vor Ort gehören Wanderungen und Vogelbeobachtung in der schönen Landschaft. Wenn man in den fischreichen Gewässern angeln möchte, wendet man sich am besten an die Besitzer. Außerdem gibt's ein herzhaftes, sättigendes Frühstück.

LP TIPP Farmgate Restaurant
RESTAURANT/BÄCKEREI €€
(021-463 2771; www.farmgate.ie; The Coolbawn; Hauptgerichte im Restaurant ca. 18 €; Mo-Sa Kaffee & Snacks 9–17.30, Mittagessen 12–15.30, Do-Sa Abendessen 18.30–21.30 Uhr) Als Schwester des Farmgate Café in Cork (S. 240) bietet das Lokal eine hervorragende Mischung aus traditionellem und modernem irischem Essen. Am Eingang werden lokale Erzeugnisse verkauft, darunter. Gebäck, Bio-Obst und -Gemüse, verschiedene Käsesorten und Eingemachtes. Dahinter befindet sich das Café-Restaurant im Bauernhausstil, in dem man genauso gut speist wie an jedem anderen Ort in Irland.

An- & Weiterreise

Midleton liegt etwa 20 km östlich von Cork. Busse fahren von Montag bis Samstag alle 30 Minuten (So jede Stunde) vom Busbahnhof in Cork (6,40 €, 25 Min.) hierher. Zwischen Cobh und Midleton verkehrt kein Bus, deshalb benötigt man zur Erkundung der Umgebung ein Auto.

Youghal
6500 EW.

Der alte ummauerte Seehafen Youghal (Eochaill; sprich: *jool*) an der Mündung des Blackwater River blickt auf eine spannende Geschichte zurück, auch wenn diese – vor allem beim Vorbeieilen auf der N25 – nicht gleich sichtbar ist. Selbst wenn man anhält, mag der Ort einem zuerst nur wie eine langweilige irische Marktstadt vorkommen. Nimmt man sich jedoch ein wenig Zeit, spürt man etwas von der Vergangenheit in dem einst ummauerten Städtchen und genießt die Aussicht auf die weite Mündung des Blackwater.

Im 16. Jh., während der Revolte gegen England, war Youghal ein heißes Pflaster; Oliver Cromwell überwinterte hier 1649, als er Hilfe für seinen Krieg in England zusammentrommelte und den Aufstand der lästigen Iren unterdrückte. Während der elisabethanischen Plantation of Munster wurde der Ort an Sir Walter Raleigh übergeben, der sich hier gelegentlich in seinem Haus Myrtle Grove aufhielt.

Sehenswertes & Aktivitäten

1956 wurde in diesem Hafen, der als Kulisse für New Bedford im US-amerikanischen Massachusetts diente, *Moby Dick* mit Gregory Peck in einer seiner besten Rollen gedreht. Heute ist es hier sehr still.

Youghal hat zwei **Strände** mit Blauer Flagge: Claycastle (2 km) und Front Beach (1 km) an der N25. Sie sind vom Ort aus zu Fuß erreichbar und werden im Sommer von Rettungsschwimmern bewacht.

Whale of a Time (086 328 3256; www.whaleofatime.ie; Erw./Kind 20/15 €) bietet Meer- und Flussfahrten, darunter auch Ausflüge zur Walbeobachtung.

Das kleine **Fox's Lane Folk Museum** (024-20170, 024-91145; www.tyntescastle.com/fox; North Cross Lane; Erw./Kind 4/2 €; ☉Juli & Aug. Di–Sa 10–13 & 14–18 Uhr) zeigt über 600 Haushaltsgegenstände aus der Zeit zwischen 1850 und 1950 und wartet zudem mit einer viktorianischen Küche auf.

Schlafen

Aherne's B&B €€
(024-92617; www.ahernes.net; 163 North Main St; EZ/DZ ab 130/150 €; @☎) Alle zwölf Zimmer über dem beliebten Restaurant sind sehr gut ausgestattet. Die größeren verfügen über Balkone, auf denen man Seeluft schnuppern kann.

Roseville B&B €€
(024-92571; www.rosevillebb.com; New Catherine St; Zi. 55–72 €; ☎) Das dunkelrote Roseville mit Landhaus-Charme und eigenem Garten liegt im Herzen von Youghal. Die Zimmer besitzen große gemütliche Betten und sind in sanften Beigetönen eingerichtet. Im Garten kann man sich an Sommerabenden bei einem Drink entspannen.

Avonmore House B&B €€
(024-92617; www.avonmoreyoughal.com; South Abbey; EZ/DZ 55/100 €) 1752 wurde das imposante georgianische Haus nahe dem Glockenturm auf den Grundmauern eines franziskanischen Klosters erbaut, das von Cromwells Truppen zerstört worden war. Später gehörte Avonmore den Grafen von Cork, bis es 1826 schließlich in private Hände überging. Die Zimmer sind einfach und farbenfroh gestaltet.

 Essen

In der Nähe des Clock Gate im Stadtzentrum befinden sich ein paar Pubs und Cafés.

Aherne's Seafood Bar & Restaurant
(024-92424; 163 North Main St; Bargerichte 10–18 €, Restaurant Abendessen 24–40 €; ☉Bar 12–18, Restaurant 18.30–21.30 Uhr) Schon seit drei Generationen wird das preisgekrönte Aherne's von derselben Familie betrieben

---

STADTSPAZIERGANG

Am besten erschließt sich Youghals Geschichte anhand seiner Wahrzeichen. Dieser Spaziergang von Süden nach Norden führt an allen Hauptsehenswürdigkeiten vorbei.

Das kuriose **Clock Gate** von 1777 diente als Glockenturm und Gefängnis: Beim Osteraufstand 1798 wurden hier Gefangene hingerichtet, indem man sie aus den Fenstern hängte.

1706 wurde das wundervoll proportionierte **Red House** in der North Main Street vom holländischen Architekten Leuventhen erbaut. Das rote Ziegelgebäude lässt Details der niederländischen Renaissance erkennen. Die Main Street folgt in einer interessanten Kurve dem ursprünglichen Verlauf der Küste; viele Ladenfassaden stammen aus dem 19. Jh. Ein paar Türen weiter stößt man auf sechs **Armenhäuser**, die Richard Boyle, ein Engländer, errichten ließ. Boyle kaufte Raleigh sämtliche Ländereien in Irland ab und wurde 1616 zum ersten Earl von Cork – in Anerkennung seiner Arbeit, eine „herausragende Kolonie" geschaffen zu haben. Die Armenhäuser wurden samt einer Pension von fünf Pfund pro Jahr an ehemalige Soldaten übergeben.

Gegenüber erhebt sich das **Tynte's Castle** (www.tyntescastle.com) aus dem 15. Jh. Einst stand die Burg als Verteidigungsposten direkt am Fluss. Nachdem der Blackwater jedoch versandet war und im 17. und 18. Jh. seinen Lauf änderte, blieb sie sich selbst überlassen. Derzeit wird sie renoviert.

Die **St. Mary's Collegiate Church** von 1220 weist Elemente einer dänischen Kirche aus dem 11. Jh. auf. In dem Gebäude befindet sich ein Denkmal von Richard Boyle, seiner Frau und seinen 16 Kindern. Der Earl von Desmond und seine Truppen zerstörten bei einem Aufstand gegen England im 16. Jh. das Dach über dem Altarraum, wo Cromwell 1650 eine Grabrede für einen gefallenen General gehalten haben soll. Am Friedhof erstreckt sich ein Stück **Stadtmauer** aus dem 13. Jh. samt einem noch erhaltenen Eckturm.

Myrtle Grove neben der Kirche wurde einst von Sir Walter Raleigh bewohnt. Hier soll er seine erste Zigarette geraucht und die ersten Kartoffeln angepflanzt haben; Historiker (die alten Spielverderber) sind da allerdings anderer Meinung. Die **Gärten** auf der anderen Seite von St. Mary's wurden erst kürzlich erneuert und sind öffentlich zugänglich.

und ist zu Recht für seine fantastische Küche berühmt. Zu dem Restaurant gehören auch eine stilvolle, gemütliche Bar und eine große, bei den Einheimischen beliebte Kneipe mit einem hervorragenden Speiseangebot.

Ausgehen

Für ein Absacker-Pint und traditionelle Livemusik gibt's keinen besseren Ort als das Treacy's (The Nook; 20 North Main St), Youghals ältestes Pub, das auch „The Nook" genannt wird.

Praktische Informationen

Das **Youghal Visitor Centre** (024-20170; www.eastcorktourism.com; Market Square; Mo–Fr 9–17.30, Sa & So 10–17 Uhr) ist in einem schönen alten Markthaus direkt am Wasser untergebracht und beherbergt auch ein kleines **Heritage Centre**. Mehr darüber erfährt man in der kostenlosen Broschüre Youghal Town Map oder dem exzellenten Büchlein Youghal: Historic Walled Port (5 €).

An- & Weiterreise

Bus Éireann (021-450 8188; www.buseireann.ie) bietet häufige Verbindungen nach Cork (10,25 €, 50 Min., 14-mal tgl.) und Waterford (17,10 €, 1½ Std., 11-mal tgl.) an.

WESTLICHES CORK

Die irische Küste, deren Schönheit in den westlich und nördlich gelegenen Grafschaften eine geradezu atemberaubende Wirkung entfaltet, bezaubert bereits mit dieser Gegend. Kinsale ist eine hübsche kleine Stadt am Wasser, außerdem reihen sich entlang der zerklüfteten Küste bis zum Ring of Beara viele weitere charmante Orte aneinander. Auf den Straßen in der Region kann man sich wunderbar ziellos treiben lassen.

Kinsale

4100 EW.

Schmale, verwinkelte Straßen, kleine Kunstläden und der schöne Hafen voller Fischerboote machen Kinsale (Cionn tSáile) zu einer der beliebtesten Städte Irlands. Doch auch sein Ruf als Gourmetzentrum macht den Ort zu einer Attraktion für Besucher. Die geschützte Bucht wird von einer riesigen Festung gleich vor den Toren der Stadt bei Summercove bewacht.

Viele Hotels und Restaurants liegen in Hafennähe und sind vom Zentrum aus leicht zu Fuß erreichbar. Scilly, eine Halbinsel im Südosten, ist nur zehn Gehminuten entfernt. Ein Weg führt von dort weiter nach Summercove und zum Charles Fort.

Geschichte

Im September 1601 ankerte eine von den Engländern belagerte spanische Flotte im Hafen der Stadt. Sie war vom spanischen König entsandt worden, um die irischen Rebellen im Norden zu unterstützen. Daraufhin marschierte eine irische Armee quer durchs ganze Land, um die spanischen Schiffe in Kinsale zu befreien, wurde jedoch am Weihnachtsabend vor seinen Toren geschlagen. Für die Katholiken bedeutete dies ihre sofortige Verbannung. Es vergingen 100 Jahre, ehe sie wieder in der Stadt geduldet wurden. Historiker betrachten das Jahr 1601 als Anfang vom Ende des gälischen Irlands.

Nach diesem schicksalhaften Ereignis entwickelte sich hier ein Werfthafen. Zu Beginn des 18. Jhs. brach ein gewisser Alexander Selkirk an dieser Stelle zu einer Reise auf, in deren Verlauf er auf einer einsamen Insel strandete – damit lieferte er Daniel Defoe die Romanvorlage für seinen *Robinson Crusoe*.

Sehenswertes

Charles Fort FESTUNG
(021-477 2263; www.heritageireland.ie; Erw./Kind 4/2 €; Mitte März–Okt. 10–18 Uhr) Allein wegen der spektakulären Aussicht lohnt das Charles Fort, eine der besterhaltenen sternförmigen Festungen in Europa, einen Besuch, hat aber noch viel mehr zu bieten. Die Ruinen auf dem weitläufigen Areal datieren ins 18. und 19. Jh. und laden zu schönen Spaziergängen ein. Schautafeln erklären die typische harte Lebensweise der hier untergebrachten Soldaten und das vergleichsweise bequeme Leben der Beamten. Die Festung wurde in den 1670er-Jahren errichtet, um Kinsale Harbour zu überwachen, und war bis 1921 in Betrieb. Beim Abzug der Briten im gleichen Jahr wurde ein Großteil der Anlage zerstört. Am besten erreicht man sie zu Fuß. Man folgt den Schildern auf einer hübschen Wanderung um die Bucht von Scilly nach Summercove 3 km östlich von Kinsale.

Regionalmuseum MUSEUM
(021-477 7930; Market Sq.; Erw./erm. 3/1,50 €; Mi–Sa 10–17, So 14–17 Uhr) In einem Gerichtsgebäude aus dem 17. Jh., in dem 1915

der Untergang der *Lusitania* verhandelt wurde, ist heute ein hübsches Museum untergebracht. Es informiert über die Schiffskatastrophe, stellt aber auch Kuriositäten aus: etwa die Hurling-Schläger und Schuhe von Michael Collins, dem Zweieinhalb-Meter-Riesen von Kinsale.

Desmond Castle BURG
(021-477 4855; www.heritageireland.ie; Cork St; Erw./Kind 3/1 €; Ostern–Sept. Di–So 10–18 Uhr, letzter Einlass 45 Min. vor Schließung) Kinsales historischen Wurzeln im Zusammenhang mit dem Weinhandel kann man im Desmond Castle, einem befestigten Wohngebäude aus dem 16. Jh., nachspüren. Seitdem das Bauwerk 1601 von den Spaniern besetzt wurde, diente es erst als Zollhaus, dann als Gefängnis für französische und amerikanische Kriegsgefangene und schließlich als Armenhaus. Heute enthält es spannende historische Ausstellungsstücke und ein kleines **Weinmuseum** (www.winegeese.ie) zur Geschichte irischer Weinhändlerfamilien wie den Hennessys (die Namensgeber einer berühmten Marke), die während der britischen Regentschaft nach Frankreich flohen.

St. Multose Church KIRCHE
(Church of Ireland Church; Pfarrhaus 021-477 2220; Church St) Diese zur Church of Ireland gehörende Kirche ist dem Schutzpatron von Kinsale geweiht. 1190 wurde sie von Normannen auf den Überresten eines Gotteshauses aus dem 6. Jh. errichtet und gilt damit als eine der ältesten Kirchen Irlands. Von der Innenausstattung kann man heute kaum mehr etwas sehen, dafür ist die Fassade erhalten geblieben. Auf dem **Friedhof** entdeckt man interessante Familiengräber, außerdem wurden hier Opfer der gesunkenen *Lusitania* bestattet. In der Kirche zeigt ein flacher Stein eine Figur mit rundlichen Händen. Diese wurde nach alter Tradition von den Fischerfrauen gerieben, damit ihre Männer heil vom Meer zurückkehrten.

Aktivitäten

Wer zum Charles Fort, James Cove und den Bandon flussaufwärts schippern will, sollte **Kinsale Harbour Cruises** (021-477 8946, 086 250 5456; www.kinsaleharbourcruises.com; Erw./Kind 12,50/6 €) kontaktieren. Die Abfahrtszeiten variieren je nach Jahreszeit und Wetterlage, Näheres erfährt man auf der Webseite oder in der Touristeninformation. Alle Boote legen in der Nähe der Vista Wine Bar in der Pier Road zur Marina ab.

Whale of a Time (086 328 3250; www.whaleofatime.ie) organisiert Bootsausflüge entlang der Küste und 90-minütige Walbeobachtungstouren mit Schnellbooten ab 35 € pro Person.

Wenn man angeln möchte, kann man bei **Mylie Murphy's** (021-477 2703; 14 Pearse St) eine Ausrüstung leihen (12 € tgl.). Für Angeltrips wendet man sich an **Kinsale Angling Co-op** (021-477 4946; www.kinsale-angling.com).

Geführte Touren

Dermot Ryan's Heritage Town Walks
STADTSPAZIERGANG
(021-477 2729; www.kinsaleheritage.com; 1-stündige Tour Erw./Kind 5 €/gratis; 10.30 & 15 Uhr) An der Touristeninformation geht's los.

Don & Barry's Historic Stroll
STADTSPAZIERGANG
(021-477 2873; www.historicstrollkinsale.com; 90-minütige Tour Erw./Kind 6/1 €; Mai–Sept. 9.15 & 11.15 Uhr, Okt.–Mai 11.15 Uhr) Die Rundgänge beginnen an Kinsales Touristeninformation.

Feste & Events

Gourmet Festival (www.kinsalerestaurants.com) Anfang Oktober tragen Weinproben, Essen und Hafenrundfahrten zum Ruf der Stadt als Gourmetzentrum bei.

Kinsale Jazz Festival (www.kinsale.ie) Entspannte Unterhaltung am Feiertagwochenende Ende Oktober.

Schlafen

Pier House B&B €€
(021-477 4475; www.pierhousekinsale.com; Pier Rd; Zi. 80–140 €; P) Dieses luxuriöse Gasthaus befindet sich etwas von der Straße versetzt in einem heimeligen Garten. Nirgendwo übernachtet man schöner: Alle Zimmer sind mit Treibholzskulpturen und Muscheln dekoriert, das Bad aus schwarzem Granit überzeugt mit perfekten Duschen, und es gibt eine Fußbodenheizung! Vier der Zimmer verfügen über Balkone mit Blick auf die Menschenmassen.

Old Bank House HOTEL €€€
(021-477 4075; www.oldbankhousekinsale.com; 11 Pearse St; Zi. 130–220 €; @) Die georgianische Eleganz in diesem Luxushotel mit 18 Zimmern ist zeitlos schön. Herrliche Kunstobjekte und Gemälde an den Wänden und

Kinsale

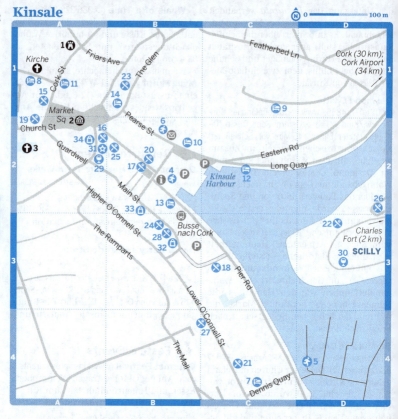

luxuriös ausgestattete Aufenthaltsräume tragen zum wunderbaren Ambiente bei. Obwohl die Zimmer opulent dekoriert sind, wirken sie nicht versnobt. Das Frühstück mit hausgemachten Brot- und Marmeladensorten (aus der Bäckerei im Erdgeschoss) schmeckt einfach toll.

Old Presbytery
B&B €€

(☏021-477 2027; www.oldpres.com; Cork St; EZ 90 €, DZ 110–170 €; ⊙ Jan.–Mitte Feb. geschl.; 🛜) Das Old Presbytery ist elegant ins 21. Jh. gekommen, da eine umsichtige Renovierung seinen Charakter bewahrt hat. Zeitlose Kiefernholzmöbel bilden einen Kontrast zu den neuen Bädern. In Zimmer 6 sollte man nur übernachten, wenn man nichts von Kinsale sehen möchte, denn die Glasveranda mit Balkon ist derart schön, dass man sie gar nicht mehr verlassen will. Das legendäre Frühstück wird vom Besitzer und früheren Küchenchef Phillip zubereitet.

Perryville House
BOUTIQUE-HOTEL €€

(☏021-477 2731; www.perryvillehouse.com; Long Quay; Zi. 110–250 €; P🛜) Im familienbetriebenen Perryville ist alles von der imposanten mit Schmiedeeisen gestalteten Fassade bis zum Nachmittagstee im Salon vom Feinsten. Die 26 Zimmer sind sehr komfortabel und warten mit riesigen Bädern auf, und wer etwas tiefer in die Tasche greift, kann sich über noch größere Betten, Balkone und Meerblick freuen. Die Frühstückseier werden von den Hühnern eines der Hotelangestellten gelegt.

White House
B&B €€

(☏021-477 2125; www.whitehouse-kinsale.com; Pearse St; EZ/DZ ab 65/100 €; P@🛜) Mitten im Herzen der Stadt liegt diese Pension mit zehn großen, modernen Zimmern. Die Räume sind sehr komfortabel – Präsidenten werden sie zwar nicht gerecht, aber Kabinettssekretäre können hier durchaus stilvoll übernachten.

Kinsale

◎ Sehenswertes
- **1** Desmond Castle A1
- **2** Regionalmuseum A2
- **3** St. Multose Church A2
- Weinmuseum .... (siehe 1)

⚙ Aktivitäten, Kurse & Touren
- **4** Dermot Ryan's Heritage Town Walks B2
- Don & Barry's Historic Stroll .... (siehe 4)
- **5** Kinsale Harbour Cruises D4
- **6** Mylie Murphy's B2

🛌 Schlafen
- **7** Chart House C4
- **8** Cloisters B&B A1
- **9** Danabel C1
- **10** Old Bank House B2
- **11** Old Presbytery A1
- **12** Perryville House C2
- **13** Pier House B2
- **14** White House B1

🍴 Essen
- **15** Crackpots A1
- **16** Cucina A2
- **17** Bauernmarkt B2
- **18** Fishy Fishy Cafe C3
- **19** Fishy Fishy Shop & Chippie A2
- **20** Jim Edwards B2
- **21** Jola's C4
- **22** Man Friday D3
- **23** Market Garden B1
- **24** Max's Wine Bar B3
- **25** Quay Food Co B2
- **26** Spaniard Bar & Restaurant D2
- **27** Stolen Pizza C4
- **28** Tom's Artisan Bakery B3

🍸 Ausgehen
- **29** De Teac A2
- **30** Harbour Bar D3

🎭 Unterhaltung
- **31** An Seanachai A2
- Spaniard Bar & Restaurant .... (siehe 26)

🛍 Shoppen
- **32** Giles Norman Gallery B3
- **33** Granny's Bottom Drawer B2
- **34** Kinsale Crystal A2

Cloisters B&B
B&B €€
(☎021-470 0680; www.cloisterskinsale.com; Friars St; EZ 60 €, DZ 70–110 €) Kleinigkeiten machen den Unterschied in dem bezaubernden B&B. In den zinnoberrot gestrichenen Räumen wird man mit Schokolade begrüßt und die Matratzen sind so gemütlich, dass einen höchstens das warme Frühstück aus dem Bett lockt. Die Pension liegt gegenüber der St. John the Baptist Church.

Danabel
B&B €€
(☎021-477 4087; www.danabel.com; Sleaveen; EZ/DZ ab 45/70 €; P) Das moderne Haus in einer Nebenstraße der Featherbed Lane (nein, diesen Namen haben wir nicht erfunden) verfügt über komfortable Zimmer mit großen Bädern und Hartholzböden und punktet teilweise mit Hafenblick. Zum Zentrum sind es nur wenige Gehminuten.

Chart House
B&B €€
(☎021-477 4568; www.charthouse-kinsale.com; 6 Dennis Quay; EZ/DZ ab 80/110 €; P 🛜) Das entspannt-elegante georgianische Stadthaus ist unglaublich komfortabel und beherbergt vier antik möblierte Zimmer. In dem großen Speisesaal ist es beim Frühstück schon so nett, dass viele Gäste am liebsten gleich bis zum Mittagessen sitzen bleiben möchten.

🍴 Essen

Kinsale ist ein echtes Gourmetparadieses, denn hier bekommt man hervorragende Gerichte für jeden Geldbeutel. Fisch und Meeresfrüchte werden täglich frisch geliefert, es gibt aber auch Fleischgerichte.

[LP TIPP] Fishy Fishy Café
FISCH & MEERESFRÜCHTE €€
(☎021-470 0415; www.fishyfishy.ie; Crowley's Quay; Hauptgerichte 13–34 €; ⊕Mo–Fr 12–16, Sa & So 12–16.30 Uhr) Das Ambiente des wohl besten Fischlokals in Irland ist schön schlicht mit bunter Kunst an weißen Wänden und einer tollen Terrasse. Sämtliches Meeresgetier wird direkt vor Ort gefangen. Wir empfehlen die kalte Meeresfrüchteplatte und die Jakobsmuscheln. Der Empfang ist charmant, allerdings wirkt die Bedienung müde wie ein alter Schellfisch. Die Besitzer betreiben auch einen tollen Fish-'n'-Chips-Laden.

(Fortsetzung auf S. 264)

County Cork

Willkommen in der Gourmet-Hochburg des Landes! Irlands größtes County, mit der gleichnamigen Provinzhauptstadt auf der einen sowie den Küstendörfern und -städten im Westen auf der anderen Seite, ist malerisch und abwechslungsreich.

Kinsale

1 Tolle Landschaften, eine hervorragende Lage, großartige Restaurants und nette Gassen: Dieser perfekte irische Küstenort (S. 250) bietet das Komplettpaket.

Englischer Markt

2 Eines der absoluten Highlights in Cork ist der überdachte English Market (S. 240). Hier verkaufen Erzeuger aus der Region ihre Waren, außerdem kann man in einem der besten Lokale der Stadt speisen.

Clonakilty

3 Die wuselige Marktstadt (S. 266) überzeugt mit netten B&Bs, tollen Restaurants und noch besseren Pubs, in denen traditionelle Musik auf dem Programm steht.

Baltimore

4 Das Dorf (S. 272) im Westen Corks gilt als Traum eines jeden Seemanns. Bunte Häuschen drängen sich um den geschäftigen Fischerhafen und die Marina.

Abbildungen
1. Blick auf die Bucht, Kinsale 2. Frischer Fisch auf dem English Market, Cork (Stadt) 3. Boote bei Clonakilty

1. Toddies, Kinsale (S. 264)
Ein ansprechend präsentiertes Gericht im Restaurant Toddies.

2. Frisches Brot (S. 44)
Irlands berühmtes *soda bread* oder *fadge* (Kartoffelbrot) probieren.

3. Irischer Käse (S. 45)
Der reichhaltige, nussige Ardrahan-Käse ist eine von vielen irischen Spezialitäten.

4. Restaurants in Kinsale (S. 253)
Die besten Produkte der Region genießen.

Die Tierwelt im Killarney National Park

Obwohl Killarney eines der Ballungszentren im Südwesten Irlands ist, tummeln sich gleich vor den Haustüren der Einwohner jede Menge Tiere: Ein paar Eingänge zum Nationalpark (S. 298) liegen nämlich mitten im Stadtzentrum.

Das 10 236 ha große Schutzgebiet umfasst Berge, Seen und Wälder. Trotz der Nähe zur Stadt und steigender Besucherzahlen sind auf dem Gelände viele seltene Arten heimisch. In höheren Lagen streift beispielsweise Irlands letzte wilde Rotwildherde mit etwa 700 Tieren umher. Diese Gattung war bereits vor 12 000 Jahren in der Gegend anzutreffen.

Zudem bevölkern Bachforellen und Lachse (mehr Informationen zum Thema Angeln siehe S. 292) sowie seltenere Spezies wie Seesaiblinge oder Maifische die Wasserläufe.

Interessant sind auch die Insekten, darunter die arktische Smaragdlibelle, die in diesen Breitengraden eher ungewöhnlich ist. Man vermutet, dass sie hier seit dem Ende der letzten Eiszeit herumschwirrt.

Ebenso gut repräsentiert ist das Federvieh. Mit etwas Glück entdeckt man Seeadler, deren Flügelspanne stolze 2,5 m beträgt. Erst 2007 wurden die Raubvögel wieder eingeführt, nachdem sie mehr als 100 Jahre ausgestorben waren. Heute leben mehr als 50 Exemplare im Park und lassen sich nach und nach an Flüssen, Seen sowie in den Küstenregionen nieder. Ähnlich wie Killarney (Stadt) hat auch der Park zahlreiche Sommergäste, darunter Kuckucke, Schwalben und Mauersegler.

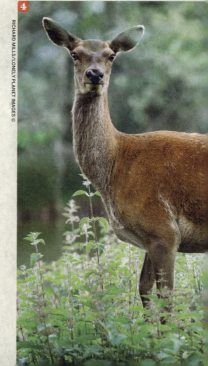

Abbildungen
1. Waldohreule 2. Brücke über einen rauschenden Fluss
3. Rhododendron 4. Rotwild-Ricke mit Kitz

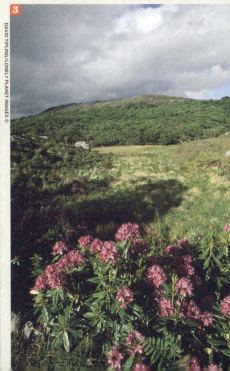

Ring of Kerry

Windgepeitschte Strände, Atlantikwellen, die sich an zerklüfteten Felsen und Inseln brechen, mittelalterliche Ruinen, hohe Berge und glitzernde Seen sind die Stars dieser 179 km langen Route rund um die Halbinsel Iveragh.

Killorglin

1 Killorglin (S. 304) ist die erste Stadt am Ring of Kerry, wenn man die Strecke gegen den Uhrzeigersinn abfährt. Dort gibt's eine Lachsräucherei und ein paar hervorragende Restaurants, außerdem steigt im August das historische Puck Fair Festival (S. 304).

Kenmare

2 Als charmanter Auftakt (oder – je nach Fahrtrichtung – als Endpunkt) für die Reise gilt das typisch irische Örtchen Kenmare (S. 312). Es liegt an einer Bucht und punktet mit bunten Geschäften sowie einer umwerfenden Architektur.

Skellig Ring

3 Diese weniger überlaufene malerische Ringstraße (18 km lang; S. 310) zweigt von der Hauptroute ab. Sie verbindet Portmagee und Waterville und führt durch einen Gaeltacht-Bezirk (irischsprachig) mit Ballinskelligs (Baile an Sceilg) im Zentrum.

Valentia Island

4 Ein weiteres Highlight des Ring of Kerry sind malerische Inseln. Einige können nur mit Booten erreicht werden, aber Valentia Island (S. 307) ist über eine kurze Brücke mit dem Festland verbunden. Im Sommer setzt auch eine Autofähre südlich von Caherciveen (S. 305) zu der Insel über.

Caherdaniel

5 Besonders urtümlich und wild wirkt die Landschaft rings um Caherdaniel (S. 311). Hier erstreckt sich der Derrynane National Historic Park (S. 311), der mit einem Garten voller Palmen und einem Öko-Strand aufwartet. Darüber hinaus kann man reiten und Wassersportarten ausüben.

Abbildungen
1. Landwirt auf der Puck Fair, Killorglin **2.** Typische Ladenfassade, Kenmare **3.** Wanderer auf Skellig Michael **4.** Bauernhaus auf Valentia Island

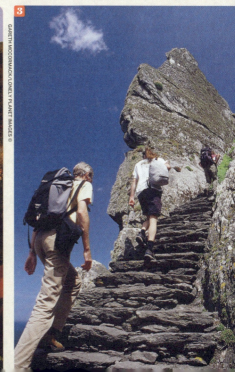

Dingle Peninsula

Diese Halbinsel bündelt das Beste, was das County Kerry zu bieten hat. Sie kann problemlos innerhalb eines Tages abgefahren werden, doch je länger man bleibt, desto wahrscheinlicher ist es, dass man gar nicht mehr abreisen will. Das bezeugen auch die vielen Künstler, die sich hier niedergelassen haben.

Slea Head

1 Der Slea Head (S. 325) weist die größte Konzentration an altertümlichen Stätten in ganz Kerry auf. Dazwischen locken jede Menge traumhafte Fotomotive und das ausgefallene Celtic & Prehistoric Museum (S. 324).

Castlegregory

2 An der Nordseite der Dingle Peninsula liegt Castlegregory (S. 328), ein Paradies für Wassersportler, insbesondere für Taucher. Über viele Möglichkeiten freuen sich auch begeisterte Wanderer.

Connor Pass

3 Die malerischste Route quer durch das Inland der Dingle Peninsula führt über Irlands höchsten Pass (456 m; S. 327) und bietet eine atemberaubende Aussicht auf die Halbinsel.

Inch Beach

4 Perfekte Wellen, ein breiter, sandiger Strand sowie eine geniale Kreuzung aus Pub, Restaurant und Café – das Sammy's (S. 317) – machen Inch Beach zu einer wunderbaren Anlaufstelle. Wie wär's mit Surfstunden oder einem Spaziergang über die 5 km lange Sandbank?

Dingle (Stadt)

5 Ein typisch irisches Küstenörtchen (S. 319): Die alten Pubs dienen auch als Lebensmittelläden, es gibt kreuz und quer verlaufende Gassen sowie traditionelle Jamsessions, und im Hafen kann man dabei zusehen, wie frischer Fisch ausgeladen wird.

Abbildungen
1. Wilde Iris, Slea Head **2.** Scariff Island und die Klippen von Castlegregory **3.** Wasserfall, Connor Pass **4.** Der Inch Beach bei Sonnenuntergang

(Fortsetzung von S. 253)

Jim Edwards FISCH & MEERESFRÜCHTE €€
(☎ 021-477 2541; www.jimedwardskinsale.com; Market Quay; Bar Gerichte 7–20 €, Restaurant Gerichte 15–30 €; ⊙ Bar 12.30–22, Restaurant 18–22 Uhr) Wenn das Fishy Fishy einen Rivalen hat, dann ist es dieses 200 m entfernte Pub. Die Bar-Gerichte liegen weit über Standard und das Essen im Restaurant schmeckt außergewöhnlich gut. Auf der Speisekarte stehen zahlreiche hochwertige Gerichte, vor allem regionaler Fisch. Fleischliebhaber kommen ebenfalls auf ihre Kosten.

Bulman Bar & Toddies
FISCH & MEERESFRÜCHTE €€
(☎ 021-477 2131; Summercove; Hauptgerichte 16–21 €; ⊙ 12.30–21.30 Uhr) Besser als hier kann man am Meer nicht essen. Das urige Hafenlokal gilt als Oase fernab vom umtriebigen Kinsale, deftige Sprüche gehören zum guten Ton. Meeresfrüchte gibt's im Überfluss – entweder in einer dicken Suppe schwimmend oder verführerisch auf einer Platte angerichtet. Vieles stammt direkt aus der Gegend, außerdem kommen die Kräuter aus dem Garten hinter der Küche. Das formellere Toddies (Mi–Sa nur abends geöffnet) serviert eine exzellente Auswahl wunderschön zubereiteter Gerichte, darunter köstliches Hummerrisotto (18,95 €).

Spaniard Bar & Restaurant
INTERNATIONAL €€
(☎ 021-477 2436; www.thespaniard.ie; Scilly; Bar-Gerichte 4–14 €; Restaurant Hauptgerichte 14–24 €) Eine gute alte Matrosenbar mit knisterndem Torffeuer und niedrigen Decken. In der Bar kann man nach Herzenslust Krebsscheren knacken oder einfach nur ein Sandwich essen. Viele Gerichte kosten um die 10 €. Oben gibt's ein teures Restaurant, das dieselben Gerichte serviert, aber nicht an die Atmosphäre der Bar herankommt.

Jola's MODERNE IRISCHE KÜCHE €€€
(☎ 021-477 3322; www.jolasrestaurant.com; 18-19 Lower O'Connell St; Hauptgerichte 20–29 €; ⊙ Mi–Sa & Feiertage nur abends) Mit hohen Decken, Ziegelwänden und einem tollen Kronleuchter bringt das Restaurant von Jola Wojtowicz einen Hauch von Welt nach Kinsale. Hier wird die osteuropäische Küche mit der irischen gemixt. Die *pierogi* (Pirogen) mit Clonakilty-Blutwurst sind göttlich, aber nur ein Vorgeschmack auf die wunderbaren Hauptgerichte wie Lammkoteletts mit Basilikum- und Walnusspesto.

SELBSTVERSORGER

Quay Food Co (☎ 021-477 4000; www.quayfood.com; Market Quay; Sandwiches 4–6 €; ⊙ tgl. 9–18 Uhr) verkauft lokale Erzeugnisse und kleine Luxusartikel. Picknickzutaten bekommt man auch im Market Garden (☎ 021-477 574; The Glen; Mo–Sa 9–19 Uhr), einem Labyrinth mit niedrigen Decken. Hier bekommt man lokales Obst und Gemüse aus biologischem Anbau. Passend künstlerisch dekoriert ist das Schaufenster von Tom's Artisan Bakery (☎ 021-477 3561; 46 Main St; ⊙ Mo–Sa 8–17 Uhr). Außerdem findet vor Jim Edwards' Restaurant jeden Dienstag ein toller Bauernmarkt (Short Quay; ⊙ Di 9.30–13.30 Uhr) statt.

Man Friday MODERNE IRISCHE KÜCHE €€€
(☎ 021-477 2260; www.manfridaykinsale.ie; Ecke River & High Rds, Scilly; Hauptgerichte 23–29 €; ⊙ nur abends) Wenige Schritte vom Hafen entfernt kann man auf der Terrasse des 30 Jahre alten Restaurants auf der Halbinsel Scilly sitzen und den tollen Blick genießen. An lauen Abenden sollte man einen Tisch reservieren. Schon der Spaziergang hierhin ist bezaubernd.

Cucina CAFÉ €
(☎ 021-470 0707; www.cucina.ie; 9 Market St; Gerichte 5–14 €; ⊙ Mo–Sa 9–17, Bestellungen bis 16 Uhr) Entspannter Jazz gibt in diesem modernen kleinen Café den Ton an, zu dessen Angebot Bruschetta, Salate und Suppen und weniger gesunde, aber köstliche Riesentortenstücke gehören.

Fishy Fishy Shop & Chippie FISH & CHIPS €
(☎ 021-477 4453; Guardwell; Gerichte 8–15 €; ⊙ April–Okt. 12–21 Uhr) Die Imbissvariante des renommierten Lokals mit Innen- und Außenplätzen. Auf einem Spaziergang durch Kinsale kann man hier wunderbar eine Kaffeepause einlegen oder die besten Fish 'n' Chips der Stadt und andere Gerichte probieren.

Crackpots MODERNE IRISCHE KÜCHE €€
(☎ 021-477 2847; www.crackpots.ie; 3 Cork St; Hauptgerichte 14–28 €; ⊙ Mo–Sa mittags & abends, So nur mittags) Der Schriftzug „Ceramic Restaurant" über der Eingangstür bezieht sich darauf, dass sämtliches Geschirr des Lokals vor Ort hergestellt wurde. Kom-

biniert man Kunstwerkstatt und Restaurant miteinander, kommt normalerweise eines davon zu kurz – hier ist das jedoch nicht der Fall. Alle Gerichte bestehen aus regionalem Fleisch, frischen Meeresfrüchten und Biogemüse. Die Besitzerin Carole Norman lässt die Wände von lokalen Künstlern gestalten, deren Bilder zum Verkauf stehen.

Stolen Pizza ITALIENISCH €€
(021-470 0488; 66 Lower O'Connell St; Hauptgerichte 10–16 €; 12–21 Uhr) Seit seiner Grundüberholung verfügt das alte Restaurant über eine einladende Abendkarte mit italienischen Klassikern. Im Stolen Pizza ist man richtig, wenn man statt Muscheln lieber Spaghetti und Frikadellen mag. Die Pizza schmeckt lecker und als Zugeständnis an die örtliche Tradion gibt's Meeresfrüchteravioli. Tagsüber kann man in dem charmanten Lokal einen Kaffee trinken und an der hübschen Straße eine Pause einlegen.

Max's Wine Bar MODERNE IRISCHE KÜCHE €€
(021-477 2443; 48 Main St; 2/3-Gänge-Menü 24/30 €; Di–So 12–14 & 18–22 Uhr, kürzere Öffnungszeiten im Winter) Hinter der leuchtendroten traditionellen Holzfassade verbirgt sich ein beliebtes Restaurant, in dem französische Einflüsse mit den besten irischen Produkten und Meeresfrüchten vermischt werden. Die Speisekarte ändert sich regelmäßig, außerdem gibt's stets eine verlockend große Auswahl an Weinen.

Ausgehen & Unterhaltung

Harbour Bar PUB
(Scilly; ab 18 Uhr) Ein echtes Kleinod! Hier hat man eher das Gefühl, sich in einem Wohnzimmer als in einer Bar zu befinden. Uralte Sofas, Feuer im offenen Kamin, Charakterköpfe in jeder Ecke und Gartenbänke mit Meerblick tragen zum Charme des Pubs bei.

Spaniard Bar & Restaurant PUB
(021-477 2436; www.thespaniard.ie; Scilly) Das Essen ist gut, doch der eigentliche Reiz der alten Kneipe (erinnert an Zeiten der Armada) liegt in ihren ruhigen Ecken, wo man das Torffeuer riecht und Bruchstücke gedämpfter Unterhaltungen aufschnappt, in denen es vielleicht um Schmuggel gehen könnte, wahrscheinlich aber doch eher um Sport.

De Teac PUB
(021-477 4602; 1 Main St) Im Unterschied zu früher ist die Speisekarte des Pubs zwar etwas gehobener, trotzdem ist der Laden weiterhin brechend voll von Einheimischen, die ein- und ausgehen, als seien sie in ihrem eigenen Wohnzimmer. Das stimmt irgendwie auch, da alle Stammgäste sozusagen zur Familie gehören.

An Seanachai PUB
(021-477 7077; 6 Market St) In dem scheunenartigen Pub wird fast jeden Abend traditionelle Musik gespielt.

Bulman PUB
(021-477 2131; Summercove) Lohnt den Abstecher. Das Ambiente der Kneipe gleicht dem des Restaurants.

Shoppen

Giles Norman Gallery FOTOGRAFIE
(021-477 4373; 45 Main St) In dem Laden kann man Schwarz-Weiß-Fotos mit Irlandmotiven von Giles Norman, einem Meister des Genres, erstehen. Drucke bekommt man ab 30 bzw. 45 € (ohne/mit Rahmen).

Granny's Bottom Drawer IRISCHES KUNSTHANDWERK
(021-477 4839; 53 Main St) Eine große Auswahl an edlem irischen Leinen, Damast und Vintage-Stoffen wird in diesem netten Geschäft mit dem perfekt passenden Namen verkauft.

Kinsale Crystal KRISTALL
(021-477 4493; Market St) Erlesene Arbeiten eines aus Waterford stammenden Handwerkskünstlers, der sich dem traditionellen Tiefschnitt in Kristallglas verschrieben hat.

Praktische Informationen

In der Pearse Street gibt's eine Post und Banken mit Geldautomaten. Öffentliche Toiletten findet man neben der Touristeninformation.

Touristeninformation (021-477 2234; www.kinsale.ie; Ecke Pier Rd & Emmet Pl; Nov.–März Di–Sa 9.15–17, April–Juni, Sept. & Okt. auch Mo, Juli & Aug auch So 10–17) Hier bekommt man eine gute Karte mit Wanderungen in und um Kinsale.

An- & Weiterreise

Bus Éireann (021-450 8188) verkehrt zwischen Kinsale und Cork über den Flughafen von Cork (7,50 €, 50 Min., Mo–Fr 14-mal tgl., Sa 11-mal, So 5-mal). Der Bus hält in der Pier Road unweit der Touristeninformation.

Unterwegs vor Ort

Kinsale Cabs (021-477 2642)

Clonakilty

4200 EW.

Die fröhliche, geschäftige Marktstadt dient den kleinen Küstenorten in der Umgebung als Verkehrsdrehkreuz. Sie wartet mit schicken B&Bs, Top-Restaurants und gemütlichen Livemusik-Pubs auf. Wasserstraßen sorgen für zusätzlichen Charme.

Clonakilty ist für zwei Dinge bekannt: als Geburtsort von Michael Collins (s. Kasten S. 270) – eine **Statue** von ihm thront an der Ecke zum Emmet Square – und für die berühmteste Blutwurst Irlands, Clonakilty Black Pudding.

Am Asna Square laufen die Straßen der Stadt zusammen. Der Platz wird von einem **Denkmal** beherrscht, das an den Aufstand im Jahr 1798 erinnert. Außerdem steht hier der **Kilty Stone**. Einst gehörte er zur ursprünglichen Burg, die Clonakilty (auf Irisch Clogh na Kylte, „Burg des Waldes") seinen Namen gab.

Sehenswertes & Aktivitäten

Im Zentrum kann man gut ein paar Stunden umherschlendern. Der georgianische **Emmet Square** veranschaulicht den traditionellen Reichtum der Region und auf der **Spillers Lane** gibt's hübsche kleine Läden.

Von den mehr als 30 000 Ringfestungen in Irland ist **Lisnagun** (Lios na gCon; 023-883 2565; www.liosnagcon.com; Erw./Kind 5/3 €; geführte Rundgänge im Sommer 12–16 Uhr) die einzige, die an ihrer ursprünglichen Stelle wiedererrichtet wurde. Mit Untergeschoss und einer reetgedeckten Hütte in der Mitte vermittelt die Anlage einen lebhaften Eindruck vom Alltag in einem Bauerngehöft des 10. Jhs. Nach dem Kreisverkehr am Ende der Strand Road folgt man den Schildern zum Bay View House B&B. Dann fährt man die Straße bergauf zur Kreuzung, biegt dort rechts ab und fährt noch 800 m weiter, bis es wieder rechts abgeht (ausgeschildert).

Im **West Cork Model Railway Village** (023-883 3224; www.modelvillage.ie; Inchydoney Rd; Erw./Kind 8/4,25 €; Sept.–Juli 11–17 Uhr, Juli & Aug. 10–17 Uhr) kann man sich das Schmunzeln nicht verkneifen. Zu den Highlights gehören eine große Nachbildung der West Cork Railway aus den 1940-Jahren im Freien und ein erstklassiges Miniaturmodell der wichtigsten Städte im Westen von County Cork. Weniger lustig ist die **Bimmelbahn** (Erw./Kind inkl. Eintritt ins Railway Village 12/6,25 €; im Sommer tgl., im Winter nur am Wochenende), die am Railway Village zu einer 20-minütigen Rundfahrt durch Clonakilty startet – ideal, wenn man gern eingepfercht wird und angestarrt werden möchte.

Die Bucht eignet sich zwar zum **Schwimmen**, doch das Wasser ist eiskalt. Ebenfalls sehen lassen kann sich der saubere **Sandstrand** (Blaue Flagge) auf Inchydoney Island 4 km von Clonakilty, allerdings gilt er wegen der Unterströmung als gefährlich. Wenn Rettungsschwimmer vor Ort sind, weist eine rote Flagge auf einen starken Sog hin. Die **West Cork Surf School** (086 869 5396; www.westcorksurfing.com) reitet auf der Welle des in Irland zunehmend beliebten Surfsports. Zwei Stunden Unterricht kosten 40 €. **Jellyfish Surf Co** (023-883 5890; Spillers Lane) nennt einem die besten Plätze in der Gegend.

Schlafen

Abgesehen von einer Ausnahme sollte man möglichst nah am Zentrum übernachten.

Inchydoney Island Lodge & Spa RESORT €€€

(023-883 3143; www.inchydoneyisland.com; Inchydoney Island; Zi. unter der Woche/Wochenende 190/250 €;) Im Herzen der luxuriösen Ferienanlage etwa 5 km südlich von Clonakilty befindet sich ein hervorragendes Spa. Außerdem ist der Service außergewöhnlich gut und das Essen super. Der schicke Seventies-Look könnte zwar modernisiert werden, aber das ist nur eine Kleinigkeit in dem ansonsten erstklassigen Resort.

Emmet Hotel HOTEL €€

(023-883 3394; www.emmethotel.com; Emmet Sq; Zi. 65–120 €;) Das bezaubernde, georgianische Hotel am gleichnamigen Platz hat 20 große, vornehme Zimmer und setzt auf Charme sowie hervorragenden Service mit allen Annehmlichkeiten einer modernen Unterkunft. Im hauseigenen Restaurant, dem O'Keeffe's, werden deftige irische Speisen aus einheimischen Bioprodukten zubereitet.

Bay View House B&B €€

(023-883 3539; www.bayviewclonakilty.com; Old Timoleague Rd; EZ/DZ 50/80 €;) Ein rosafarbenes B&B auf höchstem Niveau, in dem man herzlich empfangen wird. Von den Zimmern 5 und 6 und der gemütlichen Lounge genießt man einen fantastischen Blick über die Felder, die sich bis zur Bucht

Clonakilty

Clonakilty

⊙ Sehenswertes
 1 Denkmal zum Aufstand von 1798 .... C3
 2 Clonakilty Museum A2
   Kilty Stone .... (siehe 1)
 3 Michael-Collins-Statue A3

🛏 Schlafen
 4 An Súgán B&B D3
 5 Emmet Hotel A3
 6 O'Donovan's Hotel B3
 7 Tudor Lodge B1

⊗ Essen
 8 An Súgán D2
 9 Edward Twomey B2
 10 Bauernmarkt C2
 11 Gleesons C3
 12 Harts C2
 13 Malt House Granary C2

🎭 Unterhaltung
 14 An Teach Beag B3
 15 De Barra's B3

---

von Clonakilty hinunterziehen, außerdem kann man sich über das ausgezeichnete Frühstück freuen. Die Pension liegt 300 m östlich vom Stadtzentrum gleich hinter der Abzweigung vom N71-Hauptkreisverkehr in die Stadt.

O'Donovan's Hotel HOTEL €€
(☎023-883 3250; www.odonovanshotel.com; Pearse St; EZ/DZ 45/90 €; 🛜) Hinter der klassischen, roten Fassade schlägt das Herz eines Traditionshotels mit funktionalen Zimmern. Der Service ist einfach und zuvorkommend und die zentrale Lage unschlagbar. Vor dem Haus befindet sich eine Gedenktafel zum Zweiten Weltkrieg.

Tudor Lodge B&B €€
(☎023-883 3046; www.tudorlodgecork.com; McCurtain Hill; EZ/DZ 50/80 €; 🛜) Das moderne Familienhotel mit Tudor-Motto liegt ein paar Schritte vom Zentrum entfernt auf einem Hügel und verfügt über elegante, ruhige Zimmer.

An Súgán B&B B&B €€
(☎023-883 3719; www.ansugan.com; Sand Quay; Zi. 50–80 €; ⊙Mitte März–Okt.) Eine frisch aufgehübschte, überaus entspannte Pension in exponierter Lage und mit geradezu riesigen Zimmern. Von hier aus sind es nur einige wenige Schritte bis zum Restaurant An Súgán.

Essen

Besucher der Stadt sollten sich den zweimal wöchentlich stattfindenden Bauernmarkt (McCurtain Hill; ⊙ Do & Sa 10–14 Uhr) nicht entgehen lassen.

An Súgán — MODERN IRISCH €€€
(☎023-883 3719; www.ansugan.com; 41 Wolfe Tone St; Bargerichte 5–25 €, Hauptgerichte abends 14–28 €; ⊙12–22 Uhr) Das traditionelle An Súgán ist im ganzen Land für seine exzellenten Fischgerichte bekannt. Bar und Restaurant sind vollgestopft mit jeder Menge Krimskrams: Krüge baumeln von der Decke, unter den Sparren stecken zahlreiche Visitenkarten, die Wände sind behangen mit Laternen und antiken Feuerlöschern. Doch das Essen ist ganz und gar nicht skurril. Wir empfehlen die leichte Suppe mit Meeresfrüchten und die tollen Krabbenküchlein. Zum Angebot gehören zehn verschiedene Fischsorten (je nach Tagesfang).

Malt House Granary — MODERN IRISCH €€€
(☎023-883 4355; 30 Ashe St; Hauptgerichte 18–25 €; ⊙Mo–Sa 17–22 Uhr) Auf der Speisekarte stehen ausschließlich Gerichte mit Produkten aus der Gegend, darunter Clonakilty Black Pudding, Boile-Ziegenkäse, Gubbeen-Chorizowurst und Muscheln aus der Bantry Bay. Wer sich nicht entscheiden kann, wählt am besten die Meeresfrüchteplatte. Die Einrichtung ist gleichzeitig stylish und kitschig.

Harts — CAFÉ €
(☎023-883 5583; 8 Ashe St; Gerichte 5–10 €; ⊙Mo–Sa 10–17 Uhr) Im Stadtzentrum überrascht dieses beliebte Café mit kreativen Varianten der üblichen Gerichte, darunter Ciabatta-Sandwiches, feine Backwaren,

Gleesons — MODERNE IRISCHE KÜCHE €€
(☎023-882 1834; www.gleesons.ie; 3-4 Connolly St; Hauptgerichte 14–22 €; ⊙Mo–Fr 18.30–21.30, Sa 18–22 Uhr) Ein kulinarischer Luxustempel, der irische Produkte auf kontinentale Art zubereitet. Die Einrichtung aus Holz und Schiefer ist angenehm schlicht und die Meeresfrüchte schmecken hervorragend. Frühe Gäste kommen in den Genuss eines Drei-Gänge-Menüs (35 €) mit gutem Preis-Leistungs-Verhältnis.

schmackhafte Käseplatten und wunderbare hausgemachte Konfitüren.

☆ Unterhaltung

De Barra's — PUB
(www.debarra.ie; 55 Pearse St) Hier ist immer was los. Die Wände sind mit Fotos, Zeitungsausschnitten, Masken und Instrumenten gepflastert und jeden Abend ab 21.30 Uhr wird Livemusik geboten.

An Teach Beag — PUB
(5 Recorder's Alley) Dieses einladende Pub hinter dem O'Donovan's Hotel verbreitet genau die richtige Stimmung für traditionelle Musik. Mit etwas Glück erwischt man sogar einen *scríocht*-Abend mit Dichtern und Geschichtenerzählern. Im Juli und August finden jeden Abend Konzerte statt, ansonsten immer an den Wochenenden. Man beachte die historische Gedenktafel am Anfang der Gasse.

❶ Praktische Informationen

Öffentliche Toiletten sind an der Ecke Connolly Street und Kent Street zu finden.

AIB Bank (Ecke Pearse & Bridge St) Geldautomat.

Clon Business Solutions (☎023-883 4515; 32 Pearse St; 6 € pro Std.; ⊙Mo–Fr 9–18, Sa 10–17 Uhr) Internetzugang.

Postamt In der alten Presbyterianerkapelle auf der Bridge Street.

Touristeninformation (☎023-883 3226; www.clonakilty.ie; Ashe St; ⊙Sept.–Juni Mo–Sa 9.30–17.30, Juli & Aug. Mo–Sa 9–19 & So 10–17 Uhr) Gute kostenlose Stadtpläne.

❶ An- & Weiterreise

Cork (11,50 €, 65 Min.) und Skibbereen (8 €, 40 Min.) werden zwischen Montag und Samstag täglich von acht und an Sonntagen von sieben Bussen angesteuert. Die Haltestelle liegt gegenüber von Harte's Spar an der Umgehungsstraße nach Cork. Nach Kinsale gelangt man auch über die R600.

> **NICHT VERSÄUMEN**
>
> ### DIE BESTE BLUTWURST
>
> Clonakiltys begehrtester Exportartikel ist der sogenannte *black pudding*, eine Blutwurst, die auf der Speisekarte der meisten lokalen Restaurants steht. Am besten kauft man sie bei **Edward Twomey** (☎023-883 3733; www.clonakiltyblackpudding.ie; 16 Pearse St; Würste ab 2,75 €). Dort gibt's verschiedene Sorten, die alle auf dem Originalrezept aus den 1880er-Jahren basieren.

Unterwegs vor Ort

MTM Cycles (☏ 023-883 3584; 33 Ashe St) verleiht Fahrräder für 12 € pro Tag. Ein netter Radausflug führt zum 13 km südlich gelegenen Duneen Beach.

Von Clonakilty nach Skibbereen

Malerische Dörfer, ein sehenswerter Steinkreis und eine friedliche Küstenlandschaft zeichnen diese wenig befahrene Strecke aus. Wer nicht die ganze Zeit auf der Hauptstraße N71 bleiben möchte, sollte in Rosscarbery am Ende der Dammstraße links auf die R597 abbiegen (Glandore ist ausgeschildert). Am besten nimmt man sich aber einfach doppelt so viel Zeit und legt die gesamte Strecke auf kleinen Straßen am Wasser zurück.

DROMBEG STONE CIRCLE
Der stimmungsvolle Drombeg-Steinkreis liegt auf einem Hügel und ist von lauter Feldern umgeben, die sich bis zur Küste ziehen. In der Ferne hört man Kühe muhen. Einst bewachten die 17 aufrecht stehenden Steine die eingeäscherten Gebeine eines jungen Mannes, die man bei Ausgrabungen in den 1960er-Jahren entdeckt hat. Vermutlich datiert der Kreis mit 9 m Durchmesser ins 5. Jh. v. Chr. und stellt eine anspruchsvolle eisenzeitliche Rekonstruktion eines früheren Monuments aus der Bronzezeit dar.

Gleich dahinter befinden sich die Überreste einer Hütte und einer Kochstelle aus der Eisenzeit, eine sogenannte *fulachta fiadh*. Experimente haben gezeigt, dass die erhitzten Steinbrocken Wasser zum Kochen bringen und rund drei Stunden lang warm halten konnten – lange genug, um Fleisch zuzubereiten. Meistens ist es hier ruhig, nur ein paar Reste zeugen von privaten Ritualen.

Wer sich den Steinkreis ansehen möchte, nimmt die ausgeschilderte Linksabzweigung von der R597 etwa 4 km westlich von Roscarbery.

GLANDORE & UNION HALL
250 EW.

Im Sommer, wenn zahlreiche Jachten im geschützten Hafen von Glandore ankern, erwachen die hübschen Küstendörfer Glandore (Cuan Dor) und Union Hall zum Leben. Ein Gewirr kleiner Straßen durchzieht die Gegend, die es sich zu erkunden lohnt.

Union Hall ist benannt nach dem Act of Union von 1800, der das eigenständige irische Parlament aufhob. Man erreicht den Ort von Glandore aus über einen langen und engen Dammweg. 1994 wurde hier das Familiendrama *Der Krieg der Knöpfe* über den Kampf zweier Jugendbanden gedreht.

In Union Hall gibt's einen Geldautomat, eine Post und einen Gemischtwarenladen. Seinen Hunger kann man in beiden Dörfern stillen, wobei die Auswahl in Union Hall mit einem Imbiss, einem Café und mehreren Pubs, von denen zwei sogar direkt am Wasser Sitzmöglichkeiten bieten, etwas größer ist.

⊙ Sehenswertes & Aktivitäten
Die wunderbare Theresa O'Mahoney leitet das **Ceim Hill Museum** (☏ 028-36280; Erw./Kind 4/2 €; ⊙10–19 Uhr) von ihrem Landgut in einer Seitenstraße der Castletownshend Road aus. Die kleine Sammlung aus der Eisenzeit im „Unabhängigkeitszimmer" lohnt einen Besuch.

Atlantic Sea Kayaking (☏ 028-21058; www.atlanticseakayaking.com; Union Hall; halbtägiger Ausflug 50 €; ⊙ganzjährig) hat einen abenteuerlichen Küstenausflug im Kajak sowie viele weitere Touren und Kurse (auch nächtliche Kajaktouren) im Programm.

Zwei Veranstalter bieten ganzjährig Wal- und Delfintouren vom Reen Pier 3 km hinter Union Hall an. Die Preise liegen für Halbtagesausflüge im Durchschnitt bei 50/30 € pro Erwachsenen/Kind.

Whale Watch West Cork WALBEOBACHTUNG
(☏ 028-33357; www.whalewatchwestcork.com)

Whale Watch with Colin Barnes WALBEOBACHTUNG
(☏ 086 327 3226; www.whalewatchwithcolinbarnes.com)

🛏 Schlafen & Essen
Bay View House B&B €€
(☏ 028-33115; Glandore; EZ/DZ 50/80 €) Dieses B&B bietet eine spektakuläre Aussicht über die Bucht, das gilt vor allem für Zimmer 1. Helle Zitrusfarben, Dielenböden, Holzmöbel und blitzblanke Bäder tragen zum Charme des Hotels bei. Die Pubs des Ortes sind nur wenige Schritte entfernt.

Meadow Camping Park CAMPINGPLATZ €
(☏ 028-33280; meadowcamping@eircom.net; Rosscarbery Rd, Glandore; Campingplatz 20 €; ⊙Ostern & Mai–Mitte Sept.) Etwa 2 km östlich von Glandore an der R597 nach Rosscarbery erstreckt sich dieser kleine Camping-

MICHAEL COLLINS – DER „BIG FELLA"

Michael Collins ist einer der berühmtesten und beliebtesten Söhne des Countys. Der Befehlshaber der Armee des Irischen Freistaates, der 1922 die Unabhängigkeit Irlands von Großbritannien errang, wurde auf einer Farm in der Nähe von Clonakilty geboren.

Nach dem Osteraufstand von 1916 avancierte Collins zu einer Schlüsselfigur des irischen Nationalismus. Er revolutionierte den Kampfstil der irischen Soldaten und setzte auf eine Guerillataktik mit „fliegenden Einheiten", die sich im Kampf gegen die viel größeren, aber weniger mobilen britischen Truppen als äußerst effektiv erwies. 1921 brachte ihm sein politischer Scharfsinn beim Abschluss des Anglo-Irischen Vertrages die Position als Verhandlungsführer ein. Collins war gezwungen, große Zugeständnisse zu machen, darunter auch die Teilung des Landes. Als er den Vertrag widerwillig unterzeichnete, erklärte er, dass er sein eigenes Todesurteil unterschreibe.

Seine Worte sollten sich auf tragische Weise bewahrheiten. Kurz nach Vertragsabschluss brach ein Bürgerkrieg aus und Collins wurde am 22. August 1922 auf einer Reise ins westliche Cork in Beal-na-mBláth bei Macroom von vertragsfeindlichen Truppen in einen Hinterhalt gelockt und getötet. Jedes Jahr wird am Tag seiner Ermordung ein Gedenkgottesdienst abgehalten. Wer die Stätte besuchen will, nimmt die N22 westlich von Cork und biegt nach 20 km rechts auf die R590 nach Crookstown ab. Dort fährt man rechts auf die R585 nach Béal-na-mBláth. Der Schauplatz des Mordes liegt 4 km weiter auf der linken Seite.

Eine praktische Karte und die Broschüre *In Search of Michael Collins* (4,50 €), die alle Orte der Gegend mit einem Bezug zu dem Freiheitskämpfer auflistet, erhält man in der Touristeninformation von Clonakilty. Im großartigen **Michael Collins Centre** (023-884 6107; www.michaelcollinscentre.com; Erw./Kind 6/3 €; Mitte Juni–Sept. Mo–Fr 10.30–17, Sa 11–14 Uhr) erfährt man anhand von Fotos und Briefen mehr über diesen Mann und seine Zeit. Hier gibt's sogar eine Rekonstruktion der Landstraße aus den 1920er-Jahren (samt Panzerfahrzeug) zu sehen, auf der Collins getötet wurde. Gelegentlich organisiert das Zentrum Touren zu den wichtigsten Orten im Leben des Revolutionärs. Es ist auf der R600 zwischen Timoleague und Clonakilty ausgeschildert.

Das ehrenamtlich betriebene **Clonakilty Museum** (Western Rd; Eintritt 3 €; Juni–Sept.) stellt weitere Erinnerungsstücke aus, darunter Collins' Waffen und Uniform. In der Touristeninformation erfährt man die genauen Öffnungszeiten.

---

platz in einem idyllischen Garten mit Bäumen und Blumen.

Shearwater B&B   B&B €€
(028-33178; www.shearwaterbandb.com; Union Hall; EZ/DZ 50/70 €; April–Okt.) Das B&B auf einem kleinen Hügel 500 m von Union Halls Zentrum verfügt über gemütliche Zimmer und eine große Terrasse mit tollem Ausblick.

Hayes Bar   PUB €€
(028-33214; The Square, Glandore; Gerichte 8–20 €; Küche 12–21 Uhr) Wer die Gerichte in der wunderbaren Hafenkneipe kostet, kommt so richtig ins Schwärmen. Am besten genießt man die Tapas, Sandwiches und anderen Snacks an den Picknicktischen.

❶ An- & Weiterreise
Busse halten im 3 km nördlich gelegenen Leap. Von dort holen viele B&B-Besitzer ihre Gäste ab, sofern diese vorab Bescheid geben.

CASTLETOWNSHEND
160 EW.

Mit seinen herrschaftlichen Gebäuden und kunterbunten Häuschen aus dem 17. und 18. Jh. an der steilen Hauptstraße ist Castletownshend eines der charakteristischsten Dörfer Irlands. Am Fuß des Hügels liegen ein kleiner Hafen und die Burg (eher ein zinnenbewehrtes Herrenhaus), nach der dieser Ort benannt ist. Hat man sie gesehen, kann man getrost die Füße hochlegen und sich entspannen – es sind bereits alle Sehenswürdigkeiten abgehakt.

Die **Burg** (028-36100; www.castle-townshend.com; Zi. 90–170 €) thront eindrucksvoll über dem Wasser und verfügt über große, längs unterteilte Fenster. Einer der sieben Gästeräume ist mit einem alten Himmelbett ausgestattet, in dem man König und Königin spielen kann, ansonsten kommt man hier in kleinen, aber hellen Zimmern mit Terrasse und schöner Aussicht unter.

Man kann das Dorf nur mit dem Auto über die R596 (8 km) erreichen. Ein Taxi (028-21258) von Skibbereen aus kostet ungefähr 15 €.

Skibbereen

2300 EW.

Das quirlige Skibbereen (Sciobairín) hat den größten Glamourfaktor im westlichen Cork und zieht an den Wochenenden jede Menge reiche Yuppies und Jachtbesitzer aus Dublin an. Dieser Luxus ist weit entfernt von den Zeiten der Großen Hungersnot, die Skib wahrscheinlich härter als jede andere Stadt Irlands traf. Damals wanderten unzählige Bewohner aus oder verhungerten bzw. starben an Krankheiten. „Die Berichte sind nicht überzogen, sie können es nicht sein. So etwas Schreckliches lässt sich nicht ausdenken", schrieben Lord Dufferin und G. F. Boyle, die im Februar 1847 von Oxford nach Skibbereen reisten, um zu prüfen, ob die Meldungen wirklich stimmten. Ihr Augenzeugenbericht liest sich wie eine Horrorgeschichte; Dufferin war von dem Erlebten so entsetzt, dass er 1000 £ spendete (heute rund 100 000 €).

Das wichtigste Wahrzeichen dieses Ortes ist eine zu Ehren der Helden der irischen Rebellion errichtete Statue auf dem Hauptplatz.

Sehenswertes

Das **Skibbereen Heritage Centre** (028-40900; www.skibbheritage.com; Old Gasworks Bldg., Upper Bridge St; Erw./Kind 6/3 €; 10–18 Uhr) wurde auf dem einstigen Standort der städtischen Gaswerke errichtet und beherbergt eine bewegende Ausstellung über die Hungersnot. Schauspieler lesen erschütternde Berichte aus jener Zeit vor und rücken so grauenvolle Aspekte der irischen Geschichte ins Bewusstsein. Zudem gibt's eine kleinere Dokumentation zum nahe gelegenen Lough Hyne, den ersten Meeresschutzpark Irlands, sowie ein Zentrum für Ahnenforschung.

Abends starten am Heritage Centre geführte **historische Spaziergänge** (Erw./Kind 5/2,50 €), die 1½ Stunden dauern (für die genauen Zeiten vorher anrufen).

Auf dem **Abbeystrewery Cemetery**, einem Friedhof 1 km östlich des Zentrums an der N71 Richtung Schull, befinden sich die Massengräber von 8000 bis 10 000 Einheimischen, die während der Hungersnot ums Leben kamen.

Eine schöne **alte Eisenbahnbrücke** überquert den Fluss in der Nähe der Ilen Street. Freitags bietet der **Viehmarkt** auf dem Ausstellungsgelände einen hektischen und geruchsintensiven Einblick in das Landleben.

Schlafen

LP TIPP Bridge House B&B €€
(028-21273; www.bridgehouseskibbereen.com; Bridge St; EZ/DZ 40/70 €; 🛜) Mona Best hat ihr Haus in ein Kunstwerk verwandelt: Alle Räume sind prall gefüllt mit fantastischen viktorianischen Gemälden, liebevoll gesammeltem Kram, verrückten Holzschnitzereien, Schaufensterpuppen und frischen Blumen. Auf Wunsch können die Gäste schwarze Bettlaken aus Seide bekommen.

West Cork Hotel HOTEL €€
(028-21277; www.westcorkhotel.com; Ilen St; Zi. 55–150 €; 🛜) Ein solider Oldtimer mit 30 komfortabeln restaurierten Zimmern neben dem Fluss und der alten Eisenbahnbrücke. Die Bar ist einladend und die Zimmer nach hinten bieten einen idyllischen Blick.

Essen

Jeden Freitag wird am Old Market Sqare ein **County Market** (12.30–14.30 Uhr) und samstags ein **Bauernmarkt** (10–13.30 Uhr) abgehalten. Wer Mitte September in der Stadt ist, sollte das **Taste of West Cork Food Festival** (www.atasteofwestcork.com) nicht verpassen. Dann gibt's einen lebhaften Markt und spezielle Veranstaltungen in den örtlichen Restaurants.

Kalbo's Bistro INTERNATIONAL €€
(028-21515; 26 North St; Frühstück & Mittagessen 4–11 €, Abendessen 17–30 €; ganzjährig Mo-Sa 9–21 Uhr, Juli & Aug. zusätzlich So 17.30–21.30 Uhr; 👶) Kürzlich wurde das beliebte Lokal etwas verkleinert, damit die Besitzer sich ein wenig erholen können. Trotzdem kommt man hier nach wie vor in den Genuss von einfach zubereitetem klassischem Essen aus lokalen Produkten. Geschickte Hände in der Küche sorgen morgens für herrliche Pfannkuchen und mittags für wunderbare Schinkensandwiches. Abends haben die Gerichte einen kreativen Touch.

Over the Moon MODERNE IRISCHE KÜCHE €€
(028-22100; 46 Bridge St; Mittagessen 8–14 €, Hauptgerichte abends 16–25 €; Mi-Mo mittags & abends, So nur abends) Die klassische blau-weiße Fassade und das verlockende Schild wirken einladend. Dieses Restau-

rant sollte man unbedingt besuchen. Auf der einfallsreichen, stets wechselnden Speisekarte stehen frische saisonale Produkte aus der Gegend (es gibt eine Liste der Lieferanten).

ℹ️ Praktische Informationen

Skibbereen Business Services (028-23287; 27A Main St; 10 Min. 1€; Mo–Fr 9.30–18, Sa 10–14 Uhr) Internetzugang.

Touristeninformation (028-21766; www.skibbereen.ie; North St; Sept.–Mai Mo–Fr 10–17 Uhr, Juni–Aug. auch Sa & So)

ℹ️ An- & Weiterreise

Bus Éireann (021-450 8188; www.buseireann.ie) fährt von Montag bis Samstag neunmal und an Sonntagen fünfmal nach Cork (15 €, 1¾ Std.). Schull steuern Montag bis Samstag täglich acht Busse, Sonntag neun Busse (6 €, 30 Min.) an. Die Haltestelle befindet sich vor dem früheren Eldon Hotel in der Main Street.

Baltimore

400 EW.

Baltimore ist ein altes, klassisches Dorf am Meer und ein belebter Hafen voller Fischerboote. Rund um die zentrale Terrasse mit Hafenblick liegen Ferienhäuschen, die im Sommer von Seglern, Anglern, Tauchern und Besuchern der nahe gelegenen Inseln Sherkin und Clear gestürmt werden.

Heute erinnert nichts mehr an den 20. Juni 1631, als Berberpiraten das Dorf überfielen und mit 108 Einwohnern verschwanden, die in Nordafrika in die Sklaverei verkauft wurden. Nur drei davon gelang es, wieder zurück in ihre Heimat zu kommen.

Am Hafen hängt ein Informationsbrett, außerdem gibt's eine Website (www.baltimore.ie). Der nächste Bankautomat befindet sich in Skibbereen. Casey's Hotel (s. S.284) verfügt über Internetzugang (4 € pro Std.).

◉ Sehenswertes & Aktivitäten

Abgesehen von den Ruinen des **Dun na Sead** (Festung der Juwelen; 028-20735; Erw./Kind 3 €/frei; Juni–Sept. 11–18 Uhr), von denen man einen tollen Ausblick auf den Hafen hat, dreht sich in Baltimore alles um Wassersport.

An den Riffen rund um Fastnet Rock kann man prima **tauchen** (das Wasser wird vom Golfstrom erwärmt) und einige Schiffswracks erkunden. Für einen ganztägigen Tauchausflug zahlt man beim **Aquaventures Dive Centre** (028-20511; www.aquaventures.ie; Stonehouse B&B, Lifeboat Rd) 85 €, außerdem gibt's Pauschalangebote für Tauchgänge und eine Übernachtung im hauseigenen B&B. Die Preise erfährt man direkt im Zentrum.

Von Mai bis September veranstaltet die **Baltimore Sailing School** (028-20141; www.baltimoresailingschool.com) empfehlenswerte Kurse (5 Tage 340 €) für Anfänger und fortgeschrittene Segler.

Kürzere Jachtausflüge ab 50 € hat **Baltimore Yacht Charters** (028-20160; www.baltimoreyachtcharters.com) im Programm. **Baltimore Sea Safari** (028-20753) organisiert ebenfalls Segeltrips (im Hafen; Preise beginnen bei 30 € für 1½ Std.).

Am Hafen erfährt man Näheres zu Tauch-, Segel- und Angelanbietern.

Ein weißer Leuchtturm (auch Lot's Wife genannt) ragt als Wahrzeichen an der westlichen Landspitze der Halbinsel auf und lädt vor allem bei Sonnenuntergang zu einem netten **Spaziergang** ein.

Etwa 10 km von Baltimore, an der R585 Richtung Skibbereen, kann man rund um **Lough Hyne** und im **Knockamagh Wood Nature Reserve** wunderbar **wandern**. Gut ausgeschilderte Wege führen einmal rund um den See sowie einen steilen Hügel hinauf durch den Wald. Oben angekommen, wird man mit einer spektakulären Aussicht belohnt.

🎉 Feste & Events

Im Mai spielt die ganze Stadt verrückt:

Fiddle Fair (www.fiddlefair.com) Am zweiten Maiwochenende treten internationale und lokale Musiker auf.

Walking Festival (www.westcork.ie) Geführte Wanderungen in Baltimore und Umgebung Mitte Mai.

Seafood Festival (www.baltimore.ie) Am letzten Maiwochenende spielen Jazzbands und in den Pubs gibt's Muscheln und Krabben. Außerdem gibt's einen Korso mit Holzbooten.

🛏️ Schlafen

Rolf's Country House PENSION €€
(028-20289; www.rolfscountryhouse.eu; Baltimore Hill; EZ/DZ 50/100 €; @🛜) Ein restauriertes altes Bauernhaus mit ruhigem Garten am Stadtrand. Gäste haben die Wahl zwischen 14 elegant eingerichteten Zimmern mit hervorragendem Preis-Leis-

...ungs-Verhältnis oder Cottages (ab 500 € pro Woche).

Waterfront HOTEL €€
(028-20600; www.water fronthotel.ie; Zi. 50–120 €; @🛜) Das Hotel mit 13 kleinen, aber sauberen Zimmern (am besten nimmt man eines mit Meerblick) liegt im Ortszentrum.

Casey's of Baltimore HOTEL €€
(028-20197; www.caseysofbaltimore.com; Skibbereen Rd; EZ/DZ 80/150 €; @🛜) Von zehn der 14 schicken Zimmer mit großen Betten genießt man eine schöne Aussicht über das Delta. Das Hotel befindet sich am Ortseingang und wartet mit einer tollen Küche auf.

Top of the Hill Hostel HOSTEL €
(028-20094; www.topofthehillhostel.ie; B/DZ 15/44 €) In diesem hübschen neuen, zentrumsnahen Hostel, das genau dort steht, wo man es dem Namen nach vermutet, ist von der Fassade bis zu den Bettdecken einfach alles weiß. In den stabilen Kojen aus Stahl kann man gut schlafen. Zu den Aufenthaltsräumen gehören eine Lounge, ein Wohnzimmer und eine Küche, außerdem gibt's einen hübschen Garten.

Essen

Glebe Gardens & Café MODERNE IRISCHE KÜCHE €€
(028-20232; www.glebegardens.com; Gerichte 15–30 €; ⊙April–Okt. Mi–Sa 10–22, So 10–18 Uhr) Eine Attraktion für sich ist der schöne Garten. Lavendel und Kräuter sorgen für einen angenehm aromatischen Duft, der draußen und drinnen über die Tische weht. Die Küche ist einfach und frisch: Fast alle Zutaten wurden entweder selbst angebaut oder stammen von lokalen Erzeugern.

La Jolie Brise INTERNATIONAL €€
(028-20600; Hauptgerichte 12–20 €; ⊙10–22 Uhr) In dem legeren Restaurant – Teil des Imperiums von Youen Jacob, der auch das benachbarte Waterfront leitet – werden hervorragende Gerichte wie Pizza mit dünnem Teigboden oder Fish 'n' Chips serviert.

Casey's of Baltimore FISCH & MEERESFRÜCHTE €€
(028-20197; Mittagsgerichte 4–10 €, Hauptgerichte 14–28 €; ⊙12.30–15 & 18.30–21 Uhr, Bargerichte ganztags) Neben leckeren Gerichten wie Krebsscheren in Knoblauchbutter punktet das Casey's mit einer Spitzenaussicht. Die Muscheln stammen aus der hoteleigenen Zucht in der Roaringwater Bay.

Chez Youen FISCH & MEERESFRÜCHTE €€
(028-20136; The Quay; Abendessen ab 30 €; ⊙18–22 Uhr, Nov. & Feb. geschl.) Das bretonisch inspirierte Restaurant gilt als Gourmet-Pionier des Ortes. Nur der beste Fisch ist hier gut genug. Wer alle Köstlichkeiten probieren möchte, bestellt am besten die Meeresfrüchteplatte mit Hummer, Garnelen, Taschenkrebsen, Samtkrabben und Austern (50 €).

Ausgehen

Bushe's Bar PUB
(www.bushesbar.com; The Quay) Von der Decke dieser authentischen alten Bar baumeln Seefahrer-Devotionalien. Die Bänke draußen auf dem Hauptplatz bieten sich dafür an, bei Sonnenuntergang einen Drink und die berühmten Krabbensandwiches zu genießen und Segelboote zu betrachten.

❶ An- & Weiterreise
Zwischen Skibbereen und Baltimore pendeln an Wochentagen viermal täglich Busse, an Wochenenden dreimal (3,70 €, 20 Min.).

Cape Clear Island
150 EW.

Mit ihren wenig besuchten Buchten, Kiesstränden sowie von Ginster und Heidekraut bedeckten Klippen ist Cape Clear Island (Oileán Chléire) ein Paradies für alle, die es einsam mögen. Trotz der geringen Größe der Insel (5 km lang, 1,5 km breit) braucht man Zeit, um die zerklüftete Gaeltacht-Region (hier wird Irisch gesprochen) richtig zu genießen. Sie eignet sich vor allem für Spaziergänge, zur Vogelbeobachtung oder Suche nach Hinkelsteinen. Hier herrscht eine eigene, andersartige Atmosphäre.

Der Tourismus hat bisher kaum Einzug gehalten, es gibt aber ein paar B&Bs, einen Laden und drei Pubs.

◉ Sehenswertes

Das kleine **Heritage Centre** (028-39119; Eintritt 3 €; ⊙Juni–Aug. 14.30–17 Uhr) präsentiert Ausstellungen über die hiesige Geschichte und Kultur und wartet mit einem herrlichen Blick übers Meer nach Mizen Head auf.

Auf der nordwestlichen Seite der Insel befinden sich auf einem Felsen die Ruinen des **Dunamore Castle**, einer Festung des O'Driscoll-Clans (vom Hafen aus dem Fußweg folgen) aus dem 14. Jh. Die große Halle wird ihrem Namen gerecht und ist gelegentlich für geführte Besichtigungen (3 €) geöffnet.

🏃 Aktivitäten

Vogelbeobachtung

Cape Clear zählt zu den besten Orten in Irland, um z. B. Schwarzschnabel-Sturmtaucher, Tölpel, Eissturmvögel und Dreizehenmöwen zu beobachten. Trottellummen brüten auf der Insel, während viele andere Vögel nur zur Nahrungssuche von den Felsen der westlichen Halbinseln herfliegen. Manchmal halten sich hier Zehntausende Vögel gleichzeitig auf, besonders frühmorgens und in der Dämmerung. Im Oktober bekommt man die meisten Arten zu Gesicht.

Am Hafen steht das weiße Gebäude der **Vogelwarte** (am Ende des Piers rechts und 100 m weiter). Dort kann man sich erkundigen, ob Beobachtungstouren geplant sind.

Wandern

Überall auf der Insel erstrecken sich markierte Wanderwege, außerdem werden einem in B&Bs und der Touristeninformation gern Tipps gegeben. **Geführte Spaziergänge** zur Geschichte, Archäologie und Ökologie der Insel kann man unter ☎028-39157 (im Sommer) buchen, die mit Schwerpunkt Literatur und Kultur unter ☎028-39190.

🎓 Kurse

Wer sich in einer so einsamen Gegend befindet, kann eigentlich ruhig etwas für seine Bildung tun.

Ionad Foghlama Chléire (Cape Clear Island Language Services; ☎028-39190; www.cleire.com) bietet Irisch-Sprachkurse für Erwachsene an.

BirdWatch Ireland (www.birdwatchireland.ie) betreibt die Vogelwarte und hat Kurse zur Vogelbeobachtung am Cape Clear im Programm. Details dazu stehen auf der Website. Zudem gibt's vor Ort Übernachtungsmöglichkeiten.

Wenn man sich für Ziegenhaltung interessiert, ist Ed Harper von **Chléire Goats** (☎028-39126; www.oilean-chleire.ie/english/goats.htm) der richtige Ansprechpartner. Er leitet Halbtags- (35 €) und Wochenkurse (155 €) zu diesem Thema und stellt Eiscreme sowie Hüttenkäse her, die man auch probieren kann. Sein Bauernhof liegt westlich der Kirche.

🎉 Feste & Events

Anfang September lockt das **Cape Clear Island International Storytelling Festival** (☎028-39157; www.capeclearstorytelling.com; Wochenendticket 65 €) Hunderte Besucher nach Clear Island, die hier Geschichten lauschen, an Workshops teilnehmen und Spaziergänge machen.

🛏 Schlafen & Essen

Die Unterkünfte auf der Insel sind angenehm schlicht. Zwischen Mai und September bucht man am besten so früh wie möglich. Wer sich für eine der nachfolgend aufgelisteten Möglichkeiten entscheidet, sollte sich den Weg erklären lassen:

Chléire Haven CAMPINGPLATZ €
(☎028-39119; www.yurt-holidays-ireland.com; 10 € pro Pers.; ☼Juni–Sept.) Hier gibt's Zeltplätze, Jurten und Tipis. Um in Letzteren zu übernachten, wird ein Mindestaufenthalt von mehreren Tagen verlangt, was sich durchaus lohnt: Die Preise für zwei Nächte in der Hochsaison beginnen bei 190 €.

Cluain Mara B&B €€
(☎028-39153, 028-39172; www.capeclearisland.com; North Harbour; Zi. 54–70 €; 🌐) Cottages mit Selbstverpflegung am isolierten Ende einer abgelegenen Insel. Das Pub serviert das ganze Jahr über hausgemachte Gerichte (8–12 €).

Cape Clear Island Hostel HOSTEL €
(☎028-41968; www.mamut.net/anoigecapeclear; Old Coastguard Station, South Harbour; B ab 20 €; @🌐) Ein großes weißes Gebäude im südlichen Hafen mit einem hübschen Garten.

Ard Na Gaoithe B&B €€
(☎028-39160; www.oilean-chleire.ie/english/leonard.htm; The Glen; Zi. ab 70 €) Ruhige Zimmer in einem einfachen, robusten Haus.

ℹ️ Praktische Informationen

Infos im Internet (www.oilean-chleire.ie) Auf der informativen Website findet man Links zu Büchern über die Insel.

Touristeninformation (☎028-39100; ☼Mai–Aug. 11–13 & 15–16 Uhr) Hinter dem Pier neben dem Café.

ℹ️ An- & Weiterreise

Von Baltimore aus braucht die Fähre **Naomh Ciarán II** (☎028-39153; www.capeclearferry.com; Hin- & Rückfahrt Erw./Kind 16/8 €) 45 Min. für die 11 km lange Fahrt nach Clear Island, die bei klarer Sicht beeindruckend schön ist. Zwischen Juni und Mitte September gibt's täglich vier Verbindungen, die erste hin um

11 Uhr, die letzte zurück um 19 Uhr. In allen anderen Monaten verkehren mindestens zwei Fähren pro Tag. Räder können kostenlos mitgenommen werden.

Die **Cape-Clear-Island-Fähre** (028-28278; www.capeclearferries.com; Juni–Aug. 10.30, 14.30 & 16.30, Sept. 12.30 Uhr; Hin- & Rückfahrt Erw./Kind 14/7 €) startet vom Pier in Schull und benötigt ebenfalls 45 Minuten.

Gougane-Barra-Waldpark

Der im Landesinneren gelegene **Gougane Barra** (www.gouganebarra.com) sieht aus wie ein verzauberter Wald. Hier genießt man eine spektakuläre Aussicht über Täler, silberne Flüsse und Wälder, die bis hinunter zu dem Bergsee reichen, aus dem der Lee entspringt. Der hl. Finbar, Gründer von Cork, errichtete dort im 6. Jh. ein Kloster und lebte als Einsiedler auf der Insel im **Gougane Barra Lake** (Lough an Ghugain), die heute über einen kurzen Dammweg zu erreichen ist. Die kleine **Kapelle** auf dem Eiland hat schöne Buntglasfenster mit Motiven von unbekannten keltischen Heiligen. Eine Straße führt rund um den Park, allerdings lohnt es sich viel mehr, die Gegend auf den gut ausgeschilderten Wegen und **Naturpfaden** zu erkunden.

Der Waldpark schreit förmlich nach einer günstigen Bleibe, doch der einzige Ort, an dem man seine Wanderstiefel mal entlüften kann, ist das teure **Gougane Barra Hotel** (026-47069; www.gouganebarrahotel.com; Zi. ab 99 €). Zu der Unterkunft gehören auch ein Restaurant (mit einem herzhaften Menü für 42 €), ein Café und ein Pub. Im Sommer steigt im Hotel ein Theaterfest.

❶ An- & Weiterreise

Wer die Busverbindungen in den Park nutzt, wird sich wie ein Abenteurer vorkommen. Vorher sollte man im Hotel anrufen, um sich über die Details und Abholmöglichkeiten zu erkundigen.

Bei der Zimmersuche können einem die Angestellten der **Touristeninformation** in Macroom (026-43280; nur im Sommer) helfen. Eine **Taxifahrt** (026-41152) von dort kostet 35 €, man kann die Tour aber auch von Bantry aus organisieren.

Der Park ist auf der R584 nach Ballingeary ausgeschildert. Wenn man auf dem Rückweg die Hauptstraße nimmt und weiter nach Westen fährt, überquert man den Keimaneigh-Pass und erreicht bei Ballylickey auf halber Strecke zwischen den Halbinseln Beara und Sheep's Head die N71.

MIZEN HEAD PENINSULA

Von Skibbereen verläuft die Straße Richtung Westen durch Ballydehob, dem Tor zum Mizen Head, Irlands Südwestspitze, und in das hübsche Örtchen Schull. Wer weiter durch die hügelige Landschaft fährt, passiert winzige Siedlungen und landet schließlich in Goleen.

Doch auch hier ist noch nicht das Ende der Halbinsel erreicht. Immer schmalere Straßen führen zum spektakulären Mizen Head und zu zwei versteckten Naturschätzen: Barleycove Beach und Crookhaven. So mancher, der ohne ordentliche Landkarte unterwegs ist, landet allerdings immer wieder an der gleichen Kreuzung.

Auf dem Rückweg nach Goleen lohnt ein Abstecher nach Norden die malerische Küstenstraße entlang, die sich am Rand von Dunmanus Bay fast bis nach Durrus schlängelt. Dort angekommen, biegt man Richtung Bantry ab; eine andere Straße führt westlich zum Sheep's Head.

Schull

700 EW.

Segler und Künstler haben das Fischerdorf Schull ("*skall*" ausgesprochen) in einen quirligen Ort verwandelt. Trotzdem gehen die Einheimischen unbeirrt ihren Geschäften nach, ganz wie früher, als der belebte Hafen noch ihr Lebensmittelpunkt war. Heute herrscht dort ein reges Durcheinander, außerdem sorgen Handwerksläden und Kunstmuseen für Zerstreuung. Vor allem bei der Segelregatta in der Calves Week, nach dem Feiertag im August, ist in Schull jede Menge los.

Sonntags zieht ein beliebter **Bauernmarkt** (www.schullmarket.com; Pier Car Park; Ostern–Dez.) Erzeuger und Lieferanten aus der gesamten Region an.

❂ Sehenswertes & Aktivitäten

Das einzige **Planetarium** (028-28552; www.schullcommunitycollege.com; Colla Rd; Erw./Kind 5/3,50 €; Juni–Sept.) in der Republik wurde von einem Deutschen gegründet, der Schulls Charme verfallen war. Es befindet sich auf dem Gelände des Schull Community College. Um 16 Uhr und manchmal zusätzlich um 20 Uhr beginnt eine 45-minütige **Sternenschau**. Die komplizierten Öffnungszeiten erfragt man am besten telefonisch.

Das Planetarium liegt am Ortsende Richtung Goleen an der Colla Road. Vom Pier aus kann man auch einfach zu Fuß über den Uferpfad laufen.

Zu den Möglichkeiten vor Ort gehören einige **Wanderungen**, z. B. zum **Mount Gabriel** (407 m, 13 km hin & zurück), wo einst Kupfer abgebaut wurde. Heute entdeckt man hier Hinterlassenschaften aus der Bronzezeit sowie alte Minenschächte und Schlote aus dem 19. Jh. Bequemer ist der kurze Uferweg (Foreshore Path, 2 km) vom Pier zur **Roaringwater Bay** hinaus, von wo aus man die vorgelagerten Inseln sieht. Diese und weitere Ausflüger sind in *Schull Visitor's Guide* beschrieben.

Das **Schull Watersport Centre** (028-28554; The Pier) vermietet Segelboote (65 € pro halben Tag) und Schnorchelausrüstungen (15 € pro Tag) und kann zudem Kajaktouren (35 € für 2 Std.) sowie Segelkurse vermitteln.

Neben Kursen und Tauchgängen an Wracks und Riffen hat **Divecology** (028-28943; www.divecology.com; Cooradarrigan) geführte Wanderungen entlang der Küste im Programm, bei denen man nach Meerestieren Ausschau hält. Am Hafen gibt's Charterboote, die zum Fischen hinausfahren.

Pferde- und Ponytrekkingtouren sowie Kutschfahrten kann man bei **Ballycumisk Riding School** (028-37246, 087 961 6969; Ballycumisk), für etwa 30 € pro Stunde buchen. Die Reitschule liegt in der Nähe von Schull auf dem Weg nach Ballydehob.

🛏️ Schlafen & Essen

Grove House B&B €€
(028-28067; www.grovehouseschull.com; Colla Rd; EZ/DZ 75/100 €; 🛜) Das wunderschön restaurierte und mit Efeu bewachsene Anwesen wartet mit herrlichen Kiefernholzböden und einer exquisiten Einrichtung aus Antiquitäten und selbstgefertigten Decken auf. Zu dem Haus gehört ein tolles **Restaurant** (Hauptgerichte 15–24 €; Juli & Aug Mi–Mo, Sept.–Juni Do–Sa), in dem auch Nichtgäste speisen können. Auf der Speisekarte stehen schwedisch inspirierte und irische Gerichte, außerdem gibt's eine lange Weinliste.

Corthna-Lodge Guesthouse B&B €€
(028-28517; www.corthna-lodge.net; Airhill; EZ/DZ ab 65/90 €; 🛜) Etwas außerhalb des Dorfzentrums lockt das weitläufige, moderne Gasthaus mit vielen Vorzügen wie einem Außenwhirpool, einer Sauna und einem Fitness-Bereich. Toll entspannen kann man sich auch in den sieben Zimmern mit frischen Farben und attraktiven Möbeln.

LP TIPP Hackett's MODERNE IRISCHE KÜCHE €€
(Main St; täglich & ganzjährig mittags, Juli & Aug. Mi & Do abends, ganzjährig Fr & Sa, Bargerichte 4–9 €, Abendessen 15–20 €) Der soziale Treffpunkt des Ortes hat sich durch seine kreative biologische Kneipenkost einen Ruf gemacht und zieht ein sehr gemischtes Publikum an. Alle Gerichte werden frisch zubereitet. Schwarz-Weiß-Fotos und Blechschilder zieren die schrägen Wände, auf dem ausgetretenen Steinboden stehen alte Küchenstühle und -bänke. Man kann aber auch draußen sitzen.

Newman's West PUB-ESSEN €
(028-27776; www.tjnewmans.com; Main St; Gerichte 6–15 €; 9–23 Uhr; 🛜) Die bei Seemännern beliebte Weinbar (es gibt eine große Auswahl an guten offenen Weinen) von T. J. Newman verfügt über eine Kunstgalerie und hat Suppen, Salate sowie riesige Sandwiches mit lokal hergestelltem Käse und Salami im Angebot. Als Tagesgericht werden z. B. Muscheln aus der Bantry Bay, Fischpie oder -suppe gereicht.

🛈 Praktische Informationen

@Your Service (028-28600; Main St; 3/6 € pro 30/60 Min.; Sommer 10–22 Uhr, im Winter kürzere Öffnungszeiten) Internetzugang und Infos für Touristen.

Allied Irish Bank (Main St) Geldautomat.

Infos im Internet (www.schull.ie)

🛈 An- & Weiterreise

Zwischen Cork und Schull verkehren täglich zwei Busse (17,30 €, 2½ Std.), die auch in Clonakilty und Skibbereen halten.

🛈 Unterwegs vor Ort

Betty Johnson's Bus Hire (028-28410, 086 265 6078) Bus- und Taxiservice.

Westlich von Schull bis zum Mizen Head

Für Auto- und Radfahrer empfiehlt sich die kurvenreiche Küstenroute von Schull nach Goleen. An klaren Tagen sieht man sogar bis nach Clear Island und zum Fastnet Lighthouse. Rund um Toormore wird die Gegend wilder. Von Goleen führen ein paar Straßen zum Mizen Head und ins malerische Hafenörtchen Crookhaven.

Man sollte sich Zeit nehmen, um die alten lokalen Steinhäuser zu bewundern, von denen heute viele verlassen zwischen den Feldern stehen. Material gab es offenbar genug, doch für den Bau der rustikalen Bauten, die selbst Atlantikstürmen trotzen konnten, waren viele Arbeitskräfte nötig. Dabei hatten die Einheimischen schon alle Hände voll zu tun, ihre Felder zu bestellen.

GOLEEN

Die Einwohner von Goleen und Umgebung kommen mit dem Tourismus ganz gut zurecht; ein Beweis für ihr Engagement und ihre Fantasie ist die hübsche **Mizen Head Signal Station** (S. 278). Im Sommer zieht der Ort zahlreiche Feriengäste an.

Schlafen & Essen

Fortview House B&B €€
(028-35324; www.fortviewhouse.ie; Gurtyowen, Toormore; EZ/DZ 50/100 €; April–Okt.) Was Wärme, Qualität und Lage betrifft, ist diese Unterkunft eine Klasse für sich. In den nach Blumen benannten Zimmern stehen Antiquitäten, außerdem ist das Lachen der gastfreundlichen Besitzerin Violet höchst ansteckend und ihre Frühstücksauswahl vorzüglich. Die Eier werden übrigens von den fröhlich gackernden Hühnern im Garten gelegt. Um das B&B zu erreichen, nimmt man 1 km nordöstlich von Goleen die Straße, die von der R592 nach Durrus abzweigt.

Rock Cottage B&B €€
(028-35538; www.rockcottage.ie; Barnatonicane, Schull; EZ/DZ 100/140 €) Die in Schiefer gehüllte georgianische Jagdhütte hat drei Gästezimmer, in denen stilvoll kombinierte Antiquitäten und moderne Textilien einen Eindruck von Eleganz und Heiterkeit vermitteln. Zu dem Anwesen gehört auch ein Bauernhof mit 7 ha und zahlreichen Schafen. Viele Zutaten für das Abendmenü (50 €) stammen von benachbarten Feldern. Das Restaurant liegt 1 km hinter Fortview House; man betritt es durch das Tor zur Linken.

Heron's Cove B&B, RESTAURANT €€
(028-35225; www.heronscove.com; Goleen; EZ/DZ 40/80 €) Eine ausgezeichnete Wahl! Alle Zimmer dieser wunderbaren Bleibe sind neu möbliert, zudem besitzen einige Balkone mit Blick auf die Bucht von Goleen Harbour. Das kleine Restaurant verfügt über eine exzellente Speisekarte mit Gerichten aus biologischen sowie einheimischen Erzeugnissen und ist von April bis Oktober (für Hotelgäste ganzjährig) abends geöffnet. Gerichte kosten zumeist zwischen 16 und 25 €. Im Sommer sollte man vorher reservieren.

An- & Weiterreise

Bus Éireann (www.buseireann.ie) fährt zweimal täglich von Skibbereen (10 €, 70 Min.) über Schull hierher. Goleen ist die Endhaltestelle der Busse auf der Halbinsel.

CROOKHAVEN

Der westliche Zipfel von Crookhaven hinter Goleen ist so abgelegen, dass man meint, man wäre mit dem Boot schneller dort als mit dem Auto. Für manche trifft das sogar zu: Im Sommer legen hier jedenfalls viele Jachten an und der Ort erwacht zum Leben. Pünktlich zur Nebensaison fällt er dann wieder in tiefen Schlummer.

In seiner Blütezeit war der natürliche Hafen von Crookhaven ein wichtiger Ankerplatz, wo Post aus Amerika gesammelt wurde sowie Segel- und Fischerboote Schutz fanden. Gegenüber dem Ufer sieht man eingebettet in den Hügel Überreste von verfallenen, 1939 geschlossenen Steinbruchhütten; wer bei Einheimischen nachfragt, wird so manche haarsträubende Geschichte zu hören bekommen.

Schlafen & Essen

Pints im Sonnenschein sind die Belohnung dafür, dass man sich auf die abenteuerliche Straße nach Crookhaven gewagt hat. (Wenn es regnet, dürfen es natürlich auch ein paar Bierchen am Kamin sein.).

Galley Cove House B&B €€
(028-35137; www.galleycovehouse.com; EZ/DZ 55/90 €) Ein abgeschiedenes modernes Hotel 2 km von Crookhaven, in dem man herzlich willkommen geheißen wird. Der Blick über das Meer ist einfach toll, zudem erreicht man schnell den Strand von Barleycove. Alle Zimmer haben Böden aus Holzdielen und sind sauber, luftig und hell.

Crookhaven Inn PUBKOST €€
(028-35309; Hauptgerichte 5–20 €; April–Okt. 12.30–20 Uhr) Das Crookhaven Inn ist in einem vor der Küste gelegenen Steincottage untergebracht und verfügt über etliche Picknicktische, an denen man die leckeren Fische und Meeresfrüchte essen kann. Die Küche ist ehrgeiziger als im O'Sullivan's. Im Sommer kommt man an vielen Abenden in den Genuss von traditioneller Livemusik.

O'Sullivan's Bar PUBKOST €
(028-35319; Gerichte 5–15 €; Küche 12-20 Uhr) Sobald sich nur ein Sonnenstrahl zeigt, zieht das Pub in einem zeitlosen Gebäude direkt am Hafen zahlreiche Gäste an. Hier gibt's ebenso wie beim Crookhaven Inn jede Menge Picknicktische und gut zubereitete Gerichte, darunter Meeresfrüchtesuppe oder gebratene Garnelen.

BROW HEAD
Der südlichste Punkt auf dem irischen Festland lohnt einen Spaziergang. Hinter Crookhaven ist eine Abzweigung nach links zum „Brow Head" ausgeschildert. Wer mit dem Auto kommt, sollte am Fuß des Hügels parken. Der Weg ist schmal und man kann nicht ausweichen, falls einem ein Traktor entgegenkommen sollte. Nach 1 km endet die Straße und wird zu einem Fußpfad, der nach Brow Head führt. Vom dortigen **Aussichtsturm** verschickte Guglielmo Marconi seine erste Funkmeldung (nach Cornwall) und empfing die Antwort.

BARLEYCOVE
Weitläufige Sanddünen zwischen zwei langen Klippen verlieren sich in den Wellen und bilden den schönsten Strand im Westen Corks. Die selten überfüllte Bucht mit ihrem goldenen Sand eignet sich wunderbar für Kinder; es gibt einen sicheren Badeabschnitt an einer Flussmündung, und im Juli/August wird der Strand von Rettungsschwimmern bewacht. Außerdem wurde Barleycove mit der Blauen Flagge ausgezeichnet, die für sauberes Wasser steht. Ein langer Steg und die Pontonbrücke schützen das umliegende Sumpfgebiet. Auf der Südseite des Damms an der Straße nach Crookhaven befindet sich ein Parkplatz direkt am Strand.

Das Einzige, was die Aussicht versperrt, ist das moderne **Barleycove Beach Hotel** (028-35234; www.barleycovebeachhotel.com; Barleycove; Zi. ab 65 €, Zi. mit 2 Betten & Selbstversorgung 420 € pro Woche). Genießen kann man sie aber immerhin auf der riesigen Terrasse. Das Gebäude verfügt über einfache Zimmer, von denen man das Meer sieht (nur ein paar Hundert Meter entfernt), sowie ein Bar-Restaurant mit Außenbestuhlung. Weil die Wände dünn sind, sollte man Ohrstöpsel mitbringen!

Auf der anderen Seite der Bucht erstreckt sich in Strandnähe der **Barleycove Holiday Park** (028-35302; Barleycove; Campingplatz 18 €; Mitte April–Mitte Sept.;), ein Campingplatz mit einem Fahrradverleih, einem Supermarkt und einem Miniclub.

MIZEN HEAD SIGNAL STATION
Irlands südwestlichstem Zipfel wird vor dieser im Jahre 1909 errichteten **Signalstation** (028-35225/115; www.mizenhead.ie Mizen Head; Erw./Kind 6/3,50 €; 10–18 Uhr) dominiert, die Schiffe vor den gefährlichen Felsen warnen sollte.

Ebenso wie viele andere öffentliche Gebäude des viktorianischen Zeitalters repräsentiert die Anlage den Stolz ihrer Erbauer. Vom Besucherzentrum führen mehrere Wege dorthin; als Höhepunkt gilt die Überquerung der spektakulären **Bogenbrücke**, die sich an den Klippen über einen weitläufigen Golf spannt. Die Aussicht ist fantastisch, und überall spritzt Gischt hoch.

Jenseits der Brücke, am entlegenen Ende der Felseninsel, thront die Signalstation mit den **Zimmern des Wärters** sowie dem **Maschinen- und Funkraum**. Hier kann man sehen, wie die Aufseher einst lebten, und wie die Station bis zu ihrer Umrüstung auf Automatikbetrieb 1993 funktionierte. Den eigentlichen Kick bekommt man beim Blick auf die ewigen Weiten des Atlantiks, allerdings ist der Andrang oft groß.

Nach der Rückkehr kann man beim Besucherzentrum die **Fastnet Hall** besichtigen, die mit einer Fülle von Infos zur lokalen Ökologie und Geschichte sowie zum namensgebenden Leuchtturm aufwartet, und sich anschließend in dem einfachen **Café** ausruhen.

Die Nordseite der Halbinsel

Obwohl die Landschaft auf dieser Seite der Halbinsel nur halb so dramatisch ist, lohnt sich eine Fahrt auf der Küstenstraße, weil die Ausblicke auf die Halbinseln Sheep's Head und Beara einfach herrlich sind.

DURRUS
900 EW.
Durrus ist ein munteres Dorf an der Spitze von Dunmanus Bay und eine beliebte Basis für Besucher der Mizen-Head- sowie der Sheep's-Head-Halbinsel. Darüber hinaus machte sich der Ort in den letzten Jahren unter Feinschmeckern einen Namen.

Die Welt der Pflanzen kann man im **Kilravock Garden** (027-61111; Ahakista Rd; Erw./Kind 6/3 €; Mai–Sept. Mo–Sa 10-18.30 Uhr;) entdecken, den ein Paar mit

> **ABSTECHER**
>
> ## KÄSE AUS DURRUS
>
> Dank des **Durrus Farmhouse** (027-61100; Coomkeen, Durrus; Do–Fr 10.30–12 Uhr) ist dieser kleine Ort weltweit für seinen wundervollen Käse bekannt. Besucher können sich den Produktionsbereich ansehen, einer zehnminütigen Präsentation von Jeffa Gill lauschen und natürlich Käse kaufen. Um zu dem Betrieb zu gelangen, verlässt man Durrus auf der Ahakista Road und biegt nach 900 m an der St. James' Church rechts ab. Nach 3 km sieht man die Ausschilderung zum Bauernhof.

offensichtlich sehr grünen Daumen innerhalb von zwei Jahrzehnten von einem einfachen Feld in ein üppiges Exotenparadies verwandelt hat.

🛏 Schlafen & Essen

LP TIPP **Blair's Cove House** B&B €€€
(027-61127; www.blairscove.ie; Zi. 120–260 €; März–Jan.) Das beeindruckende georgianische Haus sieht so aus, als sei es einer Hochglanzzeitschrift entsprungen. Zu dem Anwesen gehören ganze 2 ha Land. Rund um den schicken Innenhof reihen sich gepflegte Zimmer und ein elegantes Apartment für Selbstversorger aneinander. Das **Restaurant** (März–Okt. Di–Sa abends, So mittags) verfügt über einen eleganten Saal mit Kronleuchtern und wartet mit einem fantastischen dreigängigen Abendmenü (58 €) auf. In der Küche wird vor allem mit lokalen Produkten gearbeitet, aus denen Gerichte nach internationalen Rezepten entstehen. Vorab reservieren!

LP TIPP **Good Things Café** MODERN IRISCH €€
(027-61426; www.thegoodthingsCafé.com; Ahakista Rd; Mittagsgerichte 10–20 €, Hauptgerichte abends 21–38 €; Mitte Juni–Dez. Do–Mo 12.30–15 & 19–21 Uhr) Ein echter Gourmettempel! In dem Lokal an der Dunmanus Bay kommen Gäste in den Genuss großartiger zeitgenössischer Speisen aus regionalen Biozutaten, z. B. Omeletts mit geräuchertem Schellfisch oder gegrillter Hummer. Von den Tischen auf der Terrasse kann man Schafe beobachten. Außerdem werden hier beliebte Kochkurse wie das zweitägige „Kitchen Miracle" (375 €) angeboten, das sich vor allem für Leute eignet, deren Fertigkeiten in der Küche mit dem Lesen der Mikrowellen-Gebrauchsanweisung auf einer Fertiggerichtpackung enden.

Bantry

3300 EW.

Die prachtvolle, weitläufige Bantry Bay wird von den zerklüfteten Caha Mountains umfasst und ist eine der schönsten Buchten Irlands. Aus diesem Grund sollte sie auch auf jedem Reiseplan stehen. Absolutes Highlight eines Besuchs ist das Bantry House: Dort lebte einst Richard White, der sich 1798 seinen Platz in der irischen Geschichte sicherte. Er informierte die Behörden über die bevorstehende Ankunft des Patrioten Wolfe Tone und seiner französischen Flotte, die sich der landesweiten Rebellion der United Irishmen (s. S.745) anschließen wollten. Da ihre Landung durch heftige Stürme verhindert werden konnte, änderte sich der Verlauf der irischen Geschichte maßgeblich. Wolfe Tone wurden für seine Bemühungen ein Platz und eine Statue gewidmet.

Nachdem Bantry im 19. Jh. von Armut und Massenemigration gebeutelt worden war, erlebte das Städtchen einen langen Aufschwung. Den Geldsegen der letzten Jahrzehnte verdankt es dem Handel und der Bucht: Heute stehen auf den Speisekarten im gesamten County Austern und Muscheln aus diesem Ort.

👁 Sehenswertes

Mit seinem melancholischen Charme lohnt das **Bantry House** (027-50047; www.bantryhouse.com; Bantry Bay; Erw./Kind 10/3 €; Mitte März–Okt. 10–18 Uhr) aus dem 18. Jh. einen Besuch. Seit 1729 befindet es sich im Besitz der Familie White. In jedem Zimmer verbergen sich Schätze, mitgebracht von diversen Reisen mehrerer Familiengenerationen. Der Boden im Eingang ist mit Mosaiken aus Pompeji ausgelegt, an den Wänden hängen französische und flämische Wandteppiche, und japanische Truhen stehen neben russischen Schreinen. Von den etwas mitgenommenen Räumen im Obergeschoss genießt man einen wunderbaren Blick auf die Bucht – im 18. Jh. hatten die Whites hier Logenplätze mit Sicht auf die französische Armada. Gute Pianisten dürfen auf dem uralten Klavier in der Bücherei in die Tasten greifen. In den Seitenflügeln kann man auch übernachten.

Die **Gärten** des Anwesens sind eine wahre Pracht. Rasenflächen erstrecken sich vom Gebäudeeingang bis zum Meer und in dem kunstvoll angelegten italienischen Garten steht eine riesige „Himmelsleiter" mit einmaliger Aussicht.

In den früheren Ställen befindet sich das **1796 French Armada Exhibition Centre** mit einer eindringlichen Darstellung der zum Scheitern verurteilten französischen Invasion. Die Flotte wurde von Stürmen auseinandergerissen. Eine Fregatte, *La Surveillante,* wurde von der eigenen Crew versenkt und liegt heute 30 m tief auf dem Grund der Bucht.

Das Bantry House befindet sich 1 km südwestlich des Ortszentrums an der N71.

🎉 Feste & Events

West Cork Chamber Music Festival (www.westcorkmusic.ie) Das einwöchige Festival wird im Juni oder Juli im Bantry House veranstaltet, während das Haus für Besucher geschlossen ist. Der Garten, das Teezimmer und der Kunsthandwerksladen bleiben geöffnet.

🛏 Schlafen

Ballylickey House B&B €€
(027-50071; www.ballylickeymanorhouse.com; Ballylickey; Zi. 90–180 €; ⊙März–Nov.; 🛜🏊) Ein hübsches Herrenhaus mit einem Namen, der einem die Zunge aufrollt, einem gepflegten Rasen und Blick auf die Bucht. Zum Übernachten muss man sich zwischen geräumigen, komfortablen Zimmern im Haus und süßen Cottages rund um den Pool entscheiden.

Bantry House HERRENHAUS €€€
(027-50047; www.bantryhouse.com; Bantry Bay; Zi. 180–250 €; ⊙März–Okt.; 🛜) In den luxuriösen Zimmern mit blassen Farbtönen sowie einer Mischung aus antikem und modernem Mobiliar wird es einem auch nach Stunden nicht langweilig. Die Nummern 22 und 25 bieten die beste Aussicht auf den Garten und die Bucht. Außerdem kann man eine Partie Crocket, Tennis oder Billard spielen bzw. in der Bibliothek entspannen, die abends nur für Hotelgäste zugänglich ist. Übrigens: Wer französische Schiffe vor der Küste sieht, sollte dies niemandem mitteilen – Whites Aktion mag ihm einen guten Ruf in England eingebracht haben, aber die Iren waren nicht besonders angetan!

Sea View House Hotel HOTEL €€
(027-50073; www.seaviewhousehotel.com; Ballylickey; EZ 85–95 €, Zi. 100–205 €; 🛜) Das Hotel hat alles, was man von einer Luxusunterkunft erwartet: Landhausatmosphäre, geschmackvolle Aufenthaltsräume, einen hervorragenden Service und 25 gemütlich-elegante Zimmer. Es liegt 5 km nordöstlich von Bantry an der N71.

Eagle Point Camping CAMPINGPLATZ €
(027-50630; www.eaglepointcamping.com; Glengarriff Rd, Ballylickey; Zeltplatz ab 29 €; ⊙Mai–Sept.) Dank seiner Lage am Ende eines filigranen Kaps 6 km nördlich von Bantry erfreut sich der Campingplatz großer Beliebtheit. Fast alle 125 Stellplätze bieten einen Blick auf das Meer, zudem hat man direkten Zugang zum Kiesstrand.

Mill B&B B&B €€
(027-50278; Glengarriff Rd; www.the-mill.net; Zi. ab 75 €; ⊙Ostern–Okt.) Das moderne, individuelle Haus direkt am Ortsrand wird von der beeindruckenden Besitzerin Tosca geleitet. Alle Zimmer quellen vor Krimskrams über, ebenso wie der geräumige Speisesaal, in dem man ein solides Frühstück bekommt

---

SHIPLAKE MOUNTAIN HOSTEL

Hoch oben am Ende eines gewundenen Pfades liegt eines der ungewöhnlichsten Hostels in ganz Cork. Das zum Jugendherbergsverband (IHH) gehörende **Shiplake Mountain Hostel** (023-884 5750; www.shiplakemountainhostel.com; Dunmanway; Zeltplatz 7 €, B 18 €, DZ 45–50 €; ⊙April–Okt.; 🛜) besteht aus drei hell erleuchteten Wohnwagen mit je einem Doppelbett, einem alten Steincottage mit zwei Schlafsälen und einem traditionellen Bauernhaus für vier Personen. Die Besitzer nehmen ihre Verantwortung für die Umwelt sehr ernst: Aus den Duschen sprudelt Quellwasser aus der Gegend und zum Frühstück kann man hauseigene Enteneier bestellen. Gäste werden im nahe gelegenen Dunmanway abgeholt, wo man einen Bankautomat und mehrere Supermärkte findet. In der Unterkunft angekommen, kann man Enten jagen oder spazieren gehen (es gibt Karten und etliche Tipps), kostenlos ein Rad leihen oder sich auf ein Schwätzchen zu anderen Gästen an den Kamin im Aufenthaltsraum setzen.

und Toscas Kunst sowie eine Sammlung indonesischer Puppen zu sehen ist.

Bantry Bay Hotel   HOTEL €€
(027-50062; www.bantrybayhotel.ie; Wolfe Tone Square; Zi. 60–140 €; @🛜) Von vielen der 14 Zimmer genießt man einen Blick auf den Platz und die Bucht. Die Einrichtung ist unspektakulär, aber so hält einen wenigstens nichts auf und man kann sich ganz der Erkundung des Ortes widmen. Einigen Gästen macht die maritime Bar vielleicht Lust, den Besanmast zu hissen.

Essen

Über dem Wolfe Tone Sqare wehen freitags berauschende Aromen, wenn der beliebte **Wochenmarkt** statfindet.

LP TIPP Fish Kitchen   MODERNE IRISCHE KÜCHE €€
(027-56651; New St; Hauptgerichte 8–20 €; Di-Sa 12–21 Uhr) In dem kleinen Restaurant über einem Fischladen werden perfekt zubereitete Gerichte aus Meeresfrüchten serviert, z. B. lokal geerntete Austern (mit Zitronen- und Tabascosoße) oder köstliche Jakobsmuscheln aus der Pfanne. Fleischesser kommen aber ebenfalls auf ihre Kosten. Freundlich, schnörkellos und absolut lecker!

Stuffed Olive   FEINKOST €
(027-55883; New St; Gerichte 4–7 €; Mo-Sa 8–17 Uhr) Bäckerei, Delikatessenladen und Kaffeebar in einem. Vor dem sonnigen Fenster stehen Stühle an einer schmalen Theke. Das leckere Gebäck ist dekorativ ausgestellt. Hier kann man sich sein Mittagspicknick zusammenstellen und einen der hervorragenden Flaschenweine kaufen.

Organico   FEINKOST, VEGETARISCH €€
(027-51391; 2 Glengariff Rd; Mittagessen 8–15 €; Mo-Sa 8.30–17.30 Uhr; 🛜) Ein Paradies für Vegetarier: Die Milch in der biologischen Latte ist ein Fairtrade-Produkt und nur ein Beispiel für den Öko-Ethos, der dieses attraktive Café mit Feinkostgeschäft beherrscht. Es gibt immer feines Gebäck, außerdem stehen mittags mehrere Tagesmenüs zur Auswahl. Die Suppen schmecken herzhaft und frisch und die Salate sind innovativ. Käsefans kommen ebenfalls voll auf ihre Kosten!

Ausgehen & Unterhaltung

Crowley's   PUB
(Wolfe Tone Sq) Eine der besten Bars in Bantry für Livemusik. Mittwochs spielen traditionelle Bands.

Anchor Tavern   PUB
(New St) Bei einem Pint kann man sich die zahlreichen ausgestellten nautischen Instrumenten anschauen, allerdings hilft einem das später nicht dabei, den Weg nach Hause zu finden.

🛈 Praktische Informationen

Allied Irish Bank (Wolfe Tone Sq) Mit einem Geldautomat.

Fast.Net Business Services (027-51624; Bridge St; 1/5 € pro 10/60 Min.; Mo–Fr 9–18, Sa 10–17 Uhr)

Postamt (Blackrock Rd)

Touristeninformation (027-50229; Wolfe Tone Sq; April–Okt. Mo–Sa 9.15–17 Uhr) Im früheren Gerichtshof.

🛈 An- & Weiterreise

Bus Éireann (www.buseireann.ie) bietet von montags bis samstags acht Verbindungen täglich (vier am So) zwischen Bantry und Cork (15,50 €, 2 Std.) an. Ein bis zwei Busse pro Tag fahren nach Glengarriff. Wer gen Norden weiterreisen möchte, z. B. zum Ring of Beara, nach Kenmare oder Killarney, muss zunächst nach Cork zurück.

Bantry Rural Transport (027-52727; www.ruraltransport.ie; 5 Main St) steuert Dunmanway, Durrus, Goleen, Schull, Skibbereen und einige abgelegene Dörfer an (einfach/hin & zurück 4/6 €). Die Busse verkehren nur unregelmäßig (Details siehe Website).

🛈 Unterwegs vor Ort

Nigel's Bicycle Shop (027-52657; Glengarriff Rd; 15/60 € pro Tag/Woche) vermietet Fahrräder.

SHEEP'S HEAD PENINSULA

Die am wenigsten besuchte der drei Halbinseln von Cork hat ihren ganz eigenen Reiz – und jede Menge Schafe. Von der Ringstraße aus eröffnen sich tolle Ausblicke aufs Meer. Die Goat's Path Road zwischen Gortnakilly und Kilcrohane (entlang der Nord- bzw. Südküste) über den Westhang des Mt. Seefin ist eine praktische Verbindungsstraße und lockt ebenfalls mit einer herrlichen Aussicht.

In **Ahakista** (Atha an Chiste) gibt's ein oder zwei Pubs und ein paar Häuser an der R591. Den uralten **Steinkreis** am südlichen Ortsende von Ahakista erreicht man über einen kurzen ausgeschilderten Pfad. **Kilcro-**

ABSTECHER

WANDERUNG: MT. SEEFIN

Wer etwas Zeit mitbringt, kann die 1 km lange Wanderung zum Gipfel des Mt. Seefin (345 m) unternehmen. Da in dem offenen Gelände allerdings schnell Nebel aufzieht, sollte man sich entsprechend ausstatten. Außerdem erkennt man den Pfad an einigen Stellen nicht besonders gut.

Los geht's am oberen Ende der Goat's Path Road etwa 2 km hinter Gortnakilly Richtung Kilcrohane. Am Straßenrand thront (völlig fehl am Platz) eine Kopie von Michelangelos Pietà. Südlich davon, gegenüber dem Parkplatz, beginnt der Weg. Von hier aus folgt man dem felsigen Hügelrücken bis zu einer Senke. Danach geht's über den Pfad zur Rechten einer kleinen Klippe, an der Schlucht entlang und über den breiten Felsenkamm, bis man schließlich den Trigonometrischen Punkt (TP) auf dem Gipfel erreicht. Auf dem gleichen Weg wieder zurückzufinden gestaltet sich schwierig, deshalb orientiert man sich von hier aus am breiten Bergkamm und weicht möglichst nicht zu sehr nach links ab.

---

hane, das zweite Dorf, liegt 6 km südwestlich an einem schönen **Strand**. In beiden Orten bieten die Kneipen auch Essen an.

Mehr über die Gegend erfährt man auf der **Website** (www.thesheepshead.com).

Wandern & Radfahren

Wanderer und Radfahrer können in herrlicher Einsamkeit die **Sümpfe**, wilden Stechginster, Fingerhut und Fuchsien genießen. Für den steilen Abschnitt in Bantry Kilcrohane an der Goat's Path Road braucht man stramme Waden, doch die Strecke zwischen Ahakista und Durrus ist weniger anstrengend.

Die Touristeninformation in Bantry (s. S. 281) gibt Auskünfte und Tipps, verkauft einen guten Plan sowie einen Wanderführer (12,50 €) und hilft bei der Zimmersuche entlang des **Sheep's Head Way**. Diese 88 km lange Wanderroute führt teilweise über Straßen und Pfade rund um die Halbinsel. Bei der Orientierung helfen die Karten 85 und 88 (erhältlich unter www.osi.ie). Es gibt in der Gegend zwar keinen Campingplatz, aber dafür kann man an der Straße zelten, wenn es der jeweilige Besitzer des Landes erlaubt.

Die 120 km lange **Sheep's Head Cycle Route** verläuft gegen den Uhrzeigersinn von Ballylickey entlang der Küste von Sheep's Head, zurück zum Festland und hinunter nach Ballydehob. Abkürzungen oder Alternativstrecken, etwa über die Goat's Path Road oder entlang der Küste von Ahakista nach Durrus, sind möglich. Die überall erhältliche Broschüre *The Sheep's Head Cycle Route* beschreibt die Tour in allen Einzelheiten.

🛈 An- & Weiterreise

Bantry Rural Transport (☏ 027-52727; www.ruraltransport.ie; 5 Main St, Bantry) An unterschiedlichen Tagen fahren Ringbusse über die Goat's Path Road nach Kilcrohane sowie nach Durrus (einfach/hin & zurück 4/6 €, 9-mal tgl.).

BEARA PENINSULA (RING OF BEARA)

Die Beara Peninsula ist der dritte große „Ring" (Ringstraße rund um die Halbinsel) im Westen. Dingle und Kerry belegen Platz eins und zwei und verweisen Beara berechtigterweise an die dritte Stelle. Ein kleiner Teil der Halbinsel liegt zwar in Kerry, wird aber für alle, die den Ring of Beara bereisen wollen, in diesem Kapitel vorgestellt. Castletownbere in Cork oder Kenmare in Kerry eignen sich als Ausgangspunkt, um die Gegend zu erkunden.

Man kann die 137 km lange Küste bequem an einem Tag abfahren, allerdings verpasst man so die spektakuläre **Healy Pass Road** (R574), die sich quer über die Halbinsel von Cork nach Kerry zieht. Wer nicht viel Zeit hat, sollte sich für die Passstraße entscheiden und auf den übrigen Teil der Route verzichten.

An der Südseite reihen sich entlang der Bantry Bay Fischerdörfer aneinander, die in einer hübschen Landschaft liegen. Der Norden überwältigt einen oftmals und lockt mit verwinkelten Straßen, die der zerklüfteten Küste folgen. Viele dieser Wege verlaufen abseits touristischer Pfade.

Zu den weiteren Highlights zählen die schwankende **Seilbahn** an der Spitze der

Halbinsel, die Touristen und Schafe nach **Dursey Island** bringt, sowie spannende Hügelwanderungen. Letztere erfordern einiges an Erfahrung und Disziplin, die richtige Kleidung und einen guten Orientierungssinn.

Der 196 km lange **Beara Way**, eine ausgeschilderte Wanderstrecke, führt von Glengarriff nach Kenmare in Kerry über Castletownbere, Bere Island, Dursey Island und die nördliche Seite der Halbinsel (mehr Infos auf S. 282), während sich die 138 km lange **Beara Way Cycle Route** über kleine Straßen und durch sämtliche Dörfer in der Gegend schlängelt.

Die im Folgenden genannten Orte werden anhand einer Route beschrieben, die in Glengarriff beginnt und im Uhrzeigersinn bis nach Kenmare führt.

Glengarriff

1100 EW.

Versteckt an der Bantry Bay liegt das hübsche Glengarriff (Gleann Garbh), das viele Durchreisende auf der Suche nach neuen Pullovern anlockt.

Die kargen, felsigen **Caha Mountains** eignen sich zum Bergwandern, doch es gibt auch leichtere Touren, z. B. durch alte Eichenwälder oder durch die Blue Pool Amenity Area, wo sich Seehunde auf den Felsen im Wasser sonnen.

In der zweiten Hälfte des 19. Jhs. war Glengarriff ein beliebter Ferienort für reiche Engländer. Diese segelten von ihrer Heimat herüber, nahmen den Zug nach Bantry und tuckerten dann mit dem Dampfschiff nach Glengarriff. 1850 baute man eine Straße quer durchs Gebirge nach Kenmare und schuf so eine Anbindung nach Killarney. Heute liegt Glengarriff an der Hauptstraße von Cork nach Killarney (N71).

◉ Sehenswertes

Wenn man genug vom Ort hat, kann man am Blue-Ferry-Pier entlangwandern und schöne **Naturspaziergänge** entlang der Küste unternehmen. Schilder mit Karten informieren über die Wanderwege. Vielleicht entdeckt man sogar ein paar Seehunde.

Garinish (Ilnacullin) Island GÄRTEN
(027-63040; www.heritageireland.ie; Erw./Rentner & Kind 4/3 €; Juni–Sept. 10–18.30, So ab 11 Uhr, Okt. bis 14 Uhr, letzter Einlass 1 Std. vor Schließung) Der zauberhafte, italienisch anmutende **Garten** auf Garinish Island ist das Highlight von Glengarriff. Auf dem fruchtbaren Boden und in dem warmen Klima gedeihen die subtropischen Pflanzen einfach prächtig. Kamelien, Magnolien und Rhododendren bringen Farbe in die Landschaft,

die sonst eher von Grün- und Brauntönen dominiert wird. Von dem **griechischen Tempel** am Ende einer Zypressenallee genießt man einen fantastischen Ausblick, ebenso von der Spitze des **Martello-Turms**, den man im 19. Jh. errichtete, um nach französischen Truppen Ausschau zu halten.

Erschaffen wurde dieser wundersame Ort Anfang des 20. Jhs., als die Besitzerin der Insel, Annan Bryce, den englischen Architekten Harold Peto beauftragte, einen Garten auf dem damals noch kargen Hang anzulegen.

Garinish Island ist in zehn Minuten mit dem Boot zu erreichen. Bei der Überfahrt kommt man an kleinen Inselchen und Seehundkolonien vorbei. Wenn der Garten geöffnet hat, setzt alle 20 bis 30 Minuten eine Fähre über. Im Hin- und Rückfahrtticket (Erw. 12 €, Kind 6 €) ist der Eintritt für die Gärten nicht inbegriffen.

Blue Pool Ferry FÄHRE
(027-63333) Die Fähre legt in einer kleinen Bucht nahe dem Ortszentrum ab.

Harbour Queen Ferries FÄHRE
(027-63116, 087 234 5861; www.harbourqueenferry.com) Am Pier gegenüber dem Eccles Hotel.

Bamboo Park PARK
(027-63570; www.bamboo-park.com; Erw./Kind 5 €/frei; 9–19 Uhr) Dank des frostfreien Klimas von Glengarriff wachsen und gedeihen in der 12 ha großen Grünanlage subtropische Pflanzen, darunter Palmen und Baumfarne. Außerdem erstrecken sich an der Küste mehrere hübsche Waldwege.

Glengarriff Woods Nature Reserve
NATURSCHUTZGEBIET
(027-63636; www.glengarriffnaturereserve.ie; Eintritt frei) Die uralten **Wälder** erstrecken sich auf einer Fläche von 300 ha in einem Gletschertal und gehörten im 18. Jh. der Familie White vom Bantry House. In dem dichten Baumbestand wird genügend Feuchtigkeit gespeichert, sodass Farne und Moose gut gedeihen.

Darüber hinaus sind in den Wäldern und Sümpfen Irlands die einzige auf Bäumen lebende Ameise und die seltene Kerry-Nacktschnecke zu sehen. Mit etwas Glück (Kamera griffbereit halten) entdeckt man auch die gesprenkelten, cremefarbenen Bauchfüßler, wenn sie nach einem Regenschauer an dem Teppich aus Flechten nagen.

In dem Naturschutzgebiet gibt's vier markierte **Wanderwege**, die durch Waldgebiete, über Berge, Flüsse und Wiesen führen und sich zu einer langen Route (8,5 km, 3–4 Std.) verbinden lassen.

Um das Waldreservat zu erreichen, lässt man Glengarriff hinter sich und fährt auf der N71 Richtung Kenmare. Der Zugang befindet sich 1 km weiter westlich.

Schlafen

Casey's Hotel HOTEL €€
(027-63010; www.caseyshotelglengarriff.ie; Main St; Zi. ab 69 €; @) Seit 1884 werden in diesem altmodischen Hotel Gäste empfangen, darunter auch Berühmtheiten wie Éamon de Valera. Die 19 Zimmer sind klein, wurden aber mittlerweile modernisiert. Außerdem überzeugt das Casey's mit viel Atmosphäre und einer riesigen Terrasse.

Eccles Hotel HOTEL €€
(027-63003; www.eccleshotel.com; Glengarriff Harbour; Zi. 100–140 €; @) Im Osten des Ortszentrums blickt das Eccles auf eine lange, distinguierte Geschichte (seit 1745) zurück. Es wurde schon von Angehörigen des britischen Kriegsministeriums sowie den Schriftstellern Thackeray, George Bernard Shaw und W. B. Yeats bewohnt. Die Einrichtung der 66 großen, hellen Zimmer ist ein Versuch, die Pracht des 19. Jhs. mit dem Stil der 1990er-Jahre zu verbinden. Wir empfehlen vor allem die Räume im vierten Stock mit Blick auf die Bucht.

Dowlings Caravan & Camping Park
CAMPINGPLATZ €
(027-63154; glengarriffccp@gmail.com; Castletownbere Rd; Zeltplatz ab 10 €; April–Okt.) Der Campingplatz liegt mitten in einem Wald, 4 km westlich von Glengarriff an der Straße nach Castletownbere. Zu seinen Einrichtungen gehören ein Spielzimmer und eine Bar mit Alkoholausschank, in der von Juni bis August abends oft Livemusik geboten wird.

Murphy's Village Hostel HOSTEL €
(027-63555; www.murphyshostel.com; Main St B/DZ 15/49 €; Juni–Sept.) Im Herzen von Glengarriff liegt dieses praktische und einfache Hostel mit sauberen Zimmern, Holzbetten und einer kleinen Küche für Selbstversorger.

Essen & Ausgehen

Hawthorne Bar PUB €€
(027-63440; Main St; Bargerichte 5–10 € Abendessen 14–20 €) In den vergangenen 40 Jahren hat sich das angenehme Pub kaum

verändert und so wird in seinem formellen Speisesaal, dem Rainbow Restaurant, nach wie vor dasselbe Menü serviert. Auf einer der Außenbänke kann man sich bei Bantry-Bay-Muscheln oder Fischsuppe mit *soda bread* wunderbar den Abend vertreiben.

P Harrington's PUB
(Main St) Überzeugt mit einer Toplage an der Kreuzung von der N71 und der Beara Road. Draußen stehen gemütliche Bänke, auf denen man sich mit einem Bier niederlassen kann.

❶ Praktische Informationen

Besucher können sich entweder an das **Fáilte Ireland Tourist Office** (027-63084; Main St; ☉Juni-Aug. 9.30–13 & 14–17 Uhr) oder die privat betriebene **Touristeninformation** (☉Juni-Aug. Mo–Sa 10–13 & 14–18 Uhr) neben dem Ticketschalter von Blue Pool Ferries wenden. Weitere Infos über den Ort gibt's online unter www.glengarriff.ie.

❶ An- & Weiterreise

Bus Éireann (www.buseireann.ie) bietet täglich drei Verbindungen nach Bantry und Cork an (16 €, 2½ Std.).

Von Glengarriff nach Castletownbere

Auf diesem Abschnitt nach Westen treten die Faltungen im felsigen Untergrund der Landschaft immer deutlicher zutage. Auf den höchsten Erhebungen, dem Sugarloaf Mountain und dem Hungry Hill, erstrecken sich Steinmauern, sogenannte *„benches"* (Bänke), quer über die Hänge. Sie machen Bergwanderungen anstrengend und bei Nebel sogar gefährlich. Wer hier unterwegs ist, sollte mit einem Kompass und Karten mitnehmen (die topografischen Karten 84 und 85 von Ordnance Survey Discovery decken dieses Gebiet ab) und sich Tipps von Einheimischen holen.

Adrigole besteht aus einer Reihe einzelner Häuser. Das **West Cork Sailing Centre** (027-60132; www.westcorksailing.ie; The Boat House, Adrigole) veranstaltet zahlreiche unterschiedliche Ausflüge auf dem Meer. Eine halbtägige Tour mit einem Segelboot kostet 160 €, eine Stunde Kajakfahren 12 €.

Die friedliche **Hungry Hill Lodge** (027-60228; www.hungryhilllodge.com; Adrigole; Zeltplatz 15 €, B 15 €, EZ/DZ 25/44 €; ☉März–Dez.), ein hervorragend eingerichtetes Hostel, liegt gleich hinter Adrigole. Zu ihren Angeboten gehören ein Fahrradverleih, Tauchausflüge, ein traditionelles Pub und ein Minimarkt.

Castletownbere & Umgebung

850 EW.

Castletownbere (Baile Chais Bhéara) ist in erster Linie ein Fischerdorf und erst an zweiter Stelle ein beliebter Zwischenstopp für Touristen auf Durchreise. Dadurch hat es einen großen Reiz für alle, die auf der Suche nach dem „echten" Irland sind. Doch auch hier gibt's ein paar Sehenswürdigkeiten, etwa eine weltweit bekannte Bar.

An der Main Street und dem Platz namens The Square befinden sich Geldautomaten, Cafés, Pubs und Lebensmittelläden.

⊙ Sehenswertes

Auf einem einsamen Hügel 2 km von Castletownbere entfernt thront der eindrucksvolle **Derreenataggart Stone Circle** mit zehn Menhiren. Er liegt in der Nähe der Straße und ist am westlichen Ortsausgang an einer Rechtskurve ausgeschildert. In der Umgebung gibt's weitere solcher Steine.

Bere Island lässt Castletownbere im Vergleich wie eine große Stadt erscheinen. Sie ist nur 12 km breit und 7 km lang und wird von ein paar Hundert Menschen bewohnt. Im Sommer zieht sie mit ihren Ferienwohnungen aber wesentlich mehr Leute an. Auf der Insel stößt man auf alte Ruinen und einige zum Schwimmen geeignete Felsbuchten. Von Castletownbere aus kommt man mit einer **Fähre** (027-75009; www.bereislandferries.com; hin & zurück 8/25 € pro Passagier/Auto; ☉Juni–Aug. Mo–Sa alle 90 Min., So & Sept.–Mai seltener) hierher.

🛏 Schlafen & Essen

Rodeen B&B B&B €€
(027-70158; www.rodeencountryhouse.com; EZ/DZ 40/76 €; ☉März–Okt.) Das reizende, mit zahlreichen Musikinstrumenten gefüllte Hotel liegt etwas versteckt östlich oberhalb des Ortes. Es verfügt über sechs Zimmer, bietet einen schönen Meerblick und wartet mit einem Garten voller Delfinsäulen auf. Auf den Frühstückstischen stehen Blumen und es gibt selbstgemachte *scones* mit Bienenhonig aus eigener Herstellung.

Olde Bakery MODERNE IRISCHE KÜCHE €€
(027-70869; www.oldebakery.com; Castletown House; Hauptgerichte 13–21 €; ☉tgl. 17.30–19.30,

DER BEARA WAY

Der recht leichte, 196 km lange Wanderweg zieht eine Schleife um die schöne Beara Peninsula im Westen Corks. Weil die Halbinsel bisher vom Massentourismus verschont geblieben ist, gilt sie als gute Alternative zur stärker besuchten Halbinsel Iveragh im Norden.

Ein Teil der Route folgt zwischen Castletownbere und Glengarriff dem Weg, den Donal O'Sullivan und seine Männer nahmen, da dessen Burg 1602 nach elf Tagen Belagerung von den Engländern besetzt worden war. In Glengarriff traf O'Sullivan andere Familien, mit denen er gemeinsam den Weg nach Norden fortsetzte. Dort hofften sie, weiteren gälischen Widerstandskämpfern zu begegnen. Von den etwa 1000 Menschen, die sich in jenem Winter auf die beschwerliche Reise machten, erreichten allerdings nur 30 ihr Ziel.

Meist folgt der Beara Way alten Straßen und Pfaden und führt nur selten höher als 340 m. Es gibt keinen offiziellen Start- oder Zielpunkt, außerdem kann die Strecke in beide Richtungen begangen werden. Lässt man Bere Island und Dursey Island aus, verkürzt sich die Tour auf sieben Tage. Wer in Castletownbere losläuft, erreicht Kenmare in spätestens fünf Tagen.

Eine gute Beschreibung des Wegs (und der Halbinsel) findet man auf der Website von **Beara Tourism** (www.bearatourism.com).

plus So 12–16.30 Uhr) Eines der besten Lokale des Ortes. In der Olde Bakery werden den Einheimischen – die sich hier nicht eine Sekunde niederlassen würden, wenn es keinen Nachschlag gäbe – herzhafte Portionen regionaler Meeresfrüchte gereicht. Vor dem Restaurant stehen ebenfalls einige Tische.

Taste FEINKOST €
(027-71842; Main St; Mo–Fr 9.30–18, Sa 10–17 Uhr) Dieser Laden punktet mit einer großen Auswahl an lokalen Spezialitäten, darunter Milleens-Käse. Der einladende Imbiss nahe The Square hat auch kreative Sandwiches zum Mitnehmen im Angebot.

Jack Patrick's INTERNATIONAL €€
(027-70319; Main St; Hauptgerichte 10–16 €; 12–15 Uhr) Fleischliebhaber fühlen sich hier wie im Paradies, da das Restaurant von einem der besten örtlichen Metzger betrieben wird. Sein Laden ist gleich nebenan. Auf der Speisekarte stehen Steaks, Koteletts sowie Gerichte mit Schinken und Kohl.

Ausgehen

McCarthy's Bar PUB
LP TIPP
(Main St) Auf dem Umschlag von Pete McCarthys Bestseller *McCarthy's Bar* ist genau dieses Haus in der Main Street abgebildet, das gleichzeitig als Lebensmittelladen und Pub genutzt wird. Wer also zu seinem Glas Beamish eine Büchse Pfirsiche und eine Dose Mais kaufen will, ist am richtigen Ort. Außerdem werden hier oft Konzerte veranstaltet.

Praktische Informationen

Touristeninformation (027-70054; www.bearatourism.com; Main St; Di–Sa) Vor der Church of Ireland.

An- & Weiterreise

Bus Éireann (www.buseireann.ie) fährt bis zu dreimal pro Tag nach Bantry und weiter nach Cork (18 €; 3¼ Std.). Die Startzeiten gelegentlich verkehrender Privatbusse erfährt man auf den Schildern an der Bushaltestelle auf The Square oder erkundigt sich in der Touristeninformation.

Dursey Island

60 EW.

Diese winzige Insel am Ende der Peninsula Beara erreicht man mit Irlands einziger **Seilbahn** (Erw./Kind hin & zurück 4/1 €; ganzjährig Mo–Sa 9–11, 14.30–17 & 19–20, So 9–10, 13–14.30 & 19–19.30 Uhr, Juni–Aug. zusätzlich 16–17 Uhr), die 30 m über dem Dursey Sound dahingleitet. Kühe und Schafe haben Vorrang in der Warteschlange. Oben genannte spätere Zeiten beziehen sich nur auf die Rückfahrt. Fahrräder sind nicht erlaubt.

Die nur 6,6 km lange und 1,5 km breite Insel dient als **Schutzgebiet** für Wildvögel und Wale; manchmal sichtet man hier auch Delfine. Unterkünfte gibt's nicht, dafür aber gute Stellen zum **Zelten**. Letzteres ist erlaubt, solange man die allgemeinen Regeln beachtet und alles sauber hinterlässt.

Der **Beara Way** führt 11 km rund um die Insel. Als Ziel für einen kurzen Spaziergang bietet sich das Stellwerk an.

Die Nordseite der Halbinsel

Die Nordseite ist der schönste Teil der Halbinsel. Mehrere Straßen, einige davon einspurig, schlängeln sich um die Felsvorsprünge der zerklüfteten und verwitterten Küste und mit Felsen übersäte Hänge fallen dramatisch zum Meer ab. Die Gegend ist herrlich abgelegen, nur ein paar Schafherden und der eine oder andere Hirtenhund leisten einem Gesellschaft.

ALLIHIES

Das abgelegene Dorf Allihies (Na hAilichí) wartet mit tollen Ausblicken, zahlreichen Wanderwegen und einer langen Bergbaugeschichte auf.

Kupfererzvorkommen wurden erstmals 1810 auf der Halbinsel Beara gefunden. Der Bergbau machte den Landbesitzer, die Familie Puxley, schnell reich, während sich bis zu 1300 Arbeiter für Hungerlöhne unter gefährlichen Bedingungen verausgaben mussten. Dass die Ruinen der Maschinenhäuser Zinnminen an Cornwalls Küste ähneln, hat man den vielen erfahrenen kornischen Bergleuten zu verdanken. Noch in den 1930er-Jahren wurden über 30 000 Tonnen reines Kupfer pro Jahr abgebaut, 1962 machte jedoch auch die letzte Mine dicht.

An der R575 im Norden des Dorfes stößt man auf viele dieser **verlassenen Minen**, die alle ausgeschildert sind. Nach jahrelanger Arbeit der Gemeinde entstand das **Allihies Copper Mine Museum** (027-73218; Erw./Kind 5/3 €; Mai–Sept. tgl. 10–17 Uhr, Okt.–April nur Sa & So), in dem eindrucksvolle Exponate gezeigt werden. Zu dem Museum gehört auch ein Café in einer alten Holzkirche.

Darüber hinaus gibt's in Allihies einladende Pubs und B&Bs. In einem Kiosk neben der Kirche befindet sich die im Sommer geöffnete Touristeninformation.

Schlafen & Essen

Allihies Village Hostel HOSTEL €
(027-73107; www.allihieshostel.net; B/DZ 18/50 €) Das bescheidene familiengeführte Hotel verfügt über elegant eingerichtete, mit Dielenboden ausgelegte blitzblanke Schlafsäle und Aufenthaltsräume sowie einen Innenhof und einen Grillbereich. Michael, der Besitzer, ist ein wandelnder Reiseführer der Gegend und weiß jede Menge über Wanderwege und Ponytreks.

Sea View B&B B&B €€
(027-73004; www.seaviewallihies.com; EZ/DZ 45/75 €) Ein zweistöckiges, gelb gestrichenes Gebäude mit zehn sauberen, einfachen Zimmern. Einige blicken gen Norden über das Wasser. Bei einem üppigen Frühstück kann man Energie tanken.

O'Neill's PUB €€
(027-73008; Gerichte 7–15 €; Küche 12–21 Uhr) Mit seiner hübschen rotblauen Fassade ist dies das attraktivste Pub des Ortes. Draußen stehen polierte Holzbänke und Picknicktische, von denen man die Aussicht genießen kann. Auf den Tisch kommen typische Kneipenkost und frische Meeresfrüchte.

VON EYERIES NACH LAURAGH

Eine schöne **Küstenstraße** (R575) führt von Allihies 23 km Richtung Norden und Osten. Sie wird von Fuchsien- und Rhododendronbüschen gesäumt und schlängelt sich 12 km bis nach **Eyeries**, dessen bunte Häuschen mit Blick auf die Coulagh Bay als beliebte Filmkulisse dienen. Außerdem wird hier der berühmte **Milleens-Käse** (027-74079; www.milleenscheese.com) produziert. Bei telefonischer Anmeldung empfängt Herstellerin Veronica Steele auch gern Gäste in ihrer Käserei.

Hinter Eyeries verlässt man die R571 und nimmt die noch kleineren Straßen (eigentlich eher Wege) nach Norden und Osten in den spektakulärsten und unberührtesten Teil der Halbinsel. Kleine Buchten liegen wie Perlen in einem Meer aus Felsen, und der Blick zum Ring of Kerry im Norden ist schlichtweg umwerfend.

An der Kreuzung vor **Ardgroom** (Ard Dhór) stößt man erneut auf die R571. Weiter östlich in Richtung Lauragh weisen Schilder zu einem **Steinkreis**, einem ungewöhnlichen Monument aus der Bronzezeit mit neun hohen schlanken Hinkelsteinen. Ein matschiger Parkplatz erstreckt sich am Ende der 500 m langen, schmalen Zufahrt. Den Kreis entdeckt man schon aus 200 m Entfernung; ein Pfad führt durch das Marschland dorthin. Auf einem groben Schild steht lediglich das Wort „*money*" und ein US-Dollar unter einem Fels gibt einen Hinweis.

Lauragh (Laith Reach) liegt nordöstlich von Ardgroom im County Kerry. Hier kann man die **Derreen Gardens** (☏064-83103; Erw./Kind 6/3 €; ⊙April–Okt. 10–18 Uhr) besichtigen, die der fünfte Lord Lansdowne an der Wende zum 20. Jh. anlegen ließ. Moosbewachsene Wege winden sich vorbei an interessanten Pflanzen, darunter spektakuläre Baumfarne aus Neuseeland und riesige Lebensbäume. Hin und wieder sieht man in unmittelbarer Ufernähe einen Seehund.

Von Lauragh führt eine Serpentinenstraße 11 km südlich über den außerirdisch wirkenden **Healy Pass** und anschließend hinunter nach Adrigole. Der Blick auf die felsige Landschaft fernab der Küste ist atemberaubend. 1 km westlich von Lauragh zweigt von der R571 eine Straße zum **Glanmore Lake** ab. Auf einer kleinen Insel inmitten des Sees stößt man auf die Überreste einer Einsiedelei. In der Umgebung gibt's einige Wanderwege, von denen einige nur schwer zu erreichen sind. Am besten erkundigt man sich vor Ort danach.

🛏 Schlafen & Essen

Die kleine Straße direkt westlich von Lauragh und ganz in der Nähe der R575 führt am Glanmore Lake entlang in ein sehr hübsches Tal.

Glanmore Lake Hostel HOSTEL €
(☏064-83181; www.anoige.ie; Glanmore Lake; B Erw./Kind ab 17/14 €; ⊙Ende Mai–Ende Sept.) Seine zeitlose Atmosphäre und die schöne Umgebung im Herzen Glanmores machen dieses abgelegene An-Óige-Hostel zu einem wunderbaren Ort. Es ist genau 5,6 km abseits der R571 in Glanmores altem Internat untergebracht.

Josie's Lakeview House
MODERNE IRISCHE KÜCHE €€
(☏064-83155; Glanmore Lake; Hauptgerichte mittags 6–15 €, abends 15–25 €) Beim Essen in diesem Lokal, das auf einem Hügel oberhalb des Glanmore Lake thront, genießt man einen malerischen Seeblick. Mittags kann man Salate oder Sandwiches, zur Teezeit Kuchen und abends herzhaftes Lammkarree oder lokale Meeresfrüchtespezialitäten bestellen. Das ausgeschilderte Restaurant befindet sich ungefähr 4 km abseits der R571.

ℹ An- & Weiterreise

Busse verkehren in dieser Gegend nur selten. Abfahrtszeiten und Preise für die (Sommer-) Verbindungen zwischen Kenmare und Castletownbere über Lauragh erfährt man bei **Bus Éireann** (☏021-450 8188; www.buseire ann.ie).

VON LAURAGH NACH KENMARE
Hinter Lauragh fährt man auf der R573 direkt an der Küste entlang und wechselt in Tuosist auf die gradlinige R571. Von dort sind es weitere 16 km nach Osten bis Kenmare in Kerry.

NÖRDLICHES CORK

Der Norden von Cork ist weniger glamourös und romantisch als die Küstenregionen, trotzdem haben die Städte und Dörfer ihren ganz eigenen ländlichen Charakter.

Donkey Sanctuary

Grund genug, diese Richtung einzuschlagen, ist das wundervolle **Donkey Sanctuary** (☏022-48398; www.thedonkeysanctuary.ie; Liscarroll; Eintritt frei; ⊙Mo–Fr 9–16.30, Sa & So 10–17 Uhr). Als wunderbare Nonprofit-Einrichtung widmet sich der Eselschutzpark Irlands kultigen Lasttieren. Die von Natur aus schmuddelig aussehenden, robusten Vierbeiner werden häufig von gedankenlosen Besitzern misshandelt, sei es aus purer Gemeinheit oder weil diese finanzielle Probleme haben und nicht mehr richtig für die Tiere sorgen können.

Auf dem großen Bauernhof sorgt man für die verlassenen und geschlagenen Esel – und zwar für den Rest ihres Lebens. Dazu stehen Weiden, Futter und medizinische Versorgung zur Verfügung. Viele Besucher beschließen, diese Einrichtung zu unterstützen, besonders nachdem sie den sympathischen Tieren bei ihrem Streifzug durch Weiden und Scheunen begegnet sind.

Der Eselschutzpark liegt im kleinen Örtchen Liscarroll an der R522, 13 km westlich von Buttevant an der N20 nach Cork. Ganz in der Nähe befinden sich die idyllischen **Ruinen** einer Burg.

Mallow

Mallow (Mala) ist ein wohlhabender Ort im Blackwater Valley an der N20. Im 19. Jh. tauften Besucher ihn „Bath of Ireland" (das Bad Irlands). Heute hinkt der Vergleich, obwohl die Architektur im Stadtzentrum den Glanz von einst noch anzudeuten vermag.

Die **Touristeninformation** (☏022-42222; www.eastcorktourism.com; ⊙Mo–Fr 9.30–13 & 14–17.30 Uhr) hilft bei der Suche nach einer Unterkunft und Aktivitäten.

Im Ort selbst kann man weiße Damhirsche beobachten, die rund um die imposanten Ruinen des 1585 errichteten **Mallow Castle** (Bridge St) grasen. Interessant ist auch das elegante **Clock House** (Bridge St), das ein Hobbyarchitekt nach einem Urlaub in den Bergen entwarf – was man dem Gebäude allerdings überhaupt nicht ansieht.

Rund um Mallow

Bei Buttevant, 20 km nördlich von Mallow an der N20, stößt man auf die Ruinen eines **Franziskanerklosters** aus dem 13. Jh. Zwischen Mallow und Killarney lohnt sich ein Abstecher zu den gut erhaltenen Überresten des **Kanturk Castle** aus dem 17. Jh. Die Burg diente vom frühen 17. Jh. bis 1906 erst als Festung und später als Landhaus, heute wird sie jedoch nur noch von Krähen bewohnt.

In dem 161 ha großen **Doneraile Park** (☉ Sonnenaufgang–20 Uhr) 13 km nordöstlich von Mallow grast Rotwild. Hier locken Waldwanderwege, Wasserspiele und Spielplätze für die Kleinen.

County Kerry

145 000 EW. / FLÄCHE: 4746 KM²

Inhalt »

Killarney	292
Ring of Kerry	303
Killorglin	304
Rossbeigh Strand	305
Valentia Island	307
Portmagee	308
Skellig Islands	308
Sneem	312
Kenmare	312
Dingle Peninsula	315
Dingle	319
Tralee	329
Listowel	333

Gut essen

» Jacks Coastguard Restaurant (S. 305)
» Out of the Blue (S. 322)
» Bianconi (S. 304)
» Chapter 40 (S. 295)
» Truffle Pig (S. 314)

Schön übernachten

» Aghadoe Heights Hotel (S. 299)
» Pax House (S. 321)
» Harbour House (S. 328)
» Parknasilla Resort & Spa (S. 312)
» Crystal Springs B&B (S. 292)

Auf nach Kerry

Die Landschaft dieses Countys zählt zu den faszinierendsten Irlands, denn hier locken traumhafte Felsküsten, endlose, von baufälligen Steinmauern durchzogene grüne Felder sowie vernebelte Gipfel und Moore.

Vor der Kulisse eines herrlichen Nationalparks wartet das quirlige Touristenzentrum Killarney mit bunten Läden, Restaurants und von den Klängen traditioneller Musik erfüllten Pubs auf. Darüber hinaus ist die Stadt eine gute Ausgangsbasis, um eine Tour auf den beiden berühmten Rundstraßen der Grafschaft zu unternehmen. Die längere Strecke, der Ring of Kerry, führt an der Iveragh Peninsula und mehreren der Küste vorgelagerten Inseln vorbei. Im Vergleich zu ihrem südlichen Nachbarn präsentiert sich die Dingle Peninsula mit ihren historischen Stätten, Sandstränden und der teils harschen Landschaft als kompaktere Version.

Kerrys außergewöhnliche Schönheit macht das County zu einem der beliebtesten Reiseziele Irlands. Trotzdem gibt's noch einige unberührte Fleckchen abseits der Touristenpfade, darunter Gebirgspässe, abgeschiedene Höhlen oder einsame Wege.

Reisezeit

In den wärmeren Monaten stehen jede Menge Feste an, besonders von Juni bis August. Unterkünfte muss man für diese Zeit weit im Voraus reservieren. Zu den Highlights von Kerrys Veranstaltungskalender gehören die Writers' Week Anfang Juni in Listowel sowie das Pferderennen und die Regatta in Dingle und das Puck Festival in Killorglin, das auf das 17. Jh. zurückgeht (allesamt im August). Im tiefsten Winter zeigen Geschichtenerzähler und Musiker bei improvisierten Auftritten in Pubs überall im County ihr Können.

Highlights

① Bei einem Pint Irlands beste Aussicht über die zerklüftete Küste am **Ring of Kerry** (S. 312) genießen

② Fangfrische Meeresfrüchte auf der wunderschönen **Dingle Peninsula** (S. 315) probieren

③ Durch die dramatische **Gap of Dunloe** (S. 301) radeln

④ Auf dem herrlich idyllischen Upper Lake im **Killarney National Park** (S. 298) segeln

⑤ Sich in einem von Pferden gezogenen *jaunting car* durch **Killarney** (S. 298) kutschieren lassen

⑥ Auf den felsigen **Skelligs** (S. 308) und den historischen **Blaskets** (S. 325) von Insel zu Insel hüpfen

⑦ In einer hippen Bar in **Tralee** (S. 332) traditioneller Musik lauschen

⑧ Die tollen Tauchspots rund um **Castlegregory** (S. 328) erkunden und über die hervorragende Sicht unter Wasser staunen

KILLARNEY

16 900 EW.

Killarney hat bereits 250 Jahre Erfahrung in der Tourismusbranche auf dem Buckel und ist somit eine bestens auf Besucher eingestellte Stadt. Sie liegt inmitten der traumhaften Landschaft des namensgleichen Nationalparks und wartet neben der Nähe zu Seen, Wasserfällen, Wäldern und Mooren, über denen rund 1000 m hohe Gipfel thronen, auch mit ihren ganz eigenen Reizen auf. Hier gibt's in jeder Preisklasse gute Restaurants, prima Pubs und zahlreiche Unterkünfte.

Die ersten Bewohner hausten schon in der Jungsteinzeit in der Gegend. Während der Bronzezeit entstanden vor Ort Siedlungen wegen der Kupfererzminen auf Ross Island. In dieser Periode wurde Killarney von immer neuen Kriegsstämmen eingenommen. Unter ihnen waren auch die Firbolg („Beutelmänner"), exzellente Steinmetze, die Festungen errichteten und die Ogham-Schrift entwickelten. Erst im 17. Jh. verwandelte sich die Stadt unter Lord Kenmare zu einer irischen Version des Lake District in England. Zu den vielen berühmten Besuchern im 19. Jh. gehören die englische Königin Victoria und der romantische Dichter Percy Bysshe Shelley, der hier begann, *Queen Mab* zu schreiben.

Im Sommer platzt Killarney aus allen Nähten, deshalb kommt man am besten gegen Ende des Frühlings oder im Frühherbst, wenn das Wetter Unternehmungen im Freien zulässt und etwas weniger Andrang herrscht.

⊙ Sehenswertes & Aktivitäten

Killarneys in jeder Hinsicht größte Attraktion ist der gleichnamige Nationalpark (s. S. 298 f.). Die Stadt selbst kann man problemlos zu Fuß in einer oder zwei Stunden erkunden.

Auf S. 302 sind Veranstalter von Ausflügen in die Umgebung, beispielsweise zum Ring of Kerry und auf die Dingle Peninsula, aufgelistet.

St. Mary's Cathedral KATHEDRALE
(Karte S. 294; Cathedral Pl) Diese Kathedrale wurde zwischen 1842 und 1855 errichtet und ist ein hervorragendes Beispiel für neogotische Architektur. Für den kreuzförmig angelegten Bau ließ sich Architekt Augustus Pugin von der Ardfert Cathedral bei Tralee inspirieren.

Franziskanerkloster KLOSTER
(Karte S. 294; Fair Hill) Ein prunkvolles Altargemälde im flämischen Stil, eindrucksvolle Fliesenarbeiten und ein Buntglasfenster von Harry Clarke schmücken das Franziskanerkloster aus den 1860er-Jahren. Sie wurden von einem Dubliner Künstler gestaltet, der sich von Jugendstil, Art déco und Symbolismus beeinflussen ließ.

Angeln ANGELN
Im Killarney National Park dürfen Bachforellen umsonst gefangen werden. Forellen und Lachse kann man in den Flüssen Flesk (10 € pro Tag) und Laune (25 € pro Tag) angeln; für Lachse braucht man allerdings eine Lizenz (46 € für drei Wochen). Informationen, Lizenzen, Genehmigungen und eine Leihausrüstung bekommt man bei **O'Neill's** (Karte S. 294; www.fishingkillarney.com; 6 Plunkett St), das wie ein Souvenirladen aussieht, aber ein traditionsreiches Angelzentrum ist.

🎉 Feste & Events

Rally of the Lakes AUTORALLEY
(www.rallyofthelakes.com; ⊙ Ende April/Anfang Mai) Am Feiertagswochenende im Mai nehmen die Teilnehmer halsbrecherische Kurven rund um die Seen und Berge in Angriff. Vorsicht: Auch nach den offiziellen Rennen machen oftmals noch einige Autofahrer die Straßen in der Umgebung unsicher.

Killarney Summerfest OUTDOOR-AKTIVITÄTEN
(www.killarneysummerfest.com; ⊙ Ende Juli) Zum Programm des familienfreundlichen Festes gehören Ausritte, Kanu- und Kajakfahrten, Wanderungen, Kunstworkshops und Straßenkünstler.

🛏 Schlafen

Viele B&Bs befinden sich unmittelbar außerhalb des Stadtzentrums an der Rock Road, Lewis Road und Muckross Road. An Letzterer entdeckt man zudem jede Menge Einheitshotels für Reisegruppen. Die meisten Unterkünfte verleihen Räder (ca. 12 € pro Tag) und bieten vergünstigte Touren an. Im Sommer sollte man rechtzeitig reservieren.

Im Abschnitt „Rund um Killarney" sind weitere Optionen im Umland aufgelistet.

LP TIPP Crystal Springs B&B €€
(Karte S. 300 f.; ☏ 064-663 3272; www.crystalspringsbb.com; Ballycasheen; DZ 80–110 €; P 🛜 🐾) Die Holzveranda und das angren-

zende Rasenstück des wunderbar entspannten, am Fluss gelegenen B&B laden zu erholsamen Stunden ein. Zur Ausstattung der Zimmer gehören gemusterte Tapeten, Walnussholz und herrlich geräumige Bäder (fast alle mit Whirlpool). Von dem verglasten Frühstücksraum genießt man einen tollen Ausblick auf den Fluss Flesk. Das Stadtzentrum erreicht man in 15 Gehminuten.

The Fairview GÄSTEHAUS €€
(Karte S.294; 064-663 4164; www.fairview killarney.com; College St; DZ ab 110 €; P🔊) Die mit edlen Hölzern eingerichteten, individuell gestalteten Zimmer – einige mit klassischer Tapete, andere mit modernen Sofas und Glas – dieser gehobenen Bleibe bieten mehr für ihr Geld als größere, weniger persönliche Unterkünfte vor Ort. Zum Frühstück gibt's ein echtes Festmahl und abends kann man in dem eleganten hauseigenen Restaurant dinieren.

Killarney Plaza Hotel HOTEL €€€
(Karte S.294; 064-662 1100; www.killarney plaza.com; Kenmare Pl; EZ/DZ ab 115/238 €; P@🏊🔊🍴) Mit einem herrlich traditionellen weißen Stil und 198 Zimmern wartet dieses große Hotel am Südende der Main Street und am Rand des Killarney National Park auf. Ebenso geschmackvoll präsentieren sich die klassischen Gästezimmer und die restliche Anlage samt Marmorlobby, einem schön gefliesten Innenpool, einer Sauna, einem Dampfbad, einem Spa und drei Restaurants.

Railway Hostel HOSTEL €
(Karte S.294; 064-663 5299; www.killar neyhostel.com; Fair Hill; B 16–22 €, EZ/DZ ab 45/54 €; P@🔊) Ein verstecktes, einladendes Hostel mit Terrasse und Picknicktischen in Bahnhofsnähe. Das Railway verfügt über Nischen-Stockbetten sowie Karten und Fahrradrouten an den Wänden. Die separaten Zimmer haben eigene Bäder, außerdem ist im Preis ein Kontinentalfrühstück enthalten.

Murphy's of Killarney GÄSTEHAUS €€
(Karte S.294; 064-663 1294; www.murphysof killarney.com; College St; EZ/DZ 59–85 €; 🔊) 20 stilvoll renovierte Zimmer – am schönsten sind die mit Blick auf die Straße – bietet diese tolle Mittelklasseunterkunft in guter Lage. Wenn es draußen regnet, kann man einfach das Restaurant oder das Pub des Gästehauses besuchen. In den öffentlichen Bereichen ist WLAN verfügbar.

Chelmsford House B&B €€
(außerhalb der Karte S.294; 064-663 6402; www.chelmsfordguesthouse.com; Muckross View, Countess Grove; DZ 60 €; P🍴) Zehn Gehminuten vom Stadtzentrum entfernt stößt man auf die einladende Pension, die an einem Park mit Blick auf den See und die Berge liegt. Die hellen, luftigen Zimmer haben eigene Bäder sowie Parkettböden und warten mit ein paar Extras auf.

Neptune's Killarney Town Hostel HOSTEL €
(Karte S.294; 064-663 5255; www.neptu neshostel.com; Bishop's Lane, New St; B 16–20 €, DZ 40–50 €; @🔊) In den Schlafsälen des Neptune's stehen über 150 Betten, trotzdem ist das zentral gelegene Hostel behaglich, was wohl an dem flackernden Kaminfeuer an der Rezeption und dem stets freundlichen Service liegen mag. Es gibt einen Wäscheservice, zudem ist das Frühstück im Preis inbegriffen.

Súgán Hostel HOSTEL €
(Karte S.294; 064-663 3104; www.killarney suganhostel.com; Lewis Rd; B 15–17 €, DZ 40 €; 🔊) Hinter der pubähnlichen Fassade dieses Gebäudes im Stadtzentrum versteckt sich eine 250 Jahre alte, liebenswert exzentrische Herberge mit einem offenen Torfeuer im Aufenthaltsraum und niedrigen Decken voll schiefer Ecken und Parkettböden. Alkohol wird hier nicht ausgeschenkt – für die einen ein Vor-, für die anderen ein Nachteil.

Kingfisher Lodge B&B €€
(Karte S.294; 064-663 7131; www.kingfis herlodgekillarney.com; Lewis Rd; EZ 60–70 €, DZ 86–100 €; P@🔊) Ein schöner Garten hinter dem Gebäude ist das Highlight dieser makellosen Bleibe, deren elf Zimmer in lebendigen Gelb-, Rot- und Rosatönen gehalten sind. Der Besitzer Donal Carroll, ein zertifizierter Wanderführer, hat hilfreiche Tipps zum Thema Wandern in der Gegend parat.

Malton HOTEL €€€
(Karte S.294; 064-663 8000; www.themalton. com; EZ/DZ ab 100–150 €; P@🔊🏊🍴) Diese Unterkunft ist so bekannt, dass es keine Adresse braucht. Das zentral gelegene efeubedeckte Gebäude mit Säulen zeugt – zumindest von außen – von viktorianischer Eleganz, die auch das Personal verinnerlicht hat, und wurde vor einigen Jahren umfassend renoviert. Im 1852-Flügel befinden sich die schönsten der 172 Zimmer, die sich ihre historische Opulenz bewahrt haben. Zur Hotelanlage gehören mehrere erstklassige Restaurants, ein Spa und ein Freizeitzent-

Killarney

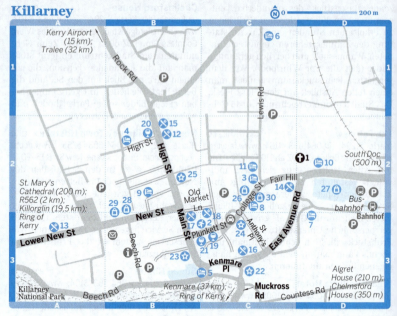

Killarney

◎ Sehenswertes
1. Franziskanerkloster D2

◯ Aktivitäten, Kurse & Touren
2. O'Neill's C3

⌂ Schlafen
3. Fairview C2
4. Killarney Haven B2
5. Killarney Plaza Hotel C3
6. Kingfisher Lodge C1
7. Malton D3
8. Murphy's of Killarney C2
9. Neptune's Killarney Town Hostel B2
10. Railway Hostel D2
11. Súgán Hostel C2

⊗ Essen
12. Brícín B2
13. Chapter 40 .... A3
14. Bauernmarkt C2
15. Gaby's Seafood Restaurant B2
16. Lir Café C3
17. Murphy's Ice Cream B3
    Smoke House .... (siehe 25)
18. Vanilla Pod C3

⊙ Ausgehen
19. Courtney's C3
20. Hussy's B2
21. Tatler Jack's C3

✪ Unterhaltung
22. Killarney Cineplex C3
23. Killarney Grand B3
24. McSorley's C3
25. O'Connor's B2

🛍 Shoppen
    Brícín .... (siehe 12)
26. Dungeon Bookshop C2
27. Killarney Outlet Centre D2
28. O'Sullivan's Outdoor Store B2
29. Pages Bookstore B2
30. Variety Sounds C2

FUSSBALLVERRÜCKT

Clubs für Gaelic Football gibt's in Irland so viele wie grüne Wiesen und Kneipenschilder mit dem Wörtchen Guinness, doch nichtsdestotrotz ist die Begeisterung für den Sport in Kerry größer als irgendwo sonst.

Organisiert von der GAA (Gaelic Athletic Association) wird diese Sportart von zwei Teams à 15 Mann auf einem H-förmigen Rasenfeld mit einem schweren Lederball gespielt. Auf jeder Seite stehen zwei Tore mit Netzen. Die Regeln (s. S. 770) sind ziemlich verwirrend, denn man darf den Ball kicken, tragen, mit der Hand weitergeben oder auf den Fuß fallen lassen und zurück in die Hand kicken *(soloing)*. Sie gehen zurück auf das 16. Jh., allerdings entstand die heutige Form erst im 19. Jh.

Wer Gaelic Football live erleben will und während der laufenden Saison in der Stadt ist (Feb.–Sept.), sollte sich zum **Fossa GAA Ground** in Fossa (Karte S. 300 f.) aufmachen. Mehr über das Spiel erfährt man von den Kommentatoren in den Pubs – am besten bei einem Pint in einer GAA-Bar wie **Tatler Jack's** (S. 296).

---

rum mit einem 17 m langen Pool, einem Fitnessstudio und zwei Tennisplätzen.

Algret House B&B €€
(außerhalb der Karte S. 294; ☎064-663 2337; www.algret.com; Countess Grove; EZ/DZ 35/65 €; P🛜🍴) In dem einladenden B&B fünf Gehminuten vom Zentrum dominiert knorriges Kiefernholz.

Killarney Haven APARTMENTS €
(Karte S. 294; ☎064-663 3570; www.killarneyselfcatering.com; High St; Apt. ab 340 €/Woche; P🍴) Moderne Apartments in zentraler Lage mit Balkonen und voll ausgestatteten Küchen.

Killarney Flesk Caravan & Camping Park CAMPINGPLATZ €
(Karte S. 300 f.; ☎064-663 1704; www.killarneyfleskcamping.com; Muckross Rd; Stellplatz ab 10 €; ⓞJuni–Sept.; P🛜🍴) Der von Wäldern umgebene, gepflegte Campingplatz mit Blick auf majestätische Berge befindet sich 1,3 km südlich der Stadt an der N71. Er wartet mit einem Fahrradverleih, einem Supermarkt, einer Bar und einem Café auf.

🍴 Essen

Viele Hotel in Killarney beherbergen ausgezeichnete Restaurants (der Abschnitt „Schlafen" enthält ebenfalls einige Tipps). Wie überall in Kerry sind oftmals frische Meeresfrüchte die Stars der Speisekarten.

LP TIPP Chapter 40 IRISCH €€
(Karte S. 294; ☎064-667 1833; www.chapter40.ie; Lower New St; Hauptgerichte 22,50–28,50 €; ⓞDi–Sa abends) Der wunderschöne Speisesaal mit poliertem Holz und cremefarbenem Leder zieht vor allem stylishe Gäste und Küchenchefs an, die ihren freien Abend genießen. Auf Vorspeisen wie gegrillte Polenta mit Wildpilzen folgen edle Hauptgerichte wie Schweinefilet Wellington mit Erbsen an Krebssoße. Auch die hervorragenden Weine können sich sehen lassen.

The Smoke House BISTRO €€
(Karte S. 294; ☎064-662 0801; www.thesmokehouse.ie; High St; Hauptgerichte 13–34 €; ⓞmorgens, mittags & abends) In dem gekachelten Bistro, eine von Killarneys neuesten und betriebsamsten Adressen, gibt's den einzigen *josper* (spanischer Holzkohleofen) in ganz Irland. Hier werden leckere Salate, z. B. mit Königskrabben, und ein exquisiter Burger mit Garnelenschwänzen sowie hausgemachter Barbecuesoße serviert.

Gaby's Seafood Restaurant FISCH & MEERESFRÜCHTE €€
(Karte S. 294; ☎064-663 2519; www.gabysireland.com; 27 High St; Hauptgerichte 22–50 €; ⓞMo–Sa abends) Ein schickes Restaurant für alle, die traditionell zubereitete, exzellente Meeresfrüchte essen möchten. Vor dem offenen Kamin kann man in Ruhe die Karte studieren, bevor es am Weinkeller vorbei in den schummrig erleuchteten Speiseraum geht. Zur Auswahl stehen ausgezeichnete französische Gerichte wie Hummer in Cognac-Sahne-Soße. Die Weinliste ist lang und man bekommt gute Empfehlungen.

Bricín INTERNATIONAL €€
(Karte S. 294; ☎064-663 4902; www.bricin.com; 26 High St; Hauptgerichte 19–26 €; ⓞDi–Sa abends) Die Einrichtung dieses keltisch anmutenden Restaurants, das gleichzeitig als Stadtmuseum dient, stammt aus einem Kloster, einem Waisenhaus und einer

Schule. Im Vordergrund stehen Jonathan Fishers Bilder des Nationalparks aus dem 18. Jh. Wir empfehlen die Spezialität des Hauses: *boxty* (Kartoffelpuffer).

Vanilla Pod   IRISCH €€
(Karte S. 294; ☎064-662 6559; www.thevanillapodrestaurants.com; Old Market Lane; Hauptgerichte 18–27 €; ⊙morgens, mittags & abends) Tagsüber kommen in Gavin Gleesons zauberhaftem Café Gerichte wie Lachs im Bierteig oder Salat mit Ziegenkäse in Mandelkruste und Himbeerdressing auf den Tisch. Abends wird gehobenere Kost wie in Ahornsirup glasiertes Schwein serviert.

Lir Café   CAFÉ €
(Karte S. 294; Kenmare Pl; www.lircafe.com; Gerichte 2–5 €; ⊙morgens, mittags & abends; ⓦ) Kuchen, Gebäck und selbst gemachte Schokolade – die Spezialität des Hauses – wie Bailey's-Trüffeln, leckerer Kaffee und eine nette Atmosphäre.

Bauernmarkt   MARKT €
(Karte S. 294; Scott's St; ⊙Fr 10–14 Uhr) Hier stehen u. a. Obst, Gemüse, Kuchen, Käse und Kunsthandwerk zum Verkauf. Infos zu Bauernmärkten im County Kerry gibt's unter www.kerryfarmersmarkets.com.

Murphy's Ice Cream   EISCREME €
(Karte S. 294; www.murphysicecream.ie; 37 Main St; ⊙11–18 Uhr) In der hiesigen Filiale des grandiosen Eisherstellers aus Dingle (S. 326) gibt's auch wunderbar dickflüssige Schokolade mit Chili.

🍷 Ausgehen & Unterhaltung

In vielen Pubs wird Livemusik gespielt; außerdem sind die Kneipen fast immer voll, sogar am Wochenanfang, denn dann haben zahlreiche Hotelangestellte ihren freien Tag und wollen feiern. In der Plunkett Street und der College Street reiht sich ein Laden an den nächsten. Einen praktischen Veranstaltungskalender für jeden Abend gibt's in der Touristeninformation.

O'Connor's   PUB
(Karte S. 294; High St) In dem winzigen traditionellen Pub mit den Bleiglastüren werden allabendliche Livemusik und mittags bzw. abends leckere Kneipenkost geboten. Bei wärmerem Wetter verlagert sich das Geschehen oft in das angrenzende Gässchen.

Courtney's   PUB
(Karte S. 294; www.courtneysbar.com; Plunkett St) Mit traditioneller Musik sorgt das äußerlich unscheinbare und innen zeitlose Pub das ganze Jahr über für Stimmung. Hierher kommen Einheimische, um ihre besten Freunde auftreten zu sehen und in einen unterhaltsamen Abend zu starten.

Hussy's   PUB
(Karte S. 294; High St) In der kleinen Kneipe mit authentischem Extrazimmer *(snug)* am Eingang kann man den Touristenmassen entfliehen und ganz in Ruhe sein Pint genießen.

Tatler Jack's   PUB
(Karte S. 294; www.tatlerjack.com; Plunkett St) Fotos lokaler Sportteams schmücken die Wände dieses überraschend großen Ladens mit Billardtischen, gemütlichen Barhockern und einer tollen Atmosphäre.

McSorley's   BAR, NACHTCLUB
(Karte S. 294; www.mcsorleyskillarney.com; College St) Bei Einheimischen erfreut sich das McSorley's dank seines großen Biergartens und des Nachtclubs mit geräumiger Tanzfläche großer Beliebtheit. Traditionelle Sessions gibt's ab dem frühen Abend bis 22 Uhr, ab 23.30 Uhr treten Livebands auf. Für die Bar wird kein Eintritt verlangt.

Killarney Grand   BAR, NACHTCLUB
(Karte S. 294; www.killarneygrand.com; Main St) Auf dem Programm stehen von 21 bis 23 Uhr traditionelle Livemusik und von 23.30 bis 1.30 Uhr Livebands. Ab 23 Uhr öffnet zudem die hauseigene Disco. Vor 23 Uhr muss man im Killarney Grand keinen Eintritt zahlen.

Killarney Cineplex   KINO
(Karte S. 294; www.killarneycineplex.ie; Kenmare Pl) Zeigt aktuelle Filme.

🛍 Shoppen

Variety Sounds   MUSIK
(Karte S. 294; College St) Ein Plattenladen mit großer Auswahl an traditioneller Musik, Instrumenten, Notenblättern und seltenen CDs.

Killarney Outlet Centre   MODE
(Karte S. 294; www.killarneyoutletcentre.com; Fair Hill) In diesem renovierten alten Zugdepot kann man jede Menge namhafte Marken zu vergünstigten Preisen erstehen, darunter Nike und Blarney Woollen Mills.

O'Sullivan's Outdoor Store   OUTDOOR-AUSRÜSTUNG
(Karte S. 294; www.killarneyrentabike.com; New St) Große Auswahl an Outdoor-Ausrüstung auf kleinem Raum.

DER KERRY WAY

Der 214 km lange **Kerry Way** (www.kerryway.net), Irlands längster markierter Wanderweg, wird gegen den Uhrzeigersinn gelaufen. Er beginnt und endet in Killarney und führt drei Tage lang durchs Inland, wo er sich durch die atemberaubenden Macgillycuddy's Reeks sowie am Mt. Carrantuohil (1039 m) vorbeiwindet, bevor er auf den Ring of Kerry stößt und ihm durch Cahirciveen, Waterville, Caherdaniel, Sneem sowie Kenmare folgt.

Wer fit genug für 20 km Fußmarsch am Tag ist, schafft den Kerry Way in rund zehn Tagen. Hat man weniger Zeit, lohnt es sich, die ersten drei Tage bis Glenbeigh zu laufen und dann mit dem Bus zurück nach Killarney zu fahren.

Es gibt zwar zahlreiche Unterkünfte, jedoch wenige Verpflegungsmöglichkeiten, man sollte also genügend Proviant einpacken. Die Karten 78, 83 und 84 der Discovery-Serie vom Verlag Ordnance Survey beinhalten detaillierte Abbildungen des Wegs. **Go Ireland** (www.govisitireland.com) bietet sieben- und elftägige Wanderungen in Eigenregie ab 675/980 € inklusive Unterkunft, Karten und Gepäcktransport an.

Brícín KUNSTHANDWERK
(Karte S. 294; www.bricin.com; 26 High St) Interessantes Kunsthandwerk aus der Gegend, z. B. Schmuck und Keramik, sowie Souvenirs und ein Restaurant (S. 295).

The Dungeon Bookshop BÜCHER
(Karte S. 294; College St) Dieses exzellente Geschäft für gebrauchte Bücher versteckt sich über einem Zeitschriftenladen – einfach den Stufen im hinteren Bereich folgen.

Pages Bookstore BÜCHER
(Karte S. 294; www.pagesbookstore.net; 20 New St) Jede Menge Neuerscheinungen und Klassiker, u. a. von irischen Autoren.

Praktische Informationen

Auf www.killarney.ie gibt's nützliche Links.

Geld
Viele Banken haben Geldautomaten.

Internetzugang
Killarney Library (www.kerrylibrary.ie; Rock Rd; ⊙Mo, Mi, Fr & Sa 10–17, Di & Do 10–20 Uhr) Kostenloser Internetzugang.

Leaders (Beech Rd; 2 € pro 30 Min.; ⊙Mo–Sa 9.30–13.30 & 14–18 Uhr)

Rí Rá (☎064-663 8729; Plunkett St; 2,50 €/30 Min.; ⊙Mo–Sa 10.30–20, So 12–20 Uhr)

Medizinische Versorgung
Die nächstgelegene Unfall- und Notaufnahme befindet sich im General Hospital in Tralee (S. 332).

SouthDoc (außerhalb der Karte S. 294; ☎1850-335 999; Upper Park Rd) Ärztedienst außerhalb der normalen Sprechzeiten 500 m östlich des Stadtzentrums.

Post
Killarney Post Office (Karte S. 294; New St)

Touristeninformation
Touristeninformation (Karte S. 294; ☎064-663 1633; www.corkkerry.ie; Beech Rd; ⊙Juni–Aug. 9–20 Uhr, Sept.–Mai 9.15–17 Uhr) Weiß Antworten auf fast alle Fragen, vor allem, wenn es um Verkehrsmittel geht.

An- & Weiterreise

Bus
Bus Éireann (☎064-663 0011; www.buseireann.ie) fährt vom östlichen Ende des Killarney Outlet Centre regelmäßig nach Cork (17 €, 2 Std., 15-mal tgl.), Dublin (25,50 €, 6 Std., 6-mal tgl.), Galway (23,50 €, 7 Std., 7-mal tgl.) via Limerick (18 €, 2¼ Std.), Tralee (8,70 €, 40 Min., stdl.) und Waterford (23.50 €, 4½ Std., stdl.).

Flugzeug
Der **Kerry Airport** (KIR; kerryairport.com; ☎) liegt in Farranfore etwa 15 km nördlich von Killarney auf der N22 und weitere 1,5 km die N23 entlang. Er ist fest in der Hand von **Ryanair** (www.ryanair.com): Neben täglichen Flügen nach Dublin, zu den Flughäfen Luton und Stansted in London bietet das Unternehmen u. a. auch weniger häufige Verbindungen nach Frankfurt-Hahn an. **Aer Arann** (www.aerarann.com) fliegt viermal wöchentlich nach Manchester.

In dem kleinen Flughafen gibt's ein Restaurant, eine Bar, einen Geldautomaten und Schalter von vielen großen Autovermietungen.

Zug
Der Bahnhof liegt hinter dem Malton Hotel östlich des Zentrums. Bis zu drei direkte Züge von

Irish Rail (064-6631067; www.irishrail.ie) verkehren täglich nach Cork (20 €, 1½ Std.) und neun nach Tralee (9,50 €, 45 Min.). Darüber hinaus bestehen einige Direktverbindungen nach Dublin (ab 26,40 €, 3½ Std.), meistens muss man jedoch in Mallow umsteigen.

ℹ️ Unterwegs vor Ort

Auto

Budget (064-663 4341; Kenmare Pl) betreibt als einzige Autovermietung einen Laden in der Innenstadt von Killarney. Alternativ ruft man in einer der Flughafen-Filialen an.

Neben der St. Mary's Cathedral erstreckt sich ein großer kostenloser Parkplatz.

Fahrrad

Die weit verstreuten Sehenswürdigkeiten lassen sich hervorragend mit dem Fahrrad erkunden. Manche sind sogar nur per Drahtesel oder zu Fuß erreichbar.

O'Sullivan's Bike Hire (Karte S. 294; www.killarneyrentabike.com; 15 € pro Tag) hat Filialen in der New Street gegenüber der Kathedrale und in der Beech Road gegenüber der Touristeninformation.

Vom/Zum Flughafen

Bus Éireann verkehrt sechs- bis siebenmal täglich zwischen Killarney und dem Kerry Airport (4,50 €, 20 Min.).

Eine Fahrt mit dem Taxi nach Killarney kostet etwa 35 €.

Jaunting Car

Killarneys traditionelle Transportmittel, von Pferden gezogene **jaunting cars** (064-663 3358; www.killarneyjauntingcars.com) bzw. *traps* inklusive Pferd und *jarveys* (Kutscher) stehen am Kenmare Place bereit. Der Platz wird auch „the ha Ha" oder „the Block" genannt. Eine Fahrt kostet je nach Entfernung 30 bis 70 € und im Wagen haben maximal vier Personen Platz. Weitere Kutschen warten an der N71 auf den Parkplätzen vor Muckross House, Abbey und bei der Gap of Dunloe.

Taxi

Der Taxistand befindet sich in der College Street. Zu den Anbietern gehört beispielsweise **Killarney Taxi & Tours** (086 389 5144; www.killarneytaxi.com).

RUND UM KILLARNEY

Besucher des Nationalparks südlich von Killarney können sich auf Burgen, Gärten, Seen und weitere Attraktionen freuen. Unterhalb des Parks erstreckt sich eine zerklüftete Landschaft mit der grandiosen Gap of Dunloe samt felsigem Terrain, plätschernden Bächen und Bergseen.

Killarney National Park

Überraschend schnell lässt man Killarney hinter sich und dringt in die umliegende Wildnis ein. Obwohl zahlreiche Busse zu Ross Castle und Muckross House fahren, kann man die Touristenhorden auf dem 10 236 ha großen Gelände des **Killarney National Park** (www.killarneynationalpark.ie) voller alter Eichenwälder leicht umgehen. Hier tummelt sich Irlands einzige einheimische Rotwildherde, außerdem genießt man eine herrliche Aussicht auf die höchsten Berge des Landes.

Die Gletscherseen **Lough Leane** (Lower Lake oder „Lake of Learing"), **Muckross Lake** und der **Upper Lake** bedecken rund ein Viertel des Parks. In den torfigen Gewässern und am Ufer ist eine Vielzahl von Tieren beheimatet: Kormorane fliegen tief über die Wasseroberfläche, Rehe schwimmen zu den Inseln, um dort zu grasen, und Lachse, Forellen und Flussbarsche leben friedlich ohne Gefahr von Hechten. Am Lough Leane blickt man auf Schilf und Schwäne.

1982 wurde der Park von der Unesco zum Biosphärenreservat erklärt. Er erstreckt sich bis in den Südwesten der gleichnamigen Stadt, wo sich Zugänge für Wanderer befinden (gegenüber der St. Mary's Cathedral). Die Zugänge für Autofahrer liegen an der N71.

In der Touristeninformation von Killarney gibt's Wanderführer und die Ordnance Survey Map Karte 78, die u. a. Irlands höchsten Berg, den Carrantuohil (1039 m) in den Macgillycuddy's Reeks, umfasst.

KNOCKREER HOUSE & GARDENS

Gleich beim Parkeingang und unweit der St. Mary's Cathedral stößt man auf das Knockreer House. In den Gärten des Anwesens mit terrassenförmig angelegtem Rasen befindet sich auch eine Sommervilla. Das in den 1870er-Jahren errichtete Originalgebäude wurde in einem Feuer zerstört, das heutige Bauwerk stammt aus dem Jahr 1958. Leider ist das Haus nicht öffentlich zugänglich, doch dafür hat man von den **Gärten** aus einen schönen Blick über die Seen bis zu den Bergen.

Rechts vom Eingang der St. Mary's Cathedral führt ein Weg 500 m bergauf zu der Grünanlage.

ROSS CASTLE

Dúchas, der Heritage Service, ließ das Ross Castle (Karte S. 300f.; ☎064-663 5851; www.heritageireland.ie; Ross Rd; Erw./Kind 6/2 €; ⊗April–Sept. 9–17.45 Uhr, Okt. & Mitte–Ende März 9.30–17.45 Uhr) aus dem 15. Jh. restaurieren. Zur damaligen Zeit diente die Festung noch als Sitz des O'Donoghues-Clans. Sie war die letzte Burg in Munster, die sich Cromwells Truppen unterwarf. Zuvor konnte sie dank ihrer raffinierten Wendeltreppe, deren Stufen alle eine andere Höhe haben, die Angriffe verzögern.

Vom Fußgängereingang am Park bei St. Mary's Cathedral ist es ein schöner 3 km langer Spaziergang bis zur Festung, auf dem man mit etwas Glück Rotwild entdeckt. Wer von Killarney aus herfahren will, biegt rechts gegenüber der Tankstelle am Beginn der Muckross Road ab. Eine Besichtigung ist nur im Rahmen einer Führung möglich.

Infos zu Bootstouren ab dem Ross Castle gibt's auf S. 302.

INISFALLEN ISLAND

Angeblich wurde das erste Kloster auf Inisfallen Island (mit 9 ha die größte der 26 Inseln im Nationalpark) im 7. Jh. vom hl. Finian dem Aussätzigen gegründet. Der Ruhm der Insel geht auf das frühe 13. Jh. zurück, als hier die „Annalen von Inisfallen" verfasst wurden. Heute befinden sich diese in der Bodleian Library im englischen Oxford. Sie gelten noch immer als wichtige Informationsquelle für die frühe Geschichte Munsters. Besucher von Inisfallen können die Ruinen eines Oratoriums aus dem 12. Jh. besichtigen, mit einer geschnitzten romanischen Eingangtür und einem Klos-

---

ABSTECHER

AGHADOE

5 km westlich der Stadt zieht die Aussicht von diesem Hügel über Killarney, die Seen und die Insel Inisfallen seit Jahrhunderten Touristen an. Am östlichen Ende der Wiese und vor Killarneys bestem Hotel stößt man auf die Ruinen einer romanischen Kirche und das Parkavonear Castle aus dem 13. Jh. mit einem Bergfried – einer der wenigen zylinderförmigen statt rechteckigen, die von den Normannen in Irland errichtet wurden –, der die Jahre überdauert hat. Übersetzt bedeutet Parkavonear „Feld der Wiese".

Ein riesiger verglaster Pool mit Blick auf die Seen ist das Herzstück des eindrucksvollen, modernen Aghadoe Heights Hotel (Karte S. 300f.; ☎064-31766; www.aghadoeheights.com; Aghadoe; DZ 200 €, Suite 300 €; P@🅢🅢). Die tolle Aussicht in der Bar (Hauptgerichte 12–23 €; ⊗mittags & abends) und im Lake Room Restaurant (Hauptgerichte 18–38 €; ⊗abends) können auch Nichtgäste genießen, ebenso wie das dekadente Spa mit elf Behandlungszimmern und einer Thermalsuite mit vier Räumen. Die traumhaft bequemen Betten haben thermoplastische Matratzen und für Kinder gibt's Extragerichte wie Marge-Simpsons-Rinderburger und Nemos Fischstäbchen sowie Malbücher. An verregneten Tagen sorgen Brettspiele und ein Tennisplatz für Abwechslung.

Am anderen Ende des Preisspektrums befindet sich das zum irischen Jugendherbergsverband (An Óige) gehörende Killarney International Hostel (Karte S. 300f.; ☎064-663 1240; www.anoige.ie; Aghadoe House, Fossa; B 20 €, 2BZ 54 €; P@🅢), das in einem ehemaligen herrschaftlichen Wohnhaus aus dem 18. Jh. inmitten eines 30 ha großen Waldgeländes untergebracht ist. In der Herberge gibt's 170 Betten, Aufenthaltsräume mit Kaminen und einem Piano und einen Wäscheraum. Zudem pendelt ein kostenloser Bus von hier ins Zentrum (Juni–Sept.) und das kontinentale Frühstück kostet nur 3 €.

Pferdefreunde können von Killarney die N72 nehmen und nach der Ausfahrt zu den Killarney Riding Stables (Karte S. 300f.; ☎064-663 1686; www.killarney-riding-stables.com; Ballydowney) rechts abbiegen. Der Reitstall liegt 1,5 km westlich des Zentrums und hat kurze Ausritte (ab 35 € pro Std.) sowie zwei- bzw. fünftägige Touren auf der Iveragh Peninsula für erfahrene Reiter im Angebot.

Zwischen Juni und September verkehren montags bis samstags täglich vier Busse von Killarney nach Aghadoe. Darüber hinaus enden hier einige geführte Touren.

Rund um Killarney

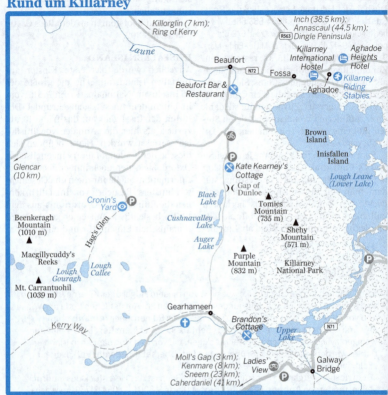

ter an der Stelle, wo vorher St. Finians Originalkloster gestanden hatte.

Vom Ross Castle aus gelangt man mit einem Leihboot (ca. 5 €) zur Insel.

MUCKROSS ESTATE
Als Herzstück des Killarney-Nationalparks gilt das **Muckross House** (Karte S. 300 f.; 064-667 0144; www.muckross-house.ie; Erw./Kind 7/3 €, Kombiticket inkl. Farmen 12/6 €; Juli & Aug. 9–19 Uhr, Sept.–Juni bis 17.30 Uhr), das Arthur Bourn Vincent dem Staat 1932 schenkte. Seit seiner Renovierung erstrahlt das Anwesen aus dem 19. Jh. wieder in altem Glanz. Seine Einrichtung stammt noch aus damaliger Zeit. Besichtigungen sind nur in Form einer Führung möglich.

Der herrliche **Park** erstreckt sich bis zum See. Hinter dem Haus befinden sich ein Restaurant, ein Kunsthandwerksladen und **Ateliers**, in denen man Töpfern, Webern und Buchbindern bei ihrer Arbeit zusehen darf. Mit einer Kutsche kann man sich durch ein Rotwildgelände und Wälder bis zum **Torc Waterfall** und zur **Muckross Abbey** fahren lassen (hin & zurück ca. 20 € pro Pers.; Feilschen lohnt sich!). Im Besucherzentrum gibt's ein exzellentes Café.

Östlich von Muckross House liegen die **Muckross Traditional Farms** (064-663 1440; Erw./Kind 7,50/4 €, Kombiticket inkl. Muckross House 12/6 €; Juni–Aug. 10–18 Uhr, Mai & Sept. 13–18 Uhr, April & Okt. Sa, So & feiertags 13–18 Uhr). Diese Rekonstruktionen von Bauernhöfen aus den 1930er-Jahren SAMT Hühnern, Schweinen, Rindern und Pferden lassen erahnen, wie das Leben auf einer Farm aussah, als diese die gesamte Existenzgrundlage der Leute darstellte.

Das Muckross House befindet sich 5 km südlich der Stadt; der Weg ist ab der N71 ausgeschildert. Wer sich zu Fuß oder per Bike aufmachen möchte, kann den Radweg entlang der Straße nach Kenmare nehmen. Nach 2 km führt rechts ein Pfad in den Killarney-Nationalpark, und nach einem

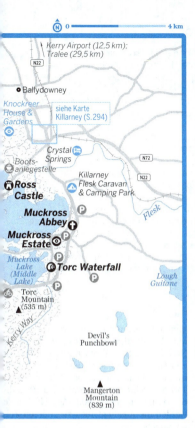

den Macgillycuddy's Reeks einfach atemberaubend, doch im Hochsommer herrscht hier jede Menge Andrang: Dann bringen Touristenbusse zahllose Besucher für eine Kutschfahrt durch die Klamm hierher.

Im Süden liegt inmitten von saftig grünen Wiesen das **Brandon's Cottage** (Karte S. 300 f.; Gerichte 3–6 €; ☺April–Okt. morgens & mittags), eine schlichte alte Jagdhütte aus dem 19. Jh. mit einem tollen Freiluftcafé und einer Bootsanlegestelle am Upper Lake. Von dort windet sich eine enge Straße zur Schlucht hinauf. Fährt man weiter Richtung Norden, wirkt die Umgebung wie eine Fantasiewelt mit klaren Seen, Gebirgsbächen und Steinbrücken.

Schließlich erreicht man **Kate Kearney's Cottage** (Karte S. 300 f.; ☎064-664 4146; www.katekearneyscottage.com; Hauptgerichte 8,50–19,50 €; ☺mittags & abends), ein Pub aus dem 19. Jh. Hier lassen viele ihr Auto stehen und steigen zu Fuß zu dem Hügel mit der Schlucht hinauf. Alternativ kann man Ponys und *jaunting cars* buchen.

🍃 Weiter nordwärts auf der N72 gelangt man zu einem charmanten, 1851 errichteten steinernen Pub, **Beaufort Bar & Restaurant** (Karte S. 300 f.; ☎064-664 4032; www.beaufortbar.com; Beaufort; Hauptgerichte 16–22 €; ☺So mittags, Fr & Sa abends). In dem bemerkenswerten Restaurant oben werden regionale Zutaten zu Vorspeisen wie *black pudding* nach Aghadoe-Art und Hauptgerichte mit Kerrry-Lamm zubereitet. Der Speisesaal aus poliertem Holz ist edel, intim und gemütlich zugleich.

Auf S. 302 gibt's Tipps für Ausflüge zur Gap of Dunloe und unter dem Abschnitt „Geführte Touren" weitere Infos.

MACGILLYCUDDY'S REEKS

Die **Macgillycuddy's Reeks** und die benachbarten Berge (Purple, Tomies und Shehy zwischen der Gap of Dunloe und Lough Leane, sowie Torc und Mangerton südlich des Muckross Lake) sollten wirklich nur erfahrene Wanderer angehen, die sich mit Karten und Kompass auskennen. Wasserfeste Kleidung und Schuhe sind das ganze Jahr über ein Muss. Vor einer Besteigung sollte man sich bei Einheimischen Rat holen.

Mehrere Wege führen zum höchsten Gipfel des Landes, dem **Carrantuohil**. Manche Routen sind mittelschwer, bei anderen muss man sogar richtig klettern. Einen Vorgeschmack auf die Reeks bietet das nahe gelegene **Hag's Glen**: Durch das schöne Tal geht's immer bergauf zu den beiden Seen

weiteren Kilometer erreicht man die **Muckross Abbey**. Das Kloster wurde 1448 gegründet und 1652 von Cromwells Truppen niedergebrannt. William Thackeray bezeichnete es als „das schönste kleine Juwel von einer Klosterruine, das es je gab". Muckross House ist 1,5 km von der Klosterruine entfernt.

Radfahrer, die eine Tour um den Muckross-See (Middle Lake) unternehmen, sollten gegen den Uhrzeigersinn fahren – das ist einfacher und landschaftlich reizvoller.

GAP OF DUNLOE

Geografisch betrachtet liegt die Gap of Dunloe außerhalb des Killarney-Nationalparks, aber viele Reisende verbinden die Besichtigung der beiden Highlights. Die zerklüftete wunderschöne Landschaft wirkt durch das schnell umschlagende Wetter sogar noch eindrucksvoller.

Während des Winters ist die Schlucht im Schatten von Purple Mountain und

> ## ABSTECHER: GAP OF DUNLOE
>
> Am besten leiht man sich in Killarney ein Fahrrad und fährt damit bis nach Ross Castle. Wer vor 11 Uhr eintrifft, kann mit einem Boot zu Brandon's Cottage sowie durch die Schlucht radeln. Zurück geht's über die N72 und den Golfplatzweg (Fahrradmiete und Bootsfahrt kosten ca. 30 €).
>
> Schon alleine die 90-minütige Bootstour lohnt den Ausflug. Man durchkreuzt alle Seen, schlängelt sich am Meeting of the Waters entlang und kommt an einigen Inseln sowie Brücken vorbei.
>
> An Land kann man das Radfahren auch durch Wandern, Ponyreiten oder Pferdewagen (max. 4 Pers.) ersetzen. Für einen Ponyritt durch die Schlucht zahlt man ungefähr 50 € pro Stunde oder 80 € für einen zweistündigen Ausflug von Brandon's Cottage nach Kate Kearney's Cottage. Achtung: Wer eine Rundwanderung unternehmen möchte, sollte sich auf eine anstrengende Tour gefasst machen. Bis Kate Kearney's ist die Route gut zu bewältigen, danach ruft man am besten ein Taxi, denn der letzte Abschnitt zieht sich hin und führt an viel befahrenen Straßen entlang.
>
> Alternativ kann man die Strecke (abgesehen vom Sommer) auch mit einem eigenen Wagen zurücklegen, allerdings haben Fußgänger und Radfahrer Vorfahrt, außerdem sind die unübersichtlichen Haarnadelkurven nervenaufreibend. Um Brandon's Cottage zu erreichen, muss man einen langen, landschaftlich schönen Umweg von der N71 über die R568 in Kauf nehmen, der durch ein großartiges raues Tal führt. Die Fahrt dauert 45 Minuten.
>
> Siehe s. unten für Touren in die Schlucht.

Callee und Gouragh am Fuß der Nordwand des Carrantuohil.

Am besten startet man seine Wandertour bei **Cronin's Yard** (☎064-662 4044; www.croninsyard.com; Mealis, Beaufort); dort gibt es eine **Teestube**, Duschen, Toiletten, ein Telefon und (bei Bedarf) Picknickpakete. Das Lokal befindet sich am Ende der Straße (OS Ref. 836873), die von der N72 via Beaufort, westlich von Killarney, abzweigt. Fürs Parken wird meist eine kleine Gebühr erhoben. Von hier führt der Weg am Fluss Gaddagh entlang, den man manchmal durchqueren muss; bei höherem Wasserstand ist Vorsicht geboten. Bis zu den Seen sind es 3 km.

Vom Fluss aus verläuft die beliebte, aber sehr anstrengende Route auf den Carrantuohil über die berüchtigte **Devil's Ladder** (Teufelsleiter), die sich einen stark erodierten Schluchtweg südwestlich der Seen entlangzieht. An manchen Stellen ist der Boden locker, außerdem wird er bei nassem Wetter matschig. Für die komplette Tour vom und zum Cronin's Yard sollte man sechs Stunden einplanen.

Geführte Touren

Killarney Guided Walks WANDERUNG
(☎087 639 4362; www.killarneyguidedwalks.com; Erw./Kind 9/5 €) Die zweistündigen Wanderungen durch den Nationalpark beginnen täglich um 11 Uhr gegenüber der St. Mary's Cathedral am westlichen Ende der New Street. Sie führen durch die Knockreer Gardens und zu Orten, wo Charles de Gaulle Urlaub machte, David Lean *Ryans Tochter* drehte und Bruder Cudda 200 Jahre geschlafen haben soll. Auf Nachfrage werden die Ausflüge auch zu anderen Zeiten angeboten.

Ross Castle Open Boats BOOT
(☎087 689 9241) Etwas reizvoller sind die Ausflüge in den offenen Booten, die man beim Ross Castle chartern kann, denn die Guides legen mehr Wert auf Individualität. Von der Burg zum Muckross (Middle) Lake und zurück bezahlt man etwa 10 €, eine Tour zu allen drei Seen kostet 15 €.

Gap of Dunloe Tours BUS, BOOT
(☎064-663 0200; www.gapofdunloetours.com) Bietet Touren durch die Gap of Dunloe mit Bus und Boot an (ab 30 €). Zusätzlich kann man eine Fahrt mit dem *jaunting car* (20 € extra) und einen Ponyausritt (30 € extra) sowie Ausflüge mit Boot und Rad buchen.

Killarney Day Tour BOOT, WANDERUNG
(☎064-663 1068; www.killarneydaytour.com) Kombinierte Bus- und Bootsfahrten (30 €) oder nur Bootstouren (15 €) ab der Burg, außerdem geführte Wanderungen aller Schwierigkeitsgrade.

Corcoran's BUS
(☎ 064-663 6666; www.corcorantours.com) Touren zur Gap of Dunloe (27 €), zum Ring of Kerry (18 €), nach Dingle und zum Slea Head (22 €) sowie ins Umland von Killarney (15 €).

Dero's Tours BUS
(☎ 064-663 1251; www.derostours.com) Ausflüge in die Gap of Dunloe (27 €), zum Ring of Kerry (18 €) sowie nach Dingle und zum Slea Head (22 €).

O'Connor Autotours BUS
(☎ 064-663 4833; www.oconnorautotours.ie) Touren auf dem Ring of Kerry (ab 22 €).

Killarney Lake Tours BOOT, JAUNTING CAR
(☎ 087 257 1492; www.killarneylaketours.ie) Hat eine Auswahl an Bootsausflügen und *jaunting-car*-Fahrten sowie Kombiangebote im Programm.

Outdoors Ireland OUTDOOR-AKTIVITÄTEN
(☎ 086 860 45 63; www.outdoorsireland.com) Kajakfahrten (z. B. bei Sonnenuntergang), Wanderungen, Felsklettern und Bergsteigen.

Hidden Ireland Adventures WANDERUNGEN
(☎ 087 221 4002; www.hiddenirelandadventures.com) Veranstaltet zweimal pro Woche geführte Wanderungen in die Macgillycuddy's Reeks (75 €) und individuelle Wanderungen.

Von Killarney nach Kenmare

Die N71 nach Kenmare (32 km) führt durch eine einmalig schöne Landschaft voller Seen und Bergen. Von zahlreichen Haltepunkten kann man herrliche Ausblicke genießen und sich nebenbei von den Serpentinen erholen – allerdings sollte man auf die Busse achten, die sich hier entlangzwängen.

2 km südlich dem Eingang zum Muckross House verläuft ein 1 km langer Weg zum hübschen **Torc Waterfall**. Nach 8 km auf der N71 folgt **Ladies' View** mit einem wunderschönen Panorama über den Upper Lake. An dieser Stelle gerieten auch schon Königin Viktorias Hofdamen in Verzückung. 5 km weiter erreicht man bei **Moll's Gap** ebenfalls einen schönen Aussichtspunkt, an dem man sich außerdem stärken kann.

Das **Avoca Cafe** (www.avoca.ie; Hauptgerichte 9–13 €; ⊙ mittags) kombiniert eine atemberaubende Panoramasicht mit Köstlichkeiten wie Räucherlachssalat, mit Pistazien gespickte Schweineterrine und dekadenten Kuchen.

RING OF KERRY

Der Ring of Kerry ist die längste und vielfältigste von Irlands großen Rundstraßen. Er kombiniert eine atemberaubende Küstenlandschaft mit saftig grünen Wiesen und Dörfern.

Die 179 km lange Ringstraße schlängelt sich vorbei an herrlichen Stränden, dem von Inseln übersäten Atlantik, mittelalterlichen Ruinen sowie Bergen und Seen. Zwischen Waterville und Caherdaniel im Südwesten der Halbinsel erstreckt sich der rauste Küstenabschnitt. Im Sommer kann es auf der Strecke recht voll werden, doch selbst dann wirkt der abgeschiedene Skellig Ring einsam, ruhig und wunderschön.

Man schafft den Ring of Kerry problemlos an einem Tag. Wer die Tour ausdehnen möchte, hat entlang der Route mehrere Übernachtungsmöglichkeiten. In Killorglin und Kenmare gibt's ein paar exzellente Restaurants, ansonsten muss man sich mit einfacher Kneipenkost begnügen.

❶ Unterwegs vor Ort

Obwohl man die Rundfahrt mit dem Auto an einem Tag und mit dem Rad an drei Tagen schafft, lautet die Devise: Je mehr Zeit man sich nimmt, desto mehr kann man genießen.

Reisebusse umrunden die Halbinsel gegen den Uhrzeigersinn. Hinter ihnen herzutuckern ist anstrengend, deshalb sollte man besser andersrum fahren (Vorsicht in nicht einsehbaren Kurven). In der **Ballaghbeama Gap** ist angenehmerweise nur sehr wenig los. Die Schlucht zieht sich durch die zentralen Highlands der Halbinsel und bietet einige spektakuläre Ausblicke. Diese Route und die längere Strecke vom **Ballaghisheen Pass** nach Waterville eignen sich perfekt für eine lange Radtour.

Der 214 km lange Kerry Way (S. 297) beginnt und endet in Killarney.

Von Mitte Juni bis Mitte September bietet **Bus Éireann** (☎ 064-663 0011; www.buseireann.ie) tägliche Verbindungen über den Ring of Kerry (Killarney nach Killarney 25,50 €, 7 Std.) mit Halt in Killorglin, Glenbeigh, Cahersiveen, Waterville (mit einstündigem Aufenthalt) und Caherdaniel. Außerhalb der Sommermonate gibt's nur wenige Möglichkeiten, mit öffentlichen Verkehrsmitteln auf dem Ring umherzureisen.

Einige Tourveranstalter in Killarney organisieren Busrundfahrten (s. S. 302).

Killorglin

3900

Reist man von Killarney aus gegen den Uhrzeigersinn, dann ist Killorglin (Cill Orglan) 23 km weiter nordwestlich der erste Ort auf dem Ring of Kerry. Diese kleine Stadt scheint stiller zu sein als das Wasser des Laune-Flusses, das gegen die achtbogige Brücke von 1885 plätschert. Im August wird während des berühmten Puck Fair ein ganzes Feuerwerk an langjährigen heidnischen Zeremonien abgehalten. König Pucks Statue (eine Ziege) thront auf der Killarney-Seite des Flusses, wo die Mutter des Autors Blake Morrison aufwuchs. Morrison hat ihre Kindheit in *Things My Mother Never Told Me* beschrieben.

Feste & Events

Puck Fair Festival HISTORISCHES FEST
(Aonach an Phuic; www.puckfair.ie; Mitte Aug.) 1603 wurde dieses lebendige Fest erstmals erwähnt, sein Ursprung ist jedoch ungewiss. Höhepunkt der Veranstaltung ist der Brauch, einen Ziegenbock oder *puck* – das Wahrzeichen des bergigen Kerry – mit schleifchenverzierten Hörnern auf ein Podest im Ort zu stellen. Für zusätzliche Unterhaltung sorgen eine Pferdemesse, ein Wettbewerb um das hübscheste Baby, Straßentheater, Konzerte und Feuerwerk. Die Pubs bleiben zu diesem Anlass bis 3 Uhr morgens offen.

Schlafen & Essen

An der Upper Bridge Street liegen zahlreiche altmodische Pubs.

LP TIPP Bianconi GÄSTEHAUS €€
(066-976 1146; www.bianconi.ie; Bridge St; EZ/DZ 60/90 €, Hauptgerichte 12,50–25 €; Restaurant Mo-Sa mittags & abends) Mitten im Zentrum verbindet das gedämpft beleuchtete Gästehaus edles Ambiente mit perfekt zubereiteter moderner irischer Küche wie mit Salbei gefülltes Brathähnchen an Preiselbeersauce. Die spektakulären Salate, z. B. mit Cashelm Blue, Äpfeln, gerösteten Mandeln und Chorizo, sind vollwertige Mahlzeiten. Zu Redaktionsschluss wurden die Gästezimmer gerade renoviert – für den aktuellen Stand einfach nachfragen.

Coffey's River's Edge B&B €€
(066-976 1750; www.coffeysriversedge.com; The Bridge; EZ/DZ 50/70 €; P) Die moderne Pension neben der Brücke bietet makellose, in frischen Farben gehaltene Zimmer mit Parkettböden und einen Balkon samt Flussblick. Das Ortszentrum liegt einen kurzen Spaziergang bergauf entfernt.

Giovannelli ITALIENISCH €€
(087 123 1353; Lower Bridge St; Hauptgerichte 15–30 €; Di-Sa mittags & abends) Daniele Giovannelli stammt aus Norditalien und stellt die Pasta, die in diesem einfachen, aber gemütlichen kleinen Restaurant serviert wird, selbst her. Wir empfehlen die Meeresfrüchte-Linguine mit Muscheln und mit Rind gefüllte Ravioli. Die Speisen wechseln regelmäßig.

Sol Y Sombra TAPAS €€
(066-976 2347; www.solysombra.ie; Lower Bridge St; Tapas 6,50–12 €, Hauptgerichte 15–20 €; Mi-So abends) Diese Bar ist in einer wunderschön renovierten Kirche von 1816 untergebracht und versetzt ihre Gäste mit Tapas (z. B. gegrillter Tintenfisch, marinierte Sardellen und *tostadas*) in mediterrane Gefilde. Hier treten oft Bands auf.

Jack's Bakery BÄCKEREI €
(Lower Bidge St) Jack Healy zaubert hervorragende Brote, Pasteten und Sandwiches.

KRD Fisheries FISCH & MEERESFRÜCHTE €
(www.krdfisheries.com; The Bridge; Mo-Fr 9-17, Sa 9-13, So 9-11 Uhr) Wer beim Coffey's River's Edge B&B die Brücke überquert, kann direkt beim Hersteller Räucherlachs kaufen.

Praktische Informationen

Bibliothek (Library Pl; Di-Sa 10-17 Uhr) Kostenloser Internetzugang.

Touristeninformation (066-976 1451; Library Pl; Mo-Fr 10-15 Uhr) Karten, Wanderführer, Angellizenzen und Souvenirs.

Kerry Bog Village Museum

An der N70 zwischen Killorglin und Glenbeigh wartet das **Kerry Bog Village Museum** (Karte S.306f.; www.kerrybogvillage.ie; Eintritt 5 €; 8.30–18 Uhr) mit einer nachgebauten Moorsiedlung aus dem 19. Jh. auf, wie sie für die kleinen Gemeinden typisch war. Nur unter großen Mühen war es den Menschen damals möglich, in der kargen Landschaft mit den allgegenwärtigen Torfmooren zu überleben. Besucher können reetgedeckte Wohnhäuser von Torfstechern, Dachdeckern und Arbeitern sowie eine Schmiede und eine Molkerei bestaunen und sich die seltenen Kerry-Bog-Ponys ansehen.

ABSTECHER

CROMANE PENINSULA

Von der Cromane Peninsula muss man gehört haben, denn zufällig wird man eher nicht darauf stoßen. Wer in Killorglin oder Glenbeigh von der N70 abbiegt, gelangt nach fünf Minuten zum gleichnamigen Dorf, das an einer schmalen Landzunge aus Kies liegt. Glücklicherweise ist die Halbinsel von den Auswüchsen des irischen Wirtschaftsbooms verschont geblieben, deshalb sieht man hier nur wenige protzige Neubauten oder unvollendete Wohnhäuser. Stattdessen geben weite Felder den Blick auf die spektakuläre Meereskulisse und leuchtende Sonnenuntergänge frei.

Cromanes außergewöhnliches Restaurant ist ein echter Geheimtipp und lohnt schon alleine für sich die Anreise.

Beim Betreten des **Jacks Coastguard Restaurant** (066-976 9102; www.jackscromane.com; Hauptgerichte 16,50–27 €; ⊙Do–Sa abends, So mittags & abends), einer Küstenwachstation aus dem Jahr 1866, fühlt man sich zunächst wie in einer einfachen Dorfkneipe. Hinter der Bar führt jedoch ein schmaler Durchgang zu einem eindrucksvollen modernen, weiß getünchten Speisesaal mit Lichtern an dunkelblauen Deckenpaneelen, Buntglas, Fischskulpturen aus Metall, einem Pianisten und Panoramafenstern mit Meerblick. Zur exquisiten Speiseauswahl stehen Hühnerleber und Schweinepastete, gefolgt von Seehecht aus dem Ofen an Wildpilzrisotto mit Schwarzem-Trüffel-Öl sowie Meeresfrüchtepaella mit köstlichem hausgemachtem Brot.

Weitere Infos zu der Region gibt's unter www.cromane.net.

Cromane liegt 9 km von Killorglin entfernt. Von dort folgt man der N70 in südwestliche Richtung, nimmt die zweite Abzweigung nach links, fährt die Straße bis zur Kreuzung und biegt rechts ab. Das Jacks Coastguard Restaurant befindet sich auf der linken Seite.

Rossbeigh Strand

Dieser ungewöhnliche **Sandstrand** 1,6 km westlich von Glenbeigh ragt in die Bucht von Dingle hinein und bietet einen wunderbaren Blick auf Inch Point sowie die Halbinsel. Auf einer Seite ist das Meer durch die atlantischen Winde stürmisch, auf der anderen ruhig und geschützt.

Das **Burke's Activity Centre** (087 237 9110; www.burkesactivitycentre.ie; Rossbeigh; Eintritt 6 €) bietet eine Minigolfanlage, einen Irrgarten, einen Bauernhof sowie Ausritte am Strand (25 € pro Std.) an. Die saisonbedingten Öffnungszeiten erfährt man am Telefon.

Cahersiveen

1300 EW.

Um 1841 lag die Einwohnerzahl von Caherciveen noch bei 30 000, dann sank sie jedoch drastisch aufgrund von Hungersnot und Auswanderung. Heute ist der Ort nur noch ein verschlafenes Nest im Schatten des 688 m hohen **Knocknadobar**. Verglichen mit anderen Siedlungen auf der Halbinsel sind die Einwohner mürrisch, außerdem erinnert Caherciveen in vielerlei Hinsicht mehr an die harten 1930er-Jahre als irgendein anderes Dorf in Kerry. Ganz in der Nähe gibt's eine tolle Burg und gute Unterkünfte.

◉ Sehenswertes

Am Fluss führt ein Weg mit mehreren Tafeln entlang, die über die regionale Tierwelt informieren.

Ballycarbery Castle & Ring Forts
BURG, FESTUNGEN

(Karte S. 306 f.;) Als schönste Sehenswürdigkeit der Gegend gelten die Überreste des im 16. Jh. errichteten Ballycarbery Castle, die sich über eine Länge von 2,4 km an der Straße von der Kaserne nach White Strand Beach hinziehen. Die atmosphärische Ruine liegt inmitten von grünen Wiesen mit weidenden Kühen.

An derselben Strecke befinden sich zwei steinerne Ringfestungen. **Cahergall**, die größere der beiden, geht auf das 10. Jh. zurück. An den Innenmauern sind Treppen zu sehen, außerdem entdeckt man eine Bienenstock- bzw. Bienenkorbhütte (*clochán*) und die Überreste eines Hauses. Das kleinere Fort, **Leacanabuile**, stammt aus dem 9. Jh. und hat einen Eingang zu einem unterirdischen Tunnel. Seine In-

Ring of Kerry

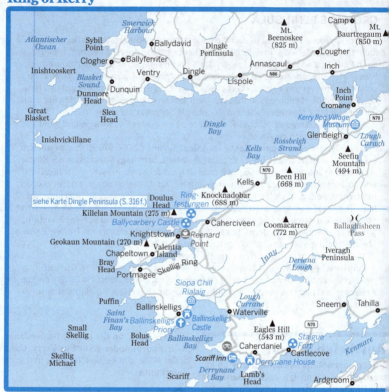

nenwände und Räume vermitteln einen Eindruck vom Leben in einer Ringfestung. Autofahrer können auf dem Parkplatz neben einer Steinmauer parken und den Fußweg nehmen.

Barracks HERITAGE CENTRE
(☎066-947 2777; www.theoldbarracks.com; abseits der Main St; Erw./Kind 4/2 €; ◎Mo–Fr 10–16.30, Sa 11.30–16.30, So 13–17 Uhr) Das Old Barracks Heritage Centre ist in einem Turm der Kaserne der ehemaligen Royal Irish Constabulary (RIC) untergebracht. Vertragsgegner brannten das Gebäude 1922 nieder. Heute wirkt es bunt zusammengewürfelt, ganz so, als wären die Renovierungsarbeiten einen Schritt zu weit gegangen.

Das Museum widmet sich dem Fenier-Aufstand, Daniel O'Connell sowie weiteren berühmten Bürgern, darunter der gälische Footballstar Jack O'Shea. Darüber hinaus kann man die Nachbildung einer alten Behausung zur Zeit der Großen Hungersnot und einer Kaserne während des Osteraufstands von 1916 bewundern. Über eine Wendeltreppe gelangt man zu einem netten Aussichtspunkt.

O'Connells Birthplace RUINEN
Wenn man die Brücke von Kells aus überquert und sich dann links hält, stößt man am Ostufer des Carhan auf das verfallene Geburtshaus von Daniel O'Connell, dem „großen Befreier" (s. S.745). Am anderen Ufer thront eine mächtige Büste von O'Connell.

🏃 Aktivitäten

Zu den Wandermöglichkeiten vor Ort gehören die 5½-stündige **Rundtour um den Killelan Mountain** und der weniger anstrengende **Strandweg** zur Burg und den Ringfestungen. In der Touristeninformation erfährt man mehr über Ausflüge und Bootsfahrten in der Gegend.

einen Grillplatz und sogar eine Aussichtsplattform zum Beobachten von Vögeln.

Petit Delice PATISSERIE €
(http://ringofkerrypatisserie.com; Main St; Gerichte 4,50–10 €; ⊙Mo–Sa mittags; ⓦ) Fabelhafte Auswahl an hausgemachter Schokolade, Eiscremes und Sorbets sowie eine Ladentheke voller frischem Kuchen, Gebäck und Broten. Mittags gibt's Quiches, Suppen und belegte Baguettes.

The Thatch Restaurant IRISCH €€
(www.thethatchrestaurant.com; Strands End; 2-Gänge-Menüs 19–22 €; ⊙So mittags, Do–So abends; ⓦ) In dem sonnengelben reetgedeckten Häuschen am nördlichen Rand von Caherciveen kommen herzhafte irische Gerichte und Pints auf den Tisch.

🅘 Praktische Informationen

In Caherciveen gibt's eine **Post** und Banken mit **Geldautomaten**.

Die beste Adresse für Besucherinfos ist das **Barracks Heritage Centre** bei der Main Street.

Valentia Island

720 EW.

Über der 11 km langen Insel Valentia (Oileán Dairbhre) thront der Mt. Geokaun. Sie ist gemütlicher als die Skelligs im Südwesten und ein empfehlenswerter (busfreier!) Abstecher vom Ring of Kerry aus. Hier befinden sich einige einsame Ruinen, außerdem punktet Knightstown, die einzige Ortschaft, mit einem guten Pub.

Auf Valentia wurde das erste transatlantische Telegrafenkabel angeschlossen. Als die Verbindung 1858 fertiggestellt war, stand Caherciveen in direktem Kontakt mit New York – und das noch ehe es einen Anschluss nach Dublin gab. Allerdings hielt der Kontakt nur 27 Tage und wurde erst einige Jahre später neu aktiviert. Bis 1966 war die Telegrafenstation in Betrieb.

Die Insel lässt sich bestens bei einer Rundfahrt erkunden. Am besten besorgt man sich dafür eine der kostenlosen Karten, die im Skellig Experience Heritage Centre erhältlich sind. Von April bis Oktober steuert ein Schnellboot regelmäßig das eine Ende der Insel an, das andere Ende ist über eine Brücke nach Portmagee mit dem Festland verbunden.

Das winzige **Knightstown** wartet mit Kneipen, Verpflegung, Spazierwegen, einer Fähre und Booten zur Skellig Island sowie einfachen Unterkünften auf.

✸ Feste & Events

Caherciveen Festival of Music & the Arts MUSIKFESTIVAL
(www.celticmusicfestival.com; ⊙Ende Juli/Anfang Aug.) Auf dem familienfreundlichen Festival am Feiertagswochenende im August locken keltische Bands, Straßenmusikwettbewerbe und irisches Set Dancing.

🛏 Schlafen & Essen

In der Gegend gibt's mehrere Pensionen und Pubs, in denen regelmäßig traditionelle Musiksessions stattfinden.

LP TIPP **Mannix Point Camping & Caravan Park** CAMPINGPLATZ €
(☏066-947 2806; www.campinginkerry.com; Mannix Point; Stellplatz ab 8,50 €; ⊙März–Okt.; Pⓦ) Mortimer Moriartys preisgekrönter Platz direkt an der Küste verfügt über eine gemütliche Küche, einen Aufenthaltsraum mit Kamin (ohne Fernseher, aber dafür wird regelmäßig irische Musik gespielt),

◉ Sehenswertes & Aktivitäten

Skellig Experience HERITAGE CENTRE
(☏066-947 6306; www.skelligexperience.com; Erw./Kind 5/3 €; ⓢJuli u. Aug. 10–19 Uhr, Mai, Juni u. Sept. bis 18 Uhr) Am anderen Ende der Brücke, gegenüber von Portmagee, steht ein interessantes Gebäude mit einem torfbedeckten Tonnendach, das Ausstellungen über die Tierwelt, das Leben und die Zeit der Mönche von Skellig Michael sowie die Geschichte der hiesigen Leuchttürme präsentiert. Von April bis September veranstaltet das Museum zweistündige **Bootstouren** (Erw./Kind 27,50/14,50 €, inkl. Eintritt zur Skellig Experience) rund um die Inseln. Bei schlechtem Wetter werden 90-minütige **Kurzfahrten** (22/11 € inkl. Eintritt) im Hafen und im Kanal angeboten.

Im März, April, Oktober und November ist das Zentrum fünfmal pro Woche von 10 bis 17 Uhr geöffnet, die jeweiligen Tage ändern sich allerdings von Jahr zu Jahr (einfach nachfragen).

St. Brendan's Well HISTORISCHE STÄTTE
Im morastigen Westteil der Insel wird man selten andere Besucher treffen. Am besten sucht man nach der Ausschilderung zur St. Brendan's Well, einer alten religiösen Stätte, die noch immer zahlreiche Pilger anzieht. Der Legende nach ist der hl. Brendan im 5. Jh. von Dingle aus zu dieser Stelle gesegelt, über die Klippen geklettert und prompt auf ein paar sterbende Heiden gestoßen, die er daraufhin salbte.

❶ An- & Weiterreise

Eine Brücke verbindet Valentia Island mit Portmagee. Von April bis September pendeln **Fähren** (☏087 241 8973) zwischen dem Reenard Point etwa 5 km südwestlich von Caherciveen und Knightstown auf Valentia Island. Die fünfminütige Überfahrt (jeweils einfach/hin & zurück) kostet pro Auto 5/8 €, für Radfahrer 2/3 € und für Fußgänger 1,50/2 €. Zwischen 7.45 Uhr (So 9 Uhr) und 21.30 Uhr (Juli u. Aug. 22 Uhr) legen die Boote alle zehn Minuten ab.

Portmagee

375 EW.

Von Portmagee auf dem Festland hat man einen tollen Blick auf die Südseite der Valentia Island. Die einzige Straße des Ortes ist dank ihrer bunten Häuser ein beliebtes Fotomotiv. An Sommermorgen erwacht der kleine Pier zum Leben, wenn hier Boote bei ihrer Überfahrt zu den Skellig-Inseln anlegen.

Über das Feiertagswochenende im Mai veranstaltet Portmagee **Set-Dancing-Workshops** (www.moorings.ie) mit Übungsstunden in der **Bridge Bar** (kleine Gerichte 10–22 €). In dieser geselligen Kneipe kann man sich das ganze Jahr über spontane Musikeinlagen der Einheimischen freuen. Formalere Veranstaltungen finden im Sommer statt.

Direkter Nachbar der Bridge Bar ist das **Moorings** (☏066-947 7108; www.moorings.ie; EZ 70–100 €, DZ 100–140 €; ⓟ). Die 16 Zimmer der Pension sind fast alle weiß gestrichen, teils modern und mit Meerblick, teils schlichter und günstiger. Das maritim aufgemachte **Restaurant** (Hauptgerichte 18–37 €; ⓢApril–Okt. Di–So abends) hat sich auf Meeresfrüchte und hausgemachte Pastete spezialisiert.

Wer auf besseres Wetter über den Skelligs wartet, vertreibt sich die Zeit am besten im **Portmagee Hostel** (☏066-948 0018; www.portmageehostel.com; B 15 €, DZ 46–52 €; ⓦ). Diese freundliche, schnörkellose Herberge eignet sich auch als Ausgangspunkt für Wanderungen. Die Doppelzimmer liegen in der oberen Preisklasse und haben eigene Bäder.

Skellig Islands

45 000 TÖLPEL

Die Skellig Islands (Oileáin na Scealaga) lassen die Atlantikwellen unbeeindruckt an sich abprallen. George Bernard Shaw sagte, Skellig Michael sei der „unerreicht fantastischste Felsen der Welt".

Mitunter kann die 12 km lange Überfahrt ziemlich rau sein. Auf Skellig Michael, der einzigen zugänglichen Insel, gibt's weder Toiletten noch Unterstände, deshalb sollte man Proviant mitnehmen und unbedingt feste Schuhe sowie witterungsbeständige Kleidung tragen. Wegen des steilen, oft glitschigen Terrains und plötzlicher Windböen eignen sich die Inseln nicht für kleine Kinder oder Traveller mit eingeschränkter Mobilität.

Für **Vogelbeobachter** sind die Skelligs ein wahres Paradies. Auf der Bootsfahrt bekommt man vielleicht winzige Sturmschwalben (auch bekannt als Mother Carey's Chickens) zu sehen, die blitzschnell übers Wasser schießen. Tölpel mit scharfen Schnäbeln, eindringlichem Blick und gelben Hauben sind allein schon durch ihre Flügelspannweite von 100 cm und mehr leicht zu erkennen. Dreizehenmöwen, kleine, zierliche Vögel mit schwarzen Flügelspitzen, kann man, sobald man das Boot verlässt, am überdachten Fußweg von Skellig Michael sehen und hören. Sie überwintern auf See und kommen zwischen März und August zu Tausenden zum Brüten an Land.

Hoch oben auf den Felsen entdeckt man Eissturmvögel mit stoppeligen Flügeln und auffällig knöchernen Nasenlöchern, aus denen eine übel riechende grüne Flüssigkeit strömt, sobald man ihnen zu sehr auf die Pelle rückt. Im Mai flattern sie an Land, um am hinteren Höhlen- oder Gangende ein einziges Ei zu legen, das anschließend von den Vogeleltern bewacht wird. Sie bleiben nur die ersten Augustwochen über.

SKELLIG MICHAEL

Die schroffe, 217 m hohe Felseninsel **Skellig Michael** („Felsen des Erzengels Michael" wie St. Michael's Mount im englischen Cornwall und der Mont Saint Michel in der Normandie) ist die größere der zwei Inseln und gehört zum Unesco-Welterbe. Ihre Klippe wirkt wie der letzte Ort auf Erden, an dem irgendwer an Land gehen, geschweige denn eine Gemeinde aufbauen würde. Und doch lebten hier vom 6. bis zum 12. oder 13. Jh. frühchristliche Mönche. Beeinflusst von der koptischen Kirche, die der hl. Antonius in den Wüsten von Ägypten und Libyen gegründet hatte, führte sie ihre beharrliche Suche nach absoluter Einsamkeit zu diesem abgelegenen, windigen Felsen am Rande Europas.

Die **Klostergebäude** thronen auf einem Felssattel ungefähr 150 m über dem Meeresspiegel und sind über 600 steile, ins Gestein gehauene Stufen erreichbar. Nicht entgehen lassen sollte man sich die unterschiedlich großen Oratorien und Bienenstockhütten aus dem 6. Jh.; Die größte Zelle misst 4,5 m mal 3,6 m. Man kann die nach Süden hin angelegten Gemüsegärten der Mönche und ihre Zisterne sehen, in der Regenwasser gesammelt wurde. Doch die eindrucksvollste bauliche Errungenschaft sind die Fundamente der Siedlung: Plattformen aus Erde und trockenen Steinmauern wurden direkt auf dem steilen Abhang errichtet.

Über das Klosterleben ist kaum etwas bekannt, es gibt aber Aufzeichnungen über die Wikinger-Überfälle 812 und 823. Dabei wurden Mönche verschleppt oder getötet, trotzdem erholte sich die Gemeinde und blieb weiter bestehen. Im 11. Jh. erweiterte man die Anlage um ein rechteckiges Oratorium, und obwohl im 12. Jh. weitere Anbauten folgten, verließen die Ordensbrüder den Felsen zu dieser Zeit.

Nach der Einführung des gregorianischen Kalenders 1582 wurde Skellig Michael ein beliebter Ort für Hochzeiten. In der Fastenzeit waren keine Eheschließungen erlaubt, aber da auf Skellig der alte julianische Kalender galt, konnte man auf die Insel fahren und dort heiraten, statt bis Ostern zu warten.

In den 1820er-Jahren errichtete man hier zwei **Leuchttürme** und eine Ringstraße.

Auf der Insel gibt's keine Toiletten.

SMALL SKELLIG

Während Skellig Michael an zwei durch einen Vorsprung verbundene Dreiecke erinnert, ist Small Skellig länger, flacher und zerklüfteter. Von Weitem sieht es aus, als hätte jemand ein Federkissen darüber ausgeschüttelt. Aus der Nähe erkennt man dann, dass die Federn in Wirklichkeit eine Kolonie von 20 000 brütenden Tölpelpaaren sind – die zweigrößte Brutkolonie der Welt. Viele Boote umrunden die Insel, damit Ausflügler die Tölpel genauer beobachten können. Manchmal tauchen auch badende Seehunde auf. Small Skellig ist ein Vogelschutzgebiet und darf deshalb nicht betreten werden.

🛈 An- & Weiterreise

Um Skellig Michael zu schonen, wurde die tägliche Besucherzahl reglementiert. Jeden Tag dürfen 15 Boote mit je maximal zwölf Passagieren zur Insel fahren. Damit sind nie mehr als 180 Menschen gleichzeitig vor Ort. Für den Juli oder den August sollte man die Überfahrt schon vorab buchen. Die Boote verkehren von Ostern bis September, laufen allerdings nicht bei schlechtem Wetter aus (passiert an etwa zwei bis sieben Tagen im Monat).

Gegen 10 Uhr legen sie in Portmagee, Ballinskelligs und Derrynane ab. Um 15 Uhr geht's wieder zurück. Pro Person zahlt man 45 €, allerdings versuchen die Betreiber gerne, den Inselaufenthalt auf zwei Stunden zu beschränken. Diese Zeit braucht man mindestens, um das Kloster zu besichtigen, die Vögel zu sehen und dann auch noch zu picknicken. Die Überfahrt von Portmagee dauert 1½ Stunden, von Ballinskelligs 35 Minuten bis zu einer Stunde und ab Derrynane 1¾ Stunden. Manchmal gibt's auch Verbindungen ab Knightstown; über aktuelle Abfahrtszeiten informiert das Skellig Experience Heritage Centre.

Die Veranstalter empfehlen einem auf Anfrage Pubs und Pensionen in der Gegend:

Ballinskelligs Boats (☏086-417 6612; http://bestskelligtrips.com; Ballinskelligs)

Casey's (☏066-947 2437; www.skelligislands.com; Portmagee)

John O'Shea (☏087 689 8431; www.skelligtours.com; Derrynane)

Seanie Murphy (☏066-947 6214; www.skelligsrock.com; Reenard Point, Valentia Island)

Wer damit zufrieden ist, die Inseln nur vom Boot aus zu sehen, kann eine Fahrt mit Skellig Experience (S. 308) unternehmen.

Skellig Ring

Dieser faszinierende, kaum frequentierte 18 km weite Abstecher vom Ring of Kerry (N70) verbindet Portmagee mit Waterville und liegt in der Gaeltacht-Region (hier wird noch Irisch gesprochen) rund um Ballinskelligs (Baile an Sceilg), was „Ort mit Kanten" bedeutet. Fans von Father Ted und seinen kantigen Inselfreunden (s. S. 431) mag das ein Grinsen entlocken. Die Gegend ist genauso wild und schön wie Teds fiktionale Insel, außerdem sind die zerklüfteten Umrisse von Skellig Michael fast immer in Sichtweite.

◉ Sehenswertes

Siopa Chill Rialaig KUNSTMUSEUM
(Karte S.306f.; ☏066-947 9277; crsiopa@gmail.com; Dun Geagan; ⊙Juli–Aug. 11–18 Uhr, restl. Jahr nach Voranmeldung) An der Stelle, wo einst ein ganzes Dorf vor der Hungersnot floh, befindet sich heute ein zeitgenössisches Museum voller Werke regionaler Künstler sowie weiterer Talenten aus Irland und der ganzen Welt. Es fungiert als Schaufenster des Cill Rialaig Project, das Kreativen einen Rückzugsort bietet: Sie bezahlen mit Kunstwerken dafür, dass man hier wohnen darf.

Das Siopa Chill Rialaig liegt an der R566 am nordöstlichen Ende von Ballinskelligs. Die runden, strohgedeckten Dächer und die an einen halluzinogenen Pilz erinnernde Skulptur sind nicht zu übersehen. Innen lädt ein Café zu einem Päuschen ein.

Ballinskelligs Priory & Bay RUINEN, STRAND
Das Meer und die salzige Luft zehren an den stimmungsvollen Ruinen dieses **mittelalterlichen Priorats** (Karte S.306f.). Vermutlich wurde die Klostersiedlung von den Mönchen auf Skellig Michael gebaut, nachdem diese ihren abgeschiedenen Außenposten im 12. Jh. verlassen hatten. Der Weg hierhin ist bis zum Pier am westlichen Ortsende ausgeschildert, wo man die Überreste auf der linken Seite entdeckt.

Dank der Wegweiser findet man auch problemlos den schönen kleinen, badetauglichen und mit Blauer Flagge ausgezeichneten **Strand**. Am westlichen Ende liegen die Ruinen einer **Burg** aus dem 16. Jh., die einst Sitz der McCarthys war. Auf der Landenge erbaut sollte sie vor Piratenangriffen schützen.

🏃 Aktivitäten

St. Finian's Bay eignet sich wunderbar zum Surfen. **Ballinskelligs Watersports** (☏086 389 4849; www.skelligsurf.com) vermietet Bretter, Kajaks und die Ausrüstung zum Windsurfen und bietet auch Unterricht (Surfen/Windsurfen 2 Std. 35/45 €) an.

🛌 Schlafen & Essen

The Old School House B&B €€
(☏066-947 9340; www.rascalstheoldschoolhouse.com; Cloon; DZ 69 €; P🛜🐾) Farbenfrohe karierte Stoffe, rustikale Muster und bemalte Balken sorgen in den Zimmern des charmanten B&B für gute Stimmung. Zum Frühstück stehen Leckereien wie Pfannkuchen mit Beeren und Sahne zur Auswahl.

Caifé Cois Trá CAFÉ €
(☏066-947 9323; Snacks 2–3,50 €; ⊙morgens & mittags) In diesem netten Strandhüttencafé und Kunsthandwerksladen am Parkplatz von Ballinskellig Strand holen sich viele Einheimische ihre morgendliche Koffeindosis.

Waterville

550 EW.

Waterville besteht aus einer Reihe bunter Häuser an der N72 zwischen Lough Currane und Ballinskelligs Bay und ist wie so viele überfüllte Strandorte nur mittelcharmant. An der Küste thront eine Statue des bekanntesten Besuchers, Charlie Chaplin. Dem Künstler zu Ehren findet Ende August das **Charlie Chaplin Comedy Film Festival** (charliechaplincomedyfilmfestival.com) statt.

Im Dorf selbst gibt's nur wenige Sehenswürdigkeiten, doch am nördlichen Ende von Lough Currane entdeckt man auf **Church Island** die Ruinen einer mittelalterlichen Kirche und einer Bienenstockhütte, die vom hl. Finian im 6. Jh. als Klostersiedlung gegründet worden sein soll.

Mór Active (066-947 8857; www.activityireland.ie) verleiht Fahrräder (15 € pro Tag), Bodyboards (35 € inkl. Neoprenanzug), Kanus und Kajaks (50 €) und bietet bei Bedarf auch Kurse an.

Watervilles beste Pension, das moderne, stilvolle **Brookhaven House** (066-947 4431; www.brookhavenhouse.com; New Line; DZ 90–110 €; P 🛜 ♿), wird von einer freundlichen Familie betrieben und verfügt über makellose Zimmer mit gemütlichen Betten. Das warme Frühstück wird in einem sonnigen Speisesaal mit Meerblick serviert.

Backpacker sind im **Silver Sands** (066-947 8788; silversandshostel@gmail.com; Main St; B 14 €, DZ 30 €; @ 🛜) gut aufgehoben. Diese gesellige Bleibe an der Küste hat Musikinstrumente für Sessions und Doppelzimmer mit Bädern; die Zimmer im Obergeschoss sind den dunklen im Untergeschoss vorzuziehen.

In der und um die Hauptstraße befinden sich verschiedene Restaurants und Bars.

Neben hochwertigem irischen Schmuck, Haushaltswaren, Kleidung und mehr gibt's im **Waterville Craft Market** (066-947 42 12; craftmarket@eircom.net; 9–18 Uhr) auch Besucherinfos.

Caherdaniel

350 EW.

Caherdaniel versteckt sich zwischen der Derrynane Bay und den Ausläufern des Eagles Hill. Läden liegen wie Schmuggler im Gestrüpp versteckt – passend, denn früher diente das Dorf als Unterschlupf für selbige.

Es ist das alte Zuhause von Daniel O'Connell, dem „Befreier" (s. S. 745), dessen Familie damit zu Geld kam, dass sie Geldschmuggel von ihrem Stützpunkt in den Dünen betrieb. Der Strand ist mit einer Blauen Flagge ausgezeichnet, außerdem kann man hier tolle Wanderungen unternehmen und einige Pubs mit Piratenflair besuchen. Vom Wind zerzauste Bäume tragen noch mehr zur rauen und wilden Atmosphäre bei.

👁 Sehenswertes

Derrynane National Historic Park

HISTORISCHE STÄTTE

(Karte S. 306f.; 066-947 5113; www.heritageireland.ie; Derrynane; Erw./Kind 3/1 €; April–Sept. 10.30–18 Uhr, Okt.–Ende Nov. Mi–So 10.30–17 Uhr) Das **Derrynane House** gehörte der Familie von Daniel O'Connell, dem Verfechter der katholischen Emanzipation.

Die O'Connells kauften das Gebäude und umliegendes Parkgelände, nachdem sie durch Schmuggelgeschäfte mit Frankreich und Spanien zu Reichtum gelangt waren. Ihr Haus ist weitgehend mit Gegenständen und Möbeln aus Familienbesitz ausgestattet, darunter ein restaurierter Triumphwagen, in dem Daniel nach seiner Entlassung aus dem Gefängnis 1844 durch Dublin fuhr.

Dank des warmen Golfstroms wachsen im **Garten** Palmen, 4 m hohe Farne, *gunnera* („Riesenrhabarber") und andere südamerikanische Pflanzenarten. Ein netter **Spazierweg** führt von hier zu Feuchtgebieten, Stränden und Klippen. Manchmal erspäht man wilde Fasane und andere Vögel, deren musikalische Schreie einen Kontrast zum dumpfen Geräusch der Wellen bilden. Die 1844 im Auftrag von Daniel O'Connell errichtete **Kapelle** ist eine Nachbildung des verfallenen Gotteshauses auf **Abbey Island**. Man erreicht sie zu Fuß über den Sand.

Auf der linken Straßenseite zum Haus hin befindet sich ein **Ogham-Stein**. Die eingemeißelten Schriftzeichen zeigen das einfache altirische Alphabet. Einige Buchstaben fehlen, doch es könnte sich hierbei auch um den Namen eines Häuptlings handeln.

🏃 Aktivitäten

Direkt am Strand kann man am meisten unternehmen. Der Kerry Way (S. 297) führt hier vorbei zu einem Hünengrab am Fuß des Farraniaragh Mountain (248 m).

Derrynane Sea Sports

WASSERSPORT

(087 908 1208; www.derrynaneseasports.com) Organisiert vom Strand aus Segeltrips, Kanufahrten sowie Windsurfing und Wasserski für sämtliche Schwierigkeitsgrade.

Eagle Rock Equestrian Centre

REITEN

(066-947 5145; www.eaglerockcentre.com) Strand-, Berg- und Waldtouren für alle Schwierigkeitsgrade (ab 30 € pro Std.).

🛏 Schlafen & Essen

Olde Forge

B&B €

(066-947 5140; www.theoldeforge.com; DZ 60 €; 🛜) Die Pension 1,2 km südöstlich von Caherdaniel (auf der N70) wartet mit einer fantastischen Aussicht auf die Kenmare Bay und die Beara Peninsula sowie sechs modernen, gemütlichen Zimmern auf. Wer nach Erholung sucht, ist in den zwei separaten Cottages (ab 400 € pro Woche) gut aufgehoben.

NICHT VERSÄUMEN

IRLANDS SCHÖNSTER AUSBLICK

Auf halbem Weg zwischen Waterville und Sneem beansprucht das **Scarriff Inn** (066 947 5132; http://scarriffinn.com; Caherdaniel; DZ 70 €, Hauptgerichte 16–24 €; Restaurant mittags & abends; P) den schönsten Ausblick Irlands für sich. Trotz der malerischen Konkurrenz ist an dieser Behauptung tatsächlich etwas dran. Durch die Panoramafenster des Restaurants hat man einen traumhaften Blick auf die felsige Küste und die vorgelagerten Inseln bis zur Kenmare Bay und Bantry Bay. Dieser lässt sich bei einem Snack, einem Steak, Meeresfrüchten und bei einem einfachen Pint oder nebenan in einem der sechs luftigen Gästezimmer mit eigenen Bädern genießen. Hier werden auch Tauchgänge und Angelausrüstung organisiert. Die saisonal wechselnden Öffnungszeiten der Küche erfährt man telefonisch.

Wave Crest CAMPINGPLÄTZE €
(066-947 5188; www.wavecrestcamping.com; Stellplatz ab 21 €; P @) 1,6 km südöstlich von Caherdaniel erstreckt sich dieser gepflegte Campingplatz in einmaliger Lage direkt an der Küste. Für die Hochsaison sollte man rechtzeitig reservieren.

Blind Piper PUB €€
(066-947 5126; Hauptgerichte 12–17 €; mittags & abends) Tagsüber zieht das Blind Piper mit seinen netten Tischen und dem teuren, aber hervorragenden Essen wie frittiertem Seeteufel vor allem Familien an. Abends drängen sich jede Menge Einheimische und Touristen in den Laden. Manchmal wird hier Livemusik geboten.

Sneem

Auf halber Strecke zwischen Caherdaniel und Kenmare liegt Sneem (An tSnaidhm). Der Ort eignet sich wunderbar für eine kleine Stärkungspause, vor allem, wenn man entgegen dem Uhrzeigersinn unterwegs ist, denn auf den verbleibenden 27 km nach Kenmare führt die N70 weg vom Wasser und unter einem Blätterdach hindurch.

Wahrscheinlich geht der irische Dorfname („der Knoten") auf den Fluss Sneem zurück, der sich knotenartig in die nahe gelegene Kenmare-Bucht schlängelt. Scherzhaft wird Sneem auch als „Knoten im Ring von Kerry" bezeichnet. Ein weiteres Wortspiel aus der Gegend bezieht sich auf Charles de Gaulle, der hier seine Ferien verbrachte, während in Paris 1968 die Studentenrevolte tobte. Die Statue, die daran erinnert, ist als „Le Gallstone" (Gallenstein) bekannt.

Besucher sollten sich als Erstes die beiden niedlichen Dorfplätze ansehen und dann das **Blue Bull** (South Square; Hauptgerichte 12–22 €; mittags & abends), ein tolles altes, kleines Steinpub, ansteuern.

Zudem befinden sich in der Gegend einige der schönsten Burghotels des Landes.

LP TIPP Parknasilla Resort & Spa HOTEL €€€
(064-667 5600; www.parknasillahotel.ie; DZ ab 180 €; P @ ≋ ⚡) Seit 1895 begrüßt das Parknasilla berühmte Gäste wie George Bernard Shaw. Das idyllische, 200 ha große Resort liegt am Ortsrand von Sneem, das durch den weiten Fluss Kenmare von der Beara Peninsula im Süden (grandiose Ausblicke!) getrennt wird. Von den modernen, luxuriösen Schlafzimmern über das erstklassige Spa mit Pool bis zum eleganten Restaurant wurde hier alles richtig gemacht. So verhält sich auch das Personal freundlich und professionell, ohne jemals übereifrig oder unterwürfig zu wirken – das ist irische Gastfreundschaft par excellence.

Kenmare

2500 EW.

Die kupferbedeckte Kalkstein-Kirchturmspitze der Holy Cross Church lenkt den Blick auf die bewaldeten Hügel oberhalb des Städtchens, die einen kurz vergessen lassen können, dass Kenmare am Meer liegt. Flussnamen wie Finnihy, Roughty und Sheen (münden alle in der Kenmare Bay), geben aber einen klaren Hinweis darauf, dass man sich nirgendwo anders als im Südwesten Irlands befindet.

Kenmare wurde im 18. Jh. x-förmig angelegt mit einem dreieckigen Markplatz im Zentrum. Heute ist das auf dem Kopf stehende V im Süden der Mittelpunkt des Ortes. Die Bucht von Kenmare erstreckt sich von der Stadt nach Südwesten und eröffnet einen einmaligen Blick auf die Berge.

◎ Sehenswertes

GRATIS Kenmare Heritage Centre
HERITAGE CENTRE

(☎064-664 1233; kenmaretio@eircom.net; The Square; ⊙unterschiedl.) Der Eingang zum Kenmare Heritage Centre befindet sich in der Touristeninformation. Im Museum wird die Geschichte des Ortes von seiner Gründung (als Neidín durch den verwegenen Sir William Petty 1670) bis heute nacherzählt. Außerdem widmet man sich dem 1861 errichteten Poor Clare Convent hinter der Holy Cross Church.

Früher lernten Kenmares Einwohnerinnen im Frauenkloster das Spitzenklöppeln und brachten dem Städtchen mit ihren Arbeiten internationalen Ruhm ein. Im oberen Stockwerk zeigt das **Kenmare Lace and Design Centre** (www.kenmarelace.ie) u. a. Designs für „das wichtigste Stück Spitze, das in Irland je hergestellt wurde" (jedenfalls laut der Meinung eines Kritikers aus dem 19. Jh.).

Das Heritage Centre ist in der Regel von Ostern bis Oktober montags bis mittwochs sowie freitags und samstags von 9.15 bis 17 Uhr geöffnet, die genauen Zeiten können jedoch variieren.

Steinkreis
STEINKREIS

Südwestlich des Square erstreckt sich ein für diesen Teil des Landes sehr seltener Steinkreis. Das Grabmonument aus der frühen Bronzezeit besteht aus 15 Steinen, die rund um einen Dolmen angeordnet sind.

Holy Cross Church
KIRCHE

(Old Killarney Rd) Die 1862 errichtete Kirche besitzt ein prächtiges Holzdach mit 14 geschnitzten Engeln. Schöne **Mosaiken** schmücken die Bogen des Mittelgangs und die Ecken der Buntglasfenster über dem Altar. Charles Hansom, der Architekt, war Mitarbeiter und Schwager von Augustus Pugin, dem Erbauer des Londoner Parlamentsgebäudes.

🏃 Aktivitäten

In der Touristeninformation erfährt man mehr über **Wanderungen** rund um die Kenmare Bay, in die Berge sowie auf dem Kerry Way (S.297) und dem Beara Way (S.283).

Star Sailing
WASSERSPORT

(☎064-664 1222; www.staroutdoors.ie; R571, Dauros) Segeln (ab 65 € pro Std. für max. 6 Pers.; man braucht etwas Erfahrung), Seekajakfahren (Einzel-/Zweierkajak 18/32 € pro Std.) und Bergwandern für alle Niveaus.

Seafari
BOOTSTOUREN

(☎064-664 2059; www.seafariireland.com; Kenmare Pier; Erw./Kind 20/12,50 €; ⊙April–Okt.) Während der unterhaltsamen zweistündigen Fahrt kann man Irlands größte Seehundkolonie und andere Meerestiere beobachten. Unterwegs sorgen Tee, Kaffee, Rum und die Matrosenlieder des Kapitäns für Stimmung. Ferngläser (und Lutscher!) werden gestellt.

🛏 Schlafen

Im Ort gibt's jede Menge B&Bs, vor allem an der Henry Street.

LP TIPP Virginia's Guesthouse
B&B €€

(☎064-664 1021; www.virginias-kenmare.com; Henry St; EZ/DZ 60/80 €; 🛜🌐) Zentraler als in diesem preisgekrönten B&B mit einem großartigen Preis-Leistungs-Verhältnis kann man in Kenmare nicht unterkommen. Das kreative Frühstück besteht aus Bioobst und -gemüse aus der Region (je nach Jahreszeit z. B. Rhabarber und Blaubeeren sowie frisch gepresster Orangensaft und Porridge mit Whiskey). Alle acht Zimmer sind wunderbar gemütlich.

Sheen Falls Lodge
BOUTIQUE-HOTEL €€€

(☎064-664 1600; www.sheenfallslodge.ie; DZ 115–230 €; ⊙Feb.–Dez.; P@🛜) Mit seinem Wellnessbereich, 66 Zimmern samt DVD-Playern und Bädern aus italienischem Marmor sowie den Ausblicken auf die Wasserfälle und über die Kenmare Bay nach Carrantuohil wirkt die ehemalige Sommerresidenz des Marquis von Landsdowne wie ein Spielplatz für Aristokraten. Zu den weiteren Annehmlichkeiten und Extras gehört u. a. das Tontaubenschießen.

Hawthorn House
B&B €€

(☎064-664 1035; www.hawthornhousekenmare.com; Shelbourne St; DZ 80–90 €; P🛜) Eine stilvolle Pension mit acht großzügigen Räumen, darunter ein edles Familienzimmer, die nach Orten im Umland benannt und mit frischen Blumen dekoriert sind. Das Hawthorn House liegt versetzt hinter der belebten Shelbourne Street im Schutz eines niedrigen Mäuerchens.

Whispering Pines
B&B €€

(☎064-664 1194; wpines@eircom.net; Glengarrif Rd; EZ/DZ 45/80 €; ⊙Ostern–Nov.; 🛜) Das gastfreundliche B&B in ruhiger Lage unweit des Piers wartet mit vier sauberen

Zimmern auf. Die Nähe zum Meer ist fantastisch und das Ortszentrum weniger als fünf Gehminuten entfernt.

Rose Cottage
B&B €€

(064-664 1330; The Square; DZ 60–70 €; 🛜🐾) Gegenüber dem Park am Hauptplatz des Städtchens stößt man inmitten wunderschöner Gärten auf einen Steinbau mit drei Zimmern und eigenen Bädern. Nach ihrer Ankunft in Kenmare wohnten hier zunächst die Nonnen von Poor Clare, mussten das Haus aber verlassen, als gerade die Äpfel im Obstgarten reif wurden.

Greenville B&B
B&B €€

(064-664 1769; Killowen Rd; DZ 70 €) 100 m östlich der Main Street wartet dieses moderne Haus mit einem wunderschönen Garten und alten Steinmauern sowie vier gemütlichen Zimmern inklusive eigenen Bädern auf. Außerdem überzeugt die Pension mit einem herzhaften Frühstück, einem tollen Ausblick auf die idyllische Landschaft und einem Golfplatz.

✖ Essen

LP TIPP Horseshoe
PUB €€

(064-664 1553; www.thehorseshoekenmare.com; 3 Main St; Hauptgerichte 14,50–26,50 €; ⊙mittags & abends) Auf der kurzen, aber hervorragenden Speisekarte dieses netten Pubs mit efeubewachsenem Eingang stehen u. a. Muscheln aus der Kenmare Bay in cremiger Apfelweinsoße, Lamm aus der Region an Senf-Kartoffelbrei und die besten Burger des Countys. Vegetarier freuen sich über täglich wechselnde Angebote.

SD'Arcy's Oyster Bar and Grill
IRISCH €€

(064-664 1589; www.darcyskenmare.com, Hauptgerichte 14,50–25,50 €, DZ 50 €; ⊙abends; 🛜) In dem entspannten, modernen Restaurant werden fantastisches Obst und Gemüse aus Bioanbau, köstlicher Käse und frische Meeresfrüchte serviert. Die Austern fangen den Duft der Bucht ein, außerdem schmecken der zweimal gebackene Krebs mit Haselnusskruste und das Garnelen-Soufflé einfach köstlich. Wer sich in den mit Antiquitäten dekorierten Zimmern einquartiert, bekommt Rabatt aufs Abendessen.

🌿 The Bread Crumb
BÄCKEREI, CAFÉ €

(www.thebreadcrumb.com; New Rd; Gerichte 4–8 €; ⊙morgens & mittags) Neben einer verführerischen Auswahl an frisch gebackenem Brot lockt das Café-Bäckerei mit vegetarischen Tagesmenüs wie Reisküchlein mit gebratener Paprika, Spinat und Blauschimmelkäse oder Dinkelpfannkucher mit sonnengetrockneten Tomaten.

Mulcahys Restaurant
IRISCH €€

(064-42383; 36 Henry St; Hauptgerichte 18,50–29,50 €; ⊙Do–So abends) Regionale Fischgerichte mit kreativen Elementen wie Kabeljau an Kartoffelpüree und scharf gebratene Jakobsmuscheln mit Kapern-Rosinen-Dressing sind die Highlights der Speisekarte. Fleischfans können klassische Köstlichkeiten wie das Filet Wellington bestellen.

Prego
IRISCH, ITALIENISCH €

(064-664 2350; Henry St; Hauptgerichte 7,50–11 €; ⊙morgens, mittags & abends; 🐾) Die lange, vielfältige Frühstückskarte dieses Lokals ist ein willkommenes Gegenprogramm zum *black pudding* der Pensionen. Wir empfehlen Sandwiches mit knusprigem Speck. Darüber hinaus gibt's hier preisgünstige Pizza und Pasta.

PF McCarthy's
PUB €€

(064-664 1516; 14 Main St; Abendessen 14–24,50 €; ⊙Mo–Sa mittags, Di–Sa abends) Ein Pub, das damit wirbt, aufs fettige Anbraten zu verzichten. Stattdessen kommen in dem Laden Gerichte auf den Tisch, die die einschlägige Konkurrenz leicht hinter sich lassen.

🌿 Truffle Pig
FEINKOST €

(⊙Mo–Sa) Hochwertiges Fleisch, Bauernkäse und andere Delikatessen aus der Region.

🌿 Bauernmarkt
MARKT €

(⊙Mi 10–16 Uhr) Auf dem Square.

🍸 Ausgehen & Unterhaltung

Crowley's
PUB

(Henry St) Traditionelles Pub mit toller traditioneller Musik.

Florry Batt's
PUB

(Henry St) In der geselligen Kneipe wird gelegentlich gemeinsam gesungen.

PF McCarthy's
LIVEMUSIK

(14 Main St) Bietet von Donnerstag bis Samstag ein vielfältiges Programm.

🛍 Shoppen

In Kenmare gibt's zahlreiche Künstlerläden. Jedes Jahr am 15. August kommen Händler aus dem ganzen Land mit Kunsthandwerk, regionalen Produkten, Ponys, Kühen, Schafen und allem möglichen Krimskrams in die Stadt.

PFK Gold & Silversmith SCHMUCK
(www.pfk.ie; 18 Henry St) Minimalistischer Schmuck von Paul Kelly und zeitgenössischen Designern aus Irland. Der Goldschmied nimmt auch Aufträge an.

Soundz of Muzic MUSIK
(www.soundzofmuzic.ie; 9 Henry St) Tolle Auswahl an Instrumenten sowie an irischer und aktueller Musik.

ⓘ Praktische Informationen

Die Website www.kenmare.com hält jede Menge Infos für Touristen bereit. Vor Ort gibt's einige Banken und Geldautomaten.

Post (Ecke Henry & Shelbourne Sts)

Touristeninformation (064-663 1633; The Square; Ostern–Okt. 9–17 Uhr) Bietet kostenlose Karten mit einem *heritage trail* (Geschichtspfad) rund um die Stadt und bis zu 13 km langen Wanderungen.

ⓘ An- & Weiterreise

Dank der Tunnel und dramatischen Ausblicke ist die kurvenreiche, 32 km lange Fahrt auf der N71 ab Killarney recht eindrucksvoll.

Es gibt jeden Tag zwei Busverbindungen nach Killarney (8,82 €, 50 Min.), im Sommer werden zusätzliche Fahrten angeboten. Die Haltestelle befindet sich vor der Roughty Bar in der Main Street.

Finnegan's Coach & Cab (064-664 1491; www.kenmarecoachandcab.com) Veranstaltet Touren, u. a. auf den Ring of Kerry.

ⓘ Unterwegs vor Ort

Finnegan's Cycle Centre (064-664 1083; Shelbourne St) Vermietet Fahrräder für 15/85 € pro Tag/Woche.

DINGLE PENINSULA

Auf dem Ring of Kerry scheinen die Felsen das Meer zu beherrschen, auf der kleinen Dingle Peninsula hingegen dominiert der Ozean. Das opalblaue Wasser, das die von grünen Hügeln und goldenen Stränden gefärbte Landschaft der Landzunge umgibt, ist das ideale Terrain für maritime Abenteuer und Fischereiflotten, deren fangfrische Ausbeute auf den Tellern der besten Restaurants des Countys landet.

Die Halbinsel endet an Europas westlichstem Zipfel und bietet dort einen Ausblick zur unbewohnten Great Blasket Island. Der Mt. Brandon und der Connor Pass sowie weitere Hochlandschaften bilden ebenso wie die vielen Ringfestungen und anderen alten Ruinen eine dramatische Kulisse. Von unvergesslicher Schönheit zeigt sich die Dingle Peninsula jedoch dort, wo das Land aufs Meer trifft: in von Gischt umtosten Felsen und abgeschiedenen Buchten.

Mittelpunkt der Gegend ist das charmante Örtchen Dingle. Hier zeigt sich an den Künstlern, den zahlreichen eigenwilligen Charakteren sowie in den traditionellen Sessions und Folklorefestivals eine alternative Lebensweise.

Die klassische Rundtour um den Slea Head ab Dingle ist 50 km lang. Für die Strecke sollte man einen Tag einplanen. Wer mehr Zeit hat, kann in Dingle übernachten. Die N86 über Tralee ist die Hauptverkehrsstraße nach Dingle, wir bevorzugen jedoch die viel schönere Küstenstraße.

Folgende Route verläuft quasi in Form einer Acht: Ausgangspunkt ist das südwestliche Ende bei Killarney. Nun folgt man der malerischen Straße nach Dingle, umrundet den Slea Head und kehrt zurück nach Dingle. Dann geht's über den Connor Pass bis zur Nordseite der Halbinsel, wo die N86 nach Tralee und Killarney führt.

ⓕ Geführte Touren

Eine ganze Reihe von Veranstaltern aus Killarney bietet Tagestouren rund um die Halbinsel (s. S. 302) an. Zwischen Mai und September kann man auch an einem der kurzen Busausflüge ab Dingle teilnehmen.

O'Connor's Slea Head Tours HISTORISCH
(087 248 0008; www.dingletourskerry.com; 10 €/Pers. & Std.; tgl. 11 & 14 Uhr) Drei- bis vierstündige Küstentrips mit einem Schwerpunkt auf Festungen und anderen alten Stätten. Ausgangspunkt ist die Touristeninformation von Dingle.

ⓘ Unterwegs vor Ort

Von Killarney und Tralee fahren regelmäßig Busse nach Dingle (s. S. 324), aber die übrigen Orte auf der Halbinsel werden nur ein- bis zweimal pro Woche von Gemeindebussen angesteuert. Die Gegend kann man am besten mit dem Auto oder Rad erkunden; alternativ schließt man sich einer Tour ab Dingle oder Killarney an.

Zwischen Tralee und Dingle hat die N86 nur wenig zu bieten, außer dass man auf ihr schneller vorankommt als über den Connor Pass. Mit dem Fahrrad ist die Tour weniger anstrengend als für Autofahrer.

Fußgänger folgen in den ersten drei Tagen dem Dingle Way (S. 320), der nahe der Straße entlangführt. Im Norden der Halbinsel erstreckt

Dingle Peninsula

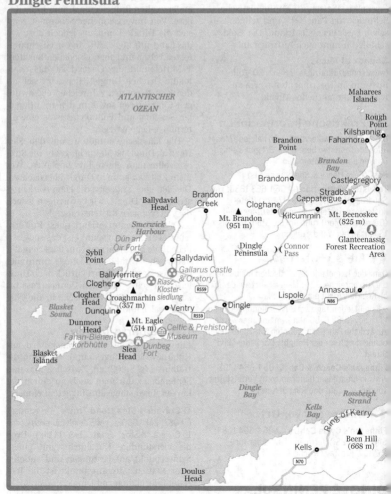

sich ein dichtes Straßennetz, Wanderwege gibt's allerdings noch viel mehr. Bei der Orientierung hilft die Karte 70 der Discovery-Serie von Ordnance Survey, die alle Strecken im Detail darstellt.

Von Killarney über Castlemaine nach Dingle

Der schnellste Weg von Killarney nach Dingle führt durch Killorglin und Castlemaine. In Castlemaine verläuft die R561 in westlicher Richtung. Bald darauf erreicht man die Küste und fährt durch den Strandort Inch, bis man auf die N86 nach Dingle stößt.

Die Besitzerin des **Phoenix Vegetarian Restaurant & Accommodation** (066-976 6284; www.thephoenixorganic.com; Shanahill East, Castlemaine; Stellplätze 12 €, EZ 52,50 €, DZ 70 €, Hauptgerichte 14–23 €; Ostern–Okt. mittags & abends) betreibt hier ein Tanzzentrum, außerdem gibt's einen Filmclub, Musik und verschiedene Themenabende. In dem farbenfrohen Restaurant hat man sich auf vegetarische Gerichte mit Produkten aus dem eigenen Garten spezialisiert. Die Zimmer sind auf schrullige

Tochter und Der Held der Westlichen Welt. Sarah Miles, die Protagonistin des ersten Streifens, beschrieb ihren Aufenthalt als „kurz, aber schön".

In den herrlichen Dünen liegen Überreste von **Schiffswracks** sowie von **Siedlungen aus der Stein- und Eisenzeit**. Der nach Westen ausgerichtete Strand ist auch bei Surfern sehr beliebt, denn die Wellen können 1 bis 3 m hoch werden. Wer sich für den Sport interessiert, kann bei der **Westcoast Surf School** (086 836 0271; www.westcoast surfschool.ie) z. B. zweistündige Gruppenkurse für 30/20 € (Erw./Kind) buchen.

Autos sind zwar erlaubt, aber Vorsicht: Wer im Sand stecken bleibt, macht sich zur Zielscheibe des Gespötts.

Am Eingang zum Strand lockt das quirlige **Sammy's** (066-915 8118; Hauptgerichte 12,50–19 €; mittags & abends; @) mit Gerichten wie Sandwiches, Pasta, frischen Austern und Muscheln Einheimische und Touristen an. Hier gibt's einen Laden und eine Touristeninfo und im Sommer wird traditionelle Musik gespielt. Camper können in einem Bereich über dem Strand ihr Lager aufschlagen. Dafür muss man zwar nichts zahlen, aber auf jegliche Einrichtungen sowie auf Sanitäranlagen verzichten.

Das schicke, moderne **Inch Beach Guest House** (066-915 8333; www.inchbeachguest house.com; DZ ab 70 €; P@) erinnert mit seinen Oberlichtern, dem Meerblick sowie den luftigen, in gedämpften Farben gehaltenen Zimmer samt riesigen Doppelbetten eher an ein Boutique-Hotel als an ein Gästehaus. Bei einem längeren Aufenthalt kann man auch die spektakulär gelegenen Cottages buchen.

Weise interessant, aber bevor man sich darin einquartiert, sollte man sich erst noch die *gypsy caravans* (Zigeunerwagen) und die Toiletten ansehen. Das Lokal und die Unterkunft befinden sich 1,5 km westlich von Boolteens, das rund 4 km westlich von Castlemaine liegt.

Von Castlemaine fahren Busse nach Tralee, Killorglin und Limerick (via Killarney), allerdings bestehen hier keine Verbindungen über Inch nach Annascaul.

INCH
Inch, eine 5 km lange **Sandbank**, diente bereits als Schauplatz für die Filme *Ryans*

Annascaul
271 EW.

Hauptgrund für einen Zwischenstopp in Annascaul (Abhainn an Scáil, auch Anascaul) ist ein Besuch des **South Pole Inn** (066-915 7388; Main St; Hauptgerichte 12,50–18 €; mittags & abends). Der Antarktisforscher Tom Crean leitete das große blaue Pub, nachdem er sich zur Ruhe gesetzt hatte. Heute befinden sich dort das **Crean-Museum** und ein **Souvenirladen**. In der Kneipe werden köstliche, herzhafte Speisen serviert. Sie ist ab der Küstenstraße ausgeschildert, zudem halten hier Busse auf dem Weg von Dingle nach Tralee.

Dingle

◎ Sehenswertes
- **1** An Díseart E2
- **2** Dingle Boatmen's Association C4
- **3** Dingle Oceanworld A3
- **4** St. Mary's Church D2
- **5** Trinity Tree D3

✪ Aktivitäten, Kurse & Touren
- **6** Dingle Marina Diving Centre A3
- **7** Dingle Music School E3
- **8** Mountain Man Outdoor Shop D4

🛌 Schlafen
- **9** An Capall Dubh D2
- **10** Barr Na Sráide Inn D1
- **11** Dingle Benner's Hotel F2
- **12** Hideout Hostel E3
- **13** Kirrary E3

🍴 Essen
- **14** An Café Liteártha F3
- **15** Doyles G3
- **16** Bauernmarkt E4
- **17** Goat Street Cafe E1
- **18** Half Door F3

John Benny's .... (siehe 26)
- **19** Little Cheese Shop D3
- **20** Murphy's D4
- **21** Old Smokehouse F3
- **22** Out of the Blue B3

🍸 Ausgehen
- **23** Curran's E1
- **24** Dick Mack's E2
- **25** Foxy John's E2
- **26** John Benny's C3

🎭 Unterhaltung
- **27** Blue Zone E2
   MacCarthy's ....(siehe 17)
- **28** Phoenix Dingle E3
- **29** Small Bridge Bar F2

🛍 Shoppen
- **30** An Gailearaí Beag E2
- **31** Brian de Staic D3
- **32** Brian de Staic Workshop A3
   Dingle Record Shop ....(siehe 27)
- **33** Lisbeth Mulcahy D3
- **34** NU Goldsmith E2

Dingle

1800 EW.

Der charmante kleine, vom Fischerhafen gesäumte Hauptort der Halbinsel strahlt eine ursprüngliche Idylle aus. Dingle ist eine von Irlands größten Gemeinden, in denen noch Irisch gesprochen wird. Viele Pubs werden gleichzeitig als Geschäfte genutzt, man kann also ein Guinness trinken und dabei Nägel, Gummistiefel oder Hufeisen kaufen. Diesem Charme sind schon zahlreiche Aussteiger aus aller Welt erlegen, wodurch das Hafenstädtchen überraschend kosmopolitisch und künstlerisch wirkt. Im Sommer sind die hügeligen Straßen oft von Besuchern verstopft, aber zu allen anderen Jahreszeiten versprüht Dingle seinen natürlichen Charme.

Zwar befindet man sich hier in einer Gaeltacht-Region, doch die Einheimischen haben per Abstimmung beschlossen, dass ihre Stadt weiterhin Dingle und nicht An Daingean – so lautet der offizielle Name – heißen soll.

◎ Sehenswertes

Dingles Hauptattraktion ist das Ortsbild an sich. Am besten spaziert man durch die Straßen und Gassen, streift durch den Hafen und erkundet Läden und Pubs.

Dingle Marine & Leisure veranstaltet ab dem Jachthafen Bootstouren zu den Blasket Islands (s. S. 325).

Fungie, der Delfin BOOTSTOUR
(Karte S. 318; ☎ 066-915 2626; www.dingledolphin.com; The Pier; Erw./Kind 16/8 €) Die Boote der Dingle Boatmen's Association starten täglich vom Pier aus zu einstündigen Beobachtungstouren von Dingles berühmtestem Bewohner, einem Delfin namens Fungie (s. S. 321). Sollte sich dieser wider Erwarten nicht zeigen, ist der Ausflug kostenlos.

In den wärmeren Monaten hat der Verband außerdem einen zweistündigen Trip im Programm, bei dem die Teilnehmer **mit Fungie schwimmen** (☎ 066-915 1146; 25 € pro Pers. plus 20 € Leihgebühr für den Neoprenanzug; ⊙April–Mitte Sept. 8 oder 9 Uhr). Unbedingt im Voraus buchen!

Dingle Oceanworld AQUARIUM
(Karte S. 318; ☎ 066-915 2111; www.dingle-oceanworld.ie; Dingle Harbour; Erw./Kind 13/7,50 €; ⊙10–17 Uhr; 🚼) In diesem wunderbaren Aquarium schwimmen farbenprächtige Fische durch Becken, in denen ganze Landschaften wie der Malawisee, der Kongo und

DER DINGLE WAY

Der 168 km lange Dingle Way führt um die ganze Halbinsel. Bei einem Tagespensum von 21 km braucht man für den Rundweg ab Tralee acht Tage. Die ersten drei Etappen sind leicht zu bewältigen. Da der erste Abschnitt von Tralee nach Camp allerdings der langweiligste ist, nehmen hier viele Wanderer den Bus bis Camp und starten erst dort. Die Karte 70 der Discovery-Serie ab Ordnance Survey enthält eine detaillierte Abbildung der Halbinsel. **Go Ireland** (www.govisitireland.com) bietet sieben- und zehntägige Trekkingtouren (675/885 €) in Eigenregie – Unterkünfte, Wanderkarten und Gepäcktransfer inklusive.

der Amazonas in Miniaturformat zu sehen sind. Riffhaie und Stachelrochen sind im Haifischbecken zu bewundern. Für den unglaublich hässlichen Wrackbarsch wird extra Wasser aus dem Hafen gepumpt. Außerdem gibt's einen begehbaren Unterwassertunnel und ein Streichelbecken.

An Díseart KULTURZENTRUM
(Karte S. 318; ☎066-915 2476; www.diseart.ie; Erw./Familie 2/5 €; ⓧMo–Sa 9–17 Uhr) Das keltische Kulturzentrum befindet sich in einem wunderschönen ehemaligen Kloster im neugotischen Stil. Harry Clarke hat die beeindruckenden Buntglasfenster des Gebäudes gestaltet; sie zeigen zwölf Szenen aus dem Leben Christi. Im Eintrittspreis ist eine 15-minütige Führung inbegriffen.

Trinity Tree SKULPTUR
(Karte S. 318; Green St) Der Trinity Tree, eine Skulptur aus einer ungewöhnlichen dreistämmigen Platane, steht ganz in der Nähe der **St. Mary's Church**. Er symbolisiert die Heilige Dreifaltigkeit. Mit seinen geschnitzten Gesichtern könnte der Baum auch aus einem Märchen stammen.

🏃 Aktivitäten

Irish Adventures WASSERSPORT
(☎066-915 2400; www.irishadventures.net; Strand St) Dieser Anbieter befindet sich im **Mountain Man Outdoor Shop**. Hier werden geführte Touren, u. a. Felsklettern, Bergwandern, Radfahren und Kajakfahren mit Fungie (halber Tag oder bei Sonnenuntergang je 50 €), organisiert.

Dingle Jaunting KUTSCHFAHRTEN
(☎086 177 1117; www.dinglejaunting.com; 10 € pro Pers.) Die von Pferden gezogenen *jaunting cars* (Kutschen) machen sich zu jeder Stunde am Hafenparkplatz zu 40-minütigen Fahrten durch Dingle auf. An Weihnachten gibt's so genannte „jingle jaunts" mit Glöckchen.

Dingle Marina Diving Centre TAUCHEN
(Karte S. 318; ☎066-915 2789, 915 2422; www.divingdingle.ie; The Wood; Tauchgang mit Druckluftflasche inkl. Ausrüstung 75 €, Einführungskurs 99 €) Organisiert Schnorchel- und Tauchausflüge in der Dingle Bay und rund um die Blasket Islands sowie Kurse und Wracktauchen.

Dingle Hill Walking Club WANDERUNGEN
(www.dinglehillwalkingclub.com) Regelmäßige halbtägige geführte Wanderungen in die Berge (viele davon kostenlos) und eintägige Ökotouren (50 € inkl. Mittagessen).

Dingle Music School MUSIKUNTERRICHT
(Karte S. 318; ☎086 319 0438; www.dinglemusicschool.com; Wren's Nest Cafe, Dykegate Lane; 30 €/Std.) John Ryan bietet morgens und abends *bodhrán*- sowie Blechflötenkurse für Anfänger und Fortgeschrittene an. Instrumente werden gestellt.

🎉 Feste & Events

Aktuelle Veranstaltungstipps gibt's unter www.dinglenews.com/events.

Dingle Film Festival FILM
(www.dinglefilmfestival.com; ⓧMitte März) Kurz-, Spiel- und Dokumentarfilme sowie Fragestunden und bildende Kunst.

Dingle Food & Wine Festival ESSEN, WEIN
(www.dinglefood.com; ⓧAnfang Okt.) Zu diesem fabelhaften Feinschmeckerfest wird in Dingle ein „taste trail" eingerichtet, der zu über 40 günstigen Probierstationen führt. Außerdem gibt's einen Markt, Kochvorführungen, Workshops und einen kulinarischen Spaziergang.

Dingle Races PFERDERENNEN
(www.dingleraces.ie; ⓧMitte Aug.) In der zweiten Augustwoche zieht dieses Event wahre Menschenmassen an. Die Rennstrecke liegt 1,6 km östlich der Stadt an der N86.

Dingle Regatta BOOTSTOUREN
(ⓧEnde Aug.) Das Hafenrennen in traditionellen irischen *currach*- oder *naomhóg*-Kanus ist das größte seiner Art in Kerry und inspirierte zu dem gleichnamigen traditionellen Lied.

Schlafen

In Dingle gibt's viele B&Bs der Mittelklasse und einige Pub-Unterkünfte.

Pax House
LP TIPP B&B €€

(außerhalb der Karte S.318; 066-915 1518; www.pax-house.com; Upper John St; EZ/DZ ab 90/120 €; P@🛜🐾) Von der individuellen Ausstattung mit zeitgenössischen Gemälden bis zur einmaligen Aussicht über die Mündung von den Balkonen und der Terrasse: Ein Aufenthalt im Pax House, 1 km vom Zentrum entfernt, ist ein Volltreffer. Zur Auswahl stehen günstigere Zimmer mit Blick auf die Hügel, Zimmer mit Blick auf den Meeresarm und Familiensuiten mit zwei Räumen sowie einem Zugang zur Terrasse. WLAN ist im Foyer verfügbar.

Hideout Hostel
HOSTEL €

(Karte S.318; 066-915 0559; www.thehideouthostel.com; Dykegate Ln; B 18 €, DZ 50 €; P@🛜) Dingles neuestes und bestes Hostel ist in einem ehemaligen Gästehaus untergebracht, was die mit eigenen Bädern ausgestatteten Zimmer erklärt. Zu der erstklassigen Bleibe gehören zwei Aufenthaltsräume mit schicken Möbeln, ein Fahrradschuppen und eine gut ausgestattete Küche. Im Preis ist ein leichtes Frühstück enthalten (Tee, Kaffee, Toast, Müsli), zudem kennt sich der engagierte Besitzer Mícheál bestens in der Gegend aus.

Dingle Skellig Hotel
HOTEL €€€

(066-915 0200; www.dingleskellig.com; DZ 130–248 €; P@🛜🏊🐾) Ein Ozean-gleicher Pool und ein Spa mit Whirlpool unter freiem Himmel bilden die Highlights der luxuriösen Unterkunft in Meeresnähe bei der N86. Die Zimmer sind in leckeren Brauntönen von creme- und karamell- bis zu haselnuss- und schokofarben gehalten. Es gibt ein Restaurant und mehrere Bars und für Familien Zimmer mit Verbindungstüren, eine Kinderkrippe sowie einen Kinderclub.

Kirrary
B&B €€

(Karte S.318; 066-915 1606; collinskirrary@eircom.net; Avondale; DZ 66 €; P🛜🐾) An diesem fröhlichen Ort mit geräumigen Zimmern samt Privatbädern wird viel geplauscht. Tee und Snacks kann man in dem durch eine Hecke geschützten Blumengarten genießen.

Harbour Nights
B&B €€

(außerhalb der Karte S.318; 066-915 2499; www.dinglebandb.com; The Wood; DZ 70–80 €; P@🛜🐾) Direkt am Meer, abseits des Trubels und doch nur fünf Gehminuten vom Ortszentrum, bietet das B&B eine tolle Aussicht auf Dingles Hafen, und zwar sowohl

---

FUNGIE, DINGLES BESUCHERMAGNET

Seitdem sich 1984 ein Delfin in die Dingle Bay verirrt hat, prägt er den Tourismus vor Ort. Fungie legte von Anfang an eine ungewöhnliche Zutraulichkeit an den Tag und schwamm mit der örtlichen Fischereiflotte umher. Irgendwann kam jemand auf die Idee, Besucher mit dem Boot zu dem freundlichen Meeressäuger zu bringen. Mittlerweile sind vor Ort bis zu zwölf Schiffe gleichzeitig unterwegs, sodass sich mehr als 1000 Touristen das Wasser mit Dingles Maskottchen, dem Rückgrat der hiesigen Wirtschaft, teilen.

Wissenswertes über Fungie:

» **Sein Name.** Einer der ersten Fischer, die sich für das Tier interessierten, wurde Fungie genannt, weil sein kümmerlicher Bartwuchs wie ein Pilzbefall *(fungus)* aussah. Sein Spitzname ging auf den Delfin über.

» **Seine Art.** Große Tümmler sind Wanderdelfine, aber Fungie wandert nicht. Eventuell ist er aus einer Tiershow abgehauen und hat die Dingle Bay zu seinem neuen Zuhause erkoren.

» **Sein Geschlecht.** Fungie ist ein Junge. In den Pubs vor Ort hört man haufenweise Geschichten von der Cousine eines Freundes, die mit Fungie geschwommen ist und ihn eindeutig als Er und als *sehr* zutraulich in Erinnerung hat.

» **Seine Heilkraft.** Zu Beginn der 1990er-Jahre behaupteten mehrere Veranstalter, das Schwimmen mit Fungie habe wie eine Wallfahrt nach Lourdes eine heilsame Wirkung.

» **Seine Zukunft.** Große Tümmler werden im Durchschnitt 25 Jahre alt, was die Zeit übertrifft, die Fungie bereits in Dingle lebt – oh oh!

von den 14 Zimmern als auch vom Aufenthaltsraum mit Terrasse im Obergeschoss.

Dingle Benner's Hotel
HOTEL €€€

(Karte S.318; ☏066-915 1638; www.dinglebenners.com; Main St; EZ 97-127 €, DZ 144-204 €; P🛜) In dem alteingesessenen Hotel gehen altmodische Eleganz, regionaler Touch sowie moderner Komfort in den ruhigen Zimmern, der Lounge, Bibliothek und der renovierten, sehr beliebten Mrs. Benners Bar Hand in Hand. Die Räumlichkeiten im 300 Jahre alten Flügel haben am meisten Charakter, die in den neueren Teilen sind dafür ruhiger. WLAN ist in der Bar verfügbar; bald soll die Reichweite auf das ganze Gebäude erweitert werden.

An Capall Dubh
B&B €€

(Karte S.318; ☏066-915 1105; www.ancapalldubh.com; Green St; DZ 70-80 €; P🛜🐾) Eine Auffahrt für Kutschen aus dem 19. Jh. führt in den gepflasterten Innenhof dieser luftigen Pension mit hellem Holz und karierten Stoffen. In die separaten Reihenhäuschen passen bis zu sechs Personen.

Barr Na Sráide Inn
GÄSTEHAUS €€

(Karte S.318; ☏066-915 1331; www.barrnasraide.ie; Upper Main St; EZ 50-55 €, DZ 80-110 €; P@🛜) Für den Charme der Bar im Eingangsbereich sind wohl nur die brummigen Stammgäste (raue Schale, weicher Kern ...) empfänglich. Im dritten Stock befindet sich eines der besten Extras des Gästehauses: ein Selbstbedienungswaschsalon. WLAN ist in Teilen des Gebäudes verfügbar.

Rainbow Hostel
HOSTEL €

(Karte S.318; ☏066-915 1044; www.rainbowhosteldingle.com; Stellplatz 9 €/Pers., B/DZ 15/40 €; P🛜) Das ländliche, gemütliche Hostel liegt zwar rund 1,5 km westlich von Dingles Zentrum, aber dafür gibt's hier einen kostenlosen Shuttleservice und einen Fahrradverleih. Eine gute Option, wenn die Budgetunterkünfte in der Innenstadt belegt sind oder man Lust auf Natur hat.

✖ Essen

Ganz Kerry ist für seine Meeresfrüchte bekannt, aber Dingle sticht besonders hervor. Es gibt in der Stadt einige tolle Restaurants und Cafés sowie exzellente Pubkost, vor allem bei John Benny's (S.323).

[LP TIPP] Out of the Blue
FISCH & MEERESFRÜCHTE €€€

(Karte S.318; ☏066-915 0811; The Wood; Mittagessen 10-20 €, Hauptgerichte 15-30 €; ⊙tgl. abends, So mittags) Laut der Speisekarte werden in dem witzigen, blau-gelben Restaurant im Stil einer Fischerhütte am Meer ausdrücklich keine Pommes serviert. Trotz des rustikalen Ambientes ist dies das beste Lokal der Stadt. Es hat sich auf frische regionale Meeresfrüchte spezialisiert und bleibt einfach geschlossen, wenn mal keine ins Netz gehen. Die kreative Abendkarte ändert sich täglich; manchmal gibt's gedünstete Krebsscheren in Knoblauchbutter oder scharf gebratene, mit Calvados flambierte Jakobsmuscheln. Wer braucht da schon Pommes frites?

Doyle's
FISCH & MEERESFRÜCHTE €€€

(Karte S.318; ☏066-915 2674; www.doylesofdingle.ie; 4 John St; Hauptgerichte 25-30 €; ⊙abends) Auch nach der Wiedereröffnung wird das Doyle's mit seiner scharlachroten Fassade seinem Ruf als eines der besten Meeresfrüchterestaurants der Gegend gerecht – und das will hier etwas heißen. Neben Vorspeisen wie Fisch in Tempurateig sowie Risotto und Pastete mit Meeresfrüchten kommen Hauptgerichte wie warmer Meeresfrüchtesalat, Meeresfrüchte-Linguine oder Hummer auf den Tisch.

🍃 Old Smokehouse
IRISCH €€

(Karte S.318; ☏066-915 1061; http://oldsmokehousedingle.com; Lower Main St; Hauptgerichte 16-29 €; ⊙mittags, Mo-Sa abends; 🐾) Garrett Bradshaw, neuer Besitzer und Chefkoch dieses Restaurants mit Steinfassade, betreibt einen kleinen Bauernhof. Und so stehen auf der Speisekarte neben Fisch und Meeresfrüchten auch Fleisch und Geflügel. Fast jedes Gericht (z. B. das mit Kräutern marinierte und über Holzkohle gegrillte Rinderfilet mit Riesengarnelen) ist mit Basilikum verfeinert. Wer hier etwas essen möchte, sollte sich früh auf den Weg machen, um noch einen der Tische im Wintergarten mit Flussblick zu ergattern.

Half Door
FISCH & MEERESFRÜCHTE €€€

(Karte S.318; ☏066-915 1600; John St; Hauptgerichte 26-32 €; ⊙Mo-Sa mittags & abends) In dem edlen Lokal werden wunderbar angerichtete Fischgerichte zubereitet, deren Zutaten jeden Tag fangfrisch vom Hafen kommen. Wir empfehlen die Garnelen aus der Gegend und die größeren Krustentiere.

An Café Liteártha
CAFÉ, BUCHLADEN €

(Karte S.318; Dykegate Ln; Snacks 3-6 €; ⊙Mo-Sa 9-18 Uhr) Das Café im hinteren Bereich eines Buchladens mit Schwerpunkt auf irischer Geschichte ist sehr einladend. Hier kann man es sich mit einem Buch, einer Tasse Tee mit Gebäck oder einer wärmenden Suppe gemütlich machen und die nette Atmosphäre genießen.

Goat Street Cafe   CAFÉ €
(Karte S. 318; thegoatstreetcafe.com; Goat St; Gerichte 5–13 €; ⊗Mo–Sa morgens & mittags) In dem beliebten Café mit Fotogalerie, glänzender Holzvertäfelung und edlen Möbeln wird Internationales von Lamm-Tajines über grüne Thaicurrys und Wokgerichte mit Ingwer bis zu mediterranen Schmorpfannen kredenzt.

Bauernmarkt   MARKT €
(Karte S. 318; Ecke Bridge St & Dykegate Ln; ⊗Fr 9–15 Uhr) Bietet eine riesige Auswahl an frischem Obst und Gemüse sowie hausgemachten Leckereien.

Little Cheese Shop   KÄSE €
(Karte S. 318; www.thelittlecheeseshop.net; Grey's Ln; ⊗Mo–Fr 9.30–15.30, Sa 10–17 Uhr) In ihrem winzigen Laden verkauft die in der Schweiz ausgebildete Inhaberin Maja Binder aromatische Käsesorten, darunter auch selbst gemachte.

Murphy's   EISCREME €
(Karte S. 318; www.murphysicecream.ie; Strand St; Kugeln ab 3,50 €; ⊗11.30–18 Uhr; ⓦ) Das großartige, in Dingle hergestellte Eis gibt's u. a. in den Geschmacksrichtungen Guinness, Kilbeggan Whiskey, Schwarzbrot, Meersalz, Honigwabe und Minze. Weitere Filialen befinden sich in Killarney und Dublin.

🍷 Ausgehen & Unterhaltung

Hier warten viele Pubs mit einem Unterhaltungsprogramm auf, das im kostenlosen Magazin *West Kerry Live* abgedruckt wird. Es liegt überall in der Stadt aus und ist auch online unter www.dinglenews.com verfügbar.

🅛🅟 John Benny's   PUB
(Karte S. 318; www.johnbennyspub.com; Strand St; Hauptgerichte 10–19 €; ⊗mittags & abends) Ein knisternder, gusseiserner Holzofen, Steinplattenboden, Erinnerungsstücke an den Wänden, herzliche Angestellte und das Fehlen eines nervenden Fernsehers machen dieses traditionelle Pub zu einem der nettesten vor Ort. An den meisten Abenden amüsieren sich hier Einheimische bei traditioneller Musik. Die Barkarte ist die beste der Stadt und enthält z. B. cremige Meeresfrüchtesuppe.

Dick Mack's   PUB
(Karte S. 318; http://dickmacks.homestead.com; Green St) Auf dem Gehweg vor der beliebten und unglaublich von sich selbst überzeugten Kneipe sind die Namen berühmter Gäste eingemeißelt. Altes Holz und Gemütlichkeit beherrschen den Innenraum, der durch seine Beleuchtung wie das Innere einer Whiskeyflasche aussieht. Im Garten dahinter stehen viele Tische und Stühle.

Ladenpubs   PUBS
Einige Pubs in Dingle waren früher Geschäfte, darunter das **Foxy John's** (Karte S. 318; Main St) und das **Curran's** (Karte S. 318; Main St). Beide haben noch ein altes Sortiment an Eisenwaren und Outdoor-Kleidung. Eine überschwängliche Begrüßung darf man von den rauen Einheimischen nicht erwarten.

MacCarthy's   PUB
(Karte S. 318; www.maccarthyspub.com; Goat St) Die ehemalige Bäckerei beherbergt einen der kleinsten Veranstaltungsräume Irlands. Am Wochenende gibt's oft Musik.

Small Bridge Bar   LIVEMUSIK
(Karte S. 318; An Droichead Beag; Lower Main St) Ab 21.30 Uhr sorgt in dem rustikalen Pub bei der Brücke jeden Abend traditionelle Musik für Stimmung.

Blue Zone   JAZZ, PIZZA
(Karte S. 318; Green St; ⊗ab 17.30 Uhr, im Winter Mo geschl.) Eine tolle Kombination aus Jazzbar, Pizzeria und Weinkeller in stimmungsvollen Blau- und Rottönen.

Phoenix Dingle   KINO
(Karte S. 318; Dykegate Ln; www.phoenixdingle.net) In dem gemütlichen, familienbetriebenen Kino werden neue Filme und Arthouse-Streifen gezeigt.

🛍 Shoppen

Neben Fungie-Souvenirs gibt's in einigen Geschäften tolles lokales Kunsthandwerk.

Lisbeth Mulcahy   MODE, HAUSHALTSWAREN
(Karte S. 318; www.lisbethmulachy.com; Green St) An einem 150 Jahre alten Webstuhl entstehen die wunderschönen Schals, Teppiche und Wandbehänge der bekannten Designerin Lisbeth Mulcahy. Sie verkauft auch die Keramikarbeiten ihres Mannes, der sein Atelier bei Louis Mulcahy Pottery (S. 326) westlich von Dingle hat.

An Gailearaí Beag   KUNST, KUNSTHANDWERK
(Karte S. 318; http://gailearaibeag.blogspot.com; Main St) In der kleinen Galerie kümmern

sich oft die Künstler selbst um den Verkauf. Hier werden Arbeiten der West Kerry Craft Guild sowie Keramiken, Gemälde, Holzschnitzereien, Fotos, Batik, Schmuck und Glasmalereien präsentiert.

Brian de Staic SCHMUCK
(Karte S.318; www.briandestaic.com; Green St) Der bekannte lokale Designer Brian de Staic integriert in seine außergewöhnlichen, individuell gefertigten modern-keltischen Stücke Symbole wie den Hill of Tara, Kreuze und Hinkelsteine und stellt auch Schmuck mit Ogham-Schrift her. An sein **Atelier in Dingle** (Karte S.318; The Wood) ist ein Verkaufsladen angeschlossen, außerdem gibt's im Land verteilt eine Handvoll weitere Filialen.

Dingle Record Shop MUSIK
(Karte S.318; www.dinglerecordshop.com; Green St) Unter dem Jazzclub Blue Zone bietet das kleine Geschäft Alben an, die man bisher nicht im Internet runterladen kann. Zum Online-Angebot gehören Podcasts von Stücken, die im Laden aufgenommen wurden.

NU Goldsmith SCHMUCK
(Karte S.318; www.nugoldsmith.com; Green St ⊙Di-Sa) In dieser teuren, aber eleganten kleinen Galerie wird Niamh Utschs origineller Schmuck präsentiert.

❶ Praktische Informationen

Alle Banken auf der Main Street verfügen über Geldautomaten. Die Post befindet sich in einer Seitenstraße der Lower Main Street. Kostenlose Parkplätze gibt's fast im ganzen Ort, am Hafen muss man aber dafür zahlen.

Touristeninformation (Karte S.318; ☏066-915 1188; www.dingle-peninsula.ie; The Pier; ⊙Mo-Sa 9.15-17 Uhr) Hilfreich, aber ziemlich überlaufen. Hier bekommt man Karten, Guides und jede Menge nützliche Informationen über die Halbinsel. Die Buchung von Unterkünften kostet 5 €.

❶ An- & Weiterreise

Bus Éireann (www.buseireann.ie) hält vor dem Parkplatz hinter dem Supermarkt und fährt jeden Tag bis zu sechsmal nach Killarney (12,87 €, 80 Min.) über Tralee (10,53 €, 45 Min.), wo Anschlussbusse nach ganz Irland starten und man alternativ auch den Zug nehmen kann.

❶ Unterwegs vor Ort

Dingle lässt sich wunderbar zu Fuß erkunden. Das Taxiunternehmen **Dingle Co-op Cabs** (☏087 222 5777) bietet Privattouren an.

Bei **Foxy John's** (Karte S.318; ☏066-915 1316; Main St; 12 €/Tag), einem von vielen Fahrradverleihstellen, kann man seinen sportlichen Ehrgeiz auch einfach an den Nagel hängen und ein Pint bestellen.

Westlich von Dingle

Am Ende der Halbinsel verläuft der Slea Head Drive entlang der R559. Hier befindet sich die größte Ansammlung historischer Stätten in ganz Kerry, wenn nicht sogar des ganzen Landes. In den speziellen Führern, die man im An Café Liteártha (S.322) und Dingles Touristeninformation kaufen kann, werden die interessantesten und zugänglichsten Stätten vorgestellt.

Vor allem bei dichtem Nebel wirkt die Landschaft dramatisch. Wer die Strecke im Uhrzeigersinn bereist, genießt die besten Ausblicke. Sie ist zwar nur 50 km lang, trotzdem sollte man für die Fahrt mindestens einen ganzen Tag einplanen.

VENTRY & UMGEBUNG
410 EW.

Das kleine Dorf Ventry (Ceann Trá) 6 km westlich von Dingle liegt idyllisch neben einer breiten Sandbucht. Von hier aus gelangt man auf die ursprünglichen Blasket Islands (Infos zu Bootstouren s. unten).

Ein guter Ausgangspunkt zur Erkundung der Gegend ist das **Ceann Trá Heights** (☏066-915 9866; www.iol.ie/~ventry; EZ 45-55 €, DZ 60-76 €; ⊙März-Okt.; ❘P❘❘❘), eine gemütliche, moderne Pension mit fünf Zimmern und Aussicht auf den Hafen von Ventry (die Nummern 1 und 2 bieten besonders beeindruckende Blicke) sowie einem gemütlichen Aufenthaltsraum samt Kamin.

In der Nähe des Ceann Trá Heights stößt man auf die **Long's Riding Stables** (☏066-915 9723; www.longsriding.com; 1 Std./Tag ab 30/130 €), in denen man Ausritte in die Berge und an den Strand und Reitunterricht (ab 25 € pro Std.) buchen kann.

3 km westlich der Ortschaft präsentiert das **Celtic & Prehistoric Museum** (Karte S.316f.; ☏087-770 3280; www.celticmuseum.com; Kilvicadowney, Ventry; Eintritt 5 €; ⊙Mitte März-Okt. 10-17.30 Uhr) eine eindrucksvolle, über 500 Stücke fassende Sammlung keltischer und prähistorischer Artefakte, darunter der größte Schädel und die größten Stoßzähne eines Wollmammuts weltweit, das 40 000 Jahre alte Skelett eines Höhlenbärs, Wikinger-Schlittschuhe aus Pferdeknochen, Streitäxte aus Stein, Messer aus

Feuerstein und Schmuck. Eigentlich handelt es sich um die Privatsammlung des Besitzers Harry Moore, einem hier lebenden Musiker aus den USA, der auf Nachfrage gerne ein paar keltische Melodien zum Besten gibt. In dem Souvenirshop gibt's allerlei Kurioses, u. a. Fossilien.

SLEA HEAD & DUNMORE HEAD

Slea Head wartet mit wunderschönen Ausblicken auf die Dingle Bay, den Mt. Eagle und die Blasket Islands sowie tollen **Stränden**, Wanderwegen, gut erhaltenen Bauten aus Dingles Vergangenheit wie **Bienenkorbhütten**, Festungen, Steinen mit Inschriften und Kirchenstätten auf. Dunmore Head ist der westlichste Punkt des irischen Festlands; hier liegen die Wracks von zwei 1588 gesunkenen Schiffen der Spanischen Armada.

Das eisenzeitliche **Dunbeg Fort** (Karte S.316f.), eine Vorgebirgsfestung mit vier äußeren Steinmauern, thront auf einer Meerklippe etwa 7 km südwestlich von Ventry an der Straße zum Slea Head. Im Innern der Anlage sind die Reste eines Hauses, eine Bienenstockhütte sowie ein unterirdischer Gang erhalten.

Die **Fahan-Bienenkorbhütten** (Karte S.316f.), zu denen zwei intakte Gebäude gehören, befinden sich 500 m westlich des Dunbeg Fort auf der landeinwärts liegenden Straßenseite.

Wenn die Kassen im Sommer besetzt sind, muss man für die Besichtigung dieser Stätten 2 bis 3 € zahlen.

DUNQUIN

Das kleine Dorf Dunquin unterhalb des Mt. Eagle und des Mt. Croaghmarhin ist eine gute Ausgangsbasis, um auf die Blasket-Inseln zu gelangen. Laut der lokalen Website www.dunchaoin.com ist dies übrigens die Gemeinde, die dichtesten an Amerika grenzt.

Vom **Blasket Centre** (Ionad an Bhlascaoid Mhóir; 066-915 6444; www.heritageireland.ie; Erw./Kind 4/2 €; April-Okt. 10-18 Uhr), einem wunderbaren Infozentrum in einer langen weißen Halle mit deckenhohen Fenstern, genießt man einen schönen Blick auf die Inseln. Neben namhaften Schriftstellern wie John Millington Synge, Autor von *Held der westlichen Welt*, werden auch Blaskets viele Geschichtenerzähler und Musiker vorgestellt. Den eher prosaisch anmutenden praktischen Gegenständen des alltäglichen Insellebens widmen sich Ausstellungen über Schiffsbau und Fischfang. Außerdem befinden sich hier ein Café mit Blick auf die Inseln und ein Buchladen.

Europas westlichste Jugendherberge, das **Dunquin Hostel** (066-915 6121; www.anoige.ie; B 15-18,50 €, 2BZ 42 €; März-Okt.; P), besticht durch ihre traumhafte Lage am Wasser in der Nähe des Blasket Centre und des Dunquin Pier. Die separaten Zimmer und die kleineren Schlafsäle haben jeweils eigene Bäder.

Das senfgelbe **De Mórdha B&B** (066-915 6276; www.demordha.com; DZ ab 60 €;) bietet alle modernen Annehmlichkeiten und ein tolles Panorama. Bis zum Pub ist es weniger als 1 km.

An Portán (066-915 6212; www.anportan.com; Hauptgerichte 12-25 €; Ostern-Sept.) serviert traditionelle irische, international aufgepeppte Gerichte. In einem separaten Gästehaus sind große, aber recht schmucklose Zimmer untergebracht.

BLASKET ISLANDS

5 km vor der Küste ragen die westlichsten Inseln Irlands (Na Blascaodaí) aus dem Atlantik. Mit 6 km Länge und 1,2 km Breite ist **Great Blasket** (An Blascaod Mór) das größte und meistbesuchte Eiland und genügend für anstrengende **Wanderungen** (eine wird in Kevin Corcorans *Kerry Walks* beschrieben). Alle Blasket-Inseln waren irgendwann einmal bewohnt; einige Funde beweisen sogar, dass auf Great Blasket schon in der Eisen- und frühchristlichen Zeit Menschen lebten. Die letzten Inselbewohner verließen ihre abgeschiedene Heimat 1953, nachdem sie und die Regierung sich einig waren, dass es sich nicht länger lohnte, unter solch harten Bedingungen zu hausen. Und doch verbringt hier der eine oder andere Hartgesottene einen Großteil des Jahres.

Auf den Inseln gibt's keine Campingeinrichtungen.

Boote verkehren in der Regel von Ostern bis September, allerdings nur, wenn es das Wetter zulässt (die saisonbedingten Abfahrtszeiten erfährt man übers Telefon): **Blasket Island Ferries** (066-915 1344, 066-915 6422; www.blasketisland.com; Erw./Kind 20/10 €) Für die Fahrt vom Hafen in Dunquin brauchen die Boote 20 Minuten. Eine Ökotour auf der Insel kostet 15 € extra. **Blasket Islands Eco Marine Tours** (066-915 4864, 087 231 6131; www.marinetours.ie; Morgen-/Nachmittags-/Tagestour 25/ 35/40 €) bietet Ökotouren ab dem Hafen von Ventry an.

Dingle Marine & Leisure (066-915 1344, 087 672 6100; www.dinglebaycharters.com; Fähre Erw./Kind hin & zurück 30/15 €, 3-stündige Inseltour 40/15 €) Die Fähren legen an der Marina in Dingle ab und benötigen 45 Minuten.

CLOGHER HEAD & BALLYFERRITER

Wer die Fahrt nördlich von Dunquin fortsetzt, sollte am **Clogher Head** halten, wo ein kurzer Spazierweg zum Gipfel führt. Von dort oben blickt man auf einen perfekten kleinen Strand in Clogher. **Seehunde** und andere Säugetiere, deren dicke Fettschicht vor kaltem Wasser schützt, legen hier gerne ein Päuschen ein.

Folgt man der Straße weitere 500 m, gelangt man zur Kreuzung in **Clogher**. An dieser Stelle verlässt man die Ringstraße und geht einen schmalen befestigten Weg hinunter zum **Strand**. Die unablässige wilde Brandung ist berauschend.

Zurück auf der Ringstraße fährt man bis nach **Ballyferriter** (Baile an Fheirtearaigh) im Inland. Der Ort wurde nach dem Poeten und Soldaten Piaras Ferriter benannt, der beim Aufstand von 1641 als lokaler Anführer emporstieg und sich als letzter Kommandeur von Kerry Cromwells Truppen ergab. Die gesamte Landschaft ist ein felsiger Patchworkteppich aus verschiedenen Grüntönen, durchzogen von kilometerlangen alten Steinmauern.

Im Ort selbst befindet sich das in einem alten Schulhaus aus dem 19. Jh. untergebrachte **Dingle Peninsula Museum** (Músaem Chorca Dhuibhne; 066-915 6100; www.westkerrymuseum.com; Eintritt 3,50 €; Juni–Sept. 10–17 Uhr, ansonsten nach Vereinbarung) mit Exponaten zur Archäologie und Ökologie der Halbinsel. Auf der anderen Straßenseite steht eine einsame, von Laubflechten bedeckte Kirche.

In der **Louis Mulcahy Pottery** (066-915 6229; Clogher; Mo–Fr 9–17.30, Sa & So 10–17.30 Uhr) gibt's moderne Tonwaren und Workshops (vorab buchen!), bei denen sich Teilnehmer selbst an der Töpferscheibe versuchen können. Unten serviert das **Café** (Gerichte 3–10 €) Sandwiches mit Biolachs und Dingle-Käse.

2,5 km nordöstlich der Ferriter's Cove stößt man auf das **Dún an Óir Fort** (Karte S.316 f.; Fort of Gold), Schauplatz eines grauenhaften Massakers während des irischen Aufstands von 1580 gegen die Engländer. Die Festung wurde von Sir James Fitzmaurice erbaut, dem eine internationale Brigade von Italienern, Spaniern und Basken unterstand. Am 7. November griffen sie englische Truppen unter Lord Grey an; nach drei Tagen ergaben sich die Belagerten. Von der Burg sind nur einige grasbewachsene Überreste erhalten, trotzdem ist dies ein schöner, relativ geschützter Ort mit Blick auf den Hafen von Smerwick und mit ruhigem Wasser, das sehr viel weniger bedrohlich wirkt als an der Westseite. Die Ruine liegt 2,5 km nördlich von Ballyferriter in der Nähe des Beal-Bán-Strandes.

Zu den Überbleibseln der **Klostersiedlung Riasc** (Karte S.318) aus dem 5. oder 6. Jh., eine der beeindruckendsten, aber auch unheimlichsten Stätten der Halbinsel, gehört eine Säule mit wunderschönen keltischen Verzierungen. Ausgrabungen brachten die Grundmauern eines Oratoriums (das zuerst aus Holz, später aus Stein errichtet worden war), einen Ofen zum Trocknen von Getreide und einen Friedhof zutage. Die Ruinen befinden sich etwa 2 km östlich von Ballyferriter an der schmalen Straße abseits der R559 (den Hinweisschildern zum „Mainistir Riaisc" folgen).

Wer nicht den ganzen Ring an einem Tag abfahren möchte oder einen guten Ausgangspunkt für Erkundungstouren zu Fuß braucht, kommt im **An Speíce** (066-915 6254; www.anspeice.com; Ballyferriter; EZ/DZ 40/66 €; Feb.–Nov.) unter. Die vier sonnigen Zimmer dieser Bleibe sind modern eingerichtet und würden wohl die meisten Besitzer von B&Bs in Erstaunen versetzen: Wo sind die knallbunten Muster? Die nicht zueinanderpassende Wäsche? Die Farben, die man heute sonst nur noch auf rostigen 70er-Jahre-Armaturen findet?

Wenn man vorher fragt, darf man umsonst bei der Ferriter's Cove zelten; es gibt allerdings keinerlei Einrichtungen.

GALLARUS CASTLE & ORATORY

Zu den wenigen erhaltenen Burgen der Dingle Peninsula gehört auch das **Gallarus Castle** (087 249 7034; www.heritageireland.ie; Erw./Kind 3 €/frei; Juni–Aug. 10–18 Uhr), das rund um das 15. Jh. von den FitzGeralds errichtet wurde. Führungen müssen im Voraus übers Telefon gebucht werden. Direkt vor Ort gibt's keinerlei Parkmöglichkeiten.

Das aus Trockenstein erbaute **Gallarus Oratory** (066-915 6444; www.heritageireland.ie; Eintritt frei; Juni–Aug. 10–18 Uhr) bietet einen beeindruckenden Anblick und steht bereits seit 1200 Jahren einsam unterhalb der braunen Hügel. Bisher trotzte es Wind und Wetter (von dem leicht eingesunkenen Dach mal abgesehen). Spuren von Mörtel weisen darauf hin, dass die Innen- und Außenmauern möglicherweise verputzt wurden. Auf der Westseite befindet sich ein Eingang, der wie ein umgedrehtes Boot geformt ist, und auf der Ostseite sieht man ein rundes Fenster. Im Inneren des Eingangs ragen zwei Steine mit Löchern heraus, an denen einst die Tür aufgehängt war.

Beim Oratorium können nur wenige Autos parken, zudem ist im Sommer meist die Hölle los. Beim nahe gelegenen **Besucherzentrum** (066-915 5333; Erw./Kind 3 €/frei; Juni–Aug. 9–21 Uhr, Feb.–Mai & Sept.–10. Nov. 10–18 Uhr), das eine 15-minütige audiovisuelle Vorführung zeigt, stößt man auf einen Privatparkplatz.

Burg und Oratorium sind ab der R559 etwa 2 km hinter der Ausfahrt zur Klostersiedlung Riasc ausgeschildert.

BALLYDAVID

2 km vom Gallarus Castle und dem Oratorium befindet sich diese kleine Siedlung in schöner Lage oberhalb einer geschützten Bucht und eines alten Wellenbrechers der Küstenwache. Unweit davon erstreckt sich Europas westlichster Campingplatz, **Oratory House Camping** (Campaíl Teach An Aragail; 066-915 5143; www.dingleactivities.com; Gallarus; Stellplätze ab 18 €; April–Mitte Sept.; P). Er gilt auch als gute Infoquelle für die Region und viele Aktivitäten wie Wanderungen.

Im **Tigh TP** (066-915 5300; www.tigh-tp.ie; Hauptgerichte 8–15 €) kann man ein Pint direkt am Wasser genießen. Direkt daneben verfügt die **Coast Guard Lodge** (DZ 75 €, bei mehreren Nächten je 50 €) über sechs karg ausgestattete Zimmer für drei bis vier Personen mit Privatbädern sowie eine Gästeküche.

Connor Pass

Mit 456 m ist der Connor (oder Conor) Pass Irlands höchster Gebirgspass. An nebligen Tagen sieht man lediglich ein Stück des Weges vor sich, bei schönem Wetter bieten sich jedoch großartige Ausblicke auf den Hafen von Dingle im Süden und den Mt. Brandon im Norden. Die Straße ist in gutem Zustand, allerdings sehr eng und steil und für Busse sowie Lastwagen gesperrt.

Vom Parkplatz auf dem Gipfel genießt man einen herrlichen Blick auf zwei Seen im felsenübersäten Tal und Überreste von Mauern und alten Hütten. Bei gutem Wetter lohnt sich der zehnminütige Aufstieg zum Gipfel allemal. Das tolle Bergpanorama lockt auch Kletterer an.

Auf dem Rad nimmt man sich den Gebirgspass am besten von Nordosten nach Südwesten vor. So steht zuerst der engste und steilste Abschnitt an, danach folgt die weniger steile und breitere Straße nach Dingle.

Im Norden der Halbinsel

Bei Kilcummin führt ein Weg in westlicher Richtung zu den ruhigen Dörfern Cloghane und Brandon sowie zum Brandon Point mit Blick über die Brandon Bay.

CLOGHANE & UMGEBUNG
280 ERW.

Cloghane (An Clochán) ist eine weitere kleine Schönheit der Halbinsel. Die netten Pubs und Unterkünfte des Dorfes sind zwischen dem Mt. Brandon und der Brandon Bay zu finden. Sie bieten eine wunderbare Aussicht übers Meer bis zu den Stradbally Mountains.

Sehenswertes & Aktivitäten

Beliebtes Ziel vieler Wanderer ist der 951 m hohe **Mt. Brandon** (Cnoc Bhréannain), Irlands achthöchster Berg. Wem der Ausflug zu anstrengend ist, der kann sich einen der vielen Küstenwege vornehmen.

Brandon's Point AUSSICHTSPUNKT
Die 5 km lange Fahrt von Cloghane zum Brandon's Point führt über eine enge einspurige Straße, an deren Ende Klippen mit Blick nach Norden und Osten liegen. Hier ziehen Schafe über die zerklüfteten Felsen – scheinbar ohne zu merken, auf welch gefährlichem Terrain sie sich befinden.

St. Brendan's Church KIRCHE
Diese stille Kirche verfügt über ein Buntglasfenster, auf dem das Gallarus Oratory und die Kathedrale von Ardfert abgebildet sind.

Feste & Events

Lughnasa ERNTEFEST
(Ende Juli) Am letzten Juli-Wochenende wird das uralte keltische Erntefest Lughnasa gefeiert. Zu diesem Anlass gibt's im Dorf und auf dem Gipfel des Mt. Brandon Veranstaltungen und Freudenfeuer.

Brandon Regatta BOOTSRENNEN
(Ende Aug.) Traditionelles *currach*-Kanu-Rennen.

🛌 Schlafen & Essen

Mount Brandon Hostel HOSTEL €
(☏ 066-713 8299; www.mountbrandonhostel.com; B/EZ/2BZ 17/30/36 €; ⊙ März–Jan.; 🅿 @ 🐾) Ein kleines, einfaches Hostel mit gewienerten Holzböden und Möbeln sowie einem Innenhof samt Blick auf die Bucht. Zur Auswahl stehen Zimmer mit En-suite-Bädern und ein Apartment für bis zu vier Personen (Mindestaufenthalt: 2 Nächte). Das Serviceangebot umfasst Kinderbetten und Hochstühle. In direkter Nachbarschaft befindet sich ein kirschrotes traditionelles Pub namens O'Donnell's.

O'Connors PUB, B&B €€
(☏ 066-713 8113; www.cloghane.com; EZ/DZ 45/80 €; @ 🛜) Wer sich ein Zimmer oder einen Tisch in diesem herzlichen Dorfpub sichern will, sollte rechtzeitig buchen. Die Gerichte (Hauptgerichte 14–21 €; ⊙ abends) wie Lachs oder Steak werden mit lokalen Produkten zubereitet. Besitzer Michael weiß jede Menge über die Region und kann außerdem erklären, warum vor der Kneipe ein Flugzeugmotor liegt.

❶ Praktische Informationen

Der Laden und das Postamt unweit des Hostels und des Pubs halten Besucherinfos bereit, z. B. zu Spazier- und Wanderwegen.

CASTLEGREGORY & UMGEBUNG
950 EW.

Früher einmal war Castlegregory (Caislean an Ghriare) ein ebenso bedeutendes Geschäftszentrum wie das Städtchen Tralee. Heute ist es nur noch ein kleines Dorf mit einer hübschen Kulisse (oft verschneite Berge im Süden). Ein Nachteil davon ist leider die steigende Anzahl an spießbürgerlichen Ferienhäusern.

Das ändert sich jedoch, wenn man die Sandstraße entlang über eine breite Landzunge zwischen Tralee Bay und Brandon Bay zum Rough Point fährt. Dort oben wird die Halbinsel zur reinsten Spielwiese. Weil ihr der Ruf als Hotspot zum Windsurfen nicht reicht, werden hier immer wieder neuere Sportarten wie Wavesailing und Kitesurfing eingeführt. Taucher entdecken bei ihren Ausflügen eventuell Grindwale, Orkas, Sonnenbarsche und Delfine.

🏃 Aktivitäten

Die Auswahl an Wind- und Wassersportaktivitäten ist groß und die hervorragende Sicht unter Wasser macht diesen Ort zu einem der besten Tauchspots des Landes. Wer lieber an Land bleibt, kann die Seen und Wälder der Umgebung erkunden.

GRATIS Glanteenassig Forest Recreation Area SEEN, WÄLDER
(www.coillte.ie; ⊙ Mai–Aug. 7–22 Uhr, Sept.–April 9–18 Uhr) Östlich von Castlegregory erstreckt sich dieses wenig besuchte, 450 ha große Schutzgebiet mit Wäldern, Bergen, Sumpfland und zwei Seen. Der höher gelegene ist direkt mit dem Auto zu erreichen und wird von einem Plankenweg eingefasst, der für Kinderwagen und Rollstühle allerdings zu eng ist. Achtung: Wer das Gelände nach Öffnungsschluss verlässt, muss für das Aufschließen des Eingangstors eine Gebühr zahlen. Das Reservat ist 7 km südlich von Castlegregory sowie 7 km westlich von Aughacasla an der nördlichen Küstenstraße (die R560), eine Verbindung zur N86 nach Tralee, ausgeschildert.

Waterworld TAUCHEN
(☏ 066-713 9292; www.waterworld.ie; Tauchgang mit Druckluftflasche inkl. Ausrüstung 45 €) Professionelles Tauchgeschäft im Harbour House (s. unten).

Jamie Knox Watersports WASSERSPORT
(☏ 066-713 9411; www.jamieknox.com; Brandon Bay) Verleiht Surf-, Windsurf- und Kitesurfausrüstung sowie Kanus und Tretboote und bietet Kurse an, z. B. für Surfanfänger (45 €). Nach den auffallenden gelben Anhängern Ausschau halten.

🛌 Schlafen & Essen

LP TIPP Harbour House HOTEL €€
(☏ 066-713 9292; www.maharees.ie; Scraggane Pier; EZ/DZ ab 40/80 €; 🅿 ⚲ 🛜 🐾) In eindrucksvoller Lage mit Blick auf die Maharees Islands sowie mit 15 komfortablen, modernen Zimmer und dem bezaubernden Haushund Lucy versprüht dieses ausgezeichnete familienbetriebene Hotel eine gemütliche Atmosphäre. Weil hier das Waterworld-Tauchzentrum untergebracht ist, wird der Pool auch für Tauchkurse genutzt. Die Inhaber haben ein eigenes Fischerboot sowie einen Gemüsegarten und liefern so superfrische Zutaten für ihr exzellentes, erstaunlich günstiges Islands Seafood Restaurant (Hauptgerichte 6–15 €; ⊙ abends). Das Harbour House liegt 5 km nördlich von Castlegregory am Ende der Halbinsel.

Seven Hogs IRISCH €€
(☏ 066-713 9719; www.sevenhogs.ie; Aughacasla; Hauptgerichte 15–20 €; EZ/DZ 40/50 €; ⊙ mittags & abends; 🛜 🐾) Das apricotfarbene Ge-

bäude oberhalb der nördlichen Küstenstraße R560 verfügt über einen großen Speiseraum mit Steinkamin und Bücherregalen, in dem Gourmetburger, hausgemachte Pommes frites und Meeresfrüchte serviert werden. Außerdem gibt's gemütliche B&B-Zimmer.

O'Donnell's Old Ship Inn PUB €€
(087 143 8011; W Main St, Castlegregory; DZ 80 €; P) Die Gästezimmer des maritimen B&B sind modern und elegant (jede Menge poliertes Holz) und das **Gastropub** (Hauptgerichte 15-24 €; abends) bietet schlicht zubereitete lokale Meeresfrüchte sowie Fleischgerichte an – die handgeschriebene Speisekarte ist allerdings nicht leicht zu entziffern. Nach dem Essen kann man in der zugehörigen Bar noch etwas trinken.

Spillane's FISCH & MEERESFRÜCHTE €€
(066-713 9125; www.spillanesbar.com; Fahamore; Bar Hauptgerichte 7,50-14,50 €, Hauptgerichte 11,50-23,50 €; abends) Wer an einem der Tische draußen Platz nimmt, genießt einen Blick über Strand, Bucht und Berge. Spezialität des gemütlichen Restaurants sind Meeresfrüchte, während in der Bar Pints sowie leckere Pizzas und Burger auf der Karte stehen.

NÖRDLICHES KERRY

Verglichen mit dem grandiosen Ring of Kerry, der Dingle-Halbinsel sowie Killarney und Kenmare kommt der nördliche Teil des Countys eher unspektakulär daher. Dennoch laden hier einige interessante Orte zum Verweilen ein. In Tralee gibt's ein tolles Museum, zudem lohnen Ballybunion und die stürmischen Strände südlich der Shannon-Mündung einen Besuch.

Tralee

22 100 EW.

Kerrys Hauptstadt hat einige gute Restaurants, Bars und ein tolles Museum, allerdings kümmern sich die bodenständigen Einheimischen lieber um ihr alltägliches Leben als um den Tourismus. Bei einem Bummel durch den Ort stößt man deshalb auch nicht an jeder Ecke auf typisch irische Souvenirs.

1216 von den Normannen gegründet, blickt Tralee auf eine lange Geschichte der Rebellion zurück. Im 16. Jh. wurde hier der letzte herrschende Earl of Desmond gefangen genommen und hingerichtet. Seinen Kopf überbrachte man Elizabeth I., die ihn auf der London Bridge zur Schau stellen ließ. An der Kreuzung Denny Street und Mall befand sich einst das Desmond Castle, doch während der Zeit Cromwells wurden alle Spuren der mittelalterlichen Vergangenheit ausgelöscht.

Zu den ältesten Gebieten in der Stadt gehören die elegante Denny Street und der Day Place mit ihren Gebäuden aus dem 18. Jh. Südlich der Mall erstreckt sich ein angenehm offener und modern gestalteter Platz.

Sehenswertes & Aktivitäten

Kerry County Museum MUSEUM
(Karte S. 330; 066-712 7777; Denny St; Erw./Kind 5 €/frei; 9.30-17.30 Uhr) Das Kerry County Museum in der neoklassizistischen Ashe Memorial Hall überzeugt mit hervorragenden interaktiven Ausstellungen über historische Ereignisse und Entwicklungen in der Grafschaft sowie ganz Irland. Durch die **Medieval Experience** erwacht der einstige Alltag in Tralee um 1450 zum Leben (inklusive der Gerüche); manches wirkt wie eine Horrorvision von Monty Python. Besonders Kinder laufen begeistert durch die mittelalterlichen Straßen. Erläuterungen sind in mehreren Sprachen zu hören. Im **Tom Crean Room** wird der gleichnamige Lokalheld gefeiert, ein Entdecker aus dem frühen 20. Jh., der Scott und Shackleton auf langen Antarktisexpeditionen begleitete.

Blennerville Windmill & Besucherzentrum WINDMÜHLE
(Karte S. 330; Besucherzentrum 066-712 1064; Erw./Kind 5/3 €; Juni-Aug. 9-18 Uhr, April-Mai & Sept.-Okt. 9.30-17.30 Uhr) Blennerville, von Tralee etwa 1 km südwestlich auf der N86 Richtung Dingle entfernt, war früher der wichtigste Hafen der Stadt, ist aber inzwischen lange ungenutzt. Eine restaurierte **Windmühle** aus dem 19. Jh. gilt als größtes noch betriebenes Bauwerk seiner Art in Irland und Großbritannien. Das zugehörige moderne **Besucherzentrum** präsentiert eine Ausstellung über das Getreidemahlen und Tausende von Auswanderern (inkl. einer Datenbank mit allen Namen), die im damals größten Anlegeplatz von Kerry an Bord der sogenannten *coffin ships* (Sargschiffe) gingen. Eine 30-minütige Führung durch die Mühle ist im Eintrittspreis enthalten.

Tralee

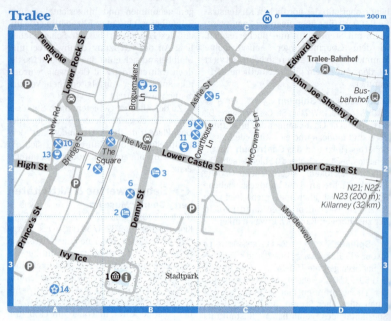

Tralee

⦿ Sehenswertes
1. Kerry County Museum B3

🛌 Schlafen
2. Finnegan's Holiday Hostel B2
3. Grand Hotel B2

🍽 Essen
4. Aines Café & Wine Bar B2
5. Chopin's Café C1
6. Denny Lane Café B2
7. Bauernmarkt A2
8. French Flair B2
9. Genting Thai C2
10. Manna Organic Store A2

🍸 Ausgehen
11. Baily's Corner B2
12. Roundy's B1
13. Séan Óg's A2

🎭 Unterhaltung
14. Siamsa Tíre A3

Dampfeisenbahn & Lee Valley Eco Park
EISENBAHN, PARK

Von 1891 bis 1953 waren Tralee und Dingle durch eine Schmalspur-Dampfeisenbahn verbunden. Nun wurde zwischen Tralee und Blennerville ein 3 km langer Abschnitt restauriert, der durch den 10 ha großen Lee Valley Eco Park verläuft. Letzterer war bei Redaktionsschluss noch nicht ganz fertig, wird Besucher aber bald mit Wander- und Radwegen, einem Wildpark, einem See mit Fischen und einem Umweltschutz-Besucherzentrum erfreuen. Die Eisenbahnlinie soll Mitte 2012 wiedereröffnet werden. Aktuelles erfährt man in der Touristeninfo.

Hibernia Adventures
OUTDOOR-AKTIVITÄTEN

(☏066-713 6300; www.hiberniaadventures.com) In den Sommermonaten (meistens im Juli und August) organisiert Hibernia ab Tralee und Killarney geführte Touren (ab 95 €) zu der Dingle Peninsula und dem Ring of Kerry mit Aktivitäten wie Schnellboot- sowie Kajakfahrenfahren, Felsklettern, Mountainbiken und Reiten.

🎉 Feste & Events

Rose of Tralee SCHÖNHEITSWETTBEWERB

(www.roseoftralee.ie; ⊙Aug.) Bei diesem Schönheitswettbewerb können Irinnen und Frauen irischer Abstammung aus der ganzen

Welt teilnehmen. Begleitet werden die „roses" von „escorts", unverheirateten Männern, die sich ebenfalls einer Jury stellen müssen. Die fünftägige Veranstaltung ist mehr als eine einfache Misswahl und findet ihren krönenden Abschluss in einem Ball sowie der „midnight madness"-Parade, der von der frisch gekürten Rose of Tralee angeführt und von Feuerwerk begleitet wird. Darüber hinaus gehört eine Modenschau zum Programm. Wer sich Chancen auf den Titel ausrechnet, kann sich die Bewerbungsunterlagen herunterladen.

Kerry Film Festival FILMFEST
(www.kerryfilmfestival.com; ⊗Ende Okt./Anfang Nov.) Das achttägige Festival wird von der lokalen Künstlergruppe **Samhlaiocht** (www.samhlaiocht.com) veranstaltet, die auch Ausstellungen organisiert.

Schlafen

In der Denny Street gibt's Unterkünfte aller Preiskategorien.

Meadowlands Hotel HOTEL €€
(außerhalb der Karte S. 330; ☎066-718 0444; www.meadowlandshotel.com; Oakpark; DZ 90–110 €; P@🛜🍴) Nicht weit vom Zentrum entfernt und doch in angenehm ruhiger Lage wartet dieses Vier-Sterne-Hotel mit einem erstaunlich romantischen Ambiente, einer Bar und einem Restaurant auf. Die Zimmer sind in herbstlichen Tönen gehalten und der Service ist professionell. Das gehobene **Restaurant** (3-Gänge-Menü 32 €; ⊗abends), in dem z. B. Ente mit Waldbeeren und Ingwer serviert wird, und die nette **Bar** (Gerichte 12–21,50 €; ⊗mittags & abends) ziehen sowohl Einheimische als auch Touristen an.

Grand Hotel HOTEL €€
(Karte S. 330; ☎066-712 1499; www.grandhoteltralee.com; Denny St; EZ 70–105 €, DZ 99–180 €; P@🛜🍴) Das 1928 errichtete und nachts prächtig beleuchtete Hotel ist so großartig, wie es sein Name verspricht. Es verfügt über hübsche Gemeinschaftsräume und 44 stilvoll eingerichtete Zimmer.

Finnegan's Holiday Hostel HOSTEL, B&B €
(Karte S. 330; ☎066-712 7610; www.finneganshostel.com; 17 Denny St; B/DZ ab 12/40 €; @🛜) Hinter einer eleganten georgianischen Fassade verbirgt sich eine freundliche Unterkunft. Der Prunk im Inneren ist zwar längst verblasst, aber dafür gibt's hier eine große Küche und eine Lounge. Alle Schlafsäle sind nach irischen Schriftstellern benannt und verfügen über Bäder, ebenso wie die Einzelzimmer. Das Frühstück kostet 5 €.

Essen

French Flair FRANZÖSISCH €€
(Karte S. 330; ☎066-711 8315; 6 Courthouse Lane; Gerichte 4–10 €; ⊗Mo–Sa morgens & mittags, Do–Sa abends) Gaumenfreuden wie knusprige Crêpes, köstliche Quiche sowie *tartiflette* (französisches Auflaufgericht mit Kartoffeln, Speck und geschmolzenem Reblochon) und die charmante Kulisse sorgen für ein authentisches Frankreich-Flair.

Genting Thai THAILÄNDISCH €€
(Karte S. 330; ☎066-719 4285; 11 Courthouse Lane; Hauptgerichte 8–14 €; ⊗Mo–Sa abends, So mittags & abends) Neben ein paar chinesischen Gerichten wird in dem großartigen kleinen Bistro perfekt gewürzte Thai-Küche serviert, darunter zahlreiche scharfe Speisen.

Chopin's Cafe CAFÉ €
(Karte S. 330; 8 Ashe St; Hauptgerichte 8,50–12 €; ⊗morgens & mittags; 🍴) Auf der Karte des winzigen roten Cafés stehen typische irische Spezialitäten wie Speck und Kohl mit weißer Soße und gebackener Kabeljau sowie internationale Gerichte wie hausgemachte Burger mit Rind und Zwiebeln, Frittata und Lasagne.

Denny Lane Cafe CAFÉ €
(Karte S. 330; ☎066-719 4319; Denny Lane; Hauptgerichte 13–23,50 €; ⊗Mo–Sa morgens & mittags; 🍴) Eine schmale Gasse führt zu dem modernen Café, das Snacks wie gefüllte Kartoffeln und Salat mit warmem Brie sowie sättigendere Speisen wie Lendensteaks serviert.

Aines Cafe & Wine Bar CAFÉ €
(Karte S. 330; ☎066-718 5388; The Square; Gerichte 4,50–7,50 €; ⊗morgens & mittags; 🍴) Das gemütliche Café mit Elvis-Presley-Musik und Audrey-Hepburn-Postern ist nur tagsüber geöffnet. Auf dem Platz vor dem Laden spielen oft einige Kinder Fußball.

Bauernmarkt MARKT €
(Karte S. 330; The Square; ⊗Sa 10–16 Uhr) Tralees Bauernmarkt findet an unterschiedlichen Tagen auf dem Hauptplatz statt. Samstags ist hier am meisten los.

Manna Organic Store BIO €
(Karte S. 330; ☎066-711 8501; New Rd; ⊗Mo–Sa 8–18 Uhr Obst, Gemüse und weitere

Lebensmittel aus biologischem Anbau sowie Wohlfühlkosmetik. Auf den Fensterbänken wächst Weizengras.

Ausgehen & Unterhaltung

In der Castle Street gibt's zahlreiche kommerzielle Pubs, die oft auch Konzerte im Programm haben. Darüber hinaus befinden sich am Square einige nette Café-Bars, in denen man locker einen ganzen Nachmittag verbringen und wunderbar andere Leute beobachten kann.

Roundy's BAR
(Karte S. 330; 5 Broguemakers Lane; ⊙ab 17 Uhr) Hier wurde mit viel Kreativität ein Reihenhaus samt Baum im Innenhof in eine kleine und sehr coole Bar mit aktueller Musik, regelmäßigen Old-School-DJ-Nächten und Livebands verwandelt. An der Bar gibt's kostenloses Fingerfood.

Baily's Corner PUB
(Karte S. 330; Lower Castle St) Mit seinen tollen traditionellen Sessions zieht das Baily's Corner zahlreiche Besucher an. An den meisten Wochenenden im Sommer sowie einigen Abenden unter der Woche während des restlichen Jahres treten im Pub lokale Künstler mit ihren eigenen Kompositionen auf.

Seán Óg's PUB
(Karte S. 330; Bridge St) Im Sommer von Sonntag bis Donnerstag und auch an einigen Abenden außerhalb der Saison wird in dieser lauten und launigen Kneipe traditionelle Musik gespielt.

Siamsa Tíre THEATER
(Karte S. 330; ⌘066-712 3055; www.siamsatire.com; Town Park; Karten 15–30 € pro Pers.; Kartenverkauf ⊙Mo-Sa 9–18 Uhr) Das National Folk Theatre Siamsa Tíre belebt die irische Kultur durch Lied, Tanz, Theater und Pantomime. Vorstellungen finden von Mai bis September mehrmals wöchentlich um 20.30 Uhr statt. Im Winter stehen Tanz, Schauspiel und bekannte Musicals auf dem Programm.

Praktische Informationen

In der Castle Street gibt's mehrere Banken mit Geldautomaten.

Post (Edward St)

Touristeninformation (⌘066-712 1288; Denny St; ⊙Juli & Aug. 8–18 Uhr, Sept.–Juni Mo–Sa 9–17 Uhr) Befindet sich unterhalb des Kerry County Museum.

Tralee General Hospital (⌘066-712 6222; Boherbee) Mit Unfall- und Notaufnahme.

An- & Weiterreise

Bus Éireann (⌘066-716 4700; www.buseireann.ie) bietet ab dem **Busbahnhof** (neben dem Bahnhof östlich des Stadtzentrums) acht tägliche Verbindungen nach Dublin (22,95 €, 6 Std.) an. Die Busse fahren über Listowel (6,84 €, 30 Min.) und man muss in Limerick (15,75 €, 2 Std.) umsteigen. Außerdem geht's jede Stunde nach Waterford (22,95 €, 5½ Std.), Killarney (7,83 €, 40 Min.) und Cork (16,65 €, 2½ Std.).

Irish Rail (⌘066-712 3522; www.irishrail.ie) verkehrt dreimal pro Tag auf direktem Weg nach Cork (26,50 €, 2¼ Std.), neunmal nach Killarney (9,50 €, 45 Min.) und einmal nach Dublin (37 €, 4 Std.). Einige weitere Züge steuern Mallow an, wo man umsteigen muss.

Unterwegs vor Ort

An der Mall warten mehrere Taxis. Stehen hier keine Wagen bereit, kann man es bei **Jackie Power Tours & Cabs** (⌘066-712 6300; 2 Lower Rock St) versuchen. **Tralee Gas & Bicycle Supplies** (⌘066-712 2018; Strand St) verleiht Fahrräder für 15 € pro Tag.

Rund um Tralee

Östlich der Stadt erstrecken sich einige der schönsten Höhlen des Landes. Richtung Westen gelangt man zum winzigen Fischerdorf Spa und zum Hafen von Fenit, Richtung Nordosten zu Ardferts mittelalterlicher Kathedrale.

CRAG CAVE
Diese **Höhle** (⌘066-714 1244; www.cragcave.com; Castleisland; Erw./Kind 12/5 €; ⊙Juli & Aug. 10–18.30 Uhr, März–Juni Do–Di 10–18 Uhr, Sept.–Dez. 10–18 Uhr, Jan. & Feb. Führungen telefonisch erfragen) wurde erst 1983 entdeckt, als man wegen einer Wasserverschmutzung nach der Quelle des örtlichen Flusses suchen musste. Seit 1989 kann man im Rahmen einer 30-minütigen Führung die ersten 300 m der 4 km langen Höhle besichtigen, zu deren bemerkenswerten Felsformationen ein Stalagmit gehört, der an eine Madonnenfigur erinnern soll (allerdings liegt das im Auge des Betrachters). Es gibt hier einen Spielplatz, ein Restaurant und natürlich einen Souvenirladen.

Die Crag Cave befindet sich 18 km östlich von Tralee und ist ab Castleisland sowie ab der N21-Strecke von Abbeyfeale nach Castleisland ausgeschildert. Castleisland erreicht man von Tralee und Killarney aus problemlos mit dem Bus.

SPA & FENIT
435 EW.

7 km westlich von Tralee liegt eine kleine Siedlung namens Spa, auf manchen Karten als „The Spa" bezeichnet. Nach weiteren 6 km gelangt man nach Fenit.

Fenits irischer Name An Fhianait bedeutet so viel wie „Wilder Ort". Obwohl das abgeschiedene Dorf winzig ist, entstand hier wegen seiner Atlantiknähe ein beachtlicher Fischer- und Jachthafen. Außerdem gibt's in der Gegend einige hervorragende Fischrestaurants.

West End Bar & Bistro
FISCH & MEERESFRÜCHTE €€

(066-713 6246; Fenit; www.westendfenit.ie; Fenit; DZ 60–70 €, Hauptgerichte 10–20 €; Restaurant mittags & abends; P) Die weiß getünchte Bar wird bereits in fünfter Generation betrieben und ist vor Ort eine echte Institution. Hier werden köstliche Meeresfrüchte, z. B. mit Krebsfleisch von der Tralee Bay belegte Sandwiches, sowie Fleischgerichte aus regionalen Zutaten serviert. Die zehn Gästezimmer haben eigene Bäder, zudem ist im Preis ein herzhaftes Frühstück inbegriffen.

Spa Seafoods Cafe
FEINKOSTLADEN, CAFÉ €€

(066-713 6164; Spa; Hauptgerichte 5,50–15 €; Di-So morgens & mittags) In dem modernen Glasbau gegenüber der Oyster Tavern sind ein hervorragender Feinkostladen mit frischen Meeresfrüchten und Gewürzen und ein hübsches Café untergebracht. Zur kleinen, aber feinen Auswahl des Letzteren gehören Tarte aus selbst geräuchertem Schellfisch und Spinat sowie gedünstete Venusmuscheln mit Sherry und iberischem Schinken.

Oyster Tavern
FISCH & MEERESFRÜCHTE €€€

(066-713 6102; Spa; Hauptgerichte 14–28 €; tgl. abends, So mittags;) Gäste dieses erstklassigen Restaurants dürfen sich über gegrillten Atlantiklachs, gebratene Krebsscheren vom Kerry Head sowie Scampi und Hummer aus der Dingle Bay (saisonbedingt) freuen. Fleischfans und Vegetariern wird ebenfalls eine kreative Auswahl geboten. In der Bar gibt's günstigere Gerichte.

The Tankard
FISCH & MEERESFRÜCHTE €€€

(066-713 6164; Kilfenora, Fenit; Hauptgerichte 15–27 €; Mo–Sa abends, So mittags) Das leuchtend gelbe Pub-Restaurant serviert klassische Gerichte aus fangfrischem Fisch in gebratener und frittierter Form oder mit Mornay-Soße, z. B. Jakobsmuscheln mit Mornay-Soße und Kartoffelkruste.

ARDFERT
950 EW.

Ardfert (Ard Fhearta) liegt 10 km nordwestlich von Tralee an der Straße nach Ballyheigue. Das Dorf ist vor allem für seine hohe **Ardfert Cathedral** (066-713 4711; www.heritageireland.ie; Erw./Kind 3/1 €; Ostern–Sept. 10–18 Uhr) bekannt, die größtenteils aus dem 13. Jh. stammt. Einige Bauteile wurden jedoch von einer Kirche aus dem 11. Jh. übernommen. Ein Bildnis an der Innenwand zeigt den hl. Brendan, der in Ardfert zur Schule ging und hier ein Kloster gründete. Auf dem Gelände befinden sich außerdem die Ruinen zweier weiterer Kirchen: Templenahoe aus dem 12. Jh. und Templenagriffin aus dem 15. Jh.

Geht man vor der Kathedrale nach rechts und etwa 500 m die Straße entlang, stößt man auf die Überreste eines **Franziskanerklosters** aus dem 13. Jh., dessen Kreuzgänge ins 15. Jh. datieren.

KERRY HEAD

Die Rundstraße, die um den ins Meer ragende Kerry Head führt, wirkt auf der Karte ähnlich attraktiv wie die Dingle Peninsula und der Ring of Kerry im Süden. Leider sieht die Wirklichkeit anders aus: Der flache windgepeitschte Küstenabschnitt ist von neuen Bungalows übersät, darunter unzählige Rohbauten mit flatternden Abdeckplanen und einsamen *„for sale"*-Schildern.

Vielleicht kann die Gegend bald mit dem aufwarten, was sich Besucher von einem Irlandurlaub erhoffen – eine von Reliquien und Ruinen gespickte Landschaft, die allerdings dem irischen Wirtschaftsboom geschuldet ist. Einstweilen kann man sie jedoch getrost von der Reiseroute streichen.

Listowel
3900 EW.

Einst sagte der verstorbene Schriftsteller Bryan MacMahon über Listowel: „Ich hege die absurde Vorstellung, eine irische Ortschaft, einen winzigen Punkt auf der Karte, dazu zu bewegen, zu einem Zentrum der Fantasie zu werden." Und ganz bestimmt hat diese kleine Stadt literarisch mehr zu bieten als jedes andere normale Provinznest, schließlich bestehen Bezüge zu so großen Namen wie John B. Keane, Maurice Walsh, George Fitzmaurice und Brendan Kennelly.

Abgesehen von dieser Seite und ein, zwei Veranstaltungsorten besteht Listowel jedoch lediglich aus ein paar sauberen georgianischen Straßen, die um den Hauptplatz mit dem St. John's Theatre und dem Arts Centre, der ehemaligen St. John's Church, angeordnet sind. Darüber hinaus verläuft ein Park am Ufer des Feale entlang, den man über eine Straße bei der Burg erreicht.

Am Marktplatz gibt's gebührenpflichtige Parkplätze, aber man kann seinen Wagen auch kostenlos rechts am Fuß des Hügels mit der Festung abstellen.

⊙ Sehenswertes & Aktivitäten

Kerry Literary & Cultural Centre
KULTURZENTRUM

(Seanchaí; ☏068-22212; www.kerrywritersmuseum.com; 24 The Square; Erw./Kind 5/3 €; ⊙Juni-Sept. tgl. 9.30-17.30 Uhr, Okt.-Mai Mo-Fr 13-16 Uhr) Die audiovisuelle Writers' Exhibition in diesem großartigen Kulturzentrum erzählt Listowels Erbe literarischer Beobachter des irischen Alltags nach. Ganze Zimmer sind regionalen Größen wie John B. Keane und Bryan MacMahon gewidmet, deren Leben auf Tafeln beschrieben wird. Außerdem erklingen hier die Originalstimmen der Autoren, die aus ihren Werken vorlesen. Zum Centre gehören noch ein Café und ein Aufführungsraum, in dem gelegentlich Veranstaltungen stattfinden.

Auf der anderen Seite des Platzes erinnert eine **Statue**, die so aussieht, als würde sie gerade ein Taxi rufen, an Keane. Der Schriftsteller ist bekannt für seine ironischen Texte über Limericks Bettler bis hin zu Silvestervorsätzen, nun aber ganz bestimmt kein Porter (eine Biersorte) mehr zu trinken.

In der Church Street gegenüber der Polizeistation zeigt das **literarische Wandgemälde** bekannte Schriftsteller aus der Region sowie einige Zitate.

Listowel Castle
BURG

(☏086 385 7201; www.heritageireland.ie; Eintritt frei; ⊙Ende Mai-Aug. 9.30-17.30 Uhr) Im 12. Jh. entstand die Burg hinter dem Kerry Literary & Cultural Centre als Sitz der anglonormannischen Herren von Kerry, den Fitzmaurices. Sie war die letzte Festung in Irland, die während der Desmond-Rebellion den elisabethanischen Angriffen standhielt. Die Ruine wurde umfassend restauriert.

Lartigue Monorailway
EISENBAHN

(☏068-24393; www.lartiguemonorail.com; John B Keane Rd; Erw./Kind 6/3 €; ⊙Mai-Sept 13-16.30 Uhr) Die letzte viktorianische Eisenbahn entstand nach den Entwürfen des Franzosen Charles Lartigue. Sie verkehrte zwischen Listowel und dem Küstenort Ballybunion. Der restaurierte Streckenabschnitt ist weniger als 1 km lang, aber faszinierend. Mit manuellen Bodendrehplatten an den Enden lässt sich der Zug wenden.

Childers Park
PARK

300 m östlich des Square erstreckt sich der Childers Park in Richtung Osten. Zu der Grünanlage gehört der 1995 eröffnete **Garden of Europe**. Dieser ist in zwölf Abschnitte unterteilt, die für die damaligen zwölf EU-Mitgliedsstaaten stehen. Darüber hinaus befindet sich hier eine schöne Büste von Friedrich Schiller und das einzige öffentliche Denkmal Irlands für die Opfer des Holocaust, das auch an alle anderen Leidtragenden von Ungerechtigkeit erinnern soll.

St. Mary's Church
KIRCHE

(The Square) Über dem Altar dieser 1829 im neogotischen Stil errichteten Kirche hängen schöne Mosaiken, darüber hinaus ist das Deckengewölbe mit Holzbalken durchzogen.

St. John's Theatre & Arts Centre
KUNSTZENTRUM

(☏068-22566; www.stjohnstheatrelistowel.com; The Square) Auf dem Programm des in einer ehemaligen Kirche untergebrachten Zentrums stehen Kunstausstellungen, Theateraufführungen sowie Musik- und Tanzveranstaltungen.

Wandern
WANDERUNGEN

In der Touristeninformation bekommt man Broschüren über Wanderungen, darunter der 3,5 km lange **Spaziergang am Fluss** und die 10 km lange **Sive-Route**. Letztere führt an der John B. Keane Road, stillgelegten Gleisen und einem Sumpf vorbei.

🎉 Feste & Events

Writers' Week
LITERATUR

(www.writersweek.ie) Am ersten Juniwochenende strömen Leseratten nach Listowel um hier Lesungen, Dichtkunst, Musik Schauspiel, Seminare, Geschichtenerzähler und viele andere Events mitzuerleben. Das Literaturfest zieht zudem eine erstaunliche Zahl bekannter Schriftsteller an, darunter die Gewinner des Booker Prize Colm Tóibin, John Montague, Jung Chang, Damon Galgut, Rebecca Miller und Terry Jones.

Listowel Races PFERDERENNEN

(www.listowelraces.ie) Dieses Fest findet rund um das Pfingstwochenende sowie eine Woche lang Mitte September statt.

Schlafen & Essen

Listowel Arms Hotel HOTEL €€

(068-21500; The Square; www.listowelarms.com; EZ 75–115 €, DZ 120–180 €; P @) Listowels einziges Hotel mit Komplettservice wird von einer Familie geführt. In dem georgianischen Gebäude hält man gekonnt die Waage zwischen Prunk und Landhauscharme. Die 42 Zimmer verfügen über Antiquitäten, marmorne Waschbecken sowie einen Blick auf Fluss und eine Pferderennbahn. Im Sommer wird in der **Writers Bar** Musik gespielt, außerdem kredenzt das **Georgian Restaurant** (Hauptgerichte 23–27 €; abends) edle Speisen wie Entenbrust im Honigmantel an Pastinakenpüree.

Billeragh House Hostel HOSTEL €

(068-40321; billeraghhousehostel@yahoo.com; B/DZ ab 20/50 €; P) Dieses idyllische Hostel ist in einem denkmalgeschützten, von Efeu umrankten georgianischen Haus 3,5 km südlich von Listowel an der N69 untergebracht und liegt inmitten von Ackerland. Es beherbergt 36 Zimmer mit eigenen Bädern, eine Küche, einen Speiseraum und eine Wäscherei. Gäste sollten ihre Ankunftszeit telefonisch bestätigen!

Allo's INTERNATIONAL €€

(068-22880; Church St; DZ ab 70 €, Hauptgerichte 24,50–28,50 €; Di–Sa mittags & abends;) Das beliebte Allo's ist vor allem für seine Bistro-Bar bekannt, deren Vintage-Interieur mit Holzelementen traditionelles Flair versprüht. Die internationale Speisenauswahl reicht von Austern in Tempurateig mit Kokos und Zitronengras bis zu Kabeljau in Tandoori-Koriander-Marinade. Auch die Weinkarte ist exzellent. Im Obergeschoss befinden sich drei gemütliche Zimmer mit Bädern.

Grape & Grain CAFÉ €€

(Church St; Gerichte 4–10,50 €; Mo–Sa morgens & mittags;) Neben Kaffee, Kuchen und den üblichen Snacks serviert das stilvolle, in Burgunderrot und Grün gehaltene Café sättigende Salate mit Knoblauchbrot sowie Sandwiches mit Salat, Nachos und einem Dip.

Bauernmarkt MARKT

(Fr 9–14 Uhr) Findet auf dem Square statt.

Ausgehen

Woulfe's Horseshoe Bar PUB

(14 Lower William St) Weder das Essen (Braten, Fisch im Teigmantel, etc.) noch der Service können wirklich überzeugen, aber dafür eignet sich das Pub in der Nähe des Square bestens für ein gemütliches Pint.

John B. Keane PUB

(37 William St) Bis zu seinem Tod war John B. Keane der Besitzer dieser kleinen, unauffälligen Bar voller Andenken an das Leben des berühmten Schriftstellers.

Praktische Informationen

Bank of Ireland (The Square) Mit einem Geldautomat.

Post (William St) Am Nordende der Straße.

Touristeninformation (068-22212; www.listowel.ie; Juni–Sept. Di–So 9–17 Uhr) Das Büro ist nur im Sommer geöffnet und im Kerry Literary & Cultural Centre untergebracht.

An- & Weiterreise

Jeden Tag fahren Busse nach Tralee (8,84 €, 40 Min.) und Limerick (15,75 €, 1½ Std.).

Rund um Listowel

BALLYBUNION

Es gibt überraschend viele Gründe, diesen kleinen Badeort 15 km nordöstlich von Listowel an der R553 zu besuchen. Hinter der Statue eines Golfschläger schwingenden Bill Clinton, mit der an seinen Besuch des erstklassigen **Ballybunion Golf Club** (068-27146; www.ballybuniongolfclub.ie; Golfplatzgebühr 65–180 €; Abschlagszeiten nach Vereinbarung) 1998 erinnert wird, erstrecken sich zwei mit der Blauen Flagge ausgezeichnete **Strände**.

Von den Überresten des **Ballybunion Castle**, das im 16. Jh. als Sitz der Fitzmaurice-Familie diente, hat man einen guten Ausblick auf den Sandstreifen im Süden. Von der Burg führt ein unterirdischer Gang zur Klippe.

Das **Moonshine Lodge Equestrian Centre** (087-689 3568; www.horsetrekking.ie;

Ausritte ab 25 € pro Pers. & Std.) bietet verschiedene Ausflüge hoch zu Ross an, u. a. mit Picknick (Mai-Aug.) und Pubbesuch (ganzjährig).

Im Juni findet an einem langen Wochenende das **Ballybunion Bachelor Festival** statt. Überall in der Stadt locken Veranstaltungen und Feiern, außerdem versuchen zu diesem Anlass 15 irische Junggesellen in Anzug und Krawatte eine Jury beeindrucken.

Ein Bus (im Sommer sind es zwei) verkehrt montags bis samstags von Listowel nach Ballybunion (3,15 €, 25 Min.).

TARBERT
810 EW.

Dieser Ort befindet sich 16 km nördlich von Listowel an der N69. **Shannon Ferry Limited** (068-905 3124; www.shannonferries.com; einfach/hin & zurück Fahrrad & Fußgänger 5/7 €, Motorrad 9/14 €, Auto 18/28 €; Juni-Aug. 7.30–21.30 Uhr, Sept.–Mai bis 19.30 Uhr, ganzjährig So ab 9.30 Uhr) betreibt eine Fähre zwischen Tarbert und Killimer im County Clare, mit der man das ständig verstopfte Limerick umgehen kann. Der gut ausgeschilderte Hafen erstreckt sich 2,2 km westlich des Dorfes. Wer von hier aus durch Limerick fahren muss, nimmt am besten die malerische N69 (S. 346).

Vor der Überfahrt lohnt sich ein Besuch des renovierten **Tarbert Bridewell Jail & Courthouse** (http://tarbertbridewell.com/museum.html; Erw./Kind 5/2.50 €; April–Okt. 10–18 Uhr). Eine Ausstellung (inklusive Schaufensterpuppen) widmet sich den schwierigen sozialen und politischen Bedingungen im 19. Jh. Vom Gefängnis führt der 6,1 km lange **John F. Leslie Woodland Walk** an der Bucht von Tarbert entlang bis zur Shannon-Mündung.

Wenn man über Nacht bleiben möchte, sollte man das farbenprächtig renovierte, zentral gelegene **Ferry House Hostel** (068-36555; www.ferryhousehostel.com; The Square; B 15–20 €, DZ ohne/mit Bad 44/50 €) aus dem 18. Jh. ansteuern. Es ist im Besitz einer weitgereisten Familie und verfügt über saubere, luftige Schlafsäle, private Zimmer sowie ein hübsches Café. In Teilen des historischen Steingebäudes ist WLAN verfügbar.

Busse fahren im Juli und August nach Limerick (13.80 €, 1¼ Std.).

Counties Limerick & Tipperary

EINWOHNER: 350 000 / FLÄCHE: 6989 KM²

Inhalt »

County Limerick...........340
Limerick (Stadt)...........340
Adare & Umgebung......347
County Tipperary 350
Tipperary (Stadt).........350
Glen of Aherlow &
Galtee Mountains..........351
Cashel..........................360
Clonmel 366
Fethard 367
Carrick-on-Suir 369
Roscrea........................369

Gut essen

» Wild Geese (S. 349)
» The Mustard Seed at Eco Lodge (S. 349)
» Market Square Brasserie (S. 344)
» Café Hans (S. 362)
» Country Choice (S. 370)

Schön übernachten

» Adare Manor (S. 348)
» The Boutique Hotel (S. 343)
» Aherlow House Hotel (S. 351)
» Dunraven Arms (S. 348)
» Apple Caravan & Camping Park (S. 365)

Auf nach Limerick & Tipperary

Diese beiden Countys stehen synonym für Marschlieder sowie freche Reime auf Toilettenwänden und sind touristisch kaum erschlossen.

Limericks dramatische Geschichte ist eng mit der gleichnamigen Stadt verbunden, die mit Straßen voller historischer Sehenswürdigkeiten aufwartet und eine düstere, ehrliche Atmosphäre verströmt. Auch in der üppig grünen Umgebung gibt's jede Menge zu entdecken.

Im Gegensatz dazu ist Tipperary-Stadt weit weniger bedeutend. Dafür erstreckt sich in der Grafschaft eine malerische Landschaft mit sanften Hügeln, fruchtbarem Ackerland, Flusstälern und hohen Bergen. Hier kann man Flüsse bis zur Quelle verfolgen, über Zäune klettern und ganz plötzlich auf faszinierende Ruinen stoßen.

Beide Countys locken mit antiken keltischen Stätten, mittelalterlichen Klöstern und anderen Relikten. Und selbst die bekanntesten Sehenswürdigkeiten strahlen eine spröde, inspirierende Würde aus.

Reisezeit

In Limerick, Irlands drittgrößter Stadt, leben viele Studenten. Hier ist das ganze Jahr über etwas los, aber von April bis Oktober kann man am meisten unternehmen. Dies ist auch die beste Zeit, um die Dörfer und die Landschaft der beiden Countys zu erkunden. Jetzt haben die Touristenattraktionen am längsten geöffnet und es herrscht das beste Wetter. Im Sommer steigen außerdem die meisten Festivals, darunter tolle Wanderfeste im Glen of Aherlow.

Highlights

1 Eine andere Seite von **Limerick** (S. 340) entdecken und die elegante Cafékultur, die interessanten Kunstmuseen sowie die netten Uferbars der Stadt kennenlernen

2 Auf der Wanderung zu den jahrhundertealten Ruinen von **Askeaton** (S. 346) und dem Bootsmuseum in **Foynes** (S. 346) den tollen Ausblick auf den Shannon genießen

3 In der wilden Landschaft des Countys Tipperary umherstreifen und eine Wanderung vom **Glen of Aherlow** (S. 351) zum **River Suir Valley** (S. 366) unternehmen

4 Die alten Gemäuer der gut erhaltenen Burg in **Cahir** (S. 364) erkunden

5 Vom **Rock of Cashel** (S. 360) die Aussicht auf Tipperary bewundern

6 Im reetgedeckten Heritage Centre von **Adare** (S. 348) die verlockenden Speisekarten der Restaurants studieren

7 Auf **Tipperarys** (S. 350) renommierter Pferderennbahn einen der spannenden Wettkämpfe verfolgen

8 Im historischen Dorf **Fethard** (S. 367) bei einem Bier mit den Einheimischen plaudern

COUNTY LIMERICK

Das tief gelegene Ackerland von Limerick wird im Süden und Osten vom ansteigenden Hochland und von Bergen begrenzt. Trotz des ländlichen Charakters der Umgebung sprüht die gleichnamige Stadt des Countys nur so vor Leben und bietet genügend historische sowie kulturelle Attraktionen für Tagesausflügler. 15 km südlich erstrecken sich die faszinierenden archäologischen Stätten rund um den Lough Gur und einige Kilometer weiter südwestlich stößt man auf das charmante Örtchen Adare.

Limerick (Stadt)

57 000 EW.

Limerick liegt beiderseits des Shannon, genau dort, wo der Fluss Richtung Westen schwenkt und sich zur Trichtermündung ausweitet. Trotz des teilweise unerwarteten Glitzers und Glanzes, ist dies eine nüchterne Stadt, die sich ihrer Vergangenheit nicht schämt und von Frank McCourt in seinem Roman *Die Asche meiner Mutter* detailliert beschrieben wird.

Es gibt hier eine faszinierende Burg, ein tolles Kunstmuseum, herrliche Cafés und zahlreiche Pubs. Am meisten zeichnet sich der Ort jedoch durch seine gastfreundlichen Bewohner aus, die Besucher herzlich willkommen heißen.

Man kann die kompakte Stadt gut zu Fuß oder mit dem Rad erkunden. Für die Strecke von der St. Mary's Cathedral am einen und dem Bahnhof am anderen Ende benötigt man nur 15 Minuten.

Geschichte

Im 9. Jh. errichteten die Wikinger auf einer Insel im Shannon eine Siedlung. Die Einheimischen versuchten das Territorium immer wieder zurückzuerobern, aber erst 968 gelang es Brian Borús Truppen, die Eindringlinge zu vertreiben und Limerick zum Hauptsitz der O'Brien-Könige zu machen. Das endgültige Aus bereitete Ború den Wikingern 1014 in der Schlacht von Clontarf. Ende des 12. Jhs. fielen die Normannen ein und drängten die Iren zurück. Das ganze Mittelalter hindurch blieben beide Gruppen getrennt; die unterdrückten Iren scharten sich im Süden des Flusses Abbey in Irishtown zusammen, während sich die Normannen im nördlichen Englishtown verschanzten.

1690/91 errang Limerick Heldenstatus im Kampf der Iren gegen die englischen Machthaber. Wegen ihrer Niederlage am Boyne 1690 zogen sich die jakobitischen Truppen Richtung Westen hinter die berüchtigten dicken Mauern der Stadt zurück. Nach monatelangem Beschuss kapitulierte Patrick Sarsfield, der Anführer der irischen Jakobiten. 1691 wurde der Vertrag von Limerick geschlossen; nun durfte Sarsfield mit seinen 14 000 Soldaten die Stadt verlassen, um nach Frankreich abzuziehen. Der Vertrag garantierte Katholiken die Religionsfreiheit, doch die britischen Herrscher hielten sich nicht daran und setzten strenge antikatholische Gesetze durch – ein Akt des Verrats, der als Symbol für die Ungerechtigkeit englischer Herrschaft gesehen wurde.

Während des 18. Jhs. wurde die alte Stadtmauer abgerissen, um einer neuen, gut konzipierten Stadt nach georgianischem Muster Platz zu machen. Allerdings hatte sich der Wohlstand bis zu Beginn des 20. Jhs. wieder verflüchtigt, weil für die traditionellen Industriebetriebe harte Zeiten angebrochen waren. Einige eingefleischte Nationalisten wie Éamon de Valera erhoben hier ihre Stimme. Heute bestimmen Technologie- und Dienstleistungsunternehmen den Arbeitsmarkt.

◎ Sehenswertes

Limericks Sehenswürdigkeiten konzentrieren sich im Norden auf King's Island, das älteste Viertel, das einst zu Englishtown gehörte, sowie im Süden rund um den Crescent und den Pery Square (der sehenswerte georgianische Stadtteil) und entlang der Flussufer.

King John's Castle BURG

(www.shannonheritage.com; Nicholas St; Erw./Kind 9/5,50 €; ◎Mo-Fr 10-17, Sa & So 10-17.30 Uhr) Vom Westufer des Shannon genießt man einen tollen Blick auf Limericks beeindruckende Festung mit ihren massiven Umfassungsmauern und Türmen. Das Gebäude wurde von King John of England zwischen 1200 und 1212 an dem Standort errichtet, wo sich einst eine Befestigungsanlage befand, und diente der wohlhabenden Region als militärischer Stützpunkt sowie als Verwaltungszentrum.

Im Inneren der Burg werden Rekonstruktionen von mittelalterlichen Waffen (beispielsweise der Tribok, eine Wurfschleuder), freigelegte Wikingerstätten, normannisches Kulturgut und andere Artefakte präsentiert. Auf einem Rundgang entlang der Mauern kann man sich ausmalen, wie es wäre, hier einen Eimer siedenden Öls zu schleppen.

Auf der anderen Seite der mittelalterlichen Thomond Bridge erhebt sich der **Treaty Stone**. Er markiert die Stelle am Ufer, wo der Vertrag von Limerick unterzeichnet wurde. Vor dem Überqueren der Brücke fällt der Blick auf den **Bishop's Palace** aus dem 18. Jh. (Church St; ⊘Mo-Fr 10-13 & 14-16.30 Uhr) und das ehemalige **Zolltor**.

Hunt Museum
MUSEUM
(www.huntmuseum.com; Palladian Custom House, Rutland St; Erw./Kind 8/4,25 €; ⊘Mo-Sa 10-17, So 14-17 Uhr; 🅿) Obwohl das Museum nach seinen Mäzenen benannt ist, verdankt es seinen Namen ebenso der Tatsache, dass sein Besuch der „Jagd" nach einem Schatz gleicht. Hier wird man nämlich dazu animiert, Schubläden zu öffnen, in den Sammlungen aus der Bronze- und Eisenzeit herumzustöbern und mittelalterliche Schätze außerhalb Dublins ausfindig zu machen. Die rund 2000 Exponate stammen aus der Privatsammlung des verstorbenen Ehepaars Hunt, das sich als Antiquitätenhändler und Experten für Denkmalpflege für die Region einsetzte. Besucher sollten sich das kleine, aber feine Bronzepferd von Leonardo da Vinci und die Münze aus Syrakus, angeblich einer der 30 Silbertaler, die Judas für den Verrat an Jesus erhalten haben soll, nicht entgehen lassen. Kykladische Figuren, eine Zeichnung von Giacometti und Gemälde von Renoir, Picasso sowie Jack B. Yeats gehören ebenfalls zu den Ausstellungsstücken. Führungen werden von engagierten Freiwilligen in bunten Gewändern angeboten. Im Museum befindet sich auch ein gutes Restaurant.

Georgian House & Garden
HISTORISCHE STÄTTE
(www.georgianhouseandgarden.ie; 2 Pery Sq; Erw./Kind 6/4 €; ⊘Mo-Fr 9.30-16.30 Uhr) Das restaurierte Georgian House verfügt über schaurig-schöne hohe, hallende Räume und zeigt, wie Limericks reiche Bewohner einst lebten. Während die Haupträume aufwendig mit Marmor, Stuck und Wandmalereien verziert sind, wirken die Wohnungen der Bediensteten mit ihrem schlichten, staubigen Mobiliar recht schäbig. Auf Tafeln an der Wand sind etwas verworrene, aber amüsante Limericks zu lesen. Der restaurierte Garten hinter dem Anwesen bildet einen schönen Gegensatz zu den schmucklosen Häuserfassaden an der Straße. Er führt zu einer Remise, in der man die Geschichte der Stadt anhand von Fotografien nachvollziehen kann.

GRATIS Limerick City Gallery of Art
KUNSTMUSEUM
(www.limerickcitygallery.ie; Carnegie Bldg, Pery Sq; ⊘Mo-Fr 9.30-17.30 Uhr) Bei unserem Besuch wurde Limericks hervorragendes Kunstmuseum renoviert, sollte aber bei Erscheinen dieses Buches wieder in alter Pracht erstrahlen. Zur Dauerausstellung gehören Werke von Sean Keating und Jack B. Yeats. Besucher sollten unbedingt einen Blick auf Keatings stimmungsvolles Genrebild *Kelp Burners* (Tangfeuer) und Sir John Laverys *Stars in Sunlight* werfen, deren jeweilige traditionelle Motive strahlend und fröhlich in Szene gesetzt sind. Hin und wieder finden auch Wechselausstellungen mit pseudo-skandalösen Werken statt. Überdies wartet das Museum mit einer Ausstellungsreihe zeitgenössischer Kunst namens **ev+a** (www.eva.ie) auf; mehr darüber erfährt man auf der Website.

Die Kunstgalerie befindet sich neben dem friedlichen **People's Park** im Herzen von Limerick.

St. Mary's Cathedral
KATHEDRALE
(☏061-310 293; www.cathedral.limerick.anglican.org; Bridge St; Eintritt durch Spende 2 €; ⊘wechselnde Öffnungszeiten) Limericks Kathedrale wurde 1168 von Donal Mór O'Brien, König von Munster, gegründet. Teile des romanischen Westportals aus dem 12. Jh., Haupt- und Seitenschiff sind bis heute erhalten geblieben. Aus dem 15. Jh. stammen die aus schwarzem Eichenholz geschnitzten Misericordien (kleine Stützbretter im Chorgestühl) – die einzigen ihrer Art in ganz Irland. Wer sich die Kirche ansehen möchte, sollte vorher anrufen, um sich über Öffnungszeiten und Konzerte zu informieren.

GRATIS Limerick City Museum
MUSEUM
(www.limerickcity.ie; Castle Lane; Eintritt frei; ⊘Di-Sa 10-13 & 14.15-17 Uhr) Das Museum befindet sich neben dem King John's Castle. Zu den Exponaten gehören Artefakte aus der Stein- und Bronzezeit, das berühmte Civic Sword von 1575, Limericker Silberarbeiten sowie einige der Glacé- und Spitzenhandschuhe, die in der Stadt hergestellt wurden. Außerdem werden Exponate aus dem 19. Jh. gezeigt.

Thomond Park Stadium
STADION
Von 1995 bis 2007 konnte das **Munster Rugby Team** (www.munsterrugby.ie) in die-

Limerick

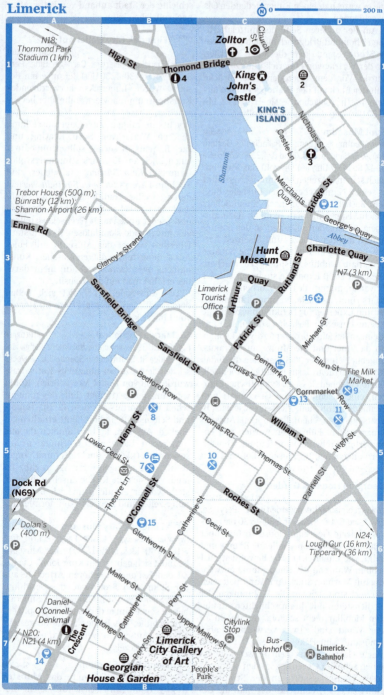

Limerick

◎ Highlights
Georgian House & Garden	B7
Hunt Museum	C3
King John's Castle	C1
Limerick City Gallery of Art	B7
Zolltor	C1

◎ Sehenswertes
1. Bishop's Palace C1
2. Limerick City Museum D1
3. St. Mary's Cathedral D2
4. Treaty Stone B1

⊜ Schlafen
5. Boutique Hotel C4
6. George Boutique Hotel B5
   Savoy ..... (siehe 8)

⊗ Essen
7. Chocolat B5
8. Market Square Brasserie B5
9. Milk Market D4
10. Sage Cafe C5
11. Wild Onion D5

⊙ Ausgehen
12. Locke Bar D2
13. Nancy Blake's D4
14. South's A7
15. White House Pub B6

⊙ Unterhaltung
16. Trinity Rooms D3

sem legendären Stadion kein einziges Mal besiegt werden. 2008 – als die Munsters den Heineken European Cup zum zweiten Mal gewannen – wurde das Bauwerk umfassend renoviert. Bei einer **Führung** (Erw./Kind 10/8 €, an Spieltagen 3/2 €) besichtigt man auch das mit Erinnerungsstücken vollgestopfte Museum. Das Stadion liegt 1 km nordwestlich des Zentrums an der High Street und ist bequem zu Fuß zu erreichen.

⌲ Geführte Touren

Stadtspaziergang STADTSPAZIERGANG
(☏087 235 1339; 10 €) Noel Curtain bietet unterhaltsame und informative 90-minütige Rundgänge durch die Stadt an.

Red Viking BUSTOUR
(☏061-334 920; http://redvikingtours.com; Erw./Kind 10/5 €; ⊙März–Okt.) Die einstündigen Stadtrundfahrten im offenen Bus beginnen auf dem Merchant's Quay vor dem Court House.

⌂ Schlafen

Wer in der Nähe des Ortszentrums eine Unterkunft findet, hat es nicht weit zum Nachtleben. Ansonsten bleiben Optionen an oder unweit der Umgehungsstraßen, wobei man in dem Fall vielleicht lieber in etwas idyllischeren, weiter außerhalb gelegenen Bleiben auf dem Land übernachtet.

In der Alexandra Terrace an der O'Connell Avenue (verläuft von der O'Connell Street nach Süden) gibt's einige mittelteure Pensionen, ebenso wie in der Ennis Road, die Richtung Nordwesten zum Shannon führt, allerdings ist man dort mindestens 1 km vom Zentrum entfernt.

LP TIPP The Boutique Hotel HOTEL €€
(☏061-315 320; www.theboutique.ie; Denmark St; EZ 49–59 €, DZ 59–69 €; @☎♦) Wechselausstellungen der lokalen Künstlerin Claire De Lacy, ein Aquarium in der Lobby, ein Frühstücksraum mit Glaswänden auf der Terrasse im ersten Stock und eine rot-weiß-gestreifte Einrichtung machen dieses schicke kleine Hotel zu etwas Außergewöhnlichem. Dank seiner Lage in der Nähe der Fußgängerzone herrscht hier wenig Verkehr, aber an den Wochenenden und bei Festivals kann es trotzdem laut werden, da unten im Haus ein lebhaftes Pub untergebracht ist. Trotzdem wartet die Unterkunft mit einem fantastischen Preis-Leistungs-Verhältnis auf.

George Boutique Hotel HOTEL €€
(☏061-460 400; www.thegeorgeboutiquehotel.com; O'Connell St; EZ/DZ ab 74/128 €; ℗@☎♦) Mit seiner luxuriösen Einrichtung und Extras wie iPod-Stationen scheint das George Boutique Hotel einer Hochglanzzeitschrift entsprungen zu sein. Es verfügt über eine riesige Lobby und eine kleine Terrasse mit Blick auf die belebten Straßen des Zentrums.

The Savoy HOTEL €€
(☏061-448 700; www.savoylimerick.com; Henry St; DZ ab 99 €; ℗@☎≋♦) Ein klassisches Fünf-Sterne-Hotel mit professionellen Angestellten, Zimmern samt komfortablen Kingsize-Betten, einem hervorragenden Service und einem Spa, in dem Thai-Massagen angeboten werden. Hier ist auch Limericks bestes Restaurant, die Market Square Brasserie (S. 344), untergebracht.

Trebor House B&B €€
(☏061-454 632; www.treborhouse.com; Ennis Rd; DZ 64–70 €; ⊙Mai–Sept.; ℗☎♦) In der klassischen kieselverputzten Vorstadtvilla zehn Gehminuten vom Stadtzentrum bereiten

FRANK MCCOURT

Keine Persönlichkeit unserer Zeit ist so eng mit Limerick verbunden wie Frank McCourt (1930–2009). Sein autobiografischer Roman *Die Asche meiner Mutter* wurde 1996 veröffentlicht und brachte ihm viel Ruhm ein (u. a. den Pulitzer-Preis).

Vier Jahre nach seiner Geburt in New York zog McCourts Familie wieder nach Limerick, weil sie in Amerika nicht überleben konnte. McCourts Kindheit war voller Entbehrungen: Sein Vater war ein Trinker und verschwand eines Tages, drei seiner sechs Geschwister starben schon sehr früh und er selbst verließ bereits mit 13 Jahren die Schule, um Geld zu verdienen und das Überleben seiner Familie zu sichern.

Im Alter von 19 Jahren kehrte er schließlich nach New York zurück und arbeitete drei Jahrzehnte lang als Lehrer in verschiedenen Highschools. Außerdem unterrichtete er künstlerisches Schreiben. In den 1970er-Jahren versuchte er sich gemeinsam mit seinem Bruder Malachy als Schriftsteller und Theaterschauspieler. Als er 1987 in Rente ging, verfasste er seinen berühmten Roman *Die Asche meiner Mutter*. Dank zahlreicher begeisterter Kritiken wurde das Werk sofort ein Erfolg. Lediglich in Limerick gab es gemischte Reaktionen: Viele Leser prangerten das schlechte Bild an, das McCourt von der Stadt zeichnete.

Heute aber wird das Erbe des Autors auch in seiner Heimat gefeiert. Im Georgian House & Garden (S. 341) gibt's eine Ausstellung über das Limerick, das McCourt in seinem Buch beschreibt, zudem kann man das im Roman erwähnte Pub South's (S. 345) besuchen. In der Touristeninformation erfährt man alles über geführte Touren zu den im Buch beschriebenen Sehenswürdigkeiten.

---

einem die McSweeneys einen herzlichen Empfang. Gäste kommen in fünf schlichten, charmanten, pastellgrün gestrichenen Zimmern unter.

Courtbrack Accommodation B&B €
(061-302 500; www.courtbrackaccom.com; Courtbrack Ave; EZ/DZ 30/52 €; Mai–Aug.; P@🛜) Die schicke rote Pension punktet mit Studentenpreisen und Sommerrabatten, außerdem ist das Frühstück im Preis enthalten. Es gibt eine Küche, einen Wäscheservice und einen Gemeinschaftsraum mit WLAN-Empfang. Das B&B liegt 400 m südwestlich der Innenstadt gleich südlich der Dock Road an der N69.

Essen

An Wochenenden sollte man reservieren. Der George's Quay verströmt ein kontinentales Flair und hat Tische am Wasser.

Market Square Brasserie IRISCH €€€
(061-448 700; www.savoylimerick.com; Henry St; 6-Gänge-Menü 35 €; Di–Sa abends) Das ins Savoy Hotel (S. 343) umgezogene Restaurant serviert lokale Speisen, raffiniert und kreativ zubereitet vom Küchenchef Liam Murrell. Auf der ständig wechselnden Karte stehen Gerichte wie Wildterrine mit Foie gras, Birnen- und Blaubeerchutney sowie Limettenkonfitüre, Heilbutt mit Mandel-Kapern-Kruste und karamellisiertes Popcorn-Parfait. Der Service ist ausgezeichnet, die Weinliste lang und die Käseauswahl sensationell.

Chocolat INTERNATIONAL €€
(061-609 709; www.chocolatrestaurant.ie; 109 O'Connell St; Hauptgerichte 12–19,50 €; mittags & abends; 🚸) In dem vor Kurzem eröffneten hippen, minimalistischen Lokal herrscht immer reger Andrang. Hier gibt's Essen aus aller Herren Länder: Von thailändischem Mangohühnchen und Singapur-Nudeln über deutsche Fleischklöße und Würstchen aus Toulouse bis zu Klassikern aus Nord-, Zentral- sowie Südamerika (sehr leckere Rippchen!) ist wirklich alles dabei. Natürlich darf man auch nicht die Schokolade vergessen, darunter belgische Snickers-Mousse und Käsekuchen mit weißer Schokolade. Darüber hinaus sind die großzügig bemessenen Cocktails die besten der Stadt, das gilt vor allem für den Chocolate Coffee Kiss (Kahlua, Baileys, Creme de Cacao, Grand Marnier und Schokosirup).

Sage Cafe CAFÉ €
(www.thesagecafe.com; 67-68 Catherine St; Gerichte 5,50–12 €; Mo–Sa morgens & mittags; 🚸) Schon ein Blick auf die Ausstattung zeigt, dass dieses Restaurant keine Werbung nötig hat. Neben einer großen Auswahl an Frühstück und Backwaren werden mittags Sandwiches, Salate mit Riesengar-

nelen und Cashewnüssen sowie warme Gerichte serviert. Wir empfehlen die Lammleber mit Aprikosenfüllung und Kartoffelkuchen mit *black pudding*.

Wild Onion
CAFÉ €

(www.wildonioncafe.com; High St; Hauptgerichte 7–10 €; ☺Di–Sa morgens & mittags) In dem Café mit blauer Fassade wird amerikanisches Essen aufgetischt, etwa ein üppiges Frühstücksgedeck, das aus Kartoffelpuffern, Würstchen und Omeletts besteht. Mittags gibt's warme Sandwiches. Kreditkartenzahlung ist nicht möglich.

Milk Market
MARKT €

(www.milkmarketlimerick.ie; Cornmarket Row) Auf dem traditionellen **Lebensmittelmarkt** (☺Sa 8–16 Uhr) in den alten Markthallen werden Bioprodukte und lokale Erzeugnisse verkauft. Vor Ort entdeckt man außerdem interessante **Handwerksläden** (☺zumeist Fr–Sa). Weitere Märkte werden auf der Website genannt.

Ausgehen & Unterhaltung

Der kostenlose *Limerick Event Guide* (LEG; www.eightball.ie) liegt in Pubs, Restaurants und Hotels aus. Vor den Nachtclubs haben oft strenge Türsteher Dienst.

Nancy Blake's
LP TIPP
PUB

(Upper Denmark St) In diesem wundervollen Pub ist der Boden mit einer Staubschicht bedeckt und aus dem offenen Kamin an der Bar steigt Torfgeruch auf. Hinter dem Gebäude gibt's eine große überdachte Fläche mit Ausschank im Freien, wo man oft Livemusik genießen kann und Fußballspiele übertragen werden.

White House Pub
PUB

(www.whitehousebarlimerick.com; 52 O'Connell St) Ein Klassiker direkt im Zentrum. In der Eckkneipe mit guter Bierauswahl kann man auch draußen unter einem der wenigen Bäume der Stadt sitzen. Manchmal finden hier Livekonzerte statt, an anderen Abenden werden Lesungen regionaler Dichter angeboten (www.whitehousepoets.blogspot.com).

Locke Bar
PUB

(George's Quay) Sitzplätze am Fluss, mehrere Räume und großartiges Essen.

South's
PUB

(4 Quinlan St) In diesem Laden hat schon Frank McCourts Vater sein Bierchen gezischt. Hier ist überall das *Asche-meiner-Mutter*-Flair zu spüren – das geht sogar so weit, dass die Toiletten die Namen „Frank" und „Angela" tragen.

Trinity Rooms
NACHTCLUB

(www.trinityrooms.ie; The Granary, Michael St) Ein riesiger Club in einem 300 Jahre alten Gebäude am Wasser mit tollen DJs und einem Biergarten.

Dolan's
LIVEMUSIK

(www.dolanspub.com; 3 & 4 Dock Rd) Limericks bester Club für Konzerte und authentische irische Musik besteht aus zwei benachbarten Veranstaltungsorten. Auf dem erstklassigen Programm stehen auch ganz neue Künstler.

University Concert Hall
KONZERTSAAL

(UCH; ☏061-322 322; www.uch.ie; University of Limerick) Die Heimat des Irish Chamber Orchestra bietet regelmäßig Konzerte mit Gaststars sowie Opern, Dramen, Komödien und Tanz an.

Praktische Informationen

Gefahren & Ärgernisse

Trotz seines schlechten Rufs und des unseligen Spitznamens „Stab City" („Messerstecherstadt") ist das Zentrum nicht weniger sicher als andere irische Gegenden. Wer nachts Vorsicht walten lässt, dem dürfte nichts passieren.

Geld

Es gibt an jeder Ecke Geldautomaten.

Internetzugang

Limerick City Library (www.limerickcity.ie/library; The Granary, Michael St; ☺Mo & Di 10–17.30, Mi–Fr bis 20, Sa bis 13 Uhr)

Medizinische Versorgung

Beide Krankenhäuser verfügen über Notaufnahmen und Unfallstationen:

Midwestern Regional Hospital (☏061-482 219; Dooradoyle)

St. John's Hospital (☏061-462 222; www.stjohnshospital.ie; St John's Sq)

Post

Hauptpost (Lower Cecil St)

Touristeninformation

Limerick Tourist Office (☏061-317 522; www.discoverireland.ie/shannon; Arthurs Quay; ☺Mo–Sa 9–17 Uhr) Eine große, beeindruckende und hilfreiche Touristeninformation.

An- & Weiterreise

Bus

Bus Éireann (☏061-313 333; www.buseireann.ie; Parnell St) bietet regelmäßige Verbindungen

ABSTECHER

AUF DER MALERISCHEN N69 VON LIMERICK NACH TARBERT

Die enge und ruhige N69 führt entlang der Flussmündung des Shannon westlich von Limerick 58 km bis nach Tarbert im nördlichen County Kerry. Auf dem Weg genießt man herrliche Ausblicke auf das Flussdelta und scheinbar endlose grüne Hügellandschaften mit Steinmauern. Außerdem kommt man an mehreren Heritage Centres und Gärten vorbei, die allerdings oft nur in der Hochsaison (etwa Juni bis September) geöffnet sind.

Abseits der Straße versteckt sich **Askeaton**, ein Highlight der Strecke. Das Dorf wartet mit beeindruckenden Ruinen wie dem Desmond Castle aus dem 14. Jh. und einem 1389 errichteten Franziskanerkloster auf. Zu den weiteren Sehenswürdigkeiten gehören die St. Mary's Church of Ireland, ein Turm der Tempelritter aus dem Jahr 1829 sowie der 1740 erbaute Hellfire Gentlemen's Club. Die Restaurierung der Gebäude begann 2007 und soll noch bis 2017 andauern. Wer die Ruinen besichtigen möchte, sollte sich an die örtliche **Touristeninformation** (061-392 149; askeatontouristoffice@gmail.com; The Square; Mo-Sa 9-17 Uhr) wenden. Dort erfährt man mehr über die einzelnen Stätten, zudem kann man sich zu kostenlosen **geführten Touren** anmelden, wenn man die Gebäude nicht auf eigene Faust erkunden will. Die Rundgänge werden von begeisterten Lokalhistorikern geleitet und dauern eine Stunde.

Das kleine Örtchen **Foynes** wartet ebenfalls mit einer echten Attraktion auf, dem **Foynes Flying Boat Museum** (www.flyingboatmuseum.com; Erw./Kind 9/5 €; April–Okt. 9-17 Uhr). Zwischen 1939 bis 1945 befand sich hier die Startbahn für Flugzeuge, die zwischen Nordamerika und Großbritannien verkehrten. Panamerikanische Clipper (auf Überseestrecken eingesetzte Langstreckenflugzeuge) – eines davon als Replik ausgestellt – landeten zum Auftanken in der Flussmündung.

---

vom Busbahnhof im Stadtzentrum nach Cork (13,90 €, 1¾ Std.), Tralee (15,75 €, 2 Std.) und Dublin (9,90 €, 3½ Std.) sowie nach Galway, Killarney, Rosslare, Ennis, Shannon, Derry und in viele andere Orte an. In der O'Connell Street in Limerick gibt's eine weitere Bushaltestelle.

Citylink (1890 280 808; www.citylink.ie) verkehrt täglich siebenmal nach Galway (14 €, 1½ Std.) und Cork (14 €, 2 Std.). Die Busse halten auf der Upper Mallow Street.

JJ Kavanagh & Sons (0818 333 222; www.jjkavanagh.ie) fährt elfmal pro Tag nach Dublin (11 €) und zum Dublin Airport (20 €). Die Busse starten vor der Touristeninformation in Limerick.

Flugzeug

Der Shannon Airport (S. 379) im County Clare wird von Fluglinien aus dem In- und Ausland angesteuert.

Zug

Irish Rail (www.irishrail.ie) fährt von der **Limerick Railway Station** (061-315 555; Parnell St) u. a. täglich achtmal nach Ennis (9,50 €, 40 Min.), sechsmal nach Dublin Heuston (30 €, 2½ Std., stdl.) und sechsmal nach Galway (28,50 €, 2 Std.). Außerdem bestehen Verbindungen nach Cork, Tralee, Tipperary, Cahir und Waterford mit einem Umstieg in der **Limerick Junction** 20 km südöstlich von Limerick.

Unterwegs vor Ort

Bus Éireann (5,75 €) und **JJ Kavanagh & Sons** (5 €) bieten regelmäßige Verbindungen von Limericks Busbahnhof bzw. Bahnhof zum Shannon Airport, 26 km nordwestlich von Limerick (etwa 30 Autominuten). Ein Taxi vom Stadtzentrum zum Flughafen kostet 35 bis 45 €. Die Wagen warten vor der Touristeninformation, am Busbahnhof und am Bahnhof sowie an der Thomas Street. Alternativ ruft man bei **Swift Taxis** (061-313 131) an.

Fahrräder kann man bei **Emerald Alpine** (061-416 983; www.irelandrentabike.com; Roches St; 20/80 €pro Tag/Woche) mieten und diese landesweit für 25 € liefern bzw. abholen lassen.

Rund um Limerick (Stadt)

In der Umgebung von Limerick gibt's jede Menge historische Stätten, die man im Rahmen eines Tagesausflugs mit dem Auto oder einer mehrtägige Radtour erkunden kann.

LOUGH GUR

Rund um den hufeisenförmigen See verteilen sich einige faszinierende archäologische Stätten. Der **Grange Stone Circle**, auch als Lios bekannt, ist ein 4000 Jahre alter Steinkreis aus 113 Pfeilern und damit Irlands größte prähistorische Sehenswürdigkeit dieser Art. An der Straße gibt's Parkmöglichkeiten; der Zugang zum Gelände ist kostenlos. Die Anfahrt von Limerick erfolgt über die N24 nach Süden Richtung Waterford. Auf der R512 folgt man den Ausschilderungen 16 km bis zum Ziel.

1 km weiter südlich die R512 entlang, auf der Höhe der Holycross Garage und der Post, biegt man links ab in Richtung Lough Gur. Auf dem Weg kommt man an einer verfallenen **Kirche** aus dem 15. Jh. und einem **Keilgrab** auf der anderen Straßenseite vorbei.

Nach weiteren 2 km erreicht man einen Parkplatz bei Lough Gur sowie den strohgedeckten Nachbau einer neolithischen Hütte mit dem **Lough Gur Stone Age Centre** (www.shannonheritage.com; Erw./Kind 5/3 €; ◉Mai–Sept. 10–17 Uhr). In dem Zentrum sind eine Ausstellung über irische Bauernhöfe aus der Zeit vor dem Kartoffelanbau und ein kleines Museum mit jungsteinzeitlichen Artefakten und einer Replik des Lough-Gur-Schutzschilds (das Original befindet sich im Dubliner Nationalmuseum) untergebracht. Andere Exponate erzählen die regionale Emigrationsgeschichte der jüngeren Vergangenheit, einschließlich mehrerer Gestalten, die in Amerika eine Gangsterlaufbahn einschlugen.

Kurze Wanderwege am Seeufer führen zu Hügelgräbern, Menhiren, alten Einfriedungen und anderen interessanten Stellen, die man kostenlos besichtigen kann. Die Gegend ist wie geschaffen für ein Picknick.

KILMALLOCK
1400 EW.

Kilmallock war einst die drittgrößte Stadt Irlands (nach Dublin und Kilkenny) und wartet mit wunderbaren mittelalterlichen Bauwerken auf. Es entwickelte sich rund um ein Kloster aus dem 7. Jh. und diente zwischen dem 14. und 17. Jh. als Sitz der Earls of Desmond. Heute liegen zwischen der Ortschaft am Lubach und dem nur 26 km entfernten Limerick Welten.

Von Limerick kommend erblickt man linker Hand zuerst ein **mittelalterliches Steingebäude**, eines von 30 Wohnhäusern wohlhabender Händler und Landbesitzer. Anschließend windet sich die Straße um das vierstöckige **King's Castle**, ein Turm aus dem 15. Jh. mit einer gepflasterten Passage und einem Torbogen.

GRATIS Gegenüber der Burg führt eine Gasse zum **Kilmallock Museum** (Sheares St; ◉11–15 Uhr), das eine bunte Sammlung historischer Exponate und ein Modell der Stadt von 1597 präsentiert. Hier beginnt der **historische Wanderweg** durch Kilmallock.

Hinter dem Museum auf der anderen Seite des Flusses Lubach erhebt sich die imposante Ruine des **Dominikanerstifts** aus dem 13. Jh. mit einem prachtvollen fünfteiligen Fenster im Chor.

Zurück auf der Hauptstraße Richtung Limerick geht's links in die Orr Street, an der die **Collegiate Church** aus dem 13. Jh. liegt. Vermutlich stammt der Rundturm der Kirche von einem älteren vornormannischen Kloster.

Wenn man weiter südlich auf der Hauptstraße links in die Wolfe Tone Street abbiegt (nur zu Fuß; Achtung: Einbahnstraße), sieht man rechter Hand kurz vor der Brücke an einem Haus eine Hinweistafel. Sie besagt, dass hier 1795 der irische Dichter Aindrias Mac Craith starb. Auf der anderen Straßenseite stehen einige hübsche eingeschossige Cottages. In dem von der Brücke aus gesehen fünften Haus ist noch die Originaleinrichtung aus dem 19. Jh. zu sehen. Den Schlüssel bekommt man nebenan.

Auf der anderen Seite der Hauptstraße entdeckt man in der abzweigenden Emmet Street das **Blossom Gate**, das einzige noch heute erhaltene Tor der mittelalterlichen Stadtmauer.

Im hervorragenden **Friars' Gate Theatre & Arts Centre** (063-98727; www.friarsgate.ie; Main St) finden Kunstausstellungen, Theaterstücke und Konzerte statt. Darüber hinaus erhält man hier zahlreiche Informationen über den Ort.

Von Montag bis Samstag fahren zwei Éireann-Busse von Limerick nach Kilmallock (8,82 €, 1 Std.).

Adare & Umgebung
1150 EW.

Adare besteht aus perfekt erhaltenen strohgedeckten Hütten aus dem 19. Jh. und wird oft als schönstes Dorf Irlands bezeichnet. Der englische Gutsherr Earl of Dunraven ließ es im 19. Jh. für die Arbeiter errichten, die sein Landgut Adare Manor erbauten. Heute beherbergen die Cottages Kunsthandwerksläden und einige der besten Restaurants des Landes. Zudem erstrecken sich in der Nähe einige prestigeträchtige Golfplätze.

Die Postkartenidylle zieht viele Touristen an, die mit Bussen zu dem 16 km südwestlich von Limerick gelegenen Dorf am Fluss Maigue gekarrt werden. Aus diesem Grund sind die Straßen oft verstopft (die belebte N21 ist die Hauptstraße des Dorfes). Weil Adare überdies ein beliebter Rückzugsort für irische Besucher ist, sollte man Hotels und Restaurants rechtzeitig buchen, besonders am Wochenende.

◉ Sehenswertes & Aktivitäten

Autofans können die malerische Landschaft rund um Adare auch mit einem klassischen Sportwagen erkunden (s. S. 350).

Adare Heritage Centre — MUSEUM
(☏ 061-396 666; www.adareheritagecentre.ie; Main St; Eintritt frei; ⊙ Sommer 9–18 Uhr, Winter 9.30–17 Uhr) Die Ausstellung in dem zentral gelegenen Museum illustriert auf unterhaltsame Weise Adares Geschichte und die mittelalterlichen Gebäude des Ortes. Zudem können Besucher einen Langbogen in die Hand nehmen (heute schon Spinat gegessen?), hochwertiges irisches Kunsthandwerk kaufen und eine Pause in dem beliebten Café einlegen.

Adare Castle — BURG
(Führungen Erw./Familie 6/15 €; ⊙ Führung Juni–Sept. stdl. von 10–17 Uhr) Schon bevor Cromwells Truppen sie 1657 unwiederbringlich in eine malerische Ruine verwandelten, hatte die um 1200 entstandene Burg schwere Zeiten durchgemacht und längst ihre strategische Bedeutung verloren. Bei Redaktionsschluss war die Restaurierung noch im vollen Gange. Besucher sollten sich unbedingt den großen Saal mit Fenstern aus dem frühen 13. Jh. anschauen.

Führungen kann man im Heritage Centre buchen. Wenn keine angeboten werden, bewundert man das Bauwerk stattdessen von der viel befahrenen Straße, dem Flusspfad oder dem Grundstück des Augustinerpriorats aus.

Religiöse Bauten — HISTORISCHE STÄTTEN
Ehe die Tudors alle Klöster auflösten (1536–39), gab es in Adare drei religiöse Bauwerke, deren Überreste heute noch zu besichtigen sind. Gleich neben dem Heritage Centre stößt man auf den eindrucksvollen Turm und die Südmauer der katholischen **Church of the Holy Trinity**. Einst gehörte die Kirche zum Dreifaltigkeitskloster aus dem 13. Jh., das im Auftrag des ersten Earls of Dunraven restauriert wurde. Nebenan befindet sich ein renovierter **Taubenschlag** aus dem 14. Jh.

Am Maigue, mitten auf dem Adare-Manor-Golfplatz, erheben sich die Ruinen des **Franziskanerklosters**, 1464 vom Earl of Kildare gegründet. Wer es erkunden möchte, sollte vorher im Clubhaus Bescheid geben. Vom Parkplatz aus sind es nur 400 m bis zur Ruine, allerdings muss man sich vor herumfliegenden Golfbällen in Acht nehmen! Zu den Überresten gehören ein schöner Turm und eine kunstvolle Sitzbank für Priester an der Südwand des Altarraums.

Nördlich der Ortschaft, an der N21 nahe der Brücke über dem Maigue, steht die Pfarrkirche der Church of Ireland, ein 1315 gegründetes **Augustinerpriorat**, das auch als Black Abbey bekannt ist. Innen ist es herrlich höhlenartig, zudem gibt's einen kleinen, atmosphärischen Kreuzgang.

Nördlich vom Tor zum Priorat beginnt ein schöner, ausgeschilderter **Flussweg** mit Sitzgelegenheiten, den man durch eine schmale Lücke erreicht. Nach 250 m zweigt ein Weg links ab in Richtung Ortszentrum.

Adare Manor Golf Club — GOLF
(www.adaremanorgolfclub.com; 18 Löcher 95–125 €) Mit diesem spektakulären Platz zieht Adare jede Menge Golfer an.

⌂ Schlafen

Vom Campingplatz bis zum luxuriösen Burghotel ist hier wirklich etwas für jeden Geschmack dabei.

LP TIPP Adare Manor — HOTEL €€€
(☏ 061-605 200; www.adaremanor.com; Main St; DZ 290–390 €; P @ 🛜 ⛱ 🐾) In dem prachtvollen Landgut des Earl of Dunraven ist heute ein imposantes und wunderbar intimes Burghotel untergebracht, das über individuell in Herbstfarben und mit Antiquitäten dekorierte Zimmer verfügt. Das ausgezeichnete **Oak Room Restaurant** (Hauptgerichte 21–34,50 €; ⊙ abends) und der vornehme Salon sind auch für Nichtgäste geöffnet. In Letzterem wird täglich **Nachmittagstee** (vegetarisch/mit Fleisch 18/26,50 €; ⊙ 14–17 Uhr) auf mehrstöckigen Platten serviert. Darüber hinaus bekommen Hotelgäste Rabatt im Adare Manor Golf Club (siehe oben).

Dunraven Arms — GÄSTEHAUS €€€
(☏ 061-396 633; www.dunravenhotel.com; Main St; EZ/DZ ab 135/155 €; @ 🛜 ⛱ 🐾) Die 1792 errichtete Bleibe versteckt sich hinter einem Garten und wartet mit 86 Zimmern auf, die traditionellen Luxus auf hohem Niveau bieten sowie mit Antiquitäten und

ABSTECHER

BALLINGARRY

Das hübsche Dorf Ballingarry (Baile an Gharraí, „Stadt der Gärten") liegt 13 km südwestlich von Adare an der R519 und wartet mit einem der besten Restaurants des ganzen Countys auf: **The Mustard Seed at Eco Lodge** (069-68508; www.mustardseed.ie; 4-Gänge-Menü 64 €; EZ/DZ 100/150 €; Restaurant tgl. abends, Mitte Jan.–Mitte Feb. Restaurant & Unterkunft geschl.; P), ein in Senftönen gestrichenes Lokal, ist in einem ehemaligen Kloster aus dem 19. Jh. untergebracht und serviert hervorragende Vier-Gänge-Menüs, deren Zutaten aus dem eigenen Obst- und Küchengarten stammen. Die Speisekarte variiert je nach Saison, so bestehen die Menüs z. B. aus Butternusskürbismus, Salat mit Artischocken, Pistazien und Balsamico-Trüffel-Dressing, mit Ananas und Wodka gebratene Ente und Gemüsegratin sowie Baiserkuchen aus griechischem Joghurt. Wer sich nach dem Essen nicht mehr bewegen kann, bucht einfach eines der eleganten Gästezimmer im Landhausstil. Einige sind sogar mit Himmelbetten ausgestattet.

---

exklusiver Bettwäsche ausgestattet sind. In dem hauseigenen **Restaurant** (Hauptgerichte 16,50–25 €; abends) gibt's Anspruchsvolles wie gebratene Ente mit Lavendelrisotto oder warmer weißer Schokoladenkuchen mit karamellisierten Bananen. In der **Bar** (Hauptgerichte 13–14,50 €; mittags & abends) bekommt man günstigere und ebenfalls sehr gute Gerichte.

Berkeley Lodge B&B €€
(061-396 857; www.adare.org; Station Rd; DZ 70 €; P) Eines von mehreren modernen B&Bs an dieser Straße. Drei Gehminuten vom Zentrum entfernt bietet die kinderfreundliche Berkeley Lodge sechs Zimmer mit TV sowie ein großartiges Frühstück. Auf Wunsch werden die Gäste vom Shannon Airport abgeholt.

Fitzgerald's Woodlands House Hotel
HOTEL €€€
(061-605 100; www.woodlands-hotel.ie; Knockanes; DZ 58–154 €; P) 1 km südöstlich von Adare überzeugt das zauberhafte Landgut mit erstklassigen Annehmlichkeiten, darunter weiche, mit Gänsedaunen gefüllte Matratzen. Für die Kleinen gibt's nahrhafte Kindermenüs, einen Kids-Club und einen Babysitter-Service, für die Teenager Arcade-Spiele. Die Großen können sich im Spa verwöhnen lassen.

Adare Village Inn GÄSTEHAUS €
(087 251 7102; www.adarevillageinn.com; Main St; EZ/DZ 45/60 €;) In den preiswerten und urgemütlichen Zimmern dieses Gästehauses steht ein kostenloser Früchtekorb bereit. Es befindet sich im Ortszentrum nahe der Straßenkreuzung und dem Gemeindesaal.

Adare Camping & Caravan Park
CAMPINGPLATZ €
(061-395 376; www.adarecamping.com; Adare; Stellplatz 11/22 € pro Zelt/Wohnwagen; P) Der windgeschützte Platz erstreckt sich 4 km südlich von Adare in der Nähe der N21 und der R519. Im heißen Whirlpool kann man sich wunderbar entspannen.

Essen
Es gibt in Adare hervorragende Restaurants.

LP TIPP Wild Geese IRISCH €€
(061-396 451; www.thewild-geese.com; Main St; Hauptgerichte 21–24,50 €; So mittags, Di–Sa abends) In einem Ort, wo der Wettkampf zwischen Luxus- und Massenmarkt tobt, bietet das einladende Cottage-Bistro einen gleichmäßig hohen Standard. Auf der wechselnden Speisekarte stehen die besten Gerichte aus dem Südwesten Irlands von Jakobsmuscheln bis zu üppigem Lammkarree. Alle Gerichte werden fantasievoll zubereitet, zudem sind die Brotkörbe ein Gedicht und der Service ist vorbildlich.

The White Sage IRISCH €€
(061-396 004; www.whitesagerestaurant.com; Main St; Hauptgerichte 20–29,50 €; Di–Sa abends;) Lokale Biobauern beliefern dieses zauberhafte kleine Restaurant, das in einem Cottage auf Adares Hauptstraße untergebracht ist. Das Angebot für Vegetarier ist zwar begrenzt, aber toll: Es gibt z. B. Birnensalat mit Ciderdressing und eine *tarte tatin* mit Ziegenkäse und Schalotten.

Blue Door IRISCH €€
(061-396 481; www.bluedooradare.com; Main St; Hauptgerichte 19–26 €; mittags & abends;

🍴) Gourmetsalate, Sandwiches und Lasagne finden sich auf der Mittagskarte dieses Cottage-Restaurants im Dorfzentrum. Abends werden kreativere Gerichte mit Meeresfrüchten oder Fleisch serviert, etwa auf Buchenholz geräucherte Ente und Dorsch in Chardonnay-Soße.

Good Room Cafe CAFÉ €
(061-396 218; Main St; Gerichte 5–10 €; morgens & mittags; 🍴) Kreative Suppen, Salate, Sandwiches, Backwaren und hausgemachte Marmeladen – die Gerichte in dem netten Café sind moderner, als man es von einem reetgedeckten Cottage-Lokal erwartet. Unbedingt rechtzeitig kommen, damit man noch ein paar *scones* erwischt.

Ausgehen

Aunty Lena's PUB
(Main St; 🛜) Bei Einheimischen erfreut sich das labyrinthartige, riesige Pub großer Beliebtheit.

Seán Collins PUB
(Killarney Rd) Adares traditionellste Kneipe.

Bill Chawke Lounge Bar PUB
(Main St) Veranstaltet regelmäßig traditionelle Musikkonzerte und Karaokeabende.

🛈 Praktische Informationen

Die Website www.adarevillage.com ist sehr informativ.

AIB Bank (061-396 544) Unweit der Touristeninformation. Mit Geldautomat.

Touristeninformation (061-396 255; Adare Heritage Centre, www.discoverireland.com/shannon; Main St; Mitte Mai–Mitte Sept. 9–18 Uhr, sonst kürzere Öffnungszeiten)

🛈 An- & Weiterreise

Bus Éireann bietet stündliche Verbindungen zwischen Limerick und Adare (4,50 €, 25 Min.). Viele Busse fahren von hier aus weiter bis nach Tralee (15,30 €, 1¾ Std.), andere steuern Killarney (15,30 €, 1¾ Std.) an.

Wer stilvoll durch Adare sausen will, kann bei **Heritage Sports Cars** (069-63770; www.heritagesportscars.com) einen Jaguar, Ferrari, MG oder Triumph mit kostenloser Lieferung und Abholung innerhalb der Ortschaft mieten.

COUNTY TIPPERARY

Tipperary besitzt den fruchtbaren Boden, von dem jeder Bauer träumt. In dieser Gegend wird Tradition auf hohem Niveau gepflegt: Im Winter finden Fuchsjagden ohne gesetzliche Einschränkungen statt; dann sieht es hier nicht viel anders aus als in Ortschaften der klassischen englischen Grafschaften. Das Kernland des Countys liegt in einer Tiefebene, umrahmt von den Hügellandschaften der angrenzenden Regionen.

Insbesondere das Glen of Aherlow bietet wunderbare Wander- und Radfahrmöglichkeiten rund um die Stadt Tipperary, aber die wirklichen Publikumsmagneten sind der Rock of Cashel und Cahir samt Burg. Außerdem gibt's noch das eine oder andere Highlight am Straßenrand.

Tipperary (Stadt)
4600 EW.

Die Stadt (Tiobrad Árann) verdankt ihren Namen vor allem einem Marschlied aus dem Ersten Weltkrieg. Der besungene „lange Weg nach Tipperary" zieht sich auf der N24 hin und führt quer durch das regionale Straßenlabyrinth, das im Ortszentrum zusammenläuft, wo es verkehrsmäßig genauso wenig vorangeht wie im Stellungskrieg an der Somme. Tipperary an sich ist eher unscheinbar und lohnt nicht unbedingt einen Besuch.

Die **Touristeninformation** (062-80520; Mo–Sa 10–17, So 14–17.30 Uhr) ist im **Excel Heritage Centre** (Mitchell St) untergebracht und über die St. Michael's Street, eine Seitenstraße, die 200 m nördlich der Main Street abzweigt, zu erreichen. Ganz in der Nähe gibt's ein kleines Kunstmuseum, ein **Café** (Gerichte 5–6,50 €), ein Kino, ein Ahnenforschungszentrum und einen **Internetzugang** (1 € pro 15 Min.).

Auf der Main Street befinden sich Banken, Geldautomaten und zahlreiche Läden. In der Mitte thront die **Statue von Charles J. Kickham** (1828–82), Schriftsteller aus Tipperary (Autor des Romans *Knocknagow*) und Mitglied der Young Irelander. Wegen Betrugs saß er um 1860 vier Jahre im Londoner Gefängnis Pentonville ein.

Das zu Ehren des Lokalhelden errichtete Traditionspub **Kickham House** (www.kickhamhouse.com; Main St; Hauptgerichte 8–11 €; mittags) lockt mit einem Brunch samt geräuchertem Schellfisch und leckerer *cod pie* (Dorschpastete).

3 km außerhalb der Stadt erstreckt sich eine der führenden Rennbahnen Irlands, **Tipperary Racecourse** (062-51357; www.tipperaryraces.ie; Limerick Rd). Sie wartet mit regelmäßigen Veranstaltungen auf. Aktuel-

le Infos darüber stehen in der Lokalpresse. Man erreicht die Strecke vom Bahnhof Limerick Junction aus zu Fuß.

Danny Ryan Music (www.dannyryanmusic.ie; 20 Bank Pl) verfügt über eine hervorragende Auswahl an Musikinstrumenten.

Fast alle Busse halten in der Abbey Street am Fluss. **Bus Éireann** (www.buseireann.ie) bietet täglich bis zu acht Verbindungen nach Limerick (7,20 €, 40 Min.) und Waterford via Cahir und Clonmel an.

Wer zum **Bahnhof** will, folgt der Bridge Street in südlicher Richtung. Tipperary liegt auf der Bahnstrecke von Waterford zur Limerick Junction. Zweimal täglich fahren Züge nach Cahir (25 Min.), Clonmel, Carrick-on-Suir, Waterford und Rosslare Harbour. Von der **Limerick Junction** (062-51406), 3 km vom Bahnhof Tipperary entlang der Limerick Road, geht's nach Cork, Kerry und Dublin.

Springhouse Bicycle Hire (062-31329; www.springhouse.eu.com; Kilshane; Leihgebühr 20/80 € pro Tag/Woche;) verleiht Fahrräder und gibt Tipps für Ausflüge in die Umgebung. Das Personal bringt die Räder zu Bushaltestellen und Bahnhöfen und holt sie dort auch wieder ab. Der Laden mit kleinem **B&B** (DZ 90 €;) befindet sich an der N24, 4,5 km südöstlich von Tipperary.

Glen of Aherlow & Galtee Mountains

Im Süden von Tipperary erheben sich die markanten Silhouetten der Slievenamuck Hills und der Galtee Mountains, die das bunte und breite Glen of Aherlow trennen. Von Tipperary aus verläuft eine gut ausgeschilderte, 25 km lange **Panoramaroute** durch das ganze Tal. Am östlichen Ende zwischen Tipperary und Cahir befindet sich Bansha (An Bháinseach). Das Dorf dient als Startpunkt für einen 20 km langen Ausflug Richtung Westen nach Galbally. Ob auf vier oder auf zwei Rädern: Wer der R663 folgt, durchquert eine der malerischsten Landstriche des Countys.

Darüber hinaus ist die Gegend für ihre hervorragenden **Wanderwege** bekannt. Üppige bewachsene Ufer des Aherlow, bergige Kiefernwälder und felsiges Weideland mit scheinbar unendlichem Horizont prägen das Landschaftsbild. 1,6 km nördlich von Newtown an der R664 erreicht man einen **Aussichtspunkt** mitsamt einer **Christusstatue** und spektakulärem Ausblick.

Südlich von Tipperary, beim **Coach Road Inn** in Newtow, einem bei Wanderern beliebten Pub, laufen die R663 aus Bansha und die R664 zu einer Straße zusammen. Hinter der Kneipe versteckt sich die **Touristeninformation** (062-56331; www.aherlow.com; ganzjährig Mo–Fr 9.30–17, plus Juni–Aug. Sa 10–16 Uhr) von Glen of Aherlow mit enthusiastischen Angestellten, die Fragen über die Region beantworten und **Wanderfeste** organisieren.

In der Umgebung gibt's mehrere ländliche Herbergen.

> **LP TIPP** Das 1928 erbaute **Aherlow House Hotel** (062-56153; www.aherlow house.ie; Newtown; EZ/DZ/Lodge ab 99/120/175 €;) liegt an der Spitze eines pinienbestandenen Trekkingwegs, der von der R663 abgeht. Es wurde von einem Jagdhaus zu einem luxuriösen Hotel umgebaut und verfügt über 29 Zimmer mit großen Betten, 15 moderne Lodges für Selbstversorger (Mindestaufenthalt zwei Nächte), eine **Bar** (Bargerichte 11–16 €; mittags & abends) und ein **Restaurant** (Hauptgerichte 20–30 €; abends). Von der Terrasse genießt man einen tollen Blick auf die Berge.

10 km westlich von Bansha hinter Newtown, vor der wunderbaren Kulisse der Galtees, stößt man auf den exzellenten **Ballinacourty House Camping Park & B&B** (062-56559; www.ballinacourtyhse.com; Glen of Aherlow; Zeltplatz 23 €, EZ/DZ 51,50/70 €) mit einem hübschen Garten, einem empfehlenswerten **Restaurant** (4-Gang-Menü 20–30 €; So mittags, Mi–Sa abends) sowie einem Tennis- und einem Minigolfplatz.

Die freundlichen Besitzer des **Homeleigh Farmhouse** (062-56228; www.homeleighfarmhouse.com; Newtown; EZ/DZ 54/80 €; Abendessen 28 €;) auf einem Bauernhof gleich westlich von Newtown und dem Coach Road Inn können einem jede Menge über die Gegend erzählen. In ihrem modernen Haus sind fünf komfortable Zimmer mit Privatbädern untergebracht. Wer nach seiner Wanderung ein hausgemachtes Drei-Gänge-Menü genießen will, sollte rechtzeitig Bescheid geben.

Bus Éireann verkehrt regelmäßig zwischen Tipperary (2,60 €, 20 Min.) und Waterford mit Halt in Bansha. Von dort geht's per Drahtesel (Fahrradverleih s. S.350) oder zu Fuß weiter in die Berge. Natürlich kann man die Umgebung auch mit einem Mietauto erkunden.

(Fortsetzung auf S. 360)

1. **Natur in Tipperary (S. 364)**
Blumen im Vee-Tal bei Clogheen.

2. **Rock of Cashel, County Tipperary (S. 360)**
Die antike Festung diente über 1000 Jahre als Sitz von Königen und Geistlichen.

3. **Lough Gur, County Limerick (S. 346)**
Rund um den See befinden sich Dutzende archäologische Stätten, darunter auch dieses Keilgrab.

4. **Ziege, County Tipperary**
Ziegen gibt's in Irland bereits seit 4000 Jahren.

1. Cliffs of Moher, Burren (S. 394)
Bei Touristen erfreuen sich die bis zu 203 m hohen Klippen großer Beliebtheit.

2. Traditionelle Musik (S. 378)
Musiker in einem Pub in Doolin: Clare ist eine tolle Gegend, wenn man traditionelle Klänge genießen möchte.

3. Cliffs of Moher, Burren (S. 394)
Ein Rundturm auf den Cliffs of Moher.

4. Tin Whistle
Ein wichtiges Instrument der traditionellen irischen Musik.

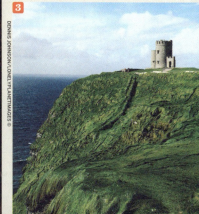

Festivals in Galway

In Galway wissen die Leute, wie man feiert. Zu den großen Festivals strömen Tausende Besucher aus ganz Irland und dem Rest der Welt herbei. Gefeiert wird hier eigentlich immer (S. 423), egal ob der Schwerpunkt auf der Kultur liegt, es ums Essen geht oder der Sport im Mittelpunkt steht.

Im Frühling versammeln sich in der Stadt Schriftsteller aus aller Herren Länder zum Cúirt International Festival of Literature. Zu diesem Anlass finden in so ziemlich jedem Pub Lesungen von Prosa bis Lyrik statt.

Im Sommer steht das Galway Arts Festival auf dem Programm, bei dem erstklassige Theatergruppen, Musiker und Bands, Komiker und Künstler auftreten bzw. Ausstellungen ausrichten. Gleichzeitig läuft das Galway Film Fleadh mit neuen avantgardistischen Werken.

Toll ist auch die Galway Race Week: Nun machen Hunderttausende eine Woche lang Party, schick zurechtgemacht mit Hüten oder einfach in legerer Alltagskleidung. Die Pferderennen scheinen dabei weniger wichtig zu sein als der Spaß – zumindest, wenn man nicht gewettet hat!

Als Highlight im Herbst gilt das Galway International Oyster Festival. Die Austern stammen aus dem niedrigen Tidegewässer der Galway Bay und schmecken am besten, wenn die Tage langsam kürzer werden. Sie sind die Stars bei kleinen und großen Events in der gesamten Region.

Abbildungen
1. Standesgemäßer Auftritt, Galway Race Week **2.** Mitfiebern an der Rennbahn **3.** Geschmückte Straße während des Galway Arts Festival

Aran Islands

Wind und Wellen haben die erodierten, geriffelten Felsen der Aran Islands geformt. Hier leben die Nachfahren eines unglaublich zähen Volkes. Die Inseln sind Verlängerungen des Burren im County Clare.

Inishmaan

1 Wer durch die raue Landschaft von Inishmaan (S. 431) spaziert, wird kaum einer Menschenseele begegnen. Dafür stößt man überall auf die geheimnisvollen Spuren früherer Inselbewohner und gelangt irgendwann immer an einen einsamen Strand.

Aran Islands

2 Hätte man die Inseln (S. 426) sich selbst überlassen, wären sie heute nicht mehr als ein paar Felshaufen im Atlantik. Stattdessen haben Generationen von Bewohnern Algen und Sand auf dem Boden verstreut und so über die Jahrhunderte fruchtbare grüne Felder geschaffen.

Inishmór

3 An Sommerwochenenden wird Inishmór (S. 427) von zahlreichen Tagesausflüglern überschwemmt, die eines der großen altertümlichen Wunder Irlands sehen möchten: das 2000 Jahre alte Fort Dún Aengus.

Inisheer

4 Ein altes Schloss, Kirchen und eine magische Quelle sind nur ein paar Highlights auf der kleinsten Aran-Insel (S. 433), deren Felsen eine jahrhundertealte Geschichte bewahren.

Das Wrack der Plassy

5 Sie ist der Star im Vorspann der irischen Comedy-Serie *Father Ted*: Die *Plassy* (S. 434) kenterte bei einem Sturm 1963 an der Küste von Inisheer. Seither fasziniert ihr verrosteter Rumpf Wanderer und zeigt anschaulich die zeitlose Urgewalt der Elemente.

Abbildungen
1. Steinmauern und Ruinen, Inishmaan **2.** Fischerboote am Kilronan-Pier, Inishmór **3.** „Inselnachwuchs", Inishmaan

(Fortsetzung von S. 351)

Cashel

2500 EW.

Cashel (Caiseal Mumhan) ist sehr beliebt bei Travellern und selbst die Queen besuchte den Ort 2011 auf ihrer historischen Irlandreise. Der kegelförmige Rock of Cashel und die alten Kirchen auf seinem Gipfel bereichern die felsige Landschaft. Obwohl der Tourismus infolge der Wirtschaftskrise eingebrochen ist, hat sich das Marktstädtchen seinen Charme bewahrt.

Cashel verfügt über zahlreiche Unterkünfteund einige wenige gute Restaurants.

◉ Sehenswertes

Die Touristeninformation verleiht iPods (20 € Pfand) für Audioguide-Rundgänge durch die Stadt.

Rock of Cashel HISTORISCHE STÄTTE
(www.heritageireland.com; Erw./Kind 6/2 €; ⊙Juni–Sept. 9–18.15 Uhr, Okt.–Mai 9–16.45 Uhr) Eine der spektakulärsten archäologischen Stätten des Landes, der **Rock of Cashel**, ist ein markanter grüner Hügel, aus dem Kalksteinschichten herausragen. Er erhebt sich aus einer grasbewachsenen Ebene am Ortsrand inmitten einer alten Festungsanlage *(cashel* ist das englische Pendant zum irischen Wort *caiseal* für „Festung"). Eine kompakte Mauer umschließt kreisförmig den Hof, der von einem Rundturm, einer gotischen Kathedrale (13. Jh.) und der schönsten romanischen Kapelle des Landes (12. Jh.) umrahmt wird. Mehr als tausend Jahre lang war der Rock of Cashel ein Symbol der Macht und Sitz der Könige bzw. Kleriker, die über diese Region herrschten. Der Eóghanachta-Clan aus Wales wählte ihn im 4. Jh. als Hauptsitz. Von hier aus eroberte er weite Teile von Munster und beherrschte die Region. 400 Jahre lang wetteiferten Cashel und Tara um die Stellung als Machtzentrum Irlands. Der Clan berief sich auf seine Verbindung zum hl. Patrick, deshalb wird der Rock of Cashel gelegentlich auch St. Patrick's Rock genannt.

Im 10. Jh. verloren die Eóghanachta den Fels an die O'Briens (oder Dál gCais) unter Brian Borús Führung. 1101 schenkte König Muircheartach O'Brien ihn der Kirche, um sich die Gunst der mächtigen Bischöfe zu erkaufen. Außerdem wollte er den uralten Streit um diesen Felsen mit den Eóghanachta (inzwischen als MacCarthys bekannt) beenden. Auf dem Hügel müssen zahlreiche Gebäude gestanden haben, doch nur die Sakralbauten trotzten dem Wüten von Cromwells Armee 1647.

Vom Ortszentrum sind es nur fünf Gehminuten bis zum Felsen. Besucher können einige schöne Spaziergänge unternehmen, z. B. auf dem Bishop's Walk, der im Park vom Cashel Palace Hotel endet. Die Schafe machen allerdings nur widerwillig den Weg frei. Am Ende der Zufahrtsstraße zum Ticketbüro gibt's ein paar wenige Behindertenparkplätze. Der Rock of Cashel ist vor allem im Juli und August ein beliebtes Reiseziel. Auf dem Felsen lassen sich die schon von Weitem herannahende Tourbusse ausmachen. Im endlosen Kampf gegen auftretende Risse wird ein Gerüst jedes Jahr ein Stück weiter gerückt.

Wer den Hügel mit der Stadt im Hintergrund fotografieren will, steuert den Kreisverkehr an der Dublin Road oder die kleinen Straßen westlich des Zentrums an. Die besten Fotomotive hat man jedoch von den Ruinen der Hore Abbey (S. 361) aus.

Wenn man an einer geführten Tour teilnehmen möchte, muss man vorher anrufen.

Hall of the Vicars Choral
Der Eingang zum Rock of Cashel befindet sich in diesem Gebäude aus dem 15. Jh., das einst von Chorsängern der Kathedrale bewohnt wurde. Heute ist hier ein Ticketbüro untergebracht. Zu den Exponaten in der Krypta gehören seltene Silberwaren, Äxte aus der Bronzezeit und das St. Patrick's Cross, ein eindrucksvolles, verwittertes Kreuz aus dem 12. Jh. Es zeigt auf der einen Seite die Kreuzigung Christi, auf der anderen Tierfiguren. Im Burghof sieht man eine Replik. Küche und Refektorium sind mit antiken Möbeln, Teppichen und Gemälden bestückt. Besucher sollten auch das wunderschöne Dach aus Eichenholz und die Galerie betrachten. Alle halbe Stunde läuft ein 20-minütiger Film über die Geschichte des Felsens (auch auf Deutsch).

Kathedrale
Das gotische Bauwerk aus dem 13. Jh. überragt die anderen Ruinen. Sein Zugang führt durch eine kleine Vorhalle gegenüber der Hall of the Vicars Choral. Auf der Westseite der Kathedrale thront die **Archbishop's Residence** (Erzbischöfliche Residenz), eine vierstöckige Burganlage aus dem 15. Jh., deren Halle über dem Kirchenschiff lag. In der Mitte der Kathedrale erhebt sich ein massiver Viereckturm mit einem angebauten Türmchen in der südwestlichen Ecke.

Darüber hinaus entdeckt man Monumente, Altarflügel von Grabmalen des 16. Jhs. und Wappen. Mit einem Fernglas kann man auch die zahlreichen Kapitelle und Konsolen in luftiger Höhe betrachten.

Rundturm

In der nordöstlichen Ecke der Kathedrale befindet sich ein Rundturm aus dem 11. und 12. Jh., das älteste Gebäude am Rock of Cashel. Er ist 28 m hoch und sein Eingang liegt 3,5 m über dem Boden – vermutlich eher aus bau- als aus verteidigungstechnischen Gründen.

Cormac's Chapel

Die Cormac's Chapel ist so beeindruckend, das sie schon für sich genommen einen Besuch des Rock of Cashel lohnt. Das erstaunliche Bauwerk stammt aus dem Jahr 1127 und ist in seiner mittelalterlichen Gestalt vollständig erhalten. Vermutlich handelt es sich um die erste romanische Kirche in Irland. Für die ungleichen Vierecktürme soll die Regensburger Jakobskirche Pate gestanden haben; das steile Steindach weist Ähnlichkeiten zu den schiffsrumpfartigen Formen anderer Bauten in Irland auf, etwa zum Gallarus Oratory in der Grafschaft Kerry (S. 326) oder zu den Bienenkorbhütten auf der Dingle-Halbinsel (S. 325).

An der romanischen Baukunst faszinieren vor allem die Steinmetzarbeiten, die an den Rundbogen am Hauptportal, dem Rundbogen im Altarraum und dem Rippengewölbe zu sehen sind. Kunstvoll und präzise sind auch die Reliefs, darunter ein Ungeheuer mit drei Schwänzen und ein Zentaur mit Normannenhelm, der einen Pfeil auf einen wütenden Löwen abschießt. Im Inneren herrscht zunächst geheimnisvolle Finsternis, aber nach einer Weile gewöhnen sich die Augen an die Dunkelheit. Hinter dem Hauptportal befindet sich linker Hand ein Sarkophag, in dem angeblich König Cormac liegt. Das Grab stammt aus der Zeit zwischen 1125 und 1150. Ursprünglich zierten Fresken die Wände, heute sind nur Fragmente erhalten. Vom Südturm führt ein Gang zu einem Gewölbe und einer grasbewachsenen Plattform über dem Kirchenschiff (kein Zutritt).

Hore Abbey HISTORISCHE STÄTTE

Geschichtsfans wird in der Gegend noch eine weitere Attraktion begeistern: die Ruine von Hore Abbey aus dem 13. Jh. (auch bekannt als Hoare Abbey oder St. Mary's). Ende des 12. Jhs. lebten hier Benediktinermönche aus dem englischen Glastonbury. Im 13. Jh. wurden sie von einem Erzbischof vertrieben, der geträumt hatte, sie wollten ihn ermorden. Später schenkte er das Gebäude dem Zisterzienserorden.

Das Kloster liegt 1 km nördlich des Rock of Cashel auf flachem Ackerland.

Brú Ború HERITAGE CENTRE

(062-61122; www.comhaltas.ie/locations/detail/bru_boru; Eintritt 3 €; 9–17 Uhr, wechselnde Öffnungszeiten) Cashels privat geführtes Geschichts- und Kulturzentrum ist in einem modernen Gebäude gleich neben dem Parkplatz unterhalb des Rock of Cashel untergebracht und gewährt faszinierende Einblicke in die traditionelle irische Musik samt Tanz und Gesang. Das Highlight ist jedoch die Ausstellung **Sounds of History**, wo auf z. B. mittels Audioshow die Geschichte des Landes und seiner Musik nacherzählt wird. Außerdem finden hier in den Sommermonaten verschiedene musikalische Veranstaltungen statt.

Cashel Folk Village MUSEUM

(062-62525; Dominic St; Erw./Kind 5/2 €; 9.30–17.30 Uhr, wechselnde Öffnungszeiten) In diesem faszinierenden Museum kann man typische alte Häuser und Ladenfronten bestaunen. Memorabilien aus der Umgebung ergänzen das Angebot.

GRATIS **Cashel Heritage Town Centre Museum** MUSEUM

(www.casheltc.ie; Town Hall, Main St; Mitte März–Okt. 9.30–17.30, Nov.–Mitte März Sa & So geschl.) Im Rathaus, direkt neben der Touristeninformation; ist ein maßstabsgetreues Modell zu sehen, das Cashel im Jahre 1640 zeigt.

Bolton Library MUSEUM

(John St; Eintritt 2 €; Besuch nach Voranmeldung, Buchung in der Touristeninformation) In einem 1836 errichteten abweisenden Steingebäude wartet die Bolton Library mit Büchern, Karten und Handschriften von den Anfängen des Buchdrucks bis heute auf, darunter Werke der Schriftsteller Chaucer und Swift.

🛏 Schlafen

Im Ortszentrum befinden sich viele empfehlenswerte Unterkünfte. Von hier aus kann man den Rock of Cashel gut zu Fuß erkunden.

LP TIPP **Cashel Palace Hotel** HOTEL €€€

(062-62707; www.cashel-palace.ie; Main St; EZ/DZ ab 95/176 €; P@) Das hübsche Anwesen mit roter Backsteinfassade aus der Queen-Anne-Ära ist das Wahrzeichen des Städtchens. Es wurde 1732 im Auftrag eines protestantischen Erzbischofs errichtet und verfügt nach seiner Komplettsanierung über 23 Zimmer, die vor Luxus und Antiquitäten nur so strotzen (inklusive Hosenbügler und teilweise auch herrliche Badewannen). In der **Bar** (Bargerichte 10–16 €; ⊙mittags & abends) kann man sich über seine Jagdpläne austauschen. Zum Abendessen geht's ins atmosphärische **Bishops Buttery Restaurant** (2-/3-Gänge-Menüs ab 22/25 €; ⊙mittags & abends).

Cashel Town B&B B&B €€
(062-62330; www.cashelbandb.com; 5 John St; DZ ab 60 €; P@🅥🅦) Auf den Frühstückstisch dieses heimeligen B&Bs kommen nur frische Produkte von den nahe gelegenen Bauernmärkten, selbst der Porridge ist aus Biohafer. Das 1808 errichtete georgianische Stadthaus beherbergt sieben komfortable Zimmer und eine gemütliche Gästelounge mit offenem Kaminfeuer und einem Klavier. Die Besitzer leiten auch das Cashel Holiday Hostel.

Cashel Lodge & Camping Park HOSTEL €€
(062-61003; www.cashel-lodge.com; Dundrum Rd; Zeltplatz ab 8 € pro Pers., B/EZ/DZ 20/40/65 €; P🅥) Nordwestlich von Cashel liegt an der R505 dieses erstklassige IHH-Hostel, das in einer 200 Jahre alten umgebauten Remise untergebracht ist (einfach der Ausschilderung nach Dundrum folgen). Die Lodge verströmt eine freundlich-entspannte Atmosphäre, ist mit einer tollen Mischung aus Holz und Steinen eingerichtet und bietet einen herrlichen Blick auf den Rock of Cashel sowie die Hore Abbey.

Hill House B&B €€
(062-61277; www.hillhousecashel.com; Palmers hill; EZ/DZ 65/90 €; P@🅥🅦) Man könnte es auch das „Haus mit dem herrlichen Blick" nennen, denn das georgianische Gebäude aus dem Jahr 1710 thront in 400 m Höhe über der Main Street und bietet einen tollen Ausblick auf den Rock of Cashel. Die Zimmer sind im traditionellen Stil gehalten und mit Himmelbetten ausgestattet.

Cashel Holiday Hostel HOSTEL €
(062-62330; www.cashelhostel.com; 6 John St; B/EZ/DZ ab 16/30/45 €; 🅥) Eine freundliche Budgetoption im Ortszentrum. Das bunte dreistöckige Gebäude unweit der Main Street verfügt über 52 Betten in Vier- bis Achtbettzimmern sowie mehrere Einzel- und Doppelzimmer. Darüber hinaus punktet das Hostel mit einer Küche, einer Wäscherei, einer Bibliothek und einem Fahrradschuppen. Musiker können ihre Übernachtung mit einem Auftritt „bezahlen" (die Angestellten organisieren Konzerte und beschaffen Instrumente).

Ashmore House B&B €€
(062-61286; www.ashmorehouse.com; John St; EZ 40–50 €, DZ 70–80 €; P🅥🅦) In dem ruhigen georgianischen Stadthaus unweit der Main Street wird man wie ein Familienmitglied empfangen. Die fünf großen Zimmer haben hohe Decken und sind mit Antiquitäten ausgestattet.

Ladyswell House B&B €€
(062-62985; www.ladyswellhouse.com; Ladyswell St; EZ/DZ 65/90 €; 🅥🅦) Keine fünf Gehminuten vom Kloster stößt man auf dieses B&B mit leuchtend gelber Eingangstür. Die fünf Zimmer sind makellos und einige Bäder haben Dachfenster. Zum Frühstück gibt's hausgemachte Marmeladen, Kompott, Schwarzbrot und *scones*.

✖ Essen

Abgesehen vom Rock of Cashel ist das Städtchen vor allem für seinen preisgekrönten Bauernkäse Cashel Blue, Irlands ersten Blauschimmelkäse, berühmt. Er wird ausschließlich vor Ort und immer noch von Hand hergestellt, ist aber erstaunlicherweise nur selten in den örtlichen Restaurants und Geschäften zu finden.

Die meisten Lokale liegen in der Main Street, darunter auch das Bishops Buttery Restaurant (s. oben).

Café Hans CAFÉ €€
[LP TIPP] (062-63660; Dominic St; Hauptgerichte 13–19 €; ⊙Di–Sa 12–17 Uhr; 🅦) Die 32 Plätze in dem Gourmetcafé sind hart umkämpft. Es wird ebenso wie das benachbarte Chez Hans von derselben Familie geführt und bietet eine fantastische Auswahl an Salaten, Sandwiches (z. B. mit riesigen Garnelen in würziger Mary-Rose-Soße), Meeresfrüchten, Lammfleisch-, Fisch- und vegetarischen Gerichten, eine tolle Weinkarte sowie Desserts (darunter hausgemachtes Karamelleis mit Karamellsoße), bei deren Anblick einem das Wasser im Mund zusammenläuft. Wer nicht länger auf einen Platz warten will, kommt am besten vormittags oder gegen Nachmittag.

ABSTECHER

FAMINE WARHOUSE

Das **Famine Warhouse** (www.heritageireland.ie; Eintritt frei; ⊙April–Sept. Mi–So 14.30–17.30 Uhr, Okt.–März Sa & So 14–16 Uhr) auf einem Feld in der Nähe von Ballingarry ist ein Relikt aus den schwärzesten Kapiteln Irlands. Heute wirkt das Anwesen ganz friedlich, doch beim großen Aufstand gegen die Hungersnot 1848 belagerten die von William Smith O'Brien angeführten Rebellen die Polizei, die sich in dem Gebäude mit Kindern als Geiseln verbarrikadiert hatte. Es lief nicht gut für die Rebellen – dieser Zwischenfall bedeutete das Ende des Aufstandes. Neben einer Ausstellung über dieses Ereignis werden auch Exponate präsentiert, die sowohl die Hungersnot als auch die Massenflucht irischer Emigranten nach Amerika beschreiben.

Das Haus befindet sich 30 km nordöstlich von Cashel an der R691, etwa auf halbem Weg nach Kilkenny. Achtung: Im County Tipperary gibt's zwei Ballingarrys; der falsche Ort liegt in der Nähe von Roscrea.

Chez Hans   IRISCH €€
(062-61177; www.chezhans.net; Dominic St; Hauptgerichte 26–39 €; ⊙Di–Sa abends) Seit 1968 ist die ehemalige Kirche ein Anziehungspunkt für Feinschmecker aus der ganzen Welt. Frisch und erfinderisch huldigt das Spitzenrestaurant der heimischen Küche. Auf der Speisekarte stehen Gerichte wie Hummer, Aged Beef und Wachteln.

Kearney's Castle Hotel   IRISCH €€
(062-61044; Main St; Hauptgerichte 14–25 €; ⊙mittags & abends) Von außen sieht das Gebäude dank des mittelalterlichen Festungsturms wie eine riesige Burg aus, doch im Innern wartet das Restaurant mit einer gedämpften Beleuchtung und einer modernen Einrichtung auf. Hier gibt's eine gute Auswahl an Fleisch-, Fisch- und Geflügelgerichten.

Bake House   CAFÉ €
(7 Main St; Gerichte 5–7 €; ⊙morgens & mittags) In dem belebten Café sollte man unbedingt die heißen Pasteten mit Salat ausprobieren.

 Ausgehen

Davern's   PUB
(20 Main St) Das uralte Pub eignet sich wunderbar für ein nettes Schwätzchen.

Ryan's   PUB
(Ladyswell St) Eine tolle Kneipe mit riesigem Biergarten.

Mikey Ryan's   PUB
(76 Main St) Beliebter Treffpunkt der Einheimischen.

Praktische Informationen

Banken und Geldautomaten findet man im Ortszentrum.

Touristeninformation (062-62511; www.cashel.ie; Town Hall, Main St; ⊙Mitte März–Okt.9.30–17.30 Uhr, Nov.–Mitte März Sa & So geschl.) Hilfreicher Anlaufpunkt mit vielen Infos zur Region.

An- & Weiterreise

Bus Éireann (www.buseireann.ie) bietet acht tägliche Verbindungen zwischen Cashel und Cork (11,70 €, 1½ Std.) via Cahir (4,50 €, 20 Min., 6–8-mal tgl.). Die Haltestelle für den Bus nach Cork befindet sich vor dem Bake House an der Main Street; gleich gegenüber fährt der Bus nach Dublin (11,70 €, 3 Std., 6-mal tgl.) ab.

Ring a Link (1890 424 141; www.ringalink.ie) – in erster Linie ein gemeinnütziger Service für Landbewohner, aber auch für Touristen verfügbar – steuert Tipperary an (3 €, 50 Min.).

Rund um Cashel

Die atmosphärischen und in der Dämmerung schaurig-schönen Überreste der **Athassel Priory** liegen im grünen Flusstal des Suir, 7 km südwestlich von Cashel. Das ursprüngliche Gebäude stammt aus dem Jahr 1205. Früher war Athassel eines der reichsten und bedeutendsten Klöster Irlands. Weite Teile davon sind bis heute erhalten geblieben: Torhaus, Fallgittertor, Kreuzgang, Abschnitte der Umfriedungsmauer sowie einige mittelalterliche Grabbildnisse. Wer sie besichtigen möchte, fährt auf der N74 Richtung Golden und folgt dann einer engen, ausgeschilderten Straße 2 km gen Süden zur Athassel Abbey. Leider gibt's vor Ort kaum Parkmöglichkeiten. Der Weg zum Kloster führt bisweilen über schlammige Felder. Auf den unzähligen Wegen in der Umgebung kann man wunderbare Radtouren unternehmen.

Cahir

2850 EW.

An der Ostspitze der Galtee Mountains, 15 km südlich von Cashel, stößt man auf das kompakte Städtchen Cahir (An Cathair; ausgesprochen wie das englische *care*), das sich rund um die gleichnamige Burg erstreckt. Die Festung verfügt über Türme, einen Burggraben sowie viele Mauerzinnen und liegt direkt am Strand. Am Ufer des **Flusses Suir** verlaufen ruhige Spazierwege, auf denen man gut und gerne zwei Stunden die Gegend erkunden kann.

Sehenswertes

Cahir Castle HISTORISCHE STÄTTE
(www.heritageireland.ie; Castle St; Erw./Kind 3/1 €; ⊙Mitte Juni–Aug. 9–16.30 Uhr, Mitte März–Mitte Juni & Sept.–Mitte Okt. 9.30–17.30 Uhr, Mitte Okt.–Mitte März 9.30–16.30 Uhr) Cahirs beeindruckende Burg macht Mittelalterfans glücklich: Sie ist eine der größten Festungen des Landes und wartet mit einer romantischen Lage auf einem felsigen Eiland im Fluss, massiven Mauern, einem Türmchen sowie einem Bergfried, Verteidigungsanlagen und Verliesen auf. 1142 von Conor O'Brien gegründet, wurde sie 1375 an die Butlers übergeben. 1599 verlor sie den Rüstungswettlauf der damaligen Zeit, als der Earl of Essex die Mauern mit Kanonenfeuer beschoss, was anhand eines riesigen Modells illustriert wird.

1650 ging das Bauwerk kampflos an Cromwell. Womöglich entschied sich der englische Staatsmann aufgrund der soliden Bauweise, es nicht zu zerstören, sondern es in Zukunft selbst zu nutzen. Zum größten Teil ist die Burg intakt und nach wie vor wunderschön anzusehen. Sie wurde in den 1840er-Jahren sowie in den 1960er-Jahren, als sie schließlich in staatlichen Besitz überging, restauriert.

Eine 15-minütige audiovisuelle Präsentation liefert Hintergrundwissen zu Cahir, auch im Zusammenhang mit anderen irischen Burgen. Die einzelnen Gebäude sind zwar nur spärlich möbliert, aber dafür überzeugen die ausgestellten Exponate mit ihrer guter Qualität. Das eigentliche Highlight besteht jedoch darin, durch dieses interessante Anwesen zu streifen. Vor Ort finden regelmäßig Führungen statt. Broschüren für Rundgänge auf eigene Faust erhält man am Eingang.

Swiss Cottage HISTORISCHES BAUWERK
(www.heritageireland.ie; Cahir Park; Erw./Kind 3/1 €; ⊙April–Ende Okt. 10–18 Uhr) Hinter dem städtischen Parkplatz beginnt ein schöner Flusspfad, der 2 km Richtung Cahir Park im Süden zum Swiss Cottage führt. Umgeben von Rosen, Lavendel und Geißblatt könnte das zauberhafte reetgedeckte Cottage auch einem Märchen entsprungen sein. Es ist das interessanteste Gebäude seiner Art in Irland und wurde 1810 als Domizil für Richard Butler, den zwölften Baron Caher, errichtet. Der Entwurf stammt von dem Londoner Architekten John Nash, der auch für den Royal Pavilion in Brighton und den Londoner Regent's Park verantwortlich war. Der verspielte Cottage-Orné-Stil kam Ende des 18., Anfang des 19. Jhs. in England auf. Als typisch dafür gilt die Verzierung der Häuser mit Strohdächern, Holz und geschnitzten Schindeln.

Darüber hinaus ist das Swiss Cottage ein Paradebeispiel für den Regency-Stil. Das stattliche Anwesen ist größer als üblich und besitzt eine weitläufige Anlage. 30-minütige Besichtigungen sind nur im Rahmen von (amüsanten) Führungen möglich; während

---

WANDERN: DER TIPPERARY HERITAGE TRAIL

Auf dem **Tipperary Heritage Trail** kommt man an einigen wunderschönen Flusstälern und Ruinen vorbei. Der Pfad erstreckt sich über 55 km ab einer Stelle namens The Vee im Süden bis nach Cashel im Norden. Der 30 km lange nördliche Abschnitt von Cahir nach Cashel gilt als schönster Teil der Strecke, denn dort ist die Gegend rund um den Fluss Suir von grünen Landschaften geprägt, außerdem befinden sich hier Attraktionen wie die Athassel Priory. Rund um Golden liegen die besten Routen abseits der Straße. In der Umgebung tummelt sich allerlei Wild, da die Pfade und Wege am Wasser entlang sowie durchs Gehölz verlaufen. Für die Strecke gibt's eine ausgezeichnete Website (www.tipperaryway.com) mit Karten zum Herunterladen. Wer jetzt schon schwächelt, fährt mit öffentlichen Verkehrsmitteln entweder nach Cashel oder nach Cahir zurück. Die Wanderkarten 66 und 74 von Ordnance Survey Discovery Series decken den kompletten Weg ab.

der Sommermonate muss man allerdings Wartezeit in Kauf nehmen.

Schlafen & Essen

Apple Caravan & Camping Park
CAMPINGPLATZ €

(052-744 1459; www.theapplefarm.com; Moorstown, Cahir; Zeltplatz ab 6,50 € pro Person; Mai–Sept.; P) Dieser ruhige, weitläufige Campingplatz befindet sich zwischen Cahir (6 km) und Clonmel (9 km) an der N24 auf dem Gelände eines Bauernhofs mit Apfelplantage. Der Tennisplatz und die -ausrüstung stehen kostenlos zu Verfügung, außerdem stammt das Trinkwasser aus der hauseigenen Quelle. Im **Hofladen** werden Äpfel, Marmeladen und Säfte verkauft – natürlich auch an Nichtgäste.

Tinsley House
B&B €

(052-744 1947; www.tinsleyhouse.com; The Square; DZ ab 55 €; April–Sept.;) In toller Lage wartet die gepflegte Pension mit vier gut eingerichteten Zimmern und einem Dachgarten auf. Hausherr Liam Roche kennt sich mit der Stadtgeschichte bestens aus und kann einem zudem Wanderwege sowie andere Aktivitäten empfehlen.

Cahir House Hotel
HOTEL €€

(052-744 3000; www.cahirhousehotel.ie; The Square; EZ 60 €, DZ 90–100 €; @) Das zentral gelegene stattliche Hotel verfügt über elegante Zimmer und einen Schönheitssalon mit Solarium, in dem Behandlungen wie Reflexzonenmassagen angeboten werden. In der **Bar** (Hauptgerichte 9–13 €; mittags & abends) gibt's leckere Gerichte.

Lazy Bean Cafe
CAFÉ €

The Square; Gerichte 4–7 €; morgens & mittags;) Auf der Karte des belebten kleinen Cafés stehen gute Sandwiches, Salate, Suppen und Wraps.

Bauernmarkt
MARKT €

Craft Yard; Sa 9–13 Uhr) Zum Bauernmarkt kommen die besten Nahrungsmittellieferanten der Region.

Shoppen

Cahir Craft Granary
KUNSTHANDWERK

(www.craftgranary.com; Church St; ganzjährig Mo–Fr 10–17, Sa 9–17 Uhr, zusätzlich Juli–Aug. & Dez. So 13–17 Uhr) In der früheren Leinenweberei nördlich des Square und hinter der Post schufteten im 19. Jh. Hunderte Einheimische. Fast 200 Jahre später beherbergt das ehemals unheilvolle Steingebäude das Cahir Craft Granary, in dem lokale Künstler u. a. Keramiken, Schnitzereien, Gemälde und Schmuck herstellen und verkaufen.

Praktische Informationen

AIB Bank (Castle St) Geldautomat.

Post (Church St) Nördlich vom Square.

Touristeninformation (052-744 1453; www.discovereireland.ie/tipperary; Main St; Ostern–Okt. Mo–Sa 9.30–17 Uhr)

An- & Weiterreise

Bus

In Cahir halten mehrere Linien von Bus Éireann, z. B. auf dem Weg von Dublin nach Cork, von Limerick nach Waterford, von Galway nach Waterford, von Kilkenny nach Cork und von Cork nach Athlone. Montags bis samstags gibt's täglich acht und sonntags sechs Verbindungen nach Cashel (4,50 €, 20 Min.). Die Busse fahren vom Parkplatz neben der Touristeninformation ab.

Zug

Von Montag bis Samstag macht der Zug auf der Strecke Limerick Junction–Waterford dreimal täglich in jeder Richtung Halt.

Mitchelstown Caves

Die Galtee Mountains bestehen hauptsächlich aus Sandstein, doch an ihrer Südseite verläuft ein schmaler Streifen aus Kalkstein, aus dem die **Mitchelstown Caves** (www.mitchelstowncave.com; Burncourt; Erw./Kind 7/2 €; April–Okt. 10–17.30 Uhr, sonst kürzere Öffnungszeiten) entstanden sind. Obwohl sie vielen reizvoller als Kilkennys Dunmore Cave erscheinen und zu den größten Höhlen des Landes gehören, sind sie touristisch noch nicht vollständig erschlossen. Besucher können hier fast 3 km durch Gänge und spektakuläre Kammern voller Bilderbuchformationen mit Namen wie Pipe Organ (Orgelpfeife), Tower of Babel (Turm zu Babel), House of Commons (Unterhaus) und Eagle's Wing (Adlerflügel) schreiten. Führungen dauern 30 Minuten. Die Temperatur beträgt das gesamte Jahr über konstant 12 °C – angenehm lau im Winter und erfrischend im Sommer.

Die Höhlen liegen bei Burncourt, 16 km südwestlich von Cahir, und sind auf der N8 Richtung Mitchelstown (Baile Mhistéala) ausgeschildert.

Das **Mountain Lodge Hostel** (052-746 7277; www.anoige.ie/hostels/mountain-lodge; Burncourt; B 15 €; April–Sept.; P), eine hübsche An-Óige-Herberge, liegt nördlich der N8 von Mitchelstown nach Cahir, 6 km von den Höhlen entfernt. Es hat 24 Betten und ist ein guter Ausgangspunkt für Wanderungen in die Galtee Mountains. Vor Ort gibt's keinen Strom; die Zimmer werden mit Gas beleuchtet und mit Holzöfen beheizt. Gäste können ab 17 Uhr einchecken.

Bus Éireann (062-51555) hält auf dem Weg zu Reisezielen im ganzen Land am Tor zum Mountain Lodge Hostel.

Clonmel

16 000 EW.

Clonmel (Cluain Meala; „Honigwiesen"), der größte und quirligste Ort in Tipperary, liegt am breiten Fluss Suir.

Laurence Sterne (1713–68), Autor von *A Sentimental Journey* und *Tristram Shandy,* wurde hier geboren. Den wirtschaftlichen Aufschwung verdankt die Stadt dem gebürtigen Italiener Charles Bianconi (1786–1875). Er war im zarten Alten von 16 Jahren von seinem Vater nach Irland „verbannt" worden, weil er sich in die falsche Frau verliebt hatte. Bianconi kompensierte seine unerfüllte Leidenschaft, indem er eine Kutschlinie zwischen Clonmel und Cahir einrichtete. Seine Firma entwickelte sich bald zu einem landesweiten Personen- und Postbeförderungsunternehmen, wodurch Clonmel in ganz Irland berühmt wurde. Zum Dank wählten die Einheimischen Bianconi zweimal hintereinander zum Bürgermeister.

Das Ortszentrum erstreckt sich am Nordufer des Suir. Hinter den Kais, parallel zum Fluss, führt die Hauptstraße in Ost-West-Richtung, beginnend als Parnell Street. Im weiteren Verlauf wird sie zur Mitchell Street sowie zur O'Connell Street und nach dem West Gate schließlich zur Irishtown bzw. Abbey Road (auf einem Schild unweit der St. Mary's Church gibt's einen guten Stadtplan). Von der langen Durchfahrtsstraße geht nach Norden die Gladstone Street mit mehreren Hotels und Pubs ab.

Durch Clonmel verläuft der East Munster Way (S. 368).

⊙ Sehenswertes

Wer der Bridge Street gen Süden folgt, den Fluss überquert und auf der Straße weitergeht, stößt direkt auf Lady Blessington's Bath, einen malerischen Streifen am Fluss, der sich toll zum Picknicken eignet.

GRATIS **South Tipperary County Museum** MUSEUM
(www.southtippcoco.ie; Mick Delahunty Sq; ⊙Di-Sa 10–17 Uhr) Das gut organisierte Museum erzählt die Geschichte des Countys von der Jungsteinzeit bis heute und richtet Wechselausstellungen aus.

In der Nähe des Gebäudes befindet sich die lebensgroße **Frank-Patterson-Statue**. Sie zeigt Clonmels großen Sohn und Irlands „goldenen Tenor", der gerade aus voller Kehle singt. Schade, dass die Statue stumm ist ... Auf der langen Liste von Pattersons gesanglichen Interpretationen steht auch die Performance des Songs *Danny Boy* im Film *Miller's Crossing*, der 1990 von den Coen-Brüdern gedreht wurde.

GRATIS **Main Guard** HISTORISCHES GEBÄUDE
(052-612 7484; www.heritageireland.ie; Sarsfield St; ⊙Ostern–Sept 9.30–18 Uhr, Öffnunszeiten können variieren) Dort, wo sich die Mitchell und die Sarsfield Street kreuzen, thront das wunderschön restaurierte Main Guard. Einst diente das Anwesen, das 1675 nach einem Entwurf von Christopher Wren erbaut wurde, der Butler-Familie als Gerichtsgebäude. Die Säulengänge wurden nach der Sanierung wieder geöffnet. Zu den hier ausgestellten Exponaten gehört u. a. das Modell von Clonmel mit Stadtmauern aus dem 17. Jh.

County Courthouse HISTORISCHES GEBÄUDE
(Nelson St) In der Nelson Street, südlich der Parnell Street, befindet sich das renovierte County Courthouse, das Richard Morrison 1802 errichten ließ. Hier fand 1848 der Prozess gegen die Young Irelanders statt, darunter auch Thomas Francis Meagher. Die Angeklagten wurden zur Strafe nach Australien geschickt.

Franziskanerkloster HISTORISCHES GEBÄUDE
(Mitchell St) Wenn man Richtung Westen die Mitchell Street entlanggeht (am Rathaus vorbei, wo ein Monument an den Aufstand von 1798 erinnert) und südlich die Abbey Street hinunterläuft, gelangt man zu diesem Franziskanerkloster. Im Inneren befindet sich unweit der Tür ein Butler-Familiengrab von 1533, das einen Ritter und seine Dame zeigt. Die St. Anthony's Chapel besticht mit herrlichen, modernen Buntglasfenstern.

🛏 Schlafen & Essen

In der Marlfield Road westlich vom Zentrum reihen sich mehrere B&Bs aneinander

Hotel Minella
HOTEL €€€

(052-612 2388; www.hotelminella.ie; Coleville Rd; DZ 120–180 €, Ste. 250–300 €; P @ 🛜 🛏 🐕) Das unprätentiöse, aber dennoch edle familiengeführte Luxushotel liegt 2 km östlich vom Stadtzentrum inmitten eines weitläufigen Gebiets am südlichen Flussufer des Suir. Die 90 Zimmer sind im 1863 errichteten Herrenhaus sowie einem neueren Flügel untergebracht. Letzterem mangelt es nicht an modernen Annehmlichkeiten, darunter zwei Suiten mit Privatterrassen samt Whirlpool und Flussblick.

Befani's
RESTAURANT, B&B €€

(052-617 7893; www.befani.com; 6 Sarsfield St; EZ/DZ 40/70 €, Hauptgerichte 15–28,50 €; ⊘Restaurant morgens, mittags & abends; @ 🛜) Zwischen Main Guard und Fluss befindet sich das Befani's, auf dessen Karte mediterrane Köstlichkeiten stehen. Tagsüber gibt's z. B. ein Tapas-Menü (unbedingt die tunesischen Krabbenpäckchen probieren!). Die Zimmer der Pension sind nicht groß, aber in sonnigen Mittelmeerfarben gestrichen.

Catalpa
ITALIENISCH €€

(052-612 6821; 5 Sarsfield St; Hauptgerichte 16–26 €; ⊘Mi–Fr mittags, Di–So abends) Viele Einwohner halten das Catalpa für das beste Restaurant der Stadt. Hier werden perfekt zubereitete italienische Gerichte wie Antipasti-Platten, Pizzas, Kalbsschnitzel mit Parmaschinken und Mozzarella in Salbei-Marsala-Soße serviert.

Niamh's
CAFÉ, FEINKOSTLADEN €

(1 Mitchell St; Hauptgerichte 10–11,50 €; ⊘Mo–Sa morgens & mittags) Gäste des Cafés kommen in den Genuss köstlicher Mittagsgerichte, darunter Burger, gebratenes Schweinefleisch, Lasagne und kreative Sandwiches. Man kann sich das Essen auch einpacken lassen und am Flussufer verspeisen.

Ausgehen & Unterhaltung

Sean Tierney
PUB

(13 O'Connell St) In den vielen Räumen und Fluren des engen alten Pubs muss man eine Weile suchen, bis man den richtigen Tisch für sich findet. In der Bar unten im Erdgeschoss ist immer jede Menge los.

Phil Carroll
PUB

(Parnell St) Clonmels urigste Kneipe liegt in der Nähe der Nelson Street.

South Tipperary Arts Centre
KUNSTZENTRUM

(052-612 7877; www.southtippparts.com; Nelson St) Bietet ein hervorragendes Programm mit Kunstausstellungen, Theater und Filmen.

Praktische Informationen

AIB Bank (O'Connell St) Geldautomat.

Circles Internet (www.circles.ie; 16 Market St; 5,70 € pro Std.; ⊘11–23 Uhr)

Post (Emmet St)

Touristeninformation (052-612 2960; St. Mary's Church, Mary St; ⊘Mo–Fr 9.30–13 & 14–16.30 Uhr) Auf dem Kirchengrundstück.

An- & Weiterreise

Bus

Bus Éireann (www.buseireann.ie) fährt von Clonmels Bahnhof nach Cahir (4,86 €, 30 Min., 8-mal tgl.), Cork (15,75 €, 2 Std., 3-mal tgl.), Kilkenny (8,10 €, 1 Std., 12-mal tgl.), Waterford (6,30 €, 1 Std., 8-mal tgl.) und in einige andere Orte.

Zug

Der **Bahnhof** (052-612 1982) liegt in der Prior Park Road hinter dem Oakville Shopping Centre. Von Montag bis Samstag halten die Züge hier auf der Strecke Limerick Junction–Waterford dreimal täglich in beide Richtungen.

Rund um Clonmel

Direkt südlich von Clonmel, schon in der Grafschaft Waterford, erheben sich die Comeragh Mountains. Eine Panoramastraße verläuft Richtung Süden nach Ballymacarbry und ins Nire Valley. Mehr Informationen dazu siehe S. 209.

Fethard
1400 EW.

Fethard (Fiodh Ard) ist ein idyllisches Dorf 14 km nördlich von Clonmel am Clashawley, das trotz der vielen mittelalterlichen Ruinen rund um den kompakten, linienförmigen Ortskern – darunter ein gut erhaltener Teil der alten Stadtmauern – keinerlei touristische Ambitionen hegt. Folgt man der R689 nordwärts, überquert man eine kleine Brücke und blickt von hier aus hinunter auf Fethard in einem smaragdgrünen Tal. Von der historischen Rolle des Dorfes als wichtiger Handelsposten zeugt die breite Hauptstraße.

Sehenswertes

Holy Trinity Church
KIRCHE

(Main St) Fethards Holy Trinity Church und der Friedhof nehmen Besucher auf eine

WANDERN: DER EAST MUNSTER WAY

Dieser 70 km lange Wanderweg verläuft durch Wälder und Moorland über kleine Landstraßen und einen Treidelpfad am Fluss. Er ist deutlich mit schwarzen Wegweisern und gelben Pfeilen ausgezeichnet. Von Carrick-on-Suir (S. 369) im County Tipperary bis nach Clogheen im County Waterford braucht man drei Tage.

Die erste Etappe auf dem alten Treidelpfad am Suir endet in Clonmel. Damit hat man schon einen großen Teil der Gesamtroute zurückgelegt. An der Kilsheelan Bridge lässt man den Fluss hinter sich und wandert zur Harney's-Kreuzung, dann weiter durch den Gurteen Wood und die Comeraghs zur Sir Thomas Bridge, wo man zum Fluss zurückkehrt.

Am zweiten Tag geht's nach Newcastle. Der Weg zieht sich zuerst durch eine Hügellandschaft gen Süden, fällt in Richtung Newcastle ab und führt erneut zum Suir. Am dritten Tag erlebt man eine idyllische Wanderung entlang des ruhigen Flusses Tar nach Clogheen.

Die empfehlenswerten Wanderkarten 74 und 75 von Ordnance Survey Discovery Series decken die komplette Route ab; weitere Infos gibt's unter www.southeastireland.com.

---

spannende Zeitreise mit. Die Kirche liegt etwas abseits der Main Street und wird durch ein gusseisernes Tor betreten. Wer sie besichtigen möchte, muss sich die Schlüssel im XL Stop & Shop (alias Whyte's), 50 m westlich des Tors in der Hauptstraße, besorgen.

Der Hauptteil des Gebäudes stammt aus dem 13. Jh. Leider wurde das Gemäuer durch einen wetterfesten Verputz ziemlich verschandelt. Später kam der hübsche Westturm mit dem blanken Mauerwerk dazu. Dank seiner wilden Kreuzblumen an den Ecktürmchen sieht die Kirche eher aus wie eine Burg. Seitenschiff und Altarraum sind von mittelalterlicher Baukunst geprägt, jedoch nur spärlich ausgestattet. Am Südende des Gebäudes schließen sich eine verfallene Kapelle mit Sakristei an. Das eigentlich Spektakuläre ist die Lage des Gotteshauses inmitten des Friedhofs. Reihen alter Grabsteine erstrecken sich bis zu dem rekonstruierten Teil der mittelalterlichen Mauer samt Wachtturm und Brüstung. Von hier genießt man einen herrlichen Blick auf den ruhigen Clashawley und seine Ufer, an denen Pferde grasen.

In der Main Street, nicht weit von der Kirche, stößt man auf das **Rathaus** aus dem 17. Jh. mit einigen schönen Wappen auf der Fassade.

Weitere mittelalterliche Gebäude
HISTORISCHE STÄTTEN

Viele mittelalterliche Ruinen der Stadt, die teilweise in neuere Gebäude integriert wurden, liegen südlich der Kirche am Ende der Watergate Street. An das Castle Inn schließen sich die Überreste mehrerer **Turmhäuser** aus dem 17. Jh. an. Unter dem Torbogen, der sich zum Flussufer und zur Watergate Bridge hin öffnet, prangt an der linken Wand eine schöne **sheila-na-gig** (weibliche Figur in übertrieben dargestellter sexueller Pose). Besucher können herrlich am Ufer entlangspazieren – vorausgesetzt, die Gänse sind friedlich. Von dort sind die Rückseiten der Häuser in der Abbey Street gut zu sehen. Auch wenn viel zugefügt und manches zerstört wurde, zeigt sich doch deutlich die wohltuende Individualität mittelalterlicher Baukunst.

In der Abbey Street kommt in östlicher Richtung das im 14. Jh. errichtete **Augustinerkloster** in Sicht, das heute als katholische Kirche dient und über einige schöne Buntglasfenster sowie eine weitere **sheila-na-gig** (an der Ostwand) verfügt.

Essen & Ausgehen

LP TIPP McCarthy's PUB €€
(http://mccarthyshotel.net; Main St; Hauptgerichte 13–22 €; ☺Mo–Sa morgens, tgl. mittags, Mi–So abends) Dieser Klassiker würde es verdienen, zum irischen Kulturerbe ernannt zu werden. Das McCarthy's ist Pub, Restaurant und Bestatter in einem. In dem zeitlosen Lokal sitzt man zwischen vielen Fundstücken aus dem 19. Jh. in engen holzvertäfelten Nischen. Viele Einheimische treffen sich hier auf ein Schwätzchen. Außerdem kann man vor Ort hervorragend einen Leichenschmaus inszenieren.

An- & Weiterreise

Es fahren keine öffentlichen Verkehrsmittel nach Fethard. Von Cashel, 15 km westlich, kann man einen Radausflug hierher unternehmen (S. 360).

Carrick-on-Suir

5700 EW.

Im späten Mittelalter hatte der unprätentiöse Marktort Carrick-on-Suir (Carraig na Siúire) 20 km östlich von Clonmel doppelt so viele Einwohner. Damals war es noch ein Zentrum des Brauerei- und Wollgewerbes.

Das Städtchen gehörte der Familie Butler, den Earls of Ormond, die im 14. Jh. am Flussufer das **Ormond Castle** (www.heritage ireland.ie; Castle St; Eintritt frei; ⊙Ostern–Sept. 10–18 Uhr) errichten ließen. Anne Boleyn, die zweite Gemahlin Heinrichs VIII., soll hier geboren worden sein. Allerdings rühmen sich auch noch andere Burgen dieses ehrenwerten Titels in der Hoffnung, dass ihr Nippes in Erinnerung an die Geköpfte mehr Absatz findet. Das elisabethanische Herrenhaus neben der Burg wurde im Auftrag des zehnten Earl of Ormond, Black Tom Butler, erbaut – eigens für den langfristig geplanten Besuch seiner Cousine Königin Elisabeth I., die sich jedoch nie die Ehre gab. Einige Räume des prächtigen Gebäudes, das heute im Besitz der Dúchas ist, sind mit edlem Stuck aus dem 16. Jh. verziert, insbesondere die Long Gallery. Hier hängen die Porträts von Elisabeth und die Wappen der Butlers.

Von Carrick-on-Suir schlängelt sich der East Munster Way (S. 368) nach Westen bis Clonmel und führt weiter nach Waterford.

Das **Carraig Hotel** (☏051-641 455; www.carraighotel.com; Main St; EZ/DZ 60/79 €; @♠⚐) im Stadtzentrum ist eines jener klassischen Hotels, die kein Alter zu haben scheinen. Es erstreckt sich über mehrere Gebäude. Die öffentlichen Bereiche sind mit zeitloser Holzverkleidung ausgestattet und die 24 Zimmer kommen überraschend modern daher. Im **Restaurant** (Hauptgerichte 15,50–26 €, Bargerichte 7,50–15 €; ⊙tgl. morgens & mittags, Do–So abends) werden vor allem Steaks serviert.

🍃Carrick-on-Suirs **Bauernmarkt** (⊙Fr 10–14 Uhr) findet in der Nähe der Main Street neben der **Touristeninformation** (☏051-640 200; www.carrickonsuir.ie; ⊙Mai–Sept. Mo–Fr 10–17 Uhr, Okt.–April Di–Fr 10–16 Uhr) statt und ist über eine schmale Gasse zu erreichen.

Bus Éireann (☏051-879 000; www.buseireann.ie) bietet z. B. Verbindungen nach Cahir und Clonmel (6,30 €, 25 Min., bis zu 9-mal tgl.) an. Die Busse fahren am Greenside Park neben der N24 ab.

Der **Bahnhof** liegt nördlich des Greenside-Parks unweit der Cregg Road. Von Montag bis Samstag halten täglich drei Züge auf der Strecke Limerick Junction–Waterford in jeweils beiden Richtungen.

Roscrea

5600 EW.

Roscrea verdankt seine Entstehung im 5. Jh. dem hl. Cronan, der hier eine Raststation für mittellose Reisende errichtete. Ein Großteil der historischen Bauten befindet sich in oder nahe der Hauptstraße, der Castle Street.

Bereits 1213 begann man mit dem Bau des **Roscrea Castle**, einer Burg im Ortszentrum mit zwei befestigten Steintürmen, die insgesamt bemerkenswert gut erhalten ist. Wer genau hinschaut, erkennt noch die Stelle, wo die Zugbrücke verankert war. Im Innenhof entdeckt man das **Damer House**, Residenz der Damer-Familie im Queen-Anne-Stil aus dem frühen 18. Jh. Dank des praktischen Standortes war sie vor Einbrechern immer gut geschützt.

Im Innern des Gebäudes präsentiert das **Roscrea Heritage Centre** (www.heritageireland.ie; Castle St; Erw./erm. 4/2 €; ⊙Ostern–Sept. 10–18 Uhr) interessante Ausstellungen, z. B. über mittelalterliche Klöster im Binnenland und das Leben auf dem Land Anfang des 20. Jhs. Zum Anwesen gehört ein idyllischer Mauergarten.

Bus Éireann verkehrt täglich bis zu zwölfmal zwischen Dublin (9,90 €, 2½ Std.) und Limerick (6,75 €, 1½ Std.) in Roscrea, außerdem gibt's drei Verbindungen nach Cashel (10,26 €, 1¼ Std.).

Nenagh & Umgebung

Im 19. Jh. war das hübsche Nenagh eine Garnisonsstadt; zuvor stand hier eine trutzige Burg. Spuren der Vergangenheit finden sich gleich nördlich des Ortszentrums in der O'Rahilly Street, wo man den großen Turm der St. Mary's Church bewundern kann. Das **Nenagh Castle** erinnert an die Turmfigur im Schachspiel und stammt aus dem 13. Jh. Von den unglaublich dicken Mauern des Bauwerks hallt das Krächzen von Krähen wider.

In der Nähe ragt das beeindruckende Gemeindezentrum mit dunklen Steingemäuern aus dem 19. Jh. auf, zu denen auch ein alter **Kerker** gehört. Nebenan erhebt sich das 1840 errichtete **Round House**, ein hübsches Steingebäude, in dem heute das **Nenagh Heritage Centre** (067-31610; www.nenagh.ie; Kickham St; Mo–Sa 9–17, So 12–17 Uhr) samt Touristeninformation untergebracht ist.

Am besten besucht man das Städtchen am Mittag und speist in einem der exzellenten Cafés.

In dem lavendelfarbenen **Country Choice** (067-32596; 25 Kenyon St; Gerichte 4,50–11 €; Mo–Sa) kommen Liebhaber authentisch irischer Küche voll auf ihre Kosten. Hier kann man sich ein Gericht aus der erstklassigen Karte aussuchen oder auch nur einen Kaffee trinken. Unbedingt anschauen sollte man sich den umfangreichen Feinkostbereich: Dort locken Eingemachtes, verschiedene Sorten Bauernkäse und zahlreiche weitere Gaumenfreuden.

Das **Cinnamon Alley Cafe** (Hanly's Pl; Hauptgerichte 11 €; Di–Sa morgens & mittags), ein überaus stilvolles kleines Plätzchen, versteckt sich ganz am Ende einer schmalen Gasse.

McQuaids Traditional Music Shop (38 Pearse St) verkauft traditionelle Instrumente und CDs.

Nenagh ist das Tor zur Ostküste des **Lough Derg**, auf dem man Bootsausflüge und Angeltouren unternehmen kann. Im Sommer tummeln sich hier jede Menge Leute, die in dem See auch gern schwimmen. Wer ein Segelboot mieten möchte, sollte **Shannon Sailing** (067-24499; www.shannonsailing.com) kontaktieren.

Eine malerische Route verläuft am Seeufer 24 km auf der R494 entlang und schlängelt sich um Killaloe sowie Ballina herum (S. 382).

Bus Éireann bietet regelmäßige Verbindungen nach Limerick (6,75 €, 40 Min.) sowie in viele andere Städte an.

County Clare

EINWOHNER: 117 000 / FLÄCHE: 3147 KM²

Inhalt »

Ennis & Umgebung 373
Ennis 373
Östliches &
südöstliches Clare 379
Bunratty 380
Killaloe & Ballina 382
Südwestliches &
westliches Clare 385
Kilrush 386
Kilkee 387
Ennistymon 393
Cliffs of Moher 394
Der Burren 395

Gut essen

» Crotty's (S. 386)
» Naughton's Bar (S. 388)
» Morrissey's (S. 390)
» Vaughan's Anchor Inn (S. 394)

Schön übernachten

» Rowan Tree Hostel (S. 374)
» Cullinan's Guesthouse (S. 398)
» Sheedy's Country House Hotel & Restaurant (S. 401)
» Gregan's Castle Hotel (S. 407)

Auf nach Clare

Neben seiner faszinierenden langen und gewundenen Küstenlinie wartet das wunderbare County Clare mit einer einzigartigen, windgepeitschten Landschaft und jeder Menge Kultur auf.

An der Küste trifft die raue Natur auf den Atlantischen Ozean, dessen starke Brandung fantastische Felslandschaften, blanke Klippen wie die Cliffs of Moher und seltsame kleine Inseln in der Nähe des Loop Head geformt hat. An manchen Stränden locken die kühlen Meerwellen sogar Surfer an. Darüber hinaus bezaubert der Burren, eine uralte Region aus schroffen Felsen, der sich bis an die Küste sowie die Aran Islands erstreckt, mit herrlichen Ausblicken.

Die Landschaft ist zwar rau, allerdings gilt dies nicht für die Seele der Grafschaft, in der die irische Kultur und die Musikszene florieren. Doch das ist nicht nur eine Show für Touristen, denn selbst in Pubs kleiner Dörfer wie Miltown Malbay, Ennistymon, Doolin und Kilfenora kann man das ganze Jahr über traditionelle Sessions erleben.

Reisezeit

Wer auf Pub-Sessions steht, kommt in Clare selbst während der Wintermonate auf seine Kosten, denn *craic* (geselliges Beisammensein) gehört hier einfach zum Leben. Wenn es draußen kalt und ungemütlich ist, sorgen in den Kneipen auf dem Land oft Torffeuer für Wärme. In den wärmeren Monaten erstrahlt das County dann im wahrsten Sinne des Wortes. Nun braucht man für lange Wanderungen entlang der spektakulären Felsküste und der einsamen Felsen des Burren keine komplette Schlechtwetterausrüstung mehr.

Highlights

1 Traditionelle Musik in den Pubs von **Miltown Malbay** (S. 391) genießen

2 Streifzüge am herrlichen **White Strand** (S. 391) unternehmen

3 Malerische Straßen, Pfade und die verblüffenden Felsen vor dem **Loop Head** (S. 389) entdecken

4 In der felsigen Einöde des Burren einsame Dolmen (Grabstätten) und verlassene Klöster bei **Carron** (S. 404) aufspüren

5 Das stimmungsvolle Örtchen **Ennistymon** (S. 393) erkunden

6 Im musikalischen **Ennis** (S. 373) von Pub zu Pub ziehen und von Straße zu Straße schlendern, um hier wunderbare traditionelle Sessions zu erleben

7 Spätnachmittags von **Doolin** (S. 397) aus eine Bootsfahrt unternehmen, um die **Cliffs of Moher** (S. 394) in ihrer ganzen strahlenden Pracht zu sehen

ENNIS & UMGEBUNG

Ennis
19 000 EW.

Ennis (Inis) ist ein quirliges Handelszentrum am Ufer des Fergus. Dieser fließt zunächst ostwärts und dann nach Süden, wo er in den Shannon mündet.

Wer städtisches Flair erleben will, ist hier richtig, denn man erreicht in weniger als zwei Stunden alle Teile der Grafschaft. Die Stadt selbst hat wenige Sehenswürdigkeiten, punktet jedoch mit ihren Restaurants, Unterkünften und traditioneller Unterhaltung. Außerdem laden die schmalen, fußgängerfreundlichen Straßen im Zentrum zum Shoppen ein.

Geschichte

Das enge Gassengewirr des Ortes zeugt noch von seinen Anfängen im Mittelalter. Die Ennis Friary, die bedeutendste historische Stätte, wurde im 13. Jh. von den O'Briens, den Königen von Thomond, gegründet, die auch die Burg errichten ließen. Ein Großbrand legte 1249 viele hölzerne Gebäude der Stadt in Schutt und Asche. 1306 wurde Ennis von einem der O'Briens erneut dem Erdboden gleichgemacht.

Sehenswertes

LP TIPP Ennis Friary KIRCHE
(Abbey St; Erw./Kind 2/1 €; Mai–Sept. 9.30–18.30 Uhr) Die Ennis Friary befindet sich gleich nördlich des Square. Sie wurde zwischen 1240 und 1249 von Donnchadh Cairbreach O'Brien, König von Thomond, errichtet und besteht aus mehreren Gebäuden aus der Zeit zwischen dem 14. und 19. Jh. Ein vor ca. 200 Jahren zerstörtes Dach wurde erst in heutiger Zeit durch ein neues ersetzt. Auch wenn sich die Kirche nicht mit anderen Ruinen in Clare messen kann, besticht sie durch ein elegantes fünfteiliges Fenster aus dem späten 13. Jh. und das Grabmal von McMahon (1460) mit Alabasterplatten, auf denen Szenen aus der Passion Christi dargestellt sind.

LP TIPP Clare Museum MUSEUM
(Arthur's Row; Eintritt frei; Di–Sa 9.30–13 & 14–17.30 Uhr) Im gleichen Gebäude wie die Touristeninformation ist auch dieses kleine, wunderbar kurzweilige Museum untergebracht. Die Ausstellung „Riches of Clare" („Die Reichtümer Clares") folgt der 8000 Jahre alten Geschichte der Grafschaft anhand von Exponaten, die zu vier Themenbereichen zusammengefasst wurden: Erde, Macht, Glaube, Wasser. Darüber hinaus erzählt es von der Entwicklung des U-Bootes durch den aus Clare stammenden J. P. Holland.

Denkmäler & Skulpturen DENKMÄLER
Den Square im Stadtzentrum prägt das **Denkmal von Daniel O'Connell**. Als dieser 1828 mit einer überwältigenden Mehrheit ins britische Parlament gewählt wurde, musste Großbritannien die Zugangssperre für katholische Abgeordnete aufheben. Ein Jahr später war der Weg frei für das Gesetz zur Gleichberechtigung der Katholiken. Der „Great Liberator" („Großer Befreier") steht auf einer hoch aufragenden Säule, sodass man ihn vom Sockel aus kaum sehen kann. Eine **Bronzestatue** in der Nähe des Gerichtsgebäudes zeigt Éamon de Valera, der von 1917 bis 1959 Vertreter von Clare im irischen Parlament war.

Zahlreiche **moderne Skulpturen** verteilen sich rund um das Stadtzentrum, darunter z. B. die *Weathered Woman* (Verwitterte Frau) in der Old Barrack Street. Bei der Touristeninformation bekommt man eine Karte für einen Rundgang entlang des *Ennis Sculpture Trail*.

Geführte Touren

Ennis Walking Tours STADTSPAZIERGANG
(087 648 3714; www.enniswalkingtours.com; Führung 8 €; Mai–Okt. Mi & So 11 Uhr) Am besten erkundet man Ennis zu Fuß und im Rahmen einer Führung. Die wunderbaren Stadtrundgänge beginnen vor der Touristeninformation.

Feste & Events

Fleadh Nua TRADITIONELLES FEST
(www.fleadhnua.com) Quirliges, traditionelles Musikfestival mit Gesang, Tanz und Workshops Ende Mai.

Ennis Trad Festival MUSIKFESTIVAL
(www.ennistradfestival.com) Anfang November wird eine Woche lang an verschiedenen Veranstaltungsorten in der Stadt traditionelle Musik gespielt.

Schlafen

Ennis bietet eine große Auswahl an Übernachtungsmöglichkeiten. An den meisten Hauptstraßen stadteinwärts findet man schlichte Frühstückspensionen, einige davon in Gehnähe zum Stadtzentrum. Viele Besucher kommen direkt vom Shannon

Ennis

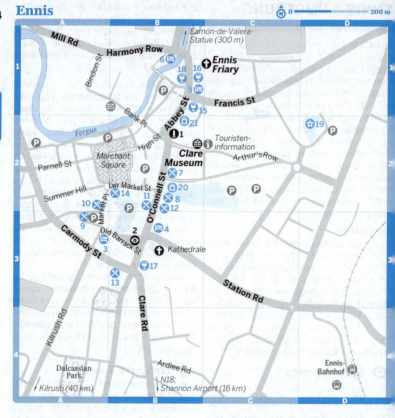

Airport hierher, der weniger als 30 Autominuten weiter südlich liegt.

Rowan Tree Hostel — HOSTEL €
(☎065-686 8687; www.rowantreehostel.ie; Harmony Row; Schlafsaal/EZ/DZ ab 16/35/55 €; @ 🛜) Dieses neue Hostel in einem schönen Herrenclub aus dem 18. Jh. direkt am Fluss Fergus verfügt über helle und luftige Zimmer samt herrlichen Balkonen mit Blick aufs Wasser sowie wunderbare Gemeinschaftsräume. Es gibt 150 Betten, die sich auf Ein- bis Vierzehnbettzimmer – teilweise mit privaten Bädern – verteilen. Im Haus befindet sich auch eine tolle Café-Bar.

Old Ground Hotel — HOTEL €€
(☎065-682 8127; www.flynnhotels.com; O'Connell St; EZ/DZ ab 90/140; P @ 🛜) Im Foyer des im 19. Jh. errichteten Hotels geht's lebhaft zu: Alte Freunde lümmeln sich auf den Sofas, an den Tischen werden Geschäfte abgeschlossen und die Damen der hiesigen Kirchengemeinde tauschen bei einer Tasse Tee den neuesten Klatsch aus. Die 83 Zimmer variieren in Größe und Ausstattung, deshalb schaut man sich vor seiner Entscheidung am besten erst mal um. An warmen Tagen kann man an den Tischen auf dem Rasen relaxen.

Newpark House — GÄSTEHAUS €€
(☎065-682 1233; www.newparkhouse.com; EZ/DZ ab 60/100 €; ☉April–Okt.; P @) 2 km nördlich von Ennis stößt man auf das Newpark House, ein von Weinranken umranktes Gebäude aus dem Jahr 1650. Die sechs Gästezimmer sind sowohl mit alten als auch mit neuen Möbeln ausgestattet. Wenn man morgens erwacht, blickt man als Erstes auf den Garten. Der Weg hierher führt die Tulla Road entlang bis zur Scarriff Road (R352). Am Roselevan Arms biegt man rechts ab.

Banner Lodge — GÄSTEHAUS €€
(☎065-682 4224; www.bannerlodge.com; Market St; EZ/DZ ab 45/80 €; 🛜) Zentraler geht's

Ennis

◉ Highlights
- Clare Museum B2
- Ennis Friary C1

◉ Sehenswertes
1. Daniel-O'Connell-Denkmal B2
2. Weathered-Woman-Statue B3

◉ Schlafen
3. Banner Lodge A3
4. Old Ground Hotel B3
5. Queens Hotel B1
6. Rowan Tree Hostel B1

◉ Essen
7. Brogan's B2
8. Dunnes Stores B2
9. Bauernmarkt A3
10. Food Heaven A2
- Poet's Corner Bar .... (siehe 4)
11. Puccino's B2
- Rowan Tree Café/Bar .... (siehe 6)
12. Town Hall Cafe B2
13. Tulsi B3
14. Zest B2

◉ Ausgehen
- Brogan's .... (siehe 7)
15. Cíaran's Bar B1
16. Cruise's Pub B1
17. John O'Dea B3
- Poet's Corner Bar .... (siehe 4)
18. Yolo B1

◉ Unterhaltung
19. Glór D2

◉ Shoppen
20. Custy's Music Shop B2
21. Ennis Bookshop B2

---

nicht – und das zu einem supergünstigen Preis! Einige der acht Zimmer sind ziemlich klein, aber bei der Lage ein Schnäppchen. Das Dekor des zweistöckigen Gasthofs wird von grellblauen Teppichen und einigen Antiquitäten dominiert und der Service ist aufs Minimum beschränkt.

Queens Hotel HOTEL €€
(065-682 8963; www.irishcourthotels.com; Abbey St; EZ/DZ ab 50/65 €; P@🛜) Das hübsche Eckhaus eignet sich bestens für alle, die anonym bleiben und direkt im Zentrum wohnen wollen. Alle 48 Zimmer sind modern und einheitlich ausgestattet sowie zeitlos in Rot- und Beigetönen dekoriert. Die Fassade erinnert an die große Vergangenheit des Hotels. Am Wochenende kann es abends laut werden.

Aín Karem HOTEL €€
(065-682 0024; ainkaremennis@eircom.net; 7 Tulla Rd; EZ/DZ ab €45/70; P) Das moderne zweistöckige Haus nordöstlich des Zentrums (10 Gehminuten entfernt) hat hübsch eingerichtete Zimmer. In dem Viertel befinden sich einige weitere Frühstückspensionen.

Sycamore House B&B €€
(065-682 1343; smsfitz@gofree.indigo.ie; Tulla Rd; EZ/DZ ab 45/70 €; P) Ein B&B gegenüber dem Ain Karem mit vier schlichten Zimmern. Das moderne, typisch irische Haus mit nur einem Stockwerk ist nichts Besonderes, aber sauber und freundlich – was will man mehr?

✕ Essen

Ennis bietet einen guten Mix an Restaurants, Cafés und Bars. Feinschmecker steuern den **Bauernmarkt** (Parkplatz Upper Market St; ⊙Fr 8–14 Uhr) an, auf dem einige der besten Erzeuger in Clare ihre Produkte verkaufen.

LP TIPP Zest BÄCKEREI, CAFÉ €
(Market Pl; Mahlzeiten 5–10 €; ⊙Mo–Sa 8–18 Uhr) Eine willkommene Ergänzung in Ennis' lebhafter Restaurantszene: Das Zest ist Bäckerei, Laden und Café in einem und lockt neben Salaten, Suppen und vielem mehr mit hervorragend zubereiteten frischen Mahlzeiten aus der Region Kunden an. Ideal für einen Kaffee oder ein Mittagessen.

Rowan Tree Café/Bar MEDITERRAN €€
(Harmony Row; Hauptgerichte 7–20 €; ⊙Küche 11–21 Uhr, Bar bis spätabends geöffnet) Im Erdgeschoss des neuen Hostels gibt's keine sonderlich günstigen, aber dafür hervorragende Gerichte mit mediterranem Einfluss. Hier wird mit lokalen und biologisch angebauten Produkten gekocht. Der wunderbare alte Holzboden im hübschen Hauptspeisesaal stammt aus dem 18. Jh., außerdem genießt man von den Tischen draußen einen tollen Blick auf den Fluss.

Town Hall Café IRISCH €€€
(065-682 8127; O'Connell St; Mittagessen 6–14 €, Abendessen 20–35 €; ⊙10–17 & 18–21.30 Uhr) Gleich neben dem Old Ground Hotel lädt das zugehörige ausgezeichnete Bistro im alten Rathausgebäude zum Verweilen ein. Unter den hohen Decken ist viel

Raum für große Kunst, die von den Speisen auf der ständig wechselnden modernen irischen Karte noch übertrumpft wird. Bei den Mahlzeiten legen die Betreiber viel Wert auf lokale Produkte.

Food Heaven
CAFÉ €

(21 Market St; Mahlzeiten 7–10 €; Mo-Sa 8.30–18.30 Uhr) Dieses kleine Café und Delikatessengeschäft ist eine von mehreren guten Adressen in der Gegend rund um die Market Street. Es wird seinem himmlischen Namen mit kreativen und frischen Speisen gerecht. Die Sandwiches bestehen aus ausgezeichnetem Schwarzbrot und es gibt täglich andere Suppen und Salate sowie verschiedene warme Mahlzeiten. Mittags muss man etwas Geduld mitbringen, da moistens viel los ist.

Brogan's
PUB €€

(24 O'Connell St; Mahlzeiten 8–20 €; 10–22 Uhr) In dem beliebten alten Pub haben die Erbsen den richtigen Biss und die Kartoffeln scheinen nie auszugehen. Klassiker wie Braten sind hier der Renner, ebenso wie Steaks und ein stattlicher in Bier gebackener Kabeljau. In der Fischsuppe ist viel geräucherter Fisch.

Poet's Corner Bar
IRISCH €€

(Old Ground Hotel, O'Connell St; Mahlzeiten 6–14 €; 12.30–21 Uhr) Eine beliebte alte Bar, in der traditionelle Mahlzeiten wie frische Fish 'n' Chips aufgetischt werden. Hervorragender Service.

Tulsi
INDISCH €€

(Carmody St; Mahlzeiten 10–20 €; Mo-Sa 5–23, So 13–16 Uhr) Die indische Küche in dem Restaurant mit dem großen Speisesaal ist hervorragend. Es gibt z. B. überdurchschnittlich leckere Klassiker wie Tandoori Chicken. Zudem ist das Personal liebenswert und auf Zack.

Puccino's
CAFÉ €

(41 O'Connell St; Snacks 2–6 €; Mo-Sa 8–18 Uhr) Dieses winzige Lokal auf der Hauptstraße hat nicht nur ein breites Angebot an Kaffeespezialitäten, sondern lockt auch mit frischem Obst und Säften.

Dunnes Stores
SUPERMARKT €

(Ennis Town Centre Mall; 7–20 Uhr) In dem riesigen Supermarkt bekommt man alles von Snacks bis zu Lebensmitteln.

Ausgehen & Unterhaltung

In der Hauptstadt der musikalischen Grafschaft gibt's jede Menge Pubs, in denen traditionelle Sessions stattfinden. Die Kneipen sind sogar der beste Grund, eine Weile hierzubleiben. Welche Location gerade angesagt ist, ändert sich häufig. Am besten durchstreift man einfach die Straßen und zieht von Pub zu Pub, bis man einen Laden entdeckt, der einem besonders gut gefällt.

Pubs

LP TIPP Cíaran's Bar
PUB

(Francis St) In diesem netten Pub grübelt tagsüber mancher Kauz über seinem Pint. Abends gibt's oft Konzerte mit traditioneller Musik. Das Guinness-Wandbild draußen vor der Tür hätte so manch einer wohl gerne zu Hause hängen.

Brogan's
PUB

(24 O'Connell St) Eine tolle Musikertruppe heizt den Gästen im Brogan's an der Ecke zur Cooke's Lane von Montag bis Donnerstag (im Sommer öfter) ab 21 Uhr kräftig ein. Das große Pub hat mehrere Räume.

Cruise's Pub
PUB

(Abbey St) Zu der freundlichen Kneipe gehört ein großer Innenhof, wo man im Schatten der Ennis Friary ein Bier genießen kann. An vielen Abenden finden ab 21.30 Uhr irische Musiksessions statt.

Poet's Corner Bar
PUB

(Old Ground Hotel, O'Connell St) Freitagabend werden in dem alten Hotelpub oft tolle Konzerte geboten.

John O'Dea
PUB

(66 O'Connell St) Seit den 1950er-Jahren ist dieses Pub mit der Kachelfassade ein Treffpunkt für lokale Musiker, die ihre traditionelle Sessions (einige der besten in Clare) sehr ernst nehmen.

Yolo
BAR

(Abbey St) Eine angesagte Bar bzw. ein hipper Club mit einem kleinen, von Sträuchern geschützten Innenhof, in dem man neue Bekanntschaften machen kann. Der verwinkelte, stimmungsvolle Laden eignet sich wunderbar dafür, einige der fantasievoll benannten exotischen Cocktails zu probieren.

Veranstaltungsorte

Cois na hAbhna
LIVEMUSIK

(065-682 0996; www.coisnahabhna.ie; Gort Rd) Liebhaber irischer Musik und Kultur kommen in dieser fünfeckigen Halle 1,5 km nördlich der Stadt an der N18 auf ihre Kosten. Hier finden regelmäßig Veranstaltungen sowie zahlreiche Kurse in Tanz und Musik statt. Das Archiv und die Bücherei sammeln alles Wissenswerte zur traditionellen irischen Musik, zum Liedgut, Tanz und zur Folklore in der Grafschaft; außerdem werden vor Ort Bücher und CDs verkauft.

Glór THEATER
(www.glor.ie; Friar's Walk) Clares Kulturzentrum ist in einem auffälligen modernen Gebäude untergebracht. Auf dem Programm stehen u. a. Kunst, traditionelle Musik, Theater, Tanz, Fotografie sowie Film.

 Shoppen

Ennis ist Clares beste Einkaufsstadt. Samstagvormittags wird auf dem Marktplatz ein Wochenmarkt abgehalten. Die meisten Läden befinden sich in der O'Connell Street und in der Abbey Street.

Custy's Music Shop MUSIKGESCHÄFT
(065-682 1727; www.custysmusic.com; Cook's Lane, in der Nähe der O'Connell St) Hier bekommt man einfach alles rund um irische Musik, ob man nun auf der Suche nach CDs, Instrumenten wie z. B. Geigen, Zubehör oder Infos zur lokalen Szene ist. Man kann auch über das Internetportal bestellen.

Ennis Bookshop BUCHLADEN
(13 Abbey St) In der hervorragenden Buchhandlung werden Karten und Bücher mit lokalem Bezug verkauft.

Praktische Informationen

Cassidy's Pharmacy (10 O'Connell St; ⊗8–18 Uhr)

Linkserve (4A Lower Market St; 2 € pro Std.; ⊗10.30–21 Uhr) Im Obergeschoss dieses Ladens kann man surfen, telefonieren und seinen Laptop anschließen.

Post (Bank Pl) Nordwestlich des Square.

Touristeninformation (065-682 8366; www.visitennis.ie; Arthur's Row; ⊗Di–Sa 9.30–13 & 14–17.30 Uhr, im Sommer länger) Sehr hilfreich. Gegen 4 € Provision werden Unterkünfte vermittelt. Außerdem gibt's viele mit irischen Kleeblättern verzierte Souvenirs.

An- & Weiterreise

Die Umgehungsstraße N18 östlich der Stadt leitet den Verkehr zwischen Limerick und Galway um Ennis herum, aber wenn man an die Küste fahren möchte, muss man das Zentrum trotzdem durchqueren.

Bus

Bus Éireann (065-682 4177; www.buseireann.ie) bietet Verbindungen nach Cork (15 €, 3 Std., 9-mal tgl.), Doolin (12 €, 1½ Std., 2-mal tgl.) via Corofin, Ennistymon, Lahinch und Liscannor, Galway (9 €, 1½ Std., stdl.) via Gort, Limerick (9 €, 4 Min., stdl.) via Bunratty sowie zum Shannon Airport (7 €, 50 Min., stdl.) an. Die Fahrzeuge starten am Busbahnhof neben dem Bahnhof. Wer Richtung Dublin (19 €) reist, muss in Limerick umsteigen.

Zug

Irish Rail (www.irishrail.ie) fährt vom **Bahnhof in Ennis** (065-684 0444) nach Limerick (9 €, 40 Min., 10-mal tgl.), wo u. a. Anschlussverbindungen nach Dublin bestehen. Inzwischen wurde auch die Strecke nach Galway (12 €, 75 Min., 6-mal tgl.) eröffnet, die tolle Ausblicke auf die Landschaft des Burren bietet.

Unterwegs vor Ort

Viele Traveller nehmen sich direkt am Shannon Airport (S. 379) einen Mietwagen. In Ennis gibt's genügen Parkmöglichkeiten, z. B. hinter der Touristeninformation in Friar's Walk sowie am Flussufer nahe der Abbey Street (mit Parkschein 1 € pro Std.).

Burren Taxis (065-682 3456) Taxistände findet man auch am Bahnhof und am Square.

Tierney's Cycles & Fishing (086 803 0369; 17 Abbey St; ⊗Mo–Sa 9–18 Uhr) In dem Laden kann man gepflegte Mountainbikes für 20/80 € pro Tag/Woche inklusive Helm, Fahrradschloss und Reparaturset leihen. Das Personal empfiehlt Routen mit geringerem Verkehrsaufkommen.

Rund um Ennis

Nördlich von Ennis befindet sich die frühchristliche Stätte von Dysert O'Dea und im Südosten locken mehrere schöne Burgen. Viele Sehenswürdigkeiten kann man im Rahmen eines Tagesausflugs besuchen.

Mit Nahverkehrs- und Schnellbussen kommt man gut voran, allerdings gibt's die meisten Verbindungen nur von Mai bis September (einige auch nur im Juli und August) und lediglich an bestimmten Tagen. Deshalb sollte man vorab bei Bus Éireann am Busbahnhof sorgfältig den Fahrplan abstimmen.

DYSERT O' DEA

Wenn man auf den engen Fahrspuren mit Grasstreifen in der Mitte nach **Dysert O'Dea** (Karte S. 396, ⊗Stätte immer zugänglich) holpert, kann man die Vergangenheit förmlich spüren. Im 8. Jh. gründete der hl. Tola hier ein Kloster. Kirche und Hochkreuz, das White Cross of St. Tola, stammen aus dem 12. oder 13. Jh. Auf der einen Seite

TRADITIONELLE MUSIK IM COUNTY CLARE

Von stimmungsvollen kleinen Pubs in winzigen Dörfern, wo Gäste, die kein Instrument spielen, in der Minderheit sind, bis zu den lebhaften städtischen Kneipen in Ennis: Wer traditionelle Musik hören möchte, ist in diesem County richtig. In Clare meiden die Musiker alle modernen Einflüsse wie Rock oder gar Polka (die andernorts zu hören sind) und halten sich entschieden an die Tradition, meist mit wenig Gesang.

Traditionelle Sessions finden zwar in fast jeder Kleinstadt und jedem Dorf mindestens an einem Abend pro Woche statt, aber für den Anfang empfehlen wir die folgenden Orte:

» **Doolin** Zahlreiche gehypte Pubs bieten allabendlich Sessions an, allerdings stören eventuell jede Menge Touristen die Stimmung.

» **Ennis** An den meisten Abenden kann man von einem Pub zum nächsten ziehen, besonders im Sommer. In den Kneipen treten Musiker aus dem ganzen County auf, die teilweise mit hochwertigen Darbietungen traditioneller Musik aufwarten.

» **Ennistymon** In diesem unscheinbaren Bauerndorf im Hinterland von Doolin locken mehrere alte Pubs herausragende lokale Talente an.

» **Kilfenora** Das große musikalische Erbe dieses kleinen Dorfes lernt man in dem großartigen örtlichen Pub kennen.

» **Miltown Malbay** Hier findet jedes Jahr das wunderbare Willie Clancy Irish Music Festival statt, eines der besten Musikfestivals in Irland. Darüber hinaus geben die talentierten Bewohner ihr Können das ganze Jahr über in mehreren alten Pubs zum Besten.

---

des Kreuzes sieht man eine Darstellung von Daniel in der Löwengrube, die andere Seite zeigt den gekreuzigten Jesus Christus über dem Relief eines Bischofs. Interessant ist auch der südliche Torbogen der romanischen Kirche mit verschiedenen Tiermotiven und menschlichen Gesichtern. Hinter dem Gebäude stößt man auf die Überreste eines 12 m hohen Rundturms.

Ganz in der Nähe lieferten sich 1318 die O'Briens, damals Könige von Thomond, und Norman de Clares of Bunratty eine heftige Schlacht. Durch den Sieg der O'Briens verzögerte sich die anglonormannische Eroberung von Clare um zwei Jahrhunderte. Das nicht weit entfernt gelegene O'Dea Castle aus dem 15. Jh. beherbergt heute das **Clare Archaeology Centre** (www.dysertcastle.com; Erw./Kind 4/2,50 €; Mai–Sept. 10–18 Uhr). Rund um die Burg führt ein 3 km langer Geschichtspfad zu mehr als 20 Denkmälern von Ringfestungen und Hochkreuzen bis hin zu einer alten Kochstelle. Über eine mittelalterliche Straße erreicht man nach 5 km ein weiteres Fort.

Östlich von Dysert O'Dea kann man an einem schönen Fluss entlang durch den **Dromore Wood** (Karte S.396; 065-683 7166; www.heritageireland.ie; Ruan; Eintritt frei; Besucherzentrum Mitte Juni–Mitte Sept. 10–17 Uhr) wandern. In dem 400 ha großen Na-

turschutzgebiet befinden sich die Ruinen des O'Brien Castle aus dem 17. Jh., zwei Ringfestungen und die Kilakee-Kirche.

An- & Weiterreise

Dysert O'Dea liegt 1,7 km abseits der Corofin Road (R476) und 11 km nördlich von Ennis. Der Dromore Wood erstreckt sich 8 km östlich von Dysert in der Nähe der N18.
Bus Éireann (065-682 4177) hält auf seiner täglichen Fahrt von Ennis an der R476.

QUIN
460 EW.

In Quin (Chuinche), einem Dorf 10 km südöstlich von Ennis, stießen Arbeiter beim Bau der Bahnlinie zwischen Ennis und Limerick 1854 auf einen großen Goldschatz - die wichtigste Entdeckung prähistorischer Goldes in Irland. Doch menschliche Gier und Armut gewannen die Oberhand: Vor zahlreichen Fundstücken gelangten nur wenige ins Dubliner Nationalmuseum; der Großteil der Beute wurde verscherbelt.

Sehenswertes
Quin Abbey KIRCHE
(immer geöffnet) Dieses Franziskanerkloster wurde 1433 auf den Grundmauern einer 1280 erbauten Burg errichtet. Trotz häufiger Verfolgung lebten hier bis ins 19. Jh. Mönche. Auch der berühmt-be

rüchtigte Fireballs MacNamara, ein notorischer Duellant und Mitglied der hiesigen Herrscherfamilie, fand in der Gegend seine letzte Ruhestätte. Über dem Hauptgebäude des Klosters ragt ein eleganter Glockenturm auf, den man über eine enge Wendeltreppe besteigen kann. Von oben blickt man auf den schönen Kreuzgang und die Landschaft.

Neben dem Bauwerk thront die gotische **Church of St. Finghin** aus dem 13. Jh. Zahlreiche Cafés und Pubs säumen die ruhigen Gassen in der Nähe der Ruinen.

KNAPPOGUE CASTLE

3 km südöstlich von Quin erreicht man das **Knappogue Castle & Walled Garden** (061-368 103; www.shannonheritage.com; Erw./Kind 6/3,50 €; Anfang Mai–Aug. 10–16.30 Uhr), 1467 von den McNamaras erbaut. Diese Familie herrschte vom 5. bis Mitte des 15. Jhs. über einen großen Teil von Clare. Sie errichtete in der Region insgesamt 42 Burgen. Nach wie vor sind die Mauern von Knappogue intakt und innen ist eine schöne Ausstellung antiker Möbel und Kamine zu sehen. Die Gärten wurden umfassend restauriert.

Als Oliver Cromwell 1649 nach Irland kam, nutzte er Knappogue als Stützpunkt – so blieb die Festung vor Zerstörungen verschont. 1660 erhielten die MacNamaras ihre Burg zurück. Danach wurden Fenster und andere Elemente hinzugefügt, um sie „wohnlicher" zu machen.

Für Touristen werden auf Knappogue auch **mittelalterliche Bankette** (Erw./Kind 45/24 €; Mai–Okt. 18.30 Uhr) veranstaltet.

CRAGGAUNOWEN

Noch mehr irisches Kulturerbe gibt's in **Craggaunowen** (www.shannonheritage.com; Erw./Kind 9/5,50 €; Mitte April–Aug. 10–17 Uhr) 6 km südöstlich von Quin zu sehen. Zu dem Freilichtmuseum gehören alte Bauernhöfe und Siedlungen, darunter eine *crannóg* (künstliche Insel) und eine Ringfestung aus dem 5. Jh., außerdem kann man Gerätschaften der Bronzezeit und eine 2000 Jahre alte Eichenalle bestaunen.

Das Craggaunowen Castle ist eine kleine, gut erhaltene Burg der MacNamaras. Mit ihren vielen Tieren begeistert es vor allem Kinderherzen.

Der nahe gelegene Cullaun Lake dient als beliebtes Ausflugsziel für Bootsfahrten und ein Picknick. Ganz in der Nähe laden Waldpfade zum Wandern ein.

ÖSTLICHES & SÜDÖSTLICHES CLARE

Abseits von Atlantikküste und dem zerklüftetem Burren wird Clare im Osten allmählich flacher. Hier ist das Land von grünen Ebenen geprägt, durch die sich weiche Hügelketten ziehen. Die östliche Grenze der Grafschaft bilden der Shannon und der lang gezogene Binnensee Lough Derg, der sich 48 km von Portumna in der Grafschaft Galway bis nach Killaloe erstreckt. Wenn man aus dem zerklüfteten mystischen Westen Clares kommt, erscheinen die Dörfer am See, darunter beispielsweise Mountshannon, wie eine idyllische Welt mit Wasserlandschaften, Ufersiedlungen, Wäldern und Panoramablicken. Im Südosten weitet sich der Shannon zu einem riesigen Mündungsdelta aus. Hier sind die weiten Ebenen übersät mit Bauernhöfen sowie zahlreichen Weilern.

Zusammen mit Teilen der Grafschaft Limerick gehört diese Gegend zum Shannon Heritage. Wer mehr darüber erfahren möchte, kann sich auf der ausgezeichneten Website www.shannonheritage.com informieren.

Shannon Airport

Als Flugzeuge noch Kolbenmotoren und damit weniger Reichweite hatten und hier auf der Strecke Nordamerika–Europäisches Festland zum Auftanken landen mussten, war Irlands zweitgrößter Flughafen ein viel genutztes Etappenziel. Heutzutage geht's auf dem Shannon (Sionainn) dagegen deutlich entspannter zu. Der Flughafen dient als idealer Ausgangspunkt zu den westlichen Counties.

3 km entfernt liegt die **Stadt Shannon**, einst für die Mitarbeiter des Flughafens errichtet. Sie hat den Charme eines alten sowjetischen Industrieorts, aber immerhin eine bessere Warmwasserversorgung. Zum Bleiben verführt kaum etwas.

Schlafen & Essen

Die Stadt hat B&Bs, Restaurantketten und moderne Pubs, man kann aber auch die höchstens 30 Minuten entfernten hübscheren Orte wie Ennis, Limerick und Bunratty ansteuern. Im Flughafenterminal gibt's ein großes, oft überfülltes Restaurant. Am besten versorgt man sich in den Cafés von Ennis mit Reiseproviant.

Park Inn Shannon Airport HOTEL €€
(061-471 122; www.parkinns.com; Zi. ab 80 €; P@🛜) Hier wacht man in einem von 114 Standardräumen auf. Die Unterkunft ist ebenso gut wie jedes andere Flughafenhotel. Der Parkplatz des Hotels liegt gleich gegenüber dem Terminal. Eine gute Option, wenn man früh am nächsten Morgen abfliegt und sein Mietauto loswerden will. Am besten achtet man auf spezielle Angebote.

❶ Praktische Informationen

Im Shannon Town Center, unweit der N19, sind Banken, Lebensmittelläden sowie einige Fast-Food-Restaurants untergebracht.

Auch im **Flughafenterminal** (www.shannonairport.com; 🛜) gibt's viele Einrichtungen wie eine offene Aussichtsplattform und Geldautomaten, die sich alle auf einer Ebene befinden.

Aer Rianta (061-712 000) Bietet Infos zu Flügen bzw. rund um den Flughafen.

Touristeninformation (www.shannonregiontourism.ie; ⊗7–16 Uhr) In der Nähe der Ankunftshalle bekommt man Infos über die Region sowie Reisebücher, Karten und Souvenirs.

❶ Anreise & Unterwegs vor Ort

Auto
Fast jedes große Mietwagenunternehmen hat einen Schalter am Flughafen.

Bus
Bus Éireann (www.buseireann.ie) Tickets kann man entweder am Automaten oder beim Fahrer kaufen. Nach Cork (16 €, 2½ Std., stdl.), Ennis (7 €, 50 Min., stdl.), Galway (15 €, 1¾ Std., stdl.) und Limerick (7 €, 30–55 Min., 2-mal stdl.) bestehen direkte Verbindungen. Sonntags verkehren weniger Busse.

Flugzeug
Mehrere Airlines bieten Direktflüge von/nach Shannon, darunter die irische Fluggesellschaft **Ryanair** (www.ryanair.com), die viele europäische Ziele ansteuert.

Taxi
Eine Taxifahrt ins Zentrum von Limerick oder Ennis kostet 35 €, wenn man sie am Schalter in der Nähe der Ankunftshalle bucht. Am Taxistand zahlt man eventuell mehr. Der Schalter öffnet morgens, sobald die ersten Flieger starten.

Bunratty

Bunratty (Bun Raite) liegt direkt an der N18 und hat jede Menge Parkplätze, die auch Bussen genügend Platz bieten. Es ist ein echter Publikumsmagnet und zieht mehr Besucher an als irgendein anderer Ort der Region. Die jahrhundertealte Burg des Dorfes wurde in den letzten Jahrzehnten gründlich renoviert und mit verschiedenen Attraktionen rundherum erweitert. Im Themenpark wird ein altes irisches Dorf zum Leben erweckt (allerdings fehlen die Pferdeäpfel, Peitschen und Krankheiten ...) und jedes Jahr schießen neue Verkaufsstände aus dem Boden, die dann sämtliche Zufahrtsstraßen blockieren und „authentisch irische Ware" made in China anbieten. Außerdem gibt's einige eher teure Restaurants.

Von April bis Oktober wird Bunratty von Reisegruppen belagert. Bei all dem Trubel übersieht man schon mal das eigentliche Örtchen hinter dem Themenpark, dabei kann man in dem hübschen Dorf 5 km westlich vom Shannon Airport mit zahlreichen schattigen Plätzen wunderbar verweilen. Für alle, die eine Unterkunft am Flughafen suchen, ist es eine gute Alternative.

◉ Sehenswertes & Aktivitäten

Bunratty Castle & Folk Park BURG
(www.shannonheritage.com; Kombiticket für Burg und Volkspark Erw./Kind 16/9 €; ⊗Burg ganzjährig 9–16 Uhr, Volkspark Juni-Aug. 9–18 Uhr Sept.–Mai 9–17.30 Uhr, letzter Einlass 45 Min. vor Schließung) Das quaderförmige, wuchtige Bunratty Castle ist das jüngste von mehreren Steingebäuden am Fluss Ratty. Im 10. Jh. gründeten Wikinger an eben dieser Stelle eine Siedlung und in den 1270er-Jahren besetzte der Normanne Thomas de Clare die Region. Die heutige Burg wurde Anfang des 15. Jhs. von der tatkräftigen Familie MacNamara errichtet, fiel aber kurz darauf an die O'Briens, die Könige von Thomond, und blieb bis ins 17. Jh. in deren Besitz.

Die komplett restaurierte Festung ist mit exquisiten Möbeln und Gemälden sowie hübschen Wandbehängen aus dem 14. bis 17. Jh. ausgestattet.

In dem **Volkspark**, der direkt an die Burg grenzt, erstreckt sich ein traditionelles irisches Dorf mit Cottages, einer Schmiede, Webern, Postamt, Pub und einem kleinen Café.

Einige Gebäude wurden von ihrem ursprünglichen Standort hierher versetzt, bei den meisten handelt es sich jedoch um Rekonstruktionen. Während der Hauptsaison führen einen Mitarbeiter in historischen Gewändern über das Gelände und berichten von den „familienfreundli cheren" Seiten des Alltags gegen Ende des 19. Jhs. als es weder Arbeitshäuser noch schießwütige englische Soldaten gab. Einen authentischeren Eindruck von der Vergangenheit bekommt man in Ortschaften wie Ennistymon.

Wenn die Burg geschlossen ist, kann man für den Park separate Tickets kaufen; die Preise werden in der Nebensaison etwas reduziert. Der Souvenirshop am Eingang verfügt über ein besonders grelles Sortiment an Billigwaren. Leider kann man ihm nicht entgehen, da sich in dem Laden der Ausgang zum Parkplatz befindet.

Traditionelle irische Nacht
(061-360 788; Erw./Kind 40/24 €; April–Okt. 19–21.30 Uhr) Die irischen Nächte werden in einer Getreidescheune im Volkspark veranstaltet. Zu diesem Anlass spielen viele Rothaarige (echte und falsche) traditionelle Lieder, führen Tänze auf und versorgen die Gäste mit Irish Stew (Hammeleintopf), Apfelstrudel und *soda bread*. Obwohl es nicht den Bräuchen entspricht, wird auch Wein ausgeschenkt, der vielleicht sogar zum Mitsingen verleitet. Buchen kann man online oder telefonisch.

Mittelalterliches Bankett
(061-360 788; Erw./Kind 50/24 €; 17.30 & 20.45 Uhr) Wer den Rummel in der Scheune lieber auslassen möchte, kann sich auch für das mittelalterliche Bankett mit Harfenspielern und Hofnarren entscheiden. Hier kommen fleischlastige Speisen mit mittelalterlichen Anklängen auf den Tisch (wir vermuten, dass viele Gäste nach authentischem Essen schnell das Weite suchen würden). Das Mahl wird mit Met, einer Art Honigwein, hinuntergespült. Unterhalten werden die Gäste von Schauspielern und Bänkelsängern. Besonders beliebt sind diese Bankette bei Busreisegruppen; Einzelreisende sollten also unbedingt frühzeitig reservieren.

Ähnliche Essgelage, wenn auch etwas gesetzter, werden im Knappogue Castle (S. 379) und Dunguaire Castle (S. 448) veranstaltet.

Schlafen

In Bunratty gibt's ein paar wenige Hotels und jede Menge B&Bs. Auf der großen Übersichtskarte am Eingang zum Park sind die Standorte zu finden. Fast alle liegen abseits des Rummels und sind eine gute Wahl, wenn man vom Shannon Airport kommt oder abfliegt.

Briar Lodge B&B €€
(061-363 388; www.briarlodge.com; Hill Rd; EZ/DZ ab 50/75 €; Mitte März–Mitte Okt.;) In einer ruhigen Sackgasse 1,6 km von der Burg liegt diese nette traditionelle Pension mit drei Zimmern, die über kleine Extras wie Lockenstäbe (für den großen Auftritt beim Bankett) verfügen. In zweien stehen Kingsize-Betten.

Cahergal Farmhouse B&B €€
(061-368 358; www.cahergal.com; Newmarket-on-Fergus; EZ/DZ ab 60/90 €;) Diese luxuriös ausgestattete Bleibe in einem Bauernhaus befindet sich auf halber Strecke zwischen Bunratty und dem Flughafen. Morgens weckt einen sanft das entfernte Gackern von Hühnern. Von den edlen Zimmern mit Kingsize-Betten genießt man einen schönen Ausblick auf die ländliche Idylle. Zu Essen gibt's herzhafte Gerichte, irische Backwaren und weitere Leckereien.

Essen & Ausgehen

Die meisten Restaurants und Pubs sind so traditionell wie der Volkspark.

Durty Nelly's PUB €€
(Bunratty House Mews; Pubkost 6–15 €, Restaurant Mahlzeiten ab 20 €) Im Durty Nelly's herrscht den ganzen Sommer reger Andrang durch Touristen. Doch obwohl das Lokal direkt gegenüber der Burg liegt, hat es sich einen gewissen Charme bewahrt, außerdem schmecken die Gerichte überraschend gut. Allerdings ist es im Pub gemütlicher als im Lokal oben, wo oft traditionelle irische Musikabende veranstaltet werden. Das teure Angebot, sein eigenes Pint zu ziehen, sollte man nicht annehmen.

Mac's Bar PUB
(MacNamara's; Bunratty Folk Park) Eine nette Kneipe mitten im Park. Traditionelle Sessions finden hier von Juni bis September an fast allen Abenden und den Rest des Jahres meist an den Wochenenden statt. Tagsüber ist die Bar wenig reizvoll, abends verströmt sie aber eine urige Atmosphäre.

An- & Weiterreise

Bunratty liegt an der verkehrsreichen Route von Limerick zum Shannon Airport, die von **Bus Éireann** (061-313 333) bedient wird. Mindestens stündlich verkehren Busse in beide Richtungen. Die Fahrt dauert knapp 30 Minuten und kostet weniger als 5 €. Ennis wird mindestens fünfmal täglich von einem Direktbus (7 €, 30 Min.) angesteuert, der vor dem Fitzpatrick Bunratty Shamrock Hotel in der Nähe der Burg hält.

Killaloe & Ballina

1700 EW.

Nur getrennt durch einen schmalen Kanal sind Killaloe und Ballina eigentlich ein einziges Reiseziel, obwohl sie nicht wirklich viel gemeinsam haben und sogar zu verschiedenen Grafschaften gehören. Als Bindeglied spannt sich eine 1770 errichtete einspurige Brücke mit 13 Bogen über den Fluss. In nur fünf Gehminuten ist man auf der anderen Seite, mit dem Auto braucht man dagegen 20 Minuten (aufgrund eines sehr komplizierten Ampelsystems).

Killaloe (Cill Da Lúa) zeigt ein Clare wie aus dem Bilderbuch. Das Dorf liegt am Westufer des Loch Deirgeirt, der südlichen Verlängerung des Lough Derg. Im Westen schmiegt es sich an die schroff aufragenden Slieve Bernagh Hills, nach Osten hin bilden die Arra Mountains einen harmonischen Abschluss. Der 180 km lange East Clare Way führt direkt durch den Ort.

Ballina in der Grafschaft Tipperary ist nicht ganz so malerisch wie Killaloe, hat aber die besseren Pubs und Restaurants. Es liegt am Ende einer landschaftlich schönen Route (R494), die von Nenagh aus am Ufer des Lough Derg entlangführt.

Sehenswertes & Aktivitäten

Das charmante Zentrum von Killaloe konzentriert sich auf den kleinen Uferbereich mit Promenade. In Ballina spielt sich das Leben vor allem auf der Main Street ab, die vom Ufer den Berg hinaufführt.

Killaloe Cathedral
KATHEDRALE

(St. Flannan's Cathedral; Limerick Rd) Das Gebäude geht auf das frühe 13. Jh. zurück und wurde von der Familie O'Brien auf den Fundamenten einer Kirche aus dem 6. Jh. errichtet. Kunstvolle Steinmetzarbeiten zieren die Innenseite des Südportals. Neben dem Tor steht der Stumpf eines Steinkreuzes, der als Thorgrim's Stone bekannt ist. Der außergewöhnliche Stein stammt aus frühchristlicher Zeit und zeigt alte skandinavische Runen sowie irische Ogham-Inschriften. Auf dem Kirchengelände befindet sich auch das St. Flannan's Oratory, eine romanische Kapelle aus dem 12. Jh.

BrianBorú Heritage Centre
MUSEUM

(www.shannonheritage.com; Lock House, Killaloe; Erw./Kind 3,35/1,75 €; Mai–Sept. 10–17 Uhr) Dieses Museum ist nach dem einheimischen Knaben benannt, der es mithilfe politischer Drahtzieher und Hintermänner als König schaffte, Irland zu vereinigen und vom Joch der Wikinger zu befreien, und bemüht sich sehr, die Legenden am Leben zu erhalten. Hier gibt's auch eine gute Ausstellung über das nautische Erbe der Seen und Flüsse in der Region.

TJ's Angling Centre
ANGELN

(061-376 009; Main St, Ballina) Angler finden in dem Laden alles, was ihr Herz begehrt und können sich ausgiebig beraten lassen. Die Ausrüstung kostet 15 € pro Tag. Angelausflüge werden ebenfalls angeboten, doch die Forellen und Hechte beißen vor Ort genauso gut an.

Geführte Touren

Spirit of Killaloe
BOOTSTOUR

(086 814 0559; Bridge St, Killaloe; Erw./Kind 10/6 €; Mai–Sept. 14.30 Uhr) Ausgedehnte Bootsfahrten.

Schlafen

In der Gegend gibt's eine große Auswahl an B&Bs, besonders an den Straßen am Lough Derg. Im Sommer sollte man unbedingt vorher reservieren!

Kincora House
LP TIPP
B&B €€

(061-376 149; www.kincorahouse.com; Church St, Killaloe; EZ/DZ ab 45/76 €; P) Das jahrhundertealte Stadthaus liegt mitten im Herzen von Killaloe und hat vier altmodische Zimmer. Hier fühlt man sich fast wie bei seiner Lieblingstante.

Lakeside Hotel
HOTEL €€

(061-376 122; www.lakesidehotel.ie; Ballina; EZ/DZ ab 80/100 €; P @ 🛜 🏊) Ein fein herausgeputztes Hotel mit 13 Bogen in toller Lage unweit der Brücke, das über attraktive Gemeinschaftsbereiche, einen Park und 43 unterschiedlich gestaltete Zimmer verfügt (die Preise variieren je nach Ausblick). Jeder Gast sollte wenigstens einmal die 40 m lange Wasserrutsche hinuntersausen.

Lantern House
B&B €€

(061-923 034; www.lanternhouse.com; Scarrit Rd, Ogonnelloe; EZ/DZ ab 50/80 €) 10 km nördlich von Killaloe in den Hügeln gelegen, bietet das moderne Haus mit Glasfront und sechs Zimmern traumhafte Ausblicke auf weite Teile des Lough Derg. Darüber hinaus ist das Anwesen von herrlichen Heidekrautgärten umgeben. Nicht alle der sechs Zimmer bieten einen tollen Blick auf den gewundenen Lough Derg. Manchmal werden hier auch abends Mahlzeiten angeboten.

Arkansas B&B
B&B €€

(☎061-376 485; www.arknsas.net; Main St, Ballina; EZ/DZ ab 40/65 €; 🛜) 300 m von der Brücke entfernt wartet diese Unterkunft mit vier schlichten Zimmern auf. Aber warum Arkansas? Die sympathische Inhaberin erzählte uns, sie habe einmal einen Fischkutter mit diesem Namen gesehen und sich gleich dafür begeistert.

Essen & Ausgehen

Der **Bauernmarkt** (So 9–16 Uhr) der beiden Orte findet auf dem Inselchen nahe der Brücke auf der Seite von Killaloe statt.

Wooden Spoon
CAFÉ €

(Convent Hill; Mahlzeiten 6–12 €; Di–Sa 9–19 Uhr) In dem Café mit Bäckerei in einer schmalen Passage unweit des Ufers gibt's so leckere mediterrane Gerichte, dass man sich an schönen Tagen fühlt wie an der Riviera. Die renommierte Küchenchefin Laura Kilkenny serviert auch traditionelle Produkte wie frisches *soda bread*. Alles wird mit Zutaten aus der Gegend zubereitet.

River Run
IRISCH €€

(☎061-376 805; www.riverruncafe.com; Hauptgerichte 10–25 €; Di–Sa 12–21, So 12–15 Uhr) Klein, kess und elegant: In diesem Bistro mit blauer Fassade ist das Essen so kreativ wie die zum Verkauf stehende Kunst an den Wänden. Auf der minimalistischen Speisekarte stehen leckere Meeresfrüchte, Fleischgerichte und Vegetarisches. Hier kann man bis kurz vor Ladenschluss noch eine Mahlzeit bestellen.

Gooser's Bar & Eating House
FISCH & MEERESFRÜCHTE €€€

(www.goosers.ie; Main St, Ballina; Hauptgerichte abends 10–28 €; Mahlzeiten 12.30–22 Uhr) Lediglich die Besuchermassen an den Wochenenden trüben das Schlemmererlebnis bei Gooser's etwas. Das beliebte strohgedeckte Pub ist bekannt für seine große Auswahl an Fischgerichten. Gäste können entweder im Restaurant essen und oder an den Tischen draußen Pubkost bestellen.

Molly's Bar & Restaurant
IRISCH €€

(Ballina; Mahlzeiten 8–24 €; Essen 12–22 Uhr) Das Lokal an der Ostseite der Brücke hat eine verlockende Dachterrasse, von der man die Verkehrsstaus und die Picknicktische am Seeufer betrachten kann. Im Molly's geht's immer rund. Hier kommen gute irische Hausmannskost wie Speck mit Kohl und typisches Pubessen wie Pizza und Burger auf den Tisch. Am Wochenende legen DJs auf oder es treten Musiker auf.

Liam O'Riains
PUB

(Main St, Ballina) In diesem alten steinernen Veteran werden die Gäste gleich am Eingang von einem 12 kg schweren Hecht an der Wand begrüßt. Das Pub wird von sanftem Kerzenlicht beleuchtet und punktet mit einem tollen Flussblick.

ℹ️ Praktische Informationen

Einen Geldautomaten findet man in der AIB-Bank am Ende der Church Street in Killaloe. Toiletten gibt's auf dem Parkplatz des Ortes.

Touristeninformation (☎061-376 866; Brian Ború Heritage Centre; Mai–Okt. 10–18 Uhr) Die Touristeninformation liegt auf einer kleinen Insel unweit der Brücke in Killaloe und teilt sich die Räume mit dem Brian Ború Heritage Centre. Mehr über die Gegend erfährt man auch unter www.killaloe.ie und www.discoverkillaloe.com.

ℹ️ An- & Weiterreise

Glücklicherweise gibt es zu beiden Seiten des Flusses Parkmöglichkeiten. So schön sie auch ist, gilt die Brücke doch als echter Albtraum für Autofahrer. Am besten stellt man seinen Wagen ab und geht zu Fuß.

Montags bis samstags verkehrt **Bus Éireann** (☎061-313 333) viermal täglich zwischen Limerick und Killaloe (7 €, 45 Min.). Die Bushaltestelle befindet sich vor der Kathedrale.

Von Killaloe nach Mountshannon

Die Fahrt Richtung Norden nach Mountshannon führt am ruhigen Wasser des **Lough Derg** entlang. Die Form des Sees erinnert an die lange Tropfspur eines zu vollen Guiness Pint, das beim Tragen von der Bar zum Tisch übergeschwappt ist. Von Killaloe aus geht's über die R463 nach Tuamgraney, wo man Richtung Osten auf die R352 abbiegt. Auf dem Weg genießt man immer wieder schöne Blicke auf den See, Holy Island und Picknickplätze.

2 km nördlich von Killaloe erreicht man **Beal Ború**, die Überreste einer Festung. Hier soll einst Kincora, der legendäre Palast des berühmten irischen Königs Brian Ború, gestanden haben. Dieser siegte 1014 in der Schlacht von Clontarf über die Wikinger und lebt heute im Namen zahlloser irischer Kneipen überall auf der Welt weiter. Archäologen fanden vor Ort Spuren einer bronzezeitlichen Siedlung. Mit ihrer

> **NICHT VERSÄUMEN**
>
> ## HOLY ISLAND
>
> 2 km vor der Küste von Mountshannon erstreckt sich Holy Island (Inis Cealtra) mit einer alten **Klostersiedlung**, die vermutlich vom hl. Cáimín im 7. Jh. gegründet wurde. Der Rundturm der Insel ist 27 m hoch. Obwohl das obere Stockwerk fehlt, sieht man ihn aus zwei Grafschaften schon von Weitem. Außerdem gibt's auf der Insel vier alte Kapellen, eine Eremitenzelle und einige frühchristliche Grabsteine aus dem 7. bis 13. Jh. Eine der Kapellen besticht durch einen eleganten romanischen Bogen und ein Kreuz mit der altirischen Inschrift: „Betet für Tornog, der dieses Kreuz machte."
>
> Die Wikinger plünderten das Kloster im 9. Jh., aber unter dem Schutz des beliebten Königs Brian Ború und einiger anderer Herrscher erlebte es eine neue Blütezeit. Während des 17. Jh. pilgerten zu Ostern um die 15 000 Menschen hierher.
>
> Am Hafen von Mountshannon ankern den Sommer über **Ausflugsboote**, mit denen man auf die Insel fahren oder einfach nur ein bisschen durch die Gegend schippern kann. Touren buchen und Boote mieten kann man an dem kleinen Kiosk. Der bekannte lokale Historiker Gerard Madden (☎086 874 9710, 061-921 615; gerardmmadden@eircom.net; Erw./Kind 10/5 €; ⊙April–Okt.) bietet zweistündige Inselrundgänge an.

Lage weit über dem Lough Derg muss die Stätte von strategischer Bedeutung gewesen sein. Wenn man im See einen Wasserstrudel sieht, könnte dies ein Verwandter des 32,6 kg schweren Hechtes sein, der an dieser Stelle gefangen wurde.

4,5 km weiter nördlich sieht man auf dem Cragliath Hill eine weitere Burg, **Grianánlaghna**, die nach Brian Borús Urgroßvater, König Lachtna, benannt wurde.

In **Tuamgraney**, wo die Straße nach Mountshannon abzweigt (R352), erhebt sich die bedeutende St.-Cronan's-Kirche, die teilweise auf das 10. Jh. zurückgeht. Innen zeigt das kleine **East Clare Heritage Centre** (www.eastclareheritage.com; Erw./Kind 3/1,50 €; ⊙Mo–Fr 10–15 Uhr) eine umfangreiche Sammlung alter und weniger alter Artefakte zu der Vergangenheit in der Region. Zu den kuriosesten Stücken gehört der Lachs, ein Rekordfang von 1914. Der angrenzende stimmungsvolle Gemeindefriedhof bietet einen faszinierenden Einblick in irische Ahnenreihen.

Das 2 km nördlich von Tuamgraney gelegene **Scarriff** ist eine funktionale bäuerliche Kleinstadt mit einem interessanten dreieckigen Handelsplatz im Zentrum.

Mountshannon & Umgebung

350 EW.

1742 gründete ein aufgeklärter Großgrundbesitzer Mountshannon (Baile Uí Bheoláin) am südwestlichen Uferabschnitt des Lough Derg, um protestantischen Flachsarbeitern eine neue Heimat zu geben. Als „sauberster Ort" hat Mountshannon schon mehrere Preise gewonnen, darüber hinaus aber noch einiges mehr zu bieten.

Im Hafen liegen das ganze Jahr über hübsche Fischerboote vor Anker, außerdem sieht man während der Sommermonate auch beeindruckende Jachten und Kreuzfahrtschiffe. Er dient als guter Ausgangspunkt für Ausflüge nach Holy Island, eine der schönsten frühchristlichen Siedlungen in der Grafschaft Clare.

🏃 Aktivitäten

Die Gegend ist ein echtes Anglerparadies mit Bachforellen, Hechten, Flussbarschen und Brassen. Mehr über die Bootsverleiher und die Ausrüstung erfährt man in seiner Unterkunft

Lakeside Holiday Park BOOTSTOUREN

(www.lakesideireland.com; Motorboot pro Tag ab 40 €; ⊙Mai–Okt.) In dem privaten Campingplatz am Seeufer kann man z. B. Kajaks und Ruderboote mieten. Das ruhige Wasser des Lough Derg ist ideal, um einen Tag lang die Ufer zu erkunden.

🛏 Schlafen & Essen

Hawthorn Lodge B&B €€

(☎061-927 120; www.mountshannon-clare.com EZ/DZ ab 50/70 €; 🐾) Ungefähr 1 km vor Mountshannon stößt man auf dieses blitzsaubere Country Cottage, ein moderner entspannter Zufluchtsort. Wer die Heizdecke auf die höchste Stufe gedreht hat, mag an einem frostigen Morgen keinen Fuß vor die Tür setzen.

Mountshannon Hotel
HOTEL €€

(☏061-927 162; www.mountshannon-hotel.ie; Main St; EZ/DZ ab 50/90 €; ◎März–Okt.) Eine unscheinbare Gastwirtschaft im Zentrum eines ebenfalls unscheinbaren Ortes. Die 14 Zimmer in dem zwischen 1950 und 1980 errichteten Gebäude sind zeitlos eingerichtet. Im Pub kann man sich bei einem Bier entspannen und Angelgeschichten lauschen. Auf der Speisekarte stehen leckere Gerichte wie Hühnchen Kiew und Lasagne (Hauptgerichte 10–20 €).

Sunrise B&B
B&B €€

(☏061-927 343; www.sunrisebandb.com; Mountshannon; EZ/DZ ab 55/80 €; 🛜) Der runde Frühstücksraum in diesem ländlichen B&B etwa 300 m außerhalb des Dorfes verdient für die vielen Fenster und die hohe beleuchtete Holzdecke, die auch an düsteren Tagen für eine angenehme Stimmung sorgt, einen Preis. Die vier Schlafzimmer kommen zwar um einiges weniger beeindruckend daher, aber die warmen Decken auf den Betten sorgen auch hier für Gemütlichkeit.

Lakeside Holiday Park
CAMPINGPLATZ €

(☏061-927 225; www.lakesideireland.com; Campingplätze 18 €; ◎Mai–Okt.) Ein weitläufiger Ferienpark am See mit 35 Stellplätzen und einigen Mietwohnmobilen (2 Nächte ab 110 €). Außerdem kann man Boote und Kajaks leihen. Von Mountshannon folgt man der Portumna Road (R352) etwa 2 km und biegt dann in die erste Seitenstraße rechts ab – schon hat man den Campingplatz erreicht.

Bourke's the Galley
CAFÉ €

(Main St, Mountshannon; Snacks 2–10 €; ◎9–17 Uhr) In diesem makellosen Cafés gegenüber der Kirche mit einem tollen Feinkostladen und einer kleinen Terrasse sollen sich die Gäste ganz wie zu Hause fühlen. Wahrscheinlich gibt's in der eigenen Wohnung aber nicht so leckere Törtchen. Darüber hinaus gehören köstlicher Kaffee, duftende Backwaren und frische, leichte Gerichte zum Angebot.

An Cupán Caifé
MODERNE IRISCHE KÜCHE €€€

(☏061-927 275; Main St; Mahlzeiten 18–28 €; ◎Mi–So 18–21.30, So 11–15 Uhr) In dem cottageähnlichen Restaurant herrscht eine leicht formelle, europäische Atmosphäre. Auf der Karte stehen Fleisch-, Fisch- und hervorragende Tagesgerichte sowie viele gute Weine. Sonntags kostet ein dreigängiges Mittagessen 20 €.

❶ An- & Weiterreise

Mountshannon erreicht man am besten mit dem Auto oder Fahrrad (oder man schwimmt).

Richtung Norden nach Galway

Nördlich von Mountshannon verläuft die R352 parallel zum Lough Derg bis nach Portumna im County Galway. Sie ist eine der zahlreichen einspurigen, von Bäumen gesäumten ländlichen Strecken. Eine weitere Straße, die R461, beginnt in Scarriff und führt direkt ins Herz des Burren.

SÜDWESTLICHES & WESTLICHES CLARE

Der Loop Head an Clares Südwestspitze ragt wie ein Finger in den Atlantik. Mag er auch eher klein und gedrungen sein, steht er doch symbolisch für den endlosen Kampf der Titanen zwischen Land und Meer an diesem Abschnitt der irischen Küste.

Vom Seebad Kilkee bis hinunter zum Loop Head erstrecken sich überwältigende Steilklippen, dennoch bevorzugen viele Touristen die viel besuchten Cliffs of Moher. Natürlich sind die erstaunlichen Felsformationen atemberaubend, allerdings trifft man dort im Sommer oft auf Horden von Wanderern, deshalb sollte man besser die einsameren, aber ebenso beeindruckenden Klippen in dieser Gegend ansteuern.

Nördlich der Klippen von Kilkee liegen die ruhigen Urlaubsorte Lahinch, Miltown Malbay und Doonbeg. Der Küstenabschnitt verströmt nicht den kleinsten Hauch von südländischem Feeling, sondern ist von wilder windgepeitschter Schönheit. Vor 400 Jahren wurden hier Schiffbrüchige der Spanischen Armada an den Strand gespült, deren Nachkommen noch heute in dieser Gegend zu finden sind.

Am besten hält man sich an die schmalen, abgelegenen Pfade, dann kann jeder seine eigenen Entdeckungen machen, ob man nun auf einen versteckten Strand stößt oder mehr Trubel wie in dem reizvollen Städtchen Ennistymon bevorzugt.

❶ Anreise & Unterwegs vor Ort

BUS

Bus Éireann (www.buseireann.ie) bedient alle größeren Orte. Von Limerick aus geht's entlang des Shannon nach Kilrush und Kilkee sowie durch Corofin, Ennistymon, Lahinch, Liscannor, zu den Cliffs of Moher und nach Doolin. Busse ab Ennis folgen derselben Strecke. Im Sommer verkehren die Busse an der Küste zwischen Kilkee und Lahinch durchschnittlich zweimal täglich. Einige andere Strecken werden nur von Schulbussen genutzt, die nicht immer fahren.

FÄHRE
Shannon Ferry Limited (065-905 3124; einfach/hin & zurück Radfahrer & Fußgänger 5/7 €, Motorradfahrer 9/14 €, Autofahrer 18/28 €; Juni–Aug. mindestens stdl. 9–21 Uhr, Sept.–Mai 9–19 Uhr) verkehrt zwischen Tarbert im County Kerry und Killimer im County Clare. Die Überfahrt dauert 20 Minuten. Auf diese Weise spart man sich den großen Umweg durch Limerick und ist schnell in der Nähe der Dingle-Halbinsel.

Kilrush
2700 EW.

Kilrush (Cill Rois) ist eine interessante Kleinstadt, die Richtung Süden über die Shannon-Mündung auf die Hügel von Kerry blickt. Am Kilrush Creek erstreckt sich der größte **Jachthafen** (www.kilrushcreekmarina.ie) der Westküste. Vor Ort gibt's zahlreiche Möglichkeiten, Delfine zu beobachten.

◉ Sehenswertes & Aktivitäten

In der **St. Senan's Catholic Church** (Toler St) sind acht Buntglasfenster des bekannten Künstlers Harry Clarke (1889–1931) zu sehen. Die Hauptstraße, die 30 m breite **Frances Street**, führt geradewegs zum Hafen. Sie spiegelt die Anfänge von Kilrush als Hafen- und Handelsstadt im 19. Jh. wider, als zwischen Land und Meer reger Verkehr herrschte. An ihrem Ende steht das **Maid-of-Eireann-Denkmal**. Es erinnert an die Schäden, die beim Rückzug der englischen Truppen 1921 angerichtet wurden.

Vandeleur Walled Garden GARTEN
(www.vandeleurwalledgarden.ie; Erw./Kind 5/2 €; April–Okt. 10–18 Uhr, Nov.–März bis 17 Uhr) Einst gehörte dieser bemerkenswerte Garten den wohlhabenden Vandeleurs, einer Familie von Kaufleuten und Großgrundbesitzern, die im 19. Jh. Zwangsräumungen durchsetzte und viele Einheimische zur Auswanderung zwang und nach dem Unabhängigkeitskrieg dann schließlich selbst fliehen musste. Der weitläufige Park direkt im Osten des Zentrums ist von einer Mauer umgeben. Er wurde umgestaltet und mit farbenprächtigen tropischen Gewächsen sowie seltenen Arten bepflanzt. Durch die Anlage führen mehrere Wanderwege, außerdem gibt's hier ein nettes Café.

Shannon Dolphin & Wildlife Centre
NATURSCHUTZZENTRUM
(www.shannondolphins.ie; Merchants Quay; Mai–Sept. 10–16 Uhr) Die Forschungseinrichtung beschäftigt sich mit den etwa 100 im Shannon lebenden Delfinen. An die Außenfassade des Gebäudes, in der eine Ausstellung über die verspielten Tiere gezeigt wird, ist einer der Meeressäuger gemalt.

Kilrush Shannon Dolphin Trail
TOURISTENSTRECKE
Diese 4 km lange Straße endet 3 km südlich von Kilrush am Aylevarro Point, wo sich einige Informationstafeln zu Delfinen befinden und man die Tiere vor der Küste beobachten kann.

🎯 Geführte Touren

Dolphin Discovery BOOTSTOUR
(065 905 1327; www.discoverdolphins.ie; Kilrush Creek Marina; Erw./Kind 22/10 €; April–Okt.) Die zweistündigen Beobachtungstouren auf dem Shannon starten je nach Wetter und Nachfrage.

🛏 Schlafen & Essen

B&Bs gibt's in der Gegend so reichlich wie Delfine im Shannon. Der lokale **Bauernmarkt** (Do 9–14 Uhr) findet auf dem Hauptplatz statt.

LP TIPP Crotty's HOTEL €€
(065-905 2470; www.crottyspubkilrush.com; Market Sq; EZ/DZ ab 45/70 €;) Ein altmodischer Tresen, Fliesenböden und traditionelle Möbel verleihen dem Crotty's seinen unverwechselbaren Charme. In vielen Sommernächten wird Musik gespielt, außerdem locken täglich warme Gerichte (6–16 €) von bester Qualität. Oben befinden sich fünf kleine traditionell eingerichtete Zimmer.

Katie O'Connor's Holiday Hostel HOSTEL €
(065-905 1133; katieoconnors@eircom.net; Frances St; B/DZ ab 15/40 €; Mitte März–Okt.;) Dieses schöne alte Gebäude an der Hauptstraße stammt aus dem 18. Jh. und war eines der Stadthäuser der Familie Vandeleur. In zwei Zimmern stehen insgesamt 30 Betten zur Verfügung. Die flippige Herberge gehört zum IHH-Verbund.

Quayside Restaurant IRISCH €€
(17 Frances St; Mahlzeiten 5–12 €; Mo–Fr 9–17 Uhr) Beim köstlichen Duft von frischem Kaffee und Backwaren wird hier jeden Mor-

ABSTECHER

SCATTERY ISLAND

Auf dem heute unbewohnten, vom Wind zerzausten Eiland 3 km südwestlich von Kilrush in der Flussmündung, gründete der hl. Senan im 6. Jh. eine Klostersiedlung mit einem 36 m hohen **Rundturm** (einem der größten und besterhaltenen Irlands). Im Gegensatz zu anderen Türmen, deren Eingang hoch über dem Boden lag, hat dieser einen ebenerdigen Zugang. Außerdem befinden sich auf der Insel die Ruinen von fünf **mittelalterlichen Kirchen** einschließlich einer Kathedrale aus dem 9. Jh., deshalb kann man einige stimmungsvolle Streifzüge unternehmen. Die Insel bot während ihrer Geschichte auch den Überresten der Spanischen Armada Schutz und die Insel diente zeitweilig als englisches Fort.

Im **Besucherzentrum von Scattery Island** (www.heritageireland.ie; Eintritt frei; ⊙ Juni–Sept. 10–18 Uhr) informiert eine Ausstellung über die Natur und Geschichte des denkmalgeschützten Eilands. **Scattery Island Ferries** (☏ 065-905 1327; www.discoverdolphins.ie; Kilrush Creek Marina; Erw./Kind 12/7 €; ⊙ Juni–Sept.) setzen von Kilrush zur Insel über. Einen genauen Fahrplan gibt's nicht, denn die Touren hängen von den Gezeiten und dem Wetter ab. Der Aufenthalt auf der Insel dauert etwa eine Stunde. Tickets bekommt man an dem kleinen Kiosk im Jachthafen.

---

gen der örtliche Klatsch und Tratsch ausgetauscht. Von den Tischen blickt man auf das lebhafte Städtchen oder auf die hinter dem Haus festgemachten Boote.

❶ Praktische Information

Touristeninformation (☏ 065-905 1577; Frances St) Normalerweise hat die Touristeninformation im Katie O'Connor's Holiday Hostel die gleichen Öffnungszeiten wie die Herberge.

❶ Anreise & Unterwegs vor Ort

Bus Éireann bietet täglich ein bis zwei Verbindungen nach Limerick (1¾ Std.), Ennis (1 Std.) und Kilkee (15 Min.). Die Ticketpreise liegen im Durchschnitt bei 7 €.

Gleeson's Cycles (☏ 065-905 1127; Henry St; pro Tag/Woche ab 20/80 €) Hier kann man Räder mieten.

Kilkee

1300 EW.

Kilkees (Cill Chaoi) breiter weißer Sandstrand sieht aus, als würde er aus einem Werbeprospekt für die Karibik stammen. Natürlich ist das Wasser eiskalt und der Wind oft scharf, aber im Sommer tummeln sich vor Ort trotzdem jede Menge Tagesausflügler und Urlauber. Im Norden der geschwungenen halbkreisförmigen Bucht ragen hohe Steilklippen auf und im Süden zerklüftete Felsen. Ebbe und Flut sind stark ausgeprägt, sodass ehemals breite Sandflächen in nur wenigen Stunden wieder von tosenden Wellen überspült werden.

Große Beliebtheit erlangte Kilkee zu viktorianischen Zeiten, als hier betuchte Familien aus Limerick Strandhäuser errichteten. Heute lockt ein reiches Angebot an netten Pensionen, großen Vergnügungshallen und Imbissstuben.

◉ Sehenswertes & Aktivitäten

Viele Besucher kommen wegen des schönen geschützten **Strandes** und der **Pollock Holes**, natürlichen Felsenbecken in den Duggerna Rocks, nach Kilkee. Zudem erstrecken sich in der Gegend etliche schöne Wanderwege, z. B. beim **St. George's Head** im Norden, wo man vor herrlicher Kulisse über die Klippen spazieren kann. Im Süden der Bucht bilden die **Duggerna Rocks** ein ungewöhnliches natürliches Amphitheater. Noch weiter südlich liegt eine große **Meeresgrotte**. All diese Ziele erreicht man über Kilkees West-End-Bezirk, indem man dem Küstenpfad folgt.

Das Städtchen hat sich als **Tauchzentrum** einen Namen gemacht, da sich die spektakuläre Felslandschaft der Küste unter der Wasseroberfläche fortsetzt. Allerdings sollte man unbedingt Erfahrung und Ortskenntnisse haben oder einen Guide engagieren, wenn man einen Ausflug unternehmen möchte. An der Spitze der Duggerna Rocks birgt der kleine Meeresarm Myles Creek eine faszinierende Unterwasserwelt.

Oceanlife Ireland TAUCHEN
(☏ 065-905 6707; www.oceanlife.ie; St. George's Head, Kilkee) Am Hafen vermietet das Unternehmen Sauerstoffflaschen sowie

Ausrüstung zum Tauchen und bietet auch Kurse an.

West Clare Railway
HISTORISCHE SEHENSWÜRDIGKEIT
(☎065-905 1284; www.westclarerailway.ie; Erw./Kind 6/3 €; ◐Mai–Sept. 10–18 Uhr) Ein 2 km langer Überrest dieser historischen Bahnstrecke verläuft 6 km nordwestlich von Kilrush bei Moyasta parallel zur Straße nach Kilkee (N67). Von Freiwilligen betrieben, verkehren Dampfloks in beide Richtungen quer durch die offene Landschaft.

Schlafen
In Kilkee gibt's zahlreiche Pensionen. Während der Hauptsaison ziehen die Preise deutlich an; dann ist es eventuell schwierig, eine Unterkunft zu finden.

ⓘ LP TIPP Lynch's B&B
B&B €
(☎065-905 6420; www.lynchskilkee.com; O'Connell St; EZ/DZ ab 35/60 €; 📶) Das wunderbare, zentral gelegene B&B hat Zimmer mit Hartholzfußböden und altmodisch gemusterten Bettdecken. Hier geht's sehr ruhig zu und es gibt ein reichhaltiges Frühstück.

Halpin's Townhouse
HOTEL €€
(☎065-905 6032; www.halpinsprivatehotels.com; Erin St; EZ/DZ ab 100/140 €; ◐Mitte März–Mitte Nov.; @📶) Ein schmuckes georgianisches Stadthaus in zentraler Lage mit zwölf Zimmern. In dem eleganten Hotel legt man viel Wert auf minimalistische Optik, ganz im Gegensatz zum salzbefleckten Mobiliar an vielen anderen Strandorten. Die Kellerbar wartet mit einer guten Weinkarte auf.

Strand Guest House
PENSION €€
(☎065-905 6177; www.thestrandkilkee.com; The Strand; EZ/DZ ab 55/80 €) Die Pension mit sechs schlicht ausgestatteten Zimmern direkt am Wasser wurde teilweise renoviert, ist aber immer noch so unprätentiös wie der gesamte Ort. Von einigen Räumen genießt man einen herrlichen Blick ebenso wie von dem einladenden Bistro mit Bar. An den Picknicktischen kann man bei einer salzigen Brise ein Starkbier trinken.

Stella Maris Hotel
HOTEL €€
(☎065-905 6455; www.stellamarishotel.com; O'Connell St; EZ/DZ ab 70/120 €; @) Ein paar der 20 einfachen Zimmer in der oberen Etage locken mit einer Aussicht auf die Brandung, außerdem gibt's abhängig von den Räumen schnelle Internetverbindung oder auch Kingsize-Betten. Das hauseigene Lokal des zentral gelegenen Hotels ist empfehlenswert.

Green Acres Caravan & Camping Park
CAMPINGPLATZ €
(☎065-905 7011; Doonaha, Kilkee; Campingplätze 20–24 €; ◐April–Sept.) 6 km südlich von Kilkee erstreckt sich nahe der R487 dieser idyllische kleine Campingplatz mit 40 Stellplätzen am Shannon-Ufer. Ein Wohnwagen ist ab 250 € pro Woche zu haben.

✗ Essen & Trinken
Im Sommer haben in Kilkee zahlreiche Restaurants geöffnet, darunter auch einige sehr empfehlenswerte Läden. Der kleine **Bauernmarkt** (◐So 10–14 Uhr) findet auf dem großen Parkplatz in der Nähe der Bushaltestelle statt.

ⓘ LP TIPP Naughton's Bar
FISCH & MEERESFRÜCHTE €€
(☎065-905 6597; 46 O'Curry St; Gerichte 10–25 €; ◐Küche 17–21.30 Uhr) Allein die herrliche Terrasse ist ein Grund, das Naughton's zu besuchen, das außerdem mit köstlichen Gerichten punktet. Frische regionale Produkte und Fisch sind die Hauptzutaten in diesem stimmungsvollen familiengeführten Pub aus den 1870er-Jahren.

Pantry
CAFÉ €
(O'Curry St; Mahlzeiten 6–12 €; ◐April–Okt. 8–18 Uhr) Das gepflegte Café wartet mit Überraschungen und frischen Leckereien auf: Die *scones* sind schlicht die besten ihrer Art in ganz Clare, aber es können sich auch viele andere Gerichte von der scheinbar einfachen Speisekarte sehen lassen.

Stella Maris
IRISCH €€
(O'Connell St; Gerichte 10–25 €; ◐12–21 Uhr) In dem beliebten Hotel gibt's den ganzen Tag über lokal gefangene Fische und Meeresfrüchte wie Seelachs und Schalentiere sowie Steaks. Gäste können ihr Essen entweder im schlichten, hellen Saal oder im stets überfüllten Pub genießen.

Murphy Blacks
IRISCH €€
(☎065-905 6854; The Square; Hauptgerichte 16–25 €; ◐April–Okt. Mi–So 17–21.30 Uhr) Wo bekommt man wohl garantiert wunderbaren und frischen Fisch? Natürlich in einem Lokal, das einem ehemaligen Fischer gehört. Das beliebte Murphy Blacks ist jeden Abend ausgebucht, denn die Gerichte werden mit größter Sorgfalt zubereitet. In Sommernächten ist es an den Tischen draußen am schönsten.

Greyhound Bar
PUB

(Main St) In der alten Bar mit dem Spitznamen „Skinny Dog" (Magerer Hund) kommen Fischer, Taucher, Musiker und Einheimische zusammen. An vielen Abenden gibt's hier gute Musik.

❶ Praktische Informationen

Touristeninformation (O'Connell St; ⊙Juni–Aug. 9.30–17 Uhr) In der Nähe der Küste.

❶ An- & Weiterreise

Bus Éireann verkehrt ein- oder zweimal täglich von Limerick (11 €, 2 Std.) und Ennis (13 €, 1¼ Std.) via Kilrush nach Kilkee.

Von Kilkee bis zum Loop Head

Während sich andere Touristen bei den Cliffs of Moher mit fliegenden Händlern herumplagen müssen, kommen in diese Gegend eher anspruchsvolle Traveller, denn hier ist die Küste beeindruckender und man kann die herrlichen Ausblicke ganz unbelästigt genießen (s. Kasten S. 390).

Südlich von Kilkee zieht sich die wunderschöne Landschaft bis hinunter zum Loop Head, wo sie abrupt in schwindelerregenden Klippen zum Atlantik abfällt. Die windgepeitschte Umgebung ist von einem Netz alter Steinmauern überzogen und der Blick schweift meilenweit in die Ferne. Dieser Landstrich eignet sich wunderbar zum Radfahren oder für Klippenwanderungen – umso mehr, weil es keine öffentlichen Verkehrsmittel gibt.

CARRIGAHOLT
150 EW.

Am 15. September 1588 suchten sieben angeschlagene Schiffe der Spanischen Armada Zuflucht in der Shannon-Mündung bei Carrigaholt (Carraig an Chabaltaigh). Eines, wahrscheinlich die *Anunciada*, wurde in Brand gesetzt und aufgegeben; es sank schließlich vor der Flussmündung. In dem zeitlosen Dorf erstreckt sich eine schlichte, aber reizende Hauptstraße und über dem Wasser ragen die Ruinen der McMahon-Burg aus dem 15. Jh. auf.

🏃 Aktivitäten

Dolphinwatch BOOTSTOUR

(☎065-905 8156; www.dolphinwatch.ie; Carrigaholt; Erw./Kind 24/12 €) Nach wie vor leben mehr als hundert Delfine in der Shannon-Mündung. Wer sie beobachten will, kann sich an Dolphinwatch in der Nähe der Post wenden. Von April bis Oktober werden je nach Wetterlage zweistündige Touren in der Mündung sowie Sonnenuntergangsfahrten rund um den Loop Head angeboten. Mehr Infos über die possierlichen Tiere gibt's in den Delfinzentren in und um Kilrush.

🍴 Essen & Ausgehen

LP TIPP Long Dock

PUB, FISCH & MEERESFRÜCHTE €€

(West St; Mahlzeiten 6–24 €; ⊙Essen 11–21 Uhr) Ein stimmungsvoller Mix aus Pub und Restaurant mit Steinwänden und -böden sowie einem anheimelnden Kaminfeuer. Hier kommt nur Fangfrisches auf den Tisch. Oft sieht man die Fischer nach ihrer Arbeit auf ein Glas Bier einkehren. Im Sommer sucht man sich am besten draußen einen Platz.

Morrissey's Village Pub PUB

(West St) Wie Carrigaholt hat sich auch das wunderbare Morrissey's seit Langem kaum verändert. In dem Pub kann man an vielen Abenden das Tanzbein schwingen.

KILBAHA
50 EW.

Die Landschaft rund um diesen winzigen Uferort ist so karg und öde wie die Seele des Grundbesitzers aus dem 19. Jh., der die Kilbahas Dorfkirche niederbrennen ließ, damit seine Arbeiter keine Zeit mehr mit unproduktivem Beten verschwendeten. Beim Blick zu den Ruinen des Hauses weit oben am Hang sagen Einheimische auch heute noch: „Wohl, wohl, wir sind ihn losgeworden" – als sei dies nicht vor 150 Jahren, sondern erst gestern passiert.

Mehr über diese Geschichte und andere Details aus dem Dorfalltag erzählt eine einzigartige moderne **Bildrolle**, eine Skulptur unter freiem Himmel.

Direkt am Wasser liegt das fröhliche **Lighthouse Inn** (☎065-905 8358; www.thelighthouseinn.ie; EZ/DZ ab 40/70 €; 🔊) mit elf einfachen Zimmern. In dem geselligen Pub bekommt man Sandwiches und im Sommer auch leckere Fischgerichte (ab 14 €). An manchen Abenden wird zudem traditionelle Livemusik geboten

LOOP HEAD

An klaren Tagen genießt man vom Loop Head (Ceann Léime), Clares südlichstem Punkt, einen herrlichen Blick zur Dingle Peninsula mit dem Mt. Brandon (951 m). Im Norden sieht man die Aran Islands und die

> **NICHT VERSÄUMEN**
>
> ## CLARES MALERISCHE KLIPPEN
>
> Ein eindrucksvoller Moment der Reise ist der Besuch der spektakulären westlich von Kilkee aufragenden Klippen. An der R487, der Loop Head Road, weist ein Schild den Weg zum sogenannten „Scenic Loop". „*Scenic*", auf Deutsch „malerisch", ist jedoch pure Tiefstapelei! Die enge Fahrspur schlängelt sich 10 km an der Küste entlang bis zur westlichen Seite von Kilkee und auf der Strecke verschlägt es einem vor Staunen den Atem. Hier genießt man Ausblicke auf Steilklippen wie aus dem Bilderbuch: Einige der Felsen sind von der Wellenbrandung zerfranst und durchlöchert, andere wurden vom Land getrennt und stehen wie einsame Wachposten mitten im Meer, und auf einem völlig einsam gelegenen Basaltturm thront ganz oben ein altes Haus – wie ist es bloß dahin gekommen und wer hat es gebaut? Unterwegs sollte man genügend Zeit einplanen, um Streifzüge zu unternehmen, das Meer zu betrachten oder anzuhalten, weil Kühe über die Straße laufen.

Galway Bay. Diese Gegend ist ideal für ausgedehnte Spaziergänge. Ein langer Wanderweg führt über die Klippen bis nach Kilkee. Als markanter Farbtupfer krönt ein **Leuchtturm** (mit einer Fresnel-Linse) die Landspitze.

Die einsame Wildnis rund um Loop Head lädt zu individuellen Abenteuern ein. Bei **Loop Head Adventures** (☏065-905 8875; loopheadsports@eircom.net; ⊙Mai–Okt.) kann man sich beraten lassen und die passende Ausrüstung für Radtouren (15 € pro Rad und Tag), Angelausflüge (Angel und Zubehör 15 € pro Tag) oder zum Schnorcheln (Neoprenanzüge und Ausrüstung 35 € pro Tag) ausleihen. Der Veranstalter ist in der Nähe des Leuchtturms zu finden.

Von Kilkee nach Ennistymon

Nördlich von Kilkee wird das Land zunehmend flacher und bietet weite Ausblicke über Weideflächen und Dünen. Die N67 führt 32 km landeinwärts bis nach Quilty. Es lohnt sich, gelegentlich in eine der Nebenstraßen nach Westen einzubiegen, um einsame Gegenden wie den **White Strand** nördlich von Doonbeg zu erkunden. 8 km westlich von Doonbeg erstreckt sich die **Ballard Bay** mit einem alten Fernmeldeturm, von dem man auf schöne Steilklippen blickt. Auf den Felsen des **Donegal Point** thronen die Ruinen einer Festung. Überall an der Küste kann man Angelausflüge unternehmen, sichere Strände sind in Seafield, Lough Donnell und Quilty zu finden. Hinter Quilty entdeckt man draußen vor der Küste **Mutton Island**, eine kahle, von einem historischen Turm gekrönte Insel.

DOONBEG
600 EW.

Doonbeg (An Dún Beag) ist ein winziges Seebad auf halbem Weg zwischen Kilkee und Quilty. Ein weiteres Schiff der Spanischen Armada, die *San Esteban*, havarierte hier am 20. September 1588. Die Überlebenden wurden am Spanish Point hingerichtet. Sehenswert ist auch der winzige **Burgturm** aus dem 16. Jh. neben der eleganten siebenbogigen Steinbrücke.

Der ruhige **White Strand** (Trá Ban) zieht sich 2 km an der Küste entlang. Er liegt nördlich der Ortschaft und ist kaum mehr zu verfehlen, seit sich dort der Doonbeg Golf Club ausgebreitet hat. Vom öffentlichen Parkplatz gelangt man durch eine Schneise in den Dünen zu einem tollen bogenförmigen Strandabschnitt.

Außerdem wartet Doonbeg mit guten **Surfmöglichkeiten** für all jene auf, die dem Touristenpulk in Lahinch entfliehen wollen. Seit der Wirtschaftskrise hat der **Doonbeg Golf Club** (www.doonbeglodge.com; Greenfee ab 140 €) seine ehemals snobistische Einstellung geändert. Der Championship-Platz erstreckt sich in den Dünen.

🛏 Schlafen & Essen

Campingfans können an vielen schönen Seitenstraßen rund um Doonbeg haltmachen und sich über herrliche Sonnenuntergänge freuen. Es gibt im Ort zwei beliebte Pubs, ein traditionelles und ein modernes.

LP TIPP **Morrissey's** GÄSTEHAUS €€
(☏065-905 5304; www.morrisseysdoonbeg.com; Main St; EZ/DZ 70/100 €; ⊙März–Okt.; @⛵) Das alte Pub ist bereits seit vier Generationen in Familienbesitz und hat nun eine Wiedergeburt als hipper Szenetreff an

der Küste erlebt. Alle sechs Zimmer warten mit Kingsize-Betten, Flachbildfernsehern und großen Badewannen auf. Das **Restaurant** (Hauptgerichte 12–22 €) des Gästehauses ist für seine einfachen, verführerischen Meeresgerichte bekannt, angefangen bei Fish 'n' Chips bis hin zu saftigen Scheren vor Ort gefangener Krebse. Auf der Terrasse genießt man zudem einen tollen Blick auf den Fluss.

Lodge at Doonbeg HOTEL €€€

(☎065-905 5600; www.doonbeglodge.com; Zi. ab 200 €; P ⚹) Ein im Stil britischer Herrenhäuser erbautes Hotel mit moderner Ausstattung sowie einer großen Auswahl luxuriöser Zimmer, Suiten und Cottages. Es liegt sehr einsam mitten auf dem Golfplatz und direkt hinter den Dünen des herrlichen White Strand. Der Service ist angenehm entspannt und die Aufenthaltsräume sind sehr gemütlich.

MILTOWN MALBAY
1600 EW.

Genau wie Kilkee war Miltown Malbay ein beliebtes Feriendomizil für gut betuchte Viktorianer – und das, obwohl der Strand erst 2 km weiter südlich am **Spanish Point** beginnt. Nördlich des Point führen schöne **Spazierwege** an den niedrigen Felsen vorbei zu Buchten und einsame Strände. Das freundliche Örtchen punktet mit irischem Flair und einer blühenden Musikszene. Jedes Jahr findet hier das Willie Clancy Irish Music Festival statt (s. Kasten S. 391), eine von Irlands größten traditionellen Veranstaltungen.

🛏 Schlafen & Essen

An Gleann B&B B&B €€

(☎065-708 4281; www.angleann.net; Ennis Rd; EZ/DZ ab 35/70 €; P ⚹) Miltown Malbays freundlichste Pension liegt in der Nähe der R474, ca. 1 km vom Zentrum entfernt. Sie wird von Mary Hughes mit viel Herz geführt und verfügt über fünf einfache, aber gemütliche Zimmer. Auch Fahrradfahrer werden sehr gut verpflegt.

Old Bake House FISCH & MEERESFRÜCHTE €

(Main St; Mahlzeiten 6–15 €; ⌚12–21 Uhr) In dieser Gegend, die für ihre großartige Fischsuppe bekannt ist, zählt das schlicht eingerichtete Old Bake House zu den besten Adressen. Hier stehen irische Klassiker auf der Karte.

Baker's Café BÄCKEREI €

(Main St; Mahlzeiten 4 €; ⌚Mo–Sa 7–19 Uhr) Unweit des Old Bake House bietet das Baker's Café ausgezeichnete Backwaren und riesige Sandwiches an – perfekt für ein Strandpicknick.

🍷 Ausgehen

O'Friel's Bar (Lynch's; ☎065-708 4275; The Square) gehört zu einer Handvoll klassischer, authentischer Bars, in denen gelegentlich traditionelle Sessions stattfinden. Das elegante **Hillery's** (Main St) ist eine weitere gute Adresse.

ℹ Praktische Informationen

Informationen über die Umgebung bekommt man im netten **An Ghiolla Finn Gift Shop** (Main St; ⌚Mo–Sa 10.30–18 Uhr). Hilfreich ist auch die Website www.visitmiltownmalbay.ie.

ℹ An- & Weiterreise

Bus Éireann verkehrt in dieser Gegend nur sehr eingeschränkt. Ein oder zwei Busse fahren täglich an der Küste entlang nach Norden und Süden sowie ins Landesinnere nach Ennis.

LAHINCH
650 EW.

Lahinch (Leacht Uí Chonchubhair) ist ein Zentrum der irischen Surferszene. Hier reihen sich zahlreiche Veranstalter und Geschäfte aneinander, die sich allesamt dem Wellenreiten verschrieben haben.

CLARES BESTES MUSIKFESTIVAL

Scheinbar nimmt die Hälfte aller Einwohner von Miltown Malbay am jährlichen **Willie Clancy Irish Music Festival** (☎065-708 4148; www.oac.ie) teil. Es findet zu Ehren von Willy Clancy statt, einem Sohn der Stadt und berühmten Dudelsackspieler. Normalerweise beginnt die achttägige Veranstaltung in der ersten oder zweiten Juliwoche. Zu diesem Anlass werden Tag und Nacht spontane Konzerte geboten, alle Pubs sind voller Menschen und Guinness fließt in Strömen. Darüber hinaus gibt's Workshops und Dudelsackunterricht. Bei manchen Liederabenden treten sogar bis zu 40 bekannte Fiedler auf. Auf die Frage, wie es sein kann, dass ein derart riesiges Festival in dem kleinen Örtchen schon seit 40 Jahren ausgerichtet wird, antwortet ein Einheimischer: „Das weiß keiner, es passiert einfach."

GUTE SURFSPOTS!

Clares Surferszene wächst und wächst. In ihrem Zentrum steht das kleine Örtchen Lahinch, das an Wochenenden Hunderte Wellenreiter anzieht. Hier trocknen dicke Neoprenanzüge an Gittern und viele Leute beobachten das Treiben von den Stränden und Pubs des Dorfes.

Die Bedingungen für Surfer sind einen Großteil des Jahres hervorragend, außerdem sorgen die trichterförmigen Felsen für eine tolle Kulisse. Wenn es auf dem Wasser in Lahinch zu voll wird, steuert man einfach andere Surfspots an, z. B. in Doonbeg und in Fanore.

In Lahinchs zahlreichen Surfshops kann man die Ausrüstung leihen (Brett & Neoprenanzug ca. 15 € pro Tag) und Kurse belegen (ab ca. 40 € pro 2 Std.):

Ben's Surf Clinic (086 844 8622; www.benssurfclinic.com) Bietet Kurse sowie Bretter und Neoprenanzüge (unentbehrlich!) an.

Lahinch Surf School (087 960 9667; www.lahinchsurfschool.com; Main St) Der Profisurfer John McCarthy gibt Trainingsstunden und wartet mit mehrtägigen Pauschalangeboten auf.

Lahinch Surf Shop (065-708 1108; www.lahinchsurfshop.com; Old Promenade) Verkauft in guter Lage am Strand Surfausrüstung.

Ocean Scene Surf School (065-708 1108; www.oceanscene.ie; Church St) Kurse. Auf der Webseite gibt's zudem eine gute Live-Surf-Cam.

Der leicht schäbige Urlaubsort an der Liscannor Bay lebt von strandhungrigen Feriengästen. Im Sommer fallen ganze Touristenscharen mit locker sitzenden Geldbörsen ein. Viele bringen ihre Golfschläger mit, um im berühmten, traditionellen **Lahinch Golf Club** (065-708 1003; www.lahinchgolf.com; Golfplatzgebühr ab 100 €) zu spielen, der bereits 1892 von schottischen Soldaten mitten in den Dünen angelegt wurde.

🛌 Schlafen & Essen

In der Touristeninformation erfährt man mehr über Lahinchs viele Pensionen. Von den Cafés und Pubs kann man wunderbar die Surfer beobachten.

West Coast Lodge `LP TIPP`

HOSTEL, GÄSTEHAUS €

(065-708 2000; www.lahinchaccommodation.com; Station Rd; B ab 18 €, Zi. ab 50 €; P@🕾) Flashpackern wird dieses stylishe und geradezu vornehme Hostel im Herzen von Lahinch gefallen. Powerduschen, feine Baumwollbettlaken und Daunendecken sind nur einige Details in den Zimmern und den Schlafsälen mit sieben bis zwölf Betten. Von der Dachterrasse kann man die Brandung beobachten und für Erkundungstouren Fahrräder ausleihen.

Atlantic Hotel HOTEL €

(065-708 1049; www.atlantichotel.ie; EZ/DZ ab 40/70 €; @) Schon am Empfang ist ein Hauch der guten alten Zeit zu spüren: Das Hotel im Ortszentrum verfügt über 14 ordentliche Zimmer, ein Restaurant mit feinen Meeresgerichten (Hauptgerichte ab 15 €) und ein nettes Pub.

Barrtra Seafood Restaurant

FISCH & MEERESFRÜCHTE €€

(065-708 1280; www.barrtra.com; Miltown Malbay Rd; Hauptgerichte 16–28 €; ⊙April–Sept.) Auf der Speisekarte dieses wunderbaren Lokals 3,5 km südlich von Lahinch stehen so klangvoll benannte Gerichte wie „Seafood Symphony". Die Küche ist puristisch und legt Wert auf natürliche Aromen, außerdem genießt man von dem bezaubernden Cottage mit dem hauseigenen Kräutergarten einen tollen Blick über die Felder bis zum Meer.

🍷 Ausgehen

Kenny's PUB

(Main St) Nach einem anstrengenden Tag auf den Wellen kann man hier wunderbar aktueller sowie traditioneller Musik lauschen. Die fabelhaften White Horse Sessions am Dienstagabend ziehen alle möglichen lokalen Talente an.

🛍 Shoppen

Lahinch Bookshop BUCHLADEN

(Main St) Abgesehen vom Ennis Bookshop (S. 377) ist dies die beste Adresse für Wanderkarten.

❶ Praktische Informationen

Der *einzige* zuverlässige Geldautomat befindet sich vor der Touristeninformation.

Lahinch Fáilte (☎065-708 2082; www.lahinchfailte.com; The Dell; ⊙Juni–Aug. 9–20 Uhr, Sept.–Mai 10–17 Uhr) Touristeninformation am Nordende der Main Street und Teil eines Souvenirgeschäfts.

❶ An- & Weiterreise

Bus Éireann verkehrt täglich bis zu zweimal von Doolin nach Ennis sowie nach Limerick mit Halt in Lahinch. Im Sommer gibt's jeden Tag ein bis zwei Verbindungen südlich entlang der Küste nach Doonbeg.

Ennistymon

EW. 900

Ennistymon (Inis Díomáin) liegt nur 4 km von Lahinch entfernt im Landesinneren, doch in dem Ort herrscht eine vollkommen andere Atmosphäre. Hier gehen die Einheimischen ihren Geschäften nach und halten vor den markanten Häuserfassaden in der Main Street gerne ein fröhliches Schwätzchen. Hinter einem Torbogen in der Nähe des Byrne's Hotel erreicht man die tosenden **Cascades**, den mehrstufigen Wasserfall der Inagh. Nach heftigen Regenfällen schwillt der Fluss an und stürzt braun schäumend ins Tal. An windigen Tagen wird man eventuell vom Sprühnebel durchnässt.

◉ Sehenswertes & Aktivitäten

Courthouse Studios & Gallery KUNSTMUSEUM
(Parliament St; ⊙Di–Sa 9–16 Uhr) Neben ausgezeichneten Pubs und guten Übernachtungsmöglichkeiten wartet Ennistymon mit einer blühenden Kunstszene auf. Dieses Museum ist in einem beeindruckenden renovierten Gebäude von 1800 untergebracht und präsentiert wechselnde Ausstellungen lokaler sowie internationaler Künstler.

Ennistymon Horse Market MARKT
An jedem ersten Montag im Monat findet in Ennistymon eines der größten Spektakel in ganz Clare statt: Zu dem berühmten Pferdemarkt kommen aus der gesamten Region Menschen, um Esel, Vollblutpferde und sogar alte Ackergäule anzubieten bzw. zu kaufen.

🍽 Schlafen & Essen

Auf dem Market Square wird ein **Bauernmarkt** (⊙Sa 10–14 Uhr) abgehalten.

Falls Hotel HOTEL €€
(☎065-707 1004; www.fallshotel.ie; EZ/DZ ab 80/120 €; **P**@≋) Dieses hübsche, ausladende georgianische Hotel mit 140 modernen Zimmern, wuchtigen alten Möbeln und einem großen umzäunten Pool wurde auf den Überresten einer O'Brien-Burg errichtet. Von der Eingangstreppe genießt man einen atemberaubenden Blick auf den Wasserfall, außerdem lädt ein 20 ha großer bewaldeter Park zu Spaziergängen ein. Einst lebte hier der walisische Dichter Dylan Thomas, nach dem die Bar benannt wurde.

Byrne's IRISCH/FISCH & MEERESFRÜCHTE/GÄSTEHAUS €€
(☎065-707 1080; www.byrnes-ennistymon.ie; Main St; Zi. 70–120 €; **P**) Die Cascades liegen gleich hinter der alteingesessenen Pension mit Restaurant. Wenn das Haus nicht von dichtem Nebel verhangen ist, kann man auf der Terrasse relaxen. Auf der Speisekarte des Lokals stehen zahlreiche Fisch- und Meeresfrüchtegerichte (15–25 €). Über eine knarzende uralte Treppe gelangt man zu den sechs großen komfortablen Zimmern.

🍸 Ausgehen

Eugene's PUB
(Main St) In diesem wunderbaren traditionellen Pub gibt's jede Menge *craic* (geselliges Beisammensein). Neben Fotos berühmter Schriftsteller und Musiker hängen an den Wänden der behaglichen Bar auch zahlreiche Visitenkarten. Bei einem guten Tropfen aus der erstaunlich großen Sammlung irischer Whiskeys und schottischer Whiskys kann man ausgiebig über deren jeweilige Vorzüge diskutieren.

Cooley's House PUB
(☎065-707 1712; Main St) Eine weitere großartige Kneipe. Im Sommer wird hier häufig Musik gespielt und im Winter gibt's mittwochs traditionelle Sessions.

> ### ℹ️ DIE JAGD NACH EINEM GELDAUTOMATEN
>
> Im Westen von Clare kann einem leicht das Bargeld ausgehen, da es in vielen der kleinen Orte wie Liscannor, Doolin, Lisdoonvarna und Kilfenora keine Geldautomaten gibt. Am **Supervalu** (Church St) in Ennistymon steht zwar einer, allerdings funktioniert er nicht immer. Der Automat in Lahinch ist am zuverlässigsten.

Nagle's PUB

(Church St) Traditioneller Pub und Leichenbestatter in einem. Dies ist der ideale Ort für lange Nächte und ein letztes irdisches Pint.

❶ An- & Weiterreise

Bus Éireann verkehrt täglich bis zu zweimal zwischen Doolin und Ennis bzw. Limerick via Ennistymon. Im Sommer fahren pro Tag ein bis zwei Busse über Lahinch die Küste hinunter nach Doonbeg. Sie halten vor dem Aherne's in der Church Street.

Liscannor & Umgebung

350 EW.

Das kleine Küstenstädtchen mit Blick auf die Liscannor Bay liegt an der R478, die Richtung Norden zu den Cliffs of Moher und nach Doolin verläuft. Liscannor (Lios Ceannúir) ist Namensgeber für einen in der Gegend vorkommenden dunklen Sandstein, der sich durch seine grobkörnige geriffelte Oberfläche auszeichnet und für Fußböden, Wände sowie Dächer verwendet wird.

🛏 Schlafen & Essen

Vaughan's Anchor Inn

B&B, FISCH & MEERESFRÜCHTE €€

(☏ 065-708 1548; www.vaughans.ie; Main St; EZ/DZ ab 50/70 €; Hauptgerichte 12–25 €; ⊗Küche 12–21.30 Uhr) Mit seinen exzellenten Fischen und Meeresfrüchten wie Heilbutt und Jakobsmuscheln zieht dieses Pub jede Menge Gäste an. Wenn es regnet, macht man es sich drinnen am Torffeuer gemütlich, und wenn die Sonne scheint (oft nur 15 Min. später), kann man draußen die frische Brise genießen. Darüber hinaus gibt's hier frisch renovierte und kompakte B&B-Zimmer.

Moher Lodge Farmhouse B&B €€

(☏ 065-708 1269; www.cliffsofmoher-ireland.com; EZ/DZ 50/70 €; ⊗April–Okt.; P) In dem großen Bungalow mit vier Zimmern und Blick aufs Meer und das Weideland rundherum kann man sich nach einem langen Wandertag wunderbar entspannen. Die Pension liegt 3 km nordwestlich von Liscannor entfernt und 1 km von den Cliffs of Moher.

🍷 Ausgehen

Joseph McHugh's Bar PUB

(Main St) Jede Menge Tische im Innenhof und regelmäßige traditionelle Musikabende machen das alte Pub gleich neben dem Vaughan's zu einem Publikumsmagneten.

❶ An- & Weiterreise

Bus Éireann fährt ein- bis dreimal täglich von Doolin nach Ennis bzw. nach Limerick und kommt auf dem Weg auch durch Liscannor.

Hag's Head

Am südlichen Ende der Cliffs of Moher ragt der Hag's Head ins Meer und bietet spektakuläre Aussichten auf die Steilklippen.

An seiner Spitze hat die Brandung einen riesigen Felsenbogen in den Stein gewaschen, ein weiterer ist im Norden zu sehen. Der Wachtturm auf der Klippe wurde für den Fall errichtet, dass Napoleon die Westküste Irlands angreifen würde. Er thront auf den Fundamenten der alten Mothair-Festung, der die berühmten Felsen weiter nördlich ihren Namen verdanken. Ein **Wanderweg** führt von der Landspitze über die Klippen nach Liscannor.

Cliffs of Moher

Sie schmücken Millionen Touristenbroschüren und gehören zu den beliebtesten Sehenswürdigkeiten Irlands: die Cliffs of Moher (Aillte an Mothair oder Ailltreacha Mothair).

Bis zu 203 m ragt die Hochfläche auf und stürzt senkrecht zur tosenden See ab. An der Küste ziehen sich Klippen aus dunklem Kalkstein in gleichförmiger Formation entlang – ein Bild, das immer wieder erstaunt, egal wie oft man es schon gesehen hat.

Doch die Schönheit hat ihren Preis: Massenandrang, vor allem im Sommer. Um den Touristenhorden Herr zu werden, wurde hier 2007 ein großes Besucherzentrum eröffnet. Es schmiegt sich fast unsichtbar an die Rückseite eines Hügels. Leider hat man gleichzeitig die Hauptweg und Aussichtsplattformen entlang der Klippen mit 1,5 m hohen Steinplatten begrenzt, zu hoch und zu weit von der Steilkante entfernt, um einen direkten Blick hinunterwerfen zu können. Die herrliche Sicht auf die Klippen (der einzige Grund herzukommen) wird dadurch eingeschränkt.

Wie bei vielen überlaufenen Naturwundern gibt's aber auch in diesem Fall eine Lösung, sofern man bereit ist, etwas weiter zu laufen. Vom südlichen Ende der „Moher Wall" führt ein wenig genutzter schmaler **Wanderpfad** über die Klippen zum Hag's Head. Ein weiterer, allerdings recht gefährlicher und deshalb nicht empfehlenswerter Weg verläuft nach Norden. Mit einem Fernglas kann man unterwegs mehr als 30 verschiedene **Vogelarten** beobachten, darunter Papageitaucher, die an zerklüfteten Steilwänden nisten. An klaren Tagen erheben sich die scharfen Umrisse der Aran Islands aus der Galway Bay, dahinter ragen die Hügel von Connemara auf.

Die Straßen zu den Klippen führen durch erfrischend unberührte sanfte Landschaft, in der nichts auf den spektakulären Blick an der Kante hindeutet.

Wer die Klippen und ihre Fauna einmal aus einer anderen Perspektive betrachten möchte, sollte eine **Kreuzfahrt** buchen. Die Veranstalter in Doolin (S. 401) bieten beliebte Touren zu den Klippen an.

Praktische Informationen

Besucherzentrum (Karte S. 396; www.cliffsofmoher.ie; Eintritt Erw./Kind 6 €/frei; ⊙ Juli-Aug. 9–21.30 Uhr, Mai, Juni & Sept. 9–19 Uhr, März, April & Okt. 9–18 Uhr, Nov.–Feb. 9.15–17 Uhr) Offiziell 'Cliffs of Moher Visitor Experience" genannt, präsentiert das Besucherzentrum eine glanzvolle Ausstellung zur Steilküste und ihrer Umgebung namens „Atlantic Edge". Das Personal führt Interessierte über die Klippen und beantwortet Fragen.

Verkaufsstände in der Nähe des großen kostenlosen Parkplatzes bieten „authentische" Pullover und anderen Krimskrams an. Das Café im Untergeschoss scheint es nur deshalb zu geben, um Besucher in das teure Restaurant mit dem herrlichen Ausblick zu locken.

An- & Weiterreise

Bus Éireann verkehrt täglich bis zu dreimal von Doolin nach Ennis bzw. nach Galway und steuert auf dem Weg die Klippen an. Die lange Wartezeit auf den nächsten Bus verdirbt einem allerdings eventuell den Spaß an der schönen Aussicht. Aus diesem Grund verbindet man den Ausflug am besten mit einem kleinen Spaziergang. Zahlreiche private Reisebüros bieten Ausflüge zu den Klippen und in die Region an.

Doolin ist 6 km entfernt. Fußgänger können die letzte Hälfte der Strecke dorthin auf einer Nebenstraße zurücklegen. Nach Liscannor gelangt man über einen 2 km langen Pfad, einem Teil des ausgeschilderten Burren Way (s. S. 396).

DER BURREN

Diese Region ist steinig und vom Wind zerzaust, passend für den harten Existenzkampf jener Menschen, die hier draußen leben wollten. Der Burren erstreckt sich im Norden Clares von der Atlantikküste bis Kinvara in der Grafschaft Galway. Geformt wurde die einzigartige Landschaft von voreiszeitlichen Meeren; sie fiel durch tektonische Bewegungen trocken. Hier scheinen Land und Meer eine große stimmungsvolle, felsige und teils auch furchteinflößende Einheit zu bilden. Uralte Grabkammer und mittelalterliche Ruinen setzen Akzente.

Dies ist nicht das grüne Irland von den Postkarten, aber im Frühjahr verleihen Wildblumen dem Burren leuchtende, kurzlebige Farbtupfer in seiner sonst sehr kargen Schönheit. Zudem befinden sich in der Gegend einige faszinierende Dörfer, darunter Doolin an der Westküste, Kilfenora im Landesinneren und Ballyvaughan im Norden an der Galway Bay.

Geschichte

Trotz seiner offenkundigen Kargheit ernährte der Burren früher viele Bewohner – 2500 historische Fundstätten sind ein Beleg dafür. Als wichtigste gilt der 5000 Jahre alte Poulnabrone Dolmen, ein gewaltiges Megalithgrab aus der Jungsteinzeit und eines der meistfotografierten vorgeschichtlichen Monumente Irlands.

Etwa 70 dieser Grabstätten sind belegt. Bei vielen handelt es sich um sogenannte Keilgräber. Sie laufen in Höhe und Breite keilförmig aus und haben ungefähr die Größe eines Doppelbetts. Die Toten wurden hineingelegt und mit Erde bzw. Steinen bedeckt. Ein gutes Beispiel dafür ist Gleninsheen südlich der Höhlen von Aillwee.

In der Region gibt's fast 500 Ringfestungen, darunter eisenzeitliche Forts wie Cahercommaun bei Carron.

In späteren Zeiten erbauten die regionalen Herrscherfamilien zahlreiche Burgen, z. B. das Leamanegh Castle bei Kilfenora. Heute kämpft eine schwindende Zahl familiengeführter landwirtschaftlicher Betriebe mit robusten Getreidearten und Vieh ums Überleben.

Flora & Fauna

Humusreicher Boden ist in der Gegend ein knappes Gut. Doch wo er sich in den Spalten sammeln kann, bildet er einen gut bewässerten und äußerst nährstoffreichen Lebensraum. In dem milden Atlantikklima gedeiht eine faszinierende Flora aus mediterranen, arktischen und alpinen Pflanzen. 75 % aller Wildpflanzen Irlands findet man hier, darunter zahlreiche schöne Orchideen, die cremeweiße Bibernellrose, die kleinen Blütensterne des Steinbrech und der blutrote Storchschnabel.

Der Burren

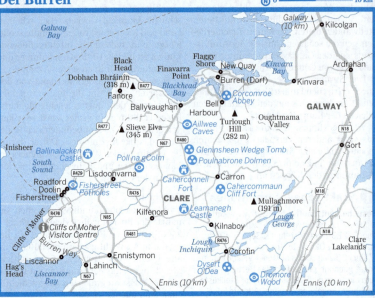

Auch Irlands scheuestes Säugetier, der Baummarder, hat im Burren eine Zuflucht gefunden. Er besiedelt vor allem das Caher Valley, wird aber nur selten gesichtet. Häufiger anzutreffen sind Dachse, Füchse und sogar Hermeline. Otter und Robben bevölkern die Küsten rund um Bellharbour, New Quay und Finavarra Point.

Wandern

Der Burren ist ein echtes Wanderparadies. Seine bizarre Landschaft, die zahlreichen Pfade und uralten Stätten lassen sich am besten zu Fuß erkunden. „Green roads", alte Straßen, ziehen sich über Hügel und durch Täler bis in entlegene Winkel. Ein Großteil der unbefestigten Wege entstand während der Hungersnot als Arbeitsbeschaffungsmaßnahme, andere Strecken gibt's sogar schon seit Jahrtausenden. Heute werden sie hauptsächlich von Wanderern und Landwirten genutzt. Einige sind beschildert.

Darüber hinaus erstreckt sich in der Gegend der **Burren Way**, ein 123 km langes Netz von ausgeschilderten Trekkingrouten durch die Region.

Eine gute Möglichkeit, den Burren zu erkunden, sind geführte Touren (ab 15 €) mit den Schwerpunkten Natur, Geschichte, Archäologie und Wildnis. Die Ausflüge können auch ganz individuell auf die eigenen Wünsche zugeschnitten werden. Wir empfehlen folgende Veranstalter (um etwas über Startzeiten, Wanderziele und Buchung zu erfahren, ruft man am besten vorher an):

Burren Guided Walks & Hikes (065-707 6100, 087 244 6807; www.burrenguidedwalks.com) Die langjährige Burren-Führerin Mary Howard organisiert Gruppenwanderungen.

Burren Hill Walks (065-707 7168) „Sanfte" Wanderungen zu historischen Stätten, bei denen man auch geologische und botanische Besonderheiten entdecken kann.

Burren Wild Tours (087 877 9565; www.burrenwalks.com) John Conolly wartet mit einer großen Auswahl an Wanderungen und Pauschaltouren auf.

Heart of Burren Walks (065-682 7707; www.heartofburrenwalks.com) Der im Burren ansässige Autor Tony Kirby bietet Spaziergänge und archäologische Wanderungen an.

Praktische Informationen

BESUCHERINFORMATION

Das Burren Centre in Kilfenora ist eine hervorragende Anlaufstelle für Traveller.

Burren Ecotourism Network (www.burreneco tourism.com) Ein weites Netzwerk für alles, was mit Tourismus im Burren zu tun hat.

Burren National Park (www.burrennational park.ie) Teile des Burren im Südosten sind zum Nationalpark erklärt worden, es müssen aber noch Einrichtungen für Besucher geschaffen werden. Diese Website bietet gute Infos über die Naturlandschaft.

Burrenbeo Trust (www.burrenbeo.com; Main St, Kinvara, County Galway) Die gemeinnützige Organisation, möchte ein größeres Bewusstsein für den Burren wecken und seine Naturschönheiten fördern. Ihre Webseite ist eine tolle Infoquelle.

BÜCHER & KARTEN

Zum Burren gibt's englischsprachige Literatur in Hülle und Fülle. Am besten durchstöbert man die Buchläden in Ennis oder hält in den Infozentren vor Ort Ausschau nach altbewährten Publikationen wie *Wild Plants of The Burren and the Aran Islands* von Charles Nelson, die hervorragenden *Burren-Journey*-Bücher von George Cunningham oder Tony Kirbys ausgezeichnetes aktuelles Werk *The Burren and the Aran Islands: A Walking Guide*.

🛈 An- & Weiterreise

Bus Éireann (www.buseireann.ie) bietet ein paar Verbindungen durch den Burren, z. B. von Limerick und Ennis nach Corofin, Ennistymon, Lahinch, Liscannor, den Cliffs of Moher, Doolin und Lisdoonvarna sowie von Galway nach Ballyvaughan, Lisdoonvarna und Doolin. Pro Tag verkehren ein bis drei Busse, die meisten im Sommer.

🛈 Unterwegs vor Ort

Wer mit dem Auto anreist, kann schon an einem einzigen Tag weite Teile des Burren besichtigen und dabei auch gleich einige der zahlreichen namenlosen Nebenstraßen erkunden. Für Touren querfeldein abseits der Hauptstraßen nutzt man am besten Fahrräder. Sie werden oft von Hotels und Pensionen vermietet. Wanderungen sind ebenfalls wunderbar dazu geeignet, um die Schönheit der majestätischen Landschaften hautnah zu erleben.

Doolin

250 EW.

Doolin sorgt in der Presse oft für Wirbel, denn hier schlägt dank dreier Pubs, in denen traditionelle Sessions stattfinden, das Herz der irischen Musikszene. Nicht minder spektakulär ist die Lage des Ortes nur 5 km nördlich von den Cliffs of Moher und dem rastlosen Ozean. Rundum erstreckt sich eine windgepeitschte Landschaft mit riesigen Felsblöcken auf kargen Böden.

Bei all diesen Vorzügen wird manch einer womöglich überrascht sein, dass Doolin in Wirklichkeit aus drei winzigen Nachbardörfern besteht: **Fisherstreet** liegt am Wasser, Doolin 1 km östlich am Flüsschen Aille und **Roadford** 1 km weiter östlich. Jeder Weiler beherbergt lediglich ein paar Häuser, deshalb gibt's auch kein echtes Zentrum.

Trotzdem ist die Gegend bei Touristen beliebt, insbesondere bei musikbegeisterten Amerikanern. Preisgünstige Jugendherbergen und B&Bs verteilen sich zuhauf in der rauen Landschaft, außerdem setzen von hier Fähren zu den Aran-Inseln über.

👁 Sehenswertes

Das kleine **Fisherstreet** hat sehr viel Charme. Von seinem Hafen 1,5 km weiter an der Küste entlang genießt man überdies einen spektakulären Blick auf die Brandung.

Von den Cliffs of Moher aus kommend, biegt man von der R478 in eine kleine kurvige Straße ein und folgt ihr an den massiven Ruinen einer **Burg** vorbei bis Fisherstreet. An der Abzweigung von der R478 sollte man nach den Schildern Ausschau halten, die die Durchfahrt für Busse verbieten und in Richtung des Sea View House, einem B&B, weisen.

Bootstouren von den Cliffs of Moher aus hierher erfreuen sich großer Beliebtheit.

🏃 Aktivitäten

Der schönste Zeitvertreib in Doolin besteht darin, durch windgepeitschte Landschaften zu wandern. Pfade führen in alle Richtungen und nur 6 km weiter südwestlich liegen die Cliffs of Moher.

Höhlen HÖHLENKLETTERN

Auch bei Höhlenforschern ist die Gegend beliebt. Hier erstrecken sich die **Fisherstreet Potholes**, zudem lockt 5 km nordöstlich von Lisdoonvarna **Poll na gColm**, Irlands längste Höhle mit mehr als 12 km kartografierten Gängen. Näheres dazu erfährt man unter www.cavingireland.org. 1 km nördlich von Roadford wartet die **Doolin Cave** (065-707 5761; www.doolincave.ie; Erw./Kind 15/8 €; Mitte Feb.–Dez. 10–17 Uhr) mit einem riesigen Stalaktiten auf, der wie ein Tintenfisch aussieht. Der Haupteingang befindet sich bei den Fisherstreet Potholes; je nach Saison werden zu unterschiedlichen Zeiten Führungen angeboten.

Die Felsen nördlich von Doolin Harbour sind durchzogen von den **Green Holes of**

IN STEIN GEHAUENE LEGENDEN

Geologisch gesehen scheint der Burren *(Boireann* ist die irische Bezeichnung für „felsiges Land") das Resultat gewaltiger Bewegungen und Erschütterungen zu sein, die seine Mondlandschaft formten. Wer sich die tiefen Rinnen im Gestein genauer ansieht, erkennt, dass die kargen Aran Islands direkt vor der Küste Teil derselben Formation sind.

Im Karbon vor über etwa 350 Mio. Jahren lag das insgesamt 560 km² umfassende Gebiet am Grund eines seichten warmen Meeres. Überreste von Korallen und Muscheln setzten sich auf dem Meeresboden ab und küstennahe Flüsse transportierten Sand und Schlick ins Meer, der alle Kalkablagerungen bedeckte. Zeit und Druck verwandelten die unteren Schichten zu Kalkstein, die oberen zu Schiefer und Sandstein.

Massive Verschiebungen der Erdkruste vor 270 Mio. Jahren formten den europäischen Kontinent und hoben den Meeresboden aus dem Wasser. Bei diesem Prozess wurden die Kalksteinplatten gebogen und gebrochen, außerdem bildeten sich lange, tiefe Klüfte, die sogenannten Karren – typisch für den Burren. Jede Kluft ist über und über mit Wildblumen bewachsen, die sich vom spärlichen Erdreich ernähren und in einem Mikroklima aus milder sowie feuchter Luft leben.

Während mehrerer Eiszeiten schoben sich Gletscher über die Hügel und gaben ihnen dadurch ihre charakteristische abgerundete Form. Manch ein Felsen wurde dabei blankpoliert. Zugleich lagerte sich in den Rissen eine dünne Stein- und Humusschicht ab. Riesige Felsblöcke wurden vom Eis mitgeführt, die nun verstreut in einem Ozean aus flachem Gestein aufragen. Die ganze Gegend ist geprägt von diesen „eiszeitlichen Findlingen", einer meist schon optisch erkennbaren anderen Gesteinsart.

Weite Teile des Burren, insgesamt 40 000 ha, sind als Nationalpark geschützt. Abgesehen davon, dass es verboten ist, sollte man auch aus eigenem ökologischem Verantwortungsbewusstsein keine Pflanzen ausreißen oder Stücke von Denkmälern und Mauern mitnehmen. Man widerstehe also bitte der Versuchung, „Lego zu spielen" und Dolmen oder andere Monumente im Stil von Stonehenge nachzubauen.

Doolin, die längsten Unterwassergrotten in diesen Breiten. Wer sich nicht für den Tauchsport begeistert, wirft stattdessen nördlich vom Hafen, 50 m vom Meer, einen vorsichtigen Blick in die sogenannte „Hölle": Die tiefe Felsenspalte ist 6 m breit und das brodelnde Wasser birgt ein Labyrinth von Unterwasserstollen.

Feste & Events

Micho Russell Festival MUSIKFESTIVAL
(www.doolin-tourism.com) Am letzten Wochenende im Februar findet dieses Festival zu Ehren der Werke eines legendären Musikers aus Doolin statt und zieht Top-Talente der traditionellen Szene an.

Schlafen

In der Zeit des allzu eifrigen irischen Optimismus kam es in der Gegend von Doolin zu einem Hotelbauboom. Viele der neueren Unterkünfte sind unpraktisch weit von den Musikpubs entfernt, aber die hier aufgelisteten Bleiben warten mit einer zentralen Lage auf. Der Ort verfügt über eine große Auswahl an Übernachtungsmöglichkeiten, die von Hostels bis zu gediegenen familiengeführten B&Bs reicht.

LP TIPP Cullinan's Guesthouse GÄSTEHAUS €€
(065-707 4183; www.cullinansdoolin.com; Doolin; EZ 40–60 €, DZ 60–90 €; P) Die acht B&B-Zimmer mit Powerduschen und anderem Komfort gehören zur Spitzenkategorie und zwei haben sogar Balkone. Von der reizvollen Terrasse blickt man direkt auf den Fluss Aille. Das Restaurant gehört zu den besten im Dorf. Unterkunft und Lokal werden von dem bekannten irischen Musiker James Cullinan geführt.

Sea View House GÄSTEHAUS €€
(065-707 4826; www.ireland-doolin.com; Fisherstreet; Zi. 60–120 €; P) Auf einer Anhöhe oberhalb von Fisherstreet bietet dieses große Anwesen mit Terrasse einen weiten Blick auf das Meer. Mit dem Fernrohr in der Gemeinschaftslounge kann man das Panorama sogar noch besser genießen. Die vier Zimmer sind mit robusten Mahagoni-Möbeln und DVD-Playern ausgestattet, außerdem gibt's eine Bibliothek.

Aille River Hostel HOSTEL €
(☎065-707 4260; www.ailleriverhosteldoolin.ie; Roadford; B 17–25 €, DZ ab 50 €; ◎ Mitte März–Dez.; P@🛜) Eine gute Wahl: Das umgebaute Gehöft aus dem 17. Jh. am Flussufer in Roadford bietet Torffeuer, Warmwasserduschen und einen kostenlosen Wäscheservice. Die preisgekrönte IHH-Herberge hat 30 Betten sowie Stellplätze für Wohnwagen und Zelte (ab 16 €) und vermietet Fahrräder.

Dounroman House B&B €€
(☎065-707 4774; www.doolinbedandbreakfast.com; Doolin; EZ/DZ ab 50/75 €; P🛜) Dieses zweistöckige B&B in der Nähe der größten Straßenkreuzungen von Doolin gewährt einen Blick über die raue Graslandschaft. Die Zimmer sind groß und teilweise für Familien geeignet. Neben dem typischen traditionellen irischen Frühstück gibt's auf Bestellung auch geräucherten Lachs aus der Gegend und Reibekuchen.

Paddy's Doolin Hostel HOSTEL €
(☎065-707 4421; www.doolinhostel.com; Fisherstreet; B ab 17 €, DZ ab 50 €; P🛜) Die moderne IHH-Herberge, auch als Paddy Moloney's bekannt, liegt in der Nähe der Bushaltestelle und verfügt über 90 Betten in Vierer- und Achterzimmern sowie Privaträume mit Bad. Nur wenige Schritte entfernt erstreckt sich das charmante Fisherstreet.

Rainbow Hostel HOSTEL €
(☎065-707 4415; www.rainbowhostel.net; Roadford; B 15–20 €, DZ ab 40 €; P🛜) In der gemütlichen Lounge hat schon so manche Freundschaft ihren Anfang genommen. Der alte Bauernhof an der Straße besitzt 30 Betten und gehört ebenfalls zum IHH-Verbund. Hier werden auch Fahrräder vermietet (7 € pro Tag).

Toomullin House GÄSTEHAUS €€
(☎065-707 4723; www.toomullindoolin.com; Doolin; EZ/DZ ab 55/75 €; P🛜) Das weiß getünchte alte Steincottage hat eine fröhlich blaue Verkleidung und ist nur einen kurzen Fußweg von den Pubs entfernt. In den vier Zimmern mit den in der Gegend allgegenwärtigen einfachen Kiefernmöbeln können bis zu vier Personen schlafen. Die Inhaber geben gerne detailliert Auskunft über die lokalen Sehenswürdigkeiten.

O'Connors Guesthouse GÄSTEHAUS €€
(☎065-707 4498; www.oconnorsdoolin.com; Doolin; EZ/DZ ab 50/70 €; ◎Feb.–Okt.; P🛜) An einer Flussbiegung des Aille befindet sich ein nobles Gehöft mit zehn Gästezimmern von unterschiedlicher Größe. Nach dem frisch gebackenen Brot am frühen Morgen bekommt man womöglich Lust, die Scheune zu putzen – was allerdings nicht möglich ist. Stattdessen kann man die Rinder besuchen. Es gibt auch Zeltplätze (20 €).

Dubhlinn House B&B €€
(☎065-707 4770; www.dubhlinnhouse.com; Doolin; EZ/DZ ab 50/70 €; P🛜) Von dem strahlend weißen B&B genießt man einen richtig tollen Ausblick aufs Meer. Die drei Zimmer sind einfach ausgestattet, das Frühstück hingegen ist sehr üppig (u. a. werden Bagel BLT serviert).

Doolin Activity Lodge GÄSTEHAUS €€
(☎065-707 4888; www.doolinlodge.com; Fisherstreet; EZ/DZ ab 45/70 €; P@🛜) Diese imposante Unterkunft besteht aus mehreren robusten Steinhäusern. Alle 14 Zimmer sind hübsch möbliert; einige haben Dachfenster, durch die man den peitschenden Regen beobachten kann. Außerdem gibt's Selbstversorger-Ferienwohnungen.

Nagles Doolin Caravan & Camping Park CAMPINGPLATZ €
(☎065-707 4458; www.doolincamping.com; Campingplatz ab 17 €; ◎April–Sept.; 🛜) Das Geräusch der Wellen lullt einen auf dem graswachsenen Platz unweit des Hafens in den Schlaf. Alle 60 Stellplätze sind Wind und Wetter ausgesetzt, also sollte man die Heringe gut befestigen.

Atlantic View B&B B&B €€
(☎065-707 4189; www.doolinferries.com; Doolin Point; EZ/DZ 50/80 €; P) Das perfekte Hotel für Traveller, die möglichst nahe am Ozean übernachten wollen. Die moderne Zwölf-Zimmer-Lodge befindet sich nicht weit vom Meer in der Nähe des Hafens. Bis zur Fisherstreet sind es fünf Gehminuten.

🍴 Essen

Tagsüber und abends bis ca. 21 Uhr servieren die drei traditionellen Musikpubs irische Klassiker wie Schinken und Kohl sowie Fischsuppe.

Cullinan's MODERNE IRISCHE KÜCHE €€€
(☎065-707 4183; www.cullinansdoolin.com; Doolin; Hauptgerichte 20–28 €; ◎Do–Sa, Mo & April–Okt. Di 18–21 Uhr) Dieses ausgezeichnete, recht versnobte Lokal neben der gleichnamigen Pension kredenzt köstliche Meeresgerichte, Fleisch und Geflügel. Die kurze, kreative Speisekarte wechselt je nach dem saisonalen Angebot auf dem Markt. Besu-

cher können sich auch über die wunderbar umfangreiche Weinkarte freuen.

Doolin Café
CAFÉ €€

(Roadford; Hauptgerichte 7–24 €; ⊙12–15 & 18–22 Uhr) In dem kleinen Cottage schmeckt einfach alles. Mittags gibt's Salate, Suppen und Sandwiches, abends Fleisch, Fisch und Fusionsküche.

🍷 Ausgehen & Unterhaltung

Doolin hat sich vor allem mit seiner Musikszene einen Namen gemacht. In der Gegend leben viele Musiker, die eine fast symbiotische Beziehung mit den Touristen pflegen: Jeder stößt auf Gegenliebe beim anderen und jedes Jahr wird das Ganze ein wenig intensiver. Der große Besucherandrang bringt es aber mit sich, dass die Musik vom Niveau her nicht immer mit der in weniger überlaufenen Dörfern der Grafschaft mithalten kann. Während der Sommermonate ist die Begeisterung der Touristen oft genauso unterhaltsam wie die Konzerte (manche springen einfach auf die Bühne und versuchen mitzusingen, andere fordern lautstark die Songs *When Irish Eyes are Smiling* und *Danny Boy* oder schicken ihre unscharfen Handy-Schnappschüsse in die ganze Welt). Je nach der eigenen Stimmung kann dies unterhaltsam oder unangenehm sein.

Doolins drei beliebteste Kneipen sind hier in der Reihenfolge ihrer Wichtigkeit aufgelistet:

📖TIPP McGann's
PUB

(Roadford) Das McCann's hat alle klassischen Attribute einer authentischen irischen Musikkneipe. Manchmal setzt sich das Treiben bis auf die Straße fort, außerdem schmeckt das Essen hier am besten. In den vielen kleinen Räumen des Pubs (einige mit Torffeuer) spielen Einheimische gerne Darts. Draußen gibt's einen kleinen überdachten Bereich.

O'Connor's
PUB

(Fisherstreet) Diese Szenekneipe direkt am Wasser platzt stets aus allen Nähten. Wenn bei traditioneller irischer Musik aus vollem Hals gesungen und gebechert wird, herrscht eine Bombenstimmung. Auch das Essen schmeckt gut. Der Laden wird schnell sehr voll und zieht die meisten Touristen an. An manchen Sommerabenden kann man sich kaum noch hineinquetschen und wird große Schwierigkeiten haben, etwas zu essen zu bekommen.

MacDiarmada's
PUB

(Roadford) Das einfache, rot-weiße alte Pub wird auch MacDermott's genannt und ist der Favorit der Einheimischen. Wenn die Geigenspieler anfangen, fühlt man sich manchmal wie in einem Film von John Ford. Die Einrichtung ist ebenso einfach wie die Speisekarte (Sandwiches und Braten). Das McGann's ist nur eine Gehminute entfernt.

🛍 Shoppen

Magnetic Music
MUSIKGESCHÄFT

(Fisherstreet) Hier findet man alles rund um traditionelle Klänge, darunter auch CDs vieler lokaler Musiker.

ℹ Praktische Informationen

Es gibt hier nur wenige Einrichtungen für Touristen. Der nächste Geldautomat befindet sich in Lahinch.

Doolin Internet Café (3 € pro 30 Min.; ⊙8–19 Uhr; 🛜) In der Doolin Activity Lodge. Beherbergt auch einen Waschsalon.

Website für Touristen (www.doolin-tourism.com)

ℹ An- & Weiterreise

Bus

Bus Éireann fährt ein- bis zweimal täglich von Ennis (12 €, 1½ Std.) sowie Limerick (15 €, 2½ Std.) über Corofin, Lahinch und die Cliffs of Moher nach Doolin. Außerdem gibt's Verbindungen nach Galway (14 €, 1½ Std., 1–2-mal tgl.) via Ballyvaughan. Im Sommer verkehren Shuttlebusse zwischen Galway und Doolin oder anderer Zielorten in der Grafschaft Clare. Sie werden von den Herbergen im großen Stil angepriesen.

Fähre

Doolin ist einer von zwei Fährhäfen, wo von April bis Oktober Boote zu den drei Aran Islands (S. 426) ablegen. Drei verschiedene Linien bieten während der Hochsaison Überfahrten an. Innerhalb von einer halben Stunde erreicht man die 8 km entfernte Insel Inisheer. Sie ist die nächstgelegene der Aran-Inseln und für einen Tagesausflug von Doolin aus die beste Wahl. Nach Inishmór dauert die Überfahrt mindestens 1½ Std. mit einem Zwischenstopp auf Inisheer. Nach Inishmaan verkehren die Fähren nur unregelmäßig. Segeltörns werden oft wegen hohem Seegang oder der Ebbe abgesagt. Vor Ort wird viel über den Bau eines neuen Hafens diskutiert.

Die Preise verändern sich aufgrund der starken Konkurrenz häufig; jedes Unternehmen versucht das andere zu unterbieten. Eine Hin- und Rückfahrt nach Inisheer kostet 20 bis 25 €. Alle Anbieter haben am Doolin Pier im Hafen ein Büro, allerdings ist es eventuell günstiger, die

Fähre im Voraus online zu buchen. Die Abfahrtszeiten sollte man sich telefonisch bestätigen lassen. Fast alle Unternehmen haben auch Ausflüge zu den Cliffs of Moher im Programm, die möglichst spätnachmittags starten sollten, wenn das Licht von Westen kommt.

Cliffs of Moher Cruises (☎065-707 5949; www.mohercruises.com; Doolin Pier; ⊙April–Okt.) Kombinierte Kreuzfahrten zu den Aran-Inseln und den Cliffs of Moher auf der *Jack B.*

Doolin Ferries (☎065-707 4455, 065-707 4466; www.doolinferries.com; Doolin Pier) Segelausflüge zu den Inseln und den Cliffs of Moher auf der *Happy Hooker.*

O'Brien Line (☎065-707 5555; www.obrienline.com; Doolin Pier) Bietet in der Regel die meisten Segeltouren zu den Aran Islands, organisiert Kreuzfahrten zu den Cliffs of Moher und verkauft Kombitickets.

❶ An- & Weiterreise

Viele Hostels und B&Bs sowie das **Village Crafts** (Fisherstreet) vermieten Räder ab 10 € pro Tag.

Lisdoonvarna

950 EW.

Lisdoonvarna (Lios Dún Bhearna) bzw. Lisdoon ist bekannt für seine Mineralquellen. Seit Jahrhunderten kommen Gäste, um den irischen Kurort zu besichtigen und das heilsame Wasser zu schlucken. Zu viktorianischen Zeiten war das freundliche Örtchen sehr nobel, während sich hier heute eher die breite Masse tummelt. Da Lisdoonvarna abseits der Küste liegt, ist es nicht so überlaufen wie Doolin und ein guter Ausgangspunkt für Erkundungstouren zum Burren.

⊙ Sehenswertes & Aktivitäten

Spa Well THERMALBAD
Am südlichen Ende der Stadt erstreckt sich inmitten einer gepflegten, bewaldeten Anlage dieses **Thermalbad** mit einer Schwefelquelle und einem viktorianischen Pumpwerk. Das Wasser enthält Eisen, Schwefel, Magnesium und Jod und soll bei Rheuma sowie Drüsenbeschwerden lindernd wirken. In der Nähe kann man das Wasser auch verkosten, wobei das Geschmackserlebnis nicht gerade mit einer Weinprobe zu vergleichen ist. Ein Pfad hinter der Taverne führt nach 400 m zu **zwei Quellen** am Fluss. Die eine hat einen hohen Schwefelgehalt, während die andere reichlich Eisen enthält. Hier kann man sich ganz nach Belieben einen Mineralcocktail mixen.

Burren Smokehouse RÄUCHEREI
(☎065-707 4432; www.burrensmokehouse.ie; Kincora Rd; ⊙April–Mai 10–17 Uhr, Juni–Okt. 9–18 Uhr, im Winter kürzere Öffnungszeiten) Ein sechssprachiger Film informiert im Burren Smokehouse über die traditionelle irische Kunst, Lachs zu räuchern. Dazu werden kostenlose Häppchen von leckerem Räucherlachs und anderem Fisch gereicht – vielleicht verleitet das auch zum Kauf? Außerdem gibt's Kaffee, Tee und Delikatessen für ein gutes Picknick sowie eine Touristenbroschüre. Die Räucherei liegt am Rand von Lisdoonvarna an der Straße nach Kincora (N67).

🛌 Schlafen & Essen

B&Bs schießen hier wie Pilze aus dem Erdboden. Wer zum Matchmaking Festival im September herkommen will, sollte vorab reservieren.

LP TIPP Sheedy's Country House Hotel & Restaurant GÄSTEHAUS €€
(☎065-707 4026; www.sheedys.com; Sulphur Hill; Zi. 70–140 €; ⊙April–Sept.; 🅿🕸) Aus dem Küchengarten dieser edlen, entspannten Elfzimmerbleibe vor den Türen des Ortes kann man sich z. B. eine frische Lauchstan-

---

NICHT VERSÄUMEN

DAS LISDOONVARNA MATCHMAKING FESTIVAL

Früher war Lisdoonvarna Zentrum der *basadóiri* (Heiratsvermittler), die ihren Kunden gegen Gebühr einen Partner suchten. Vor allem im September nach der Heuernte strömten hoffnungsvolle, hauptsächlich männliche Bewerber fein herausgeputzt in den Ort. Diese Tradition setzt sich heute auf dem hochgepuschten und stetig wachsenden **Lisdoonvarna Matchmaking Festival** (www.matchmakerireland.com) im September und Anfang Oktober fort. Zu der Veranstaltung kommen irische und sogar ausländische alleinstehende Männer sowie alle, die sich einfach nur amüsieren wollen, und feiern, flirten, trinken und tanzen um die Wette. An gesittetere Brautwerbung aus früheren Tagen erinnert die **Statue** am dem von Pubs umgebenen Main Square.

ge holen und diese auf der langen Veranda verspeisen. Hier genießt man einen tollen Blick auf die vielen Gärten, kann aber auch einfach nur etwas frische Luft schnappen. Das Essen schmeckt ausgezeichnet und die Bar wartet mit einer tollen Whisky-Auswahl auf.

Wild Honey Inn GÄSTEHAUS €€
(065-707 4300; www.wildhoneyinn.com; Kincora Rd; EZ/DZ ab 40/80 €; P 🛜) Das schöne alte Herrenhaus am Rand des Dorfes beherbergt 14 stilvolle Zimmer und ist ein tolles Wochenendziel (oder Versteck für spontane Flitterwochen in der Matchmaking-Saison?). Das hauseigene Pub bietet eine verführerische Auswahl irischer Klassiker aus lokalem Fisch, Fleisch und Gemüse. Im Sommer kann man in dem hübschen Garten essen.

Sleepzone HOSTEL €
(065-707 7168; www.sleepzone.ie; Doolin Rd; B 20–25 €, EZ/DZ €50/70; P @ 🛜) Das ehemalige Luxushotel dient nun als charmantes Hostel mit 124 Zimmern. Im Gebäude spürt man noch einen Hauch noblerer Zeiten. Es gibt die üblichen Standardeinrichtungen und ein kostenloses kontinentales Frühstück. Die Unterkunft liegt an einer privaten Busroute von Galway (einfach beim Hotelpersonal nachfragen).

Roadside Tavern PUB €
(Kincora Rd; Mahlzeiten 6–12 €) Ein familienbetriebenes Pub unten am Fluss, das irische Gemütlichkeit verströmt. Peter Curtin, der Inhaber, hat einen reichen Schatz erzählenswerter Geschichten in petto. Hervorragende traditionelle Musikabende finden im Sommer täglich und im Winter an den Wochenenden statt. Die Freude an Althergebrachtem zieht sich bis in die Küche, wo u. a. cremige Fischsuppe zubereitet wird. Alle Gerichte mit geräuchertem Lachs schmecken lecker, da den Curtins auch das in der Nähe gelegene Burren Smokehouse gehört.

Praktische Informationen

Der nächste zuverlässig funktionierende Geldautomat befindet sich in Lahinch.

An- & Weiterreise

Bus Éireann fährt ein- bis dreimal täglich von Ennis über Lisdoonvarna nach Doolin sowie über Corofin, Lahinch und die Cliffs of Moher nach Limerick. Nach Galway verkehren auch Busse über Ballyvaughan und Black Head.

Kilfenora

360 EW.

Das oftmals unterschätzte Kilfenora (Cil Fhionnúrach) liegt am südlichen Rand des Burren, 8 km (mit dem Auto 5 Min.) südöstlich von Lisdoonvarna. Es ist ein kleines Dorf mit einer winzigen Kathedrale aus dem 12. Jh. Der Kirchhof ist mit Hochkreuzen geschmückt. Niedrige bunte Häuser bilden einen dichten Ortskern.

Kilfenora blickt auf eine starke Musiktradition zurück, die mit der Szene in Doolin konkurriert, allerdings wird Kilfenora von weniger Touristen angesteuert. Besonders großer Beliebtheit erfreut sich die **Kilfenora Céili Band** (www.kilfenoraceiliband.com), eine gefeierte Truppe, die vor hundert Jahren gegründet wurde. Zu ihrem Ensemble gehören Fiedeln, Banjos, Quetschkommoden und andere Instrumente.

6 km östlich des Dorfes an der Straße nach Corofin stößt man auf die Überreste des Leamanegh Castle, ein altes Herrenhaus aus Stein.

Sehenswertes

Burren Centre MUSEUM
(065-708 8030; www.theburrencentre.ie; Main St; Erw./Kind 6/5 €; ⊙Mitte März–Mitte Okt 9–17 Uhr) In dem Museum finden unterhaltsame, informative Ausstellungen mit vielen Details zur Geschichte und Gegenwart der Region statt. Die Figuren aus der Steinzeit sehen aus, als würden sie gleich erfrieren. Vor Ort gibt's ein Café und einen großen Laden mit einheimischen Produkten.

Kathedrale KATHEDRALE
In früheren Zeiten war die **Kathedrale** von Kilfenora (11. Jh.) ein wichtiges Wallfahrtsziel. Hier gründete der hl. Fachan (auch Fachtna genannt) im 6. Jh. ein Kloster, das später als Sitz des kleinsten Bistums Irlands, der Diözese Kilfenora, diente. Heutzutage ragen an dieser Stelle die Überreste eines prostestantischen Bauwerks auf. Wenn man sie umrundet, kommt man in den ältesten Teil der Stätte. Im Altarraum befinden sich zwei Gräber mit schlichten Skulpturen.

Hochkreuze HISTORISCHE STÄTTEN
Kilfenora ist vor allem für seine **Hochkreuze** berühmt. Drei stehen in den mit Glas überdachten Ruinen und ein weiteres großes aus dem 12. Jh. thront 100 m weiter westlich auf einem freien Feld. Am interessantesten ist das 800 Jahre alte **Doorty**

DER POET & DIE PRIESTER

Father Ted ist eine erfolgreiche britische Sitcom über die witzigen Erlebnisse dreier irischer Priester auf der fiktiven Insel Craggy Island. Viele Szenen wurden rund um Kilfenora und Ennistymon gedreht, u. a. auch im Pub Eugene's, der Stammkneipe der Filmcrew. Das einsame Pfarrhaus befindet sich bei Kilnaboy.

Von dem riesigen Erfolg des Tedfest auf der Insel Inismór (s. Kasten S. 431) inspiriert, gründeten die Bürger von Kilfenora und Ennistymon ihr eigenes **Father Ted Festival** (www.frtedfestival.com; ⊗Mai) mit Kostümen, Partys, Wettbewerben, geführten Touren etc.

Cross an prominenter Stelle westlich des Kirchenportals. Bis in die 1950er-Jahre lag es in zwei Teile zerbrochen am Boden, dann wurde es wieder aufgestellt. Eine Tafel im Kirchhof erläutert anschaulich die Ornamentik der Kreuze

🛏 Schlafen & Essen

Kilfenora wartet mit zwei erstklassigen Pubs auf.

Kilfenora Hostel HOSTEL €
(☏065-708 8908; www.kilfenorahostel.com; Main St; B 20–24 €, DZ 52–60 €; 🅿@🛜) Das Hostel ist mit Vaughan's Pub nebenan verbunden und verfügt über neun Zimmer mit 46 Betten, eine Waschmaschine sowie eine große Küche. In der Lounge fühlen sich müde Gäste wie im siebten Himmel.

Murphy's B&B B&B €€
(☏065-708 8040; lika@eircom.net; Main St; EZ/DZ ab 45/70 €; ⊗Mitte Feb.–Nov.) Direkt an der Hauptstraße des Ortes betreibt Mary Murphy eine kleine Frühstückspension mit schlichten Zimmern, in denen man gerne für immer bleiben würde. Ihr gehören noch zwei weitere Häuser ganz in der Nähe.

LP TIPP Vaughan's Pub PUB €€
(www.vaughanspub.ie; Main St; Mahlzeiten 9–15 €; ⊗Küche 12–20 Uhr) Was für ein tolles Pub! Auf der verlockenden Speisekarte stehen Meeresgerichte, traditionelle Hausmannskost und einheimische Delikatessen. Darüber hinaus genießt die Kneipe in der irischen Musikszene großes Ansehen: Im Sommer werden jeden Abend kleine Konzerte veranstaltet, aber es gibt auch den Rest des Jahres zahlreiche Veranstaltungen. In der Scheune nebenan treffen sich donnerstag- und sonntagabends Tanzlustige zum *set-dancing*, einem lebhaften irischen Volkstanz. Draußen kann man unter dem großen Baum ein Pint genießen.

Linnane's PUB €
(☏065-708 8157; Main St; Mahlzeiten 5–12 €; ⊗Küche 12–20 Uhr) Hier widmet man sich irischen Klassikern wie geräuchertem Lachs. Die Einrichtung ist spartanisch, aber dafür verbreiten Torffeuer wohlige Wärme. Im Sommer finden an vielen Abenden traditionelle irische Sessions statt.

ℹ An- & Weiterreise

Es gibt nicht an allen Tagen Busverbindungen.

Corofin & Umgebung

420 EW.

Corofin (Cora Finne) oder Corrofin ist ein traditionelles Dorf am südlichen Rand des Burren. Der Ort eignet sich bestens, um mit dem Alltagsleben in Clare auf Tuchfühlung zu gehen. In der Umgebung befinden sich einige *turloughs* (kleine Seen) und mehrere Burgen der O'Briens. Zwei davon liegen am Ufer des nahen Lough Inchiquin.

4 km nordwestlich von Corofin erstreckt sich an der Straße nach Leamanegh Castle und Kilfenora (R476) das kleine Örtchen **Kilnaboy**. Hier stößt man auf die Ruinen einer Kirche mit einer sehenswerten *sheila-na-gig* (geschnitzte weibliche Figur) über dem Portal.

⊙ Sehenswertes

Clare Heritage Centre MUSEUM
(www.clareroots.com; Church St; Erw./erm. 4/2 €; ⊗April–Oktober 9.30–17.30 Uhr) In einer alten Kirche zeigt das interessante Clare Heritage Centre eine Ausstellung zu den Schrecken der Hungersnot. Vor dieser Zeit lebten in dem County über 250 000 Menschen – die Bevölkerung ist also um rund 60 % zurückgegangen. In einem separaten Gebäude nebenan helfen Mitarbeiter des **Clare Genealogical Centre** (☏065-683 7955; ⊗Mo–Fr 9–17.30 Uhr) Besuchern, die nach ih-

ren aus dieser Grafschaft stammenden Vorfahren forschen möchten.

🛏 Schlafen & Essen

Inchiquin Inn IRISCH €
(065-683 7713, 065-683 7594; www.annecampbell.ie; Main St; Mittagessen 6–12 €; ⊗Küche 9–18 Uhr) Mit seinen leckeren Gerichten lockt das wunderbare Pub viele Gäste an: Besser zubereiteten Speck mit Kohl und schmackhafte Fischsuppe als hier wird man woanders nicht bekommen. An einigen Sommerabenden gibt's traditionelle Sessions. Der jährliche Wettbewerb im Steinewerfen hinter dem Haus im Juni ist ein großes lokales Fest. Die Hostelbetten im Obergeschoss kosten 15 € pro Person.

Lakefield Lodge B&B €€
(065-683 7675; www.lakefieldlodgebandb.com; Ennis Rd; EZ/DZ ab 45/70 €; ⊗März–Okt.; P 🛜) Am Südrand des Dorfes liegt mitten in einem Park ein attraktiver Bungalow mit vier gemütlichen Zimmern. Das B&B ist ein guter Ausgangspunkt für Wanderungen.

Fergus View B&B €€
(065-683 7606; www.fergusview.com; EZ/DZ 45/70 €; ⊗April–Okt.; @🛜) Wie es der Name schon vermuten lässt, befindet sich die reizende Pension mit sechs Zimmern direkt am Fluss Fergus. Sie ist vor allem wegen des kreativen Frühstücks bekannt, für das nur frische und oft auch Biozutaten verwendet werden. Das Fergus View liegt 3 km nördlich von Corofin an der R476.

Corofin Hostel & Camping Park
HOSTEL/CAMPINGPLATZ €
(065-683 7683; www.corofincamping.com; Main St; Zeltplätze 20 €, B/EZ/DZ 16/25/40 €; ⊗April–Sept.) Dieser große Campingplatz erstreckt sich hinter der IHH-Jugendherberge (30 Betten) mitten im Ort. Im geräumigen Gemeinschaftsraum des Hostels steht ein Billardtisch zur Verfügung.

🛈 An- & Weiterreise

Bus Éireann verkehrt an einigen Wochentagen zwischen Corofin und Ennis.

Der zentrale Burren

Mehrere Straßen mit vielen Sehenswürdigkeiten führen durch das Herz des Burren. Neben der R480 erstreckt sich eine faszinierende Landschaft: Hier zeigt sich das karge Hochland von seiner schönsten Seite. Überall in der Region verstreut liegen verblüffende prähistorische Steinbauten.

Südlich von Ballyvaughan zweigt die R480 beim Wegweiser zu den Aillwee-Höhlen von der N67 ab und führt vorbei am Gleninsheen Wedge Tomb und dem verblüffenden Poulnabrone Dolmen zu den Ruinen des Leamanegh Castle. Dort trifft sie auf die R476, die weiter südöstlich nach Corofin verläuft. Jede kleine Nebenstraße – insbesondere jene in Richtung Osten – lohnt einen Abstecher, um in die beinahe überirdische Einsamkeit zu fliehen.

Auf der N67 nach Lisdoonvarna genießt man weite Ausblicke in die Gegend. Die Straße wurde zu Zeiten der Hungersnot um 1800 erbaut.

GLENINSHEEN WEDGE TOMB

Eine der berühmtesten prähistorischen Grabstätten Irlands liegt an der R480 südlich der Aillwee Caves nahe Ballyvaughan. Das Keilgrab von Gleninsheen wird auf ein Alter von 4000 bis 5000 Jahren geschätzt. Hier wurde ein herrlicher goldener Halskragen gefunden. Das Stück stammt etwa aus dem Jahr 700 v. Chr. und befindet sich heute im Nationalmuseum in Dublin. Manchmal ist das Zugangstor zur Grabstätte geschlossen, außerdem gibt's kaum Beschilderungen.

CAHERCONNELL FORT

Wer eine gut erhaltene *caher* (Festung mit Steinwall) aus der späten Eisenzeit bzw. der frühchristlichen Ära sehen möchte, sollte das **Caherconnell Fort** (www.burrenforts.ie; Erw./Kind 6/4 €; ⊗Juli–Aug. 10–18 Uhr, März–Juni, Sept. & Okt. 10–17 Uhr), eine privat betriebene Sehenswürdigkeit, besuchen. Exponate zeigen, wie die Entwicklung solcher Wehrsiedlungen Land- und Besitzansprüche einer immer stärker wachsenden und sesshaft werdenden Bevölkerung widerspiegelte. Die Trockenmauer der Burg ist hervorragend erhalten. Ein erstklassiges Besucherzentrum informiert über diese und viele andere Stätten in der Gegend. Das Fort befindet sich 1 km südlich des Poulnabrone Dolmen an der R480.

CARRON & UMGEBUNG

Einige Kilometer östlich der R480 liegt das winzige Dorf Carron (auf einigen Landkarten auch „Carran" bzw. „An Carn" genannt) auf einer einsamen Anhöhe. Hier eröffnet sich ein weiter Rundblick über die Felsenlandschaft des Burren.

NICHT VERSÄUMEN

POULNABRONE DOLMEN

Was wäre eine Broschüre über den Burren ohne den Poulnabrone Dolmen? Dieses Portalgrab zählt zu Irlands meistfotografierten antiken Monumenten und die unwirkliche Erscheinung beeindruckt sogar die abgeklärtesten Traveller. Alleine der Deckstein wiegt 5 t. Das riesige Megalithgrab befindet sich 8 km südlich von Aillwee und ist von der R480 aus zu sehen. Es gibt hier einen großen, kostenlosen Parkplatz und eine ausgezeichnete Beschilderung.

Der Dolmen wurde vor mehr als 5000 Jahren errichtet. Bei Ausgrabungen 1986 kamen neben Schmuck und Töpferwaren auch die Gebeine von 16 Menschen zutage. Durch Radiokarbonuntersuchungen fand man heraus, dass sie hier zwischen 3800 und 3200 v. Chr. bestattet wurden. Ursprünglich war das Grab mit einem Steinhügel bedeckt, der im Lauf der Zeit abgetragen wurde. Kaum zu glauben, dass die Menschen damals so ein großes Monument errichten konnten.

◉ Sehenswertes & Aktivitäten

Burren Perfumery & Floral Centre
PARFÜMERIE

(www.burrenperfumery.com; Carron; ⊙Juli–Aug. 9–19 Uhr, Sept.–Juni 10–17 Uhr) In Irlands einziger Parfüm-Manufaktur, einem kreativen Paradies, kreiert man aus lokalen Wildblumen die verschiedensten Düfte. Ein interessantes Video informiert über die wunderbar vielfältige Flora der Gegend, z. B. über die wohlriechenden, in Felsritzen wachsenden Orchideenarten. In den Kräutergärten kann man zahlreiche Blumenarten und Gewürze entdecken und im Café Teesorten aus Bioanbau genießen. Das Geschäft ist an der Straßenkreuzung nahe der Carron Church ausgeschildert. Achtung: Busreisegruppen sind nicht erwünscht!

Carron Polje
NATURDENKMAL

Unterhalb von Carron liegt einer der schönsten *turloughs* (Wintersee) des Landes, der Carron Polje. Der serbokroatische Begriff *polje* ist gebräuchlich für wannenförmige Mulden in Karstgebieten. Diese stehen im Winter voll Wasser und trocknen im Sommer aus. Das zurückbleibende üppige Gras wird als Weide genutzt.

Südlich von Carron erstreckt sich fast bis nach Kilnaboy einer der kahlsten Abschnitte des Burren. Standortfremde Felsbrocken aus der Eiszeit prägen die raue Landschaft. Es ist egal, welchen Pfad man hier nimmt, denn man stößt quasi unweigerlich auf einen alten **Dolmen**.

Cahercommaun
HISTORISCHES GEBÄUDE

3 km südlich von Carron thront am Rand eines steilen Tals die große Festung Cahercommaun, die im 8. und 9. Jh. bewohnt war. Ein unterirdischer Gang führt von hier auf die Klippen hinaus. Wer die Stätte besichtigen möchte, fährt von Carron Richtung Süden und biegt nach links Richtung Kilnaboy ab. Nach 1,5 km führt ein Weg auf der linken Seite zu der Festung. Für die bessere Übersicht sollte man einen Blick auf die Schautafel am Anfang des Weges werfen.

🛏 Schlafen & Essen

Clare's Rock Hostel
LP TIPP   HOSTEL €

(☏065-708 9129; www.claresrock.com; Carron; B/EZ/DZ 18/30/44 €; ⊙Mai–Sept.; 🅿@🛜) Ein imposantes Gebäude aus grauem Granit mit 30 Betten und geräumigen, gut gepflegten Zimmern. Gäste des Hostels können Fahrräder mieten oder sich im Garten mit dem großen Schachbrett vergnügen.

Cassidy's
PUB €

(www.cassidyspub.com; Carron; Hauptgerichte an der Bar 6–12 €; Mai–Sept. tgl., Okt.–April Sa & So) Das Cassidy's serviert eine gute Auswahl an witzig benannten Pub-Gerichten. Einige erinnern an die Vergangenheit der Kneipe als britische Royal-Irish-Constabulary-Station und später als *garda*-(Polizei-)Kaserne. An manchen Wochenenden gibt's traditionelle irische Musik und Tanz. Der Ausblick von der Terrasse ist ebenso berauschend wie die Getränke.

Fanore
150 EW.

Die landschaftlich schöne R477 führt in Clare an der Küste des Barren und den Arran Islands vorbei bis zur Galway Bay. Fanore (Fan Óir), 5 km südlich von Black Head, ist weniger ein Dorf als vielmehr ein Küstenabschnitt mit einem Geschäft, einem

Pub und einigen verstreuten Häusern an der Hauptstraße. Der schöne Sandstrand erstreckt sich entlang einer weitläufigen Dünenlandschaft. Es gibt genügend Parkplätze und im Sommer auch Toiletten.

Aktivitäten

Hier kann man das ganze Jahr über surfen.

Aloha Surf School SURFEN
(087 213 3996; www.surfschool.tv; Kurse ab 35 €) Kurse für jedes Alter und Niveau sowie Leihbretter und -Neoprenanzüge.

Siopa Fan Óir ANGELN
(Sommer 9–21 Uhr, Winter bis 19 Uhr) Der gut sortierte Laden gegenüber des O'Donohue's verkauft Angelzubehör, Wanderkarten, Surfboards und Sandeimer.

Schlafen & Essen

Rocky View Farmhouse GÄSTEHAUS €€
(065-707 6103; www.rockyviewfarmhouse.com; EZ/DZ 40/68 €; P) Eine atmosphärische Bleibe im Herzen des küstennahen Burren. Die fünf hellen, luftigen Zimmer harmonieren wunderbar mit der kargen Landschaft. Alle Frühstückszutaten stammen aus eigenem biologischen Anbau; das Essen wird in einem sonnigen Wintergarten serviert.

O'Donohue's PUB €
(Mahlzeiten 6–15 €; April–Okt.) In dem authentischen Gemeindetreffpunkt 4 km südlich vom Strand stehen Suppen, warme Gerichte und Sandwiches auf der Karte. Hier dominieren die Farben Blau und Weiß und der Blick schweift weit über das graue Meer.

Vasco MEDITERRAN €
(www.vasco.ie; Hauptgerichte 8–16 €; Juli & Aug. 9–22 Uhr, an Wochenenden variieren die Zeiten) Das stilvolle Lokal liegt etwas abseits in der Nähe des Strands und punktet mit einer großen verglasten Terrasse, von der man einen Blick auf das Meer genießt. Die Küche ist mediterran beeinflusst, zudem können Gäste Picknickvorräte bestellen.

An- & Weiterreise

Bus Éireann fährt ein- bis dreimal täglich von Galway über Black Head und Fanore nach Lisdoonvarna.

Black Head

Atlantikstürme haben das Gebiet rund um diese Landzunge im äußersten Nordwesten Clares in eine geriffelte Landschaft kahler Felsen verwandelt. Hier und da sprießen Gras und Gebüsch in den Spalten, außerdem stehen Geröllbrocken wie einsame Wachposten in der Gegend herum.

Rund um den Black Head windet sich knapp über den Meeresspiegel die Hauptstraße R477 durch die Umgebung. Die Küste mit ihren Felsenplattformen dicht über dem Meer eignet sich gut zum **Angeln**: Hier beißen Pollacks, Lippfische sowie Makrelen und mit etwas Glück auch Wolfsbarsche an. Doch die Gewässer hier bergen auch Gefahren, selbst für erfahrene Leute: Auch bei scheinbar ruhiger See muss man mit plötzlichen Wellen rechnen.

Ballyvaughan & Umgebung
220 EW.

Der ganze Charme des Burren zeigt sich in Ballyvaughan (Baile Uí Bheacháin): In diesem Örtchen geht das karge Hügelland in die freundliche, begrünte Gegend der Galway Bay über. Dies ist der ideale Ausgangspunkt für Ausflüge in den Norden der Karstlandschaft.

Sehenswertes & Aktivitäten

6 km südlich von Ballyvaughan windet sich die N67 Richtung Lisdoonvarna in Serpentinen den **Corkscrew Hill** (180 m) hinauf. Die Straße wurde in den 1840er-Jahren während der Hungersnot im Rahmen einer Arbeitsbeschaffungsmaßnahme erbaut. Von oben bietet sich ein schöner Rundblick über den nördlichen Burren und die Galway Bay; rechts sieht man den Aillwee Mountain mit seinen Höhlen, zur Linken erhebt sich der Cappanawalla Hill. Unten im Tal liegt das teilweise restaurierte Newtown Castle aus dem 16. Jh., einst Residenz der O'Lochlains.

Gleich westlich der Kreuzung an der R477 befindet sich der **Kai**. Er wurde 1829 zu einer Zeit erbaut, als reger Schiffshandel mit den Aran-Inseln und Galway bestand. Man exportierte Getreide sowie Speck und importierte Torf, eine knappe Ware im felsigen, windgepeitschten Burren.

Hinter dem Hafen führt ein beschilderter Weg zu einem **Seevogelreservat** mit schönen Ausblicken auf das Meer.

Aillwee Caves HÖHLEN
(www.aillweecave.ie; Kombiticket Erw./Kind 17/10 €; 10–17.30 Uhr, Juli & Aug. bis 18.30 Uhr) Kinder sind von dieser Sehenswürdigkeit oft besonders begeistert. Die Haupthöhle

erstreckt sich 600 m weit in den Berg hinein. Von ihr zweigen weitere Höhlen ab, die vor mehr als 2 Mio. Jahren vom Wasser ausgewaschen wurden; in einer gibt's sogar einen Wasserfall. Gleich beim Eingang sind Spuren eines Braunbären zu sehen, der in Irland seit über 10 000 Jahren ausgestorben ist. Während der Sommermonate wird es hier häufig sehr voll – in dem Fall vertreibt man sich die Zeit bis zur nächsten Tour am besten im Café oder in der nahe gelegenen Käserei. Die große Raubvogelausstellung zeigt Falken, Eulen und andere Tiere in Gefangenschaft. In dem Laden kann man den hervorragenden Burren-Gold-Käse von lokalen Produzenten kaufen.

Schlafen & Essen

Rund um das Ortszentrum verteilen sich zahlreiche einfache B&Bs. Auf Ballyvaughans **Bauernmarkt** (Sa 10–14 Uhr) werden hochwertige Erzeugnisse aus der Gegend verkauft.

LP TIPP Gregan's Castle Hotel HOTEL €€€
(065-707 7005; www.gregans.ie; EZ/DZ ab 150/200 €; P) Die 20 Zimmer und Suiten dieses prachtvollen Anwesens aus dem 19. Jh. sind vornehm, stilvoll und angenehm modern. Im Restaurant gibt's kreative frische Gerichte aus lokalen Zutaten und die Bar lädt dazu ein, etwas Braunes zu trinken und die Stunden dahinplätschern zu lassen. Wenn man nicht gerade Wanderungen in der Gegend unternimmt, kann man in dem fantastischen Garten Krocket spielen. Das Haus befindet sich 6 km südlich von Ballyvaughan an der N67 beim Corkscrew Hill.

Hyland's Burren Hotel HOTEL €€
(065-707 7037; www.hylandsburren.com; Main St; EZ/DZ 70/90 €; P) Das zentral gelegene moderne Geschäftshotel mit 30 großen Zimmern (einer Mischung aus traditionellen und größeren modernen Räumen) besticht durch Flair, denn es hat sich Lokalkolorit bewahrt. Zur Unterkunft gehören eine Bar und ein Restaurant. In der hauseigenen Broschüre *Walks* werden nette Spaziergänge beschrieben.

Rusheen Lodge GÄSTEHAUS €€
(065-707 7092; www.rusheenlodge.com; Lisdoonvarna Rd; EZ/DZ ab 70/100 €; Feb.–Nov.; P) Diese Pension mit neun Betten zeichnet vor allem die stilvolle, einfallsreiche Möblierung aus. Draußen im Park grünt und blüht es und man kann einen herrlichen Spaziergang unternehmen. Die Lodge liegt 750 m südlich vom Dorf an der N67.

Oceanville House B&B B&B €€
(065-707 7051; www.claireireland.net/oceanville; EZ/DZ ab 40/65 €; P) Dieses Haus in der Nähe vom Monk's und dem Hafen punktet mit seiner Lage direkt am Meer. Die Dachfenster der kompakten oberen Zimmer bieten einen tollen Blick über die Bucht. Von hier aus kann man das Dorf gut erkunden.

Monk's Bar & Restaurant FISCH & MEERESFRÜCHTE €€
(Old Pier; Hauptgerichte 10–20 €; Küche 12–20 Uhr) Sein Renommee verdankt das geräumige Lokal den ausgezeichneten Fischgerichten. Hier herrscht eine heitere, behagliche Atmosphäre. Im Winter flackert ein Torffeuer im Kamin und im Sommer genießt man die frische Meeresbrise an den Tischen im Freien. Die Kneipe hat bis spätnachts geöffnet. Während der Hochsaison finden an einigen Abenden traditionelle irische Sessions statt.

Ausgehen

LP TIPP Ólólainn PUB
(Main St) Wenn man der Straße zum Hafenkai hinunter folgt, stößt man auf der linken Seite auf diesen kleinen Zufluchtsort. Im Ololainn (o-*loch*-lain) kann man in den altmodisch möblierten Winkeln wunderbar vor sich hinträumen und die alten Whiskeyflaschen auf den Festerbänken bewundern. Wer die erstaunliche Sammlung seltener Tropfen nicht nur ansehen, sondern auch probieren möchte, sollte allerdings trinkfest sein.

Praktische Informationen

Touristeninformation (www.ballyvaughantourism.com; März–Okt. tgl. 9–18 Uhr, Nov.–Feb. nur Sa & So) In einem großen Geschenkeladen, in dem auch ein paar lokale Reiseführer und Karten verkauft werden.

An- & Weiterreise

Bus Éireann verkehrt bis zu dreimal täglich von Galway via Ballyvaughan sowie rund um den Black Head nach Lisdoonvarna und Doolin.

Nördlicher Burren

Südlich des Countys Galway erstreckt sich flaches Ackerland bis zu den Kalksteinhügeln des Burren, der westlich von Kinvara und Doorus im County Galway beginnt.

NICHT VERSÄUMEN

CORCOMROE ABBEY

1,5 km von Bellharbour liegt in einem schmalen Tal zwischen sanften Hügeln das stimmungsvolle, einsame Corcomroe, ein ehemaliges Zisterzienserkloster. Dies ist ein wunderbarer Ort und eines der schönsten Gebäude seiner Art. Die Abtei wurde 1194 von Donal Mór O'Brien gegründet, dessen Enkel Conor na Siudaine O'Brien (verstorben 1267), König von Thomond, in der Gruft an der Nordmauer begraben sein soll. Über einer schlichten Schnitzerei des Herrschers hängt ein Relief mit dem Bildnis eines Bischofs, der einen Krummstab hält. Das erhaltene Gewölbe im Chorraum und in den Querschiffen ist überaus sehenswert, ebenso wie die wunderbaren Schnitzereien überall im Gebäude aus romanischer Zeit. Im 15. Jh. begann der langsame Niedergang des Klosters. Zwischen den Überresten stößt man auf mehrere moderne Gräber.

Von Oranmore in Galway bis Ballyvaughan ist die Küstenlinie von kleinen Meeresarmen und ins Meer ragenden Halbinseln gesäumt, von denen einige wie New Quay einen Abstecher lohnen. Schmale Straßen winden sich die felsigen, vom Wind zerzausten Hügel hinauf, die mit alten verwitterten Steinruinen gesprenkelt sind.

Im Landesinnern nahe Bellharbour stößt man auf die weitgehend intakte Corcomroe Abbey und gegenüber liegen in einem ruhigen Seitental verborgen die Ruinen der drei alten Kirchen von **Oughtmama**. Die Galway Bay bildet eine tolle Kulisse für eine außergewöhnliche Landschaft: kahle, in der Sonne schimmernde Steinhügel, Weiler und saftige Wiesen.

Auf der N67 verkehren Busse von sowie nach Galway. Kurz hinter der Grenze zu dieser Grafschaft befindet sich Kinvara, ein guter Ausgangspunkt zur Erkundung der Gegend.

NEW QUAY & FLAGGY SHORE

New Quay (Ceibh Nua) auf der **Finavarra Peninsula** ist eine ruhige und idyllische Zwischenstation in der rauen Felslandschaft des Burren. Das Örtchen liegt 1 km abseits der Hauptstrecke Kinvara–Ballyvaughan (N67). Man erreicht es, indem man am Ballyvelaghan Lough 3 km nördlich von Bellharbour von der N67 abfährt.

Westlich von New Quay erstreckt sich ein besonders schöner Küstenabschnitt, der **Flaggy Shore**, an dem natürliche Kalksteinterrassen bis zum Meer hinunterfallen. Die Straße verläuft westlich an der Küste entlang und führt südlich am **Lough Muirí** vorbei, wo man Watvögel und Schwäne beobachten kann. Außerdem sollen in der Gegend auch schon Otter gesichtet worden sein. An einer T-Kreuzung hinter dem See zweigt eine kleine Straße rechts ab zu dem verfallenen **Martello-Turm** auf der Landspitze von Finavarra; er stammt noch aus der Zeit, als sich die Iren vor Napoleon schützen mussten.

🛏️ Schlafen & Essen

Mount Vernon BOUTIQUE-HOTEL €€€
(☎065-707 8126; www.mountvernon.ie; Flaggy Shore; EZ/DZ ab 120/180 €; P 🛜) Bevor er mit der *Lusitania* unterging, wohnte in dem ländlichen georgianischen Anwesen einst der berühmte irische Impressionist Hugh Lane. Das abgeschiedene Hotel am Meer verfügt über fünf luxuriöse, mit historischen Möbeln eingerichtete Zimmer. Meistens verbringen die Gäste ihre Tage hier mit Wanderungen an der kurvenreichen Küste.

LP TIPP **Linnane's Seafood Bar**
FISCH & MEERESFRÜCHTE €€
(New Quay; Mahlzeiten 9–25 €; ⊙12–20 Uhr) Das Restaurant genießt weit über die Ortsgrenzen hinaus ein hohes Ansehen als ausgezeichneter Fischlieferant, denn in den Hafenbecken hinter dem Gebäude werden die Meerestiere täglich frisch gefangen. Darüber hinaus ist die Gegend berühmt für ihre Austern, die man gelegentlich direkt in der Fabrik hinter dem Lokal kaufen kann.

🛍️ Shoppen

Russell Gallery KUNSTMUSEUM
(☎065-707 8185; New Quay; ⊙Mo–Sa 10–18 Uhr, So ab 12 Uhr) Die lichtdurchflutete Russel Gallery zeigt *raku* (japanische Keramiken mit bleihaltiger Glasur) und verkauft Werke von irischen Künstlern sowie Bücher über die Region. Sie liegt 500 m westlich der Linnane's Seafood Bar an einer Straßenkreuzung.

Wilde & Wooley KLEIDUNG

(065-707 8042; Burren) In Antoinette Henseys Laden bekommt man maßgeschneiderte Strickwaren aus hochwertiger gefärbter Wolle mit raffinierten, wunderschönen Mustern. Ein Pullover ist ab 200 € zu haben. Das Wilde & Wooley befindet sich in der Nähe der Russell Gallery an der N67.

BELL HARBOUR

Bellharbour (Beulaclugga), 8 km östlich von Ballyvaughan, ist nicht mehr als eine Straßenkreuzung mit einem Pub und einer wachsenden Anzahl von reetgedeckten Feriencottages. Hinter der modernen Church of St. Patrick, 1 km nördlich der Weggabelung von Bellharbour, führt ein schöner Spaziergang über einen alten Feldweg zum nördlich gelegenen Abbey Hill.

Weiter landeinwärts erreicht man die Überreste der Corcomroe Abbey, das Tal und die Kirchen von Oughtmama sowie die Binnenstraße, die mitten ins Herz des Burren führt.

County Galway

EINWOHNER: 250 000 / FLÄCHE: 3760 KM^2

Inhalt »

Galway (Stadt)	412
Aran Islands	426
Connemara	436
Oughterard & Umgebung	436
Lough Corrib	438
Lough Inagh Valley	440
Clifden & Umgebung	442
Inishbofin	444
Letterfrack & Umgebung	445
Südlich von Galway (Stadt)	448
Kinvara	448
Östliches Galway	449
Athenry	449

Gut essen

» Griffin's (S. 420)
» Cava (S. 420)
» Mitchell's (S. 443)
» Moran's Oyster Cottage (S. 448)

Schön übernachten

» House Hotel (S. 418)
» Kilmurvey House (S. 429)
» Delphi Lodge (S. 447)
» Dolphin Beach (S. 442)

Auf nach Galway

Wer diese Grafschaft besucht, hat ein Problem: Die gleichnamige Hauptstadt des Countys ist so umwerfend, dass sich manch ein Traveller gar nicht mehr von ihr lösen mag, um die Umgebung zu erkunden. Gleichzeitig können aber auch die wildromantischen Aran Islands und die Connemara-Halbinsel so in ihren Bann ziehen, dass man es einfach nicht schafft, sich die Stadt anzusehen. Und was jetzt? Natürlich sollte man sich beides nicht entgehen lassen!

Galway-Stadt bezaubert mit einer energiegeladenen fröhlichen, mitreißenden Atmosphäre, charmanten Pubs und traditionellen Musiksessions, während die durch Erosion geformten Aran Islands vor der Küste mit ihrer rauen einsamen Schönheit punkten. An die Felsen der Inseln schmiegen sich winzige Dörfer, außerdem heißen einen die liebenswerten Einheimischen herzlich willkommen.

Im Westen erstreckt sich die Connemara-Halbinsel, die sich vor ihrer malerischen Konkurrenz im Süden nicht verstecken muss. Hier führen schmale Straßen entlang der Küste zu unerwartet weißen Stränden und faszinierender alten Ortschaften.

Reisezeit

Mit ihren erstklassigen Restaurants, den lebhaften Pubs und dem regen Studentenleben ist die Stadt Galway das ganze Jahr über ein lohnenswertes Reiseziel. Die anderer Gebiete der Grafschaft besucht man besser während der milderen Monate. Im tiefen Winter zeigen sich die Arar Islands von ihrer launischen Seite und sind bei Sturm möglicherweise gar nicht erst zu erreichen. Auf der schöner Connemara-Halbinsel schließen im Dezember und Januar sowie teilweise sogar im Februar viele ländliche Unterkünfte. Der Juni ist für alle Orte im County ein besonders guter Reisemonat, denn dann sind alle Sehenswürdigkeiten geöffnet, aber noch nicht so viele Besucher da.

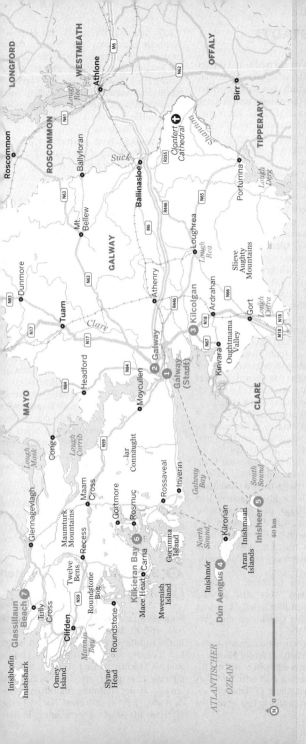

Highlights

① In **Galway** (S. 422) stimmungsvolle Pubs besuchen und energiegeladene traditionelle Sessions erleben

② Auf der Prom in **Galway** (S. 419) umherbummeln, die Stimmung der Bucht auf sich wirken lassen sowie den Blick auf das County Clare und die Aran Islands genießen

③ In ein Austernrestaurant in **Kilcolgan** (S. 448) einkehren

④ Die geheimnisvolle, faszinierende Festung **Dún Aengus** (S. 428) auf der Insel Inishmór bestaunen

⑤ Auf **Inisheer** (S. 433) alte heilige Stätten und Quellen erkunden, über ein Schiffswrack klettern und mit Steinen sprechen

⑥ Die Vielfalt der Meereswelt in der **Kilkieran Bay** (S. 439) bewundern

⑦ Am herrlichen **Glassillaun Beach** (S. 446) an der Nordküste der Connemara-Halbinsel relaxen und einen Tauchausflug im wunderbar klaren Wasser unternehmen

GALWAY (STADT)

75 000 EW.

Galway (Gaillimh) ist alternativ und unkonventionell und für sein tolles Unterhaltungsangebot bekannt. Aus bunt gestrichenen Pubs schallt Livemusik, von den vordersten Plätzen in den Cafés kann man Straßenkünstler beobachten, es gibt jede Menge Wochenendpartys, die aus dem Ruder laufen, und Pärchen, die sich immer enger umschlingen.

Dieser Ort blickt auf eine lange Geschichte zurück, ist dabei aber gleichzeitig sehr modern, schon allein deshalb, weil Studenten ein Viertel der Einwohner ausmachen. Reste der mittelalterlichen Stadtmauern stehen zwischen Geschäften, in denen Aran-Pullis, Claddagh-Ringe und stapelweise gebrauchte sowie neue Bücher verkauft werden. Brücken überspannen den lachsreichen Carrib und eine lange Promenade führt zum Vorort Salthill an der Bucht von Galway, wo die berühmten Austern herkommen.

In der Stadt regnet es selbst für irische Verhältnisse sehr häufig, außerdem hat alles, was man unternimmt, irgendwie mit Wasser zu tun. Entweder bekommt man eine ordentliche Dusche von oben ab, spaziert an der Bucht entlang oder erkundet die Pfade rund um Flüsse, Bäche und Kanäle.

Galway wird oft als *die* „irischste" Stadt bezeichnet, zumal man nirgends sonst so viel Irisch in den Straßen, Geschäften und Pubs hört. Viele Einheimische befürchten jedoch, die letzten Stunden des „alten" Galways könnten geschlagen haben, da sich die Folgen der wirtschaftlichen Globalisierung allmählich bemerkbar machen. Wer einen Einwohner fragt, was er am nächsten Dienstag vorhat, wird damit sicher Verwirrung stiften, denn die Galwayer planen nicht: Sie wissen nämlich, dass sich die Welt von heute auf morgen komplett verändern kann.

Der irische Name Gaillimh leitet sich von dem keltischen Wort *gail* ab, das „Fremder" oder „Außenseiter" bedeutet und in der hiesigen Geschichte eine wesentliche Rolle spielte.

In normannischen Zeiten entwickelte sich das kleine Fischerdorf an der Mündung des Corrib zu einer wichtigen Stadt, als Richard de Burgo (auch Burgh oder Burke) es 1232 den hier ansässigen O'Flahertys abtrotzte. Die Schutzwälle gehen etwa auf 1270 zurück.

1396 übertrug Richard II. den 14 *tribes* (Kaufmannsfamilien) die Macht, daher stammt auch Galways Spitzname „City of the Tribes". Jeder Kreisverkehr trägt der Namen einer dieser Familien. Zwischen der mächtigen, vorwiegend englischen oder normannischen Clans und den führenden irischen Häusern von Connemara kam es häufig zu Reibereien.

Ein großes Feuer zerstörte 1473 weite Teile der Stadt, schuf aber auch Platz für ein ganz neues Straßennetz. Im 15. und 16. Jh. wurden viele massive Gebäude aus Stein errichtet.

Unter den herrschenden königstreuen Kaufmannsfamilien behielt Galway seine Unabhängigkeit. Die Hafenstadt florierte durch den Handel mit Salz, Fisch, Wein sowie Gewürzen aus Spanien und Portugal und das Güteraufkommen machte sogar London Konkurrenz. Letztendlich besiegelte Galways Loyalität mit der englischen Krone jedoch seinen Niedergang. 1651 von Cromwell belagert, fiel der Ort im folgenden Jahr. 1691 brachte die Armee Wilhelms von Oranien weitere Zerstörung. Die Handelsverbindungen mit Spanien rissen ab und fortan übernahmen Dublin und Waterford den Löwenanteil des Seehandels. Für Galway folgten Jahrhunderte der Stagnation.

Erst Anfang der 1990er-Jahre erwachte die Stadt zu neuem Leben, als immer mehr Touristen kamen und die Zahl der Studenten zunahm. 1934 wurden die Gassen geteert und die reetgedeckten Hütten von Claddagh niedergewalzt, an deren Stelle neue Gebäude entstanden. Seither hält der Bauboom an.

Die Bevölkerung ist schnell gewachsen und dank des dynamischen Charakters der Stadt – daran haben vor allem die vielen Studenten ihren Anteil – war die Wirtschaftskrise hier weniger stark spürbar als in zahlreichen anderen Orten.

Sehenswertes & Aktivitäten

Hall of the Red Earl

ARCHÄOLOGISCHE STÄTTE

(www.galwaycivictrust.ie; Druid Lane; Eintritt frei ⊙ Mo–Fr 9.30–16.45 Uhr) Im 13. Jh., als die Burgo-Familie in Galway das Sagen hatte, ließ Richard, der Rote Graf, einen großen Saal als Machtzentrum bauen. Hierher kamen die Einwohner, um Gefallen zu erbitten oder in der Hoffnung zukünftiger Gnade etwas Speichel zu lecken. Nachdem die 14 *tribes* die Macht übernommen hatten, verfiel der Raum und wurde erst 1997 bei einer Erweiterung des Zollhauses wiederentdeckt. Nach zehn Jahren archäologischer Forschungen ist die Stätte nun für Besucher geöffnet. Das neue Gebäude steht auf Stelzen über den frei liegenden Fundamenten und verschiedene Artefakte sowie eine Fülle von faszinierenden Ausstellungen vermitteln eine Vorstellung vom Leben in Galway vor 900 Jahren.

Spanish Arch & mittelalterliche Stadtmauern HISTORISCHES GEBÄUDE
Der Spanish Arch (1584), vermutlich eine Erweiterung der mittelalterlichen Stadtmauern, befindet sich östlich der Wolfe Tone Bridge am Fluss. Offenbar diente der Bogen als Eingangstor für Schiffe, die im Stadtzentrum ihre Waren aus Spanien, vor allem Wein und Branntwein, entluden.

Heute kann man hier den Klängen von Bongotrommeln lauschen, außerdem sind die Rasenflächen und das Flussufer an sonnigen Tagen ein beliebter Treffpunkt für Einheimische und Besucher. Viele sehen den Kajakfahrern dabei zu, wie sie die (nicht sonderlich imposanten) Stromschnellen des Corrib „bezwingen".

Auf einer 1651 angefertigten Zeichnung von Galway kann man die massiven Befestigungen noch deutlich erkennen, doch nach den Heimsuchungen Cromwells und Wilhelms von Oranien sowie Jahrhunderten der Vernachlässigung ist inzwischen fast nichts mehr davon übrig. Einige Überreste wurden aufwendig in das moderne Einkaufszentrum **Eyre Square Centre** (Merchants Rd & Eyre Sq) integriert, mitsamt einem **Tarotkartenleser** (091-556 826; nach Vereinbarung) im Untergeschoss eines ehemaligen Turms.

Galway City Museum MUSEUM
(Spanish Parade; Eintritt frei; April-Okt. 10-17 Uhr, Nov.–März Mo geschl.) Gleich neben dem Spanish Arch stößt man auf das **Galway City Museum, das** in einem modernen Gebäude mit viel Glas untergebracht ist. Die Ausstellungsstücke geben Einblick in die Stadtgeschichte, darunter interessante Exponate zum Leben im Mittelalter. Unter den Fotos vom Besuch John F. Kennedys im Jahr 1963 ist eines, auf dem hingerissene Nonnen zu sehen sind. Darüber hinaus werden Wechselausstellungen mit Arbeiten einheimischer Künstler gezeigt. Wenn die Dachterrasse geöffnet ist, genießt man von hier aus einen tollen Blick auf die Bucht. Das **Café** lädt zu einer Pause ein.

ORIENTIERUNG IN GALWAY

Galways kompaktes Zentrum schmiegt sich an den Corribh, Europas kürzesten Fluss, der den Lough Corrib mit dem Meer verbindet. Während sich viele Geschäfte und andere Einrichtungen ans Ostufer drängen, sind einige der besten Musikkneipen und Restaurants auf der westlichen Seite des Flusses zu finden. Von dieser als „West Side" bekannten Gegend führt ein etwa zehnminütiger Fußweg am Wasser entlang zu den Ausläufern des am Meer gelegenen Vorortes Salthill.

Die größte Einkaufs- und Fußgängerzone der Stadt verläuft vom rasenbewachsenen Eyre Square Richtung Westen. Sie wird von der Williamsgate Street zur William sowie zur Shop Street und gabelt sich schließlich in die Mainguard und die High Street.

Collegiate Church of St. Nicholas of Myra KIRCHE
(Market St; Eintritt gegen Spende; April-Sept. Mo-Sa 9-17.45, So 13-17 Uhr, Okt.–März Mo-Sa 10-16, So 13-17 Uhr) Irlands größte noch heute genutzte mittelalterliche Pfarrkirche verfügt über eine pyramidenartige Turmspitze. Sie wurde 1320 errichtet und im Verlauf der Jahrhunderte mehrmals umgebaut sowie erweitert. Dennoch hat sie einiges von ihrer ursprünglichen Form behalten.

1477 hat hier angeblich Christoph Kolumbus gebetet. Vermutlich kam die Geschichte von seinem Besuch in Anlehnung an die Sagen um den hl. Brendan auf, der im 6. Jh. nach Amerika aufgebrochen sein soll (S. 451). Die Kirche wurde seit jeher mit der Seefahrt in Verbindung gebracht und nach Nikolaus, dem Schutzheiligen der Seeleute, benannt.

Nach Cromwells Sieg diente das Bauwerk als Stall – noch heute kann man das beschädigte Mauerwerk aus dieser Zeit sehen. Trotz allem kam St. Nicholas noch recht glimpflich davon, denn 14 andere Kirchen in der Stadt wurden dem Erdboden gleichgemacht.

Teilweise sind Grabmale des 16. bis 18. Jhs. in den Boden eingelassen, zudem beherbergt die Lynch-Kapelle Gräber von Mitgliedern der gleichnamigen illustren Familie aus Galway. Ein großer Steinsarg in einer Ecke soll die letzte Ruhestätte von James Lynch sein, einem Bürgermeister

Galway (Stadt)

Galways im späten 15. Jh., der einer Legende zufolge seinen Sohn Walter für die Ermordung eines jungen spanischen Besuchers zum Tode verurteilte. Da kein Stadtbewohner die Hinrichtung ausführen wollte, henkte Lynch seinen Sohn persönlich und zog sich dann aus dem öffentlichen Leben zurück. Draußen an der Market Street erinnert eine steinerne Tafel am **Lynch Memorial Window** an die grausige Geschichte. An eben dieser Stelle soll damals der Galgen gestanden haben.

Tagsüber ist die Kirche meistens recht leer und bietet eine willkommene Erholung vom städtischen Trubel.

Eyre Square PARK

Selbst bei schlechtestem Wetter herrscht auf dem wichtigsten Platz der Stadt geschäftiges Treiben. Die weitläufige Grünfläche mit Skulpturen und Fußwegen heißt offiziell zwar Kennedy Park in Erinnerung an den Besuch von JFK 1963, die Einheimischen nennen ihn aber nach wie vor Eyre Square.

An der Südwestseite erstreckt sich eine Fußgängerzone mit zahlreichen Sitzgelegenheiten. Fast die ganze Ostseite nimmt das in alter viktorianischer Pracht renovierte Hotel Meyrick, das ehemalige Great Southern Hotel, ein. Das elegante Gebäude besteht aus grauem Kalkstein. Am oberen Ende des Platzes liegt das **Browne's Doorway** (1627), das Fragment eines Wohnhauses, das einer der damals herrschenden Kaufmannsfamilien Galways gehörte. Sein Anblick ruft Assoziationen an einen flächendeckenden Bombenangriff hervor (ausnahmsweise trifft die Engländer aber keine Schuld …).

GRATIS **Lynch's Castle** HISTORISCHES GEBÄUDE

(Ecke Shop St & Upper Abbeygate St) Dieses Anwesen gehört zu den schönsten Stadtburgen Irlands. Es wurde im 14. Jh. errichtet, allerdings stammen viele Anbauten aus den Jahren um 1600. Die Familie Lynch war die mächtigste der 14 herrschenden *tribes*. Zwischen 1480 und 1650 bekleideten Mitglieder des Clans ganze 80-mal das Amt des Bürgermeisters.

An der Fassade sieht man u. a. dämonische Wasserspeier aus Stein und Wappen Heinrichs VII., der Familien Lynch und Fitzgerald of Kildare. Inzwischen ist die Burg Teil der AIB Bank – und vielleicht wünschen sich die Angestellten manchmal, dass die dicken Mauern sie vor der Wut der Bürger schützen.

Galway (Stadt)

◉ Highlights
Galway City Museum	C5
Spanish Arch	C5

◉ Sehenswertes
1	Browne's Doorway	D3
2	Schleusen	B4
3	Collegiate Church of St. Nicholas of Myra	A6
4	Galway Cathedral	B2
5	Hall of the Red Earl	A7
6	Lynch's Castle	B5
7	Nora Barnacle House	A6
8	Prom	D7
9	Wee Little Stone Bridge	B4

◉ Aktivitäten, Kurse & Touren
10	Corrib Princess	C1

◉ Schlafen
11	Barnacle's	A7
12	Eyre Square Townhouse	D2
13	Galway City Hostel	E3
14	Hotel Meyrick	E3
15	House Hotel	D5
16	Kinlay House	E3
17	Salmon Weir Hostel	C2
18	Skeffington Arms Hotel	D3
19	Sleepzone	D2
20	Spanish Arch Hotel	A7
21	St. Martin's B&B	C4
22	Western Hotel	E2

◉ Essen
23	Ard Bia at Nimmo's	C5
24	Asian Tea House	C3
25	Bar No. 8	D5
26	Cava	B4
27	Da Tang Noodle House	B7
28	Bauernmarkt	A6
29	Food 4 Thought	B6
30	Gourmet Tart Co	B6
31	Goya's	A7
32	Griffin's	B6
33	Kirwan's Lane Restaurant	A7
34	McCambridge's	B6
	McDonagh's	(siehe 20)
	Quays	(siehe 42)
35	Sheridans Cheesemongers	A6

◉ Ausgehen
36	Crane Bar	B5
37	Front Door	A7
38	Garavan's	D3
39	King's Head	B6
40	Monroe's Tavern	B5
41	Murphy's	A6
42	Quays	A7
43	Róisín Dubh	B5
44	Séhán Ua Neáchtain	A7
45	Tig Coílí	A6

◉ Unterhaltung
46	Central Park	D3
47	Druid Theatre	A7
48	Town Hall Theatre	C2

◉ Shoppen
49	Charlie Byrne's	B7
50	Corrib Shopping Centre	D2
51	Eyre Square Centre	E3
52	Kiernan Moloney Musical Instruments	B3
53	P. Powell & Sons	B5
54	Thomas Dillon's Claddagh Gold	A7

Salmon Weir STAUWEHR

Östlich der Galway Cathedral überspannt die hübsche Salmon Weir Bridge den Fluss Corrib. Stromaufwärts ergießt sich das Wasser in ein großes Wehr, bevor es schließlich die Bucht von Galway erreicht. Diese Staustufe steuert den Wasserstand oberhalb. Wenn die Lachse flussaufwärts zu ihren Laichrevieren ziehen, kann man im klaren Wasser oftmals ganze Schwärme beobachten.

Die Lachs- und Meerforellensaison dauert zwar eigentlich von Februar bis September, viele Fische durchqueren das Wehr aber in den Monaten Mai und Juni.

Galway Cathedral KATHEDRALE

(www.galwaycathedral.org; Gaol Rd; Eintritt gegen Spende; ◎8–18 Uhr) Über dem Corrib thront die imposante **Galway Cathedral**, 1965 vom Bostoner Kardinal Richard Cushing geweiht. Ihr vollständiger Name – Catholic Cathedral of Our Lady Assumed into Heaven and St. Nicholas – ist eine echte Herausforderung. Die hohen Bogen und das Mittelschiff sind von schlichter Eleganz und warten mit einer ausgezeichneten Akustik auf, die man am besten bei einem **Orgelkonzert** erlebt. In einer Seitenkapelle ist ein Mosaik von der Widerauferstehung mit einem integrierten Bild des betenden JFK zu sehen. Davon abgesehen wirkt das Gebäude allerdings etwas steril. Über die Öffnungszeiten und das Programm kann man sich auf der Website informieren.

Vom Spanish Arch führt ein Weg flussaufwärts über die Salmon Weir Bridge bis zur Kathedrale.

Nora Barnacle House HISTORISCHES GEBÄUDE
(091-564 743; 8 Bowling Green; variable Öffnungszeiten) Hier lebte Nora Barnacle (1884–1951), bevor sie 1904 in Dublin ihren zukünftigen Ehemann James Joyce traf. Heute werden in dem privat geführten Museum Briefe und Fotos des Paares inmitten geschmackvoll arrangierter Möbel präsentiert. Das 100 Jahre alte Haus sieht genauso alt aus, wie es ist, da hilft auch die düstere graue Farbe nicht mehr. Bis in die 1940er-Jahre gab es im Gebäude nicht mal fließend Wasser, stattdessen benutzte die Familie Barnacle die gemeinschaftliche Pumpe auf der anderen Straßenseite.

Salthill STRAND
Einwohner wie Besucher flanieren gern über die **Prom**, einen 2,5 km langen Spazierweg am Ufer zwischen Stadtrand und Salthill, der an der Wolfe Tone Bridge beginnt. Dem Brauch gemäß muss man der Mauer gegenüber den Sprungbrettern einen Tritt verpassen, bevor man umkehrt. Derzeit gibt's Pläne, die Promenade über Salthill bis zum Silver Strand auf 7,5 km zu verlängern.

In und um Salthill locken viele gemütliche Pubs, aus denen man die häufig von Stürmen umtoste Bucht beobachten kann.

Geführte Touren

Wer wenig Zeit mitbringt, aber trotzdem die Connemara-Halbinsel, den Burren und die Cliffs of Moher sehen möchte, nimmt am besten an einer Bustour teil. Darüber hinaus werden in der Stadt Bootsausflüge zum Lough Corrib organisiert. Die Ausflüge können beim Veranstalter oder bei der Touristeninformation gebucht werden.

LP TIPP Burren Wild Tours NATURTRIP
(087 877 9565; www.burrenwalks.com; Erw./Stud. 25/22 €; 10 Uhr) Saisonale Bustouren zum Burren und den Cliffs of Moher inklusive einer leichten 1½-stündigen Bergwanderung, die am Busbahnhof in der Bothar Street starten.

Conamara Gaelic Culture Tour KULTURTRIP
(091-566 566; www.galwaytourcompany.com; 30 €; März–Okt.) Auf dieser dreistündigen Tour besucht man kleine Bauernhäuser und lernt Connemaras reiche Traditionen des Singens, Tanzens, Geschichtenerzählens sowie der Schnapsbrennerei kennen.

Corrib Princess BOOTSTOUR
(091-592 447; www.corribprincess.ie; Woodquay; Erw./Kind 15/7 €; Mai–Sept.) Zwei bis drei 90-minütige Rundfahrten pro Tag auf dem Corrib und dem Lough Corrib, die ab Woodquay, direkt hinter der Salmon Weir Bridge, starten.

Lally Tours BUSTOUR- & STADTSPAZIERGANG
(091-562 905; www.lallytours.com) Informative, unterhaltsame **Bustouren** (Erw./Kind 25/20 €) mit einheimischen Führern zur Connemara-Halbinsel oder zum Burren und den Cliffs of Moher. Die zweistündigen **Stadtspaziergänge** (Erw./Kind 10/8 €) durch Galway beginnen um 10 Uhr am Galway City Museum.

O'Neachtain Tours BUSTOUR
(091-553 188; www.ontours.biz; Erw./Kind ab 20/10 €; 10 Uhr) Busrundfahrten zur Connemara-Halbinsel oder zum Burren und den Cliffs of Moher, die am Busbahnhof in der Bothar Street losgehen.

Schlafen

Viele B&Bs liegen an den großen Zufahrtsstraßen und in Salthill. Um Galway und seine Attraktionen richtig genießen zu können, sucht man sich am besten eine Unterkunft im Zentrum. Wer länger bleiben möchte, findet im kostenlosen *Galway Advertiser* (www.galwayadvertiser.ie) oder bei www.daft.ie Mietwohnungen.

DIE HOOKERS VON GALWAY

Wir machen jetzt mal keine blöden Witze darüber, dass *hooker* auch ein umgangssprachliches Wort für Prostituierte ist ... Stattdessen sind damit die legendären hölzernen Segelboote gemeint, die vom 19. bis ins 20. Jh. in der Region genutzt wurden. Hobbykapitäne und Wochenendsegler entdecken die kleinen, robusten und manövrierfähigen Einmaster gerade wieder für sich. Ihre Rümpfe werden mit Pech wasserdicht gemacht und sind dementsprechend schwarz wie die Nacht, während die Segel eine rostrote Farbe haben. Man sieht die Boote überall entlang der Küste.

Die zahlreichen Feste (s. Kasten S. 423) und die Nähe zu Dublin ziehen das ganze Jahr über Besucher an, insbesondere an den Wochenenden. Hotelzimmer sind oft Monate vorher ausgebucht, deshalb sollte man unbedingt frühzeitig reservieren!

STADTZENTRUM

House Hotel — HOTEL €€€
(091-538 900; www.thehousehotel.ie; Spanish Parade; Zi. 100–200 €; P🖥) In den netten Gemeinschaftsbereichen dieses durchdesignten Boutique-Hotels kontrastiert moderne Kunst mit traditionellen Details und kräftigen Akzenten. Die 40 unterschiedlich gestalteten und toll eingerichteten Zimmer verfügen über Betten mit aufwendig gepolsterten Kopfteilen (in einigen Situationen recht praktisch …), außerdem sind die Bäder geräumig und sehr komfortabel.

Kinlay House — HOSTEL €
(091-565 244; www.kinlayhouse.ie; Merchant's Rd; B 16–30 €, DZ 54–70 €; @🖥) Diese Unterkunft nimmt zwei große, hell erleuchtete Stockwerke ein. Freundliche Angestellte, eine gute Ausstattung (u. a. zwei Küchen für Selbstversorger und zwei gemütliche Fernsehzimmer) und seine Lage nahe dem Eyre Square machen das Kinlay zu einer sehr guten Wahl. Aus diesem Grund kann man auch großzügig über die schmutzige blaue Fassade hinwegsehen. Von einigen Zimmern genießt man eine Aussicht auf die Bucht.

St Martins B&B — B&B €€
(091-568 286; 2 Nun's Island Rd; EZ/DZ ab 50/80 €; @🖥) Ein wunderbar erhaltenes, renoviertes älteres Haus direkt am Kanal mit einem Garten voller Blumen sowie einem Blick auf die William O'Brien Bridge und den Fluss Corrib. Die vier Zimmer sind mit allem Komfort ausgestattet und das Frühstück ist deutlich über dem Durchschnitt: Es gibt z. B. frisch gepressten O-Saft. Darüber hinaus ist die Inhaberin Mary Sexton einfach klasse!

Skeffington Arms Hotel — HOTEL €€
(091-563 173; www.skeffington.ie; Eyre Sq; Zi. 65–160 €; @🖥) Die 24 Zimmer dieses Hotels direkt am Eyre Square strafen alle gängigen Klischees Lügen. Spitze ist im Skeff nicht zu finden (mit Ausnahme der Unterwäsche der Gäste vielleicht) und jenseits des Eingangs erstreckt sich ein Paradies für Fans minimalistischen Designs. Das Surren der Klimaanlage übertönt den bierseligen Lärm später Heimkehrer.

Salmon Weir Hostel — HOSTEL €
(091-561 133; www.salmonweirhostel.com; 3 St Vincent's Ave; B 14–20 €, DZ 44–50 €; @🖥) In dem von Gitarrenklang erfüllten Aufenthaltsraum des Hostels trifft sich die Hippiegemeinde: Hier steigen fast allabendlich improvisierte Jamsessions. Das Haus hat WG-Ambiente und Gemeinschaftsbäder. Es wird zwar kein Frühstück serviert, dafür gibt's aber Tee und Kaffee gratis. Der Busbahnhof und der Bahnhof sind nur fünf Gehminuten entfernt.

Galway City Hostel — HOSTEL €
(091-566 959; www.galwaycityhostel.com; Eyre Sq; B 12–29 €, DZ 40–80 €; @🖥) An milden Tagen kann man in dieser Bleibe gegenüber dem Bahnhof sein Frühstücksmüsli auf dem Balkon genießen. In der hauseigenen Bar bekommt man billigen Alkohol, zudem ist die Rezeption rund um die Uhr besetzt.

Hotel Meyrick — HOTEL €€€
(091-564 041; www.hotelmeyrick.ie; Eyre Sq; Zi. 100–250 €; P@) Das ehemalige Railway Hotel am Eyre Square wurde bereits 1852 errichtet. Inzwischen hat man das traditionelle Dekor um einige tolle moderne Einrichtungen erweitert, darunter der Whirlpool auf dem Dach. Man beachte auch das Zebramuster der Lobbystühle. Alle 97 Zimmer warten mit Badewannen und schnellem Internetzugang auf.

Eyre Square Townhouse — GÄSTEHAUS €€
(091-568 444; www.eyresquaretownhouse.com; 35 Eyre St; Zi. 65–120 €; 🖥) Die elf Zimmer sind zwar eher klein, doch das gilt auch für den Preis in der schlichten, gut geführten Unterkunft in der Nähe des Eyre Square. Alles hier sieht ein bisschen nach IKEA aus, darüber hinaus gibt's moderne Bäder. Die Rezeption ist nicht durchgängig besetzt.

Spanish Arch Hotel — HOTEL €€
(091-569 600; www.spanisharchhotel.ie; Quay St; Zi. 60–170 €; P@) Mittlerweile beherbergt das ehemalige Karmeliterkloster aus dem 16. Jh. ein Boutique-Hotel mit 20 in Creme- und Brauntönen dekorierten Zimmern. Es befindet sich an einem erstklassigen Standort in der Hauptstraße der Stadt. In der hauseigenen Bar wird oft Livemusik geboten, deshalb sollte man eines der hinteren, etwas kleineren Zimmer nehmen, wenn man abends seine Ruhe haben möchte.

Western Hotel
HOTEL €€

(☎091-562 834; www.thewestern.ie; 33 Prospect Hill; Zi. 50–140 €; P@🖳) In den drei zentral gelegnenen georgianischen Gebäuden östlich des Eyre Square sind 38 große, moderne und komfortable Zimmer untergebracht, außerdem gibt's im Untergeschoss Parkplätze. Wer arbeiten muss, wird sich über die großzügigen Schreibtische freuen. Das Frühstück ist opulent.

Barnacle's
HOSTEL €

(☎091-568 644; www.barnacles.ie; 10 Quay St; B 10–30 €, DZ 47–70 €; @🖳) Das gut organisierte Hotel befindet sich in einem mittelalterlichen Gebäude mit modernem Anbau und wartet mit einer zentralen Lage auf. Es gibt eine große Küche und einen gemütlichen Gemeinschaftsraum mit großem Gaskamin und einer Playstation! Morgens gibt's *scones* und *soda bread*.

Sleepzone
HOSTEL €

(☎091-566 999; www.sleepzone.ie; Bóthar na mBan; B 15–32 €, EZ/DZ 50/80 €; @🖳) Ein geschäftiges Backpackerhostel mit mehr als 200 Betten, einem Billardtisch sowie einer Terrasse für Grillabende. Die Rezeption ist rund um die Uhr besetzt.

ZENTRUMSNAH

Unter den vielen Straßen mit B&Bs sticht vor allem die College Road hervor, in der Dutzende Unterkünfte zu finden sind. Von hier führt ein zehnminütiger Spaziergang entlang der Lough Atalia Road ins Zentrum des Geschehens.

🆘 Four Seasons B&B
B&B €€

(☎091-564 078; www.fourseasonsgalway.com; 23 College Rd; EZ/DZ ab 50/80 €; P🖳) „Wenn das Ritz voll ist, gibt's immer noch das Four Seasons." Dieses Four Seasons hat allerdings nur sieben Zimmer, die so günstig sind, dass man sich noch ein paar Pints gönnen kann. Die Pension wird von den Fitzgeralds betrieben und ist eine der besten Unterkünfte in der Straße. Gäste kommen in den Genuss eines üppigen Frühstücks und werden sich in den einfachen, ordentlichen Räumlichkeiten sicherlich wohlfühlen.

Griffin Lodge
B&B €€

(☎091-589 440; www.irishholidays.com/griffin.shtml; 3 Father Griffin Pl; EZ 45–60 €, DZ 55–80 €; P@) In dem gut geführten B&B 500 m westlich vom Spanish Arch wird jeder Besucher überschwänglich begrüßt. Die acht tadellosen Zimmer sind minz- und moosgrün dekoriert.

Dun Aoibhinn Guest House
GÄSTEHAUS €€

(☎091-583 129; www.dunaoibhinnhouse.com; 12 St Mary's Rd; Zi. 45–100 €; P@🖳) Das Dun Aoibhinn (sprich: duun-*ey*-wen) ist ein restauriertes Stadthaus mit original erhaltenen Bleifenstern und Holzböden. Bis zu den Musikpubs nördlich der West Side sind es keine fünf Gehminuten. Die kleinen Zimmer warten mit Antiquitäten, Flachbildfernsehern und Schließfächern auf, zudem findet man in den Kühlschränken alles für ein kontinentales Frühstück.

Ballyloughane Caravan & Camping Park
CAMPINGPLATZ €

(☎091-755 338; galwcamp@iol.ie; Ballyloughane Beach, Renmore; Stellplätze ab 15 €; ☉Juni–Aug.) Ein familienbetriebener, sicherer und sauberer Platz in der Nähe der alten Straße nach Dublin (R338), 5 km östlich des Zentrums. Dank der tollen Lage am Ufer genießt man hier einen tollen Blick auf die Bucht.

SALTHILL

St. Judes B&B
B&B €€

(☎091-521 619; www.st-judes.com; 110 Lower Salthill; Zi. 50–120 €; P🖳) Wer in dieser herrschaftlichen Villa aus Stein aus den 1920er-Jahren übernachtet, wird geneigt sein, einen Butler zu engagieren! Verglichen mit dem Gebäude sind die sechs weißen Zim-

---

> **EIN PERFEKTER SPAZIERGANG**
>
> Von der Lower Dominick Street Bridge führt ein schöner Fußgängerweg am Eglington Canal entlang nach Nordwesten. Er verläuft an der Rückseite einiger Pubs (hier kann man den draußen rauchenden Gästen zunicken) und steigt dann leicht an. Auf der rechten Seite fließen an einer Stelle zwei Flüsschen in den Kanal. Den kleineren überspannt eine winzige Steinbrücke, die einem Koboldmärchen oder John-Ford-Film entsprungen zu sein scheinen. Rundum hört man Wasser rauschen, das z. B. in die Schleusen ein Stück weiter oberhalb stürzt. An dieser Stelle wird die Geräuschkulisse der Stadt sprichwörtlich fortgespült, sodass man in Ruhe über das Leben sinnieren kann.

mer eher gewöhnlich, aber gemütlich eingerichtet. Das St. Judes befindet sich in Salthill, 20 Minuten vom Stadtzentrum entfernt (ein netter Spaziergang entlang der Prom).

Essen

Die Spezialität der Stadt sind Gerichte wie Fish 'n' Chips, Suppen mit allerlei Meeresgetier und perfekt zubereiteter Lachs. Auf vielen Karten stehen Austern aus der Bucht von Galway. Leckeres Essen bekommt man sowohl auf dem Markt – dort bieten Bauern in Gummistiefeln erdverkrustetes Gemüse feil – als auch in modernen Restaurants, wo die irische Küche neu definiert wird.

In der Quay Street, einer Fußgängerzone, liegen zahlreiche Touristenlokale. Ein Einheimischer sagte uns dazu Folgendes: „Früher bekam man auf der Quay Street höchstens einen steinharten Keks und wurde als Nächstes von einem Bus überfahren."

Galways Bauernmarkt (Sa 8–16 Uhr) in den Straßen rund um die St. Nicholas Church ist einer der besten der Region. Er wartet mit Salzigem aus dem Meer, erdverkrusteten „Bodenschätzen" und Milchprodukten aus der Region auf.

Cava   SPANISCH €€
(www.cavarestaurant.ie; 51 Lower Dominick St; Mahlzeiten 10–25 €; 12–22 Uhr, Fr & Sa länger geöffnet) Im Cava gibt's die wahrscheinlich besten Tapas in ganz Irland. Jetzt, wo sich niemand mehr eine Reise nach Spanien leisten kann, ist eine Mahlzeit in dem tollen Lokal der West Side die beste Alternative. Hier schmeckt einfach alles, egal ob man typische Gerichte wie Bratkartoffeln mit Knoblauch oder Ausgefalleneres wie Freilandwachteln mit getrockneten Feigen essen möchte.

Griffin's   CAFÉ, BÄCKEREI €
(www.griffinsbakery.com; Shop St; Mahlzeiten 5–12 €; Mo–Sa 8–18 Uhr) Obwohl der wunderbare Laden bereits seit 1876 von der Griffin-Familie geführt wird, wirkt er so frisch wie ein Brötchen, das gerade aus dem Backofen kommt. Die kleine Theke ist mit süßen Köstlichkeiten überladen, außerdem kann man im Café oben guten Kaffee, Tee, Sandwiches, warme Tagesangebote, leckere Desserts und vieles mehr bestellen.

Sheridans Cheesemongers   FEINKOSTLADEN €€
(14 Churchyard St; Mo–Fr 9.30–18, Sa 9–18 Uhr) Hier hängt der verführerische Duft nach Käse aus der Region und der ganzen Welt in der Luft, es gibt aber auch noch andere Spezialitäten, darunter viele mit mediterraner Note. Das eigentliche Highlight befindet sich jedoch am Ende einer schmalen Treppe: In einem luftigen Raum voller Holz (Di-Fr 14–21 & Sa 12–20 Uhr geöffnet) kann man alle Leckerbissen, die unten verkauft werden, mit einem Glas Wein aus der umfangreichen Karte genießen.

Ard Bia at Nimmo's   IRISCH
(www.ardbia.com; Spanish Arch; Gerichte im Café 6–12 €, Hauptgerichte mittags 10–14 €, abends 16–30 €; Café Mi–So 12–15 Uhr, Restaurant Mi-Sa 18.30–22.30 Uhr) Ard Bia bedeutet so viel wie „Gehobene Küche". Das unkonventionelle, aber schicke Lokal ist im ehemaligen Zollhaus aus dem 18. Jh. unweit des Spanish Arch untergebracht. Auf der Speisekarte stehen je nach Saison Fisch und Meeresfrüchte sowie Gerichte aus Biozutaten. Im Café bekommt man z. B. leckeren Möhrenkuchen.

McDonagh's   FISCH & MEERESFRÜCHTE €€
(22 Quay St; Fish 'n' Chips ab 8 €, Restaurant Hauptgerichte 15–25 €; Café & Gerichte zum Mitnehmen Mo–Sa 12–24, So 17–23 Uhr, Restaurant Mo–Sa 17–22 Uhr) Ein Besuch im McDonagh's gehört zu einem Aufenthalt in Galway einfach dazu. Der Laden besteht aus einem Café mit langen Holztischen, einer Theke für Gerichte zum Mitnehmen und einem gehobeneren Restaurant. Nirgendwo in Galway gibt's besseren Kabeljau, Platt-, Schell- und Weißfisch sowie Lachs im Backteig, die jeweils mit hausgemachter Tatarsoße serviert werden.

Da Tang Noodle House   CHINESISCH
(www.datangnoodlehouse.com; 2 Middle St; Hauptgerichte 6–16 €; 12–22 Uhr) In dem ordentlichen kleinen Nudellokal ist aller ölige, klebrige Süßsauer-Mist, den man je verspeist hat, sofort vergessen: Die hervorragenden, frischen Gerichte sind unglaublich aromatisch und werden frisch bei Bestellung zubereitet. Auf Wunsch kann man sie sich sogar ins Hotelzimmer liefern lassen.

Bar No. 8   PUB €€
(3 Dock Rd; Hauptgerichte 12–20 Uhr; 11–23 Uhr) Bentwood-Stühle und dick gepolsterte Sofas schaffen in der unkonventionellen Bar mit Blick auf den Hafen und Kunstwerken von Förderern der Kneipe ein gemütliches Ambiente. Die hier servierte Pubkost ist so lecker, dass dieser Laden zweifellos in den Bereich „Essen" gehört.

Beispielsweise wird der Dorsch für die Fish-'n'-Chips-Gerichte sogar in lokalem Hooker-Bier gebacken.

Kirwan's Lane Restaurant IRISCH €€€
(☎091-568 266; Kirwan's Lane; Hauptgerichte mittags 10–18 €, abends 18–30 €; ⊙12–14 & 18–22 Uhr) Das Restaurant liegt versteckt an einem winzigen Platz nur wenige Schritte von ein paar stark befahrenen Straßen. Im Kirwan's bekommt man das Beste, was Galways Küche zu bieten hat. Die Speisekarte umfasst nicht nur eine Reihe kreativer Gerichte, sondern benennt auch den Herkunftsort der jeweiligen Zutaten. An sonnigen Tagen kann man sich an einem Tisch im Patio niederlassen.

Quays IRISCH €€
(Quay St; Hauptgerichte 12–25 €; ⊙11–22 Uhr) In dem geräumigen Pub-Restaurant gibt's mittags herzhaftes, fleischlastiges Essen und abends aufwendigere Gerichte. Die kalte Meeresfrüchteplatte vereint alle Kostbarkeiten aus der Galway-Bucht. Der Laden wird von vielen Studenten frequentiert, die mit zunehmendem Pegelstand immer lauter werden.

Asian Tea House ASIATISCH €€
(15 Mary St; Hauptgerichte 15–25 €; ⊙Mi–Mo 17–22 Uhr) Ein elegantes, gehobenes Restaurant, dessen Besitzer viele Jahre durch Asien gereist ist. Das Dekor wird von wunderschönen glasierten Kacheln dominiert und auf der Speisekarte stehen malaysische, vietnamesische sowie chinesische Spezialitäten. Uns hat besonders das malaysische Sambal-Hühnchen überzeugt, obwohl einem danach der Mund brennt – so viel Schärfe ist eine echte Seltenheit in Irland! Darüber hinaus gibt's unzählige Teesorten.

Goya's CAFÉ, FEINKOSTLADEN €
(www.goyas.ie; 2 Kirwan's Lane; Gerichte 5–10 €; ⊙Mo–Sa 9.30–18 Uhr) Dieses fantastische, blassblau dekorierte Café versteckt sich an einem kleinen Platz und ist ein echtes Paradies für Kuchenfans, denn zum Segafredo-Kaffee werden allerlei süße Leckerbissen serviert. Mittags ist hier zumeist der Teufel los – dann verführen die Mittagsdesserts einige Kunden sogar zu spontanen Begeisterungsrufen. Die besten Plätze befinden sich draußen.

Food 4 Thought VEGETARISCH €
(Lower Abbeygate St; Hauptgerichte 5–8 €; ⊙Mo–Sa 8–18, So 11.30–16 Uhr) Ein esoterisch angehauchter Laden, in dem vegetarische Sandwiches aus Biozutaten, herzhafte *scones* und sättigende Speisen wie Cashewnussbraten zubereitet werden. Außerdem gibt's Infos zu Energie-Workshops und Yoga-Unterricht.

McCambridge's
FEINKOSTLADEN, LEBENSMITTELMARKT €
(www.mccambridges.com; 38/39 Shop St; Mahlzeiten 5–10 €; ⊙Mo–Sa 9–18 Uhr) Dieses alteingesessene Geschäft bietet eine erstklassige Auswahl an fertigen Salaten, warmen

---

AUS DEM NÄHKÄSTCHEN EINES KOLUMNISTEN

Charlie Adley hat in Zeitungskolumnen über das Leben in Galway und vieles mehr geschrieben. Mittlerweile liebt er die Stadt, aber als er vor 17 Jahren herkam, musste er sich erst von ihren Vorzügen überzeugen lassen. Zuvor hatte u. a. in London und San Francisco gelebt, trauert dieser Zeit jedoch nicht mehr hinterher.

„Das Zentrum besitzt genau die richtige Größe, um entspannt zu bummeln und dabei zufällig Bekannten in die Arme zu laufen", erklärt er uns in einem seiner Lieblingspubs, dem Séhán Ua Neáchtain's. Dort sitzt er häufig an den Nachmittagen und „arbeitet", beobachtet also das Treiben und unterhält sich mit Freunden.

Und später? „Wer weiß", antwortet Adley, „die Galwayer planen normalerweise nichts. An einem perfekten Tag entwickeln sich die Dinge ganz von allein." Dazu gehört für den Kolumnisten auch, sich auf einen Stein am Strand von Salthill zu setzen, den Übergang zwischen Ebbe und Flut zu beobachten, aufs Meer hinauszublicken und eine der Aran-Inseln zu erspähen oder einfach nur eine Weile in sich zu ruhen und das launische Wetter zu genießen. Aufgrund der ständig wechselnden Lichtverhältnisse sieht die Landschaft, die sich bis zum County Clare erstreckt, nämlich jeden Tag etwas anders aus.

Wer Galways authentische Seite erleben möchte, sollte einfach den zuvor genannten „Aktivitäten" nachgehen, Pubs besuchen und Livemusik hören. „Die Einheimischen heißen Besucher willkommen und unterhalten sich gerne: Das ist *craic* pur!"

Gerichten und exotischeren Dingen. Hier kann man sich das perfekte Picknick zusammenstellen oder seinen Einkauf gleich vor dem Laden an Tischen auf dem Bürgersteig verputzen.

Gourmet Tart Co FEINKOSTLADEN, BÄCKEREI €
(Lower Abbeygate St; Hauptgerichte 5–10 €; ⊙ Mo–Sa 10–17 Uhr) Sowohl die Feinkosttheke als auch die opulente Büfettbar bietet eine geradezu umwerfende Lebensmittelparade. Kunden haben die Qual der Wahl zwischen üppigen Salaten, Sandwichs und Törtchen (alles zum Mitnehmen). Ein guter Platz zum Verspeisen des Mittagessens ist beispielsweise die Rasenfläche neben dem Spanish Arch.

Ausgehen

Galways Angebot an Pubs ist in Irland einzigartig. Im Sommer und an den Wochenenden sind alle Kneipen rammelvoll. Besonders samstagabends füllt sich die Stadt mit Feierlustigen aus dem Umland, darunter jede Menge verrückte Junggesellinnentruppen. Was genau wo und wann los ist, erfährt man im **Galway City Pub Guide** (www.galwaycitypubguide.com).

Viele Kneipen bieten mehrmals pro Woche Livemusik, einige sogar jeden Abend. Die nächste traditionelle Session ist also nie sonderlich weit.

 Tig Cóilí PUB
(Mainguard St) In der Nähe der High Street lockt das wunderbare Tig Cóilí mit zwei Live-*céilidh* (traditionelle Sessions mit Musik und Tanz) pro Tag. Das authentische, feuerrot gestrichene Pub ist eine beliebte Anlaufstelle für Musiker, die gepflegt einen heben möchten, bzw. für Leute, die bereits einen im Tee haben und gerne Musiker werden möchten.

Séhán Ua Neáchtain PUB
(17 Upper Cross St) Das kornblumenblaue Neáchtain's („*nock*-tens" ausgesprochen) oder Naughtons wurde im 19. Jh. erbaut und zieht ein sehr gemischtes einheimisches Publikum an. Ringsum stehen Tische, viele davon im Schatten eines großen Baumes.

Crane Bar PUB
(2 Sea Rd) Ein stimmungsvolles, altes Pub westlich des Corrib. Wer ein improvisiertes abendliches *céilidh* erleben möchte, hat hier die besten Chancen. In der Bar oben treten talentierte Bands auf.

Róisín Dubh PUB
(www.roisindubh.net; Upper Dominick St) Von der Dachterrasse dieser Kneipe genießt man einen tollen Ausblick auf Galway. Drinnen geben sich künftige Musikstars die Ehre, darunter vor allem Bands.

Murphy's PUB
(9 High St) Das zeitlose Murphy's ist ganz anders als die vielen Partykneipen im Zentrum, das zeigt einem schon das „No hen parties"-Schild an der Tür, das den Junggesellinnentruppen den Einlass verwehrt. Stattdessen betreiben die Einheimischen hier gepflegte Konversation.

Monroe's Tavern PUB
(Upper Dominick St) In Monroe's Tavern hört man traditionelle Musik, auch Balladen. Zudem handelt es sich um das einzige Pub

---

HOPFIGE ERLÖSUNG

Die atmosphärischen irischen Pubs genießen einen so legendären Ruf, dass viele Besucher Tausende von Kilometern im Flieger zurücklegen, um in einer gemütlichen Ecke ein Guinness zu süffeln. Alles, was nicht Starkbier ist, schmeckt jedoch oft schnell schal. In immer mehr Kneipen wird ein trauriges Arsenal fader Lagerbiere gezapft. Was haben die Iren den Amerikanern bloß angetan, dass sie mit Exportwaren wie Budweiser, Miller Genuine Draft (MGD) und dem grauenhaften Coors Light bestraft werden? Auch aus Holland kommt in dieser Hinsicht nichts Gutes, deren Marke Heineken die Insel regelrecht überflutet.

In einem Großteil des Landes sieht es düster aus am Hopfen-und-Malz-Horizont (was ist bloß aus dem guten alten Harp geworden?), aber in Galway gibt's eine Alternative zu den langweiligen Lagersorten: Hooker. Dieses feine Gebräu ist nach den bekannten Segelbooten aus der Region benannt und hat nicht nur viel Lob geerntet, sondern auch zahlreiche Anhänger unter den hiesigen Biertrinkern gefunden.

Man bekommt die Marke in vielen Pubs in Galway, z. B. im Róisín Dubh, in der Bar No. 8, im Tig Cóilí und in Monroe's Tavern.

EINE PARTY NACH DER ANDEREN

Galways Veranstaltungskalender ist mit Festivals und Partys vollgestopft. Nachtschwärmer sind allerorts unterwegs, außerdem servieren viele Läden bis in die Morgenstunden etwas zu essen.

Zu den Highlights gehören folgende Events:

Cúirt International Festival of Literature (www.galwayartscentre.ie/cuirt) Die bekanntesten Autoren treffen sich zu einem der wichtigsten Literaturfestivals Irlands bei Poetry Slams, Theateraufführungen und Lesungen.

Galway Arts Festival (www.galwayartsfestival.ie) Ein hochkarätiges zweiwöchiges Kulturfestival mit Theater, Musik, Kunst und Comedy Mitte Juli.

Galway Film Fleadh (www.galwayfilmfleadh.com) Im Juli steigt eines der größten Filmfeste des Landes etwa gleichzeitig mit dem Arts Festival.

Galway Race Week (www.galwayraces.com) 3 km östlich des Zentrums bilden die Pferderennen in Ballybrit den Höhepunkt der größten und lautesten aller Veranstaltungen in Galway (Ende Juli oder Anfang August). Donnerstags wird eine besonders wilde Party gefeiert: Gegen Abend präsentieren sich die Smokingträger mit schmutzigen Hosenbeinen und den Damen bricht schon mal ein Absatz von ihren Pumps ab.

Galway International Oyster Festival (www.galwayoysterfest.com) In der letzten Septemberwoche werden jede Menge Austern mit jeder Menge Pints hinuntergespült.

Andere bemerkenswerte Ereignisse in der Region:

» Galway-*hooker*-Bootsrennen, S. 448
» Weitere Austernfeste, S. 448
» Bodhrán-Workshops (Trommel mit Ziegenhaut-Bespannung), S. 434
» *Father-Ted*-Festival auf den Aran-Inseln, Tedfest, S. 431

---

in der Stadt, in dem nach wie vor regelmäßig typisch irische Tanzveranstaltungen stattfinden. Die klassische, betagte Fassade der Kneipe ist ein beliebtes Fotomotiv. Wer Hunger hat, kann die leckeren Pasteten kosten.

Front Door PUB
(091-563 757; High St) Beheizte Balkone und gemütliche, mit Holz ausgekleidete Sitzecken machen dieses Lokal zu einer beliebten Anlaufstelle, besonders für einheimische Damen auf der Suche nach einer „brauchbaren" besseren Hälfte.

Garavan's PUB
(091-562 537; 46 William St) Die elegante, alteingesessene Kneipe im Zentrum ist genau das Richtige, wenn man samstagsabends ein Pint im Sitzen genießen möchte.

Quays PUB
(091-568 347; Quay St) Eine gigantische Taverne mit zahlreichen holzvertäfelten Räumen und Gängen, in der man hervorragend abhängen kann. Abends finden hier meistens Livekonzerte von traditioneller bis zu Popmusik statt. An der Straße gibt's ebenfalls einige nette Sitzgelegenheiten.

King's Head PUB
(15 High St) Leider platzt dieses riesige, uralte Pub, das in Teilen noch aus dem 14. Jh. stammt, oft aus allen Nähten. Am besten kommt man deshalb schon nachmittags her.

☆ Unterhaltung

In vielen Pubs gibt's mehrmals pro Woche Livemusik. Im Róisín Dubh treten tolle Bands auf und im Tig Cóilí kommt man in den Genuss traditioneller Sessions.

Normalerweise füllen sich die Clubs gegen 23 Uhr, ab 2 Uhr wird es wieder ruhiger. Die Eintrittspreise schwanken je nach Programm.

In der Nähe des Galway City Museum soll ein neues Filmzentrum eröffnen, sobald alle Bauprobleme gelöst sind.

LP TIPP Druid Theatre THEATER
(091-568 617; www.druidtheatre.com; Chapel Lane) Das berühmte, preisgekrönte Theater ist bekannt für seine experimentellen Stücke irischer Nachwuchsdramatiker und Ad-

CLADDAGH-RINGE

Einst hatte das Fischerdorf Claddagh einen eigenen König sowie jede Menge Bräuche und Traditionen, wurde jedoch irgendwann von Galways Stadtzentrum „geschluckt". Heute ist von der ursprünglichen Siedlung praktisch nichts mehr zu sehen, aber die Claddagh-Ringe sind zeitlos und spülen nach wie vor Geld in die Kassen.

Großer Beliebtheit erfreuen sie sich vor allem bei Leuten mit irischen Wurzeln (ob tatsächlich vorhanden oder nur eingebildet). Zwei ausgestreckte Hände (Freundschaft) umfassen ein Herz (Liebe) mit einer darüber liegenden Krone (Loyalität). Die Ringe entstehen in Handarbeit. Schmiede in Galway berechnen 20 € für schlichte Ausführungen in Silber, für edlere Versionen mit Diamant muss man dagegen weit mehr als 1000 € hinblättern.

Irlands ältester Juwelierladen, **Thomas Dillon's Claddagh Gold** (091-566 365; www.claddaghring.ie; 1 Quay St), wurde bereits 1750 eröffnet. In dem kleinen „Museum" hinter dem Verkaufsraum werden ein paar historische Schmuckstücke präsentiert.

aptionen klassischer Werke. Es befindet sich in einer der ältesten Gegenden Galways in einem Teelager, das 2009 renoviert wurde.

Town Hall Theatre THEATER
(091-569 777; www.tht.ie; Courthouse Sq) Im Town Hall Theatre werden Broadway- und West End-Stücke gezeigt, außerdem treten hier bekannte Sänger auf.

Central Park NACHTCLUB
(www.centralparkclub.com; 36 Upper Abbeygate St; Eintritt 6–10 €; Fr & Sa ab 23 Uhr) Sieben Bars und Platz für 1000 Leute!

Trad on the Prom MUSICAL
(001-582 860; www.tradontheprom.com; Salthill Hotel; Erw./Kind ab 30/10 €; Mai–Sept.) Dieses altbewährte Sommermusical hat sich als richtiger Knüller entpuppt. Es ist ein Fest des irischen Tanzes und Gesangs mit der lokalen Stargeigerin Máirín Fahy an der Spitze. Die Hochglanzproduktion wird an mehreren Abenden pro Woche in einem neuen Veranstaltungszentrum direkt an der Salthill-Promenade gezeigt. Aufgepasst: Auf der Website werden die tatsächlichen Kartenpreise geschickt verborgen.

Shoppen

In den schmalen Straßen befinden sich zahllose Geschäfte, die angesagte Mode, irische Wollartikel, Outdoor-Ausrüstung sowie -bekleidung, Schmuck, Kunst, Bücher und Musik anbieten. Auch auf dem Markt bekommt man mehr als nur Lebensmittel: Künstler, Straßenmusikanten, Bäcker und die allgegenwärtigen Krimskramsverkäufer machen ihn zu einem echten Event. Manchmal werden hier nicht nur samstags Stände aufgebaut.

Darüber hinaus gibt's ein paar Einkaufszentren wie das **Eyre Square Centre** mit einem Dunne's-Supermarkt und das auffällige, moderne Corrib Shopping Centre.

LP TIPP Charlie Byrne's BUCHLADEN
(www.charliebyrne.com; Cornstore, Middle St) Ein großer Buchladen mit einer tollen Auswahl an neuen, gebrauchten und preisgesenkten Büchern (viele für 1 €), darunter auch viele Werke, die man ansonsten kaum noch irgendwo findet.

P. Powell & Sons MUSIKLADEN
(powellsmusicshop@eircom.net; William St) Zinnpfeifen, *bodhrán* und andere Instrumente sowie Bongos (der Backpackerklassiker schlechthin) und Notenblätter.

Kiernan Moloney Musical Instruments
MUSIKLADEN
(www.moloneymusic.com; Old Malt Centre, High St) Hier gibt's jede Menge hochwertige Fiedeln und einen Reparaturservice für den Fall, dass die geliebte Harfe eine Macke hat.

Praktische Informationen

Geld
Im Stadtzentrum findet man zahlreiche Geldautomaten.

Gepäckaufbewahrung
In den (Bus-)Bahnhöfen gibt's keine Schließfächer, aber eine zentrale Gepäckaufbewahrung. Bis man eine Unterkunft gefunden hat, sind Koffer und Rucksack dort sicher aufgehoben.
Cara Cabs (091-563 939; 17 Eyre Sq; rund um die Uhr) Bei dem Taxiunternehmen kann man sein Gepäck für 5 € pro Tag aufbewahren lassen.

Internetzugang
In den vielen Internetcafés der Stadt zahlt man pro Stunde etwa 5 €. Die Läden kommen und

gehen, aber die Menge bleibt gewöhnlich recht konstant.

Square Eyes (091-500 688; Forster St; 9–23 Uhr) Internetzugang oben, *Call-of-Duty*-Computerspiele unten.

Post

Post (Mo–Sa 9–17.30 Uhr)

Touristeninformation

Ireland Tourism (www.discoverireland.ie; Forster St; Ostern–Sept. tgl. 9–17.45 Uhr, Okt.–Ostern Mo–Sa 9–17.45 Uhr) Die Mitarbeiter der großen, effizienten regionalen Touristeninformation helfen einem bei der Zimmersuche und buchen Bustouren sowie Überfahrten mit der Fähre.

Touristeninformationsstand (Eyre Sq; Okt.–Ostern Sa 13.30–17.39, So 9–12.30 Uhr, Ostern–Sept. tgl. 9–17.30 Uhr) Kostenlose Stadtpläne und Infos über die Stadt.

Wäscheservice

Olde Malt Laundrette (091-564 990; High St; pro abgegebener Ladung 10 €; Mo–Sa 8.30–18 Uhr)

An- & Weiterreise

Bus

Am **Busbahnhof** (091-562 000) in der Nähe des Eyre Square bietet **Bus Éireann** (www.buseireann.ie) Verbindungen in alle größeren Städte, beispielsweise nach Dublin (15 €, 3–3¾ Std., stdl.). Andere Unternehmen steuern verschiedene Ziele in der Region an, etwa in den Counties Clare und Sligo.

Am modernen **Busbahnhof** (Bothar Street) unweit der Touristeninformation findet man diverse private Anbieter, darunter die beiden folgenden:

Citylink (www.citylink.ie) Verbindungen nach Dublin (2½–3¼ Std., stdl.), zum Dublin Airport, nach Cork, Limerick und zur Connemara-Halbinsel. Die Busse fahren häufig und die Tickets kosten meist nur um die 10 €.

gobus.ie (www.gobus.ie) Verkehrt häufig nach Dublin (2½ Std.) und zum Dublin Airport (3 Std.). In den Bussen gibt's WLAN.

Flugzeug

Vom kleinen **Galway Airport** (GWY; www.galwayairport.com; Carnmore) starten ausschließlich Maschinen der Fluggesellschaft **Aer Arran** (www.aerarran.com). Zu den Zielen gehören Dublin, London Luton, Edinburgh und Manchester.

Der nächste größere Flughafen ist der **Shannon Airport** (SNN; www.shannonairport.com), der von nationalen und internationalen Airlines angesteuert wird.

Zug

Vom **Bahnhof** (091-564 222; www.irishrail.ie) beim Eyre Square verkehren täglich bis zu acht komfortable Schnellzüge zur bzw. von der Heuston Station in Dublin (einfache Fahrt ab 25 €, 2¾ Std.). Wer andere Städte zum Ziel hat, muss in Athlone (1 Std.) umsteigen. Inzwischen ist auch die neue Strecke nach Ennis (12 €, 75 Min., 6-mal tgl.) in Betrieb.

Unterwegs vor Ort

In Wochenendnächten sieht man hier jede Menge Fahrradrikschas, in denen angetrunkene Partygänger sitzen. Normalerweise zahlt man für diesen Service im Stadtzentrum 5 €, sollte sich beim Trinkgeld aber nicht lumpen lassen, schließlich haben die Fahrer einen anstrengenden Job. Vom **Startpunkt** (William St & Ellington St) rasen sie in halsbrecherischer Geschwindigkeit hinab zur Quay Street, sodass die anderen Nachtschwärmer rasch beiseitespringen müssen, wenn sie nicht unter die Räder kommen wollen.

Auto

Alle Parkplätze und Parkhäuser in der Stadt sind kostenpflichtig.

Galway wächst so schnell, dass die vorhandene Infrastruktur nicht mithalten kann, deshalb nimmt der Verkehr z. T. alarmierende Ausmaße an. Wer einen stressfreien Urlaub haben möchte, sollte die Stoßzeiten meiden.

Bus

Die Stadt lässt sich problemlos zu Fuß erkunden. Bis Salthill ist es ebenfalls nicht sehr weit, man kann aber auch in einem der vielen 1D/1K-Busse vom Eyre Square aus hinfahren (1,60 €, 15 Min.).

Fahrrad

Europa Bicycles (091-588 830; Hunter's Bldg.; Mo–Fr 9.30–18 Uhr) Fahrradverleih auf Earl's Island, gegenüber der Galway Cathedral, für 8 bis 15 € pro 24 Stunden.

West Ireland Cycling (091-588 830; westirelandcycling.com; 11 Upper Dominick St; Mo–Sa 9–18 Uhr) Verleiht Räder (ab 15 € pro Tag) und Zubehör wie Anhänger für Kinder und organisiert Touren durch die Region.

Vom/Zum Flughafen

Zwischen der Stadt und dem Galway Airport gibt's täglich nur eine Busverbindung (3 €, 15 Min.)! Eine Fahrt mit dem Taxi, das man an einem der kostenlosen Telefone im Flughafen bestellen kann, schlägt mit etwa 20 € zu Buche. Manche B&Bs und Hotels bieten einen Abholservice.

Bus Éireann (www.buseireann.ie) verkehrt täglich zwischen dem Shannon Airport und Galway (15 €, 1¾ Std., stündlich). Citylink und gobus.ie bedienen den Dublin Airport.

Taxi

Taxis warten am Eyre Square, in der Bridge Street und neben dem (Bus-)Bahnhof. Alternativ bestellt man sie übers Telefon, z. B. bei **Abbey Cabs** (091-569 469) oder **Cara Cabs** (091-563 939; 17 Eyre Sq; rund um die Uhr).

ARAN ISLANDS

Fast überall entlang der Küste der Counties Galway und Clare kann man einen Blick auf die eigenwilligen Aran-Inseln erhaschen, die Jahr für Jahr Tausende von Reisenden mit ihrer rauen, einsamen Schönheit verzaubern. Tagesausflügler, die nur einen flüchtigen Blick auf die umwerfende felsige Landschaft werfen können, werden sich trotzdem am Ende des Tages wie betrunken fühlen, während diejenigen, die sich für einen längeren Aufenthalt entscheiden, feststellen, dass die Gegend in vielerlei Hinsicht weiter vom irischen Festland entfernt ist als bloß 40 Minuten an Bord der Fähre bzw. zehn Flugminuten. In der Nebensaison zeigt sie sich von ihrer besten – sehr wilden und windgepeitschten – Seite.

Auf den Kalksteininseln setzt sich die Karstlandschaft des Burren in Clare fort. Die dünne Schicht fruchtbaren Bodens ist von Wildblumen und Weidegras übersät und die Brandung frisst sich in die zerklüfteten Klippen ringsum. Dún Aengus auf Inishmór und Dún Chonchúir auf Inishmaan zählen zu den ältesten archäologischen Stätten Irlands.

Alle drei Inseln sind von einem Netz aus Steinmauern (insgesamt 1600 km lang) geprägt. Darüber hinaus gibt's einige *clocháns* (Bienenkorbhütten mit Trockenmauern aus frühchristlicher Zeit), die wie steinerne Iglus aussehen.

Die Inseln ähneln sich zwar äußerlich und sind auch etwa gleich weit vom Festland entfernt, doch ihr Charakter ist ganz unterschiedlich:

Inishmór (Árainn, „Große Insel") Die größte und von Galway aus am leichtesten erreichbare Insel wartet mit einer der wichtigsten und eindrucksvollsten archäologischen Grabungsstätten des Landes auf. Zudem beherbergt sie ein paar lebhafte Pubs und Restaurants, besonders in Kilronan, der einzigen Ortschaft. Im Sommer kommen täglich über 1000 Tagesausflügler her.

Inishmaan (Inis Meáin, „Mittlere Insel") Sie wird oft links liegen gelassen, deshalb konnte die karge, steinige Insel noch am ehesten ihre uralten Traditionen bewahren. Hier gibt's ein paar isolierte B&Bs.

Inisheer (Inis Oírr, „Östliche Insel") Die kleinste Insel ist ganzjährig gut von Galway und in den Sommermonaten auch von Doolin aus zu erreichen. Sie bietet eine schöne Mischung aus historischen Stätten, interessanten Spaziergängen, traditioneller Kultur und etwas Nachtleben.

Geschichte

Über die Menschen, die während der Eisenzeit auf Inishmór und Inishmaan so imposante Steinbauten schufen, ist kaum etwas bekannt. Die Bauwerke werden landläufig als Forts bezeichnet, dienten aber vermutlich als (heidnische) religiöse Stätten. Einer Legende nach sollen sie von den Firbolgs errichtet worden sein, einem Stamm, der in prähistorischen Zeiten vom europäischen Festland aus in Irland einfiel.

Man nimmt an, dass die Inselbewohner Landwirtschaft betrieben, was bei der felsigen Bodenstruktur eine echte Herausforderung gewesen sein musste. Die ersten Siedler verbesserten den Bodensubstanz mit Algen und Sand vom Strand. Mit langen *currachs* (Ruderbooten aus einem Holzrahmen, der mit geteerter Leinwand bespannt war) fuhren sie zum Fischen aufs Meer. Noch heute sind die Boote ein Symbol für die Aran Islands.

Bereits sehr früh gelangte der christliche Glaube auf die Inseln: Erste Klosteranlagen wurden im 5. Jh. vom hl. Enda (Éanna) gegründet. Vermutlich war dieser ein irischer Clanchef, der zum Christentum konvertierte. Nachdem er einige Zeit in Rom studiert hatte, suchte er sich einen einsamen Ort und errichtete dort ein Kloster.

Ab dem 14. Jh. wetteiferten die beiden gälischen Familien O'Brien und O'Flaherty um die Herrschaft über die Inseln. Während der Regierungszeit von Elisabeth I. fielen die Eilande an die Engländer und zu Cromwells Zeiten war hier eine Garnison stationiert.

Unter dem wirtschaftlichen Niedergang Galways litten auch die Aran islands. Trotzdem gelang es den Bewohnern aufgrund der isolierten Lage ihre traditionelle Lebensweise bis weit ins 20. Jh. zu bewahren. Bis in die 1930er-Jahre trugen die Einheimischen ihre Tracht: Frauen einen roten Rock und schwarze Tücher, Männer weite Wollhosen und *crios* (Westen mit bunten

Gürteln). Die dicken hellen Aran-Pullover mit aufwendigen Mustern werden vor Ort noch immer selbst gestrickt.

Bis vor wenigen Jahrzehnten hinkten die Inseln noch weit hinter der modernen europäischen Kultur her und lagen eine Tagesreise vom Festland entfernt im unberechenbaren Meer. Flugverbindungen bestehen erst seit 1970, außerdem kann man mittlerweile mit Schnellfähren übersetzen (eine schaukelige Angelegenheit).

Heute gibt's auf allen drei Inseln weiterführende Schulen, aber noch vor 20 Jahren mussten die Oberschüler ein Internat in Galway besuchen, um ihren Abschluss zu machen. Für die Jugendlichen bedeutete das damals gleichzeitig ein abruptes Umschalten vom Irischen aufs Englische. Inzwischen lebt hier niemand mehr von der Landwirtschaft, stattdessen gilt der Tourismus als wichtigste Einkommensquelle. Nach wie vor ist die Hauptsprache der Einwohner Irisch, mit Besuchern reden sie jedoch Englisch.

Praktische Informationen

Obwohl im Hochsommer zahlreiche Traveller auf den Inseln einfallen, ist die touristische Infrastruktur nicht sonderlich stark ausgebaut. Lediglich auf Inishmór gibt's eine ganzjährig geöffnete Touristeninformation und einen Geldautomat. Mit der Kreditkarte kommt man nicht weit (vorher in den Hotels etc. nachfragen). Während der Nebensaison sind die Öffnungszeiten der Restaurants und Pubs mit Essensangebot oftmals eingeschränkt, manchmal bleiben sie sogar komplett geschlossen.

Es gibt ein paar Bücher über die Inseln, die vor allem aus hübschen Fotografien und blumigen Texten bestehen. Der lokal produzierte Guide to the Aran Islands von Dara O. Conaola ist aber eine tolle Informationsquelle. Weitere Infos bietet die Website www.irelandsislands.com.

An- & Weiterreise

FÄHRE
Island Ferries (091-568 903; www.aranislandferries.com; 37–39 Forster St, Galway; Erw./Stud./Kind 25/20/13 €) bietet das ganze Jahr über Verbindungen zu den drei Inseln sowie zwischen Inishmaan und Inisheer an. Im Juli und August (Hochsaison) verkehren mehrere Fähren am Tag. Die Überfahrt kann bis zu einer Stunde dauern und bei hohem Seegang werden Verbindungen schon mal gestrichen. Die Boote starten in Rossaveal, 40 km westlich von Galway (Stadt) an der R336. Der Fahrplan der Busse ab Galway (hin & zurück 6 €) ist auf die Abfahrtszeiten der Fähren abgestimmt; am besten fragt man beim Buchen nach.

> ### INSELHOPPING AUF DEN ARAN ISLANDS
>
> Es gibt auch Transportmöglichkeiten zwischen den Inseln, sodass Traveller nach dem Besuch der ersten Insel zu einer zweiten reisen und von dieser schließlich aufs Festland zurückkehren können. Die Fahrpläne sind allerdings auf den Besuch jeweils einer Insel ausgerichtet. Um von einer Insel zu einer anderen zu gelangen, muss man deshalb sowohl mit Island Ferries sprechen als auch mit dem Fährunternehmen in Doolin. Zwischen den drei Inseln gibt's mindestens eine Verbindung pro Tag, allerdings teilweise nach Bedarf und nicht nach einem festen Terminplan. Tickets kosten zwischen 5 und 10 €

Boote zu den Aran-Inseln (hauptsächlich nach Inisheer) verkehren auch ab Doolin (S. 400).

FLUGZEUG
Alle drei Inseln haben eine Landebahn. Vom Flughafen in Minna nahe Inverin (Indreabhán), 35 km westlich von Galway, gibt's Verbindungen hierher. **Aer Arann Islands** (091-593 034; www.aerarannislands.ie) bietet mehrmals täglich und im Sommer stündlich Hin- und Rückflüge zu den Aran Islands (Erw./Stud./Kind 45/37/25 €, ca. 10 Min.). Gruppen ab vier Personen bekommen Rabatt. Die schönste Aussicht hat man in der ersten und zweiten Reihe (der beste Platz ist der neben dem Piloten, die dritte und fünfte Reihe sind nicht so gut). Wer sorgfältig plant, kann an einem Tag mehr als nur eine Insel besuchen. Vor dem Kinlay House (S. 418) in Galway fährt ein Bus zum Flughafen ab (einfache Fahrt 3 €).

Inishmór

850 EW.

Viele Traveller sehen sich nur Inishmór (Árainn) an. Die dortige Hauptattraktion ist Dún Aengus, eine faszinierende steinerne Festung, die in schwindelerregender Höhe auf den Klippen thront. Westlich des Hauptortes Kilronan (Cill Rónáin) erstreckt sich eine trockene Landschaft, die nur von Steinwällen und Felsbrocken, vereinzelten Häusern und einem kuriosen Muster aus üppig grünem Gras und Kartoffeläckern unterbrochen wird.

Mittlerweile hat der Tourismus überall Einzug gehalten. Eine Armada von Mini-

Inishmór

bussen wartet auf die ankommenden Fähren und Flugzeuge und bietet Rundfahrten zu den Sehenswürdigkeiten. „Wir karren die Urlauber wie am Fließband durch die Gegend", so ein Einheimischer. Glücklicherweise gibt man selbst das Tempo vor.

Teile der Liebeskomödie *Verlobung auf Umwegen* mit Amy Adams und Adam Scott wurden auf der Insel gedreht. In dem Film geht's um eine Frau, der auf ihrer Reise allerlei Missgeschicke widerfahren.

Inishmór ist 14,5 km lang und maximal 4 km breit. Alle Boote legen in Kilronan an der Südostseite an. Die Hauptverkehrsstraße durchquert die gesamte Insel der Länge nach. Von ihr zweigen kleinere Straßen und steinige Wege ab.

◉ Sehenswertes

LP TIPP Dún Aengus HISTORISCHE STÄTTE
(Dún Aonghasa; www.heritageireland.ie; Erw./Kind 3/1 €; ⊙10–18 Uhr) Über Inishmór wachen drei 2000 Jahre alte Steinforts. Als das bekannteste gilt Dún Aengus. Seine drei erhaltenen Mauern reichen fast bis an die 60 m hohen Klippen. Bemerkenswert sind auch die *chevaux de frise*, dicht an dicht gepackte spitze Steinblöcke, die der Verteidigung dienten und in grauer Vorzeit gewiss die eine oder andere feindliche Armee zurückhielten.

Die faszinierende Stätte wurde so belassen, wie sie war; es gibt z. B. keine Absperrungen und man gelangt bis an den Rand der Klippen (Vorsicht: Absturzgefahr!) Wenn wenig los ist, wird man sich der außerordentlichen Magie dieses Ortes nicht entziehen können. Wie viel Kraft es die früheren Bewohner gekostet haben muss, die weitläufige Anlage zu bauen!

Praktische Hintergrundinfos erhält man in einem kleinen Besucherzentrum. Ein 900 m langer Fußweg führt durch die felsige Landschaft mit winterharter Vegetation hinauf zum Fort.

Inishmór

Sehenswertes
1. Dún Dúchathair B4
2. Dún Eochla B2
3. St. Enda's Monastery C4
4. Teampall Bheanáin C4
5. Teampall Chiaráin B2

Schlafen
6. Ard Einne D4
7. Ard Mhuiris B3
8. Kilronan Hostel A4
9. Mainistir House B2
10. Pier House Guest House B4
11. Tigh Fitz C4

Essen
Mainistir House .... (siehe 9)
12. O'Malley's@Bayview A4
Pier House Guest House .... (siehe 10)

Ausgehen
13. American Bar A4
14. Joe Watty's Bar A3
Tí Joe Mac's .... (siehe 8)
Tigh Fitz .... (siehe 11)

NOCH MEHR SEHENSWERTES
An der Straße zwischen Kilronan und Dún Aengus erstreckt sich das kleinere, kreisrunde Fort **Dún Eochla**.

Kirchenruinen erinnern an die christliche Vergangenheit der Insel. Die kleine **Teampall Chiaráin** (Church of St. Kieran) mit einem Hochkreuz im Hof befindet sich in der Nähe von Kilronan und im Südosten unweit der Cill Éinne Bay stößt man auf die frühchristliche **Teampall Bheanáin** (Church of St. Benen). An der Landebahn liegen die versunkenen Überreste einer weiteren Kirche. Es heißt, dass sich an dieser Stelle das **St. Endas Monastery** (5. Jh.) befand, die noch erhaltenen Strukturen des Klosters stammen allerdings frühestens aus dem 8. Jh. Hinter Kilmurvey entdeckt man die 2,5 m hohe frühchristliche Steinhütte **Clochán na Carraige** und die **Na Seacht dTeampaill** (Seven Churches), die aus mehreren Kirchenruinen, Klosterbauten sowie Resten eines Hochkreuzes aus dem 8. oder 9. Jh. bestehen. Südlich davon erhebt sich die Ringfestung **Dún Eoghanachta**.

Bei **Kilmurvey**, westlich von Kilronan, erstreckt sich ein weißer Sandstrand, der für seine Sauberkeit mit der Blauen Flagge ausgezeichnet wurde. Dort streifen viele Einheimische während der Sommermonate ihre Parkas ab. Im seichten Wasser der geschützten kleinen Bucht von **Port Chorrúch** tummeln sich bis zu 50 Kegelrobben.

Viele Tagesbesucher sehen sich nur Kilronan und Dún Aengus an und verstopfen die Straßen nördlich von Kilronan. Wer auf der Insel übernachtet, kann mit dem Rad zu Stätten im kaum besuchten Süden fahren, etwa zum **Dún Dúchathair**, einem alten Fort, das dramatisch auf einem Felsvorsprung liegt. Danach lädt der lange und zumeist menschenleere **Strand** südlich vom Flughafen zu einer Pause ein. Der Besuch von Dún Aengus kommt zum Schluss, wenn die letzte Sommerfähre abgefahren ist.

Schlafen

Gegen eine Gebühr von 4 € organisiert die Touristeninformation Zimmer. Am besten bucht man frühzeitig, vor allem im Hochsommer. In vielen Unterkünften gibt's hervorragendes Abendessen. Unter dem Abschnitt „Essen" nennen wir die Häuser, die auch für Nichtgäste geöffnet sind.

LP TIPP Kilmurvey House B&B €€
(099-61218; www.kilmurveyhouse.com; Kilmurvey; EZ/DZ ab 65/110 €; April–Sept.) Diese stattliche Steinvilla aus dem 18. Jh. wartet mit einer tollen Lage am Pfad zum Dún Aengus sowie zwölf gepflegten Zimmern auf. Gemüse aus dem eigenen Garten und Fisch und Fleisch aus der Region sind die Zutaten für das herzhafte Abendessen (30 €). Ein hübscher Strand ganz in der Nähe lädt zum Schwimmen ein.

LP TIPP Kilronan Hostel HOSTEL €
(099-61255; www.kilronanhostel.com; Kilronan; B 15–20 €; @) Schon bevor die Fähre am Pier anlegt (etwa zwei Gehminuten entfernt) sieht man das pistaziengrüne Kilronan Hostel über dem Pub Tí Joe Mac's. Hier gibt's blitzblanke Vier- und Sechsbettzimmern mit insgesamt 40 Betten. Von der Terrasse genießt man einen schönen Blick auf den Hafen, außerdem stammen die Frühstückseier von den Biohühnern hinterm Haus.

Mainistir House GÄSTEHAUS, HOSTEL €
(099-61169; www.mainistirhousearan.com; Main istir; B/EZ/DZ 16/40/50 €; @) In dem ausgefallenen, bunten Gasthaus mit 60 Betten an der Hauptstraße nördlich von Kilronan werden sich flippige und belesene Gäste besonders wohl fühlen. Im Preis ist ein einfaches Frühstück enthalten. Das Abendessen sollte man sich nicht entgehen lassen.

Man of Aran Cottage
B&B €€

(☏ 099-61301; www.manofarancottage.com; Kilmurvey; EZ/DZ ab 55/90 €; ⊘ März–Okt.) Das reetgedeckte B&B wurde in den 1930er-Jahren für den gleichnamigen Film errichtet (s. Kasten S. 432), ruht sich aber nicht auf vergangenen Lorbeeren aus. Es verfügt über ein umwerfend authentisches Dekor aus Stein und Holz und die Besitzer sind begeisterte Biogärtner. Aus den Erträgen – darunter superleckere Tomaten – werden leckere Mahlzeiten gezaubert (30 €).

Ard Mhuiris
B&B €€

(☏ 099-61333; www.ardmhuiris.com; Kilronan; EZ/DZ ab 60/80 €) Gepflegt, ruhig und keine fünf Gehminuten vom Stadtzentrum entfernt. Zudem punktet die einladende Bleibe mit einem tollen Blick aufs Meer. An einem verregneten Tag kann man es sich wunderbar auf dem Zimmer gemütlich machen.

Ard Einne
B&B €€

(☏ 099-61126; www.ardeinne.com; Killeany; Zi. 90–120 €) In der Nähe verschiedener Ruinen und des Flughafens lockt die fast zeitlose und sehr ruhige Acht-Zimmer-Pension mit einer tollen Aussicht auf die Cill Éinne Bay. Sie ist der perfekte Ort, um sich nach einer Tageswanderung zu erholen und den Blick aufs Meer zu genießen. Im Restaurant (nur für Gäste) werden Gerichte aus frischen, lokalen Zutaten aufgetischt.

Pier House Guest House
GÄSTEHAUS €€

(☏ 099-61417; www.pierhousearan.com; Kilronan; Zi. ab 90–120 €; ⊘ März–Okt.) 100 m von der Anlegestelle der Fähre thront dieses zweistöckige Gebäude mit zehn hellen, komfortablen Zimmern auf einer kleinen Anhöhe.

Tigh Fitz
GÄSTEHAUS €€

(☏ 099-61213; www.tighfitz.com; Killeany; EZ/DZ 50/80 €) Das gesellige Pub und Gasthaus unweit des Flughafens ist eine schöne Basis, um dem Trubel zu entgehen, der tagsüber in der Hafengegend herrscht. Die Zimmer sind einfach und ruhig (falls nicht gerade im Pub jemand singt).

Essen

In ein paar der unter „Ausgehen" erwähnten Pubs kommt man in den Genuss gut zubereiteter Speisen.

LP TIPP Mainistir House
VEGETARISCH €€

(☏ 099-61169; Mainistir; Büfett 15 €; ⊘ Sommer ab 20 Uhr, Winter ab 19 Uhr) In dem Hostel gibt's viele leckere vegetarische Speisen aus Bioprodukten. Die Gerichte schmecken nach Sommer, Pesto ist eine beliebte Zutat. Vorab reservieren.

O'Malley's@Bayview
MODERNE IRISCHE KÜCHE €€

(Kilronan; Hauptgerichte 7–23 €; ⊘ Mo–Fr 11–21.30, Sa & So ab 9 Uhr) Von der Terrasse des Restaurants genießt man einen grandiosen Blick auf den Hafen. Auf der Speisekarte stehen einfache, aber sehr schmackhafte Gerichte wie Fischsuppe, Burger und Pizzas. Abends kann man auch frischen Fisch bestellen. Selbst das Knoblauchbrot ist richtig gut.

Pier House Guest House
IRISCH €€€

(Kilronan; Hauptgerichte 20–30 €; ⊘ 12–22 Uhr) Auf einer großen Terrasse sitzen und den Fährverkehr beobachten, während man sich an einer Fischplatte gütlich tut – das ist eines der Highlights auf den Aran Islands. Wenn es draußen kalt und ungemütlich ist, kann man sich drinnen an der Feuerstelle wärmen.

Ausgehen

In den Pubs gibt's Kneipenkost unterschiedlichen Niveaus.

Joe Watty's Bar
PUB

(Kilronan) Kilronans bestes Pub wartet jeden Abend mit traditioneller Livemusik und einer eher gehobenen Küche (Juni–Aug. 12–20 Uhr) auf. In den 50 Wochen im Jahr, wo das nötig ist, erwärmen Torffeuer den Laden.

Tí Joe Mac's
PUB

(Kilronan) Dank seiner zwanglosen Sessions, der Torffeuer und einer große Terrasse mit Blick auf den Hafen ist das Tí Joe Mac's eines der Lieblingspubs der Einwohner. Auf der Karte stehen nur ein paar simple Sandwiches.

American Bar
PUB

(Kilronan) Gut gelaunte einheimische Biertrinker bevölkern die zwei großen Räume und freuen sich schon in der Nebensaison auf die Ankunft des nächsten Schwungs Touristen. Das lichtdurchflutete Zimmer zur Rechten (beim Betreten der Kneipe) ist schöner und hat einen Zugang zur Terrasse.

Tigh Fitz
PUB

(Killeany) Ein gemütliches Pub in der Nähe des Flughafens, 1,6 km von Kilronan (25 Gehminuten). Hier werden jedes Wochenende traditionelle Sessions und Tanzveranstaltungen geboten. Das Essen ist ausgezeichnet (Juni–Aug. 12–17 Uhr).

FATHER TED

Fans der englischen TV-Kultserie *Father Ted* aus den späten 1990er-Jahren erkennen die fiktive Fernseh-Insel Craggy Island an der irischen Westküste auf Anhieb wieder, sobald sie das in der Eingangssequenz vorbeischwebende Schiffswrack der *Plassy* (S. 434) auf Inisheer sehen. Abgesehen von dieser Szene wurde fast alles andere in einem Londoner Studio aufgenommen; darunter hat man dann noch ein paar Stimmungsbilder aus County Clare, Wicklow und Dublin gemischt. Leider gibt's weder das Pfarrhaus noch Vaughan's Pub auf den Aran Islands – beide befinden sich in der Nähe von Lisdoonvarna und Kilfenora im County Clare.

Nichtsdestotrotz betrachten die Aran-Bewohner *Father Ted* als „ihre" Serie. Inishmór hat sich in dieser Hinsicht ein wenig in den Vordergrund gedrängt (was auf den Nachbarinseln für Verstimmung sorgte); dort steigt jedes Jahr Ende Februar bzw. Anfang März das dreitägige, sehr beliebte **Tedfest** (www.tedfest.org).

Im Rahmen des Festivals wird auch der **Craggy Cup** (www.craggycup.com) ausgetragen. Bei dem Fußballturnier treten Mannschaften verschiedener irischer Inseln gegeneinander an, was als weiterer Anlass genommen wird, sich hemmungslos zu betrinken und zu wetten.

Im County Clare wird mittlerweile ein damit konkurrierendes Fest ausgerichtet (s. S. 403).

Shoppen

In Kilronan verkaufen schicke Läden Pullover im Aran-Stil, deren protzige Labels ihre wahre Herkunft verschleiern (sie sind nie von den Inseln und oft nicht mal aus Irland). Authentische, handgestrickte Exemplare gibt's bei **Mary O'Flaherty** (099-61117; Oat Quarter) – gut möglich, dass sie gerade strickt, wenn man vorbeikommt. Ein echtes Stück kostet um die 100 €.

In der **Touristeninformation** (Kilronan; Mai–Sept. 10–17.45 Uhr, Okt.–Mai 11–17 Uhr) bekommt man Karten und Bücher über die Gegend wie das empfehlenswerte Werk *The Aran Islands* (dt. *Die Aran-Inseln)* von J. M. Synge.

Praktische Informationen

Mainistir House (9–13 & 17–19 Uhr) Öffentlicher Internetzugang.

Spar-Supermarkt (Kilronan; Mo–Mi 9–18, Do–Sa 9–19 Uhr, Juni–Aug. auch So 10–17 Uhr) Hier befindet sich der einzige Geldautomat der Aran Islands.

Touristeninformation (099-61263; Kilronan; Mai–Sept. 10–17.45 Uhr, Okt.–Mai 11–17 Uhr) Nützliches Büro in Kilronan am Ufer westlich des Fähranlegers.

Unterwegs vor Ort

Ein Shuttlebus vom Flughafen ins 2 km entfernte Kilronan kostet 5 € hin und zurück.

Auf den Fähren kann man sein eigenes Fahrrad kostenlos mitnehmen. Alternativ leiht man sich eines in den Unterkünften (bei manchen kostenlos, ansonsten 10 € pro Tag).

Burke Bicycle Hire (087 280 8273) Patrick Burke, ein echter Fahrradexperte, betreibt einen Laden in der Nähe des Kilronan Hostel. Er kann einem Routen abseits der Touristenströme und zu selten besuchten Ecken der Insel empfehlen.

Aran Cycle Hire Das Geschäft am Pier bietet Hunderte von robusten Mietfahrrädern an und bringt diese auf Wunsch zur jeweiligen Unterkunft.

Das ganze Jahr über warten zahlreiche **Minibusse** (Touren 10 €) am Flughafen bzw. der Fährenlegestelle auf Neuankömmlinge. Die Fahrer bieten 2½-stündige Inselrundtouren an. Ein paar von ihnen sind echte Originale mit einem tollen Humor (darunter Thomas O'Toole, 087 624 9802); wahrscheinlich werden die teilnehmenden Fahrgäste so viel lachen, dass sie darüber beinahe vergessen, die felsige Landschaft zu bestaunen.

In gemächlicherem Tempo kann man auf einer **Ponykutsche** (März–Nov.) die Gegend zwischen Kilronan und Dún Aengus erkunden. Hin und zurück kostet die Strecke für bis zu vier Personen zwischen 60 und 100 €.

Inishmaan

150 EW.

Das felsige Inishmaan (Inis Meáin) zieht weniger Besucher an als die beiden Nachbarinseln und hat die niedrigste Einwohnerzahl. Frühchristliche Mönche auf der Suche nach Einsamkeit kamen ebenso her

DIE ARAN ISLANDS ALS QUELLE DER INSPIRATION

Auf den Aran Islands wurden schon viele Bewohner von der Muse geküsst, z. B. um für Unterhaltung in den langen Zeiten der Isolation zu sorgen oder um den Rest des Landes daran zu erinnern, „dass es uns gibt", wie es ein einheimischer Komponist einmal ausdrückte. Auch Künstler und Schriftsteller vom irischen Festland fühlten sich immer wieder vom elementaren Leben und den Naturgewalten angezogen.

Der Dramatiker J. M. Synge (1871–1909) verbrachte viel Zeit auf den Inseln und lauschte durch die Bodendielen seines Zimmers dem lokalen Dialekt. Sein Stück *Reiter ans Meer* (1905) spielt auf Inishmaan, und in seinem bekannten Drama Der Held der westlichen Welt greift er ebenfalls seine Inselerfahrungen auf. Synges wunderbares Buch *Die Aran-Inseln* (1907) wird als typische Darstellung des hiesigen Lebens immer wieder neu aufgelegt.

Anfang der 1930er-Jahre kam der Amerikaner Robert Flaherty auf die Inseln, um den Film *Man of Aran* zu drehen, der einen Einblick in den rauen Alltag der Inselbewohner bietet. Er überredete viele Einheimische mitzumachen und richtete vor Ort sogar ein komplettes Filmstudio ein. Eines der Cottages, das extra für den Streifen gebaut wurde, beherbergt heute ein B&B (Man of Aran Cottage). Mittlerweile ist der Film ein echter Klassiker und wird regelmäßig in Kilronan und Inishmór gezeigt.

Der Kartograf Tim Robinson verfasste einen wunderbaren zweibändigen Bericht über seine Streifzüge auf den Inseln: *Stones of Aran: Pilgrimage* und *Stones of Aran: Labyrinthe*.

Der Autor Liam O'Flaherty (1896–1984) wurde auf Inishmór geboren und schrieb mehrere aufwühlende Romane, darunter *Hungersnot*.

wie auch der Schriftsteller J. M. Synge, der hier vor über 100 Jahren fünf Sommer verbrachte (s. Kasten S. 432). Bis heute hat sich das Eiland viel von seinem einstigen Charme bewahrt. Dazu gehören friedlich grasende Kühe und Schafe, eindrucksvolle alte Festungen und warmherzige Bewohner, die augenzwinkernd von ausgiebigen nächtlichen Whiskeytouren berichten: Auf Innnnishmaan gibt's keine *gardaí* (Gesetzeshüter) und somit auch keine Sperrstunde im einzigen Pub. Die Landschaft mit einer zerklüfteten Küste, imposanten Klippen sowie menschenleeren Stränden und von Steinblöcken übersäten Feldern verschlägt einem die Sprache.

Inishmaan ist 5 km lang und 3 km breit. An der Straße, die von Osten nach Westen über die Insel verläuft, stehen die meisten Gebäude. Die wichtigste Schiffsanlegestelle befindet sich an der Ostseite, der Flugplatz im Nordosten. Da die Einwohner kein Interesse an schnell verdientem Geld haben, ist die touristische Infrastruktur entsprechend dürftig.

⊙ Sehenswertes

Das massive, ovale Steinfort **Dún Chonchúir** wurde irgendwann zwischen dem 1. und 7. Jh. errichtet. Es bietet einen tollen Ausblick auf die Kalksteintäler der Insel.

Im **Teach Synge** (☎ 099-73036; Eintritt 3 €; ⊙ nach Vereinbarung), einem reetgedeckten Cottage an der Straße kurz vor dem Aufgang zur Festung, verbrachte der Schriftsteller J. M. Synge die Sommermonate der Jahre 1898 bis 1902 mit Recherchen für sein Buch *Die Aran-Inseln*.

Südlich des Piers stößt man auf die **Cill Cheannannach**, eine schlichte Kirche aus dem 8. oder 9. Jh. Etwas weiter westlich befindet sich das gut erhaltene steinerne Fort **Dún Fearbhaigh**, das in die gleiche Zeit datiert. Die **St. Mary's Church** thront auf einem Hügel und wartet mit großartigen, 1939 gefertigten Buntglasfenstern auf.

Im Osten, 500 m nördlich der Bootsanlegestelle, erstreckt sich der sichere, geschützte Strand **Trá Leitreach**.

Synge's Chair AUSSICHTSPUNKT
Im abgeschiedenen Westteil der Insel liegt Synge's Chair, ein Aussichtspunkt auf einer steil abfallenden Kalksteinklippe. Weiter unterhalb brechen sich die Wellen des Meerarms Gregory's Sound. Hier tut man es am besten Synge gleich, sucht sich im Windschatten der Felsen ein geschütztes Plätzchen und bewundert die Umgebung in aller Ruhe. Der Aussichtspunkt befindet sich zwei Gehminuten vom Parkplatz. In einer Stunde kann man von dieser Stelle aus die kahle Westseite der Insel umrunden.

Auf dem Weg zu Synge's Chair deutet ein Schild den Weg zu einem **clochán**, der sich hinter einem Haus und einem Schuppen versteckt.

🛏 Schlafen & Essen

Viele B&Bs bieten auch Abendessen an, meist aus lokal angebauten Zutaten. Die Mahlzeiten kosten zwischen 20 und 25 €.

An Dún `LP TIPP` B&B €€

(☏099-73047; www.inismeainaccommodation.com; Zi. 40–100 €; @) Das moderne B&B liegt gegenüber dem Eingang zum Dún Chonchúir. Es verfügt über eine Sauna, fünf komfortable Zimmer mit Privatbädern und ein Restaurant mit zusätzlichen Plätzen im Freien, in dem hochgelobte Speisen zubereitet werden, z. B. frischer Fisch aus der Gegend. Hauptgerichte kosten 8 bis 25 € und es sind auch Nichtgäste willkommen. In der Pension kann man das ganze Jahr über Zimmer buchen, aber das Lokal (mittags & abends) hat nur im Sommer geöffnet.

Inis Meáin `LP TIPP` GÄSTEHAUS €€€

(☏086 826 6026; www.inismeain.com; Zi. ab 250 €; ⊙April–Okt.; @) Auf einer Insel, wo alles aufs Nötigste beschränkt ist, sticht das schicke Boutique-Hotel deutlich heraus. Die vier Zimmer des Gästehauses wurden aufwendig mit örtlichen Materialien gestaltet und der Ausblick scheint ins Endlose zu gehen. Am besten schnappt man sich ein Fahrrad und erkundet in wunderbarer Einsamkeit die Gegend. Im Restaurant gibt's häufig wechselnde hervorragende Gerichte aus lokalen Zutaten (Abendessen 15–35 €). Nichtgäste sind ebenfalls willkommen, sollten aber vorher reservieren.

Tig Congaile B&B €€

(☏099-73085; bbinismeain@eircom.net; Moore Village; Zi. 45–90 €) Nicht weit vom Fähranleger serviert Vilma Conneely den Gästen frischen Kaffee aus ihrem Herkunftsland Guatemala und fantastische Biogerichte wie Algensuppe. Im Restaurant können auch Nichtgäste speisen (Mittagessen ab 5 €, Abendessen ab 20 €; 10.30–21 Uhr). Die schönsten Plätze befinden sich draußen. Alle sieben Zimmer der Pension sind geräumig und bieten eine wirklich großartige Aussicht.

Máire Mulkerrin B&B €

(☏099-73016; EZ/DZ ab 30/50 €) Hausherrin Máire Mulkerrin ist schon über 80, in Röcke und Tücher gewandet und so etwas wie eine lokale Kultfigur. In ihrem schnuckeligen, gepflegten B&B lebt die Vergangenheit dank alter Familienfotos weiter. Der Küchenofen sorgt für angenehme Wärme.

Ard Alainn B&B €

(☏099-73027; EZ/DZ mit Gemeinschaftsbad ab 30/50 €; ⊙Mai–Sept.) 2 km vom Pier stößt man auf das ausgeschilderte reetgedeckte Ard Alainn, einen Traum für Vintage-Fans mit einem schönen Blick aufs Meer. Die Pension verfügt über fünf Zimmer und ein Gemeinschaftsbad. Maura Fahertys Frühstück ist so üppig, dass man erst abends wieder Hunger verspürt.

Teach Ósta PUB €€

(Hauptgerichte ab 10 €; ⊙12–open end) An Sommerabenden platzt dieses tolle Pub meist aus allen Nähten, in dem oft bis in die frühen Morgenstunden gebechert wird. Hier kann man Snacks, Sandwiches, Suppen und Meeresfrüchteplatten bestellen, allerdings nur bis etwa 19 Uhr. Im Winter bleibt die Küche manchmal sogar ganz geschlossen. Wenn es warm genug ist, sucht man sich am besten einen Platz an einem der Tische draußen, von denen man eine herrliche Aussicht genießt.

🛍 Shoppen

Cniotáil Inis Meáin KLEIDUNG

(☏099-73009) Von der Fabrik aus werden feine Strickwaren an exklusive Geschäfte in aller Welt verschickt. Hier gibt's die erstklassigen Pullover direkt vom Erzeuger. Besucher müssen sich telefonisch anmelden.

ℹ Praktische Informationen

Ein kleiner **Laden** (⊙Mo–Fr 10–18, Sa 10–14 Uhr) nicht weit vom Pub dient als Lebensmittelgeschäft sowie als Postamt und als Touristeninformation.

ℹ Unterwegs vor Ort

Die Insel und ihre Sehenswürdigkeiten können gut zu Fuß erkundet werden. Eine entspannte ein- bis zweistündige **Rundfahrt** (☏099-73993) im Van kostet 20 € und beginnt an der Fähranlegestelle oder am Flughafen. **Leihfahrräder** (10 € pro Tag) gibt's vielleicht am Hafen, wenn nicht, mietet man welche im Laden.

Inisheer

200 EW.

Inisheer (Inis Oírr) ist die kleinste Insel im Bunde. Ihr haftet ein ganz besonderer Zauber an, der in tiefverwurzelter Mythologie, einer hingebungsvollen Pflege der traditionellen Kultur und der unwirklich anmutenden Landschaften begründet ist. Bei einem Spaziergang auf den Pfaden kommt man an mit Efeu bewachsenen Steinmauern vorbei und kann überall kleine Entdeckungen machen.

Hier mahlen die Mühlen der Zeit sehr langsam, so gibt's beispielsweise erst seit 1997 eine zuverlässige Stromversorgung. Der fruchtbare Ackerboden ist nur 15 cm tief, was für die Bauern kein leichtes Los ist. Aus diesem Grund wurde der langsame Übergang zu einer auf Tourismus basierenden Wirtschaft begrüßt. Während der Sommermonate sind auf den Wanderwegen zahlreiche Tagesausflügler unterwegs (bis zu 1000 an milden Sommerwochenenden, die vom nur 8 km entfernten Doolin mit dem Boot übersetzen.

⊙ Sehenswertes & Aktivitäten

Über die Insel führen zwei markierte Wege, die an der Anlegestelle beginnen und entweder zu Fuß, mit dem Rad oder mit einem Fahrer in Angriff genommen werden können. Wer die wichtigsten Stätten per pedes erkunden möchte, sollte dafür etwa vier Stunden einplanen. Am besten nimmt man sich aber etwas mehr Zeit (vielleicht sogar ein paar Tage), um Inisheer richtig kennenzulernen.

LP TIPP O'Brien's Castle — HISTORISCHES GEBÄUDE
Nach 100 m Kletterei erreicht man den höchsten Punkt der Insel, von dem sich dramatische Aussichten über die Kleewiesen bis hin zu Strand und Hafen eröffnen. O'Brien's Castle (Caisleán Uí Bhriain), eine Kirche aus dem 15. Jh., wurde auf den Überresten der Ringfestung Dún Formna aus dem 1. Jh. errichtet. Interessierte können die Ruinen kostenlos besichtigen. In der Nähe befindet sich ein Signalturm aus dem 18. Jh.

LP TIPP Tobar Éinne — HISTORISCHE STÄTTE
Noch immer pilgern die Einheimischen zur Well of Enda, auch *Turas* genannt. Diese unermüdlich plätschernden Quelle liegt in einem abgelegenen steinigen Gebiet im Südwesten. Es ist Brauch, dass man an drei aufeinanderfolgenden Sonntagen herkommt, sieben Steine aufhebt und den kleinen Brunnen siebenmal umrundet, wobei man jedes Mal einen Stein fallen lässt und Rosenkränze spricht. Wenn man alles richtig macht, soll ein sonderbarer Aal im Wasser erscheinen und die Zunge des Glücksuchenden mit bestimmten Kräften ausstatten, z. B. soll man nun im wahrsten Sinne des Wortes Wunden gesundlecken können.

Teampall Chaoimháin — HISTORISCHES GEBÄUDE
Die dachlose Kirche des hl. Kevin aus dem 10. Jh., die nach dem in der Nähe begrabenen Schutzpatron Inisheers benannt ist, und der kleine Friedhof liegen auf einer winzigen Anhöhe in der Nähe des Strands. Am Vorabend des St.-Kevins-Festtags am 14. Juni wird in dem Gotteshaus um 21 Uhr eine Messe gefeiert. In der Hoffnung auf Heilung verbringen Kranke hier im Anschluss daran die Nacht.

Cill Ghobnait — KIRCHE
Die winzige Church of St. Gobnait aus dem 8. oder 9. Jh. trägt den Namen der hl. Gobnait, die vor einem Verfolger aus Clare floh und hier Zuflucht suchte.

Plassy — HISTORISCHE STÄTTE
1960 erlitt der Frachter bei schlechtem Wetter an dieser Stelle Schiffbruch und wurde hoch in die Felsen geschleudert, dennoch überlebte wie durch ein Wunder die gesamte Besatzung. Im Pub von Tigh Ned werden alle Fotos und Berichte über die Rettungsaktion aufbewahrt. Zudem diente eine Luftaufnahme des Wracks als Einleitungssequenz der englischen Kultserie *Father Ted* (s. Kasten S. 431).

Áras Éanna — KUNST- & KULTURZENTRUM
(☏099-75150; www.araseanna.ie) Inisheers großes Kunst- & Kulturzentrum befindet sich auf einem offenen Gelände im Norden der Insel. Vom Dorf bis hierher sind es etwa 15 Gehminuten. Im Sommer gibt's ein „Visiting Artist"-Programm und verschiedene kulturellen Veranstaltungen.

🎉 Feste & Events

LP TIPP Craiceann Inis Oírr International Bodhrán Summer School
TRADITIONELLES FESTIVAL
(www.craiceann.com) Ende Juni dreht sich eine Woche lang alles um traditionelle Trommeln. Zu dem Event gehören z. B. *bodhrán*-Meisterklassen, Vorträge, Workshops und Tanzveranstaltungen. Das irische Wort *craiceann* bezeichnet die Ziegenhaut, mit der die runden Trommeln bespannt sind. Dazu passt wunderbar das Motto des Festivals: „Lock up your goats!" („Sperrt eure Ziegen ein!"). Die Trommeln werden unter einem Arm gehalten, während man mit der

WANDERUNG AN INISHEERS KÜSTE

Die Wanderung rund um Inisheer entlang der 12 km langen Küste dauert fünf Stunden. Dabei lernt man die Insel viel besser kennen als bei einem eiligen Besuch der wichtigsten Attraktionen.

Von der Fähranlegestelle geht's auf der engen Straße parallel zum Wasser nach Westen und geradeaus weiter zum kleinen Landungssteg für Fischerboote im Nordwesten. Dann folgt man der Straße mit dem Geröllstrand auf der einen und einem bunten Mosaik aus Feldern samt den allgegenwärtigen Steinmauern auf der anderen Seite. Auf Gezeitentümpel und Kegelrobben, die sich in der Sonne ausruhen, achten!

1 km hinter der spitzwinkligen Kreuzung biegt man an dem Schild links ab. 100 m weiter beginnt der gepflasterte Weg zur **Tobar Éinne**, der nach einiger Zeit zum unbefestigten Pfad wird und Richtung Südwesten führt. Nach 600 m geht's gen Süden weiter und über Kalksteine sowie Grasstreifen zu einem Strand. Entlang der sanft geneigten Felsplattform passiert man das südwestliche Kap (Ceann na Faochnaí) und steuert Richtung Osten den Leuchtturm bei Fardurris Point (2 Std. ab dem Pier) an.

Dann geht's der Küste nach in Richtung Nordosten. In der Ferne ist das Wrack der **Plassy** zu sehen. Mauern und Begrenzungen rund um die Felder können dank der Zauntritte ganz einfach überquert werden. Das Gras vor Ort wächst auf ca. 5 cm Mutterboden, der von den Inselbewohnern geschaffen wurde: Sie entfernten per Hand die Steine und schichteten hier jahrzehntelang Seetang übereinander.

Nun verläuft der Pfad nach Norden und wird am Nordende des Lough More zu einer geteerten Straße, die an der Küste und am Flugplatz vorbeiführt.

An der Landebahn kann man einen Abstecher zur **Teampall Chaoimháin** und zum **O'Brien's Castle** machen. Alternativ relaxt man am herrlichen geschwungenen **Sandstrand** und erkundet den nahe gelegenen **Cnoc Rathnaí**, einen Grabhügel aus der Bronzezeit (1500 v. Chr.). Er ist bemerkenswert intakt, wenn man bedenkt, dass er bis zum 19. Jh. unter Sand verborgen lag.

Hand des anderen Arms den hölzernen Klöppel bedient. Das Fest zieht immer wieder echte Spitzentalente an, die ihre Fertigkeiten in den abendlichen Trommelsessions der Pubs präsentieren.

Schlafen & Essen

Für die Craiceann-Woche im Juni sollte man seine Unterkunft weit im Voraus buchen. Am Hauptstrand gibt's einen Campingplatz mit Duschen und Toiletten. Alle drei Pubs der Insel lohnen einen Besuch.

LP TIPP **Fisherman's Cottage & South Aran House** B&B €€
(099-75073; www.southaran.com; EZ/DZ 45/70 €; April–Okt.;) Lavendel ziert den Eingang dieses B&Bs mit einem Café nur fünf Gehminuten von der Fähranlegestelle. Die Inhaber sind echte Slow-Food-Liebhaber und bieten Mittag- sowie Abendessen (auch für Nichtgäste, Hauptgerichte 12–20 €) an. Zu den dafür verwendeten Zutaten gehören Fisch, Meeresfrüchte und regionale Bioprodukte. Alle Zimmer sind schlicht, aber stilvoll. Gäste können hier außerdem Kajak fahren oder angeln.

Brú Radharc Na Mara Hostel HOSTEL €
(099-75024; radharcnamara@hotmail.com; B 18–25 €, DZ 50 €; März–Okt.) Ein makellos sauberes Hostel mit Meerblick. Gleich daneben befinden sich ein Pub und der Pier. Es gibt eine große Küche, einen Kamin und einen Fahrradverleih. Die Besitzer betreiben auch das benachbarte B&B (Zi. 50 €) mit einfachen Zimmern.

Radharc an Chláir B&B €€
(099-75019; bridpoil@eircom.net; Zi. 45–80 €) Von der modernen Pension in der Nähe von O'Brien's Castle genießt man fantastische Ausblicke auf die Cliffs of Moher und die Galway-Bucht. Da Brid Poil eine ausgezeichnete Köchin (Abendessen 20 €) ist und viele Stammgäste hat, sollte man die Unterkunft mehrere Wochen im Voraus buchen. Einige Zimmer haben keine eigenen Bäder.

Tigh Ruairí GÄSTEHAUS, PUB €€
(Strand House; 099-75020; Zi. 50–90 €; @) Rory Conneelys stimmungsvolle Bleibe verfügt über 20 Zimmer, viele mit Aussicht aufs Meer, und wartet mit einem hauseigenen, gemütlichen Pub auf, in dem lebhafte Sessions stattfinden.

Tigh Ned PUB €

(Mahlzeiten 5–10 €) Die 1897 eröffnete Kneipe ist einladend und erfrischend bodenständig. Hier gibt's traditionelle Musik und preiswerte Mittagsgerichte. Von den Tischen im Garten blickt man auf den Hafen.

ⓘ Praktische Informationen

Im Sommer dient der kleine **Kiosk** (◉10–18 Uhr) am Hafen als Touristeninformation. Genau wie auf Inishmaan mangelt es auch auf Inisheer an Geldautomaten.

Mehr über die Insel erfährt man auch auf der Website www.inisoirr-island.com.

ⓘ Unterwegs vor Ort

Rothair Inis Oírr (☏099-75033; 10 € pro Tag; ◉Mai–Sept.) verleiht in der Nähe des Piers Fahrräder und verfügt über eine gute Karte. Viele Unterkünfte vermieten ihre Räder auch an Nichtgäste.

Im Sommer werden Rundfahrten in **Ponykutschen** (pro Pers. 10–15 €/Std.) sowie urigen, im Stil der reetgedeckten Hütten gestalteten **Wagen** (☏086 607 3230) angeboten, die von Traktoren gezogen werden. Wer die Insel mit dem Auto entdecken will, sollte **Eanna Seoighe** (☏099-75040, 087 284 0767) kontaktieren.

CONNEMARA

Man denke an das leckerste Stück Kuchen, das man jemals gegessen hat: Ein ähnlich eindrucksvolles Fest für die Sinne bietet die Küste dieser Halbinsel.

Das irische Wort Connemara (Conamara) bedeutet so viel wie „Inlets of the Sea" („Meereseinbuchtungen") – ein treffender Name, denn die Straßen am Meer führen zu vielen kleinen Buchten mit versteckten Stränden. Darüber hinaus stößt man hier auf zahlreiche bezaubernde Orte.

Das Landesinnere ist ein bunter Flickenteppich aus Moorland, abgeschiedenen Tälern und dunklen Seen. Sein Herz bilden die Maumturk Mountains und die grauen Quarzitgipfel der Gebirgskette Twelve Bens mit herrlichen Rad- und Wanderwegen. Die Landschaft ist von einem schier endlosen Netz aus Steinmauern durchzogen. Sie sieht besonders schön aus, wenn Himmel und Wasser in tiefem Azurblau erstrahlen, das kräftige Grün der Hügel zutage tritt und die Blumen gelbe Blüten tragen.

ⓘ Praktische Informationen

Das Touristenbüro in Galway informiert ausführlich über die Region. Online erfährt man bei **Connemara Tourism** (www.connemara.ie) und **Go Connemara** (www.goconnemara.com) viel Wissenswertes und findet praktische Links.

ⓘ Anreise & Unterwegs vor Ort

AUTO

Wer auch die abgelegenen Ecken dieser schönen Gegend besuchen möchte, braucht ein eigenes Auto, allerdings sind die Wege manchmal so schmal, dass die Steinmauern schon an der Wagentür kratzen.

Ein gewisses Verkehrshindernis bilden auch umhertrottende Schafe mit dickem, hellem Fell, kohlschwarzen Beinen und einem ebenso gefärbten Kopf, die eine Vorliebe für Straßen zu haben scheinen. Selbst die besten Wege sind wegen des sumpfigen Untergrunds mehr oder weniger uneben.

BUS

In Galway (S. 436) kann man zahlreiche empfehlenswerte Touren buchen. Wer die Möglichkeit hat, sollte sich für die Erkundung der Gegend aber mehr als einen Tag Zeit nehmen.

Bus Éireann (☏091-562 000; www.buseireann.ie) Das Unternehmen steuert viele Orte auf der Connemara-Halbinsel an, allerdings gibt's eher unregelmäßige Verbindungen. Einige Linien sind lediglich von Mai bis September oder auch nur im Juli und August unterwegs. Manche Fahrer halten auf Wunsch auch zwischen den einzelnen Zielen.

Citylink (www.citylink.ie) Die Busse dieses Anbieters fahren mehrmals täglich von Galway nach Clifden und halten unterwegs in Moycullen, Oughterard, Maam Cross und Recess. Danach geht's weiter nach Cleggan und Letterfrack. Auf Nachfrage lassen einige Fahrer auf freier Strecke aussteigen.

Oughterard & Umgebung

2400 EW.

Der Schriftsteller William Makepeace Thackeray sang ein Loblied auf das kleine Oughterard (Uachtar Árd). Ein schönerer Ort sei kaum zu finden, behauptete er. Auch wenn der Zauber im Lauf der Jahre etwas verblichen ist, gilt das Städtchen doch als nettes Tor zu Connemara. Außerdem ist es eines der wichtigsten Anglerzentren Irlands.

Unmittelbar westlich von Oughterard lockt ein buntes Panorama aus Seen, Bergen und Sumpfland, das nach Westen hin immer spektakulärer wird.

⦿ Sehenswertes

Sollte man auf ein paar umherirrende Touristen stoßen, die etwas schleppend sprechen und andere Leute mit *pilgrim* (Pilger) ansprechen, handelt es sich wahrscheinlich um eingefleischte Fans des Kultfilms *Der Sieger* (s. Kasten S. 440).

Aughnanure Castle · BURG
(www.heritageireland.com; Erw./Kind 3/1 €; ⊙Anfang April–Sept. 9.30–18 Uhr) Diese düster wirkende Festung wurde um 1500 herum erbaut. Sie diente einst als Sitz der kämpferischen O'Flahertys, die nach ihrem Sieg über die Normannen die Gegend jahrhundertelang unter ihrer Kontrolle hatten. Das sechsstöckige Turmhaus auf einem Fels oberhalb vom Lough Corrib wurde aufwendig restauriert. Rund um die Burg liegen die Überreste einer ungewöhnlichen Befestigungsanlage mit doppelter Mauer, die als zusätzlicher Schutz fungierte. Hier wurde bei Gefahr auch das Vieh untergebracht. Unterhalb der Festung fließt der See durch eine Reihe natürlicher Höhlen.

Das Aughnanure Castle liegt 3 km östlich von Oughterard abseits der Hauptstraße nach Galway (N59).

Glengowla Mines · INDUSTRIEMUSEUM
(www.glengowlamines.ie; Erw./Kind 8/4 €; ⊙Mitte März–Mitte Nov. 10–18 Uhr) Die Arbeit unter Tage ist eine ziemlich schmutzige Angelegenheit, aber dafür sind die Materialien aus der Mine umso schöner. Zu den Exponaten zählen z. B. Silber und glitzernder Quarz. Besucher erfahren einiges über das harte Dasein der Arbeiter und bekommen natürlich ein paar Bodenschätze zu sehen. Die Mine stammt aus dem 19. Jh., liegt 3 km westlich von Oughterard und ist über die N59 zu erreichen

Brigit's Garden · GARTEN
(www.galwaygarden.com; Polagh, Roscahill; Erw./Kind 7,50/4,50 €; ⊙März–Sept. 10–17.30 Uhr) Spürt jemand die positiven Schwingungen? Auf halber Strecke zwischen den Dörfern Moycullen und Oughterard erstreckt sich ein esoterisch angehauchter Garten, in dem Yogaunterricht und Nachhilfe in Sachen Mythologie angeboten sowie keltische Festivals ausgerichtet werden. Außerdem gibt's ein vegetarisches Café und viele Pflanzen.

🛏 Schlafen & Essen

Currarevagh House · HOTEL €€
(☎091-552 312; www.currarevagh.com; Zi. 80–150 €; ⊙März–Mitte Okt.; P 🐾) 1846 erhielten die Vorfahren der heutigen Besitzer dieses Herrenhaus als Hochzeitsgeschenk. Es steht auf einem großen Grundstück am Lough Corrib, das zu Spaziergängen einlädt, und verfügt über zeitlose Räume mit frischen Blumen. Das Essen, darunter frische Forellen aus der Gegend, ist schlichtweg fantastisch.

Waterfall Lodge · GÄSTEHAUS €€
(☎091-552 168; www.waterfalllodge.net; Glann Rd; EZ/DZ 50/80 €) Das in unterschiedlichen Rosatönen eingerichtete B&B liegt neben einem Bach in einem baumbestandenen Garten. Es ist schön beleuchtet, voller Antiquitäten (wer möchte, darf das alte Klavier ausprobieren) und zu Fuß nicht weit von Oughterard entfernt.

Canrawer House · HOSTEL €
(☎091-552 388; www.oughterardhostel.com; Station Rd; B 17–20 €, DZ 46 €; ⊙Feb.–Okt.; P @) Dieses Hostel 1 km vom Ortskern hat helle, saubere Mehrbett- und Familienzimmer sowie einen tollen Patio mit Blick auf das 1 ha große ländliche Grundstück. Für eine kleine Gebühr zeigt einem der Besitzer, wo man am besten braune Forellen fürs Abendessen angeln kann.

ℹ Praktische Informationen

Touristeninformation (www.oughterardtourism.com; Main St; ⊙Sommer tgl. 9.30–17.30 Uhr, ansonsten nur Mo–Fr) Hervorragende Website.

ℹ An- & Weiterreise

Bus Éireann (www.buseireann.ie) und **Citylink** (www.citylink.ie) bieten regelmäßige Busverbindungen von Galway nach Oughterard.

GESPROCHENES IRISCH

Eine der wichtigsten Gaeltacht-Regionen (irischsprachige Gebiete) des Landes beginnt bei Spiddal und erstreckt sich an der Küste bis nach Cashel.

Mittlerweile erlebt die gesprochene irische Sprache eine Renaissance und wohlhabende Dubliner Familien reißen sich um Plätze in Schulen, in denen auf Irisch unterrichtet wird. Dieser Umstand ist diversen Medien aus Connemara und Galway geschuldet. Seit den 1990er-Jahren gibt's z. B. den nationalen irischsprachigen Radiosender Radio na Gaeltachta (www.rte.ie/rnag) und den Fernsehkanal TG4 (www.tg4.ie). Großer Beliebtheit erfreut sich auch die wöchentlich erscheinende Zeitung *Foinse* (www.foinse.ie).

Lough Corrib

Der größte See der Republik schneidet das westliche Galway vom Rest des Landes ab. Er ist mehr als 48 km lang, hat eine Fläche von 200 km² und beherbergt 360 Inseln, darunter beispielsweise Inchagoill. Dort erstreckt sich eine Klostersiedlung, die man von Oughterard oder Cong aus erreichen kann.

Der Lough Corrib ist für seine Lachse, Meer- und Bachforellen in der ganzen Welt bekannt. Als absoluter Höhepunkt der **Angelsaison** gilt der Mai, wenn Millionen Eintagsfliegen ausschwärmen und Fische wie Angler in den Wahnsinn treiben. Die Lachssaison beginnt im Juni. Infos zum Fischfang und zum Bootsverleih gibt's im **Canrawer House** und in einem hervorragenden Laden namens **Thomas Tuck's Fishing Tackle** (091-552 335; Main St, Oughterard; Mo–Sa 9–18.30 Uhr).

Die größte Insel im Lough Corrib ist das einsame **Inchagoill** mit vielen Relikten aus vergangenen Zeiten. Am meisten beeindruckt der **Lia Luguaedon Mac Menueh** (Stein von Luguaedon, Sohn von Menueh), der eine Grabstätte markiert. Der 75 cm hohe Obelisk steht neben der Saints' Church. Manche behaupten, die lateinische Inschrift sei die zweitälteste christliche in ganz Europa – nach jener in den römischen Katakomben. Die **Teampall Phádraig** (St. Patrick's Church) ist eine sehr alte, kleine Kapelle mit einigen späteren Ergänzungen. Als schönste Kirche gilt jedoch die romanisch inspirierte **Teampall na Naoimh** (Saints' Church), die vermutlich aus dem 9. oder 10. Jh. stammt. Ihr Torbogen weist hübsche Schnitzereien auf.

Corrib Cruises (092-46029; www.corribcruises.com; Erw./Kind 28/14 €) bringt einen mit Segelbooten von Oughterard nach Inchagoill und zum Ashford Castle in der Nähe von Cong.

Connemara

Nördlich vom See können Besucher im Örtchen Clonbur bei **Joyce Country Sheepdogs** (⏹094-954 8853; www.joycecountrysheepdogs.ie; Erw./Kind 7/3 €; ⊙Mai–Okt.) erleben, wie Schäferhunde erstaunliche Leistungen vollbringen (vorab buchen!).

Auf der Küstenstraße von Galway zum Mace Head

Die Küstenstraße zwischen Galway und Connemara führt ganz gemächlich durch reizvolle Gegenden und Dörfer. Hinter Inverin beginnt der beste Abschnitt.

Gegenüber dem beliebten, mit Blauer Flagge ausgezeichneten **Silver Strand** 4,8 km westlich von Galway an der R336 bieten sich in den dichten **Barna Woods** schöne Picknick- und Wandermöglichkeiten. Der Wald wird vom Galway County Council betreut und beherbergt die letzten wild wachsenden Eichen im Westen Irlands.

Spiddal (An Spidéal), ein erfrischend authentisches Dorf, dient als Tor zur Gaeltacht-Region. Vor dem Ortseingang befinden sich auf der rechten Seite die **Spiddal Craft & Design Studios** (www.ceardlann.com; ⊙Öffnungszeiten wechseln). Hier kann man Holzschnitzern, Lederkünstlern, Bildhauern und Webern bei ihrer Arbeit über die Schulter schauen.

Hochkarätige Sessions mit traditioneller Musik steigen immer dienstags gegen 21 Uhr bei **Tigh Hughes** (Spiddal), wo ganz spontan auch schon mal echte Szenegrößen auftauchen. Das Pub steht etwas abseits der Hauptstraße, an der zahlreiche Unterkünfte liegen. Man erreicht es, in dem man an der kleinen Kreuzung im Ortszentrum bei der Bank rechts abbiegt; der Eingang ist ein paar Häuser weiter auf der rechten Seite.

Westlich von Spiddal wird die Landschaft immer spektakulärer, denn hier fallen die von einem Netz aus niedrigen Steinmauern durchzogenen Felder zur zerklüfteten Küste ab. **Carraroe** (An Cheathrú Rua) wartet mit herrlichen Stränden wie dem Coral Strand auf, der ganz aus Muschel- und Korallenteilchen besteht. Es lohnt sich, die Nebenstraßen zu beiden Seiten der **Greatman's Bay** abzufahren, um sich winzige Buchten und Esel anzusehen.

Die Inseln **Lettermore**, **Gorumna** und **Lettermullen** sind flach und wenig einladend. Ein paar Bauern fristen dort auf winzigen, steinreichen Feldern ihr Dasein. Gute Einnahmen bringt allein die Fischzucht.

An der R340 bei Gortmore stößt man auf **Patrick Pearse's Cottage** (Teach an Phiarsaigh; www.heritageireland.ie; Erw./Kind 3/1 €; ⊙Ostern & Juni–Mitte Sept. 10–18 Uhr). 1916 führte Pádraig Pearse (1879–1916) gemeinsam mit James Connolly den Osteraufstand an und wurde später von den Briten hingerichtet. In dem kleinen reetgedeckten Haus verfasste er einige Kurzgeschichten und Stücke.

Die malerische R340 führt von dort weiter nach Süden und folgt der **Kilkieran Bay**, einem Naturschutzgebiet. Das verzweigte und komplexe Ökosystem aus Seemarschen, Mooren, schnell fließenden Flüssen sowie Gezeitenbecken lockt mit einer absolut umwerfenden Vielfalt von Tieren und Pflanzen.

Als Nächstes erreicht man **Carna**, ein Fischerdorf mit reizvollen Wanderwegen in Richtung **Mweenish Island** sowie Pfaden nach Norden über Moyrus hinaus zur wilden Landzunge beim **Mace Head**.

DER SIEGER

Wenn ein US-amerikanischer Fernsehsender mal wieder hohe Einschaltquoten verzeichnen will (und *Vom Winde verweht* erst kürzlich gezeigt wurde), wird *Der Sieger* (Originaltitel: *The Quiet Man*) ausgegraben. Der Klassiker von 1952 mit John Wayne und Maureen O'Hara steht bei vielen Filmkennern auf der Top-10-Liste der romantischen Komödien. Es handelt sich um ein energiegeladenes Porträt vom irischen Alltag auf dem Land samt Alkoholkonsum und Schlägereien.

Um den Film zu verwirklichen, reiste Regisseur John Ford ins Land seiner Vorfahren. Fast alle Szenen wurden in Connemara und dem kleinen Dorf Cong, County Mayo (an der Grenze zu Galway), gedreht. In dem Streifen ist auch die schöne **Quiet Man Bridge** 3 km westlich von Oughterard in der Nähe der N59 zu sehen. Die bildhübsche kleine Brücke hieß ursprünglich Leam Bridge und hat sich kaum verändert. Wer genau aufpasst, wird allerdings feststellen, dass ein paar der Nahaufnahmen nicht am Originalschauplatz entstanden sind, sondern vor einer kitschigen Kulisse in Hollywood. Aber hey, das ist Showbusiness.

Eingefleischte Fans des Films sollten sich Des MacHales *Complete Guide to The Quiet Man* zulegen. Man bekommt das erstklassige Buch in den meisten Touristeninformationen der Gegend.

Schlafen

Wer Roundstone bis Einbruch der Dunkelheit noch nicht erreicht hat, kann in einer der folgenden Unterkünfte übernachten.

Cashel House Hotel HOTEL €€
(☏ 095-31001; www.cashel-house-hotel.com; Cashel; EZ/DZ ab 90/130 €; P🖃) Am Ende der Cashel Bay wartet dieses Landhaus mit 32 Zimmern voller Antiquitäten sowie einem 17 ha großen Wald- und Parkgelände auf. Zur Anlage gehören auch ein Stall mit Connemara-Ponys (Reitstunden möglich), ein erstklassiges Restaurant und ein kleiner Privatstrand. Hier haben schon berühmte Persönlichkeiten wie Charles de Gaulle genächtigt.

Cloch na Scíth GÄSTEHAUS €€
(☏ 091-553 364; www.thatchcottage.com; Kellough, Spiddal; Zi. 45–80 €; P) Das 100 Jahre alte reetgedeckte Gebäude steht in einem echten Bilderbuchgarten mit Enten und Hühnern. Nancy, die nette Gastgeberin, backt Brot im Eisentopf über dem Torffeuer – genau so, wie ihre Großmutter es ihr beigebracht hat.

Lough Inagh Valley

Die braune Landschaft des Lough Inagh Valley bezaubert mit ihrer unverfälschten Schlichtheit.

Von der Südseite und ein Stück westlich von Recess führt die R344 ins Tal hinein. Die düsteren Seen Derryclare und Inagh reflektieren unwirkliche Momentaufnahmen der Umgebung. An der Westseite erhebt sich das wenig einladende Massiv **Twelve Bens** und am nördlichen Ende trifft die Straße auf die N59, die sich durch ganz Connemara bis nach Leenane windet.

Außerdem zweigt an der Nordende ein interessanter Weg rechts von der Straße ab, der in einem weiteren Tal endet.

Schlafen & Essen

Lough Inagh Lodge GÄSTEHAUS €€
(☏ 091-34706; www.loughinaghlodgehotel.ie; EZ/DZ ab 90/140 €; Abendessen 40 €; P🖃) Dieses atmosphärische Gästehaus punktet mit seinem gediegenen viktorianischen Flair und 13 hübschen Zimmern. Es liegt mitten in dem traumhaften Tal an einem Hügel und am Wasser und ist über die R344 zu erreichen. Torffeuer in den gemütlichen Gemeinschaftsbereichen erinnern daran, dass man sich auf dem Land befindet.

Ben Lettery Hostel HOSTEL €
(☏ 091-51136; www.anoige.ie/hostels/ben-lettery; N59, Ballinafad; B 15–20 €, DZ 80 €; ⊙April–Okt.; P) 8 km westlich der Stelle, wo die R344 ins Tal führt, stößt man auf das makellose YHA-Hostel. Es verfügt über eine saubere, gemütliche Küche und einen ebensolchen Aufenthaltsraum und ist die ideale Ausgangsbasis zur Erkundung des Tals. Die Unterkunft liegt 13 km östlich von Clifden. Fahrer der Citylink-Busse halten dort nach Absprache, einchecken kann man allerdings nur zwischen 17 und 20 Uhr.

Roundstone

400 EW.

Roundstone (Cloch na Rón) erstreckt sich rund um einen Hafen mit vielen kleinen Booten und gehört zu den malerischsten Orten auf der Connemara-Halbinsel. Fröhlich bunte Reihenhäuser und einladende Pubs überblicken die dunkle Bertraghboy Bay, in der sich Hummerfischer und traditionelle *currachs* (Boote mit hölzernem Rumpf, der mit geteertem Segeltuch überspannt wird) tummeln.

◉ Sehenswertes & Aktivitäten

Von der kurzen **Promenade** genießt man einen schönen Blick aufs Wasser sowie auf erodierte Küstenabschnitte.

Roundstone Musical Instruments MUSIK
(www.bodhran.com; Michael Killeen Park; ⊙Juli-Sept. 9-19 Uhr, Okt.-Juni Mo-Sa 9.30-18 Uhr) Gleich südlich des Dorfes beherbergt ein altes Franziskanerkloster Malachy Kearns Geschäft **Roundstone Musical Instruments**. Kearns verdient sein Geld als landesweit einziger hauptberuflicher Hersteller traditioneller *bodhráns*. Besucher können ihm bei der Arbeit zusehen und eine Zinnpfeife, Harfe oder ein Büchlein voller irischer Balladen erstehen. Zu dem Laden gehören auch ein kleines volkskundliches Museum und ein Café. In den benachbarten **Kunsthandwerksläden** wird alles von feinen Porzellanwaren bis hin zu Pullis verkauft.

Mt. Errisberg WANDERN
Der einzige nennenswerte Hügel (298 m) an diesem Teil der Küste ragt am steinernen Pier auf. Innerhalb von zwei Stunden kann man von Roundstone zum Gipfel hinaufwandern; dazu folgt man einfach der schmalen Straße, die am O'Dowd's Pub im Zentrum vorbeiführt. Oben eröffnet sich eine herrliche Aussicht auf die Bucht und die Twelve Bens.

⌂ Schlafen & Essen

Roundstone House HOTEL €€
(☏091-35864; www.roundstonehousehotel.com; Main St; EZ/DZ ab 50/90 €; ⊙April-Okt.) Das elegante Gebäude an der Main Street verfügt über 13 gemütliche, gut ausgestattete Zimmer (z. B. mit Teekesseln) und bietet einen Ausblick auf die Bucht. Im Sommer wird im hauseigenen Pub, dem Vaughan's, hin und wieder traditionelle Musik gespielt. Auf der Terrasse kann man sich Pints und Meeresfrüchtegerichte zu Gemüte führen.

Wits End B&B B&B €
(☏091-35813; olivercoyne@gmail.com; Main St; EZ/DZ ab 35/56 €; ⊙März-Nov.; ⓢ) Mitten im Ort befindet sich dieser pinkfarbene Palast (na gut, eher ein bescheidenes rosa Haus). Von den Zimmern reicht der Blick über die Straße aufs Meer. Das Wits End ist einfach, aber gemütlich und nur wenige Schritte von den netten Pubs entfernt.

Anglers Return GÄSTEHAUS €€
(☏095-31091; www.anglersreturn.com; Toombeola; EZ/DZ ab 50/90 €; ℗) Die elegante Unterkunft ist der perfekte ländliche Rückzugsort. Sie liegt zwischen Gärten, einem Wald und einem Bach und hat fünf bezaubernde Zimmer. Die Dekoration ist teilweise zwar ein bisschen zu plüschig geraten, aber das tut der Entspannung keinen Abbruch. Es gibt hier keine Fernseher. Das Anglers Return liegt 7 km nördlich von Roundstone in der Nähe der Kreuzung der R341 und R342.

LP TIPP O'Dowd's FISCH & MEERESFRÜCHTE €€
(☏091-35809; Main St; Hauptgerichte 15-22 €; ⊙Restaurant April-Sept. 12-22 Uhr, Okt.-März 12-15 & 18-21.30 Uhr) Seit seinem großen Auftritt 1997 im Hollywoodstreifen *Heirat nicht ausgeschlossen* hat das gemütliche alte Pub nichts von seiner Originalität eingebüßt. Im angrenzenden Restaurant gibt's frische Meeresfrüchte, die gleich gegenüber gefangen werden.

Von Roundstone nach Clifden

Die R341 verläuft an der Küste entlang von Roundstone nach Clifden, wo die Strände schneeweiß sind und das Wasser eine türkisgrüne Farbe hat: Wäre es 10° C wärmer, könnte man glatt denken, man befände sich auf Antigua. 2,5 km hinter Roundstone liegt die Abzweigung zur **Gurteen Bay** (bzw. Gorteen Bay). Nach weiteren 800 m führt eine Straße zur **Dog's Bay**. Zwischen den beiden Buchten erstreckt sich eine Halbinsel, die wie ein Hundeknochen geformt und von malerischen Stränden umgeben ist. Hier kann man problemlos einen Tag damit zubringen, die grasbewachsenen Landzungen zu erkunden und auf dem Sand umherzuspazieren.

Oberhalb der Strände befindet sich der **Gurteen Beach Caravan & Camping Park** (☏091-35882; www.gurteenbay.com; Stellplätze ab 20 €, Wohnwagen ab 100 €; ℗@), ein friedlicher, gut ausgestatteter Campingplatz.

ABSTECHER

DURCH DAS MOOR NACH CLIFDEN

Abseits der Küste gibt's eine alternative Route von Roundstone nach Clifden, die durch das geschützte **Roundstone Bog** führt. 4 km nördlich von Roundstone zweigt eine alte Straße von der R341 Richtung Westen ab und verspricht eine holprige Fahrt durch eine verwunschene, trostlose Gegend. Manche Einheimische glauben, dass es in dem rostfarbenen Moor spukt, und meiden es deshalb nachts. Davon mal abgesehen sollte man der Route tatsächlich nur am Tag folgen, da sie in schlechtem Zustand ist. Im Sommer sieht man gelegentlich Arbeiter beim Torfstechen. Bei Ballinaboy trifft die Straße wieder auf die R341.

In **Ballyconneely** kann man von der R341 Richtung Westen abfahren, um das **Connemara Smokehouse** (www.smokehouse.ie; Bunowen Pier; ⊙ Mo–Fr 9–13 & 14–17 Uhr) zu besuchen. Hier erfährt man alles darüber, wie der berühmte Lachs der Region geräuchert wird, und darf ihn auch probieren.

Clifden & Umgebung

1800 EW.

Connemaras „Hauptstadt" Clifden (An Clochán) liegt am Ende der engen Bucht, wo der Owenglin ins Meer fließt. Die Straßen des hübschen Ortes aus viktorianischer Zeit laden zu netten Spaziergängen ein, außerdem kann man in der Umgebung Wald- und Küstenwanderungen unternehmen.

Im Sommer wirken Clifdens Straßen zwar heiterer, doch dafür verströmt das Städtchen im Winter einen ganz besonderen verblichenen, altmodischen Charme. Während der Wirtschaftskrise hatte es stärker zu kämpfen als viele andere Orte in der Region. Aus diesem Grund ist jeder Besucher gern gesehen.

⊙ Sehenswertes & Aktivitäten

Die Gegend ist für ihre Ponys berühmt und Ausritte am Strand erfreuen sich großer Beliebtheit. Bei der jährlichen **Connemara Pony Show** (www.cpbs.ie) Ende August, die Besucher aus ganz Westirland anzieht, kann man die Tiere in Bestform erleben.

Ein Spaziergang (15 Min.) führt die Beach Road hinunter zum **Hafen**, wo sich Clifdens Türme im Gezeitenwasser spiegeln.

LP TIPP Sky Road REIZVOLLE STRECKE

Die 12 km lange Route führt in einem spektakulären Bogen stadtauswärts nach Kingston und wieder zurück nach Clifden an wildromantischen, zerklüfteten Küstenstreifen vorbei. Die Strecke lässt sich gut zu Fuß oder per Fahrrad bewältigen; wer wenig Zeit hat, kann aber auch mit dem Auto fahren. Sie startet am Market Square in Clifden und verläuft von hier direkt Richtung Westen.

Connemara Heritage & History Centre
MUSEUM

(www.connemaraheritage.com; Lettershea; Erw./Kind 8/4 €; ⊙ April–Okt. 10–18 Uhr) Bis zu seiner Vertreibung lebte und arbeitete in diesem Haus 7 km östlich von Clifden an der N59 der Bauer Dan O'Hara. Im New Yorker Exil fristete er sein Leben als Streichholzverkäufer auf der Straße. Die gegenwärtigen Eigentümer haben das Anwesen renoviert und in eine Art Freilichtmuseum mit Vorführungen im Torfstechen, Dachdecken sowie in der Schafschur verwandelt. Man kann in dem Gebäude übernachten und einen Komfort genießen, der Dan nie vergönnt war.

Station House Museum MUSEUM

(Clifden Station House; Erw./Kind 2 €/frei; ⊙ Mai–Okt. Mo–Sa 10–17, So 12–18 Uhr) Das Museum befindet sich in einer alten Bahnhofshalle innerhalb eines schicken neuen Hotel- und Freizeitkomplexes. Es widmet sich der Geschichte der örtlichen Ponys sowie verschiedenen historischen Ereignissen.

Errislannan Manor PONYREITEN

(☎ 095-21134; www.connemaraponyriding.com; Ballyconneely Rd) Hier werden Reitunterricht und -ausflüge entlang des Strands sowie in die Hügel mit den berühmten hiesigen Ponys angeboten. Preise starten bei 35 € pro Stunde und hängen von der Art und Länge der gewünschten Tour ab. Der Stall liegt 3,5 km südlich von Clifden an der R341.

⌂ Schlafen

Im Ortszentrum gibt's zahlreiche empfehlenswerte Unterkünfte.

LP TIPP Dolphin Beach B&B €€

(☎ 095-21204; www.dolphinbeachhouse.com; Lower Sky Rd; Zi. 80–180 €; P 🛜) Der frühere Grundriss dieses Herrenhauses aus dem

19. Jh. ist inzwischen kaum mehr auszumachen. In den hellen Gemeinschaftsbereichen und den lässig-schicken Zimmern dominieren klare Linien. Das B&B befindet sich 5 km westlich von Clifden an einem der schönsten Küstenstreifen Connemaras.

Sea Mist House
B&B €€
(095-21441; www.seamisthouse.com; Market St; Zi. 60–120 €; 🛜) In dem märchenhaft schönen Garten des zentral gelegenen Sea Mist House wächst das Obst, aus dem die hausgemachte Marmelade besteht. Das Gebäude verfügt über vier makellose Zimmer.

Quay House
HOTEL €€
(095-21369; www.thequayhouse.com; Beach Rd; Zi. 90–180 €; ⊙Mitte März–Mitte Nov.) Unten am Hafen, zehn Gehminuten vom Ortszentrum, stößt man auf das 1820 errichtete weitläufige Quay House. In den 14 Zimmern dieser Bleibe gibt's zahlreiche Antiquitäten, trotzdem wirkt das Ganze nicht spießig, sondern zeitgemäß. Die Unterkunft wird von einem Mitglied der Hotelier-Familie Foyle betrieben und bietet einen Komfort, der in früheren Zeiten, als das Gebäude noch als Kloster diente, unvorstellbar war. Wer genau hinsieht, entdeckt die Einflüsse von diversen Berühmtheiten.

Dun Ri Guesthouse
GÄSTEHAUS €€
(095-21625; www.dunri.ie; Hulk St; Zi. 45–100 €; P🛜) Vom Ortskern geht's den Hügel hinab zu einem ruhigen Fleckchen in der Nähe des Reitwegs. Die Pension ist ansprechend und modern und verfügt über 13 geräumige Zimmer. Außerdem ist das Frühstück im Preis inbegriffen und die Auswahl – darunter eine abwechslungsreiche Käseplatte – umfangreich.

Clifden Station House
HOTEL €€
(095-21699; www.clifdenstationhouse.com; EZ/DZ ab 90/120 €; P@🛜) Die alten Bahnhofshallen östlich des Zentrums wurden mit Boutiquen, Cafés, einem schönen Pub und diesem modernen Hotel bestückt, dessen geräumige Zimmer ein bisschen geschäftsmäßig daherkommen, als man es diesem entlegenen Winkel der Welt erwarten würde.

Ben View House
B&B €€
(095-21256; www.benviewhouse.com; Bridge St; EZ/DZ ab 45/70 €) Holzbalken, polierte Bodendielen und Gastfreundlichkeit verleihen diesem 1848 errichteten Stadthaus klassischen Charme. Alle neun Zimmer quellen förmlich über vor Antiquitäten. Im Ben View sind Radfahrer gut aufgehoben: Es gibt viel Platz für die Ausrüstung und Schweißgeruch ist absolut kein Problem!

Clifden Town Hostel
HOSTEL €
(095-21076; www.clifdentownhostel.com; Market St; B 17–22 €, DZ ab 50 €) Ein fröhliches IHH-Hostel mitten im Stadtzentrum. Das cremefarbene Gebäude hat große Fenster und helle Zimmer mit 34 Betten.

Essen & Ausgehen
Im Zentrum befinden sich jede Menge Pubs und Restaurants. Wie in der gesamten Region stehen vor allem Fisch und Meeresfrüchte auf den Speisekarten.

Mitchell's
FISCH & MEERESFRÜCHTE €€
LP TIPP
(095-21867; Market St; Hauptgerichte 15–25 €; ⊙März–Okt. 12–22 Uhr) In dem eleganten Lokal gibt's Fischsuppe und immer wieder neue regionale Meeresfrüchtespezialitäten – selbstverständlich stammen die Zutaten aus den umliegenden Gewässern – sowie eine gute Weinkarte. Wer hier zu Abend essen möchte, sollte vorab reservieren. Mittags gehören Sandwiches und einfache Gerichte zum Angebot.

Off the Square
MEDITERRAN €€
(Main St; Hauptgerichte 10–20 €; ⊙9–22 Uhr) Ein exzellentes Restaurant mit einer mediterranen Küche. Mittags kommen einfache Speisen auf den Tisch, aber abends wird groß aufgefahren. Im Mittelpunkt stehen Fleischgerichte aus der Region, z. B. Kohl mit Speck.

Mullarky's Pub
PUB
(Main St) Das Pub gehört zum Foyle-Imperium und punktet mit einer ausgelassenen, fröhlichen Stimmung. Hier treten häufig Livebands auf. Wer sich erst einmal ins Getümmel gestürzt hat, bleibt vielleicht um einiges länger in Clifden als ursprünglich geplant.

Lowry's Bar
PUB €
(Market St; Mahlzeiten 6–10 €; ⊙ So–Do 10.30–24, Fr & Sa 10.30–1 Uhr) Authentisch, traditionell, altmodisch und ohne Schnickschnack, außerdem finden in dem Pub mehrmals pro Woche *céilidh*-Sessions statt. Hungrige können sich bodenständige Gerichte wie Bratwurst mit Kartoffelpüree bestellen.

Guy's Bar & Snug
PUB €€
(Main St; Hauptgerichte 8–16 €; ⊙10.30–23 Uhr) Die gut geführte Kneipe vereint traditionellen Charme mit modernen Elementen und bietet einfache, aber leckere irische Pubkost, etwa mit lokalen Meeresfrüchten.

ℹ️ Praktische Informationen

Am Market Sqare gibt's mehrere Banken mit Geldautomaten und einen geräumigen Supermarkt.

Clifden Bookshop (Main St) Gute Auswahl an Titeln und Karten zur Region.

Post (Main St)

Touristeninformation (www.clifdenchamber.ie; Straße nach Galway; ⊙Ostern–Juni & Sept. Mo–Sa 10–17 Uhr, Juli & Aug. tgl. 10–17 Uhr) Im Clifden-Station-House-Komplex.

ℹ️ Anreise & Unterwegs vor Ort

Bus Éireann (www.buseireann.ie) und **Citylink** (www.citylink.ie) fahren mehrmals täglich über die N59 nach Galway (ab 11 €, 90 Min.). Unterwegs halten sie in Oughterard.

Das übersichtliche Stadtzentrum kann man problemlos zu Fuß erkunden.

John Mannion & Son (Bridge St) vermietet Fahrräder für 15 € pro Tag.

Claddaghduff & Omey Island

Am zerklüfteten Küstenstreifen nördlich von Clifden liegt das kleine ausgeschilderte Dorf **Claddaghduff** (An Cladach Dubh). Wenn man an der katholischen Kirche Richtung Westen abbiegt, gelangt man zum **Omey Strand**. Bei Ebbe kann man durch den Sand zur **Omey Island** spazieren oder fahren. Auf dem Inselchen aus Felsen, Sand- und Grasflächen leben nur 20 Einheimische. Im Sommer finden am Strand Pferderennen statt.

Cleggan

300 EW.

Viele Traveller ignorieren Cleggan (An Cloiggean), ein kleines Fischerdorf 16 km nordwestlich von Clifden, und gehen sofort an Bord der Fähre nach Inishbofin. Ein großer Fehler, denn der Ort ist wirklich überaus charmant.

Mit leckeren frischen Meeresfrüchten wie den hervorragenden Krebsscheren in Knoblauch und dem jeweiligen Fang des Tages zieht das beliebte **Oliver's** (⌨095-44640; www.oliversbar.com; Hauptgerichte 20–25 €; ⊙17–21 Uhr) zahlreiche Einwohner an. Die klassische Fassade des Pubs ist so schwarz wie das Guinness, das man hier ausschenkt. Oben befinden sich einfache B&B-Zimmer (ab 60 €).

Die nahe gelegene **Pier Bar** (Dockside) wirkt etwas rauer, hat aber draußen unter den Bäumen hübsche Sitzgelegenheiten.

Busse von **Citylink** (www.citylink.ie) fahren dreimal täglich von Clifden nach Cleggan.

Inishbofin

200 EW.

Tagsüber ist Inishbofin ruhig und verschlafen. Enge Gässchen, grüne Wiesen und Sandstrände laden zu Spaziergängen und Radtouren ein und führen an Vieh sowie Seehunden vorbei. Dagegen geht's abends im Pub ganz schön rund, denn hier wacht keine *gardaí* (Polizei) über die Sperrstunde.

Die 6 km lange und 3 km breite Insel liegt 9 km vor dem Festland. Am höchsten Punkt ragt sie etwa 86 m aus dem Meer auf. Neben dem Nordstrand erstreckt sich der **Lough Bó Finne**, dem das Eiland seinen Namen verdankt (*bó finne* bedeutet „weiße Kuh").

👁️ Sehenswertes & Aktivitäten

664 begab sich der hl. Colman freiwillig hierher ins Exil, nachdem er sich mit der Kirche wegen der Einführung des neuen Kalenders überworfen hatte. Er soll nordöstlich des Hafens ein Kloster errichtet haben, allerdings sind dort heute nur noch die Überreste einer kleinen **Kirche** aus dem 13. Jh. zu sehen. Außerdem diente Inishbofin der berühmten Piratenkönigin Grace O'Malley im 16. Jh. als Stützpunkt. 1652 nahmen Cromwells Truppen das Eiland ein

---

GEFÜHRTE WANDERUNGEN IN CONNEMARA

In Buchhandlungen und Touristeninformationen bekommt man viele Wanderkarten für Connemara. Wer mehr über die einzigartige Geologie und Geschichte der Region sowie über die lokale Flora und Fauna erfahren will, kann auch einen Führer engagieren. **Connemara Safari** (⌨095-21071; www.walkingconnemara.com) bietet fünftägige Touren inklusive Mahlzeiten und Übernachtungen an (ab 700 €). Die Guides sind nicht nur Experten auf dem Gebiet der Archäologie, sondern kennen sich auch in vielen anderen Themengebieten aus. Manche Ausflüge führen auf verlassene Inseln vor der Küste.

und internierten hier Priester und Geistliche unter harten Bedingungen.

Die unberührten Gewässer eignen sich einfach wunderbar zum **Tauchen** (s. Kasten S. 446) und ursprüngliche **Strände** sowie verlockende Pfade laden zu Erkundungstouren ein.

Heritage Museum MUSEUM

(www.inishbofin.com; Eintritt frei; ⊙variierend) Am Pier gewährt ein interessantes Museum einen umfassenden Einblick in die bewegte Inselgeschichte. Zu den ausgestellten Exponaten gehören die Einrichtungsgegenstände eines alten Hauses aus der Zeit vor der Hungersnot, Fotos sowie traditionelle Landwirtschafts- und Fischereigeräte.

Feste & Events

Inishbofin Arts Festival KUNST- & KULTURFEST

(www.inishbofin.com) Bei diesem Festival im Mai wird Inishbofin mit Akkordeon-Workshops, archäologischen Wanderungen, Kunstausstellungen und Konzerten hochkarätiger irischer Bands wie De Dannan mal so richtig wachgerüttelt.

Schlafen & Essen

Außerhalb von Umzäunungen darf man wild zelten, allerdings nicht auf bzw. rund um die Strände.

Inishbofin Island Hostel HOSTEL €

(095-45855; www.inishbofin-hostel.ie; Zelten 10 € pro Pers., B 15–18 €, DZ 40–50 €; ⊙Anfang April–Sept.) Das lauschige alte Bauernhaus wartet mit 38 Betten, malerisch gelegenen Zeltplätzen und Gemeinschaftsbereichen samt Panoramafenstern auf. Von hier aus sind es nur 500 m bis zum Fähranleger.

Doonmore Hotel HOTEL €€

(095-45804; www.doonmorehotel.com; EZ 50–65 €, DZ 80–100 €; ⊙April–Sept.; ?) In Hafennähe bietet das Doonmore Hotel bequeme, schlichte Zimmer. Das Mittag- (15 €) bzw. Abendessen (35 €) besteht aus frischem, regionalem Fisch. Für Ausflüge stellen einem die Inhaber gerne ein Picknickpaket zusammen.

Dolphin Hotel & Restaurant

GÄSTEHAUS €€

(095-45991; www.dolphinhotel.ie; Zi. 120–140 €; ⊙April–Sept.; @) Die Zimmer in dieser stilvollen, modernen und minimalistischen Bleibe sind in diversen Beigetönen dekoriert. Darüber hinaus legen die Besitzer viel Wert auf Umweltfreundlichkeit, was sich z. B. an den Solarkollektoren auf dem Dach und einem Biogarten zeigt. Im hauseigenen Restaurant kommen vor allem Meeresfrüchte aus der Region und vegetarische Speisen auf den Tisch (Hauptgerichte 15–25 €). Der Mindestaufenthalt beträgt zwei Nächte.

❶ Praktische Informationen

In Inishbofins kleinem Postamt befindet sich auch ein Lebensmittelladen.

Tourismusverband (095-45861; www.inishbofin.com) Nützliche Infos und detaillierte Online-Wanderführer.

❶ Anreise & Unterwegs vor Ort

Island Discovery (095-45894, 095-45819; www.inishbofinislanddiscovery.com; Erw./Kind Hin- & Rückfahrt 20/10 €) bietet Fährverbindungen von Cleggan nach Inishbofin (30–45 Min.). In der Nebensaison verkehrt jeden Tag ein Boot, in der Hauptsaison sind es maximal drei. Oft werden die Fähren von spielenden Delfinen begleitet. Bei rauer See fallen die Fahrten gelegentlich aus.

Die Insel lässt sich gut zu Fuß erkunden.

Kings Bicycle Hire (095-45833) verleiht am Pier Fahrräder für 15 € pro Tag.

Letterfrack & Umgebung

200 EW.

Das im 19. Jh. von Quäkern gegründete Letterfrack (Leitir Fraic) gilt als ideale Ausgangsbasis für den Connemara-Nationalpark, den Renvyle Point und die Kylemore Abbey. Zwar ist das Dorf eigentlich nur eine Straßenkreuzung mit einigen Pubs und B&Bs, doch das rundum gelegene Waldgebiet und die nahe Küste locken viele Outdoor-Begeisterte an. Hier kann man z. B. innerhalb von 40 Minuten den Tully Mountain (4 km) hinaufsteigen und oben den tollen Ausblick aufs Meer genießen.

◉ Sehenswertes

LP TIPP Connemara National Park

NATURSCHUTZGEBIET

(095-41054; www.npws.ie, www.heritageireland.ie; Eintritt frei; ⊙Besucherzentrum & Einrichtungen 9–17.30 Uhr, Park immer geöffnet) Gleich südöstlich von Letterfrack erstreckt sich der 2000 ha große Connemara National Park mit abwechslungsreichen Landschaften voller Moore, Berge und Heideland. Das Besucherzentrum liegt abseits eines Parkplatzes 300 m südlich der Kreuzung von Letterfrack.

Innerhalb des Parks befinden sich einige der **Twelve Bens**, darunter der Bencullagh, der Benbrack und der Benbaun. Das Herzstück ist das **Gleann Mór** (Big Glen, „Großes Tal"), durch das sich der Fluss Polladirk seinen Weg bahnt. Schöne Wanderwege führen das Tal hinauf und durch die Berge. Kürzere Strecken lassen sich gut auf eigene Faust erkunden. Wem die Bens zu anstrengend sind, der kann den nahe gelegenen **Diamond Hill** bezwingen.

Das Besucherzentrum informiert über die Flora, Fauna und Geologie des Parks (beispielsweise über den mottengroßen Weinschwärmer). Außerdem lohnt sich ein Blick auf die detaillierten Land- und Wanderkarten, bevor man in das Naturschutzgebiet aufbricht.

Geführte Wanderungen (2–3 Std.; ☉Juli & Aug.) durch das raue, morastige Areal beginnen mehrmals pro Woche am Besucherzentrum.

Kylemore Abbey HISTORISCHES GEBÄUDE
(www.kylemoreabbey.com; Erw./Kind 12 €/frei; ☉Sommer 9–19 Uhr, Winter 10–16.30 Uhr) Das wunderschön am Seeufer gelegene neugotische Haus aus dem 19. Jh. befindet sich ein paar Kilometer östlich von Letterfrack. Es ist mit Zinnen bewehrt und gehörte ursprünglich dem reichen englischen Geschäftsmann Mitchell Henry, der seine Flitterwochen in Connemara verbrachte. Seine Frau starb bereits in sehr jungen Jahren.

Im Eintrittspreis ist der Zutritt zum **ummauerten viktorianischen Garten** enthalten. Wer nur am Seeufer entlangschlendern und die Wälder ringsum erkunden möchte, muss für dieses Vergnügen nichts zahlen.

Mit der Ruhe ist es in Kylemore während der Sommermonate übrigens vorbei, denn dann fallen täglich Dutzende von Busladungen ein, und jedem Bus folgen durchschnittlich 50 Autos (genauer gesagt sind es 2500 pro Tag!).

ABSTECHER

DIE NORDKÜSTE VON CONNEMARA

Die Attraktionen Connemaras reihen sich aneinander wie die Perlen einer Kette, doch die Diamanten befinden sich an der Nordküste. Hier locken umwerfende Strände, das unberechenbare Meer und raue Berge.

Die N59 ist weniger ansprechend als die Nebenstraßen, die auf einer 15 km langen Strecke den unregelmäßigen Windungen der Küste folgen. Los geht's in **Letterfrack**, wo ein schmaler Weg Richtung Nordwesten verläuft. Am besten hält man sich an kleine Nebenstrecken und bleibt so nah am Wasser wie möglich. Dabei sollte man auf Schafe achten, die plötzlich auf dem Weg stehen können! In dieser Gegend scheint das Land nahtlos ins Meer überzugehen, was einfach traumhaft schön aussieht. Wer sich plötzlich in einer Sackgasse am Strand wiederfindet, darf aussteigen und erst mal jubeln!

Übernachtungsmöglichkeiten gibt's in **Renvyle**, z. B. auf dem **Renvyle Beach Caravan & Camping** (☏095-43462; www.renvylebeachcaravanpark.com; Renvyle; Zeltplatz 18 €; ☉Ostern-Sept.) mit grasbewachsenen Stellplätzen für Zelte und einem direkten Zugang zum Sandstrand oder im **Renvyle House Hotel** (☏095-43511; www.renvyle.com; Renvyle; Zi. 100–250 €; P 🐾 ☎), einem luxuriös umgebauten Landgut mit 68 Zimmern auf 80 ha Land, das einst dem Dichter Oliver St. John Gogarty gehörte.

Weiter östlich entdeckt man an der winzigen Kreuzung von **Tully Cross** ein paar nette Pubs, bevor es weiter an der Küste entlanggeht. Insbesondere an sonnigen Tagen sollte man regelmäßig anhalten, um das wunderbare Farbschauspiel der Landschaft zu bestaunen: das kobaltblaue Meer, den hellblauen Himmel, das smaragdgrüne Gras, braune Hügel, schiefergraue Steine und weiße Sandstrände. Die Pferderennszenen am Strand im Film *Der Sieger* wurden in **Lettergesh** gedreht.

Eine Abzweigung führt nach **Rosroe Quay**, wo sich der fantastische halbmondförmige **Glassillaun Beach** erstreckt. **Scuba Dive West** (☏095-43922; www.scubadivewest.com) bietet empfehlenswerte Kurse und Tauchgänge vor der Küste und den nahe gelegenen Inseln an.

Die letzten 5 km der Route verlaufen am **Lough Fee** entlang. Im Frühjahr ist die Gegend besonders malerisch; dann blüht der Ginster in kräftigem Gelb. Wenn man die N59 erreicht hat, sollte man sich Zeit für eine Pause nehmen, um all diese unglaubliche Schönheit ein wenig zu verdauen.

🛏 Schlafen

Letterfrack Lodge HOSTEL €
(📞 095-41222; www.letterfracklodge.com; Zeltplatz ab 12 €, B 18–22 €, DZ 40–60 €; @🖥) Das Hostel in der Nähe der Kreuzung verfügt über unterschiedlich große, aber stets geräumige Mehrbettzimmer. Die Doppelzimmer entsprechen den Standards in einem B&B. Mike, der Besitzer, kann einem jede Menge über Wanderrouten und Pubs in der Gegend erzählen.

ℹ An- & Weiterreise

Bus Éireann (www.buseireann.ie) und **Citylink** (www.citylink.ie) fahren mehrmals täglich von Clifden, 15 km südwestlich der N59, nach Letterfrack.

Leenane & Killary Harbour

Das kleine Örtchen Leenane (oder auch Leenaun) döst an der Küste des dramatischen Killary Harbour vor sich hin. Der mit vielen Muschelbänken gespickte lange, schmale Hafen ist Irlands einziger „Fjord". Er reicht etwa 45 m tief und 16 km breit ins Land, ist aber laut wissenschaftlichen Studien möglicherweise nicht von Gletschern geformt worden. An seinem Nordende erhebt sich der **Mt. Mweelrea** (819 m).

Leenane schwelgt in seinem cineastischen Ruhm, denn es lieferte die Kulisse für *Das Feld* (1989), einen Film mit Richard Harris. Der Streifen basiert auf John B. Keanes ergreifendem Stück über einen Bauern, der seinem Sohn ein Stück Pachtland vermachen möchte. Seit Martin McDonaghs Stück *The Beauty Queen of Leenane* ist der Ort auch in der Theaterwelt bekannt.

Auf der lokalen **Website** (www.leenanevillage.com) erfährt man Wissenswertes über die Gegend.

👁 Sehenswertes

Sheep & Wool Centre MUSEUM
(www.sheepandwoolcentre.com; Erw./Kind 5/3 €; ⏰ April–Okt. 9.30–18 Uhr) Nach einem Besuch bei den grasenden Schafen in der Landschaft kann man sich hier gleich unter die Herde mischen. In dem überraschend spannenden kleinen Museum erleben Besucher Vorführungen im Spinnen und Weben, lernen viel über die Geschichte des Färbens und sehen Fotos von Schäfern mit ihren Herden. Der zugehörige Shop verfügt über lokal hergestelltes Kunsthandwerk und topografische Wanderkarten, außerdem gibt's ein Café.

🏃 Aktivitäten

Killary Cruises BOOTSTOUR
(www.killarycruises.com; Erw./Kind 21/10 €; ⏰ April–Okt.) Ab Nancy's Point 2 km westlich von Leenane kann man mit Killary Cruises eine 1½-stündige Rundfahrt im Killary Harbour unternehmen (April–Okt. 4-mal tgl.). Manchmal von Delfinen begleitet, schippert das Boot an einer Muschel- sowie einer Lachsfarm vorbei. In Letzterer kann man bei der Fischfütterung zusehen. Im Sommer werden täglich vier Fahrten angeboten.

Killary Adventure Centre ABENTEUERSPORT
(📞 095-43411; www.killaryadventure.com; ⏰ 10–17 Uhr) Kanufahrten, Kajaktouren auf dem Meer, Segeln, Klettern, Windsurfen und Tageswanderungen sind nur ein paar der Aktivitäten, die zum Programm des Abenteuerzentrums 3 km westlich von Leenane an der N59 gehören (Erw./Kind ab 48/32 €).

Aasleagh Waterfall WASSERFALL
Von Leenane aus kann man tolle Wanderungen unternehmen, z. B. zum 3 km entfernten Aasleagh-Wasserfall (Eas Liath) im Nordosten von Killary Harbour. Außerdem lohnt es sich, der Straße Richtung Westen zu folgen, die 2 km an der Südküste entlangläuft. Wenn sie ins Landesinnere abbiegt, kann man zu Fuß weiter geradeaus auf der alten Straße bis zum winzigen Fischerdorf **Rosroe Quay** spazieren.

Croagh Patrick Walking Tours
GEFÜHRTE WANDERUNGEN
(📞 098-26090; www.walkingguideireland.com) Für ein- und mehrtägige geführte Wanderungen in der Gegend ist Gerry Greensmyth der Richtige.

🛏 Schlafen & Essen

In den traditionellen Pubs unweit der Brücke trifft man auf viele Bauern und Dorfbewohner, die hier in Ruhe ein Bier oder einen Irish Coffee trinken möchten. Darüber hinaus kann man in den mit dunklem Holz vertäfelten Innenräumen am offenen Kamin oder an den Picknicktischen im Freien etwas zu essen bestellen.

LP TIPP Delphi Lodge GÄSTEHAUS €€€
(📞 095-42222; www.delphilodge.ie; EZ/DZ ab 130/200 €; P@🖥) Am liebsten möchte man die traumhaften Aussichten aus diesem

Landsitz nachts mit in seine Träume nehmen. Das einsame Anwesen liegt inmitten einer großartigen Berg- und Seekulisse und verfügt über zwölf schicke Zimmer sowie zahlreiche Gemeinschaftsbereiche, darunter eine Bibliothek und ein Billardzimmer. Die leckeren modern-irischen Mahlzeiten bestehen aus lokalen Zutaten und werden gemeinsam mit den anderen Gästen an einem großen Tisch eingenommen. Die Umgebung lädt u. a. zum Wandern und Angeln ein.

Sleepzone Connemara HOSTEL €
(☎ 095-42929; www.sleepzone.ie; Zeltplatz ab 12 €, B 20–25 €, EZ/DZ 50/70 €; ⊙März–Okt.; @ 🛜) Das renovierte Gebäude aus dem 19. Jh. wartet mit mehr als 100 Betten in gut gepflegten Schlafsälen sowie mit Einzel- und Doppelzimmern auf. Es erfreut sich vor allem bei Wanderern großer Beliebtheit. Zu den Einrichtungen des Hostels gehören eine Bar, eine Terrasse mit Grill, ein Tennisplatz und ein Fahrradverleih. Bei Touranbietern in Galway können sich zukünftige Übernachtungsgäste über die An- und Abreise informieren.

SÜDLICH VON GALWAY (STADT)

Am besten nimmt man sich etwas Zeit, an der stark befahrenen Küstenstraße zwischen der Stadt Galway und dem County Clare tief einzuatmen, um den frischen Austernduft aufzunehmen. Wer die N18 bei Kilcolgan verlässt und Richtung Osten fährt, wird wunderschöne Ortschaften wie Kinvara entdecken, die den persönlichen Reisezeitplan gehörig durcheinanderbringen können – falls man überhaupt einen hat.

Clarinbridge & Kilcolgan
2100 EW.

Während des **Clarinbridge Oyster Festival** (www.clarenbridge.com) am zweiten Wochenende im September zeigen sich Clarinbridge (Droichead an Chláirín) und Kilcolgan (Cill Cholgáin), beide etwa 16 km südlich von Galway, von ihrer lebendigsten Seite. Die Austern schmecken allerdings im Mai und in den Sommermonaten am leckersten.

Im **Paddy Burke's Oyster Inn** (www.paddyburkesgalway.com; Clarinbridge; Hauptgerichte 10–24 €; ⊙12.30–22 Uhr), einem reetgedeckten Gasthaus bei der Brücke an der N18, kann man sich das ganze Jahr über an den Muscheln satt essen.

LP TIPP Das **Moran's Oyster Cottage** (www.moransoystercottage.com; The Weir, Kilcolgan; Hauptgerichte 14–24 €; ⊙Mo–Sa 12–22, So 10–22 Uhr) ist ein reetgedecktes Pub-Restaurant mit einer Fassade so schlicht wie das Innere einer Austernschale. Von der Terrasse genießt man einen Blick auf die Dunbulcaun Bay, wo die Muscheln gezüchtet werden, die hier später auf dem Teller landen. Das Lokal ist gut ausgeschildert und liegt 2 km westlich der N18 an einer ruhigen Bucht nahe Kilcolgan.

Kinvara
400 EW.

Der kleine steinerne Hafen von Kinvara (auch Kinvarra geschrieben) erstreckt sich am Südostrand der Galway Bay – daher stammt auch der irische Name Cinn Mhara (Head of the Sea, „Kopf des Meeres"). Das schicke kleine Dorf ist die Art von Ort, wo Jeans mit Bügelfalten getragen werden. Es bietet sich als Zwischenstopp zwischen Galway und Clare an.

Mehr darüber erfährt man auf der lokalen **Website** (www.kinvara.com).

⦿ Sehenswertes

Dunguaire Castle HISTORISCHES GEBÄUDE
(www.shannonheritage.com; Erw./Kind 6/3,40 €; ⊙Ostern–Sept. 10–17 Uhr) Das schnörkelige Dunguaire Castle wurde um 1520 vom O'Hynes-Clan errichtet. Heute präsentiert es sich dank einer aufwendiger Restauration in ausgezeichnetem Zustand. Wahrscheinlich befand sich an diesem Standort einstmals eine im 6. Jh. von Guaire Aidhne, König von Connaught, erbaute Festung Unter den früheren Eigentümern war auch Oliver St. John Gogarty (1878-1957), Dichter, Schriftsteller, Chirurg und Senator des irischen Freistaates.

Die am wenigsten authentische Art der Burgerkundung ist die Teilnahme an einem der **mittelalterlichen Bankette** (☎ 061-360 788; www.shannonheritage.com; Bankett Erw./Kind 50/24 €; ⊙Ostern–Sept. 17.30 & 20.45 Uhr) Billige Showeinlagen begleiten das unpersönliche Essgelage mit zig Teilnehmern.

🎉 Feste & Events

Cruinniú na mBáid BOOTSRENNEN
Die traditionellen Galway-Hooker-Segelboote liefern sich hier am zweiten Au-

gustwochenende beim Cruinniú na mBáid ("Gathering of the Boats", „Treffen der Boote") ein Rennen.

Fleadh na gCuach MUSIKFESTIVAL
Als zweiten Termin sollte man sich das Cuckoo Festival („Kuckucksfest") im Kalender anstreichen. Es findet Ende Mai statt und zieht mehr als 100 teilnehmende traditionelle Musiker an. Zu diesem Anlass gibt's bis zu 50 Konzerte sowie ein Rahmenprogramm und eine Parade.

Essen & Ausgehen

Kinvara wartet mit einigen Restaurants auf, in denen man frisch gefangene Meeresfrüchte verspeisen kann, und punktet auch mit einer Reihe atmosphärischer Pubs, darunter **Fahy's Travellers Inn** (091-637 116) und das nahe gelegene **Connolly's** (091-637 131) am Kai.

LP TIPP Keough's PUB €€
(Main St, Kinvara; Hauptgerichte 8–25 €; Küche 9–22 Uhr) In dem freundlichen Lokal werden viele Gespräche auf Irisch geführt, außerdem kommt man in den Genuss von paniertem frischen Fisch sowie von aufwendigeren Speisen. Montags sowie donnerstags gibt's traditionelle Sessions, während die Samstage dem Tanz vorbehalten sind – ganz so wie in der guten alten Zeit.

An- & Weiterreise

Bus Éireann (www.buseireann.ie) verkehrt bis zu dreimal täglich von Kinvara nach Galway (30 Min.) und zu Orten im County Clare, z. B. Doolin.

ÖSTLICHES GALWAY

Der Lough Corrib trennt das östliche Galway von der atemberaubenden Connemara-Halbinsel sowie von der Westküste. Diese Region besitzt einen völlig anderen Charakter: Ihren Unmengen an Ackerland mangelt es an den geologischen Besonderheiten und der kulturellen Vielfalt, die Galways Westen auszeichnen. Dennoch lohnt es sich, auf dem Weg nach Dublin für einen Abstecher von der M6 abzufahren.

Galway East Tourism (www.galwayeast.com) bietet Infos zur Region.

An- & Weiterreise

Bus Éireann (www.buseireann.ie) verbindet Galway mit Athenry, Ballinasloe und Loughrea.

Athenry

2200 EW.

Das nur 16 km östlich von Galway gelegene Athenry verdankt seinen Namen einer nahe gelegenen Furt (auf Irisch *áth*), die den Fluss Clare östlich der Ansiedlung durchquert. Früher grenzten hier drei Königreiche aneinander, woraufhin die Bezeichnung Áth an Rí (Furt der Könige) hinweist.

In den 1970er-Jahren komponiert Pete St. John das irische Volkslied *The Fields of Athenry*, das sich mit der Großen Hungersnot befasst. Angeblich auf einer Ballade aus den 1880er-Jahren basierend (was St. John jedoch bestreitet), interpretierten es inzwischen etliche Künstler. Mittlerweile gehört der Song zum Repertoire der Fans bei Sportveranstaltungen und wird dabei großzügig angepasst. Beispielsweise hat ihn der Liverpooler Fußballclub in *Fields of Anfield Road* umgedichtet.

Mehr Infos gibt's auf der **Website** (www.athenry.net).

Sehenswertes

In dem unterschätzten Ort soll Irlands vollständigstes Ensemble mittelalterlicher Architektur zu finden sein, darunter eine restaurierte **normannische Burg** (www.heritageireland.ie; Erw./Kind 3/1 €; Ostern–Sept. 10–17 Uhr), die **Medieval Parish Church of St Mary's**, eine **Dominikanerpriorei** mit exquisiten Steinmetzarbeiten auf den Grabsteinen und ein **Marktkreuz**.

Athenry Arts & Heritage Activity Centre
MUSEUM
(www.athenryheritagecentre.com; The Square; Sommer Mo–Fr 13.30–17 Uhr, März–Okt. Mo–Fr 11–16 Uhr) Das faszinierende Athenry Arts & Heritage Activity Centre untersucht die mittelalterlichen Bauwerke der Stadt und verfügt über eine tolle Karte für Spaziergänge. Zudem organisieren die Mitarbeiter Veranstaltungen, bei denen das mittelalterliche Leben nachgestellt wird.

Essen

Old Barracks Pantry CAFÉ €
(Main St; Mahlzeiten 5–10 €; 9–18 Uhr) Wer vom Herumschlendern erschöpft ist, kann sich in diesem stilvollen Café bei einfachen Gerichten und Gebäck erholen.

Biomarkt MARKT €
(Market Cross; Fr 9–16 Uhr) Der Biomarkt hat einen hervorragenden Ruf.

Loughrea & Umgebung

4000 EW.

Das nach dem kleinen See am südlichen Ortsrand benannte Loughrea (Baile Locha Riach) ist eine lebhafte Marktstadt etwa 26 km südöstlich von Galway mit den bescheidenen Überresten eines mittelalterlichen **Wallgrabens**. Dieser verläuft vom See bei Fair Green nahe der Kathedrale bis zum Fluss Loughrea nördlich der Stadt. Seit der Eröffnung der M6 ist der Verkehr hier nicht mehr so wüst, deshalb macht auch ein Spaziergang Spaß.

Die 1903 errichtete **St. Brendan's Catholic Cathedral** (Barrack St; Mo–Fr 11.30–13 & 14–17.30 Uhr) besticht durch Buntglasfenster im keltischen Stil, eine beeindruckende Inneneinrichtung sowie Marmorsäulen und ist nicht zu verwechseln mit der St. Brendan's Church in der Church Street, die heute als Bibliothek dient.

Bei Bullaun, 7km nördlich von Loughrea, stößt man auf den säulenartigen **Turoe Stone** mit fein gestalteten Reliefs, wie sie für die La-Tène-Zeit charakteristisch waren. Der Stein geht auf 300 v. Chr. bis 100 n. Chr. zurück und befand sich ursprünglich einige Kilometer entfernt an einem eisenzeitlichen Fort.

An der Straße nach Osten Richtung Ballinasloe, etwa 6 km von Loughrea, lädt das **Dartfield Horse Museum & Park** (www.dartfield.com; Erw./Kind 10/5 €; 9–18 Uhr) nicht nur Pferdefans zu einem Besuch ein. Hier erfährt man alles über Pferdezucht, Kutschen, die bunte Welt der Rennpferde und die Rolle dieser Tiere in der Geschichte Irlands. Die Kiddies sind vom Ponyreiten begeistert, und die Großen können längere Ausflüge hoch zu Ross buchen.

Gort & Umgebung

3000 EW.

Für Fans von W. B. Yeats lohnt sich auf dem Weg von oder nach Galway ein Abstecher zu zwei mit dem großen Dichter in Verbindung stehenden Sehenswürdigkeiten in Gort an der M/N18.

◉ Sehenswertes

Im Ortszentrum gehen vom Hauptplatz **The Square** mit einer ansehnlichen **Christusstatue** Straßen mit zahlreichen Geschäften ab. Die meisten Attraktionen liegen gleich außerhalb der Stadt.

LP TIPP Thoor Ballyle HISTORISCHES GEBÄUDE
(Peterswell; Erw./Kind 6/1,50 € Mai–Sept. Mo–Sa 9.30–17 Uhr) Von 1922 bis 1929 diente der normannische Turm aus dem 16. Jh. Yeats als Sommersitz und inspirierte ihn außerdem zu seinem bekanntesten Werk *Der Turm*. In dem Gebäude, dessen Lage an einem Fluss tatsächlich inspirierend ist, befindet sich das Mobiliar des Dichters. Yeats schrieb einst: „Der Sand rinnt aus dem oberen Glas. Und wenn das letzte Körnchen hindurch ist, werde ich verloren sein." Dieses Zitat könnte auch auf Besucher zutreffen, deren Uhr abläuft, während sie versuchen, den Turm zu finden. Von Gort aus geht's ungefähr 3 km auf der N66 nach Loughrea. Unterwegs sollte man nach Wegweisern Ausschau halten, die leider oft missverständlich sind oder sogar ganz fehlen. Am besten fragt man deshalb bei Einheimischen um Rat!

Coole Park PARK
(www.coolepark.ie; Eintritt frei; 10–17 Uhr) Das einstige Zuhause von Lady Augusta Gregory, Mitbegründerin des Abbey Theatre und große Gönnerin von Yeats, wurde 1941 von ignoranten Bürokraten abgerissen. Eine Ausstellung hält jedoch die Erinnerung an die literarische Vergangenheit lebendig, zudem ist das jetzige Naturreservat ein hübscher Ort für einen Spaziergang. Wer die Augen offenhält, entdeckt den „Autogrammbaum", in den viele illustre Gäste der Lady ihre Initialen geschnitzt haben. Der Park liegt ca. 3 km nördlich von Gort nahe der N18.

Kiltartan Gregory Museum MUSEUM
(Kiltartan Cross; Juni–Aug. 10–18 Uhr) Das kleine Museum unweit des Coole Park ist in einem alten Schulgebäude untergebracht und widmet sich Lady Gregorys Leben.

LP TIPP Kilmacduagh HISTORISCHE STÄTTE
Zu der weitläufigen Klosteranlage neben einem kleinen See gehören ein gut erhaltener 34 m hohe Rundturm, die Überreste einer kleinen Kirche aus dem 14. Jh. (Teampall Mór MacDuagh) sowie eine Johannes dem Täufer geweihte Kapelle und weitere kleine Bethäuser. Vermutlich wurde die Abtei Anfang des 7. Jhs. vom hl. Colman MacDuagh gegründet. Hier genießt man einen hervorragenden Ausblick zum Burren. Die Anlage ist jederzeit zugänglich und befindet sich 5 km südwestlich von Gort in der Nähe der R460.

✕ Essen

Kettle of Fish FISH & CHIPS
(The Square; Mahlzeiten 5–9 €; ⊗12 Uhr–open end) Dieser wunderbare Imbiss erinnert einen daran, wie lecker fachmännisch zubereitete Fish 'n' Chips sein können.

An- & Weiterreise

Bis mindestens 2013 endet die M18, die von Ennis nach Gort führt, in eben diesem Ort. Von hier geht's dann auf der weniger modernen N18 weiter. Immerhin hat die Straße schon den Verkehr aus dem Zentrum abgezogen. Fast alle Busse zwischen Galway und Ennis halten in Gort, ebenso wie die Züge, die auf der neuen Bahnstrecke zwischen Ennis und Galway unterwegs sind.

Ballinasloe

6000 EW.

Ballinasloe (Béal Átha na Sluaighe) ist für seine im Oktober stattfindende **Pferdemesse** (www.ballinasloe.com) berühmt, die auf die Zeit der Hochkönige von Tara zurückgeht. Das Fest verleiht der ganzen Stadt eine nostalgische Jahrmarktatmosphäre, nicht zuletzt dank der 80 000 Pferdehändler und Schaulustigen. Außerdem fühlt sich die in Irland heimische Gemeinde der sogenannten Traveller angezogen und campiert zu dieser Zeit vor Ort in tonnenförmigen traditionellen Wagen. Mehr über diese Kultur erfährt man auf den Websites der **Irish Traveller Movement** (www.itmtrav.ie) und des **Pavee Point Travellers Centre** (www.paveepoint.ie).

6 km südwestlich der Stadt stößt man an der N6 auf **Aughrim**, Schauplatz der blutigsten aller jemals auf irischem Boden ausgetragenen Schlachten. Sie endete mit einem entscheidenden Sieg Wilhelms von Oranien über die katholischen Truppen von Jakob II. Im **Battle of Aughrim Interpretive Centre** (✆0509-73939; Aughrim; Erw./Kind 5/3 €; ⊗Juni–Mitte Sept. Di–Sa 10–18, So 14–18 Uhr) werden die Ereignisse im Kontext des „Kriegs der zwei Könige" erklärt. Die Umgebung ist von Schlachtfeldern übersät, doch das Dickicht der Wegweiser führt Besucher oft in die Irre, wenn das Centre geschlossen ist (dort gibt's grundlegende Wegbeschreibungen).

21 km südöstlich von Ballinasloe gelangt man zur **Clonfert Cathedral** aus dem 12. Jh. Der Legende nach befindet sie sich am Standort eines früheren Klosters, das der hl. Brendan 563 gegründet haben soll. Angeblich ist der Heilige hier begraben worden. Es ist nicht belegt, dass Brendan wirklich in einem *currach* die Küsten der Neuen Welt erreichte, allerdings wurden altirische Ogham-Inschriften – die älteste Form der Schrift auf der grünen Insel – in West Virginia entdeckt, die bereits aus dem 6. Jh. stammen. Und das würde bedeuten, dass die Iren Amerika bereits lange vor Kolumbus betreten haben.

Der sehenswerte, sechsbogige romanische Torbogen des Gebäudes ist mit surrealistisch anmutenden Menschenköpfen verziert. Die Kirche liegt an einer Abzweigung der R356 und kann nur mit dem Auto erreicht werden.

Portumna

1900 EW.

Im südöstlichen Winkel des Countys erstreckt sich das bei Freizeitkapitänen und Anglern beliebte Portumna an einem See. Im **Lough Derg Holiday Park** (www.loughderg.net) kann man Boote für 50/65 € pro halber/ganzer Tag mieten.

Das **Portumna Castle & Gardens** (www.heritageireland.ie; Castle AveERw./Kind 3/1 €; ⊗April–Okt. 9.30–18 Uhr) wurde Anfang des 17. Jhs. von Richard de Burgo erbaut und wartet mit einem aufwendigen, geometrisch gestalteten Biogarten auf.

Counties Mayo & Sligo

EINWOHNER: 195 000 / FLÄCHE: 7234 KM²

Inhalt »

County Mayo	453
Cong	453
Clare Island	459
Inishturk Island	459
Croagh Patrick	460
Westport	461
Newport	464
Achill Island	465
Ballina	472
Castlebar & Umgebung	474
Knock	475
County Sligo	476
Sligo (Stadt)	476
Lough Gill	492

Gut essen

» Source (S. 486)
» Pier (S. 473)
» Rua (S. 475)
» An Port Mór (S. 463)

Schön übernachten

» Delphi Lodge (S. 458)
» Newport House (S. 465)
» Ice House (S. 473)
» Mount Falcon Country House Hotel (S. 473)
» Temple House (S. 491)

Auf nach Mayo und Sligo

Trotz ihrer Naturwunder und ihres lässigen Charmes sind die Counties Mayo und Sligo noch immer gut gehütete Geheimtipps. Sie bieten die ganze wilde, romantische Schönheit Irlands – nur ohne die Menschenmengen. Mit seinen kargen Gipfeln, steilen Klippen, heidebewachsenen Mooren und schönen Inseln vor der Küste ist Mayo die rauere Gegend. Hier wird das Leben von den Elementen bestimmt. Sligo wirkt dagegen eher ländlich-idyllisch. Seine üppigen Felder, die fischreichen Seen und die oben abgeflachten Berge inspirierten William Butler Yeats zu einigen der inbrünstigsten irischen Gedichte. Beide Grafschaften locken mit goldenen Sandstränden und legendären Wellen, die Surfer aus der ganzen Welt anziehen. Daneben können sich Besucher über eine erstaunliche Fülle an prähistorischen Stätten, eleganten georgianischen Orten und Fischerdörfern sowie über eine ganz altmodische, warmherzige ländliche Gastfreundschaft freuen.

Reisezeit

Die wettergegerbten Küsten der beiden Counties sind im Winter teilweise extremem Wind und Regen ausgesetzt. Zu dieser Zeit trauen sich nur die abgehärtetsten Touristen und Surfer her. Wer auf der Suche nach der perfekten Welle ist, kommt am besten im Frühling oder im Herbst; echte Kenner bevorzugen die Monate September und Oktober. Im Sommer bringt ein prall gefüllter Veranstaltungskalender Leben in die Region, z. B. mit dem fabelhaften, im August ausgerichteten Yeats Festival in Sligo und mit verschiedenen kleineren traditionellen Musikevents in anderen Orten.

COUNTY MAYO

Mayos wilde Schönheit und betörende Landschaften erinnern an die Connemara-Halbinsel. Weil hierher jedoch weit weniger Touristen kommen, gibt's zahlreiche Gelegenheiten, kaum erschlossene Gegenden mit dem Auto, dem Fahrrad, zu Fuß oder auf dem Pferderücken zu erkunden. Das Leben in der Grafschaft war niemals leicht – man denke nur an die verheerende Große Hungersnot (1845-1851), die zur Massenauswanderung führte. Aus diesem Grund reichen die Wurzeln vieler Menschen mit irischen Vorfahren, die heute in der ganzen Welt verteilt leben, in das einst so geplagte County zurück.

Da Mayo so nah bei Connemara liegt, arbeiten wir uns von Süd nach Nord vor, beginnend mit dem hübschen Dorf Cong an der Grenze zum County Galway.

Cong
150 EW.

Cong erstreckt sich auf einem schmalen Landstreifen zwischen dem Lough Corrib und dem Lough Mask und entspricht bis ins Detail den romantischen Vorstellungen eines traditionellen irischen Dorfes. Seit hier 1951 der Film *Der Sieger* gedreht wurde, scheint die Zeit stehen geblieben zu sein. Wenn morgens der erste Tourbus ankommt, verdoppelt sich die Anzahl der Menschen in den engen Gassen auf einen Schlag, doch die Waldwege zwischen der schönen alten Abtei und dem stattlichen Ashford Castle sind trotzdem wunderbar ruhig.

Sehenswertes

Cong Abbey GRATIS HISTORISCHE STÄTTE
(Sonnenaufgang–Sonnenuntergang) Mit ihren jahrhundertelang den Elementen ausgesetzten Mauern ist die Augustinerabtei aus dem 12. Jh. ein sinnträchtiges Zeugnis aus der großen Zeit der Kirchen. Eine Reihe schöner Steinmetzarbeiten hat die Zeit überdauert, darunter ein Portal, einige Fenster sowie beeindruckende mittelalterliche Bogen, die im 19. Jh. restauriert wurden.

Turlough Mór O'Connor, Großkönig von Irland und König von Connaught, ließ das Kloster 1120 am ehemaligen Standort einer Kirche aus dem 6. Jh. erbauen. Im Kapitelsaal des Gebäudes versammelte sich einst die Gemeinde, um dort öffentlich ihre Sünden zu beichten.

Von der Abtei führt ein mit bemoosten Bäumen umstandener Pfad zum Fluss hinunter. Hier befindet sich der interessanteste Teil der Anlage, das winzige **Angelhaus der Mönche** aus dem 16. Jh. Es wurde mitten über dem Fluss errichtet und hat ein Loch im Boden, durch das man gefangene Fische hereinziehen konnte.

Ashford Castle HISTORISCHES GEBÄUDE
(094-954 6003; www.ashford.ie; Eintritt ins Gelände 5 €; 9 Uhr–Sonnenuntergang) Hinter der Cong Abbey endet das Dorf abrupt an den Wäldern des Ashford Castle. 1228 wurde die Burg als Sitz der Familie de Burgo errichtet. Zwischenzeitlich residierte hier auch der Guinness-Clan – das nach ihm benannte Bier ist heute wohl jedem ein Begriff. Arthur Guinness baute die Festung zu einem Jagdschloss um. In dieser Form ist das Gebäude bis heute erhalten geblieben.

Die restaurierten Säle bekommt nur zu sehen, wer hier zu Abend isst, doch der 140 ha große Park mit Wäldern, Bächen, schmalen Pfaden und einem Golfplatz steht allen Besuchern offen. Ein Spaziergang durch die Kinlough Woods führt vom Golfplatz zum Ufer des Lough Corrib, ein weiterer am Flussufer entlang zum Angelhaus der Mönche.

Quiet Man Museum MUSEUM
(Circular Rd; Eintritt 5 €; März–Okt: 10–16 Uhr) Das Museum ist im Stil von Sean Thorntons White O' Mornin' Cottage aus dem bekannten Film *The Quiet Man* (dt. Titel: *Der Sieger*) gestaltet. Es zeigt eine interessante regionale Ausstellung archäologischer und historischer Gegenstände von 7000 v. Chr. bis zum 19. Jh. Filmfans sowie alle mit einer postmodernen Faszination für die Vermischung von Realität und Fiktion können an einer 75-minütigen **Führung** (15 € inkl. Eintritt, April–Sept. 11 Uhr) teilnehmen.

Aktivitäten

Corrib Cruises BOOTSTOUR
(www.corribcruises.com; Erw./Kind 20/10 €) Vom Pier am Ashford Castle starten verschiedene Bootsausflüge auf dem Lough Corrib, darunter eine einstündige Rundfahrt um 11 Uhr. Von Juni bis September beginnt immer um 14.45 Uhr eine zweistündige Inseltour mit einem 45-minütigen Aufenthalt auf Inchagoill in der Mitte des Sees, wo man die Ruinen eines Klosters aus dem 5. Jh. besichtigen kann. Außerdem gibt's von Juli bis September täglich um 18 Uhr eine Fahrt mit traditioneller Musik.

Highlights

① In den Fußstapfen des hl. Patrick den **Croagh Patrick** (S. 460) erklimmen

② Sich bei **Easkey** (S. 492), das ganzjährig mit tollen Surf-bedingungen lockt, in die Wellen stürzen

③ Ein **homöopathisches Bad** (s. Kasten S. 492) in Enniscrone genießen

④ Im überirdisch schönen, verlassenen **Doolough Valley** (S. 457) umherwandern

⑤ Zum verwunschenen **Carrowkeel Megalithic**

Cemetery (S. 490) pilgern, um die Panoramaaussicht zu bewundern

❻ Auf dem zerklüfteten **Clare Island** (S. 459) nach Spuren von Irlands faszinierender Piratenkönigin Granuaile suchen

❼ Bei den beeindruckenden **Céide Fields** (S. 471), dem größten steinzeitlichen Denkmal der Welt, über die Planungskunst der damaligen Bewohner staunen

Falconry School
FALKNEREI

(www.falconry.ie) Das beeindruckende Ashford Castle sorgt für eine passende Kulisse, um die antike Kunst der Falknerei kennenzulernen. Zu den Angeboten der Falconry School gehören sogenannte Falkenspaziergänge von wahlweise einer Stunde (70 €) oder 90 Minuten (105 €) Länge, bei denen die Teilnehmer viel über die imposanten Harris-Falken und den Umgang mit den Greifvögeln lernen.

🛏 Schlafen

Lisloughrey Lodge
HOTEL €€€

(094-954 5400; www.lisloughreylodgehotel.ie; The Quay; Zi ab 160 €; P@🛜) Das in den 1820er-Jahren von den Besitzern des Ashford Castle errichtete Gästehaus wurde in kessen zeitgenössischen Erd- und Blaubeertönen renoviert. Alle 50 Gästezimmer tragen Namen von Weinregionen und Champagnerherstellern. Für Entspannung sorgen die Bar, das Billardzimmer und die Sitzsäcke im Internetraum. Die Zimmer im Originalhaus sind altmodischer.

Michaeleen's Manor
B&B €€

(094-954 6089; www.congbb.com; Quay Rd, Lisloughrey; EZ/DZ 50/65 €; P) Margaret und Gerry Collins' großes, modernes Haus ist so etwas wie ein Schrein für *Der Sieger*. Jedes der zwölf sauberen Zimmer trägt den Namen einer der Filmfiguren und ist mit Erinnerungsstücken sowie Zitaten dekoriert. Zudem gibt's eine Sauna, einen Whirlpool im Freien, einen Tennisplatz und eine Brunnennachbildung der Brücke aus dem Streifen.

Cong Hostel
HOSTEL €

(094-954 6089; www.quietman-cong.com; Quay Rd, Lisloughrey; B/DZ 17/52 €; P@🛜) Dieses gepflegte, gastfreundliche Hostel ist Mitglied der Vereinigungen An Óige und IHH. Es hat einen eigenen Vorführraum für *The Quiet Man* (dt. Titel: *Der Sieger*), der hier *jeden* Abend gezeigt wird. Zwischen Juni und Mitte September kann man Fahrräder (15 € pro Tag) und Boote (55 €) mieten. Wer gerne zelten möchte, sollte den angrenzenden Campingplatz ansteuern (Stellplatz für 2 Pers. 20 €).

Ashford Castle
HOTEL €€€

(094-954 6003; www.ashford.ie; Zi 350–850 €; P@🛜) Nicht jeder kann sich eine Übernachtung im eleganten Ashford Castle leisten, das mit stilvollen Zimmern und einem erstklassigen Service aufwartet, doch ein Abendessen (ab 70 €) im hauseigenen Restaurant George V. ist auch schon für etwas weniger prall gefüllte Reisekassen drin. Hier wird Wert auf angemessene Kleidung gelegt (das heißt Jackett und Schlips, Jungs!).

Hazel Grove
B&B €

(094-954 6060; www.cong-bnb.com; Drumshiel; EZ/DZ ab 48/60 €; P🛜♿) In dem einfachen, familiengeführten B&B wird man sehr herzlich empfangen.

Ryan's Hotel
HOTEL €

(094-954 6243; www.ryanshotelcong.ie; Main St; EZ/DZ 45/60 €; P@🛜) Schlichte, aber komfortable Zimmer im Herzen des Dorfes.

🍴 Essen & Ausgehen

Hungry Monk
CAFÉ €

(Abbey St; Hauptgerichte 6–14 €; ⊙April-Aug. Mo-Sa 10–18, So 11–17 Uhr, Sept.-Dez. & März Mi-Mo 10–18 Uhr; @) Das bunte kleine Café mit den nicht zueinander passenden Möbeln ist der beste Ort für ein Mittagessen. Für die tollen Sandwiches (z. B. selbst gebackenes Brot mit Mango-Chutney), Suppen und Salate werden regionale Zutaten verwendet, zudem stammen die köstlichen Kuchen alle aus eigener Herstellung. Auch der Kaffee schmeckt sehr lecker.

Fennel Seed
IRISCH €€

(094-954 6004; Ryan's Hotel, Main St; Pubgerichte 14–21 €, Hauptgerichte 15–25 €; ⊙Mo-Sa Abendessen, So 13–19 Uhr) Michael Crowe und Denis Lenihan waren früher im Ashford Castle angestellt und haben ihr Know-how ins eigene Restaurant mitgenommen – mit großem Erfolg! Ihre rauchig gebackene Pastete, gefüllt mit Forelle, Lachs, Makrele und Schellfisch sollte man sich nicht entgehen lassen. Im zugehörigen Crowe's Nest Pub gibt's bis 19 Uhr Kneipenkost.

Salt
IRISCH €€€

(094-954 5400; www.lisloughreylodgehotel.ie; The Quay; Hauptgerichte 19–29 €; ⊙Mai-Sept. abends, Okt.–April Do–So) Wer Wade Murphys raffinierte Varianten der irischen Küche probieren möchte, sollte vorher reservieren. Auf der Karte stehen z. B. gebratene Jakobsmuscheln mit Blutwurst und einer Soße aus grünen Erbsen, gefolgt von Seebarsch mit karamellisiertem Fenchel und Stachelbeersoufleé mit Buttertoffee und Sahne. Hmmm …

Pat Cohan's
PUB

(Abbey St) Ein denkwürdiges Beispiel, wie aus Fiktion Realität werden kann: Für den Film *Der Sieger* wurde dieser ehemalige Lebensmittelladen zu einem Pub namens Pat Cohan's umfunktioniert. Fast sechs Jahrzehnte später ist der Streifen ein echter Klassiker geworden – und die Kneipe gibt's inzwischen wirklich.

❶ Praktische Informationen

Die **Touristeninformation** (✆094-954 6542; www.congtourism.com; Abbey St; ⊙März–Nov. 10–18 Uhr) befindet sich im alten Gerichtsgebäude gegenüber der Cong Abbey. Es gibt vor Ort keine Banken oder Geldautomaten.

❶ An- & Weiterreise

Von Montag bis Samstag fahren täglich drei Busse nach Galway (10,30 €, 1 Std.) und vier nach Westport (9,30 €, 1 Std.). Sie halten in der Main Street.

Rund um Cong

Rund um Cong erstrecken sich zehn Kalksteinhöhlen, von denen jede ihre eigene Geschichte hat.

Eine der schönsten ist das **Pigeon Hole**, eine tiefe Kalksteinkluft in einem Kiefernwäldchen 1,5 km westlich von Cong. Man erreicht es auf der Straße und über einen Fußweg von der anderen Flussseite aus. Steile, rutschige Stufen führen in die Höhle hinab, in der während des Winters ein unterirdischer Wasserlauf plätschert. Wer Glück hat, entdeckt vielleicht die weiße Forelle von Cong – eigentlich eine Frau, die sich in einen Fisch verwandelte, um bei ihrem ertrunkenen Liebsten zu sein.

Westlich des Dorfes befindet sich das mit Wasser gefüllte tiefe **Captain Webb's Hole**. Vor 200 Jahren soll ein Bösewicht, der wegen seiner deformierten Hände und Füße den Spitznamen Captain Webb trug, zwölf Frauen in die Höhle gelockt, sie ausgezogen und in die Tiefe gestürzt haben. Sein 13. Opfer aber war ein cleveres Mädchen: Es bat Webb sich umzudrehen, während es sich entkleidete, und schubste ihn dann in sein eigenes nasses Grab.

Die verwitterten Überreste des **Cong Stone Circle** ragen seit dem frühen Bronzezeitalter aus einem Feld etwa 1,5 km nordöstlich von Cong empor. Drei weitere Steinkreise liegen direkt dahinter. 3,5 km östlich des Dorfes, nördlich der Cross Road (R346), stößt man auf den überwucherten **Ballymacgibbon Cairn**. Hier soll die legendäre Keltenschlacht von Moytura zwischen den angreifenden Dannan und den sich verteidigenden Fir Bog stattgefunden haben.

Wenn man am Nordende der Ortschaft Neale, 6 km nordöstlich von Cong, abbiegt, entdeckt man 200 m östlich der Hauptstraße links hinter einem nicht markierten Torweg den **Gods-of-the-Neale-Stein**. In den mysteriösen flachen Stein mit der Jahreszahl 1757 sind ein Mensch, ein Säugetier und ein Reptil eingemeißelt.

Doolough Valley & Umgebung

Das einsame Doolough Valley hat kaum Veränderungen durch Häuser, Torfstich oder auch nur Steinmauern erfahren. Hier gehen die steilen Hänge der Berge rund um das Tal ins stahlgraue Wasser des Doo Lough über und Schafe weiden friedlich auf den Hügeln.

Der Abschnitt auf der R335 von Leenane (County Galway) nach Westport ist eine der landschaftlich schönsten Strecken in ganz Irland. Kaum zu glauben, dass er 1849 Schauplatz einer Tragödie war. Bei Eiseskälte starben dort 400 Menschen, als sie zu Fuß von Louisburgh nach Delphi und zu-

---

DIE URSPRÜNGE DES BOYKOTTS

Der Ausdruck „Boykott" entstand bei einer Auseinandersetzung in dem Dörfchen Neale. 1880 zog die Irish Land League Arbeiter von den Ländereien des Großgrundbesitzers Lord Erne ab, um für sie eine faire Pacht und bessere Lebensbedingungen durchzusetzen. Als der Verwalter des Lords, Captain Charles Cunningham Boycott, die streikenden Arbeiter daraufhin verjagte, startete die örtliche Bevölkerung eine Kampagne gegen ihn. Die Bauern weigerten sich nicht nur weiterzuarbeiten, sondern sprachen auch nicht mehr mit Boycott, verweigerten ihm jeglichen Dienst und wollten nicht mehr neben ihm in der Kirche sitzen. Sogar Londoner Zeitungen wurden auf diese Ereignisse aufmerksam, und bald war der Name des Verwalters ein Synonym für organisierte gewaltfreie Proteste. Einige Monate später gab Boycott auf und verließ Irland.

rück gingen. Sie hatten gehofft, von einem Großgrundbesitzer Lebensmittel und Hilfe zu bekommen, wurden aber abgewiesen.

Am besten befährt man die Straße an einem trockenen Tag, denn Regenvorhänge können die herrliche Aussicht verderben. Wer genug Zeit hat, wandert auf den Nebenstrecken im Norden und Westen des Tals zu herrlichen, oft menschenleeren Stränden.

DELPHI

Geografisch gesehen befindet sich dieser Streifen hügeligen Moorgebiets gerade noch im County Mayo, aber verwaltungstechnisch gehört er zum County Galway. Die nächste nennenswerte Siedlung ist kilometerweit entfernt, sodass man in der Gegend wunderbar relaxen kann.

Ihren eigentümlichen Namen erhielt die südliche Spitze des Doolough Valley von einem berühmten Bewohner, dem zweiten Marquis von Sligo. Er fand, sie gleiche der Umgebung des griechischen Delphi. Wer diese Ähnlichkeit erkennt, hat unserer Meinung nach allerdings eine überdurchschnittlich rege Fantasie. Trotzdem ist die Region in mancher Hinsicht bemerkenswerter als ihre mediterrane Namensvetterin.

Die **Delphi Lodge** (095-42222; www.delphi lodge.ie; EZ/DZ ab 132/198 €, Cottages ab 800 € pro Woche; P@), eine georgianische Villa, die im Auftrag des Marquis von Sligo errichtet wurde, wirkt vor dem Hintergrund der Berge regelrecht winzig. Hier verwischen die Grenzen zwischen privatem Haus und Landhotel und Gäste fühlen sich sofort wohl. Dank der schönen Inneneinrichtung, des weitläufigen Geländes, des großartigen Essens (Abendessen 49 €), des Fehlens jeder Überheblichkeit und der herrlich zuvorkommenden Mitarbeiter ist dies eine einzigartige Unterkunft. Sie zieht sowohl Besucher, die sich einfach nur entspannen wollen, als auch **Angler** (Unterricht halber Tag 125 €) an. Wer will, kann seinen Fang in der Küche zubereiten und zum Abendessen im gemeinsamen Speiseraum servieren lassen.

Das **Delphi Mountain Resort** (095-42208; www.delphimountainresort.com; B 40 €, DZ ab 158 €; P@) besteht aus grob behauenen Steinen und honigfarbenem Holz und fügt sich nahtlos in die atemberaubende Umgebung ein. Unternehmungslustige können dort **surfen** und **Kajak fahren** oder sich im **Bogenschießen** und **Abseilen** versuchen (60/45 € pro Tag/halber Tag). Danach macht man es sich in einem einfachen Achtbettzimmer, einer üppigen Suite oder einem Loft-Zimmer gemütlich oder gönnt sich eine Wellnessbehandlung mit handgepflückten Algen.

LOUISBURGH
314 EW.

Louisburgh, das nördliche Tor zum Doolough Valley, wurde 1795 unter kuriosen Umständen gegründet. Es beruht auf einem simplen Vier-Straßen-System („the Cross") und ist sozusagen ein lebendes Denkmal für eine Verwandten des ersten Marquis von Sligo, Lord Altamont (besser bekannt als John Browne), der 1758 in der Schlacht von Louisburgh im kanadischen Nova Scotia den Tod fand.

Einen kurzen, aber erhellenden Einblick in das Leben und die Epoche von Grace O'Malley (1530–1603), der berüchtigten Piratenkönigin von Connaught, gewährt das **Granuaile Visitor Centre** (098-66341; Church St; Erw./erm. 4/2 €; Juni–Sept. 11–17 Uhr, Okt.–Mai Mo–Fr 10.30–14 Uhr).

Der sandige Strand bei Carrowmore gleich östlich vom Dorf lockt mit schönen Blicken auf Croagh Patrick. Im Sommer sind Rettungsschwimmer vor Ort. Außerdem gibt's in der Umgebung ein paar tolle Surfstrände. **Surf Mayo** (087 621 2508; www.surfmayo.com) vermietet Bretter und Anzüge und bietet Kurse an.

Wer in Louisburgh übernachten will, steuert am besten das **Ponderosa** (098-66440; Tooreen Rd; EZ/DZ 50/70 €; April–Okt.; P) an, ein freundliches B&B, das in einem modernen Bungalow untergebracht ist. Abends kann man sich im **Hudson's Pantry** (098-23747; Long St; Hauptgerichte 16–24 €; Mi–So abends) stärken, das zwar einfach wirkt, aber ein hervorragendes Menü serviert, das Gäste aus der ganzen Gegend anzieht. Vorab reservieren!

Bus 450 verkehrt von Westport über Murrisk nach Louisburgh (6,50 €, 25 Min., Mo–Sa bis zu 3-mal tgl.).

KILLADOON

Das kleine Örtchen Killadoon wartet mit einem fantastischen Meerespanorama und weiten Sandstränden auf, die sich wunderbar zum Wandern oder Reiten eignen (Reitställe s. S.34).

Wer das Dorf besuchen möchte, fährt von Louisburgh aus südlich über die schmale Küstenstraße oder nimmt die R335 und folgt in Cregganbaun einer Abzweigung nach Westen. Die Linie 450 von **Bus Éireann** zwischen Westport (8,70 €) und Louisburgh (3,40 €) steuert Killadoon (15 Min; 2-mal tgl.) nur donnerstags an.

Clare Island
130 EW.

In der Clew Bay erstrecken sich etwa 365 Inseln. Die größte von ihnen ist Clare Island, 5 km vor der Küste an der Meeresmündung der Bucht gelegen. Vom felsigen **Mount Knockmore** (461 m) beherrscht, führen auf dem bergigen Eiland Straßen und Wege durch eine abwechslungsreiche Landschaft – ideal zum Wandern und Klettern (keine Angst, hier verläuft man sich nicht). Einige sichere Sandstrände machen Lust aufs Schwimmen. Die Insel ist eine der wenigen Orte, an denen man noch *choughs* (Alpenkrähen) beobachten kann. Die Vögel sehen wie Amseln aus, haben aber rote Schnäbel.

Weitere Infos gibt's unter www.clareisland.info.

Sehenswertes & Aktivitäten

Auf der Insel befinden sich die Überreste der Zisterzienserabtei **Clare Island Abbey** (ca. 1460) und des **Granuaile's Castle**. Beide Bauwerke werden mit der Piratenkönigin Grace O'Malley in Verbindung gebracht. Der Burgturm diente der Freibeuterin als Festung, allerdings wurde er bei seiner Übernahme durch die Küstenwache 1831 stark verändert. Angeblich liegt Grace in der kleinen Abtei begraben. Dort trägt ein Stein das Motto ihrer Familie: „Invincible on land and sea" („Unbesiegt zu Lande und auf See").

Darüber hinaus kann man hier wunderbar relaxen, sich von der Welt zurückziehen und sich künstlerisch betätigen. Bei **Ballytoughey Loom** (www.clareisland.info/loom) werden z. B. Wochenendkurse im Spinnen, Weben und Färben mit Naturfarben angeboten, während das nahe gelegene **Clare Island Yoga Retreat Centre** (www.yogaretreats.ie) Yogaferien und vegetarische Kochkurse veranstaltet und das **Clare Island Art Studio** (www.clareislandfineart.com) Kunstunterricht sowie Workshops im Programm hat.

Auch zum **Tauchen** ist die Insel beliebt, denn die Sicht ist hervorragend und es gibt verschiedene Hotspots. Mehr darüber erfährt man auf der Website von **Islands West** (www.islandswest.ie).

Schlafen & Essen

O'Grady's B&B €€
(098-22991; www.ogradysguesthouse.com; EZ/DZ 75/90 €) Das moderne B&B unweit des Piers verfügt über helle, moderne Zimmer in geschmackvollen, neutralen Farben. Zudem beherbergt es das einzige **Restaurant** (Mittagessen 5–12 €, Abendessen 12–21 €) der Insel und bietet eine hervorragende Auswahl an Fisch- und Meeresfrüchtegerichten.

Cois Abhainn B&B €€
(098-26216; Toremore; EZ/DZ 40/70 €; Mai–Okt.) Wer vor dem Übernachten möchte und das Gefühl mag, am Ende der Welt zu sein, sollte sich an die windumtoste Südwestspitze 5 km vom Hafen begeben. Hier befindet sich eine gemütliche Pension, die mit einem tollen Ausblick nach Inishturk Island punktet. Nicht alle Zimmer haben eigene Bäder, sind aber genau so teuer wie die mit. Auf Vorbestellung kann man im Cois Abhainn auch zu Abend essen (20 €).

Anreise & Unterwegs vor Ort

Am Roonagh Quay, 8 km westlich von Louisburgh, starten im Juli und August etwa zehn Fähren täglich nach Clare Island, das restliche Jahr über nur zwei. Die Fahrt dauert 20 Minuten (hin & zurück Erw./Kind 15/8 €).

Clare Island Ferries (098-23737, 087 241 4653; www.clareislandferry.com)
O'Malley's Ferries (098-25045, 086 887 0814; www.omalleyferries.com)

Am Pier gibt's Taxis und **Fahrräder** (098-25640; 10 € pro Tag).

Inishturk Island
100 EW.

12 km vor der Westküste von Mayo – also noch abgelegener und weiter von den bekannten Touristenpfaden entfernt – erstreckt sich die eindrucksvoll zerklüftete Insel Inishturk. Nur wenige Menschen leben auf ihr und auch Fremde verirren sich kaum in diese Gefilde. Immerhin gibt's auf der Ostseite zwei **Sandstrände**, beeindruckende **Klippen** sowie eine herrliche **Flora** und **Fauna**. Auch für **Wanderer** hält die Hügellandschaft einiges bereit. Auf Streifzügen über die labyrinthischen Straßen macht man sich am besten mit dem Inselleben vertraut. Inishturks **Website** (www.inishturkisland.com) ist eine gute Infoquelle.

DIE PIRATENKÖNIGIN

Grace O'Malleys (Gráinne Ní Mháille oder Granuaile, 1530–1603) Lebensgeschichte liest sich wie eine unrealistische Abenteuerstory für hyperaktive Teenager. Diese Dame wurde zweimal Witwe und musste aufgrund von Piraterie ebenso oft ins Gefängnis. In den unruhigen Zeiten des 16. Jhs., als traditionelle Stammesführer in lange Kämpfe mit den Engländern um die Kontrolle des Landes verwickelt waren, war sie weithin gefürchtet.

Ihr unorthodoxes Leben war für Legenden und Mythen wie geschaffen, und Hunderte Geschichten bezeugen ihre Tapferkeit, ihr Können sowie ihre unnachgiebige Entschlossenheit bei der Verteidigung ihrer Angehörigen gegen alle Feinde von rivalisierenden Stammesführern bis zur britischen Armee.

Grace wuchs in einer mächtigen Seefahrerfamilie auf, die den größten Teil der Küste Mayos kontrollierte und internationalen Handel betrieb. Das eigenwillige Mädchen entschied sich schnell, im Familienbetrieb mitzumischen. Laut der Legende fragte es seinen Vater bereits in jungen Jahren, ob es ihn auf einer Reise nach Spanien begleiten könne. Dieser lehnte die Bitte mit der Begründung ab, dass die Seefahrt nichts für Mädchen sei. Ohne zu zögern, schnitt sich Grace ihre Haare ab, zog Jungenkleider an, kehrte zum Schiff zurück und verkündete, sie sei bereit loszusegeln. Ihre amüsierte Familie gab ihr daraufhin den Spitznamen Gráinne Mhaol (ausgesprochen gron-je u-eyl, „kahle Grace"), den sie Zeit ihres Lebens behielt.

Im Alter von 15 Jahren wurde sie mit Donal O'Flaherty verheiratet, einem missgelaunten örtlichen Stammesführer. Dank ihres cleveren Wesens und ihres taktischen Verhandlungsgeschicks gelang es Grace jedoch schnell, ihren Mann in der Politik und im Handel zu überflügeln. In Galway, einem der größten Häfen der Britischen Inseln, wurden die O'Flahertys mit einem Handelsverbot belegt, doch Grace umging dieses, indem sie schwerbeladene Schiffe auf dem Weg zum Hafen aufhielt und für die sichere Durchfahrt eine Bezahlung verlangte. Wenn das Schiff sich weigerte, befahl sie ihren

Übernachtungsgäste lockt der landschaftlich wunderschön gelegene Bauernhof **Teach Abhainn** (098-45510; EZ/DZ 40/78 €; Abendessen 25 €; April–Okt.) etwa 1,5 km westlich des Hafens mit fantastischen Ausblicken, Hausmannskost und gemütlichen Zimmern.

John Heanue bietet zweimal täglich Überfahrten mit der **Fähre** (098-45541, 086 202 9670; Erw./Kind hin und zurück 25/12,50 €) vom Roonagh Quay unweit von Louisburgh (45 Min.) zur Insel an. Darüber hinaus besteht noch eine seltenere Verbindung von Cleggan, County Galway, hierher.

Croagh Patrick

Der hl. Patrick hätte sich kein besseres Ziel für seine Pilgerreise aussuchen können als diesen konisch geformten Berg (auch „the Reek" genannt) 8 km südwestlich von Westport. An klaren Tagen wird der anstrengende zweistündige Aufstieg mit einer Aussicht auf die vielen Inseln der Clew Bay belohnt.

Auf dem Croagh Patrick fastete Irlands Schutzheiliger 40 Tage und Nächte lang und vertrieb dabei angeblich giftige Schlangen. Tausende von Pilgern betrachten das Besteigen des 765 m hohen heiligen Bergs am letzten Sonntag im Juli, dem Reek Sunday, als einen Akt der Sühne. Die wahren Büßer kämpfen sich über den Tóchar Phádraig (Patrick's Causeway), eine 40 km lange Strecke, die an der Ballintubber Abbey beginnt, und bezwingen den Berg barfuß.

Weniger Reuige nehmen den Weg, der bei Campbell's Pub in Murrisk (Muraisc) beginnt. Verirren kann man sich hier nicht. Gegenüber dem Parkplatz befindet sich das **National Famine Memorial**, bei dessen Anblick es einem eiskalt über den Rücken läuft: Es handelt sich um die Skulptur eines von Skeletten umgebenen Geisterschiffes mit drei Masten, das an die vielen Todesopfer der sogenannten *„coffin ships"* (Sargschiffe) erinnert, auf denen während der Hungersnot (1845–51) zahlreiche Menschen der elenden Lage zu entkommen versuchten. Der Pfad am Denkmal vorbei führt zu den kärglichen Überresten der **Murrisk Abbey**, die 1547 von den O'Malleys errichtet wurde.

Männern, an Bord zu gehen und nach Herzenslust zu plündern. So brachte es die furchterregende Kommandeurin und großartige Seglerin rasch zu bedeutendem Wohlstand.

Nach dem Tod ihres Mannes ließ sie sich auf Clare Island nieder, ihre Unternehmungen führten sie aber überall an die irischen und schottischen Küsten. Auf der Rückfahrt einer Reise legte sie in Howth, dem damals geschäftigsten Hafen Dublins, einen Stopp ein und ersuchte – wie es üblich war – im Howth Castle um Gastfreundschaft. Am Tor wurde ihr der Zutritt mit der Begründung verweigert, die Familie sei beim Abendessen. Daraufhin entführte die erboste Grace kurzerhand den Sohn des Lords und ließ ihn erst wieder frei, als man ihr versprach, dass die Tores des Schlosses geöffnet blieben und bei jeder Mahlzeit ein Platz für unerwartete Gäste gedeckt würde. So ist es übrigens bis heute Brauch.

Mittlerweile war Rockfleet der einzige Teil der Clew Bay, der noch nicht unter ihrer Kontrolle war, deshalb heiratete Grace 1566 Richard an-Iarrain, um sich dessen Burg zu sichern. Nach der altirischen Rechtssprechung (den Brehon-Gesetzen) war die Ehe „für ein Jahr sicher". Der Erzählung nach hatte sich Gráinne in diesem Jahr fest in der Burg etabliert. Als es abgelaufen war, verriegelte sie die Türen und rief aus dem Fenster: „Richard Burke, ich entlasse dich." Die Festung behielt sie nun einfach. Trotz dieses rüden Vorgehens blieben O'Malley und Burke bis zu dessen Tod 17 Jahre später zusammen.

In den 1570er-Jahren war die Nachricht von Graces unverfrorener Piraterie bis zu den Engländern vorgedrungen und es gab viele Versuche, sie gefangen zu nehmen. Der neue Gouverneur von Counnaught, Sir Richard Bingham, avancierte schnell zu ihrem Erzfeind. 1593 wurde die nach wie vor unbesiegte Freibeuterin schließlich nach London einbestellt, wo Elisabeth I. sie begnadigte und ihr einen Titel anbot. Grace lehnte ab und sagte, sie sei bereits Königin von Connaught.

1603 starb sie in ihrem eigenen Heim und wurde vermutlich in der Familiengruft auf Clare Island beerdigt.

Torffeuer, gutes Essen und eine gesellige Atmosphäre erwarten einen in der himbeerroten **Tavern** (www.tavernmurrisk.com; Murrisk; Hauptgerichte 9–27 €), wo leckere Meeresfrüchte auf den Tisch kommen.

Westport

5163 EW.

Westport ist ein fotogenes georgianisches Städtchen mit von Bäumen gesäumten Straßen, einer Einkaufsmeile am Fluss und einer tollen Atmosphäre. Selbst im tiefsten Winter geht's hier lebhaft zu. Dank seines ausgezeichneten Angebots an Unterkünften, Restaurants und der für ihre Livemusik bekannten Pubs erfreut sich der Ort großer Beliebtheit, hat dem Tourismus seine Seele aber nicht geopfert. Einige Kilometer weiter westlich lädt das pittoreske Hafenviertel Westport Quay an der Clew Bay zu einem Drink bei Sonnenuntergang ein.

Die Stadt ist Mayos Zentrum des Nachtlebens, außerdem macht sie ihre zentrale Lage zu einem praktischen und netten Ausgangspunkt für Erkundungen des Countys.

⊙ Sehenswertes

Westport House HISTORISCHES GEBÄUDE (✆098-27766; www.westporthouse.ie; Quay Rd; Haus & Garten Erw./Kind 12/6,50 €, Haus, Garten & Pirate Adventure Park Erw./Kind 24/16,50 €; ⊗Haus & Garten Mitte April–Aug. 10–18 Uhr, März & Sept. 10–16 Uhr) Diese charmante georgioanische Villa wurde 1730 auf den Überresten von Grace O'Malleys Burg aus dem 16. Jh. gebaut. Von der ursprünglichen Einrichtung ist vieles erhalten geblieben, darüber hinaus sind einige der großartigen Zimmer komplett stilecht dekoriert. Rund um das Gebäude erstreckt sich ein wunderbar idyllischer Garten, allerdings leidet der Gesamteindruck mittlerweile unter der Kommerzialisierung der letzten Jahre. Kinder werden nichtsdestotrotz begeistert sein. Als Riesenhit gilt vor allem der **Pirate Adventure Park** mit einem schaukelnden Piratenschiff, einem tollen Spielplatz und einer aufregenden, achterbahnartigen Wasserrutsche.

Wer das Westport House besuchen möchte, biegt direkt vor dem Westport Quay rechts ab.

Westport

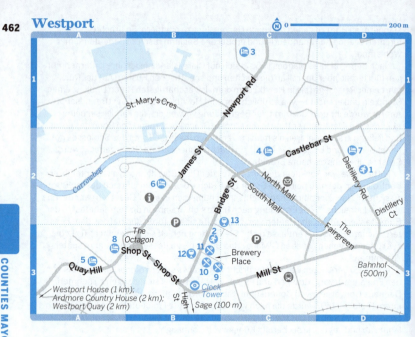

Westport

Aktivitäten, Kurse & Touren
1 Clew Bay Bike Hire..............................D2
2 Hewetson..B3

Schlafen
3 Abbeywood Hostel C1
4 Castlecourt Hotel................................C2
5 McCarthy's Lodge...............................A3
6 Old Mill Holiday Hostel B2
7 St. Anthony's.......................................D2
8 Wyatt Hotel..A3

Essen
9 An Port Mór B3
10 JJ O'Malleys..B3
11 Sol Rio B3

Ausgehen
12 Matt Molloy's......................................B3
13 Moran's...C2

Clew Bay Heritage Centre MUSEUM
(www.museumsofmayo.com; The Quay; Erw./Kind 3 €/frei; ⊙April, Mai & Okt. Mo–Fr 10–14 Uhr, Juni–Sept. Mo–Fr 10–17, Juli & Aug. auch So 15–17 Uhr) In diesem steinernen Gebäude aus dem 19. Jh. erfährt man mehr über die Geschichte, die Bräuche und die Traditionen von Westport und Clew Bay. Das Museum liegt ein paar Kilometer westlich des Städtchens.

🏃 Aktivitäten

Reiten

Die **Carrowholly Stables** (www.carrowholly-stables.com; Carrowholly) 3 km nördlich der Stadt abseits der N59 und das **Westport Woods Riding Centre** (www.westportwoodshotel.com) beim gleichnamigen Hotel ermöglichen Ausritte am Strand und auf Routen, die einen Blick auf die Clew Bay bieten.

Radfahren

Die Gegend rund um Westport eignet sich prima zum Radfahren, denn hier locken sowohl sanfte Küstenwege als auch schwierigere Bergstrecken. Bei **Clew Bay Bike Hire** (☏098-24818; www.clewbayoutdoors.ie; Distillery Rd; Fahrradverleih 15 € pro Tag ⊙9–18 Uhr) erfährt man Wissenswertes zu den Möglichkeiten in der Gegend und den Depots am **Great Western Greenway**, einer 54 km langen Fahrradroute zwischen Westport und Achill Island. Die Sammelstellen befinden sich in Westport, Newport, Mulranny und Achill Island, sodass man seinen Ausflug an jedem dieser Orte beginnen bzw. beenden kann. Wer keine Lust auf die Rückfahrt hat, lässt sich einfach am Ziel abholen (20 € extra).

Angeln

Anglerbedarf, Campingausrüstung und Wetterkleidung gibt's bei **Hewetson** (Bridge St; ⊘Mo–Sa 10–17 Uhr), ebenso wie Infos zu den Konditionen vor Ort.

🛏 Schlafen

Westport ist Mayos wichtigster touristischer Anziehungspunkt. Es gibt zwar B&Bs und Hotels im Überfluss, aber im Sommer und bei besonderen Veranstaltungen sind die Zimmer rar. Die Angestellten in der Touristeninformation übernehmen die Buchung gegen eine Gebühr von 4 €. In der Nebensaison muss man für die Unterkünfte wesentlich weniger zahlen.

Westport Woods Hotel HOTEL €€
(☎098-25811; www.westportwoodshotel.com; Quay Rd; EZ/DZ ab 75/110 €; P@🛜🏊🐾) Das hinter der Steinmauer des Westport House versteckte Hotel ist stolz auf seine Umweltfreundlichkeit. Es besitzt geräumige, etwas seelenlose Zimmer, wartet aber für ein Hotel dieser Größe mit einem beeindruckend persönlichen Service auf. Zu den tollen Extras gehören ein kostenloser Kinderclub, ein Fahrradverleih, eine Seilrutsche, ein Kletterseilparcours, eine Kletterwand und die kostenlose Abholung vom Bahnhof.

Castlecourt Hotel HOTEL €€€
(☎098-55088; www.castlecourthotel.ie; Castlebar St; Zi ab 140 €; P@🛜🏊) In den großen, gemütlichen Zimmern dieser Bleibe im Ortszentrum bilden moderner Stil und klassische Eleganz eine Einheit. Die Deluxe-Zimmer verfügen über Himmelbetten und Whirlpools, außerdem punktet das Hotel mit einem luxuriösen Spa, einem Felsenpool im Freien und einem ordentlichen Restaurant.

St. Anthony's B&B €€
(☎098-28887; www.st-anthonys.com; Distillery Rd; EZ/DZ 45/80 €; P) Auf der anderen Flussseite liegt dieses vornehme B&B hinter einer großen Hecke voller Vogelnester. Zwei der sechs einfachen, aber eleganten Zimmer haben Jacuzzi-Bäder. Vor seiner Anreise sollte man anrufen und eine Zeit vereinbaren.

Wyatt Hotel HOTEL €€
(☎098-25027; www.wyatthotel.com; The Octagon; Zi ab 129 €; P🛜) Mitten im Ortszentrum lockt das sonnenblumengelbe Wahrzeichen der Stadt mit komfortablen, aber eher geschäftsmäßigen Zimmern, einem außerordentlich freundlichen Service und der kostenlosen Nutzung des nahe gelegenen Freizeitzentrums.

Old Mill Holiday Hostel HOSTEL €
(☎098-27045; www.oldmillhostel.com; James St; B 18,50 €, DZ 49 €; 🛜) Ein zentrales, zur IHH gehörendes Hostel in einer umgebauten Steinmühle mit 58 Betten in gepflegten Zimmern. Einladende Gemeinschaftsbereiche sorgen für eine lockere, gesellige Stimmung. Tee, Kaffee und Toast sind im Preis inbegriffen.

Abbeywood Hostel HOSTEL €
(☎098-25496; www.abbeywoodhouse.com; Newport Rd; B ab 20 €, DZ 60 €; ⊘Mai–Sept.; P@) Früher war dieses Gebäude Teil eines Klosters und wirkt mit seinen Buntglasfenstern, den gebohnerten Holzfußböden und den hohen Decken immer noch etwas institutionell. Im Übernachtungspreis ist ein kontinentales Frühstück enthalten.

Ardmore Country House HOTEL €€€
(☎098-25994; www.ardmorecountryhouse.com; The Quay; Zi ab 140 €; ⊘Ostern–Okt.; P🛜) In abgeschiedener Lage mit Blick über die Clew Bay bietet das reizende Hotel 13 Zimmer mit Schlittenbetten, schönen Stoffen und einer herzlichen Atmosphäre.

McCarthy's Lodge B&B €€
(☎098-27050; www.mccarthyslodge.com; Quay Hill; EZ/DZ 50/70 €) Die acht Zimmer des McCarthy's befinden sich über einem gastfreundlichen holzverkleideten Pub. Sie sind ebenso sauber und adrett wie das B&B selbst und erinnern an Ikea-Ausstellungsräume.

Westport House Caravan & Camping Park CAMPINGPLATZ €
(www.westporthouse.ie; Westport House, Quay Rd; Stellplatz 30 €; ⊘Mai–Anfang Sept.) Dank seiner Nähe zu den vergnügungsparkartigen Attraktionen in Westport ist dieser weitläufige Platz der perfekte Ort für Familien mit kleinen Kindern.

🍴 Essen

In Westport gibt's jede Menge Restaurants und Cafés, vor allem in der Bridge Street und in ihren kleinen Seitengassen.

An Port Mór FISCH & MEERESFRÜCHTE €€
(☎098-26730; www.anportmore.com; 1 Brewery Pl; Hauptgerichte 15–24 €; ⊘Di–So 18–22 Uhr) Ein wunderbares, intimes Restaurant in einer von der Bridge Street abgehenden Gasse mit mehreren langen schmalen Räumen.

Auf der Karte geben Fische und Meeresfrüchte den Ton an. Die einfachen Gerichte wie Linguine mit Inishturk-Krabben oder in der Pfanne gebratene Bio-Meeresforellen von Achill Island schmecken unglaublich lecker. Vorab reservieren!

Sage   ITALIENISCH €€
(098-56700; www.sagewestport.ie; 10 High St; Hauptgerichte 16–23 €; Di-So abends) Beim Betreten dieses stilvollen italienischen Restaurants im obersten Teil der Stadt umfängt einen gleich wohlige Wärme. Das lächelnde Personal, der Duft nach Hefe und die Schüsseln voller dampfender hausgemachter Pasta sind überaus einladend. Mit einer guten Auswahl an regionalen Fischgerichten und großzügigen Pasta-Portionen wird die Küche den Erwartungen gerecht.

Sol Rio   MEDITERRAN €€
(098-28944; www.solrio.ie; Bridge St; Hauptgerichte mittags 7–14 €, abends 13–24 €; Di geschl.) Auf der umfangreichen Speisekarte des freundlichen Lokals stehen u. a. Pizza und Pasta sowie Biofleisch und -fisch. Sorgsam ausgewählte Zutaten und die Liebe zum Detail sorgen dafür, dass alle Gerichte erstklassig sind, egal ob man unten im einfachen Café oder oben im stilvolleren Restaurant isst. Vorab reservieren!

Quay Cottage   FISCH & MEERESFRÜCHTE €€
(098-26412; Harbour; Hauptgerichte 18–25 €; Mitte Feb.–Mitte Jan. abends) In diesem Laden an Westports lebhafter Hafenpromenade kommen die Meeresfrüchte direkt vom Fischerboot und an den Dachbalken hängen Hummertöpfe.

JJ O'Malley's   FUSIONSKÜCHE €€
(098-27307; www.jjomalleys.ie; Bridge St; Hauptgerichte 14–25 €; abends) Das geschäftige und sehr beliebte Wohlfühlrestaurant verfügt über eine umfangreiche Speisekarte mit klassischer Hausmannskost aus der ganzen Welt.

Sheebeen   FISCH & MEERESFRÜCHTE €€
(098-26528; Rosbeg; Hauptgerichte 15–25 €; Juni-Aug. 12–21 Uhr, Sept.–Mai Fr abends, Sa & So mittags & abends) Ein traditionelles Pub am Ufer der Clew Bay mit einer guten Auswahl an Fisch- und Meeresfrüchtegerichten, die in entspannter Atmosphäre serviert werden.

Ausgehen & Unterhaltung

In vielen Pubs der Stadt gibt's fast jeden Abend Livemusik.

Matt Molloy's   PUB
(Bridge St) Matt Molloy, Blechflötenspieler von den Chieftains, eröffnete dieses Pub alter Schule schon vor Jahren, und bis heute steppt hier der Bär. Ab etwa 21 Uhr stehen im Hinterzimmer traditionelle *ceilidh*-Livemusik und Tanz auf dem Programm. Vielleicht gibt ein älterer Stammgast aber auch spontan ein paar Lieder zum Besten.

Moran's   PUB
(Bridge St) Das Moran's stammt aus einer Zeit, in der Pubs gleichzeitig als Lebensmittelläden genutzt wurden. Damals konnte man sich beim Einkauf ein paar Pints hinter die Binde kippen – und lief Gefahr, anschließend ohne seine Besorgungen nach Hause zu wanken.

🛈 Praktische Informationen

Gavin's Video & Internet Cafe (Bridge St; 4 € pro Std.; 12–23 Uhr)

Touristeninformation (098-25711; www.discoverireland.ie/west; James St; Juli & Aug. 9–17.45 Uhr, März–Juni, Sept & Okt. Mo-Fr 9–17.45, Sa 9–16.45 Uhr) Die einzige offizielle Touristeninformation in Mayo ist ganzjährig geöffnet. Sie liegt auf halbem Weg zwischen dem Octagon und dem Fluss.

🛈 An- & Weiterreise

BUS Busse fahren von der Mill Street nach Dublin (17,10 €, 4½ Std., 2-mal tgl.), Galway (14,40 €, 2 Std., 5-mal tgl.), Sligo (16,65 €, 2½ Std., Mo–Sa 4-mal tgl., So 2-mal tgl.) und zur Achill Island (12,50 €, 30 Min., 2-mal tgl.).

ZUG Es gibt täglich drei Verbindungen nach Dublin (35 €, 3½ Std.).

Newport
590 EW.

Newport liegt zwölf holprige Kilometer nördlich von Westport. In dem malerischen Dorf aus dem 18. Jh. gibt's nicht viel mehr zu tun als zu angeln: Die Clew Bay sowie die Flüsse und Seen der Umgebung bieten dafür beste Bedingungen. Darüber hinaus enden in der Nähe des Ortes zwei Wanderpfade, der **Bangor Trail** (S. 469) und der **Foxford Trail**, und eine autofreie Radroute, der **Great Western Greenway**, führt von hier Richtung Westen entlang einer seit 1936 stillgelegten Bahnstrecke zur 18 km entfernten Achill-Insel. Zu der Strecke gehört auch ein markantes Viadukt mit sieben Bogen, das viele Wanderer und Radfahrer anlockt.

Wer in der Gegend übernachten möchte, sollte das **Newport House** (098-41222; www.newporthouse.ie; Main St; EZ/DZ ab 148/244 €; Mitte März–Okt.; P @), eines der romantischsten Landhotels Irlands, ansteuern. Hohe Decken, kunstvolle Stuckarbeiten, Antiquitäten, Ölgemälde und eine grandiose Haupttreppe verleihen der prächtigen, mit Efeu überwucherten georgianischen Villa eine eindrucksvolle traditionelle Eleganz und viel Charme. Das Hotel ist außerdem für seine hervorragende moderne irische Küche und das erlesene Weinangebot bekannt (Abendessen 62 €).

Die Busse zwischen Westport (3,90 €) und Achill Island (8,70 €) kommen zweimal am Tag durch Newport.

Von Newport nach Achill Island

Wer ein wenig Zeit hat, sollte nicht die Hauptroute von Newport nach Achill Island wählen, sondern sich stattdessen für den längeren und schmaleren, aber landschaftlich schöneren **Atlantic Drive** entscheiden. Die Küstenstraße ist im Süden der Curraun Peninsula (bzw. Corraun Peninsula) gut ausgeschildert.

Alternativ leiht man bei **Clew Bay Bike Hire** (098-24818; www.clewbayoutdoors.ie; Fahrradverleih 15 € pro Tag; 9–18 Uhr) neben dem Parkplatz des Newport Hotel ein Fahrrad und nimmt sich den Great Western Greenway vor.

Unterwegs weisen Schilder den Weg zur **Burrishoole Abbey**, der gespenstischen, windgepeitschten Ruine einer 1486 errichteten Dominikanerabtei (Eintritt frei). Danach, etwa 5 km westlich von Newport, stößt man auf Schilder zum **Rockfleet Castle**. Der Turm aus dem 15. Jh. (Eintritt frei) ist auch als Carrigahowley bekannt und steht mit der „Piratenkönigin" Grace O'Malley in Verbindung: Diese heiratete ihren zweiten Mann, Richard an-Iarrain (mit dem beeindruckenden Spitznamen „Iron Dick" Burke), um das Bauwerk unter ihre Kontrolle zu bringen. Wie sie von hier einen Angriff der Engländer abwehrte, ist legendär.

Mulranny erhebt sich am Hang an einer schmalen Landzunge über einem breiten **Strand** mit Blauer Flagge. Hier kann man wunderbar nachzählen, ob es in der Clew Bay tatsächlich 365 untertassengroße Inseln gibt.

DER GREAT-WESTERN-GEISTERZUG

Vom Anfang und Ende der kurzen Great-Western-Railway-Geschichte in Achill Sound hat ein Bürger des Ortes, Brian Rua O'Cearbhain, bereits im 17. Jh. geträumt: Er sah fahrende „Karren auf Rädern, die Rauch und Feuer speien", und die auf ihrer ersten und auch der letzten Fahrt Leichen transportierten.

1894 kam es zu einer Tragödie, bei der 32 junge Einheimische in der Clew Bay ertranken – genau zu dem Zeitpunkt, als die Bahnstrecke fertig war. Der erste Zug von Westport nach Achill brachte die Toten zu ihren trauernden Angehörigen. 40 Jahre später, als die Bahnstrecke bereits stillgelegt worden war, erfüllte sich auch der zweite Teil der Prophezeiung: Zehn Wanderarbeiter aus Achill kamen 1937 im schottischen Kirkintilloch bei einem Feuer ums Leben. Die Strecke wurde ein letztes Mal in Betrieb genommen, um die Toten für die Beerdigung heimzuholen.

Achill Island

960 EW.

Achill (An Caol), Irlands größtes vorgelagertes Eiland, ist durch eine kurze Brücke mit der Hauptinsel verbunden. Trotzdem fühlt man sich weit weg von der Zivilisation, wenn man die rauen Klippen, felsigen Landspitzen, geschützten Sandstrände, ausgedehnten Hochmoore und Berge betrachtet. Dazu kommt eine abwechslungsreiche Geschichte, da die Insel als Zufluchtsort für irische Rebellen diente.

Im Winter geht's ehr ungemütlich zu. Tosende Winde und eine peitschende See sind nicht gerade einladend, doch auch um diese Zeit werden Gäste willkommen geheißen. Viele Besucher ziehen allerdings die milden Sommer vor, wenn Heidekraut, Rhododendren und Wildblumen blühen.

Das Valley, ein recht ruhiges Dorf und der wahrscheinlich traditionellste Flecken auf der Insel, zeichnet sich durch eine zerklüftete Umgebung und alte Steinhäuser aus. Im Örtchen Keel ist dagegen fast immer etwas los.

Achill Island

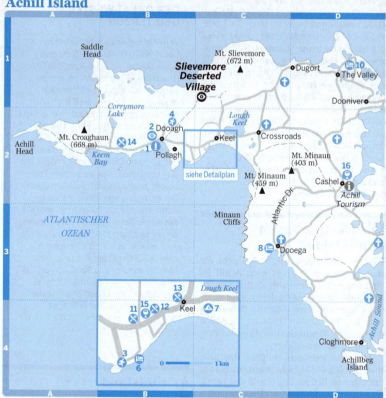

👁 Sehenswertes

Wenn man die Brücke passiert hat, kann man statt der Hauptstraßen auch dem beschilderten **Atlantic Drive** folgen, der an der Südküste der Insel entlangführt.

Slievemore Deserted Village
HISTORISCHE STÄTTE

Die Überreste des verlassenen Dorfes am Fuß des Slievemore Mountain werden nach und nach bis auf die Fundamente abgetragen. Sie erinnern daran, wie hart das Leben einst war und wie leicht die Menschen ihre Existenzgrundlage verloren. Bis in die Mitte des 19. Jhs. lebte ein Teil der Bewohner ständig im Dorf, während der andere mit dem Vieh umherzog *("booleying"* genannt). Als die Hungersnot ausbrach, waren die Einheimischen gezwungen, ans Meer zu ziehen, um dort mit Fischen ihren Lebensunterhalt zu verdienen. Das triste Bild wird durch den benachbarten Friedhof verstärkt.

Dooagh
HISTORISCHE STÄTTE

Hier legte Don Allum im September 1982 nach 77 Tagen auf See an, nachdem er als Erster den Atlantik in beide Richtungen mit einem 6 m langen Ruderboot, der *QE3*, überquert hatte. **The Pub** (so der tatsächliche Name) gegenüber dem Denkmal erinnert an diese Leistung.

🏃 Aktivitäten

Strände
SCHWIMMEN

Einige der felsigen Buchten auf Achill sind sicher genug zum Schwimmen. Außerhalb der Ferienzeit ist man an den mit Blauer Flagge ausgezeichneten Stränden von **Dooega**, **Keem** und **Dugort** sowie am **Golden Strand** (Dugorts anderer Sandstreifen) häufig mutterseelenallein. **Dooagh** und **Dooniver** laden ebenfalls zum Baden ein.

Strände
SURFEN

Der Strand von **Keel** wartet mit einer Blauen Flagge auf und zählt zu Irlands besten

Achill Island

◉ Highlights
Slievemore Deserted Village C1

◉ Sehenswertes
1 Don-Allum-Denkmal B2
2 The Pub B2

✪ Aktivitäten, Kurse & Touren
3 Achill Island Scuba Dive Centre B4
4 Calvey's Equestrian Centre B2
5 Dánlann Yawl Art Gallery F3

🛏 Schlafen
6 Bervie B4
7 Keel Sandybanks Caravan &
 Camping Park C4
8 Lavelle's Seaside House C3
9 Railway Hostel E3
10 Valley House Hostel D1

🍴 Essen
11 Achill Cliff House Hotel
 Restaurant B4
12 Beehive Craft & Coffee Shop B4
13 Calvey's Restaurant B3
14 Gielty's Clew Bay B2

🍷 Ausgehen
15 Annexe Inn B4
16 Lynott's D2

Auf der Website von **Achill Tourism** (www.achilltourism.com) kann man Beschreibungen von verschiedenen Wanderrouten herunterladen.

Achill Island Scuba Dive Centre   TAUCHEN
(☎ 087 234 9884; www.achilldivecentre.com; Purteen Harbour, Keel) Dank seines klaren Wassers und der vielen Meereslebewesen ist die Insel ein erstklassiges Tauchrevier. Das Achill Island Scuba Dive Centre bietet Unterricht, vermietet die Ausrüstung und organisiert Ausflüge.

Calvey's Equestrian Centre   REITEN
(☎ 087 988 1093; www.calveysofachill.com; Slievemore) Reitunterricht und Ausritte von ein bis vier Stunden Länge auf den breiten Stränden und Bergstraßen.

Ó'Dálaigh   MALEN
(☎ 098-36137; www.achillpainting.com; Dánlann Yawl Art Gallery, Owenduff) Seosamh Ó'Dálaigh leitet im Sommer Malkurse. Er kennt die landschaftlich reizvollsten Motive und zeigt den Teilnehmern, wie man sie auf eine Leinwand bringt.

Surfspots, allerdings treten von seiner Mitte bis zum östlichen Ende (unter den Minaun Cliffs) gefährliche Strömungen auf. Aus diesem Grund sollte man auf die Schilder achten und auf der westlichen Strandhälfte bleiben. Vor Ort verleihen mehrere Anbieter Surfbretter (15 € pro Tag) und geben Unterricht (40 € pro Tag).

Wandern   WANDERN
Auf der Insel erstrecken sich mehrere wunderbare Wanderrouten. Der **Mt. Slievemore** (672 m) ist z. B. über einen Weg gleich hinter dem verlassenen Dorf mühelos zu erreichen. Oben angekommen bietet sich ein fantastischer Ausblick auf die Blacksod Bay. Eine längere Strecke führt auf den **Mt. Croaghaun** (668 m), zum Achill Head und über einige Klippen, die von den Insulanern gern als Europas höchste Felsenriffe bezeichnet werden (obwohl die Slieve-League-Klippen in County Donegal etwas höher sein sollen).

Tony Burke ANGELN
(☎ 098-47257; tmburke@eircom.net; Keel; ◎ April–Okt.) Tony Burke organisiert Angeltouren auf dem Meer, außerdem kann man bei ihm die Ausrüstung leihen.

🎉 Feste & Events

Auf der Insel locken mehrere **Wanderfestivals** Besucher an, meistens rund um den St. Patrick's Day, den Maifeiertag und die langen Wochenenden im August.

Ende Juli kann man meilenweit traditionelle irische Klänge hören, denn dann wird das **Scoil Acla Festival** (www.scoilacla.com) mit tollen Workshops für Tanz, Kultur und Musik gefeiert.

Beim **Achill Yawl Festival**, das zwischen Juli und September in Achill Sound stattfindet, gibt's abends und am Wochenende Regatten mit traditionellen hölzernen Segelbooten.

🛏 Schlafen

Die Insel wartet mit einer großartigen Auswahl an Budgetunterkünften und einigen guten Mittelklassehotels auf. Wer eine Luxusbleibe sucht, sollte sich aufs Festland begeben.

Valley House Hostel HOSTEL €
(☎ 098-47204; www.valley-house.com; The Valley; Stellplatz 5 € pro Zelt; plus 5 € pro Pers., B 19–21 €, DZ 50 €; P@🛜) Das entlegene, knarrende alte Landhaus verfügt über 42 Betten und einen verwilderten Garten. J. M. Synge wählte das atmosphärische Gebäude als Schauplatz für das Theaterstück *Der Held der westlichen Welt*. Darin geht's um ein Verbrechen, das hier tatsächlich geschah (die Angestellten können einem großartige Geschichten dazu erzählen). *Love & Rage – Liebe & Leidenschaft* (1999), ein Film, der auf dem Stück basiert, wurde teilweise vor Ort gedreht. Zu den weiteren Vorzügen des Hostels gehören *scones* zum Frühstück und ein gemütliches Pub mit Tischen im Patio (essen kann man dort nur von Juni bis August).

Bervie B&B €€
(☎ 098-43114; Keel; EZ/DZ 75/110 €; P🐾) In der ehemaligen Station der Küstenwache ist heute ein reizendes B&B mit Ausblick aufs Meer, einem gepflegten Garten und einem direkten Strandzugang untergebracht. Weiße Bettüberdecken und Holzmöbel sorgen in den 14 hellen Zimmern für Gemütlichkeit. Familien werden besonders herzlich begrüßt, außerdem gibt's für Regatten ein Spielzimmer mit einem Billardtisch. Auf Wunsch bekommt man hier auch abends etwas zu essen (45 €).

Lavelles Seaside House B&B €€
(☎ 098-45116; www.lavellesseasidehouse.com; Dooega; EZ/DZ 45/70 €; P) Das B&B in dem ruhigen Fischerdorf Dooega mit Blick auf das Wasser besitzt 14 unterschiedliche Zimmer. Die fünf neuen sind am besten, was den Preis und die Gestaltung angeht (einfach danach fragen!). Im benachbarten Lokal **Mickey's Bar** (Hauptgerichte 8–11 €) werden im Sommer gute Fisch- und Meeresfrüchtegerichte serviert.

Keel Sandybanks Caravan & Camping Park CAMPINGPLATZ €
(☎ 098-43211; www.achillcamping.com; Keel; Stellplatz 16 €; ◎ Ende April–Mitte Sept.) Von Keel aus erreicht man diesen Campingplatz über einen bequemen Fußweg. Er bietet einen Blick auf Keel Strand und verfügt über eine nette Bar sowie einen Waschsalon.

Railway Hostel HOSTEL €
(☎ 098-45187; Achill Sound; Stellplatz 6 € pro Pers., B 12 €; P) Der frühere Bahnhof dient heute als einfaches, geselliges Hostel.

🍴 Essen

Calvey's Restaurant IRISCH €€
(☎ 098-43158; www.calveysofachill.com; Keel; Hauptgerichte mittags 8–14 €, abends 16–28 € ◎ Ostern–Mitte Sept. mittags & abends) Das preisgekrönte Restaurant ist einer Biofleischerei angeschlossen und kredenzt dementsprechend viele fleischlastige Gerichte wie das hervorragende Lammkarree mit dem typischen Inselgeschmack. Außerdem gibt's eine gute Auswahl an Fisch und Meeresfrüchten, die mit lokal produzierten, saisonalen Zutaten zubereitet werden.

Achill Cliff House Hotel Restaurant
FISCH & MEERESFRÜCHTE €€€
(☎ 098-43400; www.achillcliff.com; Keel; Hauptgerichte 21–26 €; ◎ mittags, So abends) Auf der Karte des Lokals stehen vor allem Meeresfrüchte und Fischgerichte wie Seezunge in cremiger Estragonsoße oder würzig-knusprig gebackener Kabeljau. Wer lieber Fleisch mag, kann Alternativen wie mit Ingwer und Orangen gebratene Jungenten bestellen.

Gielty's Clew Bay PUB €€
(www.gieltys.com; Dooagh; Sandwiches 4–7 €, Hauptgerichte 9–20 €; ◎ 10–21 Uhr) Das Gebäude ist zwar modern, trotzdem verströmt das Gielty's Clew Bay eine traditionelle At-

mosphäre, unterstützt von einem offenen Kaminfeuer, dem Ausblick aufs Meer und einer guten Pubküche. Hier kommen z. B. geräucherter Lachs und pfannengeschmortes Rind in Rotwein auf den Tisch.

Beehive Craft & Coffee Shop CAFÉ €
(Keel; Gerichte 4–7 €; ⊙April–Okt. 10.30–18 Uhr) Ein Café mit angeschlossenem Kunsthandwerksladen, in dem sich Gäste auf hausgemachte Suppen, *scones* und köstliche, selbst gebackene Kuchen freuen können.

Ausgehen

Lynott's PUB
(Cashel; ⊙Öffnungszeiten je nach Saison) In dem tollen kleinen, traditionellen Steinpub mit dem Steinplattenboden und uralten Bänken gibt's weder einen Fernseher noch ein Radio und nicht einen Hauch von Käse-Schinken-Toast, sondern einfach ordentlich gezapfte Pints, gelegentliche Musiksessions und reichlich *craic*. Nicht verpassen!

Annexe Inn PUB
(Keel; ⊙ab 18 Uhr) Das gemütliche kleine Pub wartet das ganze Jahr über mit traditionellen Sessions auf. Im Juli und August steht fast jeden Abend Livemusik auf dem Programm, ansonsten nur am Wochenende.

❶ Praktische Informationen

In den meisten Dörfern gibt's ein Postamt. Geldautomaten findet man in den Supermärkten in Keel und Achill Sound.

Áras Forbairt Acla (Keel; 6 € pro Std.; ⊙Mo–Fr 9–17 Uhr) Seine E-Mails kann man im örtlichen Entwicklungszentrum checken.

Achill Tourism (☎098-47353; www.achilltourism.com; Cashel; ⊙Juli & Aug. Mo–Fr 9–18 Uhr, Sept.–Juni 10–16 Uhr) Eine der besten Informationsquellen in Mayo.

❶ Anreise & Unterwegs vor Ort

BUS Täglich fährt ein Bus von Westport nach Achill Island (12 €) und steuert neun Orte auf der Insel an, darunter Dooagh, Keel, Dugort, Cashel und Achill Sound.

FAHRRAD Räder kann man im Nevin's Newfield Inn in Mulranny ausleihen.

Bangor Erris

295 EW.

Bangor (Bain Gear) ist der Anfangs- bzw. Endpunkt des 48 km langen **Bangor Trail**, der dieses unscheinbare Dorf mit Newport verbindet. Die außergewöhnliche Wanderung führt durch einige raue und abgeschiedene Landstriche. Leider benötigt man für die Route gleich mehrere OS-Karten (Maßstab 1:50 000).

Jeden Tag fährt ein Bus von Ballina nach Bangor Erris (11,40 €, 1 Std.).

Ballycroy National Park

Der 1998 gegründete **Ballycroy National Park** (www.ballycroynationalpark.ie; Eintritt frei; ⊙Besucherzentrum Ende März–Okt. 10–17.30 Uhr) beherbergt eines der größten Moorgebiete Europas. In der wunderschönen Landschaft bahnt sich der Owenduff seinen Weg durch unberührte Sümpfe.

Hier sind zahlreiche Tier- und Pflanzenarten zu Hause, darunter Wanderfalken, Wachtelkönige und Singschwäne. Ein Naturlehrpfad mit erläuternden Tafeln führt vom Besucherzentrum über das Moor und bietet herrliche Aussichten auf die Berge ringsum. Wer Lust zu größeren Unternehmungen hat, kann eine Wanderung auf dem **Bangor Trail** unternehmen, der sich durch den Park windet. Unterwegs kommt man an einigen spektakulären Aussichtspunkten vorbei.

Ballycroy liegt 18 km südlich von Bangor an der N59.

Mullet Peninsula

Die dünn besiedelte Halbinsel, ein Gaeltacht-Gebiet, in dem Irisch gesprochen wird, ragt 30 km weit in den Atlantik hinein und vermittelt ein stärkeres Gefühl der Abgeschiedenheit als viele anderen Inseln. Besucher kommen sich fast ein wenig verloren vor, können sich aber über unberührte Strände an der geschützten Ostküste freuen. Das kleine, funktionale **Belmullet** (Béal an Mhuirthead) ist das größte Dorf in der Umgebung.

Sehenswertes

Von Belmullet führt eine Straße nach Süden um die Spitze der Halbinsel bis nach Aghleam. In der Nähe des **Blacksod Point** liegen die Ruinen einer alten **Kirche**. Beim Blick über die Bucht sieht man auch die Stelle, an der *La Rata Santa Maria Encoronada,* ein Schiff der Spanischen Armada von 1588, strandete und anschließend vom Kapitän in Brand gesetzt wurde.

Auf dem Weg zum Blacksod Point kommt man an dem blau beflaggen Strand **Elly Bay**

PROTEST GEGEN EINE PIPELINE

In den vergangenen Jahren hat der idyllische und entlegene Nordwestteil Mayos landesweit für Schlagzeilen gesorgt. Thema ist der geplante Bau einer Hochdruck-Rohgasleitung, die zwischen dem Corrib-Gasfeld vor der Küste und der Raffinerie in Bellanaboy verlaufen soll. Die Kontrahenten – das Unternehmen Shell auf der einen, die Bewohner des betroffenen Gebietes auf der anderen Seite – stehen sich wie David und Goliath gegenüber. Laut Shell könnte das Gasfeld zu Spitzenzeiten angeblich bis zu 60 % des Gasbedarfs Irlands liefern.

Doch die Einwohner fürchten Gesundheits- und Sicherheitsrisiken und haben einen nun schon zehn Jahre währenden Kampf gegen den Bau der Gasleitung begonnen. Als sich 2005 Landbesitzer aus Rossport weigerten, Shell-Mitarbeitern den Zutritt zu ihrem Land zu gestatten, obwohl Enteignungsverfügungen vorlagen, eskalierten die Proteste bei gewalttätigen Unruhen. Es gab mehrere Verhaftungen und die sogenannten „Rossport Five" kamen für 94 Tage ins Gefängnis.

Daraufhin folgten eine starke Medienberichterstattung sowie Proteste gegen Shell- und Statoil-Tankstellen im ganzen Land. Einer der fünf Landbesitzer, Willie Corduff, gewann später den Goldman Environmental Prize für ökologische Aktivisten.

2009 wurden der Regierung überarbeitete Pläne für die Gasleitung vorgelegt, und da die Raffinerie und die Offshore-Pipeline fast fertig waren, bewilligte die Regierung den Bauantrag im Februar 2011. Die Einwohner haben es zwar geschafft, Shell zu bewegen, den Gasdruck zu verringern und die Route der Leitung zu ändern, trotzdem sind die meisten weiterhin unglücklich mit der Situation. An Taisce, die irische Organisation zum Schutz des natürlichen und kulturellen Erbes Irlands, hat inzwischen einen Antrag auf die gerichtliche Überprüfung des Falls gestellt und weist darauf hin, dass die Entscheidung eine Verletzung der EU-Richtlinien zum Schutz natürlicher Lebensräume darstellt. Der Kampf geht also weiter. Aktuelles zu dem Thema erfährt man unter www.shelltosea.com und www.corribgaspipeline.ie.

vorbei, ein Ort wie geschaffen zum Beobachten von Vögeln und Delfinen sowie ein toller Surfspot; Infos zu dieser Sportart gibt's bei **UISCE** (097-82111; www.uisce.ie). Weiter südlich stößt man auf den wunderschönen **Mullaghroe Beach**. Anfang des 20. Jhs. befand sich am Ardelly Point ganz in der Nähe eine Walfangstation. Die Wetterstation auf der Halbinsel legte das Datum für den D-Day fest, an dem im Zweiten Weltkrieg die Alliierten in der Normandie landeten.

Wer die Gegend besucht, sollte unbedingt einen Blick in das Veranstaltungsprogramm von **Ára Inis Gluiare** (www.arasinisgluaire.ie) werfen. Das zweisprachige Kulturzentrum in Bellammut wartet oft mit interessanten Ausstellungen, Aufführungen, Workshops und Filmen auf.

🛌 Schlafen & Essen

Rund um den zentralen Kreisverkehr des Orts reihen sich einige Cafés aneinander.

Leim Siar B&B €€

(097-85004; www.leimsiar.com; Blacksod Point; EZ/DZ 48/76 €; P) Vom Blacksod-Leuchtturm sind es nur wenige Schritte bis zu diesem freundlichen Zweckbau. Das Leim Siar bietet gleichzeitig modernen Komfort und das Gefühl, am Ende der Welt zu sein. Es verfügt über helle, einladende Zimmer, serviert auf Wunsch auch abends Mahlzeiten und verleiht Fahrräder an seine Gäste.

Broadhaven Bay Hotel HOTEL €€

(097-20600; www.westernstrandshotel.com; Ballina Rd, Belmullet; EZ/DZ 75/120 €; P @ ≋ ♠) In dem großen, modernen Hotel gibt's überaus komfortable Zimmer, einen freundlichen Service und alles, was man von einer solchen Bleibe erwartet. Wer sich Lokalkolorit oder Charme wünscht, ist hier allerdings falsch.

ℹ️ Praktische Informationen

Alle wichtigen Einrichtungen wie Bank, Geldautomat und Post befinden sich in Belmullet.

Atlantek Computers (Carter Sq, Belmullet; 3 € pro 30 Min.; Mo–Sa 10–18 Uhr) Internetzugang.

Erris-Touristeninformation (097-81500; www.visiterris.ie; Main St, Belmullet; Mai–Sept. Mo–Sa 9–17 Uhr, Okt.–April Mo–Fr 9–16 Uhr)

Anreise & Unterwegs vor Ort

Jeden Tag fährt ein Bus von Ballina nach Belmullet (12,50 €, 1½ Std.) und weiter zum Blacksod Point.

Pollatomish

150 EW.

Das hübsche, abgelegene Dorf Pollatomish, manchmal auch Pullathomas geschrieben, schmiegt sich verschlafen in eine ruhige Bucht 16 km östlich von Belmullet. Es ist auf der Straße nach Ballycastle (R314) ausgeschildert.

Wer hierherkommt, bleibt oftmals länger als ursprünglich geplant, um noch mehr Zeit an dem schönen **Sandstrand** zu verbringen oder bis zum **Benwee Head** zu wandern, der mit einer herrlichen Aussicht aufwartet.

Das **Kilcommon Lodge Hostel** (097-84621; www.kilcommonlodge.net; Pollatomish; B/DZ 16/40 €; P@) liegt ein kurzes Stück vom Strand in einem Garten und wird inzwischen vom Sohn der früheren Besitzer geführt. Ciarán ist ein Outdoor-Enthusiast, der Surfkurse, geführte Wanderungen, Klettertouren und Irisch-Sprachkurse organisiert.

Wenn man sich lieber nicht sportlich betätigen möchte, kann man es sich mit einem Buch oder einem Brettspiel am Torffeuer im Gemeinschaftsraum gemütlich machen. Das Frühstück kostet 6 €, das Abendessen 16 €.

McGrath's (www.mcgarthcoaches.com) bietet eine tägliche Busverbindung nach Ballina an.

Ballycastle & Umgebung

150 EW.

Das herrlich gelegene Ballycastle (Baile an Chaisil) besteht aus einer einzigen abschüssigen Straße. Seine Hauptattraktion (abgesehen von der atemberaubenden Küstenlandschaft) sind Megalithgräber, die man in so großer Zahl fast nirgendwo sonst in Europa findet.

Sehenswertes

CÉIDE FIELDS

Wie ein Witz besagt, beschäftigt sich Archäologie im Grunde nur mit einem Haufen kleiner Mäuerchen. Allerdings kommt es nicht oft vor, dass die Experten so aufgeregt um eben solche Mäuerchen herumspringen, wie es bei den Céide Fields 8 km nordwestlich von Ballycastle der Fall ist.

In den 1930er-Jahren fiel einem Einheimischen namens Patrick Caulfield beim Torfstechen ein Haufen Steine unter dem Sediment auf. 40 Jahre später begann sein Sohn Seamus, den diese Entdeckung zum Archäologiestudium motiviert hatte, die Gegend genauer zu erforschen. Was er und später auch andere freilegten, war das größte steinzeitliche Denkmal der Welt. Dieses besteht aus mit Steinmauern eingefassten Feldern, Häusern und Megalith-Grabstätten. Vor Ort fanden die Wissenschaftler etwa ½ Mio. Tonnen Steine. Die Überraschung: Vor etwa 5000 Jahren muss an dieser Stelle ein blühendes Dorf existiert haben, dessen Bewohner Weizen und Gerste anbauten sowie Schafe und Rinder hielten. Das preisgekrönte **Interpretive Centre** (096-43325; www.heritageireland.ie; R314; Erw./Kind 4/2 €; Juni–Sept. 10–18 Uhr, Ostern–Mai & Okt. 10–17 Uhr, letzte Führung 1 Std. vor Schließung) in einer Glaspyramide mit Aussicht auf die Ausgrabungsstätte bietet einen fantastischen Einblick in diese Zeit. Es empfiehlt sich, an einer Führung teilzunehmen, denn sonst sieht die Anlage eben doch eher wie ein Haufen kleiner Mäuerchen aus.

Schlafen & Essen

Stella Maris HOTEL €€€
(096-43322; www.stellamarisireland.com; Ballycastle; EZ/DZ ab 125/200 €; Ostern–Okt.; P) Dieses Gebäude steht an einem einsamen Küstenstreifen 2,5 km westlich von Ballycastle. Ursprünglich war es eine Station der Küstenwache und später ein Nonnenkloster. Heute wartet es mit gehobenen Zimmern voller antiker und stilvoll-moderner Möbel auf. Zum Frühstück gehören Leckereien wie French Toast und auch das Restaurant genießt einen guten Ruf.

Mary's Cottage Kitchen CAFÉ €
(Lower Main St, Ballycastle; Gerichte ab 2,50 €; Mo–Fr 10–15, Sa 10–14 Uhr) Aus der heimeligen Backstube duftet es stets nach frischem Apfelkuchen. Im Sommer kann man es sich an den Tischen draußen im Garten gemütlich machen. Die Öffnungszeiten wechseln häufiger.

An- & Weiterreise

Zwischen Ballycastle und Ballina gibt's von Montag bis Freitag jeweils zwei Busverbindungen pro Tag (6 €, 30 Min.).

Killala & Umgebung

569 EW.

Killala ist ein hübsches Örtchen und vor allem für die nahe gelegene gleichnamige Bucht sowie deren Rolle bei der französischen Invasion berühmt.

Angetrieben von revolutionärem Eifer und besessen von dem Gedanken, den Engländern in ihrem eigenen Hinterhof eins auszuwischen, gingen am 22. August 1798 mehr als 1000 französische Soldaten unter dem Kommando von General Humbert in Kilcummin in der Killala Bay an Land. Man hoffte (so hatte es jedenfalls der irische Patriot Wolfe Tone versprochen), dass ihre Ankunft die irischen Bauern dazu bringen würde, sich gegen die Engländer zu erheben.

Angeblich wurde Killala vom hl. Patrick gegründet. Die Church of Ireland soll an der Stelle stehen, wo sich einst die erste christliche Kirche befand. Noch heute überragt der 25 m hohe Rundturm den Ort. 1800 wurde er vom Blitz getroffen, die Kuppel ist aber inzwischen erneuert worden.

◉ Sehenswertes

Rathfran Abbey HISTORISCHES GEBÄUDE

Nur das Krächzen der Krähen und Pfeifen des Windes stören die Ruhe in dem abgelegenen, 1274 errichteten Dominikanerkloster. Es wurde 1590 von den Engländern niedergebrannt, dennoch blieben die Mönche noch bis zum 18. Jh. in der Gegend.

Wer die Überreste des Gebäudes sehen möchte, verlässt Killala auf der R314 Richtung Norden, überquert nach 5 km den Fluss Cloonaghmore und biegt dann rechts ab. 2 km weiter geht's an der Kreuzung erneut rechts ab.

Rosserk Abbey HISTORISCHES GEBÄUDE

Diese Franziskanerabtei stammt aus der Mitte des 15. Jhs. und steht mit den Fundamenten fast im Wasser des Rosserk, eines Nebenflusses des Moy. Im Altarraum befindet sich ein auffälliges steinernes Taufbecken, das mit einem kunstvoll gestalteten Rundturm und Engeln verziert ist. Die Abtei wurde im 16. Jh. von Richard Bingham, dem englischen Gouverneur von Connaught, zerstört. Sie liegt 4 km südlich von Killala abseits der R314 (auf die Wegweiser achten).

Breastagh Ogham Stone MONUMENT

In den einsamen, mit Flechten überwachsenen Stein von der Größe eines Basketballspielers sind Ogham-Schriftzüge eingemeißelt. Leider kann man die stark verwitterten Zeichen kaum erkennen. Das Monument befindet sich auf einem Feld links von der R314, kurz hinter der Abzweigung zur Rathfran Abbey. Beim Hinweisschild zum Stein muss man einen Graben überqueren.

Lackan Bay STRAND

Die Wellen an diesem herrlichen goldenen Sandstreifen sind gut zum Surfen, die Ausrüstung muss man aber selbst mitbringen. Von der R314 geht's am Hinweisschild nach Kilcumming rechts ab. Kurz hinter dem Abzweig erblickt man die **Statue** eines französischen Soldaten, der einem gestürzten irischen Bauern aufhilft. Die Figur markiert die Stelle, wo der erste französische Soldat auf irischem Boden starb.

ℹ An- & Weiterreise

Von Montag bis Freitag halten in Killala zweimal täglich Busse, die zwischen Ballina (4,20 €, 15 Min.) und Ballycastle (3,90 €, 15 Min.) verkehren.

Ballina

10 409 EW.

Mayos zweitgrößte Stadt ist für ihre reichhaltigen Lachsbestände bekannt. Während der Fischfangsaison ziehen oft Scharen grün gekleideter Leute in Watthosen und mit Stangen in der Hand zum Moy, einem der Flüsse in Europa, in dem man die schuppigen Kreaturen noch fangen kann. Der Fluss führt direkt durch die Stadtmitte. Im Ridge (Lachssteig) springen muntere Fische umher – manchmal verfolgt von Ottern und grauen Kegelrobben.

Das restliche Jahr über ist Ballina dank seiner hervorragenden Hotels und guten Restaurantauswahl eine schöne Ausgangsbasis, um die Region zu erkunden.

🏃 Aktivitäten

In der Touristeninformation bekommt man eine Liste mit den besten **Fischgründen** vor Ort sowie mit den Ansprechpartnern für einen Angelschein. Die Saison dauert von Februar bis September, aber die besten Monate sind Juni, Juli und August. Informationen, Ausrüstung und Lizenzen gibt' auch im **Ridge Pool Tackle Shop** (Cathedral Rd). Dort wird auch Unterricht im Fliegenfischen angeboten.

Pontoon bei Foxford ist ein besserer Ausgangspunkt, um im Lough Conn und im Lough Cullen **Forellen** zu angeln.

ABSTECHER

NORTH MAYO SCULPTURE TRAIL

Bedeutende Künstler aus acht verschiedenen Ländern wurden beauftragt, diesen Wanderweg mit 14 dauerhaft im Freien aufgestellten Skulpturen zu gestalten. Die Figuren sollen das nördliche Mayo mit seiner Schönheit und Wildheit widerspiegeln und verteilen sich entlang der 90 km langen Route, der die R314 von Ballina bis zum Blacksod Point folgt.

Wer mehr über die Kunstwerke erfahren möchte, kann sich das 60-seitige Buch *North Mayo Sculpture Trail* zulegen, das in Touristeninformationen und Buchläden verkauft wird.

Feste & Events

Eines der besten Open-Air-Feste des Landes, das einwöchige **Ballina Salmon Festival** (www.ballinasalmonfestival.ie), findet Mitte Juli statt. Zu diesem Anlass locken beispielsweise Paraden, Tanzveranstaltungen und Kartrennen.

Schlafen

Ice House   HOTEL €€€
(096-23500; www.theicehouse.ie; The Quay; EZ/DZ ab 130/160 €; P🛜) Das 1800 errichtete Lachskühlhaus am östlichen Flussufer wurde in ein hippes Hotel verwandelt. Einige Zimmer sind dem Baujahr entsprechend gestaltet worden und haben Badewannen aus Zedernholz, andere kommen hochmodern mit bodenhohen Fenstern und arktisch-weißen Möbeln daher. Am Rand des Moy, unter dem Bogen, wo einst Boote ihren Fang abluden, befindet sich eine schicke Restaurant-Bar namens Pier.

Mount Falcon Country House Hotel
    HOTEL €€€
(096-74472; www.mountfalcon.com; Foxford Rd; DZ ab 180 €; P🛜🏊) 5 km südlich von Ballina versteckt sich dieses hübsche Herrenhaus aus den 1870er-Jahren auf einem 40 ha großen Gelände zwischen dem Lough Conn und dem Moy. Viele Zimmer des Luxushotels erinnern an glanzvolle alte Zeiten, doch im modernen Anbau gibt's auch zeitgenössisch eingerichtete Räume. Wer angeln möchte, kann das im hauseigenen exklusiven Bereich am Fluss tun!

Red River Lodge   B&B €
(096-22841; www.redriverlodgebnb.com; The Quay; EZ/DZ 40/60 €; P🛜) Das moderne B&B außerhalb der Stadt bietet einen Blick auf die Mündung des Moy und verfügt über helle Zimmer mit großen Fenstern, weißer Bettwäsche sowie seidigen Bettüberwürfen. Es liegt 5 km nördlich von Ballina abseits der N59.

Essen

Pier   IRISCH €€€
(096-23500; The Quay; Hauptgerichte abends 24–31 €; ⊘mittags & abends) Dieses schicke Restaurant ganz in der Nähe des Ice House ist die beste kulinarische Adresse der Stadt. Durch die riesigen Fenster mit Blick auf den Fluss fällt jede Menge Licht, außerdem gibt's hier leckere modern-irische Gerichte mit Zutaten von kleinen, traditionellen Erzeugern.

Gaughan's   IRISCH €€
(O'Rahilly St; Mittagessen 6–16 €; ⊘Mo–Sa 10–18 Uhr) Mit seinen einfachen hausgemachten Gerichten wie Braten oder Schweinshaxe und nostalgischen Desserts zieht das beliebte Lokal jede Menge Gäste an. Auch die Meeresfrüchte schmecken hervorragend, doch am besten sind der echte Charme und die gesellige Atmosphäre in dem ehemaligen Pub. So etwas findet man heute nur noch selten.

Market Kitchen   IRISCH €€
(www.breananslane.ie; Brennan's Lane; Hauptgerichte 15–25 €; ⊘abends) Das Restaurant über dem Brennan's Pub punktet mit seinem gemütlichen Ambiente und klassischen Gerichten, darunter Burger, Meeresfrüchtepasteten, Pizzas und Fajitas, die alle einen ungewöhnlichen Touch haben.

Praktische Informationen

Chat'rnet (Bridge St; pro Std./Tag 4/10 €; ⊘Mo–Fr 11–22.30, Sa 12–22, So 13–22 Uhr) Internetcafé in zentraler Lage.

Post (O'Rahilly St) An der südlichen Verlängerung der Pearse Street.

Touristeninformation (096-70848; Cathedral Rd; ⊘April–Okt. Mo–Sa 10–17.30 Uhr) Vom Stadtzentrum gesehen auf der anderen Seite des Flusses.

An- & Weiterreise

BUS Vom Busbahnhof in der Kevin Barry Street bestehen Verbindungen nach Westport (11,50 €, 1½ Std., 4-mal tgl.), Sligo (13 €,

> **ABSTECHER**
>
> ### DIE WOLLMÜHLE IN FOXFORD
>
> Die von den wohltätigen Sisters of Charity 1892 gegründete **Foxford Woollen Mill** (www.foxfordwoolenmills.ie; Eintritt frei; Mo–Sa 10–18, So 12–18 Uhr) sollte nach der Hungersnot das Elend lindern und Foxfords Einwohnern zu dringend benötigter Arbeit sowie Einkommen verhelfen. Die Mühle war ein riesiger Erfolg und blieb bis 1987 geöffnet. Bis dahin hatten sich die hier hergestellten hochwertigen Teppiche und Decken einen internationalen Ruf erworben. Zu ihrer besten Zeit beschäftigte die Mühle 220 ausgebildete Handwerker, dementsprechend war ihre Schließung für die Region eine wirtschaftliche Katastrophe. Einheimische Geschäftsleute konnten das Unternehmen jedoch retten und errichteten vor Ort zusätzlich ein schillerndes neues Besucherzentrum. Heute kann man bei einer Multimediatour und einem Besuch der Mühle ihre Geschichte erkunden. Im hauseigenen Laden werden schöne moderne Foxford-Designs und erlesenes irisches Kunsthandwerk verkauft, außerdem gibt's ein ausgezeichnetes Café.
>
> Foxford liegt auf halbem Weg zwischen Ballina und Castlebar.

1½ Std., Mo–Sa 5-mal tgl., So 1-mal tgl.) und Dublin (17 €, 3¼ Std., 7-mal tgl.).

ZUG Der Bahnhof befindet sich in der Station Road an der südlichen Fortsetzung der Kevin Barry Street. Ballina liegt an einer Nebenstrecke der Hauptroute von Westport nach Dublin, deshalb muss man im Manulla-Junction-Bahnhof umsteigen. In Ballina starten täglich drei Züge nach Dublin (35 €, 3½ Std., 3-mal tgl.).

Castlebar & Umgebung

11 891 EW.

Mayos Verwaltungssitz ist ein vom Verkehr verstopftes Einzelhandels- und Dienstleistungszentrum. Fast alle für Besucher interessanten Sehenswürdigkeiten liegen außerhalb der Innenstadt.

Zu einem Platz in der Geschichte Irlands kam Castlebar 1798, als hier General Humberts zahlenmäßig unterlegene Armee aus französischen Revolutionären und irischen Bauern einen unerwarteten Sieg errang. Der schmachvolle Rückzug der britischen Kavallerie wird seitdem spöttisch als Castlebar Races bezeichnet.

Sehenswertes

GRATIS National Museum of Country Life

MUSEUM

(www.museum.ie; Turlough Park, Turlough; Di–Sa 10–17, So 14–17 Uhr) Dieses weitläufige Museum widmet sich den ländlichen Traditionen und Handwerkskünsten und feiert dabei die Erfindungsgabe sowie die Genügsamkeit des irischen Volkes. Der beeindruckende Zweckbau ist eine Zweigstelle des National Museum of Ireland. Es befindet sich in der üppigen Anlage des Turlough Manor aus dem 19. Jh. mit Blick auf einen See. Das Themenspektrum reicht vom Korbflechten bis zum Bootsbau und von Kräuterkuren bis zu traditioneller Kleidung. Im Fokus steht der Zeitraum von 1850 bis 1950.

Zum Museum folgt man den Schildern an der N5, 5 km nordöstlich von Castlebar.

Turlough Round Tower

HISTORISCHES GEBÄUDE

Beim Anblick des Rundturms aus dem 9. Jh. mit seinem einzigen, hoch oben angebrachten Fenster denkt man sofort an Rapunzel. Das Gebäude thront auf einem Hügel neben einer Kirchenruine aus dem 18. Jh. nordöstlich des National Museum of Country Life.

GRATIS Ballintubber Abbey

HISTORISCHES GEBÄUDE

(www.ballintubberabbey.ie; Ballintubber; 9–24 Uhr) Die Geschichte des reizenden kleinen Klosters klingt wie eine Ansammlung wundersamer Legenden. Im Volksmund heißt sie „Die Abtei, die nicht sterben will", denn sie ist die einzige von einem irischen König gegründete Kirche Irlands, die heute noch genutzt wird. 1216 wurde sie neben dem früheren Standort eines anderen Gotteshauses errichtet, das einst vom hl. Patrick erbaut wurde, nachdem dieser vom Croagh Patrick heruntergeklettert war.

Die Ballintubber Abbey wurde von den Normannen niedergebrannt, von Jakob I. beschlagnahmt und von Heinrich VIII. unterdrückt. Das Dach des Kirchenschiffs, 1653 von Cromwells Soldaten in Brand gesteckt, wurde erst 1965 restauriert. Messen waren damals verboten, und Priester wurden verfolgt. Trotz aller Widrigkeiten fanden weiterhin Gottesdienste in dem Gebäude statt.

Auf der N84 geht's südwärts Richtung Galway und nach etwa 13 km an der Emo-Tankstelle links ab. Von dort erreicht man die Abtei nach 2 km.

🛏 Schlafen & Essen

Breaffy House Hotel HOTEL €€
(✆094-902 2033; www.breaffyhousehotel.com; Zi ab 85 €; P 🏊 👶) Das imposante Landhaus aus dem 19. Jh. liegt auf einem riesigen Grundstück im Osten von Castlebar abseits der N60. Es wurde umfassend modernisiert, hat aber seinen traditionellen Charme bewahrt und verfügt über verschieden eingerichtete komfortable Zimmer (die sind im Haupthaus untergebracht), ein Spa sowie einen Pool. Außerdem wartet es mit zahlreichen Aktivitäten für Kinder auf.

Rua IRISCH €€
(www.caferua.com; Spencer St, Castlebar; Hauptgerichte 7–13 €; ⊙Mo–Sa 9–18 Uhr; 👶) In dem Feinkostladen (unten) und dem lebhaften Café (oben) locken hochwertige Bioprodukte wie Enteneier, Pasta aus Sligo, Käse aus Carrowholly und Räucherlachs aus Ballina. Die nicht zueinander passenden, aber kunstvoll arrangierten Möbel und die leuchtenden Tischdecken sorgen für ein gemütliches Flair. An jedem letzten Freitag im Monat wird hier auch Abendessen (drei Gänge 40 €) serviert – wer gerade in der Stadt ist, sollte das nicht verpassen.

❶ Praktische Informationen

Touristeninformation (✆094-902 1207; Linenhall St, Castlebar; ⊙Mai–Sept. 9.30–13 & 14–17.30 Uhr) Am Nordende der Main Street in einer Richtung Westen abgehenden Seitenstraße.

❶ Anreise & Unterwegs vor Ort

BUS Von der Haltestelle in der Market Street gibt's Verbindungen nach Westport (4,50 €, 20 Min., 3-mal tgl.) und Sligo (15 €, 2½ Std. 3-mal tgl.). Sonntags fahren die Busse seltener.

ZUG Der Zug hält auf der Strecke Westport–Dublin auch in Castlebar (35 €, 3 ½ Std., 3-mal tgl.). Der Bahnhof befindet sich etwas außerhalb der Stadt an der N84 Richtung Ballinrobe.

Knock
745 EW.

Knock war nicht viel mehr als ein heruntergewirtschaftetes Dorf, bis es eine göttliche Erscheinung im Jahr 1879 in einen der heiligsten Orte der katholischen Welt verwandelte. Der Schrein ist eine bedeutende Pilgerstätte und prägt das kleine Dorf. Ihm gegenüber befinden sich die **Touristeninformation** (✆094-938 8193; ⊙Mai–Sept. 10–18 Uhr) und ein paar Souvenirstände.

⊙ Sehenswertes

Knock Marian Shrine HISTORISCHE STÄTTE
(www.knock-shrine.ie) Diese sakrale Stätte im Ortskern besteht aus mehreren Kirchen und einem Museum. Dem Gründungsmythos zufolge hatten am Abend des 21. August 1879 zwei junge Frauen aus Knock eine Erscheinung: Während es draußen in Strömen regnete, sahen sie Maria, Josef, Johannes und ein Opferlamm auf dem Altar ihrer Gemeindekirche, alle umrahmt von einem weißen Licht am Südgiebel. Schon bald liefen 13 weitere Dorfbewohner herbei. Gemeinsam betrachteten sie fast zwei Stunden lang die himmlische Erscheinung, bis es allmählich dunkel wurde. Eine Untersuchung der Kirche bestätigte das Gesehene als Wunder, in der Folge kam es zu einer ganzen Flut von mysteriösen Ereignissen, die alle vom Vatikan für echt erklärt wurden. Dabei handelte es sich vor allem um erstaunliche Heilungen von Kranken und Behinderten, die diesen Ort aufgesucht hatten.

Noch heute beten Anhänger aller christlichen Glaubensrichtungen und sogar anderer Religionen in der modernen **Kapelle** mit einer in schneeweißen Marmor gemeißelten Darstellung der Erscheinung. Ein **Steinsegment** aus der ursprünglichen Kirche an der Außenwand (rechts, wenn man auf die Szene der Erscheinung schaut) ist vom vielen Anfassen und Küssen der Gläubigen ganz blank gerubbelt. In der Nähe steht die in den 1970er-Jahren erbaute, mit spitzen Zacken gekrönte **Basilica of Our Lady, Queen of Ireland**, in der über 10 000 Menschen Platz finden.

Das durch eine Wiese von der Basilika getrennte kleine **Museum** (✆094-938 8100; Erw./Kind 4/3€; ⊙Mai–Okt. 10–18 Uhr, Nov.–April 12–16 Uhr) erzählt die Geschichte von den ersten Zeugen, Wunderheilungen und wiederholten Untersuchungen der Kirche bis zum Besuch von Papst Johannes Paul II. 1979 anlässlich des 100-jährigen Jubiläums der Erscheinung.

❶ An- & Weiterreise

BUS Von Montag bis Samstag gibt's täglich zwei Verbindungen nach Westport (10,50 €, 1 Std.), Castlebar (8 €, 45 Min.) und Dublin (17 €, 4½ Std.). Sonntags verkehrt nur ein Bus.

FLUGZEUG Der **Ireland West Airport Knock** (www.irelandwestairport.com), 15 km nördlich über die N17 zu erreichen, bietet u. a. tägliche Flugverbindungen nach Dublin (Aer Arann) an. Bei der Abreise muss man eine Gebühr von 10 € zahlen.

COUNTY SLIGO

Sligo (Sligeach) bietet neben seiner üppig grünen Landschaft erstaunlich viel Poesie, Folklore und Mythen und ist deshalb genau das Richtige für Irlandfans. Es war diese Region, die William Butler Yeats (1865–1939) am stärksten inspirierte. Mit Gedichten wie *Die Seeinsel von Innisfree,* in denen der Nobelpreisträger, Lyriker und Dramatiker über das einfache Landleben nachsann, machte er Sligo bekannt. See und Insel gibt's auch heute noch, außerdem wartet das County mit einer Reihe prähistorischer Stätten auf. Doch Sligo zeigt sich nicht nur von seiner beschaulichen Seite: Die gleichnamige Stadt ist weltoffen und lebhaft und die Wellen locken eine internationale Surfergemeinde an die Küste.

Sligo (Stadt)

19 402 EW.

Sligo hat es nicht eilig, seine kulturellen Traditionen abzulegen, aber es protzt auch nicht damit. Einerseits gibt's hier mit einladenden Schaufenstern gesäumte Fußgängerzonen, Steinbrücken über den Garavogue und Pubs, aus denen der Lärm von *céilidh-*Sessions bis auf die Straße dringt. Andererseits ist dies auch ein Ort mit genreübergreifender moderner Kunst und Glastürmen, die sich hier und da erheben.

Sehenswertes

Sligo Abbey HISTORISCHES GEBÄUDE
(Abbey St; Erw./Kind 3/1 €; Ostern–Mitte Okt. 10–18 Uhr) Ursprünglich wurde die schöne Abtei um 1252 errichtet, allerdings brannte sie im 15. Jh. ab und wurde später wiederaufgebaut. Einflussreiche Freunde retteten sie vor den schlimmsten Übergriffen in der elisabethanischen Zeit und brachten den geschnitzten Altar in Sicherheit, der als Einziges die Reformation überdauern sollte. Die Eingänge auf der Rückseite sind ungewöhnlich niedrig, was an den Massengräbern aus den Jahren der Hungersnot und des Kriegs liegt, die den Boden stark angehoben haben.

Sligo (Stadt)

Highlights
- Sligo Abbey D2
- Sligo County Museum C2
- The Model D2
- Yeats Memorial Building C2

Schlafen
1. An Crúiscin Lan C4
2. Glass House C2
3. Riverside Suites Hotel D2

Essen
4. Monmatre C4
5. Ósta C2
6. Silver Apple A2
7. Source C3
8. Tobergal Lane C2

Ausgehen
9. Furey's D2
10. Hargadons B2
11. Shoot the Crows C3
12. Thomas Connolly C2

Unterhaltung
13. Clarence Hotel B2
14. Hawk's Well Theatre B3
15. The Factory Performance Space B1

Shoppen
16. Michael Quirke B2

The Model KUNSTMUSEUM
(www.themodel.ie; The Mall; Mi–Sa 11–17.30, So 12–17 Uhr) Dieses Museum gehört zu den führenden zeitgenössischen Kunstzentren des Landes. Es beherbergt eine beeindruckende Sammlung moderner irischer Werke, darunter Arbeiten von Jack B. Yeats und Louis Le LeBrocquy. Vor einiger Zeit wurde das Gebäude erweitert, um Platz für Sonderausstellungen, einen ständigen Raum für Aufführungen und ein Künstlerstudio zu schaffen. Das interessante Veranstaltungsprogramm umfasst experimentelles Theater, Musik und Filme.

GRATIS Sligo County Museum MUSEUM
(Stephen St; Mai–Sept. Di–Sa 9.30–12.30 & 14–16.45 Uhr, Okt.–April Di–Sa 9.30–12.30 Uhr) Die Hauptattraktion des Regionalmuseums ist der Yeats-Raum. Zu den hier präsentierten Exponaten gehören Fotos, Briefe und Zeitungsausschnitte, die mit dem Dichter in Zusammenhang stehen, sowie Zeichnungen seines Bruders Jack B. Yeats, einem der bedeutendsten irischen Künstler.

Sligo (Stadt)

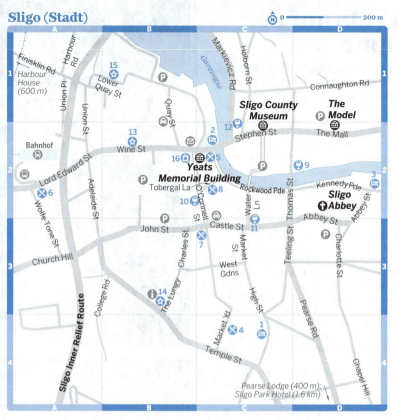

GRATIS **Yeats Memorial Building** MUSEUM (www.yeats-sligo.com; ⊙Mo–Fr 10–17 Uhr, Tearoom Mo–Sa 10–18 Uhr) In schöner Lage nahe der Hyde Bridge lockt dieses Museum mit der **Yeats-Ausstellung** samt einer Videopräsentation und wertvoller Manuskripte. Die Broschüre (2 €) dazu ist ein hübsches Souvenir. Von den draußen stehenden Tischen des **Tearoom** genießt man einen schönen Ausblick über den Fluss.

🎉 Feste & Events

Sligo versteht es, so richtig auf den Putz zu hauen. In der Touristeninformation erfährt man alles Wissenswerte über die tollen Festivals in der Stadt.

SO Sligo (www.sosligo.com) Im Mittelpunkt dieser fünftägigen Veranstaltung stehen gutes Essen und hochwertige landwirtschaftliche Erzeugnisse. Daneben gibt's Kochwettbewerbe, Livemusik und ein Straßenfest.

Temple House Festival (www.templehousefestival.com) Bei dem dreitägigen Festival Anfang Juni wird eine große Bandbreite an Musik, Kunst, Workshops und Waldkunst geboten.

Sligo Jazz (www.sligojazz.ie) Dreitägiges Festival Mitte Juli.

Yeats International Festival (www.yeats-sligo.com) Bei Aufführungen und Veranstaltungen überall in der Stadt werden zwischen Ende Juli und Mitte August drei Wochen lang die irische Dichtkunst, Musik und Kultur gefeiert.

Sligo Live (www.sligolive.ie) Das Musikfestival im Oktober ist Sligos größtes kulturelles Event.

🛏 Schlafen

In der Pearse Road reihen sich zahlreiche B&Bs aneinander.

(Fortsetzung auf S. 486)

Yeats auf der Spur

Bereits in jungen Jahren wurde der Nobelpreisträger, Dichter und Stückeschreiber William Butler Yeats (1865–1939) von den üppig grünen, sanft geschwungenen Hügeln, den alten Denkmälern und dem Alltag auf dem Land im County Sligo (S. 476) inspiriert. Einen Großteil seines Lebens verbrachte er im Ausland, kehrte aber regelmäßig nach Irland zurück, weil er die glitzernden Seen, den Anblick des Benbulben (S. 493) und die idyllischen Weiden so liebte. Aus diesem Grund bat er schließlich darum, im „Land des Herzens" begraben zu werden.

Sligo ist reich gesegnet mit prähistorischen Stätten, außerdem haben hier Mythen und Folklore Tradition. All dies beeinflusste Yeats' Arbeit. Wer mag, kann in den Fußspuren des Schriftstellers wandeln und seine Lieblingsorte besuchen, z. B. den Wasserfall in Glencar (S. 494), der in *Das gestohlene Kind* erwähnt wird, oder auch Innisfree Island (S. 493) und Dooney Rock (S. 493).

Jedes Jahr wird Yeats drei Wochen lang mit dem Yeats International Festival in Sligo gefeiert. Persönliche Gegenstände des Autors, Fotos, Briefe, Manuskriptentwürfe u. Ä. sind im Sligo County Museum und Yeats Memorial Building ausgestellt (S. 477).

Jack B. Yeats, Williams Bruder, ist einer der bedeutendsten modernen Künstler Irlands. Bei seinen Arbeiten spielt die bukolische Idylle Sligos ebenfalls eine wichtige Rolle. Er widmete sich vor allem der Landschaftsmalerei.

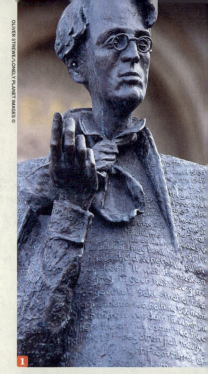

Abbildungen
1. Rowan-Gillespie-Statue von W. B. Yeats, Sligo (Stadt)
2. Rundturm, Drumcliff 3. Glencar-Wasserfall, County Leitrim 4. Sonnenuntergang am Moy

1. Fanad Head, County Donegal (S. 526)
Leuchtturm auf der felsigen Spitze von Fanad Head, dem zweitnördlichsten Punkt im County Donegal.

2. Teelin, County Donegal (S. 508)
Der Südwesten Donegals wartet mit malerischen Landschaften und tollen Wanderwegen auf.

3. Blue Stack Mountains (S. 503)
Ein einsames Schaf in den Blue Stack Mountains, deren höchster Gipfel 674 m misst und spektakuläre Aussichten bietet.

4. Tramore Beach (S. 512)
Donegals wilde zerklüftete Küste ist mit breiten Sandstreifen und abgelegenen Buchten übersät.

5. Pferde, County Donegal
Auf dem Pferderücken wunderschöne Strände und die faszinierende Landschaft erkunden.

Der Shannon-Erne-Kanal

Die beiden größten Flüsse des Landes, der Shannon und der Erne, schlängeln sich durch herrlich grüne Felder, Auen und Weiden der Midlands. Sie prägen das Landschaftsbild, versorgen die Böden mit Feuchtigkeit und werden im Sommer von Familien, Anglern sowie Bootsfahrern frequentiert.

Im 19. Jh. wurden sie miteinander verbunden, allerdings war der Kanal ein wirtschaftlicher Misserfolg. Erst 1994 fuhren dort wieder Schiffe, als im Rahmen eines Sanierungsprojekts eine symbolische Verbindung zwischen Nordirland und der Republik Irland geschaffen wurde.

Der Shannon-Erne-Kanal (S. 560) ist ein 750 km langes Netzwerk aus Flüssen, Seen und künstlichen Wasserläufen. Er erstreckt sich über die komplette Länge des Shannon und führt durch den Nordwesten des County Cavan bis zum Südufer des Upper Lough Erne. Auf dem Kanal zu reisen ist ein traumhaftes Erlebnis. An ihm liegen elegante Hotels, Gourmet-Restaurants und traditionelle Pubs, die eine ungeahnt weltoffene Atmosphäre schaffen.

TOP-ORTE FÜR LANDGÄNGE

» **Carrick-on-Shannon** (S. 557) Eine hübsche Stadt mit florierender Musik- und Kunstszene.
» **Glasson** (S. 564) Das Dorf ist vor allem für seine erstklassigen Restaurants bekannt.
» **Athlone** (S. 561) Wichtiges Zentrum in den Midlands mit lebendiger Atmosphäre.
» **Clonmacnoise** (S. 548) Faszinierende Klosterruine aus dem 6. Jh.
» **Shannonbridge** (S. 548) Verschlafenes Dorf mit einem genialen, traditionellen Pub.
» **Banagher** (S. 546) Zentrum des Hausboottourismus und Befestigungsanlagen am Fluss.

Abbildungen
1. Shannon, Limerick (Stadt) **2.** Angeln auf einem Hausboot, Leitrim **3.** Bastion Street, Athlone

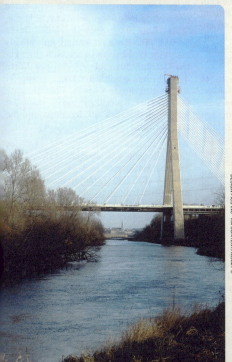

1. Trim Castle, County Meath (S. 580)
Im Mittelalter war das Trim Castle Irlands größte anglonormannische Festung.

2. Newgrange, County Meath (S. 569)
Dieses beeindruckende Ganggrab stammt aus der Zeit um 3200 v. Chr. und ist damit ganze 600 Jahre älter als die Pyramiden.

3. Hochkreuze, County Louth (S. 592)
Die Hochkreuze von Monasterboice gelten als hervorragende Beispiele für keltische Kunst.

4. Boyne, County Meath
Brücke über den Boyne unweit von Drogheda.

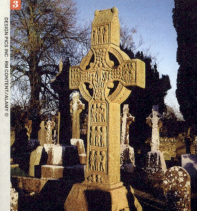

(Fortsetzung von S. 477)

Glass House
HOTEL €€

(071-919 4300; www.theglasshouse.ie; Swan Point; Zi ab 109 €; P@) Dank seiner spitzen, zum Himmel weisenden Glasfassade kann man das futuristisch anmutende Gebäude im Stadtzentrum gar nicht übersehen. Innen ist es mehr im Retrostil eingerichtet, mit einem grellen, wirbeligen Teppich im Foyer und Gästezimmern in psychedelischen Orange- oder Grüntönen. Das Hotel wirkt witzig und hip, versucht aber vielleicht ein bisschen zu sehr, cool zu sein.

Pearse Lodge
B&B €€

(071-916 1090; www.pearselodge.com; Pearse Rd; EZ/DZ 50/74 €; P@🛜) Mary und Kieron, die gastfreundlichen Besitzer der gemütlichen Pension, halten nicht nur ihre sechs stilvollen Zimmer tadellos in Ordnung, sondern wissen auch immer, was wo los ist. Auf der Frühstückskarte stehen Räucherlachs, Arme Ritter mit Bananen, hausgemachtes Müsli und Illy-Espresso. Vom Wohnzimmer blickt man auf einen hübschen Garten.

Sligo Park Hotel
HOTEL €€

(071-919 0400; www.sligoparkhotel.com; Pearse Rd; EZ/DZ ab 89/95 €; P🛜≋) Das große, ruhige Hotel liegt am Stadtrand in einem gepflegten Garten mit zahlreichen Bäumen. Es ist sehr beliebt und wartet mit hübschen, geschmackvoll eingerichteten hellen, modernen Zimmern, einem Pool, einem Spa sowie einem hervorragenden Service auf.

Riverside Suites Hotel
HOTEL €€

(071-914 8080; www.riversidesuiteshotelsligo.com; Millbrook; DZ ab 55 €, 1-Zi.-Apt. ab 60 €, 2-Zi.-Apt. 129–159 €; P🛜) Mit diesem modernen Apartmenthotel haben die B&Bs ernsthafte Konkurrenz bekommen, was den Preis angeht. Die Unterkunft verfügt über zeitgenössisch eingerichtete Doppelzimmer und Apartments für bis zu vier Erwachsene mit voll ausgestatteten Küchen. Sie bietet ein tolles Preis-Leistungs-Verhältnis, ist aber nicht sonderlich atmosphärisch.

Harbour House
HOSTEL €

(071-917 1547; www.harbourhousehostel.com; Finisklin Rd; B 20 €, DZ 44–50 €; P@🛜) Das ruhige Hotel in einem Industriegebiet außerhalb der Stadt wurde 1870 als Hafenmeisterhaus gebaut. Es hat Charakter, die Zimmer sind aber ein bisschen abgenutzt.

An Crúiscin Lan
B&B €€

(071-916 2857; www.bandbsligo.ie; Connolly St; EZ/DZ ab 40/60 €; P🛜) Eine einfache, freundliche Pension in zentraler Lage. Nicht alle Zimmer haben ein eigenes Bad, die mit sind etwa 10 € teurer.

🍴 Essen

📖TIPP Source
IRISCH €€

(071-914 7605; www.sourcesligo.ie; 1 John St; Hauptgerichte 15–20 €; ⏰Mo 9.30–17, Di–So 9.30–21.30 Uhr) Drei Etagen voller blitzendem Glas künden Sligos neuestes und ambitioniertestes kulinarisches Projekt an. Im Source lässt sich die Herkunft aller Lebensmittel nachvollziehen, außerdem setzen sich die Betreiber für lokale Lieferanten und Lebensmittel ein. Große künstlerische Fotos der besten Fischer, Bauern und Käseproduzenten schmücken die Wände des lebhaften Restaurants im Erdgeschoss, das über eine offene Küche verfügt. In der ruhigeren **Weinbar** (Gerichte 4–9 €; ⏰Di–So 15–23 Uhr) gibt's edle Tropfen vom französischen Weingut des Besitzers und Tapas im irischen Stil. In der obersten Etage, die herrliche Aussicht auf den Ben Bulben bietet, befindet sich eine **Kochschule**. Hier kann man z. B. an Kursen in biologischem Anbau, im Ausbeinen oder im Fleischerhandwerk teilnehmen.

Ósta
CAFÉ €

(www.osta.ie; Hyde Bridge, linkes Ufer; leichte Gerichte 6,50–10 €; ⏰Mo–Mi 8–19, Do–Sa 8–20 Uhr) Das Ósta ist sowohl ein Café als auch eine Weinbar und wartet mit einer guten Getränkeauswahl auf. Auf der Karte dieser hellen, gemütlichen Location am Kai stehen eingelegtes Fleisch, Meeresfrüchte und irischer Bauernkäse. Gäste genießen hier einen Ausblick auf den Fluss und die Hyde Bridge.

Tobergal Lane
IRISCH €€

(071-914 6599; www.tobergallanecafe.ie; Tobergal Lane; Mittagsgerichte 6–9 €, Hauptgerichte abends 8–18 €; ⏰10–22 Uhr) In diesem künstlerisch angehauchten Café, das sich in einer kurvigen Gasse versteckt, herrscht eine wunderbar warme, entspannte Atmosphäre. Die Karte ist einfach, doch die Gerichte werden kreativ zubereitet. Zu den Spezialitäten gehören z. B. Entenconfit mit Puy-Linsen und gebackene Meeresforelle mit Zitrone und Ingwersoße. Freitagabend und sonntagnachmittags gibt's Livejazz.

Silver Apple
FRANZÖSISCH €€

(071-914 6770; www.silverapple.ie; Lord Edward St; Hauptgerichte 15–23 €; ⏰Juli & Aug. Mo–Sa 17–22, So 13–22 Uhr, Sept.–Juni Mi–So 17–22 Uhr)

Der schlichte Eingangsbereich des netten Bistros gegenüber dem Busbahnhof verrät nicht, wie gut das Essen hier schmeckt. Das behagliche Restaurant wartet mit unverputzten Steinwänden, Retro-Postern, Buntglas und einer Karte voller großartiger französischer Klassiker auf.

Montmartre FRANZÖSISCH €€
(071-916 9901; 1 Market Yard; Hauptgerichte 17–24 €; Di–Sa 17–23 Uhr) In einer ruhigen Nebenstraße beim Markt liegt ein echter lokaler Geheimtipp. Das hervorragende französische Lokal ist unprätentiös, einfach eingerichtet und auf eine angenehme Art selbstbewusst. Auf der Karte stehen viele Meeresfrüchtegerichte, doch auch Fleischesser und Vegetarier werden fündig. Vorab reservieren!

Ausgehen

Sligo trumpft mit einigen der besten Locations im Nordwesten Irlands auf. Darüber hinaus gibt's bei jeder sich bietenden Gelegenheit spontane Musiksessions.

Hargadons PUB
(4 O'Connell St; www.hargadons.com; Hauptgerichte mittags 8–13 €, Tapas-Teller 7–10 €; Mo–Sa mittags, Tapas Do–Sa 16–20.30 Uhr) Am liebsten möchte man dieses 1864 eröffnete, traditionell eingerichtete Pub gar nicht mehr verlassen. Der schiefe Steinfußboden, das Torffeuer, die uralten Schilder, die behaglichen Ecken und die Regale voller uralter Flaschen verleihen ihm einen wunderbaren Charme. Außerdem gibt's großartiges Essen wie Austern in einer scharfen Chorizo- und Tabascosoße oder Entenschenkelconfit, gutes Bier und Livemusik am Samstagabend.

Thomas Connolly PUB
(Holborn St) Die Wände des altmodischen Pubs zieren zahlreiche verblichene Fotos und Zeitungsausschnitte sowie alte Spiegel und Geschäftsbücher. Mit seinen einfachen Holzwänden, den Böden aus Steinplatten und den traditionellen Trennwänden aus Holz und Glas verströmt die Kneipe die perfekte Atmosphäre, um an einem Pint zu nippen und über Gott und die Welt zu reden.

Shoot the Crows PUB
(Castle St) In diesem dunklen, etwas schmuddeligen alten Pub fühlen sich Lebenskünstler pudelwohl. Schon am frühen Abend füllt sich das Shoot the Crows mit Stammgästen. Selbst wenn man sich kaum noch rühren kann, bleibt die Stimmung gelöst. Oft kommt es spontan zu Gesangseinlagen und *céilidh*-Sessions.

Furey's PUB
(Bridge St) In dieser Kneipe alten Schlags wird an den meisten Abenden richtig tolle traditionelle Musik oder Jazz gespielt. Auch Gäste haben Gelegenheit, das Mikrofon zu ergreifen.

MICHAEL QUIRKE: DER HOLZSCHNITZER AUS DER WINE STREET

Die unauffällige Werkstatt des Holzschnitzers und Geschichtenerzählers ist vom Geruch gefällter Hölzer und abgesägter Buchenstümpfe erfüllt. Neben Klötzen aus Birkenholz hängen in der ehemaligen Metzgerei noch alte Fleischerwerkzeuge, darunter eine elektrische Knochensäge. Quirke, der selbst einmal Metzger war, betätigt sich seit 1968 als Holzschnitzer. Zwanzig Jahre lang übte er beide Berufe aus, dann ließ er das Schlachten sein.

Viele seiner Werke sind von der irischen Mythologie inspiriert, über die er jede Menge zu erzählen weiß. Während seiner Arbeit plaudert Quirke gerne mit Kunden und neugierigen Besuchern, die manchmal stundenlang in seinem Laden bleiben. „Die irische Mythologie ist im Unterschied zur griechischen noch immer lebendig und ändert sich fortlaufend", sagt er. „Sie ist nicht in Stein gemeißelt – das macht sie so interessant." Quirke stellt Zusammenhänge zwischen irischen Mythen, Musik, Geschichte, Flora, Fauna und heutigen Ereignissen her. Auch die ferne Welt, etwa die australischen Aborigines oder die nordamerikanischen Indianer, hat in seinen Erzählungen ihren Platz.

Beim Erzählen holt Quirke oft eine Karte der Grafschaft heraus und zeigt einem die Orte, über die er gerade spricht. So regt er seine Besucher zu einer eigenen Reise durch seine Heimat an.

Die Werkstatt befindet sich in der Stadt Sligo in der Wine Street.

☆ Unterhaltung

Hawk's Well Theatre THEATER
(www.hawkswell.com; Temple St) Konzerte, Tanzdarbietungen und Theaterstücke.

The Factory Performance Space THEATER
(www.blueraincoat.com; Lower Quay St) Inzwischen ist das einstige Schweineschlachthaus Sitz der innovativen professionellen Theatergruppe Blue Raincoat, die hier u. a. eigene Produktionen zeigt.

Clarence Hotel LIVEMUSIK
(Wine St) In Sligos größter Location für Livemusik treten viele Bands und DJs auf.

❶ Praktische Informationen

Cafe Online (1 Calry Crt, Stephen St; 3,50 €/Std.; ⊘10–23 Uhr) Zentrales Internetcafé.

Post (Wine St)

Touristeninformation (☎071-916 1201; www.discoverireland.ie/northwest; Temple St; ⊘ Juni-Aug. Mo–Fr 9–18, Sa 9–17, So 10–16 Uhr, März–Mai & Sept. Mo–Fr 10–17, Sa 10–16 Uhr, Okt.–Feb. 9–17 Uhr) In dem etwas abgelegenen Büro gibt's Infos über den gesamten Nordwesten Irlands und eine interessante Broschüre über Wandertouren in Sligo. Das Büro soll demnächst in die O'Connell Street ziehen.

❶ An- & Weiterreise

Bus

Bus Éireann (☎071-916 0066) fährt vom unterhalb des Bahnhofs in der Lord Edward Street gelegenen Busbahnhofs nach Ballina (13 €, 1½ Std., 3-mal tgl.), Westport (17 €, 2 Std., 2-mal tgl.) und Dublin (17 €, 4 Std., 4-mal tgl.) sowie in die Städte Galway und Donegal. Sonntags gibt's weniger Verbindungen.

Feda O'Donnell (☎074-954 8114; www.feda.ie) verkehrt zweimal täglich (So sogar 4-mal) zwischen Crolly, County Donegal, und Galway. Die Abfahrtsorte erfährt man telefonisch.

Flugzeug

Vom **Sligo Airport** (www.sligoairport.com; Strandhill Rd) bestehen Direktverbindungen mit Aer Arann nach Dublin (40 Min.).

Zug

Im **Bahnhof** (☎071-916 9888) starten täglich acht Züge nach Dublin (32 €, 4 Std.), die unterwegs in Boyle, Carrick-on-Shannon und Mullingar halten.

❶ Unterwegs vor Ort

BUS Strandhill und Rosses Point werden von Regionalbussen angesteuert, die teilweise weiter bis zum Flughafen fahren.

FAHRRAD Chain Driven Cycles (☎071-912 9008; www.chaindrivencycles; 23 High St; pro Tag/Woche ab 18/54 €) Hier kann man Mountainbikes sowie Trekking- und Rennräder leihen.

TAXI Taxistände findet man an der Quay Street und der Grattan Street. Eine Fahrt zum Flughafen kostet etwa 15 €.

Rund um Sligo (Stadt)

ROSSES POINT
872 EW.

Der malerische Badeort Rosses Point lockt mit Grasdünen, die sich rund um einen goldenen Strand erstrecken. In einer Entfernung ragt Sligos bekanntestes Wahrzeichen, der Benbulben, in den Himmel und vor der Küste entdeckt man den sonderbaren **Metal-Man-Leuchtturm** (Standbild eines Seemanns aus Eisen) aus dem Jahr 1821.

Vor Ort gibt's zwei herrliche **Strände** und einen der anspruchsvollsten Golfplätze Irlands, den **County Sligo Golf Course** (www.countysligogolfclub.ie), der Fans dieser Sportart aus der ganzen Welt anzieht. Mit seiner Lage am Atlantik und im Schatten des Benbulben ist er wahrscheinlich der beste und malerischste Golfplatz des Landes.

Wer in dem Dorf übernachten will, sollte das **Rosses Point Guesthouse** (☎086 805 1390; www.rossesspointguesthouse.com; B/DZ ab 18/54 €; 🛜) ansteuern, eine funkelnagelneue, zentral gelegene Unterkunft. Sie verfügt über einfache, gepflegte Zimmer, eine gute Küche und eine entspannte Atmosphäre. Das Team des Gästehauses betreibt auch das **LSD Kiteboarding** (www.lsdkiteboarding.com) und hat ein Paket für zwei Übernachtungen inklusive Kitesurfen für 410 € im Angebot.

Bei einem Besuch in **Harry's Bar** (rechter Hand, wenn man in den Ort kommt) kann man einen historischen Brunnen, ein Aquarium und maritimen Schnickschnack begutachten, während man sein Pint trinkt.

Rosses Point liegt 8 km nordwestlich von Sligo an der R291. Von und nach Sligo fahren regelmäßig Busse.

CARROWMORE MEGALITHIC CEMETERY

Trotz seiner beeindruckenden Größe und seiner internationalen Bedeutung wird der **Carrowmore Megalithic Cemetery** (www.heritageireland.ie; Erw./Kind 3/1 €; ⊘Mitte April-Mitte Okt. 10–18 Uhr, letzter Einlass 17 Uhr;), einer der größten steinzeitlichen Friedhöfe Europas, nur von wenigen Touristen besucht und eher unterschätzt. Etwa 60 Monumente, darunter Steinkreise, Ganggräber und Dolmen, schmücken die sanft geschwungenen Hügel der geheimnisvollen Stätte, die 700 Jahre älter sein soll als Newgrange im County Meath. Viele der Steine wurden im Laufe der Jahrhunderte zerstört, zudem liegen einige der verbleibenden auf Privatland.

Ursprünglich waren die sorgsam aufgestapelten Dolmen mit Steinen und Erde bedeckt, daher ist es nicht ganz einfach, sich auszumalen, wie das 2,5 km breite Gelände einmal ausgesehen haben mag. Um Besuchern einen Einblick in die damals benutzten Materialien und Methoden zu geben, wurde ein großes zentrales Steingrab rekonstruiert. Darüber hinaus erfährt man in der Ausstellung des **Besucherzentrums** am Straßenrand alles Wissenswerte über die faszinierende Stätte.

Man erreicht den Friedhof, indem man von Sligo auf der N4 5 km Richtung Norden fährt (auf die Schilder achten).

KNOCKNAREA CAIRN

Ein weiteres beeindruckendes Steingrab liegt 2 km nordwestlich von Carrowmore auf dem **Knocknarea**. Angeblich handelt es sich um das Grab der legendären Königin Maeve (oder Königin Mab, wie sie in walisischen und englischen Erzählungen heißt). Allerdings sind die 40 000 t Stein nie genauer untersucht worden, obwohl spekuliert wird, dass sich darunter eine ähnlich spektakuläre Grabkammer wie in Newgrange befinden könnte.

Der Steinhaufen auf dem Kalksteinplateau (328 m) scheint einem ständig über die Schulter zu schauen, wenn man es wagt, ihm zu nahe zu treten. Zu ihm führt ein 45-minütiger Fußweg. Oben angekommen, wird man mit einer atemberaubenden Aussicht auf den Benbulben, Rosses Point und den Atlantik belohnt.

Wer das Monument besichtigen möchte, fährt von Sligo nach Carrowmore und folgt dann der Ausschilderung nach Knocknarea. Alternativ bleibt man ab Carrowmore auf der Straße, biegt an der Kirche rechts ab und orientiert sich an den Schildern.

STRANDHILL
1413 EW.

Die großartigen Wellen des Atlantiks, die sich vor Strandhill auftürmen, machen den langen rotgoldenen **Strand** für Schwimmer unsicher, aber zu einem Mekka für Surfer. Die praktische **24-Stunden-Webcam** (www.strandhillsurf.eu) zieht Letztere in Scharen an, wenn die Bedingungen gut sind. Strandhill liegt 8 km westlich von Sligo an der R292.

Ausrüstung und Kurse organisieren der **Perfect Day Surf Shop** (www.perfectdaysurfing.com; Shore Rd) und die **Strandhill Surf School** (www.strandhillsurf.eu; am Strand).

Alternativ nimmt man ein sanfteres und wärmeres Meeresalgenbad in den **Voya Seaweed Baths** (s. Kasten S. 492).

Einige Kilometer Richtung Sligo kann man (allerdings nur bei Ebbe!) zur **Coney Island** spazieren. Das New Yorker Coney Island soll seinen Namen übrigens einem Mann aus Rosses Point verdanken. Angeblich wurde der „Wunschbrunnen" der Insel vom hl. Patrick gegraben. Der fleißige Mann muss wirklich ständig auf Achse gewesen sein ... Um zu vermeiden, dass man hier festsitzt, sollte man sich über die aktuellen Zeiten für Ebbe und Flut informieren.

Schlafen

Ocean Wave Lodge B&B €
(☎071-916 8115; www.oceanwavelodge.com; Top Rd; B/EZ/DZ 20/35/50 €; P🛜) Die neu gestalteten Zimmer in diesem großen modernen Haus sind ein echtes Schnäppchen. In den eher minimalistisch gestalteten, aber komfortablen Zimmern kontrastieren helle Wände und Stoffe mit dunklen Möbeln, Kissen und Überdecken. Das Frühstück ist im Preis inbegriffen, außerdem können Gäste die Selbstversorgerküche und den großen Aufenthaltsbereich nutzen.

Strandhill Lodge & Suites B&B €€
(☎071-912 2122; www.strandhilllodgeandsuites.com; Top Rd; Zi ab 89 €; P🛜) Eine brandneue, blitzblanke Pension mit hellen, geräumigen Zimmern samt Kingsize-Betten, einem stylish-neutralen Stil und hochwertigem Design sowie drei luxuriösen Suiten und einem Selbstversorgerapartment.

Strandhill Lodge & Hostel HOSTEL €
(☎071-916 8313; www.strandhillaccommodation.com; Shore Rd; B/EZ/DZ 16/20/30 €; P@🛜) An dem offenen Kaminfeuer im Gemeinschaftsraum des gut geführten 34-Betten-Hostels hängen viele Surfer rum. Den Inhabern gehört auch das benachbarte aufgerüschte B&B und eine Surfschule.

Essen & Ausgehen

Trá Bán FISCH & MEERESFRÜCHTE €€
(☎071-912 8402; www.trabansligo.ie; Shore Rd; Hauptgerichte 17–27 €; ⊙Mo geschl.) Auf der

Karte des beliebten Restaurants stehen vor allem Meeresfrüchte, aber auch Steaks und Pastagerichte. Trotz der hohen Qualität des Essens und der schicken Dekoration ist die Atmosphäre angenehm entspannt. Unbedingt vorab reservieren!

Bella Vista   IRISCH €€
(071-912 2222; Shore Rd; Bar Hauptgerichte 12–17 €; Bistro Hauptgerichte 16–26 €; Mahlzeiten 10–22 Uhr;) In der lebhaften Bar gibt's Pizza, Pasta und klassische Kneipenkost, während im förmlicheren Bistro moderne Versionen traditioneller irischer Fleisch- und Gemüsespeisen sowie Gourmetpizzas serviert werden.

Venue   PUB €€
(Top Rd; Hauptgerichte 12–23 €) Donnerstags, freitags und samstags wird im vorderen Bereich des weißgewaschenen Pubs Livemusik geboten. Wer Hunger hat, kann Meeresfrüchte, Fajitas und Steaks bestellen.

ⓘ An- & Weiterreise
Strandhill liegt 8 km westlich von Sligo und ist über die Flughafenstraße R292 zu erreichen, z. B. mit dem regelmäßig verkehrenden Bussen.

DEER PARK COURT CAIRN
Nur einen zehnminütigen Fußmarsch vom nahe gelegenen Parkplatz entfernt liegt das rätselhafte Kammergrab, auch Magheraghanrush genannt. Die bröckelnde Anlage stammt aus der Zeit um 3000 v. Chr. und ähnelt in groben Zügen einem menschlichen Körper. Sie hat ein großes bauchartiges Zentrum, von dem mehrere Grabkammern abzweigen, die wie Kopf und Beine angeordnet sind.

Auf der N16 geht's von Sligo aus nach Osten und dann über die R286 Richtung Parke's Castle. An der Straßengabelung biegt man links auf die Nebenstraße nach Manorhamilton ab. Nach 3 km kommt der Parkplatz in Sicht. Von dort folgt man dem Pfad 50 m durch einen duftenden Kiefernwald und kraxelt dann rechts den kleinen Hügel hinauf.

Südlich von Sligo (Stadt)
RIVERSTOWN
Der attraktive **Sligo Folk Park** (071-916 5001; www.sligofolkpark.com; Millview House, Riverstown; Erw./Kind 6/4 €; Ostern–Okt. Mo–Sa 9.30–17.30, So 12–17 Uhr) erstreckt sich rund um ein liebevoll restauriertes Landhaus aus dem 19. Jh. Hier sind einfache, strohgedeckte Gebäude, landwirtschaftliche Geräte und eine dem früheren Landleben gewidmete Ausstellung zu sehen.

Während des dreitägigen **James Morrison Traditional Music Festival** (www.morrison.ie) im August kann man bei lustigen informellen Seminaren lernen, wie man altmodische Balladen singt und traditionelle irische Reels auf einer Ziehharmonika oder einer Fiedel spielt.

Ein anderer guter Grund, um nach Riverstown zu kommen, sind die interessanten Kurse, die in Permakultur, Bienenzucht oder Sonnenkollektorenbau im **Gyreum** (071-916 5994; www.gyreum.com; Corlisheen, Riverstown; B 17–21 €, DZ 50–54 €;) angeboten werden. Das puddingförmige Gebäude mit grünem Dach versteckt sich zwischen den umliegenden Hügeln. Besucher können hier am Sonntagmorgen eine Predigt halten, ehrenamtlich aushelfen oder in den einfachen Zimmern übernachten.

Etwas luxuriöser geht's im **Coopershill House** (071-916 5108; www.coopershill.com; Riverstown; EZ/DZ ab 144/218 €; April–Okt.;) zu, einem idyllischen georgianischen Rückzugsort auf einem Gelände voller Wildblumen, Vogelgesang und Wild. Fast alle der acht Zimmer sind mit Himmelbetten, Originalantiquitäten und Ölgemälden eingerichtet.

Riverstown liegt etwa 2 km östlich der N4 bei Drumfin. Donnerstags und freitags fahren jeweils zwei Busse von Sligo hierhin (4,30 €, 45 Min.).

CARROWKEEL MEGALITHIC CEMETERY
Wer von den Bricklieve Mountains aus aufs Land hinunterschaut, wird sich wahrscheinlich nicht wundern, dass diese Bergkuppe in prähistorischer Zeit als heilig galt. Die windumtoste Stätte ist zugleich furchteinflößend und erhebend, denn die unberührte Natur und die spektakuläre Lage verleihen ihr eine spürbar bedeutungsvolle Aura. An diesem Ort, der auf die späte Steinzeit datiert wird (3000–2000 v. Chr.), befinden sich 14 Hügelgräber, Dolmen und verstreute Überreste anderer Ruhestätten.

Das erste Grab, das man erreicht, wenn man vom Parkplatz hinaufklettert, ist das Cairn G. Die Öffnung im Dach über dem Eingang ist so ausgerichtet, dass zur Sommersonnenwende bei Sonnenuntergang Licht in die innere Kammer fällt. Mit der einzigen anderen bekannten Dachöffnung in Irland kann nur Newgrange im County

Meath aufwarten. Die Hügel ringsum sind voller sichtbarer Zeugnisse des frühzeitlichen Lebens, darunter 140 Steinkreise. Dabei handelt es sich um die Überreste der Fundamente eines großen Dorfes, in dem vermutlich die Erbauer der Gräber wohnten.

Carrowkeel liegt westlich von der N4 und näher an Boyle als an Sligo. Von Sligo aus geht's nach Castlebaldwin, wo man erst rechts und dann an der Weggabelung links abbiegt. Die Stätte erstreckt sich 2 km von der Einfahrt. Der Bus zwischen Sligo und Athlone hält auf Nachfrage auch in Castlebaldwin.

BALLYMOTE & UMGEBUNG
1229 EW.

Dieser hübsche kleine Ort lohnt einen Abstecher, und sei es nur, um das riesige, von Efeu überwucherte **Ballymote Castle** zu besichtigen. Von der im 14. Jh. errichteten Burg mit den eindrucksvollen Rundtürmen marschierte Red Hugh O'Donnell 1601 in die Schlacht von Kinsale und damit in sein Verderben. Das Gebäude liegt gegenüber dem Bahnhof an der Tubbercurry Road (R296) in Ballymote.

Adler kreisen in dem neuen, von freiwilligen Helfern betriebenen Forschungszentrum **Eagles Flying** (www.eaglesflying.com; Ballymote; Erw./Kind 9/5,50 €; ⌚10.30–12.30 & 14.30–16.30 Uhr, Flugvorführungen April–Okt. 11 & 15 Uhr) dicht über den Köpfen der Besucher. Während der Vorführungen beantworten Wissenschaftler Fragen zu den Raubvögeln. Außerdem gibt's einen Streichelzoo mit Enten, Eseln und weiteren Tieren.

6 km südlich von Ballymote in Kesh stößt man auf die legendenumwobenen **Höhlen von Kesh** (manchmal Keash ausgesprochen), die sich angeblich kilometerweit erstrecken – manchen Thesen zufolge bis nach Roscommon. Hier wurden Menschenknochen, aber auch Überreste von Höhlenbären, Rentieren, arktischen Lemmingen und irischen Elchen gefunden.

10 km südwestlich von Kesh an der Kreuzung der Hauptstraßen des Dorfs Gurteen (bzw. Gorteen) bietet das **Coleman Irish Music Centre** (www.colemanirishmusic.com; ⌚Mo–Sa 10–17 Uhr) eine Ausstellung über multimediale Musik, Workshops und Vorführungen an. Im Laden auf dem Gelände kann man seine Musiksammlung ergänzen sowie Instrumente und Noten kaufen.

Das inmitten von 400 ha Wald gelegene **Temple House** (☎071-918 3329; www.temple

> ### ABSTECHER: LADIES BRAE
>
> Wem der Sinn nach einer individuellen Abenteuertour abseits touristischer Pfade steht, kann den kleinen Nebenstraßen zwischen Ballymote und Aughris Head vorbei am hübschen Ladies Brae folgen, wo sich eine Panoramaaussicht über die Küste Sligos bietet. Hier gibt's abgeschiedene Picknicktische und einige schöne Wanderwege, die mit dem 78 km langen, ausgeschilderten **Sligo Way** (www.walki reland.ie) verbunden sind.

house.ie; Ballymote; EZ/ DZ ab 110/170 €; ⌚April–Nov.; Ⓟ🛜) blickt über die Ruinen einer Tempelritterburg aus dem 13. Jh. und einen kristallklaren See, den man mit einem Ruderboot erkunden kann. Seit Beginn des 17. Jhs. ist das georgianische Landgut im Besitz derselben Familie. Das Bauwerk verfügt über sechs verschlissen-schicke, mit Antiquitäten eingerichtete Gästezimmer samt funkelnagelneuen Bädern und wartet zudem mit staubigen naturwissenschaftlichen Sammlungen und Jagdtrophäen auf. Wer vor Ort zu Abend essen möchte, zahlt dafür 45 €. Der Weg vom Haus ist 500 m südlich des kleinen Dorfes Ballinacarrow (auch Ballynacarrow geschrieben) in der Nähe der N17 ausgeschildert.

Der Zug von Sligo nach Dublin hält von Montag bis Samstag achtmal täglich und Sonntag sechsmal in Ballymote (7,20 €, 20 Min.).

AUGHRIS HEAD

Eine 5 km lange **Wanderung** folgt den Klippen um den entlegenen Aughris Head, in dessen Bucht oft **Delfine** und **Seehunde** zu sehen sind. Vogelfreunde sollten unterwegs nach Dreizehenmöwen, Eissturmvögeln, Lummen, Krähenscharben, Sturmschwalben und Brachvögeln Ausschau halten.

In grandioser Lage am Strand gleich beim Klippenwanderweg versteckt sich die **Beach Bar** (www.thebeachbarsligo.com; Hauptgerichte 10–19 €; ⌚Küche im Sommer tgl. 13–20 Uhr, im Winter nur am Wochenende) in einem strohgedeckten Cottage aus dem 17. Jh. Sie wartet mit traditioneller Musik und Leckereien wie cremiger Muschelsuppe und pochiertem Lachs auf. Den Inhabern gehört auch das benachbarte **Aughris House** (☎071-917 6465; Stellplatz Zelt/Wohn-

NIXENTRÄUME

Die einzige typisch irische Spa-Anwendung, ein „homöopathisches" Meeresalgenbad, bietet Stoff für Träume von Meerjungfrauen (und -männern). Bevor man in ein solches eintaucht, nimmt man ein Dampfbad, damit die Poren geöffnet werden. Seit Jahrhunderten wird diese Behandlung bei Rheuma, Arthritis und bei Problemen mit der Schilddrüse angewandt; angeblich hilft sie sogar bei einem Kater. Auf jeden Fall fühlt sich die Haut anschließend babyweich an. Das seidige Öl der Meeresalgen enthält einen hohen Anteil an Jod, dem Hauptbestandteil vieler Feuchtigkeitscremes.

Meeresalgenbäder werden vor allem an der Westküste angeboten. Zwei Adressen sind besonders zu empfehlen.

Die wunderbaren traditionellen **Kilcullen's Seaweed Baths** (091-36238; www.kilcullenseaweedbaths.com; Enniscrone; einfaches/Doppelbad 25/40 €; Juni–Sept. 10–20 Uhr, Okt.–Mai Mo–Fr 12–20, Sa & So 10–20 Uhr) befinden sich in einem grandiosen edwardianischen Bauwerk. Es fühlt sich einfach toll an, in einer der einzelnen Zederndampfkammern zu sitzen, ehe es in die originalen riesigen Porzellanbadewannen geht, die mit bernsteinfarbenem Wasser und Meeresalgen gefüllt sind.

Etwas moderner werden die Gäste in den **Voya Seaweed Baths** (071-916 8686; www.celticseaweedbaths.com; Shore Rd, Strandhill; einfaches/Doppelbad 25/50 €; Mo & Di 12–20, Mi–Fr 11–20, Sa & So 10–20 Uhr) an der Strandpromenade empfangen. Irgendwie macht es hier aber nicht ganz so viel Spaß.

In beiden Einrichtungen kann man sich auch weitere Anwendungen gönnen, z. B. Ganzkörperpackungen oder Massagen.

---

mobil 10/20 €, EZ/DZ 30/60 €; P), ein B&B mit sieben komfortablen Zimmern und einem angrenzenden Campingplatz.

EASKEY & ENNISCRONE

Easkey zählt zu Europas besten ganzjährigen Surfspots, was man dem Ort aber glücklicherweise nicht allzu sehr anmerkt. Fast alle Pubgespräche drehen sich um Hurling und Gaelic Football und die Straße zum Strand ist nicht einmal ausgeschildert (nach dem Kindergarten abbiegen). Darüber hinaus gibt's hier kaum touristische Einrichtungen. Die meisten Surfer campen (kostenlos) am Meer rund um die Burgruine. Infos und Tipps zu den besten Wellen bekommt man im **Easkey Surfing & Information Centre** (Irish Surfing Association; 096-49428; www.isa surf.ie).

14 km südlich erstreckt sich in Enniscrone ein großartiger, 5 km langer Strand namens „the Hollow". Im Dorf bietet die **Seventh Wave Surf School** (087 971 6389; www.surfsligo.com) Surfunterricht an und verleiht Bretter. Enniscrone ist auch für seine fantastischen traditionellen Meeresalgenbäder bekannt (s. Kasten S. 492).

Weil man im Ort prächtige Sonnenuntergänge erleben kann, sollte man eine Übernachtung in Betracht ziehen, z. B. in der wunderbaren **Seasons Lodge** (096-37122; www.seasonslodge.ie; Enniscrone; EZ/DZ 65/110 €; P), einem Zweckbau mit hellen, geräumigen Zimmern, die je ein Queensize- und ein Einzelbett haben, sowie ruhigen, neutralen Farben und vielen tollen Extras.

Als gute Alternative gilt das **Ceol na Mara** (096-36351; www.ceol-na-mara.com; Enniscrone; EZ/DZ 50/80 €; P). Es verfügt über einfache, frische Zimmer und einen Privatweg zum Strand.

Jeden Tag fahren vier Busse (sonntags einer) von Sligo nach Easkey (10,20 €, 1 Std.) und Enniscrone (11,50 €, 1½ Std.) sowie weiter nach Ballina.

Lough Gill

Der spiegelblanke „Lake of Brightness" (Heller See) hat ebenso viele Legenden wie Fische zu bieten. Eine Geschichte, deren Wahrheitsgehalt leicht zu überprüfen ist, behauptet, dass einst eine silberne Glocke von der Abtei von Sligo in den See geworfen wurde. Angeblich können diejenigen sie läuten hören, die keine Sünden begangen haben. (Wir haben sie nicht gehört …)

Von überall im County kann man bequem Ausflüge zum südöstlich von Sligo gelegenen See unternehmen. Zwei herrliche Waldstreifen, **Hazelwood** und **Slish Wood**, locken mit Rundwanderwegen; von Letzterem genießt man Ausblicke nach Innisfree Island.

Am Parke's Castle (s. S.560) beginnen Bootstouren auf dem See.

❶ An- & Weiterreise

Der Bus zwischen Sligo und Dromahair fährt am Nordufer des Sees entlang und hält am Slish Wood. Mit dem Auto oder Fahrrad verlässt man Sligo Richtung Osten über die Mall und kommt am Krankenhaus vorbei. Von der N16 geht's dann rechts auf die R286 zum Nordufer des Lough Gill. Bis man den Dooney Rock erreicht, ist die südliche Route weniger reizvoll.

DOONEY ROCK

Dieser riesige zerklüftete Kalksteinhügel erhebt sich klobig über das Südufer des Sees. Yeats machte ihn durch sein Gedicht *Der Geiger von Dooney* unsterblich. Auf dem Gipfel genießt man einen wunderbaren Ausblick.

Wer Sligo auf der N4 Richtung Süden verlässt, muss beim Wegweiser nach Lough Gill links abbiegen. An der T-Kreuzung geht's links auf die R287 zum Parkplatz von Dooney.

INNISFREE ISLAND

Das winzige Inselchen liegt verlockend nah am Südostufer des Sees, ist aber leider nicht für Besucher zugänglich. Dennoch inspirierte seine friedliche Ausstrahlung Yeats zu seinem berühmten Gedicht *Die Seeinsel von Innisfree*:

„Ich werde mich jetzt erheben und nach Innisfree gehen,
Dort eine kleine Hütte bauen, aus Lehm und Geflecht gemacht;
Neun Reihen Bohnen werde ich dort haben, einen Korb für die Honigbiene,
Und allein werde ich dort leben in bienenlauter Lichtung."

Vom Dooney Rock geht's weiter nach Osten, wo man an der Kreuzung links abbiegt. Nach 3 km muss man wiederum links ab und weitere 3 km den Weg entlangfahren. Hier führt eine kleine Straße zum See hinunter.

Nördlich von Sligo (Stadt)

DRUMCLIFF & BENBULBEN

Der an Sligos Nordküste von überall sichtbare Benbulben (525 m; oft auch Ben Bulben geschrieben) ähnelt einem Tisch mit einem gefalteten Tuch: Das Kalksteinplateau ist ungewöhnlich flach und seine fast senkrecht abfallenden Seiten sind von Rinnsalen durchzogen. Wenn man sich nicht auskennt, kann das Wandern hier gefährlich werden. Infos und Tipps dazu gibt's im **Sligo Mountaineering Club** (www.sligomountaineeringclub.org).

Die Schönheit des Plateaus ließ auch W. B. Yeats nicht unbeeindruckt. Vor seinem Tod in Menton, Frankreich, im Jahr 1939 äußerte er die Bitte: „Wenn ich hier sterbe, begrabt mich oben auf dem Berg, und nach ungefähr einem Jahr grabt mich wieder aus und bringt mich unbemerkt nach Sligo." Seine Wünsche wurden erst 1948 erfüllt, als sein Leichnam auf dem Friedhof von Drumcliff beigesetzt wurde, wo sein Urgroßvater Gemeindepfarrer gewesen war.

Yeats' Grab liegt am Eingang der protestantischen Kirche; seine jung verstorbene Frau Georgie Hyde-Lee wurde neben ihm beerdigt. Als Yeats sie heiratete, war er 52 – fast 30 Jahre älter als sie. Seine Grabinschrift stammt aus dem Gedicht *Am Fuße von Ben Bulben*:

„Wirf einen kalten Blick
Auf Leben, auf Tod.
Reiter, reite vorbei!"

Leider wird die Grabesruhe heute durch den Verkehrslärm auf der N15 gestört.

Im 6. Jh. hatte der hl. Colmcille genau diese Stelle für ein Kloster ausgewählt. Noch heute sieht man an der nahe gelegenen Hauptstraße die Ruinen eines **Rundturms**, der 1936 vom Blitz getroffen wurde. Im Kirchhof steht ein außergewöhnliches **Hochkreuz** aus dem 11. Jh. mit verschiedenen, fein eingemeißelten Bibelszenen.

Neben der Kirche befindet sich ein kleines **Café mit einem Kunsthandwerksladen** (☻9–18 Uhr).

Kürzlich erhielt das historische **Lissadell House** westlich von Drumcliff, unweit der N15 direkt hinter Yeats Tavern, bei einer Restaurierung durch die privaten Besitzer seine alte Schönheit wieder. Ein erbitterter Streit um Wegerecht durch das Grundstück führte jedoch zu seiner Schließung. Den aktuellen Stand erfährt man in Sligos Touristeninformation.

🛏 Schlafen & Essen

Yeats Lodge   B&B €€
(☎071-917 3787; www.yeatslodge.com; Drumcliff; EZ/DZ 48/66 €; ℗🛜🍽) Dank der freundlichen Besitzer, der großen, modernen Zimmer und der friedlichen Atmosphäre gilt

das B&B als gute Wahl. In den Zimmern und den Gemeinschaftsbereichen hat man jede Menge Platz, die Einrichtung ist geschmackvoll rustikal und die Aussichten auf die Landschaft sind sehr schön.

Willsborough House
B&B €€

(071-917 3526; www.drumcliffebedandbreakfast.com; Cullaghbeg, Drumcliff; EZ/DZ 48/66 €; P) Das moderne, anheimelnde Mansardenhaus verfügt über hübsche, geräumige Zimmer mit Möbeln und Böden aus Kiefernholz. Außerdem wartet es mit einer ruhigen Lage, schönen Aussichten auf die Benbulben und supernetten Gastgebern auf. Wer hier übernachten möchte, biegt von der N15 etwa 500 m hinter Yeats Tavern rechts ab.

Henry's Bar & Restaurant
IRISCH €€

(071-917 3985; www.henrysrestaurant.ie; Cashelgarran; Hauptgerichte 10–25 €; Küche Mo-Sa 10–21.30, So 12–17 & 18–21.30 Uhr;) Seit seiner Eröffnung 2008 ist dieser moderne Bau aus Holz und Glas wegen seiner lockeren Atmosphäre bei Familien beliebt. Auf der soliden irischen Speisekarte stehen auch Gerichte für Kinder.

Yeats Tavern
FISCH & MEERESFRÜCHTE €€

(071-916 3117; www.yeatstavernrestaurant.com; N15, Drumcliff; Hauptgerichte 14–26 €; Mahlzeiten 12–21.30 Uhr) Das elegante, zeitgenössische Pub-Restaurant befindet sich etwa 300 m nördlich von Yeats' Grab und punktet mit leckerem Bier, Irish Coffee sowie Meeresfrüchten, darunter Muscheln aus der Drumcliff Bay und Venusmuscheln aus Lissadell.

❶ An- & Weiterreise
Von Sligo fahren Busse nach Drumcliff (3,50 €, 10 Min., Mo–Sa 10-mal tgl., So 7-mal tgl.). Sie halten an der Post.

LOUGH GLENCAR
Dieser malerische See in den Counties Sligo und Leitrim eignet sich nicht nur hervorragend zum Angeln, sondern lockt auch mit einem herrlichen Wasserfall. Yeats würdigte die Kaskade in *Das geraubte Kind*. Am besten lässt sich die Umgebung zu Fuß erkunden. Ein Wanderweg führt nach Osten und dann über den steilen Weg im Norden des Tals.

Von Drumcliff sind es nicht einmal 5 km bis zum See und seinem Westufer. Montags bis freitags fährt täglich ein Bus von Sligo, am Samstag sind es zwei (3,50 €, 15 Min.).

STREEDAGH & GRANGE
Im Dorf Grange weisen Schilder den Weg zum Streedagh Beach, einem sichelförmigen Strand, an dem etwa 1100 Seeleute starben, als hier drei Schiffe der Spanischen Armada havarierten. Der Blick reicht vom Strand zu den Klippen in Slieve League im County Donegal. Einheimische kommen regelmäßig zum Schwimmen hierher, sogar im Winter.

Derzeit ist es verboten, am Strand zu reiten. Die Island View Riding Stables (071-916 6156; www.islandviewridingstables.com; Gran

---

ABSTECHER: INISHMURRAY ISLAND

Die 1948 verlassene Insel Inishmurray zu besuchen ist gar nicht so einfach. Auf dem Eiland befinden sich frühchristliche Relikte und faszinierende heidnische Objekte. Es gibt dort drei gut erhaltene **Kirchen**, **Bienenkorbhütten** und **Freiluftaltäre**. Das alte Kloster, das Anfang des 6. Jhs. vom hl. Molaise gegründet wurde, ist von einer dicken ovalen Mauer umgeben.

Von den Mönchen wurden nicht nur die religiösen, sondern auch die heidnischen Relikte zusammengetragen, darunter eine Sammlung von Fluchsteinen: Wer jemanden verfluchen wollte, lief die Stationen des Kreuzgangs in umgekehrter Richtung ab und drehte dabei die Steine um. Männer und Frauen wurden hier an getrennten Grabstätten beerdigt, denn man war davon überzeugt, dass ein Körper, den man an der falschen Stelle begraben hatte, im Laufe der Nacht selbst umbetten würde.

Inishmurray liegt nur 6 km von der Hauptinsel entfernt, allerdings gibt's keinen regelmäßigen Fährverkehr. Mangels einer Anlegestelle hängt die Überfahrt zudem vom Wetter ab. Der enthusiastische Historiker Joe McGowan bietet von Ostern bis August für 35 € pro Person (hin & zurück) Ausflüge an Bord der **MV Excalibur** (071-914 2738; www.sligoheritage.com) von Mullaghmore aus an. Eine weitere Möglichkeit sind die Exkursionen auf der **MV Celtic Dawn** (071-916 6124; tlomax@eircom.net), einem für Angeltouren beliebten Boot.

ge; Erw./Kind 25/18 € pro Std.) bieten jedoch eine große Auswahl an geführten Ausritten.

Busse von Sligo nach Grange (4,50 €, 10 Min. Mo–Sa 10-mal tgl., So 7-mal tgl.) halten beim Zeitungsladen Rooney's.

MULLAGHMORE

Dank seines geschwungenen Strands mit dunkel-goldenem Sand und seinem flachen Wasser ist das hübsche Fischerdorf Mullaghmore ein bei Familien beliebtes Ziel. Es war der Lieblingsferienort von Lord Mountbatten, der hier starb, als die IRA 1979 sein Boot in die Luft jagte.

Am besten nimmt man sich etwas Zeit und fährt mit dem Rad um den Mullaghmore Head herum, an dessen Spitze breite Felsvorsprünge in die Brandung des Atlantiks ragen. Auf der Strecke kommt man am **Classiebawn Castle** (keine Besichtigung möglich) vorbei, einem neugotischen, mit Türmchen versehenen Prachtbau, der 1856 für Lord Palmerston errichtet wurde und später als Zuhause von Lord Mountbatten diente.

Der Mullaghmore Head erlangt zunehmende Bekanntheit als hervorragender **Surfspot**: Wogen von bis zu 17 m Höhe erlauben Abenteuer im Hawaii-Stil. Der erste Wettbewerb des Landes im Big-Wave-Surfen mit Tow-in (dabei werden die Surfer ins Wasser gezogen) fand 2011 an diesem Ort statt.

Mullaghmores klares Wasser, Felsnasen und Buchten eignen sich wunderbar zum Tauchen. Interessenten können bei **Offshore Watersports** (071-919 4769, 087 610 0111; www.offshore.ie; The Pier) Tauchgänge buchen und die nötige Ausrüstung leihen.

Im **Pier Head Hotel** (071-916 6171; www.pierheadhotel.ie; Mullaghmore; EZ/DZ 50/89 €; P 🎽 ⌚ Ende Dez. geschl.) am Hafen bekommt man mit etwas Glück ein Zimmer inklusive herrlicher Aussicht. Alle Räume sind sauber und frisch, wenn auch etwas nüchtern, zudem gibt's einen kleinen Fitnessraum, eine Panorama-Dachterrasse mit Whirlpool und ordentliches Essen in der **Bar** (Hauptgerichte 10–21 €).

Die nächste Bushaltestelle befindet sich 4 km entfernt in Cliffony an der N15.

CREEVYKEEL GOORT CAIRN

Das prähistorische **Creevykeel Goort Cairn** (Eintritt frei; ⌚ Sonnenaufgang–Sonnenuntergang) hat die Form einer Hummerschere und enthält mehrere Grabkammern. Ursprünglich stammt die Anlage aus der Zeit um 2500 v. Chr., doch später wurden weitere Kammern hinzugefügt. Ist man erst einmal in dem ovalen offenen Vorhof, können sich zumindest kleinere Besucher unter dem von einem Stein geschützten Eingang hindurchducken und das Zentrum der Anlage in Augenschein nehmen.

Das Grab liegt nördlich von Cliffony an der N15. Von Sligo fahren Busse nach Cliffony (5,50 €, 15 Min., Mo–Sa 10-mal tgl., So 7-mal tgl.) und halten bei Ena's Pub.

County Donegal

EINWOHNER: 161 000 / FLÄCHE: 3001 KM²

Inhalt »

Donegal (Stadt) 497
Lough Eske 502
Bundoran 504
Glencolumbcille &
Umgebung..................... 509
Loughrea Peninsula 512
Glenties 512
Arranmore Island 514
Bloody Foreland 516
Tory Island 516
Letterkenny 521
Inishowen Peninsula 528
Buncrana 528
Malin Head 532
Inishowen Head............ 534

Gut essen

» Castle Murray (S. 506)
» Mill Restaurant (S. 521)
» Cove (S. 521)
» Olde Glen Bar & Restaurant (S. 525)
» Beach House (S. 529)

Schön übernachten

» Frewin House (S. 527)
» Lough Eske Castle (S. 502)
» Carnaween House (S. 512)
» Rathmullan House (S. 527)
» Glen House (S. 531)

Auf nach Donegal

„Hier oben ist alles anders", sagt man – und das stimmt. Donegal gilt als echter Wildfang und stach auch dann schon unter den Counties heraus, bevor ihm Geschichte und Politik eine isolierte Stellung verschafften. Es ist voller Extreme, manchmal trostlos, rau, von Wind und Wetter gebeutelt, dann wieder unberührt und prächtig mit nackten Bergen und herrlichen Stränden, die in der Sonne glänzen. Das zerklüftete Inland mit den beeindruckenden Bergpässen und schimmernden Seen kommt fast ebenso malerisch daher wie die lange, verschlungene Küstenlinie, die steile Klippen, windgepeitschte Halbinseln und riesige Flächen goldenen Sandes in sich vereint. Obwohl die Landschaft problemlos mit der Schönheit von Connemara oder Kerry mithalten kann, lockt sie nur wenige Touristen an. Die Einwohner legen viel Wert auf ihr Anderssein und ihre Unabhängigkeit; so ist z. B. ein Drittel dieser Region offizielles Gaeltacht-Gebiet, in dem Irisch gesprochen wird.

Reisezeit

In Donegal muss man jederzeit mit ungestümem Wetter rechnen. Bei Wind und prasselndem Regen friert man im Winter bitterlich, außerdem können ganz unvermittelt Stürme auftreten. Während des Sommers ist das Wetter kaum beständiger, aber immerhin brechen die Wolken regelmäßig auf und lassen strahlenden Sonnenschein zum Vorschein kommen, der das düstere Blaugrau der Landschaft blitzartig wieder in ein leuchtendes Grün verwandelt. In dieser Zeit finden überall im County traditionelle Musik-, Geschichtenerzähler- und Tanzfestivals statt. Nun erwachen die Hotels und Restaurants am Strand aus ihrer Winterstarre und man trifft jede Menge Surfer.

An- & Weiterreise

Vom **Donegal Airport** (www.donegalairport.ie) bestehen Verbindungen nach Dublin (50 Min., 2-mal tgl.) und Glasgow Prestwick (50 Min., 3-mal pro Woche). Der Flughafen liegt bei Carrick Finn (Charraig Fhion) 3 km nordwestlich von Annagry an der Nordwestküste. Dorthin fahren keine öffentlichen Verkehrsmittel, aber es gibt am Terminal mehrere Autovermietungen.

Der **City of Derry Airport** (www.cityofderryairport.com) befindet sich kurz hinter der Grenze des Countys in Nordirland.

Unterwegs vor Ort

Donegal ist nicht ans Bahnnetz angeschlossen. Wer kein Auto hat, muss deshalb hauptsächlich mit dem Bus umherreisen.

Neben **Bus Éireann** (www.buseireann.ie) bietet auch das private Unternehmen **Lough Swilly** (in Letterkenny 074-912 2863, in Derry 028-7126 2017; www.loughswillybusco.com) Verbindungen an. Busse der Firma **Feda O'Donnell** (074-954 8114; www.feda.ie) bedienen die westliche Hälfte der Grafschaft von Bundoran bis Crolly. Die Fahrpläne variieren je nach Saison (aktuelle Zeiten erfährt man auf den jeweiligen Websites).

Autofahrer werden feststellen, dass Ausschilderungen in Gaeltacht-Gebieten nur irische Namen enthalten, deshalb nennen wir in diesem Reiseführer neben den englischen auch die irischen Bezeichnungen (jeweils in Klammern dahinter).

DONEGAL (STADT)

2339 EW.

Mit den Blue Stack Mountains im Hintergrund, einer schönen Burg, freundlichen Einwohnern sowie guten Restaurants und Hotels ist das hübsche Städtchen an der Mündung der Donegal Bay ein hervorragender Ausgangspunkt zur Erkundung der unberührten Küstenlinie. Es erstreckt sich an beiden Seiten des Fluss Eske und diente einst als Treffpunkt des berühmten O'Donnells-Clan, der den Nordwesten vom 15. bis ins 17. Jh. beherrschte. Obwohl Donegal den Namen der Grafschaft trägt, handelt es sich hierbei weder um die größte Stadt (das ist Letterkenny) noch um das Verwaltungszentrum (das ist das noch kleinere Lifford).

Sehenswertes & Aktivitäten

Donegal Castle HISTORISCHE BAUWERKE
(www.heritageireland.ie; Castle St; Erw./Kind 4/2 €; Ostern–Mitte Sept. 10–18 Uhr, Mitte Sept.–Ostern Do–Mo 9.30–16.30 Uhr) Das Donegal Castle, ein beeindruckendes Monument sowohl irischer als auch englischer Macht, thront über einer malerischen Biegung des Eske. 1474 von den O'Donnells erbaut, war die Burg bis zum Jahr 1607 Sitz dieser Familie, bis die Engländer beschlossen, endgültig mit den lästigen irischen Clanführern aufzuräumen. Rory O'Donnell gab sich jedoch nicht so leicht geschlagen und brannte seine Festung nieder, bevor er sich nach Frankreich absetzte. Der Sieg über die Clanfürsten bereitete den Weg für die *Plantation of Ulster* – der Ansiedlung Tausender schottischer und englischer Protestanten – und führte letztlich zu der Spaltung, unter der Irland noch heute leidet.

1623 wurde die Burg von Basel Brooke wieder aufgebaut und um das benachbarte dreigeschossige Haus erweitert. Dank weiterer Restaurationsarbeiten in den 1990er-Jahren ist sie inzwischen ein stimmungsvoller Ort voller Räume mit französischen Tapeten und persischen Teppichen. Führungen finden stündlich statt.

Diamond Obelisk DENKMAL
1474 gründeten Red Hugh O'Donnell und seine Frau Nuala O'Brien ein Franziskanerkloster an der Küste südlich der Stadt. 1601 wurde es von Rory O'Donnell bei der Belagerung einer englischen Garnison versehentlich gesprengt, deshalb sind heute nur noch wenige Überreste zu sehen. Vier Mönche befürchteten, dass die Ankunft der Engländer das Ende der keltischen Kultur bedeute, und verfassten eine Chronik der keltischen Geschichte und Mythologie. Diese beginnt 40 Jahre vor der Sintflut und endet 1618. Noch heute ist *The Annals of the Four Masters* eine der wichtigsten Quellen der frühen irischen Geschichte. Der Obelisk (1937) auf dem Diamond-Platz erinnert an das in der Dubliner National Library ausgestellte Werk.

Donegal Bay Waterbus BOOTSTOUREN
(www.donegalbaywaterbus.com; Donegal Pier; Erw./Kind 15/5 €; Ostern–Okt.) Wer die Highlights der Donegal Bay sehen möchte, nimmt am besten an einem der Ausflüge mit diesem „Wasserbus" teil. Die 1¼-stündige Tour auf dem 20 m langen Boot führt zu tollen Attraktionen, die von historischen Stätten bis zu Buchten voller Robben reichen. Unterwegs kann man z. B. eine Inselvilla und eine Burgruine bewundern. Es gibt bis zu drei Touren täglich.

Highlights

1 Auf dem **Slieve League** (S. 508), Europas höchsten Meeresklippen, den Sonnenuntergang beobachten

2 Zum **Glen Gesh Pass** wandern und den Ausblick auf Berge und Täler genießen (S. 510)

3 Das prächtige **Glenveagh Castle** (S. 524) und den wunderschönen Glenveagh-Nationalpark besuchen

4 Über den windgepeitschten Strand von **Tramore** (S. 512) spazieren

5 Ein Pint in **Molly's Bar** (S. 521) trinken

6 Im spektakulären **Poisoned Glen** (S. 516) über die fantastische Aussicht staunen

7 Am weißen Sandstrand von **Rossnowlagh** (S. 502) surfen lernen

8 Halbedelsteine an den aufgeschütteten Stränden des **Malin Head** (S. 534) sammeln

9 Im **Glebe House** (S. 524) internationale Kunstwerke bewundern

🛏 Schlafen

Gute B&Bs und Mittelklassehotels findet man überall in der Stadt. Die luxuriösesten Unterkünfte liegen am Lough Eske.

Ard na Breatha
B&B €€

(☎074-972 2288; www.ardnabreatha.com; Drumrooske Middle; EZ/DZ ab 70/110 €; ⊙Feb.–Okt.; P🛜) In erhöhter Lage 1,5 km nördlich der Stadt wartet diese wunderbare Boutique-Pension auf einem Bauernhof mit geschmackvollen Zimmern samt Pinienmöbeln und schmiedeeisernen Betten sowie einer Bar und einem **Restaurant** (Drei-Gänge-Menü am Abend 38 €) auf. Als Zutaten werden Bioprodukte aus dem eigenen Anbau oder von den Nachbarhöfen verwendet. Das Abendessen wird mindestens freitags bis sonntags angeboten (vorab reservieren).

Cove Lodge
B&B €€

(☎074-972 2302; www.thecovelodgebandb.com; Drumgowan; EZ/DZ 45/60 €; P🛜) Ein ruhiges B&B mit rustikalem Charme und zarten Blumenmustern an den Wänden der vie ebenerdigen Zimmer. In der Unterkunf 5 km südlich der Stadt in der Nähe de R267 lernt man das irische Landleben mi all seiner Wärme und Herzlichkeit kennen

Donegal Town Independent Hostel
HOSTEL

(☎074-972 2805; www.donegaltownhostel.com Killybegs Rd, Doonan; B 16 €, DZ ohne/mit Ba 38/42 €; P@🛜) Alle Zimmer in der IHH Bleibe, die von einem energiegeladene Paar geführt wird, sind mit skurriler Wandmalereien von Technicolorlandschaf ten bis zu Nachthimmeln geschmückt, die im Dunkeln leuchten. Von einigen Räumer genießt man einen Blick aufs Wasser. Da Hostel befindet sich 1,2 km nordwestlich der Stadt an der Killybegs Road (N 56).

Mill Park Hotel
HOTEL €

(☎074-972 2880; www.millparkhotel.com; The Mullins; EZ/DZ ab 94/118 €; P@🛜☒🐾) Dieses

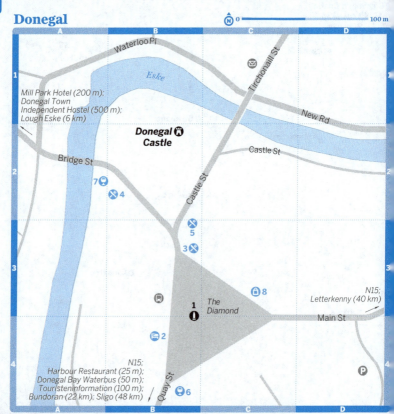

Donegal

moderne Hotel verfügt über stilvolle Zimmer und rustikale, zeitgemäße Gemeinschaftsräume. Es ist eine gute, aber etwas charakterlose Option, der die kleinen, feinen Details fehlen.

Central Hotel HOTEL €€
(☏074-972 1027; www.centralhoteldonegal.com; The Diamond; EZ/DZ ab 65/90 €; P ⚜) Nette, aber in die Jahre gekommene Zimmer, Livemusik in der Bar sowie ein Freizeitzentrum mit Pool und Fitnessbereich.

🍴 Essen

Aroma CAFÉ €
(Donegal Craft Village; Gerichte 5–13 €; ⊕Mo–Sa 9.30–17.30 Uhr) In einer abgelegenen Ecke des Donegals Craft Village bietet das beliebte kleine Café exzellenten Kaffee, köstlichen Kuchen und wechselnde Tagesgerichte (an der Tafel angeschrieben) aus regionalen Zutaten, darunter Suppen, Salate und gehaltvolle warme Speisen. Bei schönem Wetter kann man draußen sitzen.

Old Castle Bar FISCH & MEERESFRÜCHTE €€
(☏074-972 1262; www.oldecastlebar.com; Castle St; Hauptgerichte 10–11 €, Restaurant 17–29 €; ⊕Bar 12–20 Uhr) Die altmodische Bar in der Nähe des Diamond-Platzes serviert gehobene Pubklassiker wie Wildpastete, Austern aus der Donegal Bay, Irish Stew, Meeresfrüchteplatten sowie Schinken mit Kohl. In dem am Wochenende geöffneten Restaurant gibt's hervorragende Meeresfrüchte und Steaks.

Donegal

⦿ **Highlights**
　Donegal Castle B2

⦿ **Sehenswertes**
　1 Diamond Obelisk B3

🛏 **Schlafen**
　2 Central Hotel B4

🍴 **Essen**
　3 Blueberry Tearoom B3
　4 La Bella Donna B2
　5 Olde Castle Bar B3

🍷 **Ausgehen**
　6 McCafferty's B4
　7 Reel Inn A2

🛍 **Shoppen**
　8 Magee's C3

Harbour Restaurant FISCH & MEERESFRÜCHTE €€
(☏074-972 1702; www.theharbour.ie; Quay St; Hauptgerichte 10–26 €; ⊕Mo–Sa 17–22, So 16–22 Uhr) Ein freundliches, schnörkelloses Lokal mit einer langen Speisekarte, maritimer Dekoration, schmucklosen Steinwänden und plüschigen Möbeln. Es ist berühmt für seine Fischgerichte und seine Pizza, serviert aber auch viele andere Köstlichkeiten.

La Bella Donna ITALIENISCH €€
(☏074-972 5790; Bridge St; Hauptgerichte 14–25 €; ⊕Di–Sa abends) Pizza, Pasta und brutzelnde Steaks in reichhaltigen Soßen locken zahlreiche Gäste in das lebhafte, moderne Restaurant. Am Wochenende geht's hier besonders hoch her, deshalb sollte man besser vorab reservieren.

Blueberry Tearoom CAFÉ €
(Castle St; Hauptgerichte 9–12 €; ⊕Mo–Sa 9–19 Uhr) Ein gemütliches, bei den Einheimischen beliebtes Café, in dem einfache Gerichte wie Suppe, Toasts, Quiches, Paninis und saftige Kuchen in großen Portionen auf den Tisch kommen.

🍷 Ausgehen

Reel Inn PUB
(Bridge St) Nach wie vor ist das in einer ehemaligen Schule untergebrachte Pub Donegals geselligster und lustigster Ort. Der Besitzer spielt irisches Akkordeon und fast jeden Abend stoßen seine Freunde für eine traditionelle Session dazu.

McCafferty's PUB
(The Diamond) In dieser behaglichen Kneipe kann man sich ans Feuer setzen und das wahrscheinlich beste Guinness der Stadt genießen.

🛍 Shoppen

Donegal Craft Village KUNSTHANDWERK
(Ballyshannon Rd; ⊕Di–Sa 9–18, So 11–18 Uhr) Gummignome oder Guinness-T-Shirts sucht man hier vergeblich und stößt stattdessen auf hochwertige Tonwaren, Kristallglas, Metallarbeiten, handgewebte Stoffe, Schmuck und vieles mehr. Die kleine Ansammlun von Kunsthandwerksateliers ist ausgeschildert und liegt etwa 1,5 km südlich der Stadt.

Magee's KLEIDUNG
(www.mageedonegal.com; The Diamond) Ein Raum dieses kleinen Kaufhauses ist Kleidungsstücken aus Tweed vorbehalten, der hier seit 1856 produziert wird.

ⓘ Praktische Informationen

Blueberry CyberCafé (Castle St; 4 € pro Std.; ⓘMo–Sa 9–19 Uhr) Das Internetcafé liegt über dem Blueberry Tearoom. An dem Schalter im Erdgeschoss kann man sich anmelden.

Post (Tirchonaill St) Nördlich des Diamond-Platzes.

Touristeninformation (☏074-972 1148; donegal@failteireland.ie; Quay St; ⓘJuli–Aug. Mo–Sa 9–18, So 12–16, Sept.–Juni Mo–Sa 9–13 & 14–17 Uhr) Im Gebäude von „Discover Ireland" am Flussufer.

ⓘ An- & Weiterreise

Bus Éireann (☏074-913 1008; www.buseireann.ie) verbindet Donegal mit Sligo (12,50 €, 1 Std., 6-mal tgl.), Galway (18,90 €, 4 Std., 4-mal tgl.) und Killybegs (6,90 €, 35 Min., 3-mal tgl.) im Westen sowie mit Derry (14,30 €, 1½ Std., Mo–Sa 7-mal tgl., So 6-mal tgl.) und Dublin (17,60 €, 4½Std., 9-mal tgl.) im Südosten. Die Haltestelle befindet sich auf der Westseite des Diamond-Platzes.

Feda O'Donnell (☏074-954 8114; www.fedaodonnell.com) verkehrt über Bundoran und Sligo nach Galway (20 €, 4 Std., 2-mal tgl., Fr & Sa 3-mal). Den Abfahrtsort erfährt man übers Telefon. Tickets für ein Reiseziel innerhalb des Countys kosten mindestens 7 €, Fahrten nach Galway 20 €.

ⓘ Unterwegs vor Ort

Fahrräder und Informationen zu empfehlenswerten Routen in der Gegend bekommt man beim **Bike Shop** (☏074-972 2515; Waterloo Pl; 10 € pro Tag). Die Öffnungszeiten des Ladens ändern sich häufig.

RUND UM DONEGAL (STADT)

Lough Eske

Der friedliche Lough Eske („See der Fische") wird fast komplett von den Blue Stack Mountains umrahmt und ist ein idyllischer Ort zum Wandern, Radfahren sowie Angeln (Mai–Sept.). In dem Angelzentrum am Ufer bekommt man Lizenzen und kann Boote mieten.

Zum See fahren keine öffentlichen Verkehrsmittel.

🛏 Schlafen & Essen

Lough Eske Castle HOTEL €€€
(☏074-972 5100; www.solisloughseskecastle.com; DZ 185–410 €; ⓘNov.–März So–Mi geschl.; P@⚡️) 1939 wurde diese imposante Burg aus dem 19. Jh. von einem Feuer zerstört, später aber penibel genau wieder aufgebaut und restauriert. Heutzutage ist sie der Inbegriff des eleganten Landlebens. Die minimalistischen Zimmer, das herrlich dekadente Spa und das tolle **Restaurant** (Hauptgerichte 19–36 €) sind komplett neu und modern eingerichtet und strahlen ein klassisch luxuriöses Flair aus.

Arches Country House B&B €€
(☏074-972 2029; www.archescountryhse.com; Lough Eske; EZ/DZ 50/70 €; P⚡️) Der einladende, ruhig gelegene Bungalow ist nur fünf Autominuten von Donegal entfernt, blickt direkt auf den See und verfügt über modern eingerichtete Zimmer mit ländlichem Charme. Darüber hinaus ist die Inhaberin Noreen eine äußerst liebenswürdige Gastgeberin und weiß so gut wie alles über die Region.

Harvey's Point Country Hotel HOTEL €€€
(☏074-972 2208; www.harveyspoint.com; Harvey's Point; Zi. 150–320 €; ⓘNov.–Weihnachten & Anfang Jan.–März So–Mi geschl.; P@⚡️) Ganz offensichtlich ist das Personal des privat geführten, eleganten Refugiums am Rande des Lough Eske stolz auf sein Hotel, das spürt man sowohl beim freundlichen Portier als auch bei den Köchen des hervorragenden französischen **Restaurants** (Vier-Gänge-Menü 59 €). Die Zimmer sind groß bis riesig und in Herbstfarben gehalten.

Rossnowlagh

50 EW.

Rossnowlaghs spektakulärer, 3 km langer Strand wurde mit einer Blauen Flagge ausgezeichnet und ist ein breites, sandiges Paradies. Er zieht das ganze Jahr über Familien und Wanderer an. Außerdem kann man auf den sanften Wellen großartig (kite-)surfen lernen oder seine Kenntnisse verbessern. Im Oktober findet hier Irlands größter Wettbewerb seiner Art, der **Rossnowlagh Intercounty Surf Contest** statt. Er gilt als geselligstes Surfevent des Landes.

◉ Sehenswertes & Aktivitäten

GRATIS **Franziskanerkloster** WICHTIGES GEBÄUDE
(ⓘMo–Sa 10–20 Uhr) In einem Wald am Südende des Strands versteckt sich dieses moderne Kloster. Das öffentlich zugängliche Gebäude befindet sich in einem wunderschönen, friedlichen Gartenkomplex und

WANDERUNG: BLUE STACK MOUNTAINS

Wer die Blue Stack Mountains nicht nur vom Auto aus bewundern möchte, sollte sich diese anstrengende, aber lohnende 18 km lange Rundwanderung (7 Std.) durch das zerklüftete Terrain nicht entgehen lassen. Der Weg windet sich über mehrere Hügelkuppen, darunter der Blue Stack, der mit 674 m der höchste Gipfel ist und mit einer spektakulären Aussicht über Süd-Donegal aufwartet. Ein kurzer, steiler, etwa einstündiger Abstecher führt zum Eas-Doonan-Wasserfall, der aus 30 m Höhe herabstürzt. Achtung: Bei feuchtem Wetter kann der Pfad matschig sein.

Obwohl sich das Ganze recht kompliziert anhört, ist der Ausgangspunkt leicht zu finden: Von der Stadt Donegal auf der N15 kommend biegt man zum ausgeschilderten Lough Eske ab. Es gibt drei Abzweigungen, die alle zum Lough Eske Drive führen. Über diese Straße geht's im Uhrzeigersinn zum Nordende des Sees mit zwei Haarnadelkurven. Nach der zweiten Kurve nimmt man die Abzweigung nach Edergole, wo man auf ein Schild für Wanderer stößt. Hier kann man auch sein Auto abstellen.

Am besten besorgt man sich die Ordnance-Survey-Ireland-Karte Nr. 11 im Maßstab 1:50 000, die das ganze Gebiet abdeckt. Auf der Website von **Mountain Views** (www.mountainviews.ie) und in Donegals Touristeninformation erfährt man ebenfalls jede Menge Wissenswertes über Trekkingrouten.

Das abgelegene Hostel und Gemeindezentrum **Bluestack Centre** (074-973 5564; www.donegalbluestacks.com; Drimarone; B/FZ 17/50 €; P) wartet mit blitzsauberen Zimmern und einem Basketballfeld auf und gilt als idealer Ausgangspunkt für Wanderer. Da nicht immer jemand vor Ort ist, sollte man vorher anrufen. Die ausgeschilderte Unterkunft liegt 8 km nordwestlich der Stadt Donegal.

---

beherbergt ein kleines Museum. Außerdem beginnt hier der ausgeschilderte Way of the Cross, ein toller Wanderweg, der sich an Rhododendronbüschen vorbei einen Hügel hinaufschlängelt und spektakuläre Ausblicke bietet.

Fin McCool Surf School SURFEN
(071-985 9020; www.finmccoolsurfschool.com; Ausrüstungsverleih 29 € für 3 Std., 2 Std. Unterricht inkl. Ausrüstung 35 €; Ostern–Okt. 10–19 Uhr, Mitte März–Ostern & Nov.–Weihnachten Sa & So 10–19 Uhr) Die freundliche Surfschule erteilt Unterricht, verleiht Ausrüstung und vermietet Zimmer. Sie steht unter der Leitung des Surfschiedsrichters der Pro Tour, Neil Britton, der dabei von seiner riesigen Familie unterstützt wird. Viele seiner Verwandten sind weltweit international erfolgreiche Surfer. Die Drei- und Vierbettzimmer kosten 20 € pro Nacht, während ein Doppelzimmer mit 50 € zu Buche schlägt.

Schlafen & Essen

Smugglers Creek B&B €€
(071-985 2367; www.smugglerscreekinn.com; EZ/DZ 45/80 €; April–Sept. tgl., Okt.–März Do–So; P) Eine Kombination aus Pub, Restaurant und Pension in den Hügeln hoch über der Bucht. Dank der ausgezeichneten Küche (Hauptgerichte 13–25 €) und der herrlichen Aussicht erfreut sich das Smugglers Creek großer Beliebtheit. Zimmer 4 hat den besten Blick und einen Balkon. An den Sommerwochenenden gibt's im Pub Livemusik.

Sandhouse Hotel HOTEL €€€
(071-985 1777; www.sandhouse-hotel.ie; DZ 140–300 €; Feb.–Nov.; P@) Im 19. Jh. war das Strandhotel eine extravagante Fischerlodge, die nach ihrer Modernisierung leider viel Charme einbüßen musste. Der Ausblick ist aber nach wie vor spektakulär und die Zimmer sind komfortabel.

Gaslight Restaurant IRISCH €€
(071-985 1141; www.gaslight-rossnowlagh.com; Hauptgerichte 11–25 €) Das Restaurant thront direkt auf einer Klippe und bietet einen tollen Ausblick über die Bucht. Auf der langen Speisekarte steht gut zubereitete Hausmannskost. Die Inhaber betreiben auch das Gästehaus **Ard na Mara** (071-985 1141; www.ardnamara-rossnowlagh.com; EZ/DZ 50/70 €; P), das über hübsche sonnige Zimmer verfügt.

An- & Weiterreise

Rossnowlagh liegt 17 km südwestlich der Stadt Donegal und ist nicht mit öffentlichen Verkehrsmitteln zu erreichen.

AN BORD

Als die Hotelbesitzerin Mrs. Britton in den 1960er-Jahren ein paar Besuchern ein Surfbrett abkaufte, dachte sie, das sei eine interessante Abwechslung für ihre Gäste. Stattdessen wurde diese Sportart bald für ihre ganze Familie zur Obsession. Ihr Enkel, Neil Britton, war einer der Pioniere des „Tow-in Surfing" in Irland, eine Technik, bei der man auf sehr großen Wellen surft, und wurde bei der International Pro Surfing Tour von 1997 bis 2004 als Schiedsrichter eingesetzt. Er hat schon überall in der Welt gesurft und gilt in Irland als eine Art Legende.

Seine sportliche Karriere begann vor 20 Jahren am Rossnowlagh Beach im County Donegal. Heute ist er der Besitzer und Leiter der Fin McCool Surf School and Lodge, die auf eben diesen Strand blickt.

„Irland ist ein Surferparadies", sagt Neil. „Dank der Lage am Rand des Atlantik und der einzigartigen Geologie der langen Küstenlinie gibt's Strände für Anfänger, Hochleistungsbreaks für Erfahrene und massive Big-Wave-Spots für die ganz Mutigen – oder Verrückten!"

Für ihn liegen die absoluten Hotspots im Nordwesten. „Einer meiner Lieblingsplätze ist Mullaghmore in Sligo, einer der besten Strände des Landes mit den größten Wellen. Sie sind allerdings nur etwas für Könner, denn sie brechen an einem flachen Riff und werden zu riesigen Tubes."

Im nahe gelegenen Bundoran, County Donegal (hier fand im Oktober 2011 die European Championship statt), empfiehlt Neil „the Peak", eine exzellente Welle für Fortgeschrittene. „Das Riff hat eine lange V-Form und kann bei Süd- bis Nordostwind gesurft werden, ist aber am tollsten bei Wellen von West nach Nordwest. Anfänger können zahlreiche idyllische Strände ansteuern, z. B. Rossnowlagh, wo ich mich niedergelassen habe. Übrigens teilt man sich die Wellen oft mit Delfinen und Schweinswalen. Ein faszinierendes Erlebnis!"

Bundoran

1964 EW.

Donegals bekanntestes Seebad lebt von Spielhallen, Fahrgeschäften und Fast-Food-Buden, wartet aber auch mit Surfmöglichkeiten auf und zieht sowohl junge Familien als auch Rentner und Sonnenanbeter an. Außerhalb des Sommers ebbt der Trubel ab, dann kann es hier sehr ruhig werden.

Aktivitäten

Surfen

Vor Ort gibt's zwei Hotspots: „the Peak", eine imposante Riffwelle direkt vor dem Städtchen, die nur etwas für erfahrene Surfer ist, und der nicht ganz so eindrucksvolle Beachbreak nördlich des Zentrums am Tullan Strand. Im Frühling finden in Bundoran die **Bundoran Surfing Championships** (www.isasurf.ie) statt.

Alle drei Surfschulen der Stadt bieten die passende Ausrüstung (20 Std. pro Tag) und verfügen über einfache Zimmer. Ein dreistündiger Kurs kostet rund 35 €, eine Unterkunft schlägt mit 20 € (Schlafsaal) oder 50 € (Doppelzimmer) zu Buche. Es gibt auch Kombi-Angebote.

Bundoran Surf Co   SURFEN
(071-984 1968; www.bundoransurfco.com; Main St)

Donegal Adventure Centre   SURFEN
(071-984 2418; www.donegaladventurecentre.net; Bayview Ave) Spricht vor allem Jugendliche an und hat auch Kajak- bzw. Schluchtentouren im Programm.

Turf n Surf   SURFEN
(071-984 1091; www.turfnsurf.ie; Bayview Tce) Surfkurse, Bergwanderungen und Ausflüge mit dem Seekajak.

Reiten

Donegal Equestrian Centre   REITEN
(071-984 1977; www.donegalequestriancentre.com; Finner Rd) Das familiengeführte Donegal Equestrian Centre 1 km nördlich des Städtchens bietet Dünen- und Strandausritte (2-stündiger Ausritt Erw./Kind 55/45 €) sowie Reitunterricht (ab 40 €) für Anfänger und Fortgeschrittene an. Vorab reservieren.

Wasseraktivitäten

Waterworld   SCHWIMMEN
(www.waterworldbundoran.com; Erw./Kind bis 8 J. 10/8,50 €; Mitte April–Mai & Sept. Sa & So

Surfer sind überall an den Süd-, West- und Nordküsten des Landes unterwegs. Zu den Hauptzentren gehören Tramore im County Waterford, Garretstown im County Cork, die Brandon Bay im County Kerry, Lahinch im County Clare, Easkey und Strandhill im County Sligo, Bundoran und Rossnowlagh im County Donegal und Portrush im County Antrim. In diesen Orten gibt's in der Regel eine große Surferszene mit zahlreichen Spezialgeschäften, Surfschulen und Hostels.

Obwohl man dem Freizeitsport das ganze Jahr über nachgehen kann, empfiehlt Neil die Herbst- und Wintermonate. „Surfen in Irland ist für Ambitionierte manchmal frustrierend, und obwohl die Wellen nur selten fehlen, können die Wetterbedingungen zu den gefürchteten auflandigen Winden führen, die teilweise wochenlang anhalten. Wer jedoch ein wenig auf Entdeckungsreise geht, wird problemlos eine geschützte Bucht mit besseren Bedingungen finden."

Die Wassertemperaturen variieren von etwa 10 °C im Winter bis zu milden 17 °C im Sommer. Von Mai bis Oktober genügt ein guter 3/2-Neoprenanzug, aber im Winter benötigt man einen hochwertigen 5/3-Anzug mit Schuhen. Wer zwischen Dezember und März surfen will, sollte sich zusätzlich noch Handschuhe und eine Kapuze besorgen.

Normalerweise freuen sich die irischen Surfer über ausländische Besucher, solange sie sich respektvoll verhalten und die grundlegenden Regeln beachten. Die berühmten Spots sind oft überfüllt, besonders im Sommer und an den Wochenenden, aber wer die ausgetretenen Pfade verlässt, entdeckt immer irgendwo ein einsames Fleckchen.

Magic Seaweed (www.magicseaweed.com) bietet Wetterprognosen und berichtet über gute Wellen im ganzen Land. Für Anfänger ist die Website oft eine unschätzbare Hilfe. Eine Liste aller zugelassenen Surfschulen findet man auf der Homepage der **Irish Surfing Association** (www.isasurf.ie).

2–18 Uhr, Juni–Aug. & Schulferien tgl. 10–19 Uhr) Am Strand von Bundoran sollte man wegen der starken Strömung aufs Schwimmen verzichten und besser das am Meer gelegene Waterworld mit Wellenbädern und Wasserrutschen besuchen.

Aquamara SCHWIMMEN
(071-984 1173; Bad ab 22,50 €; Juni–Aug. tgl. ab 11 Uhr, Mitte April–Mai & Sept. Sa & So. ab 11 Uhr) Wer sich ein wenig verwöhnen lassen möchte, kann dieses Meeresalgenbad auf dem Gelände des Waterworld ansteuern.

Schlafen

Bundoran hat eine großartige Auswahl an Hostels und ein Überangebot an seelenlosen Mittelklassehotels. In den Unterkünften der drei Surfschulen sind auch Nichtsurfer willkommen.

Homefield Hostel HOSTEL €
(071-982 9357; www.homefieldbackpackers.com; Bayview Ave; B/DZ 20/50 €; P@🐾) Das 160 Jahre alte Gebäude diente einst als Feriendomizil des Viscount von Enniskillen sowie als Kloster, inzwischen beherbergt es aber ein Hostel mit 60 Betten. Die Einrichtung – es gibt z. B. ein Klavier und alte Platten an den Wänden – steht ganz im Zeichen des Rock.

Glenhaven B&B €€
(071-984 1768; www.glenhavenbundoran.com; Tullan Strand Rd; EZ/DZ 50/70 €; P@🐾) In dem familienfreundlichen B&B mit makellosen Zimmern wird man herzlich begrüßt. Das Glenhaven liegt nur einen kurzen Fußweg vom Ortszentrum und dem Nachtleben entfernt. Alle Zimmer sind modern eingerichtet und die Bäder funkeln.

Essen & Ausgehen

Bundoran ist nicht unbedingt für seine Gastronomie berühmt, wartet aber trotzdem mit ein paar tollen Restaurants auf.

La Sabbia ITALIENISCH €€
(071-984 2253; Bayview Ave; Hauptgerichte 13–25 €; Juni–Sept. abends, Okt.–Mai Do–So abends) Das farbenfrohe Cottage ist mit auffälligen modernen Kunstwerken dekoriert, verfügt über eine Terrasse und zieht eine lebhafte, gut gelaunte Kundschaft an. Der Chefkoch verwöhnt die Gäste mit Speisen aus seiner Heimatstadt Mailand, darunter leckere Risottos, knusprige Pizzas und Nudelgerichte wie Ravioli mit Steinpilzen.

Maddens Ould Bridge Bar IRISCH €€
(071-984 2050; www.maddensbridgebar.com; Main St; Hauptgerichte 10–22 €) Auf der Karte des locker-lässigen Surfertreffs am westlichen Ende der Stadt stehen klassische Pubgerichte und ein paar Meeresfrüchtespezialitäten. Donnerstags (im Sommer häufiger) finden in der Bar traditionelle Musikkonzerte statt. Die Stimmung ist fantastisch.

ⓘ Praktische Informationen

Das Ortszentrum liegt an der langen Main Street direkt hinter dem Strand. Hier befinden sich mehrere Banken und die Post.

Touristeninformation (071-984 1350; bundoran@irelandnorthwest.ie; The Bridge, Main St; Juni–Sept.) Ein gläserner Kiosk gegenüber dem Holyrood Hotel.

ⓘ Anreise & Unterwegs vor Ort

Bus Éireann hat in der Main Street eine Haltestelle vor der Phoenix Tavern sowie vor der Celtic Bar. Nach Sligo (8,90 €, 30 Min.) besteht eine direkte Verbindung (Mo–Sa 9-mal tgl., So 7-mal) und von dort geht's weiter nach Donegal (6,90 €, 30 Min.). Darüber hinaus fahren Busse nach Galway (18,90 €, 3½ Std., Mo–So 3-mal tgl., So 2-mal tgl.).

Räder kann man im **Bike Stop** (085 248 83 17; East End; 10/15/60 € pro halber Tag/Tag/Woche; Mo–Sa 8.30–18, So 12–16 Uhr) leihen.

SÜDWESTLICHES DONEGAL

Von Mountcharles nach Bruckless

Die Schönheit der Landschaft nimmt zu, wenn man die westliche Küste erreicht, und steigert sich, je weiter man nach Norden fährt. Außer in ein paar Pubs und Cafés hat man im Winter kaum Möglichkeiten, etwas zu essen, deshalb sollte man sich in Donegal oder Killybegs mit Proviant eindecken.

ⓘ An- & Weiterreise

Der Bus von Donegal nach Killybegs hält in Mountcharles, Dunkineely und Bruckless (Mo–Sa 6-mal tgl., So 2-mal).

MOUNTCHARLES
497 EW.

Das an einem Hügel gelegene Mountcharles ist die erste Siedlung an der Küstenstraße (N56) westlich der Stadt Donegal. 2 km südlich erstreckt sich ein sicherer **Sandstrand**. Die grüne **Pumpe** am höchsten Punkt des Dorfes bildete einst die Kulisse für Geschichten über Feen, Geister, historische Schlachten und mythologische Begegnungen. An dieser Stelle übte der hier geborene Séamus MacManus, Dichter und *seanachai* (Geschichtenerzähler), in den 1940er- bzw. 1950er-Jahren seine Kunst aus.

2 km südwestlich von Mountcharles verstecken sich die modernen **Salthill Gardens** (074-973 5387; www.donegalgardens. com; Eintritt 5 €; Mai–Sept. Mo–Do & So 14–18 Uhr, Mai–Juli auch Sa) hinter jahrhundertealten Steinmauern. In der Grünanlage gedeihen üppige winterharte Pflanzen, Stauden und Gemüsepflanzen.

DUNKINEELY
363 EW.

Vom verschlafenen kleinen Dunkineely führt eine Nebenstraße hinunter zum **St. John's Point**, der sich als dünner Finger ins Meer bohrt. Vor Ort gibt's einen kleinen Sandstrand mit einer fantastischen Aussicht und gute Bedingungen für Taucher.

Das romantische, abgelegene **Castle Murray** (074-973 7022; www.castlemurray. com; St. John's Point; EZ/DZ 65/110 €; P) is ein kleines Hotel mit Blick auf die Überreste des McSwyne's Castle aus dem 15. Jh. und das Meer, zehn individuell gestalteten Zimmern sowie einem hervorragenden französischen **Restaurant** (Vier-Gänge-Menü mittags/abends 32/45 €). Wanderfreunde können sich über die tollen Möglichkeiten direkt vor der Tür freuen. In der Nebensaison sollte man sich vorher telefonisch über die aktuellen Öffnungszeiten informieren.

BRUCKLESS
180 EW.

Bruckless erstreckt sich 2 km westlich von Dunkineely. Hier bietet das **Deane's Equestrian Centre** (074-973 7160; www. deane sequestrian.ie; Darney, Bruckless; Di–So 10–16 Uhr) fünfminütige Ponyritte für Kinder (5 €), Reitstunden (Erw./Kind ab 19/16 € für 30 Min.) und Ausflüge hoch zu Ross (Erw./Kind 1 Std. ab 35/30 €) an. Unbedingt vorab buchen!

Das luxuriöse, von Efeu überwachsene georgianische **Bruckless House** (074-973 7071; www.bruckless.com; EZ/DZ 60/100 €; Mai–Sept.; P) steht auf einer 7 ha großen Gartenanlage, die sich bis zur Küste ausdehnt. Im angeschlossenen Gestüt werden Connemara-Ponys gezüchtet. Die Pension ist mit orientalischen Antiquitäten möbliert.

KILLYBEGS
1280 EW.

Mit dem salzigen Geruch von frisch gefangenem Fisch und dem Kreischen von Seemöwen begrüßt Irlands größter Fischerhafen seine Besucher. Die merkwürdig verlaufenden Straßen des charmanten, betriebsamen Örtchens treffen sich am Diamond-Platz in der Nähe des Piers.

Sehenswertes & Aktivitäten

Der beste Strand der Gegend liegt 3 km westlich von Killybegs in der abgelegenen **Fintragh Bay**.

Maritime & Heritage Centre MUSEUM
(www.visitkillybegs.com; Fintra Rd; Eintritt 4 €; ⊙Mo–Fr 10–18 Uhr, Juli & Aug. zusätzlich Sa 13–17 Uhr) Dieses gemeinnützige Museum bietet einen guten Überblick über die Ortsgeschichte. Es ist in der Fabrik von Donegal Carpets untergebracht, deren Teppiche z. B. das Weiße Haus und den Buckingham Palace schmücken. Hier gibt's einen handbetriebenen Webstuhl (weltweit der größte seiner Art), einen tollen Steuerhaussimulator, mit dem Besucher einen Fischkutter in den Hafen einfahren können, ein gutes Café und einen Kunsthandwerksladen.

Killybegs Angling Charters BOOTSVERLEIH
(www.killybegsangling.com; Blackrock Pier) Wer mit einem Fischerboot Seelachs, Lenge sowie Glatt- und Steinbutte fangen will, sollte Brian McGilloway kontaktieren, der seit 30 Jahren Angeltrips auf Meer anbietet. Ein Mietboot kostet 450 € und für die Ausrüstung zahlt man 10 € pro Tag.

Tour Donegal GEFÜHRTE TOUREN
(086 262 7722; www.tourdonegal.com) Der Archäologe und Reiseführer Derek Vial gibt auf seinen Führungen einen Einblick in die Geschichte der Region. Er veranstaltet Trips zu Steinzeitgräbern, Festungen aus der Eisenzeit, den Slieve-League-Klippen, abgelegenen Stränden und versteckten Fischerdörfern. Für die Ausflüge verlangt er 30 € pro Stunde und ein bis 2 Personen (bei größeren Gruppen kommen pro Person 5 € dazu).

Schlafen & Essen

Ritz HOSTEL €
(074-973 1309; www.theritz-killybegs.com; Chapel Brae; B/DZ/FZ 20/50/60 €; P@) Obwohl der Name ironisch gemeint ist, wartet das toll geführte IHO-Hostel (38 Betten) mit Einrichtungen auf, die dem Ritz nahekommen, darunter eine riesige Küche mit freistehendem Arbeitsbereich und Geschirrspüler, farbenfrohe Zimmer mit eigenem Bad und Fernseher sowie eine Wäscherei. Das kontinentale Frühstück ist inklusive.

Drumbeagh House B&B €€
(074-973 1307; www.killybegsbnb.biz.ly; Conlin Rd; DZ 70 €; P@) Ein großartiges B&B mit herzlichen Besitzern, die ihren Gästen gerne alles über die Region erzählen. Die gemütlichen Zimmer sind geschmackvoll in neutralen Farben eingerichtet. Zum Frühstück gibt's geräucherten Lachs aus der Region, der schon alleine für sich die Reise wert ist.

Tara Hotel HOTEL €€
(074-974 1700; www.tarahotel.ie; Main St; EZ/DZ ab 65/80 €; @P) Das freundliche, moderne Hotel mit Hafenblick verfügt über komfortable, minimalistische Zimmer, eine gute Bar sowie ein kleines Fitnesszentrum mit Jacuzzi, Sauna und Dampfbad.

22 Main Street FISCH & MEERESFRÜCHTE €€
(074-973 2876; www.22mainstreet.com; Main St; Hauptgerichte 12,50–25 €; ⊙abends) Killybegs bestes Restaurant! Auf der Karte des kürzlich renovierten Bistros im mediterranen Stil stehen vor allem exzellente Fische und Meeresfrüchte, die frisch aus dem Hafen kommen, aber auch ein paar Fleischgerichte. Für Vegetarier ist weniger gut gesorgt.

Praktische Informationen

Westlich von Killybegs gibt's keine Banken und Geldautomaten.

Harbour Store (The Harbour) Verkauft Angelruten, -schnüre und weitere Angelausrüstung.

Killybegs Information Centre (074-973 2346; www.killybegs.ie; Quay St; ⊙Mo–Fr 9.30–17.30 Uhr) In einer Hütte unweit des Hafens.

An- & Weiterreise

Von Montag bis Samstag fahren täglich sechs Busse nach Donegal (6,90 €, 30 Min.), sonntags nur zwei. Die Linie 490 steuert Kilcar (3,90 €, 20 Min.) und Glencolumbcille (6,90 €, 45 Min.) montags bis samstags dreimal pro Tag und sonntags einmal an.

Kilcar, Carrick & Umgebung
260 EW.

Kilcar (Cill Chártha) und sein attraktiveres Nachbardorf Carrick (An Charraig) sind gute Ausgangspunkte, um die atemberaubende Küstenlandschaft im Südwesten Donegals zu erkunden, das gilt vor allem für die Slieve-League-Klippen.

Die Landschaft eignet sich wunderbar zum Wandern, besonders wenn man bergige Strecken wie den Kilcar Way mag. Mehr über diese Route erfährt man bei Áislann Chill Chartha (074-973 8376; Main St, Kilcar; Mo-Fr 9-22, Sa 14-18 Uhr), einem Gemeindezentrum mit angeschlossener Touristeninformation. Direkt außerhalb von Kilcar erstreckt sich ein kleiner Sandstrand.

Auskünfte zur Umgebung bietet auch das hervorragende Kulturzentrum Tí Linn Centre (074-973 9077; www.sliabhleague.com; Teelin, Carrick; Ostern–Sept. tgl. 10.30-17.30 Uhr, Feb.–Ostern & Okt.–Nov. Fr-Di 10.30-17.30 Uhr) in Teelin (Tí Linn), das mit einem Café sowie einer Galerie für Kunst und Kunsthandwerk aufwartet und ein- oder dreitägige Archäologie- und Wanderkurse anbietet.

Sehenswertes

Slieve League
MEERESKLIPPEN

Auch wenn die Cliffs of Moher mehr Besucher anziehen, sind die spektakulären Slieve-League-Felsen mit ihren insgesamt 600 m höher und wahrscheinlich sogar die höchsten Klippen Europas. Wenn man nach unten sieht, erblickt man zwei Felsen, die aus ganz offensichtlichen Gründen „school desk" und „chair" genannt werden. Vom unteren Parkplatz führt ein Pfad um die fast senkrecht abfallende Felswand zum ebenfalls treffend benannten One Man's Pass. Mittlerweile gelangt man sogar bis ganz nach oben, wo ein neuer Parkplatz gebaut wurde. Achtung: Häufig setzen urplötzlich Regen und Nebel ein. Besonders schön sind die Klippen bei Sonnenuntergang, wenn die Wellen tief unten an die Felsen branden und der Ozean die letzten Sonnenstrahlen reflektiert.

Vom Meer aus betrachtet wirkt der Sleave League fast noch eindrucksvoller. Besichtigungstouren mit dem Boot werden von Nuala Star Teelin (074-973 9365; www.sliabhleagueboattrips.com; April–Okt.) organisiert. Sie kosten je nach Anzahl der Teilnehmer 20 bis 25 € pro Person, Kinder zahlen weniger. Sofern es das Wetter erlaubt, startet das Boot mit zwölf Sitzplätzen etwa alle zwei Stunden an der Anlegestelle in Teelin. Auf Wunsch können auch Angel- und Tauchtouren arrangiert werden.

GRATIS Studio Donegal
WEBEREI

(www.studiodonegal.ie; Glebe Mill, Kilcar; Mo-Fr 9-17.30, Mai-Okt. auch Sa 9-17.30 Uhr) Im Studio Donegal gleich neben dem Gemeindezentrum von Kilcar werden Tweeds mit der Hand gesponnen und gewebt. Oft dürfen Besucher den Angestellten im oberen Stockwerk bei ihrer Arbeit zuschauen.

Aktivitäten

Drei Wanderrouten, die in Kilcar beginnen, sind als Kilcar Way bekannt. Von Teelin (Tí Linn) aus können erfahrene Wanderer einen Tagesausflug nach Norden über Bunglass und oben über die Klippen nach Malinbeg in der Nähe von Glencolumbcille unternehmen. Bei starkem Wind oder schlechtem Wetter sollte man wegen der schlechten Sicht besser auf die Tour verzichten.

Schlafen & Essen

Derrylahan Hostel
HOSTEL €

(074-973 8079; www.homepage.eircom.net/~derrylahan; Derrylahan, Kilcar; Zeltplatz 8 € pr Pers., B/DZ 18/50 €; P) Das rustikale, gut geführte IHH-Hostel befindet sich auf einem Bauernhof mit eigenem Bad, einen Schlafsaal mit Doppelstockbetten für 20 Personen sowie viele hübsche Zeltplätze. Wenn man vorab reserviert, kann man hier Fahrräder leihen (20 €). Die Unterkunft liegt an der Küstenstraße 3 km westlich vom Dorf. Abholung möglich.

Inishduff House
B&B €€

(074-973 8542; www.inishduffhouse.com; Largy; EZ/DZ 50/85 €; P) An der Hauptstraße zwischen Killybegs und Kilcar lockt das moderne, herzliche B&B mit großen, komfortablen Zimmern und einem wundervollen Meerblick.

Kitty Kelly's
MEDITERRAN €€

(074-973 1925; Kilcar Rd; Drei-Gänge-Abendessen 40 €; Mai–Sept. abends) Beim Essen in dem 200 Jahre alten pflaumenblauen Bauernhaus fühlt man sich fast wie auf einer kleinen privaten Dinnerparty. Hier werden Gourmetversionen von traditionellen irischen Gerichten kredenzt, darunter z. B. reichhaltiges Irish Stew und cremiges Trifle. Das Kitty Kelly's liegt 5 km westlich von Killybegs an der Küste. Unbedingt vorab buchen! Die Öffnungszeiten ändern sich häufig.

Blue Haven
HOTEL €€

(074-973 8090; www.bluehaven.ie; Kilcar-Killybegs Rd; Hauptgerichte 13-26 €) Das moderne Restaurant verfügt über eine lange Speisekarte mit klassischen Gerichten. Der Ausblick auf die Bucht durch die riesi gen Fenster ist berauschend, vor allem bei Sonnenuntergang.

ℹ️ An- & Weiterreise

Bus 490 verkehrt von Montag bis Samstag dreimal täglich bzw. sonntags einmal von Donegal über Killybegs nach Kilcar (3,90 €), Carrick (5,40 €) und Glencolumbcille (7,60 €).

Glencolumbcille & Umgebung

255 EW.

„*There's nothing feckin' here!*" („Hier gibt's verdammtnochmal nichts!") warnen die liebenswert unverblümten Einheimischen Touristen, die Glencolumbcille (Gleann Cholm Cille) erkunden wollen. Viele Besucher sind da jedoch ganz anderer Meinung, denn das Dorf mit seinen drei Pubs hat atemberaubende Wanderungen, versteckte Strände, ein ausgezeichnetes Zentrum für irische Sprache und Kultur sowie ein hübsches kleines Heimatmuseum zu bieten.

Wenn man sich Glencolumbcille vom Glen Gesh Pass her nähert, verstärkt sich zunächst der Eindruck von der weltfernen Lage des traumhaft schönen Hafens an der Küste. Der Weg führt scheinbar endlos an Hügeln und Mooren vorbei, ehe das Meer auftaucht, gefolgt von dem engen grünen Tal und dem kleinen Gaeltacht-Dorf.

Bereits seit 3000 v. Chr. ist der Ort besiedelt, davon zeugen viele steinzeitliche Funde in der Umgebung. Angeblich hat der hl. Colmcille (Columba) im 6. Jh. ein Kloster gegründet (daher der Name, der „Kirche des Tals von Columba" bedeutet). Er christianisierte die steinzeitlichen stehenden Steine (*turas*, nach dem irischen Wort für Pilgerfahrt oder Reise), indem er ein Kreuz hineinmeißelte. Am Colmcille's Feast Day (9. Juni) wandern die Gläubigen Schlag Mitternacht um die *turas* und die Ruine von Colmcilles Kirche und besuchen danach um 3 Uhr die Messe in der Dorfkirche.

👁 Sehenswertes

Father McDyer's Folk Village
HISTORISCHE STÄTTE

(www.glenfolkvillage.com; Doonalt; Erw./Kind 3/2 €; ⊙Ostern–Sept. Mo–Sa 10–18, So 12–18 Uhr) Das Folk Village ist eine Einrichtung mit einer Mission und wurde 1967 von dem vorausschauenden Pater James McDyer gegründet, um die Traditionen für die Nachwelt zu erhalten. Es befindet sich in nachgebauten Cottages des 18. und 19. Jhs. mit authentischer Ausstattung. Im *shebeen* (illegaler Trinkort) bekommt man ungewöhnliche lokale Weine, die aus Zutaten wie Seetang und Fuchsien hergestellt werden, sowie Marmeladen und Whiskey-Trüffel. Im Eintrittspreis ist eine Führung enthalten. Das Museum liegt 3 km westlich des Dorfes am Strand.

🏃 Aktivitäten

Strände

Westlich von Glencolumbcille erstrecken sich in **Doonalt** zwei tolle Sandstrände. Ein Stück die Küstenstraße runter stößt man auf **Malinbeg**, eine geschützte Bucht mit festem rötlichen Sand zwischen niedrigen Klippen, wo 60 Stufen zu einem weiteren herrlichen kleinen Strand hinunterführen.

Wandern

Zwei ausgeschilderte Rundwanderwege laden zu Ausflügen in der wildromantischen Landschaft ein. Der **Tower Loop** (10 km, 2–3 Std.) verläuft über beeindruckende Klippen und der schwierigere **Drum Loop** (13 km, 3–4 Std.) führt in die Hügel nordöstlich von Glencolumbcille. Beide Pfade beginnen und enden an der Colmcille-Kirche.

Näheres dazu erfährt man im neuen **Wanderzentrum** (📞074-973 0302; www.ionadsuil.ie; ⊙nach Vereinbarung) neben der Feuerwehr. Außerdem werden hier geführte Touren organisiert.

🎓 Kurse

Oideas Gael
KULTURELLE AKTIVITÄTEN

(www.oideas-gael.com; ⊙Mitte März–Okt.) 1 km westlich vom Ortszentrum bietet Oideas Gael bei der Foras Cultúir Uladh (Ulster Cultural Foundation) Kurse für die irische Sprache und Kultur inklusive Tanz, Malerei und Musikinstrumenten sowie Wandertouren durch die hügelige Umgebung an. Die Preise für dreitägige Kurse beginnen bei 100 €. Auf Wunsch vermitteln die Angestellten Pensionszimmer oder Ferienwohnungen (ca. 80 € für 3 Nächte).

🛏 Schlafen & Essen

In der Gegend locken mehrere tolle Budgetunterkünfte, beim Essen ist die Auswahl allerdings beschränkt.

Glencolumbcille Hill Walkers Centre
HOSTEL €

(📞074-973 0302; www.ionadsuil.ie; DZ 50 €; Glencolunmbcille; P) In dieser schicken, relativ neuen Unterkunft mit Blick auf idyllische Schafweiden warten elf makellose Zimmer mit eigenem Bad und Gäste. Das Frühstück ist zwar nicht inklusive, aber dafür gibt's eine große Selbstversorgerküche. Weil der Besitzer in einem anderen Haus wohnt, sollte man die Ankunftszeit telefonisch durchgeben.

Dooey Hostel   HOSTEL €€
(074-973 0130; Zeltplatz 8,50 € pro Person, B/DZ 15/30 €; Feb.–Mitte Sept.; P) Das in den Hang gebaute IHO-Hostel hat jede Menge Charakter und eine einfache, saubere, behagliche Ausstattung. Wer hier übernachten möchte und mit dem Auto anreist, biegt an der Glenhead Tavern ab; von dort sind es noch 1,5 km. Alle anderen können die Abkürzung beim Folk Village nehmen. Kreditkarten werden nicht akzeptiert.

Malinbeg Hostel   HOSTEL €
(074-973 0006; www.malinbeghostel.com; Malinbeg, Glencolumbcille; B/EZ/DZ 14/20/30 €; Dez.–Mitte Jan. geschl.; P) Für das moderne Hostel an einem entlegenen Küstenstrich sprechen die sauberen Zimmer (z. T. mit Privatbad), die Nähe zum Strand und der Lebensmittelladen gleich gegenüber.

An Chistin   CAFÉ €€
(Glencolumbcille; Hauptgerichte 10–22 €; Ostern–Okt. 9–21.30 Uhr) Besucher des Café-Restaurants beim Oideas-Gael-Kulturzentrum freuen sich über Gourmetgerichte, die zu sanfter Jazzmusik im Hintergrund serviert werden.

🛍 Shoppen

Glencolumbcille Woollen Mill   KLEIDUNG
(www.rossanknitwear-glenwoolmill.com; Malinmore; März–Okt. 10–20 Uhr, Nov.–Feb. 10–17.50 Uhr) Hier kann man sich mit Tweedjacken, -mützen und -krawatten sowie Schals aus Schafwolle eindecken und manchmal auch den Webern bei der Arbeit zusehen. Der Laden liegt 5 km südwestlich von Glencolumbcille in Malinmore.

John Molloy's   KLEIDUNG
(www.johnmolloy.com; Glencolumbcille) Die Zweigstelle des Geschäfts in Ardara verfügt über ein breites Warenangebot an Wollkleidung aus Naturgarnen.

ℹ An- & Weiterreise

Bus 490 fährt von Montag bis Samstag dreimal täglich und sonntags einmal nach Killybegs (6,90 €, 45 Min.).

Maghery & Glen Gesh Pass
640 EW.

Das winzige Maghery am Nordende der Halbinsel liegt an einem malerischen Küstenabschnitt. Wer westlich davon am Strand entlangspaziert, gelangt zu einem Felsvorsprung mit zahlreichen Höhlen. Während Cromwells zerstörenden Feldzugs im 17. Jh. versteckten sich hier 100 Dorfbewohner, doch es wurden bis auf einen alle gefunden und getötet.

1,5 km östlich von Maghery stößt man auf den wunderschönen **Assarancagh Waterfall**, hinter dem ein 10 km langer, markierter Wanderweg zum **Glen Gesh Pass** (Glean Géis, "Tal der Schwäne") beginnt. Mit ihren Bergen und grünen Tälern, in denen sich Bauernhäuser und kleine Seen verstecken, wirkt die Landschaft fast alpin. Von Glencolumbcille führt eine Straße für Auto- und Radfahrer direkt zum Pass (dem Wegweiser Richtung Ardara folgen).

Ardara
564 EW.

Ardara (Árd an Rátha), das Zentrum der Grafschaft für traditionelle Strickwaren und Tweed, ist auch eine schöne Ausgangsbasis zum Glen Gesh Pass mit seinen Serpentinenstraßen. Hier kann man das traditionelle Kunsthandwerk der Region kennenlernen und den Webern bei der Arbeit zuschauen.

Ende April oder Anfang Mai erwacht der Ort beim **Cup of Tae Festival** (www.cupoftaefestival.com) zum Leben. Zu diesem Anlass treten traditionelle Musiker, Tänzer und Geschichtenerzähler auf, zudem kann man die für die Region typischen Geigenspieler erleben. Die Veranstaltung ist nach John Gallagher, einem lokalen Musiker, benannt, und aufgrund seiner Überschaubarkeit sehr angenehm.

👁 Sehenswertes

Ardara Heritage Centre   MUSEUM
(074-954 1704; Main St; Erw./Kind 3/1,20 €; Ostern–Sept. Mo–Sa 10–18, So 14–18 Uhr) Das Heimatmuseum im alten Gerichtshof präsentiert die Geschichte des Donegaler Tweeds vom Schafscheren bis zum Färbe- und Webprozess. Es ist immer jemand vor Ort, der Besuchern zeigt, wie ein Webstuhl funktioniert und die Nähtechnik traditioneller Kleidung erklärt.

🛏 Schlafen & Essen

Gort na Móna — B&B €€
(☏ 074-953 7777; www.gortnamonabandb.com; Donegal Rd, Cronkeerin; EZ/DZ 50/70 €; P 🛜) In dem riesigen, aber gemütlichen B&B fühlt man sich wie zu Hause. Das Gort na Móna verfügt über richtig gute Matratzen, Pinienholzmöbel sowie seidenweiche Bettwäsche und punktet mit Bergblicken, Selbstgebackenem zum Frühstück und einem unberührten Strand direkt vor der Tür! Es liegt 2 km südlich von Ardara an der N56.

Bayview Country House — B&B €€
(☏ 074-954 1145; www.bayviewcountryhouse.com; Portnoo Rd; EZ/DZ 45/70 €; ⊗April–Mitte Okt.; P 🛜) Von dem zweckmäßigen B&B vor den Toren des Dorfes genießt man einen tollen Blick auf die Bucht. Die Pension hat geräumige Zimmer mit schöner Blumenbettwäsche und makellosen Bädern. Es gibt einen Holzfeuerkamin, hausgemachte Brote und *scones,* und die Gäste werden herzlich empfangen.

Green Gate — B&B €€
(☏ 074-954 1546; www.thegreengate.eu; Ardvally, Ardara; EZ/DZ 70/90 €; ⊗März–Nov.; P) Geheimnisvoll bebilderte Schilder führen den Besucher abseits ausgetretener Pfade über mehrere steile Kieswege zu dieser Bleibe, die man entweder lieben oder hassen, jedoch niemals vergessen wird. Die traditionellen, reetgedeckten Cottages sind überaus rustikal, aber die Aussicht haut einen wirklich um. Der Gastgeber ist ein geselliger Exzentriker. Unbedingt telefonisch reservieren! Kreditkartenzahlung ist leider nicht möglich.

Nancy's Bar — IRISCH €
(Front St; Hauptgerichte 6,50–12,50 €) Das Pub-Restaurant vermittelt seinen Gästen das Gefühl, sie säßen in Nancys Wohnzimmer. Zu den Spezialitäten gehören Fischgerichte und *chowder*, eine Suppe aus Meeresfrüchten mit herzhaftem Weizenbrot, außerdem trifft man hier immer nette Leute.

Sheila's Coffee and Cream — CAFÉ €
(Ardara Heritage Centre, Main St; Gerichte 5–9 €; ⊗Mo–Sa 9–17.50 Uhr) Ein kleines, bei Einheimischen beliebtes Café im Kulturzentrum mit einer guten Auswahl warmer Gerichte wie Fischfrikadellen und Lasagne sowie köstlichen Desserts.

🍷 Ausgehen

Viele Pubs in Ardara veranstalten regelmäßig traditionelle Sessions. Wer die Hauptstraße entlangspaziert, hört die Musik schon aus den Türen schallen.

Corner House — PUB
(The Diamond) Von Juni bis September kommt man hier jeden Abend (ansonsten immer freitags und samstags) in den Genuss toller irischer Musiksessions. Manchmal fängt jemand spontan zu singen an, und wenn die Stimmung gut ist, stimmen alle mit ein.

🛍 Shoppen

Schilder im Ortszentrum weisen den Weg zu den Strickwarenherstellern.

Eddie Doherty (www.handwoventweed.com; Front St)

John Molloy's (www.johnmolloy.com)

Kennedy's (Front St)

NICHT VERSÄUMEN

DIE BESTEN STRÄNDE IN DONEGAL

Donegals wilde, zerklüftete Küste ist mit breiten, unberührten Stränden und lauschigen Buchten übersät. Unsere Favoriten:

» **Tramore** Wer an dem abgelegenen Küstenstreifen von Dunfanaghy aus durch die Dünen wandert, stößt auf diesen unberührten Strand (S. 512).

» **Carrick Finn** Ein zauberhafter, unbebauter Strand in der Nähe des Donegal Airport (S. 513).

» **Portnoo** Hinter der dreiecksförmigen, geschützten Bucht erstrecken sich wellige Hügel (S. 512).

» **Portsalon** Ein idyllischer Sandstreifen mit türkisfarbenem Wasser (S. 526).

» **Culdaff** Der lange, goldene Strand wird gern von Familien besucht (S. 533).

» **Rossnowlagh** An dem wunderschönen weißen Sandstrand kann man wunderbar surfen lernen (S. 502).

Triona Design (www.trionadesign.com; Main St)

ℹ️ Praktische Informationen

Am Diamond-Platz befindet sich eine Filiale der Ulster Bank mit einem Geldautomaten. Das Postamt liegt ganz in der Nähe an der Main Street.

Touristeninformation (📞074-954 1704; www.ardara.ie; Ardara Heritage Centre; Main St; ⏰Ostern–Sept. Mo–Sa 10–18, So 14–18 Uhr)

ℹ️ Anreise & Unterwegs vor Ort

Bus 492 fährt von Killybegs (3,40 €, 25 Min.) zum Heritage Centre in Ardara und weiter nach Glenties (2,50 €, 10 Min.). Er verkehrt von Montag bis Samstag viermal täglich und sonntags zweimal.

Don Byrne (📞074-954 1658; West End) vermietet Fahrräder für 15/60 € pro Tag/Woche.

Loughrea Peninsula

Nördlich von Ardana erstreckt sich die schöne Loughrea-Halbinsel mit kleinen Seen, einer sanften Hügellandschaft und einem blau beflaggten Strand bei den Zwillingsorten Narin und Portnoo, dessen sandige Spitze auf Iniskeel zeigt. Bei Ebbe kann man diese Insel zu Fuß erreichen. Der hl. Connell, ein Cousin Colmcilles, gründete hier im 6. Jh. ein Kloster, von dem heute kaum noch etwas zu sehen ist. Dafür entdeckt man viele interessante frühmittelalterliche christliche Relikte.

Toll ist auch ein Abstecher zum Lough Doon, 3 km südlich von Narin. In der Mitte des Sees thront das 2000 Jahre alte Doon Fort, eine gut erhaltene, befestigte längliche Siedlung. Wer dorthin möchte, muss bei der benachbarten Farm ein Ruderboot (etwa 10 €) mieten. Achtung: Der Ausflug lohnt sich nur bei windstillem Wetter!

Sofern man jetzt Lust auf weitere archäologische Stätten bekommen hat, kann man sich im Dolmen Ecocentre (www.dolmencentre.com; Kilclooney, Portnoo; ⏰Mo–Fr 9–17 Uhr) danach erkundigen. Über einen kurzen Pfad links von der Kirche bergauf erreicht man z. B. ein Ganggrab, das wie eine Schildkröte aussieht.

Ebenfalls auf der Halbinsel, umrahmt von grasbewachsenen Dünen, liegt der Tramore Beach. 1588 lief hier ein Teil der Spanischen Armada auf Grund. Die Überlebenden ließen sich zeitweise auf O'Boyle's Island im Kiltoorish Lake nieder und marschierten dann nach Killybegs, wo sie mit der *Girona* wieder in See stachen. Allerdings erlitt dieses Schiff noch im selben Jahr ein ähnliches Schicksal in Nordirland. Mehr als 1000 Seeleute verloren dabei ihr Leben (s. S. 705).

Eine der besten Unterkünfte in der Gegend ist das ruhige, gemütliche **Carnaween House** (📞074-954 5122; www.carnaweenhouse.com; Narin; EZ/DZ 55/110 €; 🅿️📶) mit leuchtend weißen, minimalistisch eingerichteten Zimmern im luxuriösen Strandhausstil. Einige Gegenstände wie Lampen und Decken sorgen für sanfte Farbakzente. Das **Hotelrestaurant** (Hauptgerichte 14–21 €; ⏰Juni–Aug. Do–So abends, Sept.–Mai Fr & Sa abends, So mittags) serviert eine exzellente Auswahl an Meeresfrüchten und klassischen irischen Gerichten mit kreativ-modernem Touch. Am besten reserviert man vorab und kommt früh her, um sich einen Platz am Vorderfenster zu schnappen und den Sonnenuntergang zu genießen.

Glenties

811 EW.

Das stolze Örtchen Glenties (Na Gleannta) thront am Fuße von zwei Tälern, hinter denen im Süden die Blue Stack Mountains aufragen. Hier kann man in herrlicher Landschaft angeln und wandern.

Zudem ist Glenties mit dem Dramatiker Brian Friel verbunden, dessen Stück (und späterer Film) *Tanz in die Freiheit* in dem Dorf spielt.

Auf der Main Street befinden sich die Bank of Ireland mit einem Geldautomat und einer Wechselstube sowie das Postamt.

Übernachtungsgäste werden in **Brennan's B&B** (📞074-955 1235; www.brennansbnb.com; Main St; EZ/DZ 45/70 €; 🅿️📶) herzlich empfangen. Die Pension verfügt über komfortable Zimmer.

Bus 492 fährt von Donegal nach Dungloe (8,20 €, 45 Min.) und hält zweimal täglich in Glenties.

NORDWESTLICHES DONEGAL

In Irland gibt's kaum eine Region, die es mit der wilden Schönheit des Nordwesten Donegals aufnehmen kann. Bisher schaffte es niemand, die atemberaubende Landschaft zu zähmen. Das felsige Gaeltacht-

ABSTECHER

DAS „SCHWARZE SCHWEIN"

Als 1895 die erste hustende Dampflok in Donegal eintraf, gaben die Einheimischen der monströsen Maschine den Namen Black Pig (Schwarzes Schwein). Die Züge brachten mehr Leben in die isolierten Gemeinden des Countys und sorgten für die dringend benötigte Verbindung zum Rest des Landes. Zur Blütezeit der irischen Eisenbahn durchzogen über 300 km Schmalspurgleise das Land, aber nach dem Zweiten Weltkrieg ließ der Bedarf nach. Im Juni 1947 wurden die Verbindungen für Passagiere gestrichen und im Jahre 1952 stellte man schließlich auch den Güterzugverkehr ein.

Über Ostern und in den Sommermonaten kann man einen Ausflug mit der einzigen verbliebenen Eisenbahn der Grafschaft, der **Fintown Railway** (www.antraen.com; Fintown; Erw./Kind 8/5 €; ☺Juni–Sept. Mo–Sa 11–17, So 13–17 Uhr), unternehmen. Der liebevoll in den Originalzustand restaurierte rot-weiße Dieseltriebwagen aus den 1940er-Jahren legt ein 5 km langes wiederhergestelltes Teilstück einer früheren Strecke entlang des malerischen Lough Finn zurück. Für die Hin- und Rückfahrt (kommentiert) benötigt er etwa 40 Minuten.

Fintown liegt 20 km nordöstlich von Glenties an der R250.

Gebiet zwischen Dungloe und Crolly mit seinen kleinen glitzernden Seen und sauberen Sandstränden wird Rosses (Na Rossa) genannt. Weiter nordwestlich zwischen Bunbeg und Dunfanaghy wirkt die Gegend sanfter, ist aber ebenso beeindruckend. Arranmore und Tory, vorgelagerte Inseln, sind faszinierende Ziele für alle, die eine traditionelle Lebensweise kennenlernen möchten.

Dungloe
1068 EW.

Dungloe (An Clochán Liath), Hauptknotenpunkt der Rosses, ist eine geschäftige kleine Stadt mit zahlreichen Einrichtungen für Touristen.

Ende der 1960er-Jahre wurde der Ort in dem berühmten Popsong *Mary from Dungloe* verewigt, was er heute noch mit dem zehntägigen **Mary from Dungloe Festival** Ende Juli/Anfang August feiert.

Die kleine **Touristeninformation** (☏074-952 1297; www.dunglue.info; Chapel Rd; ☺Juni–Sept.) befindet sich im Gemeindezentrum Ionad Teampall Chróine, das in einer alten Kirche untergebracht ist.

Wer Lachse und Forellen **angeln** möchte, kann dies im Fluss Dungloe und im Lough Dungloe tun. Ausrüstung und Lizenzen bekommt man bei **Bonner's** (Main St).

Der nächste gute Strand liegt 6 km südwestlich der Stadt an der **Maghery Bay**.

Übernachtungsgästen sei das **Radharc an Oileain** (☏074-952 1093; www.dungloebedandbreakfast.com; Quay Rd; EZ/DZ 45/70 €; ☺April–Nov.; P@) empfohlen, ein wunderschönes familiengeführtes B&B mit Blick auf die Bucht.

ℹ️ An- & Weiterreise

Bus 492 fährt zweimal täglich von Donegal (13,50 €, 1½ Std.) via Killybegs (11,80 €, 1 Std.), Ardara (8,90 €, 50 Min.) und Glenties (8,20 €, 45 Min.) nach Dungloe.

Burtonport & Kincasslagh
345 EW.

Burtonports (Ailt an Chorráin) winziger Hafen dient als Ausgangspunkt für Ausflüge auf die Insel Arranmore und hat im Laufe der Jahre eine ganze Menge verrückte Typen angelockt. In den 1970er-Jahren hatte hier die Atlantis-Kommune ihren Sitz, deren bevorzugte Therapieform ihr damals den Spitznamen „the Screamers" einbrachte. Später verzog sich die Gruppe in den kolumbianischen Urwald. Bald darauf kamen die Silver Sisters nach Burtonport, um ihren viktorianischen Lebensstil inklusive historischer Kleidung auszuleben. Das Dorf ist hübsch, aber nicht besonders aufregend.

Für Angel- oder Tauchtouren wendet man sich an **Inishfree Charters** (☏074-955 1533; www.inish.ie) oder erkundigt sich alternativ an den Schaltern am Pier.

Wer die Küstenstraße von Burtonport aus nach Norden nimmt, erreicht das malerische Örtchen **Kincasslagh** und den beeindruckenden Strand mit Blauer Flagge bei **Carrick Finn**. Der wunderschöne Sandstreifen ist von Bergen umgeben und trotz seiner Nähe zum Donegal Airport wunderbar unberührt.

Im gemütlichen **Limekiln House** (☎074-954 8521; www.limekilnhouse.com; Carrick Finn, Kincasslagh; DZ mit/ohne Bad 70/60 €; P) kann man gut übernachten. Die herzliche Unterkunft wartet mit vier komfortablen Zimmern (zwei mit Privatbad) auf und serviert hausgemachte Gerichte.

Den riesigen Fiberglas-Hummer an der Wand des **Lobster Pot** (☎074-954 2012; www.lobsterpot.ie; Main St; Bargerichte 9–22 €, Hauptgerichte abends 16–25 €; ⓞBargerichte 12–18 Uhr, tgl. abends) in Burtonport kann man beim besten Willen nicht übersehen. In dem mit Fußballshirts dekorierten Pub-Restaurant gibt's eine große Auswahl an Meeresfrüchten. Wenn auf dem riesigen Fernseher große Spiele übertragen werden, ist das Lokal gerammelt voll.

Derzeit bestehen keine öffentlichen Verbindungen nach Burtonport.

Arranmore Island

528 EW.

Die winzige Insel Arranmore (Árainn Mhór) mit ihren sauberen Sandstränden liegt gerade mal 1,5 km von der Küste entfernt inmitten von dramatischen Klippen und ausgewaschenen Meereshöhlen. Sie ist nur 9 km lang und 5 km breit und schon seit der frühen Eisenzeit (800 v. Chr.) besiedelt. Auf der Südseite steht noch eine prähistorische dreieckige Festung. Der Westen und der Norden sind wild und zerklüftet und nur wenige Häuser stören die Einsamkeit. Wer eine Wanderung rund um die Insel unternehmen möchte, kann dem **Arranmore Way** (3–4 Std.) folgen. Von der Südwestspitze des Eilands blickt man auf das Vogelschutzgebiet **Green Island**, das nicht öffentlich zugänglich ist. Hier hausen Wachtelkönige, Schnepfen und viele Seevögel. Auf Arranmore wird hauptsächlich Irisch gesprochen, die Bewohner können sich jedoch fast alle auch auf Englisch verständigen.

Sämtliche Pubs der Insel locken mit behaglichen Torffeuern und traditionellen Musiksessions und sind teilweise sogar rund um die Uhr geöffnet.

Schlafen & Essen

Arranmore lässt sich gut im Rahmen eines Tagesausflugs besuchen, doch man kann auch in einem der familiengeführten B&Bs unterkommen. Das **Claire's** (☎074-952 0042; www.clairesbandb.wordpress.com; Leabgarrow; EZ/DZ 40/60 €; ⓦ) am Fährhafen zählt zu den besten Optionen und hat einfache, aber hübsche Zimmer.

ⓘ Anreise & Unterwegs vor Ort

Arranmore Ferry (☎074-952 0532; www.arranmoreferry.com; hin & zurück Erw./Kind/Auto & Fahrer 15/7/30 €) verbindet Burtonport das ganze Jahr über mit Leabgarrow (20 Min.). Im Sommer verkehren die Fähren des Unternehmens bis zu neunmal täglich.

Darüber hinaus wird die Route von **Arranmore Fast Ferry** (☎087 317 1810; www.arranmorefastferry.com) abgedeckt. Der Anbieter verfügt über eine schnelle Passagier- (hin & zurück 15 €, 5 Min., 2–3-mal tgl.) und eine Autofähre (Passagier/Auto & Fahrer hin & zurück 15/30 €, 20 Min.).

Wer auf der Insel seine Beine schonen möchte, kann ein **Taxi** (☎086 331 7885) nehmen.

Gweedore & Umgebung

1390 EW.

Das Gaeltacht-Gebiet Gweedore (Gaoth Dobhair) besteht aus einer Ansammlung kleiner Orte im Schatten des Mt. Errigal. Es handelt sich um einen guten Ausgangspunkt für Fahrten zur Insel Tory und in den Glenveagh National Park, allerdings wurde die Küste mit ihren vereinzelten weißen Sandstränden durch eine ausufernde Ferienhausbebauung ziemlich verschandelt. Aus diesem Grund gehen die Dörfer Derrybeg (Doirí Beaga) und Bunbeg (Bun Beag) an der R257 inzwischen sogar fast ineinander über. Ein paar Kilometer östlich auf der R258 stößt man auf mehrere Hotels – und das war's dann auch schon von Gweedore.

Abseits der Küste wird die trostlose, aber dennoch spektakulär schöne Gegend nur von kleinen fischreichen Seen unterbrochen. Auf der landschaftlich interessanten N56, die östlich aus Gweedore herausführt, kann man einen reizvollen Ausflug mit dem Auto unternehmen.

An der Hauptstraße in Bunbeg gibt's Banken und einen Geldautomaten, während man in Derrybeg ein Postamt findet.

🏃 Aktivitäten

Der schönste Wanderweg der Umgebung ist der **Tullagobegley Walk** (Siúlóid Tullagobegley), ein historischer Pfad über den **Tievealehid** (Taobh an Leithid; 431 m). Auf ihm trugen Einheimische jahrhundertelang ihre Toten nach Falcarragh zum Friedhof aus dem 13. Jh. Die 5½-stündige Wanderung beginnt beim Lough Nacung (Loch na Cuinge) östlich von Gweedore an der N56. Sie führt an Silberminen aus dem 19. Jh. vorbei nach Keeldrum, einem kleinen Ort am Rand von Gortahork, und endet am Friedhof von Tullagobegley in Falcarragh.

Leider weist der Weg keinerlei Markierungen auf, deshalb ist die OS-Karte Blatt 1 unerlässlich.

Schlafen & Essen

Bunbeg Lodge   B&B €€
(087 416 7372; www.bunbeglodge.ie; EZ/DZ 40/70 €; P) Eine hervorragende Pension, die von der Familie Flanagan geführt wird und über geräumige, moderne Zimmer mit tiefblau-goldener Tapete, weißer Bettwäsche sowie funkelnden Bädern verfügt. Nach dem herzhaften Frühstück kann man sich mit den Gastgebern unterhalten, die viel Interessantes über die Gegend zu berichten wissen.

Sleepy Hollows Campsite   CAMPINGPLATZ €
(074-954 8272; www.sleepyhollows.ie; Meenaleck, Crolly; Zeltplatz 10/5 € pro Erw./Kind; P) Alle zwölf Rasenzeltplätze des freundlichen, familienbetriebenen Campingplatzes liegen ruhig im Wald abseits der fünf Wohnwagenstellplätze. Unbedingt vorab reservieren! Vom Dorf Crolly nimmt man den Abzweig zum Flughafen und folgt den Schildern an Leo's Tavern vorbei. Nach 200 m hat man sein Ziel erreicht

An Chúirt   HOTEL €€
(074-953 2900; www.gweedorecourthotel.com; Gweedore; EZ/DZ ab 70/150 €; P) Die Zimmer in dem großen Hotel sind sehr unterschiedlich eingerichtet: Von Räumen mit veralteten Blumentapeten bis zu luxuriösen Quartieren mit Himmelbetten, schweren Brokatvorhängen und Jacuzzi-Bädern ist alles dabei. Es gibt einen tollen Innenspielplatz für Kinder, ein Spa und einen Pool. Im hauseigenen **Restaurant** (Hauptgerichte 14–25 €) werden gute, aber wenig überraschende Gerichte serviert.

Unterhaltung

Leo's Tavern   PUB
(074-954 8143; www.leostavern.com; Meenaleck, Crolly) Man weiß nie im Voraus, wer für eine der legendären *singalongs* (Musiksessions) in Leo's Tavern auftaucht. Der Laden gehört Leo und Baba Brennan, den Eltern von Enya sowie ihren Geschwistern Máire, Ciaran und Pól (sie bildeten den Kern der Gruppe Clannad). Heute wird er vom jüngsten Sohn Bartley geführt. An den Wänden des Pubs hängen zahlreiche Goldene, Silberne und Platinschallplatten und andere Devotionalien der erfolgreichen Kids. Im Sommer gibt's jeden Abend Livemusik, und auch im Winter finden regelmäßig Konzerte statt. Das zugehörige **Restaurant** (Hauptgerichte 13–20 €) ist einer der besten Plätze der Gegend für ehrliche irische Kneipenkost. Wer hier essen möchte, folgt der R259 von Crolly aus 1 km Richtung Flughafen und hält dort Ausschau nach den Schildern zum Leo's.

An- & Weiterreise

Das Busunternehmen **Feda O'Donnell** (074-954 8114; www.feda.ie) verkehrt zweimal täglich (Fr & Sa 3-mal) von Gweedore nach Letterkenny (7 €, 1½ Std.), Donegal (10 €, 2¼ Std.), Sligo (12 €, 3¼ Std.) und Galway (20 €, 5½ Std.).

Fähren nach Tory Island starten in Bunbeg (s. S. 518).

Dunlewey & Umgebung
700 EW.

Das Örtchen Dunlewey (Dún Lúiche) neben dem Lough Dunlewy verpasst man ganz leicht. Kaum zu übersehen sind dagegen die wunderschöne Landschaft und der zinnenförmige Mt. Errigal mit seinen kahlen Hängen. Am Besten plant man genügend Zeit für einen ausgedehnten Spaziergang ein, denn die Gegend ist herrlich malerisch.

Aktivitäten

Dunlewey Lakeside Centre
AUSFLUGSZENTRUM
(Ionad Cois Locha; 074-953 1699; www.dunleweycentre.com; Dunlewey; Eintritt Haus & Grundstück oder Bootsfahrt Erw./Kind/Familie 5,95/3,95/14 €, Kombiticket 10/7/15 €; Ostern–Okt. Mo–Sa 10.30–18, So 11–18 Uhr) Wenn man mit der Familie unterwegs ist, sollte man unbedingt dieses tolle Ausflugszentrum besuchen. Erwachsene werden fasziniert sein von der 30-minütigen Tour durch das strohgedeckte Cottage des Webers Manus Ferry, der durch seine Tweeds weltweit berühmt wurde (er starb 1975), während die meisten Kinder voll auf den Streichelzoo abfahren. Doch der eigentliche Höhepunkt ist die unterhaltsame Bootstour mit einem Geschichtenerzähler, der einiges über lokale Geschehnisse, Geologie und gruselige Folklore zu erzählen weiß. Im Juli und August finden dienstags traditionelle Konzer-

te statt (8 €), und in dem neuen Konzertsaal gibt's rund ums Jahr Konzerte am Sonntagnachmittag. Auf dem Gelände befinden sich auch gutes Café mit einem Torffeuer und ein Kunsthandwerksladen.

Mt. Errigal
WANDERN

Wanderer scheint der Anblick des Mt. Errigal (752 m) mit seinem pyramidenförmigen Gipfel geradezu magisch anzuziehen. Der Aufstieg ist anstrengend, aber schön. Wer ihn wagen will, sollte sich vorher über das Wetter informieren, da die Besteigung an regnerischen oder nebligen Tagen aufgrund der eingeschränkten Sicht gefährlich ist.

Zwei Wege führen auf den Gipfel. Für die einfachere Route (5 km) benötigt man zwei Stunden und für die schwierigere (3,3 km) über den Nordwestkamm mit Kletterpartien über das Geröll 2½ Stunden. Informationen zu beiden Strecken gibt's im Dunlewey Lakeside Centre.

Poisoned Glen
WANDERN

Der Legende zufolge erhielt der faszinierende Felsen des Poisoned Glen seinen Namen, als Balor, der einäugige König von Tory, hier von seinem im Exil lebenden Enkel Lughaidh ermordet wurde. Dabei soll das Gift aus seinem Auge den Felsen gespalten und die Schlucht vergiftet haben. Tatsächlich entstand der Name weit weniger dramatisch – durch den Fehler eines Kartografen: Die Einheimischen nannten die Schlucht An Gleann Neamhe („Himmlische Schlucht"), doch als der englische Kartograf die Gegend vermaß, notierte er versehentlich An Gleann Neimhe („Vergiftete Schlucht").

An der R251 liegen mehrere tolle Aussichtspunkte. Man kann auch durch die Schlucht wandern, allerdings ist ihr Grund uneben und sumpfig. Vom Lakeside Centre führt eine 12 km lange zwei- bis dreistündige Wanderung am Abgrund entlang. Vorsicht vor der Grünen Lady, dem Geist, der hier herumspukt!

Schlafen

Errigal Hostel
HOSTEL €

(074-953 1180; www.errigalyouthhostel.com; Dunlewey; B/DZ 20/52 €; P) Das neue An-Óige-Hostel am Fuße des Mt. Errigal verfügt über 60 Betten und hochmoderne Einrichtungen wie eine Selbstversorgerküche aus Edelstahl, einen großen Wäscheraum für schmutzige Wanderklamotten, helle Gemeinschaftsbereiche, tadellose Schlafsäle und Privatzimmer. Einer der Beiträge zum Umweltschutz ist das Heizen mit Holzpellets. Nebenan befindet sich eine Tankstelle, in der auch Lebensmittel verkauft werden.

Glen Heights
B&B €€

(074-956 0844; www.glenheightsbb.com; Dunlewey; EZ mit/ohne Bad 50/45 €, DZ 70/66 €; Ostern–Okt.; P) Weil man den Blick nicht von der atemberaubenden Aussicht aus dem Wintergarten auf den Dunlewey Lake, den Mt. Errigal und den Poisoned Glen lösen kann, wird das Frühstück schon kalt. Die Zimmer der Pension sind schlicht, aber gemütlich und die Bäder blitzsauber. Darüber hinaus versprühen die Besitzer den typischen Donegaler Charme.

Bloody Foreland

Bloody Foreland (Cnoc Fola) verdankt seinen Namen der Farbe seiner Felsen bei Sonnenuntergang. Bevor hier Ferienhäuser wie Pilze aus dem Boden geschossen sind, war er ein spektakulärer Küstenstreifen. Die herrlich einsamen Straßen nördlich und südlich davon eignen sich aber immer noch wunderbar zum Radfahren, außerdem können sich erfahrene Surfer auf anspruchsvolle Wellen freuen, müssen ihre Ausrüstung allerdings selbst mitbringen.

Tory Island

170 EW.

Unmittelbar den peitschenden Seewinden ausgesetzt und von Gischt umnebelt, hat die Felseninsel Tory (Oileán Thóraí) 11 km vom Festland entfernt einiges auszuhalten. Nichts schützt sie vor dem wilden Atlantik und ihre Bewohner müssen hart im Nehmen sein. Trotz dieser Widrigkeiten ist der Landstrich bereits seit 4500 Jahren besiedelt.

Kaum verwunderlich, dass Tory als einer der letzten Orte in Irland gilt, wo die irische Kultur wirklich noch gelebt wird und kein bloßes Lippenbekenntnis ist. Man spricht einen eigenen irischen Dialekt und hat sogar einen „König" ernannt. Im Lauf der Jahrhunderte erwarben sich die Insulaner einen Ruf für Schwarzbrennerei und Schmuggel von *poitín* (Torf-Whiskey). Am bekanntesten ist die Insel jedoch wegen ihrer „naiven" Künstler, deren Gemälde weltweit begehrt sind.

Nachdem 1974 ein acht Wochen dauernder Sturm gnadenlos über Tory gefegt war, plante die Regierung die dauernde Räumung des Eilandes, doch Pater Diarmuid Ó

NAIVE KUNST AUF TORY ISLAND

Die eigenwillige Malschule von Tory Island entstand, als der englische Künstler Derrick Hill hier in den 1950er-Jahren viel Zeit verbrachte und etliche Gemälde anfertigte. Dabei schauten ihm viele Einheimische neugierig über die Schulter und angeblich sagte einer von ihnen zu Hill: „Das kann ich auch." Dieser selbstbewusste Bewohner hieß James Dixon, ein Autodidakt, der für seine Bilder Bootslack verwendete. Die Farbe trug er mit selbst gemachten Pinseln aus Eselhaar auf. Hill war beeindruckt von der Qualität der Arbeiten Dixons und freundete sich mit ihm an. Auch andere Einwohner ließen sich zu einzigartigen volkstümlichen und expressiven Inselporträts inspirieren. Einer von ihnen, Patsy Dan Rodgers, wurde inzwischen zu Torys „König" gewählt. Die Werke der Künstler wurden in Chicago, New York, Belfast, London und Paris ausgestellt und erzielen bei Auktionen hohe Preise. Sie sind häufig in der **Dixon Gallery** (West Town) auf der Insel oder in der Glebe House Gallery (S. 524) auf dem Festland zu sehen.

Peícín eilte zu Hilfe: Er stellte sich an die Spitze einer internationalen Kampagne, die Geld sammelte, einen regelmäßigen Fährdienst organisierte sowie für einen Stromanschluss und vieles mehr sorgte. Der Niedergang der Fischerei stellt die eisern ausharrenden Einwohner nun vor neue Probleme.

Die Insel besitzt einen Kiesstrand und zwei Dörfer: West Town (An Baile Thiar) mit den meisten Einrichtungen und East Town (An Baile Thoir). Ihr östliches Ende wird von zerklüfteten Quarzitfelsen dominiert, die wie gewaltige Schlüssel aussehen, während das Südwestende zum wellenumtosten Grundfelsen abfällt.

Mehr über diese Gegend erfährt man bei **Tory Island Co-op** (Comharchumann Thoraí Teo; ☎074-913 5502; www.oileanthorai.com; ⊙Mo–Fr 9–17 Uhr) unweit der Anlegestelle am Spielplatz und im neuen Kunsthandwerksladen an der Spitze des Piers.

⊙ Sehenswertes & Aktivitäten

In West Town stehen Cottages neben frühkirchlichen Schätzen. Hier soll der hl. Colmcille im 6. Jh. ein Kloster gegründet haben, dessen Überreste noch an manchen Stellen zu sehen sind. Dazu gehört z. B. das T-förmige **Tau Cross**, das auf frühe Kontakte zwischen Seefahrern und koptischen Christen aus Ägypten hinweist. Das Kreuz begrüßt die Fährpassagiere bei ihrer Ankunft. Ganz in der Nähe stößt man auf einen fast 16 m breiten **Rundturm** mit einem abgerundeten Eingang hoch über der Erde.

Darüber hinaus ist die Insel ein Paradies für **Vogelbeobachter**. Auf ihr leben über 100 Seevogelarten, und zwischen den Klippen im Nordosten nisten Kolonien von Papageitauchern (etwa 1400).

🛏 Schlafen & Essen

Um das Beste aus seinem Besuch zu machen, sollte man eine Übernachtung einplanen und die Insel erkunden, sobald die Tagesausflügler abgereist sind. Unterkünfte müssen im Voraus gebucht werden, vor allem im Hochsommer.

Teach Bhillie B&B €
(☎074-916 5145; West Town; B/EZ & DZ 35/50 €) Wenn man von der Fähranlegestelle links abbiegt, erreicht man nach 300 m ein neu renoviertes B&B mit hellen, einladenden Zimmern. Die makellosen Räume sind in hellen Farben gestrichen und die Gäste werden in legendärer Tory-Manier begrüßt.

Hotel Tory HOTEL €€
(☎074-913 5920; West Town; EZ/DZ 60/80 €; ⊙Ostern–Okt.) Das einzige Hotel der Insel ist recht rustikal und verfügt über 14 einfache, aber komfortable Zimmer. Abends lockt die Bar mit Musik, Tanz und einer tollen Atmosphäre.

Caife an Chreagain IRISCH €€
(West Town; Hauptgerichte 10–15 €; ⊙Ostern–Sept. 10–22.30 Uhr) Wer von der Seeluft hungrig geworden ist, sollte sich zu Marys nettem Lokal aufmachen, wo man viel für sein Geld bekommt. Außerhalb der Sommermonate hängen die Öffnungszeiten vom Wetter ab und sind eventuell auf die Fähren abgestimmt.

☆ Unterhaltung

Club Sóisialta Thóraí GEMEINDEZENTRUM
(Tory Social Club; West Town) Das Gesellschaftsleben der Insel konzentriert sich auf dieses fröhliche Pub, die einzige Ausgehmöglichkeit neben der Bar im Hotel Tory.

Die Öffnungszeiten variieren, ab 20 Uhr geht's langsam los, aber so richtig in Gang kommt die Stimmung erst viel später.

❶ Anreise & Unterwegs vor Ort

Unbedingt Regenkleidung für die Überfahrt anziehen, denn es kann wild zugehen. **Donegal Coastal Cruises** (Turasmara Teo; ☏074-953 1320; wwww.toryislandferry.com) steuert die Insel (hin & zurück Erw./Kind/Student 26/13/20 €) von Bunbeg (1½ Std.) und Magheraroarty (35 Min.) aus an. Die Abfahrtszeiten hängen vom Wetter und den Gezeiten ab, deshalb sollte man auf aktuelle Meldungen achten. Bei Gewitter und Sturm kommt es häufig vor, dass Besucher auf der Insel festsitzen.

Nach Magheraroarty führt eine Abzweigung von der N56 am Westende von Gortahork bei Falcarragh (dem Wegweiser „Coastal Route/Bloody Foreland" folgen).

Bei **Rothair ar Cíos** (☏074-916 5614; West Town) kann man Fahrräder leihen.

Falcarragh & Gortahork

842 EW.

Dunfanaghy bietet zwar die bessere touristische Infrastruktur, doch im kleinen Falcarragh (An Fál Carrach) und im benachbarten Gortahork (Gort an Choirce) lernt man den Alltag in einer Gaeltacht-Region kennen. Ganz in der Nähe erstreckt sich überdies ein netter Strand.

Heute beherbergt die Polizeikaserne aus dem 19. Jh. das **Falcarragh Visitors Centre** (An tSean Bheairic; ☏074-918 0888; www.falcarraghvisitorcentre.com; ⓢMo-Fr 10-17, Sa 11-17 Uhr) mit einer Touristeninformation und einem Café. In der Bank of Ireland am Ostende der Main Street gibt's einen Geldautomaten und die Post liegt am Westende der Hauptstraße von Falcarragh.

❂ Sehenswertes & Aktivitäten

Zum windumtosten **Strand** sind es 4 km (einfach von beiden Enden der Main Street in Falcarragh der Beschilderung „Trá" folgen). Der Strand eignet sich toll zum Wandern, Schwimmen dagegen ist wegen der starken Strömung zu gefährlich.

Zwischen Dunfanaghy und Bloody Foreland dominiert der große graue **Muckish Mountain** (670 m) die Küste. Der Aufstieg ist sowohl von Norden als auch von Süden anstrengend, aber recht unkompliziert. Am besten folgt man südöstlich von Falcarragh der landeinwärts führenden Straße durch die Muckish Gap bis zum Gipfel des Bergs. Dort oben genießt man eine großartige Aussicht zum Mailin Head und nach Tory Island.

🍴 Schlafen & Essen

Óstán Loch Altan HOTEL €€
(☏074-913 5267; www.ostanlochaltan.com; Gortahork; EZ/DZ 45/90 €; ℗⏀) Das große cremefarbene Hotel in der Main Street ist eine von nur wenigen Unterkünften in der Gegend, die das ganze Jahr über Gäste empfangen. Manche der 39 Zimmer in neutralen Farben und mit Satin-Quiltdecken bieten einen Meerblick. In der **Bar** (Gerichte 9-19,50 €) gibt's zwischen 12 bis 21 Uhr ausgezeichnet zubereitete Gerichte, außerdem ist das **Restaurant** (Hauptgerichte 21-29,50 €) von Juni bis September mittags und abends geöffnet.

Cuan Na Mara B&B €€
(☏074-913 5327; crisscannon@hotmail.com; Ballyness, Falcarragh; EZ mit/ohne Bad 49/47 €, DZ 66/62 €; ⓢJuni-Sept.; ℗⏀) Dieser Bungalow mit Blick auf die Ballyness Bay und Tory Island hat vier gemütliche Gästezimmer. Um das 2 km vom Zentrum Falcarraghs entfernte B&B zu erreichen, nimmt man die Abzweigung mit der Ausschilderung „Trá".

Maggie Dan's ITALIENISCH €
(☏074-916 5022; www.maggiedans.ie; An Phanc, Gortahork; Pizzas ca. 10 €; ⓢabends) Gegenüber dem Market Square bringt diese hervorragende Pizzeria mit gelegentlichen Theateraufführungen einen Hauch von Boheme aufs Land.

🍷 Ausgehen & Unterhaltung

Teach Ruairí PUB
(www.donegalpub.com; Baltoney, Gortahork) Ein herrlich authentisches Pub, dessen Fassade mit roten Wagenrädern und Jalousien geschmückt ist und in dem regelmäßige akustische Livekonzerte stattfinden. Es liegt 2 km westlich von Gortahork und ist ab der Gweedore Road ausgeschildert. Unter der Woche kann man abends und an Wochenenden den ganzen Tag über gutes Kneipenessen bestellen.

Lóistín Na Seamróige PUB
(Shamrock Lodge; Main St, Falcarragh) Margaret, die Besitzerin, ist in diesem Haus aufgewachsen. Ihr Pub zieht jede Menge Einwohner an, besonders freitagvormittags, wenn direkt vor der Haustür ein Markt stattfindet, sowie an den traditionellen Musikabenden im Juli und August.

ⓘ An- & Weiterreise

Busse des Unternehmens **Feda O'Donnell** (📞074-954 8114) fahren von Crolly zur Main Street in Falcarragh (7 €, Mo–Sa 2-mal tgl., Fr & So 3-mal tgl.) sowie nach Letterkenny (7 €, 1 Std.) und Galway (20 €, 5¼ Std.).

John McGinley (📞074-913 5201; www.johnmcginley.com) bietet täglich zwei bis vier Busverbindungen von Annagry nach Letterkenny (7 €, 1 Std.) und Dublin (20 €, 5 Std.) mit Halt in Gortahork und Falcarragh an.

Dunfanaghy & Umgebung

316 EW.

Das hübsche kleine Zentrum von Dunfanaghy, das direkt am Meer liegt, wartet mit einer erstaunlich großen Auswahl an Unterkünften und einigen der besten Restaurants im Nordwesten der Grafschaft auf. Hier locken hübsche Strände, dramatische Meeresklippen sowie Berg- und Waldwanderwege.

Es gibt ein **Postamt** (Main St) mit Wechselstube, aber keinen Geldautomat.

⊙ Sehenswertes

Ards Forest Park   NATURSCHUTZGEBIET
(📞074-912 1139; www.coillteoutdoors.ie; Parkplatz 5 €; ⊙April–Sept. 10–21 Uhr, Okt.–März 10–16.30 Uhr) In dem Naturschutzgebiet an der nördlichen Küste der Ards Peninsula erstrecken sich viele markierte Wanderwege von 2 bis 13 km Länge, die u. a. zu sauberen Stränden führen. Hier wachsen verschiedene einheimische Baumarten wie Esche, Birke und Eiche, aber auch eingeführte Laubbäume und Koniferen. Mit etwas Glück entdeckt man Füchse, Igel und Otter. 1930 wurde der südliche Teil der Halbinsel von Kapuzinermönchen besetzt; das Klostergelände ist für Besucher geöffnet. Der Park liegt 5 km südöstlich von Dunfanaghy abseits der N56. Am Eingang hängen die Öffnungszeiten aus.

Horn Head   REIZVOLLE STRECKE
Diese hoch aufragende Landzunge gehört zu den spektakulärsten Küstenabschnitten Donegals. Ihre über 180 m hohen heidebedeckten Quarzitklippen ziehen unzählige Vögel an, außerdem ist die Aussicht von der Spitze unbeschreiblich.

Rund um den Horn Head verläuft eine Straße, die man mit dem Fahrrad oder Auto am besten im Uhrzeigersinn abfährt: Der Startpunkt befindet sich am Richtung Falcarragh liegenden Ende des Ortes Dunfanaghy. An schönen Tagen genießt man von hier aus einen fantastischen Blick auf Tory, Inishbofin, Inishdooey, die winzigen Inishbeg-Inseln im Westen, die Sheep Haven Bay, die Halbinsel Rosguill im Osten, den Malin Head im Nordosten und sogar auf die weit entfernte schottische Küste. Vorsicht bei schlechtem Wetter, die Strecke kann gefährlich sein.

Dunfanaghy Workhouse   HISTORISCHES GEBÄUDE
(www.dunfanaghyworkhouse.ie; Main St; Erw./Kind 4,50/2 €; ⊙Juli & Aug. tgl. 9.30–17.30 Uhr, März–Juni & Sept. Mo–Sa 9.30–16 Uhr) Das finster wirkende Dunfanaghy Workhouse diente als örtliches Arbeitshaus und sollte die Armen in Lohn und Brot halten. Männer, Frauen, Kinder und Kranke mussten voneinander getrennt wohnen, zudem war ihr Leben eine einzige Schufterei. Als die Hungersnot ausbrach, wurde das Gebäude bald von zahlreichen Menschen bevölkert. Zwei Jahre nach seiner Eröffnung 1845 lebten dort 600 Leute – doppelt so viele wie ursprünglich geplant.

Heute beherbergt das Haus westlich des Ortszentrums ein **Heritage Centre**, das eine bewegende Geschichte von der „kleinen Hannah" erzählt. Darüber hinaus finden hier Sonderausstellungen und Workshops statt. Morgens kommen manchmal ganze Schulklassen her.

TOP FIVE: REIZVOLLE STRECKEN

Landschaftlich reizvoll ist praktisch jede Strecke in der schroffen Grafschaft, doch die folgenden hauen einen regelrecht aus den Socken:

» Küstenstraße von Dunfanaghy nach Gweedore
» 161-km-Rundfahrt um die abgelegene Inishowen Peninsula
» Schwindelnde Höhenwege am Horn Head
» Rundtour durch den überwältigenden Glenveagh National Park
» Haarnadelkurven am Glen Gesh Pass

Doe Castle
HISTORISCHES GEBÄUDE

(Caisleán na dTuath; Creeslough; ⊙10–18 Uhr) Zwar ist die Burg aus dem frühen 16. Jh. nicht für Besucher zugänglich, aber dafür kann man auf dem Grundstück einen Spaziergang unternehmen. Sie war zunächst im Besitz der schottischen Familie MacSweeney und fiel im 17. Jh. den Engländern in die Hände. Die Festung liegt malerisch auf einer flachen Landzunge. Zu ihrem Schutz wurde auf der Landseite ein Graben in den Fels geschlagen. Von der Straße zwischen Carrigart und Creeslough genießt man die beste Sicht auf das Bauwerk. Das Doe Castle befindet sich 16 km von Dunfanaghy an der Strecke nach Carrigart und ist ausgeschildert.

Strände
STRÄNDE

Der breite, einsame **Killahoey Beach** erstreckt sich bis ins Zentrum von Dunfanaghy. 3 km östlich des Ortes stößt man in Port-na-Blagh auf den abgelegeneren **Marble Hill Beach**, der im Sommer allerdings oft überfüllt ist. Dunfanaghys schönsten Strand, den **Tramore Beach**, erreicht man nach einem etwa 20-minütigen Spaziergang durch die Grasdünen direkt südlich vom Dorf.

Aktivitäten

Wandern
An der Straße von Dunfanaghy Richtung Horn Head beginnt ein schöner Wanderweg. Wer ihm folgen will, geht bis zur Brücke, links dahinter durch ein Tor und über einen Pfad bis zu den Dünen. Von hier führt ein gut erkennbarer Pfad zum herrlichen **Tramore Beach**. Links geht's weiter nach Norden zur **Pollaguill Bay**. Am Ende der Bucht befindet sich ein Steinhaufen als Wegmarkierung. Nun hält man sich an der Küste und genießt den tollen Blick auf den 20 m hohen **Marble Arch**, der von der Brandung förmlich herausgemeißelt wurde.

Beim Marble Hill Beach in Port-na-Blagh kann man auch eine kürzere Wanderung unternehmen. Der Pfad auf der linken Strandseite führt am Cottage vorbei und 500 m durch Gestrüpp nach oben auf die Klippen bis zu **Harry's Hole**. Die kleine Felsspalte zieht viele Kids aus der Umgebung an, die hier 10 m tief ins Wasser springen.

Wenn er nicht gerade von Wolken und dem Nebel, den Einheimische *smir* nennen, eingehüllt ist, bietet sich der unförmige Muckish Mountain (670 m) für eine Kletterpartie an. Man erreicht ihn über das Dorf Creeslough 11 km südlich von Dunfanaghy an der N56. In dem Ort befindet sich eine ungewöhnliche moderne Kirche, die an einen halb aufgelösten Zuckerwürfel erinnert. 2 km nordwestlich des Dorfes biegt man rechts ab, nach weiteren 6 km beginnt der Aufstieg über einen ziemlich holprigen Pfad.

Golf
Dunfanaghy Golf Club GOLF
(www.dunfanaghygolfclub.com; Golfplatzgebühr Woche/Wochenende 30/40 €) Dieser Golfclub hat einen fantastischen 18-Loch-Platz direkt am Wasser. Er liegt am Dorfrand an der Straße nach Port-na-Blagh.

Reiten
Dunfanaghy Stables REITEN
(✆074-910 0980; www.dunfanaghystables.com; Main St; Erw./Kind 30/25 € pro Std.) Hier werden Strandausritte und Ausflüge in die herrliche Umgebung organisiert. Die Öffnungszeiten wechseln je nach Saison.

Hochseefischen
Die Gegend rund um den Horn Head ist für ihre exzellenten Möglichkeiten zum Hochseefischen bekannt.

Richard Bowyer ANGELTOUREN
(✆074-913 6640; www.hornheadseasafaris.com; Port-na-Blagh) Bietet zwischen Ostern und September Hochseeangeltouren an, die am kleinen Pier in Port-na-Blagh beginnen.

Surfen, Windsurfen & Kajakfahren
Jaws Watersports WASSERSPORT
(✆086 173 5109; www.jawswatersports.ie; Main St) Hat Surf-, Segel- und Windsurfkurse (je 40 €) im Programm und vermietet Stehpaddelbretter (30 €), Sportausrüstung (20 € pro halber Tag) sowie Kajaks (ab 25 € pro halber Tag). Außerdem kann man an Kajaktouren (35 €) teilnehmen.

Narosa Life WASSERSPORT
(✆086 883 1090; www.narosalife.com; 2 Std Surfkurs 35/25 € pro Erw./Kind) Surfstunden, Yoga- und Fitnesskurse sowie geführte Wanderungen zum Muckish Mountain und zum Horn Head.

Schlafen

Corcreggan Mill HOSTEL €
(✆074-913 6409; www.corcreggan.com; Corcreggan Mill, Dunfanaghy; Zeltplatz 8 € pro Pers. B/EZ/DZ 17/40/55 €; [P][@][🛜]) Die sauberen Schlafsäle (viele mit eigenem Bad) und Privatzimmer verstecken sich in gemütlichen Ecken dieses liebevoll restaurierten Mühl-

hauses. Auf Wunsch gibt's kontinentales/irisches Frühstück (5/7 €) und abends Suppen sowie Eintöpfe (5–10 €) mit Zutaten aus dem Bio-Gemüsegarten. An der Straße und auf dem Parkplatz auf die „Mill House"-Schilder achten!

Whins   B&B €€
(074-913 6481; www.thewhins.com; EZ/DZ 50/74 €; P) Whins bietet bunte und individuell dekorierte Zimmer mit Patchwork-Decken, Qualitätsmöbeln und toller Atmosphäre. Das Frühstück wird im Obergeschoss in einem Raum mit Blick auf Horn Head serviert. Die Pension liegt etwa 750 m südlich des Dorfes gegenüber vom Golfplatz.

Arnold's Hotel   HOTEL €€
(074-913 6208; www.arnoldshotel.com; Main St; EZ/DZ 70/100 €; April–Okt.; P@) Seit 1922 bietet das familiengeführte Hotel komfortable, aber nicht besonders individuelle Zimmer an. Die freundlichen Angestellten machen diese Tatsache mit ihren Auslugsvorschlägen, der hilfsbereiten Art und dem herzlichen Empfang aber wieder wett. In der Bar werden gute, klassisch irische Gerichte serviert (Hauptgerichte 9–23 €).

Essen

Mill Restaurant & Guesthouse   IRISCH €€€
(074-913 6985; www.themillrestaurant.com; Figart, Dunfanaghy; Drei-Gänge-Menü 43,50 €; EZ/DZ 70/100 €; Mitte März–Mitte Dez. Di–So abends; P) Die wunderschöne ländliche Umgebung und die erstklassigen Kompositionen der Speisen sprechen für das Restaurant südlich der Stadt an der Straße nach Falcarragh. Es befindet sich in einer ehemaligen Flachsmühle, die ehemals vom renommierten Aquarellmaler Frank Eggington bewohnt wurde. Zu dem Lokal gehören auch sechs luxuriöse Gästezimmer. Vorab buchen.

Cove   IRISCH €€
(074-913 6300; Rockhill, Port-na-Blagh; Hauptgerichte abends 17,50–24,50 €; So mittags, Di–So abends, Jan.–Mitte März geschl.) Siobhan Sweeney und Peter Byrne sind Perfektionisten, die in ihrem mit Kunstwerken geschmückten Speisesaal und auf den Tellern nichts dem Zufall überlassen. Ihre von Meeresfrüchten dominierte Küche ist innovativ und scheinbar einfach mit subtilen asiatischen Einflüssen. Nach dem Essen kann man sich in die elegante Lounge oben zurückziehen. Das Cove liegt an der Hauptstraße in Port-na-Blagh. Vorab reservieren.

Muck 'n' Muffins   CAFÉ €
(Main Sq; Sandwiches & Snacks 3,50–9,50 €; Mo–Sa 9.30–17, So 11–17, Juli & Aug. bis 21 Uhr;) Ein Getreidelagerhaus aus dem 19. Jh. am Wasser beherbergt dieses Café mit Kunsthandwerkladen. Selbst an verregneten Wintertagen kommen Einheimische in Scharen, um sich an gesunden Sandwiches, Quiches, warmen Tagesgerichten, verführerischen Kuchen und natürlich Muffins gütlich zu tun.

Ausgehen

Molly's Bar   PUB
(Main St) In das kirschrote, herrlich altmodische Pub sollte man auf jeden Fall einmal reinschauen. Die Palette der regelmäßig stattfinden Sessions reicht von traditioneller Musik bis zu Jazz, Blues und mehr. Außerdem gibt's diverse Veranstaltungen wie Quizabende.

An- & Weiterreise

Busse von **Feda O'Donnell** (www.feda.ie) fahren montags bis samstags zweimal sowie freitags und sonntags dreimal täglich von Crolly (7 €, 40 Min.) nach Galway (20 €, 5 Std.) mit Halt am Dunfanaghy Square.

John McGinley (www.johnmcginley.com) bietet Busverbindungen nach Letterkenny (7 €, 1 Std.) und Dublin (20 €, 5 Std.) und steuert auch Dunfanaghy (2–4-mal tgl.) an.

Lough Swilly (www.loughswillybusco.com) verkehrt montags bis freitags einmal täglich von Dungloe via Dunfanaghy nach Letterkenny (7 €, 1 Std.) und Derry (11,40 €, 2 Std.).

ÖSTLICHES DONEGAL

Letterkenny
17 586 EW.

Von den Exzessen zur Zeit des Keltischen Tigers hat sich Letterkenny bis heute nicht erholt. Aufgrund gedankenloser Bauprojekte stößt man in den Straßen auf zahlreiche gesichtslose Einkaufszentren und Verkehrsprobleme, außerdem führte das Ganze zu einem völligen Charakterverlust von Donegals größter Stadt. Studenten und junge Akademiker sorgen jedoch für Stimmung und es gibt eine gute Auswahl an Restaurants und Unterkünften. Letterkenny bietet nur wenige Attraktionen, aber wer mit öffentlichen Verkehrsmitteln reist, wird einen Besuch dieses Ortes kaum vermeiden können.

◎ Sehenswertes

Das hügelige Profil der Stadt dominiert die gewaltige neogotische **St. Eunan's Cathedral** (1901), die sich in der Sentry Hill Road (von der Main Street die Church Lane hoch) erhebt und mit kunstvollen keltischen Schnitzereien aufwartet.

Letterkennys Arbeitshaus, im 19. Jh. als Zuflucht der Armen vor der Hungersnot gebaut, beherbergt heute das **Donegal County Museum** (074-912 4613; High Rd; Mo-Fr 10–12.30 & 13–16.30, Sa 13–16.30 Uhr). Im Erdgeschoss werden Sonderausstellungen gezeigt, während man im Obergeschoss die Dauerausstellung mit 8000 Sammlungsstücken – teilweise sogar aus prähistorischer Zeit – bewundern kann.

Feste & Events

Earagail Arts Festival KUNST & KULTUR
(www.eaf.ie) In der ersten Julihälfte lockt dieses zweiwöchige Fest mit vielfältigen Theateraufführungen, Konzerten und Kunstaustellungen viele Besucher an.

🛏 Schlafen

Castle Grove HOTEL €€
(074-915 1118; www.castlegrove.com; EZ/DZ 65/100 €; P) Das wunderbare georgianische Herrenhaus befindet sich auf einem enormen Grundstück mit kurz gestutztem Rasen, das sich bis zur Bucht erstreckt. In dem nach Blumen duftenden Gebäude gibt's 15 elegante, etwas abgenutzte Zimmer, die geschmackvoll mit Antiquitäten eingerichtet sind. Das preisgekrönte **Restaurant** (So Mittagessen 22,50 €, Abendmenü 45 €) ist sehr beliebt bei den Einheimischen. Wer hier etwas essen oder eine Nacht verbringen möchte, folgt von Letterkenny der Straße nach Rathmelton 5 km und biegt vor dem Hotel Silver Tassie rechts ab.

Station House HOTEL €€
(074-912 3100; www.stationhouseletterkenny.com; Lower Main St; EZ/DZ 79/99 €; P @ 🐕) Ein großes, modernes Hotel im Stadtzentrum mit 81 minimalistischen Zimmern, roter Bettwäsche, gedämpfter Beleuchtung und verglasten Bädern. Alles ist sehr gepflegt und die Angestellten sind unglaublich hilfsbereit. Im **Depot** (Hauptgerichte 13–25 €), einem Café und einer Bar, wird eine gute Auswahl klassischer Gerichte serviert.

Town View B&B €€
(074-912 1570; www.townviewhouse.com; Leck Rd; EZ/DZ 49/70 €; P @) Im Erdgeschoss der familiengeführten Pension liegen drei hübsch dekorierte Zimmer mit weiß-bunter Bettwäsche, hochwertigen Möbeln und schicken Bädern. Weitere Pluspunkte gibt's für die beeindruckende Frühstücksauswahl und die liebenswürdigen Besitzer.

Essen

Lemon Tree IRISCH €€
(074-912 5788; www.thelemontreerestaurant.com; 39 Lower Main St; Hauptgerichte 14–22 € tgl. abends, So auch mittags) Mit seiner gefliesten Fassade und dem alten Schild sieht das Lokal von außen nicht besonders hip aus, aber wer das Essen probiert, wird begeistert sein. Weiße Tischdecken, helle Wände und die bemalte Holzverkleidung verleihen dem Speiseraum ein fröhliches, geselliges Flair. Auf der innovativen Karte stehen frische Meeresfrüchte, Geflügel und Fleisch. Der Küchenchef gibt seinen klassischen irischen Landgerichten ein französisches Flair. Alles – auch Brot und Gebäck – wird direkt vor Ort hergestellt.

Yellow Pepper IRISCH €€
(074-912 4133; www.yellowpepperrestaurant.com; 36 Lower Main St; Hauptgerichte mittags 8–18 €, abends 14–22 €; mittags & abends) In der früheren Textilfabrik aus dem 19. Jh. ist heute ein gemütliches, bei den Einheimischen beliebtes Restaurant untergebracht. Seine Steinmauern, die Kupferbeleuchtung und originale Hartholzböden geben dem Lokal ein besonderes Flair. Hier gibt's vor allem hervorragend zubereitete Fischgerichte, aber auch eine tolle Auswahl für Fleischliebhaber und Vegetarier. Vorab reservieren.

Beetroot IRISCH €
(074-912 9759; www.thebeetroot.com; 41 Port Rd; Hauptgerichte 13–22 €; Mo–Fr mittags, Mi–So abends) Die helle Tapete, die Holztische und glänzenden Sitzbänke dienen als schicke Kulisse für die leckeren, aber nicht sonderlich kreativen Gerichte, darunter panierter Brie-Käse, Hähnchenschnitzel und Thai-Curry.

🍷 Ausgehen

McGinley's PUB
(Main St) Letterkennys bester Ort für Livemusik. Mittwochabends finden in dem altmodischen Pub mit offenem Kaminfeuer traditionelle Sessions statt und von Donnerstag bis Samstag treten Livebands auf. Unten feiern die Älteren, oben geht's etwas lebhafter zu.

Cottage Bar PUB

(49 Upper Main St) Achtung, Kopf einziehen, denn an der Decke dieser Kneipe hängt allerlei Schnickschnack. Am Wochenende feiern hier vor allem junge Studenten, aber unter der Woche kann man auch mal ein ruhiges Pint genießen.

☆ Unterhaltung

An Grianán Theatre THEATER

(074-912 0777; www.angrianan.com; Port Rd) Das Stadttheater ist das bedeutendste Kunstzentrum im Nordwesten. Auf dem Spielplan stehen irische und internationale Stücke sowie Comedy und Musik. Vor Ort gibt's ein gutes **Café** mit einer netten **Bar**.

Regional Cultural Centre THEATER

(074-912 9186; www.donegalculture.com; Port Rd) Letterkennys Kulturzentrum befindet sich in einem beeindruckenden Gebäude aus Glas und Aluminium und wartet mit Konzerten, Filmvorführungen sowie Kunst- und Multimediaausstellungen auf.

Voodoo NACHTCLUB

(www.voodoolk.com; 21 Lower Main St) Dieser riesige Club ist das Herz des städtischen Nachtlebens. Veranstaltungen werden auf der Website angekündigt.

❶ Praktische Informationen

In der langen Main Street findet man mehrere Banken und das Postamt. Infos über die Stadt und die Region gibt's unter www.letterkenny.ie.

LK Online (Station-Kreisverkehr; 3 € pro Std.; 10.30–22.30 Uhr) Internetcafé.

Touristeninformation (074-912 1160; www.discoverireland.ie; Neil Blaney Rd; Juni–Aug. Mo–Sa 9–17.30, Sept.–Mai Mo–Fr 9.15–17 Uhr) Ein großes, gut geführtes Büro 1 km südöstlich von Letterkenny am Ende der Port Road.

❶ An- & Weiterreise

Letterkenny ist ein wichtiger Verkehrsknotenpunkt im Nordwesten. Der Busbahnhof liegt am Kreisel der Kreuzung Ramelton Road und Port Road.

Die Expresslinie 32 von **Bus Éireann** (www.buseireann.ie) fährt neunmal täglich über Omagh (11,50 €, 1 Std.) und Monaghan (14,40 €, 1¾ Std.) nach Dublin (17,80 €, 4 Std.).

Bus 64 hält auf seinem Weg von Derry (8,50 €, 35 Min.) nach Galway viermal täglich in Letterkenny. Anschließend geht's weiter nach Donegal (8,80 €, 45 Min.), Bundoran (13 €, 1¼ Std.), Sligo (13 €, 2 Std.) und Galway (19 €, 5 Std.).

John McGinley (www.johnmcginley.com) pendelt zwei- bis fünfmal täglich zwischen Annagry und Dublin (20 €, 3¾ Std.) über Letterkenny und Monaghan.

Lough Swilly (www.loughswillybusco.com) bietet von Montag bis Freitag eine Busverbindung von Derry (6,60 €, 1 Std.) nach Dungloe (20 €, 2 Std.) via Letterkenny und Dunfanaghy.

Feda O'Donnell (www.feda.ie) fährt zweimal täglich von Crolly (7 €, 1½ Std.) über Letterkenny, Donegal, Bundoran und Sligo nach Galway (20 €, 4 Std.). Die Busse halten an der Straße vor dem Busbahnhof.

❶ Unterwegs vor Ort

Bei **Letterkenny Taxis** (074-912 7400) kann man telefonisch einen Wagen bestellen. Außerdem befinden sich an der Main Street gegenüber dem Platz sowie gegenüber dem Busbahnhof Taxistände.

Glenveagh National Park

Seen schimmern wie Morgentau in dem von Hügeln umgebenen Tal des **Glenveagh National Park** (Páirc Náisiúnta Ghleann Bheatha; www.glenveaghnationalpark.ie; Mitte März–Okt. 10–18 Uhr, Nov.–Mitte März 9–17 Uhr). Das 16 500 km² große Schutzgebiet, in dem sich Streifen grün-goldener Heide mit Eichen- und Birkenwäldchen abwechseln, gilt als Paradies für Wanderer. Zu den vielen Tierarten hier gehört der Steinadler, der im 19. Jh. ausgerottet wurde, 2000 jedoch wieder angesiedelt werden konnte.

Leider wurde für die Entstehung des Parks ein hoher Preis gezahlt. Ursprünglich war das Land von 244 Pächtern bestellt worden, die Grundbesitzer John George Adair im Winter 1861 gewaltsam vertrieb – angeblich wegen einer Verschwörung. Tatsächlich hat ihre Anwesenheit wohl die Verwirklichung seiner Visionen für das Tal gestört. Der Bau des spektakulären Glenveagh Castle (1870–73) war der krönende Abschluss der Verwirklichung seiner Pläne. Adairs Frau Adelia führte zwei Dinge ein, die der Gegend Charakter verliehen: ein Rudel Rotwild und Rhododendron.

Mit Adairs Tod war die Geschichte aber noch lange nicht zu Ende. 1922 wurde die Burg kurzzeitig von der IRA besetzt und 1929 erwarb sie Kingsley Porter, ein Kunstprofessor der Harvard University, der 1933 unter mysteriösen Umständen verschwand (angeblich ertrank er, doch später wurde er angeblich in Paris gesehen). Sechs Jahre später erstand Porters ehemaliger Student Henry McIlhenny das Anwesen. Von ihm sagte Andy Warhol einmal, er sei „der einzige Mensch in Philadelphia mit Ausstrahlung". 1975 verkaufte McIlhenny schließlich alles an die irische Regierung.

Im Park erstrecken sich zahlreiche Wanderwege entlang der Seen sowie durch Wälder und Hochmoore, zudem gibt's einen Aussichtspunkt ein paar Minuten von der Burg entfernt. Im Besucherzentrum erhält man kostenlose Landkarten und Routenvorschläge. Zwischen April und Oktober kann man an exzellenten **Wanderungen mit Rangern** (074-913 7090; Erw./Kind 5 €/frei) teilnehmen, die im Voraus gebucht werden müssen.

Im **Glenveagh Visitor Centre** wird ein 20-minütiger Film zur Ökologie des Parks und über Adair gezeigt. Warme Snacks und Mahlzeiten bekommt man im **Café** (Ostern & Juni-Sept.), und Mückenschutzmittel, das hier im Sommer genauso unentbehrlich ist wie Wanderschuhe und Regenkleidung im Winter, an der Rezeption. Es ist nicht gestattet, im Schutzgebiet zu campen.

Glenveagh Castle HISTORISCHES GEBÄUDE
(Erw./Kind 5/2 €) Die herrlich protzige Burg ist ein verkleinerter Nachbau des gleichnamigen Bauwerks in Schottland. Henry McIlhenny war ein leidenschaftlicher Jäger und drückte dem Haus seinen Stempel auf, indem er fast jeden Raum mit einem Hirschgemälde oder ausgestopften Tieren ausstatten ließ.

Man darf die Festung nur im Rahmen einer 30-minütigen Führung besichtigen. Dabei könnte man fast glauben, McIlhenny sei nur mal kurz weggegangen. Am beeindruckendsten sind das mit Schottenmustern und Geweihen dekorierte Musikzimmer und der in knalligem Rosa gehaltene Raum, den Greta Garbo bei ihren Besuchen bewohnte (beide im Rundturm).

Die spektakulären exotischen **Gärten** warten mit mehreren Terrassen, einem italienischen Garten, einem ummauerten Küchengarten und dem sogenannten Belgian Way auf, der von hier stationierten belgischen Soldaten im Ersten Weltkrieg angelegt wurde. Der kultivierte Charme der Anlage steht in reizvollem Gegensatz zu wilden Schönheit der umliegenden Landschaft.

45 Minuten vor Schließung beginnt die letzte Führung. Rund um das Besucherzentrum sind Autos verboten. Entweder legt man die reizvolle, 3,6 km lange Strecke zur Burg zu Fuß zurück oder nimmt den **Shuttlebus** (Erw. einfach/hin- & zurück 3/2 €, Kind hin & zurück 2 €; alle 15 Min.).

Lough Gartan

Der Schutzpatron der irischen Klöster, der hl. Colmcille (oder Columba), stammt aus der Nähe des glasklaren Lough Gartan 17 km nordwestlich von Letterkenny. Aus seiner Zeit sind hier noch einige Steinobjekte und Kreuze erhalten. Die Umgebung lädt zu herrlichen Touren ein, es gibt allerdings keine öffentlichen Verkehrsmittel.

⊙ Sehenswertes & Aktivitäten

Colmcille Heritage Centre
HISTORISCHE STÄTTE
(www.colmcilleheritagecentre.ie; Gartan; Erw./erm. 3/2 €; Mai-Sept. Mo-Sa 10.30-17, So 13-17 Uhr) Das große Museum am Ufer des Lough Gartan ist sozusagen die „Hall of Fame" des hl. Colmcille. Zu den Ausstellungsstücken gehört u. a. ein Display zur Herstellung illuminierter Handschriften.

Colmcilles Mutter soll bei seiner Geburt – sie befand sich gerade auf der Flucht vor den Heiden – stark geblutet haben, und ihr Blut soll den Lehm am Seeufer weiß gefärbt haben. Seitdem gilt dieser als Glücksbringer. Auf freundliche Nachfrage holen die Mitarbeiter vielleicht eine kleine Probe davon unter der Theke hervor.

Am Weg zum Zentrum stehen Hinweisschilder zu den Überresten der **Colmcille's Abbey**. Ein Stück weiter befindet sich auf einem von Schafen beweideten Hügel der **Geburtsort** des Heiligen. Er ist mit einem schweren Kreuz gekennzeichnet. Daneben liegt ein interessantes prähistorisches Grab, das mit grün oxidierten Kupfermünzen bestreut ist. Es trägt den Namen Flagstone of Loneliness (Stein der Einsamkeit) – angeblich hat Colmcille hier geschlafen. Manche Menschen glauben, die klobige Platte könne einen von Heimweh heilen.

Wer das Heritage Centre besuchen möchte, verlässt Letterkenny über die R250 Richtung Glenties und Ardara, biegt nach einigen Kilometern rechts auf die R251 zum Dorf Churchill ab und folgt den Schildern. Wenn man von Kilmacrennan auf der N56 aus herkommt, nimmt man den Abzweig nach Westen. Danach geht's immer der Ausschilderung nach.

Glebe House HISTORISCHE GEBÄUDE
(www.heritageireland.ie; Churchill; Erw./Kind 3/1 €; Ostern, Juli & Aug. tgl. 11-18.30 Uhr, Juni & Sept. Sa-Do) 1953 kaufte der englische Maler Derrick Hill dieses historische Gebäude, um es als Domizil auf dem Festland in der

Nähe seiner geliebten Insel Tory Island zu nutzen. Zuvor hatte es bereits als Pfarrhaus und dann als Hotel gedient. Das 1828 errichtete Haus ist üppig dekoriert und verrät das Faible seines Besitzers für alles Exotische, doch sein wahrer Wert liegt in der erstaunlichen Kunstsammlung. Neben Gemälden von Hill selbst und Bildern der Künstler von Tory Island (s. Kasten S.517) hängen hier Werke von Picasso, Landseer, Hokusai, Jack B. Yeats und Kokoschka. Die Führung durch das Gebäude dauert etwa 45 Minuten. Der Garten ist ebenfalls sehr sehenswert.

Gartan Outdoor Education Centre
ABENTEUERSPORT

(www.gartan.com; Gartan, Churchill) Am Ufer des Lough Gartan bietet dieses Abenteuerzentrum auf einem 35 ha großen Grundstück 18 km nordwestlich von Letterkenny Kurse in Sportarten wie Felsenklettern, Seekajakfahren, Segeln, Surfen, Windsurfen und Bergsteigen für Erwachsene und Kinder an.

Doon Well & Rock of Doon

In vergangenen Jahrhunderten glaubte man, Quellwasser könne verschiedene Krankheiten heilen. Den im Gebüsch rundum verteilten Rosenkränzen, Stoffbändern und sonstigen Devotionalien nach zu urteilen, scheinen sich dies auch heute noch viele Besucher von der schrankähnlichen Doon Well zu erhoffen.

Ein Schild zeigt zum überwucherten Rock of Doon. Hier wurden sämtliche O'Donnell-Könige gekrönt – vielleicht, weil sie hier gleich einen Rundblick auf ihre Besitztümer hatten.

Nördlich von Kilmacrennan muss man beim Wegweiser von der N56 abbiegen. Die Quelle und der Felsen liegen ungefähr 1,5 km nördlich des Ortes.

NORDÖSTLICHES DONEGAL

Rosguill Peninsula

Am besten lässt sich die raue Schönheit Rosguills per Auto, Fahrrad oder auf einer Wanderung über den 15 km langen **Atlantic Drive** erleben. Wenn man von Süden in das weitläufige Dorf **Carrigart** (Carraig Airt) kommt, ist die Strecke linker Hand ausgeschildert. Im Ort gibt's mehrere Pubs und einen hübschen abgelegenen Strand bei **Trá na Rossan**. In der Mulroy Bay oder deren Umgebung sollte man aufgrund der starken Strömung keinesfalls schwimmen! Vielleicht halten sich hier deshalb kaum Sommerurlauber auf. Stattdessen ziehen die meisten Touristen lieber 4 km weiter nördlich nach **Downings** (oft „Downies" geschrieben), das mit einem spektakulären Badestrand auftrumpft. Dieser ist allerdings um einiges zugebauter und von Wohnwagen umstellt.

Aktivitäten

Rosapenna Golf Club GOLF
(www.rosapenna.ie; Downings; Golfplatzgebühr 50 €) Die Umgebung des renommierten Golfclubs, der 1891 von Old Tom Morris aus St. Andrew entworfen und 1906 von Harry Vardon umgestaltet wurde, ist ebenso grandios wie der Platz selbst. Er stellt selbst für Spieler mit niedrigem Handicap eine echte Herausforderung dar.

Mevagh Dive Centre TAUCHEN
(074-915 4708; www.mevaghdiving.com; Carrigart; Bootstour mit Tauchgang 30 €) In Donegals einzigem Tauchzentrum kann man Kurse belegen, Ausrüstung leihen (40 € pro halber Tag) und ein Zimmmer im hauseigenen B&B buchen (DZ 70 €). Das Paketangebot mit zwei Übernachtungen in der Pension und vier Bootsausflügen mit Tauchgängen kostet 175 €.

Schlafen & Essen

Olde Glen Bar & Restaurant PUB
(Glen, Carrigart; Hauptgerichte €18-24; ⊙ Abendessen Ende Mai-Mitte Sept. Di-Sa, Ostern-Ende Mai Fr-So, Mitte Sept.-Ostern Sa & So) Ein echtes Schmuckstück! Das traditionelle Pub wartet mit einem unebenen echten Steinfußboden aus dem 17. Jh. und sensationellem Bier auf. In dem kleinen, bei den Einwohnern überaus beliebten Landhausstil-Restaurant gleich hinter der Kneipe werden hervorragende Tagesgerichte serviert. Weil keine Reservierungen angenommen werden, sollte man um 17.30 Uhr da sein, damit man um 18.00 Uhr einen Tisch hat, oder um 19 Uhr für einen Tisch um 20 Uhr. Am Ende des Abends fühlt sich hier jeder wie ein Einheimischer.

Trá na Rosann Hostel HOSTEL €
(074-915 5374; www.anoige.ie; Downings; B 16 €; ⊙ Ende Mai-Aug.; P) Das denkmalge-

schützte Jagdhaus wurde von Sir Edwin Lutyens entworfen und beherbergt inzwischen ein stimmungsvolles An-Óige-Hostel. Die Unterkunft punktet mit einer fantastischen Aussicht und einer bewegten Geschichte. Ein Nachteil der friedlichen Umgebung ist die abgeschiedene Lage 8 km östlich von Downings, denn die Gegend wird leider nicht von öffentlichen Verkehrsmitteln angesteuert. Normalerweise ist die Rezeption zwischen 10 und 17 Uhr geschlossen.

Beach Hotel HOTEL €€
(Óstán na Trá; 074-915 5303; www.beachhotel.ie; Downings; EZ/DZ 60/100 €; P) Dieses große helle, familiengeführte Hotel verfügt über moderne, geräumige Zimmer in beruhigenden neutralen Farbtönen. Viele Räume haben Meerblick, allerdings beeinträchtigt der Wohnwagenpark am Strand die Idylle. Im **Restaurant** (Hauptgerichte 12-26 €; ⊘Juni-Aug. Do-Di 18-22 Uhr, Sept.-Mai Sa) kann man nach Vorbestellung ein Abendessen genießen, während die **Bar** (Hauptgerichte 9-14 €) den ganzen Tag lang geöffnet hat.

Downings Bay Hotel HOTEL €€
(074-915 5586; www.downingsbayhotel.com; Downings; EZ/DZ ab 50/100 €; P🖥) Nur ein paar Schritte vom Strand stößt man auf eine geräumige, etwas nüchtern wirkende Bleibe. Sämtliche Zimmer sind mit dezent karierten und gestreiften Stoffen dekoriert. Nebenan gibt's einen Nachtclub, außerdem lockt das Hotel mit mehreren Bars (Gerichte 9,50-19,50 €) und einem ausgezeichneten Restaurant namens **Haven** (Hauptgerichte 15-22 €).

🛈 Anreise & Unterwegs vor Ort
Zwischen Carrigart und Downings verkehrt ein Regionalbus (bei Patrick Gallagher nachfragen. 074-913 7037). Wer die Umgebung erkunden möchte, benötigt allerdings ein eigenes Fahrzeug.

Fanad Peninsula

Donegals zweitnördlichster Punkt, die Landzunge Fanad Head, ragt östlich von Rosguill in den Atlantik. Im Westen der Fanahad-Halbinsel liegt die Mulroy Bay und im Osten befindet sich der Lough Swilly mit seinen hohen Klippen und Sandstränden. Viele Touristen bevorzugen die Ostseite mit ihrem herrlichen Strand und dem ausgezeichneten Golfplatz bei Portsalon sowie die ruhigen Orte Rathmelton und Rathmullan. Es gibt nur sehr wenige Unterkünfte, deshalb sollte man im Sommer vorab reservieren.

PORTSALON & FANAD HEAD
Die britische Zeitung *Observer* ernannte den mit der Blauen Flagge ausgezeichneten **Strand** an der Ballymastocker Bay einmal zum zweitschönsten der Welt. Hier kann man gefahrlos schwimmen, daher ist er die Hauptattraktion des winzigen Portsalon (Port an tSalainn). Golfspieler freuen sich dagegen besonders über den herrlich gelegenen **Portsalon Golf Club** (074-915 9459; www.portsalongolfclub.com; Portsalon; Greenfee wochentags/an Wochenenden 40/50 €).

8 km entfernt thront auf einer markanten Felsspitze des Fanad Head ein Leuchtturm. Die Ausblicke während der Fahrt dorthin sind sehr malerisch, allerdings fühlt man sich danach auf der Straße an den Klippen entlang Richtung Rathmullan wie auf einer Achterbahn. Unterwegs kommt man am **Knockalla Fort** vorbei. Es wurde im 19. Jh. errichtet, um französische Schiffe abzuschrecken.

Auf der Halbinsel kann man gut surfen. Wer die Sportart noch nicht beherrscht, kann bei der **Adventure One Surf School** (074-915 0262; www.adventureone.net; Ballyheirnan Bay, Fanad) Kurse belegen (2 Std. inkl. Ausrüstung kosten 30 €).

Busse von **Lough Swilly** (074-912 2863) verkehren von Montag bis Freitag einmal täglich von Letterkenny nach Milford (4,60 €, 1 Std.) und Rosnakil.

RATHMULLAN
520 EW.

Rathmullans reizvoller kleiner Hafen strahlt eine solche Friedfertigkeit aus, dass man sich die unruhigen Zeiten zwischen dem 16. und 18. Jh. kaum mehr vorstellen kann. 1587 wurde hier Hugh O'Donnell, der 15-jährige Erbe des mächtigen O'Donnell Clans, unter einem Vorwand auf ein Schiff gelockt und als Gefangener nach Dublin gebracht. Erst vier Jahre später, an Heilig abend, konnte er fliehen. Nach mehreren erfolglosen Racheversuchen starb er mit nur 30 Jahren in Spanien. 1607 hatten Hugh O'Neill, Earl of Tyrone, und Rory O'Donnell, Earl of Tyrconnell, es satt, gegen die Engländer zu kämpfen, und verließen Irland von Rathmullan aus mit einem Schiff. Ihre als „Flight of the Earls" in die Geschichte eingegangene Flucht bedeutete praktisch das Ende des gälischen Irland und der Herrschaft der irischen Clans. Sämtliche Güter der Familien wurden konfisziert, um britischen Siedlern im Rahmen der „Plantation of Ulster" Land zuzuteilen. Darüber hinaus wurde in diesem Ort Wolfe Tone, Anführer des Aufstands von 1798, gefangen genommen.

Das 1508 von den MacSweeneys gegründete malerische Karmeliterkloster **Rathmullan Friary** ist derart von wildem Wein überwuchert, dass man meint, es könnte einstürzen, würde man die Ranken entfernen. 1595 fiel der englische Heerführer George Bingham hier ein und stahl den Hostienteller sowie die Priestergewänder. 1618 renovierte Bischof Knox das Gebäude, um es als Residenz zu nutzen.

Das baumreiche Grundstück rund um das **Rathmullan House** (074-915 8188; www.rathmullanhouse.com; EZ/DZ ab 80/220 €; P@🛜🏊) erstreckt sich bis ans Ufer des Lough Swilly. Obwohl das Landgut groß und luxuriös ist, heißen einen die Eigentümer so herzlich willkommen, als wäre man mit ihnen befreundet. Es wurde bereits in den 1780er-Jahren errichtet und später sorgfältig erweitert. Alle teureren Zimmer verfügen über freistehende Badewannen, zudem gehen einige auf einen Balkon oder eine Terrasse hinaus. Zu der Hotelanlage gehören auch ein Tennisplatz, zwei Bars und das verglaste Restaurant **Weeping Elm** (Menüs 45–55 €; ⌚Do–So abends), für dessen Gerichte Bioprodukte aus dem Garten des Anwesens verwendet werden.

8 km nördlich von Rathmullan an der R247 befindet sich eine weitere tolle Unterkunft, die moderne **Glenalla Lodge** (074-915 8750; www.glenallalodge.com; Ray; EZ/DZ 40/70 €; P). Die vier großen Zimmer des B&Bs sind im modernen, rustikalen Stil mit geschmackvollen Holzmöbeln und frischer Bettwäsche eingerichtet. Darüber hinaus kann einem der Inhaber eine Menge über die Region erzählen.

Am rechten Ende des Lough Swilly, gleich südlich von Rathmullan an der R247, stößt man auf das **Water's Edge** (074-915 8182; www.the watersedge.ie; Hauptgerichte 9–23 €; P🍴) mit riesigen Fenstern und Seeblick. Dank der tollen Aussicht und einer Speisekarte mit Steaks, Pastagerichten und anderen Klassikern ist das Restaurant ein toller Zwischenstopp. Vor Ort werden auch zehn ruhige, große **Zimmer** (EZ/DZ 60/120 €) vermietet, die in hellen Farben hübsch eingerichtet sind.

Samstags verkehrt ein Bus von **Lough Swilly** (074-912 2863) zwischen Letterkenny und Milford (4,40 €, 45 Min.) und hält unterwegs in Rathmullan.

RATHMELTON
1088 EW.

Wenn man sich der Halbinsel von Osten her nähert, passiert man als Erstes Rathmelton, einen Bilderbuchort mit Straßenzügen voller hübscher georgianischer Häuser und zahlreichen Lagerhäusern aus Feldsteinen am Fluss Lennon.

Abgesehen von einem Spaziergang durch die bunten, malerischen Straßen gibt's hier nicht viel zu tun. Die Überreste der **Tullyaughnish Church** auf dem Hügel lohnen jedoch einen Besuch. An der Ostmauer sind romanische Steinmetzarbeiten zu sehen, die von einer noch älteren Kirche auf der nahe gelegenen Insel Aughnish am Lennon stammen. Wer von Letterkenny aus herkommt, biegt am Fluss rechts ab und folgt ihm etwa 400 m.

Romantiker können im **Frewin House** (074-915 1246; www.frewinhouse.com; EZ 75–100 €, DZ 130–180 €, Cottage 550 € pro Woche; ⌚Weihnachten geschl.; P) übernachten. Das schicke viktorianische Pfarrgebäude auf einem abgelegenen Anwesen macht jeden rührseligen Traum wahr. Wie man es von einem charmanten historischen Bauwerk erwartet, verfügt es über vier Zimmer voller Charakter mit antiken Möbeln, alten Büchern und offenen Kaminen und überzeugt mit seinem eleganten, aber dennoch modernen Stil. Im Gemeinschaftsbereich wird ein Candlelight-Abendessen (45–50 €) serviert und die Gärten warten geradezu auf Spaziergänger, die mit einem Buch und Sonnenschirm umherflanieren.

Im **Ardeen House** (074-915 1243; www.ardeenhouse.com; EZ/DZ 45/90 €), einem zauberhaften B&B am Fluss, wird man mit hausgemachten *scones* begrüßt und fühlt sich gleich wie zu Hause. Die Zimmer sind wunderbar dekoriert und das Frühstück ist ein echtes Fest. Viele Gäste kommen immer wieder hierher.

Auf der anderen Flussseite, 100 m vom Zentrum, befindet sich die **Bridge Bar** (074-915 1119; Bridgend; Hauptgerichte 19–26 €; ⌚abends), ein nettes altmodisches, typisch irisches Landpub. Im gemütlichen Restaurant (1. Stock) werden leckere Fischgerichte, z. B. gegrillter Schwertfisch aufgetischt. Jeden Samstag gibt's in der unteren Etage Livemusik (im Sommer mittwochs).

Busse von **Lough Swilly** (074-912 2863) verbinden Rathmelton montags bis freitags einmal täglich (Sa 2-mal) mit Letterkenny (2,75 €, 30 Min.).

Inishowen Peninsula

Auf Inishowen (Inis Eoghain) befindet sich der nördlichste Punkt Irlands, der Malin Head. Die Halbinsel ist abgelegen, zerklüftet und menschenleer und wartet mit zahlreichen vorgeschichtlichen Relikten, Burgruinen sowie traditionellen strohgedeckten Cottages auf, die noch nicht zu Vorratsschuppen degradiert wurden.

Das offene Meer und die großen Mündungsgebiete ziehen mehr als 200 Vogelarten an, darunter Zugvögel aus Island, Grönland und Nordamerika. Mit unregelmäßigen atlantischen Winden verschlägt es gelegentlich auch seltene und exotische Vögel hierher. Wer sich für sie interessiert, sollte sich das Buch *Finding Birds in Ireland* von Eric Dempsey und Michael O'Clery besorgen oder die Website www.birdsireland.com besuchen.

Informationen über alles andere findet man unter www.visitinishowen.com.

Buncrana
3411 EW.

Buncrana liegt auf der sanfteren Seite der Halbinsel und ist ein geschäftiges, hübsches Städtchen mit vielen Pubs und einem 5 km langen Sandstrand am Ufer des Lough Swilly. Hier gibt's alle Dienstleistungsunternehmen, die man braucht, bevor es weiter in den wilden Norden geht.

John Newton, der Komponist von *Amazing Grace*, wurde 1748 zu seinem legendären Lied inspiriert, als sein Schiff, die *Greyhound*, während eines schweren Sturms in den ruhigen Gewässern des Lough Swilly

Inishowen Peninsula

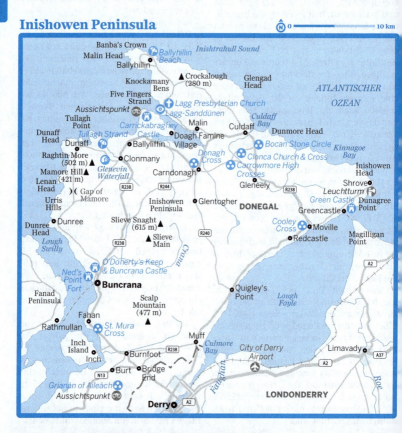

ankerte. Nach ihrer Nahtoderfahrung wurden der Kapitän und seine Crew herzlich in Buncrana empfangen, und Newtons spirituelle Reise vom Sklavenhändler zum öffentlichen Gegner des Menschenhandels nahm hier ihren Anfang. Später unterstützte er William Wilberforce in seinem Kampf gegen die Sklaverei. Mehr darüber erfährt man unter www.amazinggrace.ie.

◉ Sehenswertes

O'Doherty's Keep HISTORISCHES GEBÄUDE
Am Nordende des Seeufers gelangt man über die sechsbogige Castle Bridge aus dem frühen 18.Jh. zu **O'Doherty's Keep**. 1430 wurde das Turmhaus von den O'Dohertys, lokalen Clanführern, errichtet, später von den Engländern niedergebrannt und für deren eigene Zwecke schließlich wieder aufgebaut.

Buncrana Castle HISTORISCHES GEBÄUDE
In der Nähe des Turms stößt man auf das villenähnliche Buncrana Castle. John Vaughan ließ die Burg 1718 bauen und auch die Brücke entstand in seinem Auftrag. Wolfe Tone wurde hier nach der erfolglosen französischen Invasion 1798 inhaftiert.

Ned's Point Fort HISTORISCHES GEBÄUDE
Wenn man an O'Doherty's Keep links abbiegt und 500 m an der Küste entlangspaziert, gelangt man zum Ned's Point Fort, das 1812 von den Briten errichtet wurde und heute von Graffitikünstlern in Beschlag genommen wird.

🛏 Schlafen & Essen

Westbrook House B&B €€
(074-936 1067; www.westbrookhouse.ie; Westbrook Rd; EZ/DZ 40/70 €; P 🔊) Das hübsche georgianische Haus verfügt über einen wunderschönen Garten und versprüht jede Menge altmodische Gastfreundlichkeit sowie Charme. Kerzenleuchter, Antikmöbel und geschliffene Gläser verleihen dem Hotel Eleganz und die kleinen Schmuckgegenstände und sanften Blumenmuster machen es zu einem viel geliebten Zuhause.

Caldra B&B €€
(074-936 3703; www.caldrabandb.com; Lisnakelly; EZ/DZ 50/80 €; P 🔊 🐾) Eine tolle Unterkunft für Familien! Das große, moderne B&B hat vier geräumige, ruhige Zimmer sowie Gemeinschaftsbereiche mit beeindruckenden Kaminen und vergoldeten Spiegeln. Vom Garten und Hof aus blickt man auf den Lough Swilly und die Berge.

Tullyarvan Mill HOSTEL €
(074-936 1613; www.tullyarvanmill.com; Carndonagh Rd; B/DZ 14/42 €; P) Kürzlich wurde das hervorragende Hostel, ein Zweckbau, an die historische Tullyarvan Mill angeschlossen. Die Mühle liegt in einem großen Garten am Fluss; hier finden regelmäßig kulturelle Veranstaltungen und Ausstellungen statt. Um herzukommen, nimmt man die R238 nördlich aus der Stadt und folgt dann den Schildern.

Beach House FISCH & MEERESFRÜCHTE €€
(074-936 1050; www.thebeachhouse.ie; The Pier, Swilly Rd; Hauptgerichte mittags 6,50–17,50 €, abends 16–26 €; ⊙Juni–Aug. tgl., Mi–So abends, Sept.–Dez. & Feb.–Mai Sa & So mittags; 🐾) Dieses passend benannte Lokal mit Spiegelglasfenstern direkt am See strahlt eine elegante Schlichtheit aus. Auf der Karte stehen einfache Gerichte von hervorragender Qualität. Es gibt z. B. *„surf and turf"* (Fisch und Fleisch) mit Filetsteak, Krabbenscheren, Kaisergranat und cremiger Fischsuppe.

☆ Unterhaltung

Atlantic Bar PUB
(Upper Main St) Buncranas stimmungsvollstes Pub ist in Mint- und Moosgrün gestrichen und wurde bereits 1792 eröffnet.

O'Flaherty's PUB
(Main St) Ein netter zentraler Treffpunkt für Einheimische und Touristen. Jeden Mittwochabend wird hier traditionelle Livemusik geboten.

ℹ Praktische Informationen

Touristeninformation (074-936 2600; www.visitinishowen.com; Railway Rd; ⊙Ostern–Aug. 9.30–17.30 Uhr, Sept.–Ostern 9.30–17 Uhr)

ℹ Anreise & Unterwegs vor Ort

Busse von **Lough Swilly** (www.loughswillybusco.com) fahren montags bis freitags siebenmal täglich, samstags achtmal und sonntags viermal nach Derry (5,30 €, 1½ Std.). Zudem gibt's von Montag bis Freitag jeden Tag eine Verbindung nach Carndonagh (5,40 €, 45 Min.) via Clonmany (4,40 €, 25 Min.) und Ballyliffin (5 €, 30 Min.).

Südlich von Buncrana

FAHAN

Im 6. Jh. gründete der hl. Colmcille in Fahan ein Kloster, zu dessen Überresten das herrlich gearbeitete **St. Mura Cross** aus dem 7. Jh. gehört. Der Stein befindet sich auf dem Friedhof neben der Kirche und ist beidseitig mit einem kunstvoll verschlungenen keltischem Kreuz verziert. Die kaum noch lesbare griechische Inschrift gilt als die einzig bekannte aus dieser frühchristlichen Epoche.

INCH ISLAND
Nur wenige Touristen besuchen die bewohnte Insel, die man über einen Damm erreicht. Für (Hobby-)Ornithologen lohnt sich der Abstecher wegen der wunderbaren Vogelwelt, darunter vor allem Schwäne. Darüber hinaus gibt's hier zwei kleine Strände und die Reste einer alten Festung. Die **Lenamore Stables** (074-938 4022; www.lenamorestables.com) liegen auf dem Festland in Muff und bieten Reitausflüge in der Gegend an.

Grianán of Aileách   FESTUNG
(10–18 Uhr; P) Die **Festung** sieht wie ein Amphitheater aus und erstreckt sich wie ein Heiligenschein um die Kuppe des Grianán Hill. An klaren Tagen können Besucher die atemberaubende Aussicht auf die umliegenden Seen bis nach Derry genießen. Allerdings erinnert die Mini-Arena mit ihren 4 m dicken Mauern jedes Mal an einen Zirkus, sobald wieder eine Busladung Touristen angekarrt wird.

Vermutlich hat die Festung schon 2000 Jahre auf dem Buckel. Der Ort selbst diente wohl bereits in vorkeltischer Zeit als Tempel für den Gott Dagda. Vom 5. bis 12. Jh. residierten hier die O'Neills, bis das Bauwerk von Murtogh O'Brien, König von Munster, zerstört wurde. Was heute davon zu sehen ist, wurde zum größten Teil zwischen 1874 und 1878 wieder aufgebaut.

Das Fort liegt 18 km südlich von Buncrana bei Burt; die Abzweigung von der N13 ist ausgeschildert. Am Fuß des Hügels stößt man auf die karussellförmige **Burt Church**, die 1967 von dem Architekten Liam McCormack errichtet wurde und der Festung ähneln soll.

Von Buncrana nach Clonmany

Es gibt zwei Strecken von Clonmany nach Buncrana: die landschaftlich schöne Küstenstraße über die Schlucht von Mamore und Dunree Head und die kürzere Route durch das Hinterland (R238). Erstere führt auf dem Weg über die **Gap of Mamore** (262 m), den Mamore Hill und Croaghcarragh nach Dunree (An Dún Riabhach) atemberaubend steil bergab. Auf einem Felsvorsprung zwischen Mamore Hill und Croaghcarragh ist in einer Festung aus dem 19. Jh. das herrliche **Fort-Dunree-Militärmuseum** (www.dun ree.pro.ie; Erw./Kind 6/4 €; Juni–Sept. Mo–Sa 10.30–18, So 13–18 Uhr, Okt.–Mai Mo–Fr 10.30–16.30, Sa & So 13–18 Uhr) untergebracht. Wen die Gewehre nicht beeindrucken, der kann stattdessen die Landschaft und die Vogelwelt genießen.

Clonmany & Ballyliffin
700 EW.

In den beiden idyllischen Dörfern und ihrer Umgebung lässt sich genug erleben, um ein oder zwei Tage zu verweilen. Beide Orte haben eine Post, aber keine Banken.

1 km nördlich von Ballyliffin (Baile Lifin) erstreckt sich der traumhafte, sandige **Pollan Strand**, der wegen seiner starken Brandung aber zu gefährlich zum Schwimmen ist. Geht man Richtung Norden entlang der Dünen, gelangt man zur **Doagh Island** (jetzt Teil der Hauptinsel). Dort ist die aus dem 16. Jh. stammende kleine Ruine von **Carrickabraghey Castle** (Carraic Brachaide) ungeschützt der Meeresbrandung ausgesetzt. Auf der Insel befindet sich auch das liebevoll rekonstruierte **Doagh Famine Village** (074-938 1901; www.doaghfaminevillage.com; Doagh Island; Erw./Kind 7/5 €; Ostern–Ende Sept. 10–17 Uhr), ein kleines Örtchen aus strohgedeckten Cottages. Wer an einer Führung teilnehmen möchte, sollte diese vorab buchen. Der Guide macht mit seinen unterhaltsamen Geschichten über einen Lebensstil, der im Verschwinden begriffen ist, auch nachdenklich, denn er zieht Parallelen zu Hungergebieten in der heutigen Welt.

Am **Tullagh Strand** kann die Strömung ebenfalls sehr stark sein, deshalb sollte man vor allem bei Ebbe nicht ins Wasser gehen.

Zum 10 m hohen **Glenevin Waterfall** führt ein etwa 800 m langer Weg. Dort gibt's Picknicktische sowie -bänke und tolle Wandermöglichkeiten in die bergige Umgebung. Von Clonmay folgt man der ausgeschilderten Straße Richtung Tullagh Bay, überquert den Fluss und biegt an der Kreuzung rechts ab. Nach 1 km stößt man auf den Parkplatz für Besucher des Wasserfalls.

Der **Ballyliffin Golf Club** (www.ballyliffingolfclub.com; Ballyliffin; Greenfee 60–70 €) ist

WANDERUNG: GLENEVIN WATERFALL & RAGHTIN MORE

Der Besuch des malerischen Glenevin Waterfall lässt sich gut mit dem Aufstieg zum wilden Quarzitgipfel des Raghtin More (502 m) kombinieren, der mit einem großartigen Panorama lockt. Für die 11 km lange Strecke muss man vier Stunden einplanen.

Vom Wasserfall gibt's zwei Möglichkeiten. 10 m entfernt, an der östlichen Seite der Schlucht führt ein steiler, torfiger Pfad über einen 50 m breiten Streifen Heide bis zu einem Weg. Alternativ nimmt man unten an der Kreuzung von mehreren Pfaden den ersten nach rechts. Dieser steigt langsamer über den unteren Teil der Schlucht hinauf und führt zum gleichen Weg.

Auf der breiteren Strecke hält man sich rechts und geht Richtung Südwesten allmählich bergauf. Bald wird das Gelände immer sumpfiger und besteht teilweise nur noch aus einem Streifen Moos und Schilf. Am festesten ist der Boden am westlichen Rand. Vorbei an einem eingezäunten Gebiet wandert man weiter nach oben, bis man sich auf der Höhe des Gipfels im Westen befindet. Hier verlässt man den Weg und hält sich westlich. Zunächst muss man ein wenig bergab laufen und einen Fluss überqueren, dann geht's die mit Heidekraut bewachsenen Hänge weiter aufwärts.

Beim Aufstieg wendet man sich in nordwestlicher Richtung und hält auf den Sattel zwischen Raghtin More und Crockmain zu. Je höher man kommt, desto mehr rücken die Mamore Gap und die Urris Hills ins Bild. Scharfkantiges Quarzitgestein löst die Heidevegetation allmählich ab, wenn man sich dem breiten Gipfelplateau nähert (2½ Std. nach dem Start). Ein hoher Steinring markiert den Gipfel, doch die schönere Aussicht hat man vom trigonometrischen Punkt 50 m westlich. Von dort sieht man den Malin Head im Norden, die Urris Hills im Südwesten und ein Labyrinth schmaler Buchten vor dem Hintergrund der Berge im Norden von Donegal.

Der anfangs recht steile Abstieg erfolgt auf der Nordostseite des Gipfels zum Sattel zwischen Raghtin More und Raghtin Beg. Ein kleines Stück nördlich liegt der Gipfel des Raghtin Beg (418 m), den man problemlos besteigen kann. Auch von hier sind die Ausblicke toll, besonders über den Sandstrand bei der Tullagh Bay. Zurück am Sattel läuft man durch kurze Heidevegetation abwärts in Richtung des eingezäunten Gebietes, das man schon auf dem Hinweg passiert hat. Vor diesem Areal überquert man den Fluss, wendet sich auf dem Weg nach links und folgt ihm bis zum Parkplatz, wo die Wanderung begonnen hat.

---

mit seinen zwei Turnierplätzen einer der besten Plätze in Donegal. Die Landschaft ist so hinreißend schön, dass sie selbst konzentrierteste Spieler ablenken kann. Vom überdurchschnittlich guten Restaurant **Links** (Hauptgerichte mittags & abends 9,50–20 €) genießt man einen guten Blick über die Anlage.

Schlafen & Essen

LP TIPP Glen House B&B €€
(074-937 6745; www.glenhouse.ie; Straid, Clonmany; EZ/DZ 60/90 €; P🛜🐾) Trotz der hübschen Umgebung und der luxuriösen Ausstattung ist diese wunderbare Bleibe weder so überheblich noch so teuer wie die meisten anderen Landhaushotels. Die Begrüßung könnte nicht freundlicher und professioneller sein, die Zimmer sind ein Vorbild an zurückhaltender Eleganz, und die Umgebung ist unglaublich friedlich. Der Wanderweg zum Glenevin Waterfall beginnt neben der **Teestube** (🕙Juni–Aug. 10–18 Uhr, Sept.–Mai Sa & So 10–18 Uhr) mit Holzveranda. Von September bis Mai gilt ein Mindestaufenthalt von zwei Nächten.

Ballyliffin Lodge HOTEL €€
(074-937 8200; www.ballyliffinlodge.com; EZ/DZ ab 90/150 €; P🛜🏊) Das elegante Hotel hat 40 geräumige, in Herbstfarben dekorierte Zimmer mit schweren Vorhängen und überall verstreuten Kissen. Die Superior Rooms warten mit einem grandiosen Meerblick auf. Zu den Einrichtungen der Anlage gehören ein tolles Spa, ein Golfplatz, das elegante **Holly Tree Restaurant** (Vier-Gänge-Abendmenü 50 €) und das legere **Mamie Pat's** (Bargerichte 10–21 €).

ⓘ An- & Weiterreise

Busse von **Lough Swilly** (074-912 2863) verkehren montags bis samstags einmal täglich zwischen Clonmany und Carndonagh (2,50 €, 20 Min.).

Carndonagh

1923 EW.

In Carndonagh (Cardomhnach), einem geschäftigen Ort, der auf drei Seiten von Hügeln umrahmt wird, erledigen die hiesigen Bauern ihre Besorgungen. Das Städtchen ist nicht besonders aufregend, aber ganz praktisch, um mehr über die Gegend zu erfahren und Proviant einzukaufen.

Die Angestellten in der **Touristeninformation von Inishowen** (074-937 4933; www.visitinishowen.com; Malin Rd; Mo-Fr 9.30-17, plus Juni-Aug So 11-15 Uhr) südwestlich des Diamond-Platzes können einem viele Fragen zu der Umgebung beantworten. An dem Platz befinden sich zudem drei Banken und ein Geldautomat. Die Post ist im Einkaufszentrum zwischen der Bridge Street und dem Donagh Cross untergebracht.

Sehenswertes

An die Vergangenheit des Ortes als wichtiges kirchliches Zentrum erinnern mehrere frühchristliche Steinmonumente. Das wunderbare **Donagh Cross** aus dem 7. Jh. steht unter einem schützenden Dach bei der Anglikanischen Kirche am Ortsende Richtung Ballyliffin. Es ist mit einer reizenden, etwas gedrungenen Jesusfigur geschmückt, die ihre Betrachter mit großen Augen schelmisch anlächelt. Das Kreuz wird von zwei kleinen Säulen flankiert; eine zeigt vermutlich Goliath mit Schwert und Schild, die andere David mit seiner Harfe. Auf dem Friedhof ragt eine Säule mit Ringelblumenrelief auf und ganz in der Nähe entdeckt man eine Kreuzigungsszene.

Schlafen & Essen

Ashdale House   B&B €€
(074-937 4017; www.ashdalehouse.net; EZ/DZ 50/70 €; März-Nov.; P) In Carndonaghs bestem B&B wird man herzlich empfangen. Das zitronengelbe Landgut befindet sich auf einem Bauernhof und hat heitere, große Zimmer im modernen Stil mit heller Bettwäsche. Wer will, kann die Hühner, Schafe und Esel füttern, außerdem ist der Ausblick auf die Landschaft zauberhaft. Das Ashdale House liegt 1,5 km vor der Stadt an der Straße nach Malin.

Simpson's   PUB €€
(Bridge St; Hauptgerichte 10-21 €; Gerichte Mo-Sa 12.30-21.30, So 12-21 Uhr) Mit seinem altmodischen Charme, der lebhaften Atmosphäre und den exzellenten Meeresfrüchten ist das Simpson's ein guter Zwischenstopp. Auf der Speisekarte stehen solide Fisch- und Fleischgerichte sowie internationale Kreationen – alles ganz frisch zubereitet. Sonntags gibt's ein Vier-Gänge-Menü für nur 15 €.

Butterbean   MEDITERRAN €
(074-937 3693; Gaelic Park; Hauptgerichte 9-21 €; Mo geschl.;) Carndonaghs neues Restaurant gilt als willkommene Bereicherung und kredenzt eine große Auswahl an Gerichten von Pasta und Meeresfrüchten bis zu Burgern und Currys. Trotz der modernen und minimalistischen Einrichtung ist das Butterbean ein bodenständiges Lokal mit großen Ambitionen.

An- & Weiterreise

Ein Bus von **Lough Swilly** (074-912 2863) fährt von Montag bis Samstag einmal täglich von Buncrana nach Carndonagh (5,40 €, 45 Min.).

Malin Head

Selbst wer schon den südlichsten und westlichsten Punkt von Irland gesehen hat, wird vom nördlichsten Ausläufer der Insel, dem Malin Head, beeindruckt sein. Der den Elementen ausgesetzte Felsen erweckt den Eindruck, bald ins Meer abzustürzen. Er lädt dazu ein, umherzuwandern, die wilde Landschaft zu bestaunen und seinen Gedanken nachzuhängen, während einem der Wind fast die Kleider vom Leib weht. Da es in der Umgebung keine Geldautomaten gibt, sollte man genug Bares dabeihaben.

An der Nordspitze **Banba's Crown** thront ein klobiger **Turm** oben auf den Klippen. Er wurde 1805 von der britischen Admiralität erbaut und diente später als Signalturm der Firma Lloyd. Die hässlichen Betonbaracken nutzte das irische Heer im Zweiten Weltkrieg als Wachtposten. Westlich des Parkplatzes führt ein Weg zum **Hell's Hole**, einer Felsenschlucht mit starker Brandung. Richtung Osten verläuft ein etwas längerer Weg zum **Wee House of Malin**, einer Einsiedlerhöhle in den Klippen.

Hier leben mehrere gefährdete Vogelarten, darunter der seltene Wachtelkönig (im Sommer). Ansonsten kann man u. a. Dohlen, Schneeammern und Papageitaucher entdecken.

Malin, ein hübsches Dorf, in dem sich viele britische Einwanderer niederließen, erstreckt sich 14 km südlich von Malin Head n der Trawbreaga Bay. Ein Rundwanderweg führt von der Gemeindewiese über **Knockamany Bens**, einen Hügel mit prächtiger Aussicht, und die **Lagg Presbyterian Church** (3 km nordwestlich von Malin), die älteste noch benutzte Kirche auf der Halbinsel. In den eindrucksvollen Sanddünen am **Five Fingers Strand** 1 km hinter der Kirche können sich Hunde austoben.

Schlafen & Essen

Village B&B — B&B €€
(074-937 0763; www.malinvillagebandb.com; The Green; EZ/DZ 45/70 €) Ein herrliches B&B mit gemütlichen Zimmern – einige davon traditionell mit Antikmöbeln und Brokatsesseln eingerichtet, andere moderner mit weißer Bettwäsche und schönen Blumenmustern – mitten im Zentrum des Dorfes The Green. Es gibt ein herzhaftes Frühstück, aber den Gästen stehen auch eine Küche und ein Hauswirtschaftsraum zur Verfügung, sodass man sein Essen auf Wunsch selbst zubereiten bzw. seine Wäsche machen kann.

Sandrock Holiday Hostel — HOSTEL €
(074-937 0289; www.sandrockhostel.com; Port Ronan Pier, Malin Head; B 12 €, Bettwäsche 1,50 €; P) Von dem IHH-Hostel, das über einer felsigen Bucht im Westen der Landzunge thront, genießt man eine atemberaubende Aussicht. Manchmal verkaufen die Fischer ihren Fang hier direkt vom Boot. Die Unterkunft wartet mit 20 Betten in zwei gemütlichen Schlafsälen, Musikinstrumenten und einer Waschmaschine auf. Leihfahrräder (10 € pro Tag) werden auch an Nichtgäste vermietet, allerdings müssen diese eine Kaution hinterlegen.

Malin Hotel — HOTEL €€
(074-937 0606; www.malinhotel.ie; The Green; EZ/DZ ab 70/100 €; P) Vom Dorf aus sieht man zuerst das alte Pub, doch dahinter versteckt sich ein modernes Hotel. Designertapeten zieren die hübsch eingerichteten Zimmer. Im **Pub-Restaurant** (Hauptgerichte 9,50–22 €) werden gute typisch irische Gerichte angeboten.

Ausgehen

McClean's — PUB
(Malin) In dem wunderbaren Pub aus der guten alten Zeit herrscht eine tolle Stimmung, außerdem kommt man oft in den Genuss von Livemusik. Man erkennt die Kneipe an den Benzinpumpen vor dem Haus.

Anreise & Unterwegs vor Ort

Am besten kommt man über die R238/242 von Carndonagh zum Malin Head statt von Culdaff aus über die Ostseite.

Lough Swilly (074-912 2863) verkehrt montags bis samstags einmal täglich zwischen Buncrana und Carndonagh (7,40 €, 50 Min.).

Northwest Busways (074-938 2619) bietet montags bis samstags täglich eine Busverbindung von Carndonagh nach Malin Head.

Culdaff & Umgebung
155 EW.

Rings um den abgelegenen Urlaubsort Culdaff an der Hauptstraße von Moville nach Carndonagh (R238) gibt's sehr viel mehr Schafe als Menschen.

Die Tiere wandern auch durch die Ruinen der **Clonca-Kirche mit Kreuz**. Im Inneren des verfallenen Bauwerks steht ein mit eingemeißeltem Schwert und Wurfstock verzierter Grabstein. Vermutlich stammt der behauene Türsturz von einem früheren Gotteshaus. Draußen zeigen die Reste des Kreuzes an der Ostseite die wundersame Vermehrung des Brotes; an den Schmalseiten sind geometrische Muster zu erkennen. Die Anfahrt erfolgt von Moville über eine Abzweigung rechts nach Culdaff bzw. von Carndonagh nach etwa 6 km nach links. Die Kirche und das Kreuz befinden sich 1,5 km rechts hinter einigen Farmgebäuden.

Auf dem Feld eines Hofes östlich der Kirche stößt man auf einen Ring von etwa 30 prähistorischen Steinen, den **Bocan Stone Circle**. Von Clonca aus erreicht man den Steinkreis, indem man auf der Straße bis zu einer T-Kreuzung mit einer modernen Kirche geht. Dort muss man rechts und nach etwa 500 m links abbiegen (es gibt kein Schild!). Der Bocan Stone Circle liegt in einem mit Heidekraut bewachsenen Feld zur Linken.

Alles, was von einem alten Kloster übrig geblieben ist, das sich einst beiderseits einer kleinen Gasse erhob, sind die schlichten, kurzarmigen **Carrowmore High Crosses**. Eines der Kreuze ist im Grunde nur ein bearbeiteter Stein, der Christus und einen Engel darstellt, während das andere, größere, aber schmucklose immerhin eine Kreuzform hat.

Vom Bocan Stone Circle und Clonca Church geht's zurück zur Hauptstraße zwischen Carndonagh und Moville. Dort biegt man links und direkt danach rechts ab.

SCHATZSUCHE

Entlang der Halbinsel Inishowen finden Strandgutsammler mehr als nur Muscheln. Besonders bekannt ist die Region für ihre nacheiszeitlichen Strandlinien, die sich bereits in der Eiszeit erhoben haben und dies auch heute noch tun. Aus diesem Grund sind sie mit Halbedelsteinen wie Karneol, Agat und Jaspis übersät. Als gute Gegenden zum Sammeln gelten die Sandstreifen an der Nordküste von Malin Head, in der Nähe von Banba's Crown und Ballyhillin.

Die Steine sind einzigartige Souvenirs, die man – kunstvoll poliert und in Anhänger, Armreifen, Ohrringe, Broschen, Kerzenhalter sowie viele andere schöne Dinge verwandelt – bei **Malin Pebbles** (www.malinpebbles.com) in Greencastle, der Werkstatt der Goldschmiedin und Kunsthandwerkerin Petra Watzka, kaufen kann.

Der **Strand** von Culdaff wartet mit einer Blauen Flagge auf und eignet sich wunderbar zum Schwimmen sowie Windsurfen. Angeln und Tauchen kann man besonders gut am Bunagee Pier.

Himbeerrotes Wahrzeichen des Dorfes ist **McGrory's of Culdaff** (074-937 9104; www.mcgrorys.ie; Bargerichte 9–20 €, Hauptgerichte im Restaurant 14–22 €; Bargerichte 12.30–20 Uhr, Di–So abends, So auch mittags; P) mit 17 schicken, modern eingerichteten Zimmern (EZ/DZ ab 59/89 €). Unten in Mac's Backroom wird Livemusik mit internationalen Singer-Songwritern und traditioneller Musik geboten. Darüber hinaus gilt die klassische irische Küche im McGrory's als beste weit und breit.

Inishowen Head

Rechts hinter Greencastle geht's nach Shrove und nach 1 km stößt man auf einen Wegweiser zum Inishowen Head. Wer will, kann ein Teil der Strecke mit dem Auto zurücklegen, aber es lohnt sich auch ein Spaziergang zur Landspitze. Von hier sieht man an klaren Tagen den Giant's Causeway an der Küste von Antrim. Eine etwas anspruchsvollere Wanderung führt weiter zum Sandstrand an der **Kinnagoe Bay**.

Greencastle

530 EW.

In dem belebten kleinen Fischerhafen recken Robben ihre glatten Köpfe hoffnungsvoll aus dem Wasser. Das 1305 erbaute Green Castle diente als Nachschubstation für das englische Heer in Schottland und wurde deshalb in den 1320er-Jahren von Robert Bruce angegriffen. Nur der weinerankte Torso ist noch erhalten.

Das **Inishowen Maritime Museum & Planetarium** (www.inishowenmaritime.com Museum Erw./Kind 5/3 €, Museum & Planetari um 10/6 €; Ostern–Okt. Mo-Sa 9.30–17.30 So 12–17.30 Uhr) in einer ehemaligen Station der Küstenwache am Hafen beherberg eine exzentrische Sammlung von Artefakten. Die faszinierendsten Exponate stammen aus den im Lough Foyle versunkenen Schiffen. Ein Paar tadellos erhaltene Boxershorts, die Meeresarchäologen aus einem im Zweiten Weltkrieg abgestürzter Bomber bargen, nimmt einen Ehrenplatz ein. Der Untergang der Spanischen Armada und die Abreise irischer Auswanderer von hier sind zwei weitere interessante Themen des Museums. Achtung: Manchmal lassen Kinder vor dem Museum selbst gebaute Raketen starten!

Kealy's Seafood Bar (074-938 1010; The Harbour; Hauptgerichte mittags 8–14,50 € abends 16–50 €; Sa & So mittags, Mi–So abends) bringt den frischen Fang direk vom Meer auf den Teller, und so fühlt mar sich fast, als ob man ihn den Robben vor der Nase weggeschnappt hätte. Die schlichte Einrichtung aus poliertem Holz im maritimen Stil verrät nichts von den vielen kulinarischen Preisen, die das Restaurant bereits gewonnen hat. Hier zu essen ist ein Vergnügen, egal ob man sich für eine bescheidene Fischsuppe oder extravaganten Hummer entscheidet.

Bei **Malin Pebbles** (www.malinpebbles.com Church Brae) werden Halbedelsteine (s. Kasten oben) in Schmuckstücke und außergewöhnliche Geschenke verwandelt. Von der Fähre sind es bis dorthin 100 m bergauf.

Busse von **Lough Swilly** (074-912 2863) pendeln montags bis freitags zweimal täglich (Sa 1-mal) zwischen Derry und Greencastle (7,90 €, 1 Std.).

Lough Foyle Ferry (☏074-938 1901; www.loughfoyleferry.com) bietet eine Fährverbindung nach Magilligan (10 Min.), die Autofahrern einen 78 km langen Umweg erspart. Abfahrt ist vor dem Museum. Pro Auto/Motorrad/Erw./Kind zahlt man 12/7,50/2,20/1 €. Die Fähre startet immer zur vollen Stunde in Greencastle sowie um Viertel nach in Magilligan. Um 9 Uhr verkehrt das erste und um 18 Uhr (im Winter) bzw. 20 Uhr (im Sommer) das letzte Boot. Fahrpläne findet man auf der Website.

Moville & Umgebung
1427 EW.

Moville, eigentlich nur eine Kreuzung mehrerer Straßen an einem Hafen, ist ein elegantes Städtchen mit zahlreichen alten, liebevoll gepflegten Gebäuden. Unter der Woche wirkt es recht verschlafen, doch an Ferienwochenenden wird es von Touristen überschwemmt. Im 19. und frühen 20. Jh. war Moville ein betriebsamer Hafenort. Tausende Auswanderer nach Amerika stachen hier in See.

Auf der Main Street befinden sich mehrere Banken mit Geldautomaten und die Post.

Sehenswertes & Aktivitäten
Am Tor zum Friedhof von Cooley steht ein ungewöhnliches 3 m hohes **Kreuz** mit einem Loch am oberen Ende. Angeblich hat man sich früher durch dieses hindurch die Hände geschüttelt, um Verträge zu besiegeln. Ob die Vertragspartner so groß waren oder auf Kisten standen, ist nicht überliefert. Darüber hinaus befindet sich hier das **Skull House**, das mit dem hl. Finian in Verbindung gebracht wird, einem Mönch, der Colmcille im 6. Jh. des Plagiats einer seiner Handschriften beschuldigte. Er lebte vor Ort in einem vom hl. Patrick gegründeten Kloster, das bis ins 12. Jh. erhalten blieb. Wenn man von Süden nach Moville kommt, sollte man linker Hand auf eine Abzweigung (noch vor der Kirche) mit Wegweiser zum Minigolfplatz von Cooley Pitch & Putt achten. Von dort ist es noch gut 1 km bis zum Friedhof, der auf der rechten Straßenseite liegt.

Der **Coastal Walkway** von Moville nach Greencastle führt an einem Küstenabschnitt entlang, wo einst Dampfer vor Anker lagen. **Vogelbeobachter** kommen hier gleichermaßen auf ihre Kosten wie **Angler**, die am Pier sitzen und auf einen fetten Fang hoffen: Im Wasser tummeln sich Makrelen, Meeräschen und Köhler, eine Seelachsart.

Feste & Events
Im Sommer gibt's ein paar Veranstaltungen mit dem Schwerpunkt auf Musik, darunter das **Bob Dylan Festival** und das **Beatles Festival** (beide im Juni; Details siehe unter www.visitinishowen.com).

Schlafen & Essen
Moville Holiday Hostel HOSTEL €
(☏074-938 2378; www.movilleholidayhostel.com; Malin Rd; Zeltplatz 10 € pro Pers., B/DZ 15/40 €; P) Ein unbefestigter Privatweg führt gleich westlich des Ortes von der Hauptstraße zu einem Wäldchen und diesem versteckten Hostel mit 20 Betten. Das verwinkelte ehemalige Bauernhaus aus dem 18. Jh. liegt neben einem Fluss und wartet auch mit ein paar tollen Zeltplätzen auf. Der Besitzer ist ein wahrer Quell von Informationen zur reichen Historie und Folklore der Gegend. Nur Barzahlung.

Washington House B&B €€
(☏074-938 5574; www.washintonhousebandb.com; Ballyrattan, Redcastle; EZ/DZ ab 50/80 €; ⊘ Mitte April–Sept.; P) Die fünf großen Zimmer des neuen B&Bs 5 km südlich von Moville verfügen über Queen- oder Kingsize-Betten und funkelnde Bäder. Von der Terrasse genießt man einen wundervollen Blick auf den Lough Foyle.

Carlton Redcastle Hotel HOTEL €€
(☏074-938 5555; www.carltonredcastle.ie; EZ/DZ ab 84/120 €; P 🌐 ☰ 🐾) Südlich von Moville stößt man auch schon auf das auffälligste Luxushotel der Halbinsel. Es ist zwar Teil einer Kette, doch die Zimmer haben Stil und sind sehr komfortabel. Ein vornehmes **Restaurant** (Hauptgerichte 17–26 €) bietet einen herrlichen Ausblick auf den Meeresarm, außerdem gibt's ein herrliches Spa.

Rosato's ITALIENISCH €€
(Malin Rd; Hauptgerichte 9–12 €) Movilles bestes Restaurant punktet mit einer guten Auswahl an Pizzas und Pastagerichten. Samstagabends kann man sich auf Livemusik freuen.

An- & Weiterreise
Lough Swilly (☏074-912 2863) bietet montags bis freitags zwei Busverbindungen pro Tag und samstags eine von Derry nach Moville (6,60 €, 45 Min.).

Die Midlands

EINWOHNER: 378 000 / FLÄCHE: 10 782 KM²

Inhalt »

County Laois	538
Abbeyleix	538
Portarlington	541
County Offaly	542
Birr	542
Clonmacnoise	548
County Roscommon	552
Roscommon (Stadt)	556
County Leitrim	557
Carrick-On-Shannon	557
North Leitrim	560
County Longford	561
County Westmeath	561
Athlone	561

Gut essen

- » Wineport Lodge (S. 564)
- » Glasson Village Restaurant (S. 564)
- » Cottage (S. 559)
- » Left Bank Bistro (S. 563)
- » Oarsman (S. 559)

Schön übernachten

- » Ballyfin House (S. 540)
- » Castlecoote House (S. 557)
- » Preston House (S. 538)
- » Roundwood House (S. 540)
- » Lough Key House (S. 555)

Auf in die Midlands

Die wenigsten Traveller, die Irland das erste Mal besuchen, kommen in die Midlands, wo es erfreulicherweise kaum Touristenbusse und Souvenirstände gibt, dafür aber idyllische Landschaften, stolze Herrenhäuser, archäologische Stätten und verschlafene Orte, deren Bewohner sich sehr über Besucher freuen. Auch wenn die Region nicht mit der beeindruckenden Naturlandschaften und eleganten Städten der Küste aufwarten kann, macht es viel Spaß, über die gewundenen Straßen durch das Hinterland zu fahren. Dabei entdeckt man immer wieder Dorfläden, die gleichzeitig als Pub, Leichenbestatter, Tankstelle sowie Postamt fungieren und heute noch so aussehen wie schon Jahrzehnte zuvor. Prägend für die Gegend ist auch der Fluss Shannon, der von zahlreichen Freizeitkapitänen und Anglern bevölkert wird. An seinen Ufern schießen elegante Hotels und Gourmetrestaurants wie Pilze aus dem Boden und verleihen der Reise durch die malerische Umgebung eine überraschend kosmopolitische Note. Wenn man das irische Landleben wirklich kennenlernen will, sind die Midlands das perfekte Ziel.

Reisezeit

Im späten Frühjahr zeigt sich die Region von ihrer schönsten Seite, denn dann erstrahlen die Felder, Hecken und Bäume in üppig leuchtendem Grün. Richtig lebhaft geht's hier allerdings erst im Sommer zu, wenn die Städte Messen, Festivals und besondere Events bieten. Dies ist auch die beste Zeit für Bootsfahrten auf dem Shannon. Jetzt scheint die Sonne häufiger, die Tage sind länger und die Pubs und Restaurants am Flussufer füllen sich sehr viel schneller. Als Highlight im September gilt das Electric Picnic, eines der beliebtesten und vielseitigsten Musikfestivals des Landes.

Highlights

① Entspannte Ausflüge in der hügeligen Umgebung des **Shannon-Erne-Kanals** (S. 557) in Carrick-on-Shannon unternehmen

② Über das verlorene Land der Heiligen und Gelehrten in **Clonmacnoise** (S. 548), Irlands schönster Klosterstätte, nachsinnen

③ Im **Morrissey's** (S. 539), einem der stimmungsvollen Pubs Irlands, in Ruhe sein Pint trinken

④ Durch die Alleen im eleganten **Birr** (S. 542) spazieren und das Burggelände erkunden

⑤ Das erschütternde Famine Museum im **Strokestown Park House** (S. 553) besuchen und mehr über Irlands größte Katastrophe erfahren

⑥ Bei **Corlea** in den Sümpfen von Longford einen antiken Bohlenweg aus der Eisenzeit entdecken (S. 561)

⑦ Durch die Flure und Gärten des wunderbaren **Belvedere House** (S. 564) streifen und über seine düstere Geschichte staunen

COUNTY LAOIS

Laois *(liesch* ausgesprochen) liegt fernab der Hauptstraßen und wird von Travellern, die zu den attraktiveren Sehenswürdigkeiten im Süden und Westen eilen, oft übersehen. Ein dichtes Netz von Flüssen und Wanderwegen umschließt die historischen Orte des Countys und die beeindruckenden Slieve Bloom Mountains.

Wissenswertes über die Gegend erfährt man unter www.laoistourism.ie, außerdem kann man die hervorragende Broschüre *Laois Heritage Trail* herunterladen, die einem mehr über die Geschichte der Orte in der Grafschaft verrät. In der lokalen Touristeninformation bekommt man sie auch in gebundener Form.

Der hübsche, historische Ort Abbeyleix dient als besserer Ausgangspunkt zur Erforschung der Region als die geschäftige County-Hauptstadt Portlaoise.

Abbeyleix

1570 EW.

Abbeyleix (abbey-*lieks*) ist ein schönes, historisches Städtchen mit einem georgianischen Markthaus, eleganten Terrassenhäusern und einer breiten, begrünten Hauptstraße, das rund um ein Zisterzienserkloster aus dem 12. Jh. entstand. Wegen häufiger Überschwemmungen riss es der lokale Grundbesitzer Viscount de Vesci im 18. Jh. ab und ließ den heutigen, auf dem Reißbrett geplanten Ort errichten. Während der Großen Hungersnot erwies sich de Vesci im Vergleich zu vielen anderen als freundlicher Grundbesitzer, deshalb stellten ihm die Pächter auf dem Marktplatz zum Dank einen Brunnenobelisk auf.

Trotz der Eröffnung einer neuen Umgehungsstraße konnte Abbeyleix seinen georgianischen Charakter bewahren und ist ein guter Ausgangspunkt für die Erkundung des Countys Laois. Darüber hinaus gibt's hier tolle Hotels und Restaurants sowie eines der stimmungsvollsten Pubs Irlands.

Sehenswertes

Leider befindet sich das prächtige Herrenhaus von de Vesci, das **Abbeyleix House**, in Privatbesitz und kann daher nicht besichtigt werden. Die elegante Villa wurde 1773 von James Wyatt entworfen und liegt 2 km südwestlich der Stadt inmitten eines weitläufigen Parks. Es lohnt sich aber, stattdessen das elegante Marktgebäude im Ortszentrum anzusehen. Es wurde 1836 erbaut und kürzlich restauriert. Heute beherbergt es eine Bibiothek und einen Ausstellungsbereich.

Heritage House MUSEUM
(www.abbeyleixheritage.com; (☏057-873 1653; www.heritagehousemuseum.com; Erw./Kind 3/2,50 €; ⊙ganzjährig Mo-Fr 9-17 Uhr, Mai-Sept. Sa & So 13-17 Uhr; P) Das Heritage House ist Museum und Touristeninformation in einem und dokumentiert die Geschichte der Stadt. Ein Raum widmet sich ihrer Vergangenheit als Teppichhersteller: Einst schmückten die hier produzierten Stücke im türkischen Stil die Flure der *Titanic*. In einem anderen Raum wird die Mulhall Collection gezeigt, eine faszinierende Sammlung von Erinnerungsstücken der Familie Morrissey, die von 1775 bis 2004 einen berühmten Laden und Pub in der Stadt betrieb. Außerdem gibt's vor Ort eine Filiale der Touristeninformation und nebenan einen großen Spielplatz.

GRATIS **Heywood Gardens** PARK
(www.heritageireland.ie; Mai-Aug. 8.30-21 Uhr, April & Sept. bis 19 Uhr, Okt.-März bis 17.30 Uhr; P) Diese schönen Gärten im Südosten der Stadt wurden von Edwin Lutyens und Gertrude Jekyll gestaltet und 1912 eröffnet. Ihr Herzstück ist ein abgesenkter Bereich, in dem kreisförmige Terrassen zu einem ovalen Wasserbecken mit einem prächtigen Springbrunnen führen. Die hübsche Grünanlage befindet sich 7 km südöstlich von Abbeyleix in der Nähe der R432 nach Ballinakill auf dem Gelände der Heywood Community School.

Abbey Sense Gardens PARK
(Dove House, Main St; Eintritt gegen Spende; ⊙ganzjährig Mo-Fr 9-16 Uhr, Juni-Sept. Sa & So 14-18 Uhr; P) Wer Gärten mag, sollte sich auch diesen herrlichen Flecken nicht entgehen lassen. Er erstreckt sich rund um ein Kloster, das der hl. Brigid geweiht ist, und stimuliert mit seiner abwechslungsreichen Bepflanzung, Windspielen, einem Summstein und duftenden Blüten alle Sinne.

Schlafen & Essen

Preston House B&B €€
(☏057-873 1432; www.prestonhouse.ie; Main St; DZ 85 €, ☎) Das restaurierte georgianische Stadthaus an der Main Street verfügt über sechs große Zimmer mit historischem Flair. Dunkle, elegante Möbel und komfortable Betten verleihen ihnen einen besonderen Charme. Der Service ist freundlich und per-

sönlich, und wenn man wieder abreist, hat man eher das Gefühl, mit der Familie befreundet statt ein zahlender Gast zu sein.

Sandymount House B&B €€
(057-873 1063; www.abbeyleix.info; Oldtown; EZ/DZ 45/80 €; P @) In dem entzückenden alten Gebäude 2 km von Abbeyleix an der R433 nach Rathdowney lebte einst der Gutsverwalter von de Vesci. Es wurde toll restauriert und erstrahlt heute in modernem Stil mit historischen Anklängen. Sein beeindruckendes Treppenhaus, die Marmorkamine und die malerischen Gärten verleihen dem Haus eleganten Charme. Die geräumigen Zimmer sind mit Flachbildfernsehern und individuell gestalteten Bädern ausgestattet.

Farran House Farm Hostel HOSTEL €
(057-873 4032; www.farmhostel.com; B 20 €; P) Dieses abgelegene, skurrile 45-Betten-Hostel 6 km westlich von Abbeyleix ist in dem schön renovierten, mit Kalkstein ausgekleideten Dachgeschoss eines Bauernhofes untergebracht. In den Zimmern (jeweils mit einem eigenen Bad) können bis zu fünf Personen schlafen. Vor der Anreise sollte man sich telefonisch nach der Wegbeschreibung erkundigen und kann zudem nachfragen, ob eine Verpflegung möglich ist.

McEvoy's FUSIONSKÜCHE €€
(www.macsabbeyleix.ie; Main St; Hauptgerichte 10–22 €; Mi–Sa 17–22, So 13–21 Uhr) Ein stilvolles Steakhaus mit Weinbar, das von den Besitzern des nahen Castle Durrow betrieben wird. Auf der Karte steht eine gute Auswahl an internationalen Speisen wie Cajun-Lachs, Thai-Currys und Grillteller. Für die hervorragend zubereiteten Gerichte werden lokale Produkte verwendet.

Bramleys CAFÉ €
(www.bramleys.ie; Main St; Hauptgerichte 5–9,50 €; Di–Sa 10–17 Uhr) Mit Suppen, Salaten, warmen Gerichten und köstlichen Desserts lockt das Café, das ebenfalls von den Inhabern des Castle Durrow geführt wird und in einem Laden für gehobene Inneneinrichtung untergebracht ist, jede Menge Gäste an. Das Gemüse in den Gerichten stammt aus dem Schlossgarten. Auf den Tischen liegen Zeitungen und Zeitschriften aus und an sonnigen Tagen gibt's draußen einige hübsche Sitzgelegenheiten.

Cafe Odhráan CAFÉ €
(Main St.; Gerichte 4–8 €; Di–Sa 9.30–17.30 Uhr) In dem einfachen, kleinen und gemütlichen Café mit warmer, freundlicher Atmosphäre bekommt man Salate, Quiches, Crostini, Panini und Wraps, aber auch hausgemachte Kuchen und *scones*. Die Besitzer legen viel Wert auf regionale Zutaten, darunter delikater Ballacolla-Blauschimmelkäse und Mossfield-Ziegenkäse.

UNTERWEGS IN LAOIS

Obwohl Portlaoise, die Hauptstadt des Countys, einen Besuch lohnt, ist sie ein nützlicher Verkehrsknotenpunkt. Von hier bestehen direkte Zugverbindungen nach Dublin (22,20 €, 1 Std., 14-mal tgl.), Cork (29–44 €, 2 Std., 7-mal tgl.) und Limerick (28,50 €, 1½ Std., 9-mal tgl.).

Bus Éireann bedient drei Hauptstrecken und fährt von Portlaoise über Abbeyleix, Cashel und Cahir nach Cork (9 €, 3 Std., 6-mal tgl.), via Kildare (Stadt) nach Dublin (11 €, 1½ Std., 12-mal tgl.) sowie auf der N7 über Mountrath, Borris-in-Ossory und Roscrea nach Limerick (9,90 €, 2¼ Std., 12-mal tgl.).

Ausgehen

Morrissey's LP TIPP PUB
(Main St) Bis heute hat das Morrisey's – halb Pub, halb Geschäft – seiner Modernisierung widerstanden. Auf den Regalen über den Kirchenbänken und Kugelbauchöfen stehen antike Keksdosen, Gläser mit Naschwerk, Teebehälter und zahlreiche Kuriositäten. Am schiefen Tresen kann man wunderbar ein Pint schlürfen und die tolle Atmosphäre genießen.

ⓘ An- & Weiterreise

BUS Es vekehren täglich sechs Busse zwischen Abbeyleix, Dublin (13 €, 1¾ Std.) und Cork (13 €, 2¾ Std.), die auch in Portlaoise, Cashel und Cahir halten.

Durrow
820 EW.

Durrow ist ebenso wie Abbeyleix ein auf dem Reißbrett geplantes Dorf mit hübschen Häuserreihen, Pubs und Cafés, die von gepflegten Grünanlagen umgeben sind. Im Westen des Ortes führt ein imposantes Tor zum **Castle Durrow** (057-873 6555; www.

> **ABSTECHER**
>
> ## DAS ARMENHAUS IN DONAGHMORE
>
> In Donaghmore, einem kleinen Bauerndorf, befindet sich ein düsteres Vermächtnis der Hungersnot. 1853 wurde hier das **Donaghmore Workhouse** (086-829 6685; www.donaghmoremuseum.com; Erw./Kind 5/3 €; ganzjährig Mo–Fr 11–17 Uhr, Juni–Sept. zusätzlich Sa & So 14–17 Uhr) als letzte Zuflucht für die Armen eröffnet. Weil man nicht wollte, dass zu viele Leute herkamen, wurde das Gebäude allerdings absichtlich vernachlässigt. Es war überfüllt, Familien mussten in getrennten Räumen schlafen, die Mahlzeiten (jeweils eine Schale Haferschleim) durften nur schweigend eingenommen werden, die Toiletten waren primitiv und es gab nur eine begrenzte Anzahl an Betten. Mit dem Leben in dem Haus ging also auch ein Verlust der Würde einher. Diese furchtbare Zeit wird in dem kleinen Museum auf bewegende Weise dokumentiert. Es liegt 20 km westlich von Durrow nicht weit von der R435.

castledurrow.com; DZ ab 200 €; P). Die Burg wurde im 18. Jh. errichtet und ist inzwischen eines der besten Landhotels in Irland. Sie verfügt über opulente Suiten mit Himmelbetten und schweren Brokatstoffen, hat aber auch intime Zimmer im orientalischen Stil. Wer sich die Übernachtung nicht leisten kann, sollte trotzdem vorbeikommen, um auf der Terrasse einen Kaffee zu trinken und den Ausblick auf das weitläufige Gelände zu genießen. In dem ausgezeichneten **Restaurant** (Vier-Gänge-Menü 45 €; Mi–So) des Schlosses werden Zutaten aus dem hauseigenen Biogarten verwendet.

Durrow liegt 10 km südlich von Abbeyleix und wird täglich von sechs Bussen angesteuert (3,40 €, 10 Min.).

Slieve Bloom Mountains

Bester Grund für einen Abstecher nach Laois sind die Slieve Bloom Mountains. Unvermittelt ragen sie aus einer weiten Ebene auf, kommen allerdings weniger spektakulär daher als andere Gebirgszüge des Landes. Dafür begegnet man hier aber kaum Touristen. Wenn man die einsamen Deckenmoore der Berggipfel, das Heideland, die Kiefernwälder und die abgeschiedenen Täler durchwandert, fühlt man sich wirklich fernab von allem.

Wer eine Wanderung plant, sollte Mountrath im Süden oder Kinnitty im Norden als Ausgangsbasis wählen. Für einen netten Spaziergang eignet sich **Glenbarrow** südwestlich von Rosenallis, wo ein interessanter Pfad am Barrow entlangführt. Ebenfalls lohnenswert sind der **Glendine Park** bei der Glendine Gap und der **Cut-Bergpass**.

Eine größere Herausforderung ist der **Slieve Bloom Way**, ein 77 km langer, ausgeschilderter Rundweg durch die Berge, der zahlreiche Sehenswürdigkeiten einschließt. Als bester Startpunkt dient der Parkplatz in Glenbarrow, 5 km von Rosenallis. Von dort verläuft der Pfad auf Feuerschneisen im Wald und über alte Straßen durch die Berge. Der höchste Punkt auf der Strecke ist die Glendine Gap (460 m).

Man kann entweder alleine wandern oder an einer geführten Tour des **Slieve Bloom Walking Club** (086 278 9147; www.slievebloom.ie; 5 € pro Pers.; Mai–Nov. So) teilnehmen. Auf der Website des Vereins findet man Infos zu verschiedenen Routen und kann eine erste Planung vornehmen.

In der Gegend gibt's mehrere empfehlenswerte B&Bs, aber wer etwas Besonderes sucht, ist im **Roundwood House** (057-873 2120; www.roundwoodhouse.com; Slieve Blooms Rd; EZ/DZ 80/130 €; Feb.–Dez.; P) gut aufgehoben. In dem luxuriösen, familienbetriebenen Landgut und Hotel fühlt man sich nicht wie ein zahlender Gast, sondern wie ein Freund des Hauses. Die wunderschöne, palladianische Villa aus dem 17. Jh. liegt in einem abgeschiedenen Wald und punktet mit elegant dekorierten, supergemütlichen Zimmern. Kinder werden die Außenanlage und die freundlichen Hunde lieben. Beim gemeinsamen Abendessen (50 € pro Pers.) kann man sich mit den liebenswürdigen Hausbesitzern unterhalten und die leckeren Gerichte genießen. Am besten fragt man nach einem Zimmer im Haupthaus: Sie bieten das beste Preis-Leistungs-Verhältnis, außerdem ist die Atmosphäre besonders stimmungsvoll.

Eine Alternative für entsprechend Wohlhabende ist das **Ballyfin House** (www.ballyfin.com; DZ ab 950 €), ein opulentes Anwesen im Regency-Stil mit luxuriösem Interieur. Die aufwendige achtjährige Restaurierung hat länger gedauert als die ursprüngliche Errichtung. Irlands exklusivste Unterkunft wartet mit flämischen Teppichen aus dem 17. Jh., einem Bad mit römischen Sarkophagen, Geheimgängen und einem „Flüsterzimmer" auf. Außerdem lockt sie mit dem Versprechen, den Gästen jeden Wunsch zu erfüllen. Leider sind weder die Villa noch das Gelände für Normalsterbliche zugänglich.

In den Slieve Bloom Mountains gibt's keine öffentlichen Verkehrsmittel, aber immerhin halten einige Busse in den nahe gelegenen Orten Mountrath und Rosenallis.

Mountmellick

2880 EW.

Dieses stille georgianische Städtchen am Fluss Owenass war im 19. Jh. für seine Leinenherstellung berühmt und verdankt seine Geschichte zum Großteil den hier lebenden Quäkern.

Am Marktplatz beginnt ein 4 km langer, ausgeschilderter **Kulturpfad**, der zu den wichtigsten Sehenswürdigkeiten führt. Im **Mountmellick Museum** (www.mountmellick development.com; Mountmellick Development Association, Irishtown; Erw./Kind 5/2 €; ⏱Mo-Fr 9-13 & 14-17 Uhr) bekommt man Einblicke in die Vergangenheit der Stadt als Industriestandort und in das Leben der Quäker, außerdem kann man feine Mountmellick-Stickereien besichtigen. Die Einwohner stellen nach wie vor Leinenstoffe und Flickendecken her und verkaufen sie hier.

ABSTECHER

ELECTRIC PICNIC

Irlands Pendant zu Glastonbury, allerdings in etwas kleinerem Maßstab, ist das **Electric Picnic** (www.electric picnic.ie; 3-Tages-Karte 240 €) ein dreitägiges Open-Air-Festival Anfang September. Bekannt für seine ungewöhnliche Aufmachung, seinen hochwertigen Service und sein reiferes Publikum, hat es im Laufe der Jahre Größen wie Björk, Jarvis Cocker, Sigur Rós, Franz Ferdinand und die Sex Pistols angezogen. Neben Musik gibt's hier eine Body-&-Soul-Arena, Comedybühnen, Kinofilme und eine geräuschlose Disko. Die Tickets sind meistens schon Monate im Voraus ausverkauft. Schauplatz des Festivals ist das Gelände der Stradbally Hall 10 km südöstlich von Portlaoise.

Mountmellick erstreckt sich 10 km nördlich von Portlaoise an der N80.

Portarlington

6010 EW.

Portarlington entstand unter dem Einfluss französischer Hugenotten und deutscher Siedler. An der French Street und Patrick Street entdeckt man einige schöne Gebäude aus dem 18. Jh. Die 1851 errichtete **St. Paul's Church** (Eintritt frei; ⏱7-19 Uhr) befindet sich am früheren Standort einer französischen Kirche (17. Jh.). In einer Ecke des Hofs kann man einige Hugenottengräber besichtigen. Die Kirche liegt 18 km nordöstlich von Portlaoise.

4 km östlich der Stadt stößt man am Ufer des Barrow auf die beeindruckenden, efeubewachsenen Ruinen des **Lea Castle** aus dem 13. Jh., der ehemaligen Festung von Maurice Fitzgerald, zweiter Baron von Offaly. Die Burg besteht aus einem intakten Bergfried mit Turm und zwei Außenmauern sowie einem Pförtnerhaus mit Zwillingstürmen. Man betritt sie über einen Bauernhof 500 m nördlich von der Hauptstraße nach Monasterevin (R420).

Emo Court

1790 entwarf James Gandon, Architekt des Dublin's Custom House, den von einer grünen Kuppel gekrönten **Emo Court** (🌐 www. heritageireland.ie; Emo; Erw./Kind 3/1 €, Gelände Eintritt frei;⏱Ostern-Sept. 10-18 Uhr, letzter Einlass 17 Uhr, Anlage ganzjährig tagsüber geöffnet). Ursprünglich war das imposante Gebäude der Landsitz des ersten Earl von Portarlington. Nachdem es dann viele Jahre als jesuitisches Novizenheim gedient hatte, wurde das Haus mit der kunstvollen Mittelrotunde sorgfältig restauriert.

Auf dem großen Grundstück stehen 1000 verschiedene Baum- und Straucharten, darunter riesige Mammutbäume, und zahlreiche griechische Statuen. In dem Park kann man herrlich picknicken oder einen ausgedehnten Waldspaziergang zum Emo Lake unternehmen.

Emo liegt 13 km nordöstlich von Portlaoise an der R422, 2 km westlich der M7.

Rock of Dunamaise

Der markante **Rock of Dunamaise** (Eintritt frei; ⏱tagsüber; **P**), ein beeindruckender, zerklüfteter Kalksteinfelsen, ragt steil aus der flachen Ebene. Er bot den frühen Siedlern eine ausgezeichnete Verteidigungsposition sowie einen wundervollen Blick auf die umgebende Landschaft. Die ersten Befestigungen auf dem Felsen entstanden in der Bronzezeit. Erstmals erwähnt wurde er auf einer Karte von Ptolemäus im Jahr 140 n. Chr.

In den folgenden Jahrhunderten suchten ihn mehrere Invasions- und Besetzungswellen durch die Wikinger, Normannen, Iren und Engländer heim. Die Ruinen, die man hier heute sieht, stammen von einer Burg aus dem 13. Jh. Diese wurde im 15. Jh. umfassend neugestaltet und 1650 von Cromwells Handlangern endgültig zerstört.

Um sich das frühere Bauwerk vorzustellen, braucht man zwar eine Menge Fantasie, aber dafür ist die Aussicht vom Gipfel bei klarem Wetter einfach atemberaubend. Mit etwas Glück blickt man bis zum Timahoe-Rundturm im Süden sowie zu den Slieve Blooms im Westen und den Wicklow Mountains im Osten.

Der Felsen liegt 6 km östlich von Portlaoise an der Straße nach Stradbally (N80).

Timahoe
500 EW.

Das winzige Timahoe ist charmant, wenn auch nicht viel mehr als eine Ansammlung von Häusern um einen dreieckigen Rasenplatz. Auf der anderen Seite eines plätschernden Bachs ragt ein 30 m hoher **Rundturm** aus dem 12. Jh. auf, der einem Märchen entsprungen sein könnte. Er hat ein romanisches Eingangstor mit ungewöhnlichen Reliefs und ist Teil einer antiken Stätte, zu der auch die Ruinen einer Kirche aus dem 15. Jh. gehören. Der ganze Ort scheint verzaubert, zumal sich fast kein Tourist hierher verirrt.

Timahoe liegt 13 km südöstlich von Portlaoise an der R426.

COUNTY OFFALY

Abgesehen von der prachtvollen Klosterstätte Clonmacnoise taucht das grüne, gewässerreiche County mit den zahlreichen weiten Torfmoorflächen nur selten auf dem Reiseplan von Touristen auf, dabei hätte es viel größere Aufmerksamkeit verdient. Das geschichtsreiche Offaly wartet mit jeder Menge Burgen und dem stimmungsvollen Örtchen Birr auf und wird international für seine Tier- sowie Pflanzenvielfalt geschätzt. Darüber hinaus bieten der Shannon Canal und der Grand Canal erstklassige Angel- und Wassersportmöglichkeiten.

Weitere Informationen findet man unter www.offaly.ie und unter www.discoverireland.ie/offaly.

Birr
4100 EW.

Das quirlige Birr ist eine der reizvollsten Städte in den Midlands. Elegante georgianische Häuser in Pastellfarben säumen die Straßen, es gibt eine prachtvolle alte Burg, eine hervorragende Auswahl an Unterkünften und ein trubeliges Nachtleben mit toller Livemusik. Trotz dieser Attraktionen liegt Birr abseits vom Rummel, und man kann die Vorzüge des Ortes genießen, ohne sich durch Touristenmassen drängeln zu müssen.

Mitte August feiert die Stadt ihre reiche Geschichte beim **Birr Vintage Week and Arts Festival** (www.birrvintageweek.com) mit Straßenumzügen, Theater, Musik, Ausstellungen, Workshops, geführten Wanderungen und einem traditionellen Volksfest.

Geschichte

Birr entstand rund um ein im 6. Jh. vom hl. Brendan gegründetes Kloster. Um 1208 wurde in dem Ort eine anglonormannische Burg errichtet. Diese diente als Wohnsitz des O'Carroll-Clans, der über das Umland herrschte.

In der Zeit der *Plantation* gegen 1620 gingen die Festung und die Besitztümer des Clans in das Eigentum von Sir Laurence Parsons über. Er wirkte auf Birrs Schicksal ein, indem er Straßen anlegte, eine Glasmanufaktur gründete und einen Erlass verfügte, nach dem jeder, der „Mist, Abfall, Schmutz oder Kehricht in die Gosse" warf, zu vier Pennys Strafe verdonnert wurde. Auch Schankmägde waren nicht mehr erlaubt: Jede Frau, die beim Bierausschenken erwischt wurde, bekam Stockhiebe verpasst. Die Burg ist bereits seit 14 Generationen in Familienbesitz und nach wie vor bewohnt.

⊙ Sehenswertes

Birr Castle Demesne BURG
(www.birrcastle.com; Erw./Kind 9/5 €; ⊙ Mitte März–Okt. 9–18 Uhr, Nov.–Mitte März 10–16 Uhr)

GRAND CANAL & ROYAL CANAL

Nach vielen Debatten über den Bau eines Wasserwegs, der Dublin mit dem Shannon verbinden sollte, begannen 1757 die Arbeiten am Grand Canal. Von Anfang an erlebte das Projekt riesige Probleme und Verzögerungen. Darüber hinaus heckten kommerzielle Rivalen den Plan aus, einen konkurrierenden Kanal zu errichten, und so entstand der Royal Canal. Beide Wasserstaßen revolutionierten im frühen 19. Jh. die Verkehrswirtschaft Irlands, doch ihre Glanzzeit war nur von kurzer Dauer, weil sie bald von Eisenbahnstrecken ersetzt wurden. Heute locken die Kanäle zahlreiche Segler und Angler an, aber ihre Ufer mit den vielen hübschen Dörfern sind auch ein wunderbares Territorium zum Wandern und Radfahren. Seitdem man den letzten Abschnitt des Royal Canal restauriert hat, kann man nun eine Dreieckstour von Dublin am Royal Canal oder am Grand Canal entlang zum Shannon und zurück unternehmen.

Waterways Ireland (www.waterwaysireland.org) und die Inland Waterways Association of Ireland (www.iwai.ie) bieten umfassende Informationen über die beiden Wasserstraßen.

Grand Canal

Der 131 km lange Grand Canal bahnt sich seinen Weg von Dublin durch Tullamore und mündet bei Shannonbridge in den Shannon. Er fließt durch fast unbewohnte Landschaften und passiert Sümpfe, idyllische Dörfer sowie 43 schöne, von Hand erbaute Schleusen. In der Nähe des Dorfes Sallins im County Kildare überquert er die Liffey auf dem Leinster Aqueduct mit sieben Bogen.

Im nahe gelegenen Robertstown beginnt ein 45 km langer Abzweig des Kanals, der beim schönen Örtchen Athy in den Barrow mündet.

Detaillierte Informationen über den Streckenabschnitt zwischen Robertstown und Lullymore siehe S. 167.

Royal Canal

Der 145 km lange Royal Canal folgt der nördlichen Grenze des Countys Kildare und fließt nahe Leixlip über ein massives Aquädukt, bevor er in Clondra (oder Cloondara), County Longford, auf den Shannon trifft. Er ist ein beliebtes Ausflugsziel der Bewohner des Pendlergürtels im Norden Kildares. Sowohl der Kanal als auch die Treidelpfade sind bis Shannon befahr- bzw. begehbar.

Hausboote

Mehrere Anbieter vermieten kleine Boote, die im Juli und August inklusive zwei bzw. sechs Schlafkojen pro Woche 1090 bzw. 1935 € kosten.

» Barrowline Cruisers (www.barrowline.ie; Vicarstown, Co Laois)
» Canalways (www.canalways.ie; Rathangan, Co Kildare)
» Royal Canal Cruisers (www.royalcanalcruisers.com; Castleknock, Co Dublin)

Für die Besichtigung der Attraktionen und der Gärten dieser Festung sollte man mindestens einen halben Tag einplanen. Das Gebäude wird bewohnt und kann nicht besichtigt werden. Ein Großteil des Bauwerks stammt aus der Zeit um 1620, außerdem wurden Anfang des 19. Jhs. mehrere Veränderungen vorgenommen.

Das etwa 50 ha große Burggelände ist für seinen prächtigen Park rund um einen hübschen See bekannt. Hier gedeihen mehr als 1000 Pflanzenarten. Besucher sollten sich den romantischen Kreuzgang aus Weißbuchen sowie eine der größten Buchsbaumhecken der Welt nicht entgehen lassen. Letztere wurde in den 1780er-Jahren angepflanzt und reicht inzwischen stolze 12 m hoch.

Aus der Parson-Familie gingen viele bahnbrechende Wissenschaftler hervor, deren Arbeiten im Historischen Wissenschaftszentrum dokumentiert sind. Zur Ausstellung gehört auch ein riesiges Teleskop, das William Parsons 1845 selbst gebaut hat. Der „Leviathan von Parsonstown" blieb 75 Jahre lang das größte Teleskop der Welt und faszinierte eine Vielzahl von Forschern und Astronomen. Er diente zur Vermessung der Mondoberfläche und ermöglichte zahlreiche Entdeckungen, darunter die Spiralform der Milchstraße. Nach dem Tod von Williams Sohn wurde das Teleskop vernachlässigt und fiel irgendwann auseinander. Es wird derzeit restauriert.

Weitere Bauwerke & Denkmäler

In Birr stößt man auf zahlreiche erstklassige georgianische Häuser. Man braucht nur durch die von Bäumen gesäumte **Oxmantown Mall** oder durch die **John's Mall** zu schlendern, um einige der schönsten Gebäude in Augenschein nehmen zu können.

In der Touristeninformation gibt's eine kostenlose Broschüre mit Einzelheiten zu den wichtigsten Sehenswürdigkeiten, darunter der megalithische **Seffin Stone** (er soll die antike Kennzeichnung für *Umbilicus Hiberniae* – der Nabel von Irland – sein und markierte jahrhundertelang das Zentrum des Landes) und **St. Brendan's Old Churchyard** – an seinem Standort soll der hl. Brendan im 6. Jh. angeblich seine Siedlung errichtet haben.

🏃 Aktivitäten

Ein herrlicher, üppig grüner **Uferweg** verläuft Richtung Osten am Fluss Camcor entlang von der Oxmantown Bridge bis zur Elmgrove Bridge.

Wer sportliche Herausforderungen sucht, kann im **Birr Outdoor Education Centre** (www.birroec.ie; Roscrea Rd) Bergwanderungen und Klettertouren in die nahe gelegenen Slieve Blooms buchen sowie Kanu- und Kajakfahrten auf Flüssen in der Umgebung unternehmen.

Das **Birr Equestrian Centre** (057-912 1961; www.birrequestrian.ie; Kingsborough House; Ausflüge 35 € pro Std.) 3 km außerhalb von Birr an der Straße nach Clareen bietet einstündige Ausflüge in die umliegenden Land- und Waldgebiete sowie halbtägige Wanderungen in den Slieve Bloom Mountains an.

🛏 Schlafen

Brendan House B&B €€
(057-912 1818; www.tinjugstudio.com; Brendan St; EZ/DZ 55/85 €) In dem wunderbar exzentrischen georgianischen Stadthaus, das bis an den Rand mit Nippes, Büchern, Teppichläufern, Kunst und Antiquitäten vollgepackt ist, müssen sich die Gäste der drei Zimmer zwar ein Bad teilen, doch die Himmelbetten, der historische Charme und der künstlerische Stil des Hauses machen dieses Manko mühelos wett. Die Inhaber besitzen auch ein Kunststudio und eine Galerie, servieren auf Anfrage Abendessen und organisieren geführte Bergtouren, Burgbesichtigungen sowie ganzheitliche Behandlungen.

Walcot B&B €€
(057-912 1247; www.walcotbedandbreakfast.com; Oxmantown Mall; EZ/DZ 60/90 €; P) Das charmante gregorianische Haus liegt in einem großen Garten nicht weit vom Ortszentrum entfernt. Mit ihren Gusseisen-, Himmel- oder Schlittenbetten, alten Möbeln und schweren Vorhängen sind die unterschiedlich gestalteten, geräumigen Zimmer perfekt im historischen Stil eingerichtet. Darüber hinaus wartet die Pension mit herrlich gemütlichen Gemeinschaftsräumen auf.

Maltings Guesthouse B&B €€
(057-912 1345; www.themaltingsbirr.com; Castle St; EZ/DZ ab 45/80 €; P) Bevor es zu einem B&B umgebaut wurde, beherbergte das alte Malzlagerhaus aus dem Jahr 1810 eine Guinness-Brauerei. Es punktet mit einer traumhaften Lage direkt an der Burg und am Fluss Camcor. Die 13 einfachen Zimmer sind sauber und die Angestellten sehr freundlich. Im Untergeschoss befindet sich ein beliebtes Restaurant.

Essen

Riverbank IRISCH €€
(057-912 1528; riverbankrest@msn.com; Rivers Town; Hauptgerichte 14,50–18,50 €; Mo geschl.) Dank seiner großartigen authentischen Küche und der netten Atmosphäre lohnt das tiefrote Lokal am Ufer des Little Brosna den kurzen Abstecher aus der Stadt. Hier gibt's stets eine gute Auswahl an Fisch und Meeresfrüchten sowie Steaks, Grill- und Traditionsgerichte. Das Riverbank liegt 1,5 km südlich von Birr an der N52.

Thatch FUSIONSKÜCHE €€€
(057-912 0682; www.thethatchcrinkill.com; Crinkill; Hauptgerichte 22–29 €; Mo geschl.;) In dem 200 Jahre alten reetgedeckten Pub 2 km südöstlich von Birr in einer Nebenstraße der N62 kann man gemütlich ein Pint schlürfen oder eine herzhafte Mahlzeit zu sich nehmen. Sonntagmittags versammeln sich in dem Lokal zahlreiche einheimische Familien und schlemmen einfache Fleisch- und Fischgerichte. An der Bar wird ebenfalls Essen serviert. Vorab reservieren!

ABSTECHER

GEISTERSCHLOSS

Einst wachte Irlands größtes Spukschloss, das **Leap Castle** (☎086 771 1034; www.leapcastle.net; Eintritt 6 €; ⊙nach Voranmeldung) über eine wichtige Route zwischen Munster und Leinster. Die Burg war Schauplatz vieler grausiger Taten und besitzt gruselige feuchte Verliese sowie eine „Bloody Chapel". Diese ist für ihre unheimlichen Erscheinungen berühmt: Als bekanntester Bewohner gilt der „stinkende Geist", der fürchterliche Gerüche absondert, wenn er erblickt wird.

Trotz andauernder Renovierungsarbeiten kann man das Schloss besichtigen. Es befindet sich 12 km südöstlich von Birr zwischen Kinnitty und Roscrea (in Tipperary) an der R421.

Emma's Cafe & Deli CAFÉ €

(31 Main St; Hauptgerichte 5–8 €; ganzjährig Mo–Sa 9.30–18 Uhr, Juni–Aug. So 12.30–17.30 Uhr; ⊞) Dieser extrem lässige Treffpunkt erfreut sich vor allem bei Einheimischen großer Beliebtheit. Auf der Karte steht eine interessante Auswahl an Ciabatta, Panini, Salaten und Kuchen, außerdem gibt's Bücher und Spiele für Kinder sowie zahlreiche verführerische Delikatessen für ein Picknick.

 Ausgehen

Chestnut PUB

(Green St) Das 1823 eröffnete und erst kürzlich renovierte Pub ist die wohl beste Kneipe im Stadtzentrum. Die Einrichtung verbindet dunkles Mobiliar mit dem Stil eines kontinentalen Cafés. Im Sommer wird hier häufig gegrillt.

Craughwell's PUB

(Castle St) Freitags finden im Craughwell's traditionelle Sessions statt und samstags singt das Publikum gerne mal spontan mit.

☆ **Unterhaltung**

Die hier aufgelisteten Veranstaltungsorte sind nur zwei von vielen in und rund um Birr.

Melba's Nite Club NACHTCLUB

(Emmet Sq; ⊙Fr–So) Im Kellerclub des Dooly's Hotel erhält man aufschlussreiche Einblicke in das kuriose Paarungsverhalten der irischen Landbevölkerung.

Birr Theatre & Arts Centre KULTURZENTRUM

(www.birrtheatre.com; Oxmantown Hall) Nettes Kulturzentrum für gute Filme, Amateurtheater, bekannte Bands und vieles mehr.

ⓘ Praktische Informationen

Das Postamt befindet sich in der nordöstlichen Ecke des Emmet Sqare.

INFOS IM INTERNET Destination Birr (www.destinationbirr.ie)

TOURISTENINFORMATION Mid-Ireland Tourism (☎057-912 0923; www.midirelandtourism.ie; Brendan St; ⊙ Mo–Fr 9.30–13 & 14–17.30 Uhr) Hilfreich, wenn das Touristenbüro geschlossen ist.

Touristenbüro (☎057-912 0110; Civic Offices, Wilmer Rd; ⊙Mitte Mai–Mitte Sept. Mo–Sa 9.30–13 & 14–17.30 Uhr) Bietet gute Infos über die Stadt und die Umgebung.

ⓘ An- & Weiterreise

BUS Alle Busse fahren vom Emmet Square ab. Es gibt Verbindungen nach Dublin (16 €, 3½ Std., 1-mal tgl.) über Tullamore, Athlone (9,80 €, 1 Std., Mo–Sa 4-mal tgl., So 2-mal) und Limerick (16,50 €, 1¼ Std., Mo–Sa 4-mal tgl., So 2-mal).

Kinnitty

340 EW.

Dieses malerische verträumte Dorf eignet sich als guter Ausgangspunkt zur Erkundung der Slieve Bloom Mountains im Osten. Von dem Ort führen landschaftlich reizvolle Straßen durch die Berge nach Mountrath und Mountmellick, beide im Conty Laois.

Besonders sehenswert ist die bizarre 10 m hohe **Steinpyramide** auf dem Friedhof hinter der Church of Ireland. Richard Bernard ließ die maßstabsgetreue Nachbildung der ägyptischen Cheopspyramide in den 1830er-Jahren für die Familiengruft anfertigen.

Der Schaft des **Kinnitty High Cross** aus dem 9. Jh. wurde im 19. Jh. zum Kinnitty Castle verschleppt und steht heute auf der Hotelterrasse. Adam und Eva und die Kreuzigung sind auf beiden Seiten gut zu erkennen.

Inmitten eines riesigen Anwesens erhebt sich das **Kinnitty Castle** (www.kinnittycastlehotel.com; EZ/DZ ab 95/130 €), eines der bekanntesten Herrenhäuser in Irland. Die frühere Residenz der O'Carrolls wurde im 19. Jh. im neugotischen Stil restauriert. Die Burg ist stark von der Wirtschaftkrise betroffen und gehört mittlerweile den Ban-

ABSTECHER

SHANNON HARBOUR & UMGEBUNG

1 km östlich von der Stelle, wo der Grand Canal auf den Shannon trifft, erstreckt sich das verschlafene **Shannon Harbour**, einst ein blühendes Handelszentrum. Zu den Glanzzeiten des malerischen Örtchens lebten hier über 1000 Einwohner. Im Hafen legten Frachter und Passagierschiffe ab, oftmals mit armen Einheimischen an Bord, die nach Nordamerika oder Australien auswandern wollten.

Mittlerweile sind die Wasserstraßen wieder voller Boote und Wanderwege verlaufen in alle Richtungen. Aus diesem Grund ist Shannon Harbour ein interessantes Ziel für Wanderer, Angler, Bootsfahrer und Vogelbeobachter.

Das Dorf liegt 10 km nordöstlich von Banagher an der R356. Ganz in der Nähe ragt das **Clonony Castle** (087 761 4034; Spende statt Eintritt; nach Voranmeldung Mai–Dez.), ein befestigtes Turmhaus empor, umgeben von einer zinnenbewehrten Mauer. Dass die zweite Frau von Heinrich VIII., Anne Boleyn, hier geboren sein soll, stimmt wohl kaum, wahr ist aber, dass ihre Cousinen Elizabeth und Mary Boleyn neben den Überresten des Gebäudes begraben wurden. Mittlerweile ist die Restaurierung der ersten beiden beendet und der freundliche Besitzer heißt Besucher herzlich willkommen.

Unweit der Festung befindet sich in einem großen Garten das **Rectory** (090-645 7293; www.therectory.ie; Deerpark; EZ/DZ 47,50/75 €; P), ein schönes altes Haus. Die ruhigen Zimmer der Unterkunft sind liebevoll im historischen Stil eingerichtet und in neutralen Farbtönen gehalten, außerdem bekommt man frische weiße Bettwäsche. Deerpark liegt 1,5 km vom Clonony Castle an der R357.

ken, die sie auch verwalten und weiter als Luxushotel und Veranstaltungsort für Hochzeiten betreiben. Entsprechend groß und stilvoll sind die Zimmer. Das Gebäude liegt 3 km südöstlich des Dorfes in der Nähe der R440.

Eine günstigere Alternative ist das **Ardmore House** (057-913 7009; www.kinnitty.com; The Walk; EZ/DZ ab 55/82 €; P), ein entzückendes viktorianisches Bauwerk voller altertümlichem Charme. Seine stimmungsvollen Zimmer sind mit Messingbetten, zarten Blumenmustern und antiken Möbeln ausgestattet und bieten einen tollen Ausblick auf die nahe gelegenen Berge. Die mit Torf beheizten Kamine und selbstgebackenes Schwarzbrot machen die gemütliche, rustikale Atmosphäre perfekt. Außerdem organisieren die Inhaber Wanderungen in die Slieve Bloom Mountains.

Banagher & Umgebung

1640 EW.

In den Sommermonaten, wenn der geschäftige Jachthafen von Bootsfahrern überflutet wird, erwacht das verschlafene Städtchen Banagher zum Leben. Das restliche Jahr über ist es ein angenehmer Rückzugsort. Pastellfarbene Häuser erstrecken sich an der langen Hauptstraße bis zum Shannon, an dessen Ufer einige beeindruckende Befestigungsanlagen stehen.

Am berühmtesten ist Banagher wohl dafür, dass Charlotte Brontë hier einst ihre Flitterwochen verbrachte.

Sehenswertes

An einer Furt über dem Shannon gelegen, war Banagher in stürmischen Zeiten von enormer strategischer Bedeutung. Zu den massiven Befestigungsanlagen an der Brücke gehören das in den 1650er-Jahren errichtete und während der Napoleonischen Kriege umgebaute **Cromwell's Castle**, das **Fort Eliza** (eine fünfseitige Geschützbatterie, deren Wachhaus, Wassergraben und verbliebene Mauern noch zu sehen sind), eine **Militärkaserne** und der **Martello Tower**.

Die **St. Paul's Church** am oberen Ende der Main Street besitzt ein prächtiges Buntglasfenster, das ursprünglich für Westminster Abbey gedacht war.

Aktivitäten

Bootfahren

Banaghers Marina ist ideal, um einen Kreuzer für eine Fahrt auf dem Shannon oder dem Royal Canal zu mieten. In der Hochsaison beginnen die Preise für ein Boot mit 2/12 Schlafkojen bei 999/3600 € pro Woche. Mehr darüber erfährt man bei **Carrick**

Craft (www.cruise-ireland.com) und **Silverline Cruisers** (www.silverlinecruisers.com).

Außerdem gibt's am Jachthafen einen Kanuverleih.

Wandern

3 km südlich von Banagher in Lusmagh (nahe der R439) kann man eine gemütliche Wanderung zur malerischen **Victoria Lock** unternehmen, wo sich der Shannon in zwei Flussarme teilt. Wenn man diese Schleuse überquert und am Westufer des Flusses nach Norden geht, gelangt man nach 2 km zur **Meelick Church**. Die Kirche stammt aus dem 15. Jh. und ist eines der ältesten bis heute genutzten Gotteshäuser in Irland. Meelick liegt 8 km südlich von Banagher und ist auch über eine schmale Straße entlang der Grenze zur Grafschaft Galway zu erreichen.

Schlafen & Essen

Charlotte's Way B&B €€
(057-915 3864; www.charlottesway.com; The Hill; EZ/DZ 40/70 €) In den ehemaligen, geschmackvoll restaurierten Pfarrhaus gibt's vier günstige, gemütliche Zimmer. Zum Frühstück werden frische Eier von den Hühnern im Garten aufgetischt. Charlotte Brontë kam während ihrer Flitterwochen oft als Gast vorbei. Nach ihrem Tod lebte ihr Mann Arthur hier als Rektor.

Brosna Lodge Hotel HOTEL €€
(057-915 1350; www.brosnalodge.com; Main St; EZ/DZ ab 50/100 €) Das privat geführte Hotel im Zentrum hat 14 geräumige, aber eher charakterlose Zimmer. Im Restaurant (Hauptgerichte 14–16 €) wird wirklich leckeres Essen serviert, wenn man bedenkt, dass es keine Konkurrenz gibt. Im Pub bekommt man Snacks.

Flynns Bar & Restaurant IRISCH €€
(Main St; Hauptgerichte 9–20 €) Bei Einheimischen ist die Bar für ihre Grillgerichte, Steaks und Pasta beliebt. Im hinteren Bereich befindet sich ein nettes Lokal.

Ausgehen

JJ Houghs PUB
(Main St) Neben dem Fluss gilt das Houghs als Banaghers Hauptattraktion. Das 250 Jahre alte weinumrankte Pub ist vor allem für seine Musik bekannt. Im Sommer gibt's fast jeden Abend Livemusik, im Winter an den Wochenenden. Wenn gerade keine Konzerte stattfinden, kann man die vielen Erinnerungsstücke an den Wänden bewundern oder im Biergarten die Sterne zählen.

UNTERWEGS AM SHANNON

Auf einer Kreuzfahrt auf dem Shannon lernt man einige wundervolle versteckte Ecken kennen. Der Fluss zieht viele Bootsfahrer an, die sich entspannen, den Ausblick genießen und gut essen wollen. Am Ufer haben zahlreiche Gastropubs und Gourmetrestaurants eröffnet, deshalb kann man den üppigen Verlockungen der Gastronomie in den Midlands ausgiebig frönen. Großartige Lokale gibt's nicht nur in Athlone und Carrick-on-Shannon, sondern auch in der Umgebung. Folgende sollte man ausprobieren:

Glasson Village Restaurant (S. 564; 090-648 5001; michaelrosebrooks@gmail.com; Glasson, Co Westmeath; Hauptgerichte 20–30 €; So abends geschl.) Das wegweisende, lässig-lockere Gourmetrestaurant hat sich auf Fisch spezialisiert.

Keenans (043-332 6052; www.keenans.ie; Tarmonbarry, Co Roscommon; Hauptgerichte 15–29 €; So abends geschl.;) In dem geräumigen, modernen Lokal mit hohen Decken und einem Ausblick auf den Fluss wird gesundes, einfaches Essen serviert.

Old Fort Restaurant (S. 548; 090-967 4973; www.theoldfortrestaurant.com; Shannonbridge, Co Roscommon; Hauptgerichte 21,50–29,50 €; Mi-Sa 17–21.30, So 12.30–14.30 Uhr) Ein edles Restaurant in der großartigen Umgebung eines massiven Brückenkopfes, der zur Verteidigung gegen Napoleons Truppen erbaut wurde.

Purple Onion (043-335 9919; www.purpleonion.ie; Tarmonbarry, Co Roscommon; Hauptgerichte 14–24 €; Di–So abends, So mittags) Dieses beliebte historische Pub wartet mit einem großartigen Service und gutem Essen auf.

Wineport Lodge (S. 564; 090-643 9010; www.wineport.ie; Glasson, Co Westmeath; Hauptgerichte 24–33 €) Dank seiner anspruchsvollen internationalen Speisekarte zieht das hervorragende Restaurant zahlreiche Gäste an.

ℹ️ An- & Weiterreise

Kearns Transport (www.kearnstransport.com) bietet Verbindungen von Banagher nach Birr (2 €, 15 Min.), Tullamore (3 €, 45 Min.) und Dublin (10 €, 2¾ Std.). Die Busse verkehren montags bis sonntags einmal täglich um 8.35 Uhr und sonntags um 18.35 Uhr.

Shannonbridge

230 EW.

Das idyllische Shannonbridge wurde nach einer schmalen Brücke mit 16 Bogen aus dem 18. Jh. benannt. Auf der anderen Seite des Flusses beginnt das County Roscommon. In dem kleinen, verschlafenen Nest gibt's nur eine Hauptstraße und zwei Pubs.

Am Westufer erstrecken sich die unübersehbaren, massiven **Befestigungsanlagen** aus dem 19. Jh. Dort waren schwere Geschütze postiert, die Napoleons Truppen aufhalten sollten, hätte er die Frechheit besessen, sie einmarschieren zu lassen. Heute ist hier das **Old Fort Restaurant** (☎ 090-967 4973; www.theoldfortrestaurant.com; Hauptgerichte 21,50–29,50 €; ⊙ Mi-Sa 17–21.30, So 12.30–14.30 Uhr) untergebracht, in dem edle Gaumenfreuden in entsprechend großartigem Ambiente locken. An Sommerabenden kann man sich an einen Tisch im Freien setzen und den wunderschönen Blick auf den Fluss genießen.

Nicht verpassen sollte man auch die **Killeens Village Tavern** (Main St), einen altertümlichen Pub mit Laden, in dem Gäste herzlich empfangen werden. Außerdem organisieren die Inhaber lebhafte traditionelle Sessions. Die Decke ist mit alten Visitenkarten früherer Besucher gepflastert. Im Sommer und an den Wochenenden finden in der Kneipe fast jeden Abend Konzerte statt. Wer Hunger hat, kann authentische irische Pubkost essen.

Clonmacnoise

In herrlicher Lage mit Blick auf den Shannon gilt **Clonmacnoise** (www.heritageireland.ie; Erw./Kind 6/2 €; ⊙ Mitte Mai–Mitte Sept. 9–19 Uhr, Mitte Sept.–Mitte Mai 10–17.30 Uhr, letzter Einlass 45 Min. vor Schließung; **P**) als eine der wichtigsten historischen Klostersiedlungen Irlands. Die von einer Mauer umgebene Stätte umfasst eine Vielzahl früher Kirchen, Hochkreuze, Rundtürme und Gräber in erstaunlich gutem Zustand. Das umliegende Marschland, als **Shannon Callows** bekannt, bietet Lebensraum für zahlreiche Wildpflanzen. Es ist einer der letzten Zufluchtsorte für den vom Aussterben bedrohten Wachtelkönig (ein pastellfarbener Verwandter des Blesshuhns).

Geschichte

Grob übersetzt bedeutet Clonmacnoise (Cluain Mhic Nóis) „Weide der Söhne von Nós". Früher war das Sumpfland für Händler unpassierbar, die stattdessen auf dem Wasserweg oder über einen Esker (aus Gletschern geformter Kiesrücken) reisten. Als der hl. Ciarán hier 548 ein Kloster gründete, befand sich an dieser Stelle der wichtigste Scheideweg des Landes, die Kreuzung des von Norden nach Süden fließenden Shannon mit dem Ost-West verlaufenden Esker Riada (Straße der Könige).

Ciarán starb nur sieben Monate nach dem Bau der ersten Kirche, doch über die Jahre wurde Clonmacnoise zu einer beispiellosen Bastion irischen Glaubens, irischer Literatur und Kunst und scharte eine große Laienbevölkerung um sich. Zwischen dem 7. und 12. Jh. kamen Mönche aus ganz Europa in diesen Ort, um zu studieren und zu beten. Ihnen verdankt Irland den Ruf als „Land der Heiligen und Gelehrten". Außerdem wurden hier die Hochkönige von Connaught und Tara beerdigt.

Ein großer Teil der Ruinen stammt aus dem 10. bis 12. Jh. Die Mönche lebten vermutlich in kleinen Hütten rund um das Kloster und die Abtei war wahrscheinlich von einem Graben oder Erdwall umgeben.

Mehrmals wurde die Stätte von den Wikingern und Iren niedergebrannt und geplündert. Nach dem 12. Jh. begann sie zu verfallen, im 15. Jh. diente sie bloß noch einem verarmten Bischof als Wohnsitz und im Jahr 1552 zerstörten sie englische Truppen aus Athlone, die keinen Stein auf dem anderen ließen.

Zu den Schätzen, die all diese Attacken überstanden, gehören der Krummstab der Äbte von Clonmacnoise, heute im Nationalmuseum in Dublin ausgestellt, und das *Leabhar na hUidhre* (*The Book of the Dun Cow*) aus dem 12. Jh. Das Buch ist gegenwärtig ebenfalls in Dublin, in der Royal Irish Academy, zu sehen.

⊙ Sehenswertes

Museum MUSEUM

Das Museum ist in drei kegelförmigen Hütten am Eingang untergebracht, die neu errichtet wurden und die Bauweise früherer

Clonmacnoise

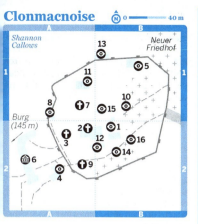

Clonmacnoise

Sehenswertes

1. Bullaun..B2
2. Kathedrale..A2
3. Cross of the Scriptures (King Flann's Cross)..A2
4. Eingang..A2
5. Mass Shelter..B1
6. Museum...A2
7. Nordkreuz...A1
8. O'Rourke's Tower................................A1
9. Südkreuz...A2
10. Temple Ciaran......................................B1
11. Temple Conner.....................................A1
12. Temple Doolin......................................B2
13. Temple Finghin & Turm......................B1
14. Temple Hurpan.....................................B2
15. Temple Kelly...B1
16. Temple Melaghlin................................B2

Klosterbehausungen widerspiegeln. Eine 20-minütige audiovisuelle Show bietet eine großartige Einführung.

Die Ausstellung umfasst originale Hochkreuze – an den Fundorten stehen heute Nachbildungen – und verschiedene Artefakte, die bei Ausgrabungen gefunden wurden, darunter Silberfibeln, Gläser und ein Ogham-Stein. Außerdem kann man hier die größte europäische Sammlung frühchristlicher Grabplatten besichtigen. Viele sind in erstaunlich gutem Zustand mit gut lesbaren Inschriften, die oft mit *oroit do* oder *ar* (ein Gebet für) beginnen.

Beim Abstieg zu einem der schönsten Sandsteinkreuze Irlands, dem **Cross of the Scriptures**, entsteht eine gewisse Dramatik. Das Stück ist unverwechselbar und sehr markant mit einzigartigen nach oben weisenden Armen und reich verzierten Tafeln, auf denen die Kreuzigung, das Jüngste Gericht, die Gefangennahme Jesu und das Grab Christi zu sehen sind.

Vom **Nordkreuz** aus dem Jahr 800 blieb nur der Schaft erhalten. Er ist mit Löwen, verschlungenen Spiralen und einer Figur geschmückt, die den keltischen Gott Cernunnos (oder Cernenus) wie einen sitzenden Buddha zeigt. Auf dem reich verzierten **Südkreuz** kann man abstrakte Schnitzereien (Wirbel, Spiralen und Mäander), die Kreuzigung sowie ein paar umherspringende Kreaturen bewundern.

Kathedrale
KATHEDRALE

Die Kathedrale, Clonmacnoises größtes Bauwerk wurde 909 errichtet, über die Jahrhunderte jedoch maßgeblich verändert und umgestaltet. Ihr interessantestes Merkmal ist die aufwendige gotische Eingangstür aus dem 15. Jh. mit Reliefbildern der Heiligen Franziskus, Patrick und Dominik. Selbst ein Flüstern wandert hier von einer Seite der Tür zur anderen – vielleicht konnten so die Aussätzigen zur Beichte gehen, ohne die Priester anzustecken.

Angeblich wurden die letzten Hochkönige von Tara, Turlough Mór O'Connor (gest. 1156) und sein Sohn Ruairí, oder Rory (gest. 1198), in der Nähe des Altars begraben.

Tempel
KIRCHE

Kleine Kirchen nennt man nach dem irischen Wort *teampall* (Kirche) auch *temple*. Der überdachte **Temple Connor** wird bis zum letzten Sonntag im Sommer von Gemeindemitgliedern der Church of Ireland besucht. Auf dem Weg dorthin kommt man an den dürftigen Fundamenten des **Temple Kelly** (1167) und des **Temple Ciarán** vorbei, wo der hl. Ciarán, Begründer der Stätte, beerdigt worden sein soll.

Der Fußboden im Temple Ciarán liegt tiefer als draußen, weil die ansässigen Bauern jahrhundertelang Lehm aus der Kirche zum Schutz ihrer Ernten und Tiere mitnahmen. Inzwischen ist der Boden mit Platten bedeckt, doch im Frühjahr wird immer noch Lehm von draußen abgetragen.

An der südwestlichen Ecke des Tempels steht ein uralter *bullaun* (Schleifstein), der wahrscheinlich zur Herstellung von Medizin für das Klosterkrankenhaus diente. Heute hilft das darin gesammelte Regenwasser angeblich gegen Warzen.

Wer sich weiter in der Gegend umsieht, stößt auch noch auf den **Temple Melaghlin** (12. Jh.) mit schönen Fenstern sowie auf die Zwillingsbauten des **Temple Hurpan** und des **Temple Doolin**.

Rundtürme HISTORISCHE GEBÄUDE

Vom 20 m hohen **O'Rourke's Tower** genießt man einen herrlichen Blick auf den Shannon. Ein Blitz zerstörte seine Spitze, trotzdem wurde das Gebäude noch 400 Jahre genutzt.

An der nördlichen Begrenzung der Stätte befindet sich der **Temple Finghin** mit seinem Rundturm. Er stammt aus dem Jahr 1160 und weist einige schöne romanische Reliefs auf. Das Turmdach im Fischgrätmuster ist das einzige nie veränderte in Irland. Als die Klöster angegriffen wurden, dienten die meisten Rundtürme als Zufluchtsort, wobei dieser vermutlich immer nur ein Glockenturm war, da der Eingang ebenerdig liegt.

Noch mehr Ruinen HISTORISCHE GEBÄUDE

Außerhalb der Einfriedung, 500 m östlich über den modernen Friedhof, ragt die abgeschiedene **Nun's Church** auf. Von hier aus sieht man weder die Hauptstätte noch die Türme. Die Kirche besitzt wunderbare romanische Bogen mit feinen Reliefs. Eines davon gilt als älteste *sheila-na-gig* Irlands und zeigt eine akrobatische Pose mit den Füßen hinter den Ohren.

Auf der Westseite der Anlage, in der Nähe des Parkplatzes, befindet sich eine Motte (eine frühe normannische Befestigung) mit den seltsam geformten Ruinen einer **Burg** aus dem 13. Jh. Diese wurde von John de Grey, dem Bischof von Norwich, errichtet, um über den Shannon zu wachen.

🛏️ Schlafen & Essen

Kajon House B&B €€

(090-967 4191; www.kajonhouse.ie; Creevagh; DZ ab 70 €; März–Okt.; P) Wenn man vor Ort übernachten möchte, ist das Kajon House die beste Option. Es liegt nur 1,5 km von den Ruinen an der ausgeschilderten Straße nach Tullamore. Die herzlichen Inhaber bieten gemütliche Zimmer, einen geräumigen Hof mit Picknicktisch und Abendessen. Zum Frühstück gibt's u. a. leckere Pfannkuchen.

Shoppen

Core Craft Centre KUNSTHANDWERK

(www.corecrafteddesign.com; Old School House, Ballinahown; Mo–Fr 10–18, Sa 11–18 Uhr) Auf dem Weg nach Clonmacnoise lohnt sich ein Zwischenstopp in Ballinahown. Hier wird modernes Kunsthandwerk verkauft, darunter Skupturen von Mooreichen und Keramik. Es gibt eine große Auswahl an Waren und die Preise sind besser als in den Läden der Großstädte. Ballinahown liegt 10 km von Clonmacnoise an der N62.

🛈 Praktische Informationen

Auf dem Gelände der Stätte befinden sich ein exzellentes Museum, ein Café und direkt am Eingang eine **Touristinformation** (090-967 4134; Mitte März–Okt. 10–17.45 Uhr). Wer im Sommer den Massen aus dem Weg gehen will, sollte entweder früh oder spät kommen. Die engen Landstraßen sind oft mit Bussen verstopft. Für einen Besuch muss man mindestens zwei Stunden einplanen.

🛈 An- & Weiterreise

Clonmacnoise befindet sich 7 km nordöstlich von Shannonbridge an der R444 und 24 km südlich von Athlone, County Westmeath.

BOOT **Silver Line** (www.silverlinecruisers.com; Erw./Kind 12/8 €; Juli & Aug. Mi & So 14 Uhr) Veranstaltet Bootstouren von Shannonbridge nach Clonmacnoise.

Von Athlone werden ebenfalls Fluss- sowie Busausflüge nach Clonmacnoise angeboten.

TAXI Ein Taxi von Athlone hierher kostet inklusive einer Stunde Wartezeit zwischen 50 und 70 €.

Tullamore

10 900 EW.

Tullamore, die geschäftige Hauptstadt des Countys Offaly, liegt am Grand Canal. Es ist vor allem für den Tullamore-Dew-Whiskey bekannt, obwohl dieser schon seit Langem im County Tipperary hergestellt wird. Wer ein Schlückchen davon genießen möchte, besucht am besten die alte Brennerei.

👁 Sehenswertes

Tullamore Dew Heritage Centre

INDUSTRIEMUSEUM

(www.tullamore-dew.org; Bury Quay; Erw./Kind 6/3,50 €; Mai–Sept. Mo–Sa 9–18 & So 12–17 Uhr, Okt.–April Mo–Sa 10–17 & So 12–17 Uhr) Das am Kanal in einem 1897 errichteten Lagerhaus untergebrachte Museum präsentiert die spannende regionale Geschichte. Die interessante Ausstellung zeigt, welche Bedeutung der Grand Canal für Tullamores Entwicklung hatte. Ganz nebenbei wirbt das Heritage Centre auch gleich für den

TOP TEN: TRADITIONELLE PUBS IN DEN MIDLANDS

Diese charmanten, historischen Pubs sind beliebte Touristenziele oder unentdeckte authentische Perlen im kaum besuchten Hinterland.

Morrissey's (S. 539; Abbeyleix, County Laois) Halb Pub, halb Laden und eine lokale Institution mit Kugelbauchofen, einem schiefen Tresen und Regalen voller Kuriositäten.

Gunnings (Rathconrath, County Westmeath) Ein schnörkelloses Pub an der R392 zwischen Ballymahon und Mullingar mit uralten Barhockern, rissigem Linoleum und vergilbten Cornflakes-Packungen: Authentischer geht's nicht.

JJ Houghs (S. 547; Banagher, County Offaly) Die 250 Jahre alte weinbewachsene Kneipe ist berühmt für ihre traditionellen Livekonzerte.

MJ Henry (Cootehall, County Roscommon) Dieses fabelhafte Pub samt Lebensmittelladen an der N4 zwischen Boyle und Carrick-on-Shannon verströmt jede Menge Charakter und hat sich seit den 1970er-Jahren kaum verändert.

Magans (Killashee, County Longford) In einem winzigen Dorf abseits ausgetretener Touristenpfade liegt an der N63 zwischen Lanesborough und Longford eine herrliche alte Kneipe, die zugleich als Lebensmittelladen und Eisenwarenhandlung dient.

Killeens Village Tavern (S. 548; Shannonbridge, County Offaly) Dank der Inhaber, einer musikbegeisterten, herzlichen Familie, locken in dieser Location traditionelle Sessions.

Mary Lynch's (Coralstown, County Westmeath) In der bescheidenen altmodischen Kneipe an der N4 zwischen Mullingar und Kinnegad kann man wunderbar ein oder auch mehrere Pints trinken und den Ausblick auf den Grand Canal genießen.

Sean's Bar (S. 563; Athlone, County Westmeath) Ein uraltes Pub mit Holzfeuer, Sägemehl auf dem Boden, einem wackligen Klavier und einem Biergarten am Fluss.

Coffeey's (Lecarrow, County Roscommon) Das Coffey's ist das Zentrum des Dorflebens und bekannt für seine lebhafte, lustige Atmosphäre. Es liegt an der N61 zwischen Roscommon und Athlone.

Village Inn (Coolrain, County Laois) An der N7 zwischen Mountrath und Borris-in-Ossory und am Fuße der Slieve Bloom Mountains wartet die strohgedeckte Kneipe mit traditionellen Livekonzerten und Tanzabenden auf.

---

wohl bekömmlichsten irischen Whiskey, den man am Ende des Rundgangs probieren kann.

Charleville Castle HISTORISCHES GEBÄUDE
(☎057-932 3040; www.charlevillecastle.ie; geführte Touren 30 €, mind. 4 Erw.; ⊙Touren Juni–Aug. 12–17 Uhr, Sept.–April & Juni–Aug. vormittags nach Voranmeldung) Aufgrund seiner Turmspitzen, Ecktürme, Efeuranken und knarzenden Bäume kommt der massive Bau etwas unheimlich daher. Dies war der Familiensitz der Burys, die Francis Johnston, einen berühmten Architekten, 1798 mit dem Bau beauftragten. Das Innere der Burg und die Decken sind spektakulär; außerdem befindet sich hier eine der eindrucksvollsten neugotischen Galerien Irlands. Die Küche wurde von der Bauweise her einer Landkirche nachempfunden.

Eine Besichtigung ist nur im Rahmen einer Führung (35 Min.) möglich. Wer bei der Restaurierung des alten Klotzes helfen will, kann sich den internationalen Freiwilligengruppen anschließen (im Schloss erfährt man mehr darüber). Der Eingang liegt an der N52, südlich von Tullamore. Wenn man Blue Ball erreicht, ist man zu weit gefahren; der Verkehr dort kann ziemlich anstrengend sein.

🛏 Schlafen & Essen

Die Touristeninformation hält eine Liste mit lokalen B&Bs bereit.

Annaharvey Farm B&B €€
(☎057-934 3544; www.annaharveyfarm.ie; Aharney; EZ/DZ ab 55/90 €; P 🐴) Auf dem ruhig gelegenen Pferdehof lernt man das irische Landleben kennen und wird von den Inha-

ABSTECHER

LOUGH BOORA

Im 20. Jh. wurde ein Großteil der einst ausgedehnten Torfmoore für die Stromversorgung abgebaut. Eines dieser Gebiete, der **Lough Boora** (www.loughbooraparklands.com), steht heute im Mittelpunkt eines Naturschutzprojektes. 5 km westlich von Blue Ball an der R357 gelegen, lockt der See mit insgesamt 50 km langen Wanderwegen, auf denen man ausgezeichnet Vögel beobachten kann. Außerdem kann man seltene Pflanzen, eine mesolithische Stätte und eine Reihe beeindruckender **Umweltskulpturen** (www.sculptureinthe parklands.com) entdecken.

---

bern herzlich empfangen. Die Gästeräume sind geschmackvoll und modern eingerichtet und es gibt mehrere Familienzimmer. Darüber hinaus kann man direkt vor der Tür reiten. Der Hof liegt 6 km südöstlich von Tullamore an der R420.

Sea Dew — B&B €€
(057-935 2054; www.seadewguesthouse.com; Clonminch Rd; EZ/DZ ab 45/70 €; P@) Vom Zentrum sind es nur fünf Gehminuten bis zu dieser zweckmäßigen, gastfreundlichen Pension mit zwölf geräumigen, gemütlichen Zimmern. Im üppigen Garten befinden sich eine schöne Außenterrasse und ein Spielplatz für Kinder. Das B&B liegt südlich der Stadtmitte in der Nähe der N80.

Sirocco's — ITALIENISCH €€
(057-935 2839; Patrick St; Hauptgerichte 12–25 €; Do, Fr & So mittags, Mo–Sa abends;) Auf der Karte des beliebten kleinen italienischen Bistros stehen neben frischer Pasta und Pizza auch Fleisch-, Hühnchen- und Fischgerichte. Vorab reservieren.

Praktische Informationen

Touristeninformation (057-935 2617; tullamoredhc@eircom.net; Bury Quay; Mai–Sept. Mo–Sa 9–18 & So 12–17 Uhr, Okt.–April Mo–Sa 10–17 & So 12–17 Uhr) Im Tullamore Dew Heritage Centre.

An- & Weiterreise

BUS Es gibt Verbindungen nach Dublin (14,40 €, 2½ Std., Mo–Fr 5-mal, Sa & So 3-mal) und Waterford (18,90 €, 3¼ Std., 2-mal tgl.) über Portlaoise, Carlow und Kilkenny. Die Busse halten am Bahnhof.

ZUG Von Tullamore fahren Züge Richtung Osten nach Dublin (19 €, 1¼ Std., 12-mal tgl.) und Richtung Westen nach Galway (15 €, 1½ Std., 8-mal tgl.), Westport und Sligo. Der Bahnhof liegt am südwestlichen Stadtrand in der Cormac Street.

Durrow Abbey

Im 6. Jh. gründete der hl. Colmcille (auch als Columba bekannt) die Durrow Abbey, die vor allem für das illustrierte *Book of Durrow* berühmt ist. Es stammt aus dem 7. Jh. und ist bis heute erhalten – eine bemerkenswerte Leistung, wenn man bedenkt, dass es auf einem Bauernhof entdeckt wurde, wo es in der Viehtränke lag, um Krankheiten zu heilen. Inzwischen kann man es im Dubliner Trinity College bewundern.

Die Stätte umfasst fünf frühchristliche Grabsteine und ein herrliches **Hochkreuz** aus dem 10. Jh., dessen komplexe Hochreliefs Isaaks Opfer, das Jüngste Gericht und die Kreuzigung Christi darstellen. Möglicherweise wurde das Kreuz von demselben Bildhauer angefertigt, von dem auch das kunstvoll gestaltete Cross of the Scriptures in Clonmacnoise stammt. Derzeit wird die Durrow Abbey aufwendig restauriert, deshalb könnten bei einem Besuch verschiedene Bereiche geschlossen sein.

Der nördliche Weg an dem Kloster vorbei führt zum **St. Colmcille's Well**, eine heilige Quelle, die durch ein kleines *cairn* (Steingrab) gekennzeichnet ist.

Die Abtei liegt 7 km nördlich von Tullamore am Ende einer langen Straße, westlich der N52.

COUNTY ROSCOMMON

Roscommon ist ein Mekka für Geschichtsfans: Das County wartet mit über 5000 Megalithgräbern, Ringwällen sowie Grabhügeln auf und besitzt einige exzellente Museen. Dazu kommen noch gut erhaltene Herrenhäuser und wundervolle Klosterruinen. Umso verwunderlicher ist es, dass die Grafschaft kaum Besucher anlockt. Neben vielen romantischen Flecken bietet Roscommon auch eine herrliche, mit Seen übersäte Hügellandschaft, die von den Flüssen Shannon und Suck durchzogen wird und ein Paradies für Angler ist.

Strokestown & Umgebung

780 EW.

Strokestowns Hauptstraße ist eine prachtvolle, von Bäumen gesäumte Chaussee. Sie zeugt von den hochfliegenden Bestrebungen eines Landeigentümers aus der Gegend: Dieser wollte die breiteste Straße in ganz Europa bauen. Heute ist sie die auffallendste Attraktion in dem verschlafenen Örtchen, das man in erster Linie für sein historisches Gut und das Famine Museum kennt.

Am Bank-Holiday-Wochenende im Mai geht's dann aber beim **International Poetry Festival** (www.strokestownpoetry.org) sehr lebhaft zu.

◉ Sehenswertes

Strokestown Park House & Famine Museum HISTORISCHES GEBÄUDE
(www.strokestownpark.ie; Eintritt Haus, Museum & Garten 12 €, Haus, Museum oder Garten 8 €; ◉10.30–17.30 Uhr) Am Ende der Hauptstraße führen drei gotische Torbogen zum Strokestown Park House.

Das ursprünglich 12 000 ha große Anwesen wurde Nicholas Mahon von König Karl II. für seine Unterstützung im englischen Bürgerkrieg überschrieben. Nicholas' Enkel Thomas beauftragte im frühen 18. Jh. Richard Cassels mit dem Bau eines Landhauses im palladianischen Stil. Im Laufe der Jahrhunderte verkam das Gut und der Stern der Familie sank. Als es 1979 schließlich verkauft wurde, war der Grundbesitz auf 120 ha zusammengeschmolzen. Immerhin ist die Ausstattung noch intakt.

Besucher können das Haus in einer 45-minütigen **Führung** besichtigen, bei der man u. a. eine aufwendig ausgestattete Küche mit den seinerzeit modernsten mechanischen Geräten sowie ein Kinderzimmer mit vielen Spielsachen aus dem 19. Jh. und lustigen Zerrspiegeln sieht.

Der **ummauerte Garten** enthält die längste Staudenrabatte von Irland und Britannien mit sommerlichem Blütenflor in allen Regenbogenfarben.

In denkbar größtem Gegensatz zu Haus und Garten steht das bewegende **Strokestown Famine Museum**, das die verheerende Hungersnot der 1840er-Jahre dokumentiert. Um die langen Texttafeln zu lesen, muss man sich ziemlich konzentrieren, doch es lohnt sich. Das Museum gibt einen tiefen Einblick in die Vergangenheit und beschreibt die Ignoranz sowie Brutalität derer, die eigentlich hätten helfen können. Der in Strokestown ansässige Gutsbesitzer Major Denis Mahon setzte hungernde Bauern, die ihre Pacht nicht zahlen konnten, skrupellos vor die Tür und ließ sie mit Booten aus Irland abtransportieren. Fast 600 der 1000 Verschleppten starben auf den überladenen *„coffin ships"* (Sargschiffe). Da verwundert es kaum, dass Mahon 1847 von einigen seiner Pächter umgebracht wurde. Daneben weist das Museum auch auf heutige Hungernde hin. Für die Besichtigung des Hauses, des Museums und des Gartens sollte man mindestens einen halben Tag einplanen.

Cruachan Aí Visitor Centre ANTIKE STÄTTE
(www.rathcroghan.ie; Tulsk; Erw./Kind 5/3 €; ◉Mo–Sa 9–17 Uhr) Wer sich für keltische Mythologie interessiert, wird von der Gegend rund um das Dorf Tulsk begeistert sein, denn hier befinden sich 60 Nationaldenkmäler, darunter Menhire, Stein- und Hügelgräber sowie Befestigungen. Dieser Ort war der bedeutendste keltische Königssitz Europas.

In den letzten 3000 Jahren blieben die Landschaft und ihre heiligen Stätten nahezu unberührt. Bisher hat man erst eine leise Ahnung von der Bedeutung der Region, da noch nicht alle Ausgrabungen abgeschlossen sind. Trotzdem steht bereits fest, dass die Stätte größer und älter ist als Tara im County Meath, und dass sie einst als Hauptsitz der irischen Machthaber diente. Jetzt soll sie vielleicht Weltkulturerbe der Unesco werden.

Im Besucherzentrum gibt's Tafeln, Karten und eine audiovisuelle Show, mit denen die Bedeutung der Stätte erklärt wird. Außerdem informiert es über die aktuelle Zugänglichkeit der in Privatbesitz befindlichen Kultstätten.

Nach der Sage von *Táin Bó Cúailnge (Der Rinderraub von Cooley)* hatte Königin Maeve (Medbh) ihren Palast in Cruachan. Die nahe gelegene Höhle von Oweynagat (Katzenhöhle) war der Eingang zum keltischen Jenseits (Anderswelt). Wer es wagt, einzutreten, sollte sich die Steine am Eingang genau ansehen. Hier sieht man ein 1911 entstandenes Graffiti von Douglas Hyde, Irlands erstem Präsidenten.

Tulsk liegt 10 km westlich von Strokestown an der N5. Bus Éireann bietet Verbindungen von Dublin nach Westport mit einem Halt am Besucherzentrum.

Boyle & Umgebung

1600 EW.

Boyle, ein ruhiges Örtchen am Fuße der malerischen Curlew Mountains, lohnt dank seiner Sehenswürdigkeiten einen Zwischenstopp. Zu den Attraktionen gehören die Boyle Abbey, ein 4000 Jahre alter Dolmen, das King House Interpretive Centre und ein von Inseln übersäter Waldpark.

Besucher, die Ende Juli anreisen, sollten sich das lebhafte **Boyle Arts Festival** (www.boylearts.com) mit zahlreichen Veranstaltungen (Musik, Theater, Geschichtenerzählen, Ausstellungen zeitgenössischer Kunst) nicht entgehen lassen.

Geschichte

Boyles Geschichte ist gleichzeitig die Geschichte der Familie King. Der aus Staffordshire in England stammende John King erhielt 1603 ein Lehen in Roscommon mit der Auflage, die Iren fortan Gehorsam und Unterwürfigkeit zu lehren. In den nächsten 150 Jahren vermehrten seine Nachkommen durch vorteilhafte Eheschließungen und kaltblütige Eroberungen ihren Ruhm und ihr Vermögen und waren eine der reichsten Grundbesitzerfamilien Irlands. Rund um ihr wachsendes Anwesen wurde auch Boyle immer größer.

Das King House wurde 1730 errichtet, allerdings zog die Familie 1780 in das noch weitläufigere Rockingham House im heutigen Lough Key Forest Park um, das 1957 durch einen Brand zerstört wurde.

1911 wurde die Schauspielerin Maureen O'Sullivan (die Mutter von Mia Farrow) in einem Haus an der Hauptstraße gegenüber der Bank of Ireland geboren.

⊙ Sehenswertes

GRATIS **King House Interpretive Centre**

HISTORISCHES GEBÄUDE

(www.kinghouse.ie; Main St; ⊙April–Sept. Di–Sa 11–16 Uhr) Nachdem die Kings ins Rockingham House umgezogen waren, diente das imposante georgianische King House als Kaserne für die raubeinigen Connaught Rangers. 1987 erwarb es das County und baute es für rund 3,8 Mio. € zum King House Interpretive Centre um. Skurrile Modelle aus allen Epochen erzählen die turbulente Geschichte der Könige von Connaught sowie des Ortes Boyle und lassen die Familie King wieder auferstehen. Dabei wird auch die Unterdrückung Untergebener während der verschiedenen Hungersnöte nicht verschwiegen. Kinder können Kopien alter Kleidung, Schmuck und Lederschuhe anprobieren, mit einem Federkiel schreiben, eine Regimentstrommel ertönen lassen und aus speziell geformten Steinblöcken ein Deckengewölbe konstruieren.

Im ummauerten Innenhof findet samstags ein **Biomarkt** statt (⊙Sa 10–14 Uhr). Er bietet eine tolle Auswahl an biologisch erzeugtem Fleisch, Fisch, Käsesorten, Chutney, Brot und heißen Suppen.

Boyle Abbey HISTORISCHES GEBÄUDE

(www.heritageireland.ie; Erw./Kind/Fam. 3/1/8 €; ⊙Ostern–Ende Okt. 10–18 Uhr, letzter Einlass 45 Min. vor Schließung) Die sorgfältig renovierte (und dem Vernehmen nach von Geistern heimgesuchte) Boyle Abbey wartet mit einer malerischen Lage am Fluss Boyle auf. Sie wurde 1161 von Mönchen aus Mellifont im County Louth gegründet und demonstriert den Übergang vom romanischen zum gotischen Stil. Das ist am besten im Hauptschiff zu sehen, wo sich Bogen beider Stilrichtungen gegenüberstehen. Ungewöhnlich für die Architektur der Zisterzienser sind die mit Figuren und Tierreliefs geschmückten Kapitele im Westteil. Nach der Säkularisierung der Klöster wurde das Gebäude von der Armee beschlagnahmt. Der steinerne Kamin am Südende (einst das Refektorium) stammt aus dieser Epoche.

Bis 17 Uhr gibt's jede volle Stunde 40-minütige Führungen durch die Abtei.

Lough Key Forest Park HISTORISCHER PARK

(www.loughkey.ie; Eintritt zum Wald frei, Parkplatz 4 €; ⊙April–Aug. 10–18 Uhr, Sept.–März Fr–So 10–17 Uhr) Seit Langem ist der Lough Key Forest Park wegen seiner malerischen Ruinen beliebt, darunter eine Abtei aus dem 12. Jh. auf Trinity Island und ein Bau aus dem 19. Jh. auf Castle Island. Familien begeistern sich vor allem für den Wunschsessel, den Sumpfgarten, die Elfenbrücke und den Aussichtsturm. Wanderer freuen sich über zahlreiche markierte Pfade.

Einst war der 350 ha große Park Teil des Rockingham-Anwesens, das die Familie King vom 17. Jh. bis 1957 besaß. In jenem Jahr wurde das von John Nash entworfene Gebäude durch einen Brand zerstört. Nur ein paar Ställe, Nebengebäude und Tunnel (diese sollten die Dienerschaft vor den erlauchten Blicken der Herrschaft verbergen) blieben erhalten.

Darüber hinaus befinden sich auf dem Gelände ein **Besucherzentrum** und die **Lough Key Experience** (Erw./Kind 7,50/5 €), zu der ein 250 m langer, 7 m über dem Boden verlaufender Baumwipfelpfad mit einer schönen Aussicht aufs Wasser gehört. Weitere neue Attraktionen sind die **Boda Borg Challenge** (13 €, mind. 3 Pers.) mit mehreren Räumen, in denen es verschiedene Freizeitangebote und Puzzles (ideal für Regentage) gibt, sowie ein **Abenteuerspielplatz** (Erw./Kind 5 €/Eintritt frei).

Im Juli und August bietet **Lough Key Boats** (www.loughkeyboats.com) Wasserskikurse, unterhaltsame Bootsausflüge, einen Ruderbootverleih und Angelausrüstungen an (hier wurden schon Hechte mit Rekordgewicht gefangen).

Lough Key liegt 4 km östlich von Boyle an der N4. Bus Éireann steuert auf der Route zwischen Sligo und Dublin häufig auch Boyle und den Park an.

GRATIS Drumanone Dolmen MONUMENT

Dieser beeindruckende Portaldolmen, einer der größten seiner Art in Irland, ist 4,5 m breit und 3,3 m hoch und wurde vor mindestens 4000 Jahren errichtet. Er ist nicht ganz einfach zu finden: Man folgt zunächst der Patrick Street und dann der R294 etwa 3 km stadtauswärts. Hinter einer Eisenbahnbrücke steht ein Schild zum Dolmen. Vorsicht: Hier muss man die viel befahrene Bahnstrecke überqueren!

GRATIS Douglas Hyde Interpretive Centre MUSEUM

(094-987 0016; dogara@roscommoncoco.ie; Frenchpark; Mo–Fr 11–17, Juli & Aug. Sa & So 14–18 Uhr oder nach Voranmeldung) Das Leben des aus Roscommon stammenden Dr. Douglas Hyde (1860–1949) – Dichter, Autor und erster Präsident Irlands – wird im Douglas Hyde Interpretive Centre gewürdigt. Neben einer politischen Tätigkeit war Hyde 1893 einer der Gründer der Gaelic League. Er sammelte ein Leben lang irische Lyrik und Folklore, die ansonsten vielleicht für immer verloren wären.

Das Zentrum befindet sich in einer ehemaligen protestantischen Kirche in Frenchpark 12 km südwestlich von Boyle an der R361. Öffnungszeiten erfährt man telefonisch.

Arigna Mining Experience
HISTORISCHE STÄTTE

(www.arignaminingexperience.ie; Erw./Kind 10/6 €; 10–17 Uhr) Irlands ersten und letzten Kohlebergwerks (um 1600 bis 1990) wird mit der Arigna Mining Experience in den Bergen oberhalb von Lough Allen gedacht. Besonders spannend ist die 40-minütige Tour, die 400 m in die Tiefe der Kohleflöze führt. Sie wird von ehemaligen Bergleuten geleitet, die die harten und gefährlichen Arbeitsbedingungen selbst erfahren haben. Bitte festes Schuhwerk tragen, denn der Boden kann matschig sein.

🏃 Aktivitäten

Der 118 km lange **Arigna Miners Way & Historical Trail** vom nördlichen Roscommon über das östliche Sligo und mitten durch Leitrim besteht aus mehreren gut ausgeschilderten Pfaden und Bergpässen, die Bergarbeiter auf ihrem Weg zur Arbeit nahmen. Eine Broschüre mit detaillierter Wegführung erhält man in den örtlichen Touristeninformationen.

🛏 Schlafen

Boyle wartet mit einem ganzen Haufen großartiger B&Bs auf.

Lough Key House B&B €€

(071-966 2161; www.loughkeyhouse.com; Rockingham; EZ/DZ ab 50/85 €; P@) In dem wunderschön restaurierten, georgianischen Landhaus fühlt man sich sofort wohl. Die drei Zimmer sind individuell mit historischen Möbeln sowie in geschmackvollem, elegantem Stil eingerichtet und die Frühstückseier stammen von den Hühnern der Inhaber. Gäste können hier Räder ausleihen, außerdem wird man abgeholt, wenn man mit dem Bus anreist. Das Lough Key House liegt etwa 5 km östlich von Boyle an der N4.

Forest Park House B&B €€

(071-966 2227; www.bed-and-breakfast-boyle.com; Rockingham; EZ/DZ 45/80 €; P🛜) Eine zweckmäßig eingerichtete Pension nahe dem Eingang zum Waldpark 4 km östlich von Boyle an der N4. Sie verfügt über geräumige, moderne Zimmer mit Kiefernholzmöbeln und frischer, weißer Bettwäsche.

Cesh Corran B&B €€

(071-966 2265; www.marycooney.com; Abbey Tce; EZ/DZ 55/80 €; P🛜) Dieses makellos geführte Haus mit Blick auf die Klosterruinen hat helle, einfache Zimmer und bietet seinen Gästen ein herzliches Willkommen. Es gibt einen Garten, gesundes Frühstück und einen separaten Kühlschrank, in dem Angler ihre Köder aufbewahren können.

Lough Key Caravan & Camping Park
CAMPINGPLATZ €

(www.loughkey.ie; Campingplatz pro Pers. 12 €; April–Aug.) Der Campingplatz liegt im malerischen Lough Key Forest Park und ist hervorragend ausgestattet, z. B. mit einem Gemeinschaftsraum, einer Waschküche und einem Spielplatz.

✖ Essen

Boyle bietet die übliche Palette an China- und Fast-Food-Restaurants. Eine bessere Auswahl gibt's in Carrick-on-Shannon.

Moving Stairs MEDITERRAN €€
(The Crescent; Hauptgerichte 14–18 €; ⊙Mi–So 17–22 Uhr) Auf der Karte des besten Pub-Restaurants der Stadt stehen Steaks, Hühnchengerichte und eine gute marokkanische Lamm-Tajine. Abends geht's hier besonders lebhaft zu, denn dann lockt das Moving Stairs häufig mit Livemusik.

Stone House Cafe CAFÉ €
(Bridge St; Mittagessen 5–8 €; ⊙Mo–Sa 10–18 Uhr) Einst wohnte in diesem Häuschen am Fluss der Pförtner des Frybrook House. In dem Café bekommt man sehr gute Suppen, Sandwiches, Panini und Kuchen und kann beim Essen dem Rauschen des Flusses lauschen.

🍷 Ausgehen & Unterhaltung

Wynne's Bar PUB
(Main St) Die urige alte Bar im Ortszentrum ist berühmt für ihre traditionellen Musiksessions am Freitagabend. Wer Wert auf einen Sitzplatz legt, sollte früh herkommen.

❶ Praktische Informationen

Úna Bhán Tourism Cooperative (☎071-966 3033; www.unabhan.net; ⊙Mai–Aug. tgl. 9–18 Uhr, Sept.–April 9–17 Uhr) Eine lokale Kooperative auf dem Gelände des King House.

❶ An- & Weiterreise

BUS Die Busse zwischen Dublin (17,10 €, 3½ Std.) und Sligo (10,26 €, 45 Min.) halten auch nahe dem King House in Boyle. Montags bis samstags gibt's täglich sechs Verbindungen, samstags fünf.

ZUG Jeden Tag fahren acht Züge nach Sligo (14,70 €, ½ Std.) und Dublin (27,50 €, 2½ Std.) über Mullingar. Der Bahnhof befindet sich in der Elphin Street.

Roscommon (Stadt)

5020 EW.

Das quirlige Wirtschaftszentrum der Grafschaft hat kaum große Touristenattraktionen, aber einen schmucken Stadtkern, einige bedeutende Kloster- und Burgruinen und ansprechende Übernachtungsmöglichkeiten. Leider haben gedankenlose Planer dafür gesorgt, dass an der Umgehungsstraße der Stadt gesichtslose Bauten für Läden hochgezogen wurden.

⊙ Sehenswertes

Das ehemalige Gerichtsgebäude auf dem Hauptplatz beherbergt inzwischen eine Filiale der Bank of Ireland. Gegenüber sieht man noch die Fassade des **alten Gefängnisses**. Einheimische erzählen gerne die grausige Geschichte der hier gehängten Lady Betty.

Roscommon Castle HISTORISCHES GEBÄUDE
(⊙Morgen- bis Abenddämmerung) Die beeindruckenden Ruinen der normannischer Burg stehen einsam auf einem Feld nördlich der Stadt, hübsch eingerahmt von einer reizvollen Wiesenlandschaft und einem kleinen See, der zum Neustadtpark gehört. 1269 erbaut, wurde die Festung fast unmittelbar nach ihrer Fertigstellung von irischen Kriegern zerstört. So turbulent ging es weiter, bis sie 1652 von Cromwell endgültig eingenommen wurde. Massive Mauern und runde Bastionen zeugen von der einstigen Bedeutung des Bauwerks.

Roscommon County Museum MUSEUM
(The Square; Erw./Kind 2/1 €; ⊙Juni–Mitte Sept Mo–Fr 10–15 Uhr) Das in einer ehemaliger Presbyterianerkirche untergebrachte Museum zeigt einige interessante Exponate, darunter auch eine Steinplatte mit Inschrift aus dem 9. Jh., die aus dem Kloster des hl. Coman stammt, und eine mittelalterliche *sheila-na-gig*. Vermutlich soll das ungewohnte Fensterdekor mit Davidstern die Heilige Dreifaltigkeit repräsentieren.

Dominican Priory HISTORISCHES GEBÄUDE
(⊙Morgen- bis Abenddämmerung Am Südrand der Stadt, abseits der Circular Road, liegen die Überreste dieses Klosters aus dem 14. Jh. fast komplett hinter einer Grundschule versteckt. Ausgefallene Reliefs aus dem 15. Jh. zeigen *gallóglí* (Söldner), die acht Schwerter und eine Axt schwingen und offenbar ein frühes Abbild des Klostergründers Felim O'Conor an der Nordwand beschützen sollten.

La-Tène-Stein ANTIKE STÄTTE
7 km südwestlich der Stadt steht auf einem Privatgrundstück in Castlestrange an der R366 ein seltener spiralförmig beschrifteter **La-Tène-Stein** aus der Eisenzeit.

Aktivitäten

In der Touristeninformation gibt's eine Broschüre und eine Karte zum **Suck Valley Way**, einen 75 km langen Wanderweg am Suck entlang. Der Fluss ist bei Anglern beliebt, denn hier wimmelt es von Rotfedern, Schleien, Hechten und Flussbarschen.

Schlafen & Essen

Castlecoote House
BOUTIQUE-HOTEL €€

(090-666 3794; www.castlecootehouse.com; Castlecoote; EZ/DZ ab 99/158 €; P) Das schön restaurierte georgianische Landhaus verfügt über fünf romantische Zimmer mit antiken Möbeln und einem Blick auf den Obstgarten, die Schlossruine oder den Fluss. Zur Einrichtung gehören Marmorkamine, Himmelbetten und Kronleuchter. Auf dem Rasen wird Krocket gespielt. Das Hotel liegt 8 km südwestlich von Roscommon. Man erreicht es auf der R366 in Richtung Fuerty und fährt dann bis Castlecoote. Beim Überqueren der Brücke in Richtung Dorf sieht man das Doppeltor des Castlecoote House auf der rechten Seite.

Gleeson's
B&B €€

(090-662 6954; www.gleesonstownhouse.com; The Square; EZ/DZ ab 65/80 €, Hauptgerichte Café 8–13 €, Restaurant 14–20 €; Café 8–18 Uhr, Restaurant 12–15 & 18.30–21.15 Uhr; P @) In dem denkmalgeschützten Stadthaus aus dem 19. Jh. wird man herzlich empfangen. Es steht etwas zurückversetzt vom Square in einem von bunten Lichtern beleuchteten Hof. Die Zimmer sind in hellen, mediterranen Farben dekoriert und verströmen gemütliches Landhausambiente. Unten gibt's ein Café und ein Restaurant, in dem solide, aber eher biedere Gerichte serviert werden.

Jacksons
IRISCH €€

(090-663 4140; www.jacksons.ie; The Square; EZ/DZ 50/80 €, Hauptgerichte mittags 5–13 €, abends 16–20 €; Mo–Di abends geschl.) Das beste Lokal der Stadt wird von einem preisgekrönten Küchenchef geführt, der aus regionalen Erzeugnissen echte Köstlichkeiten zaubert, z. B. interessante Fleisch-, Fisch- und Wildkombinationen. Im Obergeschoss befinden sich zehn große, moderne Zimmer mit warmer Holzmöblierung und viel Licht.

Praktische Informationen

Easons (090-662 5049; The Square; 9–19 Uhr) Internetzugang im oberen Stockwerk für 3 € pro Stunde.

Touristeninformation (090-662 6342; www.visitroscommon.com; The Square; Juni–Aug. Mo–Sa 10–13 & 14–17 Uhr) Im Roscommon County Museum neben der Post. Hier erhält man einen Stadtplan und Wanderkarten.

An- & Weiterreise

BUS Die Expressbusse zwischen Westport (14,40 €, 2¼ Std.) und Dublin (17,10 €, 3 Std.) via Athlone halten dreimal täglich (So 2-mal) an der Mart Road in Roscommon.

ZUG Der Bahnhof liegt in Abbeytown südlich des Stadtzentrums. Züge steuern ihn viermal täglich auf der Fahrt zwischen Dublin (27 €, 2 Std.) und Westport (15–26 €, 1½ Std.) an.

COUNTY LEITRIM

Die Vorzüge des bescheidenen Countys sind ein gut gehütetes Geheimnis, was den Einheimischen ganz recht zu sein scheint. Diese schätzen die wilde Landschaft sowie den authentischen ländlichen Charme und hegen eine Abneigung gegen jeden, der die Ursprünglichkeit der Gegend zerstören will. Besucher werden jedoch begeistert empfangen. Beliebte Angelplätze, Wasserstellen oder Kneipen nennt man allerdings nur denen, die hier mindestens in der zweiten Generation leben.

Im 19. Jh. wurde Leitrim von der Hungersnot heimgesucht, später hatte es dann mit Massenemigration und Arbeitslosigkeit zu kämpfen. Heute ist es ein beliebter Unterschlupf für Künstler, Schriftsteller und Musiker und ein echtes Paradies für Bootsfahrer.

Der Lough Allen teilt Leitrim fast in zwei Teile, und die größte Attraktion in der Region ist der gewaltige Fluss Shannon. Carrick-on-Shannon, ein lebhaftes Zentrum und Hauptstadt der Grafschaft, eignet sich wunderbar als Ausgangspunkt, um die Region zu erkunden – sei es zu Wasser oder zu Land.

Carrick-on-Shannon

3170 EW.

Carrick-on-Shannon ist ein charmantes, blühendes Städtchen mit einer Lage direkt am Fluss. Seit der Fertigstellung des Shannon-Erne-Kanals geht's in seinem Jachthafen hoch her. Bei Wochenendausflüglern erfreut sich der Ort großer Beliebtheit. Er verfügt über eine gute Auswahl an Unterkünften und blickt mit Stolz auf seine wunderbare Musik- und Kunstszene. Wenn man im Sommer herkommen will, sollte man seinen Aufenthalt besser weit im Voraus planen.

Im 17. und 18. Jh. war Carrick eine protestantische Enklave. Die eleganten Gebäude rund um die Stadt zeugen noch vom einstigen Reichtum der Bürger. Katholiken war es gestattet, in einem „the Liberty" genannten Ortsteil (Uferseite von Roscommon) zu leben.

⊙ Sehenswertes

Auf der St. George's Terrace befinden sich einige außergewöhnliche Bauten des frühen 19. Jhs., darunter **Hatley Manor**, Sitz der Familie George, und das alte **Gerichtsgebäude**. In der Nähe liegt der restaurierte **Market Yard**.

Costello Chapel KIRCHE
(Bridge St; ⊙Ostern–Sept. 10–16.30 Uhr) Europas kleinste Kapelle ist nur 3,6 m breit und 5 m lang. Sie wurde 1877 von Edward Costello im Gedenken an seine früh verstorbene Frau Mary errichtet. Heute ruht das Paar wieder vereint in der Kapelle. Das Innere des Gebäudes besteht aus grauem Kalkstein mit einem einzigen bunten Glasfenster. Zu beiden Seiten der Tür liegen die einbalsamierten Leichen in Bleisärgen unter Glas. Falls die Tür versperrt sein sollte, kann man sich den Schlüssel im St. George's Heritage Centre holen.

St. George's Heritage Centre MUSEUM
(St. Mary's Close; Eintritt 5 €; ⊙Mi–Fr 11–16 Uhr) Das in einer restaurierten Kirche untergebrachte Museum präsentiert die Geschichte und Landschaft Leitrims von den alten gälischen Traditionen bis zu den Zeiten der Siedler. Zu einem Besuch des Heritage Centre gehören auch ein kurzer Spaziergang durch die Stadt, bei dem die Geschichte ihres architektonischen Erbes erklärt wird, sowie die Besichtigung des alten Zuchthauses der Hungersnotzeit.

🏃 Aktivitäten

Bootsverleih

Carrick ist der beste Ort am Shannon-Erne-Kanal, um ein Boot zu mieten. Die 16 Kanalschleusen funktionieren vollautomatisch, man benötigt keine Lizenz und erhält vor dem Auslaufen ausführliche Anweisungen zur Bedienung des Bootes. Bitte nicht vergessen, eine Karte der Kanäle (in Buchhandlungen und bei den Verleihstellen erhältlich) mitzunehmen, in der u. a. Wassertiefe und Lage der Schleusen verzeichnet sind. Die Preise für ein Boot mit zwei Kojen liegen in der Hauptsaison bei mindestens 1000 € pro Woche. Mehr Informationen dazu gibt's z. B. bei **Carrick Craft** (www.carrickcraft.com) und **Emerald Star** (www.emeraldstar.ie).

Bootstouren

Einstündige Rundfahrten auf dem Shannon kann man auf der **Moon River** (www.moon-river.net; The Quay) unternehmen, einem Schiff mit 110 Sitzplätzen. Zwischen Mitte März und Oktober gibt's täglich mindestens zwei Touren (15 €), im Juli und August maximal vier. Genaueres steht auf den Infotafeln am Kai.

Angeln

Carrick-on-Shannon Angling Club
(☎071-962 0313; Ashleigh House) Die beste Adresse für Angelinfos.

Regatta

Carrick Rowing Club (www.carrickrowingclub.com) Veranstaltet am ersten Sonntag im August eine beliebte Regatta.

🛏 Schlafen

Carrick verfügt über eine gute Auswahl an Unterkünften, darunter zahlreiche B&Bs und ein paar große, allerdings eher gesichtslose Hotels.

Wer gerne mal ganz romantisch und in historisch-elegantem Ambiente übernachten will: Nur wenige Kilometer von Carrick entfernt gibt's zwei luxuriöse Burghotels. Spezialangebote findet man auf den Websites der beiden Häuser.

Hollywell B&B €€
(☎071-962 1124; hollywell@esatbiz.com; Liberty Hill; EZ/DZ ab 65/100 €; ⊙Mitte Feb.–Mitte Nov.; P 🏠) Auf der Roscommon-Seite des Flusses bietet das elegante, efeubewachsene georgianische Landhaus geräumige, ruhige Zimmer mit riesigen Betten. Die beiden besten haben einen großzügigen Sitzbereich mit tollem Blick auf den Fluss. Darüber hinaus warten die Gastgeber mit einem reichhaltigen Wissen über die Region und einem unschlagbaren Frühstück auf. Wegen der antiken Möbel und der unmittelbaren Nähe zum Wasser ist das Haus für Familien mit kleineren Kindern nicht zu empfehlen.

Ciúin House B&B €€
(☎071-967 1488; www.ciuinhouse.com; Hartley; EZ/DZ 55/90 €; P @) Diese reizende, zweckorientierte Pension am Stadtrand ist nur einen kurzen Fußweg von der Hauptstraße entfernt. Sie besitzt 15 geräumige Zimmer

mit einfachen, stilvollen Möbeln, orthopädischen Betten, frischer Bettwäsche und Jacuzzi-Bädern. Wer hier übernachten möchte, geht bis zum Ende der Main Street, biegt dann links in die Leitrim Road ab und nimmt an der Gabelung nach Hartley erneut die linke Straße.

Caldra House   B&B €€
(071-962 3040; www.caldrahouse.ie; Caldragh; EZ/DZ 45/78 €; P@) Ein efeubewachsenes georgianisches Haus, das mit einem außergewöhnlich guten Preis-Leistungs-Verhältnis aufwartet. Die vier Zimmer sind mit Antiquitäten und zarten Blumenmustern dekoriert. Das B&B liegt sehr ruhig in einem großen Garten 3 km außerhalb von Carrick. Um es zu erreichen, folgt man der R280 in Richtung Norden aus der Stadt heraus und biegt nach 2 km links sowie an der T-Kreuzung rechts ab.

Lough Rynn Castle   HOTEL €€
(071-963 2700; www.loughrynn.ie; Mohill, Co Leitrim; Zi. ab 130 €) Der Gebäudekomplex aus dem 19. Jh. befindet sich auf einem 75 ha großen Anwesen am Ufer des Lough Rynn 10 km östlich von Carrick.

Kilronan Castle   HOTEL €€€
(071-961 8000; www.kilronancastle.ie; Ballyfarnon, Co Roscommon; Zi. ab 160 €) Eine imposante Burg mit Blick auf den Lough Meelagh, 10 km nordwestlich von Carrick.

Essen

The Cottage   IRISCH €€
(071-962 5933; http://cottagerestaurant.ie; James Town; Hauptgerichte 16–26 €; ⊙So mittags, Mi–So abends;) Dieses bescheiden aussehende Lokal in einem kleinen weiß getünchten Cottage mit Blick auf ein Wehr täuscht über die Qualität der Küche hinweg. Auf der Speisekarte steht eine kleine, aber verlockende Auswahl an Gerichten mit Gemüse aus dem hauseigenen Foliengewächshaus, Fleisch von lokalen Erzeugern und handgemachter Käse. Die asiatischen Wurzeln des Küchenchefs und Besitzers offenbaren sich in Gerichten wie Entenconfit in asiatischem Teig mit Gewürzorangen, eingelegtem Kraut und süßsaurer Gurke oder gegrillter Rinderlende mit Süßkartoffeln, Kümmel, Lamm-Samosas und Koriander-Joghurt. Der 5 km weite Abstecher in den Südosten von Carrick nach Jamestown in der Nähe der N4 lohnt sich also!

Oarsman   FUSIONSKÜCHE €€€
(071-962 1733; www.theoarsman.com; Bridge St; Hauptgerichte mittags 6–13 €, abends 19–25 €; ⊙ Di–Sa mittags, Do–Sa abends) Im entspannten Oarsman, das wie ein Pub aussieht, genießt man hochwertige Küche aus lokalem und biologischem Anbau, z. B. traditionelle irische und asiatisch inspirierte Gerichte mit modernem Touch. Zwischen dem Mittag- und Abendessen kann man sich mit ein paar kleinen Happen und Barsnacks sättigen. Außerdem gibt's gutes Bier.

Victoria Hall Restaurant   ASIATISCH €€
(071-962 0320; www.victoriahall.ie; Victoria Hall, Quay Rd; Hauptgerichte mittags 9–11 €, abends 17–24 €;) Bei den Einheimischen erfreut sich das elegante historische Lokal großer Beliebtheit. Vor Kurzem wurde es umfassend renoviert und trumpft nun mit einer stilvollen minimalistischen Inneneinrichtung sowie einem schönen Essbereich im ersten Stock auf. In der offenen Küche werden exzellente asiatische und europäische Gerichte wie Bentos (15,50 €) und *boxty*-Wraps (traditioneller Kartoffelpfannkuchen) mit Füllung im Thai-Stil (11 €) zubereitet.

Vittos   ITALIENISCH €€€
(www.vittosrestaurant.com; Market Yard; Hauptgerichte 14–25 €; ⊙Di–Sa;) Das familienfreundliche Restaurant ist in einer Fachwerkscheune untergebracht und punktet mit zahlreichen klassisch italienischen sowie traditionell irischen Köstlichkeiten und ein paar weniger guten Grillangeboten. Der Service ist schnell und freundlich, die Atmosphäre warm und gemütlich.

Ausgehen

Flynn's Corner House   PUB
(Ecke Main St & Bridge St) Neben reichlich Guinness bietet das authentische Pub jeden Freitagabend Livemusik.

Cryan's   PUB
(Bridge St) Eine traditionelle kleine Kneipe ohne Schnörkel. Samstags und sonntags finden hier traditionelle Sessions statt.

Anderson's Thatch Pub   PUB
(www.andersonspub.com; Elphin Rd) Das traditionelle strohgedeckte Pub wartet mit tollen Musiksessions (Mi, Fr & Sa), einem urigen Ambiente und ländlichem Charme auf. Man erreicht es, wenn man der R368 vom Stadtzentrum aus 4 km Richtung Süden folgt.

DER SHANNON-ERNE-KANAL

Irlands zwei Hauptflüsse, der Shannon und der Erne, wurden Mitte des 19. Jhs. im Rahmen eines Bewässerungsplans für den unfruchtbaren Boden der Region durch einen Kanal miteinander verbunden. Die Wasserstraße brachte jedoch keinen Erfolg und verfiel ab den 1870er-Jahren.

Ganz anders verhält es sich mit dem 1994 eröffneten Shannon-Erne-Kanal. Das weitsichtige Sanierungsprojekt schuf eine symbolische Verbindung zwischen Nordirland und der Republik. Es besteht aus einem beeindruckenden, 750 km großen Netzwerk aus Flüssen, Seen und künstlichen Schifffahrtskanälen. Der Kanal führt vom Shannon in der Nähe des Dorfes Leitrim (4 km nördlich von Carrick-on-Shannon) durch den Nordwesten der Grafschaft Cavan bis zum Südufer des Upper Lough Erne knapp hinter der Grenze Nordirlands im County Fermanagh.

☆ Unterhaltung

Dock Arts Centre THEATER
(www.thedock.ie; St George's Tce; ⊙ Mo–Sa 10–18 Uhr) Auf dem Programm des Kulturzentrums im früheren Gerichtsgebäude aus dem 19. Jh. stehen Performances, Ausstellungen und Workshops. Außerdem befindet sich hier das **Leitrim Design House** (www.leitrimdesignhouse.ie), in dem Arbeiten regionaler Künstler, Designer sowie Kunsthandwerker ausgestellt werden.

❶ Praktische Informationen

Gartlan's Internet Cafe (Bridge St; 3 € pro Std.; ⊙Mo–Fr 9.30–19, Sa 10–18 Uhr)
Post (St. George's Tce)
Touristeninformation (☏071-962 3274; www.leitrimtourism.com; Old Barrel Store, The Quay; ⊙Ostern–Sept. 9.30–17 Uhr) Hier bekommt man eine Karte mit einer Spazierstrecke zu den Sehenswürdigkeiten der Stadt.

❶ An- & Weiterreise

BUS Montags bis samstags gibt's pro Tag sechs und sonntags fünf Verbindungen von Dublin (17,10 €, 3 Std.) nach Sligo (11,70 €, 1 Std.) mit einem Halt in Carrick. Die Busse halten vor Coffey's Pastry Case an der Bridge Street.

ZUG Von Carrick fahren täglich acht Züge nach Dublin (27,50 €, 2¼ Std.) und Sligo (15 €, 55 Min.). Der Bahnhof liegt 15 Minuten vom Stadtzentrum entfernt an der Flussseite von Roscommon. Wer dorthin will, hält sich hinter der Brücke rechts und biegt bei der Tankstelle links in die Station Road ein.

North Leitrim

Nördlich und westlich von Carrick-on-Shannon kommt Leitrims Landschaft erst richtig zur Geltung: Zerklüftete Hügel, stahlgraue Seen und isolierte Cottages versprühen einen einzigartigen ländlichen Charme. In diesem scheinbar vergessenen Teil des Landes findet man eine Reihe lohnenswerter Attraktionen. Alle Sehenswürdigkeiten sind auf einem Tagesausflug von Sligo aus problemlos erreichbar.

Wer die Region gerne zu Fuß erkunden möchte: Der **Leitrim Way**, ein 48 km langer Wanderweg, beginnt in Drumshanbo und endet in Manorhamilton.

◉ Sehenswertes & Aktivitäten

Parke's Castle HISTORISCHES GEBÄUDE
(www.heritageireland.ie; Fivemile Bourne; Erw./Kind 3/1 €; ⊙Mitte April–Sept. 10–18 Uhr) Seine friedliche Umgebung mit den Schwänen auf dem Lough Gill und einem alten, von Gras überwucherten Burggraben täuscht darüber hinweg, dass dieses Schloss einst von einem verhassten englischen Gutsbesitzer erbaut wurde.

Der restaurierte dreistöckige Bau nimmt eine der fünf Seiten des Hofs ein, an dessen Ecken jeweils ein runder Mauerturm thront. Nachdem man das 20-minütige Video gesehen hat, kann man sich einem geführten Rundgang durch die Burg anschließen. Um 17.15 Uhr ist der letzte Einlass.

Neben der Burg wird eine 1½-stündige Bootstour an Bord der **Rose of Innisfree** (www.roseofinnisfree.com; Erw./Kind 15/7,50 €; ⊙Ostern–Okt. 11, 12.30, 13.30, 15.30 & 16.30 Uhr) angeboten. Dabei werden Gedichte von Yeats mit musikalischer Begleitung vorgetragen. Das Unternehmen bietet auch eine Busverbindung von Sligo zur Burg an. Auskünfte zu Abfahrtszeiten und Anlegestellen erhält man am Telefon.

Das Parke's Castle liegt 11 km östlich der Stadt Sligo an der R286.

Ard Nahoo GESUNDHEITSFARM
(☏071-913 4939; www.ardnahoo.com; Mullagh, Dromahair; 4-Bett-Hütte 300/450 € pro Wochen-

ende/Woche) In dem rustikalen Ökozentrum mit Selbstverpfleger-Lodges kann man seinen Geist und seine Seele läutern und zu seinen Wurzeln zurückfinden. Hier gibt's Yoga- und Entgiftungstherapien, Kurse in alternativer Lebensweise bzw. natürlicher Gesundheitspflege und ein Heilbad. Die einfache, aber komfortable Einrichtung wurde für stressgeplagte Gäste konzipiert, die sich vom Trubel des Stadtlebens erholen wollen.

Rossinver Organic Centre BIOZENTRUM
(www.theorganiccentre.ie; Rossinver; Erw./Kind 5 €/frei; Feb.–Nov. 10–17 Uhr) Das Rossinver Organic Centre lockt mit allem, was gut und gesund ist. Auf einem schönen Gelände im Norden Leitrims unterstützt es biologischen Gartenbau und eine verantwortungsvolle Lebensweise. Besucher können durch die Grünanlage spazieren und verschiedene Kurse belegen, z. B. in Anbau, Gartengestaltung, Käseherstellung, Weidenbau, Brotbacken oder Seidenmalerei. Im **Café** (Sa & So 11–16 Uhr) werden herrliche vegetarische Gerichte serviert, die mit Zutaten aus dem Garten zubereitet werden.

COUNTY LONGFORD

Das County Longford, eine landwirtschaftlich geprägte Region, lockt mit friedlichen Hügellandschaften und idyllischen grünen Weiden. Es hat nur wenige Touristenattraktionen, ist dafür aber ein echtes Paradies für Angler, die am Lough Ree und in Lanesborough reiche Beute finden.

Während der Hungersnot in den 1840er- und 1850er-Jahren litt Longford unter einer massenhaften Auswanderungswelle, von der es sich bis heute nicht vollständig erholt hat. Viele Einwohner flohen nach Argentinien und einer ihrer Nachfahren, Edel Miro O'Farrell, wurde dort 1914 sogar Präsident.

Die gleichnamige Hauptstadt der Grafschaft ist nicht sonderlich aufregend, verfügt aber über eine freundliche **Touristeninformation** (043-334 2577; www.longford tourism.ie; Market Sq; Mai–Sept. Mo–Sa 9–17.30 Uhr) und zahlreiche Restaurants.

Als Hauptattraktion des Countys gilt der prachtvolle **Corlea Trackway** (www.heritage ireland.ie; Keenagh; Eintritt frei; Mitte April–Sept. 10–18Uhr), eine 148 v. Chr. erbaute Moorstraße aus der Eisenzeit. Ein 18 m langes Teilstück des historischen Bohlenwegs wird in einer feucht gehaltenen Halle im Besucherzentrum ausgestellt. Man kann an einem 45-minütigen Rundgang teilnehmen, der durch die einzigartige Flora und Fauna des Moores führt und über die Entdeckung des Pfades sowie die Anstrengungen informiert, ihn für die Nachwelt zu erhalten. Im windigen Moorgebiet empfiehlt sich wetterfeste Kleidung. Die Anlage erstreckt sich 15 km südlich von Longford an der Straße nach Ballymahon (R397).

Darüber hinaus befindet sich in Longford einer der drei größten Portaldolmen Irlands. Der **Aughnacliffe-Dolmen** hat einen etwas wacklig aufliegenden Deckstein und soll etwa 5000 Jahre alt sein. Aughnacliffe liegt 18 km nördlich der County-Hauptstadt in der Nähe der R198.

Von Longford (Stadt) fahren jede Stunde Busse nach Dublin (15 €, 2 Std.,) und Sligo (13 €, 1½ Std., Mo-Sa 6-mal tgl., So 5-mal). Sie halten vor dem Bahnhof Longford in der Nähe der New Street.

Zudem starten fast stündlich Züge nach Dublin (34 €, 1 Std. 40 Min.) und Sligo (26 €, 1½ Std.).

COUNTY WESTMEATH

Westmeath ist von Seen und Viehweiden geprägt und wartet mit zahlreichen Attraktionen auf, darunter eine launige Whiskeybrennerei, das fantastische Fore Valley und Irlands ältestes Pub in Athlone, der selbstbewussten Hauptstadt des Countys. Die Gewässer der Grafschaft ziehen jede Menge Touristen an, deshalb sind hier in den letzten Jahren viele Gourmetrestaurants und gute Unterkünfte entstanden.

Athlone
14 350 EW.

Die blühende Stadt am Ufer des Shannon ist nicht nur ein Touristenmagnet für Bootsfahrer, sondern auch ein erfolgreicher Produktionsstandort für internationale Unternehmen sowie Heimat zahlreicher Geschäfte. Sie zählt zu den dynamischsten Orten des Landes und überzeugt mit einem Mix aus stilvollen, modernen Gebäuden, großen Einkaufszentren und kleinen, verwinkelten Straßen.

Der Shannon teilt Athlone in zwei Teile. Viele Unternehmen und Einrichtungen sind am Ostufer des Flusses angesiedelt, während am Westufer im Schatten der Burg verwinkelte Gässchen, farbenfrohe Häuser, historische Kneipen, Antiquitätenläden, Buchbinder und erstklassige Restaurants locken.

◉ Sehenswertes & Aktivitäten

Athlone Castle
HISTORISCHES GEBÄUDE

(www.athloneudc.ie) Die uralte Flussfurt in Athlone war eine bedeutende Wegkreuzung auf dem Shannon und jahrhundertelang Gegenstand von Auseinandersetzungen. 1210 hatten die Normannen die Oberhand und errichteten hier eine Burg. 1690 widersetzte sich die jakobitische Stadt einer Belagerung durch die Protestanten, fiel aber ein Jahr später nach einem Beschuss mit 12 000 Kanonenkugeln an die Truppen Wilhelm von Oraniens. Kurz darauf und in den folgenden Jahrhunderten wurden immer wieder grundlegende Umbauten an der Festung vorgenommen.

Bei unserem Besuch waren die gut erhaltene Festung und das Besucherzentrum wegen Renovierung geschlossen. Beide müssten bei Erscheinen dieses Reiseführers wieder geöffnet sein.

Dún na Sí Heritage Centre
HISTORISCHE STÄTTE

(090-6481183; Knockdomney; Erw./Kind 3,50/1,50 €; Mo-Do 9.30-16.30, Fr bis 15.30 Uhr) Auf dem Gelände dieses Volksparks 16 km östlich von Athlone in der Nähe der M6 bei Moate stehen ein nachgebildetes Rundburg, ein Dolmenportal, ein Kalkofen, ein Felshügel, ein Bauernhof und eine Schmiede. Zur Anlage gehört auch ein Zentrum für Ahnenforschung. Jeweils am ersten Freitag des Monats wird eine *ćeíli* veranstaltet und im Sommer gibt's freitags um 21 Uhr traditionelle Sessions mit Musik, Gesang, Tanz und Geschichten.

⌖ Geführte Touren

Midland Tours
BUSTOUREN

(www.midlandtours.com; Ballinahown; Ausflüge 20 €) Hier kann man verschiedene Halbtagstouren nach Clonmacnoise, ins Fore Valley, zum Birr Castle, zum Tullamore Heritage Centre, zur Locke's Distillery sowie zum Strokestown Park House und zum Famine Museum buchen.

Viking Tours
FLUSSFAHRTEN

(086 262 1136; www.vikingtoursireland.ie; 7 St Mary's Pl; Erw./Kind 10/5 €; Mai–Sept.) Rundfahrten an Bord eines rekonstruierten Wikinger-Langbootes samt kostümierter Besatzung. Jeder Teilnehmer erhält einen Helm, ein Schwert und ein Schild. Die Tour führt nach Norden zum Lough Ree oder Richtung Süden nach Clonmacnoise mit einem 90-minütigen Aufenthalt bei den Ruinen. Die Abfahrtszeiten erfährt man telefonisch.

🛏 Schlafen

Im Stadtzentrum gibt's mehrere Hotels bekannter Ketten, aber die beiden folgenden Optionen haben mehr Flair.

Bastion B&B
B&B €

(090-649 4954; www.thebastion.net; 2 Bastion St; EZ/DZ ab 45/65 €;) Mit ihrer weißen Einrichtung bietet die peppige Bleibe in einem ehemaligen Laden eine gute Kulisse für Kunstwerke, Kakteensammlungen und indische Wandbehänge. Die fünf Zimmer (drei davon mit eigenem Bad) sind hübsch, sauber und mit flauschigen Handtüchern ausgestattet, außerdem wartet der künstlerisch gestaltete Frühstücksraum u. a. mit Obst, Filterkaffee, frischem Brot und einer Käseplatte auf. Ein toller Start in den Tag.

🌿 Coosan Cottage Eco Guesthouse
B&B €€

(090-647 3468; www.ecoguesthouse.com; Coosan Point Rd; EZ/DZ 40/80 €; P) Dieses wunderschöne Cottage wurde von seinen Besitzern mit viel Liebe gestaltet und verbindet traditionellen Stil mit modernen Elementen. Seine dreifach verglasten Fenster, ein Holzpelletofen und eine Wärmenutzungsanlage sind nur einige der vielen umweltfreundlichen Details. Besucher werden die friedliche Umgebung und das großartige Frühstück in guter Erinnerung behalten. Die Pension liegt etwa 2,5 km außerhalb vom Stadtzentrum.

🍴 Essen

Athlone trumpft mit einer großen Auswahl an Restaurants auf und hat sich als kulinarische Hauptstadt der Midlands etabliert. Auf den Nebenstraßen am Westufer des Shannon entdeckt man echte Gourmetperlen.

Kin Khao
THAILÄNDISCH €€

(090-649 8805; www.kinkhaothai.ie; Abbey Lane; Hauptgerichte 17–19 €; Mi–Fr 12.30–14.30, Mo–Sa 17.30–22.30, So 13.30–22.30 Uhr) Irlands wahrscheinlich bestes Thai-Restaurant befindet sich in der Nähe des Dean Crowe Theatre und punktet mit seinen zahlreichen authentischen Gerichten. Alle Köche und das Personal stammen aus Thailand (abgesehen von dem Halb-Thailänder und seiner Frau, die das Restaurant leiten). Wer sich den vielen treuen Kin-Khao-Fans anschließen will, sollte rechtzeitig reservieren.

Left Bank Bistro MEDITERRAN €€
(090-649 4446; www.leftbankbistro.com; Fry Pl; Hauptgerichte mittags 9–15 €, abends 18–27 €; So & Mo geschl.) Eine frische, weiße Inneneinrichtung, Regale voller Delikatessen und ein tolles Menü mit mediterranem und asiatischem Touch aus erstklassigen irischen Zutaten: Dieses extravagante Bistro stellt echte Feinschmecker zufrieden. Mittags gibt's dampfende Pasta, große Salate und mächtige Sandwiches, abends leckere gegrillte Fleisch- und Fischgerichte sowie ausgefallene Desserts.

Olive Grove FUSIONSKÜCHE €€
(090-647 6946; www.theolivegrove.ie; Custume Pier; Hauptgerichte mittags 8–12 €, abends 15–21 €; Di-So 12–16 & 17.30–22 Uhr) Das raffinierte Restaurant am Fluss erhält begeisterte Kritiken von glücklichen Gästen, die Wert auf stilvolles Design und kreative Speisen legen. Das Essen ist gut, aber manchmal überdreht. Es gibt z. B. pfannengebratene Blutwurst mit Schimmelkäse und Apfelweinsorbet oder Entenconfit mit Colcannon sowie Birnen-, Orangen- und Dattel-Chutney.

Ausgehen & Unterhaltung

Sean's Bar PUB
(13 Main St) Angeblich wurde Irlands ältestes Pub schon um 900 gegründet. Ein offener Kamin, unebene Böden (damit das Wasser bei Überflutung in den Fluss abläuft), Sägemehl, ein Piano und im Laufe der Jahre angesammelte Kuriositäten unterstreichen diesen Anspruch. Im Biergarten am Fluss lockt abends während der Sommermonate Livemusik; am heißesten geht's sonntags ab etwa 17.30 Uhr zu.

Dean Crowe Theatre THEATER
(www.deancrowetheatre.com; Chapel St) In dem neu ausgestatteten Theaterraum mit exzellenter Akustik gibt's das ganze Jahr über ein vielfältiges Programm.

 Praktische Informationen

Die Website www.athlone.ie ist eine gute Infoquelle.

Netcafe (1 Paynes Lane; 3,50 € pro Std.; Mo–Fr 11–22, Sa 11–21, So 12–21 Uhr)

Post (Barrack St) Neben der Kathedrale.

Touristeninformation (090-649 4630; Civic Centre, Church St; Mai–Sept. Mo–Fr 9.30–13 & 14–17.15 Uhr)

 An- & Weiterreise

Athlones Busbahnhof und Bahnhof liegen nebeneinander an der Southern Station Road.

BUS Alle halbe Stunde fahren Busse nach Dublin (10,80 €, 2 Std.) und Galway (10,80 €, 1½ Std.), außerdem geht's zweimal täglich nach Westport (14,40 €, 3 Std.) und Mullingar (10,30 €, 1 Std.).

AUF EIGENE FAUST

Zwischendurch sollte man seinen Reiseführer einfach mal beiseitelegen, denn am Shannon, am Royal Canal und am Grand Canal stößt man auf viele Orte, die einen Besuch lohnen. Nur wenige werden von Touristen besucht, haben aber eine interessante Geschichte vorzuweisen, bieten malerische Ausblicke und warten mit tollen Pubs auf.

In Leitrim kann man sich **Ballinamore**, ein lebhaftes Dorf am Shannon-Erne-Kanal, und **Drumshanbo**, ein herrlich traditionelles Städtchen mit einem tollen Besucherzentrum ansehen. Das hübsche **Keadue** ganz in der Nähe ist Schauplatz des O'Carolan International Harp Festival. Weiter südlich liegt **Keshcarrigan** mit einem eingestürzten Dolmen. Hier werden am St. Patrick's Day ungewöhnliche Feste veranstaltet. Weiter westlich erreicht man am Fluss Boyle das Dorf **Cootehall** mit einem hervorragenden Restaurant und einem großartigen historischen Pub. Ganz in der Nähe erstreckt sich **Knockvicar**. Am belebten Jachthafen des Ortes befindet sich ein erstklassiges Lokal mit Blick auf den Fluss. Wenn man weiter nach Süden fährt, kommt man ins reizende, traditionelle **Drumsna** und ins Angelparadies **Dromod**. Auch das lebhafte **Tarmonbarry** ist einen Abstecher wert. Hier gibt's eine gute Auswahl interessanter Restaurants, Pubs und ein stilvolles Hotel. Wenige Kilometer entfernt gelangt man nach **Clondra**, wo der Shannon auf den Royal Canal trifft und sich fabelhafte Wanderwege erstrecken. **Keenagh**, ein Stück weiter am Kanal entlang, ist ein verschlafenes, aber idyllisches Örtchen. Ein letzter Halt lohnt in **Abbeyshrule** an den Ruinen einer Zisterzienserabtei und einem interessanten Viadukt.

ZUG Die Züge verkehren einmal pro Stunde nach Dublin (22 €, 1¾ Std.) sowie viermal täglich nach Westport (22 €, 2 Std.) und neunmal nach Galway (17,90 €, 1 Std.).

Lough Ree & Umgebung

Einst lebten auf vielen der mindestens 50 Inselchen im Lough Ree zahlreiche Mönche, deren kirchliche Schätze räuberische Wikinger anlockten. Heutige Besucher sind friedfertiger und vergnügen sich hauptsächlich mit Segeln, Forellenangeln oder der Vogelbeobachtung. Hier brüten zahlreiche Zugvögel, darunter Schwäne sowie Brach- und Watvögel.

Der Dichter, Schriftsteller und Dramatiker Oliver Goldsmith (1728–74), Verfasser des *Der Pfarrer von Wakefield*, ist eng mit der Landschaft am Ostufer des Lough Ree verbunden. Sehr treffend beschreibt der Autor das sogenannte Goldsmith Country in seinen Werken.

Das 8 km nordöstlich von Athlone an der N55 gelegene kleine Glasson beschrieb Goldsmith als „reizvollstes Dorf der Ebene". Es lädt mit guten Restaurants und lebhaften Pubs zu einem Zwischenstopp ein. Herrlich zwanglos ist das ausgezeichnete Glasson Village Restaurant (090-648 5001; michaelrosebrooks@gmail.com; Hauptgerichte 20–30 €; So abend geschl.;). Ganz in der Nähe bietet das Gastropub Fatted Calf (090-648 5208; www.thefattecalf.ie; Pearsonsbrook; Hauptgerichte 14–22 €; Mo geschl.;) eine ambitionierte Küche. Ein wenig außerhalb des Ortes stößt man auf die gehobene Wineport Lodge (090-643 9010; www.wineport.ie; Hauptgerichte 24–33 €), deren moderne irische Gerichte einen hervorragenden Ruf genießen.

ⓘ An- & Weiterreise

BUS Montags bis freitags hält Bus 466 auf seinem Weg von Athlone nach Longford zweimal täglich in Glasson.

Kilbeggan & Umgebung

Das kleine Kilbeggan wartet gleich mit zwei Berühmtheiten auf: dem Whiskeymuseum in einer ehemaligen Brennerei und Irlands einziger Jagdrennbahn.

Wer sich für Industriegeschichte und/oder Whiskey interessiert, sollte Locke's Distillery (www.lockesdistillerymuseum.ie; Kilbeggan; Erw./Kind 7 €/frei; April–Okt. 9–18 Uhr, Nov.–März 10–16 Uhr) besuchen. Bis zu ihrer Schließung vor einigen Jahrzehnten war die 1757 gegründete Brennerei weltweit die älteste lizenzierte Einrichtung ihrer Art. Heute noch kann man die schwerfällige Technologie bewundern, die Werkstatt des Küfers und die Lagerhalle besichtigen und dem Knarren des Mühlrades lauschen. Geführte Rundgänge dauern 50 Minuten und enden mit einer Verkostung.

Wettfans aus dem ganzen Land treffen sich bei den Kilbeggan Races (www.kilbegganraces.com; Eintritt 15 €; Mai–Sept. etwa vierzehntägig). Wenn abends Pferderennen stattfinden, verwandelt sich der Ort in ein brummendes Zentrum – dabei ist der Nervenkitzel bei den Wettbewerben ebenso groß wie der Spaß in den Pubs.

6,5 km westlich von Kilbeggan liegt abseits der N6 das Temple House & Health Spa (057-933 5118; www.templespa.ie; EZ/DZ ab 95–130 €, 2/3-Gänge-Abendmenü 28/32 €; Restaurant abends Mi–Sa; @). Das 250 Jahre alte Haus thront auf dem 40 ha großen Gelände eines antiken Klosters. Alle Zimmer sind herrlich ruhig und in einem historisch-modernen Stilmix eingerichtet. Auf der Speisekarte des Restaurants stehen viele gesunde Gerichte. Das fantastische Abendessen besteht aus regionalen Biozutaten und ist deshalb eine besondere Erfahrung. Nichtgäste können das Restaurant und die Kureinrichtungen ebenfalls nutzen.

Mullingar & Umgebung

8940 EW.

Mullingar ist eine geschäftige, wohlhabende Provinzstadt, in deren Umgebung einiges geboten wird. Neben fischreichen Seen gibt's hier ein fantastisches Anwesen mit etwas anrüchiger Vergangenheit zu sehen.

James Joyce besuchte den Ort in seiner Jugend und erwähnt ihn in seinen Werken *Ulysses* und *Finnegans Wake*. Durch Mullingar verlaufen restaurierte Abschnitte des Royal Canal.

⊙ Sehenswertes

Belvedere House & Gardens

HISTORISCHES GEBÄUDE

(www.belvedere-house.ie; Erw./Kind 8,75/4,75 €; Haus Mai–Aug. 9.30–20 Uhr, Sept.–April 9.30–16.30 Uhr) Keinesfalls verpassen sollte man das imposante Belvedere House, ein riesiges Jagdhaus aus dem 18. Jh. inmitten von 65 ha Gartenland mit Blick auf

Lough Ennell. Hier beschuldigte der erste Graf, Lord Belfield, seine Frau und seinen jüngeren Bruder Arthur des Ehebruchs. Fortan wurde seine Gattin 30 Jahre unter Hausarrest gehalten, während Arthur sein restliches Leben in einem Londoner Gefängnis verbrachte. Der Graf selbst lebte derweil in Saus und Braus. Nach Belfields Tod beteuerte seine Ehefrau noch immer ihre Unschuld.

Darüber hinaus entzweite sich der Lord auch mit seinem zweiten Bruder George, der ein eigenes Anwesen ganz in der Nähe hatte. Daraufhin ließ Belfield Irlands wohl verrücktestes Bauwerk, die bereits als Ruine konzipierte **Jealous Wall**, als Blickschutz vor Georges Haus aufstellen.

In den Obergeschossen sind in dem von Richard Cassels entworfenen Belvedere House elegante Rokokostuckaturen zu sehen, während die Gartenanlage mit viktorianischen Gewächshäusern und schönen Uferpartien an sonnigen Tagen zum Wandern einlädt.

Das Gebäude befindet sich 5,5 km südlich von Mullingar an der N52 in Richtung Tullamore.

Rockfield Ecological Estate ÖKOFARM
(043-667 6024; imelda.mdaly@gmail.com; Rath Aspic, Rathowen; Erw./Kind 10/5 €; nach Voranmeldung) In dem abgelegenen Biobauernhof neben einem schönen gregorianischen Haus kann man an kunsthandwerklichen Kursen, künstlerischen Events und Führungen teilnehmen. Es liegt 24 km nördlich von Mullingar und ist über die N4 nach Rathowen zu erreichen, von wo es ausgeschildert ist.

GRATIS **Cathedral of Christ the King**
KATHEDRALE
(www.mullingarparish.com; 7.30–20 Uhr) Mullingars auffälligste Sehenswürdigkeit ist diese große Kathedrale, die kurz vor dem Zweiten Weltkrieg gebaut wurde. Im Inneren befinden sich große Mosaiken von der hl. Anne und dem hl. Patrick, ausgeführt vom russischen Künstler Boris Anrep, sowie ein kleines **Kirchenmuseum** (über der Sakristei).

Aktivitäten

Angler gehen in den Seen um Mullingar gerne auf **Forellenfang**. Die Saison beginnt am 1. März oder 1. Mai (abhängig vom See) und endet am 12. Oktober. Weitere Informationen erhält man in der Touristeninformation oder beim **Shannon Regional Fisheries Board** (www.shannon-fishery-board.ie).

Wer reiten möchte, kann das **Mullingar Equestrian Centre** (www.mullingarequestrian.com; Athlone Rd; P) besuchen.

Am **Lilliput Adventure Centre** (www.lilliputadventure.com; Jonathan Swift Park) beginnen Kajaktouren auf dem Lough Ennell. Das Zentrum organisiert auch Aktivitäten an Land, beispielsweise Schluchtenwanderungen und Abseilkurse.

Schlafen & Essen

Im Zentrum gibt's nur wenige B&Bs, aber dafür wird man an den Straßen Richtung Dublin und Sligo fündig.

Novara House B&B €€
(044-933 5209; www.novarahouse.com; Dublin Rd; EZ/DZ ab 50/80 €; P) Fünf Gehminuten vom Stadtzentrum bietet diese unglaublich gastfreundliche Pension, ein moderner Bungalow, einfache, aber makellose Zimmer mit Kiefernmöbeln und neutralen Farben. Die liebenswerten Inhaber, hausgemachte *scones* und leckerer Tee machen den Aufenthalt unvergesslich.

Annebrook House Hotel HOTEL €€
(044-935 3300; www.annebrook.ie; Pearse St; EZ/DZ ab 55/100 €; P) Herzstück dieses modernen Hotels im Stadtzentrum ist ein schönes Gebäude aus dem 19. Jh., das eine enge Verbindung mit der lokalen Schriftstellerin Maria Edgeworth aufweist. In einem neuen Nebengebäude werden die Gäste untergebracht. Die modernen Zimmer in neutralen Farben sind sehr komfortabel, aber eher charakterlos.

Ilia FUSIONSKÜCHE €€
(044-934 5947; www.ilia.ie; 37 Dominick St; Hauptgerichte 16–27 €; Di–Sa abends, So mittags) Wer das beliebteste Stammlokal in Mullingar besuchen möchte, muss unbedingt früh genug reservieren. Das gemütliche, adrette Restaurant serviert eine verlockende Auswahl an Gerichten der gehobenen Küche, beispielsweise gebratenen Schweinebauch, Hühnchen mit Puy-Linsen und gebratenen Paprikaschoten sowie Risotto mit Kürbis und Salbei. Alles wird liebevoll zubereitet.

Oscar's MEDITERRAN €€
(044-934 4909; 21 Oliver Plunkett St; Hauptgerichte 15–25 €; So mittags, tgl. abends.) Hier herrscht das ganze Jahr über reger Andrang. In lebhafter Atmosphäre kommt gesunde Hausmannskost auf den Tisch. Die

hellen Farben, eine Speisekarte mit mediterranen Gerichten (Pasta, Pizza und französisch inspirierte Fleisch- sowie Geflügelgerichte) und die gute Weinauswahl ziehen vor allem abends zahlreiche Gäste an.

Ausgehen & Unterhaltung

Viele Pubs locken mit traditioneller irischer Livemusik. Mehr darüber erfährt man in der Touristeninformation.

Yukon Bar PUB
(11 Dominick St) Ein quirliges Pub, das für seinen Wahrsager bekannt ist und regelmäßige Konzerte anbietet. Je nach Wochentag wird Soul, Blues oder Rock gespielt.

Mullingar Arts Centre THEATER
(www.mullingarartscentre.ie; County Hall, Lower Mount St) Auf dem Programm des Kunst- und Kulturzentrums stehen Konzerte, Theater und Kunstausstellungen. Im Sommer gibt's jedes Wochenende familienfreundliche traditionelle Sessions.

Praktische Informationen

Post (Dominick St)
Touristeninformation (044-934 8650; Market Sq; Mo–Sa 9.30–13 & 14–17 Uhr)

An- & Weiterreise

BUS Von hier fahren Busse nach Dublin (12,90 €, 1½ Std., Mo–Fr 6-mal, So 5-mal) und Athlone (10,30 €, 1 Std., Mo–Sa 2-mal, So 1-mal).

ZUG Es gibt elf direkte Verbindungen nach Dublin (21,50 €, 1 Std., Mo–Fr bis zu 11-mal tgl., Sa 7-mal, So 5-mal) und Sligo (34 €, 2 Std., Mo–Sa 8-mal tgl., So 6-mal)

Nördlich von Mullingar

In der Gegend nördlich von Mullingar erstrecken sich zahlreiche Seen, darunter der berühmte Lough Derravaragh. Das 8 km lange Gewässer wird mit der Sage der Kinder des Lír in Verbindung gebracht, die von ihren bösen Stiefmüttern in Schwäne verwandelt worden sein sollen. Jeden Winter, wenn Tausende der schneeweißen Vögel aus Russland und Sibirien hier einen Zwischenstopp einlegen, werden die Bewohner an diese Legende erinnert.

Neben der Seen- und Hügellandschaft wartet die Umgebung des unscheinbaren Örtchens Castlepollard sowie des verschlafenen Crookedwood mit zahlreichen historischen Sehenswürdigkeiten auf.

Sehenswertes

Fore Valley HISTORISCHE STÄTT
Das smaragdgrüne Tal am Ufer des Lough Lene lässt sich ausgezeichnet zu Fuß ode per Fahrrad erkunden. 630 n. Chr. gründet der hl. Fechin ein Kloster direkt außerhal des Dorfes Fore. Von der frühen Ansiedlung ist nichts erhalten, doch drei später errich tete Bauten stehen in Verbindung mit de „sieben Wundern", die sich hier ereignet ha ben sollen. Das Fore Valley strahlt ein stimmungsvolle Atmosphäre aus und in tiefen Winter ist der Ausblick auf die liebl che Landschaft besonders beeindruckend.

Die **St. Fechin's Church** mit einer Kan zel aus dem frühen 13. Jh. und einem Tauf becken ist das älteste der drei Gebäude Über dem monumentalen Eingang befinde sich ein gewaltiger steinerner Türsturz mi einem eingemeißelten griechischen Kreuz Der durch ein Gebet bewegte Stein soll 2,5 wiegen und vom hl. Fechin allein durch di Kraft seines Glaubens in seine jetzige Posi tion befördert worden sein.

Von der Kirche führt ein Pfad zur reizvol len kleinen **Einsiedlerzelle** aus dem 15. Jh. die sich in einem Felsen befindet. Der Schlüssel erhält man in der Dorfkneipe Th Seven Wonders.

Auf der anderen Straßenseite am Park platz befindet sich der **St. Fechin's Wel** mit dem Wasser, das niemals kocht. Zyni ker sollten sich besser nicht dazu hinrei ßen lassen, diese Behauptung nachzuprü fen: Es heißt nämlich, dass die Famili desjenigen, der es versucht, der ewiger Verdammnis anheimfällt. In der Nähe be findet sich ein Ableger des Baumes, der niemals brennt. Die in ihn gedrückter Münzen sind allerdings ein Ausdruck mo derneren Aberglaubens.

Etwas weiter entfernt liegen die weitläu figen Überreste eines Benediktinerklosters des **Monastery of the Quaking Scraw**, das im 13. Jh. wundersamerweise auf dem eins tigen Moor erbaut worden war. Im folgen den Jahrhundert wurde es zu einer befes tigten Burg erweitert, daher die Schieß scharten und Vierecktürme. Vorsicht: Der Westturm ist stark einsturzgefährdet!

Als die beiden letzten Wunder gelten die Mühle ohne Graben und das bergauf flie ßende Wasser. Der hl. Fechin soll das Was ser aufwärts in Richtung Mühle bewegt haben, indem er etwa 1,5 km entfernt beim Lough Lene seinen Stab an einen Stein schlug.

Der **Fore Abbey Coffee Shop** (☏044-966 1780; foreabbeycoffeeshop@gmail.com; ⊙Okt.–Mai Sa & So 10–18 Uhr, Juni–Aug. tgl. 10–18 Uhr) am Ortsrand von Fore dient gleichzeitig als Touristeninformation und zeigt einen 20-minütigen Film über die Wunder. Darüber hinaus werden hier Führungen angeboten, die man vorab buchen muss.

Tullynally Castle Gardens GÄRTEN
(☏044-966 1159; www.tullynallycastle.com; Castlepollard; Garten Erw./Kind 6/3 €; ⊙Mai–Aug. Di–So 13–18 Uhr) Das imposante neugotische Tullynally Castle ist der Familiensitz der Pakenhams und für Besucher nicht zugänglich. Dafür kann man aber die herrliche 12 ha große Parkanlage durchstreifen. Künstliche Seen, ein chinesischer und ein tibetanischer Garten sowie eine Reihe wunderschöner 200-jähriger Eiben zählen zu ihren Highlights.

Die Burg liegt 2 km nordwestlich von Castlepollard.

GRATIS **Multyfarnham Franciscan Friary**
KIRCHE
⊙Morgen- bis Abenddämmerung) In der Kirche aus dem 19. Jh. sind noch Reste des ursprünglichen Klosters aus dem 15. Jh. erhalten, das sich einst hier befand. Draußen am Fluss kann man sich ungewöhnliche Stationen des Kreuzwegs ansehen. Das Gebäude liegt 3 km westlich von Crookedwood.

GRATIS **St. Munna's Church** KIRCHE
Das befestigte Bauwerk aus dem 15. Jh. wurde in herrlicher Lage am ehemaligen Standort einer im 7. Jh. vom hl. Munna gegründeten Kirche errichtet. Es hat ein als Tonnengewölbe konstruiertes Dach und zinnenbewehrte Festungsmauern. Über einem Fenster an der Nordseite ist eine verwitterte *sheila-na-gig* (Steinrelief einer weiblichen Figur) zu sehen. Die Kirche befindet sich 2 km östlich von Crookedwood.

🛏 Schlafen & Essen

Mornington House B&B €€
(☏044-937 2191; www.mornington.ie; Multyfarnham; EZ/DZ ab 85/130 €; ⊙Nov.–März geschl.; P) Wer den Luxus längst vergangener Zeiten mag, kann in diesem bezaubernden viktorianischen Haus übernachten. Antike Möbel, knisternde Holzfeuer, bequeme Messingbetten und zarte Blumenmuster verleihen den Zimmern eine behagliche Atmosphäre. Abendessen (45 €) kann man im Voraus bestellen. Das Obst und Gemüse kommt aus dem ummauerten Garten.

Hotel Castlepollard HOTEL €€
(☏044-966 1194; www.hotelcastlepolalrd.ie; Castlepollard; EZ/DZ 58/80 €) Das gemütliche Landhotel mit Blick auf den dreieckigen Anger des Dorfs und das Rathaus verfügt über gepflegte Zimmer mit Standardeinrichtung und ein empfehlenswertes Restaurant (Hauptgerichte ab 14 €). In der Hotelbar gibt's jedes Wochenende Livemusik.

ℹ An- & Weiterreise

Castlepollard liegt ca. 20 km nördlich von Mullingar an der R394. Bus 447 fährt donnerstags um 13.30 Uhr von Mullingar nach Crookedwood (20 Min.) und Castlepollard (30 Min.), ansonsten braucht man ein eigenes Verkehrsmittel.

Counties Meath, Louth, Cavan & Monaghan

EINWOHNER: 440 000 / FLÄCHE: 6387 KM²

Inhalt »

County Meath..............569
Brú na Bóinne..............569
Stätte der Schlacht
am Boyne 574
Slane..............................575
Tara................................577
County Louth 585
Drogheda......................586
Cooley Peninsula..........593
County Cavan...............596
Cavan (Stadt)...............597
County Monaghan........601
Monaghan (Stadt) 601

Gut essen

» MacNean House & Restaurant (S. 600)

» Eastern Seaboard Bar & Grill (S. 589)

» Coastguard Seafoods (S. 592)

» Olde Post Inn (S. 598)

» An Tromán (S. 582)

Schön übernachten

» D Hotel (S. 588)
» Ghan House (S. 595)
» Ross Castle (S. 599)
» Hilton Park (S. 603)
» Farnham Estate (S. 597)

Auf nach Meath, Louth, Cavan & Monaghan

Die fruchtbaren Felder der Counties Meath und Louth sind die Wiege der irischen Zivilisation. Heute wohnen hier viele Pendler, die in Dublin arbeiten, doch die mystischen Grabstätten Brú na Bóinne und Loughcrew (beide sind älter als die ägyptischen Pyramiden) sowie Tara, Tor zum Jenseits und Sitz der Hochkönige von Irland, zeugen von der historischen Bedeutung der Grafschaften. Nach der Ankunft des hl. Patrick errichteten die Gläubigen Klöster, Hochkreuze und Rundtürme als Aufbewahrungsorte für kostbare Manuskripte. Heute erzählen prächtige Ruiner Geschichten aus der Zeit, als Irland noch als Land der Heiligen und Gelehrten bekannt war.

Im Gegensatz dazu sind Monaghan und Cavan viel ruhiger und werden von den Touristen gern übersehen, dabei laden ihre smaragdgrünen Hügel und Seen zum Angeln und zu Outdoor-Aktivitäten ein. Man kann z. B. Bootsfahrten auf dem Shannon-Erne-Kanal unternehmen, durch wildromantische Landschaften wandern und den umwerfenden Blick auf die Cuilcagh Mountains genießen.

Reisezeit

Viele Hauptattraktionen der vier Grafschaften haben während der kälteren Monate (mind. Nov.–März) kürzere Öffnungszeiten bzw. bleiben komplett geschlossen. Doch sobald die Narzissen zu blühen beginnen und die Bäume wieder Blätter tragen, erwacht die Region zu neuem Leben: Ende Frühling, im Sommer und Anfang Herbst lockt ein praller Veranstaltungskalender Besucher in die Dörfer. Zu den Highlights gehören Droghedas berühmtes Samba Festival und Carlingfords quirliges Oyster Festival (Austernfest).

COUNTY MEATH

Bereits 8000 v. Chr. lockte das fruchtbare Land der Grafschaft, eine Hinterlassenschaft der letzten Eiszeit, erste Siedler an. Diese folgten dem Verlauf des Flusses Boyne und verwandelten dabei die Wälder in Ackerland. Meath, das „Königreich in der Mitte", ist eine der fünf Provinzen des alten Irland und war jahrhundertelang das Zentrum der irischen Politik.

Dank fruchtbarer Erde und reichlich Wasser ist das County heute ein wichtiges landwirtschaftliches Anbaugebiet. Seine Nähe zu Dublin hat die Kleinstädte während der Boomzeit (als „keltischer Tiger" bezeichnet) ab Mitte der 1990er-Jahre unkontrolliert wachsen lassen: Navan, Slane und Kells sind inzwischen von seelenlosen Hochhaussiedlungen geprägt und der Verkehr kann entsprechend höllisch sein.

Das machen jedoch zahlreiche Attraktionen wieder wett, darunter historische Stätten wie die außergewöhnliche Nekropole Brú na Bóinne, kleinere Ganggräber in den Loughcrew Hills, der Hill of Tara (Machtzentrum der irischen Hochkönige bis zur Ankunft des hl. Patrick im 5. Jh.) und die gewaltige Burg in Trim. Die Website www.meathtourism.ie bietet dazu jede Menge Infos.

Brú na Bóinne

Die gewaltige neolithische Totenstadt Brú na Bóinne (Boyne Palace) gehört zu den außergewöhnlichsten Stätten Europas. 1000 Jahre älter als Stonehenge, legt sie ein mächtiges und beredtes Zeugnis darüber ab, zu welch erstaunlichen Leistungen die prähistorischen Menschen fähig waren.

Sie wurde für die sterblichen Überreste der Oberschicht gebaut und ihre Gräber waren bis zur Errichtung der anglonormannischen Burgen 4000 Jahre später die größten künstlichen Bauwerke im ganzen Land. Rund um Brú na Bóinne befinden sich mehrere solcher Stätten; die wichtigsten sind Newgrange, Knowth und Dowth.

Im Laufe der Jahrhunderte verfielen die Gräber und wurden von Bäumen und Gras überwuchert sowie geplündert, z. B. von Wikinkern und viktorianischen Schatzjägern, die ihre Initialen in die großen Steine von Newgrange ritzten. Die Umgebung ist gespickt mit zahllosen weiteren alten *tumuli* (Grabhügel) und Menhiren.

◉ Sehenswertes

Newgrange
HISTORISCHE STÄTTE

(Erw./Kind inkl. Besucherzentrum 6/3 €) Selbst von Weitem erkennt man, dass Newgrange etwas Besonderes ist. Seine weißen, gerundeten, von einem Grashügel überwucherten Steinwälle sehen irgendwie überirdisch aus und auch die Größe von 80 m Durchmesser und 13 m Höhe beeindruckt. Doch erst im Inneren wird es richtig interessant: Hier befindet sich Irlands besterhaltenes steinzeitliches Ganggrab, eine der bemerkenswertesten prähistorischen Stätten Europas. Es stammt etwa aus der Zeit 3200 v. Chr. und ist somit 600 Jahre älter als die Pyramiden. Niemand kennt seinen ursprünglichen Zweck. Vielleicht war es eine königliche Grabstätte oder auch ein rituelles Zentrum. Aufgrund seiner präzisen Ausrichtung auf den Stand der Sonne zur **Wintersonnenwende** könnte es ebenso als Kalender fungiert haben.

Der Name Newgrange leitet sich von „New Granary" (Neuer Kornspeicher) ab. Tatsächlich diente das Grab einst als Speicher für Getreide. Bei den Einheimischen erfreut sich jedoch eine andere Theorie der größten Beliebtheit. Sie glauben, dass der Name auf das irische „Cave of Gráinne" zurückgeht und sich auf eine bekannte keltische Sage bezieht. Die Geschichte von *The Pursuit of Diarmuid and Gráinne* berichtet von der verbotenen Liebe zwischen Gráinne, der Frau von Fionn McCumhaill (oder Finn McCool), Anführer der Fianna, und einem seiner treuesten Gefolgsleute, Diarmuid. Als Diarmuid tödlich verwundet wurde, versuchte der Gott Aengus vergeblich, ihn zu retten, und brachte ihn nach Newgrange. Die verzweifelte Gráinne folgte ihrem Geliebten in die Höhle und blieb dort noch lange nach seinem Tod. Diese verdächtig nach der Artussage klingende Geschichte (man setze Diarmuid und Gráinne mit Lancelot und Guinevere gleich) entspringt zweifellos dem Reich der Fantasie, trotzdem ist es eine ziemlich gute Story. Newgrange spielt in der keltischen Mythologie auch noch eine andere Rolle, nämlich als der Ort, an dem der Held Cúchulainn gezeugt wurde.

Im Laufe der Zeit verfiel die Stätte ebenso wie Dowth und Knowth und eine Weile nutzte man sie sogar als Steinbruch. 1962 und 1975 wurde die Anlage restauriert.

Ein herrlich behauener Schwellenstein mit doppelten und dreifachen Spiralen be-

Highlights

1 Die prähistorischen Kultstätten von **Brú na Bóinne** (S. 569) erkunden, darunter das beeindruckende Hügelgrab von Newgrange

2 Im mittelalterlichen **Carlingford** (S. 594) den Blick aufs Meer genießen, Austern schlürfen und tolle Konzerte besuchen

3 Die Ruinen und die mächtige Burg im unscheinbaren **Trim** (S. 580) besichtigen

4 Einen Spaziergang durch die ruhigen Straßen von **Inniskeen** (S. 605) unternehmen und dabei dem Dichter und Schriftsteller Patrick Kavanagh nachspüren

5 Den Menschenmassen entgehen und die Hügelgräber von **Loughcrew Cairns** (S. 584) bestaunen

6 Geheimnisvolle Erdarbeiten, Ganggräber und den „Schicksalsstein" in **Tara** (S. 577) entdecken

7 Kunst, schöne Architektur und nette Pubs in **Drogheda** (S. 586) erleben

8 In den Seen des **Countys Cavan** (S. 596) auf Fischfang gehen

wacht den Haupteingang zum Grab. Die Frontseite wurde so umgestaltet, dass Besucher nicht drüberklettern müssen, um hineinzugelangen. Über dem Eingang fällt durch einen Schlitz Licht in den Innenraum.

Ein weiterer schön verzierter Schwellenstein befindet sich genau auf der gegenüberliegenden Seite des Hügels. Einige Fachleute meinen, dass früher ein Steinkreis von etwa 100 m Durchmesser den Hügel einschloss, aber nur zwölf dieser Steine sind übrig geblieben, Überreste von ein paar anderen finden sich unter der Erde.

Zusammengehalten wird das Gebilde von 97 Steinblöcken. Elf davon sind mit ähnlichen Motiven verziert wie der Stein vom Haupteingang, großflächige Verzierungen weisen allerdings nur drei auf.

Der weiße Quarzit stammt aus dem 70 km weiter südlich gelegenen Wicklow. Da es in jener Zeit weder Pferde noch Räder gab, wurde er über das Meer und dann den Boyne hinauftransportiert. In dem Hügel stecken Granit aus den Mourne Mountains in Nordirland und mehr als 200 000 t Erde und Stein.

Ein enger, etwa 19 m langer Gang, gesäumt von 43 aufrecht stehenden, teils verzierten Steinen, führt in die Grabkammer mit drei Nischen und großen Steinbecken für die Asche menschlicher Knochen. Bei den menschlichen Überresten müssen auch Grabbeigaben wie Perlenketten und Anhänger aufbewahrt worden sein, die vermutlich schon lange vor der Ankunft der Archäologen gestohlen wurden.

EIN BESUCH IN BRÚ NA BÓINNE

Um die Gräber zu schützen und die mystische Atmosphäre in ihrer Umgebung zu erhalten, beginnen alle Besichtigungen beim **Brú na Bóinne Visitor Centre** (041-988 0300; www.heritageireland.ie; Donore; Erw./Kind Besucherzentrum 3/2 €, Besucherzentrum, Newgrange & Knowth 11/6 €; Juni–Mitte Sept. 9–19 Uhr, Mai & Mitte–Ende Sept. 9–18.30 Uhr, Okt. & Feb. 9.30–17.30 Uhr, Nov.–Jan. 9–17 Uhr), von wo aus ein Bus zu den Stätten fährt. Das Infozentrum – sein Spiralendesign ist Newgrange nachempfunden – beherbergt interaktive Ausstellungen zur irischen Frühgeschichte und den Ganggräbern, ein Café sowie einen tollen Buch- und Andenkenladen und bietet Infos zur Region. Im verglasten Obergeschoss kann man den Blick über Newgrange schweifen lassen.

Für Brú na Bóinne sollte man sich viel Zeit nehmen. Der Besuch des Visitor Centre dauert etwa eine Stunde, die Besichtigung von Newgrange oder Knowth mindestens zwei. Dowth ist für Touristen nicht zugänglich. Wer sich alle drei Stätten nacheinander anschauen möchte, braucht dazu auf jeden Fall einen halben Tag.

Im Sommer, besonders an Wochenenden und während der Ferien, ist hier die Hölle los. Wer Pech hat, bekommt die Ganggräber dann nicht zu sehen. Die Tageskapazität liegt bei 750 Besuchern, doch mitunter kommen bis zu 2000 Menschen hierher! Tickets können nur vor Ort und nicht vorab gekauft werden, deshalb sollte man die Besichtigung frühmorgens oder unter der Woche planen und Wartezeiten einkalkulieren.

Achtung: Wenn man zuerst Newgrange oder Knowth besichtigen möchte, wird man zwangsläufig zum Besucherzentrum geschickt. Führungen beginnen an einer Bushaltestelle, zu der man über die auffällige Boyne-Brücke gelangt. Nach nur wenigen Minuten kommen die Busse bei den Stätten an. Es ist nicht ratsam, die 4 km lange Strecke vom Visitor Centre zu Fuß zurückzulegen, denn wenn man auf der engen Straße einem Bus begegnet, gibt's kaum Platz zum Ausweichen.

Bei der Besichtigung hält man sich vornehmlich im Freien auf, von daher ist regenfeste Kleidung eine gute Idee.

Das Besucherzentrum befindet sich auf der Südseite des Flusses 2 km westlich von Donore und 6 km östlich von Slane, wo Brücken auf der N51 über den Boyne führen. (Am besten ignoriert man sein Navigationsgerät, das einen gewöhnlich nicht zum Visitor Centre, sondern ohne Umweg zu den Stätten leiten will, und folgt stattdessen den Schildern zum Newgrange- und/oder Brú-na-Bóinne-Besucherzentrum, nicht nach Newgrange Farm.)

In unmittelbarer Nähe haben sich ein paar Restaurants und Unterkünfte angesiedelt, die ideale Basis ist aber Drogheda, 9 km nordöstlich der Stätten, gefolgt von dem Dorf Slane, 10 km nordwestlich.

Massive Steine stützen das Dach der Kammer, ein 6 m hohes Kragsteingewölbe. Ein komplexes Dränagesystem verhindert bereits seit 4000 Jahren, dass hier Wasser eindringt.

Knowth — HISTORISCHE STÄTTE
(Erw./Kind inkl. Besucherzentrum 5/3 €, inkl. Besucherzentrum & Newgrange 11/6 €; ⊙Ostern–Okt.) Nordwestlich von Newgrange erhebt sich der Grabhügel von Knowth. Er wurde etwa zur selben Zeit erbaut und übertrifft seinen besser bekannten Nachbarn an Größe und an archäologischer Bedeutung. So entdeckte man in der seit 1962 erforschten Stätte z. B. die größte Sammlung von Ganggrabkunst in Westeuropa.

Auch der Gang zur Hauptkammer ist mit 34 m deutlich länger als der von Newgrange. Auf der anderen Seite des Hügels stießen die Wissenschaftler 1968 auf einen 40 m langen Gang. Obwohl die Kammern nicht verbunden sind, liegen sie so dicht beieinander, dass sich die Archäologen bei der Arbeit gegenseitig hören konnten. Im Hügel befinden sich außerdem die Überreste von weiteren sechs frühchristlichen unterirdischen Kammern. Rund um ihn verteilen sich 300 verzierte Steine sowie 17 Nebengräber.

Nach ihrer Fertigstellung wurde die Anlage jahrtausendelang genutzt: in der Bronzezeit (um 1800 v. Chr.) von den Menschen der Becherkultur – so genannt, weil sie ihre Toten mit Trinkgefäßen beerdigten – und in der Eisenzeit (um 500 v. Chr.) von den Kelten. Aus beiden Epochen fand man Überreste von Bronze- und Eisenarbeiten. Um 800 oder 900 n. Chr. wurde die Anlage zu einer *ráth* (Ringfestung aus Erde) umgebaut und diente dem überaus mächtigen O'Neill-Clan als Festung. 965 war sie der Sitz von Cormac MacMaelmithic, der später neun Jahre lang als irischer Hochkönig herrschen sollte. Im 12. Jh. errichteten die Normannen auf einem Hügel eine Palisadenfestung mit Bergfried. Um 1400 wurde die Anlage dann endgültig aufgegeben.

Weil die Ausgrabungen noch mindestens zehn Jahre in Anspruch nehmen werden, kann man bei seinem Besuch vielleicht ein paar Archäologen bei ihrer Arbeit über die Schulter schauen.

Dowth — HISTORISCHE STÄTTE
Der runde Hügel von Dowth ist mit seinen 63 m etwas kleiner im Durchmesser als Newgrange, aber mit 14 m etwas höher. Er litt stark unter den zahlreichen Straßenbauern, Schatzjägern und Hobbyarchäologen, die im 19. Jh. sein Inneres aushöhlten. Eine Zeit lang befand sich auf der Kuppe sogar eine Teestube. Weil die Stätte jedoch von modernen archäologischen Untersuchungen relativ unberührt blieb, erkennt man an ihr gut, wie Newgrange und Knowth viele Jahrhunderte ausgesehen haben müssen. Aus Sicherheitsgründen ist sie nicht für Besucher zugänglich, aber man kann den Hügel von der Straße zwischen Newgrange und Drogheda aus sehen. Die Ausgrabungen begannen 1998 und werden noch mehrere Jahre andauern.

Es gibt zwei Eintrittsgänge, die zu versiegelten getrennten Kammern führen. An jeder Seite befindet sich ein 24 m langes frühchristliches Erdgrab, das mit dem Westgang verbunden ist. Dieser 8 m lange Durchbruch führt zu einem kleinen kreuzförmigen Raum, in dem eine Nische als Zugang zu weiteren Kammern dient. Ein derartiges Konzept ist nur von Dowth bekannt. Im Südwesten liegt der Eingang zu einem kürzeren Gang mit einer weiteren Kammer.

Nördlich des Hügels genießt man einen Blick auf die Ruinen des **Dowth Castle** und des **Dowth House**.

🐦 Geführte Touren
Brú na Bóinne ist eine der Hauptattraktionen Irlands. Es gibt ein riesiges Angebot an Touren hierher, die meist in Dublin starten.

WINTERSONNENWENDE IN NEWGRANGE

Zur Wintersonnenwende (meist zwischen dem 18. und 23. Dezember) dringen die Strahlen der aufgehenden Sonne um 8.20 Uhr durch die Öffnung über dem Eingang. Langsam kriechen sie durch den langen Gang bis zur Grabkammer und erleuchten sie für 17 Minuten. Zweifellos ist die Teilnahme an diesem Ereignis eine ergreifende, wenn nicht gar mystische Erfahrung. Wer in den Genuss dieses Erlebnisses kommen möchte, muss an der kostenlosen Verlosung Ende September bzw. Anfang Oktober teilnehmen. Das Formular kann im Brú na Bóinne Visitor Centre oder online ausgefüllt werden (www.heritageireland.ie). Für alle, die nicht gezogen werden, gibt's zum Trost eine simulierte Wintersonnenwende bei der Führung durch das Grab.

Mary Gibbons Tours HISTORISCHE FÜHRUNGEN
(☎01-283 9973; www.newgrangetours.com; Tour 35 €) Von mehreren Dubliner Hotels geht's montags bis freitags um 9.30 Uhr sowie samstags und sonntags um 7.50 Uhr ins Boyne Valley inklusive einer Besichtigung von Newgrange und Tara. Kompetente Führer beschreiben spannend das keltische und präkeltische Leben in Irland. Mit dieser Tour erhält man auch dann Zutritt zu Newgrange, wenn ansonsten keine weiteren Besucher mehr zugelassen werden. Der Preis für den Ausflug wird bar im Bus bezahlt; Kreditkartenzahlung ist nicht möglich. Sehr empfehlenswert!

Over the Top Tours HISTORISCHE FÜHRUNGEN
(☎1800 424 252; www.overthetoptours.com; hin & zurück 17 €) Hat täglich ein oder zwei Touren ab dem Dubliner Zentrum im Programm.

Schlafen & Essen

Rossnaree B&B €€
(☎041-982 0975; www.rossnaree.ie; Newgrange; DZ 100–120 €; ⊙April–Dez.; P 🕸) An einer scharfen Kurve auf der engen Straße von Donore nach Slane lockt dieses prächtige Landhaus in italienischem Stil mit einer wunderschönen Aussicht auf den Fluss Boyne und vier luxuriös möblierten Zimmern. Gruppen ab vier Personen können Abendessen bestellen (am Vortag Bescheid sagen). Angeblich sollen sich hier die Ereignisse zugetragen haben, die in der Erzählung *Fionn und der Lachs der Erkenntnis* beschrieben sind.

Newgrange Lodge HOSTEL, GÄSTEHAUS €
(☎041-988 2478; www.newgrangelodge.com; B 19,50–21 €, DZ 70 €; P @ 🕸) Östlich des Besucherzentrums bietet dieser Bauernhof eine Auswahl an gemütlichen Zimmern, von Schlafsälen mit vier bis zehn Betten bis zu Standard-Hotelzimmern (alle mit eigenen Bädern). Die Rezeption ist 24 Stunden besetzt und es gibt eine Küche für Selbstversorger, zwei Außenpatios sowie einen Grillbereich. Ein kontinentales Frühstück inklusive leckerer *scones* ist inbegriffen.

Brú na Bóinne Visitor Centre Cafe CAFÉ €
(Gerichte 4,50–12 €; ⊙morgens & mittags; 🌱) Das Besucherzentrum beherbergt ein überraschend gutes Café mit vielen Gerichten für Vegetarier, z. B. Nussbrot und Gemüsekuchen. Außerdem gibt's Leckerbissen wie Lachs-Lauch-Torte oder Lasagne mit Rindfleisch.

🛈 An- & Weiterreise

Bus Éireann (☎041-983 5023; www.buseireann.ie) bietet Verbindungen zwischen dem Brú na Bóinne Visitor Centre und dem Busbahnhof von Drogheda (einfache Fahrt/hin & zurück 3,40/6,20 €, 20 Min., Mo-Sa 2-mal tgl.) mit Weiterfahrt nach Dublin.

Stätte der Schlacht am Boyne

Über 60 000 Soldaten der beiden Heere von König Jakob II. und Wilhelm III. kämpften 1690 auf dem Ackerland im Grenzgebiet der Counties Meath und Louth. Wilhelm siegte und James floh nach Frankreich.

Heute gehört das **Schlachtfeld** (www.battleoftheboyne.ie; Erw./Kind 4/2 €; ⊙Mai-Sept. 10–18 Uhr, März & April 9.30–17.30 Uhr, Okt.-Feb. 9–17 Uhr) zur Oldbridge Estate Farm. Im Besucherzentrum wird eine kurze Vorführung zur Schlacht gezeigt, außerdem gibt's originale und nachgebildete Waffen der damaligen Zeit sowie ein Lasermodell des Kampfplatzes zu sehen. Man kann sehr leicht auf eigene Faust durch die Parklandschaft und über das Feld streifen. Im Sommer wird die Schlacht von kostümierten Schauspielern nachgestellt.

Die Stätte befindet sich 3 km nördlich von Donore und ist an der N51 ausgeschildert. Von Drogheda aus muss man der Rathmullan Road 3,5 km am Fluss entlang nach Westen folgen.

Laytown

Laytown wurde als Schauplatz des einzigen offiziellen Strand-Pferderennens Europas berühmt. Das verschlafene Küstendorf erwacht erst dann zum Leben, wenn Ende August bzw. Anfang September Buchmacher, Wettkunden und Jockeys zu den **Laytown Races** (www.meath.ie) herbeiströmen. Letztere finden hier bereits seit 140 Jahren statt: Zu diesem Anlass verwandelt sich Laytowns 3 km langer goldener Sandstrand für einen Tag in eine Pferderennbahn, die eine bunte Mischung aus Einheimischen, Prominenten und Fans anzieht.

Etwas außerhalb von Laytown an der Straße nach Julianstown stößt man auf das National Ecology Centre **Sonairte** (☎041-982 7572; http://sonairte.ie; The Ninch, Laytown; Erw./Kind 3/1 €; ⊙Mi-So 10.30–17 Uhr). Das Ökozentrum will das Umweltbewusstsein fördern und informiert über

FIONN & DER LACHS DER ERKENNTNIS

Eine der bekanntesten Geschichten des Fenier-Zyklus erzählt von dem „Lachs der Erkenntnis", einem Fisch, der demjenigen, der ihn aß, ungeahnte Weisheit verleihen sollte sowie die Gabe, in die Zukunft zu blicken. Der alte Druide Finegann mühte sich sieben Jahre vergeblich damit ab, den Lachs zu fangen, bis eines Tages Fionn Mc-Cumhaill zu seinem Lager am Fluss kam, um sich Rat zu holen. Just als der junge Mann auf der Bildfläche erschien, erwischte Finnegan den Fisch. Doch wie man es von vielen Märchen gewohnt ist, endete auch dieses ganz anders als gedacht. Finnegan hängte den Lachs zum Braten über das Feuer und ging kurz fort. Er beauftragte Fionn damit, ein Auge auf den Fisch zu haben, verbot ihm aber, etwas davon zu kosten. Man sollte meinen, dass Finnegan nach all den Jahren der Anstrengung mit seiner kleinen Angelegenheit bis nach dem Essen hätte warten können, doch weit gefehlt. Als Fionn den Spieß umdrehte, spritzte ein Tropfen heißen Öls auf seinen Daumen, den er zur Linderung der Schmerzen in den Mund steckte. Finnegan kam zurück und wusste sofort, dass es zu spät war. Darum überließ er Fionn auch den Rest der Mahlzeit – und so geschah es, dass der junge Mann in den Genuss von Weisheit und Hellsichtigkeit kam.

nachhaltige Lebensweisen sowie biologischen Gartenbau. Besucher können sich einer geführten Tour durch die Anlage und eine 200-jährige Obstplantage anschließen, dem Naturpfad oder der Flusspromenade folgen oder an Kursen zu verschiedenen Themen teilnehmen, die von der Imkerei über das Kräutersammeln bis zum biologischen Gärtnern reichen. Auf dem Gelände gibt's einen Laden und ein Biocafé, außerdem findet hier von 10.30 bis 16 Uhr ein **Bauernmarkt** statt.

Bis zu Laytowns Bahnhof sind es vom Ortszentrum aus nur etwa fünf Gehminuten. Züge zwischen Dublin (Connolly Station) und Laytown (12 €, 50 Min.) starten alle 30 Minuten.

Slane
1099 EW.

Slane erstreckt sich einen steilen Hang hinunter bis zum Fluss Boyne, der unter einer schmalen Brücke hindurchfließt. Das Örtchen wurde für einen Gutsherren auf dem Reißbrett entworfen und entwickelte sich rund um eine große Burg, nach der es auch benannt ist. Es verfügt über schöne Steinhäuser und Cottages aus dem 18. Jh. An der größten Kreuzung stehen sich vier identische Gebäude gegenüber. Einwohner behaupten, dass sie einst für vier Schwestern gebaut wurden, die einander hassten und sich von ihren Häusern aus gegenseitig beobachteten. Südwestlich des Zentrums befindet sich das massive graue Tor von Slane Castle.

Das Dorf liegt ungefähr 15 km westlich von Drogheda und nur 6 km westlich von Brú na Bóinne an der Kreuzung der N2 und der N51.

Sehenswertes

Slane Castle BURG
(www.slanecastle.ie) Der Privatsitz von Henry Conyngham, Earl of Mountcharles, ist vor allem als Veranstaltungsort für **Open-Air-Konzerte** bekannt. 2011 traten hier z. B. die Kings of Leon auf. Außerdem wurde das 1984 veröffentlichte U2-Album *The Unforgettable Fire* auf dem Gelände aufgenommen – das auf dem Cover abgebildete Bauwerk liegt allerdings in Moydrum, County Westmeath. Auch diese Band hat hier schon Konzerte gegeben.

Francis Johnson baute das 1785 von James Wyatt im neogotischen Stil errichtete Gebäude für die Besuche von Georg IV. bei Lady Conyngham um. Angeblich war sie die Geliebte des Königs, und es heißt, die Straße von Dublin nach Slane sei extra eben und gerade angelegt worden, um die Anreise ihres Liebhabers zu beschleunigen. 1991 wurde die Burg durch ein Feuer zerstört, woraufhin sich herausstellte, dass der Earl unterversichert war. Eine große Sammelaktion, zu der auch besagte Sommerkonzerte beitrugen, ermöglichte eine sorgfältige Restaurierung.

Teilnehmer **geführter Touren** (Erw./Kind 7/5 €; Juni-Aug. So-Do 12–17 Uhr) können u. a. den 1821 fertiggestellten neogotischen Ballsaal und den Kings Room besichtigen, in dem der König wohnte, wenn er seine Mätresse besuchte.

Darüber hinaus wird im Schloss der Slane Castle Irish Whiskey aus der nahe gelegenen Cooley Distillery verkauft. Ursprünglich wurde er eigens für die Conyngham-Familie gebrannt. Wer sich für die Verkostung dieser und anderer irischer Whiskeysorten interessiert, sollte eine **Whiskeytour** (041-982 4080; inkl. Burgführung 12 €) buchen.

Die Burg liegt 1 km westlich der Stadt. Man erreicht sie, indem man der Straße nach Navan folgt.

Hill of Slane
HISTORISCHE STÄTTE

1 km nördlich des Ortes befindet sich der Hill of Slane, ein unscheinbarer Hügel, dem erst die keltisch-christliche Mythologie zu einer gewissen Bedeutung verholfen hat. Der Legende nach soll hier der hl. Patrick 433 ein Osterfeuer entzündet haben, um im ganzen Land das Christentum zu verkünden. Laoghaire, Irlands heidnischer Hochkönig, war darüber erzürnt, denn schließlich hatte er ausdrücklich befohlen, dass in Sichtweite des Hügels von Tara kein Feuer brennen dürfe. Er wurde jedoch von seinen vorausschauenden Druiden zurückgehalten: Diese erklärten ihm, dass „der Mann, der das Feuer entzündet hat, Könige und Fürsten überdauern wird". Laoghaire suchte daraufhin Patrick auf, allerdings begegnete sein gesamtes Gefolge, mit Ausnahme eines Mannes namens Erc, dem Heiligen mit Verachtung.

Ab jetzt ist die Story tatsächlich etwas weit hergeholt: Während des Treffens tötete Patrick einen Wächter des Königs und löste ein Erdbeben aus, um die übrigen Männer zu bezwingen. Nach dieser herkulischen Anstrengung beruhigte sich Patrick ein wenig und pflückte ein Kleeblatt, um mithilfe der drei Blätter die Heilige Dreifaltigkeit zu erklären: die Einheit von Vater, Sohn und Heiligem Geist in einem Gott. Laoghaire war davon nicht überzeugt, ließ ihn aber seine missionarische Arbeit fortführen. Patricks Erfolgserlebnis an diesem Tag, abgesehen davon, dass er am Leben blieb, ein Erdbeben auslöste und Irland eines seiner Nationalsymbole schenkte, bescherte ihm der gute Erc. Er ließ sich taufen und wurde später der erste Bischof von Slane. Bis heute entzündet der Gemeindepfarrer hier am Ostersamstag ein Feuer.

Ursprünglich stand auf dem Hügel eine dem hl. Erc geweihte Kirche, danach folgten ein Rundturm und ein Kloster, von denen nur noch Reste übrig geblieben sind. Später errichtete man auf der Westseite des Hügels eine Palisadenfestung. Dort befinden sich außerdem die Ruinen einer Kirche und eines Turms, im 16. Jh. Teil eines Franziskanerklosters. An klaren Tagen kann man von dem Turm den Hill of Tara und das Boyne Valley sowie ganze sieben Grafschaften sehen.

Ledwidge Museum
MUSEUM

(041-982 4544; www.francisledwidge.com Janesville; Erw./Kind 3/1 €; 10-13 & 14-17.30 Uhr) Das Geburtshaus des Dichters Francis Ledwidge (1891-1917) ist ein altmodisches Cottage, das ein einfaches, aber bewegendes Museum beherbergt. Ledwidge fiel auf dem Schlachtfeld von Ypern, nachdem er Gallipoli und Serbien überlebt hatte. Als fanatischer politischer Aktivist setzte er alles daran, einen Zweig der Gaelic League auch in seiner Region zu etablieren – doch vergebens. Daraufhin verlieh er seiner Enttäuschung in Versen Ausdruck.

Das Museum vermittelt einen Einblick in Ledwidges Leben und Werk, und das Cottage selbst gilt als anschauliches Beispiel für den Alltag der Farmarbeiter im 19. Jh. Es liegt etwa 1,5 km östlich von Slane an der N51 nach Drogheda. Die Öffnungszeiten ändern sich häufig, deshalb ruft man vor einem Besuch am besten an.

Schlafen & Essen

Slane Farm Hostel
HOSTEL €

(041-982 4390; www.slanefarmhostel.ie; Harlinstown House, Navan Rd; Stellplätze 8 € pro Pers., B/EZ/DZ/Cottage für Selbstversorger 18/25/50/70 €; P@🖳) Die vom Marquis von Conyngham im 18. Jh. errichteten ehemaligen Stallungen etwa 3 km westlich von Slane sind zu einem erstklassigen Hostel umgebaut worden, das an einen Milchbauernhof angeschlossen ist. Es gibt ein Spielezimmer, ein Gemüsebeet und eine Gemeinschaftsküche, und die Gäste können Eier aus Freilandhaltung verspeisen. Die Fahrradnutzung ist kostenlos.

Old Post Office
BISTRO €€

(041-982 4090; www.theoldpostoffice.ie; Main St; Hauptgerichte 10-28 €; tgl. morgens & mittags, Di-Sa abends) In der geschmackvoll renovierten alten Post ist inzwischen ein Restaurant untergebracht, das einfache ehrliche Hausmannskost serviert. Außerdem kann man in einem der vier hellen, modernen Zimmern im B&B-Stil übernachten (DZ 70 €).

Georges Patisserie BÄCKEREI €

(www.georgespatisserie.com; Chapel St; ⏲Di-Sa) Die hausgemachten Brote und *scones* der französischen Patisserie sind toll, wenn man sich ein paar Sandwiches machen möchte oder etwas Kleines für zwischendurch braucht. Leider kommt man nur in den Genuss der Leckereien in der Auslage, wenn man sie vorab bestellt.

Ausgehen & Unterhaltung

Boyles PUB

(www.boylesofslane.com; Main St) Andrew Cassidy, Musiker und Besitzer des Pubs mit der knallroten Fassade, stellt erstklassige Livegigs und traditionelle Sessions auf die Beine.

Praktische Informationen

In Slane gibt's keine Touristeninformation. Wissenswertes erfährt man unter www.slanetourism.com.

An- & Weiterreise

Bus Éireann fährt vier- bis sechsmal täglich nach Drogheda (4,20 €, 35 Min.), Dublin (13,50 €, 1 Std.) und Navan (3,90 €, 20 Min.).

Navan & Umgebung

3710 EW.

Der Verwaltungssitz von Meath ist nicht besonders aufregend. Er liegt an der Kreuzung der verkehrsreichen N3 nach Dublin und der N51 von Drogheda nach Westmeath.

An der Trimgate Street reihen sich Restaurants und Pubs aneinander, außerdem gibt's in der Arbeiterstadt die eine oder andere Sehenswürdigkeit. Das beeindruckende, relativ gut erhaltene **Athlumney Castle** (Kentstown Rd, Athlumney) 2 km südöstlich von Navan wurde im 16. Jh. von der Familie Dowdall erbaut und 100 Jahre später erweitert. Nach der Niederlage von King James in der Schlacht am Boyne steckte Sir Lancelot Dowdall die Burg in Brand, damit der Sieger, Wilhelm von Oranien, sie weder besetzen noch beschlagnahmen konnte. Er beobachtete das Feuer vom anderen Flussufer aus, bevor er sich nach Frankreich und später nach Italien absetzte. Am Grundstück angekommen, geht's erst nach rechts zum Loreto Convent, wo man den Schlüssel für das Gebäude bekommt.

Darüber hinaus erstrecken sich rund um Navan mehrere hübsche **Wanderwege** wie der Treidelpfad, der am alten Boyne-Kanal entlang Richtung Slane und Drogheda führt. Am Südufer kann man 7 km bis nach Stackallen und zur Boyne-Brücke spazieren, vorbei an dem imposanten Backsteinbau **Ardmulchan House** (nicht öffentlich zugänglich) und, auf der anderen Flussseite, an den Überresten des **Dunmoe Castle** aus dem 16. Jh.

Tara

Irlands Allerheiligstes, der **Hill of Tara**, ist eine Region am Eingang zur Unterwelt, die im Herzen der irischen Geschichte, Legende und Folklore einen wichtigen Platz einnimmt. Er war die Heimat der mystischen Druiden, früherer Priesterherrscher, die ihre spezielle Art des keltischen Heidenzaubers unter den prüfenden Blicken der allmächtigen Göttin Maeve (Medbh) praktizierten. Später fungierte Tara als zeremonielle Hauptstadt der 142 Hochkönige, deren Herrschaft erst mit der Verbreitung des Christentums im 6. Jh. ein Ende nahm. Überdies gilt der Ort als eine der wichtigsten prähistorischen Stätten Europas. Hier befinden sich ein Ganggrab aus der Steinzeit und bis zu 5000 Jahre alte Grabhügel.

Obwohl außer Höckern und Erdwällen nicht mehr viel erhalten ist, hat der Hügel eine große historische und traditionelle Bedeutung. Seine Geschichte und das Bestreben, diese zu bewahren, treffen im Tara Valley auf den Wunsch nach fortschreitender Besiedlung und angemessener Infrastruktur. Schon seit Jahren tobt ein Kampf zwischen Regierung und Denkmalschützern wegen eines Straßenbauprojekts. 2007 mussten die Arbeiten gestoppt werden, als eine antike Stätte entdeckt wurde, die Stonehenge in nichts nachsteht. Trotz der Appelle und Bitten bedeutender Historiker sowie Archäologen wird weiter gestritten. Auf www.tarawatch.org kann man sich über die aktuelle Situation informieren.

Geschichte

Für die Kelten war Tara der heilige Wohnsitz der Götter und das Tor ins Jenseits. Das Ganggrab galt als letzte Ruhestätte des mythischen Elfenvolkes Tuatha dé Danann. Tatsächlich existierte dieses Volk, nur handelte es sich dabei nicht um Elfen und Kobolde, sondern um Menschen, die während der Steinzeit auf die Insel kamen.

Mit der Entstehung der politischen Landschaft unter den Kelten schwand die Macht der Druiden. Kriegerische Stammesfürsten verliehen sich Königstitel und übernahmen die Herrschaft. Noch gab es kein vereintes Irland, stattdessen kontrollierten unzählige *rí tuaithe* (regionale Könige) kleinere Gebiete. Doch der König von Tara wurde immer als Hochkönig angesehen, obwohl seine tatsächliche Macht kaum über die Provinz hinausreichte. Cormac MacArt, der im 3. Jh. regierte, war der am meisten gepriesene Hochkönig.

Im Kalender von Tara spielte das dreitägige Ernte-*feis* (Fest) eine wichtige Rolle. Es fand am Samhain, einem Vorläufer des modernen Halloween, statt. Während der Feier, einem Ess- und Trinkgelage, hörte sich der König Beschwerden an, erließ Gesetze und beendete Fehden.

Als im 5. Jh. die ersten Christen kamen, nahmen sie sofort Kurs auf Tara. Der Legende nach hat der hl. Patrick das Osterfeuer auf dem Hill of Slane entzündet, einige glauben jedoch, dass es auf dem Hügel von Tara brannte. Das Aufkommen des Christentums markierte den Anfang vom Ende der heidnisch-keltischen Kultur. Nach und nach verließen die Hochkönige den Ort, auch wenn die Könige von Leinster noch bis ins 11. Jh. von hier aus herrschten.

Im August 1843 versammelten sich in Tara 750 000 Iren (die größte im Land je zusammengekommene Menschenmenge), die alle wegen Daniel O'Connell herbeiströmten: Der „Liberator" (Befreier) und Führer der Opposition gegen den Zusammenschluss mit Großbritannien hielt hier nämlich eine seiner mitreißenden Ansprachen.

◉ Sehenswertes

Rath of the Synods   HISTORISCHE STÄTTE

Die Namen der Grabhügel und anderer Erhebungen in Tara stammen aus alten Sagen. Mythologie und Religion vermischen sich hier mit historischen Fakten. Zum Teil ruht das Grundstück der protestantischen Kirche und des Friedhofs auf Überresten des Rath of the Synods, einer dreifach umwallten Festung, in der einige frühe Treffen (Synoden) des hl. Patrick stattgefunden haben sollen. Ausgrabungen lassen darauf schließen, dass die Stätte zwischen 200 und 400 n. Chr. für Begräbnisse, Rituale und als Wohnsitz genutzt wurde. Ursprünglich gehörten zur Ringfestung wohl auch Holzhäuser, die von hölzernen Palisaden umgeben waren.

Ausgrabungen förderten römisches Glas, Tonscherben und Siegel zutage, die Verbindungen mit dem Römischen Reich belegen, obwohl die Römer ihre Macht niemals bis nach Irland ausgeweitet hatten.

Royal Enclosure   HISTORISCHE STÄTTE

Bei der Royal Enclosure südlich der Kirche handelt es sich um eine große, ovale Ringfestung aus der Eisenzeit mit einem Durchmesser von 315 m. Sie wird von einem Wall und einem Graben umgeben, der aus dem massiven Fels unter der Erde herausgestemmt wurde. Auf dem Gelände befinden sich zudem noch einige kleinere Stätten.

Der **Mound of the Hostages**, ein kleiner Hügel in der Nordecke der Einfriedung, ist Taras ältester bekannter Teil und zugleich der auffälligste Überrest. Vermutlich diente er im 3. Jh. als Gefängniszelle für die Geiseln von König Cormac MacArt. Das kleine steinzeitliche Ganggrab datiert etwa in die Zeit um 1800 v. Chr. und war noch während der Bronzezeit in Nutzung. Im Gang befinden sich einige Steinmetzarbeiten, allerdings ist das Grab für die Öffentlichkeit nicht zugänglich.

Der Hügel erwies sich als wahre Schatzkammer voller Artefakte, darunter alte Bernsteinperlen und Fayencen (glasierte Keramiken) aus dem Mittelmeerraum. Hier wurden mehr als 35 Gräber der Bronzezeit entdeckt, ebenso zahlreiche eingeäscherte Überbleibsel aus der Steinzeit.

Innerhalb der Einfriedung befinden sich zwei weitere Erdbauten: das **Cormac's House** und der **Royal Seat**. Obwohl sie sich sehr ähneln, ist Letzterer eine Ringfestung mit einem Haus in der Mitte und Ersteres ein Grabhügel an der Seite der runden Wallaufschüttung. Von dort aus hat man den besten Blick auf das Boyne- und das Blackwater-Tal.

Oben auf Cormac's House ragt der wie ein Phallus geformte **Stone of Destiny** auf, der sich ursprünglich beim Mound of the Hostages befand. Er steht für die Vereinigung der Götter des Himmels und der Erde. Angeblich soll er der Krönungsstein der Hochkönige gewesen sein, doch andere Quellen lassen vermuten, dass der tatsächliche Krönungsstein der Stone of Scone war, der nach Edinburgh in Schottland gebracht und dort für die Krönungszeremonie britischer Könige verwendet wurde. Dazu musste sich der Königsanwärter auf den Stein stellen, und wenn dieser dann dreimal brüllte, wurde er gekrönt. Neben dem Stein ruhen in einem Massengrab 37 Männer, die hier 1798 bei einem Gefecht ums Leben kamen.

Enclosure of King Laoghaire
HISTORISCHE STÄTTE

Südlich der Royal Enclosure stößt man auf diese große, leider nicht sehr gut erhaltene Ringfestung. Angeblich hat man darin den König, einen Zeitgenossen des hl. Patrick, aufrecht stehend und in voller Rüstung begraben.

Banquet Hall
HISTORISCHE STÄTTE

Nördlich des Kirchhofs befindet sich Taras ungewöhnlichstes Bauwerk, ein rechteckiger, in Nord-Süd-Richtung angelegter Erdbau (230 m lang, 27 m breit). Der Legende nach war er groß genug, um bei Festen Tausende von Gästen zu beherbergen. Zum Großteil stammen diese Informationen aus dem im 12. Jh. verfassten *Book of Leinster* und dem *Yellow Book of Lecan,* das sogar Zeichnungen des Saals enthält.

Über den Zweck der Anlage gehen die Meinungen allerdings auseinander. Aufgrund ihres Standortes könnte sie ein abgesenkter Eingang nach Tara gewesen sein, der direkt in die Royal Enclosure führte. Neuere Untersuchungen förderten Gräber innerhalb der Anlage zutage, daher kann es sein, dass es sich bei den Wällen in Wirklichkeit um die Begräbnisstätten einiger Könige von Tara handelt.

Gráinne's Fort
HISTORISCHE STÄTTE

Gráinne, die Tochter von König Cormac, war mit McCumhaill (Finn McCool) verlobt, brannte aber an ihrem Hochzeitstag mit Diarmuid O'Duibhne durch, einem der königlichen Krieger, was sie zur Hauptperson des Epos *The Pursuit of Diarmuid and Gráinne* werden ließ. Gráinne's Fort (Ráth Gráinne) und die nördlichen sowie südlichen **Sloping Trenches** nordwestlich davon sind Grabhügel.

Essen

McGuires Coffee Shop
CAFÉ €

(Gerichte 4–6 €; ⊙morgens & mittags;)
Wer nach einem Spaziergang Appetit bekommen hat, kann in dem Café/Souvenirladen am Fuß des Hügels Apfel- und Zimtpfannkuchen oder Waffeln mit Toffeesoße bestellen.

Praktische Informationen

Tara kann kostenlos besichtigt werden und ist durchgehend geöffnet. Am Eingang befinden sich einige gute Erklärungstafeln. Leider lassen viele Leute ihre Hunde auf dem Hügel frei herumlaufen und kümmern sich nicht um deren Hinterlassenschaften.

Old Tara Book Shop (⊙Di, Do, Sa & So) Am Fuß des Hügels betreibt Michael Slavin diesen winzigen, leicht chaotischen Secondhand-Buchladen. Slavin ist Autor der informativen Broschüre *The Tara Walk* (3 €).

Tara Visitor Centre (☎046-902 5903; www.heritageireland.ie; Erw./Kind 3/1 €; ⊙Juni–Mitte Sept. 10–18 Uhr) In einer ehemaligen protestantischen Kirche (mit einem Fenster der bekannten Künstlerin Evie Hone) ist jetzt ein Besucherzentrum untergebracht, in dem ein 20-minütiger Film über die Stätte gezeigt wird.

❶ An- & Weiterreise

Tara liegt 10 km südöstlich von Navan an einer Abzweigung der Straße zwischen Dublin und Cavan (N3). Weil die Beschilderung sehr schlecht ist, wird man unterwegs sicher jemanden um Rat bitten müssen.

Bus Éireann (☎01-836 6111) fährt auf der Strecke von Dublin nach Navan etwa 1 km entfernt an der Stätte vorbei (11,40 €, 40 Min., Mo–Sa stdl., So 4-mal). Auf Nachfrage lässt einen der Fahrer am Tara Cross aussteigen, wo man links von der Hauptstraße abbiegen sollte, um zu der Stätte zu gelangen.

Dunsany Castle

Wie die oberen Zehntausend leben, sieht man im **Dunsany Castle** (☎046-902 5198; www.dunsany.com; Dunsany; Erw./Kind/unter 9 J. 20/10 €/frei; ⊙nach vorheriger Anmeldung). Die im 12. Jh. errichtete Burg dient als Residenz der Lords of Dunsany und ist eines der ältesten kontinuierlich bewohnten Gebäude Irlands. Im 18. und 19. Jh. wurde sie stark verändert.

Inzwischen beherbergt sie eine eindrucksvolle private Kunstsammlung und viele andere Schätze, die im Zusammenhang mit wichtigen Persönlichkeiten der irischen Geschichte stehen, z. B. mit Oliver Plunkett und Patrick Sarsfield, dem Anführer der irischen Jakobiten bei der Belagerung von Limerick 1691. Die Führung durch das Schloss dauert fast zwei Stunden und bietet einen faszinierenden Einblick in seine Geschichte und die seiner Bewohner. Da es in erster Linie ein Familienheim bleibt und immer wieder an verschiedenen Stellen restauriert werden muss, ist es nur unregelmäßig geöffnet. Darüber hinaus sind die einzelnen Räume meist nur zu unterschiedlichen Zeiten zugänglich. Genaueres darüber erfährt man telefonisch.

Vor Ort werden Produkte der **Dunsany Home Collection** – in der Region produzierte Tischdecken und Accessoires sowie verschiedene von Lord Dunsany höchstpersönlich designte Produkte – verkauft.

Die Burg liegt etwa 5 km südlich von Tara an der Straße von Dunshaughlin nach Kilmessan.

Trim

1375 EW.

Im Mittelalter war das ruhige, von seiner Burg und stimmungsvollen Ruinen umgebene Trim eine bedeutende Siedlung mit fünf Stadttoren, angebunden an ein Netz eifrig genutzter Straßen, und ganzen sieben Klöster in unmittelbarer Umgebung.

Heute kann man sich das zwar kaum mehr vorstellen, aber der Ort war tatsächlich so wichtig, dass Elisabeth I. darüber nachdachte, hier das Trinity College errichten zu lassen. Der gebürtige Dubliner Arthur Wellesley, Herzog von Wellington, der in Talbot Castle und in der St. Mary's Abbey studierte, ging eine Zeit lang in Trim zur Schule.

Noch heute zeigt sich die reiche Geschichte der Stadt an zahllosen Ruinen und Straßenzügen voller alter Arbeitercottages.

⊙ Sehenswertes

Trim Castle BURG
(King John's Castle; www.heritageireland.ie; Erw./Kind 4/2 €; ⊙ Ostern–Sept. 10–18 Uhr, Okt. 9.30–17.30 Uhr, Feb.–Ostern Sa & So 9.30–17.50 Uhr, Nov.–Jan. Sa & So 9–17 Uhr) Irlands größte anglonormannische Festungsanlage ist erstaunlich gut erhalten und zeugt von Trims Bedeutung im Mittelalter. Hugh de Lacy ließ hier 1173 eine Burg errichten, die allerdings bereits ein Jahr später von Rory O'Connor, angeblich Irlands letztem Hochkönig, zerstört wurde. Das heutige Gebäude, dessen Bau um 1200 begann, blieb beinahe unverändert.

Zur Zeit der Anglonormannen hatte die Festung eine strategische Bedeutung am Westrand des Pale, der von den Anglonormannen beherrschten Region. Jenseits von Trim begann das Gebiet, wo irische Stammesführer und Lords gegen ihre normannischen Rivalen um Macht und Land kämpften. Im 16. Jh. verfiel das Gebäude allmählich und 1649, als Cromwells Truppen die Stadt eroberten, wurde es stark beschädigt.

1996 gelangte die Burg kurz wieder zu ihrem einstigen Ruhm, denn sie diente als Drehort für Mel Gibsons Film *Braveheart*, in dem es als Double für das Schloss in York herhalten musste.

Ein massiver, 25 m hoher, auf einem normannischen Erdwall gelegener Steinturm dominiert den grasbewachsenen, 2 ha großen Innenhof. Er besitzt drei Stockwerke; das unterste ist von einer Mauer durchteilt. Gleich außerhalb des Bauwerks befinden sich Reste einer früheren Mauer.

Zur 500 m langen, recht gut erhaltenen Außenmauer aus dem Jahr 1250 gehören acht Türme, ein Torhaus sowie einige Ausfalltore, durch die man die Anlage verlassen und sich gegen Angreifer verteidigen konnte. Der schönste Abschnitt der Mauer verläuft vom Boyne durch das Dublin Gate zur Castle Street.

In der Nordecke stand eine Kirche, und dem Fluss zugewandt befand sich die Royal Mint, wo bis ins 15. Jh. irische Münzen („Patricks" und „Irelands" genannt) geprägt wurden.

St. Patrick's Cathedral Church
KATHEDRALE
(Lornan St) Zu dieser Kirche gehört ein riesiger Turm, den man schon von Weitem sieht. Einige Teile des Gebäudes datieren ins 15. Jh. Von 1536 an wurden hier Bischöfe geweiht, aber den Status einer Kathedrale erhielt die Kirche erst 1955.

Talbot Castle & St. Mary's Abbey
HISTORISCHE STÄTTEN
Gegenüber der Burg, am anderen Ufer des Boyne, liegen die Überreste der **St. Mary's Abbey**. Das ursprünglich im 12. Jh. errichtete Gebäude musste nach einem Brand 1368 neu aufgebaut werden.

1415 ließ Sir John Talbot, Vizekönig von Irland, einen Teil des Augustinerklosters zu einem schönen Herrenhaus umbauen, dem **Talbot Castle**. An der Nordwand ist das hauseigene Wappen zu sehen. Talbot zog nach Frankreich in den Krieg, wo ihn Jeanne d'Arc 1429 bei Orléans besiegte. Er wurde gefangen genommen und wieder freigelassen und setzte seinen Kampf gegen die Franzosen bis 1453 fort. Man nannte ihn die „Geißel Frankreichs" und Shakespeare erwähnte ihn sogar in Heinrich VI.: „Ist dieser Talbot auswärts so gefürchtet/Dass man die Kinder stillt mit seinem Namen?"

1649 marschierten Cromwells Soldaten in Trim ein und zündeten in der Abtei die Holzstatue der Lady of Trim an, die von den Gläubigen wegen ihrer magischen Kräfte verehrt wurde – ein herber Schlag ins Gesicht des Katholizismus. Für den Fall, dass die Einheimischen die Symbolkraft dieser Handlung nicht verstanden haben könnten,

Trim

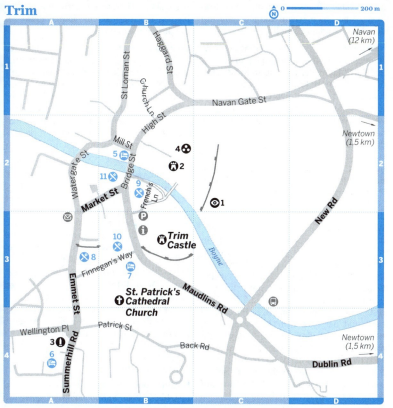

zerstörten die Männer auch gleich noch das komplette Gebäude.

Im frühen 18. Jh. war das Talbot Castle im Besitz von Esther „Stella" Johnson, der Geliebten von Jonathan Swift. Er kaufte es ihr später ab und bewohnte das Anwesen für ein Jahr. Von etwa 1700 bis zu seinem Tod 1745 war Swift Pfarrer in Laracor, etwa 3 km südöstlich von Trim. Ab 1713 bekleidete er zudem den weitaus bedeutenderen Posten des Dekans der Dubliner St. Patrick's Cathedral.

Nordwestlich des Klosters ragt der 40 m hohe Glockenturm namens **Yellow Steeple** auf. Er wurde 1368 errichtet, aber von Cromwells Soldaten beschädigt. Sein Name bezieht sich auf die Farbe seiner Steine bei Sonnenuntergang.

Östlich der Ruinen sieht man einen Teil der Stadtmauer aus dem 14. Jh. mit dem **Sheep Gate**, dem einzigen erhaltenen von ursprünglich fünf Stadttoren. Früher war es nachts zwischen 21 und 4 Uhr geschlos-

Trim

⊙ Highlights
St. Patrick's Cathedral Church............B3
Trim Castle B3

⊙ Sehenswertes
1 Sheep Gate C2
St. Mary's Abbey........................(siehe 2)
2 Talbot Castle B2
3 Wellington Column A4
4 Yellow Steeple B2

🛏 Schlafen
5 Bridge House Tourist Hostel B2
6 Castle Arch Hotel A4
7 Trim Castle Hotel B3

🍴 Essen
8 An Tromán A3
9 Franzini O'Brien's B2
10 La Scala B3
11 Wau Asian B2

sen. Darüber hinaus musste man hier Straßenzoll bezahlen, wenn man Schafe auf dem Markt verkaufen wollte.

Newtown
HISTORISCHE STÄTTEN

Auf dem Friedhof von Newtown 1,5 km östlich der Stadt an der Lackanash Road befinden sich mehrere Ruinen, darunter die **Parish Church of Newtown Clonbun**. In der Kirche steht das Grabmal von Sir Luke Dillon und seiner Frau Lady Jane Bathe aus dem späten 16. Jh. Dillon war Oberrichter des Schatzkammergerichts unter der Regierung von Elisabeth I. In der Gegend nennt man ihre Statue nur „Jealous Man and Woman" (Eifersüchter Mann und Frau), vielleicht wegen des Schwertes zwischen den beiden. Zwischen den beiden Figuren sammelt sich Regenwasser an, das angeblich Warzen heilen soll. Wer mag, hält eine Nadel in die Pfütze und sticht diese dann in seine Warze. Setzt die Nadel dabei Rost an, verschwindet der Schwulst. Manche behaupten, man müsse die Nadel anschließend als Gegengabe auf die Statue legen.

Außerdem stößt man hier auf die Überreste der **Cathedral of Sts. Peter and Paul** und der **Newtown Abbey** aus dem 18. Jh. Die Kathedrale wurde 1206 geweiht und 200 Jahre später niedergebrannt. 1839 stürzten Teile ihrer Mauern bei einem Sturm ein. Die übrig gebliebenen Stücke werfen ein tolles Echo zum **Echo Gate** auf der anderen Flussseite hinüber.

Südöstlich der Ruinen und jenseits des Flusses liegt die **Crutched Friary** mit den Resten eines Burg- und eines Wachtturms sowie anderer Gebäude, in denen ein Hospital untergebracht war. Ritter des Johanniterordens errichteten das Krankenhaus nach den Kreuzzügen. Angeblich ist die **St. Peter's Bridge** neben dem Kloster Irlands zweitälteste Brücke.

Wellington Column
DENKMAL

(Ecke Summerhill Rd & Wellington Pl) Die Einheimischen stifteten diese Säule zu Ehren von Arthur Wellesley, Duke of Wellington, als Anerkennung für seine beeindruckende Karriere. Nach dem Sieg über Napoleon in der Schlacht bei Waterloo wurde der „Iron Duke" (Eiserner Herzog) Premierminister von Großbritannien und erließ 1829 den Catholic Emancipation Act, der die letzten repressiven Strafgesetze aufhob.

Schlafen

Trims Sehenswürdigkeiten kann man zwar problemlos innerhalb eines Tages abklappern, aber wer trotzdem gerne über Nacht bleiben möchte, hat eine ganze Reihe an Möglichkeiten.

Trim Castle Hotel
HOTEL €€

(046-948 3000; www.trimcastlehotel.com; Castle St; DZ 65–130 €; P@🛜🍴) Dieses stilvolle Boutique-Hotel ist Teil einer Baumaßnahme zur Aufwertung des Viertels in der Nähe der Burg. Es verfügt über 68 kompakte, bequeme Zimmer mit einem modernen Design und teilweise sogar mit Whirlpools. Im hauseigenen Restaurant kann man sich am Fleischbüfett satt essen.

Crannmór House
B&B €€

(046-943 1635; www.crannmor.com; Dunderry Rd; DZ 76 €; P🛜) Hügeliges Ackerland und Weiden umgeben das weinberankte alte, gastfreundliche Haus 2 km von Trim an der Straße nach Dunderry mit hellen Zimmern. Wenn man in der Gegend angeln möchte, sollte man sich an den Besitzer wenden, einen erfahrenen *ghillie* (Angelführer).

Castle Arch Hotel
HOTEL €€

(046-943 1516; www.castlearchhotel.com; Summerhill Rd; DZ ab 99 €; P@🛜🍴) Alle 22 Zimmer dieser modernen Bleibe überzeugen durch ihr schickes Design und ihre schweren Vorhänge im antiken Stil. Sehr freundlicher Service und tolles Preis-Leistungs-Verhältnis.

Bridge House Tourist Hostel
HOSTEL €

(046-943 1848; bridgehousehostel@gmail.com; Bridge St; B/DZ 20/40 €; P🛜) Ein schrulliges altes Haus direkt am Fluss mit einfachen Vierbett- und ein paar Doppelzimmern. Vorab die Ankunftszeit bestätigen.

Essen

An Tromán
CAFÉ €

(http://artisanfoodstoretrim.webs.com; Market St; Gerichte 4,50–7 €; ⊙ Mo–Sa morgens & mittags) Dieses tolle Café quillt förmlich über vor Leckerbissen, aus denen sich ein erstklassiges Picknick zusammenstellen lässt. Bei schlechtem Wetter kann man stattdessen direkt vor Ort Tagesgerichte wie Suppe mit einem Thunfisch-Mais-Sandwich oder Hühnchen-Pilz-Pastete sowie ein Baiser mit Obst und frischer Schlagsahne genießen.

La Scala
ITALIENISCH €€

(046-948 3236; Finnegan's Way; Hauptgerichte 10,50–23,50 €; ⊙ Mo–Do 17–22, Fr–So 13–22 Uhr; 🍴) In dem modernen Restaurant kommt zeitlos-klassische italienische Küche auf den Tisch, z. B. Risotto mit Steinpilzen und Trüffeln, *frittura mista* mit Wolfsbarsch, Riesengarnelen und Tintenfisch, Hühnchenbrustfilet mit Schinken und Mozzarella sowie jede Menge Pastagerichte.

Franzini O'Brien's INTERNATIONAL €€

(046-943 1002; French's Lane; Hauptgerichte 14–25 €; So mittags, tgl. abends;) Auf der abwechslungsreichen Speisekarte des beliebten, entspannten Lokals stehen Nachos, Teriyaki-Hühnchen mit Nudeln, Enten-Wan-Tans und vieles mehr.

Wau Asian ASIATISCH €€

(046-948 3873; Bridge St; Hauptgerichte 8–15,50 €; Do, Fr & So mittags, tgl. abends) Hier gibt's chinesische, malaysische, indonesische und thailändische Gerichte. Nach dem Essen kann man noch im Sally Rodgers, einem Pub unter dem Wau Asian, vorbeischauen.

Ausgehen & Unterhaltung

Marcy Regan's PUB

(Lackanash Rd, Newtown; Do–Di) Angeblich ist das kleine schnörkellose Pub neben der St. Peter's Bridge Irlands zweitälteste Kneipe – und zweifellos verströmt es das Flair vergangener Zeiten. Freitags wird oft traditionelle Livemusik gespielt.

Sally Rogers PUB

(046-943 8926; Bridge St) Das Sally Rogers liegt unter dem Wau Asian und punktet mit einem Blick auf den Fluss.

Praktische Informationen

Bank of Ireland (Market St) Geldwechsel und Geldautomat.

Post (Ecke Emmet St & Market St)

Touristeninformation (046-943 7227; Castle St; Mo–Sa 9.30–17.30 Uhr) Hier gibt's ein Café, ein Ahnenforschungszentrum und eine praktische Karte für Touristen.

Anreise & Unterwegs vor Ort

Bus Éireann verkehrt mindestens einmal pro Stunde zwischen Dublin und Trim (9,27 €, 70 Min.) und hält an der New Road auf der anderen Seite der Brücke.

Rund um Trim

In dieser Gegend stößt man auf einige reizvolle anglonormannische Hinterlassenschaften wie die . Der erste Zisterzienserableger der prächtigen Mellifont Abbey in Louth, wurde 1147 gegründet und in den Folgejahren stark verändert. Heute sieht man hier nur noch die Überreste der Anbauten aus dem 13. und 15. Jh.: den Kapitelsaal, die Kirche sowie den Wandel- und den Kreuzgang. Nach Auflösung der Klöster 1543 wurde die Abtei als Festung genutzt und der Turm errichtet. Bective liegt 7,5 km nordöstlich von Trim auf dem Weg nach Navan.

12 km nordwestlich der Stadt erstreckt sich an der Straße nach Athboy **Rathcairn**, Irlands kleinstes Gaeltacht-Gebiet (irischsprachiger Bezirk). Die Einwohner stammen von einer gälischsprachigen Gruppe in Connemara ab, die im Zuge eines sozialen Experiments in den 1930er-Jahren hier angesiedelt wurde.

Kells

2257 EW.

Berühmtheit erlangte Kells durch die großartige illustrierte Handschrift, die den Namen des Städtchens trägt. Um sie zu sehen, stehen die Besucher im Dubliner Trinity College Schlange. Obwohl das großartige Werk nicht hier geschaffen wurde, bewahrte man es vom Ende des 9. Jhs. bis 1541 im hiesigen Kloster, einer der führenden Institutionen des Landes, auf.

Das Straucheln des Keltischen Tigers hat dem Ort stark zugesetzt. So musste z. B. das Heritage Centre geschlossen werden, es besteht aber noch Hoffnung, dass es in den kommenden Jahren wieder geöffnet wird (am besten fragt man in der Touristeninformation nach dem Status quo). Die Überreste der einst großartigen Klosteranlage mit ein paar interessanten Hochkreuzen und einem 1000 Jahre alten Rundturm sind auf jeden Fall sehenswert.

Auf älteren Karten wird die Stadt manchmal als Ceanannus Mór oder nur als Ceanannus bezeichnet (einst der offizielle Name), aber in der unmittelbaren Umgebung wurde sie schon immer Kells genannt.

##

Market Cross DENKMAL

(Headfort Pl) Bis 1996 stand das Marktkreuz jahrhundertelang unbeschädigt in der Cross Street im Herzen der Stadt. Es wurde nicht nur von Gläubigen verehrt, sondern diente im Aufstand von 1798 auch als Galgen. Die Briten hängten die Rebellen am Querbalken auf, einen an jeder Seite, damit das Kreuz nicht umstürzte. Doch was 1000 Jahre schlechtem Wetter und den frevlerischen Engländern nicht gelang, schaffte 1996 ein fahrlässiger Busfahrer, der beim Wenden das Kreuz rammte und umwarf. Nach der Restaurierung stellte man es wieder auf.

Rundturm & Hochkreuze
HISTORISCHE STÄTTEN

Die protestantische St.-Columba-Kirche (Gelände Mo-Sa 10-13 & 14-17 Uhr, Kirche Juni-Aug.) westlich des Ortszentrums besitzt an ihrer Südseite einen 30 m hohen Rundturm aus dem 10. Jh. Dieser hat zwar kein konisches Dach, trotzdem datiert das Gebäude mindestens ins Jahr 1076, weil der Hochkönig von Tara zu dieser Zeit in einer der Kammern ermordet wurde.

Im Kirchhof stehen vier unterschiedlich gut erhaltene Hochkreuze aus dem 9. Jh. Das Westkreuz am hinteren Ende des Areals (vom Eingang aus gesehen) ist nur noch ein Stumpf, geschmückt mit Szenen der Taufe Jesu, des Sündenfalls und dem Urteil Salomos auf der Ostseite sowie der Arche Noah auf der Westseite. Vom Nordkreuz blieb einzig der schüsselförmige Grundstein übrig.

Das am besten erhaltene Kreuz, das Cross of Patrick and Columba in der Nähe des Turms, trägt auf der östlichen Sockelseite die kaum noch lesbare Inschrift *Patrici et Columbae Crux*.

Unvollendet blieb das zweite erhaltene Kreuz, das East Cross mit einem Kreuzigungsrelief und einer Gruppe von vier Figuren auf dem rechten Arm.

GRATIS St. Colmcille's House
HISTORISCHE STÄTTE

(Juni-Sept. Sa & So 10-17 Uhr) Wenn man den Kirchhof in Richtung Church Street verlässt, erblickt man links oben auf dem Hügel, zwischen den Häusern auf der rechten Seite der Church Lane, das St. Colmcille's House. Das etwas plumpe, massive Gebäude ist ein Überbleibsel der alten Klostersiedlung. Sein Name führt leicht in die Irre, denn es wurde im 10. Jh. errichtet, während der hl. Colmcille aber im 6. Jh. gelebt hat. Wissenschaftler vermuten, dass es als klösterliche Schreibstube diente, in der Mönche Handschriften illuminierten.

Außerhalb der Sommermonate ist die Stätte geschlossen, man kann jedoch bei der Touristeninformation nach dem Schlüssel fragen oder Mrs. Carpenter (046-924 1778; 1 Lower Church View) anrufen, um eingelassen zu werden.

Schlafen & Essen

Teltown House B&B
B&B €€

(046-902 3239; www.teltownhouse.webs.com; Teltown; DZ 90 €; P) Dieses liebevoll restaurierte alte Steinbauernhaus steckt voller Charakter und Geschichte. Es hat historisch eingerichtete Zimmer, außerdem werden Gäste überaus herzlich empfangen. Vor 2000 Jahren hielt man hier Irlands eigene „Olympischen Spiele" ab, und weitere 2000 Jahre zurück ritzte jemand kunstvolle Kreismuster in den Felsen neben der Pension. Das Teltown House liegt auf halber Strecke zwischen Kells und Navan – 6 km südöstlich von Kells und östlich der N3 am Silver Tankard Pub.

Headfort Arms Hotel
HOTEL €€

(046-924 0063; www.headfortarms.ie; John St; EZ/DZ ab 69/89 €; P@🛜👨‍👩‍👧) Das familiengeführte Hotel im Ortszentrum verfügt über 45 komfortable, klassisch eingerichtete Zimmer mit modernen Extras wie Flachbildfernsehern, orthopädischen Matratzen und Safes für Laptops. Am stimmungsvollsten sind die Räume im charmanten Altbau. Darüber hinaus gibt's ein nettes kleines Spa. Im hauseigenen Bistro namens Vanilla Pod (Hauptgerichte 17-25 €; So mittags, tgl. abends) wird z. B. Salat mit warmem Ziegenkäse, Fenchel und Orangen serviert.

❶ Praktische Informationen

Touristeninformation (046-924 7840; Headfort Pl; Mo-Fr 9.30-13 & 14-17 Uhr) Zeigt einen 13-minütigen Film über den Ort (kostenlos).

❶ An- & Weiterreise

Bus Éireann (01-836 6111) fährt von Kells über Navan nach Dublin (11,43 €, 90 Min., stdl.) und bietet auch Verbindungen nach Cavan (10,53 €, 45 Min., stdl.) an.

Loughcrew Cairns

Wenn man bedenkt, welcher Wirbel um Brú na Bóinne gemacht wird, verblüfft es, dass die steinzeitlichen Ganggräber an den Loughcrew Hills so wenig Beachtung finden. Die rund 30 Grabstätten sind allerdings nicht leicht zu erreichen. Wer die Anstrengung auf sich nimmt, kann diesen besinnlichen und anrührenden Ort dafür ganz in Ruhe genießen. Die Gräber verteilen sich auf drei Hügel: den Carnbane East (194 m), den Carnbane West (206 m) und den Patrickstown (279 m). Das Ganggrab auf Letzterem wurde leider im 19. Jh. durch Baumeister so zerstört, dass außer dem herrlichen Blick in die Landschaft kaum mehr etwas davon zu sehen ist.

Ebenso wie die Stätten in Brú na Bóinne entstanden auch die Loughcrew Cairns um 3000 v. Chr., die im Gegensatz zu ihren bekannteren und besser erforschten Nachbarn jedoch mindestens bis 750 v. Chr. genutzt wurden. Wie in Newgrange weisen die größeren Steine einiger Stätten ebenfalls spiralförmige Verzierungen auf. Manche Gräber sehen wie große Steinhaufen aus, andere kann man schwerer erkennen, da bei ihnen die Steine abgetragen wurden. Archäologen entdeckten hier Knochenfragmente, Asche, Steinkugeln und -perlen.

Die Gräber befinden sich westlich von Kells an der R154 nahe Oldcastle.

CARNBANE EAST

Der Carnbane East wartet mit einer ganzen Reihe von Gräbern auf. Das **Cairn t** (049-854 1240; www.heritageireland.ie; Eintritt frei; Juni–Aug. 10–18 Uhr; P) ist mit seinen 35 m Durchmesser das größte und besteht aus zahlreichen gemeißelten Steinen. Einer der Schwellensteine im Außenbereich wird Hag's Chair genannt; ihn zieren Löcher, Kreise und andere Muster. Um in den Grabgang zu gelangen, benötigt man den Schlüssel und eine Taschenlampe. Vom Parkplatz aus braucht man etwa eine halbe Stunde auf den Carnbane East hinauf.

Während der Sommermonate wird der Zugang zum Cairn t von **Heritage Ireland** (www.heritageireland.ie) kontrolliert. Das Unternehmen vermittelt auch Guides, doch auch die Einheimischen kennen sich ganz gut aus, sodass man jederzeit einen ortskundigen Führer anheuern kann, der einem nicht nur diese Stätte näherbringt, sondern auch einige andere Gräber zeigt. Infos dazu gibt's in Kells Touristeninformation. Wer die Gegend auf eigene Faust erkunden möchte, holt sich stattdessen einfach den Schlüssel im Café in den Loughcrew Gardens ab.

CARNBANE WEST

Vom selben Parkplatz aus gelangt man in etwa einer Stunde zum Carnbane West mit den Gräbern D und L, beide mit 60 m Durchmesser. Sie sind in einem schlechten Zustand, aber man kann den Grabgang und die Kammer des Cairn L trotzdem betreten und sich die zahlreichen verzierten Steine sowie das Steinbecken ansehen, das zur Aufbewahrung von menschlicher Asche diente.

Die Stätte wird von **Heritage Ireland** (www.heritageireland.ie) verwaltet. Den Schlüssel bekommen nur Personen mit echtem Forschungsinteresse.

LOUGHCREW GARDENS

Die mit viel Liebe gestalteten **Loughcrew Gardens** (049-854 1060; www.loughcrew.com; Erw./Kind 6/3 €; März–Okt. 12–18 Uhr) umfassen 2,5 ha Wiesen, Terrassen, Blumenrabatten, eine Lindenallee, einen Eibenweg, einen Kanal und Beete. Darüber hinaus beherbergen sie einen mittelalterlichen Wassergraben, einen Wohnturm und die St.-Oliver-Plunkett-Familienkapelle sowie ein Café in einer Holzhütte mit WLAN.

Im Sommer (gewöhnlich im Juli) ist der Garten Schauplatz der **Loughcrew Opera** (Karten ab 79 €): Zu diesem Anlass sind die Gäste dazu aufgefordert, in historischen Kostümen zu erscheinen und sich selbst etwas zu essen mitzubringen.

Die Loughcrew Gardens liegen nordwestlich von Kells an der R154 in der Nähe von Oldcastle.

Geführte Touren

Beyond the Blarney HISTORISCHE FÜHRUNGEN
(087 151 1511; www.beyondtheblarney.ie) Ein professioneller Anbieter mit Sitz in Oldcastle, der neben Tagestouren (ab 60 €) auch Workshops organisiert, z. B. zum Thema Loughcrew-Cairns-Kunst (ab 40 €).

COUNTY LOUTH

Dank der Nähe zu Dublin gelangte das Wee County (so der Spitzname) in der Keltischer-Tiger-Ära zu enormem Wohlstand. Dadurch gab es immer mehr Freizeitangebote, Restaurants und ein reges Nachtleben, aber auch Staus durch die vielen Pendler.

Im 5. und 6. Jh. war Louth Irlands kirchliches Zentrum. Reiche religiöse Gemeinschaften lebten im Kloster von Monasterboice und in der Zisterzienserabtei bei Mellifort. Nach ihrer Ankunft im 12. Jh. gründeten die normannischen Invasoren Dundalk und die zwei Orte beidseitig des Boyne, die sich 1412 zum heutigen Drogheda zusammenschlossen, Louths attraktivste Stadt und ein idealer Ausgangspunkt für einen Besuch in Brú na Bóinne direkt hinter der Grenze zum County Meath. Zudem ist es nicht weit bis zur malerischen Cooley Peninsula mit ihrer bergigen Landschaft und dem hübschen mittelalterlichen Dorf Carlingford.

Louth lässt sich sehr gut im Rahmen eines Tagesausflugs von Dublin aus erkunden. Es lohnt sich aber auch, etwas mehr Zeit in diesem County zu verbringen.

Drogheda

28 973 EW.

Die historische Festungsstadt am Boyne liegt gerade mal 48 km nördlich von Dublin. Einige hübsche alte Gebäude, eine stattliche Kathedrale und ein ausgezeichnetes Museum sprechen Kulturliebhaber an, außerdem ist Drogheda aufgrund der herrlichen alten Pubs, schicken Restaurants, engen Straßen sowie des gutes Nahverkehrssystems und der zahlreichen Übernachtungsmöglichkeiten eine tolle Ausgangsbasis für die Sehenswürdigkeiten im Boyne Valley.

Bereits 910 galt die Flussbiegung in dem fruchtbaren Tal als so attraktiv, dass die Dänen hier eine befestigte Siedlung gründeten. Im 12. Jh. fügten die Normannen eine Brücke hinzu und bauten die an beiden Seiten des Flusses entstandenen Orte aus. Darüber hinaus errichteten sie eine große Burg bei Millmount auf der Südseite des Boyne.

Im 15. Jh. hatte sich Drogheda zu einer der vier größten befestigten Städte von Irland gemausert, doch das 17. Jh. brachte Zerstörung: 1649 sollte der Ort Schauplatz von Cromwells berüchtigtem Massaker werden, und 1690 verschlimmerte sich die Lage sogar noch, als die Stadt bei der Schlacht am Boyne auf das falsche Pferd setzte und sich am Tag nach der Niederlage Jakobs II. ergeben musste.

Während des Wirtschaftswachstums zu Zeiten des Keltischen Tigers war Drogheda für viele Menschen, die in Dublin arbeiteten, eine preiswerte Wohnalternative zur Hauptstadt. Nun entstanden am Flussufer zahlreiche Neubauten.

Auch heute noch ist das lebendige, multikulturelle Drogheda ein wichtiges regionales Zentrum.

⊙ Sehenswertes

St. Peter's Roman Catholic Church

KIRCHE

(West St) 1791 erbaute Francis Johnston die ursprüngliche Kirche im klassischen Stil, später wurde hier allerdings ein neues Gebäude im neogotischen Stil errichtet. Im nördlichen Querschiff wird in einem Schaukasten aus Glas und Messing die Hauptat-

Drogheda

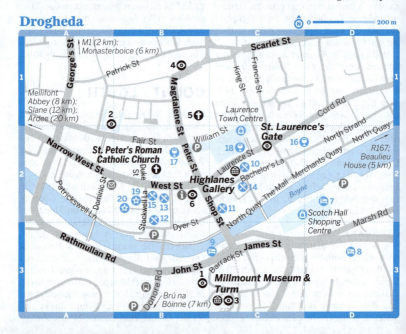

traktion des Hauses, der geschrumpfte **Kopf des hl. Oliver Plunkett** (1629–81), aufbewahrt. Er wurde bei der Hinrichtung des Märtyrers 1681 von seinem Körper abgetrennt.

St. Laurence's Gate HISTORISCHE STÄTTE
An der östlichen Verlängerung der Hauptstraße befindet sich der am besten erhaltene Teil der Stadtmauer, das St. Laurence's Gate. Das beeindruckende Gebäude erinnert an ein befestigtes Bollwerk und diente dem Schutz des dahinterliegenden Tores.

Es stammt aus dem 13. Jh. und wurde nach der damals außerhalb liegenden St. Laurence's Priory benannt, von der heute jedoch nichts mehr zu sehen ist. Das Bauwerk besteht aus zwei hohen Türmen, einer Ringmauer dazwischen und dem Eingang zum Fallgitter. Als die Stadtmauer im 13. Jh. fertiggestellt wurde, umschloss sie auf einer Länge von 3 km ein 52 ha großes Areal.

Highlanes Gallery KUNSTMUSEUM
(www.highlanes.ie; Laurence St; Spende statt Eintrittsgeld; ⊘Mo–Sa 10.30–17 Uhr) Das umgebaute Kloster aus dem 19. Jh. beherbergt eine interessante Dauerausstellung, außerdem finden hier regelmäßig Wechselausstellungen statt. Im angeschlossenen Laden kann man qualitativ hochwertiges Kunsthandwerk aus Louth kaufen und anschließend eine Pause im schicken Café Andersons einlegen.

Millmount Museum & Turm MUSEUM
Von der Stadt aus gesehen erhebt sich auf der anderen Flussseite, in einer dorfähnlichen Enklave inmitten des öden Vorortes Millmount, ein künstlicher Hügel. Möglicherweise handelt es sich um einen prähistorischen Grabhügel ähnlich dem von Newgrange; allerdings wurde an dieser Stelle nie gegraben. Einer Legende nach soll hier Amergin bestattet sein, ein Krieger-Poet, der etwa um 1500 v. Chr. aus Spanien in die Gegend kam.

Auf dem Hügel, der mit seinem Blick über die Brücke zum Kommandoposten geradezu prädestiniert war, errichteten die Normannen eine Festung. Ihr folgten eine Burg und schließlich 1808 ein **Martello-Turm** (Erw./Kind 3/2 €), der im Bürgerkrieg von 1922 eine dramatische Rolle spielte. Damals war er Droghedas Hauptverteidigungsanlage und wurde heftig von den Truppen des Freistaates beschossen. Kürzlich wurde er restauriert. Oben genießt man eine herrliche Aussicht auf die Stadt.

In Millmount lehnten sich die Verteidiger von Drogheda unter Führung von Gouverneur Sir Arthur Ashton in Millmount ein letztes Mal auf, ehe sie sich Cromwell ergaben. Rund um den Fuß des Hügels baute man im 18. Jh. eine englische Kaserne, die heute Kunsthandwerksläden und ein Restaurant beherbergt.

Darüber hinaus ist hier das **Millmount Museum** (041-983 3097; www.millmount.net; Erw./Kind Museum 3,50/2,50 €, Museum & Turm 5,50/3 €; ⊘Mo–Sa 9.30–17.30, So 14–17 Uhr) untergebracht, das interessante Exponate zur Stadtgeschichte zeigt, darunter drei herrliche Gildenbanner aus dem späten 18. Jh., vielleicht die letzten im ganzen Land. Ein Raum widmet sich Cromwells brutaler Belagerung von Drogheda und der Schlacht am Boyne. Das hübsch gepflasterte Erdgeschoss steckt voller Gerätschaften

---

Drogheda

◉ Highlights
- Highlanes Gallery...................................C2
- Millmount Museum & Tower................C3
- St. Laurence's Gate...............................C2
- St. Peter's Roman Catholic Church....B2

◉ Sehenswertes
1. Butter Gate B3
2. Gerichtsgebäude...................................A1
3. Governor's House..................................C3
4. Magdalene Tower B1
5. St. Peter's Church of Ireland................B1
6. Tholsel B2

⬤ Schlafen
7. D Hotel D2
8. Green Door Hostel D3
9. Salthouse C3

⊗ Essen
10. Andersons C2
11. Bella Atina C2
12. D'vine B2
13. Kierans Deli..B2
14. Stockwell Artisan Foods Café C2
15. Stockwell Artisan Foods Deli...............B2

⊙ Ausgehen
16. C Ní Cairbre C2
17. Clarke & Sons B2
18. Peter Matthews.....................................C2

⊙ Unterhaltung
19. Drogheda Arts Centre B2
20. Earth B2

und Küchenutensilien aus längst vergangenen Zeiten, etwa ein Schnellkochtopf aus Gusseisen und ein frühes Bettsofa sowie das hervorragende Exemplar eines *coracle* (kleines Fischerboot). Gleich gegenüber wartet das **Governor's House** mit Sonderausstellungen auf.

Entweder fährt man mit dem Auto auf den Hügel oder nimmt die Treppe von der St. Mary's Bridge auf den Pitcher Hill.

Das aus dem 13. Jh. stammende **Butter Gate** nordwestlich von Millmount ist als einziges echtes Stadttor erhalten geblieben. Der Turm verfügt über einen Bogengang und ist etwa ein Jahrhundert älter als das St. Laurence's Gate.

Noch mehr Bauwerke   HISTORISCHE STÄTTEN

Im Stadtzentrum erhebt sich das 1770 errichtete **Tholsel** (Ecke West St & Shop St). Das frühere Rathaus besteht aus Kalkstein und beherbergt die Touristeninformation.

Richtung Nordwesten gelangt man von hier aus zu dem restaurierten ehemaligen **Gerichtsgebäude** (Courthouse; Fair St) aus dem 19. Jh. Hier werden das Schwert und das Zepter aufbewahrt, die Wilhelm von Oranien nach der Schlacht am Boyne der Stadt überreichte.

Im Norden stößt man auf die **St. Peter's Church of Ireland** (William St), die nicht mit der St. Peter's Roman Catholic Church zu verwechseln ist. Als Cromwells Männer den Kirchturm in Brand setzten, kamen 100 Menschen ums Leben, die darin Zuflucht gesucht hatten. Heute sieht man hier bereits den zweiten Nachbau des Originals, der aus dem Jahr 1748 stammt und über einen hübschen Hof mit schmiedeeisernen Toren verfügt. An der einen Seite befindet sich zudem die interessante, 1844 erbaute „Blue School" (hier wurden die Söhne freier Männer erzogen).

Über die Magdalene Street kommt man von der Kirche zum **Magdalene Tower** (14. Jh.), dem Glockenturm eines 1224 gegründeten Dominikanerklosters. Begleitet von einem großen Heer nahm dort der englische König Richard II. 1395 in einer Zeremonie die Unterwerfung der gälischen Stammesfürsten entgegen. Doch der Frieden dauerte nur einige Monate, denn Richards Rückkehr nach Irland führte 1399 zu seiner Absetzung. 1468 wurde der Earl of Desmond an dieser Stelle wegen seiner verräterischen Kontakte zu den gälischen Iren enthauptet.

Von hier aus geht's weiter den Berg hinauf bis zu der hübschen **Church of Our Lady of Lourdes** jüngeren Datums in der Nähe von Hardmans Gardens.

Zum Schluss kann man noch das 1855 errichtete **Boyne Viaduct** östlich des Zentrums bewundern, über das eine Bahnstrecke verläuft. Jeder der 18 herrlichen Steinbogen hat eine Spannweite von 20 m. Beim Bau der Pfeiler ging eine Baugesellschaft bankrott.

🎭 Feste & Events

Drogheda Arts Festival   KUNST
(www.droghedaartsfestival.ie) Am ersten Wochenende im Mai werden Theater, Musik, Filme, Gedichte, bildende Kunst und Workshops (z. B. Seidenmalerei) geboten.

Drogheda Samba Festival   MUSIK
(www.droghedasamba.com) Am letzten Juniwochenende ist Drogheda von lateinamerikanischen und afrikanischen Klängen erfüllt.

Drogheda Food Festival   ESSEN
(www.drogheda.ie) Zu den Highlights des Gourmetfests Mitte August gehören der riesige Bauernmarkt und der „Bierpfad".

🛏 Schlafen

In Drogheda gibt's eine ganze Reihe qualitativ hochwertiger Unterkünfte.

LP TIPP D Hotel   HOTEL €€
(☎041-987 7700; www.thedhotel.com; Scotch Hall, Marsh Rd; DZ 69–109 €; P@🖥🐾) Droghedas beste Bleibe besticht mit lichtdurchfluteten Zimmern voller Designermöbel und coolem Zubehör, einer stilvollen Bar, einem Restaurant, einem kleinen Fitnessstudio und einer tollen Aussicht auf die Stadt. In dem Hotel werden häufig Junggesellenabschiede gefeiert, deshalb muss man sich an den Wochenenden auf ohrenbetäubende Musik einstellen.

Windsor Lodge   B&B €€
(☎041-984 1966; www.barwindsorlodge.com; The Court, North Rd; EZ/DZ 40/70 €; P🖥🐾) Dieses große zweckmäßige B&B verfügt über eine gute Auswahl moderner, geräumiger Zimmer im ländlichen Stil mit neuen Bädern. Es gibt einen hübschen Wintergarten, eine große Lounge und einen gemütlichen Sitzbereich im Freien.

Green Door Hostel   HOSTEL €
(☎041-983 4422; www.greendoorireland.com; 13 Dublin Rd; B 15–20 €, DZ mit/ohne Bad 55/40 €; @🖥) Ein prächtiges georgianisches Haus

us dem 18. Jh. unweit des Bahnhofs mit unterschiedlich großen Mehrbettzimmern und ein paar Doppelzimmern. Die besten Zimmer warten mit Fernsehern und Küchenzeilen auf.

Orley House B&B €
041-983 6019; www.orleyhouse.com; Bryanstown, Dublin Rd; DZ 70 €; P@🛜🍴) 2 km außerhalb der Stadt punktet das B&B mit großen komfortablen Zimmern und einem tollen Service. Das herzhafte Frühstück wird im sonnigen Wintergarten serviert.

Salthouse B&B €€
041-983 4426; 46 John St; DZ ab 40 €) Die von Australiern geführte Pension ist eine gute Anlaufstelle mit einfachen, sauberen Zimmern samt Kiefernholzmöbeln und weißen Laken. Sie befindet sich über dem gleichnamigen **Restaurant** (Hauptgerichte 5–26 €; ⊗morgens, mittags & abends), zu dem auch eine beliebte Bar (dort gibt's regelmäßig Livemusik) und eine Terrasse mit Flussblick gehören.

🍴 Essen

LP TIPP Eastern Seaboard Bar & Grill
IRISCH €€
041-980 2570; www.easternseaboard.ie; 1 Brynstown Centre, Dublin Rd; Hauptgerichte 10,50–33 €; ⊗mittags & abends; 🛜🍴) Die Lage des stylischen, modernen Lokals in einem Industriepark nahe dem Bahnhof ist nicht gerade umwerfend, aber der Laden platzt seit seiner Eröffnung trotzdem immer aus allen Nähten. Das Personal ist auf Zack und es gibt ein paar außergewöhnliche Extras, z. B. die von hinten beleuchtete Dekanterkollektion und die Fischskulpturen aus Metall. Auch das Essen ist außergewöhnlich: Wie wär's z. B. mit Schweinebäckchenterrine und Apfel-Kraut-Salat, geräucherter Makrelenpâté oder Kaffeegelee und Vanilleeis? Außerdem bekommt man hier leckeres deutsches Bier vom Fass. Ab mittags gibt's durchgehend warme Küche.

Stockwell Artisan Foods Café CAFÉ €
www.stockwellartisanfoods.ie; 1 Mayoralty St; Hauptgerichte 9 €; ⊗Mo–Sa morgens & mittags) Seine Wände aus roten Ziegelsteinen und die Holzmöbel tragen zur anheimelnden Atmosphäre des Cafés bei, in dem gesunde Vollwertkost-Wraps, Salate, Suppen und warme Gerichte serviert werden. Leckereien zum Mitnehmen kann man im **Feinkostladen** (1 Stockwell St; Hauptgerichte 9 €; ⊗Mo–Sa morgens & mittags) kaufen.

Andersons CAFÉ €
(Highlanes Gallery, Laurence St; Hauptgerichte 6–10 €; ⊗Mo–Sa 10.30–17 Uhr; 🛜) Das Café in der Highlanes Gallery verfügt über ein Zwischengeschoss und trumpft mit einer erlesenen Auswahl an Bruschetta, Bagels und Gourmetsandwiches auf (z. B. mit Garnelen oder geräuchertem Lachs auf Mehrkornbrot). Toll sind auch die Baguettes mit französischem Brie, der marokkanische Salat und die Käse-, die Meeresfrüchte- sowie die mediterrane Platte.

Bella Atina ITALIENISCH €€
(041-984 4878; 32 Shop St; Hauptgerichte 10–12 €; ⊗Mo–Sa abends; 🍴) Auf der Karte des neuen italienischen Restaurants am Ende einer Treppe, die von der Shop Street hinaufführt, stehen traditionelle Pizzas, Pastas und Fleisch- bzw. Fischgerichte. Die *penne alla vodka* sind ein Gedicht!

D'vine MEDITERRAN €€
(041-980 0440; Dyer St; Hauptgerichte 14–22 €; ⊗Mi–Mo 12 Uhr–open end) Ein gemütlicher Sitzbereich drinnen, ein sonniger Hof und eine große Auswahl an edlen Tropfen sind die Markenzeichen des Weinlokals mit Bistro. Die Köche zaubern tolle mediterrane Platten, Fisch- und Fleischgerichte auf den Tisch, z. B. gebratenen Wolfsbarsch aus der Pfanne und geschmorte Lammkeulen.

Kierans Deli FEINKOSTLADEN €
(041-983 8728; 15 West St; ⊗Mo–Sa) In diesem Laden gibt's alles, was man für ein exquisites Picknick braucht, und eine Theke mit warmen Gerichten zum Mitnehmen für die Mittagspause.

🍷 Ausgehen & Unterhaltung

In vielen Bars und Pubs der Stadt wird Livemusik geboten. Das Veranstaltungsprogramm findet man unter www.drogheda.ie.

C Ní Cairbre PUB
(Carberry's; North Strand) Das winzige Pub ist beinahe ein Nationalheiligtum und bereits seit 1880 in Familienbesitz. Alte Zeitungsausschnitte und verblasste Kunstwerke schmücken fast alle Wände. Hier kommt man häufig in den Genuss traditioneller Livemusik, vor allem dienstagabends und sonntagnachmittags.

Peter Matthews PUB
(McPhail's; Laurence St) Eine der beliebtesten Livemusik-Kneipen in Drogheda ist das McPhail's (so wird das Pub genannt, egal was auf dem Schild steht). Es lockt viele

junge Leute an und bringt alles von Heavy-Metal-Coverbands bis zu Folkloresessions. Im vorderen Teil befindet sich eine traditionelle Bar und im hinteren gibt's einen netten Biergarten.

Clarke & Sons PUB
(Peter St) Scheinbar stammt dieser herrliche alte Laden aus einer anderen Zeit. Der nie restaurierte Raum wartet mit einer Holzeinrichtung auf und die bleiverglasten Türen tragen noch die Aufschrift „Open Bar". Das Clarke wird von vielen Boheme-Typen frequentiert und ist schwulen- bzw. lesbenfreundlich.

Earth NACHTCLUB
(www.westcourt.ie; Stockwell Lane; ✆Do–So) Droghedas größter Nachtclub ist im Westcourt Hotel untergebracht. Zu der vielfältigen Musik – von Klassikern bis zu Hip-Hop, House und Techno wird so gut wie alles gespielt – feiert ein junges Publikum, allerdings verströmt der Laden manchmal eine Art Viehmarktatmosphäre. Außerdem gibt's hier einen netten Biergarten.

Drogheda Arts Centre KULTURZENTRUM
(✆041-983 3946; www.droichead.com; Narrow West St) Auf dem Programm des lebhaften Kulturzentrums stehen Theaterstücke, Comedy, Filme und Kunst sowie viele Workshops (z. B. Collagenherstellung).

ⓘ Praktische Informationen

Drogheda Library (Stockwell Lane; ✆Di & Do 10–20, Mi, Fr & Sa bis 17 Uhr) Internetzugang.

Post (West St)

Touristeninformation (✆041-987 2843; www.drogheda.ie; West St; ✆Mo–Fr 9.30–17.30 Uhr, Ostern–Sept. auch Sa 10–17 Uhr) Haufenweise Infomaterial und hilfsbereite Angestellte.

ⓘ An- & Weiterreise

Bus
Drogheda liegt an der M1, die von Dublin nach Belfast führt und eine der meistbedienten Routen des Landes ist. Vom Busbahnhof südlich des Flusses an der Ecke Rathmullan Road und Donore Road verkehrt **Bus Éireann** (✆041-983 5023) regelmäßig zwischen Drogheda und Dublin (6 €, 1 Std., 1–4-mal stdl.). Viel befahren ist auch die Strecke zwischen Drogheda und Dundalk (5 €, 30 Min., stdl.), Gleiches gilt für die Straßen zum Brú na Bóinne Visitor Centre.

Matthews (✆042-937 8188; http://matthews.ie) bietet stündliche (oder noch häufigere) Verbindungen nach Dublin (7 €) und Dundalk (7 €).

Zug
Der **Bahnhof** (✆041-983 8749) befindet sich unmittelbar südlich des Flusses und östlich des Stadtzentrums in der Nähe der Straße nach Dublin. Von hier aus geht's sowohl in die Hauptstadt der Republik als auch in Nordirlands Hauptstadt (Dublin 15,35 €, 30 Min.; Belfast 20 €, 1½ Std.). Neben zahlreichen langsameren Zügen verkehren montags bis samstags sechs Schnellzüge pro Strecke, sonntags fünf.

ⓘ Unterwegs vor Ort

Drogheda lässt sich mühelos zu Fuß erkunden. Mit dem Fahrrad erreicht man viele interessante Orte in der Umgebung.

Quay Cycles (✆041-983 4526; 11A North Quay; ab 15 € pro Tag; ✆Mai–Okt.) Radverleih.

Rund um Drogheda

Wer die historischen Stätten und Attraktionen rings um Drogheda besichtigen will, braucht einen fahrbaren Untersatz.

Beaulieu House, Gardens & Car Museum HISTORISCHE STÄTT
(✆041-983 8557; www.beaulieu.ie; Eintritt Haus 8 €, Gärten 6 €, Museum 6 €, Kombiticket 20 €; ✆Mai-Mitte Sept. Mo–Fr 11–17 Uhr, Juli & Aug auch Sa & So 13–17 Uhr) Bevor Andrea Palladio und der allgegenwärtige georgianische Stil die irische Architektur im frühen 18. Jh. beeinflussten, wurde die anglo-niederländische Baukunst bevorzugt, die schlichter aber ebenso hübsch war. Das **Beaulieu House** 5 km nordöstlich von Drogheda an der Straße nach Baltray ist dafür ein besonders schönes Beispiel und offenbar auch das erste unbefestigte Herrenhaus in Irland. Es wurde zwischen 1660 und 1666 errichtet und befindet sich auf Ländereien, die Cromwell von Oliver Plunketts Familie beschlagnahmt und dem Marschall der Irlandarmee, Sir Henry Tichbourne, übereignet hatte. Tichbournes Nachkommen wohnen übrigens heute noch in dem roten Ziegelgebäude mit dem auffällig steilen Dach und den hohen Schornsteinen.

Auch von innen ist das Haus beeindruckend. Es beherbergt eine exzellente Kunstsammlung, die von weniger bekannten holländischen Meistern bis zu Werken moderner irischer Maler reicht. Außerdem gibt's hier einen herrlichen gepflegten Garten und ein Automuseum.

Old Mellifont Abbey HISTORISCHE STÄTT
(✆041-982 6459; www.heritageireland.ie; Tullyallen; Erw./Kind 3/1 €; ✆Besucherzentrum Os

ALS CROMWELL IN DROGHEDA EINFIEL

Für die Iren war der erste englische Demokrat und Schutzherr Oliver Cromwell (1599–1658) ein echter Albtraum. Er war voller Hass auf die Iren und hielt sie für verräterische Ungläubige sowie ein schmutziges Volk von Papisten, die im Bürgerkrieg auf der Seite von Karl I. gestanden hatten.

Nachdem „God's own Englishmen" (der Engländer Gottes) im August 1649 mit 12 000 Mann in Dublin gelandet war, zog er sofort weiter nach Drogheda, eine strategische Festungsstadt und Hochburg der Royalisten. Als Cromwell vor den Stadtmauern eintraf, wurde er von der 2300 Mann starken Armee Sir Arthur Astons erwartet, der damit prahlte, dass jeder, der Drogheda besiegen würde, auch die Hölle einnehmen könne. Weil Aston nicht kapitulieren wollte, rückte Cromwell mit schwerer Artillerie an und durchbrach nach zwei Tagen die Stadtmauer.

Um andere Orte abzuschrecken, erteilte Cromwell den Verteidigern eine brutale Lektion. Stundenlang wurden Menschen massakriert, 3000 an der Zahl, zum Großteil Royalisten, aber auch Priester, Frauen und Kinder. Aston knüppelte man mit seinem eigenen Holzbein zu Tode. Von den Überlebenden gerieten viele in Gefangenschaft und wurden als Sklaven in die Karibik verkauft.

Cromwell verteidigte seine Aktion als Gottes gerechte Strafe für die verräterischen Katholiken, doch er beeilte sich kundzutun, dass er nie die Tötung von Zivilisten befohlen habe: Dies war die Version eines „Kollateralschadens" im 17. Jh.

---

ern–Sept. 10–18 Uhr; P) Zu ihrer anglonormannischen Blütezeit war diese **Abtei** das rste und bedeutendste Zisterzienserkloser des Landes. Es lohnt sich zwar, die Ruien zu besuchen, allerdings lassen sie ichts mehr von der einstigen Pracht der nlage erahnen.

In der Mitte des 12. Jhs. hatten sich die rischen Mönchsorden ganz offensichtich ein bisschen zu sehr an das gute Leen gewöhnt und waren bis zu einem gevissen Grad bestechlich geworden. 1142 latzte Malachy, dem Bischof von Down später für seine Bemühungen heiliggeprochen), schließlich der Kragen. Er ließ ine Gruppe regeltreuer Brüder aus dem ranzösischen Clairvaux kommen, um in lieser abgelegenen Gegend ein Kloster zu auen und auf den einheimischen Klerus inzuwirken. Allerdings vertrugen sich lie Mönche nicht mit ihren französischen Gästen, sodass diese bald wieder abreisen. Ungeachtet dessen wurde der Bau on Mellifont – lateinisch *mellifons* (Ho-igquelle) – fortgesetzt, und bereits zehn ahre später gab es neun weitere Zisterienserklöster. Schließlich war Mellifont las Mutterhaus für 21 kleinere Klöster, in lenen einst 400 Mönche lebten.

Die Abtei brachte nicht nur neues Gedankengut in Irlands religiöse Szene, sondern auch einen neuen Architekturstil. Zum ersten Mal wurden Klöster so gebaut nd angelegt wie im übrigen Europa. Von der ursprünglichen Siedlung sind nur noch Fragmente erhalten, doch der Grundriss der ausgedehnten Anlage ist leicht nachzuvollziehen.

Als auffälligstes Gebäude und eines der schönsten Beispiele der irischen Zisterzienserarchitektur gilt das Lavabo, ein achteckiges Waschhaus aus dem 13. Jh. Über Bleirohre strömte das Wasser vom Fluss hierher. Rund um das Haupthaus müssen auch noch einige andere Gebäude gestanden haben.

Nach der Auflösung der Klöster wurde an dieser Stelle 1556 ein befestigtes Herrenhaus im Tudorstil errichtet. Patron Edward Moore besorgte sich sein Baumaterial, indem er kurzerhand einige der Klosterbauten abriss.

1603 war das Anwesen Schauplatz eines entscheidenden Wendepunkts in der irischen Geschichte. Nach der verheerenden Schlacht von Kinsale nahm Sir Garret Moore den besiegten Hugh O'Neill, den letzten großen irischen Führer, bei sich auf, bis dieser sich dem englischen Lord Deputy Mountjoy ergab. O'Neill wurde daraufhin begnadigt, floh 1607 aber trotzdem mit anderen irischen Anführern auf das europäische Festland. 1727 gab man das Haus dann endgültig auf.

Im Besucherzentrum erfährt man alles Wissenswerte über das Klosterleben. Die Ruinen sind jederzeit zugänglich und locken mit schönen Picknickmöglichkeiten an einem Bach etwa 1,5 km abseits der R168, der Hauptstrecke zwischen Drogheda und Collon. Eine Nebenstraße führt von Mellifont nach Monasterboice.

Monasterboice HISTORISCHE STÄTTE
(Eintritt frei; ☉Sonnenauf- bis Sonnenuntergang; P) Krächzende Raben verleihen **Monasterboice**, einer faszinierenden Klosteranlage mit einem Friedhof, zwei Kirchenruinen, einem der schönsten und höchsten Rundtürme Irlands sowie zwei der interessantesten Hochkreuze, eine leicht gruselige Atmosphäre.

Die Klostersiedlung befindet sich am Ende einer baumbestandenen Zufahrt inmitten von Ackerland und wurde im 5. oder im 6. Jh. vom hl. Buithe, einem Anhänger des hl. Patrick, gegründet, wobei die Stätte vermutlich schon in vorchristlicher Zeit von Bedeutung war. Der Name Buithe entwickelte sich irgendwie zu Boyne – daher der Name des Flusses. 968 nahmen Wikinger die Siedlung ein, allerdings hatten sie nicht mit Donal, dem Hochkönig von Tara, gerechnet, der sie davonjagte und dabei mindestens 300 Krieger tötete.

Die Hochkreuze von Monasterboice gelten als herausragende Beispiele keltischer Kunst. Sie hatten eine didaktische Funktion, denn sie brachten die Bibel auch den Ungebildeten nahe und waren ursprünglich wohl bunt bemalt, mittlerweile sind jedoch sämtliche Farbspuren verschwunden.

Das **Muirdach's Cross** in der Nähe des Eingangs erhielt seinen Namen nach einem Abt aus dem 10. Jh. Seine Westseite bezieht sich auf das Neue Testament. Von unten nach oben sieht man die Gefangennahme Jesu, den zweifelnden Thomas, Christus der Petrus den Himmelsschlüssel überreicht, die Kreuzigung und Moses im Gebet mit Aaron und Hur. Die Abdeckung des Kreuzes ist dem Giebeldach einer Kirche nachempfunden.

Beim Rundturm ragt das **West Cross** auf, mit 6,50 m eines der höchsten Hochkreuze in Irland. Es ist stärker verwittert vor allem an der Basis. Nur noch etwa ein

---

ABSTECHER

AUF DER KÜSTENSTRASSE VON DROGHEDA NACH DUNDALK

Viele Besucher nehmen die M1 in den Norden. Wer sich dagegen Zeit lassen und gerne etwas mehr vom ländlichen Irland sehen möchte, der sollte die R166 von Drogheda an der Küste entlangfahren.

Bis 1656 war das malerische Dorf **Termonfeckin** Sitz des Primas von Armagh. Die **Burg** (Eintritt frei; ☉10–18 Uhr) aus dem 15. Jh. ist zwar winzig, lohnt aber durchaus einen kurzen Besuch.

2 km weiter nördlich gelangt man in den geschäftigen Fischerei- und Urlaubsort **Clogherhead** mit seinem flachen, blau beflaggten Strand bei Lurganboy. Am besten beachtet man die Wohnwagenparks einfach nicht und konzentriert sich stattdessen auf den hübschen Blick zu den Cooley und Mourne Mountains.

Nach weiteren 14 km in nördlicher Richtung bietet sich das kleine Örtchen Annagassan für eine Picknickpause an. Bei **Coastguard Seafoods** (☎086 855 8609; Harbour Rd; ☉nach vorheriger Anmeldung) bereitet der einheimische Fischer Terry Butterly den besten eichengeräucherten Lachs Irlands zu, verkauft aber auch lebende Hummer und Meeresfrüchte zu sensationellen Preisen. Hier kann jeder einfach vorbeischauen, aber noch besser ist es, vorher anzurufen und sich anzumelden.

Wer leckeres Brot zum Lachs genießen möchte, sollte **O'Neills Bakery** (☎042-937 2253; ☉bis 13 Uhr) im Dorfkern ansteuern. Die Bäckerei besteht schon seit fünf Generationen, ist mit riesigen Öfen ausgestattet (einer hat mehr als 100 Jahre auf dem Buckel) und erfreut Kunden mit noch warmem Brot, Brötchen sowie Kuchen. Auf den ersten Blick sieht der Laden aus, als sei er geschlossen, aber man muss bloß an die Seitentür klopfen, dann wird einem geöffnet. Wenn an einem kühlen Tag der Geruch nach frisch gebackenen Köstlichkeiten in der Luft hängt, will man wahrscheinlich gar nicht mehr gehen.

In **Castlebellingham** endet der 33 km lange Abstecher. Das Dorf erstreckt sich rund um ein Herrenhaus aus dem 18. Jh., dessen Besitzer ganze Bauerngenerationen zu Diensten sein mussten. Von hier geht's auf der R132 weiter zum 12 km nördlich gelegenen Dundalk. Alternativ kann man nun auch die M1 nehmen.

utzend der 50 Felder sind erhalten. Auf
er Ostseite erkennt man David, der einen
öwen und einen Bären tötet, währen die
Westseite die Auferstehung zeigt.

Ein drittes, einfacheres Kreuz in der
Nordostecke soll von Cromwells Heer zerstört worden sein. Mit dem Rundturm im
Hintergrund ist es in der Abenddämmerung ein tolles Fotomotiv.

In einer Ecke der Anlage steht der über
0 m hohe **Rundturm** ohne Dach. Aufzeichnungen lassen vermuten, dass er 1097 ausbrannte. Leider gingen dabei viele wertvolle Handschriften und andere Schätze verloren. Das Gebäude ist nicht öffentlich
zugänglich.

Um die Touristenmassen zu meiden,
sollte man möglichst am frühen Morgen
der späten Abend herkommen. Monasterboice liegt abseits der Autobahn M1, ca.
km nördlich von Drogheda. Von Mellifont aus führen gewundene Landstraßen
direkt dorthin.

Dundalk

9 037 EW.

Dundalk ist eine Industriestadt und eher
weniger auf Touristen eingestellt. Dennoch
wartet sie mit einigen interessanten Sehenswürdigkeiten auf.

Im Mittelalter lag der Ort am Nordrand
des von den Engländern kontrollierten
Pale. Nach einer weiteren Teilung im Jahr
1921 wurde er zur Grenzstadt.

Die **Touristeninformation** (042-933
4484; www.discoverireland/eastcoast; Jocelyn St;
Di-Fr 9.30-13 & 14-17.15 Uhr) befindet sich
neben dem Museum in der Jocelyn Street.

Sehenswertes

County Museum Dundalk MUSEUM
(www.dundalkmuseum.ie; Jocelyn St; Erw./
Kind 3,80/1,25 €; Di-Sa 10-17 Uhr) Auf den
einzelnen Stockwerken des sehenswerten
Museums widmet man sich der frühen
Stadtgeschichte, der Archäologie und der
Normannenzeit. Eine Abteilung beschäftigt sich mit dem Wachstum der Industrie
in der Region von den 1750er- bis in die
1960er- Jahre, wobei das kultige „Bubble
Car" von Heinkel selbstverständlich nicht
fehlen darf.

St. Patrick's Cathedral KATHEDRALE
Vorbild für das reich verzierte Gebäude
aus dem 19. Jh. war die King's College
Chapel in Cambridge, England.

Courthouse BEMERKENSWERTES GEBÄUDE
(Ecke Crowe St & Clanbrassil St) Das Gerichtsgebäude im neugotischen Stil mit großen
dorischen Säulen wurde von Richard
Morrison entworfen. Auf dem Vorplatz
thront die steinerne **Maid of Éireann**, ein
Denkmal des Aufstands von 1798.

Essen

McAteers the Food House CAFÉ €
(www.mcateersthefoodhouse.com; 14 Clanbrassil
St; Hauptgerichte 10-17 €; morgens & mittags)
Im McAteers dreht sich alles um Bioprodukte aus der Region. Wem angesichts der
verführerischen Waren das Wasser im
Mund zusammenläuft, dem wird das zugehörige Café-Restaurant wie das Paradies
erscheinen. Dort gibt's Pfannkuchen mit
Speck und Eiern aus Freilandhaltung,
hausgemachtes Müsli, Sandwiches mit geräuchertem Lachs aus Annagassan sowie
substanziellere Mahlzeiten wie Lamm vom
Holzkohlegrill im Rosmarinjus.

Anreise & Unterwegs vor Ort

Bus Éireann (042-933 4075; Long Walk) fährt
fast stündlich nach Dublin (7,20 €, 1½ Std.). Der
Busbahnhof liegt ganz in der Nähe des Gerichtsgebäudes.

Dundalks Bahnhof, die **Clarke Train Station**
(042-933 5521; Carrickmacross Rd)), befindet sich 900 m westlich des Busbahnhofs. Hier
gibt's zwar sowohl langsame als auch schnelle Verbindungen nach Dublin (15-21,50 €, 1 Std., Mo-Sa
7-mal, So 5-mal) und Belfast (19 €, 1 Std., Mo-Sa 8-mal, So 5-mal).

Cooley Peninsula

Diese entlegene Halbinsel ist atemberaubend schön und wartet mit bewaldeten
Hängen sowie sonnigen, lebhaft schattierten Hügeln auf, die sich aus dem dunklen
Wasser des Carlingford Lough erheben. Darüber hinaus locken hier einsame Steinstrände, zu denen enge Landstraßen führen, und herrliche Aussichten bis zu Nordirlands Mourne Mountains.

Das mittelalterliche Dorf Carlingford ist
die ideale Ausgangsbasis, um die Gegend zu
erkunden. Von dort aus kann man an der
Küste entlang durch das hübsche Omeath
nach Newry in Nordirland fahren und unterwegs einen kurzen Abstecher zum
Flagstaff Viewpoint unternehmen, der einen Panoramablick auf den See und die angrenzenden Grafschaften bietet.

CARLINGFORD
623 EW.

Allem Anschein nach hat das quirlige Carlingford nichts davon mitbekommen, dass der Keltische Tiger Geschichte ist. Zwischen mittelalterlichen Ruinen und weiß getünchten Häusern drängen sich erstklassige Pubs, schicke Restaurants und edle Boutiquen, man zelebriert ausgelassene Festivals und genießt das Bergpanorama sowie den Blick über den Carlingford Lough nach Nordirland.

Carlingford ist einer der schönsten Orte an der Küste und zieht vor allem während der Sommerwochenenden viele Touristen an, deshalb sollte man seine Unterkunft weit im Voraus buchen.

◉ Sehenswertes

Holy Trinity Heritage Centre
HERITAGE CENTRE

(☏042-937 3454; www.carlingfordheritagecentre.com; Churchyard Lane; Erw./erm. 3/1,50 €; ⓢMo-Fr 10-12.30 & 14-16 Uhr) Carlingfords Heimatmuseum ist in der ehemaligen Holy Trinity Church untergebracht. Auf einem Wandbild bekommt man einen Eindruck davon, wie das Dorf zu seiner Blütezeit ausgesehen hat. Ein kurzes Video beschreibt seine Geschichte und die Anstrengungen, dem Ort neues Leben einzuhauchen.

King John's Castle
BURG

Carlingford wurde von den Wikingern gegründet und unter den Engländern im Mittelalter zu einem befestigten Ort mit einer Burg ausgebaut, die man im 11. und 12. Jh. auf einer Anhöhe errichtet hatte, um den Zugang zum See zu überwachen. Das Tor auf der Westseite war so eng, dass jeweils nur ein Reiter hindurchkam. 1210 verbrachte King John hier einige Tage auf dem Weg zur Schlacht mit Hugh de Lacy bei Carrickfergus Castle in Antrim.

In der Touristeninformation erhält man Infos zu kostenlosen Schlossführungen während der **Heritage Week** (www.heritageweek.ie) Ende August.

Noch mehr Sehenswürdigkeiten
HISTORISCHE STÄTTEN

In der Nähe der Touristeninformation befindet sich das **Taafe's Castle**, ein eindrucksvolles Turmhaus aus dem 16. Jh., das früher am Ufer stand, bis man das Land davor benötigte, um eine kurzlebige Bahnstrecke zu errichten. Heute dient es dem angrenzenden Pub als Lager. Den schönsten Blick darauf hat man vom Kneipenhof aus.

Carlingford ist Geburtsort von Thomas D'Arcy McGee (1825-68), einem der Gründerväter Kanadas. Gegenüber dem Taafe Castle erinnert eine **Büste** an ihn.

Das **Mint**, ein Münzamt in unmittelbarer Umgebung des Platzes, ist etwa genauso alt und weist an den Fenstern einige interessante keltische Steinmetzarbeiten auf. Obwohl man annimmt, dass Eduard IV. Carlingford 1467 das Münzrecht verlieh, wurden hier nie Geldstücke geprägt. Nicht weit davon entfernt erhebt sich das **Tholsel**, das einzige erhaltene Stadttor.

Westlich des Ortszentrums stößt man auf die Überreste eines **Dominikanerklosters**. Es wurde um 1305 erbaut und nach 1539 von Austerfischern als Lagerhaus benutzt.

🏃 Aktivitäten

In der Touristeninformation und unter www.carlingford.ie erfährt man alles zu Angelausflügen in der Gegend.

Táin Trail
WANDER

Carlingford ist der Startpunkt des 40 km langen Táin Trail, der durch die Cooley Mountains einmal um die Halbinsel herumführt. Die Route verläuft über befestigte Straßen sowie Wiesen- und Waldwege. Wer mehr darüber wissen will, sollte die Touristeninformation aufsuchen.

Cooley Birdwatching Trail
VOGELBEOBACHTUNG

Ein Großteil der Halbinsel steht unter Naturschutz. Wenn man dem Cooley Birdwatching Trail folgt, entdeckt man verschiedene Vogelarten wie Schnepfen, Mittelsäger, Bussarde, Meisen und Finken. Die Mitarbeiter in der Touristeninformation können einem mehr über den Pfad erzählen.

Carlingford Adventure Centre
OUTDOOR-AKTIVITÄTE

(☏042-937 3100; www.carlingfordadventure.com; Tholsel St) Organisiert eine Reihe von Aktivitäten wie Segeln, Kajakfahren, Windsurfen, Klettern und Bogenschießen.

🎉 Feste & Events

In den warmen Monaten steigt in Carlingford fast jedes Wochenende irgendeine Veranstaltung. Die Bandbreite reicht dabei von Sommerschulen über mittelalterliche Festivals und Koboldjagden bis zu kulinarischen Festen.

Carlingford Oyster Festival
KULINARISCHES FESTIVAL

(www.carlingford.ie) Mitte August rücken die berühmten Austern des Ortes in den

Mittelpunkt. Neben einer Austernschatzjagd und einem Angelwettbewerb locken Musik, Lebensmittelmärkte und eine Regatta auf dem Carlingford Lough.

Schlafen

Ghan House (LP TIPP) GÄSTEHAUS €€€
(042-937 3682; www.ghanhouse.com; Main Rd; EZ ab 105 €; P@🛜) Das georgianische Haus aus dem 18. Jh. verfügt über einen üppigen Blumengarten und zwölf exquisit ausgestattete Zimmer, die mit Antiquitäten und Originalkunstwerken aufwarten. Besonders viel altmodischen Charme haben die vier Räume im Hauptgebäude (damit kann der Anbau leider nicht mithalten). Weitere Pluspunkte gibt's für das erstklassige Restaurant und die **Kochschule** (Kochkurse/Weinproben ab 95/35 €), die mit einem tollen Veranstaltungsprogramm beeindruckt und zahlreiche bekannte Gastköche anzieht.

Belvedere House B&B €€
(042-938 3828; www.belvederehouse.ie; Newry St; DZ 90 €; 🛜) Alle Zimmer in diesem hübschen B&B sind modern und wirken durch antike Kiefernholzmöbel, die dezente Beleuchtung sowie eine schöne Farbgebung sehr gemütlich. Die Gäste haben Zugang zu den Freizeiteinrichtungen des örtlichen Four Seasons Hotels. Das Frühstück wird unten im Bay Tree Restaurant serviert. Sehr empfehlenswert!

McKevitt's Village Hotel HOTEL €€
(042-937 3116; www.mckevittshotel.com; Market Sq; EZ 85–95 €, DZ 120–140 €; P🛜) Obwohl das Hotel etwas altbacken wirkt, bekommt man hier mehr für sein Geld als in so manch teurerer Unterkunft in Carlingford. Die 17 Zimmer sind ganz in Weiß- und hellen Cremetönen gehalten. Auf der Frühstückskarte steht u. a. Räucherfisch.

Carlingford Adventure Centre HOSTEL €
(042-937 3100; www.carlingfordadventure.com; Tholsel St; B/EZ/DZ 20/25/50 €) Weil sich das Carlingford Adventure Centre bei Schulklassen großer Beliebtheit erfreut, ist dort in den Ferien generell weniger los. Das Hostel hat einfache Mehrbettzimmer und ist nicht sonderlich anheimelnd, aber sauber. Außerdem gibt's einige Doppelzimmer mit eigenen Bädern.

Essen & Ausgehen

PJ O'Hares (LP TIPP) PUB

www.pjoharescarlingford.com; Newry St; Hauptgerichte 9,50–19,50 €; ⏱mittags & abends) An

ABSTECHER
FLAGSTAFF VIEWPOINT

Wer über die Cooley Peninsula von Carlingford nach Newry in Nordirland reist, kann einen Abstecher von 3 km unternehmen, um einen herrlichen Ausblick auf den Carlingford Lough zu genießen, der von zerklüfteten, bewaldeten Bergen, grünen Feldern und dem glitzernden Meer eingerahmt wird.

Der Flagstaff Viewpoint liegt kurz hinter der Grenze zum County Armagh. Man erreicht ihn, in dem man von der Richtung Nordwesten führenden Küstenstraße (R173) den Schildern folgt und linker Hand in die Ferryhill Road abbiegt. Dann geht's nach rechts zum Parkplatz am Aussichtspunkt hinauf. Der schnellste Weg von hier nach Newry führt dieselbe Strecke wieder zurück auf die R173.

einem sonnigen Sonntagnachmittag wird man wohl keinen besseren Ort finden als den Biergarten dieses Pubs mit dem Steinfußboden. Im Winter kann man es sich drinnen am Kaminfeuer gemütlich machen. Auf der Karte stehen z. B. Rindfleisch-Guinness-Pasteten und feine Vorspeisenhäppchen wie Krebsscheren in Knoblauchbutter, scharfe Chicken Wings sowie – natürlich! – Carlingford-Austern. Darüber hinaus lockt die Kneipe mit regelmäßiger Livemusik (unser Favorit ist das einheimische Duo The Nooks).

Ghan House IRISCH €€€
(042-937 3682; www.ghanhouse.com; Main Rd; Hauptgerichte 24–32 €; ⏱So mittags, Mo–Sa abends) In dem für seine traditionelle Küche bekannten Restaurant bekommen Gäste des Ghan House Rabatt. Brote, Eiscreme und Soßen sind hausgemacht, außerdem stammen die Gewürze und das Gemüse aus dem eigenen Garten. Zweimal im Jahr werden hier georgianische Banketts inklusive Schwertkämpfen veranstaltet.

Magee's Bistro FISCH & MEERESFRÜCHTE €€
(042-937 3751; www.mageesbistro.com; Tholsel St; Hauptgerichte 17,50–32 €; ⏱abends) Das Wort „Bistro" wird diesem fantastischen Fischlokal nicht gerecht, das mit einer langen Speisekarte voller innovativ zubereiteter, frischer Leckerbissen aus dem Meer

überzeugt. Wie wär's beispielsweise mit köstlichen Dorsch- und Lachsecken in Senf-Sahne-Soße?

Kingfisher
FUSIONSKÜCHE €€
(042-937 3716; www.kingfisherbistro.com; Dundalk St; Hauptgerichte 17–26 €; mittags & abends) In einer schön restaurierten Scheune wird moderne irische Küche mit internationalem Touch serviert. Die Auswahl an Gerichten ist klein, aber fein. Wir empfehlen Schwein mit thailändischen Gewürzen, Klebreis und süßem asiatischen Salat, Entenconfit oder Cajun-Hühnchen mit Sour Cream – alles total lecker.

Bay Tree
IRISCHE KÜCHE €€
(042-938 3828; www.belvederehouse.ie; Newry St; Hauptgerichte 18–24 €; So mittags, tgl. abends, im Winter Mo & Di geschl.) Das nette Restaurant im Belvedere House B&B bietet einfache Gerichte mit Stil an, für die nur Zutaten aus der Region verwendet werden.

Food for Thought
FEINKOSTLADEN, CAFÉ €
(Dundalk St; Gerichte 4,50–12 €; morgens & mittags) Bunte Marmeladen- und Chutney-Gläser zieren die Wände dieses Ladencafés. Kroketten, Quiche und Fischküchlein sind nur ein paar der Leckerbissen, die man gleich vor Ort verzehren oder mitnehmen kann. Tolle Tagesangebote.

Oystercatcher Bistro
FISCH & MEERESFRÜCHTE €€
(042-937 3922; www.theoystercatcher.com; Market Sq; Hauptgerichte 13,50–22 €; Mi–So abends) Weiße Tischdecken prägen das Dekor dieses Bistros, zu dessen Spezialitäten Capalana (Meeresfrüchte und Fleisch nach nordafrikanischer Art) und Schweinerippchen in Cola-Marinade gehören.

Praktische Informationen
Touristeninformation (042-937 3033; www.carling ford.ie; 10–17 Uhr) Im früheren Bahnhofsgebäude neben der Bushaltestelle am Wasser.

Anreise & Unterwegs vor Ort
Bus Éireann (042-933 4075) bietet Verbindungen nach Drogheda (12,15 €) und Dublin (15,30 €) an.

Die Cooley Peninsula ist wie gemacht fürs Fahrradfahren. Leihräder und Karten mit guten Strecken bekommt man bei **On Your Bike** (087 239 7467; 20/60 € pro Tag/Woche). Auf Wunsch werden die Drahtesel zur Unterkunft oder Touristeninformation geliefert.

COUNTY CAVAN

Cavan ist ein Paradies für Ruderer, Angler, Wanderer, Radfahrer und Künstler. Im „Lake Country" gibt's angeblich stolze 365 Seen – für jeden Tag des Jahres einen. Zwischen den eiskalten grauen Gewässern erstreckt sich eine sanfte Landschaft aus Strömen, Sümpfen und Drumlins. Außerdem führen spektakuläre Wanderwege durch die wilden Cuilcagh Mountains, in denen der 300 km lange Shannon entspringt. Am besten genießt man den ruhigen ländlichen Charme des Countys vom Wasser aus, z. B. an den ruhigen Ufern des Shannon-Erne-Kanals.

Magh Sleacht, eine Hochebene in der Nähe des Grenzortes Ballyconnell, war noch im 5. Jh. ein bedeutendes Druidenzentrum, als der hl. Patrick begann die heidnischen Iren zum christlichen Glauben zu bekehren. Es gibt hier immer noch zahlreiche Gräber, aufrecht stehende Steine und Steinkreise aus jener Zeit zu sehen. Der gälische O'Reilly-Clan regierte bis ins 16. Jh., dann schloss er sich anderen Ulster-Lords an, um im Neunjährigen Krieg (1594–1603) gegen die Engländer zu kämpfen – und schluss endlich zu unterliegen. Als Teil der Ulster Plantation wurde Cavan unter englische und schottischen Siedlern aufgeteilt. In den 1640er-Jahren nutzte Owen Roe O'Neill Englands Probleme, um einen Aufstand gegen die Siedler anzuzetteln. 1649 starb er wahrscheinlich wurde er vergiftet – in Clough Oughter Castle bei Cavan. Nach dem Unabhängigkeitskrieg 1922 wurden die Ulster-Grafschaften Cavan, Monaghan und Donegal dem Süden zugeteilt.

Aufgrund der zahlreichen Seen sind die Straßen des Countys schmal und kurvig und bilden ein verwobenes Netz. Beim Erkunden der Gegend sollte man sich Zeit lassen, denn nach jeder Biegung kann sich unverhofft ein toller Blick eröffnen!

Aktivitäten
ANGELN
Die südlichen und westlichen Grenzen der Grafschaft locken mit besonders guten Bedingungen für Angler. Hauptsächlich werden Wildbestände geangelt, aber im Lough Sheelin gibt's auch Zuchtforellen. Fast alle Seen sind gut ausgeschildert und meistens werden auch die vorkommenden Fischarten angegeben.

Wissenswertes zum Thema erfährt man bei **Cavan Tourism** (049-433 1942; www.

cavantourism.com) oder **Inland Fisheries Ireland** (☏071-985 1435; www.fisheriesireland.ie). Darüber hinaus haben die Touristeninformationen Angelführer auf Lager.

WANDERN

Höhepunkt für viele Wanderer in der Region ist der 26 km lange **Cavan Way**, der durch die Cuilcagh Mountains führt und die Dörfer Blacklion sowie Dowra miteinander verbindet. Von Blacklion windet er sich Richtung Süden durch ein von den Iren als „Burren" bezeichnetes Gebiet. Hier befindet sich eine der letzten Bastionen des Druidentums, die antike Begräbnisstätte Magh Sleacht mit ihren zahlreichen prähistorischen Monumenten (Steinhaufen, Ringfestungen und Gräbern). Der Weg verläuft weiter zur Quelle des Shannon, Irlands längstem Fluss, und über die Straße nach Dowra, wo man den Black Pigs Dyke passiert. Dieser alte Damm teilte das Land einst in zwei Teile. Ab Blacklion geht's zunächst durch die Berge, während man von Shannon Pot bis Dowra größtenteils auf Straßen unterwegs ist. Der höchste Punkt der Wanderung ist das Giant's Grave (260 m). Für die Wanderung benötigt man die Karte OS Nr. 26 und den Kartenführer *Cavan Way*. Beide bekommt man in Blacklion und Dowra. Detaillierte Infos zur Strecke (inkl. Karten als PDFs zum Herunterladen) bietet die Website www.cavantourism.com. Die Wege sind manchmal matschig, deshalb sollte man Ersatzsocken mitnehmen.

In Blacklion kann man auch dem Ulster Way folgen oder in Dowra den Leitrim Way nehmen, der Manorhamilton und Drumshanbo verbindet.

Cavan (Stadt)

3934 EW.

In dem soliden Städtchen gibt's einige hübsche georgianische Häuser und einen berühmten Kristallglas-Showroom.

◎ Sehenswertes

GRATIS **Cavan Crystal Showroom** KRISTALL
(www.cavancrystaldesign.com; Dublin Rd; ⊙Mo–Sa 10–18, So 12–17 Uhr) Das berühmte Kristallglas kann in diesem Ausstellungsbereich 2 km südöstlich des Stadtzentrums an der N3 bewundert werden. Darüber hinaus wird hier jede Menge Kunsthandwerk aus der Region verkauft.

Bell Tower HISTORISCHE STÄTTE
Von dem Franziskanerkloster (13. Jh.), um das herum sich die Stadt entwickelt hat, ist heute lediglich noch ein alter Glockenturm zu sehen. Er steht auf dem Friedhof in der Abbey Street neben dem Grab des Rebellenführers Owen Roe O'Neill aus dem 17. Jh.

🛌 Schlafen & Essen

In der Touristeninformation kann man sich bei der Suche nach einer Unterkunft helfen lassen. Wer gerne asiatisch isst, darf sich freuen: Es gibt in der Stadt gleich vier chinesische Lokale.

LP TIPP **Farnham Estate** HOTEL €€€
(☏049-437 7700; www.farnhamestate.ie; Cavan; DZ ab 130 €; P@🛜🏊) Das weitläufige Anwesen aus dem 16. Jh. liegt 3 km westlich von Cavan in einem nebligen Wald an der R198 und gehört zur Hotelkette Radisson. Es verfügt über luxuriöse, stimmungsvolle Zimmer mit modernen und antiken Einrichtungselementen, ein Restaurant mit Gartenblick, einen Pool mit großem Innen- und Außenbecken sowie ein Spa (auch für Nichtgäste) mit Fitnessstudio.

Oak Room IRISCH €€
(☏049-437 1414; www.theoakroom.ie; 62 Main St; Hauptgerichte 15–22,50 €; ⊙Di–So abends; 🍴) Ein Restaurant mit einem minimalistischen Dekor, Holzböden und Kunst an den Wänden. Die Küche ist ambitioniert: Es gibt z. B. gebackenen panierten Brie mit Moosbeeren-Apfel-Kompott, gefolgt von einem Salat mit gerösteten Garnelen und Mango-Limetten-Dressing oder knusprige Silverhill-Ente.

McMahons Cafe Bar CAFÉ €
(Main St; Gerichte 5,80–12 €; ⊙Mo–Fr 10.30 Uhr–open end, Sa 11 Uhr–open end, So 15 Uhr–open end) Dieser hippe Laden würde auch gut nach Dublin passen. Tagsüber servieren die Kellner frisch gepresste Säfte und belegte Bagels. Abends locken dagegen dampfende Pizzas sowie leckere Cocktails (super Auswahl!), außerdem treten in der höhlenartigen Bar Livebands oder angesagte DJs auf.

Chapter One CAFÉ €
(www.chapteronecafe.ie; 24 Main St; Gerichte 5–8,25 €; ⊙Mo–Sa morgens & mittags; @🛜🍴) Mittags zieht das lässig-nette Café mit seiner großen Auswahl an gefüllten Bagels, Suppen, Nachos und Extras wie Quesadillas zahlreiche Einwohner an.

Cavan Farmers Market MARKT €
(Town Hall St; ⊙Fr 10–13 Uhr) Auf dem Parkplatz in der Town Hall Street.

❶ Praktische Informationen

Touristeninformation (☏049-433 1942; www.cavantourism.com; Farnham St; ⊙Mo–Fr 9.45–13.30 & 14–17 Uhr) Über der Bücherei.

❶ Anreise & Unterwegs vor Ort

Cavans kleiner **Busbahnhof** (☏049-433 1353; Farnham St) ist auch die Endhaltestelle. Von hier starten jeden Tag zehn Busse nach Dublin (12,15 €, 2 Std.), vier nach Donegal (15,75 €, 2 Std.) und drei bzw. sonntags einer nach Belfast (10,53 €, 3 Std.). Darüber hinaus gibt's Verbindungen in zahlreiche kleinere Orte des Countys.

Rund um Cavan (Stadt)

LOUGH OUGHTER & KILLYKEEN FOREST PARK

Der **Lough Oughter**, der auf der Karte wie ein verspritzter Wasserfleck aussieht, wird nicht nur von vielen Anglern angesteuert, sondern ist auch ein Paradies für Naturfreunde und Wanderer. Man erreicht ihn am besten über den **Killykeen Forest Park** (☏049-433 2541; www.coillteoutdoors.ie; Eintritt frei; ⊙9–21 Uhr) 12 km nordwestlich von Cavan. Dort führen mehrere Wanderwege zwischen 1,5 und 5,8 km Länge durch die Wälder und am Ufer entlang. Unterwegs kann man Hermeline, Dachse, Füchse, Grauhörnchen, Igel und viele Vögel entdecken.

Die meisten der niedrigen, zugewachsenen Inseln in dem See waren *crannógs* (künstlich angelegte und befestigte Inseln). Auf der bekanntesten befindet sich das **Clough Oughter Castle**, ein Rundturm aus dem 13. Jh. Bevor Cromwells Männer das Gebäude 1653 zerstörten, diente es als abgelegenes Gefängnis und später als Sitz des Rebellenführers Owen Roe O'Neill, der hier vermutlich 1649 vergiftet wurde. Obwohl die Ruine unerreichbar im Wasser liegt, lohnt sich ein Blick vom Ufer aus. Zum Aussichtspunkt gelangt man entweder zu Fuß durch den Wald oder mit dem Auto, indem man am Ausgang des Killykeen Parks links abbiegt und der engen Straße vom Dorf Garthrattan aus nach Norden folgt.

BUTLERSBRIDGE

Wer von Cavan aus auf der N3 gen Norden fährt, erreicht nach 7 km das hübsche Butlersbridge am Fluss Annalee. Hier kann man wunderbar picknicken oder alternativ das **Derragarra Inn** (Hauptgerichte 9 €; ⊙mittags & abends) besuchen, ein efeubewachsenes Pub mit viel Holz im Inneren, einer tollen Flussterrasse und zeitlosen Bargerichten (Roastbeef mit Yorkshire Pudding, panierter Dorsch, Irish Stew etc.).

CLOVERHILL

4 km nördlich von Butlersbridge stößt man an der N54 auf das nette kleine Örtchen Cloverhill, das vor allem für das preisgekrönte **Olde Post Inn** (☏047-55555; www.theoldepostinn.com; DZ 100 €, Fünf-Gänge-Abendessen 56 €; ⊙So mittags, Di–So abends; Ⓟ) bekannt ist. Dieses ansprechende Restaurant aus rotem Ziegelstein bietet vorzügliche moderne irische Küche mit traditionellen Grundzutaten wie Spanferkel, Lachs, Taube und Lamm, es gibt aber auch vegetarische Optionen. Die sechs Zimmer im früheren Domizil des Postmeisters sind klein, aber geschmackvoll eingerichtet und dekoriert.

BELTURBET
1395 EW.

Mit seiner schönen Lage am Shannon-Erne-Kanal erfreut sich dieser charmante, altmodische Ort 16 km nordwestlich von Cavan insbesondere bei Anglern großer Beliebtheit. Außerdem ist er eine gute Ausgangsbasis für Boots- und Radtouren.

Emerald Star (☏049-952 2933; www.emeraldstar.ie; ab 1352,50 pro Woche; ⊙April–Okt.) vermietet Boote für Ausflüge zwischen Belturbet und Belleek an. Leihfahrräder und Tipps für Touren gibt's bei **Fitz Hire** (☏049-952 2866; fitzpatrickhire@eircom.net; Belturbet Business Park, Creeney; 15 € pro Tag).

Die restaurierte **Belturbet Railway Station** (☏049-952 2074; www.belturbet-station.com; Railway Rd; Spende statt Eintritt; ⊙nach Voranmeldung) beherbergt ein Besucherzentrum, das sich der Geschichte des regionalen Eisenbahnverkehrs widmet. Der Bahnhof war zwischen 1885 und 1959 in Betrieb und dämmerte in den folgenden 40 Jahren vor sich hin. Wer ihn besichtigen möchte, sollte sich vorher telefonisch anmelden.

Weil die gemütlichste Unterkunft der Stadt, das kirschrote **Church View Guest House** (☏049-952 2358; www.churchviewguesthouse.com; 8 Church St; EZ/DZ 40/70 €; Ⓟ), wegen seines Kühlraums zahlreiche Angler anlockt, sollte man sein Zimmer rechtzeitig reservieren.

Amigo's Ristorante (☏049-952 4089; Main St; Hauptgerichte 17–22 €; ⊙abends) hat eine Riesenauswahl an Pizzas und noch mehr Pastagerichte sowie typisch italienische Fleisch- und Fischkreationen.

Auf dem kleinen, aber herausragenden **Belturbet Farmers Market** (Fr 16–18 Uhr) werden lokale Erzeugnisse feilgeboten, z. B. preisgekrönter Corleggy-Ziegenkäse aus pasteurisierter Milch. Wer gerne selbst mal Käse herstellen möchte, kontaktiert am besten Fachfrau Silke Cropp von **Corleggy** (049-952 2930).

In der **Mad Ass Bar** (Main St) kann man sich bei einem Pint entspannen.

Bus Éireann (049-433 1353) bietet Verbindungen zwischen Dublin und Donegal an und hält unterwegs in Belturbet (vor dem Postamt).

Südliches Cavan
BALLYJAMESDUFF & UMGEBUNG
1690 EW.

Einst war das verschlafene Marktstädtchen der Sitz des Earl of Fife, James Duff, einem der ersten Großgrundbesitzer. Sein Nachkomme Sir James Duff befehligte die englischen Truppen während der Niederschlagung der Aufstände von 1798.

Heute ist der Ort vor allem für das **Cavan County Museum** (049-854 4070; www.cavanmuseum.ie; Virginia Rd; Erw./Kind 3/1,50 €; Di–Sa 10–17 Uhr, Juni–Okt. auch So 14–18 Uhr) bekannt, das in einem ausgezeichnet erhaltenen ehemaligen Kloster untergebracht ist. Zu den Highlights der imposanten Ausstellung gehören zahlreiche Trachten und folkloristische Gegenstände aus dem 18., 19. und 20. Jh. Auch die Relikte aus der Stein-, Bronze- und Eisenzeit sowie dem Mittelalter sollte man sich ansehen, darunter der keltische Killycluggin-Stein, den dreigesichtigen Corleck-Kopf und das tausend Jahre alte Boot, das beim Lough Errill gefunden wurde. Darüber hinaus gibt's einiges zur Geschichte des irischen Sports zu entdecken.

Eine weitere Sehenswürdigkeit der Gegend ist der für seinen Forellenreichtum bekannte **Lough Sheelin**. Die besten Monate für Angler sind der Mai und der Juni, während man zum Reiten, Wandern oder Bootfahren das ganze Jahr über herkommen kann.

LP TIPP Das **Ross Castle** (086 824 2200; www.ross-castle.com; Mountnugent; DZ 110 €; P) befindet sich 9 km südlich von Ballyjamesduff in Mountnugent. Cromwell zerstörte

> ### BALLY-WIE?
> Über ganz Irland verstreut finden sich Ortsnamen mit dem Präfix „Bally" (sowie Variationen wie Ballyna und Ballina), das sich vom irischen Begriff „Baile na" ableitet. Dieser wird oft fälschlich mit „Stadt" übersetzt, obwohl es bei der Einführung der Namen so gut wie keine Städte in Irland gab. Genauer trifft es wohl „Ort von". Folglich bedeutet etwa Ballyjamesduff „Ort des James Duff". Der irische Name für Dublin war Baile Átha Cliath (Platz der Eingefassten Furt). Im Englischen würde dies ebenfalls zu Bally, vielleicht zu so etwas wie „Ballycleeagh".
>
> Andere geläufige Namensbestandteile sind Carrick (oder Carrig – Felsen) und Dun vom irischen *dún* (Festung).

Teile der 1590 errichteten Burg, doch die Nugent-Familie ließ sie restaurieren. Heute beherbergt sie ein atmosphärisches B&B. Achtung: Je höher man den Turm hinaufsteigt, desto steiler und schmaler werden die Stufen! In einem der Zimmer fehlt die Badtür (es wurde in einen Alkoven hineingequetscht) und dann spukt es hier auch noch (die Tochter des früheren Baumeisters lässt Lichter brennen und dreht Hähne auf und zu – sagen jedenfalls die Besitzer). Wer sich von diesen Dingen nicht abschrecken lässt, darf sich auf ein unvergessliches Erlebnis freuen. Vor seiner Anreise sollte man anrufen, um die Ankunftszeit zu bestätigen.

Ganz in der Nähe wartet das ruhige, am Seeufer gelegene **Ross House** (049-854 0218; www.ross-house.com; Mountnugent; DZ/Apt. 60/80 €; P) mit geräumigen Zimmern samt eigener Kamine und/oder Wintergärten auf. Die Inhaber organisieren Ausritte (ab 18 € pro Std.) und Reitunterricht (ab 20 € pro Std.) und vermieten Boote (ab 25 € pro Tag).

Nach Ballyjamesduff fahren keine Busse. Die nächste Haltestelle ist in Virginia.

Östliches Cavan
Viele Siedlungen im Osten der Grafschaft wie das hübsche **Virginia** wurden im 17. Jh. als Herrensitze angelegt. Wenn man in der Gegend ist, lohnt sich auch ein Abstecher nach **Kingscourt** (1307 Ew.), wo man die **St. Mary's Catholic Church** mit ihren

wunderbaren bunten Glasfenstern von Evie Hone aus den 1940er-Jahren besichtigen kann.

Nordwestlich von Kingscourt erstreckt sich der 225 ha große **Dún an Rí Forest Park** (☏042-966 7320; www.coillteoutdoors.ie; Autos 5 €; ◷9–21 Uhr). In dem Schutzgebiet gibt's markierte Waldwanderwege (alle weniger als 4 km lang), Picknickplätze und einen Wunschbrunnen. Mit etwas Glück entdeckt man am Flussufer einen Nerz oder Fischotter.

Am Rand des Waldes stößt man auf das **Cabra Castle** (☏042-966 7030; www.cabracastle.com; EZ/DZ/Cottage ab 95/150/110 €; P🛜) aus dem 19. Jh., ein Luxushotel mit antikem Mobiliar. Die Zimmer befinden sich fast alle im Hofbereich, aber zum Angebot gehören auch ein paar Cottages für Selbstversorger. In der Lobby und ein paar Zimmern hat man WLAN-Empfang. Das Anwesen liegt 3 km außerhalb von Kingscourt an der Straße nach Carrickmacross.

Nordwestliches Cavan

Vor der imposanten Kulisse der Cuilcagh Mountains erstrecken sich im abgelegenen Nordwesten einige wunderschöne Landschaften. Öffentliche Verkehrsmittel sind rar, aber der Schnellbus fährt auf der Strecke zwischen Donegal und Dublin viermal täglich durch Ballyconnell und Bawnboy. Außerdem gibt's eine Busverbindung zwischen Westport und Belfast mit einem Halt in Blacklion. Abfahrtzeiten erfährt man bei **Bus Éireann** (☏049-433 1353) in Cavan.

BALLYCONNELL
747 EW.

Dieses hübsche Dorf direkt am Kanalufer ist ein beliebtes Anglerzentrum. Im Sommer füllt es sich mit Besuchern, die auf dem Shannon-Erne-Kanal unterwegs sind.

Hier befindet sich das einzige Hostel des Countys, das einfache, kleine **Sandville House** (☏049-952 6297; http://homepage.eircom.net/~sandville; B 20 €, DZ ab 40 €; P). Es ist in einem umgebauten Bauernhof untergebracht und hat Zimmer mit zwei bis zehn Betten, einen Meditationsraum und eine Küche. Die Unterkunft liegt 3,5 km südöstlich des Dorfes (an der N87 ausgeschildert). Auf Nachfrage halten die Busse zwischen Dublin und Donegal am Slieve Russell Hotel, wo die Gäste abgeholt werden, wenn sie vorab darum bitten. Am besten reserviert man seinen Schlafplatz lange im Voraus, weil das Haus oft für private Veranstaltungen ausgebucht ist.

Entspannung in weitaus luxuriöserer Umgebung mit 222 wunderbar eleganten Zimmern, Marmorsäulen, Springbrunnen, Restaurants, Bars, einem 18-Loch- und einem Neun-Loch-Golfplatz bietet das **Slieve Russell Hotel** (☏049-952 6444; www.slieverussell.ie; Cranaghan; DZ ab 119 €; P@🛜🏊) 2 km südöstlich der Stadt. Hier kann man Unterricht bei PGA-Golfprofis nehmen (45 € pro Std.), außerdem gibt's ein Spa, das mit Wellnessbehandlungen, einem Floatingbecken, einer Kräutersauna und einer Salzgrotte aufwartet.

BLACKLION & UMGEBUNG
174 EW.

In diesem vom Cavan Way (S.597) durchzogenen Landstrich zwischen Blacklion und Dowra stößt man auf zahlreiche prähistorische Monumente, darunter die Überreste einer *cashel* (ringförmige Befestigungsanlage) und mehrerer Schwitzhütten, die größtenteils aus dem 19. Jh. stammen.

Feinschmecker kommen hierher, um eines der besten Lokale des Landes zu testen, das **MacNean House & Restaurant** (☏071-985 3022; www.macneanrestaurant.com; Main St; DZ 140–200 €, Menüs abends 70–85 €, mit zu den Gängen passenden Weinen 125 €, So Mittagessen 39 €; ◷So mittags, Mi–So abends; P). Wer in dem preisgekrönten Restaurant von Fernsehkoch Neven Maguire etwas essen möchte, sollte möglichst frühzeitig reservieren, da es manchmal monatelang ausgebucht ist. Maguire wuchs in diesem wunderschönen Haus auf und bereitet aus lokalen Produkten fantastische Gerichte zu, darunter aufwendige Kreationen wie Krebsravioli in thailändischer Brühe, Foie gras mit Pflaumen-Sahne-Parfait und karamellisierter, geräucherter Schweinebauch. Das vegetarische Menü kostet 50 €. Außerdem kann man direkt vor Ort in wunderbar hellen und schön aufgemachten Zimmern übernachten. Ein Flügel ist ganz neu.

Busse halten auf dem Weg von Westport nach Belfast vor dem Maguire's-Pub.

CUILCAGH MOUNTAIN PARK

Die Grenze zwischen der Republik und Nordirland verläuft auf dem Kamm des Mount Cuilcagh, dem markanten Gipfel im gleichnamigen Park. Dies ist der erste grenzüberschreitende Geopark der Welt. Seine unteren Hänge bestehen aus unter Schutz stehenden Torfmooren, die oberen

DAS JAMPA LING BUDDHIST CENTRE

Wer auf der Suche nach Erleuchtung ist oder einfach nur ein bisschen relaxen möchte, sollte das **Jampa Ling Buddhist Centre** (049-952 3448; www.jampaling.org; Owendoon House, Bawnboy; B/EZ Selbstversorger 18/23 €, inkl. Mahlzeiten 32/39 €) ansteuern, das inmitten einer herrlich unberührten Landschaft liegt. Der Name „Jampa Ling" bedeutet „Ort der Unendlichen Liebevollen Freundlichkeit". Hier kann man Kurse und Workshops (25–40 €, pro Wochenende 215 €) zum Thema buddhistische Lehren, Gärtnern, Tai Chi, Yoga sowie Heil- und Küchenkräuter belegen. Man muss zwar nicht daran teilnehmen, um hier übernachten zu dürfen, aber wenn Kurse stattfinden, ist das Zentrum oft ausgebucht. Die superleckeren Mahlzeiten sind in den Tageskursen und für Übernachtungsgäste im Preis inbegriffen und rein vegetarisch.

Um zum Zentrum zu kommen, folgt man den Wegweisern von Ballyconnell nach Bawnboy, wo man bei der Tankstelle links abbiegt und 3 km auf der kleinen Straße bleibt. Wenn man den See und mehrere Kurven passiert hat, sieht man 250 m weiter das steinerne Eingangstor des Zentrums auf der rechten Seite.

---

us spektakulären Felswänden. Das Besucherzentrum und die größte Attraktion der Gegend, die Marble Arch Caves (S. 731), liegen von Blacklion aus kurz hinter der Grenze im County Fermanagh.

COUNTY MONAGHAN

Monaghans friedliche, sanft an- und absteigende Landschaft ist von Seen und kleinen runden Hügeln geprägt, die an Bläschen auf schlecht verklebten Tapeten erinnern. Diese als Drumlins bezeichneten Höcker sind Ablagerungen geschmolzener Gletscher aus der letzten Eiszeit. Die eiskalten grauen Seen des Countys ziehen zahlreiche Angler an, aber ansonsten kommen nur wenige Besucher in die Gegend, die sich gerade deshalb für ruhige Streifzüge anbietet.

Im Gegensatz zum Rest der Region hat Monaghan von der Ulster Plantation nicht viel mitbekommen. Nach den Cromwellkriegen waren die lokalen Clanchefs allerdings gezwungen, ihr Land zu einem Bruchteil des tatsächlichen Werts zu verkaufen. Oft wurde es aber auch einfach von Cromwells Soldaten beschlagnahmt.

Im frühen 19. Jh. gewann die Herstellung von Spitzenhandarbeiten Bedeutung für die regionale Wirtschaft, schuf Arbeitsplätze und ermöglichte Frauen ein Einkommen. Clones und Carrickmacross waren die beiden Zentren dieser Industrie. In beiden Orten kann man die hübschen Handarbeiten bis heute bewundern.

Bekanntheit erlangte Monaghan auch durch den Dichter Patrick Kavanagh (1905–57), der in Inniskeen geboren wurde. Das Literaturzentrum dieses Dorfes bietet anregende Einsichten in das Leben und das Werk des Autors.

Monaghan (Stadt)

6221 EW.

Monaghan mag zwar die Hauptstadt des Countys sein, ist jedoch vom Tourismus völlig unberührt. Mit den eleganten Kalksteinbauten aus dem 18. und 19. Jh. laden seine hübschen Straßen zu einem gemütlichen Spaziergang ein.

Der Ort liegt eingequetscht zwischen zwei kleinen Seen, dem Peter's Lake im Norden und dem Convent Lake im Südwesten. Die Hauptstraßen bilden einen groben Bogen, der von den drei großen Stadtplätzen unterbrochen wird. Von Osten nach Westen sind dies der Church Square, der Diamond (der nordirische Name für einen Stadtplatz) und der Old Cross Square. Bei allen staut sich häufig der Verkehr.

◉ Sehenswertes & Aktivitäten

GRATIS **Monaghan County Museum & Gallery** MUSEUM

(www.monaghan.ie; 1–2 Hill St; Mo–Fr 11–17, Sa 12–17 Uhr) Als Highlight des ausgezeichneten Museums mit über 70 000 Ausstellungsobjekten von der Steinzeit bis heute gilt das **Cross of Clogher**, ein Altarkreuz aus Eichenholz, das in dekorative Bronzeplatten eingefasst ist. Zu den weiteren eindrucksvollen Funden gehören die beiden Kessel von Lisdrumturk und Altartate, mittelalterliche *crannóg*-Artefakte sowie furchterregende Schlagringe und Knüppel, die an die Nähe der Stadt zu Nordirland erinnern.

Noch mehr Sehenswürdigkeiten
HISTORISCHE STÄTTEN

Auf dem Church Square steht ein massiger Obelisk, das **Dawson Monument** (1857). Es erinnert an Colonel Dawsons bedauerlichen Tod im Krimkrieg. Die gotische **St. Patrick's Church** und das stattliche dorische **Gerichtsgebäude** (1829) wachen über das Denkmal. Am auffälligsten ist aber das **Rossmore Memorial** (1875) weiter westlich, ein viktorianischer Trinkbrunnen auf dem Diamond. Außerdem gibt's in Monaghan mehrere Gebäude mit sanft abgerundeten Kanten, eine architektonische Besonderheit in Irland.

Direkt außerhalb des Stadtzentrums an der Straße nach Dublin stößt man auf ein weiteres Relikt aus viktorianischer Zeit, die pseudo-mittelalterliche **St. Macartan's Catholic Cathedral** (1861) mit einem 77 m hohen, nadelspitzen Turm.

Venture Sports ANGELN

(☏ 047-81495; venturesports@eircom.net; 71 Glaslough St) Die Gegend bietet hervorragende Angelmöglichkeiten. Bei Venture Sports bekommt man Infos zu Lizenzen sowie zur Ausrüstung und zur Umgebung.

Feste & Events

Féile Oriel MUSIKFESTIVAL

(www.feileoriel.com) Traditionelles Festival am ersten Maiwochenende.

Harvest Blues Festival MUSIKFESTIVAL

(www.harvestblues.com) Erstklassiges Bluesfestival mit irischen und internationalen Musikern Anfang September.

Schlafen & Essen

Wer sich etwas richtig Luxuriöses gönnen möchte, sollte sich zum Castle Leslie (s. Kasten S. 711) 11 km nordöstlich der Stadt aufmachen.

Ashleigh House B&B €€

(☏ 047-81227; www.ashleighhousemonaghan.com; 37 Dublin St; DZ 70 €; 🛜📶) Das kürzlich renovierte B&B im Stadtzentrum überzeugt mit einem tollen Preis-Leistungs-Verhältnis. Alle zehn Zimmer haben ein eigenes Bad und sind geschmackvoll eingerichtet. Außerdem gibt's einen kleinen Garten.

Andy's Bar & Restaurant BISTRO €€

(☏ 047-82277; www.andysmonaghan.com; 12 Market St; Hauptgerichte 16–26 €; ⊙Restaurant Fr–So abends, Barküche Di–Fr abends, Sa & So mittags & abends) Auf der Karte der beliebte alteingesessenen viktorianischen Bar mi einem Restaurant alter Schule stehen frittierter Irish Brie, Krabbencocktails und Baiserkuchen sowie Filetsteaks auf panierten Kartoffelcroutons mit Andys selbst gemachter Pastete.

Ausgehen & Unterhaltung

Sherry's PU

(24 Dublin St) In der alten Bar fühlt man sich wie im Wohnzimmer einer älteren Jungfer aus den 1950er-Jahren. Fliesenboden, Kosmetiktischchen und angestaubte Nippessachen sind bestimmt seit Jahrzehnten nicht mehr angefasst worden.

Squealing Pig PUB, NACHTCLU

(www.thesquealingpig.ie; The Diamond; Hauptgerichte 13–27 €; ⊙Mo–Sa mittags, tgl. abends) Eine der angesagtesten Adressen der Stadt mit einer fröhlichen Atmosphäre, solider Kneipenkost (Steaks, Burger und Dorsch im Backteigmantel), drei Bars und einem lauten Nachtclub.

Market House KULTURZENTRU

(☏ 047-38162; www.monaghan.ie; Market St) In der restaurierten Markthalle aus dem 18. Jh. werden Ausstellungen und Konzerte veranstaltet sowie Theaterstücke aufgeführt.

Praktische Informationen

Touristeninformation (☏ 047-81122, 047-73718; www.monaghantourism.com; Clones Rd ⊙Mo–Fr 10–17 Uhr)

Anreise & Unterwegs vor Ort

Vom **Busbahnhof** (☏ 047-82377; North Rd) werden viele Städte in der Republik sowie in Nordirland angesteuert, z. B. Dublin (12,15 €, 2 Std., 10-mal tgl.). Darüber hinaus bestehen jeden Tag zahlreiche Verbindungen nach Carrickmacross.

Rossmore Forest Park

Wer sich die Überreste des Familiensitze der Rossmores aus dem 19. Jh. ansehen möchte, darunter die Freitreppe, ein paa Stützpfeiler und ein Friedhof für Haustiere, muss den **Rossmore Forest Par** (☏ 047-433 1046; www.coillteoutdoors.ie; Auto 5 €; ⊙9–21 Uhr) besuchen, der im Somme mit farbenprächtigem Rhododendron und Azaleen aufwartet. Neben Waldwegen und schönen Picknickstellen gibt's hier mehre re riesige Mammutbäume, eine herrliche

ABSTECHER

CASTLE LESLIE

Das **Castle Leslie** (047-88100; www.castleleslie.com; Glaslough; DZ 160–480 €), Stammhaus des exzentrischen Leslie-Clans, ist ein beeindruckender viktorianischer Gebäudekomplex. Die Familie, deren Wurzeln angeblich bis zum Hunnenkönig Attila reichen, erwarb das Schloss 1665, dessen verrückte Vergangenheit es sowohl für Übernachtungsgäste als auch für alle anderen zu einem unterhaltsamen Abstecher macht.

Jedes der 20 Zimmer im Haupthaus hat seine eigene Geschichte. Der Red Room, einst von W. B. Yeats bewohnt, ist mit dem ersten modernen Bad Irlands ausgestattet, und vom stattlichen neugotischen Himmelbett in Uncle Norman's Room wird behauptet, es schwebe gelegentlich frei im Raum. In der Hunting Lodge befinden sich weitere 30 Zimmer, deren Gestaltungsspektrum vom üppig-traditionellen bis zum eher minimalistisch-zeitgenössischen Stil reicht. In den gemeinschaftlich genutzten Bereichen hat man WLAN-Empfang.

Etwas zu essen bekommt man in der geräumigen **Snaffles Brasserie** (Hauptgerichte 21,50–29,50 €) und in der gemütlichen **Conor's Bar** (Hauptgerichte 13–24,50 €). Darüber hinaus kann man sich im viktorianischen Spa verwöhnen lassen, einen Ausritt machen (ab 35 € pro Std.) oder in der Kochschule vorbeischauen (vorher anrufen und nach Kursen fragen).

Die Burg liegt 11 km nordöstlich von Monaghan an der R185.

Eibenallee und Grabstätten aus der Eisenzeit. Der Park liegt etwa 3 km südwestlich von Monaghan an der Straße nach Newbliss (R189).

Clones & Umgebung
517 EW.

Einst war Clones Sitz eines bedeutenden Klosters aus dem 6. Jh., das später als Augustinerabtei genutzt wurde. Dementsprechend sind die wichtigsten Sehenswürdigkeiten des Ortes kirchlich. Auf dem Diamond steht z. B. ein schön erhaltenes **Hochkreuz** mit Darstellungen biblischer Geschichten wie der von Daniel in der Löwengrube.

Sehenswert sind auch die Ruinen der vom hl. Tiernach begründeten **Abtei** und des 22 m hohen **Rundturms** aus dem frühen 9. Jh. auf dem südlich der Stadt gelegenen Friedhof. Ganz in der Nähe befindet sich ein massiger **Sarkophag**, ebenfalls aus dem 9. Jh., mit verwitterten Tierkopf-Reliefs. Wahrscheinlich handelt es sich hierbei um Tiernachs Grab.

In jüngerer Zeit wurde Clones für seine handgearbeitete Spitze bekannt. Mehr darüber erfährt man in den **Ulster Canal Stores** (047-52125; www.cloneslace.com; Cara St). Die Öffnungszeiten wechseln häufig, deshalb ruft man am besten vor einem Besuch an und erkundigt sich danach. Wer will, kann dort auch gleich ein paar der Stücke erstehen.

Für seine Größe wartet Clones mit recht vielen berühmten Namen auf. Es ist die Heimatstadt zweier erfolgreicher Schwergewichtler. Kevin McBride besiegte Mike Tyson 2005 so schlagkräftig, dass dieser danach direkt in den Ruhestand abtauchte. Von hier stammt auch der Federgewichtsboxer Barry McGuigan, der 1985 die Weltmeisterschaft gewann. Darüber hinaus ließ der hier geborene Schriftsteller McCabe seinen düsteren Roman *Der Schlächterbursche* in Clones spielen und 1997 verfilmte Neil Jordan die verdrehte Geschichte direkt vor Ort.

Anfang Juni pflegt Clones sein literarisches Erbe mit dem **Flat Lake Literary and Arts Festival** (www.theflatlakefestival.com), das hohe Kunst und Unterhaltung miteinander vermischt. Zu diesem Anlass lesen hochkarätige Dichter und Autoren aus ihren Werken vor und laden zu Diskussionen ein. Erstklassige Comedy-, Film- und Theatervorführungen und eine Kunstauktion ergänzen das beeindruckende Programm.

Der Veranstaltungsort befindet sich 5 km südlich von Clones an der R212 Richtung Scotshouse, wo es zweifellos die beste Unterkunft in der näheren Umgebung gibt.

Das **Hilton Park** (047-56007; www.hiltonpark.ie; DZ 196–270 €, Torhaus 495 € pro Woche; ⊙April–Sept.; P), ein faszinierendes Landhaus, ist seit 1734 in Familienbesitz und bietet einen umwerfenden Blick auf das 240 ha große Grundstück. Es verfügt über sechs geräumige, lichtdurchflutete Zimmer, die mit antiken Möbeln, freistehenden Badewannen und Himmel- oder Baldachinbetten ausgestattet sind, und überzeugt mit seiner erstklassigen Küche: Viele Zutaten stammen aus den hauseigenen Biogärten (Abendessen 55 €, nach vorheriger Absprache). Im Übernachtungspreis sind ein frühes Abendessen nach der Ankunft und das Frühstück inbegriffen. Wer will, kann bei der Gartenarbeit helfen und an Kunstworkshops teilnehmen.

Bus Éireann (☏ 047-82377) verkehrt zwischen Clones und Monaghan (4,86 €, 30 Min., Mo–Sa 5-mal, So 1-mal) und bietet Anschlüsse nach Carrickmacross, Slane sowie Dublin.

Ulsterbus (☏ 048-9066 6630; www.translink.co.uk/Ulsterbus) bietet eine direkte Verbindung zwischen Clones und Belfast (13,20 €, 2¼ Std., Mo–Fr 1-mal).

Carrickmacross & Umgebung

1973 EW.

Carrickmacross wurde zuerst von Engländern und Schotten besiedelt, die an der breiten Hauptstraße einige elegante georgianische Häuser hinterlassen haben. Der Ort ist berühmt für seine feinen Spitzenarbeiten. Diese werden weltweit exportiert, seitdem die Produktion 1871 durch die Nonnen von St. Louis wiederbelebt wurde. Im Städtchen kann man wunderbar umherstreifen, außerdem ist es ein großartiger Ausgangspunkt für Angler.

Fans der englischen Fernsehserie *Father Ted* kennen Carrickmacross als Geburtsort von Ardal O'Hanlon alias Father Dougal McGuire in der Fernsehserie. O'Hanlons erster Roman *The Talk of the Town* spielt in „Castlecock", einer nur leicht verfremdeten Version der Stadt.

Sehenswertes & Aktivitäten

Carrickmacross Lace Gallery MUSEUM
(☏ 042-966 2506; www.carrickmacrosslace.ie; Market Sq; ◉Mo 9.30–16.30, Di–Fr bis 17.30 Uhr) In den ehemaligen Viehhöfen der Stadt führt eine lokale Kooperative dieses winzige, faszinierende Museum, wo man bei der Herstellung von Spitze zusehen und hübsche Designs bestaunen kann. Anders als bei der Häkelware von Clones werden die Muster mit dickem Faden in engen Stichen auf Organzastoff aufgestickt. An freien Stellen werden Fenster in den Stoff geschnitten, zusätzlich wird das Ganze mit verschiedenen Zierstichen versehen. Ihren berühmtesten Auftritt hatten die Spitzer wohl, als sie die Ärmel am Brautkleid von Prinzessin Diana zierten.

St. Joseph's Catholic Church KIRCHE
(O'Neill St) Handwerkskunst ist auch in der St. Joseph's Catholic Church zu bewundern. Zehn Fenster wurden von Harry Clarke gestaltet, Irlands berühmtestem Buntglaskünstler.

Eastern Regional Fisheries ANGELN
Rund um Carrickmacross gibt's viele tolle Angelmöglichkeiten. Gute Anlaufstellen sind der Lough Capragh, der Lough Spring, der Lough Monalty und der Lough Fea. Weitere Infos und Kontaktadressen für Guides, Bootsverleih und Ausrüstung findet man unter www.monaghantourism.com.

Schlafen & Essen

In Carrickmacross gibt's ungefähr 20 Pubs, d. h., dass nur etwa 200 Einwohner auf eine Kneipe kommen! Man wird also keinen Hunger leiden müssen – und Durst noch viel weniger.

Shirley Arms HOTEL €€
(☏ 042-967 3100; www.shirleyarmshotel.ie; Main St; DZ ab 120 €; 🅿@) Das direkt im Zentrum gelegene Shirley Arms ist ein schickes modernes Hotel mit geräumigen Zimmern und einer guten Küche. Alle Zimmer sind mit weißem Leinen, Walnussböden, modernen Bädern und Breitbandkabel ausgestattet. Die Großraumbar und die Lounge wirken locker-lässig und warten mit hervorragender **Kneipenkost** (13,50–28 €) auf. Im edleren **Whites Restaurant** (Hauptgerichte 19,50–29 €; ◉So mittags, tgl. abends) geht's etwas formeller zu, außerdem muss man für das Essen tiefer in die Tasche greifen.

Praktische Informationen

Carrickmacross hat keine Touristeninformation, aber eine gute städtische Website www.carrickmacross.ie.

An- & Weiterreise

Bus Éireann (☏ 01-836 6111) fährt fünfmal täglich nach Dublin (12,15 €, 1¾ Std.). Darüber hinaus verkehren auf der Strecke auch private

Busunternehmen. Die Haltestelle befindet sich vor dem O'Hanlon-Laden in der Main Street.

Inniskeen
292 EW.

In Inniskeen (Inis Caoin), 10 km nordöstlich von Carrickmacross, wurde der hochgelobte Dichter Patrick Kavanagh (1904–67) geboren.

Sein umfangreiches Epos *The Great Hunger* (1942) räumte auf mit den früheren Klischees in der anglo-irischen Dichtung und entzauberte die arme irische Landbevölkerung als hungergeplagt, innerlich gebrochen und sexuell unbefriedigt. Der Text von Kavanaghs bekanntestem Gedicht *On Raglan Road* (1946) über eine unerfüllte Liebe passte auf das traditionelle irische Lied *The Dawning of the Day*, das schon von Van Morrison, Mark Knopfler, Billy Bragg und Sinéad O'Connor sowie vielen anderen zum Besten gegeben wurde.

Das **Patrick Kavanagh Rural and Literary Resource Centre** (042-937 8560; www.patrickkavanaghcountry.com; Erw./Stud./unter 12 J. 5/3 €/frei; Di–Fr 11–16.30 Uhr) ist in der alten Kirche untergebracht, wo Kavanagh getauft wurde. Besucher werden hier sicher von der Begeisterung der Mitarbeiter für sein Leben und Werk angesteckt. Zu den regelmäßigen Veranstaltungen im Literaturzentrum gehört auch das **Writers' Weekend** Ende Juli/Anfang August.

Informationen über **literarische Rundgänge** rund um das Dorf gibt's auf der Website des Zentrums. Zu den Sehenswürdigkeiten im Dorf und in der malerischen Landschaft seiner Umgebung gelangt man zu Fuß oder mit einem fahrbaren Untersatz (insgesamt 5,6 km).

Inniskeen liegt ebenso wie Carrickmacross auf der von Bus Éireann bedienten Strecke zwischen Cavan nach Dundalk. Von Montag bis Samstag halten dort jeden Tag vier Busse.

Belfast

EINWOHNER: 277 000 / FLÄCHE: 115 KM²

Inhalt »
Rund um Belfast 651

Gut essen
» Barking Dog (S. 641)
» Shu (S. 641)
» Mourne Seafood Bar (S. 639)
» Molly's Yard (S. 641)
» Deane's Restaurant (S. 639)

Schön übernachten
» Old Rectory (S. 636)
» Malmaison Hotel (S. 635)
» Tara Lodge (S. 636)
» Ten Square (S. 636)
» Vagabonds (S. 638)

Auf nach Belfast

Einst mit Beirut, Bagdad und Bosnien im Viererpack der gefährlichen „B"s genannt, die Traveller meiden sollten, hat Belfast eine bemerkenswerte Wandlung vollzogen. Anstelle von Bomben und Straßenschlachten glänzt die schicke Partystadt inzwischen mit trendbewussten Einwohnern und Spitzenhotels. Die Entwicklungen bringen auch eine ständige Veränderung der Skyline mit sich. Beispielsweise weichen Werften luxuriösen Apartmenthäusern, außerdem wurde hier ein gigantisches Einkaufszentrum namens Victoria Square, Europas größtes Stadtsanierungsprojekt, errichtet. Daneben hat Belfast zahlreiche viktorianische Bauwerke, eine glamouröse Ufermeile mit viel moderner Kunst, swingende Pubs und das zweitgrößte Kunstfestival Großbritanniens zu bieten.

Ein Schiff zu feiern, das auf seiner ersten Reise gesunken ist, hat etwas Merkwürdiges an sich. Irgendwie passt es jedoch, dass Belfast 2012 symbolisch den hundertsten Geburtstag der *Titanic* begeht und damit die jüngere Vergangenheit mit neuem Stolz und Optimismus verdrängen möchte.

Reisezeit

Besonders schön ist es hier im April, wenn in den Parks die Blumen aus dem Boden schießen und das „Titanic – Made in Belfast"-Fest gefeiert wird. Der August verspricht gutes Wetter für Wanderungen und Radtouren, außerdem werden in West Belfast irische Musik- und Tanzfeste veranstaltet. Ab Oktober kann es kühl werden, aber das Festival at Queen's, Großbritanniens zweitgrößtes Kunstfest (nach dem in Edinburgh), heizt Besuchern kräftig ein.

Highlights

1 Im modernisierten **Ulster Museum** (S. 618) prähistorische Schätze, eine alte ägyptische Mumie und Gold der gesunkenen Armada entdecken

2 Ein paar Guinness in Belfasts schönen **viktorianischen Pubs** trinken

3 **Politische Wandmalereien** in West Belfast (S. 620) bewundern

4 Ein Fahrrad mieten und auf dem **Lagan Towpath** (S. 615) ins einstige Leinenzentrum Lisburn fahren

5 Im **Titanic Quarter** (S. 617) die Werften besuchen, wo das berühmte gesunkene Schiff gebaut wurde

6 Auf dem **Cave Hill** (S. 631) den Panoramablick über die Stadt genießen

7 Den weltberühmten DeLorean DMC im **Ulster Transport Museum** (S. 630) aus der Nähe bestaunen

Geschichte

Belfast ist eine relativ junge Stadt mit wenigen Gebäuden aus der Zeit vor dem 19. Jh. Der Name des Ortes leitet sich von dem Fluss Farset (irisch *feirste,* Sandbank oder sandige Furt) ab, der am Donegall Quay in den Lagan mündet. Heute fließt der Farset durch einen unterirdischen Kanal. Der alte irische Name Béal Feirste bedeutet „Mündung des Farset".

1177 errichtete der Normannenherrscher John de Courcy hier eine Burg. Zusammen mit der kleinen Ansiedlung wurde sie bereits 20 Jahre später im Kampf wieder zerstört. Erst 1611 gab es einen nennenswerten Aufschwung, als Baron Arthur Chichester eine Festung im heutigen Stadtzentrum (nahe dem Castle Place und der Castle Street) bauen ließ. Diese wurde 1708 durch ein Feuer zerstört.

Die Ulster Plantation im frühen 17. Jh. zog die ersten englischen und schottischen Siedler an. Im späten 17. Jh. folgten französische Hugenotten, die in ihrer Heimat unterdrückt wurden und eine blühende Leinenindustrie begründeten. Nicht lange danach trafen weitere Engländer und Schotten trafen ein und brachten Industriezweige wie Seilerei, Tabakverarbeitung, Schiffs- und Maschinenbau mit.

Wegen seines Schwerpunktes auf Textilindustrie und Werften war Belfast die einzige irische Stadt, die von der industriellen Revolution erfasst wurde. Nüchterne Reihenhäuser aus Ziegelsteinen wurden für Fabrik- und Werftarbeiter errichtet. Aus den 20 000 Einwohnern von 1800 waren zu Beginn des Ersten Weltkriegs bereits 400 000 geworden – damit hatte Belfast schon beinahe Dublin überholt.

Die Teilung Irlands 1920 bescherte dem Ort eine vollkommen neue Rolle als Hauptstadt des abgetrennten Nordens. Gleichzeitig endete das industrielle Wachstum, was sich aber erst nach dem Zweiten Weltkrieg in einem echten Niedergang äußerte. Mit dem offenen Ausbruch der Unruhen 1969 erlebte die Stadt ständig neue Wellen von Gewalt und Blutvergießen. Schreckliche Bilder von Bomben und Terror, Morden und brutal durchgreifender Staatsmacht prägten Belfasts Image in der restlichen Welt.

Das Karfreitagsabkommen aus dem Jahr 1998 diente als Grundlage für eine Aufteilung der Macht zwischen den divergierenden politischen Fraktionen in einer fortschrittlichen nordirischen Regionalversammlung (Northern Ireland Assembly) und ließ die Hoffnungen auf eine bessere Zukunft wieder wachsen. Ein historischer Meilenstein wurde am 8. Mai 2007 gelegt, als Reverend Ian Paisley, der hitzköpfige protestantische Prediger und Führer der Democratic Unionist Party, und Martin McGuinness, Abgeordneter von Sinn Féin sowie früherer IRA-Führer, in Stormont als Erster Minister bzw. Stellvertretender Erster Minister der neuen Regierung vereidigt wurden.

BELFAST IN ...

... einem Tag

Der Tag beginnt mit einem kräftigen Frühstück in einem der vielen Cafés auf der Botanic Avenue, z. B. im **Maggie May's**. Dann folgen ein Spaziergang ins Zentrum und eine kostenlose Führung durch die **City Hall**. Mit einem *black taxi* geht's anschließend zu den **Wandmalereien in West Belfast** und zur **John Hewitt Bar & Restaurant**. In dem Lokal legt man eine Mittagspause ein, bevor um 14 Uhr die **Titanic Tour** rund um den Hafen ansteht. Nach einem Abstecher zum **Lagan Weir** spaziert man zum **Titanic Quarter** und kehrt abends in **Deane's Restaurant** oder im **Ginger** ein.

.. zwei Tagen

Am zweiten Tag besichtigt man die **Queen's University**, bestaunt die faszinierenden Ausstellungsstücke im **Ulster Museum** und erkundet die Pflanzenvielfalt in den **Botanic Gardens**. Ein Spaziergang am Fluss entlang führt Richtung Süden zu **Cutters Wharf**, wo man zu Mittag essen kann. Am Nachmittag geht's weiter nach Süden über den **Lagan Towpath** zur Shaw's Bridge und von dort mit dem Bus zurück in die Stadt. Alternativ steigt man auf den **Cave Hill**. Nach dem Abendessen im **Shu** oder im **Barking Dog** lässt man den Tag in einigen Traditionspubs wie dem **Crown Liquor Saloon**, **Kelly's Cellars** oder dem **Duke of York** ausklingen.

DIE ROTE HAND VON ULSTER

Einer Legende zufolge soll der Anführer einer Armee – vielleicht waren es die O'Neills, vielleicht aber auch die O'Donnells – bei Erreichen der Küste seine Truppe angefeuert haben, indem er versprach, die Provinz Ulster solle demjenigen gehören, dessen rechte Hand als erste das Land berühre. Ein besonders gewiefter Bursche schnitt sich seine eigene Rechte ab, schleuderte sie ans Ufer und forderte das Gebiet für sich ein. Später übernahm der O'Neill-Clan die rote Hand in sein Wappen und mit den Jahren wurde sie schließlich zum Symbol der ganzen Provinz.

Die „Rote Hand von Ulster" begegnet einem vielerorts: als Teil der nordirischen Flagge und des Ulster-Wappens, über dem Eingang zur Linen Hall Library am Donegall Square sowie als rotes Blumenarrangement in der Gartenanlage des Mount Stewart House im County Down. Außerdem ist die Hand das Zeichen loyalistischer Terroristen auf vielen politischen Wandgemälden und als geballte rote Faust auch das Symbol der Ulster Freedom Fighters (UFF).

Seit 1998 profitiert Belfast von Investitionen, die besonders seitens der EU reichlich fließen. Große Teile der Stadt wurden oder werden im Moment erneuert, und auch der Tourismus boomt. Dennoch hat die Wirtschaftskrise Belfast schwer getroffen. Erst stiegen die Immobilienpreise kometenartig an, dann sanken sie erdrutschartig: Die Hauspreise fielen um 40 % ihres Höchststandes im Jahr 2007. Bauprojekte wurden eingefroren und viele Büro- sowie Apartmentkomplexe stehen heute leer.

◉ Sehenswertes
STADTZENTRUM

GRATIS **City Hall** HISTORISCHES GEBÄUDE
(Karte S. 610f.; www.belfastcity.gov.uk; Donegall Sq; ⊙Führungen Mo–Fr 11, 14 & 15, Sa 14 & 15 Uhr) Im 19. Jh. veränderte die Industrielle Revolution die ganze Stadt. Der wirtschaftliche Aufstieg spiegelt sich in der extravaganten City Hall wider. Aus weißem Portlandstein dem klassischen Renaissancestil nachempfunden, wurde das Rathaus 1906 fertiggestellt und mit Geldern aus Profiten der Gaswerke finanziert.

Vor dem Gebäude befindet sich eine Statue der etwas mürrisch dreinblickenden Queen Victoria. Die Bronzefiguren zu ihrer Seite stehen für die Textilindustrie und den Schiffbau und das Kind im Hintergrund für Bildung. In der nordöstlichen Ecke des Geländes sieht man eine Statue von Sir Edward Harland. Der aus Yorkshire stammende Schiffsbauingenieur gründete die Werft Harland & Wolff und regierte Belfast als Bürgermeister von 1885 bis 1886. Südlich davon erinnert ein Denkmal an die Opfer der *Titanic*.

Zu den Höhepunkten der 45-minütigen kostenlosen **Führung** durch das Rathaus gehören die prächtig mit italienischem Marmor und bunten Glasfenstern verzierte Eingangshalle und Rotunde. Besucher können sogar auf dem Thron des Amtsinhabers im Rathaussaal Platz nehmen. Ebenso interessant sind die eigenartigen Porträts einstiger Bürgermeister. Da jeder Lord Mayor seinen Maler selbst auswählen durfte, ist eine interessante Sammlung ganz unterschiedlicher Stilrichtungen entstanden.

Im **Bobbin Coffee Shop** (⊙Mo–Fr 9–16.30, Sa 9–16 Uhr) in der südöstlichen Ecke der City Hall wird eine Fotoausstellung gezeigt. Hier hängen die Konterfeis von 68 berühmten Einwohnern Belfasts, darunter der Fußballer George Best, der Musiker Van Morrison, Rundfunksprecherin Gloria Hunniford und Irlands Präsidentin Mary McAleese.

GRATIS **Linen Hall Library**
HISTORISCHES GEBÄUDE
(Karte S. 610f.; www.linenhall.com; 17 Donegall Sq N; ⊙Mo–Fr 9.30–17.30, Sa 9.30–16 Uhr; ⓦ) Gleich gegenüber der City Hall liegt die Linen Hall Library. 1788 gegründet, sollte sie „den Geist fördern und den allgemeinen Wissensdurst anregen". 100 Jahre später zog die Bibliothek aus der White Linen Hall (beherbergt heute das Rathaus) ins derzeitige Gebäude um. Der erste Bibliothekar Thomas Russell war Gründungsmitglied der United Irishmen und eng mit Wolfe Tone befreundet – was daran erinnert, dass die Unabhängigkeitsbewegung ursprünglich von Belfast ausging. Russell wurde 1803 nach Robert Emmets fehlgeschlagener Revolte gehängt.

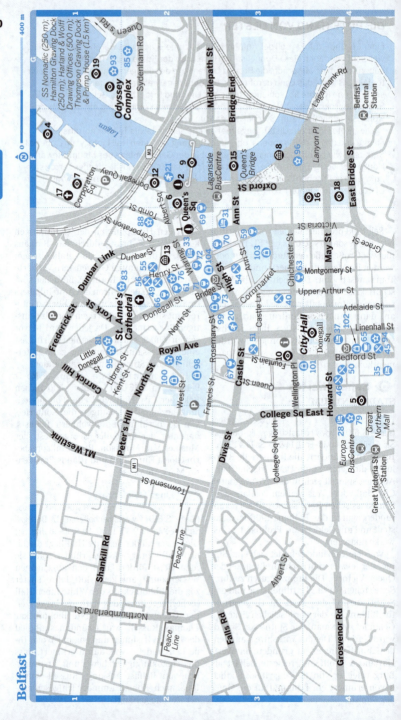

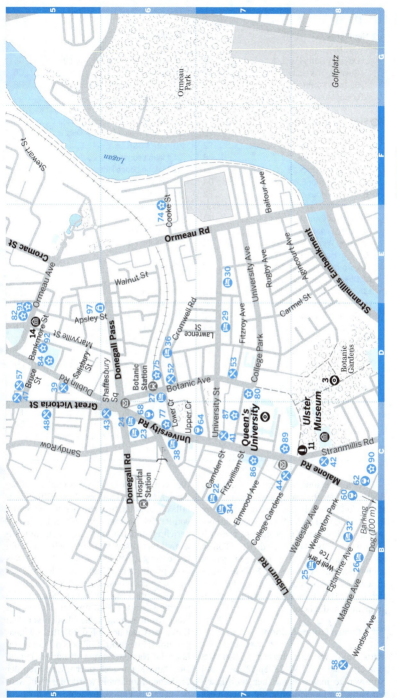

Belfast

◉ Highlights
City Hall	D4
Odyssey Complex	G1
Queen's University	C7
St. Anne's Cathedral	E2
Ulster Museum	C8

◉ Sehenswertes
1	Albert Memorial Clock Tower	E2
2	Bigfish-Skulptur	F2
3	Botanic Gardens	D8
4	Clarendon Dock	F1
5	Crown Liquor Saloon	D4
6	Custom House	F2
	Grand Opera House	(siehe 79)
7	Harbour Commissioner's Office	F1
8	Lagan Legacy	F3
9	Lagan Weir	F2
10	Linen Hall Library	D3
11	Lord-Kelvin-Statue	C8
12	Obel	F2
13	Oh Yeah Music Centre	E2
14	Ormeau Baths Gallery	D5
15	Queen's Bridge	F3
16	Royal Courts of Justice	F4
17	Sinclair Seamen's Church	F1
18	St. George's Market	F4
19	W5	G1

◉ Aktivitäten, Kurse & Touren
20	Belfast City Sightseeing	D3
21	Lagan Boat Company Titanic Tours	F2

◉ Schlafen
22	Arnie's Backpackers	C7
23	Belfast International Youth Hostel	C6
24	Benedicts	C6
25	Camera Guest House	B8
26	City Backpacker	B8
27	Crescent Town House	D6
28	Fitzwilliam Hotel	C4
29	Global Village Backpackers	D7
30	Kate's B&B	E7
31	Malmaison Hotel	E3
32	Malone Lodge Hotel	B8
33	Merchant Hotel	E2
34	Paddy's Palace Belfast	B7
35	Park Inn	D4
36	Tara Lodge	D6
37	Ten Square	D4
38	Vagabonds	C6

◉ Essen
39	Archana	D5
40	Avoca Café	E3
41	Beatrice Kennedy's	C7
42	Café Conor	C8
43	Cayenne	C6
44	Deane's at Queen's	C7
45	Deane's Deli Bistro	D4
46	Deane's Restaurant	D4
47	Ginger	D5
48	Gingeroot	C5
	Great Room	(siehe 33)
49	Hill Street Brasserie	E2
50	James Street South	D4
	John Hewitt Bar & Restaurant	(siehe 66)
51	La Boca	D3

In dem Gebäude werden etwa 260 000 Bücher aufbewahrt, von denen mehr als die Hälfte Teil einer bedeutenden Sammlung irischer und regionaler Werke ist. In der politischen Abteilung findet man so ziemlich alles, was seit 1966 über nordirische Politik geschrieben wurde. Zur Bücherei gehört auch ein kleines **Café** (◌Mo–Fr 10–16, Sa 10–15.30 Uhr). Der Besuchereingang befindet sich in der Fountain Street, vom Haupteingang aus um die Ecke.

GRATIS Crown Liquor Saloon
HISTORISCHES GEBÄUDE

(Karte S. 610 f.; www.crownbar.com; 46 Great Victoria St; ◌Mo–Sa 11.30–23, So 12.30–22 Uhr) Nur wenige historische Sehenswürdigkeiten kann man gleichzeitig mit einem Glas Bier genießen. Der vom National Trust betriebene Crown Liquor Saloon zählt jedenfalls dazu. Belfasts berühmteste Bar wurde von Patrick Flanagan im späten 19. Jh. eingerichtet und trumpft mit einem prächtigen viktorianischen Stil auf. Seinerzeit sollte sie die gut betuchte Klientel der damals noch privilegierten Bahnreisenden und des Grand Opera House gegenüber anlocken.

Farbenprächtige italienische Kacheln zieren die Fassade (1885) und ein Mosaik mit einer Krone schmückt den Boden vor dem Eingang. Angeblich soll der Katholik Flanagan mit seiner protestantischen Frau heftig über die Namensgebung diskutiert haben. Die Dame setzte sich durch: Zu Ehren der britischen Monarchie wurde das Pub „Krone" genannt. Flanagan rächte sich aber auf

52 Maggie May's	D6
Menu by Kevin Thornton	(siehe 28)
53 Molly's Yard	D7
54 Morning Star	E3
Mourne Seafood Bar	(siehe 67)
55 Nick's Warehouse	E2
56 No. 27	E2
57 Rhubarb Fresh Food Café	D5
58 Shu	A8

❷ ❸ Ausgehen

59 Bittle's Bar	E3
60 Botanic Inn	C8
Crown Liquor Saloon	(siehe 5)
61 Duke of York	E2
62 Eglantine	C8
63 Garrick Bar	E3
64 Globe	C7
65 Harlem Cafe	D4
66 John Hewitt Bar & Restaurant	E2
67 Kelly's Cellars	D3
68 Lavery's	C6
69 McHugh's Bar & Restaurant	E2
Molly's Yard	(siehe 53)
70 Muriel's Bar	E3
71 Northern Whig	E2
72 Spaniard	E2
73 White's Tavern	E3

❂ Unterhaltung

74 An Droichead	E6
75 Belfast Empire	D6
76 Black Box	E2
77 Crescent Arts Centre	C6
78 Dubarrys Bar	D2
Good Vibes	(siehe 100)
79 Grand Opera House	C4
80 Harty Room (School of Music)	D7
Kitchen Bar	(siehe 103)
81 Kremlin	D1
82 Limelight	D5
83 Metropolitan Arts Centre	E2
84 Movie House	D5
85 Odyssey Arena	G2
Oh Yeah Music Centre	(siehe 13)
86 QUB Student Union	C7
87 Queen's Film Theatre	C7
88 Rain	E2
89 Sir William Whitla Hall	C7
90 Sonic Arts Research Centre	C8
91 Spring & Airbrake	D5
92 Stiff Kitten	D5
93 Storm Cinemas	G1
94 Ulster Hall	D4
95 Union Street	D1
96 Waterfront Hall	F3

❸ Shoppen

97 Archives Antique Centre	D5
98 Castle Court Centre	D2
99 Fresh Garbage	D3
100 Good Vibes	D2
101 Matchetts Music	D4
102 Steensons	D4
103 Victoria Square	E3
104 Wicker Man	E2

raffinierte Weise, indem er eben diese Krone so platzierte, dass sie von den Gästen jeden Tag mit Füßen getreten wurde.

Die Inneneinrichtung (1898) überwältigt mit Buntglasfenstern, Marmor, Keramik, Spiegeln und Mahagoni. Für eine stimmungsvolle Beleuchtung sorgen originale Gasstrümpfe. Außerdem gibt's eine lange, kunstvoll verzierte Theke und eine Reihe hölzerner Sitzecken. Letztere sind mit Metallplatten aus dem Krimkrieg ausgestattet, die zum Anzünden von Streichhölzern dienen. Früher konnte man mit Klingelknöpfen Nachschub an Getränken ordern, ohne extra aufstehen zu müssen – das geht heute aber leider nicht mehr.

Grand Opera House HISTORISCHES GEBÄUDE
(Karte S. 610 f.; www.goh.co.uk; Great Victoria St) Das Grand Opera House, eine der wichtigsten Attraktionen der Stadt aus viktorianischer Zeit, wurde 1895 eröffnet und in den 1970er-Jahren renoviert. 1991 und 1993 nahm das Gebäude durch Bombenanschläge der IRA schweren Schaden. Man sagt, die Terrororganisation habe hier zugeschlagen, damit die während des Nordirlandkonflikts im benachbarten Hotel Europa einquartierten Journalisten die Bar zur Berichterstattung nicht einmal verlassen mussten.

Das Innere der Oper wurde originalgetreu mit viktorianischem Pomp, geschwungenen Holz- sowie Stuckornamenten, Vergoldungen und geschnitzten Elefantenköpfen zum Abschirmen der Logen restauriert.

GRATIS Ormeau Baths Gallery KUNSTMUSEUM
(Karte S. 610 f.; www.ormeaubaths.co.uk; 18A Ormeau Ave; ◉Di-Sa 10–17 Uhr) Nordirlands

wichtigste Ausstellungshalle für zeitgenössische bildende Kunst ist in einem umgebauten öffentlichen Badehaus aus dem 19. Jh., einige Straßenblocks südlich des Donegall Square untergebracht. In wechselnden Ausstellungen präsentieren irische und internationale Künstler, darunter so kontroverse Vertreter wie Gilbert und George sowie Jake und Dinos Chapman, ihre Arbeiten.

The Entries — HISTORISCHE STÄTTE

(Karte S. 610 f.) Einst waren die als the Entries bekannten engen Gassen, die von der High Street und der Ann Street abzweigen, blühende Handels- und Wohnstraßen. Allein in der **Pottinger's Entry** standen 1822 ganze 34 Häuser.

Die **Joy's Entry** wurde nach Francis Joy benannt, der 1737 den *Belfast News Letter* gründete (die erste Tageszeitung der Britischen Inseln erscheint übrigens noch heute). Einer seiner Enkel, Henry Joy McCracken, wurde 1798 hingerichtet, da er den Aufstand der United Irishmen unterstützt hatte. Diese Gruppe war 1791 von Wolfe Tone in Peggy Barclay's Tavern im **Crown Entry** gegründet worden und traf sich im historischen Kelly's Cellars (1720; S. 642) in der Bank Street unweit der Royal Avenue.

Belfasts ältestes Pub, die White's Tavern (1630; S. 642), befindet sich in der **Wine Cellar Entry** und ist ein beliebter Mittagstreffpunkt.

CATHEDRAL QUARTER

Dieser Stadtteil erstreckt sich nördlich des Stadtzentrums rund um die St. Anne's Cathedral und wird von der Donegall Street, der Waring Street, der Dunbar Street sowie der York Street eingegrenzt. In dem Künstlerviertel prägen restaurierte Lagerhäuser aus roten Ziegelsteinen, Gassen mit Kopfsteinpflaster, Ateliers, Designbüros, stilvolle Bars und Restaurants das Bild. Hier findet auch das **Cathedral Quarter Arts Festival** statt.

GRATIS St. Anne's Cathedral — KATHEDRALE

(Karte S. 610 f.; www.belfastcathedral.org; Donegall St; Spenden willkommen; Mo–Fr 10–16 Uhr) Mit dem Bau der eindrucksvollen Kirche im ibero-romanischen Stil wurde bereits 1899 begonnen, aber wirklich fertig war die St. Anne's Cathedral erst 1981. Beim Betreten des Gebäudes fällt sogleich das Labyrinthmuster des schwarz-weißen Marmorbodens ins Auge. Während die schwarze Linie im Nichts endet, führt die weiße zur Errettung ins Paradies. Die zehn Säulen des Langschiffes weisen Reliefs mit verschiedenen Szenen aus dem Leben in Belfast auf. Sehenswert ist z. B. die Freimaurersäule im Zentrum auf der rechten (südlichen) Seite. Im südlichen Seitenschiff befindet sich die **Grabstätte** des **unionistischen Helden Sir Edward Carson** (1854–1935). Das atemberaubende Mosaik *The Creation* in der Taufkapelle besteht aus 150 000 Buntglasstücken. Zusammen mit einem weiteren Mosaik über dem Westportal wurde es in siebenjähriger Arbeit von den Schwestern Gertrude und Margaret Martin geschaffen.

Oh Yeah Music Centre — MUSEUM

(Karte S. 610 f.; www.belfastmusic.org; 15–21 Gordon St; Eintritt frei; Mo–Fr 12–15, Sa 12–17 Uhr) In dem von einer wohltätigen Organisation betriebenen und in einem ehemaligen Whiskey-Lagerhaus untergebrachten Oh Yeah Music Centre gibt's Übungsräume für junge Musiker und ein Museum zur Musikgeschichte Nordirlands von volkstümlichen Liedern bis zu modernen Songs, beispielsweise von Snow Patrol. Zu den Ausstellungsstücken gehören Platten in Form eines Kleeblatts, Poster von historischen Auftritten, Eintrittskarten sowie Kleidungsstücke, die berühmte Bands auf der Bühne getragen und dann gespendet haben.

LAGANSIDE & LANYON PLACE

Das ehrgeizige **Laganside-Projekt** (www.laganside.com) soll das Stadtzentrum wiederbeleben und sanieren. In den 1990er-Jahren wurden hier die Waterfront Hall, der Riverside Tower der British Telecom und das Belfast Hilton errichtet. Später hat man dann den Lanyon-Quay-Bürokomplex in der Nähe der Waterfront Hall hochgezogen und mehrere denkmalgeschützte Gebäude restauriert, darunter die McHugh's Bar am Queen's Square, die malerischen viktorianischen Lagerhäuser in der Victoria Street (sie beherbergen heute das Hotel Malmaison) und der Albert Memorial Clock Tower. Darüber hinaus verteilen sich am Ufer 30 öffentliche Kunstwerke: Wer mehr darüber erfahren will, sollte im Belfast Welcome Center nach einer Broschüre zum **Laganside Art Trail** fragen.

Mit der Fertigstellung des höchsten Gebäudes der Stadt, dem 85 m hohen, 28-stöckigen **Obel** (Karte S. 610 f.) am Donegall Quay, wurde das Projekt 2011 schließlich abgeschlossen. Die Lagan Boat Company (S. 633) bietet Touren an, die auch auf das

Hochhaus führen, von dem man einen tollen Blick genießt.

Einige Blocks weiter südlich befindet sich das neue, 320 Mio. £ teure Einkaufszentrum **Victoria Square** (Karte S. 610f.; www.victoriasquare.com; zw. Ann St & Chichester St; ⏲ Mo–Di 9.30–18, Mi–Fr bis 21, Sa 9–18, So 13–18 Uhr) mit einer riesigen Glaskuppel und einer luftigen Aussichtsplattform.

GRATIS **Harbour Commissioner's Office**

HISTORISCHES GEBÄUDE

(Karte S. 610f.; Donegall Quay; ⏲ begrenzte Öffnungszeiten) In der Nähe des Fährhafens am Donegall Quay stößt man auf das im italienischen Stil gehaltene Harbour Commissioner's Office (1854). Das Hafenamtsgebäude wurde prunkvoll mit Marmor und Buntglasfenstern ausgestattet und wartet mit Kunstobjekten sowie Skulpturen auf, die von der Seefahrtsgeschichte der Stadt inspiriert sind. Hier ist z. B. der für die *Titanic* errichtete Kapitänstisch zu sehen – zu spät fertiggestellt, konnte er nicht mehr an Bord gebracht werden. Führungen durch die Räumlichkeiten werden zum Belfast Maritime Festival Anfang Juni angeboten. Auch an den European Heritage Open Days, normalerweise an einem Wochenende im September oder Oktober, steht das Gebäude für Besucher offen (siehe unter „Events" auf www.doeni.gov.uk).

GRATIS **Sinclair Seamen's Church** KIRCHE
(Karte S. 610f.; Corporation Sq; ⏲ Mi 14–16 Uhr) Dieses von Charles Lanyon zwischen 1857 und 1858 errichtete Gebäude sollte auswärtigen Seeleuten eine geistliche Heimat bieten. Heute wird es noch immer als Kirche genutzt, beherbergt aber auch ein Seefahrtsmuseum. Es verfügt über eine Kanzel in Form eines Schiffsbugs mit roten sowie grünen Backbord- und Steuerbordlichtern. Das Steuerruder aus Messing und das als Taufbecken genutzte Kompasshaus wurden aus einem Schiff geborgen, das während des Ersten Weltkriegs unterging. An der Wand hinter dem Steuer hängt zudem die Schiffsglocke der HMS *Hood*, dem Vorgänger des berühmteren gleichnamigen Kriegsschiffs aus dem Zweiten Weltkrieg.

Clarendon Dock HISTORISCHE STÄTTE
(Karte S. 610f.) Nördlich des Harbour Commissioner's Office liegt das renovierte Clarendon Dock. Von ihm gehen die **Trockendocks** ab, in denen Belfasts Schiffsbauindustrie ihre Ursprünge hatte: Die Nr. 1 (1796–1800) ist das älteste Trockendock des Landes. Es war bis in die 1960er-Jahre in Betrieb. Die Nr. 2 (1826) wird nur noch gelegentlich genutzt. Zwischen den beiden steht das schöne kleine **Clarendon Building**, in dem Büros der Laganside Corporation untergebracht sind.

WANDERUNG: LAGAN TOWPATH

Als Teil des **Laganside-Sanierungsprojekts** wurde auch der Treidelpfad am Westufer des Lagan ausgebessert. Wer will, kann dem gewundenen Flusslauf 20 km vom Stadtzentrum bis nach Lisburn entweder zu Fuß oder mit dem Fahrrad folgen und beispielsweise das Café in Lisburns **Island Arts Centre** (www.islandartscentre.com) besuchen.

Ein kürzerer Spaziergang auf dem Treidelpfad (10 km) beginnt an der **Shaw's Bridge** (Karte S. 630) am südlichen Rand Belfasts und führt zurück zum Stadtzentrum. Um zur Brücke zu kommen, nimmt man die Buslinie 8A oder 8B vom Donegall Square East, fährt zur Haltestelle direkt vor dem Malone-Kreisverkehr, wo die Malone Road in die Upper Malone Road übergeht, und biegt am Kreisverkehr links ab (dem Schild zum „Outer Ring A55" nach).

Nachdem man die Brücke erreicht hat, geht's nach links und auf dem Treidelpfad am linken Flussufer entlang – die Route ist mit roten „9"-Wegweisern markiert. Unterwegs passiert man ein restauriertes Schleusenwärterhäuschen und ein am Kanal gelegenes Café an der Schleuse 3. Der schönste Teil der Strecke führt an den **Lagan Meadows** (Karte S. 630) vorbei, eine bewaldete Flussschleife, die sich für ein gemütliches Picknick anbietet. Wenn man von dort noch ein Stücken weitergeht, erreicht man ein wunderbares Pub namens **Cutters Wharf**, in dem man ebenfalls eine Mittagspause einlegen kann. Von der Kneipe aus ist es angenehmer, zum **Lagan Weir** im Stadtzentrum zu gehen. Alternativ spaziert man vom Stadtzentrum zur Shaw's Bridge zurück und nimmt dort den Bus, um zum Ausgangspunkt zu gelangen.

TITANIC BELFAST

Das vermutlich bekannteste Schiff aller Zeiten, die RMS *Titanic*, wurde im Auftrag der britischen Reederei White Star Line in der Belfaster Werft Harland & Wolff gebaut. Als sie 1909 auf Kiel gelegt wurde, war Belfast das Zentrum der Schiffbauindustrie und die *Titanic* wurde von White Star als der größte und luxuriöseste Ozeankreuzer der Welt angepriesen. Ironischerweise galt sie auch als „unsinkbar".

Am 31. Mai 1911 lief sie an Helling 3 von H&W vom Stapel und wurde knapp ein Jahr lang im nahe gelegenen Thompson Graving Dock ausstaffiert, bevor sie am 2. April 1912 für ihre Jungfernfahrt auslief. Bei einem der schwersten Schiffsunglücke aller Zeiten kollidierte sie am 14. April 1912 mit einem Eisberg im Nordatlantik und sank in den frühen Morgenstunden des nächsten Tages. Von den 2228 Passagieren und Besatzungsmitgliedern überlebten nur 705 Menschen; in den Rettungsbooten war nur Platz für 1178 Personen.

Bei unserem Besuch war an den früheren Schiffbauanlagen, in denen die *Titanic* und ihr Schwesternschiff *Olympic* fertiggestellt worden waren, eine neue Touristenattraktion namens Titanic Belfast in Planung, deren beeindruckende moderne Architektur an vier riesige Schiffsbuge erinnert. Das Gebäude soll zum 100. Geburtstag des Stapellaufs der *Titanic* im April 2012 fertiggestellt sein. Hier werden die Ausstellung „Titanic Experience" und Filme zur Unterwassererkundung des Wracks zu sehen sein.

Die Website **Titanic Stories** (www.the-titanic.com) liefert eine Vielzahl an Informationen zum Schiff und seinen Passagieren sowie eine Liste aller *Titanic*-Museen und Gedenkstätten weltweit.

Custom House HISTORISCHES GEBÄUDE

(Karte S. 610 f.; Custom House Sq) Zwischen 1854 und 1857 errichtete Lanyon südlich am Fluss entlang das elegante Custom House im italienischen Stil. In dem hier untergebrachten Postamt arbeitete einst der Schriftsteller Anthony Trollope. Zum Flussufer hin sind auf dem Giebel Skulpturen von Britannia, Neptun und Merkur angebracht. Das **Treppenportal** ist Belfasts Gegenstück zur Londoner Speakers' Corner. Daran erinnert eine Bronzefigur, die zu einer unsichtbaren Menschenmenge spricht.

Auf der anderen Flussseite wird die Skyline East Belfasts von riesigen gelben Kränen der Schiffswerft Harland & Wolff dominiert. Die moderne Queen Elizabeth Bridge überspannt den Lagan etwas weiter südlich und direkt dahinter befindet sich die **Queen's Bridge** (1843) mit ihren pittoresken Lampen. Diese ältere Brücke war Sir Charles Lanyons erster wichtiger architektonischer Beitrag zum Stadtbild.

Albert Memorial Clock Tower
SCHIEFER TURM

(Karte S. 610 f.; Queen's Sq) Wie Pisa kann auch Belfast mit einem schiefen Turm aufwarten. Das Gebäude am Ende der High Street wurde 1867 zu Ehren von Königin Viktorias früh verstorbenem geliebten Gemahl errichtet. Es neigt sich zwar nicht so weit wie sein berühmtes Gegenstück, doch ein deutlicher Knick zur Südseite ist nicht zu bestreiten. Bei seiner Restaurierung hat man seine Fundamente stabilisiert, außerdem erstrahlt das Mauerwerk aus Scrabo-Sandstein wieder in makellosem Weiß.

Lagan Weir STAUWEHR

(Karte S. 610 f.) Schräg gegenüber dem Custom House ragt der **Bigfish** (1999) auf, das markanteste der vielen modernen Kunstwerke am Flussufer zwischen dem Clarendon Dock und der Ormeau Bridge. Der riesige Keramiklachs steht für die Regenerierung des Lagan und besteht aus zahlreichen großen Kacheln, auf denen Bilder und Texte zur Stadtgeschichte zu sehen sind.

Die Skulptur befindet sich am Lagan Weir. 1994 wurde das Stauwehr im Rahmen der ersten Phase des Laganside-Projekts errichtet. Jahre der Vernachlässigung und des industriellen Abstieges hatten den Lagan, einst die Belfaster Lebensader, zu einem offenen Abwasserkanal verkommen lassen. In der Folge lagerten sich an den Ufern stinkende, unansehnliche Schlammbänke ab. Zusätzlich zum Wehrbau wurde der Fluss ausgebaggert und mit Sauerstoff gereinigt. Dadurch hat sich die Wasserqualität erheblich verbessert und so wandern heute wieder Lachse, Aale sowie Seeforellen flussaufwärts zum Laichen.

Mehr Informationen zu Bootstouren siehe S. 632.

Lanyon Place
PLATZ

(Karte S. 610 f.) Ein fünfminütiger Fußweg nach Süden führt vom Lagan Weir zum Lanyon Place, dem Aushängeschild des Laganside-Projekts. Hier befindet sich die **Waterfront Hall** (S. 645), ein Mehrzweckbau mit 2235 Sitzplätzen. Auf der anderen Seite der Oxford Street sieht man die neoklassizistische **Royal Courts of Justice** (1933), die 1990 von der IRA bombardiert wurden.

Lagan Legacy
MUSEUM

(Karte S. 610 f.; www.laganlegacy.com; Lanyon Quay; Erw./Kind 4/3 £; ⊕10–16 Uhr) Dieses Museum in einer verankerten Barke auf dem Lagan erzählt Belfasts Seefahrts- und Industriegeschichte anhand alter Fotografien, Originalskizzen und -dokumenten, Schiffsmodellen und Ausstellungsstücken sowie Video- und Sprachaufzeichnungen von Interviews mit pensionierten Ingenieuren, Ausstattern und Werftarbeitern.

GRATIS St. George's Market
MARKT

(Karte S. 610 f.; Ecke Oxford St & May St; ⊕Fr 6–14, Sa 9–15, So 10–16 Uhr) Gleich südlich der Royal Courts of Justice stößt man auf den eleganten überdachten viktorianischen St. George's Market. 1896 für den Handel mit Obst, Butter, Eiern und Geflügel erbaut, ist dies die älteste ununterbrochen genutzte Markthalle des Landes. In dem 1999 restaurierten Gebäude werden jeden Freitag Blumen, Obst, Gemüse, Fleisch und Fisch sowie allgemeine Haushalts- und Secondhandwaren angeboten. Samstags lockt hier ein Viktualien- und Gartenmarkt; oft gibt's auch Livemusik. Auf dem Sonntagsmarkt kann man Lebensmittel, Antiquitäten und Kunsthandwerk aus der Gegend kaufen. Anfang Dezember findet in der Halle ein zweitägiger Weihnachtsmarkt statt.

TITANIC QUARTER

Die ehemaligen Schiffsbauwerften – Geburtsort des RMS *Titanic* – erstrecken sich am Ostufer des Flusses Lagan, überragt von zwei großen gelben Kränen mit den Spitznamen **Samson und Goliath**. Gegenwärtig sind hier Sanierungs- und Restaurierungsmaßnahmen im Gange, die voraussichtlich 1 Mrd. £ kosten werden. Im Rahmen des Projekts, das den Namen **Titanic Quarter** (www.titanicquarter.com) trägt, will man die heruntergekommenen Docklands in den nächsten 15 bis 20 Jahren grundlegend aufmöbeln.

Die Queens Road führt vom Odyssey Complex Richtung Nordosten direkt ins Titanic Quarter, ein gewaltiges Sanierungsgebiet, das teils Industriebrache, teils Großbaustelle und teils Hightech-Gewerbepark ist. Zwar erinnert nur noch wenig an die Zeit, als hier die *Titanic* gebaut wurde, doch die wenigen Überreste wurden restauriert und die moderne neue Attraktion Titanic Belfast ist heute das Herzstück des Viertels. **Infotafeln** in der Queen's Road weisen auf interessante Gegenstände und Gebiete hin.

SS Nomadic
HISTORISCHES SCHIFF

(www.nomadicbelfast.com; Queens Rd) Am **Hamilton Graving Dock** (außerhalb der Karte S. 610 f.) nordöstlich des Odyssey Complex liegt heute die SS *Nomadic* vor Anker. Das Schiff ist das einzige noch existierende Fahrzeug der Reederei White Star Line, zu deren Flotte auch die *Titanic* gehörte. 2006 wurde es vor der Abwrackwerft gerettet und nach Belfast gebracht. Früher beförderte das kleine Dampfschiff Passagiere mit Tickets für die erste oder zweite Klasse zwischen dem Hafen von Cherbourg und den riesigen Ozeandampfern von Olympic Class (die zu groß für den französischen Hafen waren). Am 10. April 1912 brachte sie 142 Menschen der ersten Klasse zur *Titanic*. Bei unserem Besuch wurde sie gerade restauriert, sollte aber bei Erscheinen des Reiseführers bereits wieder für Besucher zugänglich sein.

Harland & Wolff Drawing Offices
HISTORISCHES GEBÄUDE

(außerhalb der Karte S. 610 f.; Queen's Rd; ⊕nur mit Führung) Folgt man von der *Nomadic* aus der Straße, kommt man zu den ursprünglichen Konstruktionsbüros von Harland & Wolff, in denen die ersten Entwürfe für die *Titanic* gezeichnet wurden. Das Innere kann man nur im Rahmen einer Führung besichtigen, z. B. mit dem Anbieter Titanic Tours (S. 633). Hinter dem Gebäude, am Standort der neuen Attraktion Titanic Belfast (am besten bei einer Flussfahrt vom Wasser aus erkennbar), liegen die beiden massiven **Hellings**, auf denen die *Titanic* sowie ihr Schwesternschiff *Olympic* gebaut und vom Stapel gelassen wurden.

GRATIS Thompson Pump House & Graving Dock
HISTORISCHE STÄTTE

(außerhalb der Karte S. 610 f.; Queens Rd; www.titanicsdock.com; Eintritt zum Besucherzentrum frei; ⊙Besucherzentrum 10.30–16 Uhr) Ganz am Ende der Queens Road stößt man auf das eindrucksvollste Monument aus der Zeit der großen Ozeandampfer: das riesige Thompson Graving Dock, in dem die *Titanic* ausgestattet wurde. Bei seiner enormen Größe bekommt man eine Vorstellung von dem Schiff, das hier gerade so hineingepasst hat.

Neben dem Dock befindet sich das Thompson Pump House mit einer Ausstellung zum Schiffsbau in Belfast und einem Café. Wer an einer **Führung** (Erw./Kind 6/4 £; ⊙stdl. 11–15 Uhr) teilnimmt, bekommt ein Video mit Originalfilmaufnahmen von den Werften zu sehen und besucht das Pumpenhaus sowie das Trockendock.

Von der dem Pumpenhaus gegenüberliegenden Seite des Docks erhaschen Interessierte einen Blick auf die **HMS Caroline**, einen Kreuzer der Royal Navy aus dem Ersten Weltkrieg, der 1914 gebaut wurde und heute als Reserveschulungsschiff der Royal Navy genutzt wird (nicht für Besucher zugänglich).

Odyssey Complex
SPORT- & UNTERHALTUNGSZENTRUM

(Karte S.610f.; Sydenham Rd) Hinter diesem Namen verbirgt sich ein riesiges Sport- und Unterhaltungszentrum am östlichen Flussufer gegenüber dem Clarendon Dock. Der Komplex beherbergt u. a. ein interaktives Wissenschaftszentrum (W5) und eine Sportarena mit 10 000 Sitzen (Heimat der Eishockeymannschaft Belfast Giants), ein Multiplexkino mit einer IMAX-Leinwand, eine Halle für Videospiele sowie Dutzende Restaurants, Cafés und Bars.

Das Stadtzentrum liegt von hier nur fünf Gehminuten entfernt am anderen Ufer des Lagan Weir. Außerdem steuert der Metrobus 26 auf der Strecke vom Donegall Square West nach Holywood den Komplex an (5 Min., Mo-Fr stdl.).

W5
WISSENSCHAFTSZENTRUM

(Karte S.610f.; www.w5online.co.uk; Odyssey Complex, Sydenham Rd; Erw./Kind 7,70/5,70, 2 £, Erw.& 2 Kinder 23 £; ⊙Mo–Fr 10–17, Sa 10–18, So 12–18 Uhr; letzter Einlass 1 Std. vor Schließung; ⓘ) Das auch *„whowhatwherewhenwhy"* genannte und nur während der Schulzeit geöffnete W5 ist eine interaktive Wissenschaftsausstellung für Kinder jeden Alters. Hier kann man z. B. eigene Melodien komponieren (indem man die „Luftharfe" mit einem Schläger aus Schaumgummi trifft), versuchen, einen Lügendetektor zu überlisten, Wolkenringe und Tornados erzeugen sowie eigene Roboter und Rennautos entwerfen und herstellen.

SOUTH BELFAST (QUEEN'S QUARTER)

Die Goldene Meile – ein 1,5 km langer Abschnitt zwischen der Great Victoria Street und der Shaftesbury Square mit zahlreichen Pubs und Restaurants – erstreckt sich von der südlichen Innenstadt bis zum Universitätsviertel und war früher der Mittelpunkt des Nachtlebens. Nach der Wiederbelebung des Stadtzentrums ist sie heute nicht mehr so gefragt, wartet aber immer noch mit guten Pubs und Lokalen auf. Mittlerweile sind viele der einstigen Szenelocations in die Lisburn Road umgezogen, in der sich angesagte Boutiquen, Cafés und Weinbars angesiedelt haben.

Die Metrobusse 8A, 8B und 8C fahren vom Donegall Square East über den Bradbury Place und die University Road zur Queen's University.

LP TIPP **Ulster Museum**
MUSEUM

(Karte S.610f.; www.nmni.com/um; Stranmillis Rd; Eintritt frei; ⊙Di–So 10–17 Uhr; ⓘ) Das kürzlich nach großen Umbauarbeiten wiedereröffnete Ulster Museum ist eine der sehenswertesten Attraktionen im Norden. Hier kann man sich stundenlang aufhalten. Wer nur wenig Zeit hat, sollte sich den Armada Room, die 2500 Jahre alte ägyptische Mumie Takabuti, die Bannscheibe und den Schnappschuss eines uralten Meeresgrunds nicht entgehen lassen.

Nach einem kurzen Abriss des **Nordirlandkonflikts** im Erdgeschoss geht's weiter zum ersten Obergeschoss mit seiner „History Zone". Dort werden im **Armada Room** Schmuck und andere Gegenstände präsentiert, die aus dem 1588 untergegangenen Wrack *Girona* (S.705) und aus anderen versunkenen Schiffen der Spanischen Armada geborgen wurden. Zu den weiteren Schätzen gehören ein mit Rubinen besetzter goldener Salamander aus dem 16. Jh., Bronzekanonen, und persönliche Gegenstände der Offiziere sowie der Besatzung, darunter Dinge wie Pfeifen, Kämme und Knöpfe.

Auf dieser Etage befindet sich auch die **Early Peoples Gallery** mit spektakulären Funden aus der Stein- und Bronzezeit und Hintergrundinformationen zu den vielen archäologischen Ausgrabungsstätten in Nordirland. Alle Exponate werden hervorragend präsentiert. Der **Malone Hoard**, 16 polierte neolithische Steinäxte, die nur wenige Kilometer vom Museum entfernt entdeckt wurden, wirkt fast wie eine moderne Plastik, und die **Bannscheibe** ist ein herausragendes Beispiel keltischer Kunst aus der Eisenzeit.

Herzstück des **Egyptian Room** ist die Mumie der Prinzessin Takabuti. Der 1835 in Belfast ausgewickelte einbalsamierte Leichnam war die erste Mumie, die außerhalb Ägyptens ausgestellt wurde. Wegen ihres ausgebleichten Haares wird sie heute von Einheimischen als „älteste künstliche Blondine von Belfast" bezeichnet.

In der „**Nature Zone**" im zweiten Stock dreht sich alles um geologische Zeiträume, Evolution und Naturkunde. Zahlreiche interaktive Ausstellungsstücke bieten Kindern ein bis zwei Stunden Beschäftigung. Zu den Highlights zählen der **Schnappschuss eines uralten Meeresgrunds**, ein 200 Millionen Jahre altes versteinertes Stück Meeresboden mit fossilen Ammonitschalen und versteinertem Treibholz, die **Sea Around Us Gallery** sowie Tierpräparate, darunter eine mexikanische Rotknie-Vogelspinne und der heute ausgestorbene Beutelwolf.

Die oberen Etagen sind **irischer und europäischer Kunst** gewidmet, etwa den Arbeiten des in Belfast geborenen Sir John Lavery (1856–1941), eines der gefragtesten und teuersten Porträtmalers im viktorianischen London. Sehenswert ist auch Edward McGuires 1974 angefertigtes Porträt des Dichters Seamus Heaney.

Queen's University UNIVERSITÄT
(Karte S. 610 f.; University Rd) Es ist gar nicht so verkehrt, sich bei Charles Lanyons **Queen's College** (1849) im Tudorstil aus roten Ziegeln und honigfarbenem Sandstein an „Oxbridge" (die Unis von Oxford und Cambridge) erinnert zu fühlen: Tatsächlich basiert der Entwurf des Mittelturms auf dem Founder's Tower im Magdalen College von Oxford aus dem 15. Jh. Nordirlands renommierteste Universität wurde 1845 von Queen Victoria gegründet, und zwar als eines von drei Queen's Colleges; die beiden anderen (umbenannten Häuser) befinden sich in Cork und Galway. Sie sollten eine weltliche Alternative zum anglikanischen Trinity College in Dublin bieten. 1908 wurde das College zur Queen's University von Belfast ernannt, die heute aus über 250 Gebäuden besteht. Die Hochschule hat etwa 25 000 Studenten und genießt vor allem dank ihrer medizinischen, juristischen und technischen Fakultät einen ausgezeichneten Ruf.

Direkt hinter dem Haupteingang gibt es das kleine **Queen's Welcome Centre** (www.queenseventus.com; University Rd; Eintritt frei; ◷ Mo-Sa 9.30–16.30, So 10–13 Uhr) mit Ausstellungen und Souvenirshop. **Führungen** (5 £ pro Person) muss man im Voraus reservieren. Ansonsten leitet eine Broschüre durch die selbstgeführte Tour.

GRATIS **Botanic Gardens** GÄRTEN
(Karte S. 610 f.; Stranmillis Rd; ◷ 7.30 Uhr–Sonnenuntergang) Belfasts grüne Oase liegt ein kurzes Stück von der Universität entfernt. Direkt hinter dem Eingang an der Stranmillis Road thront die Statue des in Belfast geborenen William Thomson, **Lord Kelvin**, einem der Mitgründer der modernen Physik und Erfinder der Kelvin-Skala zur Temperaturmessung bis zum absoluten Nullpunkt bei Minus 273 °C (= 0 °K).

Das Herz der Grünanlage bildet Charles Lanyons elegantes, zwischen 1839 und 1852 errichtetes **Palm House** (Eintritt frei; ◷ April–Sept. 11–12 & 13–16.45 Uhr, Okt.–März 10–12 & 13–15.45 Uhr) mit seiner beeindruckenden Vogelkäfigkuppel, einem Meisterstück aus Gusseisen und gekrümmtem Glas. Die **Tropical Ravine** (Eintritt frei; ◷ wie Palm House), ein imposantes Gewächshaus aus roten Ziegeln, wurde von Gartenkurator Charles McKimm entworfen und 1889 fertiggestellt. Im Inneren des Gebäudes kann man von einem erhöhten Fußweg aus ein künstliches Tal bewundern, in dem tropische Farne, Orchideen, Lilien und Bananenstauden wachsen.

WEST BELFAST (GAELTACHT QUARTER)

Nordwestlich des Donegall Square führt die Divis Street über den Westlink Motorway zur Falls Road und weiter nach West Belfast (Gaeltacht Quarter). Obwohl das Viertel als Kampfschauplatz in drei Jahrzehnten Bürgerkrieg und Unruhen schwer gebeutelt wurde, zählt es zu den größten Anziehungspunkten in Nordirland. Noch immer ist die jüngere Geschichte überall spürbar, trotzdem sind die Einwohner auch optimistisch und voller Hoffnung auf eine bessere Zukunft.

Als echtes Highlight gelten die kraftvollen Wandmalereien, die sowohl den Nordirlandkonflikt als auch aktuelle politische Ereignisse darstellen.

DIE WANDMALEREIEN VON BELFAST

Belfasts Tradition der politisch motivierten Malereien an Hauswänden ist schon 100 Jahre alt. 1908 brachten Unionisten aus Protest gegen die Home-Rule-Politik Konterfeis von King Billy (Wilhelm III., protestantischer Sieger der Schlacht am Boyne 1690 über den katholischen König Jakob II.) an. Durch den Nordirlandkonflikt wurde die Tradition in den späten 1970er-Jahren neu belebt. Die Bilder sollten nun Territorien markieren, politische Inhalte vermitteln, historische Ereignisse verewigen und terroristische Aktivitäten verherrlichen – nicht starr und statisch, sondern aktuell und direkt.

Wandmalereien der Republikaner

1981 behandelten die ersten republikanischen Malereien den Hungerstreik republikanischer Gefangener im Maze-Gefängnis. Diese forderten, als politische Gefangene anerkannt zu werden. Dutzende unterstützten die Streikenden. Später erweiterten die Republikaner die Bilder um politische Aussagen, irische Legenden und historische Ereignisse. Nach dem Karfreitagsabkommen von 1998 forderten die Maler eine Reform der Polizei und den Schutz der Nationalisten vor konfessionsbedingten Angriffen.

Geläufige Motive sind ein sich aus den Flammen erhebender Phoenix (gilt als Symbol für Irlands Wiedergeburt aus den Flammen des Osteraufstandes 1916), das Bild des Hungerstreikenden Bobby Sands sowie Figuren und Szenen der irischen Mythologie. Zu den bekanntesten Slogans gehören folgende: *„Free Ireland"*, *„Éirí Amach na Cásca 1916"* (Irisch für „Osteraufstand 1916") und *„Tiocfaidh Ár Lá"* („Unsere Zeit wird kommen").

Gemälde der Republikaner entdeckt man hauptsächlich in der Falls Road, der Beechmount Avenue, der Donegall Road, der Shaw's Road sowie im Ballymurphy-Bezirk in West Belfast, in der New Lodge Road in North Belfast und der Ormeau Road in South Belfast.

Wandmalereien der Loyalisten

Während die Republikaner oft sehr künstlerisch und symbolreich arbeiteten, zeigten sich die Loyalisten gewöhnlich militaristischer und provokanter im Ton. Ihr Schlacht-

West Belfast entstand rund um die Flachsmühlen, die im späten 19. Jh. den Grundstein für den Wohlstand der Stadt legten. In den günstigen Wohnungen des Viertels lebten vor allem Arbeiter. Bereits zu viktorianischen Zeiten fand eine Trennung nach religiöser Überzeugung statt. Der Ausbruch des Nordirlandkonflikts verhärtete nach 1968 die religiöse Kluft. Seit 1970 trennt eine Mauer, die ironischerweise „Peace Line" genannt wird, den loyalistisch-protestantischen Shankill-Bezirk vom republikanisch-katholischen Falls-Bezirk.

Trotz ihres früheren Rufs ist die Gegend für Besucher heutzutage sicher. Wer sich das Viertel ansehen möchte, bucht am besten ein **black taxi** (S. 633), das einen zu den spektakulärsten Wandmalereien an der „Friedenslinie" (auf der man eine Botschaft hinterlassen kann) und zu anderen bedeutenden Orten bringt. Viele Taxifahrer erzählen einem gerne mehr über West Belfast.

Es spricht nichts dagegen, die Umgebung auf eigene Faust zu erkunden, egal ob zu Fuß (s. S. 634) oder mit den schwarzen Sammeltaxis in der Falls Road und der Shankill Road. Alternativ nimmt man eine der Buslinien 10A bis 10F von der Queen Street zur Falls Road. Die Busse 11A bis 11D verkehren vom Wellington Place zur Shankill Road.

Im Belfast Welcome Centre bekommt man kostenlose Broschüren mit Spazierrouten durch den Falls- und den Shankill-Bezirk.

FALLS ROAD

Auch wenn die Spuren der Vergangenheit unübersehbar sind, strahlt die Falls Road heute unerwartet viel Leben, Farbe und Optimismus aus. Ihre Bewohner sind freundlich und aufgeschlossen. Gemeinschaftsprojekte wie die Conway Mill, das Kulturzentrum Cultúrlann und die *black-taxi*-Touren ziehen immer mehr Touristen an.

ruf „*No Surrender*" („Niemals aufgeben") ist allgegenwärtig, begleitet von roten, blauen und weißen Bordsteinen, paramilitärischen Abzeichen und King Billy, oft auf einem Schimmel sitzend dargestellt.

Darüber hinaus sieht man oftmals die Rote Hand von Ulster, manchmal als geballte Faust (Symbol der Ulster Freedom Fighters, UFF), sowie Reminiszenzen an den Ersten Weltkrieg, als 1916 an der Somme auch viele nordirische Soldaten fielen. Diese Demonstration nordirischer Loyalität gegenüber der britischen Krone ist als Gegengewicht zu den republikanischen Darstellungen des Osteraufstandes zu verstehen. Ein geläufiges Motto fragt: „*Quis Separabit?*" („Wer sollte uns teilen?"), der Spruch der Ulster Defence Association (UDA). Offensiver wird behauptet: „*We will maintain our faith and our nationality.*" („Wir behalten unseren Glauben und unsere Nationalität.")

Aktuelle Motive

In den letzten Jahren wurden die Wandgemälde heiß diskutiert. Manche sehen in ihnen eine hässliche Erinnerung an die von Gewalt geprägte Vergangenheit, andere einen lebendigen Ausdruck der Geschichte Nordirlands. Zweifellos üben sie eine starke Anziehung auf Touristen aus, doch viele Einwohner möchten die aggressivsten militaristischen Motive durch populärere ersetzen, beispielsweise durch Berühmtheiten und Lokalmatadoren wie den Fußballspieler George Best und den Schriftsteller C. S. Lewis *(Narnia)*.

Immer wieder stößt man auch auf ausgefallene oder sogar lustige Darstellungen, wie die Frage an der Weggabelung am Ende der Balfour Avenue von der Ormeau Road weg: „*How can quantum gravity help explain the origin of the universe?*" („Wie kann die Quantenphysik den Ursprung des Universums erklären?") Sie war 2001 Teil einer Installation mit den zehn von Wissenschaftlern ausgewählten wichtigsten ungelösten Fragen der Physik. Vielleicht hat sie so lange überlebt, weil man darauf immer noch keine Antwort gefunden hat und das Bild zudem eine Parallele zum immer noch nicht gelösten Problem der irischen Teilung symbolisieren könnte.

Genaueres zu den Wandgemälden erklären das dreibändige Buch *Drawing Support* von Bill Rolston, *The Peoples' Gallery* der Bogside Artists und die Website der **Mural Directory** (www.cain.ulst.ac.uk/murals).

GRATIS **Cultúrlann McAdam Ó Fiaich**
KULTURZENTRUM
(Karte S.630; www.culturlann.ie; 216 Falls Rd; Mo-Fr 9-21, Sa 10-18 Uhr;) Das in einer ehemaligen presbyterianischen Kirche untergebrachte Kulturzentrum ist der Dreh- und Angelpunkt aller Aktivitäten in der Umgebung. Hier gibt's einen Infoschalter für Touristen, einen Laden mit Büchern über Irland und die Sprache, Kunsthandwerk und CDs mit irischer Musik, ein gutes Café-Restaurant namens Caifé Feirste, ein Kunstmuseum sowie ein Podium für Musik, Literatur und Theaterveranstaltungen.

Conway Mill KUNSTZENTRUM
(Karte S.630; www.conwaymill.org; 5-7 Conway St; Mo-Fr 10-17, Sa 10-15 Uhr) Die restaurierte Flachsmühle aus dem 19. Jh. beherbergt 20 Künstlerateliers, eine Ausstellung zur Geschichte der Mühle, ein Bildungszentrum und einen Arbeitsraum für lokale Unternehmen. Außerdem befindet sich hier das **Irish Republican History Museum** (Di-Sa 10-14 Uhr) mit Artefakten, Zeitungsartikeln, Fotos und Archivdokumenten rund um die Aktivitäten der Republikaner von 1798 bis zum Nordirlandkonflikt.

SHANKILL ROAD

Obwohl das protestantische Shankill (aus dem irischen *sean chill,* alte Kirche) von den Medien und den Touristen weniger beachtet wird als die Falls Road, gibt's hier ebenfalls viele sehenswerte Wandmalereien und auch die Einwohner sind sehr freundlich. Offenbar tun sich die loyalistischen Stadtteile jedoch schwerer als die Republikaner, ihre Seite der Geschichte zu vermitteln.

Wer sich zu Fuß zur Shankill Road aufmachen möchte, geht am besten von der City Hall über den Donegall Place und die Royal Avenue, biegt dann auf die North Street links ab und überquert den zweispurigen Westlink Motorway.

(Fortsetzung auf S. 630)

Wandmalereien in Belfast

Seit dem Beginn des Nordirlandkonflikts sind viele Häuser und Mauern als Leinwände zweckentfremdet worden. Nun markieren bunte Wandbilder mit politischer Aussage die „Reviere" der Loyalisten bzw. Nationalisten (S. 620).

Solidarity Wall

1 Dort, wo die Republikaner dominieren, drücken die Wandbilder vielfach Solidarität für andere nationalistische oder republikanische Bewegungen weltweit aus, etwa für Palästina, das Baskenland oder Lateinamerika. Beispiele dafür findet man an der Solidarity Wall (S. 634) in der Falls Road.

Unpolitische Wandbilder

2 Seit dem Anstoß des Friedensprozesses werden die teilweise aggressiven Partisanen-Graffiti zunehmend durch solche mit unpolitischen Motiven ersetzt. Sie zeigen u. a. den Fußballer George Best, den Schriftsteller C. S. Lewis oder die Werft Harland & Wolff.

King Billy

3 Das berühmteste protestantische Wandbild ist das von King Billy (Wilhelm von Oranien), dessen Sieg über den katholischen König James in der Schlacht am Boyne 1690 noch heute jedes Jahr am 12. Juli mit Umzügen gefeiert wird.

Hungerstreik

4 Viele Wandbilder der Nationalisten in West Belfast erinnern an den Hungerstreik von zehn republikanischen Gefangenen 1981, die alle starben. Besonders bekannt ist das Bild von Bobby Sands, der kurz vor seinem Tod ins Regionalparlament gewählt worden war.

Abbildungen
1. Graffiti an der Falls Road 2. *Titanic*, Newtownards Road
3. King Billy (Wilhelm von Oranien)

Counties Down & Armagh: Wander- & Tierwelt

Strangford Lough und die Mourne Mountains sind ein beliebtes Wochenendausflugsziel für die Einwohner von Belfast. Die Küste und das raue Hochland beherbergen zahlreiche Tierarten, außerdem kann man anspruchsvolle Wanderungen unternehmen.

Mourne Mountains

1 Diese wohlgeformten Granitberge (S. 669) erstrecken sich in der Nähe des Ferienorts Newcastle bis zum Meer. Sie sind eines der besten Wander- und Kletterparadiese im Norden Irlands.

Castle Espie Wildfowl & Wetlands Centre

2 Das Wasservogel- & Feuchtgebietzentrum (S. 662) umfasst nicht nur Auen, die Gänsen und Zugvögeln einen Lebensraum bieten, sondern auch eine eigene „Sammlung" von Enten- und Gänsearten aus aller Welt.

Mourne Wall

3 Eine 35 km lange Mauer aus Granitsteinen (erb. 1904–1922; S. 671) in den Mourne Mountains, die über 15 der höchsten Gipfel hinwegführt. Sie diente als Begrenzung des Wasserschutzgebiets mit dem Silent Valley Reservoir.

Strangford Lough

4 Vogelfreunde aufgepasst: Im Herbst trudeln Scharen von hellbäuchigen Ringelgänsen – 75 % der Population weltweit! – am Strangford Lough (S. 662) ein, wo etwa 30 000 Gänse überwintern.

Abbildungen
1. Mourne Mountains **2.** Rothalsgans, Castle Espie
3. Kleiner Mann an der großen Mourne Wall

Counties Derry & Antrim: Causeway Coast

Die Nordküste von Antrim zwischen Ballycastle bis Portrush wird Causeway Coast genannt und ist einer der schönsten Abschnitte des Landes!

Giant's Causeway

1 Dieses geologische Schmuckstück (S. 704) an der Antrim Coast besteht aus zahllosen sechseckigen Basaltsäulen. Die spektakuläre Gesteinsformation wurde von der Unesco zur Welterbestätte ernannt und gilt als Hauptattraktion Nordirlands.

Causeway Coast

2 Neben einer traumhaften Landschaft punktet die Causeway Coast (S. 709) mit hübschen Dörfern wie Ballintoy und Portbradden, den Festungsruinen Dunluce und Dunseverick und der Gelegenheit, in der Bushmills Distillery irischen Whiskey zu kosten.

Carrick-a-Rede Rope Bridge

3 Früher wurde die berühmte Carrick-a-Rede-Seilbrücke (S. 706) von einheimischen Lachsfischern genutzt, heute dient sie vor allem als Mutprobe für Besucher der Causeway Coast. Sie schwingt 30 m über den Felsen und dem Meer.

Antrim Coast

4 Antrim ist bekannt für seine zerklüftete Küstenlandschaft, wartet aber auch mit ein paar tollen Stränden wie dem familienfreundlichen Sandstreifen von Ballycastle (S. 707) und der schwerer zu erreichenden, aber dafür umso friedlicheren White Park Bay (S. 705) auf.

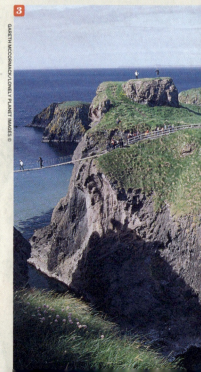

Abbildungen
1. Giant's Causeway **2.** Sonnenuntergang über der Giant's Causeway Coast **3.** Carrick-a-Rede Rope Bridge

1. White Island, County Fermanagh (S. 728)
Alte Steinfiguren auf White Island im Lower Lough Erne, die vermutlich ins 9. Jh. datieren.

2. Boa Island, County Fermanagh (S. 728)
Die Insel im Norden des Lower Lough Erne beherbergt den gespenstischen Caldragh-Friedhof.

3. Janus Stone, County Fermanagh (S. 728)
Auf Boa Island befindet sich eine 2000 Jahre alte Janus-Figur mit zwei voneinander abgewandten Köpfen.

4. Magho-Aussichtspunkt (S. 729)
Sonnenuntergang über dem Lower Lough Erne von den Cliffs of Magho.

5. Bootstouren auf dem Lough Erne (S. 727)
Kreuzfahrten sind in Irland sehr beliebt.

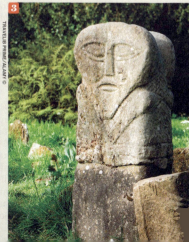

Rund um das Stadtzentrum

(Fortsetzung von S. 621)

AUSSERHALB DES STADTZENTRUMS

Ulster Folk & Transport Museum MUSEUM
(Karte S. 630; www.nmni.com/uftm; Cultra, Holywood; Erw./Kind 6,50/4 £, Kombiticket für beide Museen 8/4,50 £; ⊙ März–Sept. Di–So 10–17 Uhr, Okt.–Feb. Di–Fr 10–16, Sa & So 11–16 Uhr) Dies ist eines der besten Museen Nordirlands (eigentlich sind es zwei in einem). Es liegt nördlich von Holywood an beiden Seiten der A2 nach Bangor.

Ulster Folk Museum

In dem Volkskundemuseum können Besucher ein rekonstruiertes Dorf mit Bauernhäusern, Schmieden, Kirchen und Mühlen bestaunen und einen Eindruck vom irischen Leben in den vergangenen Jahrhunderten gewinnen. Stellvertretend für das Industriezeitalter wurden Reihenhäuser des 19. Jhs. mit roten Ziegelsteinen aus Belfast und Dromore hergebracht. Im Sommer führen Mitarbeiter in historischen Kostümen z. B. das Decken eines Reetdachs und das Pflügen vor.

Ulster Transport Museum

Hier gibt's Dampflokomotiven, Waggons, Motorräder, Straßenbahnen, Busse und Autos zu sehen. Als Highlight der Autosammlung gilt der Prototyp des **DeLorean DMC**, 1981 in Belfast aus rostfreiem Stahl hergestellt. Wirtschaftlich gesehen war der Wagen, der durch den Film *Zurück in die Zukunft* weltweit berühmt wurde, ein absolutes Desaster.

Der größte Besuchermagnet ist die **Ausstellung zur RMS Titanic**. Zu den Ausstellungsstücken gehören originale Entwurfzeichnungen für die *Olympic* und die *Titanic*, Fotos der Schiffskonstruktion sowie Berichte über den Untergang. Bei unserem Besuch wurde gerade eine neue Ausstellung zum hundertjährigen Geburtstag der *Titanic* im April 2012 entwickelt.

Rund um das Stadtzentrum

◉ Sehenswertes
- **1** Aunt Sandra's Candy Factory C3
- **2** Belfast Castle B1
- **3** Belfast Zoo B1
- **4** Cave Hill Country Park B1
- **5** Conway Mill B2
- **6** Cultúrlann McAdam Ó Fiaich B3
- **7** Giant's Ring B4
- **8** Lagan Meadows B4
- **9** Malone House B4
- **10** Stormont D2
- **11** Transport Museum D1
- **12** Ulster Folk Museum D1

◉ Aktivitäten, Kurse & Touren
- Pirates Adventure Golf .... (siehe 14)

◉◉ Schlafen
- **13** All Seasons B&B B3
- **14** Dundonald Touring Caravan Park D3
- **15** Farset International B2
- **16** Old Rectory B3

◉ Essen
- Caifé Feirste .... (siehe 6)
- **17** Cutters Wharf B3

◉ Unterhaltung
- **18** Casement Park A3
- **19** King's Hall B3
- **20** Lyric Theatre B3
- **21** Windsor Park B3

Busse nach Bangor halten ganz in der Nähe, außerdem erreicht man in nur zehn Gehminuten die Cultra Station, wo Züge auf dem Weg zwischen dem Hauptbahnhof in Belfast und Bangor halten.

GRATIS Cave Hill Country Park PARK
(Karte S. 630; Antrim Rd; ⊘7.30 Uhr–Sonnenuntergang) Man sollte es sich nicht nehmen lassen, die Gegend einmal von oben zu betrachten. Wer gerade kein eigenes Flugzeug dabeihat, begibt sich einfach auf den Cave Hill (368 m) am nördlichen Stadtrand. Von dort kann man ganz Belfast, die Docks und die sich immer weiter in die Landschaft ausbreitenden Vororte an den Ufern des Belfast Lough überblicken. Die rundlichen Kuppeln der Mourne Mountains liegen weit im Süden und an klaren Tagen ist sogar Schottland am fernen Horizont zu erkennen.

Ursprünglich trug der Hügel den Namen Ben Madigan, nach Matudhain, einem Ulster-König aus dem 9. Jh. Das von Süden aus markante Profil wird von den Einheimischen seit 200 Jahren als „Napoleons Nose" bezeichnet. Angeblich gleicht es der kaiserlichen Nase, doch dafür muss man schon viel Fantasie haben. Auf dem Gipfel befinden sich die Reste des eisenzeitlichen McArt's Fort. 1795 blickten hier die United Irishmen, unter ihnen auch Wolfe Tone, auf die Stadt hinab und gelobten für die irische Unabhängigkeit zu kämpfen. Der Weg vom Zoo bzw. Parkhaus am Belfast Castle zum Gipfel führt an den Höhlen vorbei, die dem Hügel seinen heutigen Namen gaben.

Der Cave Hill Country Park erstreckt sich über die östlichen Abhänge. In der Grünanlage gibt's mehrere markierte Spazierwege und einen Abenteuerspielplatz für Kinder zwischen drei und 14 Jahren.

Die Buslinien 1A bis 1G fahren vom Donegall Square West zum Belfast Castle oder zum Belfast Zoo.

GRATIS Belfast Castle BURG
(Karte S. 630; www.belfastcastle.co.uk; Antrim Rd; ⊘Mo–Sa 9–22, So 9–17.30 Uhr) 1870 wurde das Belfast Castle für den dritten Marquess of Donegall im schottischen Barronial-Stil errichtet, der durch Queen Victorias Balmoral Castle populär geworden war. Das pompöse Bauwerk beherrscht die südöstliche Flanke von Cave Hill und ist seit 1934 im Besitz der Stadt.

Aufwendige Renovierungsarbeiten zwischen 1978 und 1988 ersetzten die ursprüngliche Einrichtung durch eine gemütliche, aber dennoch moderne Ausstattung. Heute werden hier gerne Hochzeitsempfänge ausgerichtet. Im Obergeschoss präsentiert das **Cave Hill Visitor Centre** Exponate zu Folklore, Geschichte, Archäologie und Naturgeschichte des Parks. Unten befinden sich das Cellar Restaurant und ein kleiner **Antiquitätenladen** (⊘Di–Fr 12–21, Sa 12–22, So & Mo 12–17 Uhr).

Einer Legende nach soll es den Burgbewohnern nur gut gehen, wenn hier eine weiße Katze lebt. Damit wird wohl auf die Katzenporträts angespielt, die in den schönen Gartenanlagen in Form eines Mosaiks, Gemäldes, einer Skulptur und Gartenmöbel auftauchen -- man kann seine Kinder übrigens sehr gut damit beschäftigen, alle neun Porträts zu suchen.

Belfast Zoo ZOO
(Karte S. 630; www.belfastzoo.co.uk; Antrim Rd; Erw./Kind 8,90/4,70 £, Kind unter 4 J., Rentner über 60 J. & Behinderte Eintritt frei; ⊘April–Sept.

10–19 Uhr, Okt.–März 10–16 Uhr, letzter Einlass im Sommer/Winter 2 Std./90 Min. vor Schließung) Die geräumigen Gehege dieses Zoos, einer der attraktivsten Tierparks in Großbritannien und Irland, liegen in einem wunderschönen, leicht abschüssigen Areal. Besonders spannend sind die Becken der Seelöwen und Pinguine mit Unterwasserfenstern. Zu den selteneren hier präsentierten Tierarten gehören Malaienbären, Rote Pandas und Tamarine. Als die größten Publikumslieblinge aber gelten die schnuckeligen Erdmännchen, eine ganze Kolonie von Kattas und die 28 Rothschild-Giraffen.

GRATIS **Malone House** HISTORISCHES GEBÄUDE
(Karte S.630; www.malonehouse.co.uk; Upper Malone Rd; Mo–Sa 9–17, So 12–16.30 Uhr) Das spätgeorgianische Landhaus auf dem Areal des Barnett Demesne wurde in den 1820er-Jahren für den Kaufmann William Legge errichtet und dient inzwischen vorwiegend als Veranstaltungs- sowie Konferenzort. Darüber hinaus finden in der **Higgin Gallery** Ausstellungen statt. In der Parkanlage gedeihen Azaleen und Rhododendron. Mehrere Pfade führen hinab zum Lagan Towpath.

Das Anwesen liegt 5 km südlich des Zentrums. Mit den Bussen der Linien 8A und 8B kommt man bis zur Dub Lane an der Upper Malone Road.

GRATIS **Giant's Ring** HISTORISCHE STÄTTE
(Karte S.630; Ballynahatty Rd; 24 Std.) Stätten wie die 200 m breite prähistorische Erdfestung, eine kreisrunde neolithische rituelle Anlage mit einem Dolmen (als Altar der Druiden bekannt) in der Mitte, wurden allgemein als Wohnort von Elfen und Feen angesehen und mit Ehrfurcht behandelt. Im 19. Jh. hat man den Giant's Ring allerdings als Rennarena zweckentfremdet und funktionierte die 4 m hohen Erdwälle kurzerhand zu Sitztribünen um.

Die Anlage erstreckt sich 6,5 km vom Stadtzentrum an der Milltown Road ganz in der Nähe der Shaw's Bridge.

GRATIS **Stormont** BEMERKENSWERTES GEBÄUDE
(Karte S.630; Upper Newtonards Rd; Gelände 7.30 Uhr–Sonnenuntergang, Gebäude Mo–Fr 9–16 Uhr) Die blendend weiße neoklassizistische Fassade der **Parliament Buildings** gehört zu einem der berühmtesten Bauwerke in der Stadt. In Nordirland hat „Stormont" denselben Symbolwert als Sitz der Macht wie beispielsweise Westminster in Großbritannien und Washington in den USA. 40 Jahre lang – vom Bau 1932 bis zur Übernahme der kompletten Regierungsverantwortung 1972 – war dies der Sitz des nordirischen Parlaments. Am 8. Mai 2007 rückte Stormont wieder ins politische Bewusstsein, als die jahrzehntelangen erbitterten Feinde Ian Paisley und Martin McGuinness hier freundlich lächelnd als First Minister und dessen Stellvertreter vereidigt wurden.

Der Komplex ragt erhaben am Ende einer 1,5 km langen, sanft ansteigenden Straße auf. Davor grüßt provokant die Statue des Erzunionisten Sir Edward Carson. Leider gibt's keine Führungen, doch man kann die **Public Gallery** (Mo ab 12, Di ab 10.30 Uhr) besichtigen, zudem stehen die weitläufigen Außenanlagen jedermann offen. Im Internet kann man unter www.niassembly.gov.uk/visiting.htm an einem virtuellen Rundgang teilnehmen. Das nahe gelegene **Stormont Castle** aus dem 19. Jh. dient ebenso wie Hillsborough im County Down als offizielle Residenz des Secretary of State for Northern Ireland (Staatsminister für Nordirland).

Stormont befindet sich 8 km östlich des Stadtzentrums. Die Zufahrt zweigt von der Upper Newtonards Road ab. Vom Donegall Square West kommt man mit der Buslinie 20A dorthin.

Geführte Touren

Das Belfast Welcome Centre informiert über alle organisierten Touren. Wenn man einen Guide engagieren möchte, wendet man sich ebenfalls an das Besucherzentrum oder an die **Northern Ireland Tourist Guide Association** (www.bluebadgeireland.com; halb-/ganztägige Touren 75/140 £).

Belfast iTours (belfastitours.com) bietet neun Videotouren durch die Stadt an, die man auf sein Smartphone oder seinen MP4-Player herunterladen kann. Alternativ leiht man einen MP4-Player mit der nötigen Software im Belfast Welcome Centre (9 £ für 24 Std.).

Belfast Bike Tours RADTOUR
(07812 114235; www.belfastbiketours.com; 15 £ pro Person; April–Sept. Di, Do & Sa 10.30 & 14 Uhr, Okt.–März Di, Do & Sa nur 10.30 Uhr) Die 2½-stündigen geführten Touren starten vor der Queen's University und führen in einem schönen Bogen durch das Lagan Valley zum Giant's Ring und wieder zurück. Leihfahrräder für den Ausflug werden gestellt. Vorab anmelden.

Lagan Boat Company BOOTSTOUR
(Karte S.610f.; ☎9033 0844; www.laganboat company.com; Erw./Kind 10/8 £; ۩April–Sept. tgl. 12.30, 14 & 15.30 Uhr, Okt. tgl. 12.30 & 14 Uhr, Nov.–März Sa & So 12.30 & 14 Uhr) Auf der ausgezeichneten **Titanic Tour** können Besucher die heruntergekommenen Docklands flussabwärts unterhalb des Wehrs sowie das riesige Trockendock erkunden, wo die *Titanic* und die *Olympic* mit nur 20 cm Spielraum untergebracht waren. Das Ausflugsboot legt am Donegall Quay bei der *Bigfish*-Skulptur ab. Die **Obel Tour** (20/18 £) verbindet einen Titanic-Bootstrip mit einem Besuch des Obel Tower, Irlands höchstem Gebäude.

Belfast City Sightseeing BUSTOUR
(Karte S.610f.; ☎9032 1321; www.belfastcity sightseeing.com; Erw./Kind 12,50/6 £; ۩2-mal stdl. 10–16.30 Uhr) Während der 1¼-stündigen Touren im offenen Bus werden folgende Sehenswürdigkeiten angefahren: City Hall, Albert Clock, Titanic Quarter, Botanic Gardens, Falls Road und Shankill in West Belfast mit den Wandmalereien. Am Castle Place geht's los. Hop-on-Hop-off-Tickets sind 48 Stunden gültig.

Belfast Splash Tours STADTRUNDFAHRT
(☎9077 0990; www.belfastsplashtours.com; Erw./Kind 12,50/8 £; ۩6-mal tgl.) Bietet einstündige Ausflüge in Amphibienbussen an, die teils auf der Straße, teils auf dem Wasser (vom Lagan Weir flussaufwärts) unterwegs sind und am Castle Place im Stadtzentrum losfahren.

Rundfahrten mit dem Taxi

Black-taxi-Touren durch West Belfast mit seinen beeindruckenden Wandmalereien – von Einheimischen „*bombs and bullets*"-(Bomben-und-Kugel-) oder „*doom and gloom*"-(Untergangsstimmungs-)Touren genannt – werden mittlerweile von zahlreichen Taxiunternehmern angeboten. Qualität und Informationsgehalt variieren, doch generell ist dies eine gute Möglichkeit, Belfasts Attraktionen auf unterhaltsame und persönliche Art kennenzulernen, und zwar auf die individuellen Interessen abgestimmt. Darüber hinaus kann man historische Taxitouren im Stadtzentrum buchen. Eine 60-minütige Rundfahrt kostet zwischen 25 und 30 £ für ein bis zwei Personen (Gesamtpreis) sowie zwischen 8 bis 10 £ für drei bis sechs Passagiere (pro Person). Wer vorher anruft, wird überall im Stadtzentrum abgeholt.

Empfehlenswerte Anbieter:

Harpers Taxi Tours (☎07711 757178; www. harperstaxitours.co.nr)

Official Black Taxi Tours (☎9064 2264, kostenlos 0800 052 3914; www.belfasttours.com)

Original Belfast Black Taxi Tours (☎07751 565359; taxitours@live.co.uk)

Stadtspaziergänge

Belfast Pub Tours PUBKULTUR
(☎9268 3665; www.belfastpubtours.com; 6 £ pro Pers.; ۩Mai–Okt. Do 19 & Sa 16 Uhr) Eine zweistündige Tour (ohne Getränke) durch sechs traditionelle Pubs. Treffpunkt sind die Crown Dining Rooms über dem Crown Liquor Saloon in der Great Victoria Street.

Blackstaff Way GESCHICHTE
(☎9029 2631; www.belfast-city-walking-tours. co.uk; 6 £ pro Pers.; ۩Sa 11 Uhr) Der halbstündige faszinierende Trip durch die Stadtgeschichte führt am Blackstaff entlang, der 1881 unterirdisch in einen Kanal verlegt wurde. Startpunkt ist das Belfast Welcome Centre.

Historic Belfast Walk GESCHICHTE
(☎9024 6609; 6 £ pro Pers.; ۩Mi & Fr–So 14 Uhr) Auf dem 1½-stündigen Ausflug werden die Architektur und Geschichte des viktorianischen Stadtkerns und der Laganside erkundet. Am Belfast Welcome Centre geht's los.

Titanic Tours GESCHICHTE
(☎9065 9971; 07852 716655; www.titanictours-belfast.co.uk; Erw./Kind 30/15 £; ۩auf Anfrage) Die Urenkelin eines Besatzungsmitglieds der *Titanic* leitet diese luxuriöse zweistündige Tour für zwei bis fünf Personen. Es werden mehrere Orte besucht, die mit dem Schiff in Zusammenhang stehen. Inklusive Abholung und Rücktransport von der/zur Unterkunft.

⭐ Feste & Events

Das **Belfast City Council** (www.belfastcity. gov.uk/events) organisiert das ganze Jahr über vielfältige Events, die von der Parade beim St. Patrick's Day bis zur Lord Mayor's Show reichen. Auf der Website und im **Belfast Welcome Centre** (www.gotobelfast. com/whats_on.aspx) erfährt man die genauen Termine.

Féile an Earraigh MUSIK
(www.feilebelfast.com) Das viertägige Festival rund um traditionelle irische und keltische Musik im Februar zieht Künstler aus ganz Irland, Europa und Amerika an.

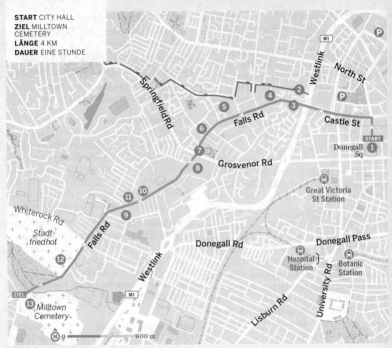

START CITY HALL
ZIEL MILLTOWN CEMETERY
LÄNGE 4 KM
DAUER EINE STUNDE

Stadtspaziergang
Republikanisches West Belfast

Von der ① **City Hall** geht's nach Norden über den Donegall Place, dann nach links in die Castle Street und weiter geradeaus durch die Divis Street. Nach Überqueren der viel befahrenen Westlink-Schnellstraße sieht man an der ersten Straße rechts, der Townsend Street, Stahltore: Sie markieren den Beginn der ② **Peace Line**, einer 6 m hohen Mauer aus Stahl, Beton und Zaun, die seit fast 40 Jahren die protestantischen und katholischen Wohnviertel trennt. 1970 zunächst als „vorübergehende Maßnahme" errichtet, hat sie die Berliner Mauer überdauert und verläuft zickzackförmig etwa 4 km weit von der Westlink bis zum Fuß des Black Mountain.

Nächste Etappe ist die ③ **Solidarity Wall**, deren Wandmalereien Sympathien für Palästinenser, Kurden, Katalanen und Basken ausdrücken. An der Ecke Falls Road/Sevastopol Street steht das rote Ziegelgebäude des ④ **Sinn-Féin-Hauptquartiers**. Hier befindet sich das Wandgemälde des lächelnden Bobby Sands; der Hungerstreikende wurde nur wenige Wochen vor seinem Tod 1981 zum Parlamentsabgeordneten für West Belfast gewählt.

Hinter dem ⑤ **Royal Victoria Hospital**, das sich in den 1970er- und 1980er-Jahren einen hervorragenden Ruf in der Behandlung von Schusswunden erwarb, stößt man auf das ⑥ **Cultúrlann McAdam Ó Fiaich** (Irisches Kulturzentrum). An der Islandbawn Street, auf der rechten Seite, gedenkt das ⑦ **Plastic Bullet Mural** der 17 Toten, darunter acht Kinder, die zwischen 1972 und 1989 durch die mittlerweile verbotene Plastikmunition der Sicherheitskräfte getötet wurden. Zwei Straßen weiter zweigt rechts die ⑧ **Beechmount Avenue** ab. Auf dem Straßenschild wurde handgeschrieben „RPG Avenue" ergänzt, wobei RPG für *„rocket-propelled grenade"* steht: Die Straße erhielt ihren Spitznamen, weil sie für die IRA eine freie Schusslinie auf die Sicherheitstruppen in der benachbarten Springfield Road bot.

Schließlich erreicht man den ⑨ **Milltown Cemetery** mit den Gräbern der Hungerstreikenden von 1981, die etwa auf halber Höhe der Südmauer liegen. Um sie zu erreichen, geht man vom Eingang aus geradeaus bis zu einer Kreuzung, biegt dort rechts ab und folgt dem Weg bis zum Ende.

St Patrick's Day KULTUR
(www.belfastcity.gov.uk/events) Zu Ehren von Irlands Nationalheiligem finden viele lokale Festivals und am 17. März eine große Karnevalsparade durch das Stadtzentrum statt.

Belfast Film Festival FILM
(www.belfastfilmfestival.org) Anfang April werden zwei Wochen lang irische und internationale Filme gezeigt.

Titanic Made In Belfast Festival
MARITIMES FEST
(www.belfastcity.gov.uk/titanic) Mit Sonderausstellungen, Führungen, Vorträgen und Filmen Anfang/Mitte April feiern die Einwohner eine Woche lang das berühmteste Schiff der Welt und ihre Stadt, in der es gebaut wurde.

Festival of Fools STRASSENTHEATER
(www.foolsfestival.com) Ein fünftägiges Straßenfest Ende April/Anfang Mai im Cathedral Quarter und im Stadtzentrum.

Belfast Marathon MARATHON
(www.belfastcitymarathon.com) Läufer aus aller Welt gehen am ersten Montag im Mai an den Start. Amateure können sich auf einen Volks- und einen Spaßlauf freuen.

Cathedral Quarter Arts Festival KUNST
(www.cqaf.com) Anfang Mai gibt's im sowie rund um das Cathedral Quarter zwölf Tage lang Theater, Musik, Lyrik, Straßenunterhaltung und Kunstausstellungen.

Belfast Maritime Festival MARITIMES FEST
(www.belfastcity.gov.uk/maritimefestival) Dreitägiges Fest Anfang Juni am Queen's Quay und am Clarendon Dock mit Segelschiffen, Straßenkünstlern, leckerem Essen und Livemusik.

CityDance TANZ
(www.crescentarts.org) Die kostenlose eintägige Veranstaltung im Juni wird im Crescent Arts Centre gefeiert.

Belfast Pride SCHWULE & LESBEN
(www.belfastpride.com) Irlands größtes einwöchiges Fest für Schwule, Lesben, Bisexuelle und Transsexuelle findet Ende Juli statt. Höhepunkt ist eine riesige Parade durchs Stadtzentrum.

Féile An Phobail KULTUR
(www.feilebelfast.com) Irlands angeblich größtes Bürgerfest versetzt West Belfast Anfang August für zehn Tage in Aufregung. Zu den Attraktionen gehören eine Karnevalsparade, Straßenpartys, Theatervorführungen, Konzerte und historische Führungen durch die Innenstadt sowie auf den Milltown Cemetery.

Belfast Festival at Queen's KUNST
(www.belfastfestival.com) Das zweitgrößte Kunstfestival in Großbritannien wird Ende Oktober zwei Wochen lang rund um die Queen's University gefeiert.

Weihnachtsfeierlichkeiten KULTUR
(www.belfastcity.gov.uk/events) In der stille(re)n Zeit des Jahres von Ende November bis zum 31. Dezember kann man sich auf Weihnachtsliedersänger, Laternenumzüge und einen Straßenkarneval freuen.

🛏 Schlafen

Von einfachen Touristenherbergen bis zu exklusiven Boutique-Hotels hat Belfast für jeden Besucher etwas zu bieten. Außerdem kommen jedes Jahr neue Häuser hinzu. Traditionelle B&Bs in South Belfast und Businesshotels im Stadtzentrum werden durch eine bunte Vielfalt an schicken Hotel-Restaurant-Nachtclub-Komplexen und schicken Bleiben in renovierten historischen Gebäuden ergänzt.

Viele Unterkünfte in unteren und mittleren Preislagen befinden sich südlich des Zentrums im Universitätsviertel rund um die Botanic Avenue, die University Road und die Malone Road. In dieser Gegend, nur 20 Gehminuten von der City Hall entfernt, gibt's unzählige preiswerte Restaurants und Pubs.

Im Sommer und zu Zeiten beliebter Veranstaltungen bucht man sein Zimmer am besten vorab. Das Belfast Welcome Centre tätigt Reservierungen gegen eine Gebühr von 2 £. Auch über die **Lonely Planet Website** (http://hotels.lonelyplanet.com) kann man Unterkünfte reservieren.

STADTZENTRUM

LP TIPP **Malmaison Hotel** HOTEL ££
(Karte S.610f.; ☎9022 0200; www.malmaisonbelfast.com; 34–38 Victoria St; Zi. ab 95 £, Suite ab 325 £; @🛜) Dieses Tophotel ist in zwei wunderschön renovierten Lagerhäusern im italienischen Stil untergebracht. Ursprünglich residierten dort in den 1850er-Jahren zwei rivalisierende Firmen. Gäste können in Luxus schwelgen, der von großen Betten und tiefen Ledersofas bis zu riesigen Bädern reicht. Die dekadente Einrichtung kommt in Schwarz-, Rot-, Schoko- und Cremetönen daher. Darüber hinaus wartet die protzige Rockstar Samson Suite mit ei-

nem gigantischen Nachtlager (fast 3 m lang), einer übergroßen Badewanne und einem mit lilafarbenem Tuch bespannten Billardtisch auf!

Ten Square   HOTEL £££
(Karte S. 610 f.; ☎ 9024 1001; www.tensquare.co.uk; 10 Donegall Sq S; Zi. ab 139 £; @ 🛜) Seit seiner ziemlich aufwendigen Feng-Shui-Renovierung begeistert das ehemalige Bankgebäude südlich der City Hall als exklusives, im Shanghai-Stil durchgestyltes Boutique-Hotel mit einem freundlichen, aufmerksamen Service. *Cosmopolitan, Conde Nast Traveller* und sonstige Hochglanzmagazine geraten bei dem dunkel lackierten Holz und den niedrigen futonartigen Betten regelrecht in Verzückung. Hier haben schon illustre Gäste wie Bono und Brad Pitt übernachtet.

Fitzwilliam Hotel   HOTEL £££
(Karte S. 610 f.; ☎ 9044 2080; www.fitzwilliamhotelbelfast.com; 1–3 Great Victoria St; Zi. ab 115 £; @ 🛜) Mit seinen Designerstoffen und der dezenten Beleuchtung wirkt das zentral gelegene neue Hotel ausgesprochen stilvoll. In den Zimmern gibt's schöne Leinenbetttücher, flauschige Bademäntel und tolle Duschen. Das Personal ist sehr hilfsbereit. Zum Hotel gehört auch das hervorragende, von Kevin Thornton betriebene Restaurant namens Menu.

Park Inn   HOTEL ££
(Karte S. 610 f.; ☎ 9067 7710; www.belfast.parkinn.co.uk; 4 Clarence St W; Zi. ab 69 £; 🛜 👪) Das neue Hotel überzeugt mit seiner hübschen Einrichtung und den knalligen Farbtupfern. Es liegt nur fünf Minuten von der City Hall entfernt und in der Nähe von etlichen guten Pubs und Restaurants. Außerdem verfügt es über drei rollstuhlgerechte Zimmer sowie Familienzimmer (vorher telefonisch anfragen). Das Preis-Leistungs-Verhältnis ist hervorragend.

Merchant Hotel   HOTEL £££
(Karte S. 610 f.; ☎ 9023 4888; www.themerchanthotel.com; 35–39 Waring St; Zi./Suite ab 140/200 £; P @ 🛜) Belfasts luxuriösestes viktorianisches Gebäude, die ehemalige Zentrale der Ulster Bank, ist ein extravagantes Hotel mit einer fabelhaften Mischung aus zeitgemäßem Styling und altmodischer Eleganz.

SOUTH BELFAST
Mit den Buslinien 7A und 7B von der Howard Street erreicht man die Gegend rund um die Botanic Avenue und mit der 8A bzw. der 8B geht's zur University Road und zur Malone Road. Die 9A und die 9B steuern die Straßen rund um die Lisburn Road an. Beide Buslinien fahren am Donegall Square East und an der Great Victoria Street schräg gegenüber vom Europa BusCentre ab.

🅛🅟 Old Rectory   B&B ££
🅣🅘🅟🅟
(Karte S. 630; ☎ 9066 7882; www.anoldrectory.co.uk; 148 Malone Rd; EZ/DZ 53/84 £; P @ 🛜) Das schöne ehemalige viktorianische Pfarrhaus aus rotem Ziegelstein mit viel original erhaltenem Buntglas besitzt fünf geräumige Zimmer und einen gemütlichen Salon mit Ledersofa. Zum Frühstück gibt's z. B. Wildschweinwürstchen, Rührei mit Räucherlachs und frisch gepressten Orangensaft. Vom Zentrum aus braucht man zehn Minuten mit dem Bus hierher. Die leicht versteckte Zufahrt liegt auf der linken Seite direkt hinter dem Deramore Park South. Kreditkarten werden nicht akzeptiert.

Tara Lodge   B&B ££
(Karte S. 610 f.; ☎ 9059 0900; www.taralodge.com; 36 Cromwell Rd; EZ/DZ 70/85 £; P @ 🛜) Diese Pension bietet einen deutlich höheren Standard als die übrigen B&Bs in South Belfast. Mit ihrer schicken, minimalistischen Inneneinrichtung, den zuvorkommenden und effizienten Angestellten, einem erstklassigen Frühstücksangebot sowie 24 freundlichen und hellen Zimmern wirkt sie fast wie ein Boutique-Hotel. Sie befindet sich in einer ruhigen Seitenstraße unweit der lebhaften Botanic Avenue.

All Seasons B&B   B&B ££
(Karte S. 630; ☎ 9068 2814; www.allseasonsbefast.com; 356 Lisburn Rd; EZ/DZ/FZ 35/55/65 £; P 🛜) Obwohl die rote Backsteinvilla nicht im Zentrum liegt, überzeugt sie mit ihrer Lage in der hippen Lismore Road zwischen der Cranmore Avenue und den Cranmore Gardens, 150 m hinter der Polizeistation. Sie verfügt über helle, farbenfrohe Zimmer, moderne Bäder, einen geschmackvollen kleinen Frühstücksraum und einen bequemen Aufenthaltsraum. Vom Stadtzentrum kommt man mit den Buslinien 9A und 9B hierher. Ein Taxi kostet etwa 7 £.

Camera Guest House   B&B ££
(Karte S. 610 f.; ☎ 9066 0026; www.cameraguesthouse.com; 44 Wellington Park; EZ/DZ 48/68 £; 🛜 👪) Im Aufenthaltsraum des gemütlichen viktorianischen Reihenhauses gibt's einen offenen Kamin. Das B&B ist in einer der vielen alleeartigen, ruhigen Straßen von South

BELFAST MIT KINDERN

Mit Sicherheit ist das **W5** die größte Kinderattraktion der Stadt. Wenn die Kids erst einmal angefangen haben, alles auszuprobieren, kann man sie nur schwer von den anschaulichen Experimentierbereichen loseisen. Der Odyssey Complex lockt mit weiteren Highlights, darunter Videospiele, eine Bowling-Anlage und ein IMAX-Kino. Großer Beliebtheit erfreuen sich auch der **Belfast Zoo** und das **Ulster Museum**, das viele Ausstellungen ausrichtet und über ein tolles Veranstaltungsprogramm verfügt.

Spaß im Freien garantieren die **Botanic Gardens** und der Abenteuerspielplatz im **Cave Hill Country Park**. Lustig geht's auch beim Pirates Adventure Golf (www.piratesadventuregolf.com; Dundonald Touring Caravan Park, 111A Dundonald Rd; Erw./Kind 6/4 £; ⊙11–21 Uhr) zu. Der Platz hat 36 Löcher, Wasserfälle sowie Springbrunnen und wartet mit einem riesigen Piratenschiff auf.

Süßigkeiten stehen wahrscheinlich nicht ganz oben auf der elterlichen Einkaufsliste, doch bei Aunt Sandra's Candy Factory (www.auntsandras.com; 60 Castlereagh Rd; Führung Erw./Kind 4/3 £; ⊙Mo–Fr 9.30–17, Sa 10–16.30 Uhr) ist vielleicht eine Ausnahme erlaubt. Der im Stil der 1950er-Jahre eingerichtete Laden begeistert mit leckeren hausgemachten Karamellbonbons, Schokolade, Toffee-Äpfeln und anderen traditionellen hausgemachten Leckereien. Zudem lohnt sich eine Führung durch die Fabrik.

Das **Ulster Folk & Transport Museums** und die **Ark Open Farm** (S. 662) liegen zwar außehalb der Stadt, können aber im Rahmen eines Tagesausflugs besucht werden. Beide sind bei Kindern enorm beliebt.

Das kostenlose alle zwei Monate erscheinende Infoheft *Whatabout?*, das man beim Belfast Welcome Centre erhält, listet unter der Rubrik „Family Fun" diverse Veranstaltungen und Attraktionen speziell für Familien auf. Wer gegen Ende Mai in die Stadt kommt, sollte sich das Belfast Children's Festival (www.belfastchildrensfestival.com) mit verschiedenen kulturellen und pädagogischen Veranstaltungen nicht entgehen lassen.

Belfast zu finden. Dank der netten Eigentümer, einem jungen Pärchen, verströmt es eine familienfreundliche Atmosphäre. Darüber hinaus erfährt man von den Besitzern alles Wissenswerte über die Stadt.

Malone Lodge Hotel HOTEL ££
(Karte S.610f.; ⌨9038 8060; www.malonelodge.com; 60 Eglantine Ave; EZ/DZ/Apt. ab 75/85/100 £; P🖨) Für die großen, exklusiv ausgestatteten Zimmer mit elegantem Gold- und Navy-Dekor, das gute Essen sowie das hilfsbereite, freundliche Personal hat das Hotel bereits viel Lob bekommen. Es bietet auch Fünf-Sterne-Apartments mit ein oder zwei Schlafzimmern für Selbstversorger an und ist das Herzstück einer baumbestandenen viktorianischen Reihenhausstraße.

Benedicts HOTEL ££
(Karte S.610f.; ⌨9059 1999; www.benedictshotel.co.uk; 7–21 Bradbury Pl; EZ/DZ ab 70/80 £; @🖨) Das moderne, stilvolle Hotel liegt in der Mitte der Goldenen Meile, dem Zentrum des Nachtlebens in South Belfast. Alle Zimmer sind mit ägyptischer Baumwollbettwäsche und Federbetten ausgestattet, zudem beherbergt es eine riesige gotisch inspirierte Restaurant-Bar, in der auch Frühstück serviert wird. Achtung: Ruhe kehrt hier erst ab 1 Uhr ein.

Crescent Town House HOTEL ££
(Karte S.610f.; ⌨9032 3349; www.crescenttownhouse.com; 13 Lower Cres; EZ/DZ/DBZ ab 75/85/110 £; @🖨) Ein geschmackvolles Boutique-Hotel in guter Lage am Rande der städtischen Partymeile. Das elegante viktorianische Stadthaus wartet mit toll designten Zimmern im Ralph-Lauren-Stil auf. Zur Ausstattung gehören jede Menge Seidenstoffe sowie luxuriöse Bäder mit Molton-Brown-Kosmetik und begehbaren Duschen.

Kate's B&B B&B £
(Karte S.610f.; ⌨9028 2091; katesbb127@hotmail.com; 127 University St; 25 £ pro Person) Das herrlich gemütliche B&B bezaubert mit bunten Blumenkästen, hübschen Esszimmern, allem möglichen Kleinkram und einigen Katzen. Die Räume sind einfach, aber zweckmäßig und die Duschen etwas eng – aber bei diesem Preis kann man sich eigentlich nicht beschweren. In nur wenigen Gehminuten erreicht man die Botanic Avenue.

Vagabonds
HOSTEL £

(Karte S.610f.; 9023 3017; www.vagabondsbelfast.com; 9 University Rd; B 13–16 £, 2BZ oder DZ 40 £; @🛜) Wer im Vagabonds, einem der neuesten Hostels der Stadt, unterkommt, darf sich auf bequeme Stockbetten, abschließbare Gepäckfächer, eigene Duschen, eine entspannte Atmosphäre sowie eine günstige Lage zur Queen's University und zum Stadtzentrum freuen. Die Unterkunft wird von erfahrenen Travellern geführt.

City Backpacker
HOSTEL £

(Karte S.610f.; 9066 0030; www.ibackpacker.co.uk; 53–55 Malone Ave; B 14 £, DZ 40 £; @🛜) Ein weiteres neues Hostel. In dem dreistöckigen Reihenhaus an einer ruhigen Vorstadtstraße kann es ein wenig eng werden, wenn viel los ist. In der Nebensaison hat man dagegen oft eines der hübsch im IKEA-Stil eingerichteten Zimmer für sich allein.

Arnie's Backpackers
HOSTEL £

(Karte S.610f.; 9024 2867; www.arniesbackpackers.co.uk; 63 Fitzwilliam St; B 10–14 £; @🛜) Diese alteingesessene Bleibe in einer ruhigen Reihenhausstraße im Universitätsviertel wartet nicht gerade mit übermäßig viel Platz auf, ist aber dank der Kamine und eines freundlichen Publikums ein einladender Ort.

Global Village Backpackers
HOSTEL £

(Karte S.610f.; 9031 3533; globalvillagebelfast.com; 87 University St; B 13–15 £, DZ 40 £; @🛜) Ein brandneues Hostel in der Nähe der Queen's University mit Biergarten, Grill und Spielezimmer.

Paddy's Palace Belfast
HOSTEL £

(Karte S.610f.; 9033 3367; www.paddyspalace.com; 68 Lisburn Rd; B 10–15 £, DZ 45 £; P@🛜) Allmählich kommt das Paddy's in die Jahre (eine Tiefenreinigung würde schon sehr helfen), überzeugt aber nach wie vor mit seinem guten Preis-Leistungs-Verhältnis. Darüber hinaus kennen die netten Angestellten die besten Pubs in der Umgebung.

Belfast International Youth Hostel
HOSTEL £

(Karte S.610f.; 9031 5435; www.hini.org.uk; 22–32 Donegall Rd; B 11–16 £, EZ 22–32 £, 2BZ 29–42 £; P@🛜) Wenn nachts die Pub- und Clubbesucher heimkehren, kann es in dem modernen HI-Hostel am Shaftesbury Square laut werden. Die Unterkunft verfügt über eine Küche, einen Waschraum und ein Café, zudem wird die Bettwäsche kostenlos gestellt. Freitags und samstags sind die Zimmer etwas teurer. Wer hier einchecken möchte, fährt mit der Buslinie 9A oder 9B vom Donegall Square East oder von der Great Victoria Street (gegenüber dem Europa BusCentre) bis zum Bradbury Place.

AUSSERHALB DES STADTZENTRUMS

Farset International
HOSTEL £

(Karte S.630; 9089 9833; www.farsetinternational.co.uk; 446 Springfield Rd; EZ/DZ 34/48 £; P🛜) Eine charmante, von der Stadtverwaltung unterhaltene Bleibe in West Belfast auf einem Grundstück an einem kleinen See. Alle 38 Zimmer haben eigene Bäder und Fernseher. Das Frühstück ist im Preis enthalten. Abends kann man im Restaurant essen oder die Küche im Haus benutzen.

Dundonald Touring Caravan Park
CAMPINGPLATZ £

(Karte S.630; 9080 9129; www.theicebowl.com; 111 Old Dundonald Rd, Dundonald; Zelt-/Wohnwagenstellplatz 15/23 £; ⊙Mitte März–Okt.) 7 km östlich des Stadtzentrums erstreckt sich der Belfast am nächsten gelegene Campingplatz. Er verfügt über 22 Stellplätze und befindet sich in einem Park neben der Dundonald Icebowl südlich der A20 nach Newtownards.

✖ Essen

In den letzten Jahren hat sich die gastronomische Szene der Stadt durch eine wahre Flut von neuen Lokalen, die es mit Europas besten Restaurants aufnehmen können, völlig verändert.

STADTZENTRUM

Nach 19 Uhr wird das Haupteinkaufsviertel nördlich des Donegall Square zu einem stillen Labyrinth von heruntergelassenen Gittern und verlassenen Straßen. Tagsüber können sich die vielen Pubs, Cafés und Restaurants dagegen kaum vor Kundschaft retten. In den Abendstunden ist südlich des Donegall Square bis zum Shaftesbury Square am meisten los.

LP TIPP Ginger
BISTRO ££

(Karte S.610f.; 9024 4421; www.gingerbistro.com; 7–8 Hope St; Hauptgerichte 17–22 £; ⊙Di-Sa 12–15 & Mo–Sa 17–21 Uhr) An der unscheinbaren Außenfassade dieses Lokals läuft man leicht vorbei und verpasst damit einiges: Das gemütliche, kleine Bistro kredenzt nämlich Gerichte weitab des Üblichen. Der mit flammend rotem Haar gesegnete Chef (daher der Name) versteht sich auf seine Fertigkeiten. Aus erstklassigen irischen Zutaten zaubert er exquisite Gerichte wie Jakobsmuscheln mit frischer Blutwurst und Chorizo-Butter. Zum Mittagessen und vor dem Theaterbesuch (Mo-Fr 17-18.45 Uhr) gibt's Hauptgerichte für 8 bis 12 £.

Cayenne
IRISCH £££

(Karte S.610f.; ☎9033 1532; www.cayenne-restaurant.co.uk; 7 Ascot House, Shaftesbury Sq; Hauptgerichte 18-25 £, Zwei-Gänge-Mittagessen 12,50 £; ⊙Mo-Fr 12-14.15, So bis 16, Mi-Mo 17-23 Uhr) Hinter der anonymen Milchglasfassade verbirgt sich ein vielfach ausgezeichnetes, von dem bekannten Fernsehkoch Paul Rankin betriebenes Restaurant. Die grauen und schwarzen Wände sind schick mit leuchtend orange-roten Pfefferschoten verziert, die dem Cayenne seinen Namen geben. Hier kommen hochwertige irische Produkte mit asiatischer oder mediterraner Note auf den Tisch. Wir empfehlen das günstige dreigängige Abendmenü für 23 oder 28 £.

Mourne Seafood Bar
FISCH & MEERESFRÜCHTE ££

(Karte S.610f.; ☎9024 8544; www.mourneseafood.com; 34-36 Bank St; Hauptgerichte 10-17 £; ⊙Mo 12-17, Di-Do bis 21.30, Fr & Sa 12-16 & 17-22.30, So 13-18 Uhr) In der Mourne Seafood Bar können sich die Gäste über eine relaxte Pub-Atmosphäre, rote Ziegelsteine, dunkles Holz und von der Decke baumelnde Öllampen freuen. Das Restaurant versteckt sich hinter einem Fischhändler, der die superfrischen Zutaten für die leckeren Gerichte liefert, darunter Austern (au naturel oder à la Rockefeller), Jakobsmuscheln, Hummer, Langusten, Knurrhahn und Zackenbarsch. Weil das Lokal stets aus allen Nähten platzt (insbesondere am Sonntag), reserviert man am besten im Voraus.

James Street South
FRANZÖSISCH, IRISCH ££

(Karte S.610f.; ☎9043 4310; www.jamesstreetsouth.co.uk; 21 James St S; Zwei-/Drei-Gänge-Mittagessen 15/17 £, Hauptgerichte abends 17-23 £; ⊙Mo-Sa 12-14.45 & 17.45-22.45, So 17.30-21 Uhr) Das köstliche Essen wird in einem bestechend schönen weißen Speisesaal serviert. Auf der Karte stehen z. B. Forelle aus dem Lough Neagh mit Muschelvinaigrette und Wachteleiern. Der Service ist entspannt und hochprofessionell.

Rhubarb Fresh Food Cafe
CAFÉ £

(Karte S.610f.; www.rhubarb-belfast.co.uk; 2 Little Victoria St; Hauptgerichte mittags 6-8 £; ⊙Mo-Di 8-16, Mi-Sa 8-22 Uhr) In dem ruhig gelegenen Café gibt's geschmackvolles, frisch zubereitetes Essen, das einen Tick über dem Durchschnitt liegt. Die Auswahl reicht von Frühstücksangeboten wie Armer Ritter, Omelette und *Ulster fry* bis zu warmen Mittagsgerichten wie hausgemachter Lasagne. Abends (Hauptgerichte 13-18 £) darf man sich auf etwas gehobenere Speisen wie Lammkeule mit Rosmarinkartoffeln freuen.

La Boca
ARGENTINISCH ££

(Karte S.610f.; www.labocabelfast.com; 6 Fountain St; Hauptgerichte 7-13 £; ⊙Di 10.30-20, Mi-Do bis 21, Fr & Sa 10.30-22 Uhr; 🖃) Dieses lebhafte Bistro wurde nach dem Hafenviertel in Buenos Aires benannt. Es hat hohe Decken und ist mit lateinamerikanischen Fahnen sowie Kunstwerken dekoriert. Auf der argentisch geprägten Karte stehen Gerichte wie gegrilltes Steak mit *chimichurri* (eine Soße aus Öl, Knoblauch, Kräutern und Gewürzen), in Rotwein marinierte Rippchen und geschmortes patagonisches Lamm.

Gingeroot
INDISCH ££

(Karte S.610f.; www.gingeroot.com; 73-75 Great Victoria St; Hauptgerichte 8-12 £; ⊙Mo-Sa 12-15 & 17.30-23.30, So 17.30-22.30 Uhr) Das moderne, helle Restaurant serviert frische indische Köstlichkeiten, z. B. *jeera*-Hühnchen (mit Kümmel). Mit 6,50 £ sind die Zwei-Gänge-Mittagsmenüs sehr günstig (Mo-Sa 12-15 Uhr).

Deane's Restaurant
FRANZÖSISCH, IRISCH £££

(Karte S.610f.; ☎9033 1134; www.michaeldeane.co.uk; 34-40 Howard St; Hauptgerichte mittags 10-15 £, abends 17-24 £; ⊙Mo-Sa 12-15 & 17.30-22 Uhr) Obwohl es 2011 seinen Michelin-Stern verloren hat, ist das Flaggschiff von Küchenchef Michael Deanes Restaurantkette noch immer eins der Top-Restaurants in Nordirland. Für seine einfachen Gerichte der Saison werden hier nur beste irische und britische Produkte wie Rindfleisch, Wild, Lamm, Fisch und Meeresfrüchte verarbeitet. Es gibt z. B. Lendensteak mit Café-de-Paris-Soße und Biolachsfilet mit Wasserkressepüree und knusprigen Krabbenküchlein.

Menu by Kevin Thornton
FRANZÖSISCH/IRISCH £££

(Karte S.610f.; ☎9044 2130; www.fitzwilliamhotelbelfast.com; Fitzwilliam Hotel, 1-3 Great Victoria St; Hauptgerichte 16-28 £; ⊙mittags &

abends) Im ersten Stock des Fitzwilliam Hotel ist ein Restaurant untergebracht, das mit Tischen und Fußböden aus poliertem Eichenholz, weißen Tischdecken und Lampenschirmen, einer schwarzen Wand sowie auffallend hohen, schlanken kirschroten Stühlen etwas überladen im Boutique-Stil eingerichtet wurde. Das Essen überzeugt jedoch auf ganzer Linie: Knackfrische irische Zutaten werden hier auf französische Art zubereitet. Ein Mittagessen mit zwei Gängen kostet 11 £.

Great Room FRANZÖSISCH £££
(Karte S. 610 f.; 9023 4888; www.themerchanthotel.com; Merchant Hotel, 35–39 Waring St; Hauptgerichte 20–29 £; 7–23 Uhr) Das große, elegante Lokal in der ehemaligen Schalterhalle der Ulster-Bank-Zentrale wartet mit vergoldetem Stuck, rotem Plüsch, Cherubinen aus weißem Marmor und einem gigantischen Kristallkronleuchter unter einer Glaskuppel auf. Die dekadenten, deliziösen Speisen passen perfekt zum Interieur. Ob Gänseleberpastete oder Trüffel – die französische Note ist unverkennbar. Von Montag bis Donnerstag gibt's zwischen 18.30 und 22 Uhr ein dreigängiges Menü (27 £, zwischen 17.30 und 18.30 Uhr 23 £).

Deane's Deli Bistro BISTRO ££
(Karte S. 610 f.; www.michaeldeane.co.uk; 44 Bedford St; Hauptgerichte 11–19 £; Mo & Di 12–15 & 17–21, Mi–Fr bis 22, Sa 12–22 Uhr) Auf der Karte dieses wunderbar entspannten Bistros stehen Gourmetburger und wirklich exquisite Fish 'n' Chips.

Avoca Cafe CAFÉ £
(Karte S. 610 f.; 41 Arthur St; Hauptgerichte 5–12 £; Mo–Fr 9.30–17, Sa 9–17, So 12.30–17 Uhr) Gesunde Brötchen, Wraps, Salate und Sandwiches (alles auch zum Mitnehmen) und warme Mittagsgerichte wie leckeres gegrilltes Hühnchen mit mediterranem Gemüse.

Archana INDISCH £
(Karte S. 610 f.; www.archana.co.uk; 53 Dublin Rd; Hauptgerichte 7–10 £; Mo–Sa 12–14 & 17–24, So 17–23 Uhr) Ein schlichter, gemütlicher Laden, der mit einer großen Auswahl an vegetarischen Gerichten lockt. Wer richtig Hunger hat, bestellt am besten die *thali* (Platte mit drei Currys) für 17/11 £ (mit/ohne Fleisch).

Morning Star PUB £
(Karte S. 610 f.; www.themorningstarbar.com; 17 Pottinger's Entry; Hauptgerichte 5–15 £; Küche Mo–Sa 12–21 Uhr) Bietet ein tolles All-you-can-eat-Mittagsbüfett (6 £; 12–16 Uhr).

CATHEDRAL QUARTER & UMGEBUNG

John Hewitt Bar & Restaurant PUB £
(Karte S. 610 f.; www.thejohnhewitt.com; 51 Donegall St; Hauptgerichte 7–9 £; Küche Mo–Sa 12–15 Uhr) In diesem nach dem Belfaster Dichter und Sozialisten benannten modernen Pub herrscht eine traditionelle Atmosphäre und die Küche genießt zu Recht einen exzellenten Ruf. Auf der wöchentlich wechselnden Karte stehen Gerichte wie Schweinefleischwürste mit schwarzem Pfeffer, gebuttertem Kartoffelpüree und Rotweinsoße oder dicke Bohnen mit frittiertem Gemüse. Die Bar ist ein großartiger Platz für einen Drink.

No. 27 IRISCH ££
(Karte S. 610 f.; 9031 2884; www.no27.co.uk; 27 Talbot St; Hauptgerichte 15–22 £; Mo–Fr 12–15 & Di–Sa 18–22 Uhr) Dank seiner coolen Kombination aus roten Ziegeln und weißen Säulen sowie den zahlreichen Kunstwerken, die fast alle zum Verkauf stehen, ist das No. 27 eines der stilvollsten neuen Restaurants im Cathedral Quarter. Mit der Küche gibt es sich genauso viel Mühe und kredenzt z. B. Forelle mit Fenchelpüree und Fenchel-Grapefruitsalat.

Hill Street Brasserie FUSIONSKÜCHE ££
(Karte S. 610 f.; 9058 6868; www.hillstbrasserie.com; 38 Hill St; Hauptgerichte mittags 8–10 £, abends 10–20 £; Mo–Sa 12–14.30 & Di–So 17–23 Uhr) Diese kleine Brasserie kann es durchaus mit den Designstudios und Galerien in den Straßen rundum aufnehmen, denn sie wartet mit einer hippen Einrichtung, schönen Holz- und Schieferböden und einem oliv-auberginenfarbenem Interieur auf. Mittags kann man sich an hausgemachten Burgern, Mezze-Tellern und Fisch in Bierteigmantel mit Pommes frites satt essen.

Nick's Warehouse BISTRO ££
(Karte S. 610 f.; www.nickswarehouse.co.uk; 35-39 Hill St; Hauptgerichte 12–22 £; Küche Di–Sa 12–15 & 18–22 Uhr) Bei seiner Eröffnung 1989 galt das Nick's als echter Pionier im Cathedral Quarter. Das geräumige Restaurant aus roten Ziegelsteinen mit einer Weinbar und hellem Holz zieht zahlreiche Gäste an. Die Speisekarte ändert sich je nach Saison und umfasst viele Gerichte, die aus regionalen Zutaten bestehen. Auch die Weinkarte überzeugt.

SOUTH BELFAST

Barking Dog · LP TIPP · BISTRO ££
(abseits von Karte S.610f.; ☏9066 1885; www.barkingdogbelfast.com; 33-35 Malone Rd; Hauptgerichte 10–19 £; ⊙ Mo-Sa 12-15.30 & 17.30-22, Fr & Sa bis 23, So 12–21 Uhr) Massives Hartholz, unverputzte Ziegelwände, Kerzenlicht und eine außergewöhnliche Einrichtung prägen die Atmosphäre dieses hübsch restaurierten Bauernhauses. Für Komfort und Genuss sorgt auch die Karte voll einfacher, aber sensationell guter Speisen wie gebratenen Jakobsmuscheln auf einer *tarte tatin* aus Endivien oder Burger aus hauchzartem Rinder-Beinfleisch, umwickelt mit karamellisierten Zwiebeln, und dazu Sahnemeerrettich. Auch der Service ist erstklassig.

Molly's Yard IRISCH ££
(Karte S.610f.; ☏9032 2600; www.mollysyard.co.uk; 1 College Green Mews; Hauptgerichte Bistro 7–10 £; Restaurant 15–21 £; ⊙Mo-Do 12-21, Fr & Sa bis 21.30 Uhr) Dieses skurrile Restaurant ist in einem ehemaligen viktorianischen Stall untergebracht. Unten befindet sich eine gemütliche Bistro-Bar mit Tischen im Hof und oben lockt ein rustikaler, luftiger Speiseraum (ab 18 Uhr geöffnet). Das Menü ändert sich jede Saison und umfasst je ein halbes Dutzend Vorspeisen und Hauptgerichte. Zu dem Lokal gehört auch eine eigene kleine Brauerei.

Shu FRANZÖSISCH, IRISCH ££
(Karte S.610f.; ☏9038 1655; www.shu-restaurant.com; 253 Lisburn Rd; Hauptgerichte 15–20 £; ⊙Mo-Fr 12-14.30 & 18-21, Sa 19-21.30 Uhr) Wer schon immer wissen wollte, wo sich das Vorbild für die ganzen Möchtegern-Designer-Restaurants mit dunklem Holz und braunem Leder befindet, kann seine Suche nun beenden: Das Shu ist eindeutig der Pionier derartiger Adressen in Belfast und räumt nach wie vor regelmäßig Preise ab. Auf der französisch inspirierten Karte stehen Gerichte wie Entenconfit mit Datteln und Earl-Grey-Püree sowie langsam gegarter Lammrücken mit Auberginenkaviar.

Beatrice Kennedy IRISCH ££
(Karte S.610f.; ☏9020 2290; www.beatricekennedy.co.uk; 44 University Rd; Hauptgerichte 17–20 £; ⊙Di-Sa 17-22.15, So 12.30-14.30 & 17-20.15 Uhr; 🌿) Biogemüse und Fleisch aus der Region sind die Grundzutaten in dem äußerst beliebten Restaurant im Queen's Quarter (hierhin führen die Studenten ihre Eltern zum Essen aus, wenn diese zu Besuch kommen). Der kürzlich umgestaltete Speiseraum besticht durch viktorianische Eleganz und einen Einrichtungsstil der damaligen Zeit. In der Küche werden traditionelle irische Fisch- und Meeresfrüchte- sowie Lamm- und Rindfleischgerichte mit moderner Note zubereitet. Außerdem gibt's eine zusätzliche vegetarische Karte, die z. B. Leckereien wie Kürbisrisotto mit Rucola-Pesto und Parmesan enthält. Zwischen 17 und 19 Uhr gehört ein Abendessen mit zwei Gängen für 15 £ zum Angebot.

Maggie May's CAFÉ £
(Karte S.610f.; www.maggiemaysbelfast.co.uk; 50 Botanic Ave; Hauptgerichte 3–7 £; ⊙Mo-Sa 8-22.30, So 10-22.30 Uhr) In dem klassischen kleinen Café mit den gemütlichen Sitznischen und farbenprächtigen Wandgemälden des alten Belfast fühlt man sich fast wie zu Hause. Zur Mittagszeit finden sich vor allem verkaterte Studenten ein, die riesige Spätfrühstücksteller verschlingen, denn man kann den ganzen Tag über Tee, Toast, Eierkuchen mit Ahornsirup sowie vieles mehr bestellen. Außerdem werden mittags Suppen, Sandwiches, Steak-and-Guinness-Pies, Daim-Riegel und klebrig-süße Toffees serviert. Getränke muss man selbst mitbringen.

Café Conor CAFÉ-BISTRO ££
(Karte S.610f.; www.cafeconor.com; 11A Stranmillis Rd; Hauptgerichte 9–12 £; ⊙9-23 Uhr) Das in dem ehemaligen Glasdach-Studio des Belfaster Künstlers William Conor untergebrachte Bistro lockt mit Pasta, Salaten, Burgern sowie Pfannengerührtem und Traditionellem wie Fish 'n' Chips mit Erbsenpüree. Frühstück, z. B. Waffeln mit Speck und Ahornsirup, gibt's bis 17 Uhr. Übrigens hängt in dem hellen, geräumigen Speisesaal Conors Porträt.

Deane's at Queen's BISTRO ££
(Karte S.610f.; www.michaeldeane.co.uk; 1 College Gardens; Hauptgerichte 12–20 £; ⊙ Mo-Sa 12-15, Mo & Di 17.30-21, Mi-Sa 17.30-22, So 13-16 Uhr) Michael Deane, seines Zeichens der bekannteste Küchenchef Belfasts, kredenzt in seinem entspannten Lokal exquisite, aber bezahlbare Pubkost, darunter z. B. Tintenfisch in Salz und Chili, knuspriger Schweinebauch mit Sahnesellerie sowie Fischküchlein aus geräuchertem Schellfisch mit Lauch und Curry-Krautsalat.

AUSSERHALB DES STADTZENTRUMS

Caifé Feirste CAFE £
(Karte S.630; www.culturlann.ie; Cultúrlann McAdam Ó Fiaich, 216 Falls Rd, West Belfast;

Hauptgerichte 5–8 £; ⊗Mo 9–18, Di–Sa bis 21, So bis 16 Uhr) Bei der Erkundung von West Belfast lohnt sich ein Zwischenstopp im Café des Kulturzentrums. Hier kommt altbewährte Hausmannskost auf den Tisch, darunter Eintöpfe, Suppen, Pizza, Kuchen, *scones* und frisches Gebäck.

Cutters Wharf
GRILL ££
(Karte S. 630; www.cuttersrivergrill.com; 4 Lockview Rd, Stranmillis; Hauptgerichte 9–20 £; ⊗Küche 12–21 Uhr) Das Cutters Wharf ist eines der wenigen Bar-Restaurants der Stadt, die unmittelbar am Fluss liegen. Auf der Terrasse kann man einen Drink unter freiem Himmel genießen und im schicken Restaurant oben Steak, Burger sowie Fisch- und Meeresfrüchtegerichte schlemmen.

Ausgehen

Belfasts Kneipen sind lebhaft und friedlich. Die traditionellen Pubs haben es mittlerweile schwer, sich gegen die wachsende Konkurrenz der Designerbars zu behaupten.

Meistens sind die Läden montags bis samstags um 11 oder 11.30 Uhr bis Mitternacht oder 1 Uhr geöffnet, sonntags von 12.30 bis 23 oder 24 Uhr. Manche Pubs bleiben auch den Sonntag geschlossen oder machen erst um 16 oder 18 Uhr auf.

Obwohl sich die Lage in den letzten Jahren gebessert hat, ist es mitunter noch immer schwierig, an den Türstehern vorbeizukommen. Freundliches, gut ausgebildetes Personal scheint leider eine Seltenheit zu sein. Einige schicke Bars haben eine Kleiderordnung, was bedeutet: keine Turnschuhe, keine Jeans, keine Baseballmützen, damit die Sicherheitskameras die Gesichter gut aufnehmen können, und definitiv keine Fußballfarben. Manche verbieten sogar ausdrücklich politische Tätowierungen.

STADTZENTRUM

Crown Liquor Saloon
PUB
(Karte S. 610f.; www.crownbar.com; 46 Great Victoria St) Die berühmteste Bar der Stadt verfügt über eine wunderbare viktorianische Inneneinrichtung. Trotz der sich hier massenhaft tummelnden Touristen kommen mittags und am frühen Abend zahlreiche Einwohner vorbei.

Garrick Bar
PUB
(Karte S. 610f.; www.thegarrickbar.com; 29 Chichester St) Erst kürzlich wurde das 1870 gegründete Garrick renoviert. Dunkle Holzvertäfelung, Fliesenböden, eine Bar mit Säulen und alte Öllampen aus Messing garantieren aber weiterhin eine schöne traditionelle Atmosphäre. Gäste sitzen in gemütlichen Nischen mit lederbezogenen Bänken und ein echtes Kohlenfeuer erwärmt jeden Raum. Im vorderen Bereich wird mittwochs um 21.30 Uhr, freitags um 17 Uhr und sonntags um 16 Uhr traditionelle Livemusik gespielt.

White's Tavern
PUB
(Karte S. 610f.; www.whitestavern.co.uk; 1–4 Wine Cellar Entry) Das White's wurde 1630 gebaut und 1790 erneuert und beansprucht aus diesem Grund den Titel der ältesten Taverne der Stadt für sich (im Gegensatz zu Pubs boten Tavernen sowohl Verköstigung als auch Unterkunft an). Während unten die traditionelle irische Bar mit Torffeuer und traditioneller Livemusik von Freitag bis Sonntag aufwartet, wirkt das mit alten Sesseln und Sofas eingerichtete Obergeschoss wie Omas Wohnzimmer. Am Wochenende sorgen DJs und Coverbands für Stimmung.

Kelly's Cellars
PUB
(Karte S. 610f.; 1 Bank St) Belfasts ältestes Pub (im Unterschied zur White's Tavern) wurde 1720 eröffnet und diente als Treffpunkt von Henry Joy McCracken sowie den United Irishmen, als diese 1798 ihren Aufstand planten. Angeblich versteckte sich McCracken hinter der Bar vor britischen Soldaten, die ihn festnehmen wollten. Die altmodische Kneipe wirkt ein bisschen ebenso wie einige Stammgäste etwas grobschlächtig, zieht aber ein bunt gemischtes Belfaster Publikum an und ist ein guter Tipp für spontane traditionelle Musiksessions.

Bittle's Bar
PUB
(Karte S. 610f.; 103 Victoria St) Stets gut besucht und sehr traditionell: Das Bittle's befindet sich in Belfasts einzigem „Bügeleisen"-Gebäude, einem dreieckigen roten, mit vergoldeten Kleeblättern verzierten Backsteinbau aus dem 19. Jh. Im keilförmigen Inneren schmücken Gemälde berühmter irischer Literaten die Wände, die

---

TOP FIVE: TRADITIONELLE PUBS

» Bittle's Bar (siehe unten)
» Crown Liquor Saloon (siehe links)
» Duke of York (S. 643)
» Kelly's Cellars (siehe unten)
» White's Tavern (siehe unten)

von einem einheimischen Künstler namens Joe O'Kane angefertigt wurden. Der ganze Stolz des Pubs ist ein großes Bild an der Rückwand: Darauf stehen Yeats, Joyce, Behan und Beckett mit Guinnessgläsern an der Theke, während Wilde ihnen gegenüber Bier zapft.

Harlem Cafe CAFÉ-BAR
(Karte S.610f.; 34–36 Bedford St) Im Harlem, das mit einer coolen Stimmung und einer eigenwilligen Einrichtung aus verschiedensten Kunstobjekten, gerahmten Fotos von New York und Glastischen voller Muscheln und Seesterne aufwartet, kann man es sich prima mit der Sonntagszeitung gemütlich machen oder nach dem Stadtbummel ein Glas Wein trinken. Essen gibt's den ganzen Tag über: Das Angebot reicht von Frühstück über Brunch bis zu einem Abendessen vor dem Theaterbesuch.

CATHEDRAL QUARTER & UMGEBUNG

LP TIPP John Hewitt Bar & Restaurant PUB
(Karte S.610f.; www.thejohnhewitt.com; 51 Donegall St) Die nach dem Belfaster Dichter und Sozialisten benannte Kneipe gehört zu den wenigen Läden ohne Fernseher und Spielautomaten. Für Geräusche sorgen einzig die Gäste. Neben Guinness werden Hilden Real Ales aus dem nahe gelegenen Lisburn sowie Hoegaarden und Erdinger Weißbier ausgeschenkt. An den meisten Abenden finden hier ab etwa 21 Uhr Folk-, Jazz- und Bluegrass-Sessions statt.

Northern Whig BAR
(Karte S.610f.; www.thenorthernwhig.com; 2 Bridge St) Eine ehemalige georgianische Druckerei beherbergt diese moderne, schicke Bar. Ihr Innenraum wird von drei riesigen Statuen des sozialistischen Realismus, die Anfang der 1990er-Jahre aus Prag gerettet wurden, eingenommen. Nachmittags kann man sich in den bequemen Sofas und Sesseln herrlich entspannen. Freitags und samstags wird es hier ab 17 Uhr wesentlich lauter, wenn Junggesellinnen und Junggesellen in getrennten Grüppchen beginnen, ihre Wodka-Tonics und Alkopops hinunterzukippen.

Duke of York PUB
(Karte S.610f.; 11 Commercial Ct) Versteckt in einer Gasse mitten im ehemaligen Zeitungsviertel liegt das heimelige, traditionelle Duke. Einst trafen sich hier Drucker und Journalisten, die auch heute noch manchmal vorbeischauen. Der Sinn-Féin-Führer Gerry Adams jobbte 1971 zu seinen Studienzeiten hinter dem Tresen.

Spaniard BAR
(Karte S.610f.; www.thespaniardbar.com; 3 Skipper St) Stil ist im Spaniard ein Fremdwort. Die enge Bar wurde so vollgestopft, als wäre sie einfach irgendwo in eine Wohnung gezwängt worden. Dennoch strahlt jedes einzelne der abgenutzten Sofas mehr Atmosphäre aus als so manch eine durchgestylte Hochglanzbar. Der Laden überzeugt mit einer freundlichen Bedienung, gutem Bier, einem bunt gemischten Publikum und Musik in einer Lautstärke, die auch noch Unterhaltungen zulässt – was will man mehr?

Muriel's Bar BAR
(Karte S.610f.; 12–14 Church Lane) Die Einrichtung der lauschigen und einladenden kleinen Bar im Retroschick besteht aus alten Sofas und Sesseln, schweren Stoffen in Oliv- und Dunkelrottönen, Spiegeln mit goldenem Rahmen sowie einem gusseisernen Kamin. Gin war das Lieblingsgetränk der Besitzerin (es lohnt sich übrigens, danach zu fragen, wer Muriel eigentlich war), deshalb ist die Auswahl an exotischen Marken, mit denen man sein Tonic mischen kann, groß. Auch die Speisekarte überzeugt.

McHugh's Bar and Restaurant PUB
(Karte S.610f.; www.mchughsbar.com; 29–31 Queen's Sq) Ein restauriertes traditionelles Pub mit alten Sitzecken und Bänken aus Holz. Das hervorragende Guinness wird in Pint-Gläsern serviert, außerdem bereitet die Küche bis 22 Uhr schlichte Speisen wie Steaks, Seafood und Pfannengerichte zu.

SOUTH BELFAST

Eglantine PUB
(Karte S.610f.; www.egbar.co.uk; 32 Malone Rd) Das „Eg" ist eine lokale Institution und gilt als beste Studentenkneipe der Stadt. Hier serviert man gutes Bier und Essen und an den meisten Abenden stehen DJs hinter dem Mischpult. Während am Mittwoch der elektrische Rodeo-Stier, Spaßboxen, Sumo-Ringen und andere Vergnügungen Massen anziehen, dreht sich dienstags alles um das große Unterhaltungs- und Musikquiz. An den Wochenenden wird gelegentlich auch in größerer Runde gefeiert.

Botanic Inn PUB
(Karte S.610f.; www.thebotanicinn.com; 23–27 Malone Rd) Zusammen mit dem „Eg" und dem „Welly Park" (Wellington Park) bildete das „Bot" früher die zweite Säule des be-

rüchtigten Studentenpub-Dreiecks in der Malone Road. Während das renovierte Wellington Park heute eher die Anonymität einer Flughafenlounge ausstrahlt, ist das „Bot" immer noch eine wilde Adresse. Mittwochs bis samstags kann man oben im Top of the Bot Club tanzen – dafür stehen die Leute bis auf die Straße Schlange. Montags und mittwochs gibt's in der Back Bar akustische Livemusik. Zudem werden Sportereignisse auf einer Großleinwand übertragen.

Molly's Yard RESTAURANT-BAR
(Karte S.610f.; 1 College Green Mews; ⊘So geschl.) Früher war in der atmosphärischen Restaurant-Bar Irlands erste Mikrobrauerei untergebracht, allerdings war die Nachfrage so groß, dass die Produktion in die Lisburn's Hilden Brewery verlagert wurde. Trotzdem braut das Molly's noch immer drei altbewährte Biersorten, die vom Fass ausgeschenkt werden: das Belfast Blonde (im Stil eines mitteleuropäischen Lager), das Molly's Chocolate Stout und das Headless Dog, ein dunkles Ale mit Hopfenaroma.

Lavery's BAR
(Karte S.610f.; www.laverysbelfast.com; 14 Bradbury Pl) Schon seit 1918 wird das Lavery's von derselben Familie geführt. Auf mehreren brechend vollen Ebenen tummeln sich Trinkfreudige aller Altersgruppen, darunter Studenten, Touristen, Biker und Businessleute. Montags und dienstags heizen einheimische Musiker dem Publikum in der Public Bar mit Live-Akustikmusik ein, während mittwochs bis samstags Retro-Disco-Musik gespielt wird. In der künstlerischen Back Bar gibt eine Jukebox den Ton an.

☆ Unterhaltung

Alle zwei Monate bringt das Belfast Welcome Centre die kostenlose monatliche Broschüre *Whatabout?* heraus, die alle Veranstaltungen, Pubs, Clubs und Restaurants aufführt. Die Donnerstagausgabe des *Belfast Telegraph* hat eine eigene Unterhaltungsrubrik mit Clubevents, Tanzvorführungen und Kinoprogramm. Freitags bieten die *Irish News* Ähnliches unter der Überschrift „Scene".

Aktuelle Infos zu Livemusik und Clubnächten bekommt man u. a. im **Plattenladen Good Vibes** (Karte S.610f.; www.goodvibesbelfast.com; 13 Winetavern St; ⊘Mo–Sa 10–17 Uhr) und im **Oh Yeah Music Centre** (Karte S.610f.; www.belfastmusic.org; 15–21 Gordon St; ⊘Mo–Fr 12–15, Sa 12–17 Uhr). Auch die folgenden Adressen sind hilfreich:

ArtsListings (www.culturenorthernireland.org) Das Gratismagazin erscheint monatlich und hält Kunstinteressierte in Nordirland auf dem Laufenden.

Belfast Music (www.belfastmusic.org) Listet Gigs auf.

Big List (www.thebiglist.co.uk) Das kostenlose Wochenblatt kommt mittwochs raus und informiert über Pubs, Clubs sowie Musikveranstaltungen in ganz Nordirland. Der Schwerpunkt liegt aber auf Belfast.

Nachtclubs

Fast alle Clubs sind von 21 bis 3 Uhr geöffnet, letzter Einlass ist um 1 Uhr. Bei Partygängern unter 21 sind die Türsteher gelegentlich sehr kritisch.

QUB Student Union CLUB
(Karte S.610f.; www.qubsu-ents.com; Mandela Hall, Queen's Students Union, University Rd) Die Student Union betreibt mehrere Bars und Clubs, in denen Musikveranstaltungen, Clubnächte und Liveauftritte angeboten werden. Das **Shine** (www.shine.net, Eintritt 22 £, 1. Sa im Monat) ist einer der besten Nachtclubs in Belfast. Haus- und Gast-DJ's heizen im QUB mit härteren Tanzrhythmen ein als in den meisten anderen Läden.

Stiff Kitten CLUB
(Karte S.610f.; www.thestiffkitten.com; Bankmore Sq, Dublin Rd; Eintritt 3–10 £; ⊘Mo–Mi 11–1, Do bis 2, Fr bis 2.30, Sa bis 3, So bis 24 Uhr) Wer sich nicht so recht mit dem studentischen Publikum anfreunden kann, ist in dieser neuen Bar mit Club gut aufgehoben. Das Stiff Kitten wird vom gleichen Management wie das Shine geführt und bietet ebenfalls klasse Musik, strahlt jedoch mehr Glamour aus – wie es einem 25+-Publikum wohl gefällt.

Rain CLUB
(Karte S.610f.; www.rainnightclub.co.uk; 10–14 Tomb St; Eintritt 5–10 £; ⊘21–3 Uhr) Ein prunkvoller, glamouröser Mainstream-Club, der in einem umgebauten Lagerhaus mit roten Backsteinmauern untergebracht ist. Hier legen die DJs für ein gemischtes Publikum ab 21 Jahren kommerzielle Musik auf.

Schwulen- & Lesbentreffs

Belfasts Schwulen- und Lesbenszene konzentriert sich auf das Cathedral Quarter. Über aktuelle Veranstaltungen kann man sich unter www.gaybelfast.net informieren. Zusätzlich zu den hier aufgelisteten Clubs kann man auch die Muriel's Bar, das John Hewitt und das Spaniard ansteuern.

Kremlin
CLUB

(Karte S.610f.; www.kremlin-belfast.com; 96 Donegall St; ⊙Di 21–2.30, Do–So 21–3 Uhr) Mit seinem sowjetischen Kitsch zieht das Kremlin – Herz und Seele der nordirischen Homosexuellenszene – vor allem Schwule an. Eine Leninstatue weist Besuchern den Weg in die Tsar-Bar, von wo aus die Long Bar zum zentralen Clubbing-Bereich, dem „Roten Platz", führt. Hier herrscht jede Nacht reger Andrang. Das Event „Revolution" (Eintritt 5-7 £) am Samstag gilt als Aushängeschild des Clubs; dann mischen DJs bis drei Uhr morgens Dance, House, Pop und kommerzielle Musik.

Dubarrys Bar
BAR

(Karte S.610f.; 10–14 Gresham St) Eine der neueren Adressen für Schwule wendet sich an ein etwas älteres, intellektuelles Publikum und lockt mit stylishem Interieur, coolen Melodien und gepflegter Konversation statt Blinklicht und dröhnender Tanzmusik.

Union Street
BAR

(Karte S.610f.; www.unionstreetpub.com; 8–14 Union St) Die stilvolle moderne Bar im Retro-Look wartet mit einer Einrichtung aus vielen unverputzten Ziegelsteinen und dunklem Holz sowie kuriosen Waschbecken in der Toilette auf. Sie spricht mit ihrem allabendlichen Kabarett, Karaoke und gutem Essen sowohl homo- als auch heterosexuelle Gäste an.

Livemusik

Einige Pubs haben regelmäßig traditionelle Musiksessions im Programm, darunter das Botanic Inn, die Garrick Bar, die White's Tavern, das John Hewitt und das Kelly's Cellars.

Fans von Jazz und Blues schauen am besten im Hewitt, im McHugh's, im Crescent Arts Centre oder in der **Kitchen Bar** (Karte S.610f.; www.thekitchenbar.com; 38 Victoria Sq) vorbei.

Waterfront Hall
KONZERTE

(Karte S.610f.; www.waterfront.co.uk; 2 Lanyon Pl) Mit ihren 2235 Plätzen ist die eindrucksvolle Waterfront Hall Belfasts größter Konzertsaal. Hier gastieren lokale, nationale und internationale Gäste und die Bandbreite reicht von beliebten Popstars bis zu Sinfonieorchestern.

Ulster Hall
KONZERTE

(Karte S.610f.; www.ulsterhall.co.uk; Bedford St) Die 1862 errichtete Ulster Hall ist ein beliebter Veranstaltungsort für alle möglichen Events von Rockkonzerten über Orgelmusik zur Mittagszeit bis zu Boxkämpfen und Aufführungen des **Ulster Orchestra** (www.ulsterorchestra.com).

Odyssey Arena
KONZERTE

(Karte S.610f.; www.odysseyarena.com; 2 Queen's Quay) Das Heimatstadion der Belfast Giants, der hiesigen Eishockeymannschaft, dient auch als Bühne für große Unterhaltungsveranstaltungen wie Rock- und Popkonzerte und Bühnenshows.

King's Hall
KONZERTE

(Karte S.630; www.kingshall.co.uk; Lisburn Rd) In Nordirlands größtem Ausstellungs- und Konferenzzentrum finden Musikshows, Messen und Sportveranstaltungen statt. Man gelangt mit allen Bussen entlang der Lisburn Road bzw. per Bahn bis Balmoral Station zur King's Hall.

Belfast Empire
LIVEMUSIK

(Karte S.610f.; www.thebelfastempire.com; 42 Botanic Ave; Eintritt Livemusik 5–20 £) Die umgebaute spätviktorianische Kirche bietet auf drei Etagen Unterhaltung und ist für ihre legendären Livekonzerte bekannt. Donnerstags präsentieren sich die besten lokalen und britischen Talente, während der Samstag bekannten Bands sowie Tribute-Gruppen vorbehalten ist.

Limelight
LIVEMUSIK

(Karte S.610f.; www.cdcleisure.net; 17-19 Ormeau Ave) Das Limelight, eine Mischung aus Pub und Club mit Veranstaltungsbereich gleich nebenan (Spring & Airbrake, alles unter der gleichen Leitung), ist eine der ersten Adres-

---

> **NICHT VERSÄUMEN**
>
> ## IRISCHE KULTUR ERLEBEN
>
> Das **An Droichead** (The Bridge; Karte S.610f.; www.androichead.com; 20 Cooke St; Tickets 5–15 £) ist ein neues Zentrum für irische Sprache, Musik und Kultur in South Belfast. Es bietet Irisch-Kurse an, veranstaltet Workshops in traditionellem Tanz und *ceilidh*, richtet Kunstausstellungen aus und veranstaltet Konzerte, vor allem für Fans traditioneller irischer Klänge. Neben bekannten Künstlern aus dem ganzen Land treten hier auch örtliche Nachwuchstalente auf. Ein Blick auf die Website lohnt sich, außerdem liegen im Belfast Welcome Centre Flyer aus.

sen für Live-Rock und Indie. Hier traten schon Bands wie Oasis oder Franz Ferdinand, die Manic Street Preachers und die Kaiser Chiefs auf. Zu den weiteren Highlights gehören die alternative Clubnacht **Helter Skelter** (Eintritt 5 £; ☉Sa ab 22.30 Uhr) und Belfasts größte Studentennacht, **Shag** (Eintritt 4 £, ☉Di ab 22 Uhr).

School of Music KLASSIK
(www.music.qub.ac.uk) Jeden Donnerstag zur Mittagszeit veranstaltet die School of Music der Queen's University kostenlose Konzerte. Abendveranstaltungen finden im schönen **Harty Room** (Karte S.610f.; School of Music, University Sq) und am **Sonic Arts Research Centre** (Karte S.610f.; Cloreen Park) statt, gelegentlich auch in der geräumigeren **Sir William Whitla Hall** (Karte S.610f.; University Rd). Das Programm *Music at Queens* kann man von der Website runterladen.

Comedy
Belfast hat keinen festen Comedy-Club. Regelmäßige Abende werden aber im **Spring & Airbrake** (Karte S.610f.; Ormeau Ave), in der **Black Box** (Karte S.610f.; www.blackboxbelfast.com; 18–22 Hill St) und in der **QUB Student Union** (Karte S.610f.; www.qubsu-ents.com; Mandela Hall, Queen's Students Union, University Rd) abgehalten.

Oper & Theater
Lyric Theatre THEATER
(Karte S.630; www.lyrictheatre.co.uk; 55 Ridgeway St) Das alte Lyric Theatre, in dem Hollywoodstar Liam Neeson zum ersten Mal auf der Bühne stand (heute ist er Schirmherr) wurde abgerissen. An der gleichen Stelle hat man jedoch ein tolles neues Theater errichtet, das im Mai 2011 eröffnet wurde.

Black Box KUNSTZENTRUM
(Karte S.610f.; www.blackboxbelfast.com; 18–22 Hill St) Die Black Box beschreibt sich selbst als Ort für „Livemusik, Theater, Literatur, Comedy, Film, Bildende Kunst, Live Art, Zirkus, Kabarett und alles, was dazwischen liegt". Sie liegt mitten im Cathedral Quarter.

Metropolitan Arts Centre KUNSTZENTRUM
(Karte S.610f.; www.buildingthemac.com; St. Anne's Sq) Ein neues Kunstzentrum im Cathedral Quarter, das zwei Kinos, drei Kunstmuseen und eine Café-Bar beherbergt.

Crescent Arts Centre MUSIK & TANZ
(Karte S.610f.; www.crescentarts.org; 2–4 University Rd) Konzerte, Theateraufführungen, Workshops, Lesungen und Tanzkurse. Außerdem finden hier im Juni das **Belfast Book Festival** und ein Tanzfest namens **City Dance** statt.

Grand Opera House OPER
(Karte S.610f.; www.goh.co.uk; 2–4 Great Victoria St; ☉Theaterkasse Mo–Fr 8.30–21, Sa bis 18 Uhr) Dieser großartige traditionsreiche Opernsaal ist Veranstaltungsort für Opern, Musicals und Comedy-Shows. Die Theaterkasse befindet sich auf der anderen Straßenseite, an der Ecke Howard Street.

Kino
Queen's Film Theatre KINO
(Karte S.610f.; www.queensfilmtheatre.com; 20 University Sq) Programmkino mit zwei Sälen unweit der Universität. Einer der Hauptveranstaltungsorte des Belfast Film Festival.

Movie House KINO
(Karte S.610f.; www.moviehouse.co.uk; 14 Dublin Rd) Multiplexkino im Stadtzentrum mit zehn Sälen.

Storm Cinemas KINO
(Karte S.610f.; www.odysseycinemas.co.uk; Odyssey Pavilion) Das größte Multiplexkino der Stadt mit zwölf Sälen und Stadionsitzen gehört zum Odyssey Complex.

Sport
Rugby, Fußball, Gaelic Football und Hockey werden im Winter gespielt, Kricket und Hurling im Sommer.

Windsor Park FUSSBALL
(Karte S.630; abseits der Lisburn Rd) Südlich des Zentrums befindet sich der Austragungsort internationaler Fußballspiele. Das in die Jahre gekommen Stadion soll für 28 Mio. £ renoviert werden. Mehr Informationen siehe unter www.irishfa.com.

Casement Park GAELIC FOOTBALL
(Karte S.630; www.antrimgaa.net; Andersonstown Rd) In dem Stadion in West Belfast werden Gaelic-Football- und Hurlingspiele ausgetragen.

Odyssey Arena EISHOCKEY
(Karte S.610f.; www.odysseyarena.com; 2 Queen's Quay) Das Eishockeyteam der Belfast Giants ist ein Publikumsmagnet in dieser Arena im Odyssey Complex. Die Saison dauert von September bis März. Außerdem finden hier Hallensportarten wie Tennis und Leichtathletik statt.

🛍 Shoppen
Die gängigen Warenhausketten und Kaufhäuser liegen in einem kompakten Einkaufsviertel nördlich der City Hall. Zu den

größten Shopping Malls zählen das **Victoria Square** (Karte S. 610 f.; www.victoriasquare.com; zw. Ann St & Chichester St; ⊙Mo–Di 9.30–18, Mi–Fr bis 21, Sa 9–18, So 13–18 Uhr) und das **Castle Court Centre** (Karte S. 610 f.; Royal Ave). Donnerstags haben die Geschäfte bis 21 Uhr geöffnet (im Victoria Square Mi–Fr).

Eine gute Anlaufstelle zum Bummeln ist auch die hippe **Lisburn Road** zwischen der Eglantine Avenue und der Balmoral Avenue, die mit einer langen Reihe roter Backstein- und imitierter Tudor-Fassaden aufwartet. Die Modeboutiquen, Inneneinrichter, Kunstmuseen, Feinkostläden, Espresso- und Weinbars sowie exklusiven Restaurants in der Straße lassen keine Wünsche offen. Auf der **Bloomfield Avenue** abseits der Newtonards Road in East Belfast befinden sich etwa zwölf Designerläden.

Wer typisch nordirische Waren kaufen möchte, sollte nach elegantem Belleek-Porzellan, alten und neuen Leinenprodukten und Tyrone-Kristall Ausschau halten. Irisches Kunsthandwerk und traditionelle irische Musik bekommt man z. B. im **Cultúrlann McAdam Ó Fiaich** (Karte S. 630; www.culturlann.ie; 216 Falls Rd; ⊙Mo–Fr 9–17.30, Sa ab 10 Uhr).

Wicker Man SCHMUCK/SOUVENIRS
(Karte S. 610 f.; www.thewickerman.co.uk; 44–46 High St; ⊙Mo–Mi & Fr 9–17.30, Do bis 21, Sa bis 17.30, So 13–17.30 Uhr) Dieser Laden bietet eine ausgezeichnete, zeitgemäße Auswahl an irischem Kunsthandwerk, Geschenken, Silberschmuck, Glas und Strickwaren.

Fresh Garbage KLEIDUNG/SCHMUCK
(Karte S. 610 f.; 24 Rosemary St; ⊙Mo–Mi, Fr & Sa 10.30–17.30, Do –20 Uhr) Dank der Goth-Symbole an der Tür kann man das Fresh Garbage nicht verfehlen. Es ist schon seit über 20 Jahren eine Kultadresse für Hippie- und Gothklamotten sowie für keltischen Schmuck.

Steensons SCHMUCK
(Karte S. 610 f.; www.thesteensons.com; Bedford House, Bedford St; ⊙Mo–Sa 10–17.30, Do bis 19 Uhr) Wer auf der Suche nach handgefertigtem Schmuck ist, wird hier sicher fündig. Steensons wartet mit modernen Silber-, Gold- und Platinprodukten aus einer Goldschmiede in Glenarm, County Antrim, auf.

Archives Antique Centre ANTIQUITÄTEN
(Karte S. 610 f.; www.archivesantiquecentre.co.uk; 88 Donegall Pass; ⊙Mo–Sa 10.30–17.30 Uhr) Eine echte Schatzkammer für Sammlerstücke und Kuriositäten. Auf drei Stockwerken werden irisches Silber, Messing, Pub-Andenken, Militaria, Bücher und Lampenzubehör verkauft.

Matchetts Music MUSIKGESCHÄFT
(Karte S. 610 f.; 6 Wellington Pl; ⊙Mo–Sa 9–17.30 Uhr) Hier bekommt man alles von Akustikinstrumenten wie Gitarren und Mandolinen bis zu Flöten und *bodhráns* (mit Ziegenfell bespannte Rahmentrommeln) sowie Noten und traditionelle Liederbücher.

Good Vibes MUSIKGESCHÄFT
(Karte S. 610 f.; www.goodvibesbelfast.com; 13 Winetavern St; ⊙Mo–Sa 10–17 Uhr) Der Besitzer des besten Plattenladens in ganz Belfast ist Terry Hooley, ein Musikproduzent, der unter dem Label Good Vibrations 1978 *Teenage Kicks* von den Undertones herausbrachte. In dem Geschäft kann man auch Konzerttickets kaufen und sich über Musikveranstaltungen informieren.

ⓘ Praktische Informationen

Gefahren & Ärgernisse

Selbst in den unruhigsten Zeiten des Nordirlandkonflikts war Belfast für Touristen nie wirklich gefährlich. Heute ist das Risiko, Opfer eines Verbrechens zu werden, geringer als in London. Nach Einbruch der Dunkelheit meidet man aber am besten sogenannte *„interface areas"* in der Nähe der Peace Lines im Westen der Stadt sowie in der Crumlin Road und in Short Strand (gleich östlich der Queen's Bridge). Im Zweifelsfall sollte man lieber vorher im Hotel bzw. Hostel nachfragen.

Bei unserem Besuch hatten regimekritische republikanische Gruppen eine Attentatserie auf polizeiliche und militärische Ziele begonnen. Sicherheitswarnungen haben in der Regel keine Auswirkung auf Besucher (außer dass Straßen gesperrt werden), dennoch sollte man sich der möglichen Gefahr bewusst sein. Auf Twitter kann man die Arbeit der Polizei in Nordirland (PSNI; @policeserviceni) verfolgen und sich bei einer Warnung direkt informieren lassen.

Ein ärgerlicher Nebeneffekt des Nordirlandkonflikts besteht darin, dass es in keinem der Zug- und Busbahnhöfe Gepäckaufbewahrungen gibt. Zudem sind die Sicherheitskräfte präsenter als in anderen Teilen Großbritanniens und Irlands. Gepanzerte Polizei-Landrover, verbarrikadierte Polizeistationen sowie Läden und Pubs mit Sicherheitstüren (meist außerhalb des Stadtzentrums), die nur auf Klingeln öffnen, gehören zum Stadtbild.

Wer unbedingt Polizeistationen, Armeeposten oder andere militärische oder paramilitärische

Einrichtungen fotografieren möchte, sollte sicherheitshalber zuvor eine Genehmigung einholen. In den protestantischen und katholischen Hochburgen in West Belfast darf man Personen erst fotografieren, wenn sie dazu ihre Erlaubnis gegeben haben. Wird diese verweigert, ist das grundsätzlich zu akzeptieren. Das Fotografieren von Wandgemälden stellt hingegen kein Problem dar.

Gepäckaufbewahrung

Aufgrund von Sicherheitsbedenken gibt's weder in den Flughäfen noch in den Bahnhöfen und Busbahnhöfen Gepäckaufbewahrungen. Tagsüber kann man seine Sachen aber in vielen Hotels und Herbergen abgeben. Auch das Belfast Welcome Centre bietet diesen Service an (4,50 £ pro Gepäckstück).

Internetzugang

Wer im Internet surfen möchte, kann eine der blauen Telefonzellen von der British Telecom rund um den Donegall Square und den Hauptbahnhof ansteuern. Für den Service zahlt man alle 90 Sekunden 10 p (Minimum 1 £ für bis zu 15 Minuten).

Belfast Welcome Centre (Karte S. 610 f.; www.gotobelfast.com; 47 Donegall Pl; 1 £ pro 20 Min.; ◷Juni–Sept. Mo-Sa 9–19, So 11–16 Uhr, Okt.–Mai Mo-Sa 9–17.30, So 11–16 Uhr)

Ground@Waterstones (44–46 Fountain St; 1 £ pro 20 Min.; ◷Mo-Mi, Fr & Sa 9–18, Do –21, So 13–17.30 Uhr;) Im Café des Buchladens stehen drei PCs bereit. Außerdem kann man kostenlos über WLAN surfen: Das Passwort bekommt man an der Theke.

Linen Hall Library (Ecke Fountain St & Donegall Sq; 1,50 £ Minimum pro 30 Min.; ◷Mo-Fr 9.30–17.30, Sa–16.30 Uhr;) Ein Computer pro Etage. Vor der Nutzung muss man sich bei der Rezeption anmelden. Dort gibt's auch das Passwort für den kabellosen Internetzugang (3 £ für bis zu 3 Std.).

Mega-Bite (Great Northern Mall, Great Victoria St; 1 £ pro 15 Min.; ◷ Mo-Fr 8.30–20, Sa ab 10, So ab 11 Uhr)

Medizinische Versorgung

Wer bei medizinischen oder zahnärztlichen Notfällen Rat braucht, sollte sich an **NHS Direct** (0845 4647; ◷24 Std.) wenden.

Unfall- und Notfalldienste:

City Hospital (9032 9241; 51 Lisburn Rd)

Mater Hospital (9074 1211; 45–51 Crumlin Rd) In der Nähe der Kreuzung von Antrim Road und Clifton Street.

Royal Victoria Hospital (9024 0503; 274 Grosvenor Rd) Westlich des Stadtzentrums.

Ulster Hospital (9048 4511; Upper Newtownards Rd, Dundonald) Nahe Stormont.

Notfall

Nationale Notrufnummern siehe S. 17.

Rape Crisis & Sexual Abuse Centre (9032 9002; www.rapecrisisni.com; ◷10–24 Uhr) Hilfe bei Vergewaltigungen.

Victim Support (0845 30 30 900; www.victimsupport.org) Hilfe für Gewaltopfer.

Post

Post Hauptpost (Karte S. 610 f.; 12–16 Bridge St; ◷Mo-Sa 9–17.30 Uhr); Bedford St (Karte S. 610 f.; 16–22 Bedford St); Botanic Gardens (Karte S. 610 f.; Ecke University Rd & College Gardens, South Belfast); Shaftesbury Sq (Karte S. 610 f.; 1–5 Botanic Ave)

Touristeninformation

Belfast Welcome Centre (Karte S. 610 f.; 9024 6609; www.gotobelfast.com; 47 Donegall Pl; ◷Juni–Sept. Mo-Sa 9–19 & So 11–16 Uhr, Okt.–Mai Mo-Sa 9–17.30 & So 11–16 Uhr) Bietet Informationen über Nordirland und bucht Unterkünfte in Irland sowie Großbritannien. Gepäckaufbewahrung (nicht über Nacht), Geldwechsel und Internetzugang.

Cultúrlann McAdam Ó Fiaich (Karte S. 630; 9096 4188; 216 Falls Rd; ◷Mo-Fr 9.30–17.30 Uhr) Das Kulturzentrum in West Belfast ist auch eine gute Anlaufstelle für Touristen.

Fáilte Ireland (Karte S. 610 f.; Irish Tourist Board; 9031 2345; 47 Donegall Pl) Im Belfast Welcome Centre. Hier kann man Unterkünfte in der Republik reservieren.

Infoschalter George Best Belfast City Airport (Karte S. 630; 9093 5372; ◷Mo-Sa 8–19, So bis 17 Uhr); Belfast International Airport (9448 4677; ◷Mo-Sa 7.30–19, So 8–17 Uhr)

🅘 An- & Weiterreise

Bus

In den beiden Busbahnhöfen der Stadt gibt's **Infoschalter** (◷Mo-Fr 7.45–18.30, Sa 8–18 Uhr), an denen man regionale Fahrpläne bekommt. Auch **Translink** (9066 6630; www.translink.co.uk) informiert über Abfahrtzeiten und Tarife.

National Express (0870 580 8080; www.nationalexpress.com) bietet täglich eine Verbindung zwischen Belfast und London (einfache Strecke 45 £, 14 Std.) inklusive der Überfahrt nach Stranraer via Dumfries, Carlisle, Preston, Manchester und Birmingham an. Fahrkarten bekommt man im Europa BusCentre.

Europa BusCentre (Karte S. 610 f.; 9066 6630) Der Hauptbusbahnhof liegt hinter dem Europa Hotel und neben der Great Victoria Station. Er ist über die Great Northern Mall neben dem Hotel zu erreichen. Hier starten Busse nach Derry, Dublin und zu weiteren Orten im westlichen und südlichen Nordirland.

Laganside BusCentre (Karte S. 610 f.; ☎9066 6630; Oxford St) Von dem kleineren Busbahnhof in Flussnähe werden Ziele im County Antrim, im östlichen County Down und rund um Cookstown bedient.

Flugzeug

Belfast International Airport (BFS; www.belfastairport.com) 30 km nordwestlich der Stadt landen Flieger aus Galway sowie aus Berlin-Schönefeld (via London Heathrow), Innsbruck und vielen britischen Städten.

George Best Belfast City Airport (Karte S. 630; BHD; www.belfastcityairport.com; Airport Rd) Der Flughafen 6 km nordöstlich des Stadtzentrums wird vor allem von Großbritannien und Cork aus angesteuert.

Schiff/Fähre

Stena Line (☎08705 707070; www.stenaline.co.uk) Die Autofähren zwischen Belfast und Liverpool in England sowie Stranraer in Schottland legen am Victoria Terminal 5 km nördlich des Stadtzentrums an. Dorthin gelangt man, indem man die M2 Richtung Norden nimmt und bei der Ausfahrt 1 rechts abbiegt.

Steam Packet Company (Karte S. 630; ☎08722 992 992; www.steam-packet.com) Am Albert Quay 2 km nördlich des Stadtzentrums laufen die Autofähren zwischen Belfast und Douglas auf der Isle of Man (2–3-mal wöchentlich, nur April–Sept.) aus.

Weitere Autofähren aus Schottland und England gehen in Larne 37 km nördlich von Belfast vor Anker. Weitere Infos zu Fährlinien und Preisen siehe S. 782.

Zug

Translink (☎9066 6630; www.translink.co.uk) informiert über Bahntarife und Fahrpläne. Beim **NIR Travel Shop** (☎9023 0671; Great Victoria St Station; ◷Mo–Fr 9–17, Sa bis 12.30 Uhr) kann man Zugtickets, Fähren und Ferienpauschalangebote buchen.

Belfast Central Station (Karte S. 610 f.; East Bridge St) Vom Bahnhof östlich des Stadtzentrums geht's nach Dublin und in viele nordirische Städte. Traveller, die an der Central Station ankommen, können ihr Ticket auch für eine einmalige Busfahrt in die Stadt nutzen.

Great Victoria St Station (Karte S. 610 f.; Great Northern Mall) Vom Bahnhof neben dem Europa BusCentre bestehen Verbindungen nach Portadown, Lisburn, Bangor, Larne Harbour und Derry.

ⓘ Unterwegs vor Ort

Belfast wartet mit einem erstklassigen öffentlichen Verkehrssystem auf. Busse verbinden

ABREISE AUS BELFAST

Busse

ZIEL	PREIS	DAUER(STD.)	HÄUFIGKEIT
Armagh	8 £	1¼	Mo–Fr stdl., Sa 6-mal, So 4-mal
Ballycastle	9 £	2	Mo–Fr 3-mal tgl., Sa 2-mal
Bangor	3 £	¾	Mo–Sa alle 30 Min., So 8-mal
Derry	10 £	1¾	Mo–Sa alle 30 Min., So 11-mal
Downpatrick	5 £	1	Mo–Sa mind. stdl., So 6-mal
Dublin	13 £	3	stdl.
Enniskillen	10 £	2¼	Mo–Sa stdl., So 2-mal
Newcastle	7 £	1¼	Mo–Sa stdl., So 8-mal

Züge

ZIEL	PREIS	DAUER(STD.)	HÄUFIGKEIT
Bangor	5 £	½	Mo–Sa alle 30 Min., So stdl.
Dublin	28 £	8	Mo–Sa 8-mal, So 5-mal
Larne Harbour	6 £	1	stdl.
Newry	10 £	¾	Mo–Sa 8-mal, So 5-mal
Portrush	11 £	1¾	Mo–Sa 7–8-mal, So 4-mal

UNTERWEGS VOR ORT

Visitor Pass

Mit dem Belfast Visitor Pass (1/2/3 Tage 6,50/10,50/14 £) kann man die Busse und Züge in bzw. rund um die Stadt nutzen. Das Ticket wird in Flughäfen, großen Bahnhöfen und Busbahnhöfen, am Metro-Kiosk auf dem Donegall Square und im Belfast Welcome Centre verkauft.

Smartlink Travel Card

Wer häufig die Stadtbusse benutzt, sollte sich am Metro-Kiosk, im Belfast Welcome Centre oder im Europa bzw. Laganside BusCentre eine **Smartlink Travel Card** besorgen. Die Grundgebühr beträgt 1,50 £ plus 10,50 £ für zehn Fahrten und man kann die Karte immer wieder neu aufladen. Außerdem gibt's eine Wochenkarte, die zu unbegrenzten Fahrten berechtigt und mit 16 £ zu Buche schlägt. Beim Einsteigen legt man die Karte einfach auf den Fahrkartenautomaten, der automatisch ein Ticket druckt.

beide Flughäfen mit den Bahn- und den Busbahnhöfen.

Auto & Motorrad

Autos können in Belfast eher hinderlich als nützlich sein, da es in der Innenstadt nur eingeschränkte Parkmöglichkeiten gibt. Auf Straßenparkplätzen muss man montags bis samstags zwischen 8 und 18 Uhr einen Parkschein lösen. Wer sein Auto länger abstellen möchte, steuert am besten eines der vielen mehrstöckigen Parkhäuser rund ums Zentrum an.

Dooley Car Rentals (0800 0778 774; www.dooleycarrentals.com; Airport Rd, Belfast International Airport, Aldergrove) Die Agentur operiert im ganzen Land und gilt als äußerst zuverlässig sowie preiswert: Für einen Kleinwagen zahlt man etwa 130 £ pro Woche und kann damit ohne zusätzliche Kosten auch in die Republik fahren. Dazu kommen 55 £ für eine volle Tankladung. Gibt man den Wagen fast leer wieder ab, ist dieser Anbieter immer noch günstiger als die großen Konkurrenzunternehmen.

Die wichtigsten Autovermietungen:

Avis (www.avis.co.uk) City (0870 608 6374; 69-71 Great Victoria St); Belfast International Airport (0844 544 6012); George Best Belfast City Airport (0844 544 6028)

Budget (www.budget-ireland.co.uk) Stadt (9023 0700; 96-102 Great Victoria St); Belfast International Airport (9442 3332); George Best Belfast City Airport (9045 1111)

Europcar (www.europcar.co.uk) Belfast International Airport (9442 2285); George Best Belfast City Airport (9073 9400)

Hertz (www.hertz.co.uk) Belfast International Airport (9442 2533); George Best Belfast City Airport (9073 2451)

Bus

Belfasts Buslinennetz wird von **Metro** (9066 6630; www.translink.co.uk) bedient. Viele Stadtbusse starten von den verschiedenen Haltestellen rund um den Donegall Square bei der City Hall. Im **Metro-Kiosk** (Mo–Fr 8–17.30 Uhr) an der Nordwestecke des Platzes erhält man kostenlose Übersichtskarten und kann Tickets kaufen.

Inzwischen werden immer mehr Niederflurbusse eingesetzt, die auch Rollstuhlfahrern einen problemlosen Einstieg ermöglichen. Beim Busfahrer bekommt man je nach Strecke Tickets (inkl. Wechselgeld) für 1,40 bis 2 £ sowie **Metro Day Tickets** (3,50 £) für die unbegrenzte Busnutzung im Innenstadtbereich (Mo–Sa ganztägig). Mit günstigeren Tickets darf man montags bis samstags erst ab 10 Uhr (2,90 £) sowie den ganzen Sonntag (2,90 £) über fahren.

Fahrrad

Die Route 9 des National Cycle Network verläuft mitten durch Belfast und führt über weite Strecken am westlichen Ufer des Lagan sowie an der Nordseite des Belfast Lough entlang.

McConvey Cycles (9033 0322; www.rentabikebelfast.com; 183 Ormeau Rd; Mo–Sa 9–18, Do bis 20 Uhr) Hier kann man für etwa 15 £ pro Tag bzw. 60 £ pro Woche Räder leihen.

Von/Zu den Flughäfen

Belfast International Airport Der Airport Express 300, ein Schnellbus, fährt alle zehn bis 15 Minuten zwischen 7 und 20 Uhr bzw. alle 30 Minuten von 20 bis 23 Uhr und während der Nacht stündlich zum Europa BusCentre (einfach/hin & zurück 7/10 £, 30 Min.) Die Rückfahrkarte gilt einen Monat lang. Ein Taxi kostet etwa 25 £.

George Best Belfast City Airport Zwischen 6 und 22 Uhr startet der Airport Express 600 alle 15 oder 20 Minuten zum Europa BusCentre (einfach/hin & zurück 2/3 £, 15 Min.). Das Rückfahrticket behält einen Monat seine Gültigkeit. Für ein Taxi ins Stadtzentrum muss man 7 £ berappen.

Infos zu Busverbindungen von beiden Flughäfen nach Derry siehe S. 696.

Von/Zu den Fährhäfen

Zu den Terminals der Unternehmen Stena Line und Steam Packet Company fahren keine öffentlichen Verkehrsmittel. Züge zum Fährhafen in Larne Harbour starten von der Great Victoria Street Station.

Taxi

Fona Cab (9033 3333; www.fonacab.com)
Value Cabs (9080 9080; www.valuecabs.co.uk)

RUND UM BELFAST

Belfasts südwestliche Vororte erstrecken sich bis zum 12 km entfernten **Lisburn** (Lios na gCearrbhach). Ebenso wie Belfast erlangte auch Lisburn durch seine florierende Leinenindustrie im 18. und 19. Jh. Wohlstand. Mehr darüber erfährt man im hervorragenden **Irish Linen Centre & Lisburn Museum** (Market Sq; Eintritt frei; Mo–Sa 9.30–17 Uhr), das in dem schönen Market House aus dem 17. Jh. untergebracht ist.

Während im Erdgeschoss Exponate zur Kultur und historischen Entwicklung der Gegend gezeigt werden, zeichnet oben die prämierte Ausstellung „Flax to fabric" (Vom Flachs zum Stoff) die spannende Geschichte der Leinenindustrie in Nordirland nach. Vor dem Ersten Weltkrieg war Ulster mit etwa 75 000 Beschäftigten die weltweit größte leinenproduzierende Region.

Audiovisuelle und interaktive Elemente vermitteln ein anschauliches Bild. So kann man z. B. den Angestellten an Jacquard-Webstühlen zuschauen und sich selbst einmal am Flachsspinnen versuchen.

Das **Lisburn Tourist Information Centre** (9266 0038; Lisburn Sq; Mo–Sa 9.30–17 Uhr) liegt am Hauptplatz der Stadt. Nach Lisburn fahren die Buslinien 523, 530 und 532 von der Upper Queen Street in Belfast (2,60 £, 40 Min., Mo-Fr alle 30 Min., Sa & So stdl.). Züge (3,60 £, 30 Min., Mo-Sa mind. alle 30 Min., So stdl.) verkehren von der Belfast Central Station und der Great Victoria Street Station.

Counties Down & Armagh

EINWOHNER: 652 000 / FLÄCHE: 3702 KM²

Inhalt »

County Down 654
Von Belfast
nach Bangor 655
Ards Peninsula 658
Killyleagh 663
Downpatrick 664
Lecale Peninsula 666
Newcastle 667
Mourne Mountains 669
Newry 672
County Armagh 674
Armagh (Stadt) 675

Gut essen

» Jeffers by the Marina (S. 657)
» Plough Inn (S. 654)
» Restaurant 23 (S. 672)
» Uluru Bistro (S. 679)
» Mourne Seafood Bar (S. 669)

Schön übernachten

» Anna's House (S. 662)
» Fortwilliam Country House (S. 654)
» Hebron House (S. 656)
» Dufferin Coaching Inn (S. 663)
» Cuan (S. 666)

Auf nach Down & Armagh

Wenn man vom Gipfel des Scrabo Hill bei Newtownards über das Land blickt, liegen die Schätze der Grafschaft Down wie Juwelen vor einem ausgebreitet. Richtung Süden erstreckt sich der glitzernde Strangford Lough mit kleinen Inseln. An einem Ufer entdeckt man das Castle Espie sowie das alte Kloster von Nendrum inmitten einer Wattlandschaft voller Vögel und am anderen die malerische Halbinsel Ards.

An klaren Tagen sind in der Ferne die Mourne Mountains zu sehen, deren samtige Hänge ins Meer tauchen. Ganz in der Nähe befinden sich Downpatrick und Lecale, die alten Lieblingsorte des irischen Nationalheiligen.

Armagh, Downs ländliches Nachbarcounty, wartet im Süden mit niedrigen Hügeln und im Norden mit üppigen Obstgärten und Erdbeerfeldern auf. Mittendrin versteckt sich Irlands hübsche Kirchenhauptstadt Armagh. Wer im beschaulichen südlichen Hinterland eine Wanderung unternimmt, kann die Grenze zur Republik überqueren, ohne es zu merken.

Reisezeit

Im Mai stehen die Apfelbäume in den Obstgärten der Grafschaft Armagh in voller Blüte. Dieses Ereignis wird in der ersten Hälfte des Monats mit der Apple Blossom Fair gefeiert. Im Sommer ist das Wetter zum Wandern und Radfahren am besten und im August findet in den Mourne Mountains das International Walking Festival statt. Wer Vögel beobachten möchte, kann die Gegend sowohl im Frühjahr als auch im Herbst besuchen, wobei sich die Anreise im Oktober besonders lohnt, weil nun Zehntausende Ringelgänse zum Überwintern ins Castle-Espie-Schutzgebiet am Strangford Lough kommen.

Highlights

1 In den Granitbergen der **Mourne Mountains** (S. 669) alten Schmugglerpfaden folgen

2 Spitzenrestaurants in **Hillsborough** (S. 654), **Warrenpoint** (S. 655) besuchen

3 Die großzügige Architektur und die herrlichen Parkanlagen des **Mount Stewart House** (S. 660) bewundern

4 Am **Castle Espie** (S. 662) große Scharen Gänse, Enten und Sumpfvögel beobachten

5 Auf Nebenstraßen durch **South Armagh** (S. 674) fahren

6 In und um **Downpatrick** (S. 664) auf den Spuren des hl. Patrick wandeln

7 Die Regeln des Irish Road Bowling in der **Stadt Armagh** (S. 675) kennenlernen

COUNTY DOWN

Im Landesinneren

Südlich von Belfast erstreckt sich jede Menge Weideland. Lediglich das raue Moor von Slieve Croob südwestlich von Ballynahinch sorgt in der flachen Gegend für Abwechslung. Das nette Städtchen Hillsborough liegt an der A1 zwischen Belfast und Newry

HILLSBOROUGH
2400 EW.

In Hillsborough (Cromghlinn) befindet sich die offizielle Residenz des Staatssekretärs für Nordirland. Das Hillsborough Castle dient als standesgemäßer Ort, um Staatsoberhäupter zu empfangen (darunter z. B. die ehemaligen US-Präsidenten George W. Bush und Bill Clinton), außerdem bettet hier die Queen ihr gekröntes Haupt, wenn sie in der Gegend weilt.

Der elegante kleine Ort wurde in den 1640er-Jahren von Colonel Arthur Hill, dem vierten Marquis von Downshire, gegründet. Dieser ließ hier eine Festung bauen, um irische Aufständische zu unterwerfen. Rund um den Hauptplatz und entlang der Main Street reihen sich georgianische Bauten aneinander.

◉ Sehenswertes

Hillsborough Castle BURG
(www.nio.gov.uk; Main St; Führung Erw./Kind/Familie 6/3,50/15 £, nur Gelände 3/2/9 £; ⊙Mai, Juni & Aug. Sa 10.30–16 Uhr) Das zweistöckige Herrenhaus ist das Highlight des Städtchens. Es wurde 1797 im spätgeorgianischen Stil für Wills Hill, den ersten Marquis von Downshire, errichtet und in den 1830er- und 1840er-Jahren erheblich umgestaltet. Bei der Führung sieht man den Empfangssaal, die Speisesäle und den Lady Grey Room, wo der britische Premierminister Tony Blair und US-Präsident George W. Bush 2003 ihre Irak-Konferenz abhielten.

GRATIS Hillsborough Courthouse
HISTORISCHES GEBÄUDE
(The Square; ⊙Mo–Sa 9–17.30, Juli & Aug. auch So 14–18 Uhr) Im Gerichtshaus, einem schönen alten georgianischen Bauwerk, veranschaulicht eine Ausstellung die Aktivitäten des Gerichts im 18. und 19. Jh.

GRATIS St. Malachy's Parish Church KIRCHE
(Main St; ⊙Mo–Sa 9–17.30 Uhr) Dies ist eine der schönsten irischen Kirchen aus dem 18. Jh. Sie besitzt Zwillingstürme am Ende der Seitenschiffe und eine elegante Turmspitze auf der Westseite. Eine Allee führt von der Arthur-Hill-Statue zur Kirche am Ende der Main Street.

GRATIS Hillsborough Fort
HISTORISCHES GEBÄUDE
(Main St; ⊙April–Sept. Di–Sa 10–19, So 14–19 Uhr, Okt.–März Di–Sa 10–16, So 14–16 Uhr) In der Nähe der Kirche ließ Arthur Hill 1650 eine Artilleriefestung errichten, die 1758 zu einem Turmhaus im neogotischen Stil umgebaut wurde.

✤ Feste & Events

Jedes Jahr Ende August/Anfang September kommen 10 000 Menschen – und 6000 Austern aus der Dundrum Bay – nach Hillsborough, um das dreitägige **Oyster Festival** (www.hillsboroughoysterfestival.com) zu feiern. Zu diesem Anlass gibt's nicht nur Spezialitäten aus der Region, Getränke und viel Spaß, sondern auch einen internationalen Austern-Esswettbewerb.

⌂ Schlafen & Essen

Dank seiner ausgezeichneten Restaurants ist Hillsborough so etwas wie ein kulinarischer Hotspot. Weil sich die Lokale großer Beliebtheit erfreuen, sollte man an Wochenenden am besten vorab reservieren.

LP TIPP Fortwilliam Country House B&B ££
(☎9268 2255; www.fortwilliamcountryhouse.com; 210 Ballynahinch Rd; EZ/DZ 50/70 £; P@⏶) Dieses wunderbare B&B verfügt über vier luxuriös ausgestattete Zimmer, darunter ein eleganter viktorianischer Raum mit rosafarbenen Tapeten, einem riesigen Mahagonischrank und Gartenblick. Die Gastfreundlichkeit der Inhaber scheint grenzenlos zu sein. Zum Frühstück gibt's frische Eier von den hauseigenen Hühnern, außerdem duftet es köstlich nach selbst gebackenem Weißbrot. Vorab reservieren!

LP TIPP Plough Inn BISTRO ££
(☎9268 2985; www.theploughhillsborough.co.uk; 3 The Square; Hauptgerichte Bar 6–12 £, Restaurant 13–23 £; ⊙Küche Bar 12–14.30, Restaurant 18–21.30 Uhr) In dem gediegenen, bereits 1758 eröffneten Pub mit den dunklen Holzvertäfelungen, Nischen und Ecken werden ausgezeichnete Mittagsgerichte serviert, z. B. Tempura aus Fasan und Wildente, Sesam, Ingwer und asiatischem Kraut. Hinten im Restaurant kommt Gourmetküche auf den Tisch. Unverputzte Wände, niedri-

ge Decken und ein Kaminfeuer schaffen einen gemütlichen Rahmen für die Gerichte von Holztaube bis Lammkaree.

Hillside Bar & Restaurant
FRANZÖSISCH, IRISCH ££

(☏9268 2765; www.hillsidehillsborough.co.uk; 21 Main St; Bargerichte 9–11 £, Restaurant Hauptgerichte 17–26 £; ⊗Bargerichte 12–14.30 & 16.30–21, Restaurant Fr & Sa 18–21.30 Uhr) Das gemütliche Pub wartet mit Real Ale auf, außerdem kann man im Winter Glühwein am Kamin trinken. An Sonntagabenden gibt's Livejazz und im Sommer wird im Hof hinter dem Haus ein netter Biergarten geöffnet. Oben im Restaurant geht's vornehmer zu. Weiße Tischdecken, Kristallgläser und die exklusive Karte mit französisch-irischer Küche bestimmen hier das Bild.

❶ Praktische Informationen

Touristeninformation (☏9268 9717; tic.hillsborough@lisburn.gov.uk; The Square; ⊗Mo–Sa 9–17.30, Juli & Aug. auch So 14–18 Uhr) Im zentral gelegenen georgianischen Gerichtshaus.

❶ An- & Weiterreise

Der Goldline Express 238, ein Schnellbus, hält auf dem Weg vom Europa BusCentre in Belfast nach Newry auch in Hillsborough (3 £, 25 Min., Mo–Sa mindestens stdl., So 8-mal).

SAINTFIELD & UMGEBUNG
3000 EW.

Die hübsche Kleinstadt ist ein beliebtes Wochenendausflugsziel für Belfaster, die in den etwa zwölf Antiquitätenläden stöbern und sämtliche Teestuben füllen.

2 km südlich des Ortes lockt der **Rowallane Garden** (www.ntni.org.uk; Crossgar Rd, Saintfield; Erw./Kind 5,70/2,80 £; ⊗Mai–Aug. 10–20 Uhr, März, April, Sept. & Okt. bis 18 Uhr, Nov.–Feb. bis 16 Uhr) mit seinen spektakulären Rhododendren und Azaleen, die während der Frühlingsmonate im Schutz von Australischem Lorbeer, Stechpalmen, Kiefern und Rotbuchen ihre ganze Pracht entfalten. In der ummauerten Grünanlage gedeihen außerdem seltene Primelarten, blauer Himalaya-Mohn, Funkien, Rosen, Magnolien und Herbstkrokusse.

Mittags kann man sich im **March Hare** (2 Fairview; Hauptgerichte 3–6 £; ⊗Mo–Sa 9–17.30 Uhr) am westlichen Ende der Hauptstraße stärken. Die gemütliche Cottage-Teestube wartet mit selbst gemachten Suppen, Sandwiches und Kuchen auf.

Saintfield liegt 16 km südlich von Belfast. Das Örtchen wird von der Goldline-Expressbuslinie 215 angesteuert, die zwischen der nordirischen Hauptstadt und Downpatrick verkehrt.

LEGANANNY DOLMEN

Ulsters wohl berühmtestes steinzeitliches Monument ist ein erstaunlich eleganter Dolmen (Grabkammer), der aussieht, als habe ein Riese den Deckstein behutsam auf drei Stelzen gesetzt. Er steht erhöht am Westhang des Slieve Croob (532 m). Hier genießt man eine herrliche Aussicht auf die Mourne Mountains.

Legananny zu finden ist ohne eine 1:50 000-Karte ein echtes Kunststück. Man fährt von Ballynahinch auf der B7 südwärts nach Rathfriland und durchquert die Dörfer Dromara sowie Finnis. An einer nach links abzweigenden Nebenstraße ist der Legananny Dolmen ausgeschildert. 3 km weiter geht links wieder eine Straße ab (dort befindet sich ein gut versteckter Wegweiser). Dieser folgt man 2 km über den Hügel und biegt beim Bauernhof links ab. Vom Parkplatz aus sind es noch 50 m auf einem Feldweg bis zum Dolmen.

Von Belfast nach Bangor

In der Küstenregion, die sich von Belfast östlich nach Bangor und darüber hinaus erstreckt, leben zahlreiche Pendler. Weil hier eher die Gutbetuchten wohnen, wird die Gegend gerne „Gold Coast" genannt. Der attraktive **North Down Coastal Path** führt an der Küste entlang vom Bahnhof in Holywood zur Bangor Marina (15 km) und weiter ostwärts bis zum Orlock Point.

Infos über das Ulster Folk & Transport Museum siehe S. 630.

Bangor
76 800 EW.

Dieses viktorianische Seebad zieht immer mehr Pendler aus der Stadt an. Im späten 19. Jh. wurde die Bahnlinie zwischen Belfast und Bangor eingerichtet, um die nordirische Hauptstadt mit dem blühenden Badeort zu verbinden. Dank der Eröffnung einer riesigen Marina und der andauernden Neugestaltung des Meeresufers wurde Bangor immer wohlhabender und gilt heute als eine der besten Adressen in der Region. Die Tradition eines kitschigen britischen Seebades wird nach wie vor im Pickie Family Fun Park am Leben erhalten.

ABSTECHER

CRAWFORDSBURN

3 km westlich von Bangor liegt das nette Museumsdorf Crawfordsburn an der B20. Früher diente das malerische Gästehaus **Old Inn** (✆9185 3255; www.theoldinn.com; 15 Main St; Zi. 120–160 £; P@🛜) als Raststation für Kutschen auf dem Weg von Belfast nach Donaghadee (ehemaliger Hauptfährhafen für Großbritannien). Hier stiegen viele Berühmtheiten ab, darunter der junge russische Zar Peter der Große, der berühmte Straßenräuber Dick Turpin, der ehemalige US-Präsident George Bush senior und eine lange Reihe Literaten von Swift über Tennyson, Thackeray, Dickens und Trollope bis C. S. Lewis. Angeblich ist die 1614 eröffnete Bleibe Irlands ältestes Hotel. Das schilfgedeckte Cottage wurde im 18. Jh. um Anbauten ergänzt und beherbergt heute die Bar. Ein Kamin, niedrige Decken und Holzvertäfelungen schaffen eine gemütliche Atmosphäre, zudem befindet sich hinter dem Haus eine einladende Gartenterrasse. Die Zimmer sind mit Tapeten im Arts-and-Crafts-Stil und Mahagonimöbeln ausgestattet. Das nobel eingerichtete **Lewis Restaurant** (Hauptgerichte 15–19 £, Vier-Gänge-Mittagsmenü So 20 £; ⊙Mo–Sa 19–21.30, So 12–15 Uhr) gilt als eines der besten irischen Lokale.

Busbahnhof und Bahnhof liegen beide an der Abbey Street am oberen Ende der Main Street. Am unteren Ende befinden sich die Marina und eine ganze Reihe B&Bs, die sich östlich sowie westlich der Queen's Parade und Seacliff Road aneinanderreihen. Die Main Street und die High Street vereinen sich am Hafen in der Bridge Street.

⊙ Sehenswertes & Aktivitäten

GRATIS North Down Heritage Centre HERITAGE CENTRE
(Castle Park Ave; ⊙Di–Sa 10–16.30, So 14–16.30 Uhr, Juli & Aug. auch Mo 10–16.30 Uhr) Neben zahlreichen anderen historischen Exponaten zeigt das Museum in den umgebauten Ställen, Lagerräumen und der Wäscherei des Bangor Castle ein Faksimile des *Antiphonary of Bangor*: Dieses kleine Gebetsbuch stammt aus dem 7. Jh. und ist Irlands ältester erhaltene Handschrift (das Original wird in der Bibliotheca Ambrosiana in Mailand aufbewahrt). Eine weitere interessante Abteilung beschäftigt sich mit dem Leben von William Percy French (1854–1920), einem berühmten Entertainer und Liedermacher (in Bangor ist auch die Percy French Society zu finden; www.percyfrench.org). Das Heritage Centre liegt im Castle Park westlich des Bahnhofs und des Busbahnhofs.

Blue Aquarius BOOTSTOUR
(✆07510 006000; www.bangorboat.com; Erw./Kind ab 6/3 £; ⊙Abfahrt Juli & Aug. tgl 14 Uhr, April–Juni & Sept. nur Sa & So) Die *Blue Aquarius* schippert vom Ponton an der Marina neben dem Pickie Family Fun Park in die Bangor Bay. Im Juli und August werden auch **Angeltouren** für Familien (inkl. Ausrüstung und Köder Erw./Kind 17/12 £) angeboten. Abfahrt ist täglich um 9.30 und 19 Uhr am Eisenhower Pier (vom Land aus gesehen rechte Hafenseite).

Pickie Family Fun Park VERGNÜGUNGSPARK
(Marine Gardens; pro Fahrt 1,50 £; ⊙Ostern–Sept. 10–22 Uhr, Okt.–Ostern Sa & So bis Einbruch der Dunkelheit) Abgesehen von der Uferpromenade ist dieser altmodische Unterhaltungspark mit Schwanentretbooten, Abenteuerspielplatz, Gokartbahn und Bimmelbähnchen Bangors Hauptattraktion.

GRATIS Cockle Row Cottages MUSEUM
(Groomsport; ⊙Juni–Aug. 11.30–17.30 Uhr) Das Fischerdorf Groomsport am östlichen Stadtrand lockt mit einem malerischen Hafen und einer Reihe von Cockle Row Cottages, darunter eine nachgebaute Fischerkate aus dem Jahr 1910.

Ballyholme Bay STRAND
Östlich des Stadtzentrums erstreckt sich die Ballyholme Bay mit einem langen Sandstrand und Grünflächen, auf denen sich die Kinder austoben können.

🛏 Schlafen

LP TIPP Hebron House B&B ££
(✆9146 3126; www.hebron-house.com; 68 Princetown Rd; EZ/DZ 45/65 £; P@🛜) Eines der Highlights im Hebron ist das Frühstück am Gemeinschaftstisch. Hausherrin Ilona serviert verführerische Gerichte aus Bioprodukten und tischt u. a. Kartoffelkuchen mit Haferkruste, Schinken und Eier sowie Por-

ridge mit Bushmills-Whiskey und Sahne auf. Die drei Schlafzimmer warten mit einer Kombination aus traditionellen viktorianischen Möbeln und eleganter moderner Dekoration auf und die stilvollen Bäder sind mit edlen Handtüchern, Bademänteln sowie Toilettenartikeln von Molton Brown ausgestattet.

Cairn Bay Lodge   B&B ££
(☎9146 7636; www.cairnbaylodge.com; 278 Seacliff Rd; EZ/DZ ab 45/80 £; P 🗟) 1 km östlich des Stadtzentrums blickt dieses nette B&B in einer Villa am Meer über die Ballyholme Bay. Edwardianische Eleganz zeigt sich in der Holzvertäfelung der Lounge und des Speiseraumes, während die drei Zimmer mit Pirvatbädern punkten und eine Mischung aus antikem Charme sowie modernem Geist ausstrahlen. Außerdem gibt's hier einen tollen Garten und ein Gourmetfrühstück.

Clandeboye Lodge Hotel   HOTEL £££
(☎9185 2500; www.clandeboyelodge.com; 10 Estate Rd, Clandeboye; EZ/DZ ab 85/100 £; P @ 🗟) Das am südwestlichen Stadtrand gelegene und kürzlich umgestaltete lässig-luxuriöse Hotel hat etwas von einer zeitgemäßen Backsteinkirche. Es besitzt einen schönen Garten und lockt mit großen Zimmern, glänzenden Bädern samt Granitfliesen, flauschigen Bademänteln, Sekt und Schokolade, Kaminfeuer (im Winter) und einer Terrasse für Drinks (im Sommer).

Ennislare House   B&B ££
(☎9127 0858; www.ennislarehouse.com; 7-9 Prince Town Rd; EZ/DZ 35/65 £; P 🗟) 300 m nördlich des Bahnhofs bietet das in einem hübschen viktorianischen Gebäude untergebrachte B&B helle große Zimmer mit modischem Dekor. Darüber hinaus liest der Besitzer seinen Gästen quasi jeden Wunsch von den Augen ab.

✖ Essen

Jeffers by the Marina   IRISCH ££
(☎9185 9555; www.jeffersbythemarina.com; 7 Gray's Hill; Hauptgerichte 12-18 £; ⊙Di-Sa 10.30-22, So 10-20 Uhr) In dem schicken kleinen Café-Restaurant mit entspanntem jazzigem Sound, cooler Kunst, Granittischen und einem tollen Blick auf den Jachthafen fühlt man sich auf Anhieb wohl. Hier bekommt man den ganzen Tag über Kaffee, Kuchen und Snacks. Außerdem gibt's tolle Abendmenüs, die aus regionalen Bioprodukten wie Austern aus dem Strangford Lough und lang gekochtem irischem Rindfleisch zubereitet werden.

📍 Boat House   FRANZÖSISCH, IRISCH ££
(☎9146 9253; www.theboathouseni.co.uk; Zwei-/Drei-Gänge-Mittagsmenü 18/22 £, Hauptgerichte abends 15-20 £; ⊙Mi-Sa mittags & abends, So 10-20 Uhr) Das gemütliche Lokal aus Stein und Ziegeln verfügt über eine Designereinrichtung und befindet sich im früheren Büro des Hafenmeisters gegenüber der Touristeninformation. Auf der Speisekarte stehen lokale Meeresfrüchte, Lamm und mit einem leicht gallischen Touch zubereitetes Wild.

📍 Coyle's Bistro   BISTRO ££
(☎9127 0362; 44 High St; Hauptgerichte 15-20 £; ⊙Di-Sa 17-21, So bis 20 Uhr) Obwohl das Bistro über einer lauten Bar liegt, ist es ruhig und behaglich, dafür sorgen u. a. die Holzvertäfelung, Spiegelwände und das gedämpfte Licht. Die abwechslungsreiche Speisekarte reicht von in Rotwein geschmorter Ochsenbacke bis zu marokkanischem Lammeintopf. Das Zwei-Gänge-Menü inklusive einer Flasche Wein für zwei Personen kostet 30 £ (17-19 Uhr).

Rioja   MEDITERRAN ££
(☎9147 0774; www.riojabangor.co.uk; 119 High St; Zwei-Gänge-Abendmenü Mi-Do 16 £, Fr & Sa 20 £; ⊙Mi-Sa 17-21, Fr 12-14 Uhr) In dem entspannten Bistro mit Terrakottafliesen und Kerzenlicht gibt's spanische, französische und italienische Gerichte sowie *cataplana* (portugiesische Fischkasserolle). Das Rioja hat keine Schanklizenz, aber dafür darf jeder Gast gegen eine Gebühr von 3 £ seinen eigenen Wein mitbringen. Dienstags bis freitags wird zwischen 17 und 19 Uhr jedes Hauptgericht für 10,50 £ angeboten.

Red Berry Coffee House   CAFÉ £
(2-4 Main St; Hauptgerichte 3-6 £; ⊙Mo-Sa 9-22, So 13-21 Uhr) Das relaxte Fairtrade-Café serviert bis 11.30 Uhr ein üppiges Frühstück, z. B. Pfannkuchen mit Schinken und Ahornsirup. Tagsüber kann man Sandwiches und Salate bestellen.

☆ Unterhaltung
Jenny Watts   PUB
(41 High St) Das traditionelle Pub mit Biergarten hinter dem Haus zieht ein bunt gemischtes Publikum an. An drei Abenden der Woche gibt's Livemusik, am Freitag und Samstag Disco im Obergeschoss sowie am Sonntag zum Mittag- und Abendessen Jazz und Blues. Das Essen schmeckt lecker und

TOP FIVE: ROMANTISCHE ZUFLUCHTSORTE IN NORDIRLAND

» Bushmills Inn (S. 703)
» Galgorm Resort & Spa (S. 717)
» Malmaison Hotel (S. 635)
» Westville Hotel (S. 721)
» Old Inn (S. 656)

zu den Essenszeiten sind auch Kinder gern gesehene Gäste.

Café Ceol NACHTCLUB
(www.mintbangor.com; 17-21 High St; Eintritt frei-5 £; ⊗Do-Mo 19-1 Uhr) Bangors größte und beliebteste Ausgeh-Location beherbergt eine schicke Cocktailbar, eine gemütliche Lounge und einen eleganten Club namens Mint, in dem donnerstags Hip-Hop und R 'n' B laufen, freitags lokale DJs auftreten und samstags kommerzieller Dance, House, Funk sowie R 'n' B gespielt wird.

❶ Praktische Informationen

Touristeninformation (☏9127 0069; www.northdowntourism.com; 34 Quay St; ⊗Mai-Aug. Mo, Di, Do & Fr 9-17, Mi & Sa 13-17 Uhr, Sept.-April kürzer geöffnet & So geschl.) In einem 1637 errichteten Turm, der als befestigte Zollstation diente.

Bangor Library (80 Hamilton Rd; ⊗Mo-Mi 9-21, Do 9-22, Fr & Sa 9-17 Uhr) Internetzugang kostet 1,50 £ für 30 Min.

❶ An- & Weiterreise

Bus
Die Linien 1 und 2 von Ulsterbus fahren vom Belfast Laganside BusCentre nach Bangor (3 £, 55 Min., Mo-Sa alle 30 Min., So 8-mal). Dort kann man die Linie 3 nach Donaghadee (25 Min., Mo-Sa stdl., So 4-mal) oder die Linie 6 nach Newtownards (20 Min., Mo-Sa alle 30 Min., So 7-mal) nehmen.

Zug
Auch von den Bahnhöfen Great Victoria Station und Central Station in Belfast gibt's Verbindungen nach Bangor (5 £, 30 Min., Mo-Sa alle 30 Min., So stdl.).

Ards Peninsula

Die tief gelegene Ards Peninsula (An Aird) umschließt den Strangford Lough wie ein Finger, der gegen die Lecale Peninsula und die Portaferry Narrows tippt. Mit ihren ausgedehnten Weizen- und Gerstenfeldern gehört die Nordhälfte der Halbinsel zu den fruchtbarsten Regionen Irlands, während die Südhälfte eher von kleinen Äckern, weißen Cottages und gewundenen Straßen geprägt ist. An der Ostküste erstrecken sich schöne Sandstrände.

DONAGHADEE
6500 EW.

Bis 1874 war Donaghadee (Domhnach Daoi) der wichtigste Fährhafen für Schottland, dann wurde die 34 km lange Seeroute nach Portpatrick durch die Stranraer-Larne-Route ersetzt. Heute wohnen in dem hübschen Hafenstädtchen vor allem Pendler nach Belfast.

Der Ort ist stolz auf Irlands ältestes Pub, das 1611 eröffnete Grace Neill's. Prominentester Gast im 17. Jh. war der russische Zar Peter der Große, der hier während seiner Europareise zum Mittagessen einkehrte. Im frühen 19. Jh. nannte der englische Dichter John Keats die Kneipe „nett und sauber" – er wurde allerdings von den Einheimischen wegen seines exotischen Aufzugs ausgelacht und beschimpft.

Von Juli bis August fahren Boote von **MV The Brothers** (☏9188 3403; www.nelsonsboats.co.uk) zur Insel Copeland (Erw./Kind 5/3 £, je nach Wetter tgl. ab 14 Uhr), die seit Anfang des 20. Jhs. von Meeresvögeln bevölkert wird. Darüber hinaus gehören Angeltouren zum Angebot (10 £ pro Pers., Abfahrten jeweils um 10 und um 19 Uhr); Ausrüstung und Köder werden gestellt.

🛏 Schlafen & Essen

Pier 36 B&B ££
(☏9188 4466; www.pier36.co.uk; 36 The Parade; EZ/DZ 50/70 £) Ein tolles Pub mit komfortablen Pensionszimmern im Obergeschoss. Das Restaurant (Hauptgerichte mittags 9-13 £, abends 15-27 £; ⊗Mi-So 12.30-14.30 & 17-21.30 Uhr) verfügt über rote Backsteinmauern, Terrakottafliesen (im hinteren Bereich) und einen gelben Rayburn-Ofen, in dem Brot und Braten gebacken werden. Außerdem gibt's Suppen, Eintöpfe, Würstchen und *champ* (nordirisches Kartoffelpüree mit Frühlingszwiebeln), Muscheln, Fisch und Meeresfrüchte, Steaks sowie eine gute Auswahl an vegetarischen Gerichten.

LP TIPP Grace Neill's IRISCH ££
(☏9188 4595; www.graceneills.com; 33 High St; Zwei-/Drei-Gänge-Mittagsmenü 14/18 £, Hauptgerichte abends 15-25 £; ⊗Mo-Fr 12-15 & 17.30-21,

Sa 12–21.30, So 12.30–20 Uhr) Hinter dem ältesten irischen Pub versteckt sich eines der besten modernen Bistros Nordirlands. Seine meergrünen, khakifarbenen und roten Backsteinwände sind mit künstlerischen Fotos des alten Donaghadee dekoriert. Auf der Speisekarte stehen hochwertige Leckereien, die von geräuchertem Schellfisch mit pochiertem Ei und Senfsoße bis zu gegrilltem Steak Béarnaise reichen. Abends hat das Essen einen noch größeren Gourmetfaktor.

PORTAFERRY
3300 EW.

Portaferry (Port an Pheire), ein rund um ein mittelalterliches Turmhaus gewachsenes Städtchen, wartet mit einer tollen Lage auf und bietet einen Blick über die Meerenge auf Strangford, wo ein ganz ähnliches Turmgebäude steht. Am Ufer des Lough Strangford befindet sich eine renommierte meeresbiologische Station, in der Wissenschaftler die Flora und Fauna des Sees untersuchen. Hobbyforscher können das nahe gelegene Exploris-Aquarium besuchen.

◉ Sehenswertes & Aktivitäten

Exploris AQUARIUM
(www.exploris.org.uk; Castle St; Erw./Kind 7/4,50 £; ⊙ April–Aug. Mo–Fr 10–18, Sa 11–18, So 12–18 Uhr, Sept.–Mai kürzer geöffnet) Das ausgezeichnete Aquarium in der Nähe der Touristeninformation ist auf dem neuesten Stand der Forschung. Es informiert über das Meeresleben im Strangford Lough und in der Irischen See. Im Streichelbecken dürfen Besucher Rochen, Seesterne, Seeanemonen und andere Meereslebewesen berühren. Zum Exploris gehört auch eine Robbenaufzuchtstation, in der verwaiste, kranke oder verletzte Tiere gepflegt werden, bis sie wieder fit für die Wildnis sind.

GRATIS **Portaferry Castle** BURG
(Castle St; ⊙ Ostern–Aug. Mo–Sa 10–17, So 14–18 Uhr) Von dem kleinen Turmhaus aus dem 16. Jh. neben der Touristeninformation sowie dem Turmhaus in Strangford wurde früher der Schiffsverkehr durch die Meerenge kontrolliert.

Wandermöglichkeiten WANDERN
Wer den **Windmill Hill** mit seiner Windmühle oberhalb der Stadt erklimmt, blickt von dort über die Narrows bis nach Strangford. Die Wikinger nannten diese Meerenge Strangfjöthr (mächtiger Fjord), da beim Gezeitenwechsel (4-mal tgl.) pro Minute 400 000 m³ Wasser mit acht Knoten (15 km/h) durch die Enge strömen. Einen guten Eindruck von der Gewalt der Strömung bekommt man, wenn man die Fähre bei Flut abdriften sieht.

2008 geriet Portaferry in die Schlagzeilen, als die **SeaGen** – die erste gewerbsmäßige Tideenergie-Turbine, gebaut in der Schiffswerft Harland & Wolff in Belfast – in den Narrows installiert wurde. Der Generator ist weithin sichtbar: Wie ein stämmiger, rot-schwarzer Leuchtturm hockt er südlich der Stadt im Kanal. Sein Funktionsbereich befindet sich unter Wasser, wo sich zwei gigantische Turbinenschaufeln in den Tideströmungen drehen und 18 bis 20 Stunden am Tag etwa 1,2 Megawatt elektrischen Strom erzeugen.

Am Ufer führen schöne Spazierwege 2,5 km nordwärts zur Ballyhenry Island (bei Ebbe zugänglich) und südlich zum 6 km entfernten Naturschutzgebiet beim **Ballyquintin Point**, wo man wunderbar Vögel und Robben beobachten bzw. die herrliche Sicht auf die Mourne Mountains genießen kann.

Des Rogers BOOTSTOUR
(✆4272 8297; desmondrogers@netscapeonline.co.uk; halber/ganzer Tag ca. 75/150 £) Von Mai bis September bietet Des Rogers Angel- und Vogelbeobachtungsausflüge sowie Vergnügungsfahrten auf dem See an. Vorab reservieren.

John Murray BOOTSTOUR
(✆4272 8414; halber/ganzer Tag ca. 75/150 £) Auch John Murray organisiert von Mai bis September Angeltrips, Vogelbeobachtungstouren und Ausflugsfahrten. Vorab buchen.

🛏 Schlafen & Essen

Portaferry Hotel HOTEL ££
(✆4272 8231; www.portaferryhotel.com; 10 The Strand; EZ/DZ 65/110 £; P @ 🐾) Einige Reihenhäuser aus dem 18. Jh. wurden zu diesem freundlichen Hotel mit Zimmern im georgianischen Stil umgebaut. Die mit Meerblick (10 £ extra) sind am schönsten. Im hauseigenen, familienfreundlichen **Restaurant** (Bargerichte 6–12 £, Hauptgerichte 10–20 £) wird französisch angehauchte Küche serviert.

Fiddler's Green B&B ££
(✆4272 8393; www.fiddlersgreenportaferry.com; 10–12 Church St; EZ/DZ 45/65 £; P) Zu dem beliebten Pub-Restaurant gehört auch ein B&B mit vier komfortablen Zimmern, die über Kiefernmöbel und Gemälden verfü-

gen. Eines ist sogar mit einem Himmelbett (75 £ pro Nacht) ausgestattet. Das Frühstück sollte man sich nicht entgehen lassen! Freitags, samstags und sonntags locken in der Kneipe traditionelle Musiksessions.

Adair's B&B
B&B £

(⌨4272 8412; 22 The Square; EZ/DZ 23/44 £, Familie pro Pers. 22 £) Mrs. Adairs freundliche Pension befindet sich in einem unscheinbaren Haus am Hauptplatz (ohne Schild; es ist die Nr. 22). Hier gibt's drei große Zimmer: ein Einzelzimmer mit Gemeinschaftsbad sowie ein Doppel- und ein Familienzimmer (beide mit Privatbad, max. 4 Pers.).

Barholm
HOSTEL £

(⌨4272 9598; www.barholmportaferry.co.uk; 11 The Strand; B/Zi./DZ ab 16/21/50 £; P) Diese viktorianische Villa liegt gegenüber der Fähranlegestelle direkt am Wasser und empfängt das ganze Jahr über Gäste, die sich über Einrichtungen wie eine geräumige Küche, eine Waschküche und einen großen hellen Frühstücksraum, der auch als Teesalon dient, freuen können. Weil sich das Barholm großer Beliebtheit bei Gruppen erfreut, sollte man sein Zimmer vorab reservieren.

ⓘ Praktische Informationen

Touristeninformation (⌨4272 9882; tourismportaferry@ards-council.gov.uk; Castle St; ⓗOstern–Aug. Mo-Sa 10–17, So 14–18 Uhr) In einem restaurierten Stall beim Turmhaus.

ⓘ An- & Weiterreise

Die **Autofähre** (einfache Fahrt Auto & Fahrer 5,80 £, Motorradfahrer 3,50 £, Autopassagiere & Fußgänger 1 £) zwischen Portaferry und Strangford verkehrt montags bis freitags zwischen 7.30 und 22.30 Uhr, samstags von 8 bis 23 Uhr und sonntags von 9.30 bis 22.30 Uhr (jeweils alle 30 Min.). Die Überfahrt dauert etwa zehn Minuten.

Ulsterbus bietet Verbindungen mit den Linien 9 und 10 von Belfast via Newtownards, Mount Stewart und Greyabbey nach Portaferry (6 £, 1¼ Std., Mo-Sa 6-mal tgl., So 2-mal). In Newtownards starten weitere Busse. Achtung: Einige dieser Linien fahren über Carrowdore und halten nicht am Mount Stewart sowie in Greyabbey.

GREYABBEY
1000 EW.

In diesem Dorf befinden sich die herrlichen Ruinen der Zisterzienserabtei **Grey Abbey** (Church Rd; Eintritt frei;ⓗOstern–Sep. tgl. 10–17 Uhr, Okt.–Ostern nur So 12–16 Uhr), 1193 von Affreca, Frau des Normannenfürsten John de Courcy (Erbauer des Carrickfergus Castle), gegründet. Damit wollte sie Gott dafür danken, dass er sie auf ihrer stürmischen Überfahrt von der Isle of Man beschützt hatte. Ein kleines Besucherzentrum dokumentiert das Leben der Zisterzienser in Bildern und auf Infotafeln.

Die Abteikirche, Irlands erster gotischer Sakralbau, wurde bis ins 18. Jh. genutzt. An ihrer Ostseite befindet sich ein Grabmal mit einer Schnitzerei, die vermutlich Affreca darstellt. Das Bildnis im nördlichen Seitenschiff könnte ihren Mann zeigen. Ganz in der Nähe stößt man zudem auf das im 18. Jh. errichteten Rosemount House, dessen Rasenflächen mit schattigen Bäumen und hübschen Blumen zum Picknick einladen.

Der zentral gelegene **Hoops Courtyard** abseits der Main Street beherbergt 18 kleine Antiquitätenläden. Die Öffnungszeiten variieren, doch an Mittwoch-, Freitag- und Samstagnachmittagen sind alle Geschäfte geöffnet. **Hoops Coffee Shop** (Hoops Courtyard, Main St; Hauptgerichte 4–6 £; ⓗJuli & Aug. 10–17 Uhr, Sept.–Juni Di–Sa) eine traditionelle Teestube, bietet neben köstlichen Sahnetees auch gutes Essen. Bei schönem Wetter kann man sich draußen im Hof einen Platz suchen.

MOUNT STEWART

Das fantastische **Mount Stewart House & Gardens** (www.ntni.org.uk; Erw./Kind 7/3,50 £; ⓗMitte März–Okt. Haus 12–18 Uhr) aus dem 18. Jh. gilt als einer der prächtigsten Herrensitze Nordirlands. Er wurde für den Marquis von Londonderry errichtet und ist üppig mit Stuckaturen, Marmorskulpturen sowie wertvollen Kunstwerken ausgestattet.

Lady Mairi Vane-Tempest-Stewart (geb. 1920), Tochter des siebten Marquis, lebte hier bis zu ihrem Tod im November 2009. 1977 hatte sie das Haus dem National Trust gestiftet. Durch Annabel (geb. 1934), Tochter des achten Marquis, ist die Familie mit den Goldsmiths verwandt, nach denen ein berühmter Nachtclub in London benannt wurde. Zu den Schätzen des Hauses gehören Stühle, auf denen beim Wiener Kongress 1815 die Abgeordneten saßen (die Stickereien wurden zwischen 1918 und 1922 hinzugefügt). Außerdem hängt hier das Porträt des Rennpferdes Hambletonian von George Stubbs, eines der bedeutendsten irischen Gemälde.

Anfang des 20. Jhs. wurden die wunderschönen **Gärten** (ⓗMitte März–Okt. 10–18 Uhr) von Lady Edith, der Frau des siebten Marquis, zur Unterhaltung ihrer Kinder mit

LORD CASTLEREAGH

Auf dem Mount-Stewart-Anwesen verbrachte Robert Stewart, Lord Castlereagh (1769–1822), seine Kindheit. Er ging als einer der besten britischen Außenminister in die Geschichte ein, war aber zu Lebzeiten äußerst unbeliebt, weil er als Fürsprecher eines äußerst repressiven Regimes galt. Liberale Reformer griffen ihn in der Presse scharf an, darunter auch Daniel O'Connell, der ihn als Vaterlandsmörder bezeichnete, sowie die Dichter Percy Bysshe Shelley und Lord Byron. Letzterer schrieb sogar ein Epitaph für den Lord, das an Schärfe kaum zu überbieten war:

> „Nie wird die Nachwelt ein erhebenderes Bildnis seh'n als dies:
> Hier liegen die Gebeine von Lord Castlereagh.
> Halt inne, Reisender, und piss!"

Castlereaghs Vater, der erste Marquis von Londonderry, bereitete 1790 die politische Karriere seines Sohnes vor, indem er ihm einen Sitz im irischen Parlament als Vertreter der Grafschaft Down erkaufte. Die Kampagne verschlang stolze 60 000 £, sodass der Marquis die geplanten Umbauten von Mount Stewart nicht mehr durchführen konnte.

Als Chief Secretary für Irland in der Regierung von William Pitt war Castlereagh verantwortlich für die Niederschlagung des Aufstands 1798 und den Act of Union von 1801. Während der Napoleonischen Kriege hatte er den Posten als Außenminister inne und vertrat sein Land 1815 auf dem Wiener Kongress. (Die 22 Stühle, auf denen die europäischen Führer während des Kongresses saßen, sind im Mount Stewart House zu sehen.) Letztlich brachte ihm der politische Erfolg jedoch kein Glück: Schon während seiner Amtszeit litt Castlereagh unter Verfolgungswahn und Depressionen und schnitt sich schließlich mit einem Brieföffner die Kehle durch.

Skulpturen ausgestattet. Die Dodo-Terrasse vor dem Haus ist mit seltsamen Figuren aus Geschichte (Dinosaurier und Dodos) und Mythologie (Greife und Meerjungfrauen) sowie Riesenfröschen und Schnabeltieren bevölkert. Hoch über dem Lough thront der **Temple of the Winds** (Mitte März–Okt. So 14–17 Uhr) aus dem 18. Jh., ein Nachbau im klassischen griechischen Stil.

Das Anwesen liegt 3 km nordwestlich von Greyabbey und 8 km südöstlich von Newtownards an der A20. Am Eingangstor halten Busse, die von Belfast und Newtownards nach Portaferry fahren. Das Erdgeschoss und große Teile der Gärten sind für Rollstuhlfahrer zugänglich. Eine Stunde vor Schließung ist der letzte Einlass.

Newtownards & Umgebung

27 800 EW.

Im 17. Jh. entstand dieser Ort am ehemaligen Standort des Movilla-Klosters aus dem 6. Jh. Heute ist Newtownards (Baile Nua nah Arda) eine geschäftige, aber nicht weiter aufregende Stadt. Die **Touristeninformation** (9182 6846; tourism@ards-council.gov.uk; 31 Regent St; Mo–Fr 9.15–17, Sa 9.30–17 Uhr) befindet sich neben dem Busbahnhof.

Scrabo Country Park PARK

Newtownards wird vom weithin sichtbaren Scrabo Hill 2 km südwestlich der Stadt überragt. Früher erstreckten sich hier ausgedehnte prähistorische Erdwälle, die für den Bau des 41 m hohen **1857 Memorial Tower** (Eintritt frei; Ostern–Sept. 10–18 Uhr, Okt.–Ostern nur So 12–16 Uhr) abgetragen wurden. Im Inneren des zu Ehren des dritten Marquis von Londonderry errichteten Gebäudes informiert eine interessante Audioshow über die Geschichte des Turms, außerdem führen 122 Stufen auf die Aussichtsplattform. An klaren Tagen kann man bis nach Schottland, zur Isle of Man und sogar zum Snowdon in Wales blicken. Der stillgelegte Sandsteinbruch in der Nähe lieferte das Material für viele berühmte Bauwerke, darunter der Albert Memorial Clock Tower in Belfast.

Somme Heritage Centre HERITAGE CENTRE

(www.irishsoldier.org; 233 Bangor Rd; Erw./Kind 5/4 £; Juli & Aug. Mo–Fr 10–17, Sa & So 12–17 Uhr, April–Juni & Sept. Mo–Do 10–16, Sa 12–16 Uhr, Okt.–März kürzer geöffnet) Das auf düstere Weise faszinierende Museum veranschaulicht die Schrecken des Somme-Feldzugs von 1916 aus der Sicht der Soldaten der zehnten (irischen), 16. (irischen) und 30. (Ulster-)Division. In einer Hightechshow werden Kurzfilme vorgeführt und Rekonstruktionen der Schützengräben gezeigt. Das Heritage Centre versteht sich als Mahnmal für die Opfer des Kriegs und erinnert an die Suffragettenbewegung sowie die Rolle der Frauen im Ersten Weltkrieg.

Es liegt 3 km nördlich von Newtownards an der A21 Richtung Bangor und wird alle halbe Stunde von der Buslinie 6 zwischen Bangor und Newtownards angesteuert.

Ark Open Farm BAUERNHOF
(www.thearkopenfarm.co.uk; 296 Bangor Rd; Erw./3-16 J./unter 3 J. 4,80/4 £/frei; April–Okt. Mo–Sa 10–18, So 14–18 Uhr, Nov.–März bis 17 Uhr) Dank ihrer seltenen Schafarten und Rinder sowie ihres Federviehs, der Lamas und Esel ist der Bauernhof gegenüber dem Somme Heritage Centre auf der anderen Seite der Hauptstraße ein echter Familienmagnet. Hier dürfen die Kids Lämmer, Ferkel und Entenküken streicheln und füttern.

Strangford Lough

Der Strangford Lough (Loch Cuan; www.strangfordlough.org) ist fast völlig von Land umschlossen; nur eine 700 m breite Meerenge bei Portaferry, die Narrows, verbindet ihn mit der Irischen See. An seinem westlichen Ufer erheben sich zahlreiche bucklige Drumlins, halb versunkene eiszeitliche Geschiebelehminseln. An der Ostküste wurden die Hügel dagegen von der Kraft der Wellen aufgebrochen und zu flachen Gezeitenriffen abgetragen, *„pladdies"* genannt.

Im See leben große Kolonien von Kegelrobben, besonders an der Südspitze der Ards Peninsula, wo sich die Meerenge zur Irischen See hin öffnet. Zahlreiche Vogelarten bevölkern Meer und Watt, darunter Ringelgänse aus der kanadischen Arktis, die hier überwintern, Eiderenten und Watvögel. Austern aus dem Strangford Lough gelten als besondere Delikatesse.

Sehenswertes & Aktivitäten

Castle Espie Wildfowl & Wetlands Centre NATURSCHUTZGEBIET
(www.wwt.org.uk; Ballydrain Rd, Comber; Erw./Kind 6,50/3,20 £; Juli & Aug. 10–17.30 Uhr, März–Juni, Sept.–Okt. bis 17 Uhr, Nov.–Feb. kürzer geöffnet) Dieser Rückzugsort für Gänse (hier verbringen ca. 30 000 hellbäuchige Ringelgänse – 75 % der weltweiten Population – den Winter), Enten und Schwäne ist ein Paradies für Vogelliebhaber.

Darüber hinaus gibt's hier ein tolles **Besucherzentrum**, das über nachhaltige Entwicklung informiert, sowie zahlreiche Verstecke, um Wat- und Wasservögel zu beobachten. Am besten besucht man das Naturschutzgebiet im Mai oder Juni, wenn die Gänse-, Enten- und Schwanenküken schlüpfen, oder im Oktober, wenn die Ringelgänse in großen Scharen aus dem arktischen Kanada kommen.

Das Castle Espie Wildfowl & Wetlands Centre liegt 2 km südöstlich von Comber in der Nähe der Downpatrick Road (A22).

GRATIS Nendrum Monastic Site HISTORISCHE STÄTTE
(Lisbane; 24 Std.) Im 5. Jh. wurde die keltische Klostersiedlung von Nendrum unter Leitung des hl. Mochaoi (hl. Mahee) erbaut. Sie ist weitaus älter als das normannische Kloster in Greyabbey am anderen Ufer und ganz anders. Ihre Überreste lassen den ursprünglichen Grundriss noch deutlich erkennen. Fundamente von mehreren Kirchen, einem **Rundturm**, bienenkorbartigen Zellen und weiteren Gebäuden blieben erhalten. Außerdem stehen hier in herrlicher Insellage noch Reste von drei konzentrischen **Steinwällen** und dem Mönchsfriedhof. Besonders interessant ist eine steinerne Sonnenuhr, die unter Verwendung von Originalteilen rekonstruiert wurde. Die kleine Straße zur Westküste des Lough nach Mahee Island führt über einen Damm nach Reagh Island und über eine Brücke, die von der Turmruine des Mahee Castle aus dem 15. Jh. bewacht wird.

In dem kleinen **Besucherzentrum** (Eintritt frei; Ostern–Sept. tgl. 10–17 Uhr, Okt.–Ostern nur So 12–16 Uhr) bekommt man ein ausgezeichnetes Video zu sehen, das Nendrum mit der Grey Abbey vergleicht. Außerdem gibt's eine interessante, auch für Kinder geeignete Dokumentation über Zeitvorstellungen und Zeitmessung.

Die Stätte liegt 5 km südlich von Comber an der A20 und ist ab Lisbane ausgeschildert.

Schlafen & Essen

LP TIPP Anna's House B&B B&B ££
(9754 1566; www.annashouse.com; Tullynagee, 35 Lisbarnett Rd, Lisbane; EZ/DZ 60/90 £;) Westlich von Lisbane wartet das Anna's, ein

großes Landhaus im Ökostil, mit einem tollen Garten und einem hübschen Glasanbau auf, von dem man direkt auf einen See blickt. Jeder Gast wird herzlich empfangen, außerdem sind die Essenszutaten fast vollständig aus biologischem Anbau und es gibt selbst gebackenes Brot. Zum Frühstück kann man sich über eine reiche Auswahl freuen, die von Räucherhering über Lachsomelette bis zu frischem Obstsalat reicht. Spezielle Diäten werden gerne berücksichtigt.

Old Schoolhouse Inn B&B ££
(9754 1182; www.theoldschoolhouseinn.com; Ballydrain Rd, Comber; EZ/DZ 55/80 £; P) Südlich des Castle-Espie-Schutzgebietes steht an der Straße nach Nendrum das markante Old Schoolhouse mit sieben luxuriösen, modernen Zimmern, die nach ehemaligen US-Präsidenten benannt sind. Das frühere Klassenzimmer, heute in dunklem Bordeauxrot und mit alten Musikinstrumenten dekoriert, beherbergt nun ein preisgekröntes **Restaurant** (Drei-Gänge-Dinner 24 £; 19-22 Uhr). Hier kommt französische Landhausküche aus lokalen Zutaten auf den Tisch.

Old Post Office Tearoom CAFÉ £
(191 Killinchy Rd, Lisbane; Hauptgerichte 4-7 £; Mo-Sa 9.30-17 Uhr) Das strohgedeckte Cottage, in dem früher das Postamt untergebracht war, wurde in eine hübsche Teestube mit einem Kunstmuseum verwandelt. Cremefarbener Putz, Kiefernholzmöbel und ein Holzofen sorgen für Gemütlichkeit. Der Kaffee und die hausgemachten Scones sind wirklich lecker. Mittags gehören Lasagne und frischer Salat zum Angebot.

Killyleagh
2200 EW.

Das ehemalige Fischerdorf Killyleagh (Cill O Laoch) wartet mit der eindrucksvollen **Burg** (nicht öffentlich zugänglich) der Familie Hamilton auf. John de Courcy ließ sie ursprünglich im 12. Jh. als normannische Motte mit Einfriedung errichten, allerdings sieht man heute nur noch die Rekonstruktion aus 1850 im schottischen Baronial-Stil. An der Außenseite des Torhauses erinnert eine Tafel an den Naturkundler Sir Hans Sloane, der 1660 in Killyleagh geboren wurde. Seine Sammlung bildete den Grundstock für das British Museum, außerdem trägt der Sloane Square in London seinen Namen. Die Pfarrkirche beherbergt Gräber der Blackwoods (Marquis von Dufferin), die im 18. Jh. in die Familie Hamilton einheirateten.

Im September steigt in dem Ort das **Magnus Barelegs Viking Festival** (www.killyleagh.org/boatrace) mit Festumzügen, Kunstmärkten, Livemusik und einem Wikingerbootsrennen auf dem nahe gelegenen Strangford Lough.

Schlafen & Essen

LP TIPP Dufferin Coaching Inn B&B ££
(4482 1134; www.dufferincoachinginn.com; 35 High St; EZ/DZ ab 45/65 £; P) Einst war in der bequemen Lounge der hübschen georgianischen Pension die örtliche Bank untergebracht. Heute kann man sich hier am Kohlenofen in kostenlose Sonntagszeitungen vertiefen und im ehemaligen Büro des Filialleiters in der Bibliothek stöbern. Die sieben stilvollen Zimmer sind gut ausgestattet, einige warten sogar mit Himmelbetten auf. Im kleinsten Doppelzimmer versteckt sich das Bad diskret hinter einem Vorhang. Zum ausgezeichneten Frühstücksangebot gehören frisch gepresster Orangensaft, guter Kaffee und Rührei mit Räucherlachs.

Killyleagh Castle Towers SELBSTVERSORGER ££
(4482 8261; gatehouses@killyleagh.plus.com; High St; Apt. pro Woche 335-450 £; P) Wer schon immer mal in einer Burg übernachten wollte, kann sich für eine Woche in einem der drei Tortürme des Killyleagh's Castle einmieten – Gartennutzung, Swimmingpool und Tennisplatz inbegriffen. In den beiden kleineren Gebäuden kommen zwei bzw. vier Personen unter und im großen fünf.

Dufferin Arms PUB ££
(www.dufferinarms.co.uk; 35 High St; Bargerichte 7-10 £, Hauptgerichte abends 10-15 £; Bargerichte Mo-Do 12-15 & 17-20.30, Fr & Sa 12-17, So 12-20 Uhr) In dem gemütlichen altmodischen Pub mit der größeren Stables Bar im Keller gibt's handfeste Kneipenkost. Dagegen geht's in dem **Restaurant** (Fr & Sa 17-21.30 Uhr) mit offener Küche und Kerzenlicht etwas intimer zu. Freitags und samstags spielen hier ab 21 Uhr Bands, außerdem finden samstagnachmittags Folk- und Bluegrass-Sessions statt.

An- & Weiterreise

Die Linie 11 von Ulsterbus fährt von Belfast via Comber nach Killyleagh (4 £, 1 Std., Mo-Fr 10-mal, Sa 5-mal, So 2-mal), während die Linie 14 zwischen Killyleagh und Downpatrick (3 £, 20 Min., Mo-Fr 10-mal, Sa 5-mal) verkehrt.

Downpatrick

10 300 EW.

Die Mission des hl. Patrick, überall in Irland das Christentum zu verbreiten, begann und endete in Downpatrick. An den irischen Nationalheiligen erinnern zahlreiche Stellen in der Gegend. In Saul führte er den ersten Menschen zum Glauben und in der Down Cathedral wurde er begraben. Am 17. März, dem St. Patrick's Day, wimmelt es in der Stadt nur so von Pilgern und Feierlustigen.

Doch es gab den Ort, heute das Verwaltungszentrum der Grafschaft, schon lange vor Ankunft des Heiligen. Patrick errichtete seine erste Kirche innerhalb der *dún* (Festung) von Rath Celtchair, einer noch heute sichtbaren Erhebung südwestlich der Kathedrale. Zunächst war diese Stelle unter dem Namen Dún Pádraig (Patricks Festung) bekannt, der schließlich im 17. Jh. zu Downpatrick anglisiert wurde.

1176 soll der Normanne John de Courcy die sterblichen Überreste der beiden Heiligen Colmcille und Brigid hierhergebracht haben, wo sie einer lokalen Legende zufolge bei den Gebeinen des hl. Patrick ruhen: „In Down, three saints one grave do fill, Patrick, Brigid and Colmcille". Später erlebte Downpatrick einen Niedergang, bis im 17. und 18. Jh. die Familie Southwell der Altstadt ihre heutige Form gab. Die schönsten Beispiele georgianischer Architektur finden sich entlang der English Street und der Mall, die zur Kathedrale führt. Dagegen wirkt der Rest des Ortes etwas schmuddelig und leicht verwahrlost.

⊙ Sehenswertes

In der Mall, Downpatricks attraktivster Straße, reihen sich hübsche Gebäude aus dem 18. Jh. aneinander, darunter die 1733 errichtete Soundwell School und das Gerichtsgebäude mit einem schön verzierten Giebel.

Saint Patrick Centre HERITAGE CENTRE
(www.saintpatrickcentre.com; 53A Market St; Erw./Kind 4,95/2,55 £; ⊙Mo–Sa 9–17 Uhr, Juli-Aug. auch So 13–17 Uhr, St. Patrick's Day 9–19 Uhr) Hier veranschaulicht eine Multimediaausstellung namens Ego Patricius anhand von Audio- und Videopräsentationen das Leben und Wirken des irischen Schutzheiligen. Zu den Besuchern gehören viele Schulklassen. An mehreren Stellen wird aus dem lateinischen *Confessio* zitiert, die um 450 entstand und mit den Worten „Ego Patricius" („Ich bin Patrick") beginnt. Der Rundgang endet mit einem spektakulären Film, der seine Zuschauer auf einen atemberaubenden Hubschrauberflug über Irland mitnimmt.

GRATIS Down Cathedral KATHEDRALE
(www.downcathedral.org; The Mall; ⊙Mo–Sa 9.30–16.30, So 14–17 Uhr) Einer Legende zufolge starb der hl. Patrick in Saul. Engel forderten seine Schüler auf, den Leichnam auf einen von ungezähmten Ochsen gezogenen Karren zu legen. Wo die Tiere anhalten würden, sollte der Heilige beerdigt werden. Angeblich blieben sie bei einer Kirche auf dem Hügel von Down stehen, dem späteren Standort der zur Church of Ireland gehörenden Down Cathedral.

Das Gebäude ist ein Sammelsurium von Baustilen aus 1600 Jahren. Wikinger tilgten alle Spuren früherer Bauten, außerdem zerstörten 1316 schottische Plünderer die normannische Kathedrale und das dazugehörige Kloster. Aus dem Bauschutt errichtete man im 15. Jh. eine neue Kirche, die 1512 fertiggestellt, aber bereits 1541 nach Auflösung der Klöster dem Erdboden gleichgemacht wurde. Das heutige Bauwerk stammt im Wesentlichen aus dem 18. und 19. Jh. Sein Inneres wurde in den 1980er-Jahren völlig neu gestaltet.

Auf dem Friedhof südlich der Kathedrale befindet sich ein Grabmal aus Mourne-Granit mit der Inschrift „Patrick". 1900 ließ es der Belfast Naturalists' Field Club aufstellen, um die Lage vom Grab des hl. Patrick zu kennzeichnen.

Wer die Kirche besichtigen möchte, geht den Pfad links am Saint Patrick Centre hinauf durch die Grünanlage.

GRATIS Down County Museum MUSEUM
(www.downcountymuseum.com; The Mall; ⊙Mo–Fr 10–17, Sa & So 13–17 Uhr) Von der Kathedrale geht's bergab zum Down County Museum, das im ehemaligen Stadtgefängnis (18. Jh.) untergebracht ist. In einem Zellenblock werden Modelle einstiger Gefangener und Infoschilder zu ihrem tristen Dasein gezeigt, zudem informieren Schautafeln über die Eroberung von Down durch die Normannen. Das größte Exponat befindet sich im Freien: Ein kurzer, ausgeschilderter Weg führt zum Mound of Down, einem tollen Beispiel für eine normannische Motte mit Schutzwall.

🛌 Schlafen & Essen

Denvir's Hotel & Pub   B&B ££
(☏4461 2012; www.denvirshotel.com; 14 English St; EZ/DZ 40/70 £; 🌐🍴) Vor Kurzem wurde die 1642 errichtete Kutschenstation stilvoll restauriert. Sie beherbergt sechs eigenwillig gestaltete Zimmer mit geschliffenen Holzdielen, georgianischen Fenstern und historischen Kaminen. In der gemütlichen Bar und im rustikalen **Restaurant** (Hauptgerichte 9–15 £, Zwei-Gänge-Menüs Mo–Do 11 £; ⊙12–21 Uhr) mit einer riesigen Feuerstelle aus dem 17. Jh. gibt's gutes Essen.

Ardpatrick Country House   B&B ££
(☏4483 9434; www.ardpatrickcountryhouse.org; 108 Ballydugan Rd; EZ/DZ 33/56 £; P@🌐) In der modernen, luxuriösen Villa wird man herzlich empfangen und bekommt ein herzhaftes Frühstück. Das ländlich gelegene B&B befindet sich 4 km südwestlich des Stadtzentrums an der A25. Alle drei Zimmer wirken wie aus dem Ei gepellt und haben Privatbäder.

Mill at Ballydugan   HOTEL ££
(☏4461 3654; www.ballyduganmill.com; Drumcullen Rd, Ballydugan; EZ/DZ/FZ 60/80/90 £; P) Die acht Stockwerke hohe Mühle aus dem 18. Jh. mit Blick auf den Ballydugan Lake wurde zu einem Hotel mit Restaurant (die Öffnungszeiten variieren, also vor dem Besuch besser anrufen) umgebaut. Sie liegt 3 km südwestlich von Downpatrick an der A25 und verfügt über elf stilvolle Zimmer mit unverputzten Wänden und offenem Gebälk sowie über eine schöne, steinerne Lobby mit einer riesigen, prasselnden Feuerstelle.

❶ Praktische Informationen

Touristeninformation (☏4461 2233; www.visitdownpatrick.com; 53A Market St; ⊙Juli & Aug. Mo–Sa 9.30–18, So 14–18 Uhr, Sept.–Juni Mo–Sa 10–17 Uhr) Im St. Patrick Centre nördlich des Busbahnhofs.

❶ An- & Weiterreise

Downpatrick befindet sich 32 km südöstlich von Belfast und wird von den Bussen 15, 15A sowie 515 angesteuert, die am Europa BusCentre in Belfast starten (5 £, 1 Std., Mo–Sa mind. stdl., So 6-mal). Außerdem fährt der Goldline-Express-Bus 215 hierher (50 Min., Mo–Sa stdl.).

Die Linie 240 von Goldline Express verkehrt von Downpatrick über Dundrum, Newcastle, Castlewellan und Hilltown nach Newry (5 £, 1¼ Std., Mo–Sa 6-mal, So 2-mal).

GITARRENBAUER DER STARS

George Lowden aus Belfast fertigt bereits seit den 1970er-Jahren Gitarren an. Seine handgefertigten Instrumente sind wegen ihrer hervorragenden Qualität weltberühmt. Zu den Besitzern einer „Lowden" gehören Musiker wie Eric Clapton, Van Morrison, Richard Thompson, Mark Knopfler und The Edge. Wer ein solches Instrument erwerben will, kann sich bei **Lowden Guitars** (www.georgelowden.com; 34 Down Business Park, Belfast Rd, Downpatrick; ⊙Mo–Fr) in der Werkstatt des Meisters umsehen. Allerdings sollte man dafür mindestens 2600 £ in der Tasche haben.

Rund um Downpatrick

Einer beliebten Überlieferung nach soll der hl. Patrick von irischen Piraten aus Großbritannien entführt worden sein und sechs Jahre als Sklave Schafe gehütet haben (möglicherweise auf Slemish, s. S. 717). In der Gefangenschaft wuchs sein Glaube und er betete täglich, bis ihm schließlich die Flucht zurück zu seiner Familie gelang. Nach einer theologischen Ausbildung kehrte Patrick nach Irland zurück, um dort das Christentum zu verbreiten. Angeblich ging er am Ufer des Strangford Lough in der Nähe von Saul nordöstlich von Downpatrick an Land. Seine erste Predigt hielt er in einem nahe gelegenen Stall. Nach 30 Jahren Missionstätigkeit zog er sich nach Saul zurück.

SAUL

Bei seiner Ankunft 432 gewann Patrick hier seinen ersten Anhänger: Díchú, der örtliche Häuptling, schenkte dem Heiligen einen Schafstall (gälisch *sabhal*, ausgesprochen „sohl") für seine Predigten, der vermutlich westlich des Dorfes lag. Heute befindet sich an dieser Stelle der Nachbau einer **Kirche mit Rundturm** aus dem 10. Jh., der 1932 zum 1500. Jahrestag von Patricks Ankunft errichtet wurde.

Östlich des Ortes erhebt sich der kleine Hügel des **Slieve Patrick** (120 m) mit einem Kreuzweg zur Hügelkuppe und einer mächtigen, 10 m hohen Statue des Heiligen, ebenfalls aus dem Jahr 1932. Am

St. Patrick's Day strömen zahllose Pilger auf den Hügel.

Saul liegt 3 km nordöstlich von Downpatrick abseits der A2 Richtung Strangford.

STRUELL WELLS

Diese Quellen, denen man heilende Kräfte zuschreibt, werden ebenfalls mit dem hl. Patrick in Verbindung gebracht. Es heißt, er habe hier als Bußübung fast eine ganze Nacht nackt und Psalmen singend in der **Drinking Well** verharrt.

Während die Stätte selbst bereits seit Jahrhunderten verehrt wird, sind die hiesigen Gebäude erst nach 1600 entstanden. Die gut erhaltenen, aber eiskalten **Badehäuser** aus dem 17. Jh. sehen so aus, als würden sie eher krank als gesund machen. Zwischen den Bauten und der verfallenen Kapelle liegt die **Eye Well**, deren Wasser angeblich Augenleiden heilen soll.

Die Quellen befinden sich in einem malerischen Tal 2 km östlich von Downpatrick. Man erreicht sie, indem man die B1 Richtung Ardglass nimmt und hinter dem Krankenhaus links abbiegt.

Lecale Peninsula

Im Norden, Süden und Osten ist die Lecale Peninsula östlich von Downpatrick vom offenen Meer bzw. vom Strangford Lough umgeben und im Westen wird sie von den Feuchtgebieten der Flüsse Quoile und Blackstaff begrenzt. Ihr irischer Name Leath Chathail (gesprochen ley-ka-*hal*) bedeutet „Land von Cathal" (ein Fürst im 8. Jh.).

Die flache Halbinsel wartet mit fruchtbarem Ackerland, Fischerhäfen, Klippen und Sandstränden auf und gilt darüber hinaus als „Wallfahrtsort" für Fans von Van Morrison: Coney Island, in seinem gleichnamigen Song verewigt, erstreckt sich zwischen Ardglass und Killough im Süden von Lecale.

STRANGFORD
550 EW.

Das malerische Fischerdorf Strangford (Baile Loch Cuan) wird vom **Strangford Castle** (Castle St) beherrscht, einem Turmhaus aus dem 16. Jh., dessen Gegenstück auf der anderen Seite der Narrows in Portaferry steht. Leider ist das Gebäude nicht öffentlich zugänglich. Am Ende der Castle Street führt ein Fußweg, der sogenannte **Squeeze Gut**, auf den Hügel hinter dem Ort, von dem man eine schöne Aussicht auf den See genießt. Nun kann man in einem Bogen über die baumbestandene Dufferin Avenue (1,5 km) nach Strangford zurückkehren oder am Ufer entlang weiter bis zum Castle Ward Estate (4,5 km) wandern.

Strangford liegt etwa 16 km nordöstlich von Downpatrick. Mehr über die Autofähre zwischen Strangford und Portaferry erfährt man auf S. 659.

Schlafen & Essen

Cuan *LP TIPP* B&B ££

(4488 1222; www.thecuan.com; The Square; EZ/DZ 60/90 £; P) Die grüne Fassade der Pension gleich um die Ecke zur Fähranlegestelle ist kaum zu übersehen. Peter und Caroline, die Inhaber, bereiten ihren Gästen einen herzlichen Empfang. Im gemütlichen, holzvertäfelten **Restaurant** (Hauptgerichte 11–20 £; Küche Mo–Do 12–21, Fr & Sa 12–21.30, So 12–20.30 Uhr) kommen Riesenportionen lokaler Fische und Meeresfrüchte sowie Lamm- und Rindfleisch auf den Tisch. Das B&B verfügt über neun komfortable Zimmer.

CASTLE WARD ESTATE

Das Castle Ward bietet einen Ausblick auf die Bucht westlich von Strangford und wirkt ein bisschen wie eine gespaltene Persönlichkeit. Es wurde in den 1760er-Jahren für Lord und Lady Bangor (Bernard Ward und seine Frau Anne) errichtet, die ein seltsames Paar waren. Ihre architektonischen Vorstellungen waren so verschieden, dass dabei dieser exzentrische Landsitz herauskam – und anschließend die Scheidung. Während Bernard einen neoklassizistischen Stil favorisierte (an der Fassade und dem Treppenaufgang zu erkennen), bevorzugte Anne auf der Rückseite des Gebäudes eindeutig eine Variante der Neugotik, die im unglaublichen Fächergewölbe ihres „gotischen" Boudoirs ihren Höhepunkt fand.

Heute gehört das Haus zum **Castle Ward Estate** (www.ntni.org.uk; Park Rd; Erw./Kind Gelände & Wildtiergehege 6/2,70 £, Hausbesichtigung 4/2 £; ⊙Haus Ostern–Okt. 11–17 Uhr, Gelände April–Sept. 10–20 Uhr, Okt.–März bis 16 Uhr), das vom National Trust verwaltet wird. Auf dem Anwesen befinden sich ein viktorianisches Wäschereimuseum, das Strangford Lough Wildlife Centre, das Old Castle Ward (ein schönes Turmhaus aus dem 16. Jh.) und das Castle Audley (ein Turmhaus aus dem 15. Jh.). Darüber hinaus erstrecken sich in der Gegend viele Wander- und Radwege.

Newcastle

7500 EW.

Das viktorianische Seestädtchen Newcastle (An Caisleán Nua) hat ein millionenschweres Facelifting bekommen, das ihm gut bekommen ist. Besonders viel Geld wurde in eine über 1 km lange schicke **Uferpromenade** mit modernen Skulpturen sowie in eine elegante Fußgängerbrücke über den Fluss Shimna gesteckt. Darüber hinaus lockt der Ort mit einem 5 km langen goldgelben Sandstrand am Fuß der Mourne Mountains. Die Einwohner hoffen, dass er nun das Image eines angestaubten Seebades verliert und sich zu einem Zentrum für Outdooraktivitäten sowie einer Ausgangsbasis in den Mourne National Park (noch im Planungsstadium) entwickelt.

Newcastle ist zudem ein guter Startpunkt für Touren durch das Murlough National Nature Reserve und die Mourne Mountains – egal ob zu Fuß, per Auto oder mit dem Bus. Golfspieler aus der ganzen Welt zieht es zum Royal County Down Golf Course, von der Zeitschrift *Planet Golf* 2007 zum besten Golfplatz der Welt außerhalb der USA gekürt.

Wer mit dem Auto reist, sollte beachten, dass hier an Sommerwochenenden sehr viel los sein kann.

⊙ Sehenswertes & Aktivitäten

Früher wurde der kleine Hafen am Südende der Stadt von Booten angelaufen, die Mourne-Granit aus den Steinbrüchen vom Slieve Donard abtransportierten. Newcastles Hauptattraktion ist der **Strand**, der sich 5 km Richtung Nordosten bis zum Naturschutzgebiet erstreckt.

GRATIS **Murlough National Nature Reserve**
NATURSCHUTZGEBIET

(Parken Mai–Sept. 3,50 £; ⊙24 Std.) Fußpfade und -stege führen durch grasbewachsene Dünen und bieten Blicke auf die Mournes.

Royal County Down Golf Course GOLF

(www.royalcountydown.org; Greenfees wochentags/Wochenende 165/180 £) Im Norden der Stadt lockt dieser anspruchsvolle Championship-Golfplatz – Austragungsort des Walker Cup 2007 – mit blinden Abschlagstellen sowie mörderischen Roughs. Er wird regelmäßig unter die weltweiten Top Ten der Golfplätze gewählt. Für Gäste ist er montags, dienstags, donnerstags, freitags und sonntags geöffnet.

Granite Trail WANDERN

An der Straße gegenüber vom Hafen beginnt der Granite Trail, ein markierter Fußweg entlang einer ehemaligen Seilbahn, die alle Granitblöcke zum Hafen brachte. Die 200 Höhenmeter zu überwinden lohnt sich auch wegen der schönen Aussicht von oben.

Tropicana SCHWIMMEN

(Central Promenade; Erw./Kind 3,50/3 £; ⊙Juli & Aug. Mo & Mi–Fr 11–19, Di & Sa 11–17, So 13–17.30 Uhr) Ein Vergnügungszentrum für die ganze Familie mit beheiztem Freibad, Wasserrutschen und Planschbecken.

Rock Pool SCHWIMMEN

(South Promenade; Erw./Kind 1,80/1,50 £; ⊙ Juli & Aug. Mo–Sa 10–18, So 14–18 Uhr) Dieses

---

WANDERUNG: SLIEVE DONARD

Der Slieve Donard, mit 853 m Nordirlands höchster Hügel, überragt Newcastle wie ein schlafender Riese. Man kann von verschiedenen Punkten in und um den Ort auf den Gipfel stürmen, allerdings ist der Aufstieg steil und man sollte sich unbedingt mit Wanderschuhen, Regenkleidung, Karte und Kompass ausrüsten.

An schönen Tagen reicht die Sicht bis zu den Hügeln von Donegal, den Wicklow Mountains, zur schottischen Küste, zur Isle of Man und sogar bis zu den Snowdonia Hills in Wales. Zwei *cairns* unweit des Gipfels wurden lange für Einsiedlerzellen des hl. Donard gehalten, der sich zur Zeit des frühen Christentums zum Beten hierher zurückgezogen haben soll.

Die kürzeste Route verläuft von Newcastle entlang des Flusses Glen auf den Slieve Donard. Am Parkplatz des Donard Park 1 km südlich der Bushaltestelle am Stadtrand geht's los. Zunächst biegt man am äußersten Ende des Parkplatzes rechts ab und passiert das Tor, danach wandert man mit dem Fluss zur Linken durch den Wald. Ein Kiesweg führt durch das Flusstal hinauf zum Sattel zwischen dem Slieve Donard und dem Slieve Commedagh. Hier biegt man links ab und folgt der Mourne Wall bis zum Gipfel. Zurück geht's über denselben Weg (hin & zurück 9 km, mind. 3 Std.).

nette Meerwasserschwimmbad aus den 1930er-Jahren liegt am Südende der Promenade.

Soak SPA

(www.soakseaweedbaths.co.uk; 5A South Promenade; 1 Std. 25 £; ☉ Sept.–Juni Do–Mo 11.30–20 Uhr, Juli & Aug. tgl.) Wenn es draußen zu kalt zum Schwimmen ist, bleibt immer noch das heiße Algenbad im nahe gelegenen Soak.

🛌 Schlafen

LP TIPP Briers Country House B&B ££

(☎ 4372 4347; www.thebriers.co.uk; 39 Middle Tollymore Rd; EZ/DZ ab 43/65 £; P) In ländlicher Umgebung 1,5 km nordwestlich des Stadtzentrums stößt man auf dieses friedvolle Bauernhaus mit Blick auf die Mournes (an der Straße zwischen Newcastle und Bryansford ausgeschildert). Das Frühstück ist sehr üppig und wird auf Wunsch auch in vegetarischer Form serviert. Vom Speisesaal genießt man eine tolle Aussicht auf den Garten. Abendessen gibt's nur bei Vorbestellung.

Beach House B&B ££

(☎ 4372 2345; beachhouse22@tiscali.co.uk; 22 Downs Rd; EZ/DZ 50/90 £; P🛜) Beim Frühstück in dem eleganten viktorianischen B&B mit drei Zimmern (zwei mit eigenem Bad) und einem Balkon (für alle Gäste) blickt man direkt auf das Meer.

Tollymore Forest Park CAMPINGPLATZ £

(☎ 4372 2428; 176 Tullybranigan Rd; Zeltplatz/ Wohnwagenstellplatz 12/15,50 £) Viele „Campingplätze" in Newcastle sind nur für Wohnmobile gedacht. Der nächstgelegene Platz, auf dem man auch zelten kann, befindet sich 3 km nordwestlich des Ortszentrums im malerischen Tollymore Forest Park in den Ausläufern der Mourne Mountains. Wer zu Fuß herkommen möchte (über die Bryansford Avenue und die Bryansford Road), braucht 45 Min.

Harbour House Inn B&B ££

(☎ 4372 3445; www.harbourhouseinn.co.uk; 4 South Promenade; EZ/DZ ab 50/70 £; P🐾) Ein familienfreundliches Pub mit einem Restaurant und vier einfachen, aber komfortablen und sauberen Zimmern im oberen Stockwerk. Das Harbour House Inn liegt direkt am alten Hafen, etwa 2 km vom Busbahnhof entfernt, und ist ein guter Ausgangspunkt für eine Wanderung zum Gipfel des Slieve Donard.

Newcastle Youth Hostel HOSTEL £

(☎ 4372 2133; www.hini.org.uk; 30 Downs Rd; B 14 £; ☉ März–Okt. tgl., Nov. & 1.–22. Dez. nur Fr & Sa, 23. Dez.–Feb. geschl.) Das Hostel ist nur wenige Minuten vom Busbahnhof entfernt in einer schönen Villa aus dem 19. Jh. untergebracht. Es verfügt über 37 Betten (meist in Schlafsälen für 6 Pers.), eine Küche, eine Waschküche und einen TV-Raum. Darüber hinaus punktet es mit einem Blick aufs Meer.

Slieve Donard Resort & Spa HOTEL £££

(☎ 4372 1066; www.hastingshotels.com; Downs Rd; EZ/DZ ab 125/160 £; P🛜🏊) Der 1897 errichtete viktorianische Ziegelbau mit Blick auf den Strand beherbergt ein luxuriöses Wellnessbad und mehrere Restaurants. Hier steigen die Golflegenden Tom Watson, Jack Nicklaus und Tiger Woods ab, wenn sie in der Stadt sind.

🍴 Essen

LP TIPP Vanilla IRISCH ££

(☎ 4372 2268; www.vanillarestaurant.co.uk; 67 Main St; Zwei-Gänge-Mittagsmenü 13 £, Hauptgerichte abends 12–20 £; ☉ mittags Di–Do 12–15.30, So–Di & Do 17–21.30, Fr & Sa 18–21.30 Uhr) Darren Ireland, der Besitzer dieses cool gestylten Bistros, stammt gebürtig aus Newcastle und hat mit seinem Lokal Schwung und Enthusiasmus in die lokale Restaurantszene gebracht. Die Speisekarte ist ganz der irischen Küche gewidmet. Zu den Gerichten zählen eine exzentrische Meeresfrüchtetapestate mit Senf, Cheddar und gerösteten Zwiebeln sowie irischen Rib-Eye-Steaks mit Pilzen und geräucherten Schinkenkroketten. Sonntags bis donnerstags ist das Zwei-Gänge-Menü für 12,50 £ zu haben.

Maud's CAFÉ £

(106 Main St; Hauptgerichte 3–7 £; ☉ 9–21.30 Uhr; 🐾) In dem hellen, modernen Café mit Panoramafenstern, die einen weiten Blick über den Fluss zu den Mournes bieten, bekommt man Frühstück, guten Kaffee, *scones,* Rosinenbrötchen, Crepes, Pizzas und Pasta (auch Kinderteller).

Sea Salt BISTRO £

(51 Central Promenade; Hauptgerichte 4–7 £; ☉ Mo–Fr 10–17, Sa & So 9–17, Fr & Sa 19–21 Uhr) Im Sea Salt, Feinkostladen und Bistro in einem, werden viele Leckereien vom Cappuccino am Morgen bis zur Fischplatte zum Mittagessen serviert. Auf der Abendkarte stehen spanische Tapas und Menüs aus aller Welt.

Strand Restaurant & Bakery CAFÉ £
(53-55 Central Promenade; Hauptgerichte 5-9 £; ⏰Juni–Aug. 8.30–23 Uhr, Sept.–Mai 9–18 Uhr) Seit 1930 gibt's in diesem traditionsreichen Lokal am Meer neben Pommes frites auch großartige Eiskreationen und Kuchen, ganztägig Frühstück (2-5 £) sowie Mittag- und Abendessen.

❶ Praktische Informationen

Öffentliches WLAN (2,50/5 £ pro Tag/Woche) ist überall an der Promenade verfügbar. Prepaid-Karten bekommt man im BonBon-Laden zwischen der Touristeninformation und der Brücke.

Touristeninformation (☏4372 2222; newcastle.tic@downdc.gov.uk; 10–14 Central Promenade; ⏰Juli & Aug. Mo–Sa 9.30–19, So 13–19 Uhr, Sept.–Juni Mo–Sa 10–17, So 14–17 Uhr) Gute Bücher und Karten über die Region sowie traditionelles und modernes Kunsthandwerk.

❶ Anreise & Unterwegs vor Ort

Die Linie 20 von Ulsterbus verkehrt via Dundrum zum Europa BusCentre in Belfast (7 £, 1¼ Std., Mo–Sa mind. stdl., So 8-mal). Darüber hinaus fährt die Linie 37 von Newcastle an der Küste entlang nach Annalong und Kilkeel (4 £, 35 Min., Mo–Sa stdl., So 8-mal).

Über die Inlandroute kommt man mit dem Goldline Express 240, einem Schnellbus, von Newry über Hilltown nach Newcastle (5 £, 50 Min., Mo–Sa 6-mal tgl., So 2-mal) und weiter nach Downpatrick. Alternativ nimmt man den Bus über die Küstenstraße nach Newry und steigt in Kilkeel um.

Mieträder kosten ca. 15/80 £ pro Tag/Woche:

Mourne Cycle Tours (☏4372 4348; www.mournecycletours.com; 13 Spelga Ave) Bringt die geliehenen Räder auf Nachfrage auch zur Unterkunft.

Ross Cycles (☏4377 8029; 44 Clarkhill Rd, Castlewellan; ⏰Mo–Sa 9.30–18, So 14–17 Uhr)

Rund um Newcastle

TOLLYMORE FOREST PARK

In diesem landschaftlich schönen **Waldpark** (Bryansford; Auto/Fußgänger 4/2 £; ⏰10 Uhr–Sonnenuntergang) 3 km westlich von Newcastle führen lange Wanderwege am Fluss Shimna und an den Nordhängen der Mournes vorbei. Außerdem stößt man auf zahlreiche viktorianische Zierbauten wie das **Clanbrassil Barn** – eine Scheune, die eher wie eine Kirche aussieht – sowie auf Grotten, Höhlen und Trittsteine. Ein elektronischer Kiosk am Parkplatz informiert über Flora, Fauna und Geschichte des Parks.

CASTLEWELLAN

Ein weniger raues Outdoor-Erlebnis bietet der **Castlewellan Forest Park** (Main St, Castlewellan; Auto/Fußgänger 4/2 £; ⏰10 Uhr–Sonnenuntergang) mit Spazierpfaden rund um das Burggelände und Möglichkeiten zum **Forellenangeln** (Dreitageskarte 8,50 £) in einem hübschen See.

Im Juli steht das Dorf Castlewellan im Mittelpunkt des zehntägigen **Celtic Fusion Festival** (www.celticfusion.co.uk) mit keltischer Musik, Kunst, Theater und Tanz. Auch in anderen Orten der Grafschaft werden zu diesem Anlass Veranstaltungen organisiert, z. B. in Castlewellan, Newcastle und Downpatrick.

DUNDRUM

An zweiter Stelle hinter Carrickfergus, der schönsten normannischen Festung Nordirlands, folgt das **Dundrum Castle** (Dundrum; Eintritt frei; ⏰Ostern–Okt. tgl. 10–17 Uhr, Nov.–Ostern nur So 12–16 Uhr), 1177 von John de Courcy von Carrickfergus erbaut. Die Burg thront hoch über der Dundrum Bay, die für ihre Austern und Muscheln berühmt ist.

In der **Mourne Seafood Bar** (☏4375 1377; www.mourneseafood.com; 10 Main St; Hauptgerichte 9–16 £; ⏰12.30–21.30 Uhr, Nov.–März Mo & Di geschl.), einem freundlichen, zwanglosen Fischlokal in einem viktorianischen Haus mit Holzvertäfelung werden Austern auf fünf verschiedene Arten sowie Suppe aus Meeresfrüchten, Krabben, Langusten und täglich wechselnde Fischgerichte serviert. Alle Zutaten stammen aus der Region. Zudem hängen an den Wänden des Restaurants lokal gefertigte Kunstwerke.

Dundrum liegt 5 km nördlich von Newcastle. Busse der Linie 17 halten auf der Strecke zwischen Newcastle und Downpatrick auch in Dundrum (2 £, 12 Min., Mo–Fr 8-mal tgl., Sa 4-mal, So 2-mal).

Mourne Mountains

Wenn man von Belfast Richtung Süden nach Newcastle fährt, beherrscht das Granitmassiv der Mourne Mountains den Horizont. Dies ist eine der herrlichsten Ecken Nordirlands, eine atmosphärische Landschaft mit gelbem Ginster, grauem Granit und weiß getünchten Cottages. Die unteren Berghänge überzieht ein adrettes Netz von Steinmauern, die aus riesigen Granitblöcken aufgeschichtet wurden.

Bekanntheit erlangten die Hügel 1896 durch ein Lied des irischen Komponisten

WANDERUNG: DER BRANDY PAD

Der Brandy Pad ist ein ehemaliger Schmugglerpfad über die Mourne Mountains. Im 18. Jh. wurden auf dieser Route Schnaps, Wein, Tabak und Kaffee nach Hilltown gebracht, um so das Zollamt in Newcastle zu umgehen. Die Wanderstrecke beginnt an der A2-Küstenstraße am Parkplatz nahe der Bloody Bridge 5 km südlich von Newcastle (wer dorthin will, nimmt den Bus in Richtung Kilkeel und lässt sich unterwegs absetzen). Von hier führt der Weg vorbei an alten Granitbergwerken aus dem Tal des Flusses Bloody Bridge bis zur Mourne Wall am südlichen Fuße des Slieve Donard (3,5 km).

Auf der anderen Seite der Mauer verläuft ein breiter Weg nach Norden (rechts halten) über die flacheren Hänge des Slieve Donard und führt anschließend unterhalb der „Castles", einer Gruppe erodierter Granitspitzen, nach Westen. Jenseits des Sattels unterhalb vom Slieve Commedagh verläuft der Pfad allmählich bergab ins Tal des Flusses Kilkeel (auch Silent Valley genannt). Danach schlängelt er sich am Ben-Crom-Stausee vorbei zur Hare's Gap, wo er wieder auf die Mourne Wall stößt.

Durch das Tor in der Mourne Wall führt die Route bergab nach Nordwesten, zuerst steil, dann sanfter über einen breiten Steinweg, den Trassey Track. Letzterer mündet in eine Nebenstraße und erreicht den Parkplatz bei Trassey Bridge in der Nähe der Meelmore Lodge (12 km von der Bloody Bridge entfernt, 3–5 Std.).

Nun wandert man über den Pfad direkt oberhalb des Parkplatzes durch den Tollymore Forest Park nach Newcastle zurück (8 km, 2–3 Std.). Im Sommer kann man alternativ auch den **Mourne-Rambler-Bus** (☼Juli–Aug.) nehmen, der vom Parkplatz sowie von der Meelmore Lodge zurück in die Stadt fährt.

William Percy French. Dessen Refrain „Where the Mountains of Mourne sweep down to the sea" fängt die Verschmelzung von Meer, Himmel und Berghängen perfekt ein. Schon ein ganzes Jahrzehnt diskutiert man über die Schaffung eines neuen Nationalparks. Tourismus- und Umweltlobbyisten sind für das Projekt, die Bauern und Bauträger dagegen. Bei Redaktionsschluss war noch keine Entscheidung getroffen.

Im Norden bieten die Mournes hervorragende Möglichkeiten zum Bergwandern und Klettern. Zu den besten Wanderführern für die Gegend gehören *The Mournes: Walks* von Paddy Dillon und *A Rock-Climbing Guide to the Mourne Mountains* von Robert Bankhead. Praktisch ist außerdem die Karte der Ordnance Survey, entweder im Maßstab 1:50 000 Discoverer Series (Blatt 29: *The Mournes*) oder in 1:25 000 Activity Series (*The Mournes*); beide Versionen werden in der Touristeninformation in Newcastle verkauft.

Geschichte

Der sichelförmige Streifen flachen Landes auf der Südseite der Bergkette ist auch als Kingdom of Mourne bekannt. Jahrhundertelang war er nur sehr schwer zugänglich (nördlich der Berge verlief ein Landweg), deshalb entwickelte sich hier eine ganz eigene Landschaft und Kultur. Bis zum Bau der Küstenstraße im frühen 19. Jh. kam man nur zu Fuß oder über das Meer hierher.

Im 18. Jh. erwies sich der Schmuggel als einträgliches Geschäft. Nachts legten in der Gegend Boote an, die französische Spirituosen an Bord hatten. Lastpferde trugen die Fässer über die Hügel zur Straße und umgingen auf diese Weise die Zöllner in Newcastle. Der Brandy Pad, ein ehemaliger Schmugglerpfad von Bloody Bridge nach Tollymore, ist heute ein beliebter Wanderweg.

◉ Sehenswertes

Silent Valley Reservoir NATURSCHUTZGEBIET (Auto/Motorrad 4,50/2 £, plus Erw./Kind 1,60/ 0,60 £; ☼April–Okt. 10–18.30 Uhr, Nov.–März 10–16 Uhr) Mitten in den Mournes erstreckt sich das schöne Silent Valley Reservoir, in dem seit 1933 der Kilkeel aufgestaut wird. Vor Ort gibt's markierte Wanderwege, einen **Coffee Shop** (☼April–Sept. Sa & So 11–17.30 Uhr) und eine interessante Ausstellung über den Dammbau. Vom Parkplatz fährt ein Shuttlebus (Erw./Kind hin & zurück 1,40/1 £) die 4 km durch das Tal zum Staudamm. Im Juli und August verkehrt er täglich, im Mai, Juni und September nur an Wochenenden.

Mourne Wall
STEINMAUER

Diese Feldsteinmauer wurde von 1904 bis 1922 errichtet, um Vieh aus dem Einzugsgebiet der Flüsse Kilkeel und des Annalong fernzuhalten, die man für Belfasts Wasserversorgung aufstauen wollte. (Aufgrund ungünstiger geologischer Verhältnisse konnte der Annalong nicht gestaut werden und wird durch einen 3,6 km langen Tunnel unter den Slieve Binnian in das Silent Valley Reservoir geleitet.) Die spektakuläre Mauer – 2 m hoch, 1 m dick und 35 km lang – windet sich über die Kuppen von 15 Bergen, darunter auch der Slieve Donard (853 m).

Aktivitäten

Life Adventure Centre OUTDOOR-AKTIVITÄTEN
(4377 0714; www.onegreatadventure.com; Grange Courtyard, Castlewellan Forest Park) Wer gerne Bergwanderungen unternimmt, klettert, Kanu fährt oder sonstige Outdoor-Aktivitäten mag, sollte dieses Abenteuerzentrum ansteuern, das eintägige Probekurse für Einzelpersonen, Paare und Familien (60–100 £ pro Pers.) sowie sonntagnachmittags auch schwierigere Touren im Angebot hat. Außerdem werden hier Kanus vermietet (30/45 £ pro halber/ganzer Tag).

Hotrock KLETTERN
(4372 5354; www.hotrockwall.com; Tollymore National Outdoor Centre; Erw./Kind 4,50/2,50 £; Sa–Mo 10–17, Di–Fr bis 22, Sa & So bis 18 Uhr) Eine Kletterwand an der B180, 2 km westlich vom Eingangstor des Tollymore Forest Park. Spezielle Schuhe und Gurte kann man für 3,50 £ leihen.

Surfin' Dirt ABENTEUERSPORT
(07739-210119; www.surfindirt.co.uk; Tullyree Rd, Bryansford; Juli & Aug. Di–So 10–18 Uhr, April–Juni & Sept.–Nov. Sa & So 11–18 Uhr) Eine dreistündige Anfängertour auf der Mountainboarding-Piste inklusive Board, Sicherheitsausrüstung und Unterweisung kostet 17,50 £. Der Veranstalter ist in der Nähe der B180, etwa 3 km westlich des Dorfs Bryansford, zu finden.

Mount Pleasant REITEN
(4377 8651; www.mountpleasantcentre.com; Bannonstown Rd, Castlewellan; 12–15 £ pro Std.) Entspanntere Outdoor-Aktivitäten für Anfänger und Erfahrene bietet dieser Reiter- und Ponyhof. Zum Angebot gehören verschiedene Touren durch den Park, kürzere Ausritte (auch am Strand entlang) und Ponytrekking.

Mourne Cycle Tours RADFAHREN
(4372 4348; www.mournecycletours.com; 13 Spelga Ave, Newcastle) Verleiht Mountainbikes und Tourenräder (halber Tag/Tag/Woche ab 10/15/80 £), hilft bei der Routenplanung und organisiert Familien-Radwochenenden inklusive Unterkunft.

Feste & Events

In den Mournes werden verschiedene Wanderfeste veranstaltet, darunter das **Mourne International Walking Festival** (www.mournewalking.co.uk) Ende Juni und das **Down District Walking Festival** Anfang August.

Schlafen

Meelmore Lodge HOSTEL £
(4372 6657; www.meelmorelodge.co.uk; 52 Trassey Rd, Bryansford; Campingplätze für Erw./Kind 5/2,50 £, B/2BZ 22/58 £; P) 5 km westlich von Bryansford lockt die an den nördlichen Hängen der Mournes gelegene Meelmore Lodge mit einer gemütlichen Lounge, einer Küche, einem Campingplatz (Wohnmobile 15 £, es gibt allerdings keinen Stromanschluss) und einem guten Café.

Cnocnafeola Centre HOSTEL £
(4176 5859; www.mournehostel.com; Bog Rd, Atticall; B/2BZ/FZ 20/55/80 £; P@) Das moderne, zweckmäßig ausgestattete Hostel im Dorf Attical, etwa 6 km nördlich von Kilkeel abseits der B27 nach Hilltown und 3 km westlich des Eingangs zum Silent Valley, verfügt über eine Gästeküche und ein Restaurant, in dem Frühstück sowie Mittag- und Abendessen serviert werden.

An- & Weiterreise

Im Juli und August kann man mit der Ulsterbus-Linie 405, dem sogenannten **Mourne Rambler**, ab Newcastle sechsmal täglich eine Rundtour mit einem Dutzend Zwischenstopps in den Mournes unternehmen, darunter Bryansford (8 Min.), Meelmore (17 Min.), Silent Valley (40 Min.), Carrick Little (45 Min.) und Bloody Bridge (1 Std.). Die erste Abfahrt erfolgt um 9.30 Uhr, die letzte um 17 Uhr. Wir empfehlen das Tagesticket (5,50 £) für beliebige Fahrten.

Bus 34A (ebenfalls nur im Juli & Aug.) verkehrt von Newcastle bis zum Parkplatz des Silent Valley (45 Min., 2-mal tgl.) über Donard Park (5 Min.) und Bloody Bridge (10 Min.).

Mournes Coast Road

Auf der Fahrt über die landschaftlich reizvolle Küstenstraße A2 von Newcastle nach Newry zeigt sich Down von seiner besten

Seite. Annalong, Kilkeel und Rostrevor eignen sich gut als Ausgangspunkte für Abstecher in die Berge.

ANNALONG

Der Hafen im Fischerdorf Annalong (Áth na Long) bemüht sich vergeblich um malerisches Aussehen. Da nützt auch die an der Flussmündung gelegene **Corn Mill** (4376 8736; Marine Park; Erw./Kind 2,10/1,20 £) aus dem frühen 19. Jh. nichts, da ihre Wirkung von Graffiti und hässlichen Bauten am anderen Flussufer zunichte gemacht wird. Die Öffnungszeiten erfährt man telefonisch.

Das **Harbour Inn** (www.harbourinnannalong.co.uk; 6 Harbour Dr; Bargerichte 6–10 £, Restaurant 12–22 £; Küche So-Fr 12.30–14.30 & 17–20, Sa 12.30–21 Uhr;) direkt am Hafen verfügt über eine attraktive Lounge und eine Bar mit bequemen Sofas an den Panoramafenstern. Außerdem gibt's oben ein Restaurant mit einer schönen Aussicht auf die Mournes.

ROSTREVOR

Rostrevor (Caislean Ruairi) ist ein hübsches viktorianisches Seebad mit lebhaften Pubs. Ende Juli strömen die Folk-Musiker in Scharen zum hiesigen **Fiddler's International Festival** (www.fiddlersgreenfestival.co.uk).

Auch zu anderen Zeiten gibt's in fast allen Kneipen regelmäßig Livemusik. Gutes Essen bekommt man im **Kilbroney** (31 Church St) und im **Celtic Fjord** (8 Mary St).

Im Osten erstreckt sich der **Kilbroney Forest Park** (Shore Rd; Eintritt frei; Juni-Aug. 9–22 Uhr, Sept.-Mai bis 17 Uhr). Vom Parkplatz am oberen Ende der Waldstraße führt ein Spaziergang (10 Min.) weiter zum **Cloughmore Stone**, einem 30 t schweren Granitblock mit Inschriften aus viktorianischer Zeit. Hier oben hat man eine tolle Aussicht über den See zum Carlingford Mountain.

WARRENPOINT
7000 EW.

Leider leidet die Schönheit der Küste bei Warrenpoint (An Pointe), einem viktorianischen Badeort am Carlingford Lough, durch einen großen Industriehafen am westlichen Stadtrand. Dennoch sind die breiten Straßen, der Marktplatz und die renovierte Promonade angenehm und die Übernachtungs- sowie Einkehrmöglichkeiten besser als in Newry oder Rostrevor. Zudem wartet das Städtchen mit ein paar exzellenten Restaurants auf.

2 km nordwestlich erhebt sich das **Narrow Water Castle** (Eintritt frei; Juli & Aug. nur Fr 10–18 Uhr), ein hübsches elisabethanisches Turmhaus, das 1568 zur Kontrolle der Flussmündung des Newry errichtet wurde.

Schlafen & Essen

Whistledown Hotel HOTEL ££
(4175 4174; www.thewhistledownhotel.com; 6 Seaview; EZ/DZ 80/120 £;) Diese frühere Pension im Hafenviertel wurde zu einem Hotel im Boutique-Stil umgebaut. Alle Zimmer sind mit scharlachrotem sowie pistazienfarbigem Samt ausgekleidet und warten mit Flachbildfernsehern sowie Dreifach-Duschköpfen in den Bädern auf. Darüber hinaus gibt's eine stilvolle Bar und ein **Bistro** (Hauptgerichte 10–20 £; 12–22 Uhr).

LP TIPP Restaurant 23 IRISCH ££
(4175 3222; 13 Seaview; Hauptgeriche mittags 8–10 £, abends 14–23 £; mittags & abends) Das innovative Restaurant im Balmoral Hotel liegt an der Uferpromenade von Warrenpoint. Dank seines Michelin-Sterns trägt es dazu bei, dass aus dieser Gegend im County Down ein Ziel für Feinschmecker wird. Hier werden Köstlichkeiten wie gebratene Jakobsmuscheln mit knusprigem geräuchertem Schweinefleisch und Artischockensalat oder gedünstete Lammleber mit frischem Spargel serviert. Mittwochs bis freitags gehört ein Zwei-Gänge-Menü für 15 £ zum Angebot.

Praktische Informationen

Touristeninformation (4175 2256; Church St; Mo-Fr 9–13 & 14–17 Uhr und Juni–Sept. Sa & So) Im Rathaus.

An- & Weiterreise

Der Bus 39 verbindet Newry und Warrenpoint (2 £, 20 Min., Mo-Sa mind. stdl., So 10-mal) miteinander; einige Linien fahren weiter nach Kilkeel (1 Std.).

Newry
22 975 EW.

Lange Zeit war Newry eine Grenzstadt, die am Landweg von Dublin nach Ulster über die „Gap of the North", den Pass zwischen dem Slieve Gullion und den Carlingford Hills wachte. Hauptstraße und Eisenbahn nehmen noch heute diesen Verlauf. Der Name des Ortes leitet sich von einer Eibe (An tIúr) ab, die der hl. Patrick gepflanzt haben soll.

Nach der Eröffnung des Newry Canal 1742, der eine Verbindung zum Fluss Bann bei Portadown herstellte, wurde die Stadt ein geschäftiger Handelshafen. Hier verschiffte man Kohle aus Coalisland am Lough Neagh sowie Leinen und Butter aus der Umgebung.

Heute ist Newry ein bedeutendes Einkaufszentrum mit einem großen Markt an Donnerstagen und Samstagen. Am Wochenende wird es von shoppingfreudigen Besuchern aus dem Süden überflutet, die den Euro-Wechselkurs ausnutzen, um hinter der Grenze ein paar Schnäppchen zu machen.

◉ Sehenswertes

GRATIS **Newry and Mourne Museum** MUSEUM
(www.bagenalscastle.com; Bagenal's Castle, Castle St; ◉Mo-Sa 10-16.30, So 13-16.30 Uhr) Das Museum im Bagenal's Castle, dem ältesten erhaltenen Gebäude der Stadt, zeigt Ausstellungen zum Newry Canal sowie zur Archäologie, Kultur und Volksmusik der Gegend. Das völlig unter neueren Gebäuden verschwundene und erst vor Kurzem wiederentdeckte Turmhaus aus dem 16. Jh. wurde im Auftrag von Nicholas Bagenal errichtet, Großmarschall der englischen Armee in Irland. In der Burg ist auch die Touristeninformation untergebracht.

Kanäle KANÄLE
Der **Newry Canal** verläuft parallel zum Fluss durch das Stadtzentrum. Ihm folgt ein 30 km langer Radweg in nördlicher Richtung nach Portadown. Der **Newry Ship Canal** führt 6 km südlich auf den Carlingford Lough zu, wo die Victoria-Schleuse wieder in Betrieb gesetzt wurde. Künftig soll der Kanal auf ganzer Länge für Freizeitboote geöffnet werden. Entworfen hat ihn Bauingenieur Sir John Rennie, von dem auch die Londoner Waterloo Bridge, die Southwark Bridge und die London Bridge stammen. Die Wasserstraße ermöglichte größeren Hochseeschiffen die Einfahrt in Newrys Albert Basin.

⛨ Schlafen

Marymount B&B ££
(☏3026 1099; patricia.ohare2@btinternet.com; Windsor Ave; EZ/DZ 35/60 £; P🛜) Zehn Gehminuten vom Ortszentrum entfernt stößt man auf diesen modernen Bungalow in ruhiger Lage an einem Hügel abseits der A1 nach Belfast. Nur eines der drei Pensionszimmer hat ein eigenes Bad.

Canal Court Hotel HOTEL £££
(☏3025 1234; www.canalcourthotel.com; Merchants Quay; EZ/DZ ab 80/140 £; P@🛜) Das riesige gelbe Gebäude gegenüber dem Busbahnhof kann man gar nicht erst verfehlen. Es handelt sich zwar um ein modernes Hotel, doch mit seinen Ledersofas in der weiten, holzvertäfelten Lobby bietet es eine gewollt altmodische Atmosphäre. Das Restaurant ist im Chintz-Stil eingerichtet.

✕ Essen & Ausgehen

Copper IRISCH ££
(☏3026 7772; www.copperrestaurant.co.uk; 9 Monaghan St; Hauptgerichte 9-22 £; ◉Di-Sa 12-15, Di-Do 17-21.30, Fr & Sa 17-22.30, So 12-20.30 Uhr) Ein elegantes Restaurant mit weißen Leinentischdecken, das erst kürzlich von Warrenpoint nach Newry gezogen ist. Das hier verwendete Fleisch stammt von Bauernhöfen aus der Gegend und der Fisch aus dem Kilkeel. Alle Gerichte sind einfach und authentisch, außerdem gibt's eine separate Speisekarte für Vegetarier, auf der Leckereien wie gebratener Kürbisreibekuchen mit Tomatenconfit stehen.

Café Krem CAFÉ £
(14 Hill St; Hauptgerichte 3-5 £; ◉Mo-Sa 8.30-18 Uhr; 🛜) Mit seiner freundlichen, geselligen Atmosphäre, den großen, gemütlichen Sofas und dem besten Kaffee der Stadt lockt das Café Krem zahlreiche Gäste an. Hier kann man sich eine heiße Schokolade, Suppen, Pastagerichte und Panini gönnen.

Brass Monkey PUB ££
(1-4 Sandy St; Hauptgerichte 8-16 £; ◉Bargerichte Mo-Sa 12-21, So 12.30-20.30 Uhr) Newrys beliebtestes Pub ist mit viel Messing, Ziegeln und Holzdekor ausgestattet und wartet mit guter Kneipenkost auf, darunter Lasagne, Burger, Fischgerichte, Meeresfrüchte und Steaks. Darüber hinaus gehört am Wochenende zwischen 9 und 12 Uhr ein komplettes warmes irisches Frühstück (5 £) zum Angebot.

ⓘ Praktische Informationen

Touristeninformation (☏3031 3170; newrytic@newry andmourne.gov.uk; Bagenal's Castle, Castle St; ◉Mo-Fr 9-17 Uhr, April-Sept. auch Sa 10-16, Okt.-März 13-14 Uhr geschl.)

ⓘ An- & Weiterreise

Bus
Das Newry BusCentre befindet sich gegenüber dem Canal Court Hotel an der Mall. Von hier fährt der Goldline Express 238 via Hillsborough und Banbridge zum Europa BusCentre in Belfast (8 £, 1¼ Std., Mo-Sa mind. stdl., So 8-mal).

Außerdem geht's mit der Linie 44 nach Armagh (5 £, 1¼ Std., Mo–Sa 2-mal tgl.) sowie mit der Linie 295 über Armagh und Monaghan nach Enniskillen (9 £, 2¾ Std., Mo–Sa 2-mal tgl., nur im Juli & Aug.). Bus 39 verkehrt nach Warrenpoint (20 Min., Mo–Sa mind. stdl., So 10-mal) und Rostrevor (30 Min.).

Zug

Der Bahnhof liegt 2,5 km nordwestlich vom Stadtzentrum an der A25 und wird stündlich von der Buslinie 341 (für Bahnreisende ein kostenloser Service) angesteuert, die am Busbahnhof startet. Newry befindet sich an der Bahnstrecke zwischen Dublin (19 £, 1¼ Std., 8-mal tgl.) und Belfast (10 £, 50 Min., 8-mal tgl.).

COUNTY ARMAGH

South Armagh

Ländlich und unerschütterlich republikanisch – so präsentiert sich der Süden von Armagh, der von seinen Bewohnern „God's Country" genannt wird. Bei den britischen Soldaten, die hier in den 1970er-Jahren stationiert waren, hatte die Gegend allerdings einen unheilvolleren Spitznamen: „Bandit Country". Da die Republik Irland nur wenige Kilometer entfernt liegt, war das Gebiet ein bevorzugter Schauplatz von Angriffen und Bombenanschlägen der IRA. Mehr als 30 Jahre patrouillierten britische Soldaten durch die Straßen der Dörfer und das Dröhnen der Hubschrauber gehörte zum Alltag.

Hier zeigt sich der Friedensprozess deutlicher als im restlichen Nordirland. 2007 wurden im Rahmen des „Normalisierungsprozesses" der britischen Regierung das Militär abgezogen, die Wachttürme auf den Hügeln demontiert (ihre frühere Lage wird heute trotzig durch die irische Trikolore markiert) und die riesigen Kasernen in Bessbrook Mill und Crossmaglen geschlossen.

Nun hoffen die Einwohner, dass dieser einst so gewalttätige Teil Nordirlands wieder wegen seiner historischen Stätten, der herrlichen Landschaft und der traditionellen Musik besucht wird.

BESSBROOK
3150 EW.

Mitte des 19. Jhs. gründete der Quäker und Leinenfabrikant John Grubb Richardson Bessbrook (An Sruthán) als „Modelldorf" für die Arbeiter seiner Flachsspinnerei. Hübsche Reihenhauszeilen aus lokalem Granit säumen die beiden Hauptplätze Charlemont und College, beide mit Grünflächen in der Mitte. Außerdem gibt's hier ein Rathaus, eine Schule, ein Badehaus und eine Apotheke. Angeblich diente Bessbrook als Vorbild für Bournville bei Birmingham in England, ein weiteres Modelldorf, das die Familie Cadbury für ihre Schokoladenfabrik errichtete.

Im Ortszentrum befindet sich die gewaltige **Bessbrook Mill**. Von 1970 bis 2001 diente sie der britischen Armee als Militärbasis. Während dieser Zeit soll auf ihrem Hubschrauberlandeplatz der höchste Flugbetrieb in ganz Europa geherrscht haben. Pläne, die Mühle zu einer Wohnanlage umzubauen, wurden inzwischen genehmigt.

Südlich von Bessbrook stößt man auf das **Derrymore House** (www.ntnni.org.uk; Hausbesichtigung 3,70 £; ⊙Gärten Mai–Sept. 10–18 Uhr, Okt.–April bis 16 Uhr) ein elegantes strohgedecktes Cottage, das Isaac Corry – 30 Jahre lang irischer Parlamentsabgeordneter für Newry – 1776 errichten ließ. 1800 wurde hier im Salon der Act of Union entworfen. Das Haus ist zwar nur ein paar Tage im Jahr geöffnet (die Termine findet man auf der Website), aber immerhin kann man den umliegenden Park besichtigen. Er wurde von John Sutherland (1745–1826) angelegt, einem der bekanntesten Schüler des englischen Landschaftsarchitekten Capability Brown. Malerische Wege eröffnen schöne Ausblicke auf den Ring of Gullion.

Bessbrook liegt 5 km nordwestlich von Newry. Die Buslinie 41 fährt von Newry in den Ort (15 Min., Mo–Sa stdl.), während die Busse 42 (nach Crossmaglen) und 44 (nach Armagh) direkt am Eingang des Hauses an der A25 Richtung Camlough halten.

RING OF GULLION

Diese mystische Region ist tief im keltischen Sagenschatz verwurzelt. Ihren Mittelpunkt bildet der Slieve Gullion (Sliabh gCuilinn, 576 m). Hier erhielt der Keltenkrieger Cúchulainn angeblich seinen Namen, nachdem er den *cú* (Hund) des Schmieds Culainn getötet hatte. Der „Ring" zieht sich als zerklüftete Hügelkette von Newry bis zum 15 km südwestlich gelegenen Forkhill und umschließt den Slieve Gullion. Seine konzentrische Struktur ist sehr ungewöhnlich.

Kirchen von Killevy　　HISTORISCHE STÄTTE
(Eintritt frei; ⊙24 Std.) Von Buchen umgeben stehen diese verfallenen, miteinander ver-

bundenen **Kirchen** auf dem Gelände eines Nonnenklosters aus dem 5. Jh., das von der hl. Moninna gegründet wurde. Die östliche Kirche stammt aus dem 15. Jh. und teilt sich eine Giebelwand mit der westlichen Kirche aus dem 12. Jh. Das Westtor mit seinem massiven Türsturz und Granitpfosten ist möglicherweise noch 200 Jahre älter. Auf der Seite des Friedhofs führt ein Fußweg zu einem weißen Kreuz hinauf, das Moninnas heilige Quelle markiert.

Die Ruinen liegen 6 km südlich von Camlough an einer Nebenstraße nach Meigh. An einer Kreuzung sind Richtung Westen die Kirchen, Richtung Osten der Aussichtspunkt Bernish Rock ausgeschildert.

Slieve Gullion Forest Park PARK
(Eintritt frei; ⊙8 Uhr–Sonnenuntergang) Die 13 km lange Fahrt durch diesen reizvollen **Waldpark** eröffnet wunderbare Ausblicke auf die Berge. Vom Rastplatz am oberen Ende der Straße kann man zum Gipfel des Slieve Gullion wandern, der höchsten Erhebung im County Armagh. Oben liegen zwei bronzezeitliche *cairns* (Steingräber) und ein kleiner See (Rundweg 1,5 km). Der Eingang zum Park befindet sich 10 km südwestlich von Newry an der B113 nach Forkhill.

CROSSMAGLEN
1600 EW.

Crossmaglen (Crois Mhic Lionnáin) ist nur 4 km von der Grenze entfernt und stark republikanisch geprägt. Der Marktplatz des Ortes gehört zu den größten in ganz Irland. Auf dem Höhepunkt der Unruhen war eine Stationierung in den Kasernen von „Cross" (oder „XMG", wie es auch genannt wurde) unter britischen Soldaten besonders gefürchtet.

Inzwischen ist die Armee abgezogen und Crossmaglen präsentiert sich Besuchern als freundlicher Ort mit Pferdezuchten, einer berühmten Gaelic-Football-Mannschaft – 2011 gewannen die Crossmaglen Rangers die gesamtirische Meisterschaft sowie 2010 und 2011 die Ulster-Meisterschaft – und Pubs, die für ihre ausgezeichneten Musiksessions bekannt sind.

Touristische Infos über das Städtchen gibt's bei **RoSA** (☎3086 8900; 25-26 O'Fiaich Sq; ⊙Mo–Fr 9–17 Uhr).

Murtagh's Bar (☎3086 1378; aidanmurtagh@hotmail.com; 13 North St; EZ/DZ 30/50 £) lockt mit guter Stimmung, traditioneller Musik, Kneipenkost und einem B&B. Pubgerichte gibt's auch in der Bar des modernen **Cross Square Hotel** (☎3086 0505; www.crosssquarehotel.com; 4–5 O'Fiaich Sq; EZ/DZ 45/70 £; Hauptgerichte 7–12 £; ⊙Mahlzeiten 9–21 Uhr), das darüber hinaus im hauseigenen Restaurant Mittag- und Abendessen à la carte anbietet. Freitag-, samstag- und sonntagabends kommt man in den Genuss von Livemusik.

Bus 42 fährt von Newry über Camlough und Mullaghbane nach Crossmaglen (4 £, 50 Min., Mo–Fr 5-mal tgl., Sa 4-mal).

Armagh (Stadt)
14 600 EW.

Seit dem 5. Jh. gilt das kleine Armagh (Ard Macha) als wichtiges religiöses Zentrum. Noch heute ist es Irlands kirchliche Hauptstadt und Sitz der anglikanischen sowie römisch-katholischen Erzbischöfe von Armagh, die zugleich auch die höchsten Ämter im ganzen Land bekleiden. Die zwei Kathedralen des Orts – beide nach dem hl. Patrick benannt – stehen sich auf zwei Hügeln gegenüber.

Trotz einiger schöner georgianischer Gebäude wirkt die Stadt aufgrund ihrer Baulücken und des Ödlandes stellenweise etwas trist und heruntergekommen. Vernagelte Fenster verstärken diesen Eindruck. Dank der faszinierenden Armagh Public Library und dem nahe gelegenen Navan Fort lohnt sich ein Abstecher dennoch.

Geschichte
Als der hl. Patrick in Irland mit der Verbreitung des Christentums begann, wählte er als Ausgangspunkt eine Stätte unweit von Emain Macha (Navan Fort), dem Zentrum des heidnischen Ulster. 445 errichtete er Irlands erste steinerne Kirche auf einer nahen Anhöhe (dort befindet sich heute die Kathedrale der Church of Ireland) und bestimmte später, dass Armagh den ersten Rang unter allen irischen Kirchen einnehmen sollte.

Im 8. Jh. gehörte der Ort bereits zu den berühmtesten europäischen Zentren der Geistlichkeit, Gelehrsamkeit und des Kunsthandwerks. Er wurde in drei *trians* (Distrikte) mit jeweils englischen, schottischen und irischen Straßen eingeteilt. Doch sein Ruhm war auch sein Verderben: Wikinger plünderten die Stadt zwischen 831 und 1013 ganze zehn Mal!

Im 18. Jh. erlangte Armagh durch den Leinenhandel neuen Wohlstand. Während dieser Zeit entstanden hier eine Royal

Armagh (Stadt)

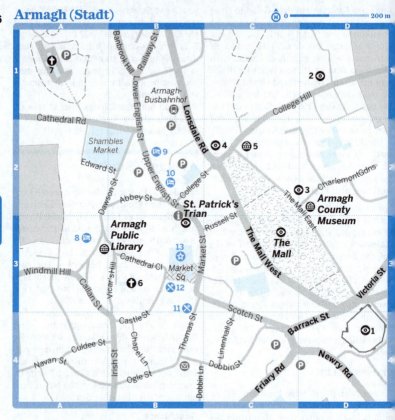

School, eine Sternwarte, eine renommierte öffentliche Bibliothek und schöne georgianische Bauten.

Die Stadt ist mit mehreren wichtigen historischen Persönlichkeiten verbunden. James Ussher (1580–1655), Erzbischof von Armagh, war ein eifriger Gelehrter, dessen bekannteste Leistung darin besteht, dass er den Tag der Schöpfung auf den 23. Oktober 4004 v. Chr. festlegte, indem er die Generationen der Bibel zusammenzählte. Bis ins späte 19. Jh. wurde dieses Datum als Tatsache hingenommen. Usshers umfangreiche Bibliothek bildet heute den Kernbestand der berühmten Bibliothek des Trinity College in Dublin. Jonathan Swift (1667–1745), Dekan der St. Patrick's Cathedral und Autor von *Gullivers Reisen*, war regelmäßig zu Gast in Armagh. Außerdem wurde hier der Architekt Francis Johnston (1760–1829) geboren, der viele der schönsten georgianischen Fassaden Dublins entworfen hat.

⊙ Sehenswertes

GRATIS Armagh Public Library MUSEUM
(www.armaghrobinsonlibrary.org; 43 Abbey St; Führung 2 £; ⊙ Mo–Fr 10–13 & 14–16 Uhr) Die griechische Inschrift über dem Haupteingang der **Armagh Public Library**, 1771 durch Erzbischof Robinson gegründet, bedeutet „Apotheke der Seele". Beim Eintreten könnte man schwören, der Erzbischof sei eben erst hinausgegangen und habe seine persönliche Sammlung von Büchern, Karten und Stichen des 17. und 18. Jhs. zurückgelassen, damit man darin schmökern kann.

Zu den wertvollsten Stücken der Bibliothek gehört die Erstausgabe von *Gullivers Reisen*, die 1726 erschien und Swifts persönliche Anmerkungen enthält. 1999 wurde das Buch bei einem bewaffneten Überfall gestohlen, aber 20 Monate später unbeschädigt in Dublin wiedergefunden.

Armagh (Stadt)

⊚ Highlights
- Armagh County Museum D2
- Armagh Public Library A3
- St. Patrick's Trian.................................B3
- The Mall..C3

⊚ Sehenswertes
1. Armagh Gaol........................ D4
2. Armagh Planetarium D1
3. Charlemont Place D2
4. Courthouse..C2
5. Royal Irish Fusiliers Museum C2
6. St. Patrick's Church of Ireland Cathedral...B3
7. St. Patrick's Roman Catholic Cathedral... A1

⊜ Schlafen
8. Armagh City Hostel A3
9. Charlemont Arms Hotel......................B2
10. De Averell House..................................B2

⊗ Essen
11. Café Papa...B3
    Footlights Bar & Bistro.............(siehe 13)
12. Uluru Bistro B3

⊚ Unterhaltung
Armagh Omniplex......................(siehe 13)
13. Market Place Theatre & Arts Centre..B3

Weitere Kostbarkeiten der Bibliothek sind Sir Walter Raleighs *History of the World* aus dem Jahr 1614, die *Claims of the Innocents* (Gnadengesuche an Oliver Cromwell) sowie eine umfangreiche Sammlung Stiche von Hogarth und anderen.

The Mall PARK
Noch im 18. Jh. diente The Mall östlich des Stadtzentrums als Austragungsort für Pferderennen sowie Hahnen- und Stierkämpfe, bis Erzbischof Robinson entschied, dass solch vulgäres Treiben nicht zu einer Gelehrtenstadt passe. Als Ersatz ließ er einen eleganten georgianischen Park anlegen, an dessen Nordrand sich das **Armagh Courthouse** befindet. Das Gerichtsgebäude wurde durch eine IRA-Bombe zerstört und 1993 wiederaufgebaut. Den ursprünglichen Bau von 1809 entwarf der aus dem Ort stammende Francis Johnston, später einer der berühmtesten Architekten Irlands. Am Südende der Grünanlage stößt man auf das abschreckende **Armagh Gaol**, das genau gegenüber dem Gericht liegt. Das Gefängnis entstand 1780 nach einem Konzept von Thomas Cooley und wurde bis 1988 genutzt. Derzeit gibt's Pläne, das Gebäude zu einem Hotel, einem Einkaufszentrum und einem Heritage Centre umzubauen.

Entlang der östlichen Parkseite reihen sich hübsche georgianische Häuser aneinander, außerdem erstreckt sich hier der **Charlemont Place**, der ebenfalls von Francis Johnston stammt.

[GRATIS] **Armagh County Museum** MUSEUM
(www.armaghcountymuseum.org.uk; The Mall East; ⊙ Mo–Fr 10–17 Uhr, Sa 10–13 & 14–17 Uhr) Im Stadtmuseum werden prähistorische Äxte, Fundstücke aus Mooren, Strohpuppen sowie Militäruniformen und -ausrüstungen gezeigt. Etwas gruselig wirkt ein gusseiserner Schädel, der früher den Galgen von Armagh zierte.

[GRATIS] **Royal Irish Fusiliers Museum**
MUSEUM
(The Mall East; ⊙ Mo–Fr 10–12.30 & 13.30–16 Uhr) Nicht weit vom Armagh County Museum entfernt dokumentiert das Royal Irish Fusiliers Museum die Geschichte des Regiments, das 1811 eine der kaiserlichen Standarten von Napoleon erbeuten konnte.

St. Patrick's Trian HERITAGE CENTRE
(40 Upper English St; Erw./Kind 5/3,25 £; ⊙ Mo–Sa 10–17, So 14–17 Uhr) Die alte presbyterianische Kirche hinter der Touristeninformation beherbergt das als St. Patrick's Trian bekannte Kultur- und Informationszentrum. Hier gibt's drei Ausstellungen: **Armagh Story** beleuchtet Armaghs Geschichte von der heidnischen Vorzeit bis zur Gegenwart, **Patrick's Testament** bietet einen interessanten Blick auf das alte *Book of Armagh*, und im **Land of Lilliput** erzählt ein Riesenmodell von Gulliver (Jonathan Swifts berühmte Romanfigur) seine Abenteuer für Kinder nach.

St. Patrick's Church of Ireland Cathedral KATHEDRALE
(www.stpatricks-cathedral.org; Cathedral Close; Eintritt mit Spende; ⊙ April–Okt. 9–17 Uhr, Nov.–März bis 16 Uhr) Die anglikanische Kathedrale der Stadt befindet sich am einstigen Standort der originalen Steinkirche des hl. Patrick. Ihr Grundriss stammt aus dem 13. Jh., doch das Bauwerk selbst ist eine neogotische Rekonstruktion von 1834 bis 1840. Eine Steinplatte an der Außenmauer des nördlichen Querschiffs markiert das

Grab von Brian Ború, einem Hochkönig, der in der letzten großen Schlacht gegen die Wikinger 1014 bei Dublin fiel.

In dem Gebäude sind die Überreste eines **Keltischen Kreuzes** aus dem 11. Jh., das sich früher ganz in der Nähe erhob, sowie das **Tandragee Idol**, eine merkwürdige Granitfigur aus der Eisenzeit, zu sehen. Im südlichen Seitenschiff stößt man auf ein **Denkmal für Erzbischof Richard Robinson** (1709-94), der die Sternwarte und die öffentliche Bibliothek gründete. Wer an einer Führung (3 £ pro Pers.) teilnehmen möchte, muss sich vorher anmelden.

St. Patrick's Roman Catholic Cathedral
KATHEDRALE

(www.armagharchdiocese.org; Cathedral Rd; Eintritt mit Spende; ◷Mo-Fr 9-18, Sa 9-20, So 8-18.30 Uhr) Die zweite St.-Patrick's-Kathedrale wurde 1838 bis 1873 im neogotischen Stil errichtet und verfügt über große Zwillingstürme. Innen wirkt sie fast byzantinisch: Wände und Decke sind bis in den letzten Winkel von Mosaiken in leuchtenden Farben bedeckt. 1981 wurde der Altarraum modernisiert, der mit seinem markanten Tabernakel und Kruzifix nicht so recht zu den Mosaiken und Statuen der Kirche passen will. Gottesdienste finden montags bis freitags um 10 sowie sonntags um 9, 11 und 17.30 Uhr statt.

Armagh Planetarium
PLANETARIUM

(www.armaghplanet.com; College Hill; Ausstellungsgelände 2 £ pro Pers., Vorführungen Erw./Kind 6/5 £; ◷Mo-Sa 10-17 Uhr) 1790 wurde das Armagh Observatory von Erzbischof Robinson gegründet. Bis heute ist es Irlands führendes astronomisches Forschungsinstitut. Das benachbarte Armagh Planetarium wendet sich hauptsächlich an Kinder und Jugendliche. Eine interaktive Ausstellung informiert über die Erforschung des Weltalls und das digitale Theater zeigt in spektakulären halbstündigen Shows Projektionen an der Kuppeldecke zu verschiedenen Themen (Termine findet man auf der Website).

Feste & Events

Apple Blossom Fair
ESSEN & GETRÄNKE

(www.armaghbramley.com) Die Apple Blossom Fair wird am ersten Maisamstag im Loughgall Manor Estate (10 km nordöstlich von Armagh) gefeiert. Zu diesem Anlass gibt's Touren zu Obstgärten, Bauernmärkte, Kochvorführungen und Stände, zu deren Angebot alle möglichen Produkte aus Äpfeln gehören.

Road Bowling
SPORT

(www.irishroadbowling.ie) Mit etwas Glück erleben Besucher ein *road-bowling*-Match mit. Heute wird das traditionelle irische Spiel hauptsächlich noch in Armagh und Cork gespielt. Die Teilnehmer werfen auf wenig befahrenen Landstraßen kleine, 800 g schwere Metallkugeln. Gewinner ist derjenige, der es mit möglichst wenigen Würfen bis zur Ziellinie schafft. Meist finden die Spiele an Sonntagnachmittagen im Sommer statt. Die Ulster Finals werden Ende Juni in Armagh ausgetragen. Mehr darüber erfährt man in der Touristeninformation.

Schlafen

De Averell House
B&B ££

(☎3751 1213; www.deaverellhouse.net; 47 Upper English St; EZ/DZ/4 BZ 45/75/100 £; P☎) Das umgebaute georgianische Stadthaus hat fünf geräumige Zimmer (die zur Straßenseite sind etwas laut; mit dem Doppelzimmer nach hinten raus trifft man dagegen eine gute Wahl) und eine Ferienwohnung, außerdem ist der Beitzer sehr hilfsbereit und freundlich.

Charlemont Arms Hotel
HOTEL ££

(☎3752 2028; www.charlemontarmshotel.com; 57-65 Lower English St; EZ/DZ 55/90 £; P☎) Eine Unterkunft aus dem 19. Jh., die im Stil dieser Zeit geschmackvoll renoviert wurde. Sie beherbergt einen eichenholzgetäfelten Speiseraum, viktorianische Kamine und ein Kellerrestaurant mit Steinfliesenboden sowie elegante, modern eingerichtete Zimmer.

Armagh City Hostel
HOSTEL £

(☎3751 1800; www.hini.org.uk; 39 Abbey St; B/2BZ 18/38 £; ◷März-Okt. tgl., Nov.-Feb. nur Fr & Sa, 23.12.-2.1. geschl.; P☎) Eigentlich ähnelt das moderne, zweckmäßige Hostel bei der Church of Ireland Cathedral eher einem kleinen Hotel. Es verfügt über sechs komfortable Doppelzimmer mit Bädern, Fernsehern und Teekesseln sowie über zwölf kleine Schlafsäle, eine gut ausgestattete Küche, eine Waschküche, eine Lounge und ein Lesezimmer.

Hillview Lodge
B&B ££

(☎3752 2000; www.hillviewlodge.com; 33 Newtownhamilton Rd; EZ/DZ 38/58 £; P☎) 1,5 km südlich von Armagh lockt diese gastfreundliche, familienbetriebene Pension mit sechs hübschen Zimmern und einem schönen Blick auf die Landschaft. Wer seinen Golfabschlag verbessern möchte, kann das auf der Driving Range nebenan tun.

Essen

LP TIPP Uluru Bistro FUSIONSKÜCHE ££
(3751 8051; www.ulurubistro.co.uk; 16–18 Market St; mittags Hauptgerichte 7 £, Abendessen 15–20 £; Di–Sa 12–15, 17–22.30 Uhr) Der australische Wirt bringt etwas Flair vom anderen Ende der Welt nach Armagh. Auf der Speisekarte findet sich eine bunte Mischung internationaler Gerichte, z. B. Tempura-Garnelen mit Salz und Chilis, auf Holzkohle grillierte marinierte Känguru-Medaillons mit süßen Kartoffelecken, aber auch irisches Steak, Meeresfrüchte und Wildgerichte.

Footlights Bar & Bistro CAFÉ £
(Market Place Theatre, Market Sq; Hauptgerichte 7–13 £; Café Mo–Sa 10–17, Abendessen Mi–Sa 17–21 Uhr) Das schicke kleine Bistro mit kaffee- und cremefarbenen Sofas sowie Stühlen in der Theaterlobby bietet Deftiges wie Rindfleischburger, Chicken Caesar Salad und Frühlingsrollen mit Ente.

Café Papa CAFÉ £
(3751 1205; 15 Thomas St; Hauptgerichte 3–8 £; Mo–Sa 9–17.30, Fr & Sa 18–21 Uhr) In diesem wunderbaren Café gibt's leckeren Kaffee, Kuchen, selbst gebackenes Brot und Gourmet-Sandwiches. Freitag- und samstagabends gehören Bistro-Dinner zum Angebot. Wein muss mitgebracht werden.

Unterhaltung

Market Place Theatre & Arts Centre
THEATER
(www.marketplacearmagh.com; Market St; Kasse Mo–Sa 9.30–16.30 Uhr) Armaghs wichtigstes Kulturzentrum beherbergt ein Theater mit 400 Plätzen, Ausstellungen und das Footlights Bar & Bistro mit Livemusik an Samstagabenden.

Armagh Omniplex KINO
(www.omniplex.ie; Market St) Kino mit vier Sälen neben dem Kulturzentrum.

Praktische Informationen

Armagh City Library (Market St; Mo, Mi & Fr 9.30–17.30, Di & Do bis 20, Sa bis 17 Uhr) Internetzugang für 1,50 £ pro Minute.

Touristeninformation (3752 1800; www.visitarmagh.com; 40 Upper English St; Mo–Sa 9–17, So 14–17 Uhr, Juli & Aug. So ab 12 Uhr) Teil des St.-Patrick's-Trian-Komplexes.

An- & Weiterreise

Der Goldline Express 251 startet vom Belfaster Europa BusCentre (8 £, 1–1½ Std., Mo–Fr stdl., Sa 6-mal, So 4-mal) nach Armagh. Außerdem verkehrt Bus 44 zwischen Armagh und Newry (5 £, 1¼ Std., Mo–Fr 2-mal tgl., Sa 3-mal) und der Goldline Express 295 fährt von hier über Monaghan nach Enniskillen (7 £, 2 Std., Mo–Sa 2-mal tgl., nur Juli & Aug.).

In Armagh halten täglich je einmal der Bus 278 zwischen Coleraine und Monaghan (hier Richtung Dublin umsteigen) und die Linie 270 zwischen Belfast und Galway.

Rund um Armagh (Stadt)

NAVAN FORT

Hoch auf einem Drumlin 3 km westlich von Armagh erhebt sich das Navan Fort (Emain Macha), Ulsters bedeutendste archäologische Stätte. Vermutlich handelt es sich um eine prähistorische Provinzhauptstadt und rituelle Stätte, die Tara in der Grafschaft Meath ebenbürtig ist. Sie steht mit den Sagen von Cúchulainn in Verbindung und wird als Hauptstadt von Ulster sowie Sitz der legendären Knights of the Red Branch betrachtet.

Von etwa 1150 v. Chr. bis zur Verbreitung des Christentums war dies ein bedeutender Ort. Der Fund eines Berberaffenschädels deutet auf Handelsbeziehungen nach Nordafrika hin. Der größte kreisförmige Erdwall misst 240 m im Durchmesser und umschließt eine kleinere kreisförmige Struktur sowie einen eisenzeitlichen Grabhügel. Bis heute gibt die Kreisstruktur den Archäologen Rätsel auf. Vielleicht handelt es sich um eine Art Tempel, dessen Dach von konzentrischen Reihen hölzerner Pfosten getragen wurde und der innen mit einem riesigen Steinhaufen gefüllt war. Noch merkwürdiger ist, dass dieses Gebilde kurz nach seiner Errichtung um 95 v. Chr. in Brand gesteckt wurde – möglicherweise zu rituellen Zwecken.

Im benachbarten Navan Centre (www.navan.com; 81 Killylea Rd, Armagh; Erw./Kind 6/4 £; April–Sept. 10–19 Uhr, Okt.–März bis 16 Uhr) kann man sich über das Fort und seinen geschichtlichen Kontext informieren sowie den Nachbau einer eisenzeitlichen Siedlung besichtigen.

Von Armagh aus erreicht man die Stätte in 45 Gehminuten. Alternativ nimmt man

> **ABSTECHER**
>
> ## OXFORD ISLAND
>
> Im Oxford Island National Nature Reserve am Südrand des Lough Neagh werden verschiedene Biotope geschützt, darunter Waldland, Wildblumenwiesen, Schilfzonen und flache Seeufer. Hier erstrecken sich zahlreiche Wanderpfade, außerdem gibt's Infotafeln und Vogelbeobachtungsplätze.
>
> Das **Lough Neagh Discovery Centre** (www.oxfordisland.com; Oxford Island, Lurgan; Eintritt frei; ⊙ Mo–Sa 10–13 & 14–16 Uhr) liegt in der Mitte eines von Wasservögeln bevölkerten Schilfteichs. Es bietet Informationen über den See und beherbergt ein Museum sowie ein stilvolles kleines Café mit einem Ausblick aufs Ufer.
>
> An der benachbarten Kinnego Marina starten einstündige **Bootsfahrten** (Erw./Kind 5/2,50 £; ⊙ April–Okt. Sa & So 13.30–17 Uhr) mit der *Master McGra* (12 Plätze) hierher.
>
> Oxford Island befindet sich nördlich von Lurgan; ab der M1-Ausfahrt 10 ist der Weg ausgeschildert.

die Buslinie 73 zum Dorf Navan (10 Min., Mo–Fr 10-mal tgl.).

LOUGH NEAGH

Der Lough Neagh (ausgesprochen „ney"), Großbritanniens und Irlands größter Süßwassersee (32 km lang und 16 km breit), ist relativ flach und reicht nirgendwo tiefer als 9 m. Er bietet nicht nur Wasservögeln einen wichtigen Lebensraum, sondern auch der Irischen Maräne, einer ausschließlich in Irland vorkommenden Fischart, und der Forellenart Dollaghan, die man nur im Lough Neagh findet. Weil der See über den Fluss Bann mit dem Meer verbunden ist, galt er schon in prähistorischen Zeiten als wichtige Wasserstraße. In der Aalfischerei sind noch heute etwa 200 Menschen beschäftigt.

Als wichtigste Ausgangspunkte für die Erkundung des Sees gelten das Städtchen Antrim (S. 716) am Ostufer, Oxford Island (s. oben) im Süden sowie Ballyronan und Ardboe (S. 734) im Westen. Der **Loughshore Trail** (www.loughshoretrail.com), ein 180 km langer Radwanderweg, führt um den Lough Neagh herum. Fast alle Abschnitte verlaufen über ruhige Nebenstraßen etwas abseits des Ufers. Westlich von Oxford Island und südlich der Stadt Antrim genießt man die schönsten Ausblicke über das Wasser.

Counties Derry & Antrim

EINWOHNER: 532 000 / FLÄCHE: 4918 KM²

Inhalt »

County Derry 684
Derry/Londonderry 684
Limavady &
Umgebung 696
Coleraine 699
Portstewart 699
County Antrim 701
Portrush 701
Dunluce Castle 702
Bushmills 703
Giant's Causeway 704
Rathlin Island 709
Glens of Antrim 710
Carrickfergus 715

Gut essen

» Halo Pantry & Grill (S. 692)
» Lime Tree (S. 697)
» Preference Brasserie (S. 700)
» 55 Degrees North (S. 702)
» Bushmills Inn (S. 703)

Schön übernachten

» Merchant's House (S. 691)
» Downhill Hostel (S. 698)
» Clarmont (S. 701)
» Whitepark House (S. 706)
» Villa Farmhouse (S. 712)

Auf nach Derry & Antrim

Die nordirische Küste ist von Carrickfergus bis Coleraine ein Traum für Geologen. Hier hat der Ozean schwarzen Basalt und weiße Kreide freigeschwemmt, die einen Großteil des Untergrunds des Countys Antrim bilden, außerdem sind die Felsen zu einer atemberaubenden Szenerie aus Klippen, Höhlen, Säulen und Spitzen ausgeformt. Zu den größten Attraktionen der Region gehören der Giant's Causeway und die noch beeindruckendere Carrick-a-Rede Rope Bridge ganz in der Nähe.

Viele Touristen zieht auch die im Westen der Grafschaft Derry gelegene gleichnamige historische Stadt in einer breiten Schleife des Flusses Foyle an. Als einziger irischer Ort besitzt Derry eine vollständig erhaltene Stadtmauer, deren Umrundung als eines der Highlights jeder Nordirlandreise gilt. Darüber hinaus lockt es mit ergreifenden Wandmalereien in der Bogside sowie einer quirligen Musik- und Pubszene.

Reisezeit

Wanderungen an der Causeway Coast unternimmt man am besten im Mai. Zu dieser Zeit umgeht man den sommerlichen Andrang am Giant's Causeway und kann das bunte Blumenmeer wunderbar zu Fuß erkunden. Wenn die Nistsaison der Meeresvögel im Juni und Juli ihren Höhepunkt erreicht, lohnt es sich besonders, das RSPB-Reservat auf Rathlin Island zu besuchen. Außerdem herrscht jetzt das beste Wetter, um an den hiesigen Stränden zu relaxen. Am letzten Montag und Dienstag im August findet in Ballycastle die traditionelle Ould Lammas Fair statt.

Highlights

1 In **Derry** (S. 684) die beeindruckenden alten Stadtmauern und modernen Wandmalereien bewundern und sich von der tollen Musik mitreißen lassen

2 An den Stränden rund um **Portrush** (S. 701) surfen oder bodyboarden

3 Eine 16,5 km lange Wanderung entlang der spektakulären **Causeway Coast** (S. 709) von Carrick-a-Rede bis zum Giant's Causeway unternehmen

4 Beim Gang über die schmale, schwankende **Carrick-a-Rede Rope Bridge**

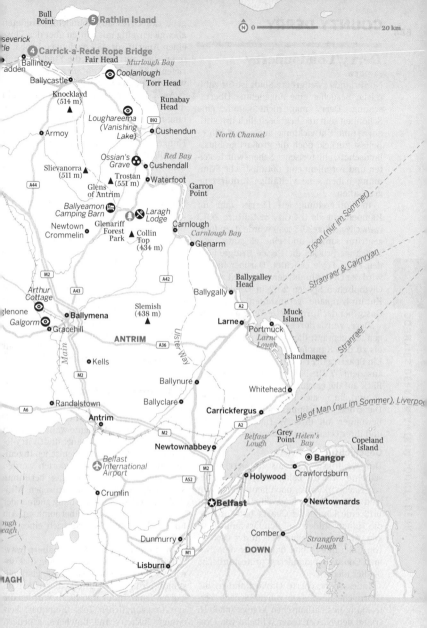

(S. 706) seine Nerven auf die Probe stellen

5 Am abgelegenen westlichen Ende von **Rathlin Island** (S. 709) Meeresvögel und Robben beobachten

6 Auf einem spannenden Rundgang durch die **Old Bushmills Distillery** (S. 703) die Geheimnisse der irischen Whisky-Herstellung kennenlernen

7 Vom fotogenen **Mussenden Temple** (S. 698) in Downhill den spektakulären Blick auf die Küste genießen

COUNTY DERRY

Derry/Londonderry

83 700 EW.

Nordirlands zweitgrößte Stadt ist für zahlreiche Besucher eine angenehme Überraschung. Derry mag nicht gerade eine Schönheit sein und liegt bezüglich Investitionen und Entwicklung auch weit hinter Belfast zurück, doch die großartige Flusslandschaft, historische Sehenswürdigkeiten und vor allem eine optimistische Stimmung haben eine vielfältige Kulturszene geschaffen.

In Vorbereitung auf Derrys Jahr im Rampenlicht als UK City of Culture 2013 (www.cityofculture2013.com) wurde das Stadtzentrum saniert und eine elegante neue Fußgängerbrücke, die Peace Bridge, über den Fluss Foyle errichtet. Darüber hinaus wird der Ort während der Anlaufzeit zu den Olympischen Spielen 2012 in London eine Kulturolympiade veranstalten und 2013 Gastgeber der Turner-Prize-Verleihung sein.

Derry wurde durch eine bewegte Vergangenheit geprägt, die von einer Belagerung bis zu den Kämpfen in der Bogside reicht. Ein Spaziergang rund um die Stadtmauern aus dem 17. Jh. ist ein Muss, ebenso ein Blick auf die erschütternden Wandmalereien und ein Besuch in den lebhaften Pubs. Die größte Anziehungskraft aber üben die Bewohner mit ihrer Wärme, ihrem Witz und ihrer Gastfreundlichkeit aus.

Geschichte

Das wichtigste Ereignis in Derrys Geschichte war die Belagerung 1688/89, deren Nachwirkungen noch heute zu spüren sind. König Jakob I. gewährte der Stadt 1613 eine königliche Charta und forderte die Handelsgilden auf, den Ort zu befestigen. Außerdem ließen sich in der Gegend von Coleraine (schon bald unter dem Namen County Londonderry) protestantische Siedler nieder.

Indessen bescherte Großbritannien die Glorreiche Revolution von 1688 nach Vertreibung des katholischen Königs Jakob II. Irland den Niederländer Wilhelm von Oranien. Derry war die einzige Garnison, die nicht von der königlichen Armee eingenommen wurde. So begannen im Dezember 1688 katholische Truppen unter dem Earl of Antrim vom östlichen Flussufer aus den Ort zu belagern. Die Ankömmlinge schickten Abgesandte, um Bedingungen für die Übergabe des Ortes auszuhandeln, bereiteten aber gleichzeitig mit Fähren über den Fluss einen Angriff vor. 13 Lehrjungen beobachteten dies, verriegelten die Stadttore und riefen: *"There'll be no surrender!"* („Wir werden niemals aufgeben!")

Am 7. Dezember 1688 begann daraufhin die Belagerung von Derry. Ganze 105 Tage lang trotzten die protestantischen Einwohner Bombardierungen, Krankheiten und Hunger (die Versorgungslage der Angreifer war allerdings nicht viel besser). Schließlich kam ihnen ein Schiff zu Hilfe und durchbrach die Belagerungslinie, allerdings hatte zu diesem Zeitpunkt bereits die Hälfte der Stadtbewohner ihr Leben gelassen. Im 20. Jh. machten die Protestanten von Ulster die Belagerung zum Symbol ihres Widerstandes gegen die Herrschaft der katholischen Republik. „No surrender!" ist bis heute ihr Schlachtruf.

Im 19. Jh. war Derry einer der wichtigsten Auswandererhäfen in die USA. Daran erinnert eine Skulpturengruppe auf dem Waterloo Place, die eine Emigrantenfamilie zeigt. Außerdem spielte die Stadt eine bedeutende Rolle im transatlantischen Handel mit Leinenhemden. Noch heute erhält jeder US-Präsident jährlich zwölf Hemden aus Derry.

⊙ Sehenswertes

ALTSTADT

Derry ist Irlands ältestes Beispiel für Stadtplanung. Als Vorbild diente wahrscheinlich die französische Renaissancestadt Vitry-le-François, die 1545 vom italienischen Ingenieur Hieronimo Marino entworfen worden war. Beide Orte haben das berühmte Schachbrettmuster eines römischen Militärlagers mit zwei rechtwinklig zueinander liegenden Hauptstraßen übernommen. Am Ende jeder Straße befindet sich eines der vier Stadttore.

Die 1619 errichteten Stadtmauern (www.derryswalls.com) sind 8 m hoch, 9 m dick sowie 1,5 km lang und das einzige fast vollständig erhaltene Bauwerk dieser Art im ganzen Land. Im 18. und 19. Jh. wurden die vier ursprünglichen Tore (Shipquay, Ferryquay, Bishop's und Butcher's) erneuert, außerdem kamen drei weitere hinzu (New, Magazine und Castle). Seinen Spitznamen Maiden City (Jungfräuliche Stadt) verdankt Derry der Tatsache, dass die Mauern nie von Feinden bezwungen werden konnten.

Sie wurden im Auftrag der Honourable The Irish Society erbaut, einer 1613 von Jakob I. und den Londoner Gilden ins Leben gerufenen Organisation, die Derrys Finanzierung, Befestigung und die Besiedlung des Umlandes mit Protestanten überwachen sollte. Heute setzt das Unternehmen seinen Schwerpunkt auf karitative Tätigkeiten und ist noch immer Eigentümer der Mauern.

Tower Museum MUSEUM
(Union Hall Pl; Erw./Kind 4,20/2,65 £; ⊙Di–Sa 10–17, Juli & Aug. auch So 11–15 Uhr) Das preisgekrönte Tower Museum ist direkt hinter dem Magazine Gate in dem Nachbau eines Turmhauses aus dem 16. Jh. untergebracht. Zuerst begibt man sich am besten in den fünften Stock und genießt den wundervollen Ausblick. Danach geht's nach unten zu der ausgezeichneten **Armada-Shipwreck-Ausstellung**. Hier wird die Geschichte der *Trinidad Valenciera*, einem Schiff der Spanischen Armada, nacherzählt. 1588 in der Kinnagoe Bay in Donegal gesunken, wurde es 1971 vom Derry Sub-Aqua Club entdeckt und von Meeresarchäologen geborgen. Zur Sammlung gehören Bronzegewehre, Zinngeschirr und persönliche Gegenstände, darunter ein Holzkamm, ein Oliventopf, eine Schuhsohle, sowie eine 2,5 t schwere Kanone mit dem Wappen Phillips II. von Spanien, das ihn als König von England zeigt.

Der zweite Ausstellungsschwerpunkt liegt auf der Stadtgeschichte. Gut durchdachte Exponate und einige audiovisuelle Elemente von der Klostergründung durch den hl. Colmcille (Columba) im 6. Jh. bis zur Schlacht in der Bogside Ende der 1960er-Jahre sind in der **Story-of-Derry-Ausstellung** zu sehen. Für den Museumsbesuch sollte man zwei Stunden einplanen.

GRATIS **St. Columb's Cathedral** KATHEDRALE
(www.stcolumbscathedral.org; London St; Eintritt frei, aber Spenden erwünscht; ⊙ganzjährig Mo–Sa 9–17 Uhr) Aus dem gleichen graugrünen Schiefer wie die Stadtmauern wurde zwischen 1628 und 1633 die St. Columb's Cathedral erbaut. Sie war die erste nachreformatorische Kirche, die man in Großbritannien und Irland errichtet hatte, und ist heute Derrys ältestes Gebäude. Von 2010 bis 2011 wurde sie umfassend restauriert.

In der **Vorhalle** (unter dem Kirchturm am Eingang von St. Columb's Court) sieht man noch den original erhaltenen Grundstein aus dem Jahr 1633, der die Fertigstellung des Gebäudes dokumentiert. Auf ihm stehen folgende Worte:

„If stones could speake
Then London's prayse
Should sounde who
Built this church and
Cittie from the grounde"

(„Wenn Steine sprechen könnten, dann sollten sie London preisen, das diese Kirche und die Stadt erbaute.")

Auf dem kleineren Stein steht: *„In Templo Verus Deus Est Vereo Colendus"* (Der wahre Gott ist in seinem Tempel und soll wahrhaftig angebetet werden). Er stammt aus dem ursprünglichen Bauwerk von 1164 und ist dem Schutzheiligen Colmcille gewidmet.

In der Vorhalle befindet sich auch eine Kanonenkugel, die während der Belagerung 1688/89 in den Kirchhof geschossen wurde. In ihrem Hohlraum waren die Kapitulationsbedingungen versteckt. Das benachbarte **Kapitelhaus** zeigt u. a. Gemälde, alte Fotos und vier gewaltige Schlösser, mit denen die Stadttore im 17. Jh. verriegelt wurden.

Das solide Rechteck des **Kirchenschiffs** im Stil der Planter's Gothic teilt mit vielen anderen irischen Gotteshäusern die kühle Strenge: dicke Wände, kleine Fenster, sichtbares Gebälk (von 1823). Letzteres ruht auf Kragsteinen, die nach den Konterfeis ehemaliger Bischöfe und Dekane geformt sind. Im 18. Jh. wurde der Thron des Bischofs am hinteren Ende aus Mahagoni gefertigt. Er weist Verzierungen im chinesischen Chippendale-Stil auf.

Die **Kanzel** und das bunte Glasfenster mit einer Darstellung von Christi Himmelfahrt stammen aus dem Jahr 1887. Bei der großen Belagerung wurden die Flaggen zu beiden Seiten des Fensters von den Franzosen erbeutet. Während die gelbe Seide bereits mehrmals erneuert wurde, sind die Stangen und goldenen Drahtverzierungen Originale.

AUSSERHALB DER STADTMAUERN

GRATIS **Guildhall** BEMERKENSWERTES GEBÄUDE
(Guildhall Sq; ⊙Mo–Fr 9–17 Uhr) Die neogotische Guildhall befindet sich gleich außerhalb der Stadtmauern gegenüber dem Tower Museum. Ursprünglich 1890 errichtet, baute man sie 1908 nach einem Brand neu auf. Als Sitz der alten Londonderry Corporation, die maßgeblich an der Diskriminierungspolitik gegen Katholiken bezüglich Wohnungs- und Arbeitsvergabe beteiligt

Derry

Derry

⊚ Highlights
Guildhall	B5
Harbour Museum	B4
St. Columb's Cathedral	B6
Tower Museum	B5

⊚ Sehenswertes
1	Bloody Sunday Memorial	A5
	Bogside Artists Studio	(siehe 6)
2	Free Derry Corner	A5
3	Hands-Across-the-Divide-Denkmal	B7
4	Hunger Strikers' Memorial	A5
5	Museum of Free Derry	A5
6	People's Gallery & Studio	A4

⊚ Aktivitäten, Kurse & Touren
7	City Tours	B6

⊚ Schlafen
8	Abbey B&B	A4
9	Derry City Independent Hostel	A4
10	Derry Palace Hostel	A3
11	Merchant's House	A3
12	Saddler's House	A4
13	Sunbeam House	A7

⊚ Essen
14	Boston Tea Party	B5
15	Café Artisan	B6
16	Café del Mondo	B5
	Encore Brasserie	(siehe 31)
17	Fitzroy's	B6
18	Halo Pantry & Grill	B6
19	Mange 2	B1
20	Sandwich Co	B3
21	Sandwich Co	B5
22	Spice	D6

⊚ Ausgehen
23	Badgers Bar	B5
24	Peadar O'Donnell's	B5

⊚ Unterhaltung
25	Cultúrlann Uí Chanáin	A4
26	Derry Omniplex	B3
27	Earth@Café Roc	B1
28	Gweedore Bar	B5
29	Magee College	B1
30	Mason's Bar	B5
31	Millennium Forum	B5
32	Nerve Centre	B5
33	Playhouse	B6
34	Sandino's Cafe-Bar	C5

⊚ Shoppen
35	Austins	B5
36	Cool Discs Music	C5
37	Craft Village	B5
38	Donegal Shop	B5
39	Foyleside Shopping Centre	C6
40	McGilloway Gallery	B5
41	Whatnot	B6

war, wurde sie zum Hassobjekt der Nationalisten. 1972 bombardierte die IRA das Gebäude zweimal. Zwischen 2000 und 2005 tagte hier die Untersuchungskommission zum Bloody Sunday. Die schönen Buntglasfenster der Guidehall, ein Geschenk der London Livery Companies, sind überaus sehenswert. Im Juli und August finden vor Ort Führungen statt.

GRATIS Harbour Museum MUSEUM
(Harbour Sq; ⊗Mo–Fr 10–13 & 14–17 Uhr) Dieses kleine, altmodische Museum zeigt mehrere Schiffsmodelle, den Nachbau eines *currach* (ein frühchristliches Segelboot, wie es der hl. Colmcille bei seiner Überfahrt nach Iona benutzt haben muss) und eine vollbusige Galionsfigur der Minnehaha. Es ist im ehemaligen Harbour Commissioner's Building gleich neben der Guildhall untergebracht.

Hands Across the Divide DENKMAL
Wer die Stadt über die Craigavon Bridge betritt, erblickt als Erstes dieses beeindruckende Denkmal. Die Bronzeskulptur zweier Männer, die sich aufeinander zubewegen, steht für den Geist der Versöhnung und für eine hoffnungsvolle Zukunft. Sie wurde 1992, 20 Jahre nach dem Bloody Sunday, enthüllt.

BOGSIDE
Dieser Bezirk westlich der Altstadt entstand im 19. und frühen 20. Jh. als vornehmlich katholisches Arbeiterviertel. In den 1960er-Jahren waren die eng gedrängten kleinen Reihenhäuser zu einem Armenghetto mit dramatisch hoher Erwerbslosigkeit verkommen. Nun wurde die Bogside mehr und mehr zu einem Zentrum der Bürgerrechtsbewegung und der nationalistischen Unzufriedenheit.

Im August 1969 entsandte die britische Regierung als Antwort auf den dreitägigen Straßenkampf der örtlichen Jugendlichen gegen die Royal Ulster Constabulary (RUC) – den sogenannten „Battle of the Bogside" – Truppen nach Nordirland. Daraufhin erklärten die 33 000 Einwohner der Bogside und der benachbarten Brandywell-Distrikte ihre Unabhängigkeit und verbarrikadierten die Straßen, um die Sicherheitskräfte fernzuhalten. Außerdem stellte die IRA freiwillige Straßenpatrouillen zur Verfügung. Für Polizisten und Armee war das „Freie Derry" also absolut tabu, doch im Januar 1972 wurde die Gegend um die Rossville Street zum tragischen Schauplatz. Am 31. Juli 1972 setzte die Operation Motorman dem Treiben ein Ende; damals rückten Tausende britische Truppen und Panzerwagen nach Bogside vor und besetzten es.

Seither hat man das Viertel von Grund auf saniert und neu gestaltet: Alte Häuser und Wohnungen wurden abgerissen und durch moderne ersetzt. Heute leben hier nur noch etwa 8000 Menschen. Alles, was von der alten Bogside übrig blieb, ist die **Free Derry Corner** an der Kreuzung Fahan Street/Rossville Street, wo noch immer an der Seitenwand eines Hauses der berühmte Slogan *„You Are Now Entering Free Derry"* steht. In der Nähe befinden sich das H-förmige **Hunger Strikers' Memorial** und etwas weiter nördlich an der Rossville Street das **Bloody Sunday Memorial**. Der schlichte Granitobelisk gedenkt der 14 Zivilisten, die am 30. Januar 1972 von der britischen Armee erschossen wurden.

People's Gallery WANDMALEREIEN
(Rossville St) Zwölf Wandmalereien zieren die Stirnseite der Häuser entlang der Rossville Street nahe der Free Derry Corner. Sie wurden von Tom Kelly, Will Kelly und Kevin Hasson geschaffen, die als „the Bogside Artists" bekannt sind und den größten Teil ihres Lebens in diesem Viertel verbrachten.

Die Bilder entstanden größtenteils zwischen 1997 und 2001 und erinnern an die wichtigsten Vorfälle während des Nordirlandkonflikts, besonders an den Kampf in der Bogside, den Bloody Sunday, die Operation Motorman (den Versuch der britischen Armee im Juli 1972, von der IRA kontrollierte Gebiete in Belfast und Derry zurückzuerobern) und den Hungerstreik 1981. Zu den eindrucksvollsten Gemälden gehören die großen, einfarbigen Motive, die Zeitungsbildern ähneln. *Operation Motorman* zeigt einen britischen Soldaten, der eine Haustür mit einem Hammer einschlägt, und *Bloody Sunday* eine Gruppe Männer unter Führung des lokalen Priesters Father Daly, die Jackie Duddys Leiche (der erste Todesfall jenes Tages) wegtragen. *Petrol Bomber* porträtiert einen Jungen mit Gasmaske und einer Benzinbombe in der Hand.

Das wohl ergreifendste Bild ist jedoch *Death of Innocence* (Tod der Unschuldigen): Darauf ist das lächelnde 14-jährige Schulmädchen Annette McGavigan, 100. Opfer des Nordirlandkonflikts, zu sehen, das vor den wüsten Trümmern eines ausgebombten Hauses steht; die Dachbalken oben rechts bilden ein Kruzifix. Annette starb im Gefecht zwischen der IRA und der britischen Armee am 6. September 1971 und ein Symbol für alle Kinder, die während der Unruhen ums Leben kamen. Auf der linken Seite des Gemäldes sagt ein mit dem Lauf nach unten deutendes, in der Mitte durchgebrochenes Gewehr der Gewalt ab, zudem macht ein Schmetterling Hoffnung auf einen Neuanfang.

Das letzte Wandgemälde der Serie ist das 2004 vollendete *Peace Mural*. Eine Taube (das Symbol für Frieden und Derrys Schutzpatron Columba) schwingt sich aus einer Vergangenheit voller Blut und Traurigkeit in eine optimistische, friedliche Zukunft auf.

Wer sich für die Motive interessiert, sollte die Website der Künstler www.cain.ulst.ac.uk/bogsideartists besuchen und das Buch *The People's Gallery* (bekommt man auf der Internetseite oder im Laden der People's Gallery) kaufen.

GRATIS People's Gallery & Studio
KUNSTMUSEUM
(www.bogsideartists.com; Ecke Rossville St & William St; 9–18 Uhr) In dem Kunstmuseum an der „Aggro Corner" – die Straßenkreuzung war einst ein berüchtigter Schauplatz für Auseinandersetzungen zwischen den Bewohnern der Bogside und Sicherheitskräften – sind Austellungen lokaler und internationaler Künstler zu sehen. Außerdem gehören Kunstworkshops für junge Leute zum Angebot und man kann Kunstdrucke der Wandgemälde kaufen. Oft sind die Bogside Artists selbst vor Ort. Sie signieren Bücher und Plakate und bieten geführte Touren zu den Wandgemälden an.

Museum of Free Derry MUSEUM
(www.museumoffreederry.org; 55–61 Glenfada Park; Erw./Kind 3/2 £; Mo–Fr 9.30–16.30 Uhr,

SUNDAY, BLOODY SUNDAY

Als tragische Wiederholung des Bloody Sunday von Dublin im November 1920, als britische Sicherheitskräfte 14 Zuschauer eines Gaelic-Football-Matches im Croke Park erschossen, wurde Derrys Blutiger Sonntag zum symbolischen Höhepunkt der Konflikte.

Am 30. Januar 1972 organisierte die nordirische Gesellschaft für Bürgerrechte einen friedlichen Marsch durch die Stadt, um gegen die im Jahr zuvor von den Briten eingeführten Inhaftierungen ohne vorherigen Gerichtsbeschluss zu demonstrieren. Etwa 15 000 Menschen waren von Creggan durch die Bogside zur Guildhall unterwegs. An der Kreuzung William Street/Rossville Street trafen sie auf Barrikaden der britischen Armee. Der Zug bog gerade durch die Rossville Street zur Free Derry Corner ab, als ein paar Jugendliche damit begannen Steine zu werfen und die Soldaten wüst zu beschimpfen.

Was dann geschah, ist nie vollständig geklärt worden. Vermutlich eröffneten die Soldaten vom Ersten Bataillon des Fallschirmspringerregiments das Feuer auf die unbewaffneten Demonstranten. 14 Menschen starben, einige wurden in den Rücken geschossen. Sechs der Opfer waren erst 17 Jahre alt. Weitere 14 Demonstranten wurden verletzt, zwölf davon durch Schüsse. Derrys Katholiken, die die britischen Truppen anfangs noch als neutrale Ordnungshüter gegen protestantische Gewalt und Verfolgung begrüßt hatten, sahen sie nun als feindliche Besatzungsmacht. In der Folge erhielten die Reihen der Provisional Irish Republican Army (IRA) erheblichen Zulauf.

Die 1972 zur Untersuchung der Vorfälle eingesetzte Widgery Commission konnte die Schuldigen nicht ausfindig machen. Keiner der Soldaten, die auf Zivilisten geschossen hatten, oder irgendeiner der verantwortlichen Offiziere wurde belangt. Stattdessen verschwanden Akten, außerdem wurden Waffen zerstört.

Schließlich führte die brodelnde Unzufriedenheit der Öffentlichkeit zu intensiven Nachforschungen durch die **Bloody Sunday Inquiry** (www.bloody-sunday-inquiry.org.uk) unter Leitung von Lord Saville. Von 2000 bis Dezember 2004 verhörte die Kommission 900 Zeugen und nahm 2500 Aussagen auf. Dies kostete die britischen Steuerzahler 400 Mio. £. Eigentlich sollte der Abschlussbericht bereits 2007 veröffentlicht werden; er erschien aber erst 2010.

Der tragische Ereignisse inspirierte die Rockband U2 zu ihrem politischsten Song: *Sunday Bloody Sunday* (1983). In der Bogside dokumentieren das Museum of Free Derry, die People's Gallery und ein Denkmal die Geschehnisse.

April–Sept. auch Sa 13–16 & Juli–Sept. auch So 13–16 Uhr) Das Museum an der Rossville Street dokumentiert die Geschichte der Bogside, der Bürgerrechtsbewegung und der Ereignisse um den Bloody Sunday mit Fotos, Zeitungsreportagen, Filmausschnitten, Berichten von Augenzeugen sowie ein paar Originalaufnahmen, die den Bogside Artists als Inspiration für ihre Wandgemälde dienten.

👉 Geführte Touren

Bogside Artists Tours KUNST
(www.bogsideartists.com; People's Gallery & Studio, Ecke Rossville & William Sts; 5 £ pro Person; ⏰Touren 11, 14 & 16 Uhr) Wer aus erster Hand mehr über die Wandgemälde der People's Gallery erfahren möchte, kann an der von den Künstlern geführten Tour teilnehmen, die man am besten online reserviert.

City Tours GESCHICHTE
(✆7127 1996; www.irishtourguides.com; Carlisle Stores, 11 Carlisle Rd; Erw./Kind 4/2 £) Einstündige Rundgänge, die täglich um 10, 12 und 14 Uhr von den Carlisle Stores aus starten. Auf dem Programm stehen auch Führungen in die Bogside und zu den Wandgemälden.

Tours'n'Trails GESCHICHTE
(✆7136 7000; www.toursntrails.co.uk; 44 Foyle St; Erw./Kind 6/4 £) Die 90-minütigen Führungen in der Altstadt beginnen an der Touristeninformation, und zwar von April bis Oktober montags bis samstags um 11 und 15 Uhr. Im Preis ist der Eintritt für die St. Columb's Cathedral enthalten.

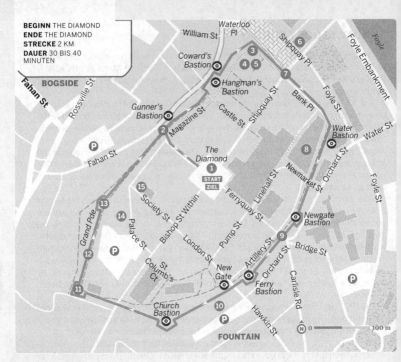

BEGINN THE DIAMOND
ENDE THE DIAMOND
STRECKE 2 KM
DAUER 30 BIS 40 MINUTEN

Stadtspaziergang
Auf den Stadtmauern

› Vom Hauptplatz, dem Diamond, mit dem ① **Kriegerdenkmal** geht's durch die Butcher Street zum ② **Butcher's Gate** und von dort die Treppen zu den Stadtmauern hinauf.

Anschließend schlendert man bergab zum ③ **Magazine Gate**, das nach dem nahe gelegenen Pulvermagazin benannt ist. Innerhalb der Mauern steht der moderne ④ **O'Doherty's Tower** mit dem exzellenten ⑤ **Tower Museum** (S. 685) und außerhalb die neogotische ⑥ **Guildhall** (S. 685).

Früher floss der Foyle an den nordöstlichen Stadtmauern vorbei, in deren Mitte sich noch das ⑦ **Shipquay Gate** befindet. Bald darauf führen die Mauern nach Südwesten und steigen neben dem modernen ⑧ **Millennium Forum** (S. 695) steil an. Den höchsten Punkt markiert das ⑨ **Ferryquay Gate**, das die *apprentice boys* (Lehrlinge) zu Beginn der Belagerung 1688/89 verbarrikadierten.

Von dem Mauerstück dahinter sieht man das ⑩ **Fountain-Wohnviertel**, die letzte nennenswerte protestantische Gemeinde am Westufer des Foyle. Auf dem runden Platz vor dem New Gate wird immer in der Nacht vor dem „Apprentice Boys March" ein 10 m hohes Freudenfeuer entzündet.

Anschließend geht's zur ⑪ **Double Bastion** an der Südwestecke der Mauern mit der „Roaring Meg", der berühmtesten während der Belagerung eingesetzten Kanone, und zur ⑫ **Grand Parade**, von der man einen ausgezeichneten Blick auf die Bogside genießt. Die bekannten Wandgemälde an den Häusern wurde von den Bogside Artists (s. Kasten, S. 693) gestaltet.

Eine leere Säulenplatte auf der ⑬ **Royal Bastion** markiert den früheren Standort des Reverend-George-Walker-Denkmals, Stadtkommandant während der Belagerung. Das 27 m hohe Monument wurde 1826 aufgestellt und 1973 von der IRA in die Luft gesprengt.

Hinter der Royal Bastion ragt die ⑭ **Augustinerkapelle** der Church of Ireland auf, die 1872 am ehemaligen Standort eines vom hl. Colmcille im 6. Jh. gegründeten Klosters errichtet wurde. Ein Stück weiter stößt man auf die ⑮ **Apprentice Boys' Memorial Hall**, die mit einem Maschendrahtzaun vor Farbbomben geschützt wird.

⭐ Feste & Events

City of Derry Jazz Festival — MUSIK
(www.cityofderryjazzfestival.com) Vier Tage Jazz an diversen Veranstaltungsorten Anfang Mai.

Foyle Days — MARITIMES FEST
(www.derrycity.gov.uk/foyledays) Zu diesem Fest Mitte Juni gehören Marineschiffe, Regatten, Bootstouren, Livemusik und Unterhaltung am Flussufer.

Gasyard Wall Féile — IRISCHE KULTUR
Großes Kulturfestival im August mit Musik, Straßenkünstlern, Karneval, Theater und Veranstaltungen auf Irisch.

City of Derry Guitar Festival — MUSIK
(www.cityofderryguitarfestival.com) Ende August werden auf dem Universitätsgelände Aufführungen und Meisterklassen von Gitarrengrößen aller Stilrichtungen (Klassik, Akustik, Elektro, Flamenco, Bass) geboten.

Halloween Carnival — STRASSENFEST
(www.derrycity.gov.uk/halloween) Zu Irlands größter Straßenparty vom 27. bis zum 31. Oktober verkleidet sich die gesamte Bevölkerung und tanzt durch die Stadt.

Foyle Film Festival — KINO
(www.foylefilmfestival.org) Das größte Filmfestival im Norden steigt im November und dauert eine Woche.

🛏 Schlafen

Zu Festivalzeiten bucht man seine Unterkunft am besten im Voraus.

LP TIPP Merchant's House — B&B ££
(7126 9691; www.thesaddlershouse.com; 16 Queen St; EZ 35–50 £, DZ 50–60 £; @🅦) Dieses historische Stadthaus im georgianischen Stil ist eine Perle unter den B&Bs und wird von demselben Paar wie das Saddler's House geleitet. Es besitzt elegante Wohn- und Esszimmer mit Marmorkaminen und antiken Möbeln. Die Zimmer sind mit Fernsehern, Wasserkochern und Bademänteln ausgestattet, wobei nur eines über ein eigenes Bad verfügt. Zum Frühstück steht hausgemachte Marmelade auf dem Tisch. Die Zimmerschlüssel bekommt man bei Saddler's House.

Saddler's House — B&B ££
(7126 9691; www.thesaddlershouse.com; 36 Great James St; EZ 35–50, DZ 50–60 £; @🅦) Fünf Minuten von den Stadtmauern entfernt bietet dieses freundliche B&B in einem reizenden viktorianischen Stadthaus sieben Räume mit Privatbädern. Das ausgezeichnete Frühstück wird in der Familienküche serviert.

Laburnum Lodge — B&B ££
(7135 4221; www.laburnumlodge.com; 9 Rockfield, Madam's Bank Rd; EZ/DZ 40/55 £; 🅿@🅦) Von Lesern sehr gelobt: Die Villa in einer ruhigen Straße am nördlichen Stadtrand mit großen Zimmern und üppigem Frühstück wirkt äußerst einladend. Bei Bedarf werden Gäste vom (Bus-)Bahnhof abgeholt.

Sunbeam House — B&B ££
(7126 3606; sunbeamhouse@hotmail.com; 147 Sunbeam Tce, Bishop St; EZ/DZ 35/60 £; 🅦) Dieses geschmackvolle rote Ziegelhaus liegt nur fünf Gehminuten südwestlich der Stadtmauern. Die vier witzig eingerichteten Zimmer fallen zwar etwas klein aus, aber das machen die Gastfreundschaft und das üppige Frühstück wieder wett.

Da Vinci's Hotel — HOTEL £££
(7127 9111; www.davincishotel.com; 15 Culmore Rd; Zi./Ste. Ab 90/150 £; 🅿@🅦) Ein gepflegtes Boutique-Hotel am Westufer des Foyle, das VIPs, Geschäftsleute und Politiker anzieht. Es liegt 1,5 km nördlich des Stadtzentrums und punktet mit stilvollen Zimmern, einer schicken Cocktailbar sowie einem Restaurant.

Derry City Independent Hostel — HOSTEL £
(7128 0542; www.derry-hostel.co.uk; 44 Great James St; B 12–15 £, DZ ab 34 £; @🅦) Erfahrene Backpacker führen dieses kleine, freundliche Hostel, das mit Souvenirs ihrer Weltreisen geschmückt und in einem georgianischen Stadthaus nordwestlich vom Busbahnhof untergebracht ist.

Abbey B&B — B&B ££
(7127 9000; www.abbeyaccommodation.com; 4 Abbey St; EZ/DZ 45/60 £; @🅦) Hier überzeugen die einladende Atmosphäre und sechs geschmackvoll eingerichtete Zimmer. Die familiengeführte Unterkunft liegt nur etwas außerhalb der Stadtmauern am Rand der Bogside. In den Familienzimmern stehen vier Betten zur Verfügung.

Arkle House — B&B ££
(7127 1157; www.derryhotel.co.uk; 2 Coshquin Rd; EZ/DZ 40/60 £; 🅿@🅦) Ein prächtiges viktorianisches Haus 2 km nordwestlich des Stadtzentrums inmitten privater Gärten. Es verfügt über fünf große luxuriöse Schlafzimmer und eine private Küche, die von Gästen mitbenutzt werden darf.

DIE KÜNSTLER DER BOGSIDE

Die berühmten Wandgemälde der People's Gallery wurden von den Bogside Artists (den Brüdern Will und Tom Kelly sowie deren Freund Kevin Hasson) geschaffen. Tom und Kevin waren zehn und elf Jahre alt, als der Nordirlandkonflikt 1969 ausbrach und Will in seinen frühen Zwanzigern.

Wie war das, in so einer unruhigen Zeit in Derry aufzuwachsen?

Kevin: „In der einen Minute kennt keiner uns oder Derry geschweige denn Nordirland. In der nächsten sind wir in allen Nachrichten. Jeden Abend konnte man die täglichen Kämpfe im Wohnzimmer im Fernsehen anschauen. Als Kinder lebten wir natürlich in einer Fantasiewelt. Für uns waren die Soldaten Außerirdische von einem anderen Planeten. Genauso malten wir sie dann auch auf unserem Bloody-Sunday-Bild zum Tod von Jackie Duddy. So empfanden wir das, ohne jegliche historischen oder sonstigen Zusammenhänge. Alles in allem könnte man unsere Kindheit in Derry als intensiv und bittersüß bezeichnen."

Will: „Wir fühlten, dass unser Schicksal uns rief, und waren ziemlich vom Marxismus eingelullt. Mit den Auseinandersetzungen in Paris und der Schwarzen Bürgerrechtsbewegung in Amerika glaubten wir, Teil einer Weltrevolution der Arbeiterklasse zu sein. Eine neue Weltordnung brach an, und wir standen ganz vorn. Schon als ganz junger Mann wurde ich mit der Frage nach dem Sinn und Ziel des Lebens konfrontiert, während ich sonst vielleicht nur einen sicheren Job oder die Gründung einer Familie im Kopf gehabt hätte. Persönliche Bedürfnisse mussten warten, jetzt zählte nur die direkte Bedrohung unserer Familien. Im Rückblick muss ich sagen, dass das ganze Experiment irgendwie unwirklich war. Während der Hungerstreiks von 1980 bis 81 wurde es dann surrealistisch."

Welche Künstler schätzt ihr selbst?

Will: „Die alten Meister wie Raffael, Mantegna, die Tiepolos und Michelangelo kann man mit Straßenkunst nicht vergleichen. Diego Rivera kehrte 20 Jahre *nach* der Revolution

Derry Palace Hostel HOSTEL ££
(7130 9051; www.paddyspalace.com; 1 Woodleigh Tce, Asylum Rd; B/2BZ ab 13/36 £; P@🛜) Dieses freundliche Hostel gehört zur irlandweit vertretenen Paddy's-Palace-Kette und wartet mit einer zentralen Lage, komfortablen Zimmer sowie einem herrlich sonnigen Garten auf. Im Haus herrschen eine gelöste Stimmung und eine tolle Partyatmosphäre. Die Angestellten organisieren auch Kneipentouren mit traditioneller Musik.

🍴 Essen

Halo Pantry & Grill

INTERNATIONAL ££
(7127 1567; 5 Market St; Hauptgerichte mittags 6–10 £, abends 9–22 £; ⏱Pantry 12–22, Grill 17–22 Uhr) Das Halo ist in einer umgebauten dreistöckigen Shirt-Fabrik untergebracht und mit lokaler Kunst sowie Fotografien dekoriert. Im Pantry werden leichte Mahlzeiten und Snacks (u. a. eine hervorragende hausgemachte Lasagne) serviert, während man oben im Grill etwas formalere Abendmenüs wie Steaks und Fischgerichte bestellen kann.

Brown's Restaurant IRISCH ££
(7134 5180; 1 Bond's Hill, Waterside; Hauptgerichte 13–21 £; ⏱Di–Fr 12–14.30, Di–Sa 17.30–22 Uhr) Von außen sieht das Brown's nicht besonders vielversprechend aus, aber drinnen präsentiert es sich als kleines Art-déco-Paradies mit brandyfarbenen Sitzbänken, verschnörkelten Metalllampen und skurrilen Rothko-Drucken an den Wänden. Das Restaurant liegt am Fluss und verfügt über eine ständig wechselnde Speisekarte mit exzellenten Gourmetgerichten, die aus frischen lokalen Zutaten hergestellt und kreativ zubereitet werden. Es gibt z. B. Holztaube im Schlafrock mit Schalottencreme, Preiselbeeren und Rotweinsoße.

Encore Brasserie INTERNATIONAL ££
(7137 2492; Millennium Forum, Newmarket St; Hauptgerichte mittags 5 £, abends 12–15 £; ⏱Mo–Sa 12–15, an Veranstaltungstagen auch 17–21 Uhr; 🚸) Neben einem zuvorkommenden Service wartet diese schicke kleine Brasserie in der Lobby des größten Veranstaltungssaals der Stadt mit Dauerbrennern wie Caesar Salad mit Hühnchen und Lachs mit Kräuterkruste auf.

aus Paris zurück, deshalb sind wir nicht so beeindruckt von seinem Werk wie diejenigen, die ihn als Freiheitskämpfer hochstilisieren. Er bildete die Geschichte Mexikos nicht so ab, wie sie war. Was er malte, war eine marxistische *Interpretation* dieser Geschichte. Nicht, dass wir uns mit Rivera vergleichen wollten. Er hat viel mehr geschaffen als wir. Wir erinnern uns aber an eine Besucherin, die gerade aus Mexiko zurückkam und unsere Wandgemälde besser fand als seine. Das muss man sich mal vorstellen."

Welche Wandgemälde in der Bogside sind euch am wichtigsten?

Tom: „*Death of Innocence* ist für mich herausragend – einerseits wegen der künstlerischen Dichte, andererseits als Antikriegs- und Friedensmotiv. Immerhin wurde es gemalt, lange bevor sich irgendjemand den Frieden auch nur im Traum vorstellen konnte."

Kevin: „Mir bedeutet unser *Peace Mural* am meisten, denn wir haben schon zehn Jahre, bevor wir es realisieren konnten, darüber nachgedacht. Außerdem haben katholische und protestantische Kids zusammen daran gearbeitet. Die Taube ist nicht einfach irgendein Klischee, sondern Symbol für unseren Stadtheiligen Columba, dessen lateinischer Name Columbanus „Taube" bedeutet."

Will: „Alle Bilder sind für uns wie unsere Kinder. Es ist unfair, einzelne zu bevorzugen oder herauszustellen. Um bei dem Vergleich zu bleiben, könnte man aber vielleicht sagen, dass unser Erstgeborener, *The Petrol Bomber*, etwas ganz Besonderes hat."

Was bedeutet es für euch, dass Derry die UK City of Culture 2013 ist?

„Wie passen da die Bogside Artists rein? Gar nicht. Nicht, dass wir nicht gefragt wurden, mitzumachen. Aber wir können unsere kreative Freiheit nicht für Geld oder irgendetwas anderes verschachern. Stattdessen werden wir satirische Wandbilder malen, um unsere Standpunkte deutlich zu machen. Das Beste von den Bogside Artists wird noch kommen."

Café del Mondo CAFÉ £
(Craft Village, Shipquay St; Hauptgerichte 4-7 £; Mo-Sa 8.30-18, So 10.30-18 Uhr) Auf der Speisekarte des Künstlercafés stehen toller Fairtrade-Kaffee, herzhafte hausgemachte Suppen, Brote und warme Mittagsgerichte, die aus lokalen Bioprodukten hergestellt werden.

Fitzroy's INTERNATIONAL ££
(2-4 Bridge St; Hauptgerichte mittags 8-9 £, abends 11-17 £; Mo-Sa 11-22, So 12-20 Uhr) In diesem Restaurant bekommt man bis 17.30 Uhr etwas rustikalere Mahlzeiten wie Burger mit Pommes frites. Abends geht's dann gehobener zu, so werden z. B. thailändisches Hühnchencurry, Lachs in Kräutermantel oder mediterrane Gemüse-Tagliatelle kredenzt.

Mange 2 IRISCH, FRANZÖSISCH ££
(7136 1222; 110-115 Strand Rd; Hauptgerichte 13-23 £; Mo-Fr 12.30-14.30, So 12-15.30, außerdem tgl. 17-22 Uhr) Das schicke, am Fluss gelegene Lokal mit Glasfassade serviert exzellente irische Gerichte, die teilweise mit Elementen aus der asiatischen und französischen Küche verfeinert sind. Wir empfehlen vor allem den geschmorten Schweinebauch mit *champ* (Stampfkartoffeln mit Frühlingszwiebeln), Butterkohl und einem Jus aus roten Zwiebeln.

Spice INTERNATIONAL ££
(162-164 Spencer Rd, Waterside; Hauptgerichte 10-15 £, Steak 22 £; Di-Fr & So 12.30-14.30, Di-Sa 17.30-22, So 17-21 Uhr) Wer sich kulinarisch nicht festlegen will, ist in diesem wunderbar gemütlichen Lokal an der richtigen Adresse. Hier wird eine wirklich große Bandbreite an Gerichten serviert.

Boston Tea Party CAFÉ £
(15 Craft Village; Snacks 2-4 £; Mo-Sa 9-17.30 Uhr) Hausgemachte Suppen, Warmes zum Mittagessen, frisches Gebäck, nette Bedienung und der beste Apfelkuchen der Stadt – was will man mehr?

Café Artisan CAFÉ £
(7128 2727; 18-20 Bishop St Within; Hauptgerichte 2-5 £; Mo-Sa 9.30-17.30 Uhr;) Hausgemachte Suppen, Sandwiches, italienische Panini und exzellenter Cappuccino.

DERRY ODER LONDONDERRY?

Derry/Londonderry – eine Stadt, zwei Namen. Nationalisten halten an Derry fest und Fanatiker verunstalten häufig auf Straßenschildern den „London"-Teil. Überzeugte Unionisten bestehen dagegen auf Londonderry – weiterhin der offizielle Name von Stadt und County.

Ursprünglich hieß der Ort nach dem heidnischen Helden Doíre Calgaigh (Eichenhain des Calgach). Im 10. Jh. wurde er zu Doíre Colmcille (Eichenhain des Columba) christianisiert: zu Ehren des Heiligen, der hier im 6. Jh. die erste klösterliche Ansiedlung gegründet hatte.

Im Laufe der Zeit kürzte und anglisierte man den Namen zu Derrie oder Derry. 1613 wurden Stadt und Grafschaft in Anerkennung der Rolle, die London bei der Kolonisierung des nordwestlichen Ulster mit protestantischen Siedlern gespielt hatte, in Londonderry umbenannt. Im Alltag bleiben die Bewohner jedoch nach wie vor lieber bei Derry.

Bis heute ist der Name ein Prüfstein politischer Einstellungen. Nordirische Straßenschilder führen nach Londonderry, die in der Republik dagegen nach Derry (oder auf Irisch nach Doíre), während die Tourismusindustrie mit „Derry-Londonderry-Doíre" wirbt und sich damit gleich dreifach absichert.

Sandwich Co — CAFÉ £
(Sandwiches & Salate 3–5 £; ⊙Mo-Sa 9-17 Uhr) The Diamond (**The Diamond**); Strand Rd (61 Strand Rd) Dieser Laden bietet individuell zusammengestellte Sandwiches und Salate zu einem fairen Preis.

Ausgehen

Egal was man sonst noch in Derry vorhat – einen Abend in den quirligen Pubs sollte man sich auf keinen Fall entgehen lassen. Wenn auch eher des geselligen Beisammenseins als der Biere wegen, denn die schmecken nicht so berauschend. In den Kneipen, die oft bis 1 Uhr geöffnet haben, herrscht eine tolle Atmosphäre. Oft liegen mehrere in Stolperreichweite, in der Waterloo Street sind es beispielsweise gleich sechs.

Peadar O'Donnell's — PUB
(63 Waterloo St) In der Stammkneipe für Backpacker gibt's jeden Abend gute traditionelle Musik, am Wochenende häufig auch schon nachmittags. Das Interieur ist einem typisch irischen Gemischtwarenladen nachempfunden: mit vollgeladenen Regalen, Krämerwagen auf dem Ladentisch und allem möglichen Krimskrams, der jedem Museum gut zu Gesicht stehen würde.

Badgers Bar — PUB
(16-18 Orchard St) Ein stilvolles viktorianisches Pub mit poliertem Messing und buntem Glas, holzvertäfelten Ecken und Nischen. Mittags landen hier viele Shopper, um sich an der leckeren Pubkost zu stärken. Abends kann man bei gedämpfter Atmosphäre ganz entspannt einen Drink zu sich nehmen.

☆ Unterhaltung
Clubs & Livemusik

Sandino's Café — LIVEMUSIK
(www.sandinos.com; 1 Water St; Livebands 4 £; ⊙Mo-Sa 13.30-1, So 13-24 Uhr) An den Wänden hängen Poster von Ché und die palästinensische Flagge, außerdem wird nur Fairtrade-Kaffee serviert. Das Sandino's zeichnet sich durch eine lockere, liberale, in jedem Fall aber linke Atmosphäre aus. Freitagabends und gelegentlich unter der Woche spielen Livebands, samstags stehen DJ-Sessions auf dem Programm. Sonntags kommen ab 17 Uhr Fans irischer Musik auf ihre Kosten, bevor es um 21 Uhr mit DJs oder Livejazz und Soul weitergeht. Außerdem werden regelmäßige Themenabende abgehalten.

Mason's Bar — LIVEMUSIK
(10 Magazine St; Eintritt frei–12 £) Diese Stadt hat die Undertones hervorgebracht und bietet nach wie vor frische, wilde Livemusik. Mittwochs und freitags um 18 Uhr geht's im Mason's mit den neuesten Newcomern der Stadt so richtig ab, donnerstags tritt die Hausband auf und samstags stehen Coverbands auf dem Programm.

Gweedore Bar — LIVEMUSIK
(www.peadars-gweedorebar.com; 59–61 Waterloo St; Eintritt 6–10 £) Das Gweedore und das Peadar O'Donnell's sind Nachbarn und ge-

hören zum selben Komplex. An den meisten Abenden lockt der Laden mit coolen Rockbands. Im oberen Stockwerk befindet sich die DJ-Bar und samstags gibt's regelmäßig Discoabende.

Earth@Café Roc NACHTCLUB
(129-135 Strand Rd; ⊙Di, Do & Sa) Derrys bekanntester Nachtclub liegt in der Nähe der Uni und wurde kürzlich nach einer umfassenden Renovierung neu eröffnet. Dienstags ist Studentennacht, samstags finden elegante Partys statt. Bei Facebook ist der Laden unter dem Namen „Earth Nite Club Derry" angemeldet.

Konzerte, Theater & Kino

Playhouse THEATER
(www.derryplayhouse.co.uk; 5–7 Artillery St; ⊙Ticketschalter Mo–Fr 10–17 Uhr) Zum Programm des städtischen Kulturzentrums, das in einem wunderschönen restaurierten ehemaligen Schulgebäude mit einem preisgekrönten modernen Anbau untergebracht ist, gehören Konzerte, Tanzvorführungen und Theaterstücke. Außerdem werden in der **Context Gallery** (⊙Di–Sa 11–17.30 Uhr) Ausstellungen lokaler Künstler gezeigt.

Cultúrlann Uí Chanáin KULTURZENTRUM
(www.culturlann-doire.ie; 37 Great James St) Dieses brandneue Kulturzentrum widmet sich der irischen Sprache und organisiert Veranstaltungen mit traditioneller irischer Musik, Poesie und Tanz.

Nerve Centre KULTURZENTRUM
(www.nerve-centre.org.uk; 7–8 Magazine St) Das 1990 eröffnete multimediale Kulturzentrum fördert junge einheimische Musik- und Filmtalente. Im Haus befinden sich ein Performance-Bereich (hier wird an Wochenenden Livemusik gespielt), ein Theater, ein Programmkino, eine Bar und ein Café.

Waterside Theatre THEATER
(www.watersidetheatre.com; Ebrington Centre, Glendermott Rd) In dem ehemaligen Fabrikgebäude 500 m östlich des Flusses Foyle gibt's Theater, Tanzveranstaltungen, Kabarett, Kindertheater und Livemusik.

Millennium Forum THEATER
(www.millenniumforum.co.uk; Newmarket St) Irlands größter Theatersaal lockt mit hochkarätigen Tanz-, Konzert-, Opern- und Musicalaufführungen.

Magee College THEATER
(www.culture.ulster.ac.uk; University of Ulster, Northland Rd) Diverse Kunstveranstaltungen, Klassikkonzerte und Theaterstücke.

Derry Omniplex KINO
(www.omniplex.ie; Quayside Shopping Centre, Strand Rd) Auf sieben Leinwänden werden die neuesten Filme gezeigt.

Shoppen

An Cló Ceart BÜCHER & KUNSTHANDWERK
(37 Great James St) Der im Uí-Chanáin-Kulturzentrum untergebrachte Laden wartet mit einer guten Auswahl an irischen Büchern, CDs mit traditioneller Musik, Keramik, Drucken und Schmuck auf.

Donegal Shop KUNSTHANDWERK
(8 Shipquay St) Eine renommierte Adresse für Kunsthandwerk. Hier gibt's irische Strickwaren, keltischen Schmuck, Tweedstoffe aus Donegal, irisches Leinen und sonstige Souvenirs.

McGilloway Gallery KUNST
(6 Shipquay St) Auf der Suche nach zeitgenössischer irischer Kunst? Diese Galerie bietet hauptsächlich Werke örtlicher Künstler an und veranstaltet mehrmals jährlich Ausstellungen.

Craft Village KUNSTHANDWERK
(http://derrycraftvillage.com; abseits der Shipquay St) In den netten Läden dieses Kunsthandwerksdorfes kann man Kristall aus Derry, handgewebte Stoffe, Keramik und Schmuck kaufen. Die Eingänge befinden sich in der Shipquay Street, der Magazine Street und beim Tower Museum.

Whatnot ANTIQUITÄTEN
(22 Bishop St Within) Dieses interessante kleine Antiquitätengeschäft ist bis unter die Decke vollgestopft mit Schmuck, Militaria, Nippes und Sammlerstücken jeder Art.

Cool Discs Music MUSIKLÄDEN
(www.cooldiscsmusic.com; 6/7 Lesley House, Foyle St) Einer der besten unabhängigen Musikläden im Land mit einer großen Auswahl an alter und neuer irischer Musik.

Austins KAUFHAUS
(2 The Diamond) Das 1830 eröffnete Austins ist das älteste nicht zu einer Kette gehörende Kaufhaus der Welt. Es überzeugt vor allem mit der Fülle an Leinenwaren, die auf Wunsch auch ins Heimatland geschickt werden.

Foyleside Shopping Centre EINKAUFSZENTRUM
(Orchard St; ⊙Mo & Di 9–18, Mi–Fr bis 21, Sa bis 19, So 13–18 Uhr) Gleich außerhalb der Stadtmauern lockt dieses vierstöckige Einkaufszentrum mit Filialen von Marks

& Spencer, einem Eason-Buchladen und weiteren edlen Geschäften.

Tesco SUPERMARKT
(Quayside Shopping Centre, Strand Rd; ⊙Mo-Do 9–21, Fr 8.30–21, Sa 8.30–20, So 13–18 Uhr) Ein großer, gut sortierter Supermarkt nördlich der Altstadt.

Praktische Informationen

Central Library (35 Foyle St; 1,50 £ pro 30 Min.; ⊙Mo & Do 9.15–20, Di, Mi & Fr 9.15–17.30, Sa 9.15–17 Uhr) Eine Bibliothek mit Internetzugang.

Derry Tourist Information Centre (☏7126 7284; www.derryvisitor.com; 44 Foyle St; ⊙Mo–Fr 9–17, Sa 10–17 Uhr, März–Okt. auch So 10–16 Uhr) Hier bekommt man Infos über ganz Nordirland und die Republik, kann Bücher und Karten kaufen, Unterkünfte in ganz Irland reservieren und Geld wechseln.

An- & Weiterreise

Bus

Der **Busbahnhof** (☏7126 2261; Foyle St) liegt unmittelbar nordöstlich der Altstadt.

Airporter (☏7126 9996; www.airporter.co.uk; Quayside Shopping Centre, Strand Rd) Direktverbindungen von Derry zu den beiden Flughäfen der nordirischen Hauptstadt: Belfast International (einfach/hin & zurück 18/28 £, 1½ Std.) und George Best Belfast City (gleicher Preis, 2 Std.). Der Bus startet montags bis freitags alle 90 Minuten sowie samstags und sonntags alle zwei Stunden.

Bus Éireann (☏in Donegal 353-74 912 1309) Die Linie 64 bedient die Strecke Derry–Galway (20 £, 5¼ Std., 3-mal tgl., So 2-mal) via Letterkenny, Donegal und Sligo. Vier zusätzliche Busse fahren täglich nur bis Sligo.

Lough Swilly Bus Company (Busbahnhof, Foyle St; ☏7126 2017) Dieses Unternehmen sitzt im Obergeschoss des Busbahnhofs und bietet mehrere Verbindungen nach Buncrana, Carndonagh, Dungloe, Letterkenny (5 £, 30–45 Min., Mo–Fr 8-mal tgl., Sa 5-mal) sowie Greencastle (1 Std., Mo–Fr 2-mal tgl., Sa einmal tgl.) im County Donegal. Darüber hinaus startet samstags ein Bus über Carndonagh zum Malin Head (6 £, 1¼ Std.).

Maiden City Flyer Die Linie 212 verbindet Derry mit Belfast (11 £, 1¾ Std., Mo–Sa alle 30 Min., So 11-mal) und hält auch in Dungiven.

Ulsterbus Mit dem Goldline Express 274 kommt man von Derry nach Dublin (17,50 £, 4 Std., tgl. alle 2 Std.). Außerdem geht's mit Bus 273 nach Omagh (8 £, 1¼ Std., Mo–Sa stdl., So 6-mal) und mit Bus 234 nach Limavady und Coleraine (6 £, 1 Std., Mo–Sa 5-mal tgl., So 2-mal). Unter der Woche fahren die beiden Linien abends weiter bis nach Portstewart und Portrush.

Flugzeug

City of Derry Airport (☏7181 0784; www.cityofderryairport.com) Der Flughafen liegt 13 km östlich von Derry an der A2 Richtung Limavady. Von hier gibt's täglich Direktverbindungen nach Dublin (Aer Arann).

Zug

Derrys Bahnhof (in nordirischen Fahrplänen als Londonderry bezeichnet) befindet sich am Ostufer des Foyle und wird von einem kostenlosen Shuttlebus angesteuert, der am Busbahnhof abfährt. Hier starten zahlreiche Züge nach Belfast (11 £, 2¼ Std., Mo–Sa 7- oder 8-mal tgl., So 4-mal) und Coleraine (8,20 £, 45 Min., 7-mal tgl.) mit Anschlussverbindung nach Portrush (10 £, 1¼ Std.).

Unterwegs vor Ort

Die Buslinie 143A nach Limavady hält auch am City of Derry Airport (30 Min., Mo–Fr 7-mal tgl., Sa 3-mal, So 1-mal). Wer ein Taxi zum Flughafen nimmt, zahlt 13 £. Die Taxis von **Derry Taxi Association** (☏7126 0247) und **Foyle Delta Cabs** (☏7127 9999) fahren vom Zentrum aus überallhin.

Von der Foyle Street außerhalb des Busbahnhofs verkehren viele Regionalbusse in Derrys Vororte und die nahe gelegenen Dörfer. Ein Tagesticket mit unbegrenzter Nutzung dieser Linien kostet 1,70 £.

Im Derry Tourist Information Centre kann man Fahrräder ausleihen. Die **Foyle-Valley-Radstrecke** verläuft durch Derry und führt am Westufer des Flusses entlang.

Limavady & Umgebung

12 000 EW.

Jane Ross (1810–79) wurde 1851 von einem Volkslied verzaubert, das ein blinder Fiedler unter ihrem Fenster in Limavady spielte. Sie schrieb die Melodie auf, die erst als

---

> **TOP FIVE: AUSSICHTSPUNKTE IN NORDIRLAND**
>
> » Binevenagh Lake (S. 698)
> » Fair Head (S. 711)
> » Cuilcagh Mountain (S. 731)
> » Scrabo Hill (S. 661)
> » Slieve Donard (S. 668)

O'Cahan's Lament, später als *Londonderry Air* bekannt wurde und schließlich unter dem Namen *Danny Boy* die Welt eroberte. Wahrscheinlich ist dies das berühmteste irische Lied überhaupt.

1612 übertrug Jakob I. die Ortschaft Limavady an Sir Thomas Phillips, der die Plantation (Ansiedlung von Briten) im County Londonderry durchsetzte. Zuvor war der vorherige Clanchef, Sir Donnell Ballagh O'Cahan, der Rebellion für schuldig befunden worden. Der ursprüngliche irische Name der Stadt, Léim an Mhadaidh, bedeutet „Sprung des Hundes" und bezieht sich auf einen von O'Cahans Hunden, der über eine Schlucht am Fluss Roe sprang, um sein Herrchen vor einem feindlichen Überraschungsangriff zu warnen.

Sehenswertes & Aktivitäten

Heute ist Limavady ein ruhiger, wohlhabender Ort, der – abgesehen von dem **blauen Schild** an der Wand in der Main Street 51 gegenüber dem Alexander Arms Hotel, das an Jane Ross' Wohnhaus erinnert – für Touristen nur wenig zu bieten hat. Im Juni findet in der Stadt ein **Jazz-&-Blues-Festival** (www.limavadyjaz zandblues.com) statt.

Roe Valley Country Park PARK
Der reizende **Roe Valley Country Park** 3 km südlich von Limavady wartet an beiden Seiten des Roe mit 5 km langen Uferwegen auf. Die Gegend ist eng mit den O'Cahans verbunden, die das Tal bis zur Plantation beherrschten. Siedler erkannten im 17. Jh. die guten Anbaumöglichkeiten für Flachs im feuchten Flusstal und machten die Region zu einem bedeutenden Zentrum für die Leinenherstellung.

Das **Dogleap Centre** (Roe Valley Country Park, 41 Dogleap Rd; Eintritt frei; ⊙Juni–Aug 10–17 Uhr, Ostern–Mai & Sept. Sa & So 13–17 Uhr) dient zugleich als Besucherzentrum und Teestube. Nebenan wurde 1896 Ulsters erstes **Wasserkraftwerk** errichtet, das auf Anfrage im Besucherzentrum besichtigt werden kann. Das nahe gelegene **Green Lane Museum** (Eintritt frei; ⊙Juni–Aug. Sa–Do 13–16.45 Uhr) zeigt alte Fotos und Geräte zur Leinenherstellung. Zur Mühle, in der früher Flachs gestampft wurde, sind es 20 Gehminuten. Der Weg führt an zwei Wachttürmen am Fluss vorbei, von denen früher der auf Feldern zum Bleichen ausgelegte Flachs bewacht wurde.

Angler (www.roeangling.com) kommen in Limavady auf ihre Kosten, da sich im Fluss Roe Meeresforellen und Lachse tummeln. Tageslizenzen für 20 £ werden bei **SJ Mitchell & Co** (☎7772 2128; Central Car Park, Limavady) im Dogleap Centre und im Alexander Arms Hotel verkauft. Die Saison dauert von der dritten Maiwoche bis zum 20. Oktober.

Wegweiser zum Park stehen an der B192 zwischen Limavady und Dungiven. Der Bus 146 von Limavady nach Dungiven hält an der Abzweigung; von dort sind es noch 3 km bis zum Park.

🍴 Essen & Schlafen

Alexander Arms Hotel B&B ££
(☎7776 3443; 34 Main St; EZ/DZ ab 30/50 £; [P]) Ein 1875 eröffnetes B&B mit Pub in zentraler Lage. Der freundliche Familienbetrieb bietet Frühstück sowie Bar- und Restaurantgerichte.

LP TIPP Lime Tree IRISCH ££
(☎7776 4300; 60 Catherine St; Hauptgerichte 15–23 £; ⊙Di–Fr 18–21, Sa bis 21.30 Uhr) Das entspannte Lime Tree ist in Dunkelrot und Beige gehalten und wird dezent mit Teelichtern beleuchtet. Limavadys bestes Restaurant tischt hauptsächlich regionale Spezialitäten wie Meeresfrüchte Thermidor mit Fisch aus Donegal oder Filetsteak aus der preisgekrönten Metzgerei Hunter's auf. Auch vegetarische Gelüste werden befriedigt. Außerdem gibt's von Dienstag bis Freitag ein preiswertes „Early-Bird"-Menü (Zwei-/Drei-Gänge-Menü, 14,50/17,50 £, vor 19 Uhr).

Hunter's Bakery & Oven Door Café CAFÉ £
(5 Market St; Hauptgerichte 3–7 £; ⊙Mo–Sa 9–17.30 Uhr) Für den kleinen Hunger zwischendurch ist das Café hinten in der Bäckerei genau das Richtige, denn hier werden guter Kaffee, Kuchen und Snacks serviert. Der nette, auf eine schöne Art altmodische Laden zieht ein bunt gemischtes Publikum an.

ℹ️ Praktische Informationen

Touristeninformation (☎7776 0650; 24 Main St; ⊙Mo–Fr 9.30–17, Sa 10–14 Uhr) Im Roe Valley Arts Centre.

ℹ️ An- & Weiterreise

Der Bus 143A verkehrt im Stundentakt zwischen Derry und Limavady (So 4-mal). Es gibt zwar keine Direktverbindung nach Belfast, aber man kann in Coleraine umsteigen.

Die Küste von Derry

MAGILLIGAN POINT

Die imposante dreieckige Landspitze, die fast komplett die Mündung des Lough Foyle verschließt, wird größtenteils von einem militärischen Schießübungsplatz eingenommen, außerdem befindet sich hier ein einst berüchtigtes Gefängnis. Dennoch lohnen der ausgedehnte **Magilligan Strand** im Westen und der 9 km lange **Benone Strand** im Nordosten einen Besuch. Letzterer eignet sich bestens zum Buggykiting und Strandsegeln. Am Magilligan Point selbst bewacht ein **Martello-Turm** die Zufahrt zum Lough Foyle. Er wurde 1812 während der Napoleonischen Kriege zur Abwehr einer möglichen französischen Invasion errichtet.

Der **Benone Tourist Complex** (7775 0555; 59 Benone Ave; Zeltplätze 14,50 £, Wohnwagenstellplätze 18–22 £; Juli & Aug. 9–22 Uhr, April–Juni & Sept. bis Sonnenuntergang, Okt.–März bis 16 Uhr) neben dem Benone Strand verfügt über ein beheiztes Freibad, ein Planschbecken, Tennisplätze und einen Putting Green (alle Einrichtungen sind auch für Nichtgäste geöffnet). Zwischen Mai und September dürfen keine Hunde an den Strand.

Die **Lough Foyle Ferry** (www.loughfoyleferry.com; Auto/Motorrad/Fußgänger 10/5/2 £) pendelt das ganze Jahr über zwischen dem Magilligan Point und Greencastle im County Donegal. Sie legt stündlich ab und braucht für die Fahrt zehn Minuten. Das erste Boot startet montags bis freitags um 8 Uhr und am Wochenende um 9 Uhr. In Greencastle geht's immer zur vollen Stunde los und in Magilligan um 15 nach. Zwischen Juni und August besteht die letzte Verbindung um 21.15 Uhr, im Mai um 20.15 Uhr, im April und September um 19.15 Uhr und von Oktober bis März um 18.15 Uhr.

DOWNHILL

1774 ließ sich der exzentrische Bischof von Derry und vierte Earl of Bristol, Frederick Augustus Hervey, an der Küste westlich von Castlerock einen prachtvollen Landsitz errichten: Downhill. Das Haus brannte 1851 ab und wurde 1876 wiederaufgebaut, nach dem Zweiten Weltkrieg jedoch endgültig aufgegeben. Heute stehen die Ruinen etwas verloren auf den Klippen.

Das 160 ha große Anwesen ist Teil des **Downhill Estate** (www.ntni.org.uk; Erw./Kind inkl. Hezlett House 4,50/2,25 £, Parkplatz 4 £; Tempel & Anlage April–Sept. 10–17 Uhr, Gelände ganzjährig Sonnenauf- bis Sonnenuntergang), das vom National Trust (Organisation für Denkmalpflege und Naturschutz) betreut wird. Die wunderschönen Gärten unterhalb der Ruine sind ein Werk der gefeierten Landschaftsarchitektin Jan Eccles, die mit 60 Jahren zur Verwalterin von Downhill ernannt wurde und hier 30 Jahre lang arbeitete. 1997 verstarb sie im Alter von 94 Jahren.

Als Hauptattraktion gilt der kleine **Mussenden Temple**, in dem der Bischof seine Bibliothek oder seine Geliebte untergebracht hatte – darüber gehen die Meinungen auseinander. Bis ins hohe Alter hatte er eine Affäre mit der Mätresse Friedrich Wilhelms II. von Preußen.

Der Haupteingang befindet sich bei den Parkplätzen am **Lion's Gate** und am **Bishop's Gate** an der Küstenstraße. Wer lieber zu Fuß geht, kann einen angenehmen 20-minütigen Spaziergang unternehmen, der von der Ortschaft Castlerock bis zum Tempel führt. Der Ausblick nach Westen über den Strand von Benone und nach Donegal sowie östlich nach Portstewart und zu den am Horizont verschwimmenden Bergen Schottlands ist schlichtweg atemberaubend. An der Meerseite des Caravanparks geht's los. Auf halber Strecke verläuft der Pfad bergab in ein steilwandiges Tal, danach steigt man die Treppenstufen hinter dem kleinen See wieder hoch. Am Strand unterhalb des Tempels forderte der Bischof seine eigenen Priester zu Pferderennen heraus und belohnte die Sieger mit lukrativen Kirchengemeinden.

1 km westlich des Tempels zweigt an der Hauptstraße gegenüber dem Downhill Hostel die landschaftlich reizvolle **Bishop's Road** ab. Sie führt durch eine Schlucht steil bergan und über Hügel nach Limavady. Vom **Gortmore**-Picknickplatz und den Klippen am **Binevenagh Lake** genießt man eine grandiose Aussicht über den Lough Foyle bis ins County Donegal und zu den Sperrin Mountains.

Das prächtig restaurierte **Downhill Hostel** (7084 9077; www.downhillhostel.com; 12 Mussenden Rd; B/DZ 14/50 £, FZ ab 42 £ plus 5 £ pro Kind; P @) aus dem späten 19. Jh. versteckt sich zwischen den Klippen und verfügt über komfortable Schlafsäle mit sieben Betten, Doppel- und Familienzimmer sowie einen großen Aufenthaltsraum mit einem offenen Kamin und einem Ausblick aufs Meer. Bei guten Windverhältnissen können

Surfer hier Neoprenanzüge und Boards leihen. In der benachbarten Töpferei hat man die Möglichkeit, selbst Teller, Tassen und Schalen zu bemalen. Da es in Downhill keine Läden gibt, sollte man sich vorher gut mit Proviant eindecken.

Bus 134 zwischen Limavady und Coleraine (20 Min., Mo-Fr 9-mal tgl., Sa 6-mal) hält ebenso wie die Linie 234 zwischen Derry und Coleraine in Downhill.

CASTLEROCK

Dieses kleine Seebad wartet mit einem schönen Strand auf. An der Abzweigung von der Küstenstraße in Richtung Castlerock steht das **Hezlett House** (Erw./Kind inkl. Downhill Estate 4,50/2,25 £; ⊙April–Sept. 10–17 Uhr) aus dem späten 17. Jh. Das reetgedeckte Cottage beeindruckt mit Dachbalken aus Stein und Torf, die mit hölzernen Stangen verstärkt werden, sowie einer Einrichtung im viktorianischen Stil.

Bus 134 verkehrt zwischen Limavady und Coleraine (20 Min., Mo-Fr 9-mal tgl., Sa 6-mal) und macht in Castlerock Halt, ebenso wie die Linie 234, die Derry und Coleraine verbindet.

Außerdem fahren montags bis freitags neun Züge pro Tag von Castlerock nach Coleraine (2,20 £, 10 Min., So 4-mal) und Derry (8,20 £, 35 Min., So 4-mal).

Coleraine

25 300 EW.

Coleraine (Cúil Raithin) liegt am Ufer des Flusses Bann und ist ein wichtiger Verkehrsknotenpunkt sowie eine Einkaufsstadt. 1613 gegründet, gehörte es zu den ersten von Briten besiedelten Orten im Rahmen der Plantation im County Londonderry. Hier wurde 1968 die University of Ulster ins Leben gerufen – zum Leidwesen von Derry, das sich ebenfalls um den Zuschlag bemüht hatte.

⊙ Sehenswertes & Aktivitäten

In der Touristeninformation erhält man die Broschüre *Heritage Trail*, die Besucher zu den Ruinen der früheren Plantation-Bauten führt, darunter die **St. Patrick's Church**, die teilweise auf das Jahr 1613 zurückgeht, und die Überreste der alten Stadtmauern.

Causeway Speciality Market MARKT
(⊙9–14.30 Uhr) An jedem zweiten Samstag im Monat wird auf dem Diamond der Causeway Speciality Market abgehalten, auf dem man tolle lokale Produkte wie Kunsthandwerk, Lebensmittel aus biologischem Anbau, Holzschalen, handgemachte Kerzen, Marmeladen vom Bauernhof aus Ballywalter im County Down und Schafskäse aus der Grafschaft Derry kaufen kann.

GRATIS **Mountsandel Fort** FORT
(⊙Sonnenauf- bis Sonnenuntergang) 1,5 km südlich des Zentrums stößt man am östlichen Flussufer auf das Mountsandel Fort, einen mysteriösen Erdwall, der zu einer frühchristlichen oder anglonormannischen Befestigungsanlage gehört haben könnte. Vom Parkplatz an der Mountsandel Road führt ein 2,5 km langer Wanderweg hoch über dem Fluss Bann dorthin. Zurück geht's steil bergab zum Ufer und flussaufwärts zur viktorianischen Schleuse sowie zum Wehr in Cutts.

Lady Sandel BOOTSTOUREN
(www.banncruise.com; Erw./Kind 8,50/5,50 £) Auf der *Lady Sandel* kann man eine 1½-stündige Bootstour unternehmen. Entweder schippert man von der Anlegestelle an der Strand Road (andere Flussseite gegenüber dem Stadtzentrum) flussaufwärts nach Macfinn durch die Schleuse von Cutts oder flussabwärts zur Mündung. Zwischen Ostern und Mitte September geht's samstags und sonntags jeweils um 14 Uhr los, außerdem werden in den Monaten Juli und August montags bis freitags um 15 Uhr zusätzliche Fahrten angeboten.

ⓘ Praktische Informationen

Touristeninformation (☏7034 4723; info@northcoastni.com; Railway Rd; ⊙Mo–Sa 9–17 Uhr) Um vom Busbahnhof bzw. Bahnhof hierher zu gelangen, muss man links auf die Railway Road abbiegen.

ⓘ An- & Weiterreise

Zwischen Coleraine, Belfast (10 £, 2 Std., Mo–Sa 7–8-mal tgl., So 4-mal) und Derry (8,20 £, 45 Min., ebenso oft) bestehen regelmäßige Zugverbindungen. Darüber hinaus kann man von Coleraine nach Portrush (2,20 £, 12 Min., Mo–Sa stdl., So 10-mal) fahren.

Portstewart

7800 EW.

Schon zu viktorianischen Zeiten beschrieb der englische Schriftsteller William Thackeray Portstewart als „geruhsam und ordentlich". Seitdem versucht der Golf- und

Badeort seine kultivierte und exklusive Atmosphäre zu bewahren und sich von dem nur 6 km östlich gelegenen, sehr viel lauteren Portrush abzuheben. Nichtsdestotrotz leben hier viele Studenten der University of Ulster von Coleraine.

Zu den Hauptattraktionen der Stadt gehören der tolle Strand und mehrere Golfplätze mit Weltklasseformat. Dementsprechend werden in Portstewart die höchsten Immobilienpreise im gesamten Norden erhoben. Viele Menschen träumen von einem Ferienhaus im oder rund um den Ort. Seit die Wirtschaftskrise 2008 auch hier zugeschlagen hat, wird die bauliche Entwicklung jedoch zunehmend kritisch beäugt. Nun sieht man jede Menge nur zur Hälfte fertiggestellte oder zum Verkauf angebotene Häuser.

◉ Sehenswertes & Aktivitäten

Portstewarts Promenade wird von der schlossähnlichen Fassade eines dominikanischen Internats dominiert. Fast scheint dieses Gebäude das vergnügte Treiben am Strand wie eine katholische Sittenwächterin zu beobachten.

Man erreicht den breiten, etwa 2,5 km langen **Portstewart Strand** entweder nach einem 20-minütigen Fußmarsch auf einem Küstenweg vom Zentrum aus oder mit dem Bus über die Strand Road. Auf dem festen Sand können bis zu 1000 Autos parken (ganzjährig geöffnet, Ostern–Okt. 5 £ pro Fahrzeug).

In entgegengesetzter Richtung führt der **Port Path**, ein 10 km langer Küstenpfad, der zugleich Teil des Causeway Coast Way ist, vom Strand zu den White Rocks 3 km östlich von Portrush.

Rund um Portstewart erstrecken sich im Umkreis weniger Kilometer drei der besten Golfplätze Nordirlands: der **Portstewart Golf Club** (Freenfees wochentags/Wochenende 80/95 £), der **Royal Portrush** (135/150 £) und der **Castlerock** (65/80 £).

Im Mai wird auf einem Rundkurs zwischen Portrush, Portstewart und Coleraine das **North West 200** (www.northwest200.org) ausgetragen: Dieses klassische Motorradrennen ist eines der letzten in Europa, das auf gesperrten öffentlichen Straßen stattfindet, und gleichzeitig das größte Outdoor-Sportereignis im ganzen Land. Die Startplätze sind am östlichen Stadtrand auf die Hauptstraße gemalt. Jedes Jahr lockt die Veranstaltung bis zu 150 000 Schaulustige an. Wer sich eher nicht für die Sportart interessiert, sucht an diesem Wochenende also am besten das Weite.

🛏 Schlafen

Ohne frühe Vorabbuchung ist zum North-West-200-Rennen im Mai weit und breit kein Zimmer zu bekommen!

York   HOTEL ££
(☎ 7083 3594; www.theyorkportstewart.co.uk; 2 Station Rd; EZ/DZ 90/120 £; P 🛜) Diese schicke Unterkunft mischt Portstewarts ansonsten eher biedere Hotelszene ein bisschen auf. Sie verfügt über in Schokoladen-, Creme- und Cappuccinofarben dekorierte Designerzimmer, rote Ledersessel, geräumige Bäder samt Duschen mit Regenbrausen und ein üppiges, im verglasten Speisesaal serviertes Frühstück mit tollem Blick auf die Küste.

Cromore Halt Inn   GÄSTEHAUS ££
(☎ 7083 6888; www.cromore.com; 158 Station Rd; EZ/DZ 55/80 £; P 🛜) 1 km östlich des Hafens punktet das Cromore Halt Inn an der Ecke Station Road/Mill Road mit zwölf modernen, praktisch eingerichteten Zimmern im Motelstil, freundlichen, hilfsbereiten Angestellten und einem guten Restaurant.

Cul-Erg B&B   B&B ££
(☎ 7083 6610; www.culerg.co.uk; 9 Hillside, Atlantic Circle; EZ/DZ 40/75 £; P 🛜) Herzlich, einladend und schön ruhig geht's in diesem familiengeführten B&B in einer Sackgasse zu. Das moderne, blumengeschmückte Reihenhaus ist nur wenige Gehminuten von der Promenade entfernt. Von den hinteren Zimmern genießt man einen tollen Meerblick.

Causeway Coast Independent Hostel   HOSTEL
(☎ 7083 3789; rick@causewaycoasthostel.fsnet.co.uk; 4 Victoria Tce; B/2BZ ab 12/37 £; @ 🛜) Das nette Reihenhaus direkt nordöstlich des Hafens hat geräumige Vier-, Sechs- und Achtbettzimmer sowie ein Doppelzimmer und funktionstüchtige Duschen. Außerdem wartet es mit einer Gäste- sowie einer Waschküche und im Winter mit einem einladenden Kaminfeuer auf.

🍴 Essen & Ausgehen

LP TIPP Preference Brasserie   EUROPÄISCH £££
(☎ 7083 3959; www.preferencebrasserie.co.uk; 81 The Promenade; Hauptgerichte 17–23 £; ⊙Di–Sa 17.30–21.30 Uhr) Eine willkommene Abwechslung an der Promenade. Auf der Speisekarte der stylishen Brasserie stehen saisonale Gerichte aus frischen regionalen

Zutaten, darunter gepfefferte Hirschlende mit Pastinaken- und Orangenpüree sowie Dorschfilet mit gebratener Schwarzwurzel, Schinken und Wermut-Sahnesoße.

Morelli's CAFÉ £
(53 The Promenade; Hauptgerichte 4–8 £; ◎21–23 Uhr, Essen bis 20 Uhr, im Winter kürzer geöffnet) Von italienischen Einwanderern gegründet, verwöhnt das Morelli's seine Gäste bereits seit 1911 mit erstklassiger Eiscreme. Außerdem kommen üppige Frühstücksangebote, Pastagerichte, Pizzas, Sandwiches, Omeletts, Fish 'n' Chips, aber auch guter Kaffee und Kuchen auf den Tisch. Darüber hinaus wartet das wunderbare Café mit einem tollen Ausblick über die Bucht zum Mussenden Temple, zum Benone Strand und nach Donegal auf.

Anchor Bar & Skippers Restaurant
PUB ££
(www.theanchorbar.co.uk; 87–89 The Promenade; Hauptgerichte 8–11 £; ◎Speisen 12–21 Uhr) Portstewarts quirligstes Pub zieht zahlreiche Guinnesstrinker und Studenten der University of Ulster an. Es ist bis 1 Uhr geöffnet, serviert handfeste Kneipenkost und lockt freitags sowie samstags mit Livemusik. Im Skippers Restaurant kommen etwas gehobenere Gerichte auf den Tisch, z. B. Fischsuppe, gebratene Honigente und Vegetarisches aus dem Wok.

❶ An- & Weiterreise
Bus 140 verkehrt zwischen Coleraine und Portstewart (2,20 £, 20–30 Min., etwa alle 30 Min., So seltener).

COUNTY ANTRIM

❶ Anreise & Unterwegs vor Ort
In der viel besuchten Küstenregion von Antrim und am Giant's Causeway bietet **Translink** (☎90666630; www.translink.co.uk) mehrere Busverbindungen speziell für Touristen an.

Der **Antrim Coaster** (Bus 252/256) fährt von Coleraine nach Belfast (10 £, 4 Std., Mo–Sa 2-mal tgl.) und hält unterwegs in Portstewart, Portrush sowie Bushmills, am Giant's Causeway, in Ballycastle, bei den Glens of Antrim und in Larne. In Belfast startet er jeweils um 9.05 und um 15 Uhr und in Coleraine um 9.35 sowie um 15.40 Uhr. Von Juli bis September verkehrt er auch sonntags.

Von Juni bis Mitte September verbindet der **Causeway Rambler** (Bus 402) die Bushmills-Brennerei via Giant's Causeway, White Park Bay und Ballintoy mit Carrick-a-Rede (5,50 £, 25 Min., 7-mal tgl.). Mit dem Ticket kann man für einen Tag unbegrenzt Fahrten in beide Richtungen unternehmen.

Portrush
6300 EW.

Im Hochsommer platzt der beliebte Badeort Portrush (Port Rois) aus allen Nähten. Viele Attraktionen konzentrieren sich auf traditionelle Familienunterhaltung. Außerdem ist die Stadt eines der schönsten irischen Surferparadiese und wartet mit dem heißesten Nachtclub des gesamten Nordens auf.

⦿ Sehenswertes & Aktivitäten

Curran Strand STRAND
Das Schönste an Portrush ist der sandige, 3 km lange **Curran Strand** östlich der Stadt, der sich bis zu den malerischen Kreideklippen der White Rocks erstreckt. Im Sommer starten hier regelmäßig Boote zu Rundfahrten oder Angeltrips.

GRATIS Coastal Zone AQUARIUM
(8 Bath Rd; ◎Osterwoche & Juni–Aug. 10–17 Uhr, Mai & Sept. Sa & So 10–17 Uhr) Die Coastal Zone lockt mit einer interessanten Meeresausstellung, einem Streichelbecken und einer Fossilienschatzsuche.

Troggs Surf Shop SURFEN
(www.troggssurfshop.co.uk; 88 Main St; ◎10–18 Uhr) Portrush gilt als Hotspot der nordirischen Surferszene. Die Portrush Open im März sind fester Bestandteil des Veranstaltungskalenders der Irish Surfing Association, außerdem wurde hier 2007 zum ersten Mal ein Wettbewerb der UK Pro Surf Tour ausgetragen. Von April bis November verleiht der hilfsbereite Troggs Surf Shop Body- und Surfboards (5/10 £ pro Tag) sowie Neoprenanzüge (7 £ pro Tag), dazu gibt's Tipps und Beratung. Zwei Stunden Unterricht einschließlich Ausrüstung kosten etwa 25 £ pro Person.

Maddybenny Riding Centre REITEN
(www.maddybenny.com; Maddybenny Farm, Atlantic Rd; Stunden & Ausrüstung 12 £ pro Std.) Anfänger sind willkommen.

🛏 Schlafen
Im Sommer sind viele Zimmer belegt, deshalb sollte man besser vorab reservieren.

GRATIS Clarmont B&B ££
(☎7082 2397; www.clarmont.com; 10 Landsdowne Cres; pro Pers. 35–45 £) Dies ist unser Favo-

rit an der Landsdowne Crescent. Das Clarmont punktet mit polierten Holzböden, alten Kaminen und einer Einrichtung aus viktorianischen sowie modernen Elementen. Am schönsten sind die Zimmer mit Blick aufs Meer.

Albany Lodge Guest House B&B ££
(7082 3492; www.albanylodgeni.co.uk; 2 Eglinton St; EZ/DZ ab 50/80 £; P@🖳) Die elegante vierstöckige viktorianische Villa in der Nähe des Strands verfügt über große, einladende, in warmen Farben gehaltene und mit Holzmöbeln ausgestattete Zimmer, außerdem sind die Besitzer freundlich und unaufdringlich. Für die Suite mit Himmelbett im Obergeschoss lohnt es sich, ein paar Pfund mehr hinzublättern: Auf dem Sofa liegend kann man in der herrlichen Küstenaussicht regelrecht versinken.

Portrush Holiday Hostel HOSTEL £
(7082 1288; www.portrushholidayhostel.co.uk; 24 Princess St; B/DZ 15/40 £; @🖳) Nur einen kurzen Fußweg von Strand und Hafen entfernt stößt man auf das beliebte, in einem viktorianischen Terrassenhaus untergebrachte Hostel. Die Angestellten der gemütlichen Bleibe sind freundlich und hilfsbereit. Es gibt eine Waschmaschine, einen Grillplatz und einen sicheren Abstellraum für Fahrräder.

Carrick Dhu Caravan Park CAMPINGPLATZ £
(7082 3712; 12 Ballyreagh Rd; Zelt- & Wohnwagenstellplätze ab 18 £; April–Sept.) Der kleine Platz mit Speiselokal und Spielplatz erstreckt sich 1,5 km westlich von Portrush an der A2 Richtung Portstewart.

🍴 Essen

LP TIPP 55 Degrees North INTERNATIONAL ££
(7082 2811; www.55-north.com; 1 Causeway St; Hauptgerichte 10–18 £; Mo–Fr 17–21, Sa 17–21.30, So 17–20.30 Uhr) Eines der elegantesten Restaurants an der Nordküste. Beim Essen bieten die riesigen Fenster einen spektakulären Rundumblick auf Sand und Meer und die ausgezeichnete Küche konzentriert sich auf unaufdringliche Gerichte mit markantem, unverfälschtem Geschmack. Von 17 bis 19 Uhr gibt's ein frühes Drei-Gänge-Abendmenü für 10 bis 12 £).

Café 55 CAFÉ £
(1 Causeway St; Hauptgerichte 5–8 £; 9–17 Uhr) Neben alkoholischen Getränken wird in diesem Laden hinter dem 55 Degrees North auch guter Kaffee serviert. Zum Frühstück (10–11.30 Uhr) gibt's auf der Terrasse Bagels und Pfannkuchen. Später wartet das Café mit Tagesgerichten wie Fischpastete au und lockt im Sommer mit Abendmenüs.

Harbour Bistro BISTRO ££
(7082 2430; The Harbour; Hauptgerichte 7–16 £; So–Fr 17–22, Sa 17–22.30 Uhr) Auf der erstklassigen Speisekarte des beliebten, familienfreundlichen, direkt am Hafen gelegenen Bistros stehen saftige Steaks, hausgemachte Burger, herzhafte Hühnchen sowie orientalische und vegetarische Gerichte außerdem gibt's eine spezielle Kinderkarte

Coast ITALIENISCH ££
(The Harbour; Hauptgerichte 6–12 £; Mi–Fr 17–21.30, Sa 16–22.30, So 15–21.30 Uhr) In dem am Meer gelegenen Restaurant mit Blick auf den Hafen kann man Steinofenpizzas, Nudelgerichte, Steaks, Hühnchen und Fisch schlemmen.

☆ Unterhaltung

Kelly's Complex CLUE
(www.kellysportrush.co.uk; 1 Bushmills Rd; Mi & Sa) Nordirlands beste Adresse für Abendveranstaltungen zieht mit seinen toller Events sogar Leute aus Belfast und Dublir an! Hier sind regelmäßig DJs aus Londor und Manchester zu Gast. Von außen wirkt der Club flach und nicht gerade riesig, doch drinnen gibt's fünf Bars und drei Tanzebenen. Seit 1996 wartet der Kelly's Complex mit einer der besten Clubnights in ganz Irland auf: dem **Lush!** (Eintritt 7–12 £; Sa 21– 2 Uhr). Er liegt östlich von Portrush an der A2 neben dem Golf Links Holiday Park.

ℹ Anreise & Unterwegs vor Ort

Von Portrushs Busbahnhof unweit des Dunluce Centre fährt die Buslinie 140 etwa alle 30 Minuten nach Coleraine (20 Min.) und Portstewart (20–30 Min.).

Der Bahnhof befindet sich südlich vom Hafen. Hier starten Züge nach Coleraine (2,20 £, 12 Min., Mo–Sa stdl., So 10-mal), wo es Anschlüsse nach Belfast oder Derry gibt.

Die Taxiunternehmen **Andy Brown's** (7082 2223) und **North West Taxis** (7082 4446) liegt in der Nähe des Rathauses. Eine Fahrt zu Kelly's Complex kostet rund 7 £, zum Giant's Causeway zahlt man 14 £.

Dunluce Castle

Die Causeway Coast zwischen Portrush und Portballintrae wird von den Ruinen des **Dunluce Castle** (87 Dunluce Rd; Erw./Kind 4/2 £; 10–18 Uhr, letzter Einlass 30 Min. vor

Schließung) dominiert, das auf einem Basaltfelsen thront. Im 16. und 17. Jh. diente es als Sitz der Familie MacDonnell (ab 1620 Grafen von Antrim), die innerhalb der Ummauerung ein Gebäude im Renaissancestil errichten ließ. 1639 stürzte ein Teil der Burg mit der Küche ins Meer – samt sieben bedauernswerten Bediensteten und dem Abendessen.

Eine schmale Brücke führt von dem auf dem Festland gelegenen Innenhof über eine atemberaubende Schlucht zum Hauptgebäude. Darunter windet sich ein Pfad vom Pförtnerhaus zur Mermaid's Cave im Basaltfelsen.

Dunluce liegt 5 km östlich von Portrush, auf dem Küstenweg braucht man zu Fuß eine Stunde. Alle Buslinien entlang der Küste halten am Dunluce Castle (s. S. 702).

Bushmills

1350 EW.

Bushmills war lange eine Art Mekka für Liebhaber irischer Whiskeysorten. Dank der guten Jugendherberge und der aufgenommenen Bahnverbindung zum Giant's Causeway ist es außerdem ein praktischer Zwischenstopp für Wanderer an der Causeway Coast.

Sehenswertes & Aktivitäten

Old Bushmills Distillery BRENNEREI
(www.bushmills.com; Distillery Rd; Erw./Kind 6/3 £; ⊙Mo-Sa 9.15-17, plus Juli-Sept. So 11-17, März-Juni & Okt. auch So 12-17.30 Uhr) Ihre Lizenz erhielt die älteste legal betriebene Brennerei der Welt 1608 von Jakob I. Der Whiskey wird mit irischer Gerste und Wasser aus dem St. Columb's Rill, einem Nebenfluss des Bush, gebrannt und in Eichenfässern gelagert. Beim Altern sinkt der Alkoholgehalt um bis zu 2 % pro Jahr – den durch Verdunstung verlorenen Anteil bezeichnet man recht blumig als *„the angels' share"*. Beim Abfüllen verdünnt man den Whiskey auf eine Trinkstärke von 40 %. Nach Besichtigung der Brennerei bekommt jeder ein Glas gratis (oder alternativ Softdrinks), und vier glückliche Besucher werden zu einer Whiskeyprobe eingeladen, bei der Bushmills mit anderen Marken verglichen wird.

Giant's Causeway & Bushmills Railway
HISTORISCHE EISENBAHN
(www.freewebs.com/giantscausewayrailway; Erw./Kind hin & zurück 7,50/5,50 £) Die Giant's Causeway & Bushmill's Railway läuft auf der Trasse einer Straßenbahn, die im 19. Jh. Touristen von Bushmills bis zum 3 km entfernten Besucherzentrum am Giant's Causeway beförderte. Die Schmalspurbahn mit einer Diesel- und zwei Dampfloks stammt von einer privaten Linie am Ufer des Lough Neagh. Zwischen 11 und 17.30 Uhr starten die Züge stündlich und halten jeweils zur vollen Stunde am Causeway sowie zur halben in Bushmills. Im Juli und August verkehren sie täglich, von Ostern bis Juni sowie im September und Oktober nur an Wochenenden.

Schlafen & Essen

Bushmills Inn Hotel HOTEL £££
(☎2073 3000; www.bushmillsinn.com; 9 Dunluce Rd; EZ/DZ ab 158/178 £, Suite 298 £; P@🖃) In dieser alten Kutscherherberge mit einem Torffeuer, Gaslampen und einem runden Turm samt Geheimbibliothek ist eines der stimmungsvollsten Hotels des Landes untergebracht. Im alten Teil des Gebäudes gibt's keine Zimmer mehr, stattdessen befinden sich die luxuriösen Unterkünfte im benachbarten modernen Mill-House-Komplex.

Mill Rest Youth Hostel HOSTEL £
(☎2073 1222; www.hini.org.uk; 49 Main St; B/DZ 18,50/41 £; ⊙geschl. Juli & Aug. 11–14 Uhr; März–Juni, Sept. & Okt. 11–17 Uhr; @🖃) Das moderne, zweckmäßige Hostel am Hauptplatz des Ortes verfügt über mehrere Vier- bis Sechsbettzimmer sowie ein Doppelzimmer mit eigenem Bad. Zu den weiteren Einrichtungen gehören eine Gemeinschaftsküche, ein Restaurant, eine Waschküche und ein Fahrradschuppen. Von März bis Oktober ist das Haus täglich geöffnet, von November bis Februar nur freitag- und samstagabends.

Ballyness Caravan Park & B&B B&B ££
(☎2073 1438; www.ballynesscaravanpark.com; 40 Castlecatt Rd; Wohnwagenstellplatz 22 £, B&B EZ/DZ 38/59 £; ⊙Mitte März–Okt.; @🖃) Ein umweltfreundlicher Campingplatz (keine Zelte!) 1 km vom Ortszentrum entfernt an der B66. Von März bis Oktober bietet das Bauernhaus am Eingang zusätzlich B&B-Zimmer an.

Bushmills Inn [LP TIPP] IRISCH ££
(Hauptgerichte mittags 10–12 £, abends 15–22 £; ⊙Mo–Sa 12–21.30, So 12.30–21 Uhr; 🖃) In dem ausgezeichneten Restaurant des Bushmills Inn Hotel, das in ehemaligen Stallungen aus dem 17. Jh. untergebracht ist, werden

DIE ENTSTEHUNG DES CAUSEWAY

Der Sage nach türmte der irische Riese Finn McCool die Steine des Causeway auf, damit er das Meer überqueren und mit seinem schottischen Widersacher Benandonner, einem anderen Riesen, kämpfen konnte. Benandonner folgte Finn quer über den Causeway, bekam es aber mit der Angst zu tun und floh kurzerhand zurück nach Irland. Kurz darauf hörte Finns Frau Soon den wütenden Benandonner über den Causeway rennen, verkleidete Finn schnell als Baby und legte ihn in eine Wiege. Als der schottische Riese an die Tür hämmerte, bat Soon ihn, ihr Baby nicht zu wecken. Benandonner schloss aus der Größe des Babys, dass Finn absolut riesig sein müsse, und floh nun seinerseits lieber zurück nach Schottland. Dabei ging der Causeway in die Brüche. Übrig blieben nur die beiden Enden: Giant's Causeway in Irland und die ähnlichen Felsformationen der Insel Staffa in Schottland.

Etwas nüchterner hört sich die wissenschaftliche Erklärung an. Die Formation des Causeway bildete sich vor 60 Mio. Jahren, als sich eine dicke Schicht Basalt-Lava über ein Kalkbett ergoss. Beim langsamen Abkühlen von außen nach innen zog sich die Lavamasse zusammen und es entstanden Schrumpfungsrisse in dem für Basalt typischen sechseckigen Muster – ähnlich als ob Schlamm in einem austrocknenden See schrumpft und polygone Rissgitter bildet. Diese Risse setzten sich weiter ins Innere fort, bis die Lava erkaltet und erstarrt war. Durch Erosion wurde der Basalt langsam abgetragen und einzelne Teile brachen an den Kontraktionsrissen ab, dabei kamen vorwiegend sechseckige Säulen zum Vorschein.

frische Ulster-Produkte aufgetischt. Das Angebot reicht von Sandwiches bis zu üppigen Abendmenüs à la carte.

Copper Kettle CAFÉ £
(61 Main St; Hauptgerichte 3–6 £; ⊘Mo-Sa 8.30-17, So ab 10 Uhr) Bis 11.30 Uhr gibt's in der ländlichen Teestube warmes Frühstück, danach stehen täglich wechselnde Mittagsgerichte, Tee, Kaffee, Kuchen und *scones* auf der Karte.

❶ An- & Weiterreise

Infos siehe unter „Anreise & Unterwegs vor Ort" auf S. 702.

Giant's Causeway

Schon beim ersten Anblick versteht jeder sofort, weshalb unsere Vorfahren dachten, dass der Giant's Causeway künstlichen Ursprungs sein müsste, denn die riesige, sanft zum Meer abfallende Fläche mit zahlreichen dicht gepackten sechseckigen Steinsäulen sieht wirklich aus wie von Riesenhand geschaffen.

Die spektakulären Formationen – gleichzeitig nordirischer Naturpark und Weltnaturerbe der Unesco – gehören sicher zu den eindrucksvollsten Landschaften in ganz Irland, sind allerdings oft völlig von Besuchern überlaufen: Jedes Jahr kommen etwa 750 000 Menschen hierher. Aus diesem Grund sollte man den Giant's Causeway wenn möglich an Werktagen oder in der Nebensaison besuchen. Beste Zeit für ein Foto ist im Frühjahr und Herbst bei Sonnenuntergang.

Die Felsen selbst sind ohne Eintritt zugänglich, doch für den überfüllten Parkplatz muss man 6 £ zahlen. Der 1 km lange Fußweg von dort ist leicht zu bewältigen. Minibusse, die auch Rollstuhlfahrer mitnehmen, starten etwa alle 15 Minuten (Erw./Kind 2/1 £ hin & zurück). Von Juni bis August werden **Führungen** durch die Gegend angeboten (Erw./Kind 3,50/2,25 £).

Bei Redaktionsschluss wurden vor Ort gerade ein neues Besucherzentrum und ein Parkplatz gebaut. Bis zu ihrer Eröffnung im Sommer 2012 (aktuelle Informationen unter www.nationaltrust.org.uk/giantscauseway) dient das Causeway Hotel als provisorische Touristeninformation.

◉ Sehenswertes & Aktivitäten

Vom Parkplatz führt ein kurzer Fußweg in zehn bis 15 Minuten über die Teerstraße (für Rollstühle geeignet) zum Giant's Causeway. Viel interessanter ist es aber, den Pfad auf den nordöstlichen Klippen zum 2 km entfernten Landzipfel **Chimney Tops** zu nehmen und dort einen atemberaubenden Blick auf die Steinsäulen und die westliche Küstenlinie mit Inishowen und Malin Head zu genießen.

Der Vorsprung mit spitzen Felsnadeln wurde 1588 von Schiffen der Spanischen Armada bombardiert, die ihn irrtümlich für das Dunluce Castle hielten. Direkt vor der Landspitze liegt das Wrack der spanischen Galeone *Girona* (s. Kasten unten). Der Rückweg in Richtung Parkplatz verläuft etwa zur Hälfte abwärts über die ausgeschilderten **Shepherd's Steps** zu einem niedriger gelegenen Pfad, der zu den Steinsäulen führt (ganze Runde 1½ Std.).

Alternativ dazu kann man auch zuerst den Giant's Causeway besuchen und dann den Küstenpfad bis zum **Amphitheatre-Aussichtspunkt** nach Port Reostan nehmen. Auf dem Weg kommt man an imposanten Felsenformationen wie dem **Organ** (eine Reihe aufrechter Basaltsäulen, die an Orgelpfeifen erinnern) vorbei. Der steile Rückweg führt über die Shepherd's Steps.

Wer Lust hat, wandert oben auf den Klippen nach Osten bis Dunseverick weiter (s. Kasten S. 709).

Schlafen

Causeway Hotel HOTEL ££
(2073 1226; www.giants-causeway-hotel.com; 40 Causeway Rd; EZ/DZ 60/90 £; P) So eine Lage kann nichts überbieten: Das vom National Trust geführte Hotel direkt am Giant's Causeway ist der ideale Standort, wenn man die Gegend frühmorgens oder abends in Ruhe erkunden möchte. Am schönsten sind die Zimmer 28 bis 32 mit eigenen Terrassen, von denen man den Sonnenuntergang über dem Meer beobachten kann.

An- & Weiterreise

Bus 172 von Coleraine und Bushmills nach Ballycastle fährt das ganze Jahr über am Giant's Causeway vorbei. Mehr Infos siehe unter „Anreise & Unterwegs vor Ort" auf S. 702.

Vom Giant's Causeway nach Ballycastle

Zwischen dem Giant's Causeway und Ballycastle erstreckt sich ein malerischer Küstenstreifen mit schwarzen Basaltklippen, weißen Kreidefelsen, Felseninseln, romantischen kleinen Häfen und breiten Sandstränden. Am besten erkundet man ihn zu Fuß auf dem 16,5 km langen markierten **Causeway Coast Way**, der vom Parkplatz in Carrick-a-Rede zum Giant's Causeway führt. Doch auch mit Bus und Auto sind die malerischsten Stellen zu erreichen.

8 km östlich vom Giant's Causeway thronen die mageren Überreste des **Dunseverick Castle** aus dem 16. Jh. auf einer grasbewachsenen Klippe. 1,5 km entfernt befindet sich das kleine Feriendorf **Portbradden** mit einem halben Dutzend Häuser und der blau-weißen winzigen **St. Gobban's Church**, angeblich Irlands kleinste Kirche. Von hier sieht man schon die spektakuläre **White Park Bay** mit einem langen Sandstrand, die man über die nächste Abfahrt der A2 erreicht.

Ein paar Kilometer weiter stößt man auf **Ballintoy** (Baile an Tuaighe), ein hübsches Dorf, das sich über einen Hügel bis hinunter zum malerischen Hafen zieht. Im res-

---

DAS WRACK DER GIRONA

In der kleinen Port na Spaniagh (Bucht der Spanier) 1 km nordöstlich des Giant's Causeway schlug im Oktober 1588 die *Girona*, ein Schiff der Spanischen Armada, im Sturm an den Felsen leck.

Es war der berühmten Schlacht mit Sir Walter Raleighs Flotte im englischen Channel erfolgreich entkommen, wurde jedoch des schlechten Wetters wegen wie viele andere flüchtende spanische Galeonen Richtung Norden nach Schottland und Irland abgetrieben. Ursprünglich für 500 Mann Besatzung gebaut, war es mit 1300 Menschen an Bord (darunter viele Überlebende von anderen versunkenen Schiffen sowie ein Teil des spanischen Hochadels) völlig überladen. Kaum ein Dutzend Menschen überlebte.

Somhairle Buidhe (Sorley Boy) MacDonnell (1505–90), Befehlshaber des nahe gelegenen Dunluce Castle, rettete Gold und Kanonen aus dem Wrack. Mit dem Erlös modernisierte und vergrößerte er die Burg. Einige Kanonen sind noch an der Burgmauer landeinwärts zu sehen. Erst 1968 wurde die *Girona* von einem Team Unterwasserarchäologen genauer untersucht. Sie bargen einen unglaublichen Schatz an Gold, Silber und Edelsteinen, aber auch Alltagsgegenstände der Seeleute, die heute im **Ulster Museum** (S. 618) in Belfast zu bewundern sind.

Causeway-Wanderung

taurierten Kalkofen am Hafen wurde einst aus Kreide von den Klippen und Kohle aus Ballymoney Kalk gebrannt.

Die größte Attraktion an diesem Küstenabschnitt ist die bekannte – für Leute mit Höhenangst eher berüchtigte – **Carrick-a-Rede Rope Bridge** (www.ntni.org.uk; Ballintoy; Erw./Kind 5,60/2,90 £; ⊙Juni-Aug. 10-19 Uhr, März-Mai, Sept. & Okt. bis 18 Uhr). Diese 20 m lange, schwankende Konstruktion führt 30 m über dem tobenden Wasser von den Klippen zu der kleinen Insel Carrick-a-Rede, wo seit Jahrhunderten Lachsfischerei betrieben wird. Die Fischer hängen ihre Netze an der Landspitze ins Wasser, wo die Lachse auf dem Weg zu ihren heimatlichen Flüssen entlanggleiten. Schon seit 200 Jahren ziehen sie die Hängebrücke in jedem Frühjahr wieder neu über den Abgrund (natürlich wurde die Konstruktion inzwischen erneuert).

Die Brücke ist zwar vollkommen sicher, für Menschen mit Höhenangst allerdings nicht zu empfehlen. Bei Sturm wird sie geschlossen. Von der Insel hat man einen schönen Blick auf Rathlin Island und Fair Head im Osten. Am Parkplatz gibt's ein kleines Infozentrum des National Trust und ein Café.

🛏 Schlafen & Essen

Whitepark House B&B ££
(📞2073 1482; www.whiteparkhouse.com; 150 White Park Rd, Ballintoy; EZ/DZ 75/100 £; 🅿@🛜) Ein hübsch restauriertes, gemütliches Haus aus dem 18. Jh. mit alten Möbeln, einem Torffeuer und Blick auf die White Park Bay. Die herzlichen Besitzer haben es mit asiatischer Kunst dekoriert, die von ihren eigenen Reisen stammen. Es gibt drei Zimmer (nach einem mit Meerblick fragen).

Sheep Island View Hostel HOSTEL £
(📞2076 9391; www.sheepislandview.com; 42A Main St, Ballintoy; Zeltplätze/B 6/15 £; 🅿@🛜) Dieses ausgezeichnete unabhängige Hostel verfügt über Schlafsäle, Zeltplätze, einfache Übernachtungsmöglichkeiten in der Campingscheune, eine Küche und eine Waschküche. In der Nähe gibt's einen Dorfladen. Vom Giant's Causeway sowie von Bushmills und Ballycastle wird man kostenlos abgeholt. Das Haus liegt an der Küstenstraße in der Nähe der Abzweigung nach Ballintoy Harbour und ist eine tolle Bleibe für Wanderer, die zwischen Bushmills und Ballycastle unterwegs sind.

Whitepark Bay Hostel HOSTEL £
(📞2073 1745; www.hini.org.uk; 157 White Park Rd, Ballintoy; B/2BZ 18/42 £; ⊙April-Okt.; 🅿@) Das neue, moderne Hostel am Westrand von White Park Bay hat viele Vierbett-, aber auch einige Doppelzimmer mit Fernsehern, die alle mit eigenen Bädern ausgestattet sind. Vom Aufenthaltsraum genießt man eine schöne Aussicht, außerdem sind es nur wenige Gehminuten bis zum Strand.

Roark's Kitchen CAFÉ £
(Ballintoy Harbour; Hauptgerichte 3-6 £; ⊙Juni-Aug. 11-19 Uhr, Mai & Sept. nur Sa & So) In dieser netten Teestube am Kai von Ballintoy bekommt man verschiedene Teesorten, Kaffee, Eis, hausgemachten Apfelkuchen und Mittagsgerichte wie Irish Stew oder Schinken-Hühnchen-Pie.

❶ An- & Weiterreise

Bus 172 verkehrt zwischen Ballycastle, Bushmills sowie Coleraine (Mo–Fr 8-mal tgl., Sa 2-mal, So 3-mal) und hält am Giant's Causeway, bei Ballintoy und vor Carrick-a-Rede. Mehr Informationen siehe unter „Anreise & Unterwegs vor Ort" auf S. 702.

Ballycastle

4000 EW.

Ballycastle (Baile an Chaisil), ein reizvoller Hafen- und Ferienort, liegt am östlichen Ende der Causeway Coast. Hier kann man einen entspannten Tag am Strand verbringen oder einen Ausflug mit der Fähre nach Rathlin Island unternehmen, ansonsten ist aber nicht viel los.

⦿ Sehenswertes & Aktivitäten

An der familienfreundlichen **Promenade** lockt ein riesiger Sandkasten mit Blick auf die Marina Kinder an. Eine Fußgängerbrücke führt über die Mündung des Flusses Glenshesk zu einem schönen **Strand**.

GRATIS **Ballycastle Museum** MUSEUM
(61A Castle St; ⊙ Juli & Aug. 12–18 Uhr) Das kleine Museum im Gerichtsgebäude aus dem 18. Jh. zeigt irische Kunst und Handwerk.

Marconi Memorial DENKMAL
Beim Parkplatz am Hafen stößt man auf das Marconi Memorial, eine Gedenktafel am Fuß einer Felsnadel. Von hier aus erreichten Guglielmo Marconis Helfer 1898 per Funk Rathlin Island. Mit diesem Experiment wollten sie dem Unternehmen Lloyds in London Einsatzmöglichkeiten der drahtlosen Nachrichtenübertragung demonstrieren. Ihr Ziel war es, London oder Liverpool vorab über die sichere Ankunft ihrer Transatlantikschiffe zu informieren, sobald sie den Kanal nördlich von Rathlin passierten.

Bonamargy Friary HISTORISCHE STÄTTE
Gleich östlich der Stadt liegen die Ruinen der 1485 gegründeten Bonamargy Friary. Auf dem Klostergelände kann man spannende Streifzüge unternehmen. Leider ist die Gruft mit den Grabmälern der MacDonnell-Oberhäupter, darunter auch Sorley Boy MacDonnell vom Dunluce Castle, nicht für die Öffentlichkeit zugänglich.

Aquasports BOOTSTOUREN
(www.aquasports.biz) Bietet vom Hafen aus verschiedene Ausflüge mit dem Schnellboot an, darunter Naturerkundungstrips, eine Fahrt entlang der Küste zum Giant's Causeway und eine Rundtour um Rathlin Island (ab etwa 25 £ pro Person).

Ballycastle Charters ANGELN
(☏ 07751 345791) Die dreistündigen Angeltouren auf dem Meer starten im Sommer täglich außer an Sonntagen um 11 und 19 Uhr und kosten 20/15 £ pro Erwachsenen/Kind inklusive Köder, Ausrüstung und Unterricht.

🎉 Feste & Events

Die **Ould Lammas Fair** am letzten Montag und Dienstag im August wird bereits seit 1606 veranstaltet. Zu diesem Anlass fallen Tausende Besucher über die Marktstände her, um zwei Spezialitäten zu kosten: „yellowman", ein hartes Toffee, und „dulse", getrocknete essbare Algen. Beides bekommt man ansonsten oft auch im Obstladen am Hauptplatz.

🛌 Schlafen

Glenluce Guesthouse B&B £
(✆ 2076 2914; www.glenluce.com; 42 Quay Rd; 25–40 £ pro Person; P 🐾) Vor Kurzem wurde das B&B – unser Favorit unter den vielen Pensionen in der Quay Road – von einem enthusiastischen jungen Paar übernommen. Es wartet mit einer luxuriösen Lounge, einem eigenen Teeladen und einer herzlichen, familiären Atmosphäre auf, außerdem sind die Zimmer geräumig und gemütlich (nur die Holzdielen knarren ganz schön). Der Strand ist nur ein paar Gehminuten entfernt.

Ballycastle Backpackers HOSTEL £
(✆ 2076 3612; www.ballycastlebackpackers.net; 4 North St; B/2BZ 15/40 £; P) Das einladende Hostel in einem Reihenhaus am Hafen verfügt über ein Sechsbettzimmer sowie ein Familien- und mehrere Doppelzimmer (auch mit getrennten Betten). Im Garten gibt's ein nettes Ferienhaus mit zwei Doppelzimmern und einem Privatbad (25 £ pro Person und Nacht; können auch wochenweise gemietet werden).

Crockatinney Guest House B&B ££
(✆ 2076 8801; www.crockatinneyguesthouse.co.uk; 80 Whitepark Rd; EZ/DZ 50/65 £; P) Dieses große, speziell gefertigte Gästehaus punktet mit seiner tollen Lage an der Küstenstraße 3 km westlich von Ballycastle und bietet einen Panoramablick auf Rathlin Island, den Fair Head sowie die schottische Küste. Alle sechs Zimmer haben ein eigenes Bad. Im Obergeschoss genießt man die schönste Aussicht und das Erdgeschoss ist speziell für Gäste mit eingeschränkter Mobilität eingerichtet.

Watertop Open Farm CAMPINGPLATZ £
(✆ 2076 2576; www.watertopfarm.co.uk; 188 Cushendall Rd; Zeltplatz 5 £ pro Person, Wohnwagenstellplatz ab 18 £; ⊙ Ostern–Okt.) Eine kinderfreundliche Übernachtungsmöglichkeit auf einer echten Farm 10 km östlich von Ballycastle an der Straße nach Cushendun. Hier kann man auf Ponys reiten, Schafe scheren und den Hof besichtigen.

Glenmore Caravan & Camping Park CAMPINGPLATZ £
(✆ 2076 3584; www.glenmore.biz; 94 White Park Rd; Zelt-/Wohnwagenstellplatz ab 10/12 £; ⊙ April–Okt.) Der kleine, friedliche Campingplatz mit einem eigenen See zum Forellenfischer liegt 4,5 km westlich von Ballycastle an der B15 zur Whitepark Bay.

🍴 Essen

LP TIPP Cellar Restaurant IRISCH ££
(✆ 2076 3037; www.thecellarrestaurant.co.uk; 12 The Diamond; Hauptgerichte 10–21 £; ⊙ Juni–Aug. Mo–Sa 12–22, So 17–22, Sept.–Mai 17–22 Uhr) In diesem urtümlichen kleinen Kellerlokal mit kuscheligen Sitznischen und einem großen Kamin kann man wunderbar Ulster-Produkte kosten. Auf der Speisekarte stehen u. a. gegrillte lokale Krebse mit Knoblauchbutter, Lachs aus Carrick-a-Rede, irisches Rind und Lamm sowie Hummer von Rathlin Island. Darüber hinaus gibt's tolle vegetarische Gerichte wie gebackene Paprika mit einer Füllung aus Frühlingszwiebeln und Pilzen.

Thyme & Co CAFÉ £
(www.thymeandco.co.uk; 5 Quay Rd; Hauptgerichte 6 £; ⊙ Di–Fr 8–16.30, Sa 9.30–16.30, So 10.30–15.30 Uhr; 🛜) Ein nettes Café mit einer Speisekarte voller hausgemachter Gerichte, die mit so vielen lokalen Produkten wie möglich zubereitet werden: Im Angebot sind z. B. üppige Salate, Shepherd's Pie, Lachs und Rührei sowie selbst gebackene *scones* und großartiger Kaffee.

Pantry CAFÉ £
(41A Castle St; Hauptgerichte 3–5 £; ⊙ Mo–Sa 9–17 Uhr) Das quirlige Café ist vom Diamond aus bergauf gelegen und in einer ehemaligen Druckerei mit original erhaltenem schwarz-weißem Mosaikfußboden untergebracht. Hier werden zahlreiche Sandwiches (Fladenbrot, Panini, Bagels und Baguettes), Cappuccino sowie hausgemachte Kuchen serviert.

ℹ️ Praktische Informationen

In der Ann Street am Hauptplatz gibt's Banken mit Geldautomaten.

Touristeninformation (2076 2024; tourism@moyle-council.org; 7 Mary St; ⊙ Juli & Aug. Mo–Fr 9.30–19, Sa 10–18 & So 14–18 Uhr, Sept.–Juni Mo–Fr 9.30–17 Uhr) Die Touristeninformation ist in einem Verwaltungsgebäude am östlichen Stadtrand untergebracht.

ℹ️ An- & Weiterreise

Der Busbahnhof liegt an der Station Road direkt östlich vom Hauptplatz. Von hier startet der Ulsterbus Express 217 nach Ballymena, wo man in den Goldline Express 218 oder 219 nach Bel-

WANDERUNG: CAUSEWAY COAST WAY

Der 53 km lange offizielle **Causeway Coast Way** (www.walkni.com) führt von Portstewart nach Ballycastle. Sein malerischster Abschnitt – 16 km zwischen Carrick-a-Rede und dem Giant's Causeway – ist einer der schönsten irischen Küstenwege überhaupt und innerhalb eines Tages gut zu schaffen.

Cafés und Toiletten gibt's in Larrybane, in Ballintoy Harbour und am Giant's Causeway, Bushaltestellen in Larrybane, im Dorf Ballintoy, beim Whitepark Bay Youth Hostel, beim Dunseverick Castle und am Giant's Causeway. Teilweise verläuft der Pfad schmal und rutschig auf den ungesicherten Felsen. Bei Wind und Regen kann er gefährlich sein, bei Flut wird er manchmal beiderseits von White Park Bay unbegehbar. Tidenzeiten sollte man vorab bei der Touristeninformation erfragen.

Startpunkt ist in Larrybane, dem Parkplatz für **Carrick-a-Rede**. Oben auf den Klippen mit Blick auf Sheep Island beginnend, führt der Weg landeinwärts zur Kirche von Ballintoy. An der Kirche biegt man rechts ab und folgt der Straße zum Hafen. Danach geht's an der Küste entlang, vorbei an konischen Felssäulen im Meer und um einen Kalkfelsen herum zum 2 km langen Sandstrand der **White Park Bay**.

Hier kommt man am besten bei Ebbe voran, wenn der Sand fest ist. Am Ende der Bucht (bei dem Haus mit dem gelben Giebel handelt es sich um das Whitepark Bay Youth Hostel) klettert man über die Felsen am Fuß einer hohen Kalksteinklippe (teilweise rutschig) bis Portbradden. Falls der Abschnitt bei Flut blockiert sein sollte, kann man einen Umweg zur Jugendherberge hoch nehmen und auf der Straße bis nach **Portbradden** wandern.

Hinter dem Örtchen wird der weiße Kalkstein von schwarzem Basalt abgelöst. Nun windet sich der Pfad durch einen natürlichen Felstunnel und durch felsige Einbuchtungen. In der Ferne sind die hohen Klippen des Benbane Head zu sehen. Am winzigen Hafen von Dunseverick folgt man einer Nebenstraße 200 m, bis bei einem Wegweiser rechts Stufen nach unten führen. Anschließend geht's über Uferwiesen, um eine Landspitze herum und am Wasserfall über die Fußgängerbrücke bis zum Parkplatz des **Dunseverick Castle**.

Von hier steigt der teilweise sehr schmale Klippenpfad ständig an und führt an einer alten Lachsfischerei (einer verrosteten Hütte weiter unten am Strand) vorbei. Beim höchsten und nördlichsten Punkt der Wanderung am **Benbane Head** markiert eine Holzbank den Aussichtspunkt Hamilton's Seat. William Hamilton war ein Pfarrer und Amateurgeologe aus Derry, der im 18. Jh. eine der ersten geologischen Beschreibungen des Causeway verfasste. Den Panoramablick auf die 100 m hohen Felsnadeln und Säulen Richtung Westen sollte man ausführlich genießen. Wer sich den Causeway näher ansehen möchte, erreicht ihn über die **Shepherd's Steps** (ausgeschildert), 1 km vom Besucherzentrum und dem Ende des Wanderwegs entfernt.

Die Gesamtstrecke beträgt 16,5 km (5–6 Std.)

---

fast (9 £, 2 Std., Mo–Fr 3-mal tgl., Sa 2-mal) umsteigen kann.

Die Buslinie 172 fährt an der Küste entlang via Ballintoy, Giant's Causeway und Bushmills nach Coleraine (4,50 £, 1 Std., Mo–Fr 8-mal tgl., Sa 2-mal, So 3-mal). Mehr Infos siehe unter „Anreise & Unterwegs vor Ort" auf S. 702.

Rathlin Island

110 EW.

Im Frühjahr und Sommer wird die zerklüftete Insel (Reachlainn; www.rathlincommunity.org) 6 km vor der Küste von Ballycastle von Tausenden brütender Seevögel und Hunderten von Robben bewohnt. Das L-förmige Eiland ist nur 6,5 km lang und 4 km breit und bekannt für seine Küstenlandschaft sowie die Vogelwelt im **Kebble National Nature Reserve** am Westzipfel.

Robert the Bruce, ein schottischer Held, war der bedeutendste Besucher. 1306 versteckte er sich hier nach seiner Niederlage gegen den englischen König. Der Legende nach sah er einer Spinne dabei zu, wie sie ihr Netz unbeirrt immer wieder neu webte. Dies soll ihn in seinem Entschluss bestärkt haben, weiter gegen die Engländer zu kämpfen, die er schließlich tatsächlich bei Bannockburn besiegte. Die Höhle, in der er sich angeblich versteckt haben soll, befindet sich unterhalb des **East Lighthouse** am Nordostzipfel der Insel.

Vom **RSPB West Light Viewpoint** (www.rspb.org.uk; Eintritt frei; ⊙April–Aug. 11–15 Uhr) bieten sich atemberaubende Ausblicke auf die benachbarten Meeresklippen, wo von Mitte April bis August dicht gedrängt Trottellummen, Dreizehenmöwen, Tordalken und Papageientaucher brüten. Im Sommer verkehrt ein Minibus zwischen dem Hafen und dem Leuchtturm. Es gibt öffentliche Toiletten, außerdem kann man Ferngläser mieten.

Wer keine Zeit hat, das Kebble-Schutzgebiet zu besuchen, sollte wenigstens vom Ballyconagan Nature Reserve des National Trust zum **Old Coastguard Lookout** spazieren, wo man auf die Felsklippen und hinüber zu den schottischen Inseln Islay und Jura schauen kann.

Das **Boathouse Visitor Centre** (Eintritt frei; ⊙Mai–Sept. 9.30–17 Uhr) südlich des Hafens informiert über die Geschichte, Kultur, Tier- und Pflanzenwelt sowie die Ökologie der Insel und gibt wertvolle Wandertipps. **Paul Quinn** (☎7032 7960, 07745 566924; www.rathlinwalkingtours.com; 4–12 £ pro Person) bietet geführte Trekkingtouren durch die Gegend an.

🛌 Schlafen & Essen

Auf der Insel gibt's ein ganz nettes Pub, ein Restaurant, zwei Geschäfte und ein paar Unterkünfte (unbedingt vorab reservieren). Auf dem Feld neben **McCuaig's Bar** (☎2076 3974) unmittelbar östlich des Hafens kann man kostenlos zelten, muss aber vorher in der Bar um Erlaubnis fragen. Zum McCuaig's gehören ein Café und eine Pommesbude, zudem stößt man ein paar Schritte westlich der Fähranlegestelle auf einen winzigen Lebensmittelladen (vom Pier kommend links abbiegen).

Manor House B&B ££
(☎2076 3964; www.rathlinmanorhouse.co.uk; Church Quarter; EZ/DZ 42/72 £) An der Nordseite des Hafens bietet das restaurierte und vom National Trust verwaltete Herrenhaus aus dem 18. Jh. zwölf Zimmer. Es ist die größte und komfortabelste Bleibe auf der Insel. Alle Zimmer haben Meerblick, Abendessen gibt's nach Voranmeldung. Im **Restaurant** (Hauptgerichte 12–18 £, Hummer 27 £; ⊙Mai–Sept. Mo 10.45–17.30, Mi–So 10.45–23 Uhr) können auch Nichtgäste speisen (vorab reservieren).

Coolnagrock B&B B&B ££
(☎2076 3983; Coolnagrock; EZ/DZ 35/60 £; ⊙Dez. geschl.) Eine viel gelobte Pension im Osten der Insel mit einem Blick übers Meer nach Kintyre. Auf Nachfrage holt einen der Besitzer von der 15 Minuten entfernten Fähranlegestelle ab.

Kinramer Camping Barn HOSTEL £
(☎2076 3948; alison.mcfaul@rspb.org.uk; Kinramer; B 10 £) Das schlichte Hostel auf einem Biobauernhof liegt 5 km (zu Fuß 1 Std.) westlich des Hafens. Gäste müssen ihre Verpflegung und ihr Bettzeug selbst mitbringen und im Voraus buchen. Manchmal kann man sich hier von einem der Minibusse absetzen lassen.

Soerneog View Hostel HOSTEL £
(☎2076 3954; www.n-irelandholidays.co.uk/rathlin; Ouig; ab 12,50 £ pro Person; ⊙April–Sept.) Zehn Minuten südlich des Hafens bietet das hostelähnliche Privathaus drei Doppelzimmer, zwei davon mit getrennten Betten.

ℹ️ Anreise & Unterwegs vor Ort

In Ballycastle legt täglich eine **Fähre** (☎2076 9299; www.rathlinballycastleferry.com) nach Rathlin Island ab (Erw./Kind/Fahrrad hin & zurück 11,20/5,60/3 £); im Frühjahr und Sommer bucht man das Ticket am besten vorab. Von April bis September gibt's täglich acht bis neun Überfahrten, die Hälfte davon per Speed-Katamaran (20 Min.), die andere Hälfte mit einer langsameren Autofähre (45 Min.). Im Winter ist das Angebot eingeschränkt.

Abgesehen von den Inselbewohnern dürfen ansonsten nur Fahrer mit eingeschränkter Mobilität Autos mit auf die Insel nehmen, auf der kein Punkt mehr als 6 km (1½ Std. zu Fuß) von der Fähranlegestelle entfernt ist. Am Soerneog View Hostel kann man Fahrräder ausleihen (8 £ pro Tag). Von April bis August betreibt **McGinn's** (☎2076 3451) einen Shuttleservice zwischen der Fähre und dem Kebble Nature Reserve (hin & zurück 5 £) und bietet Minibustouren an.

Glens of Antrim

Der Nordosten Antrims ist eine Hochebene aus schwarzem Basalt über Lagen weißer Kreideplatten. Entlang der Küste zwischen Cushendun und Glenarm haben sich während der Eiszeit einige malerische Gletschertäler einen Weg durch das Plateau gebahnt, die als Glens of Antrim bekannt sind.

Zwei markierte Wanderwege durchqueren die Region: Der **Ulster Way** (S. 726) verläuft dicht am Meer entlang und pas-

> ## WANDERUNG: FAIR HEAD
>
> Vom Parkplatz des National Trust bei Coolanlough führt ein markierter Weg Richtung Norden an einem kleinen See mit winzigen Inseln vorbei, darunter eine *crannóg* (inselartige Ansiedlung im Neolithikum). Nach 1,5 km erreicht man den Gipfel der imposanten 180 m hohen Basaltklippen des Fair Head. Die Landspitze ist eines der wichtigsten Kletterparadiese in Irland und bildet einen markanten Einschnitt, der von einem liegenden Felsblock überbrückt und Grey Man's Path genannt wird. Der Panoramablick reicht von der westlich gelegenen Rathlin Island zur Linken bis zur schottischen Insel Islay zur Rechten; es folgen die drei Bergspitzen des Jura, die dunkle Landmasse des Mull of Kintyre und die kleine Insel Sanda. Im Osten erstreckt sich der gedrungene Kegel der Ailsa Craig und weit in der Ferne sieht man die Küste von Ayrshire.
> Nachdem man die Aussicht ausgiebig genossen hat, geht's weiter nach rechts auf dem schlecht erkennbaren Pfad Richtung Süden 1,5 km über die Klippen und zum oberen Parkplatz an der Murlough Bay Road. Von dort führt ein weiterer, ebenfalls kaum erkennbarer Weg mit gelben Markierungen 1 km nach Westen zurück nach Coolanlough.
> Die Gesamtstrecke beträgt 4 km (1–2 Std.).

siert alle Küstendörfer, während der 32 km lange **Moyle Way** durch das Hinterland über das Hochplateau vom Glenariff Forest Park nach Ballycastle führt.

TORR HEAD SCENIC ROAD
Wenige Kilometer östlich von Ballycastle zweigt eine kleinere ausgeschilderte Panoramastraße von der A2 Richtung Norden nach Cushendun ab. Sie ist nichts für ängstliche Fahrer und auch für Wohnwagen keinesfalls geeignet: Eng und in gefährlichen Kurven windet sie sich die steilen Abhänge über dem Meer entlang. Seitenstraßen führen zu den interessantesten Sehenswürdigkeiten: zum Fair Head, zur Murlough Bay und zum Torr Head. An klaren Tagen reicht die herrliche Aussicht übers Meer bis Schottland, vom Mull of Kintyre bis zu den Hügeln von Arran.

Die erste Abzweigung endet am Parkplatz des National Trust in Coolanlough, Ausgangspunkt für eine Wanderung zum **Fair Head** (s. Kasten oben). Die zweite führt steil abwärts zur **Murlough Bay**. Vom Parkplatz am Ende der Straße geht's am Ufer entlang zu den Überresten einiger Bergarbeiterhäuschen (10 Min.). Einst wurden an den Klippen Kreide und Kohle abgebaut und in einem Kalkofen südlich des Parkplatzes zu ungelöschtem Kalk gebrannt.

Der dritte Abzweig führt an den Ruinen einiger Häuser der Küstenwache vorbei zur felsigen Landspitze von **Torr Head**. Oben thront die Station der Küstenwache aus dem 19. Jh., die in den 1920er-Jahren wieder aufgegeben wurde. Hier kommen sich Irland und Schottland am nächsten – der Mull of Kintyre liegt nämlich nur 19 km entfernt auf der anderen Seite des North Channel. Im späten Frühjahr und Sommer wird hier ähnlich wie in Carrick-a-Rede Lachsfischerei mit einem an der Landspitze befestigten Netz betrieben. Das alte Eishaus neben der Zufahrtstraße benutzte man früher zum Lagern der Fische.

CUSHENDUN
350 EW.

Das nette Küstendorf ist für seine einzigartigen Cottages im kornischen Stil bekannt, die inzwischen dem National Trust gehören. Sie wurden 1912 und 1925 auf Anordnung des Großgrundbesitzers Lord Cushendun vom Architekten Clough Williams-Ellis entworfen, der auch für den Bau von Portmeirion in Nordwales verantwortlich war. In dem Örtchen gibt's einen schönen **Sandstrand**, mehrere kurze **Küstenwege** (auf der Infotafel am Parkplatz aufgeführt) sowie eindrucksvolle **Höhlen** in die überhängenden Klippen südlich des Dorfes. Wer sie sehen will, muss dem Pfad folgen, der um die Feriensiedlung südlich der Flussmündung verläuft.

6 km nördlich des Dorfes an der A2 nach Ballycastle stößt man auf eine weitere Sehenswürdigkeit, den **Loughareema**, auch als Vanishing Lake (Verschwindender See) bekannt. Drei Rinnsale fließen hinein, doch keines kommt heraus. Nach heftigen Regengüssen dehnt sich der See zu imposanter Größe (400 m lang, 6 m tief) aus, doch

nach und nach versickert das Wasser durch Spalten im Kalkstein und zurück bleibt nur ein trockenes Bett.

🛌 Schlafen

Villa Farmhouse
B&B ££

(☎2176 1252; www.thevillafarmhouse.com; 185 Torr Rd; EZ/DZ ab 35/60 £; P@) Dieses bezaubernde, weiß getünchte Bauernhaus schmiegt sich an einen Berghang, 1 km nördlich des Städtchens, und lockt mit einem tollen Ausblick über das Meer sowie hinunter zur Cushendun Bay. Der Besitzer ist ein erstklassiger Koch und so gehört das Frühstück zu einem der Highlights eines jeden Aufenthalts: Hier gibt's das wohl beste Rührei in ganz Nordirland. Abendessen nach Voranmeldung.

Cloneymore House
B&B ££

(☎2176 1443; ann.cloneymore@btinternet.com; 103 Knocknacarry Rd; EZ/DZ 40/50 £; P🛜) 500 m südwestlich von Cushendun bietet das traditionelle, familienfreundliche B&B an der B92 drei perfekt ausgestattete, geräumige Zimmer, die nach irischen und schottischen Inseln benannt sind: „Aran" ist am größten. Es gibt eine Rampe für Rollstühle und einen Treppenlift, zudem sind alle Räume für Besucher mit eingeschränkter Beweglichkeit geeignet.

Mullarts Apartments
SELBSTVERSORGER ££

(☎2176 1221; www.mullartsapartments.co.uk; 114 Tromra Rd, DZ pro Wochenende/Woche 140/375 £; P) Anspruchsvolle Gäste werden sich wahrscheinlich in den drei luxuriösen Ferienwohnungen in einer umgebauten Kirche aus dem 19. Jh. 2,5 km südlich des Dorfes wohlfühlen. Zwei Apartments verfügen über Doppelzimmer und in dem dritten kommen bis zu sechs Personen unter.

Cushendun Caravan Park
CAMPINGPLATZ £

(☎2176 1254; 14 Glendun Rd; Zelt-/Wohnwagenstellplatz ab 10/18 £; ⊙Ostern–Sept.) Der von der Ortsverwaltung geführte Campingplatz liegt in einem schönen bewaldeten Areal nördlich des Ortes nur fünf Gehminuten vom Strand entfernt.

🍴 Essen & Ausgehen

Mary McBride's Pub
PUB £

(2 Main St; Hauptgerichte 6–10 £; ⊙Essen April–Sept. 12.30–20 Uhr, Okt.–März 12.30–19 Uhr) Mit ihrer Fläche von 1,5 m mal 2,7 m ist die originale Bar (vom Eingang aus links) die kleinste in ganz Irland. Der neuere Raum drumherum lässt aber genügend Ellenbogenfreiheit. Hier gibt's die üblichen Pubgerichte sowie Guinness vom Fass und Livemusik an den Wochenenden.

Theresa's Tearoom
CAFÉ £

(1 Main St; Hauptgerichte 4–9 £; ⊙Ostern–Sept. 11–19 Uhr, Okt.–Ostern Sa & So bis 18 Uhr) Die nette, ländliche Teestube neben der Brücke serviert Tee und Kuchen, Sandwiches und Salate sowie Warmes zum Mittag wie Fish 'n' Chips, Brathühnchen und vegetarische Tortillawraps.

ℹ️ An- & Weiterreise

Bus 150 verkehrt von Ballymena über Glenariff Forest Park und Cushendall nach Cushendun (1 Std., Mo–Fr 6-mal tgl., Sa 4-mal). Von Belfast und Derry aus fahren Züge nach Ballymena. Eine weitere Option ist der **Antrim Coaster** (Buslinie 252/256), der zweimal täglich zwischen Coleraine und Belfast via Glens of Antrim und Larne verkehrt (s. auch S. 702).

CUSHENDALL
1250 EW.

Der abgeflachte Gipfel des Lurigethan überragt Cushendall, ein häufig von Verkehrsstaus heimgesuchtes Ferienörtchen am Fuß des Glenballyeamon. Weil der kleine Strand voller Kieselsteine ist, fährt man besser nach Waterfoot und Cushendun.

👁 Sehenswertes

Curfew Tower
HISTORISCHES GEBÄUDE

Im Zentrum erhebt sich der ungewöhnliche, 1817 errichtete Curfew Tower aus rotem Sandstein. Er imitiert einen Bau, den der Landbesitzer in China gesehen hatte. Ursprünglich diente der Turm als Gefängnis für „Müßiggänger und Aufrührer".

Layde Old Church
KIRCHE

Vom Parkplatz am Strand führt ein Küstenweg 1 km nach Norden zu den malerischen Ruinen der Layde Old Church. Dort blickt man auf die Insel Ailsa Craig, auch „Paddy's Milestone" genannt, und die schottische Küste. Vom frühen 14. Jh. bis 1790 nutzte man das von Franziskanern gegründete Gotteshaus als Gemeindekirche. Auf dem Friedhof befinden sich mehrere imposante Grabmäler der MacDonnells und am Eingang steht ein antikes, verwittertes Kreuz ohne Arme und mit einer nachträglichen Inschrift aus dem 19. Jh.

Ossian's Grave
HISTORISCHE STÄTTE

In Glenaan, 4 km nordwestlich von Cushendall, ist Ossian's Grave zu sehen. Das neolithische Kammergrab wurde nach einem legendären Kriegerpoeten aus dem 3. Jh.

benannt, allerdings kann der besagte Mann hier nachweislich gar nicht bestattet worden sein. Wer die Stätte besichtigen möchte, folgt dem Wegweiser an der A2; am besten parkt man beim Bauernhof und geht von dort aus dann zu Fuß weiter.

Schlafen & Essen

Village B&B B&B ££

(2177 2366; www.thevillagebandb.com; 18 Mill St; EZ/DZ 38/60 £; ☉April–Sept.; P) Ein zentral gelegenes B&B mit drei makellosen Zimmern und Privatbädern, das seine Gäste mit einem üppigen, herzhaften Frühstück verwöhnt. Direkt gegenüber kann man im McCollams, dem besten Pub in Cushendall, traditionelle Musik hören.

Cullentra House B&B ££

(2177 1762; www.cullentrahouseireland.com; 16 Cloughs Rd; EZ/DZ ab 35/50 £; P 🛜) Der moderne Bungalow hoch über dem Ort am Ende der Cloughs Road bietet einen tollen Ausblick auf die Küste und verfügt über drei bequeme, geräumige Zimmer. Darüber hinaus wartet die nette Pension mit einem ausgiebigen Frühstück inklusive hausgemachtem Weizenbrot auf.

Cushendall Caravan Park CAMPINGPLATZ £

(2177 1699; 62 Coast Rd; Zelt-/Wohnwagenstellplatz 10/18 £; ☉Ostern–Sept.) Der Campingplatz mit Meerblick liegt nur 1 km vom Ortszentrum entfernt.

Harry's Restaurant BISTRO ££

(2177 2022; 10 Mill St; Bargerichte 9–10 £, Hauptgerichte abends 9–18 £; ☉Mo–Sa 10–21, So 12–21 Uhr) In dem gemütlichen Bistro gibt's von 10 bis 12 Uhr Frühstück und von 12 bis 18 Uhr typisches Pubessen wie Kabeljau im Teigmantel mit Erbsenmus, Burger oder Caesar Salad. Abends locken Gerichte á la carte von Steak bis Hummer.

🛈 Praktische Informationen

Touristeninformation (2177 1180; 24 Mill St; ☉Juli–Sept. Mo–Fr 10–13 & 14–17.30, Sa 10–13 Uhr, Okt.–Juni Di–Sa 10–13 Uhr) Wird von der Glens of Antrim Historical Society geleitet und bietet auch Internetzugang.

WANDERUNG: GLENARIFF CIRCUIT

Dieser abwechslungsreiche 7,5 km lange Wanderweg führt von einer bemoosten Schlucht mit Wasserfall bis auf das hohe Antrim Plateau und gilt als eine der schönsten Waldstrecken Nordirlands. Er startet vor dem Restaurant der Laragh Lodge. Von dort geht's über einen **Plankenweg** (Eintritt 1,50 £; Ostern–Okt.) flussaufwärts am Fluss Glenariff entlang zum schäumenden Ess-na-Larach Waterfall, dann in steilem Zickzack weiter bis zum Abzweig an einer Holzbank. Hier hält man sich rechts (der linke, ausgeschilderte Pfad führt zum Besucherzentrum) und wandert weiter mit dem Fluss zur Rechten.

An der nächsten Abzweigung (der Wegweiser nach Hermit's Fall zeigt nach rechts), biegt man links ab und folgt dem Pfad bergauf bis zu einer Straße, an der es wieder rechts abgeht. Der Weg verläuft nun 600 m parallel zur Straße, bis man schließlich an ein Schild gelangt, das zum „Scenic Trail" zeigt, von dem man gerade gekommen ist. Nun geht man links über eine erste Straße und ein paar Meter weiter über eine zweite. An dieser Stelle führt ein deutlich sichtbarer Pfad durch den Wald. Wenn man schließlich aus den Bäumen auftaucht, eröffnet sich ein schöner Blick auf Glenariff. Anschließend wandert man in einer weiten Kurve nach rechts gen Süden (hier weisen weitere Markierungen zum Scenic Trail, man halte sich also in die entgegengesetzte Richtung). Oberhalb des nächsten Tals mit dem Fluss Inver in der Tiefe gabelt sich der Weg bei einem hölzernen Unterstand; links geht's steil bergab, man hält sich jedoch rechts und steigt die Schlucht hinauf.

Nach einer Linkskurve muss man die drei Bäche, die den Inver speisen, überqueren. Dann geht's in Serpentinen aufwärts durch einen dichten Nadelwald, an dessen Rand man mit einem umwerfenden Ausblick auf Glenariff belohnt wird. Das Tal liegt wie eine grüne Hängematte zwischen den steilen schwarzen Basaltwänden. Kurz darauf folgt ein sehr steiler Abstieg im Zickzackkurs, dann biegt man links ab. An der nun folgenden Waldstraße hält man sich rechts. Nach 1 km führt der Weg links steil bergab zu einem Tor. Hier wählt man die linke Abzweigung und nimmt die Fußgängerbrücke über den Fluss, danach biegt man rechts ab und gelangt so zurück zum Ausgangspunkt.

Die Gesamtstrecke beträgt 7,5 km (3–4 Std.).

❶ An- & Weiterreise

Die Buslinie 162 fährt von Larne nach Cushendall (7 £, 1 Std., Mo–Fr 3-mal tgl.) und hält unterwegs in Glenarm sowie in Carnlough. Außerdem verkehren regelmäßig Züge und Busse zwischen Belfast und Larne. Bus 150 bedient die Strecke nach Cushendun und zum Glenariff Forest Park.

GLENARIFF

2 km südlich von Cushendall liegt das Dorf **Waterfoot** mit Antrims schönstem Sandstrand, der sich über 2 km erstreckt. Von hier führt die A43 (Ballymena Road) landeinwärts durch das malerische Glenariff. Der Schriftsteller Thackeray rief beim Anblick des Tals aus, dies sei eine „Schweiz im Miniaturformat". Vor Ort fragt man sich allerdings, ob er die echte Schweiz wohl jemals gesehen hatte.

Am Talende erstreckt sich der **Glenariff Forest Park** (Auto/Motorrad/Fußgänger 4/2/1,50 £; ⊙10 Uhr–Sonnenuntergang). Seine Hauptattraktion ist der **Ess-na-Larach Waterfall** 800 m vom Besucherzentrum entfernt. Er ist auch von der Laragh Lodge 600 m flussabwärts zu Fuß erreichbar. Durch den Park führen mehrere schöne Spazierwege, darunter eine 10 km lange Rundstrecke.

Wanderer können im **Ballyeamon Camping Barn** (☎2175 8451; www.ballyeamonbarn.com; 127 Ballyeamon Rd; B 10 £; @) übernachten. Das Hostel befindet sich 8 km südwestlich von Cushendall an der B14 (1 km nördlich der Kreuzung mit der A43) ganz in der Nähe des Moyle Way, etwa einen 1,5 km langen Fußmarsch vom Haupteingang zum Waldpark entfernt.

An einer Abzweigung der A43, 3 km nordöstlich des Hauptparkeingangs, stößt man auf die schon erwähnte **Laragh Lodge** (☎2175 8221; 120 Glen Rd; Hauptgerichte 10–15 £, So Vier-Gänge-Mittagsmenü 17 £; ⊙11–21 Uhr, Essen 12–21 Uhr) mit einer Bar und einem Restaurant. Sie ist in einem viktorianischen Haus aus dem Jahr 1890 untergebracht und wurde kürzlich renoviert. Von den Dachsparren baumelt allerlei Krimskrams. Hier gibt's rustikale Pubkost wie Rinder-Guiness-Pastete, Fish 'n' Chips, Wurst mit Kartoffelpüree und vegetarische Gerichte. Sonntagmittags wird traditionell Braten serviert.

Den Glenariff Forest Park erreicht man von Cushendun (4 £, 30 Min., Mo–Fr 6-mal tgl., Sa 4-mal) und Ballymena (4 £, 30 Min.) aus mit dem Ulsterbus 150.

GLENARM
600 EW.

Glenarm (Gleann Arma), das älteste Dorf in der Gegend, ist bereits seit 1750 Familiensitz der MacDonnells. Gegenwärtig lebt der 14. Earl of Antrim im **Glenarm Castle** (www.glenarmcastle.com). Das private Anwesen versteckt sich hinter einer imposanten Mauer, die von der Brücke entlang der Hauptstraße nach Norden verläuft. Die Burg ist nur an zwei Tagen im Juli geöffnet, wenn hier die Highland Games veranstaltet werden, aber dafür kann man den reizvollen **Walled Garden** (Erw./Kind 5/2,50 £; ⊙Mai–Sept. Mo–Sa 10–17 & So 12–18 Uhr) besuchen.

Die **Touristeninformation** (☎2884 1087; www.glenarmtourism.org.uk; 2 The Bridge; ⊙Mo–Fr 9.30–17, So 14–18 Uhr) befindet sich neben der Brücke an der Hauptstraße. Wer hier im Internet surfen möchte, zahlt 2 £ pro 30 Minuten.

Ein Spaziergang führt südlich des Flusses von der Hauptstraße in den alten Ortskern mit seinen gepflegten georgianischen Häusern. Wo sich die Straße zur Altmore Street erweitert, stößt man rechts auf das **Barbican Gate** (1682), den Eingang zur Grünanlage des Glenarm Castle. Auf der linken Seite darf man den Künstlern bei **Steensons** (www.thesteensons.com; Toberwine St; ⊙Mo–Sa 9.30–17.15 Uhr), einem Schmuckatelier mit Besucherzentrum, bei der Arbeit zusehen.

Links geht's steil bergauf durch die Vennel Street, dann gleich nach dem letzten Haus nochmals links auf den Layde Path. Der Pfad führt zu einem **Aussichtspunkt** mit tollem Blick über Dorf und Küste.

Larne
17600 EW.

Larne (Lutharna) ist ein bedeutender Hafen für Fähren von bzw. nach Schottland und damit einer der wichtigsten Grenzorte Nordirlands. Mit seinen Betonbrücken und riesigen Schornsteinen des Ballylumford-Kraftwerks gewinnt es allerdings keinen Schönheitspreis. Abgesehen von der recht nützlichen Touristeninformation gibt's keinen Grund, sich hier länger aufzuhalten.

Der Hafenbahnhof befindet sich im Fährterminal. Von dort erreicht man das Stadtzentrum per Bus oder in 15 Gehminuten: Zunächst biegt man rechts in die Fleet Street ein, dann geht's nochmals nach rechts in die Curran Road und anschließend links in die Circular Road. Am großen

Verkehrskreisel liegt der Hauptbahnhof links, die Touristeninformation ist rechts und der Busbahnhof befindet sich geradeaus unter der Straßenbrücke.

Praktische Informationen

Touristeninformation (2826 0088; larne-tourism@btconnect.com; Narrow Gauge Rd; Ostern–Sept. Mo–Fr 9–17, Sa 10–16 Uhr, Okt.–Ostern Mo–Fr 9–17 Uhr)

An- & Weiterreise

Fähren von **P&O Irish Sea** (www.poirishsea.com) pendeln zwischen Larne, Schottland und England.

Bus 256 fährt vom Stadtzentrum direkt nach Belfast (4 £, 1 Std., Mo–Fr. stdl., Sa 6-mal, So nur Juli–Sept. 2-mal.

Richtung Norden zu den Glens of Antrim verkehren die Linie 162 und der *Antrim Coaster* (s. S. 702).

Larne hat zwei Bahnhöfe, **Larne Town** und **Larne Harbour**. Vom Stadtbahnhof starten mindestens stündlich Züge zur Belfast Central Station (6,20 £, 1 Std.), während die Verbindungen vom Hafenbahnhof auf die Ankunftzeiten der Fähren abgestimmt sind.

Carrickfergus

28 000 EW.

Auf dem Felsvorsprung von Carrickfergus (Carraig Fhearghais) thront Nordirlands beeindruckendste mittelalterliche Burganlage über der Zufahrt zum Belfast Lough. Gegenüber, im historischen Ortskern, befinden sich interessante Häuser aus dem 18. Jh. und ein Teil der Stadtmauern aus dem 17. Jh.

Sehenswertes

Carrickfergus Castle BURG
(Marine Hwy; Erw./Kind 4/2 £; 10–18 Uhr) Gleich nach seiner Invasion in Ulster ließ John de Courcy 1777 den Hauptturm von Irlands einziger normannischer Burg, dem Carrickfergus Castle, errichten. Die massiven Mauern des äußeren Hofes wurden 1242 fertiggestellt und im 16. Jh. um Schießscharten aus rotem Ziegelwerk ergänzt. Im Turm ist ein **Museum** untergebracht. Überall verteilte lebensgroße Figuren lassen die Geschichte der Festung lebendig werden.

Von hier geht der Blick zum Hafen, wo **Wilhelm von Oranien** am 14. Juni 1690 auf seinem Weg zur Schlacht am Boyne landete. Eine blaue Gedenktafel an der alten Hafenmauer markiert die Stelle, wo er an Land ging; seine Bronzestatue steht ganz in der Nähe am Strand.

GRATIS **Carrickfergus Museum** MUSEUM
(11 Antrim St; April–Sept. Mo–Sa 10–18, Okt.–März Mo–Sa 10–17 Uhr) Hinter den Glasfronten der Heritage Plaza auf der Antrim Street befindet sich das Carrickfergus Museum mit Exponaten zur Stadtgeschichte und einem Café.

GRATIS **Andrew Jackson Centre**
HISTORISCHE STÄTTE
(Boneybefore) Die Eltern des siebten US-Präsidenten Andrew Jackson verließen Carrickfergus (und somit auch Irland) in der zweiten Hälfte des 18. Jhs. Ihr Haus wurde 1860 abgerissen, doch 2 km nördlich der Burg gibt's einen Nachbau des reetgedeckten Cottage mit einem Lehmboden und einer offenen Feuerstelle. Die Ausstellung zeigt die Lebensumstände der Jacksons in Ulster und die Verbindungen dieser Region in die USA. Eine Besichtigung ist nur nach Voranmeldung in der Touristeninformation möglich. Nebenan liegt das **US Rangers Centre**. Es erinnert an die ersten US-Rangers, die im Zweiten Weltkrieg vor ihrem Einsatz auf dem europäischen Festland in Carrickfergus ausgebildet wurden.

Schlafen & Essen

Keep Guesthouse B&B ££
(9336 7007; www.thekeepguesthousecarrick fer gus.co.uk; 93 Irish Quarter S; EZ/DZ ab 35/50 £;) Das zentrumsnah gelegene B&B gegenüber dem Jachthafen an der Hauptstraße verfügt über vier attraktive, modern gestaltete Zimmer mit originalen Bildern. Am schönsten ist das geräumige Familienzimmer im ersten Stock.

Dobbin's Inn Hotel HOTEL ££
(9335 1905; www.dobbinsinnhotel.co.uk; 6-8 High St; EZ/DZ ab 45/65 £; @) Ein freundliches, zwangloses Hotel in der Altstadt mit 15 kleinen, gut ausgestatteten Zimmern samt knarrender Bodendielen. Das Haus ist über 300 Jahre alt, was man an dem Versteck für verfolgte Katholiken und dem original erhaltenen Kamin aus dem 16. Jh. sehen kann.

Windrose INTERNATIONAL ££
(9335 1164; www.thewindrose.co.uk; Rodgers Quay; Hauptgerichte 9–17 £; Essen 12–21 Uhr) In dem schicken, modernen Bar-Bistro mit elegantem Restaurant im Obergeschoss

(Hauptgerichte 15–25 £, nur abends geöffnet) wird eine gute Auswahl an Speisen von Fisherman's Pie und Muscheln bis zu Steaks und Pfannengerichten geboten. Von der an sonnigen Nachmittagen sehr warmen Terrasse blickt man auf den Wald von Masten im Jachthafen.

Courtyard Coffee House CAFÉ £
(38 Scottish Quarter; Hauptgerichte 4–6 £; Mo-Sa 9–16.45 Uhr) Hier bekommt man leckere hausgemachte Suppen, kleine Mittagsgerichte, Kaffee und Kuchen. Im Carrickfergus Castle ist eine Filiale des Cafés untergebracht.

Praktische Informationen

Touristeninformation (9335 8049; www.carrickfergus.org; Heritage Plaza, 11 Antrim St; April–Sept. Mo–Sa 10–18 Uhr, Okt.–März Mo–Sa 10–17 Uhr;) Hat eine Wechselstube und bucht Unterkünfte.

An- & Weiterreise

Einmal pro Stunde verkehren Züge zwischen Carrickfergus und Belfast (4 £, 30 Min.).

Das Hinterland

Westlich der Hochmoorebene, dem Abschluss der Glens of Antrim, fallen die Hügel ab zum landwirtschaftlich geprägten Flachland rund um den Lough Neagh und dem weiten Tal des Flusses Bann. Die Region wird von Touristen kaum besucht, weil sie entweder lieber die Küstenstraße nehmen oder auf dem Weg von Belfast nach Derry ohne Zwischenstopp durchfahren, doch mit etwas Geduld entdeckt man auch hier einige Sehenswürdigkeiten.

ANTRIM (STADT)
19 800 EW.

Antrim liegt am Fluss Sixmilewater ganz in der Nähe einer schönen Bucht des Lough Neagh. Während des Aufstandes von 1798 tobte in der High Street eine Schlacht gegen die United Irishmen.

Die **Touristeninformation** (9442 8331; www.antrim.gov.uk; Market Sq; Mo–Fr 9–17 Uhr, Mai–Sept. auch Sa 10–13 Uhr) ist im wunderschön restaurierten **Old Courthouse** (1762), einem Meisterstück georgianischer Architektur, untergebracht. Hier bekommt man ein kostenloses Infoheft für historische Rundgänge.

Hinter dem Gerichtsgebäude befinden sich das **Barbican Gate** (1818) und einige Überreste der alten Burgmauern. Durch das Tor und die Unterführung geht's zu den **Antrim Castle Gardens** (Eintritt frei; 9.30–19 Uhr oder Sonnenuntergang). Die Burg brannte vor vielen Jahren ab, doch der Park ist eines der wenigen noch erhaltenen Beispiele für Gartenkunst aus dem 17. Jh.

Antrims **Round Tower** (Steeple Rd) aus dem 10. Jh. liegt am nordöstlichen Stadtrand, ist 28 m hoch und eines der schönsten Beispiele für irische Klostertürme. Man kann das Gelände kostenfrei besuchen, aber der Turm selbst ist für die Öffentlichkeit geschlossen.

Die Lough Road führt vom Stadtzentrum nach Westen zum **Antrim Lough Shore Park** mit dem imposanten Lough Neagh. Am Ufer gibt's Picknicktische und Wanderwege.

Die alte Barkasse **Maid of Antrim** (2582 2159; www.loughneaghcruises.co.uk) wurde 1963 auf dem Scotland's River Clyde gebaut. Von Ostern bis Oktober werden sonntagnachmittags Fahrten angeboten, die am Jachthafen von Antrim neben dem Lough Shore Park starten.

Der Goldline-Express-Bus 219 von Belfast nach Ballymena hält auch in Antrim (4,20 £, 40 Min., Mo-Fr stdl., Sa 7-mal). Außerdem verkehren Züge zwischen Belfast, Antrim (5,10 £, 25 Min., Mo-Sa 10-mal tgl., So 5-mal) und Derry.

BALLYMENA
29 200 EW.

Ballymena (An Baile Meánach) ist die Heimat von Ian Paisley, Gründer der Free Presbyterian Church sowie der strikt antinationalistischen, antikatholischen Democratic Unionist Party (DUP) und bis 2008 Nordirlands Erster Minister. Seit 1977 wird der Stadtrat von der DUP kontrolliert. Er beschloss einstimmig, Darwins Evolutionstheorie an Ballymenas Schulen aus dem Religionsunterricht zu verbannen. In der Stadt wurde außerdem der Schauspieler Liam Neeson, bekannt aus *Schindlers Liste* und *Star Wars*, geboren.

Sehenswertes

GRATIS **Braid** MUSEUM
(www.thebraid.com; 1–29 Bridge St; Mo–Fr 10–17, Sa 10–16 Uhr) Ballymenas neues Museum ist in einem beeindruckenden modernen Gebäude untergebracht, in dem sich auch das Rathaus, die Touristeninformation und ein Kunstzentrum befinden. Interessante Ausstellungen informieren über die Gegend.

ABSTECHER

GALGORM

6 km westlich von Ballymena stößt man auf das **Galgorm Resort & Spa** (2588 1001; www.galgorm.com; 136 Fenaghy Rd, Galgorm; DZ/FZ ab 95/135 £; P@🖥), ein herrschaftliches Haus aus dem 19. Jh. in wunderschöner Umgebung am Fluss Main. Es wurde kürzlich von den Eigentümern des Belfaster Boutique-Hotels Ten Square übernommen, komplett umgestaltet und erweitert und zählt nun zu Irlands exklusivsten Landhotels.

In **Gillie's Bar** (Hauptgerichte mittags 8–18 £, abends 12–26 £; ☺Essen 12–22 Uhr), den einstigen Stallungen des Landguts, verbreiten raues Mauerwerk, riesige Holzbalken, das offene Feuer und bequeme Sofas eine rustikale Atmosphäre. Das Gebäude wurde zudem um eine spektakuläre neue Scheune mit hohem Dach und einem riesigen Kamin in der Mitte erweitert. Sphingen bewachen den monumentalen Treppenaufgang. Eine atemberaubende Umrahmung für ein tolles Essen!

GRATIS **Ecos Environmental Centre**
ÖKOZENTRUM
(www.ballymena.gov.uk/ecos; Broughshane Rd; ☺Juni-Aug. Mo–Fr 9–17, Sa & So 12–17 Uhr, Ostern-Okt. Mo–Fr 10–17 Uhr) Das Besucherzentrum am östlichen Stadtrand widmet sich erneuerbaren Energien und umweltfreundlichen Technologien. Alle Abwässer der Einrichtung werden in Schilfklärbecken gefiltert und bewässern anschließend Kopfweiden, die Brennmaterial liefern und zusammen mit Solaranlagen zur Energiegewinnung genutzt werden. Kinder können viele interessante Experimente machen. Mit Spiel- und Picknickfläche, Ententeich und ferngesteuerten Spielzeugschiffen kommt auch sonst keine Langeweile auf.

❶ An- & Weiterreise
Der Goldline-Express-Bus 219 fährt von Belfast nach Ballymena (6 £, 1 Std., Mo–Fr stdl. Sa 7-mal) und die Buslinie 128 verkehrt nach Carnlough an der Küste (4 £, 1 Std., Mo–Fr 5-mal tgl., Sa 1-mal).

Ballymena liegt an der Bahnlinie Derry–Belfast mit häufigen Verbindungen nach Belfast (7 £, Mo–Sa 10-mal tgl., So 5-mal).

SLEMISH
Die Skyline östlich von Ballymena wird vom markanten Felshügel des Slemish (438 m) dominiert. Wie bei vielen anderen Plätzen in Nordirland gibt's auch bei diesem Berg eine Verbindung zum Nationalheiligen: Der hl. Patrick soll hier in seiner Jugend Ziegen gehütet haben. Am St. Patrick's Day pilgern Tausende auf den Gipfel. Das restliche Jahr über ist der Aufstieg angenehm, aber steil und bei Regen auch rutschig. Oben wird man mit einem tollen Ausblick belohnt. Die Wanderung dauert vom Parkplatz aus etwa eine Stunde.

Counties Fermanagh & Tyrone

EINWOHNER: 230 000 / FLÄCHE: 4846 KM^2

Inhalt »

County Fermanagh	720
Enniskillen	720
Rund um Enniskillen	724
Upper Lough Erne	725
Lower Lough Erne	726
Westlich des Lough Erne	730
Loughs Melvin & Macnean	732
County Tyrone	732
Omagh	732
Rund um Omagh	733
Sperrin Mountains	734
East Tyrone	734

Gut essen

- » Dollakis (S. 721)
- » Deli on the Green (S. 736)
- » Terrace Restaurant (S. 721)
- » Rectory Bistro (S. 728)
- » Kissin Crust (S. 726)

Schön übernachten

- » Westville Hotel (S. 721)
- » Cedars Guesthouse (S. 728)
- » Tullylagan Country House (S. 735)
- » Kilmore Quay Club (S. 725)
- » Mullaghmore House (S. 732)

Auf nach Fermanagh & Tyrone

Eis und Wasser haben die noch immer ursprüngliche Landschaft von Fermanagh geformt. Raue Hügel erheben sich über halb im Wasser stehenden Drumlins (beim Rückzug von Gletschern entstandene runde Hügel) und glitzernden Schilfseen. Schon der Blick auf die Karte genügt, um festzustellen, dass die Grafschaft zu etwa einem Drittel von Wasser bedeckt ist. Einwohner witzeln gerne darüber: Sechs Monate im Jahr lägen die Seen in Fermanagh, die anderen sechs Monate befände sich Fermanagh in den Seen. Dementsprechend gilt die Region als Paradies für Angler und Kanufahrer.

Das County Tyrone ist die Heimat des O'Neill-Clans und verdankt seinen Namen Tír Eoghain (Land von Owen) einem legendären Stammesfürsten. Es wird von der tweedartig gemusterten Moorlandschaft der Sperrin Mountains dominiert, an deren Südflanken prähistorische Stätten liegen. Seine Hauptattraktion ist der Ulster American Folk Park, ein Freilichtmuseum, das an die historischen Verbindungen zwischen Ulster und den USA erinnert.

Reisezeit

Im Mai beginnt die Periode der Eintagsfliegen und damit die beste Zeit zum Forellenfischen auf dem Lough Erne und dem Lough Melvin. Der Juni ist der ideale Monat für Bootstouren auf den Seen, während im Juli ideale Bedingungen für eine Wanderung in den Sperrin Mountains herrschen. Am Cairn Sunday, dem letzten Julisonntag, kann man an einer Massenwanderung zum Gipfel des Mullaghcarn oberhalb von Gortin teilnehmen. Den Abschied vom Sommer versüßt das jährliche Appalachian and Bluegrass Music Festival im Ulster American Folk Park.

Highlights

① Durch die bizarre Moorlandschaft am Gipfel des **Cuilcagh Mountain** (S. 731) wandern

② Steinfiguren auf **White Island** (S. 728) und **Boa Island** (S. 728) bestaunen

③ Erkundungstouren in den **Marble Arch Caves** (S. 731) unternehmen

④ Abenteuerliche Kanuausflüge auf dem **Lough Erne** (S. 730) wagen

⑤ Einblicke in die historischen Verbindungen zwischen Irland und den USA im **Ulster American Folk Park** (S. 733) gewinnen

⑥ Sich im eleganten Landhaus **Florence Court** (S. 730) ein Bild vom süßen Leben der irischen Adligen machen

⑦ Die keltische Klostersiedlung auf **Devenish Island** (S. 726) erkunden und auf den uralten Rundturm steigen

COUNTY FERMANAGH

Enniskillen

13 600 EW.

Inmitten des Wasserstraßennetzes, das den Upper und den Lower Lough Erne miteinander verbindet, liegt das attraktive Enniskillen (Inis Ceithleann, Ceithleanns Insel – nach einer legendären Kriegerin benannt) mit seiner langen, hügeligen Hauptstraße. Seine schöne Lage, die zahlreichen Freizeitboote im Sommer und seine lebhaften Pubs sowie Restaurants machen die Stadt zu einem idealen Ausgangsort für Touren zum Upper und Lower Lough Erne, zum Florence Court und zu den Marble Arch Caves.

Oscar Wilde und Samuel Beckett wurden hier zwar beide nicht geboren, waren aber Schüler an der hiesigen Portora Royal School, Wilde von 1864 bis 1871 und Beckett von 1919 bis 1923. Dort lernte Beckett Französisch, jene Sprache, in der er später schrieb. Während der Unruhen erlangte die Stadt traurige Berühmtheit, denn am 11. November 1987, dem Poppy Day (Volkstrauertag), tötete eine IRA-Bombe elf Menschen während eines Gottesdienstes am Kriegerdenkmal.

Die Hauptstraße zwischen den beiden Brücken wechselt ihren Namen insgesamt ein halbes Dutzend Mal. Genau im Stadtzentrum ragt der Uhrturm auf. An der Wellington Road, die südlich parallel zur Hauptstraße verläuft, befinden sich der Busbahnhof, die Touristeninformation und Parkplätze. Während der Rushhour kommen Fußgänger meist schneller voran, denn an der westlichen Brücke sind Staus um diese Zeit fast sicher.

Sehenswertes

Enniskillen Castle HISTORISCHES GEBÄUDE
(www.enniskillencastle.co.uk; Castle Barracks; Erw./Kind 4/3 €; ganzjährig Mo 14–17 & Di–Fr 10–17 Uhr, Mai–Sept. auch Sa 14–17 Uhr, Juli & Aug. auch So 14–17 Uhr) Auch heute noch bewacht die von Hugh Maguire, dem Anführer des mächtigen Maguire-Clans, im 16. Jh. errichtete Festung den westlichen Teil der Hauptinsel von Enniskillen. Über den vorbeifahrenden Kajütbooten erhebt sich das **Watergate** mit seinen beiden Türmen. Innerhalb der Burg zeigt das **Fermanagh County Museum** Ausstellungsstücke zur Geschichte, Archäologie, Geografie und Fauna der Region. Darüber hinaus kann man im Bergfried aus dem 15. Jh. die Sammlung des **Royal Inniskilling Fusiliers Regimental Museum** bestaunen, die aus Waffen, Uniformen und Orden, darunter acht Viktoriakreuze aus dem Ersten Weltkrieg, besteht. Sie ist jenem Regiment gewidmet, das hier 1689 aufgestellt wurde, um das Heer Wilhelms I. zu unterstützen.

Cole's Monument DENKMAL
(Eintritt frei; Mitte April–Sept. 13.30–15 Uhr) Dieses Denkmal steht auf einem kleinen Hügel im Forthill Park am östlichen Stadtrand. Es erinnert an Galbraith Lowry-Cole (1772–1842), einen von Wellingtons Generälen und Sohn des ersten Earl of Enniskillen. Wer die 108 Stufen im Inneren der Säule hinaufsteigt, wird mit einem wunderschönen Ausblick auf die Umgebung belohnt.

Aktivitäten

Kingfisher Trail RADFAHREN
(www.cycleni.com) Der ausgeschilderte Fernradweg beginnt in Enniskillen und verläuft über Nebenstraßen durch die Grafschaften Fermanagh, Leitrim, Cavan und Monaghan. Seine Gesamtlänge beträgt 370 km. Wem das zu weit ist, kann stattdessen die kürzere, 115 km lange Rundfahrt unternehmen. Sie führt von Enniskillen über Kesh, Belleek, Garrison, Belcoo und Florencecourt zurück zum Ausgangspunkt und ist eine leichte Zweitagestour mit einer Übernachtungsmöglichkeit in Belleek. Streckenkarten für den Ausflug bekommt man in der Touristeninformation. Leider gibt's in Enniskillen keine Fahrradvermietungen – der nächste Verleih befindet sich im Castle Archdale Country Park (S. 727).

Angellizenzen werden in der Touristeninformation oder bei Home, Field & Stream (S. 724) verkauft.

Details zum Bootsverleih siehe S. 725 und S. 730. Infos zu **Bootstouren** siehe unter www.fermanaghlakelands.com.

Geführte Touren

Blue Badge Tours HISTORISCHE TOUREN
(6862 1430; breegemccusker@btopenworld.com) Die Stadtführungen durch Enniskillen und zum Lough Erne werden von dem Historiker und lizenzierten Fremdenführer Breege McCusker geleitet. Einige Touren führen zu prähistorischen Stätten, Klöstern, Steinfiguren und den Plantation-Burgen.

Erne Tours BOOTSTOUREN
(6632 2882; www.ernetoursltd.com; Round „O" Quay, The Brook; Erw./Kind 10/6 €; Juli & Aug.

tgl. 10.30, 14.15 & 16.15 Uhr, Juni tgl. 14.15 & 16.15 Uhr, Mai, Sept. & Okt. Di, Sa & So 14.15 & 16.15 Uhr) Dieser Anbieter veranstaltet 1¾-stündige Wasserbusrundfahrten mit der *MV Kestrel* (56 Passagiere) über den Lower Lough Erne mit Zwischenstopp auf Devenish Island. Am Round „O" Quay westlich des Stadtzentrums an der A46 nach Belleek geht's los. Samstags kann man auch an der **Abendtour** (Erw./Kind 27/16 €; ☉Mai–Sept. 18.30 Uhr) teilnehmen, zu der ein Drei-Gänge-Menü im Killyhevlin Hotel gehört. Die Abfahrt erfolgt am Anlegesteg des Hotels.

🛏 Schlafen

Westville Hotel `LP TIPP` HOTEL €€
(✆6632 0333; www.westvillehotel.co.uk; 14–20 Tempo Rd; EZ/DZ ab 80/95 €; 🅿@🛜🐾) Mit Designerstoffen, coolen Farbkombinationen, gutem Essen und freundlichen Angestellten bringt das Westville einen Hauch von Stil in Enniskillens eher biedere Unterkunftsszene. Die Zwei-Zimmer-Familiensuite (ab 145 €) für vier Personen bietet ein tolles Preis-Leistungs-Verhältnis.

Greenwood Lodge B&B €€
(✆6632 5636; www.greenwoodlodge.co.uk; 17 Killyvilly Ct, Tempo Rd; EZ/DZ 40/55 €; 🅿) In dieser modernen, geräumigen Villa tun die Besitzer alles für das Wohlbefinden ihrer Gäste. Jedes der drei gemütlichen Zimmer hat ein eigenes Bad, außerdem wird das Frühstück frisch zubereitet und es gibt einen Abstellplatz für Fahrräder. Die Pension befindet sich in einer Nebenstraße 3 km nordöstlich der Stadt abseits der B80.

Belmore Court & Motel HOTEL €€
(✆6632 6633; www.motel.co.uk; Tempo Rd; DZ ab 70 €, Apt. ab 105 €; 🅿🛜) Eine freundliche Bleibe mit mehreren original erhaltenen Terrassenhäusern und einem modernen Anbau. Im alten Teil des Hotels sind Selbstversorger-Miniapartments für Familien untergebracht und im neuen stilvolle, große „*Superior*"-Zimmer (EZ/DZ ab 65/80 €).

Rossole Guesthouse B&B €€
(✆6632 3462; rossoleguesthouse.com; 85 Sligo Rd; EZ/DZ ab 35/55 €; 🅿) Das moderne Haus im georgianischen Stil mit hellem Wintergarten und Blick auf einen kleinen See begeistert besonders Angler, die sich ihrem Hobby direkt vor der Haustür widmen können. Für Gäste steht im Garten ein Ruderboot bereit. Die Pension liegt etwa 1 km südwestlich des Stadtzentrums an der A4 nach Sligo.

Mountview Guesthouse B&B €€
(✆6632 3147; www.mountviewguests.com; 61 Irvinestown Rd; EZ/DZ ab 50/75 €; 🅿🛜) Diese große, von Efeu umrankte viktorianische Villa auf einem bewaldeten Grundstück 800 m (10 Gehminuten) nördlich des Stadtzentrums verströmt das Flair eines Landguts. Sie verfügt über Zimmer mit eigenen Bädern, eine luxuriöse Lounge und eine herrliche Aussicht auf den Race Course Lough.

Bridges Youth Hostel HOSTEL €
(✆6634 0110; www.hini.org.uk; Belmore St; B/EZ/2BZ 18/23/41 €; 🅿@🛜) Ein modernes, zweckmäßig eingerichtetes und zentral gelegenes Hostel am Fluss. Hier gibt's überwiegend Vierbettzimmer mit Privatbädern, sechs Zweibettzimmer, eine Küche, ein Restaurant, eine Waschmaschine und einen Fahrradschuppen. Auf der Website kann man sich über die Schließzeiten informieren (ein Check-in ist nämlich nicht den ganzen Tag über möglich).

Killyhevlin Hotel HOTEL €€€
(✆6632 3481; www.killyhevlin.com; Killyhevlin; EZ/DZ 110/160 €; 🅿@🛜) Enniskillens beste Unterkunft liegt etwa 1,5 km südlich der Stadt in idyllischer Umgebung mit Aussicht auf den Upper Lough Erne. Viele der 43 eleganten Zimmer bieten einen fantastischen Ausblick auf die schöne Gartenlandschaft am See.

🍴 Essen

Dollakis GRIECHISCH €€
(✆6634 2616; www.dollakis.co.uk; 2 Cross St; Hauptgerichte mittags 6–9 €, abends 14–19 €; ☉Di 10–16, Mi–Sa 10–22, So 13.30–20.30 Uhr) Tagsüber werden in diesem schicken kleinen Café leckere Mittagsgerichte, Kuchen sowie Snacks serviert und abends verwandelt es sich in ein griechisches Mittelmeerrestaurant. Dann stehen auf der Karte Speisen wie Seebrassen mit Zitrone und Kräutern, Hühnchen-Souvlaki und vegetarische Moussaka.

Terrace Restaurant IRISCH €€
(✆6632 0333; Westville Hotel, 14–20 Tempo Rd; Zwei-/Drei-Gänge-Abendmenü 30/35 €; ☉abends) Das Restaurant im Westville Hotel wartet hier mit einem stilvollen Speisesaal und einer raffinierten Küche auf. Hier gibt's Köstlichkeiten wie Jakobsmuscheln mit Pancetta und Butternusskürbismus-Risotto oder Kaninchenrückenbraten mit Blutwurst und Basilikum. Kerzenlicht schafft eine romantische Atmosphäre.

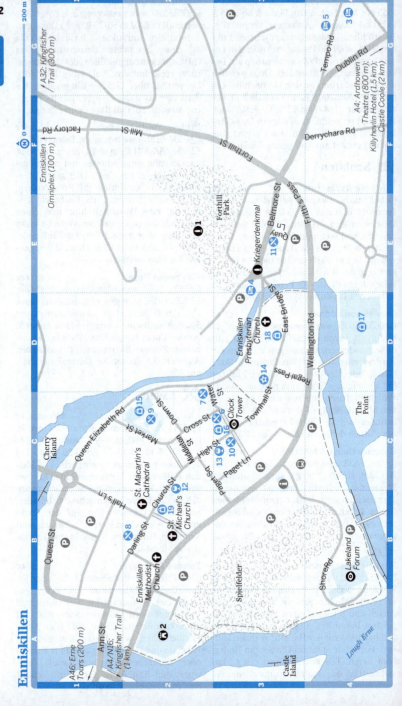

Enniskillen

⦿ Sehenswertes
1 Cole's Monument E2
2 Enniskillen Castle A2
   Fermanagh County Museum ....(siehe 2)

🛏 Schlafen
3 Belmore Court & Motel G4
4 Bridges Youth Hostel E3
5 Westville Hotel G4

🍴 Essen
6 Dollakis C3
7 Franco's C2
8 Johnston's Jolly Sandwich Bar B2
9 Rebecca's Place C2
10 Ruby's Coffee & Sandwich Bar C3
11 Scoffs Wine Bar & Restaurant E3
    Terrace Restaurant .... (siehe 5)

🍷 Ausgehen
12 Blake's of the Hollow C2
13 Crowe's Nest C3

✪ Unterhaltung
14 Bush Bar D3

🛍 Shoppen
15 Buttermarket C2
16 Dolan's Centra C3
17 Erneside Shopping Centre D4
18 Fermanagh Cottage Industries D3
19 Home, Field & Stream B2

Scoffs Wine Bar & Restaurant BISTRO €€
(☎6634 2622; 17 Belmore St; Hauptgerichte 10–19 €; ⊙ Mo-Sa 17 Uhr–open end, So 17–22 Uhr) Ein modernes, in Schoko- und Burgunderrottönen eingerichtetes Bistro mit viel dunklem Holz und gedämpftem Licht, in dem man z. B. geschmorte Lammkeule mit cremigem Püree sowie einer Soße aus roten Johannisbeeren und Rosmarin bestellen kann. Unten in der Weinstube bekommt man leichtere Mahlzeiten.

Ruby's Coffee & Sandwich Bar CAFÉ €
(10 High St; Snacks 3–5 €; ⊙Mo-Sa 9–17.30 Uhr) Etwas versteckt über dem Easons-Buchladen lädt das gemütliche, mit Sofas und Sesseln ausgestattete Café dazu ein, Bagels, Croissants, Sandwiches, Salate, Suppen oder Ofenkartoffeln zu verspeisen und dabei in aller Ruhe eine der ausliegenden Zeitungen zu lesen.

Franco's ITALIENISCH €€
(☎6632 4424; Queen Elizabeth Rd; Pizza 10–12 €, Hauptgerichte 10–27 €; ⊙12–23 Uhr) Das kleine, stets gut besuchte Lokal ist in einer ehemaligen Schmiede mit zahlreichen winzigen holzvertäfelten Räumen untergebracht. Kerzenlicht sorgt für eine romantische Stimmung und die Küche lockt mit italienischen sowie asiatischen Köstlichkeiten und Meeresfrüchtegerichten. Die early-bird-Menüs bestehen aus zwei oder drei Gängen und kosten 16 bzw. 20 € (Mo-Do 12–20, Fr bis 19, Sa bis 17.15 Uhr).

Johnston's Jolly Sandwich Bar
BÄCKEREI €
(3 Darling St; Sandwiches 2–4 €; ⊙Mo-Fr 8–16, Sa 8.30–16 Uhr) In der traditionellen Bäckerei gibt's ausgezeichnete Sandwiches, Suppen, Pasteten und Kuchen.

Rebecca's Place CAFÉ €
(Buttermarket; Snacks 2–5 €; ⊙ Mo-Sa 9.30–17.30 Uhr) Ein traditionelles Café in einem Kunsthandwerksladen, das mit Sandwiches, Salaten und Gebäck aufwartet.

🍷 Ausgehen

⭐ LP TIPP Blake's of the Hollow PUB
(William Blake; 6 Church St) In dem viktorianischen Pub bekommt man das beste Guinness in ganz Ulster. Seit seiner Eröffnung 1887 hat sich die Ausstattung kaum verändert: Zu ihr gehören ein Marmortresen, vier große Sherryfässer, antike silberne Leuchter und die alte Holzvertäfelung mit der Patina von einem Jahrhundert Zigarettenrauch. Freitags ab 21 Uhr werden die Gäste mit traditioneller Musik unterhalten.

Crowe's Nest BAR
(12 High St) Eine lebhafte Bar mit Wintergarten und Hinterhof für sonnige Sommernachmittage. Im hinteren Bereich gibt's jeden Abend ab 21 Uhr Livemusik und samstagnachmittags traditionelle Sessions.

✪ Unterhaltung

Ardhowen Theatre THEATER
(www.ardhowentheatre.com; Dublin Rd; ⊙Kartenverkauf Mo-Fr 9.30–16.30 Uhr, vor Aufführungen bis 19 Uhr, Sa 11–13, 14–17 & 18–19 Uhr) Auf dem Programm des Ardhowen stehen Konzerte, professionelle und Laientheaterstücke sowie -musicals, Pantomime und Filme. Das imposante Gebäude verfügt über eine auffällige Glasfassade und liegt 2 km südöstlich vom Stadtzentrum in der Nähe der A4 an einem See.

Bush Bar NACHTCLUB
(www.thebushbar.com; 26 Townhall St) Unter den Ausgehmöglichkeiten in Enniskillen ist

diese Bar mit Ledersesseln und gepolsterten Bänken in allen Kaffee-Schattierungen von dunkel geröstet bis Café au lait sowie einer ordentlichen Cocktailkarte das, was am nächsten an einen Nachtclub herankommt. Samstags und sonntags kann in der oberen Etage getanzt werden, denn dann sorgen DJs oder Livebands für Musik.

Enniskillen Omniplex KINO
(www.omniplex.ie; Factory Rd) Ein Kino mit sieben Sälen 700 m nördlich des Stadtzentrums am Race Course Lough.

Shoppen

Buttermarket KUNSTHANDWERK
(Down St) In den renovierten Gebäuden am alten Marktplatz sind verschiedene Geschäfte untergebracht, die Kunsthandwerk, Bilder, Töpferwaren, Schmuck und Anglerbedarf verkaufen.

Fermanagh Cottage Industries KUNSTHANDWERK
(14 East Bridge St) Leinen, Spitze und Tweed.

Home, Field & Stream ANGLERBEDARF
(18 Church St) Große Auswahl an Angelausrüstung und Verkauf von Lizenzen.

Erneside Shopping Centre EINKAUFSZENTRUM
(The Point; ⊙ Mo, Di & Sa 9–18, Mi–Fr & Sa 9–21, So 13–18 Uhr) Moderner Komplex mit Geschäften, Cafés und einem Supermarkt. Im Millets Store bekommt man Camping- und Outdoorausrüstung.

Dolan's Centra LEBENSMITTEL
(3 High St; ⊙Mo–Sa 7.30–21, So 9–21 Uhr) Praktischer Minimarkt mit langen Öffnungszeiten und einer Postfiliale. Hier gibt's auch Sonntagszeitungen.

 Praktische Informationen

Enniskillen Library (Hall's Lane; ⊙8 Mo & Fr 8.30–17.15, Di–Do 8.30–20, Sa 9–13 & 14–17 Uhr) Wer im Internet surfen will, zahlt dafür 1,50 € pro halbe Stunde.

Touristeninformationszentrum (☎6632 3110; www.fermanagh.gov.uk; Wellington Rd; ⊙Ostern–Sept. Mo–Fr 9.30–17.30, Sa 10–18, So 11–17 Uhr, im Winter kürzere Öffnungszeiten) Zimmerbuchung, Geldwechsel, Verkauf von Angellizenzen, Post- und Faxservice.

 An- & Weiterreise

Ulsterbus und Bus Éireann bieten Verbindungen von/nach Belfast (10 €, 2¼ Std., Mo–Sa stdl., So 2-mal tgl.), Omagh (7 €, 1 Std., Mo–Sa 1-mal tgl.), Dublin (17 €, 2½ Std., Mo–Sa 4-mal tgl., So 1-mal tgl.), Sligo (12 €, 1½ Std., Mo–Sa 5-mal tgl., So 2-mal tgl.) und Donegal (10 €, 1 Std., Mo–Sa 5-mal tgl., So 2-mal tgl.).

Bus 99 fährt im Juli und August von Enniskillen via Belleek (45 Min.) nach Bundoran (6 €, 1¼ Std., Mo–Fr 4-mal tgl., Sa 3-mal, So 1-mal). Die Linie 64 verkehrt ganzjährig nach Bundoran (Do 2-mal, So 1-mal).

Rund um Enniskillen

⊙ Sehenswertes

Castle Coole HISTORISCHES GEBÄUDE
(www.ntni.org.uk; Dublin Rd, Enniskillen; Erw./Kind 5/2 €; ⊙Haus Juli & Aug. tgl. 11–17 Uhr, Juni Fr–Mi, Mitte März–Mai & Sept. Sa, So & öffentliche Feiertage 11–17 Uhr, Park März–Okt. 10–19 Uhr, Nov.–Feb. 10–16 Uhr) Als Georg IV. Irland 1821 besuchte, ließ der zweite Earl of Belmore im Castle Coole extra ein Schlafzimmer für den König herrichten. Doch der bedeutende Gast tauchte hier gar nicht erst auf und verbrachte seine Zeit stattdessen mit seiner Geliebten. In dem mit roter Seide ausstaffierten Zimmer hängen Gemälde, die *The Rake's Progress* darstellen (die beleidigte Reaktion des Earl auf das Nichterscheinen des Königs). Der Raum gilt als eines der Highlights der einstündigen Führung.

Das von James Wyatt entworfene palladianische Herrenhaus wurde zwischen 1789 und 1795 für Armar Lowry-Corry, den ersten Earl of Belmore, erbaut und ist wohl das reinste Beispiel neoklassizistischer Architektur im Irland des späten 18. Jhs. Es besteht aus silbrig-weißem Portlandstein, der unter großen Mühen und Kosten von Südengland herbeigeschafft werden musste: Zunächst wurde das Material mit dem Schiff nach Ballyshannon gebracht, dann weiter über Land zum Lough Erne befördert und schließlich wieder per Boot nach Enniskillen transportiert. Die letzten 3 km bis zum Anwesen mussten mit Ochsenkarren zurückgelegt werden.

Baukosten von 70 000 € trieben den Earl fast in den Bankrott, was seinen Sohn, Somerset Lowry-Corry, jedoch nicht davon abhielt, weitere 35 000 € für protzige Regency-Möbel und Einrichtungsgegenstände (vor allem im opulenten ovalen Salon zu bewundern) auszugeben. John Armar Lowry-Corry, der achte Earl of Belmore, nutzt einige Räume privat, doch ein Großteil des Gebäudes steht unter der Obhut des National Trust.

In dem 600 ha großen **Park** (Erw./Kind 2,50/1,25 €) erstreckt sich ein See, auf dem die einzige Grauganskolonie im Vereinigten Königreich lebt – und dort sogar überwintert. Es wird erzählt, die Earls of Belmore würden Castle Coole verlieren, sollten die Graugänse die Gegend jemals verlassen.

Das Castle Coole befindet sich 2,5 km südöstlich von Enniskillen an der A4 nach Dublin. Wer von der Stadt zu Fuß herspazieren will, braucht etwa 30 Minuten. Im Zentrum biegt man bei den Dunnes Stores links auf die Tempo Road ab und folgt dann der Castlecoole Road.

Sheelin Irish Lace Museum MUSEUM
(www.irishlacemuseum.com; Bellanaleck; Erw./Kind 4 €/frei; ⊙April–Okt. Mo-Sa 10–18 Uhr) Dieses Museum zeigt eine Sammlung wunderschöner irischer Spitzen aus der Zeit zwischen 1850 und 1900. Vor und nach dem Hungersnot war die Stoffproduktion ein bedeutender Industriezweig in der Region. In der Grafschaft gab es vor dem Ersten Weltkrieg mindestens zehn Schulen, in denen man die Kunst der Spitzenherstellung erlernen konnte. Das Museum liegt 6 km südwestlich von Enniskillen.

Upper Lough Erne

Der 80 km lange Lough Erne besteht aus zwei Teilen: dem Upper Lough südlich von Enniskillen und dem Lower Lough nördlich davon. Sie sind durch den Fluss Erne miteinander verbunden, der im County Cavan entspringt und westlich von Ballyshannon in die Donegal Bay mündet.

Eigentlich ist der Upper Lough Erne weniger ein See als vielmehr ein Wasserlabyrinth mit mehr als 150 Inseln, Landzungen, Schilfbuchten und mäandernden Staugewässern. In der Gegend stößt man auf die unterschiedlichsten Vogelarten, darunter Schwärme von Singschwänen und Schellenten, die vor Ort überwintern. Im Frühjahr brüten hier Haubentaucher, außerdem lebt in einem 400 Jahre alten Eichenwäldchen auf der Insel Inishfendra südlich des Crom Estate Irlands größte Graureiherkolonie.

Die größte Ortschaft am See ist **Lisnaskea** mit Geschäften, Pubs, Geldautomaten und einem Postamt.

⊙ Sehenswertes & Aktivitäten

Crom Estate NATURSCHUTZGEBIET
(Newtownbutler; Erw./Kind 3,25/1 €; ⊙Gelände Juni-Aug. 10–19 Uhr, Mitte März–Mai & Sept.-Nov. bis 18 Uhr; Besucherzentrum Ostern-Sept. tgl. 11–17 Uhr, Okt. nur Sa & So) Inmitten des größten natürlichen Waldes Nordirlands liegt das vom National Trust verwaltete wunderbare Crom Estate, in dem Baummarder, seltene Fledermäuse und zahlreiche Vogelarten hausen.

Ein Spaziergang führt vom Besucherzentrum zu der Ruine des alten **Crom Castle** mit seinem **ummauerten Garten**, dem stillgelegten Bowlingplatz und den knorrigen Eiben auf einem Inselchen. Unterwegs beeindruckt immer wieder der Blick über den von Schilf bestandenen See. Wer Lust auf eine Rundfahrt hat, kann ein Boot mieten (6 € pro Std).

Darüber hinaus werden auf der Website des **National Trust** (www.ntni.org.uk) Stellen genannt, die sich zum Beobachten von Fledermäusen und anderen Wildtieren eignen.

Das Naturschutzgebiet erstreckt sich am Ostufer des Upper Lough 5 km westlich von Newtownbutler.

Knockninny Marina BOOTSVERLEIH
(⏺6774 8590; Knockninny House, bei Derrylin) Bei der **Knockninny Marina** am Westufer des Sees werden Boote für Angel- und Erkundungstouren angeboten. Die Miete für ein Motorboot mit Kajüte für sechs Personen kostet 50/70 € für einen halben/ganzen Tag. Außerdem kann man für 7/12 € pro halben/ganzen Tag ein Fahrrad leihen, wenn man auf zwei Rädern die Umgebung erkunden möchte. Der Hafen ist ab der Hauptstraße nördlich von Derrylin ausgeschildert.

Share Holiday Village OUTDOOR-AKTIVITÄTEN
(⏺6772 2122; www.sharevillage.org; Lisnaskea) Gäste und Tagesbesucher des Share Holiday Village bei Lisnaskea dürfen für 16/13 € pro Erwachsenen/Kind und 2½ Stunden das angebotene Sportprogramm nutzen, zu dem Kanufahren, Surfen, Segeln, Bogenschießen, Orientierungslauf und vieles mehr gehören.

Inishcruiser BOOTSTOUREN
(www.sharevillage.org/inishcruiser; Erw./Kind/Fam. 8/6/22 €; ⊙Ostern–Sept. So & öffentliche Feiertage 14.30 Uhr) Die 1½- bis zweistündige Fahrten über den See starten am Share Holiday Village 5 km südwestlich von Lisnaskea.

🛏 Schlafen & Essen

Kilmore Quay Club B&B
(⏺6772 4369; www.kilmorequayclub.com; Kilmore Quay, Lisnaskea; DZ ab 79 €; P) Dank der abgeschiedenen Lage am See kann man sich in den sieben luxuriösen Gästezimmern dieses B&Bs wunderbar erholen. Darüber

ULSTER WAY

Der Ulster Way führt durch sechs nordirische Grafschaften und durch Donegal in der Republik. Wer sich die gesamte 900 km lange Wanderstrecke vornehmen möchte, sollte dafür vier bis fünf Wochen einplanen. Der größte Teil der Route besteht jedoch nicht aus Trekkingpfaden, sondern aus Nebenstraßen. Daran übt das Northern Ireland Tourist Board (NITB) Kritik. Die Organisation will den Ulster Way „überarbeiten" und in verschiedene Anschnitte einteilen – nämlich in reizvolle Wege sowie in Verbindungsstrecken, die mit öffentlichen Verkehrsmitteln zurückgelegt werden können. Mehr Infos darüber findet man auf der **WalkNI-Website** (www.walkni.com).

Der **Cuilcagh Mountain** (s. Kasten S. 731) und der **Causeway Coast Way** (s. Kasten S. 709) gehören zu den kurzen Abschnitten des Ulster Way, die sich für Tagesausflüge eignen.

hinaus befindet sich hier das noble, strohgedeckte **Watermill Restaurant** (Hauptgerichte 18–30 €; mittags & abends), das mit ausgezeichneten französisch beeinflussten Gerichten aufwartet.

Knockninny House
B&B €€
(6774 8590; www.knockninnyhouse.com; nahe Derrylin; EZ/DZ ab 45/80 €; P) Die in den 1870er-Jahren errichtete viktorianische Villa mit sieben Schlafzimmern im Landhausstil war das erste Hotel am Lough Erne. Von der Terrasse des Restaurants, auf der nachmittags Tee kredenzt wird, wandert der Blick zum Hafen und zum kleinen Sandstrand.

Donn Carragh Hotel
HOTEL €€
(6772 1206; www.donncarraghhotel.com; Main St, Lisnaskea; EZ/DZ ab 45/80 €; P) Am Upper Lough Erne gibt's nur wenige Unterkünfte. Dieses nette, aber nicht besonders aufregende 18-Zimmer-Hotel mitten in Lisnaskea ist eines der besseren.

Share Holiday Village
CAMPINGPLATZ €
(6772 2122; www.sharevillage.org; Smiths Strand, Lisnaskea; Stellplatz pro Zelt/Wohnwagen 11/18 €; Ostern–Sept.) Eine karitative Einrichtung, die sich für die Integration behinderter und nichtbehinderter Menschen einsetzt und vielfältige Aktivitäten sowie Kurse anbietet. Das Feriendorf wird vor allem von Gruppen besucht, hat aber auch einen Campingplatz für neun Wohnwagen und 24 Zelte. Es liegt 5 km südwestlich von Lisnaskea abseits der B127. Eine vorherige Buchung ist ratsam.

Kissin Crust
CAFÉ €
(125 Main St, Lisnaskea; Hauptgerichte 3–6 €; Mo–Sa 8.30–17 Uhr) In dem beliebten Café werden Gäste mit hausgemachtem Apfelkuchen, *lemon meringue pie* (Zitronenbaisertorte), Quiche und *scones* verwöhnt. Mittags gehören Suppen, frisch zubereitete Sandwiches und ein warmes Tagesgericht zum Angebot.

ⓘ An- & Weiterreise

Die Linie 95 von Ulsterbus fährt von Enniskillen am Ostufer des Upper Lough Erne entlang nach Lisnaskea (3 €, 30 Min., Mo–Fr 5-mal tgl., Sa 3-mal, Juli & Aug. So 1-mal), während die 58 am Westufer entlang erst Derrylin (3 €, 40 Min., Mo–Fr 5-mal tgl., Sa 2-mal) und danach Belturbet im County Cavan ansteuert.

Lower Lough Erne

Im Gegensatz zum Upper Lough Erne zeichnet sich der Lower Lough Erne durch eine relativ offene Wasserfläche aus. Seine 90 Inseln erstrecken sich vor allem am Südende. Zu frühchristlicher Zeit, als Landreisen noch beschwerlich waren, bildete der Lough Erne eine Station auf der Reiseroute zwischen Donegals Küste und Leitrim im Landesinneren. Am Ufer stößt man daher auf mehrere religiöse und historische Stätten. Außerdem war der See im Mittelalter Teil einer wichtigen Pilgerstrecke nach Station Island im Lough Derg, County Donegal.

Die folgenden Sehenswürdigkeiten sind ab Enniskillen entgegen dem Uhrzeigersinn um den See aufgeführt.

DEVENISH ISLAND

Devenish Island (Daimh Inis, Ochseninsel) ist die größte von mehreren „heiligen Inseln" im Lough Erne. Hier befinden sich die Überreste eines im 6. Jh. vom hl. Molaise gegründeten **Augustinerklosters**, darunter ein fast vollständig erhaltener **Rundturm** aus dem 12. Jh., die Ruinen der St. Molaise Church und der St. Mary's Abbey, ein ungewöhnliches Hochkreuz aus dem 15. Jh. sowie zahlreiche faszinierende alte Grabsteine. Über vier Leitern gelangt man auf den

Turm. Zwischendurch kann man durch fünf kleine Maueröffnungen spähen und so eine etwas beengte Aussicht genießen.

Eine **Schnellbootfähre** (Erw./Kind hin & zurück 3/2 €; April–Sept. tgl. 10, 13, 15 & 17 Uhr) setzt nach Devenish Island über. Von Enniskillen erreicht man die Insel über die A32 Richtung Irvinestown. Nach 5 km steht auf der linken Seite, direkt hinter einer Tankstelle und vor der Kreuzung der B82 sowie der A32 ein Wegweiser. Am Fuße eines Hügels am See geht's links zur Anlegestelle ab.

Ein Inselbesuch ist auch im Rahmen einer Bootstour mit Erne Tours ab Enniskillen möglich.

KILLADEAS

Auf dem Friedhof von Killadeas 11 km nördlich von Enniskillen an der B82 befinden sich mehrere ungewöhnliche Reliefsteine. Am bekanntesten ist der 1 m hohe, aus dem 7. bis 9. Jh. stammende **Bishop's Stone**. Sein keltischer Kopf erinnert auf der schmalen Westkante an die Figuren von White Island. Seitlich ist das Relief eines Bischofs mit Glocke und Stab zu sehen. Ganz in der Nähe entdeckt man eine hochkant gestellte Steinplatte mit mehreren tiefen Aushöhlungen (evtl. *bullauns*, antike Mahlsteine) auf einer Seite und einem Kreuz in einem Kreis auf der anderen. Darüber hinaus können Besucher eine zerbrochene Phallussäule und einen großen durchlöcherten Stein bestaunen.

Schlafen & Essen

Manor House Country Hotel HOTEL €€€
(6862 2200; www.manor-house-hotel.com; Killadeas; EZ/DZ ab 125/140 €; P) Das großartige, im neoklassizistischen Stil restaurierte Landhaus aus dem 19. Jh. wartet mit einem Blick über den Lough Erne, einer Lobby, die an einen griechischen Tempel erinnert, einem romanischen Pool und Jacuzzis auf. Leider sind die luxuriösen, aber langweiligen Zimmer weniger beeindruckend als die öffentlichen Bereiche. In der **Watergate Lounge** (Hauptgerichte 10–18 €) gibt's anständige Pubgerichte und an den Wochenenden Livemusik.

CASTLE ARCHDALE COUNTRY PARK
Dieser **Park** (Lisnarick; Eintritt frei; Ostern–Sept. 9–19 Uhr, Juli & Aug. bis 21 Uhr) gehört zum Archdale Manor aus dem 18. Jh. und lockt mit einem schönen Spazier- bzw. Radweg, der durch den Wald und am Ufer entlangführt. Im Zweiten Weltkrieg diente die Bucht mit ihren vielen Inseln als Basis der Catalina-Flugboote (Wasserflugzeuge). Einen historischen Einblick in die Zeit des hier stationierten alliierten Flottenkonvois gewährt das **Besucherzentrum** (Eintritt frei; Juni–Aug. tgl. 10–17 Uhr, Mai & Sept. Sa & So 13–17 Uhr).

Wer sich sportlich betätigen möchte, kann Fahrräder mieten (pro Std./halber/ganzer Tag 4/8/12 €), reiten (Ponytrekking 15 € pro Std., Kurzritte für Anfänger 5 € pro 15 Min.), Boote (halber/ganzer Tag

---

HAUSBOOTFERIEN AUF DEM LOUGH ERNE

Auf dem Lough Erne kann man das Steuerrad auch mal selbst in die Hand nehmen. Dazu braucht man weder einschlägige Erfahrungen noch eine spezielle Qualifikation. Mehrere Anbieter in Fermanagh vermieten Kajütboote. Vor der Fahrt werden die Ausflügler in einem Crashkurs mit dem schwimmenden Untersatz und den Grundbegriffen der Navigation vertraut gemacht. Während der Hauptsaison zwischen Juli und August ist ein Hausboot mit zwei Kojen pro Woche ab etwa 820 € (4 Kojen 1420 €, 8 Kojen 1860 €) zu haben. In der Nebensaison kann man etwa 10 bis 30 % vom Preis abziehen.

Die wichtigsten Bootsverleiher in Fermanagh sind:

» **Aghinver Boat Company** (6863 1400; www.abcboats.com; Lisnarick, Lower Lough Erne)

» **Carrick Craft** (3834 4993; www.cruise-ireland.com; Tully Bay, Lower Lough Erne)

» **Carrybridge Boat Company** (6638 7034; robert_mclean@btconnect.com; Carrybridge, Lisbellaw, Upper Lough Erne)

» **Corraquill Cruising Holidays** (6774 8712; www.corraquill.co.uk; Drumetta, Aghalane, Derrylin, Upper Lough Erne)

» **Manor House Marine** (6862 8100; www.manormarine.com; Killadeas, Lower Lough Erne)

55/80 €) chartern und Angelausrüstung (5 € pro Tag inkl. Köder) ausleihen.

Der Park erstreckt sich 16 km nordwestlich von Enniskillen an der B82 unweit von Lisnarick.

Schlafen & Essen

Cedars Guesthouse   B&B €€
LP TIPP
(6862 1493; www.cedarsguesthouse.com; Drummall, Castle Archdale; EZ/DZ ab 45/70 €; P) In einem ehemaligen Pfarrhaus südlich vom Parkeingang untergebracht, strahlt die friedliche Pension mit rosafarbenen Tagesdecken und antikem Mobiliar den Charme und die Atmosphäre eines viktorianischen Landhauses aus. Zehn kuschelige Zimmer warten auf Übernachtungsgäste.

Rectory Bistro   IRISCH €€
(6862 1493; Hauptgerichte 11–17 €; Mi–Sa 18–21, So 12.30–15 & 17–21 Uhr) Gleich neben dem Cedars Guesthouse besticht dieses Bistro mit einem einladenden offenen Kamin, einer Kiefernholzausstattung, Kerzenlicht und Reminiszenzen ans Mittelalter. Die herzhaften Speisen reichen von *pâté* mit frischen Krabben und Räucherlachs über Rindfleisch bis hin zu Guinness-Pie mit cremigem Kartoffelpüree.

Castle Archdale Caravan Park   CAMPINGPLATZ €
(6862 1333; www.castlearchdale.com; Castle Archdale Country Park; Zeltstellplatz 20–30 €, Wohnwagenstellplatz 25–30 €; Ostern–Okt.) Ein Platz unter Bäumen mit zahlreichen Dauerstellplätzen und guten Einrichtungen, darunter ein Geschäft, eine Waschküche, ein Spielplatz und ein Restaurant.

WHITE ISLAND

White Island in der Bucht nördlich des Castle Archdale Country Park gilt als schönste Klosterstätte des Lough Erne. An der Ostspitze der Insel stößt man auf die Ruine einer **Kirche** (12. Jh.) mit einem herrlichen romanischen Tor an der Südseite. Innen lehnen acht **keltische Steinfiguren** an der Wand. Sie wirken wie kleine Kopien der bekannten Statuen auf der Osterinsel und stammen vermutlich aus dem 9. Jh.

Ihre Anordnung ist jedoch neueren Datums. Die meisten Figuren wurden erst im 19. Jh. bei der Freilegung der Kirchenmauern entdeckt, weil sie die Maurer im Mittelalter einfach als Baumaterial genutzt hatten. Die linke Figur stellt eine **Sheela-na-Gig** (weibliche Figur mit vergrößerten Genitalien) dar. Aller Wahrscheinlichkeit nach geht sie auf die Entstehungszeit des Sakralbaus zurück, denn man kennt diese Abbildung auch aus anderen irischen Kirchen und Burgen. Ganz rechts in der Figurenreihe schaut den Besucher ein finster dreinblickendes Steingesicht ähnlich einer Totenmaske an. Dazwischen tummeln sich Statuen von Heiligen, Sängern oder Jesus. Alle acht Hauptfiguren in der Mitte wurden vom gleichen Künstler geschaffen. Sowohl das Alter als auch die Bedeutung der Figuren sind umstritten. Eine Theorie geht davon aus, dass die beiden mittleren, gleich hohen Paare früher als Säulen für eine Kanzel dienten und dass sie entweder Heilige oder Aspekte des Leben Christi repräsentieren.

Zu jeder vollen Stunde – außer um 13 Uhr – setzt eine **Fähre** (4 € pro Pers.; Juli & Aug. 11–18 Uhr, April–Juni & Sept. Sa & So 11–17 Uhr) von der Anlegestelle im Castle Archdale Country Park zur Insel über. Tickets werden beim Billieve Boat Hire verkauft. Die Überfahrt dauert 15 Minuten, danach hat man eine halbe Stunde Zeit, die Umgebung zu erkunden.

BOA ISLAND

Boa Island am Nordende des Lower Lough Erne ist auf beiden Seiten mit dem Festland verbunden, denn die A47 durchschneidet die Insel in ihrer ganzen Länge. Auf dem verwilderten, schaurigen, mit Moos, Sträuchern und Hecken bewachsenen Caldragh-Friedhof am Westende thront der berühmte **Janus Stone**, eine etwa 2000 Jahre alte heidnische Janusfigur mit zwei voneinander abgewendeten, grotesken menschlichen Köpfen. Daneben steht die kleinere, einäugige Gestalt des **Lusty Man**. Sie wurde von der Nachbarinsel Lusty More hierhergebracht. Ursprung und Bedeutung konnten bisher nicht geklärt werden.

Der Friedhof ist durch ein kleines, leicht zu übersehendes, verrostetes Schild 1,5 km von der Westbrücke der Insel ausgeschildert.

Schlafen & Essen

Lusty Beg Island   B&B €€
(6863 3300; www.lustybegisland.com; Boa Island, Kesh; EZ/DZ 75/115 €; P@) Auf dieser Privatinsel, die man mit der Fähre von der Anlegestelle in der Mitte von Boa Island erreicht (sie legt bei Bedarf zwischen 8.30 und 23 Uhr ab), befinden sich mehrere Chalets für Selbstversorger (Juli & Aug. 555–855 € pro Woche, 4–6 Betten) sowie eine rustikale Unterkunft, das Courtyard Motel, mit 40 B&B-Zimmern. Wer sich sportlich

betätigen möchte, kann auf dem Tennisplatz trainieren, Wanderungen auf dem Naturpfad unternehmen oder Kanu fahren.

Im urigen **Island Restaurant** (6863 1342; Hauptgerichte 14–18 €; Juli & Aug. 13–21 Uhr) gibt's Leckereien wie Burger, Lasagne und Rindfleisch. Tische müssen vorab reserviert werden. In dem Blockhaus an der Anlegestelle ist ein Telefon angebracht, um damit die Fähre herbeizurufen.

BELLEEK
550 EW.

Belleeks (Beal Leice) Dorfstraße mit farbenfrohen, blumengeschmückten Häusern zu beiden Seiten steigt von der Brücke aus an. Hier fließt der Erne aus dem Lower Lough Richtung Meer nach Ballyshannon. Die Straße dieses Örtchens, das direkt an der Grenze liegt, verläuft südlich der Brücke 200 m lang durch die Republik, bis sie sich wieder auf nordirischen Boden begibt. Wen wundert's also, dass hier sowohl britische Pfund als auch Euros als Zahlungsmittel akzeptiert werden?

Das imposante georgianische Gebäude gleich neben der Brücke beherbergt die weltberühmte **Belleek Pottery** (www.belleek.ie; Main St; Juli–Sept. Mo–Fr 9–18, Sa 10–18, So 12–17.30 Uhr, Okt.–Juni kürzere Öffnungszeiten, Jan. & Feb. Sa & So geschl.). Die Porzellanmanufaktur wurde 1857 gegründet und sollte nach der Großen Hungersnot Arbeitsplätze in der Region schaffen. Seitdem wird hier feinstes Parian-Porzellan hergestellt, darunter die bekannten zierlichen Körbchen. Im Besucherzentrum sind ein kleines Museum, ein Ausstellungsraum und ein Restaurant untergebracht, außerdem werden montags bis freitags von 9.30 bis 12.15 Uhr sowie von 13.45 bis 16 Uhr (freitags bis 15 Uhr) alle 30 Minuten **Führungen** (Erw./Kind 4 €/frei) durch die Produktionsräume angeboten.

Schlafen & Essen

Hotel Carlton HOTEL €€
(6865 8282; www.hotelcarltonbelleek.com; Main St; EZ/DZ 70/115 €; P) Auf den ersten Blick würde man nicht vermuten, dass im Carlton mit seinen eleganten Luxuszimmern und der herrlichen Lage am Erne eine lockere, überaus familienfreundliche Atmosphäre herrscht. In der hauseigenen Potters Bar erklingt oft Livemusik.

Moohan's Fiddlestone B&B €€
(6665 8008; www.thefiddlestone.com; 15–17 Main St; EZ/DZ 40/65 €; P) Ein traditionelles irisches Pub und Wettbüro, das im oberen Stockwerk fünf Zimmer mit Bad bietet. Die Bar unten ist wegen ihrer spontan stattfindenden Musiksessions beliebt. Abends geht's hier deshalb recht laut zu.

Thatch Coffee Shop CAFÉ €
(20 Main St; Hauptgerichte 3–7 €; Mo–Sa 9–17 Uhr) Wahrscheinlich ist dieses nette kleine reetgedeckte Cottage aus den letzten Tagen des 18. Jhs. Belleeks ältestes Gebäude. Neben Kaffee kann man sich hier köstliche Toasts mit Räucherlachs sowie leckere hausgemachte Kuchen und *scones* schmecken lassen.

Black Cat Cove PUB €
(28 Main St; Hauptgerichte 7–10 €; 12–21 Uhr) Mit seinen antiken Möbeln, einem offenen Kamin und leckeren Kneipengerichten sorgt das Black Cat Cove für Gemütlichkeit. Zwischen Mai und September wird dienstag-, mittwoch- und donnerstagabends Musik aufgelegt oder live gespielt.

LOUGH NAVAR FOREST PARK

Dieser **Waldpark** (Eintritt frei; 10 Uhr–Sonnenuntergang) liegt am Westende des Lower Lough Erne. Am Südufer erheben sich die **Cliffs of Magho**, eine 250 m hohe und 9 km lange Kalksteinfelswand. Eine 11 km lange, reizvolle Strecke durch den Park führt zum dortigen Aussichtspunkt. Das Panorama von den Klippen ist eines der schönsten in ganz Irland, besonders bei Sonnenuntergang: Dann blickt man über die schimmernden See und den Fluss bis zu den Blue Stack Mountains sowie zum funkelnden Meer an der Donegal Bay und zu den Slieve-League-Klippen.

Auf der Glennasheevar Road zwischen Garrison und Derrygonnelly 20 km südöstlich von Belleek befindet sich der Eingang zum Lough Navar Forest Park (die B52 in Richtung Garrison nehmen und nach 2,5 km links abbiegen).

Aktivitäten

Angeln

Fermanaghs Seen sind sowohl für das Angeln von Süßwasserfischen als auch für das Sportfischen bekannt. Im Lough Erne dauert die Forellensaison von Anfang März bis Ende September. Lachse können zwischen Juni und Ende September geangelt werden. In der zweiten Maiwoche beginnt die einmonatige Saison des Eintagsfliegenfischens. Wer sein Glück mit Süßwasserfischen versuchen möchte, muss keine Sperrzeiten beachten.

Angler brauchen einen Angelschein *(licence)* des Fisheries Conservancy Board und eine Genehmigung *(permit)* des Besitzers (siehe auch unter www.nidirect.gov.uk/angling). Beide erhält man in der Touristeninformation und bei Home, Field & Stream in Enniskillen sowie an der Marina beim Castle Archdale Country Park, wo man sich auch mit allem benötigten Zubehör ausstatten kann. Die beiden Dokumente kosten zusammen 8,50/24,50 € für 3/14 Tage.

Das **Belleek Angling Centre** im Thatch Coffee Shop verkauft Ausrüstung und vermietet Boote. Unterweisung im Fliegenfischen erteilt **Michael Shortt** (6638 8184; fish.teach@virgin.net; Sydare, Ballinamallard).

Enniskillens Touristeninformation gibt einen kostenlosen Angelführer für Fermanagh und das südliche Tyrone mit ausführlichen Infos zu Seen, Flüssen, Fischarten, Saison sowie zur Rechtslage heraus.

Bootsverleih

Viele Unternehmen vermieten Boote in Enniskillen, Killadeas und im Castle Archdale Country Park. Die Preise für ein Ruderboot mit Außenbordmotor liegen bei 10 bis 15 € pro Stunde und 60/90 € pro halben/ganzen Tag. In der Touristeninformation in Enniskillen bekommt man auf Nachfrage eine aktuelle Liste mit Anbietern und Preisen.

Kanufahren

Der **Lough Erne Canoe Trail** (www.canoeni.com) bietet Kanufans auf einer 50 km langen Strecke über den See und den Fluss zwischen Belleek und Belturbet zahlreiche Attraktionen. Achtung: Auf dem offenen Wasser des Lower Lough können sich bei stärkerem Wind unvermittelt hohe Wellen bilden, deshalb sollten sich nur Erfahrene weiter hinauswagen. Anfänger und Familien sind in den geschützten Seitenarmen des Upper Lough besser aufgehoben.

Die Touristeninformation in Enniskillen verkauft eine Karte (1,50 €) mit Startpunkten, Campingplätzen sowie anderen Einrichtungen entlang des Trails und verfügt zudem über eine Liste mit Orten, wo man Kanus ausleihen kann.

Wassersport

Ultimate Watersports WASSERSPORT
(www.ultimatewatersports.co.uk) In der Castle-Archdale-Marina und auf Lusty Beg Island bekommt man bei Ultimate Watersports eine Leihausrüstung sowie eine Unterweisung in Wasserski, Wakeboarding, Jetskiing (oder Wassermotorradfahren) und Speedbootfahren.

An- & Weiterreise

Die Ulsterbus-Linie 194 fährt von Enniskillen an der Ostseite des Sees entlang über Irvinestown (Mo-Sa 4-5-mal tgl.) nach Pettigo. Unterwegs hält sie am Castle Archdale Country Park (35 Min.) und in Kesh (1 Std.). Im Juli und August verkehrt die Linie 99 von Enniskillen via Blaney und Tully Castle am Westufer entlang nach Belleek (4 €, 45 Min., Mo-Fr 4-mal tgl., Sa 3-mal, So 1-mal). Endhaltestelle ist Bundoran.

Bus 64 verbindet Enniskillen mit Belcoo (2 €, 25 Min., Mo-Fr 7-8-mal tgl., Sa 3-mal, So 1-mal). Der Sonntagsbus und die beiden Donnerstagsbusse fahren weiter nach Garrison, Belleek und Bundoran.

Westlich des Lough Erne

Sehenswertes

Florence Court HISTORISCHES GEBÄUDE
(www.ntni.org; Swanlinbar Rd, Florencecourt; Hausbesichtigung Erw./Kind 5/2 €, Außenanlage 3,25/1,75 €; jeweils 11-17 Uhr Juli & Aug. tgl., Mai & Juni Mi-Mo, Sept. Sa-Do, April & Okt. Sa & So) Zweifellos bestand für den ersten Earl of Belmore die entscheidende Antriebskraft für den späteren Bau des Castle Coole (bei Enniskillen) in der Konkurrenz zur Familie Jones. In den 1770er-Jahren hatte sein adliger Nachbar William Willoughby Cole, erster Earl of Enniskillen, den Anbau der grandiosen palladianischen Flügel an das barocke Landhaus Florence Court angeordnet. Er benannte es nach seiner aus Cornwall stammenden Großmutter Florence Wrey.

Das Gebäude, nicht zu verwechseln mit dem nahe gelegenen Dorf Florencecourt, erhebt sich auf einem schönen bewaldeten Grundstück am Fuße des Cuilcagh Mountain. Sein meisterhafter Stuck im Rokokostil und die antiken irischen Möbel machten es berühmt. 1955 wurde das Haus durch einen Brand schwer beschädigt. Während der einstündigen Führung sieht man davon kaum noch etwas, sondern bewundert das Ergebnis sorgfältiger Restaurierungsarbeiten. Die prachtvollen Stuckverzierungen an der Decke im Esszimmer sind original erhalten.

Zur **Außenanlage** (März-Okt. 10-19 Uhr, Nov.-Feb. 10-16 Uhr) gehören ein ummauerter Garten und eine uralte, legendenumwobene Eibe südöstlich des Hauses in der Nähe des Cottage Wood. Angeblich stammen alle irischen Eiben von diesem einen Baum ab.

WANDERUNG: ÜBER DEN LEGNABROCKY TRAIL AUF DEN CUILCAGH MOUNTAIN

Der Cuilcagh (ausgesprochen *kall*-key) Mountain ist mit seinen 666 m die höchste Erhebung von Fermanagh und Cavan. Sein Gipfel liegt genau auf der Grenze zwischen Nordirland und der Republik.

Geologisch gesehen setzt sich der Berg wie eine Torte aus vielen Schichten zusammen. Die Basis besteht aus Kalkstein mit Höhlen im Inneren, die Seiten aus Schiefer und Sandstein sind mit Moorland bedeckt. Steile, zerklüftete Abhänge umrahmen das Hochplateau aus Grit. Das Gebiet gehört zum **Marble Arch Caves European Geopark** (www.europeangeoparks.org).

Zwischen Torfmoos, Wollgras und Heide versteckt sich der klebrige Sonnentau, eine fleischfressende Pflanze. Die Felswände werfen das Krächzen der Rabenvögel und die Schreie der Wanderfalken zurück. Das Gipfelplateau wirkt wie aus einer anderen Welt. Hier brütet der Goldregenpfeifer, und man kann seltene Pflanzen wie den Alpenbärlapp entdecken.

Der Rundweg um den Gipfel ist 15 km lang, dauert fünf bis sechs Stunden und beginnt auf dem ersten Abschnitt mit einem leichten Schotterweg. Für die weiteren Etappen auf sumpfigem Grund entlang des Steilabhangs sind gute Schuhe unerlässlich. Startpunkt ist der Parkplatz des Cuilcagh Mountain Park 300 m westlich des Besucherzentrums der Marble Arch Caves (Planquadratangabe 121335; Karte: Ordnance Survey 1:50 000 Discovery series map, Blatt 26). Am Parkplatz liegt rechter Hand der **Monastir-Schacht**, ein tiefer, von Kalksteinklippen umringter Einschnitt. Hier versickert der Fluss Aghinrawn auf seinem Weg ins unterirdische Flusssystem. Achtung: Die OS-Karte bezeichnet den Fluss fälschlicherweise als Owenbrean.

Nun klettert man mithilfe des Zauntritts neben dem Tor über die Mauer und wandert weiter den **Legnabrocky Trail** entlang, einen gewundenen, holprigen Pfad, der über grüne Kalksteinfelder führt. Durch den Sumpf geht's dann weiter auf einem schwimmenden Bett aus Kies und Schilfmatten. Seitliche Abstecher auf den Holzplanken geben Einblicke in die Moorlandschaft. Nach 4,5 km zurückgelegter Gesamtstrecke endet der Kiesweg an einem Tor. Von hier aus folgt man mehreren Markierungen (Holzpfosten) über den federnden Moorboden (keinesfalls vom Pfad abweichen, da man in den tiefen Sumpfschichten leicht stecken bleibt), bis es steil bergauf zum Gipfel geht. Dort genießt man eine tolle Aussicht nach Westen zu den Felsen des kleinen Lough Atona. Da es ab dieser Stelle keine Markierungen mehr gibt, muss man den letzten Kilometer übers Plateau alleine bewältigen, am besten steuert man den deutlich sichtbaren *cairn* an. Bei schlechter Sicht benötigt man eine Karte und einen Kompass.

Am *cairn*, einer neolithischen Begräbnisstätte 100 m südlich des Gipfels befinden sich zwei runde Fundamente prähistorischer Behausungen. An klaren Tagen reicht der Blick von den Blue Stack Mountains in Donegal bis zum Croagh Patrick und vom Atlantischen Ozean bis zur Irischen See. Man kommt zurück zum Parkplatz, indem man den gleichen Weg wieder zurück nimmt.

Das Anwesen befindet sich 12 km südwestlich von Enniskillen. Um es zu erreichen, folgt man der A4 Richtung Sligo und biegt dann links auf die A32 Richtung Swanlinbar ab. Die Ulsterbus-Linie 192 von Enniskillen nach Swanlinbar hält am Creamery Cross etwa 2 km vom Landsitz entfernt.

Marble Arch Caves HÖHLEN
(6634 8855; www.marblearchcaves.net; Marlbank Scenic Loop, Florencecourt; Erw./Kind 8,50/5,50 €; ⊙ Juli & Aug. 10–17 Uhr, Ostern–Juni & Sept. 10–16.30 Uhr) Auf einer Karstebene im Süden des Lower Lough Erne schufen immense Erosionskräfte, allen voran der Regen, ein Labyrinth aus Höhlen, unterirdischen Seen und Flüssen. Am gewaltigsten sind die **Marble Arch Caves**. Als Erster erkundete sie 1895 der französische Forscher Edouard Martel. Seit 1985 sind sie auch endlich für Besucher geöffnet.

Die 1¼-stündige spektakuläre Führung durch die Höhlen beginnt mit einer kurzen Bootstour auf dem torfigen, schaumigen unterirdischen Fluss Cladagh zum **Junction Jetty**. Hier treffen sich unter der Erde drei Flüsse. Von dieser Stelle geht's zu Fuß weiter an der Grand Gallery und der Pool Chamber vorbei, während man vom Guide unterhalten wird. Ein künstlicher Tunnel verläuft zur **New Chamber**. Die Route folgt nun dem Fluss Owenbrean über den **Moses Walk**, einen hüfthoch im Fluss versunkenen Mauerweg, bis zur **Calcite Cradle**. Diese „Kalksteinwiege" besticht durch ihre eindrucksvollen Tropfsteinformationen. Da der Andrang an den Höhlen groß ist, empfiehlt es sich, die Führung vorab zu buchen, erst recht bei Gruppen ab vier Personen.

Die Höhlen sind nach einem natürlichen **Kalksteinbogen** über den Cladagh benannt, den man über einen ausgeschilderten Fußweg vom Besucherzentrum aus erreicht.

In den 1990er-Jahren wurden die Höhlen überflutet. Ursache waren offensichtlich Steinbrucharbeiten in einem der Abbaugebiete an den Ausläufern des Cuilcagh Mountain, dessen Flüsse in den Höhlen verschwinden. Die Überflutung gab den Anstoß zur Gründung des **Cuilcagh Mountain Park** (www.cuil caghmountainpark.com), dessen Ziel die Erhaltung der Moorlandschaft ist. 2001 wurde der Park als Unesco-Geopark ausgewiesen. Geologie und Ökologie des Reservats werden im Besucherzentrum anschaulich erklärt.

Die Marble Arch Caves erstrecken sich 16 km südwestlich von Enniskillen und 4 km vom Florence Court (das entspricht einem einstündigen Spaziergang) und sind über die A4 Richtung Sligo sowie die A32 erreichbar.

Loughs Melvin & Macnean

Der Lough Melvin und der Lough Macnean liegen an der B52 zwischen Belcoo und Belleek und damit an der Grenze zur Republik Irland. Ersterer ist für seine guten Fischgründe (Lachse und Forellen) bekannt. Im See leben zwei ungewöhnliche, nur hier vorkommende Forellenarten: der Sonaghan mit auffälligen schwarzen Flecken und der purpurrot gescheckte Gillaroo. Auch Bachforellen sowie Saiblinge gibt's in reicher Zahl.

Am Upper Lough Macnean vermietet das **Corralea Activity Centre** (6638 6123; www.activityire land.com; Belcoo) Fahrräder (10/15 € pro halber/ganzer Tag) und Zweisitzerkanus (15/20 € pro halber/ganzer Tag). Außerdem kann man Höhlen erkunden, Kanufahren, Klettern, Surfen und Bogenschießen. Die Preise starten bei etwa 22 € pro Tag.

Das am See gelegene **Lough Melvin Holiday Centre** (6865 8142; www.melvinholiday centre.com; Garrison; Stellplatz Zelt/Wohnwagen 13/22 €, B 22 €) bietet Höhlen-, Kanu-, Wander- und Angelferien an. Gäste können entweder auf dem Campingplatz, in Schlafsälen oder in Zimmern mit Bad übernachten. Zur Anlage gehören auch ein Restaurant und ein Café.

Das einladende Pub mit Holzvertäfelung, ein in warmes Kerzenlicht getauchtes Restaurant sowie neun Zimmer mit eigenen Bädern und oft auch einem Ausblick auf den Lough Macnean, machen das **Customs House Country Inn** (6638 6285; www.cus tomshouseinn.com; Main St, Belcoo; EZ/DZ ab 65/90 €; Hauptgerichte 11–15 €; P) zu einem reizvollen Ort für Tagesausflügler und Übernachtungsgäste.

Hinter der Grenze in Blacklion, County Cavan (nur wenige Gehminuten entfernt) befindet sich ein Gourmetrestaurant.

COUNTY TYRONE

Omagh

20 000 EW.

Omagh liegt an der Verbindung der Flüsse Camowen und Drumragh zum Strule. Die Marktstadt ist ein guter Ausgangspunkt, um die Region mit dem Auto zu erkunden.

Leider wird Omagh (An Óghmagh) wohl noch lange mit jener verheerenden Autobombe in Verbindung gebracht werden, die 1998 29 Menschen tötete und 200 verletzte. Der von der Real IRA gelegte Sprengsatz gilt als schlimmste Einzelaktion der 30 Jahre währenden Unruhen in Nordirland. In einem Gedenkgarten in der Drumragh Avenue, 200 m östlich des Busbahnhofs, wird an die Opfer erinnert.

Schlafen & Essen

Mullaghmore House B&B €€
(8224 2314; www.mullaghmorehouse.com; Old Mountfield Rd; EZ/DZ 42/78 €; P @) 1,5 km nordöstlich des Stadtzentrums liegt diese wunderschön restaurierte georgianische Villa den Luxus eines Landhauses, und das sogar zu einem einigermaßen erschwinglichen Preis. Extras wie eine Bibliothek mit Mahagonivertäfelung, einen Billardraum und ein Dampfbad mit Marmorfliesen tragen einiges zum tollen

Flair bei. Gusseiserne Kamine und antikes Mobiliar geben den Zimmern die passende elegante Note. Die Besitzer veranstalten Kurse für Möbelrestauration und traditionelles Kunsthandwerk.

Grant's of Omagh INTERNATIONAL €€
(8225 0900; 29 George's St; Hauptgerichte 9–29 €; Mo–Fr 16–22, Sa 15–22.30, So 12–22 Uhr) Dieses Lokal wurde in Anlehnung an den US-Präsidenten Ulysses S. Grant benannt. Es schwelgt mit seiner Dekoration – Fiedeln und *bodhráns* (mit Ziegenfell bespannte Handtrommel) an der Wand über dem rauchgeschwärzten Kamin in der Bar sowie einem amerikanisch angehauchten Restaurant – förmlich im goldenen Glanz irischer Emigranten-Nostalgie. Auf der Speisekarte stehen z. B. Steaks, Burger, Lasagne, Schälrippchen und Cajun-Hühnchen.

ⓘ Praktische Informationen

Die **Touristeninformation** (8224 7831; info@omagh.gov.uk; Strule Arts Centre, Town Hall Sq, Bridge St; Mo–Sa 10–17.45 Uhr) ist im neuen Kunstzentrum auf der vom Busbahnhof aus gegenüberliegenden Flussseite untergebracht. Hier bekommt man eine Broschüre über den Town Trail, der zu den historischen Gebäuden der Stadt führt.

ⓘ An- & Weiterreise

Omaghs Busbahnhof liegt an der Mountjoy Road nördlich des Stadtzentrums und ist über die Bridge Street zu erreichen.

Der Goldline-Express-Bus 273 fährt von Belfast über Dungannon hierher (10 €, 1¾ Std., Mo–Sa stdl., So 6-mal) und steuert anschließend Derry (8 €, 1¼ Std.) an. Bus 94 verkehrt nach Enniskillen (7 €, 1 Std., Mo–Fr 6–7-mal tgl., Sa 3-mal, So 1-mal), wo Anschlussmöglichkeiten nach Donegal, Bundoran und Sligo bestehen. Die Strecke von Derry nach Omagh (8 €, 1 Std., alle 2 Std.) und via Monaghan weiter nach Dublin (16 €, 3 Std.) wird vom Goldline Express 274 bedient.

Rund um Omagh

⊙ Sehenswertes

Ulster American Folk Park VOLKSPARK
(www.folkpark.com; Mellon Rd; Erw./Kind 6,50/4 €; März–Sept. Di–So 10–17 Uhr, Okt.–März Di–Fr 10–16, Sa & So 11–16 Uhr) Im 18. und 19. Jh. verließen Tausende Iren (allein im 18. Jh. waren es 200 000) Ulster Richtung Amerika, um sich jenseits des Atlantiks ein

> **TOP FIVE: TRADITIONELLE PUBS IN NORDIRLAND**
> » Bittle's Bar (S. 642)
> » Blake's of the Hollow (S. 733)
> » Grace Neill's (S. 658)
> » Dufferin Arms (S. 663)
> » Peadar O'Donnell's (S. 694)

neues Leben aufzubauen. Ihre Geschichte wird in einem der besten irischen Museen erzählt. Letzter Einlass ist 1½ Stunden vor der Schließung.

In der **Exhibition Hall** werden die engen Beziehungen zwischen Ulster und den USA dokumentiert, denn die amerikanische Unabhängigkeitserklärung wurde auch von mehreren Männern aus Ulster unterzeichnet. Besucher können sogar eine echte Wildwestkutsche bestaunen. Doch der unbestritten interessanteste Teil ist das **Freilichtmuseum** der Alten und der Neuen Welt, die durch die Attrappe eines Auswandererschiffs miteinander verbunden sind. Hier hat man originale Gebäude aus verschiedenen Orten in der Region rekonstruiert, darunter eine Schmiede, das reetgedeckte Cottage eines Webers, ein presbyterianisches Gemeindehaus und eine Schule. Im „amerikanischen" Teil stehen ein originales, steinernes Siedlerhaus aus dem 18. Jh. und eine Blockhütte, die beide aus Pennsylvania hertransportiert wurden.

Guides und Handwerker in Kostümen erklären die Kunst des Spinnens, Webens und der Kerzenherstellung. Außerdem finden hier regelmäßig Veranstaltungen statt, beispielsweise werden Schlachten des amerikanischen Bürgerkriegs nachgespielt, im Mai gibt's ein Festival mit Schwerpunkt auf traditioneller irischer Musik, im Juli Feierlichkeiten zum amerikanischen Unabhängigkeitstag und im September das Appalachian and Bluegrass Music Festival. Guides und Handwerker in Kostümen erklären die Kunst des Spinnens, Webens oder der Kerzenherstellung. Besucher sollten mindestens einen halben Tag für die Besichtigung einplanen.

Der Park liegt etwa 8 km nordwestlich von Omagh an der A5. Auf Anfrage hält der Goldline-Bus 273, der von Belfast nach Derry (Mo–Sa stdl., So 5-mal) fährt und auf dem Weg auch Omagh ansteuert, an seinem Eingang.

Sperrin Mountains

Als 1609 Repräsentanten der Londoner Zünfte Ulster bereisten, setzte der Lord Deputy von Irland alles daran, dass sie die Sperrin Mountains (www.sperrinstourism.com) nicht zu Gesicht bekamen. Er befürchtete, die Besucher würden beim Anblick dieser trostlosen, sumpfigen Hügel ihre Idee aufgeben, Siedler in das Gebiet zu schicken. Tatsächlich wirken die Sperrins bei Regen recht trist, bieten aber an sonnigen Frühlingstagen, wenn sich die rostbraunen Sümpfe und der gelbe Stechginster gegen den strahlend blauen Himmel abheben, tolle Wandermöglichkeiten – und das nicht zuletzt deshalb, weil die Gegend mit Tausenden von Menhiren und prähistorischen Gräbern übersät ist.

❶ Unterwegs vor Ort

Die Ulsterbus-Linie 403, der *Sperrin Rambler*, verkehrt montags bis samstags zweimal täglich zwischen Omagh und Magherafelt. Zwischendurch hält er in Gortin, Plumbridge, Cranagh und Draperstown (im County Derry).

GORTIN

Dieses Dorf liegt 15 km nördlich von Omagh am Fuß des Mullaghcarn (542 m), der südlichsten Erhebung der Sperrins. Leider stehen auf der Kuppe zwei Sendemasten. Am **Cairn Sunday**, dem letzten Julisonntag, treffen sich Hunderte Wanderer, um nach altem Brauch gemeinsam den Hügel zu besteigen. Rund um Gortin laden Pfade zum Spazierengehen ein. Auf einer Panoramastraße gelangt man zu den **Gortin Lakes** und genießt unterwegs herrliche Ausblicke zum Hauptkamm der Sperrins im Norden.

Ein paar Kilometer südlich von Gortin in Richtung Omagh erstreckt sich der **Gortin Glen Forest Park** (Gortin Rd; Auto/Fußgänger 3/1 €; ⊙10 Uhr–Sonnenuntergang), wo im dichten Kiefernwald eine Herde japanischer Sika-Hirsche lebt. Die 8 km lange, landschaftlich reizvolle Strecke durch die Gegend bietet schöne Aussichten.

Die **Gortin Accommodation Suite** (✆81 64 8346; www.gortin.net; 62 Main St; B/FZ 14/70 €; 🅿) gehört zum Outdoor Activity Centre mitten im Ort. In dem Hostel gibt's auch Familienzimmer mit einem Doppel- und zwei Einzelbetten sowie einem eigenen Bad.

CREGGAN

Etwa auf halbem Weg an der A505 zwischen Omagh und Cookstown (20 km östlich von Omagh) stößt man auf das **An Creagán Visitor Centre** (www.an-creagan.com; Creggan; Eintritt frei; ⊙April–Sept. 11–18.30 Uhr, Okt.–März 11–16.30 Uhr) mit einer Ausstellung über die Ökologie der Moore und die Archäologie der Region. Im hauseigenen Restaurant kann man sich stärken und im Geschenkladen nach einem passenden Souvenir stöbern.

Im Umkreis von 8 km um das Besucherzentrum verteilen sich 44 prähistorische Stätten, darunter auch die **Beaghmore Stone Circles**. Letztere sind zwar nicht besonders groß (alle weniger als 1 m), doch das machen sie durch ihre Komplexität wieder wett. Einer der sieben Steinkreise ist mit kleineren Steinen gefüllt und erhielt deshalb den Spitznamen *dragon's teeth* (Drachenzähne). Außerdem gibt's in der Umgebung etwa ein Dutzend Steinreihen und *cairns* (Grabhügel). Die Steinkreise liegen etwa 8 km östlich von Creggan und 4 km nördlich der A505 (auf die Hinweisschilder achten).

East Tyrone

Die Marktstädtchen Cookstown und Dungannon sind die größten Orte im östlichen Teil der Grafschaft Tyrone. Die wichtigsten Attraktionen befinden sich jedoch in der Landschaft ringsum.

◉ Sehenswertes

Ardboe High Cross HISTORISCHE STÄTTE
In der aus dem 6. Jh. stammenden Klosterstätte am Ufer des Lough Neagh stehen einige der besterhaltenen und am schönsten verzierten keltischen Steinkreuze Irlands. Allein das **Ardboe High Cross** aus dem 10. Jh. ist stattliche 5,50 m hoch und mit 22 Reliefs verziert, die biblische Szenen zeigen. Auf der Westseite des Kreuzes (zur Straße hin) sieht man Episoden aus dem Neuen Testament (von unten nach oben): Anbetung der Heiligen Drei Könige, das Wunder von Kanaan, die wunderbare Brotvermehrung, Jesu Einzug in Jerusalem, die Verhaftung (oder Verhöhnung) Christi und in der Mitte die Kreuzigung.

Die stärker verwitterte Ostseite (Seeseite) stellt Szenen aus dem Alten Testament dar: Adam und Eva, die Opferung Isaaks, Daniel in der Löwengrube, die Jünglinge im glühenden Feuerofen. Die Bilder darüber interpretiert man als das Jüngste Gericht und/oder die Verklärung Christi. Auf den schmalen Nord- und Südseiten des Schaftes finden sich weitere Darstellungen.

Ardboe liegt 16 km östlich von Cookstown. Wer die Klosterstätte besuchen möchte, fährt auf der B73 durch Coagh, ignoriert den weißen Wegweiser nach Ardboe und biegt erst beim braunen Hinweisschild zum Ardboe High Cross ab.

Wellbrook Beetling Mill
HISTORISCHES GEBÄUDE

(www.ntni.org.uk; 20 Wellbrook Rd, Corkhill; Erw./Kind 4,20/2,40 €; ⊙Juli & Aug. Di–Do 14–18 Uhr, Mitte März–Juni & Sept. Sa, So & öffentliche Feiertage 14–18 Uhr) Zum *beetling* (Schlagen), der letzten Stufe der traditionellen Leinenproduktion, gehört das Klopfen der Stoffbahnen mit Holzhämmern *(beetles)*. Auf diese Weise sollte ein feiner Glanz erzeugt werden. Die vom National Trust betriebsbereit restaurierte Wellbrook Beetling Mill aus dem 18. Jh. ist noch immer mit der originalen Mechanik ausgerüstet. Guides in historischen Kostümen entführen Besucher in alte Zeiten und demonstrieren den Herstellungsprozess. Die Mühle liegt an einem schönen Abschnitt des Flusses Ballinderry 7 km westlich von Cookstown (die Abzweigung von der A505 Richtung Omagh nehmen).

Donaghmore High Cross   HISTORISCHE STÄTTE

Das Dorf Donaghmore, etwa 8 km nordwestlich von Dungannon an der B43 Richtung Pomeroy gelegen, ist für sein keltisches Hochkreuz aus dem 10. Jh. bekannt. Dieses Kunstwerk befindet sich außerhalb des Kirchhofs und wurde im 18. Jh. aus zwei verschiedenen Kreuzen zusammengesetzt, wie man unschwer an der Verbindungsstelle in halber Schafthöhe erkennen kann. Die eingemeißelten biblischen Szenen gleichen denen auf dem Ardboe High Cross. Nicht weit von hier ist in einer ehemaligen Schule aus dem 19. Jh. das **Heritage Centre** (Pomeroy Rd; Eintritt frei; ⊙Mo–Fr 9–17 Uhr) untergebracht.

GRATIS Grant Ancestral Homestead
HISTORISCHE STÄTTE

(Dergina, Ballygawley; ⊙Mo–Sa 9–17 Uhr) Ulysses Simpson Grant (1822–85) führte die Unionisten im amerikanischen Bürgerkrieg zum Sieg und regierte das Land später zwei Amtsperioden lang von 1869 bis 1877 als 18. US-Präsident. Sein Großvater mütterlicherseits, John Simpson, war 1760 von Tyrone nach Pennsylvania ausgewandert. Seine Farm in Dergina wurde im Stil eines typischen nordirischen Kleinbauernhofs so restauriert, wie sie wohl zu Zeiten von Grants Präsidentschaft ausgesehen hatte.

Die Ausstattung des **Grant Ancestral Homestead** ist zwar nicht sehr authentisch, aber immerhin sind noch der originale Lageplan des Bauernhauses und einige Geräte erhalten. Es gibt hier eine Ausstellung über den amerikanischen Bürgerkrieg, ein Picknickgelände und einen Spielplatz. Aktuelle Öffnungszeiten erfährt man in Killymaddys Touristeninformation (☎8776 7259).

Das Gebäude liegt 20 km westlich von Dungannon südlich der A4. Wer es besichtigen möchte, folgt einfach dem Wegweiser 5,5 km westlich der Touristeninformation in Killymaddy.

🛏 Schlafen & Essen

LP TIPP Tullylagan Country House
HOTEL €€

(☎8676 5100; www.tullylagan.com; 40b Tullylagan Rd, Cookstown; EZ/DZ 65/95 €; P🛜🍴) Ein von herrlichen Gärten am Flussufer umgebenes Hotel mit der Atmosphäre eines viktorianischen Landsitzes. Die Sofas des eufeuumrankten Hauses haben schon reichlich Patina, und an den knallroten Wänden hängen goldgerahmte Spiegel. Alle Bäder warten mit Marmorlook und glänzenden, altmodischen Armaturen auf. Das hauseigene **Restaurant** (Zwei-/Drei-Gänge-Menü 19/24 €; ⊙tgl. mittags, Mo–Sa abends) hat sich auf Fisch, Wild- und Rindfleisch aus der Region spezialisiert.

Grange Lodge
B&B €€

(☎8778 4212; www.grangelodgecountryhouse.com; 7 Grange Rd, Dungannon; EZ/DZ ab 60/84 €; P🛜) Die Pension mit fünf Zimmern liegt wie ein kleines Juwel inmitten eines 8 ha großen Geländes. Einzelne Bereiche des mit Antiquitäten möblierten Hauses stammen aus dem Jahr 1698, doch der größte Teil des Gebäudes ist georgianisch mit viktorianischen Anbauten. Die Besitzerin wurde für ihre Kochkünste ausgezeichnet und veranstaltet Kochkurse. Ein Vier-Gänge-Dinner kostet 36 €, ist täglich außer sonntags verfügbar und sollte mindestens 48 Stunden im Voraus bestellt werden. Man erreicht die Grange Lodge, indem man dem Wegweiser von der A29 etwa 5 km südöstlich von Dungannon Richtung Moy folgt.

Avondale B&B
B&B €€

(☎8676 4013; www.avondalebb.co.uk; 31 Killycolp Rd, Cookstown; Zi 30 €/Pers.; P🛜) Das in einem edwardianischen Haus untergebrachte B&B wartet mit einem großen Garten, einem Patio, einem Wintergarten und zwei Familienzimmern (je ein Doppel- und ein Einzelbett) samt eigenen Bädern auf. Es liegt 3 km südlich von Cookstown an einer Abzweigung der A29 Dungannon Road.

Deli on the Green BISTRO €€
(8775 1775; www.deliononthegreen.com; 2 Linen Green, Moygashel; Hauptgerichte mittags 6–9 €, abends 10–22 €; Mo–Sa 8.30–11 & 12–15, Do & Fr auch 17–21.30, Sa auch 18–21.30 Uhr) Nach der Shoppingtour im Linen Green kann man sich in diesem eleganten kleinen Bistro stärken. Die Auswahl ist reich: Es gibt ein Sandwich- und Salatbüfett, saftige selbst gemachte Steakburger und Caesar Salad mit Hühnchen. Auf der Frühstückskarte stehen u. a. Pfannkuchen mit Schinken und Ahornsirup. Am Abend reicht das Angebot von Fish 'n' Chips bis zu gebackenem Seehecht mit Chorizo und Weiße-Bohnen-Eintopf.

Drum Manor Forest Park CAMPINGPLATZ €
(8676 2774; Drum Rd, Oaklands; Zelt- & Wohnwagenstellplatz 12,50 €) Rund um den schönen Campinplatz 4 km westlich von Cookstown an der A505 erstrecken sich Seen und Waldwanderwege, außerdem kann man eine Schmetterlingsfarm und eine Baumschule besuchen.

Dungannon Park CAMPINGPLATZ €
(8772 8690; dpreception@dungannon.gov.uk; Moy Rd; Zelt-/Wohnwagenstellplatz 10/15 €; März–Okt.) Der ruhige waldreiche, gemeindeeigene Campingplatz mit 20 Stellplätzen verfügt über einen eigenen Forellensee zum Angeln. Er liegt 2,5 km südlich von Dungannon an der A29 Richtung Moy und Armagh.

Shoppen

Linen Green KLEIDUNG
(Moygashel; Mo–Sa 10–17 Uhr) Zu dem in der ehemaligen Moygashel Linen Mill untergebrachten Linen-Green-Komplex gehören sowohl Designershops als auch Fabrikverkaufsläden. Im Besucherzentrum kann man eine Ausstellung über die Geschichte der örtlichen Leinenindustrie besichtigen. Schnäppchenjäger werden auf der Suche nach Damen- und Herrenbekleidung, Schuhen, Accessoires und anderen Leinenwaren sicher fündig. Zum Mittagessen empfiehlt sich das Deli on the Green.

Praktische Informationen

Touristeninformation in Cookstown (8676 9949; www.cookstown.gov.uk; Burnavon Arts and Cultural Centre, Burn Rd, Cookstown; Mo–Sa 9–17 Uhr, Juli & Aug. auch So 14–16 Uhr) Westlich von der Hauptstraße.

Touristeninformation in Killymaddy (8776 7259; www.flavouroftyrone.com; 190 Ballygawley Rd, Killymaddy; Mo–Fr 9–17, Sa & So 10–16 Uhr) Bei einem Wohnwagenstellplatz 10 km westlich von Dungannon an der A4 Richtung Enniskillen.

An- & Weiterreise

Bus 210 verbindet Cookstown mit dem Europa BusCentre in Belfast (8 €, 1¾ Std., Sa 4-mal tgl., So–Fr 2-mal tgl.). Die Linie 261 fährt vom Europa BusCentre nach Dungannon (8 €, 1 Std., Mo–Sa stdl., So 4-mal) und weiter nach Enniskillen (8 €, 1½ Std.).

Bus 80 verkehrt zwischen Cookstown und Dungannon (3 €, 45 Min., Mo–Fr stdl., Sa 8-mal), während Bus 273 von Belfast über Dungannon und Omagh nach Derry (8 €, 1 Std., Mo–Sa stündlich, So 5-mal) fährt.

Irland verstehen

IRLAND AKTUELL **738**
In nur wenigen Jahren hat sich Irland vom wirtschaftlich erfolgreichen Musterknaben zu einem finanziell gebeutelten Sorgenkind entwickelt: Was ist bloß passiert?

GESCHICHTE **740**
Keltische Stämme, plündernde Wikinger, normannische Eindringlinge und Engländer haben viele Beweise der reichen irischen Geschichte hinterlassen.

DIE IRISCHE LEBENSART **755**
Wohlstand, Modernität, Multikulturalismus und die globale Finanzkrise haben das Land seit 1990 geprägt. Ungeachtet dessen sind die Freundlichkeit, der Witz und der Humor der Iren stets gleich geblieben.

MUSIK **759**
Es gibt Musik für jede Gelegenheit und Stimmung, egal ob zu feierlichen oder traurigen Anlässen, *céilidhs* oder Pub-Sessions.

LITERATUR **762**
Die Liebe zur Sprache und die lange mündliche Tradition haben Irland zu einem Land mit weltberühmten Schriftstellern und Geschichtenerzählern gemacht.

NATUR & UMWELT **766**
Üppig grüne, sanfte Hügel, zerklüftete Küsten und viele trübe Tage – das gehört zu diesem Land einfach dazu.

SPORT **770**
Für viele Iren ist Sport so etwas Ähnliches wie Religion. Gälische Sportarten stehen dabei im Mittelpunkt.

Bevölkerung pro km²

≙ 64 Personen

Irland aktuell

Business as usual?
2011 wählte Irland eine neue Regierung und hieß Queen Elisabeth sowie US-Präsidenten Barack Obama willkommen, die beide im ereignisreichen Monat Mai zu Besuch kamen. Außerdem wurde Irland Achter beim Eurovision Song Contest – kein schlechtes Ergebnis in Anbetracht des vorletzten Platzes im Jahr zuvor. Ein Thema überschattete jedoch alles.

> Fine Gael ist Irlands größte politische Partei, gefolgt von der Irish Labour Party, der ältesten Partei des Landes, und Fianna Fáil, die bis zu den Wahlen 2011 den ersten Platz auf der Liste innehatte.

Aus dem Amt gejagt
Fianna Fáil, seit 1991 an der Macht, kann sich zwar den irischen Wirtschaftsboom auf die Fahnen schreiben, schaffte es jedoch nicht, die Iren davon zu überzeugen, dass sie die Finanzkrise 2008 nicht zu verantworten hatte. Bei den Parlamentswahlen 2011 verlor die Partei die Regierungsmehrheit und fuhr eine historische Wahlniederlage ein – von 78 der insgesamt 144 Unterhaussitze blieben nur noch 20 übrig. Ihrem Koalitionspartner, den Grünen, erging es noch schlechter: Keiner ihrer Kandidaten wurde gewählt.

Wer regiert hier eigentlich?
Die neue Regierung ist eine Koalition aus der Mitte-Rechts-Partei Fine Gael (Irlands traditionellem politischem Königsmacher) und der Mitte-Links-Partei Labour Party. Politisch sind ihr wegen des 85 Mrd. € schweren Rettungspakets, das Irland vom Internationalen Währungsfonds (IWF), der EU und der Europäischen Zentralbank (EZB) gewährt wurde, die Hände gebunden. Dieses muss zu einem hohen Zinssatz zurückgezahlt werden und ging mit empfindlichen Einschnitten im öffentlichen Haushalt einher. Innerhalb weniger Jahre entwickelte sich Irland so vom wirtschaftlichen Vorzeigemodell zum todkranken, auf Finanzhilfen angewiesenen Patienten. Was war passiert?

Top-Romane

Dubliners (James Joyce, 1914) Eine hervorragende, anrührende Kurzgeschichtensammlung.
Gescheckte Menschen (Hugo Hamilton, 2003) Großartiger autobiografischer Roman über eine Kindheit in einem von zwei Kulturen geprägten Elternhaus.

Paddy Clarke Ha Ha Ha (Roddy Doyle, 1993) Wunderbares Porträt eines zehnjährigen Jungen.
Das Familientreffen (Anne Enright, 2007) Eindringliche Schilderung von Alkoholismus und häuslicher Gewalt in einer irischen Familie.

Raum (Emma Donoghue, 2010) Die erschütternde, mitreißend erzählte Geschichte einer entführten Mutter und ihres Sohns basiert auf dem wahren Fall von Elisabeth Fritzl.

Religiöse Gruppen
(% der Bevölkerung)

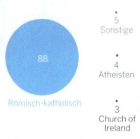

- 88 Römisch-katholisch
- 5 Sonstige
- 4 Atheisten
- 3 Church of Ireland

Die Finanzblase platzt

Während des nicht haltbaren Baubooms entstanden zu viele Häuser und es wurden zu viele günstige Kredite für ihren Bau und Kauf gewährt. Als Lehmann Brothers in Konkurs ging und die Märkte mit sich riss, versiegte die billige Kreditquelle der irischen Geldinstitute und ihr riskantes Vorgehen fiel auf sie zurück: Die sechs irischen Großbanken standen kurz vor dem Aus. Angesichts dieses finanziellen Armageddons erklärte der damalige Finanzminister Brian Lenihan alle Einlagen und Pfandbriefe bei den besagten Häusern für sicher und traf damit die umstrittenste Entscheidung der irischen Politik seit der Unabhängigkeit. Vermutlich wird dem Land bis mindestens 2013/14 die Rückkehr in den Kapitalmarkt verwehrt bleiben.

2011 sind die Iren in zwei Lager gespalten: Die eine Gruppe will die Garantien neu verhandeln und die am meisten belastenden Konditionen streichen, während die andere für einen sofortigen Staatsbankrott ist, weil dies die EU in Zugzwang brächte und Irland weniger strenge Rahmenbedingungen bescheren könnte.

Das Leben geht weiter

Wirtschaftlich gesehen ist die Lage nicht einfach. Es herrscht eine hohe Arbeitslosigkeit, die Löhne sind niedrig und die wichtigen Einnahmen aus dem Tourismus fielen zwischen 2008 und 2011 um rund 30 %. Auch wenn sich das alte Klischee, dass Irland an harte Zeiten gewohnt und deshalb nicht so leicht aus der Fassung zu bringen ist, vereinfachend und zynisch anhört, hat es einen wahren Kern. In ihrer fatalistischen und pessimistischen Art werden die Iren mit den Schultern zucken und zum Alltag übergehen. Es ist kein Zufall, dass sie nicht auf die Straße gehen, um gegen die harten Sparmaßnahmen zu protestieren.

> Irische Ausdrücke wie *Top of the morning!* (Einen wunderschönen guten Morgen!) oder *Begorrah!* (Um Gottes willen!) werden heute nicht mehr verwendet. Dagegen gehört es nach wie vor zum guten Ton, eine Runde für den ganzen Tisch auszugeben, wenn man in einer Gruppe unterwegs ist.

Top-Filme

Bloody Sunday (Paul Greengrass, 2002) Film über die Ereignisse in Derry 1972.

Die Toten (John Huston, 1987) In seinem letzten Film bringt Huston James Joyces Roman über das Leben auf die Leinwand.

Die unbarmherzigen Schwestern (Peter Mullan, 2002) Die Darstellung der brutalen Misshandlung junger Mädchen in den berüchtigten Klosterschulen geht unter die Haut.

Garage (Lenny Abrahamson, 2007) Tragikomische Geschichte eines unglücklichen, einsamen Tankwarts auf der Suche nach Freundschaft und Liebe.

The Crying Game (Neil Jordan, 1992) Ein toller Film über Rassismus, Geschlechterrollen und Sexualität vor dem Hintergrund des Nordirlandkonflikts.

Geschichte

Von den vorkeltischen Völkern bis zu den Celtic Cubs war Irlands Geschichte eine Suche nach Identität, die vielleicht etwas zielgerichteter verlaufen wäre, wenn sich nicht so viele fremde Siedler – keltische Stämme, plündernde Wikinger, normannische Invasoren und die Engländer – für die kleine Insel interessiert hätten. Irlands spannungsreiches Verhältnis mit seinen nächsten Nachbarn prägte einen Großteil der letzten tausend Jahre und auch die irische Identität spiegelt sich darin. Was dabei herauskommt, hat allerdings wesentlich verschwommenere Konturen, als man erwarten würde.

Der Spannungsbogen von Irlands Geschichte beginnt mit den frühesten Ankömmlingen. Nach der letzten Eiszeit überquerten Jäger eine schmale Landzunge zwischen Irland und Großbritannien und lernten allmählich, das Land zu bestellen und Gold zu schmieden. Der Schmuck aus der Bronzezeit ist von ungewöhnlich hoher Qualität, wie die Exponate im Dubliner Nationalmuseum (S. 87) zeigen.

> Die wichtigsten Fakten zu den Kelten bietet die Website www.ibiblio.org/gaelic/celts.html.

Irlands erste Besatzer waren die Kelten, gefolgt von den Wikingern (9. Jh.) und den Normannen, die hier 1169 landeten: Mit ihnen nahm die Verbindung zwischen Irland und Großbritannien ihren Anfang. Die Normannen bauten ihre Macht aus, indem sie Städte befestigten sowie zahlreiche Burgen errichteten. Einige sind bis heute mehr oder weniger gut erhalten.

Ab dem 16. Jh. versuchte Irland, die Fesseln der englischen Herrschaft abzuschütteln, aber je heftiger es sich zur Wehr setzte, desto härter griff England durch, was 1801 in einem vollständigen Zusammenschluss gipfelte. Aus diesem Grund ist Dublin gesegnet mit einem reichen georgianischen Erbe, einem Architekturstil, der die Hauptstadt bis heute prägt.

1921 schließlich erhielt ein großer Teil des Landes die Unabhängigkeit, lediglich die sechs Counties von Ulster blieben der Krone treu. Zur

ZEITACHSE

10 000–8000 v. Chr.
Nach dem Ende der letzten Eiszeit kommen die ersten Menschen auf die Insel, indem sie eine Landbrücke von Schottland aus überqueren. Sie hinterlassen kaum archäologische Spuren.

4500 v. Chr.
Neolithische Siedler erreichen Irland auf dem Seeweg. Sie bringen Rinder, Schafe und Nutzpflanzen mit – die Anfänge einer auf Landwirtschaft basierenden Ökonomie.

700–300 v. Chr.
Die Bronzezeit geht, die Eisenzeit kommt und mit ihr die Kelten und deren Sprache. Sie dominieren das Land ein Jahrtausend lang kulturell und politisch. Zeugnisse ihrer Herrschaft sind allgegenwärtig.

Jahrtausendwende war Irland noch immer geteilt, aber mit der Situation ausgesöhnt.

Zeugnisse der bewegten Geschichte begegnen einem überall, z. B. in Form von historischen Stätten, Denkmälern, Gebäuden, Platznamen. In diesem Kapitel werden einige der Sehenswürdigkeiten genannt, die man auf seiner Reise besichtigen kann.

Wer sind eigentlich diese Iren?

Um Irland zu besiedeln, brauchten die verschiedenen keltischen Stämme 500 Jahre. Im 8. Jh. v. Chr. kamen die ersten Stämme und im 3. Jh. v. Chr. der letzte, bekannt als Gaels (Gälen, das bedeutete so viel wie „Fremder" oder „Ausländer"). Die Gälen unterteilten das Land in fünf Provinzen – Leinster, Meath, Connaught, Ulster und Munster (Meath wurde später ein Teil von Leinster) –, die wiederum in Territorien gegliedert waren und von hundert Unterkönigen sowie Stammesführern regiert wurden. Alle schworen dem Hochkönig mit Sitz in Tara, County Meath, Gehorsam.

Die Kelten legten den Grundstein für das, was wir heute als „irische Kultur" bezeichnen. Sie schufen ein ausgeklügeltes Rechtssystem, die Brehon Laws, die bis ins frühe 17. Jh. gültig waren. Keltische Muster mit ihren verschnörkelten, ineinander verschlungenen Formen, zu sehen auf fast 2000 Jahre alten Artefakten, gelten als Inbegriff irischen Designs. Einige hervorragende Beispiele aus dem Schatz von Broighter können im Dubliner National Museum (S. 87) besichtigt werden. Ebenfalls sehenswert ist der Turoe Stone im County Galway (S. 450).

The Course of Irish History, das umfangreiche Werk zweier Professoren des Trinity College, T.W. Moody und F.X. Martin, deckt einen Großteil der irischen Geschichte ab.

In göttlicher Mission

Zwar wird immer nur der hl. Patrick (s. Kasten S. 742) erwähnt, doch christianisiert wurde Irland zwischen dem 3. und 5. Jh. von zahlreichen Missionaren. Diese bekehrten die heidnischen Stämme, indem sie einheimische Rituale des Druidentums in die neuen christlichen Lehren einfließen ließen. So entstand ein interessanter „Hybrid", bekannt als keltisches oder Insel-Christentum.

Die christlichen Gelehrten Irlands genossen hohes Ansehen und studierten römische bzw. griechische Philosophie und Theologie in Klöstern, z. B. in den Orten Clonmacnoise im County Offaly, Glendalough im County Wicklow (s. S. 152) und Lismore im County Waterford. In diesem goldenen Zeitalter florierte die Kunst. Buchmalerei, Metallverarbeitung und Bildhauerei hatten auf der Insel der „Heiligen und Gelehrten" Hochkonjunktur. Aus dieser Epoche stammen Schätze wie das *Book of Kells* (S. 79), reich verzierte Schmuckstücke und zahllose Steinkreuze mit gemeißelten Ornamenten.

300 v. Chr.–800 n. Chr.

Irland ist in fünf Provinzen unterteilt. Die irische Bezeichnung lautet *cúigi* (wörtlich „der fünfte Teil"): Leinster, Meath, Connaught, Ulster und Munster. Meath und Leinster verschmelzen später miteinander.

431–432

Papst Coelestin I. schickt Bischof Palladius nach Irland, um sich derer anzunehmen, die „bereits an Christus glauben". Ein Jahr darauf folgt ihm der hl. Patrick, um die Missionierung fortzuführen.

» Statue des hl. Patrick am Croagh Patrick und vor der Clew Bay

Vergewaltigen, brandschatzen & plündern: Ein Tag im Leben eines Wikingers

Als Nächstes versuchten die Wikinger ihr Glück in Irland. Die ersten kamen 795 v. Chr. und plünderten die reichen Klöster. Um sich zu verteidigen errichteten die Mönche Rundtürme, die als Wachtposten und Zufluchtsort dienten, wenn wieder einmal eine Horde der räuberischen Krieger im Anmarsch war. Beispiele für diese Bauwerke findet man noch an den Seen von Glendalough (s. S. 152).

Obwohl sich die Mönche nach Kräften verteidigten, gewannen die Wikinger die Oberhand: Zum einen verfügten sie über bessere Waffen, zum anderen verbündeten sich Teile der einheimischen Bevölkerung mit den Brandschatzern im Austausch gegen Profit oder Schutz. Im 10. Jh. hatten sich die Nordmänner in Irland etabliert und Städte wie Wicklow, Waterford, Wexford sowie ihre Hauptstadt Dyfflin, das spätere Dublin, gegründet. 1014 siegte Brian Ború, König von Munster, in der Schlacht von Clontarf über die Wikinger, wurde dabei aber getötet. Ähnlich wie die Kelten vor ihnen, gaben die Wikinger ihre Plünderungszüge auf, wurden sesshaft und integrierten sich. Sie heirateten in

Die schönsten Klöster
» **Cashel** im County Tipperary
» **Clonmacnoise** im County Offaly
» **Glendalough** im County Wicklow

DER HEILIGE PATRICK

Überall auf der Welt wird am 17. März des Schutzheiligen von Irland gedacht. Zu diesem Anlass trinken Menschen jedweden ethnischen Hintergrunds Guinness und tragen grüne Kleidung. Hinter der Legende verbirgt sich ein realer Mensch mit einer großen Mission, denn der hl. Patrick (389–461) machte Irland mit dem Christentum bekannt.

Tatsächlich war der Nationalheilige gar kein Ire, sondern stammte aus dem heutigen Wales, dass zur Zeit seiner Geburt noch von den Römern besetzt war.

Patrick gelangte zunächst unfreiwillig auf die Insel: Im Alter von 16 Jahren wurde er von irischen Plünderern verschleppt. Auf der anderen Seite des Kanals musste er als Sklave arbeiten und fand während dieser Zeit den Weg zu Gott. Irgendwann konnte Patrick seinen Entführern entfliehen und kehrte nach Britannien zurück. Allerdings schwor er, sich die Bekehrung der Iren zum Christentum zur Lebensaufgabe zu machen. Einige Jahre später wurde er zum Bischof von Irland ernannt und überquerte den Kanal in dieser Funktion ein zweites Mal.

Als seinen Sitz erwählte er Armagh. An der Stelle, wo einst Patricks Kirche stand, erhebt sich heute die St. Patrick's Church of Ireland Cathedral (s. S. 677). Innerhalb kurzer Zeit hatte der Bischof zahlreiche Bauern und Adelige bekehrt: Nach nur 30 Jahren waren die meisten Iren getauft und das Land in katholische Diözesen sowie Pfarrbezirke untergliedert. Darüber hinaus gründete Patrick zahlreiche Klöster, die jahrhundertelang als Zentren der Bildung und Gelehrsamkeit dienten.

550–800	795–841	1014	1169
Blütezeit erster irischer Klöster. Bedeutende Gelehrte verbreiten ihr Wissen in ganz Europa und läuten das „Goldene Zeitalter" in Irland ein.	Die Wikinger plündern und vergewaltigen. Als ihre Zerstörungswut gesättigt ist, gründen sie im ganzen Land Siedlungen. Eine davon, Dublin, ist schon bald ein bedeutendes Wirtschaftszentrum.	Am Karfreitag stehen sich in der Schlacht von Clontarf Anhänger des Hochkönigs Brian Ború und Krieger des Königs von Leinster, Máelmorda mac Murchada, gegenüber.	Mit MacMurroughs Hilfe nehmen die von Heinrich II. ausgesandten walisischen und normannischen Barone die Städte Waterford und Wexford ein: der Beginn der 800 Jahre währenden Herrschaft der Briten.

die keltischen Stämme ein und bereicherten den irischen Genpool um Attribute wie rotes Haar und Sommersprossen.

Die Engländer kommen!

Die 800-jährige Herrschaft der Engländer in Irland begann mit der normannischen Invasion von 1169. Eigentlich folgten die Briten eher einer Einladung, denn die Barone, angeführt von Richard Fitz Gilbert de Clare, dem Grafen von Pembroke (1130–76; alias Strongbow), waren gebeten worden, dem König von Leinster bei einer territorialen Auseinandersetzung zu Hilfe zu kommen. Zwei Jahre später landete Heinrich II. von England mit einer großen Armee und einer Bulle des Papstes Adrian IV. in Irland, um die rebellischen christlichen Missionare zur Räson zu rufen.

Ungeachtet der königlichen Allmacht teilten die anglonormannischen Barone Irland unter sich auf und festigten in den folgenden 300 Jahren ihre feudalen Machtpositionen. Und noch einmal kamen die Auswirkungen einer Assimilation zum Tragen, denn die Anglonormannen und ihre Lehnsmannen wurden, wie es so schön heißt, *Hiberniores Hibernis ipsis* – irischer als die Iren selbst. Sie überzogen das Land mit Burgen, doch ihr eigentliches Erbe sind Städte wie das herrliche Kilkenny, das sich bis heute sein mittelalterliches Flair bewahrt hat. Zwar mochten die Anglonormannen dem englischen König die Treue geschworen haben, in Wirklichkeit waren sie aber nur sich selbst verpflichtet: Gegen Ende des 15. Jhs. beschränkte sich der direkte Einfluss der englischen Krone auf einen schmalen Gürtel rund um Dublin, der als Pale bekannt ist.

Von Scheidung, Aufständen & Enteignung

Als Heinrich VIII. sich wegen seiner Scheidung von Katharina von Aragon 1534 mit dem Papst überwarf und zum Oberhaupt der Kirche von England erhob, schrien die Anglonormannen Zeter und Mordio und einige griffen gar zu den Waffen gegen die Krone. Da Heinrich befürchtete, ein irischer Aufstand könne Spanien und Frankreich dienlich sein, ließ er die Männer niederschlagen, das Land der Rebellen konfiszieren und alle irischen Klöster schließen. Dann erklärte er sich selbst zum König von Irland.

Elisabeth I. setzte das Werk ihres Vaters fort, indem sie den Machtbereich der Krone auf Connaught und Munster ausdehnte. Dies entfachte den Neunjährigen Krieg (1594–1603) zwischen den Streitkräften Elisabeths und einem Zusammenschluss irischer Stammesführer unter Hugh O'Neill, dem Grafen von Tyrone. In der entscheidenden Schlacht 1601 in Kinsale wurden eine spanische Kriegsflotte und O'Neills Armee vernichtend geschlagen. O'Neill kapitulierte 1603 (erst nach Elisabeths

REDENSART

Der Ausspruch *beyond the Pale* (unzumutbar) wurde geprägt, als die Engländer den Pale, das befestigte Siedlungsgebiet rund um Dublin, kontrollierten. Die britische Oberschicht betrachtete das übrige Irland als unzivilisiert.

1172	1350–1530	1366	1534–41
Heinrich II. marschiert in Irland ein und zwingt die cambronormannischen Adeligen sowie einige gälisch-irische Könige dazu, ihn als höchsten Souverän anzuerkennen.	Anglonormannische Adelige etablieren von England unabhängige Machtzentren. In den folgenden zwei Jahrhunderten schwindet der Einfluss der englischen Krone. Zuletzt kontrolliert sie nur noch den Pale.	Die englische Krone verbietet Ehen zwischen Anglonormannen und Iren, die irische Sprache und die Ausübung irischer Bräuche, damit sich die Anglonormannen nicht zu stark integrieren – allerdings erfolglos.	Heinrich VIII. ordnet die Schließung der Klöster und die Enteignung von kirchlichem Eigentum an. 1541 lässt er sich vom irischen Parlament zum König von Irland erklären.

Tod), und 1607 segelten er sowie 90 weitere Stammesführer aus Ulster nach Europa, um Irland für immer zu verlassen. Dies ging als „Flight of the Earls" in die Geschichte ein. Ulster überließen sie der englischen Herrschaft und ihrer Politik der Plantations, bei der das Land der geflohenen Grafen konfisziert und an Getreue der Krone neu verteilt wurde. Es kam zwar überall im Land zu Enteignungen, doch nirgendwo waren sie so umfangreich wie in Ulster.

Blutiger Glaube

Als 1641 der Englische Bürgerkrieg ausbrach, stellten sich die irischen und anglonormannischen Katholiken hinter Karl I., also gegen die protestantischen Parlamentarier. Sie hofften, dass ein Sieg des Königs der katholischen Kirche in Irland zu neuer Macht verhelfen würde. Nachdem Oliver Cromwell und seine puritanischen Anhänger 1649 die Royalisten besiegt und Karl geköpft hatten, nahm Cromwell die untreuen Iren ins Visier. Seine neunmonatige Kampagne war brutal und erfolgreich (besonders schlimm traf es Drogheda, s. S. 591); außerdem wurde noch mehr Land konfisziert. Cromwells berühmte Äußerung, die Iren sollten zur Hölle fahren oder nach Connaught, wirkt angesichts der Schönheit der Provinz merkwürdig, allerdings gab es dort kaum Ackerland. Auch die Rechte der Katholiken wurden noch mehr beschnitten.

> In *Cromwell: An Honourable Enemy* vertritt Tom Reilly den Standpunkt, dass die Darstellung von Cromwells zerstörerischer Kampagne gegen Irland möglicherweise grob übertrieben ist. Mit seiner Meinung steht er ziemlich alleine da, doch er bietet mit diesem Buch mal eine andere Sichtweise (und ja, Reilly ist Ire).

Der Boyne & die Strafgesetze

Seinen nächsten großen Rückschlag erlebte das katholische Land 1690. Wieder hatten die Iren auf das falsche Pferd gesetzt; diesmal, indem sie Jakob II. unterstützten. Nach der Glorious Revolution hatte dieser als König abdanken und seine Krone dem holländischen Protestanten Wilhelm von Oranien (Wilhelm III.) überlassen müssen, der mit Jakobs Tochter Mary verheiratet war. Nachdem Jakob erfolglos 105 Tage lang Derry belagert hatte – aus dieser Zeit stammt der Ruf der Loyalisten *„No Surrender!"* („Niemals aufgeben!") –, stellte er sich im Juli Wilhelms Armeen am Ufer des Boyne im County Louth zur Schlacht und wurde vernichtend geschlagen.

Die letzte Schmach erlebte das katholische Irland 1695 mit dem Erlass der Penal Laws (Strafgesetze), gemeinhin bekannt als *„popery code"* („Papistenkodex"). Ihnen zufolge durften Katholiken keinen Grund und Boden besitzen, ihnen blieb der Zugang zu einflussreichen Positionen verwehrt und es wurde alles verboten, was mit irischer Kultur, Musik oder Bildung zu tun hatte. So wollten die Protestanten den katholischen Glauben auslöschen. Viele Katholiken feierten die Messe nun im Verborgenen, einige wohlhabende Iren traten aber auch zum protestantischen Glauben über, um ihren Besitz zu sichern und ihre Berufe weiter ausüben zu können. Ländereien mussten an protestanti-

» Kartoffeln im County Cork

1585
Die aus Südamerika stammende Kartoffel findet ihren Weg nach Irland und wird eines der Hauptnahrungsmittel.

1594
Hugh O'Neill, Earl von Tyrone, bestellt in England Blei für die Reparatur seines Schlossdachs, lässt daraus aber Munition schmieden. So löst er den Neunjährigen Krieg aus.

1601
Zwischen Elisabeths Truppen und den Rebellen unter Hugh O'Neill wird die Schlacht von Kinsale ausgetragen. O'Neill kapituliert und der irische Revolutionsgeist ist gebrochen.

sche Siedler abgetreten werden. Von da an lebten die meisten Katholiken als Pächter unter katastrophalen Lebensbedingungen. Ende des 18. Jhs. waren nur noch ca. 5 % des Landes in katholischem Besitz!

Was lange währt ...

Die bedeutendste Welle des Widerstandes gegen die von den Strafgesetzen verursachten Ungerechtigkeiten kam gegen Ende des 18. Jhs. aus einer unerwarteten Ecke. Einige liberale Protestanten, die den Ideen der Aufklärung anhingen und von der Französischen Revolution sowie den Unabhängigkeitskämpfen in den neu entstandenen USA inspiriert wurden, begehrten offen gegen die britische Herrschaft auf. Zu den bekanntesten Männern unter ihnen zählte Theobald Wolfe Tone (1763–98), ein junger Anwalt aus Dublin. Er führte eine Gruppe an, die sich United Irishmen nannte und Reformen anstoßen sowie die Macht der Engländer in Irland einschränken wollte (protestantische Loyalisten gründeten daraufhin die Protestant Orange Society, später Orange Order, um sich für den möglichen Konflikt zu rüsten). Wolfe Tone ersuchte Frankreich um Hilfe für seinen Aufstand, aber die Franzosen scheiterten bei dem Versuch, 1796 eine Armee nach Irland zu entsenden. Die Organisation musste sich dem Vergeltungsschlag allein stellen und fand in der Schlacht von Vinegar Hill 1798 ihr blutiges Ende. Drei Jahre später versuchten die Briten, der Rebellion in Irland mit dem Act of Union ein Ende zu setzen, doch der nationalistische Geist war bereits erwacht.

Hunger & heldenhafte Anführer

Das 19. Jh. war von wiederholten Versuchen geprägt, den Engländern ein Stück Eigenständigkeit abzuringen. Auf der einen Seite standen die radikalen Republikaner, die den Einsatz von Gewalt befürworteten, um eine weltliche, auf Gleichheit beruhende Republik zu gründen. Sie versuchten es 1848 und 1867, scheiterten aber. Auf der anderen Seite gab es den gemäßigten Flügel, der die Regierung durch gewaltfreie und gesetzeskonforme Aktionen zu Kompromissen zwingen wollte.

Der Große Befreier

Fast drei Jahrzehnte lang dominierte der aus Kerry stammende Daniel O'Connell (1775–1847) das Lager der Gemäßigten. Er setzte sich unermüdlich für die Sache der katholischen Emanzipation ein. 1828 wurde er ins Britische Parlament gewählt, doch da er Katholik war, konnte er sein Amt als Abgeordneter nicht antreten: Um einen möglichen Aufstand im Keim zu ersticken, sah sich die Regierung gezwungen, 1829 den Act of Catholic Emancipation zu erlassen, der wohlhabenden Katholiken das Wahlrecht einräumte und ihnen erlaubte, als Abgeordnete ins Parlament einzuziehen.

> **DIASPORA**
> 1870, nach dem Ende der Großen Hungersnot, hatten so viele Menschen das Land verlassen, dass mehr als ein Drittel der in Irland geborenen Iren im Ausland lebte.

1607	1641	1649–53	1688–90
O'Neill und 90 weitere Anführer aus Ulster flüchten mit einem Segelboot nach Europa. Daraufhin übernehmen die Engländer das Ruder in Ulster und starten ihre Besiedlungspolitik.	Die irischen und anglonormannischen Katholiken unterstützen Karl I. im Kampf gegen die protestantischen Parlamentarier. Sie hoffen auf eine Wiederherstellung der Macht der katholischen Kirche.	Cromwell hinterlässt eine Spur der Verwüstung als Antwort auf die Unterstützung Karls I. durch die Iren während des Bürgerkriegs. Unzählige Katholiken werden niedergemetzelt und 2 Mio. ha Land konfisziert.	Nach der Absetzung Jakobs II. liefern sich dessen Truppen einen Kampf mit Wilhelms protestantischer Armee, die siegreich aus der Schlacht am Boyne (12. Juli 1690) hervorgeht.

O'Connell kämpfte weiter für die irische Selbstbestimmung und wurde als einflussreicher Sprecher bekannt, nicht nur für Irland, sondern gegen jede Art von Ungerechtigkeit inklusive der Sklaverei: Der Anführer der Bewegung zur Abschaffung der Sklaverei, Frederick Douglass, zählte zu seinen größten Bewunderern (auf seinem Irlandbesuch 2011 betonte Präsident Obama nachdrücklich deren Freundschaft). Die Iren verehrten O'Connell, der als „the Liberator" („der Befreier") bekannt war, und strömten zu seinen Ansprachen zu Zehntausenden herbei. Seine Weigerung, das Gesetz zu übertreten, trieb O'Connell allerdings in den Ruin: Als die Regierung eine seiner Kundgebungen verbot, gab er klein bei, vorgeblich um Gewalt und Blutvergießen zu vermeiden.

DIE GROSSE HUNGERSNOT

Insgesamt 3 Mio. Menschen starben infolge der Großen Hungersnot (1845–1851) oder sahen sich gezwungen, das Land zu verlassen. Das Ausmaß dieser Tragödie hätte sich in Grenzen halten können – wäre da nicht die Selbstsucht der Gutsherren gewesen. Die Kartoffel diente als Hauptnahrungsmittel der rasch wachsenden und verarmten Bevölkerung Irlands. Als die Ernte von Mehltau vernichtet wurde, schossen die Preise in die Höhe. Aufgrund der Penal Laws litten die Bauern bereits unter hohen Pachten und mussten nun noch zusätzliches Geld für ihr Essen aufbringen. So gerieten zahlreiche Pächter mit ihren Mietzahlungen in Rückstand. Von Seiten der Grundbesitzer gab es allerdings nur wenig bis gar kein Entgegenkommen. Viele Menschen mussten ihre Häuser verlassen und in Armenhäusern Zuflucht suchen, in denen schreckliche Bedingungen herrschten.

Ausgerechnet zu dieser Zeit gab es reiche Weizenernten und Milchprodukte en masse – das Land hätte genug Getreide gehabt, um die gesamte Bevölkerung zu ernähren, außerdem soll es damals mehr Vieh ins Ausland verkauft haben, als Menschen auf der Insel lebten. Doch weil Irland gezwungen wurde, seine landwirtschaftlichen Produkte nach Britannien oder Übersee zu exportieren, verhungerten Millionen Menschen.

Den Poor Laws (Armengesetze) zufolge waren die Grundbesitzer für ihre zahlungsunfähigen Pächter verantwortlich, deshalb schoben sie die Bauern einfach ab, indem sie ihnen die Reise nach Amerika bezahlten. Zahlreiche Iren gingen an Bord der berüchtigten „coffin ships" („Sargschiffe"), wenige verließen sie lebend. Darauf startete der britische Premierminister Sir Robert Peel gut gemeinte, aber völlig unzureichende Versuche, die Notleidenden zu entlasten. Immerhin gab es einige wenige Grundbesitzer, die sich nach Kräften um ihre Pächter bemühten.

Im Verlauf der nächsten 100 Jahre strömten die Menschen massenweise ins Ausland, vor allem in die USA, wodurch die Bevölkerungszahl in Irland stetig sank. Ein Großteil der Emigranten blickte noch lange mit Verbitterung auf diesen Teil der irischen Geschichte zurück.

1695	1795	1798	1801
Die Penal Laws untersagen Katholiken, Pferde zu besitzen, Andersgläubige zu heiraten und Grundstücke zu kaufen bzw. zu erben. Beim Kirchenbau darf ausschließlich Holz verwendet werden.	Mit Besorgnis nimmt eine Gruppe von Protestanten die Versuche der Society of United Irishmen zur Kenntnis, gleiche Rechte für Protestanten und Katholiken zu erwirken, und gründet die Orange Institution.	Die Verfolgung und Ermordung potentieller Rebellen zieht einen Aufstand nach sich, der von den United Irishmen unter Wolfe Tone angeführt wird. Tone wird festgenommen und begeht Selbstmord.	Der Act of Union vereint Irland und Britannien auf politischer Ebene. Infolge einer Bestechungskampagne löst sich das irische Parlament auf. 100 Ex-Abgeordnete nehmen die Arbeit im Londoner Unterhaus auf.

Irland befand sich jedoch mitten in der Großen Hungersnot und empfand O'Connells Unvermögen, sich gegen die Briten zur Wehr zu setzen, als Kapitulation. Schließlich kam er für eine Weile ins Gefängnis und starb 1847 als gebrochener Mann.

Irlands ungekrönter König

Ein weiterer großer Staatsmann des 19. Jhs., Charles Stewart Parnell (1846–91), war wie O'Connell ein einflussreicher Redner, doch sein Hauptaugenmerk richtete er auf die Landreform, besonders auf die Verringerung der Pacht und die Verbesserung der Arbeitsbedingungen (abgekürzt als „Three Fs" bezeichnet: *fair rent, free sale and fixity of tenure*, fairer Pachtzins, freier Verkauf und feste Pachtverträge). Parnell unterstützte die Aktivitäten der Land League, die ihre Landsleute zum *boycotting* ermunterte (der Name geht auf den britischen Gutsverwalter Charles Boycott zurück): Lehnsherren und Gutsverwalter, die sich den Zielen der Land League entgegenstellten, wurden von den Iren wie Aussätzige behandelt. 1881 errangen die Einwohner mit der Durchsetzung des Land Act, der viele Forderungen der League erfüllte, einen wichtigen Sieg.

Darüber hinaus kämpfte Parnell für eine eingeschränkte Form der Selbstverwaltung. Doch trotz der Unterstützung durch den Vorsitzenden der Liberalen, William Gladstone, lehnte das Parlament die 1886 und 1892 vorgelegten Gesetzesentwürfe zur Home Rule einstimmig ab. Wie O'Connell vor ihm, erlebte Parnell eine dramatische Niederlage: 1890 wurde er in eine Scheidung verwickelt, die das puritanische Irland als Skandal empfand. Der „ungekrönte König von Irland" musste abdanken und starb weniger als ein Jahr später.

The Great Hunger von Cecil Woodham-Smith ist der Klassiker zum Thema Hungersnot (1845–51).

Noch eine Rebellion

In der zweiten Hälfte des 20. Jhs. gewann Irlands Kampf für mehr Unabhängigkeit neuen Schwung. Die Radikalen, schon immer eine Randerscheinung der nationalistischen Bestrebungen Irlands, setzten sich neu in Szene, z. T. als Reaktion auf die sich zuspitzende Lage in Ulster. Massenproteste gegen jede Form der irischen Unabhängigkeit hatten zur Bildung der Ulster Volunteer Force (UVF) geführt, einer Bürgerwehr der Loyalisten mit 100 000 Mitgliedern. Diese schworen, sich jedem Versuch zu widersetzen, die Home Rule in Irland zu etablieren. Die Nationalisten reagierten mit der Gründung der Irish Volunteer Force (IVF); eine Kraftpobe schien unausweichlich.

1914 wurde die Home Rule schließlich bewilligt, doch wegen des Ausbruchs des Ersten Weltkriegs vorerst nicht umgesetzt. Für einen Großteil der Iren war diese Verschiebung enttäuschend, aber nicht unvernünftig, und die meisten Mitglieder der Freiwilligenarmee beteiligten sich am Kampf gegen die Deutschen.

1828–29	1845–51	1879–82	1884
Daniel O'Connell erringt einen Parlamentssitz, darf aufgrund seines Glaubens jedoch nicht als Abgeordneter tätig werden. Daraufhin wird ein Gesetz erlassen, das Katholiken mehr Rechte einräumt.	Mehltau vernichtet die Kartoffelernte und eine Hungersnot bricht aus, aber die britische Regierung unternimmt nichts. 500 000 bis 1 Mio. Menschen verhungern und fast 2 Mio. Iren verlassen das Land.	Die Land League ist die treibende Kraft im „Krieg um Land": Zahlreiche Pächter widersetzen sich den Grundbesitzern und setzen den Land Act (1881) durch.	Im Hayes Hotel in Thurles, County Tipperary, wird die Gaelic Athletic Association (GAA) gegründet. Ihr Ziel ist die Förderung gälischer Sportarten (wie Hurling und Gaelic Fotball) und Kultur.

Der Osteraufstand

Allerdings gab es auch Iren, die sich nicht zum Kriegsdienst meldeten. Zwei kleine Gruppen – einerseits Mitglieder der Irish Volunteers unter Pádraig Pearse, andererseits die Irish Citizens' Army unter James Connolly – starteten einen Überraschungsangriff. Eine Truppe von Volunteer-Anhängern rückte am Ostermontag 1916 in Dublin ein und besetzte eine Reihe von Schlüsselpositionen in der Stadt. Zum Hauptquartier wurde das General Post Office (Hauptpostamt) auf der O'Connell Street ernannt. Von dessen Stufen verkündete Pearse, dass Irland von nun an eine Republik sei und seine Mitstreiter die Übergangsregierung bilden würden. Doch schon nach wenigen Tagen mussten sich die Aufständischen den überlegenen britischen Streitkräften geschlagen geben. Bei der Bevölkerung fanden die Rebellen keinen Rückhalt: Auf ihrem Weg ins Gefängnis mussten sie sogar vor verärgerten Stadtbewohnern beschützt werden.

Neil Jordans Film *Michael Collins* mit Liam Neeson in der Hauptrolle erzählt vom Osteraufstand, der Gründung der Republik und der Ermordung des Revolutionärs.

Wahrscheinlich wäre das Ganze schnell in Vergessenheit geraten, hätten die Engländer nicht den Fehler begangen, aus den Aufständischen Märtyrer zu machen. Sie verhängten 77-mal die Todesstrafe. 15 Männer wurden hingerichtet, unter ihnen der verwundete Connolly. Dies veränderte die Stimmung in der Bevölkerung grundlegend und brachte den Republikanern massenhafte Unterstützung.

Krieg mit Großbritannien

Nach Ende des Ersten Weltkriegs war die Home Rule nicht mehr genug: Sie räumte den Iren zu spät zu wenige Rechte ein. Bei den Wahlen 1918 gewannen die Republikaner mit Sinn Féin die große Mehrheit der Sitze. Die frisch gewählten Abgeordneten (viele waren 1916 am Osteraufstand beteiligt) erklärten Irland zu einer unabhängigen Nation und bildeten das erste Dáil Éireann (Irische Versammlung oder Unterhaus), als dessen Sitz das Dubliner Mansion House diente. Éamon de Valera (1882–1975) wurde als Regierungschef gewählt. Aus den Irish Volunteers ging die Irish Republican Army (IRA) hervor, und das Dáil räumte deren Mitgliedern das Recht ein, britische Truppen in Irland zu bekämpfen.

Wie es mit Kriegen so ist, nahm der Unabhängigkeitskampf ein recht klägliches Ende. Er dauerte 2½ Jahre und kostete offiziell 1200 Menschenleben. Es war ein brutaler Krieg, denn die IRA kämpfte mit Guerillataktiken gegen die Briten, in deren Reihen sich zahlreiche Kriegsveteranen – nach der Farbe ihrer Uniformen (khaki wie bei der Armee und schwarz wie bei der Polizei) Black and Tans genannt – befanden. Diese waren durch die Erlebnisse in den Schützengräben derart traumatisiert, dass ihre Gewaltbereitschaft kaum Grenzen kannte.

1890er-Jahre
Die Gälische Renaissance, angeführt vom Dichter W. B. Yeats, fördert das Interesse an der irischen Sprache und Kultur, darunter Folklore, Sport, Musik und Kunst.

1904
Der 16. Juni ist der Tag, an dem alle Ereignisse in James Joyces *Ulysses* stattfinden. Er wählte das Datum, weil er an diesem Tag seiner Frau Nora begegnete.

1916
Osteraufstand: Eine Gruppe von Republikanern stürmt das General Post Office in Dublin und ruft die Irische Republik aus, muss sich aber kurz darauf den britischen Truppen geschlagen geben.

» Wandmalerei zum Osteraufs

So etwas wie Freiheit

Dem Waffenstillstand im Juli 1921 folgten intensive Verhandlungen zwischen beiden Seiten. Der daraus resultierende Vertrag, der am 6. Dezember 1921 unterzeichnet wurde, schuf den Freien Staat Irland, bestehend aus 26 von 32 irischen Grafschaften. Die restlichen sechs Counties – alle in Ulster – blieben Teil des Vereinigten Königreichs. Doch der Vertrag war alles andere als perfekt: Er zementierte die geografische Teilung des Landes, was den Konflikt 50 Jahre später zum Explodieren bringen sollte, und spaltete die Nationalisten in solche, die den Vertrag für ein nötiges Sprungbrett in die volle Unabhängigkeit hielten, und solche, die ihn als Kapitulation vor den Briten und Verrat an den republikanischen Idealen verstanden. Diese Spaltung sollte den Verlauf der politischen Entwicklung Irlands praktisch das ganze restliche Jahrhundert über bestimmen.

> Wer sich für die bewegte jüngere Geschichte des Landes interessiert, sollte die Website http://larkspirit.com besuchen.

Bürgerkrieg

Nach heftigen Debatten wurde der Vertrag ratifiziert. Die Wahl im Juni 1922 fiel zugunsten der Vertragsbefürworter aus. Daraufhin schlossen sich seine Gegner unter Führung von de Valera zusammen, der, obwohl Präsident des Dáil, nicht Mitglied des Teams gewesen war, das den Vertrag ausgehandelt hatte (dies machte ihn in den Augen seiner Kritiker und Gegner höchst anfechtbar, sollten die Verhandlungen scheitern). Zudem hatte sich de Valera gegen einige Bestimmungen des Vertrags ausgesprochen, etwa gegen den Treueschwur für den englischen König.

Nur zwei Wochen nach den Wahlen brach der Bürgerkrieg aus, in dem sich Menschen gegenüberstanden, die ein Jahr zuvor noch Seite an Seite gekämpft hatten. Besonders tragisch in diesem äußerst bitteren Konflikt war der Tod von Michael Collins (1890–1922), dem führenden Kopf der IRA-Kampagne im Unabhängigkeitskrieg und Verhandlungsführer des Anglo-Irischen Vertrags. Er geriet in seinem Heimat-County Cork in einen Hinterhalt und wurde erschossen (s. S. 270). Collins hatte die Bitterkeit, die der Vertrag hervorrufen würde, vorausgesehen. Bei der Unterzeichnung soll er gesagt haben: „Ich sage Ihnen, ich habe mein eigenes Todesurteil unterzeichnet."

> In *For the Cause of Liberty: A Thousand Years of Ireland's Heroes* entwirft Terry Golway ein anschauliches Bild des irischen Nationalismus.

Eine neue Republik ensteht

Der Bürgerkrieg endete 1923 mit einem Sieg der Vertragsbefürworter, die den neuen Staat bis 1932 regierten. De Valera – geschlagen, aber nicht besiegt – gründete 1926 die neue Partei Fianna Fáil (Krieger von Irland), die bei den Wahlen von 1932 die Mehrheit errang und bis 1948 an der Macht bleiben sollte. 1937 verabschiedete er eine neue Verfassung, die ein Ende mit dem Treueeid auf die englische Krone machte, die besondere Bedeutung der katholischen Kirche unterstrich und den

1919–21	1921	1921–22	1922–23
Im Januar 1919 beginnt der Irische Unabhängigkeitskrieg, auch bekannt als Black and Tan War, was sich auf die schwarzen und khakifarbenen Uniformen der paramilitärischen britischen Gruppe bezieht.	1200 Menschen verlieren im Unabhängigkeitskrieg ihr Leben. Dem Waffenstillstand vom 11. Juli 1921 folgen Friedensgespräche. Am 6. Dezember unterzeichnet die irische Delegation den Anglo-Irischen Vertrag.	26 Counties werden unabhängig, die sechs größtenteils protestantischen Grafschaften von Ulster dürfen wählen, wohin sie gehören wollen. 1922 wird der irische Freistaat ausgerufen.	Vertragsgegner greifen unter Éamon de Valera zu den Waffen und bekämpfen ihre ehemaligen Kameraden, die von Michael Collins angeführt werden. Ein kurzer, brutaler Bürgerkrieg bricht aus, Collins stirbt.

Anspruch auf die sechs Grafschaften in Nordirland betonte. 1948 verließ Irland offiziell den Commonwealth und wurde eine Republik. Doch wie die Ironie des Schicksals es wollte, war es die Partei Fine Gael, wie sich die Vertragsbefürworter nun nannten, die sie ausrufen sollte – Fianna Fáil hatte im selben Jahr überraschend die Wahlen verloren. Nach 800 Jahren erlangte Irland (zumindest ein wesentlicher Teil davon) endlich seine Unabhängigkeit.

In The Irish in America *erzählt Michael Coffey von den Erlebnissen irischer Auswanderer, die wegen der Hungersnot ihr Heimatland verließen.*

Von Krisen geschüttelt & als Tiger wiedergeboren

Éamon de Valera, fraglos eine der wichtigsten irischen Persönlichkeiten, hatte einen immensen Beitrag zur Unabhängigkeit geleistet. Gegen Ende der 1950er-Jahre galten seine einst visionären Vorstellungen jedoch als verknöchert, festgefahren und mit der irischen Realität einer maroden Wirtschaft immer weniger in Einklang zu bringen. Horrende Arbeitslosenzahlen und Auswanderungswellen waren die offensichtlichsten Auswirkungen seiner unzulänglichen Politik. De Valeras Nachfolger Sean Lemass begann seine Amtszeit 1959 mit den Worten „die Flut hebt alle Boote an". Dank seiner Maßnahmen hatte sich Mitte der 1960er-Jahre die Zahl der Emigranten halbiert, zudem florierte die Wirtschaft. Einen ähnlichen Wohlstand erreichte das Land 30 Jahre später zur Zeit des Keltischen Tigers.

Partner in Europa

1972 traten die Republik und Nordirland der Europäischen Wirtschaftsgemeinschaft (EWG) bei, was dem Land einen weiteren positiven Impuls bescherte – der gemeinsamen Agrarpolitik zum Dank, die Preise für landwirtschaftliche Produkte festlegte und eine bestimmte Abnahmequote garantierte. Dann kam die Ölkrise 1973, die Irland erneut in die Rezession und eine weitere Auswanderungswelle stürzte. Ihren Höhepunkt erreichte die Emigration Mitte der 1980er-Jahre.

In seinem Roman Troubles *(1970) beschreibt J. G. Farrell die Vorgeschichte des englisch-irischen Kriegs und seine Auswirkungen auf die Zivilbevölkerung auf bewegende, eindrucksvolle Weise.*

Vom Keltischen Tiger ...

Anfang der 1990er-Jahre trugen europäische Gelder zum Wirtschaftsaufschwung bei. Riesige Summen wurden in das Bildungswesen sowie in die Infrastruktur investiert, während die Politik der niedrigen Körperschaftssteuer gemeinsam mit attraktiven Fördergeldern Irland zu einem beliebten Standort für Hightechunternehmen machte, die sich auf dem europäischen Markt etablieren wollten. In weniger als einem Jahrzehnt mauserte sich das Land von einem der ärmsten Staaten Europas zu einem der reichsten. Die Arbeitslosenquote fiel von 18 auf 3,5 %, der Durchschnittslohn eines Industriearbeiters kletterte europaweit auf den ersten Rang und das rasante Wachstum des Bruttoin-

1932	**1948**	**1969**	**1972**
De Valeras Partei Fianna Fáil gewinnt die Mehrheit im Parlament und macht sich daran, die Beziehungen zwischen dem Freistaat und Britannien zu unterminieren.	Die Fianna Fáil muss sich bei den Wahlen 1948 der Koalition aus Fine Gael und der republikanischen Clann an Poblachta geschlagen geben. Die neue Regierung erklärt den Freistaat Irland zur Republik.	Protestmärsche der nordirischen Bürgerrechtsvereinigung werden von Loyalisten und der Polizei gestört. Es kommt zu Ausschreitungen und zur Schlacht in der Bogside – der Beginn des Nordirlandkonflikts.	Die Republik und Nordirland treten der EWG bei. Am Blutsonntag sterben 13 Zivilisten durch die Hand britischer Truppen. Westminster entlässt das nordirische Parlament und übernimmt die Kontrolle.

landsprodukts machte das Land zum europäischen Erfolgsmodell, das in der ganzen Welt beneidet wurde. Zu dieser Zeit erhielt Irland den Namen „Keltischer Tiger".

... zur in Not geratenen Katze

Ab 2002 trieb ein gigantischer Bauboom die irische Wirtschaft an, der jegliches Maß eines gesunden Wachstums sprengte. Der außer Kontrolle geratene internationale Derivatemarkt überflutete die irischen Banken mit billigem Geld, die es freizügig verliehen.

Es folgten die Pleite von Lehman Brothers und die Kreditkrise. Fast alle irischen Geldinstitute standen mit dem Rücken zur Wand, wurden aber in letzter Minute gerettet. Bevor Irland Atem holen konnte, hatten der Internationale Währungsfonds (IMF) und die Europäische Union die Zügel seiner mittelfristigen wirtschaftlichen Zukunft in die Hand genommen. Irland blickte erneut den Dämonen der Vergangenheit in die Augen: einer hohen Arbeitslosigkeit, eingeschränkten Möglichkeiten und einer massiven Auswanderung.

A History of Ireland von Mike Cronin rafft die irische Geschichte auf weniger als 300 Seiten zusammen. Kompakt und leicht zu lesen, allerdings ohne vertiefende Analysen.

Im Norden sieht's (gar nicht so) düster aus

Seit dem 8. Mai 2007 wird Nordirland relativ harmonisch von einer eigenen Regierung geleitet, der momentan Premierminister Peter Robinson von der Democratic Unionist Party (DUP) und der stellvertretende Premierminister Martin McGuinness von Sinn Féin (SF) vorstehen. Selbst wer Irlands Politik in den letzten vier Jahrzehnten nur mit geringem Interesse verfolgt hat, weiß, dass die friedliche Zusammenarbeit eines loyalistischen Heißsporns wie Robinson – dessen Karriere auf seiner lautstark geäußerten Feindseligkeit gegenüber jeder Form von irischem Nationalismus fußt – mit einem ehemaligen IRA-Befehlshaber wie McGuinness im selben Kabinett als kleines politisches Wunder gilt.

Tatsächlich ist es das Ergebnis eines mühevollen Dialog- und Verhandlungsprozesses. Dieser bemühte sich, den Gordischen Knoten aus historischer Verbitterung, Misstrauen, Gewalt und tief sitzenden Vorurteilen zu lösen, der mit der Besiedlungspolitik im Irland des 16. Jhs. begonnen hatte.

Geteiltes Irland

Nach Abschluss des Anglo-Irischen Vertrags wurde am 22. Juni 1922 ein neues nordirisches Parlament gebildet und James Craig der erste Premierminister. Seine Ulster Unionist Party (UUP) lenkte die Geschicke des neuen Staates bis 1972. Die katholische Minderheit (40 % der Bevölkerung) hatte so gut wie keinen Einfluss und keine politische Stimme. Stattdessen begünstigte das Parlament die Unionisten mit wirtschaftlichen Fördermitteln, zog sie bei der Zuweisung von Wohn-

1973–74	1981	1993	Mitte der 1990er-Jahre
Im Abkommen von Sunningdale wird ein neues nordirisches Parlament gegründet. Die Unionisten lehnen das Abkommen ab und legen durch einen Generalstreik die Provinz lahm – das Ende des Parlaments.	Zehn republikanische Gefangene hungern sich zu Tode. Als Erster stirbt Bobby Sands, der kurz zuvor als Abgeordneter ins Parlament gewählt worden war. 100 000 Trauergäste wohnen seiner Beerdigung bei.	In der Downing Street Declaration erklärt Britannien, dass es „keine egoistischen, strategischen oder wirtschaftlichen Interessen" in Nordirland verfolgt.	Die Körperschaftssteuer ist gering, die Regierung fährt einen Sparkurs, die EU leistet Transferzahlungen und Arbeitskräfte sind günstig. Irland wird eines der wohlhabendsten Länder Europas.

raum vor und manipulierte selbst die Einteilung der Wahlbezirke: In Derry etwa wurden diese so verändert, dass mit Sicherheit ein protestantischer Gemeinderat zustande kam, obwohl zwei Drittel der Stadtbevölkerung Katholiken waren! Die überwiegend protestantische nordirische Polizei, die Royal Ulster Constabulary (RUC), und ihre paramilitärische Einheit, die B-Specials, unterbanden jegliches Abweichlertum und gaben sich nicht die geringste Mühe, ihre Voreingenommenheit zu verbergen. Im Grunde herrschte in Nordirland ein Apartheidsystem.

A History of Ulster von Jonathan Bardon zeichnet die nordirische Geschichte nach.

We shall overcome

In den 1950er-Jahren mussten die Unionisten ihre erste Feuerprobe bestehen. Damals nahm die IRA ihre Grenzkampagne wieder auf, nachdem sie die Waffen längere Zeit hatte ruhen lassen. Doch die Unionisten wurden dieser Bedrohung schnell Herr und inhaftierten die Anführer der Initiative. Ein Jahrzehnt später sahen sie sich einem weitaus hartnäckigeren Gegner gegenüber, der 1967 gegründeten Bürgerrechtsbewegung, die stark vom US-amerikanischen Civil Rights Movement beeinflusst war. Sie wollte dem himmelschreienden Sektierertum in Derry ein Ende bereiten. Im Oktober 1968 wurde ein hauptsächlich katholischer Protestmarsch in Derry von der RUC gewaltsam aufgelöst (Gerüchten zufolge hatte die IRA den Demonstranten ihren „Schutz" zugesagt). Auch wenn es damals noch keiner wusste – dies sollte der Beginn des Nordirlandkonflikts sein.

Im Januar 1969 organisierte eine weitere Bürgerrechtsbewegung namens People's Democracy einen Marsch von Belfast nach Derry. Als sich die Teilnehmer ihrem Ziel näherten, wurden sie von einer Gruppe Protestanten angegriffen. Anfangs hielt sich die Polizei zurück, doch dann stürmte sie den vorwiegend katholischen Bezirk Bogside. Es folgten weitere Märsche, Proteste und gewaltsame Auseinandersetzungen. Viele Republikaner waren der Auffassung, die Polizei habe die Situation verschlimmert. Im August marschierten britische Truppen in Derry und Belfast ein, um Recht und Ordnung wiederherzustellen. Zunächst begrüßte man die Ankunft der Armee in einigen katholischen Vierteln, allerdings wurde schnell klar, dass sie nichts weiter als ein Instrument der protestantischen Majorität war. Der nun folgende Zulauf der IRA ist auf die übertriebene Gewaltbereitschaft der britischen Soldaten zurückzuführen. Insbesondere nach dem Bloody Sunday am 30. Januar 1972 rekrutierte die IRA zahlreiche neue Mitglieder – an diesem Tag starben in Derry 13 Zivilisten durch die Hand britischer Truppen.

Zahlreiche Filme thematisieren die Ereignisse zu Zeiten des Nordirlandkonflikts, darunter *Bloody Sunday* (2002), *Der Boxer* (1997; mit Daniel Day-Lewis) und *Im Namen des Vaters* (1994; ebenfalls mit Day-Lewis).

Der Nordirlandkonflikt

Nach dem Bloody Sunday erklärte die IRA Großbritannien mehr oder weniger den Krieg. Während die Gruppe weiterhin Anschläge in Nord-

1994
Gerry Adams, Anführer von Sinn Féin, proklamiert am 31. August das „Ende der Gewalt" von Seiten der IRA. Im Oktober ziehen die vereinten loyalistischen, paramilitärischen Gruppen nach.

1998
Nach Verhandlungen wird am 10. April das Karfreitagsabkommen geschlossen. Von nun an hat die neue nordirische Versammlung die vollständige gesetzgebende und ausführende Gewalt inne.

1998
Eine Bombe der „Real IRA" detoniert in Omagh. 29 Menschen sterben, 200 werden verletzt. Es ist der schlimmste Anschlag des Nordirlandkonflikts, aber ein Vergeltungsschlag kann vereitelt werden.

2005
Die IRA befiehlt ihren Einheiten nur noch dann aktiv zu werden, wenn es der „Entwicklung politischer und demokratischer Programme durch ausschließlich friedliche Methoden" zuträglich ist.

irland verübte, ging sie nun auch dazu über, das britische Festland zu bombardieren und Unschuldige anzugreifen, was ihr den Abscheu von Bürgern und Parteien auf beiden Seiten der konfessionellen Grenze eintrug. Unterdessen starteten loyalistische Paramilitärs eine Mordserie auf Katholiken. Höhepunkt der Krise war der Hungerstreik republikanischer Gefangener im Norden 1981, die ihre Anerkennung als politische Häftlinge forderten. Zehn Inhaftierte hungerten sich zu Tode, darunter der Abgeordnete Bobby Sands.

Ein weiteres Problem stellten die zahlreichen Splittergruppen mit ihren unterschiedlichen Programmen dar. Die IRA zerfiel in „offizielle" und „vorläufige" Gruppierungen, die einen Nährboden für noch extremere republikanische Organisationen wie die Irish National Liberation Army (INLA) lieferten. Auf protestantischer Seite entstanden als Reaktion darauf zahllose loyalistische und paramilitärische Gruppen. Jeder Gewaltakt wurde wiederum mit Vergeltungsschlägen beantwortet.

Bücher zum Nordirlandkonflikt
» *Lost Lives*, David McKittrick
» *Ten Men Dead*, David Beresford
» *The Faithful Tribe: An Intimate Portrait of the Loyal Institutions*, Ruth Dudley Edwards

Annäherung an den Frieden

Anfang der 1990er-Jahre war den Republikanern klar, dass der bewaffnete Kampf einer politischen Bankrotterklärung gleichkam. Die Gesellschaft in Nordirland hatte sich verändert – viele Ungerechtigkeiten, die den Konflikt in den späten 1960er-Jahren ausgelöst hatten, waren längst beseitigt, und die meisten Bürger wünschten sich verzweifelt ein Ende der feindlichen Auseinandersetzungen. Eine Reihe von Verhand-

AMERIKANISCHE VERBINDUNGEN

Heute haben über 40 Mio. Amerikaner irische Vorfahren – ein Erbe mehrerer Emigrationswellen, die von Ereignissen wie der Großen Hungersnot der 1840er- und der Wirtschaftskrise der 1930er-Jahre ausgelöst wurden. Viele Berühmtheiten der amerikanischen Geschichte von Davy Crockett bis zu John Steinbeck und 16 von 42 US-Präsidenten sind irischer Abstammung.

Hier eine Liste von in diesem Buch vorgestellten Orten, die mit ehemaligen US-Präsidenten in Verbindung stehen oder sich den Erfahrungen irischer USA-Auswanderer widmen:

» Andrew Jackson Centre (S. 715), County Antrim
» Dunbrody Famine Ship (S. 187), County Wexford
» Grant Ancestral Homestead (S. 735), County Tyrone
» Kennedy Homestead (S. 188), County Wexford
» Queenstown Story Heritage Centre (S. 246), County Cork
» Ulster American Folk Park (S. 733), County Tyrone

2007
Nach fünfjähriger Pause, in der Gespräche zwischen Unionisten und Republikanern im Sande verlaufen waren, nimmt die nordirische Versammlung ihre Arbeit wieder auf.

2008
Nach dem Zusammenbruch von Lehman Brothers ist das irische Bankensystem praktisch pleite. Als das Ausmaß der Krise bekannt wird, befindet sich Irland am Rand einer wirtschaftlichen Katastrophe.

2010
Irland bekommt vom Internationalen Währungsfonds und der EU ein 85 Mrd. Euro schweres Rettungspaket, das die Bankenkrise mildert, dem Land aber enge finanzielle Fesseln anlegt.

2011
Elisabeth II. besucht als erste britische Königin die Republik Irland. Der Besuch wird als überwältigendes Zeugnis der engen Verbindung zwischen beiden Ländern gepriesen.

lungen zwischen Unionisten, Nationalisten sowie der britischen und irischen Regierung – teilweise von George Mitchell, Bill Clintons Sonderbeauftragtem für Nordirland vermittelt – ebneten schließlich den Weg zum historischen Karfreitagsabkommen von 1998.

Das Abkommen sah die Übertragung der Macht von Westminster, wo die Legislative seit 1972 angesiedelt war, auf eine neue nordirische Versammlung vor. Allerdings verlangsamten Machtgerangel, Meinungsverschiedenheiten, Sektierertum sowie ausgesprochene Halsstarrigkeit auf beiden Seiten den Arbeitsverlauf und das Parlament wurde viermal aufgehoben, zuletzt von Oktober 2002 bis Mai 2007.

Während dieser Zeit wurde der Ton in der nordirischen Politik schärfer, was zuletzt dazu führte, dass die moderatere UUP den Platz für die Democratic Unionist Party (DUP) unter Führung von Ian Paisley räumen musste. Auf der Seite der Nationalisten vollzog sich mit dem Auftreten des politischen Arms der IRA, Sinn Féin, ein ähnlicher Prozess. Angeführt wurde er von zwei Männern, Gerry Adams und Martin McGuinness.

Ein neues Nordirland

Sehr darauf erpicht, in keiner Weise klein beigeben zu müssen, hielten die DUP und Sinn Féin stur an ihrem jeweiligen Kurs fest. Hauptstreitpunkte waren die Entwaffnung der IRA und die Bildung einer neuen Polizei, welche die RUC ablösen sollte. Paisley und die Unionisten stellten immer höhere Forderungen an den Entwaffnungsprozess (sie verlangten Fotobeweise oder unionistische Augenzeugen) und strebten nicht weniger als eine offene sowie vollständige Auflösung der IRA an. Sinn Féin unterdessen lehnte es ab, der Polizeibehörde beizutreten, die die Aktivitäten des Police Service of Northern Ireland (PSNI) überwachte. Damit bekundete sie ihre nach wie vor fehlende Bereitschaft, mit den Sicherheitskräften zu kooperieren.

Schließlich jedoch legte die IRA alle Waffen nieder und Sinn Féin erklärte sich endlich zur Kooperation mit der Polizei bereit. Die DUP zeigte sich gegenüber ihren ehemaligen republikanischen Feinden nachgiebiger und beide Seiten nahmen die Regierungsgeschäfte in einer Provinz auf, deren dringende Bedürfnisse lange Zeit durch die Diktatur des Sektierertums vernachlässigt worden waren. Den Beweis, dass Nordirland zu einer gewissen Normalität zurückgefunden hatte, lieferten die Wahlen 2011, aus denen die DUP und Sinn Féin als stärkste Parteien hervorgingen, was ihnen das Mandat zur Weiterarbeit verlieh.

Alte Feindschaft lässt sich allerdings schwer beilegen. Der Mord an dem jungen PSNI-Beamten Ronan Kerr im April 2011 war eine bittere Erinnerung an die blutige Geschichte der Provinz. Doch selbst in dieser Tragödie konnte man erkennen, dass sich etwas Grundsätzliches verändert hatte: Kerr war katholisches Mitglied einer Polizeieinheit, die große Anstrengungen unternommen hatte, ihre traditionell pro-protestantische Ausrichtung abzulegen, außerdem wurde seine Ermordung von beiden Seiten gleichermaßen heftig verurteilt. Noch eindrucksvoller war, dass Premierminister Peter Robinson auf der Beerdigung erschien und damit erstmals eine katholische Totenmesse besuchte.

Ireland Since the Famine von F. S. L. Lyons ist ein Standardwerk für alle, die sich für die neuere irische Geschichte interessieren.

Brendan O'Briens beliebtes Werk *Pocket History of the IRA* fasst die komplexe Geschichte der Gruppe auf nur rund 150 Seiten zusammen – eine gute Einführung in das Thema.

Die irische Lebensart

Als Ire hatte er einen beißenden Sinn für Dramatisches, was ihn in kurzen Zeiten des Glücks aufrechterhielt.

William Butler Yeats

Die irische Mentalität

Die Iren sind zu Recht bekannt für ihre Freundlichkeit und Unbeschwertheit. Sie sind offen und warmherzig und halten gerne ein Schwätzchen – egal ob mit Freunden oder Fremden. Außerdem gelten sie als humorvoll, verstricken sich aber auch mal in hitzige Debatten und überzeugen mit scharfsinnigen Argumenten. *Slagging* (sticheln) gilt hier als wahre Kunst. Das mag grob klingen, entpuppt sich aber schnell als Basis der irischen Freundschaft. Es heißt, dass sich die Art und Enge einer solchen daran zeigt, wie sehr man mit sich scherzen lässt, statt nur inhaltsleere Komplimente zu machen.

Die Iren drängen sich nicht in den Vordergrund, vielmehr lassen sie ihre Taten für sich sprechen. Ebenso bewundern sie die besondere Kunst der Bescheidenheit, die als *an beál bocht a chur ort* bezeichnet wird, was so viel bedeutet wie „es dezent ausdrücken". Dabei macht man Dinge schlechter, als sie wirklich sind, um die Sympathie des Gegenübers oder Nachsicht eines Gläubigers zu erwecken. Als die Mehrheit der Iren einem unbarmherzigen Landherrensystem ausgeliefert war, diente diese Vorgehensweise dem täglichen Überleben. Daraus resultierte übrigens auch der Hang der Iren zum Herumnörgeln – was sie allerdings vorwiegend unter sich tun. Amüsant ist es dennoch, dass jemand wie Bono im eigenen Land deutlich schärfer kritisiert wird als irgendwo sonst auf der Welt.

Hinter der geschwätzigen Geselligkeit und zurückhaltenden Genügsamkeit verbirgt sich jedoch ein Geheimnis: Den Iren mangelt es nämlich schlicht und ergreifend an Selbstbewusstsein. Aus diesem Grund sind sie Komplimenten gegenüber auch meist misstrauisch und glauben einem nicht, wenn man etwas Nettes über sie sagt. Falsche Bescheidenheit zu zeigen kann man hier fast schon als Sportart bezeichnen.

Der steigende Wohlstand in den letzten 20 Jahren und die damit einhergehenden einschneidenden Veränderungen impften dem Land neue Selbstsicherheit und die Überzeugung ein, sich in alle Belange einmischen zu dürfen. Heute haben die Iren, insbesondere die unter 30-Jährigen, kein Problem mehr damit, ihre Stärken und Erfolge zu zeigen. Der älteren Generation hingegen wurde vermittelt, Selbstlob sei ungehörig und überheblich.

Irland muss sich nun den neuen wirtschaftlichen Gegebenheiten nach der Finanzkrise stellen, was interessante Unterschiede im Umgang mit der Situation zu Tage fördert: Der jüngeren Generation, gewöhnt an Wohlstand und Selbstverwirklichung, fällt es schwer, sich an die neuen Bedingungen zu gewöhnen. Ihre Eltern wiederum, die in einer Zeit aufwuchsen, in der Arbeitslosigkeit, Auswanderung und wenig Perspektiven zum Alltag gehörten, kennen diese nur allzu gut.

Obwohl die wirtschaftlichen Probleme die ältere Generation an düstere Zeiten erinnern und viele junge Menschen dazu veranlassen, ihr Glück woanders zu suchen, ist das Irland vergangener Zeiten endgültig passé. Die zwei Jahrzehnte nach 1990 veränderten die Einwohner grundlegend – so haben Wohlstand, Modernisierung und multikulturelle Einflüsse traditionelle Lebensweisen und Ansichten nachhaltig geprägt.

Volksdroge Alkohol

Vielleicht erklärt die fehlende Selbstsicherheit gleichzeitig den Hang der Inselbewohner zum Trinken. Im internationalen Vergleich sind die Iren führend in Sachen Alkoholkonsum. Obwohl die verheerenden Folgen für die (vor allem junge) Gesellschaft immer deutlicher werden, besuchen die Iren nach wie vor sehr gerne Pubs. Man muss nur mal samstagabends durch irgendein Dorf spazieren, um das Ganze hautnah mitzuerleben.

Manche Experten sehen die zunehmende Trinkerei als Folge des ungewohnten finanziellen Wohlstands, aber Statistiken verdeutlichen, dass die Iren quasi schon immer einen ungesunden Hang zum „sich die Kante geben" hatten, auch wenn die Akzeptanz der öffentlichen Trunkenheit ein neueres Phänomen ist. Ältere ermahnen junge Generationen z. B. unaufhörlich, man habe *sie* nie in der Öffentlichkeit herumtorkeln sehen.

Lebensstil

Obwohl die Iren als notorische Nörgler gelten – sie meckern über ihre Arbeit, das Wetter, die Regierung und über die „bescheuerten Idioten" in den Dokusoaps –, würden sie mit der Pistole auf der Brust dann aber wohl doch zugeben, dass sie im besten Land der Welt leben. Klar, es liegt so manches im Argen, aber ist das denn anderswo anders?!

Das traditionelle Irland (Großfamilien mit einer engen Bindung an Kirche und Gemeinde) schwindet zusehends mit der rasanten Urbanisierung des Landes, die das einstige soziale Netz, das in Zeiten der Armut gut funktionierte, immer mehr zerstört. In diesem Punkt unterscheidet sich das moderne Irland nicht wirklich von anderen europäischen Staaten. Heute muss man schon auf Inseln oder in abgelegene Dörfer fahren, um noch die alten Gesellschaftsstrukturen zu erleben.

Multikulturelle Einflüsse

Lange Zeit war Irland recht homogen, aber dann erforderten Tausende von Zuwanderern aus aller Welt (der Ausländeranteil liegt bei 10 %) Toleranz und Integration. Im Großen und Ganzen hat das gut geklappt, doch einmal an der Oberfläche gekratzt, kommt schnell eine gewisse Ausländerfeindlichkeit zum Vorschein.

Die taumelnde Wirtschaft intensivierte diese Spannungen, und die Ansicht „irische Jobs den Iren" wird mit zunehmender Vehemenz und Autorität vertreten, auch wenn sie die Meinung einer kleinen Minderheit bleibt. Ungeachtet dessen nahm die Zahl der Einwanderer aus Osteuropa dramatisch ab, da sich diese in ihrer Heimat bessere Chancen ausrechnen.

Religion

Etwa 3,7 Mio. Einwohner der Irischen Republik sind Katholiken, 3 % Protestanten und 0,5 % Muslime. Der Rest setzt sich aus anderen Glaubensgemeinschaften und Atheisten zusammen. Im Norden leben 53 %

Die Liste der beliebtesten Vornamen führten 2011 Jack und Ava an.

Die durchschnittliche Kinderzahl von 1,4 pro Familie ist die niedrigste in der Geschichte des Landes.

Protestanten und 44 % Katholiken (3 % gehören anderen Religionsgemeinschaften oder gar keiner an). Viele irische Protestanten sind Mitglieder der Church of Ireland, einer Schwesterkirche der Church of England, oder der presbyterianischen und methodistischen Kirche.

Die Statistiken haben allerdings nur eine geringe Aussagekraft, weil der Einfluss der katholischen Kirche in den letzten zehn Jahren stark zurückging. Zahlreiche junge Menschen empfinden die Institution in Bezug auf große soziale Themen wie Scheidung, Verhütung, Abtreibung, Homosexualität und eheähnliche Gemeinschaften als überholt und rückschrittlich. Zudem lösen die schrecklichen Enthüllungen über den Kindesmissbrauch von Gemeindepriestern und der skrupellose Versuch der Kirche, die Wahrheit zu vertuschen, Wut und Empörung aus. Viele ältere Gläubige fühlten sich regelrecht betrogen und stellten ihr lebenslanges Engagement in Frage. Den tiefen Graben, den die Enthüllungen hinterließen, brachte Taoiseach Enda Kenny 2011 anlässlich der Veröffentlichung eines Berichts zu den Missbrauchsfällen im Bistum Cloyne, County Cork, wohl am besten zum Ausdruck. Erstmals beschuldigte er den Vatikan direkt, die Untersuchungen zu behindern. Er empörte sich im irischen Unterhaus über „die Dysfunktion, die Abgrenzung, den Elitismus [und] den Narzissmus, die die Kultur des Vatikans bis heute beherrschen".

Die Vehemenz des irischen Premiers, die in der Vergangenheit undenkbar gewesen wäre, führte dazu, dass der Vatikan seinen Botschafter aus Irland abzog – ebenfalls eine bis dahin nicht vorstellbare Geste.

Und dann ist da auch noch das liebe Geld: Mit größerem Wohlstand haben sich die Iren ans angenehme Leben gewöhnt und ihre Frömmigkeit gegen Konsumdenken eingetauscht. Trotzdem hängen sie an alten Gewohnheiten, und so gehört die Sonntagsmesse nach wie vor zum Leben dazu, besonders in ländlichen Gemeinden. Erstaunlicherweise haben sowohl die römisch-katholische Kirche (Erzbischof Sean Brady) als auch die Church of Ireland (Erzbischof Robert Eames) ihren Sitz im nordirischen Armagh, der traditionellen Hauptstadt des hl. Patrick: Die

Einer Umfrage nach glauben 70 % der Iren an Gott und 22 % an irgendeine Art von Geist oder Lebenskraft. Nur 4 % bezeichnen sich als Atheisten.

SCHWULENPARADIES IRLAND

Die bisher größten Errungenschaften für Schwule und Lesben in Irland waren die Einführung von Schutzgesetzen gegen sexuelle Diskriminierung und der abnehmende Einfluss der Kirche. Laut Brian Merriman, Artistic Director des Dublin Gay Theatre Festivals, haben erst dieser Autoritätsverlust sowie die schockierenden Enthüllungen über den Kindesmissbrauch durch Priester und die Lockerung des Scheidungsgesetzes einen ehrlichen Umgang möglich gemacht. So verabschiedete die Regierung 2011 den Civil Partnership Act, der gleichgeschlechtlichen Paaren eheähnliche Rechte und Pflichten einräumt.

„In Irland sagt man nicht mehr *der da* oder *die da*, wenn es um Menschen geht, die von der Norm abweichen. Heute spricht man von *wir* – denn jede Familie kann *anders* sein", meint er. „Schwule oder lesbische Familienmitglieder gibt's nicht nur bei anderen. Sie sind überall!"

So offen gehen jedoch längst nicht alle mit dem Thema um. Die Ansichten auf dem Land und in der Stadt driften beispielsweise extrem auseinander. Obwohl die Gesetzgebung und Lockerungen ungemein wichtig sind, sitzt die Homophobie bei vielen noch sehr tief.

„Unsere Gegner sind nicht mehr so klar zu erkennen, und so kann man nicht mehr auf Anhieb feststellen, wer wie denkt."

Laut Merriman sollten Homosexuelle noch deutlicher auftreten, um weiterhin für Respekt und Anerkennung zu kämpfen. Der Civil Partnership Act ist dabei ein wichtiger Schritt.

religiöse Geschichte des Landes scheint mehr Gewicht zu haben als die bis heute andauernde Spaltung.

Fernsehen

Das irische Fernsehen hat keine große Bedeutung, denn anders als bei der BBC fehlt es an Geldern und potenziellen Zuschauern. Doch verglichen mit vielen europäischen Ländern ist das Programm recht gut. Zwar wurde dem staatlichen Sender RTE vorgeworfen, er sei engstirnig, konservativ, langweilig, kurzsichtig und vollkommen veraltet – das aber nur, weil RTE die Produktion der ungeheuer erfolgreichen Serie *Father Ted* abgelehnt hat (ein sanfter, sehr witziger Seitenhieb auf das konservative Irland), deren Rechte sich daraufhin der englische Sender Channel 4 unter den Nagel riss.

> Eine beliebte Tradition an irischen Kindergeburtstagen ist das Spiel „*the bumps*": Das Geburtstagskind wird an seinen Armen und Beinen hochgehoben und so oft hin- und hergeschaukelt, wie es alt wird, plus einmal extra.

In Irland gibt's vier TV-Sender. RTE bringt sehr gute Sportsendungen, Nachrichten und Berichte zu aktuellen Themen, die gründlich recherchiert und informativ sind, oft ins Schwarze treffen und darüber hinaus anspruchsvoll aufbereitet werden. Formate wie *Today Tonight*, *Questions and Answers* und *Prime Time* sind genauso gut, wenn nicht sogar besser als alles andere, was sonst im Fernsehen läuft. Erwähnenswert ist auch der Angelus, Irlands Aufruf zum täglichen Gebet: 18 Schläge einer Kirchenglocke vor den Sechs-Uhr-Nachrichten auf RTE1 und den Zwölf-Uhr-Nachrichten im Radio. Für Irlands schnelllebige und weltoffene Gesellschaft ist dies eine zwar anachronistische, dafür aber tägliche Erinnerung an die noch bis vor Kurzem vom Staat geförderte Frömmigkeit.

Das seichte Programm des Privatsenders TV3 beinhaltet jede Menge drittklassige US-Serien gepaart mit stumpfsinnigen Reality-TV- und Celebrity-Shows, allerdings gilt *Nightly News* mit Vincent Browne als interessantes Barometer des tagesaktuellen Geschehens. Der irischsprachige Sender TG4 bietet das abwechslungsreichste und anspruchsvollste Programm mit tollen Filmen (auf Englisch) und einer interessanten Auswahl an TV-Spielfilmen sowie Dokumentationen *as gaeilge* (auf Irisch mit englischen Untertiteln). Zusätzlich empfangen die meisten irischen Haushalte über Kabel die Hauptsender des englischen Fernsehens: BBC, ITV und Channel 4.

Die großen Bosse des Digitalfernsehens sind der irische Sender NTL und TV-Gigant Sky, die immer mehr irische Haushalte mit einer beachtlichen Auswahl an Sendern versorgen.

Radio

Bis zu 85 % der Bevölkerung hören jeden Tag Radio. Die Mehrheit ist RTE treu, Irlands führendem Anbieter mit drei Sendern: Radio 1 (88.2–90 FM; Nachrichten und Diskussionsbeiträge), Radio 2 (90.4–92.2 FM; Lifestyle und Musik) und Lyric FM (96–99 FM; klassische Musik). In Nordirland hat die BBC das Monpol. Zusätzlich zu den vier Hauptsendern berichtet BBC Radio Ulster über Lokales.

> In Dublin leben 20 000 mehr Frauen als Männer.

Private Wettbewerber gehören dem Telekommuniktionszaren Denis O'Brien, darunter Today FM (100–102 FM; Musik, Gespräche und Nachrichten) und der Talksender Newstalk (106–108 FM; Nachrichten, Aktuelles und Lifestyle). Dann gibt's noch 25 lokale Sender, die regionale Themen und Geschmäcker bedienen, darunter das Radioprogramm des nordwestlichen Hochlands, das in Donegal, Sligo, Tyrone und Fermanagh gehört wird. Mit 84 % Marktanteil handelt es sich dabei um Europas erfolgreichsten lokalen Sender.

Musik

Irlands literarisches Erbe mag Kritikern ein wissendes Nicken entlocken, doch es ist die Musik, die einem noch lange im Gedächtnis haften bleibt. Die Einwohner kreieren Lieder für jede Gelegenheit und jede Stimmung, egal ob sie für Feste oder für Beerdigungen bestimmt sind.

Traditional & Folk

Im Gegensatz zu zahlreichen anderen europäischen Ländern, wo traditionelle Musikformen vom allgegenwärtigen Pop verdrängt wurden, ist die irische Musik (hierzulande *traditional music* oder kurz *trad* genannt) bis heute lebendig. Sie hat viele ihrer traditionellen Aspekte beibehalten, gleichzeitig aber eine Menge Genres beeinflusst. Dies trifft vor allem auf den amerikanischen Country & Western zu – eine Fusion des Blues aus dem Mississippi-Delta und traditioneller irischer Lieder, die kombiniert mit anderen Einflüssen wie dem Gospel wiederum die Wurzel des Rock 'n' Roll bildete. Heute wird irische Musik ganz zeitgemäß von Bands in Pubs gespielt und nur noch selten wie früher bei traditionellen *céilidh*-Tanzabenden. Durch den neuen Wohlstand wissen die Iren ihre eigene Kultur wieder zu schätzen und jagen weniger internationalen Trends hinterher. Darüber hinaus wartet das Land mit dem Bühnenspektakel *Riverdance* auf, das irische Tänze attraktiv machte und zum weltweiten Phänomen wurde. Vom musikalischen Wert sind Kenner des *trad*-Stils allerdings weniger überzeugt.

> Der Moderator der amerikanischen *Late Show*, David Letterman, beschrieb die *uillean pipes* einmal als „an einem Stock befestigtes Sofa".

Früher – und zwar bereits seit keltischer Zeit – diente Musik als reine Tanzbegleitung. Die unzähligen Melodien sind allerdings nicht annähernd so alt, viele haben erst ein paar Jahrhunderte auf dem Buckel. Da ein Großteil der irischen Stücke mündlich bzw. per Gehör überliefert wurde, gibt's zahlreiche Varianten einer einzigen Melodie, je nach Aufführungsort und -zeit. Der blinde Wanderharfenist **Turlough O'Carolan** (1680–1738) komponierte über 200 Lieder – es lässt sich kaum erahnen, wie viele Variationen daraus entstanden.

DAS A & O DER TRADITIONELLEN MUSIK

Trotz gegenteiliger Annahme und obwohl sie ein nationales Symbol ist, spielt die Harfe in der traditionellen Musik keine große Rolle. Verbreiteter ist die mit Ziegenfell bespannte irische Rahmentrommel *bodhrán* (bau-roan), die allerdings nur ein kümmerliches Symbol abgäbe. Für einen weiteren typischen Klang sorgt der irische Dudelsack *(uillean pipes)*, der mit einem Blasebalg unter dem Ellbogen bespielt wird, aber in einem Pub wird man ihn wahrscheinlich eher selten hören. Die Geige erfreut sich nicht nur in Irland großer Beliebtheit, gehört aber zu den wichtigsten Instrumenten der irischen Musik, ebenso wie die *tin whistle* (Blechflöte), das Akkordeon und die Bouzouki (eine Variante der Mandoline). Irische Musik lässt sich in fünf Kategorien unterteilen: Jigs, Reels, Hornpipe, Polka und Slow Airs. Die alte Form des unbegleiteten Gesangs von traditionellen Balladen und Melodien wird *sean-nós* genannt.

TOP-„TRAD"-ALBEN

» *The Quiet Glen* (Tommy Peoples)
» *Paddy Keenan* (Paddy Keenan)
» *Compendium: The Best of Patrick Street* (Various)
» *The Chieftains 6: Bonaparte's Retreat* (The Chieftains)
» *Old Hag You Have Killed Me* (The Bothy Band)

Die volkstümlichen **Dubliners** machten mit Ronnie Drews (1934–2008) unverkennbarer, knirschender Stimme und derben Trinkliedern, die jedermann zum Mitsingen brachten, Karriere. Weitere populäre Gruppen sind die **Fureys** (vier Brüder und der Gitarrist Davey Arthur) sowie die Wolfe Tones mit ihren leidenschaftlich vorgetragenen irischen Rebellensongs.

Seit den 1970er-Jahren versuchten viele Gruppen, traditionelle und progressivere Stilrichtungen zu mischen, mal mit mehr, mal mit weniger Erfolg. Den Durchbruch schaffte die Band Moving Hearts, deren Leader Christy Moore als größter irischer Folk-Musiker aller Zeiten gilt (s. S. 171).

Rock & Po

Seit den 1960er-Jahren bringt das Land zahlreiche große Rockmusiker hervor, darunter Van Morrison, Thin Lizzy, die keltische Rockband Horslips, die Punkrocker The Undertones und die Belfaster Band Stiff Little Fingers (SLF), Irlands Antwort auf The Clash. Natürlich darf man auch The Boomtown Rats mit Frontmann Bob Geldof nicht vergessen.

Sie alle verblassen jedoch im Glanz der 1976 gegründeten Gruppe U2, eine der bekanntesten und erfolgreichsten Rockbands der späten 1980er-Jahre. Unnötig zu erwähnen, dass sie in letzter Zeit weniger produzieren, vielleicht weil sie sich anderweitig engagieren (Entschuldung in Afrika, das Spiderman-Fiasko am Broadway). Dennoch sind sie bis heute die mit Abstand beliebteste irische Band weltweit.

DIE STIMME: LUKE KELLY

Luke Kelly (1940–84) mit seinem Heiligenschein aus drahtigem roten Haar und seiner einprägsamen Stimme war vielleicht der größte irische Folksänger des 20. Jhs. Der Künstler bewunderte den amerikanischen Blues und wollte mit seinen Liedern die Qualen von Einsamkeit und Angst ausdrücken. Gemeinsam mit Ronnie Drew (1934–2008), Barney McKenna (geb. 1939) und Ciaran Burke (1935–88) gehörte er zu den Gründern von The Dubliners, allerdings war die berühmteste Folkband der Stadt eher ein zeitweiliges gemeinschaftliches Unternehmen für ihn. Den Gesang teilte sich Kelly mit Drew. Er gab sowohl klassische Trinklieder wie *Dirty Old Town* als auch aufrüttelnde Protestsongs wie *A Nation Once Again* zum Besten, doch was ihn wirklich einzigartig machte, war die meisterhafte Interpretation besinnlicher Balladen. Seine Version von *On Ragland Road* nach einem Gedicht von Patrick Kavanagh (der Autor hatte sich gewünscht, dass Kelly es vertonte) ist das schönste Lied über Dublin, das wir je gehört haben. Unsterblichkeit erlangte Kelly aber mit Phil Coulters *Scorn Not His Simplicity*. Coulter schrieb diesen Song nach der Geburt seines Sohnes, der mit dem Down-Syndrom zur Welt kam. Obwohl es eines der Lieblingslieder von Luke war, hatte er so viel Respekt davor, dass er sich bei den ungestümen Auftritten der Dubliners nur selten daranwagte.

Unser Hörtipp: *Luke Kelly: The Collection*.

DIE 10 BESTEN IRISCHEN ROCK-ALBEN

» *Loveless* (My Bloody Valentine)
» *Boy* (U2)
» *The End of History* (Fionn Regan)
» *Live & Dangerous* (Thin Lizzy)
» *I Do Not Want What I Haven't Got* (Sinead O'Connor)
» *St Dominic's Preview* (Van Morrison)
» *O* (Damien Rice)
» *Inflammable Material* (Stiff Little Fingers)
» *The Book of Invasion* (Horslips)
» *Becoming a Jackal* (Villagers)

Die aktuelle Musikszene

In Irland gibt's jede Menge gefühlsbetonte Sänger und Texter. Zu den etablierten zählen Paddy Casey, Damien Rice und der hervorragende Fionn Regan (seine Single *Be Good or Be Gone* war ein großer Hit und wurde in der TV-Serie *Grey's Anatomy* gespielt). Der gebürtige Belfaster Duke Special brachte nach dem Erfolg von *Songs from the Deep Forest* (2007) in schneller Folge zwei weitere Alben heraus: *Orchestral Manoeuvres in Belfast* und *I Never Thought This Day Would Come* (beide 2008). Dann wäre da noch Glen Hansard, dessen Band The Frames fast zwei Jahrzehnte lang eine feste Größe in der Szene darstellte, aber international erst berühmt wurde, als er und Co-Sängerin Markéta Irglová 2008 für *Falling Slowly* aus dem Film *Once* den Oscar für den besten Song gewannen. Nach diesem Erfolg gründeten sie die neue Band The Swell Season, deren Album *Strict Joy* (2009) sich ebenfalls sehr gut verkaufte.

Überzeugend sind auch Julie Feeney mit ihrem erstaunlichen zweiten Album *Pages* (2009), Cathy Davey mit *Tales of Silversleeve* (2007) und Lisa Hannigan, die einige Jahre mit Damien Rice zusammen auftrat, bevor sie mit dem fantastischen Album *Sea Saw* (2009) allein weitermachte. Der wunderbare Adrian Crowley erinnert an Nick Cave; empfehlenswert sind *Season of the Sparks* (2009) und *Long Distance Swimmer* (2007), das 2009 den Choice Music Prize, Irlands renommiertesten Musikpreis, gewann. Ebenso hervorragend ist das Album *Becoming a Jackal* (2010) der Villagers.

Zum Alternative Rock leistet Irland seinen Beitrag mit Gruppen wie Fight Like Apes, deren zweite Platte *The Body of Christ and The Legs of Tina Turner* (2010) sehr gut ankam. 2011 feierten die Bands Cast of Cheers, As I Watch You From Afar (ASIWYFA) und The Ambience Affair Erfolge.

Besonders lebendig ist die vielfältige Livemusikszene, deren Konzerte regelmäßig die Veranstaltungsmagazine füllen. Die Bandbreite reicht dabei vom spontanen Auftritt im hinteren Teil eines Pubs bis zum Megagig in einem Stadion mit 80 000 Plätzen. Doch vor allem das irische Publikum macht die Konzerte zum ganz besonderen Erlebnis. Es geht intensiv mit und verleiht dem Ganzen so eine zusätzliche Qualität, was schon von verschiedenen Musikern von den Rolling Stones bis zu Barbara Streisand bestätigt wurde.

Das Magazin Hot Press (www.hotpress.com) erscheint alle zwei Wochen. Es enthält Interviews mit internationalen Musikern und Hitlisten.

Literatur

Von all den landestypischen und kulturellen Eigenarten ist es wohl ihre Art, zu sprechen und zu schreiben, die die Iren am stärksten auszeichnet. Ihre Liebe zur Sprache und die lange mündliche Tradition haben Irland zu einem reichen Erbe weltberühmter Schriftsteller und Geschichtenerzähler verholfen. Dabei wurde den Einwohnern die Sprache ursprünglich von Eindringlingen aufgedrängt. Doch die Iren reagierten auf diese kulturelle Piraterie mit einer eigenen, meisterhaften Mixtur: einem Englisch, angereichert und gewürzt mit charakteristisch irischen Rhythmen, Aussprachemustern und grammatischen Eigenheiten.

Der mythische Sagenkreis

Bevor es irgendeine Form moderner Literatur gab, entstand der Ulster-Zyklus (Ulaid), Irlands Version des homerischen Epos, der zwischen dem 8. und 12. Jh. nach mündlichen Überlieferungen niedergeschrieben wurde. Im Mittelpunkt steht die Sage *Táin Bó Cúailnge* (Rinderraub von Cooley). Sie erzählt vom Kampf zwischen Königin Medb von Connacht und Cú Chulainn, der wichtigsten Heldengestalt der irischen Mythologie. Bis heute taucht Cú Chulainn in den Werken irischer Schriftsteller auf, darunter sowohl Samuel Beckett als auch Frank McCourt.

Moderne Literatur

Tausend Jahre nach Entstehung des mythischen Sagenkreises sowie ein paar Generationen nach Jonathan Swift (1667–1745) und seinem Meisterwerk *Gullivers Reisen*, brachte die irische Literatur Berühmtheiten wie den Dramatiker Oscar Wilde (1854–1900), Bram Stoker (1847–1912), den Schöpfer von *Dracula* – manch einer glaubt übrigens, dass der Name des Grafen auf das irische *droch fhola* (böses Blut) zurückgehe – und den bewunderten Literaturgiganten James Joyce (1882–1941) hervor.

DIE GÄLISCHE RENAISSANCE

Während die Home Rule (autonome Selbstverwaltung) debattiert und aufgeschoben wurde, fand in Irlands Kunst- und Literaturszene so etwas wie eine Revolution statt. Der Dichter William Butler Yeats und seine Entourage (darunter Lady Gregory, Douglas Hyde, John Millington Synge und George Russell) engagierten sich für ein Revival der anglo-irischen Literatur. Sie gruben alte keltische Sagen wieder aus und schrieben mit frischer Begeisterung über das romantische Irland der legendären Schlachten und Kriegsköniginnen. Ihre Werke zeichneten eine attraktivere Version der Geschichte eines Landes, das jahrhundertelang unter Invasionen und Entbehrungen gelitten hatte.

> **DER CLUB DER LEBENDEN DICHTER**
>
> Seamus Heaney (*1939) wurde in Derry geboren und lebt heute hauptsächlich in Dublin. Er ist der keltische Barde des Landes und beschwört in seiner Dichtung den Geist und Charakter Irlands. 1995 gewann er den Literaturnobelpreis. Den Rummel, der dabei um ihn gemacht wurde, verglich der bescheidene Verseschmied mit der Aufmerksamkeit, die jemand bekommt, der seiner Mutter gegenüber das Wort „Sex" in den Mund nimmt. *Opened Ground – Poems 1966–1996* (1998; auf Englisch) ist unser persönliches Lieblingsbuch.
>
> Einer der zuverlässigsten Chronisten, die vom Wandel in der Hauptstadt der Republik berichten, ist der Dubliner Paul Durcan (*1944). 1990 wurde ihm der angesehene Whitbread Prize for Poetry für sein Werk „*Daddy, Daddy*" verliehen. Durcan gilt als humorvoller, bezaubernder, gefühlvoller und zugleich wilder Schriftsteller. Der aus Kerry stammende Dichter und Dramatiker Brendan Kennelly (*1936), eine Berühmtheit in Dublin, lehrt am Trinity College und verfasst eine ganz eigene Art von Gedichten, die sich durch Verspieltheit und historische sowie intellektuelle Einflüsse auszeichnen. Die überaus produktive und bewunderte Autorin Eavan Boland (*1944), die vor allem für ihre Dichtkunst bekannt ist, kombiniert Politik mit Feminismus. *In a Time of Violence* (1995) und *The Lost Land* (1998) sind zwei ihrer bekanntesten Gedichtbände.
>
> Wer mehr über irische Lyrik im Allgemeinen erfahren möchte, kann sich auf der hervorragenden Website **Poetry Ireland** (www.poetryireland.ie) über die Werke neuer sowie etablierter Dichter informieren. In gedruckter Form bietet *Contemporary Irish Poetry*, erschienen bei Fallon and Mahon, einen Überblick über die zeitgenössische irische Lyrik. *A Rage for Order*, herausgegeben von Frank Ormsby, ist eine hervorragende Sammlung von Gedichten aus dem Norden.

Die meisten Werke schrieb Joyce, nachdem er seine Heimat verlassen und sich in Paris – damals *die* Experimentierstätte für Künstler schlechthin – niedergelassen hatte. Auch Samuel Beckett (1906-89), der mit Sprache und Stil überaus ideenreich und gestaltungsfreudig umging, zog es in die französische Metropole. Beckett befasste sich vor allem mit fundamentalen Fragen über die menschliche Existenz und die Natur des Ichs. Bekannt wurde er mit *Warten auf Godot,* ebenso bedeutend sind aber auch viele seiner Romane und seine Theaterstücke des Absurden.

Im 20. Jh. schafften Dutzende irischer Autoren den Durchbruch, darunter der Dramatiker und Romanautor Brendan Behan (1923-64). In seinen besten Werken, z. B. *Borstal Boy, Der Spaßvogel* und *Die Geisel*, verwob er Tragisches mit Witz und Episoden aus seinem eigenen exzessiven Leben. Nach einem ausschweifenden Leben starb er leider früh an den Folgen seiner Alkoholsucht.

Der aus Belfast stammende C. S. Lewis (1898-1963) starb ein Jahr vor Brendan Behan. Sein bekanntestes Werk sind die *Chroniken von Narnia*, eine Reihe allegorischer Kindergeschichten, von denen bisher drei verfilmt wurden. Darüber hinaus gibt's einige Schriftsteller aus dem Norden, die sich dem Nordirlandkonflikt gewidmet haben. Dazu gehört beispielsweise Bernard McLavertys *Cal* (ebenfalls verfilmt) und sein jüngeres Werk *Die Schule der Anatomie,* zwei gleichermaßen hervorragende Romane.

Gegenwartsliteratur

„Ich liebe James Joyce. Nie was von ihm gelesen, aber er ist ein wahres Genie." Klar, den Großen ist man immer treu, doch wenn man den gemeinen Iren nach seinem heimischen Lieblingsautoren fragt, wird dieser höchstwahrscheinlich einen nennen, der noch lebt.

Zeitgenössische Romane

» *The Empty Family* (Colm Tóibín)

» *Ghost Light* (Joseph O'Connor)

» *Anatomie einer Affäre* (Anne Enright)

» *Raum* (Emma Donoghue)

» *John The Revelator* (Peter Byrne)

LITERARISCHE ERFOLGE

» **Die Asche meiner Mutter** Dieses wunderbare Buch brachte Frank McCourt den Pulitzer-Preis ein. Seine autobiografische Geschichte berichtet schonungslos von der Kindheit des jungen McCourt im verarmten Limerick während der Weltwirtschaftskrise in den 1930er-Jahren.

» **Unter Frauen** John McGaherns schlichtes, knappes Prosastück erzählt vom Leben einer westirischen Familie nach dem Ende des Unabhängigkeitskriegs.

» **Im Dunkeln lesen** Seamus Deane, ausgezeichnet mit dem Guardian Fiction Prize, schildert den Kampf eines Jungen, der sich während der Belfaster Unruhen auf die Spuren seiner Vergangenheit begibt.

» **Die See** In diesem Roman, für den John Banville den Booker Prize gewann, verarbeitet er die Themen Sterblichkeit, Tod, Trauer, Erinnerungen und Kindheit.

» **Double Drink Story** Caitlin Thomas (geborene McNamara), Ehefrau des berühmten Dichters Dylan Thomas, ist ein eloquentes, schonungsloses Porträt ihres ausschweifenden Lebens, der Hassliebe zu ihrem Mann und der Bürde des Schaffens gelungen.

» **Der Schlächterbursche** Patrick McCabes brillant-gruselige Tragikomödie erzählt von einem Waisenjungen aus Monaghan, der dem Wahnsinn verfällt. Der Roman wurde erfolgreich von Neil Jordan verfilmt.

Vermutlich wird der 1958 geborene Roddy Doyle erwähnt, dessen unglaublich erfolgreiches Barrytown-Quartett – *Die Commitments, The Snapper, Fish & Chips* und *Paddy Clarke, Ha Ha Ha* – komplett verfilmt wurde. Zuletzt wandte er sich mit einer neuen Trilogie der sozialen und politischen Geschichte zu: Sie beginnt mit *Henry der Held* (2000), der Geschichte eines IRA-Profikillers namens Henry Smart. Danach folgen *Jazztime* (2004) und *The Dead Republic* (2010), die Henrys Abenteuer in den USA schildern.

Sebastian Barry (*1955) begann seine Karriere als Dichter mit dem Werk *The Water Colorist* (1983) und machte sich auch einen Namen als Dramatiker. Seine größten Erfolge erzielte er aber als Romanautor. Bisher war er zweimal für den Booker-Preis nominiert: 2005 für sein Werk *A Long Way Down*, ein Drama im Ersten Weltkrieg, und 2008 für das wunderbare *Ein verborgenes Leben* über die hundertjährige Insassin einer psychiatrischen Anstalt, die beschließt, ihre Autobiografie zu schreiben. Letzteres erhielt im selben Jahr den Costa Book Award und gewann 2009 den prestigeträchtigen James Tait Black Memorial Prize.

Anne Enright, Jahrgang 1962, ergatterte 2007 den Booker Prize für *Das Familientreffen*, eine Geschichte über Alkoholismus und Missbrauch, die den Nerv der Zeit trifft. Die Autorin selbst beschrieb dieses Werk als „intellektuelles Pendant zur Hollywoodschnulze".

Ein weiterer Booker-Preisträger ist das literarische Schwergewicht John Banville (*1945), dem der Preis für seinen Roman *Die See* (2009) verliehen wurde. Empfehlenswert sind auch *Das Buch der Beweise* (1989) und sein meisterhafter Schlüsselroman *Der Unberührbare* (1998), der in groben Zügen auf dem Leben des Kunsthistorikers und Geheimagenten Anthony Blunt basiert. Banvilles präzise und oft kühl wirkende Prosa spaltet die Kritiker, die ihn entweder für den besten zeitgenössischen anglophonen Sprachkünstler oder für einen unlesbaren Intellektuellen halten. Wer der zweiten Kategorie angehört, sollte einen Blick in seine äußerst unterhaltsamen Kriminalromane werfen, die er unter dem Pseudonym Benjamin Black verfasst hat: *Nicht frei von Sünde* (2006), *Der Silberne Schwan* (2007), *Der Lemur* (2008) und *Elegy for April* (2010).

Eine weitere literarische Größe ist der aus Wexford stammende, heute in Dublin lebende Colm Tóibin (*1955). Für seinen ersten Roman *Der Süden* (1990) suchte er vier Jahre lang nach einem Verleger, ist mittlerweile aber ein erfolgreicher Romanautor und Gelehrter. Seine Romane *Porträt des Meisters in mittleren Jahren* (2004) und *Brooklyn* (2009) bekamen sehr gute Kritiken. Tóibins letztes Werk *The Empty Family* (2011) ist eine Sammlung von Kurzgeschichten.

Aus der Fülle der jungen Autoren, die sich derzeit einen Namen machen, sticht vor allem Claire Kilroy (*1973) hervor, die mit ihren drei Werken *All Summer* (2003), *Tenderwire* (2006) and *All the Names Have Been Changed* (2009) ihr bemerkenswertes Talent unter Beweis stellt.

Wie bereits viele ihrer Vorgänger haben einige irische Schriftsteller die grüne Insel verlassen und sind im Ausland erfolgreich geworden. Joseph O'Neill (*1964) gewann den PEN/Faulkner Award for Fiction für seinen Roman *Niederland* (2009) über das Leben nach den Terroranschlägen vom 11. September. Colum McCann (*1965), der ebenfalls das Thema 11. September anging – allerdings weitaus allegorischer – wurde der National Book Award für *Die große Welt* (2009) verliehen.

Frauenromane

Die Autoren hassen das Etikett und die Garde der Verleger schaut darauf hinab, doch Frauenromane *(chick lit)* sind ein Riesengeschäft und nur wenige beherrschen das Genre so gut wie die Irinnen. An vorderster Stelle behauptet sich Maeve Binchy (*1940), die mit ihrer Stilsicherheit in puncto Verkaufszahlen selbst die bekanntesten Literaturgiganten hinter sich lässt. Der jüngste in ihrer langen Reihe von Bestsellern ist *Wege des Herzens* (2008). Marion Keyes (*1963) folgt ihr dicht auf den Fersen. Bisher hat die Autorin elf Bestseller abgeliefert, die sich mit Themen wie Alkoholismus und Geisteskrankheit befassen. Ihr neuestes Buch heißt *Der hellste Stern am Himmel* (2009). Die ehemalige Kummerkastentante Cathy Kelly (die ihr Alter geheim hält) hat 13 Romane geschrieben – einer erfolgreicher als der andere. 2010 brachte sie gleich zwei Romane heraus: *The Perfect Holiday* und *Homecoming*.

Cecelia Ahern (*1981), Tochter des früheren Ministerpräsidenten Bertie Ahern und Autorin des unglaublich erfolgreichen Werks *P.S. Ich liebe Dich* (2004), das mit Hilary Swank weit weniger brillant verfilmt wurde, darf man ebenfalls nicht vergessen. Seither verfasste die Schriftstellerin sechs weitere ähnlich zuckersüße Bücher.

Natur & Umwelt

An irischer Literatur, Musik und Kunst wird immer wieder deutlich, wie sehr sich die Landschaft auf das Gemüt der Einwohner auswirkt. Vor allem Auswanderer geben überall zum Besten, wie sehr sie sich nach der Heimat sehnen. Auch viele Traveller versprechen sich von dem Besuch der irischen Landschaft eine beruhigende Wirkung auf Laune und Sinne. Wer das Land einmal erkundet hat, kann dem nur zustimmen: Das satte Grün der sanften Hügel, die gewaltige Kulisse zerklüfteter Küsten und das düstere Licht der vielen wolkenverhangenen Tage gehören einfach zum Reiseerlebnis dazu.

> 1821 wurde in einem Moor in Galway die Leiche eines Mannes aus der Eisenzeit gefunden. Mantel, Schuhe und Bart waren noch erhalten.

Die gesamte Insel umfasst nur 486 km von Nord nach Süd und 275 km von Ost nach West. Irlands enorme topografische Vielfalt ist daher ziemlich erstaunlich. Tatsächlich erwartet einen hier viel Grün. Gras wächst fast überall, doch es gibt auch Ausnahmen, etwa an den dramatischen Küsten.

Klippen & Felsen

Gewaltige Felsformationen wie der Burren im County Clare bilden zwar keine gute Lebensgrundlage für Gras, aber selbst hier sprießen mancherorts genügend Pflanzen, damit sich Schafe und Ziegen satt fressen können. Ansonsten ist das weite Land vor allem grau und karg. Ganz in der Nähe erheben sich wie abgeschnitten in der tosenden Brandung die dramatischen Cliffs of Moher. Genauso unverhofft stößt man im County Antrim auf die außergewöhnlichen sechseckigen Steinsäulen des Giant's Causeway und im County Donegal auf die schroffen Slieve-League-Felsen, Europas höchste Meeresklippen. Sanddünen schaffen einen Übergang zu weitaus sanfteren Abschnitten. Zudem erstrecken sich vor der gesamten Küste zahlreiche kleinere Inseln. Viele ragen als karge Felsen mit einzigartigen Ökosystemen aus dem Wasser, darunter Skellig Michael, ein atemberaubend zerklüftetes Eiland vor Kerry.

> Von den neun Grafschaften, die ursprünglich Teil von Ulster waren, gehören heute sechs zu Nordirland und drei zur Republik.

Die ländlichen Farmen an der Westküste sehen oft schroff aus, was hauptsächlich damit zusammenhängt, dass hier das Felsgestein so nahe am Boden liegt. Große Gesteinsteile wurden abgetragen, um fruchtbare Erde zu schaffen. Aus ihnen errichtete man Wälle, um kleine Landteile abzugrenzen. Auf den Aran Islands kann man ein ganzes Labyrinth solcher Mauern bewundern.

DAS MOOR

Einst bestand Irland zu einem Fünftel aus Moorland, das eher whiskeyfarben als grün aussieht. Der Braunton stammt von Pflanzen wie Heidekraut und Torfmoos, die unberührte Sumpfgebiete überdecken. Mitunter stoßen Besucher im County Kildare unverhofft auf eines der Moore im Bog of Allen oder entdecken in den westlichen Grafschaften Sümpfe: Fast die gesamte Mayoküste ist ein einziger Morast und auch in Donegal erstrecken sich riesige Moore.

Berge & Wälder

Im Westen, der bergigsten Region des Landes, erheben sich zahlreiche Klippen und Hügel. Die imposantesten Gipfel liegen im Südwesten, darunter auch der höchste Berg des Landes, der Carrantuohil (1039 m), in den Macgillycuddy's Reeks, County Kerry.

Iren beklagen sich oft über den Verlust ihrer Forste. Ein Großteil der Bäume wurde bereits unter Elisabeth I. von den Engländern abgeholzt, die damit Schiffe für die Royal Navy bauten. Inzwischen ist kaum noch etwas von den einst so üppigen Eichenwäldern übrig. Heute sind die Bäume oftmals das Produkt des jüngsten Wiederaufforstungsprogramms. Anstelle der Wälder eröffnet sich dem Besucher ein Anblick von grünen Wiesen und Feldern, unterteilt durch Hecken und Steinwälle. Diese werden zum Ackerbau und als Weideland für Rinder und Schafe genutzt.

Pflanzen

Obwohl es in Irland kaum Wälder gibt, ist die Zahl hiesiger Pflanzenarten größer als in vielen anderen Ländern Europas, was u. a. mit dem vergleichsweise späten Aufkommen der Landwirtschaft zusammenhängt.

Überreste des ursprünglichen Eichenwalds findet man im Killarney-Nationalpark und im südlichen Wicklow bei Shillelagh. Weiter verbreitet sind Kiefernschonungen. Hecken, die zur Unterteilung von Feldern und als Markierung von Landgrenzen gepflanzt werden, bestehen zum großen Teil aus einheimischen Arten, die früher zuhauf in den Eichenwäldern wuchsen – ein faszinierendes Beispiel für die Fähigkeit der Natur, sich anzupassen und erneut durchzusetzen. Im Burren, County Clare, gedeiht eine erstaunlich bunte Mischung aus mediterranen, alpinen und arktischen Pflanzen.

Irlands Moore haben ihre ganz eigene Fauna, die an feuchte, säurehaltige, nährstoffarme Bedingungen gewöhnt ist. Ihr Fortbestand wird jedoch durch den Abbau der Sumpfgebiete als Energiequelle bedroht. Neben Rosmarin, Wollgras, Riedgras (dessen hauchdünner Halm eine Höhe von bis zu 30 cm erreicht) sowie verschiedenen Arten von Heidekraut und Flechten gehört das Torfmoos zu den häufigsten Moorpflanzen. Sogar fleischfressende Pflanzen gedeihen hier, darunter der Sonnentau, der mit seinen klebrigen Tentakeln Insekten fängt, oder die Wasserschläuche, deren winzige Fangblasen sich blitzschnell öffnen und mit dem Beutetier in der Falle wieder zuschnappen.

Tiere

Abgesehen von Fuchs und Dachs, die auf Menschen scheu reagieren und sich deswegen eher rar machen, kann man viele wild lebende Säugetiere Irlands in die Kategorie Kleintiere einteilen, darunter Kaninchen, Igel und Spitzmäuse. Wanderer entdecken häufiger irische Feldhasen bzw. sehen sie blitzschnell davonhoppeln. Rotwild streift in manchen abgelegenen Gebieten umher, vor allem in den Wicklow Mountains oder im Killarney National Park, wo auch die größte Herde des Landes zu finden ist.

Im Meer und in anderen Gewässern tummeln sich weitere Säugetiere, z. B. der in Europa mittlerweile selten gewordene Otter. Robben hausen an Flüssen oder an der Küste, ebenso wie Delfine, die dem warmen Golfstromwasser bis nach Irland folgen. Manche sind das ganze Jahr über zu sehen, besonders in Buchten und Zuflüssen vor der irischen Westküste.

Vögel

Viele Traveller kommen extra zur Vogelbeobachtung nach Irland. Dank ihrer Lage ganz im Westen Europas ist die Insel ein idealer Zwischenstopp für Zugvögel, die von Nordamerika und der Arktis gen Süden

---

Irlands Nationalparks
» Burren
» Connemara
» Glenveagh
» Killarney
» Wicklow Mountains
» Ballycroy

Der illustrierte Führer *The Animals of Ireland* von Gordon D'Arcy bietet eine praktische und günstige Einführung in Irlands vielfältige Tierwelt.

fliegen. Im Herbst werden die südlichen Grafschaften kurzfristig zur Heimat amerikanischer Watvögel (darunter Strandläufer und Regenpfeifer) sowie Grasmücken. Zugvögel aus Afrika wie Sturmtaucher, Sturmvögel und Alkenvögel, bevölkern ab dem Frühling die südwestlichen Counties.

Den seltenen Wachtelkönig, der von Afrika ausgehend über Irland zieht, entdeckt man in den westlichen Grafschaften, in Donegal und rund um die Shannon Callows sowie auf Inseln wie Inishbofin in Galway. Im Spätfrühling und im Frühsommer verwandeln sich die schroffen Küstenstreifen, darunter vor allem Klippengegenden und Inseln, in ein wahres Paradies für brütende Meeresvögel wie Tölpel, Dreizehenmöwen, Schwarzschnabel-Sturmtaucher, Eissturmvögel, Kormorane und Reiher. Papageientaucher, die mit ihrem frackartigen Gefieder aussehen wie Pinguine, nisten in großen Kolonien auf Klippenfelsen.

Seen und tief gelegene Moorgebiete ziehen zahlreiche Wasser- und Watvögel aus der Arktis und Nordeuropa an, etwa Singschwäne, Kiebitze, Weißwangengänse, Blässgänse und Goldregenpfeifer. Im Wexford Wildfowl Reserve lebt die Hälfte der weltweiten Population an Blässgänsen und auch die Zwergseeschwalbe nistet dort von den Dünen geschützt am Strand. Im Winter kann man außerdem Krickenten, Rotschenkel und Brachvögel beobachten. Viele Vögel ziehen von April bis Mai und von September bis Oktober vorbei.

Der Wanderfalkenbestand konnte sich gut erholen; er lässt sich beim Nisten auf den Klippen in Wicklow und auch anderorts beobachten. 2001 wurden 46 Steinadlerjunge aus Schottland im Glenveagh National Park, County Donegal, ausgesetzt. Bis jetzt hat sich ein Adlerpaar gebildet. Nachdem es 2007 erfolgreich ein Adlerjunges großgezogen hatte, schlüpften 2009 zwei weitere Junge. Weil das Revier einiger dieser Greifvögel über die Parkgrenzen hinausgeht, werden sie oft sogar in den Grafschaften Mayo und Antrim gesichtet.

Umweltprobleme

Irland gehört sicher nicht zu den größten Umweltsündern der Welt, aber mit dem neuen Wirtschaftsboom gingen mehr Industrie und ein erhöhtes Konsumverhalten einher, was zu mehr Abfall und Verschmutzung führte. Diese Mengen sind seit Anfang der 1990er-Jahre deutlich gestiegen. Die Bevölkerungsdichte des Landes ist eine der niedrigsten Europas, doch die Einwohnerzahl wächst stetig. In den letzten zehn Jahren entstanden um die Großstädte ausgedehnte Vororte; der größte von ihnen erstreckt sich rund um Dublin, vor allem im Pendlergürtel der Grafschaften Meath und Kildare. Der Zusammenbruch der Immobilienblase 2008 hat diese Entwicklung zum größten Teil beendet – die Doppelhausreihen bleiben trotzdem. Weil immer mehr Einheimische ein eigenes Auto haben oder fliegen, wird Irland zunehmend abhängiger von nicht-erneuerbaren Energiequellen.

In Irish Birds beschreibt David Cabot Vögel und ihre Lebensräume sowie die besten Orte zur Vogelbeobachtung.

NATURSCHUTZGEBIETE

In der Republik gibt's 66 staatliche und zehn privat betriebene Nationale Naturschutzgebiete (National Nature Reserves, kurz NNR), Gebiete mit besonderer Pflanzen-, Tier- oder Gesteinswelt. Sie werden von Dúchas, dem Ministerium für Parks, Denkmäler und Gärten, verwaltet. Nordirland hat über 45 NNRs, die dem dortigen Umweltministerium entweder gehören oder von ihm gepachtet werden, darunter der Giant's Causeway und Glenariff in Antrim sowie der North Strangford Lough, County Down. Mehr darüber erfährt man bei der **Northern Ireland Environment Agency** (www.ni-environment.gov.uk).

Mittlerweile wächst die Sorge um die Umwelt, und so ergreift die Regierung nun erste Maßnahmen, um den Schäden der florierenden Wirtschaft entgegenzuwirken. 2007 wurde das Irische Energiezentrum in **Sustainable Energy Ireland** (SEI; www.sei.ie) umbenannt und damit beauftragt, die Entwicklung von erneuerbaren Energien (Solar, Wind, Wasserkraft, Geothermie und Biomasse) zu unterstützen bzw. zu fördern. Bisher haben die Maßnahmen allerdings noch nicht allzu viel gebracht: 2009 konnten nur 4,9 % des Energiebedarfs (Wärme, Strom und Verkehr) durch erneuerbare Energien geliefert werden.

Die EU-Richtlinie für die Förderung der erneuerbaren Energien hat Irland dazu verdonnert, diesen Prozentsatz bis 2020 auf 16 % anzuheben, was viel zu optimistisch zu sein scheint: Das Land hat gar nicht die finanziellen Mittel, um so viele neue Windkraftanlagen zu errichten oder Sonnenkollektoren herzustellen.

In der Praxis waren mehrere Recyclingprogramme sehr erfolgreich, besonders das „Plastax" – eine Steuer von 0,24 €, die auf alle Plastiktüten im Einzelhandel erhoben wurde, woraufsich deren Benutzung um unglaubliche 90 % verringerte!

Obwohl diese Projekte durchaus positive Signale setzen, ist Irland noch lange kein Vorreiter in der Umweltbewegung. Umfragen lassen sogar vermuten, dass sich die Einwohner weniger um Ökothemen scheren als die Bürger der meisten anderen europäischen Staaten. Darüber hinaus ist das Land meilenweit von den Bestimmungen des Kyoto-Protokolls zur Senkung der Emissionswerte entfernt. Die Regierung macht für die Umwelt nicht viel mehr als EU-Abstimmungen zu ratifizieren. Diese verfolgen zugegebenermaßen recht hochgesteckte Ziele, was die Senkung der Luftverschmutzung und eine genauere Überwachung der Wasserqualität betrifft.

Weil die jährliche Zahl an Reisenden die der Iren bei Weitem übersteigt (ca. 1,5 zu 1), haben Besucher großen Einfluss auf das Geschehen. In dieser Hinsicht gilt der Tourismus als möglicher positiver Faktor, denn das Geld umweltbewusster Traveller könnte die ökologischen Aspekte der Wirtschaft in Schwung bringen. Zwar befindet sich der Ökotourismus noch in den Kinderschuhen, doch es gibt schon eine Organisation namens **Greenbox** (www.greenbox.ie), die erste Standards für Ökoreisen durch Irland eingeführt hat und Anbieter unterstützt, die den Vorgaben entsprechen. Die steigende Popularität von Outdoor-Aktivitäten schafft wirtschaftliche Anreize, die Sauberkeit von Irlands Küsten und Binnengewässern zu erhalten. Je mehr die Gebiete allerdings aktiv genutzt werden, desto schädlichere Auswirkungen könnte dies zur Folge haben – jedenfalls wenn niemand aufpasst.

Dank des äußerst effizienten Busnetzes kann man das Auto ruhig mal stehen lassen. Überhaupt ist das Land für Fahrrad- und Wanderreisen wie geschaffen. Viele Hotels, Pensionen und Hostels werben mit ihrem Sinn für Umweltbelange, und auch in Restaurants wird oft mit Biozutaten gekocht. Touristen haben es in Irland also wirklich nicht schwer, sich umweltfreundlich zu verhalten.

Informationen über Parks, Gärten, Denkmäler und Binnenwasserstraßen findet man auf www.heritageireland.ie.

Wer etwas über Geologie, Archäologie, Stadtentwicklung und Aufforstung erfahren möchte, besorgt sich am besten Frank Mitchells und Michael Ryans *Reading the Irish Landscape*.

Sport

Für viele Iren ist Sport eine Art Religion. Einige glauben an Erlösung durch gute Werke wie Joggen, Radfahren oder Mannschaftssport. Alle anderen geben sich dagegen mit der Rolle als Zuschauer zufrieden, insbesondere von der Couch oder dem Pubhocker aus. Von dort begleiten sie die wechselhaften Geschicke ihrer Lieblingsmannschaften mit großer Hoffnung oder lautstark geäußerter Verzweiflung.

> Um den Wettstreit mit der beliebteren English Premier League zu vermeiden, deren Saison von Mitte August bis Mitte Mai geht, hat die League of Ireland als einzige europäische Liga ihre Saison auf April bis November gelegt. Nordirlands Irish League spielt weiterhin nach dem britischen Winterspielplan.

Gaelic Football & Hurling

Gälische Sportarten sind wie ein Spiegel der irischen Seele. Sie gehören zum Leben und nehmen einen besonderen Platz in der Kultur ein. Ihr Wiederaufleben gegen Ende des 19. Jhs. ging einher mit dem damaligen Revival des Gälischen und dem Weg in die Unabhängigkeit. Herz des Ganzen ist die 1884 gegründete **Gaelic Athletic Association** (GAA; www.gaa.ie), die nach wie vor für die Pflege des Amateursports verantwortlich zeichnet. Dass die gälischen Sportarten in Zeiten der Globalisierung und der allgemeinen Kommerzialisierung noch immer zu den absoluten Lieblingen der Einheimischen gehören, ist geradezu herzerwärmend.

Sowohl gälischer Fußball als auch Hurling sind schnelle, aufregende Spiele und deshalb nichts für Leute mit schwachen Nerven. Gekämpft wird meist hart und aggressiv. Beide Sportarten finden auf County-Ebene statt, Meisterschaften werden erst regional, dann überregional ausgetragen. Natürlich träumt jeder Vereinsspieler davon, seine Grafschaft vertreten zu dürfen, um vielleicht im September im Croke Park in Dublin beim Meisterschaftsendspiel, dem All-Ireland Final, dabei zu sein.

Fußball

Fußball hat in Irland jede Menge Anhänger. Die meisten sind Fans von Manchester United, Liverpool oder den beiden Clubs aus Glasgow

---

SPIELREGELN

Sowohl beim Gaelic Football als auch beim Hurling gibt's zwei Teams mit je 15 Spielern. Ziel ist es, den Ball durch eine Art Rugby-Tor zu schießen: ein Netz zwischen zwei hohen, senkrechten Pfosten und einer waagerechten Latte, bewacht von einem Torwart. Für ein Tor (unterhalb der Latte) bekommt man drei Punkte; geht der Ball über die Latte, aber durch die beiden Pfosten, gibt's einen Punkt. Angezeigt werden die Punkte folgendermaßen: 1–12, d. h. in diesem Fall ein Tor (3 Punkte) plus 12 Punkte, was zusammen 15 Punkte ergibt.

Gaelic Football wird mit einem runden Ball gespielt, den man kicken oder auch mit der Hand weitergeben darf. Hurling ist der weitaus elegantere Sport. Dabei benutzt man einen flachen Schläger *(camán)*, mit dem man den kleinen Lederball *(sliothar)* schlägt oder trägt. Eine Ballabgabe per Hand ist ebenfalls erlaubt. Beide Spiele dauern 70 schweißtreibende Minuten.

> ## DU SAGST SOCCER, ICH FOOTBALL
>
> Um *football* von Gaelic Football zu unterscheiden, wird Ersteres oft *soccer* genannt – besonders in gälischen Hochburgen, wo der Begriff gleichzeitig Verachtung gegenüber den so genannten „Garnisons-Sportarten" ausdrückt. Irische Fans des Association Football (so die offizielle Bezeichnung) bleiben bei *football* und Gaelic Football oder – in Dublin – bei *gah* für die Abkürzung GAA (Gaelic Athletic Association).

(Rangers und Celtic); dagegen interessieren sich weit weniger Leute für die mittelmäßigen Profis und Amateure der irischen **National League** (www.fai.ie) und der nordirischen **Irish League** (www.irishfa.com). Mit der millionenschweren Premier League in England können irische Teams nicht mithalten, und zu allem Übel werben die Engländer auch noch sämtliche Talente ab. Zu den irischen Spielern im Ausland gehören u. a. John O'Shea (Manchester United), Robbie Keane (Spurs), Aiden McGeady (Celtic) und Stephen Ireland (Manchester City).

Auf internationaler Ebene haben die Republik und Nordirland getrennte Fußballteams. 2009 lagen beide ungefähr gleich auf, allerdings Welten entfernt von ihren Glanzzeiten: Für das nordirische Team waren das die 1980er und für die Republik die Jahre 1988 bis 2002.

Rugby

Obwohl Rugby eher ein Sport der irischen Mittelschicht ist, herrscht beim jährlichen Six Nations Championships im Februar und März überall im Land Hochstimmung, denn das Nationalteam besteht aus Spielern aus dem Norden sowie dem Süden und wird daher sowohl von Nationalisten als auch von Unionisten angefeuert. Aus diesem Grund spielt man bei internationalen Spielen nicht mehr die irische Nationalhymne, sondern das etwas merkwürdige, dafür aber harmlose Lied *Ireland's Call*, das speziell für diesen Anlass komponiert wurde. Das störte jedoch niemanden, als 2009 Irland zum ersten Mal seit 1948 wieder ein Grand Slam (Sieg gegen alle anderen Mannschaften innerhalb des Turniers) gelang.

Rugby ist auf Provinzebene aufregender, wo Leinster und Munster kontinuierlich miteinander im Wettstreit liegen (beide gewannen zweimal den Heineken Cup, den anspruchsvollsten Europapokal-Wettbewerb; Leinster zuletzt 2009 und 2011). Ulster folgt ihnen auf den Fersen. Im Westen spielt Rugby keine große Rolle, daher ist Connacht weniger gut.

Pferde- & Windhundrennen

Die Leidenschaft fürs Pferderennen wird Iren in die Wiege gelegt. Sie gehen damit unbefangener und weniger versnobt um als die Engländer. Wer Spaß daran hat, kann sich jeden Tag in eines der vielen Wettbüros setzen und Rennen aus England und Irland verfolgen. Allerdings scheint bei den Wetten niemals Geld den Besitzer zu wechseln, denn jeder irische Spieler beteuert, dass er seine Einsätze am Ende wieder rausbekommt.

Darüber hinaus genießen die Iren einen exzellenten Ruf als Züchter von Pferden für Rennen oder andere Sportarten wie Springreiten. Letzteres ist ebenfalls äußerst populär, zieht allerdings ein etwas blasierteres Publikum als die Pferderennen an. Zu den großen Turnieren gehören das Irish Grand National (Fairyhouse, April), das Irish Derby (im Curragh, Juni) und das Irish Leger (im Curragh, Sept.). Weitere Auskünfte erteilt **Horse Racing Ireland** (www.hri.ie).

Viele Grafschaften sind nur in der einen gälischen Sportart gut, in der anderen nicht. Kilkenny, Waterford, Clare und Tipperary überzeugen im Hurling, während Kerry, Meath, Mayo und alle neun Ulster-Counties besser Gaelic Football spielen. Cork, Galway, Offaly, Wexford und Dublin können jedoch in beiden Sportarten mithalten.

Einst traditionell das Vergnügen des „armen Mannes", haben Windhundrennen in den vergangenen Jahren an Prestige gewonnen und sich teilweise zu Massenveranstaltungen gemausert. Sie sind eine günstigere und leichter zugängliche Alternative zu Pferderennen. Es gibt in Irland rund 20 Strecken, die vom **Irish Greyhound Board** (www.igb.ie) betreut werden.

> Das Buch des irischen Akademikers Dr. Fintan Lane, *Long Bullets: A History of Road Bowling in Ireland*, verfolgt die Geschichte dieser Sportart bis ins 17. Jh. zurück.

Road Bowling

Ziel des *road bowling* (Boßeln) ist es, eine gusseiserne, ca. 800 g schwere Kugel 1 bis 2 km möglichst schnell, kontrolliert und akurat eine verkehrsarme Straße entlangzubefördern. Wer die wenigsten Würfe benötigt, gewinnt. Üblicherweise schließen die Teilnehmer während des Spiels Wetten ab.

Der Ball wird als **bowl** (Kugel) oder **bullet** (Geschoss) bezeichnet. Ein **shot** (Schuss) ist ein Wurf, ein **kitter-paw** ein werfender Linkshänder. Hört man jemanden über seinen **butt** sprechen, ist die Zielmarkierung auf der Straße gemeint. **Breaking butt** bedeutet, dass jemand die Zielmarkierung vor dem Wurf überschritten hat. **Faugh an Bheallach** ist ein traditioneller irischer Schlachtruf und heißt, man sollte aus dem Weg gehen. Ein **sop** ist ein Grasbüschel, das platziert wird, wo die Kugel erstmals auf den Boden auftreffen soll, und ein Spiel wird **score** genannt.

Besonders beliebt ist *road bowling* in Cork (dort gibt's 200 Clubs) und in Armagh. Die Wettkämpfe ziehen zahlreiche Zuschauer an und finden das ganze Jahr über statt. Mittlerweile ist die Sportart in vielen Ländern populär, u. a. in Deutschland, wo vor allem die Ostfriesen boßeln. Inzwischen wird sogar eine Weltmeisterschaft ausgetragen (siehe unter www.irishroadbowling.ie). In Irland kontrolliert die Irish Road Bowling Association den Sport.

Praktische Informationen

ALLGEMEINE INFORMATIONEN...774
Arbeiten in Irland........774
Botschaften & Konsulate...............774
Essen 774
Feiertage & Ferien 774
Fotos....................774
Frauen unterwegs 775
Freiwilligenarbeit 775
Geld 775
Gesundheit 775
Internetzugang..........776
Karten 776
Kinder..................776
Klima 776
Öffnungszeiten..........776
Rechtsfragen............777
Reisen mit Behinderung .. 777
Schwule & Lesben 777
Sicherheit 777
Strom...................777
Telefon 778
Touristeninformation.....778
Unterkunft..............779
Versicherung........... 780
Visa.................... 780
Zeit 780
Zollbestimmungen...... 780

VERKEHRSMITTEL & -WEGE..............782
AN- & WEITERREISE.....782
Einreise 782
Flugzeug 782
Auf dem Landweg 782
Auf dem Seeweg 782
UNTERWEGS VOR ORT... 783
Auto & Motorrad 784
Bus 785
Fahrrad................ 786
Flugzeug 786
Geführte Touren 786
Grenzübergänge........ 786
Nahverkehr 786
Schiff/Fähre 786
Trampen............... 786
Zug 787

SPRACHE..........789
GLOSSAR 796

Allgemeine Informationen

Arbeiten in Irland

EU-Bürger können in der Republik und in Nordirland ohne irgendwelche Formalitäten arbeiten.

Die vom Staat finanzierte Organisation **Work in Ireland** (☏01-878 3156; www.workinireland.ie; 15–17 Eden Quay; Mo–Fr 9–20, Sa & So 11–17 Uhr) in Dublin ist sehr nützlich, denn dort wird einem für etwa 45 € pro Jahr beim Einrichten eines Bankkontos, dem Erstellen eines Lebenslaufs, der Terminabsprache für Vorstellungsgespräche und der Unterkunftssuche geholfen. Auch Sprachkurse werden vermittelt, und es gibt Ermäßigungen bei Fahrten sowie bei Anrufen.

Botschaften & Konsulate

Auf der Website des **irischen Außenministeriums** (www.dfa.ie) findet man eine umfassende Liste der irischen Botschaften und diplomatischen Vertretungen im Ausland.

Deutschland (Botschaft ☏01-269 3011; www.dublin.diplo.de; 31 Trimleston Ave, Booterstown, Blackrock, County Dublin; Honorarkonsulat ☏028-9024 4113; Northern Ireland Chamber of Commerce and Industry, 22 Great Victoria St, Belfast; Konsulat ☏9024 4113; Chamber of Commerce House, 22 Great Victoria St, Belfast)

Österreich (☏01-269 4577; 93 Ailesbury Rd, Dublin 4)

Schweiz (Botschaft ☏01-218 6382; www.swissembassy.ie; 6 Ailesbury Rd, Dublin 4; Konsulat ☏028-9032 16 26; 8 Horse Park, Boneybefore, Carrickfergus, County Antrim)

Essen

Cafés und Restaurants sind in diesem Buch nach aufsteigenden Preisen sortiert. Es gibt die Preiskategorien günstig (unter 10 €), mittelteuer (10–20 €) und teuer (über 20 €). Die qualitative Einordnung durch die Autoren ist nicht in Stein gemeißelt und sicherlich auch immer eine Frage des Geschmacks.

Mehr zu den Besonderheiten der irischen Küche erfährt man im Essenskapitel (S. 41).

Feiertage & Ferien

Gesetzliche Feiertage sorgen meist für Chaos auf den Straßen, weil dann besonders viele Leute unterwegs sind. Rund um diese Termine sollte man seine Unterkunft besser weit im Voraus buchen.

Gesetzliche Feiertage in der Republik und in Nordirland:

Neujahr 1. Januar
St. Patrick's Day 17. März
Ostern (Karfreitag bis Ostermontag) März/April
Maifeiertag Erster Montag im Mai
Weihnachten 25. Dezember
St. Stephen's Day (Zweiter Weihnachtsfeiertag) 26. Dezember

Wenn der St. Patrick's Day und der St. Stephen's Day auf ein Wochenende fallen, werden sie am darauffolgenden Montag gefeiert. In der Republik hat an Karfreitag fast alles zu, obwohl er kein offizieller Feiertag ist, während in Nordirland viele Geschäfte öffnen, dafür aber am darauffolgenden Dienstag geschlossen bleiben.

Nordirland

Spring Bank Holiday Letzter Montag im Mai
Orangeman's Day 12. Juli
August Holiday Letzter Montag im August

Republik Irland

June Holiday Erster Montag im Juni
August Holiday Erster Montag im August
October Holiday Letzter Montag im Oktober

Fotos

Folgende Tipps helfen beim Schießen schöner Urlaubsfotos:

» Die Tage können ziemlich düster sein, daher sollte man auch lichtempfindlichere

Filme mit ISO 400 dabeihaben.

» In Nordirland sollte man sich eine Genehmigung besorgen, bevor man Polizeireviere, Armeeposten oder andere militärische Einrichtungen fotografiert.

» In den protestantischen und katholischen Hochburgen von Belfast sollte man keine Personen ohne Erlaubnis knipsen und muss ein „Nein" akzeptieren.

Frauen unterwegs

Frauen können problemlos durch Irland reisen. Verhütungsmittel bekommt man inzwischen sehr viel leichter als früher. Wer die Pille nimmt, sollte dennoch einen ausreichenden Vorrat mitbringen.

Rape Crisis Network Ireland (☏1800-77 88 88; www.rcni.ie) Eine 24-Stunden-Hotline in der Republik Irland.

Rape Crisis & Sexual Abuse Centre (☏028-9032 9002; www.rapecrisisni.com) Bietet den gleichen Dienst in Nordirland an.

Freiwilligenarbeit

Das Angebot ist begrenzt, es gibt jedoch ein paar Projekte, bei denen man sich engagieren kann. Entsprechende Informationen, z. B. über Bewerbungen und Anlaufstellen, gibt's unter www.volunteeringireland.ie.

Geld

In der Republik zahlt man mit dem Euro (€), in Nordirland mit dem nordirischen Pfund (£). Auch wenn Letzteres eigentlich in ganz Großbritannien gesetzliches Zahlungsmittel ist, wird es außerhalb Nordirlands oft nicht akzeptiert und muss in britischen Banken umgetauscht werden.

Geldautomaten

Geldautomaten findet man abgesehen von sehr kleinen Ortschaften fast überall. Vorsicht vor manipulierten Automaten: Das Ausspähen von Daten auf der Bankkarte, das sogenannte *skimming*, greift immer mehr um sich.

Kredit- & Debitkarten

Kredit- und Debitkarten von Visa und MasterCard sind weit verbreitet. American Express wird nur von größeren Ketten akzeptiert und mit Diners bzw. JCB kann man nur sehr selten bezahlen. Kleinere Geschäfte wie Pubs und einige B&Bs bevorzugen Debitkarten und erheben eine Gebühr bei Zahlungen mit Kreditkarte. Fast alle Kredit- und Debitkarten sind Chipkarten, die über die Eingabe einer PIN funktionieren. Ist dies bei der eigenen Karte nicht der Fall, kann man sie meist auf herkömmliche Art nutzen; allerdings wächst die Zahl an Läden, die sie dann nicht akzeptieren.

Reiseschecks

Reiseschecks sind zwar sicherer als Bargeld, werden dennoch kaum genutzt, da die meisten Besucher mit Kredit- oder Debitkarte zahlen. Als Zahlungsmittel werden sie kaum akzeptiert, müssen also in Banken eingetauscht werden.

Steuern & Erstattungen

In Irland wird eine Mehrwertsteuer (VAT) in Höhe von 21 % auf viele Luxusgüter erhoben, ausgenommen Bücher, Kinderschuhe und Secondhandkleidung. Nicht-EU-Bürger, die gekaufte Waren innerhalb von drei Monaten ausführen, bekommen die Steuer rückerstattet.

Bei einem Betrag von mehr als 250 € auf einem Voucher muss dieser vom Zoll in der Ankunftshalle in Dublin oder Shannon abgestempelt werden, bevor die Erstattung erfolgen kann.

In Nordirland bekommt man in den Läden zusätzlich ein Formular, das man am Zoll abgeben kann. Nachdem das Formular dort abgezeichnet wurde, geht es zurück an den jeweiligen Ladeninhaber, der seinen Kunden dann einen Scheck nach Hause schickt.

Trinkgeld

Wenn das Essen oder der Service nicht zufriedenstellend waren, ist man nicht verpflichtet, Trinkgeld zu geben. Das gilt selbst dann, wenn auf die Rechnung automatisch eine Servicegebühr aufgeschlagen wird.

Hotels Nur für Hotelpagen, die Gästen ihr Gepäck abnehmen; 1 €/1 £ pro Gepäckstück.

Pubs Nur wenn man am Tisch bedient wird; 1 €/1 £ pro Getränkerunde.

Restaurants 10 % für einen guten Service, bis zu 15 % in gehobeneren Lokalen

Taxis 10 % oder aufrunden.

Toilettenpersonal 0,50 €/0,50 £

Gesundheit

Für Irlandreisen sind keine Impfungen vorgeschrieben. Die medizinische Versorgung ist gut und schnell verfügbar. Bei kleinen Wehwehchen geben Apotheker nützliche Ratschläge und verkaufen rezeptfreie Medikamente. Auch bei größeren Beschwerden können sie bezüglich der weiteren Vorgehensweise helfen.

Seit 2004 gilt die Europäische Krankenversicherungskarte (EHIC) in allen EU-Staaten sowie weiteren Ländern (u. a. der Schweiz), seit 2006 ist sie in Deutschland bei gesetzlich Versicherten in die übliche Versicherungskarte integriert. Sie garantiert bei Notfällen medizinische Versorgung in der gesamten EU, der Rücktransport ins Heimatland ist jedoch nicht abgedeckt.

In den Notaufnahmen staatlicher Krankenhäuser Nordirlands wird jeder, unabhängig von seiner Nationalität, kostenlos behandelt.

Internetzugang

Wegen der zunehmenden Verbreitung von Smartphones und WLAN sind Internetcafés in Städten auf dem Rückzug. Die verbliebenen Läden verlangen in der Regel 6 €/5 £ pro Stunde.

Wer mit seinem eigenen Laptop oder Mobiltelefon surfen möchte, findet in den meisten Hotels und einer steigenden Anzahl von B&Bs, Hostels, Bars und Restaurants WLAN-Zugang, der teilweise gratis verfügbar ist und ansonsten bis zu 5 €/5 £ pro Stunde kosten kann.

Ansonsten haben fast alle Hotels und Hostels in größeren Städten einen Gäste-PC mit Internetzugang.

Karten

Die Michelin-Karte im Maßstab 1:400 000 (Nr. 923) wartet mit klaren Markierungen und Zusatzangaben zu besonders schönen Straßenstrecken auf. Empfehlenswert sind auch die vier Pläne (Norden, Süden, Osten und Westen) der Ordnance-Survey-Holiday-Serie im Maßstab 1:250 000. Collins bringt ebenfalls eine Reihe Karten für Irland heraus.

Die Karten von Ordnance Survey Discovery decken das ganze Land in 89 Versionen im Maßstab 1:50 000 ab.

Sie alle werden im **National Map Centre** (01-476 0471; www.mapcentre.ie; 34 Aungier St, Dublin), unter www.osi.ie und in vielen Buchhandlungen verkauft.

Kinder

» Ab 19 Uhr darf man seine Kinder nicht mehr in Pubs mitnehmen.

Klima

Belfast

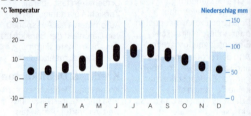

Dublin

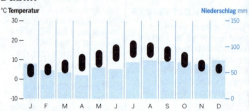

Galway

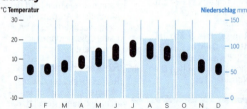

» Kindersitze (ca. 50 €/30 £ pro Woche) sind für Kiddies zwischen neun Monaten und vier Jahren vorgeschrieben.

» Wickelräume gibt's nur in Einkaufszentren größerer Städte.

Allgemeine Informationen bietet das Buch *Travel with Children*, das von Lonely Planet herausgegeben wird. Nützliche Infos im Internet findet man beispielsweise hier:

www.reisen-mit-kindern.info

www.mit-kindern-reisen.de

Öffnungszeiten

In der Republik und in Nordirland gelten in der Regel die gleichen Öffnungszeiten. In diesem Band nennen wir nur dann Zeiten, wenn sie sich erheblich von den üblichen unterscheiden:

Banken Mo–Fr 10–16 Uhr (Do bis 17 Uhr)

Büros Mo–Fr 9–17 Uhr

Geschäfte Mo–Sa 9–17.30 oder 18 Uhr (Do und teilweise auch Fr bis 20 Uhr); in größeren Städten So 12–18 Uhr. Läden in ländlicheren Gebieten schließen über Mittag sowie einen Tag in der Woche.

Postämter Nordirland Mo–Fr 9–17.30, Sa 9–12.30 Uhr; Republik Mo–Fr 9–18, Sa 9–13 Uhr. Kleinere Postämter schließen oft über Mittag sowie an einem Tag in der Woche.

Pubs Nordirland Mo–Sa 11.30–23, So 12.30–22 Uhr. Pubs mit einer extra Lizenz haben Mo–Sa bis 1, So bis 24 Uhr geöffnet; Republik Mo–Do 10.30–23.30, Fr & Sa 10.30–0.30, So 12–23 Uhr (plus 30 Min. zum „Austrinken"). Pubs mit Bar öffnen Do–Sa bis 2.30 Uhr; an Weihnachten und Karfreitag sind alle Kneipen geschlossen.

Restaurants 12–22.30 Uhr. Viele Lokale haben einen Tag in der Woche zu.

Touristeninformationen Mo–Fr 9–17, Sa 9–13 Uhr. Die meisten Tourismusbüros haben im Sommer längere Öffnungszeiten. Von Oktober bis April verkürzen sich diese Zeiten, außerdem schließen manche an einigen Tagen oder sogar komplett.

Rechtsfragen

Illegale Drogen sind weit verbreitet, insbesondere in Clubs. Der Besitz von Marihuana führt zu Geldstrafen oder einer Verwarnung, härtere Drogen ziehen schwerwiegendere Konsequenzen nach sich. Trunkenheit in der Öffentlichkeit ist zwar illegal, kommt aber häufig vor; solange es keinen Ärger gibt, drückt die Polizei meist ein Auge zu.

Rechtsbeistand geben folgende Einrichtungen:

Legal Aid Board (066-947 1000; www.legalaidboard.ie) Verfügt über ein Netzwerk örtlicher Rechtsberatungen.

Northern Ireland Legal Services Commission (www.nilsc.org.uk)

Reisen mit Behinderung

Alle neuen Gebäude sind rollstuhlgerecht ausgestattet, außerdem verfügen viele Hotels über Aufzüge, Rampen und andere Einrichtungen. Andere Unterkünfte, darunter vor allem B&Bs, sind weniger gut ausgerüstet. Fáilte Ireland und das NITB bringen Führer heraus, in denen geeignete Unterkünfte für Behinderte hervorgehoben sind.

In Großstädten sind zwar zahlreiche geräumige Niederflurbusse unterwegs, in den kleineren Städten oder auf dem Land darf man diesen Service allerdings nicht erwarten.

Wer vorab um Hilfe bittet, wird am Bahnhof von einem Angestellten der irischen Bahngesellschaft Iarnród Éireann zum Zug begleitet (jedenfalls theoretisch). Neuere Züge sind mit Hilfssystemen für Leute mit Seh- oder Hörbehinderungen ausgestattet.

Antworten auf viele weitere Fragen rund um das Thema Reisen mit Behinderung bekommt man beim **Citizens' Information Board** (01-605 9000; www.citizensinformationboard.ie) in der Republik und bei **Disability Action** (028-9066 1252; www.disabilityaction.org) in Nordirland. Infos zu Nordirland gibt's auch unter www.allgohere.com.

Schwule & Lesben

Irland ist recht tolerant gegenüber Schwulen und Lesben. Größere Städte wie Dublin, Galway, Cork, Belfast und Derry haben etablierte Schwulenszenen. In kleineren Orten und ländlichen Gegenden trifft man jedoch immer noch auf homophobe Menschen. Online kann man sich hier informieren:

Gaire (www.gaire.com) Mit einem Forum und zahlreichen Infos für Schwule.

Gay & Lesbian Youth Northern Ireland (www.glyni.org.uk)

Gay Men's Health Project (01-660 2189; www.hse.ie) Ratschläge zum Thema Gesundheit.

National Lesbian & Gay Federation (NLGF; 01-671 9076; www.nlgf.ie) Veröffentlicht die monatlich erscheinenden *Gay Community News* (www.gcn.ie).

Northern Ireland Gay Rights Association (Nigra; 9066 5257)

Outhouse (01-873 4932; www.outhouse.ie; 105 Capel St, Dublin) Zentrum für Schwule, Lesben und Transsexuelle.

Sicherheit

Irland ist sicherer als viele andere europäische Länder, trotzdem sollte man die normalen Vorsichtsmaßnahmen beachten.

Auch im Norden muss man sich keine übertriebenen Sorgen machen, obwohl es Gegenden gibt, vor allem in Belfast, wo der Konfessionskonflikt nach wie vor stark zu spüren ist. Aus diesem Grund sollte man nach wie vor nicht gerade um den 12. Juli nach Nordirland reisen, wenn die Märsche des Oranierordens stattfinden. Selbst viele Nordiren verlassen an diesen Tagen das Land, weil es nicht selten zu Ausschreitungen kommt.

Strom

230 V/50 Hz

Telefon

In diesem Band sind Telefonnummern in der Republik immer mit Vorwahl (durch einen Bindestrich abgetrennt) angegeben. Ortsvorwahlen haben immer drei Ziffern und beginnen mit einer 0, z. B. ☎021 für Cork, ☎091 für Galway und ☎061 für Limerick. Einzige Ausnahme ist Dublin mit einer zweistelligen Vorwahl (☎01). Bei Anrufen aus dem Mobilfunknetz muss die Vorwahl gewählt werden, bei Anrufen aus dem Festnetz innerhalb des jeweiligen Vorwahlbereichs nicht.

In Nordirland gilt für alle Festnetznummern die Vorwahl ☎028. Diese muss jedoch nur bei Anrufen aus dem Mobilfunknetz oder außerhalb Nordirlands gewählt werden. Die Vorwahlen für Telefonnummern in Nordirland sind in diesem Band nicht mit angegeben. Für Anrufe aus der Republik nach Nordirland wählt man ☎048 statt ☎028. Die internationale Vorwahl lässt man weg.

Weitere Vorwahlen:
» ☎1550 oder ☎1580 – gebührenpflichtige Nummern
» ☎1890 oder ☎1850 – Ortstarif bzw. geteilte Kosten zwischen Anbieter und Anrufer
» ☎0818 – Ortstarif für Anrufe innerhalb der Republik
» ☎1800 – kostenlose Anrufe

Außerhalb der Republik sind kostenlose oder preisgünstige Vorwahlen nicht gültig. Einige Tipps:
» Abends nach 18 Uhr und an den Wochenenden kosten Gespräche weniger.
» Wer eine funktionierende Telefonzelle findet, zahlt in der Republik unabhängig von der Uhrzeit für ein dreiminütiges Ortsgespräch rund 0,30 € (ca. 0,60 € auf ein Mobiltelefon). In Nordirland kosten Ortsgespräche ca. 40 p bzw. 60 p, wenn man eine Mobilfunknummer anruft. Abweichungen sind möglich.
» Prepaidkarten werden in Zeitungsläden und Postämtern verkauft; mit ihnen kann man an allen Kartentelefonen Inlands- sowie Auslandsgespräche führen.

Auslandsgespräche

Wer in Irland Auslandsgespräche führen möchte, wählt ☎00, die Landesvorwahl (☎49 für Deutschland, ☎43 für Österreich, ☎41 für die Schweiz), die Ortsvorwahl (meist ohne 0) und die jeweilige Nummer. Die internationale Telefonvorwahl für Irland ist ☎353.

Mobiltelefon

» Irland nutzt den GSM 900/1800-Standard, der mit europäischen Telefonen kompatibel ist.
» Das Versenden von SMS ist zur regelrechten Obsession und zum Hauptverständigungsmittel der meisten Iren unter 25 geworden
» Bei den großen Anbietern bekommt man einfache Prepaidhandys ab etwa 40 €, bei denen meist ein Guthaben von 10 € inbegriffen ist.
» Alternativ sind SIM-Karten erhältlich, allerdings muss man überprüfen, ob das jeweilige Mobiltelefon mit dem lokalen Anbieter kompatibel ist.

Telefonauskunft

Es gibt verschiedene Anbieter für Telefonauskünfte.
» In der Republik wählt man ☎11811 und ☎11850 und für internationale Fernsprechauskünfte ☎11818.
» Im Norden hat man die Auswahl zwischen ☎118 118, ☎118 192, ☎118 500 und ☎118 811.
» Aus dem Festnetz kostet der Service mindestens 1 €/1 £ und aus dem Mobilnetz bis zu 2 €/2 £.

Touristeninformation

Touristeninformationen findet man in allen größeren Städten der Republik und Nordirland. Viele vermitteln Zimmer und buchen Ausflüge, wechseln Geld und verkaufen Karten sowie Bücher. Häufig liegt hier auch kostenloses Infomaterial aus.

In der Republik ist **Fáilte Ireland** (Republik ☎1850 230 330, Vereinigtes Königreich 0800 039 7000; www.discoverireland.ie) für Touristen zuständig. Es gibt sechs Außenstellen:

Cork & Kerry (☎021-425 5100; Cork Kerry Tourism, Áras Discover, Grand Pde, Cork)

Dublin (☎01-605 7700; www.visitdublin.com; Dublin Tourism Centre, St Andrew's Church, 2 Suffolk St, Dublin)

East Coast & Midlands (☎044-934 8761; East Coast & Midlands Tourism, Dublin Rd, Mullingar) Für Kildare, Laois, Longford, Louth, Meath, North Offaly, Westmeath und Wicklow.

Ireland North West & Lakelands (☎071-916 1201; Temple St, Sligo) Für Cavan, Donegal, Leitrim, Monaghan und Sligo.

Ireland West (☎091-537 700; Ireland West Tourism, Áras Fáilte, Forster St, Galway) Für Galway, Roscommon und Mayo.

Shannon Region (☎061-361 555; Shannon Development, Shannon, Clare) Für Clare, Limerick, North Tipperary und South Offaly.

South East (☎051-875 823; South East Tourism, 41 The Quay, Waterford) Für Carlow, Kilkenny, South Tipperary, Waterford und Wexford.

In Nordirland ist das **Northern Irish Tourist Board** (NITB; Zentrale ☎028-9023 1221; www.discovernorthernireland.com) zuständig. Außerhalb des Landes agieren Fáilte Ireland und das NITB gemeinsam unter dem Namen Tourism Ireland. Mehr zu irischen Touristenbüros überall in der Welt gibt's unter www.discoverireland.com.

Unterkunft

Die Unterkünfte reichen von rustikal und einfach bis zu teuer und opulent. Rückgrat des irischen Gastgewerbes sind die allgegenwärtigen B&Bs. In letzter Zeit bekommen sie jedoch zunehmend Konkurrenz von Mittelklassehotels und Gästehäusern. Online wird man u. a. auf folgenden Seiten fündig:

» **www.daft.ie** Anzeigen für Ferien- und Mietwohnungen.

» **www.elegant.ie** Burgen, Altbauten und besondere Anwesen für Selbstversorger.

» **www.familyhomes.ie** Liste privat geführter Pensionen und Ferienhäuser.

» **www.gulliver.ie** Online-Buchungssystem von Fáilte Ireland und dem Northern Ireland Tourist Board.

» **www.irishlandmark.com** Eine nicht profitorientierte Denkmalschutzgruppe, die Ferienhäuser von historischer oder kultureller Bedeutung vermietet, darunter Burgen, Leuchttürme und Torhäuser.

» **www.stayinireland.com** Liste mit Pensionen und Ferienhäusern.

B&Bs & Gästehäuser

Bed and breakfasts sind kleine Familienbetriebe mit weniger als fünf Zimmern in Bauern- oder Landhäusern. Sie unterscheiden sich sehr voneinander, bieten aber fast immer Privatbäder und kosten etwa 35 bis 40 € pro Person bzw. Nacht. In luxuriösen Pensionen können die Preise auf 55 € oder mehr ansteigen. Außerhalb der Saison (in der Regel von Oktober bis März) sowie unter der Woche sinken sie in der Regel.

Gästehäuser ähneln luxuriöseren B&Bs, sind jedoch größer und so etwas wie irische Boutique-Hotels. Meistens haben sie ein besseres Serviceangebot und verfügen manchmal auch über ein Restaurant.

Was man sonst noch wissen muss:

» Das Serviceangebot in B&Bs reicht je nach Preislage von einfach (Bett, Bad, Teekessel) bis zu luxuriös (Whirlpool, LCD-Fernseher, WLAN).

» Fast alle Pensionen akzeptieren Kreditkarten, in ländlichen Gebieten sollte man aber besser bei der Buchung nachfragen.

» Eine Vorabreservierung ist ratsam, besonders in der Hochsaison (Juni–Sept.).

» Ist ein B&B belegt, empfiehlt der Betreiber manchmal eine Unterkunft in der Gegend; eventuell handelt es sich dabei um ein Privathaus, das gelegentlich Gäste aufnimmt und nicht offiziell beworben wird.

Camping & Kanalfahrten

Campingplätze sind in Irland weniger üblich als im restlichen Europa. Einige Hostels haben Zeltplätze auf ihrem Grundstück und erlauben die Mitbenutzung der sanitären Einrichtungen im Haus; dadurch sind sie angenehmer als die großen Anlagen. Auf den kommerziellen Plätzen zahlt man für ein Zelt und zwei Personen 12 bis 20 €. Die in diesem Buch angegebenen Preise gelten – soweit nicht anders angegeben – für zwei Personen. Für einen Wohnwagenstellplatz werden zwischen 15 und 25 € verlangt. Zahlreiche Campinganlagen sind nur von Ostern bis Ende September oder Oktober geöffnet.

Als Alternative zum normalen Wohnmobil bieten sich von Pferden gezogene Wagen an, mit denen man durch die Landschaft zuckeln kann. In der Hochsaison kostet ein solcher Wagen etwa 800 € pro Woche. Unter www.discoverireland.ie findet man eine Liste von Betreibern, eine weitere gute Quelle ist www.irishhorsedrawncaravans.com.

Einen ruhigen und erholsamen Blick auf die Landschaft bieten Kanalfahrten mit einer Barkasse. Fáilte Ireland kann einem Verleihstellen nennen.

Alternativ mietet man ein Hausboot und schippert damit über Irlands Wasserstraßen. Hausboote für den Shannon-Erne-Kanal gibt's z. B. bei **Emerald Star** (071-962 0234; www.emeraldstar.ie).

Ferienwohnungen & -häuser

Unterkünfte für Selbstversorger werden oft wochenweise vermietet, meist handelt es sich um Apartments oder Ferienhäuser. Preise variieren je nach Region und Saison. **Fáilte Ireland** (www.discoverireland.ie) veröffentlicht einen Führer mit registrierten Wohnungen und Häusern. Weitere Infos liefert die Website.

Hostels

Die in diesem Buch angegebenen Preise gelten für Personen über 18 Jahren. Ein Bett im Schlafsaal kostet während der Hauptsaison meist zwischen 10 und 25 €. Viele Hostels verfügen auch über Familienzimmer und kleinere Räumlichkeiten.

Die wichtigsten Jugendherbergsverbände:

An Óige (www.anoige.ie) Der irische Herbergsverband gehört zu Hostelling International (HI), seinem internationalen Pendant, und unterhält 26 Hostels in der Republik.

HINI (www.hini.org.uk) HI-Mitglied mit sechs Herbergen in Nordirland.

Independent Holiday Hostels of Ireland (IHH; www.hostels-ireland.com) 80

STANDARDPREISE FÜR HOTELS?

So etwas gibt's nicht. Die Preise unterscheiden sich je nach Nachfrage und Buchungsart (online, telefonisch oder direkt vor Ort). Während sie in B&Bs recht beständig sind, schwanken sie in fast jeder anderen Unterkunft je nach Monat, Tag, Veranstaltungsprogramm und dem Verhandlungsgeschick der Gäste. In diesem Band gelten für Unterkünfte folgende Preiskategorien (Berechnungsgrundlage ist ein Doppelzimmer mit Bad in der Hochsaison):

KATEGORIE	REPUBLIK	NORDIRLAND
günstig (€/£)	<60 €	<40 £
mittelteuer (€€/££)	60–150 €	40–100 £
teuer (€€€/£££)	>150 €	>100 £

von der Tourismusbehörde empfohlene Hostels in ganz Irland.
Independent Hostel Owners of Ireland (IHO; www.independenthostelsireland.com) Unabhängiger Verband.

Hotels

Vom örtlichen Pub bis zur mittelalterlichen Burg ist hier so gut wie alles zu haben. Meist bekommt man einen besseren Preis, wenn man über die Website des Hotels bucht oder direkt verhandelt (besonders in der Nebensaison). Die zunehmende Zahl farbloser Mittelklasseketten (viele werden von Iren geführt) sind eine große Konkurrenz zu den traditionellen B&Bs oder Gästehäusern. Sie bieten wahrscheinlich nicht denselben persönlichen Service, aber ihre Zimmer sind sauber und die Einrichtungen ganz gut.

Wohnungstausch

Wohnungstausch wird immer beliebter. So kann man das Land bereisen und sich trotzdem zu Hause fühlen. In Irland gibt's mehrere Agenturen, die gegen Jahresgebühr einen internationalen Wohnungstausch organisieren. Als Mitglied erhält man Zugang zu einer Website sowie ein Buch mit Beschreibungen, Fotos und Infos über die Besitzer bzw. deren Häuser. Danach muss jeder seine eigenen Absprachen treffen. Manchmal darf man sogar das Auto der Inhaber benutzen.
Homelink International House Exchange (www.homelink.ie)
Intervac International Holiday Service (www.intervac-homeexchange.com)

Versicherung

Reiseversicherungen, die Diebstahl, Verlust und medizinische Versorgung einschließen, sind sicher eine gute Investition.

Die in der EU gültige Europäische Krankenversicherungskarte deckt fast alle medizinischen Behandlungen ab. In anderen Bereichen können Zusatzversicherungen abgeschlossen werden.

Eine weltweit gültige Reiseversicherung gibt's unter www.lonelyplanet.com/travel_services. Sie lässt sich jederzeit abschließen, verlängern und natürlich in Anspruch nehmen – auch unterwegs.

Wer mit einem Auto auf öffentlichen Straßen umherreisen möchte, muss sein Fahrzeug unbedingt versichern. Kommt man mit dem eigenen Wagen nach Irland, sollte man vorher nachprüfen, ob die Autoversicherung auch Fahrten in diesem Land abdeckt.

Visa

EU-Bürger und Schweizer können ohne Visum in die Republik und nach Nordirland einreisen und hier ohne Einschränkungen wohnen, arbeiten sowie studieren. Zur Einreise ist nur ein gültiger Personalausweis oder Pass erforderlich.

Zeit

Im Winter gilt in Irland die sogenannte Greenwich Mean Time (GMT), also die Westeuropäische Zeit. Im Sommer werden die Uhren eine Stunde vorgestellt. Wenn es in Berlin, Bern und Wien 12 Uhr ist, ist es in Dublin 11 Uhr.

Zollbestimmungen

Sowohl in der Republik als auch in Nordirland wird zwischen zollfrei in Nicht-EU-Ländern und bereits versteuerten, in einem anderen EU-Land erworbenen Waren unterschieden. Im Prinzip gibt's keine Obergrenzen für den Transport von Waren innerhalb der EU, allerdings teilt der Zoll die Mitbringsel in Produkte für den persönlichen und für den gewerblichen Gebrauch ein. Dabei gelten folgende Regeln:

Aus EU-Ländern Für den persönlichen Gebrauch gelten u. a. folgende Obergrenzen: 3200 Zigaretten (oder 400 Cigarillos, 200 Zigarren oder 3 kg Tabak) und entweder 10 l Spirituosen, 20 l mit Alkohol angereicherter Wein wie Sherry oder Port, 60 l Schaumwein, 90 l Wein oder 110 l Bier.

Aus Nicht-EU-Ländern

Zollfrei dürfen aus Nicht-EU-Ländern 200 Zigaretten, 2 l Getränke mit bis zu 15 Vol.-% und 1 l mit mehr als 15 Vol.-% Alkoholgehalt sowie 60 ml Parfüm und 250 ml Eau de Toilette eingeführt werden.

Katzen & Hunde

Die Mitnahme von Katzen und Hunden in die Republik und nach Nordirland unterliegt sehr strengen Quarantäne-Vorschriften. Es gilt das EU Pet Travel Scheme: Das Tier muss einen Mikrochip haben, außerdem muss es sechs Monate vor der Einreise einer Tollwutimpfung und einem Bluttest unterzogen werden. Weitere Informationen gibt's beim **Department of Agriculture, Food & Rural Development** (01-607 2000; www.agriculture.gov.ie) in Dublin.

Verkehrsmittel & -wege

AN- & WEITERREISE

Einreise

Fast alle Irlandbesucher gelangen über Dublin ins Land. Die Zunahme von Billigfliegern in den letzten Jahren führte zu einem größeren Angebot und günstigeren Preisen bei Verbindungen zwischen Irland und anderen europäischen Ländern. Wer in die Republik reist, sollte Folgendes beachten:

» Die große Mehrheit der Fluggesellschaften steuert die Hauptstadt an.

» In Dublin gibt's zwei Häfen, die als wichtigste Umschlagplätze für den Seehandel mit Großbritannien dienen.

FAHRTKOSTEN

Wenn nicht anders angegeben, beziehen sich die in diesem Buch genannten Fahrtkosten auf ein einfaches Ticket für einen erwachsenen Reisenden.

Fähren aus Frankreich legen am südlichen Hafen von Rosslare an.

» Darüber hinaus ist Dublin der Hauptverkehrsknotenpunkt des Bahnverkehrs. EU-Bürger und Schweizer dürfen ohne Visum in die Republik und nach Nordirland einreisen. Flüge, Touren und Zugtickets können online unter www.lonelyplanet.com/bookings gebucht werden.

Flugzeug

Flughäfen

Die wichtigsten Flughäfen der Republik:

Cork (ORK; ☎021-431 3131; www.corkairport.com)
Dublin (DUB; ☎01-814 1111; www.dublinairport.com)
Shannon (SNN; ☎061-712 000; www.shannonairport.com)

Einige Flughäfen in der Republik werden nur von Großbritannien aus bedient:
Donegal (CFN; ☎074-954 8284; www.donegalairport.ie; Carrickfinn)
Kerry (KIR; ☎066-976 4644; www.kerryairport.ie; Farranfore)

Knock (NOC; ☎094-936 8100; www.irelandwestairport.com)
Waterford (WAT; ☎051-875 589; www.flywaterford.com)

Nordirische Flughäfen:
Belfast International (BFS; ☎028-9448 4848; www.belfastairport.com) Hier landen u. a. Flieger aus Innsbruck und Berlin (via London Heathrow).
Derry (LDY; ☎028-7181 0784; www.cityofderryairport.com)
George Best Belfast City (BHD; ☎028-9093 9093; www.belfastcityairport.com)

Auf dem Landweg

Eurolines (www.eurolines.com) bietet dreimal täglich einen Bus- und Fährservice von der Victoria Station in London bis zum Busáras-Busbahnhof in Dublin an. Informationen zum Grenzübertritt siehe S. 786.

Auf dem Seeweg

Die wichtigsten Fährrouten zwischen Irland, Großbritannien und dem europäischen Festland sind:
» Belfast–Liverpool (England; 8½ Std.)
» Belfast–Stranraer (Schottland; 1¾ Std.)
» Cork–Roscoff (Frankreich; 14 Std.)
» Dublin–Liverpool (England; schnelle/langsame Verbindung 4/8½ Std.)
» Dublin/Dun Laoghaire–Holyhead (Wales; schnelle/langsame Verbindung 1½/3 Std.)
» Larne–Cairnryan (Schottland; 1½ Std.)
» Larne–Fleetwood (England; 6 Std.)
» Rosslare–Cherbourg/Roscoff (Frankreich; 20½ Std.)
» Rosslare–Fishguard/Pembroke (Wales; 3½ Std.)

Die Konkurrenz durch Billigflieger zwingt Fährunterneh-

Fährrouten

men dazu, Rabatte und flexible Preise anzubieten. So kann man außerhalb der Hauptverkehrszeiten tolle Schnäppchen erzielen. Die beliebte Route zwischen Dublin und Holyhead über die Irische See kostet dann z. B. 10 € pro Person bzw. 80 € für ein Auto plus bis zu vier Passagiere.

Einige Hauptanbieter:

Brittany Ferries (www.brittany-ferries.com)
Irish Ferries (www.irishferries.com)
Isle of Man Steam Packet Company/Sea Cat (www.steam-packet.com)
Norfolkline (www.norfolkline.com)
P&O Irish Sea (www.poirishsea.com)
Stena Line (www.stenaline.com)

Die Website www.ferrybooker.com listet alle Fährrouten und Anbieter ab Großbritannien auf, von wo die meisten Fähren nach Irland in See stechen.

UNTERWEGS VOR ORT

Irland lässt sich entweder mit dem Auto oder den öffentlichen Verkehrsmitteln entdecken. Mit den eigenen vier Rädern kann man die Zeit am besten nutzen und gelangt über das verworrene Netz von Nebenstraßen auch zu abgeschiedenen Orten. Miet- und Benzinkosten belasten allerdings kleinere Reisebudgets, zudem strapazieren eingeschränkte Parkmöglichkeiten und

KOMBITICKETS FÜR BUS & FÄHRE

Man kann Bus- und Fährtickets von allen größeren britischen Städten zu Orten im irischen Busnetz kombinieren, was vielleicht nicht so bequem ist wie ein Billigflug, aber weniger CO_2 hinterlässt. Die Fahrt von London nach Dublin dauert rund zwölf Stunden. Von London nach Belfast ist man 13 bis 16 Stunden unterwegs. Tickets für beide Routen kosten 42 £ (hin & zurück), weitere Infos gibt's bei **Eurolines** (www.eurolines.com).

Staus in den meisten Großstädten die Nerven, weswegen öffentliche Verkehrsmittel oft die bessere Wahl sind.

Das Busnetz wird vom Staat und von privaten Anbietern bedient. Es ist umfassend und in der Regel preisgünstig, auch wenn die Fahrtzeiten oft recht lang sind. Züge sind schneller, jedoch ziemlich teuer; sie steuern nur große Städte an. Zu Hauptverkehrszeiten ist sowohl in Bussen als auch in Bahnen viel los. Wer einen Sitzplatz möchte, sollte reservieren.

Auto & Motorrad

Mit dem Auto oder Motorrad ist man besonders flexibel und unabhängig. Das Straßensystem ist gut und wird ständig ausgebaut, was immer kürzere Fahrtzeiten zur Folge hat. Zu den Nachteilen gehören Verkehrsstaus, Parkprobleme in Großstädten und hohe Benzinkosten.

Mietwagen

Ein Auto in Irland zu mieten ist eine kostspielige Angelegenheit. Ein Kleinwagen kostet rund 250 € pro Woche (unbegrenzte Kilometerzahl), wobei die Preise in der Hochsaison steigen und in der Nebensaison fallen. Große Anbieter:

Avis (www.avis.ie)
Budget (www.budget.ie)
Europcar (www.europcar.ie)
Hertz (www.hertz.ie)
Sixt (www.sixt.ie)
Thrifty (www.thrifty.ie)

Die genannten Unternehmen haben länderspezifische Websites, so unterscheiden sich die Preise auf der irischen Seite beispielsweise von den deutschen. Um die besten Angebote zu finden, ist ein bisschen Onlinerecherche vonnöten. **Nova Car Hire** (www.novacarhire.com) vertritt Alamo, Budget, European und National und bietet gute Rabatte.

Weitere Tipps:
» Fast alle Fahrzeuge haben Schaltgetriebe; Automatik-Autos sind zwar verfügbar, jedoch teurer.
» Wer von der Republik aus in den Norden fährt, sollte vorher prüfen, ob die Versicherung auch für Fahrten dorthin gilt.
» Die meisten Autovermietungen verlangen ein Mindestalter von 23; zudem muss man seit mindestens einem Jahr über einen Führerschein verfügen.
» Manche Firmen in der Republik vermieten keine Autos an Personen über 74 Jahre; im Norden besteht keine Regelung dieser Art.
» In Irland kann man keine Motorräder und Mopeds mieten.

Parken

In allen größeren Städten gibt's gut ausgeschilderte, überdachte Kurzparkzonen.
» Um an einer Straße zu parken, benötigt man häufig einen Parkschein oder eine Parkscheibe; Letztere ist in Zeitschriftenläden erhältlich. Die Tarife reichen von 1,50 bis zu 4,50 € pro Stunde; für den ganzen Tag zahlt man rund 24 €.
» Gelbe Linien (einfache oder doppelte) am Straßenrand zeigen Parkverbotszonen an. In der Regel darf man auf den einfachen gelben Linien zwischen 19 und 8 Uhr parken, die doppelten gelben Linien hingegen signalisieren ein grundsätzliches Parkverbot. Zudem sollte man immer auf die jeweiligen Schilder achten, die darüber Auskunft geben, wann geparkt werden darf und wann nicht.
» In Dublin, Cork und Galway werden gegen Falschparker Metallkrallen eingesetzt: Das Entfernen der gelben Biester kostet in der Republik 85 € und in Nordirland 100 £.

Straßen & Verkehrsregeln

Über die Autobahnen (zu erkennen an einem M und einer Nummer auf blauem Grund) und Nationalstraßen (N und eine Nummer auf grünem Grund) gelangt man am schnellsten von A nach B. Nebenstraßen

AUTOMOBILCLUBS

Die beiden wichtigsten Automobilclubs:

» **Automobile Association** (AA; www.aaireland.ie) Republik (✆in Dublin 01-617 9999, in Cork 021-425 2444, Pannendienst 1800 667 788); Nordirland (✆0870-950 0600, Pannendienst 0800-667 788)

» **Royal Automobile Club** (RAC; www.rac.ie) Republik (✆1890 483 483); Nordirland (✆0800 029 029, Pannendienst 0800 828 282)

(R und eine Nummer) sind sehr viel malerischer und interessanter, jedoch häufig kurvenreich und extrem eng – perfekt für eine langsame Fahrt mit wunderbaren Ausblicken.

» EU-Führerscheine werden wie irische Führerscheine behandelt.

» Führerscheine von Nicht-EU-Bürgern sind ab dem Tag der Einreise bis zu zwölf Monate lang gültig.

» Der Führerschein muss jederzeit mitgeführt werden.

» Wer sein eigenes Auto aus dem europäischen Ausland einführt, benötigt eine Haftpflichtversicherung.

Grundlegende Verkehrsregeln:

» Links fahren, rechts überholen.

» Fahrer und alle Mitfahrer müssen den Sicherheitsgurt anlegen.

» Kinder unter zwölf Jahren dürfen nicht vorne sitzen.

» Für Motorradfahrer und Beifahrer besteht Helmpflicht.

» Bei der Einfahrt in einen Kreisverkehr hat Vorfahrt, wer von rechts kommt.

» In der Republik sind Geschwindigkeitsbegrenzungen und Entfernungen in Kilometern angegeben (gelegentlich entdeckt man allerdings auch ältere weiße Schilder mit Meilenangaben), in Nordirland in Meilen (1 Meile = 1,6 km). Es gelten folgende Geschwindigkeitsbegrenzungen:

Republik 120 km/h auf Autobahnen, 100 km/h auf Nationalstraßen, 80 km/h auf Landstraßen und 50 km/h in Ortschaften (oder gemäß den Schildern).

Nordirland 70 mph (112 km/h) auf Autobahnen, 60 mph (96 km/h) auf Landstraßen, 30 mph (48 km/h) in geschlossenen Ortschaften.

Gegen Alkoholsünder am Steuer geht man hart vor. Sowohl in der Republik als auch in Nordirland gilt eine Promillegrenze von 0,8, wobei viele für eine Absenkung auf 0,5 Promille sind.

Bus

Die wichtigsten Busunternehmen:

Bus Éireann (☎01-836 6111; www.buseireann.ie) Staatliches Busunternehmen der Republik.

Dublin Bus (☎01-872 000; www.dublinbus.ie) Dubliner Busdienst.

Metro (☎9066 6630; www.translink.co.uk) Belfaster Busdienst.

Ulsterbus (☎028-9066 6600; www.ulsterbus.co.uk) Staatliches Busunternehmen Nordirlands.

Private Anbieter konkurrieren häufig sehr erfolgreich mit Bus Éireann und verkehren auch dort, wo die staatlichen Busse nur selten oder gar nicht hinfahren.

Die Entfernungen sind nicht sehr groß, so dauert die längste Busfahrt nicht mehr als fünf Stunden. Durchschnittlich zahlt man für eine beliebte Route wie Dublin–Cork rund 12 € für eine einfache Fahrt. Die Preise hängen von der Entfernung und Konkurrenz ab, wobei kürzere, aber weniger frequentierte Strecken auch teurer sein können.

BUS- & BAHNPÄSSE

Es gibt verschiedene Bus- und Bahnpässe sowie Kombipässe, die sich lohnen, wenn man häufig mit öffentlichen Verkehrsmitteln unterwegs ist:

Emerald Card (Bus & Rail) Gilt acht Tage lang in einem Zeitraum von 15 aufeinanderfolgenden Tagen (218 €) oder 15 Tage lang in einem Zeitraum von 30 aufeinanderfolgenden Tagen (375 €) für alle regionalen und überregionalen Bus- und Bahnverbindungen in der Republik und in Nordirland.

Irish Rambler (Bus) Gilt an drei Tagen in einem Zeitraum von acht aufeinanderfolgenden Tagen (53 €) oder an 15 Tagen in einem Zeitraum von 30 aufeinanderfolgenden Tagen (168 €) für alle Bus-Éireann-Verbindungen.

Irish Rover (Bus) Gilt an drei Tagen in einem Zeitraum von acht aufeinanderfolgenden Tagen (68 €) oder an 15 Tagen in einem Zeitraum von 30 aufeinanderfolgenden Tagen für alle Verbindungen von Bus Éireann und Ulster Bus sowie für Stadtbusse in Cork, Galway, Limerick, Waterford und Belfast.

Irish Explorer (Bus & Rail) Gilt an acht Tagen in einem Zeitraum von 15 aufeinanderfolgenden Tagen (194 €) für Bus- und Bahnverbindungen innerhalb der Republik.

Irish Explorer (Rail) Gilt an fünf Tagen in einem Zeitraum von 15 aufeinanderfolgenden Tagen (115,50 €) für Bahnverbindungen in der Republik.

Kinder unter 16 Jahren zahlen für diese Pässe und für normale Fahrkarten jeweils die Hälfte. Wer jünger als drei Jahre ist, fährt in öffentlichen Verkehrsmitteln kostenlos mit. Die oben genannten Pässe werden an größeren Bahnhöfen und Busbahnhöfen verkauft.

Buchungen für Bus Éireann sind online möglich, es ist allerdings nicht möglich, Plätze für bestimmte Strecken zu reservieren.

Fahrrad

Aufgrund seiner überschaubaren Größe und der recht flachen, malerischen Landschaften eignet sich Irland perfekt für Radtouren. Die einzigen Mankos sind das unbeständige Wetter und die eine oder andere unebene Straße. Wer im Westen Ausflüge unternehmen will, sollte wegen der vorherrschenden Winde besser von Süden nach Norden fahren.

In Bussen dürfen Räder transportiert werden, allerdings nur, wenn genug Platz ist. In Zügen muss man Folgendes beachten:

» In Intercityzügen zahlt man bis zu 10 € pro Rad.

» Räder werden in den Passagierabteilen transportiert.

» Man sollte im Voraus reservieren (www.irishrail.ie), da pro Zug nur drei Räder zulässig sind.

Folgende Anbieter organisieren Radtouren in ganz Irland:

Go Ireland (066-976 2094; www.govisitireland.com; Old Orchard House, Killorglin, Co Kerry)

Irish Cycling Safaris (01-260 0749; www.cyclingsafaris.com; Belfield Bike Shop, UCD, Dublin 4)

Flugzeug

In Irland sind Inlandsflüge eigentlich überflüssig – außer man hat's sehr eilig. Es gibt Verbindungen zwischen Dublin und Belfast, Cork, Derry, Donegal, Galway, Kerry, Shannon und Sligo sowie zwischen Belfast und Cork. Fast alle Flüge innerhalb des Landes dauern zwischen 30 und 50 Minuten.

Irische Airlines:

Aer Árann (www.aerarann.com)

Aer Lingus (www.aerlingus.com)

Ryanair (www.ryanair.com)

Geführte Touren

Im Rahmen geführter Touren lassen sich die Hauptattraktionen des Landes in relativ kurzer Zeit erkunden. Buchen kann man diese in Reisebüros und Touristeninformationen der größeren Städte oder direkt beim Veranstalter. Einige der renommiertesten Anbieter:

Bus Éireann (www.buseireann.ie) Tagestouren in verschiedene Städte der Republik und des Nordens.

CIE Tours International (www.cietours.ie) Vier- bis elftägige Busfahrten in der Republik und im Norden inklusive Übernachtung und Verpflegung.

Grayline Tours (www.irishcitytours.com) Halb- und ganztägige Ausflüge zu Attraktionen rund um Dublin und zum Ring of Kerry.

Paddywagon Tours (www.paddywagontours.com) Drei- und Sechstages-Aktivtouren durch ganz Irland mit netten Reiseleitern. Übernachtet wird in IHH-Hostels.

Railtours Ireland (01-856 0045; www.railtoursireland.com) Für passionierte Bahnfahrer organisiert das Unternehmen in Zusammenarbeit mit Iarnród Éireann eine Reihe von ein- bis zweitägigen Zugreisen.

Ulsterbus Tours (www.ulsterbus.co.uk) Veranstaltet viele Tagestrips durch den Norden und die Republik.

Grenzübergänge

In den letzten Jahren wurden die Sicherheitsmaßnahmen in Nordirland immer weiter gelockert. Heute sind alle Grenzübergänge offen und meist unbesetzt. Dauergrenzposten wurden entfernt und auf den Hauptstraßen erinnern nur die neuen Straßenschilder, die Farbe der Autonummernschilder und die Briefkästen daran, dass man gerade die Grenze überquert hat.

Nahverkehr

In Dublin, Belfast und vielen anderen größeren Städten gibt's ein gut ausgebautes Busverkehrsnetz.

» Der Dublin Area Rapid Transport (DART) verkehrt entlang der Küste. Die beiden Strecken des neuen Straßenbahnsystems Luas erfreuen sich großer Beliebtheit.

» Für Taxifahrten muss man tief in die Tasche greifen: Tagsüber beträgt die Grundgebühr 4,10 € und jeder Kilometer mindestens 1,03 € (nachts sind die Preise höher). Weitere Infos liefern die jeweiligen Kapitel in diesem Band.

Schiff/Fähre

Es gibt viele Fährverbindungen zu den vor der Küste gelegenen Inseln, darunter die Aran Islands und Skellig Islands im Westen, die Saltee Islands im Südosten sowie die Tory und Rathlin Islands im Norden.

Außerdem kann man mit Booten Flüsse, Buchten und Seen überqueren, was vor allem für Radfahrer eine praktische Abkürzung ist.

Fahrten auf dem 258 km langen Shannon-Erne-Kanal und auf den vielen Seen erfreuen sich großer Beliebtheit. Die Touristeninformationen empfehlen übrigens nur die bei ihnen registrierten Anbieter. Infos zu anderen Unternehmen findet man in den jeweiligen Kapiteln dieses Reiseführers.

Trampen

Trampen wird in Irland immer unbeliebter, obwohl man im Vergleich zu anderen Ländern in Europa nicht lange auf eine Mitfahrgelegenheit warten muss. Anhalter sollten

Zugstrecken

sich darüber im Klaren sein, dass sie ein kleines, aber dennoch ernst zu nehmendes Risiko auf sich nehmen. Deshalb lässt man es am besten einfach! Auf Autobahnen darf man nicht trampen.

Zug

In Anbetracht der überschaubaren Größe Irlands muss man für Bahnreisen tief in die Tasche greifen. Alle größeren Städte der Republik sind an das begrenzte, von **Iarnród Éireann** (Irish Rail; ☏1850 366 222; www.irishrail.ie) betriebene Bahnnetz angeschlossen. Dublin ist dabei Dreh- und Angelpunkt. Wer also zwischen Zielen, die nicht auf der Hauptstadtroute liegen, reisen möchte, muss zunächst die Fahrt nach Dublin auf sich nehmen. Darüber hinaus gibt's keine Nord-Süd-Verbindung entlang der Westküste, kein Streckennetz in Donegal und keine Direktverbindungen von Waterford nach Cork oder Killarney.

Unter der Woche zahlt man für eine einfache Fahrt von Dublin nach Cork rund 65 €. Hin- und Rückfahrtickets kosten nur wenig mehr, was das Bahnfahren konkurrenzfähiger machen soll, jedoch zu teuren Preisen für einfache Fahrten führt. Die günstigsten Tarife gibt's online.

Northern Ireland Railways (NIR; ☏028-9089 9411; www.nirailways.co.uk; Belfast Central Station) bedient von Belfast aus vier Routen. Eine führt über Newry nach Dublin; die anderen drei verlaufen östlich nach Bangor, nordöstlich nach Larne und nordwestlich über Coleraine nach Derry.

NOCH MEHR ENGLISCH?

Wer sich intensiver mit der Sprache beschäftigen möchte, legt sich am besten den praktischen *Sprachführer Englisch* von Lonely Planet zu.

Sprache

Englisch ist die am weitesten verbreitete Sprache der Welt. Selbst diejenigen, die sie nie gelernt haben, kennen z. B. durch Musik oder Anglizismen in Technik und Werbung ein paar Wörter. Sich einige Brocken mehr anzueignen, um beim Smalltalk zu glänzen, ist nicht schwer. Hier die wichtigsten Wörter und Wendungen:

Gesundheit

Wo ist der/die/das nächste ...?
Where's the nearest ...?

Apotheke	*chemist*
Arzt	*doctor*
Krankenhaus	*hospital*
Zahnarzt	*dentist*

Ich brauche einen Arzt.
I need a doctor.

Gibt's in der Nähe eine (Nacht-)Apotheke?
Is there a (night) chemist nearby?

Ich habe mich verirrt.
I'm lost.

Wo ist die Toilette?
Where are the toilets?

Ich bin krank.
I'm sick.

Es tut hier weh.
It hurts here.

Ich habe mich übergeben.
I've been vomiting.

Ich habe Durchfall/Fieber/Kopfschmerzen.
I have diarrhoea/fever/headache.

(Ich glaube,) Ich bin schwanger.
(I think) I'm pregnant.

Ich bin allergisch gegen ...
I'm allergic to ...

Antibiotika	*antibiotics*
Aspirin	*aspirin*
Penizillin	*penicillin*

Konversation & Nützliches

Wer einen Fremden nach etwas fragt oder ihn um etwas bittet, sollte die Frage bzw. Bitte höflich einleiten („Excuse me, ...").

Guten Tag.	*Hello.*
Hallo.	*Hi.*

Guten ...	*Good ...*
Morgen	*morning*
Tag	*day*
Tag (nachmittags)	*afternoon*
Abend	*evening*

Auf Wiedersehen.	*Goodbye.*
Bis später.	*See you later.*
Tschüss.	*Bye.*

Wie geht's Ihnen/dir?	*How are you?*
Danke, gut.	*Thanks, fine.*
Und Ihnen/dir?	*... and you?*

Fragewörter

Wer?	Who?
Was?	What?
Wo?	Where?
Wann?	When?
Wie?	How?
Warum?	Why?
Welcher?	Which?
Wie viel?	How much?
Wie viele?	How many?

Wie heißen Sie/ heißt du?	What's your name?
Ich heiße ...	My name is ...
Ja.	Yes.
Nein.	No.
Bitte.	Please.
(Vielen) Dank.	Thank you (very much).
Bitteschön.	You're welcome.
Entschuldigung	Excuse me/Sorry.

Verständigung

Verstehen Sie (mich)?
Do you understand (me)?

Ich verstehe (nicht).
I (don't) understand.

Könnten Sie ...?
Could you ...?

  bitte langsamer sprechen
  please *speak more slowly*

  das bitte wiederholen
  repeat that, please

  das bitte aufschreiben
  write it down, please

Mit Kindern reisen

Ich brauche ...	I need (a) ...
Gibt es ein/e/en ...?	Is there (a/an) ...?
Babysitter	babysitter
Babysitter- service	child-minding service
Babysitz	baby seat
Kinderkarte	children's menu
Kindersitz	booster seat
Kinderstuhl	highchair
Kinderwagen	stroller
Töpfchen	potty
Wickelraum	baby change room
(Wegwerf-)Windeln	(disposable) nappies

Kann ich mein Kind hier stillen?
Do you mind if I breastfeed here?

Dürfen Kinder mit rein?
Are children allowed?

Notfälle

Hilfe!	Help!
Es ist ein Notfall!	It's an emergency!
Rufen Sie die Polizei!	Call the police!
Rufen Sie einen Arzt!	Call a doctor!
Rufen Sie einen Krankenwagen!	Call an ambulance!
Lassen Sie mich in Ruhe!	Leave me alone!
Gehen Sie weg!	Go away!

Papierkram

Name	name
Staatsangehörigkeit	nationality
Geburtsdatum	date of birth
Geburtsort	place of birth
Geschlecht	sex/gender
(Reise-)Pass	passport
Visum	visa

Shoppen & Service

Ich suche ...
I'm looking for ...

Wo ist der/die/das (nächste) ...?
Where's the (nearest) ...?

Wo kann ich ... kaufen?
Where can I buy ...?

Ich möchte ... kaufen.
I'd like to buy ...

Wie viel (kostet das)?
How much (is this)?

Das ist zu viel/teuer.
That's too much/expensive.

Können Sie den Preis senken?
Can you lower the price?

Haben Sie etwas Billigeres?
Do you have something cheaper?

Ich schaue mich nur um.
I'm just looking.

Können Sie den Preis aufschreiben?
Can you write down the price?

Haben Sie noch andere?
Do you have any others?

Können Sie es mir zeigen?
Can I look at it?

mehr	*more*
weniger	*less*
kleiner	*smaller*
größer	*bigger*

Nehmen Sie ...?
Do you accept ...?

Kreditkarten	*credit cards*
Reiseschecks	*travellers cheques*

Ich möchte ...
I'd like to ...

Geld umtauschen
change money (cash)

einen Scheck einlösen
cash a cheque

Reiseschecks einlösen
change some travellers cheques

Bank	*bank*
die ... Botschaft	*the ... embassy*
Deutsche	*German*
Österreichische	*Austrian*
Schweizer	*Swiss*
Geldautomat	*ATM*
Krankenhaus	*hospital*
Markt	*market*
Polizei	*police*
Post	*post office*
öffentliches Telefon	*public phone*
öffentliche Toilette	*public toilet*
Wechselstube	*exchange office*

Wann macht es auf/zu?
What time does it open/close?

Ich möchte eine Telefonkarte kaufen.
I want to buy a phone card.

Wo ist hier ein Internetcafé?
Where's the local Internet cafe?

Uhrzeit & Datum

Wie spät ist es?	*What time is it?*
Es ist (ein) Uhr.	*It's (one) o'clock.*
Zwanzig nach eins.	*Twenty past one.*
Halb zwei.	*Half past one.*
Viertel vor eins.	*Quarter to one.*

morgens/vormittags	*am*
nachmittags/abens	*pm*
jetzt	*now*
heute	*today*
heute Abend	*tonight*
morgen	*tomorrow*
gestern	*yesterday*
Morgen	*morning*
Nachmittag	*afternoon*
Abend	*evening*

Montag	*Monday*
Dienstag	*Tuesday*
Mittwoch	*Wednesday*
Donnerstag	*Thursday*
Freitag	*Friday*
Samstag	*Saturday*
Sonntag	*Sunday*

Januar	*January*
Februar	*February*
März	*March*
April	*April*
Mai	*May*
Juni	*June*
Juli	*July*
August	*August*
September	*September*
Oktober	*October*
November	*November*
Dezember	*December*

Unterkunft

Wo ist ein/e ...?	*Where's a ...?*
Pension	*bed and breakfast*
Campingplatz	*camping ground*
Hotel	*hotel*
Privatzimmer	*room in a private home*
Jugendherberge	*youth hostel*

Wie lautet die Adresse?
What's the address?

Ich möchte bitte ein Zimmer reservieren.
I'd like to book a room, please.

Für (drei) Nächte/Wochen.
For (three) nights/weeks.

Haben Sie ein ...?
Do you have a ...?

Einzelzimmer	single room
Doppelzimmer	double room
Zimmer mit Doppelbett	twin room

Wie viel kostet es pro ...?
How much is it per ...?

Nacht	night
Person	person

Kann ich es sehen?
May I see it?

Kann ich ein anderes Zimmer bekommen?
Can I get another room?

Es ist gut, ich nehme es.
It's fine. I'll take it.

Ich reise jetzt ab.
I'm leaving now.

Reservierungen vornehmen (telefonisch oder schriftlich)

An ...	To ...
Von ...	From ...
Datum	Date

Ich möchte ... reservieren.
I'd like to book ...

auf den Namen ...	in the name of ...
vom ... bis zum ...	from ... to ...

Kreditkarte	credit card
Nummer	number
gültig bis ...	expiry date

Bitte bestätigen Sie Verfügbarkeit und Preis.
Please confirm availability and price.

Verkehrsmittel & -wege

Öffentliche Verkehrsmittel

Wann fährt ... ab?
What time does the ... leave?

Boot	boat
Bus	bus
Zug	train

Wann fährt der ... Bus?
What time's the ... bus?

erste	first
letzte	last
nächste	next

Wo ist der nächste U-Bahnhof?
Where's the nearest underground station?

Welcher Bus fährt nach ...?
Which bus goes to ...?

S-Bahn	suburban (train) line
Straßenbahn	tram
Straßenbahnhaltestelle	tram stop
U-Bahn	underground
(U-)Bahnhof	(underground) station

Ein/e ... nach (Berlin).
A ... to (Berlin).

einfache Fahrkarte	one-way ticket
Rückfahrkarte	return ticket
1.-Klasse-Ticket	1st-class ticket
2.-Klasse-Ticket	2nd-class ticket

Der/die/das ... ist gestrichen.
The ... is cancelled.

Der/die/das ... hat Verspätung.
The ... is delayed.

Ist dieser Platz frei?
Is this seat free?

Muss ich umsteigen?
Do I need to change trains?

Sind Sie frei?
Are you free?

Was kostet es bis ...?
How much is it to ...?

Bitte bringen Sie mich zu (dieser Adresse).
Please take me to this address.

Private Verkehrsmittel

Wo kann ich ... mieten?
Where can I hire a ...?

Ich möchte ein/en ... mieten.
I'd like to hire a/an ...

Allradfahrzeug	4WD
Auto	car
Automatikwagen	automatic
Fahrrad	bicycle
Motorrad	motorbike
Schaltwagen	manual

Wie viel kostet es pro ...?
How much is it per ...?

| Tag | day |
| Woche | week |

Autogas	LPG
Benzin	petrol
bleifreies Benzin	unleaded
Diesel	diesel

Wo ist eine Tankstelle?
Where's a petrol station?

Führt diese Straße nach ...?
Does this road go to ...?

(Wie lange) Kann ich hier parken?
(How long) Can I park here?

Wo muss ich bezahlen?
Where do I pay?

Ich brauche einen Mechaniker.
I need a mechanic.

Ich habe (in ...) eine Panne mit dem Auto.
The car has broken down (at ...)

Ich hatte einen Unfall.
I had an accident.

Das Auto/Motorrad springt nicht an.
The car/motorbike won't start.

Ich habe eine Reifenpanne.
I have a flat tyre.

Ich habe kein Benzin mehr.
I've run out of petrol.

Wegweiser

Könnten Sie mir bitte helfen?
Could you help me, please?

Wo ist (eine Bank)?
Where's (a bank)?

Ich suche (die Kathedrale).
I'm looking for (the cathedral).

In welcher Richtung ist (eine öffentliche Toilette)?
Which way's (a public toilet)?

Wie kann ich da hinkommen?
How can I get there?

Wie weit ist es?
How far is it?

Können Sie es mir (auf der Karte) zeigen?
Can you show me (on the map)?

links	left
rechts	right
nahe	near
weit weg	far away
hier	here
dort	there
an der Ecke	at the corner
geradeaus	straight ahead
gegenüber	opposite
neben	next to
hinter	behind
vor	in front of
Norden	north
Süden	south
Osten	east
Westen	west

Zahlen

1	one
2	two
3	three
4	four
5	five
6	six
7	seven
8	eight
9	nine
10	ten
11	eleven
12	twelve
13	thirteen
14	fourteen
15	fifteen
16	sixteen
17	seventeen
18	eighteen
19	nineteen
20	twenty
21	twenty-one
22	twenty-two
30	thirty
40	forty
50	fifty
60	sixty
70	seventy
80	eighty
90	ninety
100	one hundred
1000	one thousand
2000	two thousand
1 000 000	one million

IRISCH (GAEILGE)

Irisch (Gaeilge) ist die offizielle Sprache des Landes. Seit 2003 müssen alle offiziellen Dokumente, Straßenschilder und Verlautbarungen entweder in Irisch oder sowohl in Irisch als auch in Englisch abgefasst sein. Trotz seines offiziellen Status wird Irisch nur in einigen Gegenden auf dem Land gesprochen, die als Gaeltacht-Gebiete bekannt sind. Zu den wichtigsten gehören Cork (Corcaigh), Donegal (Dún na nGall), Galway (Gaillimh), Kerry (Ciarraí) und Mayo (Maigh Eo).

Wer außerhalb dieser Regionen Leute danach fragt, ob Sie Irisch sprechen, wird in neun von zehn Fällen wohl ein „ah, cupla focal" (ein paar Wörter) als Antwort zu hören bekommen – und genauso ist es meist auch. In den Schulen wird die Sprache für die Sechs- bis 15-Jährigen zwar als Pflichtfach unterrichtet, allerdings bringen ihnen die Lehrer den Stoff auf eher fantasielose Weise nahe. Viele Erwachsene bedauern es heute sehr, dass sie so wenig von der alten Sprache ihres Landes verstehen. Vor Kurzem wurde jedoch endlich ein neuer Lehrplan für Irisch eingeführt, der die Stundenzahl reduziert, aber den Unterricht dafür unterhaltsamer und praktischer machen soll

Aussprache

Es gibt sowohl lange (mit Akzent) als auch kurze Vokale (ohne Akzent). Diese sind entweder offen und breit (**a**, **á**, **o**, **ó**, **u**, **ú**) oder geschlossen (**e**, **é**, **i** und **í**), was häufig den nachfolgenden Konsonanten beeinflusst. Abgesehen von einige ungewöhnlichen Kombinationen wie **mh** und **bhf** (beide werden wie das englische **w** ausgesprochen), spricht man die Konsonanten wie im Englischen aus.

Die drei Hauptdialekte sind Connaught Irish (in Galway und im nördlichen Mayo), Munster Irish (in Cork, Kerry und Waterford) und Ulster Irish (in Donegal). Die im Folgenden angegebene (blaue) Lautsprache bezieht sich auf eine anglisierte Version des modernen Standardirisch, das im Grunde eine Mischung aus allen dreien ist: Wer die Wörter wie im Englischen ausspricht, wird keine Probleme haben, sich verständlich zu machen.

Grundlegendes

Hallo.	Dia duit.	deea gwit
Hallo. (Antwort)	Dia is Muire duit.	deeas moyra gwit
Guten Morgen.	Maidin mhaith.	mawjin wah
Gute Nacht.	Oíche mhaith.	eekheh wah

Auf Wiedersehen.
Slán leat. (wenn man geht) — slawn lyat
Slán agat. (wenn man bleibt) — slawn agut

Schilder

Fir	fear	Männer
Gardaí	gardee	Polizei
Leithreas	lehrass	Toilette
Mna	mnaw	Frauen
Oifig An Phoist	iffig ohn fwisht	Postamt

Ja.	Tá.	taw
So ist es.	Sea.	sheh
Nein.	Níl.	neel
So ist es nicht.	Ní hea.	nee heh

(Vielen) Dank.
Go raibh (míle) maith agat. — goh rev (meela) mah agut

Entschuldigung.
Gabh mo leithscéal. — gamoh lesh scale

Es tut mir leid.
Tá brón orm. — taw brohn oruhm

Ich verstehe nicht.
Ní thuigim. — nee higgim

Sprechen Sie/sprichst du Irisch?
An bhfuil Gaeilge agat? — on wil gaylge oguht

Was ist dies?
Cad é seo? — kod ay shoh

Was ist das?
Cad é sin? — kod ay shin

Ich möchte nach ...
Ba mhaith liom dul go dtí ... — baw wah lohm dull go dee ...

Ich möchte ... kaufen.
Ba mhaith liom ... a cheannach. — bah wah lohm ... a kyanukh

ein andereres/ ein weiteres	ceann eile	kyawn ella
nett	go deas	goh dyass

Konversation & Nützliches

Willkommen.
Ceád míle fáilte. — kade meela fawlcha
(wörtlich: 100 000 Willkommen)

Wie geht es dir/Ihnen?
Conas a tá tú? — kunas aw taw too

..., bitte.
...más é do thoil é. — ... maws ay do hall ay

Wie heißen Sie/heißt du?
Cad is ainm duit?   kod is anim dwit

Ich heiße (Sean Frayne).
(Sean Frayne) is   (shawn frain) is
ainm dom.   anim dohm

Wochentage

Montag	*Dé Luaín*	day loon
Dienstag	*Dé Máirt*	day maart
Mittwoch	*Dé Ceádaoin*	day kaydeen
Donnerstag	*Déardaoin*	daredeen
Freitag	*Dé hAoine*	day heeneh
Samstag	*Dé Sathairn*	day sahern
Sonntag	*Dé Domhnaigh*	day downick

Zahlen

1	*haon*	hayin
2	*dó*	doe
3	*trí*	tree
4	*ceathaír*	kahirr
5	*cúig*	kooig
6	*sé*	shay
7	*seacht*	shocked
8	*hocht*	hukt
9	*naoi*	nay
10	*deich*	jeh
11	*haon déag*	hayin jague
12	*dó dhéag*	doe yague
20	*fiche*	feekhe

CUPLA FOCAL

Mit diesen Sätzen und Ausdrücken *os Gaeilge* (auf Irisch) kann man die Iren beeindrucken:

Tóg é gobogé.
immer mit der Ruhe.
tohg ay gobogay

Ní féidir é!
Ausgeschlossen!
nee faydir ay

Ráiméis!
Quatsch!
rawmaysh

Go huafásach!
Das ist schrecklich!
guh hoofawsokh

Ní ólfaidh mé go brách arís!
Ich werde niemals wieder etwas trinken!
knee ohlhee mey gu brawkh ureeshch

Slainte!
Zum Wohl!/Prost!
slawncha

Táim go maith.
Es geht mir gut.
thawm go mah

Nollaig shona!
Frohe Weihnachten!
nuhlig hona

Cáisc shona!
Frohe Ostern!
kawshk hona

Go n-éirí an bóthar leat!
Gute Reise!
go nairee on bohhar lat

GLOSSAR

12. Juli – der Tag, an dem der *Orange Order* (Oranierorden) seine Umzüge abhält, um den Sieg des protestantischen Königs Wilhelm III. über den katholischen König Jakob II. in der Schlacht am Boyne 1690 zu feiern

An Óige – wörtlich „die Jugend"; Republic of Ireland Youth Hostel Association (Jugendherbergsverband der Republik Irland)

An Taisce – National Trust for the Republic of Ireland (Staatliche Denkmalverwaltung der Republik Irland)

Anglonormannen – Normannen, Engländer und Waliser, die im 12. Jh. in Irland einfielen

Apprentice Boys – eine loyalistische Organisation, die 1814 gegründet wurde, um jedes Jahr im August an die große Belagerung von Derry zu erinnern

ard – wörtlich „hoch"; irischer Ortsname

Ascendancy – bezieht sich auf protestantische Adlige, die von den Anglonormannen oder jenen Siedlern abstammen, die sich hier während der *Plantation* niederließen

bailey – Außenmauer einer Burg

bawn – befestigter Innenhof; von Mauern umgebenes Gelände um die Hauptgebäude einer Burg, das der Verteidigung diente und wo in unruhigen Zeiten auch Vieh gehalten wurde

Bienenkorbhütte – siehe *clochán*

Black & Tans – britische Rekruten der Royal Irish Constabulary kurz nach dem Ersten Weltkrieg, die vor allem wegen ihrer Brutalität berüchtigt waren

Blarney Stone – heiliger Stein im Blarney Castle, Grafschaft Cork, den man nach hinten gebeugt küssen muss, um so mit einer tollen Rhetorik beschenkt zu werden

bodhrán – in der Hand gehaltene Trommel aus Ziegenleder

Bronzezeit – frühestes Zeitalter, in dem Metall verarbeitet wurde; in Irland zwischen 2500 und 300 v. Chr.; nach der Steinzeit und vor der *Eisenzeit*

B-Specials – nordirische Hilfspolizeitruppe, die 1971 aufgelöst wurde

bullaun – Stein mit einer Vertiefung, der wahrscheinlich als Mörser zum Zermahlen von Medizin oder Nahrungsmitteln diente; häufiges Fundstück in alten Klöstern

caher – ein ringförmiger, von Steinen eingeschlossener Bereich

cairn – aufgeschichtete Steine über einem prähistorischen Grab

cashel – steinerne *Ringfestung*; siehe auch *ráth*

céilidh – Treffen mit traditioneller Musik und Tanz, auch *ceili* genannt

ceol – Musik

Chor – Ostende einer Kirche, wo sich der Altar befindet; reserviert für die Geistlichen und den Chor

chipper – Slang für Fast-Food-Restaurants, die Fish 'n' Chips anbieten

cill – wörtlich „Kirche"; irischer Ortsname, auch *kill*

cillín – wörtlich „kleine Zelle"; eine Einsiedelei, manchmal auch ein kleiner, abgelegener Friedhof für ungetaufte Kinder und andere „unerwünschte Tote"

Claddagh-Ring – Ring mit einem gekrönten Herzen zwischen zwei Händen, der seit Mitte des 18. Jhs. in *Connaught* getragen wird; zeigen die Hände zum Herzen, ist der Träger in einer Beziehung oder verheiratet, zeigen sie zur Fingerspitze ist er noch auf der Suche

clochán – kreisförmiges Gebäude aus Stein, das an einen altmodischen Bienenstock erinnert und in frühchristlicher Zeit errichtet wurde

Connaught – eine der vier alten Provinzen Irlands, bestehend aus den Grafschaften Galway, Leitrim, Mayo, Roscommon und Sligo; manchmal auch *Connacht* geschrieben; siehe auch *Leinster, Munster* und *Ulster*

craic – Unterhaltung, Klatsch, Spaß; auch *crack* geschrieben

crannóg – künstliche Insel in einem See, die gute Verteidigungsmöglichkeiten bot

currach – Ruderboot aus einem Weidenrutengerüst, überzogen mit geteertem Segeltuch; auch *cúrach* geschrieben

Dáil – Unterhaus des Parlaments der Republik Irland; siehe auch *Oireachtas* und *Seanad*

DART – Dublin Area Rapid Transport, ein Nahverkehrszug

demesne – Landbesitz rund um ein Haus oder eine Burg

diamond – Stadtplatz

Dolmen – Grabkammer oder Grab aus aufecht stehenden Steinen mit einem quer liegenden Deckstein aus der Zeit um 2000 v. Chr.

Drumlin – von zurückweichenden Gletschern abgerundeter Hügel

Dúchas – Behörde, die für Parks, Monumente und Gärten der Republik zuständig ist; früher unter dem Namen Office of Public Works bekannt

dún – Festung, meist aus Stein

DUP – Democratic Unionist Party; 1971 von Ian Paisley gegründet; strikt gegen die Versöhnungspolitik der *UUP*

Éire – irischer Name der Republik Irland

Eisenzeit – Periode der Metallverarbeitung vom Ende der *Bronzezeit* etwa 300 v. Chr. (Ankunft der Kelten) bis zum Aufkommen des Christentums um das 5. Jh. n. Chr.

Esker – mit Sand und Kies ausgefüllte Schmelzwasserrinne

Fáilte Ireland – „Willkommensausschuss"; Irische Tourismuszentrale

Fianna – mythische Kriegertruppe, die in vielen Erzählungen über das alte Irland eine Rolle spielt

Fianna Fáil – wörtlich „Krieger Irlands"; eine wichtige politische Partei in der Republik, entstanden aus einer *Sinn-Féin*-Gruppierung, die den 1921 abgeschlossenen Vertrag mit Großbritannien ablehnte

Fine Gael – wörtlich „Stamm der Gälen"; eine wichtige politische Partei in der Republik; sie entstand aus einer *Sinn-Féin*-Gruppierung, die den 1921 mit Großbritannien abgeschlossenen Vertrag befürwortete und die erste Regierung des unabhängigen Irlands stellte

fir – Männer (Singular: *fear*); Schild an Herrentoiletten; siehe auch *leithreas* und *mná*

fleadh – Festival

GAA – Gaelic Athletic Association (Irischer Sportverband); zuständig für Gaelic Football, *Hurling* und weitere irische Sportarten

Gaeltacht – bezeichnet Gebiete in Irland, in denen vorwiegend Irisch gesprochen wird

gallóglí – Söldner des 14. und 15. Jhs., zu *gallowglasses* anglisiert

garda – Polizei der Republik Irland (Plural: *gardaí*)

ghillie – Angel- oder Jagdführer, manchmal auch *ghilly* geschrieben

gort – wörtlich „Feld"; irischer Ortsname

HINI – Hostelling International of Northern Ireland (Nordirischer Jugendherbergsverband)

Hunger, the – umgangssprachlich für die Große Hungersnot von 1845 bis 1851

Hurling – irische, hockeyähnliche Sportart

Iarnród Éireann – Republic of Ireland Railways (Eisenbahnen der Republik Irland)

INLA – Irish National Liberation Association (Irische Nationale Befreiungsarmee); 1975 als Splittergruppe der IRA entstanden, hält seit 1998 Waffenstillstand

IRA – Irish Republican Army (Irisch-Republikanische Armee); die größte paramilitärische Organisation der Republik wurde vor 80 Jahren gegründet, um für ein geeintes Irland zu kämpfen; 1969 teilte sich die IRA in die Official IRA und die Provisional IRA; die Official IRA ist nicht mehr aktiv und die PIRA wurde zur IRA

jarvey – Fahrer eines *jaunting car*

jaunting car – traditioneller Pferdewagen in Killarney; siehe auch *jarvey*

Kelten – kriegerische Stämme in der *Eisenzeit*, die um 300 v. Chr. nach Irland kamen und das Land in den nächsten 1000 Jahren beherrschten

Keltischer Tiger – scherzhafte Bezeichnung für die irische Wirtschaft in den Boomjahren von 1990 bis 2002

knackered – Slang für „müde, erledigt"

Leinster – eine der vier alten Provinzen Irlands mit den Grafschaften Carlow, Dublin, Kildare, Kilkenny, Laois, Longford, Louth, Meath, Offaly, West Meath, Wexford und Wicklow; siehe auch *Connaught*, *Munster* und *Ulster*

leithreas – Toiletten; siehe auch *mná* und *fir*

leprechaun – boshafter Kobold oder Naturgeist aus der irischen Folklore

lough – See, lange schmale Bucht oder Meeresarm

Loyalist – Person (meist handelt es sich um nordirische Protestanten), die der Ansicht ist, dass Nordirland mit Großbritannien verbunden bleiben muss

Luas – Niederflurstraßenbahnsystem in Dublin; Irisch für „Geschwindigkeit"

marching season – die Zeit von Ostern bis in den Sommer hinein, in der die Paraden des *Orange Order* stattfinden; sie erinnern an den Sieg des protestantischen Königs Wilhelm III. von Oranien über den Katholiken Jakob II. in der Schlacht am Boyne am 12. Juli 1690 sowie an die Vereinigung mit Großbritannien

Mesolithikum – Mittelsteinzeit (etwa von 8000–4000 v. Chr.); zu dieser Zeit ließen sich die ersten Siedler in Irland nieder; siehe auch *Neolithikum*

midden – Abfallhaufen einer prähistorischen Siedlung

mná – Damen; Schriftzug an Toiletten; siehe auch *fir* und *leithreas*

Motte – frühe normannische Befestigung: ein abgeflachter Hügel mit einem Bergfried auf dem Gipfel; wird die Anlage von einer Mauer eingefasst, bezeichnet man das Ganze als *motte-and-bailey fort*; Anfang des 13. Jhs. entstanden in Irland viele solcher Befestigungen

Munster – eine der vier alten Provinzen Irlands mit den Grafschaften Clare, Cork, Kerry, Limerick, Tipperary und Waterford; siehe auch *Connaught*, *Leinster* und *Ulster*

Nationalismus – Glaube an ein wiedervereinigtes Irland

Nationalist – Anhänger der Wiedervereinigung Irlands

Neolithikum – Jungsteinzeit (zwischen 4000 und 2500 v. Chr.); in dieser Zeit wurden die Menschen in Irland sesshaft; danach folgte die *Bronzezeit*; siehe auch *Mesolithikum*
NIR – Northern Ireland Railways (Eisenbahnen in Nordirland)
NITB – Northern Ireland Tourist Board (Nordirische Tourismusbehörde)
NNR – National Nature Reserves (Nationale Naturschutzgebiete)
North, the – die politische Einheit Nordirland, nicht der geografische Norden der Insel
NUI – National University of Ireland (Nationale Universität von Irland) mit Fakultäten in Dublin, Cork, Galway und Limerick

Ogham Stone – Stein mit eingeritzten Kerben: Ogham ist die älteste Schrift in Irland und bestand aus einer Vielzahl von Kerben
Oireachtas – Parlament der Republik Irland, bestehend aus dem *Dáil* (Unterhaus) und dem *Seanad* (Oberhaus)
Orange Order – der 1795 gegründete Oranierorden ist die größte protestantische Organisation in Nordirland mit bis zu 100 000 Mitgliedern; der Name erinnert an den Sieg König Wilhelms von Oranien in der Schlacht am Boyne
óstán – Hotel

palladianisch – Architekturstil, den Andrea Palladio (1508–80) in Anlehnung an die altrömische Architektur entwickelt hat
Paramilitärs – bewaffnete illegale Organisationen, entweder *Loyalisten* oder *Republikaner*, denen man den Einsatz von Gewalt und Verbrechen zum Erreichen politischer sowie wirtschaftlicher Ziele vorwirft
partition – Teilung Irlands 1921

passage grave – keltisches Grab mit einer Kammer, die durch einen engen Gang zu erreichen ist; meist in einem Hügel
Penal Laws – Strafgesetze des 18. Jhs., die Katholiken u. a. den Kauf von Land sowie die Aufnahme eines öffentlichen Amtes verboten
Plantation – Siedlung protestantischer Einwanderer (auch *Planters* genannt) im 17. Jh.
poitín – illegal gebrannter Whiskey; auch *poteen*
Prod – Slang für einen nordirischen Protestanten
provisionals – Provisional IRA; wurde nach dem Bruch mit der offiziellen *IRA* gegründet; eine vielschichtige Gruppierung mit einem Namen, der von der provisorischen Regierung 1916 inspiriert wurde; stärkste Kraft bei der Bekämpfung der britischen Armee im Norden; auch als *„provos"* bekannt
PSNI – Police Service of Northern Ireland (Nordirische Polizei)

ráth – *Ringfestung* mit Erdwällen rund um eine hölzerne Palisade; siehe auch *cashel*
Real IRA – Splittergruppe der *IRA*, die das Karfreitagsabkommen ablehnt und sich damit gegen *Sinn Féin* stellt; verantwortlich für den Bombenanschlag in Omagh 1998, bei dem 29 Menschen starben; trotz eines später geschlossenen Waffenstillstands gilt sie als verantwortlich für Bombenattentate und andere Gewaltverbrechen in Großbritannien
Republic of Ireland – die Republik Irland besteht aus den 26 Grafschaften im Süden
Republikaner – Befürworter eines vereinigten Landes
Republikanismus – Glaube an ein vereinigtes Irland, manchmal als militanter Nationalismus
Ringfestung – von Wällen und Gräben umgebene ringförmige Siedlung, die von der Bronzezeit bis ins Mittelalter genutzt wurde, vor allem in frühchristlicher Zeit
RTE – Radio Telifís Éireann; nationaler Rundfunksender der Republik mit zwei Fernseh- und vier Hörfunkstationen
RUC – Royal Ulster Constabulary; früherer Name des Police Service of Northern Ireland (*PSNI*, Nordirische Polizei)

SDLP – Social Democratic and Labour Party; größte nationalistische Partei im nordirischen Parlament; trug wesentlich zum Zustandekommen des Karfreitagsabkommens bei und will ohne Gewalt ein wiedervereinigtes Irland erreichen; überwiegend katholische Mitglieder
Seanad – Oberhaus des Parlaments der Republik Irland; siehe auch *Oireachtas* und *Dáil*
shamrock – dreiblättriges Kleeblatt, mit dem der hl. Patrick die Dreieinigkeit erklärt haben soll
shebeen – vom irischen *síbín*; illegale Kneipe mit Alkoholausschank
sheila-na-gig – wörtlich „Sheila mit den großen Brüsten"; weibliche Figur mit übertrieben dargestellten Geschlechtsmerkmalen, die an manchen Kirchen- oder Burgwänden in Stein gehauen wurde; Erklärungen dafür reichen von Warnungen männlicher Kleriker vor den Gefahren des Geschlechtsverkehrs bis zu Darstellungen keltischer Kriegsgöttinnen
Sinn Féin – wörtlich „Wir Selbst"; eine republikanische Partei, deren Ziel ein vereinigtes Irland ist; wird als politischer Flügel der *IRA* betrachtet, betont aber stets, dass beide Organisationen völlig unabhängig voneinander seien
slí – Wanderweg

snug – Nebenzimmer in einem Pub, in dem nur Getränke serviert werden

Souterrain – unterirdischer Raum, oft in *Ringfestungen* bzw. *Wallanlagen*; diente wahrscheinlich als Versteck bzw. Fluchtweg und Lagerraum

South, the – Republik Irland

standing stone – aufrechter, in den Boden gepflanzter Stein aus verschiedenen Zeiten und in Irland weit verbreitet; manchmal Kennzeichen für ein Grab

Taoiseach – Premierminister der Republik Irland

teampall – Kirche

TD – *teachta Dála*; Parlamentsmitglied des Unterhauses *(Dáil)* der Republik Irland

Tinkers – abwertende Bezeichnung für die umherziehenden Iren; siehe auch *Travellers*

trá – Strand

Travellers – Bezeichnung für Irlands Roma

Treaty – anglo-irischer Vertrag von 1921, der Irland teilte und dem Süden relative Unabhängigkeit verlieh; Ursache für den Bürgerkrieg 1922–23

Trikolore – die grün-weiß-orangefarbene irische Flagge, symbolisiert die Hoffnung auf eine Einigung des „grünen" katholischen Südens mit dem „orangefarbenen" protestantischen Norden

turlough – ein kleiner See, der in trockenen Sommern oft komplett austrocknet; vom irischen Wort *turlach* abgeleitet

UDA – Ulster Defence Association; Irlands größte paramilitärische *Loyalistengruppe*; hält seit 1994 einen Waffenstillstand

uillean pipes – irische Dudelsäcke mit einem Blasebalg, der unter dem Arm befestigt wird; *uillean* ist das irische Wort für „Ellenbogen"

Ulster – eine der vier alten Provinzen Irlands; manchmal bezeichnet man damit die sechs Grafschaften Nordirlands, obwohl Ulster auch noch die Counties Cavan, Moanghan und Donegal (alle in der Republik) umfasst; siehe auch *Connaught, Leinster* und *Munster*

Unionist – Person, die Nordirlands Verbindung mit Großbritannien aufrechterhalten will

United Irishmen – 1791 gegründete Organisation, die die britische Macht in Irland einschränken möchte; sie zeichnete für eine Reihe erfolgloser Aufstände und Unruhen verantwortlich

UUP – Ulster Unionist Party; die größte *Unionistenpartei* in Nordirland und stärkste Macht im nordirischen Parlament; sie wurde 1905 gegründet und zwischen 1910 und 1921 von Edward Carson geführt; zwischen 1921 und 1972 war sie die einzige unionistische Organisation, wird heute jedoch von der *DUP* bedroht

UVF – Ulster Volunteer Force; eine illegale paramilitärische *Loyalistenorganisation* in Nordirland

Volunteers – Ableger des *IRB*, der als *IRA* bekannt wurde

Wallanlage – ein mit Wällen und Gräben befestigter Hügel, der zumeist aus der *Eisenzeit* stammt

Hinter den Kulissen

WIR FREUEN UNS ÜBER IHR FEEDBACK

Post von Travellern zu bekommen ist für uns ungemein hilfreich – Kritik und Anregungen halten uns auf dem Laufenden und helfen, unsere Bücher zu verbessern. Unser reiseerfahrenes Team liest alle Zuschriften genau durch, um zu erfahren, was an unseren Reiseführern gut und was schlecht ist. Wir können solche Post zwar nicht individuell beantworten, aber jedes Feedback wird garantiert schnurstracks an die jeweiligen Autoren weitergeleitet, rechtzeitig vor der nächsten Nachauflage.

Wer uns schreiben will, erreicht uns über www.lonelyplanet.de/kontakt.

Hinweis: Da wir Beiträge möglicherweise in Lonely Planet Produkten (Reiseführer, Websites, digitale Medien) veröffentlichen, ggf. auch in gekürzter Form, bitten wir um Mitteilung, falls ein Kommentar nicht veröffentlicht oder ein Name nicht genannt werden soll. Wer Näheres über unsere Datenschutzpolitik wissen will, erfährt das unter www.lonelyplanet.com/privacy.

UNSERE LESER

Vielen Dank an die Traveller, die unsere letzte Ausgabe genutzt und uns hilfreiche Hinweise, Ratschläge und interessante Anekdoten geschickt haben:

Eveline Apers, Hilary Benson, Niki Byrne, Sheryl Clough, Rebecca Collett, Alexandre Coninx, James Dara Brady, Vincenza Degni, Chris Drivdahl, Brid Dunne, Beth Elliot, Parzefall Eveline, Alex Farrill, Hans-Christian Fath, Jer Foley, Nola Frawley, Soeren Goeckel, Richard Gugelmann, Agnieszka Haremza, Aidan Harney, Kate Hill, Susan Hook, Matthew Howard, Karl Hughes, Theodor Ickler, Linda Jerrom, Miriam Kersten, Séamus Laffan, Patrick Loughman, Carl Maguire, Clare Martin, Trevor Mazzucchelli, Michael McGettrick, Robert McKeown, Norma Midgley, Deborah Murphy, Rita Murphy, Kate O'Brien, Bettina, Joe und Stella O'Connell, Helen O'Sullivan, Michael Phelan, Marie Plisnier, Stella Read, Alana Rosser, Francesco Segoni, Eamonn Stafford, V. J. Studley, Teresa Thornhill, Ingrid Thuet, Miguel Viñas, Giovanni Viscardi

DANK DER AUTOREN

Fionn Davenport

Ich möchte Glenn, Cat und allen bei Lonely Planet danken, außerdem meinen Mitautoren, deren Texte in mir die Reiselust wecken, und den vielen Tourismusbüros, B&B-Besitzern, Hoteliers und Gastronomen, die mich auf meinen Reisen mit Informationen, Nahrung und schönen Schlafplätzen versorgt haben.

Catherine Le Nevez

Sláinte zuerst und vor allem an Julian: Ohne Dich hätte ich es nicht geschafft. *Sláinte* auch an alle Iren, Mitreisenden und im Tourismusbereich tätigen Menschen, die mir zu Einblicken verhalfen und mit denen ich eine tolle Zeit hatte. Ganz besonders hervorheben möchte ich Micheál in Dingle, Paula in Drogheda, Robert in Cavan und die Killarney-Crew (Ihr wisst schon, wer gemeint ist!). Ganz herzlichen Dank auch an Cliff Wilkinson, Cat Craddock, Glenn van der Knijff, Fionn und das *Irland*-Team sowie an alle Mitarbeiter bei Lonely Planet. Und wie immer ein *merci encore* an meine Familie.

Etain O'Carroll

Riesiger Dank gebührt all den Angestellten der Touristeninformationen, die mir unzählige Fragen beantwortet haben, darunter vor allem Kieran Henderson bei Visit Inishowen. Ganz besonders danken möchte ich auch Neil Britton für die Einweisung ins Surfen, Oda, Luan, Sinead, Roisin, Yvonne und Eustelle für all ihre Tipps sowie Mark, Osgur und Neven für ihre Gesellschaft unterwegs. Darüber hinaus danke ich ganz herzlich Mrs. O., die mir fern von zu Hause eine zweite

Heimat geboten hat, die Unordnung ertragen und uns alle so toll verpflegt hat.

Ryan Ver Berkmoes
So wie eine Unterhaltung in einem Irish Pub könnte auch die Liste derer, denen ich für ihre Hilfe danken möchte, ewig fortgeführt werden. Trotzdem möchte ich ein paar Menschen hervorheben: In Galway war Charley Adley wie immer ein Freund und ein Quell der Inspiration (ich schulde Dir das eine oder andere Bier!). Delo Collier entmystifizierte den Red Earl, Anna Farrell entpuppte sich als hervorragende Sitznachbarin sowie Spezialistin für Bäckereien und Patrick Burke brachte auf Inishmor die Räder ins Rollen. Dank gebührt auch Erin und Annah.

Neil Wilson
Ich danke dem Belfast Welcome Centre, dem freundlichen und hilfsbereiten Personal der Touristeninformationen in ganz Nordirland sowie Tom und Will Kelly und Kevin Hasson (die Bogside Artists).

QUELLENNACHWEIS
Klimakartendaten von Peel, M. C., Finlayson, B. L. & McMahon, T. A. (2007), „Updated World Map of the Köppen-Geiger Climate Classification", *Hydrology and Earth System Sciences*, 11, 1633-44.

Illustrationen auf den Seiten 60–61, 64–65 und 70–71 von Javier Martinez Zarracina.

Umschlagfoto: Ausblick auf die Küste und das Classiebawn Castle. Mullaghmore, Gareth McCormack. Bildrecherche durch lonelyplanetimages.com. Viele Fotos in diesem Reiseführer können bei Lonely Planet Images unter www.lonelyplanetimages.com lizenziert werden.

ÜBER DIESES BUCH
Dies ist die 4. deutsche Auflage von *Irland*, basierend auf der 10. englischen Auflage von *Ireland*, die vom Hauptautor Fionn Davenport sowie Catherine Le Nevez, Etain O'Carroll, Ryan Ver Berkmoes und Neil Wilson verfasst wurde. Alle fünf Autoren waren auch für die 9. Auflage zuständig. Der Reiseführer entstand im Auftrag der Lonely Planet Redaktion Oakland und wurde von folgenden Personen betreut:

Verantwortliche Redakteure Catherine Craddock-Carrillo, Katie O'Connell, Glenn van der Knijff, Clifton Wilkinson

Leitende Redakteurin Sonya Mithen

Leitende Kartografin Jennifer Johnston

Leitende Layoutdesignerin Wendy Wright

Redaktion Brigitte Ellemor, Tasmin Waby McNaughtan

Kartografie Amanda Sierp

Layoutdesign Jane Hart

Redaktionsassistenz Janet Austin, Alice Barker, Kate Daly, Cathryn Game, Paul Harding, Asha Ioculari, Andi Jones, Craig Kilburn, Anne Mulvaney, Fionnuala Twomey, Kate Whitfield, Helen Yeates

Kartografieassistenz Mick Garrett, Karen Grant

Layoutdesignassistenz Yvonne Bischofberger, Adrian Blackburn, Carol Jackson

Umschlag Aude Vauconsant

Interne Bilderrecherche Rebecca Skinner

Illustrator Javier Martinez Zaracina

Redaktion Sprachführer Laura Crawford, Annelies Martens

Dank an Ryan Evans, Chris Girdler, Trent Paton, Anthony Phelan, Gerard Walker

NOTIZEN

NOTIZEN

NOTIZEN

Register

A
Abbey Island 311
Abbeyleix 538–539
Abbeyshrule 563
Abenteuerzentren 37
  Dunmore East 198–199
  Gartan Outdoor Education Centre 525
  Killary Adventure Centre 447
  Life Adventure Centre 671
Achill Island 465–469, **466–467**
Act of Catholic Emancipation 745
Act of Union 746
Adams, Gerry 752, 754
Adare 347–350
Adley, Charlie 421
Adrigole 285
Aghadoe 299
Ahakista 281–282
Ahern, Bertie 765
Ahern, Cecelia 765
Aillwee Caves 406–407
Aktivitäten 24–27, 33–40, 770–772, *siehe auch* Angeln, Drachenfliegen, Falknerei, Gleitschirmfliegen, Golf, Kanufahren, Radfahren, Reiten, Surfen, Tauchen, Vogelbeobachtung, Wandern
Albert Memorial Clock Tower 616
Alkohol 44, 756, *siehe auch* Bier, Guinness, *poitín*, Stout, Whiskey
Allihies 287
All-Ireland Finals 27
An Díseart 320
Angeln 39
  Ballina 472
  Carrickmacross 604
  Cavan 596–597
  Clare 406
  Fermanagh 729–730, 732
  Killarney 292
  Lough Corrib 438
  Westmeath 565
  Westport 463

000 Verweise auf Karten
000 Verweise auf Fotos

Anglo-Irischer Vertrag 749, 751–752
Annalong 672
Annals of the Four Masters 497
Annascaul 317–319
Annestown 201
Antrim, County 51, 681, 701–717, **682–683**
  Essen 681
  Highlights 681–682
  Klima 681
  Reisezeit 681
  Schlafen 681
Antrim, Stadt 716
Apartheid 752
Aquarien 319–320, 659, 701
Aran Islands 426–436, **358–359**
  An- & Weiterreise 427
  Bücher 427
  Kunst 432
  Unterwegs vor Ort 431, 433, 436
Arbeiten in Irland 774
Architektur 449, 590
Ardagh Chalice 87, **65**
Ardara 510–512
Ardfert 333
Ardgroom 287
Ardmore 205–206
Ards Peninsula 658–661
Ark Open Farm 662
Armagh, County 50, 652, 674–680, **653**
  Essen 652
  Highlights 653
  Klima 652
  Reisezeit 652
  Schlafen 652
Armagh Courthouse 677
Armagh Gaol 677
Armagh Planetarium 678
Armagh, Stadt 675–679, **676**
Arranmore Island 514
Askeaton 346
Athenry 449
Athlone 561–564, **482**
Aughnacliffe-Dolmen 561
Aughrim 451
Aughris Head 491–492
Autofahren 17, 780, 784–785, *siehe auch* Reizvolle Strecken
Avoca 164–165
Avondale House 163

B
B&Bs 779
Bacon, Francis 99
Ballard Bay 390
Ballina (County Clare) 382–383
Ballina (County Mayo) 472–474

Ballinamore 563
Ballinasloe 451
Ballingarry 349
Ballintoy 705
Ballitore 172
Ballon 212
Ballybunion 335–336
Ballybunion Castle 335
Ballycastle (County Antrim) 707
Ballycastle (County Mayo) 471
Ballyconneely 442
Ballyconnell 600
Ballycroy National Park 469
Ballydavid 327
Ballyferriter 326
Ballyhack 186
Ballyjamesduff 599
Ballykissangel 164
Ballyliffin 530–531
Ballymacgibbon Cairn 457
Ballymaloe 247
Ballymena 716
Ballymote 491
Ballyvaughan 406–407
Baltimore 272–273
Banagher 546–548
Banba's Crown 532
Bangor 655–658
Bangor Erris 469
Bangor Trail 464, 469
Bankenkrise 753
Bank-of-Ireland-Gebäude 93
Bannow 184
Bannow Bay 184
Bansha 351
Bantry 279–281
Banville, John 764
Barleycove 278
Barna Woods 439
Barryscourt Castle 247
Barry, Sebastian 764
Battle of Aughrim Interpretive Centre 451
Bauboom 739
Bauernhofübernachtungen 204
Bauernmärkte 41, 123
Beaghmore Stone Circles 734
Beara Peninsula (Ring of Beara) 282–288
Beara Way 286, **35**
Beckett, Samuel 763, **67**
Behan, Brendan 763
Behinderung, Reisen mit 777
Belfast 50, 606–651, **607**, **610–611**, **630**
  An- & Weiterreise 648–649
  Ausgehen 642–644
  black-taxi-Touren 620, **12**
  Cathedral Quarter 614

Essen 606, 638–642
Feste & Events 633–635
Geführte Touren 632–633
Geschichte 608–609
Highlights 607
Internetzugang 648
Klima 606
Laganside 614–617
Lanyon Place 617
Medizinische Versorgung 648
Notfall 648
Reiserouten 608
Reisezeit 606
Schlafen 635–638
Sehenswertes 609–632
Shoppen 646–647
South Belfast (Queen's Quarter) 618–619
Stadtspaziergang 634
Stadtzentrum 609–614
Titanic Quarter 20, 617–618
Touristeninformation 648
Unterhaltung 644–646
Unterwegs vor Ort 649–651
Wandmalereien 620–621, **622–623**
West Belfast (Gaeltacht Quarter) 619–621
Belfast Castle 631
Belfast Zoo 631–632
Bellanaboy 470
Belleek 729
Bell Harbour 409
Belmullet 469
Belturbet 598–599
Belvelly 248
Benbane Head 709
Benbulben 493–494
Bennettsbridge 225–226
Benwee Head 471
Bere Island 285
Berge 767
Bessbrook 674
Bevölkerung 756
Bier 44, 203, 213, 219, 241, 422, *siehe auch* Brauereien & Brennereien
Bigfish 616
Binchy, Maeve 765
Binevenagh Lake 698
Birr 542–545
Bischof's Palace 341
Bishop's Stone 727
Black and Tans 748
Black Head 406
Blacklion 600
black pudding 268
Blacksod Point 469
black-taxi-Touren (Belfast) 620
Blarney Castle 244–245

Blarney Stone 244–245
Blasket Islands 325–326
Blennerville Windmill 329
Blessington 158–159
Bloody Foreland 516
Bloody Sunday 689, 750
Bloomsday 26, 113, *siehe auch* Joyce, James
Blue Stack Mountains 503
Boa Island 728–729, **629**
Bocan Stone Circle 533
bodhrán 759
Bog of Allen 168
Bog of Allen Nature Centre 168
Bogside Artists 692
Bogside, Schlacht in der 750
Boland, Evan 763
Bolton Library 361
Bono 103, 116, 142, 636, 760, *siehe auch* U2
Book of Durrow 552
Book of Kells 59, 79, **61**
Book of Leinster 579
Bootstouren 727, 786
 Antrim, County 701, 707, 716
 Armagh, County 680
 Cavan, County 598
 Clare, County 382, 389, 395
 Cork, County 248, 251, 269, 272
 Derry, County 699
 Donegal, County 497
 Down, County 656, 659
 Dublin 111, 543
 Fermanagh, County 720–721, 727, 730
 Galway, County 417, 438, 447
 Kerry, County 306
 Leitrim, County 558
 Mayo, County 453
 Offaly, County 543, 546–547, 547, 550
 Sligo, County 492
 Westmeath, County 562
Bootsverleih
 Banagher 546
 Belturbet 598
 Carrick-on-Shannon 558
 Hausboote 543, 779
 Fermanagh 725, 730
 Lough Corrib 438
 Lough Erne 725, 727, **628**
 Lough Key 555
Borris 212–213
Brú, Brian 678
Botschaften 774
Boxer 603
Boycott, Captain Charles Cunningham 457
Boyle 554–556

Boyne Viaduct 588
Brandon's Point 327
Brandy Pad 670
Bräuche 18–19, 45
Brauereien & Brennereien
 Carlow Brewing Company 213
 Cooley Distillery 576
 Franciscan Well Brewery 241
 Guinness Storehouse 94–95
 Kilkenny 13
 Locke's Distillery 564
 Old Bushmills Distillery 703
 Old Jameson Distillery 99
 Smithwick's Brewery 13, 219
Braveheart 580
Breastagh Ogham Stone 472
Britton, Neil 504
Brow Head 278
Bruckless 506
Brú na Bóinne 10, 569–574, **10**
B-Specials 752
Bücher 528, 738, 764
Buchläden 23
Budget 16, 774, 779, 780
Buncrana 528–529
Bundoran 504–506, **38**
Bunratty 380–381
Bunratty Castle & Folk Park 380–381
Burgen 13, *siehe auch* Herrenhäuser, Ruinen
 Adare Castle 348
 Ashford Castle 453
 Ashtown Castle 107
 Athlone Castle 562
 Athlumney Castle 577
 Aughnanure Castle 437
 Ballybunion Castle 335
 Ballycarbery Castle & Ring Forts 305–306
 Ballyhack Castle 186
 Ballymote Castle 491
 Bangor Castle 656
 Barryscourt Castle 247
 Belfast Castle 631
 Birr Castle Demesne 543–545
 Black Castle 162
 Blarney Castle 244–245
 Buncrana Castle 529
 Cabra Castle 600
 Cahir Castle 364
 Carlow Castle 210
 Carrickabraghey Castle 530
 Carrickfergus Castle 715
 Castle Coole 724–725
 Castle Leslie 603
 Castle Murray 506
 Castle Ward Estate 666
 Charleville Castle 551
 Classiebawn Castle 495

Clonony Castle 546
Clough Oughter Castle 598
Crom Castle 725
Cromwell's Castle 546
Dalkey Castle 141
Desmond Castle 251
Doe Castle 520
Donegal Castle 497
Dublin Castle 83–85
Dundrum Castle 669
Dungarvan Castle 201–202
Dunguaire Castle 448
Dunluce Castle 702
Dunsany Castle 579–580
Enniscorthy Castle 188–189
Enniskillen Castle 720
Ferns Castle 190–191
Gallarus Castle 326–327
Glenarm Castle 714
Glenveagh Castle 524
Granuaile's Castle 459
Hillsborough Castle 654
Howth Castle 143
Huntington Castle 214
Johnstown Castle & Gardens 180
Kanturk Castle 289
Kilkenny Castle 215–216, **74–75**
Killyleagh 663
King John's Castle (Carlingford) 594
King John's Castle (Limerick) 340–341
King's Castle 347
Kinnitty Castle 545–546
Knappogue Castle 379
Lea Castle 541
Leap Castle 545
Lismore Castle 207
Listowel Castle 334
Lynch's Castle 415
Maynooth Castle 165–166
Nenagh Castle 369
O'Brien's Castle 434
Ormond Castle 369
Parkavonear Castle 299
Parke's Castle 560
Portaferry Castle 659
Portumna Castle & Gardens 451
Rockfleet Castle 465
Roscommon Castle 556
Roscrea Castle 369
Ross Castle 299, 599
Slane Castle 575–576
Stormont Castle 632
Strangford Castle 666

000 Verweise auf Karten
000 Verweise auf Fotos

Taafe's Castle 594
Talbot Castle 580, **584**
Trim Castle 580
Waterford Castle 195
Bürgerkrieg 749
Bürgerrechtsbewegung 752
Burren, der 395–409, **396**
 An- & Weiterreise 397
 Geologie 398
 Pflanzen 395–396
 Praktische Informationen 397
 Tiere 395–396
 Unterwegs vor Ort 397
 Wandern 396
Burren Perfumery & Floral Centre 405
Burren Way 396
Burtonport 513–514
Bushmills 703
Busreisen 785–786
Butlersbridge 598

C

Cahersiveen 305–307
Cahercommaun-Festung 405
Caherconnell Fort 404
Caherdaniel 311–312
Cahir 364–365
Callan Famine Graveyard 225
Camping 779
Cappoquin 206–207
Captain Webb's Hole 457
Carlingford 594–596
Carlow, County 47, 209–214, **174–175**
 Essen 173
 Gärten & Parks 212
 Klima 173
 Reisezeit 173
 Schlafen 173
Carlow, Stadt 209–211
Carlow County Museum 20
Carna 439
Carnbane East 585
Carnbane West 585
Carndonagh 532
Carne 182
Carrantuohil 301
Carraroe 439
Carrick 507–509
Carrick-a-Rede 709
Carrick-a-Rede Rope Bridge 706, **13**
Carrickfergus 715
Carrickfergus Castle 715
Carrickmacross 604–605
Carrick-on-Shannon 557–560
Carrick-on-Suir 369
Carrigaholt 389
Carron 404–405
Carron Polje 405

Carrowkeel Megalithic Cemetery 490–491
Carrowmore Megalithic Cemetery 488–489
Cashel 360–363
Casino at Marino 108
Castlebar 474–475
Castlebellingham 592
Castle Coole 724–725
Castlecomer 229
Castledermot 172
Castle Espie Wildfowl & Wetlands Centre 662, **625**
Castlegregory 328–329, **263**
Castlepollard 566
Castlereagh, Robert Stewart 661
Castlerock 699, 700
Castletownbere 285–286
Castletown House 166
Castletownshend 270–271
Castle Ward Estate 666
Cathedral Quarter 614
Catholic Emancipation Act 745
Causeway Coast Way 709
Causeway Speciality Market 699
Cavan, County 50, 568, 596–601, **570–571**
 Essen 568
 Highlights 570–571
 Klima 568
 Reisezeit 568
 Schlafen 568
Cavan, Stadt 597–598
Céide Fields 471
céilidh 759
Chandler, Raymond 194
Chaplin, Charlie 310
Charlemont House 99
Chester Beatty Library 83
chick lit 765
Chimney Tops 704
Christ Church Cathedral (Dublin) 96–97
Christ Church Cathedral (Waterford) 194
Christen 741
Church Island 310
Circuit of Ireland International Rally 24
City Hall 93–94, 609
Claddagh 424
Claddaghduff 444
Claddagh-Ringe 424
Clanbrassil Barn 669
Clare Archaeology Centre 378
Clare, County 15, 48, 371–409, **372**, **354–355**
 Essen 371
 Highlights 372
 Klima 371

Reiszeit 371
Schlafen 371
Clare Island 459
Clarinbridge 448
Clear Island 273–275
Cleggan 444
Clew Bay 459, **22**
Clifden 442–444
Cliffs of Magho 729
Cliffs of Moher 15, 394–395, **14**, **354**, **355**
Cloghane 327–328
Clogher 326
Clogher Head 326
Clogherhead 592
Clonakilty 266–269
Clondra 563
Clonegal 214
Clones 603–604
Clonmacnoise 14, 548–550, **549**, **14**
Clonmany 530–531
Clonmel 367
Clonmines 184
Cloughmore Stone 672
Cloverhill 598
Coastal-Zone-Aquarium 701
coffin ships 219, 460, 553, 764
Cobh 245–247
Coleraine 699
Collins, Michael 266, 270, 749
Comeragh Mountains 208–209
Cong 453–457
Cong Stone Circle 457
Connemara 8, 436–448, **438–439**, **8**
Connemara National Park 445, **10**
Connor Pass 327, **263**
Conolly, James 748
Conway Mill 621
Cookstown 734
Coole Park 450
Cooley Peninsula 593–596
Cootehall 563
Copper Coast 201
Copper Coast European Geopark 201
Corcomroe Abbey 408
Cork, County 47, 231–289, **232**, **254–257**
  Essen 231
  Highlights 232
  Klima 231
  Reisezeit 231
  Schlafen 231
Cork International Choral Festival 24
Cork, Stadt 11, 233–244, **236**, **11**, **254–255**
  An- & Weiterreise 244
  Ausgehen 241
  Essen 239–241

Feste & Events 235
Geführte Touren 235
Geschichte 233
Hugenottenviertel 239
Internetzugang 243
Notfall 243–244
Schlafen 235–239
Sehenswertes 233–235
Shandon 234–235
Shoppen 243
Touristeninformationen 243–244
Unterhaltung 242–243
Unterwegs vor Ort 244
Corlea Trackway 561
Cormac's Chapel 361
Corofin 403–404
Corrib-Gasleitung 470
County Sligo Golf Course 488
Crag Cave 332–333
Craggaunowen 379
Craig, James 751–752
Crawfordsburn 656
Creevykeel Goort Cairn 495
Creggan 734
Croagh Patrick 460–461, **22**
Croke Park 108
Cromane Peninsula 305
Cromwell, Oliver 744, 745
Crookedwood 566
Crookhaven 277–278
Crossmaglen 675
Cross of Clogher 601
Cú Chulainn 762
Cuilcagh Mountain 731
Cuilcagh Mountain Park 600–601, 732
Culdaff 533–534
Cullen's Rock 157
Cultúrlann McAdam Ó Fiaich 621
Curracloe Beach 180
Curragh 168–169
Curraghmore Estate 198
Curraheen Greyhound Park 242
Curran Strand 701
Cushendall 712
Cushendun 711
Custom House (Belfast) 616
Custom House (Dublin) 104–105
Cut-Bergpass 540
Cutters Wharf 615

D

Dáil Éireann 748
Dalkey 141–142
Damer House 369
Dampfeisenbahn & Lee Valley Eco Park 330
Deer Park Court Cairn 490
Delfine 767

Delphi 458
Democratic Unionist Party 751
Denkmäler
  Cole's Monument 720
  Hands Across the Divide 687, **14**
  Lia Luguaedon Mac Menueh 438
  Marconi Memorial 707
  Turoe Stone 450
Derreen Gardens 288
Derry, County 51, 681, 684 **682–683**
  Essen 681
  Highlights 682–683
  Klima 681
  Reisezeit 681
  Schlafen 681
Derry/Londonderry 14, 684–696, **686**
  An- & Weiterreise 696
  Ausgehen 694
  Bogside 687–689
  Essen 692
  Feste & Events 691
  Geführte Touren 689
  Geschichte 684
  Reisezeit 681
  Schlafen 691
  Sehenswertes 684–689
  Shoppen 695
  Stadtspaziergang 690
  Touristeninformation 696
  Unterhaltung 694
  Unterwegs vor Ort 696
Derrymore House 674
Der Sieger 440, 446, 453
Desmond Castle 251
de Valera, Éamon 748, 749, 750
Devenish Island 726–727
Diamond Obelisk 497
Dichtkunst 763
Die Asche meiner Mutter 344
Diebstahl 140
Dingle 9, 319–324, **318**, **9**
Dingle Oceanworld 319–320
Dingle Peninsula 315–329, **316–317**
Dingle Way 320
Doagh Island 530
Dog's Bay 441
Donaghadee 658–659
Donagh Cross 532
Donaghmore 540, 735
Donaghmore Workhouse 540
Donegal, County 49, 496–535, **498–499**, **480–481**
  Essen 496
  Highlights 498–499
  Klima 496
  Reisezeit 496
  Schlafen 496
Donegal Point 390

Donegal, Stadt 497–503, **500**
Donkey Sanctuary 288
Donnelly's Hollow 172
Doolin 397–401
Doolough Valley 457–459
Doonbeg 390–391
Dooney Rock 493
Doon Fort 512
Doon Well 525
Doorty Cross 402–403
Douglass, Frederick 746–747
Down, County 50, 652, 654–674, **653**
  Essen 652
  Highlights 653
  Klima 652
  Reisezeit 652
  Schlafen 652
Downhill 698
Downhill Estate 698
Downings 525
Downing Street Declaration 751
Downpatrick 664–665
Dowra 600
Dowth 573
Doyle, Roddy 764
Drachenfliegen 23, 191
Drogheda 586–590, **586**
Dromberg Stone Circle 269
Dromod 563
Dromore Wood 378
Drumanone Dolmen 555
Drumcliff 493, **479**
Drumshanbo 563
Drumsna 563
Dublin 7, 46, 54–144, **56–57**, **76–77**, 7
  An- & Weiterreise 139
  Ausgehen 128–130
  Docklands 104–106, **105**
  Essen 54, 119–128
  Feste & Events 111–112
  Geführte Touren 108–111
  Geschichte 55–59
  Grafton Street 59–94, **84–85**
  Highlights 56–57
  Internetzugang 138
  Kilmainham 94–98
  Klima 54
  Liberties, die 94–98
  Märkte 137
  Medizinische Versorgung 138
  Notfall 138–139
  Phoenix Park 106–107
  Portobello 93

000 Verweise auf Karten
000 Verweise auf Fotos

Reiserouten 55
Reisezeit 54
Schlafen 54, 112–119
Sehenswertes 59–108
Shoppen 135–138
Stadtspaziergang 110
St. Stephen's Green 91–92, **90**, 62
Temple Bar 81–82, **84–85** 62, 63
Theater 134–135
Touristeninformation 139
Unterhaltung 130–135
Unterwegs vor Ort 139–141
Dublin Castle 83–87
Dubliners, The 760
Dublin Fringe Festival 27
Dublin Theatre Festival 27
Dublin Zoo 107
Dunabrattin Head 201
Dún Aengus 428–429
Dún an Óir Fort 326
Dunbeg Fort 325
Duncannon 186
Duncannon Fort 186
Dún-Chonchúir-Steinfort 432
Duncormick 184
Dundalk 593
Dundrum 669
Dunfanaghy 519–521
Dungannon 734
Dungarvan 201–204
Dungloe 513
Dunkineely 506
Dunlewy 515–516
Dunluce Castle 702
Dunmore Cave 229–230
Dunmore East 198–199
Dunmore Head 325
Dunquin 325
Dunseverick Castle 705, 709
Durcan, Paul 763
Durrow 539–540
Durrow Abbey 552
Durrus 278–279, 279
Dursey Island 286–287
Dysert O'Dea 377–378

E

Easkey 492
East Munster Way 368
Ecos Environmental Centre 717
Einreise 782
Eisenbahnen
  Black Pig 513
  Fintown Railway 513
  Giant's Causeway & Bushmill's Railway 703
Elisabeth II. 753
Emigration 746

Emo Court 541
Englischer Bürgerkrieg 744, 745
English Market 240
Ennis 373–377, **374**
Enniscorthy 188–190
Enniscrone 492
Enniskerry 149–151
Enniskillen 720–724, **722**
Ennistymon 393–394
Enright, Anne 764
Erneuerbare Energien 769
Erster Weltkrieg 662, 747
Esel 439, 662
Essen 41–45, 774
Etikette 18–19, 45
Events 24–27
Exploris-Aquarium 659
Eyeries 287

F

Fahan 529–530
Fahan-Bienenkorbhütten 325
Fähre 782–783, **783**, *siehe auch* Schiffsreisen
Fair Head 711
Falcarragh 518–519
Falknerei 456
Falls Road 620
Famine Warhouse 363
Fanad Peninsula 526–528, **480**
Fanore 405–406
Father Ted 403, 431, 604
Feiertage 774
Felsklettern 39–40, 766
Fenit 333
Ferien 774
Fermanagh, County 51, 718, 720–732, **719**
  Essen 718
  Highlights 719
  Klima 718
  Reisezeit 718
  Schlafen 718
Ferns 190–191
Fernsehen 758
Feste & Events 24–27
  Belfast Festival at Queen's 27
  Bloomsday 26, 113
  Cork International Choral Festival 24–25
  Cork Jazz Festival 27
  Dublin Fringe Festival 27
  Dublin International Film Festival 24
  Dublin Theatre Festival 27
  Electric Picnic 541
  Féile An Phobail 26
  Fleadh Cheoil nah Éireann 26
  Galway 26, 423, **356**

Kilkenny Cat Laughs 25
Killarney Summerfest 26
Lisdoonvarna Matchmaking Festival 401
Literatur 21
Oxegen 26
Puck Fair 26
Sligo Jazz 477
St. Patrick's Day 24, **25**
Temple House Festival 20
Wexford Opera Festival 27
Wicklow Arts Festival 162
Wicklow Gardens Festival 149
Wicklow Regatta Festival 162
Willie Clancy Irish Music Festival 391
Willie Clancy Summer School 26
Yeats International Festival 477
Fethard 367–369
Fethard-on-Sea 185
Fianna Fáil 738, 749, 750
Filme 739
Finavarra Peninsula 408
Fine Gael 738, 750
Fisherstreet 397
Flaggy Shore 408
Flugreisen 782, 786
Fort Eliza 546
Forty Foot Pool 142
Fota 245
Fota Wildlife Park 245
Foxford Woollen Mill 20, 474
Foynes 346
Frauenromane 765
Frauen unterwegs 775
Free Derry Corner 688
Freier Staat Irland 749
Freiwilligenarbeit 775
Friedhöfe
  Abbeystrewery Cemetery 271
  Callan Famine Graveyard 225
  Carrowkeel Megalithic Cemetery 490–491
  Carrowmore Megalithic Cemetery 488–489
  Glasnevin Cemetery 107–108
  Milltown Cemetery 634
  Monasterboice 592
  Newtown 582
Fungie, der Delfin 319, 321
Fureys, the 760
Fußball 770–771

G

Gaelic Athletic Association (GAA) 747
Gaelic Football 15, 27, 295, 770, **14**
Gaeltacht-Gebiete 794
  Ballinskelligs 310
  Belfast 619–621
  Clear Island 273
  Connemara 437
  Dingle, Stadt 319–324
  Gweedore 514–515
  Mullet Peninsula 469
  Rathcairn 583
  Ring Peninsula 204
  Rosses 512–513
Galgorm 717
Gälische Renaissance 748, 762
Gälische Sportarten 770
Gallarus Castle 326–327
Galtee Mountains 351
Galway, County 48, 410–451, **411**
  Essen 410
  Highlights 411
  Klima 410
  Reisezeit 410
  Schlafen 410
Galway Race Week 26, **356–357**
Galway, Stadt 412–426, **414–415**, **9**
  An- & Weiterreise 425
  Ausgehen 422–423
  Essen 420–422
  Feste & Events 423, **356–357**
  Geführte Touren 417
  Internetzugang 424–425
  Salthill 417
  Schlafen 417–420
  Sehenswertes 412–417
  Shoppen 424
  Touristeninformation 425
  Unterhaltung 423–424
  Unterwegs vor Ort 425–426
Gap of Dunloe 301, 302
Gap of Mamore 530
Garinish Island 283–284
Gärten & Parks
  Abbey Sense Gardens 538
  Altamont Gardens 211, 212
  Antrim Castle Gardens 716
  Antrim Lough Shore Park 716
  Belvedere House & Gardens 564–565
  Botanic Gardens 619
  Brigit's Garden 437
  Castle Archdale Country Park 727–728
  Cave Hill Country Park 631
  Childers Park 334
  Coole Park 450
  Delta Sensory Gardens 211, 212
  Derreen Gardens 288
  Derrynane National Historic Park 311
  Doneraile Park 289
  Duckett's Grove 211
  Emo Court 541
  Eyre Square 415
  Glenshelane Park 206
  Heywood Gardens 538
  Huntington Castle & Gardens 211
  Iveagh Gardens 92
  Kilgraney House Herb Gardens 211, 213
  Knappogue Castle & Walled Garden 379
  Knockreer House & Gardens 298
  Kylemore Abbey 446
  Loughcrew Gardens 585
  Merrion Square 93
  Millennium Gardens 207
  Mount Stewart House & Gardens 660
  Mt. Usher Gardens 160–161
  Muckross Estate 300–301
  National Botanic Gardens 108
  People's Park 341
  Phoenix Park 106–107
  Portumna Castle & Gardens 451
  Roe Valley Country Park 697
  Rowallane Garden 655
  Scrabo Country Park 661
  St. Stephen's Green 91–92, **90**
  The Mall 677
  Tullnally Castle Gardens 567
  Vandeleur Walled Garden 386
  War Memorial Garden 98
Gefahren 786–787, siehe auch Sicherheit
Geführte Touren 786
Geld 16, 17, 19, 393, 775
Geldautomaten 393, 775
General Post Office 748
Geografie 766–769
Geologie 766–769
Geschäftszeiten 776–777
Geschichte 740–754
Gesetzliche Feiertage 774
Gesundheit 560–561, 775–776
Getränke 41, 44, 422, siehe auch Alkohol
Giant's Causeway 704–705, **706–707**, **2–3**, **31**
Giant's Causeway & Bushmill's Railway 703
Girona, Wrack der 705
Gitarren 665
Glandore 269–270
Glanmore Lake 288
Glanteenassig Forest Recreation Area 328
Glasson 564
Gleitschirmfliegen 23, 191
Glenariff 714
Glenariff Circuit 713
Glenarm 714
Glenbarrow 540
Glencolumbcille 509–510

Glendalough 8, 152–157, **152–153**, 8, **70–71**
Glendine Park 540
Glengarriff 283–285
Glen Gesh Pass 510
Gleninsheen Wedge Tomb 404
Glenmacnass 151
Glenmalure 157
Glen of Aherlow 351
Glen of Imaal 159
Glens of Antrim 710–714
Glenties 512–513
Glenveagh National Park 523–524
Glossar 796–799
Gods-of-the-Neale-Stein 457
Goldadler 768
Golden 363
Golden Mile 618
Goldsmith Country 564
Goldsmith, Oliver 564
Goleen 277
Golf 11
  Donegal, County 530–531
  Kildare, County 166, 167
  Portstewart 700
  Sligo, County 488
Gort 450
Gortahork 518–519
Gortin 734
Gortin Lakes 734
Gortmore 698
Gorumna 439
Gougane Barra 275
Gowran 227
Graiguenamanagh 228–229
Grand Canal 167–168, 543
Grand Opera House 613
Grange 494–495
Greatman's Bay 439
Great Sugarloaf 160
Great Western Railway 465
Greencastle 534–535
Green Island 514
Grenzübergänge 786
Grey Abbey 660
Greystones 160–161
Grianánlaghna-Festung 384
Grianán-of-Aileách-Festung 530
Große Hungersnot 746, 747
Guinness 44
Guinness Book of World Records 181
Guinness Storehouse 94–95
Gurteen Bay 441
Gweedore 514–515

000 Verweise auf Karten
000 Verweise auf Fotos

H
Hag's Head 394
Halbedelsteine 534
Hall of the Vicars Choral 360
Hamilton Graving Dock 617
Händel, Georg Friedrich 82
Handys 17, 778
Harfe 759
Hatley Manor 558
Healy Pass 288
Heaney, Seamus 763
Heinrich II. 743
Heinrich VIII. 743
Hell's Hole 532
Heritage Centres (Heimat- & Geschichtsmuseen)
  Adare 348
  Ardara 510
  Blasket Centre 325
  Brian Ború 382
  Brú Ború 361
  Burren Centre 402
  Caherciveen 306
  Carlingford 594
  Clare 403
  Clew Bay 462
  Colmcille Heritage Centre 524
  Connemara Heritage & History Centre 442
  Dún na Sí Heritage Centre 562
  East Clare Heritage Centre 384
  East Tyrone 735
  Excel Heritage Centre 350
  Holy Trinity Heritage Centre 594
  Kenmare 313
  Lismore 208
  Nenagh 370
  North Down 656
  Roscrea 369
  Saint Patrick Centre 664
  Somme Heritage Centre 661–662
  St. George's Heritage Centre 558
  St. Patrick's Trian 677
  Tullamore Dew Heritage Centre 550–551
Herrenhäuser 13
  Avondale House 163
  Bealieu House, Gardens & Car Museum 590
  Cappoquin House & Gardens 206–207
  Castletown House 166
  Castle Ward Estate 666
  Curraghmore Estate 198
  Derrynane House 311
  Emo Court 541
  Mount Stewart House & Gardens 660
  Muckross House 300
  Powerscourt Estate 149–150, **13**
  Russborough House 158
Hezlett House 699
Hill of Allen 168
Hill of Tara 577
Hillsborough 654–655
Historische Gebäude
  Áras an Uachtaráin 107
  Bank of Ireland 93
  Belvedere House & Gardens 564
  Charles Fort 250
  City Hall (Belfast) 609
  County Courthouse 366
  Crown Liquor Saloon 612–613
  Curfew Tower 712
  Custom House (Belfast) 616
  Custom House (Dublin) 104–105
  Dominican Priory 556
  Duckett's Grove 212
  Dunfanaghy Workhouse 519
  Florence Court 730–732
  Four Courts 102–103
  Franziskanerkloster (Donegal) 502
  Franziskanerkloster (Wexford) 176
  General Post Office 101
  Glebe House 524–525
  Government Buildings 94
  Grand Opera House (Belfast) 613
  Guildhall (Derry) 685–687
  Harbour Commissioner's Office 615
  Harland & Wolff Drawing Offices 617
  Hillsborough Courthouse 654
  Hillsborough Fort 654
  King House Interpretive Centre 554
  Leinster House 88–89
  Linen Hall Library 609–612
  Loftus Hall 185
  Main Guard 366
  Malone House 632
  Marsh's Library 95–96
  Municipal Buildings 94
  Ned's Point Fort 529
  Nora Barnacle House 417
  O'Doherty's Keep 529
  Reginald's Tower 193
  Rothe House & Garden 218
  Spanish Arch & mittelalterliche Stadtmauern 413
  Stormont 632
  St. Patrick's College 210
  Swiss Cottage 364–365
  Teampall Chaoimháin 434
  Thoor Ballyle 450
  Wellbrook Beetling Mill 735
  Westport House 461
Historische Nachbauten
  Cashel Folk Village 361
  Craggaunowen 379

Doagh Famine Village 530
Father McDyer's Folk Village 509
Grant Ancestral Homestead 735
Irish National Heritage Park 180
Kerry Bog Village Museum 304
Lisnagun 266
Lower Fitzwilliam Street 29 93
Muckross Traditional Farms 300
Ulster American Folk Park 733
Ulster Folk Museum 630–631
Historische Stätten
  Adare, Klöster von 348
  Andrew Jackson Centre 715
  Arigna Mining Experience 555
  Beal Ború 383–384
  Bonamargy Friary 707
  Browne's Hill Dolmen 212
  Callan Famine Graveyard 225
  Clarendon Dock 615
  Clonmacnoise 14, 548–550, **549**, 14
  Derreenataggart Stone Circle 285
  Derrynane National Historic Park 311
  Dooagh 466
  Dowth 573
  Drombeg Stone Circle 269
  Dún Aengus 428
  Entries, the 614
  Fore Valley 566
  Georgian House & Garden 341
  Giant's Ring 632
  Grange Stone Circle 346–347
  Grant Ancestral Homestead 735
  Hill of Slane 576
  Kells Priory 224
  Kenmare, Steinkreis von 313
  Kilfenora-Hochkreuze 402
  Killeshin Church 212
  Killevy-Kirchen 674–675
  Knock Marian Shrine 475
  Knowth 573
  Monasterboice 592–593
  Nendrum Monastic Site 662
  Newgrange 569–573, **10**, **485**
  Ossian's Grave 712–713
  Rath of the Synods 578
  Royal Enclosure 578
  Schlacht-am-Boyne-Stätte 574
  Selskar Abbey 176
  Slievemore Deserted Village 466
  St. Brendan's Well 308
  St. Colmcille's House 584
  St. Declan's Church 205
  St. Laurence's Gate 587
  Thompson Pump House & Graving Dock 617–618
  Tobar Éinne 434
  Vinegar Hill 189

Hl. Brigid 170
Hl. Colmcille 524
Hl. Kevin 153
Hl. Patrick 664, 665, 742
HMS *Caroline* 618
Hochkreuze
  Ardboe High Cross 734–735
  Carrowmore High Crosses 533
  Donaghmore High Cross 735
  Durrow High Cross 552
  Hochkreuz & Rundturm von Kilree 224
  Kinnitty High Cross 545
  Moone High Cross 172
Höhlen
  Aillwee Caves 406–407
  Cong 457
  Crag Cave 332–333
  Cushendun 711
  Doolin 397
  Dunmore Cave 229–230
  Kesh, Höhlen von 491
  Marble Arch Caves 731–732
  Mitchelstown Caves 365–366
Holy Island 384
Holzschnitzen 487
Home Rule 747
hooker 417
Hook Head 185–186
Hook Head Lighthouse 185
Hook Peninsula 184
Hoops Courtyard 660
Howth 142–144
Hurling 15, 27, 770

I
Inch 317, **262–263**
Inchagoill 438
Inch Island 530
Infos im Internet 17, 115, 138, 451, 777, 779
Inisfallen Island 299–300
Inishbofin 444–445
Inisheer 426, 433–436
Inishmaan 426, 431–433, 358
Inishmór 426, 427–431, **428**, 359
Inishmurray Island 494
Inishowen Head 534
Inishowen Peninsula 528, **528**
Inishturk Island 459–460
Iniskeel Island 512
Inistioge 227
Innisfree Island 493
Inniskeen 605
Internationaler Währungsfond 751
Internetzugang 776
Ireland's Eye 144
Iren 755–756

Irisch 794–795
Irischer Unabhängigkeitskrieg 749
Irish Derby 25
Irish Grand National 24
Irish League 771
Irish National Liberation Army 753
Irish National Stud & Gärten 169–171
Irish Republican Army (IRA) 748, 752
Irish Volunteer Force 747
Island Arts Centre 615
Iveagh Gardens 92

J
Jakob II. 744, 745
James Joyce Cultural Centre 104
Jampa Ling Buddhist Centre 601
Janus Stone 728, **629**
jaunting cars 298, 320
John F. Kennedy Arboretum 188
Joyce, James 103, 104, 111, 113, 142, 564, 762, **66**

K
Kanäle 543, 563, 673
Kanufahren 37
  Birr 544
  Boa Island 729
  Killary 447
  Leixlip 166
  Lough Erne Canoe Trail 730
  Lough Melvin 732
  Mourne Mountains 671
Karfreitagsabkommen 752, 754
Karl I. 744
Karten 776
Kartoffeln 744, 747
Käse 45, 279, 287, 561
Kathedralen, *siehe auch* Kirchen
  Ardfert Cathedral 333
  Cathedral of Christ the King 565
  Cathedral of the Assumption 210
  Christ Church Cathedral (Dublin) 96–97
  Christ Church Cathedral (Waterford) 194
  Clonfert Cathedral 451
  Clonmacnoise 549
  Down Cathedral 664
  Galway Cathedral 416–417
  Holy Trinity Cathedral 194
  Killaloe Cathedral 382
  St. Aidan's Cathedral 189
  St. Anne's Cathedral 614
  St. Brendan's Catholic Cathedral 450
  St. Brigid's Cathedral 169
  St. Canice's Cathedral 217–218
  St. Carthage's Cathedral 207–208

St. Colman's Cathedral 246
St. Columb's Cathedral 685
St. Edan's Cathedral 191
St. Eunan's Cathedral 522
St. Fin Barre's Cathedral 234
St. Macartan's Catholic Cathedral 602
St. Mary's Cathedral (Kilkenny) 219
St. Mary's Cathedral (Killarney) 292
St. Mary's Cathedral (Limerick) 341
St Mary's Pro-Cathedral 103
St.Patrick's Cathedral (Dublin) 95
St.Patrick's Cathedral (Dundalk) 593
St. Patrick's Roman Catholic Cathedral 678
Katholiken 744
Kavanagh, Patrick 605
Keadue 563
Keenagh 563
Kells (Meath) 583–584
Kells (Kilkenny) 224–225
Kelly, Cathy 765
Kelly, Luke 760
Kelten 741
Keltische Kreuze, *siehe* Hochkreuze
Keltische Mythologie 103, 497
 Annals of the Four Masters 497
 Brigid, hl. 170
 Cong 457
 Cruachan Aí Visitor Centre 553
 Hill of Slane 576
 Hill of Tara 577
 Holzschnitzen 487
 Inisheer 434
 Mythischer Sagenkreis 762
 Newgrange 569
 O'Malley, Grace 460
 Wandmalereien 620–621
Keltischer Tiger 750–751
Kenmare 312–315, **35**, **261**
Kennedy, Familie 188
Kennedy Homestead 188
Kennelly, Brendan 763
Kerry Bog Village Museum 304
Kerry, County 47, 290–336, **291**
 Essen 290
 Highlights 291
 Klima 290
 Reisezeit 290
 Schlafen 290
Kerry Head 333
Kerry Literary & Cultural Centre 334
Kerry Way 297

000 Verweise auf Karten
000 Verweise auf Fotos

Keshcarrigan 563
Keyes, Marion 765
Kickham, Charles J. 350
Kilbaha 389
Kilbeggan 564
Kilbeggan Races 564
Kilcar 507–509
Kilcolgan 448
Kilcrohane 281–282
Kildare, County 46, 145, 165–172, **146–147**
 Essen 145
 Highlights 146–147
 Klima 145
 Reisezeit 145
 Schlafen 145
Kildare, Stadt 169–172
Kilfane 227
Kilfenora 402–403
Kilfenora Céili Band 402
Kilfenora-Hochkreuze 402
Kilkee 387–389, **74–75**
Kilkenny Castle 215–216, **74–75**
Kilkenny, County 47, 214–230, **174–175**
 Essen 173
 Highlights 174–175
 Klima 173
 Reisezeit 173
 Schlafen 173
Kilkenny, Stadt 13, 215–224, **216**, **13**, **260–261**
 An- & Weiterreise 224
 Ausgehen 222–223
 Essen 221–222
 Feste & Events 220
 Geführte Touren 219–220
 Geschichte 215
 Highlights 173–174
 Schlafen 220
 Shoppen 223–224
 Unterhaltung 223
 Unterwegs vor Ort 224
Kilkieran Bay 439
Killadeas 727
Killadoon 458–459
Killala 472
Killaloe 382–383
Killarney 292–298, **294**, **300–301**
 Aktivitäten 292
 An- & Weiterreise 297–298
 Ausgehen 296
 Essen 295–296
 Feste & Events 292
 Internetzugang 297
 Medizinische Versorgung 297
 Schlafen 292–295
 Sehenswertes 292

 Shoppen 296–297
 Touristeninformation 297
 Unterhaltung 296
 Unterwegs vor Ort 298
Killarney National Park 298–303, **35**, **258–259**
Killary Harbour 447–448
Killiney 142
Killorglin 304, **260**
Killybegs 507
Killyleagh 663
Kilmacanogue 160
Kilmainham Gaol 97
Kilmallock 347
Kilmore Quay 183
Kilroy, Claire 765
Kilrush 386–387
Kincasslagh 513–514
Kindern, Reisen mit 109, 637, 776
King John's Castle 340–341
Kingscourt 599–600
Kinnitty 545–546
Kinsale 250–265, **252**, **254–255**
Kinvara 448–449
Kirchen, *siehe auch* Kathedralen
 Church of St. Finghin 379
 Clonca-Kirche mit Kreuz 533
 Collegiate Church 347
 Collegiate Church of St. Nicholas of Myra 413–415
 Costello Chapel 558
 Ennis Friary 373
 French Church 194
 Holy Cross Church 313
 Holy Trinity Church 367–368
 Layde Old Church 712
 Meelick Church 547
 Multyfarnham Franciscan Friary 567
 Newman Chapel 92
 Quin Abbey 378–379
 Sinclair Seamen's Church 615
 St. Anne's Church 234
 St. Audoen's Churches 98
 St. Augustine's Church 202
 St. Brendan's Church 327
 St.-Columba-Kirche 584
 St. Declan's Church 205
 St. Fechin's Church 566
 St. Iberius' Church 176
 St. Malachy's Parish Church 654
 St. Mary's Abbey 187
 St. Michan's Church 104
 St. Multose Church 251
 St. Munna's Church 567
 St. Peter's Church of Ireland 588
 St. Peter's Roman Catholic Church 586

St. Senan's Catholic Church 386
Tullyaughnish Church 527
Klima 24–27, 776, *siehe auch einzelne Regionen*
Klippen 766
Klöster
  Ballintubber Abbey 474–475
  Bective Abbey 583
  Black Abbey 218–219
  Boyle Abbey 554
  Burrishoole Abbey 465
  Clare Island Abbey 459
  Cong Abbey 453
  Corcomroe Abbey 408
  Duiske Abbey 228
  Dunbrody Abbey 186
  Hore Abbey 361
  Jerpoint Abbey 226
  Kylemore Abbey 446
  Mt. Melleray Cistercian Abbey 206
  Mucrkoss Abbey 301
  Murrisk Abbey 460–461
  Old Mellifont Abbey 590–591
  Rathfran Abbey 472
  Rosserk Abbey 472
  Sligo Abbey 476
  St. Mary's Abbey (New Ross) 187
  St. Mary's Abbey (Trim) 580
  Tintern Abbey 184
Knappogue Castle 379
Knock 475–476
Knockalla Fort 526
Knockamany Bens 533
Knocknarea Cairn 489
Knockreer House & Gardens 298
Knockvicar 563
Knowth 573
Kochen, *siehe* Kurse
Kochschulen 22
  Ballyknocken House 163
  Ballymaloe 247
  Ghan House 595
  Source 486
  Tannery Cookery School 202
Kolumbus, Christoph 413
Konsulate 774
Kosten 16–17, 774, 779, 780, 785, 787–788
Kreditkarten 775
Kreuze, *siehe* Hochkreuze
Kristall 195
Kultur 738–739, 755–758
Kunst 741, 762–765, *siehe auch* Filme, Literatur, Musik, Tanz, Theater
Kunsthandwerk
  Cahir 365
  Claddagh 424
  Clare Island 459
  Derry/Londonderry 695
  Foxford 474
  Kilkenny 218, 225
  Malin Head 534
  Spiddal 439
  Waterford (Stadt) 197
Kunstmuseen, *siehe auch* Museen
  Courthouse Studios & Gallery 393
  Crawford Municipal Art Gallery 233–234
  Douglas Hyde Gallery of Modern Art 80
  Dublin City Gallery – The Hugh Lane 99
  Gallery of Photography 82
  Highlanes Gallery 587
  Irish Museum of Modern Art 97–98
  Limerick City Gallery of Art 341
  Model 20, 476
  National Craft Gallery & Kilkenny Design Centre 218–219
  National Gallery 88
  Old Market House Arts Centre 202
  Ormeau Baths Gallery 613–614
  People's Gallery Studio 688
  Siopa ChillRialaig 310
  Visual Centre for Contemporary Art 210
Kurse
  Archäologie 508
  Bio 561, 575
  Buddhismus 601
  Falknerei 456
  Gartenbau 575
  Gesundheit 561
  Irisch 274, 471, 645
  Käseherstellung 561
  Klettern 508, 525
  Kochen 202, 247, 459, 595, 603, 735
  Kultur 509, 645
  Kunsthandwerk 459, 565, 604, 733
  Malerei 206, 467, 509, 588
  Meditation 601
  Musik 376–377
  Permakultur 490
  Segeln 525
  Tanzen 376–377
  Tauchen 276, 446
  Vogelbeobachtung 40, 274
  Yoga 459, 561, 601
  Ziegenhaltung 274

L

Lagan Meadows 615
Laganside 614–617
Laganside Art Trail 614
Laganside-Projekt 614
Lagan Towpath 615
Lagan Weir 616–617
Lahinch 391–393
Lambay Island 144
Land Act 747
Land League 747
Landschaft 21, 766–769
Lanyon Place 617
Laois, County 538–542
Larkin, Jim 103
Larne 714–715
Lartigue Monorailway 334
La-Tène-Stein 556
Lauragh 287
Laytown 574–575
Laytown Races 574
Lebensstil 756
Lecale Peninsula 666
Leenane 447–448
Legananny 655
Legananny Dolmen 655
Legnabrocky Trail 731
Lehman Brothers 753
Leinster House 88–89
Leitrim, County 557–561
Lemass, Sean 750
Lesben 114, 243, 644–645, 757, 777
Letterfrack 445–447
Letterkenny 521–523
Lettermore 439
Lettermullen 439
Lewis, C. S. 763
Limavady 696–697
Limerick, County 48, 337, 340–350, **338–339**
  Essen 337
  Highlights 338–339
  Klima 337
  Reisezeit 337
  Schlafen 337
Limerick, Stadt 340–346, **342**, **482–483**
  An- & Weiterreise 345–346
  Essen 344–345
  Geführte Touren 343
  Geschichte 340
  Internetzugang 345
  Medizinische Versorgung 345
  Schlafen 343–344
  Sehenswertes 340–343
  Touristeninformation 345
  Unterwegs vor Ort 346
Linen Hall Library 609–612
Lisburn 651
Liscannor 394
Lisdoonvarna 401–402
Lismore 207–208
Lisnagun 266
Lissadell House 493

Listowel 333–335
Listowel Castle 334
Literatur 762–765, *siehe auch* Bücher
Little Museum of Dublin 20, 92–93
Londonderry, 14, 684–696, **686** *siehe auch* Derry/Londonderry
Longford, County 561
Long Room 79, **69**
Loop Head 389–390
Loughareema 711–713
Lough Boora 552
Lough Corrib 438–439
Loughcrew Cairns 584–586
Lough Derg 383
Lough Derravaragh 566
Lough Doon 512
Lough Eske 502
Lough Gartan 524–525
Lough Gill 492–493
Lough Glencar 494
Lough Gur 346–347
Lough Gur Stone Age Centre 347
Lough Inagh Valley 440
Lough Macnean 732
Lough Melvin 732
Lough Muirí 408
Lough Neagh 680
Lough Oughter 598
Loughrea 450
Loughrea Peninsula 512
Lough Ree 564
Lough Sheelin 599
Louisburgh 458
Louth, County 50, 568, 585–596, **570–571**, **485**
  Essen 568
  Highlights 570–571
  Klima 568
  Reisezeit 568
  Schlafen 568
Lower Lough Erne 726–730, **629**
Luftverschmutzung 768–769
Lullymore Heritage & Discovery Park 168

M

Mace Head 439
Macgillycuddy's Reeks 301–302
Maghery 510
Magilligan Point 698
Maid of Antrim 716
Malahide 144
Malin 532–533

000 Verweise auf Karten
000 Verweise auf Fotos

Malin Head 532–533
Mallow 288–289
Marble Arch 520
Marble Arch Caves 731–732
Marble Arch Caves European Geopark 731
Marder 396
Market Cross 583–584
Markierte Wanderwege 22, 36
  Beara Way 283, 286, **35**
  Brandon Way 229
  Causeway Coast Way 709
  Dingle Way 320
  East Munster Way 209, 368
  Kerry Way 297
  Moyle Way 711
  Sheep's Head Way 282
  Slieve Bloom Way 540
  Sligo Way 491
  South Leinster Way 229
  Ulster Way 710–711, 726
Marsh's Library 95–96, **66–67**
Mary from Dungloe 26
Maße 17
Mathew, Father Theobald 103, 235
Maynooth 165–167
Maynooth Castle 165–166
Mayo, County 49, 452, 453–476, **454–455**
  Essen 452
  Highlights 454–455
  Klima 452
  Reisezeit 452
  Schlafen 452
McCann, Colum 765
McCourt, Frank 344
McGuinness, Martin 751, 754
McLaverty, Bernard 763
Meath, County 50, 568, 569–585, **570–571**, **584**, **585**
  Essen 568
  Highlights 570–571
  Klima 568
  Reisezeit 568
  Schlafen 568
Medizinische Versorgung 775–776
Meeresalgenbäder 492
Meeting of the Waters 164
Merrion Square 93
Michael Collins Centre 270
Midlands, die 49, 536–567, **537**
  Essen 536, 547
  Highlights 537
  Klima 536
  Pubs 551
  Reisezeit 536
  Schlafen 536
Midleton 247–248
Miltown Malbay 391

Mitchelstown Caves 365–366
Mizen Head Peninsula 275–281
Mizen Head Signal Station 278
Mobiltelefone 17, 778
Monaghan, County 50, 568, 601–605, **570–571**
  Essen 568
  Highlights 570–571
  Klima 568
  Reisezeit 568
  Schlafen 568
Monaghan, Stadt 601–602
Monasterboice 592–593
Monastir-Schacht 731
Moone 172
Moore, Christy 171, 760
Moorland 766, 767
Motorradreisen 784–785
Mound of Down 664
Mound of the Hostages 578
Mountcharles 506
Mountmellick 541
Mountsandel Fort 699
Mountshannon 384
Mount Stewart House & Gardens 660
Mourne Mountains 669–671, **38**, **624–625**
Mourne Wall 671, **624**
Moville 535
Moyle Way 711
Mt. Croaghaun 467
Mt. Errigal 516
Mt. Knockmore 459
Mt. Leinster 191, 213
Mt. Mweelrea 447
Mt. Seefin 282
Mt. Slievemore 467
Mt. Usher Gardens 160–161
Muckish Mountain 518, 520
Muckross Estate 300–301
Muckross House 300
Mullaghmore 495
Mullet Peninsula 469–471
Mullingar 564–566
Mulranny 465
Multikulturalität 756
Murlough Bay 711
Museen, *siehe auch* Regionalmuseen
  Armagh Public Library 676–677
  Ballycastle Museum 707
  Barracks 306
  Bishop's Palace 193
  Braid 716
  Burren Centre 402
  Carrickfergus Museum 715
  Cashel Heritage Town Centre Museum 361
  Casino at Marino 108

Celtic & Prehistoric Museum 324–325
Chorister's Hall 193–194
City Hall (Dublin) 93–94
Cobh Museum 246
Cockle Row Cottages 656
Cohb, The Queenstown Story 246
Cork Butter Museum 235
Cork City Gaol 234
Custom House (Dublin) 104–105
Dartfield Horse Museum & Park 450
Douglas Hyde Interpretive Centre 555
Dublin Writers Museum 101–102, **68**
Dunbrody Famine Ship 187
Dvblinia & Viking World 97
Edward Rice International Heritage Centre 194
Fort-Dunree-Militärmuseum 530
Foynes Flying Boat Museum 346
Galway City Museum 413
Garda Museum 86
Geologisches Museum 81
Glengowla Mines 437
Harbour Museum 687
Heritage House 538
Hunt Museum 341
Inishowen Maritime Museum & Planetarium 534
Irish-Jewish Museum 93
Irish Linen Centre & Lisburn Museum 651
Irish National Heritage Park 180
Irish Republican History Museum 621
James Joyce Museum 142
Jeanie Johnston 105–106
Kerry Bog Village Museum 304
Kilmainhan Gaol 97
Lagan Legacy 617
Ledwidge Museum 576
Limerick City Museum 341
Lismore Heritage Centre 208
Little Museum of Dublin 20, 92–93
Lower Fitzwilliam Street 29 93
Maritime & Heritage Centre 507
Millmount Museum 587–588
Mountmellick Museum 541
Museum of Free Derry 688–689
Museum of Style Icons 168
National 1798 Rebellion Centre 189
National Museum of Country Life 474
National Museum of Ireland – Archaeology & History 87, **64–65**
National Museum of Ireland – Decorative Arts & History 99–101
National Museum of Ireland – Natural History 20, 89–90

Newry & Mourne Museum 673
Oh Yeah Music Centre 614
Old Jameson Distillery 99
Quiet Man Museum 453
Ros Tapestry 187
Royal Inniskilling Fusiliers Regimental Museum 720
Royal Irish Fusiliers Museum 677
Science Gallery 80–81
Shaw Birthplace 93
Sheelin Irish Lace Museum 725
Skellig Experience 308
Steam Museum & Lodge Park Walled Garden 167
Strokestown Park House & Famine Museum 553
Tower Museum 685
Ulster Folk & Transport Museum 630–631
Ulster Museum 618–619
Victorian Museum Building 81
Waterford Museum of Treasures 20, 193
Yeats Memorial Building 477
Musik 759–761
Folk 759–760
Kurse 376–377
Pop 760
Rock 760, 761
traditionell 8, 22, 378, 759–760, **8**, **25**, **355**
zeitgenössisch 761
Mussenden Temple 698
Mweenish Island 439
Mythischer Sagenkreis 762
Mythologie, *siehe* Keltische Mythologie

N
Nahverkehr 786
Narin 512
National Famine Memorial 460
National Gallery 88
National League 771
National Museum of Ireland – Archaeology & History 87–88, **64–65**
National Museum of Ireland – Decorative Arts & History 99–101
National Museum of Ireland – Natural History 20, 89–90
Nationalparks & Schutzgebiete 768
Ards Forest Park 519
Ballycroy National Park 469
Castlewellan Forest Park 669
Connemara National Park 445, **10**
Crom Estate 725
Dún an Rí Forest Park 600
Glanteenassig Forest Recreation Area 328

Glenariff Forest Park 714
Glengarriff Woods Nature Reserve 284
Glenveagh National Park 523–524
Gortin Glen Forest Park 734
Gougane Barra 275
Kebble National Nature Reserve 709
Kilbroney Forest Park 672
Killarney National Park 298–303, **35**, **258–259**
Killykeen Forest Park 598
Lough Key Forest Park 554–555
Lough Nava Forest Park 729–730
Murlough National Nature Reserve 667
Oxford Island 680
Rossmore Forest Park 602–603
Slieve Gullion Forest Park 675
Tollymore Forest Park 669
Wexford Wildfowl Reserve 180
Wicklow Mountains National Park 148
National Photographic Archive 82
Navan 577
Navan Fort 679–680
Neale 457
Nenagh 369–370
Newbridge 168
Newcastle 667–669
Newgrange 10, 569–573
Newgrange, Wintersonnenwende in 573
Newman House 92
Newport 464–465
New Quay 408–409
New Ross 187–188
Newry 672–674
Newry Canal 673
Newry Ship Canal 673
Newtown 582
Newtownards 661
Nordirlandkonflikt 692–693, 752–753
Nore Valley Park 225
Normannen 743
North Mayo Sculpture Trail 473
North West 200 25, 700
Notfälle 17

O
Obel 614–615
O'Carolan, Turlough 759
O'Connell, Daniel 103, 107, 306, 373, 745–747, 748
Odyssey Complex 618
Offaly, County 536–537, 542–552
Essen 536, 547
Highlights, 537
Klima 536

Pubs 551
Reisezeit 536
Schlafen 536
Öffnungszeiten 776–777
Ogham-Stein 311
Ökotourismus 769
Old Bushmills Distillery 703
Omagh 732–733
Omagh, Bombenanschlag in 752
O'Malley, Grace 460
Omey Island 444
Omey Strand 444
O'Neill, Joseph 765
Orange Order 745
Ortsnamen 599
Osteraufstand 748
Otter 767
Oughterard 436–437
Our Lady's Island 182
Oxford Island 680

P
Paisley, Ian 754
Paragliden 23, 191
Parnell, Charles Stewart 103, 163, 747
Passage East 198
Pässe 782
Patrick Pearse's Cottage 439
Peace Bridge 20
Penal Laws 744–745, 746
People's Democracy 752
People's Gallery 688, 692–693
Pferderennen 168–169, 564, 574, 771
Pflanzen 767
Pickle Family Fun Park 656
Pirate Adventure Park 461
Plantations (Besiedlungspolitik) 744, 751
Planung, *siehe* Reiseplanung
Plassy 434
Plunkett, Oliver 587
Poisoned Glen 516
poitín 45, 516
Police Service of Northern Ireland 754
Politik 738–739
Pollatomish 471
Ponys 304, 442
Poor Laws 746
Portaferry 659–660
Portarlington 541
Portbradden 705, 709
Portlaoise 539
Portmagee 308

000 Verweise auf Karten
000 Verweise auf Fotos

Portnoo 512
Portrush 701–702
Portsalon 526
Portstewart 699–701
Portstewart Golf Club 700
Portumna 451
Post 776
Poulnabrone Dolmen 405
Powerscourt Estate 149–151, **13**
Pubs 21

Q
Queen's Bridge 616
Queen's College 619
Queen's Quarter 618–619
Queen's University 619
Quiet Man Bridge 440
Quin 378–379

R
Radfahren 36–37, 786
Beara Way Cycle Route 283
Cork, County 282
Great Western Greenway 462, 464
Kingfisher Trail 720
Loughshore Trail 680
Sheep's Head Cycle Route 282
Westport 462
Radio 758
Raghtin Beg 531
Raghtin More 531
Rathcairn 583
Rathdrum 163–164
Rathlin Island 709–710
Rathmelton 527
Rathmullan 526–527
Rathmullan Friary 527
Rath of Mullaghmast 172
Real IRA 752
Rechtsfragen 777
Recycling 769
Regionalmuseen, *siehe auch* Museen
Allihies Copper Mine Museum 287
Armagh County Museum 677
Carlow County Museum 20, 209–210
Cavan County Museum 599
Clare Museum 373
Clonakilty Museum 270
Connemara Heritage & History Centre 442
County Museum Dundalk 593
Dingle Peninsula Museum 326
Donegal County Museum 522
Down County Museum 664
Fermanagh County Museum 720
Kerry County Museum 329
Kilmallock Museum 347

Monaghan County Museum & Gallery 601–602
Nore View Folk Museum 225
Regionalmuseum (Kinsale) 250
Roscommon County Museum 556
Sligo County Museum 476
South Tipperary County Museum 366
Station House Museum 442
Waterford County Museum 202
Reisen nach/von Irland 782–783
Reiseplanung 18–19, *siehe auch einzelne Counties*
Budget 16
Essen 41–45
Grundlegendes 17
Infos im Internet 17
Regionen 46–51
Reiserouten 28–32
Reisezeit 16, 24–27
Veranstaltungskalender 24–27
Wiederkehrende Besucher 20
Reiserouten 28–32
Reiten 37, 462, 467, 565
Reizvolle Strecken
Atlantic Drive (Donegal) 525
Atlantic Drive (Mayo) 465, 466
Bishop's Road 698
Connemara 446
Copper Coast 201
Donegal 519
Droman Drive 206
Flagstaff Viewpoint 595
Galway 439
Glen of Aherlow 351
Healy Pass Road 282
Horn Head 519
Ladies Brae 491
Limerick 346
Loop Head Road 390
Mayo 457–458
Mourne Coast Road 671–672
Mt. Leinster Scenic Drive 213
Ring of Hook 184
Ring of Kerry 12, **12**
Sky Road 442
Slea Head Drive 324, **262**
Torr Head Scenic Road 711
Religion 756–758
Republik Irland 750
Reservierungen 115, 779, 782, 783
Ringfestungen
Ballycarbery Castle & Ringfestungen 305–306
Dún Formna 434
Lisnagun 266
Royal Seat 578
Ring of Beara 282–288
Ring of Gullion 674–675

Ring of Kerry 12, 303–315, **306–307**, **12**
Ring Peninsula 204–205
River Barrow Valley 213
Riverdance 759
Riverstown 490
road bowling 678, 772
Roadford 397
Robben 29, 40, 767
Robertstown 167–168
Robert the Bruce 709–710
Robinson, Peter 751, 754
Rock of Cashel 11, 360, **11**, **353**
Rock of Doon 525
Romantische Zufluchtsorte 658
Roscommon, County 552–557
Roscommon, Stadt 556–557
Roscrea 369
Rose of Tralee 26
Rosguill Peninsula 525–526
Rossbeigh Strand 305
Rosses Point 488
Rosslare Harbour 181–182
Rosslare Strand 181
Rossnowlagh 502–503
Rossport Five 470
Rostrevor 672
Rote Hand von Ulster 609
Rotwild 767
Roundstone 441
Roundstone Bog 442
Roundwood 151–152
Royal Canal 107–108, 543
Royal County Down Golf Course 667
Royal Courts of Justice 617
Royal Portrush Golf Club 700
Royal Ulster Constabulary 752
RSPB West Light Viewpoint 710
Rugby 771
Ruinen 14, 23
  Athassel Priory 363
  Ballinskelligs Priory 310
  Brú na Bóinne 10, 569–574, **10**
  Grey Abbey 660
  O'Connells Birthplace 306
Russborough House 158
Russel, Georg 92

S

Saintfield 655
Sally Gap 150
Salmon Weir 416
Saltee Islands 183–184
Salthill 417
Sands, Bobby 751, 753
Sandycove 142
Saul 665–666

Scarriff 384, **263**
Scattery Island 387
Schiffsreisen 782–783, 786, **783**, siehe auch Bootstouren, Bootsverleih, Fähre
Schlacht am Boyne 574, 744, 745
Schlacht in der Bogside 750
Schlacht von Clontarf 742
Schlacht von Kinsale 744
Schlacht von Vinegar Hill 745
Schrödinger, Erwin 92
Schull 275–276
Schwule 114, 243, 644–645, 757, 777
Scrabo Country Park 661
SeaGen 659
sean-nós 759
Seffin Stone 544
Segeln 37–39, 525
Shankill Road 621
Shannon Airport 379
Shannonbridge 548
Shannon Callows 548
Shannon Dolphin & Wildlife Centre 386
Shannon-Erne-Kanal 482, 557, 560, 598, 600, **482–483**
Shannon Harbour 546
Shannon, Stadt 379–380
Shaw's Bridge 615
Sheep's Head Peninsula 281–282
Shepherd's Steps 709
Sicherheit 777
Silent Valley Reservoir 670
Sinn Féin 748, 751, 752, 754
Six Nations Championships 771
Skellig Islands 308–310
Skellig Michael 309, **31**, **261**
Skellig Ring 310
Skibbereen 271–272
Skull House 535
Slane 575–577
Slea Head 325, **262**
Slemish 717
Slieve Bloom Mountains 540–541, **454–455**
Slieve Bloom Way 540
Slieve Donard 667
Slieve League 508
Slieve Patrick 665–666
Sligo, County 49, 452, 476–495, **454–455**, **478–479**
  Essen 452
  Highlights 454–455
  Klima 452
  Reisezeit 452
  Schlafen 452
Sligo, Stadt 476–488, **477**
Small Skellig 309–310
Sneem 312

soccer 771
Sonairte 574–575
South Armagh 674–675
Spa 333
Spanish Arch 413
Spanish Point 391
Sperrin Mountains 734
Spiddal 439
Sport 770–772, siehe auch einzelne Sportarten
Sprache 16, 274, 471, 645, 789–795
SS Nomadic 617
Stadtmauern (Derry) 684–685
Stadtspaziergänge
  Belfast 633, 634
  Derry/Londonderry 690
  Dublin 110, 111
Statuten von Kilkenny 743
St. Begnet's Holy Well 141
St. Brendan's Old Churchyard 544
St. Colmcille's Well 552
Steuern & Erstattungen 775
St. George's Market 617
St. Gobban's Church 705
St. Mullins 214
St. Mura Cross 529–530
Stonyford 227
Stormont 632
Stout 44, 94, 213, 241
St. Patrick's Cathedral 95
St. Patrick's College 165
St. Patrick's Day 24, **25**
Straffan 167
Straffan Butterfly Farm 167
Strände
  Achill Island 466–467
  Ards Peninsula 520
  Ballard Bay 390
  Ballybunion 335
  Ballycastle 707
  Ballyholme Bay 656
  Ballyliffin 530
  Ballyquin Beach 205
  Barleycove 278
  Carraroe 439
  Carrick Finn 511, 513–514
  Clogher 326
  Clonakilty 266, **254**
  Clonea Strand 201
  Connemara 446
  Culdaff 511
  Curracloe 180
  Curran Strand 701
  Dog's Bay 441
  Donegal Point 390
  Doonalt 509
  Dublin 142
  Elly Bay 469–470

Enniscrone 492
Fanore 406
Fintragh Bay 507
Glassillaun Beach 446
Gurteen Bay 441
Hook Head 185
Inch Beach 317, **262–263**
Inishbofin 445
Kilkee 387
Killahoey Beach 520
Lackan Bay 472
Lahinch 391, 392
Maghery Bay 513
Malinbeg 509
Marble Hill Beach 520
Mullaghmore 495
Mullaghroe Beach 470
Mullet Peninsula 469
Mulranny 465
Pollatomish 471
Portnoo 511
Portrush 701
Portsalon 511
Portstewart 700
Rosslare Strand 181
Rossnowlagh 511
Salthill 417
Silver Strand 439
Spanish Point 391
Streedagh 494
Tramore (County Waterford) 199–200
Tramore Beach (County Donegal) 511, 520, **480–481**
White Strand 390
Wicklow 162
Youghal 248
Strandhill 489–490
Strangford 666
Strangford Lough 662–663
Streedagh 494–495
Strokestown 553
Strom 778
Struell Wells 666
Sunningdale-Abkommen 751
Surfen 33, 37, 504–505
Achill Island 466–467
Bundoran 504
Easkey 492
Enniscrone 492
Fanore 406
Fethard-on-Sea 185
Lahinch 391–393, 392
Mullaghmore Head 495

000 Verweise auf Karten
000 Verweise auf Fotos

Portrush 701
Rossnowlagh 502
Tramore (County Waterford) 200
Swift, Jonathan 82, 229
Synge's Chair 432–433

T

Tandragee Idol 678
Tanz 645
Tara 577–579
Tara Brooch 87, **65**
Tarbert 336
Tarmonbarry 563
Tauchen 39, 185
Achill Island 467
Clare Island 459
Connemara 445
Kilkee 387–388
Kurse 276, 446
Sligo 495
Tee 44
Telefon 17, 778
Termonfeckin 592
Theater 18, 134–135, 242, 646
Thomastown 226
Thomond Park Stadium 341–343
Three Fs 747
Tiere 40, 767, siehe auch Delfine, Esel, Otter, Ponys, Rotwild, Seehunde, Vögel, Wale
Tievealehid 514–515
Timahoe 542
Tintern Abbey 184
Tipperary, County 48, 337, 350–370, **338–339**, **352–353**
Essen 337
Highlights 338–339
Klima 337
Reisezeit 337
Schlafen 337
Tipperary Heritage Trail 364
Tipperary Racecourse 350
Tipperary, Stadt 350–351
Titanic 616, 617
Titanic Quarter 20, 617–618
Tóibín, Colm 765
Torf 168
Torr Head 711
Torr Head Scenic Road 711
Tory Island 516–518, 517
Tourismus 769
Touristeninformation 778–779
Traditionen 756
Tralee 329–332
Tramore 199–201
Trampen 786–787
Traveller-Gemeinde 451
Trekking, siehe Wandern

Trim 580–583, **581**
Trinity College 59, 76–81, **80**, **60–61**, **69**
Trinity Tree 320
Trinkerei 756
Trinkgeld 19, 775
Tuamgraney 384
Tullamore 550–552
Turlough Round Tower 474
TV 758
Twelve Bens 440, 446
Tyrone, County 51, 718, 732–736, **719**
Essen 718
Highlights 719
Klima 718
Reisezeit 718
Schlafen 718

U

U2 116, 131, 575, 760, 761
uillean pipes 759
Ulster American Folk Park 733
Ulster Folk & Transport Museum 630–631
Ulster Unionist Party 751–752
Ulster Volunteer Force 747
Ulster Way 710–711, 726
Ulster-Zyklus 762
Ulysses 748
Umgangsformen 19, 45
Umweltprobleme 470, 768–769
Unabhängigkeit 749, 750
Unabhängigkeitskrieg 748
Unesco-Welterbestätten 309, 704
Union Hall 269–270
Unterkunft 779–780
Unterwegs in Irland 783–788
Upper Lough Erne 725–726
US Rangers Centre 715

V

Valentia Island 307–308, **260–261**
Vale of Avoca 164
Valera, Éamon de 748, 749, 750
Van Morrison 666
Vegetarier 42, 127
Ventry 324–325
Versicherung 780
Victoria Square 615
Virginia 599
Visa 17, 780
Vögel 767–768
Vogelbeobachtung 40, 767–768, 768
Bücher 40
Castle Espie **625**
Clear Island 274
Cliffs of Moher 395

Cooley Birdwatching Trail 594
Curracloe 180
Hook Head 185
Kurse 40, 274
Lough Boora 552
Lough Ree 564
Oxford Island 680
Portaferry 659
Skellig Islands 308
Tory Island 517
Von Moville nach Greencastle 535
Volksparks
  Bunratty Castle & Folk Park 380–381
  Cashel Folk Village 361
  Father McDyer's Folk Village 509
  Sligo Folk Park 490
  Ulster American Folk Park 733
  Ulster Folk Museum 630–631
Vorwahlen 17, 778

W
W5 618
Währung 16
Wälder 767
Wale 40, 328
Wanderfalken 768
Wandern 10, 22, 33–36, 155
  Achill Island 467
  Ards Peninsula 659
  Arigna Miners Way & Historical Trail 555
  Arranmore Way 514
  Bangor Trail 464, 469
  Barrow, Fluss 229
  Barrow-Treidelpfad 213
  Beara Way 283, 286, **35**
  Brandon Way 229
  Brandy Pad 670
  Burren 396
  Causeway Coast Way 709
  Cavan Way 597
  Connemara 444
  Cork, County 282
  Cuilcagh Mountain 731
  Dingle Way 320
  Donegal, County 507–508, 509, 510, 520, 535
  East Munster Way 368
  Foxford Trail 464
  Galway, Stadt 419
  Giant's Causeway 706–707
  Glenariff Circuit 713
  Glen Gesh Pass 510
  Glen of Aherlow 351
  Granite Trail 667
  Inisheer 435
  Kerry Way 297
  Kilcar Way 508
  Lagan Towpath 615
  Legnabrocky Trail 731
  Leitrim Way 560
  Moyle Way 711
  Mt. Errigal 516
  Mt. Seefin 282
  North Down Coastal Path 655
  Poisoned Glen 516
  Sheep's Head Way 282
  Slieve Bloom Way 540
  Slieve Donard 667
  Sligo Way 491
  South Leinster Way 229
  South-Wall-Spaziergang 106
  Suck Valley Way 557
  Táin Trail 594
  Tipperary Heritage Trail 364
  Tullagobegley Walk 514–515
  Ulster Way 710–711, 726
  Waterford, County 191
  Wexford, County 191
  Wicklow Way 154–155
Wandgemälde 620–621, 692–693, **622–623**
Warrenpoint 672
Wasserfälle
  Assarancagh Waterfall 510
  Ess-na-Larach Waterfall 714
  Glenevin Waterfall 530, 531
  Glenmacnass Waterfall 151
  Powerscourt Waterfall 150
  Torc Waterfall 303
Wassersport 37–39, 730
Waterfoot 714
Waterford, County 47, 191–209, **174–175**
  Essen 173
  Highlights 174–175
  Klima 173
  Reisezeit 173
Waterford-Kristall 195
Waterford Museum of Treasures 20, 193
Waterford, Stadt 191–198, **192**
Waterfront Hall 617
Waterville 310–311
Wechselkurse 17
Wee House of Malin 532
Weihnachten 27
Wellington Bridge 184
West Cork Model Railway Village 266
Westmeath, County 561–567
Westport 461–464, **462**
Wetter 24–27, 776, siehe auch einzelne Regionen
Wexford, County 47, 176–191, **174–175**
  Aktivitäten 185, 189
  Essen 173
  Highlights 174–175
  Klima 173
  Reisezeit 173
  Schlafen 173
Wexford, Stadt 176–180, **177**
Whiskey 44, 169, 233, 235, siehe auch Brauereien & Brennereien
  Bushmills 703
  Jameson 247
  Kilbeggan 564
  No. 9 196
  Old Jameson Distillery 99
  Slane Castle 575–576
  Tullamore Dew 550–551
White Island 728, **628**
White Park Bay 705, 709
White Strand 390
Wicklow, County 46, 145, **146–147**
  An- & Weiterreise 148
  Essen 145
  Highlights 146–147
  Klima 145
  Küste 159–162
  Nationalparks 148
  Reisezeit 145
  Schlafen 145
Wicklow Gap 152
Wicklow Head 162
Wicklow Mountains 148–157
Wicklow Mountains National Park 148
Wicklow's Historic Gaol 161–162
Wicklow, Stadt 161–162
Wicklow Way 154–155
Wikinger 742–743
Wilde, Oscar 92, 93, **68**
Wilhelm von Oranien 715, **622**
Windhundrennen 242, 772
Windsurfen 37
Wirtschaft 738–739, 751, 755–756
Wolfe Tone, Theobald 745, 746
World Irish Dancing Championships 24

Y
Yeats, Jack B. 88, 476
Yeats, William Butler 92, 477, 493, 762, **478–479**
Youghal 248–250

Z
Zeit 780
Zollbestimmungen 780–781
Zoos 107, 245, 631–632
Zugreisen 785, 787–788, **787**

Auf einen Blick

Folgende Symbole helfen sich im Verzeichnis zurechtzufinden:

- ⊙ Sehenswertes
- 🏊 Strände
- 🏃 Aktivitäten
- 🤿 Kurse
- 👉 Touren
- 🎉 Festivals & Events
- 🛏 Schlafen
- 🍴 Essen
- 🍷 Ausgehen
- ☆ Unterhaltung
- 🛍 Shoppen
- ℹ Praktisches/Transport

Weitere hilfreiche Symbole:

- ☎ Telefonnummer
- ⊙ Öffnungszeiten
- P Parkmöglichkeiten
- 🚭 Nichtraucher
- ❄ Klimaanlage
- @ Internetzugang
- 🛜 WLAN
- 🏊 Swimmingpool
- 🥗 Vegetarisches Angebot
- 🇬🇧 Englische Speisekarte
- 👨‍👩‍👧 Familienfreundlich
- 🐾 Tierlieb
- 🚌 Bus
- ⛴ Fähre
- Ⓜ Metro
- Ⓢ U-Bahn
- ⊖ London Tube
- 🚊 Straßenbahn
- 🚆 Zug

Empfehlungen von Lonely Planet:

- **LP TIPP** Das empfiehlt unser Autor
- **GRATIS** Hier bezahlt man nichts
- 🌿 Nachhaltig und umweltverträglich

Für die Sehenswürdigkeiten, Unterkünfte, Organisationen und Restaurants mit diesen Symbolen ist Verantwortungsbewusstsein nicht nur eine Marketingfloskel, deshalb wurden sie von den Lonely Planet Autoren ausgewählt. Sie unterstützen z. B. lokale Erzeuger, haben vor allem regionale Produkte auf ihrer Speisekarte oder setzen sich für die Erhaltung der Umwelt ein.

Die Einträge unter „Schlafen", „Essen" usw. sind nach den Vorlieben des Autors geordnet.

Kartenlegende

Sehenswertes
- Strand
- Buddhistisch
- Burg/Festung
- Christlich
- Hinduistisch
- Islamisch
- Jüdisch
- Denkmal
- Museum/Galerie
- Ruine
- Weingut/Weinberg
- Zoo
- Noch mehr Sehenswertes

Aktivitäten, Kurse & Touren
- Tauchen/Schnorcheln
- Kanu-/Kajakfahren
- Skifahren
- Surfen
- Schwimmen/Pool
- Wandern
- Windsurfen
- Noch mehr Aktivitäten/Kurse/Touren

Schlafen
- Hotel/Pension
- Camping

Essen
- Restaurant

Ausgehen
- Bar/Kneipe
- Café

Unterhaltung
- Theater/Museum

Shoppen
- Geschäft

Praktisches
- Postamt
- Touristeninformation

Transport
- Flughafen
- Grenzübergang
- Bus
- Seilbahn
- Fahrradweg
- Fähre
- Metro
- Eisenbahn eingleisig
- Parkplatz
- S-Bahn
- Taxi
- Eisenbahn
- Straßenbahn
- Tube Station
- U-Bahn
- Anderes Verkehrsmittel

Verkehrswege
- Mautstraße
- Autobahn
- Hauptstraße
- Landstraße
- Verbindungsstraße
- Sonstige Straße
- Unbefestigte Straße
- Platz/Fußgängerzone
- Stufen
- Tunnel
- Fußgängerbrücke
- Wanderung
- Wanderung mit Abstecher
- Pfad

Grenzen
- Internationale Grenze
- Bundesstaatengrenze/Provinzgrenze
- Umstrittene Grenze
- Regionale Grenze/Vorortgrenze
- Meerespark
- Klippen
- Mauer

Städte
- Hauptstadt
- Landeshauptstadt
- Großstadt
- Ort/Dorf

Landschaften
- Hütte
- Leuchtturm
- Aussichtspunkt
- Berg/Vulkan
- Oase
- Park
- Pass
- Raststelle
- Wasserfall

Gewässer
- Fluss/Bach
- Periodischer Fluss
- Sumpf/Mangrove
- Riff
- Kanal
- Wasser
- Trocken-/Salz-/Periodischer See
- Gletscher

Gebietsformen
- Strand/Wüste
- Christlicher Friedhof
- Weiterer Friedhof
- Park/Wald
- Sportanlage
- Sehenswerte Bebauung
- Highlights (Bebauung)

DIE AUTOREN

Fionn Davenport
Hauptautor, Counties Dublin, Wicklow und Cork Trotz seiner enormen finanziellen Probleme ist Irland genauso positiv, schön und unglaublich interessant wie eh und je. Davon war Fionn zwar eigentlich sowieso überzeugt, doch er musste trotzdem durch seine Heimatstadt Dublin bummeln und den wilden Westen von Cork erforschen, um wirklich ganz sicher zu gehen.

Catherine Le Nevez
Counties Kerry, Limerick & Tipperary und Meath, Louth, Cavan & Monaghan Catherine entdeckte ihre Reiselust schon im Alter von vier Jahren bei einem Roadtrip durch Europa. Seither war sie wann immer es ging unterwegs. Sowohl ihre Doktorarbeit in Creative Arts in Writing als auch ihren Master in Professional Writing und ihre Abschlussarbeit in Editing and Publishing verfasste sie im Ausland. Catherine hat irische sowie bretonische Vorfahren und liebt Guinness. Es gibt kein County auf der grünen Insel, in dem sie sich nicht auskennt. Für Lonely Planet hat sie über 20 davon beschrieben, u. a. in vielen Auflagen dieses Reiseführers.

Etain O'Carroll
Die Midlands, Counties Mayo & Sligo und Donegal Etain stammt aus dem sumpfigen Hinterland der Midlands, allerdings zog es sie schon immer in die Ferne. Als Reiseschriftstellerin und Fotografin erkundet sie alle möglichen Länder, kommt aber immer wieder in ihre alte Heimat zurück. Mittlerweile schreibt sie auch oft über Irland und hat bereits an mehreren Ausgaben des Lonely Planets *Ireland mitgewirkt.* Bei der Recherche zu diesem Buch verbrachte sie ihre Zeit am liebsten an unberührten Stränden und in abgelegenen Pubs.

Mehr über Etain unter:
lonelyplanet.com/members/etainocarroll

Ryan Ver Berkmoes
Counties Clare, Galway und Wexford Ryan hat sich von Galway bis Wexford sämtliche Höhepunkte herausgepickt. 1985 war er zum ersten Mal in Galway. Seine Erinnerung von damals führt ihn an einen grauen Ort, wo die Einwohner gerne durchs matschige Watt stapfen und das unter Spaß verstehen. Inzwischen haben sich die Zeiten jedoch geändert! Ob er nun einsame Dorfpubs besucht oder in verblichenen Erinnerungen schwelgt – Ryan schwärmt ganz einfach für dieses Land, in dem sein Vorname die Menschen zum Lächeln bringt und sein Nachname für Stirnrunzeln sorgt.

Mehr über Ryan unter:
lonelyplanet.com/members/ryanverberkmoes

Neil Wilson
Belfast, Counties Down & Armagh, Derry & Antrim und Fermanagh & Tyrone 1994 reiste Neil zum ersten Mal nach Nordirland, als nach dem Waffenstillstand erstmals so etwas wie Optimismus aufkam. Wenige Jahre später fand er heraus, dass fast all seine Vorfahren mütterlicherseits aus Ulster stammten, was sein Interesse für die Geschichte und Politik des Landes weckte. Durch seine Mitarbeit an den neueren Auflagen von *Irland* konnte er die Friedensbemühungen aus unmittelbarer Nähe beobachten und großartige Wanderungen an der Causeway Coast sowie Radtouren am Ring of Gullion und in den Mourne Mountains unternehmen. Neil arbeitet in Vollzeit als Reisejournalist. Er lebt in Edinburgh und hat bisher über 50 Reiseführer für ein halbes Dutzend Verlage verfasst.

Mehr über Neil unter:
lonelyplanet.com/members/neilwilson

DIE LONELY PLANET STORY

Ein uraltes Auto, ein paar Dollar in den Hosentaschen und Abenteuerlust, mehr brauchten Tony und Maureen Wheeler nicht, als sie 1972 zu der Reise ihres Lebens aufbrachen. Diese führte sie quer durch Europa und Asien bis nach Australien. Nach mehreren Monaten kehrten sie zurück – pleite, aber glücklich –, setzten sich an ihren Küchentisch und verfassten ihren ersten Reiseführer *Across Asia on the Cheap*. Binnen einer Woche verkauften sie 1500 Bücher und Lonely Planet war geboren. Seit 2011 ist BBC Worldwide der alleinige Inhaber von Lonely Planet. Der Verlag unterhält Büros in Melbourne (Australien), London und Oakland (USA) mit über 600 Mitarbeitern und Autoren. Sie alle teilen Tonys Überzeugung, dass ein guter Reiseführer drei Dinge tun sollte: informieren, bilden und unterhalten.

Lonely Planet Publications,
Locked Bag 1, Footscray, Melbourne, Victoria 3011, Australia

Verlag der deutschen Ausgabe: MAIRDUMONT,
Marco-Polo-Straße 1, 73760 Ostfildern, www.mairdumont.com, lonelyplanet@mairdumont.com

Chefredakteurin deutsche Ausgabe: Birgit Borowski
Übersetzung: Julie Bacher, Anne Cappel, Britt Maaß, Claudia Riefert, Petra Sparrer, Katja Weber
Redaktion: Meike Etmann, Isabelle Oster
(Verlagsbüro Wais & Partner, Stuttgart)
Mitarbeit: Maria Onken
Technischer Support: Primustype, Notzingen

Obwohl die Autoren und Lonely Planet alle Anstrengungen bei der Recherche und bei der Produktion dieses Reiseführers unternommen haben, können wir keine Garantie für die Richtigkeit und Vollständigkeit dieses Inhalts geben. Deswegen können wir auch keine Haftung für eventuell entstandenen Schaden übernehmen.

Irland
4. deutsche Auflage Mai 2012, übersetzt von *Ireland 10th edition*, Januar 2012, Lonely Planet Publications Pty
Deutsche Ausgabe © Lonely Planet Publications Pty, Mai 2012, Fotos © wie angegeben 2012
Printed in China

Alle Rechte vorbehalten. Das Werk einschließlich aller seiner Teile ist urheberrechtlich geschützt und darf weder kopiert, vervielfältigt, nachgeahmt oder in anderen Medien gespeichert werden, noch darf es in irgendeiner Form oder mit irgendwelchen Mitteln – elektronisch, mechanisch oder in irgendeiner anderen Weise – weiter verarbeitet werden. Es ist nicht gestattet, auch nur Teile dieser Publikation zu verkaufen oder zu vermitteln, ohne schriftliche Genehmigung des Herausgebers.

Lonely Planet und das Lonely Planet Logo sind eingetragene Marken von Lonely Planet und sind im US-Patentamt sowie in Markenbüros in anderen Ländern registriert.

Lonely Planet gestattet den Gebrauch seines Namens oder seines Logos durch kommerzielle Unternehmen wie Einzelhändler, Restaurants oder Hotels nicht. Informieren Sie uns im Fall von Missbrauch: www.lonelyplanet.com/ip.